Bajadere.

DICTIONNAIRE DES ŒUVRES DE L'ART VOCAL

DICTIONNAIRE DES ŒUVRES DE L'ART VOCAL

Publié sous la direction de
MARC HONEGGER
Professeur à l'Université des Sciences humaines de Strasbourg
et
PAUL PRÉVOST
Maître de conférences à l'Université de Metz

G~O

Bordas

Édition : Christiane Ochsner
Gilbert Labrune

Préparation : Dominique Henry
Révision : Raymond Leroi
Correction : Ghislaine Malandin et Didier Pemerle
Réalisation des exemples musicaux : Inedy
Iconographie : Marie-Hélène Reichlen
avec la participation de Valérie Bottin
Réalisation des hors-texte : Jeanne Courjeaud
Jaquette : Daniel Leprince
Fabrication : Evelyne Enock

Directeur éditorial : Olivier Juilliard

Illustration des gardes : *Der Gott und die Bajadere*, manuscrit autographe du lied de Franz Schubert sur un poème de Goethe.
Bibliothèque nationale, Paris. Ph. © Bibl. nat.-Archives Photeb.

ISBN 2-04-016340-9
Loi du 11 mars 1957

Liste des collaborateurs

du Dictionnaire des œuvres de l'art vocal
publié sous la direction de Marc HONEGGER et Paul PRÉVOST

M. René AIGRAIN (Poitiers) †
Mme Françoise ANDRIEUX (Paris)
M. Ulrich ASPER (Strasbourg)
M. Francis AUCLAIR (Sélestat)
M. Philippe A. AUTEXIER (Poitiers)
Mme Elizabeth BARTLET (Durham, NC, États-Unis)
Mme Marie-Claire BELTRANDO-PATIER (Paris)
Mme Nanon BERTRAND (Paris)
M. Karl BÖHMER (Alzey, RFA)
Mme Sylvie BOUISSOU (Paris)
M. Antonio BRAGA (Naples)
Mme France-Yvonne BRIL (Paris)
M. Robert J. BRUCE (Oxford)
M. Marc BRUNERYE (Paris)
M. Michel BURGARD (Bar-le-Duc)
Mme Huguette CALMEL (Paris)
M. Pierre Albert CASTANET (Rouen)
M. Jacques CHAILLEY (Paris)
Mme Françoise CHAPOTOT (Lunéville)
M. Patrick CHOUKROUN (Paris)
Mme Janine CIZERON (Lyon)
M. Damien COLAS (Paris)
M. Daniel COLOMBAT (Bouxières-aux-Dames, Meurthe-et-Moselle)
Mme Marie-Hélène COUDROY-SAGHAI (Paris)
Mme Paola DAMIANI (Rome)
M. Roger DELAGE (Strasbourg)
Mme Barbara DELCKER (Nuremberg)
Mme Annie DENNERY (Paris)
M. René DEPOUTOT (Richardménil, Meurthe-et-Moselle)
Mme Catherine DEVILLE (Strasbourg)
M. Jeremy DRAKE (Paris)
M. Ulrich DRÜNER (Stuttgart)
Mme Georgie DUROSOIR (Paris)
M. François FABIANI (Blaru, Yvelines)
M. Robert FAJON (Toulouse)
M. Joël-Marie FAUQUET (Chartres)
Mme Giovanna FERRARA (Naples)
M. Yves FERRATON (Paris)
Mlle Annick FIASCHI (Obernai)
Mme Riccarda FOLLONI (Poviglio, Italie)
Mme Brigitte FRANÇOIS-SAPPEY (Neuilly-sur-Seine)
Mme Geneviève GANSTER (Pange, Moselle)
Mlle Serafina GAUDINO (Naples)
M. Anselm GERHARD (Münster, RFA)
M. Jean GIRAUD (Strasbourg)
Mme María Carmen GÓMEZ (Barcelone)
M. Christian GOUBAULT (Bihorel-lès-Rouen)
M. Pierre GUILLOT (Bourg-en-Bresse et Paris)
M. Serge GUT (Paris)
Mme Christiane HAMEL (Strasbourg)
M. François HARQUEL (Lyon)
M. Claude HAUTENAUVE (Longuyon)
M. Simon HEIGHES (Oxford)
Mme Constance HIMELFARB (Caen)
Mme Claire HONEGGER (Strasbourg)
M. Marc HONEGGER (Strasbourg)
Mme Elizabeth HUDSON (Ithaca, N.Y., États-Unis)
Mme Pascale HUET-PARRINELLO (Mandres-les-Roses, Val-de-Marne)
M. Yves JAFFRÈS (Lyon)
M. Daniel KAWKA (Lyon)
M. Manfred KELKEL (Lyon et Paris)
M. Francis KNIGHTS (Petersfield, Hampshire, GB)
Mlle Anna-Marie KORSBAEK (Paris)
Mme Ursula KRAMER (Mayence)
Mme Sabine KUROCK (Bochum)
M. Hervé LACOMBE (Romainville)
M. Jérôme de La GORCE (Paris)
R.P. Donat R. LAMOTHE (Worcester, MA, États-Unis)
M. Klaus LANGROCK (Dortmund)
Mlle Raphaëlle LEGRAND (Paris)
M. Karl LEICH-GALLAND (Sarreguemines)
M. Jean-Claude LEJOSNE (Metz)
M. Edmond LEMAITRE (Antony)
M. Martial LEROUX (Châtillon)
Mme Bernadette LESPINARD (Grenoble)
M. Gérard LE VOT (Grenoble)
M. André LISCHKE (Fontainebleau)
M. Simon MAGUIRE (Londres)
Mlle Elisabeth MALFROY (Pontarlier)
M. Gottfried R. MARSHALL (Saint-Germain-en-Laye)
Mme Viviane MATAIGNE (Nivelles, Belgique)
M. Marco MAUCERI (Rome)
M. Christian MEYER (Strasbourg)
M. John MILSOM (Oxford)
Mlle Isabelle MOINDROT (Paris)
M. Davitt MORONEY (Paris)
M. Carlo Matteo MOSSA (Rome)
M. Jürgen NEUBACHER (Mayence)
M. Carl de NYS (Valprivas, Hte-Loire)
M. Jean-Pierre OUVRARD (Tours)
M. Daniel PAQUETTE (Lyon)
Mme Dominique PATIER (Poitiers)
Mme Anne PENESCO (Paris)
M. Paul PRÉVOST (Metz)
M. Frédéric ROBERT (Paris)
M. Jerome ROCHE (Durham, GB)
M. Pierre SABY (Lyon)
Mme Mary SACRÉ (Northampton, MA, États-Unis)
M. Lionel SAWKINS (Beckenham, Kent, GB)

M. Jürgen SCHLÄDER (Bochum)
M. Rolf Michael SIMON (Essen)
Mme Sabine SIMON (Essen)
M. Marco SPADA (Rome)
M. Roger SPIKES (Salisbury, GB)
Mme Gloria STAFFIERI (Rome)
Dom Angelico SURCHAMP (Saint-Léger-Vauban, Yonne)
Mme Mireille TENDERO (Nice)
Mme Gudrun TRIANGOLO (Nancy)
M. Philippe TRIANGOLO (Nancy)
M. Philippe VENDRIX (Liège)
Mme France VERNILLAT (Sceaux)
M. Pierre VIDAL (Paris)
Mme Jacqueline VINCENT-CAILLET (Sembadel, Hte-Loire)
M. Jacques VIRET (Strasbourg)
Mme Ornella VOLTA (Paris)
M. Jonathan P. WAINWRIGHT (Oxford)
M. Rainer WALLRAF (Munich)
M. Michael WALTER (Stuttgart)
Mlle Édith WEBER (Paris)
M. Ewan WEST (Oxford)
M. Charles WHITFIELD (Paris)
M. David WRIGHT (Tonbridge, Kent, GB)
M. David WYN-JONES (Cardiff, GB)

Note au lecteur

Le principe de classement des œuvres retenues est simple : c'est l'ordre alphabétique des titres ou des incipit littéraires. Les articles définis ne comptent pas pour le classement alphabétique et sont placés entre parenthèses à moins qu'ils ne fassent partie d'une phrase. *(La) Bonne Chanson* est classé à la lettre B, *(Le) Chant du départ* à la lettre C, *(Die) Soldaten* à la lettre S ; en revanche, *« La belle se siet au piet de la tour »* est classé à la lettre L, tout comme *« Die Elenden sollen essen »* l'est à la lettre D. Toutes les lettres qui constituent le titre sont prises en considération pour le classement. C'est ainsi que *Messe en fa majeur* se place immédiatement après *Messe « Ecce ancilla Domini »* et que *Messe en ut mineur* précède *Messe et Vêpres pour la Sainte-Cécile*. Lorsqu'un même titre est utilisé sans modification à des époques variées, les œuvres correspondantes sont disposées dans un ordre chronologique, p. ex. *Messe* de Giovanni Paisiello (1804), *Messe* de Frank Martin (1922), *Messe* d'Igor Stravinski (1944-48), *Messe* de Paul Hindemith (1963), *Messe* de Maurice Ohana (1976-77).

Les ouvrages en langue étrangère sont classés à leur titre ou incipit original sauf les ouvrages russes, polonais, tchèques ou hongrois qui le sont au titre français devenu usuel. Les traductions données entre parenthèses sont généralement littérales et donnent ainsi une idée précise du sens. Il arrive cependant que pour certains incipit on ait préféré, pour des raisons pratiques évidentes, une adaptation française bien connue ou chantable, mais éloignée du sens originel, comme c'est le cas pour certaines œuvres lyriques étrangères encore fréquemment interprétées en français ou dont une version française a été réalisée sous le contrôle du compositeur.

A la fin du 3e volume, un index par compositeurs et par auteurs des textes regroupe les œuvres qui leur sont attribuables et facilite ainsi leur consultation dans l'ouvrage. Un glossaire explique le sens des termes techniques utilisés.

Liste des abréviations

acad.	académie
a cap.	a cappella
accad.	accademia
accomp.	accompagnement
ad lib.	ad libitum
AfMf	Archiv für Musikforschung
AfMw	Archiv für Musikwissenschaft
Akad.	Akademie
all.	allemand
amér.	américain
Amer. Inst. of Musicology...	American Institute of Musicology
AMl	Acta Musicologica
AmZ	Allgemeine musikalische Zeitung
AMz	Allgemeine Musikzeitung
angl.	anglais
Anh.	Anhang (= annexe)
Ann. Mus.	Annales Musicologiques
anon.	anonyme
anth.	anthologie
Anuario Mus.	Anuario Musical
apr.	après
arrang.	arrangement
art.	article
assoc.	association/associé/associated
Assoc. Music Publ. (ou AMP)	Associated Music Publishers, New York
attr.	attribué, attribution
augm.	augmenté
autr.	autrichien
av.	avant
avr.	avril
bar.	baryton
batt.	batterie
BBC	British Broadcasting Corporation
b. c.	basse continue
b. ch.	basse chiffrée
bibl.	bibliothèque
Bibl. nat. (ou BN)	Bibliothèque nationale, Paris
bibliogr.	bibliographie
BN (ou Bibl. nat)	Bibliothèque nationale, Paris
bol.	boletín
boll.	bolletino
Boosey & H.	Boosey & Hawkes
Bote & B.	Bote & Bock
Br. & H.	Breitkopf & Härtel, Wiesbaden
BrM	British Museum, Londres
bull.	bulletin
BV	Bärenreiter-Verlag
ca	circa
c-à-d.	c'est-à-dire
CANF	Centre d'art national français
cant.	cantique
catal.	catalogue
cath.	catholique
cb.	contrebasse
Cebedem	Centre Belge de Documentation Musicale, Bruxelles
cf.	confer (= se reporter à)
ch.	chambre (musique de)
chap.	chapitre
cht	chant
Chw	Das Chorwerk, Wolfenbüttel, Möseler-Verlag, 1929 et suiv.
clar.	clarinette
class.	classique
clav.	clavier
clv.	clavecin
CMM	Corpus Mensurabilis Musicae
CNRS	Centre National de la Recherche Scientifique, Paris
cod.	codex
col.	colonne
coll.	collectif/collection
collab.	collaborateur/collaboration
complt	complément
Cons.	Conservatoire
contrept	contrepoint
cor angl.	cor anglais
CSM	Corpus Scriptorum de Musica
CUP	Cambridge University Press
DDT	Denkmäler deutscher Tonkunst, Leipzig, puis Augsbourg (à partir de 1924) 1892-1931
déc.	décembre
dépt	département
dern.	dernier
dict.	dictionnaire
difft	différent
dir.	directeur/direction
diss.	dissertation, thèse
div.	divers
DTB	Denkmäler der Tonkunst in Bayern (= DDT 2e série), Leipzig, puis Augsbourg (à partir de 1924) 1900-1931
DTÖ	Denkmäler der Tonkunst in Österreich, Vienne, 1894 et suiv.
ecclés.	ecclésiastique
éd.	édité/éditeur
Éd. Fr. de Mus.	Éditions Françaises de Musique, Paris
EDM	Das Erbe deutscher Musik, Hanovre 1935 et suiv., 1re série = Reichsdenkmale (RD), 2e série = Landschaftsdenkmale
EKG	Evangelisches Kirchengesangbuch

encycl.	encyclopédie
en prép.	en préparation
enseignt	enseignement
env.	environ
esp.	espagnol
ev.	evangelisch (= évangélique)
extr.	extrait
f.	femmes (chœur de)/féminin
f°	folio
facs.	fac-similé
févr.	février
fl.	flûte
fl. trav.	flûte traversière
fr.	français
Fs.	Festschrift
Gazette Mus.	Gazette Musicale
gd	grand
Gesch.	Geschichte/Geschiedenis (= histoire)
gl	général
grég.	grégorien
Grove	The New Grove Dictionary of Music and Musicians, Londres, Macmillan, 1980
h.	hommes (chœur d')
harm.	harmonie
Hdb	Handbuch (= manuel)
hist.	histoire/historique
HMUB	Hudebni Matrice Umelecké Besedy, Prague
hongr.	hongrois
Hs.	Handschrift (= manuscrit)
htb.	hautbois
ibid.	ibidem (= au même endroit)
id.	idem (= le même)
impr.	imprimé
intern.	international
introd.	introduction
Inst.	Institute/Institute
instr.	instrument/instrumental
ital.	italien
JAMS	Journal of the American Musicological Society
janv.	janvier
Jb.	Jahrbuch (= annuaire)
Jb. Peters	Jahrbuch der Musikbibliothek Peters
Jh.	Jahrhundert (= siècle)
juil.	juillet
Kgr.-Ber.	Kongress-Bericht (= Actes du congrès)
KmJb	Kirchenmusikalisches Jahrbuch
KV	Köchel-Verzeichnis
lat.	latin
libr.	librairie/Library
litt.	littéraire
liturg.	liturgique
livr.	livraison
m.	mort/masculin
M.A.	Moyen Age
MAB	Musica Antiqua Bohemica
maj.	majeur
MD	Musica Disciplina
mezzo-sop.	mezzo-soprano
Mf	Die Musikforschung
MfM	Monatshefte für Musikgeschichte
MGG	Die Musik in Geschichte und Gegenwart, éd. par Fr. Blume, 14 vol., Kassel, BV, 1949-68
mie	musicologie
min.	mineur
Mk	Die Musik
ML	Music and Letters
MM	mouvement métronomique
MMEsp	Monumentos de la Música Española, Madrid et Barcelone 1941 et suiv.
mouvt	mouvement
MQ	The Musical Quarterly
MR	The Music Review
ms. (mss)	manuscrit(s)
MSD	Musicological Studies and Documents
Muk	Musik und Kirche
mus.	musique/musical/musikalisch
Musikwiss. (ou Mw.)	Musikwissenschaft (= musicologie)
musikwiss. (ou mw.)	musikwissenschaftlich (= musicologique)
Mus. Brit.	Musica Britannica, Londres, Stainer & Bell, 1951 et suiv.
muz.	muzyczny
muzykol	muzykologiczny
Mw.	Musikwissenschaft (= musicologie)
mw.	musikwissenschaftlich
nat.	national
NBA	Neue Bach Ausgabe, Kassel, BV, 1954 et suiv.
nbr.	nombreux
néerl.	néerlandais
NMZ	Neue Musik Zeitung
nouv.	nouveau/nouvelle
nov.	novembre
NRF	Nouvelle Revue Française
NRMI	Nuova Rivista Musicale Italiana
n.st.	nouveau style
NZfM	Neue Zeitschrift für Musik
oct.	octobre
ÖMZ	Österreichische Musik-Zeitschrift
op.	opus
ORTF	Office de Radiodiffusion-Télévision Française
Österr.	Österreich (= Autriche)
OUP	Oxford University Press
ouvr.	ouvrage
p.	piano
p./pp.	page/pages
PäM	Publikationen älterer Musik, 11 vol., Leipzig 1926-41
part.	partition
péd.	pédale, pédalier
p. ex	par exemple
PGfM	Publikationen der Gesellschaft für Musikforschung, 29 vol., Berlin et Leipzig 1873-1905
phil.	philosophie
philharm.	philharmonique
pl.	planche
plus.	plusieurs
pol.	polonais
polyph.	polyphonique
pop.	populaire
post.	postérieur
posth.	posthume
prép.	préparation (en)
prés.	président
Proc. Mus. Assoc.	Proceeding of the Music Association
Proc. R. Mus. Assoc.	Proceeding of the Royal Music Association

prof.	professeur
prot./protest.	protestant
ps./Ps.	psaume/Psalm
pseud.	pseudonyme
psychol.	psychologie/psychologique
pt	petit
publ.	publié/publication
qq.	quelques
r	recto
Rass. Mus.	Rassegna Musicale
RBMie	Revue Belge de Musicologie
réalis.	réalisateur/réalisation
Recueil ECAAL	Recueil de cantiques de l'Église de la Confession d'Augsbourg en Alsace et en Lorraine
réd.	réduction/réduit
rééd.	réédité/réédition
relig.	religieux
représ.	représentation/représenté
rev.	revue/revista
RIMF	Revue Internationale de Musique Française
RISM	Répertoire International des Sources Musicales
RM	Revue Musicale 1827-35 : Fétis; 1903-12 : Combarieu ; 1920 et suiv. : Prunières
RMI	Rivista Musicale Italiana
RMie	Revue de Musicologie
RMS	Revue Musicale Suisse (Schweizerische Musikzeitung)
s.	siècle
S.	San
SACEM	Société des Auteurs, Compositeurs et Éditeurs de Musique
saxoph.	saxophone
s.d.	sans date
sec.	secolo
sept.	septembre
SIM	Société Internationale de Musique
SIMC	Société Internationale pour la Musique Contemporaine
SIMG	Sammelbände der internationalen Musikgesellschaft
SJbMw	Schweizer Jahrbuch für Musikwissenschaft
s.l.	sans lieu
s.l.n.d.	sans lieu ni date
Slg	Sammlung (= recueil, collection)
SMZ	Schweizerische Musik-Zeitung (= RMS)
soc.	société
Soc. Fr. de Mie.	Société Française de Musicologie
Soc. Nat. de Mus.	Société Nationale de Musique
sop.	soprano
spir.	spirituel
St	Saint
St.	Sankt
StMw	Studien zur Musikwissenschaft
suiv.	suivant
supplt	supplément
symph.	symphonie/symphonique
syn.	synonyme
syst.	système
tabl.	tableau
th.	thème
timb.	timbales
Torchi Arte Mus.	L'Arte Musicale in Italia, éd. par L. Torchi, 7 vol., Milan 1897 et suiv.
trad.	traduction/traduit
transcr.	transcription/transcrit
trb.	trombone
trp.	trompette
TVer	Tidjschrift der Vereniging voor nederlandse Muziekgeschiedenis
u.	und (= et)
UE	Universal Edition, Vienne
Univ.	Université
v.	vers (avant une date)
v.	voix
v	verso
var.	variation
vers.	version
VfMw	Vierteljahresschrift für Musikwissenschaft
vl.	violon
vlc.	violoncelle
vol.	volume
ZfM	Zeitschrift für Musik
ZfMw	Zeitschrift für Musikwissenschaft
ZIMG	Zeitschrift der Internationalen Musikgesellschaft
Zs.	Zeitschrift (= revue)

G

(La) Gageure imprévue, opéra-comique en un acte, livret de Pierre Bertin, adapté de la comédie de Sedaine, musique d'**Henri Sauguet**, composé à Paris et à Coutras d'août 1941 à août 1942, dédié à Jacques Rouché, créé à Paris, à l'Opéra-Comique, le 4 juil. 1944, avec Odette Turba-Rabier, Monda Million, Christiane Gaudel, Marguerite Legonhy, Émile Rousseau, Paul Derenne, Henri Buck et Louis Morturier, sous la dir. de Roger Désormière, mise en scène de Pierre Bertin, décors et costumes de Jacques Dupont. (Paris, Eschig ; durée : 55 min environ.)

Sedaine avait tiré son sujet d'une comédie de Scarron, *La Précaution inutile.* P. Bertin se chargea du nouvel avatar de l'œuvre en modifiant et simplifiant l'intrigue pour l'adapter avec efficacité à la scène lyrique.

Livret — La marquise de Clainville (sop.) s'ennuie, seule, pendant que son mari est à la chasse, et s'inquiète parce qu'elle a entendu chanter une jeune fille (sop.) dans les appartements de l'époux absent. Pour se distraire et peut-être pour se venger, elle décide de se servir du jeune officier (ténor) qui passe sous ses fenêtres en l'invitant à dîner : grâce à un subterfuge, il deviendra ainsi complice de la gageure qu'elle imagine pour attiser la jalousie du marquis. Mais rien ne se passera comme elle l'avait prévu : le marquis (bar.) connaît l'officier ; il venait, en cachette, lui demander la main de la jeune fille, qui est sa nièce. Une joyeuse « moralité » donne, comme le veut le genre, la conclusion de l'histoire.

La partition transpose avec adresse et esprit les caractères de l'opéra-comique classique dans notre époque, notamment en intégrant la coupe traditionnelle avec l'alternance d'airs, d'ensembles et de récitatifs dans un discours musical continu, sans intermèdes ni préambule symphonique, qui donne à l'ouvrage une grande souplesse et beaucoup de naturel. L'ambition de Sauguet avait été de présenter le XVIIIe s. par un homme qui connaissait déjà « la fin tragique du règne de Louis XVI » et, pour suggérer « cette époque au bord du précipice », il chercha à « créer par des commentaires musicaux extrêmement denses une atmosphère style « Liaisons dangereuses » dans laquelle entre beaucoup d'élégance — ceci au moyen de lignes musicales très ornementées — et en même temps accuser le caractère psychologique du principal personnage féminin en accentuant son côté mélancolique » (H. Sauguet). Avec cette œuvre qu'il aimait particulièrement, le compositeur désira réaliser « une synthèse de la grâce qui distingue le XVIIIe s. et du caractère dramatique de la Révolution ». Les opportunités de la vie permirent de suivre son propos en l'appliquant à une autre époque : le XIXe s. après le XVIIIe, Musset succédant à Sedaine et une héroïne à une autre. → *Les Caprices de Marianne* naquirent quelques années plus tard d'une démarche similaire.

Bibliographie — Cl. Chamfray et H. Sauguet, *in* Arts, 27 juil. 1945 ; Fr.-Y. Bril, H. Sauguet, Paris, Seghers, 1967, pp. 87-88.

Fr.-Y. Bril

« Gaite de la tor » (Guetteur de la tour), chanson d'aube française dont l'auteur est resté anonyme, probablement de la fin du XIIe ou du début du XIIIe siècle. Des cinq aubes en langue d'oïl qui nous restent, c'est la seule dont la mélodie a été préservée. Le texte poétique et sa musique ont été conservés par un unique manuscrit, le Chansonnier dit de Saint-Germain, aujourd'hui à la Bibliothèque nationale.

Numériquement plus forte dans la tradition méridionale des troubadours (18 pièces), l'aube se caractérise principalement par son thème poétique. Cette règle vaut aussi pour *« Gaite de la tor ».* La pièce est bâtie sur le thème de la séparation des amants. Après une entrevue nocturne — souvent illégitime —, les amants se réveillent. Ici, le cri du guetteur — parfois le chant des oiseaux — les alerte. Le retour du jour va les priver l'un de l'autre et ils complaignent.

Cette chanson d'aube a donné lieu à de nombreux commentaires. Les deux questions les plus souvent débattues par la critique sont les suivantes : 1° S'agit-il d'un chant dramatique, presque un mimodrame à la limite du poème chorégraphique (J. Bédier) ou bien s'agit-il plutôt d'une composition lyrique (P. Bec) ? 2° S'il s'agit d'un dialogue quasi théâtralisé (A. Jeanroy), quels sont exactement les personnages qui interviennent ? L'interprétation de P. Bec semble aujourd'hui faire autorité. Le philologue insiste d'abord sur la nature essentiellement courtoise de cette aube : trois monologues, ceux de l'amant, du guetteur, puis de l'amant de nouveau, se succéderaient et rappelleraient la hantise du jaloux, la tristesse de la séparation et le plaisir d'amour. En outre, P. Bec souligne le fort contraste existant entre les sept strophes et le refrain et ses onomatopées (« hu et hu... »), ce refrain lui apparaissant comme une entité autonome.

Du point de vue métrique et musical, cette opposition entre strophe et refrain, si elle existe, s'observe moins bien. La strophe de *« Gaite de la tor »* dispose de 6 vers hétérométriques (5 4 6 5 4 6) avec une formule de rimes divisibles a a b' a a b' et une mélodie dont le schéma ABC AB'C' l'est aussi. Quant au refrain, il dispose également de vers hétérométriques, mais en nombre impair (7 4 6 7 6). Rimés c c b' c b', ces vers sont portés par une sorte de timbre conclusif DEFD'G. D'ambitus large, une onzième, la mélodie de cette aube apparaît vive et enjouée. On remarquera l'alternance entre les cadences en *ut* (vers 2, vers 4, vers 4 du refrain), et celles en *ré* plus classiques pour l'époque. Ici, le ton d'*ut* concourt avec les mouvements ascendants (vers 3, et vers 1 du refrain) à donner une allure simple. Sur ce plan d'ailleurs, il serait difficile de prétendre qu'il y a une opposition forte entre la mélodie de la strophe et celle du refrain. Tout au plus pourra-t-on dire que la mélodie du dernier appelle un certain balancement rythmique. Bien que notée en neumes lorrains sans indications de mesure, nous avons opté pour une transcription mesurée du refrain qui vient contraster avec l'aspect déclamatoire de la strophe.

Traduction — Guetteur de la tour / gardez tout autour / les murs si Dieu vous voit / Car sont en chambre / Dame et seigneur / et les larrons rôdent / hu et hu... / je l'ai vu / là-dessous la coudraie / hu et hu... / pour un peu je le tuerai.

Ms. U, f° 83r, éd. P. Bec, p. 27.

Bibliographie — J. Bédier, Les plus anciennes danses françaises, *in* Revue de Deux Mondes, 1906, pp. 398-424 ; P. Aubry, Trouvères et troubadours, Paris 1909, p. 89 ; G. Raynaud et H. Spanke, Bibliogr. des altfranzösichen Liedes, Leyde 1955 (n° 2015) ; J. Maillard, Anthologie de chants de trouvères, Paris, Zurfluh, 1967, p. 78 ; P. Bec, L'aube française, Gaite de la tor : pièce de ballet ou poème lyrique, *in* Cahiers de Civilisation Médiévale, Poitiers 1973, pp. 17-33 ; du même, La lyrique française au Moyen Age (XIIe-XIIIe s.) II, Paris, 1978, pp. 27-30 ; S. Rosenberg et H. Tischler, Chanter m'estuet : Songs of the Trouvères, Londres, Faber, 1981, pp. 25-28.

G. Le Vot

Galathée, opéra-comique en 2 actes, livret de Jules Barbier et Michel Carré, musique de **Victor Massé**, créé à Paris, à l'Opéra-Comique, le 14 avr. 1852, avec Delphine Ugalde (Galathée). (Paris, Choudens, 1852 ; durée : 1 h 34 min environ.)

Livret — A Chypre, aux temps antiques, le riche Midas (ténor) brûle de voir la statue de Galathée que Pygmalion (primitivement contralto puis bar.-basse) vient de sculpter. L'esclave Ganymède (ténor) cède à sa prière mais l'artiste, furieux, refuse de lui vendre son œuvre car il s'en est épris. Or voici que Galathée (sop.) s'anime et déclare son amour au sculpteur. Tandis qu'elle découvre le monde qui l'entoure, Pygmalion, extasié, part lui chercher de quoi se restaurer, sans oublier de l'enfermer. Au 2e acte, Ganymède célèbre la paresse puis, émerveillé, voit Galathée dans le jardin. Il en tombe amoureux ainsi que Midas survenu sur ces entrefaites. Au retour de Pygmalion, on passe à table et le vin provoque une dispute du trio. La jeune fille s'enfuit, poursuivie par ses deux commensaux, mais elle les sème et revient avouer son amour à Ganymède. Les tourtereaux projettent de partir sans délai quand ils sont surpris. Pygmalion demande à Vénus de rendre Galathée à nouveau immobile. La déesse exauce son vœu tandis que le sculpteur retourne à ses plaisirs avec ses amis.

Œuvre depuis longtemps disparue du répertoire après avoir connu un éclatant succès dans la 2de moitié du XIXe s. et au début du XXe, *Galathée* se distingue par sa verve et ses couleurs poétiques fort diversifiées. Massé ne nourrit pas ici d'ambitions exagérées, mais il met son talent de virtuose au service d'une petite intrigue mythologique assez originale. Bucolique au début de l'ouvrage et joyeusement populaire à la fin, le chœur joue un rôle secondaire et l'intérêt se concentre sur les quatre protagonistes de l'action. Bon enfant, un brin naïf, Midas se targue de sa richesse dans des couplets satisfaits à l'allure décidée : « Je mange bien et je bois bien, / Je ne suis pas riche pour rien. » Après un entracte écrit dans le style de la ballade avec cor et flûte solistes, Ganymède a le privilège de l'*Air de la paresse*, dont les paroles demeurent encore dans les mémoires : « Ah ! qu'il est doux de ne rien faire quand tout s'agite autour de nous. » C'est une romance ardente, au style enflammé contrastant totalement avec le sujet traité. A la fin, le duettino avec Galathée sera tendre et chantant, mais plus convenu. Selon J. Visbecq et G. Dumazert, le rôle de Pygmalion est « vocalement vétilleux », sa tessiture « exigeant largeur, aigu facile, mais légèreté, maîtrise de la vocalise ». Cette observation concerne tout particulièrement sa longue intervention au cœur du 1er acte. Pour faire part de sa désillusion quant aux femmes et de son amour pour la statue qu'il a réalisée, il se livre à des « effets » langoureux à la limite du comique. Suit une aria large et lyrique : *« Tristes amours ! [...] Mon bonheur a fui pour toujours. »* L'évocation de Galathée l'anime et mène à l'exaltation de la déclaration d'amour. Cette progression se conclut avec l'invocation : *« O Vénus, sois-moi clémente ! »*, pleine de vaillance et qui l'entraîne dans l'aigu. Plus loin, dans le duo amoureux, Pygmalion rivalisera de vocalises avec sa conquête. Le rôle-titre est tout aussi difficile : « Soprano lyrique-léger de grand opéra, il exige du charme, de l'esprit, du phrasé, un médium corsé et toutes les fleurs pyrotechniques de la colorature » (op. cit.). Déjà l'éveil de Galathée présente une vocalise expressive et se double d'une découverte ardente et sensuelle de l'amour. Sautillante et légère, la fin du duo qu'elle chante avec Pygmalion comporte de périlleuses vocalises elle aussi, le tout se terminant de façon brillante. L'*Air de la Lyre*, qui fut célèbre, offre d'abord un chant recueilli mais brûlant, une mélodie facile qui se déroule sans peine, dans l'esprit de la romance mais de façon plus convaincante. Après avoir vocalisé, l'interprète aborde une seconde partie plus nerveuse et plus brève, avant de conclure dans l'héroïsme, vocalisant et faisant des trilles étincelants. A la fin du quatuor du 2e acte, l'*Air de la Coupe* permet de nouveau à Galathée d'effectuer une démonstration de virtuosité vocale. Écrit pour mettre en valeur les prouesses techniques de la cantatrice, le rôle demande aussi de solides qualités d'expression car il faut donner au personnage une fantaisie légère et piquante, le rapprochant ainsi de la → *Phryné* de C. Saint-Saëns.

M. BURGARD

GANYMED (Ganymède), op. 19, n° 3, lied pour voix et piano de **Franz Schubert** (D 544), sur une poésie de Goethe, composé en mars 1817, édité à Vienne le 6 juin 1825 et dédié au poète. (Durée : 4 min 8 s environ.)

Bien qu'appartenant à la période « Sturm und Drang », le poème laisse déjà présager le Goethe « olympien » de la maturité. Grandiose profession de foi panthéiste en l'amour universel, le texte consiste en trois strophes séparées par deux courts distiques (distribution des vers : 8-2-9-2-10). La répartition irrégulière des strophes ainsi que la longueur variable des vers sans rime ont incité le compositeur à choisir une forme continue (« durchkomponiert ») très libre pour mieux traduire les diverses images poétiques. Le découpage en sections ne respecte que sporadiquement la répartition en strophes du poème. Si la section I correspond bien à la strophe initiale, la section II regroupe le premier distique et la 1re moitié de la 2e strophe, tandis que la 2de moitié passe en section III. La section IV s'étend au-delà du second distique, puisqu'elle lui adjoint le 1er vers de la dernière strophe. Les 9 vers restants forment une section V qui est presque intégralement reprise, avec quelques variantes à la mélodie : c'est la seule redite dans cette musique qui va toujours de l'avant. On obtient ainsi la répartition suivante :

Sections	Introduction	I A	II B	III C	IV D	V E	VI E'
Mesures	1-7	8-31	32-45	46-68	69-78	79-94	95-121

Dès le départ, l'atmosphère est magistralement campée grâce à une formule d'accompagnement majestueuse qui se déploie par étapes ascendantes, symbolisant l'idée essentielle d'ascension spirituelle du poème. Puis, sur cette formule, se déroule une ligne vocale ample et rayonnante. Le rythme devient plus fiévreux en section II et quand, en section III, il est fait allusion au rossignol, Schubert interrompt la ligne vocale pour confier au piano un figuralisme musical à base de trilles et d'arpèges ascendants qui ne sont pas sans préfigurer le chant de l'oiseau du *Siegfried* de Wagner. Avec le second distique (section IV), la musique, brusquement, s'anime et s'accélère de plus en plus jusqu'à la suspension impressionnante du dernier vers. Sur celui-ci — « Allliebender Vater » (Père à l'amour universel) — Schubert exprime fortement son accord profond avec ce credo d'amour par un superbe mélisme, à la courbe souple et ondoyante. Ce dernier vers sera repris par deux fois pour conclure et le compositeur étoffera encore son mélisme, l'étirant en une expressive et émouvante cantilène que des harmonies savamment agencées viennent encore intensifier. Puis l'accord final s'égrène en étapes ascendantes, tout comme l'introduction, pour souligner la notion fondamentale d'ascension spirituelle commune au poète et au musicien **A**. On remarquera que, si le lied débute dans la tonalité douce et caressante de *la* ♭ maj., il se termine dans le ton plus épuré de *fa* maj. (situé à trois quintes plus à l'aigu dans le cycle des quintes), marquant de nouveau la volonté de conférer une direction ascensionnelle à la musique.

Dans ce lied, Schubert a trouvé des accents admirables pour exprimer son désir d'un monde meilleur, baigné par l'amour. Il a su donner un équivalent musical de même qualité spirituelle et de même niveau artistique que le poème goethéen.

Bibliographie — BR. MASSIN, Fr. Schubert, Paris, Fayard, 1977, pp. 770-772.

S. GUT

GANYMED, lied pour voix et piano de **Hugo Wolf**, n° 50 des → *Gedichte von J. W. von Goethe...*, composé à Döbling, le 11 janv. 1889. (Durée : 5 min environ.)

Placé à la fin des *Goethe-Lieder*, avec → *Prometheus* et → *Grenzen der Menschheit*, *Ganymed* fait partie du « triptyque de l'homme et de la divinité ». Ce poème — comme les deux autres — avait déjà été mis en musique par Schubert, en adoptant la forme « durchkomponiert », alors que Wolf s'en tient à la structure ABA'.

Goethe montre l'adolescent aimé de Zeus, immortel échanson des dieux, aspirant à l'union avec la nature et l'« alliebenden Vater » (le Père tout-aimant) : c'est « l'éternel mythe de l'âme qui s'arrache aux lourdeurs », pour lequel Wolf trouve « un habit wagnérien » comme le souligne M. Beaufils. La première et la dernière section de ce lied en *ré* maj. — tonalité de la joie et du bonheur — comptent parmi les plus délicieuses réalisations du compositeur. Tendrement, le piano ourle des

A GANYMED DE FR. SCHUBERT

guirlandes printanières de croches descendantes et montantes (avec un phrasé, rare chez Wolf, de trois mesures), en modulant par tierces (*ré*, *fa* ♯, *si* ♭ majeurs), technique chère au compositeur qui traduit par là l'aspiration vers l'union mystique contenue dans le poème. La voix se contente de rythmer les vers sur les notes des accords de ces tonalités. Cette sobriété vocale demeure lorsque l'élan devient plus fiévreux au cours de la partie centrale. Avec son ampleur et la mouvance de ses traits de basse, le piano est chargé d'exprimer à lui seul comment le vent du matin étanche la soif brûlante de Ganymède.

CHR. GOUBAULT

GASPARONE, opérette en 3 actes et 6 tableaux, livret de F. Zell (Camillo Walzel) et Richard Genée, musique de **Karl Millöcker**, créée à Vienne, au Theater an der Wien, le 26 janv. 1884.

L'action se passe en cette fin de XIXe s. dans des cercles de bandits siciliens près de Syracuse. L'aubergiste rusé Benozzo fait croire à l'existence du chef des voleurs Gasparone, afin de détourner l'attention du podestat et de sa police de ses propres activités de contrebandier. Son ami, le comte Erminio, profite de ce personnage fictif pour obtenir la main de la comtesse de Santa Croce.

Le sujet, dont la ressemblance avec celui des *Brigands* de J. Offenbach paraît évidente, fait allusion aux mœurs viennoises de cette époque. Parmi les pages musicales dont le texte seul fait déjà pressentir la popularité, signalons la valse *« Er soll dein Herr sein »* (Il doit devenir ton mari), l'air *« Dunkelrote Rosen »* (Roses rouge foncé) ou la romance *« O ! dass ich doch ein Räuber wäre ! »* (Oh ! si seulement j'étais un voleur). Avec *Gasparone*, Millöcker remporta l'un de ses plus grands succès.

R.-M. SIMON et S. SIMON

GASTIBELZA. BOLÉRO, mélodie pour voix de basse et piano de **Franz Liszt**, sur une poésie de Victor Hugo, composée vers 1844 (éd. 1844). Liszt en fit une transcription pour piano en 1847 qui n'a été publiée que récemment (Budapest 1985). Le sujet espagnol du poème invite le musicien à mettre en évidence la couleur locale en créant une atmosphère hispanisante très typée. Du reste, pour bien marquer son intention, Liszt change le sous-titre *Guitare* donné par Hugo en celui de *Boléro.* Pour cette longue ballade de 6 strophes, il n'adopte ni la composition continue (« durchkomponiert ») — qui présentait de sérieux dangers de dispersion — ni la forme strophique stricte — qui, en raison de la longueur du texte, risquait de devenir monotone —, mais un compromis habile : il se sert de deux formules différentes de couplets et de refrains, si bien qu'il en résulte une grande variété. On peut schématiquement représenter la forme utilisée de la façon suivante :

I	II	III	IV	V	VI	CODA
A + R[1]	A + R[2]	B + R[2]	A + R[1]	B+R[2]	B (+A)+ R[1]	R[1]

La structure réelle est infiniment plus subtile ; elle permet au compositeur de suivre jusque dans le détail la complexe description de Victor Hugo. On décèle 6 motifs thématiques différents dont 4 sont réservés aux couplets et 2 aux refrains, avec parfois quelques entorses à ce principe. En outre, il y a une formule d'introduction pianistique et un rythme de boléro intermittent à l'accompagnement. Voici ces différents matériaux :

Formule d'introduction

Rythme pianistique de boléro

1er motif de couplet = a

2[e] motif de couplet = b

3[e] motif de couplet = c

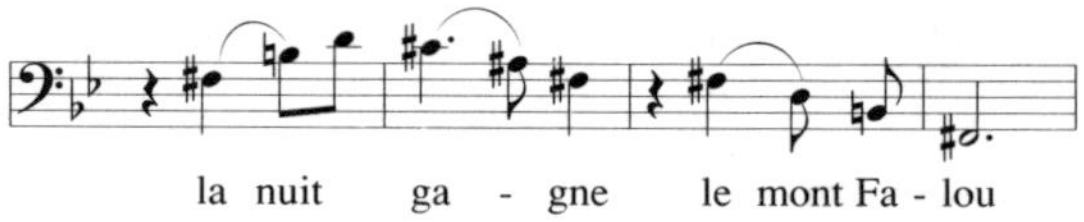

4[e] motif de couplet = d

1[er] motif de refrain = R[1]

2e motif de refrain = R²

Tous ces éléments viennent et reviennent avec souplesse et à-propos. Rarement, dans une mélodie, Liszt a utilisé une structuration aussi savamment agencée (et jamais sur un texte français). Il faut y ajouter le brio de l'écriture pianistique, les recherches rythmiques, les effets vocaux, les changements de tempi, les oppositions de nuances qui éclairent de mille facettes ce brillant tableau du grand poète français. Dès la formule d'introduction, l'atmosphère ibérique est campée. Puis, peu après, le rythme caractéristique du boléro s'installe à l'accompagnement et vient la confirmer. Très caractéristiques également sont les mélismes descendants « à l'andalouse » du deuxième motif de couplet. Liszt brosse ici un tableau haut en couleur, emporté par un véritable souffle d'épopée. Il est vrai que les difficultés d'exécution sont très grandes, aussi bien pour le pianiste que pour le chanteur. Celui-ci doit non seulement couvrir un ambitus de près de deux octaves (du *fa* grave au *mi* aigu), mais encore disposer d'un organe à la fois fort et souple. En outre, il doit avoir d'authentiques dons de comédien. Si les conditions d'une bonne exécution sont remplies, on obtient une magnifique fresque sonore.

Éditions — Voir à l'art. *« Bist du ! »*.

Bibliographie — S. Gut, Les influences espagnoles dans l'œuvre musicale de Fr. Liszt, *in* Actas del Congresso intern. « España en la música de Occidente » (nov. 1985), Madrid, Inst. de las Artes escénicas y de la Música, 1987 ; du même, Les mélodies de Fr. Liszt sur des textes français, *in* Actes du colloque « Autour de la mélodie française » (mars 1984), Rouen, Publ. de l'Université de Rouen nº 124, 1987.

S. Gut

« Gaudeamus omnes », introït en 1er mode du → Propre de la fête de tous les saints. La destination originelle de ce chant est la fête de sainte Agathe, le 5 février ; pour l'adapter à celle de tous les saints, il a fallu remplacer dans la première phrase les mots « Agathae martyris » par « omnium sanctorum », et au début de la seconde « de cuius passione » par « de quorum solemnitate ». La mélodie possède toute la majestueuse ampleur que permet le mode authente de *ré*, dont la formule d'intonation caractéristique, avec saut de quinte *ré-la*, souligne heureusement le premier mot « gaudeamus ». Cependant, la fin de la première phrase puis la seconde gravitent autour de la médiante *fa*, non sans remonter passagèrement à l'aigu pour mettre en relief certains mots expressifs : le même dessin ornemental est repris successivement aux mots « sub honore », « solemnitate » et « et collaudant ».

Traduction — Réjouissons-nous tous dans le Seigneur, célébrant ce jour de fête en l'honneur de tous les saints. De cette solennité que les anges se réjouissent et acclament le Fils de Dieu (texte de composition libre, d'après le Ps. 33).

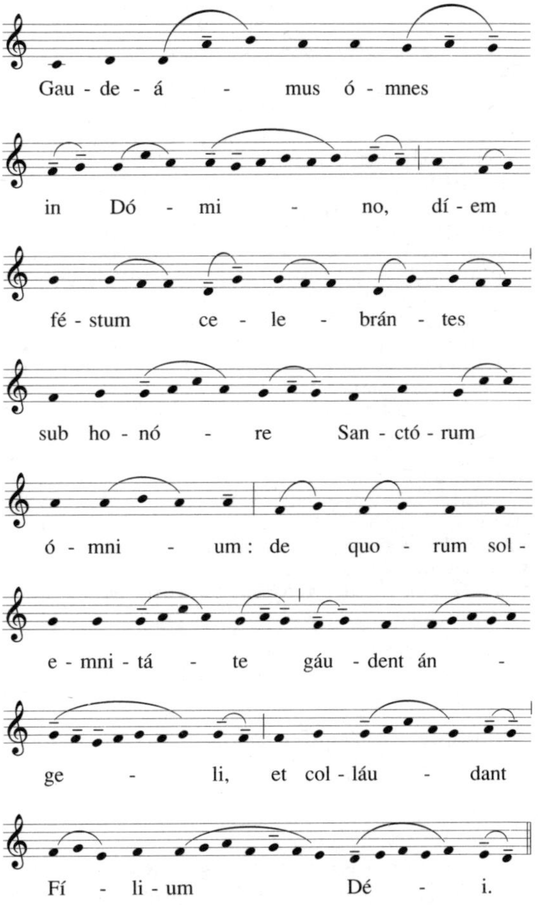

J. Viret

« Gaudeamus omnes », dialogue sacré à 2 chœurs de 4 voix chacun, attribué à **Guillaume Bouzignac**. Inspiré du thème de l'Assomption, le texte résulte d'un collage de versets sporadiquement empruntés à l'Ancien et au Nouveau Testament. Plusieurs formules d'écriture chères à Bouzignac se rencontrent en cette pièce ; par recoupement avec des motets dont la paternité est indiscutable, l'attribution de *« Gaudeamus omnes »* à Bouzignac devient des plus probables. En premier lieu, l'emploi de silences réflecteurs cernant le mot « silentium » avait déjà été entrevu, tel quel, dans les motets → *« Dum silentium »* et *« Noé, Noé, pastores »*, tous deux authentiques. Une seconde caractéristique du style de Bouzignac réside dans l'utilisation de jeux rythmiques dissyllabiques. Favorisées par les contretemps, les voix se répondent par rapides échos, créant une incise de marche harmonique sur les paroles jubilantes « Io, Io », formule exploitée dans *« Noé, Noé, pastores »*, *« Assumpta est Maria »* (œuvres authentiques) ou *« Cantate Domino »*, dit de La Rochelle :

L'œuvre se divise en deux parties distinctes : une introduction joviale traduisant le triomphe de l'Assomption précède un dialogue d'allure solennelle, entre Marie et Jésus. A la différence d'une scène sacrée, les échanges vocaux s'effectuent ici entre deux chœurs, sans intervention soliste. L'effet acoustique de l'alternance chorale fournit ainsi la principale ressource structurelle du compositeur. Cependant, pour renforcer sa volonté d'adhérer à une musique compréhensible et convaincante, Bouzignac fait appel à des concepts d'influence théâtrale, qui imitent le débit de la parole (« veni, veni »), ou aux madrigalismes, sortes d'échos musicaux du texte littéraire (« obdormivit » traité sur valeurs longues ; ascension progressive de la mélodie sur « elevata est »). Par les références faites aux figuralismes, au double chœur et à l'« action suggérée », Bouzignac se situe dans la tradition de compositeurs italiens (O. Vecchi, L. Marenzio, G. Gabrieli) dont les œuvres purent lui parvenir en des contrées italianisantes (cour d'Henry de Montmorency, épouse de Marie-Félicie des Ursins ; fréquentation du Comtat Venaissin, de Paris, ou de l'Italie elle-même).

Sources — Paris, BN, Ms. 571, f° 2.

Éditions modernes — Par D. Launay, *in* Anthologie du motet latin polyphonique en France (1609-1661), n° 17, Paris, Soc. Fr. de Mie, 1963.

Bibliographie — D. Launay, G. Bouzignac, *in* Musique et Liturgie, n° 21, mai-juin 1951 ; M. Leroux, G. Bouzignac et son siècle (diss. Univ. de Paris-IV, 1987), à paraître.

M. Leroux

« Gaude, gloriosa Dei mater » (Réjouis-toi, glorieuse mère de Dieu), antienne votive à 6 voix de **Thomas Tallis**. Écrite probablement entre 1553 et 1558, c'est l'un des motets les plus longs et les plus somptueux de la période Tudor, nécessitant des interprètes d'une virtuosité exceptionnelle. (Durée : 15 min environ.)

Comme de nombreuses antiennes votives de l'époque, le texte de *« Gaude gloriosa »* est une salutation compliquée de la Vierge Marie. Dans de nombreuses institutions chorales de la période Tudor, ce type d'œuvre était généralement chanté après les vêpres, lors de services extraliturgiques pour des bienfaiteurs, des saints ou la Vierge. Certaines de ces pièces parmi les plus importantes pourraient avoir été composées pour des cérémonies officielles et il est vraisemblable que *« Gaude gloriosa »* célèbre non seulement la Vierge Marie mais aussi son homonyme, la reine Marie, qui restaura la foi catholique en Angleterre en 1553. Il y a peu de doute que Marie encouragea sa chapelle royale à balayer toute la sévérité et l'économie du culte protestant pour revenir à la richesse et au symbolisme de la liturgie médiévale. Les compositeurs de la chapelle royale, dont Tallis était le plus remarquable, saluèrent certainement avec enthousiasme le retour au rite romain en faisant revivre un style polyphonique fleuri qui avait été banni sous le pouvoir des protestants.

Le texte de l'antienne de Tallis se décompose en 9 sections, chacune s'ouvrant par le mot « Gaude ». Les six voix ne sont pas utilisées constamment : Tallis fait alterner des versets écrits pour un nombre de voix réduit — généralement 3 mais parfois 4 ou 5 — et d'autres pour le tutti choral. Le résultat est une œuvre de nobles proportions et de forts contrastes textuels, ces derniers rehaussés par le fait que des fragments de versets étaient communément chantés par des voix solistes. Bien que chaque phrase du texte commence en polyphonie imitative, l'avant-dernière syllabe est prolongée par de vastes mélismes qui étendent considérablement la durée de l'œuvre. La dimension de ces mélismes est donnée par le simple mot « Amen », à la fin de l'antienne, qui occupe à lui seul 30 mesures de musique.

Éditions — *In* Tudor Church Music VI, Londres, OUP, 1928.

Bibliographie — P. Doe, Tallis, Londres, OUP, 1976.

J. Milsom

(La) gazza ladra (La Pie voleuse), « melodramma » en 2 actes, livret de Giovanni Gherardini, musique de **Gioachino Antonio Rossini**, créé à Milan, au Teatro alla Scala, le 31 mai 1817, avec Mmes T. Giorgi-Belloc (Ninetta), M. Castiglioni (Lucia), T. Gallianis (Pippo), MM. S. Monelli (Giannetto), A. Ambrosi (le Podestat), F. Galli (Fernando), Fr. Biscottini (Isacco), V. Botticelli (Fabrizio). L'ouvrage fut donné pour la première fois à Paris, au Théâtre-Italien, le 18 sept. 1821.

Le livret est tiré de *La Pie voleuse ou la Servante de Palaiseau* de Th. Baudouin d'Aubigny et L.-Ch. Caigniez (1815). Ce drame s'inspire d'un fait divers survenu à l'époque de la Révolution française : une domestique accusée d'avoir volé un couvert en argent fut emprisonnée, jugée et condamnée à mort. Par la suite, il fut découvert que l'objet avait été dérobé et caché par une pie. La commune de Palaiseau institua une messe annuelle à la mémoire de la jeune fille, la « messe de la pie ».

Livret — Acte I. La maison du riche fermier Fabrizio Vingrandito (basse) dans un village proche de Paris. L'allégresse règne entre les villageois, la famille de Fabrizio et ses domestiques, réunis pour célébrer le retour de Giannetto (ténor), le fils du fermier. Au cours du repas de fête qui a lieu en plein air, une pie dérobe un couvert en argent à l'insu de tous. Le drame commence lorsque Fernando Villabella (basse), père d'une jeune servante de Fabrizio, Ninetta (sop.), vient secrètement retrouver sa fille. Fernando s'est battu avec son capitaine qui lui refusait une permission. Poursuivi par l'armée, il confie à Ninetta la seule richesse qu'il ait sur lui, un couvert en argent que Ninetta revendra à un marchand ambulant, Isacco (ténor), pour en tirer quelque argent. C'est alors que Lucia (mezzo-sop.), la femme de Fabrizio, s'aperçoit de la disparition d'un couvert. Ninetta, tout de suite suspectée, demande qu'on fasse venir le marchand ambulant. Ce dernier a déjà revendu le couvert, dont il se souvient qu'il était marqué du chiffre F.V. (aussi bien celui de Fernando que celui de Fabrizio). Publiquement accusée, Ninetta est emmenée en prison au désespoir de tous, en particulier de Giannetto qui est épris d'elle.

Acte II. Ninetta emprisonnée refuse les avances perfides du Podestat (basse) qui lui offre la liberté en échange de ses faveurs. Elle reçoit également les dernières visites de Giannetto et Pippo (alto), jeune habitant du village à qui elle offre sa croix. Au tribunal, la sentence est prononcée : Ninetta est condamnée à la peine capitale. Vengé, le Podestat exulte. Alors que Ninetta est conduite sur la place du village pour y être fusillée, Pippo découvre la fourchette d'argent. Sauvée in extremis, Ninetta pourra épouser Giannetto.

La gazza ladra appartient au genre mixte de l'« opera semiseria », né d'un ennoblissement et d'une dramatisation de l'« opera buffa » à la fin du XVIIIe siècle (→ *La Cecchina*). Cette œuvre succède directement à → *La Cenerentola* et en constitue le prolongement immédiat : de → *L'italiana in Algeri* à *La Cenerentola*, la présence d'éléments dramatiques s'intensifie dans l'univers bouffe, pour en arriver au comique sentimental et pathétique du conte de Cendrillon. Le genre « semi-serio », très proche du style larmoyant en vogue dans le théâtre français à l'époque de la Révolution — en particulier dans les œuvres de Boieldieu —, offrait donc à Rossini un cadre idéal pour poursuivre cette transformation de l'écriture dramatique.

L'œuvre résulte d'une alliance très réussie entre éléments bouffes et sérieux, d'où naissent dejà quelques-unes des caractéristiques de l'opéra romantique. Ainsi se rattachent directement au genre « buffo » l'extraction modeste des personnages (ni dieux, ni rois, ni héros), le caractère privé de la situation domestique réduite au cadre familial, le prosaïsme de l'action relevant du fait divers, enfin, le décor pastoral. Ninetta et Giannetto forment le traditionnel couple sérieux alors que le personnage caricatural du marchand ambulant constitue une partie bouffe typique, encore très proche de l'univers de la commedia dell'arte. En revanche, l'emploi d'un contralto travesti (Pippo) est étranger à la tradition de l'« opera buffa » et se rapproche plutôt du « contralto musico » qui remplaça les castrats dans l'« operia seria ». Pourtant, cet emploi, apparu avec le Cherubino des *Nozze di Figaro*, s'attachera, au XIXe s., aux rôles de jeunes adolescents.

L'élément sérieux de l'œuvre tient à la nature de l'intrigue, typique de la « pièce à sauvetage » : la catastrophe, lentement préparée tout au long de l'ouvrage, est finalement évitée de justesse par un coup de théâtre qui permet de conclure sur un finale heureux, conformément à l'esthétique néoclassique d'inspiration aristotélicienne. La pièce à sauvetage, dont la mode commence avec les troubles engendrés par la Révolution française et les guerres napoléoniennes, introduit dans l'opéra un dramatisme directement puisé dans la réalité contemporaine, et prône l'exaltation de nouvelles vertus, innocence, courage, amour filial et fidélité, qui annoncent le romantisme. Que la pièce à sauvetage ait trouvé un terrain d'élection dans le modèle formel de l'« opera buffa » — ou, en Allemagne, dans la forme apparentée qu'est le « Singspiel » (voir *Fidelio*) — ne doit pas surprendre. L'« opera buffa », par l'importance des ensembles et l'étroite connexion entre progression musicale et dramatique, offrait aux compositeurs une souplesse formelle beaucoup plus apte à accueillir ce discours moderne que l'« opera seria », avec ses constructions savantes, rigides et presque rituelles.

Il ne restait qu'à supprimer l'artifice du « lieto fine » (dénouement heureux) pour voir éclore l'opéra romantique. Le couple Fernando-Ninetta est un modèle d'amour filial dans l'affliction, qui connaîtra une grande fortune sous la plume des compositeurs italiens du XIXe siècle. L'espace théâtral lui-même se transforme sous l'effet d'une recherche de réalisme. L'introduction sur scène d'une séance de procès permet de montrer un lieu fortement spectaculaire, le tribunal, à l'intérieur du théâtre, ce qui constitue en quelque sorte une « mise en abyme » d'une grande efficacité scénographique. Non moins spectaculaire, l'arrivée de Ninetta (« Maintenant, conduisez-moi à la mort », finale de l'acte II) **A**, escortée par la foule aux sons d'une marche au supplice poignante, est elle aussi un tableau nouveau. Rossini s'inspire directement des marches funèbres et lugubres qui virent le jour pendant la Révolution. L'opulente écriture pour cuivres, rehaussée par l'utilisation du tambour aux moments décisifs de l'action, recrée le climat musical de cette époque. L'ouverture, l'une des plus réussies, impose dès son début **B** ces sonorités pathétiques.

A (LA) GAZZA LADRA

B (LA) GAZZA LADRA

Sources, éditions et rééditions — Ms. autographe, Milan, Archivio Ricordi ; fragments mss, Pesaro, Fondazione Rossini. — Réd. cht et p., Bonn et Cologne, Simrock, [v. 1819] ; Paris, Boieldieu, [v. 1820]. — Part. d'orch., Paris, Castil-Blaze, [v. 1824] ; par A. ZEDDA, Edizione critica delle opere I/21, Pesaro, Fondazione Rossini, 1979.

Bibliographie — PH. GOSSETT, La gazza ladra, Notes towards a Critical Edition, *in* Boll. del Centro Rossiniano di Studi, 1972, n° 2 ; BR. CAGLI, Il terzo genere e la magnificenza ideale, Rome, Teatro dell'Opera, 1973 ; R. CELLETTI, La vocalità rossiniana e la gazza ladra, *in* Boll. del Centro Rossiniano di Studi, 1973, n° 3 ; La Pie voleuse, L'Avant-Scène Opéra, n° 110, juin 1988 ; voir aussi la bibliogr. de l'art. *Tancredi*.

D. COLAS

(DER) GEBURTSTAG DER INFANTIN (L'Anniversaire de l'Infante), opéra en un acte, livret de G. C. Klaren d'après *The Birthday of the Infant* d'Oscar Wilde, musique d'**Alexander von Zemlinsky**, créé à l'opéra de Cologne, le 29 mai 1922, sous la dir. d'Otto Klemperer. (Vienne, UE [vers. revue par A. Dresen] ; durée : 2 h environ.)

C'est l'énorme succès de la reprise de l'œuvre en 1981 à l'opéra de Hambourg qui décida du retour sur la scène d'un des compositeurs du XXe s. que l'épisode hitlérien semblait avoir définitivement occulté. Et pourtant la reprise s'était contentée du livret de G. C. Klaren, qui avait presque aliéné l'œuvre de Wilde — en lui donnant pour titre *Der Zwerg* (Le Nain) — par la modification de nombreux aspects de l'argument comme par une langue redondante et prétentieuse. Pour la reprise au festival d'Édimbourg en 1983, Gerd Albrecht obtint du metteur en scène Adolf Dresen une restauration du texte original de Wilde et ce fut un triomphe.

Alma Mahler a décrit Zemlinsky, son maître très vénéré, comme un nabot « sans menton et sans dents », un affreux gnôme en quelque sorte, ce qui donne un aspect autobiographique à l'argument de l'opéra.

LIVRET — Le Majordome (basse) et les servantes (chœur de femmes) préparent la fête de l'anniversaire à la cour d'Espagne. L'Infante (sop.), mal élevée et gâtée, et ses compagnes de jeu troublent ces préparatifs. Le peuple offre ses vœux et reçoit une parcelle de l'énorme gâteau d'anniversaire. Remise de cadeaux dont le plus excitant est un nain, enfermé dans une cage, enfant difforme d'un charbonnier, capturé dans la forêt lors d'une chasse. Le Nain (ténor) chante une chanson pour l'Infante. Pour se moquer de lui, l'Infante lui propose d'épouser l'une de ses compagnes mais le Nain lui déclare la passion qu'il a pour elle. Demeurée seule, l'Infante joue et danse avec le Nain. Après son départ, sa duègne, Ghita (sop.), tente en vain de faire comprendre au Nain la réalité. Celui-ci découvre un miroir et prend conscience de ce qu'il est. L'Infante revient, veut encore jouer avec lui, mais il s'écroule, frappé au cœur. L'Infante danse devant son cadavre et voudrait la prochaine fois un jouet « qui n'ait pas de cœur ».

Tout au long de cet opéra, l'intensité dramatique ne diminue jamais. La caractérisation musicale des personnages y contribue tout autant que la richesse mélodique et le rayonnement de la palette orchestrale de Zemlinsky. C'est ainsi que, pour exprimer le monde froid de la cour engoncée dans son protocole, le musicien choisit une écriture diatonique proche du néoclassicisme ; son aspect volontairement formel donne parfois l'impression de citations. En revanche, la duègne, qui a audiblement les sympathies du compositeur, s'oppose musicalement à cette attitude par des mélodies très chantantes et des sonorités rayonnantes. Musicalement parlant, c'est le Nain qui est au centre de la partition, ce qui explique que Zemlinsky ait été d'accord avec le titre de Klaren. « Sans revenir à l'ivresse extatique, aux jeux des couleurs et des chromatismes et aux débordements sonores de l'autre opéra sur un argument de Wilde (→ *Eine florentinische Tragödie*), le matériau mélodique et les motifs attribués au Nain se distinguent de la raideur cérémonieuse de la musique de cour. D'éloquentes mixtures instrumentales, les ruptures harmoniques très suggestives d'une tonalité élargie, l'exaltation dramatique de courbes très amples, tout cela manifeste une musique expressive (pour ne pas dire expressionniste), subjective, chargée d'émotion, mais qui demeure toujours conditionnée par le texte et les contraintes de la scène » (P. Dannenberg).

D'une efficacité dramatique rare, l'avant-dernier opéra de Zemlinsky est sans doute son chef-d'œuvre dans le domaine lyrique, peut-être aussi parce que le musicien s'est identifié à son personnage central. En mettant en scène l'autorité sans cœur pour laquelle l'homme assoiffé d'amour devient un simple jouet, un homme devenu méconnaissable par l'effet de sa condition de travailleur de force — ce qui n'est pas vraiment le propos de l'œuvre de Wilde mais la dépasse par la qualité musicale —, Zemlinsky faisait de cette composition, située dans un cadre historique lointain, une œuvre éminemment contemporaine.

Bibliographie — Voir celle de l'art. *Eine florentinische Tragödie.*

C. DE NYS

GEDICHTE VON EDUARD MÖRIKE (Poèmes d'E. Mörike), 53 lieder pour une voix et piano de **Hugo Wolf**, dont 43 furent composés à Perchtoldsdorf entre le 16 févr. et le 18 mai 1888 et 10 à Unterach am Attersee entre le 4 oct. et le 26 nov. 1888. Les huit premiers lieder furent interprétés en privé à Perchtoldsdorf, le 26 févr. 1888. La première série des 43 lieder fut créée à Bayreuth, fin août 1888, par Friedrich Eckstein et le compositeur au piano. D'autres auditions des *Mörike-Lieder* eurent lieu en public, à Vienne, le 8 nov. 1888, avec le soprano Ellen Forster et Joseph Schalk au piano (*Der Knabe und das Immlein*, *An eine Äolsharfe*, *« Denk'es, O Seele »*), le 15 déc. de la même année, avec le baryton Ferdinand Jäger et H. Wolf au piano, le 18 avr. 1889 au cours d'un concert spirituel organisé par le Wagner-Verein à la Minoritenkirche (*Seufzer*, *Schlafendes Jesuskind*, *Gebet*). (Vienne, Wetzler, 1889 ; durée : 2 h 15 min environ.)

Wolf possédait le recueil des *Gedichte* de Mörike depuis 1878. A Mayerling, le 18 juin 1882, il mettait en musique son premier lied d'après le charmant *Mausfallensprüchlein*, publié en 1888 chez Wetzler en même temps que *Der König bei der Krönung* composé le 13 mars 1886. Depuis cette date, les poésies de Mörike lui devinrent indispensables au point qu'il « ne pouvait même pas s'en séparer seulement une heure ». L'amour pour le pasteur-poète souabe, dont Wolf ne cessait de pénétrer la substance poétique, se transforma en une vénération et en une gratitude qui se manifestent à travers chaque page des 53 *Mörike-Lieder* conçus au cours de la bénéfique année 1888. Pour témoigner de sa reconnaissance envers Mörike, Wolf plaça en tête du recueil, pour l'édition, le portrait du poète et le chant du Convalescent à l'espérance, *Der Genesene an die Hoffnung*, composé en 12e rang, le 6 mars. Premier jaillissement miraculeux de 43 lieder entre le 16 févr. et le 18 mai. Il va jusqu'à en écrire trois par jour (*Der Knabe und das Immlein*, *Jägerlied*, *Ein Stündlein wohl vor Tag*, le 22 févr.), s'interrompt néanmoins pour partir en vacances, assister à une reprise de *Parsifal* à Bayreuth, et pour terminer le cycle des *Eichendorff-Lieder*. Entre le 4 et le 11 oct., il reprend les poèmes de Mörike et compose 9 lieder (« Je travaille jour et nuit. Je ne sais plus ce que c'est que le repos »). La dernière mélodie du recueil, *Auf eine Christblume* II, ne sera ajoutée que le 26 novembre. Entre-temps, le musicien écrivait les douze premiers → *Gedichte von J. W. von Goethe.* La correspondance de Wolf montre combien le musicien vivait une véritable extase créatrice.

En mettant en musique plus du quart des textes de Mörike — extraits des *Gedichte* publiés en 1838, mais également du *Maler Nolten* (Le Peintre Nolten) et du *Mozart auf der Reise nach Prag* (Le Voyage de Mozart à Prague, dont est issue la chanson populaire tchèque *« Denk'es, O Seele »*) —, Wolf présente une anthologie très étudiée de cet univers poétique qui, sur le ton de la confidence, mêle le réel et l'imaginaire, la sensualité et l'idéalisme, la hantise de la mort et le désir de la vie. Le compositeur contribua à faire connaître l'œuvre de ce pasteur-poète dans les pays germaniques. Les *Mörike-Lieder* devinrent rapidement populaires, notamment en Souabe. Il existe entre les deux créateurs des affinités électives. La poésie de Mörike est déjà un chant verbal que la musique accentue encore. Wolf serre de près le sens psychologique des poèmes, en souligne la structure, révèle un ensemble complexe de nuances, de climats, d'inflexions, de coloris. Le kaléidoscope des états d'âme, sentiments, impressions, associations d'idées, atmosphères des poèmes choisis gravite autour de cinq pôles principaux : l'amour, le sentiment religieux, le monde imaginaire et magique, le plein air (la nature et le voyage), l'humour et le comique. Cette classification n'est pas rigide car Mörike interpénètre ces différents registres, Wolf ayant recherché les poèmes qui exprimaient une dualité : profane et divin dans *An die Geliebte*, la prémonition du Calvaire (*Auf ein altes Bild*) et de la mort (*« Denk'es, O Seele »*), innocence et diabolisme (*Ernstes Liebeslied*).

Les poèmes amoureux de Mörike sont en grande partie autobiographiques. Les deux *Peregrina-Lieder* expriment les sentiments du poète pour Anna-Maria Meyer (jeune fille éprise de voyages, d'où son surnom), prototype de la bohémienne du roman *Maler Nolten.* Le postlude pianistique du premier lied — faisant converger deux lignes chromatiques contraires, symbolisant les affres de l'amour — sert de prélude au deuxième et revient sous une forme un peu différente dans *Lebe wohl*, douloureux poème de la rupture avec Luise Rau, première passion enflammée de Mörike qui l'immortalisa dans *Maler Nolten* sous les traits d'Agnes, humble fille d'un bûcheron.

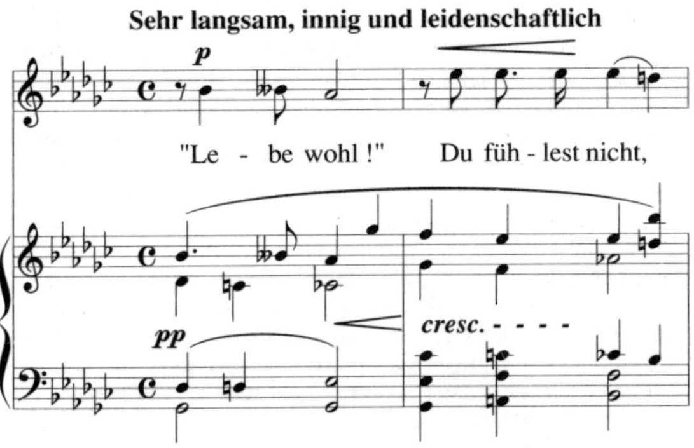

Agnes est le titre du 14e lied du recueil, où la plainte de l'amante délaissée conserve une pudeur mélodique exceptionnelle. Cette liaison avait pourtant bien commencé comme le traduisent *Karwoche* et le fervent *An die Geliebte*, dans lesquels Mörike et Wolf entretiennent la confusion entre le sacré et le profane. A la fin de *An die Geliebte*, la flexible ligne vocale est enrobée d'harmonies délicatement irisées, en trémolo dans l'extrême aigu du clavier (« Da lächeln alle Sterne », Là toutes les étoiles sourient).

Même plainte de l'amoureuse abandonnée dans le lied émouvant *Das verlassene Mägdlein*, qui se rapporte à un autre personnage — Henriette, fille du geôlier — de *Maler Nolten* : sombre tonalité de *la* min., symbolisant la détresse féminine, rythme funèbre dactylique imposé par le piano. Mieux que Schumann, qui mit en musique ces vers, Wolf, en s'effaçant derrière les mots et en s'identifiant à Mörike, parvient à sublimer le poème. *« Wo find' ich Trost ? »* se rattache également à *Maler Nolten.* Mörike l'écrivit pour sa femme Marguerite mais dans la 2de édition du roman ce texte pathétique concerne une nouvelle fois Agnes, avec l'appel angoissé emprunté à Ésaïe 21, 12, « Hüter, ist die Nacht bald hin ? » (Veilleur, la nuit est-elle bientôt finie ?), et l'ample étendue de la partie vocale (*ré* 3 - *la* ♭ 4). Il en est de même de *Seufzer*, qui dépeint la piété d'Agnes et paraphrase l'hymne de la Passion dû à Venance Fortunat, *« Crux fidelis ».* Ce lied est remarquable par son chromatisme « tristanesque », sa tonalité de *mi* min. qui ne se manifeste nettement qu'à l'extrême fin, et par des audaces harmoniques qui déconcertaient les wagnériens.

Les poèmes amoureux abondent dans les *Mörike-Lieder* : *Auftrag*, l'enchanteur *Der Knabe und das Immlein* dont le thème devient l'ostinato du lied suivant *« Ein Stündlein wohl vor Tag »* (les deux lieder ont la même phrase musicale sur « Im Weinberg auf der Höhe » et « Derweil ich schlafend lag »), le virtuose *Erstes Liebeslied eines Mädchens* jouant sur la dualité innocence/diabolisme, le charmant *Jägerlied* (dans une mesure à 5/4 qui épouse le pentamètre trochaïque des vers de Mörike), l'ironique *Nimmersatte Liebe*, et surtout le ravissant et espiègle *Begegnung* (Rencontre). La partie de piano, haletante et syncopée, traduit à la fois l'ouragan météorologique et la bourrasque amoureuse qui ont mis en désordre les nattes de la jeune fille. Wolf ajoute une mesure de silence à sa partition pour en respecter la structure binaire (2 + 2 mesures).

Bien que n'étant pas croyant, Wolf se sentait attiré par l'idée de la rédemption et par la beauté des poèmes d'esprit religieux. Aussi ces derniers occupent-ils une position centrale au sein des *Mörike-Lieder*. Dans plusieurs d'entre eux, *Seufzer*, *Neue Liebe*, l'amour divin se confond avec l'amour humain. Deux poèmes ont été inspirés par des tableaux anciens. Tout est délicatesse et sérénité dans *Auf ein altes Bild*, jusqu'au moment où des dissonances soulignent discrètement les souffrances du Christ sur le poteau de la croix (« des Kreuzes Stamm »). *Schlafendes Jesuskind* a été inspiré par un tableau de Francesco Albani (XVIIe siècle). Ici encore, les dissonances et la montée deux par deux d'accords à base de septièmes douloureuses évoquent le Calvaire : « dem Holz der Schmerzen » (le bois de souffrance). Le prélude et le postlude pianistiques, très soutenus et solennels, sont « comme une auréole autour de la tête de l'Enfant Jésus » (Carner). Dans le même esprit, *Gebet* adopte le style du choral, tandis que les guirlandes entrecroisées de tierces pianistiques de *Zum neuen Jahre* font penser à une échelle de Jacob ou à un carillon saluant l'année nouvelle. L'art du coloriste atteint l'un de ses sommets dans *In der Frühe*, interprété par Wolf dans un sentiment religieux : 22 mesures de passage de l'obscurité à la lumière — symboles du doute et de la certitude —, grâce aux enchaînements des tonalités par tierces ascendantes si caractéristiques de l'écriture du musicien (*mi*, *sol*, *si* ♭, *ré* majeurs de la 2de partie).

Der Feuerreiter (voir ce titre), *Die Geister am Mummelsee*, *Gesang Weylas* se rattachent au roman autobiographique *Maler Nolten* et à son épisode féerique d'un spectacle d'ombres chinoises. C'est à la harpe que Weyla, la déesse de l'île imaginaire d'Orplid, accompagne son chant, au clair de lune. Un symbolisme pittoresque vivifie l'*Elfenlied* et *Nixe Binsefuss*. A mi-chemin entre le surnaturel et le sentiment de la nature : *Der Gärtner* et *An eine Äolsharfe*. Le premier est conçu dans une veine populaire et enfantine. Tout aussi célèbre que le précédent, *An eine Äolsharfe* a été traité également par Brahms (op. 19, n° 9, voir ce titre, ainsi qu'*Agnes*, op. 59, n° 5). Wolf suit davantage le mouvement du texte. Pas de prélude — le vent ne s'est pas encore levé. Un récitatif plaintif est accompagné par de larges arpèges du piano. Du murmure de la brise jusques aux rafales, la harpe éolienne résonne à l'image des gémissements du poète pleurant son frère mort en bas âge. Des chefs-d'œuvre comme *Fussreise*, → *Auf einer Wanderung*, *Er ist's*, *Im Frühling*, *Zitronenfalter im April*, célèbrent le plein air, le retour du printemps, l'invitation au voyage, la plupart du temps dans un style « symphonique ».

Wolf sait également être irrésistible dans l'humour et la cocasserie. Les notations musicales comiques d'*Elfenlied* soulignent les aventures de ce petit elfe qui se croit appelé par le veilleur de nuit (elf veut aussi dire onze en allemand) ; il se frotte les yeux, va clopin-clopant sur la pointe des pieds (avec les délicieuses assonances : « und humpelt also, tippe, tapp »), heurte sa petite tête contre une pierre ; le tout se termine par le chant du coucou. De la même manière, le musicien suit presque mot à mot la saynète de *Storchenbotschaft* (Le Message des cigognes) : la dernière strophe, sur un tempo de valse, exprime le bonheur fou du berger d'être le père de jumeaux. Nouvelle valse straussienne à la fin d'*Abschied*, dernière pièce du recueil. Un unisson anguleux et deux accords pointus, bien en mesure, annoncent l'entrée du critique, qui sera bientôt gratifié d'un petit coup de pied au derrière (« Einen kleinen Tritt nur so von hinten aufs Gesässe mit ») lui faisant dévaler l'escalier à toute vitesse **A**.

Sans doute influencé par l'orchestration des → *Nuits d'été* de Berlioz, Wolf orchestra 13 de ces lieder (Vienne, Heckel, 1902-03, et Leipzig, Peters, 1904) entre oct. 1888 et nov. 1892, du trio clar.-cor-harpe de *Gesang Weylas* (21 févr. 1890) et du sextuor 2 htb.-2 clar.-2 bassons de *Auf ein altes Bild* (1889) à la formation Mozart (bois par 2, 4 cors, 2 trp., harpe, timb. et cordes) de *Er ist's* (20 févr. 1890) et à l'orchestre berliozien (→ *Der Feuerreiter*). M. Reger en arrangea 4 pour voix et orgue, ainsi que 12 pour piano seul.

Sources — Ms. autographe, Vienne, Nationalbibl., S.m. 19581.

Rééditions modernes — Par H. JANCIK, Vienne, Musikwissenschaftlicher Verlag, 1963.

Bibliographie — J. SCHALK, Neue Lieder, neues Leben, Munich, Allgemeine Zeitung, 22 janv. 1890 ; voir aussi la bibliogr. de l'art. *Gedichte von Joseph von Eichendorff*.

CHR. GOUBAULT

GEDICHTE VON JOHANN WOLFGANG VON GOETHE (Poèmes de J. W. von Goethe), 51 lieder pour voix et piano de **Hugo Wolf** dont 13 furent composés à Vienne entre le 27 oct. et le 28 nov. 1888, 37 à Döbling entre le 9 déc. 1888 et le 12 févr. 1889, un (*Die Spröde*) à Perchtoldsdorf le 21 oct. 1889. Quelques-uns de ces lieder furent créés à Vienne, les 15 déc. 1888, 10 janv., 5 et 9 mars 1889, 21 mars 1890, par le baryton Ferdinand Jäger et le compositeur ou Ferdinand Löwe (le 9 mars 1889) au piano. *Epiphanias* fut exécuté en privé, à Döbling, le 6 janv. 1889, par les trois filles de Mélanie Köchert déguisées en Rois mages, H. Wolf les accompagnant au piano derrière un paravent. (Vienne, Lacom, 1889.) Les *Goethe-Lieder* furent révisés en 1896-97 pour une seconde édition. (Mannheim, Heckel, 1897-98, puis Leipzig, Peters, 1907 [4 vol.] ; durée : 2 h 30 min environ.)

Goethe est sans doute le poète le plus malaisé à mettre en musique mais il fut sollicité le plus souvent — à des degrés divers et avec plus ou moins de bonheur — par de nombreux compositeurs : Beethoven, Zelter, Reichardt, Schubert (70 lieder), Spohr, Loewe, Mendelssohn, Schumann (17), Brahms, Liszt, Marschner, A. Rubinstein, Tchaïkovski, A. Thomas... et Wolf. Goethe fascinait les musiciens tout en les intimidant, notamment Schumann. L'écrivain allemand, estimant que l'équilibre du sens, de l'image et de la musicalité du verbe de ses poèmes était satisfaisant, n'assignait aux compositeurs qu'une fonction de « soulignement ». En outre, Goethe jouait avec une infinité de registres : ballade épique, « Volkslied », élégie, épigramme, ode pindarique, chanson à boire, satirique ou bouffonne, poésie amoureuse... Wolf se mesure à tous ces genres à la fois et relève ainsi un formidable défi. Dès 1875, il avait fait quelques essais (*Sehnsucht*, *Der Fischer*, *Wanderlied*, *Auf dem See*), poursuivis l'année suivante (*Erster Verlust* ; *Mai*, non terminé ; chœurs op. 13) et en 1878 (*Gretchen vor dem Andachtbild der Mater dolorosa* de la 1re partie de *Faust*). Deux des 6 lieder publiés en 1888 à la mémoire de son père sont de Goethe : *Wanderers Nachtlied*, *Beherzigung* (« *Feiger Gedanken* »). Un mois après avoir terminé les → *Gedichte von J. von Eichendorff*, il entreprend le cyle des *Goethe-Lieder* : 50 mélodies jailliront en un peu plus de trois mois, avec des poussées de fièvre créatrice : 10 jours pour en composer 15 — souvent deux par jour — entre le 16 et le 26 janv. 1889. Après une interruption de 6 mois, Wolf compose le dernier lied à Perchtoldsdorf (21 oct.) et commence aussitôt (28 oct.) le → *Spanisches-Liederbuch.*

Le compositeur choisit avec beaucoup de soin ses poèmes dans les recueils des *Gedichte* de 1815 et des *Balladen*, dans les *Wilhelm Meisters Lehrjahre* (Années d'apprentissage de W. Meister), le *West-östlicher Divan* (Divan occidental-oriental), dans l'acte III d'un *Prométhée* inachevé et dans des chants se rattachant à la comédie *Der Grosskophta* (Le Grand Cophte).

Dans la mesure du possible, Wolf évite de se mesurer à des compositeurs ayant mis en musique des poèmes de Goethe d'une manière qu'il jugeait réussie. Mais lorsqu'il estime que les intentions de l'écrivain ont été mal interprétées, ou que le musicien n'est pas allé assez loin dans la pénétration du poème, il n'hésite pas à en donner sa propre version. C'est ainsi qu'il ne fut pas convaincu par les 6 versions du lied de Schubert → *« Nur wer die Sehnsucht kennt »*, ni par ses trois interprétations de *« So lasst mich scheinen »*. Wolf considérait que son devancier s'était moins préoccupé de « faire revivre la physionomie réelle des personnages que de traduire ce qu'il y avait de plus lyrique et de plus général dans leurs pensées ». Sur les 10 lieder qu'il emprunte aux *Lehrjahre*, il en reprend 8 à Schubert — qui, inexplicablement n'a pas mis en musique *Philine* —, et il traite de nouveau les trois grands poèmes « à la divinité » : → *Prometheus*, → *Grenzen der Menschheit*, → *Ganymed.* Recherchant sans doute la difficulté, il s'attache à des poèmes qui ne se prêtent pas naturellement à la musique comme les *Cophtische Lieder* ou *Genialisch Treiben*, certains textes du *West-östlicher Divan.*

Le musicien n'a pas suivi un véritable ordre chronologique. Après avoir réalisé 5 poèmes des *Lehrjahre* (*Harfenspieler* I, II, III, *Philine*, *Spottlied*), il écrit la musique de 9 ballades et « chants » divers avant de reprendre le cycle des *Lehrjahre* (dont les 4 *Mignon*). Les trois grands textes « à la divinité » prennent leur place entre le 2 et le 11 janv. 1889, avant la composition d'un seul jet des 17 du *West-östlicher Divan* : 5 du Livre de l'Échanson (*Schenkenbuch*), 2 du Livre du Chanteur (*Buch des Sängers*), 10 du Livre de Suleika. Pour l'édition, ces lieder seront regroupés mais sans nécessairement suivre l'ordre de leur apparition dans les *Lehrjahre* ou le *Divan.*

Wolf traduit au plus près la mélodie du langage, les nuances de sentiments ; ce qui le conduit à un arioso vocal et à l'utilisation d'une technique symbolique exigée d'une certaine manière par le côté « intellectuel » des poèmes de Goethe. La structure suit en général celle du poète (strophe, ABA) ou s'attache à l'évolution interne de l'expression (« durchkomponiert »). E. Decsey a très bien analysé la trajectoire créatrice du compositeur, à l'image de sa vie : « Courte introduction, tout en lutte, explosion, décharge du cœur en une cantilène brûlante, chute dans un épilogue muet : un drame sur une page d'imprimerie. » Au cours de ce drame, le piano joue un rôle essentiel : il est chargé de créer le climat du lied et sa mouvance.

Les chants du vieux harpiste et de Mignon sont placés en tête du recueil. Par rapport aux mêmes lieder de Schubert et de Schumann, Wolf apporte une dimension nouvelle — psychologique, pathologique même — à ces personnages mélancoliques, torturés, étranges du roman de Goethe. Chez Wolf, le harpiste exprime vraiment « la consolation d'un malheureux, qui se sent tout près de la folie » (Goethe), et un sentiment intolérable de remords aboutissant au cri du *Harfenspieler* III : « denn alle Schuld rächt sich auf Erden » (car toute faute s'expie sur terre) — le vieil homme, sans qu'il le sache, est le père de Mignon, née d'une union incestueuse avec sa propre sœur. Ces trois lieder, destinés à une voix de baryton, sont reliés entre eux par une figure chromatique descendante, au piano, symbolisant la tristesse profonde et le désespoir. Ce même chromatisme lancinant noie l'harmonie et les tonalités, « comme pour indiquer que l'esprit a perdu toute attache avec la réalité » (Carner). Entre les *Harfenspieler* et les *Mignon*, Wolf place une chanson satirique dont s'égaient les comédiens (*Spottlied*, livre III, chap. 9, de *Wilhelm Meister*), adressée à un baron fou de théâtre (simple mélodie en noires soutenue par un rythme impertinent de l'accompagnement).

Quatre portraits différents et complémentaires de Mignon, jeune Italienne énigmatique et d'une nostalgie morbide, sont brossés par le musicien. Dans *Mignon* I (livre V, chap. 16 des *Lehrjahre*), elle cache le secret pesant de ses origines. Chez Goethe (livre IV, chap. 11), *Mignon* II (*« Nur wer die Sehnsucht kennt »*) est un duo. Schubert, Schumann et Wolf l'ont composé pour une voix soliste de soprano. Ce lied, bâti sur le motif chromatique du désespoir, est émouvant par ses enchaînements d'élans et de langueur qui confèrent à la partie vocale toute sa fluidité. Le ton de *sol* min. n'est que suggéré ; le *ré* maj. des deux dernières mesures laisse à la fois une sensation d'apaisement et d'inachèvement. Goethe indique bien que Mignon, lorsqu'elle chante, s'accompagne à la cithare. D'où le caractère de la main gauche dans *Mignon* III (*« So lasst mich scheinen »*, livre VIII, chap. 2), « pavane angélique », tendre et désincarnée. Travestie en ange, Mignon, pressentant sa fin prochaine, ne veut pas qu'on lui ôte sa robe blanche. Pour une fois, elle abandonne sa réserve habituelle : elle chante *f* une très belle phrase avec des bonds d'octave : « Macht mich auf ewig wieder jung » (Faites de moi un

A GEDICHTE VON EDUARD MÖRIKE

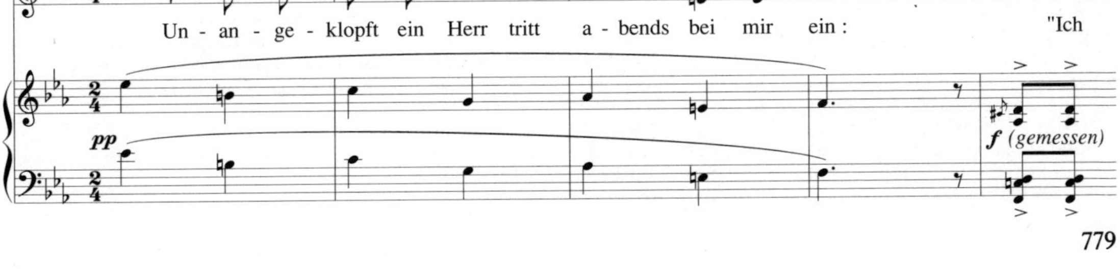

être éternellement jeune !). Avant d'aborder l'un de ses plus hauts chefs-d'œuvre, le célèbre → *« Kennst du das Land »*, traité par de nombreux musiciens, Wolf évoque la gracieuse *Philine*, piquante soubrette d'une compagnie théâtrale, avec la délicatesse très XVIIIe s. d'une écriture de clavecin en staccato pour une chanson légère à couplets variés.

Un vieux harpiste interprète plusieurs mélodies et une ballade devant la troupe des comédiens : *Der Sänger* (livre II, chap. 11) raconte l'histoire d'un vieux ménestrel chantant devant la cour et ne demandant pour récompense qu'un verre de vin servi dans un calice d'or fin. Comme l'oiseau, le poète chante pour son propre plaisir. Cette ballade inaugure toute une série : *Der Rattenfänger*, dans l'esprit du joueur de flûte de Hameln, sur un rythme de tarentelle, avec une coda saisissante tenant d'un tour de passe-passe ; *Ritter Kurts Brautfahrt*, ballade héroïco-comique ; *Gutmann und Gutweib*, pièce de théâtre miniature et pittoresque contenant de nombreux effets pianistiques. Suivent les solennels et ironiques *Cophtisches Lied* I, II. L'ABC d'or de *Frech und froh* I (Effronté et joyeux) ne peut effectivement se chanter que sur les notes *la*, *si* ♭, *do*. Pour *Beherzigung*, Wolf porte l'indication : « Ziemlich gemessen, jedoch mit starker innerlicher Erregung » (Tempo très modéré, avec une grande intensité intérieure).

Les deux lieder suivants (n°s 19 et 20) sont de caractère populaire. Les Rois mages d'*Epiphanias* n'aiment pas payer et boivent comme six ! Les rois entrent sur une marche d'une solennité amusante. Chacun apporte des présents dans une tonalité et une mélodie qui lui sont propres : Melchior en *do* maj., Gaspard en *mi* ♭ maj., Balthazar en *sol* min., avec un accompagnement pittoresque « alla turca ». La marche reprend, puis le postlude pianistique fait réentendre les trois thèmes des Rois mages avant que les sons disparaissent dans le lointain. Wolf porte des indications de mise en scène sur la partition : les rois se retirent l'un après l'autre, sur leur rythme caractéristique, puis se rejoignent pour continuer leur route ensemble. *Sankt Nepomuks Vorabend* évoque la figure du saint patron de Prague et de la Bohême, jeté dans la Moldau par les sbires de Venceslas IV parce qu'il avait refusé de répéter ce que la reine lui avait dit en confession. La légende rapporte que, lorsque les eaux engloutirent Jean Népomucène, cinq étoiles apparurent à la surface de l'eau. D'où l'accompagnement délicat et scintillant dans l'aigu du piano, au long de ce lied très tendre.

Diogène roule sa barrique avec des élans furieux dans *Genialisch Treiben*. Le piano esquisse le bâillement du berger fainéant (*Der Schäfer*), troublé par l'amour. Des traits symbolistes émaillent *Der neue Amadis*, à l'image de l'enfant qui se prend pour un héros, tue des monstres et délivre des princesses : rythme de chevauchée, accords solennels du héros, contours gracieux pour sa galanterie. Mais à la fin, « le musicien cesse de sourire pour laisser cours à un vrai chagrin d'un très joli sentiment que traduit une déclamation mélodique du texte très heureuse » (Rostand). *Blumengruss* (n° 24), *Gleich und gleich* (n° 25) et *Phänomen* (n° 32) ont en commun la brièveté (respectivement : 18, 25 et 16 mesures). La simplicité de *Blumengruss* (une cellule de deux accords) n'est qu'apparente. La structure en arche, avec un climax *f* sur « wie hunderttausendmal ! » (comme cent mille fois !), sur un emprunt à la tonalité la plus éloignée (*sol* ♭) du ton général de *fa*, est dictée par une intensité croissante de l'émotion (cent mille fois, l'amoureux a pressé un bouquet de fleurs sur son cœur) qui fait parcourir une myriade de tonalités en quelques mesures seulement.

Les quatre poèmes suivants, *Gleich und gleich*, *Die Spröde*, *Die Bekehrte*, *Frühling übers Jahr*, sont des lieder délicieusement printaniers et pastoraux (bourdon de la cornemuse dans *Die Bekehrte*). Par contraste, l'un des sommets des *Goethe-Lieder*, → *Anakreons Grab*, nous conduit sur la tombe du poète de la nature, de l'amour et du vin.

Comme le poète grec, Goethe célèbre l'amour, la nature et le vin dans son *West-östlicher Divan*, imité des poèmes persans de Shams al-Dîn Muhammad, dit Hâfiz, traduits en allemand par le conseiller Joseph Hammer-Purgstall. Les 17 lieder de Wolf qui suivent (n°s 32-48) sont extraits du *Divan* goethéen. Les deux premiers, issus du Livre du Chanteur (*Buch des Sängers*), utilisent une technique « symbolique ». Pour donner une représentation de l'arc-en-ciel de *Phänomen*, le musicien explore presque toutes les tonalités. Les mesures 3 et 4 enchaînent les accords majeurs de *mi* ♭, *si* ♭, *do* ♭, *sol* ♭ (avec *ré* en note de passage), *do* ♭, *si* ♭, au cours d'une pièce de 16 mesures en *la* ! Le lyrisme mélodique de *Erschaffen und Beleben* évoque la découverte du vin par Noé. Extrait du Livre de l'Échanson (*Schenkenbuch*) — comme *« So lang man nüchtern ist »*, *« Sie haben wegen der Trunkenheit »*, *« Was in der Schenke waren heute »* —, *« Trunken müssen wir alle sein »* est noté « Bacchantisch » par Wolf. Il s'agit bien d'une bacchanale sauvage et robuste en trois sections ABA' (coda éclatante).

Le Livre de Suleika fournit la plus grande partie des lieder du recueil de Wolf. Ils forment un ensemble de 10 « ghazals » (poèmes amoureux) pour voix de baryton (7 lieder) et de soprano (3 seulement). A 66 ans, Goethe était tombé amoureux de Marianne von Willemer, beaucoup plus jeune que lui. Sous les traits de Hatem (Le Généreux), l'écrivain adresse à Suleika-Marianne (la Zuleikha, ou Zuleima, de Hâfiz) le « ghazal » *« Nicht Gelegenheit macht Diebe »*. Suleika lui répond avec passion et fièvre : *« Hoch beglückt in deiner Liebe »* (ce poème a été écrit par Marianne, comme *« Nimmer will ich dich verlieren*, n° 48) ; *« Als ich auf dem Euphrat schiffte »* (Suleika) et *« Dies zu deuten bin erbötig »* (Hatem) forment une paire, comme les lieder n°s 45-46 et 47-48. Parenté thématique et parenté du sujet : ici un anneau qui tombe à l'eau. Dans le lied *« Als ich »*, Suleika rêve qu'elle a perdu son anneau pendant qu'elle voguait sur l'Euphrate, d'où le rythme de barcarolle adopté par Wolf, avec un beau et souple contrechant à la main gauche. Dans *« Dies zu deuten »*, Hatem évoque le mariage de Venise et de la mer, lorsque le doge jette son anneau dans les flots. Ce n'est pas un hasard si Wolf place la trilogie « à la divinité » → *Prometheus*, → *Ganymed*, → *Grenzen der Menschheit* à la fin d'un cycle magistral. Il éprouve le besoin de couronner l'édifice d'une manière titanesque, en se mesurant encore à Schubert et à Goethe avec un simple piano et une voix seule.

H. Wolf orchestra 7 de ses *Goethe-Lieder* : *Der Rattenfänger* (5 févr. 1889), *Prometheus* (12 mars 1890), *Harfenspieler* I, II, III (2 et 4 déc. 1890), *Mignon* (*« Kennst du das Land... ? »*, 1re version, 1890, perdue ; 2de version, 31 oct. 1893), *Anakreons Grab* (1re version, 1890, perdue ; 2de version, 13 nov. 1893). L'orchestration d'*Epiphanias* est demeurée inachevée. Plusieurs de ces lieder furent créés en 1890, sous la dir. de Felix Weingartner.

Sources — Ms. autographe, Vienne, Nationalbibl. Mus. S. m. 19587.

Rééditions modernes — Par H. JANCIK, Vienne, Musikwissenschaftlicher Verlag, 1978.

Bibliographie — J. SCHALK, Neue Lieder, neues Leben, Munich,

Allgemeine Zeitung, 22 janv. 1890 ; E. HELLMER, H. Wolfs Briefe an Emil Kauffmann, Berlin 1903 ; G. SCHUR, Erinnerungen an H. Wolf, Regensburg 1922 ; voir aussi la bibliogr. de l'art. *Gedichte von Joseph von Eichendorff*.

CHR. GOUBAULT

GEDICHTE VON JOSEPH VON EICHENDORFF (Poèmes de J. von Eichendorff), 20 lieder pour une voix et piano de **Hugo Wolf**, dont 8 furent composés à Vienne entre le 26 janv. 1880 et le 31 août 1888 et 12 à Unterach am Attersee entre le 14 et le 29 sept. 1888, dédiés à Joseph et Franz Schalk. (Vienne, Lacom, 1898.) Dix-sept d'entre eux furent révisés en 1897 et au début de 1898 pour une 2e édition (Mannheim, Heckel, 1898), *Erwartung*, *Die Nacht* et *Waldmädchen* étant écartés. Ces trois lieder furent rétablis en appendice à une nouvelle édition (Leipzig, Peters, 1904) ou édités séparément. Quelques-uns des *Eichendorff-Lieder* furent créés à Vienne, Bösendorfer-Saal, le 15 déc. 1888 et le 10 janv. 1889 par le baryton Ferdinand Jäger et le compositeur au piano. *Der Freund* a été orchestré par Max Reger (Leipzig, Peters, 1914) et par Günther Raphael (Leipzig, Br. & H., 1934), *Heimweh* par G. Raphael et Joseph Marx (Leipzig, Peters, 1934), *Das Ständchen* par M. Reger. (Durée : 1 h environ.)

Ces lieder interviennent comme une césure au milieu de la composition des → *Gedichte von E. Mörike*, Wolf éprouvant le besoin d'une certaine détente, d'une poésie moins tourmentée que celle du poète souabe. Dans son choix, le compositeur ne reprit aucun des 12 poèmes d'Eichendorff mis en musique par Schumann (→ *Liederkreis*, op. 39). Il ne s'attarda pas longuement aux paysages nostalgiques brossés par le poète ; 4 de ces tableaux d'ambiance figurent dans le recueil complet (*Die Nacht*, *Nachtzauber*, *Verschwiegene Liebe* et *Das Ständchen*). Il s'intéressa davantage à la spontanéité, à l'humour déluré, à la robuste sensualité, à l'aspect « objectif » d'Eichendorff, à ses tendances réalistes et concrètes d'où l'élément romantique est presque supprimé, comme le musicien le confiait à Humperdinck, le 12 mars 1891. Wolf assemblait ainsi une galerie de portraits (soldats, marins, étudiants, ménestrels, tziganes, voyageurs) croqués sur le vif, avec fraîcheur et virilité.

Malgré sa composition discontinue, le recueil conserve une unité de style remarquable sans avoir recours à de grands tableaux, à des scènes dramatiques comme dans les → *Gedichte von E. Mörike* ou les →*Gedichte von J. W. von Goethe*. Wolf se laisse porter par la plastique verbale des poèmes. Pour s'en pénétrer, il les déclamait et, au concert, il les lisait avant de se mettre au piano. Le titre *« Gedichte für eine Singstimme und Klavier »* indique l'absorption de la musique par le poème — ou l'aspiration de la musique à la condition de poésie —, ainsi que l'égalité du chant (dont la voix n'est pas précisée) et de la partie pianistique. Le modelé du mot et du vers lui dicte des rythmes, des harmonies, des modulations, un subtil arioso qui n'exclut pas des phrases amples au-dessus d'harmonies romantiques (*Verschwiegene Liebe*). Généralement, le piano crée le climat de chaque pièce, la met en scène, et garde son indépendance à l'égard du chant. *Das Ständchen* évoque simultanément le passé et le présent. Dans le caractère d'une sérénade, la main gauche du piano présente un rythme obstiné rappelant le jeu du luth, tandis que la main droite évoque le chant d'un jeune étudiant amoureux. La ligne vocale exprime la mélodie désabusée d'un vieil homme qui l'écoute et se souvient de sa jeunesse. Les postludes — dont certains sont développés — accentuent la signification du poème, du dernier vers ou du dernier mot : marche pompeuse, mi-sérieuse, mi-parodique, vers le temple de l'immortalité du lied *Der Schreckenberger* ; élan gai et désinvolte du fanfaron dans *Der Glücksritter* ; plongée de l'aigu à l'extrême grave dans le finale de l'hallucinante danse des morts de *Der Soldat* II.

Une simple cellule, un rythme, un motif bref — à caractère symbolique — lancés par le piano suffisent à planter le décor. Selon E. Sams, le balancement des triolets dans le grave du piano (*Der Freund*) est associé à la nuit et au sommeil, tandis qu'une montée en crescendo (même lied) exprime la vigueur masculine. Le verbe « wiegen » (bercer) détermine le caractère intimiste de *Verschwiegene Liebe* (Amour secret), avec ses rythmes en triolet synonymes de musique nocturne, ses douces et poignantes harmonies romantiques. Énoncé par l'instrument, un rythme simple et franc sert d'assise à la majorité des pièces du recueil : anapeste pour le charmant *Der Musikant*, composé le même jour (22 sept. 1888) que *Der Scholar*, dont l'alternance de legato et de staccato au piano caractérise les états d'esprit de l'étudiant itinérant ; rythme de chevauchée dans *Der Soldat* II ; ostinato syncopé (main gauche) de *Heimweh*, symbolisant la pensée lancinante du pays natal ; autre rythme obstiné pour exprimer la confiance de l'amoureux dans *Liebesglück* ; rythme incisif de l'accompagnement de *Die Zigeunerin* qui, par ailleurs, dans sa ligne vocale, introduit un envoûtant triolet rappelant la musique populaire hongroise **A**.

A GEDICHTE VON JOSEPH VON EICHENDORFF

L'art des modulations est tout aussi subtil. *Das Ständchen* s'articule autour d'un enchaînement de tonalités par tierces majeures montantes (*ré* maj. - *fa* ♯ maj. - *si* ♭ maj. par enharmonie - *ré*), caractéristique de l'écriture wolfienne. Au point central de *Der Musikant* — dans la tonalité générale de *la* maj. —, le musicien module en *sol* ♯ maj., au moment où le ménestrel du poème se demande où il va dormir (« wo ich abends ruh »). Quelques touches archaïques (quintes à vide, mode de *mi* transposé sur *ré*) parsèment la partition de *Verschwiegene Liebe.* L'accord *ff,* « Stürmisch bewegt » (Tempétueusement animé), qui introduit le lied *Seemans Abschied* est construit sur la gamme par tons entiers. En 1888, l'usage n'en était pas courant.

Sources — Ms. autographe, Vienne, Nationalbibl., Mus. S.m. 19504.

Rééditions modernes — Par H. Jancik, Vienne, Wissenschaftlicher Verlag, 1970.

Bibliographie — E. Decsey, H. Wolf, 4 vol., Berlin 1903-04, résumé en un vol., H. Wolf. Das Leben und das Lied, Berlin 1919-21 ; R. Rolland, H. Wolf, *in* La Revue de Paris, 15 mai 1905, reproduit *in* Musiciens d'aujourd'hui, Paris 1908 ; G. Bieri, Die Lieder von H. Wolf, Berne 1935 ; Fr. Walker, H. Wolf, New York 1952 ; M. Beaufils, Le lied romantique allemand, Paris, Gallimard, 1956, 2/1982 ; M. von Hattingberg, H. Wolf, Londres 1961 ; E. Sams, The Songs of H. Wolf, Londres 1961 ; Cl. Rostand, H. Wolf, Paris 1967, rééd. en facs. Genève, Slatkine, 1982 ; M. Carner, Les lieder de Wolf, Arles, Actes Sud, 1988.

Chr. Goubault

Geheimes (Confidence), op. 14, nº 2, lied pour voix et piano de **Franz Schubert** (D 719), sur une poésie de Goethe, composé en mars 1821 et édité en déc. 1822 avec une dédicace à Franz von Schober. (Durée : 2 min 30 s environ.)

Le secret d'amoureux que Goethe nous confie au cours de trois quatrains légers et aériens provient du *West-östlicher Divan* (Divan occidental-oriental). Schubert a su trouver le climat musical correspondant à ce délicieux batifolage. La forme très simple — ABA — est unifiée par deux éléments : 1. un rythme permanent qui court du début à la fin du morceau et lui confère son rebondissement léger et gracieux (♩ ♪𝄾); 2. une pédale presque continuelle de *mi* ♭, située soit en partie intermédiaire, soit au grave, et occupant tantôt une fonction de tonique, tantôt une fonction de dominante. La ligne mélodique, d'un grand charme, prend des inflexions typiquement schubertiennes avec des oppositions majeur-mineur sur le même accord, amenant une alternance *do - do* ♭, puis *sol - sol* ♭. Un court élément mélodique descendant revient fréquemment aux sections I et III, jouant la fonction de motif principal :

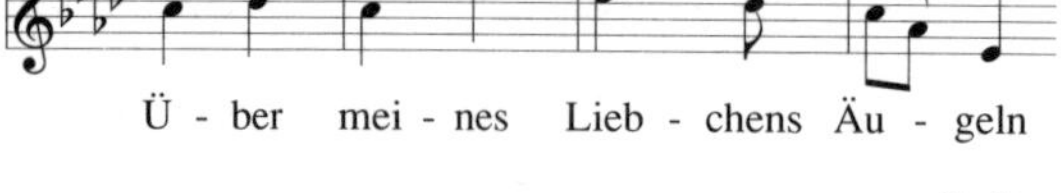

S. Gut

« Geh, Geliebter, geh' jetzt ! » (Va, mon bien-aimé, va maintenant !), lied pour voix et piano de **Hugo Wolf**, sur un poème espagnol anonyme, traduit en allemand par Emanuel Geibel, nº 34 des *Weltliche Gesänge* du → *Spaniches Liederbuch*, composé à Perchtoldsdorf, le 1er avr. 1890.

La jeune fille demande à son bien-aimé de la quitter car le jour vient. Elle ne voudrait pas échanger un peu de chaleur contre de longues douleurs et un scandale... Cette scène dramatique, achevant le cycle du *Spanisches Liederbuch* avec un chef-d'œuvre d'une expression intense, s'appuie sur une figure chromatique obstinée en octaves, haletante et passionnée, un peu à l'image du début du 2e acte de *Tristan und Isolde.* Comme cela se produit souvent dans les lieder de Wolf, le piano joue un rôle moteur essentiel, quasi symphonique et virtuellement indépendant de la ligne du chant. Sur cette trame pianistique pressante, Wolf a inscrit l'une des plus belles tournures vocales de son œuvre, agissant comme la ritournelle d'un rondo en *fa* ♯ majeur. Trois couplets, différents de caractère, sont en osmose avec le poème. Le premier, fiévreux et précipité, conserve les caractéristiques principales de la ritournelle (la jeune fille a peur que son amant soit vu par les voisins). Le deuxième, aux harmonies fuyantes et subtiles (ton général de *mi* maj.), introduit un contrechant expressif du piano (« Quand le soleil luit dans le ciel, / Il fait fuir les perles de rosée »). Le troisième, dramatique et passionné, oppose des nuances extrêmes, et s'illumine d'un sentiment d'espérance (« Et l'espoir, dans un rayon lointain, / Laisse voir les gloires du paradis »). M. Carner pense que l'intensité de cette musique est liée à l'amour du compositeur pour Melanie Köchert.

Chr. Goubault

(The) Geisha (La Geisha), histoire de pavillon de thé en 2 actes, livret de Owen Hall et Harry Greenbank, musique de **Sidney Jones**, créée à Londres, au Daly's Theatre, le 25 avr. 1896.

L'action se passe au Japon, vers 1900. Molly Seamore, une jeune Anglaise déguisée en geisha, veut savoir comment on vit dans un pavillon de thé. Lors d'une vente aux enchères, elle est achetée par erreur par un riche Japonais qui voulait en réalité s'attacher les services de la véritable geisha, O Mimosa San. Celle-ci finit par libérer Molly ainsi que son fiancé, le lieutenant Reginald Fairfax. Cette opérette, qui connut un succès extraordinaire, compte une trentaine de numéros dont Jones n'est pas l'unique auteur, ce qui ne nuit pourtant en rien à l'unité stylistique de l'ouvrage. Inspirée du → *Mikado* (1885) de W. Gilbert et A. Sullivan, *The Geisha* a influencé → *Madama Butterfly* (1904) de G. Puccini.

R.-M. Simon et S. Simon

(Die) Geisterinsel (L'Ile aux esprits), « Singspiel » en 3 actes, livret de Friedrich Wilhelm Gotter avec la collaboration de Friedrich Hildebrand von Einsiedel, d'après *La Tempête* de William Shakespeare, musique de **Friedrich Reichardt**, créé à Berlin, au Nationaltheater, le 6 juil. 1798.

Dernier opéra de l'Allemagne du Nord ayant tenu l'affiche pendant une assez longue période, *Die Geisterinsel* marque un net changement d'époque. Au cours des années 1790, l'opéra italien contemporain et surtout l'opéra viennois s'étaient imposés de plus en plus ; des partitions plus ambitieuses et complexes ainsi qu'un spectacle grandiose leur assuraient la faveur du public. Des œuvres viennoises conquérirent ainsi les théâtres de l'Allemagne du Nord tandis que les librettistes des cours de Weimar ou de Gotha étaient à la recherche de compositeurs appartenant à la nouvelle tendance. C'est ainsi que Mozart et Dittersdorf furent initialement prévus par Gotter pour mettre en musique le texte de sa *Geisterinsel.* A une adaptation musicale malheureuse de Friedrich Fleischmann succéda, grâce à l'initiative du directeur du Théâtre national de Berlin, A. W. Iffland, une version de Reichardt, qui reçut tout d'abord un accueil plutôt tiède, mais qui allait rapidement obtenir un grand succès. Les jugements très divers qui accompagnèrent sa création la présentent comme un compromis entre la tradition de l'Allemagne du Nord, à savoir une production allant dans le sens de la philosophie des Lumières, et le modèle méridional d'un art dramatique doté d'un pouvoir efficace sur le public. A une esthétique qui se voulait liée à la comédie viennoise, la simplicité, le manque de puissance dramatique des personnages devaient déplaire (Johann Daniel Hensel, Friedrich Schiller). En revanche, quiconque se tournait vers l'idéal de simplicité et la dignité classique de Wieland devait apprécier la poésie de la langue (Goethe) et chercher à réduire autant que possible le merveilleux à quelque chose de convaincant (Gotter).

Livret — Acte I. Une île ; d'un côté une grotte, de l'autre une forêt, à l'arrière-plan, la mer. Miranda (sop.) jette des fleurs sur la tombe de Maja. Prospero (basse), autrefois duc de Milan, est très inquiet à cause du retour imminent de Caliban et de sa mère Sycorax, une sorcière, dans la mesure où, la nuit suivante, ils pourraient briser son règne de neuf années et s'emparer de Miranda, sa fille. Avec celle-ci, il attend la nuit dans l'angoisse. Caliban (basse) se réveille et invoque les esprits de vengeance pour qu'ils accourent. Des marins naufragés au cours d'une tempête appellent à l'aide.

Acte II. Fernando (ténor), prince de Naples, Fabio (sop.), Stefano (basse) et Oronzio (basse) ont été sauvés et sont parvenus sur l'île, mais ils ont été séparés. Miranda tombe immédiatement amoureuse de Fernando. Pendant ce temps, Caliban gagne à sa cause Oronzio et Stefano : ils doivent tuer Prospero. Fabio réussit à échapper aux charmes de Caliban qui veut détruire le bonheur des amoureux. Prospero parvient à les avertir.

Acte III. L'apparition de la sorcière Sycorax s'évanouit dans la nuit étoilée. Caliban se précipite dans la mer après que son plan d'anéantir Prospero a échoué. Un bateau atteint l'île : Ruperto, qui y avait autrefois abandonné Prospero, regrette son action et lui demande, au nom du peuple, de revenir, puisque entretemps le tyran de Milan est mort.

Le compromis entre la clarté et la simplicité du livret et le spectacle visuel sous la forme d'apparition d'esprits, de changement en buisson ardent, de tempête, etc., se prolonge sur le plan musical. Sans renoncer à l'idéal du « Singspiel » — une allure populaire et des mélodies bien chantantes —, Reichardt compose d'une manière qui se démarque nettement de ses œuvres précédentes pour ce qui est de la couleur et de la plasticité de l'instrumentation. Les bois sont traités de façon relativement autonome et utilisés intentionnellement pour mettre en relief des situations particulières comme la scène de Prospero endormi, soulignée par les flûtes, les hautbois, les clarinettes, les cors et les bassons (acte III, n° 24, pantomime). Le fait de se limiter au classique sextuor d'instruments à vent pour accompagner la romance de Fernando (n° 13) rappelle tout à fait le duo Fernando/Guglielmo du 3e acte de *Cosi fan tutte* de Mozart. La composition identique de l'orchestre correspond également à la parenté thématique des scènes. A cela s'oppose le trio n° 17 *« Mögen unsere Weiber doch »* grâce à une grande simplicité dans la conduite de la mélodie. Reichardt s'en est au moins tenu partiellement aux indications du librettiste qui, dans le texte, avait exigé l'utilisation d'une mélodie populaire à cet endroit et souhaitait pour le moins voir s'ancrer dans la partition les caractéristiques du « Singspiel ». Plusieurs propositions de Gotter, consistant p. ex. à relier thématiquement le finale de l'acte I au début de l'acte II, furent remplacées par d'autres solutions : la musique de la tempête reprend des éléments déjà exposés dans l'ouverture et, se présentant comme un résumé des thèmes essentiels de l'œuvre, anticipe sur la forme typique de l'ouverture du XIXe s. dans le style de celle du *Freischütz.* En outre, la tendance à composer de grandes scènes se révèle caractéristique de la nouvelle situation : les finales sont considérablement étendus ; en raison de leur complexité, ils ne semblent plus destinés à des troupes de théâtre itinérantes. Dans l'acte II, la partition s'écarte du texte du livret : Reichardt a ajouté à l'intention de la prima donna berlinoise Margarethe Schick un grand air de bravoure afin de permettre à la cantatrice de mettre en valeur sa virtuosité.

Pour Reichardt, qui au début des années 1790 avait perdu son crédit auprès du roi, la représentation de la *Geisterinsel*, le jour où l'on rendait hommage au nouveau roi de Prusse Frédéric-Guillaume III, constituait un jalon important dans la restauration de sa réputation de compositeur.

Sources et éditions — **a)** Livret : rééd. en facs. par Th. Baumann, *in* German Opera 1770-1800 Librettos XX, New York et Londres, 1985. — **b)** Musique : part. manuscrite, Berlin, Staatsbibl. preussischer Kulturbesitz, Mus. Ms. 18214, éd. en facs. par Th. Baumann, *in* German Opera 1770-1800 VIII, New York et Londres 1986.

Bibliographie — H. M. Schletterer, J. Fr. Reichardt, Augsbourg 1865 ; W. Deetjen, Der Sturm als Operntext bearbeitet von Einsiedel und Gotter, *in* Shakespeare-Jb. LXIV, 1928 ; F. Flössner, J. Fr. Reichardt, der Hallische Komponist der Goethezeit, Halle 1929 ; W. Salmen, J. Fr. Reichardt, Komponist, Schriftsteller, Kapellmeister und Verwaltungsbeamter der Goethezeit, Fribourg/Br. 1963, R. Propper, Die Bühnenwerke J. Fr. Reichardts, Bonn 1965 ; R. Schusky (éd.), Das deutsche Singspiel im 18. Jh., Bonn 1980 ; Th. Baumann, North German Opera in the Age of Goethe, Cambridge 1985.

U. Kramer

Geistliche Concerte (Concerts spirituels) pour 2 à 6 voix avec b.c. de **Samuel Scheidt**, publiés en 4 parties (I Halle, Oelschlegel, 1631 ; II Halle, Oelschlegel et Erfurt, Birkner, 1634 ; III Halle, Oelschlegel, 1635 ; IV Leipzig, Köler, 1640), deux autres parties prévues à l'origine n'ayant vraisemblablement jamais paru.

Si la *Tabulatura nova* (1624) est l'œuvre essentielle de Scheidt dans le domaine de l'orgue, les *Geistliche Concerte* revêtent une importance comparable pour la musique vocale. Les deux ensembles de pièces s'ouvrent de façon significative par une confession de foi, le *Credo* de Luther, → *« Wir glauben all an einen Gott ».* Comme la *Tabulatura nova* qui offrait à l'organiste des années 1620 toute la musique dont il pouvait avoir besoin pour le culte, les *Geistliche Concerte* constituent un ensemble achevé de compositions destinées aux églises et aux écoles de latin. La page de titre du 1er volume (1631) fait mention d'une division de l'œuvre en 4 parties. Toutefois, le cahier de basse continue du 2e volume (1634) fournit en annexe l'index détaillé de 6 parties (facs. dans le vol. IX des œuvres complètes de Scheidt). Des 173 concerts spirituels prévus à l'origine, seuls 115 ont été imprimés. Contrairement à J. H. Schein, mort en 1630, et à H. Schütz qui, après la fin de la guerre de Trente Ans, disposa encore de 24 années pour compléter et répandre son œuvre, Scheidt subit de plein fouet les conséquences catastrophiques de la guerre sur le plan culturel. L'annexe de la partie de basse continue du 2e volume mentionne le fait que, sous la pression des événements, le musicien ne put donner à l'impression qu'une version réduite à quelques voix d'œuvres conçues à l'origine sous une forme plus développée et pour des formations plus fournies. Les versions développées originales (pour 8 à 12 voix et pour 2 à 4 chœurs avec symphonie) pouvaient être obtenues auprès de Scheidt au cas où se présenterait une opportunité d'édition. La forme originale de ces concerts n'a vraisemblablement jamais été publiée bien que Scheidt l'ait proposée aux éditeurs. Peut-être les cantors allemands établirent-ils eux-mêmes des versions permettant la participation de chœurs et d'instruments en dehors des périodes de trouble. De nombreux indices prouvent que l'obligation de remanier des œuvres écrites pour grand effectif entraîne chez leur auteur un renforcement exceptionnel de la maîtrise artistique.

La collection des *Geistliche Concerte* renferme des pièces destinées à l'ordinaire de la messe et aux vêpres (*Magnificat* et *Benedicamus*), des compositions sur textes bibliques (psaumes, fragments des évangiles) et d'autres pièces liturgiques (pour la messe, les vêpres, la musique de table, les mariages et les enterrements). L'essentiel est cependant constitué par les nombreux arrangements de chorals appartenant au répertoire liturgique. Les index conservés des 5e-6e volumes restés inédits montrent que là aussi l'arrangement de choral était au cœur des préoccupations de Scheidt. La forme principale est celle du concert de choral (« Choral-Konzert ») à voix solistes sur le modèle de Schein (1618). Mais contrairement à celui-ci qui ne met en musique qu'une strophe, Scheidt traite en règle générale soit plusieurs, soit toutes les strophes d'un choral dans un style concertant et parvient ainsi, avec ses compositions en plusieurs parties, à un premier stade de développement de la cantate de choral (voir par la suite la cantate BWV 4, → « *Christ lag in Todesbanden* » de J. S. Bach). Rien que pour cette raison, les *Geistliche Concerte* revêtent une importance historique. Ces cantates de choral s'ouvrent par un motet de choral suivi le plus souvent par un duo de deux voix concertantes. La dernière partie est fréquemment introduite par une pièce en style de motet et s'achève par un choral proprement dit (p. ex. 3e partie, n° 2, « *Num komm der Heiden Heiland* », avec un chœur supplémentaire avec écho). Parmi les concerts en une seule partie, il est possible de distinguer deux types : ceux qui sont écrits sur une strophe de choral (1re partie, n° 1) ou sur un verset biblique (2e partie, n° 24) et ceux qui sont fondés sur plusieurs strophes d'un même choral (3e partie, n° 20 : 16 strophes) ou plusieurs versets bibliques (1re partie, n° 20). Parmi les concerts en plusieurs parties, on rencontre également deux types : ceux dont les différentes parties sont fondées chacune sur une strophe de choral ou un verset biblique (succession de parties strophiques) et celles dont plusieurs parties le sont sur un plus grand nombre de strophes ou de versets. Viennent s'y ajouter des formes à répétition et à ritournelle. La technique de composition de ces pièces à « cantus firmus » va de l'écriture verticale note contre note (« Kantionalsatz »), tout particulièrement dans les pièces conclusives, à une polyphonie de style fleuri. Dans un quodlibet (1re partie, n° 3), trois chorals différents se font entendre simultanément : → « *Vater unser im Himmelreich* » au cantus, → « *Christ unser Herr zum Jordan kam* » au ténor et « *Ich ruf zu dir, Herr Jesu Christ* » à la basse. Cent ans plus tard, cette œuvre sera encore citée dans le *Lexicon* de J. G. Walther (1732). Quant aux compositions sans « cantus firmus », elles vont du motet à la monodie pure. En outre, Scheidt utilise volontiers le style de faux-bourdon (récitation en accords) pour mettre en musique des textes ayant une place précise dans la liturgie ou revêtant le caractère d'une prière.

Rééditions modernes — Par CHR. MAHRENHOLZ, A. ADRIO et E. GESSNER, *in* S. Scheidt-Werke VIII-XII, Hambourg, Ugrino Verlag, 1923-62, puis Leipzig, Deutscher Verlag für Musik, 1971 et suivantes.

Bibliographie — CHR. MAHRENHOLZ, S. Scheidt. Sein Leben und sein Werk, Leipzig 1924, rééd. en facs. Farnborough, Gregg Intern. Publ., 1968 ; A. ADRIO, Zu S. Scheidts Vokalmusik, *in* MuK XXIV, 1954 ; E. GESSNER, S. Scheidts Geistliche Konzerte ; ein Beitrag zur Geschichte der Gattung, Berlin 1961 ; W. STOLZE, Die Geistlichen Konzerte S. Scheidts, *in* MuK XLVI, 1976 ; du même, War Scheidt ein musikalischer Reaktionär ?, *ibid.* LII, 1982.

U. ASPER

GEISTLICHES GESANGBÜCHLEIN (Petit Livre de chants spirituels), recueil de chorals et cantiques spirituels allemands et latins, arrangés polyphoniquement pour 4-6 voix par **Johann Walter**. La première édition a paru à Wittenberg, chez Klug, en 1524, sous le titre *Geystliche gesangk Buchleyn* (DKL I/1 : 1524^{18} ; RISM-Tenorlied 1 : 6. 1524^{71}) ; elle a été suivie de 6 éditions ultérieures, dont certaines conservées fragmentairement, variant entre elles par le contenu et par le titre : en 1534 (Strasbourg), *Wittenbergisch Gesangbüchli* ; en 1544 (Wittenberg, G. Rhau), *Wittenbergisch deudsch Geistlich Gesangbuechlein*, titre conservé pour la dernière édition en 1551.

Ce recueil est important à divers points de vue. D'une part, il est l'une des trois premières publications de chorals protestants imprimées en 1524, avec l'*Achtliederbuch* de Nuremberg et les deux *Enchiridion* d'Erfurt ; comme tel, il constitue la source la plus ancienne pour 6 chorals de M. Luther. D'autre part, il représente la première œuvre polyphonique publiée pour le culte évangélique, et précède largement celles de J. Kugelmann (*Concentus novi*, 1540) et G. Rhau (*Neue deutsche geistliche Gesänge*, 1544). M. Luther a rédigé une préface pour le *Geistliches Gesangbüchlein*, dans laquelle il laisse entendre qu'il aurait lui-même collaboré à son élaboration : les recherches récentes de W. Blankenburg incitent à ne pas prendre cette déclaration au pied de la lettre et à attribuer à Walter l'entière initiative du recueil.

D'une édition à l'autre, le contenu s'amplifie considérablement : de 43 morceaux (38 allemands, 5 latins) en 1524 on passe à 127 chants (80 allemands, 47 latins) en 1551, avec une proportion croissante de textes latins, lesquels demeurent cependant toujours minoritaires par rapport aux textes allemands. Ces chants, destinés aux « Kantoreien » luthériennes, font apparaître trois phases dans leur constitution progressive : il a d'abord fallu procurer rapidement un répertoire aux chœurs d'église (1524-25), puis s'occuper d'amender, corriger et réorganiser ce premier corpus, en le classant selon le nombre de voix utilisées (1534), enfin élargir celui-ci par l'adjonction de pièces nouvelles. Ce processus graduel a notamment eu pour effet d'inciter Walter à reprendre des éléments de composition éliminés et à les réutiliser dans d'autres morceaux postérieurement ajoutés, et selon des applications diversifiées. Cette fidélité à des procédés de paraphrase adoptés une fois pour toutes va de pair avec une conception particulière de l'agencement formel permettant p. ex. d'échanger des éléments de la trame polyphonique ou de les réemployer sous un aspect quelque peu modifié.

La mise en œuvre des mélodies données s'effectue selon deux techniques de base : homophonie avec marche simultanée de toutes les voix d'une part **A**, polyphonie en contrepoint imitatif d'autre part **B**, divers compromis entre ces types extrêmes étant également pratiqués. Le « cantus firmus » est confié le plus souvent au ténor, parfois aussi à la voix supérieure (sans pourtant qu'il s'agisse déjà de « choral harmonisé »). L'écriture se rattache, dans l'ensemble, à celle qui a cours dans la chanson profane contemporaine (« Tenorlied »), avec toutefois une certaine prédilection pour le canon. Outre le traitement canonique rigoureux du « cantus firmus », il n'est pas rare que l'une des voix accompagne celui-ci par un canon épisodique. Les imitations contrapuntiques, enfin, incluent volontiers une pré-imitation du « cantus firmus » au début d'un morceau, la suite évoluant plus librement ; cependant des pré-imitations intérieures se rencontrent exceptionnellement.

Rééditions modernes — Par O. KADE, *in* PGfM VII, 1878 ; par O. SCHRÖDER et autres, *in* J. Walter. Sämtliche Werke, Kassel, BV, 1953-73, vol. I (pièce all.), II (pièces lat.) et III (pièces supprimées dans l'éd. de 1534) ; rééd. en facs. de l'éd. de Worms 1525, avec préface de W. BLANKENBURG, Kassel, BV, 1979 (5 cahiers).

Bibliographie — J. STALMANN, J. Walters Cantiones latinae (diss. Tübingen, 1960) ; W. BLANKENBURG, J. Walters Chorgesangbuch von 1524 in hymnologischer Sicht, *in* Jb. für Liturgik und Hymnologie XVIII, 1973-74, rééd. *in* Kirche und Musik, éd. par E. Hübner et R. Steiger, Göttingen, Vandenhoeck & R., 1979 ; du même, J. Walters Chorgesangbuch von 1524, *in* Der evangelische Kirchenchor LXXXIX, 1974 ; U. ASPER, Aspekte zum Werden der deutschen Liedsätze in J. Walters « Geistlichem Gesangbüchlein » (1524-1551), Baden-Baden, Koerner, 1985.

U. ASPER

« GEIST UND SEELE WIRD VERWIRRET... » (L'esprit et l'âme sont confondus quand ils te contemplent, ô mon Dieu), cantate en 2 parties de **Johann Sebastian Bach** (BWV 35 ; NBA I/20) pour le 12ᵉ dimanche après la Trinité (évangile du jour, Marc 7, 31-37, guérison d'un sourd-muet), écrite pour alto solo, 2 htb., htb. de chasse, orgue obligé, cordes et b.c., exécutée pour la 1ʳᵉ fois à Leipzig le 8 sept. 1726. (Durée : 26 min 30 s environ.)

Le texte, dû au bibliothécaire de la cour de Darmstadt, Georg Christian Lehm, se rattache étroitement à l'évangile du jour mais ne comporte ni citation biblique ni strophe de choral. Les prodiges de Dieu sont tels que l'esprit et l'âme en sont troublés (air nº 2). Le croyant s'émerveille devant les miracles du Christ, l'ouïe rendue aux sourds, la parole aux muets et la vue aux aveugles. Même le chœur des anges ne peut en rendre compte (récitatif nº 3). Dieu a tout bien ordonné ; son amour se renouvelle chaque jour et chaque jour il veille sur nous (air nº 4). Le croyant est invité à méditer tout cela pour accueillir Dieu en son âme afin qu'il lui ouvre les oreilles et lui délie la langue (récitatif nº 6). Si seulement le temps était venu de chanter alléluia avec les anges ! De façon quelque peu paradoxale, le texte s'achève sur une prière adressée à Jésus pour qu'il mette bientôt fin à cette vie de misères (air nº 7).

Les deux parties de cette œuvre s'ouvrent par deux longues pièces instrumentales issues du premier et du dernier mouvement d'un concerto pour hautbois perdu, qui daterait de la période de Cöthen, dont on ne conserve que 9 mesures d'un arrangement pour clavecin (BWV 1059). La partie soliste est dévolue à l'orgue obligé qui se

A GEISTLICHES GESANGBÜCHLEIN

B GEISTLICHES GESANGBÜCHLEIN

manifeste également dans les autres pièces. La cantate se compose **1.** d'un mouvement rapide intitulé *Concerto*, en ₵ et en *ré* min. ; **2.** d'un air en 6/8 dans le caractère d'une sicilienne pour alto et tout l'orchestre, *« Geist und Seele »*, forme ABA avec ritournelle, en *la* min., qui pourrait être l'arrangement du mouvement central du concerto pour hautbois, mais qui correspond très bien au sentiment de trouble et d'émerveillement dont parle le texte ; **3.** d'un récitatif secco pour alto et b.c., *« Ich wundre mich... »* (Je m'étonne car tout ce qu'on voit doit nous surprendre) ; **4.** d'un air pour alto, orgue et b.c., *« Gott hat alles wohlgemacht »* (Dieu a tout bien ordonné), forme ABA' avec ritournelle, en *fa* maj., seul air à effectif réduit, de caractère enjoué, presque léger, en tout cas fait pour plaire. La 2de partie reprend après la prédication avec **5.** une *Sinfonia*, en 3/8 Presto, en *ré* min. ; **6.** un récitatif secco pour alto et b.c., *« Ach, starker Gott, lass mich doch dieses stets bedenken »* (Ah, Dieu fort, laisse-moi réfléchir sans cesse à tout cela) ; **7.** un air pour alto et tout l'orchestre, *« Ich wünsche nur bei Gott zu leben »* (Je ne désire que vivre auprès de Dieu), forme binaire AB avec ritournelle, en *do* maj., de caractère dansant, où, dès la ritournelle, les triolets de l'orgue évoquent la joyeuse vocalise de la voix sur « ein fröhliches Halleluja » (un joyeux alléluia) et la pitoyable lamentation sur « mein martervolles Leben enden » (achever ma vie pleine de tourments) assombrie par des tonalités mineures.

Bibliographie — Voir celle de l'art. *« Ach Gott, vom Himmel sieh darein »*.

M. Honegger

Gellerts Lieder, de **Ludwig van Beethoven**, voir Sechs Lieder von Gellert.

« Gelobet sei der Herr, mein Gott » (Loué soit le Seigneur, mon Dieu), cantate de **Johann Sebastian Bach** (BWV 129 ; NBA I/15) pour le dimanche de la Trinité, écrite pour sop., alto et basse soli, chœur, fl., 2 htb. et htb. d'amour, 3 trp., timb., cordes et b.c., exécutée pour la 1re fois à Leipzig le 16 juin 1726 très probablement. (Durée : 18 min 30 s environ.)

Son texte est constitué par les 5 strophes d'un choral de Johann Olearius (1665), qui se chante sur la mélodie de *« O Gott, du frommer Gott »*, due à Ahasverus Fritsche. Hymne de louange à la Trinité — les strophes 1 à 4 ont le même incipit, *« Gelobet sei der Herr, mein Gott »* et s'adressent respectivement à Dieu le Père, le Fils, le Saint-Esprit et à la Trinité —, ce choral s'achève par l'invitation à rejoindre le chant des anges qui clament le Sanctus.

L'œuvre en tire une animation joyeuse qui ne se dément pas au travers **1.** d'un chœur avec tout l'orchestre, en *ré* maj., où l'orchestre, traité en style concertant, forme une trame indépendante dans laquelle s'insèrent les phrases du choral au soprano, soutenues par les trois voix accompagnantes en style imitatif libre, fournissant un commentaire appuyé du texte ; **2.** d'un air lyrique pour basse et la seule b.c., en *la* maj. ; **3.** d'un air pour sop., fl., vl. solo et b.c., en *min* min., qui tisse une polyphonie à 4 ; **4.** d'un air pour alto, en *sol* maj., où la voix dialogue avec un htb. d'amour et la b.c. ; **5.** d'un chœur avec tout l'orchestre, *« Dem wir das Heilig itzt... »* (Pour qui nous entonnons maintenant le Sanctus), en *ré* maj., de même formation que le premier, où les trompettes jouent toutefois un rôle plus important mais où le chœur, qui participe au style concertant, se contente d'harmoniser à 4 voix la mélodie placée au soprano.

Bibliographie — Voir celle de l'art. *« Ach Gott vom Himmel sieh darein »*.

M. Honegger

« Gelobet seist du, Jesu Christ, dass du Mensch geboren bist » (Loué sois-tu, Jésus-Christ, de ce que tu es né homme), choral protestant de Noël en 7 strophes (a^8 b^7 c^8 d^8 e^4) se terminant chacune par « Kyrieleis ». La 1re strophe date du XIVe s. et est une adaptation de la séquence de Noël *« Grates nunc omnes reddamus »* de Grégoire le Grand (v. 540-604) ; les autres strophes, dues à Martin Luther, sont à rapprocher de la poésie de Venance Fortunat et de saint Ambroise (*« Veni redemptor gentium »*). Il ne faut pas le confondre avec *« Gelobet seist du* [...], *dass nun der Tag erschienen ist »* (1714) et *« Gelobet seist du* [...], *dass du der Sünder Heiland bist »* (1767) qui se chantent sur d'autres mélodies. Avec sa mélodie antérieure à la Réforme, ce chant circula en feuille volante (Wittenberg 1524), tandis que son texte seul figurait dans l'*Enchiridion* d'Erfurt (1524), placé avant le *Credo*, avec la mention « Eyn deutsch Hymnus oder Lobgesang » (Un hymne allemand ou chant de louange). On le trouve ensuite dans les recueils de Klug (1533, 1543), de Babst (1545) avec la mention « Ein Lobgesang von der Geburt unsers Herrn Jesu Christi » (Un chant de louange sur la naissance de Jésus-Christ). Le recueil de Speratus (1526) en contient une version en bas-allemand. Ce chant, dont la mélodie en mode de *sol* plagal a été adaptée et arrangée par **M. Luther** et **J. Walter**, figure toujours dans les recueils protestants actuels (EKG, Kassel 1950, n° 15 ; Recueil ECAAL, Strasbourg 1952, n° 32 ; *Nos cœurs te chantent*, Strasbourg et Paris 1979, n° 179, avec l'adaptation de H. Capieu *« Louange soit à Jésus-Christ »*).

Traduction de la 1re strophe — Loué sois-tu, Jésus-Christ, de ce que tu es né homme, d'une vierge, ceci est vrai ; ce dont se réjouit la foule des anges. Kyrieleis (trad. P. Veit).

Dans son → *Geistliches Gesangbüchlein* (Wittenberg 1524), **J. Walter** a traité ce choral à 4 voix avec « cantus firmus » au ténor. Après un début note contre note, les autres voix deviennent plus indépendantes ; les mots « Jungfrau » et « wahr » sont mis en valeur rythmiquement à la partie supérieure. Les *Newe deutsche geistliche Gesenge* (Wittenberg, Rhau, 1544) en renferment une version due à **B. Resinarius** (n° 5) avec mélodie au ténor et entrées successives. **K. Othmayr** en fait un « bicinium » publié dans les *Bicinia sacra* (Nuremberg 1547), avec « cantus firmus » en valeurs longues à la partie inférieure et supérius plus animé pour traduire musicalement la joie (« freuet sich ») et évoquer la foule des anges (« Engelschar »).

Au XVIIe s., **M. Schärer** propose une composition à trois voix avec pré-imitations des 6 premières notes avant la rentrée de la mélodie au soprano et avec des mouvements conjoints de croches à la basse et au ténor (1602). **G. Polarus** adapte le choral pour en faire un canon à deux voix à la quinte inférieure, avec quelques variantes rythmiques et mélodiques par rapport au prototype ; ce canon est ajouté à un exemplaire de la 5e édition du *Compendium musicae* d'A. Gumpelzhaimer (1611). En 1723, **J. S. Bach** harmonise le choral à 4 voix, note contre note, avec quelques notes de passage en croches à la basse et retard de la tierce et de la sixte dans l'accord final (BWV 314). Il l'utilise dans le chœur d'entrée et comme choral final de sa cantate BWV 91 (voir ci-dessous). Dans son *Orgelbüchlein* (n° 6, BWV 604), il le transforme en choral orné avec mélodie à la partie supérieure et insiste sur la louange (« gelobet ») par un mouvement très marqué à la pédale ; la partie correspondant au « Kyrieleis » se caractérise par une pédale de *sol* à la voix supérieure. Dans la collection de J. Ph. Kirnberger, Bach traite la mélodie en « fughetta » de 14 mesures (BWV 697). Dans un autre choral harmonisé en 12 mesures (BWV 722), d'abord note contre note, il intercale un trait de virtuosité en triples croches. Le choral BWV 722a se réduit au chant donné et à la basse chiffrée. Enfin, le choral BWV 723 est plus développé (48 mesures) ; Bach joue sur le motif mélodique du 1er vers avec des entrées successives à la dominante et à la tonique.

É. WEBER

« GELOBET SEIST DU, JESU CHRIST » (Loué sois-tu, Jésus-Christ), cantate de choral de **Johann Sebastian Bach** (BWV 91 ; NBA I/2) pour la Nativité (épître du jour, Tite 2, 11-14, La grâce de Dieu manifestée ; ou Ésaïe, 2-7, Un enfant nous est donné ; évangile du jour, Luc 2, 1-14, Naissance de Jésus-Christ), écrite pour sop., alto, ténor et basse soli, chœur, 3 htb., 2 cors, timb., cordes et b.c., exécutée à Leipzig le jour de Noël 1724. (Durée : 18 min 30 s environ.)

Son texte se fonde sur un choral de Martin Luther (voir ci-dessus) dont la 1re, la 2e et la dernière strophe ont été reprises textuellement, les 3e, 4e, 5e et 6e ayant été, elles, récrites.

Le chœur d'introduction avec ritournelle, **1.** *« Gelobet seist du »*, s'ouvre sur une symphonie instrumentale de caractère concertant dont le thème joyeux et animé

donne lieu à six entrées rapprochées en imitation et dont les deux motifs caractéristiques (a et b), suivis d'un troisième en battement de doubles croches aux cors, alimentent l'accompagnement des voix et les interludes. Les phrases du choral s'insèrent vers après vers dans la symphonie, la mélodie étant chantée par le soprano. Lui font suite **2.** un récitatif pour sop. et b.c., *« Der Glanz der höchsten Herrlichkeit »* (La gloire de la plus haute seigneurie), incluant la mélodie du choral, où les vers de la 2e strophe de Luther se retrouvent tropés par un nouveau texte de glose — sous les vers du récitatif, la b.c. est en valeurs longues ; sous les vers et sous la mélodie du choral, elle est en croches régulières, reprenant comme en litanie le motif mélodique du début du choral, « Gelobet seist du, Jesu Christ » — ; **3.** un air pour ténor, 3 htb. et b.c., *« Gott dem der Erden Kreis zu klein »* (Dieu pour qui la terre est trop petite), en *la* min. ; **4.** un récitatif pour basse accompagnée par les cordes et la b.c., *« O Christenheit ! Wohlan, so mache dich bereit »* (O chrétienté ! Allons, apprête-toi), qui s'achève en arioso avec le motif de la douleur sur le mot « Jammertal » (vallée de larmes), suivi d'une cadence lumineuse des cordes ; **5.** d'un air en duo pour sop. et alto, vl. à l'unisson et b.c., d'une écriture à 4 voix, *« Die Armut, so Gott auf sich nimmt »* (La pauvreté que Dieu revêt), forme ABA avec ritournelle, en *mi* min., où les oppositions du texte sont soulignées par des procédés variés : « Die Armut » (la pauvreté) par des entrées en imitations serrées, faisant dissonance ; « den Überfluss » (l'abondance) par une écriture homophonique ; « Sein menschlich Wesen » (sa nature humaine) par une phrase chromatique ascendante, renversement du motif de la douleur ; « den Engelsherrlichkeiten gleich » (semblable à la splendeur des anges) par une vocalise diatonique et un motif en accord parfait et où le rythme pointé, solennel, des violons à l'unisson symboliserait, selon A. Schweitzer (*J. S. Bach, le musicien-poète)*, la divinité du Christ dans son humble apparition sur terre. La cantate s'achève par la strophe finale du choral de Luther, **6.** *« Das hat er alles an uns getan »* (Tout cela il nous l'a fait), avec tout l'orchestre, en *sol* majeur.

Bibliographie — Voir celle de l'art. *« Ach Gott vom Himmel sieh darein »*.

M. HONEGGER

« GELOBT SEI GOTT IM HÖCHSTEN THRON » (Loué soit Dieu sur le trône suprême), choral protestant de Pâques formé de 20 strophes de trois vers (a^8 b^8 c^8) se terminant chacune par « Halleluja » répété trois fois, dû à Michael Weisse († 1534). En 1531, il figure dans le recueil des frères moraves, avec la mention « von der Auferstenduungg Christi » (de la Résurrection du Christ). A partir de 1609, il sera chanté sur une mélodie de **Melchior Vulpius**. De nos jours, 6 strophes seulement ont été reprises dans les recueils protestants (EGK, Kassel 1950, n° 79 ; Recueil ECAAL, Strasbourg 1952, n° 98). La mélodie a passé dans les recueils en langue française avec le texte *« Gloire à Dieu notre créateur » (Louange et Prière*, Paris 1939, n° 526) ou *« Louange à Dieu le créateur »* (*Nos cœurs te chantent*, Strasbourg et Paris 1979, n° 380).

Traduction de la 1re strophe — Loué soit Dieu, sur le trône suprême, avec son Fils unique, qui a assez fait pour nous. Alléluia.

Après cette strophe introductive, les suivantes s'inspirent du récit biblique : le matin du troisième jour (strophe 2), l'ange leur dit : « Ne craignez point », « Vous cherchez Jésus [...], il est ressuscité » (strophe 3). La strophe conclusive est une invocation au Christ.

M. Vulpius, auteur du timbre, l'a harmonisé à 4 voix en contrepoint simple, avec la mélodie au soprano ; il a introduit à la basse le principe du « cantus per medium » en y réduisant les valeurs de moitié (croches) sur les mêmes notes (*« a »* de « Halleluja ») contrastant avec les valeurs réelles aux autres voix.

É. Weber

Geneviève de Brabant, musique de scène pour piano et chant d'**Erik Satie**, composée vers 1900 pour une « pièce en vers et en prose » de lord Cheminot, pseudonyme de Patricio Contamine, dit aussi J.-P. Contamine de Latour. Retrouvée aussitôt après la mort du compositeur, cette partition a été utilisée depuis, et jusqu'à la redécouverte beaucoup plus tardive (1982) du texte intégral de lord Cheminot, comme un opéra-minute pour marionnettes, le texte ayant été remplacé, lors de la 1re représentation (Festival Erik Satie, Paris, Théâtre des Champs-Élysées, 17 mai 1926), par trois poèmes spécialement écrits par Lucien Daudet, puis par une *Complainte de sainte Geneviève*, extraite des *Images d'Épinal.* (Vienne, UE, 1930 ; durée : 10 min environ.)

Satie a conçu sa musique de scène comme un hommage simultané — et par là même surprenant — à la « musique à genoux » et à la musique populaire. La partie instrumentale utilise en effet des modes grégoriens, tandis que la partie vocale (deux minuscules chœurs de « foule », deux « Airs de Geneviève » et un « Air de Golo ») s'inscrit agréablement dans la plus pure tradition de l'opérette. Il faut remarquer le parti pris d'extrême économie (les 4 variations d'un même thème qui constituent le *Prélude* réapparaissent séparément par la suite sous forme d'intermèdes) et l'effet comique — malgré l'emploi de la modalité — de l'*Entrée des soldats* : un thème de 13 mesures qui revient à plusieurs reprises comme la *Promenade* des *Tableaux d'une exposition* de Moussorgski, mais avec des modifications de ton et de nuance, parfois même avec des amputations, qui donnent la curieuse impression d'une marche boiteuse. Comme toujours chez Satie, une relation singulière est établie entre la musique et les mots. La phrase musicale est articulée indépendamment des appuis rythmiques du texte ; pour deux phrases parlées identiques, le rythme et la mélodie divergent si bien que certaines syllabes se retrouvent anormalement prolongées ou escamotées et qu'un *e* muet terminant un vers peut se retrouver chanté au début du vers suivant. « Il ne s'agit pas d'une parodie : la provocation serait trop douce. Tout est sérieux, mais franchement raté. Tout est bien ficelé, mais prend un aspect totalement manqué parce que rien ne se passe au bon moment. Seulement dans le chœur final, texte et musique vont ensemble dans une sorte de petit french-cancan à la Offenbach. Parce que tout est juste, c'est le morceau le plus faux de la pièce : une grimace longtemps préparée » (M.-Chr. Jam).

Bibliographie — P.-D. Templier, E. Satie, Paris 1932, p. 72 ; M.-Chr. Jam, Geneviève de Brabant : un point de vue sur la musique, *in* Les Chiens jaunes n° 14, févr. 1983 ; O. Volta, Geneviève de Brabant, Venise, Gran Teatro La Fenice, 13 avr. 1983 (programme de la création de la pièce de lord Cheminot, en italien, par la compagnie de marionnettes Monti-Colla).

O. Volta

Genoveva (Geneviève), op. 81, opéra en 4 actes, livret de Robert Reinick et Robert Schumann d'après Ludwig Tieck et Friedrich Hebbel, musique de **Robert Schumann,** composé d'avr. à août 1848, créé à Leipzig le 25 juin 1850 sous la direction de l'auteur, en présence de Fr. Liszt qui montera l'œuvre à Weimar le 9 avr. 1855 et à Leipzig le 31 mai 1859. (Durée : 2 h 15 min environ.)

« Savez-vous quelle est ma prière du matin et du soir ? Elle s'appelle l'opéra allemand » (lettre à Kosmaly, 1842). Depuis longtemps Schumann songeait à divers sujets d'opéra, genre propre à l'épanouissement conjugué de ses dons de poète et de musicien. Il tenait à apporter sa pierre à l'édifice de l'opéra national trahi par Meyerbeer, voire, selon lui, par un Wagner contaminé par le grand opéra français teinté d'italianismes. C'est à Dresde, face à Wagner, que Schumann élabora son unique opéra. « Créez un opéra allemand original, profond et simple. Écrivez-le comme si aucun public n'existait mais montrez-y l'artiste authentique, la vraie culture », recommandait-il en appliquant lui-même ces préceptes inhabituels au théâtre.

Argument — Siegfried (bar.), comte palatin de Trèves, part combattre les Sarrasins. Il confie son épouse Geneviève de Brabant (sop.) à son intendant Golo (ténor). Repoussé par la comtesse, ce dernier ourdit contre elle un complot avec l'aide de la sorcière Margaretha (mezzo-sop.). Accusée d'infidélité, Geneviève préfère affronter la mort plutôt que de céder à Golo. Mais un dénouement heureux interviendra.

Proche d'→ *Euryanthe* de Weber (redonné le 23 sept. 1847), modèle évident de Schumann, et de → *Lohengrin* de Wagner par son évocation du monde de la chevalerie médiévale, par l'affrontement de l'innocence et de la félonie, par le fantastique (miroirs magiques de Margareth, spectre de Drago), par la Nature, le sujet avait de quoi séduire Schumann malgré ses faiblesses. Mais ce dernier ne possédait ni l'imagination satanique de Weber ni la force de conviction de Wagner et de Verdi, quoique, dans l'absolu, *Genoveva* soit meilleur que les premières tentatives de ces trois maîtres. Les plus ardents schumanniens eux-mêmes ont toujours préféré l'intériorité des → *Scènes du Faust de Goethe* et les audaces de → *Manfred.* Schumann vise ici à la tenue musicale, à la cohérence organique obtenues au moyen d'un réseau de motifs signifiants d'une grande subtilité. Écrite en premier, l'ouverture présente, dans le cadre d'une structure de sonate, plusieurs clés du drame, dont quatre dès les premières mesures **A**. Le sombre pressentiment de l'accord de 9e min. (1) résonne de nouveau à la fin du premier air de Golo (acte I, n° 2). La « crampe » rythmique (4) puis convulsive (développement) s'empare de Golo lorsque Geneviève le traite de bâtard (acte II, n° 9) ; ce spasme de souffrance scelle dorénavant leurs destins tragiquement mêlés (acte IV, nos 16, 17 et 18). Golo, centre de gravité du drame de Hebbel, semble également disputer chez Schumann la première place à la vertueuse et imprudente Geneviève. Schumann va jusqu'à lui faire fredonner avec Golo une chanson écrite pour Clara et lui-même au moment de leur mariage. Anti-héros, faible, trouble, sorte d'Eusebius à la tendre voix de ténor, assassin-victime ravagé par le sentiment de culpabilité, Golo émeut Schumann au point qu'il renonce à le châtier. Le motif (2), dépressif et contourné, prend son vrai visage comme contrechant fiévreux du thème A de l'ouverture **B**. Véritable signature de l'auteur (cf. *Faust*, *Manfred*, etc.), il revient notamment dans l'air n° 11 de Geneviève. Le motif (3), magnifié en fanfare canonique dans la coda de l'ouverture, incarne la dualité Bien/Mal en engendrant à la fois le choral (acte I, n° 1), la première intervention de Geneviève (acte I, n° 3) et la première de Margaretha (acte I, n° 7). La sonnerie de cors du thème B 1 de l'ouverture **C** se rattache au preux Siegfried, pourfendeur des Infidèles et de l'infidélité, plus soucieux d'idéologie que de psychologie. D'autres motifs énoncés en cours d'action auront à jouer un rôle cyclique, peu perceptible à la scène. La construction en 21 numéros esquisse une arche (voir les chœurs nos 1 et 20-21) dont l'air n° 11 marque le centre avant le basculement du drame. A l'instar de Wagner, Schumann veille à la continuité musicale. Le récitatif et l'air tendent à se fondre dans une déclamation syllabique et lyrique associée à une trame polyphonique nourrie, habilement dosée à l'orchestre. Des ensembles, de beaux chœurs, deux finales enlevés (actes II et IV) — le dernier, un hymne à la fidélité conjugale et un hommage au → *Fidelio* de Beethoven —, constrastent avec efficacité. Les chansons d'esprit populaire (nos 9, 14, 16), le premier chœur en style de choral, le chœur des chasseurs sont les composantes indispensables d'une « œuvre d'art totale » romantique. A compter parmi les sommets : l'ouverture, la splendeur lyrique de la première moitié des actes II et IV (intégrant deux chansons et les deux prières de Geneviève, la 2de d'une magnifique intensité, soustendue d'un chœur céleste) et les deux « sorties » de Golo (fin des nos 9 et 16) d'une « inquiétante étrangeté » ; cet opéra du doute s'achève néanmoins dans la sérénité, si nécessaire à Schumann et commune à toutes ses grandes œuvres vocales.

Éditions — Leipzig, Peters, 1880 ; Leipzig, Br. & H., 1886, rééd. en facs. Farnborough, Gregg, 1967. — Réd. cht et p. par Cl. Schumann, Leipzig, Peters, 1851 ; Leipzig, Br. & H., 1887, rééd. en facs. Farnborough, Gregg, 1968 ; Boston, Schmidt, v. 1890.

Bibliographie — E. Hanslick, R. Schumann als Opern-komponist, *in* Die moderne Oper, Berlin 1875, rééd. en facs., 1971 ; F. Brendel, R. Schumanns Oper Genoveva, *in* Gesammelte Aufsätze zur Gesch. und Kritik der neueren Musik, Leipzig 1888 ; H. Abert, R. Schumanns Genoveva, *in* ZIMG XI, 1909, 2/ *in* Musik-Konzepte, déc. 1982 ; G. Abraham, The Dramatic Music, *in* Schumann : a Symposium, Londres 1962 ; H. Wolff, Schumanns Genoveva..., *in* Beitr. zur Gesch. der Oper, Regensburg, Bosse, 1969 ; F. Cooper, Operatic and Dramatic Music, *in* R. Schumann. The Man and His Music, éd. par A. Walker, Londres, Barrie & J., 1972, 2/Faber, 1976 ; L. Siegel, A Second Look at Schumann's Genoveva, *in* MR XXXVI, 1975 ; K. Witteler, R. Schumanns dramatisches Werk, *in* R. Schumann Universalgeist der Romantik, Düsseldorf 1981 ; D. Fischer-Dieskau, R. Schumann, Wort und Musik, Stuttgart, Deutsche Verlags-Anstalt, 1981, trad. fr. Paris, Éd. du Seuil, 1984 ; L'Avant-Scène Opéra, n° 71, janv. 1985.

Br. François-Sappey

A Genoveva

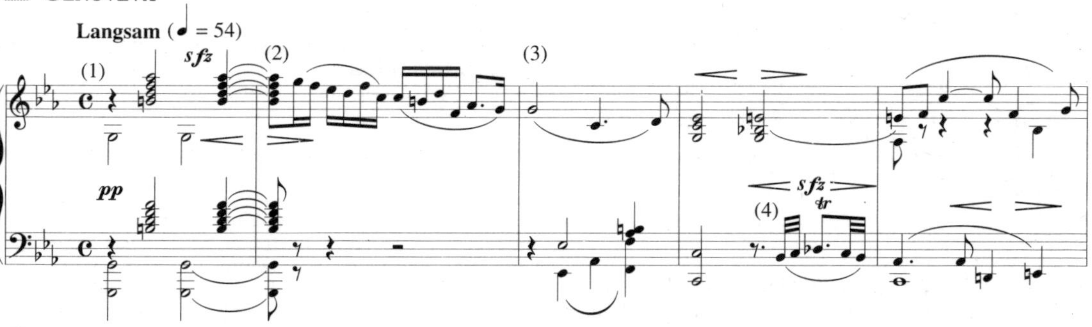

B Genoveva

(Conflit cyclique ₵, 6/4)

C Genoveva

GENTIL COQ'LICOT, chanson populaire française. Cette charmante « reverdie » est en réalité une ronde enfantine. Son auteur est inconnu et l'on suppose que dans son état actuel elle remonte au XVIIe s., mais son thème est attesté depuis le XVe siècle. Comme dans beaucoup de chansons traditionnelles, le rossignol joue le rôle important de conseiller. C'est un animal savant, qui parle latin ! Il engage la jeune fille, qui se promène dans son jardin, à se méfier des garçons. Les animateurs de classes enfantines se sont emparés de cette ronde, la transformant parfois en des ballets d'une puérilité désarmante. Sur son timbre, on a composé d'innombrables couplets, qui n'ont rien de commun avec le sujet initial.

Bibliographie — H. DAVENSON, Le livre des chansons, Neuchâtel 1944 ; DELFOLIE, Trésor des plus belles mélodies, Chambéry 1947 ; S. CHARPENTREAU, Le livre d'or de la chanson enfantine, Paris, Éd. Ouvrières, 1976 ; G. WEILL, Gentil coquelicot mesdames, Paris, Nathan, s.d.

FR. VERNILLAT

« GENTILS VENEURS, ALLEZ EN QUESTE AU BUYSSON » ou *La Chasse*, chanson à 4 voix de **Clément Janequin**, publiée par P. Attaingnant dans les *Chansons de maistre C. Janequin* (Paris 1528), en même temps que le *Chant des oyseaulx* et la *Chanson de la guerre*. Elle connut diverses modifications lors des rééditions successives : en 1537 (dans *Les Chansons de la guerre, la Chasse, le Chant des oyseaulx*), la « secunda pars » se voit amplifiée de 3 voix supplémentaires, alors qu'en 1555 (*La Vénerie, autrement dit la Chasse...*, chez Du Chemin) l'ensemble de la chanson est à 5 voix.

Comme *La Guerre*, elle est composée en deux parties, à la manière d'un grand motet circonstanciel. Après l'exorde où chasseurs et chiens se rassemblent, la « secunda pars » décrit la chasse elle-même. Dans la version de 1537, les premiers vers, à 4 voix, y servent encore d'introduction, à la louange de la vénerie : « Sur tous soulas plaisir et lyesse, / [...] Sur tous esbats qui sont en noblesse, / Sur tous déduits n'est que la chasse. » Les trois voix supplémentaires ne sont introduites qu'après la cadence (en *fa*) de cette nouvelle entrée en matière : c'est alors que la polyphonie se fait descriptive. Le musicien y saisit un moment de musique brute, partie du paysage sonore familier du courtisan, dans la manière des fricassées : dialogues, cris de voix, aboiements et sons des cors se mêlent comme en un immense quodlibet aléatoire qui déroule en même temps le récit de la partie de chasse. Comme le texte le montre à plusieurs reprises, il s'agit bien d'une chasse royale : « Ne le tuez pas. Attendez le Roy./Sire, tuez-le de peur qu'il ne blesse les chiens... » La pièce se termine alors sur la mort du cerf, suggérée par la seule imitation des sonneries de trompe : « Tronc, tronc, tronc... » Un traité de vénerie presque contemporain (*La Vénerie...*, de Du Fouilloux, en 1566) décrit ainsi le signal du rappel des chiens (« Tranc, tranc... ») qui coïncide précisément avec ce passage de Janequin (« Arrière, chiens... »). L'évocation est donc bien précise : on imagine quel effet l'audition de cette chanson pouvait produire sur les hommes de ce temps. En 1545, N. Gombert s'inspire à l'évidence de la chanson de Janequin, en publiant une *Chasse du lièvre* (voir à l'article *« Or escoutez tous vrais veneurs »*).

Éditions modernes — Par H. EXPERT, *in* Maîtres Musiciens de la Renaissance française VII, Paris, A. Leduc, 1898 ; par FR. LESURE et A. TILLMAN-MERRITT, *in* Cl. Janequin. Chansons polyphoniques, Monaco, L'Oiseau-Lyre, 1965-69.

Bibliographie — M. BRENET, Musique et musiciens de la vieille France, Paris 1911 ; I. CAZEAUX, French Music in the 15th and 16th Cent., Oxford, Blackwell, 1975 ; J. MAILLARD, La Chasse de François Ier à Fontainebleau, *in* La Revue de Moret et de sa région, 1976 ; G. DOTTIN, La chanson française de la Renaissance, *in* Coll. « Que sais-je ? » Paris, PUF, 1984.

J.-P. OUVRARD

GERUSALEMME, opéra de **Giuseppe Verdi**, voir (I) LOMBARDI ALLA PRIMA CROCIATA.

GESANG DER GEHARNISCHTEN MÄNNER, de **Wolfgang Amadé Mozart**, voir (DIE) ZAUBERFLÖTE et « ACH GOTT, VOM HIMMEL SIEH DAREIN ».

GESANG DER GEISTER ÜBER DEN WASSERN (Chant des Esprits au-dessus des eaux), chœur de **Franz Schubert** (D 714), sur un poème de Goethe, pour 8 voix (4 T, 4 B) et ensemble de cordes (2 altos, 2 vlc. et cb.), composé entre sept. 1816 et févr. 1821, créé à Vienne au Kärntnertortheater, le 7 mars 1821. (Durée : 11 min environ.)

Parmi les nombreuses pages admirables que Schubert a écrites à l'intention d'ensembles vocaux, c'est sans doute la plus originale et la plus parfaite. Le poème de Goethe est une sorte de contemplation panthéiste : « L'âme de l'homme est semblable à l'eau », mais finalement seulement « semblable » ; aux yeux du poète elle se confond avec la nature, comme les Esprits qui planent au-dessus des eaux finissent par s'identifier à elles. Cette contemplation monte, crescendo, vers un sommet intensément dramatique (« si des récifs saillants interrompent sa chute »).

Pour mettre ce texte en musique, Schubert a lutté pendant des années ; les premières esquisses datent de sept. 1816 ; il y aura trois versions avant la réussite définitive de févr. 1821. Tous les témoignages concordent : lorsque l'œuvre fut présentée en concert, elle rencontra une incompréhension totale. Le musicien y a tenté et réussi une double performance. D'abord renouer avec l'esprit de l'ancien madrigal, c'est-à-dire créer une musique qui, dans une entière liberté, suive les moindres inflexions du texte, pour ce qui est de la prosodie comme du sens des mots et du climat poétique, mais avec une subtilité, dans le domaine des modulations, inconnue des anciens madrigalistes. Par ailleurs, Schubert reprend l'expérience tentée par Beethoven dans sa → *Missa solemnis* ; il est probable qu'il ne l'a pas connue davantage que les madrigaux italiens, ce qui valorise encore cette réussite solitaire. Car il adopte une écriture qui unit si parfaitement les timbres instrumentaux aux voix que l'oreille en vient à ne plus être capable de les isoler : c'est la reconstitution symbolique dans le monde sonore de la vision panthéiste du poète. Il n'est pas moins remarquable que l'interprétation puisse être aussi idéale par rapport à la partition avec des effectifs très différents : c'est une page qui peut être réalisée avec un seul interprète par partie ou avec un ensemble plus ou moins important : même le grand chœur et le chœur de cordes d'un orchestre symphonique peuvent lui rendre justice.

Rééditions modernes — *In* Fr. Schuberts Werke, Leipzig, Br. & H., 1884-97, vol. XVI/3.

Bibliographie — A. Einstein, Schubert, New York 1951, trad. fr. Paris, Gallimard, 1979 ; Br. Massin, Fr. Schubert, Paris, Fayard, 1977, pp. 914-916 et 921-923.

C. de Nys

Gesang der Jünglinge (Chant des adolescents), pièce de musique électronique de **Karlheinz Stockhausen**, élaborée à partir d'une voix d'enfant récitant un texte extrait du livre de Daniel, chap. 3, réalisée en 1955-56 au studio de musique électronique du Westdeutscher Rundfunk à Cologne, créé à Cologne, dans le grand auditorium de la radio, le 30 mai 1956. (Enregistrement DG 138811, 1968 ; durée : 13 min.)

Dans cette œuvre, Stockhausen s'est efforcé d'intégrer la voix humaine au sein du matériau électronique : les phonèmes et les sons électroniques sont réunis en une suite continue de degrés de timbre, allant du son sinusoïdal (ou son « pur ») au bruit blanc en passant par plusieurs degrés intermédiaires (au moyen de la modulation de fréquence, d'amplitude, de la « coloration » du bruit par filtrage, etc.). Les productions vocales sont rangées dans cette progression selon leur parenté de timbre ; elles sont alors insérées dans des ensembles de sons électroniques et deviennent interchangeables avec ceux-ci. Tout le processus de composition va résider dans les manipulations complexes dont peuvent être l'objet ces éléments (permutation, groupement), telles que Stockhausen les explique dans son article *Sprache und Musik* (Langage et musique).

Dans ce contexte, la parole clairement compréhensible n'est elle-même qu'un degré extrême sur une « échelle de sens » comprenant des états intermédiaires de compréhension imprécise ou d'associations sémantiques inattendues (p. ex. « Schneewind », neige-vent) issues des transformations, l'extrême inverse étant la pure qualité sonore du langage. Diverses caractéristiques affectent en outre la compréhension du texte : la dynamique, la densité, la dislocation du texte chanté dans l'espace, la séparation des syllabes d'un mot ou des fonctions linguistiques dans une phrase.

La structure du texte utilisé joue néanmoins un rôle important : l'invocation récurrente « Preiset den Herrn » (Exaltez le Seigneur) agit comme un refrain textuel et comme une clé pour les transformations électroniques du matériau sonore. Chaque nouvel élément accompagnant cette invocation (les anges, les cieux, l'eau, les étoiles, les vents) vient préciser le verset initial (« Exaltez le Seigneur, vous, dans toutes ses œuvres ») ; il est donc possible d'opérer des permutations sans modifier le sens général. L'œuvre totale peut ainsi être divisée en 6 périodes de longueur variable, focalisées chacune autour d'une apparition perceptible des mots « Preiset (Jubelt) den (dem) Herrn ».

Le *Gesang der Jünglinge* se situe à la charnière entre la musique électronique et la musique dite « concrète » : si son processus de composition le rattache davantage à la première catégorie, le résultat sonore ne peut manquer d'évoquer la naissance de la parole à partir des éléments naturels, ou du moins élémentaires, tels le son pur ou le bruit blanc. Cette image du passage de la matière indifférenciée à la perception consciente se relie au thème de l'adolescence, qui était peut-être aussi l'adolescence d'un art nouveau, l'utilisation des moyens électroniques face à un public encore réticent. L'œuvre fut pourtant saluée unanimement comme l'une des réussites les plus marquantes de l'époque.

Bibliographie — K. Stockhausen, Aktuelles, *in* Texte II, Cologne 1964, pp. 51-57, en angl. *in* Die Reihe I, 1958 ; du même, Sprache und Musik, *in* Texte II, Cologne 1964, pp. 58-68, en angl. *in* Die Reihe VI. 1964, pp. 40-64 ; J. Harvey, The Music of Stockhausen, Londres. Faber, 1975, pp. 77-80 ; R. Maconie, Stockhausen, Londres, OUP, 1976, pp. 95-99 ; C. Baivier, Voix nouvelle dans la musique contemporaine (mémoire de licence, Univ. de Liège, 1976) ; P. Andraschke. Elektronische Musik und Sprache, *in* G. Schnitzler (éd.), Dichtung und Musik, Kaleidoskop ihrer Beziehungen, Stuttgart, Klett-Cotta. 1979 ; G. D'Angiolini, Le son du sens : Machaut, Stockhausen. La Ballade 34 et le Chant des adolescents, *in* Analyse Musicale IX, oct. 1987 ; W. Kaegi, K. Stockhausen, *in* livret-pochette du disque Zeitgenössische Musik in der Bundesrepublik Deutschland, Deutsche Harmonia Mundi, coffret n° 3.

V. Mataigne

(Das) Gesicht Jesajas (La Vision d'Ésaïe), op. 41, oratorio pour sop., ténor et basse soli, chœur mixte, orchestre et orgue, texte — d'après le Livre d'Ésaïe — et musique de **Willy Burckhard**, composé entre 1933 et 1935, créé à Bâle, le 18 févr. 1936, sous la dir. de Paul Sacher. (Zurich, Hug, 1948 ; durée : 58 min environ.)

L'œuvre exprime la certitude de la victoire du Bien sur le Mal. Selon le témoignage du compositeur, les extraits du chapitre 66 du Livre d'Ésaïe, bien que choisis dans une perspective musicale, forment une construction à la fois littéraire et théologique : à la corruption de l'espèce humaine s'oppose la vision d'un homme meilleur, à la vengeance de Dieu s'oppose sa grâce, à la destruction la construction, à l'obscurité la lumière, à la mort la vie, à la guerre la paix. Si *Das Gesicht Jesajas* évoque la vision d'une gigantesque catastrophe terrestre, il indique également l'existence du secours et d'un ferme espoir par une conversion totale et une acceptation de la révélation du dieu trinitaire.

1. Prologue. Vision spirituelle de la majesté divine suivie du *Sanctus* allemand de M. Luther, → *« Jesaja dem Propheten das geschah »* (Ésaïe 6, 1-4). **2.** Vision du malheur et du désastre suivie du choral → *« Ach Gott, vom Himmel sieh darein »* (M. Luther). **3.** La Grâce de Dieu (Espoir et confiance) et choral → *« Verleih uns Frieden gnädiglich »* (M. Luther). Les parties 2 et 3 forment un couple contrastant où prédomine l'élément négatif. **4.** Le déclin du monde (Ésaïe 24, 19-20) et choral *« Es ist allhier ein Jammertal »* (Joh. Leon). **5.** La lumière dans les ténèbres (Promesse du prince de paix, Ésaïe 9, 5-6) et choral *« Sei Lob und Ehr dem höchsten Gut »* (Joh. Jakon Schütz). La 4e partie avec la vision de la mort constitue le point de désespérance absolu et forme avec la 5e partie un nouveau couple contrastant où l'élément positif s'impose finalement. **6.** La mort surmontée (Résurrection) et choral *« Lacht der finstern Erdengruft »* (anonyme, Berlin 1653). Cet épisode se caractérise par un renforcement de l'élément dramatique qui conduit à la partie finale, **7.** Paix et nouvelle Terre, suivie du choral → *« Allein Gott in der Höh sei Ehr »* (N. Decius) et de l'Amen final.

Cherchant un texte convenant à une grande page chorale, W. Burkhard découvrit la force intemporelle et le poids de la révélation tels qu'ils s'expriment dans le Livre d'Ésaïe qu'il avait déjà fréquenté lors de la composition de son *Deutsches Sanctus* a cappella. Préfigurant les puissants unissons qui jouent un rôle si important dans *Das Gesicht Jesajas*, il devint le point de départ de l'oratorio et fut réemployé dans le prologue. Les 7 parties de l'œuvre font alterner les chœurs et les soli mais c'est essentiellement des grands chœurs qu'elle tire toute sa puissance. Les 25 numéros qui la composent forment chacun un tout et sont de forme claire, le plus souvent de style contrapuntique : fugue, double fugue, passacaille (n° 11, Tempo di marcia funebre), etc., mais aussi de type ABA (Introduction). L'élément harmonique y joue un rôle secondaire ; comme dans une gravure sur bois, ce sont ici les plans et les lignes qui comptent. L'instrumentation est également brossée à larges traits et maintient généralement la même couleur pour chaque numéro. La seule pièce purement instrumentale (l'interlude n° 13) — toutefois précédé par un texte (Ésaïe 57, 20-21) — se situe au centre même de l'oratorio. Les chorals à l'unisson qui terminent chacune des 7 parties constituent non seulement le résumé des idées exprimées dans chacune d'elles mais en sont en même temps des « cristallisations » musicales et formelles (W. Burkhard). C'est pourquoi le compositeur n'a pas repris les mélodies originales et en a composé de nouvelles, soucieux d'en tirer les éléments musicaux des parties qui les précèdent. Ainsi, la mélodie de → *« Ach Gott, vom Himmel sieh darein »* parcourt en son début une quinte diminuée, un intervalle qui joue un grand rôle dans toute la 2e partie (nos 3, 4 et 5), et elle se projette déjà dans la sonorité finale faite du même intervalle. De même, la mélodie de → *« Verleih uns Frieden gnädiglich »* reprend un passage important de la 3e partie (n° 9, « [...] denn ich erlöse dich »). Et à la fin de la 5e partie, le choral *« Sei Lob und Ehr »* joue également le rôle de résumé de développements antérieurs (nos 15, 17), tandis que *« Lacht der finstern Erdengruft »* se trouve entièrement préparé dans le solo de soprano n° 20. Le choral qui conclut la 4e partie, *« Es ist allhier ein Jammertal »*, ne comporte aucun lien thématique, mais il rend sensible le point de désespérance absolu atteint par l'œuvre. Comprimée au maximum, sa mélodie se meut dans l'espace réduit d'une quarte et tourne sans aucune tension autour d'un *mi*. Le choral final *« Allein Gott in der Höh sei Ehr »* reçoit la même mélodie que *« Sei Lob und Ehr »* mais traitée à 4 voix dans un souci de progression expressive. Au fur et à mesure que l'oratorio se développe, les rapports entre les différents numéros deviennent plus étroits. La 2de moitié de l'œuvre fait l'effet d'un grand développement, tout particulièrement la 7e partie qui réalise à elle seule une progression ininterrompue partant du délicieux chœur féminin (n° 22) pour aboutir à l'Amen final en passant par le message de paix (Ésaïe 66, 12). Mais pour le compositeur, le climax « intérieur », le chœur proprement dit de l'oratorio était constitué par l'air de soprano avec violon obligé, *« Er schoss auf wie ein Reis »* (n° 23, Ésaïe 53, 2-5).

Bibliographie — W. Burkhard, Über die Entstehung meines Oratoriums « Das Gesicht Jesajas », *in* Mitteilungen des Basler Kammerorchesters, n°4, 24 mars 1944, 2/ *in* Alte und Neue Musik (Das Basler Kammerorchester 1926-1951), Zurich [1952] ; P. Eckhardt, Musikalische Einführung in Burkhards Oratorium « Das Gesicht Jesajas », *in* MuK XXII, 1952 ; H. J. Kohli, W. Burkhards Oratorium « Das Gesicht Jesajas », Versuch einer theologischen Deutung, *ibid.* ; E. Mohr, W. Burkhard, Leben und Werk, Zurich 1957 ; W. Burkhard, Mein Oratorium « Das Gesicht Jesajas » und die neue Musik unserer Zeit, *in* RMS C, 1960.

U. Asper

« Gestorben war ich », lied de **Franz Liszt**, voir Liebesträume.

Ghiselle, drame lyrique en 4 actes, livret de Gilbert Augustin-Thierry, musique de **César Franck**, commencé en 1888, achevé le 21 sept. 1889. Franck n'a eu le temps d'orchestrer que l'acte I ; l'acte II l'a été par Pierre de Bréville, Ernest Chausson et Vincent d'Indy ; l'acte III par Samuel Rousseau ; l'acte IV par Arthur Coquard, tous élèves de Franck. La création eut lieu au Théâtre de Monte-Carlo, le 30 mars 1896, avec Mmes E. Eames (Ghiselle), Bl. Jéhin-Deschamps (Gudruna), A. Adini (Frédégonde), MM. E. Vergnet (Gonthram), Melchissédec (Theudebert), L. Mauzin (l'évêque Ambrosius), sous la dir. de Léon Jéhin. (Réd. cht et p., Paris, Choudens, 1896.)

La scène se passe à Paris, à la fin du VIe s., sous la régence de Frédégonde et le règne du jeune roi Clotaire II, au moment où les Neustriens viennent de triompher des Austriens.

Acte I. Dans la grande salle du palais des Thermes. Le prélude martial s'enchaîne avec le chœur qui célèbre les Francs victorieux et la vaillance de leur chef Gonthram (ténor), aimé de la cruelle reine Frédégonde (sop. falcon). Mais Gonthram, qui fait son entrée au son d'une marche chorale développée, est épris de la belle et fière captive austrienne Ghiselle (sop.). Lorsque celle-ci paraît, l'émotion de Gonthram est traduite par un thème qui reviendra dans les actes suivants, toujours à l'orchestre, pour désigner Ghiselle et l'amour dont elle est l'objet. La reine exige de Ghiselle qu'elle improvise un chant guerrier, au lieu de quoi la prisonnière entonne avec exaltation un chant de révolte. Elle est conspuée par l'assemblée qui réclame vengeance. Gonthram la prend sous sa protection, excitant ainsi la jalousie de Frédégonde. Celle-ci essaie en vain de séduire Gonthram. Pour se venger, elle offre Ghiselle comme esclave à son féal Theudebert (bar.) que Gonthram provoque en duel.

Acte II. Une clairière à l'entrée des bois qui environnaient Paris. Le thème du prélude, Lent et calme, en *fa* ♯ min. est associé au personnage de Gudruna (mezzo-sop.), reine austrienne déchue et magicienne prêtresse du culte d'Odin. Elle évoque Ghiselle, sa fille, qu'elle croit disparue et se remémore la chanson qu'elle lui chantait jadis (*« Hélas, quel pays te recèle »*), ponctuée par une cadence plagale. Cette chanson aura, à l'acte IV, un rôle dramatique déterminant. Theudebert est vaincu en duel par Gonthram qui conquiert ainsi Ghiselle. Les deux amants se placent sous la protection divine, puis s'abandonnent à leur passion dans un duo en *si* maj., bientôt interrompu par des appels de cors annonçant l'arrivée de Frédégonde et de ses leudes. La reine, furieuse que le sort ait rapproché Gonthram et Ghiselle, décide que celle-ci entrera au couvent. Gonthram défie Frédégonde et tombe, blessé par la framée de Theudebert. Sur la musique du prélude de l'acte, la vieille Gudruna soigne Gonthram, tandis que le rappel de la chanson ramène la paix.

Acte III. Dans le baptistère de Saint-Étienne attenant à la basilique mérovingienne de Sainte-Marie. Un court prélude lent introduit la cérémonie célébrée par l'évêque Ambrosius (basse) qui bénit les vœux de Ghiselle. La reine entre, l'insulte et la raille. Scandalisé par ce blasphème, Ambrosius affronte Frédégonde puis tente par de pieuses paroles d'apaiser Ghiselle. Mais celle-ci évoque Gonthram tandis qu'on entend la psalmodie dans l'église adjacente. Gonthram entre, menace l'évêque au pouvoir de qui il dispute celle qu'il aime. Ambrosius jette l'anathème sur les amants. Il les laisse au pied de l'autel et sort, accompagné de ses diacres. Ghiselle, culpabilisée, a perdu la raison et ne reconnaît pas Gonthram. On mure les portes du baptistère auquel on met le feu. Une partie de l'édifice s'effondre, ce qui permet à Gonthram de s'enfuir en entraînant de force Ghiselle. Tous deux traversent la Seine en barque à la faveur de la nuit.

Acte IV. L'intérieur de la cabane délabrée de Gudruna. Le prélude rappelle celui de l'acte II. Par des pratiques occultes, la magicienne tente d'apprendre le sort de sa fille. Survient Gonthram, suivi de Ghiselle : pourchassés par le peuple qui veut leur mort, ils demandent asile à Gudruna. Ghiselle hébétée voit en son amant le démon. Elle se réfugie dans les bras de Gudruna qui la berce en chantant la chanson entendue à l'acte II. A la stupeur de Gudruna, Ghiselle achève elle-même la complainte : la vieille reine a retrouvé sa fille mais c'est pour la perdre bientôt. Après avoir consacré son union avec Gonthram selon les rites païens, Gudruna ne peut offrir aux amants en butte au fanatisme chrétien d'autre secours que le poison. Gonthram et Ghiselle meurent doucement, dans la certitude de connaître l'immortalité du Walhalla.

Le livret de *Ghiselle* est, sur le plan dramatique, plus animé que celui de → *Hulda*. Il lui est aussi supérieur sur le plan littéraire. Franck s'efforce de suivre les rebondissements tragiques de l'action sans toujours trouver les accents violents qui leur conviennent : la gravitation modulante, la texture polyphonique de son écriture, électivement tournée vers la musique pure, généralisent les affects plus qu'elles ne les cernent. Toutefois, les caractères des personnages sont plus affirmés que ceux de *Hulda*. Mais la musique de *Ghiselle*, quoique d'une réelle valeur, est moins dense. Elle ne parvient pas à imposer une forme dramatique bien définie : Franck se soumet à la structure narrative du livret, ce qui le pousse à user largement, et de manière parfois assez conventionnelle, du récitatif. Il ne tire guère parti du principe dramaturgique fondé sur l'opposition de deux races, de deux religions, de deux couples. Cette hésitation est due moins à un manque de sens dramatique qu'à la difficulté de résoudre de façon originale et personnelle la problématique posée par l'opéra post-wagnérien à laquelle les compositeurs sont confrontés à cette époque. Prenant ses distances avec Wagner quoique traitant un sujet assez wagnérien, Franck est esthétiquement plus proche du grand opéra historique français de sa jeunesse. Il dispense son invention dans les parties purement symphoniques ou bien aux endroits où le cours de l'action se ralentit : son harmonie ne se fait nulle part plus libre et plus audacieuse que dans le duo de l'acte II, enveloppé dans la résonance sensuelle des accords de 9e et des successions de quintes parallèles.

Il est difficile de juger de l'orchestration de *Ghiselle* dans la mesure où, seule, la réduction piano et chant est couramment accessible et reproduit l'œuvre telle que le musicien l'a laissée. Il paraît évident qu'en dehors de l'acte I, complètement achevé, la trame instrumentale de nombreux passages des autres actes n'est que sommairement indiquée.

Bibliographie — G. Servières, La musique française moderne, Paris 1897 ; Ch. van den Borren, L'œuvre dramatique de C. Franck : Hulda et Ghiselle, Bruxelles 1907 ; L. Vallas, La véritable histoire de C. Franck, Paris 1955.

J.-M. Fauquet

« Già fu che m'hebbe cara » (Celle qui me fut chère), madrigal à 7 voix de **Philippe de Monte** sur un texte de Boccace. Il ouvre son recueil, *La Fiammetta, canzone di Filippo da Monte* (Venise, Gardano, 1599), qui rassemble des œuvres en plusieurs parties et pour plusieurs voix, probablement écrites pour des spectacles de cour. (Durée : 7 min environ.) *« Già fu... »* est un grandiose ensemble musical sur un poème de 4 stances. Le rythme est vivant, l'utilisation du contrepoint parfaitement maîtrisée, et surtout Monte recherche toutes sortes d'effets à travers une utilisation pertinente des dissonances et une grande variété dans la couleur musicale. Le texte commande toujours l'organisation formelle de la musique.

Les quatre stances se répartissent en deux paires. La première et la troisième sont dans une forme simple ABB, tandis que la deuxième et la quatrième sont plus longues, plus importantes et comportent un refrain : ABC'BC"C". Ainsi toutes les sections musicales (sauf les sections A) sont entendues plus d'une fois, ce qui donne de la cohérence à l'ensemble. La première pièce commence en imitation : sop. I, sop. II, alto II, ténor I, chantant ensemble, sont couplés avec alto I, ténor II et basse. Il en découle une grande variété de regroupements de voix selon toutes les combinaisons possibles. La dernière ligne rassemble toutes ces voix en stricte imitation dans un ordre descendant, sauf le soprano qui reste séparé. La deuxième pièce commence comme la première et se déroule dans le même style. Le traitement dissonant des sections C" est particulièrement intéressant : « Che'n van sospiro lasso innamorata », avec diverses combinaisons de voix, est souligné par des soupirs et des dissonances. La ligne du ténor II est complètement indépendante **A**. La troisième section débute en homophonie pour les 7 voix et se poursuit avec des contrastes de texture, consistant surtout en abandon de certaines voix au cours de la pièce. Le dernier numéro constitue une fin grandiose où se combinent toutes les techniques des pièces précédentes.

Palestrina a utilisé ce même poème dans son premier livre de madrigaux à 4 voix, œuvre de jeunesse datant de 1555. Contrairement à l'œuvre majestueuse de Monte, celle de Palestrina est courte et sobre ; l'imitation va par paires selon diverses combinaisons de voix et les pièces rythmiques sont presque entièrement faites de passages rapides.

Rééditions modernes — Par Ch. van den Borren et G. van Doorslaer, *in* Ph. de Monte. Opere XLI, Bruges 1927-39, rééd. New York 1965 ; par A. Einstein, *in* DTÖ XLI, 1934 ; par R. B. Lenaerts et autres, *in* Ph. de Monte. New Complete Edition, Louvain 1975.

Bibliographie — G. van Doorslaer, La vie et les œuvres de Ph. de Monte, Bruxelles 1921 ; A. Einstein, Filippo di Monte als Madrigalkomponist, *in* Actes du Congrès de la SIM. Liège 1930 I, Liège 1930.

M. Sacré

Gianni Schicchi, troisième opéra en un acte d' → *Il trittico* de **Giacomo Puccini**, livret de Gioacchino Forzano d'après la première partie de la *Divine Comédie* de Dante (chant XXX de l'Enfer), composé à Torre del Lago entre l'été 1917 et le 20 avr. 1918, créé à New York, au Metropolitan Opera House, le 14 déc. 1918, avec

A « GIÀ FU CHE M'HEBBE CARA »

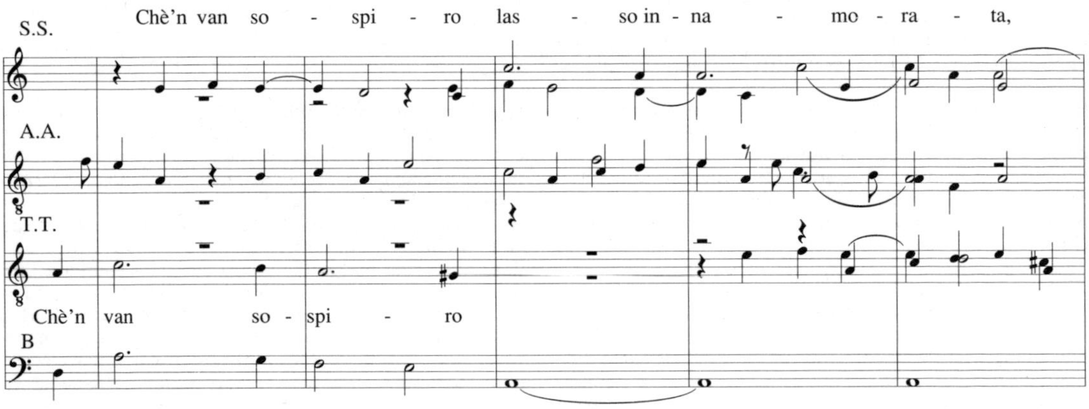

Giuseppe De Lucca (Schicchi), Florence Easton (Lauretta), Giulio Crimi (Rinuccio), sous la dir. de Roberto Moranzoni. Des opéras du *Trittico*, il fut le seul à obtenir un succès immédiat, confirmé par de nombreuses reprises à travers le monde. (Milan, Ricordi, 1918 ; durée : 48 min environ.)

A partir de 3 ou 4 vers de Dante, Forzano et Puccini réussirent à construire toute une intrigue qui, il est vrai, était dans l'air du temps. Roger Martin du Gard avait écrit en 1914 une farce paysanne, *Le Testament du père Leleu*, sur un sujet très voisin. Le personnage de Gianni Schicchi a réellement existé. Faussaire florentin, il avait été placé par Dante dans le VIIIe cercle de l'Enfer, les « Malebolge » (fosses maudites) réservées aux falsificateurs de tout acabit. Schicchi ayant pris la place du moribond Buoso Donati dicta un testament en sa propre faveur.

LIVRET — A Florence en 1299, Buoso Donati vient de mourir. La famille recherche son testament établi en faveur des moines de Signa. Rinuccio (ténor) le découvre et, avant de le remettre à sa tante Zita (mezzo-sop.), obtient l'autorisation d'épouser Lauretta (sop.), la fille de Gianni Schicchi (bar.). Celui-ci invente un stratagème : il se fera passer pour Buoso à l'article de la mort, dictant un nouveau testament au notaire. Après acceptation des membres de la famille, le faux Buoso lègue ses meilleurs biens à son « ami dévoué Gianni Schicchi ». Pris à leur propre piège, les parents sont contraints au silence, car ils sont complices d'une fraude qui — si elle était découverte — leur vaudrait l'amputation de la main droite et l'exil. Gianni les chasse, sauf Rinuccio qui peut épouser Lauretta. L'opéra s'achève sur une adresse de Schicchi au public : « Pour ce petit tour que j'ai joué, j'ai été condamné à l'enfer. Ainsi soit-il ! Mais si, avec la permission du grand Dante, vous vous êtes amusés ce soir, vous m'accorderez des circonstances atténuantes. »

Ce livret brillant, aux situations théâtrales variées et enlevées, favorisait les combinaisons vocales et expressives les plus habiles, p. ex. l'emploi de plusieurs personnages en même temps sur la scène, avec des sentiments contradictoires. Puccini joue sur l'efficacité et la rapidité de l'action, sur les contrastes et les ruptures qui déclenchent le rire et une certaine complicité entre le héros et les spectateurs. Ce divertissement de grand musicien rejoint, par l'esprit et par le style, l'opéra bouffe du XVIIIe s. et, toutes proportions gardées, le *Falstaff* de Verdi. Il y a cependant une différence de niveau entre les deux chefs-d'œuvre. Verdi et Puccini chantent chacun dans son registre, le premier avec un humour bon enfant, le second d'une manière acide et grinçante. En cela, Puccini se situe dans le droit-fil de la commedia dell'arte (Schicchi fait songer à Arlequin et Lauretta à Colombine). Cette dernière réussite du lyrisme comique italien annonce également le tableau des masques de l'acte II de → *Turandot*.

Dans *Gianni Schicchi*, le comique se mêle au macabre et à une « morbidezza » très puccinienne. « Le trait stylistique essentiel de *Gianni Schicchi* tient à cette capacité de Puccini à adapter son style général — façonné et moulé par ses opéras tragiques — à l'esprit de la comédie pure » (M. Carner). Une introduction orchestrale très brève donne le ton de l'ouvrage : un éclat de rire et un tumulte joyeux. Puccini accuse la brièveté des motifs, la vivacité et le dynamisme de l'ensemble. La scène où l'on habille Schicchi est en même temps une scène de corruption : chaque membre de la famille cherche à avoir la meilleure part du testament, pendant qu'un trio féminin chante une mélodie de caractère populaire, *« Spogliati, bambolini »* (Déshabille-toi, mon beau bébé), ponctuée d'un « Sta bene » (D'accord) plein de promesses. Le comique provient également de dissonances grinçantes (cri de rage de Schicchi : « Niente »), d'effets grotesques (exploitation phonétique du nom de Gianni Schicchi avec ses quatre *i* portés par des syllabes de plus en plus acérées). Il existe peu d'ouvrages où la voix d'un personnage est aussi exploitée : registre « falsetto », voix contrefaite, voix d'enfant, alternance du « quasi parlato » et du chanté, parlé en grommelant, voix nasale avec un accent bolognais, rire sonore au milieu d'un chœur... La mélodie et l'harmonie sont essentiellement diatoniques et dans les tons majeurs. Schicchi est incarné par trois motifs brefs et alertes. Des tournures poétiques et musicales propres à la Toscane traversent l'œuvre : air de Rinuccio « ad uso di stornello toscano » (en manière de chanson toscane), *« Firenze è come un albero fiorito »* (Florence est comme un arbre fleuri), mélisme caractéristique dans l'air de Schicchi, *« Addio, Firenze »*, adieu larmoyant au cours duquel le héros lève un bras sans main (cachée dans la manche).

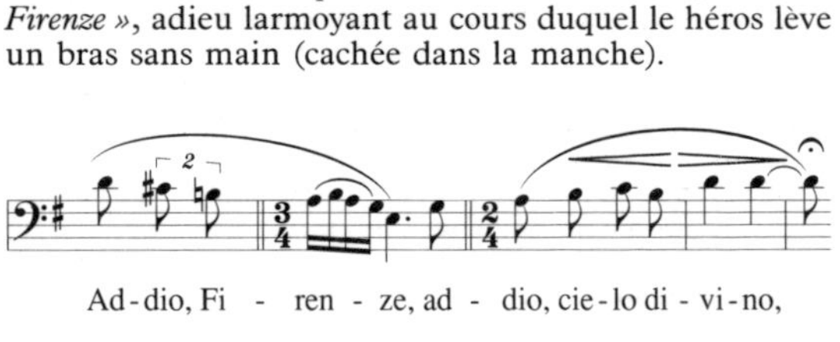

Ce thème revient comme un refrain dans la scène du testament, pour rappeler à la famille le châtiment qui attend les complices. Parmi les passages les mieux venus, il convient de citer l'air de Rinuccio *« L'Arno, prima di correre alla foce »* (L'Arno, avant de courir à la mer), « sur un va-et-vient chromatique « mormorando » à l'orchestre, suggérant le courant du fleuve, et surtout l'émouvant *« O mio babbino caro »* (Andantino ingenuo) où Lauretta à genoux menace de se jeter dans l'Arno si on lui interdit d'acheter une alliance. Les ensembles sont véritablement actifs, avec leurs interventions brèves, faisant de cet ouvrage l'un des plus vivants, robustes et truculents de l'art lyrique italien.

Bibliographie — Gianni Schicchi, *in* Opera News, 14 janv. 1952, 3 févr. 1958 ; M. Morini, Momento del Gianni Schicchi, *in* Musica d'Oggi, mars 1959 ; A. Gauthier, Puccini, Paris 1961, pp. 139-147 ; M. Carner, Puccini, Paris, Lattès, 1983, pp. 531-545 ; J. J. Leukel, Studien zu Puccinis « Il Trittico » : Il Tabarro, Suor Angelica, Gianni Schicchi, Munich et Salzbourg, Katzbichler, 1983 ; L'Avant-Scène Opéra, n° 82, déc. 1985.

Chr. Goubault

Giasone (Jason), opéra en un prologue et 3 actes, livret de Giacinto Andrea Cicognini, musique de **Francesco Cavalli**, créé à Venise, au Teatro San Cassiano, au cours du carnaval de 1649. C'est l'opéra de Cavalli qui connut le plus grand succès en Italie, avec un nombre impressionnant de représentations jusqu'en 1676. Le livret fut réimprimé trois fois et la partition remaniée (*Il novello Giasone*, Rome 1671, avec un nouveau prologue et diverses adjonctions d'Alessandro Stradella).

Livret — Prologue. Sole (sop.) et Amore (sop.) annoncent le drame et se disputent la prééminence de leur action. Sole prophétise l'hymen de Giasone et de Medea ; Amore affirme qu'il le détruira pour ramener Giasone vers Issifile. Le décor est déjà celui de l'opéra : l'île de Colco.

Acte I. Pour recouvrer la royauté dont il a été spolié, Giasone (contralto), chef des Argonautes, doit conquérir la Toison d'or. Il organise à cet effet une expédition vers l'île de Colco dont Medea (sop.) est la princesse. Celle-ci rêve déjà du héros qu'elle attend et qu'elle protégera de sa puissance magique. Elle repousse cyniquement le vieux roi Egeo (ténor) qui la courtise, tandis qu'Issifile (sop.), épouse délaissée de Giasone, se rend sur la tombe de son père pleurer sa solitude et son malheur.

Acte II. Pendant que Giasone, entouré des Argonautes et protégé par la magie de Medea, combat pour la conquête de la Toison d'or, de multiples forces se liguent contre lui : Issifile, trahie, convainc son confident Oreste (basse) de l'aider à se venger ; les dieux, jaloux de la puissance grandissante de Giasone, et surtout Amore, offensé par ses trahisons, jurent de le punir (Eolo [contralto] convoque ses vents pour déchaîner la tempête qui doit l'engloutir). Tandis qu'Oreste se promet de colorer les mers du sang du héros, celui-ci, revenu victorieux de son expédition, se trouve confronté à Medea et Issifile qui se le disputent. Violente et jalouse, Medea triomphe facilement du désarroi d'Issifile que Giasone abandonne à nouveau.

Acte III. Alors que Giasone et Medea filent le parfait amour, Issifile les rejoint pour tenter une ultime conciliation. De nouveau, Giasone faiblit, faisant à Issifile des promesses qui rendent Medea folle de jalousie. Chacun se présente alors dans toute la simplicité de sa psychologie : Giasone indécis et mou, Medea possessive et passionnée, Issifile fragile mais entêtée. Incapable d'une saine décision, Giasone, ébranlé par l'amour d'Issifile, fait emprisonner Medea ! Celle-ci se jette à l'eau, mais Egeo la sauve ; elle parvient alors à convaincre le vieux roi de tuer Giasone pour la venger. Au moment où Egeo s'apprête à assassiner Giasone dans son sommeil, Issifile intervient et arrache le poignard de ses mains. Egeo s'enfuit. Giasone se réveille et voit Issifile brandissant l'arme. C'est alors que Medea, que tout le monde croyait morte, surgit et provoque le dénouement : elle épousera Egeo puisqu'il lui a sauvé la vie. Egeo innocente Issifile en reconnaissant qu'il a voulu tuer Giasone ; Medea convient que c'est à son instigation. Giasone se tourne alors vers Issifile qui l'a sauvé de la mort et lui déclare son amour. Il bénit l'union de Medea et Egeo et l'opéra se termine dans une atmosphère idyllique.

Typique de l'opéra vénitien, ce livret, avec ses violents contrastes de tragique et de bouffonnerie, travestit largement la légende mythologique. L'ouvrage groupe 14 personnages dont certains n'apparaissent qu'une fois et jouent un rôle tout à fait ponctuel (Rosmina et Alinda, sop. ; Volano, un esprit, ténor). Les dieux interviennent fréquemment dans les affaires des humains (Ercole et Giove, basses ; Eolo), mais il est vrai que Giasone est qualifié de demi-dieu. Les deux serviteurs masculins (Besso, basse, et Demo, ténor) assument l'aspect bouffon. Demo, bègue — cousin germain d'Iro dans → *Il ritorno di Ulisse in patria* —, et Besso, poltron, apportent à chaque acte le ton populaire et la touche ironique qui contrebalancent une certaine grandiloquence des héros de premier plan (voir acte II, sc. 6 et 9 ; acte III, sc. 5).

Comme dans la plupart des opéras de Cavalli, le récitatif occupe une place capitale : sur 48 scènes, on dénombre en effet une quarantaine de séquences en récitatif, pour la plupart de longs monologues, voire des scènes entières ou scènes dialoguées. Dans le dialogue où Egeo désespéré réclame la mort de la main de Médée (*« Ferma, ferma, Medea, deh, ferma ! le fuggitive piante »*, Arrête, Médée ! Ne porte pas tes pas ailleurs, acte I, sc. 5), le récitatif atteint un degré d'émotion intense, dans ces bribes de phrases dont la symétrie rythmique souligne encore le ton passionné et violent (« Egée, à toi — Et quand ? — Voici l'épée — Voici le cœur — Prêt à combattre — Prêt à mourir) [A]. Le récitatif pénètre même de nombreuses séquences dans le style de l'air, lorsqu'il s'agit d'exprimer le trouble, l'indécision d'un personnage ou l'instabilité d'une situation (Medea/Giasone, acte I, sc. 12 ; Delfa [suivante de Medea, contralto], ibid., sc. 13 ; Issifile, ibid., sc. 14).

En comparaison des récitatifs, les airs sont peu nombreux (une douzaine dont certains affectent le style naïf de la chanson). Jamais les sources n'indiquent de virtuosité vocale, ni même de ces figuralismes nés en Italie à l'époque du madrigal et si propres à souligner musicalement les images du texte. Avec sa sobriété constante et sa carrure rythmique franche, l'air se mue aisément en duo (une quinzaine, presque tous dans les actes II et III), duos comiques (acte II, sc. 6) ou amoureux (acte I, sc. 12 ; acte II, sc. 3 et 5, acte III, sc. 21), qui s'inscrivent dans l'exacte tradition des premiers opéras vénitiens attribués à Cl. Monteverdi.

Bien que les chœurs et « sinfonie » se réduisent au minimum, certaines scènes qui les intègrent sont d'une grandeur surprenante et d'une incontestable force dramatique. La plus remarquable à ce titre est celle qui clôt l'acte I, lorsque Medea demande aux divinités du royaume de Pluton d'unir leurs efforts pour aider Giasone à conquérir la Toison d'or. La scène s'ouvre sur l'incantation de Medea, dont chaque phrase est séparée de l'autre par les accords sombres de l'orchestre (De l'antre magique, gonds stridents, ouvrez-moi le passage, sc. 15) [B]. (Cavalli réutilisera le même procédé, treize ans plus tard, dans la scène du tombeau d' → *Ercole amante.*) Un long récitatif décrit ensuite la passion dévorante de Medea. Puis, dans une séquence où l'air mesuré le dispute constamment à la liberté rythmique du récit, Medea appelle les démons infernaux (*« Orridi demoni, spiriti d'Erebo, volate a me »*, Horribles démons, esprits d'Érèbe, volez vers moi). Les dieux du Tartare entendent son appel et le chœur des démons décrit la

A **GIASONE**

B **GIASONE**

mutation magique du décor sur un rythme obstiné dont chaque apparition s'achève par de longs silences (*« Le mura si squarcino, le pietre si spezzino, le moli si franghino, vacillino, cadano »*, Les murs se fendent, les pierres se rompent, les môles se brisent, vacillent, tombent). L'effet est grandiose et impressionnant mais constitue un cas unique dans cet opéra. La fin, au contraire, est toute pudeur et économie des moyens. La disposition de la dernière scène en divers duos (les deux couples Giasone/Issifile, Medea/Egeo, et les deux femmes réconciliées Issifile/Medea) procure un apaisement inattendu après les violents orages qui grondaient encore dans la scène précédente.

Giasone est parfaitement représentatif du talent de Cavalli qui sait utiliser jusqu'aux faiblesses du livret pour mettre en valeur les multiples facettes de son écriture. Aussi à l'aise dans le récitatif dramatique que dans les scènes comiques, il fait de son opéra une mosaïque d'épisodes contrastés, hauts en couleur ou riches en émotions musicales.

Sources et éditions modernes — Nbr. copies mss dont Venise, Bibl. nazionale marciana, fonds Contarini. — Par R. Eitner, *in* Die Oper von ihren ersten Anfängen bis zur Mitte des 18. Jh. II, Berlin 1883, PäM XII (prologue et acte I seulement).

Bibliographie — T. Wiel, Cavalli et la sua musica scenica, Venise, Nuovo Archivio Veneto 3e série XVIII, 1914 ; H. Chr. Wolff, Die venezianische Oper in der 2. Hälfte des 17. Jh., Berlin 1937, 2/1975 ; voir aussi la bibliogr. de l'art. *Xerse*.

G. Durosoir

(Il) gioco di Primiera, voir (Il) cicalamento delle donne al bucato.

(La) Gioconda, opéra dramatique en 4 actes, livret de Tobia Gorrio (pseudonyme d'Arrigo Boïto) d'après *Angelo, tyran de Padoue* de Victor Hugo, musique d'**Amilcare Ponchielli**, créé à Milan, au Teatro alla Scala, le 8 avr. 1876, sous la dir. de Franco Faccio ; une 2de version — définitive — fut créée également à la Scala, le 12 févr. 1880. (Milan, Ricordi, s.d. [réd. cht et p.], 1946 [part. d'orch.] ; durée : 3 h environ.)

Livret — L'action se passe à Venise au xviiie siècle. — Acte I. La cour du palais ducal où la foule est assemblée pour assister à la régate de bateaux annuelle. Gioconda (sop.), une chanteuse de rue, accompagnée de la Cieca (contralto), sa vieille mère aveugle, repousse avec répugnance les propos de l'ignoble Barnabà (bar.) qui veut obtenir ses faveurs. Celui-ci, un indicateur au service du Conseil des Dix, décide de se venger et fait croire à Zuane (basse) qu'il a perdu la course parce que la vieille aveugle avait ensorcelé son bateau. Fous de rage, Zuane et ses amis veulent aussitôt faire brûler la vieille « sorcière ». Mais Enzo (ténor), un prince génois proscrit, déguisé en marin dalmate, vient au secours de la Cieca.

Gioconda est passionnément éprise du mystérieux proscrit, mais Enzo, de son côté, a le cœur pris par Laura (mezzo-sop.), l'épouse d'Alvise Badoero, le chef du Conseil des Dix. En dépit de l'intervention d'Enzo, la mère de Gioconda est arrêtée, mais Laura réussit à la faire libérer. Pour la remercier, la vieille lui fait cadeau de son rosaire porte-bonheur. Barnabà convoite toujours la Gioconda. Pour la séparer d'Enzo, il propose à son rival de fuir sur un bateau avec Laura. En même temps, l'infâme scélérat dicte une lettre anonyme à Isepo (ténor) un écrivain public, avertissant le mari du projet de fuite de sa femme. Malgré les tourments que lui inflige sa passion pour Enzo, la Gioconda décide de déjouer le complot. L'acte se termine par une forlane aux allures de tarentelle endiablée.

Acte II. Déchirée par des sentiments contradictoires, Gioconda attend, cachée dans le bateau d'Enzo, l'arrivée des amants. Entrée d'Enzo qui est bientôt rejoint par Laura. La Gioconda, tourmentée par la jalousie, surgit et s'en prend violemment à Laura, mais lorsqu'elle voit chez la jeune femme le rosaire de la Cieca, elle se rend compte que c'est Laura qui a sauvé sa mère du bûcher. Le cœur lourd, elle se résout à la laisser partir. Barnabà et Badoero viennent alors pour s'emparer d'Enzo, mais celui-ci met le feu au bateau et se jette à la mer.

Acte III. 1er Tableau. Le palais d'Alvise Badoero. Les sbires de Badoero (basse) ont rattrapé Laura et l'ont ramenée au mari, fou de colère. Pour punir son épouse de son infidélité, il la condamne à boire un breuvage mortel. Mais la Gioconda la sauve en substituant un puissant somnifère au poison. Laura s'endort. Lorsque son mari revient, il voit son corps inanimé et la croit morte. — 2e Tableau. Une fête a lieu dans le palais de Badoero. Enzo, masqué, se trouve parmi les invités. Barnabà survient alors, entraînant la Cieca qu'il accuse de nouveau de sorcellerie, l'ayant trouvée priant près du cadavre de Laura. La fausse nouvelle de la mort de Laura plonge Enzo dans un désespoir infini. Fou de douleur, il jette son masque. Badoero, inflexible et méprisant, montre alors aux invités, frappés d'horreur, le corps sans vie de son épouse. La Gioconda, folle d'amour et de jalousie, est malgré tout décidée à sauver Enzo et Laura, et promet à Barnabà de se donner à lui s'il lui livre le prétendu cadavre de Laura. Il accepte le marché, car il voue une passion violente et démesurée à la Gioconda. Mais pour se prémunir d'une traîtrise éventuelle de la jeune fille, il prend sa mère en otage.

Acte IV. Dans un endroit écarté, la Gioconda attend Laura que deux serviteurs apportent bientôt sur une civière. La jeune femme est toujours endormie. Avec l'aide de Barnabà, Enzo a réussi à échapper aux sbires de Badoero. Il se précipite vers Laura qui s'éveille enfin. Les amoureux s'embrassent passionnément. La Gioconda, malgré son chagrin, ne peut empêcher leur départ de Venise. Elle reste seule, accablée de douleur, attendant Barnabà qui viendra réclamer sa récompense. A son arrivée, elle se poignarde sous ses yeux et s'effondre. Fou de rage de voir sa proie lui échapper, le scélérat crie à la mourante qu'il a tué sa mère.

En raison d'une succession de situations dramatiques outrées et du caractère conventionnel des personnages, le mélodrame est assez peu convaincant. La création de *La Gioconda* en 1876 fut l'objet de nombreuses critiques qui incitèrent Ponchielli à faire des remaniements considérables lors des reprises de l'ouvrage à Rome (1877) et à Gênes (1879) jusqu'à la version définitive, donnée à la Scala de Milan en 1880. Ce n'est qu'ensuite que *La Gioconda* fit triomphalement le tour de l'Italie et que l'opéra se vit accueilli sur de nombreuses scènes étrangères. La version française de Paul Solanges fut créée à Bruxelles, le 28 déc. 1887, et donnée pour la 1re fois en France à Rouen, le 14 mars 1895. *La Gioconda* n'a encore jamais été représentée à Paris.

On considère généralement Ponchielli comme le plus digne émule de Verdi dont il était cependant loin de posséder la puissance géniale et la franchise d'inspiration. Parmi ses 8 ouvrages lyriques, seule *La Gioconda*, pleine de passion et de mélodies faciles, s'est maintenue au répertoire des théâtres italiens.

Bibliographie — Comptes rendus par A. Galli *in* Il Secolo, 9-10 avr. 1876, A. Pougin *in* Le Ménestrel, 1886, pp. 60-61 ; A. Mandelli, Le distrazioni di A. Ponchielli, Crémone 1897 ; A. Pompilio, La carriera e le opere di Ponchielli nei giudizi della critica italiana (1856-1887), *in* A. Ponchielli (1834-1886), saggi e ricerche nel 150° anniversario della nascita, Casalmorano, Cassa rurale ed artigiana, 1984 ; A. Polignano, « La Gioconda », un' ipotesi sul verismo in musica, *ibidem*.

M. Kelkel

Gio Dong, pour voix seule, de **Nguyên Thien Dao**, composé en 1973, créé par l'auteur lors des Rencontres internationales de La Rochelle en 1974. (Paris, Salabert ; durée : 15 min environ.)

Solo dramatique, fondé sur la forme d'une « œuvre ouverte », Gio Dong réunit de courts extraits de textes littéraires vietnamiens du XIVe s. jusqu'à nos jours (Nguyên Trai [1380-1442], Nguyen Du [1765-1820], Nguyên Thien lui-même), choisis exclusivement pour leurs sonorités musicales. Des mots privés de sens précis côtoient des jeux de voyelles ; des effets tels que le rire, le souffle, le soupir, le râle, le cri, les pleurs, le chuchotement érotique, ainsi qu'un artifice de déclamations poétique, sereine, nerveuse, rageuse, émotionnelle, instinctive, amoureuse, engendrent une synthèse des utilisations vocales orientales et occidentales. L'interprète doit connaître à la fois la culture classique vietnamienne et la pratique de la musique contemporaine européenne (Dao a été élève de Messiaen). Incarnant une forme de « comédie » pour rayonner sur les deux tableaux, la voix devient instrument de l'introspection, jouée dans un théâtre intérieur humain : scènes de folie, de souffrance, allusions à la guerre du Viêt-nam et à la famine, souvenirs d'enfance, hymnes aux différentes couleurs du silence... construisent un éventail ouvert, présentant des réservoirs de notes aux ambitus distendus, dessinés sur une portée, calligraphiés ou géométrisés, que le vocaliste enchaîne librement. Cette magie noire musicale destinée à provoquer la pitié ou la terreur par le spectacle des passions humaines ou des catastrophes, à la manière des tragédies de Sophocle, se retrouve dans nombre d'œuvres de Dao, dont son opéra *Écouter mourir* (1980).

Bibliographie — G. Mannoni, notice du disque Erato STU 71114, MFA, Paris, Costallat, 1979 ; Fr.-B. Mâche et Chr. Poche, La voix maintenant et ailleurs, Paris, Fondation Royaumont/Centre G. Pompidou, 1985 ; Chr. Paquelet, Musique et nature. Catal. des œuvres de Dao, *in* Cahiers du CREM, n° 3, Mont-Saint-Aignan, Univ. de Rouen, 1987 ; P. A. Castanet, Musique et théâtre. De la théâtralité de la musique — la voix contemporaine en question, *ibid.*, n° 4-5, 1987 ; M. Gagnard, La voix dans la musique contemporaine et extra-européenne, une voix venue d'ailleurs, Tours, Van de Velde, 1987.

P. A. Castanet

(I) Gioielli della Madonna (Les Joyaux de la Madone), opéra en 3 actes, livret de E. Golisciani et G. Zangarini, musique d'**Ermanno Wolf-Ferrari**, créé à la Kurfürstenoper de Berlin, le 23 déc. 1911, dans une version allemande de H. Liebstöckl, intitulée *Der Schmuck der Madonna*, puis dans sa version originale à Chicago, le 16 janv. 1912, et à New York, le 5 mars 1912, avec Mary Garden dans le rôle de Maliella, sous la dir. d'Arturo Toscanini ; 1re représentation à l'Opéra de Paris, le 12 sept. 1913, dans une version française de René Lara, avec Andrée Vally (Maliella), Mlle Charny (Carmela), MM. Campagnola (Gennaro) et Vanni-Marcoux (Rafaele). (Vienne, Weinberger, 1911 ; durée : 3 h environ.)

Livret — L'action se déroule à Naples. — Acte I. Une petite place au bord de la mer. C'est la fête de la sainte Vierge. Une vive animation règne dans les rues. Gennaro (ténor), un jeune forgeron occupé à marteler un chandelier, songe avec tristesse à sa sœur de lait Maliella (sop.) qu'il aime désespérément. En vain,

Totonno (ténor) essaie de le distraire. Maliella, cette enfant de la honte, jadis recueillie par Carmela (mezzo-sop.), refuse d'écouter les récriminations de sa mère adoptive. Elle veut se distraire comme tout le monde et sort en chantant, dansant, riant, faisant mille folies. Puis elle va se promener au bord de la mer avec Biaso (ténor), l'écrivain public. Elle est bientôt abordée par le séduisant Rafaele (bar.), qui est en réalité l'un des chefs de la Camorra (la Mafia napolitaine). Rafaele lui fait aussitôt une cour enflammée. Comme il vit en permanence dans l'illégalité, il n'a aucune difficulté pour déclarer, désinvolte, qu'il est prêt à commettre n'importe quel crime pour ses beaux yeux, un sacrilège même. Il propose finalement de voler pour Maliella les bijoux de la Madone qui est portée en procession ce jour-là. Maliella est troublée par ses déclarations enflammées. En vain, Gennaro la met en garde contre le jeune bandit.

Acte II. Dans le verger de la maison de Carmela. C'est le crépuscule. On entend au loin les derniers échos de la fête populaire. Maliella déclare qu'elle en a assez de vivre dans cette maison et qu'elle va s'en aller. Gennaro la supplie de rester et finit par lui clamer son amour. La belle se rit de ses larmes et répond qu'elle ne saurait aimer qu'un homme courageux, capable de voler pour elle les bijoux ornant la statue de la Madone. Gennaro, atterré, l'enferme dans la maison. Il reste seul, en proie au désespoir, puis, saisissant quelques outils, il sort comme un fou. Rafaele, accompagné de quelques amis porteurs de mandolines, vient chanter une sérénade sous la fenêtre de Maliella qui se présente aussitôt (*« Aprila, bella, la fenestra »*). Duo passionné entre les deux jeunes gens qui échangent des baisers enflammés. Maliella, qui est maintenant tout acquise au jeune bandit, promet d'aller le rejoindre dans son repaire le lendemain. Rafaele s'éloigne. Gennaro revient alors, les yeux hagards, et dépose aux pieds de Maliella les bijoux de la sainte Vierge qu'il vient de voler pour elle. Extasiée, elle s'en pare et lorsque Gennaro l'étreint avec passion, elle ne se défend plus et se donne à lui, sur le gazon du jardin.

Acte III. La grotte des malfaiteurs. Il fait nuit. Rafaele festoie avec ses compagnons et se vante d'avoir fait une nouvelle conquête : la belle Maliella. Les filles, dépitées, se lancent dans une danse effrénée. A cet instant, Maliella arrive en courant et se jette dans les bras de Rafaele, le suppliant de la protéger des assiduités de Gennaro. Quand le jeune bandit comprend que Gennaro l'a possédée avant lui, il la repousse avec dégoût et si violemment qu'en tombant elle laisse voir les bijoux volés. A cette vue, tous frémissent d'horreur devant ce sacrilège. Des hommes de Rafaele amènent alors Gennaro qui, en proie au remords, raconte son forfait. Maliella, remplie de haine, jette les bijoux par terre, puis court se jeter dans la mer. Le tocsin sonne, annonçant que le vol a été découvert. Craignant d'être pris pour les complices de Gennaro, les bandits se sauvent. Gennaro, méprisé et sacrilège, restant seul devant l'autel de la Vierge, se poignarde en baisant l'écharpe abandonnée par Maliella.

E. Wolf-Ferrari s'était donné pour but de faire revivre le style et le langage de l'« opera buffa » italien. Si le livret et la partition des *Gioielli della Madonna* sacrifient à la mode du vérisme italien, l'action est inspirée d'un fait divers que le compositeur avait relevé dans un journal. Malgré son livret brutal, dont le modèle est → *Cavalleria rusticana*, l'ouvrage fut bien accueilli lors de sa première à Berlin et remporta un succès triomphal à New York grâce à l'interprétation du rôle de Maliella par Mary Garden et à la direction de Toscanini. Lors de la création française à l'Opéra de Paris (1913), la critique n'apprécia guère ce « mélange de passion profane et de religiosité mystique [qui] produisit une impression pénible » (*Dernière Heure*, 14.9.1913). Pour les habitués du Palais Garnier, cet étalage de « misère grouillante au soleil » (*Paris Journal*, 19.9.1913), avec tous ces « apaches suant l'alcool et puant le vice » dégage « un relent macaronique qui vous soulève le cœur » (*Le Radical*, 13.9.1913). Malgré l'indignation des critiques, refusant au compositeur de « mettre la musique au service d'individus sordides, se trémoussant dans des lieux malsains », l'ouvrage fit immédiatement une carrière mondiale. C'est que le musicien possédait un sens remarquable de la scène qui se manifeste en particulier au 1er acte dans le traitement des foules, lors de la fête de Piedigrotta. Le thème véritable est ici la rue napolitaine, avec son vacarme, ses cris, ses enfants, ses marchands de fleurs, de frites et de macaronis. Le milieu pittoresque de Naples est ainsi garant d'une certaine forme d'exotisme, avec « des gaillards bouffant des nouilles » et toutes sortes de bruits naturalistes, des sérénades, tarentelles et saltarelles pour lesquels le compositeur n'hésite pas à recourir aux emprunts de chansons populaires. Fidèle au vérisme du livret qui dépeint le dérèglement de la société par la criminalité populaire, le sexe et la superstition, le musicien s'efforce d'accentuer les passages essentiellement lyriques, mais le style de sa déclamation qui vacille entre le récitatif et la cantilène l'empêche parfois d'atteindre son but, notamment dans la scène du suicide (acte III).

Bibliographie — Comptes rendus par A. Pougin *in* Le Ménestrel, 13.9.1913, R. Herbé *in* La Plume, 26.9.1913, Ch. Tenroc *in* Comoedia, 2.10.1913 ; R. de Rensis, E. Wolf-Ferrari. La sua vita d'artista, Milan 1937 ; E. Wolf-Ferrari, Meine Beziehung zur komischen Oper, *in* ZfM CVIII, 1941 ; W. Pfannkuch, Das Opernschaffen E. Wolf-Ferraris (diss. Kiel, 1953) ; A. Lualdi, E. Wolf-Ferrari, Milan 1955 ; M. Kelkel, Naturalisme, vérisme et réalisme dans l'opéra, Paris, Vrin, 1984.

M. Kelkel

Giovanna d'Arco (Jeanne d'Arc), « dramma lirico » en un prologue et 3 actes, livret de Temistocle Solera d'après *Die Jungfrau von Orléans* (La Pucelle d'Orléans) de Friedrich Schiller, musique de **Giuseppe Verdi**, créé à Milan, au Teatro alla Scala, le 15 févr. 1845, avec Mme E. Frezzolini-Poggi (Giovanna), MM. A. Poggi (Carlo VII), F. Colini (Giacomo), N. Marconi (Delil), F. Lodetti (Talbot).

Après avoir collaboré avec Fr. M. Piave pour → *Ernani* et → *I due Foscari*, respectivement créés à Venise et Rome, Verdi revint à la Scala où il retrouva T. Solera, premier poète du théâtre de Milan, au style hiératique et redondant. Malgré les prétentions à l'originalité de sa *Giovanna d'Arco*, le librettiste s'inspira largement du drame de Schiller, faisant mourir son héroïne sur le champ de bataille et non sur le bûcher et donnant au sentiment patriotique la primauté sur le mystique et le religieux. Cependant, il schématisa beaucoup l'intrigue en éliminant entièrement des personnages importants comme les deux « méchants », la reine Isabelle et Dunois. Principale nouveauté introduite par le livret (sans doute adoptée à cause du nombre limité des chanteurs disponibles) : Giovanna s'enflamme pour le roi de France et non plus pour l'ennemi, l'Anglais Lionel.

Composé en quatre mois, l'opéra vit le jour sous de mauvais auspices : la distribution était médiocre et l'orchestre insuffisant. Verdi refusa d'assister à la première, mais Emanuele Muzio lui rendit compte du grand succès remporté auprès du public, enthousiasmé par le chœur des Esprits malins (*« Tu sei bella »*). La presse fut moins admirative et Verdi éprouva l'amertume d'être encore considéré comme un débutant. En outre, il dut rompre avec l'imprésario Merelli (et donc avec la Scala) qui avait, à son insu, négocié avec Ricordi la vente de la partition. En déc. 1845, pour la première représentation à la Fenice de Venise, Verdi écrivit une autre cavatine pour Giovanna à l'intention de Sofia Loewe (la première Elvira d'*Ernani*), *« Potrei lasciare il margine »*, dont la musique est perdue.

Livret — L'action se déroule en France, en 1429. — Prologue. A Domrémy, aux alentours d'Orléans, dans une salle des appartements royaux (*sic*). Devant les Bourguignons réunis, Carlo VII (ténor) annonce la défaite de son armée face aux Anglais et, à la stupeur générale, délie les soldats de leur serment de fidélité. Le roi est troublé car la Vierge lui est apparue en songe et l'a invité à déposer les armes. Il apprend des soldats qu'une image peinte de la Madone se trouve dans la forêt. L'endroit étant tenu pour un lieu de rendez-vous de magiciens et de sorcières, on lui déconseille de s'y rendre. Sans écouter la voix de la raison, Carlo se met en route. — La forêt. Giacomo (bar.), lui aussi, s'est rendu dans la forêt. Il est tourmenté car sa fille Giovanna va dormir dans la chapelle les soirs de tempête. Aussi craint-il qu'elle ait livré son âme aux démons. Giovanna (sop.) arrive sur les lieux et, s'étant agenouillée, prie la Vierge de revêtir son corps de femme d'une cuirasse et d'un casque afin qu'elle libère la patrie opprimée. Elle s'endort et, en songe, tandis que les Esprits malins se moquent d'elle, apprend des Esprits élus que le Seigneur a accueilli sa requête. Ils l'avertissent cependant qu'elle ne devra jamais s'éprendre d'un homme. S'étant brusquement réveillée, Giovanna endosse les armes déposées par Carlo et invite le roi à la suivre. Celui-ci, qui voit dans la jeune fille un signe du ciel, part avec elle tandis que Giacomo, resté à l'écart, croit sa fille éprise du roi et la maudit.

Acte I. Le camp anglais près de Reims. Bouleversé par la douleur, Giacomo veut se venger de Carlo. Il promet au commandant Talbot (basse) de lui remettre avant la fin de la journée la jeune fille qui a causé tant de deuils aux Anglais. Pendant ce temps, dans le jardin royal à Reims, Giovanna, sa mission accomplie, pense à son père et à sa maison. Alors qu'elle se décide à partir, Carlo la retient et lui avoue son amour. Dans la confusion qui s'est emparée de son esprit, Giovanna lui dit partager ses sentiments, mais elle est terrifiée par les voix des anges qui lui rappellent sa promesse. Delil (ténor) les interrompt, remettant un drapeau à Giovanna. La jeune fille devra marcher en tête du cortège qui conduira le roi au couronnement. Giovanna se met en route sans réfléchir, à la satisfaction des Esprits malins.

Acte II. A Reims, devant la cathédrale de Saint-Denis (sic). Saluée comme une héroïne, Giovanna entre dans l'église avec le roi et le cortège. Giacomo est décidé à accuser sa fille publiquement. Très agitée, Giovanna sort, suivie par Carlo qui lui promet devant le peuple de lui ériger un temple. Giacomo, indigné par le blasphème, s'avance et l'accuse, devant l'assistance horrifiée, d'être possédée du démon. Invitée à se disculper, Giovanna se tait ; un coup de tonnerre est interprété comme une preuve de sa possession. La jeune fille est chassée comme sorcière et Giacomo l'emmène pour la livrer aux Anglais.

Acte III. Une prison dans le camp des Anglais. Giovanna est enchaînée, évanouie à côté d'un bûcher. À l'annonce d'une attaque française, elle revient à elle et fait monter avec douleur une prière vers Dieu. Giacomo, qui l'a entendue, se rend brusquement compte de son erreur : il l'embrasse et la libère. Dégainant encore une fois son épée, l'héroïne court au champ de bataille. La forteresse est prise, mais Giovanna est mortellement blessée. On la fait porter sur un brancard, recouverte des étendards français, devant son père et Carlo accablés de douleur. Elle se redresse en un ultime sursaut et, saisissant le drapeau, s'élève au ciel au milieu des voix exultantes des Esprits élus.

Bien que Verdi ait déclaré en 1845 que *Giovanna d'Arco* était « le meilleur de [ses] opéras sans exception et sans doute possible », l'ouvrage n'obtint jamais l'approbation de la critique ni du public. Il subit l'accusation de « cabalettismo » et de vulgarité mélodique comme d'autres œuvres des « années de bagne ». L'opéra contient pourtant des morceaux remarquables, qui témoignent de la volonté d'approfondir l'originalité du style vocal et orchestral. Cependant, le drame n'était guère adapté aux intentions du compositeur. Le livret ramène Verdi à l'opéra à grand spectacle de → *Nabucco*, voire à certains aspects du grand opéra (cortèges, marches, scènes de foule et apparitions de démons). Cette tentation est cependant contrariée par deux facteurs : la réduction au minimum du nombre des personnages (avec, en conséquence, la limitation des combinaisons possibles) et la sécheresse de la construction dramatique qui vise toujours à l'essentiel dans les formes musicales et dans les récitatifs. En particulier, l'accusation portée par Giacomo contre sa fille (acte II) paraît précipitée et ne parvient pas à donner du relief au personnage. La *Gran marcia trionfale* (Grande Marche triomphale), avec la « banda » sur scène et l'hymne « *Te Dio lodiam* » (Seigneur, nous te louons), manque aussi d'envergure et ne fournit qu'une toile de fond qui rapetisse plus qu'elle n'amplifie la structure de l'acte.

Comme → *Alzira* qui suivra, *Giovanna d'Arco* est un opéra trop court où les personnages restent peu approfondis. L'héroïne fait partiellement exception puisque Verdi soigne particulièrement ses arias. La cavatine du prologue, « *Sempre all'alba* » (Toujours à l'aube), en *la* maj., est la prière d'une jeune fille simple, pleine d'élans passionnés. « *O fatidica foresta...* » (O forêt fatidique, ô mon père, ô ma cabane, Giovanna reviendra parmi vous dans sa robe toute simple, acte I),

plus immatérielle, est une cantilène à 6/8 de style pastoral, dont la ligne vocale est construite sur des triolets rossiniens dans le style du Ranz des vaches de *Guillaume Tell*. La transfiguration définitive de Giovanna en héroïne s'opère dans son ultime invocation à Dieu (J'aimai, mais un instant seulement, je suis encore pure),

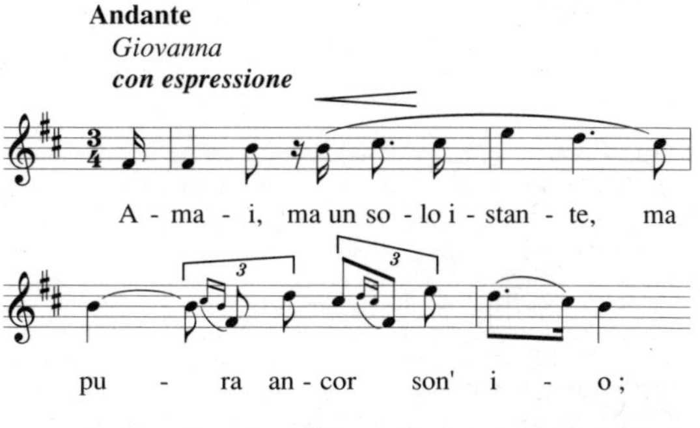

une mélodie très pure, noble et fière, qui sert de « tempo d'attacco » à son duo avec Giacomo. Le duo de Giovanna et Carlo qui tient lieu de finale au 1er acte, « *Dunque, o cruda* » (Donc, ô cruelle), est un des morceaux les plus réussis. Le désarroi de Giovanna devant les voix des anges est rendu par un motif syncopé d'un grand effet, de même que la stupéfaction de Carlo est traduite par un chant presque récité sur un motif récurrent au rythme obsédant (Tu recules et tu trembles) A. La montée mélodique de la cabalette *« Vieni al tiempo »* (Viens au temple) est splendide : cette phrase très ample contraste avec la frénésie rythmique des voix démoniaques.

Cependant, il convient de rechercher le meilleur de l'opéra dans les détails de structure, dans l'harmonie et l'orchestration (qui comprend même un harmonium), plus que dans l'originalité des thèmes musicaux. Bien que de peu d'importance, la petite valse des démons (Tu es belle, petite folle, que fais-tu ?) B, dont l'ironie désinvolte plut au public de la Scala, est une réussite. Elle est encore surpassée par le chœur en *do* min. du prologue (*« Allor che i flebili »*, Alors que les plaintifs). Le sabbat qui aurait lieu dans la forêt de Domrémy est rendu par les effets habituels d'onomatopées, d'éclairs et de tonnerre, et la couleur blafarde des clarinettes, des bassons et des cuivres graves. Il réapparaît (en *ré* min.) à l'entrée de Giacomo dans la forêt (*« Gelo, terror m'invade »*, Je suis glacé, la terreur m'envahit). C'est la première fois que Verdi crée une atmosphère qui évoque un monde surnaturel ; sans atteindre la force d'expression de *Macbeth*, ce moment est l'un des plus fascinants de l'opéra. L'ouvrage est d'ailleurs tout imprégné d'un sentiment de la nature, unique dans la production du compositeur avant les grands thèmes de la Mer de *Simon Boccanegra*.

Sources et éditions — Ms. autographe, 3 vol., Milan, Archivio Ricordi. — Réd. cht et p., Milan, Ricordi, [1845] ; Paris, Blanchet, [1845] ; Paris, Escudier, [1855] ; Paris, Escudier, [1864] (texte fr. de L. Danglas). Part. d'orch., Milan, Ricordi, [1964].

Bibliographie — J. Budden, The Operas of Verdi I, Londres, Cassell, 1973, trad. ital. Turin, EDT/Musica, 1985 ; D. Lawton et D. Rosen, Verdi's non-definitive revisions : the early operas, *in* Atti del 3° Convegno intern. di studi verdiani Milan 1972, Parme, Istituto di studi verdiani, 1974 ; G. P. Minardi, Temporali e battaglie nell'opera verdiana, *ibid.* ; M. Conati, Saggio di critiche e cronache verdiane dalla Allgemeine musikalische Zeitung di Lipsia (1840-48), *in* Il melodramma italiano dell'Ottocento, Turin, Einaudi, 1977 ; A. Gerhard, Jeanne d'Arc als Primadonna in Mailand. Verdi siebte Oper Giovanna d'Arco, *in* Giovanna d'Arco (programme de salle), Hamburgische Staatsoper, 1983-84 ; G. Pestelli, Giovanna d'Arco a Parma, *in* Di tanti palpiti : Cronache musicali 1972-86, Pordenone, Studio Tesi, 1986 ; H. S. Power, « La solita forma » and the uses of convention, *in* Nuove prospettive nella ricerca verdiana, Parme, Istituto di studi verdiani, 1987 ; M. Conati, Giovanna d'Arco : un'opera sperimentale, *in* Teatro Filarmonico (programme), Ente Lirico Arena di Verona, 1988 ; M. Engelhardt, Die Chöre in den frühen Opern G. Verdis, *in* Würzburger Musikhistorische Beiträge, Tutzing, Schneider, 1988 ; G. de Van, Quand la Pucelle d'Orléans rencontre le roi des Huns, *in* Opéra International, juil.-août 1988.

M. Spada

Girl Crazy (Une fille épatante), comédie musicale américaine en 2 actes, livret de Guy Bolton et John McGowan, texte des chansons d'Ira Gershwin, musique de **George Gershwin**, créée à New York, à l'Alvin Theater, le 14 oct. 1930.

L'action se déroule à Custerville, dans l'Arizona. Le personnage central de l'intrigue est Danny Churchill, un jeune « play-boy » de New York que son père a envoyé à Custerville pour le protéger des tentations de la grande ville. Il y ouvre un ranch pour touristes avec une salle de jeux et, finalement, trouve en Molly Gray, l'employée des postes, la femme de sa vie. *Girl Crazy* a marqué le début de carrière de deux stars, Ginger Rogers et Ethel Merman, qui tenait le rôle de Kate Fothergill, la femme d'un joueur. L'ouvrage compte quelques-uns des plus grands succès de Gershwin : *Sam and Delilah* — une parodie de la chanson populaire *Frankie and Johnny* —, les chansons *« But not for me »*, *« Embraceable you »*, *« Bidin' my time »*, dans le style d'un « hillbilly » (chant populaire des ranchs des États du Sud), et *« I got rhythm »*. L'orchestre de la 1re production était celui de Red Nichols, avec Jimmy Dorsey, Benny Goodman, Gene Krupa, Glenn Miller et Jack Teagarden. L'œuvre a connu 272 représentations consécutives à Broadway.

R.-M. Simon et S. Simon

(La) Giuditta (Judith), oratorio en 2 parties d'**Alessandro Scarlatti**, sur un livret en italien de Benedetto Pamphili d'après le livre de Judith, écrit pour sop., 2 hautes-contre, ténor, basse soli et orchestre (2 fl., 2 trp., 2 trb., 2 vl. et b.c.), exécuté en concert à Naples en 1693. (Durée : 1 h environ.)

Par une succession de courts récits, d'airs, d'ensembles vocaux et de ritournelles instrumentales, cet oratorio décrit comment Judith, décapitant Holopherne, délivra Béthulie. Une ouverture à l'italienne (Allegro-Grave), au thème guerrier, introduit une suite de récits et d'airs où Judith, Ozias et le Prêtre évoquent la menace assyrienne qui pèse sur Béthulie. Une ligne mélodique sinueuse et convulsive montre l'angoisse d'Ozias et du Prêtre et s'oppose aux thèmes de Judith, sonores et affirmatifs, qui soulignent la détermination de l'héroïne. Ozias et le Prêtre reprennent espoir tandis que Judith expose son plan : récit et air *« Gia s'avina... »* (L'audacieux approche de la ville). Une symphonie guerrière en *ré* maj., ton de l'oratorio, rappelle que Béthulie est assiégée et introduit un air brillant, *« Lampi e tuoni... »* (Le tonnerre et les éclairs animent mes traits), où Holopherne se présente comme un chef de guerre invincible. Achior tente de l'assagir mais il est renvoyé : air *« Della patria »* (Au sein de ma patrie).

Avec l'air *« Se di igli... »* (Quoique mon visage et ma gorge soient pétris de lis et de roses) et un récit en duo, *« Donna, non ti doler »* (Femme, ne te plains pas) commence la 2e partie où Judith séduit Holopherne. A Béthulie, Ozias plein d'espoir reçoit Achior réfugié auprès de lui : long récit en trio et air *« Se la gioia... »* (Si la joie ne tue pas). Dans le camp assyrien, Judith charme Holopherne : récit *« Saggia fosti »* (Tu as fait preuve) et duo d'amour en forme d'aria « da capo », *« Mia conforto... »* (Mon réconfort, c'est pour toi seule que je triompherai). Holopherne s'étend tandis que Judith prie pour trouver du courage : air en duo *« Gran donna »* (Femme extraordinaire) et air d'Holopherne *« Troppo funesto... »* (Ce chant est trop funèbre, ma belle). Assoupi, celui-ci est décapité par Judith dont le geste est décrit par la basse continue. Ozias et le Prêtre désespèrent de revoir Judith, mais un récit annonce son retour. Elle arrive triomphante, présentant la tête d'Holopherne. Un finale où alternent soli et passages, où tous réunissent leurs voix pour former un chœur évoquant la joie des israélites, consacre enfin la victoire de l'héroïne.

Œuvre d'envergure, *La Giuditta* se caractérise par l'absence de chœur et de passages narratifs, par des récits réduits au minimum, parfois accompagnés par l'orchestre, et par des airs strophiques ou à « da capo » où l'orchestre dialogue avec les voix. On y retrouve les mélodies soignées qui firent le succès de Scarlatti à l'opéra ainsi qu'un développement des scènes où s'expriment des passions et des élans affectifs. L'œuvre est ainsi bien représentative des oratorios italiens de la fin du XVIIe s., plus proche que jamais du style de l'opéra. Bien que créé à Naples, *La Giuditta* reste un oratorio romain — A. Scarlatti en composa 38 — qui prolonge les œuvres de G. Carissimi, G. Legrenzi et A. Stradella mais qui annonce aussi les oratorios de G. Fr. Haendel.

Éditions — Par L. Bianchi, Rome, De Santis, 1964.

Bibliographie — Voir celle de l'art. *Baltazar.*

A. Fiaschi

Giulio Cesare in Egitto (Jules César en Égypte), « opera seria » en 3 actes, livret de Nicola Francesco Haym, musique de **Georg Friedrich Haendel**, composé à partir de l'été 1723 mais plusieurs fois récrit avant la création à Londres, au King's Theatre de Haymarket, le 20 févr. 1724, par la Royal Academy of Music, avec Senesino (César), Francesca Cuzzoni (Cléopâtre), Anastasia Robinson (Cornélia), Margherita Durastanti (Sextus), Gaetano Berenstadt (Ptolémée), Giuseppe Maria Boschi (Achillas), Giuseppe Bigonzi (Nireno) et Signor Largarde (Curio). Il y eut 13 représentations la première saison, en févr., mars et avr. 1724, 10 dans une version revue et corrigée en janv.-févr. 1725, 11 en janv., févr. et mars 1730 et 4 en févr. 1734. L'œuvre fut également mise en scène à Brunswick (1725), Hambourg (1725) et Vienne (1731) ; une représentation eut lieu à Paris en 1724. L'orchestre se compose de 2 fl. à bec, fl. trav., 3 htb., 2 bassons, 4 cors, trp. (1725), vl. solo, 3 vl., 2 altos, viole, 2 vlc., harpe, théorbe et basse continue. (Durée : 3 h 30 min environ.)

Le livret s'inspire principalement d'un livret de Giacomo Francesco Bussani, mis en musique par Antonio Sartorio à Venise (1677), dont N. Fr. Haym tire entre autres les dialogues des récitatifs. Parmi les sources intermédiaires, une version milanaise (1685), fondée en partie sur le livret de Bussani, est particulièrement importante puisqu'elle comprend la scène de la Vision du Parnasse utilisée par Haym à l'acte II.

Acte I. L'opéra commence en Égypte (en 48 apr. J.-C.) où Cléopâtre (sop.) et son frère félon Ptolémée (alto castrat) rivalisent pour le trône. César (alto castrat) vient de remporter la bataille de Pharsale sur Pompée. Il entre pour célébrer son triomphe : *« Presti omai l'Egizia terra »* (Prête désormais la terre égyptienne !). La femme de Pompée, Cornélia (contralto), et son fils Sextus (sop.) le supplient de se montrer clément dans son heure de gloire. Soudain Achillas (basse), le général et conseiller de Ptolémée, arrive avec des cadeaux et la tête tranchée de Pompée, escomptant ainsi plaire à César. Celui-ci, horrifié, condamne cette cruauté insensée (*« Empio, diro, tu sei, togliti »*, Impie, cruel que tu es, va-t-en) et abandonne Cornélia à son désespoir. Elle tentera de se suicider, repoussera la déclaration d'amour malvenue de

A Giovanna d'Arco

B Giovanna d'Arco

Curio (basse) et se lamentera sur son affreuse solitude dans une belle aria lente : *« Priva son d'ogni conforto »* (Je suis privée de tout réconfort). Son fils, Sextus, jure de se venger (*« Svegliatevi nel core »*, Éveillez-vous dans le cœur). — Le décor nous amène alors au palais de Ptolémée, où Cléopâtre cherche à séduire César par intérêt. Elle raille son frère en indiquant son peu de succès auprès des femmes, *« Non disperar »* (Ne désespère pas). Puis Achillas rapporte à Ptolémée la fureur de César et la nouvelle du meurtre de Pompée, et lui propose de l'assassiner afin de stabiliser le trône si le roi, en contrepartie, veut bien lui accorder la main de la belle veuve Cornélia. Ptolémée accepte et fulmine contre César (*« L'empio, sleale, indegno »*, L'impie, le déloyal, l'indigne). De son côté, César, dans un récitatif à l'accompagnement expressif, *« Alma del gran Pompeo »* (Ame du grand Pompée), contemple le monument qu'il a élevé à la mémoire de Pompée et médite sur le caractère éphémère de la gloire. C'est alors qu'entre Cléopâtre, se faisant passer pour Lidia, une de ses servantes. César, entièrement captivé par sa beauté, lui adresse une chanson d'amour, *« Non è si vago et bello »* (Rien n'est si charmant ni si beau), alors que Cléopâtre fête son succès, *« Tutto puo donna vezzosa »* (Tout est possible pour une femme ravissante), avant de se cacher avec sa servante Nireno (alto castrat) pour observer Cornélia, en deuil, s'agenouiller et rendre hommage aux cendres de son mari (*« Nel tuo seno, amico sasso »*, Dans ton sein, tombeau ami). Tandis que Cornélia jure de le venger, son fils fait le serment de tuer Ptolémée. Cléopâtre, toujours déguisée en Lidia, entre et lui offre son aide. Sextus se réjouit de voir que son désir de justice peut à présent se réaliser (*« Cara spem »*, Cher espoir), et la scène s'achève sur Cléopâtre jubilant à l'idée d'évincer son frère. Elle chante une aria, *« Tu la mia stella sei »* (C'est toi mon étoile), dont les accents languissants contredisent dans une certaine mesure la nature intransigeante des sentiments de son récitatif précédent. — Le décor nous ramène au palais de Ptolémée, où le roi accueille chaleureusement César et son cortège en leur offrant des divertissements. Mais César n'est nullement dupe, et dans l'aria, *« Va tacito e nascosto »* (Va, silencieux et caché), avec partie de cor obligé (instrument exceptionnel dans les opéras de Haendel), il compare les relations qui l'unissent au roi égyptien à une partie de chasse. La musique suggère le secret, la traîtrise et un danger caché. César et les Romains prennent congé, et Achillas montre Cornélia à Ptolémée, également frappé par sa beauté. Lorsque Cornélia et son fils avancent pour provoquer Ptolémée en duel, les gardes reçoivent l'ordre de conduire Sextus en prison et Cornélia au harem du roi. Après le départ de Ptolémée, Achillas leur propose la liberté si Cornélia accepte de l'épouser. Mais elle refuse et l'acte se termine par un beau duo d'adieu entre la mère et son fils : *« Son nata a lagrimar »* (Je suis née pour pleurer).

Acte II. Cléopâtre a demandé qu'on amène César à son palais, où elle l'enchantera en se faisant passer pour la déesse de la Vertu trônant sur le mont Parnasse aux neuf Muses. La sinfonia orchestrale, qui accompagne son entrée et l'apparition de la déesse, ouvre les manœuvres de séduction qui atteignent leur point culminant lorsque Cléopâtre chante la délicieuse aria *« V'adoro pupille »* (Je vous adore pupilles), d'une beauté sensuelle et tendre qui compte parmi les plus belles trouvailles mélodiques de Haendel. Même si la vision de sa bien-aimée lui est enlevée, la passion croissante de César est évidente à travers son aria *« Se in fiorito ameno prato »* (Si dans un aimable pré fleuri). — Puis le décor change et nous nous trouvons dans le jardin du harem où Cornélia chante avec tristesse son bonheur perdu, *« Deh piangete »* (De grâce, pleurez). Bien décidée à venger la mort de son mari, elle résiste aux avances successives d'Achillas et de Ptolémée, rival du général à son insu. La détermination de Ptolémée est bien représentée dans son aria *« Si spietata, il tuo rigore sveglia »* (Oui, ô impitoyable, ta rigueur s'éveille). Nireno contribuera à la vengeance de sa maîtresse en offrant d'emmener Sextus en cachette au palais royal. Cornélia l'encourage et la presse, *« Cessa omai di sospirare »* (Cesse désormais de soupirer ainsi), et Sextus proclame sa résolution dans une splendide aria martiale, *« L'angue offeso mai riposa »* (Le serpent blessé jamais ne se repose). — L'action revient à Cléopâtre qui, déguisée en Lidia, attend César. Alors qu'ils sont sur le point de s'avouer leur amour, Curio, le tribun de César, entre, l'épée à la main, et annonce un attentat imminent des soldats de Ptolémée à la vie du Romain. C'est alors que Cléopâtre révèle sa véritable identité, et, proclamant qu'elle arrêtera les conspirateurs, elle quitte la scène. Peu après, elle revient néanmoins, suppliant César de fuir le danger, solution qu'il rejette en chantant *« Al lampo dell'armi »* (A l'éclair des armes). Il se précipite dehors et l'on entend les conspirateurs appeler sa mort de leurs cris. Dans la scène suivante composée d'un récitatif accompagné et de l'aria *« Se pietà »* (Si la pitié), la musique dépeint merveilleusement les sentiments contradictoires de Cléopâtre : d'un côté son désir de vengeance sur ses ennemis et sa pitié sur elle-même, de l'autre sa peur pour la vie de César dont l'amour pour elle lui importe bien plus à présent que ses propres ambitions politiques d'hier. — Le décor nous ramène de nouveau au harem de Ptolémée où le roi chante son inclination pour Cornélia, *« Belle dee di questo core »* (Belles déesses de ce cœur). Sextus se rue sur lui et tente de le poignarder, mais en est empêché par Achillas qui vient rapporter que César s'est enfui avec Curio, sautant d'une fenêtre du palais dans le port où ils se sont vraisemblablement noyés. Cléopâtre, qui s'est réfugiée chez les Romains, conduit à présent ses troupes contre Ptolémée afin de venger la mort présumée de César. Au moment où le roi part en bataille, Achillas lui rappelle qu'il lui avait promis la main de Cornélia contre la mort de César. Néanmoins, Ptolémée le repousse fermement et le général sort grommelant, lui aussi, qu'il se vengera. Sextus tente de se suicider, par désespoir, mais sa mère lui rappelle leur projet commun et l'acte se termine sur le vœu renouvelé de tuer Ptolémée : *« L'aure che spira »* (La bise qui souffle).

Acte III. Dans un bois près d'Alexandrie, Achillas se prépare avec une troupe de soldats à changer de camp en faveur de Cléopâtre, pour se venger de la traîtrise du roi : *« Dal fulgor di questa spada »* (De l'éclat de cette épée). Une symphonie militaire décrit la bataille dont l'armée de Ptolémée sort victorieuse. Le roi ordonne que sa sœur Cléopâtre aille en prison (*« Domero la tua fierezza »*, Je dompterai ta fierté) et la scène s'achève sur la majestueuse lamentation *« Piangero la sorte mia »* (Je pleurerai sur mon sort), une belle aria Largo avec une ligne vocale des plus simples, comprenant une section médiane contrastante, dans laquelle Cléopâtre s'imagine retournant, comme un fantôme, hanter son frère cruel. — Du côté du port, César réapparaît, accompagné d'une musique Andante, pour décrire comment il a échappé à la mort en faisant croire qu'il se noyait (*« Dall' ondoso periglio »*, Du péril). Il s'agit d'une scène dramatique, d'architecture originale, mêlant récitatifs et ariosos. Puis sur une musique d'une simplicité touchante, facile à retenir, il demande à être secouru dans sa solitude (*« Aure, deh, per pietà »*, Brises, de grâce, par pitié). Sextus et Achillas arrivent à leur tour au port, ce dernier blessé mortellement dans la bataille. César voit le général donner un sceau à Sextus qui leur permettra d'obtenir une obéissance immédiate de ses troupes. Celles-ci connaissent un chemin souterrain menant au palais royal à partir duquel ils pourront renverser Ptolémée. César réaffirme sa puissance et montre sa détermination en comparant son cheminement à celui d'une cascade (*« Quel torrente, che cade dal monte »*, Ce torrent, qui descend de la montagne), l'orchestre l'appuyant par des gammes ruisselantes aux cordes. Avec la mort d'Achillas et les préparatifs de César pour le dernier assaut contre Ptolémée, Sextus sent que justice est presque faite (*« La giustizia ha già sull'arco »*, La justice a déjà sur l'arc). — Puis nous revenons aux appartements de Cléopâtre, où les tristes adieux à sa femme de chambre sont interrompus par l'arrivée victorieuse de César qui vient la délivrer. Cléopâtre oublie sa tristesse sur-le-champ et jubile en célébrant les perspectives de victoire : *« Da tempeste il legno infranto »* (Le bois brisé par les tempêtes). Pendant ce temps, Ptolémée essaie une dernière fois de persuader Cornélia de son amour, mais elle le menace avec un poignard. Sextus entre et provoque le roi en duel. Celui-ci meurt et Cornélia peut enfin respirer (*« Non ha più che temere »*, Il ne lui reste plus qu'à trembler). — Le triomphe de César et de Cléopâtre a pour décor le port d'Alexandrie. Il commence avec une sinfonia, se poursuit avec une Marche, puis un duo du couple heureux, *« Caro! Bella! più amabile belta »* (Chère ! Belle ! Beauté plus aimable), et s'achève sur un chœur de jubilation, *« Ritorni omai nel nostro core »* (Que retourne désormais dans notre cœur).

Dans la version revue et corrigée de 1725, Haendel supprima le rôle de Curio et le rôle de Nireno devint muet. La partie de Sextus fut transposée du registre de soprano à celui de ténor. Dans la production de 1730, Haendel conserva en grande partie les corrections de 1725, mais quelques réarrangements furent aménagés dans les arias afin de convenir aux chanteurs. Enfin, quelques corrections furent encore apportées en 1732 : trois arias « da capo » furent transformées en cavatines.

Sources — Les livrets des 4 productions au King's Theatre ont survécu et sont réimprimés *in* E. T. Harris (éd.), The librettos of Handel's operas, New York, Garland, 1989.

Rééditions modernes — Par Fr. W. Chrysander, *in* G. Fr. Händels Werke LVIII, Leipzig et Bergedorf 1875 ; par Fr. Zschoch, *in* Hallische Händel-Ausgabe, Kassel, BV, 1955 et suiv., vol. II/14.

Bibliographie — K. Sasse, Betrachtungen zum Libretto der Oper « Julius Caesar » von G. Fr Händel, *in* Fs. zur Händel-Ehrung der DDR 1959, Leipzig 1959 ; W. Dean, Handel's Giulio Cesare, *in* MT CIV, 1963 ; J. Merrill Knapp, Handel's Giulio Cesare in Egitto, *in* Studies in music history : Essays for O. Strunk, Princeton 1968 ; Cr. Monson, Giulio Cesare in Egitto : from Sartorio (1677) to Handel (1724), *in* ML LXVI, 1985 ; L'Avant-Scène Opéra, n° 97, avr. 1987 ; W. Dean et J. Merrill Knapp, Handel's Operas : 1704-1726, Oxford, OUP, 1987.

R. J. Bruce

Giuseppe, figlio di Giacobbe (Joseph, fils de Jacob), oratorio en 2 parties de **Luigi Rossi** sur un livret en italien de l'abbé Francesco Buti, pour 2 sop., 2 altos, ténor et basse soli, chœur, 2 parties de vl., violone et b.c., composé en 1641-42. (Durée : 45 min environ.)

C'est sans doute le chef-d'œuvre du musicien, composé lorsqu'il fut engagé pour le service musical du cardinal Barberini à Rome : le livret est d'ailleurs du secrétaire particulier du cardinal. Il traite des chapitres 42 à 45 de la Genèse racontant la confrontation de Joseph avec ses frères, au moment où ceux-ci, qui le croyaient mort, le retrouvent en Égypte où il est le bras droit du Pharaon pendant la période de la grande famine. L'œuvre a sans doute été donnée le vendredi après le 2e jour de carême : le lien entre les péricopes de ce jour et le livret de l'oratorio est évident.

Les deux « cantates » (c'est le titre de la partition autographe) sont introduites par une sinfonia pour cordes et orgue dans le style de la sonate d'église. L'« historicus » ou « testo » (le narrateur, alto) chante les récitatifs avec la seule basse de l'orgue. C'est Joseph (basse) à qui reviennent les arias les plus importantes, généralement en deux parties, avec des séquences en arioso, et accompagnement de cordes. Dans la 2de partie, il y a déjà un trio des fils de Jacob (S S T) qui débouche sur une aria de Joseph. Les pages les plus originales sont les chœurs à 5 voix, dans lesquels le compositeur oppose souvent des groupes de trois voix aiguës ou graves aux deux autres. La richesse rythmique, la qualité des madrigalismes expressifs par rapport au texte chanté, les harmonies souvent audacieuses — Rossi aime les septièmes diminuées, les quintes et sixtes augmentées — et la variété des accompagnements instrumentaux sont déjà orientées bien au-delà de son contemporain Carissimi.

Éditions modernes — Par Cl. V. Palisca, *in* Italian oratorios of the baroque era (en préparation).

Bibliographie — A. Ghislanzoni, L. Rossi, biografia e analisi delle opere, Rome et Milan 1954 ; du même, Tre oratori e tre cantate morali di L. Rossi, *in* RBMie IX, 1955.

C. de Nys

Glaube, Hoffnung und Liebe (Foi, espérance et charité), lied pour voix et piano de **Franz Schubert** (D 955), sur une poésie de Christoph Kuffner, composé en août 1828, et publié à Vienne, chez A. Diabelli & Co., en oct. 1828, comme opus 97. (Durée : 6 min environ.)

Le texte est agencé de telle manière qu'un quatrain introductif et un autre conclusif encadrent trois strophes médianes de 6 vers chacune. Alors que les quatrains traitent les trois vertus théologales dans leur globalité, chacun des sixains est consacré à l'une de ces vertus en particulier. Schubert respecte fidèlement cette distinction en adoptant une mélodie, une mesure et une tonalité différentes pour les quatrains et pour les sixains. Le symbolisme ternaire de la première strophe est manifeste avec une armure à trois bémols (*mi* ♭ maj.) et une mesure à trois temps (3/4). On retrouvera, avec quelques variantes, le même contenu musical dans le quatrain conclusif. Quant aux trois strophes médianes, elles sont de musique strictement identique, mais on passe à une mesure à 4 temps (4/4) et à *mi* ♭ mineur. La ligne mélodique, proche du récitatif, a une belle allure qui convient parfaitement au sujet. Le risque de monotonie est évité grâce à des enchaînements d'accords savoureux et à de belles modulations.

S. Gut

« Gleichwie der Regen und Schnee vom Himmel fällt » (Tout comme la pluie et la neige tombent du ciel), cantate de **Johann Sebastian Bach** (BWV 18 ; NBA I/7) pour la Sexagésime (évangile du jour, Luc 8, 4-15, parabole du semeur), écrite en 1713 ou en 1714 sur un texte poétique d'Erdmann Neumeister

(1711), alors que Bach était « Konzertmeister » à la cour de Weimar, pour sop., ténor et basse soli, chœur, 2 fl. à bec (ajoutées ultérieurement lors d'une exécution à Leipzig), basson, 4 violes et b.c., exécutée au plus tard le 24 févr. 1715. (Durée : 15 min 50 s environ.)

Le texte s'ouvre sur une citation biblique (Ésaïe 55, 10-11) qui expose ce que devrait être l'effet de la Parole de Dieu sur le monde. Des dangers la guettent, dus aux tromperies de Satan, aux négateurs de la foi, à Mammon ; pour les conjurer, quatre demandes extraites de la litanie sont adressées à Dieu. Le chrétien, lui, repousse les liens tissés par le monde et Satan pour s'attacher tout entier au trésor qu'est la Parole de Dieu, en laquelle il place toute sa confiance.

L'œuvre se compose **1.** d'une sinfonia indépendante dans la forme d'une chaconne en rondeau (ABA), en *la* min. , **2.** d'un récitatif pour ténor, accompagné cette fois-ci par tout l'orchestre, *« Mein Gott, hier wird mein Herze sein »* (Mon Dieu, c'est ici que sera mon cœur), divisé en 4 parties, chacune se terminant par une prière extraite de la litanie que chante la voix de soprano soutenue par la seule b.c., avec intervention du chœur et de l'orchestre pour le répons « Erhör uns, lieber Herr Gott » (Exauce-nous, Seigneur Dieu) ; en outre la partie récitative s'orne de passages en arioso qui sont autant de figures musicales illustrant les mots « berauben » (dépouiller), « Verfolgung » (persécution), « irregehen » (s'égarer) ; il en va de même pour la b.c. sous les mots « Mord und Lästerungen » (meurtre et blasphèmes), « Wüten und Toben » (fureurs et vociférations) ; **3.** d'un air pour sop., 2 fl. à bec et 4 voix à l'unisson et b.c., *« Mein Seelenschatz ist Gottes Wort »* (Le trésor de mon âme, c'est la Parole de Dieu), forme binaire avec ritournelle, en *fa* maj. où, dans son mouvement presque continuel de doubles croches, la partie instrumentale évoque les filets tressés par le monde et par Satan ; **4.** d'un choral à 4 voix, *« Ich bitt, o Herr, aus Herzensgrund »* (Du fond de mon cœur je te prie, Seigneur), forme AAB, en *la* min., 8e strophe du choral → *« Durch Adams Fall ist ganz verderbt »* de Lazarus Spengler (1524).

Bibliographie — Voir celle de l'art. *« Ach Gott, vom Himmel sieh darein ».*

M. Honegger

Gloria IV, en 4e mode. Ce chant, attesté à partir du xe s., est construit sur quatre phrases dont l'adaptation, selon une libre alternance, révèle un art subtil tant dans l'emploi des intervalles modaux que dans le rapport du texte et de la mélodie. Celle-ci demeure conforme à la composition traditionnelle en plagal de *mi* : oscillations autour de la tonique *mi*, avec tierce contrastante *ré-fa* et quelques culminances sur *do* aigu, la tierce structurale *mi-sol* étant par ailleurs très présente. La phrase initiale figure souvent comme intonation monodique dans les messes polyphoniques ou concertantes. Le *Gloria* IV a été paraphrasé à l'orgue par **N. de Grigny**.

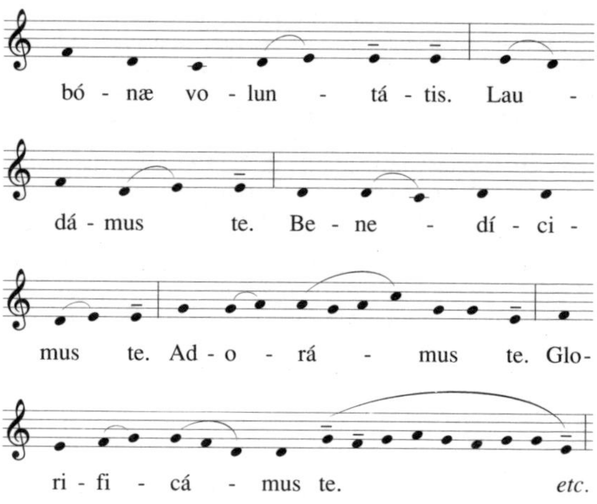

J. Viret

Gloria VIII, en 5e mode. Ce chant, de composition très tardive (il n'est pas attesté avant le xvie s.), met en œuvre la modalité majeure de *fa* de la même façon que maints spécimens récents du *Kyriale* (voir notamment le → *Kyrie* VIII, le → *Credo* III, le → *Sanctus* XVII, l'→ *Agnus Dei* XVIII), avec lesquels il constitue une famille homogène. On remarquera ici la clarté avec laquelle se dégage l'armature pentatonique de la modalité grégorienne (octave de *fa* avec *si* et *mi* absents ou très effacés) : preuve que le pentatonisme n'est point dans le répertoire grégorien, comme on l'a dit, un indice d'archaïsme.

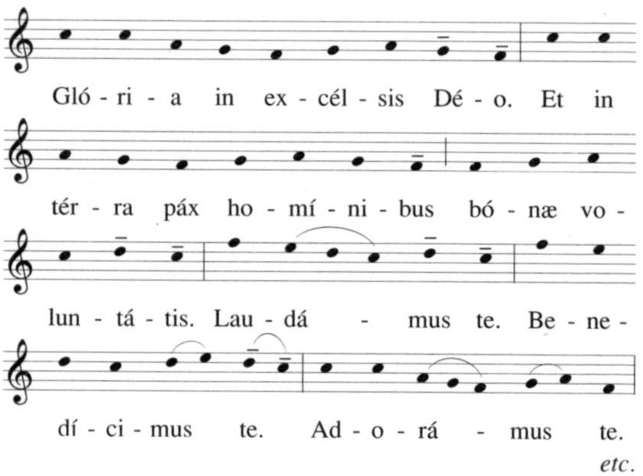

J. Viret

Gloria XV, en 4e mode. Bien qu'attesté à partir du xe s. seulement, ce chant a de toute évidence été composé à une date beaucoup plus ancienne, et même sans doute très primitive. Il s'apparente en effet, par sa structure récitative articulée pour l'essentiel sur les degrés *mi*, *sol* et *la*, à d'autres chants notoirement anciens, tels le → *Kyrie* XVI, le → *Sanctus* XVIII et le → *Te Deum*. Il s'agit donc très certainement du premier en date parmi les *Gloria* du *Kyriale*. Toutes les phrases sont construites sur le schéma de base *mi-sol-la-sol-mi*, qui peut s'amplifier sur *si*, dans les plus longues d'entre elles, pour souligner certains accents importants, ou au contraire s'abréger au besoin par omission du ou des degrés initiaux. La simplicité

« Gloria in excelsis Deo », miniature du tropaire-prosier de l'abbaye de Saint-Géraud d'Aurillac, XIe siècle.
Bibliothèque nationale, Paris. Ph. © Bibl. nat.-Photeb.

Genoveva de R. Schumann,
créée en 1850.
Gravure représentant la
dernière scène de l'acte IV.
Bibliothèque des Arts décoratifs, Paris.
Ph. Michel Didier © Arch. Photeb.

Page de titre (édition de 1858)
du *Gesang der Geister über*
den Wassern de Fr. Schubert,
composé en 1821.
Landesbibliothek, Cobourg.
Ph. Eberhard Schmidt
© de la bibliothèque-Photeb.

Gouache de P. L. Ciceri pour le décor de *Gustave III,* de D.F.E. Auber, lors de la création en 1833.
Musée de l'Opéra, Paris. Ph. Jeanbor

Frontispice, gravé par Mansfeld, de *La grotta di Trofonio* d'A. Salieri, créée à Vienne en 1785.
Biblioteca del Conservatorio, Milan. Ph. Giancarlo Costa

Giasone de P. F. Cavalli, créé en 1646. Représentation au Théâtre des Champs-Élysées, à Paris, en 1990, avec M. Chance dans le rôle-titre. *Ph. © François Roussillon.*

Le Grand Macabre de G. Ligeti, créé à Stockholm en 1978. Représentation à l'Opéra de Paris, en 1981, dans une mise en scène de D. Mesguich. *Ph. © Philippe Coqueux.*

rythmique va de pair avec la simplicité mélodique et modale : presque toutes les syllabes ne portent qu'une seule note.

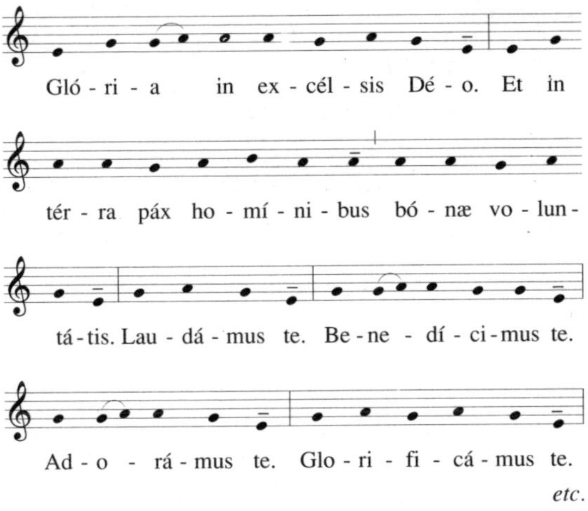

J. VIRET

GLORIA, de **Francis Poulenc**, pour sop. solo, chœur mixte et orchestre, composé en 1959 en réponse à une commande de la fondation Serge Koussevitzky, créé à Boston en janv. 1961. (Paris, Salabert ; durée : 25 min environ.)

Dès les premières mesures, il frappe par ses références avouées au Stravinski de la → *Symphonie de Psaumes*. Par cet exorde, l'œuvre s'annonce comme très spectaculaire et, à ce titre, ne saurait être comparée au → *« Stabat Mater »* qui la précède de neuf ans. Poulenc s'en est est expliqué lui-même : « Mon *Stabat*, c'est une œuvre a cappella, mon *Gloria*, une grande symphonie chorale. La deuxième partie a fait scandale. Je me demande pourquoi. J'ai pensé simplement, en l'écrivant, à ces fresques de Gozzoli où les anges tirent la langue ; et aussi à ces graves bénédictins que j'ai vus un jour jouer au football. » Il ne faudrait pourtant pas s'en tenir aux premières mesures, voire à la première partie d'une œuvre qui en comporte 6 et dont bien des pages atteignent à l'intériorité et au recueillement de certaines sections comparables du *« Stabat »*. Là aussi, alternent pages véhémentes et méditations d'un calme serein, ainsi de la 3ᵉ, le *« Domine Deus »* si différent des deux sections qui l'entourent. Ici, du moins, le Poulenc le plus personnel se fait jour, tout comme dans la 5ᵉ partie (à nouveau *« Domine Deus »*) qui comporte une introduction orchestrale développée et fait la part belle, comme la 3ᵉ du reste, à la voix de soprano solo. Toute la tendresse du musicien s'exprime ici dans un style d'un grand naturel, pleinement accordé au texte. La dernière section commence de façon grandiose par un appel à la miséricorde du Christ qui, après de vigoureuses affirmations, s'apaise progressivement jusqu'à s'éteindre dans un silence. Celui-ci, malgré un dernier éclat, marque l'ouvrage entier du sceau religieux.

Si l'on compare le *Gloria* au *« Stabat »*, il faut reconnaître qu'en dépit de l'importance des chœurs l'orchestre joue un rôle essentiel et permanent. Poulenc a visiblement voulu opposer le chant triomphal du *Gloria* à la douleur contenue du *« Stabat »*, d'où le caractère contrasté des deux compositions, mais dans chacune d'elles, en réalité, par le jeu des oppositions, certaines parentés s'imposent et par leur intériorité certains passages du *Gloria* rejoignent plusieurs autres, similaires, du *« Stabat »*.

Bibliographie — FR. POULENC, Entretiens avec Cl. Rostand, Paris 1954 ; H. HELL, Fr. Poulenc, musicien français, Paris 1958, rééd. augmentée, Paris, Fayard, 1978 ; FR. POULENC, Moi et mes amis, Paris 1961 ; J. ROY, Fr. Poulenc, Paris 1964 ; Fr. Poulenc, *in* Zodiaque, nº 99, 1974.

Dom A. SURCHAMP

GLORIA A 7 VOCI de **Claudio Monteverdi**, voir SELVA MORALE E SPIRITUALE.

« GLORIA IN EXCELSIS DEO » (Gloire à Dieu au plus haut des cieux), cantate (?) de **Johann Sebastian Bach** (BWV 191 ; NBA I/2) pour la Nativité — il s'agit en fait d'une réutilisation de fragments du *Gloria* de la → *Messe en si mineur* —, écrite pour une occasion inconnue, pour sop. et ténor soli, chœur à 5 v., 2 fl., 2 htb., 3 trp., timb., cordes et b.c., sur le texte latin du chant des anges (Luc 2, 14), augmenté de la petite doxologie. L'œuvre se compose **1.** d'un chœur avec tout l'orchestre, *« Gloria in excelsis »*, en *ré* maj., qui reprend le 1ᵉʳ chœur du *Gloria* de la *Messe en si* ; **2.** d'un duo pour sop. et ténor soli, 2 fl., cordes et b.c., *« Gloria Patri »* (Gloire soit au Père), en *sol* maj., parodie du *« Domine Deus »* ; **3.** d'un chœur avec tout l'orchestre, *« Sicut erat in principio »* (comme il était au commencement), en *ré* maj., parodie du *« Cum Sancto Spiritu »*. Le 1ᵉʳ mouvement s'exécutait avant la prédication, les deux autres après.

Bibliographie — Voir celle de l'art. *« Ach Gott, vom Himmel sieh darein »*.

M. HONEGGER

« GLORIA IN EXCELSIS DEO » en *sol* maj., de **Johann Christian Bach**, pour sop., alto, ténor et basse soli, chœur et orchestre, exécuté à Milan dans le palais Litta, en 1759. (Durée : 45 min environ.)

A partir de juil. 1757 et de la présentation de son → *Requiem* en *ut* min., le plus jeune fils de J. S. Bach composa plus de 20 partitions latines sur des textes liturgiques ou paraliturgiques (et non pas plus de 60 comme le dit Terry), et ce pendant les deux années qui précédèrent sa nomination au poste de second organiste de la cathédrale de Milan en 1760-61. L'une des plus importantes de ces œuvres est le *Gloria* qui fut présenté en 1759 dans le palais Litta, d'où il a dû être diffusé, car il en existe des copies manuscrites dans plusieurs bibliothèques.

Les 4 solistes (qui interviennent aussi dans le premier et le dernier chœur) et le chœur sont soutenus par un orchestre comprenant 2 fl., 2 htb. et 2 cors en plus des cordes et de l'orgue ; ce dernier intervient aussi de manière concertante. L'architecture de la partition repose sur les grandes assises chorales, le tutti au début, au centre et à la fin de la partition. Le bref chœur homophone Andante sur le second *« Qui tollis peccata »* est en fait une introduction au chœur suivant *« Suscipe deprecationem nostram »*. Entre ces chœurs s'intercalent 4 arias de grandes dimensions, une pour chacun des solistes, et deux ensembles (un duo pour sop. et ténor et un trio pour sop., alto et basse).

Tout comme Mozart dans ses partitions d'église quelques décennies plus tard, J. Chr. Bach cherche à surmonter le morcellement du texte par des procédés d'unification musicale dans le dernier mouvement. Les parties solistes sont brillantes et d'une grande variété expressive. Dans le *« Qui tollis »*, il utilise aussi un véritable concertino instrumental : deux vl. et un vlc. solistes. La qualité de l'écriture chorale situe cette œuvre nettement au-dessus du niveau de son temps à Milan. J. Chr. Bach y affirme sa maîtrise du contrepoint dans la double fugue du *« Qui tollis »* (sur « suscipe deprecationem ») : après une première fugue, remarquable par son thème comportant un silence, il en écrit une seconde sur son renversement puis il unit les deux thèmes en une double fugue.

Bibliographie — Ch. S. Terry, J. Chr. Bach, Londres 1929, 2/rév. par H. C. Robbins Landon, Londres 1967 ; R. Ewerhart et R. Allorto, Les œuvres latines de J. Chr. Bach, Paris 1960.

C. de Nys

« Gloria, laus », hymne en 1er mode chantée à la procession des Rameaux. Composée à l'époque carolingienne par **Théodulphe**, évêque d'Orléans mort en 821, cette hymne appartient au type avec refrain qui s'introduit à cette même époque. La mélodie, d'un élan à la fois joyeux et solennel, comporte deux phrases : l'une pour le refrain, employant les degrés graves, et l'autre pour les strophes, évoluant à l'aigu (autour de la dominante *la*).

Traduction (Refrain) — A toi gloire, louange et honneur, ô Roi, Christ, Rédempteur ; à qui l'élite des enfants a chanté le pieux Hosanna. (Strophe 1) Tu es le Roi d'Israël, et la glorieuse descendance de David ; Roi béni, qui viens au nom du Seigneur.

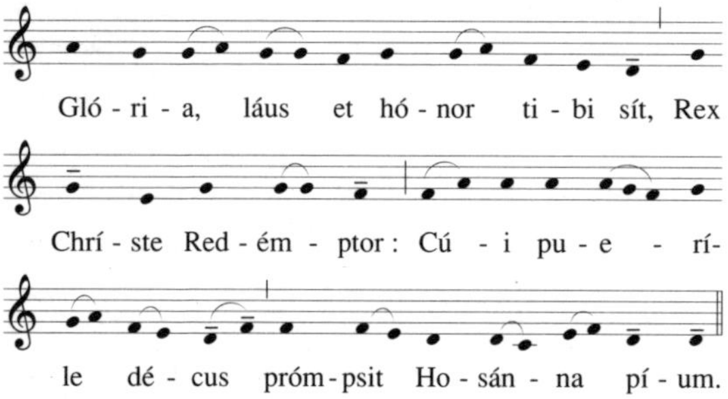

Strophe 1

J. Viret

(Der) glorreiche Augenblick (Le Moment glorieux), op. 136, cantate de **Ludwig van Beethoven**, pour sop., alto, ténor et basse soli, chœur mixte et orchestre, composée en 1814. L'auteur du texte est Aloys Weissenbach, professeur de chirurgie de Salzbourg, retraité, poète et auteur dramatique amateur. Il avait assisté à une exécution de *Fidelio* à Vienne en sept. 1814 et en fut tellement enthousiasmé qu'il écrivit ce texte pour le compositeur. L'œuvre fut créée à Vienne, Grosser Redoutensaal, le 29 nov. 1814, lors d'un concert qui incluait également *La Victoire de Wellington ou la Bataille de Vitoria* et la *7e Symphonie* ; ce concert fut répété deux fois dans les semaines suivantes, son succès reflétant l'atmosphère joyeuse de la ville lors du congrès de Vienne. Elle appartient à un ensemble de pièces de circonstance composées par Beethoven à cette époque. (Vienne, Haslinger, 1836 ; durée : 23 min environ.)

1. Un chœur en *la* maj., Allegro ma non troppo, célèbre la liberté retrouvée de l'Europe. **2.** Le statut européen de Vienne est déclamé avec fierté dans un récital et arioso pour le Guide du peuple (Führer des Volks) et l'Esprit protecteur (« Genius ») conduisant à un chœur. **3.** Vienne est personnifiée par un soprano solo qui, alternant avec une musique martiale à l'orchestre puis au chœur, célèbre les exploits de la cité en ce moment glorieux (« glorreiche Augenblick »), exploits qui rivalisent avec ceux de l'ancienne Rome. Suit **4.** un récitatif et cavatine pour soprano, une Prophétesse (« Seherin »), qui entraîne le peuple (chœur) dans une prière solennelle à Dieu, Adagio, en *sol* majeur. Dans **5.**, un récitatif et ensemble, les quatre solistes, Vienne, la Prophétesse, l'Esprit protecteur, et le Guide du peuple, apportent leur tribut à l'empereur d'Autriche, Franz. **6.** Le mouvement final en *do* maj. est un chœur célébrant une fois encore ce grand moment (« grosser Augenblick ») de l'histoire du monde. Au début, le chœur est divisé en voix de femmes, voix d'enfants et voix d'hommes. A l'orchestre, formé des bois par deux, de 4 cors, trompettes et trombones, timbales et cordes, s'ajoutent les sons festifs du triangle, de la grosse caisse et des cymbales. La marche introductive est suivie par une fugue Presto.

Rééditions modernes — *In* L. van Beethovens Werke, Leipzig, Br. & H., [1864-67], vol. XXI, n° 208.

Bibliographie — E. Forbes (rév. et éd.), Thayer's life of Beethoven, Princeton, Princeton Univ. Press, 1967.

D. Wyn Jones

Glossolalie 61, de **Dieter Schnebel**, pour 3 ou 4 récitants (1 ou 2 femmes, 2 hommes) et 3 ou 4 instrumentistes (harmonium, piano, percussion), composée en 1960-61, créée partiellement (parties I et IV) à Palerme, le 6 oct. 1963, sous la dir. de Mauricio Kagel, puis intégralement à Paris, le 21 oct. 1966. (Mayence, Schott ; durée : 35 à 45 min.)

Glossolalie 61 est la version élaborée par Schnebel lui-même à partir de *Glossolalie* pour récitants et instrumentistes, composée en 1959-60, et qui consiste en 29 feuilles de papier dont chacune définit un processus musical particulier (contrastes, développements, oppositions, etc.). A partir de ce « matériel de préparation » peuvent être réalisées, avec la plus grande liberté, une infinité de versions. *Glossolalie* fait en effet partie d'une série de compositions, en cours depuis 1958, que Schnebel nomme *Projekte* et qui s'ordonnent presque toutes en une série de définitions des processus musicaux à mettre en œuvre. Sortes de musiques conceptuelles, ces compositions ne seront de toute évidence jamais fixées ni terminées.

« Glossolalie » est un terme théologique signifiant

« don des langues ». L'objet de l'œuvre est le « geste de parler » (Schnebel, *Sur la Glossolalie...*, voir Bibliogr.) pour lequel le compositeur arrive à se situer à un niveau intermédiaire entre parole et musique : « Le principe de *Glossolalie* est très simple : parler comme musique et musique comme langage » (*ibidem*). Schnebel — qui est théologien — voudrait retrouver par là un espace musical sacré. Cet état intermédiaire entre parole et musique doit pouvoir traduire, selon lui, l'origine divine du don des langues qui saisit les Apôtres à la Pentecôte, la musique symbolisant alors l'Esprit qui les inspirait. Le « geste de parler » sera perçu par l'auditeur lorsque, à travers la multiplicité des langues étrangères (une grande partie de l'œuvre est fondée sur le coréen, le vietnamien, le tchèque, le suédois, le polonais), il ne tentera plus de décoder les paroles mais bien de les écouter pour leurs qualités musicales. En relation avec les caractéristiques sonores de ces différentes langues, des contrepoints instrumentaux sont utilisés en fonction de critères variés (complémentarité ou opposition, euphonie ou accompagnement musical grinçant, ironique, etc.).

A côté d'innombrables langues étrangères apparaissent aussi des citations de nombreux textes, soit classiques ou officiels (un extrait de la Constitution allemande), soit ordinaires (slogans, injures, etc.). La citation est également pratiquée dans le domaine de la musique (extraits de l'hymne anglais, des *Meistersinger*, d'*Egmont*, etc.). *Glossolalie 61* comprend 4 mouvements : le 1er mouvement est une sorte de développement, le dernier est fondé sur les contrastes et les 2e et 3e s'opposent entre eux par les tempi qu'ils utilisent (lents dans l'un, rapides dans l'autre).

Bibliographie — Compte rendu par H.-Kl. Metzger *in* Die Weltwoche n° 1723, 18.11.1966 ; D. Schnebel, Denkbare Musik, Cologne, Du Mont Schauberg, 1972 ; du même, Sur la Glossolalie, *in* Musique en jeu, n° 16, nov. 1974 ; H.-Kl. Metzger, notice du disque DGG 643544.

V. Mataigne

(La) Glu, drame musical populaire en 4 actes et 5 tableaux, livret d'Henri Cain, d'après le roman et le drame de Jean Richepin, musique de **Gabriel Dupont**, composé au Vésinet du mois d'août 1905 au 30 sept. 1908, créé à l'Opéra de Nice, le 26 janv. 1910, avec Mmes G. Vix (la Parisienne = la Glu), Cl. Friché (Marie-des-Anges), C. Accettola (Naïk), MM. Morati (Marie-Pierre), Dangès (Gillioury) et Baldous (le docteur Cézambre), sous la dir. de M. Dobbelaer, dans une mise en scène de H. Villefranck. (Paris, Heugel, 1910 ; durée : 2 h 30 min environ.)

Livret — Acte I. 1er Tableau : le port du Croisic. Le docteur Cézambre (basse chantante) et le pêcheur Gillioury (bar.) évoquent l'angoisse des départs en mer et les retours incertains, puis parlent d'une Parisienne extravagante, surnommée la Glu, qui est installée en un chalet de grève. Le comte de Kernan, châtelain des environs, homme d'âge mûr mais toujours vert, est amoureux d'elle. Arrive la petite Naïk (sop.), toute triste, qui conte au docteur les inquiétudes que lui donne la santé de Marie-des-Anges, sa mère adoptive. Son fils, Marie-Pierre, s'est laissé prendre dans les filets de la Parisienne. Depuis, Marie-des-Anges ne vit plus, la fièvre l'a terrassée. Cézambre promet d'aller voir la pauvre femme. — 2e Tableau : La baie des Bonnes-Femmes avec la grève hérissée de rochers, et à droite, la terrasse du chalet de la Parisienne. Très loin, on entend les appels désespérés de Marie-des-Anges (mezzo-sop.) qui a quitté son lit pour rechercher son fils. Celui-ci (ténor) accourt sur la terrasse ; la Parisienne (sop. dramatique) vient l'y retrouver et, avec des paroles passionnées, l'incite à rentrer. Cézambre et Gillioury, suivis de peu de la mère aux abois, arrivent près du chalet. Cherchant à arranger les choses, Gillioury promet de faire sortir le fils. S'accompagnant d'un banjo, il entonne une chanson tout en prétendant avoir fait une chute dans les salines. Attiré par la chanson, Marie-Pierre sort du chalet pour lui porter secours. Marie-des-Anges sort de sa cachette pour supplier son fils de revenir à la maison. Devant les sarcasmes railleurs de la coquette, la mère, poussée à bout, lui lance des galets. Marie-Pierre ramasse un pot de fleurs pour assommer la vieille qui s'enfuit, épouvantée.

Acte II. Un salon dans le chalet de la Glu. La Parisienne confie à Mariette (sop.), sa femme de chambre, ses regrets de Paris. Mais voici qu'arrive le riche comte de Kernan (ténor) qui serait une proie intéressante, si seulement elle était libre d'un mariage malheureux ! Pendant qu'elle flirte avec le vieux noceur, Marie-Pierre, seul dans le boudoir, se met à rêvasser et regrette amèrement sa vie de marin et ses camarades ; puis il s'endort sur une chaise longue. C'est Gillioury qui le réveille, introduit par la femme de chambre, sur ordre de sa patronne, partie pour Nantes. Gillioury fait comprendre à son jeune ami combien méprisable est la vie qu'il mène. Qu'il revienne sous le toit maternel où l'attendent anxieusement la petite Naïk et sa mère, prêtes à pardonner. Et voilà qu'entre Marie-des-Anges ; ils tombent dans les bras l'un de l'autre.

Acte III. Une place du village, le jour de la fête des sardinières. Les pêcheurs sont au cabaret, buvant, jouant, menant grand bruit. Peu après, la place est envahie par une foule joyeuse. Atmosphère de fête populaire. Naïk, choisie comme reine du Croisic, doit elle-même choisir son compagnon : elle nomme Marie-Pierre dont elle est amoureuse. Ils échangent des serments d'amour. Mais les vivats apaisés, Marie-Pierre apprend que le comte de Kernan était à Nantes avec la Parisienne et la jalousie lui déchire le cœur. Le cortège parti, il s'enivre au cabaret. La Parisienne arrive pour voir la fête ; rempli de colère, il lui reproche sa trahison et marche vers elle, mais Cézambre et Gillioury, revenus avec la foule, maintiennent le forcené. C'est alors que la Parisienne révèle à la foule hostile qu'elle est en réalité l'épouse du docteur Cézambre qui l'a abandonnée jadis. Devant cette révélation, Marie-Pierre, désespéré, s'enfuit. On l'entend dans les coulisses pousser des cris en cherchant à se briser la tête contre les murs. Et l'on ramène le gars évanoui, la face ensanglantée.

Acte IV. Chez Marie-des-Anges. Marie-Pierre est endormi dans un grand fauteuil. Marie-des-Anges et Naïk veillent affectueusement sur lui, le docteur Cézambre est venu pour le soigner et demande aux deux femmes qu'on remonte le blessé dans la chambre et qu'on le recouche. La Parisienne pénètre dans la maison pour demander pardon à Marie-Pierre. Devant le sang répandu, elle a soudain ressenti comme un « frisson de profond amour » pour le jeune Breton. Cézambre lui ordonne de partir et de disparaître pour toujours de sa vie. Partir ? Il n'en n'est pas question car, maintenant, elle est vraiment amoureuse de Marie-Pierre. Marie-des-Anges apparaît soudain en haut de la galerie, dégringole l'escalier et une lutte s'engage entre les deux femmes. La Parisienne voulant pénétrer dans la chambre du gars, Marie-des-Anges empoigne un merlin, le lève à deux mains et tue la Glu. On entend du bruit au dehors. Cézambre ramasse l'outil du crime et se campe devant le cadavre, appelant la foule des curieux : « C'était ma femme, c'est moi qui l'ai tuée », prenant ainsi le meurtre à son compte, certain de l'acquittement en tant que mari trompé.

L'intrigue exploite surtout le thème d'une rivalité farouche entre une mère et la Glu, une Parisienne excentrique et émancipée, qui est une parfaite « étrangère » pour ces Bretons du début du xxe siècle. La Glu, qui pourrait tout aussi bien s'appeler Nana, est ici le symbole de la dégradation sociale. Si cette allumeuse fatale exerce un tel pouvoir d'attraction sur les hommes, c'est parce qu'elle incarne aux yeux des villageois — à la façon de Zola — la corruption et la volupté interdites. La Glu correspond ainsi au prototype littéraire des femmes dépravées. G. Dupont, à peine âgé de 30 ans, montre ici « une technique étonnante, une variété de moyens tout à fait curieuse, un rare mépris des lieux communs et des effets trop faciles » (P. E. Chevalier). Il faut signaler quelques heureux emprunts au folklore breton (*« Allons à Lorient, pêcher la sardine »*).

Bibliographie — P. E. Chevalier, *in* Le Ménestrel, 5 févr. 1910 ; H. Collet, Un musicien trop oublié : G. Dupont, *in* L'Information

Musicale, n° 142, 28.1.1944 ; M. Kelkel, Naturalisme, vérisme et réalisme dans l'opéra, Paris, Vrin, 1984.

M. Kelkel

(Die) glückliche Hand (La Main heureuse), op. 18, drame en 4 scènes, livret et musique d'**Arnold Schönberg**, pour bar. solo, mimes, pt chœur (6 voix d'hommes, 6 voix de femmes) et orchestre, composé à Vienne entre le 9 sept. 1910 et le 18 nov. 1913 — les premières esquisses musicales datent du 11 oct. 1908 et le poème avait été achevé en juin 1910 —, créé à la Volksoper de Vienne, le 14 oct. 1924, avec Alfred Jenger (l'Homme), Hedy Pfundtmayr (la Femme, rôle mimé), Joseph Hustinger (le Monsieur, rôle mimé), sous la dir. de Fritz Stiedry. (Texte seul dans *Der Merker*, juin 1911 ; Vienne, UE, 1916 ; durée : 20 min environ.)

Deuxième « opéra » de Schönberg, *Die glückliche Hand* est inséparable du mouvement artistique « Der blaue Reiter » (Le Cavalier bleu), fondé et animé à Munich, dès 1910, par les peintres W. Kandinsky et Fr. Marc, mouvement auquel Schönberg participa en tant que peintre et musicien. « Der blaue Reiter » affirmait notamment qu'il existe des liens particuliers entre la peinture, la musique et l'architecture. Dans *Die glückliche Hand*, le poème, le chant, le parlé rythmé, la symphonie, le mime, les décors, les costumes, les jeux de couleurs lumineuses participent à un « drame majeur », ramassé en 20 minutes, « comme s'il avait été enregistré par un appareil photographique réglé en accéléré à cet effet ».

La partition contient une quantité impressionnante d'indications sur les mouvements et la mimique des acteurs, les couleurs lumineuses et les changements de scènes. Schönberg s'est attaché à réaliser un nouveau type de théâtre musical dans lequel les éléments scéniques concourent directement à l'expression dramatique à parité avec la musique (rythmes, timbres, densité) et parallèlement à elle, en une sorte de contrepoint auditif et visuel agissant sur l'esprit et la sensibilité du spectateur. L'œuvre se présente ainsi comme un jeu fantasmagorique de couleurs et de formes, exactement comme la peinture de Kandinsky. Au cours de la 3ᵉ scène, Schönberg note que l'ensemble du décor n'est pas une imitation d'un paysage naturel, mais doit apparaître comme une libre combinaison de couleurs et de formes ; il rejoint encore Kandinsky pour qui — forme et couleur constituant les éléments d'un langage propre — « il n'est pas nécessaire de leur donner une apparence de matérialité ». Schönberg, qui avait lu *Über das Geistige in der Kunst* (Du spirituel dans l'Art) de Kandinsky, se range à son avis ainsi qu'à celui de Kokoschka qui ne voient dans leur sujet rien d'autre « qu'une excuse à improviser avec des couleurs et des formes pour s'exprimer eux-mêmes (ce qui était jusqu'ici le privilège du musicien) ». Les lumières colorées sont choisies pour leur valeur symbolique : le jaune est la couleur du jour et de l'action, le bleu, celle du bonheur et de l'espérance, tandis que le vert est celle de la destruction. Au moment où le vent se met à souffler (3ᵉ scène), on assiste à une véritable « tempête de lumières ». Ces jeux de lumière, précisément notés par le compositeur, s'accordant avec les coloris et la dynamique de la symphonie, créent un impressionnant effet dramatique. Omniprésente, tumultueuse, envoûtante, la somptueuse parure orchestrale accompagne et enveloppe le drame. En revanche, le seul rôle chanté se réduit à quelques phrases. N'intervenant qu'au début et à la fin, le chœur commente, accuse, compatit. Pour la première fois, la « Sprechstimme » (voix parlée) est introduite dans l'écriture chorale, en alternance avec le chant ou en même temps que lui. On remarque également combien Schönberg individualise les différentes strates sonores, instrumentales et vocales.

Le texte et surtout les jeux de scène évoquent les fantasmes d'un homme à la recherche du bonheur. Condamné à la solitude, il fait en amour « l'expérience des mêmes échecs qu'il subit dans son travail » (Adorno). L'homme essaie de retenir auprès de lui une femme jeune et belle, qui le quittera pour un Monsieur distingué et élégamment vêtu. Une sorte de fatalisme domine ce drame dont la 3ᵉ scène renouvelle à la manière expressionniste l'exploit de Siegfried. L'homme porte une ceinture d'où pendent deux têtes de Turcs ; il tient à la main un glaive ensanglanté. Dans une grotte, à mi-chemin entre un atelier de mécanicien et celui d'un orfèvre, des ouvriers s'affairent « en tenues réalistes de travail (l'un lime, un autre est à la machine, un autre encore martèle, etc.) ». Une idée traverse le cerveau de l'homme. Il laisse tomber l'épée, soulève un bloc d'or, le pose sur l'enclume. « Avant qu'il ne lève le marteau pour frapper, les ouvriers se dressent en sursaut et s'apprêtent à se jeter sur lui [...]. Quand le marteau tombe, les visages des ouvriers se figent de stupeur : l'enclume s'est cassée au milieu et l'or est tombé dans la fente. L'homme se baisse, le ramasse avec la main gauche, et le lève lentement. C'est un diadème richement orné de pierres précieuses. » L'homme chante, simplement, sans émotion : « Voilà comment on fait un joyau ! » Les visages des ouvriers se font de nouveau menaçants, puis ils deviennent méprisants. L'homme leur jette la parure. « Ils veulent se précipiter sur lui. Il s'est tourné et ne les voit pas. » A la fin de cette scène énigmatique, la femme apparaît à l'entrée d'une grotte, en haut d'un mont. L'homme essaie de la rejoindre, mais la femme, d'un léger coup de pied, fait tomber un rocher sur lui.

Philosophes et musiciens se sont interrogés sur la signification de ce drame stylisé et onirique. L'homme est aliéné ; que les ouvriers apparaissent en tenues réalistes, cela correspond « à l'angoisse qu'éprouve devant la production celui qui en est séparé. C'est la peur de l'éveil telle qu'elle domine partout le conflit expressionniste entre la fiction théâtrale et la réalité ». Le symbolisme de l'homme dans *Die glückliche Hand* est « celui de l'artiste qui se sent impuissant à opérer dans la société capitaliste une catharsis éthique et se limite à mettre au jour l'horrible mécanisme » (L. Rognoni). De l'alambic de l'alchimiste Schönberg est sorti un composant tout à fait nouveau. Il est difficile de réaliser scéniquement, d'une manière parfaite ou tout au moins convaincante, l'une des conceptions les plus complexes et problématiques du théâtre musical contemporain. Schönberg fut d'ailleurs fort mécontent des deux premières représentations de l'œuvre à Vienne et à Berlin (Krolloper, 1930). Ce qui l'amena à rédiger de nombreuses remarques pour faire « cadrer » la musique avec les jeux de couleurs et le rythme chorégraphique.

Sources — Washington (D.C.), Libr. of Congress.

Bibliographie — R. S. Hoffmann, Die glückliche Hand... von A. Schönberg, *in* NMZ, n° 4, 1925 ; R. Leibowitz, Schoenberg et son école, Paris 1947, pp. 96-98 ; Th. W. Adorno, Philosophie der neuen Musik, Tübingen 1949, trad. fr. Paris, Gallimard, 1962, 2/1985, pp. 54-58 ; A. Schönberg, Style and idea, New York 1950, trad. fr. Paris, Buchet/Chastel, 1977, pp. 87, 118-121 (trad. d'un n° de « Der blaue Reiter », 1912, sous le titre Des rapports entre la musique et le texte) ; H. H. Stuckenschmidt, Schönberg, Monaco 1956, pp. 132-134 ; E. Stein (éd.), A. Schönberg. Ausgewählte Briefe, Mayence 1958 ; K. H. Wörner, Die glükliche Hand, *in* RMS CIV, sept.-oct. 1964 ; L. Rognoni (éd.), A. Schönberg. Testi poetici e dramatici, Milan 1967 ;

R. Leibowitz, Schoenberg, *in* Coll. Solfèges, Paris, Éd. du Seuil, 1969, pp. 76-83 ; G. Manzoni, A. Schoenberg. L'uomo, l'opera i testi musicali, Milan, Feltrinelli, 1975, pp. 60-63.

Chr. Goubault

(Das) Glück von Edenhall (La Fortune d'Edenhall), op. post. 143, ballade pour soli, chœur d'hommes et orchestre de **Robert Schumann**, sur un texte de L. Hasenclever d'après Ludwig Uhland, composée à Düsseldorf de la fin févr. à la mi-mars 1853, créée à Leipzig le 23 oct. 1855. (Winterthur, J. Rieter-Biedermann, 1860 ; durée : 13 min environ.)

Das Glück von Edenhall est l'une des dernières ballades (1834), et l'une des plus connues en Allemagne, de l'écrivain souabe L. Uhland. Elle illustre l'un des thèmes favoris de la poésie romantique germanique : ceux qui osent défier le destin attirent sur eux le malheur.

Argument — Au cours d'un banquet au château d'Edenhall (Cumberland), les convives saluent le jeune Lord (ténor). Celui-ci fait remplir la fameuse coupe de cristal surnommée Das Glück von Edenhall, qui, si elle se brise, attirera sur le château la ruine et la mort. La coupe vole en éclats. Les convives fuient ; les ennemis mettent le château à feu et à sang. Au milieu des ruines fumantes, l'Échanson (basse) cherche les ossements de son maître et prédit la fin du monde.

La valeur artistique de cette œuvre tardive de Schumann — et en général des compositions postérieures à 1850 — a été contestée par Brahms et Joachim. Liszt émettait des réserves quant au choix du sujet et à sa mise en œuvre, mais il estimait, à juste titre, que cette partition et d'autres du même genre témoignent « des efforts ininterrompus de leur auteur en vue de s'approprier les plus beaux trophées de la poésie ». *Das Glück von Edenhall* se présente comme une scène dramatique, un mini-opéra non représenté — mais rien n'interdit de le faire ; l'introduction d'orchestre, joyeuse et animée, suivie de l'éclatant chœur d'hommes *« Heil Edenhall »* (Salut Edenhall !), puis la première intervention du jeune Lord, *« Der Jugendkraft »* (La force de la jeunesse), sont tout à fait dans l'esprit d'une scène d'opéra. Dans les dernières années de sa vie, Schumann tentait la jonction entre la ballade romantique allemande et la musique dramatique. Le chœur d'hommes, vigoureusement traité, constitue l'un des principaux attraits de cette œuvre qui comporte, en outre, une noble déploration de l'Échanson, *« Ein stürmt der Feind mit Brand und Mord »* (L'ennemi entre en force, incendie et tue).

Rééditions modernes — Par Cl. Schumann, J. Brahms et autres, *in* R. Schumann. Werke, Leipzig, Br. & H., 1881-93, rééd. en facs. Farnborough, Gregg Inter. Publ., 1967, vol. IX/5.

Bibliographie — Voir celle de l'art. *Des Sängers Fluch.*

Chr. Goubault

« Go, crystal tears », (Coulez, pleurs de cristal), air à 4 voix de **John Dowland**, publié dans *The First Booke of Songes or Ayres of Foure Partes* (Londres 1597). L'œuvre ne remplit pas les conditions qui permettraient de la considérer comme un vrai madrigal — une strophe par pièce ou partie de pièce, un développement de chaque phrase musicale avec répétition des mots et une attention minutieuse au mot imagé — d'autant plus que les lignes vocales diffèrent à peine de la partie de luth dont elles découlent. Comme les autres pièces du recueil, il en existe une version pour voix seule et luth (*The First Booke of Songes or Ayres*, Londres 1597). En revanche, les 4 parties s'adaptent parfaitement aux tessitures vocales, ce qui montre que Dowland accordait une grande attention à leur timbre, à leur pouvoir expressif, évident lors des entrées en imitation, et tend à prouver qu'il envisageait cette méthode d'exécution dès le départ. Selon le goût des interprètes, le luth peut ou non accompagner les voix.

On constate généralement dans le madrigal à deux parties une préférence pour deux strophes contenant des images semblables ou un refrain. Dans les airs graves de Dowland, la seconde sera souvent une redite de la première : l'homogénéité de l'ensemble est ainsi préservée. L'auteur anonyme des deux sizains décasyllabiques offre au musicien des vers d'une beauté fragile et d'une dévotion presque religieuse : « Coulez, pleurs de cristal, soupirs incessants, d'un regard patient et d'un cœur irréprochable, fléchissez la rigueur de ma Dame. » Si Dowland n'est pas le « semper dolens » que l'on a souvent prétendu, il sait mieux que quiconque extraire toute la douceur d'une coulée de larmes. Composée dans la tonalité plaintive de *do* min., la musique se scinde en deux sections, la seconde avec reprise (ABB). En fait, il se produit une sorte de reprise de la première phrase avec l'entrée de la vraie basse A. L'harmonie touche par sa simplicité : les 4 voix insistent sur l'expressivité des notes répétées et des suspensions ; le supérius, principal cantus, se déploie dans un ambitus très réduit. On peut préférer la version madrigal à 4 voix : il en émane tendresse, humilité, pudeur, des qualités qui auraient fait pleurer un Pierre Guédron.

Rééditions modernes — *Ayres for Four Voices,* éd. par Th. Dart et N. Fortune, *in* Mus. Brit. VI, Londres, Stainer & B., 1953, 2/1963 (éd. révisée) ; facs. éd. par Fr. W. Sternfeld, Menston, Scholar Press, 1968.

Bibliographie — E. H. Fellowes, English Madrigal Verse, Londres 1920, 3/1967 (éd. révisée) ; D. Poulton, J. Dowland, Londres, Faber, 1972.

Ch. Whitfield

« Godi, Firençe », madrigal à 3 voix de **Don Paolo da Firenze**, écrit pour célébrer la prise de Pise par les Florentins en oct. 1406. Il s'agit de la seule composition datable de Don Paolo et aussi du Ms. Paris, BN, fonds ital. 568, le seul qui transmette le madrigal (f° 56v-57r). En août 1405, Pise avait été vendue à Florence par le pape avignonnais Benoît XIII et le maréchal Boucicaut, gouverneur de Gênes, sans demander l'avis des Pisans, qui une semaine après se soulevèrent. La ville fut assiégée et réduite par la famine. Selon le chroniqueur Giovanni di Iacopo Moregli, les Florentins fêtèrent la victoire avec de grandes démonstrations de joie, occasion propice pour rappeler ces vers de Dante : « Godi, Fiorenza, poi che se' sì grande / Che per mare e per terra batti l'ali » (Jouis, Florence, puisque tu es si grande / Que sur terre et sur mer tu bats des ailes, *L'Enfer*, chant XXVI, v. 1-2). C'est par ceux-ci que débute le madrigal de Don Paolo, qui célèbre la « gloire immortelle » acquise par Florence avec la soumission de Pise. Au moment de ces événements, Don Paolo aurait probablement été à Rome, auprès du cardinal de Florence Angelo Acciaiuoli, et c'est pour lui et pour sa suite qu'il aurait composé le madrigal. Mais il se peut aussi qu'il ait été à Florence, ou peut-être déjà à ce monastère tout près de Lucques, ville voisine de Pise, dont il devint l'abbé ; dans ce cas-ci, le madrigal serait un hommage à Gino Capponi, chef de l'armée florentine qui encercla Pise, que Paolo aurait connu au cours de la campagne

A « Go, crystal tears »

militaire. Les initiales P. A. (Paulus Abbas), en haut du f° 56 v, qu'on prend toujours comme signe distinctif des compositions écrites à l'abbaye de Pozzuoli, viendraient appuyer cette dernière hypothèse.

Parmi les 11 madrigaux attribués à ce compositeur, celui-ci est le seul à 3 voix. Écrit à une époque où ce genre de compositions musicales n'était plus si populaire, son style s'éloigne déjà des typiques duos vocaux qui caractérisent les madrigaux de Trecento. L'intérêt principal reste toujours au cantus, mais ténor et contraténor, en dialogue constant avec la voix supérieure, prennent parfois l'initiative. La composition, d'une grande richesse rythmique, est parsemée de hoquets, d'imitations et de petits fragments isorythmiques qui révèlent l'influence française. Un motif mélodique de trois notes, *la-sol-fa*, qui correspond d'ailleurs au début du supérius, contribue à l'unification thématique de l'ensemble **A**.

Éditions — Par W. T. Marrocco, *in* Polyphonic Music of the 14th Cent. IX, Monaco, L'Oiseau-Lyre, 1975, n° 12.

Bibliographie — U. Günther, Zur Datierung des Madrigals « Godi, Firenze » und der Hs. Paris, BN, fonds ital. 568 (Pit), *in* AfMw XXIV, 1967 (avec transcription musicale) ; K. von Fischer, Language and music in 14th Cent. Italy : on the question of an early Renaissance, *in* Essays in Musicology (Pro Helvetia Swiss Lectureship, New York 1989).

M. C. Gómez

Goethe-Lieder, de **Hugo Wolf**, voir Gedichte von Johann Wolfgang von Goethe.

Goethe-Lieder pour mezzo-sop. et trois clar. (en *mi* ♭, en *si* ♭, clar. basse), de **Luigi Dallapiccola**, sur des poèmes en allemand de Goethe extraits de son *West-östlicher Divan.* (Milan, Suvini Zerboni, 1953 ; durée : 9 min environ.)

Sept lieder d'esthétique dodécaphonique mettent chacun un quatrain en musique. **1.** *« In tausend Formen magst du dich verstecken »* (Que tu te caches sous mille aspects) conte la bien-aimée aux mille facettes. La musique lente et expressivement douce met en scène le quatuor dans un halo vaporeux. **2.** *« Die Sonne kommt ! »* (Le soleil apparaît) chante l'étreinte du couple Soleil/Lune. Le duo chant et clarinette piccolo se déroule comme un canon, ajoutant en son milieu un effet de rétrogradation (miroir vertical). **3.** *« Lass deinen süssen Rubinenmund »* (Laisse ta douce bouche de rubis), dévoilant le mal d'amour, est écrit en trio sans la basse. L'ensemble reste léger et virevoltant. **4.** *« Möge Wasser, springend, wallend »* (Que l'eau jaillissante, bouillonnante) évoque un milieu aquatique bouillonnant. Le tutti impétueux et passionné bondit à l'image de la poésie. **5.** *« Der Spiegel sagt mir : ich bin schön »* (Le miroir me dit : je suis belle) conjugue Dieu et Beauté. Le trio, sans la clarinette piccolo, tisse une forme ABA qu'émaille une douceur contemplative. **6.** *« Kaum dass ich dich wieder habe »* (A peine t'ai-je de nouveau) mêle réconfort et questionnement intimes. Chant et clar. basse incarnent le couple amoureux dans des phrases diaphanes de chuchotement et de confession. **7.** *«Ist es möglich ? »* (Est-ce possible ?) provoque l'inaccessible aimée. Une texture pseudo-canonique à 4 voix avance lentement vers la question primordiale, « Est-ce-possible ? ».

Dans ce cycle, la voix est très sensuelle, émotive et virtuose. Le parlando et le jeu de « bouche à demi fermée » renforcent le caractère intimiste et confidentiel de l'ensemble. Les clarinettes sont traitées très sobrement, continuant parfois l'expression vocale dans un même geste (« quasi continuando il canto »).

Bibliographie — P. A. Castanet, Analyse des Goethe-Lieder (mémoire Cons. nat. sup. de musique de Paris, 1982).

P. A. Castanet

Golgotha, oratorio de la Passion de **Frank Martin**, pour sop., alto, ténor, bar. et basse soli, chœur mixte, orch. et orgue, sur des textes tirés principalement des Évangiles et des *Méditations* de saint Augustin. L'œuvre, commencée en 1945, fut achevée le 8 juin 1948 et créée à Genève, le 29 avr. 1949, par les chœurs de la Société de Chant sacré et l'orchestre de la Suisse romande sous la direction de Samuel Baud-Bovy. (Vienne, UE, 1949 ; durée : 90 min environ.)

Le plan d'ensemble comporte deux parties principales, chacune se subdivisant en 5 tableaux où alternent des sections dramatiques et lyriques. Dans les tableaux 2, 3, 5, 7 et 9 l'élément dramatique emprunté aux récits évangéliques de la Passion est prolongé sur un ton lyrique par des méditations de saint Augustin. Les tableaux 4 et 8 se limitent au texte évangélique, tandis que le chœur introductif et le 6e tableau sont tirés de saint Augustin et que le tableau final mêle des textes divers.

Première partie — **1.** Chœur d'introduction (« Père jusqu'à quel point nous as-tu donc aimés ! », saint Augustin). **2.** *Les Rameaux* (Matth. 21 et Jean 12), puis méditation du chœur (« Le juste souffre la mort que la pécheur a méritée », saint Augustin). **3.** *Le discours du Temple*, imprécations du Christ aux pharisiens hypocrites (Matth. 23), puis méditation du soprano (« Quand te verrai-je, unique objet de mes désirs et de ma joie », saint Augustin). **4.** *La Sainte Cène* (Jean 13 et Luc 22). **5.** *Gethsémané* (Marc 14 et Luc 22), puis méditation des solistes et du chœur (« Voici l'Agneau divin que les pécheurs emmènent », saint Augustin).

Seconde partie — **6.** Méditation dialoguée de l'alto solo (« Que dirai-je ? Que ferai-je ? Où irai-je pour trouver mon bien-aimé ? », saint Augustin) à laquelle répond le chœur sur les paroles du Psaume 121 (« Le secours vient de l'Éternel, Qui a fait les cieux et la terre »). **7.** *Jésus devant le Sanhédrin* (Marc 14), puis méditation des solistes et du chœur (« C'est mon péché qui cause tes souffrances », saint Augustin). **8.** *Jésus devant Pilate* (Jean 18-19). **9.** *Le Calvaire* (Jean 19), puis méditation du ténor solo (« O mon Seigneur et mon Dieu [...] Considère ton Fils étendu sur la croix », saint Augustin). **10.** *La Résurrection*, solistes et chœur, d'après 1 Corinthiens 15, 55 (« O Mort ! Où est ton aiguillon ? »), l'→*Exsultet* de la liturgie pascale (« Tressaille de joie dans le ciel, multitude des anges ») et saint Augustin (« O nuit plus claire que le jour ! Nuit où le ciel vient s'unir à la terre »).

De peu d'années postérieur à → *La Passion* de G. Migot, *Golgotha* est avec celle-ci l'un des premiers oratorios importants composés depuis J. S. Bach sur la mort du Christ. Fr. Martin, ignorant l'œuvre de son confrère, déclare se référer aux modèles de Bach, mais dans l'esprit plutôt que dans la lettre. A la conception plus collective de ce dernier, conception qu'il considère comme un « culte de la Passion » parce que davantage ancrée dans la liturgie réformée, il substitue une vision à la fois plus dramatique et plus subjective : il déclare avoir voulu « présenter l'événement en lui-même, laissant l'auditeur en tirer la leçon ». C'est donc « une représentation du drame de la Passion, mais pas un culte, d'où la mise en lumière très accentuée de la personne même du Christ, comme dans l'eau-forte de Rembrandt *Les Trois Croix* qui a servi de modèle au compositeur et a déterminé le climat de l'œuvre. Autre différence essentielle avec Bach, le rôle du récitant est confié non à un chanteur unique, mais tour à tour au ténor, à la basse, au chœur, voire à deux solistes (n° 5 : alto et ténor). Particulièrement remarquables sont à cet égard les tableaux n° 7 et n° 9 : le chœur y assume intégralement la narration selon une déclamation en accords homophones, avec une sonorité assombrie par l'élimination des voix de femmes (n° 7 : ténors et basses divisés) ou du soprano (n° 9). Il représente par ailleurs la foule des Juifs (n° 8), tout en intervenant dans les sections méditatives (n°s 1, 6, 7, 10).

Le style présente, de façon générale, une relative simplicité tant mélodique que rythmique, avec une harmonie toujours nettement tonale mais vivifiée par un chromatisme d'accent très personnel, générateur de tensions expressives (n° 6). Le texte demeure constamment perceptible, grâce à une diction souple et naturelle des solistes et à une écriture chorale essentiellement harmonique. Le rythme de la déclamation chantée — jamais transformée en air véritable — use habilement de la syncope : voir p. ex., au n° 8, le récit par le ténor des souffrances du Christ, que soulignent les dissonances de l'accompagnement. Toute l'intensité lyrique et dramatique des 9 premiers tableaux se dénoue dans le dernier, grandiose péroraison remplie d'une exultation jubilante et triomphale.

Bibliographie — B. Martin Fr. Martin..., Neuchâtel, La Baconnière, 1973 ; Fr. Martin, Un compositeur médite sur son art, Neuchâtel, La Baconnière, 1977 ; du même, A propos de..., commentaires de Fr. M. sur ses œuvres, Neuchâtel, La Baconnière, 1984.

J. Viret

« Gott der Herr ist Sonn und Schild » (Le Seigneur Dieu est soleil et bouclier), cantate de **Johann Sebastian Bach** (BWV 79 ; NBA I/31) pour la fête de la Réformation (31 oct.), exécutée pour la 1re fois à Leipzig en 1725, écrite pour sop., alto et basse soli, chœur, 2 htb., 2 cors, timb., cordes et b.c. ; lors d'une exécution ultérieure, en 1730 probablement, elle s'est enrichie de 2 fl. traversières. (Durée : 15 min 30 s environ.)

Fondé sur le Psaume 84, verset 12, le texte poétique invite à la louange de Dieu. Le chemin du salut passe par Jésus et par sa parole. Qu'il prenne pitié des siens et

A « Godi, Firençe »

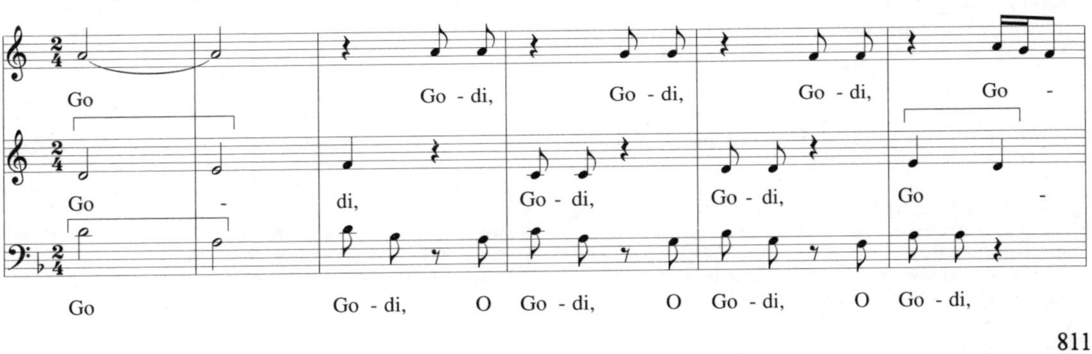

de ceux qui ne connaissent pas encore le vrai chemin. Que Dieu n'abandonne pas les siens et que ceux-ci ne cessent de le louer malgré leurs ennemis. Le texte s'achève par une strophe de choral demandant à Dieu de maintenir son peuple dans la vérité.

L'œuvre se compose : **1.** d'un chœur d'entrée, *« Gott der Herr »,* en *sol* maj., précédé par une longue sinfonia instrumentale qui expose les deux thèmes de la pièce, l'un confié aux cors,

etc.

l'autre un sujet de fugue aux notes répétées

etc.

très développé ; ce chœur se compose de 3 parties dont celle du milieu est de nouveau une fugue sur le thème exposé dans la sinfonia ; **2.** d'un air d'alto avec htb. (ou fl. trav.) et b.c., *« Gott ist unsre Sonn und Schild »* (Dieu est notre soleil et bouclier), forme ABA' avec ritournelle, en *ré* maj. ; **3.** d'un choral sur la première strophe de *« Nun danket alle Gott »* (Vous tous, louez Dieu désormais), de Martin Rinckart (1636), en *sol* maj., qui se superpose à la reprise du thème des cors du premier mouvement et dont les différentes phrases mélodiques sont séparées par les interventions des cors ; **4.** d'un récitatif *« Gottlob, wir wissen den rechten Weg »* (Dieu soit loué, nous connaissons le vrai chemin), pour basse et b.c., qui devient dissonant lorsque sont évoqués ceux qui marchent encore dans l'obscurité ; **5.** d'un duo presque constamment homophone pour sop. et basse, vl. à l'unisson et b.c., *« Gott, ach Gott, verlass die Deinen nimmermehr »* (Dieu, ô Dieu, n'abandonne plus jamais les tiens), en *si* min., où la ritournelle et le grondement de la b.c. dépeignent les ennemis vociférants ; **6.** d'une strophe de choral, *« Erhalt uns ins der Wahrheit »* (Maintiens-nous dans la vérité), en *sol* maj., à 4 v., auxquelles s'ajoutent les 2 cors obligés.

Bibliographie — R. A. Leaver, The Libretto of Bach's cantata n° 79. A conjecture, *in* Bach, The Quarterly Journal VI, 1975 ; voir aussi la bibliogr. de l'art. *« Ach Gott, vom Himmel sieh darein ».*

M. Honegger

« Gott der Vater wohn uns bei » (Dieu le Père, demeure avec nous), choral protestant de 3 strophes (A^7 B^7 A'^7 B'^7 C^7 D^7 E^7 F^7 C'^7 D'^7 E'^7 F'^7 g^7 h^8 ou A^{14} B^{14} C^{14} D^{14} C'^{14} D'^{14} e^{15}), pour la Trinité, de Martin Luther d'après une litanie, en allemand, du XVe s., sur une mélodie en majeur antérieure à la Réforme. C'est une prière trinitaire qui traduit la confiance du croyant ; la 1re strophe invoque Dieu le Père, la 2e Jésus-Christ et la 3e le Saint-Esprit. Au Moyen Age, d'autres strophes, que Luther n'a pas reprises, s'adressaient à la Vierge, aux anges, aux patriarches, aux prophètes, à saint Pierre... Ce chant figure dans les recueils de Klug (Wittenberg 1533) en notation carrée blanche, de Strasbourg (1541) en notation noire de type strasbourgeois, de Babst (Leipzig 1545) en notation blanche. Il a été repris dans les recueils protestants actuels (EGK, Kassel 1950, n° 109 ; Recueil ECAAL, Strasbourg 1952, n° 402).

Traduction de la 1re strophe — Dieu le Père, demeure avec nous et ne nous laisse pas périr, délivre-nous de tout péché et aide-nous à mourir saintement, protège-nous du diable, maintiens-nous dans une foi solide, permets-nous de compter sur Ta personne, d'avoir confiance du fond de notre cœur et de nous abandonner à Toi, d'échapper aux ruses du diable avec tous les vrais Chrétiens, de prolonger notre vie par les armes divines. Amen, Amen, ainsi soit-il, chantons ainsi : Alléluia (trad. P. Veit).

Il y a lieu de remarquer la double paire de « Stollen » de la mélodie.

Au XVIe s., ce choral a été fréquemment traité. **J. Walter** l'a arrangé à 4 voix avec entrées successives et l'a publié dans son → *Gestliches Gesangbüchlein* (Wittenberg 1524 et 1525). Les *Newe deutsche geistliche Gesenge* (Wittenberg, Rhau, 1544) contiennent une version de **B. Resinarius** qui confie la mélodie au ténor. **A. von Bruck** fait appel aux 7 premières notes pour des entrées successives qui accompagnent la mélodie placée au ténor, tandis que la 2de partie, « vor dem Teufel » est d'abord syllabique puis traitée plus librement, à la manière du contrepoint franco-flamand, avec des vocalises sur « verderben » (périr). En 1586, **L. Osiander** met le chant à la partie supérieure pour le rendre plus nettement perceptible et l'harmonise en contrepoint note contre note. Enfin le processus de simplification continue avec **H. L. Hassler** qui en donne une version homorythmique et homosyllabique avec cependant quelques notes de passage dans ses *Kirchengesäng, Psalmen und geistliche Lieder auf die gemeinen Melodeyen mit vier Stimmen simpliciter gesetzt* (Nuremberg 1608). Se référant au recueil de J. Walter, **J. S. Bach** harmonise la mélodie à 4 voix, en style note contre note avec quelques notes de passage, dans son choral BWV 317. Il la traite en « cantus firmus » à la pédale avec un mouvement de croches aux parties médianes dans son choral pour orgue BWV 748 dont BWV 748 a est une variante en 76 mesures.

É. WEBER

GÖTTERDÄMMERUNG, voir (DER) RING DES NIBELUNGEN.

« GOTTES ZEIT IST DIE ALLERBESTE ZEIT » (ACTUS TRAGICUS) (Le temps de Dieu est le meilleur des temps), cantate de **Johann Sebastian Bach** (BWV 106 ; NBA I/34) pour une cérémonie funèbre, écrite en 1707 probablement, alors qu'il était organiste à Mühlhausen, pour alto et basse soli, chœur, 2 fl. à bec, 2 violes de gambe et basse continue. (Durée : 21 min 45 s environ.)

Son texte est fait d'un habile assemblage de fragments bibliques variés et de strophes de choral et pourrait avoir Bach lui-même pour auteur, ce qui témoignerait de sa profonde culture biblique. Elle appartient au type de l'ancienne cantate, sans récitatif ni air, et obéit encore à l'esprit du motet où de brefs fragments, variés quant à la formation et à la thématique, s'enchaînent et sont au service d'une exégèse figuraliste du texte. La construction de l'œuvre est symétrique par rapport au chœur central qui revêt une importance exceptionnelle et qui la divise en deux parties fort différentes d'esprit et de caractère. Après l'affirmation que le destin de l'homme dépend de Dieu, la mort est d'abord envisagée sous le règne de la Loi : l'homme ne peut lui échapper et doit s'y préparer. Mais sous le règne de l'Évangile, elle perd son pouvoir et amène la réunion du croyant et de Jésus. C'est au cours du chœur central que la Loi et l'Évangile sont confrontés ; le choral, symbole de l'Église chrétienne, n'est utilisé que dans ce qui relève du second aspect de la cantate.

L'œuvre s'ouvre sur une paisible contemplation, **1.** *Sonatina*, une pièce purement instrumentale (en dehors de la symétrie), faite de la répétition d'accords de la durée d'une croche sur lesquels se pose le chant des flûtes. Celles-ci emploient deux figures rythmiques exprimant l'une la félicité, l'autre la joie, dont le développement crée une sorte de doux bercement qui se retrouvera vers la fin de l'œuvre sous le texte « Der Tod ist mein Schlaf worden » (La mort est devenue mon sommeil). Lui fait suite **2.** un chœur en trois parties, *« Gottes Zeit »*, syllabique et vertical, diatonique et consonant, page joyeuse qui s'enchaîne à *« In ihm leben, weben und sind wir »* (En lui nous avons la vie, le mouvement et l'être, Actes 17, 28), en style fugué et mélismatique, illustration musicale du mot « weben » (se mouvoir ; aussi filer, tisser). L'ensemble de ces deux parties est d'une grande stabilité tonale, en accord avec un texte qui exprime la confiance. Les mots « In ihm sterben wir zur rechten Zeit » (En lui nous mourrons au bon moment) introduisent une partie plus tourmentée, teintée de chromatisme, où la surprise vient d'un accord de 7e diminuée intervenant brusquement sur le mot « sterben » (mourir), élément tragique qui interrompt la calme méditation précédente. Puis vient **3.** fait de deux ariosos enchaînés. Le premier, *« Ach Herr, lehre uns bedenken dass wir sterben müssen »* (Ah Seigneur, enseigne-nous à penser que nous devons mourir, Ps. 90, 12), est écrit pour ténor et orchestre sur une basse obstinée, sorte de chaconne libre où le mot « sterben » est de nouveau souligné par un accord de 7e diminuée. On quitte ici le domaine de l'affirmation collective pour l'expression de sentiments personnels, progressant en intensité vers la fin de la pièce. Le second arioso est destiné à la basse accompagnée de 2 fl. à bec et de la b.c., *« Bestelle dein Haus ! denn du wirst sterben »* (Mets tes affaires en ordre car tu vas mourir, Ésaïe 38, 1). Mouvement plus incisif — il s'agit d'un ordre —, il se développe sur une basse discontinue, signe d'inquiétude et d'angoisse, où l'idée de la mort est rendue par trois quartes descendantes tandis que celle de la vie s'exprime par une figuration ascendante animée, suivie de la chute inévitable.

Le chœur central, **4.** *« Es ist der alte Bund : Mensch, du musst sterben »* (C'est l'ancienne loi : homme tu dois mourir, Ecclésiaste 14, 18), est formé de 4 expositions de fugue sur le sujet « Es ist der alte Bund » avec « Mensch, du musst sterben » comme contre-sujet,

séparées par les interventions du soprano sur *« Ja, ja, komm, Herr Jesu, komm ! »* (Oui, oui, viens, Seigneur Jésus, viens !, Apocalypse 22, 20), ce qui va donner lieu à des combinaisons audacieuses. Style linéaire (la fugue des 3 voix graves) et monodie expressive (soprano) sont utilisés comme symboles de l'ancienne et de la nouvelle loi. Dès la première exposition de la fugue, l'écriture se fait dissonante et le mot « sterben » est souligné par un accord de 7e diminuée, tandis que la phrase du soprano est harmonisée note contre note en style consonant. A cet endroit, les instruments font entendre les deux premières phrases mélodiques du choral *« Ich hab mein Sach Gott heimgestellt »* (J'ai remis mon affaire à Dieu). Puis l'alternance des expositions de fugue et du chant du soprano solo reprend jusqu'à ce que, dans la dernière exposition, la mélodie du contre-sujet « Mensch du musst sterben » s'identifie, après transformation progressive, à la mélodie du premier vers d'un choral de H. L. Hassler, → *« Herzlich tut mich verlangen »*, déjà lié à la première intervention de soprano solo. La dernière exposition de fugue s'achève sur un ultime énoncé de « Mensch, du musst sterben », ponctué par une forte dissonance de 7e diminuée sur pédale de tonique qui s'évanouit progressivement par élimination (et non résolution) des notes dissonantes jusqu'à l'établissement d'un impressionnant silence général, après que le soprano solo a comme expiré son dernier souffle en un expressif mélisme descendant sur le mot « Jesu ». Cette partie centrale est un moment essentiel de la cantate et le résultat d'une inspiration et d'une invention géniales, tant formelles que musicales. La tension s'étant désormais dissipée, la cantate se poursuit **5.** dans un climat totalement renouvelé, par deux ariosos enchaînés. Le premier, pour alto et b.c., *« In deine Hände befehl ich meinen Geist »* (Entre tes mains je remets mon esprit, Psaume 31, 6), s'apparente à la chaconne par sa basse quasi obstinée et s'enchaîne à un arioso pour basse, *« Heute wirst du mit mir im Paradies sein »* (Aujourd'hui tu seras avec moi au paradis, Luc 2, 43), soutenu par une basse continue mélodique qui imite fréquemment la voix (« du mit mir ») et où réapparaissent les motifs rythmiques de la félicité et de la joie. A cette promesse du Christ — la voix de basse est traditionnellement réservée au Christ dans les Passions — s'ajoute, après 14 mesures, le chant par l'alto de la 1re strophe du choral de M. Luther, → *« Mit Fried und Freud ich fahr dahin »* (1524), (Dans la paix et la joie je m'en vais), le « Nunc dimittis » de Siméon, dans une écriture diatonique et sans dissonance. Deux mots donnent lieu à figuralisme : « Stille » (calme, silence des voix accompagnantes) et « Schlaf » (sommeil, tenue de la voix et bercement aux instruments). La cantate s'achève par une strophe doxologique de louange à la Trinité, la dernière du choral → *« In dich hab ich gehoffet Herr »*, traitée en style vertical, précédée par un prélude instrumental, et dont les vers sont séparés les uns des autres par des interludes. Le dernier vers se développe en une fugue animée dont le sujet, « durch Jesum Christum », revient agrandi sur la strette du contre-sujet « Amen » quelques mesures avant la fin, ponctuée par de vigoureux « amen » auxquels les flûtes donnent un dernier et bref écho.

Bibliographie — H. Schmalfuss, J. S. Bach « Actus tragicus » (BWV 106). Ein Beitrag zu seiner Entstehungs-geschichte, *in* Bach-Jb. 1970 ; J.-J. Prévost, J. S. Bach. « Gottes Zeit... », *in* L'Éducation Musicale, supplt au n° 312, nov. 1984 ; voir aussi la bibliogr. de l'art. *« Ach Gott, vom Himmel sieh darein »*.

M. Honegger

« Gott fähret auf mit Jauchzen » (Dieu s'élève au milieu des acclamations), cantate en deux parties de **Johann Sebastian Bach** (BWV 43 ; NBA I/12) pour l'Ascension (épître du jour, Actes 1, 11, Ascension de Jésus ; évangile du jour, Marc 16, 14-20, « Allez par tout le monde et prêchez la bonne nouvelle », Ascension de Jésus), écrite pour sop., alto, ténor et basse soli, chœur, 2 htb., 3 trp., timb., cordes et b.c., exécutée pour la 1re fois à Leipzig le 30 mai 1726. (Durée : 23 min environ.)

Suscitée par une citation de l'Ancien Testament (Ps. 47, 6-7) offrant une vision de la gloire de Dieu, une joyeuse acclamation se fait jour au travers d'un chœur, d'un récitatif et d'un air jusqu'à ce qu'une nouvelle citation biblique, du Nouveau Testament cette fois-ci (Marc 16, 19), annonce l'Ascension du Christ. Suivent alors 7 strophes d'un poème laudatif dont les deux dernières font intervenir le croyant qui voit son Sauveur combattre pour lui, assis à la droite du Père, et qui le contemple avec un ardent désir. Car il lui a préparé une place à ses côtés où il sera délivré de toute peine. Deux strophes de choral font alors entendre la voix de l'Église, qui entonne à son tour la louange du Seigneur et qui exprime l'espoir d'un proche aller vers Dieu.

La cantate s'ouvre par une fresque grandiose, la pièce la plus remarquable de l'œuvre, **1.** un chœur avec tout l'orchestre, *« Gott fähret auf »*, en *do* min., que précèdent 6 mesures instrumentales où les 1ers violons renforcés par un hautbois dialoguent avec la basse continue. Suit une imposante construction fuguée « alla breve » dont le sujet est énoncé à la trompette puis à la basse avant que le chœur y participe de toutes ses forces, superposant au sujet un motif annexe

qui illustre l'élévation dont parle le texte. Succèdent à ce chœur **2.** un récitatif secco pour ténor et b.c., *« Es will der Höchste sich ein Siegsgepräng bereiten »* (Le Très-Haut veut s'apprêter une parade triomphale) ; **3.** un air pour ténor, vl. à l'unisson et b.c., *« Ja tausendmal tausend begleiten den Wagen »* (Certainement mille fois mille accompagnent le char), forme binaire AB avec ritournelle, en *sol* maj., dont la force dramatique ne déparerait pas une scène de triomphe dans un opéra du temps ; **4.** un récitatif secco pour sop. et b.c., *« Und der Herr nachdem er mit ihnen geredet hatte... »* (Et le Seigneur, après leur avoir parlé, fut enlevé au ciel et il s'assit à la droite de Dieu, Marc 16, 19) ; **5.** un air gracieux pour sop., cordes, les vl. renforcés par les htb., et b.c., *« Mein Jesus hat nunmehr »* (Mon Jésus a désormais accompli son œuvre salvatrice), forme binaire AB avec ritournelle, en *mi* min., qui clôt la 1re partie de la cantate. Après la prédication, la 2de partie s'ouvre sur **6.** un récitatif pour basse accompagnée par les cordes et la b.c., *« Es kommt der Helden Held »* (Voici que vient le héros des héros), au caractère dramatique accusé, où la partie orchestrale est dominée par des arpèges en style de fanfare alternant avec des trémolos d'accords dissonants, tandis que la voix s'exprime par un chant aux intervalles constamment disjoints et avec des figuralismes remarquables sur « zerstreut » (dispersé) et « holt » (amène). Lui font suite **7.** un air dans le même esprit dramatique pour basse, trp. (ou 1ers vl.) et b.c., *« Er ists, der ganz allein... »*. (C'est lui qui tout seul a foulé au pressoir), forme binaire AB avec ritournelle, en *do* maj. où par un motif en doubles croches — une formule de pédale d'orgue — la basse continue semble exprimer l'action de fouler aux pieds, tandis qu'elle se modère et prend un caractère tourmenté, rejaillissant sur la voix, lorsque le texte évoque les mots « Schmerzen, Qual und Pein » (douleurs, tourments et souffrance) ; **8.** un récitatif secco pour alto et b.c., *« Der Vater hat ihm ja ein ewig Reich bestimmet »* (Mais le Père lui a préparé un règne éternel), qui s'achève par une vocalise figuraliste sur « schau » (regarde), annonçant **9.** un air contemplatif, de caractère dansant, pour alto, 2 htb. et b.c., *« Ich sehe schon im Geist... »* (Je vois déjà en esprit comment, à la droite de Dieu, il frappe sur ses ennemis), forme binaire AB avec ritournelle en *la* min., dont la 2de partie se fait expressive et illustrative sur les mots « Jammer, Not und Schmach » (misère, détresse et outrage) et plus encore sur « ich stehe hier am Weg » (je me tiens là sur le chemin : chant recto tono) « und schau ihm sehnlich nach » (et regarde vers lui avec un ardent désir : chromatisme ascendant à la voix) ; **10.** un récitatif secco pour sop. et b.c., *« Er will mir neben sich die Wohnung zubereiten »* (Il veut préparer ma demeure à ses côtés) ; **11.** un choral à 4 voix, *« Du Lebensfürst, Herr Jesu Christ »* (Toi prince de la vie, Seigneur Jésus-Christ), forme AAB, en *sol* maj., 1re et 3e strophe d'un choral de Johann Rist (1641) qui se chante sur la mélodie de *« Ermuntre dich, mein schwacher Geist »*, et qui clôt la cantate sur l'expression nostalgique de l'au-delà.

Bibliographie — A. Dommel-Diény, Autour d'un choral, *in* RMS CXII, 1972 ; voir aussi la bibliogr. de l'art. *« Ach Gott, vom Himmel sieh darein »*.

M. Honegger

« Gott ist mein König » (Dieu est mon roi), cantate de **Johann Sebastian Bach** (BWV 71 ; NBA I/32) pour l'installation du Conseil de Mühlhausen, écrite pour sop., alto, ténor et basse soli, chœur, 2 fl. à bec et vlc., 2 htb. et basson, 3 trp. et timb., cordes et b.c. avec orgue obligé, exécutée à Mühlhausen le 4 févr. 1708. (Durée : 17 min 30 s environ.)

Œuvre de jeunesse, elle n'appartient pas au type « moderne » dont Erdmann Neumeister avait donné les modèles, mais est faite d'un assemblage de citations bibliques auxquelles s'ajoutent une strophe de choral et deux poésies madrigalisantes. L'auteur du texte pourrait être le pasteur de Mühlhausen, Georg Christian Eilmar, plutôt que Bach lui-même. Le renouvellement du Conseil est l'occasion d'une réflexion sur le temps qui passe, mêlée à la louange de Dieu qui se tient avec le croyant dans tout ce qu'il fait. C'est lui qui maintient les frontières et qui assure la paix et le salut. La cantate s'achève par une prière pour que ces bontés restent acquises au nouveau gouvernement et qu'en tout temps et en tout lieu le bonheur, le salut et la victoire soient accordés à la communauté.

A l'intérieur même des 7 pièces qui la forment, l'œuvre est conçue comme une succession de fragments variés plus ou moins brefs qui s'attachent par le menu au sens des mots. Elle ne comporte ni air proprement dit ni récitatif. A cette structure en mosaïque — l'œuvre est appelée « motetto » — correspond une instrumentation abondante regroupant en 5 chœurs : 1° les trompettes et les timbales, 2° les 2 flûtes à bec et le violoncelle, 3° les 2 hautbois et le basson, 4° les cordes, 5° les voix partagées en soli et en ripieno, qui permettent un jeu d'échange et de dialogue constant dans un esprit concertant. **1.** Chœur avec tout l'orchestre, *« Gott ist mein König »* (Ps. 74, 12), en *do* majeur. Il se compose de deux fragments en style de motet, chantés par le chœur doublé par les cordes et la basse continue, « von Alters her » (dès les temps anciens) et « der alle Hülfe tut, so auf Erden geschieht » (lui qui opère des délivrances au milieu de la terre), séparés et encadrés par un refrain fait d'un motif en arpège et en style de fanfare.

Ainsi se trouve réalisée une forme en arche de pont (ABaCA'), la fin offrant toutefois la surprise d'une triple énonciation, en diminuendo, des 4 premières notes de ce motif, d'abord par les trompettes en pleine force, puis en double écho par les hautbois, enfin par les flûtes à bec qui terminent seules la pièce. **2.** Arioso pour ténor et b.c., *« Ich bin nun achtzig Jahr »* (Je suis aujourd'hui âgé de 80 ans, II Samuel 19, 35 et 37), en *mi* min., auquel se superpose, chantée dans une version ornée par une voix de soprano, la 6ᵉ strophe, *« Soll ich auf dieser Welt mein Leben höher bringen »* (Si je dois sur cette terre mener plus loin ma vie), du choral *« O Gott, du frommer Gott »* de Johann Heermann (1630). C'est une survivance du concert spirituel à petit effectif du XVIIᵉ s., accompagné par l'orgue, à la fois instrument obligé et instrument de basse continue. **3.** Fugue pour les 4 voix solistes avec la seule b.c. à l'orgue, *« Dein Alter sei wie deine Jugend »* (Ta vieillesse soit comme ta jeunesse, Deutéronome 33, 25 ; Genèse 21, 22), en *la* mineur. **4.** Solo de basse avec 2 fl. et vlc., 2 htb. et basson, b.c. à l'orgue, *« Tag und Nacht ist dein »* (Le jour et la nuit sont à toi, Ps. 74, 16-17), un autre concert spirituel (forme ABA) en *fa* maj., où la partie centrale s'oppose aux deux volets qui l'encadrent non seulement par son mouvement mais par le fait que la voix n'y est accompagnée que par la basse continue en rythme obstiné. **5.** Solo d'alto avec b.c. à l'orgue, *« Durch mächtige Kraft... »* (Par une force puissante tu maintiens nos frontières), en *do* maj., ponctué par trois brillantes interventions des trompettes et des timbales. **6.** Chœur avec tout l'orchestre moins les trompettes et les timbales, *« Du wollest dem Feinde... »* (Ne livre pas à l'ennemi l'âme de ta tourterelle, Ps. 74, 19), en *do* min., une prière instante formulée tout d'abord par les hautbois et les flûtes à bec, reprise et développée par les sopranos accompagnés par les trois autres voix dans un style homophone et syllabique. Ce chœur s'achève de façon aussi impressionnante qu'inattendue par 4 mesures de psalmodie à l'unisson des 4 voix tandis que les instruments continuent leur accompagnement en doubles croches. **7.** Chœur avec tout l'orchestre, *« Das neue Regiment... »* (Couronne de bénédictions le nouveau gouvernement), en *do* maj., formé de fragments variés unis par un même style vertical et concertant à l'exception d'une imposante fugue qui commence par les voix solistes et se poursuit par le chœur auquel s'ajoutent progressivement tous les instruments et que couronnent les trompettes. Cette fugue est suivie d'une coda en style concertant qui formule en conclusion des vœux de bonheur, de salut et de victoire et qui, à l'image du 1ᵉʳ chœur, se termine piano sur une dernière intervention du hautbois puis des flûtes à bec à l'unisson qui exécutent le simple mouvement cadenciel de la basse, *sol-do*, dominante-tonique.

Malgré un style fragmenté qui n'a rien de commun avec le souffle et les puissantes architectures des œuvres de la maturité de Bach, on ne peut qu'admirer dans cette cantate d'un jeune homme de 23 ans la richesse de l'invention, l'originalité et la fraîcheur des idées qui restent toujours en étroite relation avec le sens du texte, en un mot le génie qui déjà l'habite.

Bibliographie — Voir celle de l'art. *« Ach Gott, vom Himmel sieh darein »*.

M. Honegger

« Gott ist unsre Zuversicht » (Dieu est notre ferme assurance), cantate nuptiale en deux parties de **Johann Sebastian Bach** (BWV 197 ; NBA I/33), écrite à Leipzig après 1735, pour sop., alto et basse soli, chœur, 2 htb., 2 htb. d'amour, basson obligé, 3 trp., timb. cordes et basse continue. (Durée : 26 min 30 s environ.)

Le texte poétique, d'auteur inconnu, invite les croyants — le nouveau couple en particulier — à placer toute leur confiance en Dieu (1ʳᵉ partie). D'innombrables bénédictions en découleront et la bonté de Dieu ne cessera de reposer sur eux (2ᵉ partie). Les textes des trois airs que renferme cette cantate ont été écrits pour être adaptés à des compositions existantes : le nº 3 à l'air *« Wieget euch, ihr satten Schafe »* de la cantate profane *« Entfliehet, verschwindet, entweichet, ihr Sorgen »* (BWV 249 a), mais Bach n'a pas réalisé cette parodie et a composé une musique originale pour ce texte ; le nº 6 à l'air *« O ! du angenehmer Schatz »* et le n° 8 à l'air *« Ich lasse dich nicht »* de la cantate → *« Ehre sei Gott in der Höhe »* (BWV 197 a).

Le chœur d'introduction avec tout l'orchestre, **1.** *« Gott ist unsre Zuversicht »*, forme ABA avec ritournelle, en *ré* maj., de caractère concertant, débute par une brillante symphonie de 24 mesures qui introduit la partie A, une exposition de fugue aboutissant à 6 accords de une mesure chacun, soulignant les mots « wir vertrauen seinen Händen » (nous nous remettons entre ses mains), et se poursuivant par une libre polyphonie. La partie B, plus légèrement instrumentée, fait dialoguer le chœur d'écriture verticale avec les violons, qui reprennent le motif initial de la ritournelle, et offre un canon à la quinte entre sopranos et altos, doublés par les hautbois, sur « da ist Segen aller Enden » (la bénédiction est partout), suivi d'un nouveau canon à la seconde entre les hautbois, repris aux voix avant le retour des sonorités éclatantes du début. Viennent ensuite **2.** un récitatif secco pour basse et b.c., *« Gott ist und bleibt der beste Sorger »* (Dieu est et reste la meilleure aide), qui s'achève en arioso ; **3.** un air pour alto, htb. d'amour, cordes et b.c. *« Schläfert allen Sorgenkummer* [...] *ein »* (Endormez tous les soucis du sommeil ingénu de la confiance), forme ABA' avec ritournelle, en *la* maj., une douce berceuse où, dans la partie A, la voix dialogue avec le hautbois d'amour tandis que les cordes réalisent la basse continue ou accompagnent, avec cependant une touche chromatique pour exprimer « allen Sorgenkummer » (tous les soucis) ; la partie B, sur « Gottes Augen, welche wachen » (les yeux de Dieu qui veillent), change de mesure et adopte un tempo rapide et une écriture motivique aux cordes ; **4.** un récitatif pour basse accompagnée par les cordes et la b.c., *« Drum folget Gott und seinem Triebe »* (C'est pourquoi obéissez à Dieu et à sa force d'impulsion) ; **5.** un choral à 4 voix, *« Du süsse Lieb, schenk uns deine Gunst »* (Doux amour, accorde-nous ta faveur), en *la* maj., 3ᵉ strophe du choral de Martin Luther → *« Nun bitten wir den heiligen Geist »* (1524), qui termine la 1ʳᵉ partie de la cantate. Après la bénédiction nuptiale, l'œuvre reprend avec **6.** un air pour basse, htb., basson, vl. 1 et 2 et b.c., *« O du angenehmes Paar »* (O toi, couple agréable), en *sol* maj., qui conserve encore le caractère berceur de l'original parodié ; **7.** un récitatif secco pour sop. et b.c., *« So wie es Gott mir dir... »* (Comme Dieu t'a voulu du bien, fidèlement et paternellement), dont la seconde moitié est écrite en arioso ; **8.** un air pour sop., vl. solo, 2 htb. et b.c., *« Vergnügen und Lust... »* (Plaisir et délectation, prospérité et salut grandiront), forme ABA' avec ritournelle, en *sol* maj., parodie d'un air joyeux ; **9.** un récitatif pour basse accompagnée par les 2 htb., les cordes et la b.c., *« Und dieser frohe Lebenslauf... »* (Et cette vie heureuse durera jusqu'en des années lointaines) ; **10.** un choral à 4 voix, non pourvu de texte dans la partition autographe de Bach mais qui ne peut être que la 7ᵉ strophe, *« So wandelt froh auf Gottes Wegen »* (Ainsi cheminez joyeusement dans les voies de Dieu), forme AAB, en *si* min., du choral *« Wer nur den lieben Gott lässt walten »* de Georg Neumark (1641).

Bibliographie — Voir celle de l'art. *« Ach Gott, vom Himmel sieh darein »*.

M. Honegger

« Gottlob ! nun geht das Jahr zu ende » (Dieu soit loué ! l'année touche désormais à sa fin), cantate de **Johann Sebastian Bach** (BWV 28 ; NBA I/3) sur un texte tiré du 4ᵉ cycle de cantates d'Erdmann Neumeister (1714), destinée au dimanche après Noël, écrite pour sop., alto, ténor et basse soli, chœur, 2 htb., htb. de chasse, cornet à bouquin, 3 trb., cordes et b.c., exécutée pour la 1ʳᵉ fois à Saint-Thomas de Leipzig le 30 déc. 1725. (Durée : 16 min 30 s environ.)

Tourné d'un bout à l'autre vers la louange de Dieu et l'expression de la reconnaissance pour les bienfaits reçus au cours de l'année écoulée, s'achevant par une prière pour que l'année nouvelle soit heureuse à son tour, le texte de cette cantate — sans rapport avec les lectures du jour — ainsi que la circonstance pour laquelle elle a été écrite n'offraient guère d'élément de contraste au musicien. La cantate se déroule dans une atmosphère heureuse et apaisée, dépourvue de toute connotation expressive ou dramatique. Bach a pallié un risque réel de monotonie en variant à l'extrême la forme et le style des diverses pièces qui la composent.

L'œuvre s'ouvre non par un chœur mais par un air de soliste, **1.** *« Gottlob ! nun geht »*, en *la* min. (forme ABC avec ritournelle), pour sop. et tout l'orchestre, d'aspect résolument moderne et de caractère dansant, bâti à l'aide d'un thème constamment repris et varié tout au long de la pièce.

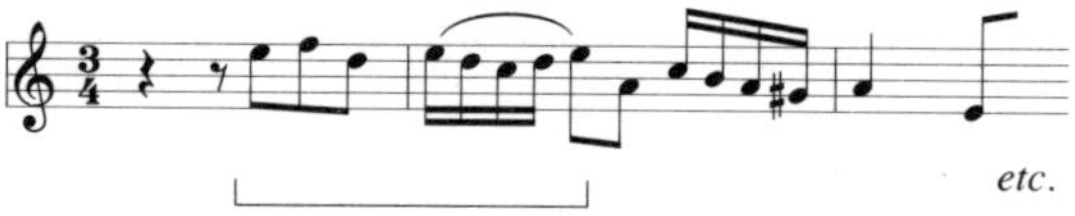

Dans un style concertant, le chœur des hautbois s'oppose à celui des cordes. A l'invitation du poète d'entonner un chant d'action de grâces, Bach répond par un motet de choral, **2.** *« Nun lob, mein Seel, den Herren »* (Maintenant mon âme, loue le Seigneur), en *do* maj. (forme AAB), 1ʳᵉ strophe d'un choral de Johann Graumann (1530). Ce type quelque peu archaïsant — en nette opposition avec l'air précédent — sera traité à 4 voix avec une basse continue parfois indépendante, dans une écriture polyphonique fondée sur la blanche et la noire (« alla breve ») où les instruments se contentent de doubler les voix. La mélodie en valeurs longues est confiée aux sopranos tandis que les trois autres voix préparent l'entrée de chacune de ses phrases par des motifs repris en imitation, issus ou non de la mélodie de choral. La phrase « Hat dir dein Sünd vergeben » ([Il] t'a pardonné tes péchés), par laquelle débute l'« Abgesang », est fortement marquée par un chromatisme absent de la mélodie de choral, une figure du péché, certes, mais dont la ligne ascendante révèle l'allégement et finalement le pardon affirmé par la mélodie de choral diatonique. A cette pièce succède un arioso de basse — la voix du Christ dans les Passions — avec la seule b.c., introduit par une mesure de récitatif pour ténor accompagné par les cordes et la b.c., **4.** *« Gott ist eine Quell, wo lauter Güte fleusst »* (Dieu est une source d'où ne coule que la bonté), enfin un duo pour alto et ténor avec la seule b.c., **5.** *Gott hat uns im heurigen Jahr gesegnet »* (Dieu nous a bénis au cours de cette année), en *do* maj. (forme ABA' avec ritournelle), où la ritournelle de la basse fournit le thème de la pièce et se voit répétée à la manière d'une basse contrainte. L'œuvre s'achève par un choral à 4 voix, **6.** *« All solch dein Güt wir preisen »* (Nous célébrons toute cette bonté tienne), dernière strophe du choral *« Helft mir Gottes Güte preisen »* de Paul Eber (v. 1580).

Bibliographie — Voir celle de l'art. *« Ach Gott, vom Himmel sieh darein »*.

M. Honegger

« Gott, man lobet dich in der Stille... » (O Dieu, on te loue en silence dans Sion), cantate de Johann Sebastian Bach (BWV 120 ; NBA I/32) pour le renouvellement du Conseil de Leipzig, écrite pour sop., alto, ténor et basse soli, chœur, 2 htb. d'amour, 3 trp., timb., cordes et b.c., datant sous cette forme de 1728 environ — certaines pièces remontant à la période de Cöthen —, partiellement réutilisée vers 1729 dans la cantate nuptiale → *« Herr Gott, Beherrscher aller Dinge »* (BWV 120 a) et arrangée vers 1730 pour célébrer le 200e anniversaire de la Confession d'Augsbourg (BWV 120 b ; musique perdue). (Durée : 22 min 20 s environ.)

Elle commence par une citation biblique, « O Dieu, on te loue en silence dans Sion et l'on accomplit les vœux qu'on t'a faits » (Ps. 65, 2), dont les deux membres de phrase sont développés, le 1er dans le chœur (n° 2) et le second dans le récitatif (n° 3) qui suivent. Le texte se poursuit par une prière pour que le salut et la bénédiction se posent sur les pouvoirs publics (air n° 4) et que la justice fleurisse dans les demeures afin que le nom de Dieu soit glorifié (récitatif n° 5), prière renouvelée dans le choral final emprunté au *Te Deum* traduit en allemand par Martin Luther.

Contrairement à l'usage mais en accord avec le sens du texte poétique, Bach ouvre la cantate **1.** par un solo d'alto accompagné par 2 htb. d'amour, cordes et b.c., *« Gott, man lobet dich »*, forme ABA' avec ritournelle, en *la* maj., qui selon Fr. Smend serait l'arrangement du mouvement lent d'un concerto (pour violon ?) écrit à Cöthen, où le mot « loben » (louer) donne lieu à de brillantes vocalises. La louange éclate dans toute son ampleur **2.** avec le chœur suivant accompagné par tout l'orchestre *« Jauchzet, ihr erfreuten Stimmen »* (Poussez des cris de joie, vous, voix emplies d'allégresse), forme ABA avec ritournelle, en *ré* maj., où le chœur reprend les thèmes exposés par la ritournelle, un motif de fanfare sur « Jauchzet » et une chaîne ascendante de doubles croches chantée en imitation aux 4 voix sur « steiget bis zum Himmel auf » (montez jusqu'au ciel), tandis que la partie centrale est plus récitative dans son écriture verticale. La partie A de ce chœur a été reprise par Bach et fortement arrangée dans l'*« Et expecto resurrectionem mortuorum »* du *Credo* de la → *Messe en si mineur.* A ce chœur succèdent **3.** un récitatif secco pour basse et b.c., *« Auf, du geliebte Lindenstadt ! »* (Allons, toi ville des tilleuls aimée, tombe aux pieds du Très-Haut), **4.** un air pour sop., vl. concertant, cordes et b.c., *« Heil und Segen soll und muss zu aller Zeit... »* (Salut et bénédiction doivent se poser en tout temps sur nos pouvoirs publics), forme ABA avec ritournelle, en *sol* maj., qui provient d'une composition profane de la période de Cöthen, arrangée très tôt pour violon et clavecin (*Sonate* BWV 1019 a) et qui, par son caractère aimable, forme un pendant à l'air introductif ; **5.** un récitatif pour ténor accompagné par les cordes et la b.c., *« Nun Herr, so weihe selbst dein Regiment... »* (Maintenant Seigneur, intronise toi-même ton gouvernement par ta bénédiction). La cantate se termine **6.** par une strophe de choral empruntée au *Te Deum* de Luther, *« Nun hilf uns, Herr, den Dienern dein »* (Maintenant aide-nous, Seigneur, qui sommes tes serviteurs) en *si* min. s'achevant en *ré* majeur.

Bibliographie — Fr. Smend, Bach in Köthen, Berlin 1951 ; voir aussi la bibliogr. de l'art. *« Ach Gott, vom Himmel sieh darein ».*

M. Honegger

« Gott sei gelobet und gebenedeiet » (Louange et gloire à Dieu), choral protestant de trois strophes (A^{11} B^{8} A'^{11} B'^{8} c^{5} d^{9} e^{10} f^{6} g^{7} c'^{5}), chaque demi-strophe et chaque fin se terminant par « Kyrieleison », adaptation par Martin Luther d'un chant de procession médiéval chanté après la séquence *« Lauda Sion ».* Dans sa *Formula Missae et Communionis* (Wittenberg 1523), le réformateur en recommande l'utilisation pour la communion. La mélodie en *sol* plagal est antérieure à la Réforme et se trouve imprimée pour la première fois à Wittenberg en 1524. Comme elle était très connue, les *Enchiridien* de 1524 ne la publient pas ; seul figure le texte précédé de la mention « Der Gesang Got sey gelobet ». Il en va de même dans le recueil de Zwickau (1525). En revanche, elle se trouve dans le → *Geistliches Gesangbüchlein* de J. Walter (Wittenberg 1525) et dans les recueils de Klug (Wittenberg 1533), de Strasbourg (1541) et de Babst (Leipzig 1545). Elle figure toujours dans les recueils protestants actuels (EKG, Kassel 1950, n° 163 ; Recueil ECAAL, Strasbourg 1952, n° 292). Elle véhicule également le texte de Johann Heermann (1585-1647), *« Herr Jesu Christ mein getreuer Hirte »* (EKG, n° 156).

Traduction de la 1re strophe — Louange et gloire à Dieu, qui nous a lui-même nourris de sa chair et de son sang ; donne-les, Seigneur, pour notre bien. Kyrieleison. Par ton corps sacré, Seigneur, dont accoucha ta mère Marie, et ton sang sacré, délivre-nous, Seigneur, de toute détresse. Kyrieleison (trad. P. Veit).

Ce choral a été traité par **B. Resinarius** avec des entrées successives et publié par G. Rhau dans ses *Newe deutsche geistliche Gesenge* (Wittenberg 1544). **H.-L. Hassler** place la mélodie à la partie supérieure et l'harmonise en style note contre note avec quelques notes de passage dans ses *Kirchengesäng, Psalmen und geistliche Lieder auf die gemeynen Melodeien, mit 4 Stimmen simpliciter gesezt* (Nuremberg 1508). Dans un prélude pour orgue de 77 mesures, **H. Scheidemann** (v. 1595-1663), organiste de Sainte-Catherine à Hambourg, place d'abord le « cantus firmus » au soprano, avec un accompagnement à base de tierces et de sixtes parallèles, puis à la pédale où il l'expose en valeurs longues. **Johann Christoph Bach**, dans ses *44 Choräle zum präambulieren*, en propose une version qui frappe par sa simplicité : avec quelques imitations, des notes ajoutées, un mouvement de croches, la mélodie circule d'une voix à l'autre, passe à l'octave supérieure, tandis qu'une longue pédale sur *do* à la basse conduit à la conclusion d'un prélude de 28 mesures qui reflète la conception de l'improvisation chez les organistes luthériens de l'Allemagne du Nord au XVIIe siècle. **J. S. Bach** a harmonisé ce choral à 4 voix (BWV 322), avec quelques notes expressives aux cadences et des croches pour animer ce timbre dont il donne la référence mélodique : *Gesangbuch* de Walter (1524).

É. WEBER

« GOTT SOLL ALLEIN MEIN HERZE HABEN » (Dieu seul doit posséder mon cœur), cantate de **Johann Sebastian Bach** (BWV 169 ; NBA I/24) pour le 18e dimanche après la Trinité, écrite pour alto solo, chœur, orgue obligé, 3 htb., cordes et b.c., exécutée pour la première fois à Saint-Thomas de Leipzig le 20 oct. 1726. (Durée : 25 min environ.)

Le texte, d'auteur inconnu, développe l'évangile du jour (Matth. 22, 34-46) où Jésus rappelle les deux premiers commandements de la Loi : l'amour de Dieu et l'amour du prochain, inséparables l'un de l'autre. L'auteur du texte et Bach à sa suite insistent spécialement sur l'amour divin, exalté dans la perspective d'un bonheur et d'une sérénité spirituelle suprêmes. De manière surprenante, Bach reprend pour évoquer ces sentiments profonds une œuvre instrumentale profane, à savoir le *Concerto pour clavecin* en *mi* maj., BWV 1053 (vraisemblablement composé à l'origine pour flûte ou hautbois) : son mouvement rapide initial devient la sinfonia introductive de la cantate, avec adjonction de 3 hautbois aux seules cordes primitives et remplacement du clavecin par l'orgue obligé ; l'air n° 5, d'autre part, est une adaptation du mouvement lent central, Siciliano, du même concerto. L'œuvre débute donc par **1.** une sinfonia en *ré* maj. (ton différent de celui du concerto) qui instaure le climat de joie claire et lumineuse prolongé par les deux morceaux suivants : **2.** un arioso dont les paroles initiales, *« Gott soll allein mein Herze haben »*, reviennent à quatre reprises comme une sorte de devise, le style d'arioso des trois premières reprises s'opposant au style récitatif des commentaires intercalés entre elles ; **3.** un air de forme « da capo » avec orgue obligé et b.c. répétant les mêmes mots *« Gott soll allein »* et exprimant doublement la joie mystique par la basse légère et par les gracieuses arabesques mélodiques de l'orgue. Puis **4.** un récitatif, *« Was ist die Liebe Gottes »* (Ce qu'est l'amour de Dieu), fait référence à l'ascension du prophète Élie (II Rois 2, 11) : l'amour divin permet au croyant de vaincre la mort et d'atteindre le ciel, idée approfondie par **5.** l'air qui suit, *« Stirb in mir, Welt, und alle deine Liebe »* (Meurs en moi, ô monde, et que meure tout désir pour toi) en *si* min. ; le Siciliano du concerto acquiert ici une nouvelle dimension grâce à la partie vocale ajoutée en contrepoint à tous les solos de l'orgue accompagné par les cordes, pour suggérer admirablement le sentiment de paix empreinte de nostalgie qui emplit l'âme du chrétien lorsqu'il refuse les séductions trompeuses du monde. Mais l'amour divin doit aller de pair avec celui du prochain, comme l'affirme **6.** le récitatif *« Doch meint es auch dabei »* (Sachez bien aussi...). **7.** Le choral final *« Du süsse Liebe, schenk uns deine Gunst »* (O doux amour, accorde-nous ta faveur) donne en conclusion une valeur plus collective à ces mêmes préceptes, en empruntant quant aux paroles la 3e strophe du choral de M. Luther → *« Nun bitten wir den Heiligen Geist »*.

Bibliographie — Voir celle de l'art. *« Ach Gott, vom Himmel sieh darein »*.

J. VIRET

« GOTT, WIE DEIN NAME, SO IST AUCH DEIN RUHM... » (Comme ton nom, ô Dieu ! ton renom s'étend jusqu'aux extrémités de la Terre), cantate de **Johann Sebastian Bach** (BWV 171 ; NBA I/4) pour le Nouvel An (évangile du jour, Luc 2, 21, Circoncision), écrite sur un texte poétique de Picander extrait de son recueil *Cantaten auf die Sonn- und Feier-Tage durch das gantze Jahr* (Leipzig 1728) — elle appartiendrait donc au 4e cycle de cantates de Bach —, pour sop., alto, ténor et basse soli, chœur, 2 htb., 3 trp., timb., cordes et b.c., exécutée à Leipzig à une date que nous ignorons, mais qui ne peut être antérieure au 1er janv. 1729. (Durée : 15 min 45 s environ.)

Étroitement rattaché à l'évangile du jour, son texte, qui glorifie tout d'abord le nom de Dieu, s'attache à mettre en relief l'importance de celui de Jésus pour la chrétienté et exprime, au seuil de l'année nouvelle, tous les vœux que peut former une âme croyante.

L'impressionnant chœur d'introduction avec doublure des voix par le hautbois et les cordes mais avec 3 trompettes et une timbale indépendantes, **1.** *« Gott, wie dein Name... »*, sur un texte tiré du Ps. 48, verset 11, pourrait éventuellement provenir d'une parodie. C'est une fugue de vastes proportions, dans le style chantant de l'ancien motet, que Bach a reprise en la modifiant dans sa → *Messe en si mineur*, sur les mots « Patrem omnipotentem » du *Credo*. Lui font suite **2.** un air pour ténor, 2 parties de vl. et b.c., *« Herr, so weit die Wolken gehen... »* (Seigneur, aussi loin que vont les nuages s'étend ton renom), forme ABA' avec ritournelle, en *la* maj., qui commence comme un concerto pour 2 vl. et aboutit à une polyphonie à 4 parties où toutes les voix ont part à la substance thématique ; **3.** un récitatif pour alto et b.c., *« Du süsser Jesu Name »* (Toi, doux nom de Jésus) ; **4.** un air brillant pour sop., vl. solo et b.c., *« Jesus soll mein erstes Wort... »* (Jésus, tel doit être mon premier mot de l'année nouvelle), forme ABA' avec ritournelle, en *ré* maj., dont la musique provient de l'air *« Angenehmer Zephyrus »* de la cantate profane *« Zerreisset, zersprenget, zertrümmert die Gruft »* (BWV 205) qui appelait la caresse du vent tandis qu'ici les figurations du violon solo visent à la louange de Jésus dont « le nom éclate joyeusement dans ma bouche » (« Lacht sein Name in meinem Munde ») ; **5.** un récitatif pour basse qui débute en arioso avec la seule b.c., *« Und da du, Herr, gesagt »* (Et comme tu as dit, Seigneur) et qui se poursuit avec un accompagnement de 2 htb., d'abord en notes tenues lorsque le Sauveur est invoqué, puis en croches répétées lorsque son acquiescement est sollicité et que le chant devient de nouveau arioso ; **6.** un choral à 4 voix, *« Lass uns das Jahr vollbringen... »* (Laisse-nous accomplir l'année dans la louange de ton nom), forme AABA, en *ré* maj., intégralement repris d'une autre cantate de Nouvel An, → *« Jesu nun sei gepreiset »* (BWV 41), mais transposé de *do* en *ré* majeur.

Bibliographie — Voir celle de l'art. *« Ach Gott, vom Himmel sieh darein »*.

M. HONEGGER

« Goustez en paix les doux plaisirs », air d'**Étienne Moulinié** publié dans deux recueils : le *3ᵉ Livre d'airs de cour à 4 parties d'É. Moulinié* (Paris, P. Ballard, 1635), dédié au duc d'Orléans, et le 5ᵉ livre d'*Airs de cour avec la tablature de luth d'É. Moulinié* (ibid., 1635, facs., Béziers, Soc. de Mie de Languedoc, 1989), dédiée à Mlle de Montpensier. Dans les deux cas, il porte la mention : « air fait pour le mariage de monsieur le duc de Puillaurans ». Il s'agit donc d'une pièce de circonstance (genre dont les recueils d'airs de cour abondent) qui illustre la relation étroite existant entre la production musicale de Moulinié et la cour de Gaston d'Orléans.

Éloge de l'amour et de l'hymen, *« Goustez en paix les doux plaisirs »* est une poésie anonyme en vers irréguliers de 5, 6, 9, 10 et 12 syllabes. Les strophes s'organisent en quatrains, un distique jouant le rôle de refrain, comme cela se pratique couramment dans l'air de cour. É. Moulinié traite cette poésie galante avec une science peu habituelle. Le plan, en trois sections, permet le déploiement du texte par le jeu des répétitions de vers ou de fragments de vers. L'écriture vocale oppose divers effectifs (2 et 4 v.). Les sections à 4 parties ramènent la polyphonie imitative délaissée depuis longtemps dans la musique profane. Cette imitation, cependant, n'a rien d'archaïque : ici comme dans la plupart de ses airs, Moulinié adopte un style vocal fondé sur la rigueur et la vivacité rythmiques, un peu à la manière instrumentale. Plus qu'au contrepoint franco-flamand, son style s'apparente à celui des sonates à 3 italiennes. La basse vocale, certainement doublée d'un luth réalisant l'harmonie, se trouve déjà assimilée à une basse continue. Cet air est assez typique de la manière d'É. Moulinié qui, contrairement à son contemporain A. Boesset, se consacre davantage à l'élaboration des parties vocales qu'à la recherche d'harmonies expressives **A**.

Bibliographie — Th. Gerold, L'art du chant en France au xviiᵉ s., Strasbourg 1921 ; D. Launay, Notes sur É. Moulinié, *in* Mélanges P.-M. Masson II, Paris 1955 ; G. Durosoir et A. Verchaly, Catalogue de l'air de cour (1571-1664), à paraître ; G. Durosoir, L'air de cour en France (1571-1655), Liège, Mardaga, à paraître.

G. Durosoir

Gradualia (Graduels), cycle de pièces du propre de la messe de **William Byrd**, publié à Londres, par Thomas East, en 1605 et en 1607.

Peu nombreuses sont les compositions qui ont tenté de créer un cycle complet de pièces destinées au propre de la messe (introït, graduel, alléluia, offertoire, communion) tout au long de l'année ecclésiastique. Ces textes étaient généralement chantés en plain-chant et lorsque la polyphonie était admise au cours de la célébration de la messe, ce privilège était normalement réservé aux textes de l'ordinaire (*Kyrie*, *Gloria*, *Credo*, *Sanctus*, *Benedictus*, *Agnus Dei*). Avant Byrd, l'exemple le plus remarquable de cycle destiné au propre est le → *Choralis Constantinus* de Heinrich Isaac. Comme dans d'autres cycles allemands plus récents, les compositions d'Isaac sont étroitement fondées sur des mélodies de plain-chant, soit exposées sous la forme d'un « cantus firmus », soit paraphrasées dans un style fondé sur l'imitation des différentes voix. Si Byrd connaissait ces œuvres, il choisit de ne pas suivre leur exemple : les pièces des *Gradualia* sont librement composées et ne se réfèrent qu'occasionnellement et passagèrement au plain-chant.

A « Goustez en paix les doux plaisirs »

Le recueil a été composé vers la fin de la carrière de Byrd. Auparavant, il s'était appliqué à écrire des motets de caractère non liturgique, beaucoup d'entre eux exprimant la voix des dissidents catholiques romains contre la religion protestante officielle, imposée en Angleterre sous le règne de la reine Elisabeth Ire. Au début des années 1590, Byrd s'attacha à l'ordinaire de la messe, composant ses messes à 3, 4 et 5 voix (voir l'art. *Mass for three voices...*). Peu après, il commença à travailler aux *Gradualia* dans le dessein de pourvoir les maisons restées catholiques de pièces du propre destinées à des célébrations privées de la messe. La musique en est de taille modeste mais de style hautement expressif.

Le livre I des *Gradualia*, publié en 1605, contient des pièces du propre écrites à 5 voix pour des fêtes variées en l'honneur de la Vierge et pour la Toussaint, des pièces à 4 voix pour la Fête-Dieu et un choix de pièces liturgiques plus courtes pour 5, 4 ou 3 voix. Le livre II, publié en 1607, comporte une organisation plus systématique : il s'ouvre avec des compositions à 4 voix pour Noël et l'Épiphanie, se poursuit avec des pièces à 5 voix pour Pâques, l'Ascension et Pentecôte et s'achève par des propres à 6 voix pour la fête des saints Pierre et Paul. Le choix d'une musique aussi élaborée s'explique par le fait que les protecteurs de Byrd étaient les Petres d'Ingatestone Hall dans l'Essex, l'une des principales familles catholiques d'Angleterre.

Le succès des *Gradualia* est attesté par le fait que les deux livres furent réédités en 1610.

Rééditions modernes — Par E. H. FELLOWES, *in* The Collected Works of W. Byrd IV-VII, Londres, Stainer & B., 1938.

Bibliographie — J. KERMAN, The Masses and Motets of W. Byrd, Londres, Faber, 1981.

J. MILSOM

GRÄFIN MARIZA (Comtesse Mariza), opérette en 3 actes, livret de Julius Brammer et Alfred Grünwald, musique d'**Emmerich Kálmán**, créée à Vienne, au Theater an der Wien, le 28 févr. 1924.

L'action se passe à l'époque de la création, au château de la comtesse Mariza en Hongrie. Pour permettre à sa sœur de recevoir une éducation digne de son rang, le comte Tassilo, ruiné, travaille incognito comme régisseur du domaine de la comtesse Mariza. Après diverses intrigues et jalousies, tout finit par s'arranger lorsque Tassilo retrouve sa fortune. Le succès international de l'ouvrage est dû avant tout à la musique de Kálmán. La participation d'un orchestre tzigane introduit des couleurs inhabituelles tandis que l'association de thèmes folkloriques hongrois et d'éléments empruntés au jazz lui donne un charme particulier. Citons les duos *« Ich möchte träumen von dir, mein Puzikam »* (J'aimerais rêver de toi, mon chou), *« Komm mit nach Varasdin »* (Viens avec moi à Varasdin), et surtout les chansons de Tassilo *« Grüss mir mein Wien »* (Salue Vienne pour moi) et *« Komm, Zigan »* (Viens tzigane).

R.-M. SIMON et S. SIMON

(DER) GRAF VON LUXEMBURG (Le Comte de Luxembourg), opérette en 3 actes, livret d'Arthur Maria Willner et Robert Bodanzky, musique de **Franz Lehár**, créée à Vienne, au Theater an der Wien, le 12 nov. 1909 (version fr. de R. de Flers, G.-A. Caillavet et J. Bénédict, Paris, Théâtre Apollo, 1912).

Le livret est une adaptation de celui de la dernière opérette de J. Strauss, *Die Göttin der Vernunft* (La Déesse de la Raison, 1897). L'action, qui se passe à Paris avant 1914, met en scène René, le comte de Luxembourg, et la chanteuse Angèle Didier. Sans se connaître, ils contractent un mariage fictif, René pour l'argent qu'on lui offre, Angèle pour la particule nobiliaire qui rehausse sa position sociale. Ce simulacre devient une véritable union lorsque les deux époux font connaissance et tombent amoureux l'un de l'autre sans savoir qu'ils sont déjà mariés. Après → *Die lustige Witwe*, cette opérette devint le 2e succès mondial de Lehár bien qu'il ait dû achever la partition en trois semaines. Parmi les airs les plus connus, citons la mélodie *« Lieber Freund, man greift nicht nach den Sternen »* (Mon ami, l'étoile est bien lointaine) et la valse *« Bist du's lachendes Glück »* (Bonheur, n'est-ce pas toi).

R.-M. SIMON et S. SIMON

(LA) GRANDE-DUCHESSE DE GÉROLSTEIN, opéra bouffe en 3 actes et 4 tableaux, livret d'Henri Meilhac et Ludovic Halévy, musique de **Jacques Offenbach**, créé à Paris, au Théâtre des Variétés, le 12 avr. 1867, avec Mmes Hortense Schneider (la Grande-Duchesse), Garait (Wanda), MM. J. Dupuis (Fritz), Couder (Général Boum), Grenier (Prince Paul), Kopp (Baron Puck), Baron (Baron Grog). (Paris, Brandus et Dufour, 1867 ; durée : 40 min sans les dialogues parlés.)

LIVRET — Acte I. Le Grand-Duché de Gérolstein est gouverné par des militaires fantoches : le général Boum (basse), le Baron Puck (ténor), ou des courtisans sans envergure comme le Prince Paul (ténor), prétendant de la Grande-Duchesse. Le jeune Fritz (ténor), simple soldat, est respectueux de la consigne ; sa fiancée Wanda (sop.) doit ruser pour lui parler lorsqu'il est de service. La Grande-Duchesse (sop.) passe en revue son régiment, prêt à partir pour la guerre. Elle dit sa fierté et évoque le sabre glorieux de son père. De fait, elle est surtout sensible au charme de l'uniforme lorsqu'il est porté par de beaux jeunes gens comme Fritz. A la surprise générale, celui-ci est nommé général en chef.

Acte II — La guerre est finie. Les demoiselles d'honneur, attendant le retour de leurs amoureux, relisent leurs lettres du front. A son arrivée, Fritz fait le récit de sa tactique de guerre, pour le moins originale. La Grande-Duchesse, prétendant parler au nom d'une autre, fait une déclaration d'amour à Fritz qui n'y comprend rien. Le prince Paul, Boum et Puck, évoquant le complot qui avait coûté la vie au favori d'une ancêtre de la Grande-Duchesse, manigancent l'élimination de Fritz. On annonce le mariage de Fritz et Wanda.

Acte III. Les conjurés affinent leur plan et font aiguiser leurs poignards. La Grande-Duchesse se résigne à accepter la voie tracée d'avance pour elle : elle épousera le prince Paul et renoncera à une vengeance qui accordait décidément trop d'importance à Fritz. Lors de la fête des noces princières, elle évoque la figure d'un curieux ancêtre. Fritz, envoyé dans un traquenard pour une simple mais cuisante correction, retrouve, tout penaud, son statut initial : une place pour chacun et chacun à sa place.

Offenbach se plaît à camper musicalement des caractères. Boum et Puck sont des caricatures de la boursouflure et de la vanité de certains puissants. Le général Boum, *« A cheval sur la discipline »* (acte I, no 1 c), fanfaronne avec des onomatopées ridicules sur accompagnement de grosse caisse, avec une ponctuation appuyée sur la dominante après l'abaissement ronflant du 6e degré. Le prince Paul apparaît falot et inconsistant dans la *Chronique de la Gazette de Hollande* (*« Pour épouser une princesse »*, acte I, no 5) : chromatisme descendant, rythme de valse modérée, accompagnement léger des bois. Fritz est un jeune homme simple, mais finaud. Son courage s'arrête où l'astuce peut s'exercer. Son récit de bataille, *« En très bon ordre nous partîmes »* (acte II, n° 9 b), se déroule sur un rythme de polka, dans un ton familier et cocasse de pantalonnade. Et c'est sur une valse en majeur qu'il fait la narration pitoyable de sa mésaventure finale, *« Eh bien Altesse me voilà »* (acte III, n° 2). Les effets comiques de suraigu ne sont pas sans évoquer, par leurs intervalles descendants, les plaintes de Papageno dans le finale de *La Flûte enchantée* de Mozart. La Grande-Duchesse est freinée dans ses aspirations féminines par sa condition sociale. Les deux couplets martiaux dans lesquels elle évoque les vertus du fameux sabre de son père, *« Voici le sabre »* (acte I, n° 6 b), éclairent au sens freudien ses frustrations et son goût pour les militaires. Mais elle laisse parler sa sensualité dans sa déclaration à Fritz, *« Dites-lui qu'on l'a remarqué »* (acte II, n° 10). Cette page est une des plus célèbres d'Offenbach. Le chromatisme mélodique évoque le trouble général, l'anacrouse enjôleuse en double broderie est reprise en fin de période, dans un décalage métrique très suggestif d'abandon, avant sa relance à la tierce supérieure.

Cet air mérite justesse et sobriété d'exécution, notamment absence de port de voix dans une ligne suffisamment expressive par elle-même.

Le ton général de la comédie anime la plupart des scènes d'ensemble. Le duo Wanda-Fritz *« Me voici, me voici »* (acte I, n° 2), où l'amour finit par l'emporter sur « la consigne », est bâti, dans des échanges vifs, sur le modèle des scènes symétriques de dépit amoureux. Le premier ensemble de l'acte I, *« Ils sont tous partis pour la guerre »* (n° 6), qui suit la promotion subite de Fritz, mêle le courroux des courtisans, l'aparté des amoureux et l'exaspération de la Grande-Duchesse. L'opéra romantique reste la cible favorite du compositeur. La ballade de Boum, *« Max était soldat de fortune »* (acte I, n° 9), adopte un ton faussement dramatique pour conter les malheurs du favori de l'ancienne Duchesse : l'attaque vive en mouvement descendant mineur bute cocassement sur une retenue rythmique sur la dominante. Par son caractère dru et enlevé, cette page se situe dans la lignée des pièces de bravoure telles que la *Chanson de la Puce* de la *Damnation de Faust* de Berlioz. Quant au *Chant des Rémouleurs* (*« Tournez, tournez, manivelles »*, acte I, n° 15), c'est une parodie de la *Bénédiction des poignards* des *Huguenots* de Meyerbeer, déjà raillé par Offenbach dans *La Belle Hélène*. Cette scène a souvent été supprimée en raison de la trop naïve bouffonnerie des onomatopées (« pchi, pchi... »). Le rondeau de la Grande-Duchesse, *« Ah que j'aime les militaires »* (acte I, n° 3b), amène une des cocasseries les plus spectaculaires de l'œuvre : le passage inopiné du récitatif sombre (grands intervalles vocaux, registre général grave) à la profession de foi rendue un tantinet canaille par son attaque appoggiaturée et la réitération de l'appui sur « j'aime » dans le syllabisme rapide de la marche mélodique.

Offenbach prend un plaisir évident à évoquer le style de la musique militaire — qu'il retrouvera dans → *La Fille du tambour-major*. Dans la *Chanson militaire* (*« Ah c'est un fameux régiment »*, acte I, n° 4), il s'amuse à l'imitation de la trompette au registre aigu du ténor (« taratata »), dans un rythme général plus proche toutefois de la tarentelle que du chant guerrier. En contrepoint à la bouffonnerie se placent quelques pages intimistes et tendres telles que le *Couplet des lettres* (*« Je t'ai sur mon cœur »*, acte II, n° 8 b), où les jeunes filles se délectent des mots doux de leurs amoureux, dans une polyphonie délicate ; ou encore le *Nocturne « Bonne nuit »* (acte III, n° 17) et les *Couplets des mariés*, *« Faut-il, mon Dieu, que je sois bête »* (acte III, n° 18). Et c'est dans le style de la chanson à boire que la Grande-Duchesse évoque l'illustre ivrogne, son aïeul : le texte de la *Légende du verre*, *« Il était un de mes aïeux »* (acte III, n° 20 b), parodie la célèbre *Chanson du roi de Thulé* du *Faust* de Goethe. Et c'est sur cette page bouffonne autant qu'absurde que les médiocrités triomphent dans le finale : le pouvoir revient aux fantoches, Fritz retrouve son destin petit-bourgeois, le mariage est une fin conventionnelle pour la Grande-Duchesse. Ainsi s'accentue le malaise qui pointait déjà dans la conclusion de *La Belle Hélène*.

La Grande-Duchesse de Gérolstein, par le biais de la fiction bouffonne, raille le pouvoir, ses ridicules, ses abus, ses contraintes. Offenbach le malicieux y égratigne au passage l'ensemble des œuvres du XIXe s. qui mettent en scène une armée « pour rire », et celles qui tombent dans un pathos boursouflé. Après des remaniements de dernière minute, le public parisien lui fit un triomphe : il décryptait sous la fable la mise en scène d'une certaine actualité. La censure veillait, d'ailleurs, interdisant la moindre allusion directe à la guerre austro-allemande (suppression de la décoration du Grand Cordon de chef d'armée de la Grande-Duchesse). L'aspect féministe du propos, déjà sensible dans *Orphée aux Enfers* et *La Belle Hélène*, reste original. L'héroïne exprime sans rougir l'attirance qu'exercent sur elle les beaux jeunes gens (rappel facétieux des penchants notoires de Catherine II de Russie). Très vite guérie de sa « toquade » passagère pour Fritz, elle pourra, en souveraine, continuer à « aimer les militaires ». Car la société sur laquelle elle règne a oublié toutes les valeurs et a choisi de s'étourdir dans les libations (autre « leitmotiv » d'Offenbach). Cet aspect grinçant qui transparaît sous l'irrésistible bouffonnerie ne doit pas surprendre de la part d'un homme chez qui les succès mondains n'ont jamais réussi à masquer une inquiétude fondamentale, celle de l'israélite déraciné et non reconnu dans ses aspirations profondes : le grand opéra.

Bibliographie — Voir celle de l'art. *Orphée aux Enfers*.

M. TENDERO

GRANDE MESSE DES MORTS (REQUIEM), op. 5, d'**Hector Berlioz**, pour chœur mixte, ténor solo et grand orchestre, composée en 1837. C'est en mars de la même année qu'Adrien de Gasparin, ministre de l'Intérieur et futur dédicataire du *Requiem*, avait demandé à Berlioz une œuvre de vastes dimensions à la mémoire du maréchal Édouard Mortier, victime de l'attentat de Fieschi (28 juil. 1835). Bien que la direction des Beaux-Arts ait préféré le → *Requiem* en *ré* mineur de L. Cherubini, la commande officielle d'une messe des morts pour les victimes de Fieschi et celles de la Révolution de 1830 parvint à Berlioz à la fin de mars 1837. Le thème l'avait déjà attiré à plusieurs reprises : le *Credo* d'une messe exécutée à Saint-Roch (10 juil. 1825), dont subsiste le *« Resurrexit »*, présente une fanfare à l'origine du *« Tuba mirum »* ; des lettres à Humbert Ferrand (juil. 1831 et janv. 1832) attestent le projet d'un oratorio *(Le Dernier Jour du monde)* annonçant la disposition orchestrale de la *Grande Messe des morts*. Bien qu'achevée le 29 juin, l'œuvre ne put être exécutée pour des raisons politiques. Finalement acceptée pour célébrer la prise de Constantine où le général Charles Denys, comte de Damrémont, avait trouvé la mort, elle fut donnée en l'église des Invalides le 5 déc. 1837 sous la direction de François Habeneck (Gilbert-Louis Duprez, ténor solo). A. de Vigny parle d'une musique « belle et bizarre, sauvage, convulsive et douloureuse » (*Journal d'un poète*, 5 déc. 1837). De l'aveu même de Berlioz, la *Messe* fut bien exécutée. On peut donc douter du récit tardif où il montre Habeneck sacrifiant l'entrée des trompettes du *« Tuba mirum »* à une prise de tabac (*Mémoires*, chap. XLVI). La genèse de l'œuvre fut marquée par les multiples démarches de l'auteur auprès des autorités — il en fit un récit déformé —, afin de faire accepter et exécuter le *Requiem* dans des conditions musicales et financières satisfaisantes. Berlioz plaçait la *Grande Messe des morts* au premier rang de toute son œuvre et s'employa à la faire jouer tant en France qu'à l'étranger.

Le texte liturgique est réparti en 10 numéros. La séquence, dont l'ordre est bouleversé par des inversions, des reprises, des suppressions, ou par des emprunts à d'autres parties de la messe, s'étend sur 5 numéros. L'effectif souhaité atteignait 500 musiciens. D'abord réduit à 450 lors de la commande officielle, il devait se stabiliser autour de 400, ce qui n'empêcha pas l'auteur d'envisager un chœur de 700 à 800 voix. L'orchestre moyen peut s'augmenter, dans certaines sections, de 4 petits ensembles de cuivres placés aux 4 angles de l'édifice, un riche pupitre de percussions amplifiant l'effet quadriphonique déjà saisissant. D'autres numéros sont confiés à un ensemble réduit. Apprécié depuis les fêtes révolutionnaires et impériales, le gigantisme n'est qu'un aspect de cette orchestration dont l'originalité ou la nouveauté résident avant tout dans les contrastes de couleurs et d'intensités, les mélanges subtils de timbres et la fréquence de l'écriture chorale à 3 voix.

1. *Requiem et Kyrie* (orchestre moyen). Introduit par un court prélude orchestral, ce 1er numéro s'articule autour de 4 fugatos, chacun d'eux suivi d'un épisode libre. Un *Kyrie* litanique conclut l'ensemble. L'introduction

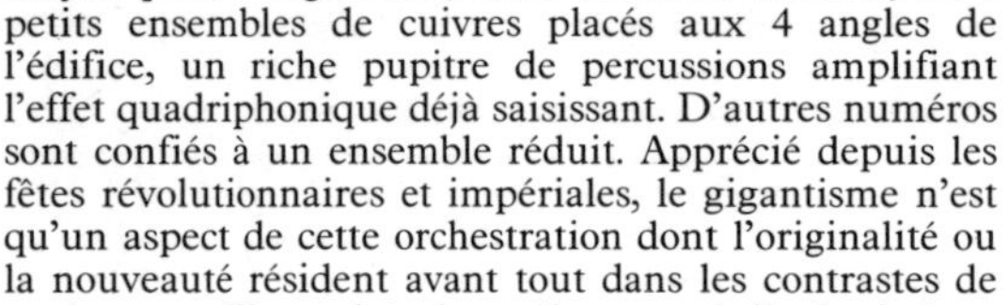

diffuse une atmosphère sombre et grave, tendue par le chromatisme, les oppositions de nuances et la triple répétition thématique ponctuée de lourds silences. Fondée sur un thème principal incluant un arpège descendant de 7e majeure au rythme déjà familier,

la polyphonie des 1ers et 4e fugatos (« Requiem aeternam ») s'enrichit d'un 1er contre-sujet chromatique et figuraliste. Associé à un ostinato instrumental dérivé du 1er contre-sujet, le 2e fugato (« Requiem aeternam ») partage ses 7 entrées entre le thème principal et un second contre-sujet, toujours chromatisant mais plus caractérisé du point de vue rythmique : l'élévation régulière des entrées, la répétition des rythmes et des structures traduisent la prière insistante des « dona eis », supplication amplifiée par le crescendo orchestral. Les premiers épisodes libres exploitent des éléments thématiques secondaires (« Dona, dona eis », « Te decet hymnus ») tandis que les 3e et 4e ont recours à une déclamation chorale homophone (« defunctis Domine », « et lux perpetua »). Psalmodiés « recto tono » sur un rythme suppliant, les « Kyrie » alternent avec les « Christe » chromatiques. La 7e ajoutée à l'ultime accord choral se résoudra dans un bref postlude instrumental qui rappelle une dernière fois le thème initial.

2. *« Die irae »*. La 1re partie de la prose des morts oppose le *« Dies irae »* (strophes 1-2, orchestre moyen) au *« Tuba mirum »* (strophes 3-6, orchestre très amplifié). Triple préparation au jugement dont chaque volet obéit encore au plan ternaire, le *« Dies irae »* s'édifie sur un thème modal et conjoint.

Plusieurs contre-sujets le contrepointeront dans le jeu incessant d'une polyphonie libre. La scansion des ténors (« Dies irae »), jointe au cri angoissé des voix féminines (« in favilla »), intensifie la progression dramatique qui culmine lorsque le thème, doublé à la tierce, confronte sa majesté à un dernier contre-sujet mélismatique et agité (« Quantus tremor »), dominé par des incantations obsédantes.

Le rassemblement des morts s'ouvre sur les appels savamment étagés des 4 orchestres de cuivres magnifiant un accord parfait de *mi* ♭ maj. bientôt troublé par une basse inattendue suivie de nouveaux jeux chromatiques. Cette préparation descriptive d'une apocalypse foudroyante doit son succès à un brillant travail rythmique et orchestral. Sur d'incessants trémolos des percussions, la masse des basses clame le thème du *« Tuba mirum »*,

suspendu à un *mi* ♭ aigu et apparenté par son début au thème de l'introït. La stupeur de la mort et de la nature ramène un calme expressif et le traitement imitatif des voix (« Mors stupebit »). Accompagné d'une reprise non textuelle de la 1re fanfare, le jugement (« Liber scriptus ») commence par une libre augmentation du thème de l'introït.

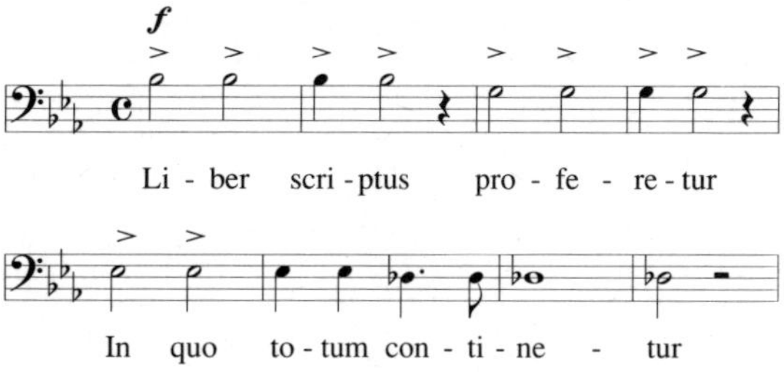

Un dernier canon (« Judex ergo »), enchâssé dans le tourbillon des cordes et les tenues de tous les vents, débouche sur un choral apaisé et recueilli (« Judicanti responsura ») qui clôt la terrible vision.

3. *« Quid sum miser »* (strophes 7, 9, 17). La demi-teinte assombrie de l'orchestre réduit met à nu de courtes phrases empruntées au *« Dies irae »* : elles forment une mosaïque dont les éléments se recouvrent rarement.

4. *« Rex tremendae »* (strophes 8, 9, 16 [incomplète], extrait légèrement modifié de l'Offertoire ; orchestre amplifié). Lied symétrique dont la 3e partie est une inversion amplifiée de la 1re, ce 4e morceau sacrifie encore à une volonté descriptive en mettant en scène le pécheur ressuscité suppliant son terrible roi. Précédé d'appels majestueusement rythmés que le chœur dispute à l'orchestre, le 1er thème,

prolongé par un fugato bref mais tourmenté, s'élève dans son implacable splendeur. Un second thème,

librement fugué dans le ton de la dominante, lui fait contraste en exprimant une demande de salut. La partie centrale instaure un climat d'épouvante entretenu par un apparent désordre : fugato serré sur le 1er thème, accélération et dislocation rythmiques, progression modulante, suggestions figuralistes.

5. *« Quaerens me »* (strophes 10, 11, 12 [incomplète], 13, 14, 15). Dans un style fugué, le pécheur, conscient d'être « recherché » par le Christ, confie sa prière à un chœur a cappella en 3 parties.

6. *« Lacrimosa »* (strophes 18, 19 [incomplète], 20 ; orchestre amplifié). Une pédale orchestrale complexe et mouvante (anacrouses, syncopes et contretemps) plante le décor saisissant de ce jour de larmes où l'homme accusé doit être jugé. Soumis à un large fugato modulant, le thème A (*la* min.)

rassemble dans une immense phrase des éléments apparemment hétérogènes, remarquables par leur nature mélismatique, disjointe ou chromatique. Le thème B (*do*

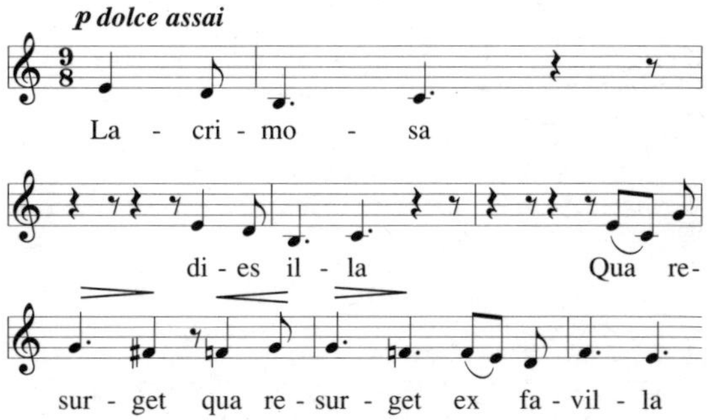

maj.) lui reste inféodé tout en imposant son balancement presque dansant à l'orchestre libéré de ses emportements. Un développement sur une idée mélodique plus simple (« Pie Jesu ») aboutit à une véritable réexposition : thème A (*la* min.) accompagné par un orchestre déchaîné, thème B (*la* maj.) dans un contrepoint agrandi à trois parties. Une transition (« qua resurget ») entretient un conflit opposant les cuivres d'une part, le chœur et l'orchestre de l'autre, avant qu'une vaste coda « glorifie » le thème A dans une pompe rutilante. On se risquera à reconnaître ici la forme d'une sonate libre.

7. *Offertorium* (texte légèrement modifié et incomplet, orchestre moyen). Rompant avec la tragique mise en scène des pages précédentes, ce nouveau triptyque progresse à partir d'un thème principal

qui, fournissant d'abord un fugato instrumental, s'entoure de thèmes épisodiques dans la partie centrale du morceau. Les voix appesantissent le convoi funèbre par leur psalmodie morcelée. Animée par la vision de saint Michel, la douloureuse « cantillation » s'éteindra dans un accord feutré (« promisisti ») conclu par une vaste cadence.

8. *« Hostias »* (texte légèrement modifié et incomplet, orchestre réduit). Un récitatif homophone et syllabique des voix d'hommes divisées pose des harmonies aux résolutions inattendues auxquelles 3 flûtes et 8 trombones font écho. La progression tonale établie hors de tout souci formel ou thématique figure la lente procession d'une offrande toute tournée vers Dieu.

9. *Sanctus* (le verset « Benedictus... » est remplacé par une reprise de « Sanctus [...]. Pleni sunt » ; orchestre légèrement amplifié). Une double alternance textuelle et musicale structure ce numéro en 4 parties contrastées. Le ténor solo et les voix de femmes échangent les phrases d'un thème

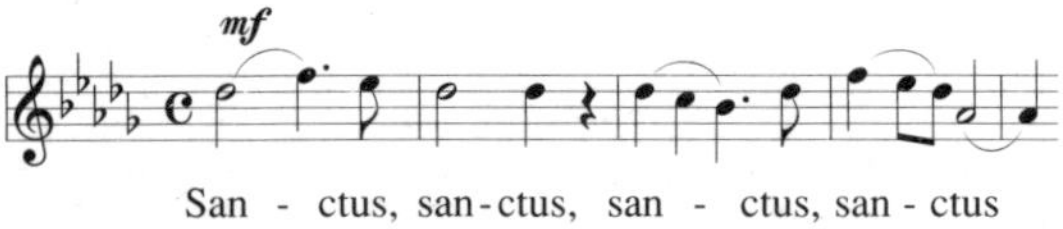

à l'harmonisation originale, pendant qu'un doux accompagnement nimbe cette contemplation sereine et apaisée du Dieu de l'univers. « Chanté avec violence », un chœur fugué sur une mélodie fermement dessinée

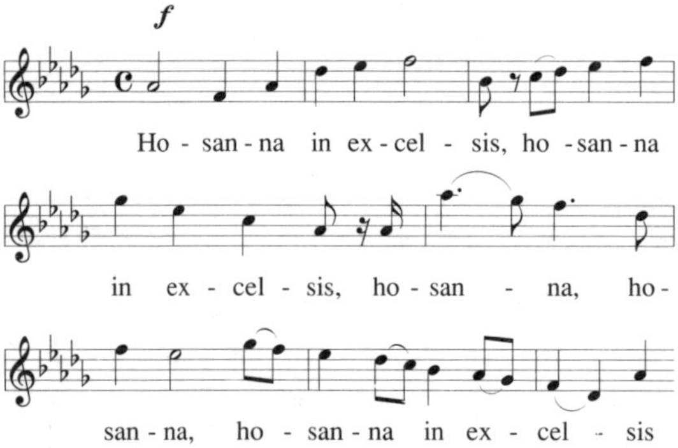

donne un autre aspect de la céleste vision. Un fugato proche de la strette et un ultime martèlement du thème terminent la reprise amplifiée du diptyque.

10. *Agnus Dei.* Conclusion polymorphe, l'*Agnus Dei* juxtapose une reprise musicale approximative de l'*« Hostias »* (« Agnus Dei »), un retour (texte et musique) de la fin de l'Introït (« Te decet hymnus ») et une coda. Commencée avec la fin de l'antienne de communion (« cum sanctis tuis »), la coda développe un sextuple amen, suite de cadences tendant vers la ponctuation la plus définitive.

Berlioz a adopté un style résolument théâtral, où l'épouvante et l'effroi côtoient le recueillement et la prière. Ces contrastes, ces oppositions soutiennent l'attention de l'auditeur, voire du spectateur ; ils ne sauraient cependant occulter la spiritualité de nombreuses « scènes » : la sérénité du *Sanctus*, par exemple, évoque avec une rare justesse de ton la vision d'Ésaïe. Sur le plan musical, l'œuvre révèle un sens mélodique accompli : multiplicité et ampleur de phrases toujours expressives, richesse du langage (modalité, chromatisme, intérêt rythmique), parenté ou hiérarchie des thèmes. Rarement appliqué au mot, le figuralisme très général s'inscrit dans une nette volonté descriptive. La prosodie est parfois négligée : une même musique s'adapte souvent à un texte différent. Berlioz préfère à la fugue stricte une polyphonie libre, élargie aux superpositions les plus diverses (ostinatos, pédales composées, tenues), tandis que quelques passages plus verticaux ménagent des contrastes. La primauté du contrepoint n'empêche pas la recherche harmonique qui culmine dans les « accords de sonorité » de l'*« Hostias »*. A côté de modulations abruptes, s'établissent des rapports tonaux simples qui structurent la forme, l'auteur procédant par expositions successives plutôt que par véritables développements. L'équilibre des styles enracine la *Grande Messe des morts* dans une tradition polymélodique typiquement française.

Éditions et rééditions — Paris, Schlesinger, [1838], 2/ Milan, Ricordi, 1853 et [1867], 3/ Paris, Brandus, ap. 1877 ; par Ch. Malherbe et F. Weingartner, *in* H. Berlioz. Werke VII, Leipzig, Br. & H., 1900, facs. New York, Kalmus, v. 1970 ; par J. Kindermann, *in* H. Berlioz. New Edition of the Complete Works 9, Kassel, BV, 1978. — Réd. cht et p., Paris, Brandus, 1882 ; Br. & H., s.d.

Bibliographie — A. Bottée de Toulmon, Du Requiem de M. Berlioz, *in* Revue et Gazette Musicale de Paris IV/50, 1836 ; L. Kreutzer, Le Requiem de Berlioz, *ibid.* XIX/43, 44, 46, 47, 1852 ; H. Berlioz, Mémoires, Paris 1870, 2/ Paris, Garnier-Flammarion, 1969 ; du même, Correspondance générale I-IV, Paris, Flammarion, 1972-83 ; G. de Massougnes, Le Requiem de Berlioz, *in* Revue et Gazette Musicale de Paris XLVI/4, 5, 6, 8, 1879 ; C. A. Barry, Berlioz' Requiem, *in* Musical Review, mai 1883 ; A. Grüters, H. Berlioz, Requiem..., Francfort / M. v. 1890 ; P. Dukas, Le Requiem de Berlioz, *in* Revue Hebdomadaire n° 22, 1894 ; R. Boughton, The Requiem of Berlioz, *in* The Vocalist, déc. 1902 ; H. Imbert, Le Requiem, *in* Le Guide Musical, janv. 1904 ; J. Tiersot, Berlioziana, Lettres et documents inédits sur le Requiem de Berlioz, *in* Le Ménestrel LXX/3-6, 1904 ; A. Boschot, La musique religieuse de Berlioz, *in* Le Correspondant n° 237, 1909 ; P. Hallynck, Comment fut exécuté pour la 1re fois le Requiem de Berlioz, *in* Annales Politiques et Littéraires, nov. 1925 ; Fr. Schlitzer, Il Grande Requiem di E. Berlioz, Naples 1939 ; A. Berrsche, Berlioz : Totenmesse, *in* Trösterin Musika, Munich 1942 ; G. Champeaux, La Grande Messe des morts d'H. Berlioz, Columbia-Pathé-Marconi, [1944] ; R. D. Darrell, Requiem Mass, *in* Review of Recorded Music, oct. 1948 ; R. Lawrence, Berlioz and the Four Brass Bands, *in* Saturday Review of Literature, oct. 1948 ; J. Barzun, Berlioz and the Romantic Century, Boston 1950, 3/ New York et Londres, Columbia Univ. Press, 1969, vol. 1, pp. 257-288, 4/ Chicago, Univ. of Chicago, 1982 ; J. Chailley, Berlioz harmoniste, *in* RM n° 233, 1956 ; G. Favre, Berlioz et la fugue, *ibid.* ; R. E. Silvermann, Synthesis in the Music of H. Berlioz, *in* MR XXXIV/3-4, 1973 ; G. George, The Ambiguities of Berlioz, *in* Canadian Association of Univ. Schools of Music Journal VI, 1976 ; H. Barraud, La spriritualité du Requiem de Berlioz, *in* RMie LXIII, 1977 ; D. Janower, Berlioz'Requiem : Editions and Errata, *in* Choral Journal XX/4, 1979 ; E. T. Cone, Berlioz's Divine Comedy : The Grande Messe des morts, *in* 19th Century Music IV/1, 1980.

P. Prévost

(Le) Grand Macabre, opéra en 2 actes et 4 tableaux, livret en allemand de Michael Meschke et G. Ligeti d'après *La Balade du Grand Macabre* (1934) de Michel de Ghelderode, musique de **György Ligeti**. Commandée par l'Opéra Royal de Stockholm, l'œuvre y fut créée le 12 avr. 1978 (en suédois), avec Elisabeth Söderström (Clitoridia), Britt-Marie Aruhn (le Chef de la Gepopo), Gunilla Skättegard (le prince GoGo), Kerstin Meyer (Spermando), Barbro Ericson (Mescalina), Sven-Erik Vikström (Piet du Bock) et Erik Saeden (Nekrotzar). Bien accueilli par le public, l'opéra ne connut pas moins de huit autres productions dans les dix années qui suivirent, notamment à Hambourg le 15 oct. 1978, à Bologne le 5 mai 1979 et à l'Opéra de Paris le 23 mars 1981. (Mayence, Schott, 1978 ; durée : 2 h 30 min environ.)

L'article qui suit est rédigé à partir de la version française de l'Opéra de Paris.

LIVRET — Acte I. 1er Tableau. Au beau pays de Breughelland. Piet du Bock (ténor), ivre, se lamente sur le paradis perdu de Breughelland. Clitoridia (sop.) et Spermando (mezzo-sop.), deux jeunes amants tirés de l'univers de Botticelli, chantent leur idylle sans se soucier de ce qui les entoure, et en viennent à descendre à l'intérieur d'une tombe. Alors que Piet du Bock essaie de les suivre pour observer leurs ébats, il se heurte à une curieuse créature qui émerge du tombeau : Nekrotzar, le Grand Macabre (bar.), ressuscite. Revenu sur terre pour annoncer la fin du monde, il emmène Piet du Bock dans une folle chevauchée, tandis que Spermando et Clitoridia s'anéantissent par leur union. — 2e Tableau. Chez l'Astrologue de la cour. Astradamors (basse), l'astrologue qui a vu dans le passage d'une comète l'annonce d'un événement exceptionnel, subit avec complaisance les fantasmes extravagants de sa femme nymphomane Mescalina (mezzo-sop.). Au moment où Vénus (sop. léger) apparaît, invoquée par Mescalina en manque, surgit également Nekrotzar qui tue la femme de l'Astrologue. Libéré, Astradamors se joint à Nekrotzar et Piet du Bock dans un trio frénétique annonçant la fin des temps.

Acte II. 3e Tableau. A la cour du prince Go-Go. Le Ministre noir et le Ministre blanc (rôles parlés) s'injurient. Le prince Go-Go (sop. enfant) leur demande de placer l'intérêt de l'État au-dessus des querelles personnelles. Les deux ministres se réconcilient alors pour martyriser leur prince. Mais l'alerte est bientôt donnée par le Chef de la Gepopo (Geheime politische Polizei, sop. coloratura), qui délivre un message secret — et incompréhensible — par des cris hystériques. Elle prévient en fait de l'approche menaçante de Nekrotzar, flanqué de ses deux acolytes Piet du Bock et Astradamors, venus annoncer la fin du monde. Le peuple de Breughelland implore la pitié du Grand Macabre, qui se met à boire du vin qu'il prend pour le sang de ses victimes. Complètement ivre, il se laisse aller à une douce rêverie qui, pour un peu, lui ferait manquer l'heure fatale à laquelle il précipitera le peuple de Breughelland dans l'univers de la mort. — 4e Tableau. Au beau pays de Breughelland. Tous les personnages réapparaissent, comme si rien ne s'était passé, et se demandent s'ils sont bien morts. Nekrotzar serait-il le seul à avoir subi ce sort ?

Le Grand Macabre appartient résolument à l'univers de la comédie. Le choix du registre comique traduit de façon délibérée l'opposition de Ligeti à toute conception triste ou neurasthénique de la musique. Le compositeur reprend ici l'attitude qu'il avait adoptée pour → *Aventures* et → *Nouvelles Aventures*. Le monde imaginaire créé par *Le Grand Macabre* s'inspire de l'œuvre pictural de Pieter Bruegel l'Ancien — revu par Ghelderode —, en particulier de son *Combat de Carnaval et de Carême*. En outre, le peintre, à qui il est fait allusion en la personne de Piet du Bock, donne son nom à la contrée de Breughelland. Toute l'action de l'opéra transmet par son énergie, sa confusion, ses débordements, et par le comportement insolite des personnages, l'atmosphère de la fête carnavalesque. L'intrigue elle-même comporte de nombreux éléments fortement inspirés du rituel de carnaval. Elle se déroule entre l'annonce de la fin du monde (« Dies irae, dies illa ») proclamée par Piet du Bock, liée à l'apparition du Grand Macabre qui sort d'une tombe — ce qui s'apparente à une résurrection (1er tableau) —, et la mort de Nekrotzar (3e tableau). Ce renversement total de la période allant de la Passion à la résurrection du Christ se réfère ainsi à l'une des plus anciennes significations de carnaval. Tout ce qui se passe entre ces deux moments-clés, c'est-à-dire l'essentiel de l'action, est placé sous le signe du dérèglement. En de nombreux détails, l'action fait songer aux rituels désopilants de la fête des Fous : le prince est un enfant irresponsable (Go-Go), entouré de deux ministres qui entonnent une litanie des insultes en forme de variation sur l'alphabet. Les symboles sexuels, eux aussi, sont inversés : Mescalina est entièrement habillée de cuir alors qu'Astradamors porte des sous-vêtements féminins. Au milieu de toute cette agitation, le personnage de Nekrotzar, « faux messie », « rôle démoniaque », apparaît sur scène sous les traits de Nosferatu, comme prophète de mort à la place du Sauveur. A la fois Antéchrist et vampire, il s'enivre de vin qu'il prend pour le sang de ses victimes, inversant ici le sens de la communion où le vin devient le sang du Christ versé pour le salut des hommes. Le projet de Nekrotzar est bien d'ordre eschatologique et ses visions reprennent la poésie de l'Apocalypse. La menace que constitue la présence du Grand Macabre n'empêche pas le peuple de Breughelland de manifester une débordante joie de vivre tout au long de la pièce, reléguant à l'arrière-plan la symbolique médiévale. Les disputes entre personnages ou les scènes satiriques font appel à un registre argotique du vocabulaire particulièrement épicé et inventif. Ce débridement de la langue se prolonge par celui du comportement en général (notamment dans la scène pour le moins osée entre Astradamors et Mescalina). Il en résulte une bouffonnerie « hénaurme » digne du théâtre de Jarry, que Ligeti prit pour modèle pour l'établissement du livret. Les travers des personnages sont démesurément grossis, caricaturés à l'extrême, jusqu'à une parfaite déshumanisation. Les femmes représentent peut-être les exemples les plus frappants de cette stylisation : Mescalina est une nymphomane survoltée, épuisante, et le Chef de la Gepopo une furie hystérique. Le style du discours administratif, vide de sens et encombré de formules lourdes et rigides, est exagéré jusqu'au dérèglement, selon le procédé habituel de la 'pataphysique.

Peu novatrices, les structures musico-dramatiques reprennent celles de l'« opera buffa » italien du XVIIIe s., ce qui inscrit clairement *Le Grand Macabre* dans le genre de l'opéra et non celui du théâtre musical. Le *Don Giovanni* de Mozart semble avoir servi de modèle en de nombreux points, à commencer par la disposition d'ensemble du drame, une trame de comédie encadrée par l'annonce et la réalisation d'une catastrophe. L'arrivée de Nekrotzar et la fin du monde du 3e tableau correspondent à l'arrivée du Commandeur et à la damnation de Don Giovanni. Le 4e tableau est également un « lieto fine » (dénouement heureux) où les personnages se retrouvent après la mort du héros. La caractérisation musicale des personnages est également héritière du XVIIIe siècle. L'action présente une grande diversité de caractères qui peuvent facilement se rattacher aux catégories classiques. Les rôles bouffes (Piet du Bock, valet de comédie typique, Astradamors, Mescalina, le Chef de la Gepopo et les deux ministres) se cantonnent au « quasi parlando » ou se livrent au contraire à des acrobaties vocales à vocation satirique. Les rôles sérieux (Spermando et Clitoridia, auxquels s'ajoute Vénus), empruntés à l'univers mythologique de l'« opera seria », optent au contraire pour un chant beaucoup plus lyrique et poétique. Seul Nekrotzar est un personnage réellement nouveau, à la fois terrifiant (il tue Mescalina) et dérisoire (son pouvoir ne s'exerce que pendant un temps limité). Ses registres vocaux traduisent cette ambiguïté : il peut décrire la fin du monde dans des hallucinations (« cette nuit même verra pâle à minuit », 1er tableau) directement inspirées de *Boris Godounov*, ou se joindre à Piet et Astradamors dans un trio à boire (3e tableau).

Conformément à la dramaturgie de l'« opera buffa », les ensembles vocaux dominent dans la partition. Sans doute pour des raisons pratiques, tous ces ensembles sont fondés sur un rythme obstiné, à l'exception du duo de Clitoridia et Spermando (« O, mon aimé[e] », 1er tableau), dont le rythme libre contribue à isoler ce couple du reste de l'action. Le quintette du 2e tableau « Un homme. Lève-toi, bacchanale ! », une *Bourrée perpétuelle*, doit pouvoir être dansé. Le trio à boire du 3e tableau commence sur un rythme très percussif, avant d'adopter un schéma rythmique beaucoup plus souple pour le « galimatias ». Le 4e tableau s'achève sur une *Passacaille* où se superposent les voix des personnages qui se rassemblent progressivement (« O douce me fut cette tombe »). Mais le moment le plus fort de l'œuvre est sans doute l'arrivée de Nekrotzar (3e tableau). Dans cette section intitulée *Collage*, l'orchestre de la fosse entonne le finale de l'*Eroica* de Beethoven, dont seul subsiste le rythme, et auquel deux orchestres situés sur scène superposent un ragtime à deux temps et un cha-cha. Cette base polyrythmique, allusion à la scène du bal de *Don Giovanni*, sert de support à un crescendo orchestral gigantesque. La texture, d'abord très désordonnée en raison des décalages rythmiques bien perceptibles, s'épaissit graduellement, au point que la masse des timbres apporte une nouvelle impression d'ordre et d'harmonie, d'où un effet dramatique saisissant.

Le style musical proprement dit fait preuve d'une grande flexibilité et de beaucoup de variété. La partition est truffée de citations ou d'allusions à Monteverdi, Bach, Beethoven, Rossini, Moussorgski, Wagner. Ce jeu sur le patrimoine renvoie à l'« humoristisch » de l'esthétique schumanienne, doté ici d'un sens plus fort puisqu'il s'agit d'une subtile transposition de la fête de carnaval dans l'univers musical. Les diverses citations, réminiscences et stylisations apportent un matériau musical fort hétéroclite et fonctionnent comme des masques représentant divers styles dont la réunion ne peut avoir lieu que le temps d'une mascarade. C'est en revanche l'humour de Jarry et de la 'pataphysique qui semble gouverner le traitement de la voix. La ligne vocale des solistes est souvent très acrobatique, anguleuse, irrégulière. Loin de la recherche du phrasé et du legato qui sont le fondement de la vocalité classique, la « mélodie » procède par éclats, étincelles de timbre, reliées entre elles par de grands zigzags. Cette rhétorique se fonde sur des tics de langage, au départ dépourvus de sens, mais développés et poussés à l'extrême, jusqu'à la déshumanisation. Ce chant éclaté, qui pulvérise les mots qu'il supporte, était déjà celui d'*Aventures* et de *Nouvelles Aventures*. Aussi n'est-il pas étonnant de trouver dans ces œuvres les prémices de l'humour du *Grand Macabre*, né de l'insolite, du bizarre, jouant en permanence de la surprise du spectateur. Les sections moins satiriques et plus dramatiques de l'opéra adoptent une écriture musicale relativement différente et plus homogène, où l'on retrouve certaines particularités de style typiques de Ligeti. Ainsi l'interlude entre les 3e et 4e tableaux, qui traduit le passage dans l'au-delà, est construit sur une texture orchestrale dont le coloris se métamorphose graduellement tout en restant immobile grâce à un rythme imperceptible tendant au « rythme lisse » absolu. Ce procédé remonte aux premières recherches du compositeur en musique électro-acoustique, et constitue l'un des piliers du développement de son style.

On pourra s'étonner de ne trouver aucune trace de micro-polyphonie dans l'écriture chorale. Cela s'explique sans doute encore par des raisons pratiques, inhérentes aux contingences d'une représentation scénique. Ce procédé de composition, également typique de Ligeti (voir l'art. *Requiem*), fait place ici à une écriture chorale simple et dépouillée, tantôt dans le style des chorals de Bach (pour l'annonce de la fin des temps), tantôt dans le style des slogans de manifestations de rue. La micro-polyphonie est réservée à l'orchestre, notamment aux grands développements symphoniques auxquels donnent lieu les interludes entre les tableaux.

A la manière de nombreux opéras de style « buffo », *Le Grand Macabre* peut s'entendre comme une fable, une fable qui s'achève sur l'équivoque du 4e tableau. Que s'est-il réellement passé ? Le peuple de Breughelland est-il mort ? En d'autres termes, Nekrotzar était-il prophète ou imposteur ? Il importe ici de considérer les spectres qui rôdent. La Gepopo ne peut manquer de faire songer à la Gestapo. Si l'allusion reste discrète, il n'empêche que le compositeur évoque les dictatures hitlérienne et stalinienne qu'il a connues. Nekrotzar vient précisément ôter au peuple de Breughelland son droit à la vie, son amour de la vie. Mais personne, que ce soit à titre politique, religieux ou philosophique, ne peut ainsi disposer de la vie dont l'opéra apparaît comme une grande célébration. Du point de vue strictement musical, l'œuvre rejette par la dérision le terrorisme intellectuel d'une certaine musique contemporaine déniant tout droit à l'existence aux musiques populaires, peut-être moins nobles, mais en tout cas bien vivantes. Dans ce combat de Carnaval et de Carême, ce sont incontestablement les forces de vie que Ligeti fait triompher.

Bibliographie — M. Cadieu, D'un espace imaginaire, *in* Musique en Jeu, n° 32, 1978 ; I. Hermann, « Le Grand Macabre », *in* Melos-Neue Zeitschrift für Musik, 1979 ; P. Griffiths, G. Ligeti, Londres, Robson, 1983 ; P. Michel, G. Ligeti, compositeur d'aujourd'hui, Paris, Minerve, 1985, pp. 113-115.

D. Colas

Great Service (Grand Service), grande composition liturgique pour chœur à 10 parties, de **William Byrd**, écrite à une date inconnue mais provenant clairement de la période de maturité du musicien, des années 1580 ou légèrement plus tard.

Le terme de « Great Service » désigne une mise en musique exceptionnellement longue ou travaillée des cantiques de la liturgie anglicane pour matines, l'office avec Sainte Cène et vêpres. Au sens strict, le mot « great » concerne la taille plutôt que la qualité artistique mais comme les « Great Services » étaient composés pour des événements particuliers et étaient destinés à des chœurs fournis et brillants, ce sont invariablement des œuvres splendides et impressionnantes. Les exemples les plus anciens, datant du 3e quart du XVIe s. et dus à des compositeurs londoniens tels que J. Sheppard, W. Mundy et R. Parsons, pourraient avoir été écrits pour des cérémonies officielles et auraient été chantés par des chœurs aussi remarquables que ceux de la chapelle royale, de l'abbaye de Westminster ou de la cathédrale Saint-Paul. Dans les sources contemporaines, ces œuvres ne portent cependant pas le nom de « Great Service ». La première à être intitulée de la sorte par son auteur est celle de W. Byrd, d'un éclat et d'une dimension sans précédent, qui servit de modèle pour de jeunes compositeurs tels que Th. Weelkes et Th. Tomkins.

Le *Great Service* de Byrd est sa plus grande œuvre. Elle

se divise en 7 mouvements et fait appel à un chœur à 10 voix bien que l'écriture musicale n'excède jamais 7 parties réelles. Comme de nombreuses œuvres musicales destinées au service anglican, elle exploite le fait que les chœurs anglais étaient divisés en deux demi-chœurs assis dans des stalles se faisant face, les « decani » (du côté du doyen) côté sud et les « cantoris » (du côté du cantor) côté nord. En plus du dialogue antiphoné entre les deux côtés, la variété provient de l'écriture de certains passages pour des groupes de voix solistes (« verses ») qui contraste avec la sonorité plus massive du tutti choral. Le *Great Service* peut être chanté sans accompagnement bien que des parties d'orgue remontant au XVIIe s. prouvent que les voix étaient parfois doublées, probablement pour des raisons de justesse.

Bien que l'ensemble du *Great Service* de Byrd soit massif de style et de dessein, la grandeur de la musique s'amplifie au fur et à mesure que l'œuvre se développe, culminant dans le traitement des cantiques de vêpres — le *Magnificat* et le *« Nunc dimittis »* — qui sont véritablement de proportions monumentales. On y a vu le signe que Byrd composait les mouvements dans leur ordre d'exécution, sa confiance s'affermissant au fur et à mesure que l'ouvrage progressait ; mais il est également possible d'interpréter cela comme un plan stratégique d'essence purement musicale. Les cantiques du matin — le *« Venite »* et le *Te Deum* — sont de facture relativement compacte, fréquemment homophonique avec peu de répétitions de texte, tandis que la musique pour le service de communion est de style plus varié, de nature expansive dans le *Benedictus*, plus simple dans le *Kyrie* et le *Credo*. Mais c'est dans la musique des vêpres que Byrd conduit son plan à son apogée : bien que le *Magnificat* soit un mouvement puissant, le *« Nunc dimittis »* qui suit est encore plus massif, clairement destiné qu'il est à jouer le rôle de coda pour le service entier en dépit du fait que son texte est relativement bref. Ce sont les cantiques de vêpres du *Great Service* de Byrd qui exercèrent la plus grande influence sur les compositeurs ultérieurs, influence évidente dans des œuvres d'aussi vastes proportions que l'*Evening Service of Seven Parts* (le 9e Service) de Weelkes et le *Third Service* (ou *Great Service*) de Tomkins.

Éditions modernes — Par C. MONSON, *in* The Byrd Edition X b, Londres, Stainer & B., 1982.

J. MILSOM

GREISENGESANG (Chant du vieillard), lied pour voix et piano de **Franz Schubert** (D 778), sur une poésie de Friedrich Rückert, composé en 1823 et publié à Vienne, chez Cappi et Czerny, en juin 1826, comme n° 1 de l'opus 60. (Durée : 5 min 30 s environ.)

Le poème — intitulé plus tard *Vom künftigen Alter* (De l'âge futur) — est fait de 20 vers dont les rimes sont celles du ghasel (poésie persane) : aabacadaeafa, etc. Schubert ne retient pas les quatre derniers vers, alors que R. Strauss les incorpora à la version qu'il devait donner en 1929 (avec le nouveau titre). Le thème traité est celui d'un vieillard qui constate que l'hiver est venu, aussi bien au-dehors que dans son corps, mais que les aspirations et les désirs sont restés au fond de son cœur « avant comme après ». Aussi faut-il fermer la porte à la réalité et se réfugier dans le « parfum des rêves ». Sujet grave, austère et émouvant, mais non triste, que Schubert traite avec une grande sobriété dans l'accompagnement et dans la ligne vocale, un lyrisme majestueux qu'accentue la tessiture grave de la voix de basse qui descend jusqu'au *si* grave. Le texte est séparé en deux groupes de 8 vers de musique identique. Mais pour les quatre premiers vers de chaque groupe, Schubert traduit l'opposition faite vers par vers entre le froid extérieur et la chaleur intérieure par un contraste entre *si* min. et *si* majeur. En outre, une césure importante est faite après le sixième et le quatorzième vers, sur une suspension dominantique. Les deux vers qui suivent sont chargés de nombreux mélismes qui confèrent un lyrisme très chaleureux aux deux sous-sections finales. Une introduction avec des accords aux allures de choral et une conclusion de même atmosphère viennent renforcer le caractère hymnique de ce très beau chant qui, bien exécuté, produit un effet saisissant.

Bibliographie — BR. MASSIN, Fr. Schubert, Paris, Fayard, 1977, p. 1003.

S. GUT

GRENZEN DER MENSCHHEIT (Frontières de l'humanité), lied pour voix et piano de **Franz Schubert** (D 716), sur une poésie de Goethe, composé en févr.-mars 1821, publié seulement après la mort du compositeur, en janv. 1832. (Durée : 7 min 50 s environ.)

Le poème philosophique du Goethe de la maturité ne se prête guère, à première vue, à une illustration musicale. Et il faut, ici, admirer une fois de plus l'extraordinaire aisance avec laquelle Schubert se meut dans la fresque sonore, en trouvant et le ton et le langage qui conviennent à un pareil texte. Tout d'abord, il prescrit une voix de basse, pour bien situer, dès le départ, le sérieux du propos. Ensuite, il adopte une forme continue (« durchkomponiert ») à la fois complexe et subtile. Les 5 strophes du poème sont de longueur irrégulière : I = 10 vers ; II = 10 vers ; III = 8 vers ; IV = 8 vers ; V = 6 vers. Très habilement, le compositeur scinde la 1re strophe en deux groupes de 6 et 4 vers en confiant à chacun de ceux-ci une section musicale différente. Cela lui permet de reprendre en dernière strophe — avec quelques variantes — la même musique qu'au début de la première alors qu'il adaptera à chacune des autres strophes une section musicale bien distincte. Il réussit ainsi à obtenir une unité globale équilibrée, malgré la continuité du discours musical. On a donc le plan formel ABCDEA'. Le rôle du piano, chargé de souligner les savantes réflexions du texte, est fondamental : c'est lui qui permet de supporter la longue et complexe déclamation vocale, grâce en particulier à des colorations harmoniques audacieuses et remarquables qui annoncent le Wagner de *La Tétralogie*. Dès la longue introduction de 16 mesures, cette importance dévolue à l'instrument est signifiée. Mais l'écriture essentiellement verticale et les accords longuement tenus dans un tempo lent — plusieurs d'entre eux s'étalent sur une mesure entière et même sur une mesure et demie — donnent l'impression que l'accompagnement est trop ténu et que le piano, ici, est dépassé : la réalisation instrumentale de Schubert appelle irrésistiblement les sonorités orchestrales. La langue musicale employée est très riche grâce à l'emploi de marches harmoniques modulantes fort originales, enrichies par de nombreux retards expressifs. Les exigences vocales sont considérables : non seulement le chanteur doit témoigner d'une belle technique et d'une vaillance empreinte d'héroïsme et de noblesse, mais surtout il doit posséder un organe d'un ambitus vocal de près de deux octaves, du contre-*mi* grave au *mi* aigu.

C'est sans doute l'une des raisons — les autres étant la problématique de l'écriture pianistique et la complexité formelle — qui font que ce lied n'est presque jamais entendu. Il est pourtant l'une des réalisations souveraines de Schubert dans l'expression du grandiose. On doit le mettre en parallèle avec cet autre monument qu'est → *Prometheus*, composé deux ans auparavant, également sur un texte goethéen. Il en est l'exacte inversion musicale et philosophique. *Prometheus* déployait la violence passionnée, la fougue et la révolte ; ici, c'est l'assagissement et la gravité quasi religieuse du ton, l'humilité et la reconnaissance des limites de l'être humain : « Car aucun homme ne peut se mesurer aux dieux. » Il est intéressant de comparer ces deux immenses et admirables fresques aux réalisations, également remarquables, de H. Wolf sur les mêmes textes.

Bibliographie — D. Fischer-Dieskau, Auf den Spuren der Schubert-Lieder, Munich, DTV, 1976, pp. 169-170 ; Br. Massin, Fr. Schubert, Paris, Fayard, 1977, pp. 927-928.

S. Gut

Grenzen der Menschheit, lied pour voix et piano de **Hugo Wolf**, n° 51 des → *Gedichte von J. W. von Goethe...*, composé à Döbling, le 9 janv. 1889. (Durée : 5 min environ.)

Placé à la fin des *Goethe-Lieder*, avec → *Ganymed* et → *Prometheus*, *Grenzen der Menschheit* fait partie du « triptyque divin », illustrant différents aspects des rapports de l'homme et de la divinité. Ce poème — comme les deux autres — avait déjà été mis en musique par Schubert. Dans ce texte magnifique, datant de 1780-81, Goethe accepte le destin de l'homme et la prééminence de la divinité sur l'humanité. Mais son poème développe tout autant l'idée de la petitesse que de la grandeur de l'homme qui constitue un anneau dans la chaîne éternelle des générations. Wolf traduit cette réflexion philosophique au moyen d'une construction symbolique, « progressive puis dégressive, allant de la majesté divine à la condition humaine et retour, conception dont une écriture très recherchée dans son symbolisme métrique témoigne constamment, ce qui donne une courbe superbement dramatique à l'ouvrage » (Cl. Rostand).

Le compositeur enchaîne 8 sections différenciées (la 5e rappelle la 2e), dont E. Sams a donné une analyse métaphorique. Six mesures instrumentales, dans une mesure à 2/2, d'accords graves et solennels, en blanches (symbole de la majesté des dieux), introduisent la 1re strophe : l'homme baise, avec un respect filial, le dernier ourlet du vêtement du Père très ancien et très Saint (« der uralte heilige Vater »). Rythme en anapeste pour soutenir l'affirmation : « Car un homme, quel qu'il soit, ne doit pas se mesurer avec les dieux » (mes. 28-35). Les noires, liées la plupart du temps par 3+3+2, symbolisent la rivalité des hommes et des dieux (Sams). La 4e séquence (mes. 55-73) est une marche imposante (« S'il se dresse sur la terre avec des jambes solides et vigoureuses »), qui s'estompe pour laisser place à un bref retour du climat de la 2e séquence, suivie d'un point d'orgue. Le climat ondoyant et plus agité des mes. 78-95, avec ses accords augmentés et ses croches montantes rythmées 3+3+2, est dicté par le texte évoquant un flot éternel engloutissant l'humanité. Le chant est coupé par des silences pour mettre en valeur le « tristanesque » « versinken » (engloutir) **A**. Wagnériens également les enchaînements, par chromatisme descendant, d'accords, d'abord en rondes puis en blanches et de nouveau en rondes pour les dernières mesures du postlude, baignant dans une lumière crépusculaire, pour évoquer les petits anneaux qui délimitent, chacun, la durée de l'existence d'un homme, mais qui, mis bout à bout, forment la chaîne infinie de la vie. L'œuvre permet aussi d'apprécier la subtilité des couleurs employées par Wolf : prélude en *la* min. aboutissant à un accord de *mi* maj., postlude en *ré* min. après avoir fait entendre l'accord de *ré* maj., tonalités franches (*do* ♯ maj. à la fin de la 1re séquence, *ré* min. puis *do* maj. pour la marche) ou fluctuantes, engendrant le mystère grâce au chromatisme et aux accords de quinte augmentée.

Bibliographie — Voir celle de l'art. *Prometheus.*

Chr. Goubault

Gretchen am Spinnrade (Marguerite au rouet), op. 2, lied de **Franz Schubert** (D 118), sur une poésie de Goethe, composé le 19 oct. 1814 (éd. avr. 1821) et dédié au comte Moritz von Fries. La 1re exécution publique eut lieu au Musikverein de Vienne le 20 févr. 1823. (Durée : 3 min 55 s environ.)

La ballade de Goethe est tirée de la 1re partie de son *Faust* et correspond à sa période « Sturm und Drang ». Pour Schubert, c'est sa première rencontre avec l'Olympien. Elle devait lui servir de révélateur, puisque brusquement, avec *Gretchen*, il donne son premier grand chef-d'œuvre, tout en hissant un genre resté jusque-là mineur — celui du lied — à des hauteurs incomparables. Et il n'avait que 17 ans ! Le texte goethéen comprend 10 quatrains aux vers courts et haletants (oscillants entre 4 et 6 pieds), traduisant bien l'inquiétude et le désarroi de Marguerite. Les 1re, 4e et 8e strophes sont identiques, revenant à la façon d'un refrain. Elles découpent le texte en trois sections, successivement de 3, 4 et 3 quatrains. Schubert respectera cette morphologie fondamentale, mais il n'en déduira pas une forme tripartite, comme on le dit souvent, car les refrains sont soigneusement isolés des couplets. Ceux-ci, en revanche, sont regroupés en une même section par groupes de deux ou de trois, suivant le nombre de strophes restantes entre les refrains. Cela donne le plan suivant :

Sections	I	II	III	IV
	Refrain	Couplets	Refrain	Couplets
Strophes	1	2+3	4	5+6+7

Sections	V	VI	Coda
	Refrain	Couplets	Refrain
Strophes	8	9+10+10	1

Le compositeur répète le dernier quatrain en 6e section pour l'étoffer et lui donner une plus grande importance. En outre, il reprend sous forme de coda les deux premiers vers (ce que Goethe n'a pas fait). Il en résulte une rupture du tripartisme symétrique du poème (3+4+3) encore accentuée par la cassure opérée par Schubert aux mesures 66-68, interrompant brusquement le continuo des doubles croches à l'accompagnement. En procédant ainsi, le compositeur divise son lied en deux grandes parties — la 1re comprenant les strophes 1 à 7 et la 2de les strophes 8 à 10 — qui, contrairement à ce que l'on pourrait croire, sont à peu près égales en raison des reprises de vers en section VI et en coda (coupure aux mes. 66-68 ; longueur totale : 120 mes.). Le début du refrain comprend une cellule mélodique qui se révélera le matériau de construction essentiel de tout le morceau :

Non seulement elle apparaît à tous les refrains, mais elle ouvre également les sections II et IV. En outre, à partir de cette cellule, Schubert en dégage une seconde qui servira de deuxième élément permanent du morceau, apparaissant aux strophes 3, 6 et 7, ainsi que pendant toute la section VI :

Grâce à cette double cellule omniprésente, le compositeur obtient une cohésion formelle très grande. Celle-ci est encore accentuée par la présence d'une formule d'accompagnement maintenue imperturbablement du début à la fin du morceau, un double rythme quasi permanent dont les doubles croches perpétuelles traduisent à la fois l'incessant mouvement du rouet et le trouble du cœur de Marguerite :

La seule fois où le déroulement perpétuel des doubles croches s'arrête, c'est pour mettre en relief le mot « Kuss » (baiser) qui, sur un *sol* aigu, représente le point culminant de cette 1re partie : il traduit l'émoi profond de la jeune fille au premier baiser reçu. En fin de 2de partie, le point culminant absolu — un *la* aigu — souligne de nouveau l'importance de ce baiser : « an seinen Küssen vergehen sollt » (et mourir sous ses baisers). Dans le déroulement vocal à la fois inquiet et pathétique, on remarquera l'infiltration de procédés provenant des techniques du développement symphonique, comme la progression diatonique ascendante aux strophes 6 et 7 (*sol — la — si* ♭ *— do*) ou comme cette montée « pré-tristanesque » par chromatisme interpolé aux strophes 9 et 10.

Schubert a transfiguré la ballade goethéenne en créant un véritable drame en miniature, d'une profonde intensité. Au chef-d'œuvre poétique, il a superposé un chef-d'œuvre musical de même valeur, une réussite exceptionnelle.

Bibliographie — M. Beaufils, Le lied romantique allemand, Paris 1956, pp. 62-66, 2/Paris, Gallimard, 1982 ; Br. Massin, Fr. Schubert, Paris, Fayard, 1977, pp. 535-556.

S. Gut

Griselda, « dramma » en 3 actes, livret d'après Apostolo Zeno, musique d'**Alessandro Scarlatti**, dédié au prince Ruspoli, créé à Rome, au théâtre Capranica, en janv. 1721, avec G. Carestini (Costanza), A. M. Bernacchi (?), mise en scène F. Galli Bibiena, maître de ballet A. Sarò. C'est le dernier des opéras connus du plus productif des compositeurs du genre.

Griselda n'est pas le moins fameux des livrets de Zeno puisque treize variantes de ce texte, élaborées de 1703 à 1720, sont connues à ce jour et qu'il a été mis en musique de nombreuses fois (A. Pollarolo, 1701 ; T. Albinoni, 1703 ; G. M. Capelli, 1716 ; A. M. Bononcini, 1718 ; suivis, après Scarlatti, d'une vingtaine d'autres compositeurs). Trop ténu pour donner matière à 3 actes, il a été remanié pour Scarlatti par un auteur anonyme qui, tout en la traitant librement, s'est conformé à l'intrigue originale. L'opéra ne comporte aucune partie de basse. Le seul rôle confié à un homme est celui de Corrado, personnage sympathique mais mineur. Les rôles de Gualtiero et Ottone, ainsi que celui de Roberto, sont tenus par des castrats, de même que les personnages féminins dont la présence sur scène était interdite à Rome. Les meilleurs d'entre eux, tels Giovanni Carestini dit Cusanino et Antonio Maria Bernacchi, possédaient une technique éblouissante et improvisaient de façon toujours différente les embellissements requis par le « da capo » de l'aria.

Livret — Acte I. A Palerme, du port au palais royal. Le peuple murmure sur la mésalliance de son roi, Gualtiero (alto), et de la bergère Griselda (sop. aigu). Officiellement, leur fille âgée de 15 ans, Costanza (sop.), a disparu. Elle se trouve en fait chez Corrado (ténor), prince des Pouilles, ce qu'ignore Griselda. Un autre enfant, Everardo (rôle muet), lui naît. L'événement provoque une rébellion de la population excitée par Ottone (alto), un noble palermitain. Afin de calmer les esprits mais surtout pour sauver les apparences, Gualtiero feint de répudier Griselda pour la remplacer par Costanza.

Acte II. A la campagne, la cabane de Griselda avec un lit rustique ; la mer au loin. Seule dans la forêt, ignorante de

A **Grenzen der Menschheit** de H. Wolf

l'admiration que son époux — qui joue double jeu — voue à son courage et à sa vertu, Griselda chante sa mélancolie. Ottone en profite pour tenter de la séduire. Furieux de son refus, il s'empare de son fils et la menace. On apprend par ailleurs que Costanza et Roberto (sop.), fils puîné de Corrado, s'aiment tendrement. Costanza, rejointe par Gualtiero, retrouve Griselda dans la forêt. Toujours dans le but d'éprouver la vertu de son épouse, le roi la rudoie tandis qu'elle continue à lui témoigner un amour infini.

Acte III. Au palais. Accusé d'avoir mené la rébellion, Ottone est traduit en justice. C'est alors qu'il avoue avoir agi par amour pour Griselda. On se pardonne, Costanza et Roberto chantent leur passion réciproque, Griselda retrouve sa couronne. Tout le monde se réjouit et clame sa joie.

Le sujet de *Griselda*, qui a inspiré de nombreux auteurs, est tiré du *Décaméron* de Boccace. Si le livret, comparé aux modèles contemporains, peut être considéré comme un exemple de simplicité et de réalisme, les caractères y apparaissent néanmoins outrageusement exagérés. Griselda dans son incarnation du stoïcisme et Gualtiero en tyran sont vraiment peu convaincants ; dans sa méchanceté, Ottone n'échappe pas au ridicule.

Cet opéra ne répond pas à la demande d'un spectacle fait pour le seul enchantement des sens mais plutôt à celle d'un divertissement conventionnel dans une forme stylisée, avec signification morale. La conception de l'ouvrage satisfait pleinement à ce principe, à la fois dans la forme et dans l'expression. Après une ouverture à l'italienne traditionnelle, les trois actes enchaînent récitatifs et arias.

L'ensemble instrumental se conforme aux exigences de l'époque : cors et hautbois apparaissent sporadiquement pour exprimer la joie ; les flûtes interviennent au début de l'acte II pour soutenir la mélodie de Griselda. L'orchestre n'est seul qu'à l'occasion des quelques changements de décor.

Expression souple du langage parlé, les récitatifs sont accompagnés simplement. Dans de rares cas — comme dans la scène finale de l'acte III où se rassemblent tous les personnages —, ils échappent aux clichés mélodiques et harmoniques habituels grâce à quelques touches expressives. Dans ces moments de tension dramatique, les cordes interviennent avec des accords soutenus.

Le principal intérêt de l'opéra réside dans les arias « da capo », subtilement organisées du point de vue musical et expressif malgré un accompagnement orchestral aux couleurs assez peu variées. Le librettiste de Scarlatti a amélioré la prosodie du texte de Zeno, répondant avec vivacité, parfois avec humour, aux besoins vocaux. En même temps, le nombre des scènes est passé de 43 à 52, celui des interventions orchestrales de 8 à 10 : deux airs supplémentaires ont donc été ajoutés aux rôles de Gualtiero, Costanza et Ottone, cinq à celui de Roberto. Les rôles de Costanza et Roberto sont beaucoup plus étoffés que dans l'original. En *sol* min., leur duo à 3/8, *« Bella mano »/« Destra cara »* (Belle main / Pure main droite, acte III, sc. 9), l'un des plus originaux de l'ouvrage, montre l'habileté contrapuntique du compositeur. Les arias de Griselda rivalisent de richesse et d'invention. Dans *« Figlio ! tiranno ! oh Dio »* (Mon fils ! Un tyran ! Oh Dieu ! acte II, sc. 4), son désespoir explose lorsque Ottone décide d'épargner son fils si elle cède à ses avances. Avec beaucoup d'ingéniosité, Scarlatti fait d'une aria conventionnelle le véhicule des appels les plus passionnés.

Le trio *« Ti voglio sempre amar »/« Ti voglio sempre odiar »/« Ed io sempre fedele »* (Je veux t'aimer toujours / Je veux te haïr toujours / Et je veux t'être toujours fidèle, acte II, sc. 17, Griselda, Gualtiero, Costanza) est un autre sommet de l'opéra. Tandis que Gualtiero et Costanza chantent dans le mode majeur sur un même schéma, Griselda exprime son amour en mineur, sur une mélodie aux nombreux chromatismes et intervalles diminués. Les deux hautbois ponctuent l'énoncé de chaque phrase.

Émanation du peuple, le chœur n'intervient qu'à deux reprises, au tout début, pour acclamer Gualtiero, et à la fin, pour proclamer sa joie de voir les époux réunis.

Malgré le respect dû à un compositeur autrefois populaire toujours admiré comme auteur de musique religieuse, *Griselda* fut accueillie de façon réservée par le public romain qui la jugea dépassée. L'ouvrage n'a pas fait carrière, bien qu'il ait été repris à Naples en 1970.

Sources et éditions modernes — Ms. autographe (actes I et III), Londres, British Library ; copies mss, Bruxelles, Berlin, Münster — Par D. Drechsler, Kassel 1960 ; par D. J. Grout et E. B. Hughes, The Operas of Scarlatti, n° 3, Cambridge (Mass.), Harvard Univ. Press, 1975.

Bibliographie — H. Junker, Zwei Griselda Opern, *in* Fs. zum 50. Geburtstag A. Sandberger, Munich 1918 ; D. J. Grout, La Griselda di Zeno e il libretto dell'opera di Scarlatti, *in* NRMI II/2, 1968 ; S. H. Hansell, The cadence in 18th-century recitative, *in* MQ LIV/2, 1968 ; Br. Trowell, Scarlatti and Griselda, *in* MT CIX, juin 1968 ; D. J. Grout, The Original Version of A. Scarlatti's Griselda, *in* Essays on Opera and English Music in Honour of Sir J. Westrup, Oxford 1975 ; voir aussi la bibliogr. de l'art. *Tigrane*.

N. Bertrand

Griselda ossia La virtù al cimento (Griselda ou la Vertu à l'épreuve), « dramma in musica » en 2 actes, livret d'Angelo Anelli d'après un conte de Boccace, musique de **Ferdinando Paër**, créé à Parme, au théâtre de la cour, en janv. 1796 (1798 ?). L'ouvrage a été représenté pour la première fois à Paris, au Théâtre-Italien, le 18 juin 1803. (Réd. cht et p., Bonn, Simrock [1815 ?].)

Régulièrement donné en Italie jusqu'en 1832, traduit en sept langues, cet opéra écrit en une quinzaine de jours a été accueilli brillamment dans toute l'Europe où il était considéré comme l'un des plus célèbres de Paër. Agé de 27 ans, le compositeur se conforme au modèle imposé par ses prédécesseurs (D. Cimarosa, G. Paisiello ou P. A. Guglielmi), auquel il apporte cependant quelques innovations.

Livret — Acte I. Pour mesurer la vertu de sa femme Griselda (sop.), fille du paysan Giannucolo (basse), le Marquis (ténor) la met à l'épreuve en la répudiant. Il se distrait d'abord avec sa servante Lisetta (sop.) qui lui chante une chanson. Arrivent sa sœur, la Duchesse (sop.), et Doristella (sop.). Griselda avoue qu'elle préfère subir son mari plutôt que retourner auprès de ses brebis. Le Marquis la renvoie pourtant chez son père.

Acte II. Lisetta revêt les habits de Griselda car elle espère épouser le Marquis. Ce dernier annonce son mariage avec Doristella et demande à Griselda de venir préparer ses noces. Lesbino (ténor), intendant du Marquis, propose le mariage à Griselda qui refuse. Elle se sent défaillir tandis qu'elle achève la préparation du lit nuptial. Devant tant de douleur, le Marquis prend pitié et dévoile la vérité. Doristella est sa fille et Griselda restera sa femme. Tout le monde fête cet heureux dénouement.

Le sujet de *Griselda*, qui remonte à la littérature médiévale, fut adapté de nombreuses fois pour la scène italienne, notamment par A. Zeno (voir l'art. précédent). Le livret d'A. Anelli, déjà traité par N. Piccinni en 1793, reste fidèle à la légende mais perd malheureusement ses caractères les plus dramatiques pour devenir une succession de situations sans grande cohérence, parfois caricaturales : la résignation de Griselda est exagérée ; la naïveté paysanne de Giannucolo ou la légèreté de la soubrette Lisetta ont affadi la beauté du texte de Boccace. Mais il est vrai que le public italien faisait peu de cas du livret et s'attachait davantage à la musique et aux prouesses vocales.

Lors de la création parisienne, les critiques reconnurent la beauté des accompagnements orchestraux et la difficulté vocale de certains airs. Dès l'ouverture, l'instrumentation est en effet particulièrement travaillée, avec des thèmes souvent confiés aux vents. Il en va de même des ritournelles qui introduisent les airs, en particulier celle qui précède *« A lei che adoro »* (O doux présage, acte II, Lesbino), confiée aux flûtes, cor et basson. Le hautbois accompagnant l'air du Marquis, *« Fedel, sincera e docile »* (Fidèle, sincère et docile, acte I), ou encore le violon obligé dans la scène de Griselda (acte II) contribuent au charme des mélodies. L'orchestre est en général très présent tout au long de l'opéra.

Dans les scènes pastorales, les airs restent attachés à la tradition napolitaine. Volontiers répétitive, la mélodie simple repose sur une harmonie sobre. C'est le cas dans la cavatine de Lesbino déjà citée, qui restera très populaire. Notons que l'air de Giannucolo, *« Alla natia capanna »* (Reviens dans ma chaumière, acte I), dont le style est très proche de la barcarolle vénitienne, porterait la signature de J. Weigl et non de Paër, habitude fréquente à cette époque.

Dans les autres scènes, le compositeur ne renonce pas pour autant à la difficulté vocale, laissant ainsi présager Rossini, son futur rival. Le rôle de Griselda s'inscrit dans une nette progression dramatique et musicale. Dans sa cavatine de l'acte I, *« Voi d'amante o dolci affetti »* (Doux sentiments d'amour qui régnez dans mon cœur), les vocalises soulignant les mots relatifs au bonheur passé restent décoratives. Elles sont plus nombreuses et presque superflues dans son duo avec Giannucolo, *« L'augel che sta sul nido »* (L'oiseau qu'on voit paraître, acte II), où l'évocation pastorale se serait accommodée de plus de simplicité. Les roulades jouent un rôle plus dramatique dans la querelle de Griselda et Lisetta, *« Vederlo sol bramo contento e felice »* (Tout ce que je désire est de voir le marquis heureux, ibid.), où s'opposent l'ironie d'une femme de qualité à l'argumentation d'une servante effrontée. Enfin, dans la scène et rondeau du même acte où Griselda se voit contrainte de préparer le lit nuptial, la ligne vocale se déchire pour laisser la place à des vocalises difficiles atteignant fréquemment le contre-*ut*. L'expression dramatique passe donc ici par la difficulté technique.

La conception générale de l'opéra manifeste de ce fait un certain déséquilibre. L'acte I apparaît comme une succession d'airs présentant chaque personnage. Seul le finale, bien construit, avec une intervention « mezza voce » des chœurs du plus bel effet, fait avancer l'action. Beaucoup plus court, l'acte II favorise les ensembles (du duo au sextuor) dont la difficulté croissante débouche sur un finale très brillant. Cette tension est malheureusement annulée par le dernier chœur homophone, *« L'allegrezza ed il contento »* (L'allégresse et les plaisirs).

Conservant parfois l'emphase des lignes vocales de Gluck, Paër commence à développer les morceaux de bravoure qui deviendront à la mode au début du XIXe siècle. L'orchestre concourt à cette virtuosité et prend des couleurs beethoveniennes. En ce sens, *Griselda* est le parfait reflet d'une époque en mutation où se laissent pressentir des influences étrangères.

Bibliographie — Correspondance des amateurs musiciens, n° 31, 25 juin 1803, et n° 33, 9 juil. 1803, facs. Genève, Minkoff, 1972 ; T. Masse et A. Deschamps, MM. Paër et Rossini, Paris 1820 ; Stendhal, Vie de Rossini, Paris 1824, rééd. Paris, Éd. d'aujourd'hui, 1978, trad. angl. 1956, 2/Londres, Calder et Boyars, 1970 ; M. Paër, ex-directeur du Théâtre royal italien, à MM. les dilettanti, pamphlet daté du 15 juil. 1827 ; R. Engländer, F. Paër als sächsicher Hofkapellmeister, *in* Neues Archiv für sächsische Geschichte, 1929 ; G. Tebaldini, F. Paër, *in* Aurea Parma II, 1939.

P. Huet-Parrinello

(Die) grossmütige Tomyris (La Générosité de Tomyris), opéra en 3 actes, livret de Joachim Hoë, musique de **Reinhard Keiser**, créé à Hambourg, Oper am Gänsemarkt, fin juil. 1717.

Livret — L'action se déroule en 528 av. J.-C., au royaume des Scythes. — Acte I. La cour luxueuse du temple de Mars. Les Scythes et les Massagètes fêtent l'anniversaire de leur victoire commune sur le roi de Perse Cyrus. Les princes vainqueurs Policares (ténor) et Doraspe (basse) prétendent tous deux à la main de Tomyris, reine des Massagètes (sop.), laquelle avait promis d'épouser l'un d'eux en cas de victoire. Mais Tomyris demande un délai pour se décider : en réalité elle aime son jeune général Tigranes (ténor), qui de son côté soupire après Méroé (sop.), fille du roi Cyrus qu'il avait lui-même abattu. Tigranes croit Méroé morte elle aussi, mais elle est vivante et s'introduit incognito à la cour scythe pour venger Cyrus. Méroé et son fiancé Latyrus (ténor) se font passer pour des mages persans et prouvent leur don divinatoire en jetant à la face de Tomyris sa passion secrète pour Tigranes. — Une sombre forêt avec des cavernes. Tigranes fait appel aux deux mages pour évoquer l'âme de Méroé, mais il n'en croit pas ses yeux lorsque la vraie Méroé émerge du fantôme attendu. La jeune fille rappelle à Tigranes le sentiment qu'elle éprouvait naguère pour lui, et exige comme gage de fidélité que son ancien amant trahisse Tomyris en transmettant un ordre de marche aux troupes perses cantonnées à la frontière. Tigranes espère, grâce à un contrordre envoyé ensuite secrètement, demeurer fidèle en même temps à Méroé et à Tomyris.

Acte II. Une grande salle. Tandis qu'ils fêtent leur victoire, les deux rois nourrissent de vains espoirs au sujet de Tomyris. — Les jardins royaux. Comme elle s'y attendait, Méroé déguisée doit se faire entremetteuse de Tomyris auprès de Tigranes : la jalousie attise son désir de vengeance. — Une galerie dans un jardin. Épuisée par son tourment amoureux, Tomyris s'enfonce dans un profond sommeil au cours duquel lui apparaissent des figures menaçantes. Le songe devient réalité quand Tomyris voit Méroé tenter de l'assassiner : Tigranes la retient mais c'est lui qui apparaît alors comme le meurtrier.

Acte III. La cour de justice. Lors du procès, Tigranes plaide non coupable, mais il ne peut dévoiler la vérité sans accabler Méroé. Comme en outre on apprend qu'il a envoyé un ordre de marche à l'armée perse, Tomyris se voit contrainte de le condamner à mort. — En prison. Tigranes se déclare prêt à mourir pour Méroé, et Tomyris ne parvient pas à le convaincre de fuir, fort qu'il est de sa bonne conscience. Méroé, quant à elle, hésite entre son amour et sa volonté de vengeance. — Le lieu de l'éxécution. Tandis que Tigranes, attaché au poteau, s'apprête à mourir le corps transpercé de flèches, Méroé se déclare coupable in extremis. Par ailleurs, le contrordre de Tigranes achève de la disculper mais accuse Méroé. Cependant, il se révèle que Tigranes n'est autre que le fils disparu de Tomyris ; son mariage avec Méroé réconciliera les peuples perse et scythe, et Tomyris se résout de bonne grâce à épouser Policares.

Selon l'usage hambourgeois, ce livret a été tiré par J. Hoë d'un modèle vénitien librement adapté, *L'amor di figlio non conosciuto* (L'Amour pour le fils inconnu) de Domenico Lalli, écrit en 1715 pour T. Albinoni. La version allemande conserve 13 des 29 arias du texte italien original, panachage linguistique coutumier pour les opéras hambourgeois. La qualité littéraire n'égale pas celle des précédents livrets mis en musique par Keiser, ce qui est dû au fait que *Tomyris* obéit déjà aux principes de la réforme dramatique (« Librettoreform ») suscitée par Zeno, Pariati, Silvani et autres auteurs. L'action répond au goût hambourgeois pour le grand spectacle : elle comporte des scènes populaires avec grand chœur, des éléments fantastiques requérant des effets visuels et l'emploi de danseurs, ainsi qu'une scène d'exécution représentée de manière réaliste : d'autres motifs dramatiques proviennent de l'opéra vénitien du XVIIe s. (le complot de Méroé rappelle → *L'incoronazione di Poppea* de Cl. Monteverdi). Toutefois, l'œuvre néglige le trait vénitien le plus caractéristique des opéras hambourgeois, à savoir le mélange de tragique et de comique grâce à l'intrusion, selon un esprit shakespearien, de la « figure comique » propre à faire diversion au sein de l'intrigue tragique. Le ton de *Tomyris* est donc uniformément sérieux, non pourtant sans quelques nuances d'ironie comme dans l'opéra vénitien « héroï-comique ». Il s'agit donc déjà, contrairement aux opéras antérieurs de Keiser, d'un spécimen d'« opera seria » du XVIIIe s., les rôles comiques étant depuis la « Librettoreform » relégués dans les intermezzi. *Tomyris* représenterait ainsi, selon K. Zelm, une contribution spécifiquement nord-allemande à ce nouveau genre.

La forme même du drame donne lieu à des conclusions analogues, bien que les scènes de chœur et de ballet où se décèle une influence française soient étrangères à l'« opera seria ». Mais la réduction des formes vocales libres (arioso, lied strophique, etc.) à une dualité tranchée d'arias et de récitatifs apparaît significative à cet égard et distingue *Tomyris* des précédents opéras de Keiser. Par ailleurs, le style musical présente toutes les particularités que J. Mattheson, G. Ph. Telemann, J. J. Quantz et J. A. Scheibe admiraient chez Keiser : à la fin du XVIIIe s. encore, J. Fr. Reichardt considérait l'une des arias de *Tomyris* (acte II, n° 14) comme un modèle de composition vocale. De fait, maintes arias de cet opéra préfigurent le style classique viennois par la simplicité de leur mélodie diatonique et l'équilibre de leurs périodes, à la différence du style plus instrumental des arias de G. Fr. Haendel et de J. S. Bach. Keiser n'en recourt pas moins parfois à de brillantes vocalises pour mettre en valeur la virtuosité de certains chanteurs (p. ex. la prima donna M. S. Kayser dans le rôle-titre). La manière propre de Keiser se reconnaît en outre dans une rythmique originale, jamais banale, ainsi que dans une orchestration recherchée (avec des effets concertants des cordes et des vents et un emploi ingénieux de l'ostinato) qui annonce parfois Chr. W. Gluck. D'autre part, l'expressivité des récitatifs fait songer à J. S. Bach, l'inspiration mélodique à G. Fr. Haendel, la simplicité du style et l'orchestration à G. Ph. Telemann. Il n'en faudrait pas méconnaître pour autant la puissance dramatique de plusieurs arias (acte II, n° 10 ; acte III, n° 7), lesquelles prouvent que Keiser est davantage qu'un compositeur « agréable » comme on le voyait au XIXe siècle. Au contraire, la diversité des affects et l'interdépendance de ceux-ci et de l'action dramatique constituent une norme fondamentale pour l'opéra baroque hambourgeois. La musique de *Tomyris* traduit l'effort pour trouver des solutions inédites à l'expression standardisée des affects baroques. Par là, *Tomyris* échappe au schématisme stéréotypé de nombreux opéras contemporains, encore qu'on puisse ne pas obligatoirement se rallier à l'opinion de K. Zelm pour qui cet opéra est le chef-d'œuvre de Keiser.

Le succès rencontré à son époque par *Tomyris* s'est concrétisé par de fréquentes reprises à Hambourg et ailleurs. L'œuvre a été également reprise de nos jours.

Sources — — **a)** Livret : Hambourg 1717, 1723 ; Wolfenbüttel 1720, 1724. — **b)** Musique : 2 copies avec annotations autographes, Berlin, Staatsbibl. Preussischer Kulturbesitz, Mus. Ms. 11488 et 11488/1.

Éditions — Par K. ZELM, Munich, G. Henle, 1975.

Bibliographie — **a)** Sur l'opéra hambourgeois : voir la bibliogr. de l'art. *Pimpinone*. — **b)** Sur l'opéra de Keiser en général : H. LEICHTENTRITT, R. Keiser in seinen Opern (diss. Berlin, 1902) ; W. SCHULZE, Die Quellen der Hamburger Barockoper, Hambourg 1938, p. 38 et suiv. ; H. CHR. WOLFF, Die Barockoper in Hamburg (1678-1738), Wolfenbüttel 1957, vol. I, pp. 240-283, vol. II, pp. 72-115 ; K. ZELM, Die Opern R. Keisers, Salzbourg et Munich, Katzbichler, 1975 ; J. D. ARNN, Text, music and drama in three operas by R. Keiser (diss. State Univ. of New Jersey, New Brunswick 1987. — **c)** Sur *Tomyris* : K. ZELM, Kritischer Bericht (voir ci-dessus, Éditions) ; comptes rendus de l'éd. par R. BRENNER *in* JAMS XXX, 1977, H. CHR. WOLFF *in* Mf XXXI, 1978 ; K. ZELM, Zur Verarbeitung italienischer Stoffe auf der Hamburger Gänsemarkt-Oper, *in* Hamburger Jb. für Mw. V, 1981 ; N. BOLIN, Ein Königliches Spiel oder die Innenwelt der Aussenwelt, *in* Texte de présentation du disque EMI Electrola 1988 ; K. ZELM, art. Die grossmütige Tomyris, *in* Pipers Enzyklopädie des Musiktheaters III, Munich, Piper, 1989.

K. BÖHMER

(LA) GROTTA DI TROFONIO (La Grotte de Trophonius), « opera comica » en 2 actes, livret de Giovanni Battista Casti d'après le 9e Livre de la *Périégèse ou Description de la Grèce* de Pausanias, musique d'**Antonio Salieri**, créé à Vienne, au Burgtheater, le 12 oct. 1785. (Vienne, Artaria, [1786].) Quelques mois avant la création de *Prima la musica, poi le parole* (La musique d'abord, les paroles ensuite, 7 févr. 1786), ouvrage satirique sur le monde de l'opéra, *La grotta di Trofonio* fut un succès pour Salieri et son poète. L'œuvre a été représentée à Versailles le 12 juin 1788, sous le titre *La Grotte de Trofonio* (texte fr. de Paul-Ulric Dubuisson), puis en italien au Théâtre de Monsieur le 15 mars 1790. La Comédie-Italienne refusa en mars 1790 une *Antre de Trophonius*, sans doute la version française de Pierre-Louis Moline.

LIVRET — En Boétie près de Lebadeia, dans la maison de campagne d'Aristone et dans le bois tout proche où se trouve l'antre de Trofonio (basse), réputée pour changer l'humeur de ceux qui la fréquentent. Artemidoro (ténor) et Plistene (ténor) sont fiancés aux deux filles d'Aristone (basse). Leur passage dans la grotte transforme leur caractère : le gai Artemidoro devient pensif et triste tandis que le méditatif Plistene rayonne de joie et d'insouciance. Leurs amantes Ofelia (sop.) et Dori (sop.), fâchées de cette métamorphose, les repoussent. Un nouveau passage dans la caverne leur rend cependant leur caractère d'origine. A leur tour, les jeunes filles fréquentent l'antre du devin... Tous ces événements poussent Aristone à consulter l'oracle. Trofonio lui explique ce qui s'est passé pour mettre fin à toute équivoque. La pièce se termine joyeusement.

Le livret de l'opéra diffère en partie du mélodrame publié dans les œuvres théâtrales de Casti : les personnages portent d'autres noms ; plusieurs rôles ont disparu ; le déroulement de l'intrigue et le plan général des scènes sont modifiés. La pièce s'intègre parfaitement dans la production de Casti qui souhaitait écrire dix ou douze drames d'un genre tout à fait nouveau, mêlant le sérieux, l'héroïque et le tragique avec le comique, chaque fois que le sujet s'y prêtait.

Écrite dans le style mozartien, la Sinfonia introductive s'ouvre (Un poco adagio) avec le thème sur lequel Trofonio invoque les esprits des morts. L'Allegro qui suit présente trois thèmes qui structurent la pièce. Trait d'union entre Gluck et Mozart, Salieri révèle l'originalité de son art en plusieurs endroits de la partition. On relèvera en particulier le quatuor vocal des deux couples d'amants (*« Il diletto che in petto mi sento »*, Le plaisir que je ressens en mon sein, acte I), avec la superposition des styles mélancolique et grave d'Ofelia et Artemidoro, gai et brillant de Dori et Plistene, le tout disposé de façon parfaitement équilibrée. Le rondeau d'Ofelia, « D'un dolce amor.. » (La flamme d'un doux amour brûle aussi en mon cœur, ibid.), qui doit son élan expressif à des mouvements chromatiques très raffinés, se situe encore dans le sillage mozartien (rappelons que *Le nozze di Figaro* seront créées l'année suivante). Bissé à chaque représentation, le trio « *Venite o donne meco* » (O femmes, venez avec moi, acte II) doit son succès à sa finesse et à son élégance mélodiques. L'inspiration gluckiste apparaît plus nettement dans l'invocation de Trofonio aux esprits invisibles (*« Spirti invisibili... »*, Esprits invisibles qui faites naître les éclairs, acte I), dans l'aria d'Artemidoro qui suit (*« Di questo bosco ombroso... »*, A l'aspect solitaire de ce bois ombragé, ibid.), écrite dans l'esprit de celle de Rinaldo dans *Armida* (1771), ainsi que dans les récitatifs, le rythme et la couleur instrumentale. La fin de l'opéra appartient à cette même esthétique, surtout quand les démons chantent d'un ton mystérieux : « Trofonio nel cupo di questo dirupo... » (Dans l'obscurité de ce précipice, Trofonio accomplit des actes prodigieux). L'ombre de Cagliostro plane sur les scènes de magie, fréquentes dans les ouvrages scéniques de la fin du XVIIIe siècle. Seule la légèreté avec laquelle est présentée la succession des faits contribue au comique, dont le retentissement sur le public était sans doute moins fort que la satire de la magie. Salieri lui-même reconnaissait à sa musique un « style insolite ».

Il n'est pas sans intérêt de noter qu'un ouvrage du même titre de **Giovanni Paisiello** sur un livret de Giuseppe Palomba (tiré de G. B. Casti) sera créé à Naples, au Teatro de' Fiorentini, en déc. 1785. Les personnages diffèrent légèrement et l'intrigue est adaptée au goût du public napolitain, bien différent du viennois. Paisiello compose un « opera buffa » des plus traditionnels, un divertissement qui privilégie les mélodies chantantes propres à séduire le public.

Bibliographie — Calendrier Musical Universel, 1789, p. 131 ; Journal Général de France, 18 mars 1790 ; A. von Hermann, A. Salieri. Eine Studie zur Geschichte seines Künstlerischen Wirkens, Vienne 1897 ; R. Zanetti, La musica italiana nel Settecento, Busto Arsizio 1976, vol. 3, pp. 1458-60 ; voir aussi la bibliogr. de l'art *(Les) Danaïdes*.

A. Braga

Gruppe aus dem Tartarus (Groupe surgi du Tartare), lied pour voix et piano de **Franz Schubert** (D 583), sur une poésie de Schiller, composé en sept. 1817 (éd. 27 oct. 1823 à Vienne). La première exécution eut lieu le 8 mars 1821 au Musikverein de Vienne. Schubert avait tenté une première version en mars 1816, mais abandonna son projet à la 14e mesure (D 396). Brahms a réalisé une version pour chœur monodique de voix d'hommes et orchestre de la version définitive.

La poésie de Schiller, fortement imprégnée d'atmosphère « Sturm und Drang », dépeint dans une langue forte et pathétique les tourments des damnés en enfer. Schubert dramatisera encore davantage le contenu poétique et le moulera dans une forme continue (« durchkomponiert ») sans aucun rappel de motif. Dès le départ, il crée une atmosphère terrifiante grâce à des trémolos au piano qui amènent une triple progression chromatique impressionnante. La voix, partant d'un *ré* grave répété avec insistance, finit par se joindre à cette montée chromatique en gravissant à chaque mesure un nouveau demi-ton. Le texte, évoquant les soupirs et gémissements des damnés, ne pouvait trouver une traduction plus pathétique.

Pour la strophe médiane — correspondant à la section II — le décor change : un rythme crétique insistant (♪. ♪ ♩) accompagne une audacieuse progression d'accords de quinte augmentée par chromatisme ascendant qui fait penser à *La Walkyrie* et qui, ici, évoque les souffrances endurées au Tartare. Schubert scinde en deux la dernière strophe. Il répète les deux premiers vers afin d'obtenir une section distincte et procède de même avec les deux derniers vers. En fait, toute la section III — avec son chromatisme ascendant qui gémit dans le registre grave de la voix — n'est qu'une lente et savante préparation à l'accord de *do* maj. qui éclate comme un coup de tonnerre en début de dernière section et met brusquement un terme aux espoirs des damnés de voir leurs peines bientôt terminées. « Ewigkeit » (Éternité) clame par trois fois la voix sur un terrible saut d'octave qui rappelle les accents que Wagner saura donner à Erda dans sa *Tétralogie* : c'est pour l'éternité que les tourments doivent être subis. Et pour bien marquer qu'aucun espoir n'est permis, Schubert termine son morceau en *do* min. en confiant au postlude pianistique des gammes mineures descendantes, inversement symétriques des gammes ascendantes du début. Et alors qu'il avait su tirer du piano de terribles sonorités orchestrales, il apaise de plus en plus son discours et termine pianissimo, dans un souffle.

Si d'habitude Schubert n'a guère été heureux dans ses nombreuses mises en musique de ballades de Schiller, il a réalisé ici une fresque grandiose qui fait éclater le cadre habituel du lied et qui préfigure fortement le Wagner de *La Tétralogie*. On comprend que Brahms ait été tenté d'en donner une version orchestrale.

Bibliographie — J. M. Stein, Poem and music in the german lied from Gluck to H. Wolf, Cambridge (Mass.), Harvard Univ. Press, 1971, pp. 60-61 ; Br. Massin, Fr. Schubert, Paris, Fayard, 1977, pp. 786-787.

S. Gut

Guercœur, op. 12, tragédie en musique en 3 actes, texte (prose rythmée) et musique d'**Albéric Magnard**, composée entre 1897 et 1900, dédiée à la mémoire de son père ; création en concert de l'acte I à Nancy, le 23 févr. 1908, sous la dir. de Guy Ropartz, de l'acte III à Paris, aux Concerts Colonne, le 18 déc. 1910 ; 1re représentation posthume à l'Opéra de Paris, le 24 avr. 1931, l'orchestration des actes I et III, perdue, ayant été reconstituée par G. Ropartz. (Paris, l'Auteur [L'Émancipatrice, imprimerie communiste], 1904 ; durée : 3 h environ.)

Livret — Acte I. *Les Regrets.* Dans un paysage de rêve au ciel. 1. Guercœur (bar.), entouré d'ombres errantes, chante son regret de la vie. 2. Les ombres d'une femme (mezzo-sop.) et d'une vierge (sop.) lui rappellent l'inanité des passions humaines : seul le renoncement peut apporter le bonheur. 3. De même toute œuvre humaine, lui dit l'ombre d'un poète (ténor), est éphémère. 4. A l'éternelle paix, Guercœur préfère la vie, se souvenant de sa femme Giselle, de son disciple Heurtal, de son peuple qu'il a affranchi de la tyrannie ; il implore Vérité de le ramener sur terre. 5. Vérité (gd sop.) apparaît, accompagnée de Beauté (sop.), Bonté (mezzo-sop.) et Souffrance (contralto) ; Guercœur lui explique qu'il a eu pour idéal l'amour et la liberté mais que la mort l'a emporté alors qu'il touchait au but, Giselle lui ayant juré un amour éternel et Heurtal ayant achevé son œuvre libératrice ; Souffrance souhaite que Gercœur revive pour se purifier en expiant son orgueil et Vérité déclare qu'elle exaucera son vœu. 6. Vérité ranime le corps du héros. 7. Elle prie Bonté de veiller à son salut. 8. Bonté exprime sa compassion pour Guercœur.

Acte II. 1er Tableau. *Les Illusions.* 1. Guercœur se réveille au sommet d'une colline et salue la nature printanière, puis évoque ses souvenirs d'antan. 2. Deux chœurs de vierges, les illusions d'amour et de gloire, folâtrent autour de lui et lui font croire à la fidélité de Giselle et du peuple à son égard. Interlude symphonique. — 2e Tableau. *L'Amante*. 1. Dans l'ancienne demeure de Guercœur, Giselle (mezzo-sop.) et Heurtal (ténor) s'étreignent amoureusement, mais Giselle se repent de son infidélité. 2. On entend au-dehors le peuple clamer sa révolte. 3. Heurtal annonce à Giselle qu'il s'apprête à mater l'émeute et à devenir dictateur. 4. Restée seule, Giselle est en proie au remords lorsqu'elle entend des pas : Guercœur apparaît. 5. Celui-ci la rassure, mais elle lui apprend qu'elle aime Heurtal : désespoir de Guercœur, qui accepte cependant de pardonner. 6. Heurtal rentre et se jette sur Guercœur, qui s'en va. 7. Heurtal ranime Giselle évanouie ; il a eu affaire à un imposteur, croit-il, tandis que son amante pense avoir rêvé et, heureuse du pardon obtenu, se donne à lui. Interlude symphonique. — 3e Tableau. *Le Peuple*. 1. Sur la place publique de la ville dévastée, les femmes demandent du pain pendant que les hommes, à l'intérieur de l'hôtel de ville, se querellent pour ou contre Heurtal. 2. Guercœur, témoin de la scène, manifeste son amertume. 3. Les hommes sortent sur la place, Heurtal à leur tête qui harangue la foule. Les deux partis vont s'affronter lorsque Guercœur tente de les arrêter et de les ramener à la raison : tous le honnissent et le mettent à mort avant de se battre entre eux ; les partisans de Heurtal l'emportent. 4. Heurtal, nouveau dictateur, est acclamé. 5. Guercœur, agonisant, implore le pardon de son orgueil.

Acte III. *L'Espoir*. (Prélude symphonique). 1. Dans le même paysage qu'à l'acte I, Bonté et les Ombres s'apprêtent à accueillir Guercœur. 2. L'ombre du héros, soutenu par Souffrance, apparaît. 3. Vérité pardonne à Guercœur : l'oubli, dit-elle, lui apportera la délivrance ; Guercœur reconnaît avoir compris les bienfaits de Souffrance. Devant la vision symbolique de l'Humanité future, Vérité prédit qu'un âge viendra où la Raison unie à la Foi fera triompher l'amour et la liberté pour l'esprit, « terme de la matière », qui connaîtra alors un bonheur sans mélange ; ce temps est encore lointain, mais gloire à ceux qui comme Guercœur l'ont devancé !

A l'instar d'autres opéras composés par des disciples de C. Franck, notamment V. d'Indy et E. Chausson, *Guercœur* adopte une conception dramatique et un langage d'essence wagnérienne au service d'aspirations nobles, dont la spiritualité se veut ici — par-delà l'affabulation allégorique — humaine et laïque, conformément aux convictions profondes du musicien. Le ressort du drame réside en effet dans l'antithèse entre le monde de l'idéal (le paradis de Vérité) et celui de l'humanité moyenne qui l'ignore pour se vouer aux passions et à l'action illusoires. Antithèse traduite par la structure symétrique des trois actes et par maints éléments du langage, à commencer par le choix rigoureux des tonalités, bémolisées pour le ciel (acte I en *mi* ♭ et III en *la* ♭), diésées pour la terre (acte II en *si*). Les thèmes conducteurs illustrent et nuancent cette opposition fondamentale. Assez nombreux, ils s'intègrent à une trame sonore d'un contrepoint parfois complexe et se rattachent à des idées ou sentiments généraux (amour, bonté, renoncement, souffrance, ambition, etc.) plutôt qu'aux personnages eux-mêmes. Quelques points de repère, aisément décelables, facilitent la tâche de l'auditeur, notamment dans le domaine du rythme : ainsi les expressions diverses de l'idéal correspondent à un mouvement calme et régulier, alors que les passions humaines suscitent des rythmes pointés et que les triolets de croches suggèrent ce qui est faux et va à l'encontre de l'idéal. Les sentiments amoureux s'épanchent d'autre part en des thèmes d'un lyrisme très romantique, éventuellement troublé par les tensions harmoniques d'un chromatisme qui représente l'une des constantes stylistiques de l'œuvre. Le diatonisme, par contraste, évoque la parfaite sérénité des espaces célestes et des nobles idéaux (tel le thème du renoncement qui est pentatonique), ou, au début du 2e acte, l'atmosphère champêtre du décor.

Œuvre très représentative de son époque, comme de la personnalité de son auteur, *Guercœur* n'en possède pas moins une valeur durable par la qualité purement musicale et par l'élévation du style, ainsi que par la maîtrise de la réalisation.

Bibliographie — G. Carraud, La vie, l'œuvre et la mort d'A. Magnard, Paris 1921 ; Zodiaque, n° 147, 1986 (consacré à A. Magnard).

J. Viret

(La) Guerre (La Bataille de Marignan), chanson à 4 voix et en 2 parties de **Clément Janequin**. Si c'est bien pour célébrer la victoire de François Ier sur les Milanais et leurs troupes suisses, à Marignan en sept. 1515, que Janequin écrivit la fameuse *Chanson de la Guerre*, l'œuvre ne fut publiée à Paris qu'en 1528, dans les *Chansons de Maistre Clément Janequin*. Ce n'est guère que dans une tablature de luth italienne de 1540 qu'elle apparaît avec le titre, depuis fort répandu, de *Bataglia de Maregnano* : on la trouve aussi souvent désignée comme *Bataille*. Janequin n'est pas le premier à utiliser un argument militaire dans la musique vocale : déjà au XIVe s. de nombreuses « caccie » italiennes avaient exploité des appels guerriers ou des sonneries de fanfare. Le titre *A la bataglia* apparaît dans une œuvre instrumentale de H. Isaac. Mais c'est surtout dans une chanson anonyme italienne à 3 voix (Ms. Pixerécourt, Paris, BN, fr. 15123) qu'on trouve déjà un usage imitatif des cris de combat, dans la manière du « quodlibet » de la fin du XVe s.

Écrite dans le ton de *fa* — beaucoup d'éditions modernes à usage choral la transposent en *la* maj. —, la chanson de Janequin, à 4 voix dans sa version originale, se présente en deux parties. La « prima pars » constitue un véritable exorde, au cours duquel le ton impératif se déplace de l'auditeur (« Escoutez tous gentilz galloys »), spectateur du combat, aux acteurs de la bataille qui se prépare (« Bendez soudain gentils gascons, / Nobles, sautez dans les arçons »). Le texte, encore discursif, avec sa versification presque régulière (en octosyllabes à rimes plates) est développé dans un contrepoint qui conjugue la linéarité des imitations et les sonneries d'accords parfaits dans le style d'une fanfare (« Escoutez »). Mais, très vite, cette écriture contrapuntique est animée par une déclamation rapide dans le style des chansons narratives du compositeur (« Et orrez si bien escoutez / Des coups rués de tous côtés »). La variété de la déclamation crée des changements de tempo auxquels s'ajoutent les oppositions fréquentes de densité polyphonique et de métrique (binaire/ternaire) pour faire de ces préparatifs au combat un spectacle extrêmement vivant, dans lequel on discerne aussi quelques cris (« Alarme [...] Suyvez la couronne »). La « secunda pars » est d'une tout autre nature : de discursif, le texte devient tout d'un coup essentiellement onomatopéique. Le contrepoint s'y tisse de bruits divers habilement mélangés. Cette partie de la *Guerre*, qui a fait son succès, véritable archétype des musiques à programme, tient de la fricassée. Les cris de la bataille (« Tost à l'estandart [...] a mort a mort [...] courage ») s'y mêlent au bruit des armes (« von von patipatoc [...] trique trac [...] zin [...] zin ») et aux signaux musicaux. Janequin y reprend diverses sonneries de trompettes qui devaient être déjà en usage en 1515 ; ainsi le *Boute selle* du début correspond exactement à celui que M. Mersenne mentionne en 1626 parmi « ces chansons de la trompette, dont on use dans la Milice » (*Harmonie universelle* V, p. 264). Diverses batteries de tambours, françaises (comme « l'entrée de la Marche : Frère le le lan fan ») ou suisses (« Pon pon pon pon ») s'y ajoutent, contrepointées par les mélodies des trompettes ou des fifres. L'*Orchésographie* de Th. Arbeau atteste, là aussi, que l'œuvre de Janequin constitue l'un des premiers témoignages écrits des signaux militaires. Mais rythmes, bruits et onomatopées s'articulent de manière à tisser une trame narrative qui rend réellement présent le déroulement du combat, jusqu'à la retraite des Suisses.

Si l'on en croit Noël du Fail (*Contes d'Eutrapel*, 1585), « quand l'on chantait la chanson de la guerre faicte par Janequin devant ce grand Françoys, pour la victoire qu'il aurait eue sur les Suisses, il n'y avait celuy qui ne regardast si son épée tenoit au foureau et qui ne se haussast sur les orteils pour se rendre plus bragard et de la riche taille ». Le pouvoir évocateur des sons mais aussi la très forte charge émotionnelle de la réalité évoquée peuvent expliquer la descendance considérable laissée par cette œuvre. En 1545, T. Susato en publie à Anvers une version à laquelle **Ph. Verdelot** a ajouté une 5e voix « ad libitum ». Elle sera reprise à Paris, en 1559, dans *Le Verger de musique* édité par Le Roy et Ballard. Janequin compose également une messe parodie (*Missa « La Bataille »*, Lyon, J. Moderne, 1532), plus tard suivi dans cette voix par de nombreux compositeurs, notamment espagnols (**Guerrero**, **Victoria**, **Esquivel**). Mais si la *Guerre* engendre de nombreuses imitations dans la musique vocale — en particulier une *Bataglia Taliana* de **M. Werrecoren**, → *La Prise de Calais* de **G. Costeley** et même une *Guerre marine* de **Desbordes** —, elle donne également naissance à un véritable genre instrumental, sous la forme internationale des *Bataille*, *Bataglia* et autres *Battel* : simples transcriptions pour instruments polyphoniques (**Fr. da Milano**, au luth ; **J. de Lublin**, à l'orgue...) mais aussi répertoire chorégraphique (*Pavane « La Bataille »* chez Susato et J. Moderne, *Pavane* et *Gaillarde de la Guerre* chez Attaingnant...) et « canzoni » instrumentales (**A. Gabrieli**, **A. Padovano**). Dans la pratique musicale, la chanson de Janequin sera redécouverte dès le XIXe s. comme œuvre chorale, d'abord par A. Choron puis par le prince de la Moskova qui l'édite sous le titre *La Bataille de Marignan*, qui restera privilégié au XXe s..

Rééditions modernes — Par H. Expert *in* Maîtres Musiciens de la Renaissance française VII, Paris, A. Leduc, 1898, et *in* Extraits de Maîtres Musiciens..., Paris, Salabert ; par A. Tillman-Merritt et Fr. Lesure, *in* Cl. Janequin. Chansons polyphoniques, Monaco, L'Oiseau-Lyre, 1965-70.

Bibliographie — G. Kastner, Manuel général de musique militaire, Paris 1848, rééd. en facs. Genève, Minkoff, 1973 ; M. Brenet, Essai sur les origines de la musique descriptive, *in* RMI 1907-08, rééd. *in* Musique et musiciens de la vieille France, Paris 1911 ; J. Levron, Cl. Janequin, Paris 1948.

J.-P. Ouvrard

Guerre et Paix (*Voïna i mir*), op. 91, opéra en 2 parties et 13 tableaux, livret de S. Prokofiev et Myra Mendelssohn, son épouse, d'après le roman de Léon Tolstoï, musique de **Sergueï Prokofiev**. Commencé en 1941 et aussitôt perçu comme un sujet d'actualité brûlant en raison de la similitude des situations historiques entre les invasions napoléonienne et allemande, l'ouvrage connut une élaboration longue et complexe. Une première version en 11 tableaux fut achevée en 1943 ; elle fut jouée en réduction pour chant et piano à Moscou, à la Maison des Acteurs, le 16 oct. 1944, puis en concert, au Conservatoire de Moscou, le 7 juin 1945, sous la direction de Samuel Samosoud. Mais, entretemps, Prokofiev avait déjà remanié son texte initial et ajouté l'épigraphe choral qui commence l'opéra. Par la suite, sur la suggestion de S. Samosoud, il composa le tableau du bal (devenu le n° 2), où Natacha Rostova fait la connaissance d'Andreï Bolkonski. Les dimensions que prit l'ouvrage lui donnèrent l'idée de le répartir en deux soirées, la partie « paix », centrée sur les amours de Natacha, et la partie « guerre », mettant en scène la campagne de Russie de Napoléon. Les 8 premiers tableaux (la partie « paix » et le tableau des préparatifs de la bataille de la Moskova) furent créés à Leningrad, au Théâtre Maly, le 12 juin 1946, avec Mmes T. Lavrova (Natacha Rostova), V. Chestakova (Sonia), O. Golovina (Akhrossimova), MM. L. Petrov (Andreï Bolkonski), P. Jouravlenko (le vieux Bolkonski), O. Tchichko (Pierre Bezoukhov), F. Androukovitch (Kouraguine), V. Rounovski (Dolokhov), N. Boutiaguine (le maréchal Koutouzov). La représentation des tableaux restants était prévue pour la saison suivante ; dans cette perspective, Prokofiev composa encore un tableau, devenu le n° 10 (le conseil de guerre au village de Fili), ce qui portait donc à 13 le nombre définitif des tableaux de l'opéra. Cette 2e représentation ne put toutefois avoir lieu, car *Guerre et Paix* avait déplu aux censeurs de la culture soviétique — on entrait alors dans les années sombres du jdanovisme. Entre 1946 et 1948, puis encore au cours des cinq années qui lui restaient à vivre, Prokofiev continua à apporter retouches et améliorations à sa partition, mais il ne vit jamais l'ouvrage représenté intégralement. Onze tableaux furent donnés à Leningrad le 1er avril 1955, sous la direction de P. Grikourov, et les 13 tableaux à Moscou, au Théâtre Stanislavski, le 8 nov. 1957, sous la direction d'A. Chaverdov. On considère cependant que la 1re représentation véritablement intégrale, avec l'épigraphe choral, est celle du 15 déc. 1959, au Théâtre Bolchoï de Moscou, avec Mmes G. Vichnievskaïa (Natacha Rostova), I. Arkhipova (Hélène Bezoukhova), V. Klepatskaïa (Sonia), L. Avdeeva (Akhrossimova), MM. E. Kibkalo (Andreï Bolkonski), A. Vedernikov (le vieux Bolkonski), V. Petrov (Pierre Bezoukhov), A. Maslennikov (Kouraguine), G. Pankov (Dolokhov), A. Krivtchenia (Koutouzov), P. Lissitsian (Napoléon), sous la dir. d'A. Melik-Pachaïev.

L'opéra débute par une ouverture, à laquelle succède le bref épigraphe choral, un chant patriotique dont Prokofiev précise qu'il peut aussi remplacer l'ouverture, ou encore être exécuté avant le 8e tableau, c'est-à-dire au début de la seconde partie.

Première partie — 1er Tableau. Au domaine Otradnoïe, propriété des Rostov. Le soir, au balcon de sa fenêtre, Andreï Bolkonski (bar.), de passage chez les Rostov, se laisse aller à des réflexions pessimistes. Il entend soudain la jeune Natacha (sop.), fille de Rostov, parler avec sa cousine Sonia (mezzo-sop.) et s'exalter devant la beauté de la nuit. La conversation des jeunes filles le ramène à des pensées plus sereines. — 2e Tableau. Un bal chez un haut dignitaire. Le tableau s'ouvre par une polonaise. Le maître de maison introduit le comte Rostov (bar.-basse) et Natacha. Parmi les invités se trouvent la médisante Maria Akhrossimova (mezzo-sop.) et Pierre Bezoukhov (ténor). La fête bat son plein (chœur puis valse), mais Natacha est triste de ne voir personne s'intéresser à elle. Pierre Bezoukhov remarque son désarroi et suggère à Andreï Bolkonski de l'inviter. Ils dansent une valse **A**. Andreï se met à penser que Natacha pourrait devenir son épouse. — 3e Tableau. Chez le vieux Bolkonski (basse), père d'Andreï. Le comte Rostov amène Natacha qu'Andreï a demandée en mariage. Si la princesse Marie (mezzo-sop.), sœur d'Andreï, les reçoit avec une politesse forcée, le vieux Bolkonski leur fait mauvais accueil et s'oppose au projet

A Guerre et Paix

de son fils. Natacha repart déçue et mortifiée. — 4e Tableau. Un bal chez Pierre et Hélène Bezoukhov (contralto). Valse. Anatole Kouraguine (ténor), ami de Pierre, s'éprend de Natacha et lui déclare sa passion. Troublée, Natacha se fait rabrouer par sa cousine Sonia. — 5e Tableau. Dans le cabinet de Dolokhov (basse). Anatole Kouraguine fait part à son ami de son intention d'enlever Natacha. Dolokhov est sceptique : Kouraguine, en effet, est déjà marié ! Il lui donne néanmoins de l'argent. Kouraguine s'assure en outre la complicité de son fidèle cocher Balaga (basse), moyennant quelques verres de vin. — 6e Tableau. Chez Akhrossimova. Natacha attend l'arrivée de Kouraguine. Mais Akhrossimova, qui a eu vent de l'affaire, fait échouer la tentative d'enlèvement et sermonne durement la jeune fille. Dès son arrivée, Pierre Bezoukhov est mis au courant. Il commence à éprouver des sentiments pour Natacha. Celle-ci, ayant appris que Kouraguine est marié, est au désespoir et tente de s'empoisonner. — 7e Tableau. Chez Pierre Bezoukhov. Rentré chez lui, Pierre rencontre Kouraguine. S'ensuit une scène violente où Pierre l'oblige à rendre la lettre que Natacha lui avait écrite. Resté seul, Pierre s'adonne à des réflexions sur sa recherche d'idéal. Sa rêverie est interrompue par l'arrivée de Denissov (bar.-basse) qui annonce l'imminence de la guerre.

2e Partie — 8e Tableau. Avant la bataille de la Moskova. Les soldats construisent les fortifications et chantent un chœur patriotique. Ces préparatifs n'empêchent pas Andreï de penser toujours à Natacha. Pierre Bezoukhov paraît, venu pour voir la guerre de près. Des hourras annoncent l'arrivée du maréchal Koutouzov (basse), qui admire la détermination des soldats. Il propose à Andreï de venir servir dans l'état-major : Andreï refuse car il veut rester avec ses hommes. Un nouveau chœur est interrompu par les premiers coups de canon de la bataille. — 9e Tableau. Au quartier général de Napoléon. L'Empereur (bar.) savoure d'avance son entrée triomphale dans Moscou. Ses aides de camp lui apportent cependant de mauvaises nouvelles de la bataille et demandent de faire donner les réserves. Napoléon se rend compte que, cette fois, la victoire lui échappe. Un chœur de soldats russes retentit en coulisses. — 10e Tableau. Conseil de guerre au village de Fili, près de Moscou. Koutouzov est entouré de ses généraux. Chacun donne son avis sur la conduite à tenir. Faut-il livrer un nouveau combat ou laisser les Français continuer leur progression ? Koutouzov tranche. Il est favorable à un repli stratégique : en laissant l'ennemi entrer dans Moscou, il l'acculera plus sûrement au désastre. Resté seul, le maréchal chante son attachement à Moscou et sa certitude de la victoire (Grandiose dans les rayons du soleil) :

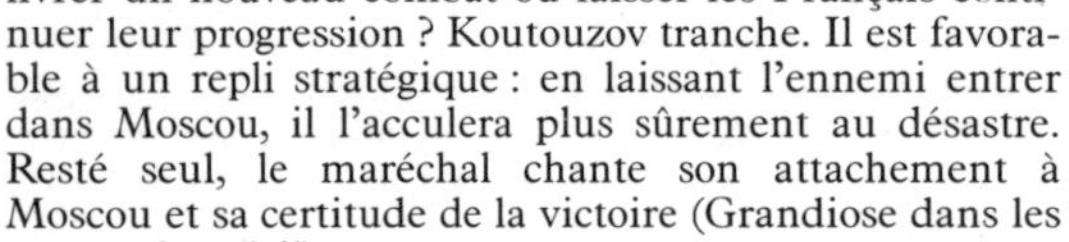

— 11e Tableau. Une rue de Moscou. Les Français affichent les ordres de l'Empereur tout en se livrant au pillage. Des Moscovites fuient la ville, chargés de baluchons. Un chœur du peuple témoigne de sa détermination à continuer le combat. Tandis que les Russes incendient la ville, Pierre Bezoukhov est amené, prisonnier. D'autres captifs russes sont fusillés. Pierre converse avec un soldat russe, Platon Karataiev (ténor) : « Le ver ronge le chou, mais il est le premier à en crever. — Ainsi disent les vieux. » Pendant ce temps, l'incendie s'étend et la confusion augmente. Napoléon surgit au moment où un immeuble en flammes s'effondre devant lui. Le tableau se termine sur un nouveau chœur, de plus en plus puissant et martial. — 12e Tableau. Une isba au village de Mytistchi, près de Moscou. Blessé, Andreï Bolkonski délire. Natacha Rostova entre et lui demande de lui pardonner. Andreï croit réentendre la valse qu'il avait dansée avec elle au 2e tableau. Le délire le reprend. Il agonise. — 13e Tableau. Sur la route de Smolensk. Dans la tempête de neige, les armées françaises battent en retraite en emmenant quelques prisonniers, dont Pierre Bezoukhov et Platon Karataiev. Ce dernier est abattu par un soldat du convoi, lequel tombe aussitôt après sous les balles des partisans russes, qui attaquent la colonne et libèrent les prisonniers. Denissov, chef des partisans, annonce la victoire. Avec Pierre, il fait le bilan des pertes subies dans leur entourage. Le maréchal Koutouzov remercie les soldats et le peuple pour leur courage. L'opéra se termine par un chœur qui reprend le thème de l'air de Koutouzov (2e ex. mus.). (Une 1re version du 13e tableau se terminait sur un chœur différent.)

Guerre et Paix emprunte à plusieurs œuvres antérieures de Prokofiev : l'introduction du 1er tableau, l'air de la valse du 4e tableau (pendant l'explication entre Natacha et Kouraguine) et l'arioso de Pierre Bezoukhov au 6e tableau sont tirés de la musique de scène pour *Eugène Onéguine* (1936) ; l'air du maréchal Koutouzov du 10e tableau provient d'un chœur de la musique du film *Ivan le Terrible*. Par ailleurs, Prokofiev, soucieux d'authenticité historique, s'est documenté sur les chansons militaires russes apparues à l'époque de l'invasion napoléonienne : la chanson des soldats du 8e tableau en est un exemple.

De dimensions colossales, cet opéra totalise le nombre inhabituel de 72 personnages, même si certains n'ont qu'une ou deux répliques, et si, dans de nombreux cas, un même chanteur tient plusieurs rôles. Tout en ne retenant que des fragments de l'épopée tolstoïenne, le livret en garde fidèlement l'esprit, tant en retraçant sans hâte, avec sensibilité et psychologie, les relations, attirances et conflits des personnages, qu'en brossant avec un puissant réalisme les tableaux guerriers. Les 7 premiers tableaux, qui font évoluer des personnages de la bonne société russe sur fond de valses, font dans une certaine mesure référence à l'esthétique de Tchaïkovski. En revanche, c'est aux opéras historiques du groupe des

Cinq que se rattachent les 8 tableaux de la guerre, pénétrés de patriotisme et d'accents populaires ; dans l'œuvre de Prokofiev, leurs antécédents immédiats auront été les musiques des films *Alexandre Nevski* et *Ivan le Terrible*. Musicalement, si l'essentiel du matériau thématique se trouve dans la partie orchestrale, et si l'on a pu reprocher à Prokofiev l'abondance de récitatifs (d'ailleurs justifiés par les besoins narratifs), l'écriture vocale n'en reste pas moins variée, passant souplement et avec aisance à l'arioso et à la cantilène. En cela, Prokofiev se montre, ici comme en d'autres circonstances, l'héritier de Moussorgski. Bien qu'assez rarement représenté en raison de sa difficulté, *Guerre et Paix* reste, en dépit de ses inégalités, l'un des monuments dramatiques du XXe siècle.

Éditions et rééditions — **a)** Vers. de 1943 : Moscou, Mouzfond SSSR, 1943 (part. d'orch.). — **b)** Vers. définitive : Œuvres complètes de Prokofiev, Moscou, Mouzgiz, 1958, vol. VI [1-3] (part. d'orch.), vol. VII [1-2] (réd. cht et p.), rééd. Moscou, Mouzyka, 1973.

Bibliographie — M. Sabinina, Voïna i mir, *in* Sovietskaïa Mouzyka 1953, n° 12 ; D. Lloyd-Jones, Prokofiev and the Opera, *in* Opera XIII, 1962 ; E. Mnatsakanova, Prokofiev i Tolstoï, *in* Mouzika i Sovremennost IV, 1966 ; R. McAllister, Prokofiev's Tolstoy Epic, *in* MT CXIII, sept. 1972 ; A. Volkov, Guerre et Paix de Prokofiev, essai d'analyse des versions de l'opéra, Moscou, Mouzyka, 1976 (en russe) ; M. H. Brown, Prokofiev's War and Peace : a Chronicle, *in* MQ LXIII/3, 1977 ; voir aussi la bibliogr. des art. *(L')* *Amour des trois oranges* et *(L')* *Ange de feu*.

A. Lischke

Guillaume Tell, opéra en 4 actes, livret de Victor Joseph Étienne Jouy et Hippolyte Bis d'après la pièce de théâtre *Wilhelm Tell* de Schiller, musique de **Gioachino Antonio Rossini**, créé à Paris, à l'Académie Royale de Musique, le 3 août 1829. (Durée : 5 h environ à la 1re représentation : 4 h environ avec les coupures du compositeur.)

Livret — Acte I. Bürglen, canton d'Uri. Le peuple célèbre le mariage de six couples de villageois mais le jeune Arnold (ténor) ne partage pas la joie universelle : il aime sans espoir. Guillaume Tell (bar.) médite sur l'oppression de son pays et gagne Arnold à la cause patriotique. La fête est interrompue par l'arrivée du berger Leuthold (bar.). En dépit de conditions périlleuses, Guillaume le conduit en un lieu sûr, à la fureur des soldats de Gessler, le gouverneur des cantons de Schwyz et d'Uri, lancés à sa poursuite. Par mesure de représailles, ils arrêtent Melchtal (basse), le père d'Arnold.

Acte II. Les hauteurs du Rütli. Arnold avoue son amour à Mathilde (sop.), princesse de la maison de Hapsbourg, et est ravi d'apprendre la réciprocité de son sentiment. Après le départ de la princesse, Guillaume et Walter (basse) lui apprennent l'exécution de son père et tous trois jurent de le venger. Bientôt, des hommes des trois cantons viennent les rejoindre pour tramer l'éviction des Autrichiens.

Acte III. Scène 1. Une vieille chapelle en ruine près d'Altorf. Arnold confie à Mathilde qu'il doit venger son père et, par conséquent, qu'il lui faut renoncer à l'espoir de l'épouser. — Scène 2. La grande place d'Altorf. Gessler (bar.) exige que le peuple se mette à genoux devant son chapeau. Guillaume s'y refuse, le tyran ordonne alors qu'en punition il transperce d'une flèche une pomme placée sur la tête de son fils Jemmy (sop.), Guillaume relève victorieusement le défi mais il est arrêté malgré cela. Mathilde prend Jemmy sous sa garde.

Acte IV. Près du chalet de Melchtal. Arnold et ses hommes s'arment et partent pour délivrer Guillaume. Mais celui-ci a échappé à ses gardiens et tue Gessler. Pendant ce temps, les troupes d'Arnold prennent Altorf. Arnold en apporte l'heureuse nouvelle et les Suisses se réjouissent de la liberté regagnée pour leur patrie.

Dernier opéra de Rossini, pour la première fois dans son œuvre entièrement original et sur un livret français, *Guillaume Tell* remporta un triomphe lors de sa création et devint rapidement le plus populaire des ouvrages sérieux de ce compositeur. Il est resté au répertoire de l'Opéra de Paris pendant plus d'un siècle, fut souvent représenté ailleurs et, de nos jours, continue à être donné de temps en temps. De plus, c'est un modèle important pour le « grand opéra » du XIXe siècle.

Le livret, écrit par Jouy et profondément remanié par Bis, a été vivement critiqué à cause de ses défauts littéraires de vocabulaire, de style et de plan dramatique. Néanmoins, il a offert à Rossini des situations pittoresques, des contrastes puissants et une grande variété d'émotions et de caractères, traits auxquels le compositeur a répondu par la partition la plus riche et la plus travaillée de sa carrière.

L'ouverture bien connue est un chef-d'œuvre de musique descriptive. Le solo de violoncelle introductif dépeint la tranquillité du paysage bientôt troublée par une tempête. Le thème pastoral revient dans un air de pâtre pour cor anglais avec réponse d'une flûte obligée, tandis que l'Allegro final exprime l'héroïsme des Suisses. Les importants divertissements des actes I et III renferment une musique charmante, tandis que les costumes et la chorégraphie ajoutent à la couleur locale. *« Toi que l'oiseau ne suivrait pas »* (acte III), avec sections novatrices pour petit et grand chœur a cappella et solos dansés par Mlle Taglioni, fut, lors de sa création le morceau des divertissements le mieux reçu du public. En général, le chœur joue un rôle important ; il établit l'ambiance idyllique de la vie villageoise dans l'introduction et dans plusieurs chœurs dansés, s'oppose aux troupes de Gessler dans le finale de l'acte I, puis participe activement aux moments critiques du drame. Le meilleur exemple en est la caractérisation musicale variée des hommes des trois cantons qui, dans le finale de l'acte II, s'unissent dans le seul but de repousser les oppresseurs étrangers. La musique des rôles féminins est l'élément le plus traditionnel de la partition. La romance, genre français par excellence, prend un accent italien marqué dans *« Sombres forêts »* de Mathilde : ses « fiorature », sa couleur parfois chromatique et son phrasé indiquent l'ascendance du compositeur. Chacun des solistes masculins se présente avec une personnalité accusée. Guillaume Tell, le patriote au cœur droit, a des mélodies d'une grande étendue et d'un dessin ferme, même dans les moments de vive tension (p. ex., son solo *« Sois immobile »* dans le finale de l'acte III). Arnold, passionné et impétueux, a aussi un côté sensible ; ces deux aspects de sa personnalité sont évidents dans le duo avec Guillaume, *« Où vas-tu ? »* (acte I), dans le duo avec Mathilde, *« Oui, vous l'arrachez à mon âme »* (acte II) et dans son air, *« Asile héréditaire »* (acte IV). Rossini a particulièrement soigné l'orchestration, où abondent d'heureuses trouvailles (p. ex. l'utilisation de la harpe et de la cloche dans *« Quelle sauvage harmonie »*, acte II). Les moments les plus impressionnants de l'œuvre se trouvent non pas dans les airs mais dans les duos, dans le trio masculin *« Quand l'Helvétie est un champ de supplices »* (acte II) et dans des ensembles d'une grande portée scénique, réunissant soli et chœurs. Ce point est particulièrement essentiel pour le futur « grand opéra » et confirme la réputation de *Guillaume Tell* comme meilleur opéra sérieux de Rossini.

Sources — **a)** Manuscrits : ms. autogr. utilisé pour la gravure, Paris, BN, Ms. 1331-1334 ; fragments et morceaux inédits autogr., Paris, BN, Ms. 388, et Paris, Bibl, de l'Opéra, Rés. A. 493 supplt (III-IV) ; partition et parties vocales et instrumentales manuscrites préparées à l'Opéra en 1829, Paris, Bibl. de l'Opéra, A. 493 a (I-VI). — **b)** Imprimés : Paris, Troupenas, [1829] (partition et parties instrumentales), rééd. en facs. avec une préface par Ph. Gossett, *in* Early romantic opera, vol. 17, New York, Garland, 1979.

Rééditions modernes — Par M.E.C. BARTLET, *in* Edizione critica delle opere di G. Rossini I, 39, Pesaro, Fondazione Rossini (en prép.).

Bibliographie — H. BERLIOZ, Guillaume Tell, *in* Gazette Musicale de Paris I/41-44, 1834 ; E. VAN DER STRAETEN, La mélodie populaire dans l'opéra « Guillaume Tell » de Rossini, Paris 1879 ; P. R. KIRBY, Rossini's Overture to « William Tell », *in* ML XXXIII/2, 1952 ; PH. E. GOSSETT, The operas of Rossini : problems of textual criticism in 19th cent. opera (diss. Princeton Univ., 1970) ; J. KALLBERG, Marketing Rossini : Sei lettere di Troupenas ad Artaria, *in* Bollettino del Centro Rossiniano di studi, 1980 ; G. ANSELM, L'eroe titubante e il finale aperto : un dilemma insolubile nel « Guillaume Tell » de Rossini, *in* Rivista Ital. di Musicologia XIX/1, 1984 ; du même, « Sortire dalle vie comuni » : Wie Rossini einem Akademiker den « Guillaume Tell » verdarb, *in* Der Text im Musiktheater, éd. par A. Gier, Heidelberg, C. Winter Universitätsverlag, 1986 ; L'Avant-Scène Opéra n° 118, mars 1989.

M. E. C. BARTLET

GUNTRAM, op. 25, opéra en 3 actes, livret et musique de **Richard Strauss**. Le livret a été écrit entre 1888 et 1892 et la musique composée en 1892-93. L'œuvre, dédiée aux parents de R. Strauss, fut créée à Weimar, au Grossherzogliches Hoftheater, le 10 mai 1894, avec Heinrich Zeller (Guntram), Pauline de Ahna (Freihild), Schwarz (le duc Robert), Ferdinand Wiedey (Friedhold), Karl Buchta (le vieux Duc), sous la dir. du compositeur. (Munich, Aibl, 1895 ; durée : 3 h 15 min environ.) Une nouvelle version révisée, abrégée et réorchestrée au cours des années 1934-39, fut créée à Weimar, au Deutsches Nationaltheater, le 29 oct. 1940, sous la dir. de Paul Sixt. (Londres, Fürstner, 1940, puis Boosey & H. ; durée : 1 h 45 min environ.)

L'idée d'écrire un opéra fut suggérée à Strauss par son ami Alexander Ritter, violoniste à Meinigen, admirateur de Wagner dont il avait épousé la nièce Franziska, et membre du Cercle lisztien Neu-Weimar-Verein. Jusqu'en 1887, le musicien était annihilé par son respect sans bornes pour l'œuvre de Wagner, lorsqu'il lut dans le journal viennois *Neue Freie Presse* une relation sur les « Streiter der Liebe » (combattants de l'amour), Minnesänger mystiques autrichiens qui prêchaient la paix et l'amour, espérant sauver les âmes par la beauté de leur chant. Ritter encouragea Strauss dans son projet d'opéra et l'aida dans l'élaboration difficile du livret. En juin 1892, atteint d'une pleurésie, Strauss dut s'interrompre. Son oncle Georges lui offrit un voyage au soleil ; Richard choisit l'Égypte. Sous l'influence de ses lectures de Nietzsche — et avant d'avoir atteint Athènes —, il transforma le texte du 3e acte. Dans la version primitive, Guntram s'inclinait et sacrifiait sa passion à ses vœux. Mais la polémique que Nietzsche engageait contre la religion chrétienne confirma la répugnance du compositeur envers une religion « qui, par la confession, libère le croyant de la responsabilité de ses propres faits et gestes ». Guntram refuse de se soumettre aux lois de son ordre. Ritter fut horrifié par ce revirement « immoral » de son ami. Sans aucun doute, cet opéra est autobiographique : Guntram peut être identifié à Strauss. Son maître Friedhold porte les traits de Ritter.

Guntram n'eut jamais de succès malgré plusieurs tentatives, des coupures et des révisions. Pendant plusieurs années, le compositeur n'eut plus le courage d'écrire pour la scène. Pour une exécution radiophonique en 1934, sous la direction de Hans Rosbaud, il remania sa partition et une nouvelle « première » eut lieu à Weimar, le 29 oct. 1940, avant la reprise à la Staatsoper de Berlin, le 15 juin 1942, avec une distribution éclatante. La seconde moitié de l'acte II et tout l'acte III ayant fait forte impression, Strauss jugea son ouvrage viable. Il le considéra toujours avec tendresse comme la première pierre angulaire de son œuvre dramatique. Il avait donné « au jeune wagnérien, à la recherche de son indépendance, l'occasion d'écrire une partition d'apprentissage, non dépourvue de musique fraîche, mélodieuse et succulente [...] » En 1897-98, le compositeur citera 9 courts extraits de *Guntram* dans l'épisode des « Œuvres de paix » du poème symphonique *Ein Heldenleben* (Une vie de héros). C'était montrer tout le prix qu'il accordait à cette musique.

LIVRET — Au XIIIe s., en Allemagne. — Acte I. Le ménestrel Guntram (ténor) et son maître Friedhold (basse) distribuent des aumônes au peuple des campagnes qui, après s'être révolté, a été écrasé. Membre d'un ordre secret de chevalerie, Guntram se rend à la cour du vieux Duc (bar.) pour y porter la parole de Dieu. Il sauve Freihild (sop.), épouse du tyrannique duc Robert (bar.) et fille du vieux Duc : la vie lui étant odieuse, elle se préparait à mettre fin à ses jours.

Acte II. Les princes célèbrent leur victoire dans le château du vieux Duc. Invité à chanter, Guntram expose l'idéal de paix de son ordre, incitant les seigneurs à se porter au secours des opprimés. La jeune duchesse et son père sont profondément émus par cette harangue mais le duc Robert menace Guntram de son arme. Le ménestrel riposte et le tue. Il est emprisonné. Freihild veut le délivrer.

Acte III. Dans la prison du château. Guntram repousse l'amour de Freihild. Son maître et ami Friedhold vient le chercher pour comparaître devant le tribunal de l'ordre. Guntram refuse de se soumettre. Il s'achemine seul vers son destin pour expier sa faute et diriger sa vie : « Ma vie détermine la loi de mon esprit ; Dieu seul me parle. »

Le prélude de l'acte I, véritable forêt de leitmotive, présente les thèmes les plus saillants de l'ouvrage : l'Amour, la Misère des paysans, l'Humanité pécheresse, la Catastrophe (selon R. Rolland), le motif principal de Freihild,

ainsi qu'un thème important qui ne présente pas moins de 4 idées : a) l'Amour, b) la Pitié née de la souffrance, c) le Désintéressement, d) la Croix.

La partition est chargée de réminiscences wagnériennes, autant dans la musique que dans le texte et les noms des personnages. L'époque et le lieu sont empruntés à *Tannhäuser* ; Freihild fait songer à Elisabeth ; les idées généreuses de paix proviennent directement de *Tannhäuser*, *Lohengrin* et *Parsifal*. L'orchestration épaisse de la première version a tendance à écraser les voix. L'orchestre de fosse exige 62 cordes auxquelles se joignent des pupitres fournis de cuivres, de bois et de percussion (sur scène : 4 cors en *fa*, 4 cors ténors, 4 trp., 3 trb., 4 caisses claires). Mais dans le même temps où il rend hommage à Wagner, Strauss se fraye son chemin propre, p. ex. dans l'essor large et radieux si caractéristique de ses mélodies et de son style lyrique.

En dehors des défauts de longueur, de lourdeur et de maladresse qu'une seconde version essaiera d'atténuer, *Guntram* pèche par le fait qu'il n'offre pas de rôle vraiment attirant pour les chanteurs. Par la suite, Strauss prendra conscience de ce problème d'une manière aiguë, au point de concevoir ses opéras en fonction de la voix et des possibilités de ses interprètes. Autre aspect bénéfique de *Guntram* : bien que Pauline de Ahna ait jeté sa partition à la tête du compositeur, ce dernier l'épousa peu après la création de l'opéra à Weimar !

Bibliographie — R. Rolland, R. Strauss, *in* Musiciens d'aujourd'hui, Paris 1908, reproduit dans R. Strauss et R. Rolland, Correspondance, Paris 1951 ; R. Specht, R. Strauss und sein Werk, Leipzig, Vienne et Zurich 1921 ; J. Moser, Zu R. Strauss' Guntram, *in* NZfM, déc. 1940 ; J. Gregor, Un maître de l'opéra, R. Strauss, Paris 1942 ; W. Schuh, Über Opern von R. Strauss, Zurich 1947 ; E. H. Müller von Asow, R. Strauss, thematisches Verzeichnis I, Vienne, Doblinger, 1956 ; R. Strauss, Betrachtungen und Erinnerungen, Zurich 2/1957 ; N. Del Mar, R. Strauss : a Critical Commentary of his Life and Works, Londres 1962, 2/ Londres, Faber, 1986 ; W. Mann, R. Strauss. Critical Study of the Operas, Londres 1964 ; Cl. Rostand, R. Strauss, l'homme et son œuvre, Paris, Seghers, 1964 ; A. Goléa, R. Strauss, Paris, Flammarion, 1965 ; D. Jameux, R. Strauss, *in* Coll. « Solfèges », Paris, Éd. du Seuil, 1971 ; W. Schuh, R. Strauss, Jugend und frühe Meisterjahre. Lebenschronik 1864 bis 1898, Zurich, Atlantis, 1976 ; M. Kennedy, R. Strauss, Londres, Dent, 1976 ; R. Hartmann, R. Strauss. Opéras de la création à nos jours, Fribourg, Office du Livre, et Paris, Vilo, 1980.

Chr. Goubault

Gurre-Lieder, d'**Arnold Schönberg**, pour sop., mezzo-sop., 2 ténors et basse soli, récitant, 3 chœurs d'hommes à 4 voix, double chœur mixte à 8 voix et orchestre, composés entre fin 1900 et mars 1911 d'après les *Gurresange* du romancier danois Jens Peter Jacobsen, traduits en allemand par Robert Franz Arnold, créés à Vienne, dans la grande salle du Musikverein, le 23 févr. 1913, par Martha Winternitz-Dorda (Tove), Maria Freund (la Colombe des bois), Hans Nachod (Waldemar), Alfred Julius Boruttau (Klaus, le bouffon), Nosalewicz (le paysan), Gregory (le récitant), le Philharmonischer Chor et le Wiener Tonkünstlerorchester, sous la dir. de Franz Schreker. Une audition de la 1re partie avait été donnée précédemment à Vienne, Verein für Kunst und Kultur, le 14 janv. 1910, avec accompagnement de piano joué par Anton Webern. (Vienne, UE, 1912 ; durée : 2 h environ.)

Schönberg éprouvait une grande admiration pour la littérature nordique de la fin du XIXe s. lorsqu'il entreprit la composition de cette ballade médiévale, saga du roi danois Waldemar IV Atterdag (1340-1375), proche des légendes utilisées par R. Wagner. Sans doute est-ce l'expression, dans les *Gurresange* de Jacobsen, du sentiment « rédempteur » de la nature, de ses splendeurs et de ses merveilles, de son renouveau éternel, ainsi que l'atmosphère poétique et irréelle d'une tragédie amoureuse, qui attira le musicien. Selon Schönberg lui-même, la composition proprement dite ne lui aurait pas demandé plus de cinq mois. Il ne put commencer l'orchestration qu'au moment où lui parvint (août 1901) le papier à musique spécial de 48 portées, nécessaire pour faire tenir sur une page les parties de chœur et celles des instruments en nombre considérable (4 piccolos, 4 gdes fl., 3 htb., 2 cors angl., éventuellement 5 htb., 3 clar., 2 clar. en *mi* ♭, 2 clar. basses, 3 bassons, 2 contrebassons, 10 cors, éventuellement 4 Wagner-Tuben, 6 trp., trp. basse, trb. alto, 4 trb., trb. basse et cb., tuba cb., 6 timb., grosse caisse, cymbales, triangle, glockenspiel, caisse claire, tambour, xylophone, tam-tam, fouet, quelques chaînes de fer, célesta, 4 harpes, cordes). Au mois de déc. 1901, Schönberg interrompit sa tâche pour gagner sa vie comme chef d'orchestre arrangeur au Buntes Theater de Berlin : il instrumenta alors plus de 6 000 pages, d'opérettes le plus souvent. En 1910, il montra les deux premières parties orchestrées à R. Strauss, qui l'aida en lui faisant attribuer la Bourse Liszt par l'Association générale des musiciens allemands, ainsi que le poste de professeur de composition au Conservatoire Stern de Berlin. Schönberg termina l'orchestration des *Gurre-Lieder* l'année suivante.

Lors de la 1re audition intégrale, l'œuvre connut un succès triomphal qui n'impressionna pas Schönberg. Le compositeur se sentait « plutôt indifférent, peut-être même un peu contrarié ». A cette date de 1913, son style n'était plus celui qui avait présidé à l'élaboration de l'œuvre. Ce succès n'allait pas faire admettre ses autres œuvres, cesser les insultes de la critique et retrouver ses amitiés perdues. Schönberg considérait cependant les *Gurre-Lieder* comme la clé de toute son évolution et jugeait essentiel que l'on puisse suivre le développement de son œuvre depuis ce point de départ. « Les *Gurre-Lieder* constituent [...] une sorte de synthèse finale de la tradition musicale du XIXe siècle et le début d'un nouveau monde sonore » (R. Leibowitz).

Argument — 1re Partie. Le roi Waldemar (ténor) célèbre la beauté du coucher de soleil au bord de la mer, puis il éperonne son cheval pour aller au château de Gurre qu'il a fait construire pour Tove (sop.). Il déclare son amour à la jeune femme qui lui avoue le sien. — Pendant l'absence du roi, la reine Helwig a fait assassiner sa rivale par son amant. Waldemar pleure la mort de Tove ; il sera lui-même tué. — 2e Partie. Dans son désespoir, Waldemar défie Dieu et le ciel. — 3e Partie. Chaque nuit, Waldemar sort de sa tombe, ordonne à ses chevaliers de s'armer pour accompagner le cortège funèbre de Tove et s'élancer vers le ciel. La forêt, la mer, les étoiles lui rappellent la voix et le regard de Tove. Un bouffon, Klaus (ténor), le fou de Farum, se rit de ce roi qui cherche une fiancée morte depuis si longtemps. Waldemar blasphème de nouveau. Il ne veut pas être séparé de Tove dans l'au-delà, sinon il pénétrera par la force dans le royaume des cieux. Ses hommes, damnés comme leur roi, implorent le repos de la tombe. Une voix évoque les tempêtes nocturnes qui firent naître la légende du chasseur maudit. L'aube rétablit la paix et l'harmonie universelles. Régénérateur de la vie, le soleil resplendit. Hommes et femmes lui adressent un hymne.

A quel genre rattacher cette partition gigantesque, « sorte d'exaspération d'un romantisme finissant en baroque flamboyant » (P. Boulez) ? Symphonie vocale comme la *8e Symphonie* de Mahler ? Symphonie de lieder comme *Das Lied von der Erde* (1908-09), partageant avec lui panthéisme, lyrisme et richesse de l'invention ? Symphonie dramatique ou oratorio ? Amalgame et transcendance de la symphonie, du lied et du drame lyrique, plus sûrement. Dans son analyse des *Gurre-Lieder*, A. Berg montre comment la structure musicale s'inscrit dans la continuité et l'extension des techniques de composition depuis Beethoven. La forme symphonique est imprégnée d'un contenu dramatique puissant. Le recours au leitmotiv est limité, mais les personnages sont définis par des motifs et des sonorités spécifiques. Chaque pièce est organisée de telle manière que des liens subtils, mélodiques, harmoniques, instrumentaux, soient établis entre les différents épisodes. De son côté, Leibowitz met l'accent sur « l'élaboration motivique », sur la variété des intervalles, des éléments rythmiques, des différents types vocaux qui « étendent la possibilité des couleurs sonores », sur l'ampleur du réseau contrapuntique, notamment dans le chœur d'hommes à 12 voix des chevaliers de Waldemar, *« Gegrüsst, o König »* « où toutes les sortes de canons et contrepoints renversables se trouvent appliqués à une écriture chorale d'une incroyable complexité ». Dans *Des Sommerwindes wilde Jagd* (La Chasse sauvage du vent d'été, 3e partie), Schönberg utilise la « Sprechstimme ». Le compositeur s'inscrit dans la tradition du mélodrame allemand dont il tente de codifier les rythmes, les hauteurs et les intensités, pour que la force des mots — sens et sonorités — s'accorde avec le substrat instrumental **A**.

Les *Gurre-Lieder* sont profondément marqués par l'esthétique wagnérienne. Si le sujet est assez proche, par le climat, de celui du *Vaisseau fantôme*, si certaines pages évoquent irrésistiblement les accents de Siegfried, l'appel de Hagen dans *Le Crépuscule des dieux* ou celui de Brangäne au 2e acte de *Tristan*, l'œuvre n'est pas un pastiche. L'assimilation exceptionnelle de la composition continue (« Durchkomposition ») agit comme une espèce d'exorcisme du wagnérisme. Un orchestre capable des plus grands éclats comme des assombrissements les plus ténébreux, une véritable assomption chorale, la puissance généreuse d'une écriture soutenue du début à la fin, haussent les *Gurre-Lieder* au niveau d'une épopée héroïque. Le prélude orchestral — la nature au crépuscule — est un joyau, de même que le *Lied der Waldtaube* (Lied de la colombe des bois) et le chant d'amour de Tove, *« Nun sag ich dir zum ersten Mal »* (A présent, je te le dis pour la première fois) **B**.

En 1922, Schönberg réalisa une version du *Lied der Waldtaube* pour voix et 17 instruments (fl. ou piccolo, htb. ou cor anglais, clar. en *mi* ♭, 2 clar., clar. basse, basson, contrebasson, 2 cors, harmonium, piano, quintette à cordes), créé par Maria Freund à Copenhague en 1922. Selon les indications du compositeur, cette version était réservée à de petites salles et devait être couplée avec l'exécution de la *Kammersymphonie*, op. 9 (Vienne, UE, 1923).

Bibliographie — A. Berg, A. Schönberg. Gurre-Lieder Führer, Vienne, UE, 1913 ; R. Specht, Zur Uraufführung der Gurre-Lieder, *in* Der Merker, févr. 1913 ; du même, A. Schönbergs Gurre-Lieder, *ibid.*, mars 1913 ; Th. Helm, A. Schönbergs Gurre-Lieder-Uraufführung..., *in* NZfM, 13.3.1913 ; H. Jalowetz, Die Gurre-Lieder, *in* Musikblätter des Anbruch, mai 1923 ; Pult und Taktstock, mars-avr. 1927 ; R. Leibowitz, Schoenberg et son école, Paris 1947, pp. 71-73 ; A. Schönberg, Style and idea, New York 1950, trad. fr. Paris, Buchet/Chastel, 1977, pp. 25-28 ; E. Stein, The Gurre-Lieder, *in* Orpheus in New Guises, Londres 1953 ; H. H. Stuckenschmidt, Schönberg, Monaco 1956, pp. 6, 14-16 ; R. Leibowitz, Schoenberg, *in* Coll. Solfèges, Paris, Éd. du Seuil, 1969, pp. 24-41 ; G. Manzoni, A. Schoenberg. L'uomo, l'opera i testi musicali, Milan, Feltrinelli, 1975, pp. 19, 63-65.

Chr. Goubault

Gustave ou le Bal masqué, opéra historique en 5 actes, livret d'Eugène Scribe, musique de **Daniel François Esprit Auber**, créé à l'Opéra de Paris (Salle Le Peletier), le 27 févr. 1833, avec A. Nourrit (Gustave), N.-Pr. Levasseur (Ankastrom), M.-C. Falcon (Amélie), L.-Z. Dabadie (Arvedson). (Durée : 3 h environ.)

Argument — Le livret amalgame l'histoire de l'assassinat de Gustave III, roi de Suède, survenu la nuit du 15 au 16 mars 1792, et une intrigue amoureuse inventée, en donnant à l'assassin du roi, Ankastrom (basse), une épouse Amélie (sop.) aimée par Gustave (ténor). Dans l'acte I, Gustave surveille dans son palais la répétition d'un ballet ; l'acte II se déroule à la maison de la devineresse Arvedson ; l'acte III présente la rencontre de Gustave et d'Amélie au gibet de Stockholm ; l'acte IV se joue chez Ankastrom. L'opéra se termine par un bal masqué aux dimensions extraordinaires, au cours duquel le roi est assassiné.

Ce scénario, qui à l'origine aurait été destiné à G. Rossini, a servi de base à plusieurs opéras italiens : *Clemenza di Valois* de V. Gabussi (Venise, 1841), *Il reggente* de S. Mercadante (Turin, 1843) et surtout → *Un ballo in maschera* de G. Verdi (Rome, 1859), dont l'action, quoique déplacée en Amérique pour apaiser la censure papale, reproduit scène par scène le livret de Scribe. Après → *La Muette de Portici*, vaguement inspirée par l'histoire, et → *Robert le Diable*, concu dans le genre fantastique, Scribe a cherché à atteindre un nouveau degré de vérité historique en détaillant les faits avec soin. Malgré ses côtés prolixes, le livret compte plusieurs scènes clés, riches de contrastes et d'effets spectaculaires. Le fait d'assimiler Gustave III au roi bourgeois Louis-Philippe accrut l'intérêt du public de l'époque.

Malheureusement, Auber ne disposait ni des moyens dramaturgiques qui lui auraient permis de fondre des émotions contrastantes dans des tableaux composites et complexes ni des facultés musicales indispensables à la mise en valeur des qualités ambiguës du livret. Lorsque Scribe met en scène un roi avide de plaisir mais aveugle devant tous les dangers, il crée un équilibre factice entre plaisir et horreur, équilibre qu'il souhaitait prolonger au-delà de la scène du meurtre. Auber détruit cet effet inouï en intégrant les derniers mots de Gustave dans un chœur lugubre et peu développé, là même où Scribe avait prévu qu'après la mort du roi la musique joyeuse du bal devait encore retentir dans les salles lointaines.

La critique contemporaine se montra assez sévère et reconnut surtout l'habileté du compositeur pour les musiques de ballet (le fameux Galop de l'acte V fut évoqué par Balzac dans *La Fausse Maîtresse*) et les chants légers d'Oscar, rôle de page créé par J. Dorus-Gras qui influença divers compositeurs, à commencer par G. Meyerbeer dans *Les Huguenots.* En revanche, l'opinion loua sans réserves le côté spectaculaire de la production. Les décors et les costumes avaient été exécutés avec un soin inhabituel et le bal masqué du dernier acte, avec près de 300 participants, assura le succès de l'ouvrage. *Gustave* fut donné 169 fois à l'Opéra de Paris jusqu'en 1859, mais bon nombre de ces reprises étaient réduites au seul acte V, afin de mettre en scène ce bal splendide auquel des spectateurs favorisés pouvaient se mêler. A l'étranger, et surtout en Allemagne, l'œuvre connut également le succès. Seul l'opéra de Verdi le fit disparaître définitivement de la scène.

Sources, éditions et rééditions — Part. d'orch., ms. autographe, Stockholm, Stiftelsen Musikkulturens främjande ; Paris, Troupenas, [1833], réimpr., New York, Garland, 1980. — Réd. cht et p., Paris, Troupenas, 1833 (plus. rééditions).

Bibliographie — A. B. Benson, Gustavus III in the Librettos of Foreign Operas, *in* Scandinavian Studies Presented to George T. Flom, Urbana 1942, pp. 92-105 ; F. D'Amico, Il ballo in maschera prima di Verdi, *in* Verdi, Bollettino dell'Istituto di Studi verdiani I, 1960, 2/ *in* Chigiana XXVI-XXVII, 1971-72 ; M. Walter, A la recherche de l'histoire perdue. Scribe, Auber u. die historische grand opéra, *in* Perspektiven der Opernforschung I, Francfort, Lang, en préparation.

A. Gerhard

Guys and dolls (Mauvais Garçons et Jolies Filles), comédie musicale américaine en 2 actes, livret d'Abe Burrows et Jo Swerling d'après une nouvelle de Damon Runyan, *The Idyll of Miss Sarah Brown* (L'Idylle de Miss Sarah Brown), texte des chansons et musique de **Frank Loesser**, créée à New York, au Théâtre de la 46e Rue, le 24 nov. 1950 (version cinématographique sous le titre fr. *Blanches Colombes et Vilains Messieurs*, 1955).

Cette « fable musicale sur Broadway » — ainsi que l'indique le sous-titre original — met en scène les gens et la vie du fameux quartier de New York vers 1950 :

joueurs, artistes de cabaret, membres de l'Armée du salut parmi lesquels Miss Sarah Brown, dont l'aventure avec le joueur et parieur passionné « Sky » Masterson constitue le centre de l'intrigue. Parmi les airs les plus connus, il faut citer *« Luck be a lady »*, *« A bushel and a peck »* et *« Sit down, you're rockin' the boat »*. *Guys and dolls* connut un succès extraordinaire, tant auprès de la critique, qui prisa particulièrement l'originalité de l'œuvre, qu'auprès du public (1 200 représentations consécutives à Broadway). Pour la version cinématographique, Loesser composa plusieurs chansons supplémentaires dont l'un de ses plus grands succès, *« Your eyes are the eyes of a woman in love »* (Tes yeux sont ceux d'une femme amoureuse). Plusieurs prix ont récompensé cette comédie musicale.

R.-M. SIMON et S. SIMON

GWENDOLINE, opéra en 2 actes et 3 tableaux, poème de Catulle Mendès, musique d'**Emmanuel Chabrier**, composé de 1879 à 1885, dédié à la comtesse de Narbonne-Lara, créé à Bruxelles, au Théâtre royal de la Monnaie, le 10 avr. 1886, avec Mlle Thuringer, MM. Bérardi et Engel, sous la dir. de Joseph Dupont. (Paris, Enoch et Costallat, 1886 [cht et p. par E. Chabrier], 1889 [cht et p. par A. Messager], 1890 [partition d'orch.] ; durée : 1 h 38 min environ.)

Conscient de son tempérament lyrique et attiré par les diverses formes du théâtre musical, Chabrier, tout en écrivant opérettes et opéras bouffes, souhaitait composer un opéra. Après plusieurs tentatives infructueuses, il trouva enfin la possibilité de réaliser son vœu grâce à son ami Catulle Mendès qui lui fournit un livret « conçu et écrit dans l'esprit de la nouvelle école dramatique musicale » (Catulle Mendès).

ARGUMENT — « L'action se passe sur la côte de la Grande-Bretagne, à la fin du VIIIe siècle. Harald (ténor), danois, roi de mer, s'est rué sur la terre saxonne avec ses compagnons ; ayant toujours vécu entre le ciel et les flots, ne sachant rien des amours ni des épousailles, il est farouche et sans pitié ; et il aurait incendié les fermes et les villages, ruiné les pêcheries, saccagé, lui païen, les églises, si la Femme, soudainement, avec la toute-puissance de sa faiblesse, ne lui était apparue en Gwendoline (sop.), fille du vieux Saxon Armel, jolie et grêle, blonde, seize ans, qui le regarde en pleurant et en souriant.

Maintenant, l'enfant Gwendoline, par la caresse de sa voix et les ruses de son innocence, a maîtrisé le rude héros ; il est soumis et charmé ; il contemple avec délices la jeune fille victorieuse.

Et Gwendoline, qui se moquait, s'est attendrie, elle aussi ; étant aimée, elle aime ; lui si terrible, elle si délicate, ils mêlent leurs âmes dans la rêverie d'un chaste et mélancolique hymen.

Le vieil Armel (bar.) consent à marier sa fille avec le conquérant. Mais les noces ne seront qu'une embûche. Pendant la cérémonie nuptiale, Gwendoline reçoit des mains de son père un couteau dont elle frappera l'époux endormi ; et, tout à l'heure dans la joie et le désordre du festin, les Danois, sans armes, ivres d'ailleurs, seront massacrés. Mais Gwendoline adore le jeune barbare qu'elle a soumis : elle l'avertit de la trahison ; c'est avec le couteau qui le devait tuer qu'il se jette dans la mêlée au secours de ses compagnons. Le combat est formidable. Bientôt, les Danois fuient ou succombent. Harald lui-même ne peut résister. Sanglant, tout rouge de blessures, il recule devant les lâches ennemis, il n'a plus au poing qu'un tronçon de lame, il s'appuie à un chêne et attend la mort. Armel ordonne de l'achever. Mais Gwendoline, furieuse, échevelée, se précipite dans les bras de son époux expirant et se frappe ; et, alors, tandis que flamboie magnifiquement dans la nuit, comme une aurore boréale, l'incendie des navires danois, ils meurent ensemble, Harald et Gwendoline, glorieux et joyeux, voyant déjà s'ouvrir le Walhalla des héros et des vierges guerrières » (Catulle Mendès).

Dans un article d'avant-première sur *Gwendoline*,

A GURRE-LIEDER

B GURRE-LIEDER

E. Reyer avait souligné qu'on traitait sans discernement Chabrier de wagnérien. Wagnérien, il le fut, certes, mais sans idolâtrie, avec une admiration qui, tout en étant fervente, savait rester lucide. A ce reproche répercuté d'une critique à une autre avec l'amplitude des idées reçues, il est aisé d'opposer tout ce qui éloigne Chabrier et sa *Gwendoline* de l'art de Wagner : son langage, tout d'abord, pétri d'un modalisme qui éclate dès l'ouverture, truffé d'emprunts à la gamme par tons, aux enchaînements d'accords qui anticipent sur le langage debussyste notamment et feront dire à Poulenc que si, par endroits, on lisait Arkel au lieu d'Armel, on pourrait se croire dans *Pelléas et Mélisande*. Il faudrait aussi relever les étonnantes combinaisons rythmiques qui soulèvent cette partition, son charme impressionniste, particulièrement celui de la 1re scène, ce lever du jour en « correspondance » avec les toiles de son ami Monet qu'il acquérait dans le temps que naissait *Gwendoline* ; le souffle épique qui l'anime, mouvementé comme la vague et tout bruissant des voix de la mer — cette « mer chérie » ainsi qu'il la nomme, source féconde de son inspiration et qui le rapproche encore de ses amis impressionnistes. Il ne faut pas oublier l'importance donnée au « chant » qui se déploie comme planant au dessus des éléments — ainsi le grand air d'Harald *« Peut-être l'heure »* qui résonne largement dès l'ouverture, longue phrase modulante, la plus ample de tout le théâtre lyrique d'alors. Il faut enfin remarquer l'opulence des chœurs, d'une richesse polyphonique à faire rougir de confusion ceux qui s'obstinent à ne voir en Chabrier qu'un amateur doué mais entravé par des lacunes d'éducation.

Sans doute y a-t-il dans *Gwendoline* quelques thèmes conducteurs ; mais si wagnérisme il y a, il est dans le livret de Mendès et l'on conviendra avec P. Dukas « qu'il est permis d'affirmer que l'influence de Wagner sur Chabrier fut nulle ou presque nulle ». Il serait sans doute plus juste d'évoquer Berlioz ; chez ces deux sourciers, on retrouve une manière voisine de faire avancer véhémentement des rythmes de nombres différents et d'animer d'un souffle épique de généreuses mélodies.

A Bruxelles, la faillite du directeur réduisit à quatre le nombre des représentations de *Gwendoline.* Avant d'être jouée en France où l'Opéra de Lyon la monta le premier en avril 1893, elle connut sur quelques grandes scènes allemandes — et grâce à l'admiration de F. Mottl — d'enviables succès. On la vit à Karlsruhe en mai 1889, à Leipzig en févr. 1890, à Dresde en juillet, à Munich en novembre, à Düsseldorf en janv. 1893. L'Opéra de Paris finit par l'accueillir le 27 déc. 1893, le 2e tableau de l'acte II devenant l'acte III. Messager, ami de Chabrier, la reprenait en mai 1911. R. Hahn écrivit alors : « *Gwendoline* est une œuvre magnifique, adorable : c'est l'épanouissement désordonné, impatient et pourtant harmonieux d'une des flores musicales les plus riches qui aient jamais existé. »

Bibliographie — E. Reyer, Gwendoline, *in* Journal des Débats, 16 oct. 1884 et 18 avr. 1886 ; A. Sandberger, E. Chabriers Gwendoline, Munich 1893 ; E. Destranges, E. Chabrier et Gwendoline, Paris 1904 ; P. Lalo, La reprise de Gwendoline et España, *in* Le Temps, 20 mai 1911 ; P. Dukas, Écrits sur la musique, Paris 1948 ; voir aussi la bibliogr. de l'art. *(Le) Roi malgré lui.*

R. Delage

H

Habeas corpus, de **Francis Miroglio**, pour ensemble vocal de 12 voix solistes, écrit sur une commande de Radio-France, dédié au Groupe Vocal de France et à son chef Michel Tranchant, créé à Paris le 19 janv. 1985 lors du concert Perspectives du XXe siècle. (Paris, Salabert, 1984 ; durée 14 min environ.)

L'œuvre met en relief le double jeu du latin et de la citation. Le texte est constitué d'aphorismes et d'expressions passées dans le langage quotidien, extraits des pages roses du *Petit Larousse*. Le choix de la langue morte tient à la fois de la signification, de la puissance sonore des mots et des interactions dues aux virtualités formelles. Ici, les voix, les mots s'écoutent et se répondent. Douze parties découpent l'œuvre en centres d'intérêts phonétiques, fondés sur les lettres du titre *H.A.B.E.A.S. C.O.R.P.U.S. H* : mes. 1 à 47 (« qui Habet aures », « ad Hoc », « ad Honorem », etc.) ; *A* : mes. 48 à 57 (« Abyssus Abyssum invocat », « Ad valorem Ad patres », « Aura popularis », etc.) ; *B* : mes. 58 à 67 (« Beati possidentes », « Bis repetita placent », « Bonum vinum », etc.) ; *E* : mes. 68 à 84 (« Es modus in rebus », « Ex empligratia », etc.) ; *A* : mes. 85 à 98 (« Ab origine », « Ab absurdo », « Ars longa », etc.) ; *S* : mes. 99 à 114 (« per faS et nefaS », « Sic », « tranSit », etc.) ; *C* : mes. 115 à 139 (« Cogito ergo sum », « Consensus omnium », « Contrariis », etc.) ; *O* : mes 141 à 151 (« O altitudO », « in Ordine », « ab Origine », etc.) ; *R* : mes. 152 à 175 (« Ore Rotundo », « hoRRendum dictu », « genu iRRitabile vatum », etc.) ; *P* : mes. 176 à 201 (« Primus inter Pares », « vox PoPuli », « oPus », etc.) ; *U* : mes. 202 à 223 (« Una salUs », « mUtatis mUtandis », est modUs in rebUs », etc.) ; *S* : mes. 224 à fin (« SuSpectiSSimuS », « moduS vivendi », « Statu quo », etc.). Le corpus de locutions latines constitue autant une rhétorique du concret, chargée de symboles, d'émotion, de communion et de communication, qu'une mine de figuralismes musicaux. Le figuralisme est d'ailleurs omniprésent dans les moindres détails paramétriques, notés le plus souvent dans le système d'écriture inventé par le compositeur. Hauteurs : « in vino veritas », un glissando du tutti en ritardendo et un cluster d'intervalles non tempérés forment une matière instable, ivre, mouvante et dynamique. Intensités : « motus » est chanté avec un gigantesque decrescendo agonisant sur un triple piano. Durées : « ex abrupto » est traduit par 4 notes basses, avec la mention Piu veloce possibile. Timbres : au début de l'œuvre, les chanteurs figurent un H aspiré en émettant des bruits de respiration sans son chanté. Formes : « hic et nunc » est considéré pour sa sonorité suggestive et pointue, un hoquet chanté (sopranos) et parlé (ténors) sous forme de canon entremêlé est mis en place ; « Ad libitum » se concrétise par une série de formules avec reprises dont le départ et les battues sont dus à la volonté du chef qui dira au beau milieu de la séquence : « argumentum baculinum » (argument du bâton). Toute la pièce est régie par le jeu contrasté de l'homogène et de l'hétérogène, et par la loi des contraires : inspirer/expirer, parlando/cantando, dilemme chef/tutti, confrontation accelerando/ritardendo, univers tempéré/non tempéré, succession solo/tutti... L'œuvre, qui « pourrait être dédiée aux chanteurs épris de leur voix » (Fr. Miroglio), possède une dimension onirique. Si l'*Habeas corpus* est devenu une sauvegarde juridique, le souhait exprimé par ce subjonctif peut être interprété comme une invitation à ne pas oublier l'existence de ce « corpus » dont l'instrument naturel est la voix. L'œuvre pour orchestre vocal fait appel aux souvenirs, à la mémoire, à la culture, aux gestes qui habitent les rêves, formant ce que Freud a appelé « notre biographie la plus intime ».

Bibliographie — P. A. Castanet, Matières en mutations, *in* Les Cahiers du CREM, n° 6-7, Mont-Saint-Aignan, Univ. de Rouen, 1988 ; Fr. Miroglio, « Entre deux ». Sur la notation personnelle du compositeur, *ibid.*

P. A. Castanet

« Haec dies », graduel en 2e mode du → Propre de Pâques. La joie pascale est ici célébrée par l'adaptation d'une mélodie, sans doute très ancienne en son fond, commune à toute une série de graduels du même mode, moyennant le recours à quelques formules originales qui en intensifient l'expression, telle l'ample intonation « Haec dies ». Plus ample encore, le mélisme de « quoniam », dans le verset, franchit en quelques notes un intervalle d'octave et monte jusqu'au *sol* aigu. Le 2e mode (plagal de *ré*) est transposé sur *la*, avec une dominante *do* qui au début du verset se déplace momentanément sur *ré*. Ce chant a été paraphrasé par **Ch.-M. Widor** dans sa *Xe Symphonie* pour orgue, « romane » (1900).

Traduction — Voici le jour que le Seigneur a fait ; réjouissons-nous et soyons dans l'allégresse en ce jour. (℣) Célébrez le Seigneur, car il est bon et sa miséricorde dure à jamais (Ps. 118, 24 et 1).

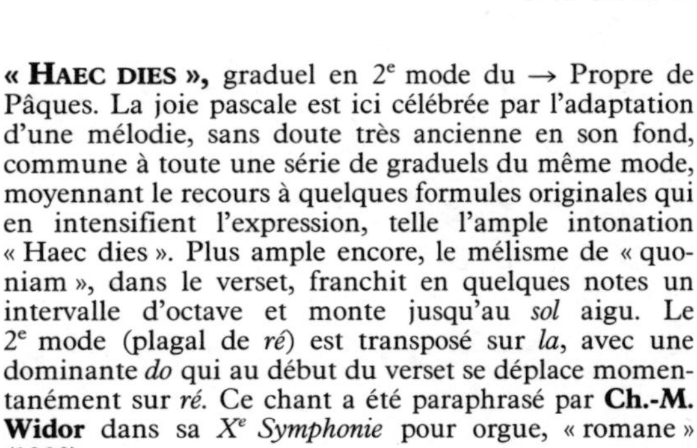

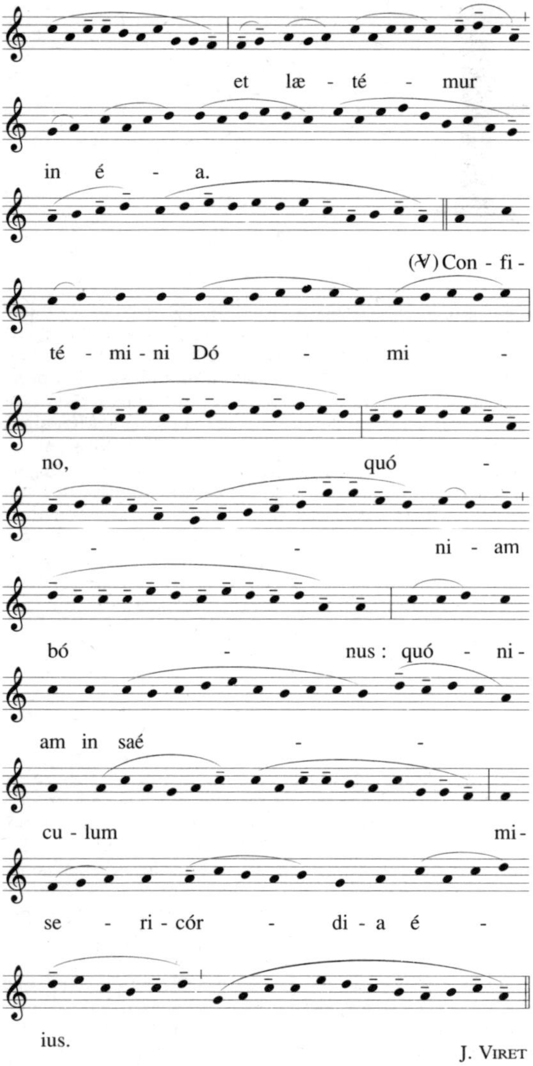

J. VIRET

HAGOROMO, symphonie chorégraphique et lyrique pour ténor solo, chœur mixte et orchestre de **Georges Migot**, texte du musicien et de Louis Laloy d'après une légende japonaise, composée en 1920-21, dédiée à René Delange, créée au théâtre de Monte-Carlo, le 9 mai 1922, par Mlle Sonia Pavloff (La Tennin) et M. Tiberty (le pêcheur Hakourio), sous la dir. de Georges Lauwerijns ; reprise à Nantes, au Théâtre Graslin, le 10 mars 1938, avec Leila Bederkhan (la Tennin), Tsungdo Maki (Hakourio), les chœurs de la Schola Cantorum de Nantes (chef des chœurs Marguerite Le Meignen), sous la dir. d'Albert Wolff. (Paris, Senart, 1922, puis A. Leduc ; durée : 40 min environ.)

ARGUMENT — Sous les rayons de lune, le pêcheur Hakourio (ténor) rêve devant la mer qu'encerclent, tout au loin, les montagnes où le Fuji-Yama domine. Il regarde s'élever et s'animer les nuages qui, bientôt, l'entourent de leurs volutes tourbillonnantes. La lune apparaît et, dans sa clarté, des pétales de fleurs tombent du ciel. L'Hagoromo, tel un oiseau, descend de l'infini. Le pêcheur Hakourio, sortant de sa rêverie, étend le bras pour s'emparer de cette robe de plumes dont il fera le précieux trésor de son foyer. Mais la Tennin (rôle dansé), fille du ciel bouddhique, ne pourrait, sans cette robe ailée, monter au ciel. Sortant de la mer, elle vient demander la robe qui lui est destinée par la volonté des dieux, mais Hakourio la lui refuse car il veut la garder pour le bonheur de sa descendance. Comme un oiseau sans ailes, la Tennin, ne pouvant plus s'envoler vers le ciel, devra donc périr sur cette terre. Le pêcheur persiste dans son refus. La Tennin, désespérée, pleure car elle se sent mourir. Les « nuages de tristesse » viennent l'entourer. Affaissée, la Tennin se redresse pour tendre la main vers l'Hagoromo que tient Hakourio, mais le pêcheur ne lui rendra la robe de plumes que si elle danse, pour lui, la danse des Tennins. Pris de pitié, il finit par lui livrer la robe divine et, quand elle s'en est enfin revêtue, elle danse avec une joie heureuse le Sourougamaï, la joie de l'Est, âpre et farouche comme une danse guerrière. Puis elle disparaît dans les nuages. Hakourio, extasié, admire cette glorieuse assomption de la belle vierge de la Lune qui devient l'image de la Sagesse et qui se perd dans les insondables profondeurs du ciel énigmatique.

Cette partition, comme *Le Paravent de laque aux cinq images* (1909) pour 2 vl., alto et piano ou pour orchestre, comme les *Sept Petites Images du Japon* (1917) pour chant et piano ou orchestre, comme un peu plus tard les → *Deux Stèles de Victor Segalen* (1925) pour une voix, harpe, célesta, contrebasse, tam-tam et cymbales, appartient à une série d'œuvres de G. Migot qui révèlent une nette sympathie esthétique pour l'Extrême-Orient, celui des haï-kaï, des estampes, de la calligraphie. Il s'y exprime un art délicat, allusif, fait de touches légères bien que dessinées d'une main très sûre, dépouillé de toute rhétorique académique. Art de l'émotion et non du développement, la musique d'*Hagoromo* se caractérise par l'originalité d'une invention mélodique sans cesse renouvelée, qui se meut librement dans l'espace sonore avec une extrême souplesse rythmique ; elle se caractérise également par ses plans sonores différenciés, annonciateurs de la future polyphonie migotienne, par ses ambiances colorées et par une extrême mobilité de la pensée et de la construction musicales. Partagée entre un ténor solo aux interventions rêveuses ou volontaires et un chœur fourni, aux voix souvent divisées, qui chante le texte ou qui participe par des vocalises à la couleur orchestrale, l'élément vocal est très important et oriente la page vers l'oratorio profane. Cependant, « en cet ouvrage, grand effort, non pas vers une fusion des arts, mais vers une superposition, un contrepoint de la peinture, de la danse et de la musique ; la danse, comme le chant qui mêle les voix humaines à celles des instruments, tend à devenir partie expressive de l'orchestre ; le décor, stable ou mouvant, possède en quelque sorte une vie parallèle à celle de la partition. La danseuse, qui joue le rôle principal de la Tennin, est la soliste d'une symphonie décorative et linéaire faisant duo avec la symphonie sonore, et des danseurs porteurs de voiles, nuages et vagues animent aux yeux de l'auditeur le plan horizontal et vertical de la scène selon une eurythmie correspondant à la musique » (L. Vallas). « *Hagoromo* est donc une symphonie au sens total du mot, dont la richesse n'est pas seulement d'ordre intellectuel mais aussi et surtout d'ordre émotif ; c'est un clair signal dans l'œuvre du musicien et dans l'histoire de la musique française contemporaine » (M. Pinchard).

Bibliographie — L. VALLAS, G. Migot, Paris [1923], pp. 21-22 ; M. PINCHARD, Connaissance de G. Migot, Paris 1959, pp. 51-53.

M. HONEGGER

« HAIL ! BRIGHT CECILIA » (Salut, brillante Cécile), ode pour la Sainte-Cécile (22 nov. 1692), de **Henry Purcell**, écrite sur un texte de Nicholas Brady, pour sop.,

2 altos, ténor et 2 basses soli, chœur mixte, 2 fl. à bec sop., fl. à bec basse, 2 htb., 2 trp., cordes et basse continue. (Durée : 54 min environ.)

Peter Motteux rapporte dans le *Gentleman's Journal* de nov. 1692 que l'ode de N. Brady a été « admirablement mise en musique par M. Henry Purcell et exécutée deux fois aux applaudissements de tous, particulièrement la deuxième stance, chantée avec des grâces incroyables par M. Purcell lui-même ». Cette ode est la dernière des quatre que Purcell écrivit pour célébrer la fête de sainte Cécile qui, entre 1683 et 1703, se déroulait chaque année à Stationer's Hall, à Londres. Le poème de Brady, qui doit beaucoup à la grande ode de 1687 de Dryden (*Song for Saint Cecilia's Day*, mis en musique par G. B. Draghi), est un magnifique péan à la louange de la musique. Avec ses nombreuses allusions à des instruments particuliers, il offrait à Purcell une heureuse occasion de déployer ses forces créatrices. Celui-ci répondit par l'une de ses œuvres les plus ambitieuses et les plus colorées, dans laquelle des suites d'airs pour solistes et instruments obligés sont encadrées par de massifs chœurs contrapuntiques.

1. L'ode débute par une symphonie instrumentale en 6 sections (les deux premières seront réutilisées par Purcell un an plus tard dans son ode pour l'anniversaire de la reine Mary, *« Celebrate this festival »*). L'ouverture commence par 10 mesures d'un majestueux dialogue en *ré* maj. entre les trompettes et les cordes avec hautbois, conduisant à une « canzona » de tempo allegro, une fugue sur deux sujets, également en *ré* majeur. Suit un adagio en *la* min. pour cordes et hautbois ; la trompette réapparaît pour une section martiale, à trois temps, Allegro, en *ré* maj. ; un bref passage Grave en *ré* min. est suivi par la répétition de l'Allegro en *ré* majeur. **2.** *« Hail ! Bright Cecilia »*, pour sop., alto, ténor, basse soli et chœur, en *ré* min., débute par un solo de basse de 6 mesures qui annonce l'entrée du chœur ; après quelques mesures d'homophonie, celui-ci continue en un contrepoint qui se poursuit sous les mots « That thine and Music's sacred love » (Que l'amour sacré de la musique et du tien), confiés à deux solistes, et qui inclut un mélisme complexe sur le mot « music ». **3.** Un duo pour basse et alto soli accompagné par les vl., les fl. à bec et la b.c., *« Hark ! hark ! each tree »* (Ecoutez ! écoutez ! chaque arbre), en *la* min., est écrit sur une basse de 6 mesures répétées — la basse obstinée est l'une des formes de composition préférées de Purcell — et inclut un dialogue antiphoné entre les cordes et les flûtes à bec. **4.** *« ' Tis Nature's voice »* (C'est la voix de la Nature), pour alto (contre-ténor) et b.c., est le solo en style déclamatoire qui, selon le *Gentleman's Journal* de nov. 1692, aurait été chanté par Purcell lui-même « avec des grâces incroyables ». Ces « grâces », ou ornements, sont notées et sont particulièrement élaborées ; la section introductive est en *fa* maj., mais, sur les mots « and straight we grieve » (et soudain nous nous affligeons), on passe brusquement en *fa* min. et l'harmonie devient de plus en plus chromatique. **5.** *« Soul of the world »* (Ame du monde) est un chœur à 4 voix en *si* ♭ maj. où l'écriture oscille entre imitations et homophonie ; l'emploi d'un accord de septième diminuée pour dépeindre « The jarring seeds » (Les graines de discorde) est particulièrement efficace et l'écriture chorale, ici comme dans les autres chœurs, est en général plus travaillée que dans de nombreuses autres odes de Purcell. **6.** *« Thou tuns't this world below »* (Tu mets d'accord ce monde d'ici-bas), pour sop. solo et chœur à 4 voix, en *sol* min., comporte trois parties : 1. une symphonie orchestrale, 2. un passage pour sop. solo et b.c., 3. un chœur avec accompagnement d'orchestre, qui emploient toutes trois la même substance musicale à l'allure de menuet. **7.** *« With that sublime celestial lay »* (Avec ce sublime poème céleste), un trio pour 2 altos et basse soli avec b.c., chante les vertus des nobles orgues qui, dans le numéro suivant, sont décrites comme une machine merveilleuse ; si l'instrument n'est pas illustré dans sa spécificité, il n'est pas impossible qu'une sorte de cadence improvisée à l'orgue ait pris place entre les nos 7 et 8 (jusque-là les airs ont tous été reliés entre eux par des enchaînements au continuo). **8.** *« Wondrous machine »* (Machine merveilleuse), pour basse solo, htb. et b.c., en *mi* min., est écrit sur une basse obstinée et répond à la forme ABA ; une figure allante de deux mesures apparaît 36 fois à la basse mais, dans la partie B, elle se trouve modifiée à deux reprises pour moduler en *sol* maj. et en *si* mineur. **9.** *« The airy violin »* (Le violon léger), pour alto solo, vl. et b.c., en *ré* maj., dans lequel le violon répond à la voix en écho, est suivi par **10.** *« In vain the am'rous flute »* (En vain la flûte amoureuse), en *la* min., écrit pour alto et ténor soli, 2 fl. à bec et b.c. ; le mouvement est de forme binaire avec une introduction et une coda instrumentales et le motif chromatique initial de la basse est le même que l'ostinato du fameux lamento de → *Dido and Aeneas.* Ce duo expressif est en fort contraste avec **11.** le martial *« The fife and all the harmony of war »* (Le fifre et toute l'harmonie guerrière), en *ré* maj., écrit pour 2 trp., timb., b.c. et alto solo (ou contreténor qui, à l'époque de Purcell, pouvait être un ténor élevé). **12.** Duo pour 2 basses soli et b.c. en *ré* min., *« Let these among themselves contest »* (Laissez-les se disputer entre eux), un mouvement binaire dans lequel les deux solistes rivalisent en un contrepoint étroitement imitatif. Le chœur final, **13.** *« Hail ! Bright Cecilia »*, commence par une majestueuse section en *ré* maj. pour chœur à 4 voix avec accompagnement de tout l'orchestre qui utilise un matériel thématique apparenté au chœur d'introduction (mais cette fois-ci en majeur) ; il est suivi par une section fuguée pour chœur à 6 voix (S S A A T B) dans laquelle le thème est introduit en double augmentation à la basse. Une section plus lente, « With rapture of delight » (Avec un transport de joie), pour 4 solistes (A A T B) et b.c., conduit directement à la répétition du chœur à 4 voix, en *ré* maj., *« Hail ! Bright Cecilia »*, qui conclut ce digne hommage à sainte Cécile.

Rééditions modernes — Par J. A. Fuller-Maitland, *in* The Works of H. Purcell VIII, Londres, Novello, 1897.

Bibliographie — Fr. B. Zimmerman, H. Purcell (1659-1695). An Analytical Catalogue of his Music, Londres, Macmillan, 1963.

J. P. Wainwright

Hair, comédie musicale américaine en 2 actes, livret et texte des chansons de Gerome Ragni et James Rado, musique de **Galt MacDermot**, créée à New York, au Public Theater, le 29 oct. 1967 (version cinématographique, 1979).

Si *Bye bye Birdie* raillait le rock' n' roll des années 50, *Hair* — dont le sous-titre original est « american tribal love rock musical » — reflète parfaitement la fin des années 60. Sans toutefois la moindre distanciation satirique, l'ouvrage porte à la scène la contestation des jeunes hippies et des marginaux de la société américaine, refusant la morale et les valeurs « bourgeoises », la guerre du Viêt-nam et le racisme. Contrairement au modèle habituel des comédies musicales de Broadway, *Hair* ne présente pas une action suivie, mais une succession de scènes isolées. D'après les historiens américains du genre — dont David Ewen —, il ne s'agit pas là d'une réaction délibérée contre les schémas traditionnels de la comédie musicale, mais du fait du hasard.

L'œuvre ne connut que 94 représentations au Public Theater. Après un passage au Cheetah, un night-club de New York, elle fut profondément remaniée et parut sous sa forme définitive au Biltmore Theater de Broadway, le 29 avr. 1968. Cette dernière version fut un succès mondial : 1 742 représentations consécutives à Broadway, 1 998 à Londres. Parmi les morceaux les plus connus, citons *Aquarius*, *« Hare Krishna »*, *« Good morning starshine »* et *Frank Mills*, sorte de ballade marquée par la pop-music de la fin des années 60. L'influence et la popularité de *Hair* tiennent moins dans les qualités musicales et dramatiques — plutôt moyennes — de la pièce que dans la philosophie qu'elle véhicule.

R.-M. SIMON et S. SIMON

HALKA, opéra en 2 actes (1re version) puis 4 actes (2de version), livret de Włodzimierz Wolski, musique de **Stanislaw Moniuzsko**, créé à Wilno (l'actuelle Vilnius), sur une scène privée, le 20 déc. 1847, puis au théâtre de Wilno, le 16 févr. 1854 (1re version), enfin à Varsovie, le 1er janv. 1858 (2de version). (Varsovie, Gebethner et Wolff, s.d. ; puis Cracovie, PWM, 1978).

LIVRET — Acte I. Le manoir du Sénéchal, à la fin du XVIIIe siècle. Ce sont les fiançailles de Zofia (sop.), la fille du sénéchal Stolnik (basse), avec le jeune noble Janusz (bar.). Tous participent à l'allégresse générale. Soudain, on entend un chant plaintif. C'est la serve Halka (sop.), amoureuse du fiancé. Janusz la presse de sortir en promettant qu'il partira vivre avec elle à la montagne. Après son départ, le fiancé rejoint les invités et l'acte se termine dans une ambiance de fête.

Acte II. Halka attend devant le manoir son rendez-vous avec Janusz. Arrivée de Jontek (ténor), un jeune serf amoureux depuis toujours de la belle Halka. Il lui dit que Janusz la trompe, mais elle refuse de le croire. Jontek lui apprend alors que Janusz est en train de fêter ses fiançailles avec Zofia. Les cris d'allégresse des invités confirment ses déclarations et Halka, désespérée, se précipite au manoir pour réclamer Janusz, le père de son enfant. Le jeune homme, irrité, sort et rabroue la malheureuse, puis ordonne à Jontek d'emmener immédiatement Halka à son village de montagne, en lui promettant une récompense. Jontek doit cacher sa fureur et entraîne Halka au dehors.

Acte III. Au village, les montagnards discutent du prochain mariage de leur maître Janusz dont les femmes vantent le charme. Puis, tous entament une danse. Arrivée de Halka et de Jontek. Aux villageois surpris par l'air misérable de Halka, Jontek explique ce qui s'est passé. On s'apitoie sur le sort de la jeune fille. Le passage d'un corbeau noir dans le ciel est aussitôt interprété comme un funeste présage, annonçant la mort prochaine de Halka. L'acte se termine par l'arrivée du cortège nuptial.

Acte IV. Jontek attend devant l'église où l'on célébrera bientôt le mariage de Janusz et de Zofia. Il est tourmenté par de sombres pressentiments. Un joueur de cornemuse (bar.) qui passe accepte d'accompagner sur son instrument Jontek qui chante alors son amour malheureux pour Halka. Celle-ci fait irruption, l'esprit égaré par la trahison de Janusz. Dziemba (basse), le majordome, ordonne aux villageois d'acclamer leur future maîtresse qui arrive avec le cortège nuptial. Janusz, apercevant Halka, a peur des réactions de la jeune fille et veut s'enfuir. Tout le village est évidemment au courant de la tragédie de Halka et les commentaires vont bon train. On n'acclamera les jeunes mariés qu'après un ordre énergique du majordome. Zofia, qui ignore tout des frasques de son futur époux, s'inquiète de l'aspect misérable de Halka, tandis que Janusz, terrifié, craignant les révélations de sa maîtresse, élude les questions de Zofia qu'il entraîne à l'église, suivi par le cortège. La messe commence. Halka, restée dehors, sombre dans la folie. L'esprit égaré, elle songe soudain à son enfant qui mourra de faim (Cavatine : *« Oh, mon petit, qui te vêtira »*). Finalement, elle décide de se venger : elle brûlera l'église et saisit des fagots qu'elle allume. Mais les chants du peuple, implorant Dieu, arrêtent son geste fatal. Désespérée, elle comprend enfin qu'elle doit renoncer à jamais à Janusz. Elle se jette dans le fleuve. Jontek accourt, mais trop tard. A ce moment, le cortège nuptial quitte l'église et les villageois s'apitoient sur le sort de Halka, jusqu'à ce que le majordome ordonne au peuple d'oublier tout cela et d'entonner des chansons joyeuses en l'honneur des jeunes mariés.

Halka est souvent considéré comme le premier opéra national polonais. Œuvre d'un romantisme désespéré, elle montre par son pessimisme le profond découragement des Polonais après les échecs successifs des mouvements insurrectionnels. L'action, mélodramatique à l'excès, préfigure déjà le vérisme de → *Tiefland* et le réalisme de → *Katia Kabanova*. *Halka* est en effet le prototype de la victime, vaincue d'avance par son milieu social. Mais cette thématique, qui est celle du mélodrame des années 1840, évoque, au-delà d'une mise en évidence des injustices sociales, la condition misérable du peuple polonais qui résulte d'une situation politique, car elle s'inscrit dans le cadre d'une dominanation étrangère, celle de l'empire russe où le servage ne fut aboli qu'en 1864. C'est pourquoi *Halka* est plus qu'un opéra « pré-vériste » ; un patriotisme sous-jacent s'y inscrit constamment en filigrane. Pourtant, le succès de l'ouvrage ne fut pas dû aux seules raisons politiques.

Halka se divise en 19 scènes, comportant des récitatifs, des airs, duos, trios, une dizaine de chœurs et des ballets (danses folkloriques). La forme correspond donc à celle de l'« opéra à numéros », à celle du *Freischütz* (version avec récitatifs) p. ex., et si l'orchestration est brillante (2222 - 4231, timb., orgue, harpe, percussion, cordes), l'auteur semble ne pas avoir recherché les innovations harmoniques. Son invention mélodique, issue en partie du folklore, montre de nombreuses influences, en particulier celles de Glinka, Auber, Weber et Donizetti... Les éléments marquants de l'œuvre sont l'intervention des masses chorales et des ballets, qui font un large usage de thèmes populaires (danses montagnardes).

Bibliographie — W. RUDZINSKI, S. Moniuszko, Cracovie 1954 (en pol.) ; J. PROSNAK, S. Moniuszko, Cracovie 1968 ; S. LANSON, S. Moniuszko, l'éveilleur des consciences, *in* Le Monde de la Musique, janv. 1986 ; CHR. JESEWSKI, S. Moniuszko, *in* Opéra International, janv. 1986 ; M.-H. FASSEL, Halka, opéra national polonais (mémoire de maîtrise, Univ. de Paris-IV, 1986).

M. KELKEL

« HALT IM GEDÄCHTNIS JESUM CHRIST » (Souviens-toi de Jésus-Christ), cantate de **Johann Sebastian Bach** (BWV 67 ; NBA I/11) pour le dimanche de Quasimodo (évangile du jour, Jean 20, 19-31, Jésus apparaît à ses disciples, incrédulité de Thomas), écrite pour alto, ténor et basse soli, chœur, fl., 2 htb. d'amour, corno da tirarsi (trp. à coulisse), cordes et b.c., exécutée pour la 1re fois à Leipzig le 16 avr. 1724. (Durée : 14 min 45 s environ.)

Le texte, d'auteur inconnu, s'ouvre par une citation biblique (II Tim. 2, 8) qui rappelle que le Christ est ressuscité des morts. Malgré sa foi, le croyant ne trouve point de paix en son cœur (air n° 2). Mais pourquoi s'effrayer (récitatif n° 3) alors que le Christ a placé en notre bouche un chant de louange, *« Erschienen ist der herrlich Tag »* (choral n° 4) ? Si Jésus ne lutte pas pour nous, l'ennemi ne nous laissera pas en paix. La foi nous assure qu'il accomplira sa promesse (récitatif n° 5). C'est alors qu'avec la salutation « La paix soit avec vous ! »

(Jean 20, 19) apparaît la figure du Christ, combattant avec les siens. Qu'à travers la mort nous puissions parvenir à son royaume (air n° 6). La strophe de choral finale reconnaît que Jésus-Christ, prince de la paix, vrai homme et vrai Dieu, est notre Sauveur.

Le chœur d'introduction avec tout l'orchestre, **1.** *« Halt im Gedächtnis »* (forme binaire AA' avec ritournelle), en *la* maj., est bâti sur deux idées thématiques, celle du « souviens-toi », incluant une longue tenue de la note initiale, et celle de la résurrection exprimée par une chaîne de croches ascendantes. Elles sont présentes aux instruments dès la ritournelle et, après une exhortation des chœurs en écriture verticale, se combinent en une fugue chorale avec la basse continue dans la partie A, avec les instruments dans la partie A', d'abord « colla parte » puis enrichissant la trame polyphonique **A**. Lui font suite **2.** un air pour ténor, un htb. d'amour, cordes et b.c., *« Mein Jesus ist erstanden... »* (Mon Jésus est ressuscité ! Toutefois, qu'est-ce qui m'effraie encore ?), forme binaire AB avec ritournelle, en *mi* maj., dont le thème

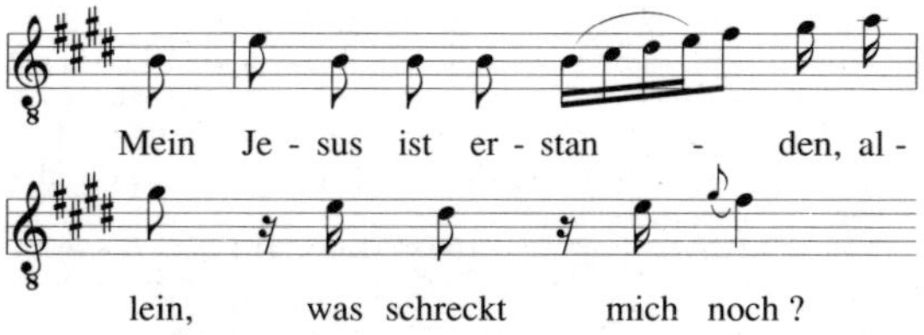

qui exprime à la fois la certitude du croyant, la résurrection du Christ et l'effroi, alimente par ses différents motifs toute la symphonie instrumentale ; **3.** un récitatif secco pour alto et b.c., *« Mein Jesu, heissest du des Todes Gift »* (Mon Jésus, puisque tu t'appelles le poison de la mort) ; **4.** un choral à 4 voix, *« Erschienen ist der herrlich Tag »* (Le jour magnifique est arrivé), en *fa* ♯ min., 1re strophe d'un choral de Pâques de Nikolaus Herman (1560) ; **5.** un récitatif secco pour alto et b.c., *« Doch scheinet fast... »* (Cependant il semble que ce qui reste des ennemis [...] ne me laisse pas en paix) ; **6.** un air pour basse — la voix du Christ dans les Passions — avec chœur et tout l'orchestre, *« Friede sei mit euch ! »* (La Paix soit avec vous), en *la* maj., dont la construction riche en contrastes divers est commandée par les trois strophes du texte poétique, chacune étant encadrée par la salutation du Christ. La pièce s'ouvre par 9 mesures tumultueuses aux cordes qui dépeignent l'assaut des ennemis. La salutation du Christ, un arioso plein de calme et de majesté, est accompagnée dans un rythme pointé par la flûte et les deux hautbois d'amour dont le mouvement est ordonné, bien discipliné par rapport à la symphonie précédente, signe d'une victoire certaine. Chantée par les trois voix élevées du chœur, la 1re strophe du texte, « Wohl uns ! Jesus hilft uns kämpfen » (Quel bonheur ! Jésus nous aide à combattre), s'inscrit alors sur la reprise de la symphonie tumultueuse. Avec des variations, ce schéma se renouvelle pour les deux strophes suivantes et s'achève par la dernière répétition de la salutation du Christ, toujours accompagnée par le rythme pointé des instruments à vent auxquels les cordes viennent enfin s'associer. L'apaisement obtenu, la cantate s'achève dans le recueillement **7.** par un choral à 4 voix, *« Du Friedefürst, Herr Jesu Christ »* (Prince de la paix, Seigneur Jésus-Christ), forme AAB, en *la* maj., 1re strophe d'un choral de Jakob Ebert (1601).

Bibliographie — Voir celle de l'art. *« Ach Gott, vom Himmel sieh darein »*.

M. HONEGGER

HAMLET, opéra en 5 actes, livret de Jules Barbier et Michel Carré d'après la tragédie de William Shakespeare (1600-01), musique d'**Ambroise Thomas**, achevé durant l'été 1867, créé à l'Opéra de Paris (Salle Le Peletier), le 9 mars 1868, avec MM. Faure (Hamlet), Belval (Claudius), Collin (Laërte), David (le spectre du roi), Mme Gueymard (Gertrude), Mlle Nilsson (Ophélie), MM. Grisy (Marcellus), Castelmary (Horatio), Ponsard (Polonius), Gaspard et Mermany (les fossoyeurs), mise en scène de M. Coleuille, chef des chœurs Victor Massé, chorégraphie de Marius Petipa (danseuse principale Mlle Fioretti), sous la dir. de Georges Hainl. (Paris, Heugel, 1868 ; durée : 3 h environ.)

Le succès d'*Hamlet*, moins populaire que → *Mignon*, reposa d'abord sur les noms de Faure et Nilsson, avant de se porter sur l'œuvre elle-même. Le rôle d'Hamlet, écrit primitivement pour ténor et transposé pour baryton par A. Thomas, donna à J.-B. Faure l'occasion d'une de ses plus brillantes créations et se révéla comme l'un des rôles les plus dramatiques de ce registre. Hamlet et Ophélie, les principaux protagonistes de cette tragédie, furent incarnés ensuite, en France et à l'étranger, par les plus grands noms de la scène lyrique, la Melba, la Patti, Victor Maurel, Arthur Endrèze et Titta Ruffo. Ainsi *Hamlet*, qui comptait 276 représentations à la mort de Thomas en févr. 1896, fut donné à l'Opéra en mai de la même année, en hommage au compositeur disparu.

La mode de l'époque était à l'adaptation de grands textes de la littérature. L'*Hamlet* de Barbier et Carré est certes supérieur aux arrangements que l'on présentait sur les scènes de boulevard, mais le livret, qui s'inspire des scènes essentielles de Shakespeare, modifie le dénouement (dans le drame, Hamlet meurt d'une blessure empoisonnée).

A « HALT IM GEDÄCHTNIS JESUM CHRIST »

LIVRET — L'action se passe à Elseneur, au Danemark.

Acte I. 1er Tableau. Une salle du palais. Claudius (basse) succède à son frère sur le trône du Danemark et épouse sa veuve, la reine Gertrude (mezzo-sop.). Hamlet (bar.), fils du roi défunt, aime Ophélie (sop.). Le frère d'Ophélie, Laërte (ténor), partant, par ordre du roi, pour la cour de Norvège, confie sa sœur à Hamlet. — 2e Tableau. L'esplanade du château. Hamlet apprend du spectre de son père (basse), qui lui demande de le venger, l'assassinat du roi par Claudius, l'adultère et la complicité de la reine, sa mère.

Acte II. 1er Tableau. Les jardins du palais. Alors qu'Ophélie erre dans les jardins en doutant de l'amour d'Hamlet, celui-ci décide d'inviter une troupe d'histrions et entonne une chanson bachique. — 2e Tableau. *Le Meurtre de Gonzague*. Les histrions créent la terreur en mimant, selon la volonté d'Hamlet, les circonstances de l'assassinat du roi, décrites par le spectre.

Acte III. L'oratoire royal. Rongé par le doute, Hamlet apprend que le père d'Ophélie, Polonius (basse), a été complice du meurtre. Hamlet repousse alors Ophélie et renie ses serments d'amour. Le spectre réapparaît au milieu d'une violente dispute entre Hamlet et sa mère, lui demandant d'épargner Gertrude de la vengeance.

Acte IV. 1er Tableau. Ballet *Fête du printemps*. — 2e Tableau. Ophélie se mêle aux paysans et, de plus en plus folle, se laisse mourir, noyée.

Acte V. Le cimetière. Hamlet découvre le linceul que les fossoyeurs (ténor et bar.) vont enterrer et voit avec épouvante le corps d'Ophélie. Il s'apprête alors à se poignarder lorsque apparaît l'ombre du feu roi qui lui rappelle son serment de vengeance. Hamlet tue donc Claudius puis est proclamé roi du Danemark.

En composant *Hamlet*, A. Thomas pensait au succès du *Faust* de Gounod, qui représentait pour lui un modèle de vérité dramatique et d'expression pathétique. Alors que la France musicale était secouée par le wagnérisme, il présente avec *Hamlet* une synthèse des styles, de l'art lyrique italien et français. L'influence italienne se retrouve au niveau de l'écriture vocale, dans différentes scènes, notamment dans l'air de la folie d'Ophélie. Quant aux aspects spécifiquement français, ils sont de caractère traditionnel ou novateur. Le 4e acte, avec son ballet initial et son ambiance poétique (traduite p. ex. par le chant d'Ophélie sur le chœur à bouches fermées des Willis et les accords arpégés de l'orchestre), appartient à la première catégorie. Il faut néanmoins préciser qu'A. Thomas, contraint au dernier moment par le directeur de l'Opéra, Émile Perrin, d'écrire ce ballet, n'avait pas, au départ, l'intention de sacrifier à cet exercice rituel, que les abonnés exigeaient. En revanche, l'influence de Berlioz apporte un souffle nouveau, qui se fait sentir dans l'orchestration, caractérisée par l'emploi (rythmique, mélodique et descriptif) des instruments d'A. Sax (saxophones alto et baryton), nouveaux à l'époque.

Le langage musical et l'orchestration suivent la trame du livret et varient selon l'état psychologique des personnages. La partition favorise néanmoins Hamlet et Ophélie dans leurs rapports tendres et passionnés, puis dans leur accablement, leur fureur et leur mélancolie nostalgique et désespérée. La scène de l'esplanade (fin de l'acte I) et le duo entre Hamlet et sa mère (fin de l'acte III) font partie des pages les plus dramatiques qu'ait composées A. Thomas. La tragédie shakespearienne est ici musicalement bien rendue. L'invocation *« Spectre infernal »* mêle les phrases tendres et les accents de terreur d'Hamlet à la déclamation du spectre, qui repose sur la répétition rythmée d'une même note A. Par des effets imitatifs et des combinaisons de timbres, l'orchestre apporte des couleurs sombres et fantastiques. Deux des éléments orchestraux de cette scène, l'un agité et rythmique, incarnant la présence réelle du spectre, l'autre, un petit motif descendant, symbolisant la présence du spectre dans l'esprit d'Hamlet, se retrouvent dans le duo *« Ombre terrible et chère »*, lorsque le spectre réapparaît entre Hamlet et sa mère. Ces deux épisodes sont les pages maîtresses de cet opéra, le court prélude initial exposant d'ailleurs le thème du prélude de la scène de l'esplanade. Le nombre important des récits est aussi une caractéristique de cette partition, qui présente certes des pages moins réussies, tels le chœur *« Nargue de la tristesse »* qui, précédant la scène de l'esplanade, apparaît quelque peu désuet, et le monologue d'Hamlet *« Être ou ne pas être »*, dont la portée philosophique est difficile à traduire musicalement. Mais d'autres scènes comme la marche du couronnement, le duo *« Doute de la lumière »* entre Ophélie et Hamlet, l'air de la folie d'Ophélie (qui, par sa virtuosité, a permis à de nombreuses cantatrices d'exercer leur agilité vocale) et l'arioso d'Hamlet *« Comme une pâle fleur »*, ont contribué à faire de cet opéra une des grandes œuvres du répertoire.

Bibliographie — G. BERTRAND, Hamlet, *in* Le Ménestrel, 15.3.1868 ; TH. GAUTIER, Hamlet devant la critique, *ibid.* 22.3. 1868 ; H. KIRSCH, Hamlet : étude littéraire et musicale, Liège 1872 ; H. MORENO, Répétition générale d'Hamlet à l'Opéra, souvenirs, *in* Le Ménestrel, 24.5.1896 ; C. BELLAIGUE, Études musicales et nouvelles silhouettes de musiciens, Paris 1898, pp. 343-349 ; C. LE SENNE, A. Thomas, *in* Lavignac Hist. III, 1914, pp. 1697-1706 ; J. COMBARIEU et R. DUMESNIL, Histoire de la musique III, Paris 1955, pp. 467-472 ; G. PEREGALLI, Hamlet, *in* L'Opéra : dictionnaire chronologique de 1597 à nos jours, Paris, Ramsay, 1979, pp. 314-315 ; R. MANCINI, Hamlet, *in* Larousse de la musique I, Paris, Larousse, 1982, p. 707 ; L. GAUDRAN, K. JASPERS et B. NOËL, Hamlet, *in* Dictionnaire des personnages, Paris, Laffont, 1988, pp. 453-456.

E. MALFROY

HÄNSEL UND GRETEL (Hänsel et Gretel), « Märchenspiel » (féerie) en 3 tableaux, livret d'Adelheid Wette d'après le conte des frères Grimm, musique d'**Engelbert Humperdinck**, créée au Hoftheater de Weimar, le 23 déc. 1893, sous la dir. de R. Strauss. (Mayence, Schott, 1894 ; durée : 1 h 30 min environ.) L'œuvre conquit aussitôt la plupart des scènes allemandes où elle est encore fréquemment représentée. La version anglaise s'imposa à Londres dès 1894 et à New York l'année suivante ; la version française de C. Mendès (Mayence, Schott, [1897]) fut donnée à Anvers en 1897, à Rouen en 1899, puis à Paris (Opéra-Comique) en 1900 sous la direction d'André Messager. *Hänsel und Gretel* fut, en Europe, le premier ouvrage lyrique diffusé à la radio en direct et dans son intégralité (Londres, Covent Garden, janv. 1923).

LIVRET — Acte I. Hänsel (mezzo-sop.) et Gretel (sop.) jouent dans la modeste hutte de leurs parents. Gertrude (sop.), leur mère, se plaint de sa pauvreté et les envoie cueillir des fraises dans les bois. Quand Peter (bar.), le père, rentre les bras chargés de victuailles, il s'étonne de savoir les enfants partis : une sorcière malfaisante risque de les attirer pour les dévorer. Inquiets, Gertrude et Peter partent à la recherche des deux enfants.

Acte II. Pendant qu'Hänsel et Gretel mangent toutes les fraises qu'ils ont ramassées, la nuit est tombée. Incapables de retrouver leur chemin, ils récitent leur prière du soir puis se laissent endormir par le Marchand de sable (sop.). Quatorze anges gardiens descendent du ciel pour les protéger.

Acte III. Réveillés par la Rosée (sop.), les enfants aperçoivent une petite maison de sucre et de pain d'épice : c'est la demeure de la Sorcière (mezzo-sop.). Elle s'empare d'eux aussitôt et s'apprête à les cuire pour les transformer en pains. Gretel, usant des sortilèges de la méchante femme, la pousse dans le four qui explose aussitôt. Tous les enfants auxquels elle avait fait subir autrefois ce triste sort reviennent à la vie, tandis qu'elle est changée en une grosse pâtisserie. Peter et Gertrude n'ont plus qu'à se joindre à la fête.

Dès le printemps 1890, le compositeur avait mis en musique quelques textes de chansons enfantines à l'intention de sa sœur, futur auteur du livret. L'ensemble prit ensuite la forme d'un singspiel avant de devenir un véritable opéra. L'ouvrage, qui reproduit les clichés inhérents au genre du conte allemand, vise à la popularité en empruntant au modèle littéraire des textes de chansons. Plusieurs aspects du conte de Grimm sont simplifiés sous l'influence d'une sentimentalité bourgeoise, source d'inévitables banalités dans le cours du récit. Privilégiant la féerie, le livret ménage une large place aux effets de mise en scène : descente des anges gardiens, apparition de la maison de la sorcière dans la brume, explosion du four, retour à la vie des enfants transformés en pains d'épice.

Le don d'invention dont fit preuve Humperdinck et l'originalité authentique de sa phrase musicale assurèrent le succès universel de l'opéra. Dans un style attendrissant où l'ornementation décorative de quelques tableaux de genre isolés prend le pas sur la dramaturgie, le recours à des mélodies populaires est du meilleur effet (*« Suse, liebe Suse, was raschelt im Stroh »* ; *« Ein Männlein steht im Walde »* et *« Schwesterlein, hüt' dich fein »*). Des morceaux symphoniques développés, comme l'ouverture (avec le thème de la prière du soir, la page la plus célèbre de l'opéra), la chevauchée de la sorcière (prélude de l'acte II) et la pantomime des 14 angelots, évoquent nettement le style de R. Wagner et de Fr. Liszt. Considéré à la fin du XIXe s. comme l'ouvrage le plus marquant des épigones de Wagner, *Hänsel und Gretel* concrétise l'opposition allemande à l'opéra vériste italien.

Bibliographie — E. Hanslick, Die moderne Oper VII, Berlin 1896, réimpr. 1971, 3/1911 ; R. Batka, Von Hänsel u. Gretel, *in* Musikalische Streifzüge, Leipzig 1899 ; E. Destranges, Hänsel et Gretel, étude analytique et thématique, Paris 1899 ; H. Kuhlmann, Stil u. Form in der Musik von Humperdincks Oper Hänsel u. Gretel (diss. Marburg, 1930) ; E. Thamm, Der Bestand der lyrischen Werke E. Humperdincks (diss. Mainz, 1951) ; Hänsel et Gretel, *in* L'Avant-Scène Opéra, n° 104, déc. 1987.

P. Prévost et J. Schläder

Hans Heiling, op. 80, « romantische Oper » en un prologue et 3 actes, livret d'Eduard Devrient, musique de **Heinrich August Marschner**, composé en 1831-32, créé à l'Opéra royal de Berlin, le 24 mai 1833, sous la dir. du compositeur. Les actes II et III furent modifiés et augmentés pour la reprise viennoise du 24 janv. 1846. (Durée : 2 h 30 min environ.)

Argument — L'action se passe au Moyen Age en Bohême (Erzgebirge). Hans Heiling (bar.), roi des gnomes, renonce à son royaume pour l'amour d'une mortelle, Anna (sop.). Il tient de sa mère, reine des esprits souterrains (sop.), un livre magique, seul vestige de sa puissance sur les gnomes, dont la jeune fille exige bientôt la destruction. Lors d'une fête villageoise, Konrad (ténor), ancien amoureux d'Anna, défie Heiling qui, de son côté, provoque le ressentiment de sa bien-aimée. Tandis que, retirée dans la forêt, Anna médite sur son amour déçu et soupire pour Konrad, la reine lui révèle l'origine de Heiling. Anna repousse définitivement ce roi déchu que les gnomes refusent maintenant de reprendre pour maître. Aussi Heiling essaie-t-il de se venger de Konrad et d'Anna, sans succès. Une ultime intervention de la reine, qui a pardonné aux mortels, lui permet d'oublier son aventure et de retrouver son trône.

Le livret, qui n'emprunte que son titre à un roman d'horreur de Christian Heinrich Spiess (1800), s'inspire d'une vieille légende bohémienne dont le sujet se prête plus favorablement à l'opéra. Marschner reste attaché à la forme du singspiel avec numéros séparés et dialogues parlés. Dans le détail, l'ouvrage présente cependant les

A HAMLET

traits caractéristiques de l'opéra préromantique allemand : airs agrandis aux dimensions d'une scène (plus particulièrement l'air de Heiling *« An jenem Tag »*) ; récitatifs très expressifs proches de l'arioso et de la cantilène dans des moments de grande émotion (prologue) ; mélodrame combiné à la ballade produisant un effet sonore impressionnant (acte II). Le compositeur n'a pu maîtriser définitivement la complexité du style dramatique qui associe quatre types d'expression (dialogue parlé, mélodrame, récitatif et chant). Pourtant, cet opéra très représentatif de l'art de Marschner, auquel la tessiture du rôle de Heiling donne un caractère diabolique, passe pour une œuvre essentielle du romantisme allemand avant Wagner.

Éditions et rééditions — Leipzig, Hofmeister, 2/ Vienne, UE, et Leipzig, Eulenburg.

Bibliographie — Ph. Sitta, Marschners Hans Heiling, *in* VfMw VIII, 1892 ; E. de Glimes, Hans Heiling, *in* NMZ XXXVII, 1916 ; voir aussi la bibliogr. de l'art. *(Der) Vampyr.*

P. Prévost et J. Schläder

Hans le joueur de flûte, opérette en 3 actes, livret de Maurice Vaucaire et Georges Mitchell, musique de **Louis Ganne**, créée à Monte-Carlo, au théâtre du Casino, le 14 avr. 1906, avec Jean Périer, toujours auréolé du prestige de Pelléas, dans le rôle-titre, et Mariette Sully, l'inoubliable Véronique de Messager, dans celui de Lisbeth (Paris, Amphion.)

Livret — La scène se passe dans la ville flamande de Milkatz, non loin de la Hollande. Ce matin-là, Bourgmestre (basse) et échevins, satisfaits, tiennent conseil sur la place quand arrive le poète Yoris (ténor) qui leur reproche d'oublier les célèbres poupées, qui faisaient la gloire de la cité, au profit de leur enrichissement. Malgré leurs quolibets, il expose sa poupée à l'hôtel de ville sans oublier de la présenter à ses amis nouvellement mariés, Guillaume (bar.) et Ketchen (mezzo-sop.) ; elle a les traits de Lisbeth (sop.), la fille du Bourgmestre, dont il est l'amoureux désespéré. Celle-ci a à peine le temps de la regarder car sa mère (contralto) intervient brutalement. Entre alors en scène Hans (bar.), joueur de flûte et magicien, qui prend Yoris sous sa protection et punit les marchands en noyant les chats et en envoyant ses souris dans les greniers à blé. Fous de rage, les édiles envoient Yoris en prison et, constatant que Lisbeth aime le jeune homme, le Bourgmestre l'envoie subtiliser, par amour, la flûte de Hans qui est lui aussi arrêté. Malheureusement, l'instrument se rebelle et c'est la catastrophe. Force est de libérer le flûtiste qui exige l'élargissement de son ami, la reprise du concours de poupées et le libre choix d'une d'entre elles. Tout rentre dans l'ordre et, pour mettre son père toujours aussi réticent devant le fait accompli, Lisbeth se costume en poupée ; naturellement, elle devient le premier prix du concours ; le musicien l'offre à Yoris qui s'empresse, à l'amusement général de l'épouser... devant le maire ! Furieux, ce dernier veut tout annuler, mais Hans est prêt à user de nouveau de sa redoutable magie. Tout finira donc le mieux du monde et le joueur de flûte reprendra sa route.

Les avis divergent sur *Hans le joueur de flûte*. Certains en soulignent la banalité, d'autres en admirent la pureté. La réalité peut se situer entre ces deux extrêmes. Dans cette œuvre, l'humour est constamment présent. Au 1er acte, la ronde de nuit — inspirée de Rembrandt ! — nous conduit de façon débonnaire dans la ville de Milkatz (mille chats). Plus loin, le thème du chant national que l'instrument majeur de la partition — et pour cause —, la flûte, nous avait mis dans l'oreille au tout début nous précise bien qu'il est tiré de la chanson populaire *« Plantons la vigne, la voilà la jolie vigne ! »*. Amusant aussi le duetto de Ketchen et de Guillaume, les mariés confus de leur retard dans le galop de deux voix joyeuses à souhait. Quant au terzetto du 2e acte qui dépeint l'affolement de la maison du Bourgmestre, il tire sa cocasserie de la rapidité de ses syllabes accentuées. Il n'est pas jusqu'aux couplets de Lisbeth *« Mon cher petit père est un commerçant »* dont le style primesautier n'égaie les tracas du dernier acte. A côté de ces sourires, la poésie sourd quelquefois. Les stances de Yoris désespérément lyriques, *« Vous n'êtes plus, pauvres poupées »*, sa déclaration *« O Lisbeth, aujourd'hui dimanche »* qui reprend le texte de son poème joliment détaillé par Lisbeth au 1er acte, mais de façon plus ardente, tout cela contribue à la tension dramatique qui habite le personnage par opposition à la douceur rêveuse et parfois nostalgique de la jeune fille. *« Sait-on jamais, sait-on pourquoi »* traduit bien, dans un style proche de G. Pierné, les premiers émois du cœur et l'air *« Mon cœur a des peines »* use d'une mélodie archaïsante qui conduira à la déclaration de Hans *« On dit qu'autrefois un brave homme faisait des flûtes de roseau »* : le climat est ici très lumineux et les vocalises de Lisbeth ne peuvent qu'aboutir à un duo fort effusif. Mais c'est l'extraordinaire personnalité de Hans qui domine l'ouvrage entier. Particulièrement soignée, son entrée avec l'appel *« Souris grises, souris blanches ! »* permet au rondo *« Je viens d'un pays, d'un pays lointain »* de donner sa pleine mesure dans une éclatante orchestration. La *Chanson de la flûte* est calme et profondément lyrique, *« Adieu ma mie, adieu mon âme »*, mais le finale du 2e acte, *« Cette flûte qui mena le monde »*, nous rappelle que le compositeur était spécialiste des marches militaires, ses accents pesant quelque peu. Dernière intervention majeure de Hans, accompagné délicatement par les chœurs, la *Chanson de la poupée*, aux allures de polka rythmée par la caisse claire, *« Oh ! Oh ! Que comptez-vous faire ? »*. Cette fois L. Ganne invite à danser et remet en mémoire ses ballets. Dans l'ensemble, cette opérette s'écoute avec plaisir et une adroite mise en scène permet de donner à voir place, intérieurs et costumes flamands du plus bel effet.

Bibliographie — J. Brindejont-Offenbach, *in* 50 Ans de musique française, Paris 1925.

M. Burgard

« Ha que ville et abhominable », rondeau à 3 voix d'**Antoine Busnois**. Bien que cette chanson soit anonyme dans la principale source, le Ms. 517 de → Dijon, on peut l'attribuer avec une quasi-certitude à Busnois, comme le font, d'ailleurs, d'autres sources. En effet, l'incipit de ce rondeau le désigne clairement comme l'une des pièces adressées à Jacqueline d'Hacqueville par le musicien-poète de la cour de Bourgogne. Alors que le Ms. de Dijon le donne comme rondeau de 3 vers, on le trouve comme rondeau quatrain dans le Ms. du cardinal de Rohan. Le texte, assez énigmatique, laisse cependant deviner une critique dont la violence est inhabituelle dans la chanson courtoise : « Ha que ville et abhominable / Est en amours ung cueur publicque / Il n'est chose plus detestable. »

La polyphonie n'en laisse rien paraître, tout en lignes mélodiques souples et agréables, si ce n'est, au supérius, un saut inhabituel d'une dixième ascendante avant la cadence finale. Les sources en donnent, curieusement, deux versions en une : le supérius peut se voir associé à deux autres voix (ténor et « basitonans » dans le Ms. de Dijon) de composition libre, comportant quelques ébauches d'imitation ; il peut aussi se suffire à lui-même par la réalisation du canon (à l'unisson), « trinus in unitate ». Compte tenu du caractère répétitif du rondeau, on pourrait imaginer, comme le suggère G. Reese, une combinaison des deux modes d'exécution : la différence des tessitures dans les deux versions rend, cependant, cette hypothèse problématique.

Éditions — Par J. A. L. DE LA FAGE, *in* Essais de diphtérographie musicale, Paris 1864 ; par E. DROZ, G. THIBAULT et Y. ROKSETH, *in* Trois Chansonniers français du XVe s., Paris 1927, rééd. Genève, Slatkine, 1976 ; par A. A. MOERK, The Seville chansonnier, Ann Arbor, UMI, 1978.

Bibliographie — C. BROOKS, A. Busnois, chanson composer, *in* JAMS VI, 1953 ; G. REESE, Music in the Renaissance, New York, Norton, 1954, 2/1959.

J.-P. OUVRARD

HARAWI, chant d'Amour et de Mort, poème et musique d'**Olivier Messiaen**, pour grand soprano dramatique et piano, composé à Petichet (Isère) du 15 juin au 15 sept. 1945, créé le 24 juin 1946 à Mâcon par Marcelle Bunlet et l'auteur. 1. *« La ville qui dormait, toi »*, 2. *« Bonjour toi, colombe verte »*, 3. *Montagnes*, 4. *Doundou tchil*, 5. *L'amour de Piroutcha*, 6. *Répétition planétaire*, 7. *« Adieu »*, 8. *Syllabes*, 9. *L'escalier redit, gestes du soleil*, 10. *Amour, oiseau d'étoiles*, 11. *Katchikatchi les étoiles*, 12. *Dans le noir.* (Paris, Leduc, 1948 ; durée : 58 min environ.)

Dernier cycle de mélodies de Messiaen et premier volet de sa « trilogie de Tristan et Yseult », dont les deux autres seront les → *Cinq Rechants* et la *Turangalîla-Symphonie*, *Harawi* évoque les amours d'un Tristan et d'une Yseult péruviens. Influencé à cette époque par les écrits de R. Béclard d'Harcourt sur le folklore des Andes, Messiaen emprunte au quechua des mots, des onomatopées et des symboles poétiques. Certains éléments mélodiques de la musique péruvienne sont utilisés avec de profondes transformations et le titre lui-même est emprunté au quechua où il désigne un chant d'amour tragique conduisant à la mort des amants, comme dans les grands mythes amoureux de la culture européenne.

Le poème *Harawi* est parmi les plus surréalistes de son auteur, qui reconnaît avoir été profondément influencé à cette époque par des poètes tels Breton, Eluard et Reverdy. La peinture surréaliste intervient elle aussi par l'entremise d'un tableau de Penrose intitulé *Voir, c'est croire* qui, selon Messiaen, symbolise tout *Harawi.* A côté des vocables quechua, de nombreux mots et onomatopées sont inventés par Messiaen (les *Cinq Rechants* constitueront son avancée extrême dans le domaine de la langue inventée). Sur le plan musical, cette œuvre présente une plus grande unité formelle que les pièces d'une certaine longueur qui la précèdent. L'utilisation d'un thème cyclique sert à l'élaboration d'une architecture symétrique où, après la pièce introductive, les autres parties s'organisent du point de vue musical et poétique autour du pivot central constitué par la 7e pièce. Cette œuvre exige des interprètes tout à fait exceptionnels, tant pour la voix que pour le piano. L'écriture vocale, encore bien plus complexe que celle des cycles de mélodies antérieurs, suppose chez la chanteuse des qualités non seulement techniques mais dramatiques, Messiaen définissant lui-même chacune des mélodies comme une « scène de théâtre en raccourci ». Paradoxalement, c'est la partie de piano qui assume presque constamment le premier rôle, captant l'attention de l'auditeur par son étonnante virtuosité et sa prodigieuse diversité directement issues des *Vingt Regards* encore tout proches. Cependant, c'est à la voix seule qu'est confié le rôle thématique, le piano se contentant de commentaires visant à créer le climat dramatique.

Bibliographie — A. GOLÉA, Rencontres avec O. Messiaen, Paris 1960, p. 146 ; R.-SH. JOHNSON, Messiaen, Londres, Dent, 1975, pp. 79-82 ; A. DAVIDSON, Substance and manner : studies in music and the other arts, Saint-Paul, Hiawata, 1977 (The Tristan myth and O. Messiaen) ; Album-Programme du Festival Messiaen, Paris nov.-déc. 1978, Paris, La Recherche artistique, 1978 (contient des analyses d'œuvres par le compositeur lui-même) ; H. HALBREICH, O. Messiaen, Paris, Fayard, 1980, pp. 331-40 ; CH. L. ANDERSON, A singer's examination of O. Messiaen's « Harawi »... (diss. Univ. of Cincinnati, 1982).

V. MATAIGNE

« HARD BY A CRYSTAL FOUNTAIN » (Tout près d'une source cristalline), madrigal à 6 voix de **Thomas Morley**, composé sur le modèle du madrigal italien *« Ove tra l'herb' e i fiori »* de **Giovanni Croce** et publié dans → *The Triumphs of Oriana* (Londres, Th. Este, 1601).

Les plus anciens madrigaux de l'époque Tudor sont des œuvres de compositeurs italiens adaptées à des textes anglais. Morley, le premier compositeur anglais à écrire un nombre important de madrigaux originaux, continua cependant à récrire des modèles italiens bien qu'en général il changeât substantiellement la musique et révélât rarement l'identité de sa source. Le texte de *« Hard by a crystal fountain »* est une traduction peu stricte de l'original italien et un grand nombre de ses idées mélodiques sont directement reprises de Croce, mais la musique développe considérablement le modèle en ce qui concerne la longueur, la texture et la plénitude de l'écriture harmonique, produisant ainsi une œuvre aux dimensions et au charme accrus. Elle est devenue récemment l'un des madrigaux anglais favoris bien que le fait qu'il s'agit d'une « parodie » n'ait été révélé qu'en 1953.

Rééditions modernes — Par E. H. FELLOWES et TH. DART, *in* The English Madrigalists XXII, Londres, Stainer & B., 1962.

Bibliographie — J. KERMAN, The Elizabethan Madrigal, New York 1962.

J. MILSOM

« HARDIS FRANÇOYS » ou *La Prise de Calais*, chanson à 4 voix et en 4 parties de **Guillaume Costeley**, publiée en 1570, dans la → *Musique de Guillaume Costeley.* Elle est sans doute bien antérieure, puisqu'elle célèbre un fait d'armes du duc de Guise qui, à la tête des armées françaises, reprit Calais aux Anglais en 1558.

Les quatre parties de la chanson sont assez courtes : seule la première, un peu plus développée, a un propos descriptif qui rappelle la célèbre *Bataille* de Janequin. Si le texte utilise des ingrédients similaires (« Tambours, clairons, bruyez [...]. Tonnez canons [...] »), on n'y trouve cependant aucune recherche de bruitage par les onomatopées mais plutôt des images de type madrigalesque : ainsi sur le texte « Renversez les remparts », les 4 voix développent une série d'imitations sur un motif descendant. Les deux dernières parties, en revanche, sont plus originales : donnant la parole à la ville de Calais, elles confèrent à cette pièce de circonstance la dimension d'un dialogue théâtral. C'est d'abord une supplication que Calais adresse aux Français dans une polyphonie à 3 voix (« Las je me rends ! ») tout en imitations, où Costeley trouve, au dernier vers, un réel pouvoir expressif dans une marche séquentielle ascendante qui mène jusqu'à un beau développement mélismatique du supérius. La « Suitte dernière » change alors brutalement de caractère pour accueillir « le grand Roy » dans un chant de bienvenue très dansant, sur un rythme ternaire, syllabique et homophone (« Bienvenu soys / Car à toy j'appartiens / Roy des Françoys »).

Rééditions modernes — Par H. Expert, *in* Maîtres Musiciens de la Renaissance française III, Paris, A. Leduc 1904 ; cf. également Coll. Renaissance, Paris, Presses d'Ile-de-France, 1977.

Bibliographie — M. Brenet, Musique et musiciens de la vieille France, Paris 1911 ; I. Godt, G. Costeley. Life and works (diss. New York Univ., 1969).

J.-P. Ouvrard

Harfenspieler I, II et III (Chants du harpiste I, II et III), op. 12, trois lieder pour voix et piano de **Franz Schubert** sur des poésies de Goethe, constituant le premier cycle du musicien. La volonté cyclique paraît intentionnelle : composées toutes trois en sept. 1816, les trois mélodies paraissent simultanément avec le même numéro d'opus sous le titre *Gesänge des Harfners* (éd. Vienne, 13 déc. 1822) et avec une dédidace commune au prélat Nepomuk von Dankesreither ; en outre, elles ont la même tonalité de *la* mineur. Les poésies proviennent des *Années d'apprentissage de Wilhelm Meister*, mais Schubert a permuté l'ordre d'apparition des deux premières. La raison en paraît compréhensible à la lecture du roman. Dans celui-ci, *« Wer nie sein Brot »*, apparaissant en premier, est entendu par Wilhelm Meister au travers d'une porte et ce n'est qu'avec *« Wer sich der Einsamkeit ergibt »* que le vieux harpiste se présente à lui. Les poésies étant sorties de leur contexte, l'ordre adopté par Schubert paraît préférable. (Durée : 11 min 25 s environ.)

1. *« Wer sich der Einsamkeit ergibt »* (Celui qui s'abandonne à la solitude), D 478. Schubert en fit deux versions très voisines, toutes deux en sept. 1816. C'est la seconde qu'il fit paraître en 1822 en tant qu'op. 12, n° 1, alors que chez Goethe, cette poésie vient en seconde place (livre II, chap. 13). La poésie consiste en trois strophes dont les deux premières de 4 vers et la dernière de 8 vers. Schubert suit ce découpage en donnant une formule d'accompagnement différente à chaque strophe. Mais, étant donné la longueur de la dernière, il la scinde en deux sections de 5 et 3 vers. La forme continue (« durchkomponiert ») est strictement appliquée, sans aucun rappel de motif antérieur : ABCD. Schubert adopte un style simple et d'une grande sobriété qui répond à l'atmosphère générale de tristesse et de solitude. Seule la section correspondant à la strophe centrale s'anime légèrement pour souligner la volonté de solitude douloureuse : « Ja, lasst mich meiner Qual ! » (Oui, laisse-moi à mon tourment).

2. *« Wer nie sein Brot mit Tränen ass »* (Celui qui n'a jamais mangé son pain dans les larmes), D 480. Le catalogue Deutsch inverse curieusement sa numérotation pour les deux derniers chants (II = 480 et III = 479). Schubert composa trois versions différentes sur la poésie de Goethe, les deux premières en sept. 1816 et la troisième probablement à l'automne 1822. C'est cette dernière version, la mieux réussie, qui paraît en 1822 comme op. 12, n° 2 (placée en première position chez Goethe : livre II, chap. 13). L'admirable et célèbre poème consiste en deux quatrains dont la mise en musique semble avoir été laborieuse puisque le compositeur s'y est repris par trois fois avant d'être satisfait. Le texte étant court, Schubert répète chaque strophe en entier et, en outre, reprend encore une fois les trois derniers vers. Il en résulte une enflure générale qui n'est pas favorable à l'atmosphère souhaitée. La forme adoptée est continue (« durchkomponiert ») avec un unique rappel de motif, celui qui s'applique au 1er vers de la 2e strophe. Malgré de grandes beautés, ce lied n'est pas vraiment réussi, car il dramatise trop un texte qui demande à être traité avec bien plus de simplicité. Ni Schumann, ni Liszt, ni H. Wolf ne feront mieux. Sur les 40 mises en musique du poème, c'est sans doute celle de J. Fr. Reichardt qui en a réellement capté l'essence intime.

3. *« An die Türen will ich schleichen »* (Je me faufilerai de porte en porte), D 479. Schubert en fit deux versions très voisines, toutes deux en sept. 1816. La seconde parut en 1822 comme op. 12, n° 3. Dans *Wilhelm Meister*, cette poésie vient beaucoup plus tard, alors que le vieux harpiste est proche de la folie (livre V, chap. 14). Schubert scindera en deux groupes de 4 vers le court poème de 8 vers d'un seul tenant. Il lui appliquera la forme strophique avec deux phrases différentes par quatrain : I A(a + b), II A'(a' + b). Contrairement au lied précédent, une sobriété contenue règne ici, avec un texte qui se déroule sans redite, si ce n'est la reprise — bienvenue cette fois-ci — des vers 4 et 8. La ligne mélodique se déploie avec une émotion intense. L'accompagnement, austère et noble dans sa linéarité contrapuntique, reste identique à lui-même du début jusqu'à la fin. Il est caractérisé à la main gauche par de longues gammes diatoniques descendantes en valeurs égales qui accentuent l'atmosphère de tristesse générale. L'effet produit par la ligne vocale expressive, soutenue par un tel accompagnement, est dès le début saisissant **A**. La concision de l'ensemble, la sobriété de l'écriture, la clarté et la souplesse des lignes contrapuntiques, le tragique de l'émotion, tout concourt à faire de ce lied une réussite exceptionnelle dont l'atmosphère de mystère et de tristesse résignée correspond à celle du poème. Ce chant est le plus remarquable de la trilogie et avec lui Schubert atteint l'un des plus hauts sommets de sa production.

Bibliographie — Br. Massin, Fr. Schubert, Paris, Fayard, 1977, pp. 681-682.

S. Gut

« Hark, all ye lovely saints » (Écoutez, tous là-haut, saints glorieux), ballet à 5 voix de **Thomas Weelkes**, publié dans les *Balletts and Madrigals to Five Voyces* (Londres, Th. Este, 1598). Les deux quintils, composés d'octosyllabes, sont anonymes ; le second n'est qu'une redite du premier, comme cela arrive souvent dans les « ayres » avec luth. La poésie suggère au musicien une vitalité débordante et lui offre des occasions qu'il n'hésite pas à saisir : « Cessez de vous plaindre, Mesdames, car Diane a conclu un accord avec l'Amour. » La structure (AA BB) et l'atmosphère générale sont celles des → Balletti italiens de G. Gastoldi et la version anglaise, tout à fait digne des modèles. Dans chaque strophe deux parties (« terza rima » et couplet) avec reprises, chacune se terminant par les « fa-la-la » habituels. Les deux parties de dessus confèrent une couleur vocale claire et délicate à toute la pièce. Tout en respectant le caractère du genre, Weelkes va plus loin que ses devanciers, introduisant des trouvailles rythmiques, des figuralismes, des accords inattendus comme, p. ex., l'accord de *si* ♭ en *sol* maj., ainsi qu'un passage plaintif et légèrement chromatique (« Why weep ye ? »). Le « Hark » (Écoutez) du début, cher à Weelkes et à Morley, et destiné à retenir l'attention de l'auditeur, constitue une syllabe longue. Suit une « tripla » suggérée par le rythme des paroles chantées mais pas indiquée dans la notation :

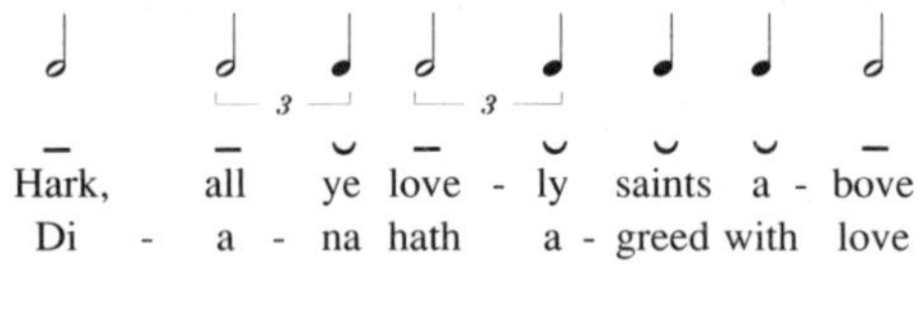

La première série de « fa-la-la » est traitée habilement en imitations dans toutes les voix ; la seconde, par contraste, doucement martelée

et parfaitement homorythmique, est entrecoupée par une belle montée du ténor.

Rééditions modernes — *Balletts and Madrigals to Five Voyces* (1598), éd. par E. H. Fellowes, *in* The English Madrigal School X, Londres, Stainer & B., 1916, 2/1968 ; *« Hark, all ye lovely saints »*, éd. par Ph. Ledger, *in* The Oxford Book of English Madrigals, Londres, OUP, 1978.

Bibliographie — E. H. Fellowes, English Madrigal Verse, Londres 1920, 3/1967 (éd. révisée) ; du même, The English Madrigal Composers, Londres 1921, 2/1948 ; D. Arnold, Th. Weelkes and the Madrigal, *in* ML XXXI, 1950 ; du même, Gastoldi and the English Ballett, *in* MMR LXXXVI, 1956 ; J. Kerman, The Elizabethan madrigal : a comparative study, New York 1962 ; D. Brown, Th. Weelkes : a Biographical and Critical Study, Londres, Faber, 1969.

Ch. Whitfield

Harmonice musices Odhecaton A, premier recueil anthologique imprimé à Venise par Ottaviano Petrucci, en 1501, trois ans après avoir obtenu le privilège de l'impression musicale (polyphonies et tablatures) en mai 1498. C'est à sa position inaugurale dans l'histoire de l'imprimerie musicale que cette publication doit son importance exceptionnelle. On en connaît trois éditions successives, en 1501 (exemplaire de Bologne, partiellement conservé), 1502 (exemplaire de Séville) et 1504 (5 exemplaires conservés à Madrid, Trévise, Paris, New York et Washington).

Inaugurant une ère nouvelle de diffusion musicale, l'imprimeur vénitien, au seuil du xvie s., applique à la polyphonie une technique certes déjà connue mais peu employée, les caractères mobiles, associés à la double ou triple impression : la portée est d'abord imprimée, séparément ; les notes viendront s'y ajouter lors d'un second passage, suivi d'un troisième pour le texte, les initiales et le foliotage. La réussite de l'opération, outre l'élégance du dessin caractérisé par l'élan vertical des losanges aux hampes allongées, tient surtout dans la précision de la surimpression, secret artisanal jalousement gardé. Le livre se présente dans un format oblong « quarto in octavo », les 3 ou 4 voix de la polyphonie étant imprimées séparément mais dans le même livre, sur deux folios vis-à-vis. L'imprimé se situe ainsi dans la tradition des chansonniers manuscrits de la fin du xve siècle. Avec ses « 100 pièces de musique polyphonique » (en fait 96 pièces) imprimées en 103 folios, l'*Odhecaton A* ouvre une série qui apparaît comme planifiée : la lettre *A* précise qu'il s'agit d'une première partie que les → *Canti B* (1502) et → *Canti C* (1504) continueront.

Bien qu'il s'agisse de polyphonies vocales, l'*Odhecaton* ne comporte pas les textes, à deux exceptions près : le motet liminaire, *« Ave Maria »* de **Marbrianus De Orto** et la partie de ténor (« cantus firmus ») du motet-chanson de Loyset Compère, *« Le corps »/« Corpusque meum »* (f° 73). Pour toutes les autres pièces, le texte est réduit à son incipit, parfois développé dans le premier vers en entier à la partie de supérius. On peut donc supposer que c'est à la pratique instrumentale que l'on destinait ce recueil. Le caractère étranger du répertoire et la difficulté de la langue ont pu en être la raison principale. Il s'agit, en effet, pour l'essentiel de chansons françaises : à ce titre, cette publication témoigne de la situation particulière de la musique en Italie, alors en état de colonisation franco-flamande. Parmi les principaux compositeurs représentés, avec **Alexandre Agricola** (10 titres), **Japart** (7 titres), **Josquin des Prés** (6), **Hayne** et **Isaac** (5 titres chacun), **Loyset Compère** occupe une place nettement privilégiée, avec 16 pièces, dans une grande variété de styles, à 3 ou 4 voix : à côté de chansons à 4, alertes et rustiques (*« Alons fere nos barbes »*, *« Ung franc archier »*, → *« Nous sommes de l'ordre de Saint Babouin »*), proches de l'univers populaire des farces, on trouve quelques polyphonies à 3, plus proches de la tradition courtoise (*« Me doibt »*, *« Se mieulx »*, → *« Venez regrets »*, *« Garissez-moy »*, *« Mes pensées »*, *« Tant ha bon œil »*), rondeaux ou bergerettes. La présence des signes de répétition manifeste d'ailleurs qu'on en perçoit encore la forme, en dépit de l'absence du texte. C'est aussi de Compère que l'on trouve trois spécimens de motets-chansons (*« Le corps » / « Corpusque meum »*, *« Male bouche » / « Circumdederunt me viri mendaces »*, → *« Royne du ciel »/« Regina celi »*). Un autre est dû à Agricola (*« Le eure est venue » / « Circumdederunt me genitus mortis »*).

La même diversité de style apparaît dans le reste du répertoire. On y trouve notamment quelques grands titres, valeurs sûres de la chanson courtoise franco-bourguignonne : → *« De tous biens plaine »* et → *« Allez regrets »* de Hayne, → *« J'ay prins amours »* (anonyme), en l'occurrence accompagnés de nouvelles versions polyphoniques, arrangements de mélodies originales. *« De tous bien plaine »* se retrouve ainsi dans deux autres versions, l'une de **Pierre Bourdon**, l'autre de Josquin des Prés. *« J'ay prins amours »* est réarrangé par Japart et par **Busnois** (*« J'ay prins amours tout au rebours »*). Les deux chansons sont combinées dans un quodlibet anonyme à 4 voix, le supérius de l'une, *« J'ay prins amours »*, contrepointant le ténor de l'autre, *« De tous biens »*. Du rondeau *« Alés regres »* de Hayne, on trouve aussi une autre version

A **Harfenspieler I, II et III**

d'Agricola. Les quodlibets, les doubles ou triples chansons viennent ainsi compléter l'« Ars combinatoria » des motets-chansons : la chanson rustique vient volontiers s'y mêler, comme c'est le cas dans une polyphonie anonyme à 4, *« Amor fait mult »/« Il est de bonne heure né »/« Tant que nostre argent dure »*, parfois attribuée à Busnois, Japart ou **P. de La Rue**. Appartiennent aussi à cet univers *« Pourquoy je ne puis dire »/« Vray dieu d'amours »* de **Stockem**, → *« Adieu mes amours »* de Josquin, et *« Mon Mignault »/« Gracieuse »* de Busnois.

Bien que les chansons françaises occupent la plus grande partie des 96 titres, quelques pièces « étrangères » s'y rencontrent. Deux motets latins religieux, d'abord, → *« Mater patris »* d'**A. Brumel**, et *« Ave Maria »* de **De Orto** : en plaçant cette polyphonie au début du recueil, Petrucci ne fait sans doute que s'inscrire dans une tradition encore bien représentée dans les chansonniers contemporains. Le divertissement s'ouvre par une prière. On trouve aussi quelques incipit flamands, notamment sous le nom d'**Obrecht** (*« Meskin es hu »*, *« Tandernaken »*, *« Tsat een meskin »*) ainsi que des titres italiens (*« Nenciozza mia »* de Japart, *« Fortuna d'un gran tempo »* de Josquin, *« Fortuna per ta crudel te »* de **Vincenet**) et espagnol (*« Nunca fue peña maior »*). Quelques rares pièces semblent se distinguer du répertoire vocal par un idiome plus instrumental. Certaines sont d'ailleurs affectées de titres italiens, comme on en trouvera dans le répertoire des *Canzoni* quelques décennies plus tard (*La Alfonsina* de **Ghiselin**, *La Morra* de **H. Isaac**, *La Strangetta*, anonyme, parfois attribuée à **Obrecht** ou à **G. van Werbecke**). L'univers de la danse n'en est pas absent, notamment avec *Dit le burguygnon* (anonyme) et *Rompeltier* (attribué à Obrecht dans l'exemplaire de Bologne).

Au sein de ce vaste répertoire, bilan anthologique de trois ou quatre décennies, où se mêlent au moins deux générations de musiciens, on distingue dans quelques pièces les signes d'un nouveau langage, d'un style moderne en train de naître, que le métissage franco-italien de la frottole et de la chanson française va bientôt concrétiser : forme libre, émancipée des schémas préétablis de la poésie courtoise, syllabisme de la déclamation, netteté des phrasés souvent courts, mélange des contrepoints (note contre note et imitation). Les plus jeunes compositeurs s'y illustrent, et en particulier Compère (*« Nous sommes de l'ordre »*, *« Votre bargeronette »*, *« Allons fere nos barbes »*), à côté de **J. Mouton** *« Jamès, Jamès »*), **Ninot le Petit** (*« Nostre cambrière »*) et **A. Bruhier** (*« Latura tu »*).

Rééditions modernes — Par H. Hewitt, Cambridge (Mass.), Mediaeval Acad. of America, 1942, 2/1946 ; rééd. en facs. de l'éd. de 1504, New York, Broude, 1973.

Bibliographie — A. Schmid, O. dei Petrucci de Fossombrone und seine Nachfolger im 16. Jh., Vienne 1845, rééd. en facs. 1968 ; A. Catelani, Bibliografia di sue stampe ignote di O. Petrucci, Milan 1856 ; Fr. X. Haberl, Drucke von O. Petrucci, auf der Bibliothek des Liceo filarmonico in Bologna, *in* MfM V, 1873 ; A. Vernarecci, O. de' Petrucci da Fossombrone, Fossombrone 1881, 2/Bologne 1882 ; M. Cauchie, A propos de trois recueils instrumentaux de la série de l'Odhecaton, *in* RMie IX, 1928 ; G. Reese, The first printed collection of part-music (The Odhecaton), *in* MQ XX, 1934 ; J. Marix, Harmonice musices Odhecaton A : quelques précisions chronologiques, *in* RMie XVI, 1935 ; C. L. W. Boer, Chansonvormen op het einde van de XVde eeuw : een studie naaraanleiding van Petrucci's « Harmonice musices Odhecaton », Amsterdam 1938 ; Cl. Sartori, Bibliografia delle opere musicali stampate da O. Petrucci, Florence 1948 ; A.-M. Bautier-Régnier, L'édition musicale italienne et les musiciens d'outre-monts au xvie s. (1501-1563), *in* La Renaissance dans les provinces du Nord, Paris 1954 ; C. Chapman, Printed collections of polyphonic music owned by F. Colombus, *in* JAMS XXI, 1968 ; St. Boorman, The « first » edition of the Odhecaton A, *ibid.* XXX, 1977.

J.-P. Ouvrard

(Die) Harmonie der Welt (L'Harmonie du monde), opéra en 5 actes, livret et musique de **Paul Hindemith**, composé en 1956-57, créé au Prinzregententheater de Munich, le 11 août 1957, avec Eugen Kieth (Ferdinand II, le Soleil), Joseph Metternich (Johannes Kepler, la Terre), Richard Holm (Wallenstein, Jupiter), K. Wehofschlitz (Ulrich, Mars), J. Knapp (le pasteur Hitzler, Mercure), Marcel Cordes (Tansur, Saturne), Liselotte Fölser (Susanna, l'épouse de Kepler, Vénus), Hertha Töpper (la mère de Kepler, la Lune), sous la dir. de l'auteur. (Mayence, Schott, 1957 ; durée : 4 h environ.)

Livret — Acte I. Tansur (basse), un ancien étudiant, cherche à effrayer la foule pragoise en racontant que la grande comète, aperçue au milieu du ciel, annonçait de terribles catastrophes pour la Bohême. Son ami Ulrich (ténor) le contredit et rassure les esprits inquiets. Wallenstein (ténor), qui a assisté incognito aux discussions, charge Ulrich de faire établir son horoscope par Kepler. Tansur doit aller recruter des mercenaires pour Wallenstein. Johannes Kepler (bar.), l'illustre astronome de l'empereur Joseph II, travaille chez lui, accablé de tristesse, pensant au sort malheureux de sa femme, morte après quatorze ans de mariage. 1611 est, à Prague, une année de guerre civile et d'épidémies importées par la soldatesque. Rodolphe II (basse) qui a trop longtemps vécu caché dans son laboratoire, entouré d'alchimistes et d'astrologues, est contraint d'abdiquer. Il mourra quelques mois plus tard et Kepler quittera Prague pour la petite ville de Linz où il vient d'obtenir l'emploi de mathematicus.

Acte II. Tansur s'agite dans les rues de Prague, tandis que Kepler, à peine installé à Linz, est excommunié par le pasteur Hitzler (basse) parce qu'il avait refusé d'admettre son interprétation de la doctrine luthérienne de l'ubiquité charnelle du Christ. L'arrivée à Linz du baron Starhemberg (bar.), avec sa pupille Susanna (sop.), apportera quelque espoir à Kepler. Tout enfant, Susanna a perdu ses parents et a grandi chez la baronne Starhemberg dont elle était demoiselle de compagnie. Le baron conseille à l'astronome d'abandonner l'enseignement et l'invite au château où il pourra se consacrer à ses recherches. Kepler tombe alors amoureux de Susanna et décide de l'épouser, au grand dépit de Tansur qui s'enrôle parmi les mercenaires de Wallenstein.

Acte III. Katherina (contralto), la vieille mère de Kepler, s'est prise de querelle avec une affreuse mégère qui l'accuse de lui avoir donné une potion magique qui l'avait rendue malade. Manacée d'être brûlée vive, Katherina se réfugie chez son fils à Linz. Là, elle se querelle bientôt avec sa belle-fille. N'écoutant personne, elle retourne dans le Wurtemberg où on l'arrête aussitôt pour l'enfermer à la prison de Leonberg. Quarante-neuf chefs d'accusation sont réunis contre elle. Ils suffisent pour qu'on amène la vieille femme dans la chambre de torture et qu'on la présente au bourreau. Appelés au secours, Kepler et son avocat se battent contre la clique des accusateurs et faux témoins, et réussissent à réfuter les charges ; persistant dans ses dénégations, la vieille est finalement libérée après quatorze mois d'emprisonnement. Elle mourra six mois plus tard.

Acte IV. Le général Wallenstein, possesseur d'une fortune immense, est devenu un prince puissant, confiant en son étoile. Ses soldats admirent son courage et sa prodigalité. Mais lorsque son lieutenant Ulrich mentionne son état maladif, le général menace de le faire pendre. Wallenstein est enthousiasmé par les idées de Kepler concernant l'harmonie du monde. Mais il apprécie encore plus les conseils astrologiques touchant les décisions militaires et politiques qu'il doit prendre. Kepler est nommé mathematicus particulier de Wallenstein à son nouveau duché de Sagan. Le général part avec Ulrich pour assiéger la ville de Stralsund qu'il jure d'emporter, « fût-elle attachée au ciel avec des chaînes ».

Acte V. Le siège de Stralsund a été un désastre : le généralissime a dû se retirer après avoir sacrifié douze mille hommes. Ulrich revient en haillons et se rend chez Kepler, maintenant à Regensburg. Tout va mal pour Wallenstein. A la diète de Ratisbonne, les électeurs ont obtenu que le général, dont la gloire dérange malgré le revers de Stralsund, soit congédié par l'empereur. Wallenstein se soumet et se retire à Prague dans un fastueux exil. Il a lu dans les astres que sa carrière était loin d'être finie. Pendant ce temps, Kepler a publié son *Harmonices mundi* qui contient la troisième loi des mouvements planétaires. Toute sa vie, il a été la proie de soucis continuels. Maintenant, il est au lit, terrassé par la maladie. A mesure que la fièvre monte, il voit, dans un ultime songe, défiler devant lui les compagnons de sa vie, transformés en astres : Rodolphe en soleil, Wallenstein en Jupiter, Susanna en Vénus... L'univers et ses lois, agencés selon les harmonies musicales, se déploient devant lui en un panorama magnifique. Et l'astronome meurt, extasié, contemplant, écoutant une dernière fois la musique céleste : l'Harmonie du monde.

Le livret, très touffu, évoque la vie de Kepler en une succession de scènes sans véritable lien entre elles. Le compositeur s'est d'ailleurs assez peu soucié de vérité historique. En opposant les deux figures de Kepler, le contemplatif, et de Wallenstein, l'homme d'action, le musicien a voulu exprimer à travers une allégorie mystique la recherche de l'harmonie universelle à l'époque troublée de la guerre de Trente Ans. Le choix d'un sujet aussi austère explique sans doute pourquoi l'opéra ne remporta qu'un succès d'estime lors de sa création en 1957 à Munich et pourquoi il n'a pas fait carrière sur les scènes lyriques, hormis quelques reprises à Brême (1957), Gelsenkirchen (1966), Linz (1967) et Wuppertal (1980).

Étant donné l'obsession de Kepler qui tentait de dévoiler le secret de l'Univers en offrant une vaste synthèse de la musique, de la géométrie et de l'astronomie, on s'attend à retrouver le reflet de ses conceptions dans l'opéra de Hindemith. Kepler chercha à découvrir la hiérarchie céleste en comparant les rapports intervalliques avec ceux des vitesses planétaires. Conformément aux lois des mouvements célestes, la musique devait s'exprimer à travers les positions extrêmes des planètes par rapport au Soleil. Ainsi, Saturne décrit la tierce majeure, Jupiter la tierce mineure et Mars la quinte, tandis que la Terre ne varie que d'un demi-ton. La correspondance de Hindemith avec Hanns Kayser montre que le compositeur s'est intéressé à cette problématique, mais, la trouvant trop complexe pour un opéra, il se borna à utiliser les principes exposés dans son traité de composition, *Unterweisung im Tonsatz*, qui reflète d'une façon assez générale un retour à une mentalité intervallique, avec la série *do - do - sol - fa - la - mi - mi* ♭ *- la* ♭ *- ré - ré* ♭ *- ré* ♭ *- si - fa* ♯. Un véritable symbolisme tonal, comparable à celui des *Meistersinger* de Wagner, fait cependant défaut dans l'opéra de Hindemith, même si la tonalité centrale de *mi* maj., symbolisant le personnage de Kepler et son pendant la Terre, correspond effectivement au demi-ton (*mi-fa-mi*) noté par le célèbre astronome. Les événements favorables au héros se situent ainsi dans des tons voisins, tandis que ceux concernant les antagonistes (guerre, procès, etc.) sont présentés dans des tons éloignés autour du triton *mi* ⟶ *si* ♭. Le 3ᵉ acte (procès de sorcellerie) se termine en *si* ♭, ton le plus éloigné du *mi* maj. de Kepler. Pour la réunion des princes électeurs, Hindemith cite le chant guerrier *« Es geht wohl zu der Sommerzeit ».*

Avant de composer la musique de l'opéra, le compositeur avait écrit en 1952 une symphonie *Die Harmonie der Welt* ayant le même titre que l'ouvrage capital de Kepler, *Harmonices mundi.* La musique de l'opéra reprend partiellement la thématique de cette symphonie, en particulier la passacaille solennelle par laquelle l'ouvrage se termine en apothéose.

Bibliographie — H. Schmidt-Garre, Hindemith dirigiert seine neue Oper, *in* Melos, sept. 1957 ; G. M. Gatti, L'armonia del mondo. Ultima opera di P. Hindemith, *in* Nuova antologia di lettere, scienze ed arti, n° 471, Florence et Rome 1957 ; K. H. Ruppel, Von der Provokation zum Bekenntnis. Über P. Hindemiths Opern, *in* Opernwelt V, 1964 ; M. Stephani, Hindemiths Apotheose der Gesetzmässigkeit des Glaubens an « Die Harmonie der Welt », *in* Musik als Lobgesang. Fs. für W. Ehmann, Darmstadt 1964 ; R. Haas, P. Hindemiths harmonikale Quellen : sein Briefwechsel mit H. Kayser, Vienne, Lafite, 1973 ; A. Briner, P. Hindemith, Zurich, Atlantis, 1978 ; A. Briner, D. Rexroth et G. Schubert, P. Hindemith : Leben und Werk in Bild und Text, Zurich, Atlantis, et Mayence, Schott, 1988 ; M. Kelkel, Musiques des mondes, Paris, Vrin, 1988.

M. Kelkel

Harmoniemesse, messe en *si* ♭ maj. de **Joseph Haydn** (Hob XXII : 14), pour sop., alto, ténor et basse soli (un sop. et un ténor supplémentaires sont nécessaires pour qq. mesures vers la fin du *Credo*), chœur et orchestre (fl., 2 htb., 2 clar., 2 bassons, 2 cors, 2 trp., timb., cordes et b.c.), composée entre janv. et sept. 1802, sixième et dernière œuvre d'une série de messes destinées à célébrer la fête de la princesse Marie Hermenegild, épouse de son employeur, le prince Nicolaus II Esterházy, créée à la Bergkirche d'Eisenstadt, le 8 sept. 1802. (Durée : 50 min environ.)

L'œuvre doit son surnom, acquis au XIXᵉ s., au fait que l'effectif requiert la section complète des vents ou harmonie.

Le *Kyrie* introductif porte l'indication de tempo Poco adagio et présente le déploiement parfaitement contrôlé d'une musique doucement lyrique, parfois mêlée d'accents dramatiques. Après une longue introduction instrumentale, le chœur entre non pas au commencement d'une phrase musicale mais à l'approche de la cadence, renforçant ainsi l'impression d'une musique en expansion. L'écriture est essentiellement homophonique tandis que les solos vocaux tendent plus vers l'imitation et la décoration.

Après les sonorités pleines du *Kyrie*, le début du *Gloria* (Vivace assai, en *si* maj.) est éclatant et gai, le soprano solo chantant une mélodie de 8 mesures accompagnée par les cordes avec soutien occasionnel des bois. Le chœur et l'orchestre au complet reprennent cette mélodie de caractère populaire mais en altèrent la seconde phrase par une harmonie chromatique qui révèle une maîtrise du vocabulaire harmonique en tout point comparable à celle que Haydn pratiquait depuis près de cinquante ans dans sa musique instrumentale. Le verset « Laudamus te » comporte l'accompagnement en fanfare que l'on peut imaginer ; mais plus inattendues sont les phrases légères, quelque peu bavardes des bois qui accompagnent le verset suivant « Adoramus te ». Le « Gratias » forme une section nouvelle (Allegretto, en *mi* ♭ maj. et à 3/8) dans laquelle les solistes conduisent la musique à tour de rôle ; le chœur entre de nouveau sur « Qui tollis peccata mundi » tandis que l'accompagnement orchestral devient sensiblement plus dense. Comme c'est fréquemment le cas dans les messes viennoises classiques, le tempo, la tonalité et le caractère du début reviennent au début du « Quoniam » qui culmine dans une fugue animée et d'un chromatisme complexe sur les mots « In gloria Dei Patris, amen ». Cependant, l'écriture contrapuntique aboutit en fin de compte à une musique homophonique, si bien que le mouvement s'achève sur une bonne humeur spontanée plutôt que sur un étalage savant d'artifices.

Le *Credo* comporte les trois parties traditionnelles dans la messe viennoise classique. La première section est un Vivace rigoureux et franc avec une écriture verticale des chœurs et des nuances essentiellement fortes. Soutenant le mouvement impulsif de la musique, les cordes ajoutent à l'ensemble une figuration faite d'une succession rapide de doubles croches. La deuxième section qui commence sur « Et incarnatus est » est plus luxuriante ; le tempo est marqué Adagio, la tonalité est celle de *mi* ♭ maj. et l'introduction conduite par la clarinette établit une atmosphère qui relève presque de l'opéra. Faisant suite à l'intervention du soprano solo, le chœur rentre sur « Crucifixus etiam pro nobis », commençant dans la tonalité éloignée de *sol* ♭ maj. ; les solistes réapparaissent pour la phrase « Passus et sepultus est ». La troisième et dernière section ramène la musique au mouvement Vivace et à la formation complète, d'écriture essentiellement homophonique ; elle commence en *do* min. avant de revenir à la tonalité principale. Le mouvement s'achève par une fugue enjouée à 6/8 sur « Et vitam venturi saeculi. Amen » dont le chromatisme rivalise avec celui de la fugue qui termine le *Gloria*.

Le *Sanctus* (Adagio, en *si* ♭ maj. et à 3/4) est un exemple de la manière de moduler dans une texture homophonique, la simplicité du langage permettant au chromatisme judicieusement employé de produire un effet maximal. Le passage à un mouvement Allegro pour le « Pleni sunt cœli » favorise l'expression d'un moment d'individualité comique, les phrases vocales étant précédées aux violons (puis plus tard aux voix également) par une figure descendante lourdement accentuée, presque à la manière d'un hoquet.

Encore plus inhabituel est le traitement du texte du *Benedictus*. Au lieu du mouvement lent attendu, d'expression lyrique, Haydn place un Molto allegro en *fa* maj. dans lequel la ligne mélodique est chantée pianissimo par le chœur à l'unisson et à l'octave. L'atmosphère est déconcertante plutôt que réconfortante comme il est de coutume. Le mouvement s'achève sur la répétition de la musique du « Hosanna » du *Sanctus*, incluant le hoquet caractéristique.

Pour le début de l'*Agnus Dei*, Haydn se tourne vers un *sol* maj. lumineux, mis en valeur par l'écriture en solo du quatuor vocal qu'accompagnent des instruments de l'harmonie, créant une ambiance optimiste sapée de manière décisive par une harmonie chromatique et, un peu plus tard, par un unique et sinistre roulement de timbales. Parlant de ses sentiments lors de la mise en musique de cette partie de la liturgie, Haydn dit un jour : « Je priai Dieu non pas comme un misérable pécheur désespéré mais lentement, calmement. Je ressentis alors qu'un Dieu infini aurait sûrement pitié de sa créature finie, pardonnant à la poussière d'être poussière. Ces pensées me remontèrent. Je fis l'expérience d'une joie sûre, si confiante que, lorsque je souhaitai exprimer les mots de la prière, je ne pus supprimer ma joie mais donnai libre cours à mes esprits joyeux » (A. C. Dies, *Biographische Nachrichten von J. Haydn*, Vienne 1810). Les « esprits joyeux » sont signalés par une fanfare animée proclamant le « Dona nobis pacem », une section d'une allégresse croissante, à la fois vivifiante et merveilleusement assurée.

Dernière messe de Haydn, la *Harmoniemesse* est également sa dernière œuvre majeure ; il ne lui restait plus que quelques arrangements de chants populaires écossais et gallois à écrire. Cependant, cette messe n'est pas l'œuvre d'un compositeur fatigué ; elle n'est pas non plus une œuvre introvertie, spirituellement recluse. L'optimisme investigateur et confiant qui avait soutenu le compositeur pendant plus d'un demi-siècle de création est aussi profondément sensible ici que dans toute autre œuvre de sa plume.

Rééditions modernes — *In* J. Haydn. Werke, éd. par le J. Haydn-Institut de Cologne, Munich, Henle, 1958 et suiv., vol. XXIII/5.

Bibliographie — Voir celle de l'art. *(Die) Jahreszeiten*.

D. Wyn Jones

(La) Harpe aéolienne, d'**Hector Berlioz**, voir (Le) Retour à la vie.

Háry János (Les Aventures de Háry János de Nagyabony au Burg de Vienne), op. 14, pièce musicale en un acte et 4 aventures, un prologue et un épilogue, livret de Béla Paulini et Zsolt Harsányi d'après le poème humoristique *Az obsitos* (Le Vieux Soldat, 1843) de János Garay, musique de **Zoltán Kodály**, créée à l'Opéra de Budapest, le 16 oct. 1926, avec Imre Palló (Háry János), Izabella Nagy (Örzse), Sandor Pusztai (l'Empereur d'Autriche), Sári Sebeök (l'Impératrice), Viktor Dalnoki (Napoléon), Rözsi Marschalkó (Marie-Louise), Gyula Toronyi (Ebelasztin), János Körmendy (Marci), sous la dir. de Helyárak Rendes. (Vienne, UE, 1929, 1931 ; durée : 1 h 25 min de musique environ.)

Tous les projets d'opéras de Kodály avaient échoué jusqu'alors faute de trouver les livrets qui lui convenaient. On sait que celui du → *Château de Barbe-Bleue* lui était destiné mais qu'il le laissa à son ami Bartók. Bien que *Háry János* compte comme son premier opéra, il s'agit plutôt d'une pièce de théâtre avec une abondante musique de scène. Selon le compositeur, « [...] le personnage universellement connu du soldat démobilisé, distrayant son auditoire par le récit de ses prouesses inventées de toutes pièces est, dans sa version hongroise — dans cette pièce —, plus riche et plus profond et représente, pourrait-on dire, un miroir de la Hongrie. » A travers ses hauts faits imaginaires, le héros est le symbole d'un peuple qui a beaucoup souffert. Le prologue et l'épilogue ont pour cadre la taverne du village hongrois de Nagyabony. Ils encadrent les quatre aventures fantastiques du hussard Háry János à l'époque des guerres napoléoniennes, version magyare du *Miles gloriosus* (Le Soldat fanfaron), la comédie de Plaute.

Livret — Prologue. János (bar.) affirme qu'il est allé à Moscou faire la guerre aux cosaques et qu'il a fait prisonnier Napoléon.

1re Aventure. La frontière entre la Galicie et la Russie. Le chevalier Ebelasztin (ténor) — chambellan bellâtre —, l'impératrice Marie-Louise (mezzo-sop.), la comtesse Mélusine et la baronne Estrella veulent entrer en Autriche, mais la garde russe refuse. Háry déplace la frontière en poussant la maison du garde en Hongrie. Marci (basse), le cocher hongrois de Marie-Louise, fait la connaissance de Háry et de sa fiancée Örzse (mezzo-sop.) : leurs chants sont appréciés de l'impératrice qui désire emmener János à Vienne. S'il se plie à son désir, il aura trois vœux exaucés : une double ration pour son cheval Noiraud, une belle livrée rouge à la hongroise pour Marci et le droit pour lui de venir à Vienne avec Örzse.

2e Aventure. Les jardins du Burg à Vienne. Ebelasztin espère casser les reins de János en lui faisant enfourcher le cheval Lucifer. Mais János conduit Lucifer à la bergerie et donne un remède pour guérir l'empereur François-Joseph de la goutte. A cause d'une giroflée donnée par Marie-Louise à János, la guerre éclate.

3e Aventure. Háry capture Napoléon (bar.), le condamne à 50 000 écus d'amende et devient général. Marie-Louise veut chasser Örsze et épouser Háry après avoir divorcé. « Les Autrichiens prennent déjà tout aux Hongrois. Il faut que ce soit nous qui leur donnions leurs empereurs, maintenant ! »

4e Aventure. L'empereur d'Autriche (rôle parlé) donne la main de Marie-Louise et la moitié de son empire à Háry, lequel fait la connaissance des petits princes ; il refuse, car il préférerait qu'on lui fasse cadeau de la moitié de son service militaire. Avec Örzse, il part pour son petit village de Nagyabony.

Épilogue. Rien ni personne ne peut prouver la véracité des faits, mais tous savent que le monde n'a jamais connu de soldat plus vaillant que Háry János !

B. Bartók considérait *Háry János* et *Székely fono* (Les Fileuses sicules), un « jeu lyrique » de Kodály, comme

« de véritables apothéoses de la musique paysanne hongroise, tout comme *Le Sacre du printemps* ou *Les Noces* de Stravinski sont une exaltation de la musique populaire russe ». Seize chants populaires (15 recueillis par Kodály, un par Bartók) parcourent cette œuvre alliant la gaieté, l'humour, le burlesque, le ton plein de gaillardise et de fierté aux danses et aux chants des « verbunkos » (chants de recrutement). « Ce sont des joyaux, que je n'ai fait que sertir. Je me suis efforcé de me montrer digne d'eux », expliquait encore le compositeur. Parmi ces joyaux : le fringant motif de « verbunkos » de l'ouverture,

le chœur d'entrée *A Nagyabony*, *« Sej, Nagyabonyban »*,

la chanson d'amour dialoguée *« Tiszán, innen, Dunán túl »* (En deçà de la Tisza, au-delà du Danube), le plus beau duo de la partition,

Andante poco rubato

la complainte mélancolique d'Örzse, *« Hogyan tudtál rózsám idejönni ? »* (Comment mon ami as-tu pu venir jusqu'ici ?), suivie d'une fraîche mélodie paysanne, *« Haj két tikom tavali »* (J'ai deux poules d'un an), la douloureuse chanson des conscrits (3ᵉ aventure), l'air d'Ebelasztin sur une danse vive à la hongroise, *« Hagyj béket »* (Laisse-moi en paix), la danse du recrutement coupée par un vaillant chœur des soldats, *« Hej élet »* (Ah, quelle vie).

La partition est émaillée d'effets comiques, de musiques illustratives : marches, fanfares, « carillon viennois », « bataille de Napoléon ». L'empereur français est brocardé, notamment dans ses lamentations « bêlantes », *« Oh, te vén sülülülülü* (Ah, vieux hérisson, sonson, sonson), avec accompagnement de saxophone et de tuba. La musique de cour viennoise, un peu surannée, est bien entendu présente : chanson strophique du coucou (2ᵉ aventure) chantée par Marie-Louise (*« Kukukukuskám »*), les deux notes revenant périodiquement à la clarinette au milieu de chants d'oiseaux à la flûte. Il faut mentionner, parmi une trentaine de morceaux, le chœur, frais et charmant des jeunes filles, *« Gyújtottam gyertyát vőlegénynek »* (J'ai allumé la chandelle pour le marié), le délicieux chœur de l'abécédaire par les petits princes, au cours de la 4ᵉ aventure. Tout concourt à faire de *Háry János* une œuvre pleine de vie et de fantaisie, puissamment fécondée par l'art populaire hongrois.

Bibliographie — B. Bartók *in* Nyugat, 1921, art. reproduit sous le titre The Greatest Hungarian Musician, *in* Tempo, hiver 1962-63 ; I. Volly, Ki volt Háry János, *in* Muzsika, Budapest nov. 1960 ; F. Bonis, Z. Kodalys Werke, *in* Studia Musicologica, Budapest 1962, nᵒˢ 1-4 ; B. Abody, A Háry János felújítása, *in* Muzsika, févr. 1963.

Chr. Goubault

« Hear my prayer », psaume de **Felix Mendelssohn-Bartholdy**, voir Psaumes.

Hébé, op. 2, nº 6, « chanson grecque dans le mode phrygien » pour voix et accompagnement de piano d'**Ernest Chausson**, sur un texte de Louise Choquet-Ackermann (*Pensées d'un solitaire*, 1882), Pas vite, mode de *ré*, composée en 1882, dédiée à Mlle Eva Callimaki-Cartagi, créée à la Société Nationale en 1885. (Paris, Hamelle ; durée : 2 min environ.)

Exercice d'école ? Malgré son affectation d'archaïsme (écriture linéaire, accords parfaits, rythmes de longues et brèves, absence de note sensible), cette mélodie dégage déjà la fameuse arabesque et l'intemporalité si chères à l'Art nouveau.

Bibliographie — Voir celle de l'art. *(La) Chanson perpétuelle.*

M.-Cl. Beltrando-Patier

« Hé, Dieu du ciel », air à 4 parties de **Fabrice Marin Caiétain** sur une poésie de Pierre de Ronsard, publié, avec la mention « air pour chanter tous sonnets » dans le 1ᵉʳ livre des *Airs mis en musique à quatre parties par F. M. Caiétain, sur les poésies de P. de Ronsard et autres excellents poètes de notre temps* (Paris, Le Roy et Ballard, 1576, 2/1578).

Cette pièce révèle le chemin parcouru depuis 1552, date du *Supplément musical* des → *Amours de P. de Ronsard Vandomoys*. On sait qu'Ambroise de La Porte, en publiant ce recueil de sonnets, avait souscrit au vœu souvent exprimé par le poète de voir sa poésie mise en musique. Quatre compositeurs, Cl. Janequin, Cl. Goudimel, P. Certon et M.-A. de Muret avaient fourni des pièces musicales destinées à véhiculer les différents sonnets des quatre types poétiques conçus par Ronsard. Cependant, aucun d'eux ne s'était départi, dans cette originale entreprise, de ses habitudes de contrapuntiste et le *Supplément musical* des *Amours*, fait de chansons traditionnelles, semble n'exaucer que médiocrement le vœu du poète pour qui le chant devait renchérir sur le sens du texte, ménageant son intelligibilité tout en y apportant un élément expressif.

En concluant son recueil par cet « air pour chanter tous sonnets », Caiétain révèle sa parfaite compréhension de l'idéal ronsardien. Il adopte le contrepoint note contre note, issu des chansons « en forme de vaudeville », dans lequel le texte, clairement énoncé, exprime son primat sur la musique. Deux éléments distinguent cependant les airs de Caiétain de simples vaudevilles : une prosodie très habile (les rythmes musicaux étant issus des longueurs et des accents des syllabes et non plus figés dans un rythme de danse) ; le caractère déclamatoire de la mélodie à toutes les voix (il n'est pas rare de trouver une consonance répétée 6, 7 fois, chaque voix énonçant, en le déclamant, le texte poétique).

La forme du sonnet conditionne la structure de l'air : celui-ci est formé de quatre phrases musicales destinées aux deux quatrains et de trois phrases musicales destinées aux tercets (dans les deux cas, la 2e strophe répète la musique de la 1re). La répétition des sections souligne la forme bipartite du sonnet, en même temps qu'elle structure l'air en deux modules musicaux distincts.

Caiétain, qui semble avoir été proche de l'Académie de J.-A. de Baïf (airs empruntés à J. Thibaut de Courville et à Lambert de Beaulieu) se révèle ici un musicien d'une très grande finesse, capable de faire de la musique la servante de la poésie, comme tous les « modernes » tendent à le faire en cette fin du XVIe siècle. On retiendra une nouveauté particulièrement originale, l'insistance de la déclamation chorale.

Bibliographie — A. Jacquot, La musique en Lorraine, Paris 1892 ; D.-P. Walker, The influence of « musique mesurée à l'antique », particularly on the « air de cour » of the early 17th century, *in* MD II, 1948 ; G. Durosoir et A. Verchaly, Catalogue de l'air de cour (1571-1664), à paraître ; G. Durosoir, L'air de cour en France (1571-1655), Liège, Mardaga, à paraître.

G. Durosoir

Heidenröslein (Petite Rose des bruyères), op. 3, n° 3, lied pour voix et piano de **Franz Schubert** (D 257), sur une poésie de Goethe, composé le 19 août 1815, édité le 22 mai 1821 à Vienne et dédié à Ignaz von Mosel. (Durée : 1 min 40 s environ.)

C'est alors que le jeune Goethe était à Strasbourg, fortement épris de Frédérique Brion, qu'il écrivit cette délicieuse poésie qui recrée l'atmosphère du « Volkston » (ton populaire). Chacune des trois strophes se subdivise en un couplet de 5 vers et un refrain de 2 vers. Schubert utilise une forme strictement strophique. Les deux premiers vers forment la 1re phrase mélodique, au ton principal ; les trois suivants sont compris dans la 2e phrase qui module au ton de la dominante ; puis le refrain ramène le ton principal et est suivi d'une courte ritournelle pianistique. La simplicité, la grâce et l'élégance de la mélodie, soutenue par un accompagnement léger et primesautier, traduisent admirablement l'essence du poème. Il s'y ajoute une fraîcheur, une sincérité et une pureté de sentiment qui rendent ce lied irrésistible. Il est devenu l'un des plus célèbres du compositeur, mais ne s'est cependant pas imposé comme chant populaire. C'est la version plus simple et plus banale de Heinrich Werner, composée en 1827, qui devait rapidement atteindre toutes les couches de la société et demeurer jusqu'à nos jours l'une des chansons populaires les plus répandues en Allemagne.

S. Gut

Heiligmesse ou **Missa sancti Bernardi von Offida,** messe de **Joseph Haydn** (Hob XXII : 10), pour sop., alto, ténor et basse soli (avec un sop. et une basse soli supplémentaires pour l'« Et incarnatus »), chœur et orchestre (2 htb., 2 clar., 2 bassons, 2 trp., timb., cordes et b.c.), composée en 1796, première d'une série de 6 messes destinées à la fête de Marie Hermenegild, femme de l'employeur de Haydn, le prince Nicolaus II Esterházy, créée à la Bergkirche d'Eisenstadt en sept. 1796. (Durée : 45 min environ.)

L'œuvre s'ouvre par un bref Adagio de 12 mesures, créant une atmosphère de simplicité associée à des moments dramatiques passagers. Se poursuivant en mesure à trois temps, l'Allegro moderato commence par une mélodie de caractère populaire chantée dans une nuance piano. Dans le tutti qui suit, la musique se charge d'une ferveur que rehaussera encore un passage en fugato. Le retour de la mélodie initiale est modifié de façon plaisante par l'introduction de silences inattendus et de forts contrastes dynamiques.

Le *Gloria* est divisé en trois sections : Vivace jusqu'au verset « Glorificamus te » ; Allegretto de « Gratias agimus tibi » à « Miserere nobis » ; et Vivace de « Quoniam tu solus sanctus » à la fin. La section initiale présente un traitement du texte qui compte parmi les plus exultants de l'œuvre de Haydn, avec des interventions chorales homophoniques comportant les mêmes rythmes de fanfare que l'accompagnement orchestral. De forts contrastes de dynamique apparaissent avec les versets « Et in terra pax » et « Adoramus te » avant que la musique parvienne à un maximum d'agitation sur le verset « Glorificamus te » plusieurs fois répété. Les solistes vocaux font leur première apparition dans le « Gratias », d'écriture imitative ; le tempo s'accélère légèrement lorsque le chœur reprend l'initiative sur « Qui tollis », un passage où l'expression des mots est fort imagée. La section conclusive revient à l'ambiance décidée du début du mouvement et culmine dans une fugue sur les mots « In gloria Dei Patris, amen », l'écriture vocale s'élevant aux sopranos jusqu'à des *si* ♭ aigus fort adéquats.

Le *Credo* débute par une marche « alla breve » présentant une figure thématique qui revient périodiquement, fondée sur un arpège descendant, l'ensemble convenant parfaitement à l'énoncé des articles de la foi. Comme il est de tradition dans les messes viennoises classiques, le tempo se transforme en Adagio pour l'« Et incarnatus est », l'un des grands moments spirituels de l'œuvre. Par-dessus les cordes en pizzicato soutenues par une clarinette, l'alto solo conduit un canon à 3 voix de femmes solistes, d'une exquise beauté ; la musique est empruntée à un canon antérieur de Haydn, *« Gott im Herzen »* (Hob XXVII b : 44). Les éléments thématiques du « Crucifixus » sont identiques mais la sonorité se trouve complètement transformée : *mi* ♭ min. au lieu de *mi* ♭ maj., voix d'hommes remplaçant les voix de femmes, cordes graves jouant « coll'arco » au lieu des pizzicatos des cordes élevées. Le verset « Et resurrexit » commence de façon plutôt réservée en *do* min. (Allegro), comme s'il ne fallait pas dissiper le souvenir de la section précédente. Le mouvement s'achève par une fugue en mesure à 3 temps, sur « Et vitam venturi saeculi », mais avec quelques plaisantes syncopes.

Le *Sanctus* commence dans un mouvement Adagio, le déroulement homophonique de la musique étant interrompu par trois silences. Au-dessus de la voix d'alto, Haydn a écrit dans la partition autographe « Heilig, heilig, heilig, », indice de ce que la ligne mélodique se réfère à une ancienne hymne allemande sur ces mots ;

c'est à cette allusion que la messe doit son surnom de « Heiligmesse ». Le mouvement se transforme en un Allegro sur « Pleni sunt coeli », mais l'écriture reste de caractère vertical.

Comme souvent dans les messes de Haydn, le *Benedictus* est le seul mouvement qui ne soit pas écrit dans la tonalité principale. En *mi* ♭ maj., il se singularise aussi par le fait que la musique l'emporte sur le texte. Son mouvement Moderato, d'allure douce, a pour compléments des éléments thématiques mélodieux et faciles à retenir. Exceptionnellement, Haydn ne répète pas la musique du « Hosanna » déjà entendue dans le *Sanctus* mais en incorpore le texte dans le prolongement de la musique du *Benedictus*.

L'*Agnus Dei* se tourne vers un morne *si* ♭ min. et un mouvement Adagio ; des énoncés homophoniques font contraste avec un traitement mélismatique du mot « miserere » partagé entre les quatre voix du chœur. Le début du « Dona nobis pacem » est marqué par un complet changement d'atmosphère : *si* ♭ maj., nuance forte, tutti orchestral, large tessiture chorale et accompagnement énergique. Plus loin, Haydn se replie adroitement vers un style plus personnel lorsque l'écriture se fait moins affairée (incluant des pizzicatos), lorsque la nuance passe au piano et lorsque apparaît une cadence rompue qui s'allonge sur le mot « pacem ».

Cette messe n'a jamais connu la popularité de la → *Missa « in angustiis »* ou de la → *Missa « in tempore belli »*, mais elle est leur égale par son inspiration. Son originalité provient de son invention mélodique spéciale avec ses constantes réminiscences de musique populaire, ses nombreux mouvements en mesure à 3 temps et le soin avec lequel le sens des mots y est dépeint. L'œuvre est peut-être dépourvue du brio qui caractérise certaines autres messes de Haydn, mais on y trouve une beauté cohérente, à la fois personnelle et très éloquente.

Rééditions modernes — *In* J. Haydn. Werke, éd. par le J. Haydn Institut de Cologne, Munich, Henle, 1958 et suiv., vol. XXIII/5.

Bibliographie — Voir celle de l'art. *(Die) Jahreszeiten*.

D. Wyn Jones

Heimkehr (Retour au pays), op. 7, lied pour voix et piano de **Johannes Brahms** (tonalité originale *si* min.), sur un poème de Ludwig Uhland, composé en 1851 et édité comme n° 6 des *Sechs Gesänge* dédiés à Albert Dietrich. (Leipzig, Br. & H., 1854 ; durée : 48 s environ.)

Un bref poème (4 vers), une musique qui l'est à peine moins (22 mesures) pour ce lied, le premier de Brahms par sa date de composition mais non par son numéro d'opus. De composition continue, il oppose au déséquilibre du poème une forme dramatique, qui s'achève dans l'apothéose d'un lumineux *si* maj., laissant s'épanouir l'idée et l'émotion aux dépens de la description linéaire ou de la recherche architectonique. En effet, les 4 vers du poème se décomposent, sur le plan sémantique, en 3 + 1. Contre les menaces de l'univers, contre la nature qui se ligue pour empêcher son retour (vers 1 à 3), le voyageur n'a qu'une image à opposer, celle de sa bien-aimée demeurée au pays (vers 4). Or, dans son lied, Brahms inverse les rapports quantitatifs : après une introduction instrumentale de 5 mesures, il consacre 7 mesures aux trois premiers vers, contre 9 au seul dernier, passant d'un discours haletant, lapidaire dans ses juxtapositions de motifs brefs et toujours autres, à une envolée lyrique qui exploite à satiété les répétitions de texte. Les procédés d'écriture sont analogues à ceux de → *Liebestreu* : jeu contrapuntique d'imitations relativement développé et étagement, ici toutefois moins systématique, du matériau musical sur trois plans distincts, un plan médian d'accords répétés et, de part et d'autre, deux parties monodiques. Malgré sa formulation simple, le poème cache mal, dans les injonctions du voyageur à la nature hostile, l'outrance presque caricaturale d'un romantisme exacerbé. Mais, dans cette outrance même, le jeune Brahms de 18 ans, habité par l'univers d'un Hoffmann, d'un Eichendorff, d'un Jean-Paul, devait trouver le prétexte à faire vibrer sa musique d'une « éloquence passionnée ».

Bibliographie — Voir celle de l'art. *Liebestreu*.

Fr. Andrieux

Heine-Lieder, de **Franz Schubert**, voir Schwanengesang.

« Hélas, comment », chanson de **Cyprien de Rore**, voir « En vos adieux » — « Hélas comment ».

« Hélas ! mon Dieu, ton ire s'est tournée », chanson spirituelle à 4 voix de **Jean Maillard** sur un dizain décasyllabique d'auteur inconnu. Elle apparaît pour la 1re fois, attribuée à Cl. Janequin, dans le *16e Livre contenant 29 chansons* (Paris, Attaingnant, 1545). A partir de 1549, tous les imprimés la donnent comme l'œuvre de Maillard (nombreuses réimpressions jusqu'en 1578 au moins). C'est la prière angoissée du pécheur en détresse qui se voit en butte à la colère divine et qui demande à Dieu de ne pas l'abandonner. De forme AAB, sa mélodie principale se trouve au ténor. Elle chemine en *fa* majeur et tire de sa courbe et de ses intervalles une expressivité tout en nuances, parfaitement accordée au sens du texte.

Une souple alternance entre le style syllabique homophonique et un contrepoint très simple, revenant rapidement à la succession d'accords verticaux, est la marque de cette chanson, de style bien parisien, dont le succès a ouvert la voie aux nombreuses chansons spirituelles nées entre 1550 et 1560. On en connaît des transcriptions pour luth (A. Le Roy, éd. 1551 ; S. Kargel, éd. 1578) et pour guitare (A. Le Roy, éd. 1551 ; Gr. Brayssing, éd. 1553). **Villiers** en a donné un arrangement à 2 voix dans le *1er Livre de chansons à 2 parties* (Paris, Le Roy & B., v. 1555). Deux autres dizains ont été associés à *« Hélas ! mon Dieu »* à titre de « réponse » : *« Au moins, mon Dieu, ne m'abandonne pas »* (dernier vers de *« Hélas ! mon Dieu »*), mis en musique par **Cl. Goudimel** (éd. 1550), **J. Le Gendre** (éd. 1552) et **Cl. Janequin** (éd. 1556), et *« Soulas, je veux te donner en tous lieux »*, mis en musique par J. Le Gendre (éd. 1552) et **Entraigues** (éd. 1555).

Toutes ces pièces tirent certains de leurs éléments musicaux de la chanson de Maillard qui, bien qu'originale, emprunte elle aussi un de ses passages les plus significatifs (« Si tu ne veux, hélas ! m'envoyer mieux ») à la chanson de Cl. Marot *« Puisque de vous je n'ai autre visage »*, mise en musique à 4 voix par **P. Sandrin** (éd. 1538). Le destin de *« Hélas ! mon Dieu »* n'est pas épuisé pour autant. **J. Servin** en a publié une version à 6 voix, à la fois dense et très développée puisqu'elle comporte 153 tactus contre 94 dans la chanson de Maillard, dans le *1er Livre de chansons nouvelles* (Lyon, Ch. Pesnot, 1578). Malgré sa date tardive, elle conserve encore la forme AAB et est suivie de sa réponse *« Soulas, je veux te* *donner »*, également à 6 voix. Mais la descendance la plus remarquable de *« Hélas ! mon Dieu »* est la chanson à 5 voix de **Claude Le Jeune** publiée dans le *2d Livre des meslanges* (Paris, P. Ballard, 1612) et intitulée *Pseaume*. Elle est mise en musique tout au long sans reprise. L'interjection initiale « Hélas ! mon Dieu » donne lieu à un passage pathétique fondé sur le tétracorde chromatique des Anciens **A**. Cette recherche d'expression et d'exégèse du texte se poursuit dans un style madrigalisant qui, par des figures musicales appropriées, souligne des expressions telles que « me poursuit sans cesse » (fugato), « vertu me délaisse » (silence général), « l'ennui qui me point » (dissonances), le chromatisme expressif du début étant repris sur les mots « Au moins, mon Dieu ».

Rééditions modernes — J. Maillard, sous le nom de Janequin par H. Expert, *in* Extraits des Maîtres Musiciens de la Renaissance française, Paris, Salabert ; éd. par M. Honegger, *in* Soli Deo Gloria, Paris, Heugel (Éd. Ouvrières, 1962) ; Cl. Goudimel, *« Au moins, mon Dieu »*, éd. par M. Honegger, *ibid* ; Cl. le Jeune, *in* Expert Monuments VIII, Paris, Salabert, 1928, rééd. en facs. New York, Broude.

Bibliographie — M. Honegger, Les chansons spirituelles de D. Lupi et les débuts de la musique protestante en France au xvie s. I, Lille, Service de reproduction des thèses, 1971, pp. 45-54.

M. Honegger

« Hélas, que de mal j'endure », chanson à 4 voix de **Guillaume Costeley**. Dans le gros recueil → *Musique* de 1570, elle figure parmi les « Meslanges de chansons en façon d'air ». Du style de l'air elle n'a guère, pourtant, que le strophisme (en 4 strophes de 7 vers heptasyllabiques) et deux vers traités de manière strictement homophone à 4 voix. Costeley y mêle un style polyphonique plus élaboré et volontiers expressif, notamment sur les nombreux « hélas » par lesquels débute et finit chaque strophe. Mis à part les deux vers centraux, homophones, et le vers final, à 4 voix, le reste de la chanson est presque entièrement à 3 voix, sans le bassus.

Le texte, anonyme, pourrait bien avoir été écrit par Costeley lui-même, que R. Belleau, A. de Baïf et J. Gohory présentent comme poète. L'organisation strophique y est poussée beaucoup plus loin que la simple structure de surface des rimes masculines et féminines : elle implique également une disposition fixe des sentiments positifs et négatifs qui coïncident précisément avec les différents styles musicaux employés par Costeley. L'écriture homophone « en façon d'air » exprime les sentiments de gaieté concentrés sur les vers 2 et 3 de chaque strophe : « Je voy la belle verdure / Monter en force et vigueur / [...] / Je voy ceste bande pleine / D'amour, de grâce et douceur. »

En opposition, les vers extrêmes sont chantés avec un style plus expressif, proche du madrigal, qu'on trouve aussi aux vers 5 et 6, communs à 3 strophes sur 4 : « Mais plus s'augmente la playe / Qu'amour m'a fait dans le cœur. » Tout y donne l'impression d'un texte poétique dont l'écriture semble indissociable du geste de composition musicale et de la réflexion stylistique qui l'accompagne.

Rééditions modernes — Par Fr. Lesure, *in* Anthologie de la chanson parisienne, Monaco, L'Oiseau-Lyre, 1953.

Bibliographie — I. Godt, G. Costeley, life and works (diss. New York Univ., 1969).

J.-P. Ouvrard

« Hélas seigneur, je te pri ' sauve moy », Psaume 69 du → Psautier huguenot, voir « Misericorde au povre vicieux ».

Héliogabale, tragédie lyrique en 3 actes en vers, poème d'Émile Sicard, musique de **Déodat de Séverac**, précédée d'un prologue, *Les Deux Triomphes*, de Charles Guéret, accompagnée d'un ballet-mimodrame, *La Résurrection d'Adonis* de Gabriel Boissy, créée à Béziers, au Théâtre des Arènes, le 21 août 1910, dans un décor panorama d'Eugène Ronsin, sous la dir. de Louis Hasselmans. (Paris, Rouart-L. [Salabert] ; durée : 3 h 30 min environ avec le texte des tragédiens, dont environ 2 h de musique.)

Le librettiste a tiré son *Héliogabale* du livre de Jean Lombard, *L'Agonie* (1888). En vers un peu précieux, souvent désuets et volontiers symbolistes, il relate le règne fort bref et mouvementé de Bassianus Elagabal (218-222), la vie voluptueuse et déréglée menée dans le palais impérial par cet enfant monté sur le trône à 14 ans et assassiné à 18. Mais plutôt que l'histoire scandaleuse de ce beau et grand prêtre du Soleil, l'*Héliogabale* de Sicard et Séverac conte la chute d'un empire, le déclin et la fin brutale d'une civilisation décadente avec la lente mais irrésistible ascension du christianisme.

D. de Séverac renonce ici aux sujets « terriens » qu'il affectionne et emprunte à l'histoire ancienne, à cette civilisation latine qu'il chérit. Au miniaturisme, à la marqueterie harmonique, à la déclamation subtile, à la poésie raffinée, au mystère dont → *Le Cœur du moulin* est empli, Séverac substitue un style plus large, plus ample, plus décoratif, plus grandiose, bien approprié au plein air. A la façon du drame antique, il brosse une immense fresque en plusieurs tableaux, et dans le temps record de sept mois. Les personnages centraux — dont Héliogabale, sa mère Soemias, Rusca, le chef des chrétiens, et Claudien, ancien favori d'Héliogabale converti à la nouvelle foi — sont joués par des tragédiens (sept). Ils déclament un texte quantativement important. Les trois rôles chantés, notamment ceux de Cynthia et de Lucilius (personnages lyriques qui traduisent symboliquement les éléments essentiels et profonds du drame), sont une réminiscence des anciens récitants. Séverac ne leur confie ni récitatifs ni airs, mais plutôt une sorte de mélodie continue. Les chœurs, très nombreux dans la partition, s'inspirent du chœur antique en commentant l'action ou, comme dans l'acte II (l'acte des chrétiens), deviennent personnages en participant activement aux cérémonies liturgiques.

Héliogabale est tout entier conçu, littérairement et musicalement, sur une opposition nette, concrétisée par le vers baudelairien choisi comme exergue de l'œuvre : « O fangeuse grandeur ! sublime ignominie ! » Et la partition tient à rendre très sensibles cet antagonisme de la Rome décadente et de la chrétienté montante, cette lutte entre la jouissance égoïste et l'idéal chrétien d'austérité rénovatrice. Aussi les actes, les scènes, l'orchestration, la thématique, le langage, l'atmosphère, les personnages eux-mêmes sont-ils violemment contrastés. Ainsi, au culte phallique triomphant à Rome, le prologue oppose la nouvelle religion chrétienne qui, au début de ce IIIe s., sort du secret des catacombes pour transformer le monde. L'acte I exalte les plaisirs cruels et la volupté. L'acte II célèbre le baptême de Claudien, l'ancien favori de l'empereur. A l'acte III, un triomphant Alléluia signe la mort d'Héliogabale. Ainsi, pour l'orchestration, les instruments traditionnels — avec l'orgue, symbole du nouveau dogme — sont-ils réservés aux chrétiens, tandis que la « cobla » catalane, qui s'associe pour la première fois à un orchestre symphonique, accompagne les danses lascives des vierges et des éphèbes de son timbre enjôleur, voire quelque peu « canaille ». Les thèmes concourent pour leur part à cette opposition. Ils sont tous motifs conducteurs et circulent dans toute la tragédie. La « thématique chrétienne » s'abreuve aux modes et aux chants grégoriens (*« O Crux ave »*, *« Fidelis servus et prudens »*, *« Alleluia Virgo florens Aaron »*) en des formes vocales simples, polyphoniquement dépouillées, parfois proches du vieux choral. La « thématique païenne » s'inspire en revanche de modes exotiques (hindous), souvent pentaphones, d'intervalles et de rythmes sensuels, d'harmonies capiteuses. Séverac explique lui-même à son ami René de Castéra, dans une lettre du 22 avr. 1910, qu'il « [a] conçu la musique d'*Héliogabale* comme des séries de panneaux décoratifs ». Il poursuit : « Je suis très satisfait de mes chœurs. Il me semble qu'ils sonneront bien. Nous verrons ! Quant à l'orchestration, je considère l'énorme masse dont je dispose (plus de 400 musiciens et près de 200 choristes) comme un grand orgue et je fais surtout des oppositions de claviers. »

Les deux représentations biterroises des 21 et 23 août 1910 se déroulèrent respectivement devant 15 000 et 13 000 spectateurs enthousiastes. La presse nationale fut unanime à voir en Séverac le digne sectateur de C. Saint-Saëns (→ *Déjanire* en 1898) et de G. Fauré (→ *Prométhée* en 1900). Dans le journal *L'Hérault* du 24 août 1910, Y. Nat soulignait même : « M. Déodat de Séverac m'a semblé avoir mieux conçu que ses devanciers l'orchestration de plein air [...]. Sa musique est claire, de contours classiques ; elle se vêt de jolis timbres, pleure comme à regret et rit en ses trilles jusqu'à la frénésie de l'extase. Les chœurs sont larges et beaux. La prière du *« Pater noster »*, pure et simple, d'une ampleur élégiaque, m'a fait penser à une statue de Phidias. » L'*Héliogabale* de Séverac sera redonné en version oratorio à Paris, Salle Gaveau, en févr. 1911, avec le même succès. On peut dès lors s'étonner que cette œuvre qui offre de la production déodatienne une facette inattendue ait disparu de l'affiche. Les fêtes qui marquèrent en 1972, à Céret (Pyrénées-Orientales), le centenaire de la naissance de Séverac tentèrent, avec un succès également considérable, de réhabiliter cette partition longtemps occultée.

Bibliographie — Bl. Selva, D. de Séverac, Paris 1930 ; Vl. Jankélévitch, La présence lointaine, Paris, Éd. du Seuil, 1983 ; J. Canteloube, D. de Séverac, Béziers, Soc. de musicologie du Languedoc, 1984.

P. Guillot

Heliopolis I et II, lieder pour voix et piano de **Franz Schubert** (D 753 et 754), sur des poèmes de Johann Mayrhofer. Celui-ci était d'esprit très libéral et souffrait beaucoup sous le régime d'oppression de Metternich. Aussi décrit-il dans son recueil de poésies *Heliopolis* (La Cité du soleil) la vision utopique d'un monde futur lumineux où la liberté serait omniprésente.

Heliopolis I. « Im kalten rauhen Norden » (Dans le nord froid et âpre), composé en avr. 1822 et publié à Vienne, chez Cappi et Czerny, en déc. 1826, comme n° 3 de l'opus 65, sous le titre *Aus Heliopolis.* (Durée : 3 min 6 s environ.) Le poème comprend deux idées principales. On y trouve d'abord le désir de celui qui vit dans les frimas nordiques de se rendre dans la Cité du soleil, mais qui ne sait comment y parvenir. Puis il y a la description de la splendeur et des bienfaits du soleil lui-même. En fait, le froid et le soleil sont ici symboliques et désignent respectivement le régime oppressif viennois d'alors et l'aspiration à la liberté. Schubert était parfaitement conscient de cette transposition et il la traduit musicalement en utilisant la tonalité de *mi* min. pour la première partie et celle de *mi* maj. pour la seconde. La forme est continue, sans aucun rappel. Mais une écriture presque continuellement diatonique et un débit rythmique très égal (de très nombreuses successions de noires dans une mesure à 4/4) créent une unité d'ensemble indéniable. Celle-ci est encore renforcée par l'écriture pianistique très sobre, souvent homophonique avec ses larges accords plaqués. Le registre grave, aussi bien de la voix que de l'accompagnement, l'écriture verticale et le tempo modéré confèrent à ce lied une atmosphère grave, recueillie et presque hymnique qui est très impressionnante.

Heliopolis II. « Fels auf Felsen hingewälzet » (Rochers empilés sur des rochers), composé en avr. 1822 et publié après la mort du compositeur, à Vienne, chez A. Diabelli, en juin 1842, sous le titre *Heliopolis.* (Durée : 2 min 50 s environ.) On lui adjoint parfois le sous-titre *Im Hochgebirge* (Dans les hautes montagnes) qui était celui sous

A « Hélas ! mon Dieu, ton ire s'est tournée »

etc.

lequel parut le poème de Mayrhofer dans la première édition de 1824. Autant le lied précédent était calme et recueilli, d'une gravité quasi religieuse, autant celui-ci est emporté, tourmenté et violent. Ici Mayrhofer s'adresse directement à son ami Schubert et l'exhorte à aller sur les sommets solitaires et grandioses des montagnes pour y respirer l'air pur et y embrasser le monde entier. L'allusion au compositeur se fait encore plus précise dans la dernière strophe : « Laisse les passions déferler dans des accords de métal et quand les fortes tempêtes mugiront [celles de la musique aussi bien que celles des sommets], tu trouveras le mot juste. » Schubert recourt de nouveau au principe « durchkomponiert » puisqu'il attribue à chacune des quatre strophes du poème une musique particulière. Mais l'unité d'ensemble est encore plus forte que dans le lied précédent, en particulier grâce à une double formule rythmique quasi permanente et fortement prégnante :

Il y a en outre une extraordinaire progression thématique englobant les stophes III et IV dont le principe provient directement des techniques beethovéniennes de développement. Partant à la voix d'un *sol* médian au début de la section III (mes. 27), on aboutit à la suite d'une montée chromatique savamment agencée à un *ré* aigu en fin de section IV (mes. 45-46). Les accents portés sur les notes intermédiaires, répétées avec insistance sur un rythme trochaïque, produisent un effet profondément dramatique. Celui-ci est encore renforcé par l'utilisation d'enchaînements harmoniques inouïs pour l'époque. Aux mesures 39-41, puis de nouveau aux mesures 43-45, Schubert procède à trois progressions chromatiques ascendantes strictement parallèles d'accords de septième de dominante à l'état de premier renversement. Cette audace est unique pour l'époque. Du reste, le compositeur ne la renouvellera jamais A.

La tonalité sombre d'*ut* min., le tempo rapide et vigoureux (« Geschwind und kräftig »), le registre extrêmement grave d'un accompagnement particulièrement dramatique et le timbre de la voix de basse viennent s'ajouter aux éléments précédents pour camper un tableau d'une extraordinaire intensité. Schubert reprend en entier la dernière strophe, mais en passant en *ut* maj. il proclame avec force que le musicien-poète aura le dernier mot, le juste mot (« das rechte Wort »). Ce lied est une grande réussite.

Bibliographie — Br. Massin, Fr. Schubert, Paris, Fayard, 1977, pp. 954-955.

S. Gut

Hello, Dolly !, comédie musicale américaine en 2 actes, livret de Michael Stewart, texte des chansons et musique de **Jerry Herman**, créée à New York, au St James Theater, le 16 janv. 1964.

L'action se passe à New York en 1898. Le personnage central de l'œuvre est la marieuse Dolly Levi qui, après avoir fait le bonheur de trois jeunes couples, finit par se trouver un bon parti en la personne d'un riche marchand. Le livret s'inspire de plusieurs ouvrages, *The Matchmaker* (La Marieuse), une pièce de Thornton Wilder adaptée de *The Merchant of Yonkers* (Le Marchand de Yonkers) du même auteur. Cet ensemble a lui-même pour modèle une farce avec chansons de Johann Nestroy, *Einen Jux will er sich machen* (Il veut se faire une blague), écrite d'après la pièce anglaise de John Oxenford, *A Day well Spent* (Une journée bien employée). La chorégraphie et la régie de G. Champion ont beaucoup contribué à la réussite extraordinaire de cette comédie musicale (2 344 représentations consécutives à Broadway), réussite amplifiée grâce à l'interprétation de Barbra Streisand dans l'adaptation cinématographique (1969). La chanson-titre *« Hello, Dolly ! »*, sur laquelle Dolly fait une entrée grandiose à l'Harmonia Gardens Restaurant, est devenue un succès mondial. Le 11 oct. 1967, alors que la mise en scène originale conservait toute sa popularité, D. H. Merrick produisit une version aussi triomphale, dans une distribution exclusivement noire, avec P. Bailey et C. Calloway en vedettes.

R.-M. Simon et S. Simon

Henry VIII, opéra en 4 actes, livret de Léonce Détroyat et Armand Silvestre, musique de **Camille Saint-Saëns**, composé à Paris, Londres, Édimbourg, Le Tréport en 1881, créé à l'Opéra de Paris le 5 mars 1883, avec Mmes G. Krauss (Catherine d'Aragon), R. Richard (Anne de Boleyn), MM. J.-L. Lassalle (Henry VIII), E. Dereims (Don Gomez), A.A. Boudouresque (le cardinal Campeggio), Lorrain (le duc de Norfolk), sous la dir. de J. H. Altès. En 1889, l'Opéra produisit une version en 3 actes, abandonnée en 1909 pour la version originale. L'ouvrage se maintint à l'affiche jusqu'en 1919 (87 représentations) et fut représenté sur les plus grandes scènes d'Europe. (Durée : 2 h 30 min environ.)

Livret — Acte I. Londres. Une salle du palais royal. Ambassadeur d'Espagne, Don Gomez (ténor) avoue au duc de Norfolk (basse) qu'il aime Anne de Boleyn (mezzo-sop.). Celle-ci lui a fait le serment de l'épouser. Henri VIII (bar.), amoureux, la fait dame d'honneur de son épouse Catherine d'Aragon (sop.). La reine implore la grâce du duc de Buckingham qu'on vient de condamner à mort. Henry se montre inflexible puis laisse entendre que son mariage est illégitime car il a épousé la veuve de son frère.

Acte II. Le parc de Richmond. L'infortuné Don Gomez reproche à Anne sa traîtrise. Le roi dévoile son amour impétueux. Il est prêt, pour épouser Anne, à répudier Catherine.

Acte III. 1er Tableau. Chez le roi. Le cardinal Campeggio (basse), légat du pape, confirme le mariage du roi avec Catherine. — 2e Tableau. Le synode. Par mesure de rétorsion, Henry se proclame chef de l'Église d'Angleterre et prend pour femme Anne de Boleyn. Le légat excommunie Henry.

Acte IV. 1er Tableau. Les appartements de la reine Anne. Don Gomez apprend à la nouvelle reine qu'il a brûlé toutes ses lettres sauf celle qui prouve son amour pour lui. Il a donné cette lettre à Catherine, exilée au château de Kimbolth. Anne se sent perdue. — 2e Tableau. A Kimbolth, Catherine qui s'apprête à mourir lègue ses biens : son livre d'heures — avec la lettre — va à Don Gomez. Anne implore Catherine de lui rendre le document compromettant. Arrive le roi qui réhabilite Catherine, laquelle pardonne avant de mourir en emportant son secret.

Inspiré de la comédie de P. Calderón *La Cisma in Inghilterra* (Le Schisme en Angleterre), le livret reste tout à fait conventionnel, mêlant l'histoire, l'amour et la cruauté d'une manière tarabiscotée. « C'est peut-être le dernier opéra historique qui passe ! », s'écriait en 1903 Cl. Debussy, saluant respectueusement, mais avec ironie, la reprise de l'ouvrage à l'Opéra. Saint-Saëns ne devait pas s'arrêter en si bon chemin : → *Ascanio* (1890), d'après la vie de Benvenuto Cellini, est aussi un opéra historique. Dans *Henry VIII*, note encore Debussy, le musicien utilise « sans grandiloquence dans le mauvais goût » les formules traditionnelles héritées de Meyerbeer.

Les « cavatines trop sucrées » que chante le roi prouvent que le « tigre le plus altéré de sang peut pousser des miaulements capables d'attendrir un enfant ». De plus, Saint-Saëns fait des opéras « avec l'âme d'un vieux symphoniste impénitent ».

Le compositeur admirait l'Angleterre et sa civilisation. Sous cet angle, *Henry VIII* est le prétexte d'un hommage à la musique de ce pays. Le thème Maestoso (d'origine anglicane) du Prélude aurait été recueilli par Saint-Saëns à la bibliothèque royale de Buckingham Palace. Il produit un grand effet dans la scène du synode, chanté par la populace après que le roi a refusé de se soumettre au décret du pape (« C'en est donc fait », acte III). Ce motif reparaît au début du 2e tableau de l'acte IV (musique en coulisses). Le divertissement du 1er tableau de cet acte, un menuet, est issu d'une pièce de clavecin de W. Byrd, *The Carman's Whistle* (Le Sifflet du charretier).

Parmi les 7 morceaux du ballet de l'acte II, se distinguent l'*Idylle écossaise*, d'une saveur toute populaire (anachronique puisque l'Écosse ne fut rattachée à l'Angleterre qu'à l'avènement de Jacques Ier, en 1603), et la *Danse de la gipsy*, de style exotique (avec tambourins et cymbales), qui déroule les sortilèges d'une mélodie aux deux degrés surhaussés de la musique andalouse.

La partition a été accusée de froideur et d'impersonnalité. Il est vrai que la marqueterie des thèmes conducteurs a peu de relief ; la scène du synode rappelle la fin de l'acte I de → *L'Africaine* ; le quatuor qui conclut l'œuvre offre des analogies frappantes avec celui de → *Rigoletto*. Mais l'ensemble possède un caractère de noblesse et de dignité, sensible dans le « cantabile » de Don Gomez *« La Beauté que je sers »* (acte I), l'élégant chœur féminin *« Salut à toi qui nous vient de France »* (ibid.), l'air du roi *« Qui donc commande »* (ibid.), le duo d'amour d'Henry et Anne *« Chère Anne que j'adore »* (acte II). Le poignant plaidoyer de Catherine d'Aragon (*« A ta bonté souveraine »*, acte III), conçu volontairement comme un arioso, rend la reine encore plus fragile au sein du décor énorme et solennel du synode.

Éditions et rééditions — Part. d'orch., Paris, Durand et Schoenewerk, s.d. ; réd. cht et p. par L. Delahaye, *ibid.*, 1883, 2/1903.

Bibliographie — E. Hippeau, Henry VIII et l'opéra français, Paris 1883 ; W. Lyle, C. Saint-Saëns, his Life and Art, Londres 1923, pp. 158 et suiv. ; G. Servières, Saint-Saëns, Paris 1923, 2/1930, pp. 179-184 ; voir aussi la bibliogr. de l'art. *Proserpine*.

Chr. Goubault

Hercules (Hercule), « musical drama » de **Georg Friedrich Haendel**, sur un livret de Thomas Broughton (1704-1774), écrit pour sop., 2 mezzo-sop., ténor et 2 basses soli, chœur mixte à 4 voix et orchestre (2 htb., basson, 2 cors, 2 trp., timb., cordes [jusqu'à 3 parties de vl.] et b.c.), composé en juill-août 1744, créé à Londres, au King's Theatre de Haymarket, le 5 janv. 1745. L'éditeur de Haendel, John Walsh, en publia des morceaux choisis, omettant récitatifs et chœurs, en févr. 1745, mais la partition complète qui faisait partie de l'édition projetée de l'intégrale des œuvres de Haendel par Arnold ne parut qu'en 1788-89. (Durée en représentation : 2 h 40 min environ.) *Hercules* est sans doute l'un des plus grands chefs-d'œuvre du compositeur, mais il n'attira jamais l'attention du public ; Haendel ne le donna que six fois de son vivant et l'ouvrage n'a guère eu beaucoup plus de succès depuis.

Le livret de Th. Broughton, un ecclésiastique aux talents variés, se fonde sur la pièce de Sophocle *Les Trachiniennes*, et emprunte le reste de la matière au livre IX des *Métamorphoses* d'Ovide. De nombreux détails sont originaux : le personnage d'Iole, celui d'Hercule lui-même pour une bonne partie, l'essentiel de l'acte II et la vision qu'a Déjanire des Furies proviennent tous de la plume de Broughton. La versification, avec ses échos timides de Milton et de Shakespeare et ses images insipides, n'est pas d'une grande portée littéraire, mais la structure logique du livret, la peinture solide des personnages et l'action judicieusement distribuée permirent à Haendel de montrer son étonnant talent dramatique.

Livret — Acte I. Au palais d'Hercule à Trachis. Hercule (basse) a disparu depuis de nombreuses années et sa femme Déjanire (mezzo-sop.) a abandonné tout espoir de jamais le revoir vivant. Après avoir consulté l'oracle, leur fils Hyllus (ténor) décide de retrouver son père. Cela se révèle inutile car Lichas (mezzo-sop.) annonce à ce moment le retour triomphant d'Hercule après sa conquête d'Œchalie. Il ramène avec lui de nombreux prisonniers parmi lesquels se trouve la belle princesse Iole. Il déclare que ses travaux sont à présent terminés et l'acte s'achève dans une ambiance exubérante.

Acte II. Cependant qu'Iole (sop.) regrette d'être née princesse, Déjanire développe les germes d'une jalousie qui culmine lorsqu'elle accuse Hercule de n'avoir attaqué Œchalie que poussé par son désir pour Iole. Celle-ci dément tandis qu'elle repousse également Hyllus tombé amoureux d'elle. Déjanire se tourne alors vers Hercule, qui blâme sa jalousie injustifiée, et se retire dans le temple pour procéder à un sacrifice d'action de grâces. Déjanire se souvient d'une tunique magique que lui avait donnée le centaure Nessus après qu'Hercule l'eut mortellement blessé. Cette cape, lui avait-il dit, avait le pouvoir le « ranimer les flammes expirantes de l'amour ». Elle ordonne donc à Lichas d'aller présenter l'objet à Hercule comme une « promesse de réconciliation ». Confiante dans la certitude qu'Hercule lui appartiendra exclusivement de nouveau, elle fait la paix avec Iole.

Acte III. Déjanire a été sans le savoir complice de la vengeance de Nessus car, au lieu de faire renaître l'amour en Hercule, la

A Heliopolis I et II

tunique magique l'a mortellement blessé. Avant de mourir, Hercule maudit sa patrie et sa femme, puis implore une mort rapide. Déjanire se rend compte de sa terrible erreur et imagine tristement son âme coupable torturée à jamais par les Furies horribles des Enfers. Apparaît un aigle qui plane au-dessus du bûcher funéraire ; le Prêtre (basse) demande qu'Hyllus et Iole soient mariés pour unir les maisons d'Œchalie et de Trachis. L'œuvre se termine par un péan chanté en l'honneur d'Hercule.

Face au désintérêt croissant du public à l'égard de l'opéra, Haendel avait abandonné le genre quatre ans avant la composition d'*Hercules* et transféré son intérêt pour le théâtre sur l'oratorio : celui-ci jouissait non seulement d'une plus grande ferveur auprès du public, mais était également plus économique à monter. *Hercules* cependant (comme *Semele* donné l'année précédente) n'est pas un oratorio dans le sens habituel du terme. Même s'il fut donné « dans la manière d'un oratorio », c'est-à-dire au théâtre, sans action sur la scène, Haendel intitula l'œuvre « musical drama » et non « oratorio ». De même que *Semele*, *Hercules* vient de la mythologie classique et non de l'Ancien Testament comme ses autres oratorios dramatiques. Cela explique peut-être le peu de succès que connut l'œuvre au début. Le public de classe moyenne des années 1740 souhaitait peut-être un message édifiant, mais se trouvait face à ce qui était en réalité un opéra tragique non monté. La façon dont Haendel traite l'action et les personnages tout au long de la partition ressemble fort à celle d'une composition pour le théâtre, et l'on trouve de nombreuses indications scéniques dans son manuscrit original qui suggèrent qu'une idée claire de l'action sur scène lui était indispensable. De plus, l'oratorio contient, comme ses opéras, un grand nombre d'arias « da capo » (14 sur 25) et relativement peu de chœurs (8).

Hercules est un drame de la jalousie et l'on y relève une perspicacité profonde dans la peinture des caractères. La figure centrale n'est pas Hercule mais sa femme Déjanire. Haendel dresse son portrait avec un soin extraordinaire. Cinq de ses sept arias sont écrites dans des tonalités diésées qui contrastent sensiblement avec la tonalité bémolisée dominante de l'œuvre, soulignant de façon subtile le désaccord croissant entre la reine et son entourage. Au dernier acte, sa solitude est totale et son aliénation mentale complète. Dans la scène clé de Déjanire *« Where shall I fly ? »* (Où pourrai-je m'enfuir ?, acte III, sc. 3), Haendel dépeint avec pittoresque son esprit dérangé au bord de la folie, dans un mélange unique de récitatifs accompagnés et d'arias (fondés sur un ensemble en style « concitato » à 4 temps avec deux thèmes principaux et une section Lento e piano en 3/4 sur une basse obstinée), qui rappelle certaines scènes de folie de Purcell et dont Gluck s'est inspiré plus tard pour son traitement des furies et des esprits dans *Orphée* et *Iphigénie en Tauride*. Hercule est décrit de façon moins vivante. Son caractère n'évolue pas vraiment, il est essentiellement « l'extraverti athlétique, l'homme d'action, cordial, simple, doté de tout juste ce qu'il faut d'intelligence, mais très sympathique » (W. Dean). Néanmoins, sa dernière aria *« Let not fame the tidings spread »* (Ne laissez pas la gloire dépasser les événements, acte II, sc. 2) et ses récitatifs lors de sa mort sont saisissants, et il disparaît sur une violente rafale de gammes et de doubles croches dans la plus belle manière de Haendel.

Le chœur est peu utilisé et ne joue pas de rôle direct dans l'action dramatique. Haendel s'en sert d'une part pour préparer une scène, comme lors de l'accueil chaleureux fait au héros à son retour à la fin de l'acte I, *« Crown with festal pomp »* (Couronné d'une pompe festive), d'autre part pour tirer la morale psychologique dans *« Jealousy ! Infernal pest »* (Jalousie, peste infernale). Ce dernier morceau, l'un des plus beaux de l'œuvre, au figuralisme menaçant avec la ritournelle lugubre en octaves, les explosions homophoniques violentes au chœur et l'inquiétante fugue centrale, constitue le sommet de la 1re scène de l'acte II.

La distribution instrumentale d'*Hercules* offre peu de surprises. Les trompettes et les timbales sont employées pour ajouter de la grandeur à la marche héroïque qui accompagne le retour d'Hercule ainsi qu'au chœur *« Crown with festal pomp »*. Des cors apparaissent dans le chœur final ; deux hautbois sont introduits dans l'aria d'Hercule *« Alcides' name in latest story »* (Le nom d'Alcide dans la dernière histoire). Le plus gros du travail revient bien sûr aux cordes, et il est clair que Haendel exploita soigneusement leur aspect sombre en donnant une partie active aux solos et en utilisant les sentiments de suspicion et de jalousie. La sinfonia aux cordes en *la* min., qui ouvre le 3e acte, est particulièrement saisissante, une prémonition puissante de la tragédie comportant de violents changements de style, où des passages Largo rêveurs sont constamment interrompus par des explosions Furioso en rythmes pointés.

Rééditions modernes — Par FR. CHRYSANDER, *in* G. Fr. Händels Werke, Leipzig et Bergedorf 1858-94, vol. IV, 1859 ; par E. PROUT, Londres, Novello, 1877 (réd. ch. et p.) ; *in* Hallische Händel-Ausgabe, Kassel, BV, 1955 et suiv., vol. I/20.

Bibliographie — G. ABRAHAM (éd.), Handel : a Symposium, Londres 1954 ; W. DEAN, Handel's Dramatic Oratorios and Masques, Londres 1959 ; H. SMITHER, A history of the oratorio II, Chapel Hill, Univ. of North Carolina Press, 1977 ; cf. également The New Oxford History of Music VI, Oxford, OUP, 1986.

S. HEIGHES

HERMIONE, « azione tragica » de **Gioachino Antonio Rossini**, voir ERMIONE.

HERNANI, « dramma lirico » de **Giuseppe Verdi**, voir ERNANI.

HÉRODIADE, opéra en 4 actes et 7 tableaux, livret de Paul Milliet et Henri Grémont (pseudonyme de l'éditeur Georges Hartmann), avec la collaboration d'Angelo Zanardini, d'après *Hérodias* de Gustave Flaubert (*Trois Contes*, 1877), musique de **Jules Massenet**. L'œuvre a subi plusieurs transformations, liées aux différents lieux d'exécution et touchant livret et partition. Principales créations : 1. Bruxelles, Théâtre royal de la Monnaie, 19 déc. 1881 (en 3 actes et en ital.), avec Mmes R. Duvivier (Salomé), Bl. Deschamps (Hérodiade), MM. E. A. L. Vergnet (Jean), Manoury (Hérode), L. Gresse (Phanuel), Fontaine (Vitellius), sous la dir. de J. Dupont ; 2. Nantes, 29 mars 1883 (1re représentation en fr.) ; 3. Paris, Théâtre-Italien, 1er févr. 1884 (en 4 actes et en ital.), avec Mmes Fidès-Devriès (Salomé), W. Tremelli (Hérodiade), MM. J. de Reszké (Jean), V. Maurel (Hérode), E. de Reszké (Phanuel), Villani (Vitellius), sous la dir. de G. Gialdini ; 4. Paris, Théâtre de la Gaîté-Lyrique, 2 oct. 1903 (vers. définitive en 4 actes et en fr.). L'ouvrage ne parut à l'Opéra de Paris qu'en 1921. Il fut donné pour la 1re fois à Londres en 1904 sous le titre de *Salomé*, ce qui n'est pas sans logique puisque ce personnage tient le premier rôle tant sur le plan dramaturgique que du point de vue de la distribution des voix. (Durée : 3 h environ.)

L'action se situe à Jérusalem, dans le temple et au palais d'Hérode, au début de l'ère chrétienne. Le livret n'emprunte que sa trame au récit biblique. Une introduction de 83 mesures commence l'ouvrage.

Acte I. Hérode (bar.) connaît l'influence du prophète Jean (ténor) auprès du peuple. La croyant d'ordre politique, il compte s'en servir pour ourdir un complot contre les Romains. En outre, le roi est follement amoureux de Salomé (sop.) dont il ne connaît pas la véritable identité et qui, elle, est éprise du prophète Jean. Hérodiade (mezzo-sop.), épouse d'Hérode, ignore que Salomé est la fille qu'elle avait eue d'un premier mariage. Elle l'avait jadis abandonnée, crime pour lequel Jean l'avait frappée de sa malédiction. La voici maintenant jalouse de Salomé (dont elle craint la concurrence) et folle de vengeance à l'égard de Jean.

Acte II. Dans un air fameux, formé de motifs à trois sons typiques de l'art de Massenet, Hérode s'abandonne à un rêve évoquant la beauté de Salomé.

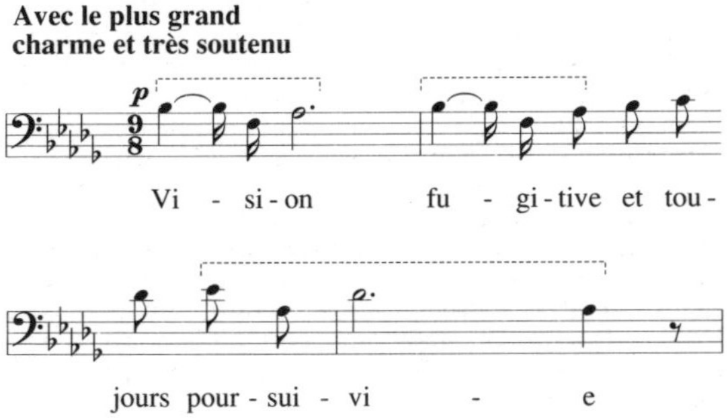

Il peut aussi nourrir son ambition politique car la foule en fureur l'assure de sa loyauté et lui prodigue ses encouragements dans la lutte contre les Romains. Vitellius (bar.), le proconsul romain, doit intervenir et calmer la populace avec des promesses. Cette scène donne lieu à un dessin musical pittoresque et dramatique où la maîtrise des chœurs se joint à celle de l'orchestre.

Acte III. Phanuel (basse) lit à Hérodiade le message des étoiles. C'est alors que s'éveille en elle le souvenir de sa fille. Elle décide d'éliminer Jean qui se présente à son esprit jaloux et vindicatif comme la source de tout mal. Ainsi, Hérodiade se joint aux prêtres — qui craignent en Jean un concurrent — et au peuple — que le prophète a déçu — pour exiger sa mort. Hérode hésite car il a besoin de Jean. Salomé lui ayant révélé ses véritables sentiments, Hérode condamne à mort Jean et Salomé.

Acte IV. Salomé est allée trouver Jean dans son cachot. Celui-ci n'a qu'un souci : sauver la jeune fille d'une mort certaine. On vient toutefois arracher Salomé à son étreinte pour l'emmener parmi les Romains en fête. C'est alors qu'Hérodiade reconnaît sa fille. Trop tard : le bourreau lui apporte la tête de Jean. Salomé se donne la mort sous les yeux de sa mère.

L'éditeur G. Hartmann avait eu l'occasion de constater combien J. Massenet et P. Milliet étaient proches sur le plan intellectuel. Il demanda donc à ce dernier d'adapter pour la scène le conte de Flaubert, texte dont O. Wilde tirera son livret pour la → *Salomé* de R. Strauss. Plusieurs atouts sont réunis dans cette grande tragédie musicale qui, après → *Manon*, consacre définitivement la gloire de Massenet. Le type de sujet (récit d'un amour impossible sur fond emprunté à l'histoire) permet de confronter politique et intimité, même si le résultat reste peu convaincant. Cette influence du grand opéra meyerbeerien est confirmée par la pompe des images, l'importance des scènes d'ensemble et de foule, ainsi que par certains détails (les amoureux au cachot, la fête dégénérant en orgie, l'intrigue sanguinaire). Tous ces éléments font penser aux → *Huguenots* et au → *Prophète*. Par ailleurs, le traitement des chœurs se réclame de Verdi. Ces deux héritages confluent dans un milieu vaguement exotique, déjà abordé dans *Le Roi de Lahore* (1877). L'harmonisation et l'instrumentation richement colorées font entrevoir R. Strauss, indépendamment de l'identité des sujets. Enfin, malgré sa distance avec la source biblique, *Hérodiade* se situe dans cette zone limitrophe où l'opéra voisine avec l'oratorio, dans cette ambiguïté entre profane et sacré qui a séduit plus d'un compositeur français du XIXe siècle.

Pour équilibrer ce jugement, il convient de rendre hommage aux qualités musicales de l'œuvre. Le compositeur, encore jeune et sans doute victime du poids de la tradition lyrique française, se forge déjà un langage personnel. Le travail orchestral prend toute son importance, loin de limiter le rôle des instruments à l'accompagnement. Aussi la critique trouvait-elle le chant noyé dans la masse orchestrale et les récitatifs (qui n'en sont justement plus) par trop mis en relief. Massenet cherche en fait à équilibrer le rapport arioso-aria et à progresser dans la voie d'un véritable drame musical.

Wagnériste ou non, encore inscrite dans les contraintes d'une tradition esthétique nationale, voire locale, *Hérodiade* a été éclipsée par la *Salomé* de R. Strauss et subit un sort malheureusement courant : un des grands airs est occasionnellement donné en concert, comme cette *« Vision fugitive »* qui figurait au programme de l'inauguration de l'Opéra-Bastille, le 13 juil. 1989.

Éditions et rééditions — Réd. cht et p., Paris, Hartmann, 1881 ; Paris, Heugel (plus. rééd.). — Part. d'orch., Heugel, s.d.

Bibliographie — A. de Lassalle, Critique sur Hérodiade, *in* Le Monde Illustré, 9 févr. 1884 ; H. Gauthier-Villars, La colle aux quintes, Paris 1899 ; E. Reyer, Quarante ans de musique, Paris [1909], pp. 329-372 ; voir aussi la bibliogr. des art. *Manon*, *Thaïs* et *Werther*.

G. R. Marschall

« Herr Christ, der einge Gottessohn » (Seigneur Christ, Fils unique de Dieu), cantate de choral de **Johann Sebastian Bach** (BWV 96 ; NBA I/24) pour le 18e dimanche après la Trinité (évangile du jour, Matth. 22, 34-36, le plus grand commandement, de qui Christ est-il le fils ?), écrite pour sop., alto, ténor et basse soli, chœur, fl. traversière, fl. piccolo (ou vl. piccolo), 2 htb., cor, trb., cordes et b.c., exécutée pour la 1re fois à Leipzig le 8 oct. 1724. (Durée : 17 min environ.)

Le texte, qui se rattache à la question de l'évangile « de qui Christ est-il le fils ? », provient d'un choral d'Elisabeth Creutziger (1524) dont les strophes 1 et 5 ont été conservées sans changement, les autres étant librement récrites par un poète inconnu pour offrir une succession de récitatifs et d'airs. Christ, le vrai Fils de Dieu, est comme l'étoile du matin une force incomparable qui ouvre le ciel et ferme les enfers. Qu'il éclaire notre âme par l'amour et que celle-ci s'embrase de saintes flammes. Moi qui erre si souvent, j'irai vers le ciel s'il me conduit de son regard. Que meure en nous le vieil homme et qu'une vie nouvelle anime l'homme qui tend à Dieu de toute son âme.

Le chœur d'introduction avec tout l'orchestre,

1. *« Herr Christ »*, forme AAB avec ritournelle, en *fa* maj., présente la mélodie du choral en valeurs longues à la voix d'alto doublée par le cor et le trombone (ajouté lors d'une reprise vers 1744-48) et accompagnée par les trois autres voix en imitation ou en libre polyphonie, le tout inséré dans une délicieuse symphonie instrumentale à l'allure de pastorale dont les motifs seront repris par les voix accompagnantes du chœur. La flûte piccolo y ajoute un motif en sextolets de doubles croches, chargé d'évoquer le scintillement de l'étoile du matin. Font suite à ce chœur **2.** un récitatif secco pour alto et b.c., *« O Wunderkraft der Liebe »* (O force merveilleuse de l'amour) ; **3.** un air pour ténor, fl. traversière solo et b.c., *« Ach, ziehe die Seele mit Seilen der Liebe »* (Ah, tire l'âme avec des cordages d'amour), forme ABA avec ritournelle, en *do* maj., où la musique se fait aussi parlante que le texte ; **4.** un récitatif secco pour sop. et b.c., *« Ach, führe mich, o Gott, zum rechten Weg »* (Ah, conduis-moi, ô Dieu, sur le bon chemin) ; **5.** un air pour basse, 2 htb., cordes et b.c., *« Bald zur Rechten, bald zur Linken... »* (Tantôt à droite, tantôt à gauche se dirigent mes pas égarés), forme ternaire ABC avec ritournelle, en *ré* min., où la désorientation du croyant s'exprime dès les premières mesures par un rythme pointé et par la pente mélodique opposée des cordes et des hautbois ainsi que par leur alternance. Sur les mots « Gehe doch, mein Heiland, mit » (Marche donc avec moi, mon Sauveur), la 2e partie de l'air se déroule sur un rythme plus ferme où tous les temps de la mesure sont affirmés par des notes détachées. La 3e partie associe les deux motifs rythmiques sur « lass mich in Gefahr nicht sinken » (dans le danger ne m'abandonne pas) tandis que la ligne mélodique de la voix s'abaisse sur le mot « sinken » pour se relever sur « bis zur Himmelspforte » (jusqu'à la porte des cieux). L'œuvre s'achève **6.** par un choral à 4 voix, *« Ertöt uns durch deine Güte... »* (Fais-nous mourir par ta bonté, ressuscite-nous par ta grâce), forme AAB, en *fa* maj., dernière strophe du choral d'E. Creutziger.

Bibliographie — Voir celle de l'art. *« Ach Gott, vom Himmel sieh darein »*.

M. HONEGGER

« HERR, DEINE AUGEN SEHEN NACH DEM GLAUBEN » (Seigneur, tes yeux scrutent la foi), cantate en 2 parties de **Johann Sebastian Bach** (BWV 102 ; NBA I/19) pour le 10e dimanche après la Trinité (évangile du jour, Luc 19, 41-48, Jésus annonce la destruction de Jérusalem ; les vendeurs chassés du temple), écrite pour alto, ténor et basse soli, chœur, fl., 2 htb., cordes et b.c., exécutée pour la 1re fois à Leipzig le 25 août 1726. (Durée : 23 min 10 s environ.)

Les citations bibliques qui encadrent la 1re partie du texte (Jérémie 5, 3, chœur d'introduction, et Rom. 2, 4-5, arioso de basse) en donnent le ton : l'accent est placé sur l'endurcissement de l'homme, en dépit des efforts de Dieu pour l'amener à se repentir, et sur la colère qu'il amasse sur lui pour le jour du juste jugement. Dans la seconde partie, l'homme est brutalement pris à partie et exhorté à la repentance et à la conversion.

Le chœur d'introduction, **1.** *« Herr, deine Augen »* (forme ABA'), en *sol* min., compte parmi les plus vastes compositions de ce type écrites par Bach. Introduite par une sinfonia unissant les 2 htb., les cordes et la b.c., la partie A, elle-même en 3 volets, place en son centre une exposition fuguée sur « Du schlägst sie » (Tu les frappes) où, de la basse continue aux voix du chœur en passant par les 2 hautbois, la musique se fait illustrative du texte. La partie B est constituée par une ample fugue chorale, en *sol* min., sur les paroles « Sie haben ein härter Angesicht... » (Ils ont un visage plus dur que le roc), tandis que la reprise de A est fortement variée. Lui font suite **2.** un récitatif secco pour basse et b.c., *« Wo ist das Ebenbild, das uns Gott eingepräget ? »* (Où est l'image que Dieu nous a imprimée ?) ; **3.** un air expressif, Adagio, pour alto, htb. et b.c., *« Weh der Seele, die den Schaden nicht mehr kennt »* (Malheur à l'âme qui ne reconnaît plus le mal), forme ABA' avec ritournelle, en *fa* min., où la voix entre sur une dissonance de 7e diminuée et, tout au long de la pièce, donne l'image tourmentée d'une âme qui se sépare volontairement de son Dieu ; **4.** un arioso de mouvement vif, formant contraste, pour basse, cordes et b.c., *« Verachtest du den Reichtum seiner Gnade ? »* (Méprises-tu les richesses de sa bonté ?), en réalité un air à « da capo » avec reprise de A très écourtée, en *mi* ♭ majeur. La seconde partie reprend avec **5.** un air pour ténor, fl. et b.c., *« Erschrecke doch, du allzusichre Seele »* (Sois dans l'effroi, âme trop sûre de toi-même), forme binaire avec ritournelle, en *sol* min., où les lignes mélodiques se convulsent comme pour créer l'épouvante ; **6.** un récitatif pour alto, accompagné par les 2 htb. et la b.c. mais où celle-ci a de longs moments de silence, renforçant ainsi l'impression d'insécurité éveillée par le texte *« Bei Warten ist Gefahr ; willt du die Zeit verlieren ? »* (Attendre est dangereux ; veux-tu perdre ton temps ?) ; **7.** un choral, *« Heut lebst du, heut bekehre dich »* (Aujourd'hui tu vis, aujourd'hui convertis-toi), 6e strophe suivie de la 7e du choral *« So wahr ich lebe, spricht dein Gott »* de Johann Heermann (1630) où, enfin, l'homme se fait entendre, adressant à Jésus sa prière pour être prêt le jour où la mort s'avancera.

Bibliographie — Voir celle de l'art. *« Ach Gott, vom Himmel sieh darein »*.

M. HONEGGER

« HERR, GEHE NICHT INS GERICHT MIT DEINEM KNECHT » (Seigneur, n'entre pas en jugement avec ton serviteur), cantate de **Johann Sebastian Bach** (BWV 105 ; NBA I/19) pour le 9e dimanche après la Trinité (évangile du jour, Luc 16, 1-9, parabole de l'économe infidèle), écrite pour sop., alto, ténor et basse soli, chœur, 2 htb., cor, cordes et b.c., exécutée pour la 1re fois à Leipzig le 25 juil. 1723. (Durée : 24 min 50 s environ.)

Introduit par une citation biblique (Ps. 143, 2), le texte, d'auteur inconnu, se rattache à l'évangile du jour. Reconnaissant qu'aucun être vivant n'est juste devant Dieu, le pécheur s'humilie et confesse ses fautes. Ses pensées vacillent et sa conscience est déchirée. Heureux cependant celui qui paie ses dettes car Jésus lui ouvrira les tabernacles éternels. Si de Jésus il peut faire son ami, le monde ne comptera plus pour lui. La strophe de choral finale confirme cet espoir : aucun être ne sera perdu sur cette terre ; celui qui a la foi vivra éternellement.

Le chœur d'introduction avec tout l'orchestre, **1.** *« Herr, gehe nicht ins Gericht »*, en *sol* min., est construit en deux parties à la manière d'un prélude et fugue. La 1re partie, une poignante lamentation Adagio, commence par 8 mesures instrumentales dont le caractère expressif, dû à de nombreuses dissonances et à l'emploi d'un motif de gémissements, annonce la prière du pécheur clamée par les voix du chœur en polyphonie libre, d'abord avec la seule basse continue dont les croches répétées ont quelque chose d'inquiétant, puis accompagnée par tout l'orchestre. Un interlude instrumental sur une pédale de *ré*, la dominante du ton, établit le lien avec la 2e partie, Allegro, sur la 2e phrase du texte, « Denn vor dir wird kein Lebendiger gerecht » (Car devant toi aucun vivant n'est juste), une fugue chorale de caractère affirmatif, d'abord avec la seule basse continue puis avec doublure des voix par les instruments. Lui font suite **2.** un récitatif secco pour alto et b.c., *« Mein Gott, verwirf mich nicht »* (Mon Dieu, ne me rejette pas) ; **3.** un air pour sop. accompagné par un htb., 2 parties de vl. et une d'alto sans b.c., *« Wie zittern und wanken der Sünder Gedanken »* (Comme elles tremblent et vacillent les pensées des pécheurs), forme AA'B avec ritournelle, en *mi* ♭ maj., l'une des inventions les plus fortes d'un Bach cherchant à faire vivre le texte poétique dans toutes ses dimensions sensibles. L'absence de basse continue, c'est-à-dire la disparition du fondement même de la musique de ce temps, fait saisir la situation désespérée du pécheur dont les pensées tremblantes sont rendues par des notes répétées en quartolets aux deux parties de violon, tandis que le hautbois, image de la conscience en désarroi, exécute dans la ritournelle un chant entrecoupé de silences, à la recherche de son équilibre tonal, et qu'une harmonie fréquemment dissonante confirme le sentiment de trouble qui se dégage de la conduite des différentes voix. Puis le ténor solo s'empare de la ligne exposée par le hautbois. Le texte « indem sie sich untereinander verklagen » (tandis qu'ils se poursuivent entre eux) fait naître entre le ténor et le hautbois un canon de deux mesures de durée, à intervalle de croche, qui se répète un peu plus loin sur « und sich wiederum zu entschuldigen wagen » (et qui à nouveau se risquent à s'excuser), les deux mots « verklagen » et « wagen » étant soulignés en outre par un mélisme étendu. A cet air exceptionnel succèdent **4.** un récitatif non moins remarquable, pour basse accompagnée par les cordes, qui font entendre un motif obstiné en doubles croches, et la b.c. en pizzicatos, *« Wohl aber dem der seinen Bürgen weiss »* (Heureux celui qui connaît sa caution) : c'est le point où le texte de la cantate incline vers l'espoir ; **5.** un air de caractère détendu, presque joyeux, en fort contraste avec l'air précédent, pour ténor, cor, cordes et b.c., *« Kann ich nur Jesum mir zum Freunde machen »* (Si seulement de Jésus je puis faire mon ami), forme ABA avec ritournelle, en *si* ♭ maj., proche de l'esprit du lied ; **6.** un choral à 4 voix avec 3 parties de cordes obligées, *« Nun, ich weiss, du wirst mir stillen »* (Maintenant je sais que tu apaiseras ma conscience), en *si* ♭ majeur. Les violons et les altos reviennent à l'accompagnement en quartolets de notes répétées de l'air n° 3, mais s'apaisent progressivement, fidèles en cela au sens du texte, en passant à des triolets de notes répétées, puis à des croches, à des noires et croches répétées en triolets, enfin, dans les deux dernières mesures, à des noires qui amènent l'apaisement malgré un mouvement chromatique descendant des 1ers violons.

A l'instar d'un prédicateur en chaire, mais par des moyens purement musicaux, Bach réussit à dissiper le trouble qui agite le croyant pour l'amener à la quiétude de l'âme.

Bibliographie — R. L. MARSHALL, The genesis of an aria ritornello observations on the autograph score of « Wie zittern und wanken », BWV 105/3, *in* Studies in... honor of A. Mendel, éd. par R. L. Marshall, Kassel, BV, et Hackensack (New Jersey), Boonin, 1974 ; voir aussi la bibliogr. de l'art. *« Ach Gott, vom Himmel sieh darein »*.

M. HONEGGER

« HERR GOTT, BEHERRSCHER ALLER DINGE » (Seigneur Dieu, maître de toutes choses), cantate en deux parties de **Johann Sebastian Bach** (BWV 120 a ; NBA I/33) pour une cérémonie de mariage, écrite pour sop., alto, ténor et basse soli, chœur, 2 htb., 2 htb. d'amour, 3 trp., timb., cordes, orgue obligé et b.c., faite de pièces d'origines diverses et exécutée sous cette forme à Leipzig en 1729.

Par le procédé de la parodie, la cantate → *« Gott, man lobet dich in der Stille »* (BWV 120) a fourni trois numéros, *« Jauchzet ihr erfreuten Stimmen »* devenu **1.** le chœur *« Herr Gott, Beherrscher »*, *« Heil und Segen »* devenu **3.** l'air *« Leit, o Gott, durch deine Liebe »* (Par ton amour, conduis, ô Dieu, ce couple nouvellement uni), et *« Gott, man lobet »* devenu **6.** l'air *« Herr, fange an und sprich den Segen »* (Seigneur, commence et prononce la bénédiction). Quant aux récitatifs, ils ont été écrits spécialement pour la circonstance : **2.** *« Wie wunderbar, o Gott, sind deine Werke »* (Combien merveilleuses, ô Dieu, sont tes œuvres), pour ténor, basse et b.c. avec interpolation d'un bref chœur sur Jésus (Sirach 50, 24), « Nun danket alle Gott » (Maintenant remerciez Dieu), écrit dans le style d'un motet ; **5.** *« Herr Zebaoth... »* (Seigneur Sebaoth, Seigneur, Dieu de nos pères), pour ténor et b.c., qui s'achève sur la phrase « Erhör uns, lieber Herre Gott » (Exauce-nous, Seigneur Dieu) extraite de la litanie et harmonisée à 4 voix ; **7.** *« Der Herr, Herr unser Gott... »* (Le Seigneur, Seigneur notre Dieu, soit avec vous), pour basse et basse continue. La seconde partie de la cantate s'ouvre **4.** par une sinfonia pour cordes avec 2 htb., orgue obligé et b.c. qui n'est autre qu'un arrangement du prélude de la *Partita* pour vl. seul en *mi* maj. (BWV 1006) dévolu à l'orgue obligé, pourvu pour la circonstance d'un accompagnement confié aux instruments. Les deux strophes du choral final à 4 voix, **8.** *« Lobe den Herren »* (Loue le Seigneur), sont simplement reprises de la cantate → *« Lobe den Herren, den mächtigen König der Ehren »* (BWV 137), le chœur des trompettes et des timbales n'intervenant que lors de la reprise avec une seconde strophe.

Bibliographie — G. SCHÜNEMANN, Bachs Trauungskantate « Gott, Beherrscher aller Dinge », *in* Bach-Jb. XXXIII, 1936 ; voir aussi la bibliogr. de l'art. *« Ach Gott, vom Himmel sieh darein »*.

M. HONEGGER

« HERR GOTT, DICH LOBEN ALLE WIR » (Seigneur Dieu, tous nous te louons), choral protestant de 13 strophes (a^8 b^8 c^8 d^8) pour la fête de Saint-Michel, le 29 septembre, sur un texte de Paul Eber (1511-1569) qui s'inspire du *« Dicimus grates tibi »* de Philipp Melanchthon (1497-1560). Il figure pour la première fois dans le recueil de Francfort-sur-Oder (J. Eichborn, 1561) avec pour timbre le *« Beatus autor seculi »* de Melanchthon. Ce texte a été chanté sur plusieurs mélodies de même structure, parmi lesquelles → *« Christum wir sollen loben schon »*. Il se chante actuellement sur une mélodie en majeur du → Psautier huguenot, celle du Psaume 134, *« Or sus serviteurs du Seigneur »* due à **Loÿs Bourgeois**, et figure toujours dans les recueils protestants actuels (EGK, Kassel 1950, n° 115, avec 10 strophes seulement ; Recueil ECAAL, Strasbourg 1952, n° 142, avec les 13 strophes).

Traduction de la 1re strophe — Seigneur Dieu, tous nous te louons et devons te rendre grâces, car tu as créé les beaux anges qui planent autour de toi, sur ton trône.

Johann Sebastian Bach a pris ce choral comme sujet de sa cantate BWV 130 (voir plus loin). Il l'a en outre arrangé à 4 voix (BWV 326) avec un mouvement caractéristique de croches ascendantes puis descendantes à la basse et un traitement homorythmique aux trois autres parties. La collection de L. Erk, *J. S. Bach mehrstimmige Choralgesänge und geistliche Arien* (Leipzig 1850 et 1865), contient une autre harmonisation à 4 voix et 2 « clarini », susceptible de remplacer le chœur conclusif de la cantate BWV 130.

É. WEBER

« HERR GOTT, DICH LOBEN ALLE WIR », cantate de choral de **Johann Sebastian Bach** (BWV 130 ; NBA I/30) pour la fête de saint Michel (épître du jour, Apoc. 12, 7-12, combat de Michel et du dragon ; évangile du jour, Matth. 18, 1-11, le Royaume des cieux appartient aux enfants ; leurs anges voient la face de Dieu), écrite pour sop., alto, ténor et basse soli, chœur, fl., 3 htb., 3 trp., timb., cordes et b.c., exécutée pour la 1re fois à Leipzig le 29 sept. 1724. (Durée : 16 min 15 s environ.)

Son texte se fonde sur 12 strophes d'un choral de Paul Eber (voir ci-dessus) dont la première et les deux dernières ont été conservées intégralement, les autres librement récrites par un poète inconnu. Il est voué tout entier à la louange de Dieu et à la reconnaissance envers les anges qui veillent sans relâche afin de nous protéger de la fureur d'un Satan envieux.

Le chœur d'introduction avec tout l'orchestre, **1.** *« Herr Gott »*, en *do* maj., fait entendre au préalable une ritournelle de caractère martial où, dans un esprit concertant, les trompettes, les hautbois et les cordes dialoguent avec des valeurs de durée décroissante — croches piquées sur les trois premiers temps de chaque mesure (trp.), séries descendantes de croches piquées (htb.), chaîne ininterrompue de doubles croches (cordes) —, symphonie sur laquelle se pose le chant par les sopranos de la mélodie de choral en valeurs longues, contrepointé par les voix graves, tantôt en imitation, tantôt en libre polyphonie. Lui font suite **2.** un récitatif secco pour alto et b.c., *« Ihr heller Glanz und hohe Weisheit »* (Leur brillant éclat et haute sagesse) ; **3.** un air, *« Der alte Drache brennt vor Neid »* (Le vieux dragon se consume de jalousie), forme ABA' avec ritournelle, où la basse est accompagnée, en plus de la b.c., par une formation inusitée de 3 trp. et timb., démontrant avec quelle aisance de musicien dramatique Bach sait dépeindre une situation terrifiante, et où certains mots, « trennet » (sépare), « Ruhe » (calme), reçoivent un traitement madrigalesque particulièrement remarquable ; **4.** un surprenant récitatif en duo, *« Wohl aber uns... »* (Mais tant mieux pour nous, la troupe des anges veille jour et nuit), pour sop. et ténor accompagnés par les cordes et la b.c. qui cherchent ainsi à rendre sensible la protection que nous accordent les anges ; **5.** un air joyeux et de sonorité claire, sur un rythme de gavotte, pour ténor, fl. et b.c., *« Lass, o Fürst der Cherubinen »* (Laisse, ô prince des chérubins), forme ABA' avec ritournelle, en *sol* maj., où dans son ascension progressive la ligne vocale illustre, sur les mots « gen Himmel tragen » (porter jusqu'au ciel), les anges menant les croyants jusqu'à Dieu sur le char d'Élie ; **6.** un choral à 4 v., *« Darum wir billig loben dich »* (C'est pourquoi nous te louons justement), en *do* maj., avec 3 trp. et timb. obligées qui couronnent avec éclat la cadence de chacun des quatre vers de la strophe, la louange finale répondant ainsi à la louange initiale par une même sonorité.

Bibliographie — Voir celle de l'art. *« Ach Gott, vom Himmel sieh darein »*.

M. HONEGGER

« HERR GOTT, DICH LOBEN WIR » (Seigneur Dieu, nous te louons), chant antiphoné de louange à Dieu d'après le → *« Te Deum »* de saint Ambroise, paraphrasé en 5 parties par Martin Luther en 1529 et destiné à être chanté soit par deux chœurs, soit par un chœur et l'assemblée (ou les deux réunis). La déclamation en est syllabique, en durées égales avec une valeur longue d'appui à la fin de chaque courte phrase. La mélodie, généralement conjointe, offre un exemple intéressant d'exploitation des tons ecclésiastiques par les musiciens protestants **A**.

Ce chant figure dans les recueils de Klug (Wittenberg 1533), de Strasbourg (1541) où il se trouve à la toute première place, de Babst (Leipzig 1545) et a été repris par les recueils protestants actuels (EKG, Kassel 1950, n° 137 ; Recueil ECAAL, Strasbourg 1952, n° 1 de la partie liturgique).

A Dresde, avant 1668 (?), **H. Schütz** a arrangé ce *« Te Deum »* allemand pour un ensemble important faisant appel à plusieurs groupes de voix et d'instruments. Son exécution prend place entre le *« Benedicamus »* (ou *« Ite »*) et la bénédiction. **J. S. Bach** l'utilise dans sa cantate BWV 16 (voir plus loin) et reprend son incipit dans le choral n° 2 de la cantate → *« Singet dem Herrn ein neues Lied »* (BWV 190). Dans les 208 mesures de son choral pour orgue BWV 725, le « cantus firmus » en valeurs longues se trouve à la partie supérieure.

É. WEBER

« HERR GOTT, DICH LOBEN WIR », cantate de **Johann Sebastian Bach** (BWV 16 ; NBA I/4) pour le Nouvel An, écrite pour alto, ténor et basse soli, chœur, 2 htb., htb. de chasse (ou violetta, petite viola da braccio alto), cor de chasse, cordes et b.c., exécutée pour la 1re fois à Leipzig le 1er janv. 1726. (Durée : 17 min 30 s environ.)

Le texte extrait du *Gottgefälliges Kirchen-Opffer* de Georg Christian Lehm (éd. 1711) s'ouvre par la 1re strophe du *Te Deum* allemand de Martin Luther (1529). L'expression joyeuse de la louange et de la reconnaissance aboutit à une prière pour que les bienfaits de Dieu continuent à se répandre sur son peuple. Jésus est la richesse de notre âme. Avant tout autre trésor nous voulons l'enfermer en notre cœur. Par la strophe de choral finale, vraisemblablement ajoutée par Bach lui-même, l'Église tout entière célèbre la bonté de Dieu et forme les vœux traditionnels pour que l'année nouvelle soit paisible et heureuse.

L'œuvre se compose **1.** d'un chœur d'introduction, *« Herr Gott »*, en *la* min. s'achevant sur *sol* majeur. Précédée par 4 mesures de basse continue seule, la mélodie liturgique est chantée en valeurs longues par les sopranos doublés par le cor de chasse et accompagnée dans un style animé avec entrées en imitation par les trois autres voix auxquelles s'ajoutent progressivement les instruments. A l'exception des 1ers violons, renforcés par un hautbois, qui assurent d'un bout à l'autre de la pièce une 4e partie accompagnante, ils se contentent de doubler les voix. Soutenue par une basse continue indépendante qui énonce inlassablement le motif caractéristique de la joie, 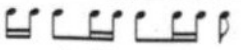 etc., la polyphonie comporte donc 6 parties réelles. A ce chœur relativement bref succèdent **2.** un récitatif pour basse et b.c., *« So stimmen wir... »* (C'est ainsi que nous entonnons, en cette période joyeuse), qui, par la question qu'il pose, amène sans la préparation d'une ritournelle **3.** un air pour basse et b.c. avec tutti choral et orchestral, *« Lasst uns jauchzen, lasst uns freuen »* (Poussons des cris d'allégresse, réjouissons-nous), forme ABA', en *do* maj., où les parties A et A' sont dominées par le chœur dont le thème

traverse toute la pièce, tantôt traité en style vertical, tantôt en style fugué, tandis que la basse solo règne sur la partie B malgré une brève intervention du chœur ; **4.** un récitatif pour alto et b.c., *« Ach treuer Hort... »* (Ah rempart fidèle, continue à protéger ta précieuse parole) ; **5.** un air pour ténor, htb. de chasse (ou violetta) et b.c., *« Geliebter Jesu, du allein... »* (Jésus bien-aimé, toi seul dois être le trésor de notre âme), forme ABA avec ritournelle, en *fa* maj., dont le caractère aimable convient bien à l'affection qu'exprime le texte poétique ; **6.** un choral à 4 voix, *« All solch dein Güt wir preisen »* (Tous nous louons une telle bonté), forme AAB, en *la* min., dernière strophe du choral de Nouvel An *« Helft mir Gotts Güte preisen »* de Paul Eber (v. 1580).

Bibliographie — Voir celle de l'art. *« Ach Gott, vom Himmel sieh darein »*.

M. HONEGGER

« HERR JESU CHRIST, DU HÖCHSTES GUT », choral protestant de **Bartholomäus Ringwaldt**, voir « AUS DER TIEFEN RUFE ICH ».

« HERR JESU CHRIST, DU HÖCHSTES GUT » (Seigneur Jésus-Christ, toi bien suprême), cantate de choral de **Johann Sebastian Bach** (BWV 113 ; NBA I/20) pour le 11e dimanche après la Trinité (évangile du jour, Luc 18, 9-14, parabole du pharisien et du publicain), écrite pour sop., alto, ténor et basse soli, chœur, fl., 2 htb. d'amour, cordes et b.c., exécutée pour la 1re fois à Leipzig le 20 août 1724. (Durée : 26 min 20 s environ.)

Son texte a pour source un choral de Bartholomäus Ringwaldt (1588) dont les strophes 1, 2, 4 et 8 ont été reprises sans modification — la strophe 4 est toutefois tropée par des passages en récitatif — et les autres librement récrites par un poète inconnu. Le pécheur, dont la conscience est chargée, implore la pitié du Christ. Son cœur se briserait si la parole divine ne lui faisait pas espérer la consolation et le pardon. Dieu promet la grâce à ceux qui vont à Jésus avec un esprit contrit car le Sauveur accueille les pécheurs. Comme le publicain je prierai en disant : « O Dieu, sois indulgent à

A « HERR GOTT, DICH LOBEN WIR »

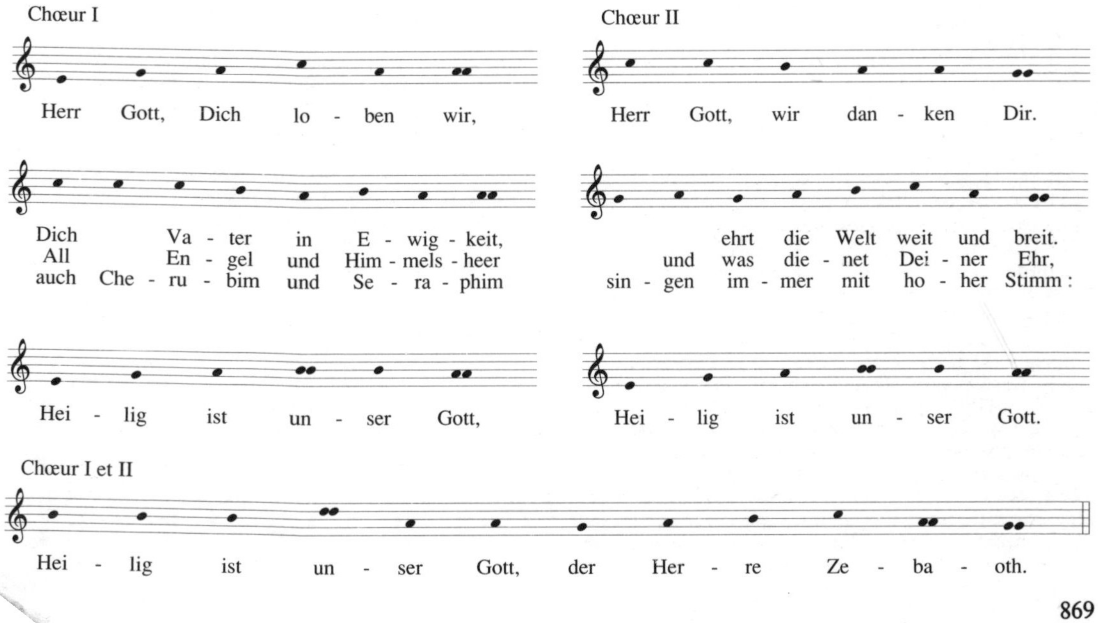

mon égard. Pardonne-moi de t'avoir irrité [...] et accepte-moi un jour parmi tes élus. »

L'œuvre se compose **1.** d'un chœur d'introduction avec tout l'orchestre, *« Herr Jesu Christ »*, forme AAB avec ritournelle, en *si* min., où les différentes phrases du choral — mélodie ornée au soprano, harmonisée simplement par les autres voix — sont séparées les unes des autres par une symphonie instrumentale qui, par le chant des hautbois, renforce l'imploration exprimée par le texte, tandis que les 1ers violons tressent une incessante guirlande de doubles croches ; **2.** un choral en trio pour alto, qui chante la mélodie non ornée mais en valeurs longues, vl. à l'unisson et b.c., *« Erbarm dich mein in solcher Last »* (Aie pitié de moi sous un tel fardeau), forme AAB, en *fa* ♯ min. ; **3.** un air pour basse, 2 htb. d'amour et b.c., *« Fürwahr, wenn mir das kömmet ein... »* (En vérité, lorsque je réalise que je ne me suis pas bien conduit devant Dieu), forme binaire avec ritournelle, en *la* maj., où les vocalises se font illustratives sur « gewandelt » (marché), « Zittern » (frisson), « zerbräche » (se briserait) ; **4.** un choral avec interpolation de parties récitatives en « secco » pour basse et b.c., *« Jedoch dein heilsam Wort »* (Cependant ta parole salutaire), forme AAB, en *mi* min., où la mélodie du choral est soutenue par une figuration en doubles croches de la basse continue qui, selon A. Schweitzer, ferait entendre le rire dont parle le 3e vers de la strophe de choral ; **5.** un air pour ténor, fl. et b.c., *« Jesus nimmt die Sünder an »* (Jésus accueille les pécheurs), forme ABA' avec ritournelle, en *ré* maj., dont le dernier vers « Dein Sünd ist dir vergeben » (Ton péché t'est pardonné) est chanté sur la dernière phrase du choral, ornée à sa fin ; **6.** un récitatif pour ténor accompagné par les cordes, comme il convient à un passage qui apporte le réconfort, et la b.c., *« Der Heiland nimmt die Sünder an »* (Le Sauveur accueille les pécheurs) ; **7.** un air en duo entre sop. et alto et b.c., *« Ach Herr, mein Gott, mein Gott, vergibs doch »* (Ah Seigneur, mon Dieu, mon Dieu, pardonne-moi cependant), forme AAB avec ritournelle, en *mi* min., avec imitations et longues vocalises, où la mélodie du choral est utilisée sous une forme ornée pour les vers impairs ; **8.** un choral à 4 voix, *« Stärk mich mit deinem Freudengeist »* (Fortifie-moi par ton esprit d'allégresse), en *si* mineur.

Bibliographie — Voir celle de l'art. *« Ach Gott, vom Himmel sieh darein »*.

M. Honegger

« Herr Jesu Christ, wahr' Mensch und Gott » (Seigneur Jésus-Christ, vrai homme et Dieu), cantate de choral de **Johann Sebastian Bach** (BWV 127 ; NBA I/8) pour le dimanche de la Quinquagésime (évangile du jour, Luc 18, 31-43, Jésus annonce à ses disciples sa mort et sa résurrection ; guérison d'un aveugle à Jéricho), écrite pour sop., ténor et basse soli, chœur, 2 fl. à bec, 2 htb., trp., cordes et b.c., exécutée pour la 1re fois à Leipzig le 11 févr. 1725. (Durée : 20 min environ.)

Son texte poétique provient d'un choral funèbre de Paul Eber (1562) dont la première et la dernière strophe ont été reprises sans changement, tandis que les autres ont été librement récrites sous forme de récitatifs et d'airs par un poète inconnu. Celui qui a la foi ne mourra pas. Jésus sera près de lui à l'instant suprême. Son âme reposera entre les mains de Jésus qui l'éveillera au jour du jugement dernier et d'une main forte brisera les liens de la mort. La dernière strophe du choral est la prière du croyant pour le pardon de ses péchés et pour qu'il reste ferme dans la foi jusqu'à sa dernière heure.

L'œuvre comporte **1.** un chœur très développé, *« Herr Jesu Christ »*, en *fa* maj., précédé d'une sinfonia ; dans les passages purement instrumentaux, la mélodie en valeurs longues du choral *« Christe du Lamm Gottes »* (l'*Agnus Dei*), à la fois rappel de la Passion du Christ et de la supplication de l'aveugle, se trouve combinée avec la première phrase du choral de P. Eber ; **2.** un récitatif pour ténor et b.c., *« Wenn alles sich zur letzen Zeit entsetzet »* (Quand tout au moment ultime s'épouvante) ; **3.** un air pour sop., 2 fl. à bec, htb., cordes et b.c., *« Die Seele ruht in Jesu Händen »* (L'âme repose entre les mains de Jésus), forme ABA avec ritournelle, en *do* min., où les cordes en pizzicatos imitent le glas (« Sterbeglocken »), tandis que le chant du hautbois exprime la félicité de l'âme reposant entre les mains de Jésus ; **4.** un récitatif pour basse accompagnée par la trp., les cordes et la b.c., *« Wenn einstens die Posaunen schallen »* (Lorsque les trompettes retentiront), qui évoque de façon dramatique le jugement dernier avant de se poursuivre, la basse devenant la figure du Christ, par un air sans ritournelle, en *do* maj., où alternent les passages avec la seule b.c. et d'autres avec tout l'orchestre, image du contraste entre l'anéantissement du monde et la sécurité du croyant confirmée par des citations de la mélodie du choral. La cantate s'achève par un choral à 4 voix, **5.** *« Ach Herr vergib unser Schuld »* (Ah Seigneur, pardonne nos fautes), en *fa* maj., où l'écriture des trois voix accompagnantes reste étroitement tributaire du sens des paroles, « stets wacker sei » (sois toujours en éveil), « bis wir einschlafen seliglich » (jusqu'à ce que nous nous endormions dans la félicité).

Bibliographie — Voir celle de l'art. *« Ach Gott, vom Himmel sieh darein »*.

M. Honegger

« Herr, was trägt der Boden hier » (Seigneur, que porte ici le sol), lied pour voix et piano de **Hugo Wolf**, sur un poème anonyme espagnol traduit en allemand par Paul Heyse, no 9 des *Geistliche Gesänge* du → *Spanisches Liederbuch*, composé à Perchtoldsdorf, le 24 nov. 1889.

Les larmes du Christ, qui baignent le sol, feront pousser les ronces et des fleurs avec lesquelles on tressera des couronnes d'épines pour lui et de fleurs pour le pécheur. Sur cet émouvant dialogue, Wolf construit un lied d'une sobriété et d'une intensité remarquables. Une simple cellule de deux accords, avec double appoggiature de la tierce de l'accord de septième de dominante (2d renversement) sur *fa* ♯ lui-même appoggiaturé — le tout dans l'aigu du clavier —, traduit la « Stimmung » de cette musique : un déchirement pathétique porté jusqu'au cri. Cette cellule, articulée *f* sur le temps faible, descend par degré tandis que l'arioso du pécheur explore de petits intervalles avec une émotion profonde.

La voix, humble mais noble, du Christ répond sereinement ; elle est soulignée *pp* par d'amples et graves enchaînements de tonalités par tierces, ce qui constitue une des caractéristiques du langage harmonique de Wolf (*ré* min., *si* maj., *ré* maj., lumineux *fa* ♯ maj.). Ce dialogue, contrasté, faisant alterner angoisse et résignation, commande la structure du court chef-d'œuvre : 2 mesures pianistiques, 6 fois 4 mesures chantées (ABA' B'A"B"), une mesure pianistique.

I. Stravinski orchestra ce poème sacré, ainsi que le suivant, → *« Wunden trägst du, mein Geliebter »*, pour trois clarinettes, deux cors et quintette à cordes (mai 1968).

CHR. GOUBAULT

« HERR, WIE DU WILLT, SO SCHICKS MIT MIR » (Seigneur, dispose de moi selon ta volonté), cantate de **Johann Sebastian Bach** (BWV 73 ; NBA I/6) pour le 3e dimanche après l'Épiphanie (évangile du jour, Matth. 8, 1-13, guérison d'un lépreux, d'un serviteur du centenier de Capharnaüm), écrite pour sop., ténor et basse soli, chœur, 2 htb., cor ou orgue obligé, cordes et b.c., exécutée pour la 1re fois à Leipzig le 23 janv. 1724. (Durée : 16 min 20 s environ.)

Le texte se rattache directement aux paroles du lépreux de l'évangile, « Seigneur si tu le veux, tu peux me rendre pur ». Une même foi s'exprime dès le début de la cantate par le truchement d'une strophe de choral entre les vers de laquelle les voix solistes viennent tour à tour exprimer leur lamentation, leur besoin de consolation, leur confiance. Le croyant s'adresse à Dieu pour que l'esprit de joie descende en son cœur, lui dont l'âme est malade. Pour un chrétien, s'abandonner à la volonté de Dieu, c'est lui demander la force d'accepter la mort. Le texte s'achève par une strophe de caractère doxologique.

Le chœur d'introduction avec tout l'orchestre, **1.** *« Herr, wie du willst »*, en *sol* min., est fondé sur la 1re strophe d'un choral de Kaspar Bienemann (1582) qui se chante sur la mélodie de → *« Wo Gott der Herr nicht bei uns hält »* (forme AAB). Précédés par une ritournelle qui possède ses propres éléments thématiques, les vers du choral sont chantés séparés les uns des autres, dans une harmonisation verticale un peu ornée qui s'insère dans la symphonie instrumentale. Entre les deux « Stollen » et à la fin de l'« Abgesang », se placent des interventions en forme de trope du ténor, de la basse puis du soprano qui, soutenus par la b.c. et un accompagnement motivique de l'orchestre, chantent un nouveau texte en style de récitatif. La reprise des premiers mots de la strophe, « Herr, wie du willt ! » (Seigneur, comme tu veux !), chantée sur 4 croches, fournit une triple ponctuation à la répétition finale de la ritournelle. Mais, dès le début de la pièce, ce motif était présent dans la symphonie instrumentale sous la forme d'une brève intervention en staccato des cordes et du cor (ou de l'orgue) et se trouve répété tout au long de la pièce, dans les interludes d'orchestre et dans les récitatifs. Il n'est autre que la tête de la 1re phrase mélodique du choral **A** dont la répétition exprime de façon litanique la soumission du chrétien à la volonté divine. Font suite à ce chœur **2.** un air joyeux pour ténor, htb. et b.c., *« Ach senke doch den Geist der Freuden... »* (Ah fais donc descendre l'esprit d'allégresse en notre cœur), forme ABA avec ritournelle, en *mi* ♭ maj., où la ritournelle, qui illustre la descente dont parle le texte, est reprise immédiatement après le chant des deux premiers vers avec renversement de son groupe de 4 doubles croches et pente mélodique ascendante, prélude au jeu motivique auquel Bach va se livrer tout au long de la pièce ; **3.** un récitatif secco pour basse et b.c., *« Ach, unser Wille bleibt verkehrt »* (Hélas, notre volonté demeure contraire), s'enchaînant à l'air suivant pour basse, cordes et b.c., **4.** *« Herr, so du willt »* (Seigneur, pour autant que tu veuilles), en *do* min., qui commence directement, sans ritournelle, et dont la forme se compose d'une brève introduction avec interlude instrumental, de trois parties variées correspondant aux trois strophes du texte et d'une coda, chacune de ces sections débutant par les mots « Herr, so du willt » qui sont d'ailleurs le seul texte de l'introduction et de la coda. Les figuralismes ont de l'importance dans cette pièce : la 1re strophe illustre le mot « Seufzer » (soupir) par un motif de trois croches caractéristique du gémissement ; la 2e strophe illustre par une descente générale des voix la déposition de la dépouille humaine dans la poussière et dans la cendre et caractérise l'image délabrée du péché (« dies höchst verderbte Sündenbild ») par un motif ascendant, tourmenté et haché, joué en canon par les deux parties de violon ; la 3e strophe fait tinter aux cordes en pizzicatos le glas des cloches des morts (« Leichenglocken »). L'œuvre s'achève **5.** par un choral à 4 voix, *« Das ist des Vaters Wille »* (Ceci est la volonté du Père), dernière strophe du choral *« Von Gott will ich nicht lassen »* de Ludwig Helmbold (1563).

Bibliographie — Voir celle de l'art. *« Ach Gott, vom Himmel sieh darein »*.

M. HONEGGER

« HERZLICH LIEB HAB' ICH DICH, O HERR » (O Seigneur, je t'aime de tout mon cœur), choral protestant en 3 strophes (A^8 A'^8 B^8 A''^8 A'''^8 B'^8 c^8 d^8 e^8 f^8 g^4 h^4 i^4 j^8). sur un texte de Martin Schalling (1532-1608). La mélodie en majeur est due à l'organiste de Saint-Thomas à Strasbourg, **Bernhard Schmid le Vieux**, et a été publiée dans son *Tabulaturbuch* (Strasbourg, Jobin, 1577). Elle a été largement diffusée depuis la fin du XVIe s. dans divers recueils tels ceux de Lübeck (1582), Dresde (1593), Leipzig (1605), Lübeck (1607), dans les *Musae Sioniae* IV de M. Praetorius, dans le recueil de M. Vulpius (Iéna 1609), dans le *Vollkömmliches Gesangbuch* de J. Crüger (Berlin 1640), dans les recueils de Breslau et de Strasbourg (1648)... Avec le texte original, elle est encore chantée de nos jours (EKG, Kassel 1950, n° 247 ; Recueil ECAAL, Strasbourg, 1952, n° 349).

A « HERR, WIE DU WILLT, SO SCHICKS MIT MIR »

devenant

Traduction de la 1re strophe — O Seigneur, je t'aime de tout mon cœur, n'éloigne pas de moi ta bonté et ta grâce, le monde entier ne m'apporte aucune joie, je n'aspire pas au ciel ou à la terre, si seulement je puis t'avoir. Et si mon cœur se brise, tu es cependant mon assurance, mon lot et la consolation de mon cœur, toi qui m'as sauvé par ton sang, Seigneur Jésus-Christ, mon Dieu et mon maître, ne me laisse plus jamais succomber à la honte.

H. Schütz, au numéro 19 de sa *Geistliche Chormusik* (1648), traite ce choral en aria (SWV 387) ; il peut être chanté comme « Graduallied » le 18e dimanche après la Trinité, et pour des services funèbres. Outre le n° 68 de sa *Passion selon saint Jean*, où il exploite la 3e strophe *« Ach Herr, lass dein' lieb' Engelein »*, **J. S. Bach** reprend la 1re strophe, avec une parenté sémantique évidente, dans sa cantate BWV 174, → *« Ich liebe den Höchsten von ganzem Gemüte »*. Dans le choral BWV 340, il place la mélodie au soprano (en *do* maj.), avec référence mélodique à la tablature de B. Schmid, et ajoute quelques croches de passage aux autres voix.

É. WEBER

« HERZLICH TUT MICH VERLANGEN » (J'aspire à une fin heureuse), choral protestant de 7 strophes (A^7 B^6 A'^7 B'^6 c^7 d^6 e^7 f^6), texte de Christophe Knoll (1563-1650), mélodie en mode de *mi* de **Hans Leo Hassler**. Celle-ci se rencontre pour la première fois dans le *Lustgarten newer teutscher Gesänge* (1601), associée à la chanson profane *« Mein Gmüt ist mir verwirret »*, dont la première lettre de chacune des 5 strophes forme le nom de Maria. Puis elle paraît dans le recueil *Vario carminum latinorum et germanicorum genere* (Görlitz 1613) où elle est désignée comme un chant de consolation du chrétien devant la mort, un chant que reprendront de nombreuses publications, du XVIIe s. jusqu'à nos jours (EKG, Kassel 1950 ; Recueil ECAAL, Strasbourg 1952, n° 469).

Traduction de la 1re strophe — J'aspire à une fin heureuse car ici-bas j'ai été environné de détresse et de misère. Je voudrais quitter ce monde, j'aspire à la joie éternelle, O Jésus, viens donc bientôt.

Cette mélodie a véhiculé divers textes au cours des âges : de Paul Gerhardt (1607-1676) *« Befiehl du deine Wege »* (Recueil ECAAL, n° 429), *« Ich bin ein Gast auf Erden »* (EKG, n° 326 ; Recueil ECAAL, n° 472), → *« O Haupt voll Blut und Wunden »* (EKG, n° 63 ; Recueil ECAAL, n° 76) ; d'Eleonore Fürstin Reuss (1855-1903), *« Das alte Jahr geht still zu Ende »* (EKG, n° 44), → *« Wenn ich einmal soll scheiden »*.

Dans ses *44 Choräle zum präambulieren*, l'organiste **Johann Christoph Bach** a traité cette mélodie en 36 mesures, dans une écriture simple, sur le texte *« Ach Herr mich armen Sünder »* (n° 36). **J. S. Bach** l'utilise avec différentes strophes, une écriture et des tonalités variées, dans sa *Passion selon saint Matthieu* (BWV 244, nos 23, 53, 63, 72) et l'harmonise pour orgue en *ré* maj. avec des syncopes caractéristiques à la pédale (BWV 727). **J. P. Kellner** la traite Molto tranquillo en *mi* mineur. Cette version, très expressive, commence par une pré-annonce du thème orné (triples, quadruples croches et trilles) pendant 41 mesures. **J. Brahms** en a donné deux versions dans ses *Choralvorspiele*. La première en *mi*, avec un « cantus firmus » très orné, comporte des sauts d'octave caractéristiques à la pédale et des mouvements de doubles croches aux parties internes. La seconde, également en *mi*, présente, après une introduction en croches et doubles croches superposées, le thème en valeurs longues à la pédale, traité par sections et entrecoupé de silences. Elle baigne dans une douceur et une plénitude toutes romantiques et s'achève par une mesure Adagio.

É. WEBER

« Herzliebster Jesu, was hast du verbrochen ? » (Bien-aimé Jésus, qu'as-tu commis ?), choral protestant de 9 strophes pour le temps de la Passion, texte poétique de Johann Heermann (1585-1647) s'inspirant du chapitre VII des *Meditationes* de saint Augustin avec ses questions « Quid comisisti, dulcissime puer ut si judicaveris ? », mais l'auteur ne reprend pas la dernière strophe du modèle et la remplace par l'expression de ses sentiments propres. Au XVIIe s., le texte a subi quelques modifications sur le schéma métrique de la strophe sapphique ($a^{11}b^{11}c^{11}d^{5}$). Pour cadrer avec les contraintes de la barre de mesure et des 4 temps, la mélodie a subi un processus d'égalisation à la 3e mesure : 4 noires au lieu d'une blanche sur le 3e temps qui devrait être une longue prosodique donc une blanche. Attribuée à **Loÿs Bourgeois**, cette mélodie a été adaptée par **Johann Crüger** (1640) et a connu depuis le XVIIe s. une très grande vogue qui dure jusqu'à nos jours (EKG, Kassel 1950, n° 60 ; Recueil ECAAL, Strasbourg 1952, n° 71 ; *« Nos cœurs te chantent »*, Strasbourg et Paris 1979, n° 184, avec le texte *« Pour quel péché, Jésus, pour quelle offense »*).

Traduction de la 1re strophe — Bien-aimé Jésus, qu'as-tu commis pour que l'on ait prononcé une si rude sentence ? Quelle est ta faute ? Dans quels forfaits es-tu impliqué ?

Avec une parenté sémantique évidente et la même destination liturgique, cette mélodie véhicule le texte de Christian Fürchtegott Gellert (1715-1769), *« Herr stärke mich, dein Leiden zu bedenken »* (EKG, n° 71 ; Recueil ECAAL, n° 70).

J. Crüger l'a harmonisée à 4 voix avec la mélodie au soprano, la tierce majorisée dans le premier accord, la quinte à vide dans l'accord conclusif et quelques petits décalages rythmiques à l'une ou l'autre des trois parties accompagnantes. Le soprano et la basse figurent dans le *Vollkömmliches Gesangbuch Augspurgischer Confession* (Berlin 1640), tandis que les parties d'alto et de ténor paraîtront l'année suivante dans les *Geistliche Gesänge Augspurgischer Confession* (Berlin 1641). **J. S. Bach** a utilisé ce choral avec un rythme égalisé (sans les blanches du timbre) au n° 3 de sa *Passion selon saint Matthieu*, harmonisé avec de nombreuses notes de passage en croches et avec la tierce majorisée dans l'accord final. **J. Brahms** place la mélodie au soprano dans l'un de ses *Choralvorspiele* pour orgue (le 3e *sol* de l'incipit manque) et fait appel à des ondulations à base de croches, par mouvement conjoint ascendant puis descendant, et à quelques passages chromatiques. La pédale est rythmiquement indépendante. Le timbre est traité en 30 mesures et la fin de la pièce s'orne d'une double pédale de *sol* aux parties extrêmes.

É. Weber

« Herz und Mund und Tat und Leben » (Le cœur et la bouche et les actes et la vie doivent témoigner du Christ), cantate en deux parties de **Johann Sebastian Bach** (BWV 147 ; NBA I/28) pour la fête de la Visitation (évangile du jour, Luc 1, 39-56, visite de Marie à Élisabeth, cantique de Marie), écrite pour sop., alto, ténor et basse soli, chœur, 2 htb., htb. d'amour, 2 htb. de chasse, trp., cordes et b.c. avec basson, composée sous sa forme première à Weimar en 1716 (BWV 147 a) et, sous sa forme définitive, exécutée pour la 1re fois le 2 juil. 1723 à Leipzig. (Durée : 31 min 20 s environ.)

Le texte de Salomon Franck, extrait de son *Evangelisches Andachts-Opffer* (Weimar 1715), est destiné au 4e dimanche de l'Avent — il subsiste dans les pièces n°s 1, 3, 5, 7 et 9 —, mais aucune cantate n'étant exécutée à Leipzig ce jour, Bach s'est trouvé dans l'obligation de le modifier quelque peu et de lui ajouter trois récitatifs (n°s 2, 4 et 8) ainsi que deux nouvelles strophes de choral (n°s 6 et 10) pour rendre l'œuvre de nouveau utilisable. Le témoignage de saint Jean-Baptiste devient désormais celui de Marie s'exprimant à travers le *Magnificat* (Luc 1, 46-55). Les chrétiens sont invités à s'y associer, mais l'endurcissement des cœurs empêche l'homme de reconnaître que le Christ lui apporte la délivrance du péché. Le croyant adresse sa prière à Jésus pour qu'il vienne faire sa demeure en son cœur, tandis qu'au travers de deux strophes de choral l'Église tout entière reconnaît en Jésus son trésor.

L'œuvre s'ouvre par un chœur avec tout l'orchestre, de caractère décidé. **1.** *« Herz und Mund »*, forme ABA' avec ritournelle, en *do* majeur. Après une sinfonia de 8 mesures construite sur un thème de fanfare, légèrement orné par quelques doubles croches, se place une exposition de fugue aux voix qui aboutit à un passage de caractère motivique s'achevant sur deux brèves interventions purement chorales avec basse continue. La partie centrale débute par le thème de la sinfonia, suivi après deux mesures par l'entrée des chœurs qui reprennent le passage en écriture motivique de la partie A et qui s'achève par un nouveau passage purement choral avec basse continue. Revient alors la partie A quelque peu variée, avant que la ritournelle achève la pièce sur une note à la fois brillante et franche. La cantate se poursuit par **2.** un récitatif pour ténor accompagné par les cordes et la b.c., *« Gebenedeiter Mund... »* (Bouche bénie ! Marie révèle le plus profond de son âme avec sa reconnaissance et sa louange) ; **3.** un air pour alto, htb. d'amour et b.c., *« Schäme dich, o Seele, nicht »* (N'aie point honte, ô mon âme), forme binaire AB avec ritournelle, en *la* min., où le thème instrumental repris par la voix hésite entre un rythme à 3/4 et l'hémiole à 3/2, illustration des hésitations de l'âme ; **4.** un récitatif pour basse avec la seule b.c., *« Verstockung kann Gewaltige verblenden »* (L'endurcissement peut aveugler des puissants), où la basse continue joue à plusieurs reprises un rôle figuraliste remarquable en illustrant « Bis sie des Höchsten Arm vom Stuhle stösst » (jusqu'à ce que le bras du Très-Haut les repousse du siège ; cascade descendante de doubles croches), « doch dieser Arm erhebt » (mais ce bras élève ; renversement de la figure précédente qui devient ascendante), « der Erde Kreis erbebt » (le cercle de la terre tressaille ; doubles croches répétées), « machet euch bereit » (préparez-vous ; arpèges ascendants de 4 croches progressant de *la* min. à *do* maj.) ; **5.** un air pour sop., vl. solo et b.c., *« Bereite dir, Jesu, noch itzo die Bahn »* (Prépare-toi la voie, ô Jésus, dès maintenant), en *ré* min., où seules les reprises de la ritournelle après la coupe centrale à la dominante donnent une forme perceptible à la pièce ; la vive allégresse qui s'exprime au travers des deux motifs de la ritournelle, le premier sur le rythme caractéristique de la joie, le second en triolets de doubles croches, semblait plus en situation dans une cantate de l'Avent ; elle correspond toutefois à l'exhortation du récitatif précédent : « Debout, préparez-vous, voici le bon moment, voici le jour du salut » et annonce avec bonheur la pièce suivante qui clôt la 1re partie de la cantate ; **6.** un choral à 4 voix, les sopranos doublés par la trompette, dont les différentes phrases mélodiques s'insèrent dans une symphonie instrumentale confiée aux cordes, les hautbois doublant les 1ers violons, *« Wohl mir dass ich Jesum habe »* (Quel bonheur que Jésus soit avec moi), forme AAB avec ritournelle, en *sol* maj., 6e strophe du choral *« Jesu meiner Seelen Wonne »* de Martin Jahn (1661), très largement popularisé avec la traduction « Jésus, que ma joie demeure ». Après le sermon, la seconde partie de la cantate reprend avec **7.** un air pour ténor avec la seule b.c., *« Hilf, Jesu, hilf dass ich auch dich bekenne »* (Aide-moi, Jésus, aide-moi, afin qu'à mon tour je te confesse), en *fa* maj., dont le motif initial

est associé aux premiers mots du texte, « Hilf, Jesu, hilf » et revient à plusieurs reprises à la basse continue au cours de la pièce dont il assure également la conclusion. Lui font suite **8.** un récitatif pour alto, 2 htb. de chasse répétant un même motif et b.c., *« Der höchsten Allmacht Wunderhand »* (La main miraculeuse de la plus haute puissance) ; **9.** un air de caractère concertant pour basse, trp., cordes avec vl. doublés par les htb. et b.c., *« Ich will von Jesu Wunder singen »* (Je veux chanter les miracles de Jésus), en *do* maj., qui commence dans l'éclat de tout l'orchestre, mais se nuance bientôt au gré du texte qui appelle des figuralismes sur « Opfer » (sacrifice ; longue vocalise en doubles croches), « das schwache Fleisch » (la faible chair ; trille piano de toutes les cordes en doubles croches), « kräftig » (Fortement ; chaîne de doubles croches) et laisse la primauté à la voix jusqu'à ce que l'orchestre lui oppose de nouveau la ritournelle avant sa reprise finale sous la voix. Le choral final **10.** *« Jesus bleibet meine Freude »* (Jésus demeure ma joie), 16e strophe du choral *« Jesu meiner Seelen Wonne »*, n'est que la reprise de la musique du choral qui terminait la 1re partie.

Bibliographie — Voir celle de l'art. *« Ach Gott, vom Himmel sieh darein »*.

M. HONEGGER

HÉSIONE, tragédie en musique en un prologue et 5 actes, poème d'Antoine Danchet, musique d'**André Campra**, orchestration à 5 parties de cordes, 2 fl., 2 htb., bassons, créée par l'Académie Royale de Musique, le 21 déc. 1700. Le succès, sans atteindre celui de → *L'Europe galante*, a été, toutes proportions gardées, très vif pour une tragédie. La pièce a connu trois reprises : 1709, 1729-30 et 1743, la deuxième étant particulièrement bien accueillie. C'est à cette occasion que la pièce a été parodiée sous le titre d'*Hésione* par les comédiens-italiens. Lors de la reprise de 1743, le rôle de la prêtresse du Soleil avait été confié à M. Fel, celui de Télamon à P. Jélyotte ; Mlle Camargo tenait le 1er rôle dansé.

LIVRET — Prologue. L'action représente les jeux célébrés à Rome en l'honneur du Soleil au commencement de chaque siècle. La prêtresse du Soleil (dessus) salue le siècle qui s'ouvre et invite à le célébrer par de splendides jeux. Chœurs et danses. Le dieu Soleil lui-même invite le peuple à faire des vœux pour le roi auquel il doit son bonheur.

Acte I. Un temple que l'on doit consacrer aux dieux. Télamon (haute-contre), roi de Salamine, se désespère de ce que la belle Hésione, fille de Laomédon, roi de Troie, lui ait préféré Anchise, prince troyen, avec qui elle doit se marier le lendemain. Mais Vénus (dessus) apparaît et lui promet de rompre ce mariage. Entre Laomédon (basse) avec Hésione (dessus) et Anchise (basse). On commence la cérémonie de consécration du temple, brusquement interrompue par un grand fracas : un oracle ordonne à Anchise de se rendre seul au pied du mont Ida.

Acte II. Un désert au pied du mont Ida. Hésione, puis le roi Laomédon accompagnent Anchise. Resté seul, ce dernier reçoit la visite de Vénus qui lui déclare son amour. Mais Anchise aime Hésione et éconduit poliment la déesse. Pour se venger, celle-ci décide de rendre sa rivale jalouse.

Acte III. Une colonnade et le palais de Laomédon. Hésione se désespère d'avoir perdu, du moins le croit-elle, l'amour d'Anchise, mais elle ne veut pas pour autant le trahir et repousse Télamon. Vénus décide alors d'appeler à l'aide Proserpine pour obtenir un enchantement qui permette à Hésione d'aimer Télamon, à la seule condition qu'elle ne rencontre pas Anchise.

Acte IV. La ville de Troie. Anchise a vu Hésione ensorcelée jurer à son rival d'éternelles amours, mais il ne peut cesser de l'aimer. Cependant, Anchise et Hésione finissent par se rencontrer et se rendent compte qu'ils ont été victimes d'un sortilège et qu'ils s'aiment toujours. Mais Vénus veille. Elle appelle à son secours Neptune (basse), lui demandant de détruire les remparts de Troie ; le dieu déchaîne une terrible tempête ; un monstre sort des flots et ravage le pays.

Acte V. Une montagne ravagée par le monstre. Vénus se désole de ne pouvoir conquérir le cœur d'Anchise. Celui-ci paraît, un tronçon d'épée à la main : il n'a pu vaincre le monstre. Cependant, des cris de victoire annoncent que Télamon a réussi cet exploit. Anchise se précipite ; il apprend que, sur l'ordre des dieux, le roi a donné Hésione à Télamon et que tous deux voguent vers la Grèce à l'abri de sa vengeance. Désespéré, Anchise prédit la ruine de Troie. Cependant, Mercure (haute-contre) annonce à Vénus que le dieu Amour a fléchi le Destin et qu'Anchise lui accordera ses faveurs. La scène finale montre à Anchise endormi la postérité de son amour, la naissance d'Énée et le destin glorieux des Romains (cette fin a été abrégée pour la reprise de 1743).

Trois ans après → *L'Europe galante*, *Hésione* est la première tentative de Campra dans le genre de la tragédie en musique où son jeune rival A. C. Destouches s'était déjà illustré avec *Amadis de Grèce* (1698) et *Marthésie* (1699). C'est aussi le premier fruit de sa collaboration avec le poète A. Danchet qui deviendra son librettiste quasi exclusif jusqu'à la fin de sa carrière. La comparaison de la tragédie d'*Hésione* avec les deux ballets antérieurs de Campra montre bien la distance importante qui sépare encore les deux genres à l'époque. Cette différence est évidente au niveau du livret. Le sujet d'*Hésione* appartient incontestablement au genre noble, non seulement parce qu'il met en scène des dieux et des héros, mais aussi parce que l'histoire fait constamment référence aux deux légendes qui sont le fondement de la culture de l'époque : la guerre de Troie et la fondation de Rome. Mais la distance n'est pas moins grande sur le plan musical : le poids de la tradition lullyste est ici beaucoup plus fort. Aussi Campra s'est-il soigneusement gardé de toute influence italienne, alors que celle-ci était largement présente l'année précédente dans → *Le Carnaval de Venise*. Dans ce cadre traditionnel, Campra a su créer un univers musical original différent à la fois du modèle lullyste et du style de son rival Destouches. Les grands airs d'*Hésione* sont pleins de poésie et de charme, tel celui qui ouvre l'acte III, *« Ah ! que mon cœur va payer chèrement / Les premières douceurs qu'il goûtait en aimant. »* A l'opposé, les symphonies et les chœurs peuvent être grandioses comme la tempête de la scène finale de l'acte IV, une des grandes tempêtes du répertoire de l'époque. D'une façon générale, on trouve déjà dans *Hésione* les principales qualités qui feront deux ans plus tard le succès de → *Tancrède* : une invention mélodique d'une grande richesse et une écriture raffinée, spécialement dans les chœurs, toujours au service de l'expression dramatique.

Sources et éditions — **a)** Livret : Paris 1700 ; Amsterdam s. d. ; Paris 1709, 1729, 1743 — **b)** Musique : Paris 1700 (orch. réduit) ; Paris 1701 (orch. réduit) ; même éd. avec en annexe : air ajouté à Hésione après la loure du Ve acte, Paris 1729 ; airs nouveaux ajoutés à l'opéra d'Hésione... remis au théâtre le 17 juil. 1709, Paris 1709 (orch. réduit) ; partition générale, orch. à 4 parties, Paris, Ballard, 1743, ms. in f°, titre gravé ; partition générale, orch. à 5 parties, ms. in f°, Paris, BN, Rés. Vm ^{2} 68 ; matériel d'orch., Paris, Bibl. de l'Opéra, Fonds La Salle 11.

Bibliographie — Voir celle de l'art. *(L') Europe galante.*

R. Fajon

« Heu mihi, Domine », motet à 6 voix en 2 parties de **Nicola Vicentino**, conservé en manuscrit, écrit sur le texte d'un répons de l'office des morts que l'on chante à matines après la 2e leçon du 2e nocturne. Conformément à la coutume, la 1re partie contient le répons proprement dit ; la 2de partie chante le verset puis reprend la 2de moitié du répons, ce qui donne le schéma ABCB.

Dans ce motet, la seule œuvre de musique religieuse du compositeur qui nous ait été intégralement transmise, on ne retrouve pas toutes les audaces du grand novateur que fut Vicentino ; peut-être s'était-il modéré afin de complaire à Charles Borromée, cardinal et archevêque de Milan, qui lui était favorable. On y rencontre très peu d'enchaînements chromatiques. L'écriture en accords domine, dans une allure assez régulière qu'aucun effort pour traduire musicalement le sens des mots ne vient troubler. Le musicien se conforme à la tradition en adoptant le mode funèbre de *mi* et en imposant une tessiture très sombre aux 6 voix. La plus élevée ne monte pas plus haut que le *si* 3 ; la plus grave descend souvent jusqu'au *ré* grave, sous la clé de *fa.* Peu à peu apparaît le principal élément d'originalité de ce motet, où d'abord semblaient dominer des cadences parfaites en *la* min. : des enchaînements descendants de quinte en quinte poussés de plus en plus loin jusqu'à aboutir, par *mi, la, ré, sol, do, fa* à un *si* ♭ expressif. La 1re partie du répons proprement dit s'achève sur une cadence plagale *la-mi* et enchaîne sur la 2de moitié qui, elle, va se tourner vers les quintes ascendantes et les dièses : *si* maj. et l'accord de *fa* ♯ maj. avec un *la* ♯. On revient ensuite à l'écriture du commencement, pour terminer sur une autre cadence plagale, où l'accord de *la* maj. se résout sur *mi* maj., avec un *si* 3 naturel à la voix supérieure, la note la plus élevée, qui met en valeur les paroles finales « in novissimo die » (au dernier jour).

La 2de partie commence dans une écriture allégée, en style d'imitation ; le chant descend des voix élevées par mouvements conjoints. Mais on revient vite au style dominant pour reprendre l'enchaînement par quintes descendantes à l'endroit où la 1re partie l'avait laissé : *si* ♭, *mi* ♭, enfin *la* ♭, point extrême, qui convient bien aux paroles du moment, *« turbata est... »* (mon âme est troublée). La musique remonte alors le cycle des quintes, reprend la 2de moitié du répons avec l'exploration des dièses, et s'achève sur une tierce picarde.

Ainsi l'œuvre est malgré tout audacieuse : le mode de *mi*, effacé par les modulations, n'est plus évoqué que par l'usage des cadences plagales. La conquête des feintes est poussée systématiquement, de quinte en quinte, tant dans le cycle des bémols que dans celui des dièses, de manière à réaliser une échelle musicale proche et cet « archicembalo » chromatique et enharmonique que Vicentino avait fait construire.

Éditions — Par H. Kaufmann, *in* N. Vicentino. Opera omnia, CMM 26, Amer. Inst. of Musicology, 1963.

Bibliographie — H. Kaufmann, The motets of N. Vicentino, *in* MD XV, 1961 ; de la même, The life and works of N. Vicentino, *in* MSD XI, Amer. Inst. of Musicology, 1966, pp. 85-86.

M. Brunerye

(L') Heure du retour, op. 50, n° 1, mélodie pour une voix et piano d'**Albert Roussel**, en *sol* min., sur un poème de René Chalupt, composée le 15 déc. 1933, créée en janv. 1935 par Marcelle Bunlet, sa dédicataire. (Paris, Durand, 1934 ; durée : 4 min environ.)

Rare mélodie rousselienne de forme rondeau (3 couplets et refrains), l'écriture de cette pièce s'apparente étroitement aux œuvres instrumentales de la même période : linéarité, phrases pianistiques sinueuses hérissées d'altérations, cadre tonal stable, formes symétriques. L'opposition couplet/refrain est signalée par un changement de tempo (Andante/Allegretto) et par une dualité d'écriture (superposition de lignes/accords). La supplique du narrateur, « Voyageur ne vois-tu pas qu'il est l'heure de rebrousser chemin ? », trois fois identique à elle-même, est doublée par un motif pianistique au rythme de sicilienne. Cet épisode évoque une chanson populaire douloureuse, telle une complainte **A**. Dans les couplets, un perpetuum de croches décrit l'égarement de l'inconstant époux (« Tes yeux ont besoin de lunettes »). Roussel traduit avec subtilité la bipolarité intérieur/extérieur, vagabondage / attente du poème. A une phrase mélodique faite d'éléments symétriques juxtaposés succède une déclamation syllabique proche du récitatif. Lecteur avisé, Roussel « épouse la poésie » ; comme Debussy « il y a chez lui un choix (admirable) de toutes les nuances, un respect du mot à mot poétique » (Cl. Croiza).

L'Heure du retour, une des dernières mélodies de Roussel, peut être qualifiée, certes, d'œuvre austère. Elle renvoie aux mouvements lents méditatifs et graves des andantes de symphonies et, par une heureuse réversibilité, évoque aussi, quadrature du cercle, le style contrapuntique des premières œuvres (*Départ*, mélodie de l'op. 3 notamment).

Bibliographie — Voit celle de l'art. *Amoureux séparés.*

D. Kawka

(L') Heure espagnole, comédie musicale en un acte et 21 scènes, livret en vers de Franc-Nohain, musique de **Maurice Ravel**, composée entre mai et sept. 1907, dédiée à Mme Jean Cruppi, créée à Paris, au théâtre de l'Opéra-Comique, le 19 mai 1911, avec Geneviève Vix, Coulomb, Cazeneuve, Jean Périer, Delvoye, sous la dir. de François Ruhlmann. (Paris, Durand, 1908 ; durée : 45 min environ.)

A (L') HEURE DU RETOUR

LIVRET — L'action se déroule dans la boutique de l'horloger Torquemada à Tolède, évoquée musicalement en une brève introduction orchestrale. Assis devant son établi, Torquemada (trial) voit entrer le muletier Ramiro (bar. Martin) qui désire faire réparer une montre précieuse. Mais sa femme Concepción (sop.) l'appelle pour l'avertir qu'on est jeudi, jour où il doit aller régler les horloges municipales : occasion pour elle de recevoir librement ses amants. Torquemada invite Ramiro à attendre son retour, au grand désappointement de Concepción. Afin d'éloigner l'intrus — lui aussi gêné —, elle le prie de transporter dans sa chambre l'une des deux grandes horloges catalanes déposées dans la boutique. Ramiro, heureux de se distraire, obtempère avec empressement. Survient alors Gonzalve (ténor), bachelier-poète et amant de Concepción ; celle-ci l'accueille avec chaleur mais s'impatiente de ses tirades lyriques qui sont une perte de temps. Voilà justement revenir Ramiro ; pour l'éloigner de nouveau, Concepción lui dit qu'elle préférerait voir l'autre horloge dans sa chambre : second déménagement, entrepris d'aussi bonne grâce. Durant l'absence du muletier, Concepción demande à Gonzalve de se cacher à l'intérieur de la première horloge, dans l'intention de la faire redéplacer ensuite par Ramiro ; Gonzalve y consent et commente poétiquement cette étrange situation. A peine l'horloge est-elle refermée qu'arrive Don Inigo Gomez (basse bouffe), riche banquier épris lui aussi de Concepción. Il devient pressant mais le retour de Ramiro sauve la situation : spontanément le muletier reprend l'horloge où est caché Gonzalve, la balançant en l'air sans effort apparent ; Concepción part avec lui. Resté seul et ignorant de ce stratagème, Don Inigo s'avise de se dissimuler dans la seconde horloge en manière de plaisanterie. Revenu de nouveau dans la boutique, Ramiro y demeure quelques instants avant le retour de Concepción, qui le supplie de rapporter la première horloge — cachette de Gonzalve —, prétextant qu'elle fonctionne mal. Sitôt Ramiro parti, Don Inigo interpelle Concepción, laquelle se refuse obstinément à ses avances et fait enlever par Ramiro l'horloge qui le contient. Elle ordonne en vain à Gonzalve de s'en aller : le bachelier reste dans son horloge tandis que Concepción se retire. Ramiro reparaît, toujours d'aussi bonne humeur, et dans un monologue avoue son sentiment pour Concepción. Celle-ci revient et accepte que Ramiro aille chercher l'horloge où est enfermé Don Inigo, après quoi elle déclare que ni Gonzalve ni Don Inigo ne sont des amants à son goût. Quand elle revoit Ramiro elle l'invite à l'accompagner dans sa chambre et tous deux quittent ensemble la pièce. A l'instant où Gonzalve sort de son horloge, Torquemada rentre et trouve Gonzalve et Don Inigo dans sa boutique ; les deux galants, incapables de justifier autrement leur présence, se voient contraints d'acheter chacun l'une des deux horloges. En conclusion, les cinq personnages s'associent pour chanter la morale de l'histoire à la manière de Boccace : « Il arrive un moment, dans les déduits d'amour, Où le muletier a son tour ! »

Ce petit opéra évolue tout entier dans le ton du divertissement, et doit à la séduction et au raffinement du style ravélien son charme indéniable malgré l'insignifiance de l'intrigue. Le compositeur, inspiré ici par l'Espagne, serre pourtant le texte au plus près et ne recourt à la grandiloquence vocale que sur un ton parodique, notamment pour le rôle de Gonzalve, poète bavard et hâbleur. Partout ailleurs, il use d'une déclamation simple, précisant en une note liminaire qu'il a cherché à imiter le « quasi-parlando du récitatif bouffe italien », et demande aux acteurs (hormis la partie de Gonzalve, « lyrique avec affectation ») de « dire plutôt que chanter ». L'emploi abondant du portamento va dans le même sens et souligne comiquement certaines inflexions (sc. 15) :

Si le personnage de Gonzalve est individualisé par le style vocal, les deux autres protagonistes masculins, Ramiro et Don Inigo, le sont surtout par des motifs accompagnateurs qu'il serait abusif d'assimiler à des leitmotive. Celui du robuste muletier est franc et incisif (mais rythmé de manières diverses), tandis que les interventions de Don Inigo s'accompagnent de trois motifs soulignant tel ou tel aspect du personnage : son importance sociale, son côté facétieux ou son sentiment amoureux. Autre thème significatif, celui des horloges entendu dès le prélude orchestral et plusieurs fois par la suite. Il faut aussi relever l'importance du rythme pointé et dansant de la habanera, illustrant presque toutes les scènes où apparaît Gonzalve et servant également pour le quintette final. Le caractère dansant de la partie orchestrale représente d'ailleurs un trait généralisé, comme par exemple à la scène 9 (mouvement de valse lors de la facétie de Don Inigo) ou dans les interventions de Ramiro parfois en rythme asymétrique ; le débit irrégulier du chant se plaque sur les motifs plus structurés de l'accompagnement (sc. 3) :

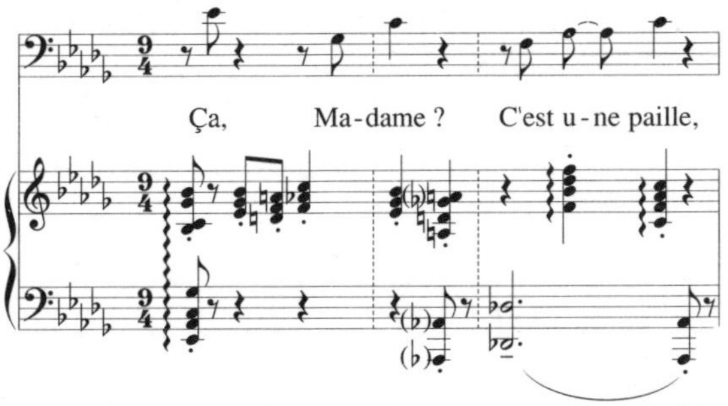

La musique vise à une traduction suggestive à la fois des sentiments des personnages et de certains détails matériels à valeur pittoresque : ainsi, dans le prélude orchestral, l'imitation sonore des pendules et automates remplissant la boutique ; ou encore (sc. 8) les glissandi de l'orchestre lorsque Ramiro balance en l'air l'horloge cachant Gonzalve. Le compositeur déploie toute sa science orchestrale et harmonique tout en respectant la légèreté d'allure de cette comédie sans prétention.

Bibliographie — J. Van Ackere, M. Ravel, Bruxelles 1957 ; A. C. Rémond, Les éléments espagnols chez Debussy et Ravel (thèse Paris, Conservatoire, 1983) ; M. Marnat, M. Ravel, Paris, Fayard, 1986, pp. 303-315.

J. Viret

H. H. Ulysse, opéra en 2 actes sur des textes de Serge Ganzi, musique de **Jean Prodromidès**, commande de l'État et de l'Opéra du Rhin, composé en 1983, créé à l'Opéra de Strasbourg, le 2 mars 1984, avec, entre autres, Peter Gottlieb (H. H. Ulysse), Anne-Marie Liautard (Nausicaa), Elisabeth Weingartner (Kirké), Marie Duisit (Kalypso), Jean Nirouet (Hélas), Claude Meloni (Poséidon), Christian Poulizac (le cyclope Polyphème), les chœurs de l'Opéra du Rhin et l'Orchestre symphonique du Rhin (Mulhouse), sous la dir. de Claude Schnitzler. FR3 Alsace a filmé l'opéra qui a été retransmis le 24 mars 1985.

Livret — Un homme du xxe s. voyage par l'imagination à la rencontre des aventures et des personnages de *L'Odyssée.*

Acte I — 1. *American meeting.* L'Amérique fête le jubilé de Howard Hamilton Junior — H. H. Ulysse (bar.) —, héros de 45 ans, à la tête d'un empire industriel. Il quitte la cérémonie ; son voyage intérieur commence ; l'image de l'Amérique se désagrège. — 2. *Kirké.* Une fois dans le monde odysséen, Ulysse constate que ses compagnons ont été transformés en pourceaux. Hélas (haute-contre) intervient pour les libérer. Toutefois, la magicienne Kirké (mezzo-sop.) leur prédit un voyage aux demeures infernales. — 3. *Rêve-Party.* De retour à Hollywood, H. H. arrive dans une « party » à la tête d'un groupe d'hommes épuisés. Éole (ténor) lui vend les vents qui lui permettront de continuer sa route. Mais ses compagnons les laissent s'échapper. — 4. *Mon nom est personne.* H. H. arrive dans la caverne de Polyphème (basse), le Cyclope à l'œil unique. C'est alors l'épreuve du courage et de la ruse. — 5. *Kalypso, le cauchemar de la connaissance.* Les hommes ont absorbé le lotus, une plante magique qui fait perdre la raison. Kalypso (sop.) veut retenir H. H. et lui communiquer tout son savoir. C'est plus qu'il n'en peut supporter. — 6. *La Barrière des morts.* Hélas relance la roue du voyage. Surgit alors la barrière d'un port irréel, seuil de l'enfer. H. H. se débat et refuse d'y rejoindre la foule.

Acte II — 1. *Les Enfers.* H. H. retrouve trois actrices qu'il a aimées dans un casino de Las Vegas. Devant la prédiction des cadavres et témoins du passé, H. H. est emporté par une tempête et se retrouve au loin avec Poséidon (bar.-basse). — 2. *Nausicaa, le paradis perdu.* H. H. sort de la mer et entre dans un rêve où défilent ses souvenirs. Un groupe de jeunes gens raconte l'histoire du retour à Ithaque. — 3. *Ulysse.* H. H. se retrouve seul avec le sentiment de la vanité de sa longue quête intérieure. Une vérité se fait jour brusquement.

Ainsi s'entrechoquent deux entités mythologiques (la grecque ancienne et l'américaine contemporaine), se croisent les images d'un siècle de modernité avec celles d'un monde mythologique, se superposent les résonances actuelles d'un environnement capitaliste avec celles d'un voyage onirique dans les « traverses du Temps ».

Un groupe vocal, traité le plus souvent a cappella dans une écriture polyphonique de « style madrigalisant » ou monteverdien, joue un rôle de médiateur entre les personnages et la masse du chœur (la foule). L'orchestre est souvent traité par groupes ou familles (flûtes, cuivres, cordes). « L'œuvre se construit à partir d'une thématique de timbres, de matériaux et d'objets sonores jouant entre eux, dont la texture harmonique et la dynamique assurent la continuité du discours » (J. Prodromidès).

Bibliographie — J. Prodromidès, propos recueillis par D. Maier, livret du coffret discographique, Coll. MFA, Événement, Saint-Michel-de-Provence, Harmonia Mundi, 1985.

P. A. Castanet

(Les) Hiboux, mélodie pour chant et piano de **Déodat de Séverac**, sur un poème de Charles Baudelaire, composée en 1910, dédiée à M. Payan (Paris, S. Chapelier, 1913).

Cette page scelle l'unique rencontre de Séverac avec la poésie baudelairienne et témoigne de sa réussite. Mais la gestation en fut longue : plus de dix ans séparent le premier jet de l'achèvement. Entre les deux versions extrêmes, la prosodie s'est assouplie, tandis que la partition pianistique (prélude, interludes, postlude et accompagnement), la structure harmonique et la tonalité générale même (*mi* min. devenant *sol* min.) se trouvent profondément remaniées. La forme tripartite — avec sa coda qui met particulièrement bien en évidence la morale du poème — ne masque point la division du sonnet. L'accompagnement, envahi de continuelles « petites notes » évoquant volontiers les ululements de l'oiseau nocturne, est riche d'enchaînements harmoniques précieux « poussant le soleil oblique » ou s'évaporant, pianissimo, en ombres errantes. La descente terminale sur deux octaves, par ses accords syncopés hérissés d'acciacatures symbolisant à la fois un déplacement hésitant et le chant même des hiboux, concluant la mélodie sur un *pppp*, est à elle seule riche d'enseignement. « Comprenne qui pourra », semble dire, avec le poète, Déodat de Séverac.

P. Guillot

Himmelfahrtsoratorium, de **Johann Sebastian Bach**, voir « Lobet Gott in seinen Reichen ».

« Himmelskönig, sei willkommen » (Roi du ciel, sois le bienvenu), cantate de **Johann Sebastian Bach** (BWV 182 ; NBA I/8) pour le dimanche des Rameaux (évangile du jour, Matth. 21, 1-9, entrée de Jésus à Jérusalem), écrite pour alto, ténor et basse soli, chœur, fl. à bec, cordes (avec une partie de vl. et deux d'alto) et b.c., exécutée pour la 1re fois à la cour de Weimar le 25 mars 1714. (Durée : 29 min environ.)

Première cantate écrite par Bach après sa nomination comme Konzertmeister du duc de Weimar, elle doit son texte au poète de la cour, Salomon Franck. L'entrée de Jésus à Jérusalem est le symbole de son entrée en nos cœurs (chœur n° 2), par quoi il se soumet à la volonté de Dieu (récitatif n° 3). Un grand amour l'a poussé à quitter son trône de gloire et à s'offrir en sacrifice au monde (air n° 4). A l'exemple du peuple de Jérusalem étendant ses vêtements sur le chemin, les chrétiens sont invités à placer leur cœur aux pieds de Jésus, à se vouer à lui corps et âme (air n° 5) et à ne pas se dérober lorsque viendra le temps de la persécution (air n° 6). La joie que procure au croyant la Passion du Christ, par la place qu'elle lui vaut au ciel, s'exprime dans une strophe de choral précédant l'exhortation finale à suivre le Christ qui nous ouvre le chemin de la Jérusalem céleste (chœur n° 8).

L'œuvre comprend : **1.** une sonata purement instrumentale, en *sol* maj., dont le rythme pointé évoque l'ouverture à la française et par là même l'entrée solennelle d'un souverain ; **2.** un chœur avec tous les instruments, *« Himmelskönig »*, forme ABA, en *sol* maj., dont la partie A commence par une fugue joyeuse qui se transforme en imitations canoniques pour s'achever en style vertical, tandis que la partie B se compose de deux séquences en canon introduites par l'appel « Komm herein » (entre) ; **3.** un récitatif pour basse et b.c., *« Siehe, ich komme... »* (Vois, je viens, il est question de moi dans le Livre), Ps. 40, 8 et Héb. 10, 7, qui se transforme rapidement en arioso ; **4.** un air pour basse, vl., 2 parties d'alto et b.c., *« Starkes Lieben... »* (Grand amour qui t'a fait quitter ton trône de majesté), forme ABA avec ritournelle, en *do* maj. ; **5.** un air pour alto, fl. à bec et b.c., *« Leget euch dem Heiland unter, Herzen... »* (Placez-vous aux pieds du Sauveur, vous cœurs qui êtes chrétiens), forme ABA avec ritournelle, en *mi* min., où dès la ritournelle le thème mélodique exprime le sens du 1er vers de façon plastique et très parlante ; **6.** un air pour ténor et b.c., *« Jesu, lass durch Wohl und Weh... »* (Jésus, laisse-moi te suivre dans le bonheur et dans le malheur), forme ABA' avec ritournelle, en *si* min., de ces trois airs celui qui, chargé d'une prière instante, offre l'expression personnelle la plus pénétrante ; **7.** un choral avec les instruments « colla parte », *« Jesu, deine Passion... »* (Jésus, ta Passion m'est toute joie), en *sol* maj., où les différentes phrases mélodiques chantées en valeurs longues par la voix de soprano sont précédées par des entrées en imitation des trois voix accompagnantes qui s'attachent autant que possible à l'expression du sens du texte ; **8.** un chœur final avec tous les instruments, *« So lasset uns gehen in Salem der Freuden »* (Allons donc vers la Salem de la joie), forme ABA avec ritournelle, en *sol* maj., qui fait pendant au chœur d'introduction, où il faut remarquer tout particulièrement les harmonies amères qui accompagnent le mot « Leiden » (souffrance) A.

Bibliographie — Voir celle de l'art. *« Ach Gott, vom Himmel sieh darein »*.

M. Honegger

Hippodamie, tragédie lyrique en un prologue et 5 actes, livret de Pierre-Charles Roy d'après le *Dialogue de la Beauté* de Lucien, musique d'**André Campra**, créée à Paris, à l'Académie Royale de Musique, le 6 mars 1708, avec Mlles Journet (Hippodamie), Desjardins (Ériphile), MM. Hardouin (Œnomaüs), G. V. Thévenard (Pélops), J. Dun (Neptune). L'œuvre n'obtint qu'un faible succès et ne fut jamais reprise. (Part. réduite, Paris, Chr. Ballard, 1708.)

Le compositeur d'*Hippodamie* connaît à la perfection les mécanismes musicaux de la tragédie lyrique ; il les exploite toutefois sans réellement chercher à se renouveler. Cependant, certaines pages prouvent qu'il faut encore compter Campra parmi ceux qui participent à l'élaboration du style préramiste. Son habituel librettiste, A. Danchet, cède ici la place au poète P.-Ch. Roy qui, en cette même année 1708, lui fournit la plupart des livrets de son premier livre de cantates.

Livret — Prologue. Un lieu sauvage. Alors que les sauvages s'arment pour combattre les hôtes furieux de la forêt, Vénus (dessus) apparaît, embellit les lieux et révèle l'existence des plaisirs de l'amour. Sauvages et bergers s'unissent pour le divertissement.

Acte I. Un lieu où l'on aperçoit des urnes d'or renfermant les cendres des amants d'Hippodamie. Un oracle a prédit au roi Œnomaüs qu'il serait soumis aux lois de l'époux de sa fille Hippodamie. C'est pourquoi il s'empresse de tuer tout prétendant. Hippodamie (dessus) réclame l'indulgence des dieux et implore les tendres cœurs de ne plus aborder le rivage fatal. Cependant, Pélops, dont les intentions amoureuses sont évidentes, vient de débarquer. D'autre part, Ériphile (dessus), princesse d'Éolie, doit prendre pour époux celui qu'Œnomaüs désignera. Elle aime Pélops, ce dont Hippodamie la félicite. Survient le roi (basse-taille) qui, avec ses guerriers, rend hommage aux cendres des amants de sa fille, qu'il n'a tués que par obligation (divertissement). Pélops (basse-taille) révèle qu'il est épris d'Hippodamie.

Acte II. Dans le fond la mer, d'un côté les jardins du palais, de l'autre un bois. Pensant être aimée en retour, Ériphile décide de découvrir ses sentiments. Pélops, se croyant seul, laisse éclater sa joie d'aimer ; aussi Ériphile pense-t-elle être l'objet de cette effusion. Mais le héros dévoile sa flamme à Hippodamie. La princesse déclare que l'oracle le rend donc ennemi de son père et que sa fierté en fait également son propre adversaire. Pélops espère cependant vaincre sans attenter à la vie du roi. Il réclame l'aide de l'Amour quand un tremblement de terre le surprend. C'est alors qu'il invoque son père, Jupiter, le suppliant de lui ouvrir un chemin. Éole a déclenché ce cataclysme pour venger Ériphile ; Neptune (basse-taille) y met fin (divertissement) et conseille à Pélops de faire connaître ses origines.

Acte III. Le vestibule où l'on immolait les amants. Le roi reproche à Ériphile d'aimer un étranger qui n'est même pas prince. En fait, Œnomaüs désire épouser la princesse d'Éolie ; il lui recommande d'éloigner Pélops. Ériphile pense l'accueillir dans ses États. Le roi éprouve quelque soulagement en comprenant que Pélops est amoureux de sa fille. Pendant le divertissement organisé par le Grand Sacrificateur (haute-contre), se déroule un cérémonial où Pélops fait serment d'être loyal au combat.

Acte IV. Un péristyle devant l'appartement d'Hippodamie. Ériphile se désole de constater que Pélops lui préfère le trépas. Jalouses, les deux princesses s'affrontent. Hippodamie pense pouvoir encore sauver ces deux ennemis qui lui sont si chers en mettant immédiatement fin à ses jours. Mais elle pressent que la lutte est engagée et fuit pour ne pas reconnaître le vainqueur. Pélops a remporté le combat sans que la vie du roi ait été mise en danger.

Acte V. Le palais du roi. Œnomaüs, à qui Jupiter a déclaré la guerre lors de l'affrontement, enrage d'être vaincu et encore vivant. Pélops rend les armes et affirme ne vouloir exercer aucun droit sur le royaume. Le roi consent donc à l'union des amants et, aménageant l'oracle, déclare à sa fille : « Le vainqueur de ton père mérite ton époux. » Avant le divertissement final consacrant l'hymen, Ériphile, pleine de rage, jette un sort aux amants, leur souhaitant d'engendrer des fils dont les crimes surpasseront ceux de Tantale.

Le livret d'*Hippodamie* est sans doute l'un de ceux qui s'éloignent le plus de l'histoire antique sur laquelle il s'appuie. La malédiction lancée par Ériphile semble déplacée. Elle nous rappelle pourtant que Pélops est en fait un fils de Tantale qui, par prétentions politiques, obtint la main d'Hippodamie grâce à une trahison qui transforma le combat avec Œnomaüs en meurtre. C'est un bon exemple d'utilisation de la mythologie par les librettistes classiques. Ici, Pélops, pour qui l'assassinat, l'inceste et la traîtrise furent monnaie courante, se voit élevé au rang de héros au cœur pur.

D'une grande souplesse, les récitatifs accompagnés se transforment souvent en ariosos. Ils se moulent dans une esthétique qui annonce celle d'A. C. Destouches. C'est le cas de *« Pardonnez, héroïques ombres »* (acte I, sc. 4, Œnomaüs) où la phrase vocale, simple et calme, exprime la grandeur, et *« Dieux n'êtes-vous point satisfaits »* (acte III, sc. 5, le Grand Sacrificateur), de style solennel mais dégageant une grande douceur. Le plus intéressant reste celui d'Hippodamie, *« Tristes appas, funestes charmes »* (acte IV, sc. 3). La tonalité de *fa* ♯ min. et l'exploitation des dessus de violon dans le registre grave accentuent son caractère sombre. Le morceau adopte une forme rondeau (ABACA) où le refrain arioso est entrecoupé de récitatifs sur basse continue. Toutes les pages marquées par ce style servent le contraste dramatique : un passage agité leur succède toujours. Le seul vrai récitatif accompagné est celui du roi, *« Ne me retenez plus »* (acte V, sc. 1), où l'orchestre traduit le dépit et la rage du personnage face à l'événement exceptionnel que fut l'intervention de Jupiter.

De nombreux airs appartiennent au style cantate. De caractère fringant, ils se fondent moins que d'ordinaire dans le contexte musical. Retenons *« Mortels, que vous sert-il »* (prologue, sc. 2, Vénus) ; *« Ce héros généreux »* (acte I, sc. 3, Hippodamie), où la flûte allemande concerte avec la voix alors que violons et b.c. proposent des réponses en écho de mesure en mesure ; *« Allez, volez »* (acte II, sc. 5, un triton [haute-contre]) ; *« Quel prix de ma tendresse »* (acte IV, sc. 1, Ériphile), de structure « da capo ». L'air le plus démonstratif, *« Jupiter armé du tonnerre »* (une prêtresse [dessus]) figure dans le divertissement de l'acte III (sc. 5). Vocalises ascendantes sur une étendue de 9e et sauts d'octaves y sont courants. Curieusement, l'ornementation intéresse parfois des mots ne justifiant aucune mise en valeur particulière (« l'Amour *fait* de plus grands maux »). L'air arbore souvent l'allure d'un air de bravoure, genre auquel *« Devoir, Gloire, Raison »* (acte III, sc. 2, Œnomaüs) appartient totalement.

La scène 1 de l'acte III s'oppose au reste de la tragédie par sa légèreté de ton. Le roi y abandonne son attitude grandiose pour faire la cour à Ériphile. L'air de la princesse d'Éolie, *« La fière ambition me flatte »*, et le duo qui suit, *« Quelque charme qui vous retienne »*, n'appellent que le soutien de la basse continue et appartiennent au genre de l'ariette.

Le tremblement de terre de l'acte II (sc. 4) constitue la page la plus originale de l'œuvre. L'introduction orchestrale qui précède l'intervention de Pélops réserve une portée indépendante aux bassons. Lorsque le héros s'effraie, son récitatif fait d'interjections impose la nuance « doux » à l'orchestre, alors que la mention « fort » apparaît dans les silences de la voix. La partie des basses s'organise en notes répétées et les violons interprètent plusieurs traits ascendants du type « fusée ramiste ». Ce sont là des éléments présents dans les tempêtes de → *Thétis et Pélée* (1690) et d' → *Alcione* (1706), et que Campra avait déjà exploités dans des pages de moindre envergure, mais aussi avec moins de bonheur. D'autre part, les incessants repos nécessités par l'intervention de la voix, opposés aux passages enlevés, donnent une certaine irrégularité au déroulement du cataclysme qui est du meilleur effet. Les procédés utilisés par J.-Ph. Rameau dans le tremblement de terre de la 2e entrée des → *Indes galantes* ne sont pas si éloignés.

Si l'on doit préférer → *Tancrède* ou → *Hésione* à *Hippodamie*, il ne faut pas reléguer cette tragédie au rang des annexes car, au moins par la présence de cette scène, l'ouvrage mérite l'intérêt.

Bibliographie — M. Barthélemy, A. Campra, sa vie et son œuvre (1660-1774), Paris 1957, pp. 106-107.

E. Lemaitre

Hippolyte et Aricie, tragédie lyrique en un prologue et 5 actes, livret de l'abbé Simon Joseph Pellegrin, musique de **Jean-Philippe Rameau**, créée à Paris, à l'Académie Royale de Musique, le 1er oct. 1733, avec Mlles M. Pélissier (Aricie), M. Antier (Phèdre), Monville (Œnone), Er[re]mans (Diane), Petitpas (la prêtresse de Diane), MM. D. F. Tribou (Hippolyte), Cl. Chassé (Thésée), L. A. Cuvilliers (Arcas, Tisiphone, une Parque), Cugnier (Neptune, une Parque), P. Jélyotte (Amour, une Parque), Dumast (Mercure), J. Dun (Jupiter, Pluton). Reprises au xviiie s. à l'Académie Royale de Musique : 11 sept. 1742 (changements importants à l'acte V) ; 25 févr. 1757 (suppression du prologue) ; 4 oct. 1758 ; 24 mars 1767 ; 9 juin 1767 (123 représentations au total).

Hippolyte et Aricie inspira deux parodies, l'une à Riccoboni fils (Comédie-Italienne, 1733), l'autre à Ch. S. Favart (arrangement musical attribué à A. B. Blaise, Comédie-Italienne, 1742). C. I. Frugoni réalisa une adaptation du texte de Pellegrin *(Ippolito ed Aricia)* que T. Traetta mit en musique en essayant de synthétiser les styles français et italien. La première tragédie lyrique de Rameau bénéficia du retentissement provoqué par l'édition des œuvres complètes du compositeur : la restitution de V. d'Indy permit le retour de l'ouvrage à l'Opéra de Paris le 13 mai 1908.

Livret — Prologue. La forêt d'Érymanthe. Diane (dessus) invite les habitants des bois à lui rester fidèles pour jouir à jamais de la paix. Mais Amour (dessus) vient perturber la sérénité des lieux. Après avoir vainement tenté de chasser l'importun, Diane invoque l'autorité de Jupiter (basse). Le maître des dieux rappelle

A « **Himmelskönig, sei willkommen** »

etc.

la souveraineté de Diane sur la forêt tout en accordant à l'Amour un seul jour pour agir à sa guise. Mécontente, la déesse chasseresse décide de porter secours à Hippolyte et Aricie.

Acte I. Le temple de Diane où un autel est dressé. Aricie (dessus), princesse pallantide captive de Thésée, roi d'Athènes, s'apprête à accepter la chasteté imposée par le culte de Diane malgré son amour pour Hippolyte (haute-contre), le fils du roi. Alors que Phèdre (dessus), épouse de Thésée, se prépare à officier, Hippolyte déclare sa flamme à la jeune fille. Cet aveu décide Aricie à affirmer qu'elle ne s'estime pas digne de s'offrir à la déesse. S'engage alors un conflit entre Hippolyte et Phèdre qui subodore l'amour des deux héros. Folle de colère, elle feint de réclamer justice pour l'autel et le temple de Diane qu'elle affirme être offensés. La déesse devine l'hypocrisie de Phèdre et refuse de forcer le cœur d'Aricie. Vexée, la reine jure de se venger quand Arcas (taille) lui apprend la mort de Thésée. Avec un cynisme provocant, Œnone (dessus), sa vieille nourrice, l'encourage à tenter de se faire aimer de son beau-fils Hippolyte, sinon pour ses attraits, du moins pour sa couronne.

Acte II. L'entrée des Enfers. Thésée (basse) n'est pas mort. En fait, il a obtenu de son père, Neptune (basse), de suivre son ami Pirithoüs aux Enfers alors qu'il tentait d'enlever Proserpine à Pluton (basse). Soumis au pouvoir de la furie Tisiphone (taille), Thésée prend conscience de son état de prisonnier de l'empire infernal. Il réclame la mort : une première fois, les trois Parques lui répondent que personne ne force le Destin. Désespéré, Thésée invoque Neptune afin de pouvoir quitter cet horrible lieu mais le chœur des divinités souterraines lui rétorque que le dieu des mers est impuissant au royaume des morts. Seul Mercure (haute-contre) réussit à apitoyer Pluton qui ordonne aux trois Parques, avant de le libérer, d'informer le roi d'Athènes du terrible sort qui l'attend auprès des siens.

Acte III. Le palais de Thésée au bord de la mer. Phèdre implore l'aide de Vénus puis entreprend de séduire Hippolyte en lui proposant la couronne. Le prince croit comprendre que l'hostilité de la reine à son alliance avec Aricie est oubliée. Phèdre n'est-elle pas dans la peine après la nouvelle du décès de son époux ? Hippolyte refuse le pouvoir, souhaitant, dit-il, ne régner que sur le cœur d'Aricie. Ayant pris conscience de la méprise du prince, Phèdre lui avoue ses véritables sentiments et le somme de la tuer. Elle lui arrache son glaive quand Thésée les interrompt, au moment où leur querelle atteint le comble de l'ambiguïté. Phèdre et Hippolyte fuient les questions du roi tandis qu'Œnone accuse le prince d'un amour incestueux.

Acte IV. Un bois consacré à Diane sur le rivage de la mer. Aricie reproche à Hippolyte de craindre l'inimitié de Phèdre. Le prince lui révèle la situation à demi-mot. Éperdus à l'idée d'être séparés par l'exil d'Hippolyte que Thésée a ordonné, les deux héros décident de fuir et de se marier. Soudain s'élève une violente tempête. La mer vomit un monstre horrible qui dévore Hippolyte. Phèdre, attirée par les lamentations du peuple, prend connaissance du drame et, s'accusant de la mort du héros, expire de remords.

Acte V. 1er Tableau. Thésée a appris par Phèdre mourante l'innocence de son fils. Plein de regrets, il s'apprête à se noyer quand Neptune l'arrête. Le dieu des Mers lui explique qu'Hippolyte a été sauvé par Diane mais que, pour sa peine, il ne le reverra jamais. — 2e Tableau. Aricie s'éveille au milieu d'un bois charmant avec le souvenir du drame qui s'est déroulé sous ses yeux. Pour calmer ses larmes, Diane veut lui offrir un époux dont elle se garde bien de révéler l'identité. La princesse refuse afin de rester fidèle à la mémoire d'Hippolyte. Une scène parallèle se déroule entre Diane et le prince. Ce petit marivaudage prend fin dès que les héros se reconnaissent. Malgré sa répugnance pour l'amour, Diane les unit au nom de la vertu et de l'innocence.

S. J. Pellegrin déroge peu aux lois élaborées par Ph. Quinault pour J.-B. Lully. La référence à la *Phèdre* d'Euripide, à celles de Sénèque et de Racine demeure, en dépit de nombreux changements dont le plus notable est la création de l'acte des Enfers, une concession à la mode baroque. Dans sa préface, le librettiste s'excuse de l'invraisemblance de la résurrection d'Hippolyte grâce au « deus ex machina » (Diane), due, explique-t-il, à la nécessité d'un dénouement heureux. Effectivement, les tragédies à sujets noirs, en faveur à partir de 1705, avaient perdu tout crédit durant la Régence au profit d'intrigues à l'issue favorable auxquelles Rameau restera toujours fidèle.

L'ouverture à la française (*ré* min.) se conforme au modèle lullyste que Rameau n'abandonnera qu'en 1745. Elle introduit le prologue qui commence par un chœur des nymphes (*« Accourez, habitants des bois ! »*), fondé sur le motif majorisé du 1er mouvement de l'ouverture. Le conflit entre Diane et Amour aboutit à un duo divergent en *mi* min. aux charmantes dissonances (*« Non, je ne souffrirai pas »*, sc. 2). La défaite de Diane (sc. 3) est exprimée par l'éclatante tonalité de *mi* maj. qui rompt avec celles plus douces de *ré* maj., *sol* maj. et *mi* min. qui précédaient. Amour chante alors un air en *fa* ♯ min. (*« Régnez aimable paix »*, sc. 5) où la suppression des basses de l'accompagnement et le jeu constant entre les modes mineurs mélodiques ascendant et descendant traduisent le caractère insaisissable du personnage. Au cours du divertissement qui conclut le prologue, l'air d'un suivant de l'Amour (*« Plaisirs, doux vainqueurs »*, sc. 5) parodie l'*Air en rondeau pour les Amours*. Rameau utilise ici l'ancien procédé compositionnel du canevas, qu'il exploite cependant dans de nouvelles directions.

Acte I. Le premier air d'Aricie (*« Temple sacré »*, sc. 1), malgré sa structure « da capo » à l'italienne, affirme pleinement l'esthétique ramiste en préservant une souplesse vocale adaptée à la prosodie et en innovant par un accompagnement très concertant. L'air installe la couleur élégiaque très fraîche qui restera attachée au couple d'amoureux pendant tout l'opéra. Dès l'arrivée de Phèdre, le charme cède la place au tragique. Le chœur des prêtresses (*« Non, un cœur forcé »*, sc. 4) prolonge ce climat en intervenant dans le récitatif simple de Phèdre comme un véritable personnage dramatique. Jusqu'à la fin de l'acte, la musique est tendue à l'image de la haine de Phèdre qui explose dans l'air *« Périsse la vaine puissance »* (sc. 4). L'air avec chœur de la grande prêtresse (*« Dieux vengeurs, lancez le tonnerre »*) développe la forme, encore peu utilisée à l'époque baroque, de l'air avec « chœur convergent » où un soliste concerte avec la masse chorale. Enfin, une symphonie descriptive (*Tonnerre*), préfiguratrice de toutes les inventions de Rameau dans ce domaine, ponctue ce premier moment fort de l'opéra. Il s'agit d'une page en *sol* maj. de 45 mesures sans aucune modulation. C'est là l'illustration d'une des théories ramistes, selon laquelle un changement de ton entraîne une modification d'expression qui, ici, aurait constitué un contresens. A la fin de l'acte, la conversation entre Œnone, Phèdre et Arcas prouve toute la supériorité expressive du récitatif français, simple ou accompagné, sur le « recitativo secco » italien.

Acte II. Le prélude symphonique et l'air de Tisiphone (*« Non dans le séjour ténébreux »*, sc. 1) créent un climat dynamique et hostile, typique de la représentation musicale des Enfers. Le duo divergent entre Thésée et la furie (*« Contente-toi d'une victime »*) montre que Rameau était prédisposé à ce type de forme vocale (chaque acte en possède un). Probablement la position réfractaire des philosophes à l'égard du genre — en raison de son manque de vérité dramatique — dut-elle peu à peu le détourner de son inclination première. Sorte d'hymne à l'amitié, l'air de Thésée, *« Pour prix d'un projet téméraire »* (sc. 2), illustre une des nouveautés du langage ramiste en confiant aux bassons un rôle concertant. La scène 3 amorce le deuxième moment fort de l'ouvrage. De l'air de Pluton suivi du chœur des divinités infernales (*« Que l'Averne, que le Ténare »*) aux deux *Airs infernaux* (à danser) jusqu'au chœur *« Pluton commande »* bâti sur le motif du *2e Air infernal*, le style général rebondissant et

A Hippolyte et Aricie

nerveux maintient une tension sans failles. La scène 4 met en œuvre le dilemme de Thésée, réclamant d'abord la mort puis invoquant Neptune pour vivre. Le premier trio des Parques (*« Du destin, le vouloir suprême »*) répond négativement à sa prière funèbre en récitatif accompagné. Le saisissement produit par l'écriture homorythmique du trio, dont l'harmonisation annonce les chœurs des opéras russes, traduit avec force l'aspect inexorable de la destinée de Thésée. La superbe invocation du roi à son père (*« Puisque Pluton est inflexible », do* min.) s'épanouit sur un accompagnement en arpèges qui sert au mieux la prosodie par des arrêts, des suspensions et des élans. Le verdict des divinités infernales (*« Non. Neptune aurait beau t'entendre »*) broie l'émotion qui dominait les scènes précédentes par un rythme haletant, syncopé, comme étouffé par la rage et la détermination. La fin de la scène 5 atteint le deuxième point culminant de l'opéra avec le second trio des Parques **A** (voir p. 881). Saisissant d'invention par ses modulations et ses chromatismes descendants, ce trio dut être supprimé à cause de sa difficulté. Par l'utilisation de timbres graves (Thésée et Pluton) et l'élimination des dessus (dans le chœur comme dans le trio), Rameau cultive l'impression de profondeur caractéristique de ce tableau des Enfers.

Acte III. Cet acte est fortement encadré par deux monologues, l'air de Phèdre (sc. 1) **B**, sorte d'invocation pathétique à Vénus, et celui de Thésée (sc. 9), véritable mosaïque enchaînant récitatif simple, récitatif accompagné, air (*« Puissant maître des flots »*), symphonie descriptive (*Frémissement des flots*) et air (*« Le sang a beau crier »*), énergique et haché, comme la décision de Thésée réclamant la mort de son fils. La scène 3 est entièrement consacrée au conflit entre Hippolyte et Phèdre. Rameau y excelle dans l'art d'imbriquer toutes les formes de récitatifs, airs en dialogue et même duo. L'une des plus heureuses trouvailles de l'acte consiste en l'insertion du divertissement dans l'action. Alors que Thésée, revenu en secret des Enfers, a cru au mensonge d'Œnone sur l'amour incestueux d'Hippolyte, les Trézéniens et les matelots s'apprêtent à fêter leur roi. Thésée entend le motif joyeux de leur marche (sc. 7) mais décide de dissimuler son trouble pendant tout le divertissement pour le laisser éclater dans son monologue (sc. 9). Ce divertissement est le lieu d'un chœur fugué célèbre (*« Que ce rivage retentisse »*), construit sur le modèle du grand motet avec ritournelles d'orchestre et opposition des petit et grand chœurs.

Acte IV. De forme rondeau, le monologue d'Hippolyte (*« Ah ! faut-il, en un jour*, sc. 1) retrouve le ton élégiaque propre aux deux amants, qui se maintient jusqu'au divertissement (sc. 3). L'entrée subite du chœur (*« Quel bruit ! quels vents »*, fin de la sc. 3) amorce une des plus belles pages de l'histoire de l'opéra. Le vœu de Thésée se réalise : Hippolyte est happé par un monstre dans une agitation où les cris du chœur se mêlent à ceux d'Aricie (« Hélas, Hippolyte ne paraît pas ») sur les grondements de l'orchestre. Puis la trame se déchire pour laisser émerger la plainte d'Aricie et les lamentations du peuple (« Hippolyte n'est plus ! »). Cet appel, fondé sur un motif descendant, sert de tremplin et d'articulation au grand air de Phèdre (sc. 4) **C**. Trois étapes conduisent peu à peu la reine à la mort : elle prend connaissance des faits par un dialogue avec le chœur, elle exprime ses remords dans une sorte de déclamation mesurée traduisant son trouble (« Qu'ai-je fait ? »), elle avoue enfin son crime dans un récitatif accompagné presque arioso aux harmonies flamboyantes. Le chœur lance alors sa dernière plainte, conclusion tragique et sublime.

Acte V. Rameau donne à Thésée un nouveau monologue de forme ouverte. La ligne mélodique disloquée et l'orchestre tourmenté par un rythme pointé obsessionnel, écho des Enfers, soulignent encore l'atmosphère désespérée de l'opéra. Le second tableau réintroduit un climat serein avec le monologue d'Aricie (*« Où suis-je* [...] *Quels doux concerts »*, sc. 1). L'arrivée de Diane et du chœur des bergers et bergères donne à la scène un ton pastoral auquel appartient la charmante *Musette* reprise par le chœur. Enfin, l'ariette d'une bergère (*« Rossignols amoureux »*), air de virtuosité hors sujet, cède à la mode italienne.

Avec *Hippolyte et Aricie*, Rameau parvient à une sorte de perfection de la tragédie en musique, réunissant l'image lointaine de la tragédie antique et une qualité musicale exceptionnelle qui renouvelle l'esthétique baroque, invente de nouvelles formes vocales et construit l'opéra comme une grande forme dramaturgique.

Éditions et rééditions — **a)** Livret : Paris, J.-B.-Chr. Ballard, 1733, 2/1733, 3/1742 ; 4/ Paris, Veuve Delormel et fils, 1757 ; 5/ De Lormel, 1767. — **b)** Musique : Paris, l'Auteur, [1733] ; éd. mod. par V. D'INDY et CH. MALHERBE, Œuvres complètes de J.-Ph Rameau publ. sous la dir. de C. SAINT-SAËNS, vol. VI, Paris, Durand, 1900.

Bibliographie — Le Mercure de France, oct. 1733, sept. 1742, juin 1767 ; B. DE LABORDE, Essai sur la musique ancienne et moderne, t. III, Paris 1780 pp. 464-465, 469 ; A. ADAM, Derniers souvenirs d'un musicien, Paris 1859, 2/1871 pp. 54-56 ; G. GRAF, J.-Ph. Rameau in seiner Oper Hippolyte et Aricie : eine musikkritische Würdigung, Wädenswil 1927 ; P.-M. MASSON, L'opéra de Rameau, Paris 1930, 2/1943, 3/ New York, Da Capo Press, 1972 ; P. BERTHIER, Réflexions sur la vie et l'art de J.-Ph. Rameau, Paris 1957 pp. 34-43 ; E. G. AHNELL, The concept of tonality in the operas of J.-Ph. Rameau (diss. Univ. of Illinois, 1958) ; J. MALIGNON, Rameau, Paris 1960 pp. 33-47 ; C. GIRDLESTONE, J.-Ph. Rameau, Bruges, Desclée De Brouwer, 1962, 2/1983, pp. 140-202 ; C. AYREY, J.-Ph. Rameau and the tragédie lyrique (diss. Univ. of Auckland, 1977) ; E. LANG-BECKER, Szenentypus u. Musik in Rameaus tragédie lyrique (diss. Heidelberg, 1977), Munich et Salzbourg, Katzbichler, 1978, Beiträge zur Muskiforschung 7 ; M. CYR, Rameau e Traetta, *in* NRMI XII/2, 1978 ; C. E. VERBA, A hierarchic interpretation of the theories and music of J.-Ph. Rameau (diss. Chicago, 1979) ; D. HEARTZ, art. Traetta, *in* Grove, 6/1980 ; C. RENOULT, Rameau ou la maturité de la déclamation lyrique (d'après Hippolyte et Aricie), *in* Musique Ancienne, nº 11, avr. 1981 ; PH. BEAUSSANT, D'Hippolyte et Aricie aux Boréades, l'opéra de Rameau, *in* Harmonie-Opéra XVIII/22, 1982 ; PH. BEAUSSANT (éd.), Rameau de A à Z, Paris, Fayard, 1983 ; J. MALIGNON, Petit Dictionnaire Rameau, Paris, Aubier, 1983 ; J.-Ph. Rameau, Colloque intern., Actes publ. par J. DE LA GORCE, Paris et Genève, Champion-Slatkine, 1987 (voir en particulier les art. d'E. Lemaître, J. Morel et M. Noiray).

S. BOUISSOU

(LES) HIRONDELLES ROSES, mélodie pour chant et piano d'**Adrien Boieldieu** (1816-1883), sur des paroles d'Aimé Gourdin (Paris, Heugel, *Le Ménestrel*, 19.3.1856), Moderato, en *si* ♭ maj., structurée en une introduction pianistique de 4 mesures suivie de trois couplets avec refrain. Fils du célèbre auteur de *La Dame blanche*, Adrien Boieldieu a souffert de la renommée de son père auquel on a longtemps attribué ses romances et ses mélodies. Cette page est un hymne aux charmes de l'hirondelle qui évoque le printemps, donc la vie. La ligne mélodique, souple et chantante, se développe dans un large ambitus et laisse une impression de mobilité. Quant à l'accompagnement harmonique du piano, il propose, dans la partie centrale de l'œuvre, des mélismes qui symbolisent la légèreté de l'oiseau et son envol dans le ciel **A**. Cette image dénote bien le climat romantique toujours présent dans les esprits après 1850 : elle témoigne du besoin de liberté et de bonheur en une période de mutation sociale. Alors que s'installe la société indus-

B Hippolyte et Aricie

Tendrement, sans lenteur

C Hippolyte et Aricie

A (Les) Hirondelles roses

trielle sous le second Empire, le romantisme sentimental n'est pas mort et semble être un refuge face aux bouleversements économiques.

É. MALFROY

(DER) HIRT AUF DEM FELSEN (Le Pâtre sur le rocher), lied pour voix, clarinette et piano de **Franz Schubert** (D 965), sur un texte poétique de Wilhelm Müller et Helmina von Chézy, composé en oct. 1828, publié à Vienne comme œuvre posthume, chez Tobias Haslinger, en juin 1830, avec le numéro d'opus 129. (Durée : 11 min 56 s.) L'œuvre avait été commandée dès 1825 par la célèbre cantatrice Anna Milder-Hauptmann qui la créa à Riga en mars 1830.

Le texte — probablement conçu par la cantatrice elle-même — est un curieux mélange de trois poésies différentes. L'ensemble est passablement embrouillé et n'a jamais été clairement expliqué. Le début et la fin sont fournis par deux poésies de W. Müller, *Der Berghirt* (Le Pâtre montagnard), strophes I à IV, et *Liebesgedanken* (Pensées d'amour), strophe II ; le milieu provient de deux strophes créées pour les besoins de la cause par H. von Chézy. Le tableau suivant montre la répartition de ces diverses provenances (*Berghirt* = Bh ; *Liebesgedanken* = Lg ; H. von Chézy = H.C.) :

Mesures	39-50	51-63	64-69	
Strophes	I	II	III	
Provenance	Bh I	Bh II	Bh III	

Mesures	70-75	76-95	96-107	108-126
Strophes	IV	III	I	II
Provenance	Bh IV	Bh III	Bh I	Bh II

Mesures	127-163	164-218	219-262
Strophes	V	VI	VII
Provenance	HC I	HC II	Lg II

Mesures	263-288	289-314	315-349
Strophes	III	VII	III
Provenance	Bh III	Lg II	Bh III

On comprend que Schubert n'ait été ni pressé ni enthousiasmé pour composer ce morceau de bravoure destiné à mettre en évidence les exceptionnelles qualités vocales de la commanditaire. Mais l'originalité de l'apport de la clarinette et le très grand ambitus vocal disponible (deux octaves du *si* ♭ grave au *si* ♭ aigu) devaient aiguiser la plume du compositeur. Aussi nous livre-t-il une pièce fort réussie, qui, à vrai dire, tient davantage de l'aria de concert que du lied. Elle se divise en deux grands volets. La première partie, après une longue introduction où la clarinette déroule sa mélodie avec grâce et légèreté, adopte la découpe refrain-couplet-refrain-couplet. Le refrain est sans doute la partie la mieux connue de tout le morceau : imitation très réussie du jodler tyrolien, de grande fraîcheur, avec des répons en écho à la clarinette. Le premier couplet est plus banal. Quant au second couplet — qui correspond aux deux strophes interpolées par H. von Chézy —, il se présente plutôt à la façon d'une transition : le pâtre est bien triste dans sa solitude des sommets, mais il entend dans la forêt un air qui le remplit d'espoir. Et l'on arrive ainsi à la seconde partie qui est un chant de bienvenue au printemps. Le rythme change (2/4 au lieu de 3/4) et le tempo s'accélère. Une mélodie badine et légère, sans prétention, met en évidence la prouesse vocale avec ses acrobaties et ses vocalises qui sont reprises par la clarinette. La coda ne fait qu'amplifier ce principe et se termine en véritable feu d'artifice. Voici la découpe générale de ce morceau brillant et fort original :

Partie I

Mesures	1-38	39-63	64-95	96-126	127-218
Sections	Introduction	I A	II B	III A'	IV C
Sous-sections		a+a	b+b'+b"	a+a'	c+d
Strophes		I-II	III-IV-III	I-II	V-VI

Partie II

Mesures	219-262	263-288	289-314	315-349
Sections	VD	VI E	VII D'	Coda = D"
Sous-sections	e	f	e'	d"
Strophes	VII	III	VII	III

Dans la seconde partie, les sections et sous-sections sont identiques.

S. GUT

HISTOIRES NATURELLES, 5 mélodies pour chant et piano de **Maurice Ravel**, sur des textes de Jules Renard (1894), composées en 1906, créées à Paris, Salle Érard, le 12 janv. 1907, par Jane Bathori, dédicataire de la première mélodie, pour qui le recueil aurait été conçu, et l'auteur au piano. (Paris, Durand, 1907 ; durée : 15 min 30 s environ.)

Les réactions furent très diverses : E. Vuillermoz parle de « la stupeur » que provoqua, lors de sa création à la Salle Érard, l'album des *Histoires naturelles*. Selon lui, les amis de Ravel y retrouvaient les intonations mêmes de l'auteur. « C'est la voix de Ravel, c'est l'élocution de Ravel, ce sont les tics familiers de Ravel qui ont créé cette mélodie quasi parlando. » Debussy n'apprécia guère la modernité de l'œuvre et, répondant à un article plutôt élogieux de L. Laloy, il lui reprocha d'avoir « sacrifié délibérément le pur et instinctif chef-d'œuvre que sont les *Enfantines* [il s'agissait d'une comparaison entre Moussorgski et Ravel] à l'américanisme voulu des *Histoires naturelles* ». Plus tard, il s'excusera auprès de Laloy de la vivacité de sa réponse par ces mots : « Entre nous, est-ce que vous croyez sincèrement à la musique humoristique ? » Audace digne du café-concert ? américanisme ? humour déplacé ? La révolution prosodique ravélienne ne procède certes pas du récit debussyste, mais semble au contraire vouloir libérer le texte de toute tutelle musicale, chaque poème justifiant sa propre mise en musique. Le poète Jules Renard se déclara « étonné de voir ses textes devenir des mélodies. Cette entreprise lui paraissait tout à fait absurde » (E. Vuillermoz). Le public enfin crut à la provocation et le premier vers du *Martin-Pêcheur*, « Ça n'a pas mordu ce soir », ne manqua pas d'amuser. En effet, comment ces petits chefs-d'œuvre d'ironie et de minutie pouvaient-ils s'intégrer au répertoire sérieux de la mélodie française ? Comment supporter, dans un corpus si conformiste, la suppression de l'e muet et des diphtongues

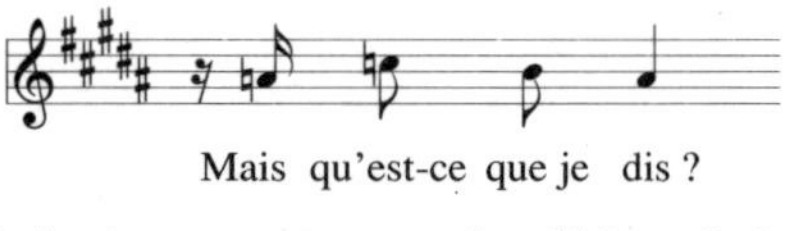

et ce choix de respecter toutes les élisions de la langue parlée ? L'exemple avait bien été donné par Chabrier et

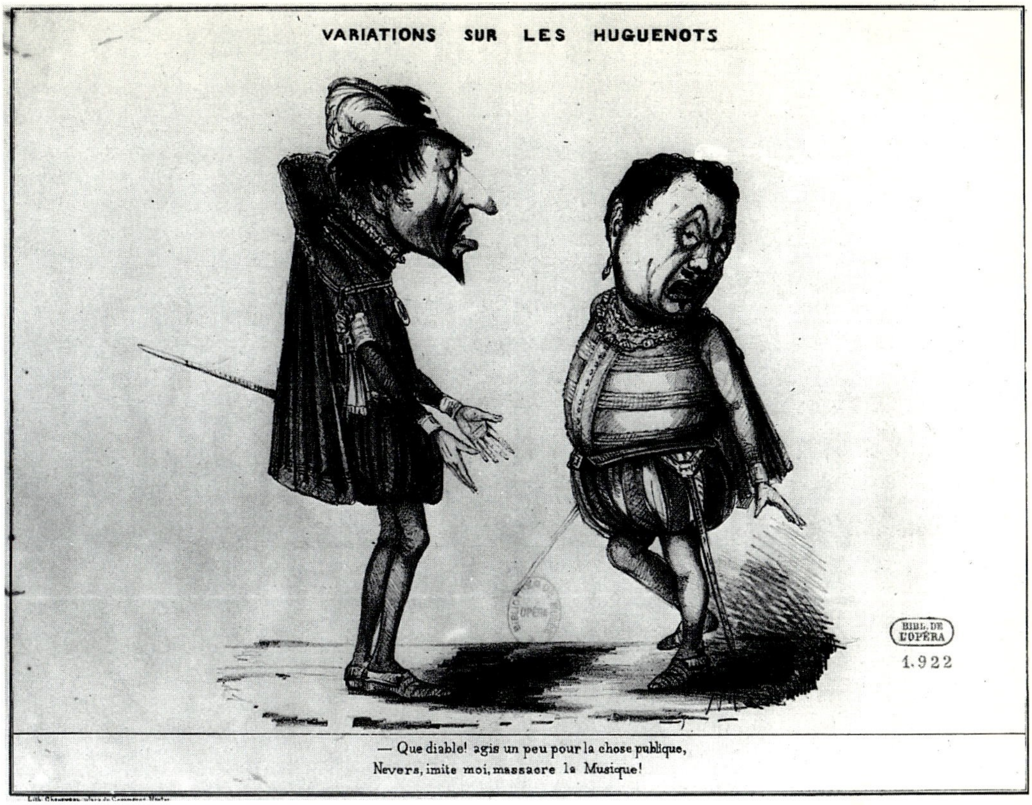

Caricature réalisée après une représentation des *Huguenots* de G. Meyerbeer, créés à l'Opéra de Paris en 1836.
Bibliothèque-musée de l'Opéra, Paris.
Ph. © Bibl. nat.-Photeb.

Marie Renard (Hänsel), Paula Mark (Gretel) et Mary Lehmann (la Sorcière) dans une représentation en 1894 de *Hänsel und Gretel* d'E. Humperdinck, créé en 1893.
Ph. © Bildarch. der Österreichischen Nationalbibliothek, Vienne.

L'Heure espagnole de M. Ravel, créée en 1911. Dessin aquarellé d'A. Mare pour le costume de Concepción, lors d'une représentation à l'Opéra de Paris en 1921.
Bibliothèque-musée de l'Opéra, Paris. Ph. © Bibl. nat.-Photeb © by SPADEM, 1991.

Hamlet d'A. Thomas, créé en 1868. Esquisse de décor de Ph. Chaperon pour l'acte I, lors d'une reprise à la salle Garnier en 1896.
Bibliothèque-musée de l'Opéra, Paris. Ph. © Bibl. nat.-Photeb.

Satie, mais ces œuvres s'étaient par ailleurs volontairement mises en marge du milieu traditionnel, ce qui leur assurait moins la critique que l'indifférence. Provocation par le sujet, par le traitement prosodique, etc., pourtant Ravel trouvait dans ces textes « une poésie profonde et cachée ». Allusion au monde de l'enfance ? à celui plus complexe des automates, toujours en mouvement comme dans le *Grillon* ? Sortilèges des animaux humanisés jusque dans leurs réactions les plus intimes ? On peut rapprocher les *Histoires naturelles* de *Ma mère l'Oye* (1908), pièces pour piano à 4 mains, dans lesquelles Ravel souhaitait évoquer la poésie de l'enfance en simplifiant sa manière et dépouillant son écriture.

1. *Le Paon*, en *fa* maj., Sans hâte et noblement (durée : 4 min 30 s environ), chef-d'œuvre d'anthropomorphisme, décrit la suffisance du paon abandonné par sa fiancée au jour même de ses noces et remettant tranquillement la cérémonie au lendemain. La discordance des causes et des effets apparaît à chaque instant dans l'opposition des tonalités (bitonalité de l'entrée), de la marche pesante de l'animal soutenant un récit léger (strophe 1) ou des frottements de seconde de l'accompagnement et du lyrisme vocal (strophe 2) ; les brusques effets scéniques de la strophe 3 (le cri diabolique « Léon ! Léon ! ») ramènent, dans la strophe 4, la marche majestueuse du début. Un glissando des deux mains figure le gracieux mouvement du paon relevant sa robe. **2.** *Le Grillon*, en *ré* ♭ maj., Placide (durée : 2 min 55 s environ) mais aussi tatillon, régulier et suraigu, poursuit inlassablement sa besogne quotidienne et... se repose ! La seconde partie de la mélodie s'enfonce dans le rêve : Grillon remonte sa montre, s'enferme à double tour et va dormir. Majestueuse et soutenue, une grande phrase lyrique termine l'œuvre, prenant à témoin le calme sidéral qui contraste avec l'activité maniaque du petit insecte. **3.** *Le Cygne*, en *si* maj., Lent (durée : 2 min 50 s environ), joue avec humour de la dualité de ce bel animal, vision céleste mais organisme vorace, irrésistiblement attiré par le ver de vase. L'impressionnisme du permier registre va mettre en valeur le récit saccadé du second, à peine rythmé d'accords secs et dissonants. Le traitement prosodique marque aussi la différence : glissement inconscient vers l'écriture traditionnelle pour le cygne immaculé

et élisions brutales pour le cygne vorace.

Rien n'est donc systématique dans cette révolution prosodique, d'ailleurs vite abandonnée dans les années qui suivront. **4.** *Le Martin-Pêcheur*, en *fa* ♯ maj., On ne peut plus lent (durée : 2 min. 15 sec. environ), débute comme un récit sur des silences ou tenues de l'accompagnement. Jouant ensuite de l'opposition des langages, Ravel isole les derniers vers en une déclamation alanguie et soutenue, marquant le passage de la description à la réflexion sur les mots : « Et je suis sûr qu'il ne s'est pas envolé de peur. » **5.** *La Pintade*, en *mi* maj., Assez vite (durée : 3 min environ), véritable feu d'artifice, fait un finale très convenable à cette suite de tableaux naturalistes. Frénétique, l'oiseau joue à l'enfant mal élevé, sournois, brutal et criard, préfigurant les meilleurs moments de *L'Enfant et les sortilèges*. Mais ce n'est que justice : la laideur de son corps induit celle de son âme. Chef-d'œuvre du discontinu, la mélodie ne contient pas moins de 18 indications de tempo ainsi qu'une dynamique très contrastée, en perpétuel changement. De beaux effets figuralistes jalonnent le discours, en particulier une impression d'éloignement conjuguant tessiture et nuances lorsque la pintade, lasse de ses espiègleries, s'arrête un instant.

Cette suite de mélodies, très datée par son style et sa prosodie, mérite une exécution intégrale. L'alternance y est très nettement dessinée ainsi que la progression vers le finale. Effets et oppositions sont à souligner sans hésitation, comme durent le faire Jane Bathori et M. Ravel lors de la première audition.

Bibliographie — Auteurs divers, M. Ravel par quelques-uns de ses familiers, Paris 1939 ; J. Bruyr, M. Ravel ou le lyrisme et les sortilèges, Paris 1949 ; R. Delage, Ravel and Chabrier, *in* MQ LXI/4, 1975 ; L. Laurent et A. Tainsy, Jane Bathori et le Théâtre du Vieux Colombier, *in* RMie LXX/2, 1984 ; voir aussi la bibliogr. de l'art. *Trois Poèmes de Stéphane Mallarmé*.

M.-Cl. Beltrando-Patier

Historia des Leidens und Sterbens unsers Herrn und Heylandes Jesu Christi nach dem Evangelisten S. Matheum (Histoire de la Passion et de la mort de Notre Seigneur et Sauveur Jésus-Christ selon l'Évangile de saint Matthieu), Passion de **Heinrich Schütz** (SWV 479), pour 2 sop., alto, 3 ténors et 2 basses (1666). (Durée : 50 min environ.)

Composée à la suite des Passions selon saint Luc (1663 ou 1664) et saint Jean (1665-66), cette Passion est la dernière de celles que Schütz écrivit dans sa vieillesse pour les services religieux de la cour de Dresde. Toutes trois se réfèrent au type de la Passion-répons, où le texte de l'Évangile se répartit entre des chanteurs solistes (Évangéliste, Jésus, autres personnages ou « soliloquentes ») et un ensemble vocal polyphonique (« turbae »). C'est sans doute pour se conformer à l'esprit de la liturgie, et aux usages de la cour de Dresde en la matière, que Schütz renonce à tout accompagnement instrumental et même à la basse continue. Les trois œuvres sont transmises par un manuscrit postérieur à la mort de Schütz (v. 1692-97), lequel contient en outre une Passion selon saint Marc d'un style différent, naguère attribuée à Schütz mais reconnue actuellement comme étant de son futur successeur, Marco Giuseppe Peranda, alors vice-maître de chapelle à la cour de Dresde. (cf. Bibliogr., art. de W. Steude).

Le texte de l'Évangile de Matthieu (chap. 26 et 27), mis en musique de manière continue, sans subdivisions apparentes, est encadré par une brève annonce introductive et, en guise de conclusion, par la dernière strophe, *« Ehre sei dir Christe »* (Honneur à toi Jésus-Christ) du choral *« Ach wir armen Sünder »* de Hermann Bonnus. A l'égard du texte biblique, Schütz prend la liberté de répéter certains mots, p. ex. « der, der wird mich verraten » (celui, celui qui me trahira) ou certains membres de phrases, « Ja nicht, nicht auf das Fest [...] ja nicht, nicht auf das Fest » (Que ce ne soit pas, pas pendant la fête...).

Le caractère stylistique le plus frappant de la Passion selon saint Matthieu — comme des autres Passions de Schütz — réside dans la sévérité et le dépouillement dus à l'absence d'instruments, bien que ce caractère résulte probablement de contraintes extérieures. Pour les récitatifs monodiques, Schütz crée un style personnel de déclamation mélodique, dont l'originalité est particulièrement accusée dans la présente œuvre. Il se caractérise par une mélodie qui n'est plus liée au ton de lecture traditionnel de la Passion mais qui se trouve enrichie par des procédés déclamatoires, rhétoriques et figuralistes empruntés au récitatif expressif de la monodie italienne et de l'opéra contemporains : accentuation ou répétition de certains mots, séquences, mélismes, altérations chromatiques, modulations fréquentes, intervalles caractéristiques. L'exemple suivant en donne une idée, avec la répétition en séquence mélodique de la question posée par Judas (« Que voulez-vous me donner ? »), l'insistance sur le mot « ich » (je) par répétition sur une note aiguë, l'altération chromatique (*mi* ♭ et ♮) entraînant une modulation, et le mélisme de « verrathen » (trahir).

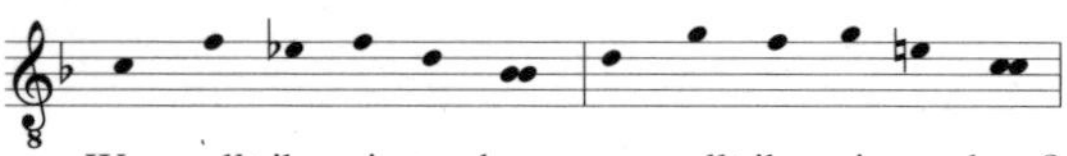

Dans les « turbae » polyphoniques, traitées uniformément à 4 voix mais selon des dispositions vocales variées, Schütz fait montre d'un sens dramatique et descriptif frappant. Une écriture contrapuntique souple, en imitations, inclut des tournures figuralistes pour obtenir une forte mise en relief des mots et de leur intensité affective. Le pièce conclusive présente un langage plus évolué (chromatisme, emploi poussé de l'accord de 7e de dominante et de ses renversements) et a de ce fait suscité depuis longtemps des doutes quant à son authenticité (cf. Bibliogr., art. de Fr. Spitta) ; des recherches récentes ont permis de l'attribuer à M. G. Peranda (cf. W. Steude, *in* Schütz-Jb. IV-V, 1982-83).

En vertu de leur restriction à des moyens purement vocaux et au seul texte biblique, les Passions de Schütz en général et celle selon saint Matthieu en particulier apparaissent à l'époque de leur composition comme une ultime floraison de la Passion-répons. Dans le même temps, la faveur croissante de la Passion-oratorio amène un profond renouvellement du genre : accompagnement instrumental, interpolations textuelles et — de façon générale — conception à tendance théâtrale.

La redécouverte des Passions de Schütz, à la fin du XIXe s., s'est accomplie rétroactivement par rapport aux chefs-d'œuvre de J. S. Bach : on espérait trouver dans les productions de son prédécesseur une préfiguration des siennes propres. A la diffusion d'un tel point de vue contribuèrent largement les adaptations des Passions de Schütz publiées par A. Mendelssohn (1887, saint Matthieu ; 1890, saint Jean ; 1926, saint Luc ; Leipzig, Br. & H.) : le rythme libre des récitatifs y est transcrit en valeurs mesurées, et un accompagnement d'orgue est ajouté à l'ensemble afin de faciliter l'exécution ; le réviseur intercale en outre des strophes de choral et préconise l'insertion liturgique de ces Passions dans un cadre cultuel. Il fallut attendre le mouvement du « Singkreis », au début des années 1920, et l'influence du « Cercle Heinrich Schütz » sous l'impulsion de W. Kamlah pour que les Passions de Schütz recouvrent leurs pleins droits d'œuvres à part entière et ne soient plus seulement vues comme d'« archaïques prototypes des Passions de Bach » (W. Kamlah, 1934).

Éditions — Par Ph. Spitta, *in* H. Schütz. Sämtliche Werke I, Leipzig, Br. & H., 1885 ; par Fr. Schmidt, Kassel, BV, 1929, repris dans H. Schütz. Neue Ausgabe sämtlicher Werke II, Kassel, BV, 1957 ; par Fr. Stein, Londres, Eulenburg.

Bibliographie — Fr. Spitta, Die Passionen nach den vier Evangelisten von H. Schütz, Leipzig 1886 ; Ph. Spitta, Die Passionsmusiken von J. S. Bach und H. Schütz, Hambourg 1893 ; H. Hoffmann, Matthäus Passion von H. Schütz, *in* Singgemeinde V, 1928-29 ; R. Gerber, Das Passionsrezitativ bei H. Schütz und seine stilgeschichtlichen Grundlagen, Gütersloh 1929 ; A. Heuss, Die Matthäuspassionen von H. Schütz und J. S. Bach in ihren Chören, *in* ZfM XCVI, 1929 ; W. Blankenburg, Zu H. Schütz's Passionen, *in* MuK VII, 1935 ; R. Hirth, H. Schütz und seine « Matthäus-Passion », *in* Deutsche Musik III, 1935 ; R. Hernried, H. Schütz' « Matthäus-Passion », *in* Musica Divina XXV, 1937 ; K. von Fischer, Die Passionshistorien von H. Schütz und ihre geschichtlichen Voraussetzungen, *in* Musik und Gottesdienst XX, 1966 ; W. Steude, Die Markuspassion in der Leipziger Passionen-Handschrift des J. Z. Grundig, *in* Deutsches Jb. für Mw. XIV, 1969 ; P. Kr. Formo, The « Matthew Passion » of H. Schütz. A conductor's analysis and suggestions for performance (diss. Univ. of Iowa, 1976) ; W. Witzenmann, Tonartenprobleme in den Passionen von Schütz, *in* Schütz-Jb. II, 1980.

J. Neubacher

Historia di Job (Histoire de Job), histoire sacrée de **Giacomo Carissimi** pour sop., haute-contre et basse soli, b.c. (orgue), sur un livret en latin tiré du Livre de Job, composée à Rome, vers 1650, pour l'église San Apollinare ou pour le Collegium germanicum des jésuites, dont le compositeur fut le maître de musique de 1630 à sa mort en 1674. (Durée : 15 min environ.)

Une succession de dialogues, divisés en trois épisodes principaux, constitue l'essentiel de ce court oratorio. Il débute par une longue discussion où le Diable met à l'épreuve la foi de Job. Plusieurs récits se succèdent : ceux du Diable, *« Audi Job »* (Écoute, Job), de Job, *« Quae me flagellant voces »* (Ces paroles me tourmentent) et de l'Ange, *« Te tuebor »* (Je te soutiendrai). De nouveau, le démon essaie de fléchir Job en lui rappelant les terribles épreuves qu'il subit — récits *« Boves arabant »* (Les bœufs labouraient), *« Ignis dei occidit »* (Le feu du ciel tomba), *« Filiis suis »* —, mais Job, impassible, répond à chaque intervention du Diable par le même air, *« Sit nomen Domini... »* (Que le nom du Seigneur soit béni) **A**, et l'Ange chasse le Diable — arioso *« Vade, spiritus malus »* (Va-t-en, esprit du Mal). Une dernière fois, le Diable revient à la charge, mais, assisté de l'Ange, Job l'écarte — air en trio *« Quae me vox agitat »* (Pourquoi rejettes-tu ce que je dis ?). L'Ange et Job concluent par un duo d'action de grâces.

Dans cette œuvre qui n'exige pour tout instrument qu'un orgue destiné à tenir les notes longues de la basse continue, Carissimi montre toute son habileté à écrire pour les voix. Récits déclamatoires et passages syllabiques contrastent avec des ariosos volubiles ou des airs aux rythmes réguliers et dansants. Attentives à l'exégèse du texte, les mélodies caractérisent les personnages : un ambitus réduit, des successions de croches, des rythmes réguliers marquent la résignation de Job, tandis que la fureur du Diable est soulignée par des sauts d'octaves, un large ambitus vocal, des rythmes chaotiques et l'emploi d'altérations accidentelles.

Probablement exécutée en temps de Carême, en remplacement d'une lecture, ou tenant lieu de psaume (reprise incessante de l'air *« Sit nomen Domini »*), cette histoire se distingue de la grande fresque sonore qu'est → *Jonas* ou des scènes dramatiques du → *Judicium*

Salomonis par la place restreinte qu'y tient l'action proprement dite. Sa brièveté, ses effectifs réduits au minimum, l'absence de tout narrateur, mais aussi la qualité des parties vocales, annoncent les dialogues virtuoses que M.-A. Charpentier, élève de Carissimi, composera à Paris quelques années plus tard.

Sources — Paris, BN, Vm[1] 1468, Coll. Brossard.

Éditions modernes — Par F. Ghisi, R. Lupi et C. Dall' Argine, *in* Monumenti III/1, Rome, Istituto italiano per la storia della musica, Accad. nazionale di S. Cecilia, 1951.

Bibliographie — Voir celle de l'art. *Baltazar.*

A. Fiaschi

Historia divitis ou *Dives malus* (Histoire du riche ou Le Mauvais Riche), histoire sacrée de **Giacomo Carissimi** pour 2 sop., 2 ténors et 2 basses soli, 2 chœurs (SSTB et SATB comprenant également des solistes qui s'affranchissent parfois des masses chorales pour chanter séparément), 2 dessus de viole, viole de gambe et b.c. (orgue), écrite sur un livret en latin librement inspiré de l'Évangile selon saint Luc (16, 19-31) contant l'histoire du mauvais riche jeté aux enfers pour n'avoir pas eu pitié du pauvre Lazare, composée probablement après 1650 pour l'église San Apollinare des jésuites à Rome. (Durée : 35 min environ.)

L'œuvre débute par un récit syllabique décrivant le mauvais riche en train de festoyer. A sa porte, le mendiant Lazare s'éteint dans la misère, triste fin décrite par l'air *« Dum ad ostium »* (Pendant qu'à sa porte). L'âme de Lazare monte au ciel, tandis que le mauvais riche, mourant lui aussi, est entouré d'une troupe de démons qui l'admonestent dans un air pour double chœur, *« Iam satis »* (Tu as mangé). Le mauvais riche se révolte, supplie dans une succession de récits ou d'ariosos tragiques, sans cesse interrompus par les reproches des démons. Doubles chœurs, ariosos et airs mènent à un dernier double chœur dantesque, *« Igneas tartari »* (Tu vas dans la fournaise), que conclut une ritournelle au rythme de fanfare. Arrivé aux enfers, le mauvais riche supplie Abraham d'envoyer Lazare sauver ses frères des tourments éternels. Un chœur de lamentation, *« O dives... »* (Ô riche très malheureux), lui rappelle que tout est vain, idée reprise dans trois ariosos dont le dernier, *« Avernales... »* (Parmi les peines de l'Enfer), fournit également les paroles du chœur final apocalyptique, où les mots « gementes » (gémir) et « in barathro » (dans l'abîme des enfers) se trouvent soulignés par la musique.

Grande fresque sonore rappelant le → *Diluvium universale*, cette histoire sacrée résume tout l'art développé par Carissimi dans ses oratorios : récits syllabiques chargés de faire progresser l'action, ariosos aux lignes mélodiques audacieuses lorsque les sentiments exprimés atteignent leur paroxysme, nombreuses sections en forme d'air prolongeant les moments dramatiques, doubles chœurs où alternent les soli et les masses homophoniques, ritournelle rappelant les trompettes du jugement dernier. Une exégèse figuraliste du texte omniprésente, p. ex. sur les mots « tuam vastam ingluviem explebant » (comblaient ta vaste goinfrerie) **A**, ou sur « aeternos » **B**, remplace décors, costumes, jeux scéniques absents lors de l'exécution de ce qui reste avant tout une œuvre de théâtre chargée de transmettre un message spirituel.

Sources — Ms. Paris, BN, Vm[1] 1476 (Coll. Brossard).

Éditions modernes — Par L. Bianchi, *in* G. Carissimi. Le opere complete, Pubblicazioni dell'Istituto italiano per la storia della musica, Monumenti III/5, Rome, Acad. nazionale di S. Cecilia, 1958.

Bibliographie — Voir celle de l'art. *Baltazar.*

A. Fiaschi

Historia Esther, histoire sacrée de **Marc-Antoine Charpentier** pour 6 solistes (2 sop., 2 ténor, 2 basses), 2 chœurs à 4 voix, 2 vl., fl. et b.c. (orgue spécifié dans le manuscrit), écrite sur un texte latin élaboré par un auteur inconnu d'après le livre de Judith (chap. 1 et 8), exécutée la 2e semaine du carême, probablement vers 1675, dans un grand oratoire parisien au cours des dévotions publiques proposées par l'Église en ce temps de pénitence préparant Pâques. (Paris, BN, Rés. Vm[1] 259, cahiers 17-18, vol. III fol. 12v-31 ; durée : 30 min environ.)

L'œuvre débute par un chœur narratif, un récit de haute-contre et un trio présentant la situation et les acteurs du drame et rappelant comment Vasthi, première épouse du roi Assuérus, fut répudiée sur les conseils de Mamuchan. Libre, Assuérus choisit pour épouse une jeune juive, Esther, et comble de bienfaits

A **Historia di Job**

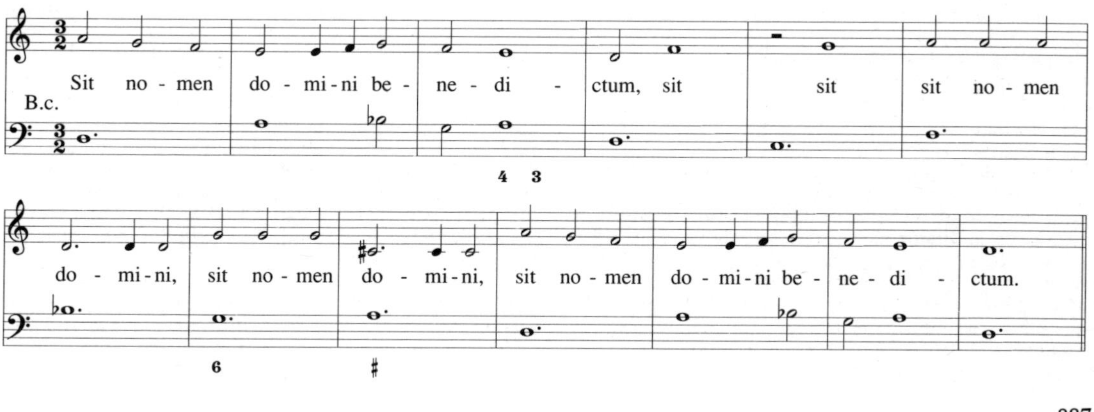

A **Historia divitis**

B **Historia divitis**

son conseiller favori, Aman. Cependant, Mardochée, tuteur d'Esther, refuse de rendre hommage à Aman qu'il sait ennemi du peuple d'Israël. Aman décide alors de perdre les juifs et propose au roi de faire régner la paix dans ses États. Ignorant les vrais projets de ce dernier, Assuérus l'approuve tandis que Mardochée, conscient du danger, prend le deuil. Cet élément tragique fait brutalement basculer le drame. Esther apprend le danger qui guette les siens mais, se sentant impuissante, chante son désespoir dans un douloureux arioso interrompu par un récit vif où un messager l'incite à rencontrer le roi. Elle s'y prépare puis entre chez son mari qui, inquiet de sa pâleur, la questionne. Commence alors un émouvant duo qu'Esther conclut en demandant qu'Aman soit invité à un banquet. Comblé, celui-ci décide la mort de Mardochée mais le roi lui demande de rendre hommage à Mardochée, son serviteur fidèle. Aman, contrit, se rend au banquet où le roi les rejoint et où il demande à Esther quel est son désir. Celle-ci implore alors la grâce de son peuple. Aman découvert doit mourir. Esther chante sa joie dans un grand air volubile, *« Jubilate fideles »* (Réjouissez-vous fidèles) **A**, auquel s'associe le traditionnel chœur d'allégresse qui conclut en apothéose les histoires sacrées du compositeur.

Respectueux à l'extrême du livret, Charpentier a conçu cette œuvre plus comme une pièce de théâtre que comme une grande composition vocale et instrumentale. Véritable enchevêtrement de sections narratives, interprétées par les chœurs mais aussi par un, deux ou trois « historicus », et de solos où s'expriment les personnages principaux, cet oratorio sans prélude ni symphonies, mais qui possède de nombreuses ritournelles instrumentales fondues dans les récits, ariosos ou chœurs, propose une utilisation originale des sections en forme d'air. Très courtes, elles s'insèrent dans les récits — comme lorsque Aman décide la perte des juifs (mes. 172) ou évoque sa haine pour Mardochée (mes. 435) — afin d'attirer l'attention des auditeurs sur les phrases clés du drame **B**.

Après Racine, après la Manufacture des Gobelins, M.-A. Charpentier aborde à son tour ce long et complexe texte biblique, très prisé au XVIIe s., qu'il transforme en une pièce dramatique vouée à souligner le courage exemplaire d'Esther. Assuérus est présenté comme un époux épris d'une reine qui connaît aussi le doute et les passions. Ainsi ces personnages mythiques se retrouvent soudain plus proches de nous.

Bibliographie — H. W. Hitchcock, Les œuvres de M.-A. Charpentier, Paris, Picard, 1982, n° 396, pp. 293-294 ; A. Fiaschi, Les histoires sacrées de M. A. Charpentier (diss. Univ. de Strasbourg II, 1991.)

A. Fiaschi

Höchsterwünschtes Freudenfest (Fête tant attendue), cantate en deux parties de **Johann Sebastian Bach** (BWV 194 ; NBA I/31), écrite pour sop., ténor et basse soli, chœur, 3 htb., cordes et b.c., exécutée pour la 1re fois à Störmthal près de Leipzig lors d'un culte célébré à l'occasion de la rénovation de l'église et de l'inauguration de l'orgue, reprise à Leipzig pour la Trinité les 4 juin 1724, 16 juin 1726 et 20 mai 1731. Il s'agit en réalité de la parodie spirituelle d'une cantate profane remontant à la période de Cöthen, qui ne nous est connue que par quelques parties instrumentales et dont le texte est perdu. (Durée : 47 min environ.)

Le texte poétique, d'auteur inconnu, est un chant d'action de grâces et de louange en même temps qu'une prière à Dieu afin qu'il fasse son entrée dans nos cœurs, purifiés à l'image de l'édifice rénové. Après un appel à l'allégresse, il fait dialoguer deux personnages qui expriment l'un le doute, l'autre la ferme assurance et s'achève par une invitation à la réjouissance, suivie par la voix de l'Église qui implore sur nous la bénédiction divine et demande que notre cœur soit le tabernacle de Dieu et sa Parole notre nourriture.

De son origine profane, l'œuvre tire la particularité suivante : chœur introductif et airs sont conçus sur le modèle d'une suite. Le chœur avec tout l'orchestre **1.** *« Höchsterwünschtes Freudenfest »*, en *si* ♭ maj., revêt la forme d'une ouverture à la française, tandis que les airs ont le caractère de danses stylisées : **3.** *« Was des Höchsten Glanz erfüllt »* (Ce qu'emplit l'éclat du Très-Haut), pour basse, htb., cordes et b.c., en *si* ♭ maj., une pastorale ; **5.** *« Hilf, Gott, dass es uns gelingt »* (Aide-nous, ô Dieu, afin que nous réussissions), pour sop., cordes et b.c., une gavotte ; **8.** *« Des Höchsten Gegenwart allein »* (La présence du Très-Haut seule), pour ténor et b.c., en *sol* min., une gigue ; **10.** *« O wie wohl ist uns geschehen »* (Comme le sort nous a été favorable), pour sop. et basse, 2 htb. et b.c., en *fa* maj., un menuet. Les récitatifs ont le caractère « secco » avec b.c. à l'exception de **9.** *« Kann wohl ein Mensch zu Gott im Himmel steigen ? »* (Un homme peut-il vraiment monter au ciel vers Dieu ?), qui est traité en duo pour sop., basse et b.c. et qui s'achève en arioso. Le choral à 4 voix qui termine la 1re partie, **6.** *« Heilger Geist ins Himmels Throne »* (Esprit saint sur le trône céleste), forme AAB, en *si* ♭ maj., est constitué par les strophes 6 et 7 du choral *« Treuer Gott, ich muss dir klagen »* de Johann Heermann (1630) et celui qui clôt la cantate, **12.** *« Sprich ja zu meinen Taten »* (Dis oui à mes actes), en *si* ♭ maj., par les strophes 9 et 10 du choral *« Wach auf, mein Herz, und singe »* (1647-53) de Paul Gerhardt.

Bibliographie — Voir celle de l'art. *« Ach Gott, vom Himmel sieh darein »*.

M. HONEGGER

HOCHZEITSSTÜCK, de **Gustav Mahler**, voir (DAS) KLAGENDE LIED.

« HODIE CANTANDUS EST », trope d'introduction à l'introït de la messe du jour de Noël, attribué à **Tuotilon** († 915), moine de l'abbaye de Saint-Gall, contemporain de Notker.

Sa mélodie, dont le style varie avec chacune des trois parties qui le composent, appartient au mode de *ré.* Pourtant, elle donne l'impression de ne plus relever entièrement de l'esthétique grégorienne. Les grandes articulations du texte, écrit en une prose où l'assonance fait son apparition, s'appuient sur les notes structurelles du mode : la finale *ré*, la corde principale *la* et, plus subtilement, sur les cordes secondaires *fa* et *sol.* **1.** *« Hodie cantandus est »* partie introductive, rappelle par son texte les circonstances de la naissance du Christ. La mélodie, ornée de quelques mélismes d'accent ou de finale, reste au grave. Elle évolue à l'intérieur de la quinté *ré - la*, mis à part une timide échappée au *do* sur « ineffabiliter ». S'appuyant principalement sur la corde *fa*, elle se donne des allures de mode plagal lorsqu'elle atteint la finale par le *do* sur « tempora pater » et sur « inclyta mater ». **2.** *« Quis est... »*, partie interrogative, s'oppose à la précédente dans un style plus récitatif et moins orné, par un ambitus qui s'élargit jusqu'à l'octave et une mélodie qui passe à un registre plus élevé. Elle évolue principalement dans la partie aiguë du mode, entre le *la* et le *ré* supérieur. Très expressive elle interroge, récitant sur le *ré* : « Qui est cet enfant ? » avant de se poser avec « vociferatis » en une cadence suspensive sur *la.* « Dites-

A HISTORIA ESTHER

B HISTORIA ESTHER

le nous » insiste le texte, soutenu par une mélodie têtue qui revient constamment sur les trois notes *fa*, *sol* et *la*. Elle se termine enfin par un retour à la finale, en une cadence redondante *do - ré - ré* familière aux séquences. **3.** *« Hic enim »*, réponse constituant la troisième partie, permet au trope de quitter son mode initial pour se raccorder à celui de l'introït → *« Puer natus est »* écrit en *sol* authente (voir l'art. Propre de Noël). Après une évolution au travers du tétracorde structurel commun aux deux modes *ré*, *fa*, *sol*, *la*, dont les fonctions deviennent alors amphibologiques, la mélodie se fixe définitivement sur le *sol* par une demi-cadence ambiguë qui introduit les premières notes de l'introït *« Puer natus est »*. Ce trope compte parmi les plus anciens. Par son style populaire il s'oppose au chant du propre qu'il introduit en une rencontre qui ne manque pas de saveur.

Traduction — Aujourd'hui, nous devons chanter l'enfant que le Père engendra de manière ineffable avant les temps et qui fut conçu dans le temps par sa glorieuse mère. [Question] Qui est cet enfant digne de tant d'acclamations ? Dites-le nous, afin que nous puissions nous associer à sa louange. [Réponse] Il est celui que le prophète, l'initié élu de Dieu, prévoyant qu'il viendrait sur terre, avait désigné depuis longtemps et avait annoncé ainsi.

(1) variante : sub

Bibliographie — L. Gautier, Histoire de la poésie liturgique au Moyen Age, Paris 1886, rééd. en facs. Farnborough, Gregg Intern. Publ. 1965-69 ; H. Husmann, Sinn und Wesen der Tropen, veranschaulicht in den Introitus Tropen des Weihnachtsfestes, *in* AfMw XVI, 1959 ; P. Evans, Some reflexions on the origin of tropes, *in* JAMS XIV, 1961 ; A. E. Planchart, The repertory of tropes at Winchester, Princeton Univ. Press, 1967 ; R. Jonsson, Corpus troporum I, Tropes du propre de la messe, 1. Cycle de Noël, Stockholm, Almqvist & Wiksel, 1976 ; R. Steiner, art. Trope, *in* Grove, 6/1980.

A. Dennery

« Hodie Christus natus est », antienne en 1er mode chantée aux secondes vêpres de Noël. Elle accompagne la psalmodie du → *Magnificat* dont on retrouve les formules (celles du 1er ton, correspondant au mode de l'antienne) dans la mélodie, composée sur des paroles non bibliques. Le membre de phrase initial (jusqu'à « est ») reprend, à peine modifiée, la première moitié du ton psalmodique : thème mélodique qui reviendra trois fois dans la suite, mais le quatrième « hodie » remplace l'intonation psalmodique par un expressif détour à l'aigu. La conclusion au grave n'en est que mieux mise en valeur : tout en affirmant le mode de *ré*, auparavant dissimulé, elle se fait plus recueillie pour suggérer la majesté de Dieu, après l'exultation des « hodie » successifs associant la louange des anges à l'annonce de la Nativité. Il existe un parallèle gréco-byzantin de cette antienne (hymne *« Sèméron ho Christos »*, cf. E. Wellesz, *Eastern elements...*, p. 148).

Traduction — Aujourd'hui le Christ est né ; aujourd'hui le Sauveur est apparu ; aujourd'hui sur la terre chantent les Anges, se réjouissent les Archanges ; aujourd'hui les justes exultent, disant : Gloire à Dieu au plus haut des cieux, alléluia.

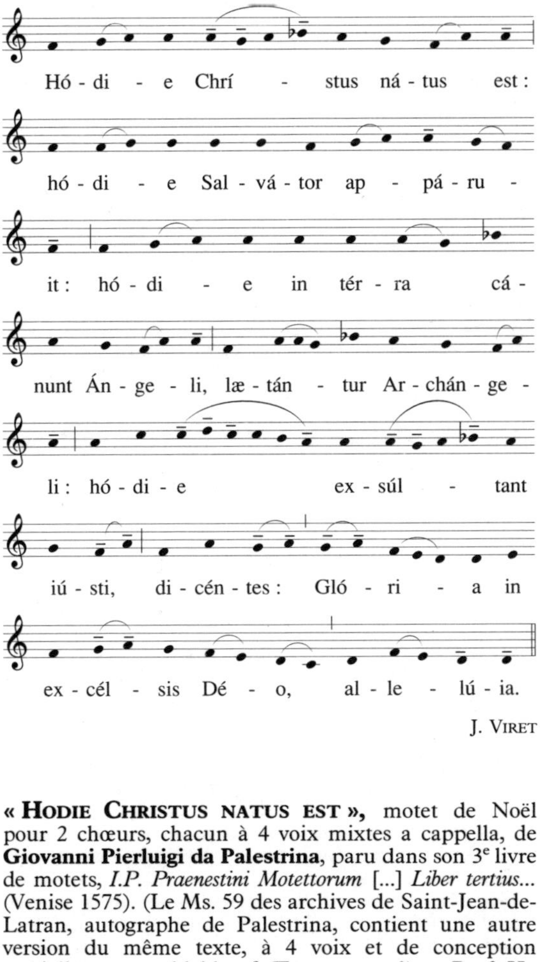

J. Viret

« Hodie Christus natus est », motet de Noël pour 2 chœurs, chacun à 4 voix mixtes a cappella, de **Giovanni Pierluigi da Palestrina**, paru dans son 3e livre de motets, *I.P. Praenestini Motettorum* [...] *Liber tertius...* (Venise 1575). (Le Ms. 59 des archives de Saint-Jean-de-Latran, autographe de Palestrina, contient une autre version du même texte, à 4 voix et de conception partiellement semblable, cf. Œuvres complètes, Br. & H., t. XXXI.)

Les paroles, non extraites de l'Écriture, sont empruntées à l'antienne grégorienne chantée aux secondes vêpres de Noël, et entrecoupées de l'exclamation « noe » (Noël !) répétée de nombreuses fois : « Aujourd'hui le Christ est né [...], aujourd'hui sur la Terre chantent les anges [...] ; aujourd'hui exultent les justes, disant : Gloire à Dieu au plus haut des cieux. » La composition musicale, dépourvue de toute allusion à la mélodie liturgique, est entièrement régie par le principe de la bichoralité : les deux chœurs dialoguent entre eux, alternent ou se superposent en échangeant des répliques brèves (« noe ») ou plus longues. D'où un style plus décoratif que rigoureux, visant à traduire avec force et simplicité la joie de Noël. Le verticalisme prédominant se résout en mélismes contrapuntiques pour souligner certains mots expressifs ou évocateurs (« apparuit » = est apparu ; « canunt » = chantent ; « laetantur » = se réjouissent), et règne sans partage dans une conclusion très animée où la mesure passe du binaire au ternaire. Sur ce modèle, Palestrina a écrit une *Messe « Hodie Christus »*.

Rééditions modernes — Par Th. de Witt, *in* G.P. da Palestrina. Werke II, Leipzig, Br. & H., s.d. ; par R. Casimiri, *in* G.P. da Palestrina. Le opere complete, Rome 1939 et suiv., vol. IX.

J. Viret

Hohe Liebe, lied de **Franz Liszt**, voir Liebesträume.

Hommage à Thibaut de Champagne, cycle de 5 monodies de **Georges Migot**, pour voix de femme, sur des poèmes de Tristan Klingsor, composé en 1924, créé à Paris, Salle Érard, à un concert de la Société Musicale Indépendante, le 16 févr. 1925, par Magdeleine Greslé : 1. *Liliane*, 2. *Le Page*, 3. *Chanson de Bohême*, 4. *Sabbat*, 5. *La Sérénade.* (Paris, M. Senart, 1924, puis A. Leduc ; durée : 13 min environ.)

Délaissée depuis le Moyen Age dans la musique occidentale, ce n'est qu'avec la libération de l'emprise étroite de l'harmonie et le retour progressif à une conception plus linéaire de la musique que la monodie prend un nouvel essor, avec Georges Migot en particulier, chez lequel elle constitue l'élément fondamental de l'écriture. Les cinq pièces d'*Hommage à Thibaut de Champagne* sont les premières monodies vocales du XXe s. et suggèrent précisément par leur titre la volonté du musicien de renouer avec l'esprit des mélodies des trouvères. De là, la collaboration avec Klingsor qui, recherchant la souplesse des vieilles chansons, adopte le vers libre qui exige une sensibilité musicale développée, capable de commander au rythme plutôt que de le subir. Les cinq textes retenus par Migot sont d'aspect assez naïf, à l'imagerie simple — semblable à celle de l'art populaire —, où perce le goût du rêve et de la féerie, où abondent les allusions à la musique, aux instruments et aux personnages du Moyen Age. Ils se prêtent particulièrement bien aux figuralismes nombreux dans l'œuvre.

L'esprit médiéval des monodies apparaît surtout dans le traitement rythmique très libre, caractérisé par ses balancements irréguliers, sa souplesse, son imprévu. Non mesurées, ces pièces regorgent de syncopes et hésitent constamment entre le binaire et le ternaire avec de fréquents recours aux valeurs irrationnelles. Parallèlement, la ligne mélodique évolue, elle aussi, avec une grande liberté : encore assez conjointe, très ornée et mobile avec des mélismes qui rappellent les chants du Moyen Age, elle est d'une expression raffinée, parfois même précieuse, caractéristique de la première manière de Migot A.

La vocalise tient dans ce cycle une place essentielle. Surgissant à tout moment, elle joue d'une part un rôle d'accompagnement, imitant les instruments (le cor dans *Liliane*, le violon dans *Sabbat*, la guitare dans *Sérénade*), commentant la voix ou encore annonçant ce qui va suivre comme le ferait le piano, et d'autre part un rôle structurel. Ainsi, les différentes strophes se trouvent séparées les unes des autres par une vocalise dans

A **Hommage à Thibaut de Champagne**

Le Page (portées 10 et 11)

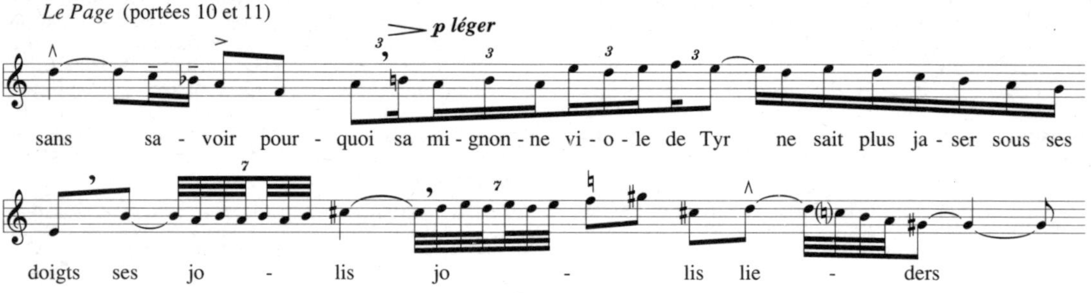

chacune des monodies, sauf dans *Chanson de Bohême.* Les formes musicales se plient donc à la structure poétique et les strophes restent aisément identifiables, d'autant plus que le musicien fait appel dans 3 monodies sur 5 (*Chanson de Bohême*, *Sabbat* et *Sérénade*) à des refrains, tantôt textuels, tantôt variés qui délimitent les strophes.

Enfin, ces pièces sont d'exceptionnelles réussites pour leur équilibre harmonique réalisé par la seule mélodie, les harmoniques suggérées créant l'accord. Les parcours tonaux très libres sont d'une grande variété : oscillant constamment entre la modalité et la tonalité, avec de fréquentes tournures pentatoniques, Migot se plaît à brouiller les pistes pour ne nous dévoiler son mode privilégié qu'à la fin de chaque pièce. La mélodie hésite tout au long de *Sabbat* p. ex. entre un *do* maj. et un mode de *sol*, avec des zones intermédiaires de modulation continuelle et de pentatonisme, pour enfin se terminer sur une tonique surprenante : *ré.* Cette indétermination tonale constitue l'une des marques profondes de l'originalité du musicien et l'un des charmes principaux de sa musique.

Bibliographie — G. Migot, Lexique, Paris 1947 (article Monodie) ; C. Mercier, G. Migot : les monodies vocales (diss. Univ. Laval, Québec, 1983) ; voir aussi la bibliogr. de l'art. *(Les) Poèmes du Brugnon.*

A.-M. Korsbaek

(L') Homme occis, diptyque de **Claude Prey** (texte et musique), comprenant 2 « opéras cliniques », 1. *L'Homme occis*, opéra en un acte et 12 variations, composé en 1963 ; 2. *La Noirceur du lait*, opéra test en un acte, composé en 1967. Le premier a été créé en concert à Paris, à la Maison de Radio-France, par Anna Prucnal (l'Infirmière, sop.), Bernadette Antoine (la Femme, mezzo-sop.), Anne Bartelloni (la Nourrice, mezzo-sop.), Luis Masson (le Docteur, basse), Jean Giraudeau (le Curé, ténor), Michel Jarry (l'Aïeule, bar.), Jean Bollery (l'Ami, comédien), un enfant de la Maîtrise de l'ORTF et l'orchestre lyrique de Radio-France, sous la dir. de Daniel Chabrun ; réalisation lyrique à Rouen, au Théâtre des Arts, le 24 févr. 1978. Le second a été représenté à Strasbourg, le 20 sept. 1967, avec Jacqueline Brumaire (le « Sujet »). Le diptyque a été donné en entier à Radio-France en 1975.

Dans *L'Homme occis*, un blessé de la route agonise sur un lit d'hôpital, au milieu de ses proches qui cherchent à rendre la mémoire à cet « aveugle mental ». Les huit personnages pitoyables et impitoyables, de l'infirmière lasse et vulgaire à l'aïeule gâteuse en passant par l'ami bègue qui retrouve sa faculté d'élocution pour narrer l'accident, appartiennent à un univers familier, cruel et féroce. Leurs discours « sont parfois sujets à des trous et à des couacs », explique Cl. Prey qui définit le second degré de l'œuvre de la manière suivante : « Comptines et sonnets baudelairiens, patenôtres et versets bibliques, conte de grand-mère et récit tragique : au moment de périr écrasé sur la route américaine, l'Homme OCCIdental, se cherchant des racines, une identité, une âme, se raccroche désespérément aux bribes de ce que fut une culture. »

Au cours de cette pochade caustique, corrosive, « la musique, pleine de vif-argent, souligne et attise cette comédie acide mais truculente, quasi branquignolesque, dont on ne discerne guère le sens ultime » (J. Lonchampt). L'auteur manie en virtuose l'ironie, les lieux communs, la dérision, la bêtise, l'ineptie et l'extravagance. La Femme déploie des phrases lyriques, la Nourrice chante des berceuses rustiques, l'Enfant récite des poésies, le Curé, des patenôtres... L'œuvre est entièrement bâtie sur une série dérivée de la première mesure de *Tristan und Isolde.*

La construction générale rappelle tout autant la tragédie grecque que Schönberg (*Pièces pour orchestre*, op. 16) et Berg (*Wozzeck*) : exposition, péripéties 1 et 2, catastrophe. Chacune des 12 variations affecte « à son échelle propre la courbe dramatique de l'œuvre entière. Ces variations s'emploient à « déwagnériser » par une psychanalyse de tendance Meilhac et Halévy le thème d'Éros et Thanatos (ou le *De profundis* du Guerrier). » Dans cette composition, texte et musique sont intimement liés.

Dans *La Noirceur du lait* — titre emprunté à un vers d'Audiberti (« la noirceur secrète du lait ») —, Cl. Prey prend pour cible la psychanalyse. Toute l'action tourne autour du fameux test de Rorschach, censé interpréter l'inconscient et le subconscient à partir de taches d'encre. « Entre deux consultations, un psychiatre, oubliant ses taches d'encre, se prend à rêver... sur une page blanche. Ce qu'il y voit l'inquiète à tel point qu'il juge bon de s'appliquer à lui-même le Rorschach. Il y découvre qu'il est amoureux de son assistante. Elle, au su de cette passion imprévue, appelle l'ambulance. »

Aux taches d'encre correspondent des taches sonores projetées par des haut-parleurs, établies à partir d'une note centrale (*mi* ♭). Le déroulement de l'action permet à Cl. Prey « de se livrer à une étude complexe des relations entre le verbe et le son, le personnage et le décor, la voix et l'orchestre ; elles sont inversées suivant une symétrie organisée à partir d'une dépression centrale : au réalisme du début, où le mot naît du décor, correspond finalement le délire où le mot prend la primauté sur le reste » (Fr. Yvon).

Bibliographie — Comptes rendus de Fr. Yvon *in* Le Monde, 22.9.1967, J. Lonchampt *ibid.*, 12-13 oct. 1975 ; A. Goléa, La musique de la nuit des temps aux aurores nouvelles II, Paris, A. Leduc, 1977, p. 929 ; Chr. Goubault, Les créations lyriques au Théâtre des Arts de Rouen (1965-1978), *in* Le Théâtre lyrique français 1945-1985, Paris, Champion, 1987, pp. 369-372.

Chr. Goubault

« Hor che'l ciel e la terra » (Alors que le ciel et la terre), madrigal pour 6 voix et 2 vl. de **Claudio Monteverdi** sur un sonnet de Pétrarque. C'est le deuxième madrigal de la première partie (Chants guerriers) de son 8ᵉ livre, → *Madrigali guerrieri et amorosi* (Venise, Vincenti, 1638), l'un des meilleurs madrigaux de son auteur. (Durée : 9 min 30 s environ.) Cette pièce de très grande dimension (96 mes.) met en œuvre de façon très pertinente les trois « affetti » décrits dans la préface du 8ᵉ livre pour opposer le silence de la nuit à l'amour tourmenté et non partagé du poète, ce qui a pour effet de diviser le madrigal en plusieurs sections dramatiques bien distinctes. Le premier quatrain, qui évoque la nuit (« Alors que le ciel et la terre et le vent se taisent [...] et que toute vie s'est endormie »), est déclamé par les 6 voix a cappella, dans une stricte homophonie attentive au rythme des mots. Durant 11 mesures, l'emploi du registre grave, en l'absence de toute mélodie, crée une sonorité étonnante sur un accord parfait de *la* mineur **A**. Le deuxième vers introduit *mi* maj. (5ᵉ degré de *la* min.) alors que les deux derniers ajoutent des pauses effectives et quelques entrées décalées avant d'aboutir à la cadence finale *ré* min. → *la* majeur. Dans le second quatrain, le ton change pour évoquer l'agitation et la souffrance. Le poète se lamente (« Je veille, je pense, je brûle, je pleure ») :

Puis un duo orné des voix de ténor commente avec animation cette souffrance, tandis que les quatre autres voix l'interrompent à plusieurs reprises en répétant « veglio, penso, etc. », mais avec des dissonances sur « piango ». Une basse solo introduit héroïquement les vers suivants, « la guerre c'est mon état », qui sont traités presque totalement dans le « stilo concitato », les répétitions furieuses du mot « guerra » étant ensuite reprises par toutes les voix :

C'est seulement lorsque l'amoureux pense à sa bien-aimée que le calme revient. La pièce se termine par de lents accords parfaits avec une cadence imposante (*si* maj.⁷ → *mi* maj.) sur « qualche pace ». *« Cosi sol d'una chiara fonte viva »* (Ainsi d'une claire source d'eau vive), pour 6 voix et 2 vl. (nᵒ 3), constitue la seconde partie du madrigal. Il s'agit des deux tercets du sonnet de Pétrarque. Comme dans d'autres madrigaux à deux parties de Monteverdi, celle-ci n'a pas grand-chose en commun, sur le plan musical, avec la première. C'est une pièce légèrement plus courte qui commence par un solo de ténor, dont le thème est ensuite repris par les autres voix, en imitation et en déclamation. Elle se termine par un contrepoint des 6 voix.

Le sonnet *« Hor che'l ciel e la terra »* a été mis en musique par de nombreux autres compositeurs parmi lesquels B. Tromboncino, C. de Rore, Ph. de Monte et O. Vecchi.

Rééditions modernes — Par G. Fr. Malipiero, *in* Tutte le opere di Cl. Monteverdi VIII, nᵒˢ 39 et 57, 1926-42, 2/1954 ; par D. Stevens, *in* Penn State Music Series, Penn State Univ. Press, 1965, nᵒ 7.

Bibliographie — Voir celle de l'art. *Madrigali guerrieri et amorosi.*

M. Sacré

(L') Horizon chimérique, op. 118, cycle de 4 mélodies de **Gabriel Fauré** pour une voix et accompagnement de piano, sur des poèmes de Jean de La Ville de Mirmont, écrit pendant l'automne 1921, créé par Charles et Magdeleine Panzéra à la Société Nationale, le 13 mai 1922. (Paris, Durand, 1922 ; durée : 7 min 30 s environ.)

Contemporain de la *2ᵉ Sonate*, op. 117, pour vlc. et piano et du *13ᵉ Nocturne*, op. 119, pour piano, ce cycle possède lui aussi les caractéristiques du retour à un langage plein de romantisme et même parfois de joie (finale Allegro vivo de la *Sonate*, op. 117). Dernier des cycles, *L'Horizon chimérique* présente en 4 mélodies une somme des éléments de l'univers et du style mélodique fauréens : les motifs figuralistes nombreux, la participation active du piano accompagnateur à l'expression du texte, les thèmes d'inspiration préférés (la mer, comme réponse aux sentiments humains, la clarté lunaire et son secret, les conflits de l'âme romantique). En effet, Fauré s'intéresse ici à l'œuvre d'un jeune poète exprimant la difficile contradiction de l'idéal et de l'être, la souffrance des « départs inassouvis ». Curieux sujet pour l'homme âgé qu'était le compositeur en 1921, mais qui montre bien chez lui un fond de romantisme toujours prêt à

A **« Hor che'l ciel e la terra »**

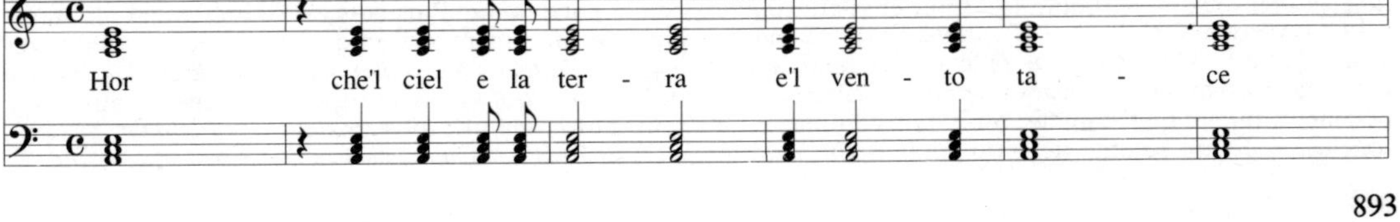

s'exprimer. Ici encore, comme dans → *Mirages*, 4 tableaux se succèdent, cimentés par des liens de structure : enchaînements, alternance, hiérarchie formelle du type de la musique de chambre. Il n'est donc pas conseillé d'en fragmenter l'exécution, d'autant plus que la dernière mélodie, *« Vaisseaux, nous vous aurons aimés »*, reprend les thèmes poétiques précédents. Toutefois, l'intériorisation et la dramatisation sont beaucoup plus fortes que dans *Mirages* et l'aspect un peu gratuit de ce dernier (*Cygne sur l'eau*, *Danseuse*) totalement évité.

1. *« La mer est infinie »* (1 min 27 s env.), en *ré* maj., Andante quasi allegretto, placée sous le signe de l'ivresse et de l'espace, adopte une tonalité éclatante et une dynamique autour du forte très peu courante chez le compositeur. Le piano accentue l'enthousiasme de la pièce par un motif rythmique unique évoquant le mouvement des vagues.

etc.

Les rêves du poète, tels des « oiseaux soûls », se mesurent à la mer, « ivres d'air et de sel ». **2.** *« Je me suis embarqué »* (2 min 22 s env.), en *ré* ♭ maj., Andante moderato, introduit la notion de souffrance : ton plus sombre, motif pianistique plus lourd,

etc.

tempo ralenti. L'ivresse du voyage cède et fait place à un immense désir de consolation : « Je ne veux que la mer, je ne veux que le vent / Pour me bercer, comme un enfant, au creux des lames. » **3.** *« Diane Séléné »* (1 min 50 s env.), en *mi* ♭ maj., Lento ma non troppo, transpose dans l'immensité sidérale (ralentissement encore plus manifeste du thème accompagnateur)

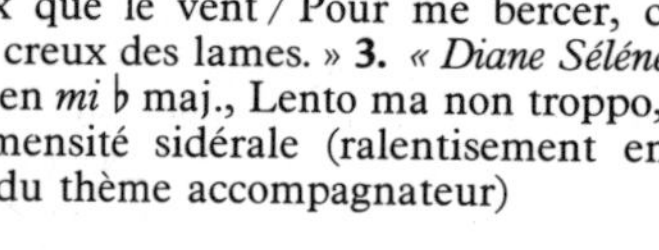

etc.

les contradictions du poète : lune et soleil sont joie et souffrance, aspiration et ennui. Déjà apparaît le jugement moral qui fera l'objet de la quatrième mélodie : « O lune, je t'en veux de ta limpidité / Injurieuse au trouble vain des pauvres âmes. » **4.** *« Vaisseaux, nous vous aurons aimés »* (1 min 49 s env.), en *ré* maj., Andante quasi allegretto, rassemble ces visions éparses, établissant la pesanteur du moi qui limite les aspirations du poète. La conclusion est un résumé de cette douloureuse contradiction : juxtaposant « recto tono » et grand déplacement, elle symbolise encore la dualité de l'être.

Outre son sujet romantique particulièrement attachant, ce cycle parvient à s'imposer comme un chef-d'œuvre d'écriture tout en ne recourant à aucune structure repérable (thèmes mélodiques ou rythmiques, périodicités diverses ou forme). Le langage est continu et abolit le découpage poétique, l'harmonie stable (fréquence harmonique faible), la déclamation uniforme. La cohérence est assurée par l'évolution des moyens musicaux à travers les 4 mélodies : évolution du motif pianistique de plus en plus lent et accentué, agrandissement progressif des intervalles vocaux jusqu'à l'octave finale. L'analyse doit se faire à l'échelle du cycle dans sa globalité et non plus à celle de chacune des mélodies.

Bibliographie — Vl. Jankélévitch, Fauré et l'inexprimable, Paris, Plon, 1974 ; M.-Cl. Beltrando-Patier, Les mélodies de G. Fauré (thèse de doctorat ès lettres, Univ. de Strasbourg-II, 1978), Lille, Atelier de reproduction des thèses, 1981.

M.-Cl Beltrando-Patier

« Hör mein Bitten, Herr », psaume de **Felix Mendelssohn-Bartholdy**, voir Psaumes.

Horti musarum secunda pars continens selectissima quaedam ac jucundissima carmina testudine simul et voce humana..., anthologie de vingt chansons françaises d'auteurs pour la plupart franco-flamands, transcrites pour voix et luth, publiée à Louvain chez Pierre Phalèse en 1553 (la 1re partie de l' *Hortus musarum* [1552] comprend des transcriptions pour le luth seul). C'est la 2e anthologie de chansons françaises mises sur le luth après la → *Très brève et familière introduction* de P. Attaingnant (1529).

Bien que peu de poètes aient pu être identifiés, l'*Hortus musarum* rassemble des textes littéraires modernes : une seule pièce (*« Incessament mon povre cœur lamente »*) prend pour poésie un rondeau du xve siècle. Toutes les autres sont des quatrains ou des huitains décasyllabiques plus à la mode. Les poètes parisiens sont à l'honneur : Clément Marot, Melin de Saint-Gelais, en particulier chez Th. Créquillon.

Moderne, ce recueil l'est aussi dans sa conception musicale : son répertoire est constitué de chansons composées très récemment, pour la plupart non encore publiées en Flandre (et qui paraîtront chez Phalèse les années suivantes) ; de plus, la transcription pour voix et luth atteste une pratique courante dans la société, quoique fort peu illustrée par l'édition musicale. La sélection des chansons met en vedette deux compositeurs, **Th. Créquillon** (9 chansons) et **J. Clemens non Papa** (5 chansons). Les autres musiciens (**Cauleray**, **Rogier**, **Chastelain**, **Josquin Baston**) sont représentés chacun par une chanson ; on compte en outre deux pièces anonymes. La seule chanson à boire, *« Venez mes serfs et Bacchus adorons »*, est de Clemens non Papa. Les autres poésies vantent l'amour courtois, au ton larmoyant, conformément à la sensibilité dominante chez les poètes de ce temps.

La transcription pour voix et luth altère généralement peu la polyphonie. Plusieurs cas se présentent : la transcription quasiment mécanique du modèle (*« Venez mes serfs »*, *« Puisque vous voulez que je vous laisse »*, *« Puisque malheur me tient »*) ; sa transposition dans un autre ton, sans autre modification majeure (*« L'ardant amour »*, *« En espérant »*, *« Quand me souvient de ma triste fortune »*).

Les chansons les plus intéressantes sont celles où s'élabore le travail du luthiste qui, en général, poursuit deux objectifs : supprimer du modèle tout ce qui gêne le jeu instrumental (d'où quelques simplifications) et renchérir l'expression, donner au luth un rôle figuratif dans le soutien de la poésie. Cela se fait au moyen de monnayages des valeurs longues introduits dans les voix médianes (haute-contre et ténor en particulier). Avec le développement de la technique du luth — auquel, d'ailleurs, elle participe directement —, c'est cette recherche d'expression qui accuse encore le modernisme de l'*Hortus musarum*. Ce recueil constitue un monument précieux, témoin de la pratique musicale en Flandre au milieu du XVIe siècle.

Rééditions modernes — Par L. DE LA LAURENCIE, A. MAIRY et G. THIBAULT, *in* Chansons au luth et airs de cour français du XVI e s., Paris, Soc. Fr. de Mie, 1934, 2/1976.

G. DUROSOIR

(L') HOSPITALITÉ, romance de **Fabre d'Églantine**, voir « IL PLEUT, IL PLEUT BERGÈRE ».

HOW TO SUCCEED IN BUSINESS WITHOUT REALLY TRYING (Comment réussir en affaires sans vraiment essayer), comédie musicale américaine en 2 actes, livret d'Abe Burrows, Jack Weinstock et Willie Gilbert d'après le livre du même titre de Shepherd Mead, texte des chansons et musique de **Frank Loesser**, créée à New York, au Théâtre de la 46e Rue, le 14 oct. 1961 (version cinématographique sous le titre fr. *Comment réussir en affaires sans vraiment se fatiguer*, 1967).

L'action se passe dans une grande ville des États-Unis vers 1960. Le personnage central de cette satire musicale du milieu des affaires est J. Pierpont Finch, un laveur de vitres qui devient président de la World Wide Wickets Company, non à la suite de prouesses exceptionnelles, mais seulement parce qu'il sait toujours s'y prendre avec ses supérieurs. Les auteurs de cette comédie visent les comportements typiques et quotidiens des employés d'une grande entreprise. Les 1 417 représentations consécutives à Broadway attestent le succès exceptionnel de l'ouvrage auprès du public, aussi enthousiaste que la critique : prix Pulitzer (pour le livret), prix Antoinette-Perry et prix du Cercle des Critiques dramatiques new-yorkais (meilleure comédie musicale de l'année 1962). Parmi les airs les plus connus de cette dernière comédie musicale de Loesser, citons *Grand old Ivy*, *« I believe in you »* et *Brotherhood of men.*

R.-M. SIMON et S. SIMON

« HUC ME SYDEREO... » (Me voici venu de la voûte étoilée), motet à 6 voix en 2 parties de **Josquin des Prés**, publié dans le 3e livre des *Motetti de la corona* (Venise, Petrucci, 1519).

C'est Jésus-Christ crucifié qui parle dans ce texte non liturgique, également mis en musique par **A. Willaert, R. de Lassus, L. Lechner, J. Vaet**. L'œuvre, en *ré* min. avec un bémol à la clé, commence par un trio de voix élevées et monte bientôt au *ré* 4 pour en redescendre par mouvement conjoint, afin d'exprimer le verbe « descendere ». De fait, il y aura beaucoup de gammes descendantes au cours de ce motet, parfois de plus d'une octave. Un peu plus loin, pour « crudeli » (cruel), ce sont des descentes de tierces. La plénitude des voix est enfin atteinte avec l'entrée du ténor, qui chante en valeurs très longues (une note pour trois mesures) une antienne de l'office de Ténèbres, *« Plangent eum »*. La 1re partie prend fin sur un accord de *la* min. agrémenté d'une gracieuse inflexion *la - si* ♭ - do à la voix supérieure. La 2e partie est plus courte. Elle commence aussi par un trio des voix élevées ; le « cantus firmus » revient deux fois, à raison d'une note par mesure, puis de deux par mesure. Le caractère systématique de la structure disparaît sous la mélodieuse fluidité de la polyphonie.

Rééditions modernes — Par A. SMIJERS, *in* Werken van Josquin des Prés XVI, Leipzig, Vereeniging voor Nederlandsche Muziekgeschiedenis, 1936.

Bibliographie — H. OSTHOFF, Josquin Desprez II, Tutzing, 1965, pp. 91-93 ; W. ELDERS, Zusammenhänge zwischen den Motetten « Ave nobilissima creatura » und « Huc me sydereo » von Josquin Després, *in* TVer XXII, 1971.

M. BRUNERYE

(LES) HUGUENOTS, opéra en 5 actes, livret d'Eugène Scribe et Émile Deschamps, musique de **Giacomo Meyerbeer**, créé à l'Opéra de Paris (salle Le Peletier), le 29 févr. 1836, avec Mmes C. Falcon (Valentine), J. Dorus-Gras (la reine Marguerite), M. Flécheux (le Page), MM. A. Nourrit (Raoul), N. Levasseur (Marcel), M. Dérivis (Nevers), Serda (Saint-Bris), sous la dir. de François Habeneck, mise en scène H. Duponchel, décors Ch. Séchan, L. Feuchères, E.-D. Despléchins et J.-P. Dieterle.

Après le succès retentissant de → *Robert le Diable* (1831), Meyerbeer entreprit la composition des *Huguenots* qui, après maints démêlés financiers, maints remaniements opérés sur le livret et la partition, furent créés avec un égal triomphe. La presse, emportée par l'émotion, porta des jugements sans appel dans un langage dithyrambique. Admiré par Berlioz et Wagner, l'ouvrage fut néanmoins sévèrement critiqué par Schumann tant sur le plan de la composition de l'œuvre que sur sa portée religieuse.

LIVRET — L'action se passe en Touraine et à Paris en août 1572. — Acte I. Raoul de Nangis (ténor), gentilhomme protestant, accompagné de son fidèle écuyer Marcel (basse), assiste à un banquet donné par des seigneurs catholiques parmi lesquels se trouve le comte de Nevers (bar.). Troublé, Raoul aperçoit Valentine de Saint-Bris (sop.), riche héritière catholique qui s'entretient à l'écart avec le comte. Se méprenant sur la conduite de celle qu'il connaît à peine, mais dont il est épris, il jure de se venger. Sur ces entrefaites, Urbain (contralto), un des pages de la reine Marguerite de Valois (sop.), le prie de se rendre à un rendez-vous secret.

Acte II. Au château de Chenonceaux, la reine, qui œuvre à la réconciliation entre protestants et catholiques, fait part à Raoul de son projet de l'unir à la fille du comte de Saint-Bris. A ce moment, Valentine entre avec son père et quelques autres seigneurs. Raoul reconnaît celle qu'il croit être la maîtresse de Nevers et, indigné, refuse sa main. Outragé, Saint-Bris provoque Raoul en duel. Alors que la confusion grandit, la reine parvient à éviter le combat.

Acte III. A Paris, au Pré-aux-Clercs, Valentine épouse Nevers pour se venger du dédain de Raoul. Tandis que la noce se disperse, Valentine, retirée dans l'église, entend son père et ses amis fomenter le meurtre de Raoul. Elle en avertit Marcel qui prévient les soldats huguenots. Le combat engagé entre les deux adversaires et leurs partisans dégénère en émeute. Grâce à Marcel et Valentine, Marguerite de Valois déjoue le complot et sépare les factions. Raoul, consterné, comprend son erreur à l'endroit de Valentine.

Acte IV. Poussé par sa passion, Raoul rejoint, dans le château de Nevers, Valentine qui lui avoue son amour. A l'arrivée de Saint-Bris, de Nevers et de quelques seigneurs catholiques, il est contraint de se cacher. D'un cabinet voisin, il entend, terrifié,

Saint-Bris annoncer les ordres du roi Charles IX, résolu à l'extermination des huguenots la nuit de la Saint-Barthélemy, au son du tocsin de Saint-Germain-l'Auxerrois. Ivre d'amour, mais désespéré par le sort réservé aux protestants, Raoul choisit de se rallier à ses coreligionnaires, en dépit des supplications de Valentine.

Acte V. A l'hôtel de Sens, la fête organisée par des seigneurs protestants en l'honneur du mariage de la reine avec Henri de Navarre est soudain interrompue par l'arrivée de Raoul. Pâle, couvert de sang, il raconte qu'un massacre contre les réformés a lieu dans Paris et appelle à la vengeance. Valentine rejoint Raoul et Marcel, réfugiés dans le cloître d'un temple protestant. Rendue libre par la mort de Nevers, elle abjure sa foi pour s'unir à Raoul. Les deux amants sont alors tués par une troupe de confédérés catholiques à la tête de laquelle se trouve Saint-Bris qui reconnaît le cadavre de sa fille.

Inspiré de la *Chronique du règne de Charles IX* de P. Mérimée (1824), qu'Hérold avait déjà exploitée dans → *Le Pré-aux-Clercs* (1833), le livret des *Huguenots* est une adaptation libre de l'histoire du massacre de la Saint-Barthélemy. Sur cette trame historique qui sert de prétexte à un déploiement de mise en scène et justifie les effets de couleur locale, se déroule l'histoire d'un amour contrarié puis détruit par l'intolérance religieuse. Habilement agencé (la conduite de l'action va progressivement de la comédie au drame), riche de tableaux fortement contrastés, de scènes variées et pittoresques d'un grand intérêt dramatique, ce livret témoigne de l'émergence d'un compromis entre les principes dramaturgiques du théâtre romantique et ceux spécifiques au genre du grand opéra.

Pivot autour duquel s'ordonne la partition, indissolublement lié au rôle de Marcel, le choral → *« Ein feste Burg ist unser Gott »* (Notre Dieu est une solide forteresse) est « l'une des plus saisissantes réalisations de l'idée religieuse au théâtre » (G. Sand). Ainsi caractérisé, le personnage de Marcel, en qui s'incarnent tous les attraits du drame, de la musique et de la poésie, est d'une conception originale de par sa présence musicale constante dans le drame. Les pages maîtresses de l'ouvrage contenues dans l'acte IV (Conjuration, Bénédiction des poignards, duo Raoul-Valentine *« O ciel ! Où courez-vous ? »*) et dans l'acte V (trio des Noces funèbres) restent, sur le plan de l'expression dramatique, au premier rang des plus belles productions de l'art lyrique. De nombreux chœurs, pleins de verve et d'éclat, jalonnent l'œuvre : le chœur bachique *« Des beaux jours de la jeunesse »* (acte I), les couplets des soldats huguenots *« Prenant son sabre de bataille »* (acte III), enfin le chœur *« Dieu le veut, Dieu l'ordonne »* (acte IV), considéré par Berlioz comme la « conception la plus effrayante » qui soit. Mais l'importance conceptuelle de ces morceaux d'ensemble n'est jamais aussi étonnante que dans les trois chœurs qui se succèdent dans l'acte III, « qui se croisent, se mêlent, se séparent sans jamais se confondre » (J. Janin).

L'originalité de la partie orchestrale, citée en exemple par Berlioz dans son *Traité d'instrumentation*, consiste en un choix judicieux d'instruments (la viole d'amour qui accompagne la romance *« Plus blanche que la blanche hermine »*, Raoul, acte I ; la clarinette basse dans le trio de l'acte V ; la fanfare de trompettes dans le chœur des meurtriers du même acte), en un alliage savant de timbres (imitation de l'orgue par l'orchestre dans l'introduction de l'opéra), auxquels se conjuguent des combinaisons harmoniques ingénieuses (accompagnement de la chanson de Marcel de l'acte I, trio final de l'acte V), voire des hardiesses de dissonances (septuor de l'acte III). Quant à la partie vocale dans laquelle on relève aussi bien des récitatifs accompagnés, des mélodies italianisantes que des chansons françaises à couplets, elle s'affirme dans les deux derniers actes, où elle rencontre le drame. Composé à la demande du chanteur Nourrit, classé parmi les plus beaux qui soient au théâtre avec ceux de *Roméo et Juliette*, de *Faust* et de *Tristan und Isolde*, le duo d'amour de l'acte IV (*« O ciel ! Où courez-vous ? »*) développe un pathétique déchirant et une inspiration soutenue. Comme démembrée, la mélodie « cédant à l'instransigeance de la nécessité dramatique se laisse briser, réduire à l'état de mosaïque » (L. Dauriac).

L'exécution matérielle du spectacle requiert une impressionnante figuration, des masses chorales et des décorations pseudo-réalistes, qui satisfaisaient le goût de la société pour le faste scénique et l'illusion théâtrale sous le règne de Louis-Philippe. Glorifiant le prestige de l'Opéra, les décors témoignaient du perfectionnement des techniques de reconstitution historique et de reproduction de paysages.

Considérés comme le chef-d'œuvre de Meyerbeer, *Les Huguenots* occupent une place éminente dans l'histoire de l'art lyrique, ne serait-ce que par l'influence incontestable que l'ouvrage exerça sur Gounod (*Faust*, *Roméo et Juliette*), Verdi (*Un bal masqué*, *Don Carlos*, *Rigoletto*) et Wagner (*Rienzi*, *Les Maîtres chanteurs de Nuremberg*).

Sources, éditions et rééditions — Morceaux autographes inédits, Paris, Bibl. de l'Opéra, Rés. A 512 a. — Part. d'orch., Paris, Schlesinger puis Brandus et Dufour, s.d. ; Florence, Guidi, [1861] (texte ital. sous le titre Gli Ugonotti). — Réd. cht et p. par Ch. Schwencke, Paris, Schlesinger, [1836], Brandus et Dufour, [1860], Maquet [1888] ; Leipzig, Br. & H., s.d. (texte all. de J. F. Castelli sous le titre Die Hugenotten) ; par A. Sullivan et J. Pittman, Londres et New York, Boosey and Co, s.d. (textes ital. de M. Maggioni et angl. de Fr. Romer sous le titre Gli Ugonotti) ; Milan, Ricordi, s.d. (texte ital. de M. Marcello).

Bibliographie — H. Berlioz, Les Huguenots, *in* Revue et Gazette Musicale de Paris III/10-12, 1836 ; J. Janin, Les Huguenots, *in* Journal des Débats, 7 mars 1836 ; Th. Gautier, Les beautés de l'Opéra ou chefs-d'œuvre lyriques, Paris 1845, pp. 1-32 ; R. Schumann, Gesammelte Schriften über Musik und Musiker, Leipzig 1854, trad. fr. par H. de Curzon, Paris 1894, 2/ Sur les musiciens, Paris, Stock, 1979, pp. 71-78 ; A. A. Ernouf, L'art musical au XIXe s., Paris 1888, pp. 162-166 ; G. Sand, Lettres d'un voyageur, Paris 1891, pp. 313-335 ; C. Bellaigue, Promenades lyriques, Paris s.d., pp. 97-113 ; du même, Psychologie musicale, Paris 1893, pp. 186-197 ; H. Quinet, Ce que dit la musique, Paris 1893, pp. 255-277 ; J.-G. Prod'homme, Die Hugenotten-Première, *in* Die Musik III/1, 1903-04 ; L. Dauriac, Meyerbeer, Paris 1913, pp. 83-130 ; H. Girard, E. Deschamps dilettante, Paris 1921, pp. 56-66 ; A. Einstein, Die Hugenotten, *in* Musikblätter des Anbruch XIV, 1932 ; J. Chantavoine, Le centenaire des Huguenots, *in* Le Ménestrel LXLVIII/10, 1936 ; E. Istel, Acte IV of Les Huguenots, *in* MQ XXII/1, 1936 ; E. Newman, More stories of famous operas, New York, Knopf, 1968, pp. 178-217 ; H. Fredrichs, Das Rezitativ in den Hugenotten G. Meyerbeers, *in* Beiträge zur Gesch. der Oper, éd. par H. Becker, Regensburg 1969 ; H. Becker, G. Meyerbeers Mitarbeit an den Libretti seiner Opern, *in* Bericht über den intern. musikwiss. Kongress Bonn 1970, Kassel, BV, 1971 ; C. Duchet, La Saint-Barthélemy de la scène historique au drame romantique, *in* Revue d'Histoire Littéraire de la France, sept.-oct. 1973 ; J. D. Drummond, Opera in Perspective, Londres, Dent, 1980, pp. 232-236 ; M. Walter, Hugenotten-Studien, Francfort, Berne, New York, Lang, 1987 ; voir aussi la bibliogr. de l'art. *Robert le Diable*.

M.-H. Coudroy-Saghai

Huit Scènes de Faust, d'**Hector Berlioz**, voir (La) Damnation de Faust.

Hulda, opéra en 4 actes et 1 épilogue, livret de Charles Grandmougin d'après la pièce de Bjørnstjerne Bjørnson, *Halte-Hulda* (Hulda la Boiteuse, 1857-59), musique de **César Franck**, composé de 1882 à 1885, créé au théâtre de Monte-Carlo en mars 1894, avec Mmes Bl. Deschamps-Jéhin (Hulda), d'Alba (Swanhilde), Risler (la mère de Hulda), Dartois (Gudrun), MM. L. A. Saléza (Eiolf), P. Lhérie (Gudleik), sous la dir. de Léon Jéhin.

LIVRET — L'action se passe en Norvège au XIe siècle. — Acte I. Hulda (sop. Falcon), calmant avec peine l'angoisse de sa mère (mezzo-sop), attend le retour de son père et de ses frères partis à la chasse depuis la veille. En fait, Hustawick et ses fils ont été tués par les Aslak, une famille rivale ennemie de toujours. Gudleik (bar.), fils aîné du clan victorieux, arrive triomphant et enlève Hulda. Devant sa mère évanouie, la jeune fille jure de venger la mort des siens.

Acte II. Au château des Aslak, les femmes préparent le mariage de Gudleik et Hulda. Gudrun (mezzo-sop), mère de Gudleik, pressent le malheur de son fils ; de son côté, Swanhilde (sop.) révèle qu'Eiolf (ténor), son fiancé, l'a abandonnée. C'est qu'en effet Hulda a remarqué Eiolf, elle qui méprise Gudleik et n'aspire qu'à la vengeance. Pour rehausser l'éclat des festivités, on simule un combat pendant lequel Gudleik surprend les regards complices de Hulda et Eiolf. Le jeu dégénère alors en duel entre les deux rivaux : Gudleik est tué dans la stupeur générale.

Acte III. Passionnée jusqu'à l'exaltation, Hulda retrouve Eiolf pour un long duo d'amour. Elle lui fait promettre de l'accompagner dans sa fuite.

Acte IV. Dans le parc du château, le roi et la reine offrent un divertissement allégorique figurant la lutte de l'Hiver et du Printemps. Pendant ce temps, Swanhilde pleure son amour perdu. Survient Eiolf qui, oubliant brusquement ses sentiments pour Hulda, renoue avec sa passion d'autrefois. Dans l'ombre, Hulda a surpris la scène. Elle attise la colère des frères de Gudleik pour se venger d'Eiolf.

Épilogue. Au signal de Hulda, les Aslaks assassinent Eiolf puis se précipitent sur la jeune femme pour la tuer, aussi disposés au meurtre que leurs ennemis. Hulda leur échappe en se précipitant dans les flots du haut de la falaise.

Située au XIIIe s. dans la pièce originale, l'action est déplacée au XIe s., époque de la christianisation de la Norvège. Le livret, qui n'est pas à ranger parmi les meilleurs du répertoire, s'écarte assez considérablement de son modèle littéraire : les 1er et 2e actes sont du cru de Ch. Grandmougin tandis que le 3e emprunte au 1er acte de B. Bjørnson et le 4e au 2e. Le style littéraire, fade, sert mal la violence et la cruauté du sujet. L'action principale consiste en un enchaînement de meurtres dans lequel le duo d'amour de l'acte III et le ballet de l'acte IV font, à des titres différents, figure de hors-d'œuvre. A l'exception de Hulda, amante sanguinaire, la caractérisation des personnages est peu approfondie et l'intrigue psychologique à peine ébauchée.

Sur le plan musical, *Hulda* mêle différents styles et traditions sans vraiment les synthétiser. L'esthétique du grand opéra français avec cortèges et ballet transparaît sous la relative continuité de chaque acte. Aussi l'arioso dramatique vers lequel tend le plus souvent la mélodie s'abandonne-t-il parfois à un récitatif trop conventionnel. L'usage de leitmotive — Ch. van den Borren en a dénombré douze — tend sans aucun doute à pallier l'absence d'unité. Cependant, Franck n'exploite pas toutes les ressources expressives permises par la technique wagnérienne. Il use soit de motifs récurrents, soit de thèmes générateurs d'une scène, exploités à la manière d'un développement symphonique, le tout dans une conception proche de celle des → *Béatitudes.* On ne saurait considérer ces motifs comme l'unique matériau de l'édifice sonore puisque de longs passages sont composés sans aucun recours à un quelconque système d'inspiration wagnérienne. D'une façon plus générale, on note le contraste malheureux entre la platitude des vers et la densité musicale, entre le style narratif et désuet du poème et le raffinement harmonique de l'accompagnement orchestral. C'est assurément dans cette opposition entre texte et musique qu'il faut chercher la principale raison de l'échec et de l'oubli de l'ouvrage. En effet, il est à craindre que la mise en scène ne puisse contribuer à rendre plus cohérentes les composantes littéraire et musicale de l'opéra. On ne saurait donc s'étonner que Franck se révèle surtout dans les pages symphoniques, voire dans le ballet, ainsi que dans les scènes où l'action s'interrompt. A ce titre, le duo d'amour de l'acte III doit être considéré comme le sommet de la partition. Quelles que soient les faiblesses du livret et les difficultés supposées d'une réalisation scénique, l'élégance recherchée du style et la densité musicale font de *Hulda* un ouvrage lyrique un peu atypique mais digne du plus grand intérêt.

Sources et éditions — Part. d'orch. autographe, Paris, BN (Cons.), Ms. 8610. — Réd. cht et p., ms. autographe, Paris, BN (Cons.), Mss 8611-12 ; Paris, Choudens, [1894].

Bibliographie — Comptes rendus par E. REYER, *in* Journal des Débats, 8 mars et 20 avr. 1894, G. SERVIÈRES, *in* Le Guide Musical, 11 mars 1894 ; A. ENGELFRED, Hulda, *in* RMI II, 1895 ; E. DESTRANGES, L'œuvre lyrique de C. Franck, Paris 1896 ; voir aussi la bibliogr. de l'art. *Ghiselle*.

P. PRÉVOST

(LE) HURON, comédie en 2 actes, livret de Jean-François Marmontel, musique d'**André Ernest Modeste Grétry**, créée à Paris, à la Comédie-Italienne, le 20 août 1768, avec J. Caillot dans le rôle du Huron. Ce premier succès parisien de Grétry est dédié au comte Gustav Philip de Creutz qui en avait facilité la création.

LIVRET — Acte I. Gilotin (ténor), fils de Le Bailli, annonce à Mlle de Saint-Yves (sop.) que leurs parents ont décidé de les marier. Tandis que Gilotin essaie de convaincre la jeune fille réticente, arrive Huron (basse), un Indien, qui la séduit immédiatement. Mais Huron est pauvre. L'avenir des jeunes gens semble donc compromis, quand l'abbé de Kernabon (basse) reconnaît en Huron le fils de son frère tué avec sa femme au cours d'une expédition contre une tribu peau-rouge. Huron, maintenant appelé Hercule de Kernabon, doit se plier aux règles de la société et en apprendre les manières, ce à quoi il se refuse, trop impatient d'épouser celle qu'il aime.

Acte II. Hercule parti pour une expédition, M. de Saint-Yves (basse) fait enfermer sa fille dans un couvent. Ayant appris la nouvelle, Hercule désespère. Son oncle ainsi qu'un officier (ténor) qui loue le courage du Huron interviennent auprès du père qui finit par accepter le mariage.

Le livret s'inspire de *Bélisaire*, une nouvelle de J.-Fr. Marmontel, et de *L'Ingénu* de Voltaire. Le librettiste oriente souvent le drame de manière à prendre des positions politiques, à critiquer la monarchie, la différence des classes et l'irrégularité des taxations. Ce caractère philosophico-politique ne parvient pas pour autant à dissimuler des maladresses dramaturgiques : le Huron chante trois airs successifs à la fin de l'acte I, tandis que Mlle de Saint-Yves en chante deux, de style et de contenu semblables, au début de l'acte II. Néanmoins, quelques passages lyriques donnèrent à Grétry, arrivé à Paris depuis un an, l'occasion d'introduire des éléments musicaux personnels et d'être élevé, dans la *Correspondance littéraire* de Grimm, au rang des meilleurs compositeurs. Ce qui frappe immédiatement, c'est qu'il « sait surtout finir ses airs et leur donner la juste étendue » (Grimm). Au schéma ABA, il ajoute ABA'B' (*« Ma bonne amie »*), ABAC (*« Toi que j'aime »*), AB récitatif A' (*« Que ne suis-je encore »*). Le rôle du Huron, qui monte à 35 reprises au *sol* aigu, se révèle particulièrement difficile. L'introduction de récitatifs obligés, comme dans *« Ah ! quel tourment »*, deviendra également un signe distinctif du style de Grétry, sans doute sous la double influence de l'« opera seria » et de Fr. A. Philidor. L'instrumentation très soignée de ce dernier air fait appel à des clarinettes, qui ne figuraient pas dans l'orchestre de Fr. A. Philidor, E. R. Duni ou P. A. Monsigny et, de manière générale, montre l'intérêt que le compositeur portait à la couleur orchestrale. La marche finale de l'acte I, que Grétry prétend avoir reprise de sa première production parisienne, *Les Mariages samnites* (1768), eut un immense succès. Michel Corrette s'en inspira pour son *XXIVe Concerto comique*.

Éditions — Paris, Béraux, 1768 ; Paris, Frey, 1823 ; Collection complète des œuvres de Grétry XIV, Bruxelles et Leipzig, Br. & H., [1884-1936].

Bibliographie — P. Long des Clavières, La jeunesse de Grétry et ses débuts à Paris, Besançon 1921 ; J. Renwick, Marmontel, Voltaire and the Bélisaire Affair, *in* Studies on Voltaire and the Eighteenth Century CXXI, 1974 ; K. Pendle, The opéras-comiques of Grétry and Marmontel, *in* MQ LXII/3, 1976 ; D. Charlton, Grétry and the Growth of opéra-comique, Cambridge, CUP, 1986 ; V. Mattern, Mozart und Grétry-Spuren der opéra-comique in Mozarts Finta giardiniera ?, *in* NZfM I, 1987.

Ph. Vendrix

Hymne, *« Ceux qui pieusement sont morts pour la patrie »*, poésie de Victor Hugo dont les strophes furent rimées à la hâte en juil. 1831 pour être chantées sous les voûtes du Panthéon, lors des cérémonies du premier anniversaire des Trois Glorieuses (27-29 juil. 1830).

1. La musique en fut rapidement improvisée par **Louis-Ferdinand Hérold** qui venait de faire représenter avec succès son opéra-comique *Zampa*, dédié au roi Louis-Philippe, d'où, probablement, la commande d'une cantate pour ténor solo, chœur mixte à 5 voix et orchestre dont le premier interprète soliste allait être Adolphe Nourrit. C'est seulement en 1880, et pour le rétablissement de la fête nationale du 14-Juillet, que l'*Hymne* d'Hérold et Hugo reparaîtra dans une transcription pour solo, chœur et orchestre d'harmonie due au chef de musique Félix Leroux (Paris, Meissonnier). **2.** Entre-temps, G. Bizet avait envisagé de mettre cet *Hymne* en musique — ce dont l'éditeur Choudens l'avait vivement dissuadé —, tandis que le pianiste **Raoul Pugno** en avait fait en 1868 une cantate pour chœur à 4 voix d'hommes et orchestre sous le titre *Aux Immortels*, affichée à l'Opéra pour le 22 mai 1871, deuxième jour de la Semaine sanglante. (Réd. cht et p., Paris, Wintringer, 1871 ; partition d'orch. autographe, Paris, BN.) **3.** Le 30 juin 1878, aux Tuileries, durant l'Exposition universelle, une version pour chœur d'hommes a cappella de **François Bazin**, intitulée *Gloire à la France !* remportait un véritable triomphe avec 500 orphéonistes dirigés par l'auteur. **4.** Créée à Rouen pour le centenaire de la prise de la Bastille, le 14 juil. 1889, et dédiée « à la mémoire des soldats morts pour la patrie », la version du professeur de composition du Conservatoire de Paris, **Charles Lenepveu**, est conçue pour chœur d'hommes (voix de femmes facultatives), des salves d'artillerie et de mousqueterie s'ajoutant à l'orchestre symphonique (ou militaire). La 3e strophe s'enchaîne à la dernière par des « amorces » de *La Marseillaise*, le chœur entonnant alors une sorte de récitatif à l'unisson. Après ce grand crescendo, le thème de *La Marseillaise*, ponctué par des salves d'artillerie et de mousqueterie, apparaît à l'orchestre, contrepointé par les voix qui entonnent le dernier refrain (Paris, H. Lemoine). **5.** Sur ces mêmes vers, **Xavier Leroux** signera à son tour une mélodie pour voix et orgue, créée le 1er nov. 1914 à Saint-Louis-des-Invalides par le baryton Delmas et G. Pierné, lors du premier service funèbre à la mémoire de ceux qui étaient tombés au champ d'honneur. **6.** Une version d'**Henri Rabaud** pour ténor solo, chœur mixte et orchestre verra le jour en 1920 pour la halte au Panthéon de la dépouille du Soldat inconnu avant son transfert sous l'arc de triomphe de l'Étoile. **7.** Celle de **Gustave Goublier** retentira à Verdun pour l'inauguration du monument à la tranchée des Baïonnettes (Paris, G. Gross). **8.** Parmi les plus récentes, on signalera le chœur a cappella de **Jacques Chailley** (1946), limité à la 1re strophe, dont la musique diffère nettement des précédentes par son allure constamment recueillie (Paris, Leduc), ainsi qu'un chœur mixte avec piano d'**Eugène Bozza** (1953).

Éditions du poème — Le Globe, 28 juil. 1831 ; éd. séparée, Paris 1832 ; inséré dans les *Chants du crépuscule* (1835), éd. par H. Meschonnic, *in* V. Hugo. Œuvres complètes V, Paris, Club français du livre, 1967.

Bibliographie — Fr. Robert, Vers perdus et retrouvés, *in* Lettres Françaises, 17 mars 1966 ; A. Laster, art. Hugo, *in* Grove, 6/ 1980 ; du même, La musique, *in* La Gloire de V. Hugo, Paris, Réunion des Musées nationaux, 1985.

Fr. Robert

Hymne, op. 7, n° 2, mélodie de **Gabriel Fauré** pour une voix et accompagnement de piano, en *sol* maj., Allegretto vivo, sur un poème de Charles Baudelaire (*Les Fleurs du mal*, 1857), créée à la Société Nationale le 22 mars 1873 par le dédicataire, Félix Lévy (durée : 2 min 19 s env.) Hartmann en fit la première édition (1871), puis Hamelle l'intégra dans les → *Vingt Mélodies, 1er recueil* (n° 16). La date de composition incertaine est suggérée par le style particulier de cette mélodie : en effet, on y reconnaît l'influence de Duparc (*L'Invitation au voyage*) dont Fauré aurait eu la révélation en l'année 1870. Le poème de Baudelaire est loin de s'accorder aux critères fauréens : texte sonore, excessif, il échappe à l'atmosphère intimiste de l'art mélodique et exigerait la scène et l'orchestre. Fauré y expérimente un souffle puissant, proche de celui de Duparc, que l'on retrouvera dans deux mélodies de 1871 : *L'Absent* (V. Hugo) et *La Rançon* (Ch. Baudelaire), cette dernière mélodie étant dédiée à Mme Henri Duparc. L'écriture pianistique chargée et scintillante d'*Hymne*, le chromatisme, les lignes mélodiques tendues, la dynamique tournée vers le forte, voire l'amorce d'un motif générateur

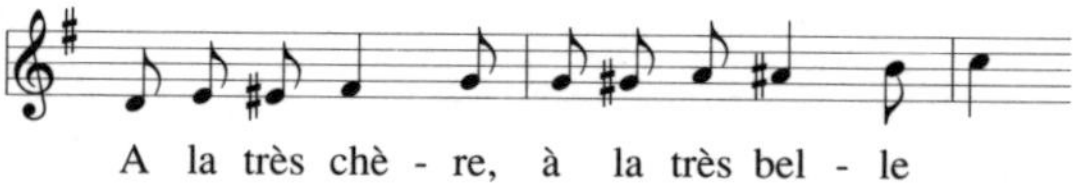

font de cette œuvre un moment très particulier de la production fauréenne. Toutefois, le résultat un peu grandiloquent accentue malencontreusement l'aspect rhétorique du sujet et certes pas son mystère. Fauré abordera encore Baudelaire en 1871 avec *Chant d'automne* et *La Rançon* pour se tourner ensuite vers des poètes plus proches de sa sensibilité.

Bibliographie — Voir celle de l'art. *Vingt Mélodies, 1er recueil.*

M.-Cl. Beltrando-Patier

Hymne à la Nature, composition en 3 parties de **François-Joseph Gossec** pour chœur d'hommes à 3 voix (haute-contre, taille et basse-taille), auquel s'ajoutent 2 voix de femmes (dessus) dans la 2e strophe, et orchestre d'harmonie, écrite sur des strophes de Varon pour la fête de la Réunion destinée à célébrer le 10 août 1793, place de la Bastille à Paris, le premier anniversaire de la prise des Tuileries. Elle devait encore être exécutée le 10 août 1794. L'œuvre s'intitulait à l'origine, mais sans raison valable, *Hymne à la Liberté.* « Cet hymne présente un certain intérêt dans la forme, tant par la diversité des thèmes que par la variété dans l'emploi des éléments vocaux » (C. Pierre). Dans la 2e strophe (mes. 21-23), on trouve aux flûtes et aux clarinettes comme une réminiscence de *La Marseillaise* :

Sa publication en réduction pour chant et piano par C. Pierre en 1899 a provoqué sa reprise sur scène, au 2e tableau, intitulé *La Fête de la Constitution*, du 3e acte de l'opéra *Les Girondins* de Fernand Le Borne (Lyon 25 mars 1905, reprise à Cologne, puis à Paris, Gaîté-Lyrique, le 12 janv. 1912). Dès 1921, l'*Hymne à la Nature* a figuré au répertoire des Fêtes du peuple d'Albert Doyen.

Sources — Partition d'orch. manuscrite sans titre ni indication d'auteur, Paris, Bibl. de l'Opéra ; partition de chœur, Paris, Imbault ; partition de chœur et parties séparées d'orch., *in* Magasin de Musique à l'usage des Fêtes nationales, 5e livr., 1794.

Rééditions modernes — Réd. pour cht et p. *in* C. Pierre, Musique des fêtes et cérémonies de la Révolution française, Paris 1899 ; partition de chœur, *in* Répertoire de l'École de chant choral et de l'harmonie des anciens de l'armée, 1911 (musique et texte modifiés par H. Radiguer) ; parties vocales, Paris, Leduc, s.d.

Bibliographie — C. Pierre, Les hymnes et chansons de la Révolution, Paris 1904 ; J. Tiersot, Les fêtes et les chants de la Révolution française, Paris 1908 ; J.-G. Prod'homme, Fr.-J. Gossec (1734-1829), Paris 1949 ; D. Whitwell, Band Music of the French Revolution, Tutzing, Schneider, 1979.

Fr. Robert

Hymne à l'Être suprême (version populaire), strophes de Désorgue, musique de **François-Joseph Gossec**, écrit pour la fête de l'Être suprême du 20 prairial an II (8 juin 1794). La participation du peuple à cette cérémonie avait été prévue dans le plan présenté par le peintre David à la Convention le 18 floréal an II (7 mai 1794). Les strophes de Désorgue, *« Père de l'univers, suprême intelligence »*, furent adoptées par le comité de Salut public, mises aussitôt en musique par Gossec et imprimées à la hâte pour être distribuées dans les sections dès le 19 prairial. Ce même soir — veille de la cérémonie —, les musiciens, munis d'une lettre de députation, devaient se rendre dans la salle d'assemblée des sections, accompagnés d'un ou de deux élèves de l'École nationale de chant (ancienne École royale) ou de l'Institut (futur Conservatoire) pour en apprendre le thème aux citoyennes et aux citoyens. Avec 24 choristes sélectionnés dans chacune des 48 sections, renforcés de choristes professionnels, le résultat devait avoir, selon les organisateurs, un effet avant tout moral. La première partie de la cérémonie eut lieu, conformément au plan de David, dans l'enceinte du Jardin national (les Tuileries) où devait être chanté l'hymne de Désorgue et Gossec, un autre hymne à grand chœur de Gossec sur les mêmes paroles devant être entendu au Champ-de-Mars. D'où la dénomination de « version populaire » appliquée au premier de ces *Hymnes à l'Être suprême* qui compte parmi les rares chants composés sur une mélodie nouvelle qui aient subsisté, même pendant l'ère révolutionnaire où il servit de timbre à de nouvelles chansons.

Éditions — Solo et chœur, parties séparées d'orch., in Magasin de Musique à l'usage des Fêtes nationales, 4e livr., in-4°, messidor an II ; chant et basse, *ibid.* in-8°, n° 13 ; chant avec basse, *ibid.*, sans n° d'édition ; chant seul, Frères n° 174 ; arrangement pour pianoforte par Hermann, *in* Feuilles de Terpsichore, n° 280 ; chant et b.c., *in* Calendrier républicain ; chant avec 2 clar., 2 cors et 2 bassons, *in* Recueil des Époques, p. 58 ; réd. pour chant et p., *in* C. Pierre, Musique des fêtes et cérémonies de la Révolution française, Paris 1899.

Bibliographie — Voir celle de l'art. *Hymne à la Nature.*

Fr. Robert

Hymne funèbre, op. 46, n° 2, de **Florent Schmitt**, pour ténor solo, chœur d'homme (ou chœur mixte) et grand orchestre d'harmonie, composé de 1897 à 1899 sur un fragment de la pièce d'Alfred de Musset *La Coupe et les Lèvres*, qui servira également à Lili Boulanger en 1912 pour sa cantate *Pour les funérailles d'un soldat*, créé à Paris, au Panthéon, lors du transfert des cendres du président du Conseil Paul Painlevé, mort le 29 oct. 1933, par les Chanteurs de Saint-Gervais (direction Paul Le Flem) et la musique de la Garde républicaine, sous la dir. de Pierre Dupont. Fl. Schmitt avait alors transposé la partie chorale pour voix mixtes. (Paris, Durand, à paraître ; durée : 16 min environ.) L'*Hymne funèbre* retiendra l'attention par sa remarquable maîtrise de l'orchestre d'harmonie dans un esprit symphonique. Antérieur au fameux → *Psaume XLVI*, il fait également date et s'inscrit parmi les trop rares créations qu'on puisse mettre à l'actif des cérémonies officielles de la IIIe République.

Bibliographie — P. O. Ferroud, Autour de Fl. Schmitt, Paris 1927 ; Y. Hucher, Fl. Schmitt, Paris 1953 ; du même, L'œuvre de Fl. Schmitt, Paris, Durand, 1960.

Fr. Robert

HYMNE FUNÈBRE SUR LA MORT DU GÉNÉRAL HOCHE, composition de **Luigi Cherubini**, sur des strophes de Marie-Joseph Chénier, dont la première orchestration est due à Fr.-J. Gossec. A peine le Directoire était-il informé de la mort du général Hoche, le 2 vendémiaire an VI (23 sept. 1797), qu'il fixait au 10 vendémiaire (1er oct.) la cérémonie funèbre qui devait se dérouler au Champ-de-Mars. Autant dire que l'œuvre de Cherubini fut rapidement improvisée, ce qui n'empêcha pas sa complète réussite.

Annonciatrice de la *Marche funèbre sur la mort d'un héros* de la *Symphonie héroïque* de Beethoven, la *Marche funèbre* initiale, destinée à être jouée pendant le défilé du cortège, se distingue nettement de l'hymne proprement dit qui devait être chanté par les artistes du Conservatoire et ceux du Théâtre de la République et des Arts. Toutes les strophes, sauf la dernière à 3 voix d'hommes (haute-contre, taille et basse-taille), étaient écrites pour des voix différentes chantant à l'unisson et sur un même thème, mais diversement accompagnées. C'est ainsi que la 1re strophe — celle des jeunes filles — était soutenue par les instruments à sonorité douce (flûtes, clarinettes, bassons, cors et serpents) et entonnée, après le discours du président du Directoire, par 40 jeunes élèves du Conservatoire de musique, vêtues de blanc, les cheveux ornés de bandelettes et portant des écharpes de crêpe. « Elles s'avancèrent d'un pas timide », précise le procès-verbal, et firent entendre cette strophe, une fois rangées autour du mausolée. La 2e strophe — celle des vieillards — venait après le panégyrique de Hoche prononcé par Daunou. Elle était accompagnée, de façon simplifiée, par les trombones, cors, bassons et serpents. « La nature des agents sonores et la sévérité de l'accompagnement s'alliaient parfaitement au genre de voix — les tailles — auxquelles ils étaient associés » (C. Pierre). La 3e strophe qui personnifiait les guerriers, incarnés par des hautes-contre, était avec flûtes et trompettes en sourdine jointes aux mêmes instruments. La dernière, enfin, intitulée *Chœur des guerriers*, est à 3 parties, « sur un thème nouveau, vigoureusement rythmé, qui produit une impressionnante diversion. Elles entrent tour à tour, puis se superposent en d'énergiques accents ou se confondent dans de beaux unissons. L'orchestre donne beaucoup de mouvement et de puissance à l'ensemble par la marche indépendante des parties et par les broderies qu'il exécute [...]. En un mot, cette dernière strophe, bien faite pour exalter l'enthousiasme, est la brillante conclusion d'une composition de premier ordre dont la valeur technique n'a rien à redouter des ravages du temps » (C. Pierre). On peut toutefois se demander si le thème de cette 4e strophe est aussi « nouveau » que C. Pierre le prétendait. Il serait plus juste d'affirmer qu'il est suivi d'une conclusion à caractère de strette à partir des mots : « Ton ombre au milieu de nos rangs », la 4e strophe, malgré son écriture à 3 voix, débutant comme les précédentes, confirmation de la remarquable unité de cette œuvre maîtresse du répertoire civique. Et ce motif pourrait bien s'être souvenu de celui qui ouvrait l'*Ode sur le vaisseau « Le Vengeur »* composée deux ou trois ans plus tôt sur des strophes de Lebrun par Catel.

Catel

Cherubini

L'*Hymne funèbre sur la mort du général Hoche* fut mis en scène, comme d'autres hymnes antérieurs. A la cérémonie funèbre du Champ-de-Mars, le peuple témoigna d'un élan patriotique réel, ce qui incita le théâtre Feydeau à donner à son tour cet hymne en spectacle dès le 19 vendémiaire (10 oct.) et dans le décor du 3e acte de *Roméo*. Il devait être imité, le lendemain, par le Théâtre de la République et des Arts où l'émotion redoubla à la vue des larmes versées par le père du héros. Redonné à Bruxelles le 30 vendémiaire (21 oct.) sur la place de la Liberté et au Temple de la Loi, l'*Hymne funèbre sur la mort du général Hoche* devait être encore exécuté, et de nouveau par les élèves du Conservatoire, le 30 fructidor an VII (16 sept. 1799) au cours de la cérémonie funèbre à la mémoire du général Joubert, mais avec de nouvelles paroles signées Chaussard.

Sources — Partitions de la *Marche funèbre* et de l'*Hymne funèbre*, mss autographes, Bibl. de Berlin (version orch. d'harmonie et version orch. symphonique) ; versions pour une voix avec basse et une voix avec pianoforte, *in* Magasin de musique à l'usage des Fêtes nationales ; version pour une voix avec 2 clar., 2 bassons, 2 cors, *in* Recueil des Époques.

Éditions modernes — Réd. cht et p., *in* C. PIERRE, Musique des fêtes et cérémonies de la Révolution française, Paris 1899 ; cf. également Anth. du chant scolaire, Paris, Heugel, 1933 ; fragments de la version originale avec orch. d'harmonie, *in* D. DONDEYNE et FR. ROBERT, Nouveau Traité d'orchestration à l'usage des harmonies, fanfares et musiques militaires, Paris, Lemoine, 1969.

Bibliographie — D. DENNE-BARON, Cherubini, sa vie, ses travaux, leur influence sur l'art, Paris 1862 ; C. PIERRE, Les hymnes et chansons de la Révolution, Paris 1904, J. TIERSOT, Les fêtes et les chants de la Révolution française, Paris 1908 ; FR. LESURE et CL. SARTORI, Tentativo di un catal. della produzione di L. Cherubini, Florence 1962 ; V. DELLA CROCE, Cherubini e i musicisti ital. del suo tempo, Turin, Eda, 1983 ; D. WHITWELL, Band Music of the French Revolution, Tutzing, Schneider, 1979.

FR. ROBERT

HYMNE « LES HÉRITIERS DE LA MONTAGNE BLANCHE », op. 30, d'**Antonín Dvořák**, cantate pour chœur mixte et orchestre, sur un poème de même titre du poète tchèque Vitězslav Hálek, écrite en 1872, créée à Prague, le 9 mars 1873, sous la dir. de Karel Bendl, puis dans une version remaniée à Prague, le 14 mars 1880, sous la dir. de Karel Knittl. (Londres, Novello, 1884 ; puis Prague, Artia ; durée : 17 min environ.)

La version définitive de cette œuvre, qui diffère considérablement de celle de 1873, est l'une des premières grandes pages de Dvořák et celle qui, grâce à son retentissant succès, tourna d'un coup l'attention du public musical tchèque vers un compositeur alors presque totalement inconnu. Le concert de création était une production de l'association chorale Hlahol de Prague qui avait réuni à cette occasion plus de 300 chanteurs et 2 orchestres. Le succès de la manifestation fut mis au compte de la maîtrise dont faisait preuve ce jeune compositeur de 32 ans, mais aussi des idées exprimées dans le poème et qui agitaient alors tous les patriotes tchèques. Il s'agit d'une invitation à se recueillir devant la mère-patrie et à la servir loyalement.

Cette œuvre, relativement longue pour une page d'un seul tenant, sans intervention de soliste, avec une partie chorale très importante et une écriture orchestrale impressionnante, est particulièrement grandiose et majestueuse, ce que durent souligner les effectifs considérables déployés pour sa création. Si les matériaux thématiques n'ont pas encore la richesse des œuvres ultérieures, cette cantate est cependant très prenante par son extrême diversité d'écriture. Le travail harmonique est riche, avec un cheminement tonal et modal parfois surprenant, en tout cas constamment modulant. L'écriture vocale est également très diversifiée, avec les voix du chœur fréquemment divisées. Effets d'écho, réponse d'un pupitre à l'autre ou de l'ensemble du chœur à tout l'orchestre, imitations et canons fréquents, et ce à tous les intervalles jusqu'à la septième, opposition des tessitures sont autant d'effets employés par Dvořák pour enrichir son écriture.

FR. AUCLAIR

HYMNE VÉDIQUE, op. 9, chœur à 4 voix et orchestre d'**Ernest Chausson**, sur un poème de Leconte de Lisle, dédié à César Franck, composé en 1886 et créé à Paris, à la Société Nationale de Musique, en avr. 1887. (Paris, Hamelle, s.d. ; durée : 13 min environ.)

Le poème évoque un rituel de l'Inde védique où l'on implore les dieux d'apaiser les chiens menaçants des enfers et d'accorder à l'âme du défunt la paix et la lumière : deux sentiments opposés, crainte et espoir, que la musique suggère par les deux thèmes principaux exposés successivement dès le début, l'un harmonique de couleur sombre, l'autre plus clair et d'allure mélodique. Ces deux thèmes sont développés très librement et, après un fortissimo véhément et puissant — sommet dynamique —, s'en adjoignent un troisième, fait de battements légers de doubles puis triples croches et confié au seul orchestre accompagnateur. L'importance et la subtilité de l'écriture orchestrale mettent en valeur un langage harmonique remarquable par la liberté des enchaînements. Quant au chœur, les 4 voix (souvent augmentées par division des pupitres) sont employées généralement seules ou par groupements restreints pour faire entendre de brèves incises, selon le style précédant de C. Franck.

J. VIRET

(THE) HYMN OF JESUS (L'Hymne de Jésus), op. 37, cantate de **Gustav Holst** pour petit chœur, grand chœur et orchestre, sur un texte tiré des Actes de saint Jean, composé en 1917, créée à Londres, au Queen's Hall, en mars 1920, sous la dir. du compositeur. (Londres, Stainer & Bell, 1919 ; durée : 20 min environ.)

Cette œuvre chorale, la plus originale de Holst, a ouvert de nouveaux horizons en s'écartant de la tradition chorale anglaise, en ce qui concerne le choix du texte et les moyens musicaux. Le caractère mystique et extatique du texte a certainement attiré Holst et lui a permis de donner libre cours à son goût pour la couleur vocale et orchestrale. La prédilection du compositeur pour des groupes rythmiques à 5 et à 7 temps, fortement accentués, s'allie à l'emploi de deux hymnes anciennes, → *« Pange lingua »* et → *« Vexilla regis »*. Une riche palette orchestrale inclut l'emploi privilégié du cor anglais, du célesta et de nombreuses percussions, tandis qu'une écriture chorale faite de larges blocs contraste avec des effets vocaux d'une grande subtilité.

L'œuvre s'ouvre par un prélude où les deux mélodies grégoriennes sont annoncées de façon énigmatique, sans texte ; deux trombones solos introduisent le *« Pange lingua »*, repris en écho par le cor anglais au-dessus des cordes avec sourdine jouant pianissimo, puis le *« Vexilla regis »* se fait entendre « sotto voce » au grave de l'orgue. Piano et célesta s'ajoutent à l'orchestre dans une figure obstinée qui conduit rapidement au premier texte, celui du *« Vexilla regis »*, chanté par les sopranos du demi-chœur dans le lointain. Une violente interjection de l'orchestre rompt l'atmosphère exaltée de l'hymne, mais le calme est restauré par des voix d'hommes lointaines entonnant le *« Pange lingua »*. Ainsi, le sens de ces deux mélodies est désormais clair. Le motif de l'Amen est repris par l'orchestre et un bref silence prépare au début de l'hymne proprement dite. Ici, Holst fait preuve de son habileté à manier les formations chorales avec des ressources rythmiques et harmoniques très variées. Le chœur au complet entre *f*, sans accompagnement, sur un *do* à l'unisson qui explose en un accord de quarte et sixte de *mi* maj., sur le mot « Father » (Père), au-dessus d'une gamme descendante à la basse de l'orchestre (un procédé favori de Holst). Le demi-chœur (S S A) ajoute tranquillement ses « Amen », tandis que des modulations par enharmonie conduisent à « Glory to thee, o Grace » (Gloire à toi, ô Grâce) et « Glory to thee, Holy Spirit » (Gloire à toi, Saint-Esprit), plus détendus. Pour ce dernier, Holst fait entrer le chœur principal progressivement, disant d'abord le texte en rythme et sur un rapide crescendo avant de revenir au chant — un effet de foule d'une force considérable qui conduit à « We praise thee, o Father » (Nous te louons, ô Père) par le chœur au complet, l'orchestre et l'orgue *fff*.

Les 7 vers suivants comportent chacun un énoncé passif puis actif. « Fain would I be saved, and fain would I save » (Volontiers, j'aimerais être sauvé et volontiers je sauverais) est suivi par 6 implorations similaires. Pour cette section, Andante, le double chœur partage chaque vers en deux fragments antiphonés avec écho préliminaire des rythmes à 5 temps qui vont suivre et de temps en temps des « Amen » lointains par le demi-chœur.

Un flamboiement de couleur orchestral et un rythme à 5/4 insistant introduisent la section centrale, la plus spectaculaire de l'œuvre : « La Grâce divine danse... Les douze saints dansent avec nous. Toutes choses s'unissent dans la danse. » Plus loin, sur les mots « And fain would I set in order » (Et volontiers, j'aimerais mettre en ordre), le rythme s'élargit à un 5/2 pour le premier chœur (avec un motif de tambourin distinctif) alors que le second reste à 5/4. Sur le texte « And I have heaven » (Et moi j'ai le Ciel), la mesure passe définitivement à 5/2 et un formidable accord de quarte et sixte sur *fa* ♯ maj. à l'orchestre annonce les vers « To you who gaze a lamp am I, / To you that know, a mirror, / To you who knock a door am I », le chœur progresse d'un demi-ton sur « gaze », « know », « knock », tandis que le demi-chœur continue à entonner « Amen ». Les deux mélodies grégoriennes reviennent alors, celle du *« Pange lingua »* associée à des vers de l'hymne et *« Vexilla regis »* d'abord annoncée avec agitation par le basson avant d'être chantée en vocalises sur « ah » par-dessus un rythme insistant de caisse claire et des accords se succédant régulièrement à l'orchestre.

Dans l'avant-dernière section, commençant en 7/4, la tension monte graduellement du vers « Ye could not know at all what thing ye endure » jusqu'à ce qu'elle se résolve dans une vive peinture de mots, le chœur glissant d'un demi-ton pendant la phrase « Behold in me a couch » et amenant plus loin, sans accompagnement, un éclairement pianissimo sur « wisdom » (sagesse) où se trouve employée chaque note de la gamme dans l'octave moyenne. L'hymne s'achève comme elle avait commencé, « Glory to thee, Father » (Gloire à toi, ô Père), avec en accompagnement le même motif de gamme descendante et les « Amen » en écho se dissolvant finalement dans le lointain.

Bibliographie — I. Holst, The Music of Gustav Holst, and Holst's Music Reconsidered, Oxford, OUP, 1986.

L. Sawkins

Hymn to Saint Cecilia (Hymne à sainte Cécile), op. 27, de **Benjamin Britten**, sur un texte de Wystan Hugh Auden, pour chœur mixte à 5 voix (S S A T B avec S A T B soli tirés du chœur) sans accompagnement, achevé le 2 avr. 1942 et créé à Londres, le 22 nov. 1942, par les BBC Singers. (Londres, Boosey & H. ; durée : 12 min environ.)

C'est l'une des deux œuvres chorales que Britten composa à bord du navire qui le ramenait d'Amérique, au printemps 1942, l'autre étant → *A Ceremony of Carols*, op. 28. Le texte, écrit pour lui par W.H. Auden, consiste en trois sections contrastantes, s'achevant chacune par le refrain « Blessed Cecilia, appears in vision / To all musicians... » (Cécile bienheureuse apparaît en vision à tous les musiciens). L'hommage du poète à la patronne des musiciens inspira à Britten l'une de ses œuvres les plus travaillées et les plus belles. La première section, « In a garden shady » (Dans un jardin ombragé), est écrite dans une mesure à 6/4 avec des accords parfaits aux trois voix supérieures, planant au-dessus d'un ténor et d'une basse qui se déplacent lentement à la manière d'un « cantus firmus ». Les accords parallèles et les séquences de quartes descendantes sont tonalement ambigus et le mélange d'éléments appartenant à *mi* et à *do* maj. introduit une relation qui va concerner toute la pièce. La première section s'achève par l'invocation « Blessed Cecilia », une douce répétition des mesures introductives. La pureté de ce refrain à l'unisson forme un net contraste avec la richesse harmonique du début. La deuxième section, « I cannot grow » (Je ne puis grandir) est un scherzo animé, formé par un thème de 5 mesures qui se répète, chanté par les deux sopranos et le ténor au-dessus de l'alto et de la basse qui progressent dans un mouvement lent ; à l'exception d'une brève modulation centrale en *do* maj., sur les mots « I am defeated » (je suis battu), le scherzo est fermement ancré dans le ton de *mi* majeur. Il est suivi par une version harmonisée du refrain qui va de *la* maj. à *do* maj. en passant par *mi* maj., préparant le début de la troisième section « O ear whose creatures cannot wish to fall » (Oreille [de Dieu], ô toi dont les créatures ne peuvent souhaiter tomber), dans le mode lydien sur *do*. Un ostinato de basse de deux mesures est répété 6 fois sous les parties supérieures qui progressent dans un mouvement lent avant qu'un brusque changement harmonique conduise aux paroles « O dear white children » (O chers enfants blancs), où un soprano solo extatique plane au-dessus du reste du chœur. Cette section est également en mode lydien —, cette fois-ci sur *la* — jusqu'à ce que les mots « O weep, child, weep » (O pleure, enfant, pleure) amènent une soudaine minorisation, exprimant la plainte pour l'innocence perdue. La fin du texte d'Auden évoque divers instruments (violons, tambour, flûte, trompette) que Britten imite dans une série de récitatifs vocaux dont le dernier — Quasi tromba — oscille entre des fanfares en *mi* et *do* maj., préparant le refrain final qui joue le rôle d'une reprise et d'une coda.

Bibliographie — Voir celle de l'art. *A Ceremony of Carols.*

J. P. Wainwright

Hymnus paradisi, de **Herbert Howells**, pour sop. et ténor soli, double chœur et orchestre, écrit en 1938 mais gardé secret jusqu'en 1950, créé à Gloucester, au Three Choirs Festival, en sept. 1950, sous la dir. de l'auteur. (Londres, Novello, 1950 ; durée : 48 min environ.)

Les origines du style éminemment personnel de Howells peuvent être situées dans les œuvres d'Elgar, Parry et Vaughan Williams. Le caractère mélancolique et élégiaque de nombre de ses compositions — une particularité qu'il partage avec plusieurs de ses contemporains anglais — provient peut-être de la musique d'Elgar, mais pourrait être aussi le résultat d'une réaction aux horreurs de la Première Guerre mondiale. Toutefois, c'est la musique de Vaughan Williams, entre autres sa *Pastoral Symphony* et sa *Fantaisie sur un thème de Thomas Tallis*, qui marqua le plus le langage musical de Howells. Bien que ne partageant pas entièrement l'intérêt de son aîné pour la chanson folklorique anglaise, Howells fut certainement influencé par son usage des échelles modales ou pentatonique. Il emploie des éléments modaux, pentatoniques et chromatiques, à la fois dans l'ordre mélodique et harmonique, et assure à ses œuvres une solidité tonale en émaillant son discours d'accords parfaits en position fondamentale. En outre, il fait un emploi très libre d'accords avec notes ajoutées — 7e, 9e, 11e ou 13e —, ce qui donne à son harmonie une touche sensuelle postromantique ou impressionniste. Howells appartient à une tradition anglaise fermement établie qui n'est en aucun cas radicale ou révolutionnaire. A l'intérieur de ses conventions, il a réalisé des œuvres très soigneusement travaillées et d'une forte efficacité, au premier rang desquelles il faut ranger son *Hymnus paradisi.*

Plusieurs idées musicales de l'*Hymnus paradisi* proviennent du → *Requiem* a cappella de Howells, les deux œuvres représentant la réponse musicale à la mort tragique, en 1935, du fils du compositeur, Michael Kendrick Howells, âgé de 9 ans. En tête de la partition figure une citation de l'*Hymnus circa exsequias* du poète Prudence (IVe s.), qui, dans sa traduction anglaise par Helen Waddell, a servi de texte au motet que Howells écrivit en 1963 à l'occasion de la mort du président Kennedy : « Take him, earth, for cherishing, / To thy tender breast receive him » (Prends-le, terre, pour le chérir, reçois-le dans ton tendre sein).

Bien que *Hymnus paradisi* comporte 6 mouvements, Howells considérait qu'il était constitué de deux parties : les trois premiers mouvements, *Preludio*, *« Requiem aeternam »* et *Psaume 23* s'enchaînent et forment la première partie tandis que les trois mouvements suivants sont des entités séparées formant la seconde partie. L'œuvre s'ouvre par **1.** *Preludio*, un mouvement purement orchestral qui fixe l'atmosphère de contemplation et introduit quelques-uns des éléments thématiques les plus importants des mouvements suivants. C'est ainsi que dès les premières mesures se combinent les thèmes du *« Requiem aeternam »* et du *Psaume 23*, « The Lord is my shepherd » (Le Seigneur est mon berger). Le prélude s'enchaîne sans interruption à **2.** *« Requiem aeternam »*, sur les premiers mots — en latin — de l'introït de la messe des morts, pour double chœur à 8 voix et orchestre. Ce mouvement est une version très développée du 3e mouvement du *Requiem* de Howells ; l'écriture a cappella originelle n'est conservée que pour les quelque 12 premières mesures après quoi un riche accompagnement orchestral s'ajoute aux voix. Une section centrale pour soprano solo accompagnée par une harpe, un célesta, une flûte et une clarinette est suivie par le retour du double chœur, les voix solistes planant au-dessus sur les mots « Lux perpetua luceat eis ». Un postlude orchestral sert de pont et mène à **3.** *« The Lord is my shepherd »*, sur le texte du Psaume 23, pour sop. et ténor soli, chœur et orchestre. De nouveau, une grande partie des éléments mélodiques sont empruntés au mouvement qui traite le même texte dans le *Requiem.* Alors que dans celui-ci « the valley of the shadow of death » était dépeint de façon stricte par les voix à l'unisson, ici la même mélodie est employée mais accompagnée par un quasi-ostinato de l'orchestre sur une pédale syncopée des timbales.

La 2de partie de l'*Hymnus paradisi* s'ouvre par **4.** le *Sanctus — « I will lift up my eyes »* — qui combine un double texte, en latin « Sanctus Dominus Deus » et en anglais « I will lift up mine eyes unto the hills » (Je lèverai mes yeux vers les montagnes ; Psaume 121). L'esprit du mouvement n'est plus à la contemplation désolée, comme dans la 1re partie de l'œuvre, mais s'exprime maintenant d'une façon plus dynamique, fortement tendue. Un petit chœur, le soprano et le ténor solistes ainsi que le chœur principal s'acheminent vers un splendide apogée où le *Sanctus* supplante quasiment le texte du psaume. **5.** *« I heard a voice from heaven »* (J'entendis une voix venant des cieux) qui traite un texte du service funèbre, ressemble beaucoup au dernier mouvement du *Requiem* bien que les parties de solistes aient été modifiées. Ce mouvement amène un relâchement temporaire de la tension avant **6.** *« Holy is the true light »* (Sainte est la vraie Lumière), qui met en musique quelques vers du *Salisbury Diurnal* traduit par G.H. Palmer et empruntés à l'anthologie *The Spirit of Man* de Robert Bridge. Le sujet de ce mouvement est le passage de la mort à la lumière et l'œuvre s'achève de façon rayonnante par un traitement homophonique des mots « Requiem dona eis sempiternam » pour double chœur à 8 voix, soprano et ténor solistes, et accompagnement d'orchestre pianissimo.

Bibliographie — R. Jacques, H. Howell's « Hymnus paradisi », *in* ML XXXIII, 1952 ; H. Ottaway, H. Howells and the English Revival, *in* MT CVIII, 1967 ; C. Palmer, H. Howells at 80 : a Retrospect, *ibid.* CXIII, 1972 ; du même, H. Howells, A Study, Londres, Novello, 1980, pp. 46-56.

J. P. Wainwright

I

I 330, opéra en 4 actes, livret de J. Goury tiré de *Nous autres* d'E. Zamiatine, musique de **Jacques Bondon**, créé à l'Opéra de Nantes en 1975, avec Gillian Knight (I 330), Claude Méloni (D 503) et Andrée François (A 90), sous la dir. de Jean-Claude Casadesus. (Paris, M. Eschig, 1978 ; durée : 2 h 10 min environ.)

LIVRET — Acte I. Dans un futur imaginaire peuplé d'individus anonymes conditionnés par un système tout-puissant, quelques failles apparaissent. A 90 (sop.), compagne obligée d'un des ingénieurs de l'Organisation, s'étonne de ses désirs illicites d'intimité et de maternité. Une autre jeune femme, I 330 (mezzo-sop.), est fascinée par les mystères interdits du passé. Elle donne un rendez-vous secret à l'ingénieur D 503 (bar.).

Acte II. Dans la maison antique, I 330 offre à D 503 alcool, cigarettes, vêtements troublants et mélodies charmeuses, symboles à ses yeux de la convivialité et de la séduction prohibées. Elle lui fait entrevoir une vie plus libre, laissant place au sentiment individuel. D 503 est troublé. Ses psychobiologistes, appelés en consultation, craignent le pire pour lui : l'éveil de la conscience.

Acte III. A 90 s'inquiète de l'influence de I 330. Au cours d'une cérémonie officielle, quelques « numéros » se rebellent. A la faveur des troubles, I 330 entraîne D 503 au-delà du « mur », en territoire interdit. Découvrant un lieu idyllique où la vie est harmonieuse, D 503 renie l'Organisation.

Acte IV. La voix officielle annonce l'écrasement de la révolte. A 90 révèle la cachette de D 503. L'Ordre froid triomphe : D 503, par « traitement », est voué à une existence végétative. Quant à I 330, elle subit le sort réservé aux êtres atypiques : l'élimination physique.

La vision désespérante d'un système totalitaire déshumanisé est conduite, tout au long de l'œuvre, par la fixité de la scansion, la brutalité élémentaire des rythmes et par un effet de grisaille mélodico-harmonique : la ligne mélodique, fréquemment monocorde, est soutenue par des agrégats ambivalents où abondent les degrés conjoints, rendus plus insaisissables par de fréquents enchaînements obliques. L'évocation nostalgique du passé (acte II) amène un thème de valse dont la fragilité et la naïveté s'accordent, de fait, à celles de certains symboles du livret — l'alcool, le tabac et la tenue affriolante —, constituant une vision hollywoodienne de la société de consommation. En contraste coloré et porteur de sens, le rêve d'un monde harmonieux et sensible suscite, en échappées expressives, des pages de lyrisme intense où les voix trouvent leur emploi le plus euphonique. La polarité tonale retrouve alors ses vertus, dans une harmonie enrichie par la superposition ambiguë du majeur et du mineur, ou par la présence de notes « de luxe » correspondant à des harmoniques éloignés.

Dans la scène 10 de l'acte III, le chœur sans paroles, d'une veine très fauréenne, est suivi d'un solo en *do* ♯ min., ton également affirmé dans le postlude orchestral en fin de l'acte IV.

Autre version des « bruits de bottes » qui parcourent l'histoire de la musique, *I 330* est une œuvre cursive, acérée et tragique où le récit chanté, ménagé par une orchestration ingénieuse, s'inscrit par sa clarté dans la tradition d'une déclamation à la française passée par Debussy et Poulenc.

Bibliographie — Revue Opéra, n° 105, avril-mai 1975.

M. TENDERO

« I CALL AND CRY TO THEE », motet de **Thomas Tallis**, voir « O SACRUM CONVIVIUM ».

« ICH ARMER MENSCH, ICH SÜNDENKNECHT » (Moi pauvre homme, moi pécheur endurci), cantate de **Johann Sebastian Bach** (BWV 55 ; NBA I/26) pour le 22e dimanche après la Trinité (évangile du jour, Matth. 18, 23-35, le serviteur impitoyable), écrite pour ténor solo, chœur, fl., htb. d'amour, cordes et b.c., exécutée pour la 1re fois à Saint-Thomas de Leipzig, le 17 nov. 1726. (Durée : 13 min environ.)

Le texte, d'auteur inconnu, se rattache directement à la première partie de l'évangile du jour. Il se divise en deux couples air-récitatif construits de façon antithétique, le premier où l'homme reconnaît l'étendue de ses péchés et redoute le destin qui l'attend, le second exprimant l'appel à la miséricorde divine. La réponse est donnée par la strophe de choral finale qui reconnaît que la grâce et la bienveillance de Dieu sont bien plus grandes que les péchés de celui qui s'accuse.

L'air d'introduction pour ténor et tout l'orchestre, **1.** *« Ich armer Mensch »*, en *sol* min. (forme binaire avec ritournelle), est une pastorale tourmentée où la voix soliste, baignée dans une riche texture polyphonique, semble dépeindre l'homme qui se roule dans ses péchés. Il est suivi **2.** d'un récitatif secco pour ténor et b.c., *« Ich habe wider Gott gehandelt »* (J'ai agi contre Dieu), aux accents désespérés. Le second air avec flûte obligée et b.c., **3.** *« Erbarme dich ! Lass die Tränen dich erweichen »* (Prends pitié ! Laisse-toi adoucir par les larmes), en *ré* min. (forme binaire avec ritournelle), exprime la supplication du pécheur de façon quasi litanique : 17 répétitions des mots « Erbarme dich ! », musicalement constamment variés. Sa richesse expressive n'est pas troublée — il en va de même pour l'air précédent — par un « da capo » intempestif. Le récitatif accompagné par les accords des cordes et par la b.c., **4.** *« Erbarme dich ! Jedoch nun tröst ich mich »* (Prends pitié ! Toutefois je me console désormais), apporte l'apaisement bien qu'il s'ouvre sur une dernière supplication du pécheur, la dix-huitième. Le choral final, **5.** *« Bin ich gleich von dir gewichen »* (Bien que je me sois détourné de toi), en *si* ♭ maj., est la 6e strophe du choral *« Werde munter, mein Gemüte »* de Johann Rist (1642).

Bibliographie — Voir celle de l'art. *« Ach Gott, vom Himmel sieh darein ».*

M. HONEGGER

« ICH BIN DIE AUFERSTEHUNG » (Je suis la Résurrection), cantate de **Dietrich Buxtehude** pour basse solo, 2 vl., 2 violes de gambe, 2 cornets, 2 trp., basson et b.c., composée à une date inconnue sur une parole du Christ prononcée lors de la résurrection de Lazare (Jean 11, 25-26) avec adjonction d'un « alleluia » final, probablement exécutée, vu l'important effectif instrumental, à Lübeck lors d'une « Abendmusik ». (Durée : 6 min environ.)

L'œuvre se subdivise en trois sections dont la première et la troisième sont similaires alors que la deuxième fait contraste par rapport à elles. La section initiale commente le verset 25 : « Je suis la Résurrection et la Vie, celui qui croit en moi vivra. » Après un prélude de 13 mesures confié aux cordes, l'affirmation du Christ est plusieurs fois répétée par la voix, en des phrases brèves entrecoupées par des interludes aux cornets et aux trompettes. Le ton de *do* maj., le rythme dansant à 3/4 et la ligne ascendante du thème vocal (figuralisme suscité par l'idée de résurrection) créent une atmosphère joyeuse, renforcée par le symbolisme solaire traditionnellement attribué aux trompettes et aux cornets droits. La fin du verset 26 (« [...] vivra quand même il sera mort ») est chantée Adagio dans le ton de *la* min., d'où un changement radical de climat, motivé par l'idée de la mort et amenant une seconde section, presque entièrement instrumentale : après la phrase du chant, accompagnée par la seule basse continue, ce sont les cordes qui évoquent de façon saisissante l'angoisse de la mort en opposant par deux fois le tressaillement d'un Presto à la morne pesanteur d'un Adagio en notes répétées (figuralisme de la peur dans la musique baroque). La troisième section (verset 2 : « Celui qui vit et croit en moi ne mourra jamais ») revient progressivement à l'ambiance allègre du début : retour au rythme dansant à 3/4, modulations vers le ton de *do* maj. qui, sitôt atteint, ramène les trompettes puis plus loin les cornets, vocalises légères soulignant les « alleluia » conclusifs. On notera en outre la souplesse d'une écriture oscillant entre l'homophonie (épisode médian) et le contrepoint imitatif (section finale), ainsi que la tessiture étendue de la partie vocale (presque deux octaves, de *mi* 1 à *ré* 3).

Éditions — Par W. GURLITT, *in* D. Buxtehudes Werke II, Klecken, Ugrino, 1926 (n° 25).

Bibliographie — A. PIRRO, D. Buxtehude, Paris 1913, rééd. en facs. Genève, Minkoff, 1973 ; FR. BLUME, Das Kantatenwerk D. Buxtehudes, *in* Jb. Peters XLVII, 1940, et *in* Syntagma musicum, Kassel 1963 ; S. SØRENSEN, D. Buxtehudes vokale Kirkemusik, Copenhague 1958 ; R. ROBERTS, The Sacred Cantatas of D. Buxtehude : their Texts and Music (diss. Univ. of Birmingham, 1974).

J. VIRET

« ICH BIN VERGNÜGT MIT MEINEM GLÜCKE » (Je suis satisfait de mon sort), cantate de **Johann Sebastian Bach** (BWV 84 ; NBA I/7) pour la Septuagésime, 3e dimanche avant le début du carême (évangile du jour, Matth. 20, 1-16, parabole des ouvriers loués à différentes heures), écrite pour sop. solo, chœur, htb., cordes et b.c., exécutée pour la 1re fois à Leipzig, le 9 févr. 1727. (Durée : 14 min 30 s environ.)

Son texte, dont il n'est pas exclu que Picander soit l'auteur, traite de la modestie et du contentement de son sort qui doivent être l'attitude du chrétien. Celui-ci peut être reconnaissant pour ce qu'il a ; il recevra sa juste récompense — le ciel — lorsqu'il terminera sa vie d'ici-bas.

L'œuvre se compose de deux couples air-récitatif pour soprano solo et d'un choral final. Heureux et détendu, le 1er air accompagné par tout l'orchestre, **1.** *« Ich bin vergnügt »*, forme ABA' avec ritournelle, en *mi* min., est empreint d'une joie discrète, presque intérieure. Il est suivi **2.** d'un récitatif secco avec b.c., *« Gott ist mir ja nichts schuldig »* (Dieu ne me doit vraiment rien) ; **3.** d'un air avec htb., vl. et b.c., *« Ich esse mit Freuden mein wenig Brot »* (Je mange avec joie mon peu de pain), forme ABA' avec ritournelle, en *sol* maj., qui exprime une joie plus extériorisée, mais toujours simple et jamais exubérante ; **4.** d'un récitatif accompagné par les cordes et la b.c., *« Im Schweisse meines Angesichts... »* (A la sueur de mon front néanmoins, je veux manger mon pain) ; **5.** d'un choral à 4 voix, *« Ich leb indes in dir vergnügt »* (En attendant je vis heureux en toi), 12e strophe du choral *« Wer weiss, wie nahe mir mein Ende »* d'Emilie Juliane von Schwarzburg-Rudolstadt (1686) qui se chante sur la mélodie de *« Wer nur den lieben Gott lässt walten »* de Georg Neumark (1657). L'œuvre tout entière est le fruit d'une délicieuse invention musicale, pleine de fraîcheur et de spontanéité, qui l'a fait passer à tort pour une musique domestique spirituelle destinée à Anna Magdalena Bach.

Bibliographie — Voir celle de l'art. *« Ach Gott, vom Himmel sieh darein ».*

M. HONEGGER

« ICH ELENDER MENSCH, WER WIRD MICH ERLÖSEN... » (Misérable que je suis, qui me délivrera de ce corps de mort ?), cantate de **Johann Sebastian Bach** (BWV 48 ; NBA I/24) pour le 19e dimanche après la Trinité (évangile du jour, Matth. 9, 1-8, guérison d'un paralytique), écrite pour alto et ténor soli, chœur, 2 htb., trp., cordes et b.c., exécutée pour la 1re fois à Leipzig, le 3 oct. 1723. (Durée : 15 min environ.)

Le texte poétique, d'auteur inconnu, se rattache à la parole du Christ au paralytique, « Tes péchés sont pardonnés », un message d'espoir pour le croyant dont le tourment s'exprime dans une citation extraite de l'épître aux Romains 7, 24 (chœur d'introduction). Les péchés sont un poison qui pénètre jusqu'à l'âme et qui conduit à la mort (récitatif n° 2). S'ils doivent entraîner la punition et la souffrance, que le croyant continue à expier ici-bas pour être épargné dans l'au-delà (choral n° 3) et pour que l'âme soit purifiée avant de paraître devant Dieu (air n° 4). En ce domaine, Jésus fait des miracles ; il guérit les corps et fortifie les âmes (récitatif n° 5). A l'imploration du pardon de nos fautes (air n° 6) répond le choral final qui témoigne de la ferme intention du croyant de se tourner vers Jésus et de rester fidèle à Dieu.

Le chœur d'introduction avec tout l'orchestre, **1.** *« Ich elender Mensch... »*, forme AAB, en *sol* min., s'ouvre par une symphonie des cordes possédant sa thématique propre ; elle se poursuit malgré l'entrée des voix qui présentent un nouveau thème traité en style imitatif, tandis que la trompette et les deux hautbois à l'unisson superposent à cette polyphonie la mélodie du choral *« Herr Jesu Christ, du höchstes Gut »*, écrite en canon à la quarte inférieure, mélodie sur laquelle se chante le choral final. A ce chœur succèdent **2.** un récitatif pour alto accompagné par les cordes et la b.c., *« O Schmerz, o Elend... »* (O douleur, ô misère qui m'accable), chargé d'une expression tourmentée que les accords dissonants des cordes et les modulations qu'ils provoquent rendent encore plus poignante ; **3.** un choral à 4 voix, *« Solls ja so sein »* (S'il doit en être ainsi), en *si* ♭ maj., 4ᵉ strophe du choral *« Ach Gott und Herr »* de Martin Rutilius (1604), où le traitement musical de la dernière phrase mélodique illustre le dernier mot du texte, « büssen » (expier) ; **4.** un air pour alto, htb. solo et b.c., *« Ach lege das Sodom der sündlichen Glieder* [...] *darnieder »* (Ah, jette la Sodome du corps pécheur), forme binaire AB avec ritournelle, en *mi* ♭ maj., qui, au lieu des paroles de malédiction du début du texte, exprime avec une certaine grâce la prière afin que l'âme du croyant soit épargnée ; **5.** un récitatif secco pour ténor et b.c., *« Hier aber tut des Heilands Hand... »* (Mais ici la main du Sauveur fait des miracles même parmi les morts) ; **6.** un air pour ténor, cordes, avec doublure des 1ers vl. par les htb., et b.c., *« Vergibt mir Jesus meine Sünden... »* (Si Jésus me pardonne mes péchés, mon corps et mon âme guériront), en *sol* min., d'une écriture compacte à 5 voix qui, encore plus que l'air précédent, éveille l'attention par sa forme issue de la danse, où la mesure à 3/4 entre en conflit avec des mesures à 3/2 sous-entendues ; **7.** un choral à 4 voix, *« Herr Jesu Christ, einiger Trost »* (Seigneur Jésus-Christ, unique réconfort), forme AAB, en *sol* min., 12ᵉ strophe du choral *« Herr Jesu Christ, ich schrei zu dir »* (Freiberg, 1620) qui se chante sur la mélodie déjà entendue au cours du chœur d'introduction.

Bibliographie — Voir celle de l'art. *« Ach Gott, vom Himmel sieh darein ».*

M. Honegger

« Ich geh und suche mit Verlangen... » (Je vais te chercher avec désir, ma tourterelle, la plus belle des épouses), « Dialogus », cantate de **Johann Sebastian Bach** (BWV 49 ; NBA I/25) pour le 20ᵉ dimanche après la Trinité (évangile du jour, Matth. 22, 1-14, parabole des noces), écrite pour sop. et basse soli, htb. d'amour, cordes, vlc. piccolo, orgue obligé et b.c., exécutée pour la 1re fois à Saint-Thomas de Leipzig, le 3 nov. 1726. (Durée : 26 min environ.)

Directement rattaché à l'évangile du jour, le texte, d'auteur inconnu, tire du Cantique des Cantiques l'idée de l'échange amoureux qu'il transpose en un appel et un dialogue passionné entre l'époux (le Christ) et l'épouse (l'âme, puis l'Église tout entière) qui se préparent dans la joie à leurs noces mystiques.

L'œuvre débute **1.** par une longue *sinfonia* pour htb. d'amour, cordes, orgue obligé et b.c., en *mi* maj. (forme ABA), empruntée à un concerto de soliste de la période de Cöthen dont il constituait le mouvement final et dont les deux mouvements précédents avaient été utilisés quinze jours auparavant dans la cantate → *« Gott soll allein mein Herze haben »*, un substitut particulièrement brillant au chœur qui fait ici totalement défaut. **2.** L'air pour basse — la voix du Christ dans les Passions —, orgue obligé et b.c. qui ouvre la cantate à proprement parler, *« Ich geh und suche »*, en *do* ♯ min. (forme apparentée au rondeau avec ritournelle), dépeint de façon imagée, dans la ritournelle, la recherche ardente de l'épouse par l'époux et est riche de formules mélodiques empreintes d'une tendresse et d'une passion qui ne dépareraient pas une scène d'opéra. Lui font suite **3.** un récitatif en dialogue avec cordes et b.c., *« Mein Mahl ist zubereit !... »* (Mon repas est prêt et ma table de noces dressée, seule mon épouse n'est pas encore présente), que l'introduction par la basse du « refrain » de l'air précédent transforme bientôt en un gracieux arioso en duo, de caractère dansant, sur les paroles « Komm Schönste, komm... » (Viens la plus belle, viens et laisse-toi donner un baiser) ; **4.** un air pour sop., htb. d'amour, vlc. piccolo et b.c., *« Ich bin herrlich, ich bin schön »* (Je suis magnifique, je suis belle), en *la* maj., forme ABA' avec ritournelle, d'une invention musicale raffinée où, dans une écriture polyphonique en trio et en quatuor, le procédé de l'imitation gagne jusqu'à la basse continue ; **5.** un récitatif secco en duo avec la seule b.c., *« Mein Glaube hat mich selbst so angezogen »* (Ma foi m'a revêtue moi-même ainsi) ; **6.** un air pour basse avec cordes, le htb. d'amour doublant les 1ers violons, orgue obligé et b.c., *« Dich hab ich je und je geliebt »* (C'est toi que j'ai aimée en tout temps), auquel le sop. solo superpose en valeurs longues la mélodie et la 7ᵉ strophe *« Wie bin ich doch so herzlich froh »* (Combien je suis heureuse du fond du cœur) du célèbre choral de Philipp Nicolai → *« Wie schön leuchtet der Morgenstern »*, en *mi* maj., forme AAB avec ritournelle. La voix de soprano, qui jusqu'alors figurait l'âme du fidèle, représente désormais l'Église tout entière, symbolisant ainsi son union indissoluble avec le Christ. Cette idée est encore soulignée par le fait que la mélodie du choral imprègne aussi bien la ritournelle de l'orgue que l'air de la basse qui présentent l'une et l'autre une version plus ou moins ornée de son début **A**.

La joie et le bonheur qui s'expriment dans le texte de cette cantate se trouvent renforcés par une invention musicale particulièrement plaisante qui pallie l'absence de contrastes par des thèmes d'une grande beauté, des rythmes simples et une instrumentation choisie, en bref par une exceptionnelle richesse.

Bibliographie — Voir celle de l'art. *« Ach Gott, vom Himmel sieh darein. »*

M. Honegger

« Ich glaube, lieber Herr, hilf meinem Unglauben » (Je crois Seigneur, viens à l'aide de mon incrédulité), cantate de **Johann Sebastian Bach** (BWV 109 ; NBA I/25) pour le 21ᵉ dimanche après la Trinité

A « Ich geh und suche mit Verlangen »

(évangile du jour, Jean 4, 47-54, guérison du fils d'un officier du roi), écrite pour alto et ténor soli, chœur, 2 htb., cor de chasse, cordes et b.c., exécutée pour la 1re fois à Leipzig, le 17 oct. 1723. (Durée : 25 min environ.)

Précédé par une citation évangélique (Marc 9, 24) qui tient tout entière dans le titre de cette cantate, le texte poétique, d'auteur inconnu, se rattache à l'évangile du jour qui offre un exemple de foi exaucée. Après que le croyant a exprimé son déchirement entre la foi et l'incrédulité, entre l'espérance et la crainte (1er récitatif), c'est l'incrédulité qui semble devoir l'emporter (1er air). Mais il est appelé à se ressaisir car Jésus fait encore des miracles. Même si le salut paraît lointain, il faut faire confiance à la promesse divine (2e récitatif). Le Sauveur connaît les siens et se tient à leur côté pour que la foi l'emporte dans le combat entre la chair et l'esprit (2e air). Celui qui croit bâtit sur le roc car Dieu aide ceux qui ont foi en lui.

L'œuvre se compose **1.** d'un chœur avec tout l'orchestre *« Ich glaube, lieber Herr »*, en *ré* min., où, avec ses oppositions de solo et de tutti, le style concertant domine autant les voix que les instruments, bien que les deux groupes soient traités le plus souvent indépendamment l'un de l'autre, même si le thème vocal est un développement de celui de la ritournelle instrumentale ; **2.** d'un récitatif pour ténor et b.c., *« Des Herren Hand ist ja noch nicht verkürzt »* (Mais la main du Seigneur n'est pas encore raccourcie), où les phrases qui expriment l'espoir sont chantées forte, piano celles qui disent la crainte et le désespoir, tandis que la question finale « jusques à quand ? » (« wie lange ? ») est traitée en arioso ; **3.** d'un air tourmenté pour ténor, cordes et b.c., *« Wie zweifelhaftig ist mein Hoffen... »* (Combien incertain est mon espoir, combien fléchit mon cœur apeuré), forme ABA avec ritournelle, en *mi* min., où la démarche apparaît rythmiquement mal assurée et où l'image du cœur fléchissant est rendue par l'apparition subite de triolets de doubles croches ainsi que par de nombreux passages où la voix n'est accompagnée que par la seule basse continue ; **4.** d'un récitatif secco pour alto et b.c., *« O fasse dich, du zweifelhafter Mut »* (O ressaisis-toi, courage incertain), qui introduit la partie de la cantate où l'espoir peut renaître ; **5.** un air pour alto, 2 htb. et b.c., *« Der Heiland kennt ja die Seinen »* (Mais le Sauveur connaît les siens), forme ABA avec ritournelle, en *fa* maj., dans le rythme modéré d'une sarabande avec une animation subite de la voix sur le mot « streiten » (combattent) lors de la partie centrale qui aboutit à une mesure Adagio sur « der Glaube siegt » (la foi remporte la victoire) avant la reprise du début ; **6.** d'un choral, *« Wer hofft in Gott und dem vertraut... »* (Celui qui espère en Dieu et s'en remet à lui ne connaîtra pas l'opprobre), forme AAB, en *ré* min., 7e strophe du choral → *« Durch Adams Fall ist ganz verderbt »* de Lazarus Spengler (1524), inséré phrase après phrase dans une partie orchestrale obligée, s'achevant sur la dominante *la* ; la mélodie y est chantée en blanches par les sopranos doublés par le cor, tandis que les voix accompagnantes ont une déclamation fondée sur la noire. L'ampleur de cette fin, bien plus développée qu'un simple choral harmonisé à 4 voix, démontre l'importance essentielle de la foi dans le salut, une idée fondamentale de la réforme luthérienne que Bach ne pouvait pas ne pas souligner ici.

Bibliographie — Voir celle de l'art. *« Ach Gott, vom Himmel sieh darein »*.

M. Honegger

« Ich habe genug » (J'en ai assez), cantate de **Johann Sebastian Bach** (BWV 82 ; NBA I/28) composée à Leipzig pour la fête de la purification de la Vierge du 2 févr. 1727 (évangile du jour, Luc 2, 22-32, présentation de Jésus au Temple), écrite pour basse solo, htb., cordes et b.c. et plus ou moins remaniée à l'occasion de reprises ultérieures (pour sop., pour mezzo-sop.). (Durée : 23 min 30 s environ.)

Le texte poétique, d'auteur inconnu, se rattache au cantique de Siméon et témoigne d'une lassitude spirituelle et d'une aspiration à l'au-delà que le musicien a rendues avec bonheur. La cantate est formée : **1** d'un air, *« Ich habe genug »*, forme ABB', en *do* min. ; **2.** d'un récitatif, *« Ich habe genug ! Mein Trost »* (J'en ai assez ! Ma consolation) dont la partie centrale se transforme en arioso sur « Lasst uns mit diesem Manne ziehen » (Partons avec cet homme), où la voix imite la basse continue ; **3.** d'un air, *« Schlummert ein, ihr matten Augen »* (Endormez-vous, yeux éteints), forme ABA avec ritournelle, la partie A étant reprise au milieu de B, ce qui l'apparente à un air en rondeau, en *mi* ♭ maj., pour A. Schweitzer une des grandes berceuses spirituelles de J. S. Bach ; **4.** d'un récitatif, *« Mein Gott ! Wenn kömmt das schöne : Nun »* (Mon Dieu ! quand viendra le beau : Allons !), qui s'achève en arioso ; et **5.** d'un air enjoué *« Ich freue mich auf meinem Tod »* (Je me réjouis de ma mort), en *do* mineur. Le récitatif n° 2 et l'air n° 3 ont été arrangés pour soprano dans le *Klavierbüchlein für Anna Magdalena Bach* (1725).

Bibliographie — Voir celle de l'art. *« Ach Gott, vom Himmel sieh darein »*.

M. Honegger

« Ich habe meine Zuversicht... » (J'ai mis en Dieu ma confiance), cantate de **Johann Sebastian Bach** (BWV 188 ; NBA I/25), pour le 21e dimanche après la Trinité, écrite pour sop., alto, ténor et basse soli, chœur, orgue obligé, 2 htb., htb. da caccia, cordes et basse continue. (Durée : 25 min environ.)

Le texte est de Picander qui l'a publié en 1728 ; la composition se situe en cette même année ou à une date de peu postérieure. La partition manuscrite a été dispersée entre plusieurs fonds publics ou privés, et n'a pu être reconstituée à l'aide de diverses copies que partiellement : ces copies omettent en effet la sinfonia introductive. De l'évangile du jour (Jean 4, 47-54 : Jésus guérit le fils d'un officier de Capharnaüm) le librettiste n'a retenu que l'idée générale de foi, de confiance en Dieu, toujours récompensée malgré des adversités momentanées.

1. La sinfonia, perdue, était un emprunt au 3e mouvement du *Concerto pour clavecin* en *ré* min., BWV 1052, lui-même issu d'un original pour violon, dont Bach a adapté la partie soliste pour orgue obligé et étoffé l'instrumentation par adjonction de 3 hautbois dont un da caccia ; les deux autres mouvements du même concerto ont été employés dans la cantate → *« Wir müssen durch viel Trübsal »* (BWV 146), également avec orgue obligé. Le premier air, **2.** *« Ich habe meine Zuversicht »*, est confié au ténor avec accompagnement des cordes et d'un hautbois en partie soliste ; de forme « da capo », il oppose le rythme léger et dansant (comme une polonaise) de la section initiale à l'allure plus agitée et instable de la section médiane, *« Wenn alles bricht, wenn alles fällt »* (Quand tout se brise, quand tout dépérit). Le récitatif de basse qui suit, **3.** *« Gott meint es gut mit jedermann »* (Dieu agit pour le bien de chacun), se termine en arioso par une citation de la Genèse, chap. 32, verset 26 (« Je ne te laisserai point aller, que tu ne m'aies béni »). Le second air, **4.** *« Unerforschlich ist die Weise... »* (Insondables sont les voies divines), associe la voix d'alto et l'orgue concertant qui assume, outre son rôle d'instrument concertant, celui de continuo avec la basse doublée par le violoncelle. La mobilité mélodique et les syncopes rythmiques de la mélodie suggèrent les vicissitudes de la vie humaine auxquelles le chrétien doit faire face d'un cœur égal. L'instabilité du monde est également traduite par des trémolos de cordes, dans **5.** le récitatif de soprano *« Die Macht der Welt verlieret sich »* (La puissance du monde s'évanouit), en contraste avec des figures plus soutenues évoquant la stabilité des réalités divines. **6.** Le choral conclusif, 1re strophe du choral *« Auf meinen lieben Gott... »* (En mon Dieu bien-aimé je me confie dans l'angoisse et la détresse), résume l'enseignement de toute la cantate.

Bibliographie — Voir celle de l'art. *« Ach Gott, vom Himmel sieh darein »*.

J. Viret

« Ich hab' in Gottes Herz und Sinn... » (Au cœur et à l'esprit divins j'ai dédié mon cœur et mon esprit), cantate de choral de **Johann Sebastian Bach** (BWV 92 ; NBA I/7) pour le dimanche de la Septuagésime, 3e dimanche avant le début du Carême (épître du jour, I Corinthiens 9, 24 - 10, 5, la course à la victoire ; évangile du jour, Matth. 20, 1-16, parabole des ouvriers loués à différentes heures), écrite pour sop., alto, ténor et basse soli, chœur, 2 htb. d'amour, cordes et b.c., exécutée pour la 1re fois à Leipzig, le 28 janv. 1725. (Durée : 30 min 30 s environ.)

Son texte se fonde sur les 12 strophes d'un choral de Paul Gerhardt (1647) qui se chante sur la mélodie de → *« Was mein Gott will das gscheh allzeit »* et dont les strophes 1, 2, 5, 10 et 12 ont été conservées intégralement, devenant les n°s 1, 2, 4, 7 et 9 de la cantate, tandis que les autres strophes ont été très librement récrites par un poète inconnu qui a multiplié les images frappantes dans le but de dramatiser un texte par trop mystique. C'est un chant de confiance en Dieu qui nous protège et nous veut du bien, d'où l'obligation de nous soumettre aux joies et aux peines qu'il nous envoie. Ce que son bras ne soutient pas tombe et se brise. Ce qu'il fait est bien, même si cela peut nous sembler malheureux. Nous ne devons donc pas nous soucier, mais prendre patience et rester fidèles à notre berger.

Dans le chœur d'introduction avec tout l'orchestre, **1.** *« Ich hab in Gottes Herz... »*, forme AAB avec ritournelle, en *si* min., les 10 phrases mélodiques du choral, correspondant aux 10 vers de la strophe, sont chantées en valeurs longues par les sopranos, librement accompagnés en style imitatif par les trois autres voix. Celles-ci tirent leurs motifs de la ritournelle instrumentale de caractère concertant qui fait dialoguer les hautbois et les violons. A ce chœur succèdent **2.** un récitatif pour basse et b.c., *« Es kann mir fehlen nimmermehr ! »* (Il ne peut plus jamais me manquer), en *mi* min., qui débute par une brève ritournelle de la basse continue et qui est en réalité un choral entre les vers duquel ont été interpolés des passages plus ou moins longs en un style récitatif souvent proche de l'arioso ; les images du texte sont rendues par une basse continue très animée qui dévide des triples croches descendantes sur « mit grausem Knallen die Berge und die Hügel fallen » (avec d'horribles détonations les montagnes et les collines s'écroulent) et répète inlassablement des groupes de 4 doubles croches pour évoquer le mouvement des vagues sur « Wenn mich die Wellen schon ergreifen » (Lorsque déjà les vagues me saisissent) ; **3.** un air emporté pour ténor, cordes et b.c., *« Seht, seht ! wie reisst, wie bricht, wie fällt... »* (Voyez, voyez comme s'arrache, se rompt et tombe ce que la puissante main de Dieu ne maintient pas), forme ABA avec ritournelle, en *si* min., où les premiers violons expriment la fragilité du monde et sa chute par un rythme constamment pointé et par de rapides fusées ascendantes ; **4.** un choral figuré pour alto, 2 htb. d'amour et b.c., *« Zudem ist Weisheit und Verstand... »* (En outre sagesse et intelligence sont sans mesure chez lui, forme AAB avec ritournelle, en *fa* ♯ min., qui réalise une écriture polyphonique à 4 voix nettement individualisées, en fort contraste avec l'air précédent, mais qui ne renonce pas pour autant à illustrer le texte lorsque cela se révèle possible, ainsi l'accord de 7e diminuée sur « er weiss, wenn Leid » (il sait quand la peine), ainsi la descente chromatique des deux hautbois après le dernier vers, « ob's noch so traurig schiene » (aussi malheureux que cela paraisse) ; **5.** un récitatif pour ténor et b.c., *« Wir wollen nun nicht länger zagen »* (Désormais, nous ne voulons pas hésiter plus longtemps) ; **6.** un air, que l'on pourrait qualifier de bravoure, pour basse avec la seule b.c., *« Das Stürmen von den rauhen Winden... »* (Le souffle des vents rigoureux fait que nous récoltons des épis pleins), forme ABA avec ritournelle, en *ré* maj., où d'un bout à l'autre de la pièce la basse continue et la voix rivalisent dans l'imitation naturaliste des vents déchaînés ; **7.** une pièce désignée comme « récit » mais qui est en réalité un choral à 4 voix avec 4 interpolations en style récitatif pour chacune des voix solistes, dans un ordre ascendant de la basse au soprano, *« Ei nun, mein Gott, so fall ich dir... »* (Ah dorénavant, mon Dieu, je me remets sans crainte entre tes mains), forme AA'B, en *si* min. s'achevant en *ré* maj. ; **8.** un air d'inspiration pastorale et de caractère dansant, en 3/8, pour sop., htb. d'amour, cordes accompagnant par des accords en pizzicatos sur les deux premières croches de la mesure, sans orgue, *« Meinem Hirten bleib ich treu »* (Je reste fidèle à mon berger), forme ABA' avec ritournelle, en *ré* maj. ; **9.** la dernière strophe du choral de P. Gerhardt, *« Soll ich denn auch des Todes Weg... »* (Si je dois donc également parcourir le chemin et la sombre route de la mort, eh bien, allons !), forme AAB, en *si* mineur.

Bibliographie — Voir celle de l'art. *« Ach Gott, vom Himmel sieh darein »*.

M. Honegger

« Ich hab' in Penna einen Liebsten wohnen » (J'ai un amoureux qui habite Penna), lied de **Hugo Wolf**, pour voix et piano, extrait du second recueil de l'→ *Italienisches Liederbuch*, composé à Perchtoldsdorf, le 25 avr. 1896. En 31 mesures, une jeune fille énumère, d'une manière vive et enjouée, le nombre de ses soupirants. La page débute d'une manière presque banale (15 battements de tierces *fa-la* en croches, à la main gauche), mais très vite la main droite reprend en écho les inflexions de la ligne vocale. Avec malice, Wolf ménage bien ses effets : tenue sur « Ort » (localité ; « j'ai un amoureux dans ma propre localité »), suivie d'une césure d'accords *ff* au ton de la dominante (*do* maj.), silence d'une mesure après avoir annoncé qu'elle en avait quatre à La Fratta, climax sur le *la* aigu (« Zehn » ; « dix à

Castiglione ! »). Le piano conclut en 9 mesures brillantes et enflammées ce chef-d'œuvre d'humour et d'entrain.

CHR. GOUBAULT

« ICH HATTE VIEL BEKÜMMERNIS » (J'avais beaucoup d'affliction), cantate en deux parties de **Johann Sebastian Bach** (BWV 21 ; NBA I/16) pour le 3e dimanche après la Trinité (épître du jour, I Pierre 5, 6-11, Déchargez-vous sur lui de tous vos soucis, car lui-même prend soin de vous) et pour tous les temps, écrite pour sop., ténor et basse soli, chœur, htb., 3 trp., 4 trb., timb., cordes et b.c. avec basson, dont la 1re exécution connue a eu lieu à Weimar le 3e dimanche après la Trinité de l'année 1714. (Durée : 44 min 30 s environ.)

Bien qu'il s'agisse d'une œuvre de vastes proportions, Bach l'a reprise de nombreuses fois en lui apportant des modifications plus ou moins importantes — de tonalité p. ex., tantôt en *do* min., tantôt en *ré* min. — et c'est d'une exécution à Leipzig, le 13 juin 1723, que provient l'utilisation de 4 trombones. Elle date d'avant 1714, mais on ignore tout des circonstances de sa création et l'on peut se demander si la succession des pièces qui la composent a été conçue comme telle dès l'origine. Son ancienneté est attestée par plusieurs particularités : la provenance variée des textes mis en musique, faits de quatre citations bibliques mêlées à des compositions poétiques vraisemblablement dues à Salomon Franck, l'indépendance de la sinfonia introductive, la prédominance de l'esprit du motet avec sa technique de fragmentation dans les chœurs, liée à l'utilisation de formes familières à l'organiste qu'était alors Bach.

Dans son affliction et ses soucis, l'âme se sent abandonnée de Dieu. Tel un navire, elle se voit sombrer au fond de l'océan d'où elle peut apercevoir le gouffre de l'enfer. Exhortée à mettre son espoir en Dieu, elle se tourne vers Jésus avec qui elle va dialoguer et qui lui promet aide et réconfort. Puis elle reprend son monologue pour exprimer son contentement et sa joie devant la disparition de ses soucis. Le texte s'achève par un chant d'action de grâces.

La cantate s'ouvre **1.** sur une sinfonia expressive en *do* min., indépendante du chœur suivant, **2.** *« Ich hatte viel Bekümmernis »*, texte tiré du Ps. 94, verset 19, qui se compose de deux parties, la première en écriture fuguée sur un thème que Bach a emprunté au *Concerto* en *ré* min., op. 3, no 11, d'A. Vivaldi, précédée toutefois par six accords très affirmés où le mot « Ich » (moi), trois fois repris par le chœur, trouve chaque fois un écho immédiat dans trois réponses de l'orchestre, la seconde, Vivace, introduite par un silence général et par un accord répété, Adagio, sur les deux syllabes du mot « aber » (mais), en polyphonie libre, où le mot « Seele » (âme) donne lieu à une ample vocalise des quatre voix en doubles croches, se terminant par un ralentissement du mouvement dans un bref passage Andante. A ce chœur impressionnant font suite **3.** un air pour sop., htb. et b.c., *« Seufzer, Tränen, Kummer, Not »* (Soupirs, larmes, soucis, détresse), forme binaire avec ritournelle, en *do* min., une sorte de pastorale triste, Molt'adagio, qui compte parmi les plus belles inventions mélodiques et expressives de Bach ; **4.** un récitatif pour ténor accompagné par les cordes et la b.c., *« Wie hast du dich, mein Gott... ? »* (Comment, mon Dieu, t'es-tu détourné de moi ?) ; **5.** un air pour ténor, cordes et b.c., *« Bäche von gesalznen Zähren »* (Des torrents de larmes salées), forme ABA avec ritournelle, en *fa* min., nettement inspiré par la première image du texte et dont la partie B met en relief, dans un mouvement allegro, une autre image apparentée, « Sturm und Wellen » (tempête et vagues), avant de revenir à un mouvement adagio au cours duquel les phrases « hier versink ich in den Grund » (ici je sombre jusqu'au fond) et « dort seh in der Hölle Schlund » (là j'aperçois le gouffre de l'enfer) reçoivent le vêtement traditionnel, mais combien significatif, d'une ligne mélodique s'abaissant de l'aigu vers le grave ; **6.** un chœur avec htb., basson, cordes et b.c., *« Was betrübst du dich, meine Seele ? »* (Pourquoi te désoles-tu, mon âme ?), tiré du Ps. 42, verset 12, en deux parties respectivement en *fa* min. et *do* min., qui revêt l'aspect d'une fantaisie et fugue ; la première partie, fondée sur le principe de la composition successive propre au motet, est dépourvue d'unité : ses différentes sections sont commandées 1° par la nécessité de formuler avec netteté la question initiale, d'où un passage en écriture verticale et syllabique, 2° par la volonté de rendre de façon imagée le mot « unruhig » (inquiète), ce qui donne lieu à un passage d'écriture motivique et canonique caractérisé par l'indication « spirituoso », 3° par le souci de faire ressortir les deux mots « in mir » (en moi), d'où deux accords adagio qui rompent soudain le mouvement, 4° par le mot « harren » (attendre avec impatience), exprimé à la fois par des tenues et des répétitions insistantes, enfin 5° par un passage en écriture verticale et syllabique qui forme pendant au premier ; la seconde partie est une fugue en *do* min., qui, animée par une nette volonté de progression suscitée par le texte « dass er meines Angesichtes Hilfe und mein Gott ist » (parce qu'il est le salut de ma face et mon Dieu), commence avec une 1re exposition par 4 solistes relayés par les instruments qui assurent une 2e exposition suivie d'une 3e à laquelle toutes les voix du chœur participent ; une coda de deux mesures amène la fin de la fugue en même temps que celle de la 1re partie de la cantate.

La seconde partie, qui se place après le sermon, recommence avec **7.** un récitatif en duo pour sop. (l'âme) et basse (le Christ), accompagnés par les cordes et la b.c., *« Ach Jesu, meine Ruh... »* (Ah, Jésus, mon repos, ma lumière, où te caches-tu ?), qui se termine en arioso sur « Dir wird ein süsses Labsal sein » (te sera une douce consolation) ; **8.** un air en duo pour les mêmes voix ou personnages, accompagnés par la seule b.c., *« Komm, mein Jesu, und erquicke »* (Viens, mon Jésus, et réconforte), forme ABA' avec ritournelle, en *mi* ♭ maj., qui montre Bach parfaitement à l'aise dans la forme lyrique par excellence, le duo d'amour ; **9.** un chœur, *« Sei nun wieder zufrieden »* (Désormais sois de nouveau satisfaite), en *sol* min., sur un texte tiré du Ps. 116, verset 7, qui est en réalité un arrangement de choral puisque les ténors puis les sopranos superposent à cette citation biblique le texte et la mélodie en valeurs longues des strophes 2, *« Was helfen uns die schweren Sorgen »* (A quoi nous servent les lourds soucis), et 5, *« Denk nicht in deiner Drangsalshitze »* (N'imagine pas dans la fièvre de ton tourment), du choral *« Wer nur den lieben Gott lässt walten »*, forme AAB, de Georg Neumark (1641) ; quoique différent, le traitement polyphonique des deux strophes est issu d'un même thème, indépendant de la mélodie du choral, une ligne mélodique conjointe descendante (puis ascendante) chantée par trois solistes et la b.c., reprise par le chœur en mouvement contraire lors de la seconde strophe qui ajoute aux voix le soutien non seulement du hautbois et des cordes mais aussi de 4 trombones qui n'apparaissent qu'ici ; **10.** un air dynamique et joyeux pour ténor et la seule b.c., *« Erfreue dich, Seele »* (Réjouis-toi, mon âme), forme ABA avec ritournelle, en *fa* maj. ; **11.** un chœur avec tout l'orchestre, *« Das Lamm, das erwürget ist »* (L'agneau qui a été immolé), sur un texte tiré de l'Apocalypse 5, 12-13, en *do* maj., qui revêt la forme d'un prélude — bref — et fugue, cette dernière étant, comme celle du nº 6, fondée sur une volonté de progression, couronnée ici par une double intervention de la 1re trompette.

Cette œuvre, qui a soulevé la critique de J. Mattheson pour ses répétitions de texte (*in Critica musica* II, Hambourg 1725 ; cf. Bach-Dokumente II, Kassel, BV, 1969, pp. 153-154), est un exemple particulièrement remarquable de la richesse d'idées et de l'invention du jeune Bach. Si elle n'appartient plus comme → *« Gottes Zeit ist die allerbeste Zeit »* au type de l'ancienne cantate, issue de la tradition allemande, elle établit néanmoins un juste équilibre entre la tradition et la modernité et compte parmi les œuvres les plus marquantes de son auteur.

Bibliographie — R. Jauernig, Zur Kantate « Ich hatte viel Bekümmernis » (BWV 21), *in* Bach-Jb. 1954 ; H. Werthemann, Zum Text der Bach-Kantate 21 « Ich hatte viel Bekümmernis », *ibid.* 1965 ; voir aussi la bibliogr. de l'art. *« Ach Gott, vom Himmel sieh darein »*.

M. Honegger

« Ich lasse dich nicht, du segnest mich denn » (Je ne te laisserai point partir sans que tu me bénisses), cantate de **Johann Sebastian Bach** (BWV 157 ; NBA I/34) écrite pour ténor et basse soli, chœur, fl., htb. d'amour, cordes et b.c., exécutée pour la 1re fois en l'église de Pomssen (Saxe), le 6 févr. 1727, lors d'une cérémonie commémorative de la mort du chambellan Johann Christoph von Ponickau, avec comme seconde partie après la prédication la cantate *« Liebster Gott, vergisst du mich »* (musique perdue). Bach l'a réutilisée pour la fête de la Purification de Marie le 2 février.

Le texte poétique, dû à Picander, est précédé par une citation biblique (Genèse 32, 27) qui, en l'occurrence, adresse au Christ les paroles de Jacob à l'ange avec lequel il avait lutté toute une nuit. Le croyant ne lâchera pas son Jésus bien-aimé. Sa foi s'empare avec force de son visage béni (air nº 2). Dans les ennuis et les soucis il est sa joie. A qui d'autre pourrait-il se fier ? (récitatif nº 3). Le serrant de toute sa force, il ira au ciel et la bénédiction de Jésus demeurera sur lui. Désormais, la mort ne l'effraie plus ; il l'appelle de ses vœux et se réjouit de quitter le monde et ses misères car Jésus l'attend au ciel (air et récitatif nº 4). La strophe de choral finale est comme un condensé du texte de la cantate.

Selon toute vraisemblance, la faiblesse des moyens musicaux locaux a poussé Bach à mettre en valeur les solistes vocaux et instrumentaux. L'œuvre en tire une transparence qui convient tout à fait au côté contemplatif du texte. Elle se compose **1.** d'un duo pour ténor et basse en imitation, fl., htb. d'amour, vl. solo et b.c., *« Ich lasse dich nicht... »*, en *si* min., un air de forme libre et de caractère mystique qui n'évoque nullement le combat de Jacob et de l'ange, mais exprime la prière du croyant ; **2.** d'un air pour ténor, htb. d'amour et b.c., *« Ich halte meinen Jesum feste »* (Je tiens fermement mon Jésus), également de forme libre, en *fa* ♯ min., qui maintient le même climat d'exaltation mystique, mais illustre cependant les premiers mots du texte par des notes tenues et la prise de possession du Christ par des groupes de triples croches, déjà présents dans la ritournelle, qui vont alterner entre l'instrument et la voix ; **3.** d'un récitatif pour ténor accompagné par les cordes (alto remplacé par violetta) et la b.c., *« Mein lieber Jesu du... »* (Mon Jésus bien-aimé, tu es ma joie dans les ennuis et les soucis) ; **4.** d'un air pour basse, fl., vl. solo et b.c., *« Ja, ja, ich halte Jesum feste »* (Oui, oui, je tiens Jésus fermement), en *ré* maj., dont la structure est particulière : la 1re moitié de l'air se compose de trois sections qui traitent deux vers chacune et que la 2de moitié reprend en les écourtant, surtout en les dissociant à l'aide de trois interventions en style récitatif, la 1re et la 3e en « secco », la 2e en « accompagnato » avec une pulsation des instruments en croches régulières sur « O schöner Ort ! Komm, sanfter Tod » (O lieu admirable ! Viens, douce mort), mais l'ensemble reçoit une forte unité d'un thème bien accusé

que la basse fait entendre à douze reprises, symbole de l'attitude résolue du croyant ; **5.** d'un choral à 4 voix, *« Meinen Jesum lass ich nicht »* (Je ne laisse pas partir mon Jésus), dernière strophe d'un choral de même incipit de Christian Keymann (1658).

Bibliographie — Kl. Hofmann, Bachs Kantate « Ich lasse dich nicht » BWV 157, *in* Bach-Jb. 1982 ; voir aussi la bibliogr. de l'art. *« Ach Gott, vom Himmel sieh darein »*.

M. Honegger

« Ich lebe, mein Herze, zu deinem Ergötzen » (Je vis, mon cœur, pour ta délectation), cantate de **Johann Sebastian Bach** (BWV 145 ; NBA I/10) pour le mardi de Pâques, sans vrai rapport avec les lectures du jour, écrite sur un texte poétique de Picander extrait de son recueil *Cantaten auf die Sonn- und Fest-Tage durch das gantze Jahr* (Leipzig 1728) — elle appartiendrait donc au 4e cycle de cantates de Bach —, pour sop., ténor et basse soli, chœur, fl., 2 htb. d'amour, trp., cordes et b.c., exécutée à Leipzig à une époque qui ne nous est pas connue, mais qui ne peut être antérieure au 19 avr. 1729. (Durée : 9 min 40 s environ.)

Étant donné la brièveté de cette cantate et le parfum profane de ses airs, Bach pourrait l'avoir fait précéder d'un mouvement de concerto comme c'est le cas pour → *« Ich liebe den Höchsten von ganzem Gemüte »* (BWV 174) et → *« Ich habe meine Zuversicht »* (BWV 188) qui datent de la même époque et qui sont écrites également sur un texte de Picander. Dans ce texte-ci, l'âme apaisée et joyeuse dialogue tout d'abord avec Jésus et réalise que son sacrifice lui vaut la rédemption et la paix avec Dieu. Mais Jésus vit. Cette constatation doit être le fondement de sa foi et l'entraîner à désirer le ciel dès ce jour. Le texte s'achève par une strophe alléluiatique.

L'œuvre se compose **1.** d'un duo pour sop. et ténor soli, vl. solo et b.c., *« Ich lebe, mein Herze »*, forme ABA' avec ritournelle, en *ré* maj., dont il n'est pas exclu qu'il s'agisse de la parodie d'un duo profane de la période de Cöthen ; **2.** d'un récitatif secco pour ténor et b.c., *« Nun fordre, Moses, wie du willt »* (Exige désormais, Moïse, comme tu veux) ; **3.** d'un air pour basse avec tout l'orchestre moins les altos, *« Merke, mein Herze, beständig nur dies »* (Retiens toujours, mon cœur, ceci seulement), forme ABA' avec ritournelle, en *ré* maj., qui pourrait également être le résultat de la parodie d'une musique de la période de Cöthen ; **4.** d'un récitatif pour sop. et b.c., *« Mein Jesus lebt »* (Mon Jésus vit) ; **5.** d'un choral à 4 voix, *« Drum wir auch billig fröhlich sein »* (C'est pourquoi nous sommes aussi justement joyeux), en *fa* ♯ min., 14e strophe du choral pascal *« Erschienen ist der herrlich Tag »* de Nikolaus Herman (1560).

Cette cantate n'est connue que par des copies du XIXe s. où elle se trouve précédée par un choral de Bach à 4 voix, *« Auf, mein Herz, des Herren Tag »* (Debout, mon cœur, le jour du Seigneur), forme AAB, en *ré* maj., 1re strophe d'un choral de Caspar Neumann (v. 1700), et par un chœur avec orchestre, *« So du mit deinem Munde bekennest Jesum »* (Si de ta bouche tu confesses Jésus), citation biblique de Rom. 10, 9, formé d'un duo pour sop. et alto suivi d'une fugue à 4 voix, en *ré* maj., dont l'auteur est Georg Philipp Telemann. Sous cette forme amplifiée, la cantate était destinée au dimanche de Pâques dans les copies qui nous sont parvenues.

Bibliographie — Voir celle de l'art. *« Ach Gott, vom Himmel sieh darein »*.

M. HONEGGER

« ICH LIEBE DEN HÖCHSTEN VON GANZEM GEMÜTE » (J'aime le Très-Haut de tout mon être), cantate de **Johann Sebastian Bach** (BWV 174 ; NBA I/14) sur un texte poétique de Picander publié dans ses *Cantaten auf die Sonn- und Fest-Tage durch das gantze Jahr* (Leipzig 1728) destiné au lundi de Pentecôte (évangile du jour, Jean 3, 16-21, Dieu a tant aimé le monde), écrite pour alto, ténor et basse soli, chœur, 2 htb., htb. de chasse, 2 cors de chasse, cordes et b.c. avec basson, exécutée pour la 1re fois à Leipzig, le 6 juin 1729. C'est l'une des rares compositions qui subsistent du 4e cycle de cantates de Bach. (Durée : 22 min 15 s environ.)

Après un témoignage du croyant qui sait qu'en Dieu se trouve la source éternelle de la bonté, le texte se rattache aux premiers mots de l'évangile du jour : « Dieu a tant aimé le monde qu'il a donné son Fils unique, afin que quiconque croit en lui ne périsse point, mais qu'il ait la vie éternelle. » Les croyants sont exhortés à se saisir du salut et à demeurer fidèle dans la foi. La strophe finale est une prière pour que Dieu ne se tienne pas éloigné et qu'il ne laisse plus le croyant tomber dans l'opprobre.

L'œuvre s'ouvre **1.** par une sinfonia en *sol* maj. qui n'est autre que le 1er mouvement du *3e Concerto brandebourgeois* de Bach dont les 9 cordes solistes ont été renforcées par un chœur de « ripieno » formé de 2 cors et d'un groupe de hautbois et de cordes, introduction quelque peu disproportionnée par rapport à ce qui va suivre : **2.** un air pour alto, 2 htb. et b.c., *« Ich liebe den Höchsten »*, forme ABA avec ritournelle, en *ré* maj. ; **3.** un récitatif pour ténor accompagné par les cordes et la b.c., *« O ! Liebe, welcher keine gleich ! »* (O amour que rien n'égale !), où les instruments illustrent par 3 notes répétées en doubles croches les derniers mots du texte, « erzittern selbst die Höllenpforten » (frémissent même les portes de l'enfer) ; **4.** un air pour basse, vl. et altos à l'unisson et b.c., *« Greifet zu, fasst das Heil, ihr Glaubenshände ! »* (Servez-vous, saisissez le salut, ô vous mains de la foi), forme ABA' avec ritournelle, en *sol* maj. ; **5.** un choral à 4 voix, → *« Herzlich lieb hab ich dich, o Herr »* (De tout cœur je t'aime, ô Seigneur), forme AAB, en *ré* maj., 1re strophe d'un choral de Martin Schalling (1569), dont les premiers mots rejoignent ainsi le début de la cantate.

Bibliographie — Voir celle de l'art. *« Ach Gott, vom Himmel sieh darein »*.

M. HONEGGER

« ICH RUF ZU DIR, HERR JESU CHRIST », choral protestant, voir « BARMHERZIGES HERZE DER EWIGEN LIEBE ».

« ICH RUF ZU DIR, HERR JESU CHRIST » (Je crie vers toi, Seigneur Jésus-Christ), cantate de choral de **Johann Sebastian Bach** (BWV 177 ; NBA I/17) pour le 4e dimanche après la Trinité, écrite pour sop., alto et ténor soli, chœur, 2 htb., htb. da caccia, basson, vl., cordes et b.c., exécutée pour la 1re fois à Leipzig, le 6 juil. 1732, année indiquée sur la partition manuscrite. (Durée : 25 min environ.)

Cette cantate se fonde sur un choral de Johann Agricola (v. 1530) dont elle emprunte le texte inchangé qui est lui-même un développement très libre du Psaume 130 (*« De profundis »*). Ce choral n'a qu'un lien assez lâche avec l'évangile du jour (Luc 6, 36-42) où figure notamment la parabole de la paille et de la poutre ; le fidèle implore Dieu, maître tout-puissant de la vie humaine, de le préserver dans une foi constante et dans l'amour du prochain, afin de mériter la grâce divine, seule garante du salut. Les 5 strophes du poème sont reprises sans changement et engendrent les 5 parties de la cantate, soit 3 airs encadrés par 2 chœurs, sans récitatifs. Le chœur initial, **1.** *« Ich ruf zu dir »* avec 2 htb. et vl. solo en plus des cordes, est structuré sur la mélodie intégrale du choral qu'expose, phrase après phrase, la voix de soprano. Les interventions de l'orchestre seul, qui précèdent chacune des phrases chantées, s'articulent sur un motif indépendant repris à tour de rôle par les divers instruments. Quant aux contrepoints vocaux entourant le « cantus firmus » choral, on y remarque notamment, sur les mots « Ich ruf » (Je crie), un motif expressif de deux notes ascendantes dont la seconde est longuement tenue. Ce morceau d'amples dimensions est suivi d'un air pour alto et b.c., **2.** *« Ich bitt noch mehr... »* (Je demande encore plus, Seigneur Dieu), où une mélodie agitée, au rythme haché, suggère le trouble éprouvé par le croyant, tandis que la ligne vocale orne en son début la première phrase du choral. Les tonalités passent alors du mineur (*sol*, *do*) au majeur (*mi* ♭, *si* ♭) et instaurent une expression plus sereine. **3.** L'air de sop. avec htb. da caccia exhorte au pardon : *« Verleih', dass ich aus Herzens Grund... »* (Donne-moi de pouvoir du fond de mon cœur pardonner à mes ennemis). L'union spirituelle du fidèle et du Christ y est également affirmée et fait l'objet principal de l'air pour ténor, **4.** *« Lass mich kein Lust noch Furcht... »* (Ne laisse nul plaisir, nulle frayeur me détourner de toi en ce monde) ; cette union se traduit musicalement par le jeu simultané du vl. solo et du basson en un duo très homogène sur une basse légère. **5.** Le choral conclusif, *« Ich lieg im Streit... »* (Je livre bataille et résiste) revient au ton initial de *sol* min. et expose la mélodie liturgique sous un aspect quelque peu orné.

Bibliographie — Voir celle de l'art. *« Ach Gott, vom Himmel sieh darein »*.

J. VIRET

« ICH STEH MIT EINEM FUSS IM GRABE » (Je me tiens avec un pied dans la tombe), cantate de **Johann Sebastian Bach** (BWV 156 ; NBA I/6) pour le 3e dimanche après l'Épiphanie (évangile du jour, Matth. 8, 1-13, guérison d'un lépreux, d'un serviteur du centenier de Capernaüm), écrite pour alto, ténor et basse soli, chœur, htb., cordes et b.c., exécutée pour la 1re fois à Leipzig le 23 janv. 1729. (Durée : 17 min environ.)

Le texte poétique, qui se rattache à l'évangile du jour, est extrait du cycle de cantates de Picander publié sous le titre *Cantaten auf die Sonn- und Fest-Tage durch das gantze Jahr* (Leipzig 1728). Prêt à la mort, le croyant se soumet à la volonté divine. Si la maladie le frappe en raison de ses péchés, il espère que Dieu le traitera avec une bonté plus grande que la simple équité. Et si son corps peut demeurer vif, que son âme reste pure. Mais quoi qu'il advienne, Dieu sera sa consolation. Qu'il soit fait selon sa volonté ; c'est la meilleure.

En tête de l'œuvre se place **1.** une sinfonia en *fa* maj. qui s'oriente vers la dominante *do* dans les deux dernières mesures ; c'est une longue cantilène adagio du hautbois solo, discrètement accompagnée par les cordes et la basse continue, issue très probablement d'un concerto disparu mais qui se retrouve dans le mouvement lent du *Concerto pour clavecin* en *fa* min. (BWV 1056). Elle est suivie **2.** par un air pour ténor, cordes à l'unisson et b.c., *« Ich steh mit einem Fuss »*, forme AA'B avec ritournelle, en *fa* maj., combiné avec la 1re strophe du choral *« Machs mit mir, Gott, nach deiner Güte »* (Agis avec moi, ô Dieu, selon ta bonté), forme AAB, de Johann Hermann Schein (1628), chantée par le soprano ; dès la 1re mesure, la ritournelle expose simultanément les deux idées du 1er vers, « Ich steh », exprimé par une tenue de deux mesures des violons, et « mit einem Fuss im Grabe » qu'illustre la descente par degrés conjoints et en syncopes de la basse continue, ces deux figures musicales étant constamment reprises avec des variantes tout au long de la pièce ; **3.** par un récitatif secco pour basse et b.c., *« Mein Angst und Not... »* (Ma peur et ma détresse, ma vie et ma mort sont entre tes mains, ô mon Dieu), qui s'achève par un vers en arioso, « Je länger hier, je später dort » (Plus longtemps je reste ici, plus tard je parviendrai là-bas) ; **4.** un air joyeusement animé pour alto, htb., vl. à l'unisson et b.c., *« Herr, was du willt soll mir gefallen »* (Seigneur, ce que tu veux doit me plaire), forme ABA' avec ritournelle, en *si* ♭ maj., dominé d'un bout à l'autre par le motif de tête des parties instrumentales lors de leur entrée, que reprend la basse continue et qu'explique la voix ;

5. un récitatif secco pour basse et b.c., *« Und willst du, das ich nicht soll kranken... »* (Et si tu veux que je ne sois pas malade, je t'en serai reconnaissant de tout mon cœur) ; **6.** un choral à 4 voix, *« Herr, wie du willt, so schicks mit mir »* (Seigneur, dispose de moi selon ta volonté), forme AAB, en *do* maj., 1re strophe d'un choral de Kaspar Bienemann (1582), déjà utilisée pour le chœur d'introduction de la cantate BWV 73, écrite pour la même circonstance, qui exprime une dernière fois la totale soumission à la volonté de Dieu qui traverse toute cette cantate.

Bibliographie — Voir celle de l'art. *« Ach Gott, vom Himmel sieh darein »*.

M. HONEGGER

« ICH STUND AN EINEM MORGEN... » (Un matin, celé en un lieu secret, j'entendis les mots plaintifs de noble fillette qui, auprès de son amant...). Ce lied narratif de 7 strophes rapporte le dialogue entre une jeune fille et son amant qui l'abandonne au lever du jour. Le timbre, la « Tageweise », sur lequel elle était chantée, a été souvent mis en musique par **A. von Bruck**, **H. Finck**, **M. Greiter**, **H. Isaac**, **L. Senfl**. (6 compositions) ou **Th. Stoltzer**. Ce timbre est volontiers intégré à des chansons polytextuelles où il est parfois associé à des mélodies d'inspiration courtoise : *« Kein Adler in der Welt »* (L. Senfl), *« Ach Gott wem soll ichs klagen »/« Ade mit Leid »* (A. von Bruck), *« Fortuna desperata »* (L. Senfl). Il apparaît enfin dans deux œuvres construites sur des formules traitées en ostinato : *la-sol-fa-ré-mi* (Greiter, avec le texte *« Lass sie fahren »*), mi-sol-la-mi (L. Senfl ou H. Finck, avec le texte *« Amica mea »*). La « Tageweise » a connu de nombreuses parodies spirituelles tout au long du XVIe s., dont plusieurs épousent la structure dialoguée de la chanson sous la forme de débats entre le Vif et le Mort (vers 1500), entre le Corps et l'Ame (1528), entre Adam et Ève (1565) ou entre Dieu et l'Homme (1571).

Rééditions modernes — M. GREITER, *in* Chw., nº 87, éd. par H. Chr. Müller, Wolfenbüttel, Möseler, 1962 ; H. ISAAC, *in* DTÖ XIV, pp. 12-13 ; L. SENFL, *in* Sämtliche Werke IV, nos 2-6, et V., nº 60, éd. par A. Geering et W. Altwegg, Bâle, Hug, et Wolfenbüttel, Kallmeyer, puis Möseler, 1940, 1949.

Bibliographie — Voir celle de l'art. *« Ach Gott, wem soll ichs klagen ? »*.

CHR. MEYER

« ICH WILL DEN KREUZSTAB GERNE TRAGEN » (Volontiers je veux porter ma croix), cantate de soliste de **Johann Sebastian Bach** (BWV 56 ; NBA I/24) pour le 19e dimanche après la Trinité (évangile du jour, Matth. 9, 1-8, guérison d'un paralytique), écrite pour basse solo, 2 htb., htb. de chasse, cordes et b.c., exécutée pour la 1re fois à Leipzig, le 27 oct. 1726. (Durée : 20 min 40 s environ.)

Le paralytique de l'évangile est l'image du croyant qui accepte de porter sa croix. Dieu le mènera à la Terre promise où le Sauveur lui-même essuiera ses larmes (air nº 1). Tristesse, épreuve et périls sont des vagues qui le recouvrent et qui lui font craindre la mort. Mais Dieu ne l'abandonnera pas et lorsque les remous seront apaisés il débarquera au Royaume des cieux (récitatif nº 2). Là, il recevra sa force du Seigneur (air nº 3). Le croyant se tient prêt. Combien il sera à l'aise lorsqu'il apercevra le port de quiétude (récitatif nº 4). La strophe de choral finale est un appel à la délivrance par la mort.

L'œuvre s'ouvre **1.** par un air pour basse et tout l'orchestre, *« Ich will den Kreuzstab »*, forme AA'B avec ritournelle, en *sol* mineur. Le thème en est imagé.

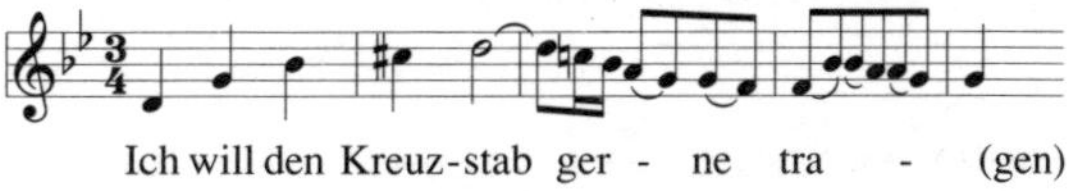

Par sa seconde augmentée, il évoque la croix, et par l'inflexion gémissante qui s'y rattache, l'action de la porter et la lassitude du croyant, un motif que les instruments ne cessent de répéter. La partie B amène un allègement avec une écriture en triolets exprimant la joie de l'âme qui a déposé tous les soucis et qui parvient auprès de Dieu. Lui font suite **2.** un récitatif pour basse accompagné par un vlc. obligé et la b.c., *« Mein Wandel auf der Welt... »* (Mes vicissitudes sur la terre sont comme une traversée), où le violoncelle décrit l'incessant mouvement des vagues de la mer jusqu'à ces mots : « Und wenn das wütenvolle Schäumen sein Ende hat » (Et lorsque les remous furieux auront pris fin), où il se tait subitement ; **3.** un air joyeux pour basse, htb. obligé et b.c., *« Endlich, endlich wird mein Joch... »* (Enfin mon joug devra s'éloigner de moi), forme ABA avec ritournelle, en *si* ♭ maj. ; **4.** un récitatif pour basse, cordes et b.c., *« Ich stehe fertig und bereit »* (Je me tiens prêt), aboutissant après 7 mesures à un arioso qui, en même temps que les inflexions gémissantes du début, reprend les deux vers de l'« Abgesang » du n° 1 ; **5.** un choral à 4 voix, *« Komm, o Tod, des Schlafes Bruder »* (Viens, ô mort, toi la sœur du sommeil), en *do* min., 6e strophe du choral de Johann Franck, *« Du o schönes Weltgebäude »* (1653), un texte qui exprime une dernière fois la lassitude de la vie et la nostalgie de la mort dont toute la cantate est empreinte.

Bibliographie — Voir celle de l'art. *« Ach Gott, vom Himmel sieh darein ».*

M. Honegger

Ici-bas !, op. 8, n° 3, mélodie de **Gabriel Fauré** pour une voix et accompagnement de piano en *fa* ♯ min. (Andantino), d'après Sully Prudhomme. (Durée : 1 min 41 s.) Après une première édition par Choudens (1877), l'œuvre entre dans les → *Vingt Mélodies, 1er recueil* d'Hamelle (n° 19). Sans date, mais éditée la même année qu'*Au bord de l'eau* (1877) et inspirée du même poète, *Ici-bas !* pourrait avoir été écrite également en 1875 ou peu de temps auparavant (l'influence schumannienne y est encore très forte). Rappelons que les numéros d'opus et l'ordre dans les recueils édités ne sont d'aucun secours pour la datation des mélodies dans la mesure où ils ont été décidés a posteriori. Thème romantique par excellence, *Ici-bas !* oppose rêve et réalité en trois brèves strophes irrégulières, prélude et postlude. Comme dans *Au bord de l'eau,* Fauré ne répond pas exactement aux propositions prudhommiennes : à la strophe en trois octosyllabes auxquels s'ajoute, détaché, « Toujours... », Fauré réagit en formant deux phrases musicales d'égale dimension : l'une groupant les deux premiers vers, l'autre le dernier octosyllabe et le mot « toujours » étiré sur des valeurs longues :

8 « Ici-bas tous les lilas meurent,
8 Tous les chants des oiseaux sont courts } phrase I
8 Je rêve aux étés qui demeurent
2 Toujours... » } phrase II

Si la magie du texte en pâtit, cette longue phrase musicale de 16 pieds sur un seul souffle ne manque ni d'originalité ni de charme. En revanche, le traitement de la 3e strophe déforme le poème en lui enlevant, par des répétitions grandiloquentes, son caractère euphémique.

Bibliographie — Voir celle de l'art. *Vingt Mélodies, 1er recueil.*

M.-Cl. Beltrando-Patier

Idoménée, tragédie en musique en un prologue et 5 actes, poème d'Antoine Danchet, musique d'**André Campra**, orchestration à 4 parties de cordes dans l'édition de 1731 (l'édition originale de 1712 ne donne que le dessus et la basse), fl., htb. et bassons, créée par l'Acad. Royale de Musique, le 12 janv. 1712. L'accueil semble avoir été plutôt favorable, comme le prouve la reprise du 5 avr. 1731, mais l'œuvre n'a jamais été parodiée.

Livret — Prologue. Le théâtre représente l'antre d'Éole, dieu des Vents (basse) où les Aquilons sont tenus enchaînés par leur roi. Vénus (dessus) vient lui demander de les libérer pour éloigner Idoménée des côtes de Crète. Éole accepte ; en récompense, Vénus lui envoie les Amours. Divertissement.

Acte I. Ilione, princesse troyenne (dessus), avoue à sa confidente qu'elle aime Idamante, fils d'Idoménée, bien qu'il soit grec, mais qu'elle craint la jalousie d'Électre. A la scène suivante, Idamante (haute-contre) lui déclare son amour et libère pour lui plaire tous les esclaves troyens. Ilione cependant fait semblant de le considérer toujours comme son ennemi. Après le divertissement pour la libération des captifs, Arbas (basse) annonce la mort d'Idoménée, ce qui provoque le désespoir d'Électre (dessus). Bien sûr, cette nouvelle est fausse.

Acte II. L'acte s'ouvre par une effroyable tempête, dans laquelle est pris Idoménée de retour de la guerre de Troie. Neptune (basse) la calme, à la suite du vœu du roi de lui immoler le premier être vivant qu'il rencontrerait en abordant dans l'île de Crète. Or, ce premier être est son fils Idamante. A peine les deux hommes se sont-ils reconnus qu'Idoménée s'enfuit en interdisant à son fils de le suivre. Cependant, Électre, qui l'aime, appelle Vénus à son secours ; celle-ci promet de favoriser son amour et de contrarier celui d'Idamante et d'Ilione. Vénus appelle la Jalousie (taille). Divertissement.

Acte III. Idoménée est rongé à la fois par le souvenir de son vœu et par son amour pour Ilione. Pour sauver son fils, mais aussi pour se débarrasser d'un rival, il décide d'envoyer Idamante rétablir Électre à Argos, tandis que lui-même fait sa cour à Ilione, et qu'elle le repousse, et même le brave. Ébranlé, Idoménée, dans un grand monologue, décide de faire taire son amour et de sauver avant tout son fils. Divertissement pour l'embarquement d'Électre et d'Idamante. Mais bientôt la mer s'ouvre et vomit un monstre horrible. Bouleversé, Idoménée s'offre de mourir, mais refuse d'immoler son fils.

Acte IV. Idamante a décidé de mourir en combattant le monstre et vient l'annoncer à Ilione. Alors seulement, celle-ci lui avoue qu'elle l'aime aussi. En partant pour ce combat, Idamante rencontre son père qui, de plus en plus tourmenté, lui ordonne de partir et de ne pas assister au sacrifice en l'honneur de Neptune — sans lui en donner la vraie raison. On prépare le sacrifice (marche, prière et chœur), mais celui-ci est interrompu par un chant de victoire : Idamante a tué le monstre. Divertissement. Idoménée décide d'unir Idamante et Ilione et d'abdiquer en faveur de son fils.

Acte V. Électre, jalouse, annonce à Idamante qu'elle fera tout pour rallumer la colère de Neptune. Idoménée cependant proclame solennellement au peuple son abdication. Un divertissement commence pour célébrer l'événement, mais le dieu Némésis (taille) apparaît et annonce la colère céleste : frappé d'une crise de folie, Idoménée immole son fils, sans le reconnaître, sur l'autel du sacrifice.

Quatrième tragédie en musique de Campra, *Idoménée* est la plus représentative de ce qu'on pourrait appeler sa seconde manière. Cette manière se distingue d'abord de la première en ce qu'elle sacrifie à la mode du « sujet horrible » qui fleurit à l'Opéra dans les dix dernières années du règne de Louis XIV et dont *Philomèle* de Roy et Lacoste avait été le prototype en 1705. Le dénouement d'*Idoménée*, qui n'est d'ailleurs pas sans rappeler celui d' → *Atys* de Lully, est infiniment plus tragique que celui d' → *Hésione* et même que celui de → *Tancrède.* La comparaison est encore plus saisissante avec les opéras de Destouches tels qu'*Amadis*, *Marthésie*, → *Omphale* et même → *Callirhoé* dont le dénouement est le plus souvent heureux. Musicalement aussi, *Idoménée* est assez fortement différente de *Tancrède* et d'*Hésione*. Le caractère plus dramatique de l'action se prête moins au lyrisme et à la poésie qui caractérisaient ces deux dernières partitions ; aussi y trouve-t-on beaucoup moins de petits airs et même de grands airs monologues. Le récitatif, en revanche, y effectue une sorte de retour en force, mais un récitatif aux lignes mélodiques brisées et d'une grande mobilité tonale qui le distingue de celui de *Tancrède* et lui donne un caractère plus tendu. Des scènes entières de dialogue et même de longs monologues sont ainsi traités entièrement en récitatif, ce qui constitue une nouveauté par rapport à l'époque précédente. Tel est le cas de la grande scène où Idoménée rencontre sur le rivage ce fils qu'il a promis à Neptune et qu'il ne retrouve donc que pour le perdre — scène qui peut être le sommet dramatique de l'œuvre. Les divertissements eux aussi introduisent nombre de nouveautés sur le plan stylistique. Comme dans → *Hippodamie* (1708), Campra y abandonne peu à peu les airs de type mélodique-syllabique hérités de Lully au profit d'airs ornés fortement teintés d'italianisme. Dans l'air d'une Crétoise *« Trompettes annoncez la gloire »* (acte V, sc. 3), l'accompagnement instrumental prend un caractère franchement concertant imité de Corelli. Cette influence italienne peut même s'exercer sur les parties vocales comme dans l'air *« Une fleur nouvelle »* (acte IV, sc. 7) où Campra s'efforce de transposer sur des paroles françaises la technique vocale en usage outre-monts. Ainsi, Campra parachève la tentative d'introduction du style italien dans la tragédie en musique qui avait débuté en 1708 avec → *Hippodamie*. Mais cette pièce avait échoué. Le succès, même limité, d'*Idoménée* témoigne donc d'une évolution du public, il est vrai facilitée par le succès triomphal, deux ans auparavant, des → *Festes vénitiennes*.

Sources et éditions — **a)** Livret : Paris 1712, La Haye 1715, Paris 1731 — **b)** Musique : Paris 1712 (orch. réduit) ; même éd., exemplaire des représentations avec coupures et modifications, Paris, Bibl. de l'Opéra, A 80 ; Paris 1731, ms. in f°, titre gravé (orch. à 4 parties).

Bibliographie — Voir celle de l'art. *(L') Europe galante.*

R. Fajon

Idomeneo, rè di Creta (Idoménée, roi de Crète), « dramma per musica » en 3 actes, livret de Giambattista Varesco, musique de **Wolfgang Amadé Mozart** (KV 366), créé à Munich, le 29 janv. 1781. (Durée : 3 h environ sans le ballet.)

L'argument de cet opéra est extrait d'un livret d'A. Danchet pour → *Idoménée*, une tragédie lyrique d'A. Campra (1712), mais c'est le chapelain de la cour de Salzbourg qui fut chargé d'écrire le texte italien pour l'opéra que l'électeur Charles-Théodore de Bavière avait commandé à Mozart en vue du carnaval à Munich en 1781. Plus de 30 lettres échangées entre Mozart, arrivé dans la résidence bavaroise dès le 8 nov. 1780, et son père — l'œuvre sera créée moins de trois mois plus tard ! — montrent la lutte du musicien pour obtenir une action dramatique concentrée et efficace ; elles vont jusqu'à des discussions sur les mots les plus aptes à être chantés.

Livret — L'action se développe sur plusieurs niveaux qui s'interpénètrent. Au milieu d'une tempête dans laquelle il a failli périr au retour de Troie, le roi de Crète (ténor) a fait un vœu terrible : sacrifier au dieu de la Mer le premier être qu'il rencontrera ; ce sera son fils Idamante (ténor). Celui-ci aime une princesse troyenne prisonnière en Crète, Ilia (sop.), mais il est poursuivi par la passion de la princesse Électre (sop.). Idoménée tente d'éloigner son fils, ce qui réjouit Électre mais attire une fureur plus redoutable encore du dieu de la Mer. Lorsque le Grand Prêtre (ténor) finit par imposer l'exécution du vœu et qu'Idoménée s'apprête à immoler Idamante, Ilia veut prendre sa place mais une Voix (basse) venue d'ailleurs s'interpose, abolit le sacrifice sanglant, impose l'abdication d'Idoménée et établit à sa place le règne du couple Idamante-Ilia, après qu'Électre soit littéralement morte de haine.

Ce résumé ne révèle que quelques-unes des ressources dramatiques dont Mozart disposait, car il y a aussi des scènes capitales qui font du chœur de foule un acteur de premier plan, tout comme des éléments déchaînés par la fureur des dieux. La passion extrême d'Électre, la profonde tendresse du couple Ilia-Idamante, le passage du règne d'un roi absolu à celui d'un couple qui instaure une société de liberté : on devine tout ce qui a pu combler le musicien de 25 ans et qu'il n'avait pu qu'esquisser dans → *Lucio Silla.* Tous les interprètes n'étaient pas idéaux, mais il y avait quand même le célèbre ténor Raaff pour le rôle-titre (même s'il était en fin de carrière) et les deux sœurs Wendling pour les deux rôles de femmes ; Mozart dut se contenter d'un castrat pour Idamante, mais se hâtera, dès la reprise viennoise, de le remplacer par un ténor. Il avait un grand chœur, des machines permettant une mise en scène spectaculaire et surtout l'un des meilleurs orchestres de l'époque, la célèbre « armée de généraux » qui avait suivi son maître, le prince électeur, de Mannheim à Munich.

Tout cela lui permettait de faire éclater complètement les cadres traditionnels de l'« opera seria » et de la tragédie en musique. L'œuvre commence par une ouverture, demeurée au répertoire même lorsque l'opéra connaîtra une éclipse, une page grandiose anticipant déjà partiellement sur l'ultime → *Clemenza di Tito.* Les grands récitatifs accompagnés sont d'une vie extraordinaire et se transforment souvent en véritables ensembles, surtout lorsque le chœur y participe. Les arias sont le plus souvent de la nouvelle coupe bipartite qui sera la plus courante dans les grandes partitions ultérieures, l'élan mélodique s'élève sur des sommets solitaires comme dans l'air d'Ilia au début du 3e acte.

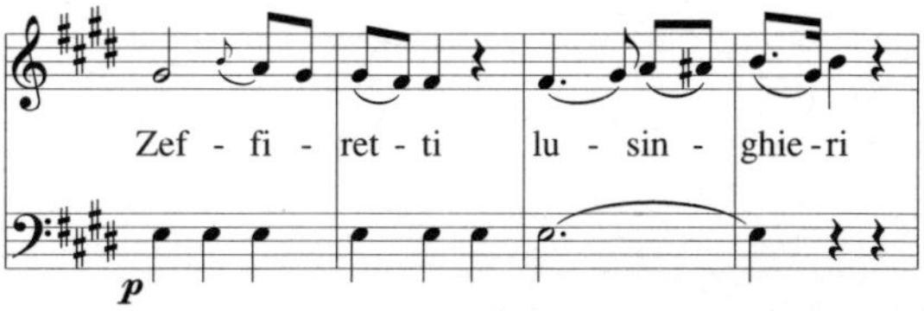

Mozart lui-même considérait le quatuor en *mi* ♭ comme ce qu'il avait fait de mieux dans le genre ; cet ensemble de 166 mesures **A** combine en fait un duo d'amour avec les tourments, les espérances et les triomphes d'un autre duo qui s'oppose ; il regorge de splendeurs musicales et de hardiesses harmoniques tout en intensifiant sans cesse la tension dramatique de la situation. L'intervention de la Voix, l'Oracle, avec ses cors et trombones, antiticipe l'effet terrifiant de celle du commandeur dans

A Idomeneo, rè di Creta

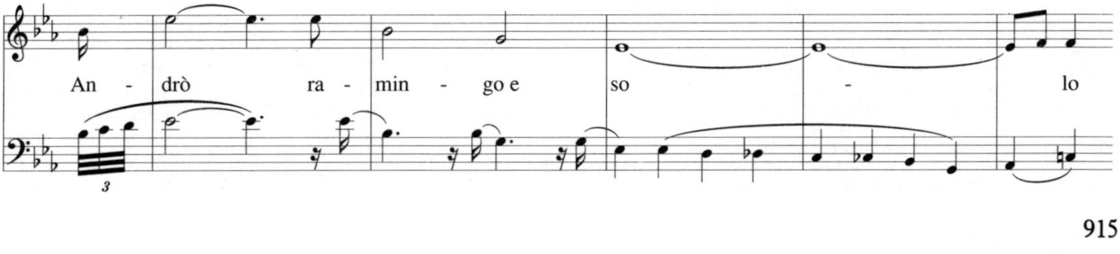

Don Giovanni, tout comme le finale hymnique annonce celui de *La Flûte enchantée.* Si *Lucio Silla* présageait la naissance de l'« opéra mozartien », *Idomeneo* le réalise pleinement et Mozart aurait pu écrire là aussi, comme pour *La clemenza di Tito*, qu'il avait « réduit [le livret] à un opéra véritable ». *Idomeneo* n'annonce pas, comme on l'a écrit souvent, les grands opéras de Mozart : il est le premier des sept grands. Ce qui en fait le caractère spécifique, c'est « l'absence de tout élément convenu, traditionnel, schématique » (A. Einstein). Si le succès fut grand en 1781 à Munich, les réalisations des dernières décennies du XXe s. ont confirmé qu'il est bien l'un des sommets du théâtre lyrique de Mozart.

Éditions modernes — *In* W. A. Mozarts Werke, Leipzig, Br. & H., 1877-83, vol. V/13 ; par D. HEARTZ, *in* W. A. Mozart. Neue Ausgabe sämtlicher Werke, 2e série V/11, Kassel, BV, 1972.

Bibliographie — D. HEARTZ, The Genesis of Mozart's Idomeneo, *in* Mozart-Jb. 1967, et *in* MQ LV, 1969 ; du même, Tonality and Motif in Idomeneo, *in* MT CXV, 1974 ; du même, Mozart, his Father and « Idomeneo », *in* MT CXIX, 1978 ; du même, The Great Quartet in Mozart's « Idomeneo », *in* Music Forum V, 1980 ; R. ANGERMÜLLER et R. MÜNSTER, W. A. Mozart's Idomeneo, 1781-1981, Munich, Piper, 1981 ; J. V. HOCQUARD, Idomeneo, rè di Creta, Paris, Aubier, 1982 ; L'Avant-Scène Opéra, juil. 1986 ; voir aussi la bibliogr. de l'art. *Ascanio in Alba.*

C. DE NYS

IFIGENIA IN TAURIDE (Iphigénie en Tauride), « dramma » en 3 actes, livret de Marco Coltellini, musique de **Tommaso Traetta**, créé au Burgtheater de Vienne en 1759 ou au Hoftheater de Schönbrunn le 4 oct. 1763 avec une dédicace « à Leurs Majestés impériales et royales, pour la fête de leurs très heureux noms » (« festeggiandosi Le felicissimi nomi delle loro Maestà Imperiali e Reali »). L'ouvrage constitue la première application importante des principes novateurs de M. Coltellini et de T. Traetta qui, tout en se laissant guider par leur instinct créateur, s'inspirent de l'esthétique de R. da Calzabigi et de Chr. W. Gluck.

LIVRET — Acte I. Oreste débarque en Tauride pour voler la statue de la déesse Pallas et la rapporter dans sa patrie. L'oracle lui a prédit qu'il pourra ainsi apaiser l'ombre de sa mère — qu'il a tuée — et échapper aux tourments que lui font subir les Furies. C'est le jour consacré au rite de la déesse qui prescrit le sacrifice de tout étranger arrivé en ce lieu. Ami intime d'Oreste, Pilade tente en vain de le convaincre d'abandonner son projet puis, après une brève hésitation, décide de le suivre. Cependant, les vierges préposées au culte de Pallas préparent la cérémonie rituelle. La prêtresse est Ifigenia, sœur d'Oreste, qui vit en Tauride depuis quinze ans, c'est-à-dire depuis qu'elle a échappé au sacrifice décidé par son père qui voulait l'immoler. Mais le destin a voulu qu'elle revive l'angoisse de cette expérience en assumant le terrible devoir du rite. Cette fois, l'horreur doit lui être épargnée en l'absence de victime à sacrifier ; prières et offrandes ordinaires suffiront à la déesse. Pendant qu'Ifigenia s'en réjouit avec ses compagnes, le cruel roi Toante fait son entrée, tenant Oreste enchaîné. Surpris par les gardes, le jeune homme a refusé de donner son nom et celui de sa patrie, et semble avoir perdu l'esprit. Ifigenia, frappée par son noble aspect, a pitié de lui ; elle conjure le roi de l'épargner, mais en vain. Conduit au temple de la Mort, Oreste s'agite et délire. La prêtresse obtient que le rite soit repoussé afin de purifier la victime dont l'état profanerait l'autel de la divinité. Le roi y consent à contrecœur, tandis que les vierges honorent la déesse par des chants et des danses.

Acte II. Entretemps, Pilade arrive près du temple, craignant qu'il soit trop tard pour sauver son ami. Il rencontre par hasard Dori, compagne d'Ifigenia, qui, lorsqu'elle apprend ses intentions, cherche à le convaincre de fuir, puis, le voyant inébranlable, le conduit à l'endroit souterrain où les victimes sont purifiées. Là, Oreste, dans son sommeil, appelle la mort pour qu'elle le libère des Furies. Impressionnée par son délire, Ifigenia l'interroge sur son passé. Apprenant qu'il vient d'Argos, elle est prise d'une agitation étrange et le presse de questions sur le sort de ses propres parents. En entendant les nommer par celle qu'il prend pour une étrangère, Oreste pense que le bruit de son malheur s'est répandu partout ; puis, reconnaissant dans le visage d'Ifigenia les traits maternels, il craint d'être de nouveau assailli par les ombres infernales. Pilade survient et Dori, désolée par la douloureuse condition des deux amis, les aide à fuir. Mais voici que, sur la place du temple où tout est prêt pour le sacrifice, la nouvelle se répand : la statue de Pallas a été dérobée par les étrangers qui vont repartir impunis.

Acte III. Après avoir confié la statue à ses compagnons restés sur le rivage, Oreste rebrousse chemin pour chercher Pilade qui tarde. L'ami, capturé par les gardes du roi, va être sacrifié dans le temple avec Dori, qui a avoué sa faute. Ifigenia est contrainte par Toante à exécuter elle-même la sentence. Oreste fait irruption dans le sanctuaire, offrant au roi de se livrer et de restituer la statue pour sauver son compagnon. Le tyran décide de les faire mourir tous les deux quand Pilade révèle l'identité d'Oreste. Le frère et la sœur se reconnaissent enfin. Ifigenia refuse d'accomplir le sacrifice et tue Toante qui s'apprêtait à immoler lui-même les victimes. L'opéra se termine sur l'invitation de la prêtresse à abandonner cette terre funeste pour rejoindre la Grèce en emportant la statue de la déesse.

La question de la date et du lieu de la 1re représentation de cet authentique chef-d'œuvre du théâtre lyrique reste posée. Ce n'est qu'au début du XXe s. que H. Goldschmidt a mis en doute la création à Schönbrunn et qu'il a proposé une date antérieure de quatre ans. Ce débat n'a d'importance que sur un point : Traetta et Gluck se disputent en effet la primeur de la « réforme ». Or l' → *Orfeo ed Euridice* de Gluck a été créé le 5 oct. 1762, trois ans après la représentation supposée d'*Ifigenia* à Vienne, mais un an avant celle de Schönbrunn. Au lieu d'une hypothétique confrontation entre les deux artistes, il est sans doute préférable de les imaginer travaillant dans une même perspective, même si, riches de traditions culturelles différentes, ils explorent des chemins divergents.

Ifigenia in Tauride fut pour Traetta et surtout pour Coltellini un premier succès européen qui ne fut jamais surpassé. Dès ce moment, la carrière de librettiste du poète se développa à la cour de Vienne — il appartiendra au « clan » du comte Durazzo, succédera de fait à Métastase comme poète de cour et écrira des livrets pour Gluck, Hasse, Gassmann et Salieri — ainsi qu'à la cour de Russie où il collaborera de nouveau avec Traetta pour → *Antigona. Ifigenia in Tauride*, qui prit tout de suite les dimensions d'un chef-d'œuvre, fut montée en l'espace de quelques années dans les principales villes d'Europe et à Esterhaz, avec des adjonctions composées tout exprès par J. Haydn.

Peu après la représentation de Schönbrunn, Coltellini apporta au livret des modifications d'ordre littéraire et dramatique. L'attention qu'il portait à ce texte était pleinement justifiée puisque *Ifigenia* constitue un tournant fondamental dans le domaine de la poésie lyrique inspirée de la tragédie grecque. Pour la première fois, la pièce — bien qu'elle conserve un dénouement heureux — adopte une conclusion cruelle qui, en outre, passe par la main d'une femme. Comme poussée par un transport divin (« che m'agità, che m'empie e che mi rende di me stressa maggior », qui m'agite, m'emplit et me fait me dépasser moi-même), Ifigenia blesse mortellement Toante. Pour la première fois également, le librettiste renonce à toute intrigue amoureuse entre Ifigenia et Toante : dans les précédents livrets tirés du même sujet (celui qu'écrivit Sigismondo Capeci pour Domenico Scarlatti en 1713 ou celui de Benedetto Pasqualigo mis plusieurs fois en musique durant près de soixante ans), Toante est épris d'Ifigenia, qui le repousse. Pour la première fois enfin, c'est Oreste et non le roi qui devient

Costume de N. Boquet pour *Les Indes galantes* de J.-Ph. Rameau, créées en 1735.
Bibliothèque-musée de l'Opéra, Paris. Ph. © Bibl. nat.-Photeb.

Idomeneo de W. A. Mozart, créé à Munich en 1781. Anton Raaf dans le rôle-titre. Aquarelle anonyme (1791).
Deutsches Theatermuseum, Munich. Ph. Klaus Broszat © Arch. Photeb.

Iphigénie en Tauride de Chr. W. Gluck, créée en 1779. Shirley Verrett dans une mise en scène de Liliana Cavani, à l'Opéra de Paris en 1984.
Ph. © Philippe Coqueux.

L'incoronazione di Poppea de Cl. Monteverdi, créé en 1642 ou 1643. John Vickers et Gwyneth Jones dans une mise en scène de G. Ronnert, à l'Opéra de Paris, en 1978.
Ph. © Colette Masson-Enguerand.

le principal personnage masculin, avec son délire dominé par des angoisses oniriques, délire qui atteint son apogée dans la scène des Furies et de l'apparition de l'ombre de Clytemnestre (acte II).

Du point de vue musical aussi — et peut-être plus encore—, l'opéra baigne dans l'atmosphère de la réforme gluckiste : richesse exubérante de l'invention sonore au service du drame, finesse de la recherche psychologique soutenue avec intelligence par l'orchestration magistrale qui prévoit même l'emploi, dans les arias, d'instruments obligés intimement associés à la voix. C'est le cas, par exemple, du violoncelle concertant dans l'aria d'Oreste, *« Ah ! per pietà, placatevi »* (Ah ! par pitié, apaisez-vous, acte II), des cors dans l'aria du même personnage, *« V'intendo, amici Numi »* (Je vous comprends, divinités amies, acte III), ou des flûtes, bassons et cors dans celle d'Ifigenia, *« Che mai risolvere »* (Que décider, acte II). Dans cette dernière page, les parties de flûtes, bassons et cors sont totalement indépendantes les unes des autres ; contrairement à l'habitude, les bassons doublent la mélodie et non la partie de basse, assumant alternativement, comme les autres instruments, un rôle de soliste ou d'accompagnement. Ces soli instrumentaux se dédoublent souvent en duos à la tierce, moyen très fréquemment utilisé par Traetta pour adoucir le caractère dissonant des appoggiatures accentuées. Cette même aria montre encore comment le musicien traite l'orchestre, non plus en simple soutien de la voix, mais comme véritable moteur du morceau tout entier.

Les affinités de l'art de Traetta avec la réforme de Gluck apparaissent à chaque page de l'ouvrage, mais elles sont flagrantes dans les chœurs qui rythment l'action avec beaucoup d'efficacité. Ainsi, *« Oh come presto a sera »* (O comme le soir rapidement, acte I) s'ouvre avec majesté pour rechercher ensuite des expressions et significations différentes grâce à une écriture très variée : traité à deux voix pour traduire le clair-obscur de la scène, il procède par imitations ou tenues ; ailleurs, le texte est déclamé rapidement ou interrompu par les solos de Dori ou par son duo avec Ifigenia, jusqu'à la monumentale conclusion. Lorsque G. Carli-Ballola mentionne ce chœur ainsi que celui, très célèbre, de l'acte II, *« Gli strali tremendi »* (Les flèches terribles), il souligne à quel point ces pages « tendent vers le monumental et, prenant leurs distances avec la sécheresse dorique de Gluck, s'orientent dans d'autres directions : celles qui conduisent à l'*Idomeneo* de Mozart, à son déchaînement de couleurs opulentes et à son goût pour la richesse et la densité quasi matérielle du son ».

Sources et éditions modernes — Vienne, Österreichische Nationalbibl. Musiksammlung et Gesellschaft der Musikfreunde ; Bruxelles, Cons. royal de musique ; Darmstadt, Hessische Landes- und Hochschulbibl. ; Berlin, Staatliche Hochschule für Musik ; Naples, Bibl. del Cons., Rari 7.9.23-24-25, Rari 7.9.26-27-28 (26 sans les récitatifs), Rari 7.10.4 (sans l'acte I), Rari 7.10.1-2-3. — Extraits éd. par H. Goldschmidt, *in* DTB XIV/1, Leipzig, Br. & H., 1914.

Bibliographie — R. Haas, Gluck und Durazzo im Burgtheater, Vienne 1925 ; H. Bloch, T. Traetta's Contribution to the Reform of Italian Opera, *in* Collectanea Historiae Musicae III, Florence 1963 ; S. Martinotti, Traetta, o il musicista di un'impossibile « riforma », *in* Chigiana XXIX-XXX, 1975 ; voir aussi la bibliogr. de l'art. *Antigona.*

G. Ferrara

« If my complaints could passions move » (Si mes plaintes pouvaient animer les passions), chanson de **John Dowland**, également connue sous le titre de *Captain Digory Piper's Galliard*, publiée dans son *First Book of Songs or Ayres of Four Parts with Tablature for the Lute* (Londres 1597). Les trois strophes du poème sont anonymes. (Durée : 3 min 30 s environ.)

La musique a été transmise en plusieurs versions, toutes de Dowland. Bien qu'elle soit plus particulièrement connue de nos jours comme chanson au luth, l'édition originale, en format de table, comporte les 4 voix (S A T B) et la partie de luth ; il semble que Dowland ou son éditeur ait désiré assurer aux chants de ce recueil la plus grande variété possible de formes d'exécution. Ces chants sont décrits comme « faits de telle façon que toutes les parties ensemble ou quelques-unes d'entre elles puissent être chantées au luth, à l'orpharion ou à la viole de gambe ». C'est ainsi que toutes les combinaisons de voix et d'instruments sont possibles : ils peuvent être exécutés comme airs, chanson au luth ou « consort songs ». Il en existe une version pour luth seul, qui pourrait être la forme originale de l'œuvre, et une version à 5 voix pour consort imprimée en 1604, dans les *Lachrimae or Seven Tears* de Dowland.

La musique revêt la forme d'une gaillarde, AABBCC, avec trois sections répétées. Caractéristique mélodique particulière, la phrase introductive s'élève au 3ᵉ puis au 6ᵉ degré de l'échelle ; les deux premières phrases présentent un même mouvement mélodique ascendant et descendant, fréquent dans les gaillardes de Dowland. Le titre alternatif fait allusion au pirate élisabéthain Digory Piper qui mourut en 1590.

Rééditions modernes et Bibliographie — Voir à l'art. *« Can she excuse my wrongs ».*

Fr. Knights

« If ye love me » (Si vous m'aimez), anthem à 4 voix de **Thomas Tallis** sur des paroles du Christ (Jean 14, 15), composé vers la fin de la décennie 1540.

C'est l'un des plus anciens et des plus célèbres anthems de la Réforme anglaise. Il met en musique un texte en anglais tiré du Nouveau Testament, utilisant un style musical sobre qui fait alterner de courts passages en homophonie et en contrepoint imitatif, évitant en grande partie les mélismes. Sur tous ces points, il est conforme aux exigences des réformateurs protestants qui bannirent le latin du culte et encouragèrent l'usage d'une écriture musicale simple, permettant la compréhension du texte par l'assemblée.

Par son écriture et sa forme, *« If ye love me »*, ainsi que d'autres anthems de sa génération, ressemble aux chansons polyphoniques anglaises de cette époque, celles-ci étant à leur tour influencées par les modes françaises introduites en Angleterre depuis le début du XVIᵉ siècle. Pendant le règne d'Henri VIII, les chansons sorties des presses parisiennes de P. Attaingnant étaient bien connues à la cour des Tudor, offrant des modèles aux musiciens du roi lui-même dont Th. Tallis, J. Sheppard et Chr. Tye. Il est possible que certains des anthems les plus anciens, incluant *« If ye love me »*, aient été en fait composés avant la Réforme pour être utilisés comme chants de dévotion. Leur style intime évoque la musique de chambre et ils ont peu de points communs avec la polyphonie liturgique de facture élaborée qui était exécutée dans les institutions chorales de la période Tudor pendant les années de déclin du catholicisme en Angleterre.

Éditions modernes — Par P. Le Huray, *in* The Oxford Book of Tudor Anthems, n° 14, Londres, OUP, 1978.

Bibliographie — P. Doe, Tallis, Londres, OUP, 1976.

J. Milsom

« Ihr, die ihr euch von Christo nennet... » (Vous qui vous réclamez du Christ, où demeure la charité par laquelle on reconnaît les membres du Christ ?), cantate de **Johann Sebastian Bach** (BWV 164 ; NBA I/21) pour le 13e dimanche après la Trinité (évangile du jour, Luc 10, 23-37, parabole du bon Samaritain), écrite pour sop., alto, ténor et basse soli, chœur, 2 fl., 2 htb., cordes et b.c., exécutée pour la 1re fois à Leipzig, le 26 août 1725. (Durée : 18 min environ.)

Son texte est tiré du cycle de cantates de Salomon Franck, *Evangelisches Andachts-Opffer* (Leipzig 1715). Si Bach l'a mis en musique dès son séjour à Weimar, il ne reste aucune trace de cette version et l'œuvre hypothétique devrait avoir été très différente de celle que nous connaissons. Le poète déplore le manque de charité de ceux qui se réclament du Christ (air no 1). Il est dit que celui qui exerce la charité obtiendra miséricorde. Malgré cela nous restons fermés à la détresse de notre prochain, à l'image du sacrificateur et du Lévite de la parabole (récitatif no 2). Seuls l'amour et la pitié nous rendent semblables à Dieu (air no 3). Que l'amour du Christ fasse fondre notre cœur et que les souffrances de notre prochain nous touchent comme si elles étaient nôtres (récitatif no 4). Ceux qui agissent ainsi seront justement récompensés (air no 5). Le texte s'achève par une prière pour que meure en nous le vieil homme et que naisse celui dont tous les désirs et les pensées sont tournés vers le Christ (choral final).

La cantate s'ouvre **1.** par un air pour ténor, cordes et b.c., *« Ihr, die ihr euch »*, forme binaire AB avec ritournelle, en *sol* min., qui revêt l'aspect d'une polyphonie à 5 voix dont le thème comporte une chute de quinte caractéristique. La ritournelle le présente d'abord en canon entre les deux parties de violon puis il se fait entendre à toutes les voix, même à la basse continue. Font suite à cet air **2.** un récitatif secco pour basse et b.c., *« Wir hören zwar, was selbst die Liebe spricht »* (Nous entendons cependant ce que dit l'Amour lui-même), où une paraphrase de la 7e béatitude, « Die mit Barmherzigkeit den Nächsten hier umfangen » est traitée en arioso ; **3.** un air pour alto, 2 fl. et b.c., *« Nur durch Lieb und durch Erbarmen... »* (Seuls l'amour et la pitié nous rendent semblables à Dieu), forme ABB' avec ritournelle, en *ré* min., dont la caractéristique mélodique — deux doubles croches par syllabe — réalise un effet évoquant l'apitoiement que réclame le texte ; **4.** un récitatif pour ténor accompagné par les cordes et la b.c., *« Ach, schmelze doch durch deinen Liebesstrahl... »* (Ah, fais donc fondre l'acier glacé du cœur par ton rayon d'amour) ; **5.** un air en duo pour sop. et basse, les 2 fl., les 2 htb. et les vl. à l'unisson et b.c., *« Händen, die sicht nicht verschliessen... »* (Aux mains qui ne se referment pas, le ciel est ouvert), en *sol* min., où le style chantant de toutes les voix aboutit à une véritable écriture en quatuor ; la ritournelle de début et de fin mise à part, il se compose de 4 parties, le texte étant également réparti sur les 3 premières, la dernière reprenant la totalité de la strophe ; chacune d'entre elles commence par un canon entre le soprano et la basse — 1o canon à l'octave, 2o canon à la quarte, 3o canon à la quinte puis de nouveau à la quarte, 4o canon à l'octave, reprise variée de la 1re partie dont la fin s'insère dans une redite de la ritournelle — et s'achève en une libre polyphonie ; **6.** un choral à 4 voix, *« Ertöt uns durch deine Güte... »* (Mortifie-nous par ta bonté, éveille-nous par ta grâce), forme AAB, en *si* ♭ maj., 5e et dernière strophe du choral *« Christ, der einig Gottes Sohn »* d'Elizabeth Creutziger (1524).

Bibliographie — Voir celle de l'art. *« Ach Gott, vom Himmel sieh darein »*.

M. Honegger

« Ihr Glocken von Marling » (Vous, cloches de Marling), lied pour mezzo-soprano et piano de **Franz Liszt**, sur une poésie d'Emil Kuh, composé en 1874 (éd. 1879), dédié à la princesse Marie de Hohenlohe. (Durée : 2 min 56 s environ.)

La poésie assez banale permet au Liszt vieillissant d'expérimenter certaines harmonies impressionnistes qui traduisent l'atmosphère générale de douceur mélancolique. Les accords répétés en croches monotones, la ligne vocale calme et détendue ainsi qu'un certain dépouillement contribuent à renforcer cette impression. Les trois sections du lied reprennent à chaque fois la même mélodie, mais en la reproduisant avec beaucoup de souplesse et de liberté, sans aucune rigidité. Aucune cadence ne vient interrompre le déroulement de la musique, et la conclusion suspensive sur un accord parfait à l'état de premier renversement, précédé d'un accord sur le 3e degré, vient confirmer la volonté de statisme du compositeur qui cherche ainsi à créer une ambiance de torpeur mélancolique qui n'est pas sans charme.

Éditions — Voir à l'art. *« Bist du ! »*.

S. Gut

« Ihr Menschen, rühmet Gottes Liebe » (Vous les hommes, célébrez l'amour de Dieu), cantate de **Johann Sebastian Bach** (BWV 167 ; NBA I/29) pour la fête de la Saint-Jean (évangile du jour, Luc 1, 57-80, naissance de Jean-Baptiste, cantique de Zacharie), écrite pour sop., alto, ténor et basse soli, chœur, htb., htb. de chasse, clarine, cordes et b.c., exécutée pour la 1re fois à Leipzig, le 24 juin 1723, peu de temps après l'installation du compositeur comme cantor à Saint-Thomas. (Durée : 17 min 30 s environ.)

Cela pourrait expliquer certaines particularités de l'œuvre : sa brièveté, son instrumentation modeste, l'utilisation du chœur à la fin de l'œuvre seulement. Le texte est tout entier une invitation à louer Dieu qui, par Jean-Baptiste, nous a indiqué le chemin vers son fils Jésus-Christ. La parole de Dieu ne trompe pas : ce qu'elle a promis par le passé s'accomplit. C'est pourquoi, à l'exemple de Zacharie, les chrétiens sont invités à entonner à leur tour un chant de louange.

La cantate se compose **1.** d'un air pour ténor accompagné par les cordes et la b.c., *« Ihr Menschen »*, forme ABA' avec ritournelle, en *sol* maj., une plaisante pastorale en 12/8 ; **2.** d'un récitatif secco pour alto et b.c., *« Gelobet sei der Herr Gott Israel »* (Loué soit le Seigneur Dieu Israël), qui se transforme en un arioso serein lorsque le texte évoque Jésus-Christ conduisant les pécheurs repentis au Royaume des cieux ; **3.** d'un air en duo pour sop. et alto, htb. de chasse et b.c., *« Gottes Wort das trüget nicht »* (La parole de Dieu ne trompe pas), forme ABA avec ritournelle, en *la* min., sur un motif de basse continue dit « des pas assurés » par A. Schweitzer, de caractère homophone à l'exception de la 1re moitié de la partie B où les deux voix sont en canon à la quinte, tandis que le hautbois et la basse continue alternent dans la répétition du motif initial du canon, la 2e moitié revenant à l'homophonie sur le motif de la joie à la basse et conduisant au « da capo » ; **4.** d'un récitatif secco pour basse et b.c., *« Des*

Weibes Samen kam... » (Vint la semence de la femme lorsque les temps furent accomplis), qui se transforme en arioso sur le dernier vers « Und stimmet ihm ein Loblied an ! » (Et entonnez-lui un chant de louange), empruntant la 1re phrase mélodique du choral qui va suivre ; **5.** d'un choral qui reçoit ici un vêtement plus riche que la simple harmonisation à 4 voix traditionnelle. Il s'agit de la 5e strophe, *« Sei Lob und Preis mit Ehren... »* (Louange, gloire et honneur soient à Dieu le Père, le Fils et le Saint-Esprit), forme AAB avec ritournelle, en *sol* maj., du choral *« Nun lob mein Seel den Herren »* de Johann Graumann (1549) où le chœur, en style vertical orné avec mélodie au soprano doublée par la clarine, est accompagné par tout l'orchestre. A celui-ci est confié une symphonie joyeuse, avec mouvement continuel de doubles croches, sans rapport thématique avec le choral. En même temps qu'elle constitue le moment essentiel de la cantate, cette pièce lui fournit une brillante conclusion.

Bibliographie — Voir celle de l'art. *« Ach Gott, vom Himmel sieh darein »*.

M. HONEGGER

« IHR WERDET WEINEN UND HEULEN » (Vous pleurerez et gémirez), cantate de **Johann Sebastian Bach** (BWV 103 ; NBA I/11) pour le 3e dimanche après Pâques (Jubilate), écrite pour alto, ténor et basse soli, chœur, 2 htb. d'amour, fl. piccolo (ou vl. ou fl. trav.), trp., cordes, exécutée pour la 1re fois à Leipzig, le 22 avril 1725. (Durée : 20 min environ.)

Le texte est le premier des neuf que Bach emprunta, non sans les remanier, à la poétesse leipzicoise Mariane von Ziegler ; il développe et commente une parole de Jésus figurant dans l'évangile du jour (Jean 16, 16-23) et opposant la tristesse selon le monde à la joie apportée par le Christ. Cette parole et cette antithèse sont musicalement traduites avec ampleur dans le chœur initial, **1.** *« Ihr werdet weinen und heulen »*, d'une structure très élaborée, combinant les styles fugué, concertant et déclamatoire. L'accompagnement orchestral inclut 2 htb. d'amour ainsi qu'une importante partie de fl. piccolo (fl. à bec sop. remplacée lors d'une reprise en 1731 par un vl. ou une fl. trav.). La forme globale comporte trois sections principales et s'articule sur deux thèmes antithétiques illustrant respectivement la joie et la tristesse. La 1re section expose tour à tour le thème joyeux (prélude orchestral, rythme léger) puis le thème triste (fugue chorale, mélodie plaintive, chromatisme) avant de les superposer comme pour une double fugue. Dans la 2e section (Adagio), la basse solo énonce par quatre fois, en style d'arioso, les paroles « Ihr aber werdet traurig sein » (Vous serez dans l'affliction), auxquelles s'enchaînent celles de la 3e section, « doch eure Traurigkeit soll in Freude verkehret werden » (mais votre tristesse se changera en joie) ; les deux thèmes sont de nouveau superposés et finalement seul subsiste celui de la joie. **2.** Un récitatif de ténor exhorte ensuite à la foi : *« Wer sollte nicht in Klagen untergehn... »* (Qui ne sombrerait dans l'affliction si le Bien-aimé lui était enlevé ?), avec à la fin un arioso vocalisé sur le mot « Schmerzen » (douleurs). L'alto se fait plus consolant dans **3.** l'air *« Kein Arzt ist ausser dir »* (Nul médecin autre que toi), avec accompagnement de fl. piccolo et b.c., où la mélodie très fluide, à 6/8, illustre peut-être le mot « Balsam » (baume), non sans quelques ombres apportées par des tournures chromatiques et l'insistance sur le mot « sterben » (mourir). **4.** Un récitatif d'alto *« Du wirst mich nach der Angst... »* (Après la détresse tu me réconforteras), exprime l'espérance et souligne par une vocalise le mot « Freude » (joie). L'allégresse domine enfin sans partage dans **5.** l'air de ténor *« Erholet euch, betrübte Sinnen »* (Reprenez courage, âmes affligées), avec trp., 2 htb. d'amour et cordes : la ritournelle, pleine d'élan, reprend en un *ré* maj. éclatant le rythme évocateur de la joie (deux doubles croches, croche) déjà présent dans le chœur initial. **6.** Le choral final, *« Ich hab dich einen Augenblick... »* (Je t'ai un instant, cher enfant, abandonné [c'est Jésus qui parle]), est chanté sur la mélodie du choral → *« Was mein Gott will »*.

Bibliographie — Voir celle de l'art. *« Ach Gott, vom Himmel sieh darein »*.

J. VIRET

« IL BIANCO E DOLCE CIGNO » (Le doux cygne blanc), madrigal à 4 voix de **Jacques Arcadelt**, sur un texte d'Alfonso d'Avalos, publié dans *Il primo libro di madrigali a quattro voci* (Venise, Gardano, 1539). Cette pièce, probablement le plus fameux madrigal jamais publié, ouvre le recueil. Elle fut réimprimée environ 40 fois et a servi de source à de nombreuses messes polyphoniques. **Cl. Monteverdi** en publia une version « corrigée » en 1627 et Ch. Burney l'inclut dans son histoire de la musique, mais la version la plus connue est la version anglaise à 5 voix d'**O. Gibbons**, → *The Silver Swan* (1612).

Le texte, une charmante chanson sentimentale voire érotique, est traité dans le style madrigalesque ; la phrase mélodique, qui se développe avec fluidité, est harmonisée en un simple accompagnement choral. Arcadelt dépeint mots et phrases selon le nouveau style maniériste. Le premier vers, évoquant le cygne qui meurt en chantant, est une tendre déclamation chantée par les trois voix supérieures où prédominent des accords homophoniques et lents. Quelques notes de passage sont réservées au mot « cantando ». L'ensemble, en *fa* maj., est répété. Le deuxième vers, contrastant avec le premier — le poète y meurt en pleurant —, s'enchaîne avec adjonction de la voix de basse. On reste aussi en *fa* maj. avec une soudaine et très efficace modulation en *mi* ♭ maj. sur « piangendo ». Le vers est répété avec une légère variante **A**. Cette courte pièce est entièrement rédigée. Chaque phrase verbale est nettement délimitée mais des cadences chevauchantes sont utilisées pour lier les vers de 7 et 11 syllabes. L'unité de l'ensemble est assurée par la prédominance du mode lydien et par la texture chorale, ainsi que par une figure mélodique répétée à la quarte ascendante. Le dernier vers, « Di mille mort' il dì [...] » est répété presque sur la même musique. Il se déroule en un contrepoint imitatif qui oppose le bonheur (mélismes et notes de passage) et la mélancolie (faux-bourdons et suspensions de 7e). L'ample cadence finale se développe sous une longue note de pédale (*fa*) au soprano.

Rééditions modernes — Par R. J. VAN MALDEGHEM, *in* Trésor musical XXV, Bruxelles 1889 ; par A. SEAY, *in* J. Arcadelt. Opera omnia II, CMM 31, Amer. Inst. of Musicology, 1970.

Bibliographie — W. KLEFISCH, Arcadelt als Madrigalist, Cologne 1938 ; E. B. HELM, The beginnings of the italian madrigal and the works of Arcadelt (diss. Harvard Univ., 1939) ; du même, Heralds of the italian madrigal, *in* MQ XXVII, 1941 ; J. HAAR, Chanson and madrigal, 1480-1530, Cambridge (Mass.) 1964 ; du même, The « note nere » madrigal, *in* JAMS XVIII, 1965 ; voir aussi la bibliogr. de l'art. *Madrigali guerrieri et amorosi*.

M. SACRÉ

« IL EST BEL ET BON BON BON BON BON COMMÈRE », chanson à 4 voix de **Passereau**. Si cette

A « Il bianco e dolce Gigno »

chanson du curé de Saint-Jacques-de-la-Boucherie à Paris a connu une réelle célébrité dans la pratique chorale du XXe s., on peut penser qu'elle a eu un succès équivalent au XVIe siècle. Publiée par Attaingnant en 1534 (*28 Chansons musicales*), elle est encore rééditée en 1555 et même en 1571 par Le Roy et Ballard. L'édition italienne de Scotto, en 1535 (*Secondo libro delle canzoni francese*...), explique vraisemblablement les arrangements instrumentaux produits par les musiciens italiens. Le même Scotto en donne une transcription pour luth de **M. de Barberiis** en 1549 (*Opera intitola contina*...) ; avant lui, en 1543, **G. Cavazzoni** en avait composé, assez librement, une *Canzon* pour le clavier. Une autre tablature de luth (*Chiarenzana Il est bel et bon*) de **Marcantonio del Pifaro** paraîtra en 1546.

Sur le thème populaire du mari naïf, le texte rapporte, en deux couplets traités différemment, les propos de deux commères, que ponctue un refrain en imitations serrées sur un texte déclamé syllabiquement : « Il est bel et bon [...] commère mon mari. » Au dernier couplet, plus développé en deux parties, la conversation, à son apogée, se transforme soudain en caquetage de basse-cour, déjà latent dans la seule sonorité verbale des mots « Petite coquette qu'esse cy », que le contraténor et le bassus accompagnent de leurs onomatopées « co co co dac, co co co co dac, ... » à la manière de Janequin.

Rééditions modernes — Par H. Expert, *in* Extraits des Maîtres Musiciens..., Paris, Salabert ; par G. Dottin, *in* Passereau. Opera omnia, CMM 45, Amer. Inst. of Musicology, 1967 ; par Ph. Caillard, *in* Publications de l'Ensemble vocal Ph. Caillard, Paris s.d.

Bibliographie — G. Reese, Music in the Renaissance, New York, Norton, 1954, 2/1979 ; G. Dottin, La chanson française de la Renaissance, *in* Coll. « Que sais-je ? », Paris, PUF, 1984.

J.-P. Ouvrard

« Il est jour dict l'alouette », chanson à 4 voix de **Claudin de Sermisy**, publiée par Attaingnant dans les *Chansons nouvelles en musique*... (1527). Elle a un réel parfum populaire, dans la tradition des « chansons de mal mariée », et il n'est pas impossible que Claudin se soit contenté d'« harmoniser » un ténor préexistant. En effet, la première phrase du ténor, en mode de *ré* sur *sol*, est exactement la même que celle de *« Plus ne veux estre à la suite »*, une des « chansons en forme de voix de ville » qu'on trouve dans le *1er Livre de chansons* de P. Certon (1552), ainsi que dans le *Recueil* de Chardavoine et chez Le Roy (*5e Livre de guiterre*, 1554 et *Premier Livre de chansons*..., 1573). Dans la polyphonie de Sermisy, strictement note contre note, le rythme joue un rôle important : après les 4 vers heptasyllabiques du couplet (« Mon père m'a mariée... »), la fin du refrain revient dans un rythme « diminué » qui accentue le caractère consonantique du texte : « Qui ne scet, qui ne peut, qui ne veut faire la chosette [...]. » Il est évident que cette chanson a pu se prêter, comme timbre, à différents noëls, comme en témoignent notamment les *Noëls nouveaulx en poetevin.* E. de Beaulieu l'utilise aussi dans sa *Chrestienne Resjouyssance* (« Il est huy bon jour ») cependant qu'un personnage d'une farce de Marguerite de Navarre, représentée en 1547, chante *« Il est jour ».* Après la version pour clavier publiée par Attaingnant en 1531 (*26 Chansons... réduictes*), plusieurs instrumentistes mettront cette chanson en tablature, pour le luth (Mss Breslau et Munich) comme pour le cistre : **Viaera** en arrange le supérius en passamezzo (*Nova et elegantissima*, 1564). Chez les polyphonistes, **Certon** en fait une paraphrase à 8 voix (*Meslanges*, 1570), cependant que **Lassus** la prend comme modèle d'un *Magnificat*-parodie (Munich, Ms. 56).

Rééditions modernes — Par I. Cazeaux, *in* Cl. de Sermisy. Opera omnia, CMM 52/4, Amer. Inst. of Musicology, 1974 ; par W. Brennecke, *in* Carmina germanica et gallica, Kassel, BV, 1955 ; par M. Honegger, *in* Chansons françaises, Paris, Heugel (Éd. Ouvrières) ; transcr. pour clavier éd. par A. Seay, *in* P. Attaingnant. Transcriptions of chansons for keyboard, CMM 20, Amer. Inst. of Musicology, 1961.

Bibliographie — Voir celle de l'art. *« Content désir ».*

J.-P. Ouvrard

« Il estoit une fillette », chanson à 4 voix de **Clément Janequin**, publiée par P. Attaingnant dans son *Huytiesme Livre*... (Paris, 1540), l'un des volumes entièrement consacrés à Janequin. Cette « fillette » allait vite devenir populaire. Dès 1545, les luthistes s'en emparent (Phalèse, 1545 ; Heckel, 1562), puis les guitaristes : Morlaye en 1552, ainsi que Le Roy, qui en fait une basse-danse. Elle resurgit aussi dans les recueils de *Danceries*, chez Susato (1551) sous forme de branle (ronde), chez J. Moderne (v. 1550) dans sa *Musique de Joye* sous le titre de *Pavane la Gaiette*, et jusqu'en Allemagne chez les frères Hessen (1555). Le texte lui-même se mêle à la littérature « populaire » des recueils collectifs de chansons (sans musique) qui circulent en petits opuscules dans les circuits de colportage : dès 1542, on le trouve, suivi de plusieurs strophes supplémentaires, dans *Plusieurs Belles Chansons* (chez Lotrian), cependant qu'il est cité dans des farces (*Maistre Hambrelin*) et que la mélodie sert de timbre à différents noëls : « Il estoit une fillette/qui le filz de Dieu vouloit aymer » (Paris, Ms. 1274). Le même texte a aussi été mis en musique par le Flamand **Canis** (Susato, 1544), sans aucune parenté avec Janequin. C'est un texte narratif dans la veine gauloise qui raconte, en 20 vers hétérométriques, l'initiation amoureuse d'une fillette.

Janequin le traite dans un contrepoint note contre note polyphoniquement animé, avec une déclamation syllabique relativement rapide (minimes et semi-minimes), dans le style d'une danse (pavane ou branle) que cette chanson pourrait être, ou avoir été, si l'on admet que Janequin a pu emprunter un timbre préexistant. La structure est bien celle d'une danse, avec ses 4 sections répétées (AABBCC ||: DD :||) de deux phrases chacune aux carrures régulières de 8 tactus. Janequin réussit cependant à introduire dans la régularité chorégraphique un effet de dramatisation du récit, en accélérant sensiblement le débit déclamatoire de la 3ᵉ section, là où précisément le texte se fait aussi plus dramatique, dans le contenu narratif comme dans la forme : les vers sont alors plus courts et à rimes plates : « Je luy dis : vous me tentez / El me dit : recommencez / Je l'empoigne, je l'embrasse / Je la fringue fort. » Ce passage, avec ses vers de 7 et 5 syllabes, remplaçant tout à coup les octosyllabes (mêlés de 7 et 9 syllabes) précédents, avant les décasyllabes de la fin, paraît indiquer assez clairement un texte fabriqué sur mesure pour s'adapter à une mélodie préexistante, en l'occurrence en dehors de toute préoccupation « chansonnière » puisqu'il s'agissait d'un thème de danse : déjà tout l'esprit du vaudeville.

Rééditions modernes — Par FR. LESURE, *in* Anthologie de la chanson parisienne au XVIᵉ s., Monaco, L'Oiseau-Lyre, 1952 ; par A. TILLMAN-MERRITT et FR. LESURE, *in* Cl. Janequin. Chansons polyphoniques III, Monaco, L'Oiseau-Lyre, 1967.

Bibliographie — H. M. BROWN, Music in the french secular theater 1400-1550, Cambridge (Mass.) 1963.

J.-P. OUVRARD

« IL ESTOIT UNE RELIGIEUSE », chanson à 4 voix de **Roland de Lassus**, publiée dans le *Dixhuictième Livre de chansons à quatre et à cinq parties par Orlande de Lassus* (Paris, Le Roy et Ballard, 1565). Elle s'apparente à la chanson parisienne par le style polyphonique général, souvent homophone, par la vivacité rythmique et déclamatoire, ainsi que par la reprise finale du dernier vers. Le texte lui-même, un huitain de vers irréguliers, est très proche de certaines épigrammes narratives de type marotique. Le sujet, bien qu'irrévérencieux, n'a rien d'exceptionnel : la littérature des contes de l'époque fourmille d'anecdotes du même genre (voir Bonaventure des Périers, p. ex.). Mais le mélange de gauloiserie et de terminologie liturgique (« Pater », « Ave Maria »), dans le goût personnel de Lassus (voir certaines chansons macaroniques ainsi que sa correspondance), en accuse le caractère audacieux, jusqu'au seuil du sacrilège.

La musique de Lassus insiste volontairement sur ce mélange. Graphiquement d'abord, par une notation en notes longues ligaturées, à la manière du plain-chant, chaque fois que les mots « Pater » et « Ave Maria » reviennent ; musicalement même, en citant les mélodies du plain-chant à la manière d'un « cantus firmus » : à la dernière occurrence, p. ex., l'intonation de l'antienne → *« Ave Maria »*, chantée au bassus, se combine avec un effet de récitation psalmodique au contraténor. Puis, aussitôt, Lassus revient au style léger de la chanson, tressant un contrepoint serré pour exprimer la chute de l'épigramme, réellement savoureuse : « Le Pater et l'Ave Maria / sont enfilés en une patenostre. » L'humour du chansonnier bon vivant se marie ici à la culture ecclésiastique du maître de chapelle.

Rééditions modernes — Par A. SANDBERGER, *in* O. di Lasso. Sämtliche Werke XII, Leipzig, Br. & H., 1901, 2/ par H. LEUCHTMANN, 1982 ; par N. ZADOFF, *in* Mellange d'O. de Lassus, Paris 1570 (diss. Univ. de Tours, 1978).

Bibliographie — CH. VAN DEN BORREN, O. de Lassus, Paris 1920 ; G. REESE, Music in the Renaissance, New York, Norton, 1954, 2/1959 ; W. BOETTICHER, O. di Lasso und seine Zeit, Kassel 1958 ; G. DOTTIN, La chanson française de la Renaissance, *in* Coll. « Que sais-je ? », Paris, PUF, 1984.

J.-P. OUVRARD

« IL ÉTAIT UN' BERGÈRE », chanson populaire française, bergerie manifestement d'origine parisienne, bien que J. Canteloube l'ait recueillie aussi en Anjou avec une mélodie différente. On la chante également au Canada. Elle date sans doute du XVIIIᵉ s., où ce genre de chanson à la fois pastoral et légèrement grivois était très à la mode. Pourtant l'histoire qu'elle raconte est cruelle. Une bergère fait un fromage du lait de ses moutons et recommande à son chat de ne pas le manger. Mais sitôt qu'elle a le dos tourné, le chat mange le fromage et, de colère, la bergère tue son chaton à coups de bâton. Ayant été se confesser après son forfait, le père, pour pénitence, lui demande de l'embrasser. Et le joyeux duo conclut : « La pénitence est douce / Nous recommencerons ! » En Anjou, le père condamne la bergère à manger son chaton : « A la sauce piquante / Et aux petits oignons. » Au XIXᵉ s., des auteurs à l'âme sensible se sont ingéniés à trouver des dénouements moins tragiques afin de mettre la chanson à la portée des enfants.

Bibliographie — Imagerie populaire, Épinal, Pellerin, s.d. ; DELFOLIE, Trésor des plus belles mélodies, Chambéry 1947 ; J. CANTELOUBE, Anthologie des chants populaires français, Paris, Durand, 1951 ; S. CHARPENTREAU, Le livre d'or de la chanson enfantine, Paris, Éd. Ouvrières, 1976.

FR. VERNILLAT

« IL ÉTAIT UN PETIT NAVIRE » ou *La Courte Paille*, chanson populaire française. La version qui est répandue aujourd'hui ne date que de 1852. Elle a été composée par **Louis-François Nicolaïe**, dit **Clairville**, auteur célèbre d'opéras-comiques et de vaudevilles, qui l'a insérée dans l'un d'entre eux, *Le Méridien*.

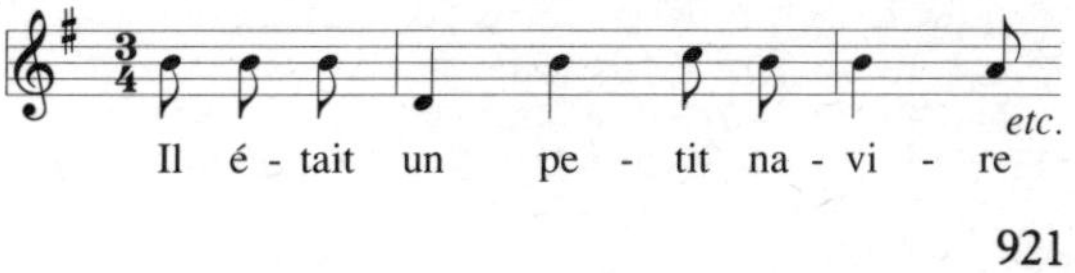

Cette nouvelle version remporta un tel succès qu'elle fit oublier les précédentes, authentiques chansons de la « marine en bois », que l'on peut dater du XVIe siècle.

Toutes sont bâties sur le même thème : un navire, en mer depuis longtemps, se trouve à court de vivres et l'équipage décide de manger le petit mousse. Certaines versions font tirer les marins au sort à l'aide d'un bouquet de pailles dont l'une est plus courte que les autres. Mais de toutes façons le sort tombe sur le plus jeune, c'est-à-dire sur le petit mousse, qui est effectivement mangé, et l'on précise même à quelle sauce, piquante, blanche, etc. D'autres versions, moins cruelles, font état d'un miracle : le petit mousse, après avoir prié la Vierge, monte tout en haut du mât, d'où il aperçoit la terre. En récompense, le capitaine du bateau promet de lui donner sa fille en mariage. Dans une autre version, c'est une avalanche de petits poissons qui sautent sur le navire et sont mangés à la place du petit mousse. H. Davenson a suivi cette chanson des côtes de l'Atlantique au Portugal, où elle est devenue la célèbre romance *« A Nau Cathrineta »*. Chantée aussi en Catalogne, elle est arrivée en Provence, où D. Arbaud l'a recueillie. Dans cette version, le navire a vogué durant sept années. Le sort tombe tout d'abord sur le capitaine, qui, tenant encore à la vie, se cherche un remplaçant, auquel il promet, en cas de miracle, « l'une de ses trois filles, ainsi qu'un vaisseau tout doré ». Mais le mousse, qui s'est présenté pour remplacer le capitaine, monte sur le mât et découvre, selon les régions, Marseille, Toulon ou Notre-Dame de La Ciotat ! En Angleterre, Thackeray l'a traduite en argot : *Little Billee*.

Bibliographie — D. Arbaud, Chants populaires de la Provence, 2 vol., Aix-en-Provence 1862-64 ; G. Doncieux, Le Romancero populaire de la France, Paris 1904 ; H. Davenson, Le livre des chansons, Neuchâtel 1944 ; S. Charpentreau, Le livre d'or de la chanson enfantine, Paris, Éd. Ouvrières, 1976 ; M. Carrière, Chants et danses de marins et mariniers d'Occitanie, Béziers, Soc. de musicologie du Languedoc, 1982.

Fr. Vernillat

« Il fait bon aymer l'oyselet », chanson à 3 voix d'**Antoine de Févin**, conservée dans deux manuscrits riches en chansons rustiques, le Ms. Pepys 1760 de Cambridge et le Ms. 5242 de Londres, dit → Chansonnier de Françoise de Foix. Il s'agit d'un arrangement à 3 voix (supérius, ténor, bassus) d'une mélodie préexistante qu'on trouve, avec quelques légères variantes sous le titre *« On doibt bien aymer l'oysellet »*, aussi bien dans le → Chansonnier de Bayeux que dans le Ms. 12744 de Paris, deux chansonniers monodiques des premières années du XVIe siècle. Ce thème semble avoir été assez connu pour servir fréquemment de timbre à des noëls (*« Il est venu ung oyselet »*, dans les *Grans Noëls* de Bonfons ; *« Il fait bon aymer loyaument servir »*, chez Nyverd, etc.). C'est peut-être la même mélodie qui est désignée sous le titre *L'Oyselet* comme basse-danse dans le *Cinquième Livre* de Rabelais (chap. 33 bis) d'après *Plusieurs Basses Dances* de J. Moderne. Févin l'utilise au ténor, sans aucune ornementation ni paraphrase, contrepointée note contre note par les deux autres voix. Seul le bassus ébauche ici ou là quelques imitations anticipées. La forme est celle du virelai : différentes sources littéraires, ainsi que les deux chansonniers monodiques, en donnent 3 couplets.

On connaît deux autres versions polyphoniques fondées sur la même chanson rustique : l'une, à 3 voix, est attribuée à **Hilaire Penet** par A. Le Roy et R. Ballard, qui la publient dans leurs *Chansons à trois* de 1578 ; l'autre, anonyme, à 4 voix, se trouve dans le *Liederbuch* de Johannes Heer (Ms. 462 de Saint Gall).

Rééditions modernes — Par H. M. Brown, *in* Theatrical chansons of the 15th and 16th cent., Cambridge (Mass.) 1963 ; par G. Dottin, *in* Chansons françaises, Paris, Éd. Ouvrières, 1964.

Bibliographie — Th. Gerold, Le Manuscrit de Bayeux, Strasbourg 1921 ; P. Chaillon, Le Chansonnier de Françoise, *in* RMie XXXV, 1953 ; H. M. Brown, Music in the french secular theater, 1400-1550, Cambridge (Mass.) 1963 ; du même, The genesis of a style : the parisian chanson, 1500-1530, *in* J. Haar (éd.), Chanson and madrigal, 1400-1530, Cambridge (Mass.) 1964 ; Br. Jeffery, Chanson Verse of the Early Renaissance, Londres, l'Auteur, 1971.

J.-P. Ouvrard

« Il faut que de tous mes esprits », Psaume 138 du → Psautier huguenot, traduction en vers français de Clément Marot, mélodie d'origine imprécise révisée par Loÿs Bourgeois (*Octante trois Pseaumes*..., Genève 1551). La plus ancienne mélodie pour le Ps. 138, en mode de *ré*, provient de Strasbourg : elle a été composée probablement par **Matthias Greiter** pour la traduction allemande du Ps. 114, puis adaptée au Ps. 138 traduit en vers français par J. Calvin (*« Louange et grace je te rendray »*, dans *Aulcuns Pseaulmes*..., Strasbourg 1539). Cette traduction avec sa mélodie figure das le Psautier genevois dès 1542 (*La Forme des prières*...), mais l'édition définitive partielle de ce psautier, réalisée par L. Bourgeois (*Octante trois Pseaumes*..., 1551), élimine les traductions de Calvin et remplace celle du Ps. 138 par la version de Marot. La mélodie qui l'accompagne est attestée pour la première fois, sans nom d'auteur et sous un aspect quelque peu différent, par deux chansons galantes de Marot dans les *38 Chansons musicales*... publiées par P. Attaingnant (Paris 1530) : *« Quand vous vouldrez faire une amye »* et *« Une pastourelle gentille »*. En 1548, les psaumes traduits par Marot sont publiés (*Pseaulmes cinquante de David*..., Lyon 1548) avec, en ce qui concerne le Ps. 138, la mélodie qui sera reprise à Genève par L. Bourgeois en 1551. Si l'on tient compte du fait que le début de l'air est commun à un grand nombre de psaumes et cantiques contemporains (notamment le Ps. 105 du Psautier genevois), on peut présumer — à titre d'hypothèse — que Marot aura adapté ses deux chansons à un timbre connu, et que pour sa traduction du Ps. 138 certaines similitudes de versification l'auront incité à reprendre la même mélodie, moyennant quelques aménagements. Ce psaume se singularise en effet par la présence de vers de 4 pieds, exceptionnels dans les psaumes traduits mais courants dans les chansons de Marot. La révision de Bourgeois, en 1551, est mélodique pour l'avant-dernière phrase (« *ta* grand' bonté » chanté sur *fa* au lieu de *sol*) et rythmique pour la dernière. Par la suite, la mélodie genevoise sera adoptée par la communauté strasbourgeoise, parallèlement à la version Calvin / Greiter du même psaume (*Pseaumes de David...*, Strasbourg 1553). Quelle que soit son origine exacte, cette mélodie frappe par sa beauté vigoureuse et par sa parfaite convenance aux paroles : elle se rattache au mode grégorien de *fa* authente (sous sa forme tardive avec *si* ♭ constant et extension d'octave), comme celles d'autres psaumes joyeux.

Le Ps. 138 a été harmonisé (en style note contre note, ou contrapuntique) notamment à 4 voix par **Cl. Goudimel** (→ *Les Cent Cinquante Pseaumes de David...*, 1564-1565 et 1568) et à 5 voix par **P. de L'Estocart** (*CL Pseaumes de David...*, 1583). **A. Honegger** en a composé une paraphrase contrapuntique libre (*3 Psaumes* pour chant et piano, 1940-41) et **H. Gagnebin** en a tiré l'une de ses *Pièces d'orgue sur les Psaumes huguenots* (X, 1967).

J. Viret

« Illibata Dei Virgo nutrix » (Vierge sans tache, nourricière de Dieu), motet à 5 voix, en 2 parties, de **Josquin des Prés**, publié dans les *Motetti a cinque, libro primo* (Venise, Petrucci, 1508). On présume que cette poésie mariale, écrite en décasyllabes, est de la main du compositeur, parce qu'on y trouve son nom en acrostiche (le premier *i* d'Illibata représente le *J* de Josquin).

L'œuvre a été structurée, avant même d'être écrite, en « taleae » isorythmiques, dans la tradition des maîtres du XIVe et du XVe siècle. En effet, l'une des voix, qui ne se mêle pas au flot polyphonique des quatre autres, est soumise à un traitement systématique : 18 mesures de silence, puis trois notes, *ré-la-ré*, occupant trois mesures chacune, sur un motif de quarte descendante puis ascendante ; 18 autres mesures de silence, puis *sol-ré-sol*, avec le même rythme que les trois premières notes, enfin 18 mesures de silence, puis *ré-la-ré*. La 2de partie présente les même alternances, plus abondantes parce que les valeurs rythmiques sont moins longues, tout en restant soumises à une ordonnance symétrique. Les notes *ré-la-ré* étant solfiées *la-mi-la* par les chantres de la Renaissance, c'était une manière de prononcer le nom de Maria avec les voyelles des syllabes de solmisation.

Sur cette trame, Josquin a composé, en *sol* min., une page aérée, mélodieuse, riche en duos au rythme souple, agrémenté de syncopes, se faisant écho des aigus aux graves. Le deuxième duo des voix aiguës est un canon. Suivent des duos plus brefs, où les reprises sont davantages perceptibles. Cette 1re partie s'achève, dans la plénitude des voix, par une cadence parfaite de *sol*, en quinte à vide.

Le style n'est plus le même dans la 2de partie, où les imbrications mélodiques font place à un rythme plus régulier, d'abord assez lourd, avec de lents dactyles, puis en valeurs deux fois plus rapides. On y retrouve, dans un rythme devenu ternaire, des formules simples comme celle de la sarabande ou de la chaconne. C'est dire l'aspect dansant que revêt le motet, pour chanter à ce moment les mots « tota pulchra » (toute belle). C'est même à une chanson que fera penser la musique en arrivant vers la fin, lorsque, dans un rythme redevenu binaire, une idée mélodique à l'harmonisation sonore sera chantée 4 fois, comme un refrain de vaudeville.

Rééditions modernes — Par A. Smijers, *in* Werken van Josquin des Prés IX, Amsterdam, Vereeniging voor Nederlandsche Muziekgeschiedenis, 1926.

Bibliographie — H. Osthoff, Josquin Desprez II, Tutzing 1965, pp. 77-79 ; W. Elders, Josquin des Prez en zijn motet Illibata Dei Virgo, *in* Mens en Melodie, Utrecht, Het Spectrum, 1970, pp. 141-144 ; M. Antonowycz, Illibata Dei Virgo, A melodic self-portrait of Josquin des Prez, *in* E. Lowinsky (éd.), Josquin des Prez, Londres, OUP, 1976, pp. 545-559.

M. Brunerye

« Il me fait mal », chanson anonyme à 3 voix, voir « Me faudra il » — « Il me fait mal ».

« Il me l'a dit qu'à la moisson », mélodie de **Georges Migot**, pour voix de femme et piano (ou orchestre), deuxième pièce d'un ensemble intitulé *Deux Chants sur deux poèmes de Georges Ville* (la première ayant pour incipit *« Si quelques fois tu pleures »*), composée en avr. 1932, créée à Paris, Salle Chopin, le 2 déc. 1932, par Marcelle Gavanier, sa dédicataire, et l'auteur au piano. (Paris, A. Leduc, 1934 ; durée : 4 min 30 s environ.)

Cette mélodie est l'histoire de la femme déçue, déjà chantée par Schubert et Berlioz, la *Marguerite aux fuseaux*, toujours émouvante dans ses versions renouvelées. Sous un aspect de folklore vif et flexible, elle cache un drame d'amour et d'attente vaine. En effet, le rythme est allègre, gai, dansant par moments, et les phrases vocales démarrent presque systématiquement à contretemps, mêlant volontiers le binaire au ternaire. L'écriture pianistique reste sobre, à 2 ou 3 voix, sans envolées lyriques telles qu'on peut en voir dans les → *Poèmes du*

Brugnon, et conserve uniformément sa double fonction : soutien discret de la voix et expression figuraliste du texte.

C'est dans la ligne vocale que se joue le drame. A l'ambitus très étendu et pleinement exploité (une 14ᵉ : *do - si* ♭), elle présente successivement des passages conjoints et disjoints, cette solution lui conférant un caractère à la fois souple et mobile et illustrant l'oscillation de l'âme entre l'espoir et l'angoisse. De même la mélodie en forme lied (traitée de façon irrégulière ABA'CA") présente une alternance de sections tonalement stables en mode de *la* (AA' et A") et de sections plus tourmentées de modulations continuelles où les altérations se contredisent. Migot nous fait également ressentir l'inquiétude qui émane du texte par l'utilisation de sons filés et de vocalises. Les sons filés, fréquents et souvent très longs (atteignant des durées de plus de 4 mesures), viennent ponctuer chaque phrase et parfois chaque vers, créant ainsi un climat émotionnel intense et figurant l'attente pénible du bien aimé. Les vocalises, quant à elles, viennent au secours de la parole à deux reprises et expriment ce que les mots sont incapables de dire : d'abord l'enthousiasme et l'impatience de voir revenir l'amant, ensuite l'angoisse de l'attente trop longue. Appartenant à un cycle très court, cette mélodie est représentative de la période lyrique de Migot qui débute avec l' → *Elégie à Clymène* (1926) et atteint son apogée avec les → *Poèmes du Brugnon* (1933).

Bibliographie — Voir celle de l'art. *(Les) Poèmes du Brugnon.*

A.-M. KORSBAEK

« IL ME SUFFIT DE TOUS MES MAULX », chanson à 4 voix de **Claudin de Sermisy** sur un huitain octosyllabe anonyme. La mélodie principale est en mode de *ré* plagal :

Placée au supérius, de forme bar (AABA), elle est harmonisée à 4 voix note contre note avec quelques notes de passage. Publiée à Paris par P. Attaingnant dès 1528, elle a joui très tôt d'une grande popularité et a été réduite pour clavier, pour luth et pour chant et luth (→ *Très brève et familière introduction*, Paris, Attaingnant, 1529). Elle a également servi de timbre à un choral luthérien, → *« Was mein Gott will, das gscheh allzeit »*, que J. S. Bach utilise dans sa cantate de choral BWV 111, de même incipit, ainsi que dans sa *Passion selon saint Matthieu* (nº 31) et qui n'a pas cessé d'être en usage.

Rééditions — Par I. CAZEAUX, *in* Cl. de Sermisy. Opera omnia, CMM 52, Amer. Inst. of Musicology, 1970 et suiv. ; par M. HONEGGER, *in* Chansons françaises, Paris, Heugel (Éd. Ouvrières, 1963) ; version pour cht et luth, éd. par A. Mairy, *in* Chansons au luth et airs de cour fr. au XVIᵉ s., Paris, Soc. Fr. de Mie, 1934, 2/1976.

M. HONEGGER

« IL PLEUT, IL PLEUT BERGÈRE » ou **L'ORAGE** ou **L'HOSPITALITÉ,** romance dans le style bucolique et sentimental mis à la mode par J.-J. Rousseau. Elle a pour auteur **Philippe François Nazaire Fabre**, dit **Fabre d'Églantine**. En 1771, il avait remporté un lis d'argent aux Jeux floraux de Toulouse. Plus tard, sans doute pour mettre en accord son nom avec ses idées politiques, il substitua l'églantine à l'emblème de la monarchie. Député de Paris à la Convention, c'est à lui que l'on doit les poétiques appellations du calendrier républicain. Ami de Danton, suspect de modérantisme et condamné à mort en 1794, il eut le courage de fredonner sa romance dans la charrette qui l'emmenait vers la guillotine.

Un berger, voyant un orage arriver, emmène sa bergère dans la chaumière où l'attendent sa mère et sa sœur. Il entoure son amie de prévenances et la rassure : « Ma mère et moi, demain / Nous irons chez ton père / Lui demander ta main. »

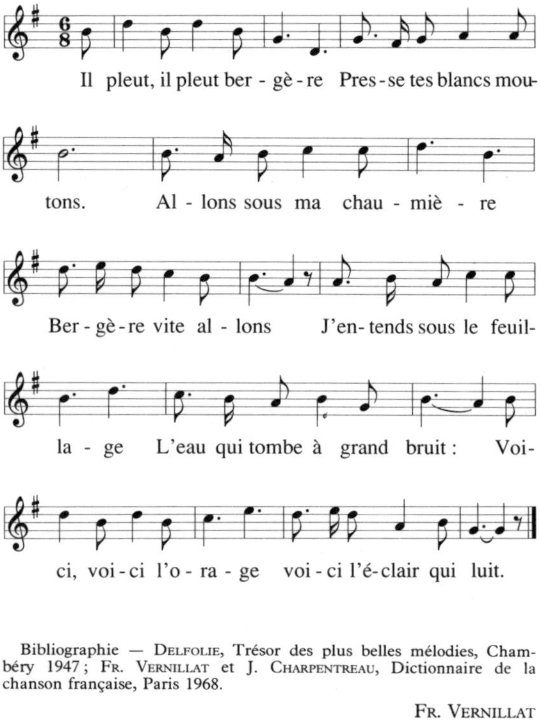

Bibliographie — DELFOLIE, Trésor des plus belles mélodies, Chambéry 1947 ; FR. VERNILLAT et J. CHARPENTREAU, Dictionnaire de la chanson française, Paris 1968.

FR. VERNILLAT

IM ABENDROT (Au coucher du soleil), lied pour voix et piano de **Franz Schubert** (D 799), sur une poésie de Karl Lappe, probablement composé en 1824 (au plus tard au début 1825) et édité en déc. 1832. (Durée : 3 min 5 s environ.)

Si les vers de Lappe, poète poméranien devenu agriculteur, ne sont pas d'une grande valeur littéraire, ils traduisent bien son sentiment de contemplation quasi religieuse devant la majesté du soleil qui empourpre l'horizon au moment du crépuscule. Et Schubert a bien traduit cette émotion particulière. Le texte comprend deux strophes de 6 vers chacune. Le compositeur respecte cette bipartition, mais, au sein de chaque section, il confie une phrase musicale distincte pour chaque groupe de deux vers ; en outre, il reprend la même musique pour les deux vers qui terminent chaque strophe. On a ainsi la découpe suivante : I A (aab) - II B (cdb). Ajoutons que chaque vers impair débute par le rythme ♩. ♪♩ et que des portions plus ou moins importantes de l'introduction viennent ponctuer les silences entres les phrases vocales. Il en résulte une unité profonde malgré la variété de la ligne mélodique. Le tempo « Lent et solennel », les nombreux accords parfaits largement étalés et la ligne vocale très dépouillée (malgré quelques discrets mélismes italianisants) font de ce lied une méditation recueillie et profondément émouvante, une profession de foi panthéiste qui va droit au cœur.

S. GUT

IM FRÜHLING (Au printemps), lied pour voix et piano de **Franz Schubert** (D 882), sur une poésie d'Ernst Schulze, composé en mars 1826 et publié d'abord dans le supplément de la *Wiener Zeitschrift für Kunst, Literatur und Mode* du 16 sept. 1828 puis à Leipzig, chez H. A. Probst, en déc. 1828, comme n° 1 de l'opus 101. (Durée : 3 min 30 s environ.)

Le sujet dépeint la douleur de celui qui voit revenir le printemps avec toutes ses splendeurs mais sans que sa bien-aimée soit restée à ses côtés. Schubert regroupe les six strophes du texte deux par deux et adopte une forme strictement strophique tout en conservant une mélodie propre à chaque quatrain : I AB II AB III AB. En outre, l'introduction préfigure la mélodie B et revient entre les sections, à chaque fois sous une forme variée. Le compositeur rompt la monotonie strophique en utilisant pour chaque section une formule d'accompagnement qui va en s'accélérant et en minorisant la mélodie du cinquième quatrain qui, ainsi, souligne davantage que « le bonheur d'amour s'en va, mais l'amour reste et, hélas ! la souffrance ». Bien venue, sans prétention, mais habilement présentée, *Im Frühling* est l'une des mélodies les plus connues et les plus chantées de Schubert.

S. GUT

« IMMER LEISER WIRD MEIN SCHLUMMER » (Mon sommeil devient toujours plus léger), lied pour voix et piano de **Johannes Brahms** (tonalité originale : *do* ♯ min.) sur un poème de Hermann Lingg, composé en 1886 et édité comme 2e pièce des *Fünf Lieder für eine tiefere Stimme*, op. 105. (Berlin, N. Simrock, 1888 ; durée : 3 min 56 s environ.)

Malgré des traces indéniables de structure strophique, *« Immer leiser wird mein Schlummer »* est, bien plus qu'une pièce en deux parties, un grand chant lyrique d'une poignante intensité et d'une profonde intériorité. Alors que l'accompagnement juxtapose des sections aux caractéristiques spécifiques (trois figures distinctes interviennent dans leur élaboration : des oscillations lancinantes et calmes sur un rythme pointé, des arpèges ascendants, symbole brahmsien du rêve, des syncopes répétées qui semblent dire l'angoisse de la mort), la ligne procède par analogies et déformations successives. Ses modifications effacent peu à peu le souvenir de la figure initiale et permettent de construire une forme originale, régie par une progression dramatique née du sens du texte et articulée sur trois moments expressifs forts : 1° la tension de la ligne qui, à la fin de la première strophe, dit l'amertume des pleurs de la femme (mes. 19) ; 2° la chute de la voix vers l'extrême grave, soulignée par un motif original, lorsque le poète s'arrête sur l'image de la mort : « Wenn ich bleich und kalt » (Lorsque je serai livide et froide, mes. 33-36) ; 3° la dramatique montée vers l'aigu (mes. 42), suivie d'une brusque retombée et d'une modulation au parallèle majeur, *ré* ♭, sur le cri « Komm, o komme bald ! » (Viens, ô viens sans tarder), ultime et déchirant appel de la femme délaissée, que la mort guette et que n'assaillera bientôt plus le rêve cruel d'un illusoire retour de l'amant. Le génie de Brahms, tel qu'il se révèle ici, échappe aux critères, habituellement forts chez ce compositeur, d'ordre et d'économie de la matière musicale. Non que l'œuvre soit incohérente, mais sa logique est moins d'ordre architectonique que résultante d'une inspiration libérée de toute préoccupation technique, soumise au cours du temps, et portée par une pensée et une senbilité tournées définitivement vers les profondeurs du Moi.

Bibliographie — Voir celle de l'art. *Liebestreu*.

FR. ANDRIEUX

IMPROPÈRES, l'une des parties de la liturgie chantée de l'Adoration de la Croix, le vendredi saint. On y distingue deux sections principales, différenciées notamment par la structure et le style mélodiques, et appelées grands et petits impropères. Toutes deux sont d'origine gréco-byzantine et ont cheminé au travers des rites hispaniques, bénéventain et gallican — soumis à l'influence grecque — avant d'entrer au XIe s. dans le rituel romain. Le texte, placé dans la bouche du Christ, est constitué par les « reproches » (en latin *improperia*) qu'adresse celui-ci à son peuple ingrat, oublieux des bienfaits dont il l'a comblé. La composition mélodique emploie quatre éléments plusieurs fois répétés ou adaptés : un verset introductif, « Popule meus », de style orné comme l'ensemble des grands impropères et qui servira aussi de refrain aux petits impropères ; les grands impropères proprement dits, au nombre de trois et musicalement apparentés ; le *Sanctus* bilingue, où le « Trisagion » (« trois fois saint » en grec) alterne en dialogue avec sa traduction latine (un demi-chœur chante les paroles grecques, l'autre les latines), le tout étant chanté trois fois, après chacun des grands impropères ; un ton de récitatif pour les petits impropères, au nombre de neuf et de style simple, avec entre chacun reprise du verset « Popule meus ». La modalité de ces chants, étrangère à celle du répertoire grégorien authentique, révèle à ce point de vue aussi l'origine orientale. Les grands impropères se construisent pour l'essentiel sur le pentacorde majeur *do-sol* avec finale sur *ré* ou *sol*. Quant au ton des petits impropères, il apparaît comme une variante du ton psalmodique dit « irregularis » (sur teneur *mi*), tous deux étant issus de formules grecques que l'on trouve dans le répertoire byzantin ancien, aussi bien que dans d'autres liturgies orientales.

Traduction — *Grands impropères* : O mon peuple, que t'ai-je fait ? En quoi t'ai-je contristé ? Réponds-moi. Je t'ai fait sortir du pays d'Égypte : tu as préparé une Croix à ton Sauveur [...] Dieu saint (en grec). Dieu saint (en latin) [...] — *Petits Impropères* : Pour toi j'ai flagellé l'Égypte par ses premiers-nés, et toi tu m'as livré pour être flagellé [...].

a) Grands impropères

b) Petits impropères

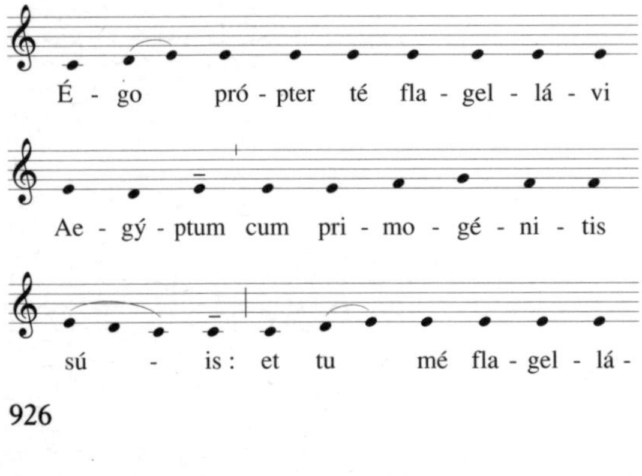

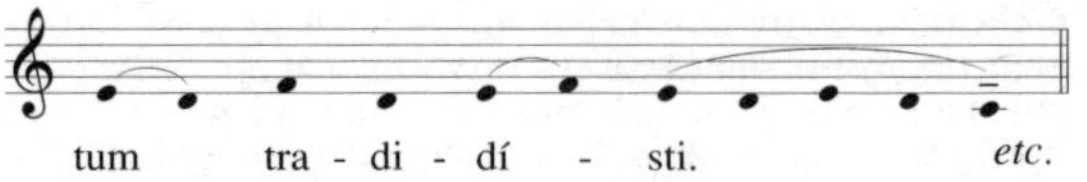

Bibliographie — Art. Impropères, *in* Encyclopédie musicale Fasquelle II, Paris 1958-60.

J. VIRET

IMPROPÈRES, de **Giovanni Pierluigi da Palestrina**, voir « POPULE MEUS, QUID FECI TIBI ? ».

« IM RHEIN, IM SCHÖNEN STROME » (Dans le Rhin, dans le beau fleuve), lied pour ténor et piano de **Franz Liszt**, sur une poésie de Heinrich Heine, dédié à la princesse Augusta de Prusse. La 1re version date du début des années 1840 (éd. 1843 avec le titre *Am Rhein*). Une quinzaine d'années plus tard, Liszt révisa ce lied en y apportant d'importantes améliorations (éd. 1856). Il fit une transcription pour piano de la 1re version (éd. 1844). Ce poème a également été mis en musique par R. Schumann sous le titre *« Im Rhein, im heiligen Strome »*. C'est celui donné par Heine dans sa première version. Plus tard, il changea « heiligen » en « schönen » pour éviter la répétition du même mot au 4e vers : « Das grosse heilige Köln ». Quant au titre *Am Rhein* de la première version lisztienne, il est fautif, mais se rencontre toujours fréquemment (ainsi dans le catalogue de H. Searle du *New Grove*). (Durée : 2 min 33 s environ.)

Sous des dehors de noblesse et de dignité, il y a dans cette poésie un arrière-ton ironique qui n'a été compris ni par Schumann ni par Liszt. Ce dernier a traité le texte avec un lyrisme sobre et contenu, sans aucune grandiloquence pathétique, contrairement à ce qu'il avait fait dans sa 1re version. Il a également souligné le murmure du flot qui s'écoule au moyen d'un figuralisme consistant en un continuo quasi perpétuel de triolets de doubles croches à l'accompagnement. Les trois quatrains s'inscrivent dans la coupe AA'B et les deux derniers vers sont repris sous forme de coda. Plusieurs éléments témoignent de la maîtrise du compositeur. Il y a d'abord un chant en croches continues, habilement tissé dans le médium de l'accompagnement, qui offre un contrepoint élégant et discret à la partie vocale. On remarque ensuite que non seulement le chromatisme est discret, mais qu'il évite en général les aspects tendus. En particulier, on admirera l'extraordinaire subtilité des enchaînements d'accords parfaits par tierces continuelles pendant les trois premiers vers (représentation schématique) :

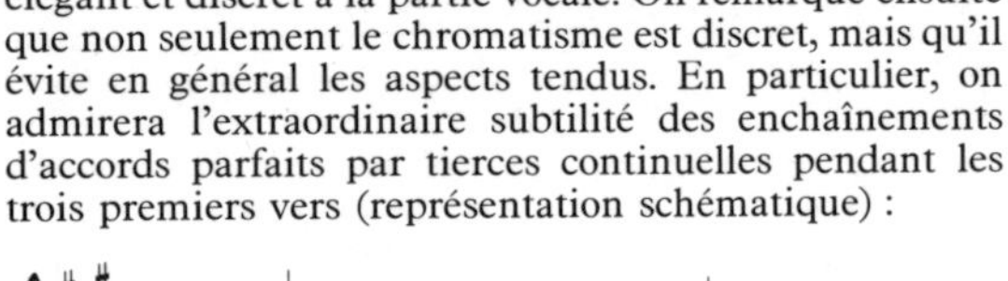

Il y a là une couleur très nouvelle pour l'époque qui ne se retrouvera que vers la fin du siècle chez G. Fauré ou chez certains impressionnistes. Sur le plan psychologique, il faut signaler la retenue progressive du débit des triolets de doubles croches vers la fin du deuxième quatrain et au cours du troisième. Ceux-ci cèdent d'abord la place à de simples doubles croches, puis à des croches syncopées qui elles-mêmes s'arrêtent brusquement au moment où le poète s'aperçoit que la Sainte Vierge qu'il contemple dans la cathédrale a les traits de sa bien-aimée. C'est alors par des envolées vocales à découvert, sans accompagnement, que le compositeur exprime cette constatation. La coda reprend la formule d'accompagnement ondoyante du début, mais en l'interrompant régulièrement à chaque fin de mesure, pour signifier que le tableau de la cathédrale de Cologne, se reflétant dans les eaux glissantes du Rhin, passe désormais au second plan et s'efface petit à petit devant la révélation de la ressemblance de la mère du Sauveur avec la bien-aimée du narrateur. Toutefois, grâce à cette coda, le compositeur réussit à donner une unité globale à son lied, car la 3e strophe apparaît ainsi comme une partie médiane de contraste.

Bien que ce chant soit écrit pour ténor, l'ambitus vocal ne dépasse que rarement l'octave *mi-mi* : la note la plus aiguë est un *fa* ♯ qui n'apparaît qu'une seule fois (alors que dans la première version on rencontrait le *la* aigu). Ce renoncement à l'exploitation du registre aigu et la concentration du flot mélodique dans le médium témoignent de la volonté délibérée du compositeur d'éviter toute grandiloquence et tout pathétique afin de conserver un lyrisme noble et recueilli, le plus propre à s'adapter au texte poétique.

Éditions — Voir à l'art. *« Bist du ! »*.

S. Gut

Im Weissen Rössl (L'Auberge du Cheval blanc), « Singspiel » en 3 actes, livret de Hans Müller et Eric Charell d'après la comédie du même titre d'Oskar Blumenthal et Gustav Kadelburg, texte des chansons de Robert Gilbert, musique de **Ralph Benatzky**, **Bruno Granichstaedten**, **Robert Gilbert**, **Robert Stolz** et **Hans Frankowski**, créé à Berlin, au Grosses Schauspielhaus, le 8 nov. 1930.

L'action se passe à Sankt Wolfgang, sur les bords du Wolfgangsee, avant la Première Guerre mondiale. C'est pour des raisons de temps que la composition fut partagée : *« Die ganze Welt ist himmelblau »* et *« Mein Liebeslied muss ein Walzer sein »* sont de R. Stolz, *« Zuschau'n kann i net »* de B. Granichstaedten, *« Erst wann's aus wird sein »* de H. Frankowski et *« Was kann der Sigismund dafür ? »* de R. Gilbert. Toutes les autres mélodies sont de R. Benatzky, en particulier la chanson-titre *« Im Weissen Rössl am Wolfgangsee »*. Cette œuvre gaie, où il est question de vacances, d'amour et d'affaires, baigne dans une atmosphère typiquement autrichienne ; même l'empereur François-Joseph paraît sur scène. Après plus de 400 représentations à Berlin, *Im Weissen Rössl* connut un succès international. En l'espace d'une année, de nombreux théâtres du monde entier adoptèrent la mise en scène originale d'E. Charell. Ce dernier produisit également, sous le titre *White Horse Inn*, une version pour Broadway (Center Theater, 1er oct. 1936), laquelle connut avec 223 représentations un succès tout à fait remarquable étant donné les conditions de l'époque.

R.-M. Simon et S. Simon

« In allen meinen Taten... » (Dans tous mes actes je prends conseil du Très-Haut), cantate de choral de **Johann Sebastian Bach** (BWV 97 ; NBA I/34) pour une circonstance qui ne nous est pas connue, écrite pour sop., alto, ténor et basse soli, chœur, 2 htb., cordes et b.c., exécutée pour la 1re fois à Leipzig en 1734. (Durée : 30 min environ.)

Son texte est constitué par les 9 strophes d'un choral de Paul Fleming qui n'offre guère de développements ou de contrastes marquants au musicien. Le croyant s'en remet totalement à Dieu. S'il vit selon ses commandements, rien ne peut lui arriver de mal et rien ne lui manquera. Par sa grâce, il sera délivré du péché et sa parole le réconfortera. Pour la mort comme pour la vie, il fait confiance à Dieu. La mélodie du choral, qui est celle de *« O Welt ich muss dich lassen »* (forme AA'), n'est utilisée que pour le chœur d'introduction et pour le choral final.

L'œuvre débute par une ouverture à la française, **1.** *« In allen meinen Taten »*, en *si* ♭ maj., privée toutefois de la reprise finale du mouvement lent initial : un Grave purement orchestral, en rythme pointé, s'enchaîne à un Vivace en style fugué, construit sur le thème suivant

etc.

dans lequel s'insèrent, séparés les uns des autres, les 6 vers de la 1re strophe du choral. La mélodie est chantée en blanches par les sopranos accompagnés par les trois autres voix qui entrent chaque fois en imitation sur le thème du mouvement, plus ou moins modifié selon les nécessités du texte, avec une déclamation fondée sur la croche, ce qui permet une répétition, cette fois-ci en style vertical, du texte de chaque vers. L'intervention du chœur s'achève par la répétition des trois derniers vers enchaînés, dans une écriture rigoureusement verticale et syllabique à laquelle le soprano s'associe en abandonnant toute référence à la mélodie du choral. L'œuvre se poursuit par **2.** un air pour basse et b.c., *« Nichts ist es spät und frühe... »* (Rien n'est tard ni tôt pour toute ma peine), forme binaire AB avec ritournelle, en *sol* min. ; **3.** un récitatif secco pour ténor et b.c., *« Es kann mir nichts geschehen »* (Il ne peut rien m'arriver) ; **4.** un air pour ténor, vl. solo et b.c., *« Ich traue seiner Gnaden »* (Je me fie à sa miséricorde), forme ABB' avec ritournelle, en *si* ♭ maj., dont la partie de violon, qui selon A. Pirro (*L'Esthétique de J. S. Bach*, Paris 1907, p. 214) exprimerait « le rayonnement de la grâce de Dieu qui protège contre tout dommage », est particulièrement brillante et fait appel au jeu en doubles cordes en plus de quelques accords d'accompagnement ou en dialogue avec les « nichts » de la voix ; **5.** un récitatif pour alto accompagné par les cordes et la b.c., *« Er wolle meiner Sünden... »* (Qu'il veuille me délivrer gracieusement de mes péchés) ; **6.** un air pour alto, cordes et b.c., *« Leg ich mich späte nieder... »* (Que je me couche tard, que je me réveille tôt), forme binaire AB avec ritournelle, en *do* min., dont le thème avec sa pente descendante puis ascendante est directement inspiré par le sens des deux premiers vers ; il en va de même pour le 3e vers « Lieg oder ziehe fort » (Que je reste couché ou que je m'en aille) et pour le mot « Schwachheit » (faiblesse) de la 2e partie de l'air ; **7.** un air en duo pour sop. et basse avec b.c., *« Hat er es denn beschlossen... »* (S'il l'a décidé, j'irai avec persévérance vers mon destin), forme ABA' avec ritournelle, en *mi* ♭ maj. ; **8.** un air pour sop., 2 htb. et b.c., *« Ihm hab ich mich ergeben... »* (A lui je me suis soumis dans la mort et dans la vie), forme binaire AB avec ritournelle, en *fa* maj., où la mélodie est faite de courts fragments qui alternent avec des mélismes plus étendus ; **9.** un choral à 4 voix agrandi à 7 parties réelles par les violons et les altos obligés, *« So sei nun, Seele, deine... »* (Ainsi sois donc, ô mon âme, toi-même et ne fais confiance qu'à celui qui t'a créée).

Bibliographie — Voir celle de l'art. *« Ach Gott, vom Himmel sieh darein ».*

M. HONEGGER

« INCESSAMMENT LIVRÉ SUIS À MARTIRE », chanson à 5 voix de **Josquin des Prés**. Composée sur un cinquain de décasyllabes, très vraisemblablement issu d'un rondeau, cette chanson fait beaucoup penser à une autre du même compositeur, → *« Plaine de dueil ».* On y retrouve, en effet, le même schéma formel (AABBC) qui, s'il s'écarte de la tradition du rondeau, s'intéresse en revanche à la « modulation des rimes » (aabba). Comme dans *« Plaine de dueil »* également, la polyphonie, essentiellement en imitations, se tisse autour d'une trame canonique construite par ténor et « quinta pars » à la quinte. La disposition des deux voix, « ad longum » (à intervalle d'une longue), en fait un ténor « monodique », les deux voix du canon ne se superposant réellement qu'au dernier vers : les premières phrases semblent ainsi alterner entre un mode de *mi* sur *si* et un mode de *mi* non transposé avant de conclure à la dernière phrase en mode de *ré*, véritable finale de la pièce.

On peut considérer qu'il s'agit là d'une œuvre tardive dans la production de Josquin : la source manuscrite la plus ancienne, le Ms. 18746 de Vienne, copié par Alamire, peut être datée approximativement de 1523, deux ans après la mort de Josquin.

Éditions modernes — Par A. SMIJERS, *in* Werken van Josquin des Prés, 3e livr., Amsterdam, Vereeniging voor Nederlandse Muziekgeschiedenis, 1923, 2/1975 ; par FR. BLUME, *in* Chw., n° 3, Wolfenbüttel, Möseler, s.d. [v. 1930].

Bibliographie — H. OSTHOFF, Josquin Desprez, 2 vol., Tutzing 1962-65 ; J. VAN BENTHEM, Zur Struktur und Authentizität der Chansons a 5 und 6 von Josquin des Prez, *in* TVer XXI, 1970 ; du même, Einige wiedererkannte Josquin Chansons im Codex 18746 der Österr. National Bibl., *ibid.* XXII, 1971 ; E. LOWINSKY (éd.), Josquin des Prez, Londres, OUP, 1976.

J.-P. OUVRARD

« INCESSAMMENT MON POVRE CŒUR LAMENTE », chanson à 5 voix de **Pierre de La Rue**. Sur la foi de sa publication par P. Attaingnant dans les *Chansons... de la composition de feu Josquin des Prez* (Paris 1549, *36e Livre*), elle a souvent été attribuée à Josquin, sans doute à partir d'une confusion avec *« Incessamment livré suis à martire ».* Il semble préférable de suivre les sources qui indiquent P. de La Rue comme auteur, le Ms. 461 de Saint-Gall et le *Livre des Meslanges* d'A. Le Roy et R. Ballard (1560), réédité en 1572 *(Mellange de Chansons).* Cette édition tardive témoigne du succès constant et durable de cette chanson, confirmé par plusieurs sources instrumentales. P. Phalèse la met en tablature de luth de deux manières : pour luth seul (*Hortus musarum*, 1552) et pour voix et luth (→ *Horti musarum... secunda pars*, 1553). On en trouve aussi une autre transcription par W. Heckel, en 1562.

Le texte, un cinquain de décasyllabes, est en fait le début du rondeau initial du *Livre du Faulcon.* Bien que les sources ne semblent pas donner la totalité du texte, on peut suggérer que la chanson pourrait fonctionner comme un rondeau, la fin du 3e vers étant marquée par une cadence mélodique sur la finale du mode (*sol*). La polyphonie, à 5 voix plutôt graves, se déroule en imitations constantes, construites sur un canon « ad longum in dyathessarum » (à distance de longue et à la quarte) des deux voix graves, bassus et ténor. Cette trame canonique détermine des cadences alternant par quintes (successivement *la/ré* ; *sol/do* ; *ré/sol* ; *sol/do* ; *ré/sol*). Elle entraîne également une certaine ambiguïté modale, hésitant entre les modes de *ré* et de *sol.* Le vers final est longuement développé sous la forme d'une reprise (aux voix canoniques), polyphoniquement variée, qui équilibre symétriquement la duplication, également variée, de la première phrase, au 2e vers. La cadence finale, incroyablement étirée, exprime merveilleusement toute la mélancolie du texte.

Sur cette chanson, P. de La Rue lui-même a composé une messe polyphonique à 5 voix, selon la technique de la parodie.

Rééditions modernes — Par A. SMIJERS, *in* Werken van Josquin des Prés VIII, Amsterdam 1925 ; par CH. JACOBS, *in* A. Le Roy and R. Ballard's 1572 Mellange de Chansons, University Park Prés, Pennsylvania State Univ. Press, 1982.

Bibliographie — G. REESE, Music in the Renaissance, New York, Norton, 1954, 2/1959 ; J. ROBIJNS, P. de La Rue (ca 1460-1518). Een bio-bibliographische Studie, Bruxelles 1954 ; J. VAN BENTHEM, Zur Struktur und Authentizität der Chansons a 5 und 6 von Josquin des Prez, *in* TVer XXI, 1970.

J.-P. OUVRARD

(L') INCONTRO IMPROVVISO (La Rencontre imprévue), « dramma giocoso » en 3 actes, livret de Carl Friberth, musique de **Joseph Haydn** (Hob XXVIII : 6), créé à Eszterháza en août 1775, au cours des cérémonies accompagnant la visite de l'archiduc Ferdinand et d'autres membres de la cour royale et impériale. (Durée : 2 h 38 min environ.)

Le texte provient de la traduction et de l'adaptation par C. Friberth, un ténor de la cour des Eszterházy, d'un opéra-comique de Chr. W. Gluck, *La Rencontre imprévue*, représenté pour la 1re fois à Vienne en 1764. C'est une œuvre vaste et ambitieuse. La distribution requiert 11 chanteurs : Rezia (sop.), Balkis (sop.), Dardane (sop.), le prince Ali (ténor), Osmin (ténor), Calandro (basse), 3 autres Calandri (tous basses), un Officier (ténor) et le Sultan (basse). La princesse Rezia est retenue captive par le sultan du Caire. Avec l'aide de son domestique Osmin, le prince Ali se prépare à la délivrer. Ils gagnent la confiance de Balkis, dame de compagnie de la princesse. Une tentative de fuite est déjouée par le Sultan qui, cependant, se laisse fléchir et gracie tout le monde. La partie comique de l'intrigue est animée par la musique « turque » d'usage, avec grosse caisse, cymbales et triangle et, en particulier, par les efforts des derviches pour apprendre à Osmin leur musique orientale.

Rééditions modernes— *In* J. Haydn. Werke, éd. par le J. Haydn-Institut de Cologne, Munich, Henle, 1958 et suiv., vol. XXV/6.

Bibliographie — Voir celle de l'art. *(Lo) speziale.*

D. WYN JONES

« IN CONVERTENDO... » (Quand le Seigneur ramena les captifs de Sion), grand motet de **Jean-Philippe Rameau**, sur le texte du Psaume 125 (126) et sur le verset 31 du Psaume 68 (69), pour sop., haute-contre et basse soli, chœur à 5 et 6 parties (S [S] A T Bar B), 2 fl., 2 htb., 2 bassons, 2 parties de vl., altos et b.c., composé vers 1720 et révisé à plusieurs reprises entre 1742 et 1751. (Durée : 24 min environ.)

Très peu de manuscrits autographes de Rameau nous sont parvenus. Parmi eux la partition souvent révisée de ce motet coloré est unique en ce qu'elle révèle les procédés de composition du musicien pendant ses années les plus productives (Paris, BN, Rés. Vm[1] 248). *« In convertendo »*, le plus travaillé et le plus brillant des trois grands motets subsistants de Rameau, est un excellent exemple de la puissance d'invention que le compositeur déploie au travers d'une expression brève mais éloquente. C'est aussi un pendant intéressant à son → *Pigmalion* (1748), une œuvre profane brève et très appréciée, contemporaine de la révision de *« In convertendo »*.

Les parallélismes et les contrastes si fréquents dans la poésie hébraïque sont très évidents dans ce texte psalmique et laissent à Rameau toute liberté pour exploiter la palette des couleurs à sa disposition en termes d'écriture, d'orchestration et de peinture des mots. Bien qu'on y rencontre des caractéristiques qui appartiennent principalement à la musique sacrée (fugues chorales p. ex.), ce motet renferme de nombreux procédés typiques de la musique dramatique de Rameau, tout naturellement appelés par les images dramatiques du texte.

1. L'œuvre s'ouvre de façon solennelle « à demi jeu », par un délicat tissu de flûtes, violons et b.c., le mouvement entier étant construit sur deux brèves phrases qui se répondent et parviennent à leur expression vocale après une introduction de 13 mesures, la voix de haute-contre entrant sans accompagnement avant que les instrumentistes la rejoignent pour la phrase de réponse **A**. Cet élan passionné, quasi rhapsodique, est coulé dans le même moule que *« Fatal amour »*, le récitatif introductif de *Pigmalion*, et répond à la tradition lullyste des changements de mesure pour s'adapter au sens verbal, évidents sur le papier, enveloppés avec aisance dans une telle expression de détail qu'ils en deviennent imperceptibles à l'oreille (pour apprécier pleinement les subtilités rythmiques, il faut se souvenir que dans un tel récitatif la blanche à 2 est égale en durée à la noire à 3). Débutant en *sol* min., le mouvement se développe au travers d'une structure ternaire lâche. Le second verset, « Facti sumus sicut consolati » (Nous avons été comblés de consolation), forme une section médiane à la déclamation toujours plus passionnée, particulièrement sur le mot « consolati », menant à une cadence en *si* ♭ maj. puis à une cadence imparfaite en *sol* min., enfin à la répétition de la section vocale introductive, suivie par un commentaire final de l'orchestre. Dans tout le motet, celui-ci joue un rôle au moins égal à celui des voix en évoquant l'atmosphère et le caractère du texte et ne peut en aucun cas être considéré comme un simple accompagnement. **2.** L'atmosphère change de façon frappante avec le chœur *« Tunc repletum est gaudio os nostrum »* (Alors notre bouche a été remplie de cris de joie). Dès le début, l'orchestre maintient une indépendance résolue à l'égard de la fugue à 5 voix qui se déploie soigneusement, d'abord avec les sopranos puis avec chacune des quatre autres voix entrant après un intervalle de 5 mesures. Cette exposition, qui s'étend sur 49 mesures, se conclut triomphalement par un passage homophonique deux fois répété, « Et lingua nostra exultatione » (Et notre langue poussait des cris de triomphe), mêlé avec le trio de hautbois et suivi par une brève coda de tout l'orchestre. De semblables codas se rencontrent également dans nombre de chœurs d'opéras du compositeur. La tonalité passe de *sol* maj. à *mi* min. pour l'épisode étendu qui suit, « Tunc dicent [...] magnificavit Dominus » (Alors on dira parmi les nations : le Seigneur a fait pour eux de grandes choses). Ici la texture musicale varie de 5 voix à seulement 2 ou 4 voix supérieures, menant à une cadence en *si* mineur. La déclamation grandiose de « magnificavit Dominus », Lentement, ramène à la répétition quelque peu condensée de l'exposition, en *sol* maj., donnant ainsi une structure globale ternaire à ce mouvement. Les entrées en strette des trois premières voix réduisent cette récapitulation de 10 mesures mais les 24 mesures conclusives sont une exacte répétition de la fin de l'exposition, avec la même fioriture dans le style de l'opéra comme péroraison. **3.** Un duo pour sop. et basse exploite les idées contrastantes du verset suivant, *« Magnificavit Dominus... »* (Le Seigneur a fait pour nous de grandes choses. Nous en sommes remplis de joie). La première est brièvement énoncée dans un mouvement Majestueux et lent à deux temps, sur un accompagnement en arpèges aux violons ; la seconde, Très gaie, à trois temps, est introduite par le trio de hautbois, avec de nombreux ornements en triolets aux instruments et aux voix et des roulades de doubles croches de plus en plus développées sur « laetantes ». Cette première moitié du mouvement s'étend sur 59 mesures. Dans une veine semblable, « Magnificavit » retourne au commencement, cette fois-ci plus développé et en *mi* min., conduisant à *si* min. pour revenir finalement à la tonalité de départ *sol* maj., chaque voix soliste chantant à son tour avant que toutes se réunissent dans une supplique finale, accompagnées par un contrepoint orné des violons. Le retour de « Facti

A « IN CONVERTENDO »

sumus » comporte une introduction plus courte, mais il est presque identique au premier énoncé, donnant au mouvement une forme générale binaire double. Ce duo brillant était clairement destiné aux chanteurs les plus habiles que Rameau pouvait avoir à sa disposition. **4.** L'air de basse *« Converte, Domine... »* (Seigneur, ramène nos captifs comme un torrent dans le Sud), dénigré de façon déroutante par C. Girdlestone, est l'une des créations les plus animées et les plus délicieuses de Rameau. Commençant Lentement en *ut* maj., la basse solo déclame sans accompagnement le début de la première phrase, immédiatement complétée par une figure d'orchestre qui s'élance allègrement dans un mouvement vif **B**. La phrase d'introduction lente est alors répétée par la basse et le sens de la seconde idée devient clair : c'est la musique pour « sicut torrens in austro » (comme un torrent dans le sud). Elle est ornée cette fois-ci de gammes impétueuses en doubles croches pour flûtes et cordes, tandis que les longs mélismes sur « torrens » et « austro » sont suivis par d'autres roulades menant les flûtes à leur extrême aigu. La tonalité passe en *la* min. pour un nouvel énoncé de « Converte, Domine », plus passionné et plus développé. Le moule binaire se complète d'un « sicut torrens in austro » encore plus orné et plus animé que le premier, avec des vocalises incorporant des triolets répétés. L'orchestre conclut par un élan ascendant qui correspond à l'illustration des vents et des eaux déchaînés. **5.** On a spéculé sur la raison pour laquelle Rameau a introduit, à cet endroit, un verset tiré d'un autre psaume. Comme le texte provient du même psaume (68) que le court *« Laboravi »*, cité dans le *Traité de l'harmonie* de Rameau, il se pourrait que l'un et l'autre soient issus d'un motet complet, plus ancien et abandonné. Plus simplement, Rameau pourrait avoir ressenti l'insuffisance du court texte du Psaume 125 (126) pour son projet et avoir estimé qu'à ce point l'œuvre exigeait un mouvement substantiel. Quoi qu'il en soit, *« Laudate nomen Dei cum cantico »* (Louez le nom de Dieu avec vos chants) fournit une splendide pièce centrale à ce motet, avec son gracieux mouvement de danse à trois temps et ses contrastes de formation vocale et orchestrale, reflets brillants de ces versets de louange. Le mouvement, de forme ternaire, est adroitement construit. La première section consiste en une introduction orchestrale qui oppose le trio de hautbois à l'orchestre complet, à un soprano solo utilisant le même matériau et à un splendide chœur de 53 mesures où tous ces éléments continuent à paraître avec le chœur, soit ensemble, soit en alternance. La section centrale de 27 mesures va de *sol* maj. à *mi* min. pour le solo « Et magnificabo eum in laude » (Et le glorifierai par un chant de louange), accompagné seulement par les violons avant d'être repris par toutes les forces. La section finale est constituée par un retour très abrégé de la première section dans sa tonalité d'origine. L'une des plus agréables créations de Rameau, ce mouvement est le plus long de l'œuvre et est aussi nettement français que le morceau suivant révèle l'influence italienne, part importante du vocabulaire musical du XVIIIe s., en France comme ailleurs. **6.** Le trio pour sop., haute-contre et basse *« Qui seminant in lacrimis, in exultatione metent »* (Ceux qui sèment dans les larmes moissonneront dans l'allégresse) présente un traitement particulièrement original de ce texte évocateur. Il montre le compositeur au summum de son adresse, confronté à des éléments disparates mais créant un ensemble remarquablement ingénieux et doux. Au lieu d'exploiter le contraste entre les deux moitiés du texte comme c'est le cas dans le 4e mouvement, les ingrédients sont mêlés d'une façon bien plus subtile. Évoquant Scarlatti ou Haendel, l'introduction de 4 mesures pour dessus et basse de violons, « tasto solo » (ex. a), est immédiatement relayée par une texture serrée d'entrées en imitation des trois voix. La totalité du texte est présentée en une fois mais avec deux idées bien distinctes pour exprimer les larmes et la joie (ex. b et c). Le motif instrumental à l'unisson réapparaît bientôt, maintient sa présence presque continuellement et finalement conclut le mouvement comme il avait commencé. Il agit comme contrepoint obstiné à l'expression de la joie toujours plus élaborée des chanteurs, alternant d'abord avec les retards serrés de « in lacrimis » et les mélismes prolongés sur « in exultatione metent » jusqu'à ce que, dans la seconde moitié du mouvement, les pleurs soient finalement complètement effacés par la joie **C**. **7.** Le chœur conclusif de 100 mesures, Sans lenteur, l'une des plus belles créations de Rameau, est une expansion fuguée du mouvement précédent, à la fois en ce qui concerne le texte et d'une certaine manière la forme, bien qu'il emploie des éléments musicaux entièrement neufs. De nouveau, le psalmiste oppose les larmes et la joie. La réaction de Rameau à ces idées est un motif chromatique descendant en *sol* min. et un fragment de gamme en *si* ♭ maj. qui s'élève avec précipitation. Une écriture contrapuntique complexe alterne avec l'homophonie énergique si typique de l'écriture chorale de Rameau. Le mouvement s'achève par une magnifique coda en *sol* maj., Un peu plus animé, où de petites flûtes divisées s'ajoutent à l'orchestre, rivalisant avec les sopranos divisés du chœur à 6 voix et menant à une conclusion étourdissante de brio, parfaitement caractéristique de Rameau.

Éditions modernes et Bibliographie — Voir celles de l'art. *« Deus, noster refugium »* de J.-Ph. Rameau.

L. SAWKINS

(L') INCORONAZIONE DI POPPEA (Le Couronnement de Poppée), opéra en un prologue et 3 actes, livret de Giovanni Francesco Busenello, musique de **Claudio Monteverdi**, **Francesco Sacrati** (?) et **Benedetto Ferrari** (?), composé en 1642 (?), créé à Venise, au Teatro SS. Giovanni e Paulo, en 1642 ou 1643.

L'incoronazione di Poppea, le dernier opéra de Monteverdi, constitue un jalon dans le premier développement du genre à Venise et montre, comme → *Il ritorno d'Ulisse in patria*, la faculté du musicien de s'adapter aux demandes changeantes du nouveau public d'opéra. Le premier opéra de Monteverdi, l'→ *Orfeo*, avait été écrit pour un auditoire intellectuel et aristocratique, tandis que ses œuvres dramatiques plus tardives — toutes perdues excepté le → *Lamento d'Arianna* (1608) et le livret d'*Andromeda* (1618-20) — furent des commandes de cour. Confronté à un livret destiné à capter l'attention d'un public de classes sociales diverses, Monteverdi répondit par une musique très raffinée et d'une grande beauté, qui présente également un attrait populaire et même de l'humour. Comparées aux œuvres des autres compositeurs d'opéra contemporains, celles de Monteverdi, plus accomplies et plus variées, frayèrent le chemin aux succès ultérieurs de Cavalli et de Cesti.

Aucun manuscrit conservé de *L'incoronazione di Poppea* ne mentionne le nom du compositeur. Cependant, l'œuvre est attribuée à Monteverdi par le librettiste Cristoforo Ivanovich dans sa liste des opéras vénitiens, *Minerva al tavolino*, publiée en 1681. Ces dernières années, plusieurs spécialistes ont remis en question l'attribution d'Ivanovich : un examen critique des sources suggère que toute la scène finale de même que la plupart de la musique écrite pour Othon sont de la main d'un compositeur plus jeune, et que plusieurs autres scènes furent également composées, ou du moins revues, par quelqu'un d'autre. A. Curtis a soutenu de façon convaincante (voir Rééd. modernes) que cet autre compositeur était probablement Francesco Sacrati (v. 1604-1650) ; son opéra *La finta pazza* (1641), dont la partition a été récemment découverte, présente des similarités de style avec les passages de *L'incoronazione di Poppea* qu'on pense n'être pas de Monteverdi. Le dernier duo, *« Pur ti miro »*, s'est montré être une pièce retravaillée de Benedetto Ferrari (v. 1604-1681) portant le même titre, publiée à Bologne en 1641, bien qu'il soit possible que le duo de Ferrari ait été modelé sur un passage semblable de *La finta pazza* de Sacrati.

Il existe des preuves qui laissent croire que *L'incoronazione di Poppea* connut un renouveau à Naples en 1651, mais il est presque certain qu'il ne fut pas donné pendant les XVIIIe et XIXe siècles. L'opéra fut remonté en Amérique en 1926 (Smith College, Northampton, Mass., dirigé par W. Josten) et en Grande-Bretagne en 1927 (Oxford, le 6 déc., dirigé par J. Westrup) : ces représentations comptent parmi les premières manifestations du regain d'intérêt pour la musique de Monteverdi au début de notre siècle. Depuis lors, il a été donné dans la plupart des pays européens et aux États-Unis, dans des productions aussi bien d'amateurs que de professionnels.

LIVRET — Prologue. Les figures allégoriques du Destin (sop.) et de la Vertu (sop.) se disputent pour savoir laquelle des deux est la plus forte, bien qu'Amour (sop.) soutienne qu'il est plus puissant que l'une ou l'autre, ainsi que l'action de l'opéra le montrera.

Acte I. Othon (basse-bar.), égaré, chante son amour pour Poppée devenue la maîtresse de Néron. Les gardes de l'empereur débattent des conséquences politiques que peut entraîner la conduite donjuanesque de leur maître. — Néron (ténor), qui a épousé Octavia, se lance dans une scène d'amour extatique avec Poppée (sop.), après laquelle elle relate joyeusement à sa nourrice Arnalta (contralto) que toutes ses ambitions ont été réalisées. — Octavia (mezzo-sop.) chante son angoisse d'être négligée par Néron ; les tentatives de sa nourrice, du page et du philosophe Sénèque (basse) pour la réconforter sont toutes vaines. Lorsque Néron annonce qu'il va bannir Octavia pour épouser Poppée, Sénèque l'accuse de démence. Cela, ajouté aux dires de Poppée insinuant que Sénèque essaie sans cesse d'usurper la position de l'empereur, convainc Néron de condamner le philosophe à mort. — Othon tente une dernière fois de se réconcilier avec Poppée ; ayant échoué, il décide de la tuer et commence à faire la cour à Drusilla (sop.), une courtisane qui a longtemps recherché ses faveurs.

Acte II. Sénèque apprend de Mercure (basse) qu'il doit mourir, mais, plutôt que de succomber de la main de Néron, il se suicide. Néron et le poète Lucain (ténor) célèbrent sa mort. Octavia rencontre Othon et le persuade, avec quelque difficulté, de ne pas abandonner son dessein de tuer Néron. Il emprunte pour se déguiser des vêtements à Drusilla qui est transportée par la joie de se voir à présent l'objet de ses vœux. — Poppée se prépare à se coucher, ne souhaitant garder qu'Arnalta auprès d'elle. Après que la nourrice a chanté une berceuse, Amour (sop.) apparaît pour veiller sur Poppée. Lorsque Othon, déguisé, entre pour perpétrer son meurtre, il en est empêché par Amour qui chante une aria triomphante pendant qu'il se sauve.

B « In convertendo »

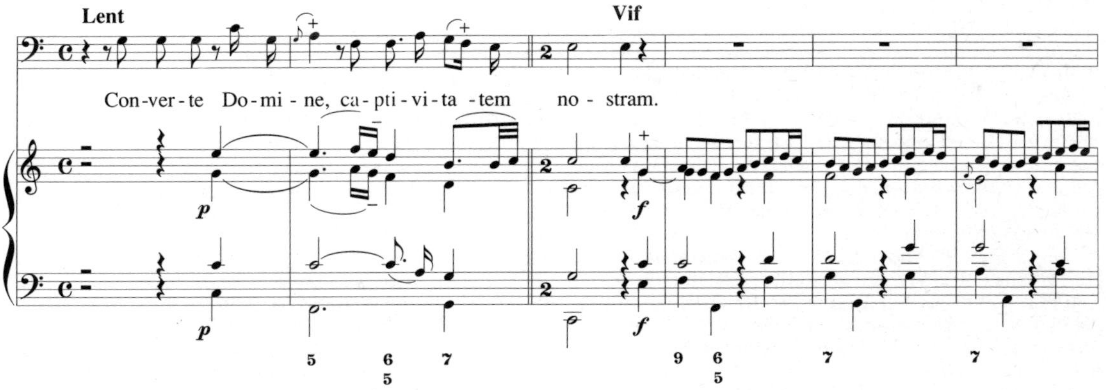

C « In convertendo »

Acte III. Drusilla a été arrêtée pour la tentative de meurtre sur Poppée et clame son innocence à Néron. Mais lorsque Othon veut avouer son crime, elle le protège en révélant le complot. Néron, ne sachant pas qui dit la vérité, décide de les tuer tous les deux, puis revient finalement sur sa décision et ordonne à la place qu'ils soient exilés. — Découvrant qu'Octavia a également été impliquée dans la conspiration, il la bannit aussi. Après la dernière apparition affolée de celle-ci, l'opéra se termine sur le couronnement de Poppée, surveillée par Vénus (sop.) et Amour.

Le livret de *L'incoronazione di Poppea*, bâti sur des événements décrits dans le Livre IV des *Annales* de Tacite, est l'un des tout premiers à prendre un sujet historique non biblique. Il est la meilleure œuvre de Busenello et permet de le considérer comme le plus talentueux des librettistes d'opéra de l'époque. Pour ce qui est de la forme, le livret suit en apparence ce qui devait bientôt devenir le modèle standard vénitien en 3 actes, avec ses deux niveaux : l'action et la peinture des caractères (les nobles sérieux d'un côté, les serviteurs, les pages et les nourrices de l'autre). Il présente en outre de nombreuses caractéristiques stéréotypées telles que l'utilisation du déguisement. Par son observation perspicace de la vie, par sa capacité à comprendre le comportement humain et par sa façon sympathique de traiter les personnages — même les moins attrayants, tels que Néron —, Busenello a atteint un sommet de l'expression et rivalise par moments avec les maîtres plus tardifs du livret tels que Da Ponte, Boïto et Hofmannsthal.

L'effet du nouveau style de livret proposé par Busenello sur la musique de Monteverdi fut spectaculaire. Dans *Il ritorno d'Ulisse*, il s'était déjà montré capable de répondre aux attentes du grand public ; dans *L'incoronazione di Poppea*, il s'éloigne encore davantage du style des premiers opéras qui mettaient l'accent sur une tragédie classique et guindée, pour se diriger vers un style plus engageant et plus authentiquement dramatique. Alors que les premiers opéras célébraient les vertus de Patience, de Fidélité, d'Espoir et d'Amour, l'action de *L'incoronazione di Poppea* tourne autour de passions inlassables, d'ambitions aveugles, de l'envie, de la cupidité et de l'amour du pouvoir. A travers son astucieuse peinture musicale des personnages, Monteverdi met en lumière tous ces sentiments, donnant un poids égal aux conséquences tragiques et comiques des actions des protagonistes.

Tout comme *Il ritorno d'Ulisse*, *L'incoronazione di Poppea* fait surtout appel aux récitatifs : toutefois, les arias sont plus nombreuses et Monteverdi les distribue équitablement aux personnages. Ainsi, l'un des passages les plus lyriques de tout l'opéra est attribué à Arnalta dans sa berceuse *« Oblivion soave »* (Doux oubli), chantée juste avant l'attentat à la vie de Poppée. Dans ses récitatifs, Monteverdi fait preuve de nouveau d'une approche du texte fluide et flexible : la scène entre Sénèque et Néron, pendant laquelle l'empereur devient de plus en plus furieux et hostile, est particulièrement efficace. Chaque nuance du discours rationnel de Sénèque et chaque inflexion de la rage de Néron sont traduites de façon admirable par la musique qui oscille entre le calme repos et l'hystérie agitée. Plus poignante et plus émouvante encore est la lamentation *« Disprezzata regina »* (Reine humiliée) par laquelle Octavia fait son entrée, l'une des plus belles illustrations de Monteverdi dans l'art du récitatif. Cette lamentation est un digne successeur de celle de Pénélope dans *Il ritorno d'Ulisse*, de même qu'un bon exemple de l'utilisation de contrastes harmoniques audacieux à des fins expressives.

Le principal centre d'intérêt de l'opéra reste cependant l'interaction entre Néron et Poppée et il n'est pas étonnant que ce duo suscite l'écriture lyrique la plus soutenue de toute l'œuvre. Qu'ils expriment chacun leur amour l'un pour l'autre, comme dans *« Pur ti miro »* (Et je te regarde), ou qu'ils complotent en faveur de leurs ambitions personnelles ou communes, dans *« Non più s'interporra »* (Il n'y aura plus d'empêchement), la musique qui les accompagne est toujours propre à mettre l'expression de leurs sentiments en valeur. Il n'est pas exagéré en effet de désigner l'empereur et son épouse comme le premier grand couple d'amants à l'opéra.

Comme dans *Il ritorno d'Ulisse*, Monteverdi fait peu appel aux instruments, préférant créer des effets en se concentrant sur les chanteurs isolés qui ne reçoivent qu'un accompagnement orchestral clairsemé. Peut-être la caractéristique la plus frappante de *L'incoronazione di Poppea* est-elle le sens de l'architecture ; à travers l'utilisation de refrains, de ritournelles et de répétitions textuelles, Monteverdi crée des unités musicales concises qui entrent elles-mêmes dans des cadres plus larges de façon cohérente et organisée. *L'incoronazione di Poppea* représente indubitablement le sommet de l'opéra au XVIIe siècle. En rejetant le modèle classique rigide des premiers compositeurs en faveur d'une œuvre dans laquelle des sentiments humains moins élevés déterminent le cours de l'action, Busenello et Monteverdi montrèrent la puissance et les possibilités de l'opéra public vénitien, et produisirent une œuvre d'un art achevé aussi attrayante aujourd'hui qu'en 1640.

Sources et éditions — Les sources principales sont deux manuscrits du milieu du XVIIe s. : It. IV 439 (=9963), Venise, Bibl. nazionale marciana (Coll. Contarini) et Rari 6.4.1, Naples, Bibl. du Conservatoire. Le livret intitulé *Il Nerone overo L'incoronazione di Poppea* fut imprimé deux fois : par Roberto Mollo à Naples en 1651 et par Andrea Giuliani à Venise en 1656. Un scénario fut publié par Pietro Pinelli à Venise en 1643.

Rééditions modernes — **a)** Fac-similé : par G. Benvenuti, Milan, Bocca, 1938 (Ms. de la Bibl. marciana de Venise). — **b)** Éditions : par H. Goldschmidt, *in* Studien zur Geschichte der italienischen Oper im 17. Jh. II, Leipzig, Br. & H., 1904 ; par V. d'Indy, Paris, Schola Cantorum, 1908 ; par G. Fr. Malipiero, *in* Cl. Monteverdi. Tutte le opere XIII, Asolo 1931, rééd. en facs. Vienne, UE. 1954 ; par G. Benvenuti, Milan, Suvini Zerboni, 1937 ; par E. Krenek, Vienne, UE, 1937 ; par G. F. Ghedini, Milan 1953 ; par H. Redlich, Kassel, BV, 1958 ; par A. Curtis, Londres, Faber, 1989.

Bibliographie — H. Prunières, Monteverdi's Venetian operas, *in* MQ X, 1924 ; J. Westrup, Monteverdi's « Poppea », *in* MT, déc. 1927 ; G. Benvenuti, Il manuscritto veneziano della Incoronazione di Poppea, *in* RMI XLI/2, 1937 ; H. Redlich, Monteverdis L'incoronazione di Poppea, *in* RMS, 1937 ; O. Tiby, « L'incoronazione di Poppea » di Cl. Monteverdi, Florence 1937 ; H. Redlich, Notationsprobleme in Cl. Monteverdis Incoronazione, *in* AMl V, 1938 ; A. Abert, Cl. Monteverdi und das musikalische Drama, Lippstadt 1954 ; W. Osthoff, Die venezianische und neapolitanische Fassung von Monteverdis « Incoronazione di Poppea », *in* AMl XXXIV, 1954 ; du même, Neue Beobachtungen zu Quellen und Geschichte von Monteverdis « Incoronazione di Poppea », *in* Mf XI, 1958 ; du même, Das dramatische Spätwerk Cl. Monteverdis, Tutzing 1960 ; D. Arnold, « L'incoronazione di Poppea » and its orchestral requirements, *in* MT CIV, mai 1963 ; A. Mondolfi Bossarelli, Ancora intorno al codice napoletano della Incoronazione di Poppea, *in* Riv. Ital. di Musicologia II, 1967 ; A. Chiarelli, L'incoronazione di Poppea o Il Nerone. Problemi di filologia testuale, *ibid.* IX, 1974 ; B. Bruno, Teoria e prassi melodrammatica di G. F. Busenello e « L'incoronazione di Poppea », *in* Venezia e il melodramma nel Seicento, éd. par M. T. Muraro, Florence 1976 ; N. Pirrotta Monteverdi and the Problems of Opera, *in* Music and Culture in Italy from the Middle Ages to the Baroque, Cambridge (Mass.), Harvard Univ. Press, 1984, pp. 235-254 ; E. Rosand, Seneca and the interpretation of « L'incoronazione di Poppea », *in* JAMS XXXVIII, 1985 ; J. Glover, The Venetian Operas, *in* The New Monteverdi Companion, éd. par D. Arnold et N. Fortune, London, Faber, 1985, pp. 288-315.

E. West

« In darkness let me dwell » (Laissez-moi demeurer dans l'obscurité), chanson au luth de **John Dowland**, publiée dans *A Musicall Banquet* (Londres

1610), une anthologie éditée par son fils Robert. L'unique strophe du poème est restée anonyme, mais comme elle avait été précédemment mise en musique par John Coperario dans ses *Funeral Tears* (Londres 1606), elle pourrait lui être attribuée. L'édition de 1610 inclut également une partie séparée de basse de viole qui double principalement la ligne la plus grave de l'accompagnement au luth. (Durée : 4 min environ.)

Le poème est une puissante évocation du désespoir, exprimant le désir de la mort. D'une façon inhabituelle, Dowland termine son œuvre en répétant la phrase musicale introductive, la voix résolvant sur la tierce un retard de la quarte après que les instruments sont parvenus à leur fin. La musique rivalise avec l'expression des mots en faisant usage de dissonances par retards, d'accords augmentés et d'une écriture chromatique ; le mot « darkness » est rendu par un accord de septième diminuée, rare à l'époque, et la phrase « till death do come » (jusqu'à ce que la mort vienne) se reflète dans les contours déchiquetés de la mélodie. La mise en musique du texte est caractérisée par la répétition de phrases telles que « O let me living, let me living, living die » (O laisse-moi en vie, laisse-moi en vie, en vie mourir) et témoigne de l'influence de techniques italiennes dans la répétition de notes brèves.

L'une des plus belles chansons de Dowland, *« In darkness »* réalise l'union idéale des paroles et de la musique ; le ton sombre et désespéré du texte reçoit un vêtement musical évocateur, empreint d'une grande force émotive.

Rééditions modernes — R. Dowland. *A. Musicall Banquet*, éd. par P. Stroud, *in* The English Lute Songs, 2e série, vol. XX, Londres, Stainer & B., 2/1968 ; rééd. en facs. de l'éd. de 1610, Menston, The Scholar Press, 1968.

Bibliographie — D. Poulton, J. Dowland, Londres, Faber, 2/1982.

Fr. Knights

(Les) Indes galantes, opéra-ballet en un prologue et 4 entrées, livret de Louis Fuzelier, musique de **Jean-Philippe Rameau**, créé à Paris, Salle du Palais-Royal, le 23 août 1735. (Durée : 2 h 40 min.) Œuvre la plus célèbre du compositeur, elle fut servie dès les premières représentations par d'excellents interprètes : Mlle M. Pélissier, MM. Chassé et P. Jélyotte pour le chant, Mlle M. Sallé et M. Dupré pour la danse. Elle bénéficia également des talents du fameux décorateur Jean-Nicolas Servandoni et connut un tel succès qu'elle fut reprise plusieurs fois au XVIIIe s., en 1743, 1751 et 1761, avant d'être redonnée entre 1952 et 1965 à l'Opéra de Paris et, en 1983, dans plusieurs villes de France et à Venise, à l'occasion du tricentenaire de la naissance de Rameau.

Elle comporta d'abord un prologue et 2 entrées, *Le Turc généreux* et *Les Incas du Pérou* puis, après quelques spectacles, une 3e, *Les Fleurs*, appelée à être modifiée. Enfin, en 1736, on en ajouta une 4e, *Les Sauvages*, qui, en dépit d'une seconde version de l'ouvrage réalisée en 1743, apporta à ce dernier sa structure définitive. Le genre de l'opéra-ballet, permettant la succession de plusieurs actes ou entrées aux intrigues indépendantes les unes des autres, avait facilité ces apports nouveaux et favorisé le choix de sujets empreints de couleur locale, puisque les différentes actions se déroulent successivement en Turquie, au Pérou, en Perse et en Amérique du Nord. En qualifiant son livret de « ballet héroïque », Fuzelier voulut également lui conférer un caractère noble et puissant, avec des scènes dramatiques, notamment dans les deux premières entrées où l'on assiste à des catastrophes naturelles : une tempête et un tremblement de terre.

Livret — Prologue. Hébé (sop.), Bellone (basse) et Amour (sop.) nous apprennent que les nations européennes ont choisi la guerre. Les Amours sont alors contraints de se réfugier « dans les différents climats des Indes » — à cette époque, les pays non européens —, où ils ne manquent pas d'entraîner le spectateur.

1re Entrée. *Le Turc généreux*. Les jardins du pacha Osman (basse). Celui-ci renonce à l'amour qu'il éprouve pour son esclave chrétienne Émilie (sop.), afin de lui permettre d'épouser celui qu'elle aime, Valère (ténor), un Européen qu'il détient également en captivité.

2e Entrée. *Les Incas du Pérou*. Un officier espagnol, Don Carlos (ténor), est épris de la princesse inca Phani (sop.), qu'il parvient à soustraire à l'emprise du grand prêtre Huascar (basse).

3e Entrée. *Les Fleurs*. Les princes persans Tacmas (ténor) et Ali (basse) satisfont leur désir amoureux en échangeant leurs esclaves, Zaïre (sop.) et Fatime (sop.).

4e Entrée. *Les Sauvages*. L'Indienne Zima (sop.) refuse d'épouser le Français Damon (ténor) et l'Espagnol Don Alvar (basse). Elle leur préfère le chef des Sauvages, Adario (ténor), avec lequel elle célèbre la paix que les Européens viennent de leur rendre, favorisant ainsi la réconciliation des peuples.

La partition des *Indes galantes* peut être considérée comme l'une des plus belles de Rameau, mais aussi de tout le répertoire lyrique français. Dans cet opéra-ballet, on remarque d'abord l'importance et l'étonnante variété des danses, dont certaines sont à juste titre demeurées célèbres : les deux joyeux *Tambourins* du *Turc généreux*, la noble *Loure* des *Incas du Pérou*, la pétillante *Danse du grand calumet de la paix* des *Sauvages*, transcription d'une pièce de clavecin du compositeur, insérée en 1728 dans ses *Nouvelles Suites de pièces de clavecin*, et sans doute inspirée par le spectacle de deux Indiens de la Louisiane au Théâtre-Italien. A ces morceaux de bravoure il faut ajouter la grandiose *Chaconne* finale, connue pour son orchestration recherchée, et le *Ballet des fleurs*, capable de décrire à lui seul toute une action (le sort des fleurs dans un jardin dévasté par l'orage). Les qualités de Rameau, maître incontesté de ces peintures musicales, s'expriment encore avec davantage de puissance dans d'autres pages instrumentales non dansées, comme l'éruption du volcan et le tremblement de terre qui le précède, à la fin des *Incas du Pérou*.

L'accompagnement orchestral du fameux air d'Émilie *« Vaste empire des mers »* cherche à imiter les bourrasques d'une tempête, obéissant ainsi à une tradition chère à l'opéra français, déjà illustrée par Colasse, Marais ou Campra. Rameau surpasse néanmoins ses devanciers par une écriture plus savante, susceptible de souligner la beauté des parties vocales. Des mélodies expressives et variées, comme l'air exquis de Fatime *« Papillon inconstant »*, émaillent la partition. Remarquons encore des ensembles admirables : le trio de la 2e entrée, où Phani et Carlos chantent leur joie d'être unis pendant que Huascar fait part de sa colère, mais aussi le sublime quatuor de l'acte des *Fleurs*, dans lequel les deux couples de Persans évoquent le « tendre amour ».

Les chœurs, qui occupent une place non négligeable, contribuèrent à la popularité de l'œuvre : celui des Incas, *« Clair flambeau du monde »*, offre un thème si facile à retenir que le public de l'Opéra ne devait pas manquer de le chanter avec les acteurs lors des représentations, apportant ainsi la preuve que la musique de Rameau, malgré sa complexité, était capable de séduire d'emblée le plus grand nombre.

Sources et éditions — **a)** Livret : Paris, J.-B. Chr. Ballard, 1735 (2e éd. avec la 3e entrée, *Les Fleurs*) ; *ibid.*, 1736 (avec la nouv. entrée, *Les Sauvages*). — **b)** Musique : Deux mss principaux dont le 1er semble avoir servi aux représentations de 1735 (sans *Les Sauvages*), Paris, Bibl. de l'Opéra, A 132 a et a². — Éd. par P. Dukas, *in* Œuvres complètes de J.-Ph Rameau VII, Paris, Durand, 1902.

Bibliographie — P.-M. Masson, L'opéra de Rameau, Paris 1930, 2/New York, Da Capo Press, 1972 ; J. Malignon, Rameau, Paris, Seuil, 1960, pp. 76-85 ; C. Girdlestone, J.-Ph. Rameau, Bruges, Desclée De Brouwer, 1962, 2/1983, pp. 330-360 ; Les Indes galantes, *in* L'Avant-Scène Opéra, n° 46, déc. 1982 ; J.-Ph. Rameau, colloque intern. organisé par la Soc. Rameau, Paris, Champion, et Genève, Slatkine, 1987.

J. de La Gorce

(The) Indian Queen (La Reine indienne), « semi-opera », texte de John Dryden et sir Robert Howard, musique de **Henry Purcell** (Z 630), avec masque final de **Daniel Purcell**, pour 2 sop., alto, ténor et basse soli, chœur à 4 voix mixtes, 2 fl. à bec, 2 htb., 2 trp., timb., 2 parties de vl., altos et b.c., créé à Londres, au Théâtre royal de Drury Lane, entre avr. et nov. 1695.

La tragédie héroïque *The Indian Queen*, écrite conjointement par J. Dryden et par son beau-frère sir R. Howard, avait été représentée pour la première fois en janv. 1664 avec une musique de John Bannister. En 1695, les autorités du Théâtre royal décidèrent de remonter l'œuvre et demandèrent à Purcell d'en écrire la musique. Ce fut sa dernière œuvre scénique importante car il mourut en nov. 1695 et c'est son jeune frère Daniel qui fournit la musique du masque final de l'acte V. *The Indian Queen* eut tant de succès que des éditions pirates de la musique parurent presque immédiatement, l'une avant même le décès de Purcell et avec une impudente dédicace au compositeur.

Argument — L'intrigue sollicite l'imagination tant au point de vue géographique qu'historique et concerne une série de guerres entre les Incas du Pérou et les Aztèques du Mexique. Le prince mexicain Acacis est capturé au cours d'une bataille par le général péruvien Montezuma. L'Inca du Pérou demande à celui-ci quelle récompense il attend, mais n'est pas satisfait d'apprendre que le présomptueux jeune guerrier désire la main de sa fille Orazia. Il s'oppose à un tel mariage, en conséquence de quoi Montezuma déserte et se joint aux forces des Mexicains. Il obtient sa revanche en battant les Péruviens et en capturant l'Inca et Orazia. Malheureusement pour Montezuma, son succès sur le champ de bataille attire l'attention de la méchante reine mexicaine Zampoalla qui n'est pas seulement jalouse de sa puissance mais qui en est amoureuse. Comme Montezuma demeure entiché de la fille captive de l'Inca, Zampoalla se voit obligée d'avoir recours à l'aide du magicien Ismeron. L'intrigue se complique du fait que le fils de la reine, Acacis, est également amoureux d'Orazia ; Zampoalla s'efforce d'exploiter cette situation pour s'attacher Montezuma. Le stratagème échoue et Zampoalla ordonne de sacrifier Montezuma, Orazia et l'Inca sur un autel sanglant. La tragédie parvient à son point culminant dans l'acte final où Acacis se suicide et où l'on découvre soudain que Montezuma est le roi légitime des Mexicains. Zampoalla se tue et l'Inca consent au mariage de Montezuma et d'Orazia.

Cette intrigue flamboyante a inspiré à Purcell quelques-unes de ses musiques les plus belles. *The Indian Queen* s'ouvre par les pièces instrumentales habituelles : la « First Music » (deux airs pour cordes en *fa* maj., de forme binaire) et la « Second Music » (deux « hornpipes » en *fa* maj., de forme binaire et en mesure à trois temps) sont suivies par une ouverture en *do* min., dans laquelle une introduction lente précède une « canzona » en imitations. Le drame commence par un prologue qui, exceptionnellement, est entièrement mis en musique : un dialogue entre un garçon indien et une jeune fille, Quévira, prend la forme d'une série d'airs et de duos apparentés mais aussi fortement contrastés. A la suite d'un air de trompette en *do* maj., le garçon (contreténor ou ténor élevé) chante l'air *« Wake Quevira »* (Réveille-toi Quévira) qui se fonde sur une basse obstinée de 4 mesures jusqu'aux mots « our soft rest must cease » (notre doux repos doit prendre fin) où la basse retrouve sa liberté. Un prélude instrumental pour 2 fl. à bec et b.c. conduit à l'air de Quévira *« Why should men quarrel ? »* (Pourquoi les hommes se querelleraient-ils ?), accompagné par 2 fl. à bec et b.c., écrit sur une basse obstinée modulante. Un récitatif du jeune garçon, *« By ancient prophecies »* (Par d'anciennes prophéties), mène à un duo avec Quévira, *« If these be they, we welcome then our doom »* (Si ces choses doivent se réaliser, nous acceptons notre destin). La suite d'airs et de duos s'achève par la répétition de l'air de trompette en *do* majeur.

La scène musicale suivante se trouve dans l'acte II où Purcell fournit la musique du masque de la Renommée et de l'Envie, sans lien dramatique avec l'action. Le masque, représenté devant la reine Zampoalla qui est assise sur un trône, renfrognée parmi ses suivants, commence par une symphonie instrumentale ([Largo] - Allegro-Adagio-Allegro) pour tout l'orchestre, en *do* majeur ; les trois premières sections avaient été employées l'année précédente comme introduction instrumentale de l'ode d'anniversaire de la reine Mary, → *« Come ye, Sons of Art »*, mais un ton plus haut, en *ré* majeur. La Renommée (contre-ténor) chante l'air de forme binaire *« I come to sing great Zampoalla's story »* (Je viens chanter l'histoire de la grande Zampoalla) qui sera repris par tout le chœur et l'orchestre. Cet ensemble en *do* maj. est suivi par *« What flatt'ring noise is this, at which my snakes all hiss »* (Quel est ce bruit flatteur qui fait siffler tous mes serpents), un trio en *do* min. pour l'Envie (basse) et ses deux suivants (alto et ténor), accompagnés par 2 vl., et b.c. ; les deux suivants ne prononcent que le mot « hiss » qui correspond à chaque fois aux mots « this » ou « hiss » de l'Envie, produisant une imitation grossière mais cependant efficace d'un serpent. Le masque s'achève par la répétition de l'air et du chœur *« I come to sing »* dont une version instrumentale sert également de second « Act tune », c'est-à-dire de musique instrumentale clôturant l'acte. La plus ancienne source manuscrite — Br. Libr. Additional Ms 31, 449 — comprend également deux danses instrumentales à la fin de l'acte II ; la première, en *do* maj., est franchement insuffisante et la seconde, en *si* ♭ min., est une version altérée d'un air de *The Fairy Queen* [Z 629/2a], ce qui fait penser que ces danses auraient été ajoutées à la partition après la mort de Purcell.

Un épisode surnaturel — presque inévitable dans les « semi-operas » — est issu de la célèbre scène d'incantation (acte III, sc. 2) dans laquelle le magicien Ismeron invoque le dieu des Songes afin qu'il revèle l'avenir à la reine Zampoalla. *« Ye twice ten-hundred deities »* (Vous, deux fois mille divinités) est l'un des airs de basse les plus connus de Purcell et a été décrit par Ch. Burney dans sa *General History of Music* (1776-89) comme « la meilleure pièce de récitatif dans notre langue ». Ce récitatif en *sol* min. mène à l'air *« By the croaking of the toad »* (Par le coassement du crapaud) ; dans les deux pièces, l'atmosphère de ruine et de tristesse est suggérée par l'emploi du chromatisme, à la fois mélodique et harmonique. Une symphonie instrumentale en *sol* min. pour htb. et b.c. introduit l'air apaisant du dieu des Songes, *« Seek not to know »* (Ne cherchez pas à savoir), pour sop., htb. obligé et b.c., puis une ouverture pour trp. en *ré* maj., pleine de fougue, annonce un changement d'atmosphère lorsque Ismeron ordonne à deux esprits aériens de dissiper l'humeur abattue de Zampoalla. Les deux esprits chantent le duo *« Ah ! how happy are we »* (Ah ! comme nous sommes heureux), écrit sur une basse obstinée de 4 mesures, suivi par *« We the spirits of the air »* (Nous les esprits de l'air), un duo en *la* min. pour 2 sop., conduisant à un chœur qui emploie les mêmes éléments musicaux. La scène 2 de l'acte III inclut également le fameux air de soprano *« I attempt from love's sickness to fly »* (Je tente de fuir la maladie d'amour) bien que les sources existantes ne permettent pas de savoir exactement où il était chanté au cours de la scène.

L'acte IV ne nécessite qu'un chant, celui d'Orazia, *« They tell us that your mighty powers above »* (Ils nous disent que vos grands pouvoirs surnaturels), un air de sop. en *la* min., de forme binaire, dont une version instrumentale sert d'« Act tune » à l'acte IV. La dernière musique se place au début du dernier acte, dans la scène du sacrifice. Un prélude instrumental pour cordes et b.c. introduit un bref chœur en *fa* maj., de forme binaire, *« While thus we bow »* (Tandis que nous nous inclinons) ; le grand prêtre (basse) chante ensuite *« You who at the altar stand »* (Vous qui vous tenez à l'autel), entrecoupé d'interjections chorales, et la séquence s'achève par un impressionnant chœur fugué, chromatique, en *fa* min., *« All dismal sounds »* (Tous les sons lugubres). On ne sait pas exactement quand Daniel Purcell écrivit la musique pour le masque de l'Hymen qui est ajouté à l'acte V de la tragédie, mais il est probable qu'il quitta son poste d'organiste à Magdalen College, Oxford, à la mort de son frère en nov. 1695, pour achever la musique de *The Indian Queen.* Bien que sa contribution — une série d'airs, de dialogues, de chœurs et d'airs pour trp. faite avec compétence — soit sans aucun doute inférieure en qualité à celle de son frère, le masque de l'Hymen offre le dénouement heureux que les producteurs du Théâtre royal considéraient comme une nécessité.

Sources — **a)** Manuscrits : Londres, Brit. Libr. Additional Mss 31.449, 31.447 et 31.453 ; Oxford, Oriel College, Ms. Ua 36. — **b)** Imprimés : *The Songs in the Indian Queen...,* Londres 1695 ; *Deliciae Musicae : Being a Collection of the Newest and Best Songs, with the Additional Musick to the Indian Queen by Mr. Daniel Purcell,* Londres 1696.

Rééditions modernes — Par E. J. Dent, *in* The Works of H. Purcell XIX/1, Londres, Novello, 1912.

Bibliographie — E. J. Dent, Foundations of English Opera, Cambridge 1928 ; R. E. Moore, H. Purcell and the Restoration Theatre, Londres 1961 ; Fr. B. Zimmerman, H. Purcell. An Analytical Catalogue of his Music, Londres 1963 ; C. A. Price, H. Purcell and the London Stage, Cambridge, CUP, 1984.

J. P. Wainwright

« In dich hab ich gehoffet, Herr », choral protestant de 7 strophes (a^8 b^8 c^7 a'^8 c^7), paraphrase par Adam Reusner (1496-1575) du Psaume 31, *« In te Domine speravi »,* pour les versets 1 à 6, le 7e étant de caractère doxologique. Il est chanté sur une mélodie du xve s., en mode de *ré* authente, reprise en 1560 dans le *Strassburger gross Kirchengesangbuch.* Dans les *Deliciae melicae* (Nuremberg 1704), il est accompagné de la mention « ein herrlich und unvergesslich trostreiches Lied » (un magnifique et inoubliable chant de consolation). Cornelius Becker a continué la paraphrase au-delà du verset 6 dans son *Psalter Davids gesangweis* (Leipzig 1602) qui ajoute 17 strophes à celles de Reusner.

Traduction de la 1re strophe — En toi j'ai espéré, Seigneur, fais que ne je sois pas éternellement couvert de honte ou de dérision ; c'est ce que je te demande, garde-moi dans ta fidélité, mon Dieu.

Ce chant figure toujours dans les recueils de chants protestants actuels (EKG, Kassel 1950 ; Recueil ECAAL, Strasbourg 1952, n° 442). La mélodie véhicule également *« Ach traure nicht, du frommer Christ »* de Johann Heermann (EKG, n° 291), *« Gott Vater höre unsre Bitt »* de Johann Bornschürer (EKG, n° 150 ; Recueil ECAAL, n° 279) et *« Wärn meiner Sünd auch noch so weit »* de Hermann Wepse (EKG, n° 248). Dans les *Hymni sacri latini et germanici* de Sethus Calvisius (Erfurt 1594) figure une autre mélodie qui sera reprise par M. Praetorius en 1610.

H. Schütz a harmonisé ce psaume dans le *Beckersche Psalter* (SWV 128 a et 128) publié en 1628 et 1661. Dans ses *44 Choräle zum präambulieren,* l'organiste **Johann Christoph Bach** traite ce choral avec des marches harmoniques, dans une esthétique toute fonctionnelle et pratique, destinée au culte. Il reprend surtout le motif initial qui circule aux claviers et à la pédale, tandis que vers la cadence conclusive une longue pédale de dominante est confiée au pédalier. **J. S. Bach** utilise ce texte comme choral final de sa cantate → *« Falsche Welt, dich trau ich nicht »* (BWV 52). Il en exploite encore la mélodie dans le choral BWV 712 de la collection Kirnberger, à 12/8, avec un rythme caractéristique de trois croches à la pédale.

É. Wéber

« In dulci jubilo, nun singet und seid froh », cantique de Noël remontant au Moyen Age (xive s.) et adopté par la Réforme, d'abord bilingue (latin/allemand) puis entièrement en allemand à partir de 1646 (recueil de Hanovre) avec l'incipit *« Nun singet und seid froh, jauchzt all und saget so ».* Ce chant comporte 4 strophes ($A^6 A'^6 B^6 C^6 B'^6 C'^6 d^5 e^5$) commençant respectivement par « In dulci jubilo », « O Jesu parvule », « Ubi sunt gaudia » et « Mater et filio », « Sin allir frouden vol » qui ont été maintenues ou supprimées selon l'orientation confessionnelle. Il figure dans les recueils de Klug (Wittenberg 1533), de Magdebourg (depuis 1534), de Strasbourg (depuis 1536-37), de Babst (Leipzig 1545) et s'est encore maintenu dans le recueil de Freylinghausen à Halle (1704), mais subira une éclipse à l'époque du piétisme. De nos jours, la version bilingue a été reprise, mais la mélodie médiévale en majeur continue à véhiculer le texte allemand *« Nun singet und seid froh »* (EKG, Kassel 1950, n° 26 ; Recueil ECAAL, Strasbourg 1952).

Traduction de la 1re strophe — Dans la douce joie, chantez maintenant et soyez heureux. La joie de nos cœurs repose dans la crèche et brille comme le soleil. Dès le sein de ta mère, tu es l'alpha et l'omega **A**.

Les *Newe deutsche geistliche Gesenge* (Wittenberg, Rhau, 1544) en renferment une version bilingue à 4 voix, en *fa*, de **J. Walter**, qui place la mélodie au ténor avec quelques imitations au supérius. Le texte bilingue a également été utilisé par **L. Paminger** dans une composition à 5 voix, polytextuelle, avec triple « cantus firmus » ; c'est ainsi que le ténor I chante *« Omnis mundu iocundetur »* (adaptation allemande « Alle Welt springe und singe »), le soprano II *« In dulci jubilo »* (avec vocalises sur o), le soprano I *« Resonet in laudibus »* (adaptation allemande « Singet frisch und wohlgemut »), les autres parties — basse et ténor II — assurant le complément harmonique de cette intéressante pièce avec instruments à cordes et flûte. **L. Schröter** en a réalisé une version pour deux chœurs alternés avec « cantus firmus » au soprano II du 1er chœur et au ténor II du second, le cantique étant traité par sections. Cette œuvre n'a été publiée que très tardivement, dans ses *Newe Weihnachtliedlein mit 4 und 8 Stimmen* (Helmstedt 1687). Au XVIIe s., **M. Praetorius** propose une version des 4 strophes à 4 voix, confie la mélodie au supérius avec quelques notes de passage, la basse étant par moment traitée plus librement (*Musae Sioniae* VI, 1609, en *fa*). **D. Buxtehude** en a fait une cantate, tandis que **J. S. Bach** a harmonisé la mélodie à 4 voix, note contre note, avec une animation en traits de croches à la basse sur « jubilo » (BWV 368). Dans l'*Orgelbüchlein* (n° 10, BWV 608), il traite la mélodie en canon à l'octave entre le soprano et la pédale et, pour traduire la joie, l'accompagne de figurations en triolets de croches apportant une certaine fluidité à une écriture qui reste sévère. Il a aussi harmonisé cette mélodie en *la* maj., avec « cantus firmus » au soprano, quelques mouvements de croches dans l'esprit de la toccata et des accords plaqués (BWV 729, 51 mesures). La pièce BWV 729a ne donne que la partie supérieure, la basse et le chiffrage (35 mesures). Enfin, dans BWV 751, il confie la mélodie au soprano sur une longue pédale de *sol* à la basse (72 mesures).

É. Weber

« In dulci jubilo, nun singet und seid froh », cantate de **Dietrich Buxtehude** (BuxWV 52) pour 2 sop. et basse, 2 vl. et b.c., destinée primitivement, selon toute vraisemblance, à une « Abendmusik » (concert spirituel) de l'Avent. (Durée : 7 min environ.)

C'est une paraphrase du populaire cantique de Noël dont la mélodie, très reconnaissable malgré quelques ornementations, est entendue 4 fois sur les 4 strophes du poème qui s'enchaînent en un mouvement musical unique. La joie naïve et la fraîcheur agreste du chant populaire sont préservées et magnifiées par un traitement musical qui s'interdit tout artifice savant et s'en tient à une écriture strictement homophonique, sur le bercement rythmique de la mesure à 3/2. L'allongement des syllabes finales de plusieurs vers, présent dans la mélodie originelle, est amplifié par le compositeur pour accentuer le sentiment de joie fervente (on peut douter qu'il y ait ici une imitation de cornemuses comme l'affirme A. Pirro) **A**. La musique de la première strophe est reprise pour les deux suivantes sans autres changements que des détails d'ornementation mélodique : les voix dialoguent avec les instruments qui répètent quelques-uns de leurs motifs en guise d'interludes. Puis voix et instruments s'associent pour la dernière strophe, les violons s'adonnant quant à eux à de sautillantes guirlandes sonores aiguës sur un rythme trochaïque (♩ ♫) pour évoquer les « nouveaux cantiques » chantés par les anges au paradis (A. Pirro évoque ici des ménétriers rustiques), jusqu'à une coda amplifiant en douceur la dernière phrase du cantique.

Éditions — Par W. Gurlitt, *in* D. Buxtehudes Werke V, Klecken, Ugrino, 1933, n° 52 ; éd. séparée Kassel, BV, 1954, n° 620.

Bibliographie — A. Pirro, D. Buxtehude, Paris, 1913, rééd. en facs. Genève, Minkoff, 1976.

J. Viret

« In ecclesiis... » (Dans les assemblées, bénissez le Seigneur, alléluia), motet pour 2 chœurs à 4 voix et un ensemble instrumental à 7 parties, de **Giovanni Gabrieli**, publié dans le 2^{d} livre posthume des → *Sacrae Symphoniae* (Venise, Magni, 1615). Le premier chœur, où chaque voix est marquée « voce », se compose de 4 solistes (S A T B) ; le second chœur, portant la mention « capella », comporte également 4 voix, mais à plus grand effectif (même disposition) ; les instruments, nettement spécifiés, sont 3 cornets, un violino (viole) et 2 trombones, plus un continuo d'orgue (« basso per l'organo ») qui accompagne aussi les deux chœurs. (Durée : 7 min environ.)

Le texte, une louange faite de citations psalmiques, est traduit musicalement avec le déploiement sonore caractéristique du style nouveau développé à Venise par Gabrieli lui-même et d'autres compositeurs (G. Croce, L. da Viadana, Cl. Monteverdi) dans les années 1600, style combinant l'écriture polychorale de la tradition vénitienne renaissante (« cori spezzati ») avec le moderne style concertant (« stile concertato »), où les instruments sont obligés et indépendants et non plus facultatifs. Les morceaux de ce genre ont une allure éclatante et festive qui les réserve aux grandes occasions. Sans se situer en rupture avec l'esthétique polyphonique du XVIe s., ils n'en sont pas moins déjà représentatifs de l'esprit baroque.

La forme, très structurée, combine deux niveaux simultanés. Sous l'angle architectonique, elle inclut un refrain fixe sur le mot « alleluia » : ses deux motifs successifs (dont le premier est le seul de rythme ternaire) font dialoguer les chœurs à la manière des « cori spezzati », mais le chœur de solistes, d'abord réduit à une seule voix, ne sera complet qu'à la 5e et dernière exposition du refrain. A celui-ci, noyau de la forme globale, font pendant des épisodes libres jouant le rôle de couplets. Un autre niveau de structure ressortit à la mise en œuvre des trois corps sonores : après une section initiale où les chœurs vocaux ne sont soutenus que par l'orgue, le chœur instrumental fait son entrée avec un interlude (sinfonia) auquel viendront s'ajouter ensuite l'alto et le ténor solistes ; un retour du refrain alléluiatique ramène l'effectif global, puis une nouvelle section se restreint au soprano et à la basse solistes accompagnés par l'orgue, et la section conclusive, associant les trois chœurs, est introduite par les invocations en accords massifs sur le mot « Deus ».

L'écriture de ce motet grandiose offre de multiples intérêts. On relèvera notamment le traitement différencié des deux chœurs, celui de solistes adoptant des formules plus ornées alors que le 2^{d} chœur se cantonne dans une polyphonie simple. On notera, d'autre part, l'attention vouée aux paroles, dont le rythme est souvent souligné par des dessins brefs et clairement profilés. La partie d'orgue, enfin, n'obéit plus à la conception primitive du « basso seguente » (doublure systématique de la basse vocale), mais devient un véritable continuo baroque en prenant son indépendance par rapport aux voix. Tous ces traits contribuent à créer l'aspect résolument novateur d'un morceau qui annonce directement les → *Symphoniae sacrae* de Schütz, élève de Gabrieli.

Rééditions modernes — Par C. von Winterfeld, *in* G. Gabrieli und sein Zeitalter, Berlin 1834, rééd. en facs. Hildesheim, Olms, 1965, vol. III, p. 73 ; par D. Arnold, *in* G. Gabrieli. Opera Omnia V, CMM 12, Amer. Inst. of Musicology, 1969.

Bibliographie — F. Hudson, G. Gabrieli's Motet a 15 « In ecclesiis », *in* MR XXIV, 1963.

J. Viret

« In exitu Israel... » (Lorsque Israël sortit d'Égypte), grand motet sur le Psaume 113 (114) d'**Antoine Blanchard**, composé pour la Chapelle du roi à Versailles en 1749. (Durée : 15 à 20 minutes.)

Seule est mise en musique la première partie de cette hymne pascale qui met en parallèle le passage de la mer Rouge et celui du Jourdain. Les images poétiques très fortes du psaume ont inspiré au musicien versaillais des pages symphoniques et descriptives riches d'effets dramatiques dans une coloration orchestrale originale peu en usage dans la musique religieuse de la cour. Les 4 versets du texte latin sont répartis en 6 numéros. **1.** *La Marche des Hébreux* sonne comme une ouverture solennelle en *ré* maj., exécutée par 2 petites flûtes, 2 cors de chasse, les hautbois avec les violons, les bassons dans un rôle différent de la basse continue, sur les rythmes marqués par les timbales. Le chœur homophone célébrant la sortie d'Égypte est entonné sur cette marche et se poursuit par l'*Élection et sanctification du peuple d'Israël* sur de larges accords en *ré* mineur. **2.** *« Mare vidit et fugit »* (La mer le vit et s'enfuit). Pour accompagner la basse-taille qui avec ses longues notes tenues semble dominer la fuite de la mer, Blanchard écrit une « symphonie de tempête » en précisant : « les eaux de la mer Rouge se séparent pour faire passage au peuple de Dieu », dans une orchestration et avec un appareil figuratif comparables aux pages équivalentes de Vivaldi ou de Rameau. **3.** et **4.** Malgré les images du texte, *« Montes exultaverunt... »* (Les montagnes sautèrent comme des béliers), ces récits sont moins spectaculaires : le bondissement des montagnes chanté par la haute-contre est traduit aux violons en arpèges brisés, en notes égales. L'interrogation des éléments s'énonce ensuite en forme de récitatif de dessus sur les trémolos très doux des cordes, suivi d'un air de joyeuse allégresse où prédomine le triolet avec quelques vocalises sur « exultaverunt ». **5.** *« Mota est terra... »* (Tremble, terre, devant la face du Seigneur). De nouveau la symphonie intervient avec ses rythmes constrastés et ses figurations animées sous le chœur en effets « tremblés » comme dans le célèbre chœur d'*Isis* de Lully. **6.** « Moïse frappe au rocher [...] il hésite [...] les eaux coulent en abondance » : en imaginant cette véritable mise en scène sonore du texte biblique *« Qui convertit petram »*, en l'illustrant par divers motifs mélodiques et rythmiques, en superposant par l'imagination au déroulement sonore une pantomime expressive d'acteur, Blanchard se révèle précurseur du célèbre procédé de « pantomime hypocrite » que Lesueur utilisera à la fin du siècle dans ses drames sacrés. Le dernier chœur homorythmique répète à l'envi le dernier verset du psaume, tandis que s'écoulent, en croches

A **« In dulci jubilo, nun singet und seid froh »**

A **« In dulci jubilo, nun singet und seid froh »** de D. Buxtehude

phrasées par deux, les motifs des cordes qui accompagnent les « fontes aquarum » (le jaillissement des sources). Cette vision quasi théâtrale du grand motet se distingue aussi par l'absence de chœur fugué, exceptionnelle dans le motet versaillais.

Sources — Ms. autographe, Paris, BN, H 516.

Bibliographie — B. LESPINARD, La vie et l'œuvre d'A. Blanchard (1696-1770). Contribution à l'histoire du grand motet (diss. Univ. de Paris IV, 1977).

B. LESPINARD

(L') INFIDÈLE, mélodie pour chant et piano de **Déodat de Séverac**, sur la deuxième des *Douze Chansons* (1896) de Maurice Maeterlinck, composée en déc. 1899 et dédiée à Auguste Sérieyx. (Paris, M. Eschig, 1902 ; durée : 4 min 30 s environ.)

L'Infidèle — ce titre est du compositeur — est un des rares détours de Séverac vers la musique wagnérienne. Sous son influence, il livre là une page sublime qui, malgré sa lourde tristesse, son désespoir et son pessimisme, est aussi un immense chant d'amour. Mais alors que les 5 distiques de cette *Chanson* de Maeterlinck se prêtaient à une théâtralisation du dialogue, Séverac préféra une dramatisation tout intériorisée. La ligne vocale y est pour beaucoup. Sa variété, sa souplesse discursive continue, « presque comme une déclamation », reflètent toute la mobilité affective et commandent la forme. Celle-ci est quasi strophique. Mais on y décèle, comme souvent chez Séverac, un tripartisme associé à la structure tonale. L'harmonie concourt également à cette même dramatisation. *L'Infidèle* retrouve des chromatismes qui n'ont rien perdu de leur force et « pathétise » son discours de gammes par tons. Dans cette page qui n'est pas loin du chef-d'œuvre, il n'y a aucun effet de rhétorique, mais au contraire une rare concision qui donne à cette mélodie toute son intensité et sa vérité dramatiques en évoquant avec justesse ce souvenir atroce d'un amour à jamais évanoui : « Et s'il m'interroge alors sur la dernière heure ?/Dites-lui que j'ai souri de peur qu'il ne pleure ! »

P. GUILLOT

(L') INFIDELTÀ DELUSA (L'Infidélité déçue), opéra en 2 actes, livret de Marco Coltellini décrit comme une « burletta per musica », musique de **Joseph Haydn** (Hob XXVIII : 5), composé en 1773, créé à Eszterháza, le 26 juil. 1773. (Durée : 2 h 19 min environ.)

Après une ouverture en deux mouvements (Allegro, *do* maj., et Poco adagio, *sol* maj.), l'opéra commence par un quatuor en *fa* maj. (Moderato), un doux hymne à l'air embaumé du soir, troublé uniquement par la remarque fortuite de Filippo (ténor), un vieux paysan : sa fille Sandrina a été offerte en mariage à Nencio, un riche paysan. Le mouvement passe à un Allegro qui permet à Sandrina (sop.) d'exprimer son inquiétude ; elle n'est pas convaincue par la réponse de son père. La scène s'achève par le rassemblement de la troupe, d'accord pour que toute action décisive soit reportée au lendemain matin. Dans une aria en *sol* maj., Moderato allegro, Filippo enjoint à Sandrina d'ignorer Nanni, son soupirant ; l'orchestre souligne hardiment la négation « sempre di nò ». Nanni (basse) fait son entrée et est troublé par la réponse ambiguë de Sandrina. Celle-ci exprime son dilemme dans une aria en *la* maj., Presto, *« Che imbroglio è questo »* (Quelle complication !). Nanni donne libre cours à sa colère dans une aria passionnée en *fa* min., Allegro di molto, passant en *fa* maj., pour une conclusion entraînante. La scène change et se transporte dans la maison de Nanni où Vespina (sop.), la sœur de Nanni, amoureuse de Nencio, prépare le repas du soir en célébrant les vertus de l'amour véritable (Moderato, *si* ♭ maj.). Dans un duo énergique et d'une grande puissance, Presto, le frère et la sœur expriment leur dégoût des combinaisons de Filippo et jurent de les déjouer. La scène change de nouveau et revient à l'extérieur de la maison de Filippo où Nencio (ténor) donne une sérénade à Sandrina (Adagio, *mi* ♭ maj.), le son de la guitare étant suggéré par les pizzicatos des cordes. Poussée par son père, Sandrina s'approche de la fenêtre et réalise qu'elle va être forcée au mariage. Vespina et Nanni sont spectateurs de la scène et quittent leur abri, hâtant l'arrivée du finale de l'acte I dans lequel tous les participants réagissent de façon de plus en plus excitée à la situation dramatique. Ce finale ne comporte que deux sections, un Allegro à 4/4 et un Presto en 3/8 (*sol* maj.).

L'acte II s'ouvre par une sinfonia en *do* maj., Prestissimo. C'est le matin du jour suivant et Vespina informe son frère de ses plans. Elle s'habille d'abord comme une vieille femme et raconte à Filippo que sa fille a été abandonnée par Nencio. Le mouvement Adagio de son aria en *la* maj. suggère sa fragilité, les syncopes sa démarche difficile et sans énergie. Affectant de tousser (caractérisation par l'orchestre), elle précise qu'elle se rend chez un avocat. Dans une aria en *do* maj., Presto, Filippo avertit Nencio de ne pas approcher Sandrina ; une véritable menace se glisse dans l'émotion lorsque la musique passe en mineur et à une nuance piano. Vespina revient habillée comme un valet teuton, parlant un allemand burlesque. Elle chante un vigoureux air à boire en *fa* maj., Presto, et convainc Nencio que son maître va épouser Sandrina le jour même. Vespina disparaît pour revenir sous un troisième déguisement, celui d'un aristocrate, le marquis de Ripafratta. Elle informe Nanni que Sandrina sera poussée par ruse à épouser son valet. Nencio, heureux que quelqu'un ait été apparemment trompé, exprime son plaisir dans une aria en *la* maj., Allegro, tandis que l'orchestre illustre avec vivacité son rire méprisant. Vespina explique à son frère la prochaine étape de l'intrigue dans une aria en *mi* maj., Allegretto, suggérant une affection véritable pour contrebalancer sa ruse. La scène se transporte dans une pièce de la maison de Filippo où se font les préparatifs du mariage. Abattue et désespérée, Sandrina chante l'un des grands moments expressifs de l'opéra, l'aria *« È la pompa un grand'imbroglio »* (La pompe est une grande tromperie) dans lequel elle souhaite pouvoir demeurer une simple fille de paysan. La ligne mélodique large, de grand ambitus, se déroule sur un riche accompagnement qui se meut souvent en tierces parallèles. Vespina et Nanni entrent, déguisés respectivement en un notaire et son valet. Le finale de l'acte II amène sur scène les cinq personnages de la distribution, deux déguisés et les trois autres se méprenant en pensant que Sandrina va épouser le marquis de Ripafratta. Le quintette commence dans un mouvement Poco adagio (*do* maj.), le notaire préparant méticuleusement le contrat de mariage. La tension nerveuse se rompt lorsque Vespina révèle que les signataires du contrat sont en réalité Sandrina et Nanni. Le mouvement passe à un Presto tandis que Vespina démêle l'intrigue à ses compagnons incrédules ; le son des timbales et des cors altos en *do* (imitant les trompettes) annonce la décision de célébrer un double mariage, celui de Sandrina et Nanni et celui de Vespina et Nencio.

Rééditions modernes — *In* J. Haydn. Werke, éd. par le J. Haydn-Institut de Cologne, Munich, Henle, 1958 et suiv., vol. XXV/5.

Bibliographie — Voir celle de l'art. *(La) fedeltà premiata.*

D. Wyn-Jones

« In Gottes Namen fahren wir » (Nous allons au nom de Dieu), chant des pèlerins allemands du Moyen Age dont la source se trouve dans le *Tristan und Isolde* de Gottfried de Strasbourg († v. 1210) où il est précisé qu'on le chante d'une voix forte. Il a connu de nombreuses versions jusqu'au XVI^e^s., où Nikolaus Herman en élabore une dernière paraphrase invoquant le saint ange de Dieu comme le fit le peuple en Égypte lorsqu'il échappa à la main de Pharaon. Toutes les versions se terminent par « Kyrioleis » ou « Kyrieleis ».

Cette version a été retenue dans les recueils de chants protestants depuis l'*Enchiridion* d'Erfurt (1524) jusqu'à nos jours (EKG, Kassel 1950, n° 388 ; Recueil ECAAL, Strasbourg 1952, n° 383). Sa mélodie dynamique a été exploitée comme timbre pour d'autres textes : outre les Dix Commandements, → *« Dies sind die heilgen zehn Gebot »*, elle accompagne le texte de Johann Betschius (1650-1722) *« Das walte Gott der helfen kann »* (EKG, n° 386). Mais *« In Gottes Namen fahren wir »* n'a pas vraiment attiré l'attention des compositeurs. On peut tout juste citer **Th. Stoltzer** dont une version polyphonique figure avec seulement l'incipit de la mélodie ornée au n° 93 des *Newe deutsche geistliche Gesenge* (Wittenberg, Rhau, 1544).

É. Weber

« In hydraulis... » (Dans les hydraules, Pythagore jadis...), motet à 4 voix, en deux parties, d'**Anthoine Busnois**, conservé notamment dans les codices de Trente. Le texte, plein de fantaisie, évoque tantôt les musiciens de l'Antiquité, Pythagore, Orphée, tantôt le musicien lui-même et son confrère J. Ockeghem.

La voix de ténor est soumise à un traitement isorythmique. Elle ne chante, en valeurs lentes, que les notes *ré-do-ré*, puis, après un silence, *la-sol-la*, en alternance. L'œuvre est en *ré*, avec *si* ♭ à la clé. Elle commence par un duo orné des voix supérieures, en forme de marche d'harmonie. L'arrivée du ténor amène la plénitude polyphonique et la stabilité du ton de *ré*, qu'agrémente le chant de la voix supérieure, répandue sur un large ambitus. Le ténor se tait un moment et fait place à un vif et long duo des voix extrêmes, au rythme mouvementé. Puis il reprend et termine en *ré*. La 2de partie commence par évoquer Ockeghem, musicien du roi de France, par un canon à l'octave, d'abord proposé par la basse, mais bientôt confié aux deux parties supérieures. Un duo du contraténor et de la basse évoque ensuite le duc de Bourgogne, suivi d'un passage où le ténor revient et où la voix supérieure s'élève à *ré* 4 pour citer Busnois lui-même. Le tissu polyphonique semble encore se partager en plusieurs duos raffinés. Dans l'un d'eux, une voix chante en syncopes par rapport à l'autre. Dans un autre, c'est la voix supérieure qui surmonte, en valeurs lentes, le chant vif de la basse. Le ténor revient vers la fin de cette composition où tout a été en *ré*, avec quelques incursions vers *sol*. Les plaisantes paroles de ce motet sont dissimulées parmi les vocalises ; mais la variété et la légèreté de l'écriture en donnent bien l'équivalent musical, digne du génie enjoué de Busnois.

Éditions — Par G. Adler et O. Koller, *in* DTÖ VII, 1900.

M. Brunerye

In Liebeslust (Joie d'amour), lied pour voix et piano de **Franz Liszt**, sur une poésie de Hoffmann von Fallersleben, probablement composé dans les années 1850 (éd. 1859 ; durée : 2 min 10 s environ.)

Sur les vers enflammés du poète, Liszt a réussi à créer un lied d'un lyrisme généreux, aux belles envolées, mais sans jamais tomber dans le pathétique de mauvais goût. Il adopte pour les 4 quatrains du poème la forme AA'AB. Mais une cellule mélodique expressive de trois notes revient constamment et sert de véritable élément unificateur. On la trouve dès l'introduction où elle est répétée deux fois et où sa force suggestive est rehaussée par l'harmonisation :

Cette cellule, diversement variée, souligne tous les vers pairs du poème, passe dans d'habiles contrepoints à l'accompagnement et culmine en fin de seconde section sur les mots « ich liebe dich » (je t'aime) puis, sur les mêmes mots, pour conclure :

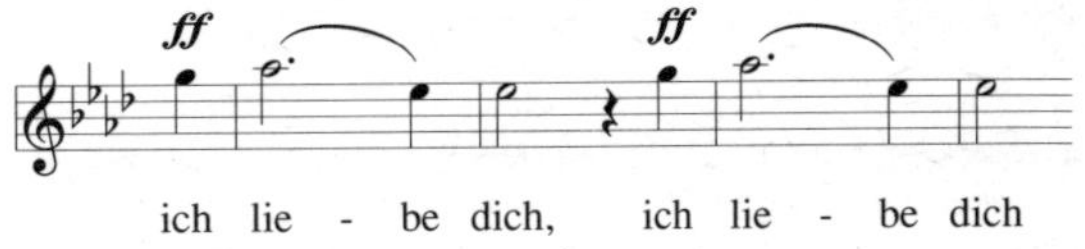

Édition — Voir à l'art. *« Bist du ! »*.

S. Gut

In memoriam, op. 12, poème pour 2 voix, vl., vlc. et piano, de **Maurice Emmanuel**, sur un texte de Robert Vallery-Radot, composé en 1908 à la mémoire de la mère du musicien (« Dilectae matri » selon la dédicace, mais l'édition porte en couverture le nom d'un second dédicataire, Rodolphe Plamondon), exécuté en 1re audition privée, le 29 mars 1925, par Claire Croiza et Raoul d'Harcourt, D. Bascouret (vl.) L. Feuillard (vlc.) et J. Weill (piano). (Paris, Durand, 1909 ; durée : 20 min environ.)

L'œuvre, fondée sur le dialogue d'une mère mourante et de son fils, se déroule en 4 mouvements dépourvus de titres, dont le 1er et le 2e s'enchaînent : 1. la voix du Fils (avec vlc. et piano), 2. solo piano et vlc., 3. la voix du Fils (avec piano), 4. la voix de la Mère (avec vl., vlc. et piano). De facture modale, l'écriture d'*In memoriam* joue sur les enchevêtrements de lignes et d'accords engendrant une émotion tendue. Voix et instruments y dialoguent selon les lois de l'émotion et du sens, et non selon celles de l'instrumentation.

1. Grave, en *la* ♭ maj. pour chant, vlc. et piano, présente le Fils, face à la mort d'une Mère vénérée : « Ma mère, vous allez mourir. » L'œuvre procède de l'économie la plus stricte (« recto tono » de la voix) jusqu'à la tension la plus intense, résultant de procédés mélodiques (ambitus s'élevant, intervalles larges), harmoniques et prosodiques (les vers octosyllabes sont d'abord traités isolément, puis par deux en une longue phrase de 16 syllabes, enfin en déclamation continue). Dès le début, un thème lyrique au violoncelle commente le « recto tono » de la voix ;

il se retrouve en fin de mélodie et sert de motif unificateur à l'ensemble du cycle. **2.** Lorsque se tait la déclamation, piano et violoncelle enchaînent un court postlude, sorte de réflexion émouvante, au-delà des mots. **3.** Adagio, en *ré* maj., pour chant et piano, montre le Fils seul face à la réalité du corps qui repose. Un Adagio du piano, chromatique et tourmenté, introduit un Andante molto sostenuto où la voix, très déclamée, s'appuie sur un thème de choral issu du leitmotiv initial. Après un pont chromatique de l'accompagnement, le désordre des sentiments et la grandeur métaphysique du moment sont évoqués dans un curieux passage Lento, écrit « quasi planus cantus », « senza battuta », selon une liberté très surveillée pour le chanteur qui devra faire coïncider certains appuis avec la main droite du piano accompagnateur selon un système de flèches pointillées placées par l'auteur. Un dernier conduit chromatique amène une évocation de l'Andante initial, animant et amplifiant le motif du choral.

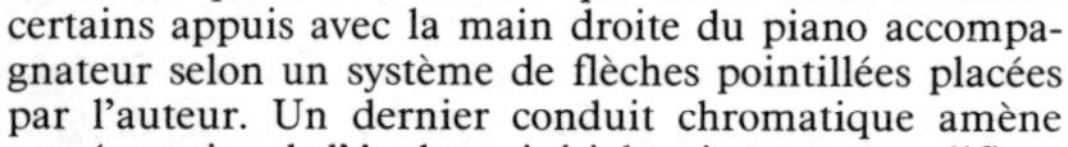

4. Sostenuto, en *ut* maj., très lyrique, pour chant, piano, vl. et vlc., fait intervenir la voix de la Mère attestant sa présence, au-delà de la mort, par l'amour. Le thème cyclique réapparaît et, suivant une progression contraire à celle de la mélodie n° 1, le langage s'épure, passant par une écriture chargée dans la séquence Sostenuto pour aboutir au sommet de l'ascèse, 4 mesures sans accompagnement de la voix au Più animato. L'œuvre s'achève sur le retour au thème initial.

La modestie du texte poétique comme la distribution peu attrayante des rôles (le violon et la voix de femme n'interviennent que brièvement en fin de cycle) ont jeté une ombre injustifiée sur ces mélodies qui participent au grand renouveau du genre entre les années 1907 et 1913.

Bibliographie — Ch. Koechlin, La mélodie, *in* Cinquante ans de musique française, 1874-1925, Paris 1925 ; M. Béclart d'Harcourt, L'œuvre musicale de M. Emmanuel, *in* RM XLIII, 1939, n° spécial de la RM, n° 206, 1947 ; M. Chr. Valette, M. Ledroit, A.-M. Chartreux et J. Crétel, Contribution à l'étude de l'œuvre musicale de M. Emmanuel (4 mémoires de maîtrise, Univ. de Strasbourg-II, 1972) ; M. Emmanuel et son temps, *in* RIMF, n° 11, 1983.

M.-Cl. Beltrando-Patier

In memoriam Dylan Thomas, canons funèbres et chant pour ténor, quatuor à cordes et 4 trb. d'**Igor Stravinski**, composés en févr.-mars 1954, exécutés pour la 1re fois à Los Angeles, le 20 sept. 1954, sous la dir. de Robert Craft. (Londres, Boosey & H., 1954 ; durée : 6 min environ.)

D. Thomas et Stravinski avaient projeté d'écrire ensemble une œuvre lyrique exploitant la redécouverte de notre planète après un accident atomique, lorsque survint la mort du poète, le 9 nov. 1953. « Ce fut un coup terrible pour moi et pour tous ceux qui connaissaient son génie », s'écria Stravinski qui éleva à sa mémoire cette bouleversante et sobre stèle musicale. Aucun poème ne pouvait mieux convenir que *« Do not go gentle into that good night »* (N'entre pas paisiblement dans cette bonne nuit), écrit par D. Thomas à la mémoire de son père et qui contient ce cri de révolte impuissante : « Rage, rage against the dying of the light » (Tempêter, fulminer contre la lumière qui s'éteint). Le chant pour ténor et quatuor à cordes, *« Do not go gentle »*, est entouré par un prélude et un postlude funèbres instrumentaux en canon. L'œuvre adopte le système sériel, avec une série limitée à 5 sons contenus dans l'ambibus d'une tierce majeure.

Bibliographie — H. Keller, In Memoriam Dylan Thomas. Stravinsky's Schoenbergian technique, *in* Tempo, printemps 1955, n° 35 ; R. Craft, In Memoriam Dylan Thomas (1954), *in* Avec Stravinsky, Monaco 1958, pp. 151-154 ; E. W. White, Stravinsky, the Composer and his Works, Londres, Faber, 1979, trad. fr. Paris, Flammarion, 1983, pp. 486-490 ; A. Boucourechliev, Stravinsky, Paris, Fayard, 1982, pp. 329-332 ; Chr. Goubault, J. Stravinsky, Paris, Champion, 1991.

Chr. Goubault

« In monte Oliveti », motet pour 6 voix a cappella (S A A T B B) de **Roland de Lassus**, composé probablement aux alentours de 1568, sa date d'édition dans les *Selectissimae cantiones* [...] *sex & pluribus vocibus compositae per* [...] *Orlandum di Lassum* (Nuremberg, Th. Gerlatz ; autre éd. la même année, dans un recueil collectif imprimé par Gardano à Venise, durée : 3 min environ).

Le texte est emprunté au répons grégorien du jeudi saint, lui-même reprenant le chapitre 26 de saint Matthieu (versets 39 et 41). Il sert à Lassus pour peindre dans un morceau concis un grandiose tableau de la Passion, celui du Christ à Gethsémané : « Sur le mont des Oliviers il pria son Père : Père, Père, s'il se peut que s'éloigne de moi ce calice, l'esprit est prompt mais la chair faible, que ta volonté soit faite. » Après la lente et douloureuse montée du début, l'invocation de Jésus (« Pater ») est soulignée par de pathétiques accords mais le premier souhait, « transeat » (que s'éloigne), engendre un motif plus animé repris par toutes les voix. Le même procédé de l'imitation contrapuntique sera repris, plus loin, pour le second souhait, « fiat voluntas » (que ta volonté soit faite), avec un motif plus calme en notes répétées. On remarquera en outre le ralentissement rythmique évoquant la « faiblesse » de la chair après la « promptitude » de l'esprit. Sans verser dans la description, Lassus s'est efforcé, en conservant la sobriété de ton propre au motet, de faire passer dans sa musique un peu du drame relaté par le texte. Ce dernier a également été traité par **A. Ferrabosco I**, en un motet à 6 voix manifestement inspiré par celui de Lassus.

Rééditions modernes — Par C. Proske et Fr. X. Haberl, *in* O. di Lasso. Sämtiche Werke XI, Leipzig, Br. & H., 1900 (*Magnum opus musicum* n° 334).

J. Viret

« Innsbruck ich muss dich lassen... » (Innsbruck, il me faut te quitter, je reprends mon chemin pour des contrées étrangères, ma joie m'est ravie et ne sais comment la retrouverai). Les trois strophes de ce lied, parfois attribué à Maximilien Ier, évoquent la nostalgie de l'amant qui doit quitter sa bien-aimée. Les deux chansons polyphoniques à 4 voix de **H. Isaac** sont bâties à partir d'une mélodie placée tantôt au supérius (éd. en 1539), tantôt au ténor (CH-Bu F 22-24, D-Mbs 328-331). Dans la première composition, la plus répandue, la mélodie fait contrepoint à un ténor parfois utilisé comme « cantus firmus » pour cette même chanson (J. Kilian, C. Glanner, J. vom Brandt).

La seconde composition est construite autour d'un pseudo-canon du ténor et de l'altus. La tessiture exceptionnellement basse du supérius (*fa* 2-*fa* 3) confère à l'œuvre gravité et tristesse. La mélodie a enfin servi de timbre à de nombreuses parodies spirituelles diffusées dans les recueils tant catholiques que protestants et dont la plus célèbre, *« O Welt, ich muss dich lassen »* a été en vogue jusqu'à la fin du XVIIe siècle.

Rééditions modernes — H. Isaac, *in* DTÖ XIV, p. 15.

Bibliographie — O. Kade, Über den eigentlichen Melodienkörper zu dem Liede « Inspruck ich muss dich lassen » von H. Isaac, *in* MfM V, 1873 ; I. Faisst, Über die Entstehung der Melodie « Herzlich lieb hab ich dich o Herr » etc. und « Innsbruck ich muss dich lassen » etc., *ibid.* VI, 1874 ; H. Rietsch, H. Isaac und das Innsbrucklied, *in* Jb. Peters 1917 ; K. Ameln, Beiträge zur Geschichte der Melodien « Innsbruck... » und « Ach Gott, vom Himmel sieh darein » (diss. Fribourg-en-Br., 1924) ; voir aussi la bibliogr. de l'art. *« Ach Gott, wem soll ichs klagen ? »*.

Chr. Meyer

« In paradisum », antienne en 7e mode de la liturgie des funérailles. Cette antienne processionnelle, que chante le cortège funèbre se rendant au cimetière, juxtapose en réalité deux mélodies distinctes unies entre elles par leur tonique commune (*sol*) et par leurs textes qui s'enchaînent. On reconnaît dans ces mélodies deux thèmes d'antiennes, respectivement en 7e et 8e mode. Le climat expressif propre aux modes de *sol*, celui de la lumière et de la paix, s'accorde parfaitement aux paroles évoquant la béatitude céleste. Cependant, les intervalles de la première antienne pourraient appartenir au mode de *fa*, vu l'absence de la sous-tonique *fa* et l'importance prise par la tierce majeure *sol-si*. La seconde antienne rend le mode plus apparent : degré *fa* fortement souligné, et affirmation dès l'intonation de la quarte caractéristique *sol-do*.

Traduction — Qu'au paradis te conduisent les anges ; qu'à ton arrivée t'accueillent les martyrs, et qu'ils t'emmènent dans la cité sainte, Jérusalem. Que le chœur des anges te reçoive, et qu'avec Lazare, le pauvre de jadis, tu obtiennes le repos éternel (texte de composition libre).

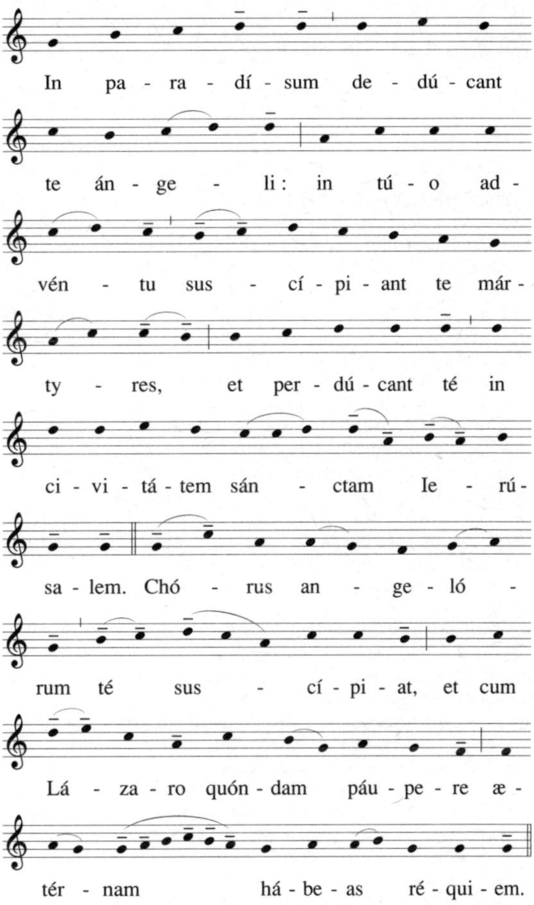

J. Viret

« In splendoribus », communion en 6e mode du → Propre de Noël (messe de la nuit). La composition, presque entièrement cantonnée dans les limites du pentacorde *ré-la*, oscille autour de la tonique *fa* : elle monte à la dominante *la* pour souligner les accents (« utero », « luciferum », « genui ») et descend à *ré* sur les syllabes atones. Elle n'utilise en outre que les degrés de l'échelle pentatonique de base, fait rarissime. Ses quatre incises successives, groupées deux par deux au sein d'une phrase unique, présentent des rimes musicales : la première et la dernière d'une part, les deux médianes de l'autre s'apparentent par leurs formules cadentielles.

Traduction — Dans les splendeurs des cieux, de mon sein avant l'aurore je t'ai engendré (Ps. 110, 3).

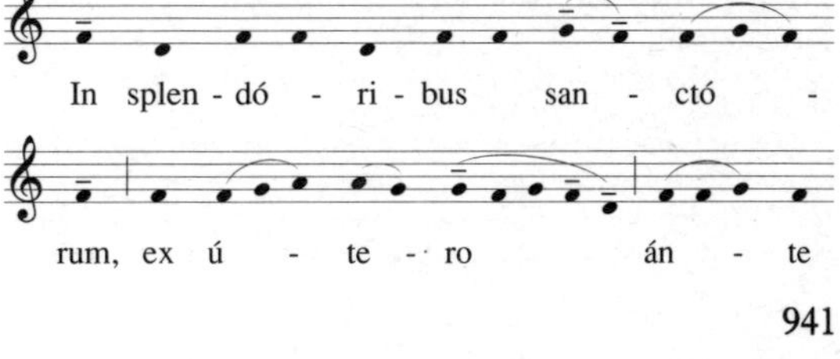

J. Viret

« Intemerata Dei mater » (Vierge, mère de Dieu), motet à 5 voix en 3 parties, de **Johannes Ockeghem**, conservé dans le Ms. CVIII 234, f° 276v-279, du fonds Chigi, à la Bibliothèque vaticane.

Il s'agit d'un cantique à la Vierge, mère de Dieu, chanté par 5 voix masculines. Elles s'étagent depuis la plus élevée, qui monte à *fa* 3, jusqu'à la plus grave, qui descend à un *ré* 1 de basse profonde. Le rythme, d'abord assez lent, est tout de suite animé par des mouvements rapides, des valeurs pointées, des syncopes, une variété rythmique s'étendant (pour un moderne) de la ronde à la double croche, qui accompagne l'œuvre de bout en bout et lui donne une vie intense. Les paroles disparaissent un peu dans la profusion de vocalises qui en résulte.

Tout commence et s'achève en *mi*, mais ce mode disparaît dans le corps de l'œuvre, parmi la polymélodie des différentes voix qui vont et viennent. La 1re partie finit sur un accord de *ré* mineur. Dans la 2e partie, Ockeghem ménage un contraste saisissant, un repos qui va traduire musicalement le sens du mot « quies ». Les premières paroles, « Non sine te manet nulla quies » (Sans vous nul repos), sont chantées par les trois voix supérieures en valeurs calmes, presque sur la même note, en tout cas sur le même accord qui est celui de *mi*. C'est le seul passage du motet où les paroles sont détaillées dans un style syllabique. Les trois voix graves répondent pour « spes nulla laboris » (nulle espérance de notre peine). L'alternance des voix aiguës et graves revient une 2e fois, puis c'est de nouveau la plénitude polyphonique, accompagnée et même précédée du retour à l'animation rythmique, aux syncopes, aux valeurs rapides. La 3e partie commence dans la douceur : une consonance de tierce mineure (*ré-fa*) est le point de départ d'un duo des deux voix aiguës. Puis un tutti massif, presque « recto tono », sur l'accord de *mi* revenu, articule nettement et fortement les mots « miseros » et « filius » selon le rythme qui leur est naturel : 𝅗𝅥. 𝅘𝅥 𝅗𝅥. La musique reprend ensuite toute sa richesse ; la fin n'est que vocalise et rythme, close par une cadence plagale.

Éditions — Par A. Smijers, *in* Van Ockeghem tot Sweelinck I, Amsterdam, Alsbach, 1939.

Bibliographie — W. Stephan, Die burgundisch-niederländische Motette zur Zeit Ockeghems, Kassel, BV, 1937, 2/1973, pp. 36-38 ; G. Reese, Music in the Renaissance, New York, Norton, 1954, 2/1959, p. 123.

M. Brunerye

Intermezzo, comédie bourgeoise en deux actes avec interludes symphoniques, texte et musique de **Richard Strauss**, composée à Garmisch en 1921 (acte I) et à Buenos Aires en 1923 (acte II), créée à Dresde, au Staatstheater, le 4 nov. 1924, avec Lotte Lehmann (Christine), sous la dir. de Fritz Busch. (Berlin, Fürstner, 1924 ; durée : 1 h 14 min environ.)

L'argument prend sa source dans un imbroglio dont les époux Strauss furent victimes en 1903. Avant de rédiger lui-même son livret, Strauss avait sollicité Hugo von Hofmannsthal, puis Herman Bahr, en leur proposant en 1916 de lui écrire un livret dans le genre de *Liebelei* d'Arthur Schnitzler. Le premier refusa, tandis que Bahr rédigea en 1916-17 l'ébauche d'un livret fondé sur un épisode de la vie conjugale de Strauss et de sa femme Pauline. Mais le compositeur exigea tant de changements que Bahr renonça finalement à terminer le livret, ce que fit Strauss, en conservant le même canevas. Lors de la première, *Intermezzo* ne remporta aucun succès. Hofmannsthal attribua le fiasco à la médiocrité du livret, dépourvu de situations dramatiques intéressantes.

Livret — L'action se déroule dans les années 20 à Grundlsee et à Vienne. — Acte I. Le chef d'orchestre Robert Storch (bar.) doit partir en voyage et, pendant qu'il boucle ses valises, sa femme Christine (sop.), qui se croit délaissée, lui cherche querelle. Pendant l'absence de son mari, elle rencontre le jeune baron Lummer (ténor) lors d'une partie de patins à glace. Elle ne dédaigne pas la cour qu'il lui fait et sort danser avec lui, le soir, dans une auberge de Grundlsee. De retour à la maison, elle écrit à son mari pour le tenir au courant de cette nouvelle relation. Le baron rend visite à Christine et lui demande une aide financière pour qu'il puisse étudier le droit. — Interlude d'*Intermezzo.* — Le jeune baron pense à la conversation avec Christine. Il veut lui soutirer beaucoup d'argent et écrit à sa « protectrice » pour lui demander 1 000 marks. Christine reste perplexe à la lecture de cette lettre, mais promet au baron d'en parler à son mari. Sur ce arrive un pli, adressé à Robert Storch. Christine le lit, puis pousse un cri horrifié : une certaine Mieze Maier fixe un rendez-vous galant à son mari. Convaincue d'être trompée, Christine envoie aussitôt un télégramme au coupable, l'informant qu'elle veut divorcer. Puis elle fond en larmes devant le petit Franz (rôle parlé) qui n'y comprend rien.

Acte II. Jeu de cartes dans le salon du Conseiller commercial (bar.) à Vienne. Ses amis, le Conseiller judiciaire (bar.), le Chanteur d'opéra (basse), le chef d'orchestre Stroh (ténor), font les éloges de Storch. Celui-ci arrive, de bonne humeur, lorsqu'on apporte le télégramme de rupture. Robert ne comprend pas. Stroh, l'un de ses compagnons de jeu, soupçonne une méprise car le pli de Mieze Maier lui était destiné. Storch quitte précipitamment ses amis. — Le bureau du notaire. Christine est venue pour engager une procédure de divorce. Le Notaire (bar.) trouve les « preuves » insuffisantes et exige de parler d'abord avec son époux avant de faire quoi que ce soit. Christine le quitte furieuse. — Au Prater, à Vienne. Orage, tempête. Storch, toujours perplexe, se promène, réfléchit. Qui est cette mystérieuse Mieze Maier ? Arrivée de son ami Stroh qui lui explique la méprise. Storch, furieux, exige réparation. Stroh doit aller expliquer à Christine ce qui s'est réellement passé. — La salle à manger. Christine, bien que certaine maintenant de l'innocence de son mari, ne peut s'empêcher de faire des histoires et le reçoit assez froidement à son retour de voyage. Celui-ci qui croyait le quiproquo définitivement éclairci, commence à perdre sa bonne humeur et elle réalise soudain qu'elle ne pourrait pas vivre sans lui. Elle demande pardon pour tout et promet d'obéir désormais en toutes choses à son mari. Les époux se réconcilient et Christine, comme de juste, aura le mot de la fin : « C'est bien cela qu'on appelle un mariage heureux, mon cher Robert ? »

Intermezzo se réduit à une agréable et plate comédie. Le style de l'œuvre, nous dit Strauss, lui a été imposé par le sujet, pris dans la vie quotidienne, et d'un bout à l'autre il emploie le « parlando », commenté par l'orchestre au gré des situations. La vie réelle s'exprime à travers les différentes nuances du dialogue, allant du langage parlé, familier, jusqu'au chant expressif. L'emploi alterné du dialogue parlé et du chant y est réalisé sans le moindre compromis. L'élément descriptif se limite à de simples allusions car chaque mot du dialogue doit être compris. La seule scène vraiment lyrique est celle de la réconciliation des époux. Les interludes symphoniques, imposés par les changements de décors, prolongent et approfondissent la psychologie et les motivations des protagonistes du drame. La partition abonde en citations (*Faust*, *Otello*, *Der Freischütz*, *Der Rosenkavalier*), symbolisant la profession de Storch, chef d'orchestre. L'un des sommets de la partition est la partie de cartes où la psychologie des joueurs est commentée avec une très grande finesse. Mais en général, les leitmotive, symbolisant les différentes situations du ménage en crise, manquent de profil véritable et le fait que l'intrigue soit proche du vaudeville sans en posséder les situations comiques explique sans doute le court succès d'*Intermezzo* et pourquoi l'œuvre occupe aujourd'hui une place bien en retrait dans la production lyrique de R. Strauss.

Bibliographie — E. H. MÜLLER VON ASOW, R. Strauss. Thematisches Verzeichnis, Vienne, Doblinger, 1955-74 ; W. MANN, R. Strauss. A. Critical Study of the Operas, Londres 1964 ; A. GOLEA, R. Strauss, Paris 1965 ; E. KRAUSE, R. Strauss. Gestalt und Werk, Leipzig, Br. & H., 1970 ; A. TUBEUF, R. Strauss ou le voyageur et son ombre, Paris, A. Michel, 1980 ; M. KELKEL, Naturalisme, vérisme et réalisme dans l'opéra, Paris, Vrin, 1984 ; D. JAMEUX, R. Strauss, Paris, Hachette, 1986.

M. KELKEL

(L') INTERNATIONALE, hymne révolutionnaire, texte d'Eugène Pottier, musique de **Pierre Degeyter.** (Lille, 1888, 2/Lille, Delory, 1894, 3/Lille, Lagrange, 1898.)

C'est au lendemain de la Semaine sanglante, en juin 1871, qu'E. Pottier, révolutionnaire et chansonnier, écrivit le poème de *L'Internationale*. Il fera l'objet de quelques variantes avant de figurer dans le recueil de ses chansons (*Chants révolutionnaires*), publié en souscription et par la Librairie Dentu, peu avant sa mort, en 1887. C'est l'année suivante qu'il sera mis en musique, à l'occasion de la fête des travailleurs de Lille, par l'ouvrier lillois Pierre Degeyter (1848-1932), membre de la chorale La Lyre des Travailleurs et plusieurs fois lauréat du Conservatoire de Lille. La chanson, éditée pour la première fois, paroles et musique, en 1888, chez Boldoduc à Lille, se répandra lentement mais sûrement. Elle retentira pour la première fois à Paris dans une manifestation officielle, en déc. 1899, à l'inauguration du groupe statuaire de la place de la Nation *Le Triomphe de la République* de Jules Dalou. Elle voisinait alors sans heurts avec → *La Marseillaise* à laquelle elle s'était affrontée durant l'affaire Dreyfus. *L'Internationale*, nouveau chant messager de la révolution à venir, apparaissait pur de toute compromission au regard de *La Marseillaise* qui, depuis son officialisation, était devenue la « bonne à tout saluer », perdant ainsi de son crédit auprès des masses populaires. Le fossé entre les deux chants s'accentuera après 1914 quand *La Marseillaise* sera brandie comme le symbole par excellence de l'« Union sacrée ». Après 1919, il semblera infranchissable jusqu'aux journées de févr. 1934. Dans la lutte contre la menace fasciste, de la formation au triomphe du Front populaire, les deux révolutions se réconcilieront jusque dans leurs symboles. Après 1936, *L'Internationale* ne s'opposera pas plus à *La Marseillaise* que le drapeau tricolore au drapeau rouge. Consacrée comme hymne du prolétariat mondial bien avant la révolution d'octobre 1917, *L'Internationale* aura été le chant officiel du premier État socialiste, l'URSS, de 1927 à la dissolution de l'Internationale communiste (Komintern) en 1943. Un an plus tôt, A. Toscanini l'avait ajoutée à l'*Imno delle nazioni* de G. Verdi pour un enregistrement cinématographique. Auparavant, pour la musique d'un autre court métrage, *Visages de la France* (1938), A. Honegger l'avait contrepointée avec *La Marseillaise*. En 1943, G. Auric l'enchaînera à *La Marseillaise* au cours du postlude instrumental de *La Rose et le Réséda*, le dernier de ses *Quatre Chants de la France malheureuse*. Pour commenter l'ultime quatrain d'un autre poème d'Aragon, la *Ballade de celui qui chanta dans les supplices*, J. Kosma, dans sa cantate enregistrée mais restée inédite, enchaînera les deux hymnes avec plus d'évidence encore.

En 1896, un journaliste socialiste, Pierre-Arthur Forest, avait proposé une autre musique qui fut connue à l'étranger mais ne réussit pas à s'imposer, en dépit d'un entrain mieux adapté à la véhémence des strophes.

Bibliographie — J. JAURÈS, « Marseillaise » et « Internationale », *in* La Petite République Socialiste, 30.8.1903 ; P. BARBIER et FR. VERNILLAT, Histoire de France par les chansons VIII, Paris 1961 ; E. TERSEN, « La Marseillaise » et « L'Internationale », Paris 1962 ; J. TINT, « L'Internationale », musique de P. Degeyter, *in* La Commune, n° 4, sept. 1976 ; R. BRÉCY, Florilège de la chanson révolutionnaire de 1789 au Front populaire, Paris, Éd. Hier et Demain, 1978 ; J. ESTAGER et G. BOSSI, « L'Internationale », 1888-1988, Paris, Messidor. Éd. Sociales, 1988 ; FR. ROBERT, « La Marseillaise », Paris, Nouvelles Éditions du Pavillon-Imprimerie Nationale, 1989 ; la Chanson de la commune, Paris, Éd. Ouvrières, 1991.

FR. ROBERT

IN TERRA PAX, « oratorio breve » de **Frank Martin**, pour sop., alto, ténor, bar. et basse soli, 2 chœurs mixtes et orchestre, sur un texte du compositeur d'après des passages bibliques, composé entre août et oct. 1944 sur commande de Radio-Genève pour être enregistré puis diffusé le jour de la capitulation allemande, soit le 7 mai 1945 ; création publique à Genève le 31 mai 1945, sous la direction d'Ernest Ansermet. (Vienne, UE, 1953 ; durée : 43 min environ ; éd. séparée du *« Notre Père »* [n° 10], version pour chœur à l'unisson et orgue par l'auteur, Fribourg [Suisse], Procure romande de mus. sacrée, 1973.)

Première en date de la série de fresques chorales composées par Fr. Martin dans sa maturité, *In terra pax* exprime de manière forte et profonde — en les plaçant sous l'éclairage religieux — les sentiments liés aux circonstances dramatiques qui l'ont motivée. Le compositeur déclare y avoir évoqué le « passage de l'angoisse la plus noire à l'espoir d'un temps plus lumineux », en usant d'un langage aisément accessible : « J'ai cherché dans ce bref oratorio à écrire une musique qui atteigne l'oreille de l'auditeur par une mélodie aussi franche et une harmonie aussi directe et expressive qu'il m'était possible. »

La partition se subdivise en 11 morceaux groupés en 4 parties et emprunte son texte à l'Ancien et au Nouveau Testament. Les morceaux introductif et conclusif commentent des extraits de l'Apocalypse, respectivement la vision des quatre chevaux, symboles de guerre, et celle de la Jérusalem céleste, « un nouveau ciel et une nouvelle terre ». Les neuf morceaux centraux puisent leurs paroles dans le psautier, les livres prophétiques et les évangiles. La première partie (n°s 1-4) traduit la détresse du pécheur (n°s 2 et 4, psaumes : « Mon Dieu, mon Dieu, pourquoi m'as-tu abandonné ? » et « Éternel [...]. La nuit, le jour, je crie à toi ») face à la colère divine (n° 1, Apocalypse, et n° 3, texte prophétique : « Malheur au peuple chargé de péchés ! »). Dans la 2e partie (n°s 5-7), les discours prophétiques annoncent le pardon divin qui fait renaître l'espoir pour le pécheur repentant (n° 5 : « Sentinelle, que dis-tu de la nuit ? », n° 6 : « Mais les ténèbres ne régneront pas toujours sur la terre », n° 7 : « Consolez, consolez mon peuple », et psaume : « Poussez vers Dieu des cris de joie »). La 3e partie (n°s 8-10) est centrée sur la personne du Christ, Sauveur salué par le prophète (n° 8 : « Voici mon serviteur, mon élu ») dont la doctrine est résumée par quelques versets (n° 9) et le *« Notre Père »* (n° 10). Grâce à lui, l'humanité est rachetée et connaîtra la vraie paix (n° 11 : Apocalypse, avec *Sanctus*), ce dernier morceau étant le plus développé et constituant à lui seul la 4e partie.

Le langage, dépourvu de complexité, n'en apparaît pas moins remarquable par sa sève vigoureuse, sa sûreté de réalisation et son efficacité expressive. Il se fait d'une simplicité dépouillée et quasi liturgique dans l'émouvant *« Notre Père »*, où la déclamation du chœur à l'unisson est soutenue par un accompagnement entièrement en accords parfaits. Partout la forme musicale se met au service du texte tout en assurant sa cohérence interne par des moyens appropriés. Ainsi au n° 8 l'accompagnement du long récit de l'alto solo revêt l'aspect d'une passacaille, dont le thème obstiné de 8 mesures est en *mi* min. bien que ses 12 premières notes forment une série dodécaphonique :

Cet équilibre entre chromatisme et diatonisme pourrait aussi être illustré par les quatre accords initiaux, cellule génératrice du premier morceau qu'on réentendra à plusieurs reprises par la suite :

De façon générale, le contrepoint est peu employé, hormis plusieurs passages en imitations canoniques visant à donner une « impression d'unité dans la multitude » (n° 7 notamment).

Bibliographie — FR. MARTIN, A propos de..., commentaires de Fr. M. sur ses œuvres, Neuchâtel, La Baconnière, 1984.

J. VIRET

INTOLLERANZA 1960 (Intolérance 1960), action scénique en 2 parties, livret — établi à partir des « materiali per un' opera » d'Angelo Maria Ripellino et de nombreux autres textes — et musique de **Luigi Nono**, composée en 1960-1961, achevée le 7 mars 1961, dédiée à Arnold Schönberg, créée à Venise, au Teatro La Fenice, le 13 avril 1961, sous la dir. de Bruno Maderna. (Mayence, Ars Viva, 1962 [avec texte all. d'Alfred Andersch] ; durée : la soirée.) Il en existe une 2de version, dite de Nuremberg, avec un nouveau texte par Jaak Karsunke et un nouvel élément de musique électronique, créée à Nuremberg, aux Städtische Bühnen, le 10 mai 1970, sous la dir. de Hans Gierster (Mayence, Ars Viva). De cette œuvre, L. Nono a tiré une *Suite da camera da « Intolleranza 1960 »* pour sop., chœur mixte (enregistré ou « live ») et orchestre, écrite en 1969, créée à Édimbourg, le 29 août 1969, sous la dir. de Claudio Abbado. (Mayence, Ars Viva.)

L'œuvre veut dénoncer toutes les formes d'injustice sociale et d'intolérance politique et utilise à cet effet un certain nombre de textes littéraires (Ripellino, Eluard, Maïakovski et Brecht), des slogans historiques énoncés dans plusieurs langues européennes, des extraits d'interrogatoires nazis et d'interrogatoires d'Algériens par la police française, des propos d'Henri Alleg, un extrait de la préface de Sartre au livre d'Alleg, *La Question*, tous ces textes hétérogènes se greffant autour des « materiali per un' opera » de Ripellino. Ces matériaux divers n'empêchent pas cependant le maintien d'une « histoire », celle d'un travailleur émigré (et de sa compagne) qui est recherché pour son action révolutionnaire, par laquelle il tente de lutter contre les injustices sociales. Cet aspect relativement anecdotique n'a pas d'autre rôle que de maintenir la continuité d'un bout à l'autre des 11 scènes (7 dans la 1re partie et 4 dans la 2de), car l'histoire individuelle compte peu ici : l'action scénique envisagée par Nono, qui est le prolongement musical du « théâtre de situations » de Sartre et des conceptions théâtrales de Meyerhold et de Piscator, est avant tout un « théâtre d'idées ». Théâtre engagé, directement orienté sur le présent et voulant agir sur lui, il laisse peu de place aux dialogues entre les personnages et établit des relations constantes entre l'histoire individuelle et universelle.

La dramaturgie musicale de Nono est celle d'un « théâtre total », où chaque composante a un rôle à jouer, aucune n'étant subordonnée aux autres. Les moyens utilisés ici sont nombreux : solistes, chœur et orchestre, bandes magnétiques diffusant de la musique électronique et des chœurs enregistrés, haut-parleurs diffusant des slogans, mais aussi montages photographiques, décors, tous ces éléments entrant en relation les uns avec les autres dans des rapports toujours différents.

Sur le plan musical, *Intolleranza* est un chef-d'œuvre d'expressionnisme, dans un langage sériel très strict. L'écriture vocale des solistes et des chœurs représente une sorte de synthèse des techniques élaborées par le compositeur dans les années 50 (vocalisme tendu, presque incantatoire, aux larges intervalles, écriture chorale raffinée et utilisant la technique, propre à Nono, de distribution du texte aux différentes voix). L'orchestre, encore renforcé par les moyens électroniques, contribue, par sa grande intensité et son utilisation contrastée des sonorités, à la création d'un climat très expressif. Une autocitation du → *Canto sospeso* (1re partie, fin de la 4e scène), quelque peu transformée, éclaire celui-ci de nouvelles significations.

Bibliographie — L. Nono, Intolleranza 1960, *in* brochure-programme de la Biennale de Venise, représ. à la Fenice des 13 et 15 avril 1961 ; du même, Appunti per un teatro musicale attuale, *in* Rass. Mus. XXXI, 1961 ; du même, Alcune precisazioni su « Intolleranza 1960 », *ibid.* XXXII, 1962 ; R.-A. Mooser, Visage de la musique contemporaine 1957-1961, Paris 1962, pp. 339-344 ; J. S. Stenzl (éd.), L. Nono. Texte. Studien zu seiner Musik, Zurich, Altantis, 1975 ; du même, Azione scenica und Literaturoper. Zu L. Nonos Musikdramaturgie, *in* Musik-Konzepte, n° 20, 1981, trad. fr. et texte révisé *in* Contrechamps, n° 4, 1985.

V. Mataigne

« Inviolata integra », chant paraliturgique en 6e mode, en l'honneur de la Sainte Vierge. De style rigoureusement syllabique (sauf à la fin) et sur un texte non versifié mais riche en assonances et allitérations (sur la voyelle *a*, écho du nom « Maria »), c'est un bon exemple de ces tropes et proses que le bas Moyen Age produisit en quantité pour y exprimer une dévotion d'esprit souvent populaire. Celui-ci serait issu du répons *« Gaude Maria »*, chanté aux matines de l'Annonciation (*Antiphonaire monastique*, p. 1195). La mélodie, très conjointe, ne franchit que tout à la fin les limites du pentacorde majeur *fa - do*. Elle a servi de thème générateur à **G.P. da Palestrina** pour l'une de ses messes à 4 voix.

Traduction (début) — Tu es inviolée, intacte et pure, ô Marie, toi qui as été faite porte éclatante du ciel. O très chère, Mère nourricière du Christ, accueille nos pieuses prières de louange.

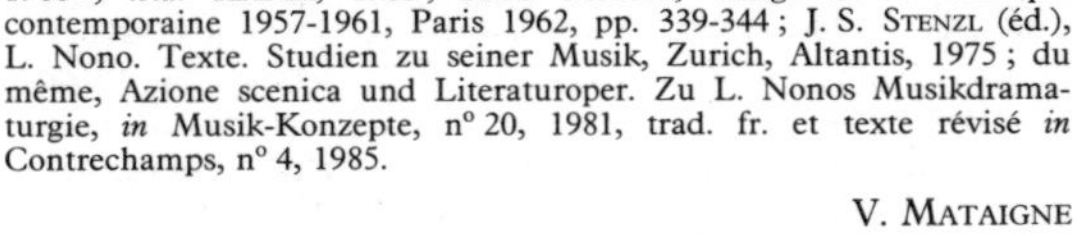

J. Viret

« Inviolata integra », prière à la Sainte Vierge dont il existe deux versions polyphoniques dues à **Josquin des Prés**, l'une à 5 voix, l'autre à 12 voix.

1. La version à 5 est en 3 parties. Elle a été éditée dans le 4e livre des *Motetti de la corona* (Fossombrone, Petrucci, 1519). Deux voix de ténor, entrant un peu plus tard que les autres voix, chantent la mélodie liturgique en valeurs lentes et en canon à la quinte. L'imitation entre elles est de plus en plus serrée, à distance de 3 mesures pour la 1re partie, de 2 pour la 2e, de une seulement pour la dernière. Leur présence impose au motet une régularité rythmique de base et une stabilité tonale due au faible ambitus de la mélodie grégorienne, qui, étant du 6e ton, s'écarte peu de la note *fa*. Les trois autres voix enrobent d'ornements cette structure. Ainsi, dès le commencement, la voix supérieure chante à 4 reprises, sur un rythme pointé, l'inflexion *do - si* ♭ *- la*. Josquin a aussi imaginé, pour commencer la dernière partie, de lui faire chanter par trois fois « O benigna » par une touchante quarte descendante, suivie d'une tierce ascendante, *do - sol - sol - si* ♭, au milieu d'un Allargando général de toutes les voix. Un autre élément de diversité a été d'introduire un peu de *la* min. dans ce *fa* maj., en terminant les deux premières parties par une cadence de *la*. Le chant grégorien l'y invitait, car beaucoup de ses phrases se terminaient sur cette note.

2. La version à 12, conservée en manuscrit, est d'un seul tenant. C'est un motet à triple chœur, plus court, plus libre à l'égard du modèle grégorien qui est transposé en *do* maj. et constamment orné. On observe une progression logique du commencement vers la fin. D'abord le premier chœur chante à 3 voix, puis le deuxième, puis le troisième, tous deux à 4 voix, enfin tous s'unissent en s'adjoignant un ténor grégorien en valeurs lentes.

Rééditions modernes — **1.** Par A. Smijers, *in* Werken van Josquin des Prés, 25e livr., Amsterdam, Vereeniging voor Nederlandsche Muziekgeschiednis, 1950. — **2.** Par M. Antonowycz, *ibid.* 55e livr., 1969.

Bibliographie — H. Osthoff, Josquin Desprez II, Tutzing 1965, pp. 36-37.

M. Brunerye

« INVIOLATA INTEGRA », motet de **Johannes Ghiselin (Verbonnet)**, voir « COMME FEMME DESCONFORTÉE ».

INVITATION AU VOYAGE, mélodie pour voix et piano, Presque lent, en *ut* min., d'**Henri Duparc**, sur un texte de Charles Baudelaire extrait des *Fleurs du mal* (1868), datant de 1870, dédiée à Mme H. Duparc. Publiée en n° 1 dans le recueil de 1894 de l'éditeur E. Baudoux, elle occupe la même place dans le recueil de Lerolle (1911) repris par Salabert. La création par M. Miquel eut lieu à Paris, le 9 mars 1872, au 8e concert de la Société Nationale ; une version orchestrée par l'auteur sera créée à la Société Nationale (262e concert), le 18 mai 1897, par M. Bagès, sous la dir. de V. d'Indy. (Durée : 4 min 19 s environ.)

Le premier mélodiste (avec G. Fauré) à « s'aviser de la splendeur nostalgique de Baudelaire » (Ch. Koechlin), Duparc centre le poème sur l'évocation d'un lointain immatériel et mystique, l'amputant de la seconde strophe, jugée trop descriptive. Voix élevée, large ambitus et destructuration du schéma poétique confèrent au texte une concentration et un lyrisme exceptionnels. L'accompagnement de type symphonique appelle l'orchestration même si pour certains « l'écriture nuancée y perd et l'orchestre ne sait pas compenser l'allure pianistique de la version originale » (Fr. Noske). La structure à refrain ramenant par deux fois les vers mystérieux « Là, tout n'est qu'ordre et beauté / Luxe, calme et volupté », est soulignée par l'opposition d'une déclamation généreuse (couplet) et du « recto tono » (refrain). Ces qualités de la déclamation sont renforcées par une couleur inimitable : d'ordre harmonique par la stabilité des accords (piliers ou fondements d'une construction intemporelle), à peine animée par des balancements de demi-tons, et mélodique par l'emploi de structures modales.

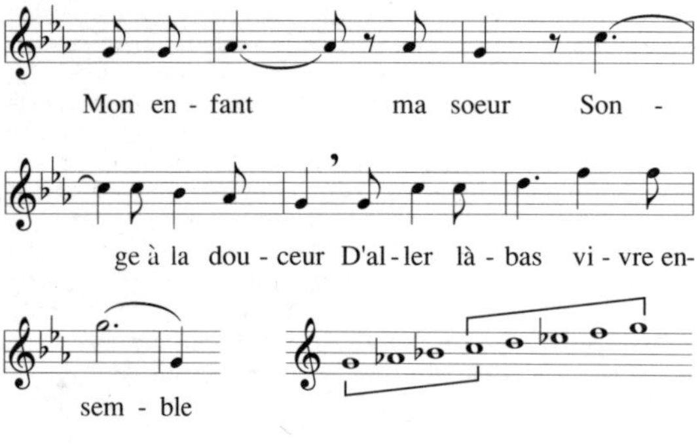

Bibliographie — O. SÉRÉ, H. Duparc, *in* Musiciens français d'aujourd'hui, Paris 1911 ; CH. KOECHLIN, La mélodie, *in* Cinquante ans de musique française, Paris 1925 ; CH. OULMONT, La musique de l'amour, H. Duparc, Paris 1935 ; FR. NOSKE, La mélodie française de Berlioz à Duparc, Amsterdam et Paris 1954 ; R. STRICKER, H. Duparc et ses mélodies (diss. Paris, Conservatoire, 1961) ; A. DOMMEL-DIÉNY, L'Invitation au voyage, *in* L'Éducation Musicale, n° 254, janv. 1979 ; J.-CL. CHABRIER, Alphabet et langage de l'Orient emprunté, *in* RIMF, n° 6, 1981 ; N. VAN DER ELST, H. Duparc, l'homme et son œuvre (thèse Paris-Sorbonne, 1982).

M.-CL. BELTRANDO-PATIER

IN WALDESEINSAMKEIT (Dans la solitude sylvestre), lied pour voix et piano de **Johannes Brahms** (tonalité originale : *si* maj.), sur un poème de Carl Lemcke, composé en 1878 et édité comme 6e pièce des *Sechs Lieder*, op. 85. (Berlin N. Simrock, 1882 ; durée : 2 min 27 s environ.)

Le poème est à la fois peinture d'un tableau — une forêt profonde où a trouvé refuge un couple (1re strophe), puis le déclin du jour dans ce même cadre, lorsque chante le rossignol (3e strophe) — et suggestion d'un trouble intérieur intense que laissent à peine deviner un geste, un tremblement des mains (2e strophe). Pour son lied, Brahms prend en considération la structure à trois strophes du poème ainsi que son aspect sémantique, avec ces rapports qui, s'établissant entre 1re et 3e strophe, créent une structure littéraire en forme d'arche (ABA'). Très attentif aussi aux données expressives (dont le prolongement de A sur B), il est amené à composer un lied simultanément bi- et tripartite : les trois sections musicales se perçoivent clairement comme succession ABA', mais A et B, de plus, se révèlent unies par la force d'une progression dramatique qui trouve son sens dans la continuité d'un déroulement harmonique original et beau à la fois, ainsi que dans les similitudes entre incises mélodiques successives. Des deux grands volets, le premier (AB) est tout orienté vers une exacerbation des facteurs de tension émotive, alors que le second (A') propose, à l'issue d'une redite des 6 mesures initiales, des lignes qui, par leur fraîcheur et leur dépouillement, font du chant du rossignol un symbole de douceur et de nostalgie sereine.

Bibliographie — Voir celle de l'art. *Liebestreu.*

FR. ANDRIEUX

« IO MORO E MENTRE SOSPIRO » (Je meurs et cependant je respire), madrigal à 5 voix, texte et musique de **Carlo Gesualdo**, publié dans *Madrigali a cinque voci, libro quarto* (Ferrare, Baldini, 1596 ; durée : 5 min 15 s environ), l'un des plus connus et des plus célèbres madrigaux de son auteur. La poésie presque violente du texte est accompagnée d'une musique non moins violente avec quelques-uns des passages les plus avancés que Gesualdo ait composés. Le texte, qui est court, est divisé en deux sections de 4 et 6 vers respectivement, chacune avec un traitement musical particulier. Le madrigal commence avec deux mentions homophoniques du verbe « moro » par l'ensemble des 5 voix (S A T T B), l'une d'entre elles étant à chaque fois légèrement décalée. Indécises, les progressions chromatiques (deux paires de fausses relations) sont cependant frappantes : on passe de *mi* ♭ maj. à *sol* maj. avec la première mention de « moro » ; avec la seconde on passe de *do* maj. à *la* majeur.

Comme dans → *« Moro lasso al mio duolo » (Livre VI,* 1611), composé cinq ans plus tard et qui pourrait fort bien être un remaniement de *« Io moro e mentre sospiro »*, le point culminant de la pièce se trouve au tout début du madrigal. On s'attend à un développement du contenu des deux premières mesures, mais il s'évanouit aussi vite qu'il était apparu et la musique se trouve entraînée dans une texture polyphonique qui ne va cependant pas sans des passages âpres, dissonants et pleins de rude peinture de mots. On passe par saut à une double dissonance sur le texte « d'un mio sospiro » puis, vers la fin de la première section, un calme temporaire s'installe avec le traitement plus traditionnel de « corre volando » : des notes rapides en imitation par toutes les voix. C'est cette alternance de sections imitatives Vivace avec les lourdes harmonies des sections Largo qui fait tout l'intérêt musical de la pièce. Il faut prêter attention à la conduite des voix, curieuse, et à l'usage fréquent de petits motifs. Les derniers vers dépeignent la mort avec des harmonies inhabituelles, ornant une longue pédale de *ré* qui se résoudra à la fin en *sol* maj., tout en donnant l'impression d'un inachèvement à cause de l'étrange marche harmonique qui la précède. Dans la seconde partie, le compositeur exploite une harmonie plus « normale » à travers une texture imitative comportant de fréquentes répétitions de fragments. De la façon dont est traité le dernier vers, « chi non sa cosi viver e morire », résulte une vivante répétition de mots et de groupes de mots. Le madrigal s'achève brusquement sur un curieux schéma harmonique, caractéristique de la manière de Gesualdo.

Rééditions modernes — Par R. G. Kiesewetter, *in* Schicksale und Beschaffenheit des weltlichen Gesanges..., Leipzig 1841 ; par F. Vatielli et A. Bizzelli, *in* C. Gesualdo. Madrigali a 5 voci IV, Rome, Istituto ital. per la storia della musica, 1958 ; par W. Weismann et Gl. E. Watkins, C. Gesualdo. Sämtliche Madrigale für 5 Stimmen, Hambourg, Ugrino Verlag, 1597-62, vol. IV.

Bibliographie — Voir celle des art. *« Moro lasso al mio duolo »* et *Madrigali guerrieri et amorosi*.

M. Sacré

« Io pur respiro » (Je respire encore), madrigal à 5 voix de **Carlo Gesualdo**, sur un texte du compositeur, publié dans *Madrigali a cinque voci, libro sesto* (Gesualdo, Carlino, 1611 ; durée : 3 min 2 s environ). Le texte de 8 vers, où alternent des heptasyllabes et des hendécasyllabes, est une simple prière à la mort à qui le poète demande d'apaiser sa grande douleur. Gesualdo traite musicalement ces vers en les divisant chacun en deux (sauf le 3e et le 6e), mettant chaque fois en opposition deux idées musicales. Certains sont répétés une ou plusieurs fois. La forme générale de la pièce reste cependant celle d'un madrigal entièrement composé. Le premier vers, p. ex., est divisé en deux. « Io pur respiro » (5 syllabes) est chanté par le soprano en deux mouvements symétriques, mettant en relief une tonalité mineure (*mi*) ascendante, qui redescend aussitôt de la même façon en *sol* majeur. L'angoisse du poète est accentuée par un soupir étrangement placé au milieu du mot « respiro », imité à une demi-mesure d'intervalle par toutes les voix en ordre descendant. Cette imitation commence de façon diatonique, passant de *mi* min. à son relatif majeur, mais elle se termine brusquement à la 4e mesure en *fa* ♯ majeur.

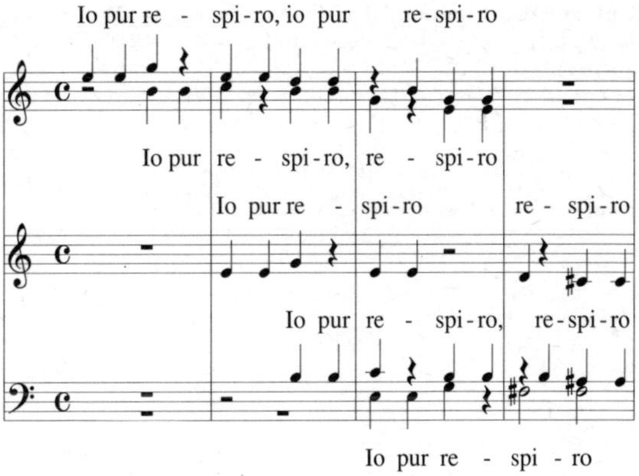

La seconde partie du vers, « in cosi gran dolore », subit un double traitement musical. Le texte est d'abord chanté en 7 mesures d'imitation d'une mélodie commençant, cette fois-ci, par les voix graves. D'abord diatonique, la musique devient de plus en plus chromatique, pour aboutir finalement à une harmonie d'accords diminués et de premiers renversements et s'arrêter sur une pause temporaire en *mi* mineur. Puis la courte répétition (3 mes. homophoniques) chevauche ce texte déjà chanté au moyen d'une fausse relation (*mi* maj. - *sol* maj.), le passage mélodique de *sol* à *sol* ♯ s'effectuant à la basse. Ce *sol* ♯ est ensuite tenu pendant trois mesures tandis que les voix les plus hautes chantent des dissonances de passage. Bien que l'utilisation du chromatisme soit, dans cette œuvre, plus réservée que dans d'autres madrigaux de Gesualdo de la même période, on y trouve une peinture du texte pertinente et omniprésente. Le deuxième vers est chanté plus rapidement et de façon vivante (avec « tu pur vivi ») ; ce début contraste ensuite avec la déclamation de « o dispietato core » en une courte section homophonique plus ou moins dissonante. Le mot « ahi » qui ouvre le 3e vers est crié sur un accord de sixte (*la* min.) et séparé du reste du texte par un silence. On retrouve une construction parallèle avec le début du 4e vers où la prière à la mort (« deh morte ») est criée de la même façon, à deux reprises cette fois-ci, sur des notes longues. Le 7e vers est divisé en 3 parties, chacune d'entre elles étant répétée à travers une série d'imitations. Le tempo se trouve accéléré par des croches et des doubles croches répétées et l'harmonie débarrassée temporairement du chromatisme des courts passages précédents. Le dernier vers s'achève sur des répétitions dissonantes de « al gran duolo » ; les 5 dernières mesures

sont construites autour d'une ligne chromatique descendante, avec une pédale sur *mi* pour les voix extrêmes, les voix centrales produisant une série de dissonances avant d'en arriver à un accord final en *mi* majeur.

Rééditions modernes — Par A. Davison et W. Apel, *in* Historical anthology of music I, Cambridge (Mass.), Harvard Univ. Press, 1946 ; par F. Vatielli et A. Bizzelli, *in* C. Gesualdo. Madrigali a 5 voci VI, Rome, Istituto ital. per la storia della musica, 1958 ; par W. Weismann et Gl. E. Watkins, C. Gesualdo. Sämtliche Madrigale für 5 Stimmen, Hambourg, Ugrino Verlag, 1957-62, vol. VI.

Bibliographie — Voir celle des art. *« Moro lasso al mio duolo »* et *Madrigali guerrieri e amorosi.*

M. Sacré

Iphigénie en Aulide, tragédie opéra en 3 actes, livret de Marie-François-Louis Gaud Leblanc, bailli du Roullet, d'après Racine, musique de **Christoph Willibald Gluck**, composée à Vienne entre 1771 et l'été 1772, créée à Paris, à l'Académie Royale de Musique, le 19 avr. 1774, avec S. Arnould (Iphigénie), R. Duplant (Clytemnestre), J. Le Gros (Achille), H. Larrivée (Agamemnon), sous la dir. de L.-J. Francœur.

Gluck avait 57 ans lorsqu'il entreprit la composition de son premier opéra français, estimant alors que c'était là « le véritable genre dramatique musical ». Tragique et grave, l'ouvrage fut représenté à Paris grâce à la puissante protection de Marie-Antoinette, à qui le musicien avait donné des leçons de chant à Vienne. Gluck se livra lui-même à l'éducation de tout le personnel de l'Académie Royale pour obtenir une interprétation satisfaisante. A Sophie Arnould qui se plaignait de n'avoir « que de la musique qu'on parle » et réclamait des airs, Gluck répondit : « Pour chanter des grands airs, il faut savoir chanter. » La 1re représentation fut un événement auquel assistaient le dauphin et la dauphine. Selon R. Wagner, les applaudissements enthousiastes des gentilshommes après l'air d'Achille *« Cruelle, non jamais votre insensible cœur »*, à la fin de l'acte I, « firent pencher dans le bon sens l'accueil jusqu'alors indécis qu'on faisait à cet ouvrage ».

Il est vrai qu'on reprochait à Gluck et à Roullet de s'en être pris à la plus belle des tragédies de Racine. Le librettiste s'en était excusé dans sa préface et, dans *Le Mercure de France* du 1er oct. 1772, rappelait — non sans faire allusion à la fameuse *Lettre* de J.-J. Rousseau — que Gluck vengeait la langue française aux yeux de l'Europe « des imputations calomnieuses de nos propres auteurs ». Après la répétition générale, Rousseau écrivait à Gluck : « L'*Iphigénie* renverse toutes mes idées. Elle prouve que la langue française est aussi susceptible qu'une autre d'une musique forte, touchante et sensible. »

Conduisant une action rapide, Roullet supprima le rôle d'Ériphile ajouté par Racine à la tragédie antique (fille d'Hélène et de Thésée, Ériphile se tue au moment où elle va être sacrifiée à la place d'Iphigénie). Il y substitue un dénouement heureux assez artificiel, prétexte à des réjouissances, donc à des danses.

Livret — Acte I. Roi de Mycènes, Agamemnon (bar.) est déchiré entre son amour paternel et le devoir dicté par « Diane impitoyable » (sop.) : sacrifier sa fille Iphigénie (sop.), afin que les vents poussant son armée vers Troie lui soient favorables. Avec le grand prêtre Calchas (basse), le roi supplie la déesse de choisir une autre victime. Clytemnestre (sop.), femme d'Agamemnon, et Iphigénie arrivent en Aulide. La reine apprend à sa fille qu'Achille (ténor), retenu « dans de nouveaux liens », est indigne d'elle. Quand le héros paraît, Iphigénie se montre distante, mais les deux jeunes gens se réconcilient.

Acte II. Au moment où Achille mène sa fiancée à l'autel, Arcas (basse), un messager, vient chercher Iphigénie pour l'immoler. Achille jure de la défendre bien qu'elle soit résignée à subir son sort. Le héros défie le roi. Dans un nouveau débat de conscience, Agamemnon supplie Diane de prendre son sang à la place de celui de sa fille.

Acte III. Pour écarter d'eux la colère des dieux, les Grecs exigent le sacrifice. Résolue, Iphigénie s'apprête à mourir. Achille survient à la tête des Thessaliens pour la délivrer. Calchas annonce que les dieux sont satisfaits : « Les vertus de la fille et les pleurs de la mère ont trouvé grâce devant eux. »

L'œuvre de Gluck veut parler le « langage du cœur », tout en respectant certaines conventions de l'opéra français. Des effets saisissants, des conflits tragiques s'accommodent de divertissements dansés dans chaque acte et d'un finale agréable. Roullet se flattait d'avoir lié le ballet au sujet, « de manière qu'il en fasse partie, en augmente l'action ou la complète » (lettre à A. Dauvergne, oct. 1772). La chaconne qui conclut la partition offre la particularité d'être interrompue par le cri de Calchas : « Volez ! Volez à la victoire ! » ; cette danse deviendra par la suite la chaconne terminale d'*Orphée et Euridice.* Selon une habitude fréquente à l'époque, Gluck n'hésite pas à emprunter un nombre important de morceaux à des partitions antérieures ; citons, parmi les principales, *Don Juan* (ballet, 1761), *Le Cadi dupé* (opéra-comique, 1761), *Alessandro* (ballet, 1764), *Il trionfo di Clelia* (opera seria, 1763), *Telemaco* (1765), *Paride ed Elena* (1770).

Voix du peuple et de l'armée réclamant le sacrifice, les chœurs ont un rôle actif. Pendant qu'Agamemnon et Calchas se désolent (acte I), ils vantent la beauté de la princesse (*« Que d'attraits, que de majesté ! »*). Quand Arcas vient chercher Iphigénie (acte II), les Thessaliens répondent avec véhémence : « Nous ne souffrirons point ce sacrifice. » Le chœur d'entrée des Grecs (*« Non, non, nous ne souffrirons pas »*, acte III) est tout aussi violent. Gluck joue sur les oppositions : deux masses chorales s'affrontent de manière grandiose, les Grecs, assoiffés de sang, et les Thessaliens, défenseurs d'Iphigénie. Le magnifique double chœur *« Fuyons tous »* (ibid.) est coupé par les interventions d'Achille, d'Iphigénie, de Clytemnestre, puis de Calchas.

L'orchestre commente ou prépare l'action, soutient dramatiquement les différents épisodes. L'ouverture rassemble des motifs essentiels qui peuvent être considérés comme des amorces de leitmotive. C'est ainsi que R. Wagner qualifie le 1er thème d'« Appel d'un cœur douloureux et torturé » ;

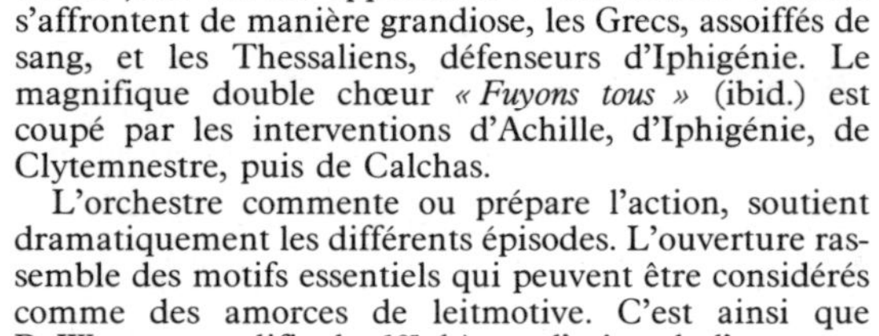

il sera repris par Agamemnon à la scène 1 de l'acte I

qui s'enchaîne à l'ouverture. D'autres motifs symboliseraient l'Autorité, la Grâce et la Pitié.

Le personnage d'Agamemnon est campé avec beaucoup de noblesse et des accents dramatiques, en particulier dans la scène émouvante de la fin de l'acte II A, où, pitoyable malgré sa stature, il demande à sa fille de lui pardonner.

Partagé entre la plainte et la révolte, le roi garde toujours quelque chose d'humain alors que Clytemnestre laisse éclater les excès de sa fureur (*« Armez-vous d'un noble courage »*, acte I) ou de sa douleur, notamment dans le saisissant récit dramatique *« Ma fille ! Je la vois sous le fer inhumain »* (acte III), suivi de l'invocation menaçante, *« Jupiter, lance la foudre »*.

La douce Iphigénie se laisse parfois aller à des accents de colère, mais uniquement lorsqu'elle apprend qu'Achille a oublié ses engagements (acte I). Gluck multiplie alors les contrastes dynamiques. La symbolique baroque n'est pas absente de ses airs : saut de 11e sur le mot « agité » dans la très belle aria da capo *« Par la crainte et par l'espérance »* (acte II) B, chute d'octave sur « jusqu'au tombeau » dans l'air *« Il faut de mon destin »* (acte III).

Achille a un rôle héroïque aux notes tendues et élevées. Il est véritablement l'ancêtre du « Heldentenor » de l'opéra romantique, dans l'air de bravoure avec chœur *« Chantez, célébrez »* (acte II) ou dans l'aria fougueuse et d'une prodigieuse expression *« Calchas, d'un trait mortel percé »* (acte III).

Un tel opéra ne pouvait laisser insensibles les musiciens. L'ouverture passa au concert, modifiée puisqu'elle ne s'enchaînait plus à la 1re scène (les 44 mesures supplémentaires, souvent attribuées à Mozart, sont en réalité de Johann Philipp Schmidt). Elle fut encore développée et réorchestrée par R. Wagner en 1854. Pour les représentations du Hoftheater de Dresde (à partir du 22 févr. 1847), Wagner, qui aimait la musique de Gluck mais éprouvait de l'aversion pour la tragédie lyrique française, avait déjà remanié profondément l'ouvrage, coupant, allongeant, réorchestrant, et faisant apparaître la déesse Artémis dans un nouveau dénouement.

A Iphigénie en Aulide

B Iphigénie en Aulide

Éditions — Paris, Le Marchand, 1774. — Éd. mod. par M. FLOTHUIS, *in* Chr. W. Gluck. Sämtliche Werke I/5a, Kassel, BV, 1987.

Bibliographie — Querelle des Gluckistes et des Piccinnistes, textes de pamphlets parus entre 1774 et 1779, Genève, Minkoff, 1981 ; R. WAGNER, Glucks Ouvertüre zu Iphigenie in Aulis, *in* NZfM, juil. 1854, trad. fr. par J.-G. Prod'homme, *in* Œuvres en prose de R. Wagner VII, Paris s.d., réimpr. Plan-de-la-Tour, Éditions d'Aujourd'hui, 1976, pp. 160-176 ; F. DE VILLARS, Les Iphigénie de Gluck, Paris 1868 ; G. CHOUQUET, Histoire de la mus. dramatique en France depuis ses origines jusqu'à nos jours, Paris 1873, 2/ Genève, Minkoff, 1975, pp. 153-157 ; A. JULLIEN, Musiciens d'hier et d'aujourd'hui, Paris 1910, pp. 80-89 ; J.-G. PROD'HOMME, Chr. W. Gluck, Paris 1948, 2/ Paris, Fayard, 1985, pp. 186-196 ; L. RONGA, Dell Ifigenia in Aulide e dello stile gluckiano, *in* RMI LVI/2, 1954 ; W. WEISMANN, Der Deus ex machina in Glucks Iphigenie in Aulis, *in* Deutsches Jb. für Musikwiss. VII, 1962.

CHR. GOUBAULT

IPHIGÉNIE EN TAURIDE, tragédie en musique en un prologue et 5 actes, livret de Joseph-François Duché de Vancy et Antoine Danchet, musique d'**Henry Desmarest** et **André Campra**, créée à Paris, à l'Académie Royale de Musique, le 6 mai 1704, reprise sur cette même scène en 1711, 1719, 1720, 1734, 1762, 1780, représentée à Dijon, Grenoble et Marseille (1712), Bruxelles (1726) et Lyon (1712 et 1750). Sont de Desmarest les actes I (sc. 2-6), II, III (sc. 2-4, 6) IV (sc. 3), de Campra le prologue, les actes IV (sc. 2), V (sc. 2-4). L'un et l'autre compositeur se partagent, souvent de façon égale et très fragmentée, les 6 scènes restantes.

En 1699, Desmarest est un musicien d'âge mûr, à l'influence grandissante. Prévenant un jugement devant le condamner à mort pour l'enlèvement de la fille mineure du receveur d'impôts de Senlis, il fuit vers la Belgique, laissant le manuscrit d'*Iphigénie* — pourtant commencé probablement dès 1696 — inachevé. Ch. H. Gervais confie à Campra le soin de terminer l'œuvre, effectivement très incomplète. *Iphigénie en Tauride* réunit deux compositeurs exactement contemporains dans un genre qui leur est familier. Leurs situations sont assez similaires pour garantir l'objectivité de la comparaison des styles.

Le livret est tiré de l'*Iphigénie en Tauride* d'Euripide. Fille d'Agamemnon et de Clytemnestre, Iphigénie décrit elle-même sa situation dans le prologue de la tragédie antique : « Mon père pensa m'égorger à la requête d'Artémis [puisqu'il fallait reprendre Hélène] dans les passes célèbres d'Aulis. » Euripide narre ensuite la légende d'Iphigénie, sauvée par la même Artémis, et transportée en Tauride où elle devient prêtresse de la déesse. Elle doit y consacrer — et non immoler, la coutume existant avant sa venue — les Grecs qui débarquent sur ce rivage.

LIVRET — Prologue. Les peuples de Délos se préparent à célébrer des jeux en l'honneur d'Apollon et de Diane (dessus).

Acte I. Il s'ouvre par le récit du songe d'Iphigénie (dessus), qui s'est vue prête à tuer son frère Oreste. Thoas (basse-taille), cruel roi des Scythes (ou Taures), veut faire périr les Grecs arrivés en Tauride, malgré l'inclination qu'il éprouve pour l'une d'entre eux, Électre (dessus). Celle-ci tente de fléchir Thoas sans céder à son amour. Les Scythes chantent la louange de leur roi.

Acte II. Électre révèle à son frère Oreste (basse-taille) et à son amant Pylade (haute-contre) qu'ils seront saufs si elle épouse Thoas. Oreste sombre dans un accès de folie que Diane suspend momentanément.

Acte III. Aux supplications d'Oreste répondent les menaces de Thoas, attisées par le refus des deux Grecs de la liberté qui leur est offerte. Oreste et Pylade accablent Électre de soupçons. Toujours indécis, Thoas invoque l'Océan (taille) qui prédit sa mort. Le roi se laisse emporter par la fureur.

Acte IV. Oreste et Iphigénie ignorent leurs identités respectives. Aussi Oreste avoue-t-il à sa sœur le meurtre de sa mère Clytemnestre. Apprenant qu'il est originaire d'Argos, Iphigénie veut sauver ce compatriote tandis que les Scythes se préparent au sacrifice des Grecs.

Acte V. Iphigénie et Oreste finissent par se reconnaître et décident de fuir ensemble. L'espoir d'Iphigénie renaît mais un Grec a révélé le nom d'Oreste à Thoas. De son côté, Iphigénie se dévoile à Électre. Diane interrompt le sacrifice des Argiens, unit Électre à Pylade et renvoie Iphigénie et Oreste dans leur patrie.

Première utilisation de la légende d'Iphigénie dans un opéra français, ce livret a beaucoup perdu de la puissance tragique du texte d'Euripide. Électre devient le principal personnage féminin tandis que l'héroïne est absente des actes II et III. Iphigénie exceptée, tous les personnages adoptent un comportement instable et les revirements de situation, tout comme les divertissements, n'atteignent jamais le seuil de la vraisemblance théâtrale.

L'intérêt musical se révèle avant tout dans le récitatif ; les scènes 1, 3 et 4 de l'acte I, présentant respectivement Iphigénie, Thoas et Électre, sont remarquables à ce point de vue. Desmarest y campe ses personnages avec maîtrise, tout comme il sait faire ressentir la reconnaissance progressive d'Oreste par Iphigénie (acte V, sc. 1) au moyen de tonalités et de détours harmoniques nouveaux (*mi* maj., *do* ♯ min., cadence centrale en *sol* ♯ maj., *fa* ♯ min., *si* maj.). Le relevé des passages mis en musique par Desmarest indique que son attention s'est effectivement portée directement sur les scènes psychologiquement les plus intéressantes et qu'il a — involontairement — abandonné à Campra la quasi-totalité du rôle peu convaincant de Thoas. Ceux des éléments qui relèvent davantage du développement musical paraissent en revanche d'une facture plus artisanale ; il en est ainsi de la plupart des danses ou de la chaconne d'Iphigénie (*« C'est trop vous faire violence »*, acte IV, sc. 1).

Ce n'est donc pas à tous égards que Desmarest peut être considéré comme le plus notable successeur de Lully. Il a donné à cet opéra beaucoup d'intelligence et de finesse musicales sans y insuffler l'éclat ou le mouvement caractéristiques des œuvres de son modèle. La contribution de Campra — dont l'inspiration est plus mélodique et spontanée — s'inscrit pourtant parfaitement dans l'esthétique fixée avec une certaine rigueur par Desmarest. Les compléments de Campra ne se distinguant en aucune façon du style originel de l'œuvre, on peut conclure à la parfaite similitude de l'expression musicale chez ces deux auteurs dès lors qu'ils composent dans un même cadre formel.

Grâce aux multiples reprises dont elle a bénéficié jusqu'en 1780 (un an après la création de l'opéra de Gluck sur le même sujet), *Iphigénie en Tauride* a, parmi d'autres œuvres, assuré la continuité du courant tragique lullyste tandis que le goût s'orientait vers d'autres genres lyriques.

Sources et éditions — Huit parties mss *in* coll. Toulouse-Philidor vol. 20, 1704, Paris, BN, Rés. F 1687 (1-2). — Paris, Chr. Ballard, 1704 (extraits), 1711 (part. réduite), 2/1733.

Bibliographie — Voir celle de l'art. *Didon*.

D. COLOMBAT

IPHIGÉNIE EN TAURIDE, « dramma » de **Tommaso Traetta**, voir IFIGENIA IN TAURIDE.

IPHIGÉNIE EN TAURIDE, opéra en 4 actes, livret de Nicolas-François Guillard d'après la tragédie en 5 actes de Claude Guimond de La Touche, musique de **Christoph Willibald Gluck**, composé à Paris de sept. 1777 à févr. 1778, à Vienne de mars à oct. 1778, puis de nouveau à Paris de nov. 1778 à mai 1779, créé à Paris, à l'Académie Royale de Musique, le 18 mai 1779, avec Mmes R. Levasseur (Iphigénie), Châteauvieux (Diane), MM. H. Larrivée (Oreste), J. Le Gros (Pylade), Moreau (Thoas), sou la dir. de L.-J. Francœur. La version italienne de L. Da Ponte (Vienne 1783) puis la version allemande revue par R. Strauss (Weimar 1900) ont connu un succès durable.

En 1775, Gluck avait confié l'établissement du livret du 5e de ses grands ouvrages lyriques français à M.-F.-L. Gaud Leblanc du Roullet. Ce dernier s'étant récusé, le musicien choisit au cours de l'été 1777 N.-F. Guillard, qui adapta la pièce de Guimond représentée au Théâtre-Français le 4 juin 1757. Le choix de cette œuvre et sa réalisation s'inscrivent dans le contexte de la querelle des gluckistes et des piccinnistes. Les ennemis de Gluck (J.-Fr. Marmontel, J.-Fr. La Harpe...), partisans de l'opéra italien « musical » et adversaires de l'opéra français « dramatique », lui opposèrent un rival en la personne du Napolitain Niccolo Piccinni. L'*Iphigénie* de Gluck triompha, mais, le 24 sept., son *Écho et Narcisse* connut un échec retentissant. En 1781, l'*Iphigénie* de Piccinni ne souleva guère d'enthousiasme. Cependant, Gluck vexé de l'échec de son dernier opéra avait déjà regagné Vienne pour ne plus revenir en France.

LIVRET — L'action se passe sur le rivage de Tauride, dans le pays des Scythes, après la guerre de Troie. — Acte I. Iphigénie (sop.), fille d'Agamemnon et grande prêtresse de Diane, a vu en songe le palais de son père, à Mycènes, ravagé par la foudre ; le spectre de sa mère, Clytemnestre, tuait Agamemnon et armait son bras d'un glaive pour transpercer son frère Oreste. Devant tant d'horreur, Iphigénie implore Diane (sop.) de mettre fin à ses jours. Thoas (basse), roi de Tauride, sentant sa vie menacée, demande un sacrifice humain pour apaiser les dieux. Les guerriers scythes annoncent la capture de deux jeunes Grecs : Oreste (bar.) et Pylade (ténor), qui feront des victimes toutes désignées, d'autant que Pylade refuse de dévoiler à Thoas la raison de leur présence en Tauride.

Acte II. Tandis qu'on emmène Pylade, les Furies cherchent à se venger d'Oreste qui a tué sa mère. Lorsque apparaît Iphigénie, le jeune homme croit voir Clytemnestre. La prêtresse ne le reconnaît pas, mais reçoit la confirmation de son rêve.

Acte III. Iphigénie veut faire évader celui des prisonniers qui ressemble à son frère Oreste. Les deux amis font assaut de générosité, chacun souhaitant mourir à la place de l'autre. Iphigénie se laisse fléchir : c'est Pylade qui partira.

Acte IV. Iphigénie s'apprête à sacrifier Oreste. Le reconnaissant enfin, elle se jette dans ses bras. Thoas survient et veut les immoler tous les deux. Arrivent Pylade et une troupe de Grecs qui frappent le roi de Tauride. Diane apparaît, pardonne à Oreste et lui enjoint de gagner Mycènes avec Iphigénie pour y régner.

Écrit dans une langue sobre et concise, le livret offre des coups de théâtre plus variés que dans tout autre ouvrage de Gluck. Partout, on note une volonté de dramatisation, un désir de frapper l'imagination du spectateur : orage, cauchemar d'Iphigénie, Oreste assailli par les Furies, coup de théâtre de l'acte IV, au moment où la prêtresse lève le glaive sur sa victime et reconnaît son frère. Dans cette « œuvre diablement humaine » (Goethe), toute l'action tourne autour d'une amitié (Oreste et Pylade) et d'un instinct fraternel (le geste qui pousse Iphigénie à sauver Oreste), sans intrigue amoureuse ou secondaire. Tout devait stimuler la muse d'un compositeur si attiré par le pathétique des situations.

Dans la version primitive, les divertissements dansés étaient réduits au strict minimum, ce dont se plaignaient les contemporains. Gluck refusait que l'action fût coupée par des accessoires, par des « gambades », propos qui irritèrent la « tourbe dansante ». Mais les pressions furent fortes : dès juin 1779, on ajouta un divertissement final (*Les Scythes enchaînés*), réglé par J.-G. Noverre, sur une musique de Fr.-J. Gossec.

L'orage de l'ouverture, avec tonnerre, éclairs et grêle, lié aux angoisses d'Iphigénie, deviendra le modèle classi que des orages d'opéra. Au nom de la vérité dramatique, Gluck y fait intervenir la voix. L'orchestre participe aux effets descriptifs et pathétiques du songe d'Iphigénie et en accroît la tension. Le chœur des Scythes (acte I, scène 3) fait appel à un certain exotisme, avec ses petites flûtes, tambourin, cymbales et triangle, qui faisaient dire au *Journal de Paris* : « Ce son étrange paraît transporter les spectateurs au milieu des cannibales qui dansent autour du poteau où leur victime est attachée. »

L'acte II contient de nombreux morceaux d'anthologie. La différence de caractère entre Oreste et Pylade — le premier emporté, le second plus calme — est habilement rendue par l'opposition des lignes vocales en « dents de scie » d'Oreste aux mélodies plus chantantes de Pylade. A ce titre, l'air *« Unis dès la plus tendre enfance »* (sc. 2) est particulièrement émouvant. L'arioso d'Oreste qui suit **A** retient l'attention grâce au contraste de ses deux plans superposés : le calme apparent d'Oreste et le drame qui continue à se jouer à l'orchestre. « Oreste ment, disait Gluck, il prend pour calme l'affaissement de ses organes ; mais la Furie est toujours là. » Tout aussi impressionnantes sont les scènes 4 et 5 du même acte, où Oreste est aux prises avec le chœur des Furies. L'intervention des trombones crée un effet saisissant, tout comme dans le duo d'Oreste et Pylade de l'acte III, au moment du récit d'Oreste, *« Quoi ! je ne vaincrai pas ta constance funeste ! »*. Le musicien exploite alors toutes les possibilités : la ligne vocale expressive, les intervalles, les

A **IPHIGÉNIE EN TAURIDE** DE CHR. W. GLUCK

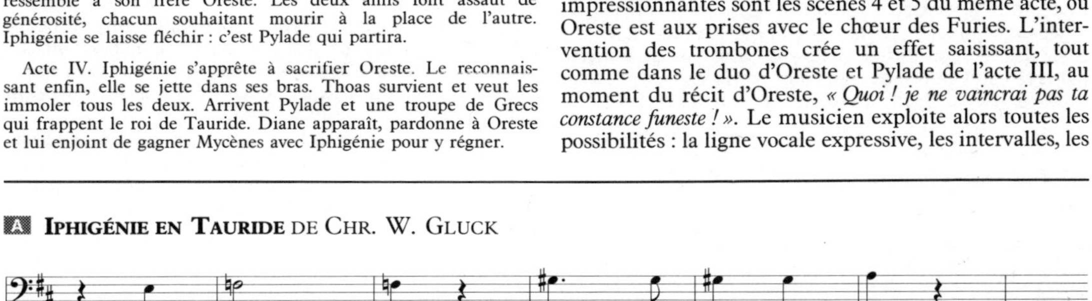

tonalités, l'instrumentation, les contrastes et les chœurs donnent du relief aux personnages.

Parmi les pages confiées à Iphigénie, relevons l'air fameux *« O malheureuse Iphigénie ! »* (acte II, sc. 6), dont la tension croît jusqu'au chœur des prêtresses, *« Mêlons nos cris plaintifs »* ; le grand air *« Je t'implore et je tremble »* (acte IV), traité à l'italienne et soutenu par une formule mélodico-rythmique de l'orchestre qui accentue le caractère implacable de la déesse.

Sans atteindre à la « marqueterie » d' → *Armide*, *Iphigénie en Tauride* emprunte à des œuvres antérieures. Les idées de l'ouverture proviennent de *L'Isle de Merlin* (opéra-comique, 1758) ; l'air *« Dieux qui me poursuivez »* (acte II, sc. 1) est une adaptation d'un air de *Demofoonte* (1742) et de *Telemaco* (1765), auquel est encore empruntée la musique du 1er air d'Iphigénie à l'acte IV ; *« O malheureuse Iphigénie ! »* (acte II, sc. 6) prend pour modèle l'air de Sextus (*« Se mai senti spirarti »*) de *La clemenza di Tito* (1752) ; l'épilogue, enfin, est emprunté au chœur final de *Paride ed Elena* (1770).

Éditions — Paris, Bureau du Journal de Musique, 1779. — Éd. mod. par G. Croll, *in* Chr. W. Gluck. Sämtliche Werke I/9, Kassel, BV, 1973.

Bibliographie — Querelle des Gluckistes et des Piccinnistes, textes de pamphlets parus entre 1774 et 1779, Genève, Minkoff, 1981 ; Fr. Arnaud et J.-B. Suard, Variétés littéraires et Recueil de pièces tant originales que traduites concernant la philosophie, la littérature et les arts, Paris 1804, 2/Genève, Slatkine, 1971 ; H. Berlioz, Iphigénie en Tauride, *in* Revue et Gazette Mus. de Paris I/45-49, 1834, rééd. *in* Cauchemars et passions, Paris, Lattès, 1981 ; A. Adam, La répétition générale d'Iphigénie en Tauride, *ibid.* II/21, 1835 ; F. de Villars, Les Iphigénie de Gluck, Paris 1868 ; A. Jullien, Musiciens d'hier et d'aujourd'hui, Paris 1910, pp. 47-55 ; A. Gastoué, Gossec et Gluck à l'Opéra de Paris : le ballet final d'Iphigénie en Tauride, *in* RMie XIX, 1935 ; J.-G. Prod'homme, Chr. W. Gluck, Paris 1948, 2/ Paris, Fayard, 1985, pp. 281-284 ; J. Rushton, Iphigénie en Tauride. The Operas of Gluck and Piccinni, *in* ML LIII, 1972 ; C. Dahlhaus, Ethos und Pathos in Glucks Iphigenie auf Tauris, *in* Mf XXVII, 1974 ; A. et K. Stoll, Affekt und Moral zu Glucks Iphigenie auf Tauris, *ibid.* XXVIII, 1975 ; Iphigénie en Tauride, *in* L'Avant-Scène Opéra n° 62, avr. 1984.

Chr. Goubault

« I PIANSI OR CANTO », madrigal d'**Adrien Willaert**, voir Musica nova.

IRISCHE LEGENDE (Légende irlandaise), opéra en 5 tableaux, livret — d'après la pièce *Countess Cathleen* (1902) de William Butler Yeats — et musique de **Werner Egk**, créé au Festival de Salzbourg, le 17 août 1955, sous la dir. de Georg Szell. (Mayence, Schott, 1955.)

Livret — 1er Tableau. La forêt des démons. Les démons (le Tigre, bar. dramatique ; deux Hiboux, sop. et contralto ; le Vautour, ténor ; deux Hyènes, fort ténor et bar., sous l'aspect de marchands ; le Serpent, une danseuse) sont assemblés et discutent de la marche du monde. Trop longtemps, s'exclament-ils, les hommes avaient le choix de nous suivre ou de nous fuir. Il faudrait trouver moyen de supprimer leur libre arbitre, de les forcer à faire nos volontés. Apparition des Anges (chœur mixte) qui mettent en doute l'existence d'un tel moyen. Le Tigre les contredit : c'est la famine, la peur ! Puis, il envoie les marchands chez les hommes, avec mission de les affamer. Pour une bouchée de pain, leurs filles se prostitueront alors sans se faire prier.

2e Tableau. Dans la maison de Cathleen. Le poète Aleel (bar. dramatique) chante une chanson pour Cathleen (sop. dramatique), qu'il aime. Entrée de l'Intendant (bar.), accompagné de deux bergers (ténor lyrique et basse) qui apportent de mauvaises nouvelles : une pestilence inconnue a frappé les troupeaux, tuant tous les moutons. De plus, les granges sont vides car de mystérieux Marchands ont acheté tout le blé pour le revendre à des prix exorbitants. Cathleen ordonne alors qu'on vide ses trésors et qu'on achète du blé à l'étranger pour l'offrir à tous les affamés. Aleel, qui avait envisagé de s'enfuir, décide de rester auprès d'elle.

3e Tableau. La forêt des démons. Les deux Hiboux sont enthousiasmés par le récit du Vautour. Partout règne la misère ; famine, meurtres, pillages et trahisons sont désormais le lot des hommes. Mais les Marchands racontent d'un ton chagrin que leurs efforts sont mis en brèche par l'action de Cathleen, un être pur sur lequel les démons n'ont aucun pouvoir. Elle n'a qu'une faille : son amour pour Aleel, un poète qui n'aime que ses rêves. Sur ordre du Tigre, on amène alors le poète endormi devant l'assemblée des démons qui lui suggèrent d'abandonner Cathleen.

4e Tableau. Dans la maison de Cathleen. Les Hiboux, invisibles, se sont introduits chez Cathleen et ont emporté ses derniers biens. Entrent ensuite les Marchands, goguenards, qui l'informent que son employé, chargé d'acheter des troupeaux, a été retrouvé assassiné ; l'argent de l'achat a disparu. Lorsque Cathleen veut payer avec ses dernières pierres précieuses, elle s'aperçoit que tout a été volé. Les Marchands disparaissent en ricanant et Aleel, influencé par le Tigre, la quitte.

5e Tableau. Un carrefour. Le paysage est marqué par la destruction. Cathleen rencontre les démons et leur vend son âme qu'elle échange contre le blé destiné à tous les infortunés de la Terre. Les démons veulent emmener la jeune fille avec eux mais en sont empêchés par l'intervention des Anges qui emportent Cathleen dans les cieux.

La palette sonore de W. Egk sait restituer l'atmosphère symbolique de l'œuvre même s'il renonce manifestement à approfondir le caractère de ses personnages. La musique reste imprégnée de l'univers tonal, quoique l'auteur utilise par moments des formules influencées par le dodécaphonisme. En 1970, W. Egk écrivit une nouvelle version de l'œuvre.

Bibliographie — W. Egk, Aufsatz über die « Irische Legende », *in* ÖMZ X, 1955 ; E. Werba, « Irische Legende », *ibidem.*

M. Kelkel

IRLANDE, d'**Hector Berlioz**, voir Neuf mélodies imitées de l'anglais.

IRMA LA DOUCE, comédie musicale en 22 scènes, livret et texte des chansons d'Alexandre Breffort, musique de **Marguerite Monnot**, créée à Paris, au Théâtre Gramont, le 12 nov. 1956.

L'action se passe à Paris, en Guyane française et à Édimbourg au début des années 30. Les personnages principaux de la pièce sont Irma, une prostituée parisienne, et son ami Nestor. Celui-ci se fait passer pour un riche prétendant, devient jaloux de lui-même et tue apparemment son double. C'est Irma qui finira par le tirer de toutes ses difficultés. La chanson insolente *« Ah ! dis donc »* figure parmi les airs les plus connus. *Irma la douce* est la seule comédie musicale française qui ait connu un succès international : elle a tenu la scène trois ans à Paris, a été donnée 1 512 fois à Londres et 524 fois à New York.

R.-M. Simon et S. Simon

ISIS, tragédie en musique en un prologue et 5 actes, poème de Philippe Quinault, musique de **Jean-Baptiste Lully**, écrite pour soli, chœur et orchestre à 5 parties de cordes, fl., htb., bassons, trp. et timbales, créée devant le roi et la cour à Saint-Germain-en-Laye, le 5 janv. 1677. La 1re représentation causa un énorme scandale à cause des allusions que d'aucuns voulurent y voir à Mme de Montespan, identifiée à Junon jalouse, tandis que la jeune Io aurait symbolisé Mme de Ludre. Il est difficile de discerner si ces allusions étaient ou non voulues, mais le fait est qu'elles entraînèrent l'interruption des représentations et la disgrâce de Quinault. *Isis* ne devait plus reparaître devant la cour. Dès février, on reprit *Thésée* à Saint-Germain ; en automne, à Fontainebleau, ce fut *Alceste*, *Thésée* et *Atys* ; en janv. 1678, toujours à Saint-Germain, on rejoua *Atys*. A Paris, Lully se donna le temps de laisser passer l'orage et donna *Atys* et *Thésée* au printemps. Cependant, *Isis* ne fut pas interdite et fut finalement créée à Paris au mois d'août 1677. Mais là encore, des difficultés surgirent. On trouva l'opéra trop « savant », c'est-à-dire trop riche musicalement, et l'intrigue froide et stérile, en sorte que les représentations ne se poursuivirent pas très longtemps. L'œuvre ne devait plus être reprise du vivant de Lully, mais elle fut remise à la scène en févr. 1704, sept. 1717 et déc. 1732. C'est à l'occasion de ces deux dernières reprises qu'*Isis* fut parodiée sous les titres : 1. *La Vache Io ou Jupiter amoureux*, par Charpentier, Foire Saint-Germain, par écriteaux, en 1718 ; 2. *A fourbe, fourbe et demi ou le Trompeur trompé*, anonyme, Marionnettes de la Foire Saint-Germain, 1733 ; 3. *Le Trompeur trompé*, par Fuselier, Théâtre de la Foire, 1733.

LIVRET — Prologue. Le palais de la Renommée ouvert de tous les côtés pour recevoir les nouvelles de ce qui se fait de plus considérable sur la Terre. La divinité qui préside dans ce palais paraît sur son trône accompagnée de sa suite ordinaire : les Rumeurs et les Bruits qui portent comme elle chacun une trompette à la main. Comme dans les œuvres précédentes, le prologue est bâti sur le contraste entre une musique guerrière, celle de la Renommée (dessus) puis de Neptune (basse), célébrant les exploits du roi par la voix de grands chœurs massifs, rehaussés de l'éclat des trompettes (sc. 1 et 2), et l'intervention des neuf Muses (dessus), des Arts libéraux et d'Apollon (haute-contre) où les grands chœurs s'effacent devant les ensembles vocaux tandis que les trompettes cèdent la place aux cordes et aux flûtes (sc. 3). Ces divinités paisibles demandent que « la guerre / Ne trouble pas les charmes / De leurs divins concerts ». Mais la Renommée leur signifie que le temps n'est pas encore venu et que le héros doit courir à la victoire.

Acte I. Des prairies agréables où le fleuve Inachus serpente. Hiérax (basse-taille) se plaint auprès de son confident Pirante (haute-contre) que la nymphe Io l'abandonne. Celle-ci survient mais l'entretien entre les deux amants est très froid. Io (dessus) en effet est aimée de Jupiter ; elle l'avoue à sa confidente Mycène (dessus). Mercure (haute-contre) annonce la descente de Jupiter. Toutes les divinités de la Terre, des Eaux et des Richesses souterraines forment un chœur pour l'accueillir. Jupiter (basse) annonce qu'il vient sur la Terre pour la combler de ses bienfaits.

Acte II. Le théâtre est obscurci par des nuages épais. Jupiter paraît et ces nuages s'illuminent. Il fait sa cour à Io qui ne lui résiste que mollement. Cependant, Mercure annonce l'arrivée d'Iris (dessus) précédant Junon. Sur l'ordre de Jupiter, Mercure tente d'arrêter Iris, en faisant semblant de lui faire la cour, mais en vain. Parvenue près de Jupiter, Junon use d'un stratagème : elle demande à son époux la permission de choisir une nouvelle nymphe pour sa cour. Jupiter acquiesce ; elle choisit Io. Le théâtre change et représente les jardins d'Hébé où une fête est organisée pour l'arrivée d'Io. Divertissement.

Acte III. La solitude où Argus fait sa demeure près d'un lac et au milieu d'une forêt. Sur ordre de Junon, Argus (basse-taille) enferme Io qui ne doit plus voir personne au monde. Son frère Hiérax lui-même ne parvient pas à le fléchir. Tout au plus révèle-t-il à l'amant malheureux le nom de son rival. Survient une troupe de nymphes en habits de chasse, dont l'une joue le rôle de Syrinx (dessus), suivie de Mercure déguisé en berger et accompagné d'une troupe de satyres et de sylvains dont l'un représente le dieu Pan (basse). Pour endormir Argus et délivrer Io, ils font semblant de commémorer l'histoire de Syrinx, cette nymphe qui se jeta dans les marais pour échapper aux ardeurs de Pan et fut changée en roseau. Le spectacle endort bien Argus mais non l'amant jaloux Hiérax qui réveille son frère ; tous deux appellent alors Junon à leur secours malgré Mercure qui les frappe de son caducée : ils tombent morts aussitôt. Junon survient, ressuscite Argus et, pour se venger d'Io, la livre à Erinnis. Hiérax, lui, se retrouve changé en oiseau de proie.

Acte IV. L'endroit le plus glacé de la Scythie. Chœur des peuples des climats glacés (les trembleurs). Io, transie, se plaint des supplices qui l'accablent. A la scène suivante, Erinnis la transporte dans les forges des Chalybes où le supplice du feu succède à celui du froid. Pour échapper à la fournaise, Io se précipite dans la mer. Elle arrive alors dans l'antre des Parques (trio des Parques : un dessus, deux hautes-contre) qui lui refusent la mort et lui ordonnent d'apaiser Junon.

Acte V. Io, désemparée, supplie Jupiter de venir à son secours. Pris de pitié, celui-ci descend du ciel, mais un arrêt du destin lui interdit d'intervenir si Junon elle-même ne pardonne pas à Io. Alors Jupiter cède et, en modèle des héros, accepte de remporter la victoire la plus difficile : être maître de son cœur. Il jure par le Styx de renoncer à son amour et Junon rend aussitôt sa jeunesse et sa beauté à Io qui devient une divinité sous le nom d'Isis.

Après les triomphes de *Thésée* et d'*Atys* où, de l'aveu des contemporains, Lully et Quinault n'étaient pas loin d'avoir atteint la perfection, *Isis* représente une coupure profonde dans la carrière des deux auteurs. Le livret, tiré de la mythologie, ne suit que d'assez loin la légende d'Io, élimine tout ce qui a trait à la métamorphose de l'héroïne en génisse, imaginée par Jupiter pour la soustraire à Junon, et invente le pâle personnage d'Hiérax, ce qui a pour conséquence de réduire l'intrigue à une banale histoire de jalousie. Dans son *Histoire de l'Académie Royale de Musique*, Parfaict se livre à une critique en règle de ce livret : « On pourrait reprendre [le poète], écrit-il, d'avoir choisi un sujet qui ne peut offrir rien que de triste et de désagréable. Aussi, plaignons-le d'avoir été obligé de traiter un fond ingrat et stérile dont il a été contraint de remplir les vides de scènes épisodiques et qui, après lui avoir coûté un travail infini, n'a servi qu'à lui attirer la disgrâce de la cour. » Certes, le fond de l'intrigue est froid et insignifiant : personne n'arrive à s'intéresser aux malheurs d'Hiérax, pas même le compositeur et surtout pas le librettiste qui l'abandonne à la fin de l'acte III au moment où il tombe sous le coup de la baguette de Mercure. Junon elle-même, appelée au secours, prend la peine de ressusciter Argus, mais n'a pas un regard pour le malheureux jaloux à qui elle doit pourtant l'échec de la ruse de Mercure. Aussi n'est-il pas étonnant que les deux premiers actes, où Hiérax joue un assez grand rôle, soient très froids. Mais les choses changent du tout au tout à partir de l'épisode de Syrinx et de Pan. Cette sorte d'opéra dans l'opéra — qui se présente un peu sous la forme d'une cantate pour chœur et solistes comme Campra en introduira trente-trois ans plus tard dans ses → *Fêtes vénitiennes* en 1710 — est, du strict point de vue de l'action, un ralentissement et même un remplissage, mais grâce à cet intermède, l'œuvre se charge tout à coup d'une richesse musicale telle qu'il n'y en avait jamais eu dans aucun opéra de Lully. Tout se passe comme si le compositeur, délivré pour la première fois des contraintes dont la tragédie en musique allait finir par mourir, pouvait enfin donner libre cours à son imagination : le récitatif disparaît presque complètement et cède la place à une succession de tableaux où la musique règne sans partage. L'action y est chantée et mimée comme dans une fresque où se succèdent de vastes chœurs entrecoupés de symphonies dramatiques. Le seul épisode de Syrinx et de Pan en comporte trois : 1. le chœur des nymphes, compagnes de Syrinx, qui chantent leur liberté ; 2. le double chœur des nymphes et des bergers opposant leurs deux morales contradictoires : *« Aimons sans cesse/N'aimons jamais »* ; 3. le chœur des nymphes chasseresses : *« Courons à la chasse »*. Contrairement à la réputation que l'on a faite à

Lully, ces chœurs sont d'une écriture à la fois souple et expressive où l'imitation joue souvent un rôle important A. L'épisode de Syrinx et de Pan terminé, l'opéra continue sur la même lancée pendant l'acte IV ; les trois principales épreuves imposées à Io constituent en effet autant de tableaux différents où les chœurs continuent de jouer le rôle principal. Le premier de ces épisodes, celui des « peuples des climats glacés », deviendra même le plus célèbre de tous les morceaux d'opéras de Lully pendant plus d'un siècle sous le nom de *Chœur des trembleurs*, ainsi nommé parce que le compositeur a voulu imiter la diction saccadée d'hommes transis de froid.

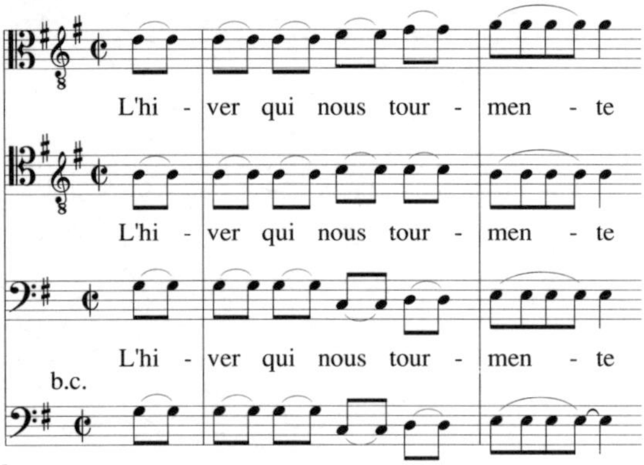

Cette pièce fera l'objet d'innombrables parodies et sera utilisée des centaines de fois comme timbre sur des paroles différentes. Le 2e tableau de l'acte IV, l'antre des Chalybes, donne lieu lui aussi à un vaste chœur descriptif où les forgerons répètent à l'envi la syllabe « tôt » comme une sorte d'onomatopée. L'acte se termine par une descente aux Enfers où la malheureuse Io se retrouve devant les Parques qui scellent son sort en un célèbre trio. C'était, nous dit Lecerf de La Viéville, le morceau le plus « savant » de toute l'œuvre de Lully et un de ceux dont il était le plus fier...

Cependant, quelle que soit la valeur de ces morceaux, elle était encore surpassée dans l'esprit des contemporains par la conclusion de l'épisode de Syrinx et de Pan : il s'agit cette fois d'une sorte de récitatif accompagné, où les plaintes du dieu alternent avec de courts fragments mélodiques confiés aux deux flûtes, dans lequel Lully a essayé d'imiter le bruit du vent dans les roseaux du marais où vient de s'engloutir la nymphe. Lecerf de La Viéville cite ce morceau comme un modèle, qui cadre de façon parfaite avec la doctrine en usage à l'époque, selon laquelle l'art est avant tout imitation de la nature B. En dépit de ces éloges, un esprit moderne est en droit de se demander s'il est légitime d'accorder tant de place à la musique descriptive dans un opéra. Il est vrai que depuis la création du genre, les opéras baroques avaient toujours fait une grande place aux figuralismes. Reste que nous nous trouvons ici en présence d'une conception dramatique qui est à l'opposé de celle que Lully et Quinault avaient mise en pratique l'année précédente dans → *Atys* où tout est soumis au drame. Cette différence de conception provient peut-être d'une volonté de renouvellement, mais elle montre bien que le compositeur n'avait pas vraiment de parti pris esthétique. Du reste, comme souvent dans la musique du XVIIIe s., la présence de figuralismes n'est pas contradictoire avec l'intensité dramatique, mais elle l'illustre et la complète. Cela est vrai non seulement de l'épisode de Syrinx et de Pan, du trio des Parques et de nombre d'autres passages déjà cités, mais aussi de morceaux de l'action principale comme le bel air monologue d'Io *« Terminez mes tourments »* qui ouvre l'acte V. Cet air en forme de rondeau irrégulier, dans la tonalité sombre de *fa* min., est un bel exemple de souplesse et d'expressivité dans la déclamation mélodique C. On remarquera dans cet exemple la ligne mélodique brisée et les grands sauts d'intervalle qui aboutissent, sur les mots « affreux climats », à la tonalité très rare de *ré* ♭ maj. qui est le point le plus bas de l'air dans le cycle des quintes.

Par la primauté donnée à la musique sur le texte, par l'abondance des épisodes descriptifs, enfin par le caractère « savant » de son écriture, *Isis* mérite bien le nom d'opéra des musiciens que lui avaient donné les contemporains. C'est aussi de toutes les tragédies de Lully celle qui s'éloigne le plus de la conception française de l'opéra qui veut que la musique reste étroitement soumise au drame. Aussi n'est-il pas étonnant que son succès soit resté limité. Le compositeur se le tiendra pour dit et ne reviendra jamais plus dans cette voie. Les contemporains quant à eux continueront d'entretenir le mythe de « l'incomparable Monsieur de Lully », champion de la simplicité, du naturel et du bon goût et donné en modèle à tous les compositeurs qui seraient tentés de faire étalage de leur science. Il faudra attendre plus de cinquante ans avant qu'un autre compositeur d'opéras ose se montrer « savant » ; dans → *Hippolyte et Aricie* de Rameau, la pièce la plus « savante » sera précisément un trio des Parques.

Sources et éditions — **a)** Livret : Paris 1677 ; d'autres éditions ont été imprimées lors des différentes reprises. — **b)** Musique : Paris 1719 (partition générale). — Principales copies manuscrites anciennes : Paris, BN, Vm^2 33 (1699) ; Versailles, Ms. Mus. 96 (Philidor 1702).

Rééditions modernes — Paris, Michaëlis, 1882 (réd. pour cht et p.).

Bibliographie — Voir celle de l'art. *Cadmus et Hermione*.

R. Fajon

Ismène et Isménias, tragédie lyrique en 3 actes, livret de Pierre Laujon, musique de **Benjamin de Laborde**, créée à Choisy le 13 juin 1763, avec N. Gélin (Azaris), P. Jélyotte (Isménias), H. Larrivée (Thémistée), S. Arnould (Ismène), Dubois l'Aînée (Prêtresse de Diane). L'œuvre fut reprise avec des modifications le 11 déc. 1770 (Académie Royale de Musique), puis remaniée par Jean-Joseph Rodolphe et Pierre-Montan Berton pour le ballet *Médée et Jason* (1776).

Livret — Acte I. Palais des ministres de Jupiter à Euricôme. Thémistée (basse), grand prêtre de Jupiter, annonce à son fils Isménias (haute-contre) qu'il doit célébrer le mariage d'Ismène (sop.), princesse d'Euricôme, et d'Azaris (basse), roi d'Euricôme. Isménias en est profondément attristé car il aime secrètement Ismène. Azaris et son peuple viennent féliciter la jeune reine, soudainement affligée.

Acte II. Bois consacrés à Diane, déesse de l'Indifférence ; temple de Diane. Sans s'être concertés, Ismène et Isménias se réfugient tous deux dans le temple de Diane. S'apercevant de leur trouble amoureux, la Prêtresse (sop.) les met en garde en leur retraçant l'histoire de Médée et Jason. (Ballet : Médée empoisonne Créuse, future épouse de Jason, et jette à son amant perdu le couteau avec lequel elle vient d'égorger ses deux enfants.) Isménias empêche Ismène de prononcer ses vœux à Diane, tandis qu'Azaris la presse de l'épouser. Devant le désarroi des deux jeunes gens, Azaris comprend la situation et traîne Isménias au temple de Jupiter pour le tuer.

Acte III. Temple de Jupiter. Ismène feint d'accepter d'épouser Azaris pour sauver Isménias d'une mort certaine. Et le mariage se prépare... Isménias reçoit la charge de bénir les futurs époux. En proie à la souffrance que cet acte lui inflige, il chancelle. Azaris comprend alors la supercherie et s'apprête à immoler Isménias enchaîné, quand Amour (sop.), sur un nuage posé, convainc Azaris de sa mauvaise action.

Les thèmes de l'amour impossible et du renoncement de la femme au pouvoir par amour sont traités par Laujon avec beaucoup d'efficacité : pas de merveilleux mais un résidu de mythologie. L'insertion d'une action dans l'action (ballet pantomime de Médée et Jason) marque l'une des étapes du ballet à argument greffé sur un tissu dramatique, idée reprise au XIXe s. et au-delà.

L'ouverture, de structure binaire, rompt avec le style français. L'orchestre, assez fourni, annonce les délires d'effectifs que connaîtront les années 1770-1775.

Généralement très brefs, les récitatifs s'insèrent à des scènes elles-mêmes courtes, et préfigurent, pour certains, le « recitativo secco » italien. B. de Laborde traite le thème du « songe affreux », *« Dans un temple, j'ai vu cet enfant redoutable »* (Isménias, acte I), avec les artifices d'écriture employés par ses contemporains, soit, dans le cadre d'un récitatif obligé, avec des brisures de tempi, des traits fusées et des notes répétées à la basse.

Certains airs (*« Que la beauté »*, Azaris, acte I) montrent une influence italienne très nette, tandis que d'autres manifestent une volonté de synthèse des deux styles (*« Raison cruelle »*, Isménias, acte II) en superposant une orchestration italienne claire à une ligne mélodique tourmentée. L'œuvre ne fait pas exception au mouvement en faveur du duo gigantesque né vers 1760-65 (*« Ranimez mon faible courage »*, Isménias et Thémistée, acte I, 163 mesures).

Tout en marquant une rupture avec le style français, *Ismène et Isménias* exploite certaines caractéristiques de l'opéra français, d'une part, la théorie de l'effet, avec une « tempête et tonnerre » fondée sur des notes répétées, des arpèges et l'obsession d'un rythme syncopé, d'autre part,

A **Isis**

B **Isis**

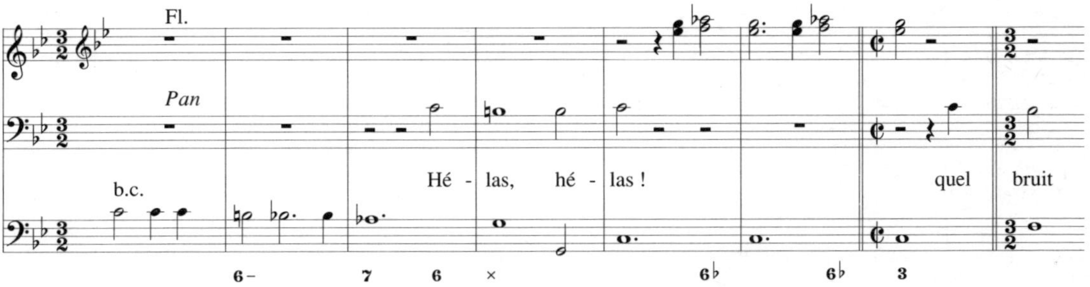

C **Isis**

les danses (gavottes, menuets, gigues, chaconnes et vilanelles) dont le rythme très entraînant ne suffit pas toujours à pallier la faiblesse harmonique.

La partie la plus originale reste le ballet de Médée et Jason. L'argument, noté dans la partition sous la musique, indique les gestes exagérés des acteurs, à la manière d'un film muet. D'un point de vue formel, le ballet (un sixième de l'opéra) s'appuie sur un thème de passacaille (*si* ♭ maj.) dont les valeurs, d'abord longues, diminuent au fur et à mesure des répétitions. La brusque modulation centrale au mineur direct et la répartition d'un rythme syncopé à tous les pupitres de l'orchestre (sauf aux cors) sont les événements principaux précédant le chœur Très vif qui clôt cet épisode.

L'abondance et la prolixité de certaines danses (contre-danse finale), l'effectif important de l'orchestre, la concision des récitatifs et la scission entre récitatifs, airs et passages symphoniques, la suppression quasi totale des ornements révèlent cette instabilité stylistique caractéristique de la période pré-révolutionnaire de l'opéra français.

Éditions — Paris, Ballard, 1763.

Bibliographie — B. de Laborde, Essai sur la musique ancienne et moderne, Paris 1780, t. IV, p. 187 ; F. Souchal, Les Slodz, sculpteurs et décorateurs du roi, 1686-1764, Paris, De Boccard, 1967, pl. 70-71 ; S. Bouissou, Les Boréades de J.-Ph. Rameau : un passé retrouvé, *in* RMie LXIX/2, 1983 ; de la même, J.-Ph. Rameau, « Les Boréades » ou la tragédie oubliée du dernier baroque, Paris, Méridiens/Klincksieck, à paraître.

S. Bouissou

(L') Isolement, mélodie pour chant et piano de **Louis Niedermeyer**, sur un poème de Lamartine (Paris, Pacini, 1854).

Extrait des *Méditations poétiques*, *L'Isolement*, écrit à Milly en août 1818, exprime l'accablement de Lamartine dû à la perte de « la personne qu'il aimait le plus au monde » (« Elvire ») : « Je reste seul, mais j'ai presque la certitude que ce ne sera pas pour longtemps ; je puis déjà d'avance me compter au nombre des morts. » Le compositeur a supprimé les 3e, 6e, 7e et 8e des 13 strophes du texte littéraire ; il a enchaîné les autres et les a traitées individuellement, sauf les 4 dernières, qui sont d'un seul tenant. Sa partition traduit certes les mornes sensations de la mélancolie lamartinienne, mais reflète aussi la sérénité de l'aspiration à l'au-delà libérateur. Pour commencer, l'évocation musicale du « paysage intérieur » du poète (strophes 1, 2, 4 ; ♩ =96) est très descriptive : le coucher du soleil et les eaux dormantes du lac correspondent à un langage musical apaisé (tonalité de *la* min., nuance piano, accords plaqués, triolets), contrairement à l'image du « fleuve qui gronde », symbolisé par des sextolets de doubles croches dans un crescendo progressif, une tonalité fluctuante et un chant en lignes ascendantes séparées par des sauts de 7e. Le mouvement plus lent (♩= 80) de la 4e strophe, les accords et la tonalité majeure confèrent à la mélodie une solennité nouvelle, propre à l'expression de l'espérance chrétienne chère à Lamartine. Par ailleurs, la combinaison d'un style apaisé (récitatif, ton majeur) et d'un style animé (trémolos et sextolets, emprunts mineurs, crescendo, ligne chromatique du chant) transpose musicalement le tumulte des sentiments du poète (strophes 5, 9). Enfin une romance en *la* maj. (Allegro con fuoco, de structure AA'BA'' répétée), dont le chant principal s'apparente au thème initial, reproduit avec sérénité l'élan vers l'infini et l'appel final à la mort (strophes 10 à 13).

É. Malfroy

Israel in Egypt (Israël en Égypte), oratorio de **Georg Friedrich Haendel**, le premier dont le texte soit fait d'une compilation d'extraits bibliques (Exode), écrit pour 2 sop., alto, ténor et 2 basses soli, deux chœurs mixtes à 4 voix et orchestre (2 fl., 2 htb., 2 bassons, 2 trp., 3 trb., timb., cordes et b.c. [clv. et 2 orgues]), composé entre oct. et nov. 1738, créé à Londres, au King's Theatre, le 4 avril 1739. L'édition de la partition complète ne parut qu'en 1771, bien que plusieurs arias et duos aient été publiés auparavant. (Durée : 1 h 40 min environ.)

Haendel semble avoir eu l'idée de composer *Israel in Egypt* afin de faire un plus large usage de son long anthem avec orchestre *« The Ways of Zion Do Mourn »* composé pour la mort de la reine Caroline en déc. 1737. Il avait à l'origine prévu de l'incorporer à son oratorio *Saul*, mais en abandonna finalement l'idée et l'utilisa comme 1re partie de son nouvel oratorio, avec quelques modifications et un nouveau titre, *The Lamentations of the israelites Over the Death of Joseph* (Les Lamentations des israélites sur la mort de Joseph). Les 2e et 3e parties intitulées respectivement *Exode* et *Cantique de Moïse* furent rapidement assemblées à partir de morceaux préexistants (qui n'étaient pas tous de Haendel) et reposaient en grande partie, comme l'anthem, sur la contribution du chœur. Cette version ne connut qu'une seule représentation puisque le public, habitué aux opéras riches en arias de Haendel, ne fut apparemment impressionné ni par la longueur de l'oratorio ni par la prépondérance des chœurs sur les arias. C'est pourquoi Haendel annonça pour la 2e représentation, le 11 avril, que l'œuvre serait « raccourcie et complétée par des arias » : il en ajouta 4 pour le soprano La Francesina, trois en italien et un en anglais, dont deux d'entre eux remplaçaient des chœurs. Haendel ne donna l'oratorio que deux fois sous sa nouvelle forme jusqu'en 1756, où il assembla une « nouvelle » 1re partie dont la musique fut essentiellement reprise de *Solomon* et de l'*Occasional Oratorio*. Haendel s'obstina à vouloir garder trois parties afin de respecter la forme tripartite de tous ses autres oratorios et opéras. Cependant, même de son vivant, la 1re partie était souvent omise lors de représentations provinciales et, après sa mort, *Israel in Egypt* ne fut pratiquement plus donné que sous sa forme plus concise en deux parties, *Exode* et *Cantique de Moïse*, telle qu'aujourd'hui on l'exécute habituellement. L'une des principales difficultés que pose l'omission de la 1re partie est que l'œuvre ne commence plus de façon satisfaisante, puisque *Exode* s'ouvre directement sur un récitatif. Deux solutions ont été adoptées ces dernières années : on commence soit par la sombre sinfonia qui ouvre l'anthem funéraire (et par laquelle l'œuvre commençait à l'origine), soit par le *Concerto pour orgue* n° 13, en *fa* maj. que Haendel avait prévu à cet endroit précis (entre les parties I et II originelles) pour la première représentation.

L'oratorio a pour sujet la libération du peuple juif de l'esclavage en Égypte relatée dans le Livre de l'Exode. Le compilateur des extraits bibliques est inconnu, bien qu'il soit fort possible qu'il s'agisse de Haendel lui-même. L'idée révolutionnaire d'utiliser les propres termes de la Bible dans un oratorio lui fut peut-être suggérée par le texte de l'anthem construit de la sorte et qu'il cherchait à réutiliser. La 2e partie, *Exode*, utilise des versets d'Exode 1, 14 et les Psaumes 105, 78 et 106 ; la 3e partie, *Cantique de Moïse*, est tirée presque textuellement d'Exode 15, 1-21, les versets 14-16 ayant été légèrement abrégés. Ces extraits furent judicieusement arrangés pour former un récit aux contours souples. Les parties I et III sont des méditations statiques, à la manière de l'anthem, dans lesquelles on voit d'abord les juifs accablés dans la captivité, puis triomphants finalement dans la liberté victorieuse. Entre les deux, la 2e partie, plus dramatique (se suffisant à elle-même), relate les dix plaies d'Égypte, la libération, le départ, la poursuite d'une rive à l'autre de la mer Rouge et l'ultime délivrance des israélites.

Israel in Egypt est incontestablement une œuvre mal équilibrée à cause de la suprématie qu'elle accorde au chœur d'une part, d'autre part du fait que tous les solos — sauf un — et tous les duos sont placés dans la 2e partie. Des 39 mouvements qui constituent les 2e et 3e parties (tous généralement donnés aujourd'hui), 28 sont des chœurs, combinés avec 4 récitatifs seulement, 4 arias (aucune de forme « da capo ») et 3 duos. Cet oratorio est probablement le seul de son époque à conserver son appellation d'oratorio alors qu'il est presque entièrement construit sur des chœurs. *Israel in Egypt* se rapproche davantage d'un anthem ou d'un groupe d'anthems. Cette comparaison est tout à fait légitime puisque la 1re partie était justement un anthem choral dont 9 des 12 mouvements étaient entièrement consacrés au chœur. Si les 2e et 3e parties reprennent la distribution instrumentale et l'équilibre interne de la 1re partie, elles sont bien plus variées sur le plan stylistique. Haendel y met à profit presque toutes les espèces d'écriture chorale connues à l'époque : la fugue, la double fugue, l'homophonie, des récitatifs et ariosos déclamatoires fort originaux, des séquences de chœurs liées, et, pour la première fois depuis son voyage en Italie, il fait usage de la spectaculaire technique vénitienne des « cori spezzati ». Près de la moitié des chœurs sont écrits pour double chœur, 13 incluent des trombones dans l'accompagnement et 6 font appel à des trompettes. Ce qui frappa le plus ses contemporains fut la faculté qu'avait Haendel de dépeindre d'une façon très vive les images du texte. Dans des *Remarques* publiées en 1753, W. Hayes, professeur de musique à Oxford, considéra que le compositeur avait « le talent le plus pénétrant dans l'expression de la Nature, même inanimée, de même que dans celle des choses plus aisément saisissables par notre sens de l'ouïe ». La description musicale des dix fléaux dans la 2e partie est particulièrement pittoresque. Dans le chœur *« He sent them a thick darkness »* (Il leur envoya des ténèbres épaisses) — qui se rapproche d'un récitatif —, Haendel emploie des harmonies étranges et changeantes aux bassons et cordes graves et divise le chœur en voix séparées, un peu comme si elles s'étaient égarées dans le noir. Dans *« He gave them hailstone »* (Il leur envoya la grêle), la violence de la formidable tempête est suggérée par une écriture homophonique massive pour le double chœur accompagné par l'orchestre au complet ; le torrent des grêlons est évoqué par un rythme régulier et insistant en un chant alterné pressant entre toutes les forces en présence. Ce chœur fait partie des nombreux morceaux qui ont joui d'une vie de concert indépendante durant les XVIIIe et XIXe siècles. En effet, bien qu'*Israel in Egypt* ne connût jamais un grand succès du vivant du compositeur, il devint l'un de ses oratorios les plus populaires après sa mort, justement à cause de l'importance des chœurs. L'engouement pour le chant choral amateur était tel en Angleterre à l'époque victorienne qu'*Israel in Egypt*, avec ses 28 chœurs, se trouva être une œuvre idéale pour des sociétés provinciales ; elle fut donnée presque aussi souvent que *Le Messie*.

Si l'écriture chorale de l'oratorio est remarquable, sa dépendance à l'égard du matériau emprunté, probablement la plus considérable dans l'ensemble de l'œuvre de Haendel, l'est presque tout autant. Sans compter les récitatifs secco et les pièces répétées, 16 morceaux sur 33 sont fondés sur la musique d'autres compositeurs. Curieusement, Haendel choisit des sources un peu passées de mode : une sérénade, *« Qual prodigio »*, du célèbre compositeur du XVIIe s., Alessandro Stradella (1644-1682), une canzona pour orgue de Johann Caspar Kerll (1627-1693), un *Te Deum* de Francesco Antonio Urio (v. 1631-1719) et un *Magnificat* de l'obscur compositeur milanais Dionigi Erba (1692-1729). L'ampleur des remaniements auxquels se livra Haendel diffère considérablement d'un mouvement à l'autre, mais il est toujours soigneusement adapté à son nouveau texte et contexte. Le chœur *« Egypt was glad »* (L'Égypte était heureuse) est une simple adaptation chorale d'une canzona pour orgue de Kerll qui reste très proche de l'original, et qui conserve même le mode dorien tout au long de la pièce. Le double chœur *« He spake the word »* (Il prononça les paroles) provient de façon plus subtile d'un mouvement à l'écriture de concerto grosso dans la sénérade de Stradella. D'un simple modèle instrumental, Haendel fit un chœur vivement pittoresque en y ajoutant les traits rapides figurant le bourdonnement des insectes. Les emprunts que fit Haendel à d'autres compositeurs augmentèrent durant la période 1736-1739. Ce phénomène s'explique peut-être par la dégradation subite de sa santé. Bien que sa créativité ait souvent été enflammée durant sa carrière par une idée ou un modèle d'autrui, la raison pour laquelle Haendel fit autant d'emprunts dans *Israel in Egypt* demeure incertaine. Peut-être était-il tout simplement à court d'idées et de temps. Pourtant, il est clair que les plus beaux mouvements de l'oratorio sont entièrement de sa main et abondent en inspiration. Dans le double chœur triomphant *« I will sing unto the Lord »* (Je chanterai au Seigneur) et dans celui, évocateur, intitulé *« The people shall hear »* (Le peuple entendra), le compositeur atteint les sommets de son art par sa façon vivante de mettre les mots en musique et par son sens saisissant de l'organisation interne du drame.

Rééditions modernes — Par FR. CHRYSANDER, *in* G. Fr. Händels Werke, Leipzig et Bergedorf 1858-94, vol. XVI ; *in* Hallische Händel-Ausgabe, Kassel, BV, 1955 et suiv., vol. I/14 ; Londres, Novello (réd. cht et p.), nbr. rééd. — Les sources principales des emprunts de Haendel ont été publiés par FR. CHRYSANDER dans les vol. supplémentaires I-III des G. Fr. Händels Werke.

Bibliographie — S. TAYLOR, The Indebtedness of Handel to Works by other Composers, Cambridge 1906 ; W. DEAN, Handel's Dramatic Oratorios and Masques, Londres 1959 ; H. SMITHER, A history of the oratorio II, Chapel Hill, Univ. of North Carolina Press, 1977 ; cf. également The New Oxford History of Music VI, Oxford, OUP, 1986.

S. HEIGHES

ISSÉ, pastorale héroïque en un prologue et 3 actes (5 actes à partir de la reprise de 1708), poème d'Antoine Houdar de La Motte, musique d'**André Cardinal Destouches** ; orchestration : 5 parties de cordes, viole (prologue), 2 parties de fl., ptes fl. (acte IV, sc. 1), fl. allemande solo (prologue et acte IV, sc. 1), 2 parties de htb., basson, trp., timbales. *Issé* a été écrite pour la cour et représentée d'abord à Fontainebleau dans les appartements du roi, le 7 oct. 1697. Dangeau signale deux autres exécutions les 19 et 20 octobre. L'œuvre fut alors retenue pour être représentée à Versailles à l'occasion du mariage du duc de Bourgogne avec Marie Adélaïde de Savoie. Elle fut effectivement représentée à Trianon le 17 déc., augmentée du prologue ajouté sur la demande du roi. La création à l'Opéra de Paris eut lieu peu après, le 30 déc., avec grand succès. Pour la 1re reprise en 1708, l'œuvre fut complètement remaniée et élargie à 5 actes. Cette version fut elle-même reprise en 1719, 1721, 1733, 1741-42, 1756-57. *Issé* est donc une des œuvres du répertoire de l'époque qui a eu le succès le plus franc et le plus durable. Si l'on excepte les opéras de Lully, elle obtient le troisième rang pour la fréquence et la durée des reprises après *Thétis et Pélée* de Colasse, *Les Fêtes vénitiennes* et *L'Europe galante* de Campra, parmi tout le répertoire des pièces reprises au XVIIIe siècle. On connaît 4 parodies d'*Issé* : *Les Amours de Vincennes*, 1719 (Théâtre-Italien) ; *Apollon Polichinelle*, 1734 (Marionnettes de la Foire Saint-Germain) ; *L'Heureux Déguisement*, 1734 (Foire Saint-Germain) ; *Les Oracles*, 1741.

LIVRET — Prologue. Hercule (basse), symbolisant Louis XIV, ouvre à l'humanité la voie du jardin des Hespérides représentant l'abondance, défendu par un dragon.

Acte I. Un hameau. Apollon (haute-contre) se plaint d'être de nouveau tombé dans les chaînes de l'Amour en faveur d'Issé (dessus). Celle-ci, de son côté, avoue à sa sœur Doris (dessus) qu'elle est amoureuse mais sans nommer l'heureux élu. Doris croit qu'il sagit d'Hilas (basse) qui justement offre à sa bien-aimée un concert champêtre, mais la belle reste de marbre.

Acte II. Le palais d'Issé. Issé rencontre Apollon déguisé en berger sous le nom de Philémon qui lui déclare sa flamme mais, craintive devant l'amour, elle ne lui fait qu'un demi-aveu. Survient Pan (basse) qui fait la cour à Doris sur le mode léger. Divertissement.

Acte III. La forêt de Dodone. Apollon veut être aimé sous son déguisement de berger. Issé, de son côté, veut consulter l'oracle de Dodone, tandis que Doris et Pan font l'essai d'une amourette. Tout le monde se retrouve pour écouter l'oracle (taille) qui incite Issé à aimer Apollon. Désespoir d'Issé qui ne connaît le dieu que sous son nom de berger. Divertissement.

Acte IV. Une grotte. Issé, désespérée, promet de ne pas abandonner son berger pour Apollon. Pour l'apaiser, celui-ci lui envoie le Sommeil (haute-contre) et un Songe qui lui vante la gloire du dieu. Hilas la trouve endormie en train de jurer fidélité à Philémon. Cette découverte, qui achève son malheur, l'incite à abandonner la partie.

Acte V. Une solitude. Doris et Pan sont déjà l'un et l'autre infidèles et décident de se séparer. Apollon cependant, toujours déguisé, s'offre le plaisir d'entendre Issé lui jurer qu'elle préfère son berger au dieu. Alors seulement il se découvre. Divertissement final.

La pastorale d'*Issé* est la plus représentative et — dans la version très remaniée de 1708 — sans doute la meilleure des œuvres de Destouches dans sa première période de création (1697-1703). Comme tous les ouvrages de l'époque, il se moule dans le cadre de la tragédie en musique créée par Lully — auquel il emprunte directement un certain nombre de schémas dramatiques tels que le songe ou l'oracle — mais en le renouvelant profondément : la richesse de l'invention mélodique, la justesse du récitatif, la variété de l'inspiration, la délicatesse des sentiments, le sens du badinage musical qui contraste heureusement avec des passages d'une authentique grandeur (comme le combat d'Hercule contre le monstre dans le prologue ou la scène de l'oracle) en font un authentique chef-d'œuvre, enrichi par des épisodes descriptifs qui ont été célèbres en leur temps, tels le frémissement des feuilles dans la forêt de Dodone ou l'épisode du Sommeil. Les chœurs et les danses, qui étaient dans la version originale d'une grande simplicité, ont presque tous été enrichis, remplacés ou réorchestrés avec beaucoup de bonheur en 1708, ce qui donne à l'ensemble une homogénéité dans la qualité qu'il n'avait pas dans son état antérieur.

Les décors et costumes de la création avaient été exécutés sous la direction de Jean Berain qui était alors en fin de carrière et avait travaillé sous Lully. J. de La Gorce a retrouvé trois dessins de lui qui semblent avoir été réalisés pour *Issé*. Une gravure de J. B. Scotin, d'après J. Berain, représentant *Hercule et le dragon dans le Jardin des Hespérides*, a été récemment publiée dans la réédition en fac-similé d'*Issé* (voir ci-dessous).

Sources principales et éditions — **a)** Livrets : conformément à l'usage de l'époque, un livret a été édité lors de la création et pour chaque reprise (voir ci-dessus). — **b)** Musique : version originale de 1697, Ms. in fo, Paris, Bibl. de l'Opéra, A 46 b (orch. complet) ; éd. originale, Paris, Ballard, 1697 (orch. réduit) ; version en 5 actes, Ms. autogr. partiel (Prologue, actes IV et V), Paris, Bibl. de l'Opéra, Rés. 59 ; Paris, Ballard, 1708 (orch. réduit) ; Paris, Ballard, 1724 (orch. complet), rééd. en facs. New York, Pendragon Press, 1984.

Bibliographie — Mercure Galant de 1697 ; Mercure de France, juin 1731, avr. 1757 ; A. C. DESTOUCHES, Correspondance avec le prince Antoine Ier de Monaco (1709-31), publication partielle *in* RM 1926-27 ; Recueil général des opéras représentés par l'Acad. Royale de Musique depuis son établissement, Paris 1703-45, rééd. en facs. Genève, Slatkine, 1971 ; DANGEAU, Journal (1684-1720), *in* Ch. Masson, Recherches sur la mus. fr. classique II, 1962 ; SERRE DE RIEUX, La Musique, Paris 1714 ; Abbé J.-B. DUBOS, Réflexions critiques sur la poésie et la peinture, Paris 1719 ; E. TITON DU TILLET, 1er et 2e supplts du Parnasse français, Paris 1727 ; CL PARFAICT, Dict. des théâtres de Paris, Paris 1756 ; du même, Hist. de l'Acad. Royale de Musique, Ms. fr., Paris, BN 6532 ; M. BRENET, Destouches et son opéra Issé, *in* Courrier Musical XI, 23 déc. 1908 ; R. GIRARDON, art. A. C. Destouches, *in* MGG III, 1954 ; de la même, A. C. Destouches surintendant de la Musique du Roy, directeur de l'Opéra (thèse inachevée dactylographiée, Paris, BN, Vmb ms. 43) ; M. BENOIT, Musique de cour, Paris, Picard, 1971 ; J. R. ANTHONY, French Baroque Music from Beaujoyeulx to Rameau, Londres 1973, 2/1978, trad. fr. Paris, Flammarion, 1981 ; du même, A. C. Destouches, *in* Grove, 6/1980 ; J. DE LA GORCE, L'Opéra et son public au temps de Louis XIV, *in* Bull. de la Soc. de l'Hist. de Paris et de l'Ile-de-France 1981, Paris, Librairie d'Argences, 1982 ; R. FAJON, A. C. Destouches et l'évolution du répertoire de l'Acad. Royale de Musique (thèse de doctorat d'État, 1982) ; du même, L'Opéra à Paris de Louis le Grand à Louis le Bien-Aimé, Genève, Slatkine, 1984 ; J. DE LA GORCE, L'opéra à la cour de Louis XIV, *in* Revue d'Histoire du Théâtre, 1983-84.

R. FAJON

(L') ITALIANA IN ALGERI (L'Italienne à Alger), « dramma giocoso » en 2 actes, livret d'Angelo Anelli, musique de **Gioachino Antonio Rossini**, créé à Venise, au Teatro San Benedetto, le 22 mai 1813, avec M. Marcolini (Isabella) et F. Galli (Mustafà). L'ouvrage fut représenté pour la 1re fois à Paris, au Théâtre-Italien, le 1er févr. 1817.

Le livret, écrit précédemment pour Luigi Mosca, fut imposé à Rossini, et probablement remanié par Gaetano Rossi avec lequel il avait travaillé quelques mois auparavant pour → *Tancredi*. Grâce à ces deux opéras, le jeune compositeur connaît en 1813 une première consécration de sa carrière commençante, aussi bien dans le domaine de l'opéra sérieux que dans celui-ci de l'opéra bouffe. Entrant dans sa période de maturité, il abandonne le genre de la farce en un acte, auquel il s'était adonné dans ses années de jeunesse, pour aborder l'opéra bouffe. A ce titre, *L'italiana in Algeri* est le 1er volet d'une tétralogie qui comprendra → *Il turco in Italia*, → *Il barbiere di Siviglia* et → *La Cenerentola*. Dans ces quatre ouvrages, Rossini atteindra l'apogée du genre et se haussera au niveau des plus grands génies comiques latins, Molière et Goldoni, en réussissant comme eux la miraculeuse synthèse de la vivacité, de la truculence des situations et des personnages avec une sensibilité et une intériorité exceptionnelles. Et c'est cette dernière voie qu'il approfondira, comme en témoigne le bouleversant personnage de Cenerentola, dernière héroïne bouffe rossinienne.

LIVRET — Acte I. Mustafà (basse), le bey d'Alger, est lassé des charmes de sa femme Elvira (sop.) et décide de la donner à son esclave italien Lindoro (ténor léger). Arrive alors, échouée sur la côte africaine, Isabella (contralto), accompagnée de son soupirant Taddeo (bar.). Elle retrouve en Lindoro son amant disparu et fait passer Taddeo pour son oncle afin de lui éviter la mort. Mustafà s'éprend tout de suite de cette Italienne rusée, qui profite de cet avantage pour retourner la situation en sa faveur et tout obtenir du bey. Au moment où ce dernier s'apprête à se débarrasser de sa femme, Isabella lui reproche ses mœurs barbares, l'oblige à reprendre son épouse et obtient de surcroît Lindoro comme esclave.

Acte II. Tandis que Mustafà nomme Taddeo « grand Kaimakan d'Alger », Isabella organise son évasion avec Lindoro. Les gardes sont enivrés et les Italiens préparent l'investiture de Mustafà en « Pappataci », prétexte pour le faire boire. Isabella arrive enfin, entonne un hymne à la liberté, puis prend le large avec son amant et l'inévitable Taddeo. Resté seul, Mustafà revient auprès d'Elvira se faire pardonner.

Très réussi, le livret est le fruit d'une tradition bien rôdée de commedia dell'arte — reprenant les thèmes sans âge transmis par Plaute au monde latin —, rafraîchie et ravivée par les répliques les plus cocasses et une vive imagination. Les éléments classiques en sont la turquerie, le naufrage, l'enlèvement du sérail, auxquels l'auteur adjoint la satire d'une initiation maçonnique. De plus, A. Anelli attribue aux caractères typiques de la commedia dell'arte une psychologie beaucoup plus riche, à la façon de Goldoni.

Les personnages principaux jouent tous un double jeu, ce qui constitue un des moteurs essentiels du processus comique. Isabella est une femme simple, amoureuse, mais qui, en raison des circonstances, devra faire preuve d'astuce et même de courage (fin de l'acte II). De même, Taddeo, faux benêt, accepte de passer pour idiot tant que cela peut lui être nécessaire ; il n'est pourtant pas dupe de la situation et sait mettre un terme à la comédie dès qu'il le désire (quintette de l'acte II). Mustafà, enfin, se rendant compte de sa défaite auprès d'Isabella, la laisse partir et revient implorer le pardon d'Elvira. Contrairement à la commedia dell'arte ou au théâtre de masques de Marivaux, ces doubles jeux ne sont pas des expédients momentanés mais correspondent bien à la nature profonde des personnages. Ils annoncent en cela la complexité prépirandellienne de la trame de → *Il turco in Italia.*

L'initiation maçonnique fait ici l'objet d'une parodie d'une impertinence irrésistible. Là où Mozart atteignait au sublime, Rossini recherche le ridicule : le dernier acte est un renversement complet de celui de la → *Zauberflöte.* Après l'investiture de Taddeo en « Kaimakan », c'est-à-dire lieutenant du bey, vient celle de Mustafà en « Pappataci », jeu de mots d'autant plus cocasse que Mustafà est censé ne pas comprendre l'italien, langue dans laquelle l'expression signifie « Bouffe et tais-toi ! ».

Musicalement, l'intérêt majeur de cet opéra réside dans le soin avec lequel Rossini élabore les ensembles, notamment les grands ensembles concertants, dans lesquels il parvient à doter de cohésion et d'harmonie les scènes les plus désorganisées sur le plan dramatique. Dans le finale de l'acte I, où les personnages imitent les bruits d'un clocher, apparaissent tous les éléments communs aux ouvertures et aux finales rossiniens : ostinato rythmique, notes répétées, « concertato », crescendo « rossinien », auxquels le compositeur ajoute une floraison d'onomatopées. C'est une véritable scène de folie collective, dans laquelle se manifeste l'indéniable supériorité de la polyphonie vocale sur le théâtre parlé. A l'acte II, le quintette (Je ressens un frisson, un feu, une angoisse) **A** fait contrepoids à ce prodigieux finale.

Enfin, la musique trahit les sentiments patriotiques du compositeur. L'opposition du monde civilisé (l'Italie) au monde barbare (l'Algérie) renvoie au désir de liberté et d'unité des Italiens, auquel la Révolution française avait ouvert la voie. Aussi *La Marseillaise* est-elle citée dans le chœur *« Pronti abbiamo et ferri e mani... »* (Nos fers et nos poings sont prêts à soutenir notre fuite, acte II), bien qu'habilement dissimulée et à peine reconnaissable. C'est surtout dans l'aria d'Isabella (Pense à la patrie et, intrépide, remplis ton devoir, acte II)

qu'éclate ce sentiment. Juste avant le dénouement final, elle introduit un élément pathétique à un moment capital de l'œuvre : tout est sur le point de basculer ; les enjeux du drame sont vus sous un autre angle, celui du tragique et de l'irréversible. *La Cenerentola* s'achève sur une aria dans ce style et G. Donizetti reprendra ce procédé pour mettre en relief les moments forts de ses opéras bouffes (dans le finale de l'acte I de *L'elisir d'amore* p. ex.).

Sources, éditions et rééditions — Part. d'orch., ms. presque complètement autographe, Milan, Archivio della Casa Ricordi ; Milan, Museo teatrale alla Scala (fragment) — Réd. cht et p., Mayence, Schott, s.d. ; Paris, Carli, s.d. — Part. d'orch. par A. Corghi, Edizione critica delle opere I/11 (I-II), Pesaro, Fondazione Rossini, 1981.

Bibliographie — P. Gallarati, Drama e ludus dall'Italiana al Barbiere, *in* Il melodramma ital. dell'ottocento : studi et ricerche per M. Mila, Turin, Einaudi, 1977 ; voir aussi la bibliogr. de l'art. *Tancredi.*

D. Colas

Italienisches Liederbuch (Livre de lieder italiens), 46 lieder réunis en 2 recueils pour voix et piano, de **Hugo Wolf**, sur des poèmes anonymes italiens traduits en allemand par Paul Johann Ludwig von Heyse, composés à Unterach entre le 25 sept. et le 4 oct. 1890 (4 lieder), à Döbling les 13 et 14 nov. 1890 (3 lieder), entre le 29 nov. et le 23 déc. 1891 (15 lieder), enfin à Perchtoldsdorf entre le 25 mars et le 30 avr. 1896 (24 lieder), donnés en 1re audition privée (2d recueil de 24 lieder) à Mannheim, le 22 mai 1896, par le compositeur.

Le 25 sept. 1890, H. Wolf commençait le cycle de l'*Italienisches Liederbuch*, mettant en musique 4 traductions en allemand par Heyse de courts « rispetti » et « velote » (version vénitienne du « rispetto »), poèmes anonymes de 6 ou 8 vers, rarement plus, sorte d'exercice intellectuel galant, passionné ou ironique, d'un genre précieux. Après avoir composé *« Mir ward gesagt »*, *« Ihr seid die Allerschönste »*, *« Gesegnet sei »* et *« Selig ihr Blinden »*, puis *« Wer rief dich denn ? »*, *« Der Mond hat eine schwere Klag' erhoben »*, *« Nun lass uns Frieden schliessen »*, Wolf s'arrêtait, comme frappé d'impuissance. Il écrivait alors à ses amis des lettres désespérées : « Je me sens complètement épuisé de corps et d'esprit. Je n'ai pas la

A (L') ITALIANA IN ALGERI

moindre envie de composer » (à Oskar Grohe, 2 mai 1891). « Depuis quatre mois, je souffre d'un marasme d'esprit qui me donne, très sérieusement, la pensée de fuir ce monde pour toujours [...] Pour la composition, c'est fini [...]. Le ciel donne à chacun un génie tout entier, ou pas de génie du tout. L'enfer m'a donné tout à demi » (à Wette, 13 août 1891). Le 29 nov. 1891 se produit enfin l'« éruption » : en vingt-cinq jours, il compose 15 lieder, puis ce sera le silence pendant plus de trois ans, jusqu'au → *Corregidor* (mars-mai 1895). Il ne reprendra la composition des lieder italiens que le 25 mars 1896 : les 24 lieder du second livre naissent en quelques semaines, au cours de ces moments de « rémission » musicale durant lesquels il travaillait « comme une machine à vapeur ».

Les lieder de Wolf sont contemporains de ceux de Mahler. A une époque d'hypertrophie de la forme et de la matière sonore (les deux lieder de la version finale, pour soli, chœur et orchestre, de → *Das klagende Lied* durent chacun près de 20 minutes), Wolf oppose des pièces intimes et concentrées, pour une voix et un simple piano. La plus courte, *« Nicht länger kann ich singen »* (Je ne peux chanter plus longtemps), ne possède que 14 mesures à 4 temps et ne dure qu'une minute. Le précédent, *« Heut' Nacht erhob ich mich »* (Cette nuit je me suis levé), n'est guère plus long (18 mesures). Cent neuf mesures à 3/8 pour *Ein Ständchen* (Une sérénade), d'une durée d'exécution n'excédant guère la minute !

Wolf a choisi une collection variée de poèmes populaires italiens, pas toujours de la meilleure veine, célébrant la beauté des femmes, liée parfois à un sentiment religieux (la jeune fille rencontrée à l'église, bénédiction de la mère qui l'a faite si belle, conversion à la foi, apothéose céleste), l'amour sous toutes ses formes sentimentales (déclaration, bonheur, dépit, passion, vengeance, réconciliation). Les poèmes humoristiques, traités avec une légèreté de touche exceptionnelle, apportent un élément supplémentaire de contraste.

Chaque lied est daté, mais l'édition courante en trois volumes (Peters) ne suit pas l'ordre de la composition. Wolf écrivait parfois deux pièces la même journée : *« Wer rief dich denn ? »* (Qui t'a donc appelé ?) et *« Der Mond »* (La Lune) le 13 nov. 1890 ou *« Wie soll ich fröhlich sein »* (Comment puis-je être joyeuse ?) et *« O wär' dein Haus durchsichtig »* (Si ta maison était transparente) le 12 avr. 1896. Mais il peut s'écouler une semaine entière entre la composition de deux mélodies d'une même série. Wolf ne donne pas de titres à ces exquises miniatures, à ces étincelles musicales — presque des aphorismes —, à ces épigrammes nuancées, tour à tour sérieuses et cocasses, tendres et passionnées, calmes ou dramatiques. Le musicien s'est attaché avant tout à traduire musicalement la « mélodie du langage ». En en pénétrant la substance, la poésie devenait la source de sa propre musique, la forme étant elle-même calquée sur la structure du poème.

A l'époque de la composition de l'*Italienisches Liederbuch*, Wolf affirmait : « Maintenant, je ne veux écrire que comme Mozart. » Le musicien traite ces poèmes italiens à l'allemande. Il avouait à son ami Kauffmann : « Un cœur chaud, je vous l'assure, bat dans les petites poitrines de mes plus jeunes enfants méridionaux qui, en dépit de tout, ne peuvent nier leur origine allemande. Oui, leurs cœurs battent en allemand, même si le soleil brille en italien (ou la lune en français comme c'est parfois le cas). »

Berceuses (l'émouvante berceuse funèbre → *« Sterb' ich »*), danses, sérénades, véritables saynètes (*« Hoffärtig seid ihr »* [Vous êtes hautaine]), drames en miniature (*« Verschling' der Abgrund »* [Qu'un précipice engloutisse]) avec de véhémentes parties de piano, mais n'évitant pas toujours le mélodrame (*« Was soll der Zorn »* [Quelle est la colère]) ou la grandiloquence (la fin de *« Wenn du, mein Liebster, steigst zum Himmel auf »* [Quand tu t'envoleras vers le ciel, mon amour]), se succèdent, plusieurs lieder maniant avec bonheur le ton plaisant, ironique ou mordant. Le piano, presque toujours dans l'aigu du clavier dans le spirituel *« Mein Liebster ist so klein »* (Mon amoureux est si petit), souligne les moindres mots : saut de 14ᵉ sur « Locken » (boucles), vive figure quand un taon pique l'amoureux à la tête. → *« Ich hab' in Penna einen Liebsten wohnen »* (J'ai un amoureux qui habite Penna) est un chef-d'œuvre de drôlerie par l'alignement des galants de la donzelle, dénombrés avec malice dans les villes et les villages. *« Schweig' einmal still »* (Tais-toi) est une sérénade burlesque au cours de laquelle le piano imite les ruades de l'âne.

Préludes et postludes pianistiques, plus ou moins développés, encadrent ces joyaux, créant le climat propre à chacun d'eux, prolongeant les idées ou les sentiments exprimés. C'est bien le piano qui conclut et non la partie vocale, restant le plus souvent en suspens ou dans l'indécision : note *si* ♭ tenue pendant près de 5 mesures, alors que le morceau est en *do* maj. (→ *« Ein Ständchen »*), triton *ré* ♭ - *sol* sur « Messer » (couteau) dans le lied *« Mein Liebster hat zu Tische mich geladen »* (Mon amoureux m'a invitée à dîner), le piano demeurant également en suspens avant d'amener la cadence finale en *fa* majeur. Avec finesse, ce même piano souligne les caractéristiques et les contrastes des poèmes : de merveilleux contrechants et de célestes arpèges pour évoquer le vol des anges de l'amour (« Die Liebesengel ») dans *« Wir haben beide lange Zeit geschwiegen »* (Nous avons été longtemps silencieux).

La technique de l'écriture est donc grandement symbolique. Des « signes » musicaux apparaissent dans le discours : cellule de trois notes inclinées vers le bas pour les soupirs de la demoiselle (*« Wie lange schon »* [Combien de temps déjà]), ligne de basse descendant chromatiquement pendant que la voix monte légèrement traduisant la séparation de deux êtres (*« Mir ward gesagt »* [On m'avait dit]), jeu dans l'aigu du clavier pour souligner la petite taille des habitants de la Maremme (*« Mein Liebster ist so klein »*). La tristesse et la douleur sont traditionnellement associées au chromatisme de la ligne vocale ou de la partie de piano, cette dernière imposant souvent une cellule unitaire : 4 notes en doubles croches (*« Auch kleine Dinge »* [Les petites choses aussi]), un rythme militaire (*« Ihr jungen Leute »* [Vos jeunes soldats]), 4 triples croches et saut d'octave (*« O wär' dein Haus »*), un rythme de danse (la mazurka de la sérénade *« Mein Liebster singt »* [Mon amoureux chante]), une pédale (le *la* ♭ grave, en syncope, pendant toute la durée de → *« Sterb' ich so hüllt in Blumen meine Glieder »* [Quand je mourrai, enroule mes membres dans les fleurs »]). Le piano imite encore le jeu du luth (→ *« Ein Ständchen »*) ou celui, malhabile, d'un instrumentiste amateur (9 dernières mesures de *« Wie lange schon »*).

Ces lieder sont conçus pour voix et piano, et non pour voix avec accompagnement de piano. Quelquefois, la voix elle-même disparaît dans le discours pianistique ; *« O wüsstest du »* (Si tu savais) et → *« Ein Ständchen »* sont de véritables morceaux de piano avec voix. Dans les derniers lieder, l'instrument lui-même est traité à 4 parties chantantes, comme s'il s'agissait de la « particella » d'un mouvement de quatuor à cordes (*« Was für ein Lied »* [Quel Lied] ; *« Wohl kenn' ich Euren Stand »* [Je connais bien votre rang]).

Selon le texte, certains lieder requièrent plus particulièrement une voix de femme (*« Du sagst mir »* [Tu me dis] ; *« Nein, junger Herr »* [Non, jeune homme] ; *« Verschling' der Abgrund »*, digne d'un soprano dramatique). Les poèmes amoureux s'adressent davantage à une voix masculine. H. Wolf emploie un souple arioso, rythmes et intervalles étant dictés par les inflexions, la prosodie et les nuances sentimentales des textes. La plus grande attention est portée à la force interne des phrases, des mots, des syllabes : délicieuse courbe — comme une révérence — lorsque le soupirant évoque le rang social, qui n'est pas médiocre (« der nicht gering »), mordant de la ligne vocale du lied *« Du denkst mit einem Fädchen mich zu fangen »* (Tu penses pouvoir m'attraper avec un bout de fil)... La voix se tient souvent dans un ambitus restreint : une octave pour *« Heb' auf dein blondes Haupt »* (Relève ta tête blonde).

Les audaces harmoniques et la mobilité tonale sont caractéristiques de ce recueil. C'est avec un art subtil que le compositeur use des enharmonies, des appoggiatures, des harmonies poignantes et tourmentées, des frottements de notes (*mi* - *mi* ♯ - *fa* ♯) sur « Leben » et des emprunts qui font passer le lied *« Mir ward gesagt »* par un grand nombre de tonalités, dans un sentiment douloureux **A**. Wolf ne renonce pas pour autant à utiliser des harmonies simples et tonalement stables (*« Was für ein Lied »*) ; *« Benedeit die sel'ge Mutter »* (Bénie soit l'heureuse mère), de forme ABA, fait alterner harmonie diatonique (A, comme un hymne) et harmonie chromatique (B, marquant l'inquiétude de l'amoureux).

Conjugaison de concentration et d'intensité, de finesse et d'intuition, de l'essentiel et du détail, les 46 mélodies de l'*Italienisches Liederbuch* étaient considérées par H. Wolf lui-même comme les plus originales et les plus parfaites de ses compositions. Le musicien n'aura plus la force d'écrire que 10 lieder, sur des poèmes de Robert Reinick, Heine, Shakespeare, Byron et Michel-Ange, avant de sombrer irrémédiablement dans la folie.

Éditions — Mayence, Schott, 1892 (1ᵉʳ recueil de 22 lieder) ; Mannheim, Heckel, 1896 (2ᵈ recueil de 24 lieder) ; éd. critique de la H. Wolf-Gesellschaft sous la dir. de H. Jancik, Vienne, Musikwissenschaftlicher Verlag, 1972 (distribution Doblinger).

Bibliographie — E. Decsey, H. Wolf, 4 vol., Berlin 1903-06, résumé en un vol. H. Wolf. Das Leben und das Lied, Berlin 1919-21 ; R. Rolland, H. Wolf, *in* La Revue de Paris, 15 mai 1905, reproduit *in* Musiciens d'aujourd'hui, Paris 1908, pp. 143-167 ; G. Bieri, Die Lieder von H. Wolf, Berne 1935 ; Fr. Walker, H. Wolf, New York 1952 ; M. von Hattingberg, H. Wolf, Vienne 1953 ; E. Sams, The Songs of H. Wolf, Londres, Methuen, 1961, pp. 211-250 ; Cl. Rostand,

A ITALIENISCHES LIEDERBUCH

H. Wolf, Paris, Seghers, 1967, pp. 163-176, réimpr. Genève, Slatkine, 1982 ; P.-G. LANGEVIN, Le vrai visage de H. Wolf, *in* Le Siècle de Bruckner, RM, Paris, Richard-Masse, 1975 ; M. CARNER, Les lieder de Wolf, Arles, Actes-Sud, 1988.

CHR. GOUBAULT

(L') ITALIENNE À ALGER, « dramma giocoso » de **Gioachino Antonio Rossini**, voir (L') ITALIANA IN ALGERI.

ITE, MISSA EST, formule conclusive de l'ordinaire de la messe, et de la messe elle-même. A l'annonce du diacre (« Allez, c'est le renvoi ! », origine du terme « messe ») l'assemblée répond par l'acclamation « Deo gratias » (Grâces soient rendues à Dieu). Annonce et réponse, ayant même nombre de syllabes et même accentuation, sont aisément chantées sur la même mélodie, souvent empruntée au → *Kyrie*. L'unique mélodie originale connue, affectée au temps pascal (et seule conservée depuis la récente réforme liturgique), est en 8e mode et comporte deux « alleluia » supplémentaires. Depuis le XIe s. l'usage s'est répandu de remplacer aux messes sans *Gloria* — moins solenelles — l'*Ite* par la formule « Benedicamus Domino » (Bénissons le Seigneur), employée à la liturgie des offices monastiques, également sur une mélodie de *Kyrie* et avec le répons « Deo gratias ». Cette seconde formule connaîtra une grande vogue comme noyau générateur de tropes, parmi lesquels le très populaire → *« O filii et filiae »* de Pâques. L'*Ite* ne s'est pas intégré à la messe polyphonique, bien qu'il figure dans la → *Messe de Tournai* (sous forme de motet) et dans la → *Messe de Nostre Dame* de G. de Machault, toutes deux du XIVe s.

J. VIRET

« ITENE O MIEI SOSPIRI » (Quittez-moi, ô mes soupirs), madrigal à 5 voix, texte et musique de **Carlo Gesualdo**, publié dans *Madrigali a cinque voci, libro quinto*. (Gesualdo, Carlino, 1611 ; durée : 3 min 22 s environ.) Le sujet de ce poème de 8 vers est typiquement gesualdien : la complainte d'un amant malheureux y est mise en opposition avec des images plus joyeuses. Et l'interprétation du texte n'est pas moins caractéristique de la manière du musicien. Le madrigal commence par un traitement homophonique lent du premier vers ; l'harmonie est surtout diatonique, avec une particulière attention portée à la déclamation rythmique du texte ; les diverses sections sont séparées par des silences, et même le mot « sospiri » se trouve coupé par un soupir qui rend précisément une impression de gémissement.

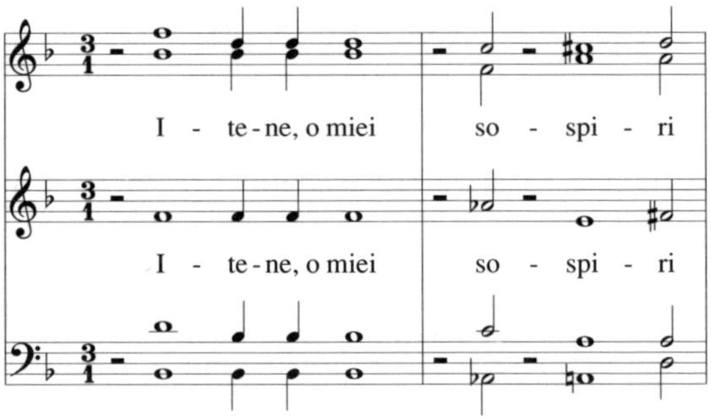

Ce premier mouvement du texte qui forme un tout, triste et court, est chanté lentement dans une mesure ternaire (6/4). Une pause le sépare de la section suivante, « precipitate'l volo », qui est plus vive (4/4) ; un court motif s'y trouve répété en imitation par toutes les voix dans un ordre descendant puis la section s'achève sur un traitement mélismatique de « volo ». Le madrigal comporte deux autres sections similaires avec les mêmes contrastes musicaux : un rapide passage de la tristesse à la joie, rendu par des oppositions entre lenteur et rapidité, temps ternaire et temps binaire, chromatisme et diatonisme. On trouve dans d'autres madrigaux de Gesualdo une utilisation plus inventive du chromatisme ; dans *« Itene o miei sospiri »*, celui-ci est davantage exploité comme une technique dissonante, utilisée dans des passages lents destinés à faire contraste avec des interludes plus rapides. La prouesse dramatique de Gesualdo repose surtout sur sa peinture des mots et sur les contrastes qu'il en tire. Ses « madrigalismes » sont des effets musicaux qui correspondent maintenant à des mots particuliers ou à des parties d'un vers plutôt qu'à des phrases entières du texte. « Lieto », « bello » et « canto » sont ainsi typiquement chantés sur des passages rapides tandis que l'imploration « ditela per pietà » est répétée en une série de séquences. Les cadences, où les dissonances peuvent être nombreuses, sont réservées aux parties les plus tristes du texte : série de retards pour « duolo », dissonances au-dessus d'une pédale à la basse pour « l'amaro mio pianto ». *« Itene o miei sospiri »* s'achève par une répétition de « amoroso canto », chantée par les 5 voix en texture mélismatique. Le contrepoint qui en résulte manque de netteté, mais il se résout finalement en *sol* maj. après une longue pédale de dominante.

Gesualdo s'est peut-être inspiré du madrigal à 5 voix de L. Luzzaschi *« Itene mie querele »* (*Livre VI*, 1597). Beaucoup de détails sont communs aux deux œuvres, surtout dans la peinture des mots. Le *Livre V* de Gesualdo contient encore une pièce bien connue, *« Dolcissima mia vita »* (nº 4, texte de 6 vers), dont le début est remarquable à cause des harmonies statiques qu'on y trouve, suivies par ce qui se fera de mieux dans le développement du chromatisme linéaire.

Rééditions modernes — Par L. Torchi, *in* L'Arte musicale in Italia, Milan, Ricordi, 1897-1908, vol. IV ; par F. Vatielli et A. Bizelli, *in* C. Gesualdo. Madrigali a 5 voci V, Rome, Istituto ital. per la storia della musica, 1957 ; par W. Weismann et Gl. E. Watkins, *in* C. Gesualdo. Sämtliche Madrigale für 5 Stimmen, Hambourg, Ugrino Verlag, 1957-62, vol. V.

Bibliographie — Voir celle des art. *« Moro lasso al mio duolo »* et *Madrigali guerrieri et amorosi*.

M. Sacré

« It was a lover and his lass » (Il était un amoureux et sa belle), chanson de **Thomas Morley** publiée dans son *First Book of Ayres, or Little Short Songs* (Londres 1600).

Les paroles de cette chanson figurent également dans *As You Like It* de W. Shakespeare (acte V, sc. 3) où elles sont chantées par deux jeunes pages. Comme Morley et Shakespeare appartenaient à la même paroisse de Londres, une collaboration entre eux semble probable bien que rien ne permette de prouver que l'œuvre de Morley ait été utilisée lors des premières représentations de la pièce.

Les « ayres » de Morley — des chansons pour voix soliste accompagnée au luth — diffèrent de ceux de contemporains plus prolifiques, tels Dowland et Campian, par la richesse de leurs détails contrapuntiques. Stylistiquement, ils occupent une place située à mi-chemin entre l'« ayre » et le madrigal polyphonique ; des chansons comme *« It was a lover »* pouvaient aisément être arrangées pour 4 voix, ce qui se produisit effectivement par la suite. Également typique de Morley est l'accent placé au cours d'un vers sur des syllabes non signifiantes : tandis que les idées principales du poème sont exprimées au moyen d'une déclamation simple, en accords, la musique se transforme en figures rapides, s'échangeant à perdre haleine entre la voix et le luth, sur les paroles « When birds do sing, hey ding a ding a ding ». Le résultat est largement semblable aux canzonettes et aux « balletts » plus légers de Morley tels que → *« Now is the month of maying »*. L'œuvre comporte 4 strophes, toutes chantées sur la même musique.

Rééditions modernes — Par E. H. Fellowes et Th. Dart, *in* The English Lute-Songs XVI, Londres, Stainer & B., 1966.

J. Milsom

Ivan le Terrible, opéra de **Nikolaï Andreïevitch Rimski-Korsakov**, voir (La) Pskovitaine.

Ivan Soussanine, opéra de **Mikhaïl Ivanovitch Glinka**, voir (La) Vie pour le tsar.

« I was glad » (J'étais heureux), anthem pour le couronnement, de **Charles Hubert Hastings Parry**, sur un texte tiré du Psaume 121 (122), pour double chœur mixte, chœur d'hommes et gd orchestre, composé en 1902, créé au sacre d'Édouard VII à l'abbaye de Westminster, le 26 juin 1902. (Londres, Novello, 1903 ; durée : 7 min environ.)

Bien que la plupart des œuvres musicales composées pour un couronnement anglais aient été propres à chaque événement, deux œuvres y ont pris une place régulière : *« Zadok the Priest »* de Haendel (voir *Coronation Anthems*), chanté depuis George II, et *« I was glad »* de Parry, exécuté au cours des 4 couronnements qui ont eu lieu au XXᵉ siècle. L'œuvre innove en incorporant les vivats traditionnels des élèves de l'école de Westminster dans une forme musicale que le chœur reprend au milieu de l'anthem. Quelque dramatique que soit ce moment, l'œuvre tout entière doit être classée comme la réalisation chorale la plus impressionnante en même temps que la plus concise de Parry. Alors que de nombreuses compositions cérémonielles de l'époque remplacent la pompe par l'emphase et la véritable noblesse d'expression par l'agitation patriotique des couleurs, Parry parvient à éviter ces excès et à créer une superbe tapisserie sonore qui campe la scène de la cérémonie. Car l'anthem est destiné à accompagner l'entrée du souverain dans l'abbaye de Westminster — « We will go into the house of the Lord » (Nous irons dans la maison du Seigneur) —, et son aptitude à créer l'atmosphère juste est essentielle pour ce qui va suivre.

L'orchestre présente une large et splendide introduction de 11 mesures, conduisant à la première entrée du chœur à 7 parties puis à un premier climax vibrant sur le texte « Our feet shall stand in thy gates, O Jerusalem » (Nos pieds s'arrêteront à tes portes, ô Jérusalem), caractérisé par l'antiphonie entre deux groupes (S S A et T T B). Pour le verset suivant, « Jerusalem is builded as a city » (Jérusalem, toi qui es bâtie comme une ville), les chœurs sont disposés en deux groupes (S A T B chacun), et l'énoncé ample et majestueux est suivi par une brillante fanfare pour 8 trompettes, durant laquelle la tonalité passe de *si* ♭ à *sol* majeur. Une sixte augmentée annonce les vivats des écoliers de Westminster et la formidable réponse chorale et orchestrale qui suit **A**.

A **« I was glad »**

D'autres fanfares résonnent en s'apaisant graduellement. Une subtile modulation en *sol* ♭ maj. modifie complètement l'atmosphère sur « O pray for the peace of Jerusalem » (Priez pour la paix de Jérusalem), chanté par un demi-chœur mixte (S A T B). Le verset final, « Peace be within thy walls, and plenteousness within thy palaces » (La paix soit dans tes remparts et l'abondance dans tes palais), commence Alla marcia, calmement, en *fa* maj., mais une magnifique péroraison intervient bientôt, passant par *ré* maj. avant de retourner au ton originel, et c'est un nouvel apogée, amené sur un *si* ♭ aigu, qui aura le dernier mot. Si dans cet anthem Parry exploite avec succès les importants effectifs qui sont de circonstance, l'œuvre n'en est pas moins essentielle dans la tradition des cathédrales anglaises et dans le répertoire choral anglican, car elle produit également tout son effet avec un bon chœur et un accompagnement d'orgue, tant l'écriture est éminemment vocale et bien adaptée au texte du psaume.

L. Sawkins

« J'ai du bon tabac », chanson populaire du XVIIIe siècle attribuée à G.-Ch. de L'Attaignant.
Ph. Jeanbor © Arch. Photeb.

« Il pleut, il pleut bergère », romance du XVIIIe siècle sur un poème de Fabre d'Églantine. Imagerie d'Épinal, milieu du XIXe siècle.
Ph. © J.-L. Charmet.

Leopolda Svobodova dans le rôle de Kostelnicka lors de la création de *Jenůfa*, de L. Janáček, à Brno en 1904.
Moravské Museum, Brno. Ph. © du musée.

Aquarelle d'A. Colin représentant Cornélie Falcon dans *La Juive* lors de la création d'É. Halévy, en 1835.
Bibliothèque-musée de l'Opéra, Paris. Ph. © Bibl. nat.-Photeb.

Costume de N. Boquet pour la reprise de *Jephté* (1761) de M. P. de Montéclair, créée en 1732.
Bibliothèque nationale, Paris. Ph. © Bibl. nat.-Photeb.

Le Concert, peinture anonyme de 1530. Les trois musiciennes interprètent
« Jouissance vous donnerai » de Cl. de Sermisy.
Graf Harrach'sche Familiensammlung, Rohrau. Ph. © Meyer-Photobusiness, Vienne.

Chœur interprétant *Judith* de G. Fr. Haendel (1732). Gravure de William Hogarth.
British Museum, Londres.
Ph. © du musée.

Affiche pour la création de *Johnny spielt auf* d'E. Krenek, Berlin, 1927.
Ph. © Ullstein Bilderdienst-D.R.

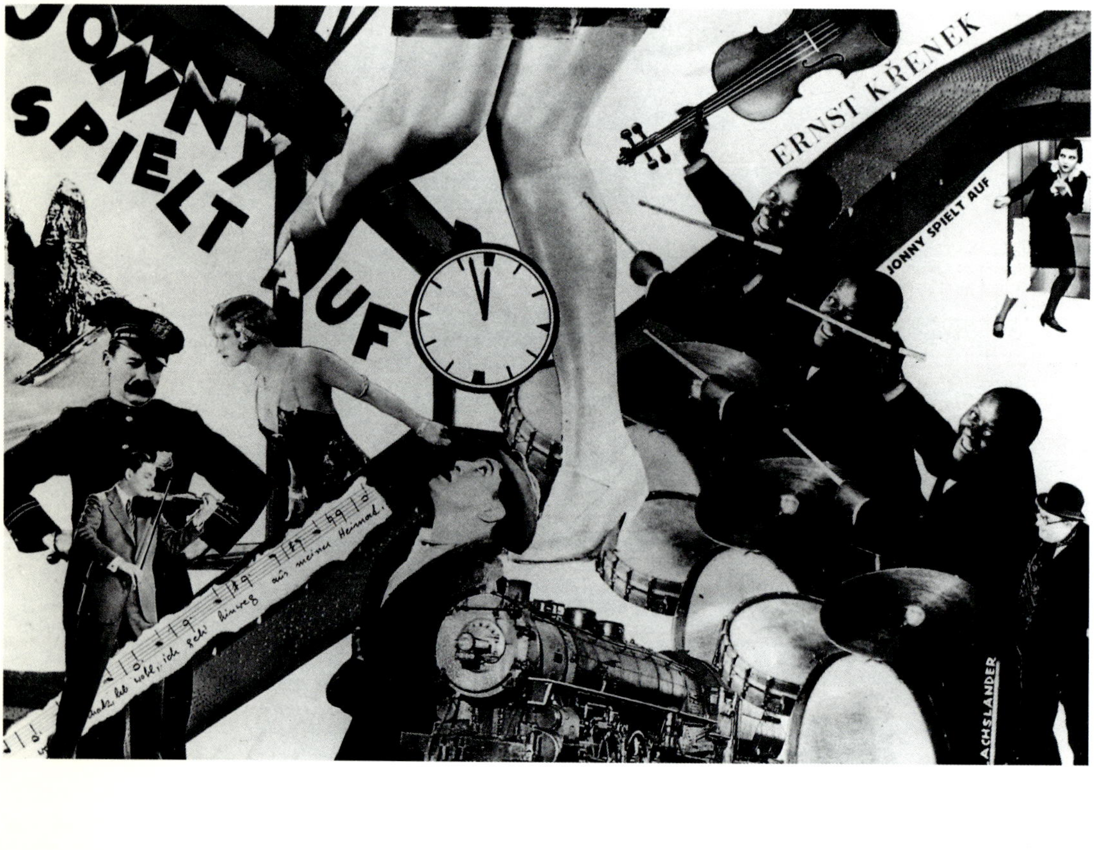

J

JACOB CHEZ LABAN, op. 36, pastorale biblique en un acte, texte et musique de **Charles Koechlin**, pour ténor (Jacob), soprano (Rachel), chœur mixte et orchestre, composée entre 1896 et 1908, représentée pour la première fois au Théâtre Bériza, le 19 mai 1925, sous la dir. de Robert Siohan. (Paris, M. Eschig ; durée : 25 min environ.)

Le 13 juin 1925, Ch. Koechlin écrivait à M. de Falla : « Dans mon idée, ce *Jacob chez Laban* est comme une cantate de prix de Rome où je me suis efforcé de réaliser ce qu'on devrait faire comme musique, dans ce genre de composition. Le prélude est déjà ancien, je l'avais écrit étant encore au Conservatoire ! mais je ne le renie pas. » Cette pastorale réutilise en fait non seulement le prélude, mais encore le début de la scène 1 de la cantate *L'Enfant prodigue*, sur un poème d'Édouard Guinand, composée en oct. 1894 dans la classe de Massenet pour le prix de Rome, et mise en musique notamment par Cl. Debussy (concours de 1884). Le texte de *Jacob chez Laban*, inspiré par le chap. 29 de la Genèse, enchaîne quatre scènes : Jacob attend l'arrivée de Rachel, mais il s'éloigne car il n'ose l'approcher ; Rachel et les femmes vont puiser de l'eau à la fontaine ; Louanges de Rachel au Seigneur ; Jacob chante la Gloire du Dieu d'Israël.

La partition de Ch. Koechlin baigne dans une atmosphère de ferveur, de pudeur et de raffinement. L'introduction d'orchestre expose le calme et agreste thème principal (au cor angl.) dans un environnement fluide et lumineux. L'orchestre demeure toujours léger, malgré le foisonnement de l'écriture. Les chœurs sont traités avec de beaux effets de spatialisation : entrée progressive des voix venant de loin ou se rapprochant, chœur en coulisses. Rachel et Jacob se partagent les plus beaux airs de la partition : chant de Rachel, *« Quelle douceur dans l'air »* (sc. 2), chant radieux et enflammé de Jacob, *« Midi, le ciel flamboie »* (sc. 4).

Sources — Paris, BN, Mss 11377 et 11378.

Bibliographie — CH. KOECHLIN, Correspondance, *in* RM, n° 348-350, Paris, Richard-Masse, 1982 ; voir aussi la bibliogr. de l'art. *Sept Chansons pour Gladys*.

CHR. GOUBAULT

(LE) JACOBIN (*Jakobin*), op. 84, opéra en 3 actes, livret de Marie Červinková-Riegrová, musique d'**Antonín Dvořák**, composé du 10 nov. 1887 au 10 nov. 1888, créé à Prague, au Théâtre national, le 12 févr. 1889, sous la dir. d'Adolf Čech, révisé entre le 17 févr. et le 7 déc. 1897 et redonné dans cette version au Théâtre national, le 19 juin 1898. (Prague 1911, 1941 [cht et p.] ; Prague, Supraphon-Artia, 1966, *in* A. Dvořák. Œuvres complètes, série I, vol. 10 ; durée : 2 h environ.)

L'œuvre tire son titre du club des révolutionnaires français, l'action étant censée se passer en 1793 dans une ville de province tchèque.

LIVRET — Acte I. Sur la place du marché d'une petite bourgade. De l'église on entend un cantique accompagné à l'orgue. Bohuš (bar.) et Julie (sop.) arrivent de l'étranger et sont là incognito. Bohuš évoque ses souvenirs d'enfance puis il avoue avoir dû quitter le pays à la suite d'une querelle avec son père : pour des raisons politiques, il s'était révolté contre lui et contre l'intrigant Adolf, qui se déclarait le défenseur du peuple asservi, réclamant pour lui une vie meilleure et plus libre. Mais c'est le jour de la kermesse, et aux rythmes des danses viennent se mêler la musique, les discours de l'auberge d'en face et les conversations des bourgeois rentrant chez eux. Une musique de menuet accompagne l'entrée du Châtelain (basse), pompeux et impopulaire. Il rencontre Benda (ténor) et sa fille Terinka (sop.), ainsi que le prétendant de celle-ci, Jiři (ténor). Benda est maître d'école et compositeur à ses heures perdues. Jiři est garde forestier mais aussi chanteur et Benda compte sur sa belle voix pour mettre en valeur sa dernière composition. Benda ne sait à qui donner sa fille en mariage : à Jiři pour ses talents d'artiste ou au Châtelain déjà âgé mais qui a pour avantage une situation plus que confortable. Les prétentions du Châtelain provoquent la jalousie et la colère de Jiři qui s'exprime dans un air splendide et impétueux en *do* ♯ mineur. Devenu la risée des jeunes, le Châtelain répond à l'outrage par un air railleur. S'ensuit un duo d'amour entre Jiři et Terinka. Puis réapparaissent Bohus et Julie, cherchant à se faire introduire auprès du Comte. Dans sa réponse évasive, l'arrogant Châtelain fait allusion à un fils qui a mal tourné, qui manifestait des tendances révolutionnaires, et qui a disparu à l'étranger. Cette évocation provoque l'enthousiasme de Jiři et de Terinka. Mais quand Bohuš et Julie déclarent venir de Paris, le Châtelain commence à soupçonner la vérité. Arrive alors en grande pompe le Comte accompagné de l'intrigant Adolf (bar.) qui, du fait de l'absence du fils disparu — Bohuš lui-même —, deviendra le seigneur du domaine.

Acte II. Benda est dans sa classe à l'école et répète avec ses élèves la sérénade écrite pour les fêtes du château. Terinka et Jiři chantent les soli. Le duo qui suit entre les deux amoureux est encore plus enflammé qu'au 1er acte. Mais, à leur grand désespoir, Benda veut faire épouser sa fille par le Châtelain. Les deux amoureux menacent de saboter le concert. Arrive le Châtelain, un bouquet de fleurs à la main. Il est contrarié de voir Jiři. Celui-ci fait semblant de recopier une partition et est ainsi discrètement témoin de la demande en mariage que le Châtelain est venu faire à Terinka. Jiři ne peut s'empêcher d'entrer de nouveau en conflit avec lui, ce qui lui vaut la menace de le faire incorporer de force. A ce moment entre Adolf. Jiři lui demande son aide contre le Châtelain tandis que Bohuš souhaite être introduit auprès du Comte, dont il déclare être le fils. Mais ils ne savent pas à qui ils ont affaire et Adolf dénonce aussitôt en Bohuš un agent révolutionnaire, un jacobin.

Acte III. La grande salle du château. Jiři tente d'y pénétrer et de rencontrer le Comte. Mais il est arrêté et emprisonné avant d'avoir pu l'atteindre. Malgré la garde montée par Adolf, Benda réussit à se présenter devant le Comte. Il voudrait le réconcilier avec son fils. Bien que touché par ses paroles, le Comte refuse et s'en va. Julie qui était entrée avec Benda réussit, elle, à émouvoir le Comte par la beauté de son chant. Il daigne l'écouter. Elle défend Bohuš, affirme qu'il était un révolutionnaire modéré et éclairé et qu'il a même été condamné à mort par les radicaux. Convaincu, le Comte accepte de faire un geste de bonne volonté en relâchant tous les prisonniers avant de céder son pouvoir à Adolf. Ainsi, Jiři libéré dénonce les manœuvres d'Adolf, et le Comte peut se réconcilier avec son fils.

Si Dvořák ne doit pas sa célébrité à ses opéras, il n'en demeure pas moins que l'art lyrique était son domaine de prédilection. Comme Smetana avant lui, il considérait l'opéra « du point de vue artistique comme plus important que toute autre chose ». N'ayant pas eu de succès avec ses premières œuvres en raison de la faiblesse des livrets, il chercha avec soin un texte de qualité. M. Červinková eut l'idée d'exploiter le personnage typique du cantor villageois Benda, maître d'école et musicien tchèque du XVIIIe siècle. Ce sujet avait en outre le mérite de rappeler à Dvořák ses souvenirs d'enfance. Tel qu'il nous apparaît aujourd'hui, *Le Jacobin* est une œuvre particulièrement digne d'admiration. Dvořák y fait briller tous ses talents, celui de mélodiste d'abord, comme en témoigne le très bel air de Jiři, *« Znate toho pána »* (acte I), mais aussi celui d'harmoniste mis en valeur par des chœurs omniprésents, d'une écriture infiniment plus riche que ne le sont d'habitude les chœurs d'opéra. L'œuvre compte de grands ensembles dont le plus remarquable, à la fin du 1er acte, ne comprend pas moins de 8 solistes auxquels s'ajoutent les quatre voix du chœur sans compter les parties instrumentales. L'orchestre est, comme toujours chez Dvořák, traité avec finesse et enrichi de timbres colorés. L'œuvre est concise, dense et sans temps morts. Contrairement aux pages les plus célèbres de Dvořák, ses opéras sont rarement joués sur les scènes lyriques internationales — même → *Rusalka*, le plus connu de tous, mais qui musicalement n'est pas supérieur au *Jacobin* —, ce qui est à la fois un mystère et une grande injustice.

Bibliographie — Voir celle de l'art. *Armida*.

Fr. Auclair

(Die) Jagd (La Chasse), opéra-comique en 3 actes, livret de Christian Felix Weisse, d'après *La Partie de chasse de Henri IV*, une comédie de Charles Collé elle-même issue de l'opéra-comique *Le Roi et le Fermier* de P. A. Monsigny, musique de **Johann Adam Hiller**, créé à Weimar, le 29 janv. 1770.

A la suite de l'intervention d'un groupe de professeurs de Leipzig qui voyaient dans les représentations de « Singspiele » une trop grande distraction pour leurs étudiants et qui étaient parvenus à limiter à deux soirs par semaine le nombre des représentations, l'imprésario de la troupe de Koch quitta la ville en 1768 et reçut un accueil bienveillant à la cour de Weimar grâce à l'appui de la duchesse Anna Amalie. C'est là que devait avoir lieu la création de *Die Jagd* dont le vif succès allait entraîner plus de 40 exécutions consécutives à Berlin en 1771. La même année, des lieder isolés extraits de la partition furent publiés, tandis que Fr. Reichardt consacrait à l'œuvre une étude détaillée, *Über die deutsche komische Oper* (De l'opéra-comique allemand). En 1830 encore, A. Lortzing dirigeait à Osnabrück l'arrangement qu'il avait fait du « Singspiel » de Hiller.

Livret — Acte I. Paysage rural avec à l'arrière-plan une cabane de paysan. Röschen (sop.), la fille du juge de campagne Michel, aime Töffel (basse), mais dans un premier temps son père s'oppose à leur liaison, parce qu'il veut éclaircir la mystérieuse disparition de Hannchen, la fiancée de son fils Christel ; elle aurait été enlevée par un comte et emmenée à la ville. Lorsque Hannchen (sop.) reparaît, elle rencontre Töffel (basse) qui ne croit pas en son innocence. Michel se met en route pour la chasse royale imminente, avec les paysans comme rabatteurs.

Acte II. Dans la forêt. De retour, Hannchen rencontre Röschen et Christel dans la forêt. Elle parvient à les convaincre de son innocence. Un orage éclate ; Hannchen et Christel s'enfuient. Égaré pendant la chasse, le roi se fait passer pour un membre de sa suite auprès de Michel et lui demande l'hospitalité pour la nuit.

Acte III. La maison de Michel. Michel, Christel et leur hôte sont de retour à la maison. Le roi, qui ne s'est pas fait reconnaître, est accueilli amicalement et apprend, grâce à son subterfuge, ce que la population pense de lui. Töffel ramène deux braconniers ; parmi eux, Hannchen reconnaît le comte qui l'a enlevée. Finalement, le roi révèle son identité et interdit au comte l'accès de sa cour. L'innocence de Hannchen est confirmée et le roi favorise le mariage des deux couples.

Die Jagd a été considéré très tôt comme l'un des meilleurs « Singspiele » de J. A. Hiller. En assimilant les influences de l'opéra-comique français et de l'« opera buffa » italien, le compositeur est parvenu à créer un idiome musical typiquement allemand qui a rapidement élevé l'œuvre au rang de modèle du genre. Outre la réalisation musicale, qui se distingue par un dessin ferme et caractéristique des divers personnages, Fr. Reichardt appréciait tout particulièrement le traitement du sujet, à savoir la confrontation de la société rurale et de l'aristocratie. D'un autre côté, il regardait d'un œil très critique le genre de l'« opérette », comme il le qualifiait lui-même. Ce qui le dérangeait, mis à part la perversion du goût du public par une « nourriture efféminée et infantile », c'était avant tout la description du paysan sous les traits d'un être rustre, censé amuser et être la risée des spectateurs. En dépit de quelques situations au comique plutôt lourd, il lui semblait que le 3e acte de *Die Jagd* rendait quelque justice à la population des campagnes, dans la mesure où une famille paysanne pouvait librement exprimer son opinion sur la vie de la cour.

Comparé à → *Der Teufel ist los*, le premier « Singspiel » de Hiller, *Die Jagd* inclut un grand nombre de chants populaires qui constituent l'apport le plus original du compositeur. Au-delà des influences françaises, comme les divertissements finals en rondeau (vaudeville) et les intermèdes instrumentaux dans la tradition des entractes ou des modèles italiens, comme les trios et les quaturos, Hiller a écrit une musique qui aspire à la simplicité et à la popularité, sortie tout droit de l'esprit allemand selon l'école berlinoise du lied. L'exemple le plus célèbre est le lied de Hannchen (acte II), dans lequel elle relate son enlèvement par le comte A. Vis-à-vis de ceux qui critiquaient la ténuité de la matière musicale, prétendant que c'était un défaut et que cela engendrait la monotonie, Reichardt défendait ce style de composition, qualifié par lui de « sage économie » ; c'est précisément en raison de sa cantabilité — l'idéal de l'époque — que ce style a joué un rôle déterminant.

Le souci d'établir de nettes différenciations sur le plan musical pousse Hiller à accorder la préférence aux mesures à 2/4, 3/8, 6/8 pour le couple Röschen-Töffel dont le rôle est comique, tandis que le couple Christel-Hannchen, dont le rôle est sérieux, se caractérise en règle générale par une mesure à 4/4. Si Hiller préfère choisir pour les paysans des chants ayant la structure du lied ou des sortes de petites arias en deux parties (*« Ach nein, was kann ich hören ! »*, no 15, Röschen), il écrit pour le roi, dans le 3e acte, une aria variée en trois parties, qui rappelle davantage l'opéra sérieux. Cependant, le refus de toute vocalise est lié à la situation dramatique ; c'est le symbole musical du jeu de cache-cache que le roi mène avec son entourage. Une aria à « da capo » brillamment ornée aurait révélé sans doute possible le monarque sous les traits du prétendu membre de sa suite.

Une plus grande importance de la musique instrumentale semble également caractéristique de cette partition. Outre la sinfonia d'ouverture, on trouve deux entractes dont le n° 27a de l'acte II, intitulé *Gewittermusik* (Musique d'orage), est thématiquement relié au duo *« Siehst du, wie jene Wolken ziehen ? »* qui précède immédiatement et, par là, fait apparaître clairement la nouvelle influence de l'opéra-comique.

Sources et éditions — **a)** Livret : Leipzig, Dyk, 1770, rééd. en facs. *in* German Opera 1770-1800. Librettos XX, éd. par TH. BAUMANN, New York et Londres, Garland, 1985. — **b)** Musique : partition manuscrite, Berlin, Staatsbibl. preussischer Kulturbesitz, Mus. Ms. 10638, éd. en facs. *in* German Opera 1770-1800 I, éd. par TH. BAUMANN, New York et Londres, Garland, 1985. — Réd. cht et p., Leipzig, Breitkopf, 1771.

Bibliographie — J. FR. REICHARDT, Über die deutsche komische Oper, Hambourg 1774 ; du même, Briefe eines aufmerksamen Reisenden die Musik betreffend, Francfort/M. 1774 ; H. M. SCHLETTERER, Das Singspiel von seinen ersten Anfängen bis auf die neueste Zeit..., Augsbourg 1863 ; G. CALMUS, Die ersten deutschen Singspiele von Standfuss und Hiller, Leipzig 1908 ; K. KAWADA, Studien zu den Singspielen von J. A. Hiller (diss. Marburg, 1969) ; H. A. KOCH, Das deutsche Singspiel, Stuttgart, Metzler, 1974 ; R. SCHUSKY (éd.), Das deutsche Singspiel im 18. Jh. Quellen und Zeugnisse zu Ästhetik und Rezeption, Bonn, Bouvier Verlag H. Grundmann, 1980 ; TH. BAUMANN, North German Opera in the Age of Goethe, Cambridge, CUP, 1985 ; I. CAPELLE, A. Lortzing und das nord-deutsche Singspiel : zu Lortzings Bearbeitung von J. A. Hillers Singspiel « Die Jagd », *in* Mf XXXIX, 1986 ; R. DIDION, art. « Die Jagd », in Pipers Enzyklopädie des Musiktheaters III, éd. par C. Dahlhaus, Munich, Piper, 1989.

U. KRAMER

(DIE) JAHRESZEITEN (Les Saisons), oratorio de **Joseph Haydn** (Hob XXI : 3), sur un livret de Gottfried van Swieten, d'après la traduction allemande par Barthold Heinrich Brockes du poème de James Thomson *The Seasons*, pour 3 solistes qui assurent la narration, Simon (basse), un fermier, Hanne (sop.), sa fille, et Lukas (ténor), un jeune paysan, chœur (figurant des campagnards et des paysans dans de nombreux numéros) et orchestre (pte fl., 2 fl., 2 htb., 2 clar., 2 bassons, contrebasson, 4 cors, 3 trp., 3 trb., timb., percussion, cordes et b.c.), composé en 1799-1801, créé à Vienne, au Palais Schwarzenberg, le 24 avr. 1801. (Durée : 2 h 10 min environ.)

C'est l'œuvre de Haydn qui fait appel au plus grand nombre d'interprètes. Par son sujet de caractère universel, par sa description vigoureuse des phénomènes naturels et par sa dévotion joyeuse, l'œuvre était toute désignée pour renouer avec le succès de → *Die Schöpfung*.

Le Printemps débute par une introduction orchestrale intitulée *Der Übergang vom Winter zum Frühling* (Le Passage de l'hiver au printemps). Quatre notes octaviées dans un tempo Largo suggèrent le morne hiver avant qu'une section Vivace en *sol* min. dépeigne la transition de l'hiver au printemps. Simon et Lukas décrivent la disparition des vents du Nord et de la neige tandis qu'il revient à Hanne, avec l'accompagnement des bois solistes, d'annoncer l'arrivée des brises tièdes. Un chœur de paysans salue le printemps, *« Komm, holder Lenz »* (Viens, printemps aimable), faisant appel à toute l'imagerie musicale traditionnelle de la pastorale : mesure à 6/8, tempo Allegretto, mélodies simples répétitives et basses en bourdon.

Comme souvent dans cet oratorio, les paysans se divisent en groupes choraux féminin et masculin. La scène change et montre Simon, le fermier, labourant les champs et semant le blé. Son aria, Allegro, en 2/4, essentiellement syllabique, est issue de la tradition du « Singspiel » viennois ; sa satisfaction est suggérée par la citation de la mélodie du mouvement lent de la *Symphonie n° 94, « La Surprise »*.

Le mouvement suivant est une prière solennelle à Dieu, *« Sei uns gnädig »* (Sois-nous favorable), Poco adagio, en *fa* maj., pour qu'il bénisse la récolte de l'année ; elle est exprimée par les trois paysans auxquels le chœur fait écho. Dans le récitatif accompagné qui lui succède, Hanne souligne que le climat est effectivement favorable et introduit un *Freudenlied* (Chant de joie), Andante, en *la* maj., dans lequel le chœur chante soit de nouveau en groupes séparés de jeunes filles et de jeunes gens, soit réunis. Simon leur rappelle que l'abondance de la vie

A (DIE) JAGD

animale et végétale qui les entoure est « le souffle du Créateur ». Des changements de tonalité en *si* ♭ maj. et de tempo en Maestoso ainsi qu'une formation plus étoffée (incluant les cuivres et les timbales) donnent le signal de quatre acclamations à Dieu, séparées par des rythmes de fanfare. Dans un mouvement Poco adagio, le groupe des vents prépare une brève hymne d'action de grâces chantée par les solistes et le chœur, *« Ehre, Lob und Preis sei dir »* (A toi l'honneur, la louange et la gloire), avant qu'une fugue Allegro amène un mouvement de louange plus étendu pour conclure la première saison de l'année.

L'Été s'ouvre par un récitatif accompagné de Lukas, en *do* min., évoquant le lever du jour. Lorsque la musique passe en *do* maj., le hautbois imite le chant du coq en un parfait décalque du mot allemand « Kickeriki ».

La première tâche de Simon est de conduire les moutons sur la colline : *« Der muntre Hirt »* (Le gai berger), autre mouvement pastoral en 6/8, cette fois avec une importante partie de cor solo. Hanne fait remarquer que le soleil est maintenant au zénith, sa montée et son éclat irrésistible étant suggérés par le chœur (Largo, en *ré* maj.). L'observation se transforme en louange au moment où le chœur et les trois paysans chantent d'une manière franche, essentiellement homophonique.

Suivent alors deux arias, la première pour Lukas, la seconde pour Hanne, toutes deux chantées à midi. La première, *« Dem Druck erliegt die Natur »* (La nature succombe à l'étreinte), l'est dans la pleine lumière du soleil qui roussit la terre, dessèche les rivières et fait s'étioler hommes et bêtes ; elle est écrite dans un tempo Largo et dans la tonalité de *mi* maj. suggérant habilement l'ardeur maximale du soleil, levé en *do* maj. et parvenu à sa pleine puissance en *ré* majeur. Dans son aria *« Welche Labung für die Sinne »* (Quelle délectation pour les sens), précédée par un récitatif accompagné, Hanne se réfugie à l'ombre, dans la clairière d'un bois. Dans le récitatif, l'orchestre dépeint le ruisseau et le bourdonnement des insectes, tandis que dans l'aria un hautbois solo évoque la mélodie flûtée d'un berger. Le réveil des sens est suggéré par un changement de mouvement qui passe à Allegro assai pour la seconde partie de l'aria, plus chargée en colorature. Dans un récitatif d'abord secco puis accompagné, Simon met en garde contre un orage menaçant (tonnerre éloigné aux timbales) qui, après un éclair (flûte), éclate de toutes ses forces dans un chœur en *do* mineur. En fin de compte l'orage s'apaise, le chœur chantant en valeurs plus longues, dans un registre plus grave et une nuance adoucie. La dernière pièce de l'Été est en deux parties. La première est un Allegretto dans lequel les trois paysans voient la nature retourner à la normale après l'orage — évocation musicale des vaches qui meuglent, de la caille, des sauterelles et des grenouilles — ; cette section s'achève au son des cloches vespérales annonçant la fin du jour. La seconde section, *« Von oben winkt der helle Stern »* (L'étoile brillante fait signe d'en haut), est un Allegro en *mi* ♭ maj. où les trois paysans et le chœur se préparent à un doux sommeil après les efforts du jour ; elle est entièrement homophonique et se déroule principalement dans un nuance piano.

L'Automne débute par un Allegretto en *sol* maj., à 3/4, une joyeuse introduction populaire exprimant les sentiments d'allégresse du paysan à propos de sa récolte. Les trois paysans s'attendent à une abondante moisson. Leur trio en *do* maj., Allegretto, reflète le sentiment qu'une telle abondance est la juste récompense de leurs efforts ; Haydn qui avait déprécié les nombreuses illustrations du mot dans cet oratorio (A. C. Dies, *Biographische Nachrichten von J. Haydn*, Vienne 1810), remarque qu'il ne lui est jamais arrivé de mettre le mot « Fleiss » (application) en musique (G. A. Griesinger, *Biographische Notizen über J. Haydn*, Leipzig 1810). C'est dans cet éclairage plutôt ironique qu'il convient d'apprécier la fugue qui clôt le mouvement.

Intervient alors le premier duo de l'oratorio, *« Ihr Schönen aus der Stadt »* (Vous les beaux de la ville) ; Hanne et Lukas y assument la caractérisation musicale du couple amoureux typique du « Singspiel » : Allegretto, mesure à 2/4, mélodies de caractère populaire et de style syllabique. Comme dans le « Singspiel », les avances masculines sont d'abord rejetées, mais l'Automne, saison des fruits mûrs, ne peut qu'encourager l'amour mutuel, déclaré d'abord dans une section Adagio avant que le mouvement revienne à l'Allegretto initial. Simon chante une aria, *« Seht auf die breiten Wiesen hin »* (Regardez les larges prairies), qui conte le récit d'un chien levant un oiseau qui va être tué. Le mouvement Allegro s'accélère lorsque le chien est sur la piste ; la musique devient presque totalement inactive quand il aperçoit la proie. L'oiseau essaie de s'enfuir (gammes ascendantes à la flûte et aux cordes), mais il est tiré (accord fortissimo subit) et tombe mort sur le sol. La suite de l'Automne est remplie par la description extraordinairement vivante d'une chasse villageoise et, après un récitatif préparatoire, par les réjouissances qui s'ensuivent à l'auberge ; ces deux numéros constituent le tour de force majeur de toute exécution. Cette chasse au cerf est racontée dans un chœur, *« Hört, hört das laute Getön »* (Écoutez, écoutez le grand bruit), Vivace, qui commence à 6/8 en *ré* majeur. Une fois de plus, le chœur est divisé en deux, les chasseurs et les femmes spectatrices. Tout du long, on y trouve d'importants passages pour quatre cors qui exécutent de véritables sonneries de chasse, commençant par la poursuite et finissant par la mise à mort. L'excitation grandissante est suggérée par une modulation ascendante d'un demi-ton, en *mi* ♭ maj., et les halètements du cerf épuisé par de brefs glissandos aux trombones. Dans le chœur des buveurs qui suit, *« Juhe, juhe, der Wein ist da »* (Juhe, juhe, le vin est là), Allegro molto à 4 temps, le style *do* maj. habituel de Haydn — avec trompettes et timbales — est à son niveau le plus éblouissant. La section introductive présente une phrase mélodique périodique

déclamée par les participants de plus en plus ivres. La section médiane, Allegro assai, en 6/8, est une danse fiévreuse, l'orchestre illustrant les fifres, les tambours, les violons, la vièle à roue et les cornemuses du texte. On redemande du vin et les participants s'efforcent de chanter une fugue, les réjouissances tapageuses s'achevant par l'adjonction banale mais appropriée du triangle et des tambourins à l'orchestre.

L'Hiver s'ouvre dans une ambiance totalement différente. Un Adagio en *do* min., d'une écriture chromatique ingénieuse, évoque l'épais brouillard des débuts de la saison froide. Dans une brève aria de 28 mesures seulement, accompagnée par les cordes, Hanne fait des observations sur la disparition de la lumière, de la vie, de la chaleur et de la joie. Dans une aria sévère, *« Hier steht der Wanderer nun »* (C'est ici que se tient le voyageur), en *mi* min., Presto, à 4 temps, Lukas décrit un voyageur désorienté et déprimé par le froid. Une modulation en *mi* maj. et le passage à un tempo Allegro plus généreux signalent la chaleur engageante d'une chaumière. Hanne et Simon poursuivent leur histoire dans un récitatif où l'orchestre reproduit le son des rouets qui accueille le voyageur à son entrée. Suit un chœur de fileuses, *« Am Rocken spinnen die Mütter »* (Les mères filent au rouet), en *ré* min., chanté principalement par Hanne et les voix de femmes, le son du rouet continuant à être évoqué par l'orchestre. Le texte du chœur ne provient pas de *The Seasons* de Thomson mais a été emprunté par Van Swieten à un poème de Gottfried August Bürger. Jusqu'à ce point, la description de la saison hivernale a été très introspective. Désormais, Haydn anime la scène avec une aria vive, *« Ein Mädchen, das auf Ehre hielt »* (Une jeune fille qui tenait à son honneur), en *sol* maj., chantée par Hanne, qui raconte l'histoire d'une jeune paysanne effrontée, déjouant les entreprises d'un noble ; chaque péripétie de l'histoire est ponctuée par une intervention chorale élogieuse aboutissant à un silence préparatoire. Le texte de ce morceau provient de la pièce *Annette et Lubin* de Favart que Haydn et Van Swieten connaissaient probablement par son utilisation dans l'opéra de J. A. Hiller, *Die Liebe auf dem Lande*. Le parallèle implicite entre la succession des saisons et la vie humaine, tout particulièrement entre l'hiver et la vieillesse, devient explicite dans l'aria suivante, *« Erblicke hier »* (Vois ici), de Simon. En deux parties, un Largo à 3/4 et un Allegretto molto à 2/4, tous deux en *mi* ♭, l'aria parcourt l'étendue complète des sentiments, depuis la résignation triste jusqu'à la colère, devant les occasions offertes par la vie et manquées. Le Largo renferme une citation du mouvement lent de la *Symphonie n° 40* de Mozart au moment où le texte dit « erschöpfet deines Sommers Kraft » (épuise la force de ton été), probablement une référence voulue à la mort précoce de Mozart.

Le chœur final *« Uns leite deine Hand »* (Que ta main nous conduise), en *do* maj., Allegro moderato, à 4 temps, débute par des sonneries de trompettes de plus en plus fermes, après quoi Simon ordonne à Lukas, à Hanne et au chœur de songer à la vie éternelle. L'écriture pour double chœur fait alterner de brèves affirmations homophoniques anticipant la joie qui attend l'humanité. Les chœurs I et II s'unissent pour chanter une fugue construite sur un sujet de caractère énergique.

L'œuvre s'achève dans l'éclat des fanfares.

Rééditions modernes — Par E. Mandyczewski, *in* J. Haydns Werke, Leipzig, Br. & H., 1907-33, vol. XVI/6-7.

Bibliographie — M. Friedlaender, Van Swieten und das Textbuch zu Haydns Jahreszeiten, *in* Jb. Peters, 1903 ; J. Tiersot, Le lied « Ein Mädchen das auf Ehre hielt » et ses prototypes français, *in* ZIMG XII, 1910-11 ; H. Walter, G. van Swietens handschriftliche Textbücher zu « Schöpfung » und « Jahreszeiten », *in* Haydn Studien I, 1967 ; G. Croll, Mitteilungen über die « Schöpfung » und « Jahreszeiten » aus dem Schwarzenberg-Archiv, *ibid.* III, 1974 ; D. Heartz, The hunting chorus in Haydn's Jahreszeiten and the « Airs de chasse in the Encyclopédie, *in* Eighteenth Cent. Studies IX, 1976 ; H. C. Robbins Landon, Haydn-Chronicle and Works, Londres, Thames and Hudson, 1976-80 ; du même et D. Wyn Jones, Haydn. His Life and Music, Londres, Thames and Hudson, 1988 ; M. Vignal, J. Haydn, Paris, Fayard, 1989.

D. Wyn Jones

« J'ai du bon tabac », chanson populaire française attribuée à l'abbé de cour **Gabriel-Charles de L'Attaignant**. Créateur de la chanson pastorale, il composa aussi des œuvres légères, dont *« J'ai du bon tabac »*, extrêmement populaire au XVIIIe siècle. A l'origine, cette chanson ne comportait qu'un couplet ; d'autres lui furent ajoutés selon les événements. L'un d'entre eux rappelle la bastonnade reçue par Voltaire. L'Attaignant, qui avait pris fait et cause pour celui-ci, fut menacé de la même correction par le duc de Clermont-Tonnerre. Le second couplet, « Ce refrain connu, que chantait mon père », indique que le poème a été adapté à une chanson antérieure, *« Père capucin, confessez ma femme »*, cité par Capelle.

Bibliographie — P.-A. Capelle, La Clé du Caveau, Paris 1812 ; Imagerie Pellerin, Épinal s.d. ; Delfolie, Trésor des plus belles mélodies, Chambéry 1947 ; Fr. Vernillat et J. Charpentreau, Dictionnaire de la chanson française, Paris 1968 ; S. Charpentreau, Le livre d'or de la chanson enfantine, Paris, Éd. Ouvrières, 1976.

Fr. Vernillat

« J'AI PERDU MA FORCE ET MA VIE », mélodie pour baryton ou alto et piano de **Franz Liszt**, sur une poésie d'Alfred de Musset, composée en 1872 (éd. 1879 ; durée : 4 min 4 s environ.)

Le poète avait intitulé son célèbre poème *Tristesse*, mais le compositeur préféra le nommer d'après son premier vers. Ce morceau est déjà fortement marqué par les particularités stylistiques du Liszt vieillissant. Plus que d'une mélodie, il s'agit davantage d'une sorte de déclamation suivant de très près le texte poétique. Aucun plan formel n'est perceptible. Seule la cellule initiale de l'introduction, sur des accords douloureusement appoggiaturés, est plusieurs fois reprise et sert de vague fil conducteur. L'accompagnement se fait ascétique et, à plusieurs reprises, la mélopée est purement vocale, sans aucun accompagnement, parfois même sans barres de mesure. Il en va de même des tonalités qui restent fluctuantes avec un accord final de 7e diminuée suspendue, nous laissant dans l'indécision. On relèvera seulement dans la partie centrale des enchaînements d'accords par tierces, rappelant l'un des procédés favoris du compositeur dans sa jeunesse et son âge mûr. Mais cette flambée retombe rapidement et la fin est aussi désolée que le début. L'atmosphère générale de tristesse, de désespoir et de résignation est parfaitement rendue et produit un grand effet.

Éditions — Voir à l'art. *« Bist du ! »*.

S. GUT

« J'AI VU LE LOUP, LE R'NARD, LE LIÈVRE », chanson populaire bourguignonne. Le loup tient une grande place dans les fables, les chansons, les danses et les contes français. La célébrité de cet animal l'a transformé en épouvantail. Dans une bourrée ternaire de basse Auvergne, *« Paro lou loup, petiote »* (Prends garde au loup, fillette), il ne s'agit pas d'un loup à quatre pattes, mais d'un garçon, qui pourrait mettre à mal une jeune bergère. La mélodie ressemble singulièrement à la chanson que M. Emmanuel (→ *Trente Chansons bourguignonnes du pays de Beaune*) a recueillie dans la région beaunoise et qu'il fait remonter au XVe siècle. Il s'agit ici d'un véritable loup, qui danse avec un renard et un lièvre. La mélodie, en mineur, est sur un rythme binaire ; à travers elle, on reconnaît facilement le *« Dies irae »*. Celle de la bourrée est en majeur, mais une indéniable parenté existe entre les deux.

Un célèbre écrivain français, Édouard Estaunié, bourguignon de naissance, voyait en cette chanson un retour du Sabbat. Selon lui, un paysan-sorcier s'y confesse d'avoir assisté à une fantastique orgie et même de l'avoir préparée. Il prétend les avoir épiés (« r'beuillés »), les avoir vus boire à la pinte (« cheûler »), ensuite les avoir ouïs chanter et même les avoir fait danser (« r'virer »).

Bibliographie — H. DAVENSON, Le livre des chansons, Neuchâtel 1944 ; J. CANTELOUBE, Anthologie des chants populaires français II et III, Paris, Durand, 1951 ; Chants et danses du Massif central, Paris, P. Bossuet, s.d.

FR. VERNILLAT

(DIE) JAKOBSLEITER (L'Échelle de Jacob), oratorio inachevé, texte et musique d'**Arnold Schönberg**, pour soli, chœur et orchestre, texte écrit à partir de janv. 1915 (Vienne, UE, 1917), composition musicale commencée le 19 juil. 1917, interrompue le 30 nov. (mobilisation), reprise en 1918 puis, avec de nouvelles interruptions, en 1921, 1922, 1944. Un disciple de Schönberg, Winfried Zillig, orchestra et révisa la particelle non achevée. Cet important fragment (durée : 45 min environ) fut créé à Vienne, le 16 juil. 1961, dans le cadre du 35e Festival mondial de la SIMC, avec les chœurs des radios de Cologne, sous la dir. de Rafael Kubelik. Le début de l'œuvre (dans l'orchestration de Schönberg) avait été précédemment exécuté à Hambourg, le 12 janv. 1958, par les chœurs et l'orchestre de la radio, sous la dir. de Hans Rosbaud.

Schönberg réutilise dans *Die Jakobsleiter* un scherzo faisant partie d'une *Sinfonia* immense et de style mahlérien qui l'occupa entre 1912 et 1914. Cette *Sinfonia* devait comprendre 5 mouvements, dont les 2e et 3e sur des poèmes de Richard Dehmel. La conception originelle de *Die Jakobsleiter* était démesurée et utopique, avec un grand chœur à 12 parties nécessitant 720 choristes, deux chœurs invisibles et 13 chanteurs solistes. L'orchestre était en proportion et comportait 20 fl., 24 clar., 12 cors, 140 instruments à archet, 8 harpes, plus 4 petites formations placées à différentes distances (comme les chœurs), disloquant les sources sonores et créant des effets stéréophoniques. Le 13 déc. 1912, Schönberg avait demandé à Richard Dehmel de versifier son oratorio. Il dut rédiger lui-même son poème, car Dehmel déclina l'offre, et il espéra toute sa vie achever cette composition. Il parvint peu avant sa mort jusqu'au grand interlude symphonique qui conduit à la 2de partie non composée. W. Zillig orchestra les 685 mesures du fragment pour une formation symphonique normale.

Dans sa lettre à Dehmel, Schönberg avait indiqué la manière dont il fallait traiter les problèmes qui tourmentent les hommes d'aujourd'hui. « Car ceux qui, dans la Bible, rivalisent avec Dieu s'expriment aussi en tant qu'hommes de leur temps, parlent de leurs causes. » Le poème qu'il rédigea reflète les aspirations et les interprétations du courant mystique de l'époque. Schönberg avoua à W. Kandinsky, dans une lettre du 20 juil. 1922, que *Die Jakobsleiter* exprimait le mieux sa pensée religieuse, sans barrières institutionnelles, et que cette pensée l'avait soutenu pendant les années de guerre. L'archange Gabriel invite les trépassés à suivre un chemin sans fin, pour aller vers Dieu à travers les diverses étapes d'une ascèse spirituelle. Puis il dialogue avec des groupes de démons, de génies, d'anges, médite longuement : seule la prière peut accomplir le miracle de la Rédemption. Le dernier « message » de l'archange vient tout droit de *Séraphita* de Balzac (où l'on rencontre l'expression « l'Échelle mystique de Jacob » par référence au célèbre passage de la Genèse) et, à travers Balzac, du mysticisme et des « réalités suprasensibles » de Swedenborg. On retrouverait encore l'influence de Strindberg et de la doctrine spiritualiste de Rudolf Steiner. Par ailleurs, les recherches de Schönberg sont parallèles à celles de Kandinsky dans *Über das Geistige in der Kunst* (Du spirituel dans l'art). Les premiers mots de l'archange dans *Die Jakobsleiter* définissent une nouvelle conception de l'existence, « d'où toute sécurité est bannie, où chaque pas est un pari, où la démarche se dirige vers l'inconnu : que ce soit vers la droite, la gauche, en avant, en arrière, que tu montes ou que tu descendes, il faut continuer ta marche sans te demander ce que tu quittes ni ce qui t'attend. »

Le début de l'oratorio apparaît comme une intuition de la série dodécaphonique. Vers 1948, Schönberg s'en expliquait : « Afin d'assurer l'unité de l'œuvre (ce qui fut toujours mon objectif primordial), j'avais construit tous les thèmes principaux de cet oratorio à partir des 6 sons *ut ♯, ré, mi, fa, sol, la ♭*. Ce furent les 6 notes par lesquelles commence l'œuvre, dans l'ordre suivant : *ut ♯, ré, fa, mi, la ♭, sol.* Lorsque [...] je voulus achever *Die Jakobsleiter*, je découvris à ma plus grande satisfaction que mon début était en fait une composition avec 12 sons. Au cours d'un ostinato (que je modifiai quelque peu), les 6 sons que je n'avais pas choisis entraient progressivement, à raison d'un par mesure » **A**.

Les voix déploient l'éventail de leurs ressources, de la « Sprechstimme » à l'arioso lyrique. Comme plus tard dans → *Moses und Aron*, Schönberg combine le parlé et le chanté, fait une large place aux chœurs, traite l'orchestre avec des sonorités de musique de chambre. La dernière séquence est la plus émouvante de toutes, lorsque les vocalises sans paroles de l'âme du mourant, incarnée par un soprano solo suraigu, sont accompagnées par quelques instruments et par les guirlandes éthérées des voix de femmes, guirlandes qui se dissolvent dans le lointain. La partition s'interrompt sur la note *do*, tenue longuement par le soprano, une note qui reste suspendue entre ciel et terre... A l'instar de *Moses und Aron*, *Die Jakobsleiter* n'a pas de fin. Il est sans doute vain de s'interroger sur les raisons de l'inhibition qui a frappé le musicien (voir *Moses und Aron*).

Bibliographie — W. Klein, A. Schönberg. Die Jakobsleiter, *in* NMZ, n° 8, 1920 ; B. Wiertel, Schönberg's Jakobsleiter, *in* A. Schoenberg, New York 1937 ; R. Leibowitz, Introduction à la musique de 12 sons, Paris, L'Arche, 1949, 2/1974, pp. 49-52 ; A. Schönberg, Style and idea, New York 1950, trad. fr. Paris, Buchet/Chastel, 1977, p. 190 ; H. H. Stuckenschmidt, Schönberg, Monaco 1956, pp. 61-62 ; R. Stein (éd.), A. Schönberg, Ausgewählte Briefe, Mayence 1958 ; J. Rufer, Das Werk A. Schönbergs, Kassel 1959 ; W. Zillig, Notes on Die Jakobsleiter, *in* The Score, n° 25, juin 1959 ; K. H. Wörner, A. Schönbergs Oratorium Die Jakobsleiter, *in* RMS, sept.-oct. et nov.-déc. 1965 ; A. Payne, First Performances : Schoenberg's Jacob's Ladder, *in* Tempo, n° 75, hiver 1965-66 ; L. Rognoni (éd.), A. Schoenberg. Testi poetici e dramatici, Milan 1967, pp. 10-12, 46-67 ; A. Payne, Schoenberg, Londres, OUP, 1968, pp. 37-39 ; G. Manzoni, A. Schoenberg. L'uomo, l'opera i testi musicali, Milan, Feltrinelli, 1975, pp. 77-81 ; G. Kars, A. Schoenberg et ses sources littéraires, *in* Le Siècle de Bruckner, RM, n° 298-299, Paris, Richard-Masse, 1975.

Chr. Goubault

(Le) Jaloux corrigé, opéra bouffon en un acte avec divertissement, livret de Charles Collé, musique de **Michel Blavet**, créé à Paris, à l'Académie Royale de Musique, en 1752. (Durée : 30 min environ.)

Livret — M. Orgon se lamente d'être jaloux et pense avoir vu rôder « un petit agréable ». Mme Orgon décide de le corriger en lui donnant une leçon : elle fera semblant d'être séduite par Suzon la servante, habillée mi-homme mi-femme. Le bourgeois épie les protagonistes : son épouse, d'abord effarouchée, se laisse ensuite attendrir. Mais il ne peut retrouver le « galant », Suzon lui montrant seulement son côté féminin. Après des menaces de mise au couvent, Orgon assiste à une scène d'amour feinte entre les deux complices. Encore une fois bredouille, il aura la révélation du subterfuge lorsque la servante se tournera de l'autre côté. Réconciliation des époux. Suzon, prévoyant le dénouement, avait fait préparer un divertissement en forme de pantomime.

L'introduction — ainsi se nomme l'ouverture en deux parties — comprend une instrumentation réduite : violon I « col basso », violon II « col basso », alto, basson « toutti » (sic) « col basso ». Dans la scène 1, l'air de

A **(Die) Jakobsleiter**

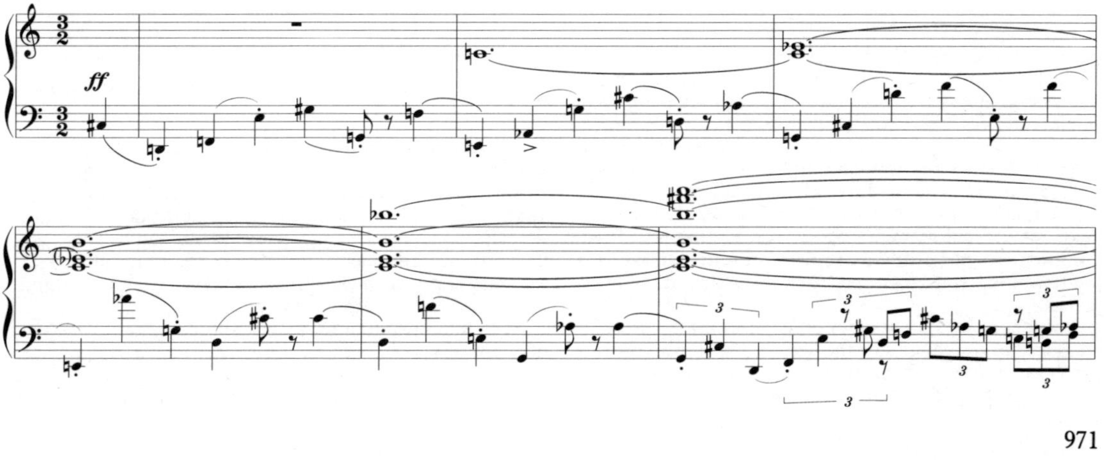

M. Orgon est construit sur la première aria d'Uberto de → *La serva padrona* de Pergolèse. Après un récitatif mesuré (dans le texte), un air en « tempo giusto » (à la basse « violetta col basso ») donne l'occasion à Orgon de se moquer de l'Hymen, « Dieu saugrenu », avec des figuralismes sarcastiques sur « ris ». Il s'agit de l'aria *« Son umbroglioto »* de *La serva padrona.* Le complot s'organise entre Suzon et sa maîtresse (« Sous cet habit de petit maître, nous allons le pousser à bout »). Ainsi s'instaure le faux dialogue amoureux en un Allegro nourri de vocalises, pastiche de l'opéra français.

Suzon, en déclarant « Régnez avec douceur », baise la main de Mme Orgon, tandis qu'arrive son époux qui ne trouve pas celui qu'il cherche. Dans l'Andante, celle-ci chante sur les seules paroles : « Eh ! quoy donc, vous retournez avec un pied de nez », devenant deux, trois pieds de nez. On peut imaginer là un jeu pantomimique. L'air de M. Orgon de la scène 4 repose sur le comique de mots à même assonance : « Morbleu, corbleu [...], j'ai vu tes feux. » Le thème est tiré de l'aria d'Uberto, *« Sempre in contrasti »*, de *La serva padrona.* Dans la scène 5, Blavet use de divers artifices de comique musical : grands écarts intervalliques, fusées de violon, contrastes et échos. Ce dernier procédé permet aux deux protagonistes féminins d'échanger de doux serments devant Orgon médusé,

l'effet d'écho se resserrant.

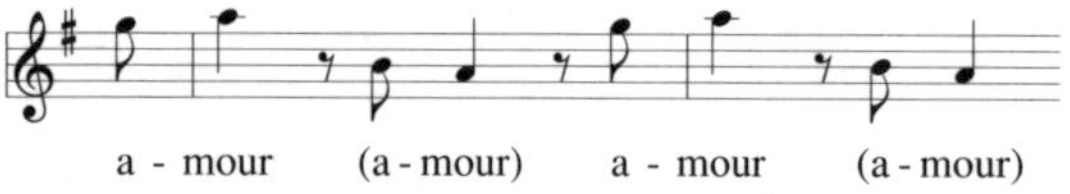

Suzon apparaît visible sous ses deux aspects. Le duetto d'amour (légitime cette fois) entre les époux est coupé de silences, témoins de leur émoi. L'ariette du rire, riche d'onomatopées « hi ! hi ! eh ! eh ! oh ! », est renforcée dans l'expression par des batteries d'orchestre. Le vaudeville (à l'époque chanson gaie mettant en scène tous les personnages dans le finale) déclenche la verve de Suzon. Le 2e couplet est entonné par Mme Orgon et le 3e par son mari jaloux, maintenant corrigé. La pantomime finale comprend, dans l'ordre, passepied, musette, tambourins, contredanse, soit les danses habituelles de l'opéra français.

Pastichant les Italiens tout en conservant les procédés humoristiques chers au théâtre de la Foire, puis à l'opéra-comique, Blavet jette une passerelle entre les styles dramatiques italien et français. L'année même où se déclenche la querelle des Bouffons, *Le Jaloux corrigé* tente, avec → *Les Trocqueurs* de Dauvergne, de réconcilier les adversaires tout en voulant — comme le fera Rousseau dans → *Le Devin de village* — adapter le souple débit italien au récitatif français dont le débit pompeux ne correspond plus à l'esprit du temps. En témoigne la page de garde de l'ouvrage : « L'on a parodié dans cet acte dix ariettes prises de la musique de *La serva padrona*, du *Giacatore* et du *Maestro di musica.* Et le récitatif est fait à l'imitation de celui des Italiens. »

Sources — Partition gravée, Paris 1752, Paris, BN, Vm[5] 53.

Bibliographie — L. de La Laurencie, Deux imitateurs des Bouffons, Blavet et Dauvergne, *in* L'Année Musicale, 1912.

D. Paquette

« Jamès que là ne peult estre », chanson d'**Antoine Brumel**, voir « Je ne vis oncques la pareille ».

« Ja que li ne s'i attende », virelai à 3 voix d'**Antoine Busnois**. Il est curieux de penser qu'une œuvre aussi personnalisée figure dans au moins 6 manuscrits différents. Il s'agit de l'une des chansons adressées par le musicien-poète à la dame de ses vœux (→ *« A une dame j'ay fait vœu »*), Jacqueline d'Hacqueville : le nom de la destinataire se lit en cryptogramme dans l'incipit, où se cache aussi un jeu de sens, qu'on le lise comme il est orthographié ou en le reconstruisant : « Jacqueline si attende. »

Il s'agit d'une bergerette, forme écourtée de virelai, ici réduit à un couplet. Les deux parties sont nettement séparées par une cadence parfaite en *ut*, finale du mode, transposé de *fa*. Mais la couple de la strophe (double distique ouvert et clos) se distingue également par un changement de tempo explicitement indiqué par l'« alla breve », le signe ¢ se substituant au C du temps imparfait de la première partie. L'écriture devient du même coup rigoureusement verticale et la déclamation quasi syllabique, s'opposant brutalement à l'animation contrapuntique et rythmique de ce qui précède. S'y ajoute un court passage par le mode de *ré* sur *sol*, pour l'ouvert que la reprise ramène au clos par un bref développement avant le retour à la première partie pour la strophe et le refrain.

Éditions modernes — Par Kn. Jeppesen, *in* Der Kopenhagener Chansonnier, Copenhague et Leipzig 1927 ; par A. A. Moerk, *in* The Seville chansonnier, Ann Arbor, UMI, 1978 ; par L. L. Perkins, et H. Garey, *in* The Mellon chansonnier, New Haven et Londres, Yale Univ. Press, 1979 ; par M. Gutiérrez-Denhoff, *in* Der Wolfenbütteler Chansonnier, *in* Musikalische Denkmäler X, Mayence, Schott, 1988.

Bibliographie — G. Perle, The Chansons of A. Busnois, *in* MR XI, 1950 ; voir aussi la bibliogr. de l'art. *« Ha que ville et abhominable ».*

J.-P. Ouvrard

(Le) Jardin clos, op. 106, cycle de 8 mélodies de **Gabriel Fauré**, pour une voix et accompagnement de piano, d'après Charles van Lerberghe (*Entrevisions*, 1898), écrit pendant l'été 1914, au hasard des villégiatures (Ems, Genève, Pau), créé le 28 janv. 1915 aux Concerts Casella par Claire Croiza (dédicataire de la 5e mélodie, *Dans la nymphée*) et l'auteur. (Paris, Durand, 1915 ; durée : 13 min 30 s environ.)

Sans lien anecdotique précis, simplement chronologique comme *La Chanson d'Ève*, *Le Jardin clos* évoque l'amour lié à l'éveil (le regard), à l'aube, au printemps, au crépuscule, aux paupières closes puis à la mort. Ces poèmes inspirés de la lumière sont cependant exempts de traitement musical impressionniste : très intériorisée, chaque mélodie forme un tout indivisible, sans retour thématique, sans structure apparente et sans concession au figuralisme. L'unité du cycle tient surtout à la progression vers la mélodie n° 5, centre de l'œuvre (*Dans la nymphée*), qui explique le caractère brûlant mais totalement irréel de l'amour tel que le conçoit le poète : « Quoique tes yeux ne la voient pas, / Pense en ton âme qu'elle est là. » Présent-absent, désiré plus que possédé, l'objet de l'amour s'éteint, « emporté ailleurs ». Seule mélodie en mode mineur, *Inscription sur le sable* termine le cycle sur une impression calme et méditative. C'est une œuvre secrète, peut-être, mais très prenante, qu'il convient d'exécuter intégralement, chaque mélodie dévoilant petit à petit le rêve. Fragmenter le cycle lui ferait perdre sa qualité plastique de « fondu enchaîné » ombre / lumière / ombre. Rappelons que le titre *Jardin clos* fait allusion aux mondes parallèles imaginaires — celui des cours d'amour du Moyen Age ou de *L'Astrée* — dans un sentiment d'intemporalité très Art nouveau. Hors du temps lui aussi, le langage musical épuré restreint son ambitus (sauf toujours les basses profondes du piano, si chères à Fauré), sa dynamique et sa mobilité harmonique. Le soutien pianistique (arpèges ou accords) se fait discret et uniforme, totalement effacé derrière l'exigence d'intelligibilité du texte poétique.

1. *Exaucement* (1 min 27 s), en *ut* maj., Allegretto, évoque le sommeil de l'aimée, « Fée endormie au Jardin clos » : déclamation conjointe, enchaînements modaux, faible ambitus (une sixte), mais surtout rythme immuable des croches du piano donnent à l'œuvre son caractère intemporel. Conçue un an après les → *Trois Poèmes de Mallarmé* de Ravel, cette mélodie oppose une réponse négative à toutes les recherches de timbre et d'harmonie qui étaient faites concurremment. **2.** *« Quand tu plonges tes yeux dans mes yeux »* (59 s), en *fa* maj., Andante moderato, précise l'érotisme discret du rêve. Une harmonie plus hardie (notes étrangères, dissonances) et un ambitus plus large apportent le lyrisme nécessité momentanément par le texte. **3.** *La Messagère* (1 min 53 s), en *sol* maj., Allegro, associe l'amour au printemps. Plus claires, plus véhémentes que les autres, ces pages gardent cependant beaucoup de retenue. **4.** *« Je me poserai sur ton cœur »* (1 min 53 s), en *mi* ♭ maj. Allegretto moderato, fluide et frémissante (basse du piano en syncope de bout en bout), situe le dialogue amoureux dans un paysage marin, bercé par « le rythme éternel des flots et de l'espace ». **5.** *Dans la nymphée* (2 min 22 s) en *ré* ♭ maj., Andante molto moderato est placée sous le signe du mystère et du secret. Sa tonalité lunaire évoque *L'Aube blanche* et *« O Mort, poussière d'étoiles »* de *La Chanson d'Ève*. L'accompagnement fait d'accords sur chaque temps soutient une déclamation rectiligne où dominent les notes répétées. L'immobilité de l'aimée — « Ses lèvres et ses yeux sont clos » — cesse soudain dans un éblouissement bleu, mais peut-être est-ce encore le « rapide éclair d'un rêve » ? **6.** *Dans la pénombre* (1 min 33 s), en *mi* maj., Allegretto moderato, présente l'image virginale de l'amie filant la laine, perdue « parmi les lis de sa pensée. » Fluidité des basses en syncopes contre l'égalité de la déclamation (système uniforme de longues et brèves égales) donnent un effet irréel. **7.** *« Il m'est cher, Amour, le bandeau »* (1 min 20 s), en *fa* maj., Allegro, progresse de la cécité à l'embrasement par tension de l'ambitus et de la dynamique. Le soutien immuable du piano atténue l'effet et ramène l'atmosphère initiale dans une brève coda. **8.** *Inscription sur le sable* (1 min 53 s), en *mi* min., Andante quasi adagio, est une méditation sur la mort, calme et mystérieuse dans son tempo et sa déclamation statique. Seul le mode mineur colore cette conclusion d'une nostalgie un peu amère. Ici, plus encore que dans tous les autres cycles très travaillés musicalement, Fauré s'efface devant son texte, souhaitant une lecture en musique à peine animée de quelques élans, toujours respectueuse. Toutefois, force est de constater que, sans Fauré, *Le Jardin clos* de Ch. Van Lerberghe serait bien démodé, daté par des poncifs expressifs, voire des clichés difficilement supportables. En dépit de (ou par ?) sa discrétion, la musique lui confère une aura mystérieuse et attirante. Là encore les rapports du texte et de la musique s'établissent de façon inattendue et presque paradoxale.

Bibliographie — Vl. Jankélévitch, Fauré et l'inexprimable, Paris, Plon, 1974 ; M.-Cl. Beltrando-Patier, Les mélodies de Fauré (thèse de doctorat ès lettres, Strasbourg II, 1978), Lille, Atelier de reproduction des thèses, 1981.

M-Cl. Beltrando-Patier

(Le) Jardin mouillé, op. 3, n° 3, mélodie pour une voix et piano d'**Albert Roussel**, sur un poème d'Henri de Régnier, composée en sept.-oct, 1903, dédiée à Maurice Bagès, créée à Paris, à la Société Nationale, le 21 avril 1906, par Jane Bathori et par Alfred Cortot au piano. (Paris, Rouart-Lerolle, 1910-1921 ; durée : 2 min 30 s environ.)

Cl. Croiza qualifiait cette mélodie de pièce mélancolique, d'une « mélancolie sans drame ». Le crépitement ininterrompu de la pluie rend uniforme le spectacle d'un jardin engourdi, espace de désillusion qui semble un instant s'animer puis se liquéfier dans l'âme même du narrateur. Roussel saisit avec finesse, par un continuum de doubles croches souvent arpégées, ce discret ruissellement dans le registre suraigu du clavier. Contrairement à ses œuvres instrumentales contemporaines, d'une écriture ample, deux lignes en constituent la matière d'accompagnement. Des sonorités de quinte à vide, d'une « grande froideur », ponctuent à moment régulier l'harmonie en mouvement. Respectant la courbe « émotionnelle » ascendante et descendante du poème (5 quatrains octosyllabiques à rimes croisées), le trouble est suggéré par une harmonie active, instable, que la sonorité initiale (*sol/do/fa* : deux quartes superposées souvent renversées ou transposées) rend homogène. Quant à la voix, elle respecte fidèlement la prosodie du poème par un syllabisme en croches répétées qui l'éloigne de toute tentation lyrique. Mouvement de l'âme, elle est au sentiment ce que le piano est au décor ; elle s'enflamme pour mieux figer encore dans l'arpège final la douleur du personnage. Rares sont les œuvres de jeunesse parvenues à un tel degré d'équilibre entre poésie et musique.

Bibliographie — Voir celle de l'art. *Amoureux séparés*.

D. Kawka

« J'attens secours de ma seule pensée », chanson à 4 voix de **Claudin de Sermisy**, sur un texte de Clément Marot, publiée par Attaingnant dans ses *Chansons nouvelles en musique...* (1527). Tout à fait caractéristique du style sermisien, l'écriture note contre note y prédomine, légèrement animée dans la première phrase, qui est aussi la dernière. Claudin, selon son habitude, y traite, en effet, le quatrain de décasyllabes dans le schéma ABCA, accusant la symétrie par une stricte duplication métrique des deux phrases centrales. En même temps, il reste attentif à d'autres aspects plus particuliers du texte, comme l'anaphore qui réunit les deux premiers vers (« J'attends ») : il la souligne par le même incipit mélodique au supérius. Le texte de Marot paraît presque cinq ans plus tard dans l'*Adolescence Clémentine* (1532) : il est alors composé de 3 strophes de même coupe, susceptibles d'être chantées sur la même musique, même si les sources musicales, conformément aux pratiques du temps, ne les donnent jamais. Attaingnant publie, dans les mêmes années, trois autres versions de cette polyphonie élégamment lyrique. Dans la → *Très brève et familière introduction pour entendre et apprendre* [...] *à jouer toutes chansons réduictes en la tabulature de luth* (1529), il en donne deux adaptations, l'une pour luth seul, l'autre pour voix et luth. En 1531, enfin, c'est une tablature de clavier, dans *25 Chansons musicales réduictes en la tabulature des orgues, espinettes, manicordions.*

Éditions modernes — Par I. Cazeaux, *in* Cl. de Sermisy. Opera omnia, CMM 52/3, Amer. Inst. of Musicology, 1974 ; par D. Heartz, *in* Préludes, Chansons and Dances for Lute Published by P. Attaingnant... 1529-1530, Neuilly-sur-Seine, Soc. de Mus. d'autrefois, 1964 ; par M. Honegger, *in* Chansons françaises, Paris, Heugel (Éd. Ouvrières) ; transcr. pour clavier, éd. par A. Seay, *in* P. Attaingnant. Transcriptions of chansons for keyboard, CMM 20, Amer. Inst. of Musicology, 1961.

Bibliographie — I. Cazeaux, The secular music of Cl. de Sermisy (diss. Columbia Univ., New York 1961) ; H. M. Brown, The genesis of a style : the parisian chanson, 1500-1530, *in* Chanson and madrigal, 1480-1530, éd. par J. Haar, Cambridge (Mass.) 1964.

J.-P. Ouvrard

« Jauchzet dem Herrn », psaume de **Felix Mendelssohn-Bartholdy**, voir Psaumes.

« Jauchzet Gott in allen Landen » (Acclamez Dieu en toutes contrées), cantate de **Johann Sebastian Bach** (BWV 51 ; NBA I/22) pour le 15e dimanche après la Trinité mais sans lien évident avec les lectures du jour, ce qui justifie l'inscription manuscrite de Bach sur la couverture du matériel d'exécution : « et in ogni tempo » (et pour tous les temps). Elle est écrite pour sop. solo, trp., cordes et b.c. et a été exécutée pour la 1re fois à Leipzig, le 17 sept. 1730 selon toute vraisemblance. (Durée : 17 min 45 s environ.)

Le texte, d'auteur inconnu, s'attache principalement à l'acclamation et à la louange de Dieu. De fait, cette cantate compte parmi les plus brillantes du genre. La voix y est traitée d'un bout à l'autre avec la plus grande virtuosité et s'élève à plusieurs reprises jusqu'au contre-*ut*.

Le mouvement initial pour sop. et tout l'orchestre, **1.** *« Jauchzet Gott »*, forme ABA avec ritournelle, en *do* maj., est étroitement apparenté au genre du concerto instrumental. Sa première et dernière partie, correspondant au premier vers du texte, est dominée par un sentiment d'intense jubilation qui se traduit par de longues vocalises figuralistes. La partie centrale retourne à plus de syllabisme, soulignant toutefois certains mots tels que « erhöhen » (élever), ou « allezeit hat beigestanden » (toujours a secouru). Lui fait suite, en saisissant contraste, un récitatif accompagné par les cordes, **2.** *« Wir beten zu dem Tempel an »* (Nous adorons au Temple), qui aboutit sur les deux derniers vers à un arioso soutenu par la seule basse continue, tout comme l'air qu'il précède, **3.** *« Höchster, mache deine Güte... »* (Très-Haut, fais que ta bonté se renouvelle chaque matin), forme ABA avec ritournelle, en *la* min., sorte de variation sur basse quasi obstinée. Le mouvement suivant, **4.** *« Sei Lob und Preis mit Ehren... »* (Louange, gloire et honneur soient rendus à Dieu), dernière strophe de Johann Gramann (1549) du choral *« Nun Lob, mein Seel, den Herren »*, en *do* maj., introduit la mélodie du choral, chantée par le soprano solo, dans une écriture en trio confiée à deux violons et à la basse continue. La cantate s'achève **5.** par un brillant *« Alleluia »* fugué, en *do* majeur.

Bibliographie — Voir celle de l'art. *« Ach Gott, vom Himmel sieh darein ».*

M. Honegger

« J'ay contenté ma volunté », chanson à 4 voix de **Claudin de Sermisy** sur un texte de Clément Marot. L'édition musicale (*Chansons nouvelles en musique...*, Paris, Attaingnant, 1527) précède de presque cinq ans l'édition littéraire du texte de Marot dans l'*Adolescence Clémentine*, où l'on trouve la 2e strophe de cette chanson qui s'apparente à une ballade par son refrain final : « Celle qui est sans loyaulté. » La structure de la strophe est tout à fait originale, avec ses 8 vers de 4 pieds suivis de 4 octosyllabes. La musique de Claudin, construite sur un ténor prédominant, ne valorise qu'assez peu cette métrique du texte. Ainsi, les 2 premiers tercets sont chantés sur la même phrase qui regroupe les 3 vers en un seul phrasé. En revanche, les 2 vers suivants sont mieux soulignés par une duplication rythmique au ténor, d'autant mieux perceptible que le bassus s'y associe par une imitation à la quinte (v. 3) du motif du ténor (v. 7). Curieusement, cependant, ce motif est répété avec la même polyphonie au premier hémistiche du dernier vers : son seul intérêt serait alors de mieux mettre en valeur, par contraste, le superbe mouvement mélismatique qui suit, au ténor, pour amener la cadence finale, soulignant ainsi le refrain (« sans loyaulté »). Dans le même esprit, mais par un procédé tout différent (en ternaire homophone), Sermisy souligne aussi les deux vers précédents, chantés sur la même phrase, répétée : « Et ne me plains fors seulement / D'avoir aymé si loyaulment. » Si cette pièce a connu peu de succès chez les instrumentistes (une seule tablature de clavier, chez Attaingnant, en 1532), elle semble avoir eu davantage d'audience chez les polyphonistes. On en trouve ainsi une paraphrase à 6 voix, de **Nicolas**, dans les *Meslanges* de 1560-72 (Le Roy et Ballard). En Italie, Gardane publie aussi une version à 3 voix (en 1541) trompeusement attribuée à Janequin, comme Sermisy lui-même en avait composé une pour les *31 Chansons* de 1535, chez Attaingnant, recueil aujourd'hui disparu.

Rééditions modernes et bibliographie — Voir à l'art. *« Celle qui m'a tant pourmené ».*

J.-P. Ouvrard

« J'ayme le cueur de m'amye », chanson de **Claudin de Sermisy**, sur un texte de Clément Marot, publiée à 4 voix dans les *36 Chansons...* d'Attaingnant (1530) et rééditée jusqu'en 1551. En 1535, Attaingnant en publie, sans le nom du musicien, une paraphrase à 3 voix, que Gardane reprend en 1542 en l'attribuant à Sermisy. Dans l'*Adolescence Clémentine* (1532), le texte de Marot est une « chanson » en 2 strophes de 8 heptasyllabes ; les sources musicales n'en donnent que la première. Les deux versions le traitent selon le schéma formel issu du moule balladique (ABABCDEF), dans une écriture presque constamment en imitation. Dans la chanson à 3 voix, le 5e vers (« Amityé desmesurée ») s'étale sur 18 semi-brèves avec de longs mélismes dont l'extravagance connote la « démesure », alors que le même vers de la version à 4 voix est déclamé très sobrement en 7 semi-brèves. En revanche, la chanson à 4 se distingue par sa répétition finale du dernier vers qui se traduit par un effet de surenchère très sensible au ténor. **P. Certon** a repris les thèmes de cette chanson dans une polyphonie à 6 voix, publiée en 1560 par Le Roy et Ballard (*Meslanges...*). Dans le répertoire instrumental, on n'en connaît qu'une tablature de luth de **Giovanni Maria da Crema** (1546). E. de Beaulieu (1546), quant à lui, transforme en cantique marial cette chanson originale, l'une des rares à l'époque à chanter l'amitié contre l'amour : « J'ayme le cueur de Marie, / Sa bonté et sa doulceur... » (*Chrestienne resjouissance*, 1546).

Rééditions modernes — Par I. Cazeaux, *in* Cl. de Sermisy. Opera omnia, CMM 52/3, Amer. Inst. of Musicology, 1974 ; par A. Seay, *in* Thirty Chansons for 3 and 4 voices..., New Haven, Yale Univ., 1960 ; par B. Thomas, *in* Cl. de Sermisy, Twenty Chansons, Londres, Pro Musica Ed., 1975 ; par A. Agnel, *in* Plein Jeu, Paris, Heugel.

Bibliographie — I. Cazeaux, The secular music of Cl. de Sermisy (diss. Columbia Univ., New York 1961).

J.-P. Ouvrard

« J'AY PRINS AMOURS », chanson de **Jacob Obrecht**, voir Canti B numero cinquanta.

« J'AY PRINS AMOURS A MA DEVISE », rondeau anonyme du xve s., à 3 voix, à côté de → *« De tous biens plaine »* et de → *« L'homme armé »*, l'une des plus célèbres chansons de son temps. Elle est sans doute assez ancienne, contemporaine de Dufay, voire de Binchois lui-même, aux plus beaux jours de la chanson courtoise franco-bourguignonne (ca 1460-70). Son texte, un rondeau quatrain, exprime en quelque sorte l'essence du programme : « J'ay prins amours à ma devise / Pour conquérir joyeuseté. » On la trouve notée dans le Ms. de → Dijon (Bibl. municipale, Ms. 517), ainsi que dans 7 autres sources dont le → Chansonnier cordiforme, et l'on sait qu'elle fut exécutée à Urbino en 1474, lors d'une représentation allégorique. C'est là aussi, dans le « studiolo » du palais ducal de Federico da Montefeltro, que la musique en est notée en marqueterie.

Sa facture polyphonique est tout à fait typique : ténor et supérius forment un bicinium privilégié. Leurs lignes mélodiques, aux contours nettement dessinés et aux dimensions bien mesurées au souffle du chanteur, s'entrelacent très souplement, sans heurts, très souvent en imitation à l'octave ; s'y ajoute un contraténor entièrement soumis à ce duo pour en enrichir la sonorité polyphonique, souligner les mouvements cadentiels d'une des voix ou des deux, ménager les articulations des phrases. Son parcours est donc normalement plus disjoint et discontinu. Certaines sources, d'ailleurs (comme Paris, BN, Ms. 4379), en donnent une version différente. Une exécution à deux voix (sans contraténor) ne serait donc pas invraisemblable, rendant plausible la scène décrite dans la farce *Le Débat d'un jeune moine et d'un vieil gendarme* : à la fin d'une discussion à trois (dont la teneur est continuellement à double sens, musical et sexuel) sur la manière d'exécuter une chanson, la fille s'adresse au moine, qu'elle retient comme partenaire pour chanter *« J'ay prins amours »* : « Nous dirons vous et moy, beau-père, / Deux mots à la nouvelle guise. » Cette scène n'est qu'un des nombreux témoignages littéraires du succès de ce rondeau, cité aussi, en 1507, dans la *Condamnacion de Banquet* de Nicole de La Chesnaye, parmi les 17 « chansons tant de musique que de vaul de ville ».

Mais ce qui reste le plus surprenant, c'est encore le nombre de réemplois de toutes sortes, dans le répertoire chansonnier : au moins 25 versions différentes d'après le catalogue dressé par H. M. Brown. A côté de nombreuses pièces anonymes, on y rencontre quelques-uns des plus grands compositeurs de la fin du xve s. : **H. Isaac** (3 versions à lui seul), **J. Martini** (2 versions), **J. Obrecht**, **J. Ghiselin**, **J. Japart** (2 versions)... Selon les cas, c'est le ténor ou le supérius qui est emprunté, parfois les deux. Mélodies et textes peuvent se trouver associés à d'autres, partiellement ou totalement, dans des quodlibets ou fricassées (au moins 4 versions) : ainsi dans une chanson anonyme (à 4 voix) de l' → *Odhecaton* (Venise, Petrucci, 1501), le supérius est superposé au ténor de → *« De tous biens plaine »* (Hayne). Ces citations interviennent parfois dans des chansons différentes, qui en réutilisent les mélodies pour des textes nouveaux. Dans le Chansonnier cordiforme, p. ex., on en trouve le supérius dans une chanson italienne en bicinium, *« Chiara fontana de belli costumi »*. **Busnois**, quant à lui, traite le supérius en renversement (assez libre), dans une chanson manifestement allusive, *« J'ay prins amours tout au rebours »* (*Odhecaton*). Dans le même genre, une version à 4 de **Japart** (Petrucci, *Canti B*, 1502) présente le supérius en rétrograde, transféré au bassus par le jeu d'une transposition à la douzième inférieure, le tout évidemment indiqué par un canon verbal appliqué au supérius normalement noté (« Fit aries piscis in licanosypathon »).

Enfin, rançon du succès, *« J'ay prins amours »* n'échappe ni à la dérision parodique (*« J'ay prins deux pous à ma chemise »*, dans le Ms. de Dijon) ni à la transposition religieuse : elle sert de timbre à deux « laude » de Feo Belcari et de thème à une *Messe « J'ay prins amours »* de **M. de Orto**. On en trouve même deux tablatures, pour luth seul et pour deux luths, par **Fr. Spinacino**, en 1507 (*Intabulatura* [...] *Libro primo* et *Libro secondo*).

Éditions modernes — Par J. Wolf, *in* J. Obrecht. Wereldlijke Werken, Amsterdam, Alsbach, et Leipzig, Br. & H., 1921 ; par E. Droz, G. Thibault et Y. Rokseth, *in* Trois Chansonniers français du xve s., Paris 1927, 2/ Genève, Slatkine, 1976 ; par W. O. Osthoff, *in* Theatergesang und darstellende Musik in der italienischen Renaissance II, Tutzing, H. Schneider, 1969 ; par A. A. Moerk, *in* The Seville Chansonnier, Ann Arbor, UMI, 1978 ; par M. Gutiérrez-Denhoff, Der Wolfenbütteler Chansonnier, *in* Musikalische Denkmäler X, Mayence, Schott, 1988.

Bibliographie — B. Disertori, Il Manoscritto 1947-4 di Trento e la canzone « J'ay prins amours », *in* RMI XLVIII, 1946 ; G. Reese, Music in the Renaissance, New York, Norton, 1954, 2/1959 ; H. M. Brown, Music in the french secular theater, 1400-1550, Cambridge (Mass.), Harvard Univ. Press, 1963.

J.-P. Ouvrard

« J'AY PRINS AMOURS A MA DEVISE », trois chansons à 3 et 4 voix de **Heinrich Isaac**. Parmi les multiples polyphonies réélaborées à partir du rondeau anonyme → *« J'ay prins amours »* du milieu du xve s. (Ms. 517 de Dijon et Manuscrit cordiforme), on trouve trois versions attribuées à Isaac, principalement dans des sources italiennes.

La version à 3 voix du Ms. 59 Banco Rari 229 de Florence est la seule qui soit incontestablement vocale : le supérius, emprunté presque exactement à la chanson anonyme, y est pourvu du texte. Isaac le contrepointe par un ténor très indépendant et mobile, manifestement instrumental : dans un ambitus très large (une 13e), il relance continuellement le discours avec une activité rythmique incessante. Le contraténor, en revanche, se borne à répéter l'incipit contracté du supérius sous la forme d'un ostinato à peine varié et transposé.

L'une des deux versions à 4 du Ms. Q 18 de Bologne est imprimée par Petrucci dans ses *Canti C* (1504). Cette fois, Isaac s'appuie sur le ténor anonyme reproduit en position de ténor avec quelques légères variantes. L'essentiel du contrepoint, développé par les deux voix supérieures dans un bicinium très indépendant du ténor, mais très homogène, joue principalement sur la répétition constante d'un court motif qui circule d'une voix à l'autre : c'est le même qui constitue l'essentiel des apparitions très espacées du bassus. Le contraste entre l'activité rythmique et contrapuntique de ces trois voix et l'énoncé très régulier et calme de la mélodie au ténor fait immédiatement penser au « tenorlied » germanique.

Des trois versions, c'est celle du Ms. 178 de Florence (à 4 voix) qui prend le plus ses distances avec l'original anonyme. Paradoxalement, pourtant, Isaac pousse plus loin la référence au modèle en empruntant à la fois au supérius et au ténor. Il en expose simplement le début pour s'en libérer aussitôt dans une ornementation très instrumentale où l'on repère encore les appuis principaux ainsi que quelques motifs passagers, dont la perception est aussi perturbée par la transposition un ton plus bas, en mode de *ré* sur *sol.*

Rééditions modernes — Par J. Wolf, *in* DTÖ XXVIII, 1907 ; par H. M. Brown, *in* A florentine chansonnier from the time of Lorenzo the Magnificent, Chicago, Univ. of Chicago Press, 1983.

Bibliographie — G. Reese, Music in the Renaissance, New York, Norton, 1954, 2/1959 ; H. M. Brown, Music in the french secular theatre, 1400-1550, Cambridge (Mass.) 1963 ; S. F. Weiss, The Manuscript Bologna, Civico Museo Bibliografico Musicale, Codex Q 18 (olim 143) : a bolognese instrumental collection of the early cinquecento (diss. Univ. of Maryland, 1985).

J.-P. Ouvrard

« J'AY PRINS AMOURS TOUT AU REBOURS », chanson d'**Antoine Busnois**, voir « J'AY PRINS AMOURS A MA DEVISE ».

« J'AY VEU LA BEAULTÉ M'AMYE », chanson à 3 voix d'**Antoine de Févin**, conservée dans le Ms. Pepys 1760 du Magdalen College de Cambridge, tout à fait typique de la manière du « gentil Févin ». Le texte et la mélodie, avec quelques variantes, se trouvent dans le → Chansonnier de Bayeux ; le Ms. 12744 (Paris, BN) n'en donne que le texte. C'est cette mélodie que Févin place au ténor, sans paraphrase ornementale, enveloppée d'un contrepoint tissé par les deux autres voix, souvent en imitation anticipée. Seul un bref passage, sur les deux courtes phrases rythmiques de la deuxième partie (« Compain que diras-tu ? »), est traité de manière homophone. Le schéma formel, très répétitif (ABABCDABEEFEEF), dont plusieurs phrases ont de plus le même parcours, ou la même terminaison, fait déjà penser aux chansons nouvelles de Cl. de Sermisy (1527) et à la chanson parisienne des premières publications d'Attaingnant.

Éditions modernes — Par H. M. Brown, *in* J. Haar (éd.), Chanson and madrigal, 1480-1530, Cambridge (Mass.), Harvard Univ. Press, 1964 ; par A. Agnel, *in* Duos et trios de la Renaissance, Paris, Heugel.

Bibliographie — Voir celle de l'art. *« En amours n'a rien sinon que bien ».*

J.-P. Ouvrard

« J'AY VEU LE CERF DU BOIS SAILLIR », chanson à 4 voix de **Pierre de Manchicourt**, publiée à Paris, par P. Attaingnant, en 1543 (*13e Livre*), avant la réunion par Susato du *Neufiesme Livre des chansons... Composées par Maistre Pier de Manchicourt, maistre de la chapelle de Nostre Dame de Tournay* (Anvers 1545).

Dans cette chanson à boire, sans doute d'origine populaire, Manchicourt exploite polyphoniquement un matériau mélodique particulièrement limité. Ses 6 vers hétérométriques (alternativement octosyllabes et hexasyllabes), groupés par distiques, se chantent en fait sur les deux mêmes phrases, nettement caractérisées par leur saut de quinte initial, la récitation sur la dominante et la courbe descendante conjointe vers le degré cadentiel final, en *fa* majeur. Le retour final des deux premiers vers, plus particulièrement développés, ne fait qu'ajouter à cette répétitivité très prononcée.

Le compositeur met donc tout son talent à jouer avec ce matériau original en en variant continuellement la disposition polyphonique, toujours en imitation, la présentation rythmique et l'ornementation mélodique, dans un discours très fluide et ininterrompu où les repos cadentiels, même s'ils sont harmoniquement marqués, s'échappent en tuilages constants. En dépit de ces caractéristiques très flamandes, cette chanson a dû plaire au public parisien de P. Attaingnant. On y retrouve, en effet, des qualités appréciées des musiciens français, notamment dans la vivacité rythmique et le débit déclamatoire rapide et syllabique.

Sur le même thème, voire à partir de cette chanson, **Clemens non Papa** a composé une *Messe « J'ay veu le cerf ».* Les instrumentistes se sont aussi intéressés à la chanson de Manchicourt : **S. Vreedman** la met en tablature de cistre (Louvain, Phalèse, 1568) et **A. Adriaenssen** en publie une version pour 2 luths et 4 voix (*Pratum musicum*, Anvers 1584).

Rééditions modernes — Par Ph. Bernet-Kempers, *in* J. Clemens non Papa. Opera omnia VI, CMM 4, Amer. Inst. of Musicology, 1959 ; par M. A. Baird, *in* P. de Manchicourt. 29 Chansons, Recent researches in the music of the Renaissance XI, Madison (Wisc.), A-R Ed., 1972.

Bibliographie — J. Tiersot, Histoire de la chanson populaire en France, Paris 1889.

J.-P. Ouvrard

JAZZ DANS LA NUIT, op. 38, mélodie pour une voix et piano d'**Albert Roussel**, sur un poème de René Dommange, composée en déc. 1928, dédiée à Mme R. Dommange, créée à Paris, Salle Gaveau, le 18 avril 1929, par Claire Croiza et l'auteur au piano, lors du festival A. Roussel. (Paris, Durand, 1929 ; durée : 3 min 30 s environ.)

L'œuvre revêt une forme ABA' : A-Andantino/B-Commodo/Interlude-Allegro/A'- Andante-Andantino-Andante. Un prélude d'une longueur inaccoutumée (14 mes.), à la basse syncopée, rythme les pas d'une danse nocturne : « [...] Tango nerveux, cuivres acerbes [...] ». Les « ingrédients » du jazz et du ragtime se succèdent A , imitant tour à tour « les rugissements sonores des nègres fous » ou les tendres plaintes. Roussel joue visiblement avec brio de l'imitation d'un style et d'un mode d'écriture très en vogue alors à Paris dans les années 30, sans en exagérer les traits cependant. La syncope et l'accentuation en contretemps s'étendent à l'ensemble des volets A et A' alors que B et l'interlude subséquent usent d'un cadre rythmique moins typique.

Çà et là, le piano dans le grave se prend à imiter les glissandi du trombone. En dépit des tonalités d'emprunt et des altérations nombreuses, la tonalité franchement établie s'articule sur un axe *ré* maj., *fa* maj., *ré* maj., selon un jeu de lumière et d'ombre très présent dans la poésie. Le chant adopte une tessiture étendue de treizième majeure. Mais en dépit des phrases chromatiques glissant tels les « sanglots d'un saxophone », les lignes bien dessinées dominent. Le rythme ascendant brève(s)/longue(s) imprime à la voix un vigoureux élan que le découpage en vers octosyllabiques morcelle. Toutefois, Roussel préserve judicieusement l'unité de la mélodie, apparemment distendue, par l'emploi d'une brève inflexion (« porrectus flexus ») modulée à 10 reprises. « Mélodie pleine d'humour et de fantaisie qu'il faut chanter avec une figure plutôt blagueuse mais pas sentimentale » (Cl. Croiza).

Bibliographie — Voir celle de l'art. *Amoureux séparés*.

D. Kawka

Jean de Paris, opéra-comique en 2 actes, livret de Godard d'Aucour de Saint-Just, d'après un récit français du XVIe s., le *Roman de Jehan de Paris*, musique de **François Adrien Boieldieu**, créé à Paris, à l'Opéra-Comique, le 4 avr. 1812, avec Mmes Gavaudan, Régnault, Saint-Aubin, MM. Elleviou et Martin.

Livret — Acte I. Sous le déguisement d'un bourgeois nommé Jean de Paris, l'héritier de la couronne de France désire s'assurer de la brillante réputation de la princesse de Navarre qu'il doit bientôt épouser. Logeant dans l'auberge où est descendue la princesse, Jean l'invite à dîner avec lui. Instruite du stratagème employé par le dauphin, elle accepte. Bientôt l'amour naît.

Acte II. La princesse parvient à faire avouer la véritable identité de son galant. Les suivants paraissent en riches atours pour fêter les fiancés.

Boieldieu inaugure brillamment le style troubadour — un Moyen Age de convention — dans le théâtre lyrique français, qui verra son accomplissement avec → *La Dame blanche*. La romance avec chœur de l'acte II s'intitule précisément *Le Troubadour* ; elle est chantée successivement par Jean, le page Olivier et la princesse. Ce style très prisé et la musique charmante s'attirent tous les éloges. L'œuvre est critiquée uniquement pour son livret offrant trop de situations semblables à celui du → *Calife de Bagdad* (déguisement, nom d'emprunt). La vogue de cet ouvrage fut immense et Berlioz notait en 1856 que, même si Boieldieu « n'employait guère que deux accords [il possédait] une élégance parisienne de bon goût qui plaît ». Il jugeait cet opéra-comique bien composé et riche en mélodie « vive et aimable », prosodié d'une manière excellente. Weber, Schumann et Wagner célébreront à l'envi l'aisance, la clarté mélodique, l'instrumentation magistrale (surtout les vents), toutes les caractéristiques de l'esprit et de l'art préromantique français. « *Jean de Paris*, *Figaro* et *Le Barbier*, les premiers opéras-comiques du monde, quand ce ne serait que comme miroirs de la nationalité des compositeurs » (Schumann).

L'ouverture est reprise d'un ouvrage précédent, *Abderkan* (1805). L'air d'Olivier au 1er acte, « *Lorsque mon maître est en voyage* », contient d'amusantes imitations du cor (« ton, ton, ton ») et du fouet (« clic, clac ») des conducteurs de litières, le finale de cet acte est caractéristique de l'art de Boieldieu (« *Ce sang-froid me désespère* »), par son caractère enlevé, ses grands sauts mélodiques, trilles, grupetti, port de voix, longues tenues dans l'aigu, arpèges (rôle de la princesse), son remarquable ensemble (sextuor de solistes et chœur).

Éditions — Paris, chez Boieldieu jeune, s.d. ; Leipzig, Peters.

Bibliographie — L. Augé de Lassus, Boieldieu, Paris, 1927, pp. 55-58 ; G. Favre, Boieldieu, sa vie, son œuvre, Paris 1944-45, facs. Genève, Slatkine, 1977, 2 vol., I pp. 178-180, II pp. 81-84.

Chr. Goubault

Jeanne d'Arc, « dramma lirico » de **Giuseppe Verdi**, voir Giovanna d'Arco.

Jeanne d'Arc, drame historique en 5 actes de Jules Barbier, musique de scène de **Charles Gounod**, créé à Paris, au Théâtre de la Gaîté, le 8 nov. 1873 (réd. cht et p. par G. Bizet, Paris, Gérard, 1873). L'œuvre fut reprise en 1875 dans le même théâtre, puis au cirque d'Hiver (Concerts Godard) en 1885 et au théâtre de la Porte-Saint-Martin en 1890 (avec plusieurs modifications).

Jeanne d'Arc connut lors de sa création un succès populaire éclatant, mais la critique reprocha à Gounod d'avoir procédé par réminiscences et conçu une œuvre trop mystique pour le théâtre. Montée avec un grand luxe de décors et de mise en scène, la pièce, qui met en relief l'ardeur patriotique et religieuse de la sainte, réveilla la fibre nationale des contemporains : « Cette affluence du public est un bon symptôme pour la régénération morale de la France », écrivait *L'Europe Artiste*.

Le drame de J. Barbier reproduit avec exactitude la légende héroïque de Jeanne d'Arc et retrace à grands traits les glorieuses étapes de sa mission « providentielle » : la chaumière de Domrémy, la cour à Chinon du roi Charles VII, le siège d'Orléans, le sacre de Charles VII à Reims, la prison et le procès, enfin le bûcher et le martyre à Rouen.

Tantôt étroitement liée à l'action, tantôt circulant entre les scènes en fragments épisodiques, la partie musicale compte 17 morceaux parmi lesquels on peut dégager : dans l'acte I, le chœur des fugitifs « *Nous fuyons*

A **Jazz dans la nuit**

la patrie » et la scène des voix *« Jeanne ! Jeanne ! »* ; dans l'acte II, la ballade du page *« Qui de nous ne connaît ces vers »* et le chœur final *« Dieu le veut »* ; dans l'acte III, le chœur des soldats *« Demain la bataille »* et la ronde dansée tirée des airs de ballet de *La Nonne sanglante*, dans laquelle s'intercale la parodie symphonique de la *Marche funèbre d'une marionnette* ; dans l'acte IV, le chœur *« Sans verser le sang, elle prend les villes »* ; dans l'acte V, le chœur des soldats dans la prison *« J'ai bonne espérance »*, la marche funèbre avec chœur, enfin le finale *« Le feu ! le feu ! »*.

Bien que relativement peu joué, cet ouvrage dans le style d'un spectacle sacré à caractère édifiant a conquis droit de cité dans l'histoire de la musique de scène.

Bibliographie — C. Michel, Jeanne d'Arc, *in* L'Europe Artiste, 7 déc. 1873 ; L. Pagnerre, Ch. Gounod, Paris 1890, pp. 339-347 ; A. Jullien, Musiciens d'aujourd'hui I, Paris 1892, pp. 179-187 ; J.-G. Prod'homme et A. Dandelot, Gounod II, Paris 1911, 2/Genève, Minkoff, 1973, pp. 144, 146-150, 157-158 ; J. Harding, Gounod, Londres, Allen and Unwin, 1973, pp. 179-180.

M.-H. Coudroy-Saghai

Jeanne d'Arc au bûcher, oratorio dramatique d'**Arthur Honegger** pour rôles parlés, rôles chantés, chœur mixte, chœur d'enfants et orchestre, sur un texte de Paul Claudel, conçu à l'instigation d'Ida Rubinstein, créatrice du rôle de Jeanne, et achevé en 1935, créé à Bâle, le 12 mai 1938, sous la dir. de Paul Sacher, présenté à Orléans le 6 mai 1939 (dir. Louis Fourestier), représenté comme un mystère en un jeu populaire dans diverses villes de la zone non occupée de la France en 1940 (dir. Hubert d'Auriol), enfin à Paris au palais de Chaillot puis à l'Opéra en 1950 (dir. L. Fourestier, décors d'Yves Bonnat, chorégraphie de Serge Lifar). L'œuvre est jouée dans le monde entier. (Paris, M. Senart, 1939, puis Salabert ; durée : 1 h 20 min environ.)

Du bûcher où elle va périr, Jeanne revoit sa vie, à rebours, en onze scènes enchaînées, précédées par un prologue. Ajouté en 1944, celui-ci est une allégorie du chaos initial, à double sens historique. La France est accablée et coupée en deux par l'invasion anglaise au XVe s. — de même par l'invasion allemande contemporaine. Les basses sourdes et traînantes, le chromatisme généralisé, l'ambiguïté tonale précèdent l'appel des voix du ciel vers Jeanne :

1. *Les Voix du ciel.* C'est une scène sans texte qui pose le contraste entre le présent dramatique (hurlements du chien aux ondes Martenot) et le passé idyllique (chant du rossignol aux flûtes, chanson enfantine au chœur bouche fermée). **2.** *Le Livre* présente les deux personnages principaux, Jeanne et Dominique, rôles parlés. **3.** *Les Voix de la terre.* La foule haineuse insulte Jeanne : voix parlées sur un rythme précis puis chantées en fugato serré. En alternance, une parodie de jugement est psalmodiée en latin. **4.** *Jeanne livrée aux bêtes.* Cette scène parodique est fondée sur un jeu de mots, le nom de l'évêque Cauchon traduit par « porcus » (cochon). Par une allusion à la formule littéraire de la fable animalière, les juges de Jeanne se révèlent de stupides et infâmes animaux. L'intention figuraliste répond à la trivialité de l'évocation : pour l'entrée des juges douteux, un rythme syncopé ; pour la grossièreté de « porcus », le style de musique de foire pour lequel A. Honegger avait affirmé son aversion naturelle ; pour sa suffisance, des effets vocaux d'aigu et de tenue ; la fausse importance du greffier (l'âne) est caricaturée par la citation d'un texte liturgique majestueux (prose de l'âne), traité polyphoniquement en « cantus firmus » ; l'aveuglement et la complicité des assesseurs (les moutons), par le martèlement dérisoire de diverses onomatopées. L'orchestre est cru, avec des percussions inhabituelles (crécelle, wood-block). **5.** *Jeanne au poteau.* Retour à la réalité lugubre : hurlement du chien aux ondes Martenot, insultes de la foule. **6.** *Les Rois ou l'Invention du jeu de cartes.* La politique y est comparée à un jeu truqué où les vices accompagnent les princes. Pendant trois parties de cartes, l'orchestre déroule ironiquement une sorte de gavotte variée à la manière baroque. **7.** *Catherine et Marguerite*, une scène très inspirée de la détermination de Jeanne. Divers motifs en ostinato évoquant les cloches créent un climat d'exaltation et d'enthousiasme tandis que s'élève le sombre *« De profundis »* de l'office des morts. **8.** *Le roi qui s'en va-t-à Reims.* Évocation métaphorique des deux moitiés de la France, Heurtebise (le Nord céréalier) et la Mère aux tonneaux (le Midi viticole) se réjouissent de leur récente réunion sous la royauté renforcée. C'est une scène enlevée et haute en couleur, avec une imitation de chant populaire traité contrapuntiquement en refrain de ronde :

Une antienne grégorienne en polyphonie médiévale à l'octave précède la fanfare du cortège royal. Un grand crescendo d'orchestre ramène l'évocation des voix et des thèmes de l'enfance alternés ou superposés et celle du rôle glorieux de Jeanne présenté comme aussi nécessaire et inéluctable que la succession des saisons. Page émue où A. Honegger ne craint ni le diatonisme ni le sentimentalisme. Le thème de l'espérance

s'élève enfin au chœur en entrées successives. **9.** *L'Épée de Jeanne.* Retour à la candeur de l'enfance, avec les voix du ciel, le chant du rossignol, le chant populaire, alternés ou superposés. **10.** *Trimazo.* Le vieux chant lorrain

est chanté en solo par la voix d'amateur de la récitante, suggestion poignante de la fragilité et de la solitude du personnage. **11.** *Jeanne d'Arc en flammes.* Indifférente aux voix de la haine et à celles de la louange, surmontant l'horreur du bûcher, Jeanne n'entend plus que les voix du ciel. Le motif de l'espérance, présenté en canon au chœur, culmine sur un unisson aigu d'une grande intensité expressive. Aux voix célestes, il amène un dernier thème ascendant diatonique, d'une grande ferveur. Et c'est par un symbole de la pureté que s'achève l'œuvre : le chant du rossignol à l'aigu des flûtes.

Le compositeur a favorisé l'oscillation entre passé et présent, entre grâce naïve et force malfaisante, inscrite dans le texte de Claudel. Il juxtapose habilement un langage contemporain mêlant le chromatisme exacerbé, la polytonalité ou les timbres nouveaux à une langue naïve et intemporelle faite de mélodies populaires, de diatonisme, d'ostinatos, ainsi affectés d'un facteur puissant de nostalgie. En choisissant le figuralisme anecdotique, il renoue, par-delà les siècles, avec le message didactique des cathédrales du Moyen Age.

Bibliographie — E. Vuillermoz, A. Honegger, Paris 1942 ; J. Bruyr, A. Honegger et son œuvre, Paris 1947 ; M. Delannoy, Honegger, Paris 1953 ; J. Matter, Honegger ou la quête de joie, Lausanne et Paris 1956 ; M. Landowski, Honegger, Paris 1957, pp. 110-114 ; W. Tappolet, A. Honegger, Neuchâtel 1957 ; J. Feschotte, A. Honegger, Paris 1966, pp. 62-65 ; A. Hoérée, Latinisme et germanisme chez A. Honegger, *in* Bull. de la classe des Beaux-Arts de l'Acad. royale de Belgique, 5e série, LXI, 1979.

M. Tendero

« Je fille quant Dieu me donne de quoy », chanson à 4 voix de **Maistre Gosse**, publiée en 1545, dans *le 16e Livre* d'Attaingnant. Elle se présente à l'évidence comme une chanson rustique, arrangement polyphonique d'un « cantus prius factus » qui a beaucoup des caractéristiques d'une chanson de métier traditionnelle. Le rythme ternaire pourrait accompagner le mouvement circulaire du rouet, qu'évoque aussi l'ostinato mélodico-rythmique d'un des éléments du couplet qui égrène une longue énumération de gestes : « Je voys, je viens, je tourne, je vire, je serre, je taille, je tonds, je rays. » La première partie du couplet, elle aussi, utilise un motif typique des chansons populaires : « En not' jardin m'en entray [...]/troys fleurs d'amours je trouvay. » Quant à la forme, assimilable au virelai, elle est aussi l'une des plus fréquentes dans le répertoire des chansons rustiques du début du xvie siècle.

La mélodie est chantée en général au ténor, présentée alternativement à 2 et 4 voix, dans une écriture presque rigoureusement homophone. La même mélodie a également été mise en polyphonie à 5 voix par **Philippe de Vuildre** (Van Wilder), dans une chanson publiée par Le Roy et Ballard dans le *Mellange* de 1572. **Cabezón** l'a transcrite pour le clavier, en l'attribuant à Willaert.

Rééditions modernes — Par H. M. Brown, *in* Theatrical chanson of the 15th and early 16th cent., Cambridge (Mass.) 1963.

Bibliographie — Th. Gerold, Chansons populaires des xve et xvie s. avec leurs mélodies, Strasbourg 1913 ; H. M. Brown, Music in the french secular theater, 1400-1550, Cambridge (Mass.) 1963.

J.-P. Ouvrard

« Je languis en piteux martire », ballade à 3 voix attribuée à **Guillaume Dufay**.

Les 2 strophes de 9 décasyllabes ne présentent pas toutes les caractéristiques d'une ballade : elles n'ont pas en commun le refrain final. Cependant, la forme musicale est bien celle d'une ballade, avec la répétition initiale des deux premières phrases et la ritournelle « instrumentale » à mi-strophe, menant de la demi-cadence à la cadence close, reprise à la fin de la strophe. Le texte est chanté par un supérius assez grave (clé d'*ut* 2), accompagné de deux parties « instrumentales » dans lesquelles le ténor assure la conduite polyphonique des phrases, en mode de *ré*. La déclamation en est syllabique, ponctuée de quelques développements mélismatiques dont certains peuvent être traités instrumentalement.

Bien que l'unique source (Ms. Tr. 92) attribue cette ballade à Dufay, la musicologie récente lui en conteste la paternité.

Éditions modernes — Par H. Besseler, *in* G. Dufay. Opera omnia VI, CMM 1, Amer. Inst. of Musicology, 1964.

Bibliographie — M. Bent, The Songs of Dufay : some questions of form and authenticity, *in* Early Music VIII, 1980 ; D. Fallows, Dufay, Londres, Dent, 1982.

J.-P. Ouvrard

« Je le lesray puisqu'il m'y bat », chanson à 3 voix d'**Antoine de Févin**. Cette chanson rustique, sur le thème traditionnel du vilain jaloux cocu, utilise à la partie du ténor une mélodie préexistante, « cantus prius factus », qui se trouve dans le → Chansonnier de Bayeux. Ces chants sans accompagnement, qui faisaient sans doute les délices des classes moyennes et populaires, plaisaient donc aussi aux aristocrates : on comprend alors que les musiciens savants en aient fait des arrangements polyphoniques. Cette version à 3 voix se trouve d'ailleurs dans le → Chansonnier de Françoise de Foix, maîtresse de François Ier (Londres, Ms. 5242), qui contient justement de nombreuses chansons de ce type. On la trouve également dans les Mss Pepys 1760 (Cambridge) et Florence 117. La mélodie est exposée au ténor, de manière très simple, sans développement ornemental. Ce sont les deux autres voix, toutes les deux dans des tessitures graves (ténor et basse), qui se chargent du travail de paraphrase dans un contrepoint en imitation qui précède la plupart du temps le « cantus prius factus » en longs bicinia avant de l'envelopper en développements libres, dans un style alors plus ornemental.

D'autres arrangements témoignent de la vogue de cette mélodie. Dorico en publie un, en bicinium, dans ses *Canzoni, frottole & capitoli* (1531), à tort attribué à Janequin. **J. Mouton** en donne une version à 4 voix, d'un caractère plus savant, où il traite la mélodie en canon à la quinte (Florence, Ms. 2442). On en trouve enfin une version pour luth dans l'*Intavolatura* (1546) de **G. M. da Crema** : contrairement à ce qu'indique H. M. Brown (*Bibliography of instrumental music...*), il ne s'agit pas de la chanson de Févin.

Éditions — Par H. M. Brown, *in* Theatrical Chansons of the 15th and early 16th Cent., Cambridge (Mass.), Harvard Univ. Press, 1963.

Bibliographie — P. Chaillon, Le Chansonnier de Françoise, *in* RMie XXV, 1953 ; voir aussi la bibliogr. de l'art. *« En amours n'a sinon que bien »*.

J.-P. Ouvrard

« Je loue amours et ma dame mercye », ballade à 3 voix de **Gilles Binchois**.

Cette chanson assez ancienne (v. 1425) est composée de 2 strophes de 9 vers décasyllabiques. Le profil mélodico-rythmique du supérius, qui chante le texte, reflète précisément la structure hémistichique du vers : la plupart des phrases, en effet, comprennent deux périodes, souvent distinguées par un silence. Le texte est chanté de manière assez ornée, les rimes féminines donnant lieu, en particulier, à des développements mélismatiques précadentiels. A la césure à mi-strophe, un mélisme important conduit de l'ouvert (sur *la*) au clos, sur la finale modale de la pièce (en *do*). La fin de cette phrase crée un effet de rime mélodique avec la clausule finale de la pièce perceptible également — de manière plus prononcée même — avec le 6ᵉ vers : le parcours mélodique de l'arpège de *fa* vers l'aigu y prend une valeur lyrique particulière comme pour souligner les qualités de la dame (« Des grans graces et biens dont elle est playne »). Entre un supérius et un contraténor tous les deux relativement actifs rythmiquement et mélodiquement, le ténor déroule une trame plus calme dans un 6/8 (temps imparfait, prolation majeure) émaillé d'hémioles (en 3/4) qui produisent de nombreux effets de polyrythmie avec les autres voix.

Cette polyphonie semble avoir joui d'une assez bonne renommée au XVᵉ s. : 5 sources au moins nous la transmettent — dont Oxford, Bodleian Libr., Can. misc. 213. Elle semble avoir été appréciée dans les pays germaniques. Dans le *Lochamer Liederbuch*, on en trouve le ténor (désigné *Geloymors*) avec un texte latin, *« Ave dulce tu frumentum »*. Enfin, dans le fameux Buxheimer Orgelbuch, la polyphonie de Binchois est mise en tablature de clavier, dans 7 versions différentes.

Éditions modernes — Par J. MARIX, *in* Les musiciens de la cour de Bourgogne au XVᵉ s., Paris, L'Oiseau-Lyre, 1937 ; par W. REHM, *in* Die Chansons von G. Binchois (1400-1460), Mayence, Schott, 1957.

Bibliographie — G. REESE, Music in the Renaissance, New York, Norton, 1954, 2/1959.

J.-P. OUVRARD

« JE ME COMPLAINS DE MON AMY », chanson à 5 voix de **Josquin des Prés**. Relativement déconcertante, elle tient à la fois des grandes chansons élégiaques, comme → *« Plaine de dueil »* ou → *« Incessamment suis livré »*, et des chansons rustiques, auxquelles elle s'apparente par le texte hétérométrique aux expressions toutes faites : « La fresche matinée [...]/S'approche la vesprée. » S'il en était besoin, le dernier vers achève de la classer dans la catégorie populaire, par la citation (refrain ?) du thème de la Tricotée : « La Tricoton, la belle tricotée. » Cette expression, peut-être associée à un pas de danse, est citée avec une mélodie assez proche dans plusieurs quodlibets à peu près contemporains : → *« Belle tenez moy »*/ *« La Tricotée »* (Bologne Q 15) et *« Rolet ara la tricoton »*/*« Maistre Pierre »*/*« La Tricotée »* (Escorial IV. a 24). *La tricotea* d'Alonso dans le → Cancionero de Palacio, s'y apparente également.

A l'inverse de ce caractère primesautier de la fin — figure d'ironie ? —, la chanson débute d'une manière plutôt sombre par la quarte descendante de *« Je me complains »*, comme une sorte de *Lachrymae* avant la lettre, qui circule dans toutes les voix et revient au 4ᵉ vers, après s'être développée jusqu'à la sixte au 2ᵉ vers. La troisième phrase introduit déjà un contraste dans cette complainte, par son profil au contraire nettement ascendant et son activité rythmique (« La fresche matinée »). Le phénomène se reproduit à partir du 4ᵉ vers, le texte se divisant en deux groupes de trois vers traités de manière strophique, auxquels s'ajoute la citation de *La Tricotée*. Le mélange de caractères, si habilement ménagé, introduit dans la perception — et l'interprétation — de cette plainte comme une attitude de distanciation très moderne et tout aristocratique. Certains aspects à la fois ludiques et instrumentaux des parties de ténor et de contraténor, préfigurations de la phrase finale, en sont une autre forme d'expression.

La polyphonie, par ailleurs, utilise les techniques habituelles de Josquin : elle se construit sur un canon à la longue entre supérius et quinta pars à la quarte, qui alternent systématiquement dans la fonction de dessus, ne se superposant qu'épisodiquement. Avec quelques autres pièces de Josquin, cette chanson est encore rééditée en 1572 dans le → *Mellange de Chansons* de Le Roy et Ballard.

Éditions modernes — Par A. SMIJERS, *in* Josquin des Prés. Werken III, Leipzig 1923, 2/ Amsterdam, Vereniging voor Nederlandse Muziekgeschiedenis, 1975 ; par CH. JACOBS, *in* Le Roy et Ballard's 1572 Mellange de chansons, University Park, Pennsylvania State Univ. Press, 1982.

Bibliographie — H. OSTHOFF, Josquin Desprez, 2 vol., Tutzing 1962-65 ; H. M. BROWN, Music in the french secular theater 1400-1550, Cambridge (Mass.) 1963 ; A. CURTIS, Josquin and « La belle Tricotée » *in* Essays... in honor of D. Plamenac, Pittsburgh, Univ. of Pittsburgh Press, 1969 ; J. VAN BENTHEM, Zur Struktur und Authentizität der Chansons a 5 und 6 von Josquin des Prez, *in* TVer XXI, 1970 ; E. LOWINSKY (éd.), Josquin des Prez, Londres, OUP, 1976.

J.-P. OUVRARD

« JE ME SUIS-T-ENGAGÉ », chanson populaire, voir (LE) DÉSERTEUR.

« JE N'AY DUEIL QUE DE VOUS NE VIENGNE », virelai à 4 voix d'**Alexandre Agricola**, illustration exemplaire de certains processus de création poético-musicale de la culture médiévale, qui prévalent encore à l'aube de la Renaissance. De la même manière que le texte de cette bergerette s'ancre dans l'incipit du rondeau d'Ockeghem → *« Je n'ay dueil que je ne suis morte »* pris comme vers d'intonation, la polyphonie d'Agricola émane du motif initial emprunté au bassus de la même œuvre du musicien flamand, que les 4 voix développent en imitation. Les deux chansons figurent d'ailleurs ensemble dans l'une des sources, le Ms. 228 de Bruxelles, l'un des → Albums de Marguerite d'Autriche. Le style général de la polyphonie d'Agricola est assez proche de celui d'Ockeghem, dans un équilibre relatif entre contrepoint en imitation et développements libres, auquel s'ajoute une ébauche d'homophonie au début de la strophe.

La célébrité de cette pièce d'Agricola ne le cède guère à Ockeghem, semble-t-il : on en connaît une douzaine de sources manuscrites auxquelles s'ajoute, en 1501, l'édition imprimée de Petrucci (*Odhecaton*). Une pièce anonyme et sans texte à trois parties s'en inspire, publiée à Nuremberg en 1538 (*Trium vocum carmina...*). **Ghiselin** l'exploite, en même temps que la version d'Ockeghem, dans une *Messe « Je n'ay dueil »*, cependant que **Brumel** en tire sa *Missa festivale*.

Éditions modernes — Par H. HEWITT et I. POPE, *in* Harmonice musices Odhecaton A, Cambridge (Mass.), Mediaeval Acad. of America, 1942, 2/1946 ; par M. PICKER, *in* The chanson albums of Marguerite of Austria, Berkeley et Los Angeles, Univ. of California Press, 1965 ; par B. HUDSON, *in* A. Brumel. Opera omnia I, CMM 51, Amer. Inst. of Musicology, 1969 ; par E. R. LERNER, *in* A. Agricola. Opera omnia V, CMM 22, Amer. Inst. of Musicology, 1970.

Bibliographie — G. REESE, Music in the Renaissance, New York, Norton, 1954, 2/1959 ; M. PICKER, The Chansons Albums of Marguerite of Austria, *in* Ann. Mus. VI, 1958-63.

J.-P. OUVRARD

« JE N'AY DUEIL QUE JE NE SUIS MORTE », rondeau à 3 ou 4 voix de **Johannes Ockeghem**. Parmi les nombreuses sources manuscrites ou imprimées qui l'ont conservé, il est difficile de déterminer celle qui en donne la version originale. Selon les sources, il est présenté à 4 ou 3 voix, avec des variantes. M. Picker a suggéré qu'une version plausible pourrait être constituée de 3 des 4 voix (supérius, ténor, bassus) du Ms. Q 17 de Bologne. Dans d'autres manuscrits, c'est le contraténor qui est noté à la place du supérius. Les versions à 4 voix, elles-mêmes, présentent des variantes importantes : ainsi dans le Ms. 228 de Bruxelles (→ Albums de Marguerite d'Autriche), le ténor, sensiblement différent, est noté une octave plus bas, entraînant aussi la transposition du bassus.

Le texte est un rondeau quatrain, en vers octosyllabiques, développant une plainte amoureuse. Mises à part quelques ébauches d'imitation entre ténor et supérius (Bologne Q 17), les lignes, amplement développées, sont très indépendantes. Cette pièce semble avoir joui d'une assez grande notoriété, comme la plupart des chansons d'Ockeghem. Le nombre de sources manuscrites, auxquelles s'ajoute le recueil imprimé des → *Canti C* de Petrucci (1503), suffirait à en témoigner. De nombreux contemporains s'en sont inspirés ou l'ont citée. Parmi eux, **A. Agricola** : sur un texte de bergerette de même incipit, il reprend le motif initial du bassus qu'il développe à toutes les voix, en imitation. **N. Bauldeweyn** (Bauduin) emprunte à Ockeghem son supérius dans un *« Salve Regina super je n'ay dueil »*. **Ghiselin** s'inspire aussi de la polyphonie d'Ockeghem dans une messe parodie (in *Misse Ghiselin*, Petrucci, 1503). Quant à la messe de Brumel (in *Misse Brumel*, Petrucci, 1503), c'est sur la chanson d'Agricola qu'elle est construite.

Éditions modernes — Par M. Picker, *in* The chanson albums of Marguerite of Austria, Berkeley et Los Angeles, Univ. of California Press, 1965.

Bibliographie — M. Picker, The Chansons Albums of Marguerite of Austria, *in* Ann. Mus. VI, 1958-63.

J.-P. Ouvrard

« Je ne fais rien que requérir », chanson à 4 voix de **Claudin de Sermisy**, publiée à Paris, chez P. Attaingnant en 1528 (*30 Chansons...*).

Le texte de Clément Marot, dans l'*Adolescence Clémentine* (1532), se présente en 2 strophes de 7 vers hétérométriques (8 à 4 pieds), caractérisées par le retour du premier vers en refrain final (« Je ne fais rien que requérir »), dont seule la première figure dans les sources musicales. Paradoxalement, Sermisy néglige absolument le « da capo » du refrain poétique, produisant (une fois n'est pas coutume) une musique radicalement continue. La dernière phrase se distingue cependant du reste de la polyphonie par une écriture plus nettement note contre note qui contraste avec les imitations nombreuses et variées du début.

De cette chanson, Attaingnant semble avoir aussi publié une version à 3 voix dans un recueil de 1535, aujourd'hui disparu. En 1531 (*26 Chansons musicales reduictes en la tabulature des orgues...*), il en donne également une transcription pour les instruments à clavier.

Rééditions modernes — Par A. Seay, *in* P. Attaingnant. Transcriptions of chansons for keyboard, CMM 20, Amer. Inst. of Musicology, 1961 ; par I. Cazeaux, *in* Cl. de Sermisy. Opera omnia IV, CMM 52, Amer. Inst. of Musicology, 1974.

Bibliographie — I. Cazeaux, The secular music of Cl. de Sermisy (diss. New York, Columbia Univ., 1961).

J.-P. Ouvrard

« Je ne puis vivre ainsi toujours », virelai à 3 voix du poète-musicien **Antoine Busnois**, transmis par deux sources manuscrites seulement : le Ms. 517 de → Dijon et le → Chansonnier Mellon. C'est l'une des quelques pièces où Busnois, par le jeu de quelque cryptogramme, livre le nom de sa dame et destinataire (→ *« Ja que li ne s'i attende »* et → *« Ha que ville et abhominable »*). Cette fois, c'est par la technique, familière des grands rhétoriqueurs, de l'acrostiche qu'il nous donne son prénom et son nom. Les initiales des vers se lisent, en effet, en lecture verticale : JAQUELINE DAQUEVILLE.

Le poème est une bergerette layée, variante du virelai écourté. L'élément strophique (refrain et tierce de la strophe, qui se chantent sur la même musique) se compose de 7 vers hétérométriques (8 et 4 syllabes) séparés par les 4 vers octosyllabiques de la couple (ouvert et clos). Les deux parties sont distinguées par une véritable cadence parfaite sur *ut*, finale du mode transposé de *fa*, mais elles s'opposent aussi nettement par la mensuration et le tempo : au temps parfait (ternaire lent) du début, succède un temps imparfait diminué (binaire rapide). L'écriture à trois voix fait un usage constant de l'imitation : si le contraténor ne s'y mêle qu'épisodiquement (au début principalement), ténor et supérius sont dans un rapport quasi canonique, bien que rigoureux. Cette technique est d'autant plus accusée que les deux voix ont la même tessiture (clé d'*ut* 1) et qu'elles possèdent toutes les deux le texte. Seul le début de la seconde partie, au changement de tempo, fait exception : le ténor s'associe alors, pour une phrase, au contraténor, laissant le supérius se détacher. Curieusement, dans l'anthologie poétique du *Jardin de Plaisance*, ce beau texte de Busnois figure transformé en rondeau.

Éditions modernes — Par E. Droz, G. Thibault et Y. Rokseth, *in* Trois Chansonniers français du xve s., Paris 1927 ; par N. Greenberg et P. Maynard, *in* Anthology of Early Renaissance Music, Londres, Dent, 1975 ; par L. L. Perkins et H. Garey, *in* The Mellon Chansonnier, New Haven et Londres, Yale Univ. Press, 1979.

Bibliographie — Voir celle de l'art. *« Bel Acueil, le sergent d'Amours »*.

J.-P. Ouvrard

« Je ne sais plus où me cacher », air de cour à 4 parties de **Jean de Cambefort**, publié dans son *2e Livre d'airs à 4 parties* (Paris, R. Ballard, 1655). Il ne subsiste de ce recueil que deux parties vocales (ténor et basse) et la basse continue. La mélodie de dessus nous est parvenue par un manuscrit de la 2de moitié du xviie s. (Paris, BN, Rés. Vma ms. 854), qui comporte un grand nombre d'airs de cour et d'airs à boire du temps de Louis XIII (généralement pour 4 ou 5 parties vocales), transcrits ici pour une voix et basse continue.

Tous les airs du livre imprimé sont soutenus par la b.c., bien que le titre du recueil ne la mentionne pas. Comme c'est l'usage à cette époque, elle se limite à une ligne dépourvue de tout chiffrage et de toute attribution instrumentale. Le manuscrit restitue cette partie sans modification. En 1655, le luth tend à disparaître, dans la pratique des salons, au bénéfice du clavecin qui sera bientôt l'instrument désigné de la basse continue.

Dans le cadre traditionnel de l'air de cour (forme strophique bipartite avec reprise du refrain), Cambefort pratique une prosodie soignée mais sans souplesse. La notation scrupuleuse de la mesure qui passe continuellement de 3 à 2 (comme le faisait A. Boesset vingt ans plus tôt) n'apporte rien à la précision rythmique. Tout au plus signale-t-elle une résistance, commune à tous les compositeurs de ce temps, de la musique française à l'art déclamatoire. Malgré l'adjonction de la b.c., le maintien, en cette époque tardive, de la composition à 4 parties relève également d'un état d'esprit conservateur.

Bibliographie — H. PRUNIÈRES, J. de Cambefort surintendant de la mus. du roi d'après des documents inédits, *in* L'Année Musicale II (1912), Paris 1913 ; TH. GÉROLD, L'art du chant en France au XVIIe s., Strasbourg 1921 ; M.-FR. CHRISTOUT, Le ballet de cour de Louis XIV 1643-1672, Paris, Picard, 1967 ; G. DUROSOIR et A. VERCHALY, Catalogue de l'air de cour (1571-1664), à paraître.

G. DUROSOIR

« JE NE VIS ONCQUES LA PAREILLE », rondeau à 3 voix attribué à **Gilles Binchois** et à **Guillaume Dufay**. C'est vraisemblablement cette chanson qui fut chantée à Lille, en février 1454, lors du banquet du Faisan, au cours duquel les chevaliers de l'ordre de la Toison d'Or, fondé par le duc de Bourgogne, prêtèrent serment. Dans les chroniques de Mathieu d'Escouchy ou d'Olivier de la Marche, elle y constitue l'entremets du cerf : « Appres que l'église et le pasté eurent chascun quatre fois joué, sy entra ung cerf merveilleusement grant et bel [...]. Et par dessus [...] estoit monté ung josne fils de eage de 12 ans [...]. Et à l'entré de la salle commença ledit enfant le dessus d'une chanson, moult hault et cler, et ledit cerf lui tenoit la teneur sans avoir autre personne, sy non l'enfant et l'artifice du cerf, et nommoit-on la chanson qu'ils disoient : *Je ne vis oncques la pareille...* » (M. d'Escouchy).

Ténor et supérius forment, en effet, la trame polyphonique essentielle de ce rondeau quatrain, à laquelle le contraténor n'ajoute qu'un enrichissement contrapuntique. Le texte, disposé sous le supérius, pourrait aussi bien être chanté au ténor. Il s'agit d'une louange amoureuse dans la plus pure tradition courtoise : « Je ne vis oncques la pareille / De vous ma gracieuse dame. / Car la beaulté est sur mon âme, / Sur toutes aultres non pareille. »

Parmi la dizaine de sources qui nous ont transmis cette chanson, seules deux en donnent une attribution : l'une à Dufay (Monte Cassino) et l'autre à Binchois (Paris, → Chansonnier Nivelle de La Chaussée). A la suite de H. Besseler, les musicologues s'accordent aujourd'hui pour en donner la paternité à Binchois.

Si l'on en juge par le nombre des réemplois, jusqu'à la fin du XVe s. au moins, ce rondeau connaîtra une assez longue notoriété. Alors que **Basiron** en cite le supérius dans une bergerette (*« Nul ne l'a telle »*), **Josquin des Prés** et **A. Brumel** en utilisent le ténor comme « cantus firmus » de chansons (respectivement, *« L'amye à tous »* et → *« Jamès que là ne peult estre »*). Cependant, c'est plutôt dans la polyphonie religieuse qu'on la rencontre surtout, tant la thématique courtoise est immédiatement transposable au culte marial. Le symbolisme en est évident chez **J. Ghiselin** et **P. de La Rue** qui citent tous les deux ce rondeau au supérius d'un motet *« Salve Regina »* (associé à une autre chanson, *« Par le regart »* de Dufay, chez La Rue). **J. Obrecht**, parmi d'autres mélodies profanes, l'utilise dans le *Sanctus* de sa *Missa diversorum tenorum* et dans le *Kyrie* de sa *Missa Carminum*. **A. Agricola**, enfin, en fait le ténor du *Credo* dans sa *Missa paschalis super « Je ne vis oncques »*.

Éditions modernes — Par J. WOLF, in J. Obrecht. Opera omnia. Missen IV, Amsterdam 1912, rééd. en facs. Farnborough, Gregg Intern. Publ., 1968 ; par H. BESSELER, *in* Chw. n° 19, Wolfenbüttel, Möseler, 1932 ; par W. REHM, *in* G. Binchois. Die Chansons, Mayence, Schott, 1957 ; par H. BESSELER, *in* G. Dufay. Opera omnia VI, CMM 1, Amer. Inst. of Musicology, 1964 ; par M. GUTIÉRREZ-DENHOFF, *in* Der Wolfenbütteler Chansonnier, *in* Musikalische Denkmäler X, Mayence, Schott, 1988.

Bibliographie — J. MARIX, Histoire de la musique et des musiciens de la cour de Bourgogne sous le règne de Philippe le Bon (1420-1467), Strasbourg 1939, 2/ Genève, Minkoff, 1972 ; A. PIRRO, Histoire de la musique de la fin du XIVe s. à la fin du XVIe, Paris 1940 ; G. REESE, Music in the Renaissance, New York, Norton, 1954, 2/1959 ; I. CAZEAUX, French Music in the 15th and 16 th Cent., Oxford, Blackwell, 1975.

J.-P. OUVRARD

JENŮFA (Geneviève), ou *Její pastorkyňa*, opéra en 3 actes, livret — d'après la pièce *Její pastorkyňa* (Sa belle-fille) de Gabriela Preissová — et musique de **Leoš Janáček**, composé à Brno du 18 mars 1894 au 18 mars 1903, créé à l'Opéra de Brno, le 21 janv. 1904, avec Marie Kabeláčová (Jenůfa), Leopolda Hanusová-Svobodová (Kostelnička), Alois Staněk-Doubravský (Laca), Věra Pivaňková (la Grand-Mère), Bohdan Procházka (Steva), Karel Beníško (Stárek), sous la dir. de Cyril Methodéj Hrazdira. L'œuvre a été révisée par Janáček en 1906-07 puis réorchestrée et remaniée par Karel Kovařovic en 1911 et 1916. Cette nouvelle version a été représentée à l'Opéra national de Prague, le 24 mai 1916, sous la dir. de K. Kovařovic. (Brno 1908, puis Prague, Hudebni Matice, et Vienne, UE, 1917 [trad. all. de M. Brod] ; nouv. éd. par M. Dürr, Vienne, UE, 1969.)

En dehors des provinces autrichiennes à majorité tchèque, *Jenůfa* fut longtemps ignoré, mais l'ouvrage jouissait d'une grande popularité à Brno (Brünn). Prague n'avait pas jugé nécessaire de représenter un opéra qui sentait sa province. Janáček dut attendre douze années pour voir *Jenůfa* représenté à Prague. Le chef d'orchestre K. Kovařovic l'avait refusé plusieurs fois. Sans doute était-ce une manière de se venger d'une critique défavorable de Janáček (*Hudebni Listy*, 15 janv. 1887) sur un de ses opéras. Kovařovic « allégea » la partition pour ne pas effaroucher le public, coupa des répétitions propres au style de Janáček, supprima des épisodes comme le monologue de Kostelnička au 1er acte, transforma l'épilogue de manière pompeuse. Après avoir entendu l'œuvre à Prague en 1916, l'écrivain Max Brod n'eut de cesse de la faire connaître. Il écrivit d'abord un article enthousiaste dans *Schaubühne* de Berlin, le 16 nov. 1916. Plus tard, Janáček lui demanda de traduire *Jenůfa* en langue allemande, seule façon pour le musicien d'atteindre à la notoriété. « C'est ainsi que je devins le découvreur de Janáček pour le monde non tchèque », notait Brod, brisant ainsi le cercle d'isolement qui emprisonnait le compositeur.

LIVRET — Acte I. Devant le moulin de la grand-mère Buryja (alto), Jenůfa (sop.) attend son cousin Steva (ténor), dont elle est enceinte et qu'elle doit épouser s'il n'est pas recruté par la commission de conscription. Laca (ténor), demi-frère de Steva, convoite aussi Jenůfa, mais perd espoir lorsque Stárek (bar.), le contremaître du moulin, annonce que le jeune homme n'a pas été enrôlé. Eméché, Steva arrive. Kostelnička (sop.), la Marguillière (ou la Sacristine), lui impose une épreuve d'une année de sobriété avant de pouvoir épouser sa belle-fille. Laca, qui voulait embrasser Jenůfa, a la joue tailladée par le couteau de la jeune fille.

Acte II. Cinq mois plus tard dans la maison de Kostelnička. L'enfant de Jenůfa et de Steva est né. Steva ne veut pas épouser Jenůfa, parce qu'il est fiancé à Karolka, la fille du Maire. Kostelnička apprend à Laca — toujours prêt à épouser la jeune femme — que Jenůfa a eu un enfant mais que celui-ci est mort. Elle prend la décision de tuer le bébé, de dire ensuite à Jenůfa qu'il est mort pendant qu'elle délirait et que Steva s'est fiancé. Jenůfa, touchée par le geste de Laca, accepte de se marier avec lui.

Acte III. Les préparatifs des noces. La Sacristine s'apprête à bénir les nouveaux époux, lorsque l'on découvre le corps d'un enfant assassiné dans la rivière du moulin. Jenůfa reconnaît son bébé et hurle de désespoir. Croyant que c'est elle qui l'a tué, les villageois s'avancent pour la lapider. Mais Kostelnička avoue le meurtre. Malgré ce drame horrible, Jenůfa et Laca vont tenter de repartir pour une vie nouvelle...

« J'entourerai ma partition de rubans noirs : maladie, souffrance et gémissements de ma fille Olga et du petit Vladimir. » Ces quelques lignes extraites du *Journal* de Janáček illustrent le climat dans lequel baigne son chef-d'œuvre, une histoire cruelle mise en musique au moment de la mort de son fils (1900) et de sa fille (1903).

Janáček écrivit pour *Jenůfa* une musique fiévreuse, agitée, coupée par intermittences d'épisodes d'une rare fraîcheur (le chant des recrues, le berger Jano, modèle d'innocence, prières à la Vierge de Jenůfa) et s'achevant sur une note d'espoir. Opéra à la fois romantique, réaliste et symbolique, l'œuvre n'est pas aisée à classer. Elle exprime les pulsions de personnages angoissés, dans une atmosphère de frustration et de culpabilité, avec un réalisme instinctif et un sens remarquable de la scène. L'action dramatique suit le rythme immuable des saisons (l'été au 1er acte, l'hiver au 2e, le printemps au 3e). L'écriture vocale syllabique, dans le style de l'arioso, se modèle sur le rythme et les accents de la langue tchèque, mais elle va bien au-delà, « L'essentiel dans une œuvre dramatique est de créer une mélodie du parler derrière laquelle apparaisse, comme par miracle, un être humain placé dans une phase concrète de sa vie » (Janáček).

Les quatre principaux rôles sont dévolus à deux femmes (Jenůfa, Kostelnička) et à deux hommes (Steva, Laca). Jenůfa est un soprano lyrique, tandis que Kostelnička est un soprano dramatique. Lyriques également les deux ténors : Laca, aux éclats volontiers wagnériens, et Steva, davantage mozartien. La piété, la douceur et la névrose de Jenůfa sont traduites avec des inflexions d'une grande tendresse et avec mélancolie. Dès le 2e acte, l'héroïne semble résignée : Dieu lui a donné un enfant, Dieu le lui a enlevé. Le rôle de Kostelnička est l'un des plus redoutables du répertoire lyrique. Ce n'est pas tant sa tessiture (deux octaves du *si* ♭ 2 au *si* 4) que l'emploi du registre grave ou extrême aigu, tendu, avec des sauts gigantesques, qui rend ce rôle périlleux et stylistiquement écrasant : Kostelnička — dont le nom vient du tchèque « Kostel » = église — doit se montrer austère, dure, haineuse, cauteleuse (à l'acte II), pathétique. « Dans son air de l'acte II, scène 5, monologue superbe, grandiose, égal en beauté aux plus beaux monologues des tragédies de Gluck [...], Kostelnička prend ici des aspects de Médée allant égorger ses enfants » (Muller).

L'œuvre est construite sur de brèves cellules mélodiques et rythmiques (2, 3 ou 4 notes) réitérées et correspondant à des idées fixes ressassées. Cette répétition, jusqu'à l'hypnose, de formules haletantes, crée un climat lourd, oppressant, que détendent les épisodes de la vie populaire. Les cellules de 4 notes, la plupart du temps infléchies vers le grave, sont les plus nombreuses. « La mécanique aveugle tourne sur le motorisme des ostinatos » (F. Leclercq), « avec un sens aigu de l'effet psychologique en rapport très étroit avec les sensations physiologiques » (G. Erismann). Pour accroître la tension dramatique, ces cellules prolifèrent pour aboutir à des paroxysmes comme dans les deux airs de l'acte II (sc. 5 et 6). La pensée de Janáček s'élabore par accroissement, comme un flux sonore épousant non seulement le sens du texte, mais aussi les mouvements de l'esprit et de l'âme. Le musicien aime à montrer les différents états d'une même nature humaine. A la fin de l'acte II, le motif de 4 notes descendantes de la Malédiction

gagne toutes les parties de l'orchestre, se fait de plus en plus pressant, puis se transforme chromatiquement pour illustrer les sifflements du vent. Ce foisonnement s'interrompt brutalement, laissant la place à l'effrayant récit, sans accompagnement, de Kostelnička : *« Jako by sem smrt načuhovala ! »* (On dirait que la mort ricane).

Des scènes entières sont bâties sur leurs propres cellules mélodiques : 3 notes conjointes montantes, inlassablement répétées (acte I, sc. 1) pour caractériser l'agitation de Laca, 4 notes dans la scène 2 (*si* ♭ *- do - mi* ♭ *- do*). Même insistance de certains thèmes, comme celui de la Tendresse pour l'enfant (acte II, sc. 1).

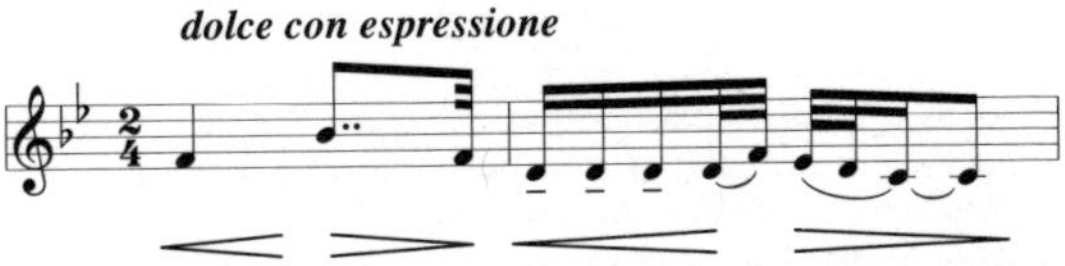

Sans qu'il y ait véritablement de leitmotive, il existe dans cette partition une cellule et un thème cycliques. L'hallucination est traduite par une cellule de 4 notes descendantes, qui apparaît pour la première fois au début de l'œuvre au cours de la prière de Jenůfa, sur les mots *« Hrůza se namně věšala pocelounoc »* (Toute la nuit la terreur m'a possédée) et qui reviendra périodiquement avec des modifications et des extensions.

Le thème cyclique de l'Angoisse est entendu, joué au hautbois au cours de cette même prière. On le retrouve scènes 3 et 5 (modifié, au début du chant de Jenůfa). Il est répété obstinément pendant la scène 3 de l'acte II, lors de l'échange entre Steva et Kostelnička : *« Já se bojím. Ona tu čeká ? »* (J'ai peur. Elle attend ici ?). Il rampe dans les graves de la clarinette basse et des contrebasses dans la scène 2 de l'acte III : l'enfant est mort ; le châtiment menace Kostelnička.

Le folklore a sa place dans cette œuvre de villageois moraves. Janáček emploie des tournures caractéristiques des chants et danses populaires (1er et 3e acte), sur des textes empruntés à l'anthologie des chants populaires moraves de František Susil. Au 1er acte, le chœur des recrues dans le mode de *sol* transposé sur *la* ♭, *« Všeci saženija »* (Tous, ils se marient), avec une coda dans le style des violoneux, ainsi que la chanson dansée *« Daleko široko »* (Loin, très loin d'ici), qui provient de la pièce pour piano *Ej danaj !* composée le 2 avril 1892. Au 3e acte, la chanson des jeunes filles *« Ej, mamko »*, charmante chanson dansée en trois couplets. « Écrite dans une tonalité franche de *ré* maj., elle se termine à chaque couplet par une interjection gutturale à retardement, lancée à pleine voix sur un *la* aigu, du plus réjouissant effet dans la bouche de ces jouvencelles qui donnent chaque fois à ce *la* une expression différente » (Muller).

L'œuvre regorge de moments saisissants, notamment dans les scènes d'hallucination (acte II, sc. 5 et 6). Janáček montre une particulière habileté à réaliser des ensembles avec des thèmes de caractère populaire, comme dans le tableau des noces (acte III) et au 1er acte, passages tout imprégnés du pittoresque et de l'entrain des paysans moraves. L'orchestre dramatise et amplifie : il connaît des moments de grande douceur, mais il aboutit aussi à des déferlements gigantesques et massifs, d'où de considérables contrastes de nuances. Avec *Jenůfa*, Janáček concrétisait véritablement sa pensée musicale.

Sources — Ms. autographe, Brno, Moravské muzeum (version révisée de 1906-07).

Bibliographie — J. Racek, Le compositeur tchécoslovaque L. Janáček, *in* RM 1929 ; D. Muller, L. Janáček, Paris 1930, 2/Paris, Éd. d'Aujourd'hui, 1975 ; J. Seda, L. Janáček. Prague, Orbis, 1956, 4/1971 (en fr.) ; M. Brod, Une vie combative, Paris, Gallimard, 1964, pp. 327-339 ; B. Štědroň, Zur Genesis von L. Janáčeks Oper Jenůfa, Brno, U. Purkyne, 1968, 2/1971 ; du même, Zu. L. Janáčeks Oper Jenůfa in den Jahren 1916-1918, *in* AMI XLII, 1970 ; E. Chisholm, The Operas of L. Janáček, Oxford, Pergamon Press, 1971 ; J. Feschotte, Les opéras de Janáček, *in* Scherzo, n°s 46-47, 1975, repris sous le titre L. Janáček et le théâtre lyrique, *in* RM, n°s 388-390, 1986 ; G. Erismann, Janáček ou la passion de la vérité, Paris, Éd. du Seuil, 1980, pp. 90-99, 145-153 ; M. Kundera, Janáček. Il pressentait la nuit de l'avenir, *in* Le Monde de la Musique, févr. 1980 ; I. Horsbrugh, L. Janáček, Londres, David & Charles, 1981 ; Ch. Susskind, Janáček and Brod, New Haven, Yale Univ. Press, 1985 ; L'Avant-Scène Opéra, n° 102, oct. 1987.

Chr. Goubault

Jephte, oratorio de **Giacomo Carissimi**, pour sop. et ténor soli, chœur à 6 voix (3 sop., haute-contre, ténor et basse, d'où sont issus quelques solistes qui interprètent les passages réservés au narrateur) et b.c. (orgue), composé sur un livret écrit d'après le livre biblique des Juges et probablement exécuté vers 1650 durant le temps de carême, en l'église Saint-Apollinaire des jésuites à Rome. (Durée : 19 min environ.) Petit opéra sacré, cette œuvre peut se diviser en trois « actes » décrivant successivement un violent combat, le retour glorieux du héros et la douleur de celui-ci qui doit sacrifier sa fille pour prix de sa victoire.

La pièce s'ouvre sur un court récit présentant Jephté, général israélite qui, avant de combattre les Ammonites, avait fait vœu, en cas de victoire, de sacrifier à Dieu la première personne qu'il rencontrerait à son retour. Il engage le combat au son des trompettes, figurées par le duo *« Et clangebant »* (Et résonnèrent), tandis que le fracas des armes est décrit par l'arioso *« Fugite »* (Fuyez) et par un chœur développant les mêmes paroles. Jephté est victorieux. Les Ammonites pleurent leur défaite dans un trio *« Et ululantes »* (Et ils pleurèrent), construit sur une mélodie en chromatismes descendants. Jephté retourne alors auprès des siens et voit venir à lui sa fille qui l'accueille par un air jubilatoire, *« Incipite in tympanis »* (Commencez sur les timbales), repris par un duo éclatant, *« Hymnum cantemus »* (« Chantons un hymne »), suivi d'un nouvel air de la fille de Jephté qui appelle le peuple d'Israël, représenté par le chœur, à rendre grâces à Dieu. Devant sa fille, Jephté clame son désespoir, *« Heu, mihi filia »* (Hélas, ma fille). Un long et dramatique dialogue, *« Cur ego te pater »* (Qu'ai-je fait, père ?), s'engage alors où Jephté rapporte à sa fille le serment qui le lie à Dieu, duo poignant qui contraste avec les chants de joie qui avaient accompagné le retour du vainqueur. Elle accepte son sort et chante une des plus belles lamentations qui aient été écrites au XVIIe s., *« Plorate colles »* (Pleurez, vallées), où chaque mot important est repris en écho (interprété par deux sop.), portant de montagnes en vallées le triste chant de la jeune fille **A**.

Commencé dans le bruit des armes auquel avaient succédé des chants d'allégresse, l'oratorio s'achève par un chœur rappelant le → *« Miserere »* d'Allegri, *« Plorate filii »* (Pleurez, fils), où le peuple chante longuement sa douleur.

En conformité avec un sujet aussi théâtral, le compositeur multiplie les sections en forme d'air, qu'il place là où l'expression d'un sentiment est portée à son paroxysme et qui se distinguent des récits au style déclamatoire par une ligne mélodique souple, comportant de nombreux ornements et vocalises. Il développe les chœurs, qui personnifient le peuple, jouent un rôle de narrateur en dressant un décor sonore et qui se divisent parfois, donnant ainsi l'illusion d'un double chœur où se succèdent jeux d'échos, sections homophoniques et entrées fuguées. Les passages confiés au narrateur fixent le lieu de chaque scène, exposent les faits et donnent lieu à une exégèse figuraliste du texte (changement imprévu de tonalité marquant la surprise de Jephté en voyant sa fille ; gamme descendante par demi-tons et accord de triton soulignant la douleur de Jephté et de sa fille). Tous ces éléments remplacent les décors, les costumes et les jeux scéniques absents lors de l'exécution de ce petit drame musical.

Jephte, qui fonda la renommée européenne de Carissimi, illustre parfaitement sa conception de l'oratorio : une cantate paraliturgique de forme concise, exécutée par un effectif vocal et instrumental restreint, mais aussi un « spectacle sonore » où les grandes scènes figuratives alternent avec des monologues permettant aux héros de s'épancher, et dont le but unique était l'édification spirituelle des foules par le biais d'un art dramatique à l'extrême qu'affectionnait le XVIIe siècle.

Éditions — Par Fr. Chrysander, *in* Denkmäler der Tonkunst II, Bergedorf 1869 ; par Y. Rudelle, Wolfenbüttel et Zurich, Möseler, 1968 ; par J. E. Beat, Sevenoaks, Novello, 1974.

Bibliographie — J. E. Beat, Two Problems in Carissimi's Oratorio Jephte, *in* MR XXXIV, 1973 ; voir aussi la bibliogr. de l'art. *Baltazar.*

A. Fiaschi

Jephté, tragédie en musique en un prologue et 5 actes, livret de l'abbé Simon Joseph Pellegrin d'après l'Écriture sainte, musique de **Michel Pignolet de Montéclair**, écrite pour soli, chœur, fl., htb., bassons, trp., timb., orchestre à 4 parties de cordes et b.c., créée non pas le 28 févr. 1732 comme cela est indiqué sur le livret et la partition originaux, mais seulement le mardi 4 mars de la même année. C'était la première fois qu'un poète osait porter sur le théâtre de l'Opéra un sujet tiré des Écritures.

Lorsque l'œuvre fut créée, selon le *Mercure*, « la nouveauté du genre en avait rendu le succès si douteux qu'on ne croyait pas qu'elle pût être jouée deux fois » ; cette prévention presque générale n'a pas tenu contre les beautés du poème et de la musique. Le succès fut si grand que l'œuvre fut reprise après la clôture annuelle du théâtre pendant la quinzaine de Pâques et fut donnée jusqu'à la fin du mois de mai. Consécration suprême, *Jephté* est parodiée dès le mois d'avril de la même année au 3ᵉ acte des *Amusements à la mode* de Romagnesi et Riccoboni. Commence alors une période de douze ans pendant laquelle *Jephté* est remise à la scène presque chaque année à la fin du carême avant la clôture de Pâques. Elle sera ainsi jouée en 1733, 1734 (avec des décors de Servandoni pour le 4ᵉ acte), 1735, 1737 (avec des changements dans le 5ᵉ acte et un extraordinaire succès), 1738, 1740 (4 représentations) et 1744 (8 représentations). Elle disparaît alors de la scène pour dix-sept ans. C'est que, entre-temps, les autorités ecclésiastiques ont fini par s'émouvoir non du contenu de la pièce qui est irréprochable, mais de la présence du sacré sur la scène de l'Opéra dont la réputation morale est détestable. Cependant, le prestige de l'œuvre était tel qu'elle fut tout de même reprise une dernière fois en févr. 1761 et, bien que les circonstances de l'époque, encore dominée par les suites de la querelle des Bouffons, fussent moins favorables à la musique française, cette reprise fut un événement musical et la pièce se maintint jusqu'au jeudi de l'Ascension.

Livret — Prologue. « La scène est sur le théâtre de l'Académie Royale de Musique. Le théâtre représente un lieu destiné pour les spectacles ; toutes les divinités fabuleuses y sont assemblées. » Apollon (basse), Polymnie et Vénus (dessus) célèbrent une dernière fois dans le seul temple qui leur reste un divertissement à la gloire de l'amour et des plaisirs. Mais la Vérité, accompagnée de la troupe des Vertus, vient interrompre la fête et précipiter les faux dieux dans les Enfers. Elle annonce « la redoutable loi/Du Dieu seul dont [elle] est l'oracle » et ordonne que pour l'instruction des chrétiens on représente l'histoire de Jephté et de son vœu téméraire.

Acte I. Maspha, capitale de Galaad. Le camp des Israélites en deçà du Jourdain. On découvre les tentes des Ammonites au-delà du même fleuve. Le chef des Hébreux, Jephté (basse), revient dans son pays après un long exil pour prendre la tête des armées d'Israël attaqué par les Ammonites. Il rencontre le grand prêtre Phinée (basse) qui lui apprend la trahison de la tribu d'Éphraïm, soutenue par Ammon, prince ammonite prisonnier des Hébreux. Jephté se prépare à combattre. Toute l'armée assiste à la descente du ciel de l'Arche d'alliance, environnée d'un nuage lumineux. Au moment d'engager la bataille, Jephté promet à l'Éternel, s'il est victorieux, de lui sacrifier la première personne qu'il rencontrera en rentrant dans son palais. Le fleuve Jourdain retient alors ses eaux pour laisser le passage à l'armée d'Israël.

Acte II. Le palais de Jephté. Abner (basse), confident d'Ammon, lui conseille de profiter de la guerre pour s'enfuir et rejoindre les siens, mais Ammon (haute-contre) refuse, car il est amoureux d'Iphise, la fille de Jephté. Dans une confrontation dramatique, Ammon déclare à Iphise (dessus) son amour, mais la jeune fille résiste au nom de la fidélité à son Dieu et à son peuple, malgré un penchant secret. La mère d'Iphise, Almasie (dessus), vient alors confier à sa fille la terreur que lui a inspiré un songe où elle a cru voir la colère céleste s'abattre sur Iphise. Abdon (haute-contre), le confident de Jephté, annonce la victoire des Hébreux ; divertissement. A l'issue de la fête, Iphise vole au-devant de son père victorieux.

Acte III. Une place publique, ornée d'arcs de triomphe. Jephté, seul, est déjà pris de remords : la première personne qu'il a rencontrée est une innocente jeune fille à qui il n'a pas osé annoncer qu'elle devait être sacrifiée ; il ne va pas tarder à découvrir que cette victime est sa propre fille. Terrifié, Jephté la renvoie sans rien lui dire, mais il ne peut cacher la vérité à Almasie qui l'accable de reproches. Le peuple des Hébreux conduit par Phinée vient offrir à Jephté le trône d'Israël ; divertissement pour la cérémonie. Phinée rappelle à Jephté le devoir d'obéissance et de fidélité absolue à l'Éternel.

Acte IV. Une campagne arrosée par des ruisseaux. Iphise, qui ignore toujours pourquoi elle a été bannie par son père, se lamente. Une troupe de bergers vient la distraire : divertissement. Cette fête champêtre est interrompue par Almasie qui annonce à sa fille qu'elle doit être sacrifiée. La malheureuse se croit punie de l'amour coupable qu'elle cache au fond de son cœur ; elle accueille cependant la nouvelle avec courage et presque avec joie. La scène se termine par une prière à l'Éternel. Survient alors Ammon qui vient proposer à Iphise de la sauver par la force en s'appuyant sur la révolte de la tribu d'Éphraïm. La jeune femme repousse l'offre avec horreur mais sans parvenir à cacher complètement à Ammon les sentiments qu'elle éprouve pour lui.

Acte V. Le temple de Maspha. On voit un autel dressé dans la partie extérieure. Jephté tente par ses prières d'obtenir la clémence de l'Éternel. Au pied de l'autel, Iphise avoue à son père son amour coupable qui, pense-t-elle, mérite la mort. A ce moment, une troupe de rebelles conduits par Ammon essaie de forcer l'entrée du Temple mais l'Ange exterminateur les fait périr jusqu'au dernier. On poursuit pourtant la préparation du sacrifice mais, au dernier moment, Dieu pardonne par la voix de son grand prêtre. C'est le prix du repentir d'Iphise.

Par la nature de son sujet, par l'originalité de sa carrière à l'Opéra, mais peut-être plus encore par la nouveauté de la musique, tout concourt à donner au chef-d'œuvre de Montéclair (qui n'a pas composé d'autre opéra, à part un ballet en 1717), un caractère unique. De fait, en 1732, avant → *Hippolyte et Aricie* de Rameau, *Jephté* marque la renaissance de la tragédie en musique après une longue période de crise qui durait depuis les débuts de la Régence, et au cours de laquelle le modèle lullyste avait fini par de désagréger. A une conception de l'opéra fondée sur la primauté du récitatif et le culte de la simplicité des moyens musicaux, Montéclair substitue une vision plus moderne de l'œuvre lyrique où les rôles de l'orchestre et de l'art vocal passent au premier plan. Il est d'usage aujourd'hui d'attribuer ce renouvellement au seul Rameau. Or le *Mercure* de 1761, non content de rappeler l'antériorité de *Jephté*, affirme que cette œuvre a

A JEPHTE

exercé une influence déterminante sur le maître de Dijon : « C'est elle, écrit-il, qui de l'aveu du célèbre Monsieur Rameau, a été la cause occasionnelle des chefs-d'œuvre dont il a enrichi notre théâtre lyrique. Ce grand homme entendit *Jephté* : le caractère noble et distingué de cet ouvrage le frappa par des points analogues apparemment à la mâle fécondité de son génie. Il conçut dès ce moment que notre musique dramatique était susceptible d'une nouvelle force et de nouvelles beautés. Il forma le projet d'en composer : il osa être créateur. Il n'en convient pas moins que *Jephté* procura *Hippolyte et Aricie.* » Ce texte, paru du vivant de Rameau, et donc avec son accord, est le plus bel éloge que l'on puisse porter au crédit de *Jephté*, même si nous savons aujourd'hui que les premières esquisses d'*Hippolyte et Aricie* sont antérieures à la création de *Jephté*, sans parler de *Samson* qui ne fut jamais représenté mais qui était sans doute fort avancé dès 1732. Il reste que les points de contact entre *Jephté* et *Hippolyte et Aricie* sont fort nombreux et montrent que Rameau avait lu de près la partition du chef-d'œuvre de Montéclair. Parmi les morceaux les plus justement renommés de la partition, il faut citer le grand chœur *« Tout tremble devant le Seigneur »* (acte I) dont l'écriture contrapuntique savante et le chromatisme expressif produisent un effet grandiose.

Sources — **a)** Livret : Paris 1732, 2/1732 ; Paris 1733 ; Paris 1761. — **b)** Musique : Paris, s.d. [1732] ; 2e éd. revue et corrigée, Paris s.d. ; 3e éd. revue, augm. et corrigée, Paris s.d. (avec préface de l'auteur indiquant le caractère définitif de cette version).

Bibliographie — J. Carlez, Un opéra biblique au xviiie s., *in* Mémoires de l'Acad. des Sciences, Arts et Belles-Lettres de Caen, Caen 1879 ; E. Borrel, Notes sur l'orchestration de l'opéra Jephté de Montéclair et de la symphonie des Éléments de J. F. Rebel, *in* RM, no 226, 1955 ; R. Viollier, Trois Jephté, trois styles, *in* RMie XLIII, 1959 ; S. Milliot, Le testament de M. Pignolet de Montéclair, *in* Recherches VIII, 1968 ; H. Chr. Wolf, Haendel und Frankreich, Göttingen, Händel Festspiele 1973 ; R. Fajon, Le préramisme dans le répertoire de l'Opéra, *in* Actes du Colloque intern. Rameau 1983, Paris, Champion, et Genève, Slatkine, 1987 ; voir aussi la bibliogr. de l'art. *(Les) Festes de l'été.*

R. Fajon

JEPHTHA (Jephté), oratorio en 3 parties de **Georg Friedrich Haendel**, texte du révérend Thomas Morell, chargé de cours au King's College de Cambridge, écrit pour 2 sop. (dont une voix de garçon), mezzo-sop., haute-contre, ténor et basse soli, chœur et orchestre (fl., 2 htb., 2 bassons, 2 cors, 2 trp., 3 parties de vl., alto et b.c.), composé à partir du 21 janv. 1751 ; le 13 févr., lors de l'élaboration du dernier chœur de la 2e partie, Haendel se vit contraint de s'interrompre à cause d'une baisse de la vue de son œil gauche ; il se remit au travail le 23 févr. mais n'acheva pas l'œuvre avant le 30 août de la même année. Aucune autre œuvre ne lui prit autant de temps. *Jephtha* fut d'abord donné à Londres, au Théâtre royal de Covent Garden, le 26 févr. 1752, avec John Beard (Jephté), Caterina Galli (Storgè), Robert Wass (Zebul) et Charles Brent (Iphise), sous la dir. de l'auteur, puis rejoué en 1753, 1756 et 1758, sept fois en tout. (Durée : 3 h environ.)

L'histoire de Jephté (Juges 11-12) avait déjà été utilisée pour des oratorios. Haendel connaissait la mise en scène de G. Carissimi en 1650 dont il s'était inspiré pour un chœur de *Samson.* M. Greene l'avait également mise en scène en 1737 et il est possible que Haendel ait entendu sa version. Le livret de Morell est plus élaboré que les précédents, mais en même temps plus éloigné du texte biblique. Il amplifie l'histoire en donnant à Jephté une femme, Storgè, un demi-frère, Zebul, une fille, Iphise, et son soupirant Hamor. Plus significatif, il modifia le dénouement de l'histoire. Selon W. Dean, Morell n'est pas loin d'abîmer l'oratorio en lui substituant une fin sentimentale. Avec d'autres commentateurs, W. Dean remarque également des similitudes avec l'histoire d'Iphigénie, notant surtout l'allusion apparente dans le nom d'Iphise. Il y a également des analogies avec le traitement de la légende par Euripide dans *Iphigénie en Aulide.* Storgè et Clytemnestre ont des points communs, de même que Jephté et Agammenon, Zebul et Ménélas. Plus important encore, au moment du sacrifice, l'Iphigénie d'Euripide est emportée pour servir au temple de la déesse vierge Artémis.

1re Partie. Les Israélites sont opprimés par les Ammonites depuis dix-huit ans. Zebul (basse), un soldat, suggère de faire revenir à Gilaed son demi-frère Jephté, banni à cause de l'origine étrangère de sa mère, et de le placer à la tête de l'armée. Jephté (ténor) apparaît avec sa femme Storgè (mezzo-sop.) et accepte le rôle de chef militaire. Sa fille, Iphise (sop.), fait des adieux joyeux à son soupirant Hamor (haute-contre) qui part à la guerre, lui promettant sa main en récompense dès son retour. Le duo des amoureux est essentiellement remarquable pour sa simplicité mélodique ; il présente des traits galants avec des phrases mélodiques brèves. Jephté reste seul. Il ressent une sorte de joie, qu'il tient pour l'esprit de Dieu, et jure que, s'il sort victorieux du combat contre les Ammonites, il sacrifiera la première personne qu'il verra à son retour. Le temps passe et Storgè entre, oppressée par le pressentiment d'un désastre, suscité par d'épouvantables rêves. Iphise la réconforte avec la perspective des jours heureux qui les attendent. Dans une courte scène qui clôt la première partie, on apprend que le roi d'Ammon a refusé les conditions de Jephté, et l'armée d'Israël part pour la bataille.

2e Partie. Hamor rapporte à Iphise les nouvelles d'une victoire glorieuse où les Israélites ont été aidés par une armée de Chérubins et de Séraphins. Jephté et ses soldats reviennent en triomphe et sont accueillis par Iphise, vêtue majestueusement comme une jeune mariée, et ses servantes avec des chants et des danses. Très troublé, Jephté déclare à sa fille qu'elle l'a perdu et lui ordonne de partir. En réponse au regard étonné et interrogateur de Zébul, il lui révèle que, conformément à son serment, Iphise à présent doit mourir. Storgè, sa femme, s'oppose avec violence à sa décision et Hamor lui offre de mourir à la place de sa fille, mais Jephté ne change pas d'avis. Suit alors un quatuor solennel, l'un des sommets de la partition, dans lequel Zebul, Storgè et Hamor tour à tour supplient Jephté de renoncer à son serment. Ils l'implorent d'abord individuellement, puis deux par deux et enfin tous ensemble, mais Jephté leur répond par des phrases dures et inflexibles qui contrastent avec les leurs. Iphise revient ; sa sereine acceptation du sacrifice entraîne l'effondrement de Jephté. Le chœur, *« How dark, o Lord, are thy decrees ! »* (Comme tes desseins, Seigneur, sont obscurs), dans le style d'un chœur grec, mais avec l'accent personnel très engagé du musicien, commente la difficulté pour le croyant de comprendre la volonté de Dieu ; pourtant, la 2de partie du chœur, d'une force lapidaire, affirme qu'en toute hypothèse « Quoiqu'il arrive c'est justice » (« What ever is, is right ! »).

3e Partie. Elle se compose d'une seule longue scène. C'est l'heure du sacrifice ; Jephté ordonne au soleil de cacher ses rayons et prie pour qu'Iphise soit reçue au ciel par des anges, *« Waft her, angels, through the sky »* (Portez-la, anges, jusqu'au ciel). Iphise prononce un adieu émouvant au monde. Les prêtres, hésitant encore à accomplir leur tâche, réclament un signe irréfutable de la volonté de Dieu. Après une sinfonia, un ange apparaît et décrète que Dieu n'exige pas la vie d'Iphise mais que le serment doit être accompli autrement : elle consacrera sa vie au ciel et demeurera pour toujours pure et vierge. Les anges entonnent alors un chant de joie, *« Happy, Iphis, shalt you live »* (Heureuse, Iphise, tu vivras) ; tous sont satisfaits et les personnages se réjouissent chacun à son tour. Même Hamor accepte sa perte et Iphise exprime l'espoir que la Providence le dirigera vers un choix plus heureux. L'oratorio se termine par un chœur de jubilation.

La partition de *Jephtha* contient plusieurs emprunts et autocitations. A ces derniers appartient l'ouverture avec ses deux premiers mouvements venus d'*Alceste*. La symphonie instrumentale de la 2ᵉ partie est également une autocitation de la *Sonate* pour violon en *ré* maj. et l'air *« Freedom now once more possessing »* est tiré d'*Agrippina*. D'autres parties de *Jephtha* sont empruntées à des messes du compositeur tchèque František Habermann, publiées en 1747. Même le chœur magnifique qui clôt la 2ᵉ partie, *« How dark, O Lord, are thy decrees ! »*, provient de Habermann.

Plus encore que dans → *Israel in Egypt*, les chœurs atteignent dans cette partition une perfection unique, tout en étant, plus qu'un commentaire à la manière grecque, un véritable acteur du drame. Il faut signaler en particulier la masse chorale du nº 18, *« O God, behold our sore distress »* (O Dieu, accueille notre grande détresse), exprimant l'angoisse du peuple d'Israël, ou, au contraire, le nº 34, *« In Glory high, in might serene »* (Élevé dans la Gloire, serein dans la puissance), exaltant avec une rare splendeur la toute-puissance divine. On a beau relever que ce dernier oratorio est aussi celui qui comporte le plus grand nombre de « parodies » et d'emprunts, jamais auparavant Haendel n'avait atteint une densité dramatique comparable au grand récitatif accompagné chanté par Storgè, *« First perish thou, and perish all the world ! »* (Péris toi le premier et que périsse le monde entier, nº 42). Jamais non plus il n'avait contribué dans une telle mesure au dépassement de la forme stéréotypée de l'aria « da capo », en variant la reprise ou en la raccourcissant, jamais sans doute aussi il n'avait atteint des sommets lyriques comparables à l'aria de l'ange *« While to thee the virgin choir tune their harps »* (Tandis que le chœur des vierges joue ses harpes pour toi).

Jamais enfin Haendel n'avait écrit, même dans ses plus beaux opéras, un quatuor aussi dramatique que *« O spare your daughter »* (Épargne ta fille), dans lequel les personnages sont déjà caractérisés à la manière des maîtres classiques, au demeurant avec une partie orchestrale d'une richesse et d'une vie qui peuvent surprendre encore. On s'est plu à souligner tous les aspects qui dans cette œuvre évoquent la musique de l'avenir, Beethoven, voire Schubert. Sans *Jephtha*, la musique n'aurait pas connu le développement que l'oratorio révèle dans les deux dernières compositions de J. Haydn, → *Die Schöpfung* et → *Die Jahreszeiten*. En dépit de Morell, cette œuvre de Haendel fait en effet de l'oratorio un genre autonome, indépendant de sa liaison ou de son but fonctionnels, un authentique opéra sans costumes, touchant magistralement à tous les thèmes qui émeuvent l'homme et créant un monde sonore, notamment par l'utilisation de l'orchestre, si achevé en soi qu'il ne semble déjà plus appartenir à un style ou à une époque éloignée dans le temps par rapport à l'auditeur.

Sources — Ms. autographe, Londres, Brit. Mus. R.M. 20.e.g ; éd. en facs. Londres 1885.

Rééditions modernes — Par Fr. Chrysander, *in* G. Fr. Händels Werke XLIV, Leipzig et Bergedorf 1886 ; *in* Hallische Händel-Ausgabe, Kassel, BV, 1955 et suiv., vol. I/32.

Bibliographie — W. Dean, Handel's Dramatic Oratorios and Masques, Londres, OUP, 1977 ; H. E. Smither, A history of the oratorio II, Chapell Hill, Univ. of North Carolina Press, 1977 ; W. D. Gudger, Handel's last compositions and his borrowings from Habermann (Part 2), *in* Current Musicology XXIII, 1977.

R. J. Bruce et C. de Nys

« Je prens en gré la dure mort », chanson à 4 voix de **Jacobus Clemens non Papa**, éditée par Pierre Attaingnant, à Paris, en 1539 (*Sixiesme Livre...*). Ce « huitain à une dame » est traité d'une manière assez traditionnelle, tant dans l'écriture polyphonique, faisant alterner contrepoint notre contre note et imitations, que dans l'invention formelle, où il s'inscrit dans le schéma issu de la vieille strophe de ballade (ABABCDEC'). On peut cependant remarquer une certaine économie dans l'invention du matériau mélodique, équilibrée par le renouvellement constant de l'élaboration polyphonique. La phrase B, p. ex., ne fait que reprendre un élément de A. De même, la phrase finale (du 8ᵉ vers) est une autre présentation de la mélodie du 5ᵉ vers.

Mais c'est surtout sa qualité expressive, très moderne, qui est remarquable dans cette polyphonie. Ainsi, dès l'entrée, le ténor, après une intonation franche en *fa* (maj.), introduit aussitôt un *mi* ♭, doublé au bassus, pour souligner « la dure mort ». Ce 7ᵉ degré altéré revient chaque fois qu'il est question de mort, à deux reprises dans le distique final : « O dure mort que faictes-vous / Mourir me fault c'est chose claire. » Ailleurs, c'est par une figure rhétorique de « gradatio », en séquence ascendante, que Clemens non Papa insiste sur le 5ᵉ vers : « La chose me vient au rebours », vers central pour la postérité musicale de cette chanson, on le verra. Il en inverse ensuite le mouvement en marche descendante au supérius, pour l'avant-dernier vers, tout en l'animant par une déclamation syllabique accélérée, en semi-minimes, qui souligne l'invective : « O dure mort que faictes-vous ? », avant de répéter isolément le mot « mourir » du dernier vers.

L'un des réemplois de cette chanson est dû au compositeur lui-même avec la chanson *« Mourir me fault »*, publiée aussi chez Attaingnant en 1546 (*Premier Livre...*). Il s'agit d'une « responce » poétiquement déduite du texte initial selon la technique du « rebours », qui consiste à lire les vers en partant du dernier : « Mourir m'y fault, c'est chose claire / O dure mort que faictes-vous / Souffrir si tost la mort amère. » Ce faisant, Clemens non Papa ne fait que prendre à la lettre, comme règle de lecture, le 5ᵉ vers « La chose me vient au rebours ». Musicalement, en effet, le rebours ne s'applique pas rigoureusement à la réponse : le matériau mélodique et formel est, en effet, réutilisé selon une autre logique. Au schéma initial (ABABCDEC') répond le suivant, AEACBABA, dans une élaboration polyphonique totalement renouvelée.

C'est à un autre compositeur qu'il revient de réaliser musicalement le rebours, en faisant du 5ᵉ vers une règle de lecture musicale, en d'autres termes un canon (selon Tinctoris, « le canon est une règle qui montre la volonté du compositeur en la cachant sous une certaine obscurité »). Dans la chanson de **Josquin Baston**, publiée par T. Susato en 1544 (*Cincquiesme Livre...*), le canon, en l'occurrence, est énigmatique, ainsi énoncé sur le livre de supérius : « Comme la vie et la mort s'asamblent / Par telle moyen les deux se resamblent. » Glosant le vers clé de la chanson, cette rubrique indique que le canon se réalise par renversement. D'expression pathétique, la chanson est devenue énigme, occupation ludique.

C'est dans le même domaine du jeu combinatoire qu'on retrouvera encore *« Je prens en gré »* comme supérius d'une fricassée de **Jean Crespel**, qui tient en même temps du quodlibet : s'y superposent, en effet, au bassus → *« Toutes les nuits »* de Th. Créquillon et, aux parties intermédiaires, un véritable pot-pourri d'incipit divers.

Cette chanson à 4 voix de Clemens non Papa semble avoir joui d'une longue célébrité, en particulier dans les contrées du Nord, aux Pays-Bas et en Allemagne, mais aussi dans la péninsule Ibérique et en Italie : on en connaît ainsi de nombreuses transcriptions instrumentales, pour luth, cistre ou clavier de 1545 (Phalèse) à 1583 (Ammerbach), en passant par 1557 (Venegas de Henestrosa) et 1568 (Vreedman), entre autres. Clemens non Papa, lui-même, l'arrange pour 3 voix (en 1560), suivant ainsi l'exemple de Susato (1544). Dans le domaine de la polyphonie religieuse enfin, la chanson de Clemens non Papa sert de modèle à deux messes parodies, de **Th. Créquillon** et de **R. de Lassus**.

Rééditions modernes — Par K. Ph. Bernet Kempers, *in* J. Clemens non Papa. Opera omnia X, CMM 4, Amer. Inst. of Musicology, 1962 ; par B. Hudson, *in* Th. Crecquillon. Opera omnia I, CMM 63, Amer. Inst. of Musicology, 1974.

Bibliographie — G. Reese, Music in the Renaissance, New York, Norton, 1954, 2/1959 ; K. Ph. Bernet Kempers, J. Clemens non Papa's chansons in their chronological order, *in* MD XV, 1961 ; J.-P. Ouvrard, Jeu poétique, jeu musical : la chanson et sa « responce », *in* Ph. Ariès et J.-Cl. Margolin (éd.), Les jeux à la Renaissance, Paris, Vrin, 1983.

J.-P. Ouvrard

« Je prens en gré la dure mort » / « Toutes les nuicts que sans vous je me couche », fricassée à 4 voix de **Jean Crespel**, publiée à Louvain, chez Phalèse, en 1555 (*Cinquiesme Livre...*). Cette chanson s'inscrit dans une tradition qu'on peut faire remonter au moins aux dernières années du xve s. (L. Compère → *« Au travail suis sans espoir de confort »* ; Ninot le Petit, *« Mon seul plaisir »*). « Quodlibet » (flamand ou germanique), « ensalada » (espagnole) et fricassée (française) semblent retrouver ainsi la polytextualité médiévale, comme les doubles ou triples chansons pour en exacerber l'esthétique du non-sens, à la manière du coq-à-l'âne littéraire.

D'une manière comparable à l'une des fricassées publiée par Attaingnant (1531), construite sur le supérius intégral d'une chanson de Sermisy, → *« Auprès de vous »*, la polyphonie de Crespel se présente d'abord comme une sorte de double chanson, superposition contrapuntique d'un supérius de Clemens non Papa, → *« Je prens en gré la dure mort »* (1539) et d'un bassus emprunté à Créquillon, → *« Toutes les nuicts »* (1549). Du fait de la présence insistante de ce thème bien connu du songe amoureux, une lecture moderne attribuerait volontiers une valeur onirique à la polysémie ainsi installée. C'est dans l'espace polyphonique de ce contrepoint de sens que s'inscrit la véritable fricassée : contraténor et ténor y présentent en effet une succession apparemment incohérente d'incipit et de fragments divers, empruntés au répertoire contemporain des chansons françaises ou flamandes. On y repère des chansons de Clemens non Papa (*« Entre vous filles de XV ans »*, *« Rossignolet qui chantes »*), de Th. Créquillon (→ *« Ung gay bergier »*, *« Pour ung plaisir que si peu dure »*, *« Alix avoit aux dents la malleraige »*, *« Si me tenez tant de rigueur »*), mais aussi → *« Tant que vivray »* de Cl. de Sermisy, → *« D'amours me plains »* de R. Pathie — dont le ténor cite aussi la phrase « Abaissez donc son rigoureux vouloir », empruntée au contraténor —, → *« D'amours je suis déshéritée »* (Anonyme), *« Mon petit cœur n'est pas à moy »* (Anonyme), *« Resjouissons nous à ceste heure »* de Crespel, *« Sonnez mi donc quant vous irez »* de Willaert, etc., pour terminer avec humour, au ténor, par « En dangier suis, my lairez vous » — où l'on retrouve l'incipit solfégique (« cavatto dalle vocali ») de la chanson de Josquin des Prés *« Mi lairrez vous »* (*mi-la-ré-sol*).

Rééditions modernes — Par J.-P. Ouvrard, *in* Ph. Ariès et J.-Cl. Margolin (éd.), Les jeux à la Renaissance, Paris, Vrin, 1983.

Bibliographie — J.-P. Ouvrard, Jeu poétique, jeu musical, la chanson et sa responce, *in* Ph. Ariès et J.-Cl. Margolin (éd.), voir ci-dessus.

J.-P. Ouvrard

Jérusalem, grand opéra de **Giuseppe Verdi**, voir (I) LOMBARDI ALLA PRIMA CROCIATA.

« Jesaja dem Propheten das geschah » (Voici ce qui est arrivé au prophète Ésaïe), *Sanctus* allemand, texte de Luther d'après Ésaïe 6, 1-4. Selon le témoignage de J. Walter, la mélodie en mode majeur serait également de **Martin Luther**. Publié pour la première fois dans la *Deutsche Messe* de Luther (Wittenberg 1526), où sa place liturgique est précisée — lors de la Communion, avant la bénédiction du calice —, on le retrouve dans les recueils d'Erfurt (1527), de Rostock (1531), de Magdebourg (1534, en bas-allemand), de Klug (Wittenberg 1533), de Strasbourg (1541), de Babst (Leipzig 1545). Il figure toujours dans les recueils protestants actuels (EKG, Kassel 1950, n° 135 ; Recueil ECAAL, Strasbourg 1952, partie liturgique, n° 37).

Au xvie s., **J. Walter** l'a traité à 5 voix ; au xviie **M. Vulpius** l'a harmonisé de 4 à 7 voix, en style note contre note, avec un incipit qui correspond à la mélodie luthérienne mais qui s'écarte ensuite de la version traditionnelle, et l'a publié dans son ouvrage intitulé *Ein schön geistlich Gesangbuch...* (Iéna 1609).

É. Weber

« J'espère et crains, je me tais et supplie », chanson à 4 voix de **Pierre Certon**, publiée en 1552 dans le *Supplément musical* des → *Amours de P. de Ronsard*

Vandomoys, l'une des chansons-paradigmes destinées à chanter tous les sonnets du recueil, selon le vœu du poète. On peut lui adapter les 17 sonnets dont les tercets présentent le « rythme polaire », c'est-à-dire l'alternance des rimes masculines et féminines, comme suit : *m m f m f m*.

La forme musicale proposée par Certon est une variante du schéma type le plus courant à l'époque dans les chansons françaises composées sur des sonnets, caractérisé par la duplication musicale des quatrains et la continuité des tercets. Certon se contente d'aménager ce schéma par la répétition de la première phrase des tercets, en concordance avec les deux rimes plates **A**. Immédiatement après la ponctuation cadentielle et formelle du second quatrain, ce distique se signale ainsi comme une respiration centrale de l'œuvre, par sa polyphonie à 3 voix, sans bassus, en même temps que par son caractère déclamatoire de type accentuel, qui n'est pas sans faire penser au profil mélodico-rythmique de certaines mélodies du → Psautier huguenot ou de certains vaudevilles familiers à Certon. Le troisième vers des tercets se trouve ainsi tout naturellement mis en valeur par le retour aux 4 voix, en même temps que par l'opposition de tempo et de rythme qu'introduit la proportion sesquialtère, aussitôt altérée en hémiole. La figure antithétique de ce 11e vers est manifestement, pour Certon, le véritable « climax » du sonnet, où se concentrent, de manière quasi pléonastique, les effets de mise en valeur et de représentation figurée. Ainsi, au ralenti écrit du tempo viennent se conjuguer la chute spectaculaire des tessitures et le symbolisme visuel de la notation noire de l'hémiole — sur « Cent fois je meurs », seul hémistiche répété de la pièce — que le retour au binaire, perçu aussi comme accélération du tempo, vient rompre aussitôt, en y ajoutant la figure mélodique anabasique de la « naissance » **B**.

On mesure, ici, à la parfaite adéquation de la musique au texte de ce passage, combien la chanson de Certon est éloignée du projet ronsardien. Le reste de la pièce, en revanche, présente assez bien les qualités de neutralité requises par la technique du timbre que le *Supplément* met en œuvre de manière originale. Certon résiste assez bien aux sollicitations expressives que pouvait présenter l'expression antithétique de ce sonnet XII des *Amours*. Sa chanson est surtout remarquable par la sobriété de son contrepoint essentiellement note contre note : son

A « J'ESPÈRE ET CRAINS, JE ME TAIS ET SUPPLIE »

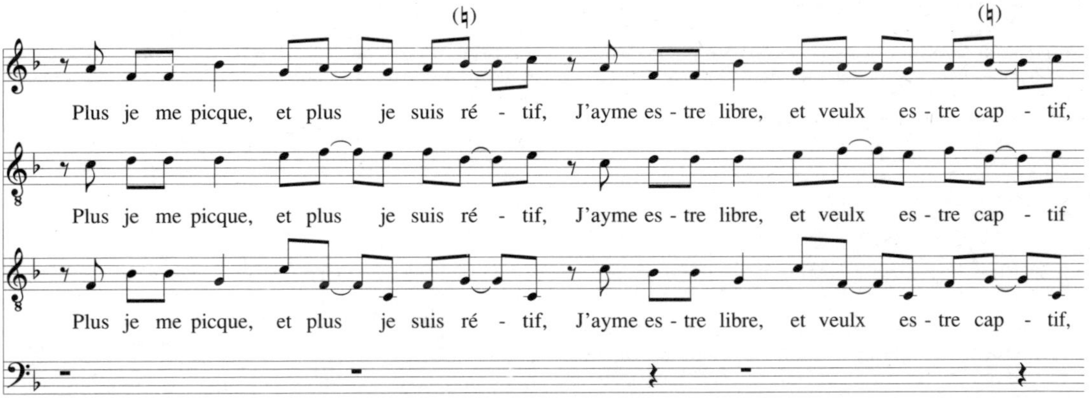

B « J'ESPÈRE ET CRAINS, JE ME TAIS ET SUPPLIE »

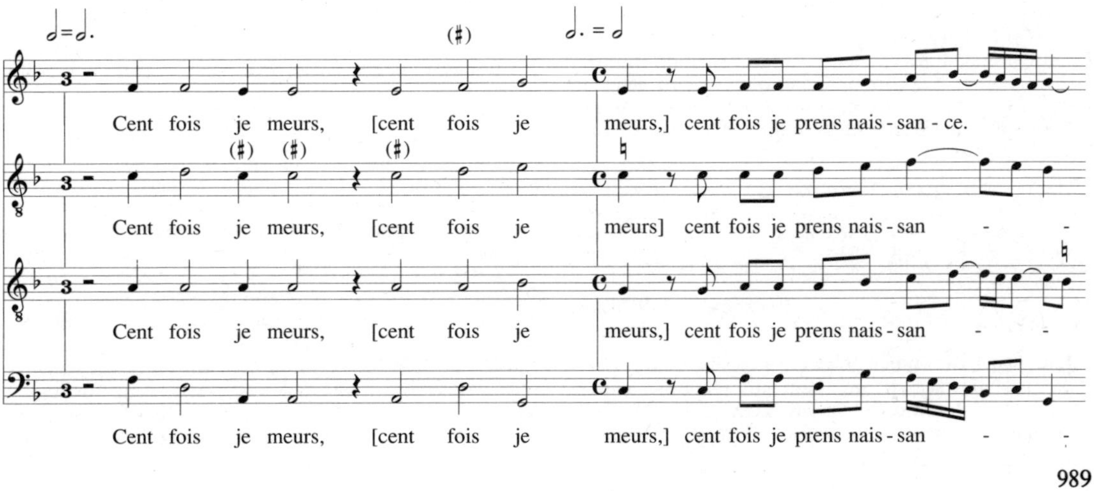

extraordinaire variété rythmique n'en est que mieux mise en valeur — tous les types de ternaires viennent se mêler au binaire, proportions triple et sesquialtère, hémiole, ternaire en valeur ajoutée dans le système binaire. La liberté contrapuntique et prosodique qui caractérise, dans ce contexte, les dernières phrases confère à la péroraison une belle qualité de lyrisme. Certes paradoxale si on l'apprécie à l'aune du projet ronsardien, cette chanson est une des plus belles réussites de Certon.

Rééditions modernes — Par J. Tiersot, *in* Ronsard et la musique de son temps, Leipzig, Br & H., et Paris, Fischbacher, [1903] ; par H. Expert, *in* La Fleur des musiciens de P. de Ronsard, Paris, La Cité des Livres, 1923, rééd. en facs. New York, Broude, 1965 ; éd. en facs. du Supplément, *in* P. de Ronsard, Œuvres complètes IV, Paris, Didier, 1957 ; par J.-P. Ouvrard, *in* Coll. Polyphonia, Paris, Heugel, 1986 ; par Fr. Dobbins, *in* The Oxford Book of French Chansons, Oxford, OUP, 1987.

Bibliographie — J. Tiersot, voir ci-dessus ; L.-M. Suter, Les Amours de 1552 mises en musique, *in* Ronsard. Colloque de Neuchâtel, Genève, Droz, 1987 ; J.-P. Ouvrard, Le sonnet ronsardien en musique : du Supplément de 1552 à 1580, *in* RMie LXXIV/2, 1988.

J.-P. Ouvrard

Jessonda, op. 63, opéra en 3 actes, livret d'Eduard Heinrich Gehe d'après la tragédie d'Antoine Marin Lemierre, *La Veuve de Malabar* (1770), musique de **Louis Spohr**, créé à Kassel, le 28 juil. 1823, à l'occasion de l'anniversaire du prince électeur de Hesse Wilhelm II. Œuvre capitale dans le répertoire de l'opéra allemand du XIXe s., *Jessonda* connut un immense succès dans toute l'Allemagne, assurant ainsi la popularité de son auteur. Elle fut donnée pour la première fois à Paris, au Théâtre-Italien, le 28 avr. 1842 et, plus près de nous, reprise à Braunschweig et à Kassel en 1959, lors du centenaire de la mort de Spohr.

Argument — L'action se passe à Goa, au début du XVIe siècle. Conformément à la coutume indienne, Jessonda (sop.), veuve du rajah, doit être immolée sur le bûcher de son mari. Amazili (sop.), sa sœur, fait promettre à Nadori (ténor), prêtre de Brahma dont elle est éprise, de soustraire la jeune veuve à son triste sort. Leur projet aboutira grâce à l'intervention militaire du général portugais Tristano d'Acunha (bar.), ancien amant de Jessonda.

Le livret, qui vise à une rare unité émotionnelle réunit avec bonheur de grandes qualités dramatiques, plus particulièrement tendresse et lyrisme. L'homogénéité et la continuité « moderne » de la forme musicale donnent à *Jessonda* une place exceptionnelle parmi les premiers opéras romantiques allemands. Cependant, la finesse du style et le soin apporté au détail entretinrent une violente critique qui dénonçait la « mollesse » de la ligne mélodique. Avec de longs passages aux limites du récitatif et de l'air apparaissent les éléments du futur récitatif dramatique wagnérien. Le chromatisme, qui enrichit et colore avec art la mélodie préromantique, est si prépondérant que les effets scéniques et dramatiques s'affacent presque totalement.

Éditions — Réd. cht et p., Leipzig 1824 ; part. d'orch., Leipzig 1881.

Bibliographie — Ph. Spitta, Jessonda, *in* Zur Musik, Berlin 1892, 2/1975 ; A. A. Abert, Webers Euryanthe u. Spohrs Jessonda als grosse Opern, *in* Fs. W. Wiora, Kassel, BV, 1967 ; C. Brown, Spohr's Jessonda, *in* MT CXXI, 1980 ; voir aussi la bibliogr. de l'art. *Faust* de L. Spohr.

P. Prévost et J. Schläder

« Jesu, der du meine Seele... » (Jésus, toi qui par ta mort cruelle as arraché mon âme aux ténèbres), cantate de choral de **Johann Sebastian Bach** (BWV 78 ; NBA I/21) pour le 4e dimanche après la Trinité (évangile du jour, Luc 17, 11-19, la guérison des dix lépreux), écrite pour sop., alto, ténor et basse soli, chœur, fl., 2 htb., cor, cordes et b.c., exécutée pour la 1re fois à Leipzig, le 10 sept. 1724. (Durée : 21 min environ.)

Son texte poétique provient des 12 strophes d'un choral de Johann Rist (1641) dont seules la première et la dernière sont demeurées intactes, tandis que les autres ont subi une presque totale refonte. Il n'y est fait que de brèves allusions à l'évangile du jour. L'idée principale, exprimée dans les n°s 4 et 5, est que le péché est effacé, la conscience apaisée, l'absolution accordée grâce à la Passion du Christ. Les strophes qui précèdent expriment, au travers d'une prière angoissée, la faiblesse et la misère de l'homme ; celles qui suivent sont empreintes de la confiance de celui qui fait à Jésus l'offrande de son cœur.

Le chœur d'introduction, **1.** *« Jesu, der du meine Seele... »*, en *sol* min., réunit toutes les voix et tout l'orchestre en une somptueuse passacaille. Son thème chromatique de 4 mesures

est répété 32 fois, sans compter les imitations auxquelles il donne lieu, dans le ton principal, celui de la dominante, de la sous-dominante, du relatif, de la dominante du relatif, passant de la basse aux différentes voix du chœur et de l'orchestre. A deux reprises, il est même traité en mouvement ascendant. C'est le thème de la douleur qui tout au long de ce chœur luttera avec le motif de la joie,

un thème que Bach a également utilisé dans la cantate → *« Weinen, Klagen, Sorgen, Zagen »* puis dans le *« Crucifixus »* de la → *Messe en si mineur.* L'entrée des différentes phrases du choral, chantées par le soprano, est préparée par une polyphonie des trois voix graves en imitation qui s'efforcent de mettre le sens du texte en relief, p. ex. sur « herausgerissen » (arraché). C'est un tour de force que la fréquente combinaison de la mélodie de choral diatonique avec le thème chromatique de la passacaille. L'aspect tourmenté de ce chœur et la forme de la variation qui lui est propre expriment merveilleusement la prière constamment renouvelée du pécheur afin que Dieu lui donne refuge. Par une opposition frappante dont J. S. Bach possédait le secret, l'air en duo qui suit, **2.** *« Wir eilen mit schwachen, doch emsigen Schritten »* (Nous nous hâtons d'un pas faible quoique empressé), pour sop. et alto, vlc., cb. et b.c., forme ABA, en *si* ♭ maj., impose subitement une atmosphère totalement différente. Diatonique, il exprime avec une joie naïve l'effort du fidèle pour rejoindre le Christ : phrase ascendante de la 1re voix reprise en imitation, motif et rythme suggestif des pas ponctués par des oraisons jaculatoires, « O Jesu, O Meister ». Le désespoir du pécheur s'exprime de nouveau dans le récitatif, **3.** *« Ach ! ich bin ein Kind der Sünden »* (Ah ! je suis un enfant du péché), pour ténor et b.c., où une harmonie dissonante à base de 7es diminuées vient renforcer le caractère dramatique du récit qui fait emploi de nombreux intervalles disjoints. Le dernier vers, expression d'une fervente prière personnelle, est traité en arioso. L'air suivant, **4.** *« Das Blut, so meine Schuld durchstreicht »* (Le sang qui ainsi efface ma faute), pour ténor, fl. trav. et b.c. (forme AB avec ritournelle), en *sol* min, apporte une détente qui exprime l'effacement du péché par le sang du Christ et le soutien que, dans son combat, le fidèle trouvera auprès de lui. Le récitatif accompagné **5.** *« Die Wunden, Nägel, Kron, und Grab »* (Les blessures, les clous, la couronne et le tombeau), pour basse, cordes et b.c., replace de nouveau l'auditeur dans une atmosphère pathétique puis dramatique (« Wenn ein erschreckliches Gericht », Quand un tribunal effrayant) qui s'apaise lorsque, reprenant en l'ornant la partie finale de la mélodie du choral, un arioso exprime avec ferveur le don par le fidèle de son cœur à Jésus-Christ. Le dernier air, **6.** *« Nun du wirst mein Gewissen stillen »* (Désormais tu apaiseras ma conscience), pour basse, htb., cordes et b.c., forme ABA' avec ritournelle, en *do* min., appartient au style concertant et fait alterner hautbois solo et voix de basse avec un refrain en rondeau joué par tout l'orchestre. La cantate s'achève par la dernière strophe du choral, **7.** *« Herr, ich glaube, hilf mir Schwachen »* (Seigneur, je crois, aide-moi dans ma faiblesse), en *sol* min., qui, harmonisée à 4 voix, conclut dans une atmosphère de confiance apaisée une véritable prédication musicale, menée avec des effets puissants et contrastés qui ne laissent rien à désirer par rapport aux effets oratoires et à la rhétorique d'un prédicateur.

Bibliographie — Voir celle de l'art. *« Ach Gott, vom Himmel sieh darein »*.

M. HONEGGER

« JE SUIS DÉSHÉRITÉE », voir JE SUYS DESHÉRITÉE ».

« JE SUIS ROBERT, ROBERT LE BEAU ROBERT », chanson à 4 voix de **Gentian**, publiée en 1549, chez Attaingnant (*29e Livre*). Elle se situe dans le mouvement de retour au strophisme qui marque les dernières publications de l'imprimeur parisien, autour de Certon, Mornable, Boyvin, Arcadelt et Sandrin... Par là, elle s'apparente déjà aux futures chansons en forme de voix de ville de la décennie suivante. Une autre approche, cependant, l'associerait tout aussi bien aux chansons rustiques du début du siècle : il s'agit, en effet, vraisemblablement, d'une mélodie préexistante en forme de virelai, comme on en trouvait dans le → Chansonnier de Bayeux. On peut risquer l'idée que la récupération moderne par un chanteur de variétés comme Jacques Douai (Grand Prix du disque Charles-Cros, 1955) approche sans doute au mieux la pratique populaire du vaudeville.

La polyphonie de Gentian, cependant, n'a pas encore toutes les caractéristiques du vaudeville : si le refrain initial est écrit strictement note contre note, les couplets, en revanche, ainsi que les refrains suivants, font usage d'imitations aux 4 voix.

La mélodie semble avoir été assez connue pour servir de timbre, comme l'atteste une publication lyonnaise de 1553, *Les chansons nouvelles composées sur les plaisants chans qu'on chante à présent* : la chanson *« Oyez tous amoureux »* y est intitulée « chanson nouvelle faicte au fort de Boulogne d'un gentilhomme et d'une jeune fille, sur le chant du *Beau Robert* ». Dans la version pour voix et guitare que Le Roy donne de cette chanson, en 1555 (*2d Livre de guiterre...*), comme dans la polyphonie de Me Mitthou (Le Roy et Ballard, *2d Livre*, en 1554), la mélodie ne correspond pas au chant du *Beau Robert* de Gentian : le rythme, en revanche strictement identique, confirme le fonctionnement du timbre : musiques et textes sont bien interchangeables.

Rééditions — Par M. HONEGGER, *in* Chansons polyphoniques du XVIe s., Paris, Éd. Ouvrières (Heugel), 1965.

Bibliographie — TH. GÉROLD, Chansons populaires du XVe et XVIe s. avec leurs mélodies, Strasbourg 1913, rééd. Genève, Slatkine, 1976.

J.-P. OUVRARD

« JESU, MEINE FREUDE » (Jésus, ma joie...), choral protestant de 6 strophes ($A^6B^6C^5A'^6B'^6C'^5d^7e^8f^6$), adaptation par **Johann Franck** (1618-1677) de la chanson d'amour *« Flora, meine Freude, meiner Seelen Weide »*, chanté sur une mélodie en mode mineur de **Johann Crüger** (1653). A partir de la *Praxis pietatis melica* (Berlin 1656) de Crüger, ce choral s'est rapidement répandu dans toute l'Allemagne ; il continue à figurer dans les recueils de chants protestants actuels (EKG, Kassel 1950, nº 293 ; Recueil ECAAL, Strasbourg 1952, nº 351 ; *Nos cœurs te chantent*, Strasbourg et Paris 1979, nº 266, avec une adaptation assez éloignée du texte primitif, *« O Jésus, mon frère, ma joie et ma lumière »*, due à Henri Capieu). La mélodie véhicule d'autres textes, *« Schmück das Fest mit Maien »* de B. Schmolck (1672-1737) et *« Allgenugsam Wesen das ich hab erlesen »* de G. Teerstegen (1697-1737) (EKG, nos 107 et 133). Ce choral ne doit pas être confondu avec *« Jesu meine Freude, ich und du, wir beide sind nunmehr vereint »* ni *« Jesu meine Freude, Jesu, dir wir beide Bluts Verwandte sind »*, tous les deux d'Erdmann Neumeister.

Traduction de la 1re strophe — Jésus, ma joie, délectation de mon cœur, Jésus, ma parure, depuis si longtemps mon cœur se serre et soupire après toi. Agneau de Dieu, mon fiancé, ici-bas, en dehors de toi rien ne doit me devenir plus cher.

Sur cette mélodie empreinte de fraîcheur et de naturel, **J. G. Walther** a composé en 1713 une partita pour orgue développée en 9 variations. **J. S. Bach** a fréquemment traité ce choral ; dans son motet à 5 voix BWV 227 (voir plus loin) ; en simple harmonisation à 4 voix (BWV 358) ; dans l'*Orgelbüchlein* (nº 12, BWV 610) où le « cantus firmus » plane au soprano sur des rythmes joyeux ; en *Fantaisie* dans la collection de J. Ph. Kirnberger (BWV 713) ; sous la forme d'une *Fantasia* en *sol* (BWV 713 a) avec « cantus firmus » à la pédale ; avec « cantus firmus » au soprano dans le choral Anh. 58 à 12/8 ; en **C** dans le choral Anh. 59 ; avec la mélodie et la basse chiffrée dans le choral Anh. 76.

É. WEBER

« Jesu, meine Freude », motet à 5 voix (S S A T B), de **Johann Sebastian Bach** (BWV 227 ; NBA III/1), composé probablement en 1723. (Durée : 22 min environ.)

Formé de 11 pièces, ce motet est fondé sur les 6 strophes du choral → *« Jesu, meine Freude »* (n°s 1, 3, 5, 7, 9 et 11), entremêlées de citations de l'épître aux Romains, chap 8, vers. 1, 2, 9, 10 et 11 (n°s 2, 4, 6, 8 et 10), qui offrent de légères variantes par rapport à la Bible de 1720 en usage en Saxe. La mélodie qu'utilise Bach comporte elle aussi quelques variantes rythmiques et mélodiques par rapport aux recueils de cantiques des XVIIe et XVIIIe siècles. Tout comme le procédé médiéval du trope, les deux ensembles textuels tournent autour de la même idée : l'éternel opposé à l'éphémère — dans le texte biblique avec une objectivité dogmatique et une rigueur syllogistique ; dans le choral avec une forte émotion personnelle (R. Gerber). Les strophes du choral ont par ailleurs des rapports avec le chapitre 8 de l'épître aux Romains : la strophe 3 développe le sens de Rom. 8, 2 (= pièce n° 2) jusqu'à son 8e vers ; l'« Abgesang » de la strophe 4 paraphrase Rom. 8, 35-39, tandis que la strophe 6 cite Rom. 8, 28. On ignore jusqu'à quel point l'assemblage du texte a pu être déterminé par une commande, mais il est certain que Bach a participé à sa rédaction définitive.

« Jesu, meine Freude » n'est conservé que dans des sources secondaires qui ne donnent aucune précision quant aux circonstances et à l'époque de sa création, ni quant à sa destination. Cependant, l'œuvre peut être mise en relation avec les cérémonies funèbres pour l'« Oberpostmeisterin » (l'épouse du maître de postes) Johanna Maria Kees, née Rappold, qui eurent lieu en 1723, sans que l'occasion précise de son exécution apparaisse clairement. Elle aurait pu être chantée dans la maison de la défunte. La découverte récente de l'ordre du culte commémoratif du 18 juil. 1723, qui ne fait aucune mention de *« Jesu, meine Freude »*, rend caduque la supposition selon laquelle le motet aurait été composé pour cette circonstance (M. Petzoldt). *« Jesu, meine Freude »* a été publié pour la 1re fois en 1803 dans le 2e cahier de l'édition des motets de Bach par J. G. Schicht (Leipzig, Br. & H.).

L'œuvre se distingue des autres motets de Bach principalement par son texte littéraire et par son écriture à 5 voix. Le contrepoids à la succession des nombreuses et parfois courtes pièces qui la constituent — et qui ne se rencontre dans aucun autre motet de Bach — réside dans la symétrie inhabituelle qui préside à l'alternance des strophes de choral et des citations bibliques, des types musicaux et des formations, des tonalités et des mesures. La symétrie constitue la solution au problème soulevé par la réunion en un tout d'une série exceptionnellement importante de pièces isolées. Les pièces extrêmes (n°s 1, 2 et 10, 11) sont en étroit rapport en ce qui concerne le type musical, le nombre des voix et la mesure : le choral introductif et le choral conclusif se correspondent en ce qui concerne la structure musicale ; les n°s 2 et 10 développent les mêmes éléments thématiques. Les groupes de trois pièces placés entre les pièces extrêmes et la fugue centrale (n° 6) sont ordonnés de façon similaire en ce qui concerne l'écriture : deux pièces avec le même nombre de voix encadrant un trio. L'axe median du motet est une fugue. Les pièces n°s 1 à 5 comprennent 209 mesures, les pièces n°s 7 à 11, 208 mesures. Le sujet de la fugue est tiré de la mélodie du 2e vers du choral (selon la version de Weimar qui n'apparaît que dans la strophe 5). Une quarte ascendante caractéristique forme la charnière entre la tête du sujet et la vocalise qui lui succède (Fr. Krummacher). La symétrie se trouve encore soulignée par la reprise textuelle du vers « Jesu, meine Freude » à la fin de la 6e strophe (n° 11) et par le fait que le centre de l'œuvre correspond à la cristallisation de la pensée qui anime le texte : « Ihr aber seid nicht fleischlich » (Quant à vous, vous n'êtes pas dans la chair).

Bibliographie — Fr. Smend, Bachs Matthäus-Passion, *in* Bach-Jb. 1928, 2/ *in* Bach-Studien, Kassel, BV, 1969 ; R. Gerber, Über Formstrukturen in Bachs Motetten, *in* Mf III, 1950 ; U. Siegele, Bemerkungen zu Bachs Motetten, *in* Bach-Jb., 1962 ; K. Ameln, NBA III/1, Kritischer Bericht, Kassel, BV, 1967 ; Fr. Krummacher, Textauslegung und Satzstrukturen in J. S. Bachs Motetten, *in* Bach-Jb., 1974 ; W. Breig, Bemerkungen zur zyklischen Symmetrie in Bachs Leipziger Kirchenmusik, *in* MuK LIII, 1983 ; M. Petzoldt, J. S. Bachs Bearbeitung des Liedes « Jesu meine Freude », von Johann Franck, *ibid.* LV, 1985.

U. Asper

« Jesu, nun sei gepreiset » (Jésus, maintenant sois loué), cantate de choral de **Johann Sebastian Bach** (BWV 41 ; NBA I/4) pour le Nouvel An (fête de la Circoncision), écrite pour sop., alto, ténor et basse soli, chœur, 3 htb., 3 trp., timb., vlc. piccolo solo, cordes et b.c., exécutée pour la 1re fois à Leipzig, le 1er janv. 1725. (Durée : 29 min 20 s environ.)

Son texte est fondé sur les trois strophes du choral de Nouvel An de Johannes Herman (1591) dont il retient la première et la troisième et dont la deuxième, librement récrite par un poète inconnu, fournit la matière des mouvements 2 à 5. Il débute comme un chant d'action de grâces pour l'année écoulée, se poursuit par un appel à la bénédiction et à la protection divines jusqu'à notre départ de ce monde et s'achève par deux vers doxologiques suivis par l'expression communautaire des vœux traditionnels.

Le chœur d'introduction avec tout l'orchestre, **1.** *« Jesu, nun sei gepreiset »*, forme AABA' avec ritournelle, en *do* maj., divise la longue strophe de 14 vers, portée à 16 par la répétition des deux derniers sur la musique des deux premiers, en quatre parties de longueur inégale au cours desquelles la mélodie traditionnelle est invariablement chantée par la voix de soprano. Il commence par une brillante ritournelle orchestrale, de caractère concertant, sur laquelle vient se poser le chant de la mélodie de choral, en valeurs longues, accompagné par une libre polyphonie aux trois autres voix. Puis, sur les paroles « Dass wir in guter Stille / Das alt Jahr hab'n erfüllet » (Qu'en bonne paix nous avons accompli la vieille année), la mesure passe de **C** à 3/4 et la musique se fait soudain calme et doucement chantante, introduisant ainsi un fugato des trois voix graves, en **¢**, issu de la mélodie de choral, sur lequel le chant des sopranos continue à se poser à intervalles plus ou moins longs. La dernière partie, enfin, retourne au **C** en renouant avec l'esprit concertant du début et s'achève par la ritournelle. A cette pompe de circonstance font suite **2.** un air pour sop., 3 htb. et b.c., *« Lass uns, o höchster Gott, das Jahr vollbringen »* (Laisse-nous, ô Dieu très-haut, accomplir l'année), forme ABA avec ritournelle, en *sol* maj., dans le caractère d'une pastorale intériorisée ; **3.** un récitatif secco pour alto et b.c., *« Ach ! deine Hand, dein Segen... »* (Ah ! ta main, ta bénédiction doit être seule l'alpha et l'oméga), **4.** un air pour ténor, vlc. piccolo solo et b.c., *« Woferne du den edlen Frieden... »* (Si tant est que tu destines la noble paix à notre corps et à notre état), forme ABA avec ritournelle, en *la* min., où le violoncelle piccolo, instrument nouvellement créé, accompagne le chant par une mélodie très agile et très escarpée ; **5.** un récitatif secco pour basse et b.c., *« Doch weil der Feind... »* (Pourtant, comme l'ennemi veille jour et nuit à notre détriment), dans lequel a été intercalée une phrase extraite de la litanie allemande « Den Satan unter unsere Füsse treten » (Fouler Satan sous nos pieds), harmonisée à 4 voix ; **6.** la 3e strophe du choral de J. Herman, harmonisée à 4 voix, *« Dein ist allein die Ehre »* (A toi seul est l'honneur), en *do* maj., où les 3 trompettes et la timbale du chœur d'introduction viennent à plusieurs reprises se placer en interlude entre certains vers du choral et conclure la cantate, rappelant le souhait exprimé au début de l'œuvre : « Désormais, protège corps, âme et vie à travers toute l'année. »

Bibliographie — Voir celle de l'art. *« Ach Gott, vom Himmel sieh darein »*.

M. Honegger

« Jesus Christus unser Heiland, der den Tod überwand », choral protestant de 3 strophes (a^8 b^6 c^5 d^7 e^7), pour le temps de Pâques, sur un texte de Martin Luther. Il figure dans le → *Geistliches Gesangbüchlein* de Johann Walter (Wittenberg 1524, 1525, 1529) avec une première mélodie en mode majeur qui ne s'est pas maintenue. Une deuxième mélodie en mode de *la* paraît dans le recueil de Klug (Wittenberg 1533) et est restée en usage jusqu'à nos jours (EKG, Kassel 1950, n° 77 ; Recueil ECAAL, Strasbourg 1952, n° 100 ; *Nos cœurs te chantent*, Strasbourg et Paris 1979, n° 210, avec le texte *« Jésus-Christ notre espérance »*). Une troisième mélodie en mode de *ré* a également été exploitée par J. Walter.

Traduction de la 1re strophe — Jésus-Christ, notre Sauveur qui a vaincu la mort, est ressuscité, et il s'est emparé du péché. Kyrie eleison (trad. P. Veit).

(Mélodie II)

En 1524, **Johann Walter**, dans une version à 4 voix, place le « cantus firmus » (mélodie I) au ténor II avec des imitations aux autres voix ; il l'a traité également à 5 voix, au ténor, avec une longue vocalise sur « Heiland », dans l'esthétique du contrepoint franco-flamand. Il a arrangé la mélodie III à 4 voix en l'exposant en valeurs longues au ténor avec quelques imitations aux autres voix. **B. Resinarius** exploite la mélodie II avec quelques petites variantes, des entrées successives et des imitations. En 1586, **L. Osiander** inaugure en Allemagne le style fonctionnel à 4 voix, note contre note, avec la mélodie II au soprano où elle est nettement perceptible. Il sera suivi en cela par **H. L. Hassler** qui, dans ses *Kirchengesäng* (Nuremberg 1608), harmonise, lui aussi, la mélodie II note contre note, la place au soprano, lui ôtant son caractère modal par une sensibilisation à la fin du 2e vers et l'emploi de la tierce majeure conclusive. **M. Praetorius** traite d'abord la mélodie I à 4 voix, en style homophonique et homorythmique, dans ses *Musae Sioniae* VI (Wolfenbüttel 1609) alors que dans le volume IX (Wolfenbüttel 1610) il expose la mélodie II dans une adaptation à 2 voix, au soprano dans la 1re strophe, à l'alto dans la 2e et de nouveau au soprano dans la 3e qui se termine par une triple invocation du « Kyrie eleison ». Au xxe s., on rencontre ce choral dans le *Spandauer Chorbuch* d'**E. Pepping**.

Chez les organistes, la mélodie II a été reprise par **Fr. W. Zachow** entre autres, et surtout par **J. S. Bach**. Dans son choral BWV 364, il l'harmonise avec des croches de passage à la basse ; dans l'*Orgelbüchlein* (BWV 626), au n° 28, il présente le thème dans une mesure à 12/8, en noires pointées égales, avec une divergence d'intonation à la cadence pour introduire la sensible et finir en majeur. Il a harmonisé la mélodie (Erfurt 1524) à 4 voix avec notes de passage et ligne descendante en croches à la basse (BWV 363). Pour le choral BWV 665, il précise la destination liturgique, « Sub communione » ; la pédale y joue un rôle important et la mélodie y est accompagnée de commentaires décoratifs. Le Prélude BWV 665a porte la mention « Andere Lesart » (Autre version). Dans le choral BWV 666, « Allio modo », à 12/8, il fait appel à des imitations et à des entrées successives. Dans la grande version de la *Clavierübung dritter Teil*, BWV 688, le thème est exposé à la pédale et accompagné d'intervalles disjoints aux claviers. Pour la petite version sans pédale, BWV 689, J. S. Bach propose « Fuga super Jesus Christus... ». **Johann Christoph Bach**, dans le n° 38 de ses *44 Choräle zum präambulieren*, fait circuler le début du thème en imitation au manuel et à la pédale et le termine en majeur.

É. Weber

« Jesus Christus unser Heiland, der von uns den Gotteszorn wandt », choral protestant de 10 strophes (a^8 b^8 b'^{8} c^8) pour la Sainte Cène, sur un texte de Martin Luther. Avec sa mélodie en mode de *ré*, il apparaît en 1524 dans le → *Geistliches Gesangbüchlein* de Johann Walter (Wittenberg 1524) avec la mention « Das Lied Sanct (sic) Johannis Hus gebessert ». Il s'agit de l'hymne *« Jesu nostra salus »* de Jean Hus (1349-1415), mais cette référence est problématique, car le contenu du choral de Luther est très différent, surtout dans les strophes qui traitent de la communion. A la suite de la mélodie déjà connue, le recueil de Klug (Wittenberg 1533) place une seconde mélodie en mode de *mi*. Ce choral figure toujours dans les recueils protestants actuels (EKG, Kassel 1950, n° 154 ; Recueil ECAAL, Strasbourg 1952, n° 296 ; *Nos cœurs te chantent*, Strasbourg et Paris 1979, n° 233, avec le texte *« Seigneur Jésus, toi si pauvre »* d'Henri Capieu).

Traduction de la 1re strophe — Jésus-Christ, notre Sauveur, qui détourna de nous la colère de Dieu, par son amère Passion nous délivra du châtiment de l'enfer (trad. P. Veit).

Ce choral a fait l'objet de nombreuses adaptations polyphoniques, notamment par **J. Walter** (2 versions), **J. Kugelmann** (à 3 voix), **B. Resinarius**, **J. Decker**, jusqu'à **E. Pepping** au xxe s. (*Spandauer Chorbuch*).

L'organiste de la Marienkirche de Lübeck, **Fr. Tunder**, a composé une vaste fresque sur ce choral : verset 1, Moderato, avec le thème bien souligné à la pédale ; verset 2, Andante tranquillo, avec le « cantus firmus » à la main gauche, verset 3, Energico ma maestoso, où le thème retrouve sa place à la pédale en valeurs longues.

É. WEBER

JÉSUS ET LES MARCHANDS DU TEMPLE (*Jézus és a kufárok*), chœur à 4 voix mixtes de **Zoltán Kodály**, composé au printemps 1934 et créé dans le cadre du festival de Kecskemét, à la fin de juil. 1934, par la chorale de la ville, sous la dir. de Zoltán Vásárhelyi. (Z. Kodály, *Vegyeskarok*, éd. par L. Bárdos, Budapest, Ed. Musica, 1972 ; durée : 6 min 30 s environ.)

Kodály a composé lui-même le texte de cette pièce à partir des évangiles selon saint Jean (2, 13-16 a, pour les mesures 1-136) et selon saint Marc (11, 17-18), pour les mes. 137-180), puis l'a divisé en deux parties principales. Commençant par trois mesures à l'unisson, piano et sur un tempo modéré pour évoquer l'atmosphère du recueillement, la première partie devient de plus en plus vive alors que croît l'irritation de Jésus. La seconde partie (« Et il dit aux vendeurs de pigeons ») revient à des tempi calmes, que ne perturbe plus que l'accusation « Rablók ! » (Brigands !), répétée vingt fois par les voix supérieures avec des accords toujours aussi dissonants que différents.

PH. A. AUTEXIER

« JÉSUS, LÀ, ES-TU ? », cantate de **Marcel Landowski** pour chœur féminin, contralto solo, piano ou orchestre à cordes et percussion, composée en 1948 sur un poème d'Anna Marc, créée en avr. 1948 à Paris, par la Chorale Amicitia, Madeleine Martinetti et un orchestre, sous la dir. de Charles Bruck. (Paris, Choudens ; durée : 16 min environ.)

Cette cantate est à rapprocher de l'oratorio → *Rythmes du monde* composé par M. Landowski en 1939-41. Le choix des seules voix féminines ainsi que d'un orchestre réduit illustre le souci de concision et d'intimisme du compositeur. Il s'agit d'un rondeau dont le refrain est une sorte de lent cortège aux couleurs évoquant l'Orient (ponctuation par les coups de gong), l'échelle modale employée étant celle du mineur sans sensible (mode de *la*). Ce refrain reviendra 6 fois ; il est donc entrecoupé par 5 couplets : 1er couplet, le chœur chante « Une âme jeune est morte » ; 2e couplet, violent et rythmé, les voix répètent « On va la tuer, on va la tuer » ; 3e couplet, où sont condamnés les vices de toutes natures : le rythme répétitif du tambour évoque l'allure d'une caravane traversant le désert — les couleurs harmoniques de l'ensemble demeurent très simples (mode mineur) ; 4e couplet, avec une nouvelle ponctuation : celle de la cloche, dont les sons, mêlés à ceux des percussions, ont des reflets de vitrail ; 5e couplet, où le chœur dit et redit son aversion pour la vanité des hommes : un vocabulaire quelque peu précieux pour un texte symboliste, fort raffiné. La coda finale, à l'issue d'un long decrescendo, conduit au silence.

FR. FABIANI

« JESUS NAHM ZU SICH DIE ZWÖLFE » (Jésus prit les douze auprès de lui), cantate de **Johann Sebastian Bach** (BWV 22 ; NBA I/8) pour le dimanche de la Quinquagésime (évangile du jour, Luc 18, 31-43, Jésus annonce sa mort et sa résurrection, guérison d'un aveugle à Jéricho), écrite pour alto, ténor et basse soli, chœur, htb., cordes et b.c., exécutée pour la 1re fois à Leipzig, le 7 févr. 1723, lors de l'épreuve probatoire destinée à pourvoir au poste de cantor à Saint-Thomas. (Durée : 18 min 30 s environ.) Au cours de cette épreuve, Bach fit également entendre la cantate → *« Du wahrer Gott und Davids Sohn »* (BWV 23).

Le texte poétique, d'auteur inconnu, est précédé par une citation extraite de l'évangile du jour (Luc 18, 31 et 34). Jésus y annonce sa mort et sa résurrection à ses disciples mais ceux-ci n'y comprennent rien (arioso et chœur n° 1). Concerné par cette montée vers le sacrifice, le croyant prie Jésus de le prendre avec lui, heureux de saisir l'importance de la Passion pour son salut (air n° 2). Mais, comme les disciples, le corps ne comprend pas ce qui a été dit et ne désire que le monde. Que ce monde et ses plaisirs soient crucifiés en moi ; alors je comprendrai ce qu'a dit le Christ et plein de joie je monterai vers Jérusalem (récitatif n° 3). Le texte s'achève par une double prière, individuelle d'abord pour que le Christ détruise tout ce qui dans le cœur du croyant s'oppose à cette renonciation à la chair ; collective enfin par la strophe de choral finale qui demande que s'efface le vieil homme pour que puisse vivre l'homme renouvelé.

La pièce d'introduction, **1.** *« Jesus nahm zu sich »*, en *sol* min., est en deux parties distinctes. Comme dans les Passions, la première fait parler l'Évangéliste — le ténor — puis le Christ — la basse — qui s'insèrent tous deux dans une symphonie instrumentale dont les éléments ont été exposés par la ritournelle introductive, également reprise en conclusion. La seconde partie avec la suite du texte, « Sie aber vernahmen der keines » (Mais ils ne comprirent rien à cela), est une fugue qui commence avec les seules voix (solistes ?) auxquelles les instruments s'ajoutent les uns après les autres pour terminer seuls la pièce en un postlude orchestral de 8 mesures. Font suite à cette pièce **2.** un air pour alto, htb. solo et b.c., *« Mein Jesu, ziehe mich nach dir »* (Mon Jésus, entraîne-moi à ta suite), forme ABA' avec ritournelle, en *do* min., dont le caractère doucement expressif et pénétrant souligne la prière du texte ; **3.** un récitatif pour basse accompagnée par les cordes et la b.c., *« Mein Jesu, ziehe mich... »* (Mon Jésus, tire-moi, ainsi je pourrai courir [figuralisme de la voix] car, comme tes disciples, la chair et le sang ne comprennent absolument pas ce qui a été dit), qui se termine par deux mesures d'arioso prolongées par les cordes, illustrant les mots « tausend Freuden » (des joies par milliers) ; **4.** un air pour ténor, cordes et b.c., *« Mein alles in allem, mein ewiges Gut... »* (Mon tout dans tout, mon bien éternel, réforme mon cœur), forme ABA' avec ritournelle, en *mi* ♭ maj., de caractère aimable et dansant ; **5.** un choral à 4 voix dont les phrases s'insèrent, séparées les unes des autres, dans une symphonie instrumentale faite d'un mouvement continu de doubles croches aux premiers violons, de croches aux seconds violons et à la basse continue, *« Ertöt uns durch deine Güte... »* (Fais-nous mourir par ta bonté, ressuscite-nous par ta grâce), forme AAB, en *si* ♭ maj., 5e strophe du choral *« Herr Christ, der einig Gotts Sohn »* d'Elisabeth Creutziger (1524).

Bibliographie — Voir celle de l'art. *« Ach Gott, vom Himmel sieh darein ».*

M. Honegger

« Jesus schläft, was soll ich hoffen ? » (Jésus dort, que dois-je espérer ?), cantate de **Johann Sebastian Bach** (BWV 81 ; NBA I/6) pour le 4e dimanche après l'Épiphanie (évangile du jour, Matth. 8, 23-27, Jésus apaise la tempête), écrite pour alto, ténor et basse soli, chœur, 2 fl. à bec, 2 htb. d'amour, cordes et b.c., exécutée pour la 1re fois à Leipzig, le 30 janv. 1724. (Durée : 18 min environ.)

Le texte poétique, d'auteur inconnu, se rattache étroitement à l'évangile du jour. Jésus dort alors que le croyant se voit au bord de l'abîme. Il adresse au Sauveur une prière plaintive afin que, comme les Mages conduits par une étoile, il soit à son tour guidé par la lumière de son regard. Les flots furieux des torrents déchaînés redoublent d'effort pour l'affaiblir. C'est alors que la voix du Christ se fait entendre (arioso de basse) et qu'il calme la tempête. Tous les tourments s'apaisent et l'espoir renaît. Le croyant n'a plus à se soucier ni de Satan ni de ses ennemis puisque Jésus est avec lui.

Fidèle au texte poétique, l'œuvre revêt un caractère descriptif et dramatique avant de s'apaiser dans la confiance du choral final. Elle se compose **1.** d'un air introductif pour alto, 2 fl. à bec, cordes et b.c., *« Jesus schläft »*, forme ABA' avec ritournelle, en *mi* min., où les flûtes à bec associées aux notes répétées de la basse continue servent à dépeindre le sommeil de Jésus mais où l'anxiété s'exprime par des successions chromatiques, des intervalles diminués et augmentés et par des sauts de la voix qui vont jusqu'à la 7e ; **2.** d'un récitatif secco pour ténor et b.c., *« Herr, warum bleibest du so ferne ? »* (Seigneur, pourquoi te tiens-tu si éloigné ?) ; **3.** d'un air pour ténor, cordes et b.c., *« Die schäumenden Wellen von Belials Bächen... »* (Les vagues écumantes des torrents de Belial redoublent de fureur), forme ABC, en *sol* maj., une vraie scène de tempête où l'agitation des vagues est rendue par des fragments de gammes en triples croches des premiers violons qui s'élèvent et retombent, tandis que dans la partie centrale, sur « Ein Christ soll zwar wie Wellen stehen wenn Trübsalswinde um ihn gehen » (Cependant un chrétien doit être à l'image des vagues lorsque des vents de détresse soufflent autour de lui), l'agitation est interrompue à trois reprises par des mesures Adagio où les cordes ne font plus que tenir des accords et où la voix s'apaise temporairement ; cet air ne saurait s'accommoder d'un « da capo » textuel, d'où un 3e volet qui utilise les mêmes éléments que le 1er qui va de la tonique à la dominante *ré* mais les ordonne différemment dans une progression qui part de la sous-dominante *do* pour retourner au ton principal *sol* ; **4.** d'un arioso central pour basse — la voix du Christ dans les Passions — et la seule b.c., *« Ihr Kleingläubigen, warum seid ihr so furchtsam ? »* (Vous gens de peu de foi, pourquoi êtes-vous si craintifs ? Matthieu 8, 26) où la voix et la basse s'imitent réciproquement à la manière d'une invention à 2 voix et où la cadence finale, modale et faible d'effet, exprime une dernière fois musicalement la question du Christ ; **5.** un air pour basse, 2 htb., cordes et b.c., *« Schweig, aufgetürmtes Meer »* (Tais-toi, mer démontée), forme ABA avec ritournelle, en *mi* min., nouvelle scène de tempête où le mouvement des vagues est rendu par l'unisson des violons et des altos en doubles croches tandis que le duo des hautbois apporte une expression déjà plus apaisée ; **6.** d'un bref récitatif secco pour alto et b.c., *« Wohl mir ! mein Jesus spricht ein Wort... »* (Quel bonheur, mon Jésus dit une parole, mon aide s'est éveillé) ; **7.** un choral à 4 voix, *« Unter deinen Schirmen... »* (Sous ta protection je suis libéré des assauts de tous les ennemis), forme AAB, en *mi* min., 2e strophe du choral → *« Jesu meine Freude »* de Johann Franck (1653).

Bibliographie — Voir celle de l'art. *« Ach Gott, vom Himmel sieh darein ».*

M. Honegger

« Je suys deshéritée », chanson à 4 voix de **Pierre Cadéac** ou de **Johannes Lupi**. D'abord publiée par Attaingnant sous le nom de J. Lupi (*Vingt et Sept Chansons musicales...*, 1533) puis rééditée chez le même en 1540 sous le nom de P. Cadéac (*Quart Livre...*), elle semble avoir connu un réel succès pendant tout le XVIe siècle.

La facture très irrégulière de son texte, en vers de 6, 7 et 8 pieds, ainsi que son thème traditionnel du rossignol « amoureux messager », peuvent laisser supposer une origine « populaire », qui reste perceptible dans une certaine qualité du lyrisme, en dépit de l'élaboration savante de la polyphonie.

Dans le schéma formel habituel de la strophe balladique, souvent associée aux huitains, le contrepoint déroule des phrases simples que les imitations quasi constantes obligent à se développer en mélismes à l'une ou l'autre des voix, souvent contraténor ou bassus. La 2e partie amène une certaine variété par l'usage du contrepoint note contre note, à trois voix au début (« Rossignol du bois joly »), à 4 enfin dans la dernière phrase qui s'épanouit à deux reprises dans un très beau mélisme final (« Que pour luy suis tourmentée »).

En plus de ses rééditions fréquentes, cette chanson connut un assez grand nombre de réemplois et de paraphrases. Dans le domaine chansonnier d'abord, on en connaît plusieurs versions en « bicinium » (**Jacotin**, chez Rhau en 1545 ; Anonyme chez Phalèse en 1571) ou « tricinium » (de **Du Boys**, chez Gardane en 1543 ; de Jacotin en 1559 ; Anonyme en 1560). Dans le *Livre de Meslanges* de 1560, Le Roy et Ballard en publient deux versions, à 5 voix de **Nicolas**, à 6 voix de **P. Certon** (rééd. dans les *Meslanges...*, chez Du Chemin, en 1570). Dans la réédition de 1572 (*Mellange de chansons...*), elles seront remplacées par un autre arrangement, à 6 voix, de **Cl. Le Jeune**, construit sur un canon au supérius (« Et erunt duo in carne una. Fuga post tria tempora »). De telles versions, par leur dimension contrapuntique, ouvraient la voie à **E. Du Caurroy** qui s'en inspire dans une *Fantaisie* pour 6 instruments (*Fantaisies...*, P. Ballard, 1610). Les luthistes, dès 1547 avec une tablature de Phalèse et 1552 avec **Albert de Rippe**, s'étaient déjà intéressés à la chanson de Cadéac. Une tablature italienne (Ms. d'Uppsala) en donne également une transcription, peut-être pour voix et luth, puisque le texte de la chanson est soigneusement disposé dans la tablature. Enfin, les maîtres de chapelle eux-mêmes n'ont pas ignoré cette œuvre, qu'ils ont prise comme modèle de messes parodies. C'est le cas de **J. Maillard** (dans deux messes à 6 et à 4 voix), de **N. Gombert** (dans une messe à 4 voix) et **J. Guyon** (dans une messe à 4 voix), parmi les contemporains de Cadéac et de Lupi : ils seront suivis, vers la fin du siècle, par **R. de Lassus** (une messe à 4 voix) et même par **Palestrina** dont la *Messe « Je suis déshéritée »*, postérieure au concile de Trente, se cache sous le nom innocent de *Missa sine nomine* (publiée en 1593).

Rééditions modernes — Par R. Eitner, *in* 60 Chansons zu 4 Stimmen aus der 1. Hälfte des 16.Jh., Leipzig, Br. & H., 1899 ; par H. Expert, *in* Extraits des Maîtres musiciens de la Renaissance française, Paris, Salabert ; par H. Albrecht, *in* Chw., n° 15, Wolfenbüttel, Möseler, 1932 ; par J. Schmidt-Görg, *in* Geschichte der Messe, Cologne, A. Volk, 1967 ; par A. Agnel, *in* Concerts imaginaires de la Renaissance, Paris, Heugel, 1974 ; par Ph. Caillard, *in* Publications de l'Ensemble vocal Ph. Caillard, Paris s.d.

Bibliographie — G. Reese, Music in the Renaissance, New York, Norton, 1954, 2/1959 ; J.-P. Ouvrard, La chanson polyphonique française du xvie s., Paris et Dijon, Assecarm, 1982.

J.-P. Ouvrard

(Le) Jeu de l'Amour et de la Mort, opéra en 3 actes, texte de Romain Rolland, musique de **Roger Calmel**, composé en 1965, créé en version de concert à Paris, à l'ORTF, le 21 janv. 1966, avec Jacqueline Brumaire (Sophie de Courvoisier), Bernard Demigny (Courvoisier), Rémy Corazza (Vallée), les chœurs et l'orchestre de l'ORTF, sous la dir. de Roger Albin, et en version scénique au Grand Théâtre de Bordeaux, le 11 févr. 1966. (Paris, Choudens, 1965 ; durée : 1 h 45 min environ.)

L'action se passe pendant la Révolution française. Acte I. Scène 1. Évocation de la foule en liesse que l'on entend du jardin des Courvoisier où ces derniers se trouvent avec des amis. La scène débute par un prélude d'orchestre avec de longs accords polytonaux sur un ostinato de la percussion et des cordes. La *Ronde nationale* de Gossec éclate alors aux chœurs doublés par les cuivres. Le volet central se passe dans le salon de Courvoisier où ses amis dansent un menuet. Une reprise de l'hymne de Gossec clôt cet épisode. Très vite, l'atmosphère s'assombrit. Chacun exprime ses craintes devant les récents événements. Un très beau quatuor de solistes matérialise cette angoisse. La scène se termine sur les échos assourdis de l'hymne de Gossec. — Scène 2. Sonneries de trompettes mêlées aux échos de → *La Carmagnole.* Cette scène évoque les atrocités de la Révolution, la mort de Pétion, la maire de Paris, de Guizot, d'un ami, Vallée. On raconte des scènes effrayantes. Les phrases du dialogue s'enchaînent rapidement, entrecoupées d'interventions véhémentes à l'orchestre. — Scène 3. Sur un mouvement de marche, on entend au loin le bruit d'une charrette passant dans la rue et menant à la guillotine. A la violence de cette évocation succède le vide orchestral qui met en relief les interventions parlées des spectateurs frappés de stupeur. Cette scène est essentiellement celle de Sophie (sop.), qui, affectée par l'annonce de la mort de Vallée qu'elle aimait secrètement, donne libre cours à son amertume. Son mari, Courvoisier, l'a sacrifiée à son idéal révolutionnaire ; Vallée aussi, et elle-même a sacrifié cet homme qu'elle aimait à son honneur conjugal qu'elle a toujours gardé. Son cri de révolte se traduit par un grand lyrisme, avec d'amples courbes mélodiques et un accompagnement orchestral extrêmement dépouillé. L'acte se termine sur une reprise de la ronde de Gossec.

Acte II. Scène 1. Sophie et ses amis sont tous entrés dans la maison où va se dérouler le reste de l'action. Soudain un grand silence se fait. Vallée (ténor), que l'on croyait mort, apparaît. Après une introduction à l'orchestre où violoncelles et contrebasses exposent un thème sombre et atonal, le récit de ses aventures se déroule sur un rythme haletant, vivement ponctué par l'orchestre. Les amis partis, Sophie et Vallée se retrouvent seuls. Leur duo fait alterner des passages très animés avec des parties orchestrales harmoniquement et rythmiquement complexes et des passages d'une très grande douceur. L'orchestre se taisant, la phrase vocale prend alors un poids dramatique important. La scène se termine sur un dialogue d'une grande force, une importance particulière étant donnée aux percussions, où Sophie incite Vallée à fuir. Mais celui-ci ne veut pas partir sans elle. — Scène 2. Sophie a hâtivement poussé Vallée dans une autre pièce lorsqu'elle a entendu des pas se rapprocher. Jérôme de Courvoisier (bar.) entre d'un air accablé. Son récit, qui relate la séance de la Convention à laquelle il vient d'assister, est d'une extrême violence : lignes vocales brisées, rythmes hétérogènes, ponctuation brutale de l'orchestre. Le dialogue se fige brusquement à la nouvelle de l'arrestation de Danton. Tout le récit qui suit est très nettement figuraliste. L'air de Sophie, qui exhorte Jérôme à retrouver sa foi au milieu de toutes ces horreurs, utilise un langage plus tonal, avec des modulations souvent éloignées mais d'une grande douceur. — Scène 3. Sophie a appris à Jérôme le retour de Vallée. Les deux hommes se retrouvent d'abord avec joie. Le duo dans lequel Vallée reproche à Jérôme de s'être accommodé de la tyrannie est d'une forte intensité dramatique. — Scène 4. Sophie vient avertir les deux hommes que des soldats arrivent. Un dialogue haché, avec des interventions vocales courtes et rapprochées, atteint son point culminant lorsque Sophie, perdant la tête, oublie les menaces qui pèsent sur son mari et sur elle-même pour ne plus penser qu'au danger encourru par Vallée. Après avoir assuré la sécurité immédiate de celui-ci, Jérôme, malgré un épisode où il donne, seul, libre cours à sa fureur jalouse, prend la décision héroïque de provoquer sa propre arrestation afin de laisser libres les deux amants.

Acte III. Scène 1. Les hommes du comité de Salut public arrivent pour fouiller la maison de Courvoisier. Des accents pesants aux cuivres et aux percussions traduisent l'approche du drame. Le dialogue, fait de phrases brèves et hachées, mélange le parlé, rythmé ou non, et les phrases chantées. — Scène 2. L'arrivée de Carnot, membre du comité mais ami de Courvoisier, interrompt la fouille. — Scène 3. Ayant chassé les soldats, Carnot s'efforce de convaincre Courvoisier de partir et de se faire oublier. Un long duo, vif et serré, souligné de séquences sérielles très enchevêtrées aux cordes et de brefs accords aux cuivres et aux percussions, traduit l'animation du dialogue. Carnot donne à son ami deux passeports qui lui permettront de fuir. — Scène 4. Jérôme offre à sa femme de s'enfuir avec Vallée à l'aide des deux passeports. Cette scène fait alterner des phrases d'une grande douceur et des passages où le désespoir l'emporte. — Scène 5. Courvoisier incite Vallée à fuir avec Sophie, mais celle-ci, comprenant le sacrifice de son mari, déchire son passeport. Après bien des hésitations, Vallée part seul. Le dernier dialogue, alors qu'on entend déjà les pas des soldats, est extrêmement dramatique, et se traduit par un élargissement de toute la tessiture de l'orchestre, des parties vocales heurtées, accentuées souvent à l'initiale des mots. La scène se termine dans un climat de violence, avec des séries répétitives à tout l'orchestre. — Scène 6. Jérôme, Sophie. C'est une grande tendresse qu'exprime le premier thème, exposé en duo à la flûte et à la clarinette, doublé par le vibraphone. L'air de Jérôme, souligné par le célesta, déploie de longues phrases où l'élément mélodique est prépondérant. La violence à la partie orchestrale réapparaît lorsque les soldats approchent, mais c'est sur une note de tendresse que se termine le drame : « Adieu, ami, les lauriers sont coupés. La belle que voilà ira les ramasser » : c'est le dernier dialogue de Jérôme et de Sophie avant leur arrestation.

Bien que découpée en 3 actes et en plusieurs scènes, cette œuvre adopte cependant la structure du drame continu, les scènes s'enchaînant toujours, musicalement et dramatiquement, les unes aux autres. Le compositeur use également d'une grande variété de langages : tonal, sériel, polytonal, selon les besoins de la dramaturgie.

H. CALMEL

(LE) JEU DE SAINTE AGNÈS, « action d'église », d'après un manuscrit provençal du XIVe s., musique de **Marius Constant**, pour 4 sop., 3 basses, 5 comédiens, une danseuse, orgue électrique ou d'église, guitare électrique, trb. et percussion, créée dans le cadre du Festival de Besançon, en l'abbaye de Beaume-les-Messieurs, le 6 sept. 1974. (Paris, Salabert ; durée : 65 à 70 min.)

LIVRET — L'action se passe à Rome au début de l'ère chrétienne. Apodicxes tombe malade car il est amoureux d'Agnès (13 ans) qui argue qu'elle a un autre fiancé. Le père d'Apodicxes, sénateur, la convoque et la supplie d'épouser son fils. Devant son refus, il lui intime l'ordre de se faire vestale. Dans un mouvement de colère, elle brise la statue d'une déesse. On la traîne au lupanar où on lui déchire ses vêtements. Un premier miracle se produit : ses cheveux poussent et couvrent sa nudité. Les filles de l'établissement sont purifiées par ses soins. Apodicxes portant la main sur la jeune fille est foudroyé par un immense éclair. Devant cette mort, le sénateur demande à Agnès de rendre la vie à son fils. Elle prie et, deuxième miracle, Apodicxes se lève, professant la foi chrétienne. Le grand prêtre Aspain, mécontent, soulève le peuple et le procès d'Agnès se prépare. La foule demande le bûcher. On embrase le bois et, troisième miracle, les flammes évitent la suppliciée. Aspain, resté près d'Agnès et habité de fureur érotique, ne voit pas le soldat qui lui arrache son glaive et l'enfonce dans le corps de l'adolescente. Devant le bûcher, un homme en blanc, tenant une colombe à la main, se dirige vers l'autel.

Toute la partie musicale est conçue en fonction de la réverbération du lieu de spectacle (église, chapelle ou espace voûté). La langue provençale doit faire respecter le caractère archaïque, rythmiquement heurté et parfois brutal du texte ; elle peut néanmoins être traduite dans un langage contemporain. Le spectacle se réfère aux scènes somptueuses du XIVe s. où « la pudeur n'existait pas (encore) » (M. Constant). Les voix produisent des sons très graves dont l'émission ventrale utilise la technique des moines tibétains, des sons répétés baroquement ou par battements de paume de la main contre les lèvres, des cris projetés vers l'aigu sans hauteur définie mais rythmiquement notés... Le parlé, la voix de fausset, la voix de poitrine sourde et lointaine, la voix off, la bouche demi-fermée, le glissando, le « taper sur les cuisses », le « son le plus grave dans une région extra-vocale », le jeu répétitif par réservoir de notes, etc., sont également l'apanage des chanteurs, lesquels possèdent, outre des plaques-cloches avec mailloches, une douzaine de crécelles très sonores pour ponctuer le texte. L'écriture vocale est homophonique (scansion agressive ou choral religieux), à l'unisson, façonnée sur le mode du récitatif (« air » d'Aspain), rarement contrapuntique. La percussion est par ailleurs très hétérogène (glockenspiel, tam-tam, tubes de vibraphone non tempérés, gongs, tôle, cloches, crotales, etc.). Le quatuor instrumental est considéré parfois comme « fournisseur » de bruits : la guitare doit imiter des chants d'oiseaux improvisés, des sonnailles ou entrelacer une tige métallique à travers les cordes pour obtenir des vibrations insolites amplifiées électriquement ; l'orgue doit « descendre lentement par degrés » un accord octophonique quand la foudre s'abat ou plaquer des clusters dans un aigu strident (*Les Pleureuses*). Le trombone jouera du cor tibétain (*Cortège*).

Bibliographie — P. SOUALLE, Les œuvres lyriques de M. Constant, *in* Le théâtre lyrique français 1945-1985, Paris, H. Champion, 1987.

P. A. CASTANET

(LA) JEUNE FILLE DE NEIGE, conte printanier de **Nikolaï Andreïevitch Rimski-Korsakov**, voir SNÉGOUROTCHKA.

(LA) JEUNE FILLE DE PSKOV, opéra de **Nikolaï Andreïevitch Rimski-Korsakov**, voir (LA) PSKOVITAINE.

« JE VOY DES GLISSANTES EAUX », chanson à 4 voix de **Guillaume Costeley**, publiée en 1570 dans la → *Musique* de Guillaume Costeley. Contre toute attente, elle ne figure pas dans la partie du recueil réservée aux *Chansons en façon d'airs* bien qu'elle en ait les caractéristiques principales, le strophisme et l'écriture homophone, polyphoniquement perturbée, il est vrai, dans la 2de partie. Le texte pourrait aussi constituer une bonne raison de s'attendre à la trouver parmi les airs ; bien qu'anonyme, il a, en effet, la même structure strophique que *« D'un gosier machelaurier »*, cette « chanson » de Ronsard (des *Amours* de 1553) que Costeley traite précisément « en façon d'airs » — la même structure aussi que la célèbre *« Quand ce beau printemps je voy »* — : « Je voy des glissantes eaux / les ruisseaux / Couler soubs un doux murmure, / Je voy de mille couleurs / Mille fleurs / Parer la gaye verdure. » Le caractère savant et raffiné de cette poésie de cour, qui révèle l'entourage de Ronsard, associé aux divers témoignages qui semblent indiquer que Costeley était aussi poète, a laissé penser que le musicien pourrait être également l'auteur du texte : car, comme le dit Rémy Belleau dans l'un des sonnets liminaires de *Musique*, « Mais qui pourroit aussi soit de grace de dire, / Composer, inventer, sonner, chanter, escrire, / Plaire à Sa Majesté Costeley mieux que toy. »

Composé de 4 strophes de 6 vers hétérométriques (7 et 3 syllabes), le texte est, en fait, traité comme s'il s'agissait de 2 strophes de 12 vers. En même temps, Costeley tend à retrouver un moule formel ancien en répétant la musique des 3 premiers vers pour les 3 vers suivants. Le schéma peut alors se décrire ainsi, par groupes de 3 vers : AABC, qui ont en commun la même formule rythmique à peine variée et toujours perceptible, même dans les passages où la polyphonie se libère de l'homophonie :

C'est là un autre trait typique du style de l'air, qui rappelle aussi les premières « chansons en forme de voix de ville ».

Rééditions modernes — Par H. Expert, *in* Maîtres Musiciens de la Renaissance française XIX, Paris, A. Leduc, 1904, et *in* Extraits des Maîtres Musiciens... Paris, Salabert, s.d. ; par Ph. Caillard, Paris, Publ. de l'Ensemble vocal Ph. Caillard ; par J. Rollin, *in* Coll. « A plusieurs voix », Paris, Heugel, 1973 ; *in* Florilège de la Renaissance française, Lyon, Éd. A Cœur Joie, 1979.

Bibliographie — I. Godt, G. Costeley. Life and works (diss. New York Univ., 1969).

J.-P. Ouvrard

Job, « sacra rappresentazione » en un acte, texte d'après le Livre de Job et musique de **Luigi Dallapiccola**, pour 5 voix solistes, récitant, chœur chanté et parlé et orchestre, composé en 1950 (Milan, Suvini Zerboni).

Tout comme → *Il prigioniero* de L. Dallapiccola, *Illustrations pour le livre de Job* de William Blake et *Job* de Ralph Vaughan Williams, la référence biblique de cette œuvre laisse prévoir un haut degré de tension utopique. Sept parties étroitement enchaînées utilisent une écriture vocalement plastique et mélodiquement mouvante pour une plus grande efficacité dramatique dans la juste perspective du personnage central. De la hardiesse webernienne des chœurs résulte une expressivité saisissante ; de la liberté des parties vocales (solistes ou chorales) et du rythme de récitation (dérivé du récitatif grégorien) prend corps singulièrement un matériel sonore dodécaphonique. L'histoire neutre est confiée à la simple déclamation parlée. Cependant, Dallapiccola renonce à faire de la parole nue une chose dramatiquement et musicalement probante. Celle-ci devient un véhicule véritablement métaphysique au moment où la mélopée ténue d'un hautbois, les polyphonies de deux flûtes, le bruissement d'une cymbale suspendue, ou le roulement sourd et à peine perceptible de la grosse caisse, les cordes en sourdine établissent une toile de fond sur laquelle la parole se détache pour une communication universelle, hypothèse d'une vérité absolue et d'une affirmation solennelle et péremptoire.

Bibliographie — A. Gentilucci, Guida all'ascolto della musica contemporanea, Milan, Feltrinelli, 6/1983.

P. A. Castanet

Johannes-Passion (Passion selon saint Jean), de **Joachim a Burck**, en réalité *Die deutsche Passion, das ist die Historia des Leidens unsers Herrn Jhesu Christi nach dem Evangelisten S. Johanne*, pour 4 voix. (Wittenberg, Schwertel, 1568.)

Cette œuvre du cantor et organiste de Mühlhausen appartient au genre de la Passion-motet, intégralement composée en style polyphonique. Les précédents spécimens avaient un texte latin comme p. ex. les Passions d'A. de Longueval (v. 1500, attribution fautive à J. Obrecht dans la 1re édition, 1538), J. Galliculus (1538) et B. Resinarius (1543-1544). J. a Burck se réfère explicitement à la Passion de Longueval/Obrecht, déclarant dans sa préface s'être inspiré de ce modèle pour sa propre version en langue allemande, cela afin de se rendre utile aux écoles et églises d'Allemagne où elle sera chantée. Il s'agit, autant qu'on sache, de la plus ancienne Passion-motet en langue allemande, genre qui restera en honneur jusqu'à la → *Johannes-Passion* (1631) de Chr. Demantius.

Le texte est emprunté aux chapitres 18 et 19 de l'Évangile selon saint Jean dans la traduction de M. Luther, non sans d'importantes coupures et divers remaniements. Il se subdivise en 3 parties : a) chap. 18, vers. 1-22 ; b) chap. 18, vers. 28-29 et chap. 19, vers. 1-15 ; c) chap. 19, vers. 16-37. Une annonce introductive « Höret das Leiden unsers Herrn Jesu Christi aus dem Evangelisten Johanne » (Écoutez la Passion de notre Seigneur Jésus-Christ selon Jean l'évangéliste), et une conclusion, « Wir glauben lieber Herr, mehre unsern Glauben, Amen » (Nous croyons, Seigneur très cher, augmente notre foi, Amen), brèves l'une et l'autre encadrent le récit évangélique. Ce texte, tel quel et avec son plan ternaire, sera repris par J. Steuerlein (1576), Chr. Demantius (1631) et Th. Selle (1643).

Le compositeur indique lui-même dans sa préface les normes suivies pour la mise en musique du texte : intelligibilité des paroles obtenue par un style syllabique note contre note, appropriation des lignes mélodiques au sens des phrases et des mots afin de parler à la sensibilité des auditeurs. L'écriture adopte en effet une allure essentiellement homorythmique et déclamatoire avec quelques réminiscences du ton de lecture grégorien, sans exclure pour autant un recours occasionnel au contrepoint. La trame sonore à 4 voix s'allège fréquemment, surtout pour les interventions des divers personnages (« soliloquentes »), par suppression d'une ou deux voix. Malgré la simplicité du style, cette composition se recommande par la qualité de sa mélodie, par l'élégance de sa conduite vocale et par son efficacité expressive.

Rééditions modernes — Par A. Halm et R. Eitner, *in* PGfM XXII, Leipzig, Br. & H., 1898 ; par Fr. Jöde, Wolfenbüttel, Möseler, 1957 ; voir également Die junge Kantorei, n° 2, Stuttgart, Hänssler, s.d.

Bibliographie — O. Kade, Die ältere Passionskomposition bis zum Jahre 1631, Gütersloh 1893.

J. Neubacher

Johannes-Passion, de **Christoph Demantius**, en réalité *Deutsche Passion nach dem Evangelisten S. Johanne benebenst der geistreichen Weissagung des unschuldigen Leidens und Sterbens Jesu Christi aus dem 53 Capitel des Propheten Esaie* (Passion allemande selon saint Jean l'Évangéliste avec la prophétie spirituelle de la souffrance et de la mort innocente de Jésus-Christ, extrait du 53e chapitre du prophète Esaïe), pour 6 voix (S S A T T B). (Freiberg, G. Hoffmans Erben, 1631.)

Cette œuvre de vieillesse du cantor de Freiberg (Saxe) est l'un des ultimes spécimens de la Passion-motet, genre surtout florissant au xvie s. et caractérisé par un traitement intégralement polyphonique du récit biblique. Elle emprunte son texte à la → *Johannes-Passion* (1568) de J. a Burck, y compris les introduction et conclusion libres, et la subdivision ternaire du récit. Sous l'angle musical aussi, Demantius s'inspire de la composition de son prédécesseur, ce dont témoignent plusieurs analogies précises : motifs isolés (« Da führeten sie Jesum », II, mes. 1-3 ; « Da schrieen sie », II/mes. 70 et suiv.), rythmes caractéristiques (« Was ist Wahrheit », II/mes. 59 et suiv. ; « Sei gegrüsset lieber Judenkönig », II/89-93 ; « Sie schrieen aber : Weg mit dem », II/128-131), successions d'accords (« Jesu Christi », I/7 et suiv. ; « Jesu von Nazareth », III/34 et suiv. ; « dass er schon gestorben war », III/98-100) et figuralismes (« einer », I/94, III/104). Cependant, Demantius dépasse de loin son modèle dans le parti qu'il tire de cette source d'inspiration : son propre talent créateur lui permet d'intensifier l'expression musicale et la dramatisation du récit, de manière à transcender la simple narration pour atteindre à une conception plus affective et évocatrice. Il y parvient par exemple à l'aide de hardiesses harmoniques, tel le passage de *la* maj. à *do* min. pour suggérer le drame de la Crucifixion (« Pilatus schrieb eine Überschrift auf sein Kreuze : Jesus von Nazareth, der Juden König », III/28-35).

Une traduction figuraliste des paroles va dans le même sens (« und fielen zu Boden », I/44-46 ; « flochten eine Krone von Dornen », II/82-84 ; « dass alles vollbracht war », III/69-72 ; « und neiget das Haupt und verschied », III/90-94) et l'on relèvera en outre l'habileté avec laquelle sont employées les tessitures et dispositions vocales pour obtenir des effets de contraste ou des accroissements de tension. Une semblable habileté se décèle dans le recours alterné aux styles homophonique et polyphonique, ce dernier étant toutefois conçu dans une optique déjà nettement harmonique.

En guise d'annexe, et en sorte de commentaire méditatif du récit de la Passion, Demantius complète son œuvre par un chœur en 3 sections sur un texte d'Ésaïe (53, 4-12) prophétisant les souffrances du Christ. Ce morceau, également à 6 voix dans les sections extrêmes, à 4 voix dans la section médiane, ne le cède nullement à la Passion quant à l'intensité expressive, la richesse harmonique et la maîtrise de l'écriture : il en constitue ainsi le digne pendant. L'œuvre, en son ensemble, ne se borne pas à clore l'histoire de la Passion-motet : elle en représente en même temps le point culminant.

Rééditions modernes — Par Fr. Blume, *in* Chw., n° 27, Wolfenbüttel, Möseler, 1934.

Bibliographie — R. Kade, Chr. Demant, 1567-1643, *in* VfMw VI, 1890 ; O. Kade, Die ältere Passionskomposition bis zum Jahre 1631, Gütersloh 1893.

J. Neubacher

Johannes-Passion, de **Thomas Selle**, en réalité *Passio secundum Johannem cum Intermediis* (Passion selon Jean avec intermèdes), pour sop., 2 altos, 2 ténors et basse soli, chœur et instruments, datée de 1643.

Cette Passion est transmise par un manuscrit formé de 16 livrets, copié du vivant du compositeur, et contenant toutes ses œuvres, notamment une *Passion selon saint Jean*, plus ancienne et sans intermèdes (1641), une *Passion selon saint Matthieu* (1642) et une *Histoire de la Résurrection*. L'œuvre date de la période où Selle était cantor au Johanneum de Hambourg et dirigeait la musique des cinq principales églises de la ville. Avec son accompagnement instrumental concertant et ses adjonctions à caractère méditatif (intermèdes) intercalées au sein du récit évangélique, elle représente le plus ancien spécimen connu de Passion-oratorio, genre que plus tard J. S. Bach élèvera à son apogée. Le texte emprunte à la →*Johannes-Passion* de Joachim a Burck, publiée en 1568, sa rédaction abrégée des chapitres 18 et 19 de l'Évangile de Jean, ainsi qu'une introduction et une conclusion libres et leur subdivision en trois parties. Les interpolations textuelles ont pour rôle de commenter les événements relatés et concluent, sous forme d'intermèdes, chacune des trois parties : elles proviennent respectivement d'Ésaïe 53, 4-5, des versets 2-22 du Psaume 22 et du choral *« O Lamm Gottes unschuldig »* (O innocent Agneau de Dieu).

La conception musicale reste partiellement inféodée à la Passion-répons et au ton de lecture traditionnel qui la caractérise ; elle ne s'en affranchit que passagèrement lors de sections entièrement composées, soit pour solistes, soit pour ensembles à plusieurs voix, qui font place à un récitatif plus souple et déclamatoire, mettant en relief l'accentuation verbale ainsi que les virtualités rhétoriques et expressives des paroles ; d'où la mention « in stilo recitativo » figurant dans le titre de l'œuvre. Tant la narration de l'Évangéliste que les interventions des autres personnages (« soliloquentes ») conservent cependant une allure relativement sobre, objective, et un style simple. La ligne vocale est soutenue par la flexibilité harmonique de l'accompagnement, tandis que dans les chœurs polyphoniques des « turbae » l'écriture se fait plus homophone. Les intermèdes apparaissent d'une facture nettement plus subjective : la participation personnelle du fidèle aux souffrances du Christ se traduit par un traitement très plastique des paroles grâce à des procédés mélodiques (chromatisme et autres figuralismes), aux ressources harmoniques et à des gradations ou à des contrastes dynamiques. Selle y met à profit les vastes moyens dont il disposait à Hambourg, en vue d'obtenir un spectaculaire déploiement sonore. En effet, tandis que le récit biblique est confié à 6 parties vocales (solistes ou chœur) avec accompagnement de 6 instruments plus la basse continue, les intermèdes font appel à deux groupes supplémentaires : une « Vocalcapella a 5 » (« pro choro remoto », située à distance du premier chœur) et un « choro pro organo à 4 » (trois parties vocales et une instrumentale à placer près de l'orgue), chaque groupe ayant son propre continuo. L'effectif instrumental requis est important : cordes, flûtes, cornets, bassons, trombones, pandores et luths. Il contribue aussi à l'individualisation des personnages : ainsi, les paroles du Christ sont accompagnées par 2 violons, celles de Pilate par 2 cornets et un trombone (ou basson).

Prévoyant l'éventuelle difficulté de réunir un appareil sonore aussi fourni, Selle envisage pour les instruments des solutions de rechange, et des exécutions à effectif réduit. On peut même, au besoin, supprimer les intermèdes et faire chanter le seul récit évangélique par 6 voix avec basse continue.

Éditions — Par R. Gerber, *in* Chw., n° 26, Wolfenbüttel, Möseler, 1934.

Bibliographie — H. J. Moser, Aus der Frühgeschichte der deutschen Generalbasspassion, *in* Jb. Peters 1920 ; J. Birke, Die Passionsmusiken von Th. Selle (1599-1663). Beiträge zur Geschichte der Passion im 17. Jh. (diss. Univ. de Hambourg, 1957).

J. Neubacher

Johannespassion (Passion selon saint Jean), de **Johann Sebastian Bach** (BWV 245 ; NBA II/4), pour sop., alto, ténor et basse soli, chœur, 2 fl., 2 htb., htb. d'amour, 2 htb. de chasse, 2 violes d'amour, viole de gambe, luth, cordes et b.c., la première des 5 Passions attribuées à Bach et dont deux seulement sont à la fois d'attribution certaine et de conservation intégrale : *Passion selon saint Jean* (1722-23) et *Passion selon saint Matthieu* (→ *Matthäuspassion*, 1729). Écrite à Cöthen à la fin de 1722 dans une première version qui sera plusieurs fois remaniée, elle était destinée à servir d'épreuve à l'appui de la candidature de Bach au poste de cantor à Saint-Thomas de Leipzig et fut exécutée comme telle à l'office du vendredi saint 1723 (1724 selon certains auteurs). Comme le demande l'Ordo, elle correspond aux chapitres 18 et 19 de l'Évangéliste ; elle débute avec l'épisode de Gethsémané et s'achève avec l'ensevelissement du Christ ; la pause nécessaire au sermon prend place avant l'interrogatoire chez Pilate, anticipant légèrement avec logique sur le changement de chapitre de saint Jean, qui se place au milieu de cet interrogatoire.

Conformément à l'usage, l'essentiel de l'œuvre (liturgiquement s'entend) est formé de la lecture en récitatif du texte évangélique : récitatif extraordinairement travaillé sur le plan de la traduction quasi visuelle du mot par la musique ; à plusieurs reprises, il s'échappe du récit syllabique pour aborder le style expressif de l'arioso (pleurs de Pierre) **A**. L'exemple cité est d'autant plus remarquable qu'il ne figure pas dans l'évangile de Jean : Bach l'a emprunté à saint Matthieu et l'a interpolé ici pour se donner le plaisir d'avoir à traiter avec le maximum d'expression un texte susceptible d'appeler une telle traduction. Il récidivera plus loin en intercalant de même l'épisode du voile du temple déchiré, matière à une ample description d'orage déjà romantique.

On peut assimiler au récit les interventions du chœur s'insérant dans celui-ci lorsque la parole est donnée soit à la foule, soit à plusieurs interlocuteurs simultanément (« turba »). Ses interventions sont particulièrement impressionnantes, pouvant aller de la plus terrible concision (*« Barabbam »*) à d'amples développements construits à l'échelle de véritables morceaux (*« Wir haben ein Gesetz »*, Nous avons une loi). L'accompagnement du récit, selon les circonstances, pouvait être confié à l'orgue ou au clavecin, une viole de gambe doublant la basse. L'édition usuelle, qui fait usage d'accords en notes tenues, se réfère exclusivement à l'interprétation à l'orgue, et c'est probablement ainsi qu'elle fut conçue. Une interprétation au clavecin n'est cependant pas exclue, mais elle exigerait le remplacement des tenues par des accords brefs coupés de silences, ainsi qu'il en est dans la *Passion selon saint Matthieu*, notée, elle, pour le clavecin.

Selon l'usage des Passions en musique, le récit est encadré par un vaste chœur introductif et un « Schlusschor » ou « Dankchor » d'actions de grâces. Ce dernier, représenté par un large choral, était absent dans la première version. C'est pourquoi, avant lui, figure un autre chœur de fidèles, l'admirable *« Ruht wohl »* qui devait primitivement servir de chœur final. Le chœur initial, impressionnant de force et de grandeur, a lui aussi été substitué après coup, peut-être pour la même raison, à un développement du choral → *« O Mensch bewein »*, lequel a été transporté à la fin de la première partie de la *Passion selon saint Matthieu*. Son texte consiste en effet en une prière analogue à celles que l'on trouve dans le « Dankchor » de nombreuses Passions antérieures.

Selon un usage introduit en 1672 par Johann Sebastiani, le récit est périodiquement coupé par des strophes de choral empruntées au répertoire d'église, mais dont l'harmonisation reflète le souci de Bach de traduire les moindres mots du texte. Ces chorals interviennent chaque fois que le récit évangélique comporte un élément qu'ils sont susceptibles de commenter ; leur répartition n'obéit pas à d'autres critères, d'où parfois un certain déséquilibre du plan (longues suites de récits sans intermèdes, chœurs rapprochés les uns des autres, etc.). Six ans plus tard, dans la *Passion selon saint Matthieu*, Bach saura éviter ce défaut.

On a relevé le fait que plusieurs morceaux, surtout dans les pièces chorales, se trouvaient répétés deux fois sur des paroles différentes, mais d'idée voisine. K. Geiringer en a dressé le schéma ci-après :

	A	B	C	D	E	D	C	B	A
n^{os}	27	29-34	36	38	40	42	44	46-50	52

Ce schéma est significatif de la manière dont Bach prend soin de calibrer et de rééquilibrer les morceaux déjà écrits lorsque, pressé par le temps, il doit les réutiliser.

Outre les chorals, le récit se voit périodiquement commenté par des airs analogues à ceux qui jalonnaient les opéras. Comme dans ceux-ci, le découpage en sections autonomes et la forme ABA tiennent un rôle privilégié, mais sans esprit de système. Bach y donne libre cours à une expansion sentimentale dont l'inspiration piétiste n'est pas sans frayer la voie à la future « Empfindsamkeit » (sentimentalité). L'air *« Es ist vollbracht »* (Tout est accompli), avec la surabondance de ses agréments violemment expressifs, en est un exemple. Parfois, l'air renonce à sa construction formelle quelque peu stéréotypée ; il devient ainsi l'arioso, genre particulièrement propre aux épanchements lyriques. Mais l'arioso ne tient encore qu'une place secondaire : il faut attendre la *Passion selon saint Matthieu* pour lui voir jouer un rôle à la mesure de ses possibilités.

Contrairement aux récits et aux chorals dont le texte est imposé, airs et chœurs d'encadrement sont écrits sur des vers composés à cet effet. Compte tenu des circonstances hâtives de la composition, et contrairement à ce qui se passera pour la *Passion selon saint Matthieu*, Bach ne disposait pas du concours d'un véritable librettiste. D'où, sur le plan constructif, certains déséquilibres de répartition. Il a réutilisé, en les adaptant avec plus ou moins de bonheur, d'anciens livrets de Passions écrits pour ses prédécesseurs, notamment ceux de Hunold, Seebach, König et surtout Brockes, dont les vers avaient été souvent mis en musique par Keiser, Telemann, Haendel ou Mattheson. L'inspiration en est souvent piétiste, avec un thème fréquent qui n'est pas sans nous choquer aujourd'hui : la joie du chrétien devant les souffrances du Christ qui vont le sauver. Mais cette tendance se voit équilibrée par une force dramatique intense dans l'expression de la douleur (p. ex. pour les pleurs de Pierre) ; on peut voir une synthèse de cette dualité par l'opposition entre les deux éléments du célèbre *« Es ist vollbracht »*.

La première partie est relativement courte, malgré l'ampleur de son chœur introductif *« Herr, unser Herrscher »* (Seigneur, notre maître). Celui-ci frappe dès l'abord par l'inquiétante persistance des remous de basse, l'obsédante supplication des « Herr » surgissant à chaque début de polyphonie. On y relève aussi la minutie qui fait succéder à un effondrement de tessiture sur le mot « Niedrigkeit » (humiliation) les fanfares glorieuses du mot « Ruhm » (gloire), etc. Après cette monumentale introduction, l'Évangéliste enchaîne sur le récit de l'arrestation, que commentent seulement deux chorals, puis sur celui de l'interrogatoire préliminaire chez Anne et Caïphe, au cours duquel prend place le reniement de Pierre. Ce long récit, ponctué de brèves et violentes interventions de la foule menaçante, n'est lui aussi commenté que par deux chorals et trois airs : le premier de ceux-ci, pour contralto, *« Von den Stricken meiner Sünden »* (Des liens de mes péchés), assimile aux liens du péché ceux qui enserrent Jésus ; le deuxième, pour soprano, *« Ich folge dich gleichfalls mit freudigen Schritten »* (Je te suis moi aussi d'une démarche joyeuse), donne la parole à la Fille de Sion, décidée à suivre Jésus dans sa Passion avec une allégresse qui étonnerait en cet endroit si l'on ne savait que telle était volontiers l'attitude piétiste. Le troisième, pour ténor *« Ach, mein Sinn wo willst du endlich hin ? »* (Ah, mon âme, où veux-tu finalement aller ?), décrit l'âme désemparée prenant conscience de sa trahison à l'instar du disciple infidèle. Une strophe de choral évoquant elle aussi le reniement de Pierre clôt la première partie, *« Petrus, der nicht denkt zurück »* (Pierre qui ne se souvient plus du passé).

La seconde partie, après le sermon, s'ouvre par un choral introductif, *« Christus der uns selig macht »* (Le Christ qui nous donne le salut), dont une autre strophe réapparaîtra à la fin de l'œuvre, assurant ainsi à l'ensemble une forte unité. Nous assistons au long interrogatoire chez le procurateur romain, coupé comme le précédent par les cris de haine de la foule, avec en cours de route un choral consacré à la royauté du Christ, *« Ach grosser König, gross zu allen Zeiten »* (Ah, puissant roi, grand à travers tous les temps), dont la couronne, un peu plus loin, motive un arioso du ténor, *« Betrachte, mein Seel »* (Contemple, mon âme), d'un piétisme exacerbé, invitant l'âme à contempler les souffrances du Maître avec un « plaisir tourmenté » (« mit ängstlichem Vergnügen ») et faisant curieusement appel aux instruments archaïques que commençaient à devenir luth et viole d'amour. Suit un air avec violes d'amour seules, *« Erwäge, wie sein blutgefärbter Rücken »* (Contemple comme son dos coloré de sang), où le dos de Jésus strié de coups de verge se voit bizarrement comparé à un arc-en-ciel annonçant la fin de la tempête. Puis un choral assimile la captivité de Jésus au « trône de la Grâce » et à un asile où les dévots viennent trouver leur libération. Et le récit enchaîne directement sur la Crucifixion. Un air de basse, *« Eilt ihr angefochtnen Seelen »* (Hâtez-vous, âmes assaillies), dialoguant avec le chœur des Filles de Sion, invite celles-ci à se hâter pour gagner le Calvaire où fleurit leur salut. C'est encore dans l'allégresse que les deux chorals suivants, *« In meinem Herzens Grunde »* (Au fond de mon cœur) et *« Er nahm alles wohl in Acht »* (Il prit bien soin de tout), incitent le chrétien à contempler la Croix, « Drauf kann ich fröhlich sein » (Ce dont je puis me réjouir), et à recevoir la mère de Jésus. Au passage, un chœur de « turba », *« Lasset uns den nicht zerteilen »* (Ne la déchirons pas), met en scène les soldats se disputant la robe de Jésus, et traduit la discussion par une fugue en règle dont les entrées répétées évoquent à la fois le caquetage des soldats et la déchirure du vêtement d'une manière extraordinairement colorée et vivante. Puis Jésus meurt en disant « Tout est accompli » (« Es ist vollbracht »). Ces mots vont être repris et commentés dans un admirable air de contralto, d'un italianisme déchirant que souligne la profusion des ornements expressifs : coulés, pincés, ports de voix, etc. Ils sont indiqués par des signes conventionnels que les éditions modernes édulcorent le plus souvent en les remplaçant par de banales « petites notes », ce qui entraîne trop fréquemment une exécution aseptisée. Par contraste, la seconde partie de l'air devient allègre et triomphale pour évoquer la victoire du « héros de Juda », mais un « da capo » écourté ramène la consolation (« Trost ») qu'exalte longuement un solo de la viole de gambe. Cet air admirable est malheureusement suivi, presque aussitôt, d'un autre air de basse d'inspiration moins heureuse, *« Mein teurer Heiland »* (Mon Sauveur aimé) : en baissant

A **JOHANNESPASSION** DE J. S. BACH

la tête pour mourir, Jésus a semblé répondre « Oui » (« Ja ») à la question du chrétien l'interrogeant sur son salut, et c'est ce « Oui » que, non sans quelque puérilité, commente le texte, démarqué de Brockes.

Les éléments dramatiques vont maintenant se resserrer. Pour mieux les cerner, Bach interpole ici le récit de saint Matthieu racontant le tremblement de terre qui suivit la mort de Jésus et le commente d'un arioso de ténor, *« Mein Herz, indem die ganze Welt... »* (Mon cœur alors que le monde entier souffre), puis d'un air de soprano, *« Zerfliesse, mein Herze, in Fluten der Zähren »* (Fonds-toi, mon cœur, en flots de larmes), répétant de façon déchirante « Dein Jesu ist tot, tot, tot » (Ton Jésus est mort). Un choral clôt le drame proprement dit par une moralité en manière d'un « Schlusschor » traditionnel, *« O hilf, Christe, Gottes Sohn »* (Aide-nous, Christ, Fils de Dieu).

Après un bref épilogue racontant l'ensevelissement, l'œuvre s'achevait, dans la première version, par le célèbre *« Ruht wohl, ihr heiligen Gebeine »* (Repose en paix, sainte dépouille), adieu du chœur en forme de berceuse, adressé au Christ mort, l'une des plus belles pages de toute la musique.

Un dernier choral conclusif, *« Ach Herr, lass dein' lieb' Engelein »* (Hélas, Seigneur, laisse tes chers angelots), d'une grandeur majestueuse, lui a plus tard été adjoint ; il apporte le point final sur la grandeur du mot « ewiglich » (pour l'éternité) qui donne ainsi au chef-d'œuvre sa dimension supraterrestre.

Éditions monumentales — Par W. Rust, *in* J. S. Bachs Werke XII/1, Leipzig 1863 ; par A. Mendel, *in* J. S. Bach. Neue Ausgabe sämtlicher Werke II/4, Kassel, BV, 1973.

Bibliographie — Ph. Spitta, J. S. Bach II, Leipzig 1880, 2/1916 ; A. Schweitzer, Bach, le musicien-poète, Paris 1905, dern. éd. Lausanne 1953 ; A. Pirro, L'esthétique de J. S. Bach, Paris 1907, rééd. en facs. Genève, Minkoff, 1973 ; Fr. Smend, Die Johannes-Passion von Bach, *in* Bach-Jb., 1926 ; R. S. Terry, J. S. Bach, the Passions, Londres 1926-28 ; A. Cellier, Les Passions et l'Oratorio de Noël de J. S. Bach, Paris 1929 ; H. J. Moser, Zum Bau von Bachs Johannes-Passion, *in* Bach-Jb., 1932 ; A. Schering, J. S. Bachs Leipziger Kirchenmusik, Leipzig 1936 ; H. Brandts Buys, De passies van J. S. Bach, Leyde 1950 ; B. Smallman, The Background of Passion Music. J. S. Bach and his Predecessors, Londres 1957 ; J. Chailley, Les Passions de Bach, Paris, PUF, 1963 ; A. Mendel, Traces of the Pre-History of Bach's St. John and St. Matthew Passions, *in* Fs. O. E. Deutsch, Kassel, BV, 1963 ; K. Geiringer, J. S. Bach, the culmination of an era, New York, OUP, 1966, trad. fr. Paris, Éd. du Seuil, 1970 ; A. Basso, Frau Musika. La vita e le opere di J. S. Bach, Turin, E.D.T., 1983, trad. fr. Paris, Fayard, 1984 ; J. Chailley, Références bibliques dans les Passions de Bach, *in* RM, n°s 381-382, Paris, Richard-Masse, [1985] ; voir également J. S. Bach, Neue Ausgabe sämtlicher Werke II/4, Kritischer Bericht, Kassel, BV, 1974.

J. Chailley

« Joie, plaisance et douce norriture », chanson royale monodique de **Guillaume de Machault**, voir Remède de Fortune.

(La) Jolie Fille de Perth, opéra en 4 actes, livret de Jules Henri Vernoy de Saint-Georges et Jules Adenis, d'après le roman de Walter Scott *The Fair Maid of Perth or The Valentine's Day* (1828), musique de **Georges Bizet**, composé au Vésinet de juil. au 29 déc. 1866, créé à Paris, au Théâtre-Lyrique, le 26 déc. 1867, avec Mmes J. Devriès (Catherine Glover), A. Ducasse (Mab), MM. Massy (Henry Smith), Barré (le duc de Rothsay), Lutz (Ralph), L. E. Wartel (Simon Glover).

Commandé par L. Carvalho malgré la courte carrière des → *Pêcheurs de perles*, l'ouvrage fut rapidement écrit à l'intention de Chr. Nilsson, qui préféra au rôle de Catherine celui d'Ophélia dans le *Hamlet* d'A. Thomas. Le compositeur était satisfait de sa musique : « La partition de La Jolie Fille est une BONNE CHOSE ! L'orchestre donne à tout cela une couleur, un relief que je n'osais espérer [...]. » Cependant, l'œuvre disparut de l'affiche après 18 représentations et ne fut reprise à Paris qu'en 1890. Bizet estimait que le public avait reçu favorablement son nouvel opéra. La critique, plutôt aimable, décela tout de même une influence wagnérienne et reprocha à Bizet ses multiples concessions au goût du public : polonaise de l'acte I, « pleine de trilles et modulations tiraillées », morceau d'ensemble de l'acte III « sur un motif de quadrille sémillant en style de M. Auber et accompagné de copieuses roucoulades de Catherine ».

Livret — A Perth, en Écosse, à la fin du XIVe siècle. — Acte I. L'atelier de Henry Smith. L'armurier Smith (ténor) cache Mab (sop.), la reine des gitans que des jeunes gens poursuivaient dans la rue. Il réclame à Catherine (sop.), fille du gantier Simon Glover (basse), le droit de la nommer sa Valentine dans trois jours, et lui offre une fleur en or émaillé. Incognito, le gouverneur de la ville, le duc de Rothsay (bar. ou ténor), entre pour faire réparer son épée. Il invite Catherine à la fête de nuit qu'il donne en son palais. Smith enrage ; il lève son marteau sur le duc mais est arrêté par Mab. Smith a bien du mal à expliquer la présence de la gitane. En colère, Catherine jette à terre la fleur, ramassée par Mab. Glover, pénétrant dans l'atelier, reconnaît le gouverneur et lui demande audience ; il est éconduit.

Acte II. Pendant le carnaval, le duc demande à Mab de lui amener Catherine en domino noir à sa fête. La gitane, qui fut autrefois sa maîtresse, accepte mais décide de se venger. Catherine ne répondant pas à sa sérénade, Smith entre dans une taverne. Autre amoureux de Catherine, Ralph (basse ou bar.), apprenti chez Glover, voit une femme masquée — supposée être Catherine — entrer dans la litière qui la conduira chez le duc. Il court prévenir Smith. Au moment où il va suivre l'armurier qui s'élance, Ralph aperçoit Catherine à sa fenêtre.

Acte III. Le palais du duc. Le gouverneur courtise la pseudo-Catherine. Mab ôte son masque. Le duc pense que la gitane s'est substituée à la jeune femme pour accroître ses regrets et lui prend la rose d'or qu'elle portait. Rempli de douleur, Smith arrive au palais, reproche à Catherine son infidélité puis est pris de fureur lorsqu'il aperçoit la rose épinglée sur le vêtement du duc. La vraie Catherine en perd la raison.

Acte IV. Un site sauvage, le matin de la Saint-Valentin. Ralph provoque Smith en duel car ce dernier refuse de croire à l'innocence de Catherine. Le duc interdit le combat. Mab paraît à la fenêtre dans un costume semblable à celui de Catherine, pendant que Smith, mis au courant par Glover, chante sa sérénade. Catherine recouvre la raison et devient la Valentine de Smith.

Le livret, que Bizet appréciait malgré des couplets ridicules et une action embrouillée, est en fait très éloigné du roman qui lui sert de prétexte. Chez W. Scott, le chef de clan Conachar, amoureux de Catherine, provoque en duel le prétendant, l'armurier Henry Smith, mais il s'enfuit et se tue de dégoût.

Bizet se montrait particulièrement fier de l'acte II, qui contient les meilleures pages, avec des ensembles de l'acte I et le charmant chœur de la Saint-Valentin, *« Aux premiers rayons du matin »* (acte IV). La ravissante sérénade de Smith sous les fenêtres de Catherine, *« A la voix d'un amant fidèle »* (actes II et IV), est empruntée à l'opéra bouffe → *Don Procopio*, premier envoi de Rome du compositeur. L'air de Ralph, *« Quand la flamme de l'amour »* (acte II), constitue l'une des pages les plus noires et réalistes jamais écrites par Bizet : l'amoureux noie son désespoir dans la boisson, avec des accents verdiens. L'accompagnement délicieux de l'orchestre dans les coulisses (fl., harpe et cordes) pendant le duo chanté par le duc et Mab (*« Nous voilà seuls ! Je suis tremblante »*, acte III) deviendra le *Menuet* de la 2e suite de *L'Arlésienne* (version E. Guiraud).

La maîtrise orchestrale du musicien avait été soulignée par ses contemporains. *La Jolie Fille de Perth* contient en effet de remarquables pages symphoniques, qui firent l'objet d'une suite d'orchestre. La *Danse bohémienne* (acte II), préfiguration de la *Chanson bohème* de *Carmen*, est souvent ajoutée au célèbre opéra-comique (actes II et IV). Cette page gracieuse et délicate fut bissée lors de la première représentation. Le *Prélude* du premier acte paraphrase le → *« Dies irae »* et s'achève par un passage emprunté au duo *« Puisses-tu voir longtemps encore »* de l'opéra *Ivan IV*. La marche nocturne qui introduit l'acte II répète à des hauteurs différentes « un thème immuable, avec variations orchestrales, harmoniques ou rythmiques du support » (Fr. Robert).

Sources, éditions et rééditions — Part. d'orch., ms. autographe. Paris, BN (Cons.), ms. 440-443. — Réd. cht et p. par H. Salomon, Paris, Choudens, [1868] ; nouv. vers., Paris, Choudens, 1964.

Bibliographie — G. Bizet, Lettres à un ami (1865-72), éd. par E. Galabert, Paris 1909, pp. 70-74, 126-127 ; J. Westrup, Bizet's La Jolie Fille de Perth, *in* Essays Presented to E. Wellesz, Oxford 1966 ; voir aussi la bibliogr. de l'art. *(Les) Pêcheurs de perles*.

Chr. Goubault

« Joli tambour » ou parfois « Trois Jeun's tambours », chanson populaire française et chanson de marche pleine d'ironie. Le jeune tambour, retour de guerre, et qui ne possède qu'une rose, demande au roi la plus jolie de ses filles. Devant le refus de ce dernier, il « invente » une histoire, de façon à faire regretter au roi son attitude. Il possède, dit-il, trois vaisseaux, l'un chargé d'or, l'autre de pierreries, le troisième pour promener sa mie. Il se prétend aussi fils du roi d'Angleterre et de la reine de Hongrie ! Cette affirmation permet de dater la chanson du XVIIIe s. : en effet, en 1741, l'impératrice Marie-Thérèse fut couronnée reine de Hongrie. Le roi, très marri, décide de donner sa fille à ce jeune hâbleur. Mais celui-ci s'en va sur une pirouette : « Sire le roi, je vous en remercie. Dans mon pays, y'en a de plus jolies. »

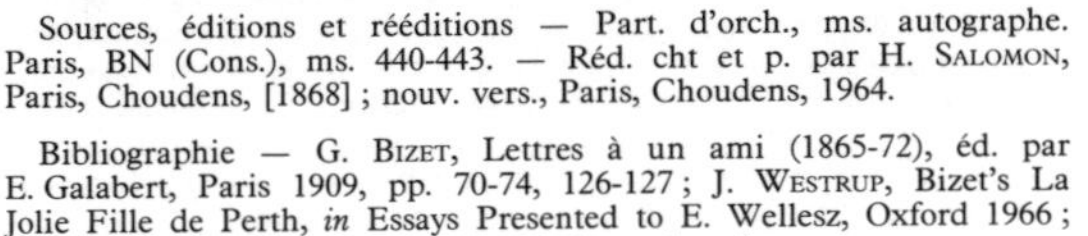

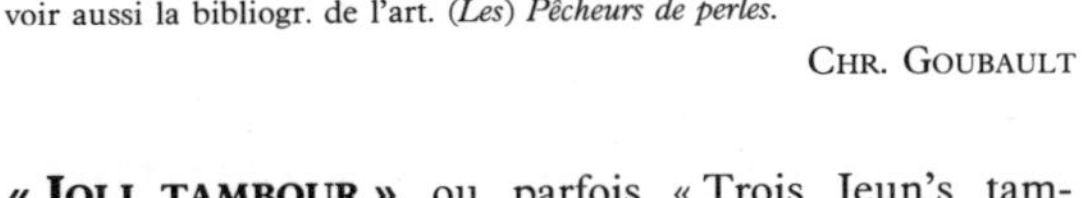

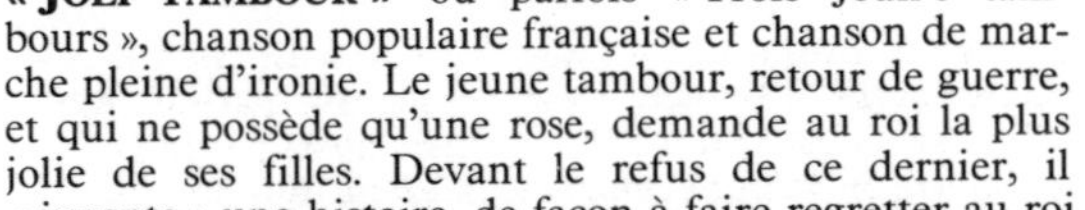

J. Tiersot voit avec raison un cousinage entre le jeune tambour et le → *Fendeur* berrichon. En Bretagne francophone, sous le titre *La Petite Alouette grise*, il existe des versions bâtardes dues à la transmission orale. Le héros n'est plus un tambour mais un marin.

Bibliographie — J. Huré, Sept chansons de Bretagne, Paris 1910 ; J. Tiersot, La chanson populaire et les écrivains romantiques, Paris 1931 ; H. Davenson, Le livre des chansons, Neuchâtel 1944 ; Delfolie, Trésor des plus belles mélodies, Chambéry 1947 ; F. Guériff, Chansons de la Brière, Ed. Parc régional de Brière, s.d.

Fr. Vernillat

Jonas, histoire sacrée de **Giacomo Carissimi** pour 9 soli, double chœur (d'où sont issus les solistes), 2 vl., b.c. pour les chœurs (orgue) et b.c. associée aux 2 vl. (clv., théorbe, basse de viole), composée vers 1650 sur un livret latin écrit d'après le livre de Jonas. Cette œuvre était destinée à l'édification en temps de carême des pensionnaires du Collegium germanicum des jésuites à Rome pour lequel Carissimi travailla toute sa vie. (Durée : 19 min environ.)

Une modeste ouverture et le traditionnel récit du narrateur situant la scène introduisent un court récitatif où Dieu demande à Jonas d'aller convertir Ninive. Celui-ci, fuyant l'ordre divin, s'embarque pour Tarse quand Dieu, pour le punir, déchaîne une violente tempête, décrite de façon fort imagée par un extraordinaire double chœur, *« Et praeliabantur venti »* (Et les vents se levèrent), digne des plus célèbres madrigaux. Désespérés, trois marins implorent la miséricorde divine, tandis que Jonas endormi est réveillé par le capitaine qui lui demande de prier pour leur sauvegarde. Deux matelots tirent au sort pour savoir d'où vient la colère divine et découvrent que Jonas est le coupable. Ils le questionnent et celui-ci s'explique : *« Hebraeus ego sum »* (Je suis juif), leur proposant de le jeter à la mer, ce qui est promptement fait. Mais Dieu envoie un poisson pour engloutir Jonas. Des entrailles du poisson, celui-ci adresse une vibrante prière à Dieu — air *« Justus es, Domine »* (Tu es juste, Seigneur) — qui le libère. Jonas se rend alors à Ninive qu'il convertit. Tous les fidèles, figurés par un double chœur, chantent en conclusion une prière pénitentielle, véritable morale de cet épisode biblique. *« Peccavimus Domine* [...] *et salvi erimus »* (Nous avons péché [...] mais nous serons sauvés).

Deux versets sont particulièrement développés : la tempête et la prière de Jonas, épisodes dramatiques que Carissimi traduit par deux techniques qu'il affectionne, les doubles chœurs et les longs monologues. Le double chœur de la tempête, par son mouvement rapide, ses rythmes vigoureux (𝄾♪♪ ♪♪ ♪♪♪), ses blocs homorythmiques qui se répondent, ses lignes mélodiques interrompues et montant vers l'aigu progressivement, décrit les flots déchaînés tout en exprimant l'angoisse des marins. Contrastant avec cette peinture sonore, la prière de Jonas est conçue comme une longue lamentation. Des passages hachés de silences, soulignant les mots « et misere » (je suis malheureux) et concluant par une courte ritournelle qui reprend le thème du chanteur **A**, alternent avec des sections plus vives où Jonas exprime sa révolte par une longue ligne mélodique ornée, chargée de vocalises figuratives.

A **JONAS**

Cette œuvre résume en quelques mesures tout l'art développé par G. Carissimi dans ses oratorios : style déclamatoire des récits, chœurs figuratifs inspirés du madrigal, écriture monodique aux mélodies souples et expressives, enfin art des anciens polyphonistes retrouvé (chœur final).

Éditions — Par FR. CHRYSANDER, *in* Denkmäler der Tonkunst II, Bergedorf 1869.

Bibliographie — Voir celle de l'art. *Baltazar.*

A. FIASCHI

(LE) JONGLEUR DE NOTRE-DAME, miracle en 3 actes, livret de Maurice Léna d'après un fabliau médiéval anonyme intitulé *Del Tumbeor Nostre-Dame* (éd. par W. Foerster, *in Romania*, 1873), musique de **Jules Massenet**, créé à Monte-Carlo le 18 févr. 1902, avec MM. A. Maréchal (Jean), M. Renaud (Boniface), G. Soulacroix (le Prieur), Berquier (un Moine poète), J. Nivette (un Moine peintre), Grimaud (un Moine musicien), Cupernninck (un Moine sculpteur), sous la dir. de Léon Jéhin. L'ouvrage fut représenté pour la 1re fois à Paris, à l'Opéra-Comique, le 10 mai 1904. (Paris, Heugel, 1902 ; durée : 1 h 30 min environ.) A en juger par certaines traductions, le titre a été parfois mal compris : il ne fait nullement allusion à la cathédrale Notre-Dame mais à la Vierge Marie.

La genèse de cette œuvre brève, calme, rassurante mais atypique est due au hasard. La lecture du livret, au cours d'un voyage, amena Massenet à signer immédiatement le contrat avec l'auteur (il avait toujours été attiré, quoique superficiellement, par le religieux).

LIVRET — Au XIVe s., au cloître de Cluny. — Acte I. Un jour de marché sur la place du cloître. On fait chanter au pauvre jongleur Jean (ténor) une chanson blasphématoire. Apparaît le Prieur (basse chantante), d'abord furieux. Soucieux de convertir Jean, il est pris de pitié et l'invite à rejoindre la communauté des moines. Le jongleur hésite puis accepte lorsque Boniface (bar.), le cuisinier du monastère, lui décrit les délices qu'il est capable de fabriquer.

Acte II. Plein de remords et raillé par ses hôtes, Jean se tient à l'écart. N'est-il pas à la charge de ces moines sans toutefois pouvoir participer à leurs chants latins ? Pour le réconforter, le Moine sculpteur (basse), le Moine peintre (bar.), le Moine poète (ténor) et le Moine musicien (bar.) lui vantent les mérites de leur art qu'ils proposent de lui enseigner. Leur rivalité tourne à la dispute dans une scène qui rappelle Molière. Seul Boniface réussit à consoler Jean. Dans sa *Légende de la sauge*, seul air relativement connu de l'œuvre, il lui montre que la Vierge Marie aime chacun tel qu'il est. Une *Pastorale mystique* mène à l'acte suivant.

Acte III. Dans la chapelle. Le Moine peintre a achevé le tableau de la Vierge qu'il contemple avec satisfaction. Se croyant seul, Jean déballe ses ustensiles de jongleur pour montrer à Notre-Dame ses petits numéros, tout cela avec beaucoup de naïveté et de dévotion. Cette scène, non dénuée d'humour, fait contraste avec le sérieux du milieu monacal. Malheureusement, Jean a été observé et sur les dernières mesures de sa danse s'abat la colère du Prieur. C'est alors que le tableau s'anime et que la Vierge fait le geste de la bénédiction. Les moines assistent pétrifiés au miracle tandis que Jean rend l'âme à la vue du paradis.

Une des particularités de ce petit opéra est l'absence de personnages féminins (étonnant chez Massenet) quoique, pour l'équilibre des voix, le rôle du Jongleur puisse être tenu par un soprano au lieu d'un ténor. L'ouvrage partage ce trait avec → *Joseph en Égypte* de Méhul et → *Palestrina* de Pfitzner. Cela se justifie par le milieu monacal où est située l'action, mais aussi par la volonté de mettre en valeur l'image de la Vierge qui doit pouvoir s'animer, personnifiée à cette fin par une danseuse.

Cette légende et son contexte médiéval ont incité le compositeur à tenter une discrète imitation du langage musical du Moyen Age. Le résultat est une œuvre de maturité, économe en moyens (sauf le dispositif orchestral) et pourtant pleine de force mélodique et d'accents dramatiques, où se mêlent le tragique et le comique. A la fin de l'opéra, l'harmonie du monde est rétablie grâce à un geste divin. En revanche, le Prieur se voit attribuer des propriétés négatives : absence d'humour, manque d'ouverture au profane. Nous sommes en droit d'y soupçonner l'expression subtile de l'opinion de Massenet sur l'autorité cléricale (dans → *Esclarmonde*, le rôle de l'Évêque est semblable). La pierre tombale de Massenet ne porte-t-elle pas cette inscription : « Le Jongleur est ma foi » ?

Bibliographie — M. LÉNA, Massenet, Paris 1921 ; voir aussi la bibliogr. des art. *Manon*, *Thaïs* et *Werther*.

G. R. MARSCHALL

JONNY SPIELT AUF (Jonny mène la danse), op. 45, opéra en 2 parties, livret et musique d'**Ernst Křenek**, composé en 1925-26, créé à Leipzig le 20 févr. 1927 ; 1re représentation en France à Paris, au Théâtre des

Champs-Élysées, le 21 juin 1928, dans une adaptation française de Ninon Steinhof et André Maupré. (Vienne, UE, 1927 ; durée : 2 h environ.)

LIVRET — Acte I. 1er Tableau. Un chalet dans les montagnes suisses dominant un glacier. Max (ténor), compositeur neurasthénique, s'éprend de la belle cantatrice Anita (sop.) qui devient rapidement sa maîtresse. Après quelques jours de bonheur, Anita le quitte pour aller chanter à Paris dans un opéra de Max. — 2e Tableau. Le corridor d'un grand hôtel parisien. Jonny (bar.), jeune saxophoniste noir de l'orchestre de l'hôtel, courtise la servante Yvonne (sop.). Cela ne l'empêche pas de disputer ensuite au violoniste Daniello (bar.) les faveurs d'Anita qui loge dans le même hôtel. Daniello se débarrasse de son rival en lui offrant 1 000 francs. Il aura vite fait de séduire la chanteuse qui ne lui résiste guère. Jonny, vexé, profite de leurs ébats pour dérober au virtuose son stradivarius, qu'il cache dans les bagages d'Anita. L'ivresse des sens apaisée, Anita part rejoindre Max car « il n'y a pas, il ne saurait y avoir de lendemain ! ». Après son départ, Daniello, dépité, constate le vol de son violon et fait fouiller toutes les chambres de l'hôtel. Voulant se venger d'Anita, il confie à Yvonne une bague que la chanteuse lui avait remise, avec pour mission de donner cette bague à Max qui apprendra ainsi la trahison de sa maîtresse. De son côté, Jonny suit subrepticement Anita en Suisse pour récupérer le violon.

Acte II. Même décor qu'au début puis un carrefour avec automobile et gare. La chanteuse a retrouvé Max dans son chalet. Probe et candide, le compositeur est toujours amoureux de la belle Anita qui se moque de lui en lui reprochant de ne rien comprendre à la vie. Entrée d'Yvonne qui informe Max de son infortune. Désespéré, il s'enfuit et songe au suicide. Mais les voix mystérieuses du glacier lui redonneront confiance en lui-même et il pardonnera à son amie son égarement d'un instant. Sur ces entrefaites, Jonny entre par une fenêtre du chalet et récupère le stradivarius dans les bagages d'Anita. Triomphalement, il joue des blues sur le violon volé et le voilà lancé. En peu de temps, il devient la vedette du Jonny-Jazzband qui se produit dans un hôtel alpestre. Ces concerts permettent à Daniello de localiser le violon volé. Les gendarmes sont appelés à la rescousse et la chasse à l'homme commence. Courses folles qui aboutissent à une gare où tout le monde se retrouve. Anita et Max sont prêts à partir pour l'Amérique mais les policiers ont flairé en Max le voleur présumé du stradivarius. L'instrument, déposé par Jonny dans la valise de Max, est découvert et l'innocent compositeur arrêté. Yvonne s'apprête à tout raconter à la police, mais le vindicatif Daniello veut à tout prix empêcher la mise en liberté de Max. Mal lui en prend car il perd soudain l'équilibre et tombe sur la voie, alors qu'un train entre en gare et lui passe sur le corps. Jonny met knock-out les gendarmes, récupère le stradivarius et délivre Max qui saute dans la dernière voiture du train pour Amsterdam. Et c'est l'apothéose finale de Jonny qui, juché sur un vaste globe terrestre, proclame l'avènement des temps nouveaux pendant que des annonces publicitaires s'allument dans le ciel où flotte le drapeau des États-Unis et que des girls font le tour du globe au rythme d'un charleston endiablé.

Jonny spielt auf, qui tient plus du sketch de revue que de l'opéra, servira de modèle à plusieurs essais analogues, groupés sous le terme de « Zeitoper » (opéra actuel), fondés sur la réunion d'une musique triviale et d'une technique de composition moderne. Les personnages burlesques symbolisent la modernité, tandis que la banalité du quotidien s'impose comme source d'inspiration privilégiée. Jonny, le violoniste de jazz, exprime ainsi l'aliénation et la crise des valeurs culturelles pendant les Années folles avec une forte fascination pour le mode de vie nord-américain. Après la mort de Daniello, héros déchu de l'art ancien, c'est le triomphe de Jonny, du jazz et de l'Oncle Sam, que résument les mots de la fin : « Voici le Nouveau Monde qui, passant l'océan, vient avec sa danse recueillir l'héritage de la vieille Europe. »

Musicalement, l'ouvrage est sous le signe de l'éclectisme. L'auteur y passe des imitations du style jazz (blues, shimmies, charleston), qui veulent souligner la modernité de la situation, à des passages imitant *Pelléas et Mélisande* ou à une écriture en trois octaves à la manière de Puccini. Par la suite, Křenek abandonnera le mélange de styles pour adopter le dodécaphonisme.

Bibliographie — Comptes rendus de L. VAN VASSENHOVE *in* Le Courrier Musical, 1.3.1928, de J. CHANTAVOINE *in* Le Ménestrel, 29.6.1928, de CH. TENROC *in* Le Courrier Musical, 1.7.1928 ; E. KŘENEK, Music, here and now, New York 1939 ; E. SAATHEN, E. Křenek, Munich 1959 ; W. ROGGE, E. Křeneks Opern, Wolfenbüttel, Möseler, 1970 ; TH. W. ADORNO, Křenek-Briefwechsel, éd. par W. Rogge, Francfort/M., Suhrkamp, 1974 ; H. W. SCHWAB, Jonny spielt auf, *in* Fs. A. A. Abert, Tutzing, Schneider, 1975 ; CL. MAURER ZENCK, E. Křenek, ein Komponist im Exil, Vienne, Lafite, 1980 ; O. KOLLERITSCH, Symposium E. Křenek, Vienne et Graz, UE, 1982 ; M. KELKEL, Naturalisme, vérisme et réalisme dans l'opéra, Paris, Vrin, 1984.

M. KELKEL

JOSEPH, opéra en 3 actes, livret en prose d'Alexandre Duval sur un sujet tiré de la Bible (Genèse 37-46), musique d'**Étienne Nicolas Méhul**, créé à Paris, à l'Opéra-Comique, le 17 févr. 1807. En 1810 il obtint le prix de l'Institut de France pour le meilleur ouvrage composé pour l'Opéra-Comique pendant la décennie écoulée. (Durée : 1 h 50 min environ.)

LIVRET — Acte I. Le palais de Joseph en Égypte. Joseph (haute-contre), fils de Jacob, ministre du pharaon, se lamente d'être exilé de sa patrie et de sa famille. La disette amène ses sept frères, pleins de remords de l'avoir vendu, afin de solliciter de la nourriture du ministre du pharaon. Siméon (ténor), le plus coupable, est proche de la folie car le souvenir de son crime l'accable. Aucun ne reconnaît Joseph qui, lui, sait qui ils sont et leur donne asile.

Acte II. Un camp près de Memphis. Joseph se rend au camp des Israélites pour voir son père. Il rencontre Siméon et se convainc de son repentir. Au début du jour, les Israélites prient Dieu. Encore incognito, Joseph apprend de Benjamin (sop.) que son père pense à lui sans cesse. Sur le point de révéler son identité à Jacob (bar.), il est appelé à un triomphe en son honneur.

Acte III. Le palais de Joseph. Joseph a fait venir sa famille au palais, mais bientôt leur réunion est interrompue. Utobal l'avertit que ses ennemis utilisent sa générosité envers les Israélites comme prétexte à le censurer. Joseph part pour demander la protection du pharaon. Pendant son absence, Siméon avoue à Jacob le crime de ses frères. Tous supplient son pardon sans succès jusqu'à ce que Joseph revienne et plaide pour eux. Enfin, il leur révèle qui il est. Tous sont réconciliés et glorifient Dieu.

A cause de son sujet, *Joseph* fut plus admiré que vraiment populaire en France. Ailleurs, surtout en Allemagne, il fut souvent représenté au cours du XIXe s., parfois sous forme d'oratorio. Dans le livret, Duval a simplifié l'histoire biblique et a refusé d'introduire des éléments étrangers, comme une intrigue amoureuse souvent rencontrée dans d'autres versions contemporaines écrites pour les scènes françaises. Le remords de Siméon et la piété filiale de Joseph sont dépeints d'une manière vivante quoique parfois exagérée ; le contraste entre ces rôles et la douce naïveté de Benjamin, ainsi que la dévotion des Israélites, offrait au compositeur une variété de situations et de tableaux parfaitement efficaces. Méhul y a répondu par une partition parfois austère, parfois profondément dramatique. L'ouverture donne le ton : les retards à la fin de la section initiale et les passages contrapuntiques, quasi fugués, de l'Allegro suivant sont des symboles musicaux qui annoncent le caractère sacré du sujet. L'atmosphère religieuse est exprimée le plus clairement dans le cantique *« Dieu d'Israël ! »* où le style de l'hymne a comme complément un accompagnement très léger de trompettes et de cors, ainsi que dans le premier entracte. Les deux romances, celle du jeune Benjamin, *« Ah ! lorsque la mort trop cruelle »*, et celle de Joseph quand il se souvient de sa jeunesse, *« A peine au sortir de l'enfance »*, sont délibérément mélodieuses, simples, presque folkloriques ; elles sont devenues les morceaux les plus populaires de l'opéra et furent souvent utilisées comme thèmes à des variations d'autres compositeurs. La mélodie large et noble de *« Champs paternels »* lui a assuré une place dans le répertoire de concert des ténors français pendant le XIXe siècle. Le talent de Méhul se révèle surtout dans les finales des actes I et II, dans une musique fortement dramatique où les caractères en conflit sont bien rendus par les voix, où les émotions sont fortes et où le rôle de l'orchestre est important. La partition de *Joseph* convient admirablement au sujet.

Sources — **a)** Manuscrits autographes : Paris, BN, Ms. 2290 (opéra incomplet) ; Paris, Bibl. de l'Opéra, Rés. A 677 d (ouverture). — **b)** Imprimés : Paris, Magasin de musique, [1807] (partition et parties instrumentales).

Rééditions modernes — Par CH. ROSEN, *in* Early romantic opera, vol. 41, New York, Garland, 1979.

Bibliographie — H. BERLIOZ, Les soirées de l'orchestre, Paris 1852, rééd. par L. Guichard, Paris, Gründ et CNRS, 1968 ; J.-B. WECKERLIN, Les quatre versions de la romance de Joseph, opéra de Méhul, *in* Revue et Gazette Musicale de Paris XLII/32, 1875 ; A. POUGIN, Méhul : sa vie, son génie, son caractère, Paris 1889, rééd. en facs. Genève, Minkoff, 1973 ; du même, Notice sur Méhul par Cherubini, *in* RMI XVI/4, 1909 ; E. DENT, The Rise of Romantic Opera, éd. par W. Dean, Cambridge, CUP, 1976 ; M. E. C. BARTLET, E. N. Méhul and opera during the French Revolution, Consulate and Empire : a source, archival, and stylistic study (diss. Univ. of Chicago, 1982).

M. E. C. BARTLET

JOSUÉ, histoire sacrée de **Marc-Antoine Charpentier** pour 8 soli (2 dessus, haute-contre, 3 ténors, 2 basses), 2 chœurs à 4 voix, 2 orch. à 4 parties de cordes et b.c., sur un livret en latin d'auteur inconnu, écrite probablement dans les années 1680 pour la chapelle du dauphin ou pour l'église Saint-Louis, principale église jésuite de Paris (Paris, BN, Rés. Vm[1] 259, cahier 34, vol. XI, f° 23-36 v). Le texte emprunte à l'Ancien Testament (Josué, chap. 10) la relation du combat où Josué (ténor), chef des Israélites, vainquit Adonisedec (basse), roi de Jérusalem, devant la ville de Gabaon. (Durée : 15 min environ.)

Cette courte œuvre paraliturgique se divise en deux parties : le récit de la bataille suivi d'un commentaire allégorique. Elle s'ouvre sur un prélude à 8 instruments, répartis en premier et second chœur. Lui font suite plusieurs récitatifs réservés au narrateur (ou historicus), deux airs, 1. celui d'Adonisedec préparant ses troupes au combat sur *« Venite, currite, volate »* (Venez, courez, volez) où des mélismes de caractère dramatique sont associés à une fanfare éclatante, 2. un trio d'israélites, *« Non fuit ante »* (Il ne fut pas), remerciant Dieu pour son aide ; des chœurs qui se font narrateur ou acteur du drame avant de s'achever sur un « chorus fideliorum » à 8 parties, *« Laudate Dominum »* (Louez Dieu), où, associés à la lune et au soleil (2 dessus), les fidèles de Josué rendent gloire à Dieu dans une grande exubérance mélodique. L'expression dramatique du texte est renforcée par la mise en valeur de mots importants, l'utilisation exceptionnelle pour l'époque d'indications dynamiques (Doux, Fort à la mes. 140) et l'emploi de figuralismes variés (vocalises ascendantes sur « volate » [volez], mes. 72 ; longue note pédale de 5 mesures décrivant l'immobilité du soleil, mes. 140). M.-A. Charpentier porte une attention particulière à l'éthos des modes et des tons. *Sol* maj., Doucement joyeux, domine toute l'œuvre, soulignant le calme des israélites et s'opposant à *do* maj., Gay et guerrier, ton d'Adonisedec et des Amorrites, ainsi qu'à *ré* maj., Joyeux et très guerrier, ton du combat. Plus développés ici que dans la plupart des autres histoires sacrées de Charpentier, les chœurs sont utilisés de façon théâtrale, décrivant jusqu'au combat où s'opposent deux masses chorales, le « chorus Amorrhaeorum » et le « chorus filiorum Israel » sur *« In media coeli sol »* (Au milieu du ciel, le soleil). Par le traitement contrapuntique du texte, l'harmonie s'efface parfois au profit du jeu linéaire des voix (mes. 312 p. ex.). Dans cet exercice spirituel au texte allégorique et narratif, se prêtant peu aux dialogues, M.-A. Charpentier exploite surtout les possibilités dramatiques du chœur. En l'utilisant pour de longues périodes musicales, il lui donne ainsi un rôle de premier plan que ni son maître G. Carissimi ni ses contemporains n'avaient envisagé.

Bibliographie — J. E. CHAMPION, M.-A. Charpentier's oratorio Josue (diss. Univ. of Texas, Austin, 1979) ; H. W. HITCHCOCK, Les œuvres de M.-A. Charpentier, Paris, Picard, 1982, n° 404, p. 301.

A. FIASCHI

(LE) JOUEUR (*Igrok*), opéra en 4 actes et 6 tableaux, livret — d'après la nouvelle de F. Dostoïevski — et musique de **Sergueï Prokofiev**. La 1re version fut composée en 1915-16. Albert Coates, qui venait de prendre la direction du Théâtre Mariinski de Saint-Pétersbourg, avait encouragé Prokofiev à écrire l'ouvrage, mais la représentation ne put avoir lieu à cause de la Révolution. En 1927-28, alors qu'il se trouvait en Occident, Prokofiev réorchestra et remania sa partition. La 1re exécution eut lieu en français, à Bruxelles, au Théâtre royal de la Monnaie, le 29 avril 1929, avec Mmes Leblanc (Pauline), Henri (Blanche), Ballard (Baboulinka), MM. Lens (Alexeï), Iovanovitch (le Général), Colonne (Astley), sous la dir. de Corneil de Thoran.

LIVRET — L'action se passe en 1865 dans la ville imaginaire de Roulettenburg, près de Spa. — Acte I. Dans le jardin d'un hôtel de la ville de Roulettenburg. Une brève conversation entre le jeune Alexeï (ténor) et Pauline (sop.) nous apprend que la jeune fille lui avait confié des bijoux qu'il a perdus à la roulette. Arrive le Général (basse), père adoptif de Pauline, chez lequel Alexeï travaille comme précepteur ; il est accompagné de Blanche (contralto), une « demi-mondaine », d'un Anglais, Mr. Astley (bar.) et d'un Marquis (ténor). Le Général vient de recevoir un télégramme lui annonçant que sa vieille tante Baboulinka est très malade. Faisant semblant d'être triste, il ne pense qu'à l'héritage. Alexeï tient des propos sans indulgence envers les gens qui vivent pour amasser l'argent. Son dialogue avec Pauline révèle que cette dernière connaît les sentiments que lui porte le jeune homme ; de plus, Alexeï est persuadé qu'il réussira à gagner à la roulette. Le Général reparaît en compagnie du Marquis qui lui prête une importante somme d'argent. Restée de nouveau seule avec Alexeï, Pauline le traite avec mépris puis, pour se moquer de lui, lui suggère de faire la cour à la vieille baronne Wurmerhelm : ridiculisé, Alexeï obtempère.

Acte II. Dans le hall du Grand Hôtel-Casino. Le Général réprimande Alexeï pour son comportement ; il redoute un scandale avec le baron Wurmerhelm (basse). Mais Alexeï, entêté, ne veut rien entendre. Le Général demande conseil au Marquis. De son côté, Mr. Astley explique à Alexeï que le Général veut épouser Blanche, et qu'il n'attend plus pour cela que la mort de Baboulinka et l'héritage. Alexeï est persuadé que Blanche ne fera aucun cas du Général et qu'elle a jeté son dévolu sur le Marquis. Ce dernier s'efforce à son tour de raisonner Alexeï pour éviter tout scandale avec le Baron ; il lui remet une lettre de Blanche qui lui ordonne la même chose. Alexeï se soumet, troublé de voir l'influence que le Marquis a pu exercer sur Pauline. Alors que le Marquis, le Général et Blanche expriment leur satisfaction, surgit soudain, dans une chaise à porteurs, Baboulinka (mezzo-sop.) qu'on croyait moribonde. Stupeur générale. Baboulinka, en excellente santé, parfaitement lucide, traite le Général, le Marquis et Blanche avec une dureté sarcastique, mais montre de la gentillesse envers Alexeï et Pauline. « Quant à toi, je ne te donnerai pas d'argent », déclare-t-elle au Général médusé.

Acte III. Dans un salon près de la salle de jeu. Le Général est pris de panique car Baboulinka, en proie à la fièvre du jeu, est en train de perdre tout son argent à la roulette, ce que vient lui confirmer le Marquis. Blanche se moque du Général ; ils se disputent. Tous supplient Alexeï d'essayer de raisonner la vieille. Le prince Nilski (ténor) annonce que Baboulinka a perdu 100 000 roubles. Le Général et le Marquis se précipitent dans la salle de jeu, tandis que Blanche commence à faire la coquette avec le vieux prince. Alexeï demande à Pauline pourquoi elle n'est pas avec le Marquis. « Parce que c'est une canaille », répond-elle. On amène enfin Baboulinka, qui a perdu tout son argent au jeu. Comme il lui reste encore plusieurs maisons et propriétés, cette perte ne l'a nullement troublée. Pauline et Alexeï la suivent dans sa chambre. Lorsque le Général veut s'y rendre à son tour, le domestique Potapytch (bar.) lui barre le chemin. Le militaire n'a plus qu'à faire le bilan de tous les désastres qu'il vient de subir.

Acte IV. 1er Tableau. Dans la chambre d'Alexeï. Pauline montre à Alexeï une lettre du Marquis qui vient de partir. Il déclare avec mépris faire cadeau au Général de l'argent que celui-ci a emprunté, tout en précisant qu'une partie de la somme appartient à Pauline. Les jeunes gens décident de rendre coûte que coûte l'argent au Marquis. Pour ce faire, Alexeï tentera sa chance au jeu. — 2e Tableau. Dans la salle de jeu en pleine effervescence, de nombreux joueurs s'affrontent. Alexeï, porté par une chance qui commence à inquiéter tout le monde, gagne des sommes fabuleuses. — 3e Tableau. Dans la chambre d'Alexeï. Ivre d'avoir tant gagné, Alexeï offre l'argent à Pauline, pour rembourser le Marquis. « Vous m'en donnez trop, réplique Pauline, la maîtresse du Marquis ne vaut pas tant d'argent. » Crise de larmes, puis apaisement provisoire et trompeur se succèdent. Finalement, Pauline réclame l'argent à Alexeï et, l'ayant reçu, lui jette les billets au visage avant de s'enfuir. Il reste seul, au bord de la démence. Ses dernières pensées sont pour le jeu et la chance qu'il a eue.

Le thème du jeu est russe par essence, et Prokofiev, quoique dans une moindre mesure que Dostoeïvski, cédait volontiers à cette passion. *Le Joueur* possède cependant la réputation, assez justifiée, d'être un ouvrage aride. La majorité des scènes sont des dialogues récitatifs, certes intéressants par leur fidélité aux intonations de la parole — en cela Prokofiev est directement tributaire de Moussorgski —, mais engendrant une certaine monotonie. Les moments d'action ou de tension psychologique sont généralement concentrés vers la fin des tableaux. Incontestablement très réussie, la scène dans la salle de jeu se déroule dans un climat enfiévré ; le compositeur y révèle son sens de l'observation des détails concrets et des comportements. L'invention mélodique est intermittente, la mélodie s'épanouissant plutôt dans les scènes entre Alexeï et Pauline, et surtout dans les monologues de Baboulinka. Avec sa saine rusticité, sa franchise directe, aux antipodes de l'hypocrisie calculatrice ambiante, ce personnage tranche sur les autres, semblant issu d'un autre univers ; sa partie vocale est d'ailleurs la seule à posséder des mélodies aux intonations populaires. Par son harmonie qui cultive la dissonance, par son orchestration souvent violente et crue et, de façon générale, par sa présentation de types psychologiques négatifs voire pathologiques, *Le Joueur* se rapproche de l'esthétique expressionniste.

Éditions et rééditions — Vers. de 1916 : Petrograd, édition du Théâtre Mariinski (lithographie), 1917 (réd. cht et p.). — Vers. de 1928 : Paris, Éditions russes de musique, 1930 (réd. cht et p., texte fr. de P. Spaak, texte all. de G. von Festenberg) ; rééd. Moscou, Mouzyka, 1967, 2/1981.

Bibliographie — E. Mnatsakanova. Quelques notes sur l'opéra « Le Joueur », *in* Mouzyka i Sovremennost III, 1965 (en russe) ; H. Robinson, Dostoevsky and Opera : Prokofiev's The Gambler, *in* MQ LXX/1, 1984 : voir aussi la bibliogr. des art. *(L') Amour des trois oranges* et *(L') Ange de feu.*

A. Lischke

« Jouissance vous donneray », chanson de **Claudin de Sermisy**, voir « Jouyssance vous donneray ».

« Jouissance vous donneray », chanson à 5 voix d'**Adrien Willaert**. Ce texte de Clément Marot avait déjà été mis en musique par Cl. de Sermisy dans les *Chansons nouvelles* de 1527 (à 4 voix). La chanson à 5 voix de Willaert est l'une des nombreuses versions qui en sont issues. Publiée pour la première fois à Augsbourg en 1540, dans la grosse anthologie des *Selectissimae necnon familiarissimae cantiones*, elle sera rééditée dans le → *Mellange de chansons* d'A. Le Roy et R. Ballard, en 1560 et 1572.

A la légèreté de la chanson de Sermisy, essentiellement homophone, Willaert oppose une polyphonie très élaborée, dans un contrepoint en imitations constantes, dont les phrases s'enchaînent les unes aux autres dans des tuilages incessants. De la chanson de 1527, Willaert, comme le fait aussi N. Gombert (à 6 voix) et comme le fera aussi Thoinot Arbeau dans sa basse-danse, retient le ténor qu'il transpose une quarte plus bas, en *ré*. Cette mélodie est exposée en entier à la partie du ténor, par fragments relativement éloignés les uns des autres, laissant ainsi épisodiquement le sujet à l'une ou l'autre des voix, principalement le bassus et la « quinta pars ». Le supérius ne participe à ce jeu que dans une brève imitation anticipée, au début. Pendant ces moments de répit, le ténor rejoint le contrepoint des autres voix qui engendre ses propres motifs travaillés en imitation. Si l'on y décèle de temps à autre un sujet issu du ténor de Sermisy, il est en général déplacé comme contre-sujet du ténor. C'est donc un tissu contrapuntique assez indépendant qui entoure la mélodie du ténor, dans une polyphonie qui s'apparente ainsi au « Tenorlied » germanique.

Après **M. Newsidler** qui en publie une tablature de luth en 1566, cette chanson gagna les faveurs des instrumentistes italiens : **Dalla Casa** la traite en diminutions virtuoses, avec d'autres chansons franco-flamandes (en 1584), alors qu'elle apparaît comme « canzon per sonar con ogni sorte di stromenti » chez **Giacomo Vicenti** (1588). En 1599, encore, on en trouve une tablature de luth, par **Terzi**.

Rééditions modernes — Par R. Erig et V. Gutmann, *in* Italienische Diminutionen, Zurich, Amadeus Verlag, B. Päuler, 1979 ; par C. Jacobs, *in* Le Roy & Ballard's 1572 Mellange de chansons, University Park, The Pennsylvania State Univ. Press, 1982.

Bibliographie — D. Bartha, Probleme der Chansongeschichte im 16. Jh., *in* ZfMw XIII, 1931 ; E. Hertzmann, A. Willaert in der weltlichen Vokalmusik seiner Zeit, Leipzig 1931 ; G. Reese, Music in the Renaissance, New York, Norton, 1954, 2/1959.

J.-P. Ouvrard

Journal d'un disparu (*Zápisník zmizelého*), cycle de 22 chants pour ténor et alto soli, 3 voix de femmes (S S A) et piano de **Leoš Janáček**, composé à Brno entre sept. 1917 et le 6 juin 1919, version définitive datée du 23 nov. 1921, créé à la Redoute de Brno, le 18 avril 1921, par Karel Zavřel (ténor), Ludmila Kvapilová-Kudláčková (alto) et Břetislav Bakala (piano) ; 1re représentation scénique à Ljubljana, le 28 oct. 1926. En 1943, l'œuvre fut orchestrée par Ota Zítek et Václav Sedláček et représentée sous cette forme à Plzeň, le 26 juin 1943. Le 5 sept. 1945, Zítek en fit une adaptation pour cordes. Par la suite, Claudio Abbado réalisa une nouvelle version orchestrale d'après Zítek et Sedláček. (Brno, Pazdírek, 1921, puis Prague, Státní Nakladatelství, 1953 ; durée : 40 min environ.)

Les poèmes « d'un disparu », un jeune paysan autodidacte signant des initiales J.D., sont écrits en dialecte valaque. Selon G. Erismann, il s'agirait d'une supercherie et leur véritable auteur serait Jan Misárek. Ils racontent les amours du paysan Janik, littéralement envoûté par la jeune, belle et impudique tzigane Zefka. Il la rejoint tous les soirs et voudrait que la nuit dure l'éternité. L'aguichante tzigane est bientôt enceinte. Janik, voulant expier sa faute, quitte ses parents et son village avec Zefka portant son fils dans ses bras.

L'histoire de Janik correspond par certains côtés à la propre existence de Janáček, amoureux de Kamila Stösslová, sa cadette de trente-huit ans, qu'il assimile à la tzigane aux tresses noires du poème. Parce qu'il achevait d'autres compositions (*Les Excursions de M. Brouček*, le poème symphonique *Taras Bulba*), Janáček mit près de deux ans à composer ce *Journal*, qu'il rangea aussitôt dans un coffre, estimant sans doute que l'œuvre était inchantable ou que le parallèle avec Kamila était trop transparent (en tchèque, le jeune paysan du *Journal* se nomme Janíček, avec tous ses diminutifs : Janíčku, Janku, Jan).

Davantage qu'un cycle vocal, Janáček a réalisé un opéra de chambre à deux personnages. Quelques indications sur la partition apportent des éléments de mise en scène. Le musicien désirait que l'œuvre soit chantée dans une pénombre soulignée d'un éclairage rougeâtre pour renforcer l'atmosphère érotique. Zefka devait apparaître au cours du septième morceau et disparaître discrètement pendant le onzième. Les trois femmes, dissimulées derrière la scène et intervenant épisodiquement aux moments fatidiques (9e et 10e pièce) doivent chanter d'une manière presque inaudible. Janáček réunit en un seul les poèmes 10 et 11, mais traduit les points de suspension, si chargés de sens (l'accomplissement amoureux), par un interlude pianistique (n° 13), brûlant et lancinant par son motif unique, mais s'achevant dans la douceur.

Le piano joue un rôle essentiel, comparable à celui que joue l'orchestre dans les opéras de Janáček. Il « confirme la déclamation plus qu'[il] ne l'accompagne et brosse le décor » (G. Erismann). Les poèmes sont regroupés en tableaux séparés par de longues pauses : poèmes 1-6 (monologue alternativement impétueux, ardent, inquiet et tendre de Janik), 7-11 (entrée et départ de la tzigane ; en réalité : poèmes 7-12 de l'auteur inconnu), 12-16 (l'accomplissement et le secret), 16-18 (que faire ?), 19 (la transformation de Janik), 20-21 (la décision), 22 (le départ).

Cette partition, d'une grande variété d'expression, trouve son unité grâce à la présence continuelle d'une cellule mélodique composée d'une quarte juste et d'une seconde majeure (avec ses différentes combinaisons) :

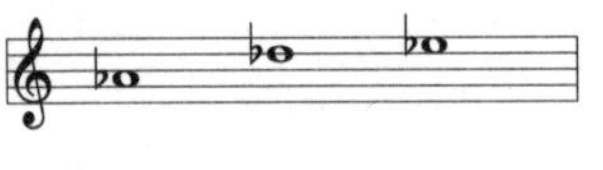

Certaines tournures mélodiques réapparaissent d'une manière symbolique et cyclique tout au long de l'ouvrage, comme cette courbe qui semble traduire la passion angoissée du jeune homme :

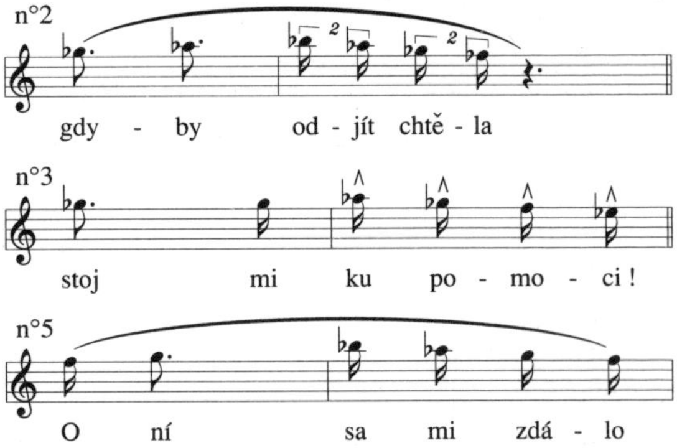

Quand le besoin s'en fait sentir, Janáček n'hésite pas à employer la gamme par tons (n° 2), une échelle pentaphone (n° 19), des accents et des rythmes tziganes (nos 10, 20), des harmonies « impressionnistes » (n° 10), des phrases romantiques (nos 14, 22), un style vocal et instrumental « réalistes » (nos 5, 10, 16, 17). A plus de 60 ans, le musicien avait retrouvé la jeunesse de cœur, « une joie de vivre et de créer, une robustesse, un bouillonnement » qui avaient frappé R. Rolland. Les états d'âmes de Janik, exprimés avec une passion frémissante dans ce chef-d'œuvre, sont bien ceux de Janáček : halètement lyrique du début, trouble qui s'empare du jeune homme au cours de la merveilleuse scène de la séduction, clé de voûte de la partition, virile résolution traduite par une montée de la voix jusqu'à un resplendissant contre-*ut* final, le piano concluant seul, en apothéose.

Bibliographie — D. Muller, L. Janáček, Paris 1930, 2/Paris, Éd. d'Aujourd'hui, 1975, pp. 68-72 ; J. Šeda, L. Janáček, Prague, Orbis, 1956 (en fr.), 4/1971 ; K. Holl, L. Janáček und sein Tagebuch eines Verschollenen, *in* NZfM, janv. 1962 ; H. Hollander, L. Janáček : his life and works, New York, St Martin's Press, et Londres, Calder, 1963 ; R. Rolland, Un beau visage à tous sens (lettre à H. Prunières, 9 oct. 1924), *in* Cahiers R. Rolland, n° 17, Paris, A. Michel, 1967 ; G. Erismann, Janáček ou la passion de la vérité, Paris, Éd. du Seuil, 1980, pp. 165-170 ; I. Horsbrugh, L. Jánaček. The field that prospered, New York, Scribner, et Londres, David & Charles, 1981.

Chr. Goubault

« Jouyssance vous donneray », chanson à 4 voix de **Claudin de Sermisy**, dont la présence particulièrement notable dans les domaines musical, littéraire et iconographique au cours du XVIe s. témoigne de sa popularité.

Le texte, une chanson de Clément Marot, paraît dans l'*Adolescence Clémentine* (1532), presque cinq ans après l'édition musicale des *Chansons nouvelles en musique* (Paris, Attaingnant, 1527) : l'édition littéraire comporte deux strophes de 6 vers octosyllabiques dont seule la première figure dans la source musicale, avec quelques variantes d'ailleurs. Une autre source manuscrite (La Haye, Ms. 74. H. 7) associe à une partie de ténor une 3e strophe, « Responce de Joyssanche » par l'amant, témoignage, parmi d'autres, d'une théâtralisation de la chanson dont le théâtre de Marguerite de Navarre se fait aussi l'écho. La polyphonie de Sermisy est ici tout à fait typique des « chansons nouvelles » : le contrepoint note contre note y prédomine, polyphoniquement et mélismatiquement, animé, comme dans la dernière phrase, reprise de la 3e conformément à la structure des rimes. La strophe se trouve ainsi ponctuée en deux parties qui coïncident avec l'organisation syntaxique : ABCDEC. Le ténor y est manifestement la mélodie conductrice principale, comme en témoigne la majorité des réemplois ultérieurs : ainsi c'est lui qui est adapté en basse-danse dans l'*Orchésographie* de **Thoinot Arbeau** (1589). C'est aussi à partir du ténor de Claudin que les polyphonistes flamands **N. Gombert** et **A. Willaert** récrivent leurs paraphrases, respectivement à 6 et 5 voix.

On en trouve aussi des versions plus réduites, en « bicinium » (A. Gardane, 1539 et Munich, Ms. 260) ou « tricinium » (G. de Turnhout, 1574). Attaingnant lui-même, dès 1529 (→ *Très brève et familière introduction...*), en donne deux adaptations : pour voix et luth et pour luth seul. Cette interprétation, coutumière dans les pratiques du temps, est à rapprocher d'un tableau du Maître des demi-figures qui représente une jeune femme jouant cette chanson au luth. Dans un autre tableau du même maître, c'est une jeune femme qui chante *« Jouyssance »* « sur le livre », accompagnée de deux autres, au luth et à la flûte. A la version pour luth, Attaingnant ajoute une transcription pour les claviers, en 1531 (*Vingt et six chansons* [...] *réduictes...*). Phalèse en publie également une tablature de luth (1546), cependant que d'autres instrumentistes plus jeunes s'intéresseront davantage à la version de Willaert. Avec une telle popularité, la chanson de Sermisy n'échappe pas à la pratique du timbre. Les usages en sont multiples, en effet, depuis Marguerite de Navarre (*Comédie sur le trespas du Roy*) jusqu'aux cantiques et psaumes huguenots (Beaulieu, 1546 ; Malingre, 1533 ; Marot, 1541) en passant par les chansons antiprotestantes (*Recueil* de Christofle) et les *Noëls nouveaux en poetevin* (*« Resjouyssance meneray »*). **Certon**, enfin, s'en inspire dans une *Messe « super Jouissance »*, publiée à Lyon, chez J. Moderne, en 1540.

Rééditions modernes — Par W. BRENNECKE, *in* Carmina germanica et gallica, Hortus mus., n° 137-138, Kassel, BV, 1956-57 ; par A. SEAY, *in* P. Attaingnant. Transcription of chansons for keyboard, CMM 20, Amer. Inst. of Musicology, 1961 ; par D. HEARTZ, *in* Préludes, Chansons and Dances for Lute Published by P. Attaingnant, Paris (1529-1530), Neuilly, Soc. de Musique d'Autrefois, 1964 ; par I. CAZEAUX, *in* Cl. de Sermisy. Opera Omnia III, CMM 52, Amer. Inst. of Musicology, 1974 ; par B. THOMAS, *in* Cl. de Sermisy. Fifteen Chansons, Londres, Pro Musica Ed., 1976 ; par FR. DOBBINS, *in* The Oxford Book of French Chansons, Londres, OUP, 1987.

Bibliographie — FR. LESURE, Autour de Cl. Marot et de ses musiciens, *in* RMie XXIII, 1951 ; G. REESE, Music in the Renaissance, New York, Norton, 1954, 2/1959 ; A. J. PARKINSON, A Chanson by Cl. de Sermisy, *in* ML XXXIX, 1958 ; I. CAZEAUX, The secular music of Cl. de Sermisy (diss. New York, Columbia Univ., 1961) ; H. M. BROWN, Music in the French secular theater, 1400-1550, Cambridge (Mass.), Harvard Univ. Press, 1963 ; D. HEARTZ, Mary Magdalen, lutenist, *in* Journal of the Lute Soc. of America V, 1972 ; H. C. COLIN SLIM, Mary Magdalene, mondaine musicale, *in* IMS. Report of the 12th Congress, Berkeley 1977, Kassel, BV, 1981 ; J.-P. OUVRARD, La chanson polyphonique française du XVIe s., Paris et Dijon, ASSECARM, 1983 ; H. C. SLIM, Paintings of Lady Concerts and the Transmission of Jouissance vous donneray, *in* Imago Musicae I, 1984.

J.-P. OUVRARD

(LES) JOYAUX DE LA MADONE, opéra d'**Ermanno Wolf-Ferrari**, voir (I) GIOIELLI DELLA MADONNA.

(LES) JOYEUSES COMMÈRES DE WINDSOR, opéra d'**Otto Nicolai**, voir (DIE) LUSTIGEN WEIBER VON WINDSOR.

« JUBILATE DEO, OMNIS TERRA » (Acclamez Dieu, toute la terre), motet à double chœur (8 voix) de **Giovanni Pierluigi da Palestrina**, publié dans *Johannis Petraloysii Praenestini motettorum* [...] *liber tertius* (Venise, Scotto, 1575).

Pour ce Psaume 99 (100), dont les premières paroles disent assez le caractère, les deux chœurs se répondent en un chant vif et joyeux. Une idée rythmique comportant une valeur pointée, souvent sautillante, apparaît très tôt et revient comme un refrain pour scander des mots exprimant la joie : « in laetitia », « exsultatio ». Puis ce sont des vocalises d'allure presque instrumentale : enfin tout s'élargit en rythme ternaire à 3/4 pour chanter un *« Gloria Patri »* dont les syllabes sont clairement détaillées en style homophonique. Cette fin est reprise comme elle l'était dans les chansons de la Renaissance, avec un nouvel élargissement du rythme, qui passe de 3/4 à 3/2, à la manière des dernières mesures d'une danse.

Rééditions modernes — Par T. DE WITT, *in* G. P. da Palestrinas Werke III, Leipzig, Br. & H., s.d. ; par R. CASIMIRI, *in* G. P. da Palestrina, Le opere complete VIII, Rome, Fratelli Scalera, 1940.

M. BRUNERYE

« JUBILATE DEO, OMNIS TERRA », grand motet sur le texte du Psaume 99 (100) de **Michel-Richard Delalande** (S 9) pour 2 sop., 2 hautes-contre, 2 ténors et bar. soli, gd chœur à 6 voix (S S A T Bar B), htb., 2 parties de vl., 3 parties d'alto et b.c., écrit pour la Chapelle royale de Versailles et inclus dans les volumes in-folio copiés en 1689-90 par Philidor l'Aîné et ses aides (Versailles, bibl. municipale). C'est l'une des plus colorées et des plus avancées parmi les œuvres anciennes du compositeur, un produit de son activité fébrile lors de ses premières années à la Chapelle royale.

1. Le motet s'ouvre par l'introduction orchestrale habituelle, comportant un motif également utilisé dans le premier solo de soprano, *« Jubilate Deo »*, et le grand chœur qui suit.

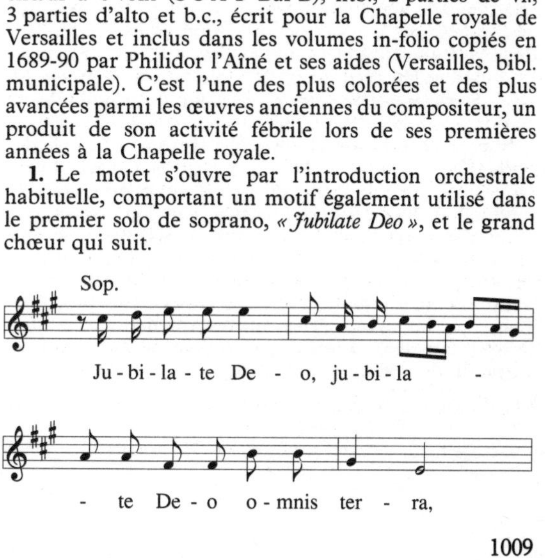

Ce chœur est de forme ternaire, avec une partie centrale où le hautbois solo enjolive le passage réservé aux voix solistes ; on y trouve de nombreux effets de concertino/ripieno entre les différentes voix du petit chœur et le grand chœur dans l'exposition et la récapitulation. **2.** *« Scitote quoniam Dominus... »* (Reconnaissez que le Seigneur est le vrai Dieu) est un récit noble accompagné par l'orchestre à 6, dans un style pointé **A**. **3.** *« Populus ejus, et oves pascuae ejus... »* (Nous sommes son peuple, les brebis qu'il élève dans son pâturage) est un trio pour 2 sop. et haute-contre, en style de pastorale, typique des trios de voix élevées employés dans de nombreux motets pour faire contraste avec le grand chœur. L'accompagnement est écrit pour deux groupes d'instruments, l'un accompagnant les voix, l'autre assurant les interludes entre les sections vocales. Le mouvement final **4.** *« Laudate nomen ejus »* (Célébrez son nom) commence par un solo de ténor suivi par le grand chœur ; lors du verset final, *« Et usque in generationem »* (De génération en génération), la mesure devient ternaire, commençant par le petit chœur à 3 et menant à une conclusion enjouée.

Rééditions modernes — Par L. SAWKINS, Stuttgart, Carus Verlag, 1985.

Bibliographie — Voir celle de l'art. *« Cantate Domino »* de M.-R. Delalande.

L. SAWKINS

« JUBILATE DOMINO » (Célébrez le Seigneur), cantate de **Dietrich Buxtehude**, pour voix d'alto (haute-contre), viole de gambe et basse continue. (Durée : 9 min environ.) Le bref texte, emprunté au Psaume 98 (versets 4-6), invite le croyant à louer Dieu au son des instruments. D'où l'importance de la partie de viole de gambe, traitée dans un style brillant, très souvent en solo, et dont le rôle est équivalent à celui de la partie vocale. Cette importance s'affirme notamment dans la « sonata » introductive, Allegro, construite en fugato à 2 voix (viole et b.c.). La suite se subdivise en trois airs séparés entre eux par quelques mesures libres de transition. Le premier air maintient la mesure à 4/4 de l'introduction et se caractérise par l'emploi de vocalises en tant que figuralisme soulignant les mots « jubilate » (célébrez) et « cantate » (chantez). Le second air, *« Psallite Domino cithara »* (Acclamez le Seigneur au son de la cithare), adopte une allure dansante à 6/8 et oppose l'antécédent descendant de la voix au conséquent de la viole en forme de gamme ascendante. Un récitatif de la viole amène le troisième air, *« In buccinis et voce tubae »* (Au son des trompettes et clairons), qui revient à la mesure binaire (4/4) et dont le thème en accord brisé et notes répétées imite le style des sonneries de fanfare. Dans l'ensemble, cette œuvre remarquable à tout point de vue se singularise dans la production vocale de Buxtehude par son aspect très prononcé de musique de chambre (le recours à un seul instrument en plus de la basse continue est exceptionnel) qui l'apparente de près aux sonates en trio du même compositeur. Elle a de ce fait été conçue très probablement pour un usage privé, ou éventuellement comme accompagnement musical de la communion dans la liturgie luthérienne.

Éditions — Par W. GURLITT, *in* D. Buxtehudes Werke II, Klecken, Ugrino, 1926 (n° 19) ; éd. séparée Kassel, BV.

Bibliographie — Voir celle de l'art. *« Ich bin die Auferstehung »*.

J. VIRET

JUDAS MACCABAEUS (Judas Macchabée), oratorio en 3 actes de **Georg Friedrich Haendel**, sur un texte du révérend Thomas Morell, chargé de cours au King's College de Cambridge, d'après le livre biblique apocryphe I Macchabées 2-8, avec des adjonctions des *Antiquités des Juifs* (12, 6-10) de Flavius Josèphe, écrit pour sop., mezzo-sop., ténor et basse soli, chœur à 5 voix (S S A T B) et orchestre (2 fl. à bec, 2 fl. trav., 2 htb., 2 bassons, 2 cors, 3 trp., timb., cordes, orgue et clv.), composé du 8 ou 9 juil. 1746 au 11 août de la même année, exécuté pour la 1re fois à Londres, au Théâtre royal de Covent Garden, le 1er avril 1747, avec John Beard (Judas Macchabée), Henry Theodore Reinhold (Simon et Eupolème), Elisabeth De Gambarini (une femme juive), Caterini Ruini Galli (un Israélite, une 2e femme juive, un prêtre), sous la dir. de l'auteur. (Durée : 2 h 50 min environ.)

Le succès de l'œuvre, qui avait été donnée avec un nouveau *Concerto a due cori*, en *fa* maj. (HWN 334), fut instantané, et *Judas Macchabée* fut redonné le 8 avril 1747 sous la forme d'un nouvel oratorio avec des adjonctions. Il fut exécuté en tout 6 fois durant la saison. Haendel ne le conduisit pas moins de 33 fois durant les 12 dernières années de sa vie, révisant constamment la partition, supprimant ou ajoutant des numéros. Bien que bâti sur un thème de la libération d'Israël, l'oratorio doit son origine à la victoire de William, duc de Cumberland, sur le prétendant Charles Edouard Stuart à la bataille de Culloden, le 16 avril 1746. Morell dédia le livret imprimé au duc de Cumberland et écrivit plus tard que *Judas Macchabée* avait été destiné à être adressé au duc comme un hommage à l'occasion de son retour victorieux d'Écosse. Newman Flower a suggéré que l'œuvre aurait pu avoir été écrite à l'intention des juifs de Londres, car sans eux Cumberland risquait la catastrophe avant même de pouvoir réunir une force militaire suffisante. La contribution juive au commerce et aux institutions bancaires étant indispensable à la prospérité du pays, le choix du sujet était une façon de rendre les honneurs autant à un héros militaire qu'à un groupe minoritaire méritant.

Judas Macchabée n'a pas d'action véritable et est plus épique que dramatique. Les caractères sont rudimentaires ; le livret offre peu de construction dramatique, et Haendel l'a conçu comme une série de tableaux contrastés. Judas, son frère Simon et Eupolème sont les seuls personnages nommés. C'est dans les chœurs que Haendel établit l'atmosphère et par eux qu'il fait progresser le drame. N'ayant guère besoin de récitatifs dans ces circonstances, Haendel composa un nombre exceptionnellement grand de duos, beaucoup plus que dans ses autres oratorios. Certains d'entre eux sont particulièrement remarquables. Lors de sa première représentation, l'œuvre comprenait 17 arias, 3 récitatifs accompagnés, 5 duos et 15 chœurs, dont presque la moitié sont des continuations d'arias ou de duos. La seule pièce instrumentale était l'ouverture à la française. La partition utilisée habituellement de nos jours inclut 4 numéros que Haendel composa à l'origine pour d'autres oratorios. L'aria *« O liberty, thou choicest treasure »* (O liberté, ton trésor préféré, acte I) provient de l'*Occasional Oratorio* (1746). Dans l'acte II, le duo et chœur *« Sion now her head shall raise »* (Sion maintenant pourra lever la tête) fut ajouté à *Esther* pour l'exécution de 1757 et à *Judas Macchabée* probablement en 1758. *« Wise men, flattering »* (Sages, flattant) fut ajoutée à *Belshazzar* en févr. 1758 et un mois plus tard à *Judas Macchabée*. Dans l'acte III, la section *« See the conquering hero comes »* (Vois le héros victorieux arrive) et la Marche qui suit sont la partie la plus connue de l'oratorio, bien qu'elles ne figurassent pas dans l'ouvrage lors de sa première représentation ; elles furent composées pour *Joshua* en 1747. Depuis l'époque de Haendel, *Judas Macchabée* a toujours compté parmi ses oratorios les plus populaires.

L'acte I débute par une scène de lamentation sur la mort de Mattathias, le père de Judas, contenant certaines des plus belles pages de l'oratorio, surtout le chœur d'ouverture *« Mourn, ye afflicted children »* (Pleurez, enfants affligés), un largo en *do* min. dans le style d'une marche funèbre où le mot « mourn » est fréquemment souligné par de longues tenues. Un court récitatif introduit le duo *« From this dread scene »* (De cette scène épouvantable), une pièce saisissante avec de larges intervalles dans la ligne mélodique et un emploi du contrepoint double entre les voix solistes. Le bref chœur suivant, *« For Sion lamentation make »* (Pour Sion lamente-toi), avec son accompagnement de bassons, est peut-être le plus beau morceau de cette scène. Celle-ci se termine par une aria très connue, chantée par Simon (basse), *« Pious orgies, pious airs »* (Pieuses festivités, airs pieux). Les Israélites prient Dieu qu'il leur donne un chef courageux et audacieux. Simon se sent inspiré à déclarer que Dieu a choisi Judas comme chef d'Israël. Le peuple se rallie à Judas (ténor) qui va désormais le mener au combat. Les trois arias suivantes, à la gloire de la liberté, forment un groupe charmant et mélodieux, particulièrement la version en duo de *« Come, ever smiling liberty »* (Viens, liberté toujours souriante), chantée en canon.

Dans la première scène de l'acte II, les Israélites célèbrent le retour de Judas, victorieux des généraux syriens Appollonius et Seron. Les fêtes sont interrompues par un messager israélite qui met le peuple en garde et le prépare à de nouveaux actes de guerre sanglants ; cette fois-ci, Antiochus a envoyé son général Gorgias contre Israël pour essayer de le chasser du pays. Judas réunit l'armée par l'air martial *« Sound an alarm »* (Sonnez l'alarme) dans lequel Haendel pour la première fois introduit 3 trompettes et des timbales. Simon reste en arrière pour purifier le sanctuaire, profané par les trophées de dieux païens arrachés à l'ennemi.

L'acte III s'ouvre sur le mont Sion où un prêtre (mezzo-sop.) chante la magnifique aria suppliante *« Father of heaven »* (Père du ciel). Le sanctuaire ayant été remis en état et purifié, on y célèbre la Fête des Lumières. Le messager israélite rappelle les batailles dans lesquelles Judas a mené son armée à la victoire. La première scène est un long péan de louanges en l'honneur de Judas, le héros triomphant. La 2e scène transporte l'action près de Jérusalem où les jeunes Israélites rencontrent Judas (figure allégorique du duc de Cumberland) à son retour de la victoire sur Nicanor, général du roi Démétrius : *« See the conquering hero comes »* (Vois, le héros vainqueur arrive), le moment fort de l'oratorio. A une Marche succède une impressionnante aria suivie d'un chœur, *« Sing unto God »* (Chante à Dieu), avec son homophonie massive, ses passages en doubles croches rapides et sa brillante orchestration. A Jérusalem, les Israélites rencontrent Eupolème (basse), l'ambassadeur juif à Rome. Il apporte un traité de paix du Sénat de la Rome impériale qui va assurer l'indépendance et la sécurité de la Judée. L'oratorio s'achève par un duo pour la paix et un chœur final de réjouissances.

Rééditions modernes — Par Fr. Chrysander, *in* G. Fr. Händels Werke, Leipzig et Bergedorf, 1858-94, vol. XXII, 1866 ; *in* Hallische Händel-Ausgabe, Kassel, BV, 1955 et suiv., vol. I/24.

Bibliographie — A. Heuss, Das Textproblem von Händels Judas Maccabäus, *in* Händel-Jb. I, 1928 ; W. Dean, Handel's Dramatic Oratorios and Masques, Londres 1959 ; Fr. Hudson, Das Concerto in Judas Maccabaeus identifiziert, *in* Händel-Jb. XX, 1974 ; H. E. Smither, A history of the oratorio II, Chapel Hill, Univ. of North Carolina Press, 1977.

R. J. Bruce

(The) Judgement of Paris (Le Jugement de Pâris), masque anglais, livret de William Congreve, musique de **Thomas Arne**, pour 2 sop., alto et 2 ténors soli, chœur et orchestre (2 fl., 2 htb., basson, 2 cors, 2 trp., timb. et b.c.), créé à Londres, au théâtre de Drury Lane, le 12 mars 1742, pour faire suite à → *Alexander's Feast* de G. Fr. Haendel (« after piece »). Comme c'est le cas pour la plupart des œuvres théâtrales d'Arne, il a été transmis incomplet : la partition autographe est perdue et l'édition originale ne comporte ni les récitatifs secs ni les chœurs (ceux-ci ont été restitués dans la rééd. moderne).

Le livret avait été écrit en 1700 par l'un des premiers auteurs dramatiques de l'époque, W. Congreve, comme pièce de concours pour une compétition musicale organisée par quelques membres de la noblesse. Un premier prix de 200 guinées devait encourager sa mise en musique par J. Eccles, G. Finger, D. Purcell et J. Wel-

A « Jubilate Deo, omnis terra » de M.-R. Delalande

don qui en fut l'heureux bénéficiaire. Leurs œuvres ont survécu, à l'exception de celle de Finger. Le texte, franc, direct et avec une touche d'humour, était donc expressément destiné à la musique. Il se divise en trois parties, culminant chacune en des ensembles de plus en plus importants.

LIVRET — Mercure (Hermès) descend de l'Olympe et ordonne au berger Pâris de décider qui des trois déesses Junon, Pallas ou Vénus est la plus belle et lui remet une pomme d'or à donner à la gagnante. Pâris est accablé par cette tâche mais Mercure le rassure. Pour commencer, les déesses se présentent à tour de rôle puis rivalisent entre elles dans un trio. Pâris se trouve dépassé et leur demande de se manifester à nouveau séparément mais cette fois-ci plus en détail. Elles accèdent à sa demande, exhibant leurs charmes et cherchant à le soudoyer : Junon lui propose une couronne, Pallas la victoire au combat mais Vénus proclame que seul l'amour peut rendre les hommes pleinement heureux et lui promet la main de la ravissante Hélène. Pâris ne peut résister à cette dernière offre et accorde la pomme à Vénus. L'œuvre s'achève par un chœur à sa gloire.

Il est probable qu'Arne fit la connaissance de ce texte devenu populaire non par l'intermédiaire des œuvres de ses prédécesseurs anglais mais grâce à celle du compositeur italien Giuseppe Sammartini, écrite, tout comme le masque → *Alfred* d'Arne lui-même, en août 1740 pour une exécution privée à Cliveden House, résidence du prince de Galles, Frédéric. Bien que son œuvre ait été écrite presque certainement en émulation avec celle de Sammartini, les deux pièces sont totalement différentes à de nombreux points de vue ; toutefois, l'air italianisant d'Arne, *« Gentle swain ! Hither turn thee »* (Gentil berger, tourne-toi par ici), chanté par Vénus, avec sa brillante partie de violoncelle obligé, semble avoir été conçu d'après un air similaire de l'œuvre de Sammartini. Le grand air à « da capo » de Pallas, *« Hark, the glorious voice of war »* (Écoute, la voix glorieuse de la guerre), richement écrit avec trompettes, timbales, hautbois et cordes, est une autre pièce italianisante. D'un point de vue général, l'influence italienne est plus marquée dans cette œuvre que dans son masque précédent, → *Comus* (1738). Cependant, la partition témoigne de l'influence du « ballad opera » typiquement anglais avec l'emploi de structures mélodiques simples et équilibrées dans des airs tels que l'air strophique de Vénus, *« Nature fram'd thee sure for loving »* (La nature t'a formé sûrement pour aimer), un chant en forme de menuet, d'un type qui remonte au moins au fameux *« Fairest Isle »* de → *King Arthur* de Purcell.

La musique qui subsiste se compose de 8 airs, 4 récitatifs accompagnés, un duo, un trio et un chœur. Les airs, tous de grande qualité, appartiennent à 4 types : binaire (3), strophique (2), « durchkomponiert » (1) et à « da capo » (2) ; le trio des déesses *« Hither turn thee, gentle swain »* est également de vastes dimensions, construit comme un mouvement à « da capo ». D'un point de vue formel, l'air de Pâris *« Distracted, I turn »* (Distrait, je me tourne), qui suit le trio, est le plus intéressant ; il est composé en réalité de deux airs binaires se faisant suite, tous deux en *ut* maj., accompagnés par les cordes écrites à 3 parties, le premier en 2/2 exprimant l'incapacité de Pâris à décider laquelle des trois déesses est la plus belle, le second à 3/4 les suppliant de se présenter séparément devant lui. L'ouverture en 4 mouvements, l'une des meilleures d'Arne, est à la française et fut publiée ultérieurement dans ses *Eight Overtures* (1751). Bien que soigneusement écrite, la fugue n'a aucun caractère pédant ; elle est suivie par 2 mouvements de danse, un menuet et une gigue spirituelle, tous deux orchestrés avec légèreté pour les cordes à 3 parties avec violons à l'unisson.

Rééditions modernes — Par I. SPINK, *in* Mus. Brit. XLII, Londres, Stainer & B., 1978 (partition originale).

Bibliographie — R. FISKE, English Theatre Music in the 18th Cent., Londres, OUP, 1973.

S. HEIGHES

JUDICIUM EXTREMUM (Le Jugement dernier), oratorio de **Giacomo Carissimi**, pour 2 sop., haute-contre, ténor et basse soli, 3 chœurs (S S S A T B - A T B - A T B), 2 dessus de viole, basse de viole et b.c. (orgue), composé sur un livret en latin tiré de l'Évangile selon saint Matthieu et de l'Apocalypse, exécuté vers 1660 en l'église Saint-Apollinaire à Rome. (Durée : 25 min environ.)

Un prélude instrumental et un récit prophétique, *« Aspiciebam invisione »* (J'attendais dans la nuit), servent d'introduction à un arioso aux brillantes vocalises où le Christ appelle les nations à se soumettre au verdict divin, *« Ite, angeli mei »* (Allez, mes anges). Aussitôt commence la fin du monde, décrite avec un grand sens dramatique par un vaste ensemble comprenant les trois chœurs et les instruments, *« Tunc horribili sonitu »* (Dans un bruit horrible). Les trompettes résonnent et les anges appellent les morts à comparaître dans des récits alternant avec des ritournelles aux deux dessus de viole. Les hommes clament leur effroi dans un chœur très expressif, *« Quam magna »* (Que c'est grand), qui réunit les trois chœurs et les instruments, décrivant les fontaines qui se tarissent et la machine du monde qui se détraque. Le Christ paraît alors et demande aux anges de séparer les élus et les damnés. Les anges obéissent — duo *« Justi separentur »* (Les justes seront séparés) —, les élus rendent grâces à Dieu qui les accueille — trio *« Ecce nos »* (Nous voici) — tandis que les damnés interrogent le Christ — trio *« Cur in aeternum »* (Pourquoi te mettre en colère), *« Domine quando »* (Seigneur pourquoi) — qui répond par les récits *« Quare exurivi »* (Quand j'ai eu soif) et *« Quod non fecistis »* (Ce que vous n'avez pas fait). Autour d'eux le monde s'effondre, vision effroyable rendue par la reprise du chœur *« Quam magna »* qui achève cette composition dont le but est d'émouvoir et de terrifier.

Les récits sont particulièrement travaillés, qu'ils soient syllabiques ou volubiles avec de longues vocalises **A**, ou que leurs lignes mélodiques soient audacieuses et leurs rythmes variés, parfois chaotiques **B**. L'écriture chorale est fondée sur l'effet massif d'un triple chœur homophonique avec lequel alternent ou dialoguent les soli. Dans des jeux d'imitation ou d'écho, les trois chœurs reprennent tour à tour chaque mot pour les mettre en valeur. Les parties instrumentales sont variées et se composent d'un prélude qui fait se succéder épisodes lents et vifs, de passages où l'orchestre accompagne les chœurs pour souligner certains mots importants, enfin de ritournelles évoquant les trompes du Jugement dernier avec des rythmes toniques, des tonalités franches (*do* maj., *sol* maj., *fa* maj.) et des entrées en imitation. L'exégèse figuraliste du texte porte sur presque chaque mot. Avec cette vaste fresque sonore dont M.-A. Charpentier retrouvera les accents dramatiques dans son → *Extremum Dei Judicium*, G. Carissimi signe ce que l'on peut considérer comme l'un de ses chefs-d'œuvre.

Éditions modernes — Par L. BIANCHI, *in* Monumenti III/4, Rome, Istituto italiano per la storia della musica, Accad. nazionale di S. Cecilia, 1956.

Bibliographie — Voir celle de l'art. *Baltazar*.

A. FIASCHI

Judicium Salomonis (Le Jugement de Salomon), oratorio de **Giacomo Carissimi**, pour 2 sop., ténor et basse soli, chœur, 2 vl. (ou 2 fl.) et b.c. (orgue, théorbe, basse de viole), composé probablement vers 1650, sur un texte latin rédigé d'après l'Ancien Testament (I Rois 3, 16-28), pour le Collegium germanicum des jésuites à Rome ou pour son église Saint-Apollinaire. Ce passage biblique hautement dramatique était proposé aux fidèles en temps de carême pour leur édification spirituelle. (Durée : 10 min environ.)

Cette œuvre paraliturgique débute par un court prélude suivi du récit du narrateur qui présente les personnages (Salomon, la vraie mère, la fausse mère) et où la répétition incessante du mot « ululantes » (en pleurs) prépare les auditeurs au drame. Il débute avec l'arrivée d'une femme qui, en style récitatif, réclame son fils qu'une autre femme aurait enlevé. Un vif duo, construit sur un unique motif repris sans cesse en imitation, s'engage entre les deux femmes qui revendiquent toutes deux l'enfant. Salomon proclame alors le jugement qui l'a rendu célèbre.

La partie centrale de l'œuvre, qui commence ici, développe un trio d'une grande intensité dramatique, construit sur une alternance de courtes sections contrastantes où la fausse mère accepte, sur une ligne mélodique souple et vive, que l'on coupe l'enfant en deux, tandis que la vraie mère supplie en une ligne vocale tourmentée et hachée de silences que l'on épargne son fils **A**, et que Salomon réaffirme son jugement. La fausse mère reprend « nec mihi, nec tibi » (ni le tien ni le mien) tandis que l'autre femme supplie de nouveau jusqu'à ce que Salomon conclue par un court récit et fasse rendre le bébé à sa mère. Celle-ci clame sa joie en un magnifique air de jubilation, *« Congratulate »* (Réjouissez-vous), où les instruments ponctuent chaque strophe par une courte ritournelle, un air qui rappelle celui de Judith dans → *Judith sive Bethulia liberata* de M.-A. Charpentier. L'œuvre s'achève brillamment par un chant d'action de grâces, *« O populi venite »* (O peuple, venez), chanté par les solistes qui s'unissent pour former un chœur où alternent passages homophones et sections en imitations.

Plus proche du petit motet que de la grande fresque sonore, cet oratorio reste avant tout une œuvre pour solistes (le chœur ne fait que conclure, les ritournelles ne durent que quelques mesures). Le texte est constamment

A **Judicium extremum**

B **Judicium extremum**

A JUDICIUM SALOMONIS DE G. CARISSIMI

mis en valeur par une exégèse figuraliste : basse continue en chromatisme descendant sur « ululantes » (en pleurs), groupes de notes liées deux à deux sur « dividatur » (partagez-le) ou thème descendant dont le rythme s'élargit progressivement sur « regem adoramus » (adorons le roi), dessinant une révérence. Traitée avec une grande sobriété de moyens par Carissimi, cette œuvre inspirera en 1702 son principal disciple, le Parisien M.-A. Charpentier, qui en fera un véritable opéra sacré.

Éditions — Par FR. CHRYSANDER, *in* Denkmäler der Tonkunst II, Bergedorf 1869 ; par F.-B. PRATELLA, *in* I Classici della musica italiana V, Milan, Istituto editoriale italiano, 1919.

Bibliographie — Voir celle de l'art. *Baltazar.*

A. FIASCHI

JUDICIUM SALOMONIS (Le Jugement de Salomon), histoire sacrée de **Marc-Antoine Charpentier** pour sop. (Vera Mater), 2 hautes-contre (Falsa Mater, un homme du peuple), 3 ténors (Salomon, Historicus I, un homme du peuple), et 3 basses (Deus, Narrateur, un homme du peuple), soli, chœur à 4 voix (Populus), orch. à 4 parties de cordes, fl., htb. et b.c. (orgue, clv., basse de viole et basson), sur un livret d'auteur inconnu empruntant à l'Ancien Testament (I Rois 3, 16-28) le récit du jugement de Salomon, exécutée le 11 nov. 1702 par la musique de la Sainte-Chapelle, dont Charpentier était alors responsable, dans la grande salle du palais, au cours de la Messe rouge, office inaugurant la rentrée annuelle du Parlement de Paris. (Paris, BN, Rés. Vm[1] 259, cahier 75, vol. XXVII, f° 19-36 ; durée : 40 min environ.)

L'œuvre se divise en deux parties indépendantes, commençant chacune par un prélude et s'achevant par un chœur. La première, célébrant la paix et la joie d'Israël sous le règne de Salomon, s'ouvre sur les rythmes majestueux de l'orchestre qui introduit un court récit du narrateur annonçant que le roi priera à Gabaon. Le peuple, figuré par un chœur accompagné par les violons, les flûtes, les hautbois et les bassons, acclame longuement Dieu (110 mesures) sur « tunc laeta est » (nous nous réjouissons) dans un style où se mêlent homophonie et contrepoint. Un trio de narrateurs prépare une longue aria « da capo » à l'italienne, *« Benedictus es »* (Sois béni), où Salomon adore Dieu, accompagné par deux flûtes jouant de gaies ritournelles. Un chœur, toujours accompagné par les cordes et les vents, conclut solennellement cette partie sur « ideo cunctis unanimiter » (ainsi nous nous réunissons). La seconde partie contraste avec le sentiment d'allégresse qui animait le début de l'œuvre : le prélude dépeint la nuit à l'aide d'un orchestre à cordes avec sourdines, des flûtes, une basse continue réduite à un orgue en « jeux doux » ou une basse de violon. Il est suivi d'un court récit de l'Historicus introduisant Dieu qui parle en songe à Salomon ; le roi répond par un long arioso, accompagné par deux dessus de violon que remplacent deux flûtes dans les ritournelles. Dieu promet d'exaucer les vœux de Salomon en un arioso doublé par l'orchestre (cordes en sourdines) quand brusquement le songe est interrompu par un chœur brillant doublé par l'orchestre. Surgit alors une femme qui, dans un poignant récit, explique qu'une autre femme a enlevé son fils. Les deux mères dialoguent en reprenant tour à tour la même idée mélodique sur « non est ita » (ce n'est pas ainsi) ; Salomon les interrompt par un court récit mais le duo reprend quand le roi propose de partager l'enfant en deux : *« Afferte mihi gladium »* (Apportez-moi un glaive). La vraie mère renonce alors à son fils en un récit dramatique **A**, puis le duo reprend, exprimant la fureur de la fausse mère lorsque Salomon rend l'enfant à sa vraie mère. La joie du peuple d'Israël se manifeste alors en un brillant chœur final, étoffé par l'orchestre au complet, concluant l'histoire en apothéose.

Un orchestre nombreux, à l'effectif spécifié par l'auteur, accompagne avec beaucoup de raffinement les chœurs, les airs et les récits, dialogue avec les voix ou joue seul, acteur à part entière du drame, comme dans la 2ᵉ partie où il décrit la tombée de la nuit, véritable « sommeil » écrit dans la pure tradition lullyste. L'éthos des modes et des tons est observé avec soin. *Do* maj., Gay et guerrier, domine la 1ʳᵉ partie, le chœur qui suit le songe de Salomon, le jugement ainsi que le chœur final. *Do* min., Obscur et triste, est le ton du « sommeil », tandis que *sol* min., Sévère et magnifique, et *fa* maj., Furieux et emporté, sont les tons des parties chantées par les mères. Le caractère dramatique du texte est souligné par l'utilisation d'indications dynamiques telles que « écho » (mes. 298), Plus doux (mes. 300), Fort (mes. 301), « sourdines » (mes. 317), « jeux doux » pour l'orgue (mes. 324). Par son sujet parfaitement adapté à la solennité de la cérémonie et à la qualité des commanditaires, par ses nombreux exécutants, ses magnifiques soli, ses chœurs massifs, ses raffinements d'expression inconnus des autres oratorios, *Judicium Salomonis* est l'une des œuvres les plus représentatives de la dernière période de la vie de Charpentier, un opéra sacré dramatique très éloigné de l'humble piété du → *Reniement de saint Pierre.*

Éditions modernes — Par H. W. HITCHCOCK, *in* Recent researches in the music of the Baroque Era, New Haven, A.R. Ed., 1964.

Bibliographie — H. W. HITCHCOCK, voir ci-dessus ; du même, Les œuvres de M.-A. Charpentier, Paris, Picard, 1982, n° 422, p. 313.

A. FIASCHI

« JUDICTH UN SOIR TENANT LE FER AU POING », chanson de **François Regnard**, voir POÉSIES DE P. DE RONSARD ET AUTRES POÈTES, MIS EN MUSIQUE [...] PAR M. FRANÇOIS REGNARD.

Judith, drame biblique, opéra sérieux et oratorio en 3 actes d'**Arthur Honegger** sur un livret de René Morax. La version originelle de cette œuvre, composée en 1925, est comme pour → *Le Roi David* celle d'une très importante musique de scène associant la parole et le chant. Cette version, commandée par le dramaturge René Morax, fut créée à Mézières (Suisse), au Théâtre du Jorat, le 11 juin 1925, avec Claire Croiza, dédicataire de la partition, et Pierre Alcover, sous la dir. de Paul Boepple. La version définitive, entièrement chantée, sera créée à l'Opéra de Monte-Carlo, le 13 févr. 1926, sous la dir. du compositeur. Quant à la version d'oratorio, elle se caractérise par diverses suppressions : de plusieurs morceaux, et de la partie vocale de certains morceaux conservés ; sa création aura lieu à Rotterdam en 1926, sous la dir. d'Evert Cornelis. (Paris, Salabert, 1925, 2 éd. distinctes : opéra et oratorio ; durée de cette dernière : 40 min environ.)

Plan (les numéros des scènes et leur sous-titre n'existent que dans la version d'oratorio ; nous indiquons par des numéros bis, entre parenthèses, les parties supprimées dans celle-ci).

Acte I. A Béthulie. **1.** *Lamentations* (solo et chœur de femmes). Judith et les femmes de Béthulie se lamentent sur la situation désespérée de la ville, assiégée par les Assyriens, et implorent le secours de l'Éternel. **2.** *La Trompe d'alarme* (orchestre). Entendant la sonnerie de trompe, Judith confie à sa servante sa résolution de partir dans le camp ennemi, la nuit venue. **3.** *Prière* (air de Judith). Judith prie l'Éternel de l'assister. **4.** *Cantique funèbre* (solo et chœur de femmes). Les femmes de Béthulie pleurent la ruine imminente de leur cité. **5.** *Invocation* (chœur mixte). Les Israélites prient l'Éternel de protéger Judith tandis qu'elle s'éloigne avec sa servante.

Acte II. Dans le camp des Assyriens. **6.** *Incantation* (chœur d'hommes). Prêtres et guerriers d'Assour invoquent Istar et Mardouk devant la tente du général Holopherne. **7.** *Fanfare* (orchestre). **8.** *Scène à la fontaine* (solo de ténor). Arrêtée près d'une source, Judith, découragée, doute de ses forces. **9.** *Musique de fête* (orchestre, avec adjonctions chantées dans la version scénique, plus développée). Holopherne, ivre, fait venir Judith auprès de lui. (9 *bis.* Après avoir tué Holopherne endormi, Judith rejoint sa servante qui l'attend devant la tente.)

Acte III. A Béthulie. **10.** *Nocturne* (orchestre). (10 bis. Judith rentre à Béthulie portant la tête d'Holopherne et invite les Israélites à attaquer les Assyriens désormais privés de leur chef.) **11.** *Cantique de la bataille* (chœur d'hommes et chœur parlé en coulisses). Combat victorieux des Israélites contre les Assyriens. (11 bis. Interlude orchestral évoquant le lever du jour.) **12.** *Cantique des vierges* (solo et chœur de femmes). La servante et le chœur des vierges vont à la rencontre des guerriers et couronnent d'olivier Judith qui se joint à elles. **13.** *Cantique de victoire* (solo et chœur mixte). Chant triomphal de Judith et des Israélites célébrant la puissance et la bonté de l'Éternel.

Lors de sa création, qui ne fut qu'un demi-succès, *Judith* apparut à beaucoup comme une inutile réplique du → *Roi David*, représenté dans les mêmes conditions quatre années auparavant avec un succès éclatant ; depuis lors, l'œuvre est restée quelque peu dans l'ombre de son aînée, plus populaire. Traitement injuste car à plusieurs égards *Judith* marque un progrès dans la conception et l'écriture : la construction en est plus solide, le style plus maîtrisé et homogène, et la déclamation chantée, en récitatif mélodique, possède une vigueur plus personnelle (accentuation syncopée sur la syllabe initiale, comme dans → *Antigone*). L'unité formelle est assurée par le retour de certains thèmes ou motifs, telle la Lamentation du chœur de femmes (n°s 1 et 4),

tel surtout le motif dominant de la Foi en l'Éternel (n°s 2, 3, 11, 13), rappelant celui qui dans → *Fervaal* de V. d'Indy désigne le Héros.

Il faut souligner aussi la couleur d'une trame orchestrale recréant habilement l'atmosphère exotique du drame sans tomber dans un pittoresque facile, et sur laquelle se

A **Judicium Salomonis** de M.-A. Charpentier

détachent des lignes vocales d'un relief ample et plastique.

Bibliographie — P. Epstein, Judith, *in* Melos, nov. 1929 ; W. Tappolet, A. Honegger, Neuchâtel 1957.

J. Viret

Judith sive Bethulia liberata (Judith, ou Béthulie libérée), histoire sacrée de **Marc-Antoine Charpentier** pour 10 soli (2 sop., 2 hautes-contre, 3 ténors et 3 basses), chœur à 4 voix figurant tour à tour les Israélites et les Assyriens, 2 fl., 2 vl., et b.c., écrite d'après le livre de Judith sur un texte latin d'auteur inconnu, exécutée probablement vers 1680 à la chapelle du dauphin ou à l'église Saint-Louis-des-Jésuites de Paris. (Durée : 1 h environ.)

Divisée en deux parties, l'œuvre s'ouvre par un chœur, *« Stabat Holofernes »*, introduisant un trio où les chefs assyriens conseillent à Holopherne d'assoiffer la ville de Béthulie pour la conquérir. Épuisés, les Israélites se réunissent de leur côté et trois d'entre eux proposent de se rendre tandis que la foule, représentée par un chœur, crie sa douleur, *« Peccavimus Domine »* (Nous avons péché, Seigneur). Ozias, leur chef, prend alors la parole : *« Aequo animo estote fratres »* (Restez calmes, mes frères), mais il est interrompu par Judith qui dans un long arioso appelle à la résistance, *« Quod est hoc verbum... »* (Que dis-tu, Ozias ?), et qui propose, dans un duo avec Ozias, de sauver elle-même la ville. Un chœur d'Israélites l'encourage : *« Vade in pace »* (Va en paix). Judith, une fois seule, adresse une vibrante prière au Seigneur en un air exceptionnel : *« Domine Deus »*. Elle sort de la ville assiégée. Un interlude descriptif intitulé *« Nuict »* conclut la 1re partie de l'œuvre.

A l'aube, Judith rencontre des sentinelles assyriennes (trio *« Unde venis mulier ? »*, D'où viens-tu femme ?) qui, émerveillées par sa beauté, la conduisent à Holopherne (chœur *« Cumque intrasset »*, Dès qu'elle entra) tandis que s'engage un long dialogue (*« Aequo animo esto »*, Reste calme). Holopherne est séduit, chante le chœur ; une fois enivré, il est assassiné par Judith qui rentre à Béthulie en chantant un air joyeux (*« Aperite portas »*, Ouvez les portes). Le peuple se rassemble, narre le chœur, pour entendre Judith rendre grâce à Dieu dans un long air, *« Laudate Dominum »* (Louez le Seigneur), repris par le chœur final qui, en *la* maj., ton « joyeux et champêtre » selon M.-A. Charpentier, conclut une pièce qui avait commencé dans une atmosphère tragique marquée par un *la* min., « tendre et plaintif ».

Respectant l'organisation littéraire du texte, M.-A. Charpentier confie les rares passages narratifs à de courts récits ou, comme le faisait son maître G. Carissimi, aux chœurs qui interprètent aussi les interventions de la foule. Les longs dialogues sont traités en ariosos et les monologues en airs. Le nombre de ces derniers incite le compositeur à les développer ici plus que dans les autres oratorios : airs d'Ozias, *« Aequo animo estote fratres »*, de Judith, *« Domine Deus »*, *« Aperite portas »*, mais aussi du chœur, *« Vade in pace »*, *« Cumque intrasset »*, parfois mêlés aux ariosos. Conçues dans la tradition de l'air de cour français, ces pièces relativement brèves ont une ligne mélodique conjointe, des rythmes presque dansants (𝅝 𝅝 𝅝 / 𝅗𝅥. 𝅘𝅥 𝅗𝅥 / 𝅗𝅥 𝅘𝅥 𝅘𝅥 𝅘𝅥 𝅘𝅥), accentués par une mesure à 𝄵$^{3}_{2}$, et n'excluent pas l'expansion ornementale, l'exégèse figuraliste du texte et surtout une grande expressivité **A**. Elles sont souvent mises en valeur par un accompagnement instrumental très actif qui reprend le thème du soliste ou qui dresse en quelques mesures un véritable décor sonore comme dans l'interlude *Nuict*. La mesure à 𝄵$^{3}_{2}$, la mélodie construite sur une alternance I-IV-V et sur des blanches y décrivent l'apaisement de la nature mais aussi le calme intérieur de l'héroïne.

Judith, la plus longue histoire sacrée du compositeur, est destinée à l'enseignement théologique des foules en temps de carême. Par son style plus proche du grand motet versaillais que de la petite cantate individuelle, elle rappelle les grandes fresques bibliques que sont → *Judicium Salomonis* ou → *Mors Saülis et Jonathae* où M.-A. Charpentier déploie librement son tempérament dramatique.

Sources — Paris, BN, Rés. Vm[1] 259, cahiers IX-C, vol. II, f° 4-19.

Bibliographie — H. W. Hitchcock, L'œuvre de M.-A. Charpentier, Paris, Picard, 1982, n° 391, p. 291.

A. Fiaschi

(Le) Jugement de Midas, comédie en 3 actes, livret de Thomas Hales — ou d'Hèle —, musique d'**André Ernest Modeste Grétry**, créée à Paris, au Palais-Royal (théâtre privé de la marquise de Montesson), le 28 mars 1778, et à la Comédie-Italienne, le 27 juin de la même année. Grétry conserva l'œuvre deux ans avant de la soumettre, au début de 1778, aux gentilshommes de la chambre du roi qui la refusèrent. C'est alors que le duc d'Orléans se chargea de la faire représenter au Palais-Royal. Voltaire aurait écrit à cette occasion : « La cour a dénigré tes chants / Dont Paris a dit des merveilles ; / Grétry, les oreilles des grands / Sont souvent de grandes oreilles. »

Livret — Acte I. Lors d'un orage, Apollon (ténor) est précipité du ciel par la foudre de Jupiter auquel il a déplu. Vêtu en pâtre, il rencontre dans un village le fermier Polémon (basse) qui l'embauche. C'est la veille du mariage des deux filles de Polémon : Lise (sop.) épousera le berger Marsyas (haute-contre), tandis que le bûcheron Pan (basse) sera l'époux de Chloé (sop.). Ces unions sont encouragées par Midas (ténor), le bailli du village, qui pense, pour satisfaire sa passion de la musique, réunir les meilleurs chanteurs et chanteuses de l'endroit.

Acte II. Sous le nom d'Alexis, Apollon séduit les jeunes filles au point de compromettre les noces. Midas n'a d'autre recours qu'organiser un concours musical dont Lise et Chloé seront l'enjeu.

Acte III. Le bailli choisit Pan, pour ses fragments d'anciens vaudevilles, et Marsyas, pour son récitatif d'opéra dans un style démodé. Apollon et ses mélodies modernes sont relégués à la troisième place. Midas n'a pas plutôt rendu son jugement que des oreilles d'âne sortent de sa tête. Apollon se découvre ; Mercure apparaît et lui apprend la fin de son exil. Apollon regagne le mont Parnasse, en emmenant les deux jeunes filles qui l'avaient consolé dans sa disgrâce.

Versifié par L. Anseaume, le livret s'inspire de l'œuvre de O'Hara. Sans tomber dans les lieux communs de son prédécesseur, Th. Hales apporte un nouvel élan à cette histoire mythologique, grâce à son génie dramatique et sa profonde connaissance de l'opéra-comique. Grétry aimait cette pièce « au-dessus de tous les poèmes dont il avait fait la musique ». La compréhension mutuelle des collaborateurs permet d'expliquer la qualité de la partition. L'ouverture est à la fois prélude et source d'inspiration pour d'autres parties de l'œuvre. Elle peut être considérée comme un poème musical qui illustre les intentions fournies par le librettiste : de structure ABA, elle traduit le « bruit silencieux qui annonce l'aurore », l'orage, puis revient à son « premier caractère ». Grétry se conforme également au style ironique du texte. C'est ainsi qu'il place une satire piquante de l'ancien style musical français et du vieux vaudeville. L'air de Lise, *« Toi qui fais naître »*, est symptomatique de l'abandon du goût rococo pour une logique classique qui apparaît déjà dans *La Fausse Magie.* Un élément particulièrement important est l'intégration du mime, comme dans le quintette *« Je te donne, ma chère »*, en relation avec l'évolution dramatique. Malgré la publicité et le succès qui marquèrent la création, le nombre des représentations n'a guère dépassé la centaine avant 1800. Cela ne diminue en rien les qualités d'originalité et de satire d'un des chefs-d'œuvre de l'opéra-comique.

Éditions et rééditions — Paris, Houbaut, 1778 ; Paris, Frey, 1823 ; Collection des œuvres complètes de Grétry XVII, Bruxelles et Leipzig, Br. & H., [1884-1936].

Bibliographie — P. Culot, Le Jugement de Midas, opéra-comique du XVIIIe s. d'A. E. M. Grétry, Bruxelles, Bibl. Royale, 1978 ; D. Charlton, Grétry and the Growth of opéra-comique, Cambridge, CUP, 1986.

Ph. Vendrix

(La) Juive, opéra en 5 actes, livret d'Eugène Scribe, musique de **Jacques Fromental Élie Halévy**, créé à Paris, à l'Académie Royale de Musique (Salle Le Peletier), le 23 févr. 1835, avec Mmes J. Dorus-Gras (la princesse Eudoxie), C. Falcon (Rachel), MM. A. Nourrit (Éléazar), N.-P. Levasseur (le cardinal de Brogni), M. Lafont (le prince Léopold), H.-B. Dabadie (Ruggiero, le grand prévôt), sous la dir. de François Habeneck.

Avant la création, le livret de Scribe dut subir de nombreuses transformations. L'action se passait primitivement à Goa et l'Inquisition tenait la place qu'occupe le concile de Constance dans la version définitive. La distribution prévue initialement fut modifiée : N.-P. Levasseur aurait dû tenir le rôle d'Éléazar, A. Nourrit celui de Léopold. Un chœur prévu comme finale de l'acte IV fut remplacé par un grand air dont A. Nourrit écrivit les paroles sur une musique déjà composée. Un dénouement heureux fut également élaboré : Brogni apprenait à Rachel qu'elle était sa fille, il pardonnait aux juifs et Rachel devenait « une nouvelle chrétienne ». Finalement, une fin tragique prévalut, probablement due à la part très active que prirent le compositeur et surtout son frère Léon à la rédaction du livret. En effet, Halévy avait été vivement impressionné dès que Scribe lui eut révélé les contours du nouvel opéra. C'était le premier livret en 5 actes que la direction de l'Académie Royale lui confiait. Il composa la musique dans un état permanent de « fébrile anxiété », sous l'impression du *Don Juan* de Mozart qui, à cette époque, était en répétition à l'Opéra.

Un certain nombre de coupures furent réalisées pendant les répétitions et surtout après la création, car les changements de décors exigeaient des entractes fort longs. Ces mutilations se retrouvent dans la grande partition que M. Schlesinger publia au printemps de 1835. En revanche, toute la musique de *La Juive* contenue dans le manuscrit autographe fut incorporée dans les réductions chant et piano qui parurent du vivant d'Halévy. C'est cette forme authentique de l'opéra que la nouvelle édition critique rend accessible pour la première fois en partition d'orchestre.

Livret — L'action se passe à Constance, en 1414. — Acte I. Un carrefour formé par le portail d'une église et la boutique d'un orfèvre joaillier. C'est le jour d'ouverture du concile. Le peuple en fête s'étonne que l'on travaille dans l'atelier du joaillier Éléazar (ténor). Ruggiero (basse), le prévôt de la ville, le fait arrêter pour cette infraction, ainsi que sa fille Rachel (sop.). Éléazar fait valoir qu'étant « fils d'Israël », la loi chrétienne ne le concerne pas. D'ailleurs, des chrétiens n'ont-ils pas autrefois brûlé ses fils sur le bûcher ? Les deux juifs sont sauvés par l'intervention du cardinal de Brogni (basse), président du concile, qui demande à Éléazar de pardonner. Le juif refuse en aparté. Entretemps, le prince Léopold (ténor), revenu incognito d'une campagne victorieuse, fait la cour à Rachel en se faisant passer pour un israélite. Pendant le défilé du cortège impérial, Éléazar et Rachel sont repérés par la foule, ivre et déchaînée, qui réclame leur mort. A la surprise générale, les deux juifs sont encore sauvés, cette fois par le prince Léopold, qui n'est reconnu que par quelques soldats.

Acte II. Dans la maison d'Éléazar, on célèbre la Pâque. Considéré comme un israélite, Léopold a été invité par Rachel. Pendant la prière, la princesse Eudoxie (sop.), épouse de Léopold, arrive pour acheter une chaîne qu'elle veut offrir le lendemain à son mari. Éléazar se livre volontiers à son commerce, tout en rappelant à part sa haine des chrétiens. Léopold et Rachel se retrouvent enfin seuls : le prince avoue qu'il est chrétien. Rachel est terrifiée car la loi chrétienne sanctionne de la peine de mort toute union entre un chrétien et une juive. Elle aime cependant Léopold et accepte de s'enfuir avec lui. Survient Éléazar. Il veut poignarder Léopold quand celui-ci lui avoue sa religion. Sur les prières de sa fille, il consent pourtant au mariage. Ne pouvant s'y soumettre, Léopold est maudit puis chassé de la maison des deux juifs.

Acte III. 1er Tableau. Eudoxie, dans son appartement, veille sur le sommeil de Léopold. Arrive une pauvre fille — Rachel —, qui demande à être acceptée parmi les servantes. La princesse lui accorde cette faveur. — 2e Tableau. Un jardin magnifique avec des tables pour l'empereur, les membres du concile et leurs suites. Tous fêtent la victoire de Léopold sur les Hussites. Éléazar apporte la chaîne commandée la veille, bijou qu'Eudoxie offre à son époux. A ce moment, Rachel s'interpose et accuse Léopold d'avoir eu « commerce avec une maudite », une juive, avec elle-même. Le cardinal de Brogni lance alors l'anathème sur Éléazar, Rachel et Léopold, malédiction qu'Éléazar lui renvoie. L'assistance est partagée entre l'effroi, l'espoir et le désir de punir.

Acte IV. L'appartement gothique qui précède la chambre du concile. Eudoxie supplie Rachel de se récuser afin de sauver Léopold. La juive se borne à dire qu'elle aime toujours le prince. De son côté, le cardinal de Brogni est saisi d'un sentiment ineffable et promet de veiller sur Rachel. Il ne reste qu'une possibilité de sauver les deux juifs : Brogni demande à Éléazar d'abjurer sa foi. Éléazar refuse avec indignation et annonce qu'il se vengera sur Brogni avant de mourir. Il révèle en outre que la fille que le cardinal a eue avant de devenir prêtre est toujours en vie, mais refuse d'en dire plus. Resté seul, Éléazar médite sur sa vie. La fille du cardinal, c'est lui qui l'a recueillie toute petite, pendant le sac de Rome ; c'est Rachel, son « seul bien » ; doit-elle

A **Judith sive Bethulia liberata**

mourir avec lui ? Il abjure à jamais sa vengeance mais, tandis que la foule réclame du dehors l'exécution des juifs, Éléazar se croit éclairé par Dieu et souhaite le martyre de Rachel.

Acte V. Une place à Constance avec une grande tente ; au fond, une énorme cuve d'eau chauffée par un feu. La foule, qui veut se venger des juifs, est enchantée de pouvoir assister à l'exécution. Ruggiero lit la sentence : les deux juifs sont condamnés à mort ; le prince n'est qu'exilé, un témoin digne d'être cru — Rachel — l'ayant déclaré innocent. Rachel s'accuse publiquement de mensonge. Au dernier moment, Éléazar lui demande si elle veut se faire baptiser pour vivre, mais elle choisit de mourir avec lui. Brogni questionne une dernière fois Éléazar sur sa fille. Au moment où le bourreau précipite Rachel dans la cuve, le juif lui répond : « La voilà ! » La foule applaudit à l'exécution.

Ce n'est pas cette exécution-là qui pouvait choquer le public ; en 1870 encore, le peuple parisien applaudissait à l'œuvre de la guillotine. Le sens de *La Juive*, et celui des → *Huguenots* qui suivirent en 1836, est autre. Après la Révolution de 1830 et l'émancipation intégrale des israélites, il s'agissait, pour la bourgeoisie libérale au pouvoir, de montrer par deux exemples que l'Ancien Régime s'y était fort mal pris pour traiter la question des minorités religieuses. Le message fut bien compris. Les feuilles libérales trouvent le drame « intéressant », tandis que les milieux légitimistes rejettent violemment les deux ouvrages. Le cas de *La Juive*, « apothéose du judaïsme » (H. de Bonald), est d'ailleurs le plus grave. Éléazar refuse non seulement d'être le bouc émissaire, mais il réussit à se venger sur le représentant de l'autorité ecclésiastique, ce qui est hors de la portée de Raoul ou de Marcel, héros des *Huguenots*. Il est vrai qu'Éléazar adore un « Dieu vengeur » et qu'il ne renonce jamais à sa « haine des chrétiens ». En quoi il fait déjà sienne la pensée de Vl. Jankélévitch sur l'impossibilité de pardonner certains crimes. C'est ici que réside le défi lancé par Éléazar, ce « juif fanatique » (F. Halévy) : il nous renvoie à l'histoire vécue qui dépasse la fiction théâtrale. Il faut souligner que Rachel est bien juive, cette qualité étant définie à l'époque d'Halévy par la religion et non par la biologie.

Si l'historicité de l'action n'est que relative, celle de la mise en scène et surtout des costumes de la création est d'une fidélité absolue. C'est une véritable « résurrection du XVe siècle » qui se réalise sur la scène de l'Opéra. La musique peut être considérée comme le premier chef-d'œuvre d'Halévy, qui le rendit bientôt célèbre dans l'Europe entière. Le jeune Wagner admirait *La Juive* et appelait Halévy son « modèle inamovible ». Bien d'autres musiciens partagèrent cette opinion, jusqu'à Mahler qui voyait dans cet opéra « une des plus grandes créations de l'humanité ». Halévy étant l'élève préféré de Cherubini, son style reflète d'abord celui de l'école française de son époque mais les opéras de Mozart, surtout *Don Giovanni*, restent pour lui des modèles inégalables. Selon A. Z. Idelsohn, *La Juive* ne contient qu'une seule mélodie hébraïque (*« Rachel, quand du Seigneur la grâce tutélaire »*), 1er mouvement du célèbre air d'Éléazar à la fin de l'acte IV, introduite par un duo de cors anglais.

La Juive et → *La Muette de Portici* d'Auber sont les seuls grands opéras écrits par des compositeurs de l'école française de cette époque qui se soient maintenus au répertoire jusqu'à la fin de la IIIe République. Ils sont écartés aujourd'hui de la vie musicale comme bien d'autres. Halévy avait prévu une telle situation : « Les beaux ouvrages qui disparaissent ainsi conservent toute leur renommée, et ils sont semblables à ces grands citoyens de l'Antiquité qu'on exilait parce qu'on était las de les admirer. »

Sources, éditions et rééditions — **a)** Livret : par M. GALLAND, Sarrebruck, L. Galland, 1990. — **b)** Musique : Ms. autographe, Paris, Bibl. de l'Opéra. — Part. d'orch., Paris, Schlesinger, [1835] ; Paris, Lemoine, s.d. ; réimpr., New York, Londres, Garland, 1980, Early Romantic Opera n° 36 ; éd. critique par K. LEICH-GALLAND, Saarbrücken, Musik-Edition L. Galland, 1985, Nouv. éd. d'opéras choisis n° 1. — Réd. cht et p., Paris, Schlesinger, s.d. ; Paris, Brandus, s.d. ; Paris, Lemoine, s.d.

Bibliographie — J. J. EBERS, Spohr und Halévy und die neueste Kirchen- und Opernmusik, Breslau 1837 ; TH. GAUTIER, J. JANIN et PH. CHASLES, Les beautés de l'opéra ou chefs-d'œuvre lyriques, Paris 1845 : L. HALÉVY, Fr. Halévy, sa vie et ses œuvres, Paris 1862, 2/1863 ; L. QUICHERAT, A. Nourrit, Paris 1867, t. I, pp. 165-178 ; J. COMBARIEU, La Juive à l'Opéra municipal de la Gaîté, *in* RM III/17, 1903 ; A. SOL, La Juive et le répertoire, *ibid.* ; R. WAGNER, Der junge Wagner, Berlin 1910, pp. 270-296 ; A. CAMURRI, La fortuna in Italia dell'opera L'Ebrea di J. Fr. Halévy, Rome 1961 ; J. W. KLEIN, Halévy's La Juive, *in* MT, févr. 1973 ; C. WAGNER, Die Tagebücher II, Munich 1977, pp. 479 et suiv. ; K. LEICH-GALLAND, Quelques observations sur les autographes des grands opéras de Fr. Halévy, *in* Les sources en musicologie, Paris, CNRS, 1981 ; La Juive, *in* L'Avant-Scène Opéra, n° 100, juil. 1987 ; K. LEICH-GALLAND, Fr. Halévy, La Juive, Dossier de presse parisienne (1835), Sarrebruck, L. Galland, 1987.

K. LEICH-GALLAND

JULIEN OU LA VIE DU POÈTE, poème lyrique en un prologue, 4 actes et 8 tableaux, poème et musique de **Gustave Charpentier**, créé à Paris, à l'Opéra-Comique, le 4 juin 1913, avec M. Rousselière (Julien) et Marguerite Carré (Louise, la Beauté, la Jeune Fille, l'Aïeule), sous la dir. d'Albert Wolff. (Paris, M. Eschig, 1913 ; durée : 3 h environ.)

LIVRET — Prologue. *Enthousiasme.* Julien (ténor) travaille dans son atelier de la Villa Médicis auprès de Louise (sop.) endormie.

Acte I. 1er Tableau. *La Montagne sainte.* Les filles du Rêve descendent au-devant des Poètes élus qui s'avancent en cortège et accueillent Julien et Louise qui les suivent en extase. — 2e Tableau. *La Vallée maudite.* Les poètes déchus implorent la Beauté. Julien, apôtre d'amour universel, veut secourir ses frères malheureux et se dévouer au bonheur du monde. — 3e Tableau. *Le Temple de la Beauté.* Au milieu des chants d'allégresse, Julien implore la Beauté. L'Hiérophante (bar.) accueille Julien et Louise et les Filles entraînent bientôt le jeune fille qui sera leur sœur. L'Hiérophante révèle à Julien son destin, puis la Beauté fait son apparition et laisse tomber de ses lèvres souriantes les suprêmes paroles : « Aime ! Crains l'Orgueil... et la Raison ! Aimer ! »

Acte II. L'entrée d'un village. Julien s'éveille sur un banc. Autour de lui, la plainte des travailleurs de la plaine, accablés d'efforts inutiles. Une jeune fermière (contralto), un fermier (bar.) lui sourient et l'invitent à partager leur vie. Rester parmi eux, ne serait-ce-pas le bonheur ? Mais le poète ne peut vivre heureux alors que son œuvre est inexistante. Désemparé, Julien reprend sa route.

Acte III. *Impuissance.* Un site sauvage en Bretagne. Julien est sur le seuil de la maison familiale où son aïeule (sop.) l'entoure de toute son affection. Malgré cela, Julien est en proie au découragement. Orage, vent furieux, tempête. Du fond de la vallée monte alors un chant de malédiction et un sombre cortège s'avance sur la route. Ce sont les Poètes déchus de la Montagne sainte, errant à la recherche de leur idéal perdu. Les suivra-t-il ? L'aïeule, avant de mourir, le met en garde. Julien maudit le ciel.

Acte IV. *Ivresse.* 1er Tableau. Une guinguette à Montmartre. Julien arrive, épuisé, fuyant ses obsessions. Une Fille (sop.) l'aborde. Elle ressemble à Louise, son amour perdu. Il tend les bras vers elle, mais la Fille se sauve en se moquant de lui. Resté seul, Julien ne pourra plus trouver l'oubli que dans l'ivresse. Deux hommes surgissent alors : le Sonneur du Temple (ténor) et l'Acolyte (ténor). Le Temple de la Beauté s'est transformé en baraque foraine et les Filles du Rêve en sont les figurantes. Elles arrivent en haillons pour la représentation. — 2e Tableau. La place Blanche à Montmartre, un soir de carnaval. Baraques foraines, tréteaux, saltimbanques. Un écriteau fait savoir aux passants que la Splendeur du Vrai est visible ici pour 2 sous ! Julien, ivre, ne se connaît plus. Il harangue la populace et renie son idéal. « L'Homme est mort. Vivons comme des bêtes ! Vive l'Animal ! » crie-t-il. L'une des baraques s'écroule et Julien reste seul avec une Fille. Tout à coup, du fond des décombres surgit une lueur, des voix chantent, la vision grandit : le Temple de la

Beauté se dresse tout vibrant de chants et de lumières. Puis, tout disparaît. Julien, repris par ses délires, s'écroule ivre mort aux pieds de la Fille. On entend au loin trois sanglots de l'Idéal enfui.

On donne souvent *Julien* comme la suite de → *Louise.* Pourtant, l'argument de sa symphonie-drame → *La Vie du poète* montre bien des similitudes avec le livret de *Julien. Julien*, c'est l'union délibérée du fantastique et du familier, de la chimère et de la réalité, du symbolisme et du naturalisme. Ces éléments hétérogènes du livret, qui met constamment le personnage principal en scène, expliquent pourquoi l'œuvre ne fit pas carrière, malgré un accueil véritablement enthousiaste lors de sa première. L'échec de *Julien* est sans doute imputable au livret passablement confus, car la partition, construite sur une dizaine de motifs conducteurs (avec certains emprunts à *Louise*) exprime à merveille les rêves, visions et sentiments contradictoires qui agitent l'âme du poète. Mais c'est au 4e acte que la musique de Charpentier acquiert sa véritable plénitude pour exprimer son monde familier, la fête à Montmartre, tandis que les chevaux de bois tournent au son des orgues de Barbarie et que réapparaissent la courtisane et le mage métamorphosé en saltimbanque pour se moquer du poète déchu et de son idéal dérisoire.

Bibliographie — Compte rendu par A. Pougin *in* Le Ménestrel, 7.6.1913 ; L. Vuillemin, G. Charpentier, *in* Le Ménestrel, 23.4.1920 ; H. Breunier, La faillite du naturalisme musical, *in* Le Courrier Musical, 1925 ; M. Delmas, G. Charpentier et le lyrisme français, Paris 1931 ; M. Kelkel, Naturalisme, vérisme et réalisme dans l'opéra, Paris, Vrin, 1984.

M. Kelkel

Juliette ou la Clef des songes, opéra lyrique en 3 actes et 5 tableaux, livret en tchèque — d'après la pièce de Georges Neveux — et musique de **Bohuslav Martinů**, composé à Paris et à Nice du 17 mai 1936 au 24 janv. 1937, créé à Prague, au Théâtre national, le 16 mars 1938, sous la dir. de Václav Talich. Resté inachevé, le livret français, rédigé par Martinů, fut terminé par Bronislav Horovitz. En dépit du grand succès de sa création, l'œuvre ne fut donnée qu'après 1950 par la plupart des scènes lyriques tchécoslovaques. Une version allemande, établie par L. Kaufmann, fut créée à Kassel par la Hessische Staatsoper, le 25 janv. 1959, et reprise à Hanovre en 1965. (Prague, Melantrich, 1947, puis éd. d'État Dilia ; durée : 2 h 25 min environ.)

Livret — Acte I. Un petit port dans le sud de la France. Michel Lepic (ténor), un jeune libraire parisien, avait jadis rencontré Juliette (sop.) dont il était tombé amoureux. Lorsqu'il revient dans la ville, les habitants semblent tous avoir perdu la mémoire. D'abord Michel ne comprend pas ce qui se passe. Lorsqu'il raconte aux passants quelques souvenirs d'enfance on le nomme aussitôt maire en lui remettant comme insigne de sa charge un pistolet à un coup et en lui interdisant d'appuyer sur la détente. Lors d'une promenade, il entend soudain la romance que lui chantait jadis Juliette. C'est bien elle. Qu'elle est belle... Elle lui fixe rendez-vous pour le soir puis s'enferme... L'apparition d'un facteur, qui ne distribue que des lettres postées il y a trois ans, ne parvient pas à troubler le jeune homme. Pendant des heures, il ne cesse de penser à celle...

Acte II. Bien avant l'heure fixée, Michel attend sa bien-aimée dans la clairière. Rien ne peut chasser sa bonne humeur, ni le passage de trois femmes déguisées en hommes ni l'apparition du Père la Jeunesse qui monte rapidement une buvette pour un couple de vieillards venus boire un verre de vin blanc pendant que le cafetier leur raconte des histoires inventées de toutes pièces. Après leur départ, une mystérieuse cartomancienne examine les mains de Michel en lui murmurant de sinistres présages. Puis elle disparaît en même temps que le cafetier et la buvette. A leur place, il y a soudain Juliette. Un dialogue s'installe entre les deux jeunes gens, tendre, merveilleux, instant de bonheur unique qui semble durer une éternité... Mais voici qu'un colporteur fait son apparition, offrant mille objets, dont des photos de paysages espagnols que Juliette prétend avoir visités avec Michel. En vain, le jeune homme tente de la persuader du contraire. Juliette l'arrête net et veut s'en aller. Michel tente de la retenir puis, ne sachant comment, il a soudain le pistolet dans la main. Le coup de feu part. Qu'a-t-il fait là ? Personne ! Juliette a disparu. Et voici que les passants entourent le jeune homme et s'apprêtent à le lyncher. Pour se sauver, il se met à raconter de pseudo-souvenirs, ce qui fait oublier à la foule son sinistre projet. — Changement de décor. Un quai, avec un bateau, prêt à partir. Michel prie anxieusement deux matelots d'aller vite avec une civière à la clairière pour y ramasser une jeune fille blessée. Mais les deux matelots reviennent bientôt bredouilles ; ils n'ont trouvé qu'un voile par terre. Michel frappe alors violemment à la porte de Juliette, réveillant une vieille femme qui, furieusement, déclare qu'elle vit seule dans cette maison depuis des années. Résigné, Michel monte alors sur le bateau qui prend son départ. De loin, venant de la fenêtre de Juliette, il entend alors la romance qu'elle avait chanté jadis pour lui.

Acte III. Un grand hall ressemblant à une agence de voyages. Dans cette agence, chacun peut commanditer le rêve de son choix. Michel, hanté par le souvenir de Juliette, est là, prêt à tout pour la retrouver. Mais qui est-elle au juste ? Personne ne semble la connaître. Pourtant, les clients de l'agence désignent tous du même nom la femme de leur rêve : Juliette précisément. Michel commence à soupçonner sa présence derrière une porte fermée à clé. L'employé l'avertit cependant que ceux qui se sont aventurés dans le monde des rêves n'en sont jamais revenus. Le jeune homme est prêt à renoncer, lorsqu'il entend de nouveau la voix de Juliette. Il va la revoir, c'est cela son destin. — Changement de décor. Le petit port, comme au début. L'action recommence, les gens tournent en rond, comme dans un cercle sans fin, répétant les mêmes gestes, les mêmes mots. Le monde des rêves a pris au piège la réalité.

Œuvre centrale dans la production lyrique de B. Martinů, *Juliette ou la Clef des songes* est sans doute son chef-d'œuvre. Comme dans *Pelléas et Mélisande*, la magie onirique commande au Destin. Il n'est pas surprenant que Martinů ait voulu retrouver l'atmosphère du symbolisme debussyste. Mais l'œuvre annonce déjà le langage et surtout l'orchestration rutilante des symphonies. On y trouve certes le style néoclassique des années 30, p. ex. dans les menuets du 2e acte, mais l'essence du génie de Martinů s'exprime ici aussi bien dans son amour profond pour le peuple tchèque — les passages folkloriques caractérisant les habitants de la ville — qu'à travers son goût du fantastique qu'illustrent les motifs conducteurs de Juliette, p. ex. la romance, et les divers soli de piano dans la scène du Père la Jeunesse, symbolisant le monde intérieur du héros. Martinů réussit ainsi à faire surgir pour nous un monde irréel où la réalité même semble prise au piège du flux sonore.

Bibliographie — M. Safranek, B. Martinů. The man and his music, New York 1944, 2/Londres 1963, trad. all. Kassel 1964 ; H. Halbreich, B. Martinů-Werkverzeichnis, Dokumentation und Biographie, Zurich, Atlantis, 1968 ; Ch. Martinů, Ma vie avec B. Martinů, Prague, Supraphon, 1971 ; Br. Large, Martinů, Londres, Duckworth, 1975.

M. Kelkel

Junge Lieder (Chansons juvéniles), 1. *« Meine Liebe ist grün »* (Mon amour est vert), 2. *« Wenn um den Holunder »* (Quand, autour du sureau), deux lieder pour voix et piano de **Johannes Brahms** (tonalités originales : *fa* ♯ maj. et *ré* maj.), sur des poèmes de Felix Schumann, composés respectivement en 1873 et 1874 et édités comme 5e et 6e pièce des *Lieder und Gesänge,* op. 63 (Leipzig, C. F. Peters, 1874 ; durée : 1 min 25 s et 2 min 12 s environ.)

C'est sur un manuscrit que Brahms, son parrain, prit connaissance en 1873 des essais poétiques de Felix Schumann, dernier fils de Clara, qui devait mourir peu d'années après, emporté par la tuberculose. Les textes chantent un amour naïf, dont la simplicité est le reflet d'une nature hospitalière et complice. Pour le premier des deux poèmes, le contact avec la nature s'établit par la métaphore. Le poète se confond avec le lilas en fleurs, puis avec le rossignol, la bien-aimée avec le soleil ; et leur amour a la grâce et la gaieté d'une nature en fête. Avec le second poème, la nature est la scène réelle d'un échange amoureux, serein et tendre à l'image du cadre qui l'accueille. Malgré la pureté et la douceur des tableaux évoqués, ces poèmes n'en sont pas moins un chant intense à la vie, à l'amour. C'est cette impulsion passionnée de vie que Brahms a retenue pour le premier lied. Sur une trame harmonique claire, brossée à traits assez larges, la mélodie, happée vers les aigus par élans successifs, s'élance avec fougue, libre de tout asservissement d'ordre motivique et soutenue par un accompagnement vibrant de syncopes répétées. Pour suppléer à l'absence d'un principe motivique organisateur, la ligne développe un matériau varié (arpèges, montées chromatiques, notes répétées, brusques sauts vers l'aigu...) mais aussi adapté à l'expression de chaque nouvel élan. Le second des *Junge Lieder* est d'une expressivité moins extérieure, plus secrète que celle du premier ; la douceur a remplacé la passion, et Brahms semble s'attarder sur l'image du calme de la nature, parce que c'est elle qui donne son sens à la scène amoureuse. Aux antipodes par certains points, les deux lieder en ont pourtant en commun : de nouveau, avec *« Wenn um den Holunder »* l'effet motivique est faible, voire inexistant, et l'accompagnement est avant tout couleur harmonique et pulsation rythmique. Au dynamisme, à la séduction rythmique et même mélodique du lied précédent, fait place une espèce de pointillisme : chaque note (et même chaque harmonie) paraît dépendre exclusivement de la précédente sans que se fassent sentir un élan ou une impulsion forte entraînant le tout. D'où une impression de douceur et de sérénité. N'était la simplicité de leurs schémas formels, ces lieder pourraient dérouter, surtout le second, par le caractère libre, presque abstrait de leurs parties vocales, qui rend difficile le rapprochement expressif direct avec le texte poétique, alors que celui-ci est réel. Mais c'est aussi cette espèce de détachement face à l'image sensible trop directe qui fait toute la finesse de ces deux pièces.

Bibliographie — Voir celle de l'art. *Liebestreu.*

FR. ANDRIEUX

(DER) JUNGE LORD (Le Jeune Lord), opéra-comique en 2 actes, livret d'Ingeborg Bachmann d'après un conte de Wilhelm Hauff, musique de **Hans Werner Henze**, commande de la Deutsche Oper de Berlin, créé à la Deutsche Oper, le 7 avril 1965, avec M. Roehrl (le Bourgmestre), Loren Driscoll (le jeune Lord), Donald Grobe (Wilhelm), Edith Mathis (Louise), sous la dir. de Christoph von Dohnanyi ; 1re représentation en France, à Strasbourg, en févr. 1967. (Mayence, Schott, 1965.)

LIVRET — Acte I. 1er Tableau. Les habitants de la petite ville allemande de Hülsdorf-Gotha attendent impatiemment l'arrivée d'un riche Anglais, sir Edgar Bunter. Le vieux Lord (rôle muet) arrive enfin, avec trois carrosses, de nombreux domestiques et toute une ménagerie d'animaux de compagnie. Mais le noble étranger, hautain, n'accepte aucune invitation des notables. Lorsque le bourgmestre (bar.-basse) refuse à une troupe ambulante de donner un spectacle sur la place du marché, le noble étranger consent soudain d'apparaître en public et invite les forains dans sa riche demeure. Depuis leur installation chez le vieux Lord, on entend la nuit des cris étranges, des plaintes et même le claquement d'un fouet. L'inquiétude des bourgeois grandit jusqu'à ce qu'ils apprennent que sir Edgar fait donner des cours d'allemand à son jeune neveu, lord Baratt. Bientôt il sera présenté à la haute société de Hülsdorf-Gotha.

Acte II. 2e Tableau. Le jour de la réception chez le vieux Lord, tout Hülsdorf-Gotha est présent. Tous sont fascinés par le sans-gêne du jeune Lord (ténor), en particulier Louise (sop.) la plus riche héritière de la ville qui délaisse même son amoureux, l'étudiant Wilhelm (ténor lyrique), pour le jeune Lord. Celui-ci se livre à toutes sortes de bizarreries, renifle son sac à main, fait virevolter les tasses de thé et pose ses pieds sur la table. Les provinciaux, qui prennent son sans-gêne pour le dernier cri des bonnes manières, s'empressent aussitôt de l'imiter en toute occasion. — 3e Tableau. Lors d'un bal masqué, Louise rencontre encore le jeune Lord. Ils chantent un duo pendant lequel le jeune Lord fait des variations cocasses, fantaisistes sur les bribes d'allemand qu'il connaît. Mais lorsqu'ils dansent ensemble, il se déchaîne, perd toutes ses manières, maltraite la trompette, éteint les bougies et entraîne Louise dans un tourbillon de plus en plus chaotique jusqu'à ce qu'elle s'évanouisse. A la fin du bal, on ôte les masques. A la stupéfaction générale, le jeune Lord n'est autre que le chimpanzé de la troupe ambulante que le bourgmestre avait voulu chasser hors de la ville. Après un salut ironique aux notables humiliés, le vieux Lord et le chimpanzé quittent les lieux, bras dessus, bras dessous.

Le sujet de cette œuvre, mêlant le fantastique à l'humour, est emprunté au conte *Der Scheik von Alessandria und seine Sklaven* (Le Cheikh d'Alexandrie et ses esclaves) de l'écrivain romantique W. Hauff (1802-1827). Mais I. Bachmann y a incorporé l'épisode du coup de foudre de Louise pour le jeune Lord. Lors de sa création à Berlin, l'ouvrage de Henze remporta un immense succès et fut qualifié par la critique de « petit chef-d'œuvre réactionnaire qui fait se voiler la face aux musiciens d'avant-garde — comme jadis Strauss écrivant le *Chevalier à la rose* et *Ariane à Naxos*, après *Salomé* et *Elektra* — mais dont nul ne peut nier l'extrême qualité scénique et musicale » (J. Lonchampt, *L'Opéra aujourd'hui*). Il est vrai que Henze semble y faire « machine arrière », prenant ses modèles tantôt chez Rossini, tantôt chez Mozart. L'arrivée de sir Edgar dans la ville est accompagnée tout simplement par une citation de la musique des janissaires de *L'Enlèvement au sérail*, transposée en *mi* ♭ maj., qu'entonne l'orchestre militaire de la garnison. Ailleurs, certains passages paraissent empruntés au Stravinski néoclassique du *Jeu de cartes* ou de la *Symphonie en ut*. L'écriture de Henze y est le plus souvent tonale, l'atonalité ou la polytonalité n'étant employées qu'occasionnellement. Dans une interview (*Opern-Welt*, mai 1965), Henze justifiait sa tendance au syncrétisme par la revendication d'une liberté totale de l'artiste qui « avait envie de rire, ce qui était tout à fait impossible dans le style de l'école viennoise ». Le rire reste toutefois léger malgré l'absence du sérialisme plus ou moins strict que l'on rencontre dans d'autres œuvres du compositeur.

Bibliographie — U. DIBELIUS, H. W. HENZE, G. R. SELLNER, F. SERPA et H. H. STUCKENSCHMIDT, *in* Melos III, 1965, pp. 69-81 et 169-173 ; W. SCHUH, Zum « Jungen Lord », *in* RMS CV, 1965 ; U. DIBELIUS, Moderne Musik 1945-1965, Munich 1966, pp. 129-145 ; comptes rendus par J. LONCHAMPT *in* Le Monde, 25.2.1967, H. PORTER *in* MT CX, 1969 ; J. LONCHAMPT, L'opéra aujourd'hui, Paris, Éd. du Seuil, 1970, pp. 238-240.

M. KELKEL

(DIE) JUNGE NONNE (La Jeune Religieuse), op. 43, n° 1, lied pour voix-et piano de **Franz Schubert** (D 828), sur une poésie de Jacob Nicolaus von Craigher de Jachelutta, composé en 1825 et édité en juil. de la même année. La première exécution publique eut lieu au Musikverein de Vienne le 28 déc. 1826. (Durée : 4 min 50 s environ.)

Un puissant souffle dramatique anime cette ballade où Schubert retrouve des accents qu'il avait employés dix ans plus tôt dans → *Erlkönig.* Toutefois, ici, le travail thématique est si affiné que les frontières entre les principes de composition strophique et continue s'estompent. Sans doute distingue-t-on 5 sections : I A ; II A ; III A' ; IV B ; V C (=coda). Mais plus importante est l'utilisation constante de deux motifs prégnants exposés dès le début de l'introduction :

Le premier dépeint la tempête — aussi bien celle de la nature que celle qui fait rage au sein même de la jeune religieuse — et le second, avec sa note répétée dans l'aigu, symbolise le son de la cloche, qui invite à la purification et à l'idéal religieux. Dans cette dialectique est enfermé tout le drame du lied. C'est ainsi que les deux premiers motifs s'affrontent dans les deux premières sections. Le premier, celui de la tempête, est seul présent en section III, bien que le ton principal de *fa* min. se soit ici brusquement éclairé en *fa* majeur. Mais au cours de la section IV, le second motif va vite l'emporter et restera seul omniprésent, rappelant avec insistance la victoire du ciel, apportant paix et repos. Les incessants trémolos du piano et les nombreuses notes répétées à la voix, en progressions chromatiques, contribuent à intensifier l'atmosphère fiévreuse du morceau. On a ici une superbe fresque sonore qui produit une grande impression.

S. Gut

« Justorum animae... » (Les âmes des justes sont dans la main de Dieu), motet à 5 voix de **William Byrd**, publié dans le 1er livre de ses → *Gradualia* (Londres 1605).

Il ne s'agit pas d'un motet isolé mais plutôt de l'offertoire pour la fête de la Toussaint tiré des propres de la messe de Byrd. Comme toute la musique des *Gradualia*, ces propres furent écrits pour les services liturgiques des catholiques anglais qui célébraient la messe en privé, dédaignée quoique tolérée par la hiérarchie protestante officielle. Le contexte domestique dans lequel ces compositions étaient chantées se reflète dans le style compact et intense de la musique de Byrd qui forme un vif contraste avec l'ample polyphonie des motets de Palestrina par exemple.

La célébrité de *« Justorum animae »* est due au mélange unique de richesse harmonique, de dissonances mordantes et d'une apaisante mélodie ornementale. Une simplicité délibérée préside à la mise en musique des paroles initiales, admettant une saisissante chaîne de retards et de torsions harmoniques pour faire coïncider toute sa force avec le passage suivant du texte, « et les tourments de la mort ne les toucheront pas ». Dans la section finale, l'écriture en accords fond en une douce cascade de contrepoint fluide sur les mots « sunt in pace » (ils demeurent dans la paix).

Rééditions modernes — *In* The Oxford Book of Tudor Anthems, n° 16, Londres, OUP, 1978.

Bibliographie — J. Kerman, The Masses and Motets of W. Byrd, Londres, Faber, 1981.

J. Milsom

« Justus ut palma », « sequentia » faisant suite à l'alléluia de la messe du commun des saints et des saintes : « Justus ut palma florebit, et sicut cedrus multiplicabitur » (Le juste fleurira comme le palmier et il croîtra comme le cèdre du Liban).

Elle appartient au groupe des « longissimae melodiae » qui présentent la particularité d'avoir été dotées de proses à l'Est comme à l'Ouest, permettant ainsi de faire une comparaison entre les deux traditions. Vingt-six proses lui furent adaptées, parmi lesquelles → *« Sancti Baptistae »*, attribuée à Notker, et → *« Organicis canamus »* originaire de l'abbaye de Saint-Martial de Limoges.

« Justus ut palma », écrit en mode de *ré*, obéit à un plan classique : une introduction ou entrée, aparallèle, est suivie d'un certain nombre de strophes parallèles, 7 en l'occurrence, qui aboutissent à une conclusion, ou sortie, aparallèle comme l'entrée. Elle est de la forme A BB CC DD EE FF GG H. Deux parties composent le chant : A BB CC DD d'une part, et EE FF GG H d'autre part. La première évolue dans le domaine du mode de *ré* total, A et BB appartenant à l'authente et CC plutôt au plagal. A la suite de DD qui fait la transition, la mélodie de la 2de partie s'envole et garde jusqu'à la fin le mode protus quinte, c'est-à-dire de *ré* en *sol.*

Transcription d'après A. Hughes, *Anglo-French Sequelae*, p. 48.

La « manière » du compositeur de « sequentiae » s'apparente toujours à la variation. S'y reconnaissent l'amplification, le développement, la transposition et les marches à partir de thèmes qui ont leur source dans la mélodie de l'acclamation et de son « jubilus ».

L'entrée A qui s'achève par une cadence au *ré*, se compose uniquement de la mélodie du mot « alleluia » Sa structure

fournit à B une partie de son dessin mélodique, le reste étant emprunté au « jubilus ».

Ces deux périodes forment donc un condensé de la mélodie de l'acclamation et de son mélisme. B sert de thème de variation à tout le reste de la « sequentia ». Elle fournit aux parties suivantes, CC, EE, etc., une ou plusieurs cellules qui concourent à composer un air à chaque fois différent.

Les cellules 2 ou 2a, identiques, à une broderie près, servent de conclusion aux différentes périodes, sauf à EE qui fait la transition.

Une telle structure ne pouvait pas manquer d'inspirer les auteurs de proses. Elle s'est imposée en particulier à Notker lorsqu'il a composé → *« Sancti Baptistae »* aussi bien qu'au moine de Saint-Martial de Limoges quand il écrivit → *« Organicis canamus »*.

Bibliographie — M. Gerbert, Scriptores ecclesiastici de musica sacra, 3 vol., Sankt Blasien 1784, rééd. en facs. Hildesheim, Olms, 1963 ; Cl. Blume et H. M. Bannister, Analecta hymnica, Leipzig 1886-1907, vol. LIII ; R. Weakland, Hucbald as musician and theorist, *in* MQ XLII, 1956 ; J. Chailley, L'École musicale de Saint-Martial de Limoges jusqu'à la fin du XIe s., Paris 1960 ; N. De Goede, The Utrecht Prosarium, Amsterdam, Vereniging voor Nederlandse Aurigeschiedenis, 1965 ; Br. Stäblein, art. Sequenz, *in* MGG XII, 1965 ; R. L. Crocker, The « Sequence », *in* Gattungen der Musik in Einzeldarstellungen. Gedenkschrift L. Schrade, Berne et Munich, Francke, 1975 ; du même, The early medieval sequence, Berkeley et Los Angeles, Univ. of California Press, 1977.

A. Dennery

Juvenalia, scènes de la Rome antique pour 4 voix mixtes et piano à 4 mains de **Jean Françaix**, livret du compositeur d'après *Les Satires* de Juvénal, composées au Mans de janv. au 5 févr. 1947, créées à Paris, au Cercle Interallié, en mars 1947, par la comtesse Jean de Polignac, Mme Kedroff, Hugues Cuénod et Doda Conrad ; au piano l'auteur et Nadia Boulanger. (Paris, Eschig, 1971 ; durée : 18 min environ.)

J. Françaix s'est inspiré de la 3e des 16 *Satires* de Juvénal, *Les Embarras de Rome.* L'écrivain latin ne possédait guère d'humour ; le compositeur lui en confère en chantournant habilement un texte aussi pétillant, désinvolte et insolent que sa musique, en établissant un parallèle entre l'époque de Juvénal (Ier - IIe s. av. J.-C.) et la nôtre.

Le compositeur nous fait assister « aux évolutions échevelées de quatre jeunes Romains délurés, entraînés dans la cohue vertigineuse des rues de l'Urbs [...] qu'ils maudissent, encore qu'ils en soient au fond très fiers. Pour échapper aux dangers de la circulation, ils décident de se réfugier dans la taverne de Noevolus [...]. Le vin d'Albe et la chaleur du mois d'août stimulent bientôt leurs médisances spirituelles. Ils esquissent des portraits à la façon de La Bruyère : trafiquant du marché noir, bavarde intarissable, sportive ridicule, poète tirant [...] le diable par la queue, enfin Grecs envahissants et subtils. Mais bientôt le refuge même de la taverne ne suffit plus à calmer l'amertume de nos jeunes Romains, qui décident dans un enthousiasme délirant d'aller respirer l'air libérateur des bords de la Méditerranée ».

D'une manière incisive, parfois corrosive, l'accompagnement pianistique souligne tous les traits et portraits de ce texte. Sur le crépitement continu des doubles croches du piano, les 4 voix alternent vivement pour s'indigner des embarras de la circulation (« Quel flot de peuple ! Pas moyen d'avancer ! »). Après l'épisode aimable de l'entrée dans la taverne de Noevolus, les cancans de l'heure sont détaillés en une succession de tableautins rapides et serrés : Montanus, « l'eunuque concussionnaire », s'endormant « dégouttant d'assez de parfums pour embaumer deux cadavres » ; la blonde Hippia qui sait tout ce qui se passe dans l'Empire ; Olgunia, épouse d'un cruel délateur et fille d'un affermateur de latrines des thermes (Tempo di marcia e pesante) ; le vieux poète Coedrus (avec un quatuor vocal comique : « Ah ! si Coedrus était grec »). L'œuvre s'achève sur la célébration des frais bocages et des arts, « instinct sublime refusé aux brutes ».

Chr. Goubault

K

Kastcheï l'Immortel (*Kastcheï Bessmertny*), conte automnal en un acte et 3 tableaux, livret de N. A. Rimski-Korsakov et Evguéni Petrovski d'après un conte populaire russe, musique de **Nicolas Andreïevitch Rimski-Korsakov**, composé en 1901-02, créé à Moscou, au Théâtre Solodovnikov, le 12 déc. 1902, avec N. Zabela-Vroubel (la Princesse), V. Petrova-Zvantseva (Kastcheïevna), F. Ochoustovitch (Kastcheï), M. Botcharov (Ivan Korolevitch), V. Ossipov (le Paladin Tempête), sous la dir. d'Ippolytov-Ivanov. (Durée : 1 h 15 min environ.) La 2e représentation (Saint-Pétersbourg, Théâtre Kommisarjevski, 27 mars 1905) eut lieu peu après le « dimanche sanglant » de 1905, l'agitation estudiantine qui s'ensuivit, et l'exclusion temporaire de Rimski-Korsakov du Conservatoire pour avoir soutenu les étudiants en grève (la recette devait être versée à un fonds de soutien aux victimes de la répression). Le spectacle tourna à la manifestation en faveur du compositeur, accompagnée de slogans antitsaristes, et la salle fut évacuée par la police. Le contenu même de l'ouvrage fut ressenti, à juste titre, comme le symbole d'un bouleversement politique imminent. Kastcheï, mauvais génie des contes russes, fut identifié au pouvoir autocratique, la Princesse captive au peuple opprimé, et le Paladin Tempête aux forces révolutionnaires latentes.

Les trois tableaux de l'ouvrage s'enchaînent sans interruption.

1er Tableau. Au royaume de Kastcheï, un château sinistre, entouré d'une palissade plantée de crânes humains. La courte introduction orchestrale (22 mesures) expose d'abord le leitmotiv de Kastcheï, en reptation chromatique,

puis la mélodie douce et mélancolique de la Princesse.

Seule dans le jardin, la Princesse (sop.) se lamente d'être retenue en captivité par Kastcheï (ténor) et pense à son fiancé Ivan Korolevitch. Kastcheï, dont on a entendu à plusieurs reprises la voix à l'intérieur du château, sort en claudiquant. Il montre à la Princesse un miroir magique dans lequel elle aperçoit d'abord l'image d'une belle jeune fille, Kastcheïevna, fille de Kastcheï, puis celle d'Ivan Korolevitch. Cette dernière vision effraie Kastcheï qui s'empresse de briser le miroir. Pour avoir des nouvelles de sa fille, qui a charge de séduire et de lui ramener les preux téméraires qu'il fait ensuite périr, il lui envoie le Paladin Tempête (basse), son messager, qu'il tient enchaîné dans une cave. Sa phrase sibylline (« Demande aussi à ma fille si elle garde bien ma mort ») trouve une explication dans l'arioso qui suit. Par des sortilèges, Kastcheï a su acquérir l'immortalité : sa mort est contenue dans une larme de Kastcheïevna, belle au cœur dur et cruel. Tant que rien ne fera verser de larmes à sa fille, Kastcheï ne mourra pas. Après son monologue, il rentre dans le château, invitant la Princesse à le rejoindre. A son refus, Kastcheï déchaîne une tempête de neige (personnifiée par le chant d'un chœur invisible). Une transition orchestrale, fondée sur des thèmes de l'introduction, mène au tableau suivant.

2e Tableau. Le domaine de Kastcheïevna, sur une île magique, la nuit. Kastcheïevna (mezzo-sop.), armée de son épée et tenant une coupe remplie d'un philtre magique, attend le preux qu'elle compte envoûter et mettre à mort. Arrive Ivan Korolevitch (bar.). D'abord émerveillé par la beauté du site, il tombe rapidement sous le charme de l'ensorceleuse. Après un duo d'amour, il s'endort. Sa geôlière s'apprête à le frapper mais hésite un instant, troublée par la beauté du jeune homme. Surgit alors le Paladin Tempête ; son dialogue avec Kastcheïevna réveille Ivan qui, l'entendant mentionner la Princesse, exige aussitôt d'être emporté vers le royaume de Kastcheï. Le Paladin Tempête s'exécute ; tous deux s'envolent, laissant Kastcheïevna furieuse. Entracte symphonique.

3e Tableau. Même décor qu'au 1er tableau ; la Princesse est assise sur les marches du perron. Kastcheï dort à l'intérieur du palais. La jeune fille chante une berceuse qui appelle la mort sur le mauvais génie. Le Paladin Tempête et Ivan Korolevitch surgissent. Un duo d'amour scelle les retrouvailles de la Princesse et d'Ivan. Ils s'apprêtent à fuir quand Kastcheïevna apparaît soudain, leur barrant le passage. Elle se dit prête à libérer la Princesse, à condition de garder Ivan dont elle est éprise. Kastcheï se réveille. A cet instant, la Princesse, touchée par les souffrances amoureuses de Kastcheïevna, s'approche d'elle et dépose un baiser sur son front. Pour la première fois, Kastcheïevna, transformée, se met à verser des larmes et, après un adieu aux amants, se change en saule pleureur. Kastcheï meurt dans d'ultimes trépignements de haine. Le Paladin Tempête ouvre les portes du royaume tandis que le soleil se lève et qu'un chœur invisible chante la vie et l'amour. (Ce chœur, qui ne figurait pas dans la version originale, fut ajouté en 1906.)

Rimski-Korsakov utilise ici le conte féerique comme message idéologique, mais d'une façon moins consciente et ostensible que dans → *Le Coq d'or*. Le langage musical est caractérisé par un chromatisme systématisé, par la présence quasi constante d'harmonies altérées, où le diatonisme n'apparaît qu'épisodiquement, lié aux personnages de la Princesse et d'Ivan Korolevitch. Pourtant, les limites de la tonalité ne sont jamais vraiment mises en péril : dans une lettre à E. Petrovski (11 janv. 1903), le compositeur précise que l'ouvrage est habité par « la présence invisible de la tonique ». Comme il est d'usage chez Rimski-Korsakov, la technique du leitmotiv est abondamment exploitée, dépassant les fins de seule identification dramaturgique pour servir de matériau de développement au tissu symphonique. Outre ceux de Kastcheï et de la Princesse, on relèvera les motifs de Kastcheïevna (dérivé, en toute logique, de celui de son père) et d'Ivan Korolevitch, plein de fraîcheur martiale. Enfin, il est indispensable de signaler, en ce qui concerne le sujet, la filiation entre cet opéra et le ballet de Stravinski *L'Oiseau de feu*, qui fait intervenir, pour l'essentiel, les mêmes personnages.

Éditions et rééditions — Saint-Pétersbourg, Bessel, 1902 (part. d'orch. et réd. cht et p.) ; Œuvres complètes de N. A. Rimski-Korsakov, Moscou, Mouzgiz, 1955, vol. 12 (part. d'orch.), vol. 40 (réd. cht et p.).

Bibliographie — Voir celle de l'art. *Légende de la ville invisible de Kitèje*.

A. LISCHKE

KATERINA ISMAÏLOVA, opéra de **Dimitri Dimitriévitch Chostakovitch**, voir LADY MACBETH DU DISTRICT DE MZENSK.

KATIA ET LE DIABLE (*Čert a Káča*), op. 112, opéra-comique en 3 actes, livret d'Adolf Wenig, musique d'**Antonín Dvořák**, composé du 5 mai 1898 au 27 févr. 1899, créé au Théâtre national de Prague, le 23 nov. 1899, sous la dir. d'Adolf Čech. (Prague 1908 ; Prague, Supraphon-Artia, 1972, *in* A. Dvořák. Œuvres complètes, série I, vol. 11 ; durée : 1 h 50 min environ.)

LIVRET — Acte I. A l'auberge du village, un jour de fête patronale. Le berger Jirka (ténor) ne veut pas retourner chez l'intendant dont l'autorité est particulièrement cruelle. Chants et danses se succèdent dans l'auberge, mais Jirka refuse de danser avec Katia (mezzo-sop.), une jeune fille de fort caractère, venue accompagnée de sa mère pour chercher un partenaire. N'en trouvant pas, elle déclare, furieuse, qu'elle danserait avec le diable lui-même s'il se présentait. Aussitôt, le Diable Marbuel (basse) entre, déguisé en chasseur. S'informant de leur vie auprès des villageois, il apprend avec beaucoup de satisfaction que l'intendant et la Princesse, maîtres des lieux, les terrorisent. Marbuel invite Katia à boire, puis à danser, enfin à partir avec lui. Entretemps, Jirka, qui était finalement rentré au château, est de retour : après s'être disputé avec l'intendant, il a été chassé. Brusquement, Marbuel s'enfonce en enfer avec Katia. Devant le désespoir de sa mère, Jirka se propose de la ramener et s'enfonce à son tour sous terre.

Acte II. En enfer. Tous les diables boivent, jouent aux cartes et chantent à grand bruit. Excédé par ce vacarme, Lucifer (basse) intervient pour demander un peu plus de calme. Puis il invite le diable-portier à lui envoyer Marbuel dès que celui-ci sera rentré. Peu après, Marbuel apparaît, ne ramenant ni la Princesse ni l'intendant mais Katia qui, enragée, furieuse d'avoir été trompée, s'est accrochée à son dos et s'est jurée de ne le lâcher que s'il la ramenait sur terre. A ce moment, le courageux Jirka apparaît à son tour pour sauver Katia. Il conseille à Lucifer d'attirer l'attention de la jeune fille avec des chaînes d'or. Marbuel est libéré mais il doit ramener Katia dans le monde. Il demande son aide à Jirka, lui promettant une récompense. A la nouvelle lune, Marbuel fera semblant de venir chercher l'intendant ; Jirka jouera alors le rôle de sauveteur et pourra demander à l'intendant lui-même un sac d'or en récompense. Les diables donnent un festin puis se mettent à danser. Katia finit par se plaire en enfer et ne veut plus partir, mais Jirka, qui s'est juré de la ramener, l'en extrait par la ruse.

Acte III. Dans la salle du château de la Princesse. La Princesse (sop.) regrette sa vie dissolue. Elle sait déjà que, pour ses péchés, elle sera punie et condamnée à l'enfer. Prête à se laisser emporter, elle attend le diable pour cette nuit-là. Sa femme de chambre la console en lui révélant que Jirka a déjà sauvé l'intendant des mains du diable et que, peut-être, il la sauvera elle aussi. Mais Jirka refuse de l'aider. C'est seulement après sa promesse d'abolir la corvée et de donner immédiatement la liberté au peuple qu'il accepte de la sauver du diable. Ayant amené Katia avec lui, il se cache avec elle dans la pièce voisine. Dès que Marbuel apparaît, Jirka lui annonce que Katia est au château et qu'elle est venue pour se venger de sa duperie (les chaînes d'or reçues en enfer se sont transformées en vulgaires feuilles mortes). A la vue de Katia, Marbuel s'enfuit, épouvanté. Sauvée, la Princesse nomme Jirka son premier conseiller et donne à Katia de l'argent et une maison pour qu'elle puisse choisir un mari à son gré. Le peuple exulte de joie.

Katia et le Diable est une œuvre populaire, comique mais surtout féerique comme le sera l'opéra suivant, → *Rusalka*, et comme l'ont été juste avant les 4 poèmes symphoniques op. 107-110 sur des textes de K. J. Erben. Pour Dvořák, le féerique était un élément de la culture populaire et il tenait avant tout à ce que sa musique soit populaire. L'opéra n'a ni scènes ni numéros ; chacun de ses actes enchaîne des épisodes musicaux plus ou moins longs. La mélodie joue un rôle prédominant, mais ne revêt que rarement la forme de l'air. Les parties chorales ont également une importance considérable, tout comme les rythmes de danse : une valse et une polka dans le milieu populaire du 1er acte, une polka burlesque et un vif Ballabile en enfer, enfin une polonaise noble dans l'ouverture du 3e acte, dans la demeure princière. Des éléments de leitmotiv sont utilisés même s'ils ne sont pas très caractérisés. Le 2e acte, en enfer, fait appel aux couleurs sombres du mode mineur, à un certain chromatisme et aux intervalles augmentés et diminués. Mais l'ensemble de l'œuvre n'en demeure pas moins simple, facile à écouter, à l'image de la bonhomie populaire que Dvořák cherche à décrire et à exalter.

Bibliographie — Voir celle de l'art. *Armida*.

FR. AUCLAIR

KATYA KABANOVA (*Káta Kabanová*), opéra en 3 actes, livret — d'après la pièce *L'Orage* (*Groza*) de l'écrivain russe Alexandre Nikolaïevitch Ostrovski, traduite en tchèque par Vincenc Červinka — et musique de **Leoš Janáček**, composé à Brno de nov. 1919 au 17 févr. 1921, créé à l'Opéra de Brno, le 23 nov., 1921, avec Marie Vesela (Káťa), Marie Hladíková (Kabanichá), Jarmila Pustinská (Varvara), Rudolf Kaulfus (Dikoj), Zrel Zavřel (Boris), Pavel Jeral (Tichon), Valentin Sindler (Váňa), sous la dir. de František Neumann. (Vienne, UE, 1922 ; durée : 1 h 40 min environ.)

LIVRET — Acte I. Scène 1. La maison de Kabanichá (Marfa Kabanová) à Kalinov, au bord de la Volga. Neveu du riche marchand Dikoj, Boris Grigorjevič (ténor) explique à Váňa Kudrjáš (ténor) la raison qui le pousse à rester avec son oncle : l'argent qui doit lui revenir, ainsi qu'à sa sœur, lorsqu'ils auront l'âge. Il lui avoue qu'il aime une femme mariée : Káťa (Catherine), épouse de Tichon Kabanov, fils de Kabanichá. Káťa est persécutée par sa belle-mère autoritaire. — Scène 2. L'intérieur de la maison des Kabanov. Tichon (ténor) s'apprête à partir pour Kazan où l'envoie sa mère Kabanichá (contralto). Káťa (sop.) fait le serment de ne porter le regard sur aucun étranger en l'absence de son mari.

Acte II. Scène 1. La jeune Varvara (mezzo-sop.), maîtresse de Váňa Kudrjáš et fille adoptive de Kabanichá, annonce à Káťa que Boris — qu'elle aime — l'attendra ce soir. Elle lui remet la clé du portillon. Káťa ne peut résister à la tentation. Pour fuir son odieuse belle-mère, elle quitte la maison et se précipite au rendez-vous. — Scène 2. Dans le jardin. Káťa et Boris tombent dans les bras l'un de l'autre.

Acte III. Scène 1. Lorsque Tichon revient de Kazan, Káťa avoue son adultère et nomme son amant : « C'est Boris que j'aime. » — Scène 2. Les bords de la Volga. Dernière rencontre de Boris et de Káťa. Ils se disent adieu. Káťa se jette dans le fleuve.

Káťa Kabanová n'est pas le personnage principal de l'opéra qui oppose deux conceptions de la vie. D'un côté, l'obscurantisme ancestral « vieux-russe », bigot, hypocrite et cruel, despotique et superstitieux. De l'autre, le désir d'émancipation et de modernisme, l'absence de préjugés. Le premier aspect est personnifié par la vieille Kabanichá, tyran odieux qui persécute tout le monde. Le second met en scène un couple d'amoureux, Váňa Kudrjáš et sa compagne Varvara, qui crible de sarcasmes les anciennes mœurs et le personnage de Kabanichá. Janáček traduit cet antagonisme de manière très nette : une musique d'angoisse et de terreur, des mélodies suaves. La pure et mystique Káta se trouve prise dans un engrenage fatal qui la conduira au suicide : elle est la seule à s'épancher, à parler d'elle-même, de son péché et de son amour.

Comme dans → *Jenůfa*, de nombreux motifs, souvent brefs, parcourent l'opéra. La répétition des mêmes cellules crée un climat envoûtant, obsessionnel. Le prélude instrumental expose les motifs essentiels qui reviennent, pour la plupart, dans le cours de l'œuvre, mais souvent transformés. Ces motifs reflètent l'opposition des forces autour desquelles tourne l'action. Il n'y a pas à proprement parler de thème de Káťa, mais une atmosphère Káťa (élégie, tendresse, lyrisme), une tonalité Káťa (*si* ♭ min.), une instrumentation Káťa (cordes, viole d'amour). Toutefois, dans le prélude, une phrase douce se fait entendre, avec une jolie inflexion de quarte, qui est attribuée d'évidence à Káťa, d'autant que ses premières paroles, « Promne jste vy, mamninko » (Pour moi, vous êtes comme ma propre mère), sont prononcées sur ce motif.

Au cours de l'ouvrage, le chant de Káťa, aérien et lyrique, s'oppose à celui de Kabanichá, haché, agressif, au débit irrégulier. Un autre motif essentiel — désigné par les commentateurs comme leitmotiv du Voyage, ou du Destin, ou de la Vieille Russie, ou encore de la Tradition asservissante — apparaît dans le prélude de l'acte I et figure près d'une cinquantaine de fois dans la partition, sans modification. Il a la particularité d'être constitué de deux sections tranchées ; les 8 premières notes, sur la quarte *fa - si* ♭, exposées d'une manière menaçante par les timbales et les trombones, sont reprises par le hautbois avant d'être complétées par un chant en mode de *la* transposé sur *fa* (éolien), accompagné par des arpèges de flûtes et des tintements de grelots. « La répétition de ces 8 notes finit par glacer l'âme de terreur » (Muller).

Le motif entier revient à la fin de l'acte I, avec les coups sourds des timbales, ainsi qu'au moment de la scène de l'orage (acte III). La 4e mesure du chant « éolien » offre une similitude avec le début du *« Dies irae »* ; elle réapparaît à l'extrême fin de l'œuvre, lorsque Kabanichá, après que l'on eut ramené le cadavre de Káťa sur la berge, s'incline devant les bateliers en leur disant d'un ton funèbre : « Děkuji vám, dobří lidé za úslužnost ! » (Bonnes gens, grand merci du dérangement !). Un autre motif important, celui de Varvara, est joué par les altos, accompagnés par des accords en contretemps des 4 flûtes et du célesta, pour souligner les premières paroles de la jeune femme : « Našla si místo pro svoje Kázání » (Quel endroit bien choisi pour un sermon !, acte I, sc. 1).

On retrouve ce thème, notamment au cours de la scène d'amour de l'acte II : « Za vodou, za vodičkou » (De l'autre côté du ruisseau, du petit ruisseau). A ces thèmes fondamentaux s'en adjoignent beaucoup d'autres, comme les deux thèmes contrastés de la 1re scène de l'acte II, constamment réitérés, ce qui ajoute à l'atmosphère d'étouffement de ce drame : ils servent de soubassement aux imprécations de Kabanichá. Le motif de la Volga (ou des soupirs de la Volga) n'apparaît que dans l'acte III ; il devient l'élément essentiel du chœur bouches fermées au moment du suicide de Káťa.

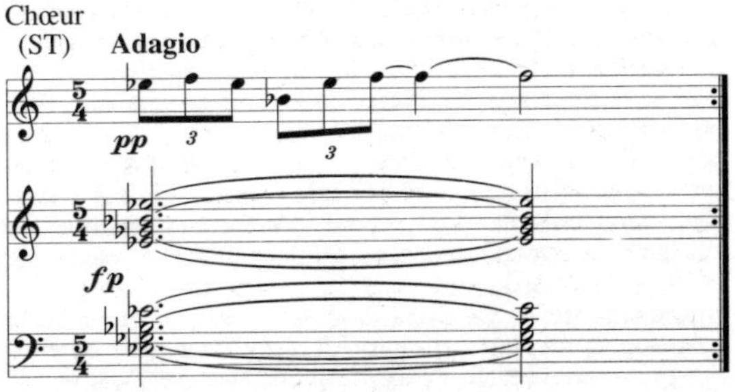

Comme dans ses opéras précédents, Janáček ne développe pas son matériel thématique. Il juxtapose et répète jusqu'à l'hallucination. Il ne craint pas les accents « naturalistes » et les moyens simples pour faire passer l'émotion. La confession de Káťa à Varvara (acte I, sc. 2) est une page d'un lyrisme total, avec un orchestre qui sait s'assombrir et s'illuminer tour à tour. « Merveille de grâce, d'expression et de science » (Muller), le double duo d'amour de la scène 2 de l'acte II (entre Váňa et Varvara, Káťa et Boris) intègre dans sa trame des thèmes d'allure populaire : « Po zahrádec děvucha již » (Dans le jardin, la jeune fille), « Chod si dívka do času... » (Restez dehors, jeune fille, jusqu'à ce que la nuit tombe). Dans l'extraordinaire scène finale, le chant d'abord craintif de Káťa devient de plus en plus halluciné. Il est coupé par les chœurs bouche fermée, dans le lointain, sur le motif de la Volga. Sur son « air » « Proč se tak chavají » (Pourquoi me font-ils cela ?), l'orchestre, avec des stridences de trompettes, utilise des formules répétitives lancinantes. Puis c'est l'extase des cordes en sourdine pour le dernier baiser de Káťa et de Boris. L'œuvre s'achève sur les chœurs bouche fermée, accompagnés par les coups sourds du *fatum*.

Káťa Kabanová a des accents pucciniens, notamment dans la scène d'amour de l'acte II. G. Erismann situe la musique de Janáček dans un courant personnel de « réalisme poétique et non vériste. Janáček se différencie des compositeurs italiens dans l'expression vocale et dans la manière de conduire "musicalement" les personnages et la dramaturgie [...]. Chez Janáček, tout reste intérieur et l'effort porte sur les mots ».

Bibliographie — H. H. Stuckenschmidt, L. Janáček und Katja Kabanova, *in* Musik der Zeit VIII, Bonn 1954 ; K. H. Wörner, Katjas Tod, *in* RMS, mars 1959 ; Ch. Mackerras, Long-lost music for Janáček opera, *in* Music und Musicians, févr. 1961 ; J. W. Klein, Janáček's « vile » Opera, *in* The Chesterian, n° 206, 1961 ; J. Tyrrell, Katya Kabanova, Cambridge, CUP, 1982 ; L'Avant-Scène Opéra, n° 114, nov. 1988 ; voir aussi la bibliogr. de l'art. *Jenůfa*.

Chr. Goubault

« Kennst du das Land ? », lied de **Franz Liszt**, voir Mignons Lied : « Kennst du das Land ? ».

(La) Khovanstchina (Le Complot des Khovanski), opéra en 5 actes, livret et musique de **Modeste Petrovitch Moussorgski**, composé de 1872 à 1880. La version de N. A. Rimski-Korsakov fut créée à Saint-Pétersbourg, au Théâtre Konovov, le 21 févr. 1886, par une troupe d'amateurs. (Durée : 2 h 40 min environ.)

Suggérée par le critique d'art Vladimir Stassov, l'idée de *La Khovanstchina* remonte à juillet 1872, immédiatement après l'achèvement de la version définitive de *Boris Godounov*. L'ouvrage devait constituer le 2e volet d'une trilogie d'opéras historiques (le 3e, *La Révolte de Pougatchev*, ne fut jamais réalisé). Moussorgski commença d'abord par rassembler des matériaux historiques : témoignages et documents se rapportant à la fin du XVIIe s. et au règne de Pierre le Grand (écrits de Jeliaboujski, Krekchine, Matveiev, Medvedev, autobiographie du protopope Avvakoum), ouvrages d'historiens du XIXe s. spécialistes de cette période (Semevski, Tikhonravov, Stchebalski). Le travail s'effectua ensuite de manière intermittente entre 1873 et 1880. A partir de 1874, Moussorgski entreprit la composition tout aussi épisodique de → *La Foire de Sorotchintsi*. A sa mort, la partition pour piano et chant de *La Khovanstchina* était presque achevée, à l'exception de la conclusion de l'acte II et de la scène finale de l'acte V. Seuls deux fragments de l'acte III étaient orchestrés (chanson de Marfa et scène de Kouzka avec les streltsi).

En 1882, N. A. Rimski-Korsakov acheva et orchestra l'ouvrage, effectuant d'énormes coupures, récrivant et transformant sans vergogne le texte musical original. C'est pourtant cette version qui est généralement jouée, plus souvent que celle réalisée par D. Chostakovitch en 1959. Plus fidèle, cette dernière conserve à peu près intacte la musique de Moussorgski mais propose une orchestration typique du XXe s., totalement inappropriée. Parmi les autres orchestrations existantes, celle de Boris Assafiev, réalisée en 1931 à la suite de la restitution par P. Lamm de la partition pour piano et chant de Moussorgski, est restée inédite. D'autre part, pour la 1re représentation de l'ouvrage à Paris (Théâtre des Champs-Élysées, 5 juin 1913), S. de Diaghilev avait rétabli les principales scènes coupées par Rimski-Korsakov, et en avait confié l'orchestration à M. Ravel et I. Stravinski. Ce dernier effectua également une nouvelle version de la scène finale.

L'action se situe à Moscou, au moment du schisme (raskol) dans l'Église russe (1682), partagée entre les nouveaux orthodoxes et les vieux-croyants ; le livret emprunte également à l'histoire du début du règne de Pierre le Grand (1689), en lutte contre la régente Sophie et le corps des streltsi (archers formant une armée de métier) dont le chef est Ivan Khovanski. En fait, Moussorgski a rassemblé des événements séparés par sept années. (Dans l'analyse qui suit, les passages supprimés par Rimski-Korsakov sont indiqués entre crochets.)

Le prélude de l'acte I évoque le lever du jour sur Moscou, au sens propre comme au figuré : c'est aussi l'aube d'une Russie nouvelle, à la veille des réformes de Pierre le Grand. Le 1er thème, sous sa forme initiale

ou variée, sera l'un des leitmotive de l'œuvre.

Acte I. Sur la place Rouge à Moscou. Kouzka (ténor), un strelets à moitié endormi, chantonne à mi-voix. Deux de ses compagnons viennent le tirer de sa torpeur, tout en commentant les événements : plusieurs meurtres ont été commis la veille et Moscou est sur le pied de guerre. Arrive un Scribe (écrivain public, ténor), auquel le boïar Chaklovity (bar.) dicte un message adressé à Pierre le Grand, dénonçant un complot tramé par les Khovanski, prêts à s'emparer du pouvoir. Tandis que le Scribe prend note, un détachement de streltsi passe, chantant un chœur martial qui le fait frémir. Chaklovity lui recommande sévèrement le silence le plus total concernant l'origine de ce message. [Dans une vaste scène, le peuple de Moscou prend à partie le Scribe, puis se lamente sur le sort de la Russie livrée à la guerre civile.] Soulignées par des sonneries de trompettes, les rumeurs de l'effervescence populaire se font entendre au loin : c'est le prince Ivan Khovanski (basse), chef des streltsi, qui effectue sa ronde à travers Moscou. Introduit par son leitmotiv lourd et autoritaire,

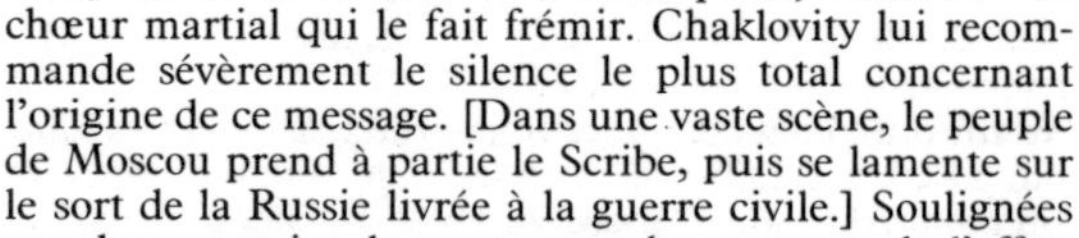

il harangue le peuple, promettant de rétablir l'ordre et la justice, puis poursuit son chemin tandis qu'un chœur de femmes chante sa louange : *« Slava lébédiou, slava biélomou »* (Gloire au cygne blanc). Sur la place restée déserte, arrive en courant une jeune Allemande, Emma (sop.), poursuivie par les assiduités grossières d'Andreï Khovanski (ténor), fils d'Ivan. Tandis qu'elle se débat, suscitant chez lui des reparties sardoniques, un témoin s'empresse d'intervenir : c'est Marfa (mezzo-sop.), la fiancée d'Andreï, qui lui rappelle son engagement. Une scène violente s'ensuit, encore aggravée par le retour d'Ivan Khovanski. Trouvant Emma à son goût, il prétend la faire emmener dans son palais. Alors qu'Andreï s'apprête, de dépit, à poignarder la jeune fille, la rixe est arrêtée par l'intervention de Dossifeï (basse), père spirituel de Marfa. Dans un arioso aux intonations de prédication mystique, le vieux moine, chef des vieux-croyants, enjoint ses ouailles de cesser leurs disputes et de se préoccuper du sort de la patrie.

Acte II. Chez le prince Golitzine. Favori de la régente Sophie dont il est en train de lire une lettre, Golitzine (ténor) a reçu une éducation occidentale ; à côté des personnalités monolithiques de l'acte I, il apparaît comme un être tout en nuances, mais faible et indécis. [Il lit ensuite une autre lettre, envoyée par sa mère, et se plonge dans un abîme de rêveries et d'interrogations. Son domestique Varsonofiev (basse) introduit un pasteur luthérien (basse) qui demande l'autorisation de faire bâtir un nouveau temple dans le bourg allemand de Moscou. Golitzine refuse.] Arrive Marfa qui, voyant le désarroi de Golitzine devant les événements, propose de lui prédire l'avenir. C'est la célèbre scène de la voyance (un air en deux parties) où Marfa entrevoit, en fixant l'eau d'une coupe, l'exil du prince à l'étranger. Effrayé, Golitzine la chasse et ordonne à Varsonofiev de la faire assassiner. Survient alors Ivan Khovanski, qui accuse Golitzine d'avoir restreint le pouvoir des boïars. Leur dispute est interrompue par l'arrivée de Dossifeï. Une discussion politique s'engage sur la situation actuelle et future de la Russie. (Ces deux scènes, assez arides, ont été considérablement élaguées par Rimski-Korsakov.) Un chœur de vieux-croyants passe au-dehors, fortifiant Khovanski et Dossifeï dans leur attachement aux anciennes traditions. Soudain, Marfa surgit, effrayée : victime d'une tentative de meurtre, elle a été sauvée de justesse par les soldats de Pierre le Grand. Ce nom suscite une brusque inquiétude, presque aussitôt confirmée par l'arrivée de Chaklovity, annonçant que le tsar a eu vent du complot : il a appelé cela « khovanstchina » (du nom de Khovanski et du suffixe « stchina » marquant une nuance péjorative) et a ordonné l'arrestation des conjurés. Pour la conclusion de l'acte, laissée en suspens, Moussorgski avait parlé d'écrire un quintette vocal. Au lieu de cela, Rimski-Korsakov fait réentendre le thème du Lever du jour, symboliquement associé à l'avenir que représente Pierre le Grand. (Chostakovitch, pour sa part, conclut par des fanfares, autre évocation, purement militaire, du tsar).

Acte III. Dans un faubourg de Moscou. Un groupe de vieux-croyants reprend le chœur entendu dans le tableau précédent. Restée seule, Marfa chante son amour malheureux pour Andreï, exprimant pour la première fois son pressentiment de l'holocauste dans lequel ils s'immoleront ensemble. Cette chanson célèbre, en six couplets, utilise un thème populaire authentique dans le mode mixolydien (fréquent dans le folklore russe),

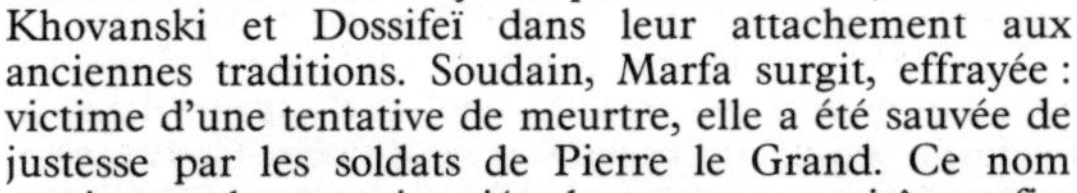

tiré du *Recueil de chants populaires russes* de N. A. Rimski-Korsakov (Saint-Pétersbourg, Bessel, 1877). Une scène, fortement abrégée par Rimski-Korsakov et souvent supprimée lors des représentations, oppose ensuite Marfa à Suzanne (sop.), vieille fille haineuse, scandalisée par ces évocations amoureuses. L'arrivée de Dossifeï met fin à la dispute. La jeune femme redit au moine sa conviction : c'est dans le feu que leurs vies s'achèveront. Chaklovity chante alors son air, *« Spit streletskoïe gnezdo »* (Le nid des streltsi s'est endormi). Ce personnage, pourtant douteux et intrigant, s'affirme comme un patriote lucide et sensible. Mais les streltsi surgissent pour une scène rabelaisienne (coupée aux trois quarts par Rimski-Korsakov) de beuveries, de chansons et de disputes avec leurs femmes. La fête est interrompue par le Scribe, qui annonce que les mercenaires de Pierre le Grand cernent le faubourg. Affolés, les streltsi appellent à l'aide Ivan Khovanski. Mais celui-ci a également pris peur et leur recommande de s'en remettre à la miséricorde divine. L'acte s'achève par une prière, magnifique imitation d'un chœur orthodoxe.

Acte IV. 1er Tableau. Réfugié dans son palais où il se croit en sécurité, Ivan Khovanski se distrait en écoutant ses servantes chanter des chansons populaires (autres emprunts directs au folklore, tirés cette fois des *Chants populaires russes* d'Y. Melgounov [Moscou 1879]). Le cœur du tableau est la *Danse des jeunes filles persanes*, concession de Moussorgski à l'inévitable scène de ballet et retour à l'orientalisme auquel il avait pourtant renoncé depuis de nombreuses années. Chaklovity vient dire à Khovanski que la régente Sophie veut le voir. Tandis que les servantes entonnent un nouveau chant en son honneur, Khovanski, paré de ses plus beaux habits, se dirige vers la porte et tombe sous le poignard d'un tueur à gages amené par Chaklovity. — 2e Tableau. A Moscou, devant la cathédrale Saint-Basile. Un traîneau emmène Golitzine en exil. La prédiction de Marfa se confirme. La jeune fille et Dossifeï comprennent que le moment de leur auto-immolation approche. Andreï Khovanski surgit, haineux et inconscient, toujours à la recherche d'Emma. Il menace Marfa de la livrer aux streltsi. A cet instant, une musique militaire retentit : on amène les streltsi prisonniers, portant les billots sur lesquels ils seront décapités. Au dernier moment, un héraut leur apprend que le tsar les gracie. (Certaines mises en scène font apparaître Pierre le Grand avant la chute du rideau.)

Acte V. Le cloître des vieux-croyants, dans la forêt, la nuit. Les mesures d'introduction traduisent le mugissement lugubre du vent dans les arbres. Dossifeï chante dans un monologue grave et recueilli sa résolution fatale, exhorte ses fidèles à la détermination, et reçoit leur serment. Marfa réussit à convaincre Andreï de partager le sort commun. Au loin, une sonnerie de trompette annonce l'approche des mercenaires. Les vieux-croyants, revêtus de linceuls, s'enferment dans le cloître, qu'ils incendient. Leur chant funèbre est écrit sur un motif religieux authentique

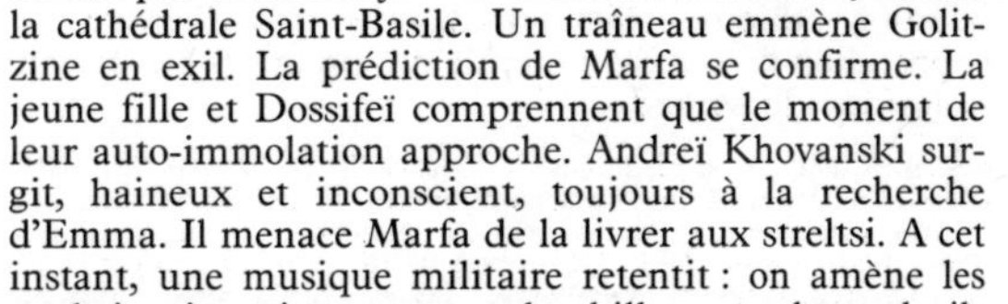

que Moussorgski avait eu le temps de noter. Pour le reste, toute la scène finale — à partir du début de l'incendie — a été composée par N. A. Rimski-Korsakov. Le dernier thème qu'il fait entendre est la marche des armées de Pierre le Grand, reprise du 2e tableau de l'acte IV. D. Chostakovitch y a ajouté un postlude, une complainte du peuple empruntée à la scène populaire de l'acte I qu'avait coupée Rimski-Korsakov, puis un retour du leitmotiv du Lever du jour. Ces deux conclusions sont tout aussi arbitraires, surtout celle de Chostakovitch qui, bien qu'elle reprenne fidèlement un matériau musical de Moussorgski, apporte une note rassérénante, éloignée de la pensée de l'auteur.

Comparée à → *Boris Godounov* sur le plan musical, *La Khovanstchina* se ressent dans doute de son élaboration décousue et apparaît moins « écrite » ; l'emploi du récitatif y est plus abondant et l'harmonisation souvent limitée à des successions d'accords. Les rares airs ou ariosos, comme ceux de Marfa (acte II) ou de Chaklovity (acte III), constituent des numéros relativement traditionnels. Le leitmotiv est utilisé avec liberté et parcimonie (à part Ivan Khovanski, les personnages n'ont pas de motif attitré). Contrairement à *Boris Godounov*, il n'y a pas ici de personnage principal : Ivan Khovanski, Dossifeï, Marfa, Golitzine sont les éléments d'un tableau d'ensemble. De même, le peuple ne forme pas un seul bloc mais se subdivise en plusieurs groupes (streltsi, vieux-croyants, foule des Moscovites). Cependant, comme *Boris Godounov*, *La Khovanstchina* met en scène un moment capital de l'histoire de la Russie où les drames individuels sont inséparables des événements historiques. C'est l'anéantissement des représentants d'un monde ancien, avec leurs traditions sociopolitiques et leur intégrisme religieux, et l'avènement d'une ère nouvelle, symbolisée par le tsar, lui-même absent de la scène. La question éthique fondamentale que pose l'œuvre est l'opposition de la raison morale des premiers à la raison historique du second.

Sources, éditions et rééditions — Part. cht et p. : **a)** vers. originale, *Chanson de Marfa*, Saint-Pétersbourg, Bessel, 1873 ; par P. Lamm, *in* Œuvres complètes de Moussorgski II, Moscou, Éditions musicales d'État, 1931 ; Vienne, UE, 1931 ; New York, Kalmus, s.d. ; **b)** par N. A. Rimski-Korsakov, Saint-Pétersbourg, Bessel, 1883, rééd., Moscou, Mouzyka, 1970 ; Leipzig, Br. & H., 1913 ; Paris, Bessel, 1913, 2/ 1952 (trad. fr. de R. d'Harcourt) ; **c)** Leningrad, Mouzyka, 1976 (vers. de P. Lamm avec la scène finale de N. A. Rimski-Korsakov et l'épilogue de D. Chostakovitch). — Part. d'orch. : **a)** par N. A. Rimski-Korsakov, Saint-Pétersbourg, Bessel, 1883, rééd. Moscou, Mouzyka, 1973 ; **b)** fragments par I. Stravinski, Paris, Bessel, 1913 ; **c)** fragments par M. Ravel, ms. inéd. (coll. privée) ; **d)** par D. Chostakovitch, Moscou, Éditions musicales d'État, 1963.

Bibliographie — M. Moussorgski, Œuvres littéraires, éd. par M. Pekelis et A. Orlova, Moscou, Mouzyka, 1971-72 (en russe) ; E. Frid, Le passé, le présent et le futur dans La Khovanstchina, Leningrad, Mouzyka, 1974 (en russe) ; La Khovanstchina, *in* L'Avant-Scène Opéra, n° 57-58, nov.-déc. 1983.

A. Lischke

Kindertotenlieder (Chants pour des enfants morts), cycle de 5 lieder pour voix et orch. (3333 — 4000 — célesta, glockenspiel, tam-tam, cloches, timb., harpe, cordes), de **Gustav Mahler**, sur des poèmes de Friedrich Rückert, composés à Maiernigg pendant l'été 1901 (pour les trois premiers) et l'été 1904 (pour les deux suivants), exécutés pour la 1re fois le 29 janv. 1905, à Vienne, dans la petite salle du Musikverein, avec Friedrich Weidemann (bar.) et des membres de l'Orchestre philharmonique, sous la dir. de G. Mahler. (Leipzig, Kahnt, 1905 ; durée : 22 min environ.)

Mahler a inscrit sur la première page de la partition : « Ces cinq chants forment un tout complet et indivisible et, pour cette raison, la continuité doit être maintenue (en empêchant les interruptions, et notamment les applaudissements à la fin de chaque morceau). » Comme pour le *Wunderhorn*, le musicien ne précise pas quelle est la voix souhaitée pour l'interprétation de ces lieder poignants. La création viennoise était assurée par un baryton, tout comme à New York (Ludwig Wüllner) le 26 janv. 1910, sous la direction de Mahler, qui avait cependant donné l'œuvre en 1906 à Amsterdam avec une « cantatrice qui chantait sans aucune profondeur ». La bouleversante contralto Kathleen Ferrier, dirigée par Bruno Walter, a tellement marqué de sa personnalité les *Kindertotenlieder* que l'on ne peut actuellement les imaginer interprétés par une voix d'homme.

Entre la composition des trois premiers lieder et des deux derniers, il s'écoule donc trois années au cours desquelles Mahler épouse Alma Maria Schindler (début mars 1902) qui lui donne une fille, Maria, dite Putzi (le 30 nov. 1902). On a voulu voir dans les *Kindertotenlieder* la prémonition de la mort de Putzi à Maiernigg, le 5 juil. 1907, thèse qui pourrait être renforcée par les Mémoires d'Alma (« Pour l'amour de Dieu, ne tente pas la fatalité ! »). Mahler s'était mis dans la situation d'un homme qui aurait perdu un enfant, ce qui était le cas de Rückert qui écrivit ses poèmes après la mort de ses deux enfants. « Si, à cette époque, j'avais réellement perdu ma fille, expliquait le compositeur, je n'aurais plus été capable d'écrire ces lieder. » Il semble que le choix de Mahler ait été suscité par la résurgence de souvenirs de son enfance et de la mort de ses frères, dont l'un se prénommait Ernst comme le fils de Rückert.

La construction de l'œuvre s'élabore autour de tonalités voisines : *ré* min., *ut* min., *mi* ♭ maj., *ré* min. puis majeur. L'atmosphère générale évolue vers l'apaisement et la résignation. L'accompagnement orchestral, ciselé dans ses moindres détails, enrobe la voix comme dans un écrin, renforçant l'émotion des poèmes mis « en mélodies » d'une manière sobre. Ainsi, les *Kindertotenlieder* conservent leur caractère intime. **1.** *« Nun will die Sonn' so hell aufgeh'n »* (Voici que le soleil va se lever si clair). La voix se maintient presque continuellement dans le médium, soulignant l'accablement du père. Coda émouvante et contenue, reprenant les inflexions mélodiques du début du lied : « Heil sei dem Freudenlicht der Welt » (Salut à la joyeuse lumière du monde) **A**. **2.** *« Nun seh' ich wohl, warum so dunkle Flammen... »* (Enfin je comprends pourquoi de si sombres flammes jaillissaient de vos yeux). Inquiétude, langueur, instabilité, fin « morendo » : une « Sehnsucht » tristanesque baigne ce lied, ce qui est assez rare chez Mahler. **3.** *« Wenn dein Mütterlein »* (Lorsque ta maman). L'un des lieder les plus touchants du cycle. Lorsque la mère arrive sur le pas de la porte, le père croit que son enfant va entrer en se faufilant, comme d'habitude, dans la pièce. La ligne vocale, grave et simple, mais entourée de contrepoints à l'orchestre, offre des similitudes avec un chant populaire morave.

L'extrême fin demeure suspendue sur un accord de dominante, « comme si le père affligé n'avait même plus la force de soupirer une dernière fois » (H.-L. de La Grange). **4.** *« Oft denk'ich, sie sind nur ausgegangen ! »* (Je me dis souvent qu'ils n'ont fait que sortir). Prolongement du précédent : le père croit que ses enfants font une longue promenade vers les montagnes. « Ils nous ont seulement précédés et n'ont pas envie de rentrer à la maison. » Ce poème musical s'achève d'une manière radieuse : les enfants ont ouvert la porte du paradis. **5.** *« In diesem Wetter ! In diesem Braus ! »* (Par ce temps ! Dans cette tourmente !). L'agitation fébrile et le désespoir qui correspondent au déchaînement de l'orage se résorbent dans une tendresse désincarnée et dans l'apaisement d'une berceuse : la main de Dieu les protège ; ils reposent comme dans la maison de leur mère. Dans ce lied, Mahler introduit le célesta, instrument qu'il avait découvert alors qu'il dirigeait *Louise* de G. Charpentier.

Bibliographie — A. Mahler, G. Mahler. Erinnerungen und Briefe, Amsterdam 1940, trad. fr. Paris, Lattès, 1980 ; K. Blaukopf, G. Mahler oder der Zeitgenosse der Zukunft, Vienne 1969, trad. fr. Paris, Diapason / Laffont, 1979 ; H.-L. de La Grange, Mahler, 3 vol., Paris, Fayard, 1979-84 ; M. E. Dargie, Music and poetry in the Songs of G. Mahler, Las Vegas, P. Lang, 1981 ; S. M. Namenwirth, G. Mahler. A Critical Bibliography, 3 vol., Wiesbaden, Harrassowitz, 1987.

Chr. Goubault

(Die) Kindheit Jesu (L'Enfance de Jésus), tableau biblique de **Johann Christoph Friedrich Bach**, sur un livret de Johann Gottfried Herder, pour sop., alto, ténor et basse soli, chœur, 2 fl., 2 cors, cordes et b.c., composé en 1772, créé à Bückeburg, le 11 févr. 1773. (Durée : 40 min environ.)

L'arrivée à Bückeburg de Herder, théologien et poète, a été un puissant stimulant pour le fils de Bach qui fut toute sa vie maître de chapelle des Schaumburg-Lippe ; il a fourni au musicien les livrets de deux opéras, deux oratorios et de plusieurs cantates d'église. C'est à la fin de l'année 1772 que Herder rédigea ce texte comme cadeau de Noël pour sa fiancée. Immédiatement, J. Chr. Fr. Bach s'enflamma pour ce poème lyrique et dramatique et acheva la partition en quelques semaines.

L'œuvre s'ouvre de manière inattendue par l'appel de l'ange : « Ne craignez pas, je vous annonce une grande joie ! » A ce motif de fanfare répond une musique lointaine, « céleste » (cordes avec sourdine). Réponse émue d'un berger ; la musique « céleste » se rapproche et le chœur éclate. Le texte de Herder était idéalement adapté à une dramatisation musicale avec des moyens tout proches de ceux du théâtre lyrique. La première partie se termine par le « Gloria » des anges. La deuxième se situe dans l'étable, près de la crèche. Marie chante une admirable berceuse à son enfant (en durée, le quart de toute la partition) à laquelle répond un chant de bergers chantant avec le seul soutien de la basse continue mais jouant de leurs instruments entre les strophes. La troisième partie montre Marie présentant son enfant au Temple, majestueux et grave récitatif accompagné auquel répond le choral du vieillard Siméon qui s'élargit en une vision grandiose et extatique sur ce que sera la vie de l'enfant. Après la reprise du choral, c'est le grand chœur (avec des soli pour sop. et alto) qui constitue le couronnement de la partition.

Avec des moyens instrumentaux fort réduits, J. Chr. Fr. Bach parvient à une grande richesse de timbres ; les trois versions successives de la « musique céleste » sont pour cordes avec sourdine, cordes sans sourdine, cordes avec flûtes et basson. L'écriture caractéristique de l'ère de l'« Empfindsamkeit » est ennoblie par une invention mélodique proche du folklore au meilleur sens du terme. Ce « tableau musical » (titre de Herder repris par Bach) est animé comme un drame musical.

Éditions modernes — Par G. Schünemann, *in* DDT LIV, 1917.

Bibliographie — K. Geiringer, The Bach Family, Londres 1954, trad. fr., Bach et sa famille, Paris 1955 ; H. Wohlfahrt, J. Chr. Fr. Bach, Berne et Munich, Francke, 1971.

C. de Nys

(The) King and I (Le Roi et moi), comédie musicale américaine en 2 actes, livret et textes des chansons d'Oscar Hammerstein II d'après le roman de Margaret London *Anna and the King of Siam*, musique de **Richard Rodgers**, créée à New York, au Saint James Theater, le 29 mars 1951 (version cinématographique, 1956).

L'action se passe à la cour du roi du Siam au début des années 1860. La confrontation des cultures occidentale et orientale constitue le véritable sujet de l'œuvre. Anna Leonowens, une lady anglaise de l'époque victorienne, arrive comme préceptrice à la cour du Siam. Bien que le

A Kindertotenlieder

roi et Anna éprouvent une attirance mutuelle, ils ne parviennent pas à surmonter les barrières culturelles qui les opposent. A la mort du roi, Anna reste au Siam pour exercer une influence occidentale sur l'héritier du trône. Rodgers n'a pas tenté d'écrire une « authentique » musique orientale mais il a composé une œuvre qui évoque l'Extrême-Orient par des procédés mélodiques, rythmiques et surtout orchestraux. Si la *March of the Siamese children* (Marche des enfants du Siam, acte I) représente un bon exemple de ce style, la ballade *« Hello, young lovers »* et le duo en forme de polka *« Shall we dance ? »* conservent une couleur résolument occidentale. Avec 1 246 représentations consécutives, *The King and I* a connu un extraordinaire succès populaire, couronné en 1952 par le prix Antoinette-Perry. Cette comédie musicale, dont les nouvelles productions sont innombrables, est devenue un véritable classique du théâtre américain.

R.-M. SIMON et S. SIMON

KING ARTHUR, OR THE BRITISH WORTHY (Le Roi Arthur ou le Valeureux Britannique), « semi-opera », texte de John Dryden, musique de **Henry Purcell** (Z 628), pour 2 sop., alto, ténor et basse soli, chœur à 4 voix et un orchestre formé de 2 fl. à bec, 2 htb., 2 trp., cordes et b.c., créé à Londres, au Dorset Garden Theatre, en juin 1691, par la United Company, avec des danses arrangées par Josias Priest.

Venant après → *Dioclesian* (1690), *King Arthur* est le deuxième « semi-opera » de Purcell et la seule de ses œuvres principales pour la scène à avoir été conçue ainsi plutôt que comme l'adaptation d'une pièce de théâtre existante. De ce fait, *King Arthur* évite la plupart des pièges qui guettent les « semi-operas », tels que transitions maladroites de la parole à la musique, déséquilibre du texte et de la musique et manque d'à-propos de la musique par rapport au drame. La collaboration de Dryden avec Purcell en 1691 n'était pas la première tentative du poète pour réaliser un « opéra dramatique » — pour reprendre les termes de Dryden — sur le thème du roi Arthur. Dès 1684, il avait commencé à travailler au texte et voulait sans doute en faire un hommage au monarque régnant, Charles II. Il a été suggéré que l'intrigue — se rapportant à l'effort du roi Arthur pour unifier la Grande-Bretagne — serait une allégorie compliquée soutenant la réconciliation souhaitée entre le duc d'York (le futur Jacques II), catholique, et le duc de Monmouth (fils illégitime de Charles II), protestant ; cette réconciliation ne se produisit pas et, peu après que Jacques II fut devenu roi, en 1685, Monmouth fut exécuté à la suite d'une rébellion manquée. Ainsi, Dryden se trouva obligé d'abandonner sa première version de la pièce dont il développa cependant le prologue en un opéra en 3 actes, *Albion and Albanius*, mis en musique par L. Grabut et créé en juin 1685. En 1691, il décida de réviser *King Arthur* et, impressionné sans doute par le récent succès de *Dioclesian*, demanda à Purcell d'en écrire la musique. A ce moment-là, Guillaume III occupait le trône d'Angleterre et, jugé sur les apparences, le texte révisé de Dryden pouvait apparaître comme un hommage patriotique au monarque, le sous-entendu allégorique consistant peut-être en l'identification de Guillaume avec Arthur. Cependant, en privé, Dryden détestait Guillaume et le patriotisme excessif qu'il affiche se révèle souvent profondément ironique.

King Arthur est l'œuvre théâtrale de Purcell qui obtint le plus de succès avec deux reprises de son vivant et plusieurs autres au cours du XVIIIe siècle. Ces reprises s'accompagnèrent d'un certain nombre de changements dans la partition avec pour résultat que les sources manuscrites subsistantes sont passablement embrouillées. Seule une partition contemporaine de Purcell a survécu mais, comme toutes les sources anciennes manuscrites, elle est incomplète.

L'intrigue n'est pas fondée sur les célèbres légendes arthuriennes — les chevaliers de la Table ronde, Guenièvre et Lancelot — mais est essentiellement une création de Dryden (sauf pour la scène du bosquet enchanté de l'acte IV qui est tirée de *La Jérusalem délivrée* du Tasse, Chant XVIII). L'histoire s'attache en premier lieu à l'effort d'Arthur pour unifier ce qui sera la Grande-Bretagne et à la rivalité opposant Arthur à Oswald, le roi saxon du Kent, pour l'amour d'Emmeline.

LIVRET — Acte I. Arthur a repoussé Oswald et les Saxons dans le Kent ; le magicien païen Osmond, assisté par deux esprits, Grimbald et Philidel, sacrifie six Saxons pour apaiser les dieux Woden, Thor et Freya.

Acte II. Le magicien d'Arthur, Merlin, rencontre Philidel et le gagne à la cause d'Arthur. Déguisé en berger, l'esprit maléfique Grimbald s'efforce d'épuiser Arthur ; mais Philidel et d'autres esprits bienveillants interviennent et mènent les Britanniques en sécurité. Suit une scène pastorale dans laquelle Emmeline aveugle est divertie par des bergers et des bergères ; entre alors Osmond qui, après un combat, enlève Emmeline.

Acte III. Osmond a ensorcelé les bois, empêchant Merlin et Philidel de délivrer Emmeline dont ils ont réussi à guérir la cécité. Osmond transforme la campagne en un désert de glace et de neige : un événement sans vraie raison dramatique mais qui donne lieu à la célèbre scène du froid (« Frost Scene ») qui contient quelques-uns des passages les plus mémorables de l'opéra (voir plus loin).

Acte IV. Arthur est soumis à différentes tentations dans le but de faire obstacle au sauvetage d'Emmeline. L'esprit maléfique Grimbald prend même l'apparence de celle-ci mais Philidel dévoile la supercherie et traîne Grimbald enchaîné.

Acte V. On assiste au combat longtemps différé entre Arthur et Oswald. Arthur est victorieux et les Saxons se rendent. Oswald est emprisonné et Arthur de nouveau uni à Emmeline. Le « semi-opera » s'achève sur un masque commandé par Merlin pour célébrer la victoire d'Arthur.

Comme le veut la convention dans les « semi-operas » de la Restauration, la musique dans *King Arthur* est le plus souvent exécutée par des personnages secondaires ; les rôles de Philidel et de Grimbald sont exceptionnels en ce qu'ils sont à la fois parlés et chantés. L'ouvrage s'ouvre par une suite de pièces instrumentales, la « First Music » étant une chaconne en *fa* maj. que Purcell avait employée en 1687 dans son chant de bienvenue à Jacques II, *« Sound the trumpet »* (Sonnez la trompette ; Z 335). Elle est suivie par deux ouvertures séparées par un air bref de type menuet ; la première, pour cordes et hautbois, est en *ré* min., tandis que la seconde, pour cordes et trompette, qui avait été écrite à l'origine pour l'ode d'anniversaire de la reine Anne, *« Arise my muse »* (Lève-toi, ma muse ; Z 320), est en *ré* majeur. Il est possible que les deux ouvertures aient été destinées à deux exécutions différentes, l'une à l'occasion d'une reprise de l'ouvrage. La musique vocale de l'acte I est réservée pour le sacrifice à la fin de la scène 2. Elle ressemble à un long « verse anthem » : après une courte introduction pour cordes et b.c. viennent une suite de solos et un duo entremêlé d'acclamations chorales sur *« We have sacrificed »* (Nous avons sacrifié). Suit un chœur à 4 voix, *« Brave souls »* (Ames courageuses), qui s'adresse aux victimes sacrifiées dans une fugue en *fa* maj. et qui s'achève par une sombre coda en *fa* min. sur les mots « Die and reap the fruit of glory » (Meurs et récolte le fruit de la gloire). Une chanson à boire en *fa* maj., *« I call you all to Woden's hall »* (Je vous convie tous à la demeure de Woden) crée un contraste subit et intentionnel, caractéristique qui se renouvellera par la suite ; le ton légèrement ironique du texte est également typique — il y est démontré que les armées affrontées ne tirent pas leur courage d'un quelconque patriotisme mais de la boisson ! La dernière page musicale de l'acte I, le solo de ténor et chœur mixte *« Come if you dare »* (Venez si vous l'osez) succède à la bataille et est une pièce agitée en *do* maj. qui inclut des symphonies instrumentales pour trompettes et hautbois.

Dans la scène 1 de l'acte II, Philidel (sop.) chante l'air *« Hither this way »* (Venez par ici), accompagné légèrement par deux violons, qui mène à une section antiphonée pour double chœur dans laquelle deux chœurs mixtes — incarnant deux groupes d'esprits concurrents — essaient à tour de rôle de persuader Arthur de prendre une direction opposée. L'air à trois temps *« Let not a moonborn elf mislead ye »* (Ne permettez pas à un elfe né de la lune de vous égarer), en *la* maj., chanté par Grimbald (basse), est suivi par la répétition du double chœur précédent en *ré* mineur. La 1re scène s'achève par le septuor et le chœur à 5 voix (S S A T B) *« Come follow me »* (Venez, suivez-moi) dans lequel Philidel mène Arthur et son armée en sécurité. Toute cette musique est de caractère pastoral et inclut le délicieux et coquin duo de sopranos *« Shepherd, shepherd leave decoying »* (Berger, berger, cesse de te leurrer).

La musique destinée à la scène 1 de l'acte III est perdue, mais celle de la scène 2 a été conservée. La fameuse scène du froid s'ouvre par une symphonie instrumentale en *do* maj., représentant l'arrivée de Cupidon ; puis dans un récitatif, celui-ci (sop.) appelle un génie du froid qui sort de terre pendant le fameux air de basse en trémolo *« What power art thou ? »* (Quelle puissance es-tu ?), en *do* min., qui pourrait avoir été inspiré par le chœur des trembleurs de l'acte IV d' → *Isis* de Lully.

Avec ses harmonies chromatiques, l'air de Purcell est cependant très différent du chœur suave de Lully — la déclamation chevrotante est en fait la seule chose que les deux pièces aient en commun. Le tremolando est à nouveau employé un peu plus loin, pour le *Chorus of Cold People* (Chœur des peuples du froid) à 4 voix, qui est précédé par un dialogue en *do* maj. entre Cupidon et le génie du froid ; Cupidon raille ce dernier pour son emphase, dans l'air en rondeau *« Thou doting fool »* (Toi, fou gâteux) qui fait contraste avec la gravité de la section précédente.

L'acte IV s'attache aux efforts d'Arthur pour sauver Emmeline du magicien malfaisant Osmond et aux tentations variées qu'il rencontre sur son chemin. La première tentation provient de deux sirènes à demi nues qui émergent d'un fleuve en chantant *« Two daughters of this aged stream are we »* (Nous sommes deux filles de ce vieux fleuve) et en invitant Arthur à se baigner avec elles ; le roi ne se laisse pas tenter par le contrepoint séducteur de ce duo de sopranos en *sol* min. et poursuit sa recherche d'Emmeline. Il est possible qu'une partie de la musique de l'acte IV soit perdue car la seule autre pièce subsistante — à l'exception d'un « act tune » instrumental — est la magnifique passacaille *« How happy the lover »* (Combien heureux est l'amant). Cette pièce, le mouvement isolé le plus long de *King Arthur*, a probablement été inspirée par la chaconne de l'acte IV d'*Albion and Albanius* de Grabut. Un thème de 4 mesures en *sol* min. est employé comme basse harmonique pour 59 variations qui explorent presque toutes les possibilités de la basse obstinée dans une suite de solos, de duos, de trios, de chœurs et de sections instrumentales (fondées sur une antiphonie entre les violons et les hautbois).

Aucune musique destinée à illustrer l'acte V n'a été conservée, à l'exception d'une longue suite de pièces pour le masque final ordonné par le magicien Merlin pour célébrer la victoire d'Arthur. Cet assortiment lâche de mouvements comprend des symphonies avec trompettes, un trio pastoral *« For folded flocks and fruitful plains »* (Pour des troupeaux denses et des plaines fertiles), un chant populaire strophique tapageur, *« Your hay it is mowed »* (Votre foin a été fauché) et des airs patriotiques, *« Fairest Isle »* (La plus belle des îles) et *« Saint George, the Patron of our Isle »* (Saint Georges, le patron de notre île).

Rééditions modernes — Par D. Arundell, *in* The Works of H. Purcell XXVI, Londres, Novello, 1928.

Bibliographie — E. J. Dent, Foundations of English Opera, Cambridge 1928 ; R. E. Moore, H. Purcell and the Restoration Theatre, Londres 1961 ; Fr. B. Zimmerman, H. Purcell. An Analytical Catalogue of his Music, Londres 1963 ; D. Charlton, « King Arthur » : Dramatic Opera, *in* ML LXIV, 1983 ; C. A. Price, H. Purcell and the London Stage, Cambridge, CUP, 1984 ; du même, Political Allegory in Late 17th Cent. English Opera, *in* Music and Theatre. Essays in Honour of W. Dean, Cambridge, CUP, 1987.

J. P. Wainwright

King Priam (Le Roi Priam), opéra en 3 actes, texte — d'après un scénario tiré de *L'Iliade* d'Homère — et musique de **Michael Tippett**, commandé par la Fondation Koussevitzki, composé entre déc. 1958 et fin 1961, dédié à Karl Hawker, créé au Festival de Coventry, le 29 mai 1962, puis à Londres, au Théâtre royal de Covent Garden, avec Forbes Robinson (Priam), John Dobson (Pâris), Victor Godfrey (Hector), Richard Lewis (Achille), Marie Collier (Andromaque), sous la dir. de John Pritchard. (Londres, Schott, 1962 ; durée : 2 h 7 min environ.)

Livret — Acte I. Instruments et chœurs en fanfares. — Scène 1. Hécube (sop.), l'épouse du roi Priam, se dit perturbée par un songe et dérangée par les cris du tout jeune Pâris. Priam (bar.-basse) fait venir le Vieil Homme (basse) pour interpréter le rêve : il explique qu'il est inscrit dans le destin de Pâris qu'il sera le meurtrier de son père. Hécube déclare alors que le bien de Troie doit passer avant la vie de l'enfant et recommande sa mise à mort. Priam hésite, mais finit par accepter et donne l'ordre fatal au Jeune Garde (ténor lyrique). — 1er Interlude. Le Vieil Homme, le Jeune Garde et la Gouvernante (mezzo-sop.) commentent la décision de Priam. — Scène 2. Priam, à la chasse, regarde Hector, son fils aîné (bar.), qui s'apprête à mettre un taureau à mort ; c'est alors que surgit un adolescent qui bondit sur le dos de l'animal et disparaît avec lui. Priam ordonne que l'enfant soit capturé et lui soit amené. Celui-ci (sop.) lui fait part de sa volonté de devenir soldat de Troie. Lorsqu'il apprend que cet adolescent n'est autre que Pâris, celui qu'il avait ordonné de tuer, Priam accepte ce coup du destin et épargne la vie de Pâris, tout en sachant qu'il causera sa perte et celle de Troie. — 2e Interlude. Il relate le mariage d'Hector et d'Andromaque, fait état de la renommée dont jouit Hector, le soldat le plus valeureux de Troie, et de la jalousie que nourrit Pâris pour son frère qui l'a obligé à quitter Troie pour la Grèce où il a trouvé refuge, à la cour du roi Ménélas et de la reine Hélène, fille de Zeus, son épouse. — Scène 3. Pâris (ténor) et Hélène (mezzo-sop.) sortent de la chambre où ils se sont aimés et Pâris essaie de la convaincre de rentrer à Troie avec lui, tout en reconnaissant que, si elle accepte, la guerre éclatera. Hermès (contre-ténor), le messager des dieux, apparaît, envoyé par Zeus. Il déclare que Pâris, le plus beau de tous les hommes vivants, a reçu ordre de choisir la plus belle des trois Grâces et de la récompenser d'une pomme. Chacune des Grâces correspond à l'une des trois héroïnes de l'histoire : Athéna/Hécube, Héra/Andromaque (sop.) et Aphrodite/Hélène. En remettant le prix à Aphrodite, Pâris trahit les sentiments qu'il nourrit pour Hélène, s'attirant ainsi la malédiction d'Athéna et d'Héra.

Acte II. La guerre entre Troie et la Grèce. — Scène 1. Hector accuse Pâris de lâcheté parce qu'il refuse le combat en duel avec Ménélas. Priam parle à ses fils d'une querelle entre les Grecs dans laquelle Achille a été offensé au point de se retirer du combat, et leur ordonne d'exploiter cette occasion. La lutte reprend de plus belle. — 1er Interlude. Hermès met le Vieil Homme en garde contre une trop grande confiance sur l'issue du combat. — Scène 2. Dans la tente d'Achille. Patrocle (bar. léger) demande à porter la cuirasse d'Achille : en l'arborant, il redonnera courage aux Grecs. Achille (ténor) accepte. — 2e Interlude. Le Vieil Homme pressent le danger qui pèse sur Troie. — Scène 3. Patrocle est tué par Hector et l'on porte à Priam la nouvelle de cette mort. Hector apparaît revêtu de l'armure d'Achille. Avec Pâris, il remercie Zeus, mais leur chant de louange est interrompu par le terrible cri de guerre lancé par Achille.

Acte III. Scène 1. Andromaque prépare le bain d'Hector en exprimant ses craintes pour son mari devant la vindicte d'Achille. Hécube la supplie d'exhorter Hector à accepter l'abri que la Ville lui offre, mais Andromaque se refuse à faire à Hector une offre aussi déshonorante ; elle demande au contraire que Priam rende Hélène aux Grecs pour mettre ainsi fin à la guerre. Hélène entre, imperturbable devant les insultes d'Andromaque. — 1er Interlude. Les femmes esclaves du Palais annoncent la mort d'Hector des mains d'Achille. — Scène 2. Priam pressent le malheur. C'est Pâris qui, en lui apportant la nouvelle, accepte d'être l'objet de sa haine. Le Jeune Garde, la Gouvernante et le Vieil Homme entrent et devisent avec Priam de ce destin qu'il a déjà accepté en épargnant la vie de Pâris enfant. — 2e Interlude. Commentaire instrumental. — Scène 3. Sous la tente d'Achille, la nuit, en présence du corps défiguré d'Hector, gisant sous un drap. Priam entre et demande à Achille que le corps de son fils lui soit rendu. Achille, pris de pitié, accepte. Ils commentent ensemble leur destin, étant tous les deux appelés à mourir des mains du fils de l'autre. — 3e Interlude. Hermès confirme que Priam accepte sans condition ce que le destin lui réserve. — Scène 4. Devant l'autel. Pâris apprend à Priam qu'il a tué Achille et ainsi vengé la mort d'Hector, puis, protégeant son père en prière, annonce l'arrivée d'Hécube, d'Andromaque et d'Hélène, lesquelles font leur entrée peu après. Priam ne reçoit que la mystérieuse Hélène dont il est libre, maintenant, de reconnaître la nature purement spirituelle. Elle sort et c'est alors que Priam, après une dernière hallucination, est tué par Néoptolème, le fils d'Achille.

Le langage musical de *King Priam*, le deuxième opéra de M. Tippett, est tout différent de celui, essentiellement lyrique, employé dans le premier, *The Midsummer Marriage*. La continuité de la ligne mélodique et l'ampleur du mouvement qui ont valu tant d'admirateurs à *The Midsummer Marriage* font place, dans *King Priam*, à un vocabulaire harmonique chargé de plus de dissonances et à une structure en épisodes. L'œuvre se caractérise aussi par le dépouillement de son écriture musicale et par une partie instrumentale marquée par une extrême compacité. L'acte II, qui est centré sur des faits de guerre, ne fait pas appel aux cordes. Les contrastes naissant entre les divers passages lyriques de l'opéra leur confèrent une grande expressivité. Prise dans son ensemble, l'œuvre est plus riche et plus variée qu'une analyse descriptive des procédés musicaux employés pourrait donner à penser. *King Priam* est également marqué par un sens aigu de la concision qui se manifeste à la fois dans la structure particulièrement serrée et dans cette atmosphère empreinte d'une énergie contenue qui, par endroits, se libère avec toute la violence des éléments primaires.

En prenant Troie comme cadre, Tippett n'a pas tant cherché à construire sur le potentiel offert par le récit d'Homère qu'à exploiter tout ce que la légende implique et à saisir cette occasion pour transformer les protagonistes en archétypes de la destinée humaine. L'opéra a pour thème central la question de la nature du choix. Les relations que les personnages principaux entretiennent sont avant tout un moyen d'analyser les conflits internes et relationnels susceptibles d'influencer et de déterminer un choix, en même temps que les conséquences de la décision prise. Mais le compositeur a, parallèlement, le souci d'examiner les effets de la compassion, car il défend l'idée selon laquelle la liberté de choisir est toute relative. Le choix ne saurait aller à contre-courant du destin (ainsi que Priam le comprend lorsqu'il découvre que Pâris n'a pas été tué, à l'encontre de l'ordre donné) ou de la nature (ce qui apparaît lorsque Pâris se retrouve en présence d'Aphrodite/Hélène). La compassion, en revanche, a le pouvoir de réconcilier, comme on le voit dans la scène entre Achille et Priam. Pour exposer ces problèmes et leur donner plus de force, Tippett a recours aux interludes qui viennent s'intercaler entre les scènes pour apporter un commentaire sur les implications morales de l'action.

Tippett, dans *King Priam*, abandonne dans une large mesure les harmonies à base d'accords parfaits et ne cherche en aucun cas des rapports fonctionnels en matière d'harmonisation. Au contraire, il définit des blocs de matière musicale (en termes de volumes entre deux intervalles, de sonorités, de timbres instrumentaux) ; ceux-ci, par la suite, conservent une bonne part de leurs caractéristiques au moment où ils sont soumis aux procédés traditionnels de variation et de développement. Ces blocs, qui représentent des archétypes musicaux identifiant les divers personnages, ne sont pas reliés entre eux par des passages formant transition ; ils sont au contraire mis en opposition les uns avec les autres ou, dans certains cas, avec des éléments qui leur sont superposés. Cette façon de juxtaposer les personnages dans la partie musicale constitue un moyen pour en mieux analyser la personnalité, p. ex. l'individualisation musicale des trois personnages féminins centraux : l'impétueuse Hécube par des figures qui deviennent des « envolées », la lyrique Andromaque par une partie de violoncelle qui finit par se faire élégiaque, l'une et l'autre contrastant vivement avec la mystérieuse Hélène dont le caractère insaisissable est suggéré par une écriture lumineuse.

C'est la combinaison de plusieurs éléments qui donne à *King Priam* cette continuité sous-jacente et cette cohésion subtile qui compensent l'impression de dislocation et d'oppositions très fortes que laisse la partie musicale en surface. La méthode utilisée par Tippett consiste essentiellement à faire appel à la répétition et à introduire tout un ensemble d'allusions à des gestes musicaux relevant du prototype. Aux nombreuses associations établies entre les personnages viennent s'ajouter les morceaux faisant écho aux fanfares de l'ouverture et la matière sonore nourrie par des intervalles de triton, de seconde et de septième.

Le dépouillement qui caractérise le style de l'opéra se manifeste de manière éclatante dans les passages déclamés, plus encore que dans le lyrisme des principaux monologues. En dépit de cette dimension purement objective, *King Priam* a des moments chargés d'une très grande force dramatique, comme l'étonnant cri de guerre lancé par Achille pour clore l'acte II, ou le premier air chanté par Hélène, si peu conventionnel et pourtant si percutant, alors que sa voix vient se mêler aux pulsions vocalisées de Pâris, au bord de l'extase. La maîtrise du compositeur apparaît également dans l'interprétation qu'il faut donner au choix fait par Pâris lorsqu'il remet la pomme en prix : tandis que les deux autres Grâces insistent sur les bienfaits qu'elles accorderont à Pâris s'il devait leur donner la faveur, Aphrodite ne chante que le nom du jeune homme ; elle souligne ainsi le fait que Pâris reconnaît immédiatement que son propre destin est lié à celui d'Hélène. Priam est le personnage central de l'opéra parce qu'il est celui qui a pris le plus largement conscience de ce qu'il est vraiment et que l'itinéraire parcouru lui a donné à deux reprises l'occasion de faire montre de compassion à l'égard de Pâris. En se réconciliant avec le destin, il prend la dimension d'une figure transcendante, dépassant largement les limites de sa nature humaine. Ce qui explique pourquoi, à la fin, il ne peut établir de relation qu'avec Hélène, celle-ci échappant aux contraintes qui s'attachent à la condition humaine, en tant que demi-dieu. Dans ses écrits, Tippett dit sans ambiguïté que l'opéra est tout à fait en mesure de traiter des questions liées au subconscient collectif ; une bonne part de l'originalité de son œuvre réside justement dans cette volonté de traiter de tels problèmes selon une démarche inspirée de Jung.

Bibliographie — E. W. White, Tippett and his Operas, Londres, Barrie & Jenkins, 1979 ; D. Matthews, M. Tippett, an Introductory Study, Londres, Faber, 1980 ; M. Tippett, Music of the Angels, Londres, Eulenburg, 1980 ; M. Bowen, M. Tippett, Londres, Robson, 1981 ; A. Whittall, The Music of Britten and Tippett : Studies in Themes and Techniques, Cambridge, CUP, 1982 ; I. Kemp, Tippett : the Composer and his Music, Londres, Eulenburg, 1984, N. John (éd.), The Operas of M. Tippett, English Opera Guide, n° 29, Londres, Calder, 1985.

D. Wright

Kiss me, Kate (Embrasse-moi, Cathy), comédie musicale américaine en 2 actes, livret de Samuel et Bella Spewack d'après *The Taming of the Shrew* (La Mégère apprivoisée) de William Shakespeare, textes des chansons et musique de **Cole Porter**, créée à New York, au New Century Theater, le 30 déc. 1948 (version cinématographique sous le titre français *Embrasse-moi, chérie*, 1953).

L'action se passe de nos jours, à Baltimore (États-Unis). Cette comédie musicale se déroule sur deux plans : une troupe de comédiens joue la pièce de Shakespeare ; parallèlement, la titulaire du rôle principal, Lilli Vanessi, est, elle aussi, apprivoisée par son ex-mari, Fred Graham, qui joue le rôle de Petruchio. Avec 1 077 représentations consécutives à Broadway, *Kiss me, Kate* a connu un grand succès, tant auprès du public que de la critique, qui lui a décerné le Prix Antoinette-Perry en 1949 (meilleure comédie musicale de l'année). Livret, chorégraphie (Hanya Holm), textes des chansons et musique, tout est parfaitement adapté. C'est ce qui explique la réussite de l'ouvrage dans le monde entier. La plupart des mélodies sont devenues très populaires, en particulier le duo *« So in love »*, la valse parodique *Wunderbar*, la chanson influencée par le jazz *« Too darn hot »* et le duo comique *« Brush up your Shakespeare »*, dans lequel Porter a rassemblé plusieurs titres de pièces du dramaturge anglais.

R.-M. Simon et S. Simon

(Das) klagende Lied (Le Chant plaintif), de **Gustav Mahler**, pour sop., alto, 2 ténors, bar. et basse soli, chœur et orchestre, d'après un poème de Martin Greif et des contes divers (Grimm), composé à Vienne, Seelau et Iglau (Moravie) entre 1878 et nov. 1880 ; une version finale pour sop., alto et ténor soli, chœur et orchestre (1896-99) a été exécutée pour la première fois à Vienne, dans la salle du Musikverein, par Edith Walker (sop.), Elise Elizza (alto), Anna von Mildenburg (sop. dramatique), Fritz Schrödter (ténor), la Wiener Singakademie et les Wiener Philharmoniker (pt orch. d'harmonie en coulisses), sous la dir. de G. Mahler. L'audition intégrale de la version originale a eu lieu à la radio de Vienne le 8 avr. 1935 sous la direction d'Alfred Rosé qui avait déjà créé le n° 1, *Waldmärchen* (durée : 25 à 30 min), à la radio de Brno le 26 nov. 1934 (Vienne, Weinberger, 1902 [version finale] ; Vienne et Londres, Philharmonia, 1971 ; New York, Belvin-Mills, 1973 [*Waldmärchen*] ; durée : 1 h environ.)

Cette grande ballade légendaire à la manière de Schumann tient à la fois de l'épopée et du roman. Mahler la qualifiait de « véritable enfant de douleur ». P. Boulez estime que le « geste théâtral » du musicien — avec l'orchestre d'harmonie en coulisses — trouve sa source dans *Léonore III* de Beethoven. Il voit aussi dans cette œuvre l'apparition des deux principales qualités musicales de Mahler : la dimension épique et la sûreté instrumentale. Malgré l'influence de Weber et d'évidentes réminiscences wagnériennes, *Das klagende Lied* présente toutes les caractéristiques du style mahlérien : fanfares, marches, basses en ostinato, thème de choral, musique de plein air, rythmes pointés, alternance majeur-mineur, aspect romanesque de l'ensemble, contrastes, développement « évolutif ».

La première version ne fut pas jouée du vivant de Mahler ; dans la version finale, le compositeur supprima la première pièce, très lyrique, longue et insuffisamment contrastée. Cependant, la ballade n'a de signification complète que dans l'état initial qui comprend trois parties. **1.** *Waldmärchen* (Légende de la forêt). Pour obtenir la main d'une jeune reine, deux frères partent à la recherche d'une mystérieuse fleur rouge. Le premier la découvre puis s'endort à l'ombre d'un saule. Le second l'assassine pour s'emparer de la fleur. Le corps de la victime est bientôt recouvert par les feuilles de l'arbre. (Durée : 25 à 30 minutes.) **2.** *Der Spielmann* (Le Ménestrel). Apercevant un os humain à travers les feuilles mortes, un ménestrel le taille et s'en fait une flûte. Lorsqu'il en joue, l'instrument chante — de sa voix plaintive — l'histoire du meurtre. (Durée : 18 min environ.) **3.** *Hochzeitsstück* (Tableau de mariage). Pendant les cérémonies du mariage royal, le ménestrel embouche sa flûte ; elle raconte l'histoire du meurtre. Le roi s'empare de l'os chantant. La reine s'évanouit. Les invités s'enfuient et les murs du château s'écroulent. La flûte a le rôle principal ; elle est l'« os chantant » qui raconte le drame. « Chez Mahler, l'orchestre chante en quelque sorte le texte et la partie vocale devient instrumentale » (W. Rosenberg). Les solistes vocaux assument la narration, le chœur se voyant attribuer le commentaire verbal. (Durée : 19 min environ.)

Bibliographie — J. Diether, Mahler's « Klagende Lied » : Genesis and Evolution, *in* MR XXIX, 1968 ; D. Mitchell, Mahler's Waldmärchen, *in* MT CXI, avr. 1970 ; W. Rosenberg, G. Mahlers Klagende Lied. Versuch einer Deutung, *in* Musica XXVI, 1972 ; H.-L. de La Grange, Mahler I, Paris, Fayard, 1979, pp. 943-954 ; P. Boulez, Points de repère, Paris, Bourgois et Éd. du Seuil, 1981, pp. 343-345.

Chr. Goubault

(DIE) KLUGE (La Femme intelligente), opéra en un acte, livret — d'après un conte des frères Grimm — et musique de **Carl Orff**, créé aux Städtische Bühnen de Francfort, le 20 févr. 1943, sous la dir. d'O. Winkler ; l'orchestre symphonique par trois paraissant un peu démesuré pour un sujet aussi léger, l'auteur réalisa une 2e version pour un orchestre plus réduit. (Mayence, Schott, 1943 ; durée : 1 h 25 min environ.)

LIVRET — Un Paysan (basse), ayant trouvé un mortier en or dans son champ, le remet au Roi (bar.) qui l'accuse de vol et le fait emprisonner car il manque le pilon. Au cachot, le Paysan se lamente de n'avoir point écouté sa Fille (sop.) qui lui avait pourtant déconseillé d'agir ainsi. Trois Voleurs (ténor, bar., basse), emprisonnés avec lui, se plaignent de ce qu'un « honnête » voleur ne peut même plus exercer correctement son métier. Le Roi (bar.), qui a entendu parler de l'intelligence de la fille du paysan, la fait venir, se moque d'elle et lui demande de résoudre trois énigmes. Elle trouve la solution en un tournemain. Belle, raffinée, intelligente, elle a tout pour plaire au Roi qui l'épouse sur-le-champ et fait libérer son père. Un Muletier (bar.), en procès avec un Anier, demande aux trois Voleurs, libérés entre-temps, de l'aider. L'Anier (ténor) avait amené son ânesse dans une écurie où, placée à côté d'une mule, elle a mis bas dans la nuit. Le Muletier, soutenu par les trois compères, espère s'approprier le petit âne. L'affaire sera jugée devant le Roi, en train de jouer aux échecs avec la Reine. Les compères et le Muletier prétendent que le bourricot était en réalité une petite mule puisqu'on l'avait trouvé à proximité de la mule. Le Roi, distrait par le jeu d'échecs, leur donne raison et consent à donner le petit âne au Muletier, une décision qui réjouit les trois compères. A l'Anier déçu, la Reine conseille en cachette une ruse assez burlesque qui pourra faire changer d'avis le Roi. Le lendemain, le Roi, accompagné du Geôlier (basse), rencontre sur le marché l'Anier, en train de pêcher avec un filet. Questionné, celui-ci répond que dans un monde où les ânesses mettaient bas des mules, tout est possible et qu'on peut donc espérer attraper des poissons en plein jour et n'importe où. Furieux, le Roi le fait jeter en prison et accuse la Reine d'être à l'origine de cette ruse. Il décide de la répudier. Elle partira, ordonne-t-il, avec un minimum d'affaires dans un coffre où elle mettra ce qu'elle aime le plus au monde. Le Geôlier libère l'Anier et lui rend son bien. La jeune femme prépare le repas du Roi pour la dernière fois et en profite pour y glisser un puissant somnifère qui le plongera dans un profond sommeil. A son réveil, le Roi, tout étonné, se découvre couché dans un coffre. Près de lui, sa jeune épouse. A ses questions elle répond qu'elle a simplement obéi à ses ordres en amenant avec elle son bien le plus précieux : son époux ! Le Roi reconnaît alors qu'elle est vraiment la plus intelligente de toutes les femmes en ce monde et qu'il ne trouvera jamais de meilleure reine qu'elle.

Dès la première scène (Lamentation du Paysan),

la partition de C. Orff présente un thème typique de ses recherches depuis → *Der Mond* (1939), avec de très nombreuses répétitions de texte ou de cellules mélodiques où prédominent le bourdon et l'ostinato. Certains passages accusent nettement un ton populaire, avec des mélodies gouailleuses pour lesquelles le « Bänkelsang » (chant de rue, de foire) semble avoir fourni des modèles. On y reconnaît aussi l'empreinte de Mozart dont il cite à deux reprises des passages de *Die Entführung aus dem Serail.* Un équilibre parfait entre satire et mélancolie, le style lapidaire et l'humour bavarois font de *Die Kluge* l'une des œuvres scéniques les plus réussies de C. Orff.

Bibliographie — H. KEMNITZ, Die Kluge von C. Orff, *in* Die Oper, Berlin-Lichterfelde 1961 ; H. C. WORBS, Die Kluge, *in* Welterfolge der modernen Oper, Berlin, Rembrandt Verlag, 1967 ; W. SCHMIDT, C. Orff, sein Leben und sein Werk..., Cologne, Wienand Verlag, 1971 ; A. LIESS, Orff Idee und Werk, Zurich et Fribourg-en-Br,. Atlantis, 1977 ; C. ORFF, Märchenstücke, *in* C. Orff und sein Werk, Dokumentation V, Tutzing, Schneider, 1980.

M. KELKEL

(DES) KNABEN WUNDERHORN, voir LIEDER AUS DES KNABEN WUNDERHORN et LIEDER EINES FAHRENDEN GESELLEN.

(THE) KNOT GARDEN (Le Jardin des nœuds), opéra en 3 actes, texte et musique de **Michael Tippett**, commande du Royal Opera House (Covent Garden), composé entre le début de 1966 et le 20 févr. 1969, dédié à Daniel Webster, créé à Londres, au Royal Opera House, le 2 déc. 1970, avec Raimund Herincx (Faber), Robert Tear (Dov), Thomas Hemsley (Mangus), Thomas Carey (Mel), Yvonne Minton (Thea), Josephine Barstow (Denise) et Jill Gomez (Flora), sous la dir. de Colin Davis. (Londres, Schott, 1970 ; durée : 1 h 27 min environ.)

M. Tippett, dont les conceptions dramatiques ont été fortement marquées par la psychologie de Jung, fait appel au genre opéra pour développer les idées du philosophe et présenter divers aspects de la vie des sociétés humaines par le biais de personnages, qui représentent des archétypes, et de scénarios dont le sens relève beaucoup plus du symbolique que de la réalité. Cela permet à la musique de dépeindre des individus aux prises avec leur propre nature. En effet, Tippett cherche avant tout à faire partager sa conviction selon laquelle la musique, qui offre à l'humanité son moyen de communication le plus profond, a le pouvoir de guérir la psyché. Bien que la structure de l'œuvre paraisse par endroits compliquée et inutilement obscure, le message essentiel reste évident : on peut avoir foi en l'avenir grâce à la compréhension et au pardon. L'œuvre fait appel à une large gamme de références littéraires, tout particulièrement à *The Tempest* de Shakespeare ; les affinités avec *Cosi fan tutte* de Mozart sont également sensibles.

LIVRET — Acte I. *Face à face*. Scène 1. L'opéra s'ouvre sur une tempête au centre de laquelle règne le calme qu'incarne Mangus (bar. élevé), un psychanalyste, ami de Faber et de Thea. Magnus s'identifie à Prospero : il dispose du pouvoir de faire revenir l'ordre. — Scène 2. Thea (mezzo-sop.), une jardinière, refuse l'aide que lui propose Mangus. — Scène 3. Flora (sop. aigu), la pupille de Thea et Faber, entre en poussant des cris d'épouvante, suivie de Faber. Thea la renvoie avec Mangus. — Scène 4. Thea réprimande Faber pour sa concupiscence. Elle retourne dans son jardin. — Scène 5. Faber (bar.) maudit Thea, trahissant ainsi le fait que leur union est restée stérile. Il se rend à son travail. — Scène 6. Mangus en vient à penser que le couple devrait se soumettre à une psychanalyse. — Scène 7. Flora annonce la visite de Denise, la sœur de Thea. — Scènes 8 et 9. Flora, stupéfaite, voit entrer le couple formé par Dov (ténor), un musicien, et Mel (bar.-basse), un écrivain noir. Dov est habillé en Ariel, Mel en Caliban, et tous deux s'adonnent à des jeux homosexuels. — Scène 10. Ils sont interrompus par Mangus et Thea. Le psychanalyste explique à Thea, choquée, que des adultes, eux aussi, ont des besoins ludiques et que les rôles qu'ils jouent, empruntés à *La Tempête*, viennent compléter celui de Prospero qu'il s'est donné. — Scène 11. Dov se retrouve seul, après que Thea et Mel sont partis, en donnant des signes manifestes d'attirance sexuelle. Pris par le désespoir, il se met à hurler, « pareil au chien d'Ariel ». — Scène 12. Faber entre, surpris en entendant les cris lancés par Dov. Il ressent lui-même de l'attirance pour Dov. — Scène 13 (scène finale). Flora rejoint les couples maintenant formés : Mel avec Thea et Faber avec Dov. Tous sont frappés d'horreur devant Denise (sop.), une « combattante de la liberté », dont le corps porte les stigmates de la torture. La tension créée par l'aria qu'elle chante et la façon dont les couples ont été défaits et refaits trouve un exutoire dans un morceau de blues qui clot la scène.

Acte II. *Le Dédale ou Les œuvres du Labyrinthe*. Scènes 1-8. Les personnages sont pris dans un monde de cauchemar, tour à tour aspirés et rejetés par l'arbitraire des machines du Labyrinthe. Ces courtes scènes ajoutent de nouvelles touches au portrait psychologique des personnages et des relations qu'ils entretiennent. On voit tour à tour Thea et Faber qui discutent avec Denise, indépendamment l'un de l'autre, de leur mariage ; Faber qui tente de violer Flora, avant d'être lui-même agressé par Thea, armée d'une cravache ; Faber qui sent renaître son attirance homosexuelle pour Dov ; Mel qui se sépare de Dov, après avoir dit que ce dernier découvrirait sa vraie nature en transformant ses hurlements de désespoir en musique ; Denise qui voit en Mel et dans la couleur de sa peau le symbole des peuples opprimés et avoue se sentir attirée par lui ; Dov qui se moque d'eux et Mel qui finit par rejeter Thea. — Scène 9. Le cauchemar commence à se dissiper : Dov et Flora se consolent mutuellement en musique, la première en chantant Schubert, le second dans le blues.

Acte III. *Charade*. Scène 1. Mangus désigne l'île de Prospero de sa baguette magique et lance le psychodrame qui apportera la lumière aux participants. Thea et Denise suivent les événements avec scepticisme. — Scènes 2 et 3. Prospero le magicien dompte Mel/Caliban (qui représente la bête) et donne la liberté à Dov/Ariel (qui représente l'esprit fécond et créateur) ; pourtant, les deux personnages engagent la lutte. Thea commente en déclarant que les humains se comportent rarement comme on s'y attendait. — Scènes 4 et 5. Mel/Caliban tente de violer Flora/Miranda au cours d'une pantomime ; Denise, choquée par la sensualité grossière de Mel, pareille à celle de Caliban, quitte la scène en larmes. Thea met de nouveau en doute les pouvoirs de Mangus. — Scène 6. Faber/Ferdinand et Flora/Miranda jouent aux échecs. Flora interrompt brutalement la partie et s'éclipse avec Dov/Ariel. — Scène 7. La consternation de Faber constitue un tournant dans sa relation avec Thea ; ils ramassent ensemble les pièces du jeu. — Scène 8. Mangus/Prospero, placé devant la dichotomie dans les psychologies symbolisées par l'opposition Ariel/Caliban et incapable de résoudre le problème selon ses propres termes, finit par faire disparaître l'île. — Scène 9 (scène finale). Mangus comprend enfin quelles sont ses limites : il doit admettre qu'il n'est pas le magicien omniscient qu'il croyait être, celui qui connaîtrait tout des relations humaines. Il sait maintenant que l'amour est le seul moyen de concilier les natures et de nouer des relations durables. Le morceau final prouve que les autres personnages l'ont également compris et peuvent se dire adieu. — Scène 10 (épilogue). Thea et Faber restent seuls. Maintenant réconciliés, leur relation peut prendre un nouveau départ.

The Knot Garden est écrit dans ce style sans concession, caractérisé par des tonalités aux contours assez durs et une structure en mosaïque, que le compositeur avait inaugurée avec → *King Priam*. Pourtant, des influences nouvelles s'y font jour. Tippett a composé *The Knot Garden* à la suite d'un voyage aux États-Unis, une expérience qui se reflète dans l'intérêt pour des problèmes en rapport avec la vie sociale, en particulier, dans les grandes villes (Denise, la combattante de la liberté, torturée), et pour les diverses formes d'expression de la culture (l'emploi de l'argot et le son de la guitare électrique). Bien que l'influence du blues soit une constante dans la musique de Tippett, le genre acquiert ici une importance toute particulière par le fait que le compositeur place les morceaux écrits dans ce style à des moments clés de l'œuvre : le passage qui conclut l'acte I, le chant de Dov qui termine l'acte II. Cette façon qu'a Tippett d'inclure des références musicales est également soulignée dans la citation de Schubert (« *Die liebe Farbe* », extraite de → *Die schöne Müllerin*), en contrepoint au chant de Dov, et l'hymne des défenseurs des Droits civiques « *We shall overcome* » (acte II, sc. 7), qui apparaît comme un « cantus firmus » de ténor.

Le livret, écrit par le compositeur lui-même, fait appel à une gamme extraordinairement vaste de références littéraires et d'écoles en matière de psychologie, ce qui lui a valu d'être accusé d'incohérence, d'autant qu'une certaine maladresse dans l'expression conduit, par endroits, à la banalité. L'utilisation de l'argot a constitué un obstacle supplémentaire à la bonne réception de l'œuvre. En tout cas, Tippett explique que, avec le recul du temps, l'argot deviendra de moins en moins sensible et finira par se fondre dans la langue commune, tout en restant emblématique d'une certaine société. D'autre part, Tippett a cherché à adapter aux besoins de ses opéras certaines possibilités offertes par la télévision et le cinéma. Enfin, la compacité du livret, si pauvre en transitions dans le récit, rend plus faciles cet emploi de la coupure et du saut dans la partie musicale ainsi que cette structuration de l'œuvre en mosaïque.

Tippett use de deux moyens pour donner à l'œuvre un fil conducteur et atténuer l'impression de fragmentation laissée par la structure en épisodes. Le premier est l'emploi de la ritournelle, le second consiste à intégrer de longues arias (comme p. ex. l'aria de Denise à l'acte I et le chant de Dov à l'acte II), lesquelles occupent une place centrale dans l'acte et apportent une certaine continuité. Comme exemples de ritournelles, on pensera aux morceaux associés à l'expression des pouvoirs magiques de Mangus et au passage marqué « Dissolve » (dissolution) qui souligne les moments où les relations se défont et se refont sur scène. La récurrence de morceaux dans le style de blues peut aussi être considérée comme une forme de ritournelle.

Dans *The Knot Garden*, Tippett emprunte à l'expressionnisme pour mieux dépeindre le désespoir de certains personnages au début de l'opéra. Ensuite, l'ouvrage avance au rythme des guérisons morales et du progrès fait vers la réconciliation. C'est dans ce contexte que l'œuvre musicale se place dès le début, avec des glissandi orchestraux qui représentent l'archétype du cri de détresse. Ce mode apparaît d'abord à l'acte I, avec les cris lancés par Flora, alors qu'elle cherche à échapper à Faber (sc. 3), ou avec Dov, qui « hurle comme le ferait un chien » (sc. 11), ou encore avec Denise, lorsqu'elle évoque les cris poussés sous la douleur causée par la torture (sc. 13) ; mais nulle part ailleurs qu'à la fin de l'acte II, dans la transmutation des cris de Flora et des hurlements de Dov au cours de leurs chants respectifs, Tippett n'exprime avec plus de force le pouvoir de la musique de guérir les âmes.

Bibliographie — E. W. White, Tippett and his Operas, Londres, Barrie & Jenkins, 1979 ; D. Matthews, M. Tippett, an Introductory Study, Londres, Faber, 1980 ; M. Tippett, Music of the Angels, éd. par M. Bowen, Londres, Eulenburg, 1980 ; M. Bowen, M. Tippett,

Londres, Robson, 1981 ; A. WHITTALL, The Music of Britten and Tippett : Studies in Theme and Techniques, Cambridge, CUP, 1982 ; I. KEMP, Tippett : the Composer and his Music, Londres, Eulenburg, 1984 : N. JOHN (éd.), The Operas of Tippett, *in* English Opera Guides, n° 29, Londres, Calder, 1985.

D. WRIGHT

« KOMM BALD » (Viens vite), lied pour voix et piano de **Johannes Brahms** (tonalité originale : *la* maj.), sur un poème de Klaus Groth, composé en 1885 et édité comme 5e pièce des *Sechs Lieder für eine Singstimme*, op. 97. (Berlin, N. Simrock, durée : 2 min 5 s environ.)

Schönberg, dans un article intitulé *Brahms le Progressiste*, présente comme originale et caractéristique de la pensée de Brahms son aptitude à faire croître une œuvre d'un « noyau » unique. Pour illustration, il cite l'*Andante* du *Quatuor à cordes*, op. 51, n° 2, ainsi que *« O Tod, wie bitter bist du »*, le 3e des → *Vier ernste Gesänge*. *« Komm bald »* aurait aussi été un exemple probant. Un mouvement conjoint de tierce et un effet de rythme pointé (mes. 1-2, voix intermédiaire) y sont le point de départ d'une construction sonore d'une extrême concision. En ce qui concerne le piano du moins, car la voix échappe au parti pris d'économie, encore qu'elle montre (mes. 15 à 28) plus d'un point commun avec la partie pianistique : présence du motif générateur (mes. 17, 21, 25), nombreux mouvements parallèles ou contraires de tierces et de secondes avec le piano. Ces quelques relations ne suffisent pas à faire oublier le désaccord qui existe entre une partie instrumentale très travaillée et une mélodie lâche et peu prégnante. Le manque de cohérence vraie est accentué par un contraste stylistique opposant matériau et forme — cette dernière, dans sa structure fortement répétitive (A1 A1 A2 A'1), semble sous-entendre une influence populaire que chaque mesure dément. Son écriture élaborée et son refus de l'élan mélodique confèrent au lied une teinte un peu grise, comme si, des diverses images offertes par le poème, le compositeur n'avait voulu retenir que celle des yeux qui « errent d'arbuste en arbre » sans plus percevoir les tableaux vivants et colorés du monde réel.

Bibliographie — Voir celle de l'art. *Liebestreu.*

FR. ANDRIEUX

« KOMM, DU SÜSSE TODESSTUNDE » (Viens, toi douce heure de la mort), cantate de **Johann Sebastian Bach** (BWV 161 ; NBA I/23) pour le 16e dimanche après la Trinité (évangile du jour, Luc 7, 11-17, résurrection du fils de la veuve de Naïn), écrite sur un texte de Salomon Franck extrait de son *Evangelisches Andachts-Opffer* (1715) pour alto et ténor soli, chœur, 2 fl. à bec, cordes, orgue obligé et b.c., exécutée pour la première fois à Weimar, le 27 sept. 1716 vraisemblablement. (Durée : 20 min 30 s environ.)

Elle exprime une intense nostalgie de la mort, la seule chose désirable qui permette au croyant d'être réuni avec le Christ. Aucun sentiment de crainte ne vient jeter d'ombre sur cette attente joyeuse et l'heure ultime est dépeinte comme un lever du jour. L'œuvre entière baigne dans une atmosphère de grande intériorité, rendue sensible, comme dans la cantate → *« Gottes Zeit ist die allerbeste Zeit »*, par la participation de deux flûtes à bec.

Elle s'ouvre **1.** par un air pour alto, 2 fl. à bec, orgue obligé et b.c., *« Komm, du süsse Todesstunde »*, en *do* maj., avec une ritournelle évoquant les soupirs du croyant, qui tire sa forme AAB de la mélodie du choral → *« Herzlich tut mich verlangen »* de Christoph Knoll (1611) que la voix impersonnelle de l'orgue vient surimposer à la méditation de la soliste au timbre chaud et grave, qui est traditionnellement, chez Bach, la personnification de l'âme. Aucune tension ne vient assombrir cette berceuse spirituelle si ce n'est la brève mais symbolique montée chromatique de la basse qui termine la ritournelle et qui précède immédiatement les premiers mots du texte. L'œuvre se poursuit **2.** par un récitatif pour ténor et b.c., *« Welt ! deine Lust ist Last ! »* (Monde ! ton plaisir n'est que fardeau !), qui s'achève par une phrase traitée en arioso selon une courbe mélodique très parlante, d'abord ascendante, puis descendante, sur « Ich habe Lust bei Christo bald zu weiden, ich habe Lust von dieser Welt zu scheiden » (J'ai envie de paître bientôt auprès du Christ, j'ai envie de quitter ce monde) ; **3.** par un air pour ténor, cordes et b.c., *« Mein Verlangen ist, den Heiland zu umfangen »* (Mon désir est d'étreindre le Sauveur), forme ABA avec ritournelle, en *la* min., dont l'effet expressif initial est directement issu du sentiment de nostalgie que transmet le texte ; **4.** par un très remarquable récitatif pour alto accompagné par tout l'orchestre, *« Der Schluss ist nun gemacht : Welt, gute Nacht ! »* (La conclusion est faite désormais : monde, bonne nuit !), se transformant plusieurs fois en arioso qu'illustrent diverses figures réalisées par les instruments, entre autres sur « sanfter Schlaf » (doux sommeil), « auferwecken » (réveiller d'entre les morts), « so brich herein » (apparais donc), et tout particulièrement sur « so schlage doch letzter Stundenschlag » (sonne donc, dernière heure) ; **5.** par un chœur avec tout l'orchestre, *« Wenn es meines Gottes Wille... »* (Si c'est la volonté de mon Dieu, je désire que le fardeau de mon corps emplisse la terre dès aujourd'hui), forme ABB'A' avec ritournelle, en *do* maj., dont la ritournelle reprend le motif des soupirs du 1er air et dont le caractère confiant s'exprime dans l'esprit simple du lied. L'œuvre s'achève **6.** par un choral avec les deux flûtes à l'unisson qui forment une 5e voix, *« Der Leib zwar in der Erden »* (Bien que le corps soit en terre), forme AA, en *mi* min., 4e strophe du choral *« Herzlich tut mich verlangen »* qui se superposait déjà au 1er air et dont la 1re phrase mélodique a servi de source aux thèmes des airs n°s 1 et 3 ainsi que du chœur n° 5, témoignant ainsi de la permanence du désir mystique de la mort exprimé tout au long de la cantate.

Bibliographie — Voir celle de l'art. *« Ach Gott, vom Himmel sieh darein ».*

M. HONEGGER

« KOMM, GOTT, SCHÖPFER, HEILIGER GEIST » (Viens, Dieu, Créateur, Esprit Saint), choral protestant pour la Pentecôte, composé de 7 strophes (a^8 b^8 c^8 d^7), traduction fidèle par Martin Luther de l'hymne → *« Veni Creator Spiritus »*, chanté sur la mélodie ancienne en mode de *sol* authente. Il figure dans l'*Enchiridion* d'Erfurt (1524) puis dans les recueils de Zwickau (1525), de Wittenberg (1529), de Klug (Wittenberg 1533), de Magdebourg (1534), de Babst (Leipzig 1545) entre autres, et se trouve toujours dans les recueils protestants actuels (EKG, Kassel 1950, n° 97 ; Recueil ECAAL, Strasbourg 1952, n° 125 ; *Nos cœurs te chantent*, Strasbourg et Paris 1979, n° 220, avec l'adaptation française de frère Pierre-Étienne *« Viens, Saint-Esprit, Dieu créateur »*).

Traduction de la 1re strophe — Viens, Dieu, Créateur, Esprit Saint, visite le cœur de tes hommes, comble-les de ta grâce, comme tu le sais, afin que ta créature en soit emplie (trad. P. Veit).

Ce choral a été traité dès 1524 par **J. Walter**, à 4 voix, mélodie au ténor, avec des entrées successives et de nombreuses vocalises (→ *Geistliches Gesangbüchlein*, Wittenberg 1524). Les *Newe deutsche geistliche Gesenge* (Wittenberg, Rhau, 1544) en renferment une version due à **B. Resinarius**, avec « cantus firmus » au ténor, entrées successives et imitations anticipées à la basse et au soprano, ainsi que de nombreuses notes de passage sur des mots significatifs tels que « Heiliger Geist » et lors de la cadence conclusive. En 1627, **J. H. Schein** l'harmonise à 4 voix, note contre note. Dans son choral à 4 voix BWV 370, **J. S. Bach** traite la mélodie en noires égales tout en utilisant des notes de passage, des croches et des doubles croches pour souligner les mots « Schöpfer » (à l'alto), « Geschöpf » et « Menschen » (au ténor). Il en propose une version puissante, mesurée à 12/8, dans l'*Orgelbüchlein* (n° 33, BWV 631). Le « cantus firmus » y plane en valeurs égales à la partie supérieure tandis que la pédale joue à contretemps, entrecoupée de silences et que les voix médianes sont conduites en tierces parallèles, symbole de l'« unio mystica » de Dieu avec la créature. En 8 mesures seulement, Bach restitue toute la vigueur de l'hymne ancienne. Dans le choral BWV 638a, le chant est mesuré en C suivant l'ancienne lecture. Il se retrouve encore dans les *18 Choräle* (BWV 667). Dans une cantate pour la Pentecôte, *« Gott der Hoffnung erfülle mich »*, **G. Ph. Telemann** utilise la 1re strophe du choral en guise de chœur final, écrite en 24 mesures harmonisées en blanches égales. Cette cantate est parfois attribuée à J. S. Bach (BWV 218).

É. WEBER

« KOMM, HEILIGER GEIST, HERRE GOTT » (Viens, Esprit Saint, Seigneur Dieu), choral protestant pour la Pentecôte, d'après l'antienne latine → *« Veni Sancte Spiritus reple tuorum corda fidelium »*, composé de 3 strophes (a^8 b^8 c^8 d^8 e^8 f^8 g^8 h^9 i^8) se terminant chacune par « Alleluia » et dont la 1re remonte au XVe s., les deux suivantes étant l'œuvre de Martin Luther. Il paraît avec sa mélodie en mode majeur dans l'*Enchiridion* d'Erfurt (1524) puis dans les recueils de Zwickau (1525), de P. Speratus (Nuremberg 1527, en bas-allemand), de Rostock (1531, en bas-allemand), de Klug (Wittenberg 1533), de Strasbourg (à partir de 1537), de Babst (Leipzig 1545) et continue d'avoir sa place dans les recueils protestants actuels (EKG, Kassel 1950, n° 98 ; Recueil ECAAL, Strasbourg 1952, n° 127).

Traduction de la 1re strophe — Viens, Esprit Saint, Seigneur Dieu, comble des biens de ta grâce le cœur, l'âme et l'esprit de ceux qui croient en toi, allume en eux ton amour ardent. Par l'éclat de ta lumière, Seigneur, tu as assemblé dans la foi les peuples parlant toutes les langues de la Terre ; que cela soit chanté, Seigneur, pour ta louange. Alleluia (trad. P. Veit).

Dès 1524, **J. Walter** traite ce chant à plusieurs voix dans son → *Geistliches Gesangbüchlein* (Wittenberg 1524), suivi par **A. von Bruck**, avec « cantus firmus » orné au ténor, et **B. Resinarius**, avec des entrées successives, dans les *Newe deutsche geistliche Gesenge* de Rhau (Wittenberg 1544, nos 29 et 30). **K. Othmayr** le traite à 2 voix dans ses *Bicinia sacra* (Nuremberg 1547), plaçant la mélodie à la voix inférieure, la voix supérieure assurant une ornementation mélodique sur des mots tels que « Herrn », « Sinn », « Licht ». En 1551, dans le *Wittenbergisch deutsch geistlich Gesangbüchlein*, J. Walter s'en empare de nouveau et place le « cantus firmus » en valeurs longues au supérius, tandis que les trois autres voix réalisent des figuralismes, p. ex. sur « Licht ». **M. Le Maistre**, dans les *Schöne und auserlesene deutsch und lateinische geistliche Gesänge auf drei Stimmen* (Dresde 1577), arrange cette hymne à 3 voix avec entrées successives et imitations anticipées. En 1598, le *Gesangbuch* d'Eisleben en propose une harmonisation à 4 voix note contre note. **J. Decker** le traite aussi à 4 voix, avec « cantus firmus » au supérius, découpé par fragments entrecoupés de silences (*Melodeyen Gesangbuch*, Hambourg 1604). **H. Schütz** exploite ce texte au n° 20 de ses *Symphoniae sacrae* III (SWV 417) pour 5 soli, « capella » I et II, 2 vl. et basse continue. **J. S. Bach** introduit cette hymne au n° 3 de sa cantate BWV 59, → *« Wer mich*

liebet, der wird mein Wort halten », réutilisant cette harmonisation à 4 voix, au n° 7 de sa cantate BWV 175, → *« Er rufet seinen Schafen mit Namen »* avec les paroles *« Nun werter Geist ich folge dir »*. Au XXe s., **H. Distler** reprend cette mélodie dans un motet choral à 4 voix (op. 6, n° 2) qui fait alterner le bloc des voix graves et celui des voix aiguës, l'assemblée pouvant aussi participer au chant du choral. Cette pièce est destinée soit au culte principal, soit aux Vêpres musicales, de longue tradition à Lübeck.

Les organistes ont aussi traité cette mélodie. Dans un prélude Maestoso, ma un poco mosso, **Fr. W. Zachau** (1663-1712) spécule d'abord sur les 5 premières notes du timbre, exploité avec des entrées successives en 58 mesures. J. S. Bach, dans les *18 Choräle*, en fait une *Fantaisie* de 106 mesures avec « cantus firmus » à la pédale et doubles croches aux autres parties (BWV 651). Dans la *Fantasia (Praeludium)* 675a, il donne une version antérieure (« ältere Leseart ») de la mélodie, reprise dans le choral BWV 652a, tandis que dans le choral BWV 652 le « cantus firmus » orné est confié à la pédale.

É. WEBER

« KOMM, JESU, KOMM » (Viens, Jésus, viens), motet pour double chœur de **Johann Sebastian Bach** (BWV 229 ; NBA III/1), composé avant 1731-32 sur la première et la dernière strophe d'un choral de Paul Tymich fondé sur Jean 14, 6. (Durée : 9 min 30 s environ.)

Le dernier vers de chacune des 11 strophes de ce choral se réfère à une parole évangélique, « Ich bin der Weg und die Wahrheit und das Leben » (Je suis le chemin et la vérité et la vie). Tymich, qui enseignait à l'école Saint-Thomas de Leipzig, avait écrit ce poème à l'occasion des obsèques du célèbre recteur de cette école et professeur à l'université de Leipzig, Johann Thomasius, le 14 sept. 1684. Il avait alors été mis en musique par le cantor de Saint-Thomas, J. Schelle, sous la forme d'un motet intitulé « Aria a 5 » (publ. *in* NBA III/1), Kritischer Bericht). Les strophes de Tymich, de caractère savant, n'étaient pas destinées au chant d'assemblée ; elles parurent néanmoins en 1697 dans l'important recueil de cantiques du bourgmestre de Leipzig, Paul Wagner, que Bach possédait (Spitta, *Bach* II, p. 961). S'il résulte du texte poétique que cette œuvre, comme la plupart des autres motets de Bach, était destinée à un service funèbre ou commémoratif, les circonstances précises de sa composition demeurent inconnues.

Bach ne s'est pas soucié de la mélodie de l'« aria » de Schelle ; il n'a pas non plus utilisé une mélodie unique pour chacune des deux strophes choisies. L'œuvre est formée de deux mouvements où, en dépit de textes de même longueur, le premier domine largement le second, ici aussi intitulé « aria ». Les 7 vers de la 1re strophe sont développés en un motet monumental de 167 mesures. Les vers 1 à 4 traitent du dernier combat de l'agonisant — le corps se délabre, la force décline — et sont composés comme un tout cohérent (a plutôt vertical / b plutôt en imitation / a'b'). L'expression musicale du texte est immédiatement saisissable, p. ex. sur « Komm » (appels nettement détachés), « Jesu komm » (mélismes évoquant des soupirs), « müde » (fatigué ; formation de retards), « die Kraft verschwindet » (la force décline ; déclamation rapide), « der saure Weg » (le dur chemin ; imitation canonique avec saut de septième diminuée), etc. La suite (vers 5 à 7) amène un fort contraste, les deux derniers vers étant traités comme un tout. L'agonisant aperçoit le secours ; l'« illumination » lui vient et il formule sa « profession de foi » (R. Gerber). D'un Lento à 3/2 correspondant au stade de dissolution (vers 1 à 4), le tempo et la mesure des autres stades, de l'illumination (vers 5, 4/4 vivement fugué) et de la profession de foi (vers 6 et 7 ; 6/8, animé comme une danse), se détachent avec efficacité.

Comme le 1er et le 3e vers, le 2e et le 4e reflètent respectivement la même idée de base ; Bach a créé deux noyaux thématiques différents avec des modifications issues du principe de la variation (R. Gerber). Les motifs de septième descendante caractéristiques des vers 2 et 4 (7e maj. ou min. d'abord, puis 7e diminuée) sont particulièrement remarquables. Grâce à ces correspondances, le sens commun aux deux vers est mis en évidence : la force de plus en plus déclinante (« Die Kraft verschwindt je mehr und mehr ») explique que le chemin (« der saure Weg ») est si pénible. Lorsqu'en fin de compte le 4e vers reprend textuellement le motif descendant du 2e, la conception poético-musicale de la 1re partie de ce mouvement (« Aufgesang ») se trouve pleinement mise en lumière. Le fugato du 5e vers avec ses 8 entrées, les 4 premières en strette, introduit l'« Abgesang » et prépare la 3e partie du mouvement. Son sujet passe d'un chœur à l'autre tandis que le chœur momentanément non concerné oppose à l'autre « Komm, komm » en accords. Ces interjections répétées et les coloratures sur « ergeben » ([me] rendre [à toi]) font nettement ressortir les mots essentiels du texte. Le principe du quadruple échelonnement de passages analogues caractérise également les vers 6 et 7 qui sont construits comme une partie distincte du mouvement (6/8), pour R. Gerber des variations pour chœur.

La strophe finale du choral de Tymich, *« Drauf schliess ich mich in deine Hände »* (C'est pourquoi je laisse tes mains se refermer sur moi), est chantée à 4 voix par les deux chœurs réunis. Ce n'est pas un véritable choral mais une aria (de choral) dont la mélodie pourrait être de Bach lui-même. Cette aria se distingue cependant considérablement d'un choral harmonisé habituel (« Kantionalsatz ») : grands intervalles de la voix de soprano à l'intérieur d'un vers ou d'un mot ; mélisme animé par des doubles croches aux mesures 192-193 ; disposition métrique complexe, etc. Le terme d'« aria » ne se réfère vraisemblablement pas aux pièces spécifiques du genre mais reflète une idée propre à Bach que l'on rencontre à plusieurs reprises dans son œuvre (M. Danckwardt).

Sources — Pas de ms. autographe mais plusieurs copies de la partition datant du XVIIIe s., dont la plus ancienne est conservée à la Staatsbibliothek de Berlin-Dahlem, Mus. Ms. Bach P 609 ; 1re éd. *in* J. S. Bachs Motetten... II, Leipzig, Br. & H., 1803 (éd. Schicht).

Bibliographie — J. BACHMAIR, « Komm, Jesu, komm », Der Textdichter. Ein unbekanntes Werk von J. Schelle, *in* Bach-Jb. XXIX, 1932 ; R. GERBER, Über Formstrucktúren in Bachs Motetten, *in* Mf III, 1950 ; FR. KRUMMACHER, Textauslegung und Satzstruktur in J. S. Bach Motetten, *in* Bach-Jb. LX, 1974 ; M. DANCKWARDT, Zur Aria aus J. S. Bachs Motette « Komm, Jesu, komm ! », *in* AfMw XLIV, 1987 ; voir aussi la bibliogr. de l'art. *« Der Geist hilft unser Schwachheit auf »*.

U. ASPER

« KOMM, O TOD » (Viens, ô Mort), lied pour voix et piano de **Hugo Wolf**, sur un poème du Comendador Escriva traduit en allemand par Emanuel Geibel, n° 24 des *Weltliche Gesänge* du → *Spanisches Liederbuch*, composé à Perchtoldsdorf, le 14 avr. 1890.

L'homme supplie la Mort de venir sans bruit et de le frapper comme l'éclair, de peur que la joie de l'étreindre ne le rejette dans la vie. Ce bref *Requiem* en *ré* ♭ maj., aux harmonies sombres et mouvantes, se présente comme une grave sarabande marquée d'un rythme uniforme (note brodée ou chromatisme descendant) : tandis que la voix déroule un bouleversant arioso [A]. Le plan ABA' correspondant aux trois quatrains du poème est doublé par trois courbes $p < f > p$ (plus accentuée dans la section médiane). Comme il arrive souvent chez Wolf, la partie pianistique est pour ainsi dire indépendante du chant. Le piano conclut seul sur le motif de trois notes *« Komm, o Tod »*, jusqu'au silence.

CHR. GOUBAULT

« KOMMT, EILET UND LAUFET » (Venez, hâtez-vous et courez), à l'origine *« Kommt, fliehet und eilet »*, cantate de **Johann Sebastian Bach** (BWV 249 ; NBA II/7) pour le dimanche de Pâques (épître du jour, I Corinthiens 5, 6-8, Christ est notre agneau pascal ; évangile du jour, Marc 16, 1-8, la Résurrection du Christ), écrite pour sop., alto, ténor et basse soli, chœur, 3 trp., timb., 2 fl. à bec, fl., 2 htb., htb. d'amour, cordes et b.c. avec basson, exécutée pour la 1re fois à Leipzig le 1er avr. 1725, reprise vers 1735 — à cette occasion l'œuvre est désignée comme oratorio de Pâques, « Oratorium festo Paschali » — puis dans les années 1740 où elle reçoit sa forme définitive. (Durée : 40 min 30 s environ.) Il s'agit en réalité de la parodie d'une cantate profane, *« Entfliehet, verschwindet, entweichet, ihr Sorgen »* (BWV 249a), écrite en février 1725 pour la cour de Weissenfels, sur un texte de Picander ; il n'est pas exclu qu'il soit aussi l'auteur du texte de la parodie.

Ce qui différencie cette œuvre des autres cantates de Bach est le fait qu'elle est fondée sur une histoire, celle de la Résurrection du Christ, donc sur une action qui comporte plusieurs personnages : Marie de Magdala (alto), Marie, mère de Jacques (sop.), Pierre (ténor) et Jean (basse). Ces deux derniers se hâtent vers le tombeau où ils ont été précédés par les deux femmes qui leur reprochent la tiédeur de leurs sentiments. Constatant à leur tour la disparition du corps du Christ, ils en concluent à l'inutilité de leurs efforts pour l'embaumer. Marie de Magdala leur apprend qu'un ange lui a annoncé, ainsi qu'à l'autre Marie, que Christ était ressuscité. Pierre découvre le suaire plié et en déduit que sa propre mort ne sera qu'un sommeil. Les deux femmes expriment alors leur désir impatient de revoir le Christ tandis que Jean se réjouit de sa résurrection. Tous entonnent un chant d'allégresse et d'action de grâces.

Deux mouvements purement instrumentaux, sans doute des remplois d'une œuvre pour orchestre remontant à la période de Cöthen, ouvrent l'œuvre : **1.** une sinfonia en *ré* maj., **2.** un adagio pour fl. ou htb., cordes et b.c., en *si* min. ; leur succèdent **3.** un chœur (à l'origine un duo) avec tout l'orchestre moins les fl., *« Kommt, eilet... »*, en *ré* maj. ; **4.** un récitatif pour les 4 solistes et b.c., *« O kalter Männer Sinn !... »* (O, esprit froid des hommes ! Où a disparu l'amour que vous devez au Sauveur ?) ; **5.** un air pour sop., fl. ou vl. solo et b.c., *« Seele, deine Spezereien... »* (O mon âme, tes épices ne doivent plus être la myrrhe), forme ABA avec ritournelle, en *si* min. ; **6.** un récitatif pour alto, ténor et basse avec b.c., *« Hier ist die Gruft »* (Voici le tombeau) ; **7.** un air pour ténor, 2 fl. à bec, vl. 1 et 2 et b.c., *« Sanfte soll mein Todeskummer »* (Calme sera mon souci de la mort), forme ABA avec ritournelle, en *sol* maj. ; **8.** un récitatif en duo pour sop. et alto et b.c. qui se transforme après 2 mesures en arioso, *« Indessen, seufzen wir... »* (Cependant, nous soupirons avec un brûlant désir) ; **9.** un air pour alto, htb. d'amour, cordes et b.c., *« Saget, saget mir geschwinde... »* (Dites-moi, dites-moi bien vite où je puis trouver Jésus), forme ABA avec ritournelle, en *la* maj. ; **10.** un récitatif pour basse et b.c., *« Wir sind erfreut... »*. (Nous sommes joyeux que notre Jésus vive de nouveau) ; **11.** un chœur avec tout l'orchestre moins les fl., *« Preis und Dank bleibe, Herr, dein Lobgesang... »* (Gloire et action de grâces soient, Seigneur, ton chant de louange), forme AB, en *ré* majeur. Tous les airs de la cantate profane ont été repris par Bach sans changement notable, si ce n'est la modification de la fin de la partie B du nº 9 et son élargissement par 4 mesures Adagio sur « mein Herz ist ohne dich ganz verwaiset und betrübt » (sans toi mon cœur est orphelin et affligé) ; seuls les récitatifs ont dû être recomposés.

Bien que l'esprit de réjouissance qui anime la cantate profane puisse convenir à l'expression de la joie pascale, cette œuvre n'a pas trouvé dans la pratique musicale une place comparable à celle qu'occupe l'*Oratorio de Noël*, vraisemblablement en raison de son caractère purement circonstanciel et utilitaire et de l'absence de toute référence au choral.

Bibliographie — Voir celle de l'art. *« Ach Gott, vom Himmel sieh darein »*.

M. HONEGGER

« KOMMT, LASST EUCH DEN HERREN LEHREN », choral protestant, voir « BRICH DEM HUNGRIGEN DEIN BROT ».

[A] « KOMM, O TOD »

« Kommt, lasst uns anbeten », psaume de **Felix Mendelssohn-Bartholdy**, voir Psaumes.

König Hirsch (Le Roi cerf), opéra en 3 actes, livret de Heinz von Cramer d'après le conte de Carlo Gozzi *Il rè cervo* (1792), musique de **Hans Werner Henze**, composé en Italie en 1953-55, dédié à sir William et lady Walton (acte I), à la princesse Giuseppina d'Avalos (acte II), à Nuria et Luigi Nono (acte III), créé à la Staatsoper de Berlin, le 25 sept. 1956, avec Helga Pilarczyk (la Jeune Fille), Sandor Konya (le Roi), Tomislav Neralic (le Gouverneur), Helmut Krebs (Checco), sous la dir. de Hermann Scherchen. (Mayence, Schott ; durée : 5 h environ, réduites à 3 h 45 min lors de la création.)

Livret — Acte I. Dans un royaume imaginaire du sud de l'Italie. L'intérieur d'un château. Le Gouverneur (basse-bar.), intrigant et cruel, cherche à faire périr le jeune Roi (ténor), en le faisant abandonner dans une forêt. Mais l'enfant est sauvé par les habitants de la forêt qui l'élèvent jusqu'à sa maturité. Bien des années plus tard, le jeune Roi revient dans la ville et reprend sa couronne, au grand dépit du Gouverneur qui avait régné en son absence. Dès lors, le Roi exerce le pouvoir, aidé par deux statues parlantes — la Vérité (sop.) et la Sagesse (sop.) — qui le conseillent en toutes choses. Ayant décidé de prendre épouse, il fait défiler devant lui les plus belles filles du royaume. Mais son choix sera tributaire des deux statues qui énumèrent tous les défauts cachés des candidates. S'émerveillant de la beauté et de la grâce de l'une d'elles (sop.), le Roi en tombe amoureux. Mais comme il craint le verdict des statues, il les brise pour qu'elles ne puissent le dissuader de l'épouser. Le sinistre Gouverneur pense alors avoir gagné la partie, car il ne craint plus les révélations compromettantes des statues. Pour affaiblir le Roi, il commence par accuser faussement la Jeune Fille de vouloir attenter à la vie de son souverain. Le tribunal, réuni par le Gouverneur, la condamne à mort. Que va faire le Roi ? Innocenter la Jeune Fille en la graciant. Puis il abandonne le trône et retourne dans la forêt pour méditer mélancoliquement sur sa destinée. Peut-être retrouvera-t-il le bonheur auprès des animaux ?

Acte II. La forêt. Sans perdre de temps, le cruel Gouverneur décide de faire disparaître le Roi au cours d'une chasse. Pour déjouer la vilenie, le papillon (une danseuse) et la forêt transforment leur protégé en cerf. Mais Checco (ténor bouffe), l'âme damnée du Gouverneur, surprend le secret de la nouvelle apparence du roi et en avertit son maître qui organise aussitôt une chasse au cerf. Mais il se heurte aux habitants de la forêt qui mettent les chasseurs en fuite. Au bout d'un certain temps, le Roi comprend qu'il ne trouvera pas le bonheur dissimulé dans le corps d'un cerf, et il décide de retourner chez les humains pour se mettre à la recherche de sa bien-aimée.

Acte III. Le Gouverneur a réussi à s'emparer du trône mais il vit dans la crainte de voir revenir son légitime propriétaire. Lorsque le Roi se présente finalement aux portes de la ville, le fourbe enrôle des tueurs à gages pour le faire assassiner. Les spadassins, trouvant la besogne trop risquée, se retournent contre lui après avoir empoché ses écus. Il meurt ainsi, victime du piège qu'il avait tendu. Justice est faite. Le peuple fête le retour de son souverain et les deux amoureux se marient dans l'allégresse générale.

Selon l'aveu de Henze, *König Hirsch* est un vibrant hommage à « Naples, ville magnifique et charmante, avec ses êtres si énigmatiques qu'on croit ne jamais arriver à les comprendre ». En effet, c'est le contact avec « la clarté du monde méditerranéen » qui semble avoir entraîné un changement de son style musical à cette époque. Abandonnant le dodécaphonisme rigoureux, il revendique alors la liberté totale de l'artiste, sans doute pour mettre son inspiration au diapason du foisonnement baroque d'un sujet où se côtoient allègrement réel, fantastique et surnaturel. Ce retour quelque peu nostalgique au passé baroque explique peut-être la diversité des sources d'inspiration et l'éclectisme de l'œuvre qui prend ses modèles aussi bien chez A. Berg (*Wozzeck*) que R. Strauss (*Salomé*), tout en y mélangeant à l'occasion la « canzone napolitana », *Don Giovanni* et *Le Sacre du printemps*. Ces différents styles se heurtent, dérivant tantôt vers l'atonalité et les superpositions d'accords de 10 ou 12 sons, tantôt vers un style néoclassique nous jetant en pâture quelques accords parfaits. Cet éclectisme force pourtant l'admiration dans des pages telles que les duos de la Jeune Fille et du Roi, le grand air de Checco (acte II) ou dans la chanson strophique de Coltinello, l'un des spadassins, à l'acte III. Si *König Hirsch* présente ainsi pêle-mêle les meilleures qualités de son auteur, c'est pourtant aussi un opéra de tous les excès, et surtout celui de la longueur : plus de 5 heures qui furent réduites d'un tiers dès la création et qui feront ensuite l'objet de plusieurs remaniements. Le compositeur écrivit ainsi une nouvelle version de l'œuvre, qui fut créée le 10 mars 1963 à Kassel, sous le titre de *Il rè cervo oder die Irrfahrten der Wahrheit* (Le Roi cerf ou les Errances de la Vérité). Cette version fut reprise au Maggio musicale de Florence en 1976, en italien. D'autres passages de *König Hirsch*, laissés pour compte en 1956, furent réemployés pour former sa *4e Symphonie* qui fut créée en 1963 au Festival de Berlin, sous la direction de l'auteur.

Bibliographie — Compte rendu par H. H. Stuckenschmidt *in* Melos, oct. 1956 ; R. Stephan, H. W. Henze, *in* Die Reihe IV, 1958 ; J. Häusler, H. W. Henze : Versuch eines Porträts, *in* NZfM CXXII, 1961 ; U. Dibelius, H. W. Henze, *in* Moderne Musik 1945-1965, Munich 1966, pp. 129-145 ; K. Geitel, H. W. Henze, Berlin, Rembrandt Verlag, 1968 ; U. Sturzbecher, H. W. Henze, *in* Werkstattgespräche mit Komponisten, Cologne, Gerig, 1971.

M. Kelkel

(Die) Königin von Saba (La Reine de Saba), op. 27, opéra en 4 actes, livret de Salomon Hermann Mosenthal, musique de **Karl Goldmark**, créé à la Hofoper de Vienne, le 10 mars 1875, publié à Brême en 1876. Revue en 1901 par G. Mahler, l'œuvre fut régulièrement représentée à Vienne (Staatsoper) jusqu'en 1938. Une version française réalisée par P. Solanges fut donnée à Bruxelles (Théâtre de la Monnaie) le 5 oct. 1937.

Argument — L'action se passe au xe s. av. J.-C., aux environs de Jérusalem. Assad (ténor), fiancé de Sulamith (sop.), la fille du grand prêtre (basse), a été envoyé à la rencontre de la reine de Saba (mezzo-sop.) en visite à la cour du roi Salomon (bar.). Dès son retour, le jeune homme, très épris de la souveraine, délaisse Sulamith. Devant toute la cour, la reine feint cependant de ne pas le connaître. Assad, désespéré, épouse Sulamith sur le conseil de Salomon à qui il s'est confié, mais la reine, qui l'aime éperdument, vient troubler la cérémonie nuptiale. Réfugiée à la limite du désert, Sulamith accueille Assad banni par Salomon. La reine de Saba tente une dernière fois de le séduire mais le remords lui fait fuir cet amour qui déplaît à Dieu. Assad meurt dans les bras de Sulamith.

Contrairement à la plupart des ouvrages dramatiques, le livret affine l'étude psychologique de chaque personnage et, parallèlement, favorise l'expressivité des scènes de masse. L'harmonie soutenant les passages arioso et la structure polyrythmique qui s'y rattache rappellent le style de R. Wagner. Par ailleurs, l'intégration d'éléments orientaux et sacrés dans un langage très romantique et coloré, ainsi que la conception dramatique où s'équilibrent les situations favorables à un développement lyrique et celles qui confinent au pathétique évoquent le grand opéra de G. Meyerbeer. Premier ouvrage de Goldmark conçu pour la scène, *Die Königin von Saba* passe pour la production la plus importante du compositeur.

P. Prévost

KÖNIGSKINDER (Enfants de roi), « Märchenoper » (opéra-féerie) en 3 actes, livret d'Ernst Rosmer (pseudonyme d'Elsa Bernstein-Porges), musique d'**Engelbert Humperdinck**. Créations : 1. sous forme de mélodrame, à la Hofoper de Munich, le 23 janv. 1897 (Leipzig, 1897) ; 2. sous forme d'opéra-féerie, à New York au Metropolitan Opera, le 28 déc. 1910. (Durée : 2 h 40 min.)

LIVRET — Victime du mauvais sort que lui a jeté une sorcière (alto), la fille d'un roi (sop.) est contrainte de garder des oies dans la forêt. Le fils d'un roi (ténor), qui s'est fait engager comme porcher pour parfaire son apprentissage de la vie, s'éprend de la jeune fille. Rien ne peut malheureusement briser l'affreux sortilège. Aussi le prince poursuit-il son voyage. Un fabricant de balais (ténor) et un ménestrel (bar.), ambassadeurs d'une cité longtemps privée de souverain, viennent interroger la sorcière sur l'avenir de leur ville. « La première personne qui passera les portes de la cité demain après-midi sera votre roi », prédit la méchante femme. Ce faisant, le musicien a reconnu la princesse. Il brise le sortilège et emmène la jeune fille avec lui. Première à pénétrer dans la ville, elle y rencontre le prince qui l'embrasse. Cependant, le peuple refuse ses nouveaux souverains, se moque d'eux et les chasse. La faim les force à vendre leur couronne pour une miche de pain que la sorcière a pris le temps d'empoisonner. Unis dans le malheur, les amants meurent dans les bras l'un de l'autre. Les enfants, qui seuls les avaient reconnus pour rois, les trouveront ensevelis sous la neige, au pied de l'arbre où ils s'étaient rencontrés pour la première fois.

Ce conte poétique et dramatique, marqué d'une profonde signification symbolique, fut librement conçu par E. Rosner à partir d'éléments tirés de deux contes allemands connus, *Der Schweinhirt* (Le Porcher) de H. Chr. Andersen et *Die Gänsemagd* (La Gardeuse d'oies) des frères Grimm. En premier lieu, Humperdinck n'avait prévu d'écrire que des entractes musicaux, des chansons et des danses mais il s'enthousiasma tellement pour le sujet qu'il composa un mélodrame continu dans lequel le rythme et la hauteur de la déclamation sont précisés par des « notes parlées » (dans ces « Sprechnoten », de petites étoiles remplacent les corps de notes habituels). Sous cette forme, l'œuvre apparaît très novatrice, le style mélodramatique devenant un principe artistique fécond. Le compositeur concrétisait ainsi sa conception de l'évolution du théâtre lyrique : « Notre opéra moderne prend un chemin qui doit le conduire au mélodrame. » Lors de sa création, la 1re version de *Königskinder* suscita des applaudissements mérités.

Cependant, des problèmes techniques d'exécution nuisant à la diffusion du mélodrame, Humperdinck entreprit en 1908 la transformation de l'ouvrage en opéra « durchkomponiert ». Dans cette nouvelle version, l'enchaînement ininterrompu de récitatifs déclamatoires et de passages arioso, la densité de la construction par leitmotive dans la partie orchestrale désignent le compositeur comme un successeur de Wagner. Par ailleurs, le langage emprunte parfois aux sonorités debussystes tandis que la mélodie — comme le demande le texte écrit dans le style du lied populaire — s'écarte résolument des modèles wagnériens. La critique fit l'éloge de l'ouvrage, le considérant comme « l'opéra le plus important après *Parsifal* » et « le couronnement de la création postwagnérienne ». La représentation donnée à Wuppertal en 1973 a permis de redécouvrir *Königskinder*.

Bibliographie — R. BATKA, Der Kampf um's Melodram, *in* Musikalische Rundschau, mars 1897 ; L. KIRSTEN, Motivik und Form in der Musik zu E. Humperdincks Oper Königskinder (diss. Iéna, 1942) ; W. HUMPERDINCK, Aus der Entstehungszeit der Königskinder, *in* ZfM CXV, 1954 ; E. F. KRAVITT, The joining of words and music in late romantic melodrama, *in* MQ LXII, 1976.

P. PREVOST et J. SCHLÄDER

(DER) KÖNIGSSOHN (Le Fils du roi), op. 116, ballade pour soli, chœur et orchestre de **Robert Schumann**, d'après Ludwig Uhland, composée à Düsseldorf entre la fin d'avril et le 30 juin 1851, créée à Düsseldorf, le 6 mai 1852, sous la dir. du compositeur. (Leipzig, F. Whistling, v. 1873 ; durée : 25 min environ.)

Cette première grande ballade chorale d'après L. Uhland a été écrite à l'intention de la Société chorale de Düsseldorf dont Schumann était le directeur musical. Le compositeur modifia les derniers vers du poème pour leur donner plus de brillant et d'effet.

ARGUMENT — Un vieux roi (basse) partage ses terres entre ses deux premiers fils. Il demande au troisième (ténor) ce qu'il peut lui offrir. Celui-ci répond : la vieille couronne rouillée et trois navires pour aller chercher un royaume. Le fils du roi brave les tempêtes, capture un cheval sauvage, affronte un dragon dont il rompt le charme. Le dragon se transforme en une magnifique fiancée qu'il conduit au château royal. Un barde aveugle (bar.-basse) redonne la vue aux preux chevaliers qui entourent le roi et la reine, entonne son dernier, son plus beau lied : « Loué soit le fils du roi qui s'est acquis lui-même un trône souverain. »

Pleins de vaillance et de vigueur, les chœurs constituent le principal attrait de cette scène dramatique, surtout dans la partie centrale, de caractère fantastique : *« Im Walde läuft ein wildes Pferd »* (Dans la forêt galope un cheval sauvage), chanté par les voix de femmes environnées par un trait d'orchestre tourbillonnant, *« Es steht ein hoher, schroffer Fels »* (Il se tient sur un haut rocher escarpé), chanté largement par les voix d'hommes à l'unisson. Le fils du roi — bouillant adolescent — possède des accents dignes de ceux de *Lohengrin*. Une belle phrase caressante introduit et souligne le récit de la narratrice (mezzo-sop.), *« Der König und die Königin »* (Le roi et la reine).

Rééditions modernes — Par CL. SCHUMANN, J. BRAHMS et autres, *in* R. Schumann. Werke, Leipzig, Br. & H., 1881-93, rééd. en facs. Farnborough, Gregg Intern. Publ., 1967, vol. IX/4.

CHR. GOUBAULT

(DIE) KRÄNZE (Les Couronnes), lied pour voix et piano de **Johannes Brahms** (tonalité originale : *ré* ♭ maj.), sur un poème de Georg Friedrich Daumer (paru dans son *Polydora, ein weltpoetisches Liederbuch*, recueil de poésies de divers pays traduites en allemand), composé en 1864 et édité comme nº 1 des *Lieder und Gesänge, op. 46*. (Berlin, Simrock, 1868 ; durée : 3 min 46 s environ.)

Ce lied surprend par sa structure et par la disparité de ses lignes mélodiques, de son harmonie ainsi que de sa partie pianistique. Le texte n'est pas indifférent au dépaysement ressenti, puisqu'il n'offre au compositeur le secours ni de rimes, ni de strophes, ni de vers réguliers. Une analogie avec le modèle instrumental de la sonate aide à trouver un sens à cette pièce. Une première section, qui a pour pôle tonal *ré* ♭ maj., vaut comme exposition monothématique séquentielle, s'achevant sur l'énoncé d'une idée secondaire, conclusive, et sur un postlude proche du thème principal. Puis vient une section évoquant un développement en deux parties, centrées respectivement sur les tonalités de *do* ♯ min. et *la* maj. ; elle nous emmène toujours plus loin de l'idée initiale, avant de préparer, dans ses dernières mesures, le retour de *ré* ♭ maj. et de la phase conclusive (idée secondaire et postlude légèrement variés) de la section initiale, donnant le sentiment d'une réexposition partielle de celle-ci. De ce type de poésie libre, proche du poème en prose, les lieder brahmsiens offrent d'autres illustrations. Ainsi, on peut être tenté d'établir un parallèle avec une pièce antérieure telle que → *An eine Aeolsharfe*. Mais à tort, car la mise en musique n'y a que peu à voir avec la solution particulière qu'apporte *Die Kränze* ; cette dernière, moins discursive, moins improvisée, est pourtant plus déroutante dans la mesure où elle ne se justifie pas, ne serait-ce que partiellement, par un travail sur les images poétiques.

Bibliographie — Voir celle de l'art. *Liebestreu*.

FR. ANDRIEUX

KRÖNUNGSMESSE, messe de **Wolfgang Amadé Mozart** (KV 317), voir MESSE DU COURONNEMENT.

KYRIE II (« *Kyrie fons bonitatis* »), en 3e mode. Ce chant, probablement composé en France vers le Xe s. (date de sa première attestation manuscrite), est le plus richement orné de tous les *Kyrie* figurant dans le graduel vatican. Il ne fait pourtant en son début que développer le plus simple — et peut-être le plus primitif — d'entre eux, le → *Kyrie* XVI (formule *sol*, *la-si*, *si*, également développée par le *Kyrie* VI). Sous l'angle modal, il respecte l'ambiguïté typique de la dominante, oscillant entre *si* (premier « Kyrie ») et *do* (« Christe »), mais accentue les deux *ré*, au grave et à l'aigu, davantage que dans la modalité du vieux fonds. Les quatre phrases mélodiques traitent semblablement le mot « eleison » et diffèrent entre elles par leur début, avec une progression vers l'aigu ; le « Christe » emploie une formule d'intonation typique du mode authente de *mi*.

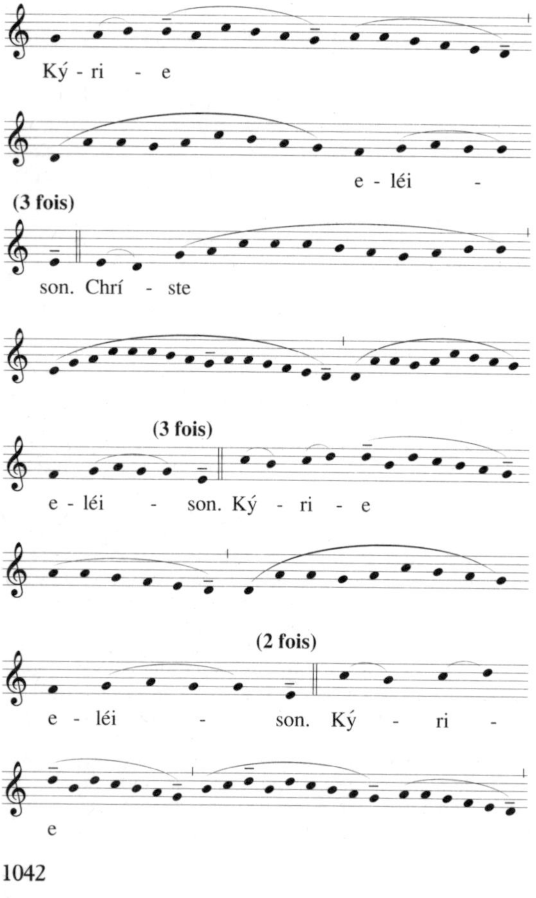

J. VIRET

KYRIE IV (« *Cunctipotens genitor Deus* »), en 1er mode. Bien qu'elle s'inscrive régulièrement dans les limites de l'heptacorde *ré - la - do*, cadre normal du mode authente de *ré*, la modalité de ce chant se singularise par une conclusion à l'aigu, sur la dominante *la* au lieu de la tonique *ré*. Néanmoins, le premier « Kyrie » et le « Christe » se terminent sur la tonique, avec reprise de la même formule. La composition du *Kyrie* IV doit remonter au XIe s., date de sa première transmission manuscrite, ou être de peu antérieure. Il s'agit de l'un des thèmes grégoriens le plus souvent paraphrasés en polyphonie : citons la → *Messe de Nostre Dame* de **G. de Machault** (env. 1360), la *Messe pour plusieurs instruments au lieu des orgues* de **M.-A. Charpentier**, ainsi que les livres d'orgue de **G. Cavazzoni** (*Intavolatura... libro primo*, 1543)), **G. Frescobaldi** (*Fiori musicali*, 1635), **Fr. Couperin** et **N. de Grigny**.

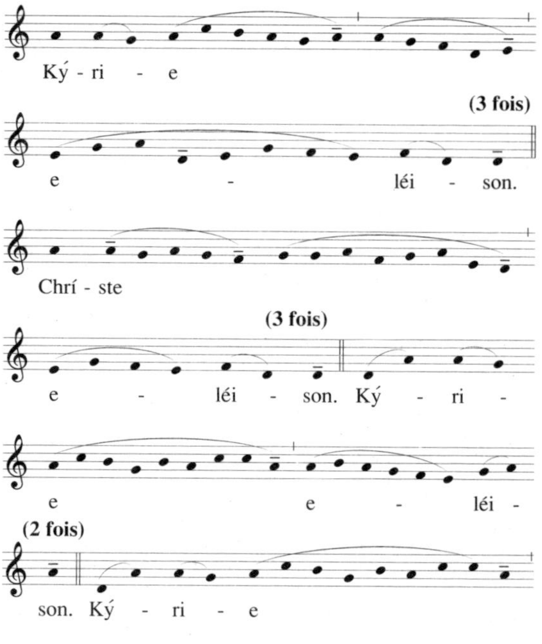

J. VIRET

KYRIE VIII (« *De angelis* »). Ce chant, très populaire comme tout l'ordinaire VIII, est l'une des compositions les plus tardives du *Kyriale*. Il doit dater de sa première attestation manuscrite, à savoir le XIVe s., et sa modalité — celle de *fa* authente avec *si* toujours bémolisé et sensible *mi* — préfigure nettement le majeur moderne. On y trouve néanmoins le substrat pentatonique de la modalité grégorienne authentique, délimité ici par l'octave de *fa*, à savoir la structure de base *fa - sol - la - do - ré - fa* (archétype mélodique d'ailleurs universellement répandu). Cette même structure se retrouve dans d'autres chants contemporains ou postérieurs, notamment le → *Gloria* VIII et le → *Credo* III (traditionnellement rattaché à l'ordinaire VIII).

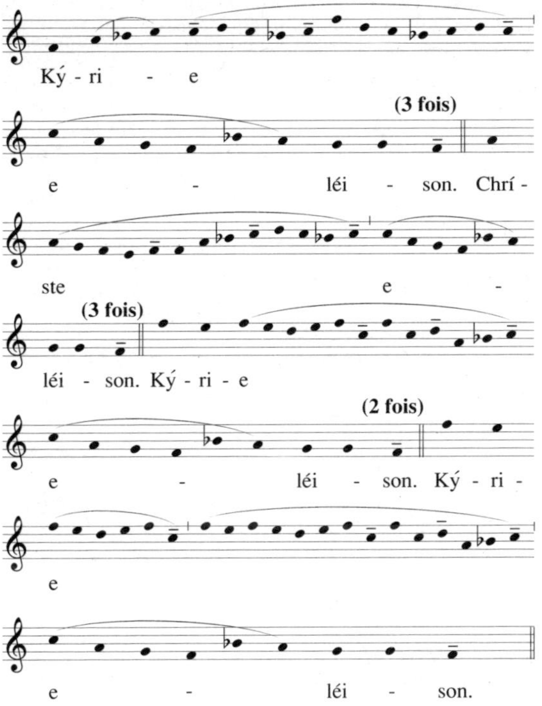

J. VIRET

KYRIE IX (*« Cum iubilo »*), en 1er mode. Ce chant est plus populaire que le → *Kyrie* X dont il offre une réfection plus ornée, probablement composée en France au XIIe siècle. Ses 9 phrases mélodiques successives ne tiennent guère compte de la subdivision ternaire suggérée par les répétitions des paroles (3+3+3) : tout comme leur modèle, le *Kyrie* X, elle font alterner librement deux thèmes, se terminant sur la tonique *ré* pour l'un et sur la dominante *la* pour l'autre, et différenciés chacun en deux ou trois variantes par leurs notes initiales (les « eleison » restant identiques de part et d'autre) ; en outre, la dernière phrase juxtapose les deux thèmes. D'où un plan qui se résume comme suit : $A^1\ A^2\ A^1/B^1A^3B^1/B^2A^3\ (B^2+A^3)$. Au point de vue modal, il faut signaler surtout l'étendue de l'ambitus (une 11e, de *la* grave à *ré* aigu), de par l'annexion du tétracorde plagal de *ré* (A^2) à l'octocorde normal de l'authente ; de telles extensions sont fréquentes dans le répertoire tardif (on rencontre la même dans la séquence → *« Dies irae »*). Le *Kyrie* IX a donné lieu à de nombreuses paraphrases polyphoniques : pour chœur a cappella aux XVe et XVIe s. (→ *Messe « De beata Virgine »* de **Josquin des Prés**, 1505-13), pour orgue par **G. Cavazzoni** (*Intavolatura... libro primo*, 1543), **Cl. Merulo** (*Messe d'intavolatura d'organo libro quarto*, 1568), **G. Frescobaldi** (*Fiori musicali*, 1635), pour baryton solo, chœur de barytons et orchestre ou orgue par **M. Duruflé** (*Messe « Cum iubilo »*, 1966).

J. VIRET

KYRIE X (*« Alme Pater »*), en 1er mode. Il s'agit du modèle simple dont le → *Kyrie* IX présente une version plus ornée. On peut en dater la composition au XIe s., et la situer en Catalogne.

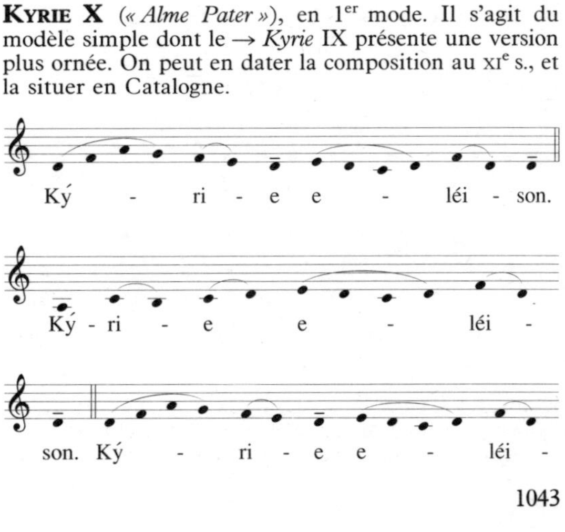

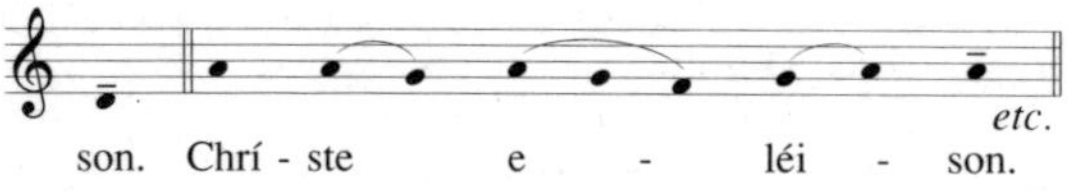

J. Viret

Kyrie XI (*« Orbis factor »*), en 1er mode. Ce chant, composé probablement vers le xe s. en France ou en Angleterre, existe dans deux versions légèrement différentes : la plus simple, numérotée XI A par le *Graduale romanum* de 1974, correspond à l'ancien *Kyrie* X ad libitum, alors que l'ancien *Kyrie* XI, un peu plus orné, est devenu le *Kyrie* XI B. La mélodie est caractéristique d'un mode authente de *ré* postclassique : extension de l'ambitus à l'aigu, avec accentuation du *ré* supérieur et dégagement de l'intervalle d'octave entre les deux *ré* (fin du premier « Kyrie » - début du « Christe »), et dans la version B chaînes de secondes couvrant un intervalle de septième. Comme c'est souvent le cas dans la composition des *Kyrie*, le mot « eleison » donne lieu à un traitement mélodique semblable dans les trois invocations. La version B, la plus populaire, a été paraphrasée pour orgue notamment par **G. Cavazzoni** (*Intabulatura d'organo*, v. 1543) et par **G. Frescobaldi** dans son recueil *Fiori musicali* (1635).

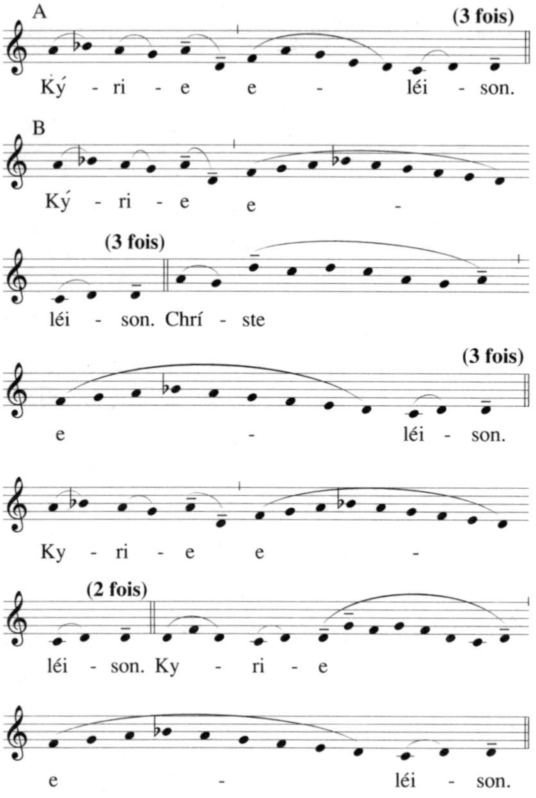

J. Viret

Kyrie XVI, en 3e mode. La tradition manuscrite de ce *Kyrie* n'est attestée qu'au xie s., mais il s'agit vraisemblablement d'un chant beaucoup plus ancien (transmis auparavant par seule tradition orale), très proche peut-être de l'acclamation par laquelle, dans la litanie primitive, le peuple répondait aux demandes du célébrant. D'où son extrême simplicité, d'où aussi sa modalité archaïque, inscrite comme celle d'autres chants de même ancienneté (→ *Gloria* XV, → *Sanctus* XVIII, → *« Te Deum »*, etc.) dans le cadre d'un heptacorde *mi-ré* qui est davantage celui de la théorie grecque antique que du mode grégorien de *mi* authente (insistance sur *si* au détriment de *do*). Certains manuscrits d'époque reculée ajoutent le mot grec « ymas » (de nous) à la suite du dernier « eleison ».

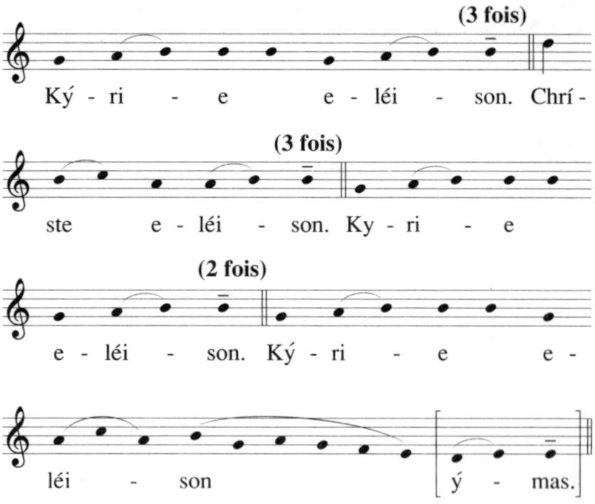

J. Viret

Kyrie XVIII A, en 4e mode transposé sur tonique *si.* Il s'agit d'une variante du → *Kyrie* XVI, sans doute très ancien, avec une mélodie à peine plus ornée : même traitement des premier et troisième « eleison », « Christe » entonné à l'aigu sur *ré.* Ici, toutefois, la courbe ne franchit pas le pentacorde de base *sol-ré* et conclut sur la corde axiale *si*, ce qui constitue un type normal du mode plagal de *mi* (pentacorde majeur articulé sur sa médiante). Ce *Kyrie* est attesté par la tradition manuscrite depuis le xie siècle.

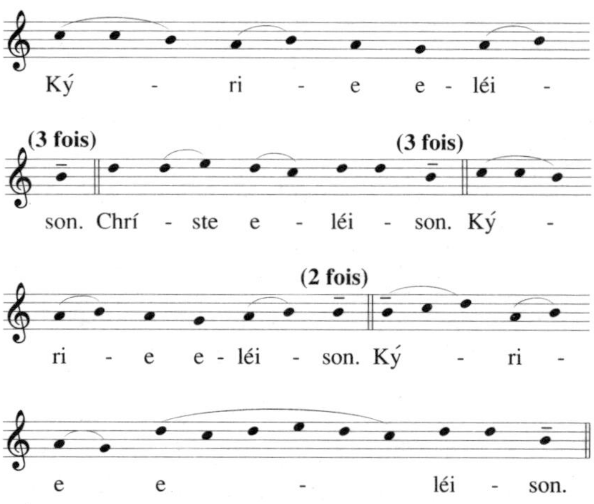

J. Viret

King Priam de M. Tippett, mis en scène à l'opéra de Nancy par A. Bourseiller, en 1988. *Ph. © Philippe Coqueux.*

Katia Kabanova de L. Janáček, créée en 1921. Karan Armstrong dans une mise en scène de G. Friedrich à l'Opéra de Paris, en 1988. *Ph. © Valès-Enguerand.*

La Khovanstchina de M. P. Moussorgski, créée en 1886. Costumes de T. Fedorowski. Illustration parue dans « Théâtre et Cœmedia illustrés », 1923. Ph. Michel Didier © Arch. Photeb.

Esquisse de décor de W. Dimitrijev pour *Katerina Ismaïlova* de D. Chostakovitch. Version de 1962.
Musée Bachrusin, Moscou. Ph. © du musée.

KYRIE XVIII B, en 6ᵉ mode. Ce *Kyrie* était naguère attribué exclusivement à la → *Messe des morts*, aux côtés du → *Sanctus* XVIII et de l' → *« Agnus Dei »* XVIII : il a logiquement pris place, dans le *Graduale romanum* de 1974, au sein de l'ordinaire XVIII (pour les féries d'Avent et de Carême), comme substitut du → *Kyrie* XVIII A, qui y figurait seul jusqu'alors. Sa courbe calme et harmonieuse n'emploie que des secondes majeures et mineures, jusqu'au double saut de quinte du dernier « Kyrie », qui l'anime quelque peu. La reprise de la même mélodie dans les deux « Kyrie » et le « Christe » central constitue une exception parmi les autres chants du *Kyrie*. Par ailleurs, la valeur de « sensible » que prend la sous-tonique *mi* (degré ornemental en modalité grégorienne authentique) est remarquable, et assigne à ce chant une date tardive, celle peut-être du début de la tradition manuscrite (XIIIᵉ s.).

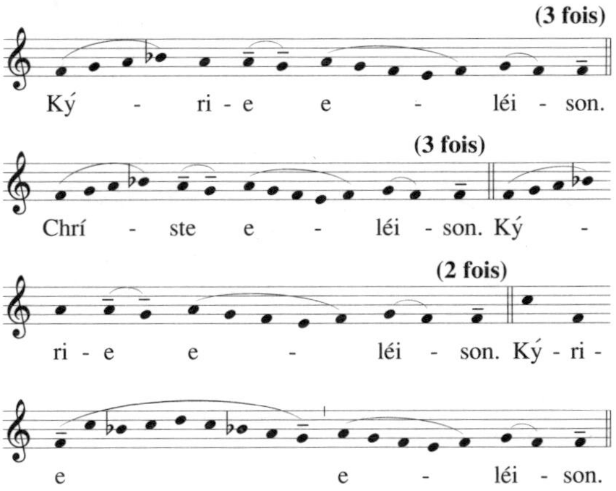

J. VIRET

KYRIE DES GUEUX, chœur à 8 voix a cappella de **Jacques Chailley** sur des paroles du R. P. Doncœur, probablement suggérées par le titre d'une pièce qui eut un grand succès, *Les Gueux au paradis.* (Paris, A. Leduc, 1954 ; durée : 2 min 30 s). D'abord destiné sans accompagnement au chansonnier scout *Roland* (1929), il fut repris et développé en 1936 pour devenir une fresque chorale, évoquant, en une montée continue, la horde des va-nu-pieds s'avançant lentement en chantant le refrain des anciens pèlerins de Saint-Jacques-de-Compostelle, *« Kyrie eleison ».* Le chant est d'abord sourd et indistinct, comme entendu de loin, puis les syllabes se précisent peu à peu, la tessiture s'étend progressivement, l'harmonie d'abord statique vient à s'animer et le chant du *Kyrie* finit par éclater au son des cloches dans le triomphe des Gueux entrant au paradis. La sonorité des mots et la gradation des tessitures, étudiées avec soin, concourent à faire de ce tableau un exemple d'orchestration chorale et assurent à l'ensemble un effet de masse impressionnant.

M. HONEGGER

KYRIE EN RÉ MINEUR, de **Wolfgang Amadé Mozart** (KV 341, KE 368 a), pour chœur mixte et orchestre (2222 - 4200 - timb., cordes et orgue). Le manuscrit autographe en est perdu et l'on ne possède pas d'information précise concernant la date ou les circonstances de sa composition. En raison des effectifs importants qu'il requiert, Jahn et Köchel ont supposé que ce *Kyrie* avait été écrit à Munich entre janv. et mars 1781, c'est-à-dire à l'époque des premières représentations d'*Idomeneo.* Cependant, A. Tyson a suggéré que l'œuvre aurait été composée à Vienne entre déc. 1787 et févr. 1789, en même temps qu'un certain nombre de fragments plus courts de musique d'église. Il est vrai que la puissante sonorité de ce mouvement en *ré* min. invite à le comparer à des passages similaires de *Don Giovanni*, composé en 1787. Une hypothèse supplémentaire a été avancée par H. C. Robbins Landon selon qui le mouvement aurait été composé en 1791, en prévision d'une nomination au poste de maître de chapelle de la cathédrale Saint-Étienne de Vienne, ce qui situerait ce *Kyrie* en proche voisinage d'une autre œuvre en *ré* min., le → *Requiem.*

Le mouvement porte l'indication Andante maestoso et réunit des éléments largement contrastants allant d'un style déclamatoire à un style lyrique, d'une écriture pleine et massive (la plus pesante de toutes les compositions sacrées de Mozart) à des sonorités très délicates. Le langage harmonique est lui aussi très riche et de grand effet. Bien que le mouvement possède une structure ternaire, la division du texte est inhabituelle en ce qu'elle fait alterner tout du long les deux invocations « Kyrie eleison » et « Christe eleison » au lieu de faire de chacune d'elles des paliers de la construction. Grâce à cela, le mouvement acquiert une ferveur entièrement différente de la forme stricte du *Kyrie* du *Requiem*, par exemple. Malgré la noblesse prédominante, le mouvement s'achève doucement par des phrases mélodiques plaintives sur pédale.

Rééditions modernes — Par W. SENN, *in* W. A. Mozart. Neue Ausgabe sämtlicher Werke, Kassel, BV, 1955 et suiv., série I, II/5.

Bibliographie — O. JAHN, W. A. Mozart, Leipzig 1886 ; A. TYSON, Mozart. Studies of the autograph scores, Cambridge (Mass.), Harvard Univ. Press, 1987 ; H. C. ROBBINS LANDON, 1791. Mozart's Last Year, Londres, Thames & Hudson, 1988.

D. WYN JONES

« KYRIE, GOTT, VATER IN EWIGKEIT » (Kyrie, Dieu, Père éternel), *Kyrie* trinitaire de la liturgie luthérienne, adaptation allemande du *« Kyrie fons bonitatis »* (→ *Kyrie* II). Il apparaît à Naumbourg en 1537 puis se retrouve dans les recueils de Wittenberg (1541), de Madgebourg et de Nördlingen (1545), d'Erfurt (1550), de Bonn (1561), etc. En 1724, il est précisé qu'il se chante depuis la Trinité jusqu'à Noël. Il figure toujours dans les recueils protestants actuels (EKG, Kassel 1950, nº 130 ; Recueil ECAAL, Strasbourg 1952, partie liturgique nº 9).

Traduction — Kyrie, Dieu, Père éternel, grande est ta miséricorde, créateur et ordonnateur de toutes choses. Eleison. — Christ, consolateur de tout le monde, toi seul tu nous as rachetés, Jésus, Fils de Dieu, tu es notre médiateur près du trône suprême, avec un cœur avide nous crions vers toi : Eleison. — Kyrie, Dieu, Esprit Saint, console, fortifie-nous, surtout dans la foi, afin qu'à notre fin dernière nous quittions joyeusement ce monde de misère. Eleison.

Dans ses *Zwölf geistliche Gesänge* (SWV 420, Dresde 1657), **H. Schütz** a traité ce *Kyrie* pour 4 voix et basse continue ad libitum. **J. S. Bach** l'a harmonisé à 4 voix (BWV 371), plaçant la mélodie en valeurs longues au soprano, tandis que de nombreuses notes de passage agrémentent les autres voix. Dans la 3ᵉ partie de sa *Clavierübung* (chorals dits « du dogme »), il le traite par deux fois. Après un grand prélude en *mi* ♭, sa grande version comporte les trois invocations séparées (BWV

669, 670, 671). Dans la première, il commente et exploite la technique de la stretté avec des imitations anticipées à la manière de Pachelbel précédant l'entrée du thème proprement dit, qui est confié à la partie supérieure en valeurs longues. L'allongement et la lenteur du début renforcent l'idée de grandeur incluse dans le texte. Dans la deuxième, le « cantus firmus », est au ténor ; dans la troisième à 5 voix, il est exposé à la basse avec des entrées en canon et un long développement. La petite version (BWV 672), correspondant peut-être au petit catéchisme de Luther, est précédée de l'indication « Alio modo manualiter » (d'une autre manière, pour les mains) — il s'agit d'un recueil didactique — et présente la mélodie au soprano. Bach y réalise le commentaire du texte avec des mouvements de croches, en 32 mesures. Plus proche de nous, **J. Langlais** s'inspire dans son *Livre œcuménique* (1968) des thèmes de choral traités par Bach. Au n° 10, il reprend ce *Kyrie*, notamment les trois premières notes exposées par la basse à la 1re mesure, tandis que des éléments du thème circulent à travers cette hymne de source catholique, bien qu'exploitée par des musiciens protestants depuis la Réforme.

É. Weber

Kyrie « Le Roy », composition liturgique à 4 voix de **John Taverner**, écrite probablement durant le 2e quart du XVIe siècle.

A la différence de leurs confrères continentaux, les compositeurs anglais de la fin du Moyen Age inclurent rarement le *Kyrie* dans leurs messes polyphoniques car l'habitude de le troper avec des textes saisonniers était courante. Entre 1400 env. et 1540, la mise en musique de *Kyrie* isolés est assez fréquente. Le *Kyrie « Le Roy »* de Taverner — qui n'est pas tropé dans la seule source qui le conserve — est l'un des derniers à avoir été écrit avant la suppression du rite catholique par la Réforme.

Le titre *« Le Roy »* se réfère à la mélodie chantée par la voix de soprano de Taverner, un « cantus firmus » d'un genre propre à l'Angleterre, connu sous le terme générique de « squares » (carrés) ou « squarenotes » (notes carrées). Son origine s'entoure de mystère mais il semble qu'il s'agisse de parties séparées provenant d'œuvres polyphoniques plus anciennes, la plupart du XIVe ou du début du XVe siècle. C'est ainsi que des « mélodies carrées » sont associées aux noms de J. Dunstable et de L. Power. La mélodie *« Le Roy »* peut provenir d'une composition soit de Henri IV, soit de Henri V d'Angleterre. En raison de leur origine polyphonique, les « mélodies carrées » ont des rythmes et des hauteurs déterminés et elles révèlent leur fonction originelle de ténor ou de contraténor par leur contour anguleux et leur fréquents sauts. La plupart d'entre elles sont associées aux textes de l'ordinaire de la messe ; quelques-unes furent liées à certains services de la semaine. C'est ainsi que *« Le Roy »* était la mélodie du *Kyrie* de la messe mariale dominicale.

Si l'on en juge par des témoignages d'archives contemporains, les « mélodies carrées » étaient très souvent utilisées comme point de départ d'une polyphonie improvisée : les statuts de nombreuses institutions chorales anglaises stipulent que l'on attendait des chantres qu'ils les chantent d'une façon distincte de la polyphonie notée. En raison du caractère d'improvisation qui affectait l'exécution des « squares », il est vraisemblable que le *Kyrie « Le Roy »* intégralement noté de Taverner a été composé pour un événement particulier. La musique est assez travaillée et sa qualité artistique exceptionnellement élevée ; c'est même l'une des œuvres les plus raffinées de Taverner. Comme dans de nombreux *Kyrie* anglais, seuls des fragments du texte sont chantés en polyphonie, les paroles restantes étant exécutées sur la mélodie non accompagnée du « square » qui remplace le plain-chant usuel.

Éditions modernes et bibliographie — Voir à l'art. *« Dum transisset sabbatum »*.

J. Milsom

L

« **La belle se siet au piet de la tour** », chanson à 3 voix de **Guillaume Dufay**. Cette polyphonie occupe une place originale dans l'œuvre profane de Dufay. Elle utilise deux cantus de même tessiture au-dessus d'un ténor qui, dépourvu de texte, est traité instrumentalement. Contrairement à la norme des chansons, ce ténor n'est pas composé, mais manifestement emprunté à un répertoire préexistant qu'on peut considérer comme populaire ; la mélodie utilisée par Dufay est d'ailleurs conservée dans un manuscrit antérieur à cette composition (Ms. de Namur). Elle est associée par son texte à une tradition qui, sous des formes différentes, est désignée par les folkloristes sous le nom de → *La Pernette.* Le même texte a encore été traité en polyphonie par Josquin des Prés avant de l'être par Fr. Poulenc. La mélodie utilisée par Dufay fournit aussi le « cantus firmus » d'une messe polyphonique de **Marbriano de Orto**, publiée par Petrucci en 1505.

Dans la chanson de Dufay, cette mélodie, dont la disposition formelle s'apparente au virelai (AA'BBB CAA'), est utilisée comme « cantus firmus », en valeurs longues, dans la tradition du motet. Sur cette base très tonale en *fa*, le duo des cantus expose le texte dans un débit rapide, essentiellement syllabique, qui fait alterner le style mélodique et le « parlando » dans une disposition polyphonique par moments très proche de la caccia italienne. Les éléments « parlando », traités en canon et réitérés à trois reprises, accusent précisément la perception d'une forme ABA' associée au schéma formel du ténor. Compte tenu de la facture particulière de cette pièce, certains musicologues mettent en doute la paternité complète de Dufay, ne lui laissant que la composition d'un second cantus ajouté à une polyphonie préexistante.

Éditions modernes — Par H. Besseler, *in* G. Dufay. Opera omnia VI, CMM 1, Amer. Inst. of Musicology, 1964.

Bibliographie — Th. Gerold, Chansons populaires des XVe et XVIe s., Strasbourg 1913 ; Ch. van den Borren, G. Dufay, Bruxelles 1926 ; G. Reese, Music in the Renaissance, New York, Norton, 1954, 2/1959 ; Ch. Hamm, A chronology of the works of G. Dufay..., Princeton 1964 ; M. Mila, G. Dufay I, Turin, G. Giappichelli, 1972 ; Fr. J. Bashour, A model for the analysis of structural levels and tonal movements in compositions of the 15th cent. (diss. Yale Univ., 1975).

J.-P. Ouvrard

Laborintus II (Labyrinthe II) de **Luciano Berio**, pour 3 voix de femmes, 17 instruments, chœur parlé de 8 voix, récitant et bande magnétique, sur des textes d'Edoardo Sanguineti, commande de l'ORTF à l'occasion du 700e anniversaire de la naissance de Dante, composé de 1963 à 1965, créé à Paris, en 1965, sous la dir. du compositeur. (Milan, UE, 1976 ; durée : 35 min environ.)

Œuvre scénique, *Laborintus II* peut être traitée, selon Berio, « comme une “rappresentazione”, comme une histoire, une allégorie, un document, une danse, etc. On peut donc l'exécuter à l'école, au théâtre, à la télévision, en plein air ou en tout autre lieu qui permet de rassembler un auditoire... ».

La première version de l'œuvre, intitulée *Esposizione* (1963), était écrite pour mezzo-sop., 14 instruments, deux récitants et bande magnétique. Sans rapport avec Dante, elle avait été conçue comme un ballet destiné à la compagnie de danseurs-acteurs d'Ann Halprin en Californie. Comprenant des textes déjà écrits par E. Sanguineti, ce spectacle musical fut par la suite transformé et élargi tandis que les textes étaient réinterprétés en fonction du rapport à Dante.

Laborintus était le titre du premier livre de poèmes d'E. Sanguineti (1951-54, éd. 1956) ; l'un des thèmes principaux en était celui du voyage, du parcours tortueux et malaisé. Repris dans le ballet *Esposizione*, ce thème est mis en rapport, dans *Laborintus II*, avec le parcours labyrinthique de Dante : les rencontres de Dante avec Béatrice dans la *Vita nuova*, puis le parcours difficile du poète dans les ténèbres de l'Enfer. Le second thème de *Laborintus II*, et en même temps le thème principal, est celui de la malédiction de l'argent et de la dénonciation de l'usure, thème déjà présent dans *La divina commedia* (*Inferno*) et élargi par Sanguineti à l'usure dans la société capitaliste du XXe siècle. Il s'agit donc d'une interprétation idéologique de l'œuvre de Dante et de sa « réactualisation » qui s'opère, dans la 2e partie de l'œuvre, à travers un glissement de l'univers dantesque vers celui de la société contemporaine.

Les textes empruntés à *La divina commedia*, à la *Vita nuova* et au *Convivio* de Dante sont combinés, par analogies formelles et sémantiques, à des textes bibliques et à des écrits de T. S. Eliot, d'Ezra Pound et de Sanguineti lui-même, et ce à travers une multiplicité de langues (latin, italien, français, anglais, allemand) et d'époques différentes. La présentation sous forme de catalogue, utilisée pour les fragments de la Bible en latin où l'on suit la généalogie des tribus d'Israël (« Adam genuit Seth - Seth genuit Enos [...] ») se retrouve dans les deux séries de noms, de faits et de dates se référant à la réalité quotidienne et banale et traduisant le désir d'embrasser le monde dans sa totalité (« tutto, tutto, tutto, dalla biblioteca al babbuino : dal 1265 al 1321 [...] », pp. 18 à 23 de la partition, et « Tutto, tutto, tutto, dalla caramella al miele [...] », pp. 35 à 41). L'idée de catalogue trouve sa correspondance sur le plan musical, à travers des références à des styles de diverses époques, de Monteverdi à Stravinski, en passant par le free jazz des années 1960 et à travers des références à certaines œuvres de Berio lui-même (*Serenata I* et *Tempi concertati*, rappelés par la partie de flûte, la partie de harpe évoquant → *Circles* et *Différences*).

L'organisation textuelle et musicale est très originale elle aussi. Le texte ne se présente aucunement comme un récit mais bien comme un scénario composé de bribes de textes où les coupures, les changements de niveau sont fréquents. Selon I. Stoïanova, il est possible de dégager deux séquences principales : une séquence « dantesque » composée de 7 segments mettant en scène les thèmes principaux des trois œuvres de Dante citées plus haut, et une séquence « moderne » de 3 segments où l'accent est mis davantage sur l'usure dans la société contemporaine. A ces deux séquences principales s'ajoute celle « du récitant », composée de 3 segments distribués tout au long de l'œuvre et dont le rôle est d'introduire les deux thèmes principaux (p. 1 et p. 25) de même que la partie terminale de *Laborintus II* (p. 48).

Bibliographie — Cf. RM n°s 265-267, 1968 ; M. Reichert, texte de présentation du disque HM 2029370-1, Fribourg-en-Br. 1972 ; G. W. Flynn, Listening to Berio's music, *in* MQ LXI/3, 1975 ; E. Sanguineti, texte complet de Laborintus II, *in* Contrechamps, n° 1, Lausanne, L'Age d'homme, 1983, pp. 75-82 ; I. Stoianova, L. Berio. Chemins en musique, *in* RM, n°s 375-77, 1985.

V. Mataigne

(Le) Lac, mélodie pour chant et piano de **Louis Niedermeyer**, sur un poème de Lamartine, composée à Paris en 1825. (Paris, Pacini, 1851.)

Extrait des *Méditations poétiques*, *Le Lac*, écrit en oct. 1818 sur les rives du lac du Bourget en Savoie, un des chefs-d'œuvre de la littérature française, a été publié en 1820. Dans son *Commentaire*, l'écrivain se montre réticent à l'égard de la mise en musique de textes poétiques : « J'ai toujours pensé que la musique et la poésie se nuisaient en s'associant. Elles sont l'une et l'autre des arts complets : la musique porte en elle son sentiment, de beaux vers portent en eux leur mélodie. » La partition de Niedermeyer ne fait pourtant aucun tort au poème de Lamartine. Elle connut un succès qui répondit à l'attente de l'éditeur et contribua à la renommée du musicien. Du support littéraire, le compositeur n'utilisa que les strophes 1, 2, 3, 4, 13 et 16, combinées en deux épisodes séparés par une ritournelle pianistique. L'ambivalence de ces deux parties traduit l'ambiguïté des sentiments lamartiniens. Le langage musical de la première partie (strophes 1 à 3) exprime la déception du rendez-vous manqué. Le drame intérieur que vit Lamartine est traduit par le mouvement maestoso (♩ = 80), par les contrastes de nuances et les effets de dynamique, par le balancement entre *mi* min., le ton principal, et *mi* maj., par les termes opposés Dolce con espressione et Con forza, ainsi que par les trémolos, le rythme syncopé et le petit dessin ascendant en triples et quadruples croches du piano, enfin par l'agitation rythmique et mélodique du chant et son style récitatif épisodique. En revanche, l'Andante de la seconde partie (strophes 4, 13 et 16) illustre un certain apaisement de l'âme au souvenir d'un merveilleux moment de bonheur. Construit sur une structure strophique et une mesure ternaire, son chant s'étire en de belles phrases expressives, dans une tonalité principale de *sol* majeur. Cette mélodie de Niedermeyer baigne dans le même climat romantique qui a fait la célébrité du poème de Lamartine.

É. Malfroy

Lachen und weinen (Rire et pleurer), lied pour voix et piano de **Franz Schubert** (D 777), sur une poésie de Friedrich Rückert, composé en 1823 et publié à Vienne en 1826, comme n° 4 de l'opus 59. (Durée : 1 min 54 s environ.)

Ce lied sans prétention, mais charmant, est fondé sur le thème de Jean qui pleure et Jean qui rit sans savoir pourquoi. Les deux strophes de 6 vers sont de musique identique et, comme il se doit, Schubert utilise bien l'opposition entre *la* ♭ maj. pour « lachen » (rire) et *la* ♭ min. pour « weinen » (pleurer). Malgré sa simplicité, cette mélodie est fort variée car Schubert adapte très habilement la ligne vocale aux moindres inflexions du texte. Une ritournelle pianistique de 8 mesures, bien venue, sert d'introduction, d'intermède entre les deux strophes et de conclusion.

S. Gut

Lacrimosa, de **Krzysztof Penderecki**, pour sop. solo, chœur et orchestre, commandé par Lech Wałęsa et le syndicat Solidarność, composé en 1980, créé à Gdańsk le 16 déc. 1980 à l'occasion du dévoilement du monument aux ouvriers victimes des événements de déc. 1970. (Mayence, Schott ; durée : 5 min environ.)

Comme pour le *Thrène à la mémoire des victimes d'Hiroshima* (1960) et pour le → *Dies irae* (1967), oratorio à la mémoire des victimes d'Auschwitz, Penderecki a voulu rendre hommage aux morts de l'histoire contemporaine, ici de sa Pologne natale. Depuis, le *Lacrimosa* a été intégré (comme le *Stabat mater* dans la *Passion selon saint Luc*) dans le *Requiem polonais* (1980-83), créé à Washington le 23 nov. 1983 pour le cinquantième anniversaire du compositeur (l'*Agnus Dei* [mai 1981] rend hommage à la mémoire du cardinal Wyszyński, le *Dies irae* [nov. 1983] aux insurgés de Varsovie).

Religieux et patriotique, le *Lacrimosa* revêt le caractère d'une lamentation bâtie sur les deux derniers versets du *« Dies irae »*. L'esthétique en est tonale (période post-romantique de Penderecki) ; les phrases chantées et les intermèdes instrumentaux se découpent en carrures classiques et le schéma formel épouse les contours d'un pseudo-lied. Les chœurs, traités homophoniquement, tissent une trame d'où surgit une voix de soprano émouvante et lyriquement attristée. Après avoir atteint la pointe de l'avant-garde dans les années 60, Penderecki nous offre ici une page recueillie et endeuillée, découlant tout droit d'un univers sacré familier, synthétisant le double jeu du politico-sociologique et de l'esthético-musical. Mozart et Fauré, Beethoven et Bruckner, Brahms et Britten en sont les parrains à des titres divers.

P. A. Castanet

« La douce çere », madrigal de frère **Bartolino da Padova**, dont il existe plusieurs versions vocales, à 2 ou 3 parties (Paris, BN, fonds ital. 568, f° 41v-42r [2v] ; Florence, Bibl. Naz. Centrale, Ms. Panciatichi 26, f° 108v-109r ; Florence, Bibl. laurenziana, Ms. Palatino 87, f° 101v-102r ; Londres, British Museum, Ms. Add. 29987, f° 15v-16r ; Lucca, Arch. di Stato, Codex Mancini 184, n° 1 ; Paris, BN, Ms. nouv. acquis. fr. 6771, f° 13v-14r), et même une réduction pour clavier (Faenza, Bibl. comunale, Ms. 117, f° 70v-71r). L'emploi d'un texte en français dans une composition italienne du Trecento, comme c'est ici le cas, est un fait peu commun, ce qui expliquerait peut-être que les copistes des manuscrits qui ont transmis ce madrigal aient introduit de nombreux italianismes dans le texte. Malgré sa corruption, le sens du poème reste clair. La première de ses deux « stanze » fait allusion à la plaisante figure d'un animal sauvage, signifiant « grant ardimant et humile senblans » ; dans la deuxième, il est précisé qu'il s'agit d'un lion au visage humain, qui porte au cou un blason avec la devise : « Lialmant sans doctier ». Ce blason le garde du péril (« ritornello »). Pour N. Goldine, le lion à face humaine serait l'emblème de la maison Visconti, contre laquelle le madrigal aurait été écrit, après la défaite infligée aux seigneurs de Carrara par Gian Galeazzo Visconti en 1388. Son argument s'appuie sur le parallélisme qui existe entre le texte de ce madrigal et celui de *« La fiera testa »*, clairement dédié aux Visconti et dont il existe deux versions musicales, l'une écrite par Bartolino, fidèle serviteur des Carrara. P. Petrobelli ne partage pas cette opinion et pense que le madrigal est dédié à Marsilio Papafava de Carrara, qui, comme les Visconti, portait dans ses armes un lion avec un emblème suspendu au cou. Quoi qu'il en soit, la composition aurait été très répandue en Italie, comme le prouvent ses nombreuses versions et la citation que Simone Prodenzani en fait dans *Il sollazzo*, portrait des fêtes courtisanes du Trecento.

La 1re partie du madrigal est en octonaria (2/4) et le « ritornello » en senaria perfecta (3/4) ; le discours musical se développe lentement, émaillé ci et là par des hoquets et de brèves imitations rythmiques. Ténor et contraténor, rythmiquement équilibrés, sont le soutien d'un ensemble harmonique qui rappelle le style des compositions françaises de l'Ars nova. La partie supérieure, comme il arrive d'ailleurs dans tous les madrigaux du Trecento, est mélismatique.

Éditions — Par J. Wolf, *in* Geschichte der Mensural-Notation von 1250-1460, Leipzig, Br. & H., 1904, n° XLV ; par le même, *in* Der Squarcialupi-Codex Pal. 87 der Bibl. Medicea Laurenziana zu Florenz, Lippstadt, Kistner & S., 1955, n° 159 ; par W. Apel, *in* CMM 53/1, Amer. Inst. of Musicology, 1970, n° 11 ; par W. T. Marocco, *in* Polyphonic Music of the 14th Cent. IX, Monaco, L'Oiseau-Lyre, 1975, n° 11.

Bibliographie — N. Goldine, Fra Bartolino da Padova, musicien de cour, *in* AMl XXXIV, 1962 ; P. Petrobelli, Some dates for Bartolino da Padova, *in* Studies in Music History : Essays for O. Strunk, Princeton, Princeton Univ. Press, 1968 ; G. Thibault, Emblèmes et devises des Visconti dans les œuvres musicales du Trecento, *in* L'Ars nova italiana del Trecento III, Certaldo 1970.

M. C. Gómez

Lady be good !, comédie musicale américaine en 2 actes, livret de Guy Bolton et Fred Thompson, texte des chansons d'Ira Gershwin, musique de **George Gershwin**, créée à New York, au Liberty Theater, le 1er déc. 1924 (adaptation cinématographique sous le titre fr. *Divorce en musique*, 1941).

L'action se passe dans une grande ville des États-Unis, dans les années 20. L'intrigue plutôt mouvementée conte l'histoire d'un frère et d'une sœur, danseurs-chanteurs sans travail, se produisant chez des amis fortunés. Contemporaine de la *Rhapsody in blue*, *Lady be good !* fut la première comédie musicale à succès de Gershwin et marqua le début de sa collaboration avec son frère Ira qui devint son parolier à partir de cette date. Aidés par plusieurs chansons très réussies (*Fascinating rhythm*, Rythme enchanteur ; le générique *« Oh Lady be good ! »*), Fred et Adele Astaire, frère et sœur à la ville comme à la scène, furent les vedettes de la première production et mirent en valeur les parties dansées de l'ouvrage. Un autre succès de Gershwin, *« The man I love »* (L'homme que j'aime), fut supprimé dès les premières répétitions. Avec 330 représentations consécutives à Broadway, *Lady be good !* fut l'une des comédies musicales les plus applaudies des années 20. Il en fut de même à Londres avec 326 représentations (création à l'Empire Theatre le 14 avr. 1926) où Fr. et A. Astaire tenaient encore la vedette. *« The last time I saw Paris »* (La dernière fois que j'ai vu Paris), une chanson de Jerome Kern, introduite dans le film, s'est vu décerner l'oscar de la meilleure chanson de film en 1941.

R.-M. Simon et S. Simon

Lady Macbeth du district de Mzensk (*Lady Macbeth mzenskovo ouïezda*), opéra en 4 actes et 9 tableaux, livret de D. D. Chostakovitch et Alexandre Preis d'après une nouvelle de Nikolaï Semionovitch Leskov, musique de **Dimitri Dimitriévitch Chostakovitch**, composé en 1930-32, créé à Leningrad, au Théâtre Maly, le 22 janv. 1934, avec Mmes A. Sokolova (Katerina Ismaïlova), E. Adrianova (Aksinia), N. Welter (Sonietka), MM. A. Ivanov (Boris Timoféievitch), S. Balachov (Zinovy Borissovitch), P. Zassetski (Sergueï), B. Heft (le Petit Moujik), Z. Abbakoumov (le Pope, le Vieux Bagnard), A. Atlantov (le Brigadier), sous la dir. de Samuel Samosoud. Deux jours plus tard, l'ouvrage fut donné à Moscou, au Théâtre Musical, sous le titre *Katerina Ismaïlova*. Le livret fut légèrement remanié avant la 1re publication de la partition en 1935, certains passages particulièrement crus étant édulcorés. Promis à une grande carrière, l'opéra fut violemment critiqué en janv. 1936 dans un article de la *Pravda* intitulé *Un galimatias musical*, texte resté tristement célèbre, inspiré par Staline lui-même qui avait assisté à une représentation et à qui l'œuvre avait fortement déplu. L'article stigmatisait à la fois le sujet, trop ouvertement érotique — et de ce fait contraire à la « morale socialiste » —, et la musique faite de « vacarme, grincements et glapissements », « difficile à suivre et impossible à garder en mémoire ». D'autres œuvres de Chostakovitch subirent des critiques du même ordre et le compositeur, frappé de disgrâce, fut obligé de « s'amender » musicalement (*5e Symphonie*). Retirée du répertoire soviétique pendant un quart de siècle, *Lady Macbeth* fut profondément remaniée entre 1958 et 1962, et pourvue du titre définitif de *Katerina Ismaïlova*. Cette nouvelle version fut créée à Moscou, au Théâtre Musical (Théâtre Stanislavski et Nemirovitch-Dantchenko), le 8 janv. 1963. Tous les passages du texte jugés osés sont gommés ; l'orchestration est révisée, renonçant à certains effets trop « hardis » (comme les glissandi de trombones, p. ex.) ; les parties vocales sont partiellement récrites, la tessiture du rôle-titre abaissée, deux entractes symphoniques ajoutés (entre les 1er et 2e, et les 7e et 8e tableaux). Si cette version définitive est restée de rigueur en Union soviétique jusqu'à présent, l'ouvrage a été repris sous sa forme originale en Occident. C'est donc à la version de 1932 que s'appliquera le commentaire qui suit.

Acte I. 1er Tableau. Dans la maison des Ismaïlov. Katerina Ismaïlova (sop.), épouse et belle-fille de riches propriétaires, s'éveille en pensant à la journée à venir, aussi ennuyeuse et oisive que les autres. Son beau-père, Boris Timoféievitch (basse), caractérisé par un leitmotiv,

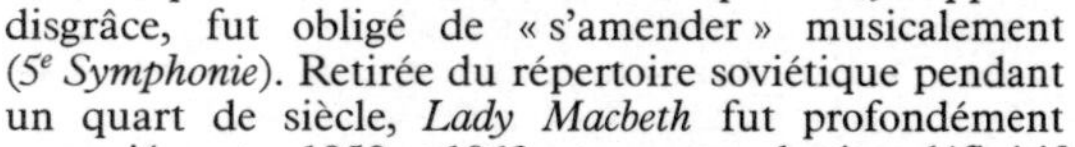

vient l'accabler de reproches : voilà cinq ans que son fils Zinovy Borissovitch l'a épousée et le couple reste sans enfants. Katerina lui répond crûment, invoquant l'inaptitude de son mari. Boris la met en garde contre toute velléité de fuir avec un amant. Zinovy (ténor) arrive ; on apprend qu'il devra s'absenter quelques jours pour son travail. Boris fait jurer à Katerina qu'elle restera fidèle à son mari. — 2ᵉ Tableau. Dans la cour où se déroule une scène d'une bouffonnerie grossière. Des ouvriers ont coincé dans un tonneau la grosse cuisinière Aksinia (sop.) et s'amusent grivoisement à ses dépens. Le meneur de jeu est Sergueï (ténor), jeune ouvrier engagé récemment, renvoyé par son précédent employeur pour avoir séduit la maîtresse de maison. Katerina s'interpose, délivre Aksinia et essaie de faire la morale à Sergueï en menaçant de le rosser. Le jeune homme se pique au jeu, engage la lutte et enserre Katerina : tous deux tombent à la renverse au moment où survient Boris, qui ne sera pas dupe des explications innocentes de sa bru. — 3ᵉ Tableau. La chambre à coucher de Katerina, le soir. Alors qu'elle s'apprête à se coucher, triste, souffrant du manque d'amour, Katerina en vient à envier les animaux qui peuvent s'aimer sans entraves (L'étalon se hâte vers la jument).

Sergueï frappe à sa porte sous le prétexte de lui emprunter un livre. Or Katerina et lui sont tous deux illettrés. Il lui avoue qu'il s'ennuie, ce à quoi compatit la jeune femme. Il lui suggère alors de prendre un amant, puis lui rappelle leur lutte de la veille et manifeste le désir de recommencer. Il l'empoigne de nouveau, et la séduit sans difficulté. Du dehors, Boris demande à Katerina si elle est bien couchée. Elle répond par l'affirmative et les deux amants reprennent leurs ébats.

Acte II. 4ᵉ Tableau. Au petit matin, dans la cour, sous la fenêtre de Katerina. Boris rôde, souffrant d'insomnie. Il pense à sa bru, seule et délaissée, et se propose, malgré son âge, de tenter sa chance auprès d'elle. C'est alors qu'il aperçoit Sergueï s'échappant par la fenêtre. L'ayant saisi, il réveille les ouvriers et le fait fouetter. Katerina assiste impuissante au supplice de son amant, qui s'évanouit. Boris fait enfermer Sergueï dans un cellier. Fatigué lui-même par cette scène violente, tenaillé par la faim, il demande à Katerina de lui servir des champignons. A peine a-t-il mangé qu'il est pris de violentes douleurs d'estomac : Katerina a mis de la mort-aux-rats dans le plat. Boris la supplie d'appeler un Pope (basse). Celui-ci ne comprend rien aux dernières paroles du moribond, lequel déclare « crever comme un rat ». Sur une musique joyeusement débridée, le Pope enchaîne avec les prières mortuaires d'usage. — 5ᵉ Tableau. Couchés côte à côte, Sergueï et Katerina parlent de leur amour. Sergueï exprime sa tristesse à l'idée que leur aventure soit sans avenir en raison de leur différence sociale. Mais Katerina laisse entendre que tout peut s'arranger. Pourtant, hantée par le meurtre de Boris, elle voit apparaître le spectre de son beau-père qui la maudit. Elle se réfugie dans les bras de Sergueï, quand un autre intrus vient troubler leur tranquillité : rentré de voyage, Zinovy frappe à la porte de la chambre. Sergueï se cache mais Zinovy, mis au courant de l'infidélité de sa femme, la fouette avec une ceinture. Sergueï intervient et étrangle son rival. Les amants transportent ensuite le corps dans le cellier et le cachent sous des pierres. « Maintenant, tu es mon mari », déclare Katerina à Sergueï.

Acte III. 6ᵉ Tableau. Sergueï et Katerina s'apprêtent à se rendre à l'église pour célébrer leurs noces. La jeune femme regarde avec crainte le cellier où est dissimulé le corps de Zinovy. Arrive un Petit Moujik (ténor), très éméché, dont la chanson rend hommage à tous les ivrognes de sa famille. Comme le soif le reprend, il force la porte du cellier afin d'y chercher du vin. D'abord épouvanté par la puanteur qui se dégage du lieu, il ne tarde pas à découvrir le cadavre putréfié de Zinovy. Il s'enfuit alors pour prévenir la police. — 7ᵉ Tableau. Au poste de police. Les policiers parlent de leur métier ingrat et évoquent les difficultés qu'ils auraient à subsister sans les pots-de-vin. Le Brigadier (basse) grommelle sa rancœur à l'égard de Katerina Ismaïlova, qui ne l'a pas invité à sa noce. Il aimerait trouver un prétexte pour se venger. Suit une scène comique : un malheureux Instituteur (ténor) a été arrêté parce qu'il faisait des expériences sur les grenouilles afin de voir si elles ont une âme. On l'enferme. Le Petit Moujik accourt, annonçant qu'il a découvert un cadavre chez les Ismaïlov. Les policiers, qui n'osaient espérer pareille aubaine, se rendent sur place. — 8ᵉ Tableau (enchaîné au précédent par un entracte symphonique). Chez Katerina, à la fin du festin de noces ; parmi les invités, un Pope. On chante les vœux traditionnels aux jeunes mariés. Passablement ivres, les convives s'endorment. Katerina s'aperçoit que la porte du cellier a été forcée et que le crime a certainement été découvert. Elle veut fuir avec Sergueï. Trop tard. Les policiers surviennent. Tous deux sont ligotés et emmenés.

Acte IV. 9ᵉ Tableau. Un groupe de bagnards, au moment de la halte ; parmi eux, Katerina et Sergueï. Un Vieux Bagnard (basse) chante une mélodie mélancolique (Les bornes, l'une après l'autre, se succèdent en longue file),

reprise par le chœur. Katerina soudoie une sentinelle (basse) pour qu'elle la laisse voir Sergueï. Furieux, celui-ci la repousse brutalement. Katerina est au désespoir, d'autant plus que Sergueï se met à courtiser une autre détenue, Sonietka (contralto), une prostituée. Tous deux se moquent avec méchanceté de Katerina. A Sonietka, qui se plaint du froid, Sergueï promet de procurer des bas de laine. Il revient vers Katerina, feint de lui demander pardon et affirme qu'il souffre de blessures causées par les fers. Katerina lui donne ses bas. Sergueï s'empresse de les porter à Sonietka et tous deux disparaissent dans les buissons. Les détenues accablent Katerina de quolibets. Dans un monologue, celle-ci laisse entendre quel sera le dénouement, évoquant un lac dans la forêt, dont l'eau est aussi noire que sa conscience. Sergueï et sa nouvelle conquête sortent des buissons ; à son tour, Sonietka accable Katerina de sarcasmes. Le Chef de convoi (bar.) donne l'ordre du départ. Lorsque la colonne passe le pont qui enjambe le lac, Katerina pousse Sonietka à l'eau et s'y jette à sa suite. Toutes deux se noient. La complainte des bagnards s'estompe dans le lointain.

Par rapport au texte de Leskov, le livret ajoute ou supprime quelques scènes (adjonction de la scène avec le Pope, suppression de l'épisode du meurtre du neveu de Katerina), mais transforme surtout l'esprit de l'argument. Leskov donne une vision réaliste et satirique de la vie provinciale russe, sans chercher à transmettre de message. Au contraire, Chostakovitch cherche à montrer Katerina comme le seul rayon de lumière au milieu des ténèbres ; il met l'accent sur le sentiment d'amour qu'elle éprouve et qui, à ses yeux, la rachète. Ce point de vue avait choqué l'opinion officielle soviétique, qui ne voulait voir en Katerina qu'une représentante typique de la classe des propriétaires, dure et égoïste. En outre, l'aspect satirique du récit est bien rendu et même accentué par Chostakovitch, notamment dans les scènes avec le Pope, avec les policiers, et tout le petit monde mesquin et médiocre qui gravite autour du clan des Ismaïlov. Enfin, la richesse psychologique des personnages donne une dimension dostoïevskienne à l'ouvrage, qui est à sa manière un « crime et châtiment ». Un peu inattendue dans ce contexte réaliste, une courte scène fantastique fait apparaître le spectre de Boris Timoféievitch (5e tableau). Inhabituelle dans un opéra russe est l'importance accordée aux scènes érotiques, montrées avec franchise et violence, comme celle du 3e tableau dont l'illustration musicale fort éloquente a été coupée dans la version de 1963.

Musicalement, le style est tout à la fois diversifié et homogène, faisant voisiner, selon les besoins de l'action, les procédés les plus variés de l'écriture moderne ou classique, tonale, modale parfois, ou à la limite de l'atonalisme. De nombreux leitmotive sont utilisés, adaptés et transformés selon les situations, formant un système souple et complexe. Chostakovitch emploie aussi le principe des tonalités conductrices. Vocalement, à côté de dialogues récitatifs et de quelques emplois du parlando, de nombreux monologues donnent lieu à des ariosos mélodiquement très élaborés, surtout dans la partie de Katerina (1er, 3e et 9e tableau). Le folklore, sous des formes les plus diverses, est présent dans les scènes à contenu social : chant des ouvriers (4e tableau), chanson du Petit Moujik (6e tableau), complainte des bagnards (9e tableau). Des emprunts au style de l'opérette accentuent les scènes satiriques : chanson du Pope (4e tableau), galop des policiers (7e tableau). Le rôle de l'orchestre est primordial tout au long de l'œuvre, rappelant que Chostakovitch est un symphoniste, autant et plus qu'un compositeur de musique vocale. Ouvrage d'une immense richesse à plusieurs égards, témoignage social et cri de protestation, partition offrant une synthèse des moyens musicaux offerts aux compositeurs du XXe siècle, *Lady Macbeth de Mzensk* est l'un des deux ou trois plus grands opéras de toute la production soviétique.

Éditions et rééditions — **a)** Version de 1932 : Hambourg, Sikorski, 1979 (réd. cht et p.). — **b)** Version de 1935 : Vienne, UE, 1935 (réd. cht et p.). — **c)** Version de 1963 : Moscou, Mouzyka, 1965 (part. d'orch.) ; *in* Œuvres complètes de Chostakovitch, Moscou, Mouzyka, 1985, vol. 20-21 (part. d'orch.), vol. 22 (réd. cht et p.).

Bibliographie — D. Chostakovitch, « Katerina Ismaïlova ». L'auteur parle de son opéra, *in* Sovietskoïe Iskousstvo, n° 57, 14 déc. 1933 (en russe) ; du même, My opera Lady Macbeth of Mtsensk, *in* Modern Music XII, 1934 ; « Lady Macbeth du district de Mzensk », opéra de D. D. Chostakovitch, *in* Gosoudarstvenny Akademitcheski Maly Teatr, Leningrad 1934 (en russe) ; Un galimatias musical, *in* Pravda, 28 janv. 1936 (en russe) ; K. Sakva, Nouvelle bataille à propos de « Katerina Ismaïlova », *in* Sovietskaïa Mouzyka, n° 3, 1963 (en russe), trad. all. *in* Musik und Gesellschaft XIII, 1963 ; D. Chostakovitch : « Katerina Ismaïlova », Leipzig 1965 ; A. Bogdanova, Opéras et ballets de Chostakovitch, Moscou, Sovietski Kompositor, 1979 (en russe) ; M. Khentova, Chostakovitch à Petrograd-Leningrad, Leningrad 1979 (en russe) ; voir aussi la bibliogr. de l'art. *(Le) Nez*.

A. Lischke

« Laetentur caeli », offertoire en 4e mode du → Propre de Noël (messe de la nuit). Bien que les paroles invitent à l'exultation, c'est plutôt l'idée connexe de la toute-puissance divine qui est ici mise en relief, comme dans l'offertoire de la messe du jour, → *« Tui sunt caeli »* avec lequel celui-ci présente d'évidentes affinités. Ici comme là, le mode plagal de *mi* exprime admirablement le sentiment de révérence face à la souveraine majesté de Dieu, et la mélodie évolue d'abord surtout dans les degrés graves, pour ensuite s'élever dans la zone de la dominante *la* et énoncer l'intervalle plus clair de tierce majeure *fa-la*. Tout au long de son parcours, la ligne prend fermement appui sur la sous-tonique *ré*, degré très consistant de l'échelle modale.

Traduction — Que les cieux se réjouissent, et que la terre exulte devant la face du Seigneur : car il vient (Ps. 96, 11 et 13).

J. Viret

Lagrime d'amante al sepolcro dell'amata (Larmes de l'amant au tombeau de la bien-aimée), « sestina », c.-à-d. cycle de 6 madrigaux à 5 voix, de **Claudio Monteverdi**, sur un texte de Scipione Agnelli, composé de 1608 à 1610, publié dans *Il sesto libro de madrigali a cinque voci*. (Venise, Gardano, 1614 ; durée : 17 min environ.)

Œuvre la plus achevée du *6ᵉ Livre* (nᵒˢ 10-15), elle forme comme un pendant au → *Lamento d'Arianna* (nᵒˢ 1-4). Son style madrigalesque est mêlé de monodie tout comme sa calme polyphonie l'est d'harmonies surprenantes. Le style « concitato » y est efficacement utilisé. La partie monodique est confiée à la voix la plus élevée, tandis que les autres jouent le rôle de l'orchestre. Mais la « sestina » est moins réaliste que le cycle du *Lamento d'Arianna* et n'a pas été précédée comme celui-ci d'une version théâtrale ; il s'agit au contraire d'une composition originale en mémoire d'une jeune chanteuse de la cour, Caterina Martinelli, morte peu auparavant. Les 6 strophes d'Agnelli sont allégoriques : l'amant berger se lamente, debout devant la tombe ouverte, pleurant la mort de sa nymphe adorée. Le poème n'est pas raffiné, mais son caractère madrigalesque fournit à Monteverdi un riche matériau pour une œuvre de caractère dramatique. Les 6 madrigaux sont approximativement de même longueur et se terminent tous en *ré* maj., tonalité prédominante du cycle.

1. *« Incenerite spoglie, avara tomba »* (Les cendres des mortels, misérable tombe). Cette première pièce commence en *ré* min. par un solo de ténor en style de récitatif, sur un ton morne, étouffé, qui évoque l'obscurité de la tombe. Les autres voix accompagnent de façon orchestrale **A**. Des dissonances et de brusques changements de mineur en majeur évoquent l'atmosphère générale du poème. Le récitatif est interrompu par des pleurs, « Ahi lasso », sous forme de mélodies descendantes en imitation. La pièce se termine sur les mots « tormentato Glauco », chantés en imitation par les voix les plus élevées au-dessus d'un ténor et d'une basse qui progressent lentement en tierces parallèles. **2.** *«Ditelo, o fiumi, e voi ch'udiste »* (Dites-le, ô rivières, et vous qui entendiez) et **3.** *« Darà la notte il sol lume alla terra »* (La nuit donnera le soleil, lumière de la terre). En contraste direct avec la première, ces deux pièces sont une invocation de Glauco, amant tourmenté, aux rivières. Un début en imitation fait bientôt place à l'homophonie. Le caractère choral des deux pièces est nettement affirmé, avec des contrastes dynamiques et d'abruptes juxtapositions de courts épisodes à 3 et à 5 voix. Les répétitions textuelles sont traitées en séquences tandis que les douloureux sanglots du personnage affligé sont repris en tutti, mesure après mesure. **4.** *« Ma te raccoglie, o ninfa... »* (Mais le ciel t'accueille, ô nymphe, dans son sein). Cette pièce renoue avec la forte tendance au solo de la première. Des sections chantées en trio (deux voix en tierces parallèles au-dessus de motifs harmoniques chantés par la basse) alternent rapidement avec des tutti. **5.** *« O chiome d'or, neve gentil del seno »* (O chevelure d'or, douce neige du sein). Cette pièce commence comme la précédente par un simple contrepoint imitatif à 5 voix qui deviennent rapidement homophoniques et font alors alterner de petits groupes de voix et des tutti. Tout l'ensemble est conçu à partir de la basse. Des accords descendants en faux-bourdon évoquent la tristesse et les lamentations. La section culminante de la fin annonce celle de la dernière pièce : le cri de l'amant, « ohimè », chanté en solo, auquel répondent 3 voix en homophonie, est dégagé de la masse chorale et répété de dissonance en dissonance **B**. **6.** *« Dunque amate reliquie, un mar di pianto... »* (Donc, dépouille aimée, [ces yeux ne pleureront plus] une mer de larmes). C'est la 6ᵉ et dernière strophe du poème. En très peu de temps, on y passe à travers divers styles musicaux. Dans les 10 premières mesures, qui sont une sorte d'introduction, toutes les voix s'unissent en un récitatif choral, répété une quinte plus haut. Soudain, Glauco s'exclame « Ahi, Corinna » en solos successifs qui se répètent 6 fois tandis que les autres voix chantent un nouveau texte **C**.

Les exclamations se font de plus en plus stridentes et dissonantes, jusqu'à ce que l'amant tombe épuisé. On revient finalement à la tranquillité de la première pièce et le cycle s'achève sur une prière de Glauco pour que sa bien-aimée trouve la paix, tandis que la musique s'apaise en un mourant murmure.

Rééditions modernes — Par G. Fr. Malipiero, *in* Cl. Monteverdi. Tutte le opere, Asolo 1926-42, 2/Vienne, UE, 1954, vol. VI.

Bibliographie — Voir celle de l'art. *Madrigali guerrieri et amorosi.*

M. Sacré

Lagrime di san Pietro (Les Larmes de saint Pierre), cycle de 20 madrigaux spirituels italiens avec un motet latin de **Roland de Lassus**. Les poèmes des madrigaux sont empruntés au recueil inachevé, portant le même titre, de Luigi Tansillo († 1568). Ce cycle, l'un des monuments de l'œuvre de Lassus, est son ultime composition : il y travailla pendant les derniers mois de son existence et data la préface du 24 mai 1594, trois semaines avant sa mort. L'œuvre est dédiée au pape Clément VIII, « vrai et légitime successeur » de l'apôtre. (Durée : 1 h environ.)

Les poèmes sur le thème du repentir de Pierre après son triple reniement (Matth. 26, 75) ressortissent au courant de sérieux et de spiritualité caractérisant l'art catholique à l'époque de la Contre-Réforme. Dans sa préface, le musicien rapporte qu'il les a mis en musique « sous le poids de l'âge » et pour sa « dévotion personnelle ». Il s'agit donc d'un véritable chant du cygne et d'un testament artistique, dont la polyphonie somptueuse à 7 voix, 4 aiguës et 3 graves (2 ténors + 1 basse), est empreinte d'une grande richesse expressive. Dans les derniers poèmes surtout (à la première personne à partir du quinzième), le compositeur a pu s'identifier à l'apôtre déchiré par le remords. Le motet final, *« Vide homo quae pro te patior »* (Vois, ô homme, ce que j'ai enduré pour toi), est une plainte du Christ à l'adresse des hommes en général. Les chiffres symboliques (7 voix, 7 × 3 morceaux) confirment la haute portée spirituelle de l'ensemble.

Résumé des poèmes — 1. Pierre s'en alla, en proie à un repentir lancinant. 2. Les regards de Jésus étaient pour lui comme des flèches transperçant son cœur. 3. Il se remémorait son triple reniement. 4. Jésus, au moment d'être arrêté, l'a regardé : regard insoutenable. 5. Ce regard était comme un miroir lui montrant sa propre lâcheté : bouleversement indicible. 6. L'amour aussi s'exprime souvent par les yeux, sans paroles. 7. Jésus semblait dire : « Tes yeux sont plus meurtriers pour moi que la sauvagerie de mes ennemis. » 8. « Les autres disciples ont fui, mais toi tu as en plus renié. » 9. Ce qui émanait des yeux de Jésus ne saurait se décrire. 10. D'abord endurci par la peur, le cœur de Pierre se liquéfia et il fondit en larmes sous le regard de Jésus. 11. Le pardon du Seigneur ne calmait pas le remords de Pierre, ravivé à chaque chant du coq. 12. Naguère pâle d'effroi, son visage prit feu en croisant le regard de Jésus. 13. Le Seigneur une fois arrêté, Pierre sortit de l'auberge. 14. Il errait, désespéré, dans la nuit obscure. 15. « Va-t-en, dit Pierre, vie qui m'es odieuse ! » 16. « J'ai voulu fuir une brève lutte et j'ai maintenant perdu la paix. » 17. « Qui est heureux durant sa jeunesse a tôt fait de connaître la détresse. » 18. « L'âge avancé, me privant de mes forces vives, m'a imposé cette terrible épreuve. » 19. « Par crainte de la mort, j'ai haï la vie » (c'est-à-dire Jésus). 20. « Parce que j'ai renié la vraie vie, je n'ai plus de raison de vivre. » 21. (Motet) « L'ingratitude des hommes, dit Jésus, est pour moi la pire des souffrances. »

Déjà illustré auparavant par Lassus lui-même et par d'autres compositeurs (notamment Palestrina dans son cycle sur le *Cantique des Cantiques*), le genre du madrigal spirituel donne lieu ici à une grande œuvre très représentative du penchant de Lassus pour la peinture psychologique. Les procédés figuralistes typiques du madrigal y sont fréquents, mais ils cherchent à traduire de manière subtile et intériorisée les mouvements agités d'une âme tourmentée (p. ex. le mot « fallo », péché, régulièrement traduit par une chute dans les sons graves). On remarquera cependant l'absence totale du chromatisme, moyen par excellence pour évoquer la douleur dans les madrigaux contemporains de L. Marenzio et C. Gesualdo, ce qui préserve les *Lagrime* d'un certain maniérisme expressionniste.

La technique d'écriture, d'autre part, présente un heureux dosage d'homophonie et de polyphonie, avec de constantes oppositions de demi-chœurs (3v. + 4v., ou 4v. + 4v. avec une voix commune aux deux groupes), sous l'influence probable de G. Gabrieli. Partout se fait jour un grand respect pour la prosodie du texte, en particulier lorsque les voix s'unissent en un discours proche de la

A LAGRIME D'AMANTE AL SEPOLCRO DELL'AMATA

B LAGRIME D'AMANTE AL SEPOLCRO DELL'AMATA

C LAGRIME D'AMANTE AL SEPOLCRO DELL'AMATA

narration, mais aussi quand un mot saillant engendre un jeu serré d'imitations contrapuntiques où un même motif se répercute de voix en voix.

Sources — *Lagrime di S. Pietro, descritte dal Signor Luigi Tansillo, e nuovamente poste in musica da Orlando di Lasso* [...] *con un mottetto nel fine a sette voci,* Munich, A. Berg, 1595 (éd. originale posthume).

Rééditions modernes — Par H. J. Therstappen, *in* Chw., n°s 34, 37 et 41, Wolfenbüttel, Möseler, 1935-36.

Bibliographie — H. J. Therstappen, préface à son édition ; W. Boetticher, O. di Lasso und seine Zeit I, Kassel 1958.

J. Viret

« La harpe de mélodie », virelai à 3 voix de **Jacomi de Senleches** transmis par les Mss Chantilly, Musée Condé 564, f° 43v, et Chicago, Newberry Libr., Ms. 54.1, f° 10r. Ce dernier place le virelai à l'intérieur du dessin d'une harpe, espace traversé par 4 groupes de lignes figurant les cordes de l'instrument ; le premier groupe comporte 10 lignes et les trois suivants 9. La musique est écrite exclusivement sur ces lignes-là, tout comme dans les tablatures de luth du xvie s., dont cette copie de la pièce de Senleches devient un précédent. On ignore si elle a été jouée à la harpe. En tout cas, ses deux voix supérieures sont pourvues de texte ; seul le ténor n'en comporte pas. Le texte fait référence au dessin du Ms. de Chicago : « [...] Et pour ce je sui d'acort / Pour le gracieux deport / De son douz son, / De faire sanz nul discort / Dedens li [de la harpe], de bon acort, / Une chanson » (v. 7-12). La version transmise par le Ms. de Chantilly est en tout point normale.

A l'en croire, Senleches aurait écrit ce virelai « pour plaire une compagnie » (v. 13), dont les membres auraient été ses collègues — Jacomi était aussi harpiste — capables d'apprécier à fond les complications d'un des morceaux les plus représentatifs de l'Ars subtilior. Pour bien interpréter la composition, dont seuls l'une des parties supérieures et le ténor sont notés, il faut suivre les indications du texte d'un rondeau qui l'accompagne, enroulé au bras extérieur de la harpe dans le Ms. de Chicago. Le rondeau dit : « Se tu me veulz proprement pronuncier / Sus la tenur pour miex estre d'acort / Diapenthe te covient comencier, / Ou autrement tu seras en discort. / Pars blanc et noir per mi sans oublier / Lay le tonant, ou tu li feras tort. / Se tu me veulz [...], proprement pronuncier / Sus la tenur pour miex estre d'acort. / Puis va cassant duz temps sanz forvoier, / Premiere note en .d. prent son ressort ; / Harpe toudis sans espasse blechier, / Par sentement me puis douner confort. / Se tu me veulz [...]. » Ce texte nous apprend que la voix supérieure est à la quinte du ténor, que la valeur de ses notes noires et blanches est réduite à la moitié, enfin que la composition est une chasse-virelai dont la voix qui manque débute par un *ré*, deux temps après les autres. La première de ces trois indications n'a de sens que pour le Ms. de Chicago, qui ne comporte pas de clés, contrairement à la version du Ms. de Chantilly **A**. Le ténor, en notation noire et rouge (6/8 et 9/8 - 3/4), n'emploie que des brèves, semi-brèves et minimes. La voix supérieure, écrite en notation noire, blanche et rouge, emploie plusieurs figures musicales de valeurs courtes, qui servent surtout à introduire les proportions 3:2 et 4:3, par rapport à la minime noire non diminuée.

Selon R. Strohm, cette composition aurait été écrite pour Gian Galeazzo Visconti († 1402).

Éditions — Par W. Apel, *in* CMM 53/1, Amer. Inst. of Musicology, 1970-72, n° 92 ; par R. H. Hoppin, *in* Anthology of medieval music, New York, Norton, 1978, n° 69 ; par G. K. Greene, *in* Polyphonic Music of the 14th Cent. XIX, Monaco, L'Oiseau-Lyre, 1982, n° 67.

Bibliographie — N. S. Josephson, Die Konkordanzen zu « En nul estat » und « La harpe de melodie », *in* Mf XXV, 1972 (avec transcr. mus.) ; W. Apel, « La harpe de melodie », *in* Scritti in onore di L. Ronga, Milan, Ricciardi, 1973 ; R. Strohm, « La harpe de mélodie » oder das Kunstwerk als Akt der Zueignung, *in* Fs. C. Dahlhaus, Laaber, Laaber-Verlag, 1988.

M. C. Gómez

Là-haut, opérette bouffe en 3 actes et 4 tableaux, livret d'Yves Mirande et de Gustave Quinson, couplets d'Albert Willemetz, musique de **Maurice Yvain**, créée à Paris, au Théâtre des Bouffes-Parisiens, le 31 mars 1923, avec Maurice Chevalier (Évariste) et Dranem (Frisotin).

Livret — Nous sommes au paradis, au milieu d'un chœur d'anges qui se souviennent fort bien de leur vie terrestre et qui, pour certains, surveillent les mortels tout en apprenant le « métier » à un nouveau. Survient saint Pierre (bar. fantaisiste), juste au moment où arrive du purgatoire un personnage « qui a mauvaise réputation ». Pourtant, on sympathise et Maud de Paris le reconnaît : c'est Évariste (bar. fantaisiste). Sur ces entrefaites, commis à la surveillance d'une « petite femme » qui lui donne bien du mal, Frisotin (bar. fantaisiste) explique ses difficultés au néophyte, demande à saint Pierre de l'en décharger et fait découvrir à Évariste que sa protégée n'est autre que sa veuve en butte aux assauts de son cousin dans un taxi. Pour remettre de l'ordre, le mari trompé obtient la permission de minuit et le voilà parti, chaperonné par Frisotin. Au 2e acte, Évariste, caché dans un buisson de son jardin, entend le babillage des amies de sa femme puis les tendres propos de son cousin : un sortilège emprunté à son compagnon de mission arrête une entreprise qui promettait d'aller fort loin. Nos deux héros se présentent à la bien-aimée, Emma (sop.), comme des aviateurs tombés ici par hasard. Martel, le galant soupirant, se met en quête d'un médecin pour les rescapés, mais Frisotin a eu l'astuce d'envoyer tout le corps médical au diable... Les investigations seront longues... Voici pourtant Martel qui revient, bredouille et, dit-il, dégoûté de la femme et de l'amour. On le persuade de reprendre ses recherches. Pendant ce temps, Évariste fait son propre éloge à sa veuve quand surgit Frisotin flanqué de Maud en rupture de paradis. Au lieu de servir son compagnon d'aventure, l'ange gardien, bien éméché, déclare sa flamme à Emma. Bien entendu, le mari réagit et se débarrasse du gêneur avant d'être — enfin ! — reconnu de son épouse. Malheur ! Minuit sonne : il faut rentrer d'urgence au paradis. Hélas ! lorsque nos amis et leurs dames se présentent devant le saint lieu, les portes sont fermées. Colère de saint Pierre, attisée encore par une incroyable nouvelle : Emma attend un enfant. Pas question d'accoucher là-haut et voilà nos gens renvoyés sur terre... Évariste s'éveille de sa sieste ; Frisotin, son chauffeur, astique la voiture. Arrive un oncle qui a raté son train, mais pas le déjeuner en l'honneur de l'enfant à naître...

Là-haut est une œuvre charmante, légèrement scabreuse mais toujours de bon goût et d'une irrévérence dont sont exclus vulgarité et, a fortiori, propos antireligieux. Les péripéties fort cocasses de ce vaudeville très parisien se suivent sans difficulté et les allusions d'époque y ajoutent une malicieuse saveur. Aussi le compositeur a-t-il choisi d'axer sa partition sur la chanson de variétés 1920, sans pour autant dédaigner les réalisations parodiques ou savantes. Le ravissant ensemble féminin du début, *« Nous sommes les anges du Seigneur »*, précède l'intervention comique et alerte de saint Pierre avant de mener à l'air d'entrée du « nouveau » qui, à lui seul, réunit plusieurs styles : parodie d'opéra pour la présentation, tarentelle et marche du chœur pour l'accueil et, très enlevée, débonnaire et boulevardière au possible, adresse lancée aux choristes : *« Anges purs, anges radieux »*, dans une gouaille qui eût amusé Gounod, bienheureux d'entendre le finale de son *Faust* ainsi égayé. Relevons plus loin le propos très pétillant de Frisotin : *« Mesdames, Messieurs, prenez bien garde qu'un ange gardien vous regarde ! »* Soulignons surtout l'efficacité de la page la plus célèbre de l'opérette, *« Le premier, le seul, le vrai paradis, c'est Paris. »* Bien campée, très placide, un tantinet canaille, la chanson se fixe dans les mémoires, témoignage amusé d'un temps de plaisirs. Le finale la ramène avec le chœur initial et les recommandations de Frisotin, le tout dans un habile agencement, assaisonné d'une impertinence au *Samson et Dalila* de Saint-Saëns ! Correspondant aux voix angéliques du 1er acte, celles des amies d'Emma ouvrent le 2e de façon mutine avant de donner savamment la place à l'héroïne puis au sautillant *« Pourquoi* [...], *parce que »* qu'elle dialogue avec son cousin. Le duo de nos deux missionnaires *« Souffrez donc, mon cher ange gardien, que je vous quitte »* suivra dans un mouvement « chaloupé » et, si Frisotin déplore ironiquement l'absence de plaisirs dans l'existence, accompagné de cuivres sarcastiques, Évariste déclare à Martel revenu de tout : *« Si vous n'aimez pas ça, n'en dégoûtez pas les autres ! »* Quelques éléments espagnols et viennois viennent agrémenter la valse des défauts du mari, ardemment déclamée par Emma *« Oui, je t'aime encor', d'un amour si fort ! »*, et Frisotin lui fait une étourdissante déclaration d'amour, *« Aime-moi, Emma ! »*, tour à tour à la manière de La Fontaine — *« Deux pigeons s'aimaient d'amour tendre »* —, de Paul Verlaine, de Paul Géraldy, mais pas de Charles Baudelaire. Mêlant les accélérations aux ralentissements, le galop final du 2e acte est un étincelant jeu verbal qui permet à Évariste de recommander, dans une variation d'un de ses airs précédents : *« Ne criez pas si haut, là-haut. »* Au 3e acte, accompagné des facéties de l'orchestre, Frisotin détaille : *« Moi, je m'en balance »* ; et, pour ôter toute timidité à Emma, Évariste lui raconte l'histoire d'une de ses amies, *« Ose Anna ! »* (sic). La conclusion s'ouvre sur la tarentelle joyeuse du chœur de femmes qui commente le réveil de notre joyeux drille, lequel constate : *« J'étais, c'est rigolo, là-haut ! »* Selon le principe cher à Lecocq, les airs essentiels de la partition sont joyeusement repris et tout le monde s'accorde pour confirmer que « le premier, le seul, le vrai paradis, c'est Paris » !

M. Burgard

Lakmé, opéra en 3 actes, livret d'Edmond Gondinet et Philippe Gille d'après *Le Mariage de Loti* de Pierre Loti, musique de **Léo Delibes**, composé à Paris en 1882, créé à Paris, à l'Opéra-Comique, le 14 avr. 1883, avec Mmes M. van Zandt (Lakmé), Frandin (Mallika), Pierron (Miss Bentson), Rémy (Miss Ellen), Mollé (Miss Rose), MM. J.-A. Talazac (Gérald), Cobalet (Nilakantha), Barré (Frédéric), sous la dir. de Jules Danbé. (Durée : 2 h 15 min environ.)

Lakmé prend sa source dans le goût français de cette époque pour l'exotisme. Le livret est très éloigné du roman dont il s'inspire. L'Inde remplace Tahiti, une Inde de légende faisant fraterniser E. Scribe et P. Loti, au milieu de célébrations religieuses mystérieuses, d'un colonialisme britannique d'opérette. « *Lakmé*, c'est *L'Africaine* en petit, en tout petit, avec un peu d'*Armide* à la clé », s'exclamait A. Jullien après la première représentation. Mais l'ensemble de la critique parisienne se montrait moins injuste : elle rendait hommage à la maîtrise et à l'élégance du musicien qui remporta un grand succès auprès du public. A la mort de Delibes, en 1891, l'ouvrage fut repris (1 265 représentations à l'Opéra-Comique avant 1950). On considérait pourtant qu'il vieillissait mal. « Tout le côté " grand opéra " rapporté, fait de chic, est tombé à rien, souligne R. de Récy dans la *Revue Bleue*. La partie comique n'a guère résisté mieux. » P. Lalo, lui, déplore le manque de personnalité de cette œuvre hybride, pleine de romances, d'un exotisme superficiel et d'une fausse passion.

Livret — En Inde au xixe siècle. Acte I. Le brahmane Nilakantha (basse) et sa fille Lakmé (sop.) célèbrent clandestinement le culte de Dourga, Siva et Ganeça ; ils crient vengeance contre l'envahisseur britannique. Restées seules, Lakmé et son esclave Mallika (mezzo-sop.) décident d'aller cueillir des fleurs au bord de la rivière. Deux officiers anglais, Gérald (ténor) et Frédéric (bar.), deux jeunes filles, Ellen (sop.) et Rose (sop.), et leur gouvernante Miss Bentson (mezzo-sop.), pénètrent dans le jardin sacré. Apercevant des bijoux abandonnés sur un banc, Gérald promet d'en prendre un croquis si les jeunes filles rentrent tout de suite en ville. Lorsque Lakmé et Mallika reviennent, Gérald se cache, mais il est découvert par Lakmé. Il lui avoue un amour auquel la jeune fille n'est pas insensible. Gérald doit fuir car Nilakantha paraît et jure de faire périr l'étranger sacrilège.

Acte II. La place du marché. Nilakantha et Lakmé sont déguisés en mendiants. La jeune fille accepte de chanter la légende de la fille du paria pour amener le coupable du sacrilège à se montrer. Gérald est reconnu. Le brahmane décide qu'il sera tué le soir même. Pendant la procession religieuse, Gérald est poignardé.

Acte III. Une hutte dans la forêt. Gérald blessé est veillé par Lakmé. Frédéric survient. Il annonce à son ami que le régiment part dans une heure et lui rappelle son devoir de soldat. Lakmé, qui était allée chercher l'eau à la source sacrée, remarque un changement dans l'attitude de Gérald. Sachant que l'amour ne pourra lui faire oublier sa patrie, elle mange une fleur vénéneuse de datura et meurt après avoir fait boire à Gérald la coupe d'eau sacrée qui les unit à jamais.

A « La harpe de mélodie »

Sous la plume de Delibes, cette couleur locale conventionnelle devient attendrissante et pleine de charme. Il faut se laisser porter par l'abondance de l'inspiration mélodique, par cette écriture ingénieuse, ce style aimable et cette orchestration transparente. Bien sûr, le compositeur éprouve beaucoup de difficultés à gonfler sa voix pour rendre Nilakantha farouche et terrible, imposant et implacable. L'orientalisme obligé se traduit par des tournures bien connues, des airs de ballet (*Terana, Rektah, Persian*, acte II) et le fameux air des Clochettes (*Scène et légende de la fille du paria*, acte II),

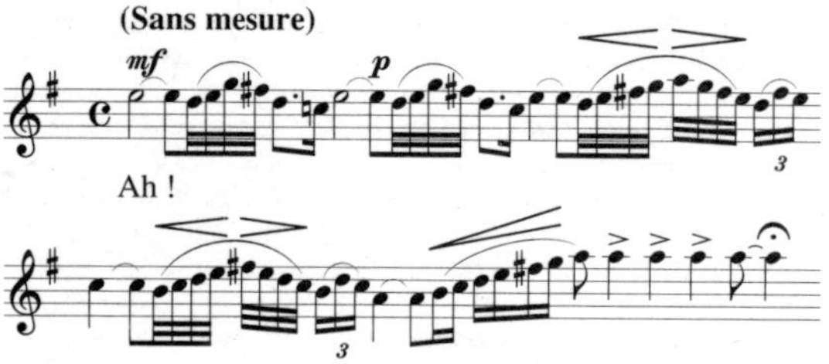

si célèbre et si décrié, air à vocalises expressément écrit pour Marie van Zandt.

De nombreuses pages de *Lakmé* ont conservé fraîcheur, élan juvénile, tendresse naïve, toutes qualités purement françaises que l'on ne peut mésestimer : dans l'acte I, l'air de Gérald *« Fantaisie aux divins mensonges »*, à la grâce un peu doucereuse, celui de Lakmé *« Pourquoi dans les grands bois »*, d'une simplicité de bon aloi, le 1er duo *« C'est le dieu de la Jeunesse »* ; dans l'acte II, les stances de Nilakantha *« Lakmé, ton doux regard se voile »*, le duo d'amour très lyrique *« Ah ! c'est l'amour endormi »* dont le thème avait été entendu dans le prélude, l'air ingénu de Lakmé *« Dans la forêt près de nous »* ; dans l'acte III, la cantilène de Gérald *« Ah ! Viens dans la forêt profonde »*, le joli chœur à la cantonade *« Descendons la pente doucement »*, la tendre mélodie de Lakmé *« Tu m'as donné le plus doux rêve »*. Partout, « une mélodie toujours distinguée et facile », comme le soulignent E. Noël et E. Stoullig, instrumentée d'une manière délicieuse et spirituelle. « Les sonorités en sont d'une discrétion exquise, et le compositeur sait toujours maintenir l'équilibre entre l'expression des voix de ses interprètes et celle de l'orchestre. »

Éditions — Part. d'orch., Paris, Heugel, 1883 ; facs. Fribourg, Eroïca Music, [1980] ; réd. cht et p. par A. Bazille, Paris, Heugel, 1883.

Bibliographie — L. Gallet, La partition de Lakmé devant la presse parisienne, *in* Le Ménestrel XLIX/21-23, 1883 ; E. Noël et E. Stoullig, Les annales du théâtre et de la musique 1883, 1885, Paris 1884, 1886 ; E. Guiraud, Notice sur la vie et les œuvres de L. Delibes, Paris 1892 ; A. Jullien, Musiciens d'aujourd'hui (2e série), Paris 1894, pp. 275-282 ; J. Loisel, Lakmé de L. Delibes. Étude historique et critique, Paris [1924] ; H. de Curzon, L. Delibes, sa vie et ses œuvres, Paris 1926 ; Fr. Labatut, Un compositeur injustement oublié : L. Delibes, *in* L'Éducation Musicale, n° 341, sept.-oct. 1987.

Chr. Goubault

« La la la je ne l'ose dire », chanson à 4 voix de **Pierre Certon**, publiée pour la 1re fois à Paris, chez P. Attaingnant, dans le *Tiers Livre* de 1538. La réédition moderne par R. Eitner (1899), en Allemagne, a sans doute fait beaucoup pour le succès choral de cette chanson. Son caractère populaire et enjoué a fait le reste, avec son refrain de syllabes non signifiantes (« la la la ») que prolonge le jeu phonique sur les mots (« je ne l'o - je ne l'ose dire »), son strophisme, son caractère narratif sur le thème traditionnel du jaloux cocu et sa simplicité polyphonique et syllabique toute chorale, qui préfigure la future « chanson en forme de voix de ville ». Ce succès moderne ne semble pas avoir d'écho au xvie s., où on la remarque néanmoins dans deux tablatures de guitare, chez Adrian Le Roy (*Tiers Livre...*, Paris 1552) et chez Phalèse (*Selectissima* [...] *in guiterna ludenda carmina*, Louvain 1570).

Rééditions modernes — Par R. Eitner, *in* 60 Chansons zu 4 Stimmen aus der 1. Hälfte des 16. Jh., Leipzig, Br. & H., 1899 ; par H. Expert et A. Agnel, *in* Chansons polyphoniques publiées par P. Attaingnant. Livre I (1533-1539), Paris, Heugel, 1967 ; par B. Thomas, *in* Seven Comical Chansons c. 1530 for 4 Voices, Londres, Pro Musica Ed., 1979 ; *in* Florilège de la Renaissance française, Lyon, Éd. A. Cœur Joie, 1979 ; par Ph. Caillard, *in* Publications de l'Ensemble vocal Ph. Caillard, Paris s.d.

Bibliographie — A. Agnel, Analyse rythmique et formelle des chansons de P. Certon parues chez P. Attaingnant (mémoire du Conservatoire supérieur de musique, Paris 1962).

J.-P. Ouvrard

« La la la l'oysillon du bois madame », chanson à 4 voix de **Jean Mouton**, publiée après la mort du compositeur dans les *29 Chansons* d'Attaingnant (Paris 1530). Elle représente tout à fait le style de la chanson rustique telle qu'on l'appréciait en France au début du xvie siècle. Bien qu'on n'en trouve pas de trace ailleurs, la mélodie traitée au ténor est vraisemblablement préexistante et peut représenter une chanson populaire : son refrain, avec ses syllabes non signifiantes (« la la la ») en est caractéristique ainsi que le thème de la mal mariée : « Mon père m'a mariée, / A ung vilain m'a donnée / Et la la la / Tout au long de la journée / De dormir il ne cessa. » La forme, à refrain (ABA), s'apparente au virelai, comme de nombreuses chansons des manuscrits monodiques contemporains (Ms. de Bayeux et Ms. 12744). Mouton place la mélodie au ténor sans ornementation mais la paraphrase dans les autres voix, en constantes imitations. Les phrases du ténor, relativement espacées, laissent la place à quelques passages à trois voix qui donnent parfois l'impression d'un dialogue entre ténor et supérius ou ténor et bassus.

Rééditions modernes — Par H. M. Brown, *in* Theatrical chansons of the 15th and early 16th cent., Cambridge (Mass.), Harvard Univ. Press, 1963 ; par M. Honegger, *in* Chansons françaises, Paris, Éd. Ouvrières (Heugel), 1967.

Bibliographie — H. M. Brown, Music in the french secular theater, 1400-1550, Cambridge (Mass.), 1963.

J.-P. Ouvrard

« La la maistre Pierre », chanson à 4 voix de **Claudin de Sermisy**, publiée à trois reprises chez P. Attaingnant en 1535, 1538 et 1546 (*Premier Livre...*).

Le caractère populaire de cette chanson à boire lui confère une place assez originale dans l'œuvre profane de Claudin. D'autant plus qu'il s'agit d'une forme poétique relativement archaïque, un rondeau triolet dont on trouve encore à l'époque quelques rares spécimens. Plus précisément, en l'occurrence, c'est à un double rondeau triolet qu'on a affaire. En voici la 1re partie : A. « La la maistre Pierre / B. La la beuvon don. / a. En revenant de Nanterre / A. La la maistre Pierre / a. Je m'assis sur une pierre / b. Auprès de moy le flascon. / A. La la maistre Pierre / B. La la beuvon von don... » Suivent 6 autres vers exposant un 2e couplet qui s'achève également par le même refrain.

De cette structure de rondeau, Sermisy ne garde que l'idée du refrain qu'il traite musicalement de deux manières différentes, l'une pour le refrain complet (début et fin), l'autre pour le demi-refrain des vers 4 et 10. La reprise du refrain complet (vers 7, 8 et 13, 14) est présentée en diminutions, ce qui produit une accélération dynamique tout à fait bien venue. Les deux éléments de refrain utilisent également l'écriture en imitation. C'est aussi le cas des diverses phrases des couplets, toutes différentes, mais il s'agit davantage cette fois de « bicinia » alternés, à l'exception des deux derniers vers quasi note contre note : « A ce flascon feit la guerre / En mangeant d'un gras jambon. »

Si **Clemens non Papa** a traité le même texte de tout autre manière (1549), deux autres polyphonistes ont préféré s'inspirer de la chanson de Sermisy : **P. Certon** dans une paraphrase à 8 voix (*Meslanges*, Du Chemin, 1570) et **Jhan Gero** dans un « bicinium » publié en 1541 chez Gardane. **Lassus** connaissait aussi cette chanson qu'il emploie comme modèle d'une messe-parodie (Munich, Mss 79 et 2746).

Rééditions modernes — Par Fr. Lesure, *in* Anthologie de la chanson parisienne au xvie s., Monaco, L'Oiseau-Lyre, 1953 ; par I. Cazeaux, *in* Cl. de Sermisy. Opera omnia III, CMM 52, Amer. Inst. of Musicology, 1974 ; par B. Thomas, *in* Cl. de Sermisy. Fifteen Chansons, Londres, Pro Musica Ed., 1976.

Bibliographie — I. Cazeaux, The secular music of Cl. de Sermisy (diss. New York, Columbia Univ., 1961).

J.-P. Ouvrard

Lalla-Roukh, opéra-comique en 2 actes, livret de Michel Carré et Hippolyte Lucas d'après le poème de Thomas Moore, musique de **Félicien David**, créé à Paris, à l'Opéra-Comique, le 12 mai 1862, avec Mmes Cico (Lalla-Roukh), Emma Belia (Mirza), MM. Monaubry (Noureddin), Gourdin (Baskir), Davoust (Bakbara) et Lejeune (Kaboul), sous la dir. d'Édouard Deldevez. Pendant trois décennies, l'œuvre connut un grand succès dans l'Europe entière et demeura au répertoire de l'Opéra-Comique jusqu'en 1898. (Paris, Girod, s.d. ; durée : 1 h 20 min environ.)

Livret — Acte I. Une caravane traverse la vallée du Cachemire, écrasée de chaleur. Tout en cheminant dans sa litière vers la capitale de son futur époux, le prince Aliris de Boukharie, Lalla-Roukh (sop.), fille d'Aureng-Zeb, empereur des Moghols, se morfond dans le souvenir du mystérieux Noureddin qui a réussi à s'introduire à la cour de Delhi où il est devenu le chantre préféré de la princesse. Elle ne sait rien de lui sinon qu'elle l'aime et qu'elle admire son talent. Or Noureddin (ténor) a rejoint la caravane. Dissimulant son identité, il est admis à chanter devant la princesse qui commence à trouver le voyage monotone. En la voyant, Noureddin, fasciné par sa beauté, lui déclare son amour, provoquant l'indignation du chambellan Baskir (basse) qui le fait chasser par ses serviteurs. La randonnée à travers la plaine ensoleillée se poursuit sous l'œil désormais vigilant de Baskir. Mais les précautions du vieux chambellan sont vaines devant les stratagèmes de Mirza (sop.), l'astucieuse servante, qui l'éloigne de la caravane, prétextant un rendez-vous galant. Pendant ce temps, Noureddin sort de sa cachette et pénètre sous la tente de Lalla-Roukh.

Acte II. Le palais d'été du roi de Boukharie. La caravane est arrivée au terme de son voyage. Lalla-Roukh attend la visite de son futur époux qu'elle n'a jamais vu. Elle a pris une résolution désespérée : elle rompra l'engagement pris par son père et avouera au roi qu'un autre a conquis son cœur. C'est un Baskir très embarrassé qu'elle charge de cette mission délicate. Après une cascade de quiproquos, le benêt, se voyant mystifié par Noureddin, jure de le faire tuer et le livre à ses serviteurs. Entre-temps, le cortège est entré dans le palais et le roi se montre bientôt au peuple en liesse. Surprise, Lalla-Roukh reconnaît dans le prince Aliris son chanteur adoré : Noureddin. Tout comme le calife de Bagdad, le roi de Boukharie a voulu être sûr de n'être aimé que pour lui-même.

L'intrigue de cette fiction orientale est trop faible pour qu'on puisse s'y intéresser de nos jours. Cette désaffection du public pour l'orientalisme de David s'est d'ailleurs produite dès le lendemain de la première où l'on colportait volontiers le propos malicieux d'Auber : « Je voudrais bien voir David descendre de son chameau ! » On retiendra cependant quelques airs et romances, d'un cachet suave et original, qui ont charmé le public d'antan : le chœur *« C'est ici le pays des roses ! »*, l'air de Lalla-Roukh *« O nuit d'amour »*, et surtout le duettino de Lalla et Mirza : *« Loin du bruit, loin du monde »*.

Bibliographie — Compte rendu par J. Lovy *in* Le Ménestrel, 18.5.1862 ; A. Azevedo, F. David. Coup d'œil sur sa vie et ses œuvres, Paris 1863 ; V. Wilder, F. David, *in* Le Ménestrel XLII, 1876 ; R. Brancour, F. David. Biographie critique illustrée, Paris [1911].

M. Kelkel

« Lamentabatur Jacob » (Jacob se lamentait), motet à 5 voix en 2 parties de **Cristobal de Morales**, dont la 1re édition se trouve dans le recueil *Mutetarum Divinitatis liber primus...* (Milan, Castiglione, 1543). Sa présence dans un manuscrit de la chapelle Sixtine montre l'estime dans laquelle il était tenu. C'est le 9e et dernier répons des matines du 3e dimanche de carême. Les paroles décrivent la douleur du patriarche Jacob pleurant ses deux fils perdus, Joseph et Benjamin.

La forme du motet est celle de tous les répons ; la 1re partie (AB) donne le répons proprement dit, la 2de partie (CB) donne le verset et la 2de moitié du répons, à partir de la réclame. L'œuvre s'arrête là, mais on pouvait l'interpréter comme doit l'être un dernier répons de matines, c'est-à-dire psalmodier ensuite le « Gloria Patri » et terminer par la reprise de la 1re partie, la forme globale étant alors AB CB « Gloria Patri » AB. Ainsi, toutes les parties se terminent en *la* avec un bémol à la clé. Un autre caractère sombre est la tessiture de ces 5 voix, dont la plus élevée n'atteint que rarement le *do* 4, et qui, descendant rarement dans le grave, est très resserrée, formant un ensemble compact, où les croisements sont si nombreux que les notions de voix supérieure et de voix de basse n'apparaissent pas toujours. L'œuvre est un modèle d'écriture contrapuntique. Le début, beaucoup plus lent que ce qui suit en raison du sens des paroles, présente des caractères que l'on retrouve constamment : des mélodies en gammes descendantes, comme pour « heu me, dolens sum » (malheureux que je suis). Il faut également noter une écriture conjointe qui fait très souvent coïncider une note de passage avec le premier temps d'une mesure, ainsi que l'usage des dissonances de 7e maj. et de 9e.

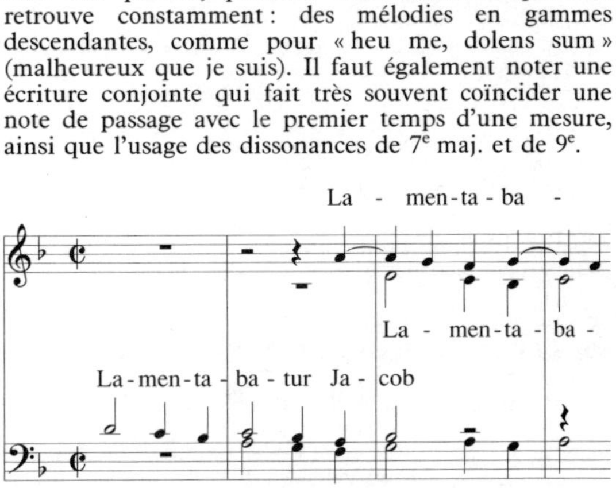

L'écriture mouvante de ce motet s'enrichit souvent de reprises modifiées d'une partie de la polyphonie ; c'est parfois une voix différente qui redit textuellement ce qu'une autre a chanté. Il en est ainsi pour « de duobus filiis meis » (de mes deux fils), peut-être dans une intention figuraliste, et, après la réclame, pour « ut me dolentem » (pour que, moi qui souffre). Le style musical s'éclaire parfois d'articulations plus accentuées, ainsi trois fois la même note pour commencer certaines phrases : « et tristis nimis » (et profondément triste), « pronus in terram » (face contre terre) et, surtout, au moment de la réclame, « precor caelestem » (je prie le roi des cieux). En outre, des rythmes pointés articulent certains mots tels que « faciat » ou « vehementer ». Le ton, lui aussi, est mouvant ; celui de *fa* maj. s'affirme plus d'une fois ; mais c'est celui de *ré* qui domine, parfois amené par la cadence plagale *sol-ré* ; l'œuvre se termine par une large « cauda » : un accord de *ré* résonne longuement, où la voix supérieure et le ténor restent immobiles sur *la* pendant que les trois autres se meuvent, chantant des tierces ascendantes *ré-fa*. Il se résout enfin sur *la*, en forme de cadence plagale.

Rééditions modernes — Par H. ESLAVA, *in* Lira sacro-hispana I/1, Madrid, Salazar, s.d. ; par F. PEDRELL, *in* Hispaniae Schola Musica sacra I, Barcelone, Pujol, et Leipzig, Br. & H., 1894, réimpr. New York, Johnson, 1971 ; par A. ARAIZ MARTINEZ, *in* Historia de la música religiosa en España, Barcelone, Editorial Labor, 1942 ; par H. ANGLÉS, *in* Cr. de Morales. Opera omnia II, MMEsp XIII, 1953.

Bibliographie — H. COLLET, Le mysticisme musical espagnol au XVIe s., Paris 1913, réimpr. Plan-de-La-Tour, Éditions d'aujourd'hui, 1979, pp. 266-267.

M. BRUNERYE

LAMENTATIO JEREMIAE PROPHETAE (Lamentation du prophète Jérémie), op. 93, d'**Ernst Křenek**, pour chœur a cappella, composée en Californie au cours des années 1941-42, créée à Kassel en 1957. (Kassel, BV, 1957 ; durée : 68 min environ.)

L'intérêt d'E. Křenek pour les musiques vocales des XIVe et XVe s. et pour le chant grégorien se reflète dans cette œuvre complexe dont il a explicité le sens dans une longue préface. Tiré des Lamentations de Jérémie récitées pendant la semaine précédant Pâques, le texte liturgique se compose de trois « lectures » qui se terminent chaque fois par l'appel « Jerusalem, Jerusalem, convertere ad Dominum Deum tuum », qui sera donc récité 9 fois. Chacune de ces lectures comporte plusieurs vers, commençant à tour de rôle par une lettre différente de l'alphabet hébreu (Aleph, Beth, Gimel, etc.). Ces lettres, qui font partie intégrante du texte, sont chantées sur la formule mélodique suivante :

A partir des notes prédominantes de l'intonation grégorienne qui jouent ici le rôle de cellule mère,

l'auteur a élaboré une série dodécaphonique, composée de deux troncs de 6 sons chacun dont il a tiré 5 formules hexaphoniques. De cette manière, il applique aux séries un procédé de « rotation », comparable à l'organisation médiévale primitive des échelles modales (octoéchos) qui réduit les mélodies aux finales, déplacées d'un mode à l'autre.

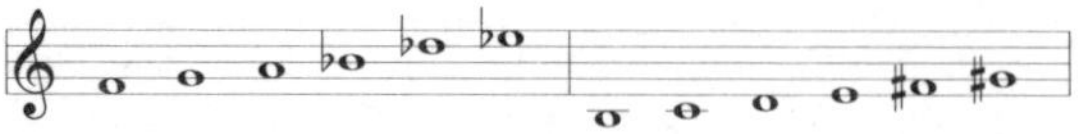

Par le jeu des transpositions, rotations, récurrences et renversements, l'auteur obtient une foule de formules secondaires qui constituent le réservoir mélodique de l'œuvre, caractérisée par l'insistance sur le son initial des formules hexatoniques. Cette organisation sérielle assez particulière permet à l'auteur de faire alterner diatonisme et total chromatique de façon presque mécanique. Quant à la forme, le musicien se réfère à l'intonation grégorienne en utilisant le début des première et dernière lectures comme « cantus firmus » ; de même, tous les passages employant une lettre hébraïque sont développés à partir de la cellule mère correspondante. La forme et la continuité mélodiques restent perceptibles, malgré leur austérité et l'éparpillement des formules, présentées sous les aspects les plus divers, comme canons simples, renversés, augmentés ou diminués. La section la plus longue, construite suivant le modèle de la forme sonate, se situe après la 3e lecture (vendredi saint). L'organisation rythmique et métrique de la musique, dérivée des recherches de l'auteur sur la musique des polyphonistes des XIVe et XVe s., confère à la diction naturelle des voix une importance accrue par rapport au syllabisme. C'est pourquoi Křenek renonce à l'emploi de la barre de mesure.

Bibliographie — G. VELLEKOOP, Lamentatio Jeremiae, *in* Mens en Melodie XIII, 1958 ; H. VOGT, Neue Musik seit 1945, Stuttgart, Reclam jun., 1972.

M. KELKEL

LAMENTATIONES HIEREMIAE PROPHETAE (Lamentations du prophète Jérémie), cycle de textes liturgiques tirés des Lamentations de Jérémie et mis en musique à quatre reprises par **Giovanni Pierluigi da Palestrina**. Ils expriment le repentir et la douleur d'Israël coupable et opprimé. L'Église catholique les interprète comme une préfiguration de la Passion du Christ. Ils étaient psalmodiés lors des Leçons de ténèbres, les jeudi, vendredi et samedi saints, à l'office de matines, pendant le premier des trois Nocturnes qui divisent cet office. Chacun de ces Nocturnes contient trois psaumes, puis trois Lectures ou Leçons tirées des Lamentations. Chaque Leçon se termine par la même imploration, « Jerusalem, Jerusalem, convertere ad Dominum Deum tuum » (Jérusalem, Jérusalem, reviens au Seigneur ton Dieu), suivie d'un répons. L'œuvre de Palestrina ne comprend ni les psaumes ni les répons, mais seulement le cycle des neuf Leçons ; l'imploration « Jerusalem » reçoit chaque fois une musique différente.

Le premier de ces cycles est le seul qui ait été publié du vivant du compositeur dans *Joan. Petri Aloysii Praenestini Lamentationum Hieremiae Prophetae liber primus...* (Rome, A. Gardane, 1588). Dans cette page dédiée au pape Sixte Quint, le compositeur respecte le ton liturgique des Lamentations qui impose celui de *fa* maj. à une bonne partie de la polyphonie et dont les intonations sont souvent reconnaissables. Elle est à 4 voix, excepté l'un des « Jerusalem », qui est à 5 voix.

Le génie du compositeur s'épanche beaucoup plus librement dans les autres cycles. La présence du chant liturgique s'efface, la domination de *fa* maj. cesse, le nombre des parties vocales varie harmonieusement d'un morceau à l'autre : 5 voix sont la moyenne, que le musicien réduit à 4 ou à 3, ou bien étend jusqu'à 8 voix, c'est-à-dire au double chœur, pour magnifier certains « Jerusalem ». Il use d'altérations accidentelles, dièses ou bémols. Les lettres hébraïques sont chantées en vocalises, alors que les autres morceaux sont beaucoup plus syllabiques, mais ce caractère n'est pas particulier aux Lamentations de Palestrina, il est imposé par le texte, puisque le compositeur doit construire tout un morceau sur un seul mot d'une ou deux syllabes (« Aleph, Beth », etc.).

Il faut mentionner également une œuvre qui ne fait pas partie de ces 4 cycles et qui ne contient que la 3ᵉ Leçon du samedi saint, la dernière des neuf, mais qui a l'avantage d'être conservée dans le Ms. 59 des Archives du Latran, écrit de la main du musicien : *« Incipit oratio Jeremiae prophetae. Recordare Domine »* (Commencement de la prière du prophète Jérémie. Souviens-toi, Seigneur). Elle n'est variée ni par le rythme ni par le ton utilisé qui est celui de *sol* sans altération à la clé, structuré selon une alternance plagale *sol-do-sol*. L'écriture syllabique domine, agrémentée de courts mélismes, mais le style est fait d'un équilibre parfait entre les sonorités harmoniques et les mouvements mélodiques des différentes voix. C'est le nombre des parties vocales qui change et qui donne de la variété à l'ensemble. Le 1ᵉʳ verset est à 6 voix, le 2ᵉ à 4 voix élevées, le 3ᵉ à 4 voix également mais commençant par un long trio ; le 4ᵉ à 5 voix tend vers les tons mineurs, *la* ou *mi*, mettant en valeur à 4 reprises une belle dissonance de 7ᵉ maj. par retard du *mi* sur *fa* de la voix inférieure. La dernière partie, « Jerusalem », est à 8 voix.

Rééditions modernes — Par Fr. X. Haberl, *in* G. P. da Palestrinas Werke XXXI, Leipzig, Br. & H., 1892 ; par R. Casimiri, *in* Le opere complete di G. P. da Palestrina XIII, Rome, Fratelli Scalera, 1941.

Bibliographie — J. Roche, Palestrina, Londres, OUP, 1971, 2/1978, pp. 42-45 ; art. Lamentations, *in* Laffont-Bompiani, Dictionnaire des œuvres..., Paris, Laffont, 1978.

M. Brunerye

Lamentations de Jérémie ou Leçons de ténèbres, récitatifs liturgiques servant de lectures (« leçons ») au premier office de matines (ou office de ténèbres) des jeudi, vendredi et samedi de la semaine sainte. Le texte consiste en une série de versets des *Lamentations* attribuées au prophète Jérémie et inspirées par la prise de Jérusalem en 587 av. J.-C. (série fixée seulement depuis le concile de Trente). Il inclut les lettres hébraïques (*aleph*, *beth*, *gimel*, etc.) conservées par la traduction latine et liées dans le texte original à un acrostiche, outre leur sens de numérotation. Chaque lecture se termine par un verset emprunté à Osée (14, 2), ayant fonction de refrain : *« Jerusalem, Jerusalem, convertere ad Dominum Deum tuum »* (Jérusalem, Jérusalem, reviens au Seigneur ton Dieu). Conformément à la nature récitative de ces lectures, leur traitement musical se ramène à un « ton » plus ou moins orné que l'on adapte aux versets successifs. La tradition manuscrite en a recueilli un, sans doute très ancien, qui serait d'origine aquitaine et s'est répandu en Espagne et en Italie du Sud (Bénévent) : sa structure mélodique (a) est en substance la même que celle du → *Te Deum* ou d'autres chants de même ancienneté. Un autre ton (b), figurant dans le *« Directorium Chori »* de Guidetti (imprimé en 1582), est seul demeuré dans l'usage officiel depuis le concile de Trente ; il s'apparente mélodiquement au 6ᵉ ton psalmodique (*fa* plagal, teneur *la*) et a été paraphrasé par de nombreuses compositions polyphoniques ou concertantes à partir de la Renaissance.

a) Ton ancien de Bénévent

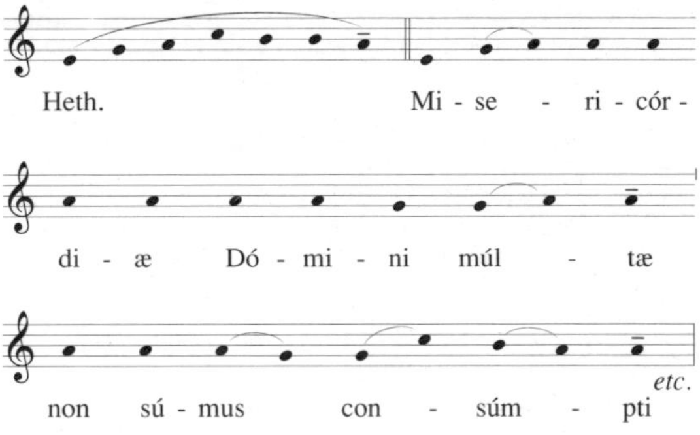

b) Ton du «Directorium Chori»

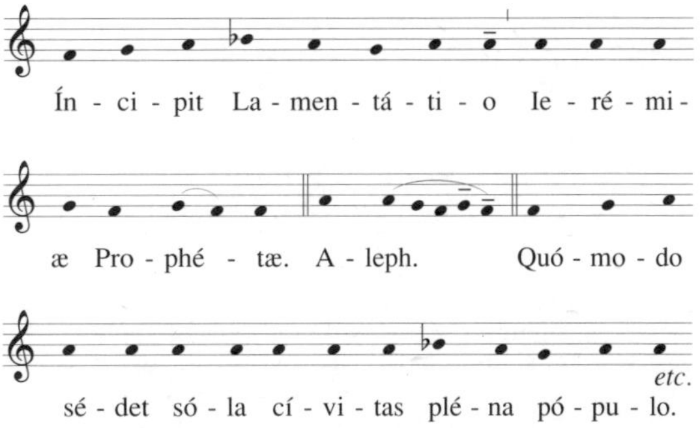

J. Viret

Lamentations of Jeremiah (Lamentations de Jérémie), deux motets indépendants de **Thomas Tallis**, composés à la fin des années 1560 et couramment exécutés sous forme de paire.

Bien que la tradition de mettre en musique polyphoniquement des textes extraits des Lamentations de Jérémie remonte à la fin du xvᵉ s., les chefs-d'œuvre de ce répertoire furent composés à la fin de la Renaissance. Associées au service des ténèbres de la semaine sainte, de nombreuses Lamentations — dont celles de Lassus, Palestrina et Victoria — étaient destinées à un usage liturgique, remplaçant les tons de récitation traditionnels parfois utilisés comme « cantus firmus » dans la polyphonie. Les Lamentations les plus travaillées et les plus belles furent composées en Angleterre à la fin du xvɪᵉ s. et sont des motets non liturgiques. On s'accorde généralement à penser que le choix des textes de Jérémie avait un but largement allégorique, faisant allusion à la suppression du catholicisme romain pendant le règne d'Elisabeth Iʳᵉ. Les *Lamentations* de Tallis sont particulièrement célèbres pour leur puissante déclamation, leurs harmonies subtiles et leurs modulations compliquées. Parmi d'autres œuvres similaires de la période Tudor, il faut citer les Lamentations de Robert White et de William Byrd.

Rééditions modernes — Par Ph. Brett, Londres, OUP, 1969.

Bibliographie — H. Benham, Latin Church Music in England, 1460-1575, Londres, Barrie & Jenkins, 1977.

J. Milsom

Lamentatio Sanctae Matris Ecclesiae Constantinopolitanae, motet-chanson de **Guillaume Dufay**, voir « O tres piteulx » / « Omnes amici ».

Lamento, mélodie d'**Henri Duparc**, pour chant et accompagnement de piano, Très lent, en *ré* min., sur un poème de Théophile Gautier, composée en 1883 (ou 1885 ? selon une lettre de Duparc à A. Sérieyx), dédiée à Gabriel Fauré, créée à Paris, au 115e concert de la Société Nationale, le 4 avr. 1885, par Mme Storm, publiée comme n° 7 du recueil de l'éditeur E. Baudoux (1894), puis de Lerolle (1911) repris par Salabert. (Durée : 3 min 30 s environ.)

On peut rapprocher cette œuvre de → *Testament* pour son côté sombre et son harmonie franckiste dont le leitmotiv pianistique constitue une sorte de résumé.

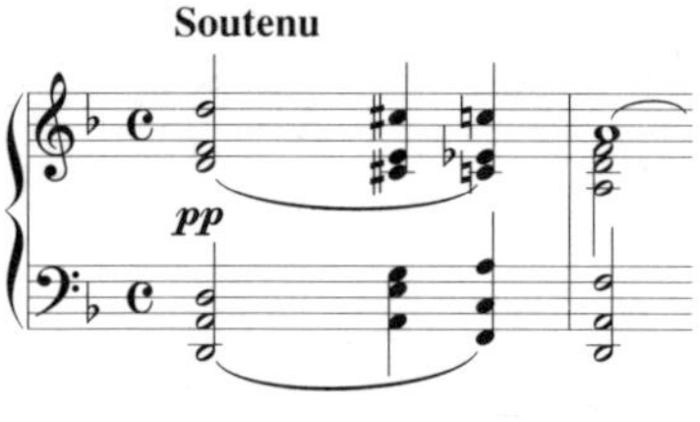

Deux strophes homogènes préparent le mouvement. Un peu plus animé, 3e strophe d'une extrême véhémence dans son refus de la mort. Une brève conclusion se fait sur le leitmotiv du début. Cette mélodie rejoint l'inspiration de son dédicataire, tout au moins pour les deux premières strophes d'une grande pureté de ligne sur les calmes accords de l'accompagnement. Il n'en existe pas de version orchestrale.

Bibliographie — Voir celle de l'art. *Invitation au voyage.*

M.-Cl. Beltrando-Patier

Lamento d'Arianna (Lamentation d'Ariane), cycle de 4 madrigaux à 5 voix de **Claudio Monteverdi**, sur un texte d'Ottavio Rinuccini, publié dans *Il sesto libro de madrigali a cinque voci* (Venise, Gardano, 1614 ; durée : 9 min 17 s environ), un recueil de 18 madrigaux dont beaucoup étaient déjà connus. L'ancien grand madrigal polyphonique renaissant à 5 voix y est représenté par quelques-unes des meilleures pièces de Monteverdi dans ce style. Mais c'est le madrigal concertant monodique avec basse continue qui caractérise vraiment le 6e livre ; il va d'ailleurs imposer son style au xviie siècle. Désormais, Marini et Rinuccini sont préférés à Pétrarque. Le 6e livre contient aussi deux cycles de lamentations : le *Lamento d'Arianna* (n°s 1-4), qui ouvre le livre, et une sextine → *Lagrime d'amante al sepolcro dell'amata* (n°s 10-15). Ces deux cycles, en polyphonie non accompagnée, sont morcelés en solos, duos, trios et tutti, et engendrent des sentiments d'une grande intensité. Avec → *« Zefiro torna e'l bel tempo rimena »* (n° 5), ce sont les pièces les plus connues du 6e livre.

Le *Lamento d'Arianna*, composé dès 1608, était la scène principale d'un opéra, → *Arianna*, aujourd'hui perdu, que le duc de Mantoue avait commandé pour le mariage de son fils Francesco. Au début de la scène 6, Ariane, abandonnée par Thésée, veut mourir et dit son désespoir en un long arioso monodique accompagné d'une basse continue. A la demande d'un notable vénitien, Monteverdi fit de cette pièce, en la transformant en 1610, le madrigal a cappella du 6e livre. Il s'agit peut-être de la meilleure œuvre de la période maniériste de Monteverdi, un modèle d'économie dans l'utilisation des moyens musicaux pour exprimer le calme, la passion et le pathétique. Dans ce cycle, Monteverdi brise l'ancien madrigal continu, l'émiettant en 4 pièces distinctes, qui sont presque des portraits de personnages, dans lesquelles fusionnent les formes du madrigal, de l'opéra et de la cantate. Un même schéma harmonique (en *ré* maj. surtout) unifie les pièces ; s'y ajoute la répétition, à travers celles-ci, de plusieurs motifs textuels et musicaux semblables, sinon presque identiques. Les dissonances les plus osées aussi bien que les plus délicatement fugitives sont utilisées de façon expressive, mais aux seuls moments forts de l'œuvre.

1. *« Lasciatemi morire »* (Laissez-moi mourir) est la plus connue de ces 4 pièces. On peut la considérer comme un court arioso chromatique de forme ABA'B'A réduite. Les sections A s'organisent autour du texte « Lasciatemi morire » ; la première commence par une forte dissonance non préparée, chantée par le « canto » et le « quinto » au-dessus d'une basse harmonique, et se termine sur la dominante (*la* maj.). On revient ensuite à la tonique avec une répétition textuelle chantée par l'ensemble des 5 voix **A**.

La section médiane A' est moitié moins longue. Dans les deux sections B se rencontrent des groupes variés de voix. La première est en *la* maj. (dominante de la section A) ; la seconde, une quinte plus haut, augmente la tension avant la reprise de la section initiale. **2.** *« O Teseo, Teseo mio »* (O, mon Thésée) évoque des souvenirs heureux. La pièce est construite autour de la lamentation « O Teseo mio », chantée sur des retards et répétée plusieurs fois. Divers groupes de voix y font contraste à travers une sonorité riche et une écriture surtout homophonique. Le style déclamatoire suit le texte de très près avec d'intéressants effets parlés, surtout quand l'émotion d'Ariane tourne à l'indignation. **3.** *« Dove, dove è la fede »* (Où donc est la foi). On y remarque mieux que dans les autres pièces l'influence de la version théâtrale ; la voix la plus haute chante au-dessus des autres selon des tournures très monodiques. Comme la précédente, cette pièce comporte de longs passages déclamatoires chantés par l'ensemble des 5 voix, mais ses liens avec le premier madrigal, *« Lasciarmi morire »*, sont encore plus évidents et frappants : les répétitions de « Lasciarmi in abbandono » sont traitées presque de la même façon que le dissonant « Lasciatemi morire ». **4.** *« Ahi, ch'ei non pur risponde »* (Ah, il ne répond toujours pas) est la pièce finale du cycle. Ariane se lamente dans un tempo lent : « Il ne répond pas et est sourd à mes plaintes. » Puis sa colère gronde de plus en plus fort, la musique exprimant sa fureur par des flots de croches et de doubles croches en « stile concitato ». La pièce s'achève dans le calme avec cependant un dernier cri poignant de désespoir, « O Teseo mio », qui rappelle l'imploration de la deuxième pièce sur ces mêmes mots.

Monteverdi s'est servi du *Lamento* une troisième fois sous le titre *Pianto della Madonna*, pièce religieuse incluse dans sa → *Selva morale et spirituale* de 1640-41, avec des modifications concernant surtout des détails chromatiques.

Deux autres madrigaux du 6ᵉ livre méritent d'être mentionnés. Tous deux sont sur des textes de Giambattista Marini. *« Presso un fiume tranquillo »* (nº 9) est un dialogue concertato pour 7 voix. Deux amants (sop. et ténor) chantent des solos expressifs, tandis que les autres voix forment un chœur narratif à travers des sections qui se chevauchent. A la fin, l'ensemble des 7 voix reprend le refrain. Dans *« Qui rise Tirsi »* (nº 17), la texture de duo enjoué est employée en alternance avec des sections de tutti.

Rééditions modernes — Par H. Prunières, *in* Airs italiens II, Paris 1925 ; par G. Fr. Malipiero, *in* Cl. Monteverdi. Tutte le opere, Asolo 1926-42, 2/Vienne, UE, 1954, vol. VI, version polyphonique à 5 voix, XI, version théâtrale, XV version religieuse ; par M. Couraud, version polyphonique à 5 voix, Paris, Salabert, 1972 ; *« Lasciatemi morire »* seulement, Paris, Presses d'Ile-de-France, 1973.

Bibliographie — X. de Courville, L'Ariane de Monteverdi, *in* RM III/1, 1921-22 ; P. Epstein, Dichtung und Musik in Monteverdis Lamento d'Arianna, *in* ZfMw X, 1927-28 ; J. Westrup, Monteverdi's Lamento d'Arianna, *in* MR I, 1940 ; A. Cimbro, I madrigali di Cl. Monteverdi, *in* Musica II, Florence 1943 ; N. Anfuso et A. Gianuario, Lamento d'Arianna : Studio e interpretazione sulle edizioni a stampa del Gardano, Venezia 1623, Florence 1969 ; Cl. Gallico, I due pianti di Arianna di Cl. Monteverdi, *in* Chigiana XXIV, 1976 ; voir aussi la bibliogr. de l'art. *Madrigali guerrieri et amorosi.*

M. Sacré

Lamento della ninfa (Lamentation de la nymphe), cycle de trois madrigaux pour 4 voix et b.c. sur des textes d'Ottavio Rinuccini, faisant partie des « Chants amoureux » du 8ᵉ livre de madrigaux de **Claudio Monteverdi**, → *Madrigali guerrieri et amorosi...* (Venise, Vincenti, 1638 ; nºˢ 12-14, durée : 7 min environ.) Bien que Monteverdi qualifie cette œuvre de dramatique (« rappresentativo »), il ne donne aucune directive quant à son interprétation.

L'histoire, celle d'une jeune fille qui pleure son amour perdu, est racontée à travers les trois pièces : 1. *« Non havea Febo ancora... »* (Phébus n'avait pas encore [donné le jour au monde]), 2. *« Amor dicea »* (Amour dit-elle), et 3. *« Si tra sdegnosi pianti... »* (Ainsi en pleurs amers [sa voix monte au ciel]). La première et la dernière (sortes de prologue et d'épilogue) sont très courtes (27 et 12 mes.) et de structure simple. Les trois compagnons de la nymphe (deux ténors et basse) chantent homophoniquement, strictement en mesure. Le long madrigal central constitue la lamentation proprement dite. La nymphe (cantus) chante une mélodie triste et plaintive (« Amour, où est la foi que le traître a jurée ») au-dessus de l'ensemble des deux ténors et de la basse qui lui répondent calmement (Monteverdi indique Piano) et s'apitoient sur elle, d'abord de façon homophonique, puis avec des solos expressifs, ou en contrepoint. Les tempos sont libres (contrairement à ceux des pièces voisines) et tout à fait liés au texte ; ils accentuent les sentiments et les dissonances musicales. La force structurale de la lamentation provient d'un strict ostinato de 4 notes, répétées tout au long de la pièce.

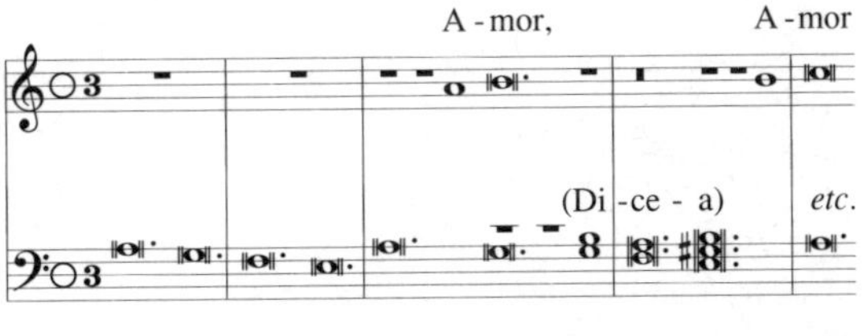

La dernière note (*mi*) amorce, toutes les 4 mesures, une cadence dominante-tonique qui donne l'impression que toute la pièce est en *la* maj./*la* mineur. Cependant, on y trouve d'éphémères et vagues harmonies et quelques dissonances qui sont dues au fait que l'ostinato, les phrases de la nymphe et celles de ses compagnons se chevauchent. C'est le cas lorsque les voix d'homme s'écrient « Ah miserella » **A** .

La continuelle combinaison des deux ténors, de la basse et de la b.c. unifie les trois pièces du cycle, de même que le plan harmonique d'ensemble : *do* maj. → *la* min. pour le premier madrigal, *la* maj./*la* min. pour le deuxième, le troisième restant entièrement en *do* majeur. Le *Lamento* est l'une des œuvres les plus expressives que Monteverdi ait écrites pour si peu de voix et d'instruments.

Rééditions modernes — Par G. Fr. Malipiero, *in* Cl. Monteverdi. Tutte le opere, Asolo 1926-42, 2/Vienne, UE, 1954, vol. VIII, nº 286, 288 et 294 ; J. Turellier, Paris, Heugel, 1973.

Bibliographie — Voir celle de l'art. *Madrigali guerrieri et amorosi.*

M. Sacré

A **Lamento d'Arianna**

A LAMENTO DELLA NINFA

« La meunière de Vernon », chanson à 4 voix de **Clément Janequin**, publiée à Paris, par N. Du Chemin, en 1551 (*5ᵉ Livre du Recueil...*), l'une des rares chez Janequin à mériter véritablement l'étiquette de chanson rustique. Elle est, en effet, construite sur une mélodie qu'on a tout lieu de considérer comme populaire ; la même est encore utilisée par **J. Maillard** (1554) et se trouve aussi dans deux tablatures d'**A. Le Roy** pour guitare (1551) et pour cistre (1565). Enfin, au chapitre XXIV des *Contes et discours d'Eutrapel*, N. Du Fail parle « d'un apothicaire d'Angers [...] sonnant dessus son mortier la moulinière de Vernon ».

Dans la version qu'en donne Janequin — l'aurait-il lui aussi entendue et collectée à Angers ? —, le texte, en vers de 7 syllabes, ponctués d'un refrain de syllabes non signifiantes (« tire tire tire ton »), comporte 6 distiques traités strophiquement qui racontent l'aventure de « la meunière de Vernon » et d'« un beau jeune compagnon ». La mélodie, d'abord exposée au ténor pour les deux premières strophes, est ensuite échangée entre ténor et supérius à chaque strophe. La polyphonie, très active rythmiquement, avec une déclamation rapide, si elle rappelle par moments le style alors naissant du vaudeville, est globalement plus élaborée, en particulier aux refrains.

Rééditions modernes — Par A. Tillman-Merritt et Fr. Lesure, *in* Cl. Janequin. Chansons polyphoniques V, Monaco, L'Oiseau-Lyre, 1969.

Bibliographie — J.-P. Ouvrard, Cl. Janequin, lecteur des poètes de son temps (période angevine, 1531-1549), *in* La poésie angevine du XVIᵉ s. au début du XVIIᵉ s., Angers, Presses de l'Université, 1982.

J.-P. Ouvrard

« L'amour de moy sy est enclose », chanson anonyme de type virelai notée dans deux chansonniers monodiques (Paris, BN, Ms. 9346, dit → Chansonnier de Bayeux, et le Ms. 12744). Elle semble avoir été célèbre au début du XVIᵉ s., si l'on en juge par diverses citations dans le répertoire théâtral, y compris chez Marguerite de Navarre. Elle sert aussi de timbre à plusieurs noëls : *« Vray Dieu, il n'est si doulce chose »* (*Les Grans Noëls*, chez Bonfons) et *« Je chanteray Noël ma pose »* (chez M. Malingre). C'est aussi sur cet air que les protestants chantaient le Psaume 129, *« De ceste abysme tant profonde »* (dans les *Psaulmes de David* de Cl. Marot, 1541). Le XXᵉ s. l'a de nouveau popularisée, aussi bien par la chanson de variétés (**Guy Béart**) que par l'arrangement choral (**P. Arma**, **G. Aubanel** et **J. Canteloube** notamment).

Parmi les nombreux arrangements polyphoniques du début du XVIᵉ s., deux se trouvent dans le *Liederbuch* de Johannes Heer (Saint-Gall, Ms. 462). Dans la version à 3 voix, la mélodie est chantée au ténor : les deux autres voix lui empruntent fréquemment des motifs plus ou moins développés, en imitation, se joignant au ténor épisodiquement, en contrepoint note contre note. La version à 4 utilise approximativement la même technique, mais le développement plus étalé des imitations permet aux voix de supérius, contraténor et bassus d'exposer des phrases entières du « cantus prius factus » dans des paraphrases en bicinium ou tricinium qui alternent avec le contrepoint à 4 voix sur le ténor. Cette version sera éditée dans les → *Canti C* de Petrucci en 1504. La chanson à 3 se trouve également dans le beau → Chansonnier de Françoise de Foix, comtesse de Châteaubriant, l'une des favorites de François Iᵉʳ. La même mélodie a aussi donné lieu à d'autres arrangements polyphoniques, notamment à 2 voix : l'un est anonyme (Ms. Copenhague 1848), l'autre est attribué à **Brugier**, dans les *Bicinia* de G. Rhau (1545). En 1578, Le Roy et Ballard en publieront aussi une version à 3 de **Richafort**. En 1570, encore, on en trouve une polyphonie à 6 voix, dans les *Meslanges* de **P. Certon**. Même dans la musique religieuse, on s'en inspire : **P. de La Rue** compose ainsi un *« Patrem l'amour de moy »* (Rome, Cap. Sist. 36).

Rééditions modernes — Par H. M. Brown, *in* Theatrical chansons of the 15th and early 16th cent., Cambridge (Mass.), Harvard Univ. Press, 1963 ; par M. Honegger, *in* Chansons françaises, Paris, Éd. Ouvrières (Heugel), 1964 ; par A. Geering et H. Trümpy, *in* Das Liederbuch des J. Heer von Glarus, Schweizerische Musikdenkmäler V, Kassel, BV, 1967.

Bibliographie — P. Chaillon, Le Chansonnier de Françoise, *in* RMie XXXV, 1953 ; H. M. Brown, Music in the french secular theater, 1400-1550, Cambridge (Mass.) 1963.

J.-P. Ouvrard

« L'amye a tous », chanson de **Guillaume Dufay**, voir « Je ne vis oncques la pareille ».

« L'amye a tous et qui n'esconduit ame »/« Je ne vis oncques la pareille », chanson à 5 voix de **Josquin des Prés**, conservée dans une seule source tardive, *Le Trente Sixiesme Livre [...] de la composition de feu Josquin des Prez* (Paris, Attaingnant, 1549). Elle présente une facture assez originale. Son texte, un cinquain de décasyllabes (refrain isolé d'un rondeau ?) adressé à une femme, « l'amye à tous », est chanté par

4 voix de la polyphonie, dans un contrepoint complexe, fait d'imitations et de contrepoint libre, qui donne parfois une curieuse impression de discontinu. Certains éléments mélodiques isolés rappellent curieusement, comme dans une fricassée, des motifs de → *« Se congié prens »* et *« Recordans de mia segnora »*. Cette polyphonie se tisse autour de la « quinta pars » (en tessiture de ténor) qui chante en valeurs longues le ténor d'une chanson de G. Binchois, parfois attribuée à Dufay, → *« Je ne vis oncques la pareille »*, l'une des mélodies les plus connues de la courtoisie bourguignonne, que les musiciens franco-flamands contemporains de Josquin aimaient à associer à leurs motets mariaux, tant le culte de la dame de la courtoisie est proche de la dévotion de la Sainte Vierge. En l'occurrence, l'Ars combinatoria semble relever d'un autre état d'esprit : une lecture possible du texte des autres voix donne au ténor de Binchois un curieux air de dérision ou pour le moins d'humour.

Rééditions modernes — Par A. Smijers, *in* Werken van Josquin des Prés, 8e livr., Amsterdam, Vereeniging voor Nederlandse Muziekgeschiedenis, 1925, 2/1971.

Bibliographie — H. Osthoff, Josquin Desprez, 2 vol., Tutzing 1962-65 ; J. van Benthem, Zur Struktur und Authentizität der Chansons a 5 und 6 von Josquin des Prez, *in* TVer XXI, 1970.

J.-P. Ouvrard

(Das) Land des Lächelns (Le Pays du sourire), « romantische Operette » en 3 actes, livret de Ludwig Herzer et Fritz Löhner-Beda d'après l'œuvre de Victor Léon, musique de **Franz Lehár**, créée à Berlin, au Metropol-Theater, le 10 oct. 1929. L'adaptation française d'A. Mauprey et J. Marietti fut représentée pour la 1re fois à Gand, le 1er avril. 1932 puis donnée à Paris, au Théâtre de la Gaîté-Lyrique, le 15 nov. de la même année.

L'action se passe à Vienne et à Pékin en 1912. Lisa, la fille du Feldmarschalleutnant, comte Lichtenfels, s'est éprise du prince chinois Sou-Chong. Partie en Chine, Lisa est bientôt déçue par la vie extrême-orientale. Malgré son infinie tristesse, le prince généreux rend sa liberté à la jeune Viennoise. Cet ouvrage mondialement connu est une adaptation d'une autre opérette de Lehár, *Die gelbe Jacke* (La Veste jaune), créée à Vienne le 9 févr. 1923, et dont le succès médiocre s'explique sans doute par un dénouement heureux tout à fait invraisemblable. Une opérette de Lehár avec R. Tauber en vedette dans le rôle du prince assurait le Metropol-Theater d'une salle comble. L'air *« Dein ist mein ganzes Herz »* (Je t'ai donné mon cœur) devint, ainsi que la plupart des autres airs, un succès international. Citons *« Immer nur lächeln »* (Toujours sourire), *« Bei einem Tee à deux »* (Prendre le thé à deux), *« Von Apfelblüten einen Kranz »* (Dans l'ombre blanche des pommiers en fleurs), *« Wer hat die Liebe uns ins Herz gesenkt »* (Qui dans nos cœurs a fait fleurir l'amour ?), *« Meine Liebe, deine Liebe »* (Mon amour et ton amour). Des éléments de pentatonisme et d'hétérophonie, des séries de quintes et octaves parallèles et une orchestration colorée contribuent à créer une atmosphère musicale extrême-orientale (*« Zig, zig, zig »*).

B. Delcker

« Land of Hope and Glory », hymne d'**Edward Elgar**, voir Coronation ode.

« L'anemone fastosa » (L'anémone fastueuse), air italien d'**Anthoyne Boesset** publié dans deux recueils : le *8e Livre d'airs de cour à 4 et 5 parties, par A. Boesset* (Paris, P. Ballard, 1632) et le 15e Livre d'*Airs de cour avec la tablature de luth de A. Boesset* (ibid. 1632, facs., Genève, Minkoff, 1985).

La présence d'airs italiens (mais aussi espagnols, turcs et gascons) dans les recueils d'airs se manifeste dès les origines du genre (F. M. Caiétain, 1576 ; J. de Castro, 1580 ; G. Tessier, 1582 ; Cl. Le Jeune, 1586). Les musiciens fr. empruntent à l'Italie des textes d'allure populaire (« canzonette », « villanelle »), de préférence aux madrigaux.

« L'anemone fastosa » est une poésie strophique (4 sizains de vers irréguliers) dont l'auteur n'a pas été identifié. Le thème des fleurs, traité avec une préciosité toute pétrarquiste, aboutit à la glorification des lis royaux de la couronne de France. La mélodie de dessus, sans doute de Boesset, ne laisse paraître aucun signe d'emprunt au répertoire de la villanelle italienne, dont les rythmes sont beaucoup plus francs et réguliers. En revanche, la prosodie est parfaitement respectée, les rythmes et les mouvements mélodiques dénotant une bonne adaptation à la langue (L'anémone fastueuse, l'adorable jacinthe) :

En tout point conforme à l'esthétique mélodique française, cet air, comme les autres airs italiens, des recueils contemporains, confirme l'indifférence des musiciens français aux courants les plus modernes et les plus audacieux de l'art vocal italien de leur temps : ceux du « recitar cantando » et de la mélodie dramatique.

Bibliographie — A. Verchaly, Les airs ital. mis en tablature de luth dans les recueils fr. du début du xviie s., *in* RMie XXXIX, 1953 ; G. Durosoir et A. Verchaly, Catalogue de l'air de cour (1571-1664), à paraître, n° 107, 108.

G. Durosoir

« Languir me fais sans t'avoir offensée », chanson à 4 voix de **Claudin de Sermisy**. Parmi les *Chansons nouvelles en musique...* de 1527 (Paris, Attaingnant), c'est une des chansons les plus typiques du nouveau style représenté par Sermisy. Elle connaît d'ailleurs un énorme succès si l'on en juge par le nombre important des rééditions, jusqu'au milieu du xviie s. (1644), auxquelles s'ajoutent de multiples réemplois de tous genres, tant littéraires que musicaux.

Le texte, un quatrain amoureux de décasyllabes, paraît presque cinq ans plus tard, dans l'*Adolescence Clémentine* de Clément Marot, suivi d'un second qui en fait une chanson strophique. Il est déclamé essentiellement de manière syllabique, avec quelques petits développements mélismatiques en fin de phrase, notamment dans la première qui sert aussi de phrase finale, selon le schéma ABCA, familier de Sermisy. Ces deux phrases extrêmes se distinguent aussi par un incipit dactylique lent (𝅝 𝅗𝅥 𝅗𝅥) que l'hémistiche suivant prolonge d'un mouvement anacrousique plus dynamique : profil mélodico-rythmique caractéristique de la nouvelle chanson parisienne. La polyphonie est simple, principalement note contre note, ténor et supérius évoluant volontiers parallèlement dans un rapport de sixte. Quelques courtes imitations émaillent cependant le discours, dans les phrases centrales, entre supérius et ténor ou même entre ténor et bassus. Dans la deuxième phrase, Sermisy se laisse solliciter par la construction anaphorique du vers, qu'il souligne du même motif mélodique dans toutes les voix.

Avec → *« Content désir »*, cette pièce est une des deux chansons que les deux personnages se proposent de chanter dans le *Dialogue de deux amoureux* de Clément Marot, avant d'y préférer → *« Puis qu'en amours a si beau passe temps »* : « Elles sentent trop leurs clamours », disent-ils. Cette chanson s'est souvent prêtée à l'usage du timbre au XVIe siècle. Les protestants en particulier s'en emparent pour chanter le Psaume 103 (*Souterliedekens* de Clemens non Papa et Psautier de Symon Cock, à Anvers 1540) ou des chansons spirituelles (M. Malingre, 1533, et E. de Beaulieu, 1546), à quoi les catholiques répondent par des chansons antiprotestantes (*Recueil* de Christofle).

Les instrumentistes apportent aussi d'autres témoignages de la popularité de cette polyphonie. Dès 1529, Attaingnant montre la voie en en proposant une tablature pour luth seul et une version pour voix et luth (*Très brève et familière introduction...*), suivies d'une transcription pour clavier (*25 Chansons* [...] *réduictes...*, 1531). De nombreux luthistes suivront cet exemple, notamment dans les Flandres (Phalèse, 1545, et Vreedman, 1568, pour le cistre) et en Allemagne (H. Gerle, 1536, et Newsidler, 1546). Les polyphonistes ne sont pas en reste : **Clemens non Papa** en compose une version à 6 voix (voir l'art. suivant) qui reprend le supérius de Sermisy (1550). Document plus exceptionnel : c'est une des deux chansons (avec → *« C'est à grand tort »*), dont **A. Petit Coclico** propose une version « élégante » en diminuant les parties de supérius et bassus (*Compendium musices*, 1552).

Rééditions modernes — Par A. PETIT COCLICO, *in* Compendium musices descriptum..., Nuremberg 1552, rééd. en facs. Kassel, BV, 1954 ; par W. BRENNECKE, *in* Carmina germanica et gallica, Kassel, BV, 1955 ; par A. SEAY, *in* P. Attaingnant. Transcriptions of chansons for keyboard, CMM 20, Amer. Inst. of Musicology, 1961 ; par D. HEARTZ, *in* Preludes, Chansons and Dances for Lute Published by Attaingnant, Neuilly/Seine, Soc. de musique d'autrefois, 1964 ; par H. CHR.WOLFF, Original Vocal Improvisations, Cologne, A. Volk, 1972 ; par I. CAZEAUX, *in* Cl. de Sermisy. Opera omnia III, CMM 52, Amer. Inst. of Musicology, 1974.

Bibliographie — I. CAZEAUX, The secular music of Cl. de Sermisy (diss. New York, Columbia Univ., 1961) ; H. M. BROWN, Music in the french secular theater, 1400-1550, Cambridge (Mass.) 1963 ; du même, The genesis of a style : the parisian chanson, 1500-1530, *in* J. Haar (éd.), Chanson and madrigal, 1480-1530, Cambridge (Mass.) 1964.

J.-P. OUVRARD

« LANGUIR ME FAIS SANS T'AVOIR OFFENSÉE », chanson à 6 voix de **Clemens non Papa**, publiée à Anvers chez T. Susato, en 1550 (*Treziesme Livre...*), hommage flamand au maître de la chanson parisienne, Cl. de Sermisy (voir ci-dessus). En même temps que le texte de Clément Marot, Clemens non Papa lui emprunte son supérius qu'il réemploie à peine modifié mais en quelque sorte dilaté par une distribution alternée entre les deux dessus (supérius et quinta pars) de sa polyphonie. Il obtient ainsi, par moments, un effet d'écriture canonique, qui sonne parfois comme une polyphonie polychorale quand l'alternance se produit sur des motifs très courts (« Plus ne m'escripts »).

Il n'y a de la part de Clemens non Papa aucune tentative d'imiter le style des *Chansons nouvelles* de 1528, auxquelles il emprunte la mélodie de Sermisy. C'est au contraire le plus pur style de motet de la chanson franco-flamande qui est totalement assumé ici, dans un contrepoint très dense des 6 voix (2 supérius, 2 ténors, 2 bassus). Si parfois les 4 voix graves se moulent dans les rythmes du ou des dessus, le plus souvent elles s'en émancipent totalement. Ainsi, la polyphonie du début (et de la fin) est caractérisée par un contraste très accusé entre le développement linéaire des voix supérieures et le jeu contrapuntique des voix graves élaboré sur un motif secondaire très court, sorte d'arpège du ton de la pièce (*fa*). Ce travail contrapuntique tient lieu d'introduction pendant quelques mesures avant que le compositeur vienne y ajouter, comme une pédale, la première note allongée du supérius. Le même procédé est répété à la fin du schéma ABCA, cette fois comme articulation des deux phrases, avec quelques variantes. Les deux supérius ont alors échangé leurs rôles. Une coda plagale remplace la répétition finale de la dernière phrase : substitution d'un caractère typiquement flamand à la tradition formelle parisienne. Bien que l'indication du titre du recueil, « propice à tous instruments musicaulx », soit très conventionnelle dans ce genre de publication, une telle polyphonie présente déjà tous les caractères qu'on retrouvera à la fin du siècle dans les *Fantaisies* instrumentales de E. Du Caurroy ou de Cl. Le Jeune. Sur cette chanson, Clemens non Papa lui-même a composé une messe parodie (*Missa « Languir my fault »*).

Rééditions modernes et Bibliographie — Voir à l'art. *« C'est à grand tort »*.

J.-P. OUVRARD

« LANQUAN LI JORN SON LONC EN MAI », chanson d'amour du troubadour **Jaufré Rudel**.

C'est sans doute la pièce la plus connue du maigre répertoire lyrique (6 chansons) que nous avons conservé du poète-musicien. Triste et mélancolique, ici, il chante l'amour de loin (« l'amor de terra lonhdana ») inaccessible et plein de douleur. Le mot refrain « lonh » qui revient, lancinant, 14 fois à la rime sur l'ensemble du poème, contribue à produire cette sensation de lenteur et de désespérance, cette tension vers la joie impossible, une attente sans fin. Nombre de poètes (Pétrarque, Uhland, Heine, Carducci, Rostand...) et de critiques se sont passionnés pour le poète et son topique favori, « l'amor de lonh », principalement développé dans cette chanson et en relation très forte avec le thème de la « fin'amor » (l'amour parfait) spécifique aux poètes occitans. En fait, les deux thèmes valorisent, pour son inaccessibilité, la Dame.

Sur le plan formel, métrique et mélodique, la chanson dispose d'une strophe de 7 vers octosyllabiques avec une formule de rimes (abab/ccd) « unissonans », c'est-à-dire dont les sonorités et l'ordre sont repris à chaque strophe. Cette formule, qui admet la coupure (« diesis ») à mi-strophe après le vers 4, possède aussi une rime (d) isolée (« esparsa »).

La musique de cette chanson a été préservée par trois manuscrits : le Chansonnier d'Urfé (Ms. R, f° 63), le Chansonnier du Roi (Ms. W, f° 189v) et le Chansonnier de Saint-Germain-des-Prés (Ms. X, f° 81v). C'est la version mélodique de ce dernier manuscrit qui est ici présentée en transcription. Mais les trois leçons sont très proches les unes des autres. Leur physionomie mélodique comme leur schéma de composition sont analogues. Ce schéma (ABAB'/CDB"), qui présente une répétition de l'élément AB dans la 1re moitié strophique avant la « diesis », est en compatibilité forte avec la formule de rimes. On observera que l'exorde du poème est chanté sur une intonation en *ré* plagal avec repos à la fin du vers 2 sur *ut* sous-finale. Pourtant, l'intonation de 3e ton psalmodique *sol*, *la*, *ut* de la leçon W, transposée à la quinte supérieure des deux autres manuscrits, montre que la modalité est à l'époque dans une période d'instabilité notoire. D'une façon habituelle chez les troubadours, l'ornementation mélodique est plutôt distribuée dans la 2de moitié des vers, et ici, surtout après la coupure strophique, lorsque le développement use de l'hexacorde du bémol. C'est précisément aux vers 5 et 6 que les variantes locales d'ornements sont les plus nombreuses. Le vers poétique utilise un mètre ïambique ◡–◡–◡–◡– très régulier, sans que l'on puisse toutefois en déduire une mesure musicale uniforme. Celle-ci n'est d'ailleurs pas décelable, même dans les deux manuscrits (R et W) à notation carrée française.

Cette chanson de l'amour de loin eut sans doute une certaine célébrité aux XIIe et XIIIe s., puisque pas moins de 16 manuscrits ont conservé le poème de Jaufré Rudel. En outre, sa mélodie, simple mais efficace, dépouillée d'une partie de ses mélismes, servira plus tard à chanter le fameux *Palestrina Lied* de Walther von der Vogelweide.

Traduction — Lorsque les jours sont longs en mai, il m'est agréable le doux chant des oiseaux de loin, et quand je suis parti de là je me rappelle d'un amour de loin : je vais pensif, triste et la tête inclinée si bien que ni chants ni fleurs d'aubépine ne me plaisent plus que l'hiver gelé.

Ms. X, 81v, éd. P. Bec, p. 82, Pill. 262, 2.

Bibliographie — A. Jeanroy, Les chansons de Jaufré Rudel, Paris 1915, p. 12 ; R. Lejeune, La chanson de l'« amour de loin » de Jaufré Rudel, *in* Studi in onore di A. Monteverdi, Modène 1959, pp. 405-422 ; J. Maillard, Anthologie de chants de troubadours, Nice, Delrieu, 1967, pp. 24-25 (musique) ; M. de Riquer, Los trovadores, Barcelone, Planeta, 1975, t. I, p. 163 ; R. T. Pickens, The Songs of Jaufré Rudel, Toronto, Pontifical Institute of Medieval Studies, 1978, pp. 150-213 ; P. Bec, Anthologie des troubadours, Paris, Union Générale d'Édition, 1979, pp. 82 et 377 (musique) ; I. Fernández de la Cuesta, Las cançons dels trobadors, Toulouse, Institut d'Études Occitanes, 1979, p. 52 (musique) ; H. van der Werf, The extant troubadour melodies, Rochester (N. Y.), l'Auteur, 1984, pp. 215-219 (musique).

G. Le Vot

« La nuict froide et sombre », chanson à 4 voix de **Roland de Lassus**, petit chef-d'œuvre d'un musicien au sommet de son art, publié à Paris, dans la 2de édition remaniée de ses → *Meslanges*, chez Le Roy et Ballard. Le compositeur flamand, alors à la cour de Munich depuis vingt ans, y met en musique 12 vers de Joachim Du Bellay (*Vers lyriques*, 1549), 2de strophe d'une ode *« De l'inconstance des choses »* (Ode IV, *« Nul tant que je meure »*).

La chanson, de composition totalement linéaire, se fait ici madrigal pour peindre ce moment, décrit par le poète, où l'univers se colore, soudain touché par le premier rayon de soleil. L'œuvre se divise en deux parties (de 6 vers chacune), toutes les deux ponctuées d'une cadence en *ré*, finale du mode. Mais plus que la ponctuation cadentielle, c'est le caractère qui les distingue. Dans la première, la déclamation est lente, plus souvent à la semi-brève qu'à la minime, avec de nombreuses valeurs longues ; les tessitures sont graves, le bassus touchant à deux reprises le *fa* grave ; le supérius, en particulier, ne sort pas de l'ambitus très étroit d'une sixte (*do-la*). Ces caractères soulignent à merveille l'absence de couleur et l'immobilité de « la nuict froide et sombre ». Lassus, cependant, y multiplie les images pour décrire « la terre et les cieux », par des lignes successivement graves et aiguës (une onzième au bassus), ou la métaphore du sommeil s'écoulant du ciel : la déclamation s'anime alors, un court instant, dans une succession de motifs descendants en imitation (« Fait couler du ciel »), dont le mouvement se prolonge en se ralentissant sur le vers suivant (« Le sommeil aux yeux »). Tout change, aussitôt, dans la 2de partie : la déclamation s'anime, en minimes et semi-minimes, multipliant les valeurs brèves. Le rythme cadentiel se resserre également, à l'exception de la cadence finale, perçue comme un élargissement conclusif. L'espace vocal se développe soudain, dès le début du 7e vers : le supérius étend son ambitus d'une quinte. En même temps, la polyphonie, rythmiquement très active, atteint rapidement son climax pour développer en de nombreuses répétitions le dernier vers (« Tapisse et compose »). L'art pictural de Lassus, en l'occurrence dans la miniature, est à son sommet, justifiant totalement ce que S. Quickelberg dit de lui dans la Préface des *Psaumes de la Pénitence* : « Il peint la réalité comme s'il la mettait devant les yeux. »

Rééditions modernes — Par H. Expert, *in* R. de Lassus. Mélanges, Maîtres Musiciens de la Renaissance française I, Paris 1894, et *in* Extraits des Maîtres musiciens..., Paris, Salabert ; par A. Sandberger, *in* O. de Lassus. Sämtliche Werke XII, Leipzig, Br. & H., 1901, 2/ éd. par H. Leuchtmann, 1982 ; par H. Besseler, *in* Chw., n° 13, Wolfenbüttel, Möseler, 1931 ; par B. Thomas, *in* R. de Lassus. Nine Chansons for 4 Voices, Londres, Pro Musica Ed., 1979 ; par Fr. Dobbins, *in* The Oxford Book of French Chansons, Londres, OUP, 1987.

Bibliographie — Ch. van den Borren, O. de Lassus, Paris 1920 ; W. Boetticher, O. di Lasso und seine Zeit, Kassel 1958.

J.-P. Ouvrard

« Lasciatemi morire », madrigal de **Claudio Monteverdi**, voir Lamento d'Arianna.

« LAS EST-IL CRÉATURE », chanson à 4 voix de **Pierre Certon**, publiée par Pierre Attaingnant dans le *32e Livre* (1549), la seule, chez Certon, qui présente tous les caractères de la « chanson en forme de voix-de-ville » avant le → *Premier Livre de chansons* de 1552. Elle comporte, en effet, 3 strophes de 6 vers hexasyllabiques, chantés sur un schéma très économe (AB AB CD/D). La polyphonie en est extrêmement simple, rigoureusement homophone et syllabique, dans une métrique binaire qui laisse cependant place à quelques rythmes effectifs ternaires, à la manière de ce qu'on trouve déjà dans les mélodies du → Psautier huguenot et bientôt dans les voix-de-ville.

Rééditions modernes — Par H. EXPERT et A. AGNEL, *in* P. Certon. Chansons polyphoniques publiées par P. Attaingnant, Livre IV (1546-1550), Paris, Heugel, 1968.

Bibliographie — A. AGNEL, Analyse rythmique et formelle des chansons de P. Certon parues chez P. Attaingnant (mémoire du Cons. national sup. de musique, Paris 1962).

J.-P. OUVRARD

« LAS, JE M'Y PLAINS », chanson à 4 voix de **Claudin de Sermisy**. Parmi les *Chansons nouvelles en musique...* (Paris, Attaingnant, 1527), cette chanson se démarque du modèle le plus fréquent par son usage important de l'écriture en imitation. Elle s'inscrit néanmoins assez bien dans le nouveau style parisien que représentent les chansons de Sermisy : par les incipit dactyliques et surtout par l'économie de la forme, ABCA pour ce quatrain de décasyllabes qui développe la thématique amoureuse habituelle. En 1531, Attaingnant en publie une version « réduicte en la tabulature des orgues, espinettes, manicordions... » (*26 Chansons*...). Plus tard, dans ses *Meslanges* (Paris, Du Chemin, 1570), P. Certon en produit une paraphrase à 6 voix, seul témoignage d'un médiocre succès, avec le « contrafactum » où E. de Beaulieu attaque la papauté (*Chrestienne Resjouyssance*, 1546) : « Las je me plains maulgré de la pecune / Quand à l'aymer le Pape a prins plaisir. »

Rééditions modernes — Par I. CAZEAUX, *in* Cl. de Sermisy. Opera omnia, CMM 52/4, Amer. Inst. of Musicology, 1974 ; par FR. LESURE, *in* Anth. de la chanson parisienne au XVIe s., Monaco, L'Oiseau-Lyre, 1953 ; transcr. pour clavier, éd. par A. SEAY, in P. Attaingnant. Transcriptions of chansons for keyboard, CMM 20, Amer. Inst. of Musicology, 1961.

Bibliographie — I. CAZEAUX, The secular music of Cl. de Sermisy (diss. Columbia Univ., New York 1961).

J.-P. OUVRARD

« LASS, FÜRSTIN, LASS NOCH EINEN STRAHL... » (Laisse, ô princesse, laisse encore un rayon s'élancer de la voûte étoilée de Salem), ou *Trauer-Ode* (ode funèbre), cantate en deux parties de **Johann Sebastian Bach** (BWV 198 ; NBA I/38), commandée par un étudiant de l'université de Leipzig, Carl von Kirchbach, pour une cérémonie commémorant la mort survenue le 5 sept. 1727 de la princesse Christiane Eberhadine, épouse du prince électeur de Saxe Auguste II le Fort. Elle est écrite pour sop., alto, ténor et basse soli, chœur, 2 fl., 2 htb. d'amour, 2 luths, 2 violes de gambe, cordes et b.c. et a été exécutée à la Paulinerkirche de Leipzig le 17 oct. 1727. (Durée : 35 min 20 s environ.)

L'œuvre se fonde sur une ode de Johann Christoph Gottsched, c'est-à-dire sur un poème de forme strophique à la louange de la princesse décédée. Pour éviter la monotonie, Bach n'en a pas respecté le découpage régulier et en a librement réparti les 9 strophes sur 10 pièces. Œuvre de circonstance, écrite rapidement et achevée deux jours seulement avant la cérémonie, elle n'offre pas de ces moments privilégiés qui sont la marque d'une composition et d'un génie intemporels. Elle témoigne cependant de la part de son auteur d'une faculté exceptionnelle à frapper les esprits et les sensibilités, ainsi que d'un métier accompli, permettant d'exprimer toutes les émotions avec les moyens les mieux appropriés. A ces divers titres, elle rend compte de l'extraordinaire aptitude de Bach à faire vivre un texte et à dépeindre des situations, qualités qui le désignent également, malgré l'absence de toute œuvre écrite pour le théâtre lyrique, comme un vrai musicien dramatique.

Richement instrumentée, l'œuvre recherche la variété des effets dans sa disposition interne. Trois chœurs utilisant la totalité des effectifs vocaux et instrumentaux l'encadrent et la ponctuent en son milieu. Des trois airs qu'elle renferme, le premier fait emploi des violons et des altos, le deuxième des deux violes de gambe et le troisième des deux flûtes et des deux hautbois. Tous les récitatifs sont accompagnés par des formations instrumentales variées (seul le n° 9 commence en « secco »). La cantate se compose **1.** d'un chœur avec tout l'orchestre, *« Lass, Fürstin »*, forme binaire AA' avec ritournelle, en *si* min., une pièce exprimant la désolation générale, dans le caractère d'une procession, en rythmes constamment pointés ; **2.** d'un récitatif pour sop. accompagné par les cordes et la b.c., *« Dein Sachsen, dein bestürztes Meissen... »* (Ta Saxe, ta Meissen consternée, figées devant ta tombe royale), où la lamentation qu'exprime la soliste se trouve renforcée aux cordes par un motif évoquant les pleurs ; **3.** d'un air pour sop., cordes et b.c., *« Verstummt ! verstummt, ihr holden Saiten »* (Taisez-vous, [...], cordes aimables), forme ternaire avec ritournelle, en *si* min., où les 1ers violons tressent un chant qui dialogue avec la voix et qui se trouve fréquemment entrecoupé de silences pour répondre à l'injonction du texte ; **4.** d'un récitatif pour alto accompagné par tout l'orchestre, *« Der Glocken bebendes Getön... »* (Le son vibrant des cloches doit éveiller la crainte de nos âmes troublées), où les instruments sont utilisés de façon purement imitative, dans le but de rendre avec réalisme la sonnerie des cloches ; **5.** d'un air pour alto, 2 violes de gambe et b.c. avec les 2 luths, *« Wie starb die Heldin so vergnügt ! »*, forme ABA' avec ritournelle, dans la tonalité lumineuse de *ré* maj. et dans un mouvement à 12/8 doucement balancé qui évoque une pastorale heureuse ; **6.** d'un récitatif pour ténor accompagné par les 2 htb. d'amour et la b.c., *« Ihr Leben liess die Kunst zu sterben... »* (Sa vie présenta l'art de mourir dans un exercice constant), où des instruments égrènent leurs motifs de façon imperturbable ; **7.** d'un chœur avec tout l'orchestre qui clôt la première partie de la cantate, *« An dir, du Fürbild grosser Frauen... »* (C'est en toi, modèle des femmes admirables [...], que cette image de la générosité pouvait être contemplée), formée de deux expositions de fugue reliées par un interlude d'orchestre, lui aussi fondé sur le sujet. La seconde partie (après l'allocution funèbre) reprend avec **8.** un air pour ténor, fl., htb. d'amour, violons 1 et 2, 2 violes de gambe, 2 luths et b.c., *« Der Ewigkeit saphirnes Haus... »* (La maison de saphir de l'éternité détourne, ô princesse, tes regards de notre petitesse), forme binaire AB avec ritournelle, en *mi* min., qui abandonne le ton de la lamentation pour celui de la contemplation ; **9.** un récitatif secco pour basse et b.c., *« Was Wunder ists ? »* (Quel prodige est-ce ?), qui se transforme bientôt en arioso pour revenir à un nouveau récitatif accompagné cette fois-ci par les 2 fl., les 2 htb.

d'amour et la b.c. ; **10.** un chœur avec tout l'orchestre, *« Doch Königin ! du stirbest nicht »* (Cependant, ô reine, tu ne meurs pas), forme binaire AB avec reprises et avec ritournelle, en *si* min., un lied pour chœur dans le caractère d'une gigue modérée, qui termine la cantate sur une note de sérénité presque souriante.

La plupart des pièces de cette cantate ont été remployées par Bach dans d'autres œuvres : les chœurs 2 et 10 dans la musique funèbre pour Leopold von Anhalt-Köthen, *« Klagt, Kinder, klagt es aller Welt »* (BWV 244 a), puis dans la Passion selon saint Marc pour les chœurs *« Geh, Jesu, geh zu deiner Pein »* et *« Bei deinem Grab- und Leichenstein »*, de même que les airs 3, 5 et 8 qui y deviennent *« Er kommt, er kommt, er ist vorhanden »*, *« Mein Heiland, dich vergess ich nicht »* et *« Mein Tröster ist nicht mehr bei dir »*.

Bibliographie — Voir celle de l'art. *« Ach Gott, vom Himmel sieh darein »*.

M. HONEGGER

« LASSO CH'IO ARDO », madrigal de **Luca Marenzio**, voir « LIQUIDE PERLE AMOR ».

« LASS, O HERR, MICH HILFE FINDEN », psaume de **Felix Mendelssohn-Bartholdy**, voir PSAUMES.

« LA TERRE LES EAUX VA BUVANT », chanson à 4 voix de **Guillaume Costeley**, publiée en 1570 dans la → *Musique de Guillaume Costeley*. Après Du Tertre et Lassus et avant Caietain, Costeley s'intéresse à ce texte de Ronsard, une odelette imitée d'Anacréon (*Les Meslanges*, de 1555). Sa musique est écrite dans un style assez traditionnel, proche des chansons de la génération antérieure, à la manière de Janequin. Les deux quatrains d'octosyllabes sont réunis en un huitain traité dans le moule formel traditionnel de l'ancienne strophe de ballade (ABABCDEF/EF). Après une introduction plutôt large et volontiers mélismatique, en imitations, la 2de partie est marquée par une accélération sensible du débit déclamatoire qui devient très rapide et syllabique pour proclamer de manière homophone le « concetto » final : « Suivant cette règle commune / Pourquoy donc ne buvrons nous pas ? »

Rééditions modernes — Par H. EXPERT, *in* Maîtres Musiciens de la Renaissance française III, Paris, A. Leduc, 1896, *in* La Fleur des musiciens de P. de Ronsard, Paris, La Cité des Livres, 1923, et *in* Extraits des Maîtres musiciens... Paris, Salabert.

Bibliographie — I. GODT, G. Costeley. Life and works (diss. New York Univ., 1969).

J.-P. OUVRARD

« LAUDA JERUSALEM... » (Loue le Seigneur, Jérusalem), grand motet d'**Henri Hardouin**, maître de musique de la cathédrale de Reims, écrit en 1760, sur le Psaume 147, pour dessus, haute-contre et basse-taille, soli, chœur, fl., 2 htb., basson, 2 cors, cordes et basse continue. (Durée : 20 min environ.) Il garde certains traits extérieurs du grand motet versaillais traditionnel : orchestre à 5 parties, écriture polyphonique des chœurs, indications françaises de mouvement-expression. Mais Hardouin les intègre aux habitudes de son temps : regroupement de versets, traitement plus spécifique des instruments, contours mélodiques de type symphonique, cors soutenant les harmonies, forme italienne de l'aria « da capo », etc.

L'introduction aux cordes à 5 parties est traitée de manière symphonique avec des effets d'écho et des jeux de contraste dans la dynamique. **1.** Confiée à la voix de haute-contre, l'*Ariette gracieuse* regroupe les deux premiers versets, « Lauda Jerusalem » précédé et suivi d'une ritournelle instrumentale qui sera repris « da capo », tandis que la partie centrale illustre le verset « Quoniam confortavit... » (Car il a affermi les verrous de tes portes) sur un ton aimable et léger. **2.** La forme du *Chœur léger* qui suit est originale : après quelques mesures d'introduction aux cordes et hautbois, Hardouin enchaîne les versets « Qui posuit » et « Qui emittit » (Il a rétabli la paix [...]. Il envoie son ordre sur la terre) en une habile polyphonie qui laisse une réelle indépendance à la voix du 1er dessus avec ses vocalises en longues gammes sur les mots « velociter currit... » (sa parole court avec célérité). Les deux versets seront repris sous forme contractée en maintenant la stabilité tonale pour clore ce mouvement. **3.** Puis vient un récit de basse-taille en deux parties, chacune sur un verset, où la voix dialogue avec le basson solo accompagné par les cordes. Le verset « Qui dat nivem » (Lui qui fait tomber la neige) est un *Récitatif lent* dans la couleur délicate de *sol* min., orné de petits groupes fusées passant du basson au violon et à la voix, évocation des flocons de neige volant « sicut lanam » (comme de la laine). On passe en *sol* maj. pour le *Légèrement* beaucoup plus brillant où les instruments accompagnent en trémolos et gammes rapides les longues vocalises sur « Quis sustinebit » (Qui pourra tenir à sa froidure ?). La dernière phrase, aux tournures d'intermezzo napolitain façon 1760, vient buter sur une cadence rompue qui repousse la cadence finale et renforce ainsi l'idée de structure close. **4.** La basse disparaît alors pour laisser planer le chant « Emittet verbum » (Il envoie sa parole) dans un ravissant trio aérien pour flûte, violon et premier dessus en *sol* min., sans basse continue. **5.** Le *Grand Chœur léger* final commence à la manière des symphonies parisiennes par un unisson solennel de toutes les parties, « Non fecit taliter... » (Il n'en a fait autant pour aucune nation), prélude à une polyphonie très animée d'où se détachent quelques phrases en duo de haute-contre et basse-taille. Les figurations des violons ainsi que les balancements de quarte, quinte et octave des basses témoignent de l'influence de la symphonie naissante sur l'écriture du grand motet, ce qui n'a rien d'étonnant si l'on sait que le chanoine Hardouin, admirateur de Rameau, dirigeait aussi les concerts de l'Académie de musique de sa ville. Cette somme d'influences fait que les motets de Hardouin, délaissant le style de Delalande, sont plus proches du style galant contemporain de Gossec et de Grétry.

Sources — Partition manuscrite du XVIIIe s., Paris, BN, D 5378.

Bibliographie — J. LEFLON, H. Hardouin et la musique du chapitre de Reims au XVIIIe s., Reims 1933.

B. LESPINARD

LAUDA PER LA NATIVITÀ DEL SIGNORE, cantate d'**Ottorino Respighi**, pour sop., ténor, chœur mixte et 8 instruments solistes (2 fl./piccolo, 2 htb./cor angl., 2 bassons, piano à 4 mains), écrite en 1930 sur un texte attribué à Jacopone da Todi et créée à Sienne le 22 nov. 1930. (Milan, Ricordi ; durée : 25 min environ.)

Cette œuvre d'un seul tenant est de nature essentiellement vocale et fait alterner les solistes et un chœur fréquemment divisé qui les accompagne et les « enveloppe » en de parfois longues tenues. La première partie est caractérisée par le rythme de la sicilienne, le mode majeur et la sonorité des bois, le tout donnant à l'ensemble une couleur très pastorale. La deuxième partie, plus sombre, débute par un émouvant dialogue entre Marie (mezzo-sop.) et le cor anglais. La troisième partie est plus puissante, ne serait-ce que par le chant du *Gloria*, mais l'œuvre s'achève par un retour à l'évocation pastorale du début. D'une écriture très tonale, avec, comme toujours chez Respighi, des allusions modales, l'œuvre est d'un contrepoint relativement élaboré.

Bibliographie — Voir à l'art. *Lucrezia.*

FR. AUCLAIR

« LAUDA SION SALVATOREM », séquence en 7ᵉ mode du → Propre de la fête du Saint-Sacrement du Corps et du Sang du Christ. Le poème, en 24 strophes de 3 à 5 vers, a été composé par saint Thomas d'Aquin sur le modèle du *« Laudes crucis attollamus »* d'Hugues, primat d'Orléans (auteur appartenant à l'école parisienne d'Adam de Saint-Victor), et en empruntant la mélodie de celui-ci. D'inspiration plus théologique que poétique, il rappelle les vertus du Pain et du Vin eucharistiques, selon un schéma métrique caractéristique de la séquence victorienne. Toutes les strophes se terminent par un vers de 7 syllabes, précédé par des vers de 8 syllabes rimant à l'intérieur de chaque strophe : deux pour les dix-huit premières strophes, trois pour les cinq suivantes et quatre pour la dernière ; les strophes successives sont en outre groupées par paires, la mélodie ne changeant que toutes les deux strophes (schéma AA BB CD CD, puis régulièrement jusqu'à la fin : EE FF GG, etc.). Quant aux vers eux-mêmes, ils se fondent sur l'accent et adoptent un rythme de base trochaïque (longue + brève équivalant à syllabe tonique + syllabe atone). Bien que rattachée au mode authente de *sol* (en raison de sa tonique et de son développement prioritaire dans les degrés aigus), la mélodie prend maintes libertés par rapport aux usages de la modalité grégorienne authentique : ambitus très étendu (une 12ᵉ, de *do* grave à *sol* aigu, octave de la tonique), tendance à remplacer *fa* par *mi* en tant que sous-tonique (voir la phrase initiale), importance inhabituelle du degré *si* engendrant parfois une triade majeure *sol-si-ré* analogue à celle du mode de *fa*, sur *fa-la-do* (voir les strophes 21-22). Le premier vers est chanté sur les mêmes notes que le début de l'*« Alleluia. Dulce lignum »*, pour la fête de l'Invention de la Sainte Croix (3 mai, cf. *Graduale romanum*, 1974, p. 598) : on en déduit que la séquence *« Laudes crucis attollamus »* — source de la mélodie — était originellement rattachée à cet alléluia ; cette parenté musicale n'existe plus pour le *« Lauda Sion »*, seule la similitude du mode l'unissant à l'*« Alleluia. Caro mea »* qu'il prolonge.

Traduction (début) — 1. Loue, Sion, le Sauveur, loue le chef et le pasteur, par des hymnes et des cantiques. 2. Autant que tu le peux, répands-toi, car il dépasse toute louange, et à le louer tu ne suffis pas. 3. De ta louange le thème spécial, c'est le Pain vivant et vivifiant qui t'est aujourd'hui proposé. 4. Ce Pain qui, sur la table de la Sainte Cène, fut donné au groupe des douze frères, en toute vérité. 5. Que ta louange soit pleine, qu'elle soit sonore, qu'elle soit joyeuse, qu'elle soit belle, la jubilation de ton âme. 6. Nous commémorons en effet le jour solennel, où de ce repas eut lieu la première institution.

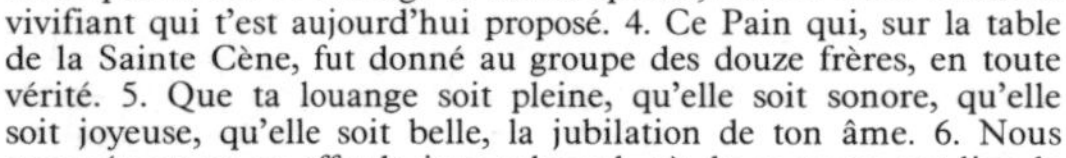

J. VIRET

« LAUDA SION SALVATOREM », motet en 4 parties pour 6 voix a cappella (S S A T B B) de **Roland de Lassus**. Selon toute vraisemblance ce motet de grande envergure fut composé vers 1575 pour être chanté lors de la procession de la Fête-Dieu, célébrée alors à Munich avec une solennité particulière. Il n'est pas exclu que pour ce chant polyphonique en plein air — auquel, paraît-il, la piété populaire attribuait des vertus bénéfiques, comme à un autre motet de Lassus sur le saint sacrement : *« Gustate et videte »* — les voix aient été doublées à l'unisson par des instruments. C'est cependant à Paris que le morceau connaîtra son unique édition ancienne grâce à Adrian Le Roy, lié d'amitié avec le compositeur (*Moduli quatuor quinque sex septem octo et novem vocum Orlando Lassusio auctore*, Paris, Le Roy et Ballard, 1577 ; durée : 15 min environ.)

La composition se fonde d'un bout à l'autre sur la technique du « cantus firmus », lequel est emprunté à la séquence liturgique → *« Lauda Sion Salvatorem »*. Le ténor ou une autre voix expose en valeurs longues la mélodie de celle-ci (selon une version quelque peu différente de celle que reproduit le *Graduale Romanum*), tandis que les voix accompagnatrices en reprennent librement les motifs pour des imitations contrapuntiques.

Les quatre parties du motet se partagent les 24 strophes de la séquence, selon des subdivisions d'inégale longueur motivées, semble-t-il, par le sens des paroles mais non par des raisons musicales ; il arrive en effet que la séparation de deux parties successives intervienne entre deux vers de la séquence chantés sur la même mélodie. 1re Partie, *« Lauda Sion »* (la louange) : strophes 1-5. 2e Partie. *« Dies enim solemnis »* (le banquet eucharistique) : strophes 6-11. 3e Partie, *« Quod non capis »* (mystère théologique du sacrement) : strophes 12-20. 4e Partie, *« Ecce panis angelorum »* (le pain mystique) : strophes 21-24. La musique, cependant, ne cherche pas une caractérisation expressive ou symbolique des paroles, mais se diversifie formellement d'une partie à l'autre : la première et la quatrième emploient l'effectif total des six voix avec le « cantus firmus » placé uniformément au ténor ; les deux parties médianes, quant à elles, utilisent par endroits un effectif réduit (la troisième est écrite à 4 voix) et plusieurs phrases du « cantus firmus » sont chantées par d'autres voix que le ténor.

L'intérêt essentiel de la composition réside dans le rapport établi entre la mélodie liturgique — fil conducteur de l'œuvre — et l'ensemble de la polyphonie. Tout l'art de Lassus consiste à tirer parti de cet élément préexistant non comme un carcan, mais comme un principe de stabilité organique et rythmique : la pulsation calme et régulière des rondes (par instants accélérée, ou assouplie par quelque ornement) apporte un soubassement ferme aux entrelacs polyphoniques, d'où résulte une trame sonore superbement agencée et équilibrée.

Rééditions modernes — Par W. Boetticher, *in* O. di Lasso. Sämtliche Werke, Neue Reihe I, Kassel, BV, 1956.

Bibliographie — W. Boetticher, O. di Lasso und seine Zeit, Kassel et Bâle, 1958.

J. Viret

« Lauda Sion Salvatorem », cantate de **Dietrich Buxtehude** (Bux WV 68), pour 2 sop. et basse, 2 vl., viole de gambe ad lib. et basse continue. L'œuvre est connue par 4 sources manuscrites dont l'une porte la date du 29 mai 1682 ; un autre manuscrit porte la mention « Sub communione », ce qui indique qu'il s'agit d'une musique destinée à accompagner la communion des fidèles, en accord avec le sens des paroles. Ce même manuscrit est en outre le seul à comporter une partie de viole de gambe, doublure libre de celle de basse continue, mais cette partie émane vraisemblablement d'une main étrangère. Les titres originaux précisent aussi que la basse vocale est facultative, de sorte que l'effectif vocal pourrait au besoin se réduire aux 2 voix aiguës. (Durée : 7 min environ.)

Le texte en latin est emprunté aux premières strophes de la séquence médiévale → *« Lauda Sion Salvatorem »* attribuée à saint Thomas d'Aquin, pour la fête du saint sacrement, mais aucune allusion à la mélodie de celle-ci ne se rencontre dans la cantate, de composition entièrement libre. Une structure formelle en 4 sections est tirée des 4 strophes initiales de la séquence, lesquelles se groupent par 2 en unités textuelles de 6 vers. D'où un schéma global ABCC'B : la section A est un prélude (« sonata ») instrumental ; la section B fait chanter les strophes 1 et 2 par les 3 voix et ses deux expositions encadrent les sections C et C' où l'un des sopranos chante successivement les strophes 3-4 et 5-6 sur la même musique. Chacune des 4 sections vocales se termine, comme une sorte de refrain, par les mots « Cum Cherubim et Seraphim laudamus te, Jesu » (Avec les Chérubins et les Séraphins nous te louons, Jésus), étrangers au poème médiéval ; le thème musical de ce refrain, commun aux 4 strophes, fait intervenir les 3 voix et se développe plus longuement dans les sections B que C et C'. Quant aux violons, ils jouent surtout seuls, dans l'introduction et les ritournelles intercalaires. On relèvera la légèreté pleine d'élan d'une écriture simple mais élégante et habile, marquée par l'influence italienne dans la franchise des thèmes traités en imitation et le traitement des violons.

Éditions — Par W. Gurlitt, *in* D. Buxtehudes Werke VI, Klecken, Ugrino, 1935, n° 57 ; éd. séparée Kassel, BV, 1958, n° 481a.

J. Viret

« Lauda Sion Salvatorem », op. 73, hymne pour soli, chœur et orchestre de **Felix Mendelssohn-Bartholdy**, composé à Leipzig entre avril 1845 et févr. 1846, créé le 11 juin 1846 en l'église Saint-Martin de Liège pour célébrer le 600e anniversaire de l'institution de la → Fête-Dieu. (Mayence, Schott, 1847 ; durée : 26 min environ.)

L'église catholique Saint-Martin de Liège n'hésita pas à passer commande à un musicien israélite, de confession protestante, d'un ouvrage sacré en latin pour célébrer l'une des fêtes les plus importantes de l'année liturgique romaine. Non seulement Mendelssohn s'acquitta de sa mission avec une probité et une splendeur sans tapage, mais encore il exprima à travers le texte de Thomas d'Aquin une foi profonde, respectant dans l'Eucharistie le dogme de la transsubstantiation (« Dogma datur Christianis Quod in carnem transit panis »).

Un Andante maestoso orchestral introduit la proclamation solennelle du grand chœur initial, de structure ABA'.

Il s'enchaîne à un autre chœur, grave et pieux, aux admirables courbes vocales, *« Laudis thema specialis... »* (Comme thème de louange spéciale, c'est le pain vivant et vivifiant qu'on te propose aujourd'hui). Le soprano solo entonne avec décision *« Sit laus... »* (Que la louange soit pleine et sonore) dont chaque phrase est reprise par le chœur. Les voix d'hommes soulignent l'importance du jour où fut institué le repas eucharistique. Le verset suivant, *« In hac mensa novi Regis »* (A cette table du nouveau Roi), est confié aux solistes. Selon une technique qui lui est chère, Mendelssohn fait entrer deux voix de femmes, puis deux voix d'hommes, avant de les réunir. Le verset de la transsubstantiation, *« Docti sacris institutis »* (Instruit par ses ordres saints), est traité en un choral digne et pieux.

Les bois préparent délicatement l'entrée du mezzo-soprano, *« Caro cibus... »* (La chair est une nourriture). La dernière section, la plus développée et la plus contrastée de la partition, possède un souffle dramatique et une ferveur dignes des meilleures pages d'→ *Elias*. Les chœurs chantent fermement à l'unisson, puis à 4 voix : *« Sumit unus, sumunt mille »* (Un seul reçoit, mille le reçoivent), puis une solennelle fanfare de cuivres alterne avec l'affirmation de la présence du Christ dans chaque parcelle de l'hostie, *« Fracto demum sacramento »* (Si l'on divise le sacrement). Solistes et chœur alternent également dans l'*« Ecce panis... »* (Voici le pain des anges), très recueilli, sur le thème initial du *« Lauda Sion »*. Mendelssohn parvient à hisser l'ensemble jusqu'à un pur joyau, *« Bone pastor... »* (Bon pasteur, pain véritable) soutenu par des guirlandes des cordes et des pizzicatti des graves. L'œuvre, inspirée par les modèles italiens de Caldara, de Pergolèse ou de Jomelli, s'achève sur un bref « Amen » apaisé. Par sa piété, par la clarté et la richesse de son écriture, tant vocale qu'instrumentale, elle est à mettre sur le même plan que le *Requiem* de Fauré ou le *Te Deum* de Bruckner.

Bibliographie — C. Bellaigue, Mendelssohn, Paris 1907, 2/1920 ; B. L. Richmond, Mendelssohn, Bruxelles 1944 ; E. Werner, Mendelssohn. A New Image of the Composer and his Age, Londres 1963, trad. all. Fribourg-en-Br. et Zurich, Atlantis, 1980 ; Ph. Radcliffe, Mendelssohn, Londres, Dent, 1967, 2/1978.

Chr. Goubault

« Laudate Dominum de coelis » (Louez le Seigneur du haut des cieux), Ps. 148, « motet à grand chœur arrangé dans le Concerto du Printemps de Vivaldi par Mr Corette » (Paris, BN, Rés. F 902). Ce titre insolite témoigne du succès du concerto *Le Printemps*, devenu si célèbre à Paris que **Michel Corette**, expert en transcriptions de toutes sortes, le déguisa en grand motet, sans doute à l'intention du Concert Spirituel où le concerto était joué régulièrement ; mais il n'y a pas de preuves que le nouveau grand motet ait été chanté à Paris. La publication du *« Laudate Dominum »* pour 3 solistes, chœur à 5 voix et orchestre (avec fl., htb., bassons et cors) en partition gravée en 1766 « chez l'Auteur » est un fait rarissime qui prouve le succès de cette inhabituelle « collaboration ». Greffés sur la musique de Vivaldi, plusieurs passages sont de la main de Corette seul et s'intègrent parfaitement à l'ensemble.

Ainsi, **1.** l'*Andante* initial, pour voix de dessus (sop.), flûte et cordes, est un récit de style souple où la voix vocalisant sur « Laudate », dialogue avec le violon. Le chœur reprend le même texte ; 10 mesures Adagio de Corette puis le thème du *Printemps* apparaît. Le texte latin s'adapte au rythme jubilatoire de Vivaldi

et le programme du sonnet accompagnant le concerto coïncide étonnamment bien avec celui du psaume, d'une charmante poésie agreste. La finesse de Corette réside dans l'art d'enlacer les lignes du violon solo et du dessus chantant. Là où l'orage grondait, « Ignis, grando, nix, glacies » (Feu, neige et glace) déferlent, lancés par « les flûtes et hautbois comme les dessus chantant » pour « exécuter la parole de Dieu » sur les trémolos des cordes appuyées par les deux cors que Corette a ajoutés conformément au goût de son temps. La cadence de la voix soliste, traitée dans le style des concertos préclassiques, porte également la marque de son temps. **2.** Dans le Largo, Corette ajoute un violoncelle et un basson à la « musique de sommeil » de Vivaldi qu'il conserve intégralement pour suggérer « montes et omnes colles, ligna fructifera » (montagnes, collines et arbres fruitiers) ; la voix de haute-contre mariée à la flûte décalque le dessin mélodique du violon qu'elle remplace. Au retour du thème, le chœur reprenant le texte du « Laudate » précédent se superpose au soliste ; on atteint ici un degré de concentration extrême des moyens et de l'expression, renforcée par l'atmosphère recueillie de la coda ajoutée par Corette. **3.** L'*Allegro pastorale* est une délicate création de Corette, même s'il doit son titre et son rythme à 12/8 au *Concerto per la notte di Natale* de Corelli, favori des auditions du Concert Spirituel depuis sa fondation en 1725. Le récit de dessus chante « Juvenes et virgines... » (Jeunes gens et jeunes filles, tous louent le nom du Seigneur).

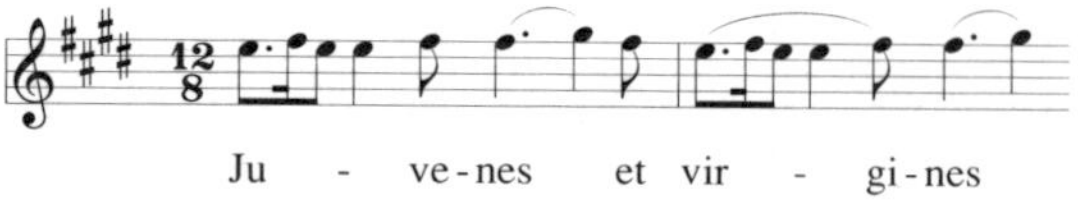

A la redite, les hautbois et bassons préparent le retour du troisième mouvement du *Printemps* ; les cors absents depuis la fin du premier mouvement entrent dans la danse avec le tutti. Pour respecter le texte de Vivaldi, Corette se voit dans l'obligation de faire dialoguer en solistes le dessus et la basse en un duo tout à fait inaccoutumé dans le grand motet, tandis que le chœur continue à tenir la place de l'orchestre. La conclusion, du pur Vivaldi (avec paroles), se fait par tout le chœur et l'orchestre.

Rééditions modernes — Par J. Havard de La Montagne, Paris, Costallat, 1976.

B. Lespinard

« Laudate Dominum, omnes gentes » (Louez le Seigneur, vous toutes les nations), motet à 4 voix de **Pierre de La Rue**, sur le texte du bref Psaume 116 (117), dont le manuscrit est conservé à la bibl. de Kassel.

Le psaume tout entier exprime un élan de louange vers le Seigneur, rendu ici par un mouvement mélodique et rythmique très simple.

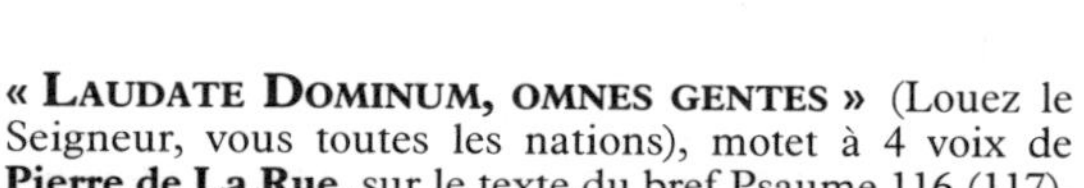

Cette idée sera multipliée par l'écriture canonique des trois voix supérieures, imitées plus librement par la basse, ainsi que par plusieurs reprises musicales. Les entrées successives partent sur *la* à la voix supérieure, sur *mi* à la voix d'altus, puis sur *la* au ténor tandis que les phrases musicales tombent sur des accords de *la* ou de *ré*. Pour le second verset, « Quoniam confirmata », le chant adopte un rythme plus vif et une tessiture plus élevée, montant à *do* 4 ; les cadences tombent alors sur *sol* ou *do*. Le premier verset revient ensuite avec le thème principal. Enfin le « Gloria Patri », où quelques paroles ont été ajoutées au texte liturgique, donne une version plus aiguë, plus pimpante, de la même idée rythmique. Le chant s'élève jusqu'au *ré* 4 avant de terminer par une cadence parfaite sur *ré* sous la forme d'une octave à vide. L'œuvre ressemble beaucoup à une chanson de la Renaissance où chacune des entrées canoniques est bien mise en lumière par les silences d'une polyphonie allégée, translucide.

Éditions modernes — Par N. Davison, *in* Chw., n° 91, Wolfenbüttel, Möseler, 1962.

M. Brunerye

Laudate Dominum omnes gentes octo vocibus et totidem instrumentis (Nations, louez toutes le Seigneur, pour 8 voix et un pareil nombre d'instruments), grand motet de **Marc-Antoine Charpentier** (H 223), sur le texte du Psaume 116 (117), pour 2 sop., 2 hautes-contre, 2 ténors et 2 basses soli, 2 chœurs à 4 voix (S HC T B), 2 fl. à bec, 2 orchestres de vl., 2 parties d'alto, basses de vl. et b.c. (orgue, basse de vl.), composé vers 1690-1700. (Durée : 7 min environ.)

C'est la plus magnifique des six versions de Charpentier du plus court des psaumes (2 versets), probablement composée pendant les dernières années du musicien à la Sainte-Chapelle de Paris. La brièveté du texte a constitué un défi pour de nombreux compositeurs et cette œuvre permet une comparaison fascinante avec celle, totalement différente mais non moins mémorable, qu'écrivit Mozart un siècle plus tard, dans les → *Vesperae* KV 339. La brillante solution de Charpentier permet aux voix et aux instruments de se déployer dans une tapisserie sonore complexe et à l'intérieur d'un plan formel symétrique impressionnant. Huit solistes (4 suffisent pour l'exécution), deux chœurs et deux orchestres sont employés dans ce psaume qui est précédé et suivi par des symphonies orchestrales et auquel s'ajoute un *« Gloria Patri »* plus long et plus complexe dans ses parties vocales que le psaume lui-même. Une autre caractéristique inhabituelle qui accroît la rigueur structurelle est le retour à deux reprises, pendant le *« Gloria Patri »*, du premier motif du prélude et du psaume (*« Laudate »*). Le choix du ton, *si* ♭ maj., recouvre exactement la définition qu'en donne le compositeur dans ses *Règles de composition*, où il le décrit comme « magnifique et joyeux ». Qu'il n'ait pas suivi en toutes circonstances ses propres définitions peut être remarqué à propos de la → *Messe « Assumpta est Maria »*.

Dans le prélude introductif de 30 mesures, l'orchestre fonctionne comme un ensemble unique à 4 voix malgré de fréquents interludes pour les deux « violons et flûtes seuls ». Le psaume proprement dit commence avec les mêmes éléments, d'abord par l'incise mémorable, d'une simplicité désarmante, sur « Laudate », qui jouera un rôle important dans toute l'œuvre. Puis, avec le second motif en doubles croches qui dans le prélude avait donné aux instrumentistes solistes la première occasion de se manifester, elle est confiée à un trio de soprano, haute-contre et basse avec basse continue **A**. Dans le second verset, *« Quoniam confirmata est... »* (Car puissante est sa

A Laudate Dominum omnes gentes octo vocibus et totidem instrumentis

grâce), la panoplie complète de deux chœurs et orchestres est déployée, avec un dialogue entre eux, illustration rythmiquement alerte du texte en style homophonique, fondée sur plusieurs motifs dont le plus persistant est le premier.

Les deux groupes alternent, se chevauchant parfois, et coïncident brièvement à trois reprises. Il se produit ainsi de fréquents changements de texture pendant l'espace de 33 mesures, jusqu'à ce que les orchestres se réunissent en une conclusion de 11 mesures.

Le *« Gloria Patri »* commence, comme le psaume lui-même, par un trio de soprano, haute-contre et basse, dans une mesure à trois temps joyeuse et avec un mouvement continu de croches, un procédé fréquemment employé pour illustrer « la gloire » dans les mises en musique de ce texte à cette époque. Comme dans le psaume, le second verset est à nouveau l'occasion d'un changement frappant de texture, avec le texte attribué aux deux chœurs accompagnés par les deux orchestres. La ressemblance s'arrête bientôt car, après cinq mesures seulement, un trio de haute-contre, ténor et basse intervient avec le motif du « Laudate » par lequel le psaume avait commencé, cette fois-ci en *mi* ♭ majeur. Le tutti revient à « et nunc et semper » mais est bientôt de nouveau interrompu par l'irruption de l'« Amen » au tutti, fondé sur un motif fait d'une brève figure syncopée qu'accompagne une série de doubles croches s'achevant par un saut d'octave descendant.

Ce thème fournit les éléments d'un brillant chœur de conclusion. Mais au milieu de cette péroraison se place une dernière intervention, cette fois-ci d'un trio semblable à celui par lequel commençaient le psaume et le *« Gloria Patri »*, qui se contente de répéter le mot « Amen ». Ainsi, une forme très satisfaisante est donnée à l'ensemble, un essai remarquable dans l'emploi de quelques éléments, destinés à des effectifs nombreux, pour produire un kaléidoscope de couleurs instrumentales et vocales, spectaculaire effusion « magnifique et joyeuse », tout cela dans l'espace de quelques minutes seulement.

Éditions modernes — Par H. W. Hitchcock, Vienne, UE, 1972.

Bibliographie — Voir celle de l'art. *Messe de minuit de Noël.*

L. Sawkins

Laudes de saint Antoine de Padoue, chœurs d'hommes a cappella, de **Francis Poulenc**, sur des textes latins de saint Antoine de Padoue, composés entre 1957 et 1959 (Paris, Salabert, 1959 ; durée : 7 min environ.)

1. *« O Jesu »* (O Jésus), d'une grande unité motivique, se distingue par sa texture recherchée et le raffinement sonore des quatre dernières mesures où ténors I et basses enserrent le faux-bourdon des ténors II et bar. I et II. **2.** *« O proles »* (O enfants) oppose à une récitation psalmodique « recto tono » une courbe mélodique bien dessinée. L'ensemble est essentiellement à 3 voix, excepté dans l'introduction à 2 voix et la cadence finale à 5 voix. **3.** *« Laus Regi »* (Louange au Roi) se présente en deux sections qui procèdent chacune par amplification de la texture : 1, 2 et 4 voix pour la première ; 1, 3 et 4 voix pour la seconde. Ce numéro s'achève par une coda à 3 voix avec cadence à 6 voix. **4.** *« Si quaeris »* (Si tu demandes) se divise en 3 sections. La première, à 2 et 3 voix, donne le matériau musical (A1 et A2) que l'on retrouve, varié, dans la deuxième, à 4 voix, s'achevant sur la doxologie proclamée à 5 voix. La 3e section, à 4 voix, inverse les motifs ; elle débute avec A2, qui s'enchaîne au motif de baryton présent dans A1, puis conclut sur une cadence avec 7e ajoutée, précédée d'une oscillation harmonique caractéristique du langage de Poulenc.

L'année 1959 voit le retour du compositeur à la musique religieuse avec le → *Gloria* et ces *Laudes*. Prières quotidiennes marquées par le calme et la ferveur, elles gardent ici leur brièveté et leur sobriété mais acquièrent une certaine dimension dramatique par l'usage de soli, de variations de texture, d'une harmonie instable, parfois chromatique, d'une mélodie disjointe et de nombreux changements de mesure. Les doublures et le travail sur la densité chorale sont typiques de l'écriture vocale de Poulenc, comparable à une technique d'orchestration. Les *Laudes* forment une des contributions les plus originales du compositeur au domaine du chant choral. Le style, qui se veut à la fois raffiné et simple, réussit l'équilibre entre un langage empreint de modalité, aux allures frustes ou même âpres, et un art tout en subtilités harmoniques (chaque numéro se termine par un accord instable).

Bibliographie — Voir celle de l'art. *Sept Répons des ténèbres.*

H. Lacombe

« Laudibus in sanctis » (Louez Dieu dans son sanctuaire !), motet à 5 voix, de **William Byrd**, publié pour la première fois en 1591. Il traite le texte du Psaume 150 sous la forme d'une paraphrase anonyme en vers élégiaques latins, construite comme un sonnet. Bien qu'il s'agisse d'un motet relativement bref selon les normes de Byrd, il se compose de trois parties correspondant à chaque quatrain et aux deux tercets du sonnet.

Respectant la nature néoclassique du texte, Byrd a composé une œuvre fortement rythmée dans laquelle les syllabes accentuées et non accentuées sont fréquemment rendues par des notes respectivement longues et brèves. Sans nul doute les modèles de Byrd étaient-ils plus continentaux qu'anglais : l'idée de faire revivre la déclamation quantitative des Grecs et des Latins peut être rattachée aux compositions humanistes du début du XVIe s. et trouve son apogée dans des monuments renaissants aussi tardifs que l'→ *Edipo tiranno* d'A. Gabrieli et la musique mesurée à l'Antique de Cl. Le Jeune. En Angleterre cependant, rien de tel n'avait été écrit auparavant. Même pour Byrd, il s'agit d'une expérience et le seul compositeur qui semble avoir porté intérêt à développer ce style est Th. Campion. Reconnaissant peut-être la stérilité potentielle de ce traitement quantitatif du texte, Byrd le mêle à sa technique imitative normale. Le résultat en est un hybride séduisant, parfois bizarrement irrégulier en ce qui concerne le mètre et la structure de la phrase, ailleurs fortement rythmé de manière plus conventionnelle.

Bien que ce motet soit de nos jours fréquemment chanté par des chœurs, la délicatesse de sa musique convient mieux à des voix solistes. De fait, comme pour la plupart de la musique sacrée de Byrd, il est improbable qu'il ait été chanté dans les églises du vivant du compositeur ; au lieu de cela, il dut servir de musique de chambre lors de récréations pieuses.

Rééditions modernes — Par A. Brown, *in* The Byrd Edition III, Londres, Stainer & B., 1981.

Bibliographie — J. Kerman, The Masses and Motets of W. Byrd, Londres, Faber, 1981.

J. Milsom

« L'AULTRE D'ANTAN, L'AULTRIER PASSA », rondeau à 3 voix, de **Johannes Ockeghem**. Deux des 6 sources où l'on trouve cette chanson l'attribuent explicitement à Ockeghem : le Chansonnier Casanatense (Rome) et le → Chansonnier Mellon. Dans un autre manuscrit (Bologne Q 16), cette pièce, sans texte, porte un titre typique des musiques de conception instrumentale, *La Trentana.*

Il s'agit pourtant bien d'un rondeau : dans le Chansonnier Mellon, le texte est chanté par deux des trois voix, ténor et supérius souvent en imitations courtes, auxquelles le contraténor s'associe exceptionnellement. Le caractère en est alerte et vif, souvent syllabique et rythmique, dans l'esprit du texte riche en jeux de mots et de sonorités : « L'aultre d'antan, l'aultrier passa / Et en passant me tresperça / D'ung regard forgié a Melan / Qui me mist en l'arrière ban / Tant maulvais brassin me brassa. / L'aultre d'antan, l'aultrier passa. » Le thème, amoureux, est distancié par le registre narratif de la pastourelle, à laquelle l'incipit (*« L'aultre d'antan »*) fait explicitement référence, que la métaphore guerrière prolonge avec humour. D. Plamenac a voulu associer ces images avec un usage (allusif) du matériau mélodique de → *« L'homme armé »*, qui reste discutable. Toujours est-il qu'une telle œuvre, poétiquement et musicalement, introduit dans l'univers raffiné de la chanson courtoise un style nouveau dont l'école parisienne se souviendra au début du XVIe siècle. La reprise finale, en refrain, du vers incipit de ce rondeau cinquain ajoute au caractère dansant que lui confère aussi la mensuration ternaire. Déjà, à l'époque, les théoriciens (Tinctoris dans *Proportionale musices* et Gaffurius dans *Practica musicae*) discutèrent de son interprétation, témoignage de son succès.

Éditions modernes — Par E. Droz, G. Thibault et Y. Rokseth, *in* Trois Chansonniers français du XVe s., Paris 1927, rééd. en facs. Genève, Slatkine, 1976 ; par L. L. Perkins et H. Garey, The Mellon Chansonnier, New Haven et Londres, Yale Univ. Press, 1979.

Bibliographie — D. Plamenac, Miszellen, *in* ZfMw XI, 1929 ; H. M. Brown, The genesis of a style : the parisian chanson, 1500-1530, Cambridge (Mass.) 1964.

J.-P. Ouvrard

« L'AULTRE JOUR PAR UN MATIN », chanson anonyme à 3 voix du XVe s., contenue dans le → Chansonnier cordiforme, véritable emblème de la chanson courtoise. Il s'agit d'une ballade de 3 strophes sur le schéma classique de la vieille pastourelle : « L'aultre jour, par un matin / Esbatre m'en alloye / Rencontray en mon chemin / Pastoure simple et coye. » L'argument, associé à la présence du personnage de Robin (ou Robinet), ainsi que l'accessoire obligé du pastoureau qu'est le flageolet, ici manifestement à double sens, donnent à cette chanson une saveur populaire que souligne le rythme enlevé du ternaire de la proportion triple. Le refrain final de la ballade ne fait qu'ajouter à ce parfum de terroir en évoquant dans ses onomatopées, la trihory, connue pour être une danse vive de Bretagne : « La triory, la virredon falory dondaine ». Ce refrain, d'abord chanté en ternaire à la suite de la strophe, est aussitôt repris varié dans le binaire rapide de la proportion double. Malgré le caractère populaire évident, passablement surprenant dans un chansonnier courtois vers 1470, l'élaboration polyphonique est, elle, tout à fait savante et ne dépare en rien au milieu des chansons courtoises de Binchois, Dufay ou Morton : ténor et supérius y forment un bicinium polyphoniquement indissociable, par leur rapport constant d'imitation. Le contraténor, en revanche, beaucoup plus indépendant, assure la plupart des articulations entre les phrases et complète « harmoniquement » le contrepoint, notamment dans les nombreux mouvements précadentiels en faux-bourdon, où il fait volontiers entendre la double sensible. Cette chanson, avec d'autres comme → *« L'aultre d'antan »* d'Ockeghem, et bien avant celles de Compère, témoigne des brèches ouvertes dans l'univers monochrome et aristocratique de la courtoisie : elle ouvre ainsi la voie aux chansons rustiques de la fin du siècle et, au-delà, à la chanson parisienne.

Bibliographie — G. Thibault, La chanson française au XVe s. de Dufay à Josquin des Prés (1420-1480), *in* Roland-Manuel (éd.), Histoire de la musique I, Paris, Gallimard, 1960 (avec transcr. d'un extrait).

J.-P. Ouvrard

« L'AUTRIER PAR UN MATINET (UN JOR...) », pastourelle attribuée au trouvère français **Moniot de Paris** par le copiste du Chansonnier de l'Arsenal, l'unique manuscrit qui nous livre sa musique. Malheureusement, on sait peu de chose sur le poète, sinon qu'il a dû vivre... à Paris au milieu du XIIIe siècle et que son petit nom serait Jehan. Quoi qu'il en soit, ce chant d'esprit popularisant est tout à fait caractéristique de la pastourelle française : un dialogue pittoresque entre un seigneur entreprenant et une jeune bergère, une « pastoure », dialogue dont on peut facilement imaginer quelles suites il peut avoir... Appartenant à un genre dialogué assez peu sophistiqué et souvent stéréotypé, des 4 pièces qui débutent par la même exorde, *« L'autrier par un matinet... »*, celle de Moniot de Paris possède le matériau mélodique le plus simple et le plus répétitif. S'adaptant à une strophe de 14 vers heptasyllabiques et à un refrain de 3 vers, le schéma de composition mélodique de cette pastourelle : ABAB ABABACACB'B'/DEF appelle la carrure de la danse. L'échelle limitée (une quinte) ne dépasse pas pour les éléments mélodiques B, C, B' et E, la tierce, et même la seconde pour D.

Th. Gérold l'a transcrite de façon mesurée, H. Van der Werf de façon rythmiquement neutre. J. Stevens, le dernier en date de ses transcripteurs, s'il suit la manière de Van der Werf pour la strophe, propose en revanche le court refrain aphoristique pourvu d'une mesure en 1er mode longue-brève, la relation directe qu'il suppose entre la pastourelle et la chanson à danser donnant une cohérence certaine à son hypothèse de transcription. En fin de compte, ici, comme souvent dans la lyrique médiévale, l'incomplétude des sources musicales fait sentir à l'historien son impuissance. Ne pourrait-on imaginer encore chanter cette mélodie suivant la carrure d'une danse « an dro » bretonne ou bien celle d'un rondeau gascon ?

Traduction — L'autre jour de bon matin, un jour de l'autre semaine, je chevauchai le long d'un petit bois quand bonne aventure me mène auprès d'un petit jardin sous le ruisseau d'une fontaine. J'aperçus en un petit pré une bergère qui était de belle constitution. Et à l'écart Robinet qui mène un grand tapage avait un pipeau (ou un chalumeau) et un flogeolet et jouait de ce dernier en soufflant doucement car pour Marguerite il est malheureux, elle qui est plus blanche que la laine. Refrain : Robinet chante et joue de la flûte de Pan et danse et crie et saute, en chantant il appelle Margot.

Moniot de Paris. Ms. K. fol, 193r, R.S. 965

Bibliographie — TH. GEROLD, La musique au Moyen Age, Paris 1932, pp. 126-127 ; G. RAYNAUD et H. SPANKE, Bibliographie des alt-französischen Liedes, Leyde 1955, n° 965 ; M. PASCALE, Le musiche nelle pastourelles francesi del XII et XIII secolo, *in* Annales de l'Univ. di Perugia XIII, 1975-76 ; H. VAN DER WERF, Trouvères-Melodien II, Kassel, BV, 1979, pp. 407-408 ; J. STEVENS, Words and Music in the Middle Ages. Song, Narrative, Dance and Drama, Cambridge, CUP, 1986, pp. 231-232.

G. LE VOT

« LAUT VERKÜNDE UNSRE FREUDE » (A haute voix proclame notre joie), cantate pour 2 ténors et basse soli, chœur d'hommes et orchestre, de **Wolfgang Amadé Mozart** (KV 623), sur un texte d'Emanuel Schikaneder, le librettiste de *La Flûte enchantée*, terminée le 15 nov. 1791. C'est la dernière composition achevée de Mozart. Elle fut écrite pour célébrer l'ouverture des nouveaux locaux de la loge maçonnique Zur gekrönten Hoffnung (A l'espoir couronné) à laquelle appartenait le compositeur. Après sa mort, les francs-maçons suscitèrent la publication de la cantate dont les bénéfices furent versés à la veuve de Mozart.

La cantate s'ouvre par un chœur, *« Laut verkünde »*, dans un mouvement Allegro et dans un *do* maj. des plus vibrant et des plus martial, comme Mozart en avait fait récemment l'emploi dans son opéra *La clemenza di Tito.* Un récitatif accompagné prépare le mouvement suivant, une aria expansive pour ténor, en *sol* maj., Andante, *« Dieser Gottheit Allmacht ruht nicht auf Lärmen »* (La toute-puissance de cette divinité ne repose pas sur du tapage). Un second récitatif accompagné conduit à un duo réfléchi pour ténor et basse, en *fa* maj., Andante, *« Lange sollen diese Mauern Zeuge unsrer Arbeit sein »* (Longtemps ces murs seront témoins de notre travail). La cantate s'achève dans la jubilation avec la reprise du chœur introductif.

Rééditions modernes — *In* W. A. Mozarts Werke, Leipzig, Br. & H., 1877-83, vol. IV/1 ; par FR. GIEGLING, *in* W. A. Mozart. Neue Ausgabe sämtlicher Werke, série I, vol. IV/4, Kassel, BV, 1957.

Bibliographie — O. DEUTSCH, Mozart : die Dokumente seines Lebens, gesammelt und erlaütert, Kassel, BV, 1961 ; H. C. ROBBINS LANDON, 1791, Mozart's Last Year, Londres, Thames and Hudson, 1988, trad. fr. Paris, Lattès, 1988.

D. WYN JONES

« L'AVEUGLÉ DIEU QUI PARTOUT VOLE NUD », chanson à 4 voix, de **Clément Janequin**, publiée à Paris, en 1551, par Nicolas Du Chemin. Elle appartient à la période parisienne de la production du musicien. En 1554, le même éditeur publiera, de Janequin lui-même, une messe parodie « ad imitationem moduli L'aveuglé Dieu ». **A. de Rippe**, le luthiste mantouan de la cour de France, met en tablature la chanson de Janequin (1552).

Le texte, un dizain de décasyllabes, développe dans un style tout à fait pétrarquisant une des nombreuses variations de l'« innamoramento » : « L'aveuglé Dieu qui partout vole nud / A laissé l'arc et les flèches aussi [...] / Et en a pris la corde sans merci / Dont il a faict et tendu unze laqs. » Janequin traite ce poème dans le moule formel habituel de la chanson, issu de la strophe de ballade, ici dans sa variante « arrondie » : ABABCD EFAB. De ce schéma particulièrement économe, les vers centraux émergent tout naturellement. Janequin y souligne en particulier le début du vers 7, déjà poétiquement marqué par l'enjambement, signe d'une charge émotive exceptionnelle : « Dont il a faict et tendu unze laqs / Plus dangereux et plus mortels, hélas. » Ce vers est déclamé de manière strictement homophone dans une métrique ternaire : sur les deux derniers mots, Janequin semble se plaire à déplacer les accents avant de suspendre le débit par un court mélisme du supérius et du bassus. Le choix de la notation noire (hémiole) pour ce passage ternaire semble bien appelé par le mot « mortels » qu'il connote graphiquement, comme on se plaira à le faire dans les madrigaux italiens et français. Après cette concentration d'effets, certes tout intimistes, le retour à la musique du début, amené habilement en tuilage (le ténor y pénètre telle une « flèche plus mortelle »), est perçu comme une résignation.

Rééditions modernes — Par M. CAUCHIE, *in* Cl. Janequin. Trente Chansons à 3 et à 4 voix, Paris, Rouart-L. [Salabert], 1928, et *in* Les Concerts de la Renaissance, Paris, Salabert ; par A. TILLMAN-MERRITT et FR. LESURE, *in* Cl. Janequin. Chansons polyphoniques V, Monaco, L'Oiseau-Lyre, 1969.

J.-P. OUVRARD

« LA VOLUNTÉ SI LONGTEMPS ENDORMIE », chanson à 4 voix, de **Pierre Sandrin**, publiée deux fois de suite à Paris, par P. Attaingnant la même année 1543, dans deux éditions successives du *Quatorzième Livre...* Dans la première, elle est suivie d'une réponse, qui en reprend le dernier vers (« Vive sera »), mise en musique par E. du Tertre. Le texte, anonyme, est un huitain de décasyllabes : comme tel, il est mis en musique selon le moule formel traditionnel de l'ancienne ballade, ici dans sa variante arrondie : ABABCDAB.

La polyphonie est principalement note contre note, animée de nombreux mélismes, dans un style très proche des chansons de Cl. de Sermisy. Les phrasés mélodico-rythmiques, avec leur distinction caractéristique des deux hémistiches du décasyllabe, sont également typiques des chansons parisiennes.

Cette chanson semble avoir eu une faveur particulière auprès des instrumentistes qui sont nombreux à la mettre en tablature, soit pour le luth (**M. de Barberiis**, 1549 ; **A. de Rippe**, 1554), soit pour la guitare (**G. Morlaye**, 1552 ; **S. Gorlier**, 1551). Les maîtres à danser, quant à eux, en ont repris le supérius pour en faire une basse-danse dont Attaingnant publie une version « en musique à quatre parties » dans le *Second Livre de danceries* (1547). On retrouve aussi cette chanson dans le répertoire protestant des chansons spirituelles : S. du Bosc et G. Guéroult la publient à Genève en 1555 (*Tiers Livre...*), après en avoir « changé la verbe lubrique en lettre spirituelle et chrestienne » (« Ta volunté, O Seigneur Dieu »).

Rééditions modernes — Par A. SEAY, *in* P. Sandrin. Opera omnia, CMM 47, Amer. Inst. of Musicology, 1968.

J.-P. OUVRARD

LAY DE BONNE ESPÉRANCE, de **Guillaume de Machault**, voir « VOIR DIT ».

LAY DE CONSOLATION, attribué à **Guillaume de Machault**, et conservé dans le Ms. Paris, BN, fonds fr. 9221 (= Machault E), f° 125v-126r, qui avait appartenu au duc de Berry. Fr. Ludwig et L. Schrade en donnent des versions monodiques, mais R. Hoppin pense qu'il s'agit d'un lai polyphonique, car les deux moitiés de chacune de ses strophes comportent des mélodies différentes, tandis que les lais traditionnels répètent la même mélodie. Selon Hoppin, pendant qu'une voix chante la première demi-strophe, l'autre chante la seconde, de telle façon qu'il en résulte une composition à deux voix. Leur rythme, parfois identique, se conjugue sans aucune difficulté. Le résultat harmonique est logique, avec des phrases qui finissent par une tierce ou une quinte à l'ouvert, et par une quinte ou un unisson au clos. Hormis ce lai, Machault en écrivit trois autres polyphoniques, *Le Lay de la fonteinne* et *Le Lay de confort*, qui emploient la technique du canon, et *« En demandant »*, dont le procédé de composition est semblable à celui du *Lay de Consolation*. La structure de ces derniers est différente de celle du répertoire du lai ; M. Hasselman et T. Walker doutent de leur authenticité, car ils ne sont transmis que par le Ms. Machault E, pas toujours très fiable. Il peut s'agir aussi de deux œuvres de la dernière époque du compositeur. Le sujet du *Lay de consolation*, comme d'ailleurs de tout ceux écrits par Machault, est amoureux.

Éditions — Par FR. LUDWIG, *in* Guillaume de Machaut. Musikalische Werke IV, Leipzig, Br. & H., 1954 ; par L. SCHRADE, *in* Polyphonic Music of the 14th Cent. II, Monaco, L'Oiseau-Lyre, 1956 ; par R. HOPPIN, An unrecognized polyphonic lai of Machaut, *in* MD XII, 1958 (version polyphonique).

Bibliographie — A. MACHABEY, Guillaume de Machault (130?-1377) I, Paris 1955, p. 121 ; R. H. HOPPIN, voir ci-dessus ; du même, Notational Licences of Guillaume de Machaut, *in* MD XIV, 1960 ; M. HASSELMAN et T. WALKER, More hidden polyphony in a Machaut manuscript, *ibid.* XXIV, 1970 ; G. REANEY, Guillaume de Machaut, Londres, OUP, 1971, p. 32 ; R. H. HOPPIN, Medieval music, New York, Norton, 1978, pp. 408-409.

M. C. GÓMEZ

LAZARUS ODER DIE FEIER DER AUFERSTEHUNG (Lazare ou la Fête de la Résurrection), cantate de Pâques inachevée de **Franz Schubert** (D 689), sur un livret du pasteur de Halle, August Hermann Niemeyer, pour 3 sop., 2 ténors et basse soli, chœur et orchestre, composée en févr. 1820, créée à Vienne, en l'église Sainte-Anne, le 11 avr. 1830, soir du dimanche de Pâques. (Durée : 1 h environ.)

Le livret avait déjà été mis en musique par J. H. Rolle, mais il avait été modifié par son auteur en 1814 et c'est cette dernière version que Schubert a utilisée. Des trois épisodes qu'il comporte, Schubert n'a composé que le premier et un petit tiers du deuxième ; son autographe s'interrompt au milieu d'une aria et l'on ignore pourquoi cette œuvre, qui est en quelque sorte sa « symphonie inachevée vocale » (A. Einstein), a été interrompue ; les explications avancées ne sont guère convaincantes. L'inachèvement est d'autant plus regrettable qu'il s'agit non seulement d'une des œuvres les plus originales, mais aussi d'une des plus fortes de Schubert. L'épisode achevé raconte la mort de Lazare entouré de ses deux sœurs Marthe et Marie. Au moment où le désespoir de Marthe est à son comble, survient son frère Nathanaël qui rappelle que le Christ a affirmé la certitude de la vie éternelle. Ce que confirme la fille de Jaïre, qui était morte et que le Christ a ressuscitée. Le deuxième épisode commence par une scène qui se déroule près de la maison de Lazare ; elle dépeint l'incrédulité de Simon qui, en sa qualité de Saducéen, n'admet pas la résurrection. Nathanaël essaie de le convaincre et le conduit jusqu'au tombeau dans lequel Lazare va être inhumé.

On sait que les quelque 20 opéras de Schubert contiennent de belles pages du seul point de vue musical, mais qu'aucun n'est parvenu à faire véritablement carrière sur scène parce que tout le drame est dans la seule musique et que l'action scénique non seulement n'y ajoute rien, mais lui enlève quelque chose. Dans aucun de ses opéras, Schubert n'a atteint l'intensité dramatique de cette cantate de Pâques. La scène dans laquelle la fille de Jaïre raconte sa mort, son passage dans l'au-delà et son retour à la vie, est au moins aussi intense que le célèbre lied → *Gretchen am Spinnrade* sur le poème du *Faust* de Goethe, avec en plus une richesse de timbres que Schubert n'a réalisée dans aucune autre partition : l'écriture pour les vents, les cuivres notamment, présage déjà Wagner.

La structure, elle aussi, va dans le sens de ce que sera le drame musical. S'il y a encore une nette individualisation des pages chorales — comme l'admirable double chœur au moment de la mise au tombeau —, Schubert dépasse déjà la structure récitatif-air pour les fondre dans une unité inconnue jusque-là et les traiter avec une liberté extraordinaire. L'accompagnement de l'orchestre se transforme en véritable symphonie avec voix ; la richesse et la variété de l'écriture orchestrale n'ont plus rien de commun avec celles de l'accompagnato traditionnel. « Le premier acte, écrit quelques années avant *Euryanthe* et plusieurs lustres avant *Lohengrin*, prophétise déjà tout ce qu'auront à dire Lysiart ou Telramund » (A. Einstein). *Lazarus* fut donné pour la 1re fois en 1830 ; on tenta même une présentation scénique à Vienne pour le centenaire de la mort de Schubert (19 nov. 1928), mais c'est l'enregistrement sur disque qui a enfin permis à ce chef-d'œuvre de revenir à la grande place qu'il mérite au répertoire.

Rééditions modernes — *In* Fr. Schuberts Werke, Leipzig, Br. & H., 1884-97, vol. XVII/1.

Bibliographie — A. Einstein, Schubert, New York 1951, trad. fr. Paris, Gallimard, 1979 ; Br. Massin, Fr. Schubert, Paris, Fayard, 1977, pp. 890-893.

C de Nys

Lear, opéra en 2 parties, livret de Claus H. Henneberg d'après le drame de William Shakespeare, musique d'**Aribert Reimann**, créé à la Staatsoper de Munich, le 9 juil. 1978, avec Dietrich Fischer-Dieskau (Lear), Julia Varady (Cordelia), Colette Lorand (Regane), Helga Denesch (Gonerille), Rolf Boysen (le Fou), Werner Götz (Edmond), David Knuston (Edgar), sous la dir. de Gerd Albrecht. (Mayence, Schott, 1978 ; durée : 3 h environ.)

Livret — 1re Partie. Lear (bar.), roi de Bretagne un peu stupide, décide d'abdiquer au profit de ses trois filles : Gonerille (mezzo-sop.), duchesse d'Albany, Regane (sop. dramatique), duchesse de Cornouailles et Cordelia (sop. lyrique), courtisée par le roi de France et le duc de Bourgogne. Il partagera son royaume entre elles en fonction de l'exacte mesure de leur affection. Gonerille et Regane affirment à grands cris n'aimer que lui au monde, tandis que la vertueuse et dévouée Cordelia répond simplement qu'elle aime son père « comme la viande aime le sel ». Jugeant cette réponse plate insuffisante, Lear attribue la part de Cordelia à ses sœurs qui obtiennent ainsi chacune la moitié du royaume. Pour lui-même, le roi ne demande qu'une escorte de cent cavaliers. Le duc de Bourgogne (basse) ayant abandonné la partie, le roi de France (bar. lyrique) peut épouser Cordelia mais sans la moindre dot. Le comte de Kent (ténor), qui avait osé critiquer l'attitude injuste de Lear à l'égard de Cordelia, est banni. A peine ont-elles pris le pouvoir que Gonerille et Regane exigent non seulement que Lear mette tous ses serviteurs à la porte, mais lui refusent aussi l'escorte promise. Toutes les exhortations indignées du vieillard sont vaines. Lear, chassé de son palais, erre dans la campagne, essayant de trouver son chemin dans l'obscurité pendant qu'une tempête se déchaîne.

2e Partie. Le comte de Gloucester (basse) plaint le vieux roi et veut prendre son parti. Mais il est accusé de trahison par Edmond (ténor), son fils bâtard, qui voit là une bonne occasion pour se débarrasser d'un père qu'il exècre. Le duc de Cornouailles (ténor), croyant à l'accusation d'Edmond, fait crever les yeux de Gloucester, mais est tué à son tour par un partisan du comte. Edmond avait aussi calomnié son frère Edgar (haute-contre), fils légitime de Gloucester, l'accusant de vouloir assassiner son père. Pour fuir le courroux paternel, Edgar avait dû se réfugier dans une chaumière. Tourmenté par le remords, Lear, le cœur brisé, perd la raison. Errant dans les landes, il rencontre Edgar qui, sous un déguisement, conduit son père aveugle à Douvres. Aidé par le jeune homme, Lear les y accompagne et est accueilli affectueusement par Cordelia à laquelle il demande pardon. Gonerille et Regane se sont toutes deux prises de passion pour le redoutable Edmond, devenu duc de Gloucester après l'élimination de son père et de son frère. Gonerille décide de passer à l'action et veut se débarrasser de sa sœur et de son mari. Elle empoisonne rapidement celle-ci, mais l'assassinat du mari échoue et elle se suicide. Les Français ayant été vaincus, Cordelia est arrêtée par Edmond, qui ordonne aussitôt de la conduire à la potence et de la pendre, sous les yeux épouvantés de Lear qui meurt à son tour, terrassé par la douleur. Edmond, accusé de félonie, est provoqué en duel et tué par Edgar qui sera rétabli dans ses dignités, tandis que le duc d'Albany montera sur le trône de Bretagne.

Lear, troisième drame lyrique d'A. Reimann, remporta un très grand succès lors de sa création et fut repris aussitôt à Düsseldorf, Stuttgart et Vienne. Cette œuvre majeure bénéficie d'une musique de haute qualité technique qui renoue avec le théâtre expressionniste des années vingt, notamment avec *Wozzeck* d'A. Berg. La partition, très complexe, est fondée sur des séries dodécaphoniques, mais comporte aussi quantité d'éléments particuliers tels que clusters, effets de glissades d'accords, voire de collage d'accords, transposés d'un quart de ton plus bas. L'œuvre fait appel à un orchestre symphonique par trois où chacun des quarante-huit instruments à cordes possède sa propre partie, sa propre écriture, engendrant ainsi des surfaces sonores polyrythmiques évoluant presque imperceptiblement. Ces surfaces sonores sont mises en mouvement, selon l'aveu du compositeur, par un procédé particulier : « Stables, presque immobiles d'abord, elles commencent à vibrer tout doucement, comme l'annonce d'un tremblement de terre. » De cette manière, « la musique de Reimann entoure le texte de Shakespeare d'un halo sonore quasi narcotique » (H. Schmidt-Garre).

Bibliographie — W. E. von Lewinsky, A. Reimann. Ein Weg in die Freiheit, *in* Melos XXXVI, 1971 ; H. Vogt, Neue Musik seit 1945, Stuttgart, Reclam jun., 1972, pp. 450-451 ; H. Schmidt-Garre, compte rendu *in* Melos/NZfM, sept.-oct. 1978 ; M. Zimmermann, Porträt A. Reimanns, *in* NZfM, CXLII, 1981.

M. Kelkel

« Le bon roi Dagobert », chanson populaire française, certainement d'inspiration collective. Fort longue (23 couplets), elle présente le timbre d'une fanfare pour trompe de chasse. Elle n'est plus aujourd'hui qu'au répertoire de la chambre d'enfant, mais a vraisemblablement été composée à la fin du XVIIIe siècle. Devenue célèbre au moment de la première Restauration, où les royalistes la chantaient pour tourner Napoléon en dérision, elle fut interdite par celui-ci durant les Cent-Jours. Mais elle reprit une nouvelle popularité après Waterloo.

Dagobert, roi mérovingien (600-638), avait commandé un trône d'argent à un orfèvre, Éloi. Il en fut si satisfait qu'il prit ce dernier comme conseiller principal. Devenu évêque de Noyon, saint Éloi, patron de tous ceux qui travaillent les métaux, a inspiré l'une des plus célèbres chansons de salle de garde, *Les Trois Orfèvres.*

Bibliographie — Imagerie Pellerin, Épinal s.d. ; H. Davenson, Le Livre des chansons, Neuchâtel 1944 ; Le Bréviaire du carabin, Paris, Éd. musicales universitaires, 1977.

Fr. Vernillat

« Le ciel est par-dessus le toit », mélodie pour chant et piano, de **Déodat de Séverac**, sur un poème de Paul Verlaine, composée en 1900, dédiée à Paul Poujaud (Paris, Éd. mutuelle, [1904]).

Cette page (Lent, *la* ♭ min., 3/4) épouse tout entier le découpage poétique en 4 courtes strophes. Mais à la simple et monotone réitération mélodique, Séverac préfère le libre épanchement vocal qui suit mieux les mouvements de l'âme et confie au piano l'indispensable structure où transparaît le tripartisme de la forme lied.

Frontispice signé C. G. Röder, pour les *Lieder und Gesänge* de J. Brahms, composés en 1877.
Bibliothèque nationale, Paris.
Ph. © Bibl. nat.-Photeb.

Miniature extraite des *Heures à l'usage de Metz,* XVe siècle. Célébration de funérailles au cours de laquelle était chanté le « *Libera me* ».
Bibliothèque nationale, Paris.
Ph. © Bibl. nat.-Photeb.

Frontispice pour *Die Legende von der heiligen Elisabeth* de Fr. Liszt, créée à Budapest en 1865.
Bibliothèque nationale, Paris.
Ph. © Bibl. nat.-Photeb.

Lohengrin de R. Wagner, créé en 1850. Acte I : Elsa devant le roi Henri l'Oiseleur, et arrivée de Lohengrin. Oléographie de L. Morgari.
Recueil des estampes Bertarelli, château Sforza, Milan. Ph. Giancarlo Costa © Arch. Photeb.

Légende de la ville invisible de Kitèje de N. A. Rimski-Korsakov. Maquette de décor de N. Benois pour une représentation à la Scala de Milan en 1930.
Museo teatrale alla Scala, Milan. Ph. © Giancarlo Costa © by SPADEM, 1991.

Ainsi, l'interlude enchaînant les 3e et 4e strophes — judicieusement présent à cause du texte — est bien la réexposition du bref prélude dont les arpèges brouillés évoquent « une rumeur lointaine » et de nouveau « cette paisible rumeur-là ». Dès la fin du prélude — et logiquement présente dans la réexposition —, une seconde idée paraît. Au souple et régulier balancement de la palme, elle combine les quartes sénestres de cloches immatérielles. Sous les vers de la 2e strophe, Séverac renouvelle son accompagnement pianistique. Son dispositif annonce celui du *Chant de la terre* et d'*En Languedoc* pour piano. Une fois exhalé le chant plaintif de l'oiseau, lentement, sur deux accords de quinte augmentée, s'élève, comme psalmodiée, quasiment religieuse mais torturée, la supplication du poète et du musicien : « Mon Dieu, mon Dieu, la vie est là, simple et tranquille. » Cette 3e strophe est un des points culminants de la mélodie avec la grande interrogation de la strophe finale : « Dis, qu'as-tu fait, toi que voilà, de ta jeunesse ? » : longue descente par tons vers la sombre tonalité de *la* ♭ min. au grave du piano, affirmée pour la première et seule fois, mais dont la 9e ajoutée suspend tout le poème entre rêve et réalité.

P. Guillot

Leçons de ténèbres, voir Lamentations de Jérémie.

Leçons de ténèbres, de **Marc-Antoine Charpentier**, voir (Les) Neuf Leçons de ténèbres et Neuf Leçons de ténèbres.

Leçons de ténèbres, de **François Couperin**, 3 leçons « Pour le Mercredy » de la semaine sainte, écrites pour sop. (1re et 2e Leçon) ou 2 sop. (3e Leçon) et b.c. (précisée par l'indication [basse de] « viole et orgue » au début de la 2e Leçon), sans doute composées vers 1713-1715. (Paris, l'Auteur, Foucault, s.d. ; rééd. en facs. Paris, U.C.P., 1977.)

Dans sa préface, l'auteur offre la possibilité de transposer les pièces pour « toutes autres Especes de voix ». Il indique aussi que 6 autres Leçons manuscrites, destinées aux jeudi et vendredi saints, étaient prévues pour le même effectif ; elles sont aujourd'hui malheureusement perdues. Composées les premières, les 3 Leçons pour le vendredi (matines du samedi saint) avaient été écrites « a la priere des Dames Religieuses de Lxx. ou elles furent chantées avec succez ». Il ne semble pas faire de doute qu'il s'agisse du couvent de Longchamp, particulièrement connu pour l'activité de sa vie musicale. On ignore quelle suite fut donnée au projet de gravure des 3 Leçons du jeudi dont Couperin fait mention plus tard. On ne sait pas davantage si les Leçons du mercredi répondaient à une demande de l'abbaye de Longchamp bien qu'elles aient sans doute été composées dans le prolongement de la commande initiale.

Les lettres hébraïques qui ponctuent le texte (aleph, beth, etc.) sont traitées en vocalises d'une souplesse et d'une sensualité remarquables, grâce à la parfaite symbiose de l'ornementation rédigée en toutes notes et de la conception mélodique générale de la phrase. Entre les lettres hébraïques, les versets adoptent soit le style du récitatif expressif (*« Parvuli ejus ducti sunt... »*, Ses petits enfants ont été emmenés en captivité, 1re Leçon), soit celui de l'arioso (*« Quomodo sedet sola civitas... »*, Quoi ! elle est assise solidement la cité débordante de foule, ibid.) ; en outre, chaque Leçon comporte au moins une section composée comme un véritable air (*« Plorans ploravit in nocte »*, Sanglotante, elle a pleuré dans la nuit, ibid.). Fondé sur le tétracorde chromatique descendant et son renversement ascendant, l'air *« Recordata est Jerusalem... »* (Jérusalem s'est souvenue des jours de son affliction, 2e Leçon) est l'un des mouvements de passacaille les plus achevés du compositeur, comparable aux grandes lamentations qui figurent dans les opéras du XVIIe s. et aux « grounds » de Purcell exactement contemporains.

A la fin du règne de Louis XIV, les leçons de ténèbres jouissent d'un tel succès qu'elles sont parfois interprétées à la cour, hors de tout contexte liturgique. Celles de Couperin, qui sont à juste titre les plus renommées, appartiennent à la tradition des Leçons de M.-A. Charpentier (v. 1670-95, voir les art. *Les Neuf Leçons de ténèbres* et *Neuf Leçons de ténèbres*) et de M. Lambert (1689). Elles constituent un sommet de la musique religieuse de cette époque dont M.-R. Delalande a pu s'inspirer.

Rééditions modernes — Par P. Brunold, *in* Œuvres complètes de Fr. Couperin XII, Paris, L'Oiseau-Lyre, 1933, 2/ par K. Gilbert et D. Moroney, vol. V/2, Monaco, L'Oiseau-Lyre, 1985 ; par D. Vidal, Paris, Heugel, 1968, « Le Pupitre » n° 8.

Bibliographie — W. Mellers, Fr. Couperin and the French Classical Tradition, Londres 1950, 2/Londres, Faber, 1987, pp. 162-170, 323-330 ; P. Citron, Fr. Couperin, Trois Leçons de ténèbres, Paris 1958 ; L. Boulay, La 3e Leçon de ténèbres pour le mercredi saint de Fr. Couperin, *in* Musique et Liturgie n° 76-77, 1960 ; M. H. Wurtz, The sacred vocal works of Fr. Couperin (diss. Washington Univ. 1965) ; W. Mellers, Couperin and his Church Music, *in* MT CIX/1504, 1968.

D. Moroney

« Le content est riche en ce monde », chanson à 4 voix, de **Claudin de Sermisy**, faisant partie des *Chansons nouvelles en musique...* (Paris, Attaingnant, 1527). Elle est au nombre des quelques pièces de leur auteur qui connurent d'incessantes et nombreuses rééditions jusqu'au milieu du XVIIe s. (1644 à Amsterdam). Le texte expose en huit octosyllabes une véritable philosophie épicurienne du bonheur : « [...] Vivre chez soy, hors de soucy, / Estre amoureux non point transy / Et a tout doeul clore les yeulx, / Toujours gaillart faictes ainsi / Et vous vivrez cent ans de mieulx. » Claudin traite ce texte dans le moule formel issu de la strophe balladique, qu'il affectionne, en l'occurrence dans la version arrondie : ABABCDAB. L'écriture polyphonique est constamment en imitation, aucune des quatre voix n'en étant exclue. L'incipit dactylique (parfois dans sa variante anacrousique) y est très utilisé, associé à la triple répétition initiale du même degré, tous traits caractéristiques du style nouveau de la chanson parisienne.

Les nombreux réemplois qu'on en fait au XVIe s. témoignent de la popularité de cette chanson. Comme les rééditions l'attestent également, elle semble en particulier très appréciée dans les pays flamands : plusieurs polyphonistes, **Josquin Baston, Crepel** et **Susato**, en écrivent des paraphrases respectivement à 3, 6 et 5 voix, imités en France par **Certon** qui en publie une version à 6 voix (*Meslanges*, Du Chemin, 1570). Du côté des instrumentistes, Phalèse (1545) met en tablature de luth cette chanson de Claudin, suivant en cela la voie ouverte par Attaingnant qui, dès 1531, en avait publié une version pour les claviers (*26 Chansons* [...] *réduictes...*). On la trouve aussi pour le luth, en Italie par **Giovanni Maria**

Da Crema (1546) et même en Allemagne par **Hans Gerle** (1533) où elle se cache sous un titre allemand (*Ein Mutetlein*), ainsi que par **Drusina** (1556). En France, **Adrian Le Roy** en reprend le matériau thématique dans sa *Fantaisie première* du *Premier Livre de tablature de luth* (1551). Enfin, s'il est commun d'en trouver un « contrafactum » pieux sous la plume huguenote d'Eustorg de Beaulieu (*Chrestienne Resjouyssance*, 1546), il est plus étonnant de la trouver dans un manuscrit allemand (Regensburg, Proske M.S.A.R. 940/41) adaptée au texte luthérien *« Vater unser im Himmelreich »*.

Rééditions modernes — Par A. Seay, *in* P. Attaingnant. Transcriptions of Chansons for Keyboard, *in* CMM 20, Amer. Inst. of Musicology, 1961 ; par M. Honegger, *in* Chansons françaises, Paris, Éd. Ouvrières, 1963 ; par I. Cazeaux, *in* Cl. de Sermisy. Opera omnia IV, CMM 52, Amer. Inst. of Musicology, 1974.

Bibliographie — I. Cazeaux, The secular music of Cl. de Sermisy (diss. New York, Columbia Univ., 1961).

J.-P. Ouvrard

« Le cueur de vous ma présence désire », chanson à 4 voix, de **Claudin de Sermisy**, publiée pour la 1re fois en 1528 (Paris, Attaingnant, *34 Chansons...*). Elle utilise un texte de Clément Marot qui paraîtra ultérieurement dans l'*Adolescence Clémentine* (1532), suivi d'une seconde strophe, également un cinquain de décasyllabes.

Pour cette chanson, Sermisy fait un usage important de l'écriture en imitation dans une musique totalement continue. Paradoxalement, c'est parfois le supérius qui s'émancipe le plus de ces imitations, comme c'est le cas dans les deuxième et dernière phrases : il n'en apparaît que mieux comme la voix principale, ce que confirment différentes paraphrases issues de la polyphonie originale, à commencer par la version à 2 voix publiée par G. Rhau en 1545 (*Bicinia*) et attribuée à Sermisy. Les autres bicinia (Munich, Ms. 260, et Gardane, 1539) révèlent la même chose, ainsi que la version à 5 voix de **Nicolas** (*Mellange*, Paris, Le Roy et Ballard, 1572) et celle à 3 voix chez J. Moderne (*Quart Livre du Parangon*, Lyon 1539) qu'on peut supposer être une réédition du tricinium publié par Attaingnant dans le recueil, aujourd'hui perdu, de 1535 (*31 Chansons...*). Attaingnant, par ailleurs, publie aussi une tablature pour clavier de cette chanson (*25 Chansons* [...] *réduictes...*).

Rééditions modernes et bibliographie — Voir à l'art. *« Je ne fais rien que requérir »*.

J.-P. Ouvrard

« Le cueur est bon et le vouloir aussi », chanson à 4 voix, attribuée à **Claudin de Sermisy**. La seule source dont la table attribue ce titre à Sermisy (Attaingnant, *Premier Livre...*, 1535) est incomplète : on ne peut donc que conjecturer la concordance avec les versions anonymes des autres éditions qui nous en ont transmis la musique, au premier rang desquelles les *Chansons nouvelles en musique...*, de 1527 (Attaingnant). Son texte, un quatrain de décasyllabes, semble avoir quelque rapport avec le théâtre, bien qu'on n'en trouve aucune trace dans le répertoire des farces et sotties ; il affirme en tout cas l'optimisme de la compagnie des *Enfants sans souci*, que Marot a connue dans sa jeunesse : « Au fort sans deul et sans melancolie / Vivront tousjours les enfants sans souci. ») Il est probable que les maîtres à danser s'étaient emparés de cette musique pour en faire une basse-danse, si l'on en croit Rabelais qui la cite au *Cinquiesme Livre*, à la suite de J. Moderne (*Plusieurs Basses-Dances*) : il en subsiste d'ailleurs une version pour luth dans les *Dixhuit Basses-Dances...* éditées par Attaingnant (1530), ainsi qu'un autre pour 4 instruments dans les *Danceries* de Susato (1551). Les autres versions instrumentales sont de simples mises en tablature, pour les claviers (Attaingnant, *19 Chansons...*, 1531) et pour luth (Phalèse, 1545).

La polyphonie que l'on possède adopte le schéma ABCA, typique des quatrains mis en musique par Sermisy. Les deux phrases extrêmes y occupent une place importante en développant une série d'imitations sur le motif initial, caractérisé par sa quinte ascendante finale. Les phrases centrales, plus sobres, n'en continuent pas moins le même jeu d'imitations, d'où le ténor émerge particulièrement, d'abord syllabique avant de souligner le mot « deul » d'un superbe mélisme.

Rééditions modernes — Par W. Brennecke, *in* Carmina germanica et gallica, Kassel, BV, 1955 ; par A. Seay, *in* P. Attaingnant. Transcriptions of chansons for keyboard, CMM 20, Amer. Inst. of Musicology, 1961 ; par I. Cazeaux, *in* Cl. de Sermisy. Opera omnia IV, CMM 52, Amer. Inst. of Musicology, 1974.

Bibliographie — I. Cazeaux, The secular music of Cl. de Sermisy (diss. New York, Columbia Univ., 1961) ; H. M. Brown, Music in the french secular theater 1400-1550), Cambridge (Mass.) 1963.

J.-P. Ouvrard

Légende de la ville invisible de Kitèje et de la vierge Févronia (*Skazamie o Nevidimom gradje Kitež i djevje Fevronij*), légende musicale en 4 actes et 6 tableaux, livret de Vladimir Ivanovitch Bielski d'après le *Manuscrit de Kitèje* et 2 légendes (*La Ville invisible* et le *Dit sur la sainte Févronie de Mourom*), musique de **Nicolaï Andreïevitch Rimski-Korsakov**, composée à Saint-Pétersbourg, Krapatchoukha et Vetchascha, entre le printemps 1903 et la fin de l'été 1904, créée à Saint-Pétersbourg, au Théâtre Mariinski, le 20 févr. 1907, avec M. N. Kuznetsova (Févronia), A. M. Labinski (le prince Vsévolod), I. V. Ershov (Grichka Koutierma), Filippov (le prince Youri), I. I. Zabela (un oiseau du paradis), Charonov, sous la dir. de F. Blumenfeld. L'ouvrage fut donné pour la 1re fois à l'Opéra de Paris (version de concert), le 6 juil. 1926, puis au Théâtre des Champs-Élysées le 19 févr. 1929 et à l'Opéra-Comique le 6 mars 1935. (Durée : 3 h 10 min environ.)

Livret — L'action se déroule en l'an 1751. — Acte I. Une forêt près de la Volga, aux abords de la ville de Kitèje-la-Mineure, en été. Sœur d'un bûcheron, Févronia (sop.) porte secours à un chasseur blessé. Séduit par sa beauté et sa candeur, l'inconnu lui demande de devenir sa femme et de le rejoindre à la ville. Lorsqu'il est parti, Févronia apprend que son fiancé est Vsévolod Youriévitch (ténor), fils du prince Youri (basse) qui règne à Kitèje.

Acte II. La place du marché à Kitèje-la-Mineure. Conduit par l'écuyer de Vsévolod, Fédor Poïarok (bar.), le cortège de Févronia arrive à la ville. L'ivrogne Grichka Koutierma (ténor) excite la rancœur du peuple qui regrette que le prince épouse une paysanne. Les guerriers tartares et leurs chefs, les khans Bediaï (basse) et Bouroundaï (basse), envahissent la cité et capturent Févronia. Sous la menace de la torture, Grichka révèle le passage qui conduit à Kitèje-la-Grande. Févronia prie Dieu de rendre Kitèje et ses habitants invisibles.

Acte III. 1er Tableau. Kitèje-la-Grande, la place de la cathédrale. Le peuple attend l'assaut et prie pour que le Seigneur sauve la ville. Fédor Poïarok, qui a échappé aux atrocités de Kitèje-la-Mineure, affirme que Févronia a trahi en dévoilant le secret du chemin qui conduit à la ville haute. Un miracle se produit : la cité devient invisible. Mais Vsévolod et ses soldats périssent au combat. — 2e Tableau. N'apercevant plus Kitèje, les Tartares croient que Grichka les a trompés. Févronia le délivre. En approchant du lac sacré, les Tartares voient la ville se refléter dans les eaux ; ils s'enfuient devant ce prodige.

Acte IV. 1er Tableau. Une forêt. Grichka devient fou. Il demande à Févronia de lui apprendre à prier la terre. Ayant cru voir le diable, il prend la fuite. Des cierges s'allument aux branches des arbres ; des fleurs merveilleuses poussent du sol. Févronia agonise tandis que des oiseaux du paradis chantent l'avènement de la « joie suprême » et qu'apparaît le spectre de Vsévolod guidant la jeune fille vers la cité sainte. — 2e Tableau. Kitèje-la-Grande brille en pleine lumière. Févronia et le spectre de Vsévolod entrent dans la cathédrale de l'Assomption pour des noces mystiques. « Point de larmes ni de peines : ici règne l'allégresse sans fin. »

Le texte du livret date de la même époque que celui de la → *Légende du tsar Saltan.* Il constitue un document poétique de première valeur, établi par Bielski d'après un ensemble de sources, dont le *Manuscrit de Kitèje* découvert par M. Meledine et publié par Kireyevski. A côté de Févronia, vierge et sainte, à la douceur de colombe et à l'amour infini, Bielski imagine les personnages du prince Vsévolod, beau, vaillant, courageux, de son père, le vieux prince régnant Youri, désespéré par le sort qui attend Kitèje-la-Grande attaquée par les hordes tartares, et surtout de Grichka Kutierma (qui signifie confusion), le buveur, le suppôt de Satan, personnage railleur qui se détache du peuple, trahit, dénonce, se repent, devient fou et disparaît à jamais. Bielski a fait remarquer que l'absence caractérisée d'action dramatique est voulue, le développement psychologique lui semblant aussi important que les phénomènes extérieurs de l'action dramatique.

Dans cet opéra, sans doute le plus russe de Rimski-Korsakov, le peuple, montré dans ses aspects les plus divers, joue un rôle considérable : il est la conscience collective. L'acte II est l'acte populaire par excellence, avec son montreur d'ours, ses bourgeois, ses badauds, mendiants et paysans. Le compositeur utilise alors des mélodies archaïsantes comme celle du récit du barde, des danses russes et des tournures caractéristiques dans la chanson dansée de Grichka *« Bratcy, prazdnik u nas »* ou dans le chant des jeunes filles accompagné par les « domry » (cithares). Les Tartares sont caractérisés par l'intervalle de triton (*mi* ♭ - *la*) et des accords de 7e diminuée. Le peuple entonne également des hymnes syllabiques inspirés par la liturgie orthodoxe, autre composante de cet opéra fascinant. Au cours de l'acte III, les princes et le peuple se prosternent, implorent la Vierge secourable pour qu'elle voile la ville d'une poudre d'or (« Vierge sainte, douce souveraine »),

thème repris a cappella en exposition de fugue.

Le dernier tableau de l'œuvre est celui de la ferveur mystique : un *Parsifal* russe, avec son carillon **A** pendant *L'Ascension vers la ville invisible* qui constitue le 2e entracte symphonique de la partition, le 1er étant la fameuse *Bataille de Kerjenetz* entre le 1er et le 2e tableau de l'acte III. Ce rapprochement avec *Parsifal* est encore justifié par le caractère de certains thèmes comme celui de la Cité invisible,

construit sur les 4 notes du motif des cloches et rappelant le début de « la transfiguration » du drame musical sacré de R. Wagner.

Le 1er acte est celui de la célébration de la nature. Sa structure thématique est aussi complexe que celle de → *Snégourotchka.* Le prélude (*Hymne à la nature*), tout peuplé de chants d'oiseaux, contient les thèmes primordiaux de l'ouvrage, notamment celui de « la nature », formé d'une cellule de 5 notes (x) et de son inverse (x') symbolisant le reflet de Kitèje dans le lac sacré.

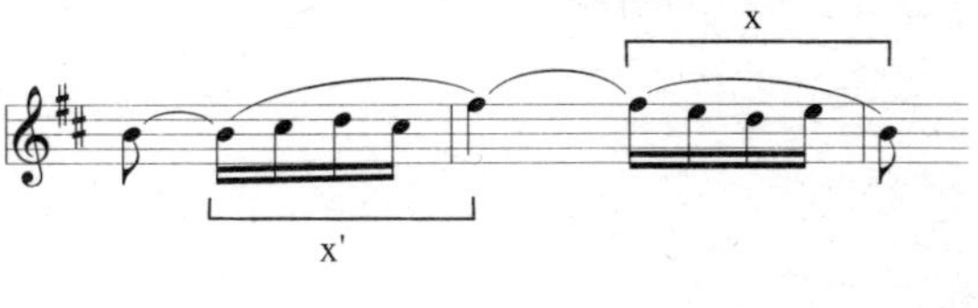

A LÉGENDE DE LA VILLE INVISIBLE DE KITÈJE ET DE LA VIERGE FÉVRONIA

Véritable leitmotiv parcourant toute la légende, cette cellule est associée au personnage de Févronia (« Dieu me comble de bien grands honneurs », acte II).

Févronia (sincèrement et avec douceur)

Signalons encore le motif des Fleurs (actes I et IV) :

L'orchestration rutilante de Rimski-Korsakov accomplit une nouvelle fois des merveilles, surtout au cours des scènes populaires et mystiques. L'instrumentation peut se montrer d'une transparence et d'une délicatesse infinies lorsqu'il s'agit d'évoquer la vierge Févronia et son fiancé Vsévolod, le spectacle de la nature ou la ferveur religieuse.

Par sa richesse, par l'imprévu de son monde sonore, par sa religiosité plongeant aux racines même de l'essence russe, la *Légende de la ville invisible de Kitèje* est sans doute la partition lyrique la plus inspirée, la plus mûrie de Rimski-Korsakov, émanation de sa chaleureuse profession de foi panthéiste.

Éditions — Leipzig, Moscou, Belaïev, 1906. Œuvres complètes de N. A. Rimski-Korsakov, Moscou, Mouzgiz, 1962, vol. 14/I-II et supplt (part. d'orch.), vol. 42 (réd. p. et cht).

Bibliographie — N. A. Rimski-Korsakov, Chroniques de ma vie musicale, Saint-Pétersbourg 1909, 7/ Moscou 1955, trad. fr. Paris 1914, 2/ Paris, Stock, 1981, Paris 1938 ; G. Abraham, Studies in Russian Music, Londres 1935 ; du même, Rimski-Korsakov : a Short Biography, Londres 1945.

Chr. Goubault

(La) Légende de saint Christophe, drame sacré en 3 actes et 8 tableaux, livret — d'après *La Légende dorée* de J. de Voragine — et musique de **Vincent d'Indy**, composé entre juil. 1908 et oct. 1915, dédié à Louis de Serres, créé à l'Opéra de Paris, le 9 juin 1920, avec Mme Germaine Lubin, MM. Franz, Huberty, Delmas, Rouart, Rambaud, sous la dir. de Franz Ruhlmann, dans des décors de Maurice Denis. (Paris, Rouart-Lerolle, 1918.)

Livret — Acte I. Scène 1. Auférus participe aux orgies de la reine de Volupté, en son luxueux palais, mais il passe au service du roi de l'Or car celui-ci achète la reine et tout son royaume. — Scène 2. Le roi de l'Or, financier escroc, vante auprès d'Auférus ses richesses et les malversations qui lui ont permis de les acquérir ; cependant, apparaît le prince du Mal déguisé en tête de bouc, et les monceaux d'or se liquéfient. — Scène 3. Répandant partout la haine pour plaire à son nouveau maître, Auférus assiste au cortège des suppôts de celui-ci ; tour à tour défilent les penseurs matérialistes, les savants athées, les anarchistes, les arrivistes orgueilleux, les faux artistes modernes (peintres, sculpteurs, compositeurs), puis apparaît une tour gothique surmontée d'une croix, symbole qui oblige le prince du Mal à se déclarer vaincu par le roi du Ciel.

Acte II. Scène 1 (« prologue et symphonie descriptive »). Auférus, raconte le récitant, a parcouru la terre entière pour trouver le roi du Ciel, interrogeant en vain les rois des nations et les chefs des armées, puis le pape qui prédit qu'un jour le roi du Ciel descendra vers Auférus ; un long interlude orchestral, intitulé *La Queste de Dieu*, illustre musicalement ce récit par le moyen des thèmes conducteurs (la scène du pape, qui a lieu le jour de Pâques, est évoquée par le graduel grégorien de la messe pascale → *« Haec dies »*). — Scène 2. Un ermite enseigne à Auférus que le roi du Ciel est Dieu, invisible mais partout présent, et qu'il le découvrira dans son cœur en pratiquant la foi, l'espérance et la charité ; en guise de pénitence, Auférus devra faire profiter les humbles de sa force et les aider à passer un torrent bouillonnant. — Scène 3. Après avoir refusé le passage à un amant, un marchand et un empereur — représentants du mal —, Auférus accepte de transporter un petit enfant misérable ; celui-ci se révèle comme étant le Christ, roi du Ciel et de la Terre, et baptise Auférus du nom de Christophore, « Porte-Christ ».

Acte III. Prologue. Le récitant relate les conversions et miracles opérés dans tout le pays par Christophe, ainsi que son arrestation sur l'ordre du roi. — Scène 1. Sathanaël (prince du Mal) déclare au Grand Juge (le roi de l'Or) vouloir l'âme de Christophe, laquelle doit pour cela être en état de péché ; arrive alors la reine de Volupté, que le Grand Juge envoie tenter Christophe dans sa prison. — Scène 2. Christophe résiste à la tentation de la reine de Volupté et la rallie à la louange de Dieu. — Scène 3. Sur la grande place de la ville, un héraut annonce la condamnation de Christophe, mais les supplices n'ont pas de prise sur son corps ; le saint chante une prière à Dieu, interrompue au moment de sa décapitation, et la reine de Volupté — appelée désormais Nicéa — continue son chant, exhortant le peuple prosterné à l'amour divin.

Cette œuvre monumentale échappe sous tous les aspects aux normes ordinaires, participant par sa conception à la fois du drame musical, de l'oratorio (notamment par l'intervention d'un récitant) et, par son aspect allégorique et son caractère composite, du mystère médiéval (conformément à l'intention avouée du compositeur), avec dans certaines scènes des éléments procédant du ballet (les danseuses de la reine de Volupté) et du poème symphonique (interlude *La Queste de Dieu*). Cet amalgame surprenant, magistralement réalisé, constitue un ensemble d'une richesse foisonnante, mais aussi d'une excessive complexité tant musicale que dramatique. Complexité propre à restreindre les possibilités d'exécution de l'œuvre, et à laquelle s'ajoutent des réticences dues à certaines intentions idéologiques. Au nom de ces dernières, d'importantes coupures ont été effectuées, lors de la création, dans la 3ᵉ scène de l'acte I, et aucune nouvelle exécution ne paraît avoir eu lieu depuis lors : fait regrettable si l'on considère la qualité intrinsèque de la partition, véritable somme de l'art de V. d'Indy et couronnement de sa production, en même temps qu'expression de ses convictions profondes.

Fidèle à ses options antérieures, d'Indy agence le discours sonore selon le procédé des thèmes conducteurs et la valeur signifiante des tonalités. Les thèmes, au nombre de 24, sont pour la plupart de simples motifs constamment transformés en fonction de la situation dramatique. Le plus important est celui du héros principal, où le triton, « diabolus in musica » (a), deviendra quinte juste à l'instant du baptême (b) :

Le tiers des thèmes, d'une ligne mélodique plus accusée, est puisé au fonds grégorien, hormis un chant populaire italien. Cette référence grégorienne, essentielle pour la signification de l'œuvre et accentuant sa couleur médiévale, représente l'un des pôles sémantiques qui la conditionnent : le diatonisme modal est lié au contexte religieux et donc au bien, par opposition à un chromatisme, parfois exacerbé, allant de pair avec les personnages et les actions tributaires du mal. Plusieurs thèmes grégoriens sont empruntés au commun des martyrs (chanté à la fête de saint Christophe), tel l'alléluia *« Confitebuntur »* inséré dans la scène finale et légèrement retouché **A**. A l'autre extrême, l'emploi du chromatisme engendre des harmonies troubles, d'une tonalité indécise et d'un étonnant modernisme ; à noter en particulier un fréquent recours à la gamme par tons entiers, ainsi dans le passage suivant de l'acte I, sc. 2 **B**.

La Légende de saint Christophe, hautaine profession de foi de V. d'Indy, condense en une déconcertante synthèse les multiples facettes de sa personnalité artistique et humaine : c'est la grandeur et la faiblesse de cet étrange chef-d'œuvre, qui mérite respect et admiration à défaut d'une audience effective à laquelle il saurait difficilement prétendre.

Bibliographie — G. de Lioncourt, La Légende de saint Christophe, *in* Les Tablettes de la Schola, Paris avr. 1920 ; V. d'Indy, Cours de composition musicale, 3e livre rédigé par G. de Lioncourt, Paris, Durand, 1950 (analyse détaillée de l'œuvre) ; L. Vallas, V. d'Indy, vol. II, Paris 1950.

J. Viret

(La) Légende de saint Nicolas, chanson populaire française appartenant au type de la complainte. Saint Nicolas fut évêque de Myre en Asie Mineure à la fin du IIIe siècle. Son culte s'est répandu en France, à partir du XIe s., autour de la basilique Saint-Nicolas-de-Port, près de Nancy. Depuis, ce saint est devenu patron de la Lorraine. La légende de saint Nicolas ressuscitant trois enfants, mis au saloir par un boucher cruel, est très sujette à caution et a déclenché une querelle d'ethnomusicologues qui n'ont réussi qu'à embrouiller la situation.

G. de Nerval a été le premier à publier cette complainte en 1842, dans une version recueillie en Ile-de-France. On la retrouve dans les Ardennes, dans la vallée de la Meuse ainsi qu'en Champagne.

A **(La) Légende de saint Christophe**

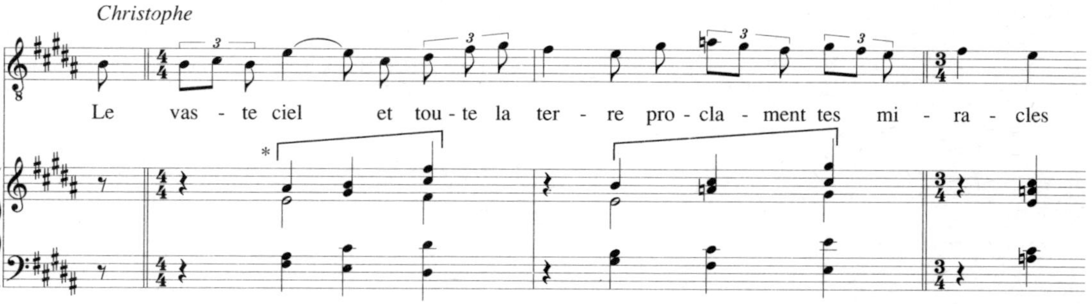

* (début du thème d'Auférus / Christophe)

B **(La) Légende de saint Christophe**

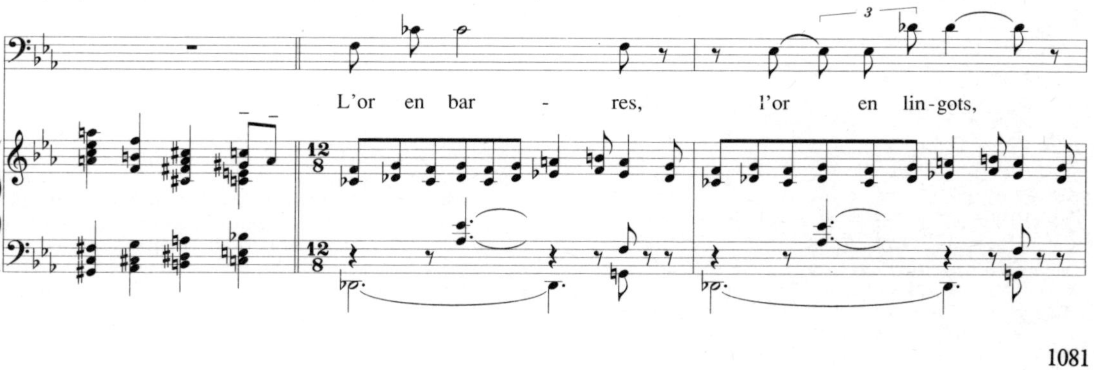

J. Tiersot a publié une version littérairement semblable, mais dont le rythme musical est très altéré. Alors que Nerval avait conservé à cette complainte son caractère miraculeux, G. Doncieux émet l'hypothèse que l'imagerie populaire a grandi démesurément la figure du saint, comparativement aux trois prisonniers qu'il aurait délivrés. L'ancêtre de cette légende semble se trouver dans un noël du XVIe s. où il n'est pas question de trois enfants mais de trois clercs, disciples de saint Nicolas. La mélodie est celle du *« Tantum ergo »*. C'est un dérivé de ce chant qui servait de chanson de quête que Ch. Sadoul a recueilli.

Mais c'est la version de Nerval qui est chantée dans toute la Lorraine. A la fin du XIXe s., A. Gouzien l'a harmonisée, ce qui a fait croire qu'il en était l'auteur. (Paris, Au Ménestrel, s.d.). Sous le même titre, **G. Ropartz** a composé une musique de scène pour un mystère, représenté à Nancy, dont la musique n'a rien à voir avec la chanson populaire (Nancy, Dupont-Metzner, 1906).

Bibliographie — Imagerie Pellerin, Épinal s.d. ; G. Doncieux, Le Romancero populaire de la France, Paris 1904 ; Ch. Sadoul, Chroniques, *in* Le Pays lorrain, Nancy 1904 ; J. Tiersot, La chanson populaire et les écrivains romantiques, Paris 1931 ; H. Davenson, Le livre des chansons, Neuchâtel 1944 ; R. P. Feder, Missel quotidien des fidèles, Tours, Mame, 1957 ; P. Bénichou, Nerval et la chanson folklorique, Paris, Corti, 1970.

Fr. Vernillat

Légende du tsar Saltan, de son fils le glorieux et puissant chevalier, prince Guidon Saltanovitch, et de la belle princesse Lebeda (*Skazka o Čare Saltane...*), opéra en un prologue et 4 actes, livret de Vladimir Ivanovitch Bielski d'après A. Pouchkine, musique de **Nicolaï Andreïevitch Rimski-Korsakov**, composé à Vetchascha au cours de l'été 1899 et orchestré à Saint-Pétersbourg en 1899-1900, créé à Moscou, au Théâtre Solodovnikov, le 3 nov. 1900, par la troupe de l'opéra privé de Seva Ivanovitch Mamontov, avec Moutine, Tsvetkova, Rostavtseva, Veretennikova, Strakhova, Sekar-Rojanski (Guidon), I. I. Zabela (Militrissa), Chkafer, N. A. Cheveliev, Levandovski, sous la dir. de M. Ippolitov-Ivanov. (Durée : 2 h 30 min environ.)

Au moment de la célébration du centenaire de la naissance de Pouchkine, Bielski présenta à Rimski-Korsakov son adaptation du conte de l'écrivain russe. Le compositeur l'accueillit avec enthousiasme. De nouveau, il allait se plonger dans l'univers merveilleux des légendes slaves.

Livret — Prologue. Dans la chaumière de la marieuse du village, Baba Babarikha (alto), trois sœurs font des vœux. Si le tsar les épousait, l'aînée, Povarika (sop.), offrirait un grand festin, la deuxième, Tkachika (mezzo-sop.), tisserait un drap immense, la plus jeune, Militrissa (sop.), donnerait naissance à un glorieux fils. Le tsar Saltan (basse), qui écoutait sans être vu, les emmène au palais, et épouse Militrissa. Devant les pleurs des aînées, Babarikha explique qu'il sera aisé, lorsque le tsar sera parti guerroyer, de lui faire savoir que la tsarine a accouché d'un monstre.

Acte I. Dans son berceau, le tsarévitch ne cesse de grandir « comme le levain » ; le tsar, prévenu par Babarikha, ordonne d'enfermer la mère et le fils dans un tonneau et de le jeter à la mer.

Acte II. Une île déserte. Guidon (ténor), le tsarévitch, abat un vautour qui menaçait un cygne. Le vautour était un magicien, le cygne, une fée et une princesse (sop.). Dans la nuit, une ville a surgi. Guidon y est proclamé roi.

Acte III. 1er Tableau. Pour aider Guidon à rejoindre un navire, le cygne-fée le transforme en bourdon. — 2e Tableau. Au palais de Saltan. Les marins racontent au tsar les prodiges d'une île déserte devenue un riche royaume. Le tsar décide de s'embarquer.

Acte IV. 1er Tableau. L'île enchantée. Guidon rêve à une princesse merveilleuse qui lui apparaît enfin ; le magicien l'avait ensorcelée sous la forme d'un cygne. Militrissa bénit le couple. — 2e Tableau. Saltan arrive, reconnaît sa femme et lui demande pardon.

Comme dans ses autres opéras, Rimski-Korsakov emploie de nombreux leitmotive, mais l'originalité du *Tsar Saltan* se trouve ailleurs, dans la manière mixte que le musicien appelait « instrumentalo-vocale ». Il réserve à l'orchestre l'expression surnaturelle, fantastique, tandis que l'aspect naturel, réaliste, est confié à la voix. « La partie réellement mélodique est bien dans les voix qui ne s'accrochent pas aux fragments de phrases mélodiques de l'orchestre » (Rimski-Korsakov). De plus, les récitatifs possèdent un « caractère tout particulier de naïveté légendaire ». Pour le chœur des nourrices berçant le petit Guidon, le compositeur emprunte la mélodie que la « niania » de la famille Rimski-Korsakov chantait à ses enfants (Mon Dieu, mon Dieu ! Dors, notre tsarévitch, endors-toi) :

On rencontre d'autres mélodies paysannes, notamment dans le duo d'amour au 1er tableau de l'acte IV et dans les chœurs de la liesse populaire finale. Les airs agiles et haut perchés de la princesse-cygne sont tout aussi remarquables que le traitement symphonique de l'œuvre : orchestre « laiteux » pour l'évocation de la nuit et le lever de lune de l'acte II, violon féerique au 1er tableau de l'acte IV, célèbre et virtuose « vol du bourdon »

imitant l'insecte qui « volette, se fâche, s'irrite, bourdonne et pique ». Le thème essentiel du tsarévitch

apparaît au cours de l'interlude qui sépare les actes I et II. Il alimente les trois actes suivants.

Le prologue tient lieu d'ouverture, mais chaque acte est précédé d'une grande page orchestrale, « avec un programme déterminé » annonciateur des événements. En outre, chaque section (prologue, acte ou tableau) s'ouvre par la même brève fanfare de trompettes « ayant la signification d'appel à l'audition et à la vision de l'action ».

Éditions — Saint-Pétersbourg, Moscou, Bessel, 1900 (réd. cht et p.), 1901 (part. d'orch.). Œuvres complètes de N. A. Rimski-Korsakov, Moscou, Mouzgiz, 1957, vol. 10/I-II (part. d'orch.), vol. 38 (réd. cht et p.).

Bibliographie — G. Abraham, Rimski-Korsakov's Mlada and Tsar Saltan, *in* On Russian Music, Londres 1939 ; voir aussi la bibliogr. de l'art. *Légende de la ville invisible de Kitèje.*

Chr. Goubault

(Die) Legende von der heiligen Elisabeth (La Légende de sainte Élisabeth), oratorio de **Franz Liszt** pour soli, chœur mixte, chœur d'enfants ad libitum, orgue et orchestre, sur un texte d'Otto Roquette, composé de 1857 à 1862, créé à Budapest, Salle de la Redoute, le 15 août 1865 (trad. hongroise de Kornél Abrányi), sous la dir. du compositeur, puis avec le texte original allemand à Munich, le 24 févr. 1866, sous la dir. de Hans von Bülow ; première réalisation scénique à Weimar, le 22 oct. 1881, contre la volonté du compositeur qui n'assista pas à la représentation. *Sainte Élisabeth* a eu, du vivant de Liszt, un grand succès qui s'est prolongé jusqu'à la Première Guerre mondiale. Par la suite, l'œuvre a été fort négligée, excepté en Hongrie, où elle jouit toujours d'un grand prestige. (Leipzig, Kahnt, 1869 ; Budapest, Editio Musica, 1968, 2/1986 ; réd. cht et p., 1974 ; durée : près de 3 heures.)

Cet oratorio est, avec → *Christus*, l'œuvre la plus longue que Liszt ait composée. C'est en contemplant les 6 fresques que Moritz von Schwind peignit en 1854-55 à l'occasion de la restauration de la Wartburg qu'il eut l'idée de son œuvre. Ces fresques représentaient les étapes essentielles de la courte vie de sainte Élisabeth (1207-1231), fille du roi de Hongrie Endre II, un sujet qui toucha particulièrement le compositeur car, tout comme Élisabeth, il venait de Hongrie et se retrouvait dans les mêmes terres du grand-duc de Saxe-Weimar-Eisenach, la Wartburg étant située à proximité de cette dernière ville. L'oratorio est en 6 sections, chacune d'elles correspondant à une des fresques de Moritz von Schwind.

Livret — 1re Partie. **1.** Élisabeth enfant arrive à la Wartburg, conduite par un magnat hongrois, pour devenir l'épouse de Ludwig, fils du landgrave Hermann ; chants, jeux d'enfants et chœurs saluent sa venue. **2.** Succédant sur le trône à son père, Ludwig est devenu l'époux d'Élisabeth. Celle-ci, pour soulager la misère des pauvres, va leur porter des provisions en cachette, car son mari et sa belle-mère le lui défendent. Or Ludwig revient de la chasse et rencontre par hasard sa femme. Il lui demande ce qu'elle cache dans son tablier. Celle-ci, tremblante, l'ouvre, et le pain et le vin qu'il contenait se sont changés en roses ! Confondu par ce miracle, Ludwig demande pardon à sa femme. **3.** Les croisés partent pour la Palestine avec Ludwig à leur tête.

2de Partie. **4.** Ayant appris que Ludwig est tombé à la croisade, sa mère, la comtesse Sophie, chasse Élisabeth de la Wartburg, car elle veut s'emparer du pouvoir. Au moment où la pauvre Élisabeth s'en va, une terrible tempête s'élève. **5.** Élisabeth parvient à rejoindre un abri qu'elle avait fait construire pour les pauvres. Ceux-ci la remercient pour ses bienfaits. Puis Élisabeth, épuisée, meurt et est accueillie par les anges. **6.** Enterrement solennel d'Élisabeth, conduit par l'empereur Frédéric II.

Le livret est malheureusement indigent et l'action bien mal menée. Aussi la splendeur de la musique n'arrive-t-elle que partiellement à surmonter ce handicap. Composée pour une bonne part encore à Weimar, *Sainte Élisabeth* reprend cette esthétique de fusion du théâtre et de l'Église qui caractérisent la → *Messe de Gran* et le → *Psaume XIII.* Ici, cependant, l'élément religieux s'accuse, tant par l'emploi de mélodies grégoriennes que par l'écriture de certaines pages auxquelles la contemplation et la méditation confèrent une sérénité un peu monotone qui ralentit considérablement l'action.

La musique comprend 5 motifs principaux qui reviennent plusieurs fois au cours de l'œuvre et assurent ainsi son unité. Ils subissent des métamorphoses et transformations, selon la méthode habituelle de Liszt, pour s'adapter aux diverses situations. Mais certains d'entre eux sont également utilisés à la façon des leitmotive wagnériens, c'est-à-dire qu'ils sont attachés à une personne déterminée. Le thème 1, le plus fréquemment employé, provient de l'antienne *« Quasi stella matutina »* et personnifie Élisabeth dont il traduit parfaitement la tendresse et la douceur :

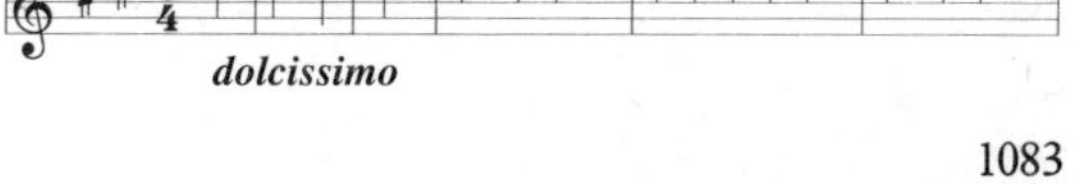

Le thème 2 est une mélodie populaire magyare qui symbolise tout ce qui touche à la Hongrie :

Le thème 3, *« Schönster Herr Jesu »*, a été communiqué à Liszt par l'organiste Gottschalg qui le présenta comme un chant médiéval de pèlerins. En réalité, il s'agit d'un chant populaire saxon célèbre vers le milieu du XVIIIe s., que Liszt utilise lors de chaque allusion à la Terre sainte :

Le thème 4 est une mélodie en mode dorien (mode de *ré*) pourvue d'un texte hongrois et provenant de la collection *Lyra coelestis* de György Naray (1645-1699). La mélodie a probablement été composée par Naray lui-même et se rapporte à la vie de sainte Élisabeth :

Le thème 5 est en réalité le « symbole sonore de la Croix » que Liszt affectionnait tout particulièrement et qu'il utilisa dans de nombreuses œuvres :

L'oratorio est admirablement orchestré et la coloration musicale est d'une telle intensité que l'on visualise parfaitement les scènes décrites. Parmi les sommets de la partition, on retiendra le *Miracle des roses* (section 2) fondé sur le thème 1 qui se déploie avec une grande tendresse. La splendeur de l'orchestration, l'onctuosité de la mélodie et le charme flexible de l'écriture en font non seulement l'une des plus belles pages de Liszt, mais aussi de tout le XIXe siècle. Il faut également admirer la puissance dramatique de la tempête qui se déchaîne vers la fin de la section IV et que Liszt considérait comme celle qu'il avait le mieux réussie. Œuvre inégale et n'évitant pas les longueurs, *La Légende de sainte Élisabeth* demeure l'une des grandes réalisations de Liszt : elle mérite pleinement de revivre.

Bibliographie — F. Reinisch, Liszts Oratorium « Die Legende von der heiligen Elisabeth », ein Gegenentwurf zu « Tannhäuser » und « Lohengrin », *in* Liszt-Studien III, Munich, Katzbichler, 1986 ; S. Gut, Fr. Liszt, Lausanne et Paris, L'Âge d'homme/De Fallois, 1988, pp. 397-400.

S. Gut

(La) leggenda di Sakuntala (La Légende de Sakuntala), opéra en 3 actes d'après le drame de Kalidasa, texte et musique de **Franco Alfano**, créé à Bologne, le 10 déc. 1921, avec A. Concato (Sakuntala) et N. Piccaluga (le Roi), sous la dir. de Tullio Serafin. (Milan, Ricordi, 1948 ; durée : 2 h 40 min environ.)

Livret — Acte I. En Inde, à une époque indéterminée ; l'ermitage de l'ascète Kanva, dans la forêt. On entend au loin le bruit d'un galop effréné. Un cavalier surgit, poursuivant une gazelle jusque dans l'enceinte de l'ermitage. C'est le jeune roi Dushyanta (ténor). Les ascètes de l'ermitage supplient le chasseur d'épargner la gazelle qui appartient à Sakuntala, la fille adoptive de l'ascète Kanva. A peine le roi aperçoit-il Sakuntala (sop.) qu'il en tombe éperdument amoureux. La jeune fille n'est pas insensible à son charme. Pris d'un désir violent, il se jette sur elle, les sens incendiés. Après quelques hésitations, elle cède à sa frénésie et ce sont alors les épousailles selon le rite Gandharva, par consentement mutuel. Puis, des devoirs pressants rappellent le roi dans la capitale. Au moment de partir, il lui laisse une bague comme témoignage de son amour.

Acte II. L'enceinte de l'ermitage. Au milieu, un grand portail. Lorsque l'ermite Durvasas (basse) se présente à la porte de l'ermitage, il la trouve close. Sakuntala, qui ne songe qu'à son époux, s'est absentée quelque temps, oubliant ainsi de rendre les honneurs légitimes à l'illustre ascète. Cette négligence déclenche la fureur de celui-ci. Il maudit la jeune femme et prédit que l'homme qu'elle aime l'oubliera, à moins qu'elle ne puisse lui montrer l'anneau qu'il lui avait donné. A son retour, Sakuntala est tout attristée par ces sinistres prédictions, mais Kanva (basse), son père adoptif, la réconforte en lui annonçant une maternité heureuse. Il lui conseille de se présenter à son époux pour lui annoncer la naissance d'un héritier. La jeune femme abandonne alors l'ermitage, en disant adieu à la forêt et à tous ses habitants.

Acte III. A l'intérieur du palais royal. Le roi est déprimé, malgré les danses et les fastes de la cour. Quelques ermites demandent audience, accompagnés d'une femme voilée. Personne à la cour ne soupçonne que la jeune femme est Sakuntala, l'épouse du roi. Conformément à la prophétie, le roi a oublié son aventure dans la forêt et ne reconnaît pas son épouse lorsqu'elle soulève son voile. Il se détourne en jurant qu'il ne l'a encore jamais vue. Lorsqu'elle veut lui montrer l'anneau du mariage, elle s'aperçoit avec effroi qu'elle l'a perdu. Désespérée, elle s'éloigne dans la forêt où elle accouchera bientôt d'un garçon, Bharata. Peu de temps après, l'anneau perdu est rapporté au roi par un pêcheur. Aussitôt le sortilège perd sa puissance et le roi retrouve sa mémoire. Rongé de remords, il réclame Sakuntala. Mais la jeune femme est introuvable. Elle s'est noyée dans l'étang des nymphes. Deux ascètes apportent le nouveau-né, Bharata, le fils du roi, et tous s'inclinent devant le futur héritier du royaume.

Sakuntala est le chef-d'œuvre de Kalidasa, le plus grand poète de l'Inde classique (IVe-Ve s.). C'est l'un des premiers ouvrages de la littérature sanskrite qui fut connu en Europe, dès 1789, dans la traduction anglaise de William Jones. Plusieurs compositeurs se sont inspirés du même sujet au XIXe s. : Fr. Schubert pour un « Singspiel » en 1820, E. Reyer pour un ballet, représenté à Paris en 1858, et F. Weingartner pour un opéra, représenté à Weimar en 1884. L'adaptation de Fr. Alfano modifie certains passages de la légende, notamment la fin. *La leggenda di Sakuntala* est considérée comme sa meilleure œuvre. Depuis sa création à Bologne, l'ouvrage fut donné dans de nombreux théâtres italiens et étrangers. Malheureusement, la seule partition d'orchestre existante fut égarée pendant la Seconde Guerre mondiale et Alfano dut écrire une nouvelle version qui fut créée à l'Opéra de Rome le 9 janv. 1952, sous le titre de *Sakuntala*. La partition est pleine d'heureuses trouvailles, depuis l'air du 1er acte, *« E reca l'offerta all'aspite »*, au monologue de Sakuntala dans le 2e acte. On peut y noter, entre autres, l'influence de → *Turandot* qu'Alfano avait terminé après la mort de Puccini (usage fréquent de célesta, harpe, xylophone, tam-tam, avec de nombreuses subdivisions des cordes).

Bibliographie — G. Cesari, La leggenda di Sakuntala, *in* RMI XXVIII, 1921 ; L. Perrachio, Fr. Alfano, *in* Il Pianoforte, janv. 1922 ; G. Pannain, La leggenda di Sakuntala di Fr. Alfano, Milan 1923 ; G. Migot, Una testimonianza : Fr. Alfano, *in* Rass. Mus., 1937.

M. Kelkel

« Le grand désir d'aymer m'y tient », chanson à 3 voix, de **Loyset Compère**, véritable miniature dans le style de la chanson rustique de la fin du xve siècle. Ce genre connut, semble-t-il, une grande vogue à la cour de Louis XII et renouvela de fond en comble le caractère de la polyphonie courtoise. Dans cette chanson, publiée par Petrucci en 1502 (→ *Canti B*), Compère place au ténor une mélodie très certainement préexistante que les deux chansonniers monodiques de l'époque (Paris, BN 9346 — dit → Chansonnier de Bayeux — et BN 12744) nous ont transmise. C'est grâce à ces deux sources qu'on en possède le texte complet (8 strophes dans le Chansonnier de Bayeux), en strophes de trois vers octosyllabiques dont la dernière rime commune est suivie d'un vers refrain de type populaire : « Et hoye. » Le polyphoniste conserve le caractère simple de la mélodie, allant même jusqu'à la simplifier légèrement à la fin. Le contrepoint dont il l'entoure, à tendance verticale au début, devient plus élaboré dans les deux autres phrases, avec une ébauche d'imitation, le bassus anticipant le ténor, et un travail plus ornemental au supérius qui parcourt un ambitus d'une dixième en séquences descendantes. On connaît, de la même mélodie, deux autres arrangements polyphoniques également à 3 voix : l'un, de **J. Mouton**, se trouve dans → *La Courone et fleur de chansons à troys*, chez Antico (1536). La technique d'élaboration, toute différente, relève cette fois de la paraphrase polyphonique. Un autre, anonyme en 1520 (*Chansons à troys*, chez Antico et Giunta), réapparaît ultérieurement, attribué à Mouton (1542, 1578...) ou à **A. Willaert** (1569, dans le *Recueil des fleurs*, chez Phalèse).

Rééditions modernes — Par H. Hewitt, *in* O. Petrucci. Canti B Numero cinquanta, Chicago, Univ. of Chicago Press, 1967 ; par L. Finscher, *in* L. Compère. Opera omnia V, CMM 5, Amer. Inst. of Musicology, 1972 ; *in* Coll. Renaissance, Lyon, Éd. A Cœur Joie, 1977.

Bibliographie — L. Finscher, L. Compère, life and works, Amer. Inst. of Musicology, 1964.

J.-P. Ouvrard

« Leichtgesinnte Flattergeister » (Légers Esprits volages), cantate de **Johann Sebastian Bach** (BWV 181 ; NBA I/7) pour la Sexagésime (évangile du jour, Luc 8, 4-15, parabole du semeur), écrite pour sop., alto, ténor et basse soli, chœur, fl., htb. (ces deux instruments rajoutés après coup par Bach), trp., cordes et b.c., exécutée pour la 1re fois à Leipzig le 1er févr. 1724. (Durée : 17 min 50 s environ.) Elle se compose de deux couples air-récitatif et d'un chœur final qui n'est pas un choral et qui pourrait provenir — avec d'autres pièces ? — de la parodie d'une cantate profane.

Son texte est une glose de la parabole du semeur. Il déplore la stérilité de la Parole divine pour les âmes qui ont dévié, mais se tiennent cependant près du chemin, pour ceux qui ont un cœur de pierre, pour ceux dont la force est étouffée par les ronces que sont la débauche et les trésors à amasser. Dieu pourtant peut mettre nos cœurs dans les bonnes dispositions qui permettent à la semence de lever et de porter fruit.

L'œuvre se compose **1.** d'un air pour basse, fl., htb., cordes et b.c., *« Leichtgesinnte »*, forme ABA'B' avec ritournelle, en *mi* min., entièrement dominé par un motif madrigalesque

etc.

qui, selon A. Schweitzer, représente les oiseaux du ciel venant picorer la semence ; **2.** d'un récitatif secco pour alto et b.c., *« O unglückseliger Stand verkehrter Seelen »* (O condition malheureuse des âmes dévoyées) qui se transforme bientôt en arioso ; **3.** d'un air pour ténor et b.c., *« Der schädlichen Dornen unendliche Zahl »* (Le nombre infini des ronces nuisibles), forme binaire avec ritournelle, en *si* min., auquel manque vraisemblablement une partie concertante de violon solo ; **4.** d'un récitatif secco pour sop. et b.c., *« Von diesen wird die Kraft erstickt »* (Par ceux-ci la force est étouffée) ; **5.** de la pièce la plus importante de la cantate, un chœur avec tout l'orchestre, *« Lass Höchster, uns zu allen Zeiten... »* (En tout temps, Très-Haut, laisse-nous ta sainte Parole), forme ABA avec ritournelle, en *ré* maj., dont la partie centrale est constituée par un duo du soprano et de l'alto, soutenus par la seule basse continue. La forme et le joyeux allant de cette pièce pourraient être des indices d'une origine profane.

Bibliographie — Voir celle de l'art. *« Ach Gott, vom Himmel sieh darein ».*

M. Honegger

Lélio, ou le Retour a la vie, d'**Hector Berlioz**, voir (Le) Retour à la vie.

Léonore ou l'Amour conjugal, ouvrage lyrique en 2 actes, livret de Jean-Nicolas Bouilly, musique de **Pierre Gaveaux**, créé à Paris, au Théâtre Feydeau, le 1er ventôse an VI (19 févr. 1798), le rôle principal étant tenu par Gaveaux lui-même, et redonné à Bruxelles le 29 juin 1799.

Le thème de *Léonore* était inspiré d'un fait réel survenu pendant la Terreur et dont Bouilly avait été le témoin alors qu'il administrait le département d'Indre-et-Loire et s'efforçait de sauver des ci-devant, nobles et grands propriétaires, comme il l'a rapporté lui-même dans ses *Récapitulations.* Une femme, Léonore, parvient, déguisée en homme et sous le nom de Fidélio, à s'introduire dans la prison pour en délivrer son mari Florestan. Pour des raisons de prudence, l'action de cet ouvrage antiterroriste fut transposée en Espagne d'où son sous-titre de « fait historique espagnol ».

Le sujet de *Léonore* reparaîtra dans *Leonora o L'amore conjugale* de F. Paër, créé à Dresde en 1804 et redonné à Vienne en 1809, six ans après que Beethoven eut esquissé son *Fidelio*, ce qui écarte toute idée, longtemps répandue, d'interférence entre ces deux ouvrages, tant pour le sujet que pour la musique. Mais Beethoven possédait dans sa bibliothèque celui de Gaveaux dont il eut sans doute connaissance par R. Kreutzer au cours de ses fréquentations nombreuses de l'ambassade de France à Vienne entre le 8 févr. et le 15 avr. 1798. Les études sur *Fidelio* se sont limitées à la comparaison des livrets — au reste assez semblables — de Bouilly et de Sonnleithner, la musique de Gaveaux étant laissée de côté, quand elle n'était pas sévèrement jugée, notamment par Berlioz. F. Clément et P. Larousse écrivaient dans leur *Diction-*

naire des opéras : « Il devient sans intérêt de s'occuper de la musique fade qu'a pu écrire sur un tel poème l'auteur dont le chef-d'œuvre est *Le Bouffe et le Tailleur.* » Sans douter de la réussite de ce dernier ouvrage, au succès prolongé par la réimpression de nombreux airs, on ne dédaignera pas pour autant la musique de *Léonore* dont la fadeur pourrait être suspectée — à bon droit, cette fois — par celle du → *Réveil du Peuple*, la première « contre-Marseillaise », ou de la plupart des romances du même Gaveaux.

Éditions — **a)** Livret : Paris, Barbe, an VIII. — **b)** Musique : partition d'orch. et parties séparées, Paris, Stuber, an VI.

Bibliographie — J.-N. Bouilly, Mes Récapitulations, 3 vol., Paris 1836-37 ; L. Kreutzer, Fidelio, *in* Revue et Gazette Musicale, 22 juin 1845. M. Kufferath, Fidelio, Paris 1913 ; G. Servières, Épisodes d'histoire musicale, Paris 1914, pp. 171-185 ; E. Herriot, La vie de Beethoven, Paris 1936 ; J. et Br. Massin, L. van Beethoven, Paris 1955 ; des mêmes, Beethoven et la Révolution française, *in* L'Arc, n° 40, 1970 ; J. Orpustan, Le sens de « Fidelio », *in* Europe, n° spécial, oct. 1970 ; L'Avant-Scène Opéra, n° 10, mai-juin 1977 ; W. Hess, Das Fidelio Buch, Winterthur, Amadeus, 1986.

Fr. Robert

(La) Lépreuse, tragédie légendaire en 3 actes de Henri Bataille, musique de **Sylvio Lazzari**, composée de sept. 1900 à sept. 1901, créée à Paris, à l'Opéra-Comique, le 7 févr. 1912, avec Léon Beyle (Ervoanik) Marguerite Carré (Aliette) et Marie Delna (la vieille Tili), sous la dir. de François Ruhlmann. (Paris, Soc. d'éditions musicales, 1910 ; durée : 3 h environ.)

Livret — L'action se déroule au xve s., à Ploumillan, en Bretagne. Acte I. Une cour de ferme, de grand matin. Ervoanik (ténor), le fils du fermier Matellin (basse), s'est épris de la belle lépreuse Aliette Tili (sop.), et veut l'épouser. Il ignore que sa beauté a déjà allumé bien des passions et que nombre de jeunes gens en sont morts. Les parents du jeune homme s'opposent donc farouchement au désir de leur fils. Pourtant, Aliette éprouve elle aussi un amour sincère pour le jeune Ervoanik ; elle accepterait un mariage blanc pour éviter la contagion. Lorsque Aliette frappe à la porte des Matellin, elle est accueillie par les imprécations du père. Finalement, les deux jeunes gens sont laissés seuls pour qu'ils se fassent leurs adieux. Au lieu de cela, ils parlent tendrement de leur amour et s'en vont, la main dans la main, au pardon de Folgoat pour faire pénitence.

Acte II. Une salle de ferme, chez la vieille Tili. La vieille Tili (mezzo-sop.), la mère d'Aliette, est lépreuse sans que le hameau le sache vraiment. On s'en méfie pourtant et elle est devenue un objet de mépris pour ses semblables qui la tiennent à l'écart. De là sa haine profonde des autres et ses efforts pour faire le mal en répandant la lèpre dans toute la contrée. La nuit venue, Aliette et Ervoanik font halte chez elle. Succombant de fatigue, le jeune homme s'endort sur un banc, tandis qu'Aliette avoue à sa mère qu'Ervoanik sera son époux, qu'elle l'aime et qu'elle vivra avec lui sans lui céder son corps jusqu'à ce que la Vierge l'ait guérie. Mais l'affreuse vieille réussit à exciter la jalousie de sa fille en lui débitant quelques mensonges. Elle lui dit qu'en réalité Ervoanik l'a abusée, qu'il a une maîtresse et deux enfants. Dès lors, la jeune fille, persuadée d'avoir été trompée, n'hésite plus à tendre son propre verre à son amoureux et lui communique ainsi le mal impitoyable. Il sera lépreux !

Acte III. Même décor qu'à l'acte I. Trois mois se sont écoulés. Une foule gémissante se presse devant la ferme des Matellin. Le malheur a frappé leur fils qui apparaît en costume de lépreux pour prendre congé des siens. Bientôt, il devra s'enfermer dans la maison blanche des lépreux, séparé à jamais du reste des hommes. Tandis qu'Ervoanik implore de ses parents sanglotants l'absolution de ses fautes, on entend au loin des chants funèbres. C'est la procession qui approche et qui doit emmener le malheureux vers son destin funeste. Les cloches se mettent à sonner, lorsque apparaît Aliette. Elle s'approche de celui qu'elle n'a cessé d'aimer et lui dit : « Voici ma main pour la mort et l'éternité. » Le couple s'en va à travers la foule qui s'écarte. Et le glas des morts sonne leurs noces tragiques.

Lors de sa création, l'œuvre remporta un grand succès, mais la critique fut assez réservée. Pour A. Pougin, « l'œuvre est sévère, non sans lourdeur, de digestion difficile. Il est malaisé de pouvoir jamais dire dans quel ton on se trouve, et l'on cherche en vain l'ombre d'une idée vraiment musicale. » Pour G. Fauré, en revanche, « la partition de *La Lépreuse* est remarquable. Très substantiellement musicale, écrite d'une main très sûre, même si cette main manque quelquefois de légèreté, juste d'accent, elle est souvent émouvante, profondément sincère et d'une excellente tenue. » *La Lépreuse* fut reprise plusieurs fois à l'Opéra-Comique (1922, 1925, 1927, 1945) qui en donna 70 représentations.

Bibliographie — Comptes rendus par G. Fauré *in* La Gazette de France, 8.2.1912, A. Pougin *in* Le Ménestrel, 10.2.1912 ; G. Samazeuilh, Musiciens de mon temps, Paris 1947, pp. 95-97.

M. Kelkel

« Le ray au soleyl », canon à 3 voix, attribué à **Johannes Ciconia** par F. Ghisi et S. Clercx, en raison de sa situation en bas du f° 83r du Ms. 3065 de la Bibl. communale de Perugia, qui porte le nom Ciconia sur la composition du haut. Écrit en notation noire française avec des notes blanches, on y lit l'inscription : « Dum tria percurris quatuor val[et] Tertius unum. subque diapas[on] sed facis alba moras » (Pendant que tu en fais trois, il en vaut quatre [et] un le troisième, à l'octave inférieure, et s'il fait blanches tu te tais). L'interprétation la plus satisfaisante du canon serait celle proposée par R. Hoppin et reprise par M. Bent et A. Hallmark. Leurs transcriptions respectives font observer la proportion 4:3:1 aux voix II/I/III (Hoppin) ou I/II/III (Bent et Hallmark) par rapport au nombre de minimes employées ; la voix grave est à l'octave des deux supérieures et à la place des notes blanches on fait des silences **A**. W. Apel considère que pour parvenir à une solution correcte il faut amender l'inscription et lire à sa place : « Dum (Primus) tria percurrit (valet Secundus unum. Dum), quatuor, valet Tertius unum... » Dans sa transcription, les voix I/II sont dans la proportion 3:1 et les voix I/III dans la proportion 4:1.

Quelques mots du texte — « ray au soleyl », « tortorelle », « A bon droyt » — suggèrent qu'il est dédicacé à Gian Galeazzo Visconti (G. Thibault). L'emblème de la colombe dans le soleil aux rayons lumineux ainsi que la devise « A bon droit » semblent avoir été apportés à Gian Galeazzo par sa femme Isabelle, fille du roi de France Jean II, lors de son mariage en 1360. C'est probablement à cette occasion que Jacopo da Bologna écrivit son madrigal à triple texte → *« Aquila altera »/« Creatura gentile »/« Uccel di Dio »*, où l'emblème de la colombe est encore cité. La datation du morceau soulève quelques difficultés, s'il est vraiment de Ciconia, car dès 1401 au moins, on trouve celui-ci à Padoue, dominée par les Carrara, ennemis des Visconti, seigneurs de Milan. Il se pourrait toutefois qu'il l'ait écrit à un moment où les relations entre les deux familles étaient détendues : 1386-87 serait une date possible, ou encore 1390, lorsque fut signée une trêve de dix ans entre Venise, Padoue et Milan, peut-être symbolisée par les 3 voix proportionnelles de ce canon. *« Le ray au soleyl »* serait alors une composition de circonstance, écrite dans la lignée d'un autre canon de Ciconia, *« Quod jactatur »* (Modena, Bibl. Estense, Ms. α M. 5. 24, f° 21v), dont la solution reste énigmatique.

Éditions — Par F. Ghisi, *in* Journal of Renaissance and Baroque Music I, 1946-47, p. 9 ; par M. Bukofzer, *in* MD II, 1948, p. 169 ; par S. Clercx, *in* J. Ciconia. Un musicien liégeois et son temps

II, Bruxelles 1960, n° 19 ; par R. H. Hoppin, *in* J. Ciconia. Un musicien liégeois et son temps by S. Clercx (Reviews of books), MQ XLVII, 1961, p. 419 ; par W. Apel, *in* CMM 53/3, Amer. Inst. of Musicology, 1972, n° 288 a-c ; par M. Bent et A. Hallmark, *in* Polyphonic Music of the 14th Cent. XXIV, Monaco, L'Oiseau-Lyre, 1985, n° 47.

Bibliographie — G. Thibault, Emblèmes et devises des Visconti dans les œuvres musicales du Trecento, *in* L'Ars nova ital. del Trecento II, Certaldo 1969.

M. C. Gómez

« Le roi a fait battre tambour » ou *La Marquise empoisonnée*, chanson populaire saintongeaise. La première version, qui n'en a malheureusement pas été conservée, semble avoir été inspirée par la mort suspecte de Gabrielle d'Estrée, maîtresse d'Henri IV, que l'on suppose avoir été empoisonnée par le financier italien Zamet, sur l'ordre de la reine Marie de Médicis (10 avr. 1599). Remaniée et augmentée de plusieurs couplets, les faits qu'elle évoque (à part l'empoisonnement !) peuvent s'appliquer à Mme de Montespan que Louis XIV choisit comme favorite, malgré les protestations du mari. Et comme la belle Athénaïs de Mortemart, marquise de Montespan, était saintongeaise, la chanson est passée au folklore de cette province. La mélodie est en mineur sans sensible.

Bibliographie — Le Roux de Lincy, Recueil de chants historiques français, Paris s.d. (version de Sologne sous l'incipit « Quand le roi entra dans Paris ») ; H. Davenson, Le livre des chansons, Neuchâtel 1944 (sous l'incipit « Quand le roi entra dans la cour ») ; J. Canteloube, Anthologie des chants populaires français II, Paris, Durand, 1951 ; Fr. Vernillat, Chansons pour et par des personnages célèbres, Paris, Presses d'Ile-de-France, 1977.

Fr. Vernillat

« Le rossignol plaisant et gracieulx », chanson à 5 voix de **Roland de Lassus**, publiée dès 1560 par Susato, à Louvain (*Tiers Livre des chansons à 4, 5 et 6...*), sans doute l'une des premières de son auteur, rééditée à Paris dès 1561 (*14ᵉ Livre...*), chez Le Roy et Ballard, qui l'intégreront à la collection du *Mellange* en 1570.

Le texte, un huitain de décasyllabes, est de facture assez ancienne : il a déjà été mis en musique par Mittantier, en 1539. Développant une comparaison entre la liberté du rossignol et la prison amoureuse du poète, il fait appel à des allégories dans le style du *Roman de la Rose :* « Mais le mien cœur qui demeure en ostage / Sous triste dueil qui le tient en ses lacs [...]. »

Lassus adopte le moule formel traditionnel de la chanson française (ABABCDEF), tel qu'on le trouve chez les compositeurs de la génération antérieure. Son contrepoint se déroule de manière assez vive, en de nombreuses imitations : quelques rares passages homophones y prennent donc d'autant plus de relief. Il souligne ainsi le deuxième terme de la comparaison (« Mais le mien cœur »), qu'il oppose en même temps à ce qui précède, en ralentissant sensiblement le débit déclamatoire. Le même procédé est répété de manière plus accusée, en valeurs allongées, pour exprimer « sous double dueil », avant de revenir à un débit plus rapide quand le rossignol est évoqué de nouveau.

Nombreux sont les polyphonistes français et flamands qui ont réemployé cette chanson dans des paraphrases variées, à 2 voix (**Le Blanc**, 1573), 3 voix (**Castro**, 1574), 4 voix (**Millot**, 1570) ou 5 voix (**Certon**, 1570). **J. de Bournonville** la prend aussi comme modèle d'une messe-parodie (*Missae tredecim*, Douai 1619). On en connaît également quelques mises en tablatures de luth, en 1571 chez Phalèse et Bellère (*Theatrum musicum*) et surtout, dans une version plus originale, qui comporte deux parties chantées (supérius et bassus), imprimées en notation figurée sur la page d'en face, dans le *Pratum musicum* **d'E. Adriaensen** (1584).

Éditions modernes — Par A. Sandberger, *in* O. di Lasso. Sämtliche Werke XIV, Leipzig, Br. & H., 1903, 2/ par H. Leuchtmann, 1981 ; par N. Zadoff, *in* Mellange d'O. de Lassus, Paris 1570 (diss. Univ. de Tours, 1978) ; par A. Bank, *in* Muziekuitgeverij en Drukkerij, Amsterdam, l'Auteur.

Bibliographie — Ch. van den Borren, O. de Lassus, Paris 1920 ; W. Boetticher, O. di Lasso und seine Zeit, Kassel 1958.

J.-P. Ouvrard

A « Le ray au soleyl »

« Le roy Loÿs est sur son pont », voir (La) Pernette.

« Le sault perilleux », ballade à 3 voix de **Johannes Galiot** transmise par le Codex Chantilly, Musée Condé 564, f° 37r. D'un point de vue ornemental, le folio sur lequel se trouve copiée la ballade est le plus riche de tous ceux qui illustrent le manuscrit. L'initiale « L » de son premier mot prend la forme d'un oiseau fantastique, qui tient dans le bec un rouleau en blanc. Le dessin se prolonge tout au long de la marge gauche du folio par un filigrane qui englobe les initiales des mots « Tenor » et « Contra ». La partie inférieure est occupée par le dessin de deux groupes de chantres-chapelains, en train de chanter la musique des manuscrits qui leur font face ; leur bouche ouverte et leurs muscles tendus reflètent probablement une technique vocale caractéristique de la fin du XIVe et du début du XVe siècle. Entre les deux groupes de chantres se trouve la petite figure d'un chevalier avec heaume et bouclier, censée représenter le propriétaire du manuscrit. Le folio 37 est le premier du fascicule III du Manuscrit de → Chantilly qui aurait pu débuter là avant que ne lui ait été ajouté le bifolio qui renferme les rondeaux → *« Belle, bonne, sage »* et → *« Tout par compas »* de Baude Cordier. Ni le texte de la ballade, de caractère amoureux, ni le nom de son compositeur ne nous aident à en savoir plus long à cet égard.

Le morceau est écrit en notation proportionnelle, comme le révèle l'inscription qui figure à la fin du contraténor : « In proporcione epitriti ad cemi (sic) circulum cantetur. Ad circulum cum duobus punctis in proporcion emiolii. Et ad circulum cum tribus in proporcione epogdoy » (On doit chanter en proportion « epitriti » au demi-cercle, en proportion « emiolii » au cercle avec deux points, et en proportion « epogdoy » au cercle avec trois [points]). Ces noms d'origine grecque correspondent en latin aux proportions sesquitertia (4:3), sesquialtera (3:2) et sesquioctava (9:8) indiquées dans la ballade par les signes C, ∴ et ... Le temps parfait (3/4) domine la première partie et le refrain ; le temps et le mode imparfaits (4/4), écrits en notation rouge, dominent la deuxième partie. Les proportions sesquialtera et sesquioctava, en notation noire, sont employées de façon alternée au cantus et au contra, par rapport à la semibrève rouge. La ballade est mentionnée dans un manuscrit hébreu du XVe s., probablement d'origine provençale, qui contient les notes de théorie musicale d'un élève de Jean Vaillant (Florence, Bibl. nazionale centrale, Magl. III, 70) ; la composition de Galiot y vient illustrer la proportion sesquioctava qui, selon cet étudiant, doit s'indiquer par un cercle avec deux points. S. Uciredor (Rodericus), qui emploie alternativement cette proportion aux deux voix de sa ballade *« Angelorum psalat tripudium »*, aurait peut-être connu l'exemple de Galiot, l'un des plus complexes de l'Ars subtilior.

Éditions — Par W. Apel, *in* CMM 53/1, Amer. Inst. of Musicology, 1970-1972 ; par G. K. Greene, *in* Polyphonic Music of the 14th Cent. XVIII-XIX, Monaco, L'Oiseau-Lyre, 1981-82.

Bibliographie — U. Günther, Der Gebrauch des tempus perfectum diminutum in der Hs. Chantilly 1047, *in* AfMw XVII, 1960 ; N. S. Josephson, Rodericus « Angelorum psalat », *in* MD XXV, 1971 ; I. Adler, Hebrew Writings Concerning Music, RISM B IX/2, 1975, pp. 55-58 ; U. Günther, Problems of Dating in Ars Nova and Ars Subtilior, *in* L'Ars nova ital. del Trecento IV, Certaldo 1978, pp. 296 et 300, note 64 ; de la même, Unusual Phenomena in the Transmission of Late 14th Cent. Polyphonic Music, *in* MD XXXVIII, 1984.

M. C. Gómez

« Le serviteur hault guerdonné », rondeau cinquain à 3 voix, attribué à **Guillaume Dufay**. Les avis sont partagés sur la paternité de cette œuvre : H. Besseler la dénie à Dufay alors que D. Fallows la lui accorde. Toujours est-il que cette chanson courtoise connaît une vogue importante au XVe s. : pas moins de 15 sources, manuscrites ou imprimées, la transmettent, parmi lesquelles les chansonniers les plus importants (→ Dijon, → Chansonnier cordiforme, Wolfenbüttel...). On la trouve encore en Italie au début du XVIe s. dans l'un des premiers recueils imprimés, les *Canti C* de Petrucci (1503). Une seule source, cependant (Monte Cassino), l'attribue à Dufay. Le texte, un rondeau cinquain, véritable fondement de l'éthique courtoise, se trouve dans le Ms. Rohan et dans le *Jardin de Plaisance* (1501).

La facture musicale de cette chanson est par ailleurs relativement traditionnelle : le texte est chanté par le supérius dans une tessiture plutôt grave (*ut* 2), accompagné par deux parties sans texte (instrumentales ?), où le ténor domine, conformément aux modèles d'écriture typiques du XVe siècle. Le contraténor n'en est pas moins actif et participe fréquemment aux nombreuses imitations des deux autres voix, allant même jusqu'à les conduire. La dernière de ces imitations, entre supérius et ténor, se produit sur le développement mélismatique final du supérius, technique qu'on trouve ailleurs chez Dufay (dans le rondeau → *« Adieu m'amour »*). Dans l'une d'elles à 3 voix, anonyme, la polyphonie est totalement nouvelle. En revanche, les deux autres versions, une à 3 voix d'**Isaac**, l'autre à 4, anonyme, présentent le même supérius (de Dufay ?) avec des polyphonies nouvelles. Ce sont là autant de témoignages du succès et de la diffusion de ce rondeau, comme le sont aussi les deux tablatures de clavier du *Buxheimer Orgelbuch*.

La polyphonie religieuse s'inspire aussi volontiers de cette chanson, dans plusieurs messes notamment : l'une est anonyme, à 3 voix, une autre à 4 d'**Agricola**, une troisième attribuée à **Ockeghem** et à **Faugues**. Dans la tradition de l'Ars combinatoria, *« Le serviteur »* est cité dans deux *« Salve Regina »*, un anonyme (Trente 89), l'autre d'Isaac (Munich) qui le combine à diverses mélodies germaniques ainsi qu'à une autre chanson fondamentale de la courtoisie, → *« J'ay prins amours »* au-dessus de la mélodie liturgique de l'antienne mariale, au ténor.

Éditions — Par G. Adler et O. Koller, *in* DTÖ VII, 1900 ; par H. Besseler, *in* G. Dufay. Opera omnia VI, CMM 1, Amer. Inst. of Musicology, 1964 ; par M. Gutiérrez-Denhoff, *in* Der Wolfenbütteler Chansonnier, Mayence, Schott, 1928.

Bibliographie — G. Reese, Music in the Renaissance, New York, Norton, 1954, 2/1959 ; H. M. Brown, Music in the French secular theater, 1400-1550, Cambridge (Mass.) 1963 ; H. Besseler, Falsche Autornamen in den Handschriften Strassburg (Vitry) und Montecassino (Dufay), *in* AMl XL, 1968 ; P. Reidemeister, Die Chanson-Handschrift 78 C 28 des Berliner Kupferstichkabinetts, Munich, Katzbichler, 1973 ; A. Atlas, The Cappella Giulia Chansonnier I, Brooklyn, Inst. of Mediaeval Music, 1975 ; D. Fallows, Robertus de Anglia and the Oporto Song Collection, *in* I. D. Bent (éd.), Source Materials and the Interpretation of Music : a Memorial Volume to Th. Dart, Londres, Stainer & B., 1982 ; du même, Dufay, Londres, Dent, 1982.

J.-P. Ouvrard

Lettere amorose (Lettres amoureuses), titre collectif donné à 2 madrigaux pour voix solo et b.c. de **Claudio Monteverdi**, *« Se i languidi miei sguardi »* (*Lettera amorosa*) (Si mes regards languides [lettre amoureuse]) et *« Se pur destina e vole il cielo »* (*Partenza amorosa*) (Si vraiment le ciel le veut et me destine [Départ amoureux]), probablement écrits quelques années avant leur publication dans *Concerto. Settimo libro de madrigali...* (Venise, Gardano, 1619 ; durée : 20 min environ). Le premier madrigal (n° 28) est le plus connu des deux. Un soprano chante, sur un texte de Marini (?), une longue prière plaintive qui est une rêverie érotique délirante. Le second (n° 29) est un véritable pendant à la *Lettera amorosa.* A son texte anonyme, moins inspiré, correspond malheureusement une musique plus ordinaire. Il s'agit ici d'une monodie pour ténor. Le personnage, plein de remords, décide de s'éloigner de sa bien-aimée. Dans la seconde édition de 1623, la *Partenza amorosa* prit le titre de *Lettera amorosa*, ce qui a été parfois source de confusion.

Ces deux longues pièces (près de 10 min chacune) sont le joyau du 7e livre. Au-dessus d'une simple et traditionnelle basse continue progressant lentement, la voix solo, « in genere rappresentativo », explore toutes les techniques monodiques connues et utilisées jusqu'alors. Très soigneusement écrits, les passages en style déclamatoire doivent être chantés, comme il est indiqué, sans tempo bien défini (« senza battuta ») et plutôt en relation avec le rythme des mots. De longs passages en style récitatif d'opéra montrent que le texte engendre et le rythme et l'harmonie ; Monteverdi demande que même la basse continue se plie au rythme des mots. Pourtant, peu de figuralismes dans ces deux pièces. Ni l'une ni l'autre ne présente de forme très construite. Les débuts de phrases solo sont tous semblables, ainsi que les cadences, avec toujours la même harmonie aux principales articulations du texte. Toutefois, ces caractéristiques ne sont pas assez continuellement présentes pour faire de ces morceaux des pièces strophiques.

La *Lettera amorosa* commence en *mi* maj. avec une triple répétition de l'idée musicale. L'harmonie est la simplicité même, tandis que la ligne monodique est presque continue. Ses deux sections sont à la fois séparées et unifiées par l'emploi d'une même cadence faible en *la* min. (ou sur sa dominante ou, plus rarement, en *ré* maj.), suivie par une pause précédant la longue phrase suivante. La pièce se termine par cette même cadence de base, ornée et plus longue.

La *Partenza amorosa* commence en *fa* majeur. C'est un long récitatif ininterrompu, ému et sincère, si semblable à celui d'un drame musical qu'on pourrait croire qu'il s'agit, comme pour le → *Lamento d'Arianna*, d'un extrait de quelque opéra perdu. Des sections à trois temps alternent avec d'autres à deux temps. Comme dans la *Lettera amorosa*, les phrases sont séparées par une même cadence simple (en *la* min. la plupart du temps). La pièce se termine en *ré* min. après une vocalise.

Rééditions modernes — Par G. Fr. Malipiero, *in* Cl. Monteverdi. Tutte le opere, Asolo 1926-42, 2/Vienne, UE, 1954, vol. VII.

Bibliographie — Cl. Gallico, La lettera amorosa di Monteverdi e lo stile rappresentativo, *in* NRMI I, 1967 ; voir aussi la bibliogr. de l'art. *Madrigali guerrieri et amorosi.*

M. Sacré

« Let Thy hand be strengthened », anthem de **Georg Friedrich Haendel**, voir Coronation anthems.

« L'eure est venue de me plaindre »/ « Circumdederunt », motet-chanson à 3 voix d'**Alexandre Agricola**, conservé dans une dizaine de sources, manuscrites pour l'essentiel : 5, dont l'*Odhecaton* de Petrucci, l'attribuent à A. Agricola, alors que dans les 5 autres, il est anonyme. Seulement 4 sources attestent la polytextualité en indiquant *« Circumdederunt »* à la partie la plus grave (bassus ou contraténor) : il pourrait s'agir de deux textes, soit « circumdederunt me gemitus mortis », explicitement indiqué dans le Ms. 228 de Bruxelles (→ Albums de Marguerite d'Autriche, source particulièrement tardive, v. 1515), soit « circumdederunt me viri mendaces », comme dans le Ms. Ricc. 2794 de Florence (source française, plus ancienne, v. 1485). La mélodie de ce « cantus firmus » présente des parentés à la fois avec une « lauda » (*« Circumdederunt me gemitus »*, Ms. F. 9.9. Modène) et avec un nocturne de l'office de matines des Rameaux, *« Circumdederunt me viri mendaces »*. Ce dernier texte est aussi utilisé par L. Compère dans un autre motet-chanson, *« Male bouche »/« Circumdederunt »*, alors que l'autre (extrait du Psaume 18 de l'introït de la Septuagésime) est familier de Josquin des Prés qui l'emploie comme « cantus firmus » dans → *« Nimphes nappés »* et dans deux motets.

Le texte français des autres voix, également transmis par 4 sources, soit au seul supérius, soit aux supérius et ténor, est une bergerette, forme écourtée du virelai, en vers hétérométriques de 8 et 4 pieds. L'œuvre comprend donc deux parties, la seconde correspondant à la couple (ouvert et clos) de la strophe : cette 2de partie ne comporte que le texte français. A l'exception du début, traité en imitation aux deux voix supérieures, elle se développe entièrement à trois voix. Elle se distingue ainsi de la 1re partie, dont la musique est chantée sur le refrain et sur la tierce de la strophe, composée d'une alternance quasi systématique de bicinium et de tricinium, installée par le jeu du « cantus firmus ». Cette organisation polyphonique divise, p. ex., le premier vers en deux hémistiches (« L'eure est venue/de me plaindre »), ponctués de cadences, respectivement sur le 1er et 5e degré du mode de *ré*, toutes les deux marquées d'un point d'arrêt (dans le Ms. 228 de Bruxelles). Les rimes, toutes féminines, donnent lieu à des développements mélismatiques, souvent importants, qui confèrent à cette polyphonie plaintive une sonorité particulièrement douce. Après l'*Odhecaton*, Petrucci en publiera aussi une mise en tablature de luth dans l'*Intabulatura* (*Libro secondo*) de Spinacino, en 1507.

Éditions modernes — Par C. L. W. Boer, *in* Chansonvormen of het einde van de xvde eeuw, Amsterdam 1938 ; par H. Hewitt et I. Pope, *in* Harmonice musices Odhecaton A, Cambridge (Mass.), Mediaeval Acad. of America, 1942, 2/ 1946 ; par C. M. Shipp, *in* A chansonnier of the dukes of Lorraine, the Ms. Fds. fr. 1597 (diss. North Texas State College 1960) ; par M. Picker, *in* The chanson albums of Marguerite of Austria, Berkeley et Los Angeles, Univ. of California Press, 1965 ; par E. R. Lerner, *in* A. Agricola. Opera omnia IV, CMM 22, Amer. Inst. of Musicology, 1966.

Bibliographie — G. Reese, Music in the Renaissance, New York, Norton, 1954, 2/1959 ; M. Picker, The chanson albums of Marguerite of Austria, *in* Ann. Mus. VI, 1958-63 ; A. Atlas, The Cappella Giulia Chansonnier (Rome, Bibl. Apostolica vaticana, C.G. XIII. 27), Brooklyn, Inst. of Mediaeval Music, 1975.

J.-P. Ouvrard

« L'homme armé doibt-on doubter », célèbre chanson à 3 ou 4 voix, attribuée à **Robert Morton**, dont le Chansonnier Casanatense (Ms. 2856) de Rome contient une version à 4 voix. Attribuée à Borton (sans doute pour Morton, « chappelain anglois », de la cour de Bourgogne), cette pièce sans texte correspond à une version anonyme à 3 voix qui se trouve dans le → Chansonnier Mellon, à laquelle on aurait ajouté une 4e partie, le bassus. Il s'agit sans doute, pour l'heure, des versions polyphoniques profanes les plus anciennes qu'on possède de cette mélodie très populaire du XVe s., dont P. Aron attribuait la paternité à Antoine Busnois (*Toscanello*, 1523). Dans la version du Chansonnier Mellon, la mélodie, en 7e mode (*sol*) — et non en 1er mode transposé comme dans la messe de Dufay p. ex. —, est exposée simplement au ténor assortie d'un texte déclamé syllabiquement en ternaire, qui nécessite quelques migrations par le contraténor, « L'ome l'ome l'ome armé / Doibt-on doubter, / on a fait partout crier / Que chascun se doibt armer / D'un haubregon de fer. / L'ome [...] », truffé ici et là de quelques cris (« A l'assaut ») clamés en quintes ou tierces à la manière d'une fanfare. Le texte y est sensiblement le même dans le « cantus firmus » d'un cycle de 6 messes anonymes conservé dans un manuscrit de Naples. En contrepoint, cependant, le supérius du Chansonnier Mellon ajoute un texte tout différent, un rondeau quatrain d'octosyllabes, qui laisse à penser que cette chanson, sinon la mélodie originale elle-même, aurait pu avoir un lien avec l'ordre croisé de la Toison d'or, que les ducs de Bourgogne avaient créé pour bouter les infidèles des lieux saints : « Il sera pour vous conbatu / Le doubté turcq, Maistre Symon [...]. » La présence de ce « Maistre Symon » ou « Symonet le Breton », chantre à la cour de Bourgogne en même temps que Morton, jusqu'en 1465, témoigne en tout cas du contexte bourguignon, en l'absence d'attribution explicite à Morton.

Éditions modernes — Par J. MARIX, *in* Les musiciens de la cour de Bourgogne au XVe s. (1420-1467), Paris, L'Oiseau-Lyre, 1937 (version à 4 v.), rééd. en facs. Genève, Minkoff, 1972 ; par L. L. PERKINS et H. GAREY, *in* The Mellon chansonnier, New Haven et Londres, Yale Univ. Press, 1979 (version à 3 v.) ; par A. ATLAS, *in* R. Morton. Collected works, MMR XXXVII, New York, Broude, 1981.

Bibliographie — D. PLAMENAC, Miszellen, *in* ZfMw XI, 1929 ; M. BUKOFZER, An unknown chansonnier of the 15th cent., *in* MQ XXVIII, 1942 ; G. REESE, Music of the Renaissance, New York, Norton, 1954, 2/1959 ; J. COHEN, The 6 anonymous L'homme armé masses in Naples, Bibl. Naz., Ms. VI E 40, Amer. Inst. of Musicology, 1968 ; L. LOCKWOOD, Aspects of the L'homme armé Tradition, *in* Proc. R. Mus. Assoc. 1974 ; I. CAZEAUX, French Music in the 15th and 16th Cent., Oxford, Blackwell, 1975.

J.-P. OUVRARD

(LES) LIAISONS DANGEREUSES, opéra épistolaire en 5 parties et un intermède, livret d'après le roman de Choderlos de Laclos, livret et musique de **Claude Prey**, composé en 1973, créé à Strasbourg, au pavillon Joséphine de l'Orangerie, le 5 févr. 1974, par l'Opéra du Rhin, avec 5 chanteurs et 5 instrumentistes-acteurs : Peter Gottlieb (vicomte de Valmont, bar.), Bernadette Antoine (marquise de Merteuil, mezzo-sop.), Anne-Marie Blanzat (Cécile de Volanges, sop.), Jean-Pierre Chevalier (chevalier Danceny, ténor), Emmy Greger (présidente de Tourvel, mezzo-sop.), Elisabeth Chojnacka (clv., Émilie, protégée de Valmont), Annick Minck (célesta, Joséphine, femme de chambre de Mme de Volanges), Brigitte Sylvestre (harpe et harpe irlandaise, Mlle Julie, dame de compagnie de Mme de Tourvel), James Johnson (piano, chevalier de Belleroche, cavalier servant de Mme de Merteuil), Claude Schnitzler (orgue, Père Anselme, précepteur de Danceny). L'intermède — → *Le Devin de village* de J.-J. Rousseau — était joué par les 5 protagonistes chanteurs, accompagnés à la viole de gambe par Camille Farlet. (Paris, Salabert, 1979 ; durée : 2 h environ.)

Après avoir songé à réaliser un opéra à partir de *La Philosophie dans le boudoir* de Sade, Cl. Prey choisissait le roman de Laclos comme support de son « théâtre musical », assemblant et découpant plusieurs lettres pour se livrer à une satire de l'aristocratie libertine à l'aube de la Révolution. Le badinage tourne mal : « On aboutit à deux morts, un viol et le principal personnage sombre dans la folie » (M. Gagnard).

La 1re partie de l'œuvre est du domaine du synchronisme (structure intemporelle, abstraite, écriture sérielle) ; la 2e est du domaine du diacronisme, de l'historique, marquant une évolution de la musique, de Campra à Beethoven ; la 3e est un document d'époque, avec de nombreuses citations de l'*Idomeneo* de Mozart, sorte de collages d'une pièce contemporaine du roman de Laclos. L'intermède introduit un mouvement d'archaïsme, dans la tradition du divertissement des opéras de cour, avec *Le Devin de village* de Rousseau, dans une version réduite à quelques minutes. On retrouve la musique de Rousseau intégrée au prélude de l'œuvre et à la fin où, dans les 4e et 5e parties, elle se bat avec un negro-spiritual et avec la série. Ici, un certain lyrisme se fait jour dans un essai désespéré de synthèse des écritures musicales.

Les chanteurs incarnent les principaux épistoliers. A chacun d'eux correspond un instrument confident, mais aussi instrument conscience qui réagit aux propos tenus. De plus, chaque instrumentiste joue un rôle secondaire.

L'auteur conseille à l'auditeur de prendre de la distance par rapport à une histoire qui n'est qu'« une série de règlements de comptes sentimentaux dans le milieu du Plaisir, au sein d'une société expirante mais encore répressive ». Le compositeur se livre également à cette « distanciation variable » avec les styles ; il réduit *Idoménée* à l'état de structure ; il juxtapose des monologues en récitatif, en « Sprechgesang », en airs dignes du bel canto, avec de grands écarts vocaux ou des lignes souples. Ces monologues s'entrecroisent jusqu'à donner des ensembles tournant « à ce délire verbal et musical qui est une des plus précieuses qualités de Cl. Prey » (J. Lonchampt), p. ex. lorsque à la fin une anthologie de l'enfer verbal sadien, en caractères phonétiques (*La Philosophie dans le boudoir*), accompagne le délire de Mme de Tourvel. Toutes ces considérations font des *Liaisons dangereuses* un modèle de « théâtre musical » intégrant des caractéristiques de l'opéra traditionnel.

Bibliographie — Comptes rendus d'A. REY *in* Le Monde, 7.2.1974, J. LONCHAMPT *ibid.* 8.2.1974 ; A. GOLÉA, La musique de la nuit des temps aux aurores nouvelles II, Paris, A. Leduc, 1977, pp. 931-932 ; M. GAGNARD, La voix dans le théâtre lyrique français 1945-1985, Paris, Champion, 1987, pp. 124-125.

CHR. GOUBAULT

« LIBERA ME », répons en 1er mode de la liturgie des funérailles (absoute). Par son texte, exprimant la crainte du jugement divin, comme par son style mélodique, ce chant s'apparente à l'offertoire → *« Domine Iesu Christe »* de la Messe des morts. Il est lui aussi de composition tardive, ce qui se traduit entre autres par l'allure homogène d'une courbe très mobile où l'on ne peut plus guère distinguer, comme dans la composition classique, un schéma mélodique simple et des formules ornementales qui l'enrichissent. La mélodie n'en est pas moins d'une belle venue et d'une solennelle ampleur, atteignant l'un après l'autre les degrés aigus de l'échelle : *sol* (« morte »), *si* (« movendi ») et *do* (« iudicare »). Quant à la forme, l'alternance habituelle entre les deux éléments du répons — corps de répons et versets — se manifeste ici sous un aspect très libre : le corps de répons n'est chanté entièrement qu'au début et à la fin, et se réduit à sa seule seconde phrase après le premier verset et à sa seule troisième phrase après le deuxième verset ; en outre, les trois versets (plus nombreux dans certains manuscrits) diffèrent sensiblement l'un de l'autre, à partir d'une intonation commune. Plan que l'on peut résumer comme suit : R (abc) / ℣^{1} / R (b) / ℣^{2} / R (c) / ℣^{3} / R (abc).

Traduction — Délivre-moi, Seigneur, de la mort éternelle, en ce jour redoutable où les cieux et la terre seront ébranlés, alors que tu seras venu juger le monde par le feu. (℣) Le tremblement et l'angoisse m'ont saisi, dans l'attente de la comparution et de la colère à venir. (℣) Jour de colère ce jour-là, de calamité et de détresse, jour décisif et d'extrême amertume. (℣) Donne-leur le repos éternel, Seigneur, et que la lumière éternelle brille pour eux. (Texte de composition libre.)

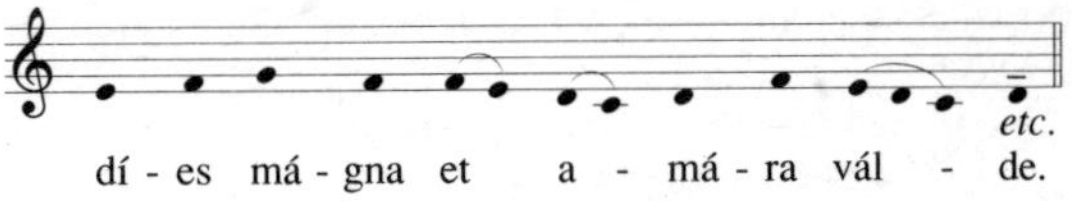

J. Viret

Libuše, opéra en 3 actes, livret de Josef Wenzig et Ervin Spindler, musique de **Bedřich Smetana**, composé de 1869 au 12 nov. 1872, créé lors de l'inauguration du Théâtre national de Prague, le 11 juin 1881. (Prague, Společnost B. Smetana, 1949 ; durée : 2 h 45 min environ.)

Quatrième des grands opéras de Smetana, *Libuše* occupe une place de premier plan au sein de son œuvre par son caractère festif mais aussi historique et patriotique, ainsi qu'en raison des circonstances de sa création. Après → *La Fiancée vendue*, c'est probablement l'opéra le plus populaire de son auteur. Selon Smetana, « *Libuše* n'est pas un opéra conforme aux vieilles habitudes : c'est un tableau historique célèbre, une revivification musicale et dramatique du passé. Je désire que l'on ne l'exécute qu'à l'occasion des solennités de la nation tout entière. C'est une expression monumentale du degré suprême que la noble musique tchèque peut atteindre. Je suis le fondateur de ce genre dans le domaine de la musique et de la musique tchèque en particulier » (cité par M. Očadlik dans une présentation discographique de l'ouvrage).

Livret — La princesse Libuše gouverne la nation tchèque avec le respect et l'attachement de son peuple. Mais sa volonté de partager le royaume entre ses deux frères va plonger le pays dans de graves troubles.

Acte I. 1er Tableau. A la cour de la princesse Libuše. Celle-ci (sop.) écoute Radmila (alto) se plaindre de la dispute de ses deux frères au sujet de l'héritage paternel. — 2e Tableau. La noblesse et les représentants du peuple entourent le trône de la princesse qu'ils trouvent trop clémente et qu'ils aimeraient bien voir remplacer par un homme plus énergique, tel Přemysl. Libuše préside un tribunal qui doit départager ses deux frères, Chrudoš (basse) et Stáhlav (ténor). Irascible, l'aîné Chrudoš veut s'emparer de tout l'héritage et ne rien partager. De plus, il outrage sa sœur en déclarant qu'elle n'est pas assez intelligente pour régner sur des hommes. Libuše, profondément offensée, renonce à ses fonctions, mais la noblesse et le peuple lui demandent de choisir elle-même un époux qu'ils reconnaîtront comme prince. Libuše choisit Přemysl.

Acte II. 1er Tableau. Il s'ouvre dans une atmosphère triste et nocturne, quelque part dans le pays, près de la tombe du père des princes. Une fausse intrigue amoureuse amène Chrudoš à haïr son frère et le conflit qui en résulte menace tout le pays. Mais vaincu par les sentiments — Karsava (sop.) lui ayant avoué son amour —, Chrudoš finit par lui promettre de se réconcilier avec son frère et de se soumettre à la princesse. — 2e Tableau. A la ferme de Přemysl. Celui-ci (bar.) pense à Libuše. Il invite les paysans qui travaillent dans les champs aux alentours à une fête. Celle-ci est interrompue par l'arrivée de messagers l'invitant à monter comme futur époux de Libuše sur le trône princier. Přemysl, ému, quitte alors les lieux pour partir vers son destin.

Acte III. 1er Tableau. Les deux frères se sont réconciliés et Chrudoš s'est fiancé à Krasava. Libuše en compagnie de Přemysl invoque l'esprit de son père, le prince Krok. — 2e Tableau. La cour du château de Vyšehrad où s'est réuni le peuple qui acclame le couple princier. On proclame leur mariage. Le prince, exhortant la foule, promet de régner avec justice. Après l'avoir mis à l'épreuve, Přemysl absout Chrudoš de son offense passée envers la princesse. Le peuple redouble d'acclamations devant la bonté du prince. C'est à ce moment qu'un esprit prophétique descend sur la princesse qui se met à évoquer l'avenir de la nation dans un grand monologue dramatique.

L'ouverture solennelle, qui débute par une fanfare, est construite sur deux thèmes, ceux de Libuše et de

Přemysl, deux leitmotive qui reviendront tout au long de l'œuvre.

Jusqu'au cantique final, un chant hussite, c'est toute l'histoire de son pays que Smetana reprend et illustre dans cet opéra. Les six prophéties finales expriment la certitude que la nation tchèque triomphera de tous les dangers et qu'elle ne périra jamais. Dans la grande tradition des opéras romantiques, l'œuvre de Smetana, malgré une indéniable parenté avec les opéras allemands de la même époque, garde une originalité propre en raison du sujet et de la langue de son livret. L'œuvre se déroule sans temps morts avec un art particulièrement affirmé dans la succession et la variété des scènes. Cependant, Smetana ne trouve pas au niveau harmonique, et surtout mélodique, la verve, l'invention — en un mot le génie — qui marqueront quelques années plus tard les grands ouvrages de son illustre compatriote A. Dvořák.

Bibliographie — W. Ritter, Smetana, Paris 1907 ; M. Očadlik, Libuše. Origine de l'opéra de Smetana, Prague 1939 (en tchèque) ; P. Pražák, Les opéras de Smetana, 4 vol., Prague 1948 (en tchèque) ; B. Large, Smetana, Londres, Duckworth, 1970 ; J. Clapham, Smetana, Londres, Dent, 1972 ; J. Jiránek, La cristallisation de la grande portée de Libuše de Smetana, *in* Hudebni Vĕda XIII, 1976 (en tchèque).

Fr. Auclair

(Die) Liebe der Danae (L'Amour de Danaé), op. 83, « heitere Mythologie » (mythologie joyeuse) en 3 actes, livret de Joseph Gregor d'après des esquisses de Hugo von Hofmannsthal, musique de **Richard Strauss**, composée à Garmisch, en Italie et en Suisse entre le début de l'année 1938 et le 28 juin 1940, dédiée à Heinz Tietjen, donnée en répétition générale, en costumes et en présence du compositeur, au Festspielhaus de Salzbourg, le 16 août 1944, avant une première annulée, avec Viorica Ursuleac (Danaé), Horst Taubmann (Midas), Hans Hotter (Jupiter), Karl Ostertag (Pollux), sous la dir. de Clemens Krauss. La 1re représentation publique n'eut lieu qu'après la mort de Strauss, au Festpielhaus de Salzbourg, le 14 août 1952, avec Annelies Kupper, Josef Gostic, Paul Schöffler, Laszlo Szemere, les Wiener Philharmoniker et les chœurs de la Wiener Staatsoper, sous la dir. de Cl. Krauss. (Berlin, Oertel, 1944, puis Mayence, Schott, et Londres, Boosey & H. ; durée : 2 h 45 min environ.)

En 1920, Hofmannsthal avait proposé à Strauss un livret « divertissant » combinant la légende de Jupiter se transformant en pluie d'or pour s'unir à Danaé et celle du roi Midas affligé par Bacchus du privilège de transmuer en or tout ce qu'il touchait. En juil. 1935, à Berchtesgaden, le musicien demanda à J. Gregor de le retravailler à son intention. Des discussions interminables et pénibles eurent lieu entre les deux hommes, au point que le 3e acte resta en panne et que Cl. Krauss fut appelé à l'aide. Sur une suggestion de l'épouse de Krauss, la cantatrice V. Ursuleac, *King Midas*, titre donné par Gregor, devint *Die Liebe der Danae*.

Achevé avant *Capriccio*, l'ouvrage fut cependant représenté le dernier, sous la forme d'une répétition générale. Strauss n'espérait même plus une représentation de *Danae* avant sa mort. Il désirait même ne l'autoriser que deux années après l'armistice mais il donna son accord à Krauss lorsque ce dernier lui demanda de lui confier le manuscrit dans le but de créer l'œuvre à Salzbourg, en août 1944, lors des festivités marquant le 80e anniversaire du musicien. Huit jours avant la première, Goebbels annula le festival. Krauss parvint à maintenir la générale, donnée en présence d'un public de soldats blessés ou en convalescence, pour permettre au compositeur d'entendre au moins une fois sa partition. Ce n'est que trois ans après sa mort que, selon son propre vœu, la création publique de Salzbourg fut conduite par les mêmes personnalités — Krauss-Hartmann-Preetorius — qui avaient monté la générale de 1944, mais la distribution vocale dut être totalement modifiée.

Livret — Jupiter s'est épris de Danaé, la fille de Pollux, roi d'Eos. En prenant l'apparence du pauvre ânier Midas, le dieu espère se protéger des regards jaloux de Junon. Le vrai Midas sera son messager auprès de Danaé. Il lui annoncera sa venue, en le présentant comme le richissime roi de Lydie. Le messager et Danaé s'éprennent l'un de l'autre.

Acte I. La salle du trône de Pollux. Le roi (ténor) tente de calmer ses créanciers : Midas va épouser sa fille. Au cours d'un rêve, Danaé (sop.) s'est vue couverte d'une pluie d'or. Midas (ténor) est annoncé, mais l'homme qui se présente prétend s'appeler Chrysophore (porteur d'or), un ami du roi de Lydie venu préparer la rencontre avec Danaé. Jupiter/Midas (bar.) est accueilli au port par la foule. Danaé reconnaît celui qui l'a couverte d'or dans son rêve. Elle s'évanouit.

Acte II. Les reines Sémélé (sop.), Europe (sop.), Alcmène (mezzo-sop.) et Léda (contralto) préparent le lit nuptial pour un dieu qui a été leur amant sous divers déguisements. Jupiter explique à Danaé qu'il lui est apparu sous les formes d'une pluie d'or et de Midas pour échapper aux regards de Junon. Le dieu reproche à son messager de le trahir. Il lui donne le pouvoir fatal de tout changer en or. En tombant dans les bras du vrai Midas, Danaé est transformée en statue d'or. Jupiter revendique pour lui la fille de Pollux et lui offre rêves, temples, honneurs, tandis que Midas ne peut lui proposer que son amour et la pauvreté. Délivrée de son sortilège, Danaé choisit Midas.

Acte III. Un chemin de campagne en Orient. Midas a retrouvé sa condition d'ânier. Mercure (ténor) raconte à Jupiter que l'histoire de Danaé a amusé les dieux, Junon et ses quatre amantes de jadis mais a jeté la consternation dans l'île d'Eos. Pris pour Midas, Jupiter provoque une pluie d'or pour repousser les créanciers. Mercure lui suggère de faire une nouvelle tentative pour gagner les faveurs de Danaé en allant la retrouver dans sa pauvre cabane. Malgré des tentations, la fille de Pollux reste fidèle à Midas. Le couple proclame que l'amour est plus important que l'or.

Le fait que ce livret ait connu une genèse difficile et trop de collaborateurs explique sans doute son manque d'homogénéité, le caractère disparate et inconsistant de son intrigue qu'aucun metteur en scène ne peut dissimuler. Hartmann envisagea — avec l'accord du fils du compositeur — de débarrasser l'œuvre de ses grumeaux wagnériens pour retrouver l'esprit d'effronterie enjouée souhaité par Hofmannsthal, que l'on ne rencontre que dans le sous-titre (« heitere Mythologie ») et dans le gracieux tableau des quatre reines. Aux 2e et 3e actes, Jupiter rappelle souvent Wotan et ses adieux offrent un parallélisme frappant avec ceux du dieu du Walhalla. La musique des quatre reines semble avoir été délibérément démarquée du chœur nuptial de *Lohengrin*, tandis que le duo d'amour Midas-Danaé découle de *Tristan und Isolde*.

Les avis sont partagés en ce qui concerne la valeur de cet opéra auquel Strauss portait une réelle affection. *Die*

Liebe der Danae confirme trois constantes de la dramaturgie straussienne : appel à l'Antiquité, triomphe de l'amour et de la fidélité, figure féminine centrale. Le musicien les rassemble dans un même creuset au sein d'un ouvrage possédant une substance aussi précieuse que ses autres opéras. *Die Liebe der Danae* est un opéra de chanteurs tout comme *Die Ägyptische Helena*. Le rôle féminin principal a été conçu pour l'un des sopranos favoris de Strauss, exploitant les notes aiguës veloutées et douces, la blondeur, la tessiture et le rayonnement de V. Ursuleac. Le rôle de Jupiter rejoint celui des grands barytons verdiens, mais avec des références wagnériennes évidentes. L'écriture de l'ensemble des quatre reines était placé, par Strauss lui-même, au nombre de ses meilleures réussites. Enfin l'orchestre déroule ses sortilèges, notamment au cours des interludes symphoniques dont le premier est remarquable par la transparence extrême de la matière sonore. Celui de l'acte III — la renonciation de Jupiter — est à mettre sur le même plan que ceux de *Die Frau ohne Schatten*. Ces fragments furent réunis en un arrangement symphonique par Cl. Krauss qui en donna la 1re audition au Royal Albert Hall de Londres, le 14 nov. 1952, avec les Wiener Philharmoniker. (Durée : 13 min 30 s environ.)

Bibliographie — R. Hartmann, Erinnerungen an die Einstudierung von R. Strauss' Oper « Die Liebe der Danae » in Salzbourg im Jahre 1944, *in* RMS, juin 1952 ; R. Tenschert, Zu R. Strauss « Oper » Die Liebe der Danae, *ibid.*, oct. 1952 ; E. Reuter, L'Amour de Danaé de R. Strauss, *in* Carnets critiques de la RM, 1952, pp. 21-23 ; G. K. Kende, Cl. Krauss über seine Zusammenarbeit mit R. Strauss, *in* RMS, févr. 1957 ; H. Kralik, R. Strauss, Weltbürger der Musik, Vienne 1963 ; voir aussi la bibliogr. de l'art. *Arabella*.

Chr. Goubault

Liebeslieder. Walzer für das Pianoforte zu vier Händen (und Gesang ad libitum) (Chants d'amour. Valses pour piano à 4 mains [avec chant ad libitum]), op. 52, recueil de 18 valses de **Johannes Brahms**, sur des textes populaires (russes, polonais, hongrois) traduits en allemand par Georg Friedrich Daumer (Polydora...), composé en 1869. (Berlin, Simrock, 1869 ; durée globale : 22 min 22 s environ.) Voir également *Neue Liebeslieder*.

Au moment de la publication, Brahms hésitait sur le titre à donner à son op. 52, aujourd'hui connu sous celui de *Liebeslieder-Walzer*, et laissa le choix à son éditeur. Pour des raisons commerciales, celui-ci fit indiquer « und Gesang ad libitum », faussant la réalité puisque l'op. 52 a été conçu dès l'origine avec chant. Au nombre des principales éditions des *Liebeslieder-Walzer*, on compte une version pour piano à 4 mains (op. 52 a, éd. 1874) ainsi qu'une version pour chant et piano à 2 mains (éd. 1875). Dès 1869, un arrangement pour chant et orchestre avait vu le jour, mais Brahms ne se décida pas à le faire publier. Signalons enfin que le terme « Gesang » de l'édition originale sous-entendait, pour le compositeur, l'interprétation de l'œuvre par un quatuor de solistes.

Si tous les poèmes de l'op. 52 traitent de l'amour, le recueil ne forme cependant pas un cycle. Aucun scénario implicite ne le sous-tend, aucune histoire n'y est racontée, et les textes illustrent des situations diverses, aussi bien négatives que positives : nostalgie de celui qui n'est pas ou plus aimé (nos 4, 7, 13, 14, 18), mélancolie lorsque l'être cher est au loin (no 5), colère de l'amoureux qui est la proie des commérages (nos 11, 12), supplique à la belle pour qu'elle donne son amour, ou ne le retire pas (nos 1, 17), éloge adressé aux femmes sur un ton comique (no 3), évocation de la puissance de l'amour (nos 2, 9, 16), comme du plaisir, de la joie, de la paix ou du bonheur qu'il apporte (nos 6, 8, 10, 15). Hétérogènes du point de vue poétique, les valses accordent dans leur brièveté, la clarté et la simplicité de leur forme et de leur contenu musical. Elles suivent quasiment toutes le schéma bipartite A :|| : B :|| où B est le plus souvent apparenté à A. Seule la pièce no 6 s'en écarte vraiment. De forme rondo ABACA, c'est une romance légère, bien viennoise d'esprit, dans laquelle le ténor, face à l'ensemble du quatuor, a un rôle de soliste. Semblable équilibre sonore ne se retrouve dans aucune des 17 autres valses. Brahms, autant qu'il le peut, renouvelle la texture vocale. Si certaines pièces n'utilisent qu'une partie de l'effectif vocal (no 7 pour sop. solo, no 17 pour ténor solo, nos 4 et 13 pour sop. et alto, nos 3 et 14 pour ténor et basse — dans ces 4 dernières valses, les deux parties sont écrites principalement note contre note), le quatuor demeure cependant la matière musicale de base au sein de laquelle les principaux effets de dialogue sont réalisés : ténor et basse qui alternent avec sop. et alto (nos 1 et 5), mise en valeur (no 9) soit des 4 parties soit simplement des alto, ténor et basse. Dans ces pièces, comme dans celles où le quatuor vocal intervient de façon plus massive (nos 2, 8, 11, 12, 15, 18), l'écriture est nettement verticale, même si à l'occasion une, deux voix se trouvent momentanément décalées ou isolées. Il en est autrement dans les valses nos 10 et 16 ; les plus travaillées du recueil d'un point de vue polyphonique, elles font appel à des procédés d'imitation, et même presque à un double canon (no 10, 2e partie). Bridée ici par des contraintes techniques, l'expression musicale se donne souvent libre cours, à tel point qu'elle peut en arriver à annihiler l'esprit de la valse (no 11). Dans la pièce no 1, la valse se confond avec un ländler un peu pesant, dans la pièce no 9, elle est discrètement voilée par la mélancolie du thème mélodique principal, ailleurs encore, son mètre ternaire est assoupli (no 8), troublé (nos 13, 17) ou déstabilisé (no 2) par des hémioles.

Chatoyant de couleurs multiples, les valses de l'op. 52 ont un caractère détendu, aimable, qui leur confère une place à part dans la production brahmsienne, marquée par la nostalgie et la mélancolie. Brahms avouait avoir un faible tout particulier pour ses *Liebeslieder-Walzer*, sûr que ces charmantes et simples petites pièces feraient la joie de plus d'un. Sa certitude n'a pas été démentie par les années.

Bibliographie — E. Evans, Historical, Descriptive and Analytical Account of the Entire Works of J. Brahms, I The Vocal Works, Londres 1912, pp. 223-232 ; S. Kross, Die Chorwerke von J. Brahms, Berlin 1958, pp. 270-283 ; P. Hamburger, Omkring J. Brahms' « Lieberslieder-Walzer » op. 52, *in* Fs. G. Heerup, Copenhague, Egtved, 1973, pp. 231-253 ; S. Neugebauer, J. Brahms' Liebeslieder Waltzer op. 52 : a conductor's analysis (diss. Univ. of Miami, 1982) ; L. Finscher, Lieder für verschiedene Vokalensembles, *in* C. Jacobsen (éd.), J. Brahms, Leben und Werk, Wiesbaden, Br. & H., 1983, pp. 153-154.

Fr. Andrieux

Liebesträume (Rêves d'amour), 3 lieder de **Franz Liszt**, pour voix et piano qui, de nos jours, sont beaucoup plus connus par leur transcription pianistique. L'ordre adopté au moment de la parution ne correspond pas à la chronologie de la naissance des œuvres. Le premier lied à avoir été composé est *« O lieb, so lang du lieben kannst »* qui fut écrit vers 1845. Il fut d'abord publié séparément en 1847, puis avec les deux autres en 1850. La transcription pianistique a été probablement faite peu après l'original vocal, mais n'a pas connu de publication séparée : elle a été éditée en même temps que les deux autres transcriptions en 1850. Les lieder *Hohe Liebe* et *« Gestorben war ich »* ont été composés à peu près au même moment, vers 1849, et ont été publiés simultanément avec le précédent en 1850 ; toutefois, dans l'ordre de présentation, *« O lieb »* passe en 3e position. Et c'est le même ordre qui est adopté pour les trois transcriptions, éditées également en 1850. Mais alors que les mélodies parurent sous le titre *Drei Lieder für eine Tenor oder Sopranstimme*, les versions pianistiques furent intitulées *Liebesträume. 3 Notturnos.* C'est sous ce titre global que ces œuvres sont généralement connues de nos jours, aussi bien dans leur version vocale que pianistique. Bien qu'elles aient été publiées ensemble, ces trois mélodies ne forment pas vraiment un cycle. Du reste, les deux premières sont composées sur des vers de L. Uhland et la dernière sur des vers de F. Freiligrath. En outre, cette dernière a été composée plusieurs années avant les deux autres. Il existe toutefois des affinités certaines entre ces trois morceaux, surtout sous l'angle de l'harmonie et, mélodiquement, entre les numéros 1 et 3. Une atmosphère générale de « nocturnes » — terme que Liszt a utilisé pour les transcriptions — se retrouve également dans les versions vocales.

1. *Hohe Liebe* (Amour céleste), mélodie pour ténor composée vers 1849 (éd. 1850). Liszt a adopté la forme strophique variée pour les deux quatrains de cette courte poésie de Ludwig Uhland. La formule mélodique initiale — bien venue et imprégnée de bel canto — reviendra fréquemment sous diverses présentations :

Les modulations sont habiles, mais toujours amenées avec beaucoup de douceur. On remarquera en particulier le passage à la tierce mineure supérieure (par enharmonie) pour le début de la 2e strophe, créant un heureux effet de surprise. La ligne mélodique est très chantante, encore fortement marquée par les tournures italiennes. Elle met en évidence le rôle de la voix et ne craint pas d'exploiter le registre aigu en confiant au chanteur des *la* et *la* ♯ aigus. Cette mélodie reste cependant sans prétention. Comme elle est relativement courte, Liszt a cru bon, dans sa version pianistique, de la reprendre entièrement — après l'avoir transcrite très fidèlement — avec de nombreux enjolivements et traits de virtuosité.

2. *« Gestorben war ich »* (J'étais mort), mélodie pour ténor composée vers 1849 (éd. 1850) dont la transcription pianistique porte le titre donné par Uhland de *Seliger Tod* (Mort bienheureuse). Moins bien venue que les deux autres, elle est également fort courte, car le poème ne comprend que 8 vers de 5 syllabes chacun. Tout comme pour le lied précédent, Liszt exploite essentiellement la cellule vocale initiale qui lui sert de lien conducteur. Peut-être est-ce parce que le compositeur lui-même n'était pas entièrement satisfait de sa réalisation qu'il en reprit la substance musicale dans le premier des *Fünf kleine Klavierstücke* (composé en 1865).

3. *« O lieb, so lang du lieben kannst »* (Aime, aime aussi longtemps que tu peux), mélodie pour soprano ou ténor composée vers 1845 (éd. d'abord séparément en 1847). Devenue rapidement célèbre, cette mélodie a connu de nombreux arrangements de toutes sortes, y compris en jazz ou en rock. Pour l'immense majorité des auditeurs, elle est tout simplement « le » *Rêve d'amour.* La poésie de Ferdinand Freiligrath est nettement plus longue que les deux précédentes d'Uhland. Elle comprend 9 vers de longueur inégale, mais dont la plupart ont 16 pieds. Comme, en outre, Liszt répète plusieurs fois certains mots et certains vers, il en résulte une mélodie nettement plus longue que les précédentes. Le découpage musical du texte poétique n'était ni évident ni aisé. Grâce à des répétitions diverses de tronçons de phrases, le compositeur obtient 4 sections qu'il inscrit librement dans une forme AA'BA. En fait, l'agencement général est d'une grande habileté. C'est ainsi que la 1re section se subdivise en 2 sous-sections comportant chacune un élément caractéristique qui reviendra au cours des 2e et 4e sections. Mais à la fin de la seconde sous-section, Liszt présente une boucle mélodique de 4 notes reprises au piano. Au cours de la 3e section contrastante, il exploitera cette boucle mélodique en la développant considérablement et obtiendra ainsi une section nouvelle à partir d'un élément déjà connu. En fait, à la fin de cette 3e section, le texte poétique est terminé, mais le compositeur reprend les deux premiers vers pour conclure, ce qui lui permet de faire revenir la musique de la 1re section, conférant ainsi à l'ensemble une profonde unité. Les 1re, 2e et 4e sections sont d'un lyrisme chaleureux, à mi-chemin entre la caresse italienne et l'intériorité germanique, tandis que la 3e section apporte un élément dramatique avec un dialogue entre la voix — à découvert — et le piano. Cette section n'était pas facile à transcrire et Liszt l'a totalement omise dans sa version pianistique. La fréquence des longues notes répétées à la voix aurait pu paraître monotone. Mais Liszt prend soin de leur imprimer à chaque fois une couleur harmonique différente. On remarquera entre les 1re et 2e sections la même modulation de *la* ♭ maj. à *si* maj. que dans *Hohe Liebe.* Il y a, du reste, une forte affinité entre ces deux lieder, mais *« O lieb »* est beaucoup plus élaboré et de qualité musicale supérieure. Il est très regrettable que la version vocale, plus riche que la transcription pianistique, soit totalement occultée par celle-ci.

Éditions — Voir à l'art. *« Bist du ! ».*

S. Gut

Liebestreu (Fidélité amoureuse), lied pour voix et piano de **Johannes Brahms** (tonalité originale *mi* ♭ min.), sur un poème de Robert Reinick, composé en 1853 et édité la même année comme nº 1 des *Sechs Gesänge*, op. 3, dédiés à Bettina von Arnim. (Leipzig, Br. & H., 1853 ; durée : 2 min 19 s environ.)

Aux trois strophes du poème répondent trois parties musicales clairement articulées. La forme strophique de la chanson populaire justifie la mise en musique identique des deux premières strophes mais non celle de la troisième. Il en résulte le schéma formel suivant :

A formé de a (5 mes.) + b (5 mes.) ;
reprise de A ;
A' formé de a (5 mes.) + a' (10 mes.).

L'intervention de 2 idées musicales distinctes (a et b) a sa raison d'être dans le poème même, conçu comme un dialogue entre une mère et son enfant. La mère (a), sans espoir, fuit et nie la réalité des valeurs humaines et des sentiments — souffrance, amour, fidélité — ; l'enfant (b), dans l'enthousiasme de sa jeunesse, lui oppose sa confiance en la vie affective et sensible. Par la présence de deux personnages, parce que deux conceptions de la vie se heurtent, par le jeu de la métaphore, très fort ici, juxtaposant l'idée abstraite et le monde réel, le contraste intervient à trois niveaux et se révèle être une des clés du poème comme de sa traduction musicale. Au contraste linéaire temporel, passage de a à b, de *mi* ♭ min. (a) à *do* ♭ maj. (b), se superpose un contraste spatial stable dans le temps : l'architecture sonore s'élabore à partir de trois plans distincts, un continuum d'accords répétés en sextolets joués par la main droite au piano, avec, de part et d'autre, deux lignes confiées respectivement à la voix et à la main gauche au piano. L'idée musicale doit sa couleur dramatique à un motif de trois notes (« O versenk »), plusieurs fois repris, dont l'appoggiature initiale déstabilise l'harmonie pourtant claire ; simultanément, le jeu rapide d'imitations entre la basse et la partie vocale accentue la tension. Dans b, celle-ci s'apaise, les effets d'écho disparaissent, allant jusqu'à être remplacés par un unisson d'octave, la couleur s'éclaircit par une montée vers l'aigu du piano ; le lyrisme de la partie vocale, tirée elle aussi vers l'aigu, y traduit bien, hors de tout figuralisme, l'esprit du texte. Dans A', enfin, le contraste n'est plus de nature motivique, mais harmonique (*mi* ♭ min. juxtaposé à *mi* ♭ maj.) et dynamique (au *pp* de b des strophes antérieures fait place un victorieux *f*). Dans ses caractéristiques les plus extérieures — simplicité formelle et harmonique, esprit chantant de la ligne, schématisme du rythme —, l'œuvre témoigne de la jeunesse du compositeur et de son goût pour la musique populaire. Dans le détail du traitement musical, le Brahms des années à venir est déjà là, celui qui travaille les finesses de l'écriture plus que les effets d'opposition violente et intrinsèque au matériau, celui qui restitue le contraste tout en préservant l'unité et la clarté musicales.

Bibliographie — E. Evans, Historical, Descriptive and Analytical Account of the Entire Works of J. Brahms, I The Vocal Works, Londres 1912 ; H. Riemann, Die Taktfreiheiten in Brahms' Liedern, *in Die* Musik XII/1, 1912 ; M. Friedländer, Brahms' Lieder, Berlin 1922, trad. angl. Londres 1928 ; P. Mies, Stilmomente und Ausdrucksstilformen im Brahmsschen Lied, Leipzig 1923, rééd. en facs. Wallruf-Nendeln, Sandig Reprint, 1975 ; R. Gerber, Formprobleme im Brahmsschen Lied, *in* Jb. Peters XXXIX, 1932 ; Cl. Rostand, J. Brahms, Paris 1954-55, 2/Paris, Fayard, 1978 ; E. Rieger, Die Tonartencharakteristik im einstimmigen Klavierlied von J. Brahms, *in* Studien zur Musikwissenschaft XXII, 1955 ; L. Misch, Kontrapunkt und Imitation im Brahmsschen Lied, *in* Mf XI, 1958 ; K. Giebeler, Die Lieder von J. Brahms..., Münster 1959 ; S. Kross, Rhythmik und Sprachbehandlung bei Brahms, *in* Kgr.-Ber. Kassel 1962 ; S. Helms, Die Melodiebildung in den Liedern von J. Brahms und ihr Verhältnis zu Volksliedern und volkstümlichen Weisen (diss. Berlin, Freie Universität, 1967) ; M. Harrison, The Lieder of Brahms, New York, Praeger Publ., 1972 ; E. Sams, Brahms Songs, Londres 1972, trad. fr., Arles, Actes-Sud, 1989 ; G. Sannemüller, Die Lieder von J. Brahms auf Gedichte von Kl. Groth, *in* Jahresgabe der Kl. Groth-Gesellschaft XVI, 1972 ; M. B. Stohrer, The selection and setting of poetry in the solo songs of J. Brahms (diss. Univ. of Wisconsin, 1974) ; C. Jacobsen, Das Verhältnis von Sprache und Musik in Liedern von J. Brahms, Hambourg, K. D. Wagner, 1975 ; G. S. Bozarth, The lieder of J. Brahms (1868-1871) : studies in chronology and compositional process (diss. Princeton Univ., 1978) ; A. Cr. Bell, The lieder of Brahms, Darley, Harrogate, Crain-Haig, 1979 ; S. Kross, J. Brahms als Liedkomponist, *in* Herbstliche Musiktage Urach 83, 1983 ; C. M. Schmidt, J. Brahms und seine Zeit, Laaber, Laaber-Verlag, 1983, pp. 133-154 ; W. Frisch, Brahms and the principle of developing variation, Berkeley, Univ. of California Press, 1984, pp. 96-109 et 151-156 ; K. Krones, Der Einfluss Fr. Schuberts auf das Liedschaffen von J. Brahms, *in* Brahms-Kongress Wien 1983, Tutzing, Schneider, 1988.

Fr. Andrieux

(Das) Liebesverbot oder die Novize von Palermo (La Défense d'aimer ou la Novice de Palerme), grand opéra-comique en 2 actes, texte (1834) — d'après *Measure for Measure* de Shakespeare — et musique de **Richard Wagner**, composé en 1835, créé à Magdebourg, le 29 mars 1836, sous la dir. de l'auteur.

La création de cette œuvre eut lieu dans des conditions désastreuses en raison de la faillite du Théâtre de Magdebourg, mais ce fut l'unique représentation du vivant de Wagner. L'orchestre se compose de 2 fl., une pte fl., 2 htb., 2 clar., 2 bassons, 4 cors, 4 trp., 3 trb., ophicléide, timb., batterie, cordes.

Livret — Suivant le modèle littéraire, deux couples nobles, auxquels fait contrepoint un couple bouffon, subiront maints avatars pour finalement découvrir la vérité par le truchement de la mascarade et de la tromperie. L'action se déroule à Palerme au xvie siècle. Pendant son absence, le roi de Sicile est remplacé par un gouverneur allemand, Friedrich (basse). Celui-ci, pédant et dépourvu d'humour, interdit tout de suite, sous peine de mort, le carnaval, l'amour, les tavernes et tout ce qui est susceptible de divertir le peuple. Claudio (ténor), un jeune noble palermitain, est ainsi condamné à mort pour ses amours libres. Sa sœur Isabella (sop.), jeune novice au couvent de Sainte-Elisabeth, console Marianna (sop.), l'épouse secrète de Friedrich que ce dernier a abandonnée et enfermée dans l'intérêt de sa carrière politique. Informée des malheurs de son frère par son ami Luzio (ténor), Isabella fait irruption dans la salle du tribunal où Friedrich s'apprête à condamner tous les amoureux prisonniers. Par sa ruse féminine, elle parvient à réveiller la lubricité du gouverneur, sentiment à peine caché sous ses airs moralisateurs. Préméditant l'astuce, elle lui propose son amour en échange de la liberté de son frère. — Après plusieurs scènes où les sentiments des protagonistes apparaissent plutôt chancelants, Friedrich avoue dans un monologue que tout son système moralisateur est prêt à s'écrouler à l'approche de l'amour-passion qu'il n'a jamais connu auparavant. — Une lettre d'Isabella invite Friedrich à la rejoindre le soir même sous un déguisement. C'est le premier jour du carnaval et, malgré son interdiction, sa passion pousse Friedrich à enfreindre ses propres lois. — Le soir, tout Palerme s'adonne à la mascarade. Quoique très mal à l'aise, Friedrich y participe aussi. Mais au lieu de rencontrer Isabella, c'est Marianna masquée qu'il étreint pendant que, dans un quiproquo sans pareil, chacun soupçonne l'autre et que tout le monde se jalouse. — A la suite d'une erreur du messager, Isabella reçoit une lettre qu'elle croit contenir l'ordre de libération de son frère ; découvrant que c'est l'ordre d'exécution immédiate, elle appelle au secours. Le peuple assiège le pavillon où s'est retiré Friedrich avec celle qu'il croit être Isabella. Stupéfait, il s'aperçoit que c'est Marianna. Pris en flagrant délit, il est obligé d'annuler lui-même ses lois. Claudio est libéré et le rideau tombe sur une foule en liesse chantant les louanges de la fête et de l'amour.

Dans *Das Liebesverbot*, Wagner échange les influences mystiques et nordiques de sa pièce précédente, → *Die Feen*, contre la sensualité latine, préconisée alors par les tendances littéraires et révolutionnaires du mouvement Junges Deutschland (Jeune Allemagne), dirigé par Heinrich Laube, son grand ami. En dépit de certaines longueurs, on sent la musique tout imprégnée de la légèreté et de la grâce latines : Bellini, Auber, Boieldieu et Halévy ont été des modèles. S'ajoutant aux influences préalables, surtout à celle de Weber si forte dans *Die Feen*, ces tendances aboutiront bientôt à un premier style personnel, partiellement perceptible dans → *Rienzi*, qui s'épanouira de façon caractéristique dans → *Der fliegende Höllander*.

Éditions — **a)** Livret : Leipzig, Br. & H. et C. F. W. Siegel, 1922. — **b)** Musique : *in* R. Wagners Werke XIV, Leipzig, Br. & H., 1922 (part. d'orch.) ; Leipzig, Br. & H., 1922 (réd. cht et p. avec trad. fr. d'A. et Fr. Boutarel).

Bibliographie — E. Istel, R. Wagners « Das Liebesverbot » auf Grund der handschriftlichen Original partitur dargestellt, *in* Die Musik VIII, 1908-09 ; H. Engel, Über R. Wagners Oper « Das Liebesverbot », *in* Fs. Fr. Blume, Kassel 1963 ; L. Finscher, Wagner der Opernkomponist. Von den « Feen » zum « Rienzi », *in* S. Kunze (éd.), R. Wagner. Von der Oper zum Musikdrama, Munich, Francke, 1978 ; O. G. Bauer, R. Wagner. Die Bühnenwerke von der Uraufführung bis heute, Francfort/M., Berlin et Vienne, Ullstein/Propyläen, 1982 ; U. Müller, Vom « Parsifal » zum « Liebesverbot ». R. Wagner und das Mittelalter, *in* G. Heldt (éd.), R. Wagner Mittler zwischen Zeiten, Salzbourg, U. Müller-Speiser, 1990 (vers. angl. *in* Wagner VII, Londres, Wagner Society, 1986) ; J. Kaiser, Leben mit Wagner, Munich, A. Knaus, 1990.

U. Drüner

« Liebster Gott, wenn werd ich sterben ? » (O Dieu bien-aimé, quand vais-je mourir ?), cantate de choral de **Johann Sebastian Bach** (BWV 8 ; NBA I/23) pour le 16e dimanche après la Trinité (évangile du jour, Luc 7, 11-17, résurrection du fils de la veuve de Naïn), écrite pour sop., alto, ténor et basse soli, chœur, fl., 2 htb. d'amour, cor, cordes et b.c., exécutée pour la 1re fois à Leipzig le 24 sept. 1724 et reprise après 1740, transposée de *mi* en *ré* majeur. (Durée : 16 min 50 s environ.)

Le texte est fondé sur un choral de Caspar Neumann (avant 1697) qui se chante sur une mélodie de caractère individuel et piétiste, due à l'organiste de Saint-Nicolas de Leipzig, Daniel Vetter, et dont les strophes 1 et 5 ont été conservées intactes, les strophes 2, 3 et 4 librement récrites par un poète inconnu. Le destin de l'homme est de vivre misérablement sur cette terre avant de retourner à la poussière, d'où les questions que pose le poète concernant le moment de la mort et le pourquoi d'une vaine épouvante. Le faible cœur s'effraie et le croyant s'inquiète des péchés qui pèsent sur sa conscience. Mais tous ces soucis doivent disparaître à l'appel de Jésus. Le monde peut bien garder chair, ossements et misères, le bien suprême est à venir. La dernière strophe fait monter à Dieu une prière pour une fin courageuse, une tombe honorable et pour n'être jamais plus couvert de honte.

Aucune scène de terreur dans cette cantate qui exprime la lassitude de la vie et où la musique offre l'image d'un but désirable et combien aimable. Le chœur d'introduction avec tout l'orchestre, **1.** *« Liebster Gott »*, forme AAB, en *mi* maj., est une page exceptionnelle, une invention sonore unique évoquant le tintement presque joyeux des cloches, qui, selon Ph. Spitta, « respire la poésie des cimetières aux jours de printemps ». Sur un fond de cordes avec sourdine et en staccato (accords des violons et altos en triolets de croches) ou en pizzicatos (basse continue) — imitation de la sonnerie des cloches —, les deux hautbois tressent un duo expressif de doubles croches en sextolets — les questions du croyant — tandis qu'une flûte cristalline exécute dans l'extrême aigu des sextolets de notes répétées ou de rapides arpèges. Sur cette symphonie instrumentale extrêmement plaisante se place le chant du choral par les sopranos doublés par un cor et accompagnés, après un bref décalage, par les 3 autres voix dans un style concis, essentiellement homophone. A ce chœur font suite **2.** un air pour ténor, htb. d'amour et b.c., *« Was willst du dich, mein Geist, entsetzen ? »* (Qu'as-tu donc, mon âme, à t'épouvanter ?), forme ternaire, ABC, avec ritournelle, en *do* ♯ min., où la basse en pizzicatos continue d'évoquer le tintement des cloches tandis que le hautbois semble exprimer par son thème la crainte de plus en plus pressante du croyant, thème que reprendra la voix en y ajoutant, après développement, l'image naturaliste de la dernière heure qui sonne (« wenn meine letzte Stunde schlägt »), celle du corps qui se penche vers la terre (« Mein Leib neigt täglich sich zur Erden »), puis la vocalise en doubles croches évoquant les milliers d'hommes portés en terre (« wohin man soviel tausend trägt »), enfin une tenue sur « Ruhstatt » (lieu de repos) ; **3.** un récitatif pour alto accompagné par les cordes et la b.c., *« Zwar fühlt mein schwaches Herz Furcht... »* (Cependant mon pauvre cœur ressent la crainte, le souci, la souffrance), seul moment de la cantate où s'exprime un vrai tourment ; **4.** un air pour basse, fl., cordes et b.c., *« Doch weichet, ihr tollen, vergeblichen Sorgen ! »* (Arrière donc, vous soucis insensés et vains), forme ABA' avec ritournelle, en *la* maj., en rythme de gigue, plein d'une ferme assurance qu'exprime le chant très brillant de la flûte et que va reprendre la basse, un air où, à la différence du précédent, la mort est attendue avec une confiance joyeuse ; **5.** un récitatif secco pour sop. et b.c., *« Behalte nur, o Welt, das Meine ! »* (Garde seulement, ô monde, ce qui est mien !) ; **6.** la dernière strophe du choral de C. Neumann, à 4 voix, *« Herrscher über Tod und Leben... »* (Souverain de la mort et de la vie, fais que le moment venu ma fin soit bonne), forme AAB, en *mi* majeur.

Bibliographie — Voir celle de l'art. *« Ach Gott, vom Himmel sieh darein ».*

M. Honegger

« Liebster Immanuel, Herzog der Frommen » (Emmanuel bien-aimé, chef des hommes pieux), cantate de choral de **Johann Sebastian Bach** (BWV 123 ; NBA I/5) pour l'Epiphanie (évangile du jour, Matth. 2, 1-12, les Mages à Bethléem), écrite pour alto, ténor et basse soli, chœur, 2 fl., 2 htb. d'amour, cordes et b.c., exécutée pour la 1re fois à Leipzig le 6 janv. 1725, selon toute probabilité. (Durée : 19 min 45 s environ.)

Le texte provient d'un choral d'Ahasverus Fritsch (1679) dont les strophes 1 et 6 ont été conservées sans changement, les strophes 2 à 5 librement récrites par un poète inconnu pour fournir au musicien deux couples récitatif-air. Il s'agit d'un chant d'amour mystique, de sensibilité piétiste, adressé au Christ. Lorsque les tempêtes se déchaînent, il m'envoie le salut et la lumière. Mes ennemis et la mort elle-même ne peuvent rien contre moi puisque Jésus est avec moi. C'est pourquoi il doit rester présent en mon cœur et en ma bouche.

Le chœur d'introduction avec tout l'orchestre, **1.** *« Liebster Immanuel »*, forme AAB avec ritournelle, en *si* min., se compose de 11 sections chorales qui s'inscrivent dans une symphonie instrumentale fondée tout entière sur la 1re phrase musicale du choral que les instruments se renvoient sans arrêt et que contrepointent divers motifs issus d'une mesure en 9/8. Cette phrase correspond aux paroles « Emmanuel bien-aimé ». Selon A. Schweitzer (*J. S. Bach, le musicien-poète*, Lausanne 1953, p. 205) : « C'est ce mot que répète la foule nombreuse rassemblée autour du Christ qui vient de se révéler au monde ; elle lui prodigue des caresses, lui saisit les mains, elle baise le bas de sa robe, afin qu'il ne s'en aille point. Tel est le tableau qu'évoquait aux yeux de Bach le récit de l'Épiphanie ! » La partie centrale de la ritournelle est dépourvue de basse continue et se fonde sur une longue arabesque en triolets de croches exécutée par les cordes à l'unisson. La mélodie du choral est chantée par les sopranos accompagnés par les 3 autres voix dans un style rigoureusement homophone et syllabique, les différentes phrases étant parfois enrichies soit d'une imitation préalable, soit d'une terminaison qui renforce le sens du texte en répétant pendant une tenue de 4 mesures de la dernière note du chant un élément de phrase, « komm nur bald » (viens bientôt), « nach dir wallt » (se dirige vers toi), « auf Erden mir lieber werden » ([rien ne peut] m'être plus cher sur terre), ou un vers entier, « Als wenn ich meinen Jesum stets behalt » (Sinon que je conserve toujours mon Jésus). Font suite à ce chœur **2.** un récitatif secco pour alto et b.c., *« Die Himmelssüssigkeit... »* (La douceur céleste, joie des élus, remplit déjà mon cœur et ma poitrine sur terre lorsque je prononce le nom de Jésus) ; **3.** un air pour ténor, 2 htb. d'amour et b.c., *« Auch die harte Kreuzesreise... »* (Même la dure marche vers la croix [...] ne m'effraie pas), forme ABA avec ritournelle, en *fa* ♯ min., dont la ritournelle, reprise par la voix, revêt un aspect tourmenté (chromatisme, modulations) accordé aux premiers mots du texte, tandis que la partie centrale (B) oppose brutalement une imitation musicale de la tempête, sur « Wenn die Ungewitter toben » (Lorsque les orages font rage), au calme et à la sérénité qu'expriment les mots « sendet Jesus mir von oben Heil und Licht » (Jésus m'envoie d'en haut le salut et la lumière) ; la pièce ne s'achève pas (comme la partie A d'ailleurs) par la reprise de la ritournelle, mais par la descente de son thème tourmenté à la basse continue, accompagnée par un chant plus apaisé des hautbois, illustrant ainsi l'absence de frayeur du croyant (« Schreckt mich nicht ») ; **4.** un récitatif secco pour basse et b.c., *« Kein Höllenfeind kann mich verschlingen »* (Aucun ennemi diabolique ne peut m'engloutir) ; **5.** un air pour basse, fl. solo et b.c., *« Lass, o Welt, mich aus Verachtung... »* (Laisse-moi, ô monde, par dédain dans une solitude affligée), forme ABA avec ritournelle, en *ré* maj., dont la partie A s'achève Adagio avec la seule basse continue pour exprimer la solitude dont parle le texte, avant la reprise de la ritournelle marquée par un caractère concertant qui semble exprimer l'indifférence à l'égard du monde ; **6.** la dernière strophe du choral d'A. Fritsch, *« Drum fahrt nur immer hin, ihr Eitelkeiten »* (C'est pourquoi il faut que vous partiez, frivolités), forme AABB, en *si* min., où Bach exige la répétition de l'« Abgesang » dans la nuance piano pour évoquer le moment où le croyant sera porté au tombeau.

Bibliographie — Voir celle de l'art. *« Ach Gott, vom Himmel sieh darein ».*

M. Honegger

« Liebster Jesu, mein Verlangen... » (Jésus bien-aimé, toi que je désire, dis-moi où je puis te trouver), cantate de **Johann Sebastian Bach** (BWV 32 ; NBA I/5) pour le 1er dimanche après l'Épiphanie (évangile du jour, Luc 2, 41-52, Jésus dans le temple à douze ans), écrite pour sop. et basse soli, chœur, htb., cordes et b.c., exécutée pour la 1re fois à Leipzig le 13 janv. 1726. (Durée : 23 min environ.)

Dû au poète Georg Christian Lehm et conçu comme un dialogue entre l'âme et Jésus, le texte de cette cantate (éd. 1711) se rattache directement à l'évangile du jour. Mais ici c'est le croyant qui cherche Jésus sans le trouver. A la question « Où puis-je te trouver ? », il est répondu par les paroles du Christ : « Pourquoi me cherchais-tu ? Ne sais-tu pas que je dois être là où sont les affaires de mon Père ? » (Luc 2, 49), paroles reprises et glosées dans l'air qui suit. Puis vient le dialogue mystique de l'âme et du Christ qui s'exprime à la fois dans un récitatif et dans l'air qui fait suite. La strophe de choral finale, rajoutée par Bach lui-même, est une prière pour obtenir le suprême bonheur par l'amour de Dieu.

L'œuvre se compose **1.** d'un air introductif pour sop., htb. solo, cordes et b.c., *« Liebster Jesu »*, forme binaire AB avec ritournelle, en *mi* min., où, exprimant la nostalgie de la mort, l'imploration angoissée de la voix se pose sur une longue cantilène adagio du hautbois accompagné avec régularité par de brefs accords aux cordes, donnant ainsi l'impression d'un mouvement lent de concerto ; **2.** d'un court récitatif secco pour basse — la voix du Christ dans les Passions et non pas celle d'un jeune garçon de 12 ans — et b.c., *« Was ists, dass du mich gesuchet ? »* (Eh quoi, pourquoi me cherchais-tu ?) ; **3.** d'un air pour basse, vl. solo et b.c., *« Hier in meines Vaters Stätte... »* (Ici dans la demeure de mon Père, une âme affligée peut me rencontrer), forme ABA avec ritournelle, en *sol* maj., dans lequel le violon entoure la voix de brillantes figurations ou, comme le dit A. Pirro (*L'Esthétique de Bach*, Paris 1907, p. 212), de « grandes nappes de clarté, à peine assombries par un chromatisme discret qui rappelle, en même temps que la voix y fait allusion, les angoisses errantes de l'âme à la recherche de Jésus » ; **4.** d'un récitatif en dialogue pour sop. et basse accompagnés par les cordes et la b.c., *« Ach ! heiliger und grosser Gott »* (Ah ! Dieu saint et puissant), au centre duquel la citation biblique « Wie lieblich ist doch deine Wohnung » (Combien ta demeure est chérie, Ps. 84, 2-3) est traitée en arioso contemplatif sur les accords répétés des cordes ; **5.** d'un air en duo pour sop. et basse, htb., cordes et b.c., *« Nun verschwinden alle Plagen »* (Désormais tous les tourments disparaissent), forme ABA avec ritournelle, en *ré* maj., dans lequel une délicieuse invention sonore et musicale fait passer un souffle d'allégresse intemporelle ; **6.** d'un choral à 4 voix, *« Mein Gott, öffne mir die Pforten... »* (Mon Dieu, ouvre-moi les portes d'une telle grâce et d'une telle bonté), forme AAB, en *sol* maj., 12e strophe du choral *« Weg, mein Herz, mit den Gedanken »* de Paul Gerhardt (1647) qui se chante sur la mélodie de *« Freu dich sehr, o meine Seele »*.

Bibliographie — Voir celle de l'art. *« Ach Gott, vom Himmel sieh darein ».*

M. Honegger

(Das) Lied der Freiheit (Le Chant de la liberté) pour une voix d'homme et piano de **Wolfgang Amadé Mozart** (KV 506), sur un poème d'Aloys Blumauer, publié à la mi-janvier 1786, dans le supplément musical du *Wiener Musenalmanach auf das Jahr 1786.* (Vienne, G. Ph. Wucherer, 1786 ; durée : 1 min 50 s environ.)

Inspirés à Blumauer par le refus de mariage de Mimi von Born, les quatre sixains proclament avec une ironie pinçante qu'un homme libre ne doit être l'esclave ni d'une femme, ni d'un prince, ni de l'argent. Mozart se garde bien de troubler par des modulations ces principes limpides comme l'eau de roche : à part une brève incursion à la dominante, on reste en *fa* maj. sans discontinuer. La coupe strophique vient souligner l'équivalence des trois situations d'esclavage, mais le compositeur — libre lui aussi — ne se plie pas vraiment aux canons du « Lied im Volkston » (lied dans le caractère populaire). Il donne à la voix une indépendance complète, à la main droite du piano les fonctions harmoniques et à la main gauche un rôle très différencié : mouvement contraire en une manière de pied de nez pour la « main d'une jeune fille », tierces parallèles entre la basse et le chant pour l'esclave, basses d'Alberti solennelles comme un tutti d'orchestre pour la sentence au 5e vers de chaque strophe...

Rééditions modernes et bibliographie — Voir à l'art. *(Das) Lied der Trennung.*

Ph. A. Autexier

(Das) Lied der Trennung (Le Chant de la séparation), pour une voix d'homme et piano, de **Wolfgang Amadé Mozart** (KV 519), poème de Klamer Eberhard Karl Schmidt, daté du 23 mai 1787, publié avec → *Das Veilchen* dans *Zwey deutsche Arien, zum Singen beym Clavier.* (Vienne, Artaria, 1789 ; durée : 6 min 30 s environ.)

Les vers, publiés par le *Göttinger Musenalmanach für 1785*, ne sont guère que la parodie d'un poème de Johann Joachim Eschenburg. Dans la 1re partie, un même refrain termine les quatre huitains, tandis qu'il se modifie ou disparaît dans les trois autres. Mozart conserve la structure strophique pour la 1re partie comme un moyen de produire un sentiment d'oppression soutenue. Pour la même raison, il ne s'écarte que rarement des ténèbres de *fa* mineur. Le rythme pointé se maintient dans la 2de partie, en composition continue, mais la mélodie est devenue dépressive. Une reprise partielle du chant strophique, dans le huitain final, ne parvient pas à libérer l'amant de cette angoisse : le chant bute dans les deux derniers vers sur les seuls intervalles chromatiques de la gamme.

Rééditions modernes — Par G. Nottebohm, *in* W. A. Mozart's Werke VII/1, Leipzig, Br. & H., 1877 ; par M. Friedländer, *in* Mozart. Lieder, Leipzig, Peters, s.d. ; par E. A. Ballin, *in* W. A. Mozart. Neue Ausgabe sämtlicher Werke, série III, vol. 8, Kassel, BV, 1963.

Bibliographie — E. A. Ballin, Die Klavierlieder Mozarts (diss. Univ. de Bonn, 1943) ; M. J. E. Brown, Mozart's Songs for Voice and Piano, *in* MR XVII, 1956 ; H. Abert, W. A. Mozart II, Leipzig, Br. & H., 9/1978 ; E. A. Ballin, Das Ton-Wort-Verhältnis in den Klavierbegleiteten Liedern Mozarts, Kassel, BV, 1984 ; Th. de Wyzewa et G. de Saint-Foix, W. A. Mozart, sa vie musicale et son œuvre II, Paris, Laffont, 1986.

Ph. A. Autexier

Lieder de Joseph Haydn. Ils sont au nombre de 52, groupés en 4 collections, écrits entre 1781 et 1800 environ, la plupart en allemand mais également en anglais pour une part substantielle. Ils forment un chapitre intéressant et significatif de l'histoire des débuts du lied.

Les 24 premiers lieder ont été imprimés à Vienne au début des années 1780 par l'éditeur du compositeur, Artaria. Le premier groupe de 12 parut en 1781 (Hob XXVI a : 1-12), suivi en 1784 d'un second de 12 également (Hob XXVI a : 13-24). Dans une société où le goût avait été dominé par les traditions française et italienne, le lied allemand faisait son apparition sur le tard. Les chants de Haydn, de même que ceux de Steffan, Hofmann et Kozeluch, comptent parmi les plus anciens écrits par des compositeurs fixés en Autriche. Haydn était relativement ignorant en ce qui concerne la poésie allemande et il sollicita les conseils littéraires de Franz von Greiner, un fonctionnaire gouvernemental, qui lui fournit des textes convenables. Tous les chants de ces deux collections sont strophiques et, à part quelques rares exceptions, sont écrits sur deux portées seulement, la main droite du pianiste doublant la voix. Haydn les souhaitait variés ; dans les limites d'alors du genre, on y trouve des chants joyeux dont la pulsation rythmique à 2/4 évoque le « Singspiel », entre autres *Der Gleichsinn* (L'Accord des sentiments ; Hob XXVI a : 6), sur un texte de George Wither traduit par Eschenburg, ainsi que des chants plus recueillis tels *« Das Leben ist ein Traum »* (La vie est un songe ; Hob XXVI a : 21), sur un texte de J. W. L. Gleim. Plus neuves, en ce qu'elles anticipent l'esthétique du salon typique de tant de mélodies du xixe s., sont les délicates protestations amoureuses de *Cupido* (Hob XXVI a : 2), sur un texte de G. Leon, *Der erste Kuss* (Le Premier Baiser ; Hob XXVI a : 3), sur un texte de Jacobi.

Ces deux collections de lieder ayant également paru à Londres avec des textes anglais, leur popularité poussa Haydn à composer deux séries de *Canzonettas* lors de sa seconde visite dans cette ville en 1794-95. La première (Hob XXVI a : 25-30) parut en juin 1794 : *Dr Haydn's VI Original Canzonettas* [...] *Dedicated to Mrs John Hunter*. La suivante, *Second Sett of Dr Haydn's Original Canzonettas...* parut en octobre 1795. La dédicataire de la première série était Anne Hunter, l'auteur du texte de 10 des canzonettes anglaises, qui choisit les deux restantes, *« She never told her love »* (Elle ne révéla jamais son amour ; Hob XXVI a : 34) de la *Twelfth Night* de Shakespeare et *Sympathy* (Hob XXVIa : 33) de Métastase. Ces chants sont plus heureux en ce qui concerne la technique et l'atmosphère que les chants antérieurs de Haydn. Ils sont écrits sur trois portées avec des accompagnements totalement indépendants, révélant, comme dans *Recollection* (Souvenir ; Hob XXVI a : 26) et *Despair* (Désespoir ; Hob XXVI a : 28), un sens de l'écriture des parties et une imagination harmonique qui démontrent l'expérience inégalée de Haydn dans l'écriture des quatuors à cordes. La plupart d'entre eux sont strophiques (d'habitude en deux couplets), d'autres, comme *Fidelity* (Fidélité ; Hob XXVI a : 30) et *Sympathy* (Compassion ; Hob XXVI a : 33), sont de composition continue ou de structure binaire. L'ambiance la plus fréquemment évoquée par Anne Hunter est la sentimentalité accentuée de *« My mother bids me bind my hair »* (Ma mère m'ordonne de nouer mes cheveux ; Hob XXVI a : 27) et de *Pleasing Pain* (Peine plaisante ; Hob XXVI a : 29). Souvent, Haydn répète à plusieurs reprises la phrase conclusive du texte, parfois quelques mots, pour créer l'apparence caractéristique d'une douce rêverie.

Parmi les lieder isolés, les plus remarquables sont deux autres spécimens en anglais. *The Spirit Song* (Le Chant de l'esprit ; Hob XXVI a : 41), sur un texte d'Anne Hunter, est un chant en *fa* min. marqué Adagio, faisant un emploi abondant de l'unisson à l'octave pour suggérer la sombre image de l'esprit du mari défunt réconfortant sa femme affligée en larmes. *« O tuneful voice »* (O voix mélodieuse ; Hob XXVI a : 42), sur un texte d'Anne Hunter, est également un chant lent dans lequel une mélodie large et fluide se fait entendre au-dessus d'un flot continu de triolets, le côté poignant de la séparation des amoureux étant suggéré par le riche langage harmonique de l'accompagnement.

Le chant le plus célèbre de Haydn est sans aucun doute le « Volkslied » *« Gott erhalte Franz den Kaiser »* (Dieu garde l'empereur François ; Hob XXVI a : 43). Il a été composé au cours de l'hiver 1796-97 à la suite de la demande du gouvernement autrichien d'un hymne national susceptible d'égaler *La Marseillaise* française et le *« God save the King »* britannique. Le texte de 4 couplets, spécialement écrit par Lorenz Leopold Haschka (1749-1827), fut mis en musique à l'origine sous la forme d'une simple ligne mélodique accompagnée par l'orchestre (fl., 2 htb., 2 bassons, 2 cors, 2 trp., timb. et cordes). Le tempo — Poco adagio — et la ligne mélodique scandée, non ornée, soutenue par une harmonie simple mais ferme, créent un sentiment de dignité calme et chaleureuse. C'est le seul hymne national à avoir été écrit par un compositeur parmi les plus grands ; il est considéré par les musiciens comme le plus bel hymne national, et par les Français comme l'un des plus beaux après *La Marseillaise*.

Rééditions modernes — Par P. Mies, *in* J. Haydn. Werke, éd. par le J. Haydn-Institut de Cologne, Munich, Henle, 1958 et suiv., vol. XXIX/1 ; la version orchestrale de Haydn de *« Gott erhalte Franz den Kaiser »* est publiée par H. C. Robbins Landon, *in* Haydn. Chronicle and Works. Haydn : the Years of the Creation, Londres, Thames & Hudson, 1977.

Bibliographie — F. Grasberger, Die Hymnen Österreichs, Tutzing,

Schneider, 1968 ; H. C. Robbins Landon, Haydn. Chronicle and Works, Londres, Thames & Hudson, 1976-80 ; M. Vignal, Haydn, Paris, Fayard, 1989.

D. Wyn Jones

Lieder de **Felix Mendelssohn-Bartholdy**. Composés entre 1825 et 1847, ces quatre-vingts lieder pour voix seule (6 d'entre eux sont de sa sœur Fanny) sont répartis en 10 recueils avec n° d'opus : 8 (*12 Gesänge*), 9 (*12 Lieder*), 19a (*6 Gesänge*), 34 (id.), 47 (id.), 57 (*6 Lieder*), 71 (id.), 84 (*3 Lieder*, pour une voix grave), 86 (*6 Gesänge*), 34 (id.), 47 (id.), 57 (*6 Lieder*), 71 (id.), 84 (*3 Lieder*, pour une voix grave), 86 (*6 Gesänge*), 99 (id.), et des mélodies isolées sans n° d'opus : *2 Romanzen* (Byron, 1833-1834), *2 Gesänge* pour voix graves (Eichendorff, 1835), *2 Gesänge* (Immermann, 1834 ; Boettger, 1841), *Der Blumenkranz* (*The Garland*, de Th. Moore, 1829), *Seemanns Scheidelied* (Fallersleben, 1831), *Des Mädchen Klage* (Schiller, 1835 ?)... Les six lieder écrits par Fanny sont contenus dans les op. 8 (n° 2 : *Das Heimweh* ; 3 : *Italien* ; 12 : duo *Suleika und Hatem*) et 9 (n° 7 : *Sehnsucht* ; 10 : *Verlust* ; 12 : *Die Nonne*). Liszt en transcrivit 7 pour piano solo, en 1840, extraits des op. 19a, 34 et 47. A ces lieder pour voix seule, il convient d'ajouter 12 lieder en duo (op. 63, 77, *3 Volkslieder*), 5 *Geistliche Lieder* (deux, op. 112 et trois sans n° d'op.), 23 lieder pour chœur d'hommes (op. 50, 75, 76, 120, et sans n° d'op.), 29 pour chœur mixte a cappella (op. 41, 48, 59, 88, 100). (Leipzig, Br. & H.)

Une trentaine de poètes différents ont été mis en musique par Mendelssohn. En ce qui concerne les lieder pour voix seule, les plus représentés sont Karl Klingemann (8), Heine (6 + 3 duos), Eichendorff (5), J. H. Voss (5), Goethe et Lenau (4).

Le lied mendelssohnien n'est pas comparable à celui de Schubert ou de Schumann. Musicien cultivé, Mendelssohn choisit en général de bons poèmes, dont il ne cherche guère à approfondir le contenu, préoccupé qu'il est de chanter avec élégance et charme, avec le souci de la compréhension du texte et le sens de l'atmosphère à créer. Sans fioritures, la mélodie est accompagnée par une partie de piano peu variée, mais toujours agréable et limpide. Adepte de la pondération dans ses lieder, Mendelssohn n'est pas porté au lyrisme ; celui-ci demeure discret et léger. L'univers de Mendelssohn, « joli, chantant, par moments visité d'une espèce de tendresse, est en définitive un monde pauvre. Il ne débouche sur rien » (M. Beaufils).

Mendelssohn devait se sentir des affinités avec Heine, puisque les six poèmes choisis par lui comptent parmi ses meilleures réalisations pour voix seule et piano : *Neue Liebe* (op. 19a, n° 4), très suggestif, *Gruss* (op. 19a, n° 5), calme et simple comme *Morgengruss* (op. 47, n° 2). La partie de piano, vive et agitée, de *« Allnächtlich im Traume seh' ich dich »* (Je te vois en rêve toutes les nuits, op. 86, n° 4) demeure en suspens à la fin sur « Und's Wort hab'ich vergessen » (Et j'ai oublié le mot). *Auf Flügeln des Gesangs* (Sur les ailes du chant, op. 34, n° 2), maintes fois chanté par Jenny Lind, l'interprète favorite de Mendelssohn, est sans doute le lied le plus célèbre du compositeur. Sa ligne mélodique, sobre, élégante et spontanée, s'appuie sur une sorte de mouvement perpétuel pianistique suggéré par le poème.

C'est à la mémoire de Fanny, morte le 14 mai 1847, que F. Mendelssohn élève le poignant *Nachtlied*, sur un poème d'Eichendorff (op. 71, n° 6 ; sept. 1847). Deux pages de solennité tranquille, puis le ton devient dramatique (« Frischauf denn, liebe Nachtigall », Courage, rossignol aimé) avant de retourner à l'atmosphère digne du début et à sa pédale de *si* ♭ doucement syncopée **A**.

D'une tristesse profonde, une autre mélodie, toujours marquée par la disparition de Fanny, *Altdeutsches Frühlingslied* (op. 86, n° 6), est écrite sur un beau texte du poète jésuite du xviie s. Friedrich von Spee. C'est la dernière composition de Mendelssohn (7 oct. 1847).

Parmi les lieder dignes d'intérêt : *Erster Verlust*, sur un poème de Goethe, dramatiquement bien conduit (op. 99, n° 1), *Morgenlied* (J. H. Voss ; op. 86, n° 2), *Frühlingslied*, de N. Lenau, avec une partie pianistique ondoyante (op. 47, n° 3), *Hexenlied*, poème de Hölty, véritable sabbat des sorcières (*Andr'res Maienlied* ; op. 8, n° 8).

Les duos comptent des pages de valeur : le houleux *Wasserfahrt* (*Volkslieder*, sans n° d'op. ; Heine), le frais *« Ich wollt' meine Lieb' ergösse sich »* (op. 63, n° 1 ; Heine), le *Lied aus Ruy-Blas*, de Victor Hugo dans une traduction de Draxler-Manfred (op. 77, n° 3), réalisé également pour 6 à 8 voix de soprano avec orchestre ou quatuor à cordes, et surtout *Gruss* d'Eichendorff (op. 63, n° 3) aux courbes gracieuses et élégantes.

Liés au développement des sociétés chorales et très appréciés en leur temps, les lieder pour 4 voix d'hommes (op. 50, 75, 76, 120, et des morceaux séparés) et 4 voix mixtes a cappella (op. 41, 48, 59, 88, 100 ; *Die Frauen und die Sänger*) ne figurent plus guère au programme des chœurs actuels. Ces pages, conçues dans le style populaire et de plein air — sur des poèmes de Goethe, Eichendorff, Uhland —, sont écrites avec toujours beaucoup d'élégance et de sobriété, dans une facture simple (couplets-refrain le plus souvent), avec un art consommé de ce qui « sonne » bien.

Bibliographie — C. Bellaigue, Mendelssohn, Paris 1907, 2/1920 ; B. L. Richmond, Mendelssohn, Bruxelles 1944 ; E. Werner, Mendelssohn, a New Image of the Composer and his Age, Londres, Collier-Macmillan, 1963, trad. all. Fribourg-en-Br. et Zurich, Atlantis, 1980 ; Ph. Radcliffe, Mendelssohn, Londres, Dent, 1967, 2/1978 ; M. Crum, F. Mendelssohn-Bartholdy, Oxford, Bodleian Libr., 1972 ; R. Jacobs, Mendelssohn, Paris, Éd. du Seuil, 1977.

Chr. Goubault

A **Lieder** de F. Mendelssohn-Bartholdy

LIEDERALBUM FÜR DIE JUGEND (Album de lieder pour la jeunesse), op. 79, de **Robert Schumann**, pour voix et piano, composé à Dresde et à Kreischa entre avril et juin 1849. (Leipzig, Br. & H., 1849 ; durée : 30 min environ.)

Ce recueil de 29 petits lieder en 28 numéros — deux sont regroupés sous le titre *Zigeunerliedchen* (Petits chants bohémiens, n° 7) — a été composé avant et pendant les troubles révolutionnaires de Dresde. Sur le manuscrit de *Des Buben Schützenlied* (Le Chant du petit fusilier, n° 25), Schumann a inscrit la date du 3 mai, jour des premières émeutes. On peut voir dans le choix de ce texte, extrait de *Wilhelm Tell* de Schiller, et dans son caractère martial, la réaction tangible, mais modeste, du musicien aux événements.

Schumann écrivit à son éditeur : « J'ai choisi des poèmes appropriés à la jeunesse, des meilleurs poètes. Je les ai disposés selon un ordre de difficulté. » Toute une série de gradations — aussi bien dans l'accompagnement pianistique que dans la conduite vocale — sépare les 8 mesures relativement simples du premier lied, *Der Abendstern* (L'Étoile du soir) du dernier, *Mignon*, à l'écriture « symphonique » dense, et que le compositeur fera figurer, une nouvelle fois, dans ses → *Lieder und Gesänge aus Goethes Wilhelm Meister*, op. 98 a. Ces « meilleurs poètes », « appropriés à la jeunesse », sont Goethe (n° 17, *Die wandelnde Glocke* ; n° 27, *Lied Lynceus des Thürmers*, extrait de *Faust* ; n° 28, *Mignon*, des *Wilhelm Meisters Lehrjahre*), Schiller (nos 22 et 25), Hoffmann von Fallersleben (les 6 premiers, les nos 11, 14, 18, 19), auteur du *Deutschlandlied*, des *Unpolitische Lieder* et des 37 lieder pour la Jeune Allemagne. Ce choix de Schumann n'est pas innocent... D'autres textes sont pris dans *Des Knaben Wunderhorn* (nos 10, 13) et dans le *Fliegendes Blatt* (La Feuille volante, nos 20, 21).

Ces lieder sont écrits pour une voix d'enfant soprano. Quatre d'entre eux sont des duos (n° 9, seconde voix « ad libitum » ; nos 15, 18, 20). *Spinnelied* (Chant de la fileuse, n° 24) peut être chanté en trio. Un petit chœur à deux voix intervient dans *Weihnachtslied* (Chant de Noël, n° 16).

Ce *Liederalbum*, délicat et varié, constitue en quelque sorte les *Enfantines* de Schumann, que traduit parfaitement un petit chef-d'œuvre comme *Der Sandmann* (Le Marchand de sable, n° 12), sur un poème de Kletke. Le piano, avec ses tierces staccato à la basse, entrant en dissonance avec les appoggiatures de la ligne dessinée *pp* par la main droite, annonce l'arrivée du marchand de sable **A**. Avec son lourd sac (deux accords accentués de septième), il monte l'escalier (figuration ascendante de la voix),. se faufile dans la chanbre de l'enfant pendant que celui-ci fait sa prière (mains alternées et chromatisme au piano). Le marchand met deux grains de sable dans les yeux de l'enfant (figuration pianistique dans l'aigu, comme un mouvement de main), qui dort la nuit entière sous la protection de Dieu et des anges (musique « angélique » en ritardendo). Le postlude montre le départ du marchand de sable, sur la pointe des pieds.

Il y a beaucoup de grâce, de charme et de finesse dans la plupart de ces merveilleuses miniatures : *Frühlings Ankunft* (Arrivée du printemps, n° 19), *Er ist's* (C'est lui, n° 23), où les allusions aux sons de harpe au loin remplissent cette musique de ferveur et de tendresse, *Marienwürmchen* (n° 13), où la minuscule Marie s'assoit sur la main de l'enfant, puis s'envole... Même innocence, par un beau dimanche de printemps (*Sonntag*, n° 6). Lui aussi, le perce-neige (*Schneeglöckchen*, n° 26) annonce le printemps avec un accompagnement pianistique très délicat. Au début de *Die wandelnde Glocke* (n° 17), Schumann indique « Im erzählenden Ton », que l'on peut traduire par : à la manière dont on dit un conte. Un climat de tension est créé par la permanence du tintement de la cloche et par des nuances de plus en plus fortes et soutenues. Avec son bourdon de cornemuse, *Des Sennen Abschied* (Le Départ du pâtre, n° 22) évoque un paysage champêtre et montagnard. La présence de *Mignon* (*« Kennst du das Land »*) à la fin du recueil ouvre sur le mystère de l'enfance et des lointains inaccessibles que Schumann a toujours rêvé d'atteindre.

Rééditions modernes — Par CL. SCHUMANN, J. BRAHMS et autres, *in* R. Schumann. Werke, Leipzig, Br. & H., 1881-1893, vol. XIII/3, rééd. en facs. Farnborough, Gregg Intern. Publ., 1968.

Bibliographie — Voir celle de l'art. *Zwölf Gedichte aus Fr. Rückerts Liebesfrühling.*

CHR. GOUBAULT

LIEDER AUS « DES KNABEN WUNDERHORN » (Lieder extraits du « Cor merveilleux de l'enfant »), cycle de lieder pour voix et orchestre de **Gustav Mahler**, composés entre le début de l'année 1892 et la fin de l'été 1901, à Hambourg (1892-93, nos 1-5, 7-8), Vahrn près de Brixen (1898, nos 9-10), Alt-Aussee (juin-juil. 1899, n° 6 : *Revelge*), Maiernigg (été 1901, n° 12 : *Der Tamboursg'sell*), sur des poèmes de Ludwig Joachim von Arnim et Clemens Brentano, exécutés pour la 1re fois à Berlin (nos 1 et 2), le 12 déc. 1892, par Amalie Joachim et l'Orchestre philharmonique sous la dir. de Raphaël Maszkowski ; au Konzerthaus Ludwig de Hambourg (nos 3, 4 et 8), sous le titre *Drei Humoresken*, le 27 oct. 1893, par le ténor Paul Bulss (nos 3 et 8), le soprano Clementine Schuch-Proska (n° 4), l'orchestre Julius Laube, sous la dir. de Mahler ; à Vienne (nos 5 et 10), sous le titre *Gesänge*, le 14 janv. 1900, par le soprano Selma Kurz et l'Orchestre philharmonique dirigés par Mahler ; toujours à Vienne (nos 6-7, 9, 11-12), petite salle du Musikverein, par le ténor Fritz Schrödter (n° 6), les barytons Anton Moser (nos 7 et 9) et Friedrich Weidemann (n° 12), le soprano Marie Gutheil-Schoder (n° 11), l'Orchestre philharmonique, sous la dir. de Mahler, les 29 janv. (nos 6-7, 9, 12) et 3 févr. 1905 (n° 11). En 1899-1900, l'éditeur viennois Weinberger publiait 12 *Lieder aus « Des Knaben Wunderhorn »*, avec accompagnement de piano, qu'il ne faut pas confondre avec l'édition en 1892 de 9 lieder du *Wunderhorn* pour voix et piano (Mayence, Schott). Deux autres lieder (*Revelge* et *Der Tamboursg'sell*), également inspirés par *Des Knaben Wunderhorn*, parurent à Leipzig chez Kahnt en 1905, avant d'être incorporés aux *Rückert Lieder* après la mort du compositeur (voir *Sieben Lieder aus letzter Zeit*). En 1914, Universal Edition à Vienne supprime les deux derniers lieder de l'édition Weinberger, repris par Mahler dans les *Symphonies* nos *2* et *3* (*« Es sungen drei Engel »* et *Urlicht*), intercale *Revelge* entre *Das irdische Leben* et *Des Antonius von Padua Fischpredigt*, et ajoute à la fin *Der Tamboursg'sell*. Nous nous référons à cette version, rééditée en 1970.

G. Mahler découvrit l'anthologie du « Cor merveilleux » au cours des années 1887-88 ; il met alors en musique 9 poèmes sans les orchestrer. Ce recueil correspondait parfaitement à son tempérament, à sa nostalgie du passé et du monde de l'enfance, à son goût pour la nature, le peuple, les anciennes mœurs allemandes, pour l'imaginaire et le romanesque. Une véritable confession que P. Boulez appelle une « biographie transcendée ».

Le *Wunderhorn* se présente sous forme de chansons dialoguées entre une sentinelle (n° 1), un garçon (n° 2), un soldat (n° 3), un prisonnier (n° 9) et une jeune fille. Mahler ne précise pas, sur la partition, à quelles voix ces lieder sont destinés. Bien qu'ils soient souvent interprétés par un homme et une femme - et bien que lui-même ait confié les premières auditions à deux chanteurs —, ils ont été conçus pour voix d'homme, de l'aveu même du compositeur, pour un narrateur en quelque sorte.

1. *Der Schildwache Nachtlied* (Le Chant nocturne de la sentinelle). Orch. : 3322 - 4200 - triangle, tambour militaire, cymbales, grosse caisse, timbales - harpe - cordes. « C'est le premier des grands lieder " militaires ", avec accompagnement d'orchestre, de Mahler » (H.-L. de La Grange). Le contraste est très marqué entre les rythmes de marche, les appels de trompette et la douceur de l'intervention féminine. **2.** *Verlor'ne Müh* (Peine perdue). Orch. : 2222 - 2000 - triangle - cordes. Orchestration allégée pour ce « ländler » champêtre, où une bergère essaie de séduire un jeune paysan. A la mesure 17 apparaît la devise musicale de Mahler, empruntée à la *8ᵉ Symphonie* de Beethoven (« Unsere Lämmer »). **3.** *Trost im Unglück* (Consolation dans l'infortune). Orch. : 3222 - 4200 - triangle, tambour militaire, timbales - cordes. Encore une orchestration « militaire » (roulements de tambour, appel de cors et de trompettes). Mahler utilise la mélodie d'une chanson silésienne (*Husarenliebe*). **4.** *Wer hat dies Liedlein erdacht ?* (Qui a inventé cette petite chanson ?). Orch. : 2222 - 2000 - triangle - cordes. Délicieuse pièce brève, où la voix est employée de manière instrumentale, avec de grandes vocalises en doubles croches, par mouvement conjoint et tournant.

5. *Das irdische Leben* (La Vie terrestre). Orch. : 2322 - 3100 - cymbales - cordes. Un drame en raccourci, aussi saisissant que *Erlkönig* de Schubert : l'enfant affamé crie et meurt avant que le pain soit cuit. Bien entendu, ce poème est symbolique. Mahler a exprimé le contenu du texte « d'une manière effrayante et forte dans l'agitation bruissante et sinistre de l'accompagnement, telle une tempête, dans les cris torturés d'angoisse de l'enfant et la réponse uniforme et lente de la mère ». Pour souligner cette angoisse, la ligne vocale de l'enfant est disjointe : sauts d'octave (1ʳᵉ strophe) et de dixième (2ᵉ strophe).

La fin est déchirante, sur le *sol* ♭ aigu de la voix portée par les traits des cordes, puis tout disparaît, s'évanouit sur un léger frappement de cymbale suspendue. Dans ce lied, datant de 1893, Mahler manifeste toutes les facultés musicales de son génie. **6.** *Revelge* (Réveil). Orch. : 2223 - 4300 - triangle, cymbales, cymbale suspendue, grosse caisse, tam-tam, tambour militaire, timbales - cordes. Mahler considérait ce lied comme le plus beau et le plus important de tous ceux qu'il avait composés sur le *Wunderhorn*. Une page de style expressionniste qu'Adorno jugeait comme un défi à la bienséance de la bourgeoisie. « Jusqu'aux années 1920 et, en particulier jusqu'aux pièces de Brecht mises en musique par K. Weill, on ne retrouvera pas de musique aussi dure, aussi cruelle, aussi violemment plébéienne et ouvertement antiromantique que celle-ci. » (H.-L. de La Grange) *Revelge* désigne la sonnerie militaire de la diane — le réveil des soldats —, d'où les rythmes de marche, l'instrumentation avec fanfare de cuivres et percussions empruntés à ceux des harmonies militaires. Mahler y ajoute ses caractéristiques propres : rythmes pointés, alternance majeur-mineur, ritournelles, « instrumentalisation » de la voix. Tout cela accentue la vision fantomatique, obsédante et sinistre, d'un tambour mourant qui veut se lever pour appeler les troupes à la bataille.

A LIEDERALBUM FÜR DIE JUGEND

7. *Des Antonius von Padua Fischpredigt* (Le Sermon de saint Antoine de Padoue aux poissons). Orch. : 2222 - 4000 - triangle, fouet, cymbale, tam-tam, grosse caisse, timb. - cordes. Une satire de l'humanité, de sa bêtise, sur le mode ironique et avec un humour grinçant. Mahler reconnaissait avoir pris les traits essentiels de son lied dans la musique paysanne des villages bohémiens de son enfance. Le *Scherzo* de la *Symphonie n° 2* développe la substance mélodique de ce lied, notamment la phrase de violon contrepointant la voix **A**. **8.** *Rheinlegendchen* (Petite Légende du Rhin). Orch. : 1111 - 1000 - cordes. Un lied malicieux, très viennois d'esprit, écrit sur un rythme de « ländler », avec une instrumentation à la fois délicate et savoureuse. **9.** *Lied des Verfolgten im Turm* (Chanson du prisonnier dans la tour). Orch. : 2222 - 4200 - timb. - cordes. Deux caractères opposés comme dans le n° 1. Ce lied âpre et empli d'amertume emploie des tournures et une instrumentation « militaire ». **10.** *Wo die schönen Trompeten blasen* (Là où sonnent les fières trompettes). Orch. : 2220 - 4200 - cordes. « Un véritable poème symphonique en miniature, dans la veine la plus poétique et la plus évocatrice du compositeur » (H.-L. de La Grange). Au centre, une admirable berceuse à trois temps accompagnée par les cordes et une flûte. **11.** *Lob des hohen Verstandes* (Éloge de l'intelligence suprême). Orch. : 2232 - 4111 - triangle, timb. - cordes. Mahler lui avait donné tout d'abord le titre ironique de *Lob der Kritik* (Éloge de la critique). Le lied a conservé tout son caractère parodique (hi-han de l'âne, chant du coucou). L'histoire est simple : le rossignol et le coucou concourent pour savoir qui des deux chante le mieux ; l'âne est l'arbitre de cette compétition, parce qu'il a deux grandes oreilles : il désigne le coucou comme vainqueur, car il chante bien le choral !

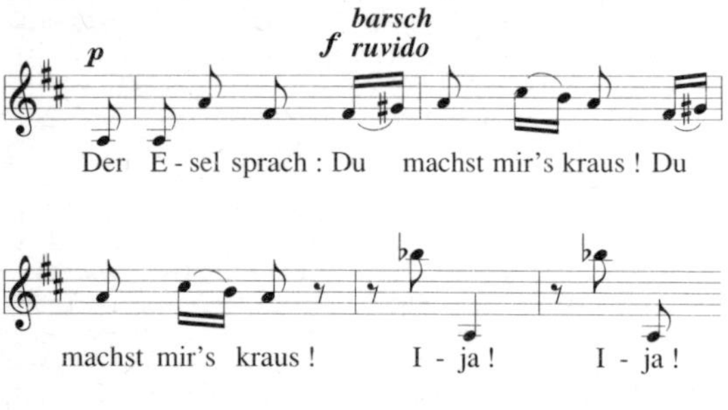

12. *Der Tamboursg'sell* (Le Petit Tambour). Orch. : 0233 - 4001 - grosse caisse et tambour militaire voilés, tam-tam, timb. - vlc. et cb. Ces lamentations d'un pauvre tambour capturé constituent une élégie funèbre angoissante, traitée avec une grande économie de moyens. L'accablement général est renforcé par une instrumentation particulière : ni violons ni altos, utilisation du registre grave des vents, sonorités voilées de la grosse caisse et du tambour. La ligne vocale extrêmement sobre est suchargée d'indications expressives : Avec naïveté, Avec horreur, En criant, En se lamentant. Aucun rayon de lumière ne traverse ce lied contemporain des premiers → *Kindertotenlieder.*

Bibliographie — K. Blaukopf, G. Mahler oder der Zeitgenosse der Zukunft, Vienne 1969, trad. fr. Paris, Diapason/Laffont, 1979 ; H.-L. de La Grange, Mahler, 3 vol., Paris, Fayard, 1979-84 ; S. Vill, Vermittlungsformen verbalisierter und musikalischer Inhalte, *in* Die Musik G. Mahlers, Tutzing, Schneider, 1979 ; M. E. Dargie, Music and poetry in the songs of G. Mahler, Las Vegas, P. Lang, 1981 ; S. M. Namenwirth, G. Mahler. A Critical Bibliography, 3 vol., Wiesbaden, Harrassowitz, 1987 : J.-J. Prévost, analyse d'extraits de Des Knaben Wunderhorn, *in* L'Éducation Musicale, supplt au n° 342, nov. 1987 ; G. Ganvert, Des Knaben Wunderhorn (3 lieder) : une analyse de l'écoute de la partition, *in* Analyse Musicale, avr. 1988.

Chr. Goubault

Lieder der Mignon (Lieder de Mignon), op. 62, cycle de 4 lieder pour voix et piano de **Franz Schubert** (D 877), sur des poésies de Goethe, composés en janv. 1826, édités en mars 1827 et dédiés à la princesse Mathilde Schwarzenberg.

De même que Schubert avait mis en musique toutes les chansons du harpiste de *Wilhelm Meister* (→ *Harfenspieler*), il devait également traduire musicalement tous les chants du même roman concernant Mignon, 4 en tout. *« Kennst du das Land ? »* avait été composé en oct. 1815 (D 321) et n'avait pas été une réussite. Le compositeur ne devait jamais revenir sur ce texte, mais il ne fut certainement pas satisfait de son unique version, car il ne la publia jamais. Les autres chants de Mignon préoccupèrent Schubert pendant onze années et la chronologie des différentes versions — il y en a un total de 11 — est passablement embrouillée. Mais seules les dernières versions de 1826 semblent avoir eu l'agrément du compositeur. Ce sont aussi les seules qui furent publiées de son vivant, avec l'évidente volonté de les concevoir comme un cycle. Leur ordre est alors le suivant :

1. *Mignon und der Harfner* (Mignon et le harpiste), *si* mineur.

2. *Lied der Mignon* I, *mi* mineur.

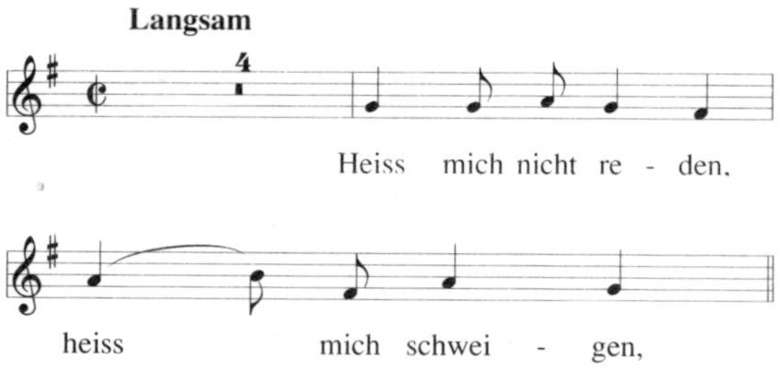

3. *Lied der Mignon* II, *si* majeur.

4. *Lied der Mignon* III, *la* mineur.

Les chants 1 et 4 sont composés sur le même texte. Au départ, il n'y avait que trois chants : 1, 2 et 3. Et les tonalités parentes montrent bien la volonté cyclique : *si* min., *mi* min. et *si* majeur. Mais, comme le chant 1 est écrit pour un duo vocal, Schubert ajouta à son cycle — peut-être à la demande de l'éditeur — une version pour voix soliste du même texte, permettant ainsi de chanter le cycle complet par une seule et même personne. Ce chant 4 ne doit donc en aucun cas être considéré comme succédant au chant 3, mais comme étant une solution de remplacement au chant 1. La tonalité choisie confirme cette intention. En commençant avec le chant 4 et en continuant avec les chants 2 et 3, on a une succession de tonalités par quintes ascendantes qui, à nouveau, témoigne de la volonté cyclique : *la* min., *mi* min. et *si* majeur.

1. *Mignon und der Harfner* et **4.** *Lied der Mignon* III : *« Nur wer die Sehnsucht kennt »* (Seul celui qui connaît l'ardent désir). Il n'existe pas moins de 6 versions de ce texte. La première date du 18 oct. 1815 et est écrite simultanément pour les tonalités de *la* ♭ maj. et de *fa* maj. (D 310). La deuxième, fort différente, date de 1816 (D 359). La troisième, encore différente, a été composée en sept. 1816 et est en *la* min. comme la dernière (D 481). La quatrième, datant d'avr. 1819, a la particularité d'être écrite pour quintette de voix d'hommes, avec une musique qui ne ressemble à aucune des précédentes (D 656). La cinquième, enfin, est le chant 1 de l'actuel op. 62. (Durée : 3 min 23 s environ.) Elle a la particularité — très rare chez Schubert — d'être conçue pour soprano et ténor, conformément aux indications du roman : « Il [Wilhelm Meister] glissa dans une nostalgique rêverie et ses impressions s'accordaient singulièrement avec le lied que chantaient à cette heure Mignon et le harpiste, en une sorte de duo où ils mettaient toute leur ferveur » (Livre IV, chap. 11). Si, dans cette version, l'intimité y perd, le résultat reste superbe. Schubert y procède d'une façon qui est bien proche de celle de la sixième et dernière version, celle du chant 4. Le court et poignant poème de Goethe comprend 12 vers dont les deux derniers sont la reprise des deux premiers. Ceux-ci sont isolés par le compositeur qui les répète aussitôt pour former une section musicale propre qui sera reprise en fin de lied. Les 8 vers restants sont répartis en deux groupes de 4 ayant chacun leur section musicale propre. Il en résulte une forme continue (« durchkomponiert ») avec un rappel du début pour terminer : I A (vers 1 et 2 repris), II B (vers 3, 4, 5, 6), III C (vers 7, 8, 9, 10), IV A' (vers 11 et 12 repris = 1 et 2). La ligne mélodique, simple et mélancolique, est d'un très bel effet. Mais brusquement la musique s'anime, prend des accents dramatiques avec un style déclamatoire en section III quand le texte annonce : « Mon cœur chavire, un feu brûle dans mes entrailles. » La tristesse résignée du début revient en dernière section. Ce lied, profondément émouvant, est sans doute le plus beau du cycle.

2. *Lied der Mignon* I : *« Heiss mich nicht reden »* (Ne me dis pas de parler). Schubert avait écrit une première version de ce texte en avr. 1821 (D 726). L'atmosphère poétique y est déjà admirablement rendue. Mais le compositeur devait encore se surpasser dans l'actuelle version. (Durée : 3 min 41 s environ.) Il adopte une forme continue, sans retour en arrière, en confiant une section musicale appropriée à chacune des trois strophes du poème : I A, II B, III C. Alors que les deux premières sections restent dans un style retenu et résigné, la dernière prend des accents pathétiques, soutenus par des modulations audacieuses et une courbe vocale tourmentée, pour traduire la douloureuse confession de Mignon : « Un serment scelle mes lèvres, que seul un dieu pourrait desserrer. » Le rythme dactylique fréquent de la section I revient en début de section III avec une amorce semblable : le compositeur avait probablement envisagé une forme ABA, mais le texte l'a forcé à dramatiser sa dernière section qui a pris un tour tout différent de la première.

3. *Lied der Mignon* II : *« So lasst mich scheinen »* (Laissez-moi paraître ainsi). Schubert avait déjà composé deux versions sur le même texte. La première, de sept. 1816, nous est parvenue dans une double version incomplète (D 469). La seconde version, d'avr. 1821, est contemporaine de la première version du lied précédent (D 727). Et tout comme celle-là, elle est déjà une parfaite réussite. (Durée : 3 min 31 s environ.) L'actuelle version adapte aux 4 quatrains du poème goethéen une forme strophique alternée : ABAB. Une même formule d'accompagnement, fondée essentiellement sur le rythme ♩. ♫♪, se retrouve à toutes les sections, soutenant une ligne mélodique calme et assagie, conférant à cet adieu de Mignon une douceur simple et tranquille, dans une atmosphère de grand apaisement.

Bibliographie — Br. Massin, Fr. Schubert, Paris, Fayard, 1977, pp. 928-929 et 1123-1125.

S. Gut

A Lieder aus « Des Knaben Wunderhorn »

Lieder eines fahrenden Gesellen (Chants d'un compagnon errant), cycle de 4 lieder pour voix et piano (ou orch.), poèmes et musique de **Gustav Mahler**, composés à Kassel en déc. 1884 - janv. 1885, révisés et orchestrés à Hambourg en 1893 (?) et en 1896, dédiés à la cantatrice Johanna Richter, exécutés pour la 1re fois intégralement avec orchestre, le 16 mars 1896, à Berlin, par le baryton Anton Sistermans et l'Orchestre philharmonique sous la dir. de Gustav Mahler. Le nº 2, *« Ging heut' Morgens übers Feld »*, avait été chanté le 18 avr. 1886 par le soprano Betti Frank, accompagné au piano par le compositeur, au jardin d'hiver du Grand Hôtel de Prague. (Vienne, Weinberger, 1897 ; nouv. éd. par C. Matthews et D. Mitchell, Londres, J. Weinberger, 1977 ; durée : 16 min environ.)

Ce premier vrai cycle de lieder avec orchestre de l'histoire de la musique est de caractère autobiographique : il a été inspiré au compositeur par son amour pour Johanna Richter. Mahler fait appel à l'un des thèmes favoris de la littérature romantique allemande, celui du Juif errant, homme solitaire et amoureux déçu. *« Wenn mein Schatz Hochzeit macht »*, a été conçu à partir de deux « Volkslieder » extraits de *Des Knaben Wunderhorn* de Ludwig Joachim von Arnim et Clemens Brentano. A l'exception du troisième lied, dramatique et déclamatoire, le langage musical, avec ses échos de berceuses enfantines et ses passages illustratifs, est d'inspiration populaire. Dans le quatrième lied apparaît le rythme de marche lancinante et pesante, caractéristique du style de Mahler. Des éléments du cycle seront réemployés dans la *Symphonie nº 1*, principalement extraits du deuxième et du quatrième lied. La dernière partie du quatrième constitue le second trio de la *Marche funèbre* de la symphonie.

1. *« Wenn mein Schatz Hochzeit macht »* (Quand ma bien-aimée se marie). Le jeune homme pleure : sa bien-aimée se marie gaiement ! Le gruppetto, que l'on entend 23 fois dans ce lied, serait une des caractéristiques de la musique du pays natal de Mahler, la Bohême. **2.** *« Ging heut' Morgens übers Feld »* (Ce matin, j'ai traversé les champs). Sa fraîche mélodie se retrouve dans le mouvement initial de la *Symphonie nº 1*. La mélodie augmente ses valeurs dans la coda (« Nun fängt auch mein Glück wohl an ? ») en s'apaisant progressivement. Un moment de paix qui annonce la tempête. **3.** *« Ich hab' ein glühend Messer »* (J'ai une lame brûlante). Le jeune homme a comme un poignard dans la poitrine ; il voit sa bien-aimée partout, dans le ciel, dans les champs. Il voudrait être couché dans un corbillard noir et fermer les yeux. Un chant dramatique, désespéré, aux phrases brèves, qui ne parvient à se calmer que dans la partie centrale au moment de l'évocation des yeux bleus et de la chevelure de la bien-aimée. **4.** *« Die zwei blauen Augen »* (Les Deux Yeux bleus). Une marche funèbre aboutit à la résignation du héros de ce cycle romanesque d'une grande unité et d'une expression intense.

Bibliographie — R. U. Ringger, Zu G. Mahlers Lieder eines fahrenden Gesellen, *in* RMS IC, oct. 1959 ; D. Mitchell, G. Mahler. The Wunderhorn Years, Londres, Faber, 1975 ; H.-L. de La Grange, Mahler I, Paris, Fayard, 1979.

Chr. Goubault

Liederkreis von Heinrich Heine (Cycle de lieder de H. Heine), op. 24, pour une voix et piano, de **Robert Schumann**, composé à Leipzig en févr. 1840, dédié à Pauline García. (Leipzig, Br. & H., 1840 ; durée : 20 min environ.)

A l'exception de *Schlusslied des Narren*, un essai sur un poème de Shakespeare, publié dans le 5e recueil des → *Lieder und Gesänge*, ce *Liederkreis* marque la première véritable rencontre de Schumann avec le lied, au cours de cette miraculeuse année 1840 qui vit naître 138 lieder, comme si Schumann voulait épuiser les possibilités d'un genre qu'il venait de découvrir. Il se tourne naturellement vers la poésie déchirée de Heine, qui l'avait enthousiasmé. Les 9 lieder de ce recueil sont empruntés à la première partie (« Jeunes Souffrances ») du *Buch der Lieder*. M. Beaufils considère Heine comme la « note fondamentale de Schumann », précisément parce que, comme Schumann, il joue en raffiné des fausses et luxueuses « simplicités populaires [...] ; chez Schumann, le syllabisme est en quelque sorte le résidu d'ambiance populaire, ou plutôt sa feinte, le piano accompagnateur ménageant là-dessous un univers infiniment dfférencié, quintessencié même ».

La pensée de Clara domine tout le cycle. Dans l'attente anxieuse de son mariage, le musicien — avec une sensibilité frémissante — communique son trouble, ses émois. Selon E. Sams, on retrouve le monogramme musical de la fiancée de Schumann dans la partie grave du piano, sous le mot « Myrthen », symbole traditionnel du mariage, et dans la 2de partie de ce même dernier lied, *« Mit Myrthen und Rosen »* (Avec des myrthes et des roses), en une adorable double courbe descendante sur les mots « du süsses Lieb » (douce bien-aimée). Les notes *ré - do* ♯ *- si - la* ♯ *- si* formeraient ce monogramme, obtenu au moyen des seules lettres « musicables » de Clara (CAA : 1re, 3e et 5e note), transposées un ton plus haut et sur d'autres degrés. Ce langage crypté apparaît pour la première fois dans le deuxième lied, *« Es treibt mich hin »*, au début par mouvement rétrograde (AAC), et par mouvement droit dans sa section terminale : mais la note *si* se fait attendre, traduisant l'exaspération de l'amoureux, impatient de voir sa bien-aimée. Il y aurait là, dans ce symbolisme des lettres, comme le souligne M. Schneider, « une manière d'ensevelissement, dans l'œuvre composée, du nom de l'aimée ». L'unité du recueil vient également d'une construction tonale élaborée. Aux deux extrêmes : la tonalité de *ré* maj. ; au centre : deux fois *mi* maj. (*ré* maj. - *si* min. - *si* maj. - *mi* maj. - *la* maj. - *ré* min. - *ré* maj.).

1. Après une gracieuse et simple mélodie de caractère populaire, traduisant l'attente vaine, *« Morgens steh' ich auf und frage : kommt fein's Liebchen heut' ? »* (Chaque matin, je me lève et me demande : ma bien-aimée viendra-t-elle aujourd'hui ?), un petit prélude vif introduit avec impatience. **2.** *« Es treibt mich hin »*. **3.** Dans le rêveur *« Ich wandelte unter Bäumen »* (Je cheminais sous les arbres), Schumann affirme sa personnalité dans le domaine du lied. Un merveilleux prélude, richement harmonisé, crée ce climat de chagrin solitaire compris dans le poème (« mit meinem Gram allein »). Au centre, une modulation de *si* min. à *sol* maj. donne la réponse délicate et aérienne des oiseaux, sur un accompagnement dans l'aigu du clavier : « Es kam ein Jungfräulein gegangen » (Une jeune fille est venue). **4.** *« Lieb' Liebchen »* (Ma bien-aimée) est l'un des lieder les plus originaux et les plus concentrés du cycle. La voix le commence et le termine, seule, avec, au début, quelques simples accords en contretemps à la main droite : les battements du cœur suggérés par le texte : « leg's Händchen auf's Herze mein » (pose ta petite main sur mon cœur). **5.** *« Schöne Wiege meiner Leiden »* (Beau Berceau de mes souffrances) est une berceuse, comportant quelques contrastes dramatiques et emportés (notamment la partie de piano sous le vers « Wahnsinn wühlt in meinen Sinnen » (La folie agite mes esprits). Un bref et grave Adagio ramène la berceuse qui s'achève sur un postlude prolongeant le dernier mot « Lebewohl » (Adieu). **6.** Avec ses rapides octaves de basse, *« Warte, warte, wilder Schiffmann »* évoque la précipitation du jeune homme qui demande au « farouche nautonier » d'attendre qu'il ait pris congé de ses amours. **7.** Dans le lied suivant, strophique, le piano enrobe la mélodie de son bercement tentateur. C'est la première apparition du Rhin dans l'œuvre de Schumann : *« Berg' und Burgen schau'n herunter in den spiegelhellen Rhein »* (Monts et châteaux se mirent dans le miroir brillant du Rhin). Attirance fatale, inquiétante et prémonitoire : « oben gleissend bringt sein Inn'res Tod und Nacht » (brillant à la surface, il porte la mort et la nuit en sa profondeur). **8.** *« Anfangs wollt' ich fast verzagen »* (Au début, j'ai failli désespérer) est un choral sombre de 11 mesures, qui aboutit à une interrogation sans réponse : accord final en suspens sur la dominante de *ré* mineur. **9.** Le dernier lied, *« Mit Myrthen und Rosen »*, est digne de → *Dichterliebe*. C'est une imploration directement adressée à Clara. Cette marche héroïque et chevaleresque, brûlante d'amour, rappelant la *Novelette*, op. 21, n° 1, pour piano, aboutit à une espérance, rythmée par les battements syncopés du cœur. Schumann espère qu'un jour ce livre parvienne dans les mains de sa bien-aimée, et que ses pâles caractères supplient son beau regard, chuchotant avec mélancolie et soupir d'amour (« einst kommt dies Buch in deine Hand, du süsses Lieb »).

Rééditions modernes — Par Cl. Schumann, J. Brahms et autres, *in* R. Schumann. Werke, Leipzig, Br. & H., 1881-1893, vol. XIII/1, rééd. en facs. Farnborough, Gregg Intern. Publ., 1968.

Bibliographie — M. Schneider, La tombée du jour. Schumann, Paris, Éd. du Seuil, 1989 ; voir aussi la bibliogr. de l'art. *Zwölf Gedichte aus Fr. Rückerts Liebesfrühling.*

Chr. Goubault

Liederkreis von Joseph Freiherrn von Eichendorff (Cycle de lieder de Joseph, baron von Eichendorff), op. 39, pour une voix et piano, de **Robert Schumann**, composé à Leipzig au mois de mai 1840. La première édition (Vienne, T. Haslinger, 1842) comportait 13 mélodies. Schumann écarta la première, *Der frohe Wandersmann* (→ *Lieder und Gesänge op.* 77, n° 1), lors de la seconde édition. (Leipzig, F. Whistling, 1850 ; durée : 25 min environ.)

Ce second *Liederkreis*, comme le premier → *Liederkreis*, op. 24, est tout imprégné de la pensée de Clara. Schumann écrivait à sa fiancée : « Le cycle d'Eichendorff est ma musique la plus romantique, et elle contient beaucoup de toi, chère Clara. » Le musicien a choisi avec soin les poèmes de son recueil parmi les *Gedichte* de l'écrivain, dont il aimait l'univers merveilleux et imaginaire, le sentiment de la nature et le goût des demi-teintes. La pensée tournée vers Clara est présente dans l'ensemble des textes empruntés à Eichendorff : « Dein Bildnis wunderselig hab' ich im Herzensgrund » (Ton portrait merveilleux je le garde au fond de mon cœur) de l'*Intermezzo* (n° 2) ; « Es redet trunken die Ferne wie von künftigem grossen Glück ! » (L'immensité parle avec ivresse d'un grand bonheur futur) dans *Schöne Fremde* (n° 6) ; « Sie ist deine » (Elle est à toi) du dernier lied, *Frühlingsnacht* (n° 12). Présence de l'aimée également dans la musique, par le recours au symbolisme des lettres « musicables » : E H E (mariage) = *mi - si - mi*, que l'on rencontre dans la partie de piano de → *Mondnacht* (n° 5) et de *Auf einer Burg* (n° 7) où le monogramme de Clara (C A A) apparaît dans la ligne vocale (*do - si - la - sol* ♯ *- la*). Cette « manière d'ensevelissement, dans l'œuvre composée, du nom de l'aimée » (M. Schneider) est commune à d'autres Lieder (→ *Liederkreis von H. Heine*, → *Myrthen*, → *Lieder und Gesänge*).

La disposition des poèmes en 2 volets de 6 mélodies — chacun s'achevant sur une note d'exaltation et d'ivresse sentimentales —, les relations des tonalités (*fa* ♯ min., *la* maj., *mi* maj., *sol* maj., *si* maj. — *mi* min. [avec l'ambiguïté de *la* min.], *la* min., *mi* maj., *mi* min., *la* maj., *fa* ♯ maj.) créent un sentiment d'unité interne de cet ensemble qui contient quelques-uns des plus grands chefs-d'œuvre de Schumann (*Intermezzo*, *Waldesgespräch*, *Mondnacht*, *Schöne Fremde*, *Wehmut*, *Zwielicht*, *Frühlingsnacht*, etc.).

Deux lieder (n°s 1 et 8) portent le titre de : *In der Fremde* (A l'étranger). Le premier est constitué d'un calme va-et-vient d'arpèges en doubles croches au piano, enveloppant de sa sonorité voilée un chant inscrit dans l'ambitus restreint d'une octave. « Ce lied, qui ne dit que mort et déréliction, n'en parle qu'à voix basse » (M. Schneider). D'un tout autre esprit est la rêverie suivante, *Intermezzo* (n° 2), rythmée par des contretemps pianistiques, synonymes de battements du cœur. La page s'achève sur un admirable postlude en arabesque. Schumann retrouve le ton de la ballade épique dans *Waldesgespräch* (Dialogue dans la forêt, n° 3), avec des effets très sûrs : merveilleuse modulation de *mi* maj. à *ut* min., lorsque le jeune homme s'offre à accompagner la « belle fiancée » chez elle ; surprise craintive en la reconnaissant : « Tu es la magicienne Lorelei ! » Contrastant avec ce qui précède, *Die Stille* (Le calme, n° 4) est une pièce exquise de fraîcheur, à l'accompagnement discret, esquissant un petit pas de valse sous les mots : « Ich wünscht', ich wär' ein Vöglein und zöge über das Meer » (Je voudrais être un petit oiseau pour m'envoler au-dessus des mers). Les lieder n° 5, → *Mondnacht* (Nuit de lune), et n° 6, *Schöne Fremde* (Belle Terre étrangère), sont de purs joyaux. *Schöne Fremde* frémit d'un bout à l'autre, avec ivresse, jusqu'à l'affirmation du « grand bonheur futur ».

Le second volet de ce cycle à Clara débute d'une manière désolée : *Auf einer Burg* (D'un château, n° 7), dont la musique est aussi pétrifiée que le vieux chevalier auquel il est fait allusion. Le piano double presque continuellement la voix dans *Wehmut* (Mélancolie, n° 9), ce qui est rare chez Schumann. Le lied y gagne une grande concentration expressive. Nouveau joyau émouvant, *Zwielicht* (Crépuscule, n° 10), où le prélude pianistique, comme une nostalgique « invention » à deux puis à trois voix, descend lentement vers les graves, créant non seulement le climat d'un crépuscule angoissant, mais assumant aussi « le premier son verbal de son texte : "Dämmerung" et son cortège de "r" sur voyelles sourdes et obscures, comme à mi-chemin dans le monde de la peur » (M. Beaufils). Dans un style tout aussi frémissant que *Schöne Fremde*, *Frühlingsnacht* (Nuit de printemps, n° 12) achève ce cycle avec de pressants accords en triolets de doubles croches dans une mesure à deux temps. Les dernières mesures laissent éclater la joie libératrice du « Sie ist Deine », suivie d'un postlude apaisant et profond **A**.

Rééditions modernes — Par Cl. Schumann, J. Brahms et autres, *in* R. Schumann. Werke, Leipzig, Br. & H., 1881-1893, vol. XIII/2, rééd. en facs. Farnborough, Gregg Intern. Publ., 1968.

Bibliographie — Voir celle de l'art. *Liederkreis von Heinrich Heine.*

Chr. Goubault

A LIEDERKREIS VON JOSEPH FREIHERRN VON EICHENDORFF

LIEDER UND GESÄNGE, op. 27, 51, 77, 96, 127, 5 cahiers de 5 lieder chacun, pour une voix et piano de **Robert Schumann**, composés pendant les années 1840 et 1850. (Leipzig, F. Whistling, 1849, 1850, 1851, Dresde, W. Paul, 1854 ; durée totale : 50 min environ.)

Ces 5 recueils rassemblent, d'une manière composite, des lieder isolés ou rejetés, écrits surtout pendant les années 1840 et 1850, d'où une brisure de style entre les lieder de ces deux époques. *Der frohe Wandersmann* (Le Joyeux Voyageur, op. 77, nº 1), poème d'Eichendorff, devait ouvrir le → *Liederkreis*, op. 39. *Sängers Trost* (La Consolation du chanteur, op. 127, nº 1) devait figurer dans les → *Zwölf Gedichte* de Kerner, op. 35. *Dein Angesicht* (Ton visage, op. 127, nº 2) et *Es leuchtet meine Liebe* (Mon amour resplendit, op. 127, nº 3) auraient dû faire partie de → *Dichterliebe.*

Burns, Chamisso, Rückert, Eichendorff, Goethe, Platen, Heine, Kerner, von Fallersleben... voisinent dans un esprit de convivialité, Schumann trouvant chez ses poètes préférés les thèmes contrastés qui lui sont chers : la solitude, la mélancolie, la langueur, le désespoir, l'amour, celui de la nature, l'appel au voyage imaginaire, la souffrance, la joie discrète. L'influence mendelssohnienne se lit dans les deux premiers recueils. Certains lieder sont proches de ceux de Schubert (*Volksliedchen,* Petit chant populaire, op. 51, nº 2 ; *Aufträge*, Messages, op. 77, nº 5) et de Beethoven (*Mein Garten*, Mon jardin, op. 77, nº 2 ; *Nachtlied*, Chant nocturne, op. 96, nº 1). Mais les grandes caractéristiques du style schumannien sont bien présentes, dans la conduite vocale toujours proche des textes, dans la partie de piano qui joue ce rôle d'« essence du chant » et de dialogue avec lui, ménageant d'admirables prélude-interlude-postlude, enfin dans un langage harmonique qui, surtout dans les derniers lieder, accuse la mouvance, l'instabilité et les incertitudes tonales.

Le dernier lied, *Schlusslied des Narren* (Chant final du bouffon), du 5e recueil est en fait le premier lied jamais composé par Schumann (1er févr. 1840). Il s'agit de la chanson de Feste, le bouffon de la Comtesse Olivia qui termine l'acte V de *La Nuit des rois* (*Twelth Night or What You Will*) de Shakespeare, traduite en allemand par A. W. von Schlegel. Dans le contexte de la vie sentimentale de Schumann, le premier vers du second couplet « Und als ich ach ! ein Weib traht frei'n » (Et quand je vins, hélas ! à prendre femme) retentit singulièrement dans cette chanson du bouffon, qui ne fut publiée que quatorze années après sa composition.

Tout n'est pas de la meilleure veine — poème et musique — dans ces 5 recueils qui recèlent toutefois des joyaux. Sur une poésie de G. Zimmermann, *Nur ein lächelnder Blick* (Juste un regard souriant, op. 27, nº 5), Schumann a écrit une tendre mélodie, d'une ferveur intime, où les enchaînements harmoniques sont d'une grâce incomparable. Une étonnante et tempétueuse cadence pianistique introduit *Sehnsucht* (Aspiration de l'âme, nostalgie, poème d'E. Geibel, op. 51, nº 1), aux accents passionnés, où la voix se déploie généreusement au-dessus d'un accompagnement dense. En tête du *Liebeslied* (op. 51, nº 5), extrait du *West-östlicher Divan* de Goethe, le musicien note de quelle manière il doit être chanté : « nicht zu rasch, aber mit leidenschaftlichem Ausdruck » (pas trop vite, mais avec une expression passionnée). Sur un fond d'arpèges berceurs, le piano — véritable confident — répond au désir brûlant de l'amoureux qui veut embrasser sa belle et ne le peut pas. La voix répète quatre fois : « und kann es nicht ».

Il a été décelé des affinités entre le lied *Mein Garten* (Mon jardin, op. 77, nº 2, poème de Hoffmann von Fallersleben) et les *Nocturnes* de Chopin, des tournures mélodiques identiques à celles employées par Beethoven dans → *An die ferne Geliebte* : la phrase « ob sie heimisch ist hienieden » ressemble effectivement à celle de Beethoven sur les mots : « Nimm sie hin denn, diese Lieder », mais cette formule est favorite à Schumann (coda du 1er mouvement de la *Fantaisie* op. 17).

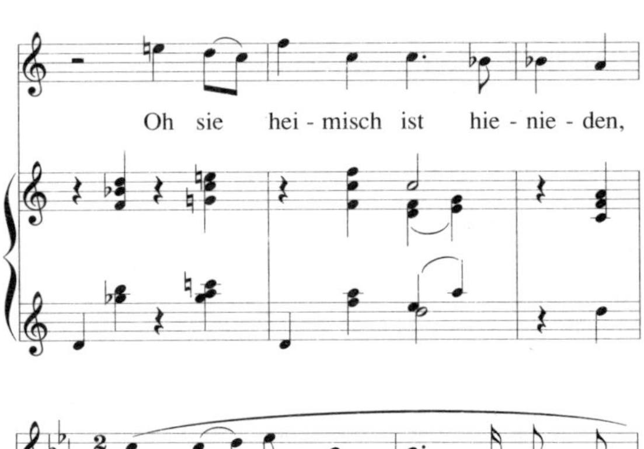

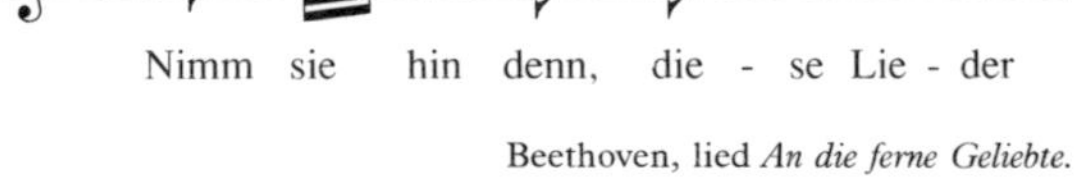

Beethoven, lied *An die ferne Geliebte.*

Fantaisie op. 17, coda du 1er mouvt.

Ce chef-d'œuvre, d'une exquise tendresse, est dominé par un motif de trois notes descendantes, comme une plainte pudique. Selon E. Sams, ces trois notes se prolongeant par trois autres dans le postlude (*sol - fa - mi - ré - do ♯ - ré*) représenteraient le monogramme (transposé) de Clara, obtenu avec les seules lettres « musicables » de son nom : C A A. On retrouve le même système « crypté » dans *Mit Myrthen und Rosen* du → *Liederkreis* op. 24, dans *Die Lotosblume* des → *Myrthen.* Dans ce même 3e recueil, Schumann fait se succéder deux des plus opposées et des plus étranges expressions de son « Humor », de son « Empfindsamkeit », cette conjonction de sentiments contraires que son art assume : musique navrée, à la ligne vocale brisée et douloureuse, sur des harmonies mouvantes et insaisissables pour *Stiller Vorwurf* (Reproche muet, op. 77, no 4), arabesques incessantes et impatientes du piano, pendant que la voix enflammée demande à la petite vague d'aller porter son message à son amour, dans *Aufträge* (Messages, op. 77, no 5, poème de Ch. L'Egru).

Les arpèges berceurs, le duo chanté ardemment par la voix et le piano, dans *Ihre Stimme* (Sa voix, op. 96, no 3), sur un poème du comte von Platen, sont très voisins du *Liebeslied* de Goethe : les sentiments spontanés de l'amour sont les mêmes. Le début de cette mélodie s'apparente également au *Lied der Suleika* des → *Myrthen.* Le 5e recueil des *Lieder und Gesänge* contient deux des plus belles mélodies de Schumann, toutes les deux composées sur des poèmes de Heine : *Dein Angesicht* (Ton visage), *« Es leuchtet meine Liebe »* (Mon amour resplendit). Dans le premier, on ne peut rêver plus de fraîcheur et de simplicité (un paisible balancement du piano, en *ut* maj. et une ligne mélodique sur quelques notes), de subtilité (les couleurs harmoniques s'assombrissant en maints endroits). D'où une impression poignante qui se dégage de ce lied dans lequel Schumann « établit les perspectives de son poème quelque part où la nature-son du mot rejoint l'essence secrète de la chose » (M. Beaufils) **A**.

On ne connaît pas les raisons qui ont poussé Schumann à écarter de *Dichterliebe* ce lied et le suivant dont l'accompagnement pianistique semble échappé des *Kreisleriana. « Es leuchtet meine Liebe »* apparaît comme une quête d'un bonheur sans fin jusqu'au moment où le géant des montagnes terrasse le chevalier, au bout d'une progression musicale déchirante. La chute finale est tragique : « Wenn ich begraben werde, / Dann ist das Märchen aus » (Quand je serai sous la terre, alors le conte sera fini).

Rééditions modernes — Par Cl. Schumann, J. Brahms, et autres, *in* R. Schumann. Werke, Leipzig, Br. & H., 1881-1893, vol. XIII/1-4, rééd. en facs. Farnborough, Gregg Intern. Publ., 1968.

Bibliographie — Voir celle de l'art. *Liederkreis von Heinrich Heine.*

Chr. Goubault

Lieder und Gesänge, op. 32, recueil de 9 lieder pour voix et piano de **Johannes Brahms**, sur des textes d'August von Platen (nos 1, 3, 4, 5, 6) et de Georg Friedrich Daumer (nos 2, 7, 8, 9), composé en 1864 ; 1. *« Wie rafft ich mich auf in der Nacht »* (M'étant levé dans la nuit), 2. *« Nicht mehr zu dir zu gehen »* (Ne plus aller à toi), 3. *« Ich schleich umher »* (J'erre), 4. *« Der Strom, der neben mir verrauschte »* (Le torrent qui mugissait près de moi), 5. *« Wehe, so willst du mich wieder... »* (Malheur ! tu veux de nouveau m'enchaîner), 6. *« Du sprichst, dass ich mich täuschte »* (Tu dis que je me trompe), 7. *« Bitteres zu sagen denkst du »* (Tu penses me faire du mal par tes paroles), 8. *« So stehn wir, ich und meine Weide »* (Voilà hélas où nous en sommes), 9. *« Wie bist du meine Königin »* (Quelles délices tu répands, ô ma reine). (Leipzig, J. Rieter-Biedermann, 1865 ; durée : 22 min environ.)

C'est le premier recueil de lieder brahmsiens qui s'apparente à un cycle, bien que des restrictions d'ordre musical et poétique s'imposent. Brahms ne puise-t-il pas à deux sources poétiques différentes ? Les thèmes, le vocabulaire comme la formulation simple des adaptations-traductions de Daumer se marient, il est vrai, assez bien avec la réserve imprégnée de classicisme des textes de Platen. De plus, et c'est là surtout ce qui confère cohérence à l'ensemble, chacune des poésies contribue à l'expression d'un seul et même sentiment. Sept des neuf poèmes sont consacrés à l'amour, les deux autres (nos 1 et 5), introductif et central, qui parlent de remords et d'angoisse, en disent bien la nature exacte :

A **Lieder und Gesänge** de R. Schumann

l'amour se révèle synonyme de tourments, d'attente vaine, d'oubli, de nostalgie, d'esclavage, de blessure. Mais cette trame sombre s'éclaire peu à peu d'une image contraire, qui permettra de clore le cycle sur cet hymne à la bien-aimée, radieux et sans partage, qu'est *« Wie bist du, meine Königin »*. Car l'amour est plus fort que la déception ou l'insatisfaction, il transfigure toute vision et fait tout accepter, même les moments les plus noirs.

L'opus 32 ne porte pas de dédicace, aussi a-t-on voulu y deviner une présence cachée, et le nom de Clara Schumann s'est alors imposé. L'amour ici chanté se présente comme une image assez fidèle des relations affectives qui liaient Brahms à Clara, telles du moins que celui-ci put les vivre. Quelle qu'ait été la force de leur attachement réciproque, il ne se confondit pas pour Brahms avec la plénitude d'un amour totalement partagé. D'où des motifs renouvelés de discordes, de reproches, sans que pour autant la vénération portée par le compositeur à Clara s'en trouve entachée.

Toute monotonie est évitée dans ce cycle d'une réelle variété expressive comme d'une apparente diversité dans sa dimension plus purement compositionnelle. Mais, et c'est là où le grand art de Brahms se fait sentir, ce ne sont qu'apparences. D'un lied à l'autre, le compositeur témoigne d'un sens de la concision qui ne se dément à aucun moment. L'option choisie au sein de chaque pièce n'est pas de présenter une suite imagée musicalement de scènes diverses, mais de s'en tenir à l'évocation d'un tableau sonore, synthèse de l'idée poétique finement nuancée selon les inflexions du texte littéraire ou les aspirations plus exclusivement musicales. L'unithématisme l'emporte et se confond même souvent avec l'exploitation d'un unique motif. Les contrastes intrinsèques linéaires sont donc gommés au profit d'un évident souci d'unité, auquel participe la partie pianistique, homogène dans ses grandes lignes sur l'ensemble d'un lied. On notera aussi la simplicité des figures rythmiques, ainsi que la fréquence des superpositions binaire-ternaire, signature brahmsienne ici presque trop systématique. Le figuralisme descriptif comme la traduction directe du poème passent au second plan, alors que l'élaboration musicale se révèle un objectif essentiel. Elle s'accompagne d'un travail sur des formes à la fois préétablies et repensées, dont le modèle fondamental est très certainement le lied strophique. La 3e pièce s'apparente à la chanson strophique. La 5e, malgré la barre de reprise signalant une répétition exacte, s'en éloigne déjà ; ici la progression mélodique est d'une telle souplesse et d'une telle liberté qu'elle se confond bientôt avec une improvisation. Aux trois strophes du 6e poème répondent trois strophes musicales assez semblables. Bien que le texte du 4e poème ne soit pas strophique, Brahms s'en tient encore à un procédé répétitif : une phrase musicale modèle, brève, est réutilisée à trois reprises, réinterprétée à chaque fois par dilatation ou par modification harmonique. Pour le 7e poème, lui aussi non strophique, une césure factice dans le texte permet de créer l'illusion d'une forme musicale en deux volets, présentant de fortes analogies mais laissant aussi une grande place à la variation, tant au sein de chacun des volets que dans l'imitation du second sur le premier. Avec les pièces n°s 1, 2 et 8, on s'oriente vers une conception plus tripartite où les strophes centrales divergent nettement du modèle initial alors que les ressemblances se renforcent entre strophes liminaires. Dans le dernier lied, le plus célèbre du recueil, *« Wie bist du, meine Königin »*, le schéma strophique pur l'emporterait de nouveau si la troisième strophe n'apportait une forte diversion. Dans la strophe de référence, l'harmonie est stable, centrée sur la tonalité de *mi* ♭ maj., l'accompagnement est homogène et de type contrapuntique, la mélodie — à l'exception de l'emphatique formule cadentielle sur « wonnevoll » —, tout entière dérivée d'un motif initial de deux mesures et demie. Dans la troisième strophe, en revanche, seul le dessin mélodique est préservé, porté par des harmonies qui, à *mi* ♭ maj., juxtaposent successivement *mi* ♭ min., *mi* maj., *mi* min., *mi* ♭ min. de nouveau, *do* ♭ maj., et enfin *mi* ♭ maj. retrouvé. La partie pianistique s'est aussi modifiée, favorisant ponctuellement une écriture plus harmonique ou se dépouillant à l'extrême pour nous faire connaître, sur une couleur de *mi* ♭ min., l'aridité de ces déserts évoqués dans le poème. Dans chacun des 9 lieder qui composent l'opus 32, presque tous les éléments compositionnels confrontent l'auditeur à une pensée précise, efficace, tendue vers une traduction musicale concentrée et économique. Par cette concision de l'écriture, ce recueil trouve son sens définitif en tant que cycle, en même temps qu'il marque un tournant décisif dans l'évolution du style de Brahms, comme le confirmerait une comparaison avec le style presque contemporain de *La Belle Maguelonne* (voir *Romanzen aus L. Tiecks Magelone*).

Bibliographie — Voir celle de l'art. *Liebestreu*.

FR. ANDRIEUX

LIEDER UND GESÄNGE, op. 46, de **Johannes Brahms**, voir AN DIE NACHTIGALL, (DIE) KRÄNZE et (DIE) SCHALE DER VERGESSENHEIT.

LIEDER UND GESÄNGE, op. 47, de **Johannes Brahms**, voir BOTSCHAFT, « O LIEBLICHE WANGEN » et SONNTAG.

LIEDER UND GESÄNGE, op. 49, de **Johannes Brahms**, voir ABENDDÄMMERUNG, AM SONNTAG MORGEN et WIEGENLIED.

LIEDER UND GESÄNGE, op. 59, de **Johannes Brahms**, voir « DÄMMERUNG SENKTE SICH VON OBEN », DEIN BLAUES AUGE, MEIN WUNDES HERZ, NACHKLANG et REGENLIED.

LIEDER UND GESÄNGE, op. 63, de **Johannes Brahms**, voir AN DIE TAUBEN, JUNGE LIEDER et « O WÜSST ICH DOCH DEN WEG ».

LIEDER UND GESÄNGE, op. 71, recueil de 5 lieder pour voix et piano de **Johannes Brahms**, 1. *« Es liebt sich so lieblich im Lenze ! »* (On s'aime si adorablement au printemps), texte de Heinrich Heine (tonalité originale : *ré* maj.), 2. *An den Mond* (A la lune), texte de Karl Simrock (*si* min.), 3. *Geheimnis* (Secret), texte de Karl Candidus (*sol* maj.), 4. *« Willst du dass ich geh ? »* (Veux-tu que je m'en aille ?), texte de Karl Lemcke (*ré* min.), 5. *Minnelied* (Chant d'amour d'antan), texte de Ludwig Hölty (*do* maj.), composé en 1877. (Berlin, Simrock, 1877 ; durée : 10 min environ.)

D'auteurs différents, les poèmes ont pour point commun d'évoquer l'amour. Le recueil transporte du simple pressentiment de l'amour (n° 1) à un amour plus réel, encore qu'il n'appelle, dans le chant du poète, que des interrogations (n° 3). Mais l'idée la plus forte — un thème typiquement brahmsien dans ces années — demeure celle de l'amour impossible ou lointain, que l'aimé(e) soit absent(e), refuse ou fasse attendre ses faveurs. L'op. 71 offre un panorama intéressant de ce qu'est, dans le domaine du lied, le style de Brahms à l'époque de sa maturité. D'emblée se révèle une souplesse formelle qu'il n'est pas coutume d'évoquer concernant ce compositeur. L'originalité de la structure de chacune des pièces résulte d'un équilibre à chaque fois repensé entre organisation formelle et forme vivante, à partir d'un point de départ strophique. Le n° 4 est le lied qui cache le moins la dette brahmsienne envers la forme strophique. Son organisation AAA'A", où chaque partie est l'illustration musicale d'une strophe poétique, a ceci d'étonnant que les modifications affectant A' et A" semblent partir de la musique pour orienter la compréhension du texte et non du contenu expressif du poème : emprise de la musique pure — même dans ce contexte bien vocal — dont l'op. 71 offre encore nombre d'exemples. Dans le n° 3, la seconde et dernière strophe donne lieu à une libre variation du matériau musical de la première, si bien que tout effet de redite est gommé. Une semblable impression de forme en mouvement vaut pour le n° 2. Les trois premières strophes y sont regroupées dans une grande partie qui se subdivise en deux volets expressifs différents et en relation directe avec le contenu poétique (à l'ambiance d'un paysage de lune succède un interrogatoire fictif du poète à sa bien-aimée) ; la 4e strophe réénonce, en les condensant, les éléments des deux tableaux de la première partie, sans tenir compte cette fois du contenu expressif du texte. Dans les nos 5 et 1, l'organisation poétique et la découpe formelle se retrouvent en concordance. La clarté formelle A A B A' de *Minnelied* s'accompagne d'une idée originale : B, qui diffère nettement de A, est en fait un retravail sur l'introduction instrumentale délaissée avec A.

1. Dans *« Es liebt sich so lieblich im Lenze ! »*, le même schématisme AABA' est voilé par une idée plus forte : celle d'un récit en musique, conçu de façon dynamique grâce à un déroulement temporel non assujetti strictement au cadre poétique — la bergère apparaît dans une nature où tout incite à l'amour (un tableau musical, deux strophes, deux sections musicales, A, A'), un cavalier passe, la bergère est émue (deux tableaux différents pour la seule section B, une strophe), dans le cadre initial, la bergère est saisie de tristesse (un tableau, A', présentant beaucoup d'analogies avec A, une strophe). On voit comment le cloisonnement en sections musicales distinctes coexiste avec l'idée de récit. La traduction mot à mot du poème est évitée ; la remplace une fresque de plusieurs tableaux sonores qui supposent des synthèses successives du contenu poétique. Brahms, dans les autres lieder de cet opus, procède de même, tout en poussant plus loin la recherche d'abstraction musicale face au texte littéraire, ce qui le mène à faire disparaître de ces données figuralistes qui subsistent encore un peu dans le n° 1 (galop du cavalier, chute de la couronne dans l'eau...). Différents par leur forme, ces lieder le sont aussi par leur contenu expressif. Dans ce renouvellement de l'univers émotionnel, la ligne vocale joue un rôle essentiel, non pour narrer l'histoire ou pour charmer l'auditeur par sa plasticité, mais pour traduire la quintessence de la pensée du poète telle qu'en Brahms elle vibre. Ces flots qui « scintillent et s'écoulent » dès le premier vers du n° 1 et dont l'image, tel un leitmotiv, habite, discrète, tout le poème, ont certainement beaucoup à voir dans le dessin en libres ondulations de la ligne vocale, dans ces vagues qui se succèdent, toujours autres grâce à l'éviction de tout principe motivique strict ou fort. D'emblée, nous sommes en présence d'une profusion de figures dans lesquelles le compositeur puise ensuite si librement qu'il n'en résulte aucun effet de duplication. **2.** Dans *An den Mond*, c'est au contraire la volonté d'établir des similitudes qui prime. Alors nécessairement les motifs ont un rôle à jouer. Ils sont réduits à deux dans un premier temps et la discrétion de leur dessin (oscillation au demi-ton, tierce conjointe) comme leur constante réutilisation permettent que règne un calme enchanteur, imprégné du mystère de la nuit. **3.** Sans son accompagnement instrumental, *Geheimnis* perdrait l'essentiel de son pouvoir de séduction. La partie pianistique refuse d'installer les harmonies ; elles glissent, se fondent les unes dans les autres par tuilage, insaisissables dans leur parcours coloré de glissements chromatiques et de juxtapositions étranges. Les vraies cadences fuient, nulle part la tonique n'est affirmée de façon catégorique. La pièce s'achève comme elle a commencé, dépourvue d'assises harmoniques, flottante, pure question restée sans réponse. **4.** Combien différente est la véhémente interrogation qui transforme *« Willst du dass ich geh ? »* en une bourrasque tumultueuse. Cette fois une brève incise, celle qui est associée au premier vers, est le noyau à partir duquel se construit l'ensemble, avec une économie sans égale dans le recueil en ce qu'elle touche tant l'accompagnement que la ligne vocale, et pourtant celle-ci parvient encore à se dérouler quasiment sans redites sur 12 mesures. Pour se convaincre de l'originalité de **5.** *Minnelied*, il suffit de comparer le calme de sa trame harmonique à la mouvance de celle de *Geheimnis* ou sa ligne, avec son rythme mobile et ses grands intervalles souples — pour l'essentiel des tierces et des sixtes —, à la précision acérée de celle du lied précédent. Bien qu'elles aient été composées dans une période que l'on pourrait appeler symphonique (la *1re Symphonie* fut créée en nov. 1876, la *2e* en déc. 1877) et que certaines techniques d'écriture instrumentale en orientent la conception, les pièces de l'op. 71 ont su parfaitement préserver ce caractère intimiste qui fait le charme des lieder brahmsiens.

Bibliographie — Voir celle de l'art. *Liebestreu.*

Fr. Andrieux

Lieder und Gesänge aus Goethes Wilhelm Meister (Mélodies et chants extraits du « Wilhelm Meister » de Goethe), op. 98 a, pour une voix et piano, de **Robert Schumann**, composés à Dresde en juin et juil. 1849. La 1re édition (Leipzig, Br. & H., 1851) ne sépare pas ces lieder du → *Requiem für Mignon*, op. 98 b, qui sont intitulés *Die Lieder Mignons, des Harfners und Philinens.* (Durée : 19 min environ.)

Schumann met en musique 9 poèmes extraits des *Wilhelm Meisters Lehrjahre* (Années d'apprentissage de W. Meister), c'est-à-dire les 4 chansons de Mignon (dont le célèbre *« Kennst du das Land ? »*, n° 1 du recueil, déjà publié en 1849 comme 29e et dernier numéro du → *Liederalbum für die Jugend*), les 4 chants du harpiste et la chanson de Philine. Le musicien fait alterner Mignon (mezzo-sop. ou sop.) et le harpiste (bar.), comme s'il s'agissait d'un dialogue imaginaire. La chanson de Philine (sop.) est intercalée entre les chants III et IV du harpiste, laissant Mignon conclure sur ce cri pathétique :

« macht mich auf ewig wieder jung » (rendez-moi la jeunesse pour toujours). A l'exception de cette dernière mélodie, en *sol* maj., tous les autres lieder sont écrits dans les tons bémolisés, mineurs pour Mignon.

Schumann était sans doute intimidé par le génie de l'écrivain (« Il faudrait être Goethe pour comprendre entièrement Goethe »), mais il se sentait attiré par le personnage de Mignon, symbole de l'enfance à la fois déroutante et fascinante, « parce que la jeune fille lui apparaît comme l'ambassadrice des pays inconnus, l'annonciatrice des "lointains", et presque comme une créature surnaturelle » (M. Brion).

La parure pianistique est somptueusement traitée, comme un orchestre où la harpe occuperait un rôle prépondérant. Ce qui fait dire à M. Beaufils que cet ensemble sort du cadre du lied, tant le traitement que fait subir Schumann à ces poèmes leur donne « une épaisseur symphonique en qui s'annonce ce "poids du monde" que Wagner demandera à ses drames ». Cela semble vrai pour *« Kennst du das Land ? »* et *« Heiss' mich nicht reden »* (Ne m'ordonne pas de parler, n° 5), véritable scène dramatique liée à la signification des mots : Mignon cache le secret de ses origines et seul Dieu peut desceller ses lèvres... En contraste avec le vieux harpiste, trop théâtral dans ses interventions : « denn alle Schuld rächt sich auf Erden » (car toute faute s'expie sur terre, n° 4), en contraste également avec la nostalgie énigmatique de Mignon, Schumann, en une mutine sérénade, *« Singet nicht in Trauertönen »* (Ne chantez pas sur un ton affligé, n° 7), dresse un portrait plein de gaieté et de grâce de Philine, la piquante soubrette d'une compagnie théâtrale. L'accompagnement staccato du piano évoque quelque guitare soutenant une ligne vocale fantasque.

Rééditions modernes — Par CL. SCHUMANN, J. BRAHMS et autres, *in* R. Schumann. Werke, Leipzig, Br. & H., 1881-1893, vol. XIII/4, rééd. en facs. Farnborough, Gregg Intern. Publ., 1968.

Bibliographie — Voir celle de l'art. *Zwölf Gedichte aus Fr. Rückerts Liebesfrühling.*

CHR. GOUBAULT

LIEDER UND ROMANZEN FÜR VIERSTIMMIGEN GEMISCHTEN CHOR (Lieder et romances pour chœur mixte à 4 voix), op. 93 a, de **Johannes Brahms**, composés en 1883 : 1. *Der bucklichte Fiedler* (Le Ménétrier bossu), sur le texte d'un chant populaire rhénan, 2. *Das Mädchen* (La Jeune Fille), sur un texte populaire serbe traduit en allemand par Siegried Kapper, 3. *O süsser Mai* (O doux mois de mai), sur un poème d'Achim von Arnim, 4. *Fahr wohl* (Adieu), sur un poème de Friedrich Rückert, 5. *Der Falke* (Le Faucon), sur un texte populaire serbe traduit par S. Kapper, 6. *Beherzigung* (Vaillance), sur un poème de Goethe. (Berlin, Simrock, 1884 ; durée globale : 10 min 55 s environ.)

Sur le plan musical, des mises en musique de nature « technique » s'opposent à des discours où l'illustration, l'effet imagé, voire théâtral, ont leur place. Les mises en musique « techniques » concernent les textes de poètes reconnus (n°s 3, 4 et 6). Vu la retenue et le peu de lyrisme de ces poèmes, elles s'expliquent. Malgré tout, le recours à tel procédé technique plutôt qu'à tel autre ne résulte pas du hasard et se justifie par le contenu du poème. L'élaboration technique est un outil choisi par Brahms avec un tel discernement et manié avec un tel art qu'il en devient par lui-même expressif. Refuser la crainte, la lâcheté, montrer force et vaillance, c'est là le chemin de la véritable liberté... Le propos goethéen, dans *Beherzigung*, n'appelle certes pas l'épanchement. La musique est d'une précision presque froide. Une partie en *ré* min., l'autre en *ré* maj. forment un cadre tonal sans surprise pour opposer la crainte (str. 1) à la force (str. 2), alors que le traitement polyphonique ne cède à aucune fantaisie, aucune fioriture, gouverné ici par un strict double canon, là par un parti pris canonique très prononcé. Dans *Fahr wohl*, l'homophonie l'emporte, mais la même recherche de l'essentiel régit l'écriture. Strophique, limitée quasiment à une figure rythmique (♩♪) et à des mouvements mélodiques sans relief expressif, la musique ne va pas au-delà de la réserve du poème et de ses images conventionnelles, oiseau qui part avec l'été, feuille qui tombe avec l'automne, amour enfin dont le terme est proche. Malgré le pouvoir suggestif qu'ailleurs ils pourraient avoir, les accords de 7e des premières mesures n'outrepassent pas les limites imposées par le texte ; ils se fondent dans la douceur de sentiment, la nostalgie résignée qui en émanent. Peu expansif ici, comment Brahms le serait-il dans *O süsser Mai*, évocation d'un être enfermé sur lui-même, coupé des merveilles de la nature ? Les variations successives d'un motif de deux mesures (mes. 1-2) sont strictement insérées dans une structure en forme d'arche ABA'. Mais de nouveau, malgré sa rigueur, la matière musicale vibre en accord avec le poème, d'une part par la force du principe de variations qui restreint l'œuvre à une unique figure motivique, d'autre part du fait du dessin descendant de cette figure, de son attirance inéluctable vers le grave. Par la conjugaison de ces deux facteurs, *O süsser Mai* se fait lancinant, triste, vidé d'énergie, à l'image des données essentielles du poème.

Les pièces n°s 1, 2 et 5, composées sur des textes populaires, contrastent avec les n°s 3, 4 et 6 par leur vie joyeuse, à l'occasion presque désordonnée. Sens de l'image, parfois de la mise en scène dramatique en sont les éléments originaux. De leurs similitudes rythmiques, mélodiques, polyphoniques (préférence marquée pour une écriture homophonique), la plus étonnante est celle des lignes mélodiques, qui s'élancent vers l'aigu par vagues successives, en mouvements vigoureux auxquels les pièces doivent beaucoup de leur convaincante extériorité. *Der bucklichte Fiedler* conte l'histoire d'un ménétrier bossu qui joue pour des sorcières fêtant la nuit de Walpurgis ; en récompense, elles lui ôtent sa bosse. Cette pièce se signale par quelques effets imagés extrêmement réussis : surprenante quinte à vide sur le mot « Walpurgis » (mes. 17 et 19), dont la stridence fait écho à l'horreur supposée de la nuit de Walpurgis ; illusion violonistique, lorsque le ménétrier se met à jouer, obtenue par la répartition des notes des cordes à vide du violon, *sol*, *ré*, *la*, *mi*, aux 4 voix chantées (mes. 21-25)... Avec *Der Falke*, les effets sonores ponctuels font place à des illustrations plus conséquentes. Lorsqu'il s'agit de décrire la belle jeune fille à sa toilette, la musique se calque sur le strophisme du poème (str. 1 à 3). Mais quand le faucon supplie la jeune fille de ne pas lui infliger la vision torturante de ses charmes, Brahms bouleverse l'écoulement régulier du flot musical et englobe les strophes 4 et 5 du poème dans un unique tableau sonore d'une vie plus intense et plus riche, grande et libre variation du contenu des strophes musicales antérieures. L'abandon du strophisme, partiel dans *Der Falke*, est total dans *Das Mädchen* (arrangement choral du lied op. 95, n° 1), où Brahms montre comment préserver la fraîcheur de l'esprit populaire sans nécessairement adopter sa structure formelle strophique, et comment utiliser l'écriture polyphonique à des fins de mise en scène musicale. La pièce compte 6 sections : A (8 mes.) - B (8 mes.) - C (8 + 4 mes.) - B' (8 mes.) - D (18 mes.) - E (6 mes.). De l'une à l'autre, il y a, plus ou moins partiel, un report du matériel musical ; les variantes ou ajouts apportés témoignent du grand art brahmsien de la réinterprétation expressive. Outre les transformations d'ordre rythmique, harmonique, mélodique, il faut aussi souligner, parmi les moyens d'illustration expressive, d'intéressants procédés polyphoniques : dialogue chœur-sop. solo (BB'), rôle différencié du chœur (fonction harmonique) et du sop. solo (fonction mélodique) (C), homophonie (A) contre éclatement du tissu polyphonique (E)...

L'op. 93 a est une œuvre charnière, à la frontière des dernières productions chorales de Brahms, qui y cherche et y affine les composantes de son style ultime. L'indéniable dualité de cet opus, quoiqu'elle lui ôte de sa force de persuasion, est précieuse pour la connaissance des aspirations artistiques du compositeur, pour celle aussi des tensions qui l'assaillent. Car cette juxtaposition flagrante de deux modes d'approche différents n'est-elle pas expression même de sa personnalité, avec ses insatisfactions, ses incertitudes, ses tiraillements et ses constantes recherches ?

Bibliographie — Voir celle de l'art. *Marienlieder.*

FR. ANDRIEUX

(DAS) LIED VON DER ERDE (Le Chant de la Terre), symphonie pour voix de ténor et d'alto (ou de baryton) et orchestre de **Gustav Mahler**, sur des poèmes chinois du VIIIe s. traduits en allemand par Hans Bethge (*Die chinesische Flöte* [La Flûte chinoise]), composée près de Toblach (aujourd'hui Dobiacco, Trentin-Haut Adige) pendant l'été 1908, achevée en 1909, exécutée pour la 1re fois le 20 nov. 1911 au cours d'une célébration (Mahler Gedenk-Feier), à la Tonhalle de Munich, par Sarah Cahier (alto), William Miller (ténor) et l'orchestre du Konzertverein sous la dir. du disciple du compositeur, Bruno Walter. (Vienne, UE, 1912 ; éd. révisée Vienne, UE et Intern. G. Mahler Gesellschaft, 1962 ; durée : 1 h environ.)

Après la mort de sa fille Putzi et l'accomplissement de la *8e Symphonie*, l'état d'esprit de Mahler avait changé. La maison de Maiernigg, sur le Wörthersee, avait été vendue, car il ne pouvait plus y revenir. Dans le Tyrol du Sud, il exprima son chagrin et sa détresse avec cette méditation sur la mort, où l'homme périssable est placé devant la nature qui renaît toujours. Il avait pensé l'intituler *Das Lied vom Jammer der Erde* (Le Chant de la douleur de la Terre) ; le premier lied, *Das Trinklied vom Jammer der Erde*, en gardera la trace. Conçu comme une 9e symphonie, *Das Lied von der Erde* ne porte pas de numérotation, car ni Beethoven ni Bruckner n'atteignirent la dixième.

Mahler avait entendu de la musique chinoise sur les cylindres enregistrés en Chine que lui avait donnés le banquier Paul Hammerschlag, tandis que Theobald Pollak lui offrait le livre de H. Bethge, publié à Leipzig en 1907. La mélancolie, le ton désabusé et sarcastique des poèmes s'accordaient à l'humeur du musicien qui composa l'œuvre rapidement au cours de l'été 1908, « le plus triste de nos étés », écrit Alma qui ajoute : « La chaleur et l'angoisse nous poursuivaient partout. Le travail était son seul salut. Il travaillait comme un esclave au *Chant de la Terre.* »

Il s'agit davantage d'une symphonie que d'un cycle de lieder, tant la voix est intégrée à l'orchestre et tant Mahler brasse d'immenses espaces sonores. La déclamation lyrique compte parmi les plus splendides réalisations de la musique, par son ampleur, sa variété, sa vaillance (le premier lied du ténor), sa poésie extrême que traduit l'émouvant *Der Abschied* (L'Adieu) chanté par la voix d'alto, dont la musique se désagrège lentement, enveloppée d'une aura nietzschéenne. Compte tenu du caractère orchestral de l'œuvre, un véritable timbre d'alto est nécessaire. Quant à la partie de ténor, elle exige autant de souplesse que de lyrisme, réunissant ainsi les qualités d'un chanteur de lieder à la puissance d'un ténor d'opéra. Une cellule de trois notes descendantes (*la-sol-mi*) joue un rôle fondamental : elle engendre la quasi-totalité des thèmes grâce à des modifications diverses (inversion, rétrogradation, augmentation...). A. Schönberg était frappé par la fantaisie, l'art, la richesse de la variation de ce chant souvent infini, se développant à partir de quelques notes.

Das Lied von der Erde comprend 6 parties. **1.** *Das Trinklied vom Jammer der Erde* (La Chanson à boire de la douleur de la Terre) pour ténor. Orch. : 4453 - 4330 - glockenspiel, triangle, cymbales, grosse caisse, harpe - cordes. Dans ce poème de Li T'ai Po (701-762), l'homme noie sa mélancolie dans le vin. La terre durera longtemps, « mais toi, homme, combien de temps vis-tu ? ». Climat ultraromantique de ce lied au refrain lancinant : « Dunkel ist das Leben, ist der Tod » (Sombre est la vie, sombre, la mort), toujours en blanches pointées, avec sa première partie construite sur un arpège descendant. Ce motif monte d'un demi-ton à chaque reprise (*sol*, *la* ♭, *la* ♮).

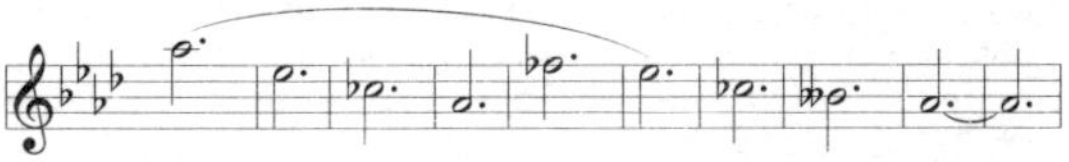

2. *Der Einsame im Herbst* (Le Solitaire en automne), pour alto (ou baryton). Orch. : 3233 - 4000 - 2 harpes - cordes. Chaque strophe fait alterner deux éléments : l'un monotone (croches régulières au violon et dépouillement de la ligne vocale qui traduisent bien la solitude de l'être), l'autre chaleureux, tentant de s'élever vers la lumière, mais retombant dans la monotonie froide du début. Fin Morendo dans le grave. **3.** *Von der Jugend* (De la jeunesse), pour ténor. Orch. : 4222 - 4100 - triangle, cymbale, grosse caisse - cordes. On a voulu voir ici la pièce la plus « chinoise » de la partition, à cause de ses premières mesures pentatoniques, de son instrumentation de percussions et de bois. Le poème de Li T'ai Po évoque, au bord d'un étang, un pavillon de porcelaine dans lequel des amis parlent, boivent et écrivent des vers. Forme ABA'. Pas de basse pesante ; un art de la miniature ; une fin évanescente dans l'aigu. **4.** *Von der Schönheit* (De la beauté), pour alto (ou baryton). Orch. : 4344 - 4231 - 2 harpes, mandoline, glockenspiel, cymbales, grosse caisse, tambourin, timb. - cordes. Ramassant des fleurs de lotus, des jeunes filles voient passer une troupe de jeunes cavaliers. L'une d'elles lance de longs regards de désir en direction d'un garçon. Au cours de la cavalcade centrale, qui fait fumer les naseaux brûlants des chevaux, Mahler retrouve l'atmosphère de liesse, le tintamarre « militaire », les marches de ses compositions précédentes. Le contraste est saisissant entre la rudesse de cet épisode médian et la grâce langoureuse des regards de la jeune fille soulignée par un violon. Dans une musique d'un caractère aussi symbolique, le dernier accord *pppp* aux flûtes, harpes et violoncelles en harmoniques ne peut reflêter que l'inéluctable disparition de la jeunesse et de la beauté. **5.** *Der Trunkene im Frühling* (L'Homme ivre au printemps), pour ténor. Orch. : 3443 - 4100 - harpe, triangle - cordes. Cette nouvelle célébration du vin comme facteur d'oubli se traduit par la gaieté bruyante du buveur. « Les motifs qui reviennent toujours à leur point de départ suggèrent aussi les gestes vains de l'homme ivre » (H.-L. de La Grange). L'arrivée du printemps est exprimée par un chant d'oiseau (mélodie au violon solo que le ténor s'efforce d'imiter). Mais l'homme ivre n'a que faire du printemps... **6.** *Der Abschied* (L'Adieu), pour alto (ou baryton). Orch. : 4444-4300 - 2 harpes, mandoline, célesta, grosse caisse, tam-tam - cordes. C'est le lied le plus long de l'ensemble (30 min environ), correspondant à un grand mouvement de symphonie. Le musicien transforme et amalgame deux poèmes de Mong Kas Jen († 740) et Wang Wei (699-759). Dans le premier, à la tombée du jour, « la terre respire, livrée au silence et au sommeil. Tous les désirs, maintenant, aspirent au rêve ». Dans le second, un voyageur boit le breuvage de l'adieu. Son cœur est paisible : la terre bien-aimée refleurira au printemps. Un climat de désolation est établi par les instruments graves, sur lesquels se détache un gruppetto du hautbois (tournure essentielle), repris par la flûte au moment de l'entrée de la voix d'alto, formant une double et souple cantilène-arabesque sur pédale de violoncelle *(do)* **A**. Pour traduire le calme du crépuscule, Mahler a recours à des balancements pendulaires, simples quartes égrénées à la voix, tierces des instruments (alto, harpe, clarinettes). Un nouveau thème — « Lebensthema », le thème de la Vie — domine la fin de la partition. Joué par les 1ers violons, il est repris par la voix, « Ich sehne mich » (Je me languis). « La vision extatique s'épanouit et s'attarde comme ces crépuscules d'automne qui ont l'air de ne jamais devoir finir » (H.-L. de La Grange).

Après une marche funèbre symphonique, la voix d'alto introduit le second poème (récitatif de l'adieu : « Er stieg vom Pferd »). Ce sont d'abord soupirs et sanglots, mais l'espoir renaît avec la douce phrase descendante : « Du, mein Freund. » Gruppetto, balancements pendulaires, thème de la Vie reviennent une dernière fois. La musique se désagrège : rythmes, mélodie, sonorités. La voix répète « ewig » (toujours) sur les deux notes *mi* et *ré*, effet d'éloignement et entrée dans l'éternité.

Bibliographie — W. Ritter, Le Chant de la Terre à Munich, *in* Gazette de Lausanne, 26 nov. 1911, et *in* SIM, janv. 1912 ; E. Istel, G. Mahler's Das Lied von der Erde, *in* Monthly Musical Record XLII, 1912 ; J. von Wöss, Das Lied von der Erde, thematische Analyse, Vienne 1912 ; H. Fischer, G. Mahlers Lied von der Erde und die Münchener Kritik, *in* NMZ, nº 14, 1916 ; H. Kralik, Das Lied von der Erde, Vienne 1933 ; M. Carner, Form and Technique in Mahler's Lied von der Erde, *in* Monthly Musical Record LXIX, 1939 ; A. Mahler, G. Mahler. Erinnerungen und Briefe, Amsterdam 1940, trad. fr. Paris, Lattès, 1980 ; H. Tischler, Mahler's Lied von der Erde, *in* MR X, 1949 ; A. Webern, Wege zur neuen Musik, Vienne 1960, p. 37 ; Th. W. Adorno, Quasi una fantasia : musikalische Schriften II, Francfort/M. 1963, trad. fr. Paris, Gallimard, 1982, p. 106 ; K. Blaukopf, G. Mahler oder der Zeitgenosse der Zukunft, Vienne 1969, trad. fr. Paris, Diapason/Laffont, 1979 ; A. Schoenberg, Stil und Gedanke, Aufsätze zur Musik, *in* Gesammelte Schriften I, Francfort, Fischer, 1976 ; A. Wenk, The composer as poet in Das Lied von der Erde, *in* 19th Cent. Music, juil. 1977 ; S. Vill, Vermittlungsformen verbalisierter und musikalischer Inhalte in der Musik G. Mahlers, Tutzing, Schneider, 1979 ; U. Baur, Pentatonische Melodiebildung in G. Mahlers Das Lied von der Erde, *in* Musicologica Austriaca, Munich et Salzbourg, Katzbichler, 1979 ; H.-L. de La Grange, Mahler, 3 vol., Paris, Fayard, 1979-84 ; D. Cook, G. Mahler, an Introduction to his Music, Londres, Faber, 1980, p. 103 ; S. M. Namenwirth, G. Mahler. A Critical Bibliography, 3 vol., Wiesbaden, Harrassowitz, 1987.

Chr. Goubault

« Like as the Hart... » (Comme le cerf se languit après les eaux courantes), anthem de **Herbert Howells**, sur les versets 1 à 3 du Psaume 42, pour chœur à 4 voix mixtes et orgue, nº 3 des *Four Anthems* composés en 1941 et dédiés à sir Thomas Armstrong. (Londres, OUP, 1943 ; durée : 7 min environ.)

L'anthem s'ouvre par 4 mesures d'introduction à l'orgue avant que les ténors et les basses entrent à l'unisson avec une mélodie poignante, reflétant l'intense désir qu'exprime le début du texte ; particulièrement caractéristique est la bémolisation expressive du *si* (« blues » note) sur le mot « desireth ». Puis les 4 voix du chœur entrent sur les mots « When shall I come to appear before the presence of God ? » (Quand irai-je pour paraître devant la face de Dieu ?), les sopranos et les altos doublés une octave plus bas par les ténors et les basses. La section centrale de l'anthem, « My tears have been my meat day and night » (Mes larmes ont été ma nourriture jour et nuit), marquée Più animato (un poco), s'ouvre par une simple phrase du soprano accompagnée par l'orgue menant à la déclamation homophonique « Where is now thy God » (Où est ton Dieu ?) par l'ensemble du chœur, suivie par plusieurs redites différentes de la phrase précédente. La section finale, Tempo primo, est une version modifiée de la section introductive, donnant ainsi à l'anthem une structure générale ternaire ABA'. Les ténors et les basses unis se voient maintenant surmontés d'un contre-chant expressif des sopranos tandis que l'écriture à 4 voix de « When shall I come » est enrichie par la ligne extatique, descendant par paliers, d'un soprano solo (« descant »), Ad libitum certes, mais dont il paraît impossible de se passer. Le langage musical sensuel de Howells, en particulier son mélange subtil de formules diatoniques et modales — à la fois dans la mélodie et l'harmonie —, est parfaitement illustré par cet anthem qui fait désormais partie du répertoire de toutes les chorales anglicanes.

Bibliographie — Chr. Palmer, H. Howells, A Study, Londres, Novello, 1978, pp. 74-75.

J. P. Wainwright

Linda di Chamounix (Linda de Chamonix), « opera semiseria » en 3 actes, livret de Gaetano Rossi, d'après la pièce de théâtre *La Grâce de Dieu* (Paris 1841) d'Adolphe-Philippe d'Ennery et Gustave Lemoine, musique de **Gaetano Donizetti,** composé à Milan en janv. et févr. 1842, créé à Vienne, au Kärntnertortheater, le 19 mai 1842, avec Mmes Eugenia Tadolini, Harietta Brambilla et MM. Moriani et Varesi.

Premier des deux opéras que Donizetti écrivit pour Vienne, *Linda di Chamounix* est considéré comme le meilleur de ses « opere semiserie ». Il fut révisé pour Fanny Tacchinardi-Persiani dans le rôle de Linda, augmenté de la célèbre « aria di sortita » (air de sortie) *« O luce di quest' anima* » et sous cette forme nouvelle fut représenté pour la 1re fois à Paris, au Théâtre-Italien, le 17 nov. 1842.

LIVRET — Acte I. La jeune paysanne Linda (sop.) aime Carlo (ténor), un peintre très pauvre qui est en réalité le vicomte de Sirval. La mère de celui-ci souhaite arranger pour lui un mariage bien assorti. Quant aux parents de Linda (bar. et mezzo-sop.), ils s'inquiètent à propos du marquis de Boisfleury (basse bouffe) qui prétend exercer le « droit du seigneur » à l'encontre de leur fille. Le Préfet (basse) conseille au père d'envoyer Linda à Paris avec Pierotto (contralto), un joueur d'orgue de Barbarie, pour y travailler avec les soyeux.

Acte II. Linda vit dans un appartement somptueux, procuré par Carlo dans le but de prouver à sa famille qu'elle représente un bon parti. Le Marquis la poursuit de ses assiduités, mais elle le repousse. Lorsque son père apparaît et la voit magnifiquement vêtue, il suppose qu'elle vit en concubinage et la maudit. Mais Pierotto apprend à Linda que Carlo a épousé une autre jeune fille ; elle en perd la raison.

Acte III. Linda revient à Chamonix accompagnée par Pierotto. Là, Carlo lui fait retrouver la raison en reprenant la cabalette de leur duo d'amour. Il explique alors qu'il a repoussé le mariage arrangé par sa mère et lui offre sa main.

Linda di Chamounix est une rare survivance de l'« opera semiseria » sentimental et moralisateur où la vertu de l'héroïne est attaquée puis, en fin de compte, justifiée. On peut y remarquer un fort élément social qui oppose le monde rural et celui de l'aristocratie. L'opéra n'est guère différent de → *La sonnambula* de Bellini, à ceci près qu'il renferme un important rôle bouffe, celui du Marquis, auquel Donizetti a consacré certaines de ses meilleurs pages. La musique est souvent recherchée en ce qui concerne l'harmonie : c'est pour séduire les goûts symphoniques du public viennois à qui l'œuvre était destinée.

Sources et éditions — Ms. autographe, Milan, Archivio Ricordi. — Réd. cht et p., Milan et Vienne Ricordi, 1842 ; Paris 1842.

S. MAGUIRE

« LIQUIDE PERLE AMOR... » (Perles liquides qu'Amour tira de tes yeux), madrigal à 5 voix de **Luca Marenzio**, sur un texte de Pasqualino, publié dans *Il primo libro de' madrigali a cinque voci* (Venise, Gardano, 1580 ; durée : 3 min environ), qui contient 14 pièces mêlant style ancien et style nouveau. Sa modernité est caractéristique des premières œuvres et de celles de la période moyenne de Marenzio : harmonies modérément osées, peinture du mot discrète, difficultés techniques dans l'écriture dignes d'un virtuose. Très apprécié, il fut réimprimé plusieurs fois. La pièce d'ouverture, *« Liquide perle »*, est la plus remarquable. Elle était très connue en Italie, en Allemagne et en Angleterre où elle fut publiée dans le premier recueil de la *Musica transalpina* de Nicholas Yonge (Londres 1588). Reprenant le même texte, d'autres compositeurs firent souvent des citations de l'œuvre de Marenzio. Quant aux critiques de l'époque, ils rangent les madrigaux de Marenzio, et en particulier *« Liquide perle »*, parmi les plus agréables à écouter.

Ce court texte sentimental de 6 vers est traité en harmonies claires et délicates. La pièce débute par un passage contrapuntique sur un motif de chanson, dédoublé en deux courtes phrases de deux mesures chacune.

Suit une imitation exacte de ce motif par toutes les voix, en rapide succession, sauf la basse, qui se joint à l'ensemble beaucoup plus tard et que Marenzio prolonge en un double contrepoint continu de 12 mesures. Pardessus cette texture, homophonique dans son ensemble, l'auditeur perçoit les nombreuses répétitions de la partie de soprano. Un efficace traitement dissonant de « Ma lass'ohime » (retards) se poursuit par de rapides successions du mot « ohime » plusieurs fois répété. Après une longue pédale de dominante à la basse, survient une première pause en *mi* mineur. Puis le ton et la texture changent, devenant plus homophoniques et plus dissonants, pour évoquer les souffrances des amants, et la pièce s'achève avec les voix les plus élevées, soupirant de façon abrupte et discordante.

D'autres pièces du premier livre étaient également bien connues. *« Dolorosi martir fieri tormenti »* (n° 6) met

A (DAS) LIED VON DER ERDE

en musique une « ottava rima » attribuée à Tansillo ; des harmonies recherchées y sont utilisées pour rendre le pathos du poème. *« Lasso ch'io ardo »* (nº 8) fait penser à une pastorale avec de vivants rythmes de danse dans certaines de ses sections. *« Madonna mia gentil »* (nº 10), enfin, est coulée dans une ancienne forme ABB avec de simples réponses entre les diverses voix, qui chantent rarement ensemble toutes les cinq, et avec des peintures de mots très colorées (une dissonance pour « dolore » et des voix soupirantes sur des silences).

Rééditions modernes — Par A. Einstein, *in* L. Marenzio. Sämtliche Werke, PäM IV, Leipzig 1929 ; par S. Ledbetter et P. Myers, *in* L. Marenzio. The secular works VIII, New York, Broude, 1977.

Bibliographie — Fr. X. Haberl, L. Marenzio, eine bio- bibliographische Studie, *in* Km Jb XV, 1900 ; H. Engel, Marenzios Madrigale, *in* ZfMw, 1935 ; du même, L. Marenzio, Florence 1956 ; D. Arnold, L. Marenzio, Londres, OUP, 1965 ; J. Chater, L. Marenzio and the ital. madrigal, 1577-1593, Ann Arbor, UMI, 1981 ; voir aussi la bibliogr. de l'art. *Madrigali guerrieri e amorosi.*

M. Sacré

« Li solaus luist et clers et biaus », lai anonyme du XIIIe siècle.

« Cils lay fist la roïne Yseut. » C'est par cette mention que le copiste du Ms. 2542 de la National Bibliothek de Vienne (Autriche) signale en rubrique que cette plainte d'amour aurait été inventée par la reine. En fait, il s'agit d'une farciture en vieux français. Interpolée dans le volumineux *Roman du Tristan* en prose, elle est nommée par la narrateur médiéval « lai mortel d'Yseut ». Cette forme de chant ne doit pas être confondue avec le lai dérivé de l'ancienne séquence latine, une forme poétique et musicale beaucoup plus compliquée et dont la thématique possède un caractère autonome par rapport au roman arthurien (J. Maillard, P. Bec). Dans le lai mortel, le sentiment personnel domine. Le thème initial de la lamentation naît du spectacle d'un verger au printemps. Les pleurs, la douleur ont leur source dans la narration qui précède : à l'écoute des oiseaux qui chantent dans le jardin leurs divers chants et vont leur joie « démenant », la reine très paradoxalement pense à Tristan, son amant, dont elle est séparée et dès lors commence à pleurer. Ses pleurs l'incitent à inventer cette complainte d'amour, un lai. A l'origine, le mot lai (laid, loid, lloid, lay) serait celtique. D'ailleurs, la première mention du mot, irlandaise (v. 830-850), donne un sens assez restrictif et proche des circonstances de la « composition » du lai mortel d'Yseult : le mot s'appliquerait au chant des oiseaux, et notamment au merle.

D'un point de vue formel, ce chant rappelle par sa simplicité strophique (des quatrains octosyllabiques monorimes) et par sa longueur (30 strophes) autant l'hymne latine que les chants traditionnels de la « gwerz » bretonne. Le schéma de composition musicale sur la strophe (AABC) est typique du lai lyrique arthurien. On remarquera la cadence sur *ut* (sous-finale de *ré*) au 4e vers qui éloigne du ton initial en *ré*.

L'un des intérêts majeurs des farcitures du *Tristan* (et notamment cette plainte) réside dans ce que toutes les strophes sont notées. Comparées les unes aux autres, les mélodies présentent des divergences notables sans que l'on puisse malheureusement en tirer des certitudes fondées quant à une possible variation vocale. La notation de ces lais, dérivée de l'écriture française carrée du XIIIe siècle, ne présente pas de traces de modalité rythmique. En matière d'interprétation, on pourra admettre que l'on est ici en présence d'un « chant long » au tempo plutôt lent.

Argument — Le soleil luit, clair et beau, et j'entends le doux chant des oiseaux qui chantent parmi les arbrisseaux, autour de moi font leur chant nouveau.

Bibliographie — J. Maillard, Évolution et esthétique du lai lyrique des origines à la fin du XIVe siècle., Paris 1963 ; du même, Anthologie de chants de trouvères, Paris, Zurfluh, 1967, pp. 85-86 ; R. Fotich et R. Steiner, Les lais du roman de Tristan en prose, Munich, Fink, 1974, pp. 31-42 et 147-149 ; P. Bec, La lyrique française au Moyen Age (XIIe-XIIIe s.), Paris, Picard, 1977, vol. I, pp. 208-213 ; E. Baumgartner et F. Ferrand, Poèmes d'amour des XIIe et XIIIe s., Paris, Union générale d'édition, 1983, pp. 184-193 et pp. 406-407.

G. Le Vot

Litaniae (Litanies), de **Wolfgang Amadé Mozart**, sur des textes très prisés au XVIIIe s. pour les offices paraliturgiques du soir dans le rite romain, en particulier celle du saint sacrement, *« de Venerabili Altaris Sacramento »*, et celles de Notre Dame de Lorette, *« lauretanae »*. A Salzbourg, Mozart a composé deux fois chacune d'elles.

En mai 1771, ce sont les premières *Litaniae lauretanae*, KV 109/74 a, en *si* ♭ maj., pour sop., alto, ténor et basse soli, chœur à 4 voix, 3 trb. (ad lib.), 2 vl., basse et orgue, destinées aux célébrations du mois de Marie. Structurée symphoniquement en 5 mouvements, essentiellement homophone et chorale (avec seulement quelques ariosos en chant alterné), cette partition simple et populaire évoque un autel de la Vierge tout couvert des premières fleurs du printemps ; pourtant Mozart la conclut par une page poignante en *si* ♭ min. pour l'*Agnus Dei.*

Un an plus tard, en mars 1772, ce sont les premières *Litaniae de Venerabili*, KV 125, dans la même tonalité, pour sop., alto, ténor et basse soli, chœur à 4 voix, 2 htb. (ou fl.), 2 cors, 2 trp., 3 trb. (ad lib.), cordes et orgue, audiblement inspirées par une composition de Leopold Mozart sur le même texte. Le climat grave de l'ensemble et le style souvent sévère et contrapuntique s'expliquent par cette référence au modèle paternel, mais aussi, sans doute, parce que ces litanies devaient être chantées devant le reposoir la nuit du jeudi saint. Le « Verbum caro factum » est déjà traité avec l'intensité expressive que l'on rencontre dans toutes ses messes sur le verset « Et incarnatus est », et le « Viaticum » implorant exprime de façon poignante l'ultime combat de la mort. Mozart dépasse de beaucoup le modèle paternel dans sa manière d'exprimer les mots « Tremendus » ou « miserere » ; les 14 mesures du « Pignus », en *si* ♭ min., pourraient figurer dans l'une des grandes compositions de la maturité.

En avr. 1774, les *Litaniae lauretanae*, KV 195/186 d, en *ré* maj., pour sop., alto, ténor et basse soli, chœur à 4 voix, 2 htb., 2 cors, 3 trb. (ad lib.), cordes et orgue, révèlent le souci croissant du musicien d'intégrer des formes instrumentales. C'est ainsi que le *Kyrie* et le *« Sancta Maria »* sont de forme-sonate ; si ce dernier mouvement a le rapport d'un mouvement lent de symphonie avec l'Allegro initial, le *« Salus infirmorum »*, d'un caractère mineur très expressif, est un authentique mouvement de concerto sur le plan de la structure. Et l'*Agnus Dei* de ces litanies est « un des adagios les plus supraterrestres que Mozart ait jamais écrits » (A. Einstein).

La dernière des 4 litanies, KV 243, en *mi* ♭ maj., pour sop., alto, ténor et basse soli, chœur à 4 voix, 2 htb. (ou fl.), 2 bassons, 2 cors, 3 trb., cordes et orgue, a été écrite en mars 1776 et présente des proportions nettement plus importantes que les précédentes. Par l'association réussie en une unité supérieure des deux pôles de la musique d'église de son temps — le contrepoint sévère et le style concertant le plus lyrique, le plus contemporain et le plus expressif —, Mozart offre ici un de ses chefs-d'œuvre. Depuis la double fugue magistrale du « Pignus futurae gloriae » — dans le « Viaticum » on entend le « cantus firmus » de l'hymne eucharistique *« Pange lingua gloriosi »* — jusqu'aux explosions dramatiques du « Tremendus » et de l'*Agnus Dei*, c'est une méditation musicale d'une extraordinaire densité, réalisant toutes les suggestions du texte ; approfondissement confirmé par le retour du thème du *« Panis vivus »* dans le *Requiem* inachevé. Œuvre éminemment personnelle et originale aussi, le « Miserere nobis », ne surprendrait nullement dans une partition écrite un siècle plus tard **A**. Nulle part ailleurs dans l'œuvre de Mozart (en dehors de l'« Et incarnatus est » de ses messes) on ne rencontre une traduction aussi profonde du mystère d'amour de l'Incarnation, dont le pain eucharistique est le lieu concret : ces Litanies KV 243 devraient compter parmi les partitions les plus souvent interprétées de la musique religieuse de Mozart.

Rééditions modernes — Par R. Federhofer-Königs, *in* W. A. Mozart. Neue Ausgabe sämtlicher Werke I/2, 1, Kassel, BV, 1969.

Bibliographie — A. Einstein, Mozart, New York 1945, trad. all. Stockholm 1947, trad. fr. Paris 1954 ; C. de Nys, La musique religieuse de Mozart, Paris, PUF, 1983 ; K. G. Fellerer, Die Kirchenmusik von W. A. Mozart, Laaber, Laaber Verlag, 1985.

C. de Nys

Litanies à la Vierge noire, chœur à 3 voix de femmes avec accompagnement d'orgue (il existe aussi une version avec orchestre) de **Francis Poulenc**, composé en 1936 à l'occasion d'un pèlerinage à Rocamadour. (Paris, Durand ; durée : 7 min 30 s environ.)

Musique modale d'une extrême pureté, cette œuvre brève, chantée en français, fait alterner les invocations — conçues comme telles, c'est-à-dire comme des prières instantes — tantôt calmes, tantôt véhémentes, avec un naturel et une conviction remarquables. Les litanies s'achèvent sur les trois « Agneau de Dieu » — aussi merveilleux dans leur ligne mélodique que dans leur délicat accompagnement — marquant l'apaisement ultime avant le répons qui conclut la partition. La sobriété des moyens, la limpidité exceptionnelle du chant, la grande simplicité du support instrumental, tout concourt à faire de cette composition l'une des plus impressionnantes de la musique religieuse contemporaine. « Dans cette œuvre, j'ai essayé de rendre le côté dévotion paysanne qui m'avait si fort frappé dans ce haut lieu. C'est pourquoi on doit chanter cette invocation presque rudimentairement », confiait Poulenc à Cl. Rostand.

Au cours de ses entretiens radiophoniques avec S. Audel, Fr. Poulenc avouait : « En architecture, l'art roman et spécialement celui du sud de la France a toujours été mon idéal religieux, qu'il s'agisse de Vézelay, d'Autun, de Moissac ou des Vierges du Puy ou de Conques. J'aime que l'esprit religieux s'exprime clairement au soleil avec le même réalisme que celui que nous

A **Litaniae**

voyons aux chapiteaux romans. » On peut dire des *Litanies à la Vierge noire* qu'elles comptent parmi les plus « romanes » de ses œuvres.

Dom A. SURCHAMP

(THE) LITTLE SWEEP (Le Petit Ramoneur), op. 45, opéra tiré de *Let's Make an Opera !* (Faisons un opéra !), divertissement pour de jeunes enfants, livret d'Eric Crozier, musique de **Benjamin Britten**, pour soli, chœur, quatuor à cordes, piano à 4 mains et percussion, composé à Aldeburgh (Suffolk) et achevé en avril 1949, créé au Jubilee Hall d'Aldeburgh, au cours du 2e Festival d'Aldeburgh, le 14 juin 1949, avec Norman Lumsden (Black Bob), Max Worthley (Clem) et John Moules (Sam), sous la dir. de Norman Del Mar. (Londres, Boosey & H., 1950 et 1956 [part. générale] ; durée : 45 min environ.)

The Little Sweep est l'une des nombreuses œuvres que Britten a composées pour des enfants. Ses connaissances techniques étaient telles qu'il savait exactement comment écrire pour que l'exécution par des amateurs en soit satisfaisante. C'est pourquoi, n'étant jamais condescendant à l'égard des exécutants, *The Little Sweep* — tout comme la cantate *Saint Nicholas* (1948), → *Noye's Fludde* (1958), *The Golden Vanity* (1966) et *The Children's Crusade* (1968) — est fréquemment joué et est très agréable en raison du défi raisonnable qu'il constitue pour les interprètes. Bien qu'écrit pour des enfants, le divertissement complet de *Let's Make an Opera* comporte un thème d'adultes, celui des mauvais traitements infligés à des enfants, et met en relief le triomphe de l'innocence lorsque Sam, le petit ramoneur de 8 ans, est sauvé par des enfants. Cette fin heureuse reflète la nature d'une pièce conçue comme un divertissement mais un second plan révèle le pessimisme d'un thème caractéristique de l'œuvre de Britten, celui de la corruption inévitable de l'innocence enfantine par l'expérience des adultes.

LIVRET — La nursery des enfants d'Iken Hall (Suffolk) en 1810. — Scène 1. Un matin de janvier. *The Sweep's Song* (La Chanson du ramoneur), chantée par le public, présente le jeune Sam (sop. garçon) vendu par son père à Black Bob et qui va se trouver contraint de monter dans sa première cheminée le jour-même. Black Bob (basse), Clem (ténor) son fils et assistant ainsi que Sam arrivent à Iken Hall et sont conduits à la nursery où Mrs. Baggott (contralto), la gouvernante, leur donne ses instructions. Rowan (sop.), nurse des jeunes cousins de la famille qui sont en visite, supplie Black Bob de ne pas envoyer dans la cheminée Sam qui pleure d'angoisse. Désolée, elle sort de la pièce après que Black Bob lui a répondu avec une ironie pesante que les larmes de Sam sont des larmes de gratitude face au privilège de grimper et non des larmes de peur. La scène suivante, un duo entre Black Bob et Clem, retentit des menaces qu'ils adressent à Sam pour le faire grimper dans la cheminée. Après qu'il a disparu, ils se rendent dans la pièce d'à côté, laissant la nursery toute vide. Au cours d'un jeu de cache-cache, les enfants d'Iken Hall et leurs cousins en visite pénètrent dans la nursery, entendent les appels au secours de Sam et le font descendre. Ils sont déterminés à l'arracher à son maître cruel et le cachent dans le placard à jouets tout en arrangeant la pièce pour faire croire qu'il s'est enfui par la fenêtre. Black Bob et Clem entrent avec Mrs. Baggott, voient la fenêtre ouverte et se lancent aux trousses de Sam, hurlant des menaces. Rowan revient, chantant son espoir que Sam saura échapper à ses poursuivants, lorsque tout à coup les enfants sortent de leur cachette et font appel à son aide. Le premier besoin de Sam est de prendre un bain ; le public s'unit pour chanter la relation de cet événement. — Scène 2. Plus tard. Les enfants apprennent que la maison de Sam est proche de celle des cousins en visite et que c'est la misère qui a forcé son père invalide à le vendre à Black Bob. Ils forment le plan de renvoyer Sam avec les cousins, dissimulé dans une malle. Mrs. Baggott revient et insiste pour vérifier le rangement du placard à jouets. Un des enfants, Juliette (sop.), détourne son attention en s'évanouissant et Sam échappe au danger. Le public chante sa troisième chanson, jalonnant les différents moments de la nuit en évoquant les oiseaux variés, allant du cri nocturne du hibou au chœur complet des oiseaux lorsque le jour se lève. — Scène 3. Le matin suivant. Rowan apporte le petit déjeuner à la nursery tandis que Juliette donne un peu d'argent à Sam. Les autres enfants entrent et aident Sam à pénétrer dans la malle. Il y a encore un moment d'anxiété lorsque les deux hommes chargés d'emmener celle-ci se plaignent de son trop grand poids, mais avec l'aide des enfants elle est descendue et hissée sur la diligence. Le finale — avec le public — célèbre la liberté de Sam, et les enfants qui restent inventent une diligence et des chevaux alors que la musique se transforme en galop.

Le titre *Let's Make an Opera !* révèle clairement le but de l'œuvre qui est d'utiliser une histoire plaisant aux enfants pour les amener à l'idée d'un opéra fait de telle façon qu'elle paraisse intéressante et adéquate. En vertu de quoi, Britten utilise à plein les conventions du genre et ses richesses formelles, renforçant ainsi ses propres vues sur la permanence de leur intérêt dans l'opéra contemporain. En effet, l'un des aspects les plus frappants de la production lyrique de Britten est la maîtrise dont il fait preuve en écrivant des ensembles qui font progresser la situation dramatique en ajoutant une nouvelle dimension à la personnalité des personnages intéressés.

The Little Sweep est construit comme un opéra à numéros dont les éléments sont parfois reliés par des dialogues parlés. Le public prend part au chant des chœurs qui obéissent aux conventions de l'opéra et déterminent la structure de la pièce. De nombreux ensembles sont utilisés pour démontrer la sollicitude des enfants pour Sam tandis que la nature diabolique de Black Bob et de Clem apparaît clairement dans leur duo et se projette sur le zèle de Mrs. Baggott lors d'un trio ultérieur. Les deux personnages dont l'intervention contribue à sauver Sam, Rowan et Juliette, se partagent les deux arias de l'œuvre qui sont utilisées pour mettre en relief leur esprit charitable.

L'attrait qu'exerce *The Little Sweep* sur les enfants provient de la spontanéité pleine d'invention de son écriture mélodique et rythmique. Résolument diatonique, elle inclut une grande variété d'atmosphères, allant de la simple romance à l'ambiance brillante du finale, afin de stimuler l'imagination des enfants.

Bibliographie — D. MITCHELL, Britten's « Let's Make an Opera ! », op. 45, *in* Music Survey II, 1949 ; P. EVANS, The Music of B. Britten, Londres, Dent, 1979 ; E. W. WHITE, B. Britten : His Life and Operas, Londres, Faber, 3/1983 ; CHR. PALMER (éd.), The Britten Companion, Londres, Faber, 1984.

D. WRIGHT

LITURGIE DE SAINT JEAN CHRYSOSTOME, op. 31, de **Sergueï Rachmaninov**, cycle de 20 chœurs a cappella, composé en juil. 1910 et créé à Moscou, le 25 nov. 1910, par le chœur du Synode sous la dir. de Nikolaï Daniline. (Londres, Boosey & H. ; durée : 1 h 30 environ.)

Comme Tchaïkovski qu'il connaissait et admirait, Rachmaninov a écrit deux grands cycles inspirés par la liturgie orthodoxe, la *Liturgie de saint Jean Chrysostome* et les → *Vêpres*. Chez Tchaïkovski, ceux-ci semblent n'avoir qu'une fonction religieuse, l'écriture vocale étant assez pauvre et inexpressive. Rachmaninov, quant à lui, s'est efforcé de les sortir du cadre strictement liturgique. La *Liturgie de saint Jean...* n'atteint pas la pleine et magnifique réussite de ses *Vêpres* de 1914-15 et pour cette raison n'a pas connu un succès populaire comparable. Elle reste très marquée par la rigueur d'écriture de la liturgie orthodoxe et par ses contraintes, beaucoup plus grandes que celles de la liturgie catholique romaine. La liturgie entière devant être traitée musicalement — et non pas seulement les textes de l'ordinaire comme dans l'église catholique —, les longues psalmodies de basse et de ténor engendrent une certaine monotonie qu'une écriture chorale homophonique comme celle de Tchaïkovski ne peut dissiper. Bien qu'elle soit employée avec moins de rigueur, il serait vain de chercher chez Rachmaninov un quelconque contrepoint, même si le musicien déroge par moments à cette discipline (n° 7). L'invention du compositeur porte principalement sur les oppositions de tessiture, chaque voix pouvant être doublée, voire triplée, quand ce n'est pas le chœur entier qui est divisé (n° 4).

Bibliographie — Voir celle de l'art. *Vêpres*.

FR. AUCLAIR

LIVRE D'AIRS DE COUR MIS SUR LE LUTH PAR ADRIAN LE ROY (Paris, Le Roy et Ballard, 1571). Ce petit volume de 24 folios est le premier document musical à employer la terminologie « airs de cour » ; il est aussi une des rares sources françaises du XVIe s. à présenter des chansons au luth, dont la pratique était pourtant très répandue. Quelques rares publications françaises avaient, néanmoins, précédé l'entreprise de l'imprimeur A. Le Roy, connu comme l'un des meilleurs luthistes de son temps : en 1529, son prédécesseur P. Attaingnant avait publié 24 « chansons au luth » dans sa → *Très brève et familière introduction pour entendre et apprendre par soy mesmes a jouer toutes chansons réduictes en la tablature du lutz...*, suivi par P. Phalèse, à Louvain, dans le second volume de l'*Hortus musarum*, paru en 1553 (→ *Horti musarum secunda pars*). On y trouve 21 chansons et 3 motets de compositeurs franco-flamands (Josquin des Prés et surtout Clemens non Papa et Créquillon). En fait, dès 1552, A. Le Roy avait inauguré ses publications pour voix et luth, avec son *Tiers Livre de tabulature de luth, contenant vingt et un Pseaulmes...* Guillaume Morlaye l'imitera en 1554, en mettant en tablature, « réservé la partie du dessus, qui est notée pour chanter en jouant », le *Premier Livre de Psalmes mis en musique par Pierre Certon* (Paris, M. Fezandat). Enfin, Le Roy a aussi laissé deux autres publications similaires pour la guitare : le *Cinqiesme Livre de guiterre* (1554) et le *Second Livre de guiterre contenant plusieurs chansons en forme de voix de ville* (1555, sans doute réédition d'un original vraisemblablement publié en 1551).

C'est dire l'intérêt exceptionnel de cette publication de 1571, seule source française de chant au luth des décennies 1560-80, pendant lesquelles les poètes contemporains, de Ronsard à Baïf en passant par Desportes et Jodelle, ne cessèrent de chanter les mérites de cette pratique, héritée des Italiens et de Mellin de Saint-Gelais : c'est à cette époque, de plus, que certains poètes et musiciens français, préoccupés d'un chant « efficace » sur le modèle antique, commencent à promouvoir la monodie contre les erreurs et les limites de la polyphonie. Dès 1555, Pontus de Thyard s'en fait l'avocat dans son *Solitaire second ou Prose de la Musique* : « Mais la simple et unique voix, coulée doucement, et continuée selon le devoir de sa mode choisie pour le mérite des vers, vous ravit la part qu'elle veut. »

C'est très probablement dans les mêmes cercles intellectuels que voit le jour le *Livre d'airs de cour.* Comme Pontus de Thyard, mais aussi Baïf, Belleau, Costeley et d'autres, A. Le Roy fréquentait sans doute les « salons » de Catherine de Clermont, comtesse de Retz, à l'hôtel de Dampierre, ou l'Académie du Palais fondée par Baïf et Courville. C'est à cette grande dame, qu'il devait enseigner au luth, que A. Le Roy dédie sa publication : « Ces jours prochains, Madame, vous ayant présenté l'instruction d'asseoir toute Musique facilement en tablature de luth, qui estoit fondée exemplairement sur les chansons d'Orlande de Lassus lesquelles sont difficiles et ardues comme pour rompre le disciple de l'art à franchir après toutes difficultés : je me suis avisé de luy mettre en queue pour le seconder ce petit opuscule de chansons de la cour beaucoup plus légières (que jadis on appelait voix de ville, aujourd'hui Airs de Cour), tant pour vostre recreation à cause du sujet (que l'usage a desja rendu agréable) que pour la facilité d'icelles plus grande sur l'instrument auquel vous prenez plaisir. Car vous ayant desja offert tout mon petit service comme serviteur héréditaire de votre maison, il ha falu que cesluyci ayst suivi le précédent auquel si les harmonies musicales ne sont pareilles aux premières aumoins les lettres sont sorties de bonnes forges comme du seig. Ronsard, Desportes et autres des plus gentils poètes de ce siècle. »

Sur les 22 airs du recueil (dont quelques-uns sont incomplets), 15 se révèlent être des chansons de **N. de La Grotte**, publiées dans les *Chansons de P. de Ronsard, Ph. Desportes, et autres* de 1570 ou de 1569. Le Roy se contente de les mettre en tablature, réservant le supérius à la voix, en notation figurée traditionnelle, sous laquelle sont imprimées les nombreuses strophes du texte. Toutefois, à la différence d'Attaingnant, la tablature intègre aussi le supérius qui se trouve ainsi doublé par l'instrument de manière exacte ou légèrement ornée. Dans quelques cas, Le Roy ajoute un « autrement » qui diffère par l'ornementation ou par la tonalité.

Les polyphonies de N. de La Grotte, comme celles de **Nicolas** (2) (*« J'ay bien mal choisi »*), de **Cléreau** (*« D'un gosier machelaurier »*) et de **Thessier** (*« Mon cœur, ma chère vie »*), par leur simplicité, en contrepoint strictement homophone, se prêtaient très facilement à la mise en tablature, comme l'indique la *Dédicace.* Le Roy y fait, cependant, allusion à son *Instruction* (dont nous avons conservé l'édition anglaise de 1574) : bien qu'elle soit plutôt consacrée aux chansons de Lassus, on y trouve aussi quelques airs du *Livre* de 1571. C'est d'ailleurs grâce à ces concordances qu'il est possible de suppléer partiellement aux lacunes du seul exemplaire conservé (Bruxelles, Bibl. royale) pour compléter les n°s 17 (*« Douce maistresse »*), 18 (*« J'estoys près de ma maistresse »*), 19 (*« J'ay bien mal choisi »*).

Ces « chansons de la cour » ont toutes les caractéristiques de ces vaudevilles, dont Le Roy a aussi publié deux recueils, pour voix et guitare (*Second Livre...* de 1555) et pour 4 voix (*Premier Livre...* de 1573). On retrouve, d'ailleurs, dans ce dernier recueil une version à 4 voix de *« Has-tu point veu »*, dont le « sujet » est identique à celui de 1571. De même, plusieurs airs font aussi partie du → *Recueil des plus belles et excellentes chansons en forme de voix de ville* de J. Chardavoine (1576), souvent avec des variantes considérables, notamment dans la présentation rythmique. Cette « mouvance » est le sort courant de ces voix de ville connues de tous, qu'il s'agisse de mélodies quasi « populaires » (telles *« Has-tu point veu »*, « Quand le gril chante ») ou de « chansons de la cour », composées pour le passe-temps des courtisans, voire pour des fêtes officielles.

Parmi les poètes mis ici à contribution, Desportes (3 textes), Baïf et E. Pasquier (un texte chacun), c'est Ronsard qui occupe le premier rang avec 11 titres : à la différence de la plupart des autres recueils qui lui sont consacrés au cours de la décennie (Boni, Bertrand, etc.), ce ne sont pas les sonnets qui ont été retenus cette fois, mais bien des chansons, empruntées à diverses publications, depuis les *Amours* de 1552-53 (*« D'un gosier machelaurier »*, *« Las je n'eusse jamais pensé »*) jusqu'au *6ᵉ Livre des poèmes*, tout juste paru en 1569 (*« Autant qu'on voit »*, *« Stances prontement faites pour jouer sur la lire »*), en passant par les *Élégies, mascarades et bergeries* de 1565, qui évoquent précisément l'univers des fêtes de cour (*« Je suis Amour »*, *« Pour le trophée d'Amour à la comédie »*). Avec ce répertoire, on est au cœur de la poésie « mesurée à la lire » qui trouve auprès de N. de La Grotte, « valet de chambre et organiste ordinaire » de la cour d'Henri III, et d'A. Le Roy, luthiste, son expression musicale la plus adéquate, du côté des pratiques « ménestrières ». L'une des plus grandes réussites du genre est certainement cette « chanson en faveur de Mademoiselle de Limeuil », *« Quand ce beau printemps je voy »*. J. Chardavoine la retient dans son *Recueil* de 1576, alors même qu'on la trouve déjà utilisée comme timbre d'une *« Complaincte d'un amant à sa dame »* dans le *Sommaire de tous les recueils...* D'après Tallemant des Réaux (*Les Historiettes...*), on la chante encore au siège d'Amiens en 1597, et les Huguenots en font une complainte sur les malheurs du temps (*« Quand ce triste temps je voy »*).

Rééditions modernes — Par L. de La Laurencie, A. Mairy et G. Thibault, *in* Chansons au luth et airs de cour français du XVIᵉ s., Paris, Soc. Fr. de Mie, 1934, 2/1976 (contient également la *Très brève et familière introduction...* et le 2ᵈ vol. de l'*Hortus musarum*).

Bibliographie — H. Prunières, Ronsard et les fêtes de cour, *in* Ronsard et la musique, nº spécial de la RM, Paris 1924 ; J.-M. Vaccaro, La musique de luth en France au XVIᵉ s., Paris, CNRS, 1981.

J.-P. Ouvrard

(Le) Livre de la jungle, cycle de 7 pièces de **Charles Koechlin** : 1., 2. et 3. → *Trois Poèmes*, op. 18, pour voix et orchestre, extraits de *The Jungle Book* de Rudyard Kipling, traduit en français par Louis Fabulet et Robert d'Humières, et 4 poèmes symphoniques pour orchestre, 4. *La Course du printemps*, op. 95, 5. *La Méditation de Purun Baghât*, op. 159, 6. *La Loi de la jungle*, op. 175, 7. *Les Bandar-Log* (Scherzo des singes), op. 176, composé entre 1899 et 1939, créé dans son intégralité à Bruxelles, le 13 déc. 1946, par l'orchestre de l'Institut national belge de la Radiodiffusion (INR) sous la dir. de Franz André. (Paris, l'Auteur, puis Philippo et M. Eschig ; durée globale : 1 h 13 min environ.)

Le Livre de la jungle réunit des ouvrages d'époques différentes ; il occupa Ch. Koechlin pendant quarante années, mais avec des interruptions. Dès la parution au *Mercure de France* de la traduction des célèbres récits de Kipling, le musicien se mettait au travail. En févr. 1899, il avait lu l'enlèvement de Mowgli ; en mars, il commençait la composition des deux premiers poèmes : *Berceuse phoque*, d'après le conte *Le Phoque blanc*, intercalé entre les deux parties de l'histoire de Mowgli, et *Chanson de nuit dans la jungle* ; au mois d'août, il commençait le *Chant de Kala-Nag.* Koechlin abandonna complètement la voix humaine à partir de *La Course du printemps.* Le compositeur s'en est expliqué : les œuvres vocales correspondaient à une époque où il ne se jugeait pas encore assez assuré de sa technique pour écrire des pièces d'orchestre seul ou de la musique de chambre.

Ce cycle monumental accueille les principales acquisitions de l'histoire de la musique, de la monodie à la polytonalité, de l'emploi des modes anciens à l'atonalité. Koechlin découvre, souvent avant les autres musiciens, des moyens d'expression originaux et audacieux touchant à l'harmonie, au contrepoint, au rythme et à une palette orchestrale d'une grande richesse. Il faisait remarquer que ses deux premiers *Poèmes de la jungle* précèdent *Pelléas et Mélisande* et la scène de la Grotte. Il refusait que l'on place ces œuvres dans le courant impressionniste.

Bibliographie — Voir celle des art. *Jacob chez Laban* et *Sept Chansons pour Gladys.*

Chr. Goubault

Livre de Mélanges et **Second Livre des Meslanges,** deux collections de compositions polyphoniques pour 4 à 10 voix mixtes de **Claude Le Jeune**, la première publiée par Christophe Plantin à Anvers en 1585 et intégralement reprise par Le Roy et Ballard à Paris l'année suivante (*Meslanges de la Musique de Claude Le Jeune*), la seconde paraissant à Paris, chez Pierre Ballard, en 1612.

Le *Livre de Mélanges* de 1585 contient 26 chansons, deux chansons spirituelles, un corpus italien de 36 canzonettes, 5 motets et 2 pièces sur des textes humanistes latins. C'est la formation à 5 voix mixtes qui est le plus souvent employée. Dans cette collection, la chanson spirituelle *« Povre cœur entourné de tant de passions »* mérite d'être signalée à cause de l'emploi constant d'un chromatisme d'expression. Il faut également mentionner un écho à 10 voix, *« Quae celebrat thermas »*, et une version à 5 voix de la célèbre → *« Susanne un jour »*.

Le *Second Livre des Meslanges* contient 30 chansons, 3 airs, 2 airs mesurés, 7 canzonettes italiennes, 2 psaumes en forme de motet, un *Magnificat* et 3 fantaisies instrumentales. Dans ce recueil, deux pièces sont à signaler en particulier : la chanson spirituelle → *« Hélas mon Dieu, ton ire s'est tournée »* (paraphrase du Psaume 69), qui exploite au début et à la fin le « chromatisme parfait » des anciens, c'est-à-dire le tétracorde chromatique descendant pour souligner le mot « Hélas » ; le motet polytextuel, *« Tristitia obsedit me »/« In te speravi »* où la « cinquième » chante « In te Domine speravi » en ostinato.

Ces deux recueils préservent une partie du répertoire entendu à la cour de Henri III et de son frère François d'Anjou entre 1575 et 1584.

Rééditions — **a)** Du *Livre de Mélanges* (1585), 13 chansons éd. par H. Expert, *in* Les Maîtres musiciens de la Renaissance française XVI, Paris, A. Leduc, 1903, rééd. en facs. New York, Broude ; *« Un jour estant seulet »* (Marot), 1ʳᵉ partie, et *« Rossignol mon mignon »* (Ronsard), par K. J. Levy, *in* Anthologie de la chanson parisienne au XVIᵉ s., Monaco, L'Oiseau-Lyre, 1953 ; *« Povre cœur entourné »*, éd. par J. Bernstein, *in* French chansons of the 16th cent., University Park, Pennsylvania State Univ. Press, 1985. — **b)** Du *Second Livre des Meslanges* (1612), *« Sus, sus, mon ame »* (Ps. 104), *« Toutes gens, loües le Seigneur »* (Ps. 117, triple canon) et *« Hélas, mon Dieu »*, éd. par H. Expert, *in* Monuments de la Musique française au temps de la Renaissance VIII, Paris, Senart, 1928, rééd. en facs. New York, Broude ; 4 chansons, éd. par le même, *in* Florilège du concert vocal de la Renaissance VI, Paris, A la Cité des Livres, 1929, rééd. en facs. New York, Broude ; *« Vous que l'amour »* (vers mesurés), éd. par K. J. Levy, *in* Anthologie de la chanson parisienne au XVIᵉ s., Monaco, L'Oiseau-Lyre, 1953 ; *« Tristitia obsedit me »*, *« Fuyons tous d'amour le jeu »*, *« Certes mon œil fut trop avantureux »*, éd. par H. Expert, *in* Extraits des Maîtres musiciens de la Renaissance française, Paris, Salabert ; *« J'aime la pierre précieuse »*, éd. par Fr. Dobbins, *in* The Oxford Book of French Chansons, Oxford, OUP, 1987.

Bibliographie — K. J. Levy, The chansons of Cl. Le Jeune (diss. Princeton Univ., 1955) ; D. Lamothe, Cl. Le Jeune, le Psautier huguenot et la musique religieuse à la cour pendant les règnes de Charles IX, Henri III et Henri IV (diss. Univ. de Strasbourg II, 1980), vol. 1, pp. 184-221 et 330-331.

D. Lamothe

(Le) Livre des chansons, anthologie de chansons populaires françaises publiée par **Henri Davenson**, alias Henri Irénée Marrou (Neuchâtel, La Baconnière, 1944). Après une introduction à la connaissance de la chanson populaire française, on y trouve 139 chansons anciennes, avec un commentaire pour chacune. L'auteur divise sa publication par genres : 1° complaintes ; 2° la fantaisie, le rêve et l'amour (qui regroupe des pastourelles, des reverdies, des romances) ; 3° l'esprit gaulois ; 4° les travaux et les jours ; 5° Les voix-de-ville, qui débutent bizarrement par des noëls et des psaumes et se terminent par des chansons enfantines. Cette anthologie a été souvent utilisée par les interprètes de variétés et les ensembles de pop-folk.

Fr. Vernillat

(Le) Livre des Katuns, de **Jean Prodromidès**, d'après des textes sacrés de la littérature maya (les « prophéties du chilam balam » et le « popol vuh ») dans leur traduction espagnole ou dans la langue maya originale, pour 2 sop. et mezzo-sop. soli, chœur d'hommes, bois, cuivres, percussion, harpe, orgue électronique et cordes, créé à Paris, à la Maison de Radio-France, le 28 nov. 1977, par Anne-Marie Rodde, Jocelyne Chamonin, Anne Bartelloni, les chœurs de Radio-France et le Nouvel Orchestre philharmonique, sous la dir. de Janos Komives. (Paris, Éd. musicales de Radio-France ; durée : 28 min environ.)

Katun, dans la cosmologie maya, est le cycle de vingt ans qui organise tout l'univers. La périodicité des signes et des symboles forme une chronique anagrammatique influant sur les événements ouraniens et terrestres. A l'image de la vie indéchiffrable d'une civilisation baroque, insaisissable, raffinée et terrifiante, quatre parties directement enchaînées ordonnent l'ouvrage. **1.** *Naissances de l'uinal*, genèse et récits de la création du monde, proches de l'Ancien Testament, évoquant la luxuriance bruissante et joyeuse de la forêt tropicale. Sortie de l'informe et du chaos originel, une extraordinaire profusion d'animaux dit la naissance de l'uinal (mois de 20 jours et base de construction temporelle pyramidale des mayas). Le trio soliste a un discours structuré par des mots magiques : « Kan ik eb tchikan pop tzot tzek ahau » (voix bouches fermées, consonnes articulées sur le souffle). **2.** *Rituel de hunab ku.* La création accomplie, la renaissance quotidienne de l'hunab ku, dieu du Soleil, appelle le sang et la frénésie rituelle des sacrifices humains (cris d'exaspération invoquant « kakulha hurikan », grand maître de l'éclair, liberté d'interprétation pour les durées et les voyelles, cellules répétitives). **3.** *Litanies des quatre orients.* Un carré rigoureux, délimité par des points cardinaux pluriels : 4 dieux, 4 couleurs, 4 animaux symboliques. Le chœur masculin a cappella appelle chacun des quatre orients chantés par les solistes (« oriente, tierra de los dioses del fuego »). Puis réunion de l'ensemble des voix (hommes et femmes) qui se dissolvent dans l'évocation murmurée du « lejano sur », lointain et inaccessible Sud (texte ad libitum sur les notes, solo du soprano I avec des attentes et des précipitations brusques). **4.** *Sueno.* Extinction du monde maya, dislocation de l'empire harmonique, déplacement d'un peuple anéanti, mort des connaissances et de la culture de l'ordre et de la rigueur (oscillations au quart de ton, improvisation - balancement sur deux notes, psalmodie).

Le langage procède de la métamorphose progressive de l'expression chantée en expression parlée (murmures, gémissements, textes aux dynamiques superposées, cris et glapissements inarticulés, courbes vocales linéaires des femmes, blocs de sons pédales, falsetti suraigus des hommes, textes fragmentés, précipitation des consonnes comme phonétique instrumentale, langue « polysynthétique agglutinante », motifs monosyllabiques...). Les différents degrés de perceptibilité du texte sont fonction des rapports dynamiques successifs du sonore vocal et instrumental articulant le Livre.

Bibliographie — Livret du disque, Coll. MFA, Le Chant du Monde, France, LDX 78689.

P. A. Castanet

Llanto pro Ignacio Sanchez Mejias, oratorio profane de **Maurice Ohana**, sur un poème de Federico García Lorca, pour bar., récitant, chœur de femmes à l'unisson (8 à 12 voix, contraltos et mezzo-sop.) et orchestre avec clv., composé au printemps de 1950, créé à Paris, à la Sorbonne, amphithéâtre Richelieu, le 22 mai 1950, avec Bernard Cottret (bar.), Maurice Mohlo (récitant) et l'orchestre des Cadets du Conservatoire, sous la dir. de Georges Delerue. (Paris, Billaudot ; durée : 39 min environ.)

Le texte espagnol de García Lorca, dédié à la mémoire du célèbre matador dramaturge, ami des poètes, membre de l'intelligentsia andalouse, grièvement blessé le 11 août 1934 dans les arènes de Manzanarès, se compose de 4 chants : 1. *La Cogida y la muerte* (La Blessure et la Mort), 2. *La Sangre derramada* (Le Sang répandu), 3. *Cuerpo presente* (Corps présent, le gisant), 4. *Alma ausente* (L'Ame absente). La trame musicale, qui se love dans l'architecture du texte, se déroule comme celle d'une « Liturgie du Taureau » à la gloire de l'Espagne et de la Mort fatale — symbole national de la tauromachie —, faisant alterner strophes, répons (« A las cinco de la tarde » [à cinq heures du soir] qui sort rituellement de la bouche des choristes tous les deux vers, soulignés instrumentalement par la fanfare — chant 1), psalmodies, récits et cris incantatoires (« que no quiero verla ! » [le sang, je ne veux pas le voir] — chant 2). Des thèmes matriciels instrumentaux, variés à souhait, préservent la cohérence de l'ouvrage alors que la voix de baryton s'inspire du « canto jondo » par le libre jeu de l'improvisation. Les premiers vers du chant 2 sont chantés a cappella et les 6 premières strophes du chant 3 laissent le verbe récité du poète intact, nu, naturellement pulsé, fort de sa puissance, nimbé d'un lourd silence.

Chant de déploration à dominante modale élargie, comme le planh du Moyen Age, le *Llanto* d'Ohana se compare volontiers à certaines peintures obsédantes et graves du Greco, de Goya ou de Picasso. Le récitant monocorde scande un temps martialement strié (cuivre et percussion) qui en devient dramatique (chant 2). Méditatif et résigné, le chant 3 déroule une lente mélopée (htb.), entrecoupée de spasmes dynamiques (tutti). Le chœur monodique se souvient des gestes grégoriens, bizantins et mozarabes (chant 3) et le baryton use du style mélismatique pour l'envoi final relatant la mission de témoignage du poète : « No te conoce nadie. No. Pero yo te canto » (Nul ne te connaît plus, mais moi je te chante).

Bibliographie — R. Lacassagne, livret du disque de la coll. MFA, Radio-France Érato, Paris, Costallat, 1978 ; O. Marcel, L'ibérisme de M. Ohana, *in* RM, n° 351-352, Paris, Richard-Masse, 1982 ; Chr. Prost, Catal. raisonné, *ibid.* n° 391-393, 1986.

P. A. Castanet

Llibre vermell, titre sous lequel est connu le Ms. nº I de la bibliothèque du monastère de Montserrat, en Catalogne (Espagne). Daté de 1399 et écrit sur parchemin par un seul copiste, il aurait compris quelque 172 folios (432 × 310 mm), dont seuls 137 sont conservés. A la fin du XIXe s., il fut relié en velours rouge — « vermell » en catalan —, d'où son nom. Il s'agit d'une collection de traités ascétiques, de miracles, de bulles, etc., en latin et en catalan, parmi lesquels on trouve 10 chansons (fº 21v-27).

Le répertoire musical du *Llibre vermell* (Llv) était destiné aux pèlerins qui visitaient le monastère de Montserrat, si l'on en croit le copiste du manuscrit, qui écrit au fº 22 : « Quia interdum peregrini quando vigilant in ecclesia beate Marie de Monte serrato volunt cantare et trepudiare, et etiam in platea de die, et ibi non debeant nisi honestas ac devotas cantilenas cantare, idcirco superius ac inferius alique sunt scripte. » (Car parfois les pèlerins, quand ils veillent à l'église de la Vierge Marie de Montserrat, aiment chanter et danser, et aussi sur la place pendant le jour, et là ils ne doivent chanter que des chansons honnêtes et pieuses, pour cette raison il y en a d'écrites ci-dessus et ci-dessous.) Quelques-unes de ces chansons requièrent cependant une solide formation musicale pour être interprétées. — **1.** *« O virgo splendens »* (O Vierge étincelante), « caça » ou canon qu'on peut chanter à deux ou trois voix, est écrit en notation carrée non mesurée, typique du chant liturgique. Il s'agit d'un contrafactum de l'antienne *« O virgo visa »*, qui se trouve copiée sans musique dans le *Memoriale de mirabilibus et indulgentiis Romanae urbis* (*Lbv*, fº 72-74 v), écrit par un moine de Montserrat en 1382. La mélodie est divisée en 13 phrases, chacune correspondant à peu près à un vers du texte. — **2.** *« Stella splendens »* (Étoile étincelante) est un virelai à deux voix — teneur sans texte et supérius —, écrit en notation de l'Ars nova, comme d'ailleurs tous les fragments restants. Semi-brèves et minimes sont les principales valeurs rythmiques employées dans ce virelai, écrit en temps imparfait, prolation mineure (2/4). Selon la rubrique qui figure en tête (fº 22), il était dansé en rond, « ad trepudium rotundum », très probablement par les pèlerins dont parle le copiste du manuscrit. Quelques mots de son texte sont cités dans celui de *« O virgo splendens »*, qui parfois ne suit pas son modèle. Cela suggère l'hypothèse d'un même auteur. — **3.** *« Laudemus virginem »* (Louons la Vierge) et **4.** *« Splendens ceptigera »*, deux canons à deux ou trois voix, se ressemblent beaucoup. Leur thème, très court, est divisé en trois phrases, qui se répètent quatre fois de suite dans le premier cas, deux fois dans le deuxième. Écrits dans le même temps et prolation que *« Stella splendens »*, ils n'emploient que deux valeurs rythmiques, brèves et semi-brèves, combinées de telle façon qu'il en résulte une isorythmie presque complète entre les différentes voix. — **5.** *« Los set gotxs recomptarem »* (Nous allons recompter les sept joies) est une « ballada » monodique « en vulgar cathallan a ball redon » (en catalan vulgaire, dansé en rond). C'est l'un des témoignages les plus anciens de la littérature catalane ; sa structure poético-musicale est bien plus simple que celle des ballades françaises de l'Ars nova.

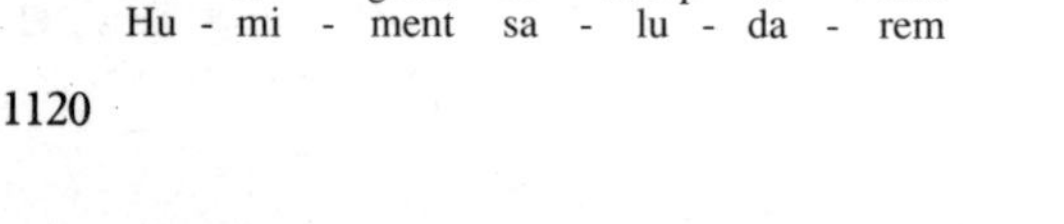

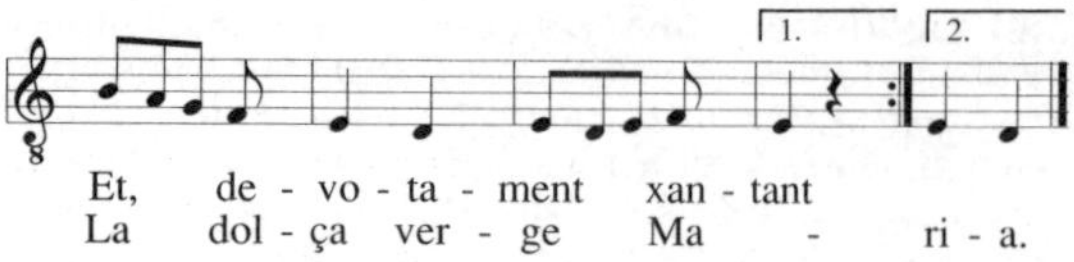

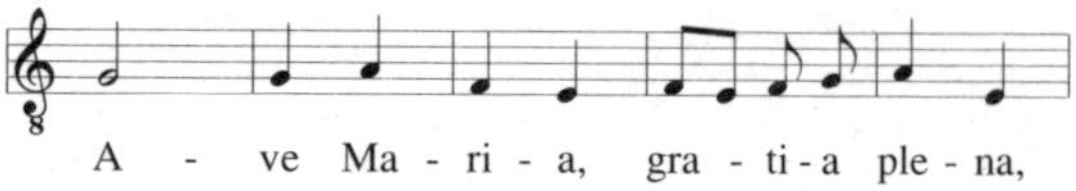

On trouve ensuite deux compositions à une seule voix, **6.** le virelai *« Cuncti simus »* (Nous sommes tous ensemble) et **7.** le rondeau *« Polorum regina »* (Reine des cieux), « a ball redon », en temps parfait et prolation mineure (3/4). Une figure rythmique caractéristique, brève imperfectée par minime, s'y trouve employée. La structure de *« Polorum regina »* est assez irrégulière, la musique et le texte suivant le schéma ||: AB :||: b :||: aB :||: AB ||. **8.** *« Mariam matrem »* (Mère Marie) est une composition tout à fait différente. Virelai à 3 voix, les deux inférieures sans texte, l'élaboration de ses phrases musicales et son rythme syncopé révèlent le compositeur cultivé, probablement quelque chantre flamand ou français au service de la cour d'Aragon. La composition est en temps imparfait et prolation mineure avec minimes et semi-minimes. — **9.** Le virelai *« Inperayritz de la ciutat ioyosa » / « Verges ses par »* (Impératrice de la Ville joyeuse / Vierge sans pair) est un des rares morceaux en langue occitane dont on ne saurait citer qu'un autre exemple dans tout le répertoire du XIVe s., *« ...bon milgrana de valor » / « Mon gauch, mon ris »* (Gérone, Archives de la cathédrale, Ms. fragm. 33/I, fº 24). Malheureusement, la teneur manque. Le cantus I de ce motet est aussi transmis par une source espagnole fragmentaire (Tarragone, Archives archidiocésaines, ms. sans signature) ; probablement était-il connu hors du monastère de Montserrat. En temps imparfait et prolation majeure (6/8), le temps du cantus II devient parfois parfait (3/4) grâce à l'emploi de la notation rouge. La souplesse mélodique de la voix supérieure et l'équilibre rythmique des voix conservées justifient la réputation de ce morceau, qui aurait pu être écrit par un compositeur du royaume aragonais où l'emploi de la langue occitane était courant chez les poètes au XIVe s. — **10.** *« Ad mortem festinamus »* (Nous nous hâtons vers la mort), un virelai monodique en temps imparfait et prolation mineure, occupe la dernière place. D'après son texte, connu par deux autres sources, l'une française datant de 1267 et l'autre irlandaise du XIIIe s. également, il s'agit d'une danse de la mort. Le rythme obsessif de la mélodie s'accorde parfaitement au sens d'un long poème, qui nous remémore notre destin final.

A l'exception de ce dernier, tous les textes avec musique du *Llibre vermell* sont dédiés à la Vierge. Les pèlerins venant adorer à Montserrat une très belle Vierge noire de la fin du XIIe ou du début du XIIIe s., la plus grande partie du répertoire musical du *Llibre vermell*, avec ses exemples de chansons sacrées destinées à la danse, doit être classée comme une pieuse offrande à cette Vierge. Le copiste tira sans doute ce répertoire de sources différentes, quelques pièces ayant été écrites à Montserrat même.

Éditions — Par M. C. Gómez, *in* Polyphonic Music of the 14th Cent. XXIIIb, Monaco, L'Oiseau-Lyre, 1991.

Bibliographie — G. M. Suñol, Els cants dels romeus, *in* Analecta Montserratensia I, 1917 (avec facs. et transcr. musicale) ; F. Pedrell, Cancionero popular español, Valls 1918-22, 2/1936, vol III, pp. 7-19 (transcr. musicale) ; O. Ursprung, Spanisch-katalanische Liedkunst des 14.Jh., *in* ZfMw IV, 1921-22 (avec transcr. musicale) ; M. Mundó, Notes sobre la cultura montserratina del segle xiv, *in* Analecta Montserratensia VIII, 1954-55 ; H. Anglés, El « Llibre vermell » de Montserrat y los cantos y la danza sacra de los peregrinos durante el siglo xiv, *in* Anuario Mus. X, 1955 (avec transcr. musicale) ; G. Reaney, Manuscripts of Polyphonic Music (c. 1320-1400), *in* RISM, B IV/2, pp. 99-102 ; M. C. Gómez, El Libre Vermell de Montserrat. Cantos y danzas, Barcelone, A. Romero, 1990 (avec facs. et transcr.).

M. C. Gómez

« Lobe den Herren, den mächtigen König der Ehren » (Louez le Seigneur, le puissant roi de gloire), cantate de choral de **Johann Sebastian Bach** (BWV 137 ; NBA I/20) pour le 12e dimanche après la Trinité, exécutée pour la 1re fois à Leipzig, probablement le 19 août 1725. (Durée : 15 min environ.)

Son texte est constitué par les 5 strophes d'un choral de Joachim Neander (1580), de forme bar (AAB), qui commencent toutes par les mots « Lobe den Herren », donnant ainsi à l'ensemble une unité de ton remarquable mais peu favorable à un genre où la variété et les contrastes sont de rigueur. De ce fait, Bach n'a pu en faire autre chose qu'une série de variations sur une même idée.

Le chœur d'introduction avec tout l'orchestre, **1.** *« Lobe den Herren, den mächtigen »*, en *do* maj., est un chant d'acclamation écrit dans un style concertant auquel le chœur des trompettes et des timbales donne un éclat tout particulier. Pour les vers 1, 2 et 5, les voix accompagnantes reprennent en l'ornant le thème que les hautbois ont exposé dès les premières mesures de la ritournelle et le présentent en fugato avant l'entrée des sopranos qui chantent la mélodie. Les vers 3 et 4 sont une simple harmonisation à 4 voix du chant commun. A ce chœur succèdent 4 airs qui à des titres divers font tous référence au choral. **2.** *« Lobe den Herren, der alles so herrlich regieret »* (Louez le Seigneur qui gouverne tout avec tant d'excellence), en *sol* maj., pour alto, vl. solo et b.c., présente la mélodie légèrement ornée à l'alto tandis que le violon solo l'entoure de brillantes figurations. Bach a transcrit cette pièce pour orgue dans ses 6 chorals de Schübler (BWV 650) en l'associant à un choral de l'Avent, *« Kommst du nun, Jesu, vom Himmel herunter auf Erden »*, qui se chante sur la même mélodie. **3.** *« Lobe den Herren, der künstlich und fein dich bereitet »* (Loue le Seigneur qui te forme avec art et délicatesse), en *mi* min., est un duo pour sop. et basse accompagnés par 2 htb. et b.c. où la tête du choral est reprise en imitation par les deux voix au début de chacune des quatre parties qui constituent cette pièce. Les hautbois l'avaient déjà fait entendre dans une version ornée au début de la ritournelle.

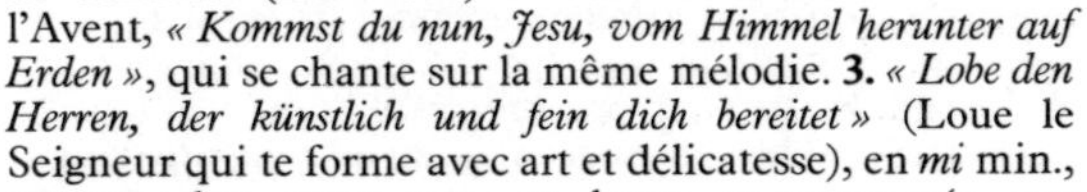

etc.

Dans cet air, il y a lieu de noter en outre l'illustration du mot « Not » (détresse) par un fugitif mouvement chromatique ascendant aux deux voix. **4.** *« Lobe den Herren, der deinen Stand sichtbar gesegnet »* (Loue le Seigneur qui a visiblement béni ta condition), pour ténor, trp. ou htb. et b.c., bien qu'en *la* min., fait entendre la mélodie à la trompette dans le ton relatif de *do* maj. tandis que la voix s'exprime dans un style très chantant entrecoupé de vocalises sur des mots importants, « gesegnet », « geregnet », « Allmächtige », « begegnet ». **5.** *« Lobe den Herren, was in mir ist, lobe den Namen ! »* (Louez le Seigneur, ce qui est en moi loue son nom !), en *do* maj., est un choral simplement harmonisé que le chœur des trompettes obligées porte à 7 voix réelles dans une plénitude sonore qui fait pendant à l'éclat du chœur d'introduction.

Bibliographie — Voir celle de l'art. *« Ach Gott, vom Himmel sieh darein »*.

M. Honegger

« Lobe den Herrn, meine Seele » (Mon âme, loue le Seigneur), cantate pour le Nouvel An dont l'attribution à **Johann Sebastian Bach** (BWV 143 ; NBA I/4) soulève quelques doutes, écrite pour sop., ténor et basse soli, chœur, 3 cors de chasse — formation sans équivalent dans les cantates de Bach —, timb., cordes et b.c. avec basson et dont la composition se situerait entre 1708 et 1714. (Durée : 13 min environ.)

Indépendant des lectures du jour, le texte est formé de versets du Psaume 146 auxquels s'ajoutent deux strophes du choral *« Du Friedefürst, Herr Jesu Christ »* de Jakob Eber (1601) et deux poésies libres de caractère madrigalesque. En même temps qu'un chant de louanges à Dieu et de confiance en Jésus-Christ, c'est une prière pour la paix et pour le maintien de la pureté des sacrements et de la parole de Dieu pendant l'année nouvelle.

L'œuvre, qui ne fait pas preuve d'une invention particulièrement remarquable, se compose **1.** d'un bref chœur avec tout l'orchestre, *« Lobe den Herrn »*, avec ritournelle, en *si* ♭ maj., d'écriture verticale à l'exception du mot « lobe » qui donne lieu à des vocalises en doubles croches exécutées en imitation aux 4 voix, puis aux instruments ; **2.** d'un choral pour sop., vl. à l'unisson et b.c., *« Du Friedefürst... »* (Toi prince de la paix, Seigneur Jésus-Christ), forme AAB avec ritournelle, en *si* ♭ maj., **3.** d'un très bref récitatif pour ténor et b.c., *« Wohl dem, des Hülfe... »* (Bienheureux celui dont l'aide est en le Dieu de Jacob) ; **4.** d'un air pour ténor, cordes et b.c., *« Tausendfaches Unglück, Schrecken »* (Des malheurs par milliers, des terreurs), forme binaire avec ritournelle, en *do* min., d'une harmonie plus recherchée, en accord avec le sens du texte ; **5.** d'un air pour basse, 3 cors, timb., basson et b.c., *« Der Herr ist König ewiglich »* (Le Seigneur règne éternellement), forme binaire, en *si* ♭ maj., où « Der Herr ist König » est identique à « Gott ist mein König » de la cantate de même incipit (BWV 71) et où le mot « ewiglich » (éternellement) donne lieu à une longue tenue et à une non moins longue vocalise en doubles croches ; **6.** d'un air pour ténor, basson, cordes et b.c., *« Jesu, Retter deiner Herde... »* (Jésus, sauveur de ton troupeau, continue à être notre refuge), forme AAB avec brève ritournelle, en *sol* min., auquel se superpose la mélodie du choral *« Du Friedefürst »* jouée par les cordes à l'unisson, où basson et basse continue alternent et se complètent pour assurer au grave une chaîne quasi ininterrompue de doubles croches ; **7.** d'un chœur avec tout l'orchestre, *« Gedenk, Herr, jetzund an dein Amt... »* (Souviens-toi maintenant, Seigneur, de ton ministère de prince de la paix), forme AAB avec brève ritournelle, en *si* ♭ maj., 3e strophe du choral *« Du Friedefürst »* où, s'insérant vers après vers dans la symphonie instrumentale, la mélodie est chantée en valeurs égales par les sopranos tandis que les trois autres voix l'accompagnent principalement en imitation sur le seul mot « Halleluja ».

Bibliographie — A. DÜRR, Zur Problematik der Bach-Kantate BWV 143 « Lobe den Herrn, meine Seele », *in* Mf XXX, 1977 ; voir aussi la bibliogr. de l'art. *« Ach Gott, vom Himmel sieh darein ».*

M. HONEGGER

« LOBE DEN HERRN, MEINE SEELE » (Mon âme, loue le Seigneur), cantate de **Johann Sebastian Bach** (BWV 69 a ; NBA I/20) pour le 12e dimanche après la Trinité (évangile du jour, Marc 7, 31-37, guérison d'un sourd-muet), écrite pour sop., alto, ténor et basse soli, chœur, 3 htb., htb. d'amour, 3 trp., timb., cordes et b.c. avec basson, exécutée pour la 1re fois à Leipzig le 15 août 1723. (Durée : 22 min 10 s environ.)

Le texte, d'auteur inconnu, qui se rattache à l'évangile du jour, s'ouvre par une citation biblique, « Mon âme, loue le Seigneur et n'oublie aucun de ses bienfaits » (Ps. 103, 2), et se poursuit par l'expression d'une reconnaissance qui dépasse le temps, ainsi que par l'invitation à raconter les faits merveilleux de Dieu et à s'adresser à lui en chantant avec allégresse. Ses miracles sont innombrables, mais ma bouche reste muette. Qu'il prononce son « Hephata » (c'est-à-dire « ouvre-toi ») et elle saura rendre grâces. Le Rédempteur prend constamment soin de moi, c'est pourquoi je chante joyeusement, comme l'Église tout entière, « Ce que Dieu fait est bien fait ».

L'œuvre s'ouvre par un chœur très développé, accompagné par un orchestre étoffé que les trompettes, les timbales et les hautbois rendent particulièrement éclatant, **1.** *« Lobe den Herrn »*, en *ré* majeur. Après la ritournelle instrumentale, les voix alternent deux par deux pour lancer à trois reprises de longues vocalises en doubles croches sur les premiers mots du texte, relayées par les violons puis les hautbois, avant de s'unir en un passage de caractère homophone. Commence alors la partie centrale de ce chœur, une double fugue dont la 1re partie, d'abord vocale puis avec participation progressive des instruments, continue à chanter le début du texte, « Lobe den Herrn », et s'achève sur la dominante *la.* Plus intériorisée, la seconde partie, d'abord vocale puis s'adjoignant progressivement les instruments, s'attache à la seconde moitié du texte, « und vergiss nicht was er dir Gutes getan ! » (et n'oublie aucun de ses bienfaits), et, après une progression qui unit les deux sujets de fugue, aboutit à un brillant tutti vocal et instrumental de caractère concertant avant qu'intervienne la reprise de la ritournelle. Succèdent à ce chœur **2.** un récitatif secco pour sop. et b.c. avec basson, *« Ach, dass ich tausend Zungen hätte »* (Ah, si j'avais mille langues) ; **3.** un air dans le caractère d'une pastorale pour ténor, fl. à bec, htb. de chasse (arrangé en 1727 pour alto, htb., vl.) et b.c., *« Meine Seele, auf, erzähle... »* (Mon âme, allons ! raconte ce que Dieu t'a accordé), forme ABA avec ritournelle, en *sol* maj. ; **4.** un récitatif secco pour alto et b.c. avec basson, *« Gedenk ich nur zurück... »* (Si je me remémore tout ce que toi, mon Dieu, as fait pour moi), qui se termine en arioso ; **5.** un air pour basse, htb. d'amour, cordes et b.c., *« Mein Erlöser und Erhalter... »* (Mon Rédempteur [...] veille sur moi et prends soin de moi constamment), forme binaire AB avec ritournelle, en *si* min., où dans la seconde partie l'illustration du texte est plus nette, en particulier sur « in Kreuz und Leiden » (sous ma croix et dans mes souffrances) rendu de façon très expressive par la marche chromatique — descendante ou ascendante — de la basse continue associée aux vocalises du soliste, et sur « Freuden » (allégresse) ; **6.** un choral à 4 voix, *« Was Gott tut, das ist wohlgetan »* (Ce que Dieu fait est bien fait), 6e strophe du choral de même incipit de Samuel Rodigast (1675).

Le caractère joyeux de cette cantate a fait qu'à une date inconnue, en tout cas après 1740, Bach a pu l'adapter sans peine à une nouvelle destination, un culte célébré à l'occasion du changement du Conseil de Leipzig (BWV 69 ; NBA I/32), en remplaçant les récitatifs et en changeant le choral final. C'est ainsi que le n° 2 pour sop. et b.c. est devenu *« Wie gross ist Gottes Güte doch ! »* (Combien grande est la bonté de Dieu), le n° 4 pour ténor, cordes et b.c., *« Der Herr hat grosse Ding an uns getan »* (Le Seigneur a fait de grandes choses pour nous), se terminant en arioso, et que le n° 6 a été remplacé par la 3e strophe, *« Es danke, Gott, und lobe dich... »* (Le peuple te remercie, ô Dieu, et te loue), du choral → *« Es woll uns Gott genädig sein »* de Martin Luther (1524), porté à 8 parties par l'adjonction de trois parties de trompette et d'une partie de timbales obligées qui confèrent à cette fin un caractère solennel faisant pendant au chœur d'introduction.

Bibliographie — Voir celle de l'art. *« Ach Gott, vom Himmel sieh darein ».*

M. HONEGGER

« LOBET DEN HERRN, ALLE HEIDEN » (Louez l'Éternel, vous toutes les nations), motet de **Johann Sebastian Bach** (BWV 230 ; NBA III/1), pour chœur à 4 voix et une partie instrumentale désignée du terme d'« organo », fondé sur le texte du Ps. 117. (Durée : 6 min 30 s environ.)

On suppose qu'à l'origine ce motet faisait partie d'une œuvre en plusieurs mouvements, peut-être d'une cantate (de nombreux ordres de culte du temps attribuant le Ps. 117 à la fête de l'Epiphanie). Il ne figure pas dans l'édition des motets de J. S. Bach préparée par Johann Gottfried Schicht (2 cahiers, Leipzig, Br. & H., 1802-03 ; voir *« Der Geist hilft unser Schwachheit auf »* et *« Fürchte dich nicht »*). La source de la NBA est constituée par une partition gravée, publiée à une date inconnue (1821 vraisemblablement) à Leipzig, chez Breitkopf und Härtel, sous le titre *Der 117te Psalm für vier Singstimmen in Musik gesetzt von Joh. Sebastian Bach... Nach J. S. Bach's Original Handschrift* (... D'après le manuscrit original de J. S. Bach). Le manuscrit auquel le titre fait allusion est perdu et l'on n'en connaît aucune copie manuscrite antérieure à l'édition principes ou dépendante de celle-ci. Les études de l'œuvre entreprises jusqu'à ce jour ne permettent ni de confirmer ni d'infirmer son attribution à Bach. Mais quel autre compositeur pourrait avoir conçu une architecture aussi savante ? (Fr. Krummacher). Parmi tous les motets de Bach, *« Lobet den Herrn, alle Heiden »* occupe une place particulière, d'une part en raison de son écriture à 4 voix et de l'uniformité de son déroulement, d'autre part à cause de la partie de basse continue — ou plutôt de « basso seguente » — qui lui est adjointe. En outre, elle ne comporte aucun choral, à la différence des autres motets. Cette observation permet d'étayer la thèse selon laquelle ce motet serait un mouvement choral provenant d'une cantate aujourd'hui disparue (K. Ameln, NBA III/1, Kritischer Bericht).

L'œuvre constitue également un cas particulier en ce qui concerne la destination. A côté de → *« Singet dem Herrn ein neues Lied »*, une composition festive en plusieurs mouvements, les quatre autres grands motets, → *« Der Geist hilft unser Schwachheit auf »*, → *« Fürchte dich nicht »*, → *« Jesu meine Freude »* et → *« Komm, Jesu komm »*, sont des musiques funèbres. L'utilisation de *« Lobet den Herrn, alle Heiden »* reste imprécise. Son texte ne convient pas à une cérémonie funèbre et l'œuvre n'est pas vraiment représentative d'une quelconque cérémonie de fête. *« Lobet den Herrn... »* commence par des arpèges ascendants qui expriment musicalement der façon caractéristique la louange et la gloire. Les coloratures utilisées pour le deuxième verset, « und preist ihn alle Völker » (et célébrez-le, vous tous les peuples), rappellent certains passages similaires chargés d'évoquer des foules humaines (p. ex. la cantate → *« Der Himmel lacht, die Erde jubilieret »*, BWV 31). Les thèmes de ces deux versets se combinent finalement en une double fugue. Après un passage en accords orné de liaisons d'expression, « Denn seine Gnade und Wahrheit walter über uns in Ewigkeit » (Car sa bonté pour nous et sa fidélité dureront éternellement), un nouveau contrepoint s'installe contre les valeurs longues qui représentent musicalement l'éternité et se développe en une nouvelle double figure. L'œuvre se conclut par un alléluia de caractère dansant.

Bibliographie — M. Geck, Zur Echtheit der Bach-Motette « Lobet den Herrn, alle Heiden », *in* Bach-Jb. LIII, 1967 ; Fr. R. Leavis, Bach's Setting of Psalm CXII (BWV 230), *in* ML LII, 1971 ; Fr. Krummacher, Textauslegung und Satzstruktur in J. S. Bachs Motetten, in Bach-Jb. LX, 1974 ; voir aussi la bibliogr. de l'art. *« Der Geist hilft unser Schwachheit auf »*.

U. Asper

« Lobet Gott in seinen Reichen » (Louez Dieu en son empire), oratorio de l'Ascension (« Himmelfahrtsoratorium ») de **Johann Sebastian Bach** (BWV 11 ; NBA II/8) pour sop., alto, ténor et basse soli, chœur, 2 fl., 2 htb., 3 trp., timb., cordes et b.c., exécuté pour la 1re fois le jour de l'Ascension (épître du jour, Actes 1, 1-11, Ascension de Jésus-Christ ; évangile du jour, Marc 16, 14-20, envoi des disciples par le monde, Ascension), à Saint-Thomas de Leipzig, le 19 mai 1735. (Durée : 26 min environ.) Toutefois, l'œuvre n'est pas entièrement originale : le chœur d'introduction est issu d'une cantate pour l'inauguration de l'école Saint-Thomas rénovée, *« Froher Tag, verlangte Stunden »* (1732, musique perdue) tandis que les airs d'alto (n° 4) et de ténor (n° 8) proviennent d'une cantate de mariage sur un texte de J. Chr. Gottsched, *« Auf ! süss entzückende Gewalt »* (musique perdue).

L'essentiel du texte, dont l'auteur est inconnu, provient du triple récit de l'Ascension tel qu'on le trouve dans les évangiles de Marc (16, 19) et de Luc (24, 50-52), ainsi que dans les Actes des apôtres (1, 9-12). Il est confié au personnage de l'Évangéliste (ténor) qui chante en récitatif secco accompagné par la seule basse continue (nos 3, 5, 7 a et 7 b) et se trouve entouré de poésies madrigalesques qui sont soit des textes contemplatifs (chorals nos 6 et 9), soit des prières individuelles exprimant l'imploration du chrétien et la prière de l'âme pour que Jésus diffère son départ. L'épisode des deux hommes vêtus de blanc (Actes 1, 10-11) suscite l'appel fervent à son proche retour (récitatif n° 7 b). Malgré la disparition du Christ dans la nuée, son amour reste présent et apporte la consolation. Mais quand donc viendra le moment où l'âme fidèle pourra le contempler dans sa gloire ?

Le chœur d'introduction avec tout l'orchestre, **1.** *« Lobet Gott »*, forme ABA' avec ritournelle, en *ré* maj., apporte tout l'éclat qui convient à la louange de Dieu et ne souffre nullement d'avoir été emprunté à une œuvre de circonstance. La première intervention de l'Évangéliste, **2.** *« Der Herr Jesus hub seine Hände... »* (Le Seigneur Jésus leva les mains et les bénit), est suivie d'un second récitatif, très expressif, pour basse, 2 fl. traversières et b.c., **3.** *« Ach, Jesus, ist dein Abschied so nah ? »* (Hélas, Jésus, ton départ est-il si proche ?). Les croches descendantes en tierces parallèles, que jouent les flûtes, renforcent l'image musicale des larmes qui coulent le long des joues du fidèle, qu'exprime la voix, puis, reprises en mouvement ascendant la mesure d'après, mettent en évidence son ardent désir de le revoir. Ce récitatif mène à une intense supplication dont l'adaptation a été parfaitement réussie : **4.** l'air pour alto, violons à l'unisson et b.c., *« Ach, bleibe doch, mein liebster Leben »* (Ah, reste donc, toi ma vie la plus chère), en *la* min., forme ABA' avec ritournelle. Après une nouvelle intervention de l'Évangéliste, **5.** *« Und ward aufgehaben zusehends »* (Il fut élevé sous leurs yeux), le choral, **6.** *« Nun lieget alles unter dir »* (Maintenant tout t'est soumis), en *ré* maj., forme AAB, 4e strophe du choral *« Du Lebenfürst Herr Jesu Christ »* de Johann Rist (1641), évoque en majeur la désormais toute-puissance du Christ. Puis une série de récitatifs librement enchaînés place l'auditeur en présence d'une véritable scène à personnages, introduite par l'Évangéliste en « secco », **7 a** *« Und da sie ihm nachsahen... »* (Et comme ils le regardaient pendant qu'il s'en allait) ; puis surviennent les deux hommes vêtus de blanc qui après un début homophone chantent en canon ; l'âme leur répond, retournant à un style expressif accompagné par les deux flûtes, **7 b** *« Ach ja ! so komme bald zurück »* (Ah oui, reviens bien vite) ; enfin revient l'Évangéliste qui poursuit le récit dans toute son objectivité, **7 c** *« Sie aber beteten ihn an »* (Pour eux, après l'avoir adoré). Dans la transparence et la fluidité de son écriture en trio et en quatuor sans véritable basse, le second et dernier air, **8.** *« Jesu, deine Gnadenblicke... »* (Je puis sans cesse voir ton regard miséricordieux), pour sop., 2 fl. à l'unisson, htb., violons et altos unis, en *sol* maj., forme ABA avec ritournelle, est une délicieuse invention musicale issue de son association première avec le texte de Gottsched *« Unschuld, Kleinod reiner Seelen »* (Candeur, joyau des âmes pures). Le choral final avec tout l'orchestre, **9.** *« Wenn soll es doch geschehen... ? »* (Quand adviendra-t-il [...] que je puisse le voir dans sa gloire ?), en *ré* maj., forme AAB avec ritournelle, est un pendant éclatant au chœur d'introduction. Il s'agit de la 7e strophe du choral *« Gott fähret auf mit Jauchzen »* de Gottfried Wilhelm Sacer (1697) qui se chante sur la mélodie de *« Von Gott will ich nicht lassen »*. Soutenue par une polyphonie des voix accompagnantes soit libre, soit en imitation, elle est présente en valeurs longues et s'insère dans une brillante écriture orchestrale de caractère concertant.

Bibliographie — Voir celle de l'art. *« Ach Gott, vom Himmel sieh darein »*.

M. Honegger

Lodoïska, comédie héroïque en 3 actes, livret de Claude François Fillette-Loraux d'après *Une année de la vie du chevalier de Faublas* de Jean-Baptiste Louvet de Couvray (1787), musique de **Luigi Cherubini**, créée à Paris, au Théâtre Feydeau, le 18 juil. 1791. Joué plus de 200 fois, l'ouvrage, qui obtint un triomphe lors de sa création, peut être considéré comme le plus grand succès théâtral de la Révolution française. Il a été régulièrement représenté jusqu'en 1813, plus particulièrement en Allemagne.

Livret — L'action se passe en Pologne en 1600. — Acte I. Au fond d'une forêt, le château où Dourlinski retient Lodoïska prisonnière. Titzikan (ténor) et les Tartares prennent position dans le bois avec l'intention de triompher du baron Dourlinski, leur ennemi. Partis à la recherche de Lodoïska, deux Polonais, le comte Floreski (ténor) et son serviteur Varbel (basse), ont échappé aux Tartares. Ils rencontrent Titzikan et ses hommes à qui ils livrent leur nouveau combat. Leur esprit chevaleresque les conduit à une prompte réconciliation, d'autant plus vite qu'ils se reconnaissent un ennemi commun, Dourlinski. Comprenant qu'ils ont découvert la prison de Lodoïska, les deux Polonais pénètrent dans le château.

Acte II. Une galerie antique dans le château. Lodoïska semble se résigner à son sort devant Lysinka (sop.), sa nourrice, et Altamoras (basse), garde de Dourlinski. En proie à la plus vive agitation, elle prévoit les risques encourus par Floreski. Dourlinski (basse) avoue son amour à Lodoïska qui repousse ses avances. En représailles, la jeune fille est enfermée dans la forteresse du château. Floreski se fait introduire auprès de Dourlinski et, sans révéler son identité, annonce qu'il vient chercher Lodoïska pour la remettre à sa mère. Dourlinski répond qu'il ignore où est la jeune fille, accepte de garder ses visiteurs à dîner mais fait préparer un poison à leur intention. Floreski et Varbel refusent de boire mais sont contraints de dévoiler leurs noms.

Acte III. Dourlinski savoure son triomphe : il retient chez lui Floreski dont il annonce la présence à Lodoïska. Les deux amants se retrouvent face à face. Dourlinski exige la main de Lodoïska en échange de la vie de Floreski. C'est le moment que choisissent les Tartares pour attaquer le château. Le feu se communique à la tour où est enfermée Lodoïska. Titzikan arme Floreski contre les assiégés. La forteresse s'écroule et les amants retrouvent leur liberté sous le regard bienveillant du chef tartare.

Lodoïska est une des premières pièces à sauvetage, genre dont le public allait raffoler : sur une trame romanesque se tisse une histoire sentimentale dont l'échec final est évité par le sauvetage in extremis des héros. Le livret abonde d'indications scéniques (château « antique », richesse de l'architecture et des bas-reliefs, incendie et écroulement de la forteresse). L'œuvre se caractérise par l'intérêt porté à l'harmonie et à l'orchestration, ouvrant la voie à Méhul et à Spontini. On retiendra plus particulièrement l'ouverture, qui s'articule à la manière d'une sonate libre, les finales très développées des actes I et II ainsi que la symphonie qui accompagne l'effondrement du château.

Éditions et rééditions — Part. d'orch., Paris, Naderman, [1791], rééd. en facs. New York et Londres, Garland, 1978, Early Romantic Opera 33. — Réd. cht et p., Paris, Schlesinger, 1842, 2/1859.

Bibliographie — A. Pougin, Cherubini, sa vie, ses œuvres, son rôle artistique, *in* Le Ménestrel XLVII/40-52, XLVIII/1-7, 17-52, XLIX/1-3, 1881-82 ; M. J. Selden, The French operas of L. Cherubini (diss. Yale Univ., 1951) ; W. Dean, Opera under the French Revolution, *in* Proc. R. Mus. Assoc. XCIV, 1967-68.

Y. Ferraton

Lodoïska ou les Tartares, comédie en prose mêlée d'ariettes (opéra-comique) en 3 actes, livret de Jean-Élie Bedenc Dejaure inspiré d'un épisode du roman de Jean-Baptiste Louvet de Couvray, *Une année de la vie du chevalier de Faublas* (1787), musique de **Rodolphe Kreutzer**, créée à Paris, à l'Opéra-Comique, le 1er août 1791, avec J.-Ch. Saint-Aubin (Lodoïska), MM. Michu (Lovinski), Philippe (Boleslas), Solié (Lupauski), Chenard (Titsikan), Trial (Albert). L'œuvre, qui connut le succès dès sa création, fut jouée dans de nombreux pays, en français ou en traduction, et resta au répertoire au XIXe s. (son ouverture était devenue populaire). Elle concurrençait la → *Lodoïska* de Cherubini qui, malgré la puissante originalité de sa musique, souffrait auprès du public des faiblesses de son livret.

Livret — Acte I. Aux confins d'une Pologne déchirée par la guerre civile et ravagée par les Tartares, le jeune comte Lovinski (ténor), aidé de son fidèle serviteur Albert (bar.), cherche la belle Lodoïska (sop.), séparée pour des raisons politiques de son amant par son père, le prince Lupauski (basse), et enfermée dans le château du cruel comte Boleslas (bar.). Lovinski se fait un allié du chef des Tartares Titsikan (basse) qu'il a épargné, et parvient à s'introduire dans le château en se faisant passer pour un serviteur de Lupauski.

Acte II. La nuit, dans le jardin intérieur du château, la captive chante une romance mélancolique. Surprenant Lovinski non loin d'elle, Boleslas le force à annoncer à la jeune fille la mort de son amant, car il cherche en vain à se faire aimer d'elle. Lodoïska parvient à contenir sa joie en voyant Lovinski vivant. Mais Lupauski arrive, démasque Lovinski, puis refuse la main de sa fille au violent Boleslas qui les fait tous emprisonner. A cet instant, les Tartares attaquent le château.

Acte III. Les pillards victorieux investissent le manoir et Titsikan réussit à convaincre l'inflexible Lupauski d'unir Lodoïska à Lovinski. Mais Boleslas a mis le feu au château dont les réserves de poudre explosent. Lui seul périra, Lovinski parvenant à sauver Lodoïska et son père au milieu des flammes.

Ce livret possédait plusieurs atouts pour séduire le public. Issu d'un roman scandaleux — Lodoïska en était la seule héroïne vertueuse — réédité avec succès en 1790, son argument avait été enrichi par Dejaure de plusieurs péripéties, notamment à l'acte II où le suspens est fort bien mené. Proche du mélodrame naissant, il présentait le type même de l'« opéra à sauvetage » qui faisait recette à cette époque. En outre, le dénouement ménageait des effets de mise en scène (écroulement du château, incendie) qui, s'ils furent moins spectaculaires que dans la *Lodoïska* de Cherubini, ne firent pas moins impression.

La partition de Kreutzer, moins novatrice que sa rivale, accuse cependant les tendances du théâtre lyrique de son temps. Si la tendresse et la mélancolie ne sont pas absentes, notamment dans la romance de Lodoïska *« La douce clarté de l'aurore »* (acte II), le ton général est sombre ou guerrier. La romance elle-même devient dramatique lorsque Lovinski et Boleslas, cachés dans l'ombre, chantent à l'insu de Lodoïska leurs passions contradictoires. Ailleurs abondent les marches, les bruits de combat. Des sentiments violents s'expriment au-dessus d'un orchestre très fourni (le duo de l'acte II réunissant Lodoïska désespérée et Boleslas furieux dans la sombre tonalité de *fa* min. est accompagné par les trp., cors et trb.). Un certain exotisme pointe dans la peinture des Tartares, dont les chœurs farouches sont souvent chantés « recto tono » (en opposition, dans le 1er chœur de l'acte I, avec les plaintes mélodieuses des captives). Si les airs de bravoure restent importants (celui de Lovinski [acte I], ceux de Titsikan [actes I et III]), l'intérêt se déplace vers des ensembles longs et multiformes, où le chant alterne avec la pantomime, et qui prennent la forme de finales englobant une partie de l'acte.

Éditions — **a)** Livret : Paris, Chez les marchands de nouveautés, [1791]. — **b)** Musique : Paris, l'Auteur, [1791].

Bibliographie — Comptes rendus de presse, *in* La Feuille du Jour, Chronique de Paris, Journal de Paris, Journal Général de France, 3 août 1791 ; J. Mongrédien, La musique en France des Lumières au Romantisme, Paris, Flammarion, 1986, pp. 95-96.

R. Legrand

« Lo ferm voler qu'el còr m'intra », sextine d'**Arnaut Daniel** (v. 1180-1210), l'une des plus originales et des plus célèbres du répertoire des troubadours de

Lulu d'A. Berg, créée en 1937. Teresa Stratas à l'Opéra de Paris dans une mise en scène de P. Chéreau (1979). *Ph. © Daniel Cande.*

Lakmé de L. Delibes, créée en 1883. Sigrid Arnoldson lors d'une représentation en 1891. *Ph. Paul Nadar © Arch. phot. Paris/SPADEM.*

Die lustige Witve (La Veuve joyeuse) de Fr. Lehár, créée en 1905. Louis Treumann et Mizzi Günther lors d'une représentation vers 1907. *Ph. © Bildarch. der Österreichischen Nationalbibliothek, Vienne.*

Lucio Silla de W. A. Mozart, créé en 1772. Représentation au Théâtre des Amandiers de Nanterre, en 1984, dans une mise en scène de P. Chéreau.
Ph. © Marc Enguerand.

Germaine Lubin lors de la création de *La Légende de saint Christophe* de V. d'Indy, à l'Opéra de Paris en 1920. Costume de Maurice Denis.
Bibliothèque-musée de l'Opéra, Paris. Ph. © Bibl. nat.-Photeb © by SPADEM, 1991.

langue d'oc, qui exalte de façon allusive la « fin'amor ».

Le tour d'adresse que représente, en matière de versification, la sextine, réside dans le fait qu'il s'agit d'une pièce de 6 strophes organisées sur 6 mots-rimes distincts : « intra » (a), « ongla » (b), « arma » (c), « verga » (d), « oncle » (e) et « cambra » (f). L'ordre d'apparition de ces six mots change de strophe en strophe selon une permutation régulière nommée « retrogradatio cruciata ». Les successions de mots obtenues pour chaque strophe sont les suivantes : I (abcdef), II (faebdc), III (cfdabe), IV (ecbfad), V (deacfb), VI (bdfeca). La construction d'une 7ᵉ strophe, ce qui n'a pas lieu d'être, impliquerait le retour de l'ordre initial. Dès le Moyen Age, cette forme fut reconnue comme un sommet de la virtuosité poétique. Ainsi, bien avant E. Pound, R. Queneau ou L. Zukofsky au XXᵉ s., Dante et Pétrarque s'y essaieront avec bonheur.

La musique en a été préservée dans un seul manuscrit, le Chansonnier de Milan (sigle G) de la Bibliothèque ambrosienne. La mélodie présente la particularité d'être en marge du répertoire traditionnellement très orné des troubadours. Très simple, syllabique, bâtie principalement dans le ton d'*ut*, elle a sans doute été conçue pour porter avec efficacité le poème, mais sans détourner l'attention de l'auditeur de l'essentiel, les mots. L'organisation mélodique sur la strophe, néanmoins, ressortit au procédé, très classique chez les poètes-musiciens occitans, de l'« oda continua », c'est-à-dire une forme mélodique sans réelle répétition et dont le schéma par unité-vers est ABCDEF. La seule version musicale conservée n'étant pas mesurée suivant le système des modes en usage au XIIIᵉ s., le rythme de ce chant, probablement en étroite symbiose avec la diction poétique, doit rester très souple.

Ms. G, fº 73r, éd. P. Bec, p. 190.

Traduction — Le ferme désir qui dans le cœur m'entre nul bec ne peut le rompre, ni ongle de médisant, qui par mensonge perd son âme et parce que je ne l'ose battre avec branche ou verge secrètement, là où je n'aurai point d'oncle (de témoin) je jouirai de joie en vergier ou dans la chambre.

Bibliographie — U. Sesini, Le melodie trobadoriche nel canzoniere provenzale della Bibl. Ambrosiana, *in* Studi Medievali XIV, 1941, p. 82 ; J. Roubaud, La sextine de Dante et d'Arnault Daniel, *in* Change II, 1969 ; P. Bec, Anthologie des troubadours, Paris, Union gale d'édition, Coll. 10/18, 1979, p. 190 et p. 383 ; I. Fernández de La Cuesta, Las cançons dels trobadors, Toulouse, Institut d'études occitanes, 1979, p. 232 ; H. van der Werf, The extant troubadour melodies, Rochester (N.Y.), l'Auteur, 1984, p. 14 (musique).

G. Le Vot

Lohengrin, opéra romantique en 3 actes, texte et musique de **Richard Wagner**, composé en 1845 pour le livret, en 1846-48 pour la musique, créé à Weimar le 28 août 1850, sous la dir. de Franz Liszt ; premières représentations en France, à Paris, Eden-Théâtre, en 1887, et à l'Opéra, en 1891, sous la dir. de Charles Lamoureux. (Durée : 4 h environ.)

Lohengrin est le premier ouvrage de Wagner qui se passe d'une véritable ouverture. Il comporte deux préludes symphoniques, l'un pour l'acte I, l'autre pour l'acte III. Chaque acte forme une seule grande pièce où les scènes s'enchaînent sans coupure. L'orchestre se compose ainsi : 3333 - 4331 - timb., percussion, harpe - cordes ; sur scène : 4 trp. (« trompettes du roi »), 3 fl., 3 htb., 3 clar., 2 bassons, 4 cors, 8 ou 12 trp., 3 trb., timb., percussion, orgue et harpe.

Lohengrin conte la légende du Chevalier au cygne. Envoyé par le Graal pour sauver Elsa de Brabant d'une accusation injuste, il ne peut réaliser sa tâche qu'en échange d'une confiance et d'un amour inconditionnels qui ne demandent ni son nom ni sa provenance. Elsa, mal conseillée par ses proches, faillira à cette condition. Lohengrin devra la quitter.

Pour *Lohengrin*, comme déjà pour *Tannhäuser*, Wagner utilisa plusieurs sources, d'une part le *Parzival* de Wolfram von Eschenbach qui renferme une version de la légende du Chevalier au cygne vers la fin du poème, d'autre part un poème anonyme, écrit en Bavière vers 1290. Wagner ajouta certains motifs étrangers à ces deux sources, p. ex. la dispute des femmes devant la cathédrale qui provient du *Nibelungenlied.* C'est à Paris, en 1840, que Wagner découvrit le sujet de *Lohengrin* grâce à un ouvrage de C. T. L. Lucas, *Über den Krieg von Wartburg* (Sur la guerre de Wartburg), qui lui servit également pour *Tannhäuser.* En juil. 1845, il lisait l'édition de Görres (1813) du poème médiéval de Lohengrin ; quelques semaines plus tard, il achevait l'esquisse en prose et en novembre le livret. La composition de la musique fut commencée au milieu de l'année suivante et terminée le 28 avr. 1848. Pour des raisons politiques — Wagner avait participé aux émeutes de Dresde en 1849 —, le compositeur ne put assister à la création de son œuvre. Ce n'est qu'à la fin de l'exil suisse qu'il l'entendit pour la première fois, le 11 mai 1861, à Vienne.

Dès ses premiers accords, le prélude à programme mène dans un monde de recueillement par le motif du Graal **A**. Commençant dans l'aigu des violons, ce thème, l'un des premiers à mériter la qualification de « mélodie infinie », se développe en descendant lentement vers les contrebasses et les timbales. Ce n'est qu'après 46 mesures qu'il atteint, en deux fortissimos successifs, le climax qui évoque une ouverture vers l'extraordinaire, vers quelque chose de supraterrestre. Tout en se calmant, la mélodie remonte vers l'aigu de quatre violons solos, pianissimo. L'effet exceptionnel de

A Lohengrin

ce prélude est dû à sa simplicité extrême : un seul grand crescendo, un seul grand decrescendo. C'est ainsi que Wagner a représenté la descente du Graal sur les hommes et son départ après l'accomplissement de sa tâche bienfaisante.

Acte I. Première moitié du xᵉ siècle. Un pré au bord de l'Escaut, près d'Anvers. La première scène se passe sous le chêne de la justice, au bord de la rivière. Le héraut d'armes annonce le roi d'Allemagne, Henri Iᵉʳ l'Oiseleur (basse sérieuse), venu pour juger un litige entre Elsa de Brabant (sop. dramatique), accusée par le comte Frédéric de Telramund (bar. héroïque) d'avoir tué son frère Gottfried, duc de Brabant. Elle aurait ainsi voulu s'approprier le pays tout en refusant la main de Telramund, qui prétend lui-même à la succession de par sa naissance. On appelle Elsa qui paraît devant le roi accompagnée de ses suivantes. Au lieu de se défendre, elle raconte un rêve. Ni l'étonnement ni l'intervention du roi ne peuvent l'empêcher d'entrer de plus en plus dans une transe enthousiaste : un chevalier pur et chaste (aux violons le motif du Graal) lui est apparu en rêve et c'est celui-ci qu'elle appelle à être son défenseur. Telramund n'hésite pas à accuser cet inconnu de commerce amoureux avec l'accusée et se déclare prêt à soutenir l'accusation par les armes. Conscient des mérites de Telramund, le roi décide néanmoins de s'en remettre au jugement de Dieu : le comte et le champion qui se proposerait à défendre Elsa devront s'affronter en duel. Elsa invoque le chevalier de son rêve, mais le premier appel n'a point de suite. Au deuxième appel, Elsa tombe à genoux en prière quand, soudain, on aperçoit Lohengrin (ténor héroïque) entouré d'une lueur surnaturelle, dans une barque tirée par un cygne. Son arrivée provoque la stupeur générale. Son motif se fait entendre.

Si Elsa a quitté le monde du réel dès son arrivée, l'action tout entière va entrer désormais dans le monde du merveilleux dont il reste à déchiffrer le sens métaphorique. « Elsa se retourne et pousse un cri en apercevant Lohengrin » (note scénique). Il est à remarquer que cette rencontre est la répétition exacte de celle de Senta et du Hollandais dans → *Der fliegende Holländer.* Le calme revient. Lohengrin remercie son guide, le cygne. Il propose son assistance à Elsa, demande sa main et son héritage en récompense, sous condition que personne ne demande son nom et son origine. Tout cela est accompagné par le motif de la Question interdite qui deviendra par la suite un motif essentiel.

Lohengrin et Telramund se battent, Lohengrin est vainqueur mais laisse la vie sauve à Telramund. Le libérateur divin est acclamé par la foule.

Acte II. Au château d'Anvers, c'est la fête. Mais dans l'obscurité de la cour, Telramund fait des reproches amers à son épouse Ortrud ([mezzo-] sop.) de l'avoir entraîné au combat de Dieu par son faux témoignage, désespéré qu'il est d'être tombé dans une existence déshonorée de proscrit. Ortrud se rit de son évocation de Dieu. Princesse nordique de Frise, elle possède encore les secrets de la magie païenne. Son plus ardent désir est de refaire triompher les vieilles croyances d'Odin dans le pays. Aussi met-elle en œuvre tous ses artifices pour ensorceler à nouveau son époux. Elle soupçonne Lohengrin de l'avoir vaincu par sa magie, laquelle tomberait par la Question interdite. Il s'agit donc d'éveiller le doute dans le cœur d'Elsa. Celle-ci apparaît maintenant sur le balcon. Dans un air magnifique, elle exprime la joie de son cœur. Ortrud l'interpelle et, dans un dialogue très habile, peint la repentance et la soumission tout en semant le doute au sujet de Lohengrin. Tôt le matin, le héraut annonce le bannissement de Telramund ainsi que le mariage d'Elsa avec le chevalier inconnu, qui sera dorénavant le protecteur du Brabant. Le peuple attend devant la cathédrale où le mariage doit être célébré. Elsa apparaît sous les acclamations de tous, mais au moment où elle monte les degrés de l'église, Ortrud passe devant elle en criant : « Arrière, Elsa ! Je ne souffre plus longtemps d'être ta servante ! La première place, c'est à moi qu'elle revient. Un faux jugement a banni mon époux dont le nom était honoré dans le pays, alors que personne ne connaît celui du tien ! S'il t'a défendu la question c'est que cela le mettrait fort dans l'embarras, il serait obligé d'avouer sa magie. » Le roi et Lohengrin arrivent sur ces entrefaites et interrompent les insinuations d'Ortrud, mais Telramund accuse maintenant Lohengrin devant le roi d'avoir faussé le jugement de Dieu par magie. Un duel ne pouvant avoir lieu entre des inconnus, il exige que la question de l'identité soit posée publiquement. Lohengrin s'en remet à Elsa : qu'elle pose la question si elle le veut. Mais malgré sa lutte intérieure et malgré les harcèlements de Telramund, Elsa affirme sa confiance.

Tous se rendent à la cathédrale. Le doute continue à planer : une fois de plus, le motif de la Question interdite se fait entendre, cette fois fortissimo, au milieu des fanfares qui terminent l'acte.

Acte III. L'introduction orchestrale décrit brillamment les noces d'Elsa et de Lohengrin. Le rideau se lève sur la chambre des époux tandis que se fait entendre le chœur nuptial, célèbre pour sa beauté.

Ce chœur obéit au schéma ABA : la partie médiane est à 4 parties a cappella et compte parmi les joyaux de l'art lyrique. S'ensuit une grande scène entre Elsa et Lohengrin, appelée « duo d'amour ». Le premier quart de cette scène répond en effet totalement à cette qualification : mélodies envoûtantes, chant à deux parties communes et, chose rarissime chez Wagner, répétitions de vers du texte pour augmenter la tension et faire croître l'emportement. Mais ce duo change bientôt de caractère. Il dure en tout 20 minutes, ce qui doit dépasser la longueur de la quasi-totalité des scènes comparables du répertoire lyrique, sauf le duo de l'acte II dans *Tristan*, avec lequel on constate un certain parallélisme. Si Wagner a étendu cette scène au-delà de la durée accordée par les conventions dramatiques à un duo d'amour ordinaire, c'est qu'il avait des raisons précises pour procéder ainsi. Cela interdit de résumer cette grande scène en une phrase, comme c'est souvent le cas. Dans *Lohengrin* aussi, il ne s'agit pas d'un amour « normal » mais d'un amour en crise. Aussi, après le délicieux début, le ton sera bien moins enjoué. Il deviendra parfois même rauque à partir de l'instant où l'auditeur devra se soumettre à la « leçon de philosophie » traitant des idées qui sont à la base du drame. Chez l'habile dramaturge qu'était Wagner, cela se passe seulement à un deuxième niveau du texte, alors que le premier décrit les mouvements d'âme qui mènent à la catastrophe. En effet, Elsa est poussée par le désir bien compréhensible de prononcer le nom de son époux pour donner nom à sa plus profonde jouissance de l'amour. Lohengrin répond par une parabole : quand il sent les fleurs odorantes, il s'abandonne à leur charme sans se poser de question. À l'égard d'Elsa, il ressent la même attirance qui n'a pas besoin de s'enquérir de ce que le cœur a déjà compris. Mais Elsa ressent tout cela comme un manque de confiance. Si la révélation de l'identité constitue un danger, elle désire le connaître pour le partager courageusement, sans que rien au monde puisse lui arracher ce secret. Pour elle, c'est une question d'amour que de savoir ce qui opprime Lohengrin. Mais, sévèrement, celui-ci lui rappelle le serment fait lors de son arrivée. L'amour confiant d'Elsa devra compenser ce qu'aucune couronne de ce monde ne saurait remplacer : le sacrifice de la lumière et de la joie qu'il a quittées pour elle. Elsa est remplie d'une crainte profonde : s'il vient du bonheur suprême, il ne saurait rester à son côté et l'abandonnera. La peur s'empare de ses sens ; elle voit arriver le cygne sur les flots pour lui ravir son époux. Son hallucination lui impose la question au prix de sa vie — et elle la crie ! A ce moment, Telramund fait irruption pour tuer Lohengrin, mais c'est ce dernier qui abat l'agresseur. Après l'excitation suprême de cette scène, où le motif de la Question interdite joue le rôle clé, un calme angoissant s'établit. Sur un trille sinistre des timbales, Lohengrin constate avec douleur : « Weh, nun ist all unser Glück dahin ! » (Ah, tout notre bonheur est perdu maintenant !). Mais ce n'est que devant le roi qu'il révélera son secret. De grandes fanfares accompagnent le changement de scène et, au lever du rideau, on retrouve le pré près de l'Escaut (acte I). Le peuple acclame l'arrivée du roi. Après avoir invoqué la force de l'Empire allemand, il appelle Lohengrin. Celui-ci accuse Telramund d'agression et reproche amèrement à Elsa d'avoir violé son serment quant à la question de l'identité. Puis, dans le grand récit du Graal, redouté des ténors autant que le récit de Rome à la fin de *Tannhäuser*, Lohengrin dévoile son origine (le soutien orchestral reprend le motif du Graal exposé dans le prélude de l'opéra) : « In fernem Land, unnahbar euren Schritten, liegt eine Burg, die Montsalvat gennant ; ein lichter Tempel stehet dort inmitten [...] drin ein Gefäss von wundertätgem Segen wird dort als höchstes Heiligtum bewacht [...] es heisst der Gral. » (Dans un pays lointain, inaccessible à vos pas, il est une forteresse qu'on nomme Montsalvat. Là s'élève un temple d'un éclat inégalé [...]. Dans ses murs, on garde comme le saint des saints un vase béni, de propriétés miraculeuses [...] nommé le Graal.) Le qualificatif « unnahbar » (inapprochable) signifie bien qu'il s'agit d'un objet irréel, destiné à représenter l'idée même du divin. Ceux qui sont appelés à servir le Graal reçoivent une force surnaturelle pour combattre le mal et l'injustice, mais dès qu'on leur retire la confiance inconditionnelle (quand on leur demande qui ils sont), ils perdent leur pouvoir miraculeux et doivent partir. C'est ainsi que lui, Lohengrin, fils de Parzival, doit quitter maintenant les abords de l'Escaut. On voit approcher le cygne et sa barque. Ortrud arrive et proclame triomphalement que le cygne n'est autre que l'héritier de Brabant, Gottfried, le frère d'Elsa, ensorcelé par elle. Lohengrin tombe à genoux en prière ; la colombe du Graal apparaît, le cygne disparaît sous l'eau et Gottfried en ressort. Ortrud s'écroule. Lohengrin s'éloigne tristement tandis qu'Elsa s'effondre inanimée aux pieds de son frère.

Grâce à l'union parfaite de la poésie et de la musique selon l'idéal esthétique du romantisme, *Lohengrin* représente le sommet de l'opéra romantique, ce qui lui vaut d'être la plus populaire de toutes les œuvres wagnériennes. Cependant, la limite entre l'opéra et le drame musical est atteinte ici ; la scène Elsa-Lohengrin du 3e acte montre l'effacement insensible de la frontière entre duo d'amour classique et traitement prosodique d'un dialogue scénique. En ce qui concerne les leitmotive, deux groupes s'affrontent : les motifs de Lohengrin et du Graal et ceux qui caractérisent le côté adverse. Entre eux, dans un rôle pivot, le motif de la Question interdite qui traverse toute l'œuvre. L'usage de ces motifs correspond déjà aux techniques du drame musical, à la nuance près que dans *Lohengrin* les parties chantées participent plus au travail motivique que dans les œuvres ultérieures où ce travail reste essentiellement réservé à l'orchestre. Celui-ci caractérise souvent les situations par la couleur sonore : les bois sont attachés à la personne d'Elsa, les trompettes et les trombones au roi Henri, tandis que les cordes aiguës, subdivisées parfois en 8 parties, illustrent le royaume du Graal. La clarinette basse donne de son côté un ton sinistre et menaçant au groupe Ortrud-Telramund. Les chœurs, parfois divisés en 6 ou 8 parties et dont l'écriture est très recherchée, participent d'une façon importante à la structure de l'œuvre.

Wagner considérait la matière de *Lohengrin* comme un « poème authentique du peuple », le peuple étant pour lui le porteur de l'essence mythique. Telle qu'elle apparaît dans les sources médiévales, cette matière a un fondement socio-littéraire bien défini. Lohengrin est une des poétisations majeures du chevalier errant, littérairement bien connu depuis Chrétien de Troyes. Le chevalier errant classique, noble puîné sans droit d'héritage, voyait sa condition précaire sublimée dans une mission éthique au profit des pauvres et des opprimés. Ainsi la chevalerie tendait-elle vers un idéal presque religieux qui la mettait parfois en concurrence avec l'Église. Pour comprendre l'intérêt que Wagner portait à ce sujet, il n'est pas inutile de rappeler sa situation au moment de la conception de *Lohengrin.* Le succès de → *Tannhäuser* (création oct. 1845) avait été modeste par rapport aux œuvres précédentes. En outre, Wagner avait des dettes spectaculaires, dépassant ses revenus de deux ans. En même temps, ses efforts pédagogiques et artistiques en vue de l'amélioration du travail théâtral n'avaient eu que peu d'effet. Cette fois-ci, le parallélisme entre le sujet choisi et sa situation personnelle avait un fondement certain. En effet, le côté messianique de Lohengrin doit être compris comme une métaphore de la volonté de Wagner d'être un artiste rénovateur, telle qu'elle s'exprime dans ses écrits de la même époque. En conséquence de quoi on trouve dans *Lohengrin* un côté idéologique que l'on n'observait pas encore dans les œuvres précédentes. Lohengrin, héros à l'origine obscure, éblouit par son aspiration messianique. L'interdiction du questionnement devient l'élément d'une confiance inconditionnelle et même d'une foi religieuse. La proclamation de sa venue du Graal, incontrôlable en elle-même et irréelle, justifie une prétention fondée sur des dons hors du commun mais non saisissables au moyen des mesures de la réalité et de la société. En *Lohengrin* également, Wagner voyait un drame d'artiste, et ce fut en effet le signal d'une revendication nouvelle : l'artiste a quelque chose à dire qui dépasse le domaine purement artistique et il exige qu'on le croie comme on croit un apôtre. L'artiste romantique — qui préfigure ici le surhomme de Nietzsche — proclame la prise de conscience de sa mission. Celle-ci est bénéfique. Mais c'est tout ce qu'on apprend à son sujet, la présence de l'apôtre étant encore trop éphémère et le contenu de sa mission ne pouvant pas encore être dévoilé. Cela ne sera fait qu'à partir de l'*Or du Rhin.* Les quelques insinuations nationalistes de *Lohengrin* ne peuvent pas compter ici : en 1850 c'était chose courante dans un pays morcelé, rêvant d'unité. Il en va de même chez Verdi à la même époque.

Ce qui est plus remarquable dans *Lohengrin*, c'est son côté philosophique, malheureusement difficile à saisir. Il est exposé essentiellement dans l'écrit *Eine Mitteilung an meine Freunde* (Une communication à mes amis) que Wagner ne publia qu'en 1851 mais dont le livret et la musique de *Lohengrin* portent l'empreinte. Lohengrin doit cacher son identité pour éviter que l'amour qu'il recherche ne dégénère en simple adoration de sa nature surhumaine, ce qui le séparerait à jamais de l'amour féminin, de ce sentiment chaleureux du cœur qui lui faisait défaut dans sa « délicieuse solitude triste ». Et Wagner continue : « Dans Elsa je reconnus l'opposition recherchée de Lohengrin [...], l'autre partie de sa nature [...]. Elsa représente l'inconscient, l'involontaire, dans lequel la nature consciente et volontaire de Lohengrin cherche sa rédemption. » La rédemption — on le sait depuis *Tannhäuser* — c'est, pour Wagner, l'harmonisation du conscient et de l'inconscient. Si Wagner parle de l'« artiste absolu » à propos de Lohengrin, c'est que le problème conscient/inconscient, qu'il évoque dans ce contexte, le préoccupe assez pour qu'il le reprenne déjà dans son prochain opéra, et ce ne sera pas la dernière fois. Puisque l'harmonisation de cet antagonisme n'est pas réalisable dans la vie, on comprend pourquoi la structure dramaturgique de l'œuvre exclut une issue heureuse. La question interdite doit être posée par amour, par amour féminin et maternel. Mais elle ne devrait pas l'être pour ne pas défigurer l'amour, l'amour masculin de Lohengrin. Selon son entendement — et celui de Wagner —, la question, en tant que déchirement intellectuel du « sentiment amour », abolit le rôle psychique que l'amour joue pour l'artiste : source première des forces créatrices de l'inconscient. Lohengrin doit rejoindre la lumière ennuyeuse de sa conscience, sa « délicieuse solitude triste ». La « conscience inconsciente », l'idéal de l'artiste, lui reste interdite. Wagner reprendra le problème de la philosophie de la conscience dans *Tristan.* Contentons-nous de faire remarquer ici la parenté du motif de la Question interdite avec le motif du Jour, représentant musical de la conscience dans *Tristan.*

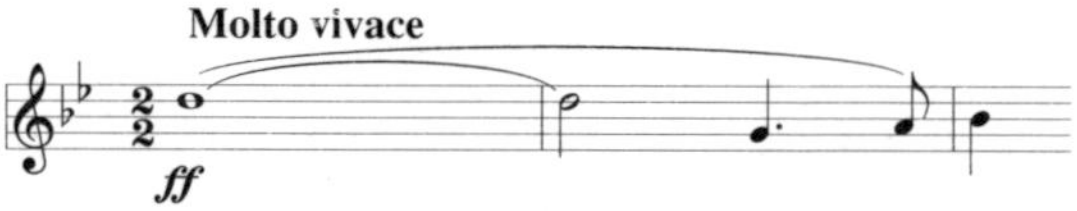

Éditions — **a)** Livret : s.l.n.d. [Weimar, Albrechtsche Druckerei, 1850] ; *Quatre Poèmes d'opéras traduits en français,* Paris 1861. — **b)** Musique : réd. cht et p., Leipzig, Br. & H., déc. 1851 ; part. d'orch., Leipzig, Br. & H., août 1852 ; 1re éd. fr. Paris, Durand, Schoenewerk & Co., 1873 ; éd. par M. Balling, *in* R. Wagners Werke, Leipzig 1912-29, vol. IV, rééd. New York, Da Capo Press, 1971.

Bibliographie — **a)** Ouvrages généraux contenant des analyses de Lohengrin : voir à l'art. *(Der) fliegende Holländer.* — **b)** Documents et études spécialisées : R. Wagner, Eine Mitteilung an meine Freunde (1851), *in* Gesammelte Schriften und Dichtungen, Leipzig 1871-80, 4/1911, trad. fr. par J.-G. Prod'homme, *in* Œuvres en prose de R. Wagner, 13 vol., Paris 1907-24 ; F. Liszt, « Lohengrin » et « Tannhaeuser » de R. Wagner, Paris 1851 ; Ch. Baudelaire, R. Wagner et « Tannhaeuser » à Paris (le chap. III traite de Lohengrin), *in* Revue Européenne, Paris 1.4.1861, rééd. par J. Crépet, Paris 1925 ; E. Reyer, « Lohengrin », *in* Notes de musique, Paris 1875 ; E. Van der Straeten, « Lohengrin ». Instrumentation et philosophie, Paris 1879 ; H. Porges, Über R. Wagners « Lohengrin », *in* Bayreuther Blätter 32, 1909 ; O. Rank, Die Lohengrinsage. Ein Beitrag zu ihrer Motivgestaltung und Deutung, Vienne 1911 ; A. Lorenz, Der musikalische Aufbau des « Lohengrin », *in* Bayreuther Festspielführer, Bayreuth 1936.

U. Drüner

L'oiseau a vu tout cela, cantate d'**Henri Sauguet**, sur un poème de Jean Cayrol, pour bar. et orch. à cordes, composée à Coutras du 5 au 16 avr. 1960, dédiée « à Louis-Jacques Rondeleux, à Karl Ristenpart et à la ville de Besançon », créée au Festival de Besançon, en 1960, par L.-J. Rondeleux et l'Orchestre de chambre de la Sarre, sous la dir. de K. Ristenpart. (Paris, Heugel, 1961 ; durée : 19 min environ.)

Perché sur un arbre, un oiseau assiste, insouciant et impassible, à la torture et à l'agonie d'un homme attaché au tronc de l'arbre où il sait qu'il va mourir. H. Sauguet a traduit la cruauté de ce sujet pathétique, le mélange de poésie et de réalisme du texte, en se gardant, dans la forme comme dans l'expression, de toute outrance, de toute extériorisation. La partition est conduite dans l'esprit de la cantate profane française classique. Les divers épisodes évoquant la tragédie sont reliés par le retour régulier, lancinant, d'une phrase qui rappelle la présence imperturbable du témoin, sorte de conscience immobile et muette : « L'oiseau a vu tout cela. » Cette discrète dramatisation donne leur relief aux images engendrées par des mots et des situations dont la musique fait ressentir la force comme par l'intérieur : ainsi donne-t-elle à la progression des émotions éprouvées par le supplicié, émoi, détresse, révolte et enfin résignation, la primauté sur la scène elle-même. Enlacée au tissu mouvant des cordes divisées, la voix du soliste détaille le récit sans grandiloquence, avec une simplicité presque familière. Cependant de brefs sursauts, de brusques tensions, de subites pulsations rythmiques surviennent dans cette immobilité apparente et la rendent d'autant plus intense. Par la sobriété et la vibration contrôlée des accents, leur élan toujours contenu, cette cantate bouleversante s'est révélée comme un sommet dans la production de Sauguet et, peut-être, comme l'un des plaidoyers les plus vibrants que notre époque a suscités contre l'injustice et la violence. Le compositeur est parvenu ici à une réelle grandeur en ne faisant appel qu'à des sentiments humains, tendresse, pitié, tristesse, pour dénoncer comme il l'avait fait quinze ans auparavant, avec la *Symphonie expiatoire*, l'inanité et l'horreur de la guerre.

Bibliographie — J. Roy, Musique française. Présences contemporaines, Paris 1962 ; cf. également Le Guide du concert, 28 mars et 2 nov. 1963.

Fr.-Y. Bril

(I) Lombardi alla prima crociata (Les Lombards à la première croisade), drame lyrique en 4 parties, livret de Temistocle Solera, musique de **Giuseppe Verdi**, composé à Milan en 1842-43, créé à Milan, au Teatro alla Scala, le 11 févr. 1843, avec Mmes E. Frezzolini-Poggi (Giselda), T. Ruggeri (Viclinda), A. Gandaglia (Sofia), MM. G. Severi (Arvino), Pr. Dérivis (Pagano), G. Rossi (Pirro), N. Marconi (l'évêque de Milan), L. Vairo (Acciano), C. Guasco (Oronte), sous la dir. d'Eugenio Cavallini.

La composition de cet opéra répond au désir de renouveler le succès de → *Nabucodonosor* : même théâtre, même impresario, même librettiste, même sujet religieux propre au déploiement choral. Malgré le sentiment patriotique affirmé du livret, la censure se contenta d'empêcher qu'un texte ou un acte sacrés fussent portés à la scène (l'*« Ave Maria »* de la prière de Giselda [1re partie] devint *« Salve Maria »*). Si l'accueil du public fut vraiment triomphal, la critique se montra plus réservée : trop de prières, trop de monosyllabes, trop d'accompagnement, trop de scènes peu véridiques. L'art de Verdi, tout de même considéré comme accompli, fut cependant jugé trop enclin à soigner les effets. Quant aux chanteurs, les éloges furent chaleureux pour la Frezzolini-Poggi, plus vagues pour Severi, Dérivis et Guasco. A l'occasion d'une représentation à Senigallia en juil. 1843, Verdi écrivit une nouvelle version plus brillante et plus ornée de la cabalette d'Oronte (2e partie) à l'intention d'Antonio Poggi. Le même ténor la reprit à la Scala l'hiver suivant, tandis que la cabalette de Giselda (finale de la 2e partie) était transposée de *sol* maj. en *fa* maj. pour son épouse Erminia Frezzolini. *I Lombardi* est le premier opéra de Verdi qui fut produit aux États-Unis (New York, Palmo Opera House, 1847). Le 26 nov. de la même année, l'ouvrage fut donné à l'Académie Royale de Musique de Paris. Profondément remanié, aussi bien du point de vue littéraire (livret d'Alphonse Royer et Gustave Vaëz) que musical, il reçut à cette occasion le titre de *Jérusalem*. Cette version fut retraduite en italien par Calisto Bassi et présentée sous le titre *Gerusalemme* à la Scala de Milan, le 26 déc. 1850.

Livret — L'action se déroule dans les années 1097-99. — 1re Partie. *La vendetta* (La Vengeance). Sur la place Saint-Ambroise, les Milanais sont réunis pour assister à la réconciliation solennelle d'Arvino (ténor) avec son frère Pagano (basse) qui a tenté de le tuer, dix-huit ans auparavant, pour l'amour de la belle Viclinda (sop.). Pendant ce temps, l'évêque de la ville (ténor) proclame Arvino chef de la croisade lombarde. Cependant, Viclinda, Arvino et Giselda (sop.), leur fille, surprennent dans les yeux de Pagano une soif de vengeance inassouvie. La nuit venue, Pirro (basse), écuyer de Pagano, aide son maître à perpétrer le crime qu'il a projeté. Par erreur, Pagano frappe à mort son père, Folco, et non le frère détesté. Seul et tourmenté, le parricide est exilé au désert.

2e Partie. *L'uomo della caverna* (L'Homme de la caverne). Quelques années plus tard, dans le palais d'Acciano (basse), tyran d'Antioche, l'assemblée des ambassadeurs musulmans fait serment d'exterminer les croisés. C'est là qu'est prisonnière Giselda, qui est aimée et éprise d'Oronte (ténor), fils d'Acciano et de Sofia (sop.). Dans la montagne qui domine la ville vit un saint ermite qui n'est autre que Pagano déguisé. Incognito, il conduit, grâce à l'aide de Pirro repenti, l'armée croisée lombarde, commandée par Arvino, à la conquête d'Antioche et de sa forteresse. La ville est envahie ; Sofia annonce la mort de son fils et de son mari. Désormais libre, Giselda, voyant son père éclaboussé de sang, le renie, lui et le Dieu guerrier, les croyant responsables de la mort de son amant.

3e Partie. *La conversione* (La Conversion). Dans la vallée de Josaphat, croisés et pèlerins invoquent leur redoutable Seigneur. Tandis que Giselda pleure la mort d'Oronte, le jeune homme survient brusquement, dissimulé sous l'habit lombard. Les deux amants se jurent une fidélité éternelle puis s'enfuient en entendant des cris de guerre. Encore plein de fureur à l'égard de sa fille, Arvino est averti par les croisées que son frère Pagano se trouve dans le camp : il demande justice à Dieu. Entre-temps, Oronte a été blessé. Près d'une grotte, Giselda soutient son amant frappé à mort et, désespérée, déplore l'injustice de Dieu. L'Ermite les rejoint, console Giselda et offre à Oronte la vie éternelle en lui donnant le baptême.

4e Partie. *Il Santo Sepolcro* (Le Saint Sépulcre). Apparus en songe à Giselda, Oronte et les anges l'exhortent à une nouvelle espérance pour les croisés dont la fontaine de Siloé doit apaiser la soif. Découragés et abattus, les chrétiens regrettent les riantes plaines lombardes quand une voix les appelle à la source. Giselda s'unit aux cris de guerre et de victoire de son peuple. Dans la tente d'Arvino, Pagano mourant dévoile son identité à son frère et à sa nièce en implorant leur pardon. Le rideau tombe sur la ville de Jérusalem où flottent les drapeaux des croisés.

Le livret de T. Solera s'inspire d'une œuvre du même titre de Tommaso Grossi, un poème en 15 chants dont la source principale est l'*Histoire des croisades* de Joseph-François Michaud. La plus grande difficulté consistait à tirer de cette histoire complexe un récit cohérent, vraisemblable et riche de sens. Tout au contraire, il en résulta des épisodes sans lien entre eux, des situations artificielles, dépourvues de motivation interne. Par rapport au poème de Grossi, nombreux furent les changements opérés : Solera ajouta, par exemple, tout l'épisode milanais (1re partie) et donna un rôle héroïque à Giselda, déjà adulte lors de sa 1re apparition. Le librettiste chercha à occulter l'atrocité de la guerre et les souffrances causées par la famine et la misère pour mettre au premier plan la mission chrétienne et la nostalgie de la terre lombarde. Le texte est parfois trop prolixe, parfois trop synthétique, pour la musique qui lui revient, tandis que le vocabulaire exprime des images d'un romantisme plutôt fruste et primaire bien qu'adapté à l'impétuosité de l'écriture verdienne.

Sur le plan musical, Verdi dut donner consistance à des personnages généralement emportés par l'action chorale. Si les rôles de Viclinda et Sofia ne sont qu'esquissés sur les plans poétique et musical, la personnalité de Giselda, sujette plus qu'aucune autre à des revirements soudains parfois peu convaincants, apparaît diverse, voire incohérente et instable. En effet, l'héroïne entre en scène avec cette étrange aria qu'est la prière linéaire de son *« Salve Maria »* (Salut Marie ! Le Seigneur qui grandit en toi te remplit de grâce, 1re partie),

dans le style de la musique de chambre ; elle passe ensuite d'un état proche de la démence (rondo, finale de la 2e partie) à des accents amoureux (duo, 3e partie), pour arriver à la vision angélique de la 4e partie puis retrouver un rôle guerrier, tout en « acciacature », rythmes pointés, syncopes et ornementations (Les flots s'écoulent pour raviver les humeurs des membres fatigués, 4e partie) ;

elle termine enfin dans un élan de sincérité pour demander pardon à son père (petit trio, finale de la 4e partie). A l'opposé, le rôle d'Oronte, bien qu'il ait été confié à Guasco, premier ténor de la distribution, reste homogène, fait d'amples lignes mélodiques soutenues par des timbres instrumentaux propres à traduire sa qualité d'amoureux (fl., clar., htb. et cordes en accompagnement berceur dans la 2e partie ; cordes et vl. solo dans le trio de la 2e partie ; harpe pour la vision de la 4e partie). Deuxième ténor, Arvino doit faire preuve de qualités vocales plus héroïques (scène et aria, 3e partie ; *« Guerra, guerra »* [Guerre, guerre, 4e partie], où réapparaît une ection du duo avec l'ermite déjà entendue dans la 2e partie). Pagano, malgré le côté odieux de sa personnalité au début de l'opéra, semble le plus sincère et le plus vrai de tous les protagonistes. Son sentiment religieux s'approfondit graduellement pour s'épanouir dans sa romance avec cordes et flûtes de la 2e partie et dans le trio de la 3e partie. Cette page, qui compte parmi les plus heureuses, fait preuve d'innovation, non par l'intervention du violon solo (assez usité à cette époque), mais dans la liberté rythmique du traitement vocal et la souplesse de sa structure (elle semble interrompre une cabalette de Giselda). Le duo d'amour de la 3e partie présente une liberté analogue.

Le chœur reste sans aucun doute le personnage principal de l'opéra, en dépit du caractère presque comique de quelques-unes de ses interventions (hommes d'armes, vision) ou du manque d'authenticité de certaines autres (ambassadeurs et esclaves plus tziganes qu'orientaux). Parmi les pages chorales les plus réussies, on signalera : le chœur des religieuses cloîtrées, soutenu par un étrange accompagnement de clarinettes, hautbois et cors qui imitent l'orgue, inséré dans l'action grâce à un heureux effet de contraste ; *« Gerusalem, Gerusalem, la grande »* (Jérusalem, Jérusalem la grande, 3e partie), formé de sections différenciées et dont les lignes mélodiques sont reprises à l'orchestre. Mais le morceau le plus célèbre reste *« O Signore, dal tetto natio »* (O Seigneur, du toit natal, 4e partie), sur le modèle littéraire et musical du fameux *« Va pensiero »* de *Nabucodonosor* dont Verdi voulait rééditer le succès.

Dans la 4e partie, le compositeur choisit de rendre la guerre entre croisés et infidèles par une opposition orchestre/« banda », procédé qui se révéla excellent. En général, l'orchestre est employé de façon plutôt rudimentaire et prévisible : les timbres graves sont liés aux événements et situations négatifs, les timbres aigus représentant les éléments plus positifs.

Sources, éditions et rééditions — **a)** *I Lombardi* : Part. d'orch. autographe, Milan, Archivio Ricordi. Part. d'orch., Milan, Ricordi, [v. 1965]. Réd. cht et p., Milan, Ricordi, 1843 ; Paris, Accursi, 1843 ; Paris, Bureau central de musique, 1844 ; Naples, Rome, Florence et Londres, Ricordi, 1882. — **b)** *Jérusalem* : Part. d'orch. autographe, Paris, BN (Cons.), mss 1070-71. Réd. cht et p., Paris, Bureau central de musique, [1847].

Bibliographie — G. PUGLIESE, Gerusalemme, *in* Quaderni dell'Istituto di studi verdiani II, Parme 1963 ; J. BUDDEN, The Operas of Verdi I, From Oberto to Rigoletto, Londres, Cassell, 1973, trad. ital. Turin, EDT/Musica, 1985 ; D. R. KIMBELL, Verdi's First Rifacimento : I Lombardi and Jerusalem, *in* ML LX/1, 1979 ; U. GÜNTHER, G. Verdis erster Erfolg in Paris, *in* Lendemains n° 31-32, Cologne 1983, trad. fr. *in* Jérusalem, Paris, Théâtre national de l'Opéra, févr. 1984 ; J. BUDDEN, Ceremonial Design : an Introduction to Verdi's Jerusalem, *in* The Listener n° 112, sept. 1984 ; A. FOLETTO, Religiosità come slancio collettivo nella prima Crociata del romantico Verdi, *in* Arena di Verona, 62° Festival dell'opera lirica, 1984 ; J. LANGFORD, Text Setting in Verdi's Jerusalem, *in* Verdi Newsletter, n° 12, 1984 ; I Lombardi alla prima Crociata, Milan, Teatro alla Scala, avr. 1984 ; I Lombardi e Jerusalem, *in* Opera International, févr. 1984.

R. FOLLONI

« LONCTANS ME SUI » / « AUCUN ONT TROUVÉ » / « ANNUN [TIANTES] », motet français à 3 voix, teneur latine, de **Pierre de La Croix** (Petrus de Cruce). A ce compositeur de la seconde moitié du XIIIe s., mentionné dans plusieurs traités de musique et notamment dans le *Speculum musicae* de Jacques de Liège, est attaché un style fait de maniérisme, de souplesse et de liberté à l'égard des formes traditionnelles.

Le ténor ou teneur, *« Annun* [*tiantes*] *»* tiré du répons-graduel de la fête de l'Épiphanie → *« Omnes de Saba »*, est constitué par le dernier mot du répons. Il appartient donc à la partie du chant réservée au chœur, choix inhabituel, car, en principe, seules les parties de soliste font l'objet d'une mise en polyphonie. Sa répétition définit deux parties dont le rôle est purement structurel. Le texte des deux voix supérieures, original, est à sujet amoureux ; son expression montre une complexité qui pourrait le mettre en relation avec les « puys » du nord de la France. La forme poétique en est irrégulière et se rapproche de la prose. Les rimes sont croisées, en *ie* et en *er* dans le motet, en *age* et en *on* dans le triple, avec des relations complexes à la mélodie.

Le rythme témoigne d'une importante évolution dans l'utilisation des modes dont la rigueur est battue en brèche. La teneur est encore en 5e mode. Mais l'« ordo » de trois (𝅗𝅥. 𝅗𝅥. 𝅗𝅥 -) ne s'applique qu'à la première des deux parties, d'ailleurs inégales, définies par la répétition de la mélodie. Le reste est traité en valeurs longues, sans motif rythmique particulier, en l'absence de tout silence. Le double, ou voix de motet, obéit au 1er mode (𝅗𝅥 ♩) et au 5e avec un rappel de l'« ordo » du ténor, Pierre de La Croix renouvelant l'usage de la « variatio modi », un des traits propres à l'organum parisien (→ *« Benedicamus Domino »*). L'« ordo » est remplacé par des périodes dont le nombre de mesures, allant de 5 à 12, est déterminé par la longueur des vers. Pourtant, une analyse rythmique révèle que sous cette apparente liberté se cache une structure symbolique mettant en jeu le 3, le 9 et les nombres pythagoriciens 4 et 5 **A**. La 6e période, début de la seconde partie, s'enchaîne avec la 7e, et la 8e avec la 9e, les paroles formant alors deux longs vers avec rime interne. Mais c'est le triple qui marque la plus grande évolution. Pierre de La Croix ayant complété la notation franconienne par un point de séparation a été en mesure d'écrire des suites de groupes de semi-brèves (𝅘𝅥𝅮). En outre, il a, le premier, divisé la brève en plus de trois semi-brèves, leur nombre pouvant aller jusqu'à 9, chacune étant dotée d'une syllabe (mes. 12). Il obtient ainsi une rythmique fluide qui s'apparente au débit oratoire bien plus qu'à un 1er mode, presque méconnaissable tant il est monnayé.

La mélodie, contrairement à celle des motets antérieurs, ne doit rien aux chansons de trouvères. Le double évolue très simplement, avec une absence de signification qui le classerait dans les voix intermédiaires s'il s'agissait d'une homophonie et non d'une polyphonie. Associé au ténor dont les longues impriment au motet une pulsion rythmique, il soutient un triple qui fait montre de la plus grande virtuosité. Se maintenant dans un registre élevé *la* 3 - *la* 4 - (*si*), il recèle, à côté de quelques sauts de quinte acrobatiques (mes. 23-25), des formules ornementales auxquelles les tournures précieuses de la musique baroque n'auront rien à envier (mes. 2). Certaines évolutions, se moulant sur le texte, épousent sa forme irrégulière, préfigurant le récitatif et même le « recitativo secco » quand les deux voix inférieures qui procédaient de conserve par valeurs longues se taisent en même temps (mes. 10, 16-17). Quelques croisements, dus à des ambitus encore peu différenciés (teneur : *fa* 3 - *ré* 4, double : *sol* 3 - *la* 4), peuvent être relevés ici où là. Malgré tout, le triple tend à devenir un supérius accompagné **B**.

Les innovations dont ce motet fait preuve retentirent sur l'interprétation des chants de la fin du XIIIe s. et des siècles suivants. Avec le fractionnement de la brève en un grand nombre de semi-brèves, la « course à la vitesse » était ouverte, préparant la venue d'une nouvelle subdivision, la minime. Parallèlement, et pour des raisons pratiques faciles à comprendre, la durée des valeurs supérieures s'est allongée. La battue représentée par la longue au début de la période de Notre-Dame de Paris sera remplacée par la brève chez Pierre de La Croix, et par la semi-brève chez Guillaume de Machault, au siècle suivant.

Pierre de La Croix a outrepassé les règles établies, qu'elles soient musicales ou littéraires, ouvrant la voie à l'Ars nova. Mais par l'usage, pourtant renouvelé, qu'il fit des modes rythmiques il a montré qu'il restait encore tributaire des formes du passé.

A « LONCTANS ME SUI » /« AUCUN ONT TROUVÉ » / « ANNUN [TIANTES]

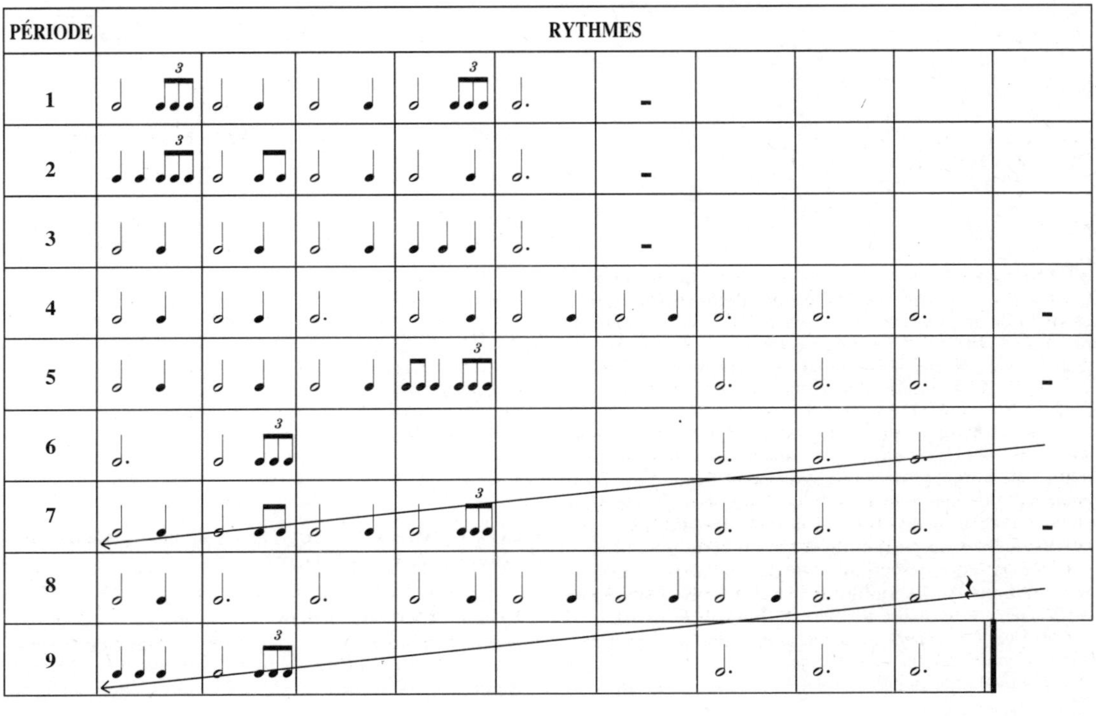

E « Lonctans me sui » /« Aucun ont trouvé » / « Annun [tiantes]

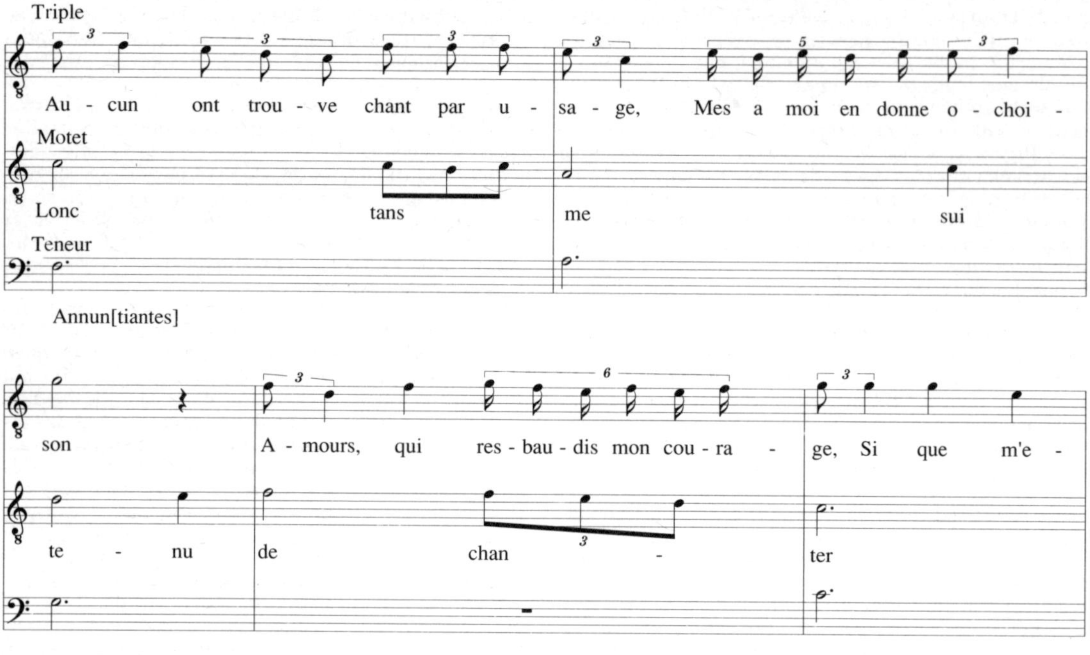

Sources — Manuscrits de → Montpellier, f°s 273v-275, et de Turin, Vari 42, f° 14.

Éditions — Par Y. Rokseth, *in* Polyphonies du XIIIe siècle, 4 vol., Monaco et Paris, L'Oiseau-Lyre, 1935-48 ; par A. Davison et W. Apel, *in* Historical anthology of music I, Cambridge (Mass.), Harvard Univ. Press, 1946 ; par A. Auda, *in* Les motets wallons du Ms. de Turin, Bruxelles 1953.

Bibliographie — H. Besseler, Studien zur Musik des Mittelalters, *in* AfMw VII, 1925, et VIII, 1927 ; W. Apel, The notation of polyphonic music 900-1600, Cambridge (Mass.) 1942, 5/1953 ; G. Reese, A History of Western Music, Londres 1962 ; D. J. Grout, Music in the Middle Ages, Londres 1965 ; R. Rastall, The Notation of Western Music, Londres, Dent, 1983 ; Y. Chartier, art. Pierre de La Croix, *in* Dict. de la musique, éd. par M. Honegger, Paris, Bordas, 2/1986 ; R. Crocker, French Polyphony of the 13th Cent., *in* New Oxford History of Music II, Oxford, OUP, 2/1990.

A. Dennery

« Longtemps y a », chanson à 4 voix, sur un texte de Clément Marot, attribuée à **Claudin de Sermisy**, mais il est difficile de savoir si cette pièce est bien de lui. Dans la première édition de 1530 (*36 Chansons*..., Paris, Attaingnant), elle est anonyme, mais dans les deux rééditions suivantes, Attaingnant l'attribue contradictoirement à Dulot (*2[d] Livre*..., 1535) et à Sermisy (*2[d] Livre*..., 1537). Comme il avait également publié, dans les *Chansons nouvelles en musique*... de 1527, une autre chanson, anonyme, sur le même texte, on peut penser que dans l'une des deux éditions suivantes une confusion s'est établie entre les versions de Dulot et de Sermisy. Pour l'heure, aucune source ne permet de résoudre cette question.

Le texte est un cinquain de décasyllabes, assez archaïque dans l'usage qu'il fait des allégories, Rigueur et Allégeance, tout droit sorties du *Roman de la Rose*. Il paraîtra en 1532, comme « chanson », dans l'*Adolescence Clémentine* de Marot, suivi d'une 2de strophe. Le schéma formel développé par la musique est assez étonnant, par un curieux « da capo » qui combine sur le seul dernier vers la 1re et la 3e phrase, en fait deux versions différentes de la même : au 3e vers, le ténor répète exactement la 2e partie de la 1re phrase du supérius : ABA' CCA'. Bien qu'étonnante, cette économie de l'invention musicale pourrait bien être un signe de la main de Sermisy. Par ailleurs, le style polyphonique, s'il est essentiellement en imitation, reste toujours clair, combinant les motifs courts et syllabiques des premiers hémistiches aux développements légèrement mélismatiques des seconds. D'autres versions du même texte seront publiées jusqu'en 1581 (**S. Cornet** chez Plantin), en passant par **Certon** (*Meslanges*, 1570) : une seule, à 2 ou 3 voix, par Susato (1544) se révèle être une paraphrase de cette chanson, dont, en outre, Attaingnant publie une transcription pour clavier en 1531 (*25 Chansons* [...] *réduictes*...).

Rééditions modernes — Par I. Cazeaux, *in* Cl. de Sermisy. Opera omnia, CMM 52/4, Amer. Inst. of Musicology, 1974 ; par R. Blanchard, *in* Cl. Marot et les musiciens de son temps, Lyon, Éd. A Cœur Joie, 1979 ; transcr. pour clavier, éd. par A. Seay, *in* Transcriptions of chansons for keyboard, CMM 20, Amer. Inst. of Musicology, 1961.

Bibliographie — Fr. Lesure, Autour de Cl. Marot et de ses musiciens, *in* RMie XXIII, 1951 ; I. Cazeaux, The secular music of Cl. de Sermisy (diss. New York, Columbia Univ., 1961).

J.-P. Ouvrard

« Longuement me sui tenus », lai de **Guillaume de Machault**, voir « Voir dit ».

« Lord, let me know mine end », (Seigneur, fais-moi connaître ma fin), anthem de **Maurice Greene** sur un texte tiré du Psaume 39 (versets 5-8, 13 et 15), qui fait partie de la liturgie du service funèbre anglican, pour

2 sop. soli, chœur mixte à 4 voix et b.c. à l'orgue, composé entre 1725 et 1730, vraisemblablement pour la Chapelle royale. (Durée : 5 min environ.) Il a été publié dans les *Forty Select Anthems* de M. Greene (Londres 1743), une publication monumentale en deux volumes qui désigne le musicien comme l'un des plus importants auteurs d'anthems du XVIIIe siècle. L'équilibre interne de cette collection, qui comprend 22 « verse anthems », 11 anthems de solistes et seulement 7 « full anthems », illustre le penchant accusé de l'époque pour les voix solistes.

« Lord, let me know mine end » appartient au type du « full anthem », considéré comme démodé à l'époque de Greene et chanté en général les matins de semaine à la Chapelle royale, tandis que les « verse anthems », plus au goût du jour, l'étaient à l'office du soir (« Evensong »), plus important. Il est coulé dans le moule habituel du « full anthem » du règne des rois George : deux sections chorales substantielles qui encadrent un verset central pour voix solistes. Exceptionnellement cependant, ces trois mouvements ne sont pas séparés et l'œuvre se déploie de façon continue en un seul mouvement que soutient la basse de l'orgue écrite en croches ininterrompues tout au long de l'œuvre. Ce procédé ressemble au traitement par J. S. Bach du même thème — la nature passagère de la vie et la réalité menaçante de la mort — dans le duo pour sop. et ténor *« Ich bin nun achtzig Jahr »* de la cantate → *« Gott ist mein König »* (BWV 71) et la fugue chorale avec accompagnement de b.c. *« Es ist der alte Bund »* de la cantate → *« Gottes Zeit ist die allerbeste Zeit »* (BWV 106). Particulièrement appropriée au sujet, la tonalité sombre de *la* min. est maintenue tout au long de l'œuvre malgré les changements de style des différentes sections. Le chœur d'introduction est écrit dans un mouvement lent avec une trame imitative lâche. Dans le duo de sopranos qui suit, chaque phrase du texte est d'abord chantée par une voix avant d'être reprise en imitation par l'autre. Les deux voix s'unissent ensuite pour achever les phrases par des chaînes de tierces et de sixtes, animées occasionnellement par des retards, un bon exemple de la faculté de Greene à inventer des mélodies vocales plaisantes et sensibles. Le chœur final est (en général) plus homophonique que le premier, mêlant avec beaucoup d'imagination l'écriture verticale et l'écriture contrapuntique, avec des répétitions profondément senties des humbles supplications « Hear my prayer » (Écoute ma prière), « O Lord » et « O spare me » (O, fais-moi grâce). Cet anthem funèbre, l'un des plus populaires de son temps, est assurément la composition la plus connue de Greene ; malgré sa brièveté, on s'accorde à le considérer comme le chef-d'œuvre de son auteur.

S. HEIGHES

« LORD, THOU HAST BEEN OUR REFUGE » (Seigneur, tu as été notre refuge), anthem de **William Boyce** pour alto et ténor soli, chœur et orchestre (2 htb., 2 trp., timb., cordes et b.c.), écrit pour la corporation des Fils du clergé, une organisation charitable qui subvenait aux besoins des familles de pasteurs dans le besoin ou morts. La tradition d'organiser à son profit un service annuel à la cathédrale Saint-Paul de Londres fut instaurée à la fin du XVIIe s. et s'est poursuivie jusqu'à nos jours. De 1751 à 1778, Boyce assura les fonctions de directeur musical de ces services ; bien que nous n'en possédions pas de preuve, cet anthem fut probablement créé sous sa direction en 1755. Il devint rapidement populaire, fut repris lors de nombreux services ultérieurs et continua à être exécuté plusieurs années après la mort de Boyce. Un unique manuscrit du XVIIIe s. contient un bref extrait de l'œuvre dont la source principale est une édition imprimée par Bland et Weller à Londres en 1802.

L'œuvre présente la structure hétérogène d'une cantate, couramment employée dans les anthems avec orchestre du XVIIIe s., et comprend un chœur introductif et un chœur final, deux arias, un duo et trois brefs récitatifs. S'y ajoute un mouvement intitulé *« Remember, O Lord, what is come upon us »* (Souviens-toi, Seigneur, de ce qui nous est arrivé), écrit pour un chœur formé de trois parties de dessus. Cette formation inhabituelle souligne avec à-propos le sens du texte, tiré des *Lamentations de Jérémie*, chap. 5, qui exprime la condition de l'orphelin. Ce mouvement se divise en trois sections qui progressent d'un Grave introductif touchant jusqu'à un Allegro final édifiant. Le premier chœur de cet anthem est particulièrement remarquable par sa beauté. Il commence dans le style d'une ouverture à la française avec ses rythmes pointés et ses tirades caractéristiques. Puis vient une exposition fuguée aux instruments qui se fond par la suite avec l'exposition chorale, d'une remarquable ampleur de facture puisqu'elle combine son propre sujet qui s'épanouit dans un mouvement lent avec le thème instrumental plus rapide. Le reste du mouvement est clairement haendelien dans sa structure souple et sa juxtaposition tranchée de formations et d'éléments thématiques contrastés. Les deux arias, la première pour ténor, la seconde pour alto, sont des mouvements brefs de forme binaire ; ils révèlent un don mélodique plein d'aisance et un emploi modéré des prouesses vocales, qualités qui caractérisent une grande partie de l'écriture de Boyce, ainsi que la plupart des œuvres de ses contemporains anglais.

Rééditions modernes — Par M. BEVAN, Londres, OUP, 1977.

R. SPIKES

(DIE) LORELEY (La Loreley), lied pour mezzo-soprano ou ténor et piano de **Franz Liszt**, sur une poésie de Heinrich Heine, dédié à la comtesse Marie d'Agoult. La 1re version date de nov. 1841 (éd. 1843), la révision de 1854 (éd. 1856). Le compositeur a fait une transcription pour piano de la 1re version au début des années 1840 (éd. 1844) et une autre de la 2de version en 1861 (éd. 1862). En outre, il a fait une transcription pour voix et orchestre de la 2de version en 1860 (éd. 1863). (Durée : 5 min 36 s environ.)

L'admirable ballade de Heine, recréant l'atmosphère d'une vieille légende rhénane, a joui très rapidement d'une grande célébrité, d'autant plus que Fr. Silcher lui adapta en 1838 une mélodie fort simple qui eut un retentissement considérable. La version Heine-Silcher est devenue une chanson populaire extrêmement connue. Cette circonstance a certainement porté ombrage à la version lisztienne et — surtout dans les pays de langue allemande — a empêché qu'on la juge avec toute l'objectivité désirable. De plus, l'interprétation musicale de Liszt est à l'opposé de celle de Silcher qui avait conçu sa composition de façon strictement strophique, principe auquel Liszt ne pouvait évidemment pas se rallier. Non seulement il a adopté celui de la composition continue (« durchkomponiert »), mais il a donné une telle ampleur à la partie vocale et à l'accompagnement pianistique qu'il a transformé le texte de Heine en un véritable drame en miniature. C'est dans cet esprit qu'il faut entendre ce lied. Et l'on y découvre alors de grandes beautés.

Liszt dose habilement les passages récurrents et les passages nouveaux. Bien qu'il respecte assez fidèlement le découpage en strophes, il procède à certaines restructurations des 6 quatrains de la ballade pour les regrouper en 5 sections. Il en résulte que le lied présente une partie centrale contrastante (section III) permettant de considérer qu'une sorte de forme ABA' se superpose à la forme « durchkomponiert » de la façon suivante : I = A, II = B, III = C, IV = A', V = A + B. Le lied débute par une introduction pianistique dont les harmonies audacieuses et originales préfigurent le style du prélude de *Tristan*. La 1re section correspond à la 1re strophe et se subdivise en deux sous-sections x et y qui reviendront séparément au cours du lied. Le style adopté est celui du récitatif. La 2e section, correspondant à la 2e strophe, déroule une mélodie très onctueuse et d'un lyrisme tranquille, proche de l'arioso, soutenue par un accompagnement de rythme berceur à 9/8 qui rappelle l'élément aquatique : « Und ruhig fliesst der Rhein » (Et le Rhin coule tranquillement). La mélodie de cette section z reviendra également plus tard. La section centrale regroupe les 3e et 4e quatrains et déploie un lyrisme généreux, d'effet assez théâtral, qui met bien en évidence la voix. La 4e section comprend le 5e quatrain ainsi que la 1re moitié du 6e et revêt un caractère descriptif très marqué. Au début, elle reprend l'élément y, puis le développe en insistant sur le rythme haletant et sur la progression chromatique ascendante des notes répétées qui produisent un grand effet dramatique. La voix suit cette ascension et culmine sur un *si* ♭ aigu soulignant le mot « hinauf » (vers le haut) **A**. La 2e partie de cette section est marquée par un perpétuel ondoiement chromatique à la main gauche et une descente chromatique progressive vocale qui tous deux figurent l'engloutissement du pauvre pêcheur par les flots. La dernière section est une sorte de coda fondée sur les deux derniers vers, d'abord chantés sur l'élément x du début, puis repris pour conclure avec beaucoup de lyrisme sur l'élément z qui se déploie abondamment.

La partie vocale est très variée et très difficile. Elle parcourt un vaste ambitus de près de deux octaves (du *si* grave au *si* ♭ aigu) et contribue largement à l'impression de fresque sonore que donne ce lied qui ne prend vraiment toute sa mesure que dans la version orchestrale du compositeur.

Éditions — Voir à l'art. *« Bist du ! »*.

S. Gut

(Die) Loreley (La Lorelei), op. 16, grand opéra romantique en 4 actes, livret d'Emanuel Geibel, musique de **Max Bruch**, composé en 1860-61, créé au Hoftheater de Mannheim, le 14 juin 1863. (Breslau, Leuckart, 1862 ; durée : 3 h environ.)

Livret — Acte I. Le comte palatin Otto (ténor) est tombé amoureux de Léonore, une belle jeune fille rencontrée au bord du Rhin. Sans se faire connaître, il lui a juré fidélité, bien que fiancé à Berta, la nièce de l'archevêque, qu'il s'apprête maintenant à épouser. L'aubergiste Hubert (basse), père de Léonore, prépare les noces prochaines du comte et fait monter ses meilleurs crus de la cave. Léonore (sop.) est chargée d'offrir des fleurs à la noble fiancée et un verre de vin au jeune comte. Le cortège nuptial s'approche, Otto et Berta (sop.) en tête, acclamés par la foule. Lorsque Léonore veut offrir fleurs et vin aux fiancés, elle découvre stupéfaite qu'Otto est son séducteur et s'évanouit de chagrin, car il prétend ne l'avoir jamais vue.

Acte II. Léonore, malade de chagrin et de jalousie, s'est réfugiée dans la montagne. Elle veut se venger de l'infidèle et invoque les esprits du Rhin pour parvenir à ses fins. Ceux-ci exauceront ses vœux et puniront le traître, mais exigent en contrepartie un terrible sacrifice : le cœur de Léonore. La malheureuse accepte et déchire son voile qu'elle jette dans le Rhin avec la bague de fiançailles d'Otto.

Acte III. Le château du comte Otto. La noce est arrivée au château et la fête bat son plein. Lorsque le ménestrel Reinold (basse) chante un air louant l'amour et fustigeant la trahison, Otto est troublé et lui demande de s'arrêter. Le peuple apporte les cadeaux du mariage. Parmi eux, une coupe en or que Léonore est venue offrir. Sa beauté et le chant qu'elle entonne troublent la fiancée d'autant plus que le comte semble totalement sous le charme de la belle chanteuse. En vain son entourage l'invite à s'occuper de Berta ; le jeune comte n'a pas la force de résister au chant maléfique de Léonore qu'il est incapable de quitter des yeux. L'archevêque accuse la chanteuse de sorcellerie et donne l'ordre de l'arrêter malgré les protestations du comte. Léonore, protégée par les esprits du Rhin, peut quitter impunément le château. Otto, toujours sous le charme, veut la suivre à tout prix et est excommunié par l'archevêque en fureur.

Acte IV. Au bord du Rhin. Vignerons et paysans fêtent les vendanges. Surgit Hubert, annonçant que la malheureuse Berta est morte de chagrin. Otto regrette amèrement de s'être parjuré. Bien qu'il n'y ait plus d'obstacle à son amour, Léonore refuse pourtant de le revoir. Otto se jette dans le Rhin, fou de douleur. Obéissant aux esprits du Rhin, Léonore, belle et éplorée, s'est transformée en Lorelei. Assise sur un rocher escarpé, la belle ondine, par sa beauté et la douceur de son chant, fera périr tous les maris infidèles qui passeront par là.

La légende de la Lorelei par laquelle s'achève l'opéra de Bruch fut en réalité inventée de toutes pièces en 1802 par Cl. Brentano, prétendant que le Lorelei (un escarpement de la rive gauche du Rhin, près de Sankt-Goarshausen) était hanté par une ondine. H. Heine développa cette légende apocryphe dans son célèbre *Buch der Lieder* (1827), mis en musique par R. Schumann. E. Geibel écrivit son livret en 1846-47 pour F. Mendelssohn qui en composa d'importants fragments. L'opéra de Bruch se présente comme une succession de scènes illustrant les passions des personnages, où la légende et la magie ne tiennent qu'un rôle restreint. Bien écrite, la musique se caractérise par l'abondance des mélodies sentimentales, mais manque d'accents dramatiques véritables. Depuis 1916, l'œuvre a disparu du répertoire des scènes lyriques.

Bibliographie — H. Pfitzner, Meine Beziehungen zu M. Bruch... Bericht über meine Aufführungen von dessen Oper « Die Loreley », sowie Gedanken über die romantische Oper überhaupt, Munich 1938.

M. Kelkel

« Lorsque Léandre amoureux », 1. air de cour de **Pierre Guédron** sur une poésie de Nicolas Rapin, publié dans 2 recueils d'*Airs de cour à 4 et 5 parties de P. Guédron* (Paris, P. Ballard, 1602 et 1608) et dans les *Airs de différents autheurs mis en tablature de luth par Gabriel Bataille* (Paris, P. Ballard, 1608, rééd. en facs. Genève, Minkoff, 1985). Il reparut en contrefaçon pieuse sous le titre *« Lorsque ton cœur provoqué »* dans *L'Amphion sacré* (Lyon, Muguet, 1615).

N. Rapin, dont les traductions de poètes latins étaient réputées, emprunte ici un texte de Martial (*De Léandre. Imitation de Martial*, dans *Les Œuvres latines et françaises*, Paris, Chevalier, 1610). Le poème en vers mesurés comporte quatre strophes de quatre vers hétérométriques, le dernier vers de chaque syllabe formant une sorte de refrain littéraire que le musicien exploitera musicalement. C'est le seul exemple de vers mesurés que Guédron ait mis en musique. La désaffection des compositeurs français pour la musique mesurée à l'antique s'affirme en effet vers 1600. Cependant, cette esthétique a beaucoup apporté à l'art vocal français du XVIIe s. dans le domaine de la qualité prosodique, de la souplesse rythmique et du langage harmonique.

La version à 5 voix est un air entièrement homophone, où P. Guédron manie habilement les contrastes : contraste d'effectif vocal, avec l'alternance des 5 parties et des 3 voix aiguës qui préfigure sa manière plus tardive ; contraste de rythmes, le refrain dactylique (avec reprise) opposant une certaine fixité à la souplesse des trois premiers vers. L'élégance de la mélodie de dessus sera particulièrement mise en valeur dans la version pour voix et luth de **G. Bataille**. La qualité mélodique des voix inférieures est aussi soignée que chez les plus grands maîtres de la musique mesurée **A**. La prosodie, parfaitement traitée, prend à 5 voix l'aspect d'une véritable récitation chorale. Malgré une certaine ambiguïté qui persistera encore longtemps dans la musique française, le langage harmonique se dépouille peu à peu de ses tournures modales. La basse de cet air, tant dans la version polyphonique que dans celle pour voix et luth (G. Bataille ne modifie presque pas la basse de P. Guédron), a déjà un caractère mélodique de basse continue.

2. Air à 5 parties d'**Eustache Du Caurroy**, publié dans ses *Meslanges* (Paris, P. Ballard, 1610). Seule la première strophe du texte de N. Rapin est utilisée.

Le rythme imposé par la poésie mesurée crée un lien esthétique étroit entre les deux compositions. En effet, la diction y est rigoureusement identique et conditionne toutes les durées. Une seule variante est apportée dans le 1er vers (« passant en nage » au lieu de « passant à la nage »). La composition de Du Caurroy adopte le plan en deux parties avec reprise de la 2de, ce qui accuse encore la parenté entre les deux pièces. Cependant, les mélodies de Du Caurroy sont loin d'avoir l'élégance de celles de Guédron. Contraintes, disjointes jusqu'à la maladresse, elles contrastent avec la souplesse nécessaire des rythmes (la basse manque) **B**.

Rééditions modernes — Par A. VERCHALY, *in* Chansons et airs de cour (1587-1617), Paris, Presses de l'Ile-de-France, 1954, p. 14 ; *in* Airs de cour pour voix et luth (1603-1643), Paris, Soc. Fr. de Mie, 1961, p. 14.

Bibliographie — D. P. WALKER, Musical Humanism in the 16th and Early 17th Century, *in* MR II, 1941-42 ; du même, The Influence of musique mesurée à l'antique, particularly on the air de cour of the early 17th century, *in* MD II, 1948 ; N. DUFOURCQ, A propos de E. Du Caurroy, *in* RMie XXXII, 1950 ; A. VERCHALY, La métrique et le rythme musical au temps de l'humanisme, *in* Actes du VIIIe congrès de la SIM, New York, Kassel, BV, 1961 ; D.-L. ROYSTER, P. Guédron and the air de cour (diss. Yale Univ., 1972) ; G. DUROSOIR, L'air de cour en France (1571-1655), Liège, Mardaga, à paraître ; G. DUROSOIR et A. VERCHALY, Catalogue de l'air de cour (1571-1664), n°s 35, 40, 44, à paraître.

G. DUROSOIR

LOUISE, roman musical en 4 actes et 5 tableaux, texte en prose et musique de **Gustave Charpentier**, composé à Rome et à Paris entre 1888 et 1897, créé à Paris, à l'Opéra-Comique, le 2 févr. 1900, avec Marthe Rioton

A **(DIE) LORELEY** DE FR. LISZT

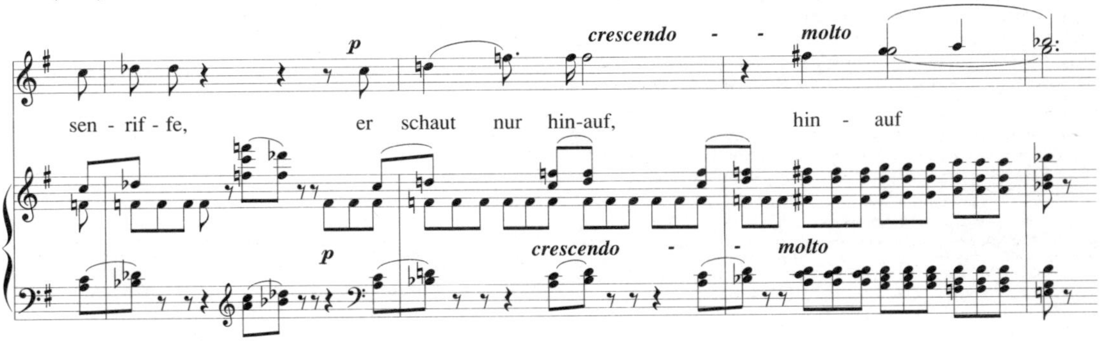

A **« LORSQUE LÉANDRE AMOUREUX »**

B « Lorsque Léandre amoureux »

(Louise), Mme M. B. Deschamps-Jehin (la Mère), A. Maréchal (Julien) et Lucien Fugère (le Père), sous la dir. d'André Messager. Depuis sa création, le succès de *Louise* ne s'est jamais démenti. De son vivant, G. Charpentier avait dirigé la 960ᵉ de son ouvrage à l'Opéra-Comique le 7 déc. 1950. (Paris, Heugel, 1900 ; durée : 2 h 40 min environ.)

Livret — Paris, à la fin du XIXᵉ siècle. — Acte I. Une pièce mansardée dans un logement d'ouvriers. Par la fenêtre, Louise (sop. dramatique), couturière, fille d'ouvriers, et Julien (ténor), poète désargenté, échangent des serments d'amour. La mère de Louise (mezzo-sop.) les interrompt. Une violente dispute oppose la mère à la fille. Le père (bar.) entre en tenant à la main une lettre de Julien. Si la mère est contre cette union, le père se montre indulgent, mais se donne un temps de réflexion.

Acte II — 1ᵉʳ Tableau. « Paris s'éveille ». Un carrefour au bas de la butte Montmartre. Avec les bohèmes, Julien attend Louise pour connaître l'accueil réservé à sa lettre. Les couturières, puis Louise accompagnée de sa mère arrivent ; lorsque cette dernière repart, Julien rattrape la jeune fille et lui demande de s'enfuir avec lui. Louise ne sait que faire. — 2ᵉ Tableau. Lorsque Julien vient chanter sous les fenêtres de l'atelier de couture, elle le rejoint et part avec lui.

Acte III — Un jardinet au sommet de la Butte. Louise vit avec Julien. Les grisettes et les bohèmes viennent chercher la jeune femme pour la sacrer « muse de la butte Montmartre ». La mère de Louise dit à sa fille que son père est très souffrant et qu'elle seule peut le sauver. Louise accepte de quitter Julien temporairement.

Acte IV — La présence de Louise a permis la guérison du père, mais celui-ci est devenu haineux. Il chasse sa fille. Paris l'a prise...

Ce « roman musical » en partie autobiographique — opéra domestique et wagnérien pour midinettes, sur un livret à la Zola — est considéré comme le meilleur exemple du naturalisme dans l'art lyrique français. G. Charpentier aborde, avec « une vision très animée des êtres et des choses » (P. Dukas), des thèmes sociaux contemporains opposant les générations, les ouvriers et les bourgeois, le monde du travail et celui du plaisir, la tutelle et l'émancipation. L'œuvre fourmille de détails réalistes populaires, mais ce réalisme baigne dans un climat « fleur bleue » romantique et touchant : l'amour de Louise et de Julien, le bonheur calme de la famille. Elle se rattache aussi à l'esprit « fin de siècle » avec le symbolisme de Paris, personnage principal, magique et fatal, « splendeur première » comme le chantent Louise et Julien au 3ᵉ acte. Paris sera le dernier mot prononcé par le père lorsqu'il tend son poing vers la ville. Louise sera littéralement happée, envoûtée par Paris, dans la scène finale. Le texte, sincère, vif, naïf, est écrit dans une prose familière, pleine de gouaille parisienne : « Sèche tes belles mirettes », « cogn' sur maman, y a plus d'largeur », « le coffre est encore solide ». La rhétorique souvent ampoulée (« Bête de somme que je suis, que tous nous sommes, sous le joug pesant de la Fatalité ! ») faisait dire au critique L. Laloy qu'elle était « crasseuse et vaguement métaphysique », qu'elle alignait « avec de grands gestes prophétiques de très vieilles âneries ».

L'ouvrage a gardé néanmoins sa force de persuasion, un charme indéniable et un lyrisme généreux. Ils apparaissent notamment dans l'éveil de Paris au 2ᵉ acte, dans l'air célèbre, d'une belle ampleur, *« Depuis le jour où je me suis donnée »*,

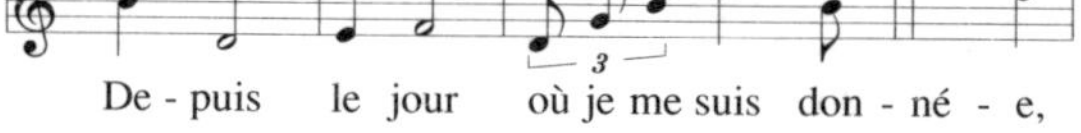

dans le duo Julien-Louise au 3ᵉ acte (sc. 1), dans la berceuse du 4ᵉ acte, *« Reste, repose-toi »*. Grand morceau de chant choral, le *Couronnement de la muse* (acte III) avait fait l'objet d'une exécution séparée ; il avait été joué, chanté, dansé, le 26 juil. 1898, sur la place de l'Hôtel-de-Ville de Paris, avant d'être placé au 3ᵉ acte de *Louise*.

Selon les canons de l'art naturaliste, Charpentier caractérise avec précision l'atmosphère des rues de Paris, avec ses petits métiers, l'ambiance babillarde de l'atelier de couture, les clameurs et les fanfares de la fête des bohèmes. Bien que Debussy ait qualifié de « cantilènes chlorotiques » le traitement, par Charpentier, des cris de Paris, le musicien de *Louise* parvient à restituer poétiquement ce tableau pittoresque, mêlant les fredons à la flûte du chevrier et à la cloche du repasseur. L'ouvrage, surtout dans ses deux premiers actes, se ressent de l'admiration de l'auteur pour son maître Massenet — il y a même une citation amusante de l'ouvrière Camille : « Moi, j'ai vu *Manon*. » « C'est beau ? », interroge Irma. « Très beau, surtout quand ell'meurt. » — Cependant l'influence dominante est nettement wagnérienne. Plusieurs leitmotive parcourent la partition, comme celui de la Liberté, avec son appel caractéristique montant sur un arpège,

et qui claquera une dernière fois à la fin comme un défi aux parents. Si, comme le soulignait P. Dukas, ces thèmes sont « peu substantiels », ils se prêtent à des combinaisons et à des déductions inattendues. Certaines tournures vocales (« sa part d'amour », actes III et IV), des dissonances expressives, le chromatisme et les neuvièmes veloutées trahissent l'emprise du maître de Bayreuth.

Bibliographie — P. Dukas, Louise, *in* La Chronique des Arts, 17 févr. 1900, et *in* La Revue Hebdomadaire, mars 1900, partiellement repris dans Les Écrits de P. Dukas sur la musique, Paris 1948, pp. 479-486 ; L. Laloy, Le drame musical moderne, les véristes français : G. Charpentier, *in* Mercure Musical, 1er juil. 1905 ; M. Kelkel, Naturalisme, vérisme et réalisme dans l'opéra de 1890 à 1930, Paris, Vrin, 1984.

Chr. Goubault

« Lucescit jam, o socii » - « Nunc bibamus », chanson à 4 voix, en deux parties, de **Roland de Lassus**, publiée à Paris, en 1583, chez A. Le Roy et R. Ballard (*24e Livre...*), l'une des nombreuses chansons bachiques du musicien, dont on connaît le goût quasi immodéré pour le vin. Certaines sont en français, comme *« La terre les eaux va buvant »* et *« Ores que je suis dispos »*, d'autres, nombreuses, en latin, comme *« Deus qui bonum vinum »* et *« Ave color vini clari »*. Celle-ci présente l'originalité de mêler latin et français, les faisant alterner phrase après phrase, dans un style macaronique fort prisé du compositeur, comme en témoignent nombre de ses lettres adressées à Guillaume de Bavière (« Après manger oportet bibere », y écrit-il). Le texte est néanmoins disposé en vers, de même coupe (octosyllabes), les vers français rimant entre eux, les latins de leur côté : « Lucescit jam, o socii, / Nous tardons trop à déjeuner, / Habemus tantum ocii, / Que ferions-nous jusqu'au dîner ? » La musique s'efforce continuellement d'en souligner les contrastes, tour à tour déclamant rapidement et développant dans un contrepoint, parfois très élaboré, changeant de mètre ou de texture. La dimension ludique y est manifeste, parfois de façon toute naïve, à la manière du madrigal : ainsi, sur le vers « Bibamus bis, ter et quater » la polyphonie est successivement à deux, trois et quatre voix.

Rééditions modernes — Par A. Sandberger, *in* O. de Lassus. Sämtliche Werke XVI, Leipzig, Br. & H., 1904, 2/par H. Leuchtmann, 1982 ; par W. Boetticher, *in* O. de Lassus. Sämtliche Werke : neue Reihe I, Kassel, BV, 1956 ; par J.-P. Ouvrard, *in* Coll. Polyphonia, Paris, Heugel, 1988.

Bibliographie — W. Boetticher, O. di Lasso und seine Zeit, Kassel 1958.

J.-P. Ouvrard

Lucia di Lammermoor (Lucie de Lammermoor), « opera seria » en 3 actes, livret de Salvadore Cammarano, musique de **Gaetano Donizetti**, composé à Naples en juin et juil. 1835, créé à Naples, au Teatro San Carlo, le 26 sept. 1835, avec Mme Fanny Tacchinardi-Persiani, MM. Gilbert-Louis Duprez, Domenico Cosselli et Carlo Porto. Pour la 1re représentation à Paris, au Théâtre de la Renaissance, le 6 août 1839, Donizetti révisa son œuvre, réduisant la distribution et le nombre des tableaux.

Avec son livret hautement romantique dû à celui qui imagina par la suite l'intrigue d'→ *Il trovatore* de Verdi, *Lucia di Lammermoor* a toujours été l'opéra le plus célèbre de Donizetti et n'a jamais disparu du répertoire en Italie. Il est considéré actuellement comme le meilleur des opéras de son auteur. Sa réputation se fonde sur le rôle de l'héroïne qui, avec sa longue scène de folie, est devenue un archétype de l'opéra italien. Comme tel, il a attiré la plupart des grands sopranos : Jenny Lind, Adelina Patti, Nellie Melba, Maria Callas et Joan Sutherland à qui son interprétation du rôle-titre au Covent Garden en 1959 valut la renommée.

Lucia di Lammermoor a été écrit à la suite du grand succès parisien d' → *I puritani* de Bellini que Donizetti n'était pas parvenu à égaler avec son *Marin Faliero*. Les incessantes difficultés qu'il rencontra avec la compagnie qui gérait les théâtres royaux de Naples repoussèrent la présentation de l'œuvre. Le choix du sujet fut compliqué par la nécessité d'éviter les questions de censure qui avaient affecté son opéra *Maria Stuarda* créé à Naples en 1834. C'est en novembre de la même année que Donizetti avait signé un contrat pour un nouvel opéra qui devait être produit en juillet 1835, mais Cammarano ne fut pas en mesure d'écrire le livret avant la fin du mois de mai, si l'on se réfère à la première mention de la *Sposa di Lamermoor* (sic) de W. Scott dans une lettre du compositeur datée du 28 mai. Comme l'opéra était achevé le 6 juillet, le texte et la musique furent vraisemblablement écrits simultanément. Le livret ne fut soumis à l'approbation des censeurs que le 10 août, la musique étant déjà entièrement composée. La représentation fut encore repoussée et l'opéra ne fut créé que le 26 sept., deux jours après la mort de Bellini. Le succès fut immédiat et l'œuvre connut 22 représentations au cours de la saison avant d'être donnée dans toute l'Italie. La création de *Lucia di Lammermoor* marque le début de la brève période pendant laquelle Donizetti domina la scène lyrique italienne, une période qui dura jusqu'à l'apparition de Verdi, correspondant à son propre déclin causé par la folie aux environs de 1843.

Livret — L'action se passe en Écosse à la fin du xvie siècle et débute dans le domaine du château de Ravenswood.

Acte I. Enrico (bar.) veut forcer sa sœur Lucia (sop.) à épouser Arturo (ténor) pour restaurer la fortune familiale des Ashton, mais elle aime un ennemi juré d'Enrico, Edgardo (ténor), qui croit que ce dernier a assassiné son père et usurpé ses droits sur le château. Enrico se sent outragé lorsque son domestique Normanno (ténor) lui apprend qu'Edgardo courtise sa sœur Lucia et jure de se venger des deux amoureux en dépit de l'appel à la modération de son confesseur Raimondo (basse). Lucia paraît pour rencontrer Edgardo près d'une fontaine en ruine et chante une aria, *« Regnava nel silenzio »* (Il régnait dans le silence ; par la suite F. Persiani lui substituera deux arias plus simples, extraites de *Rosmonda, regina d'Inghilterra*), qui raconte l'histoire d'une femme assassinée par un amant jaloux. Edgardo arrive dans l'intention de prendre congé avant de se rendre en France en mission. Lucia le prie de garder secret leur amour ; ils échangent des anneaux et se quittent après avoir chanté leur duo *« Verrano a te »* (Ils viendront vers toi).

Acte II. Enrico a arrangé le mariage de Lucia avec Arturo après avoir soigneusement intercepté toutes les lettres d'Edgardo à sa sœur. Lucia est priée de paraître et Enrico prend un ton autoritaire, produisant un faux qui suggère qu'Edgardo est infidèle. Raimondo lui-même l'exhorte à se soumettre à son destin, lui promettant que son sacrifice sera récompensé au ciel. Lucia cède. Au cours du finale, les invités au mariage se rassemblent et souhaitent la bienvenue au futur époux, Arturo, qui se déclare l'ami et le protecteur d'Enrico. Ce dernier le prévient que Lucia pleure sa mère tandis qu'elle se laisse mener à contrecœur à la cérémonie. Au moment où elle signe le contrat de mariage, Edgardo fait soudain irruption. Les émotions contradictoires de tous les protagonistes s'expriment dans le célèbre sextuor *« Chi mi frena in tal momento »* (Qui m'arrête en un tel moment). La consternation se transforme en conflit lorsque Edgardo demande à Lucia si elle a réellement signé le contrat et lorsqu'il la condamne, lui arrachant son alliance. Les suivants d'Enrico le menacent, mais il s'échappe tandis que Lucia s'évanouit.

Acte III. Dans une scène souvent coupée, qui se déroule au rocher du Loup, au cours d'une nuit d'orage, Enrico se dirige vers le château isolé d'Edgardo pour le provoquer en duel. Les deux hommes se disputent au sujet de la mort du père d'Edgardo mais s'accordent pour se rencontrer au lever du jour auprès des tombes des Ravenswood. Au château, les invités continuent pendant ce temps à célébrer le mariage et la renaissance de la fortune des Ashton. Raimondo interrompt les réjouissances en révélant qu'Arturo vient d'être trouvé mort, Lucia dressée au-dessus de lui, un poignard à la main, apparemment frappée de démence. Finalement, Lucia paraît en chemise de nuit ; c'est la célèbre scène de la folie, *« Il dolce suono mi colpì di sua voce »* (Que le doux son de sa voix me touche). Elle croit entendre la voix d'Edgardo, imagine sa présence près de la fontaine, leur séparation par un fantôme, enfin leur mariage. Près des tombes, Edgardo attend l'heure du duel qui va l'opposer à Enrico, mais il apprend le sort de Lucia et, lorsque Raimondo s'approche pour lui dire qu'elle est morte, fait ses adieux à la vie, *« Tu che a Dio spiegasti »* (Toi qui expliquas à Dieu), et tourne le fer contre lui.

Le livret de Cammarano est tiré du roman de Walter Scott *The Bride of Lammermoor* (1819), mais certains passages proviennent de son adaptation pour la scène de Victor Ducange (1828), du livret de Balocchi pour *Le nozze di Lammermoor* (1828) de Carafa et de *La fidanzata di Lammermoor* (1831) de Rieschi. Le synopsis autographe de Cammarano et ses notes de mise en scène sont conservés à Naples.

En dépit de sa réputation d'archétype de l'opéra romantique italien, *Lucia di Lammermoor* présente un mélange de traits à la fois démodés et novateurs. La plupart des caractéristiques modernes se rencontrent dans le rôle d'Edgardo qui préfigure le héros romantique impétueux et enflammé des opéras de Verdi et qui se suicide face aux spectateurs. Le rôle avait été écrit pour le célèbre « tenore di forza » Gilbert Duprez qui, renonçant à la technique de voix de tête plus légère des autres ténors, chantait ses notes aiguës en voix de poitrine. C'est la raison pour laquelle le rôle n'est pas aussi aigu que ceux que Bellini écrivit pour des ténors comme Rubini. Duprez prétendait avoir influencé le style déclamatoire très neuf de l'aria finale. Le rôle de Lucia quant à lui est sensiblement plus passif et peu théâtral pour l'époque. Sa seule action décisive est due à la démence. La forme et le style de sa scène de folie découlent des anciennes traditions de l'« opera semiseria » avec son réalisme contrasté (et plus heureux) évoqué au travers de rappels musicaux ou d'événements comme c'était le cas dans → *Nina ossia La pazza per amore* (1789) de Paisiello ou → *La sonnambula* (1831) de Bellini. Cependant, la partie la plus remarquable de la scène de folie, la cadence accompagnée par la flûte, n'apparaît ni dans le manuscrit autographe ni dans aucune partition contemporaine et semble avoir été ajoutée après la mort du compositeur. A l'origine, Donizetti avait utilisé un harmonica de verres pour les soli de flûte que l'on rencontre dans cette aria. Quelques tonalités de la version originale ont été baissées dans les partitions imprimées.

Sources, éditions et rééditions — **a)** Livret : synopsis autographe de S. Cammarano pour *Lucia Ashton* (sic), Naples, Cons. di S. Pietro a Majella. — **b)** Musique : ms. autographe Milan, Museo teatrale alla Scala, facs. Milan 1941. Réd. cht et p., Naples 1835 ; Paris 1839 (rév.). Part d'orch., Milan, Ricordi, v. 1910 ; nouv. éd. par J. Lopez-Cobos, Milan, Ricordi (en prép.).

Bibliographie — G.-L. Duprez, Souvenirs d'un chanteur, Paris 1880 ; G. Cottrau, Lettres d'un mélomane, Naples 1885 ; E. H. Bleiler, Lucia di Lammermoor, New York 1972 ; J. Mitchell, The Walter Scott operas, Tuscaloosa 1977 ; J. N. Black, Cammarano's Notes for the Staging of « Lucia di Lammermoor », *in* Journal of the Donizetti Soc. IV, 1980 ; L'Avant-Scène Opéra, n° 55, sept. 1983 ; J. N. Black, The Italian Romantic Libretto. A Study of Salvadore Cammarano, Edimbourg, Edinburgh Univ. Press, 1984 ; S. Maguire, Mad Scenes, *in* R. Christiansen (éd.), The Grand Obsession, Londres 1988.

S. Maguire

Lucile, comédie en un acte, livret de Jean-François Marmontel, musique d'**André Ernest Modeste Grétry**, créée à Paris, à la Comédie-Italienne, le 5 janv. 1769.

Livret — Au village, on prépare les noces de Lucile (sop.), fille de Timante (ténor). Elle espère que Blaise (basse), son père nourricier, assistera à la fête. Tandis qu'elle s'entretient avec Julie (sop.), arrivent son fiancé, Dorval (basse), Timante et Dorval père (basse). Blaise avoue qu'il est le vrai père de Lucile et qu'il avait procédé à une substitution avec la fille de Timante. Cette révélation pourrait empêcher le mariage vu la différence d'origine sociale. Dorval s'en soucie peu ; les deux pères adoptent Lucile et approuvent ses intentions.

Selon ses propres dires, Marmontel créait ici « un genre nouveau » ; Grétry remarquait que la « comédie italienne n'avoit, jusqu'à cette époque, donné aucune pièce dans laquelle le sentiment prédominât ». Si une analyse du répertoire de l'opéra-comique des années 1760 montre que *Lucile* s'inscrit dans une tradition certes récente, il n'en demeure pas moins qu'elle suscita une petite querelle sur le « genre larmoyant », querelle relative au livret, la musique étant unanimement appréciée. Cl.-J. Dorat, N. E. Framery, Chr. Larcher émettront deux critiques : la première sur l'incompatibilité du lieu et de l'action (pleurer à l'Opéra-Comique), la seconde sur l'introduction de messages pseudophilosophiques dans le livret (attaque directe contre Marmontel). Malgré ces discussions, le succès fut immense auprès du public : tout Paris a pleuré durant le quatuor *« Où peut-on être mieux qu'au sein de sa famille »*. Dans les onze numéros parfaitement distribués, Grétry raffine les caractéristiques du style qu'il avait élaboré dans → *Le Huron :* phrases équilibrées, contrastes thématiques, sections distinctes, schéma tonal clair, lignes mélodiques suggérant une harmonie sans ambiguïté. Les recherches formelles se poursuivent également. Ainsi, le quatuor précité s'inscrit dans une forme rondo variée (ABA'CA') et le monologue de Blaise, *« Ah ! ma femme »*, adopte une structure asymétrique, semblable à un rondo mais sans fin marquée. Le finale inclut des parties dansées, première apparition chez Grétry des danses rustiques qui feront sa renommée. *Lucile* (surtout le quatuor) connut un succès durable pendant la Révolution, l'Empire et la Restauration.

Éditions — Paris, Aux adresses ordinaires, [1769] ; Lyon, Castaud, 1769 ; Paris, Frey, 1823 ; Collection complète des œuvres de Grétry II, Leipzig et Bruxelles, Br. & H., [1884-1936].

Bibliographie — F. S. Fox, A classical style in french opera 1750-1825 (diss. Florida State Univ., 1962) ; K. Pendle, The opéras-comiques of Grétry and Marmontel, *in* MQ LXII/3, 1976 ; de la même, Les philosophes and opéra-comique : The case of Grétry's Lucile, *in* MR XXXVIII/3, 1976 ; M. Cardy, The literary doctrines of J.-Fr. Marmontel, *in* Studies on Voltaire and the 18th Cent. CCX, 1982 ; D. Charlton, Grétry and the Growth of opéra-comique, Cambridge, CUP, 1986.

Ph. Vendrix

Lucio Silla, opéra en 3 actes, livret de Giovanni di Gamerra adapté par Pietro Metastasio, musique de **Wolfgang Amadé Mozart** (KV 135), créé à Milan, le 26 déc. 1772. (Durée : 3 h 30 min environ.)

ARGUMENT — Le dictateur romain Silla (ténor) est amoureux de Giunia (sop.), fille de Marius Gaius. Celle-ci reste fermement fidèle à Cecilio (castrat), sénateur exilé par Silla. Cecilio tente d'assassiner Silla. L'entreprise ayant échoué, il décide de mourir avec Giunia. Mais Silla, magnanime, leur offre le pardon, consent à leur union et rend, en abdiquant, sa liberté au peuple romain.

Le sujet est proche du *Mithridate* de Racine que Mozart avait mis en musique deux ans plus tôt grâce à un livret de G. Parini (KV 87). S'il apparaît très dramatique et idéal pour la scène, Gamerra — même modifié par Métastase — n'a pas su en exploiter les virtualités. Si la littérature a pu le qualifier de chef-d'œuvre lyrique absolu, c'est uniquement grâce à la musique.

Comme pour sa première partition du genre, Mozart ne remet pas en question les lois traditionnelles de l'« opera seria » ; il suffit d'observer la structure de la partition ou la répartition des arias pour s'en convaincre. Il reste vraiment attaché au grand opéra ; à la fin de sa vie, il voudra faire la démonstration que l'on peut faire avec un sujet d'« opera seria » un « véritable opéra », comme il l'écrit dans son catalogue à propos de *La clemenza di Tito*. En revanche, ce qu'il n'accepte que par contrainte, ce sont les « travestis vocaux » ; en 1783, à Vienne, c'est Thérèse Teyber qui chantera un des grands airs de *Lucio Silla*. Pour le rôle-titre, Mozart avait un interprète d'envergure, mais c'est pour ceux des deux amants, Giunia et Cecilio, qu'il disposait des vraies vedettes : le compositeur Venanzo Rauzzini était Cecilio et la signora de Amicis Giunia.

Du dernier air de celle-ci *« Fra i pensier più funesti di morte »* (Parmi les pensées les plus funestes de mort) en *ut* min., Einstein souligne la simplicité et la brièveté absolues, sans la moindre virtuosité, « d'une telle profondeur de sentiment qu'elle aurait parfaitement pu figurer dans le rôle de Donna Anna ». Dans la scène précédente, Cecilio chante l'admirable air en *la* maj. *« Pupille amate »* (Pupilles aimées),

digne lui aussi des opéras illustres de la maturité ; il se termine de manière inattendue et spécifiquement mozartienne sur « morir mi fate pria di morir ». Dans la scène 8 de l'acte I, celle qui se passe dans l'obscurité des tombeaux, Mozart esquisse déjà le climat de *Don Giovanni*.

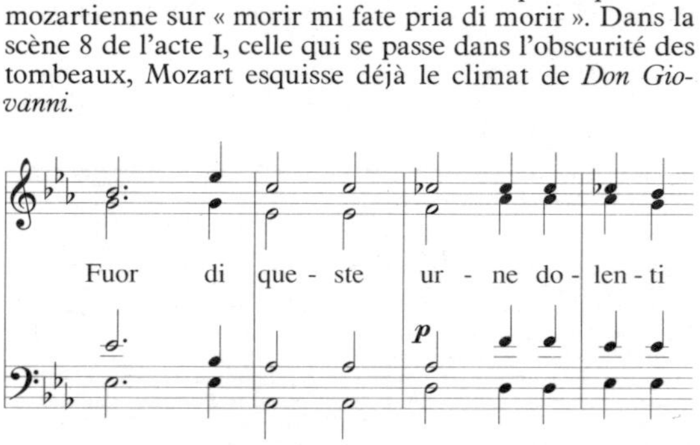

Le duo entre Giunia et Cecilio à la fin de cette scène comptait « pour deux numéros » aux yeux de Mozart lui-même ; on pourrait en dire au moins autant du trio du 2e acte. S'il fait de la scène des tombeaux une page renouvelant la tragédie lyrique comme si on avait déjà dépassé la réforme de Gluck, le duo, lui, par la grâce d'une musique sublime, se situe parmi les plus belles pages de son œuvre lyrique. Les chœurs sont tous intensément dramatiques ; dans aucun autre opéra Mozart n'a composé autant de grands récitatifs accompagnés. L'orchestre a une importance nouvelle ; par endroits, *Lucio Silla* donne l'impression d'une partition symphonique avec voix obligées. Même si l'on se souvient qu'il « composait dans sa tête », on aura une idée de l'élan créateur de Mozart en constatant que cette œuvre monumentale lui a demandé moins de six semaines de rédaction.

Le succès fut plus important encore que celui des deux œuvres lyriques pour l'Italie : *Lucio Silla* connut 26 représentations successives et des reprises récentes ont confirmé que ce n'était déjà plus une œuvre de jeunesse. En dépit d'un livret dont l'extravagance textuelle va jusqu'à l'incorrection grammaticale, Mozart écrit une musique entièrement nouvelle parce qu'il a l'occasion pour la première fois d'affronter les grandes questions : la liberté, l'amour, la mort. Jusque-là, l'enfant prodige avait écrit des pages fort belles, souvent d'un sentiment profond ; dans cette œuvre, l'adolescent devient homme et descend dans les profondeurs, une crise s'annonce du genre « Sturm und Drang ». Mozart veut consacrer toutes ses forces à un idéal à l'amélioration du monde ; c'est ce qui explique le climat très particulier de cette œuvre qui fait songer à maints endroits à celui de *Fidelio*. Les Italiens ont été déroutés par cet opéra lors de sa création ; sous des apparences italiennes Mozart fait en réalité ses adieux à l'opéra italien qu'il a pourtant beaucoup aimé, tout comme ce voyage à Milan sera son dernier voyage en Italie. *Lucio Silla* marque en réalité le début d'un genre nouveau : l'opéra mozartien.

Rééditions modernes — *In* W. A. Mozarts Werke, Leipzig, Br. & H., 1877-83, vol. V/8 ; par K. KUZMICK HANSELL, *in* W. A. Mozart ; Neue Ausgabe sämtlicher Werke, série II, V/7, Kassel, BV, 1986.

Bibliographie — Voir celle de l'art. *Ascanio in Alba*.

C. DE NYS

« LUCI SERENE E CHIARE » (Yeux clairs et sereins), madrigal à 5 voix de **Carlo Gesualdo** sur un texte de R. Arlotti, publié dans *Madrigali a cinque voci, libro quarto* (Ferrare, Baldini, 1596 ; durée : 3 min 46 s environ), l'un des chefs-d'œuvre des débuts de Gesualdo. C'est la première pièce de ce 4e livre, un livre de transition qui affirme la maturité et le style du compositeur. Le texte est celui d'une canzonetta : 9 vers divisés en trois stances d'égale longueur. Sur le plan musical, le madrigal est divisé de même en trois courtes sections. Les deux premières sont comme des variantes l'une de l'autre avec une même musique pour les premiers vers du texte. L'originalité de la troisième est plus grande. La symétrie entre les trois sections est soulignée par leur même longueur et par un style commun, avec de longues cadences ralenties par des changements de mesure (de 4/4 à 6/4).

Le madrigal commence par quelques accords simples, déclamés lentement et solennellement par l'ensemble des 5 voix (S S A T B) en une stricte homophonie avec une note de passage seulement à la fin. Le second vers est mis en musique de façon plus élaborée : il est traité en imitation, opposant entre eux plusieurs groupes de voix, avec ensuite sa répétition sur un tempo plus rapide. Avec le troisième vers, la 1re section s'achève en *fa* mineur. Ce qui est le plus intéressant dans cette pièce, c'est la façon dont Gesualdo utilise, en les opposant, divers moyens musicaux : des sections chorales lentes alternent avec des sections imitatives animées (mais simples) ; de fréquents échanges se produisent entre mouvement binaire et mouvement ternaire (4/4 et 6/4) ; l'exégèse du texte fait contraster des effets mélancoliques (« dolore ») avec des moments plus gais (« dolci parole ») ; à chaque mot correspond d'ailleurs un accent particulier. Le traitement musical atteint sa plus grande force à la fin du morceau : « more e non langue » est chanté sur une longue ligne qui ressemble à une coda, où le chromatisme l'emporte. Dans une structure essentiellement homophonique, des successions harmoniques étranges se font entendre au-dessus d'une pédale, et la pièce se termine en *fa* min., avec un ralentissement en l'espace de deux mesures à 6/4.

Rééditions modernes — Par F. VATIELLI et A. BIZZELLI, *in* C. Gesualdo. Madrigali a 5 voci IV, Rome, Istituto ital. per la storia della musica, 1958 ; par W. WEISMANN et GL. E. WATKINS, *in* C. Gesualdo. Sämtliche Madrigale für 5 Stimmen, Hambourg, Ugrino Verlag, 1957-62, vol. IV.

Bibliographie — Voir celle des art. *« Moro lasso al mio duolo »* et *Madrigali guerrieri et amorosi.*

M. SACRÉ

LUCREZIA, opéra en un acte, livret de Claudio Guastalla, musique d'**Ottorino Respighi**, composé en 1935-36, créé à Milan, au Teatro alla Scala, le 24 févr. 1937, sous la dir. de Gino Marinuzzi. (Milan, Ricordi ; durée : 1 h environ.)

Lucrezia est la dernière œuvre de Respighi. Il ne put l'achever, la mort l'ayant frappé le 18 avr. 1936. Cependant, l'œuvre était très avancée et seules 29 pages de la partition d'orchestre restaient à compléter. Ce que fit son épouse Elsa avec une grande fidélité et une indéniable compétence, ayant été dans sa jeunesse l'élève de son futur mari. Le livret, inspiré par le *Rapt de Lucrèce* de Shakespeare, fut préparé par Cl. Guastalla, l'ami et collaborateur fidèle, qui avait déjà écrit 4 de ses 5 précédents livrets.

LIVRET — Ce drame débute dans un camp militaire des environs de Rome quelque 500 ans av. J.-C. Après un « concours de fidélité » entre les épouses de quelques patriciens romains, l'un d'entre eux, Sextus Tarquinus, abuse de la femme du vainqueur, Lucrèce (sop.), après avoir tenté en vain de la séduire. Après avoir informé son mari Collatinus (ténor) et ses amis du malheur qui l'avait frappée, elle leur demande de la venger. Puis, se sentant déshonorée et désespérée, elle se poignarde. Brutus (ténor), l'un de ses amis, reprend le poignard et part pour Rome tuer Tarquinus et ainsi venger Lucrèce. Le tout est commenté par une voix hors champ omniprésente (sop.).

Jusqu'à son œuvre ultime, Respighi sera resté fidèle à une harmonie complètement tonale et un style post-romantique ou vériste. L'écriture orchestrale est relativement simple et contraste avec celle de ses poèmes symphoniques, mais la ligne vocale est toujours d'une grande richesse et d'une grande expressivité. L'œuvre est d'ailleurs plutôt intimiste, les effectifs étant souvent réduits et l'orchestration rarement chargée. On retrouve, à l'exception du début de l'ouvrage, l'atmosphère lourde et dramatique des opéras précédents de Respighi tels que → *La fiamma* ou → *Maria Egiziaca.*

Bibliographie — E. RESPIGHI, O. Respighi, Milan, Ricordi, 1954 ; R. DE RENSIS, O. Respighi, Sion 1957 ; L. BRAGAGLIA et E. RESPIGHI, Il teatro di Respighi, Rome, Bulzoni, 1978 ; A. CANTU, Respighi compositore, Turin, EDA, 1985.

FR. AUCLAIR

LUCREZIA BORGIA (Lucrèce Borgia), « opera seria » en un prologue et 2 actes, livret de Felice Romani d'après la pièce de Victor Hugo, musique de **Gaetano Donizetti**, créé à Milan, au Teatro alla Scala, le 26 déc. 1833, avec Henriette Méric-Lalande, Francesco Pedrazzi, Luciano Mariani et Marietta Brambilla.

Authentique opéra romantique italien, nourri par un drame puissant, un humour macabre et le côté historique de la pièce de V. Hugo, *Lucrezia Borgia* possède de nombreux titres pour prétendre à être le plus vigoureux des « opere serie » de Donizetti. Il offre l'un des premiers exemples du choix d'un sujet d'opéra par un compositeur italien qui l'impose à son librettiste. Donizetti espérait exploiter à son avantage les récents succès qui l'avaient poussé au premier rang des compositeurs italiens, parmi lesquels → *Anna Bolena* et → *L'elisir d'amore* écrits tous les deux sur des livrets de F. Romani. Il était toutefois beaucoup plus passionné par le sujet brûlant que son éminent collaborateur qui ne retravailla plus jamais avec lui.

La prima donna Méric-Lalande obligea Donizetti à changer la fin en exigeant de lui une « aria finale » compliquée, à chanter sur le corps de Gennaro. Par la suite, Donizetti révisa tout le dénouement (probablement vers 1838) pour une version qui fut interprétée par Ermina Frezzolini à la Scala, le 11 janv. 1840. La première production connut le succès en dépit d'une distribution peu satisfaisante, mais l'opéra ne fut pas repris avant 1836, date à laquelle il fut monté à Florence. En raison d'une intrigue à sensation — mettant en scène la venimeuse fille d'un pape —, l'opéra dut être donné sous des titres variés : *Eustorgia da Romano* (livret publié en 1838) puis *Alfonso, duca di Ferrara* (Trieste, 1838), *Giovanni I di Napoli* (Ferrare, 1841), *Elisa da Fosco* (Rome, 1841), *Nizza di Grenade* et *Dalinda.* Les accusations de plagiat formulées par V. Hugo le firent représenter à Paris en 1845 sous le titre de *La rinnegata.* Vers le milieu du XIXe s., *Lucrezia Borgia* était, hors d'Italie, l'opéra de Donizetti qui obtenait le plus de succès, surtout en Grande-Bretagne où il fut chanté par Giulia Grisi et Giovanni Matteo Mario.

LIVRET — Prologue. A Venise, au palais Grimani, Gennaro (ténor) fête carnaval en compagnie de ses amis Gazella (basse), Petrucci (basse), Liverotti (ténor), Vitellozzo (ténor) tout particulièrement Maffio Orsini (contralto). Ils saluent au passage de nombreuses beautés masquées et expliquent à Gennaro la perfidie des Borgia. Or Lucrezia Borgia est en fait sa mère, mais il l'ignore et ne l'a jamais rencontrée. Bientôt, Lucrezia elle-même paraît, débarquant d'une gondole et se dirigeant vers celui qui est son fils et qui est assoupi (*« Com'è bello !... quale incanto »* [Qu'il est beau ! quel enchantement] ; une cabalette, *« Si voli il primo a cogliere »* [Que l'on saisisse le premier accueil], fut ajoutée pour les représentations à la Scala en 1840). Gennaro se réveille et se sent attiré par Lucrezia sans connaître son identité. Il lui fait part de ses origines modestes. Lorsque ses amis reviennent, Lucrezia essaie de s'échapper, mais ils la reconnaissent et lui ôtent son masque. Chacun rapporte alors un crime infamant commis par elle à l'égard de leurs familles.

Acte I. A Ferrare, Alfonso d'Este (bar.), le quatrième époux de Lucrezia, a appris que Gennaro est l'amant de sa femme et rumine sa vengeance avec son écuyer Rustighello (ténor). Gennaro et ses amis sont arrivés à Ferrare en quête d'aventures et découvrent par hasard les armoiries des Borgia. Ils en font l'objet de leurs railleries et Gennaro les défigure pour que l'on y lise « Orgia ». Rustighello circonvient le serviteur de Lucrezia, Astolfo (basse), et organise la capture de Gennaro. Furieux, Alfonso se prépare à tirer vengeance de son prisonnier. Lucrezia est également irritée par l'insulte et demande la punition du coupable sans connaître l'identité du prisonnier. Lorsque Gennaro est appelé à comparaître, Lucrezia est bouleversée, mais elle cache son trouble à Alfonso et l'autorise à emprisonner Gennaro (par la suite ce duo sera allongé pour Frezzolini). L'acte aboutit à un « terzetto » au cours duquel Alfonso feint de libérer Gennaro et lui offre du vin empoisonné. Après son départ, Lucrezia donne un antidote à Gennaro et lui enjoint de quitter Ferrare pour toujours.

Acte II. Rustighello et ses séides remarquent que Gennaro est toujours à Ferrare ; il y est retenu par Maffio Orsini qui insiste afin qu'il rejoigne ses amis à un bal donné par la princesse Negroni (plus tard, Donizetti remplacera ce duo par une aria écrite pour Nikolaï Ivanov). Pendant le bal, Orsini chante une « ballata », *« Il segreto per esser felici »* (Le Secret du bonheur), mais les réjouissances sont interrompues par un chœur sinistre en coulisses. Les lumières s'éteignent et les amis constatent qu'ils sont enfermés dans la pièce. Lucrezia entre, revêtue d'un manteau noir et accompagnée par des gardes ; elle leur révèle qu'elle a empoisonné le vin pour se venger elle-même de leurs insultes. Consternée, elle découvre que Gennaro n'a tenu aucun compte de son ordre de quitter Ferrare et ordonne aux gardes d'emmener Maffio Orsini et ses autres amis. Elle presse Gennaro d'avaler du contre-poison mais, comme il n'y en a pas assez pour ses amis, il refuse. Lucrezia lui révèle alors qu'il est lui aussi un Borgia et l'implore de prendre l'andidote : *« M'odi... ah ! modi... »* (Tu me hais sur tous les tons). En fin de compte, elle lui confesse qu'elle est sa mère. Trop tard ; Gennaro expire après avoir chanté une cantilène (figurant dans le livret de 1838) et Lucrezia s'effondre sur son corps. (Dans la version originale de 1833, on ne trouve pas trace de cantilène de ténor et Lucrezia chante une cabalette virtuose avant de mourir.)

F. Romani s'est tenu près de la pièce de V. Hugo, terminée en février de la même année. Bien qu'il ait trouvé le sujet déplaisant, il est demeuré fidèle à l'original. Pour un opéra sérieux, son livret contient en conséquence un nombre exceptionnellement élevé de personnages. A la différence de V. Hugo toutefois, il ne fait pas tuer Lucrezia par Gennaro et la chanson à boire est chantée par Orsini et non par Gubetta. Seuls quelques passages ont été ajoutés, en particulier le début de l'acte II, le second couplet de *« Com' è bello »* de Lucrezia, la cabalette à Gennaro, le duo avec Orsini de l'acte II et la filature de Rustighello lors du bal.

Le style dramatique et l'atmosphère « gothique » de l'œuvre préfigurent → *Rigoletto* de Verdi, lui aussi dérivé de V. Hugo ; dans l'un et l'autre de ces deux opéras, une grande partie de l'action se déroule la nuit, le début se situe au cours d'une partie dominée par la « banda » et l'on rencontre des scènes d'un humour macabre et une fin horrible. L'opéra de Donizetti quant à lui renferme de nombreux et mémorables coups de théâtre musico-dramatiques, tels le fait de démasquer Lucrezia, accompagné par un ensemble imitatif sardonique, et les caractérisations musicales compliquées du « terzetto finale » de l'acte I. A noter que Verdi se trouvait à Milan lors des premières représentations de *Lucrezia Borgia*.

Sources et éditions — Partition générale manuscrite, Milan, Archivio Ricordi (incluant les deux finales). — Réd. cht et p., Milan Ricordi, 1834.

Bibliographie — W. Dean, Donizetti's Serious Opera, *in* Proc. Mus. Assoc. C, 1973-74 ; J. Guaricci, « Lucrezia Borgia », *in* Journal of the Donizetti Soc. II, 1975 ; T. G. Kaufman, « Lucrezia Borgia ». Various Versions and Performance History, *ibid.* V, 1984.

S. Maguire

Ludions, 5 minuscules mélodies d'**Erik Satie**, composées en mai 1923 pour une réception chez le comte Étienne de Beaumont où elles furent chantées par Mme René Jacquemaire, future Marie-Blanche de Polignac, accompagnée à l'orgue par le compositeur lui-même. Elles ont toujours été jouées au piano depuis. (Paris, Salabert [Rouart-L.], 1926 ; durée 5 min environ.) Les textes ont été puisés dans le recueil *Ludions* de Léon-Paul Fargue et parfois légèrement adaptés par Satie.

1. L'*Air du rat*, écrit par L.-P. Fargue à l'âge de 10 ans, a été traité sur le mode drôle : il se caractérise par la répétition — sept fois — d'un même motif pendant les quatre cinquièmes de sa durée. **2.** *Spleen*, définie comme mélancolique, est riche en réminiscences modales. **3.** *La Gouénouille améouicaine*, jugée par le compositeur comme une « phantasmagorie », applique un mouvement de marche « très américain », rappelant le « one step », à un sujet plutôt énigmatique. On y décrit une sorte de soupière en forme de grenouille tout en mentionnant, entre autres, Francis Casadesus, arrangeur de musiques américaines dans l'entre-deux-guerres. **4.** L'invitation à l'interprète de jouer « grave » semblerait démentir le caractère « léger » que Satie, dans ses propres commentaires, prête à l'*Air du poète*. C'est en tout cas sur un ton monocorde qu'il a traité un jeu de mots entre « Papouasie » et « Poésie ». **5.** Point final d'un recueil qui a débuté par l'*Air du rat*, la *Chanson du chat* utilise sur le mode « burlesque » l'air de la comptine enfantine *Compère Guilleri*. Il y est question de « potassons », nom réservé aux habitués de la Maison des Amis des Livres d'Adrienne Monnier et censé désigner une « variété de l'espèce humaine se distinguant par sa gentillesse et son sens de la vie ». L.-P. Fargue avait d'abord appelé Potasson son chat, « rond comme un pot ».

Sorte d'inventaire des éléments stylistiques dont le compositeur disposait à l'époque, les *Ludions* constituent, selon V. Lajoinie, la nécessaire transition avant la « musique d'ameublement » appliquée qui trouvera son apogée, l'année suivante, dans l'entracte symphonique (et cinématographique) du ballet *Relâche*.

Bibliographie — V. Lajoinie, E. Satie, Lausanne, L'Age d'homme, 1985, pp. 389-393 ; L. Guichard, The Melodies of E. Satie, *in* Miscellanea Musicologica : Adelaide Studies in Musicology XV, 1987.

O. Volta

Luisa Miller, opéra en 3 actes, livret de Salvadore Cammarano tiré du drame *Kabale und Liebe* (Amour et machination, 1784) de Friedrich Schiller, musique de **Giuseppe Verdi**, créé à Naples, au Teatro San Carlo, le 8 déc. 1849, avec Mmes M. Gazzaniga (Luisa), T. Salandri (Federica), MM. S. Malvezzi (Rodolfo), A. De Bassini (Miller), A. Selva (le comte Walter), M. Arati (Wurm), Fr. Rossi (un Paysan), sous la dir. du compositeur. L'ouvrage fut représenté pour la 1re fois à Paris, au Théâtre-Italien, le 7 déc. 1852, puis en français à l'Opéra, le 2 févr. 1853. (Durée : 2 h 15 min environ.)

Un sujet grandiose et spectaculaire, avec « des caractères bien dessinés, de la passion, du mouvement » : tel devait être, selon ce qu'écrivait Verdi à Cammarano le 23 nov. 1848, le contenu à donner au nouvel opéra que lui avait commandé le Teatro San Carlo pour l'automne de 1849. L'attention du compositeur s'était donc portée sur un roman patriotique de Francesco Guerrazzi, *L'assedio di Firenze* (Le Siège de Florence), projet que la censure sévère des Bourbons repoussa cependant immédiatement. Verdi se rabattit alors sur un sujet plus intime : la « tragédie bourgeoise » *Kabale und Liebe* de Schiller, qu'il avait déjà proposée quelque temps auparavant à Cammarano, la qualifiant de « drame magnifique d'un grand effet au théâtre et plein de passion ». La composition de *Luisa Miller*, qui se déroula au cours de l'année 1849, fut accompagnée par un échange intense de lettres entre le librettiste et le compositeur, qui travaillèrent dans un esprit de sincère collaboration. Parfait connaisseur des conventions mélodramatiques de l'époque (vu la longue expérience mûrie avec Donizetti et Mercadante), Cammarano apporta de substantielles modifications au drame de Schiller, éliminant le message social, qui jouait un rôle déterminant dans la pièce originelle (dénonciation de la violence du pouvoir, de la corruption des cours), et mettant au premier plan les passions individuelles, le conflit des situations, bref, tous les éléments dramatiques susceptibles d'être traduits effficacement en termes scéniques et musicaux. L'action fut déplacée de la ville à la campagne (au profit des chœurs) et repoussée au XVIIe s. ; le nombre des personnages fut réduit et adapté à un effectif plus normal pour l'opéra italien ; certains rôles furent transformés (le vieux Miller, professeur de musique, devint un militaire à la retraite ; Lady Milford, devenue Federica d'Ostheim, de concubine du prince fut transformée en vertueuse cousine de Ferdinand, lui-même rebaptisé Rodolfo) ; l'intrigue fut simplifiée et organisée selon une progression culminant dans la catastrophe finale. Verdi, quant à lui, aurait préféré une plus grande fidélité à l'original, en maintenant par exemple deux personnages féminins de premier plan ; surtout, il aurait souhaité diversifier le caractère de Wurm, en mêlant comique et démoniaque à la manière de Shakespeare. Se référant aux « conventions », Cammarano repoussa ces suggestions, acceptant en revanche celles qui concernaient la construction musicale, comme la conclusion sans strette du finale de l'acte I et le duo de Walter et Wurm de l'acte II.

Malgré le prestige dont jouissait Cammarano au Teatro San Carlo et la célébrité désormais acquise de Verdi, *Luisa Miller* reçut un accueil tiède (et même carrément froid à l'acte III), résultat peut-être dû à la mauvaise prestation des chanteurs (il semble que la Gazzaniga ait été médiocre). Il est plus vraisemblable que le nouveau style de Verdi ait désorienté le public. Mais la situation s'inversa rapidement : l'opéra fut bientôt repris avec succès au Teatro San Carlo et poursuivit une brillante carrière dans les autres théâtres italiens (plus de 200 représentations dans les années 1850) et étrangers.

LIVRET — L'action se déroule au Tyrol pendant la 1re moitié du XVIIe siècle. — Acte I. *L'amore* (L'Amour). 1er Tableau. Devant la maison de Miller. Luisa (sop.) est éprise et aimée de Carlo (ténor), nom sous lequel se cache Rodolfo, fils du comte Walter (basse). Les sentiments de Luisa pour un inconnu préoccupent Miller (bar.), son père, qui craint qu'elle ne soit victime d'un séducteur. Les soupçons du vieillard semblent se confirmer lorsque Wurm (basse), l'intendant du comte, venu lui demander la main de Luisa, lui révèle la véritable identité de Carlo. — 2e Tableau. Une salle du château de Walter. L'amour de Rodolfo pour Luisa contrarie les plans du comte qui a déjà prévu de marier son fils avec sa cousine Federica, duchesse d'Ostheim (mezzo-sop.). Cette dernière arrive sur ces entrefaites. Rodolfo, à qui son père a appris son projet, confesse à Federica son amour pour une autre femme. Jalouse, Federica décide de ne rien céder à sa rivale. — 3e Tableau. La maison de Miller. Pendant que Miller révèle à sa fille ce qu'il sait au sujet du pseudo-Carlo, Rodolfo entre et jure solennellement qu'il veut épouser Luisa. Mais le comte survient, venu accuser Luisa de vouloir s'approprier son fils. Vives réactions des Miller père et fille qui sont arrêtés ; Rodolfo obtient immédiatement qu'on relâche la jeune fille en menaçant le comte de révéler par quels moyens il est arrivé au pouvoir.

Acte II. *L'intrigo* (L'Intrigue). 1er Tableau. La maison de Miller. Wurm annonce à Luisa que l'unique moyen de sauver son père consiste à écrire, sous sa dictée, une lettre où elle se déclarera amoureuse de lui. Luisa est contrainte de céder. — 2e Tableau. Une chambre dans le château de Walter. Wurm annonce à Walter que le plan a réussi. Les deux hommes rappellent leur rôle dans l'assassinat du comte précédent et scellent une nouvelle alliance fondée sur leur complicité dans ce crime. Federica survient, puis Luisa, qu'on oblige à confesser à la duchesse son amour pour Wurm. — 3e Tableau. Un jardin suspendu au château. La lettre de Luisa, apportée par un Paysan (ténor), met Rodolfo en colère. Il fait appeler Wurm qu'il provoque en duel. Effrayé, celui-ci s'enfuit en tirant en l'air. Attiré par le coup de feu, le comte accourt ; feignant le repentir, il accorde à son fils son consentement pour ses noces avec Luisa. Mais, lorsque Rodolfo montre la lettre qui prouve la trahison de la jeune fille, le comte lui suggère de se venger en épousant Federica.

Acte III. *Il veleno* (Le Poison). La maison de Miller. Anéantie par la douleur, Luisa écrit une lettre-confession à Rodolfo où elle lui propose de mourir avec lui. Lorsqu'il découvre les intentions de sa fille, Miller cherche à la dissuader. Pendant que Luisa, restée seule, est en prière, Rodolfo se glisse dans la pièce et verse du poison dans la cruche qui se trouve sur la table. Luisa ayant remarqué sa présence, il lui demande si elle a vraiment écrit cette lettre à Wurm. A sa réponse affirmative, Rodolfo l'invite à boire avec lui. Il lui révèle alors qu'ils ont absorbé du poison et l'invite à dire la vérité : Luisa confesse tout. En proie au désespoir, Rodolfo maudit à la fois son père et lui-même. Avant de mourir auprès du corps inanimé de Luisa, il saisit son épée et transperce Wurm.

Luisa Miller ouvre une nouvelle période dans la production de Verdi et marque un tournant dans sa carrière de créateur, tant en ce qui concerne le choix de l'argument que la technique dramatique et l'écriture. En 1859 déjà, G. Basevi voyait dans cet opéra le début de la « deuxième manière » du compositeur. Il entendait par là cette phase marquée par « l'abandon du grandiose et du passionné » — caractéristiques des œuvres de sa période de jeunesse — au profit de l'approfondissement des sentiments personnels et de la psychologie individuelle ; avec des arguments plus solides, la critique perpétuera ce jugement jusqu'à nos jours. Ainsi qu'on l'a observé à maintes reprises, le séjour de Verdi à Paris, de l'été 1847 à l'été 1849, eut sans aucun doute une influence essentielle dans la maturation de son langage. Au contact de la tradition du grand opéra et de la brillante vie théâtrale de la capitale française, le compositeur a acquis une conception plus souple des formes de l'opéra, accordant en outre, suivant en cela le style instrumental raffiné des Français, un grand intérêt à la couleur orchestrale. Ce sont ces éléments qui, opportunément refondus dans les schémas stylistiques de l'opéra italien, constitueront les nouveautés les plus importantes de *Luisa Miller.* D'une part, la structure dramatique de l'opéra révèle un nouveau dynamisme interne, qui permet de rassembler les différentes situations du drame en un tout organique (dans les moments les plus importants de l'action, Verdi semble manipuler les « formes fermées » traditionnelles en les contractant et en les dilatant suivant les exigences scéniques) ; d'autre part, le discours orchestral fait preuve d'une finesse expressive infiniment supérieure au style des opéras précédents : cela apparaît soit dans la savante sinfonia d'ouverture, étroitement reliée à l'atmosphère du drame (le procédé sévère de composition, qui semble se rattacher directement aux formules du romantisme allemand, est clairement en relation avec l'ambiance historique de l'intrigue) soit dans les mouvements où l'orchestre sort résolument de sa fonction traditionnelle de soutien des voix pour s'intégrer de façon plus active au tissu dramatique, comme un moyen de souligner de façon sémantique les parties les plus importantes de l'action (voir en particulier les interventions suggestives de l'orchestre dans la scène de la lettre [acte II] et dans celle du poison [acte III]).

A cette exigence d'une plus grande cohésion dramatique correspond une transformation du récitatif. Dans les passages en dialogue serré, au cours desquels l'action avance à grands pas, Verdi utilise un type d'arioso déclamatoire, extrêmement flexible et expressif, très proche du cantabile et parfaitement intégré à l'orchestre, de façon à obtenir une interpénétration plus efficace entre l'élément lyrique et le drame ou, comme l'écrit J. Budden, « une résolution plus complète du drame en termes de musique pure ». Cela se vérifie surtout dans les deux longs récitatifs entre Luisa et Miller, et Luisa et Rodolfo (acte III). Dans les chœurs et les airs, les contours mélodiques acquièrent également une grande délicatesse et beaucoup d'élégance. De ce point de vue, le splendide Andante de Rodolfo, *« Quando le sere al placido... »* (Quand le soir, à la paisible clarté du ciel étoilé, acte II), est exemplaire. Si, dans les actes I et II, ces éléments novateurs côtoient des solutions formelles et stylistiques encore traditionnelles, ils semblent se condenser pour parvenir à la plus parfaite synthèse expressive dans l'acte III. Structuré en trois sections — ensemble de Luisa et du chœur, duo entre Luisa et Miller, autre duo entre Luisa et Rodolfo, culminant en trio avec Miller —, cet acte se déroule continûment, en un flux musical dense et unitaire : flexibilité des formes, raffinement orchestral, maturation de la déclamation mélodique, invention thématique trouvent ici leur point de fusion, enrichissant le vocabulaire verdien d'une force expressive inédite. *Luisa Miller* (et en particulier l'acte III) mène au seuil de la grande trilogie romantique : → *Rigoletto*, → *Il trovatore* et → *La traviata*.

Sources et éditions — Part. d'orch. autographe, Milan, Archivio storico Ricordi. — Réd. cht et p., Milan, Ricordi, 1850 ; Paris, Blanchet, 1850 ; par M. Parenti, Ricordi, 1966, 2/1980.

Bibliographie — A. Mazzucato, Luisa Miller, *in* Gazzetta Mus., 1850 ; G. Baruch, Verdi und Schiller, Quellenkundliche Studien zum Librettoproblem (diss. Prague, 1935) ; H. Hartleb, Einführung zur Oper Luisa Miller von G. Verdi, Berlin 1939 ; E. Auerbach, Miller il musicista, *in* Mimesis. Il realismo nella letteratura occidentale, Turin 1956 ; L. K. Gerhartz, Die Auseinandersetzungen des jungen Giuseppe Verdi mit dem literarischen Drama : ein Beitrag zur szenischen Strukturbestimmung der Oper, *in* Berliner Studien zur Musikwiss. XV, 1968 ; V. Cisotti, Schiller e il melodramma di Verdi, Florence, La Nuova Italia, 1975 ; P. Weiss, Verdi and the fusion of genres, *in* JAMS XXXV/1, 1982 ; J. N. Black, The Italian Romantic Libretto. A Study of S. Cammarano, Edimbourg, The Univ. Press, 1984 ; H. S. Powers, La « solita forma » and « the Uses of Convention », *in* AMl LIX/1, 1987 ; A. Roccatagliati, Drammaturgia romantica verdiana : Luisa Miller e Rigoletto, *in* Quaderni del « Coretto », n° 3, Bari 1989 ; voir aussi la bibliogr. de l'art. *Attila*.

Gl. Staffieri

Lukas-Passion (Passion selon saint Luc), de **Georg Philip Telemann**, pour sop., 2 ou 3 ténors, 2 bar., 2, 3 ou 4 basses soli, chœur à 4 voix et orchestre, composée en 1728 sur le texte évangélique complété par des adjonctions en vers de Matthäus Arnold Wilken, premières exécutions dans les principales églises de Hambourg pendant le Carême de 1728, selon l'indication figurant sur la page de titre (*Das Leiden, Sterben, und Begräbniss Jesu Christi, aus dem Heil. Evangelisten Luca...*) du livret, seul imprimé conformément à l'usage de l'époque.

Cette Passion, l'une des 46 composées par Telemann pour les églises hambourgeoises, se caractérise quant à sa conception formelle par le compromis équilibré qu'elle réalise entre les deux types répandus au XVIIIe s., Passion-oratorio à destination liturgique et centrée sur le récit biblique, et oratorio de la Passion extra-liturgique sur une paraphrase versifiée de l'Évangile. La narration de Luc est subdivisée en 5 parties, chacune d'entre elles étant précédée d'une introduction versifiée (« Vorbereitung »), où un épisode de l'Ancien Testament, mis en rapport avec la Passion du Christ, donne lieu à une méditation pieuse (« Gläubige Anwendung »). Les chapitres 22 et 23 de Luc sont ainsi textuellement respectés (comme dans la Passion-oratorio) et entrecoupés seulement par des chorals, non par des arias lyriques, lesquelles n'apparaissent que dans les introductions de chaque partie, à l'exception de l'aria finale (« Schluss-Aria »), morceau principal de la 5e partie encadré de deux chorals. Ces introductions se distinguent donc nettement du reste, tant par la forme que par l'effectif sonore ; leur structure formelle les assimile pratiquement à des cantates indépendantes en 3 ou 4 morceaux (deux récitatifs et deux arias dans les trois premières parties), avec des instruments à cordes et à vent peu employés ailleurs. Dans le récit biblique, les chœurs des disciples et de la foule sont accompagnés du seul continuo, sauf les deux chœurs dramatiques de la foule dans la 3e partie (*« Kreuzige ihn »*). Le plan d'ensemble se présente comme suit. Introduction : Joseph vendu par ses frères ; partie I : Luc 22, 1-53. — Introduction : Michée frappé par Sédécias ; partie II : Luc 22, 54-71. — Introduction : David poursuivi par son fils et son peuple ; partie III : Luc 23, 1-25. — Introduction : la mort de Samson ; partie IV : Luc 23, 26-49. — Introduction : l'engloutissement de Jonas ; partie V : Luc 23, 50-56.

D'une façon générale, cette Passion observe une certaine économie de moyens sonores et expressifs qui accentue son aspect liturgique et lui confère une réelle originalité au sein de l'oratorio du XVIIIe s., la différenciant autant des Passions de Bach que de la production haendelienne. L'esprit liturgique se manifeste le plus clairement dans les chorals, très simplement harmonisés note contre note (avec le soutien du continuo) à l'exemple du chant de l'assemblée. Les introductions, quant à elles, relèvent d'un style plus décoratif et d'une écriture plus élaborée, notamment dans les arias où se manifeste, à défaut de profondeur, l'inépuisable don mélodique de Telemann. Toutes adoptent la coupe ternaire en « da capo » et font dialoguer un instrument concertant (hautbois, flûte à bec ou traversière ou basson) avec un « ripieno » composé de deux parties de violon, une d'alto et de continuo : le style, tout en finesse, est celui de la musique de chambre et suggère un effectif très réduit ; l'aria de la 5e partie se singularise en outre par le fait qu'elle requiert 4 voix (solistes probablement) chantant simultanément. Les récitatifs de l'Évangéliste s'en tiennent à une allure très sobre, mais ceux des autres personnages — du Christ en premier lieu — peuvent se transformer en ariosos et être accompagnés par les cordes. On relèvera enfin le mouvement animé et dramatique de plusieurs morceaux : tels la mort de Samson (avec chœur des Philistins), ou les chœurs de la foule traités en contrepoint imitatif.

Sources — Ms. partiellement autographe à Berlin, Deutsche Staatsbibl., Mus. Ms. Autograph Telemann 18.

Éditions — Par H. Hörner et M. Ruhnke, *in* G. Ph. Telemann. Musikalische Werke XV, Kassel, BV, 1964.

Bibliographie — H. Hörner, G. Ph. Telemanns Passionsmusiken, Leipzig 1933 ; M. Ruhnke, préface à l'édition (voir ci-dessus).

J. Viret

« Lullaby, my sweet little baby » (Dors, mon doux petit bébé), chanson à 5 voix de **William Byrd**. C'est en fait un « consort song » écrit pour sop. et 4 violes mais, comme beaucoup d'œuvres de ce genre chez Byrd, il a été transformé par la suite en une œuvre entièrement vocale par adjonction des paroles aux parties instrumentales. La chanson a été imprimée en 1588 dans les *Psalmes, Sonets and Songs* de Byrd et devint tellement populaire que la publication fut désignée familièrement par les termes « Byrd's Lullaby » (La Berceuse de Byrd). Autre témoignage de son succès, elle a survécu dans des arrangements manuscrits pour voix et clavecin, pour luth et pour clavecin seuls. Même après l'apparition de nouvelles modes musicales à la fin de l'époque Tudor, *Lullaby* (et d'autres chansons semblables) resta en vogue dans certains cercles. Écrivant en 1602 au sujet de la popularité à la cour de « country dances » et de mélodies irlandaises, le comte de Worcester prédit que « cet hiver, *Lullaby*, une ancienne chanson de Mr. Byrd, sera plus souvent demandée, à mon avis ».

Par sa forme et son sujet, *Lullaby* est apparentée au « carol », une forme profane anglaise plus ancienne. A la fin du Moyen Age, les « carols » anglais étaient des œuvres essentiellement saisonnières, de caractère dévotionnel, structurées comme une suite de versets séparés les uns des autres par un refrain ou « burden ». Du point de vue de la forme et du sujet, le texte de la *Lullaby* est clairement tributaire du passé bien que le style musical de Byrd soit beaucoup plus moderne. Le poème revêt la forme d'un soliloque de la Vierge Marie avec l'Enfant Jésus, qu'elle protège de la jalousie d'Hérode et de ses intentions meurtrières. Les paroles d'introduction, « Lulla, lullaby, my sweet little baby, why meanest thou to cry ? » (Lulla, lullaby, mon doux bébé, pourquoi veux-tu pleurer ?) forment le refrain, chanté entre les strophes qui racontent le massacre des Innocents et la venue des Rois mages. Comme il y a quatre strophes, Byrd fait peu d'efforts pour que le sens des mots se reflète dans sa musique ; comme dans la plupart des « consort songs », son souci principal est de créer une simple ligne mélodique de caractère déclamatoire à laquelle les violes opposent une musique plus richement décorative. Toutefois, le dernier vers des trois premières strophes est identique et Byrd y fait emploi d'une série de syncopes et de rapides modulations pour appeler l'attention sur les paroles « O woe, and woeful heavy day » (O malheur, et jour chargé de malheurs).

Rééditions modernes — Par Ph. Brett, *in* The Byrd Edition XVI, Londres, Stainer & B., 1976.

J. Milsom

Lulu, opéra en un prologue et 3 actes, texte et musique d'**Alban Berg**, composé à Vienne et à Waldhaus-am-See à partir de juil. 1927 (série originelle et dérivations), dédié à Arnold Schönberg à l'occasion de son 60e anniversaire (1934), 1re représentation (incomplète) au Stadttheater de Zurich, le 2 juin 1937, dans une mise en scène de Roman Clemens, avec Nuri Hadzic (Lulu), Maria Bernhard (comtesse Geschwitz), Asger Stig (docteur Schön), Peter Baxevanos (Alwa), Paul Feher (le Peintre), Fritz Honisch (Schigolch) et Albert Emmerich (l'athlète Rodrigo et le Dompteur), sous la dir. de Robert Denzler. Comme la représentation de Zurich se limitait aux deux actes achevés par Berg, l'œuvre complète fut réalisée à Vienne par Friedrich Cerha, de 1962 à 1974 (rév. 1976-77). Cette version fut créée à l'Opéra de Paris, le 24 févr. 1979, dans une mise en scène de Patrice Chéreau, avec Teresa Stratas (Lulu), Yvonne Minton (comtesse Geschwitz), Franz Mazura (docteur Schön et Jack l'Éventreur), Kenneth Riegel (Alwa), Robert Tear (le Peintre et un Nègre), Toni Blankenheim (Schigolch et le Professeur de médecine), Gerd Nienstedt (le Dompteur et l'Athlète), Helmut Pampuch (le Prince, le Marquis), sous la dir. de Pierre Boulez. (Vienne, UE, 1936-37 et 1977-78 ; durée : 3 h environ.)

Après → *Wozzeck*, A. Berg cherchait un nouveau sujet d'opéra. Il pensa adapter le drame symboliste de Gerhard Hauptmann *Und Pippa tanzt !* (Et Pippa danse !) mais se rappela une conférence de Karl Kraus, en mai 1905, au Kleines Trianon de Vienne, sur la pièce de Frank Wedekind *Die Büchse der Pandora* (La Boîte de Pandore). Il en avait pris des notes et avait assisté à la représentation du drame, ayant certainement lu, deux ans auparavant, la pièce qui précède, *Erdgeist (L'Esprit de la Terre).* Il hésita un certain temps, demanda conseil à Theodor Wiesengrund Adorno, son disciple, qui lui conseilla plutôt Wedekind que Hauptmann. Ce fut la stupeur parmi ses proches de le voir préférer un auteur à scandales (Wedekind) au représentant officiel du théâtre à l'époque (Hauptmann), et surtout de prendre pour sujet d'opéra un thème aussi sinistre, mettant en scène des créatures corrompues, faune des bas-fonds et du demi-monde, nageant dans le crime et le stupre.

C'est donc d'après la tragédie en 4 actes *Erdgeist* et la tragédie en 5 actes *Die Büchse der Pandora* qu'au cours de l'été 1928 A. Berg ébauche le livret de *Lulu.* Il s'interrompt une première fois en 1929 pour composer la cantate → *Der Wein* (Le Vin). Berg reprend les tragédies de Wedekind, les élague, supprime les personnages non indispensables, condense les 7 actes et 2 prologues des deux pièces en 3 actes et un prologue. Il partage son livret en deux, au milieu du 2e acte, marque cette coupure par un interlude musico-cinématographique présentant en raccourci les événements (procès, jugement, condamnation), mais, dans le même temps, il atténue cette coupure en présentant, après l'interlude, le même décor, le même cadre qu'avant. Surtout, Berg construit son œuvre en forme d'arche. L'interlude central constitue le « point-pivot de toute la tragédie car c'est là que la montée de la première partie fait place à la descente de la seconde » (Berg). L'arche concerne principalement l'héroïne qui, après son ascension sociale, descend progressivement vers les bas-fonds. Le compositeur s'interrompt une seconde fois (avr.-août 1935) pour écrire le *Concerto* à la mémoire de Manon Gropius. La particelle de *Lulu* était presque terminée début mai 1934. Pour mieux faire comprendre sa musique, Berg réalise une version de concert avec des épisodes saillants de l'ouvrage (→ *Lulu-Suite*), poursuit l'orchestration au cours de l'automne 1934. Il n'aura pas le temps de l'achever.

A la mort de Berg, deux actes étaient entièrement composés et orchestrés. Il restait la particelle du 3e acte et l'orchestration des 268 premières mesures, les deux mouvements de la *Lulu-Suite* correspondant à l'interlude entre les deux scènes du même acte, la fin de l'œuvre (mort de Lulu), un ensemble d'esquisses et divers éléments, ainsi que la réduction pour piano de l'acte III par Erwin Stein. La femme de Berg, Hélène, se prononça pour l'achèvement de la partition ; W. Reich, Adorno, H. Redlich plaidèrent en ce sens, espérant que Schönberg, qui se récusa, réaliserait ce travail. On pensa alors à Webern. Mais sa pensée musicale était bien éloignée de celle de Berg. On envisagea le concours de Zemlinsky, puis d'E. Křenek, enfin de H. E. Apostel. Il avait été décidé de représenter à Zurich les deux actes terminés en ajoutant, mais de manière purement symphonique, l'*Adagio* de la suite d'orchestre. Hélène Berg pensa alors que la réalisation du 3e acte était superflue. Dans son testament de 1969 figurait la clause : « Le troisième acte ne doit être consulté par personne. » Travaillant sur des copies, le chef d'orchestre et compositeur viennois Friedrich Cerha réalisa enfin cette partition donnée intégralement à l'Opéra de Paris en 1979.

Livret — Prologue. Un dompteur (basse héroïque de caractère bouffe) présente au public les animaux de sa ménagerie. Il demande au clown de lui amener le serpent : Lulu (sop. élevé) dans son costume de Pierrot, la Femme « créée pour faire le malheur ».

Acte I. Scène 1. L'atelier du peintre. Celui-ci (ténor lyrique) fait le portrait de Lulu en présence du docteur Schön, rédacteur en chef (bar. héroïque), et de son fils Alwa (jeune ténor héroïque). Arrivée du docteur Goll, professeur de médecine et mari de Lulu, qui, voyant sa femme dans les bras du peintre, bondit sur eux, la canne levée, mais il tombe, frappé d'apoplexie. — Scène 2. Un salon très élégant. Lulu et le peintre, son nouvel époux. Le vieillard Schigolch (basse chantante de caractère) vient demander de l'argent à la jeune femme. Arrivée de Schön qui supplie son ancienne maîtresse de le laisser en paix, car il va se fiancer. Schön apprend au peintre que Lulu lui a menti. Le peintre se suicide. On appelle la police. Lulu, qui aime Schön, lui jette au visage : « Vous finirez par m'épouser ! » — Scène 3. Une loge au théâtre. Lulu ne veut pas danser pour Schön et sa fiancée. Le sentant trop faible pour se détacher de sa fiancée, elle lui dicte une lettre de rupture.

Acte II. Scène 1. Schön, nouveau mari de Lulu, a la manie de la persécution : il imagine des hommes cachés partout dans sa maison. Au moment où il sort, entrent la comtesse Geschwitz (mezzo-sop. dramatique) qui se dissimule derrière un paravent, Schigolch, l'athlète Rodrigo (basse héroïque) et un lycéen (alto) éperdu d'amour pour la danseuse. Lulu paraît. Alwa pénètre dans la pièce et déclare sa passion à Lulu. Mais Schön a vu la scène ; il fait sortir son fils, tend un revolver à sa femme pour qu'elle se suicide. Lulu tire cinq coups de feu sur son époux. Alwa revient et recueille le dernier soupir de son père : « Ne la laisse pas s'enfuir : tu es le suivant. » Arrivée de la police. — Scène 2. La comtesse Geschwitz et Schigolch mettent au point un plan pour faire évader Lulu. La comtesse, qui a suivi des cours pour devenir infirmière, est allée à Hambourg pour soigner des malades atteints du choléra. Elle a enfilé la chemise de l'un d'eux, puis est venue dans la cellule de Lulu. Les deux femmes, en échangeant leurs chemises, tombent malades. Elles sont placées dans un pavillon d'isolement. Lorsque, guérie, elle va sortir, la comtesse se substitue à Lulu, qui recouvre la liberté, accepte l'amour d'Alwa et part pour Paris avec lui.

Acte III. Scène 1. Un salon jouxtant une salle de jeu. Le marquis Casti-Piani, proxénète, menace de dénoncer Lulu à la police si la jeune femme ne consent pas à entrer dans un bordel du Caire. Pressentant qu'elle a été mouchardée, Lulu échange ses vêtements avec un groom (alto) et s'enfuit avec Alwa au moment où la police arrive. — Scène 2. Londres. Un taudis sous les toits. Un professeur monte avec Lulu dans son « appartement » misérable. Alwa et Schigolch lui font les poches. Geschwitz arrive avec le portrait de Lulu que l'on accroche au mur « pour la clientèle ». Un Nègre est le client suivant. Alwa s'interpose, mais il est tué d'un coup de gourdin. Arrivée de Jack l'Éventreur qui assassine Lulu et la comtesse Geschwitz.

Qui Lulu est-elle véritablement ? Son prénom, ses origines restent flous. Pour le peintre, elle est Eva. Schön et Alwa la prénomment Mignon. Schigolch est le seul à l'appeller Lulu et s'attire la réflexion de la jeune femme : « Je ne m'appelle plus Lulu, de mémoire d'homme. » Dans la ménagerie du Dompteur elle représente le serpent dont la morsure est mortelle. Schön la traite d'ange exterminateur, mais pour Schigolch, « elle ne peut pas vivre de faire l'amour, elle est l'amour ». Personnage ambigu, mais qui n'est ni Salomé ni Nana ni Phèdre, elle semble être une dévoreuse d'hommes ou une petite bête traquée, une innocente ou une perverse, une victime ou un bourreau. Boulez penche pour la victime, une sorte de Wozzeck femelle, asservie à des forces contre lesquelles elle ne peut pas lutter. Dans l'opéra de Berg, la comtesse Geschwitz traite Lulu à la fois d'esclave et de bourreau : « Je n'envie pas ta manière de martyriser des victimes sans défense [...]. Je me sens libre comme un dieu quand je pense aux Créatures dont tu es l'esclave. » Lulu « obéit à un automatisme : séduire, puis détruire » (D. Jameux). Finalement, Lulu existe pour elle-même.

Veuf grisonnant, Schön a sacrifié « le soir de sa vie » à Lulu, sa maîtresse. Sur le point de se marier avec la fille d'un conseiller d'État, il voudrait bien que Lulu le laisse en paix. Mais Schön est un faible : il écrira la lettre de rupture que Lulu exige. Plus tard, arrivée à ses fins, celle-ci précisera bien à son mari que c'est elle qui l'a épousé et non le contraire. Schön est encore un jouisseur morbide, un malheureux, un mufle, un cynique — il dévoile une partie du passé de Lulu au peintre qui se suicide — et un paranoïaque, qui voit des amants de sa femme cachés partout dans la maison.

On ne sait pas davantage qui est Schigolch, vieillard énigmatique, le seul à appeler la jeune femme « Ma petite Lulu ». Est-il son père ? un ancien amant ? Toujours à court d'argent, il vient en réclamer. A l'acte III, il vient même en demander pour installer sa propre maîtresse. Au fil de l'œuvre, le personnage montre sa veulerie et sa méchanceté. Après la mort d'Alwa, il fait disparaître le corps parce que cela choquerait la clientèle et se rend au café du coin.

Personnage trouble, équivoque, la comtesse Geschwitz se donnera corps et âme à Lulu. Elle la fera s'évader de prison en se substituant à elle, se donnera à l'athlète pour la sauver, l'accompagnera à Paris et à Londres, tentera de se suicider, s'agenouillera devant le tableau de Lulu comme devant la Madone, se fera caresser la tête par Jack, comme on le ferait à un chien, puis, éventrée, trouve les derniers mots d'amour et de mort de l'opéra : « Lulu ! Mon Ange ! Montre-toi encore une fois ! Dans la mort je te suis ! Près de toi je reste ! Pour l'éternité. »

Compositeur qui a écrit un opéra d'horreur dont aucun théâtre ne veut et dont les personnages principaux sont les jambes de Lulu, Alwa oublie assez facilement que Lulu est l'assassin de son père. Le personnage est romantique, mais dérisoire. « Il y a de la grandeur en lui, mais c'est la grandeur des rêves qui ne se réalisent pas » (P. Chéreau). Il aime Lulu et il chante sa beauté dans un hymne merveilleusement musical, qui se trouve déjà chez Wedekind (« Ces chevilles, c'est un Grazioso ; ce renflement adorable : un Cantabile ; ce genou : un Mysterioso ; et le puissant Andante de la volupté »).

Les personnages de cette tragédie bouffonne ont des comportements souvent absurdes, vulgaires et grotesques. Les morts à profusion, par crise cardiaque, rasoir, revolver, gourdin et couteau, évoquent un Grand-Guignol macabre. La présentation dérisoire de la ménagerie humaine par un dompteur de cirque, les détails crus, la vulgarité « comme un moyen de destruction de la vulgarité » s'inscrivent dans la mouvance du théâtre berlinois et de la critique d'un monde en décomposition. Mais la musique transfigure ce roman-feuilleton en une œuvre d'art vertigineuse d'invention et de variété. Très complexe, l'œuvre répond au double principe qui avait guidé la composition de *Wozzeck* : diversité dans l'unité, le drame musical étant inséré dans un solide réseau formel, dont chaque section prend son sens par rapport à l'ensemble.

Une grande forme en arche, sectionnée à son sommet (la mort de Schön à la fin de la scène 1 de l'acte II, suivie d'un interlude orchestral), régit la composition à la fois symétrique et symbolique. La mort de Lulu à la fin de l'ouvrage correspond à celle de Schön. Le parallélisme est voulu entre les trois clients — les trois vengeurs — et les trois maris de jadis, avec les acteurs devant être les mêmes, précisait Berg. Comme dans *Wozzeck*, le compositeur a recours à des signes unitaires. Le portrait de Lulu en costume de Pierrot est présent sur scène pendant toute la représentation. Au cours de la scène 2 de l'acte II, celui-ci est retourné contre la cheminée, symboliquement, jusqu'à l'arrivée de Lulu (Alwa le repose sur le chevalet). C'est la comtesse qui rapporte le tableau à Londres et Alwa qui l'accroche au mur de la soupente, car il lui fait comprendre sa destinée.

Comme la note *si* dans *Wozzeck*, un rythme fondamental (« Hauptrhythmus ») parcourt la partition : il est toujours lié à l'idée de mort et de destin. Ce rythme est présent à chaque fin d'actes (toujours avec la note *fa* grave et des harmonies voisines) et dans plusieurs jonctions de scènes. On le rencontre dans les moments stratégiques de l'œuvre, et notamment dans le fameux monoritmica (acte I, sc. 2), quand Schön dévoile le passé de Lulu, quand le peintre refuse la vérité, lors du meurtre de Schön (acte II, sc. 1) et lorsque Lulu rappelle à Alwa qu'elle a tué son père (acte II, sc. 2). Le « Hauptrhythmus » accompagne encore les entrées du Professeur et du Nègre (acte III, sc. 2), mais non celle de Jack : il est la Mort.

Fin de l'acte I

Le rythme fondamental du Destin est répété continuellement à l'orchestre, de manière obsessionnelle, pendant le monoritmica. En 290 mesures, les tempos croissent et décroissent. Dix-huit tempos croissants (7 de 76 à 132 à la croche ; 6 de 76 à 132 à la noire ; 5 de 76 à 132 à la blanche), mais avec une accélération continue, conduisent à la découverte du suicide du peintre ; puis le tempo décroît de la même manière. C'est ce que P. Boulez appelle « la manipulation du temps » chez Berg, « ralentissement ou précipitation servant à formaliser le discours réaliste, à lui donner, de ce fait, une résonance magnifiée au-delà de son sens littéral ». Même relation au temps au cours de la scène 2 de l'acte III qui, d'un Presto à 184 à la noire, aboutit à un Grave à 42 à la noire sur les dernières paroles de la comtesse Geschwitz, mourant en extase comme Isolde, s'ouvrant les portes de l'éternité.

Comme dans *Wozzeck*, Berg introduit dans *Lulu* des formes de musique instrumentale, anciennes et définies, mais d'une manière plus élaborée. Certaines sont anciennes : sonate, canon, choral, variations, ou de franches parodies ironiques du style de l'opéra le plus désuet : canzonetta (acte I, sc. 1), gavotte (acte I, sc. 2), cavatine (acte II, sc. 1, avec rappel dans l'acte III, sc. 2), duettino, arie. D'autres sont plus modernes : le ragtime et la valse anglaise (acte I, sc. 3), ou plus particulières comme le mélodrame, le récitatif et le monoritmica. La sonate est d'esprit beethovénien, avec son opposition des deux thèmes, l'un masculin (celui de Schön), l'autre féminin (celui de Lulu). Ces formes ont été choisies symboliquement : la sonate marque l'opposition entre deux êtres ; le canon est signe de leur union ou de leur parallélisme comme les variations expriment leur ambiguïté.

Mais ces formes « se télescopent à l'intérieur même d'une scène et parfois se substituent les unes aux autres » (P. Boulez). C'est ce que D. Jameux appelle une « forme différée ». Plusieurs exemples de ces structures différées sont fournies par la partition. La sonate est coupée par le monoritmica et tout le début de la scène suivante (acte I, sc. 3) n'a apparemment rien à voir avec elle (Andante, valse anglaise, choral, ragtime, sextuor) ; la réexposition (« Durchführung ») ne reprend qu'ensuite pour terminer l'acte. Les 5 strophes de l'air de Schön (acte II, sc. 1) sont coupées par le merveilleux *Lied der Lulu* au niveau de la 4ᵉ strophe. Enfin, les 12 variations (acte III, sc. 1, « Konzertante Choral-Variationen ») sont interrompues par deux intermezzi, dont celui du *Lied des Mädchenhändlers* (Chant du proxénète) et par plusieurs réminiscences des actes précédents : valse anglaise, lied de Lulu.

Premier opéra utilisant la série préconisée par Schönberg, *Lulu* est construit sur une série unique de sons dont dérivent toutes les autres. Mais, comme le note Adorno, « tout l'effort tend à ce que la technique dodécaphonique ne se remarque pas ». La contrainte que s'est imposée Berg relève plutôt du mythe que de la réalité, comme une « respectueuse simulation » (Boulez). La technique employée par Berg, si libre soit-elle, n'en demeure pas moins très élaborée. Le prologue présente une bonne partie du matériel thématique. La série fondamentale apparaît, transposée un ton plus haut aux mesures 63-64, puis, seulement, dans le canon de la scène 1 de l'acte II et surtout dans le *Lied der Lulu* (même scène) :

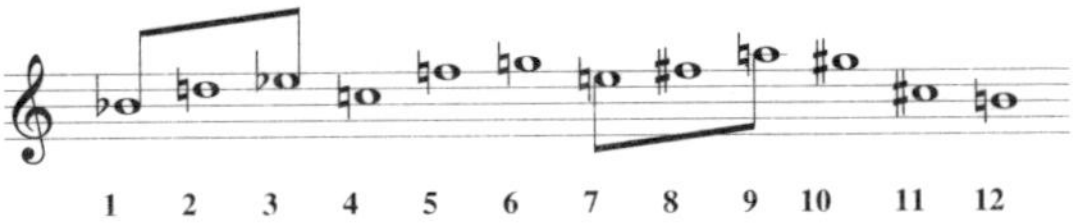

* (transposition un ton plus haut)

Les sons 1 et 3, 7 et 9 mettent en évidence deux quartes, qui jouent un rôle essentiel dans l'œuvre. Elles forment le motif de l'Esprit de la Terre, ou de Pulsion. L'opéra de Berg débute par cet enchaînement de quartes qui, transposé deux fois, donne une série de 12 sons :

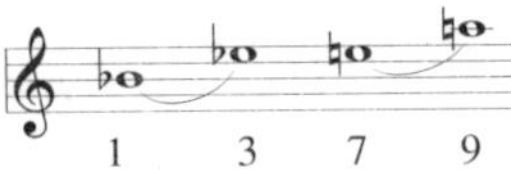

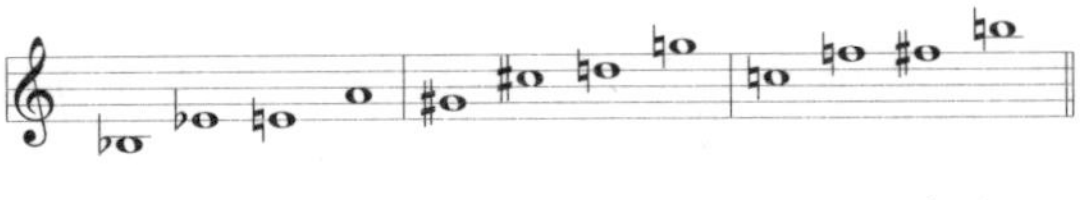

Ce motif de quartes est, par mouvement droit ou inversé, présent dans les moments stratégiques et dramatiques (descendant à la fin du *Lied der Lulu* ; ascendant au moment de sa mort, juste avant son cri de mort sur le total chromatique de l'orchestre). Issus de la série originelle, les quatre accords du portrait — très explicites aux mes. 172-173 de la scène 1 de l'acte III, sous les paroles du Marquis « Das Bild, auf dem Du als Eva vor dem Spiegel stehst » (Le portrait qui te représente en tenue d'Ève devant le miroir) —, lorsqu'ils sont lus horizontalement (lignes supérieure, médiane, puis inférieure) donnent l'un des motifs réminiscents les plus importants et suggestifs de l'ouvrage. Par mouvement droit ou contraire, il symbolise la séduction de Lulu. Il apparaît notamment dans le prologue (mes. 46), dans la scène de l'acte I (en canon entre Lulu et le peintre, mes. 156 et suiv. puis à l'orchestre, mes. 367 et suiv. et, bien entendu, dans le *Lied der Lulu* [acte II, sc. 1], succession des mouvements contraire et droit aux mes. 516-521) : ci-dessous et **A**.

Acte IV, scène 1

(transposé à la quinte inférieure)

(hauteur de la série originelle)

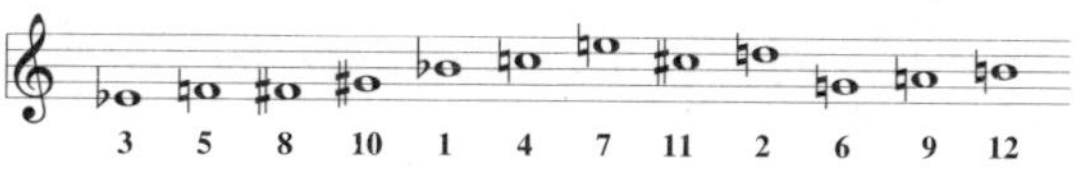

En prélevant une note sur sept à la série originelle, on obtient une nouvelle série attachée au personnage d'Alwa.

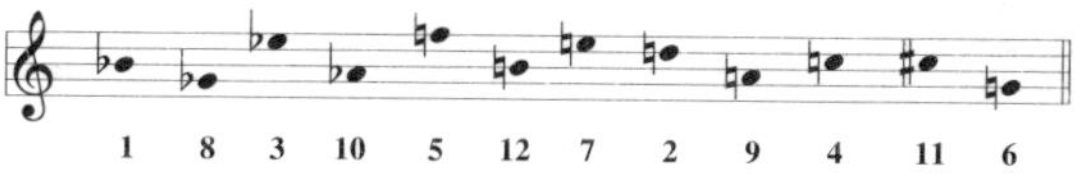

Cette série d'Alwa est citée pour la première fois dans le prologue (mes. 73-75). La série qui caractérise son père, le docteur Schön, est obtenue par le procédé du miroir : saut d'une note, puis de deux et de trois, retour dans l'autre sens (3-2-1), puis 1-2-3... Ce motif constitue le thème principal de la sonate (joué au violon, un ton au-dessous, acte I, sc. 2) : ci-dessous et **B**.

Le thème de l'Amour est directement dérivé de celui de Schön, dans une transposition en général au triton.

Schigolch est reconnaissable à ses intervalles chromatiques (prologue, mes. 34-35) ; la comtesse, à ses quintes parallèles et l'Athlète à son cluster. Mais la structure thématique de l'œuvre utilise des micro-organismes : cellules harmoniques, rythmiques, mélodiques, comme les cinq notes récurrentes transposées (4-3-2-1-12) que

A LULU

B LULU

l'on rencontre principalement dans la gavotte. P. Boulez fait remarquer que certains motifs réminiscents sont affectés d'une « fixation instrumentale » (piano pour l'Athlète, violon pour le Marquis, saxophone pour Alwa). Berg introduit une authentique chanson composée par Wedekind (« Lautenlied ») dans son opéra (*Lied des Mädchenhändlers*, 1er intermezzo de la scène 1 de l'acte III). Il n'intervient dans sa forme pure, joué sur une imitation de l'orgue de Barbarie (le Werkel autrichien) qu'au lever de rideau de la dernière scène, où il est associé à la misère de la banlieue londonienne.

En ce qui concerne les voix, Berg se montre respectueux des conventions de l'opéra : Schön est un baryton ; son fils Alwa est naturellement un ténor ; une mezzo dramatique correspond tout à fait à l'emploi de duègne (un peu particulière) de la comtesse Geschwitz, qui doit toutefois trouver dans son « chant de mort » les accents d'Isolde ; le vieillard Schigolch ne peut être qu'une basse ; quant au rôle de Lulu, il nécessite une voix de soprano élevé colorature à cause du bel canto, des vocalises et effets qui ornent sa partie : elle est une « Reine de la nuit », de la séduction et de la mort.

Le 1er janv. 1934, Berg annonçait à Erich Kleiber que « l'ensemble de l'opéra était fondé sur le beau chant ». La « vocabilité » de l'ouvrage (le terme est judicieusement choisi par D. Jameux) passe par 6 et même 7 stades : le parlé non accompagné, le parlé libre mais accompagné, la prose rythmée sans hauteur précise, la « Sprechstimme » indiquée par des notes barrées d'un X (𝅘𝅥), le demi-chanté marqué par des notes à hampe barrée (𝅘𝅥 ; pour ces deux modes vocaux, voir à l'art. *Wozzeck*), le chanté (cantabile, arioso, aria...). Dans un court passage du Largo de la scène 2 de l'acte II, Berg a recours à une « vocabilité » intermédiaire entre le parlé et la « Sprechstimme », avec une notation particulière (hampe barrée de deux X : 𝅘𝅥) et l'indication : « Tonhöhe anfangs nur annähernd » (en s'approchant de la hauteur du son). Ce passage montre une fois de plus la richesse du nuancier vocal de la partition, mais cela pose des problèmes de réalisation (voir aux art. *Wozzeck* et *Pierrot lunaire*). Presque tous ces types de « proférations vocales » (Jameux) se trouvent dans le prologue, traités en arche : parlé, parlé rythmé, « Sprechstimme », demi-chanté, chanté en récit (avec l'évocation du premier animal de la ménagerie : le tigre), air chanté (apparition de Lulu), chanté en récit, demi-chanté, « Sprechstimme », parlé rythmé.

Les trois grands ensembles se trouvent dans la 1re scène de l'acte III. Les deux premiers, à 12 voix (Lulu, une jeune fille de 15 ans et sa mère, une décoratrice, la Geschwitz, un groom, Alwa, le Marquis, un journaliste, un valet, le Banquier, l'Athlète) sont de la main de Berg à quelques mesures près. Écrit pour être chanté et demi-chanté, sur une musique de cirque, le premier est noté par le compositeur « Rhabarbarhabarba – Ensemble », du jargon théâtral allemand « Rhabarber » (rhubarbe), prononcé par les acteurs pour obtenir des scènes de foule avec un bruit confus et indistinct. Le deuxième ensemble, beaucoup plus développé (mes. 213-294), doit laisser la voix du Banquier au-dessus de la masse. Le troisième ensemble est noté Turbulent, comme une « conversation jazzée sur l'inépuisable thème du cirque et parodie d'opérette, rapide, lente ou frénétique » (P. Chéreau).

L'imposante formation instrumentale nécessite un orchestre de fosse, un jazzband sur scène (acte I, sc. 3) et un groupe, derrière la scène, imitant l'orgue de Barbarie (acte III, sc. 2 : fl. piccolo, fl., 3 clar., clar. basse, contrebasson). L'orchestre de jazz comprend : 3 clar., sax. alto, sax. ténor, 2 trp. et 2 trb. jazz, sousaphone, batterie, banjo, piano, 3 vl., contrebasse. Il faut relever la présence d'un vibraphone dont c'est, semble-t-il, le premier emploi dans un orchestre de théâtre lyrique.

Le grand interlude, qui sépare l'œuvre en deux, est intitulé par Berg : « Filmmusik ». Un film muet devait représenter, par allusion, la vie de Lulu entre l'assassinat de Schön et son évasion, soit une période de deux années en trois minutes de musique. Lors de la première de l'opéra entier, P. Boulez ne s'est pas conformé à ce vœu, craignant que cet « entracte optique » ressemble davantage à un film publicitaire, à un accéléré à la Chaplin, qu'à un opéra de Berg et Wedekind. Pourtant, cette solution du film rapprochait *Lulu* du « Gesamtkunstwerk » voulu par le compositeur, pour un ouvrage qui, malgré la citation de formes anciennes (la fin d'un monde et de l'opéra traditionnel), s'inscrit résolument dans la modernité.

Bibliographie — W. Reich, Lulu, the text and music, *in* Modern Music, New York avr. 1935 ; du même, A. Berg's Lulu, *in* MQ, oct. 1936 ; du même, compte rendu de l'exécution de Zurich, *in* RMS, 1er juin 1937 ; du même, Berg's Lulu has première in Zurich, *in* Musical America, juil. 1937 ; du même, A. Berg, Vienne 1937 ; K. List, Lulu, after the première, *in* Modern Music, New York, nov.-déc. 1937 ; J. Weterings, Une création à Zurich, Loulou d'A. Berg, *in* RM, oct. 1937 ; R. Leibowitz, Introduction à la musique de douze sons, Paris 1949, pp. 244-247 ; R. S. Hill, Berg's Lulu, *in* MQ, janv. 1953 ; H. Pousseur (éd.), A. Berg. Écrits choisis, traduits et commentés, Monaco 1957 ; H. F. Redlich, A. Berg, Versuch einer Würdigung, Vienne 1957, trad. angl. abrégée sous le titre A. Berg, the Man and his Music, Londres 1957 ; K. Kraus, Literatur und Lüge, Munich 1958, p. 14 et suiv. ; Th. W. Adorno, Philosophie der neuen Musik, Cologne 1958, trad. fr. Paris, Gallimard, 1962, 2/1985 ; G. Perle, The music of Lulu. A new analysis, *in* JAMS XII/2-3, 1959 ; R. Stephan, A. Bergs Lulu, *in* NZfM, juil.-août 1961 ; W. Reich, A. Berg, Leben und Werk, Zurich 1963 ; G. Perle, Lulu, the formal design, *in* JAMS XVII/2, 1964 ; du même, A note on act III of Lulu, *in* Perspectives of new music, 1964 ; du même, The score of Lulu, *ibid.* 1965 ; du même, Lulu Thematic Material and Pitch Organisation, *in* MR, nov. 1965 ; du même, Erwiderung auf W. Reichs Aufsatz « Drei Notizblätter zu A. Berg's Lulu », *in* RMS CVII, mai-juin 1967 ; du même, Die Reihe als Symbol in Bergs Lulu, *in* ÖMz XXII, oct. 1967 ; du même, Die Personen in Bergs Lulu, *in* AfMw 1967/4 ; M. Carner, A. Berg, the Man and his Work, Londres, Duckworth, 1975, trad. fr. Paris, Lattès, 1979 ; V. Scherliess, Lettres de Berg du temps de la création de Lulu, *in* Melos/NZfM, mars-avr. 1976 ; P. Petazzi, A. Berg, la vita, l'opera, i testi musicali, Milan, Feltrinelli, avr. 1977 ; E. Barilier, A. Berg, essai d'interprétation, Lausanne, L'Âge d'Homme, 1978, p. 173 et suiv. ; D. Jarman, The Music of A. Berg, Londres, Faber, 1979 ; Lulu, livret bilingue, commentaires de Fr. Cerha, présentation de P. Boulez, P. Chéreau et Fr. Régnault, 2 vol., Paris, Lattès, 1979 (le texte de Boulez est repris dans Points de repère, Paris, Bourgois/Éd. du Seuil, 1981) ; D. Jameux, Berg, *in* Coll. Solfèges, Paris, Éd. du Seuil, 1980, pp. 147-179 ; P. Boulez, Lulu, question d'interprétation, *in* Points de repère, Paris, Bourgois/Éd. du Seuil, 1981.

Chr. Goubault

Lulu-Suite, « Symphonische Stücke aus der Oper Lulu » (Pièces symphoniques extraites de l'opéra Lulu), d'**Alban Berg**, pour sop. élevé (de type colorature) et orchestre, composée pendant l'été 1934 à Waldhaus-am-See, créée à Berlin, le 30 nov. 1934 par l'Orchestre symphonique de Berlin sous la dir. d'Erich Kleiber (Vienne, UE, 1935 ; durée : 22 min environ.)

Après avoir terminé la particelle de son opéra → *Lulu*, Berg assembla et orchestra quelques passages, pensant ainsi assurer une préparation à la diffusion de son œuvre en cours d'achèvement. La Suite comprend 5 mouvements. **1.** *Rondo* et *Hymne* résument deux épisodes de l'acte II. Après 8 mesures issues du prologue, Berg enchaîne les mesures 243-396 et 1001-1150 de l'acte II sans les voix. **2.** *Ostinato*, provient de l'interlude, ou Filmmusik, du cœur de l'opéra. **3.** *Lied der Lulu.* Ce lied, où la voix intervient, est dédié à A. Webern pour ses 50 ans (1933). **4.** *Variationen.* Elles correspondent à la musique de changement de scène entre les deux tableaux de l'acte III, précédée de 4 mesures d'introduction réitérées à la fin (les mes. 5-52 correspondent aux mesures 693-740 de l'acte III). Les 4 variations (Grandioso, Grazioso, Funèbre, Affetuoso) prennent pour base la chanson de Wedekind : Konfession (Lautenlied). **5.** *Adagio.* Il s'agit d'une véritable mosaïque de la dernière scène de l'acte III avec des rappels de la musique de l'acte I (mes. 45-76). On relève aussi quelques variations mélodiques, rythmiques et métriques par rapport à la particelle de l'opéra, des doublures instrumentales dans le style de celles employées par Wagner pour la mort d'Isolde. La voix — doublée par fl. ou clar., cordes, htb., cor angl. et saxophone alto sur « in Ewigkeit » — achève cette Suite, comme l'opéra, sur les dernières paroles d'amour de la comtesse Geschwitz. La cantatrice doit être capable ici de retrouver les teintes plus sombres d'une grande mezzo dramatique.

CHR. GOUBAULT

(DIE) LUSTIGEN MUSIKANTEN (Les Gais Musiciens), « Singspiel » en 2 actes, livret de Clemens Brentano, musique d'**Ernest Theodor Amadeus Hoffmann**, composé à Varsovie en déc. 1804, créé à Varsovie, au Deutsches Theater, le 6 avril 1805. (Durée : 1 h 45 min.)

Située dans l'exotique Famagouste par une nuit de nouvel an, la pièce de Brentano, où des masques de la commedia dell'arte côtoient les autres personnages, oscille entre la grand-place (scènes burlesques ou sentimentales du début et scènes de liesse finales) et un souterrain du château (« partie dramatique »). Les actes sont tous deux précédés d'une ouverture ; au changement de décor, un interlude orchestral isole le finale de l'acte II et en fait une 3e partie. Absents de la partie médiane, les masques, dans la 1re partie (= acte I), sont d'abord seuls en scène, puis se retirent (sauf un) ; ils ne réapparaissent qu'aux deux finales, aux côtés des autres personnages et du chœur. L'organisation d'ensemble est d'ailleurs ascendante : les deux actes culminent dans les chœurs, réservés par Hoffmann aux seuls finales, et le chœur de l'acte II, plus nombreux et à 4 voix mixtes, renchérit sur le chœur d'hommes à 4 voix de l'acte I.

LIVRET — Acte I. L'exposition est confiée aux masques : le veilleur-astronome Truffaldin (bar.), le maire Pantalon et le ministre de Samarcande (Samarkand) incognito Tartaglia (basses). Ramiro, jeune duc de Samarcande, et sa sœur Azelle, jeune duchesse de Famagouste, disent-ils, ont disparu : l'un suit des mendiants (une jeune fille qu'il aime, un aveugle, un enfant infirme), l'autre cherche Rinaldo, un enfant trouvé devenu général à Samarcande et qui, ayant conquis la principauté de Famagouste tombée en déshérence, s'en est enfui désespéré à la vue d'un monument dans le souterrain du château en jetant aveuglément son bouclier. Ils parlent aussi du défunt prince de Famagouste : se croyant trompé par son épouse avec un gentilhomme norvégien, il a fait exposer son fils unique ; celui-ci est plus tard apparu en songe à sa mère, qui a fait édifier le monument et l'y a fait représenter, puis est morte en mettant au monde une fille dont on a perdu la trace. — Aux masques succèdent sur la scène les « gais musiciens » : Ramiro (ténor), qui tait son identité, et les mendiants Fabiola (sop.), Piast (basse) et l'enfant Eusebio (sop.). Au finale, Fabiola et Piast, menacés d'arrestation par Pantalon et Tartaglia, en sont sauvés par Ramiro : répandant une pluie d'or, il emmène ses compagnons au souterrain tandis que Truffaldin et la garde se remplissent les poches.

Acte II. L'action se réduit à la rencontre des principaux personnages dans le souterrain, lieu décisif où seront dévoilés leurs rapports mutuels. L'identité de Ramiro est ainsi révélée à Azelle (sop.), venue rendre à Rinaldo un solitaire culte d'amour, puis à Fabiola venue déclarer avec pudeur à Ramiro qu'elle l'aime, enfin à Piast. Cependant, la servante Thays (rôle parlé) a promis à Rinaldo (ténor), pour qu'il revienne, des retrouvailles avec sa sœur, que Fabiola s'offre à figurer. On le soumet alors à une grandiose scène d'initiation ; Piast en est l'élément directeur : Rinaldo et Fabiola, révèle-t-il dans le dialogue qui la conclut, sont réellement frère et sœur ; lui-même est le gentilhomme norvégien à qui leur père, le défunt prince de Famagouste, a fait crever les yeux, et il a servi de père à Fabiola dans leur exil. — En conclusion, après le changement de décor, Rinaldo et Azelle sont présentés au peuple comme le nouveau couple princier de Famagouste ; Fabiola régnera avec Ramiro sur Samarcande. Comme c'est Rinaldo qui a jadis estropié Eusebio avec son bouclier, désormais il le protégera. Et tout se termine dans l'allégresse.

Hoffmann n'a pas centré l'organisation sur la continuité dramatique comme plus tard dans → *Undine* : musicalement, elle est faite de numéros de structure assez simple, dont chacun forme un tout bien délimité, insérés dans la trame en un assemblage souple et divers. Les deux ouvertures, de style opéra bouffe et de facture traditionnelle, contribuent à cimenter le tout, leurs thèmes prenant dans la suite de l'acte une importance structurelle. De même, l'interlude (acte II, n° 8) commande par-delà les diversités momentanées toute la musique de la dernière partie avec son atmosphère d'apothéose et d'acclamations. Des numéros chantés, le dernier finale paraît néanmoins le plus conventionnel. Plus intéressants, parce que traités avec verve à grand renfort de parlando, sont les épisodes de farce de l'acte I : son finale n° 8 et surtout les deux scènes de dispute du début (duo n°1 et trio n° 2), parodie des hors-d'œuvre servant à différer l'exposition.

L'humour également fait l'intérêt de la « partie dramatique » à l'acte II, plutôt parodie de drame. Le n° 7 de cet acte — en quelque sorte le finale de la 2e partie, le seul numéro, hormis les véritables finales, dont la structure soit un peu complexe — est une scène initiatique qui parodie *Die Zauberflöte*, mais aussi les tragédies du Destin. Piast y est soudain promu l'homologue de Sarastro, quitte à se contenter d'invoquer le Destin en un récitatif ronflant et creux : humoristique différence d'envergure ! Tout le début de cette scène, y compris sa solennelle introduction orchestrale, n'est qu'une accumulation de trucs musicaux autant que littéraires pour retarder le dénouement et accroître la tension. Alors Rinaldo, soumis comme Tamino à la loi du silence, n'y tient plus : en un récitatif poignant, il abjure son héroïsme ; la Foi, l'Espérance et l'Amour, valeurs célébrées juste avant par un hymne et objet d'adhésion sans équivoque dans d'autres œuvres de Hoffmann, sont ainsi relativisés. Pour autant, la parodie n'est pas ici dérision ni satire : l'humour a pour fonction d'induire à la fois participation au drame et prise de distance, de désamorcer le drame sans le supprimer. En bref, ce numéro est un modèle d'ironie romantique.

C'est par un lied que commence l'acte II : par la déclaration d'amour de Ramiro à Fabiola, musique d'un lyrisme délicat où mélodie et rythmes mettent en valeur les jeux verbaux d'un poème pour le moins précieux. Ce sont aussi des lieder qui occupent tout le milieu de l'acte I. Parmi eux, librement inspirés des chants du harpiste du *Wilhelm Meister* de Goethe, les chants des « gais musiciens » (auxquels se joint Truffaldin) forment un diptyque où alternent soli et quatuors (sop., ténor, bar., basse) et où chaque musicien apparaît avec ses attributs : flûte (Ramiro), chant (Fabiola), cymbales (Piast) ou tambourin (Eusebio).

Autre diptyque, à l'acte I : les lieder des astronomes. Au n° 3, Truffaldin dit aux étoiles sa mélancolie de ne pas arriver à lire dans le ciel ; cet air, comique mais empreint de poésie, ménage la transition entre les deux premières sections (farce et lyrisme sentimental). Au n° 5, qui respire une poésie limpide et sereine, Fabiola déchiffre au contraire avec succès les signes des astres, annonciateurs d'une issue heureuse. Tous deux forment un écrin enchâssant l'un des joyaux de l'œuvre : le n° 4, duo pour sop. et basse (Fabiola et Piast) si l'on s'en tient aux voix chantées, en fait trio vu l'importance de la flûte solo qui représente ici Ramiro avant même sa première entrée en scène ; elle joue d'abord à découvert, dans le silence de la nuit, une fantasia de 9 mesures, et les motifs initiaux de cette fantasia, repris ensuite, voire combinés dans les deux parties du duo, donnent à l'ensemble son unité.

Par son langage musical et ses procédés, Hoffmann se place dans une tradition prémozartienne, voire baroque, plus encore que mozartienne. Par l'abondance de ses lieder et par son organisation en numéros musicaux concourant peu à l'action, *Die lustigen Musikanten* risque aussi de paraître tributaire de ce que fut le « Singspiel » au siècle précédent : une série de lieder qui interrompent çà et là une pièce faite de dialogues parlés. Mais de la diversité de ses lieder, ainsi que de leur libre combinaison à des éléments théâtraux tantôt proches de l'opéra bouffe et tantôt parodiant la tragédie ou l'« opera seria », résulte en fin de compte un divertissement qui, très moderne au contraire, se joue des catégories préétablies : une fantaisie — en cela, Hoffmann a su être créateur dans l'esprit fantasque et authentiquement romantique (au sens littéraire de ce terme) de l'auteur du livret —, un divertissement qui demande à être regardé et écouté tout autrement qu'au premier degré, une éminente mise en œuvre de cette « réflexivité » essentielle à l'ironie romantique si présente dans les œuvres de Carlo Gozzi qui fascinaient tant Hoffmann.

Éditions — Par G. Allroggen, *in* E. T. A. Hoffmann. Ausgewählte musikalische Werke, Mayence, Schott, 1975-76, vol. IV-V.

Bibliographie — Cl. Brentano, Die lustigen Musikanten, *in* Werke IV, Munich, C. Hanser, 1978 ; G. Wöllner, Romantische Züge in der Partitur der « Lustigen Musikanten », *in* Mitteilungen der E. T. A. Hoffmann-Gesellschaft, fasc. 12, Bamberg 1966 ; G. Allroggen, Die Opern-Ästhetik E. T. A. Hoffmanns, Regensburg, Bosse, 1969 ; du même, E. T. A. Hoffmanns Kompositionen, Regensburg, Bosse, 1970, pp. 21-30 et 43-61 ; Fr. Schnapp (éd.), Der Musiker E. T. A. Hoffmann. Ein Dokumentenband, Hildesheim, Olms, 1981.

J. Giraud

(Die) lustigen Weiber von Windsor (Les Joyeuses Commères de Windsor), « komisch-phantastische Oper » (opéra-comique et fantastique) en 3 actes, livret de Hermann Salomon Mosenthal d'après la comédie de William Shakespeare *(The Merry Wives of Windsor*, v. 1600), musique d'**Otto Nicolai**, créé à l'Opéra royal de Berlin le 9 mars 1849 sous la direction du compositeur (Berlin 1850). Commencée en 1845 et refusée à Vienne pour la saison de 1846, l'œuvre fut complétée à Berlin pour sa création. Elle fut représentée aussi bien en italien (sous le titre *Falstaff*, Londres, Her Majesty's Theatre, 3 mai 1864) qu'en français (trad. de J. Barbier, Paris, Théâtre-Lyrique, 25 mai 1866), et connaît encore un grand succès en Allemagne (100e à Berlin dès 1876) où elle fut reprise pour le centenaire de la mort de Nicolai (Berlin, Staatsoper).

Argument — L'action se passe à Windsor, au début du XVIIe siècle. Le vieux chevalier sir John Falstaff (basse) courtise Mme Reich (mezzo-sop.) et Mme Fluth (sop.), provoquant ainsi la colère de leurs maris (basse et bar.). Les deux femmes ne pensent qu'à se moquer de leur ridicule admirateur qui, caché dans un coffre à linge pour échapper aux poursuites de M. Fluth, est jeté à la rivière. Rien n'arrête cependant l'infatigable séducteur dont le caractère burlesque s'épanouit dans les quiproquos et les déguisements. Parallèlement, M. Reich a promis sa fille Anna (sop.) à Spärlich (ténor) qu'il préfère à Caius (basse) et à Fenton (ténor). La déclaration d'amour comique des deux premiers prétendants ne peut gagner le cœur de la jeune fille éprise de Fenton. Tout finit par s'arranger dans la joyeuse mascarade finale offerte à Falstaff, qui jure de ne plus importuner les dames de la ville.

Contrairement à Boïto et Verdi (→ *Falstaff*), Mosenthal et Nicolai — qui ébaucha le scénario — n'ont pas centré l'action sur le caractère tragi-comique de sir John Falstaff, hobereau oublieux de son rang. Comme Shakespeare, ils ont souligné l'attitude malicieuse des femmes prenant aussi bien leur revanche sur Falstaff que sur leurs maris jaloux. En même temps, la romantique histoire d'amour d'Anna et de Fenton, restée secondaire dans le modèle littéraire, a été développée. A partir de là, Nicolai a réussi une suite de portraits musicaux très ressemblants. Remarquons celui de Mme Fluth, appelant à la plaisanterie et à la bonne humeur dans son récitatif et air *« Nun eilt herbei, Witz, heitre Laune »* (acte I), et celui de Falstaff dans sa célèbre chanson à boire *« Als Büblein klein »* (acte II). Conçu comme un « Singspiel » avec dialogues parlés, l'ouvrage mêle différents styles, bel canto italien, récitatif « de conversation » propre à la « Spieloper », en même temps que se développent des scènes plus longues et plus complexes. L'entrée de Falstaff, avec son orchestration pompeuse à la manière baroque, ainsi que le récitatif à la fois insignifiant et pathétique de Fluth et de Falstaff (acte II) sont de bons exemples de caricature musicale comique, qu'on opposera à la romance passionnée chantée par Fenton *« Horch, die Lerche singt in Hain »* (Écoute, l'alouette chante dans le bosquet, acte II).

Bibliographie — G. R. Kruse, Falstaff u. die lustigen Weiber, *in* Die Musik VI/4, 1906-07 ; du même, O. Nicolais Lustige Weiber... mit unbekannt gebliebenen Nummern, *ibid.* XXVIII, 1936 ; S. Goslich, Beiträge zur Geschichte der deutschen romantischen Oper, Leipzig 1937 ; J. W. Klein, Verdi and Nicolai : a Strange Rivalry, *in* MR XXXII, 1971 ; A. Goebel, Die deutsche Spieloper bei Lortzing, Nicolai u. Flotow (diss. Cologne 1975) ; S. Goslich, Die deutsche romantische Oper, Tutzing, Schneider, 1975.

P. Prévost et J. Schläder

(Die) lustige Witwe (La Veuve joyeuse), opérette en 3 actes, livret de Viktor Léon et Leo Stein d'après la comédie d'Henri Meilhac *L'Attaché d'ambassade* (1861), musique de **Franz Lehár**, créée à Vienne, au Theater an der Wien, le 30 déc. 1905, avec Mme M. Günther (Hanna), MM. L. Treumann (Danilo), S. Hassler (Zeta), A. Wünsch (Valencienne), K. Meister (Rosillon), sous la dir. du compositeur. (Vienne, Doblinger.) L'œuvre connut rapidement un succès foudroyant sur les scènes d'Europe et d'Amérique et fut représentée près de 20 000 fois avant de paraître à Paris, le 28 avr. 1909 pour l'inauguration du Théâtre Apollo (adaptation fr. de Robert de Flers et Gaston Arman de Caillavet). Modèle très réussi d'un genre encore nouveau à cette époque, *La Veuve joyeuse* donna au public le goût de l'opérette viennoise et fut un des spectacles privilégiés de la capitale, plus particulièrement du Théâtre Mogador de 1942 à 1962. Depuis la création, les représentations dans le monde entier se chiffrent par millions.

LIVRET (les noms entre parenthèses renvoient aux personnages de l'adaptation française) — L'action se passe à Paris vers 1900. — Acte I. Mirko Zeta (Popoff, bar.), ambassadeur du Birkenfeld (la Marsovie dans la version fr.), et Valencienne (Nadia, sop.), son épouse, donnent un bal somptueux. Camille de Rosillon (Camille de Coutançon, ténor), courtise l'ambassadrice à la barbe de Zeta qui, occupé à une affaire diplomatique de la plus haute importance, ne s'aperçoit de rien. Tous attendent Hanna Glawari (Missia Palmieri, sop.), la riche veuve d'un banquier new-yorkais, dont la fortune de 50 millions constitue la quasi-totalité des dépôts de la banque du Birkenfeld. Pour conserver cet argent, Zeta veut retenir Hanna en la mariant à un natif de la principauté, en l'occurrence l'attaché d'ambassade Danilo Danilowitsch (Prince Danilo, bar.). Hanna paraît, ravissant l'assemblée par sa beauté. Danilo, qu'on a fait chercher, reconnaît en elle la jeune fille sans fortune qu'il a abandonnée autrefois.

Acte II — Au cours d'une garden-party chez Hanna est découvert un éventail où Rosillon a écrit quelques mots d'amour à l'intention de Valencienne. Certain que le message s'adresse à la riche veuve, Zeta charge Danilo d'en retrouver l'auteur. Hanna et Danilo ne cessent d'échanger des propos acerbes excitant leur jalousie mutuelle. De leur côté, Rosillon et Valencienne se sont retirés dans un pavillon du jardin. Amusé de savoir un mari trompé, Zeta écoute à la porte la déclaration d'amour de Rosillon. Sa bonne humeur disparaît quand il reconnaît sa propre femme. Hanna aura le temps de se substituer à Valencienne avant qu'il fasse ouvrir la porte. Pour provoquer Danilo, la veuve annonce son mariage avec Rosillon, au grand désespoir de l'ambassadeur qui présage le krach de sa banque.

Acte III — Au restaurant Maxim's. Hanna explique à Danilo que, malgré les apparences, elle n'éprouve aucun sentiment à l'égard de Rosillon. Les jeunes gens tombent dans les bras l'un de l'autre et Zeta pardonne à Valencienne dans l'allégresse générale.

Qu'elle se déroule dans les salons de l'ambassade, chez Hanna ou dans le célèbre restaurant de la rue Royale, *La Veuve joyeuse* est une fête permanente qui séduit tout public. Conçu sur une double intrigue, le livret présente à lui seul les qualités nécessaires à la réussite de l'ouvrage : authentique amour de Danilo et Hanna, aventure sentimentale sans lendemain de Rosillon et Valencienne, comique irrésistible de l'ambassadeur, piètre diplomate et mari trompé. Lehár a écrit une musique pleine d'entrain où s'enchaînent valses, polkas et mazurkas. Le kolo de l'acte II, danse populaire du Birkenfeld qui rappelle la jeunesse de Danilo et Hanna, apporte une touche de couleur locale chatoyante et expressive. L'entrée de chaque personnage est particulièrement soignée, surtout celle d'Hanna *« Bitte meine Herr'n* [...], *Hab' in Paris mich noch nicht ganz so acclimatisiert »* (De grâce messieurs [...], Je ne connais votre Paris), puis celle de Danilo *« O Vaterland ! »* (Pardonne-moi, chère patrie). A côté de pages résolument comiques comme le septuor *« Ja, das Studium der Weiber ist schwer »* (Depuis qu'Ève écoutant le serpent, acte II), le compositeur a ménagé des espaces de caractère plus lyrique, la chanson de Wilya (*« Ich bitte, hier jetzt* [...] *Es lebt' ein' Vilja »*, Là-bas dans nos rudes vallées [...] Vilya, ô Vilya, ô mon cher tourment, ibid.), le duo de Camille et Valencienne, rehaussé par la mélodie du violon solo et soutenu par les arpèges de harpe (*« Wie eine Rosenknospe* [...] *Sieh dort den kleinen Pavillon »*, Hors de la tige un bourgeon vert [...], Viens dans ce joli pavillon, ibid.), puis celui de Danilo et Hanna (*« Lippen schweigen »*, Heure exquise, acte III). La variété des situations imposée par le livret donne à la musique un dynamisme qui fait de l'ouvrage un opéra-comique léger tout à fait dans le ton de la Belle Époque.

Bibliographie — Lehár, La Veuve joyeuse, *in* L'Avant-Scène Opéra-Opérette-Musique, n° 45, nov. 1982.

P. PRÉVOST

« LUX AETERNA », communion en 8e mode de la → *Messe des morts.* D'une ligne sereine et paisible, la mélodie développe principalement les degrés structuraux du mode plagal de *sol* : *sol*, *la* et *do*, avec la sous-tonique *fa.* Comme l'offertoire → *« Domine Iesu Christe »* de la même messe, cette antienne de communion a exceptionnellement conservé le verset psalmodié qui l'accompagne, verset chanté sur le 8e ton de la psalmodie simple de l'office (et non celle, légèrement plus ornée, des introïts de la messe). Seule la seconde phrase de l'antienne est ensuite reprise (ordonnance modifiée par le *Graduale Romanum* de 1974).

Traduction — Que la lumière éternelle brille pour eux, Seigneur, avec tes saints pour l'éternité, parce que tu es miséricordieux. (℣) Donne-leur le repos éternel, Seigneur, et que la lumière sans fin brille pour eux (IV Esdras 2, 34-35).

J. VIRET

« LUX AETERNA », de **György Ligeti,** pour chœur mixte a cappella (4 sop., 4 altos, 4 ténors et 4 basses), composé en juil.-août 1966, créé à Stuttgart le 2 nov. 1966. (Francfort, Londres et New York, H. Litolff et C. F. Peters, [1968] ; durée : 9 min environ.)

L'œuvre se rattache au → *Requiem*, composé un an

auparavant, dont elle apparaît comme une manière de bourgeonnement ultérieur. Le vaste chantier compositionnel ouvert pour le *Requiem* a servi à la genèse du *« Lux aeterna »* que l'on peut considérer comme une sorte d'esquisse parallèle parvenue à maturité pour finir par trouver son autonomie. Le texte est celui de la communion de la messe des morts que Ligeti n'avait pas utilisé dans le *Requiem*.

« Lux aeterna » emprunte au *Requiem* son traitement du thème de la lumière et du repos éternel : la pièce développe une matière sonore continue, évitant toute texture hachée qui se rattacherait à l'événement dramatique du *« Dies irae »*. L'espace sonore recherché se veut topologiquement dense et non discret. Dans cette perspective, les consonnes du texte sont éludées et le sens des mots n'est pas directement perceptible. Le chœur est utilisé pour sa sonorité riche, résultant de la fusion des timbres des différentes voix individuelles.

La pièce se divise en 5 sections qui suivent le texte (« Lux aeterna », « Domine », « Requiem », « Domine », « Lux aeterna ») et font apparaître une symétrie centrale. A l'intérieur de chaque section, la texture musicale part d'un pilier de clarté harmonique (fondé sur les intervalles d'8^{ve}, d'unisson et de 4te et 3^{ce} min.) pour évoluer vers un autre pilier du même genre. Entre ces points d'appui, l'espace sonore se transforme par métamorphose continue. Par le jeu de la polyphonie, les consonances se brouillent, pour finalement réapparaître plus tard. Il est intéressant de noter que l'évocation de la lumière amène le compositeur à abandonner l'indifférenciation atonale au profit du langage tonal.

Bibliographie — P. Rummenhöler, Möglichkeiten neuester Chormusik, *in* Der Einfluss der technischen Mittler auf die Musikerziehung unserer Zeit, Mayence 1968 ; G. Ligeti, Auf dem Weg zu Lux aeterna, *in* ÖMZ, 1969/2 ; Cl. Gottwald, Lux aeterna, ein Beitrag zur Kompositionstechnik Ligetis, *in* Musica XXV/1, 1971 ; Ch. Richter, Interpretation zu Lux aeterna von Ligeti, *in* Musik und Bildung IV/5, 1972 ; P. Michel, G. Ligeti, compositeur d'aujourd'hui, Paris, Minerve, 1985, pp. 79-83.

D. Colas

« Lux fulgebit », introït en 8e mode du → Propre de Noël (messe de l'aurore). La venue dans le monde de la lumière annoncée par Esaïe est chantée en une mélodie toute de clarté, d'élan et de légèreté, en accord avec le climat habituel du mode plagal de *sol*. Partie du *ré* grave, la courbe franchit un intervalle de septième pour atteindre la dominante *do* et s'y épanouir avant de redescendre à la tonique *sol* : bel exemple de ligne « en arc » culminant sur le mot « hodie » (aujourd'hui). Les formules cadentielles de la première phrase (« super nos ») terminent également la seconde (« Dominus »), mais les cadences suivantes (« Deus », « saeculi ») se font sur les degrés voisins de la tonique, *fa* et *la* : degrés qui prennent d'ailleurs une importance accrue dans la mélodie et apparentent celle-ci au mode de *fa* ; c'est là un procédé coutumier au 8e mode. On remarquera, au début de la troisième phrase, le ton plus solennel d'« et vocabitur » (il sera appelé) où transparaît la majesté du Christ, célébrée par les épithètes ainsi introduites.

Traduction — La lumière brillera aujourd'hui sur nous, car un Seigneur nous est né ; il sera appelé Admirable, Dieu, Prince de la paix, Père de l'âge à venir ; son règne n'aura pas de fin (Esaïe, 9, 1 et 5-6).

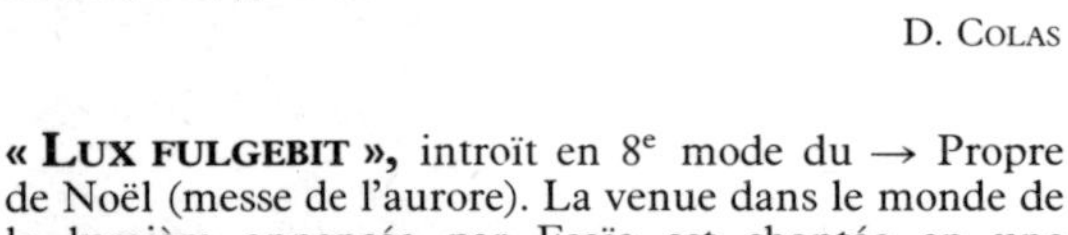

J. Viret

Lydia, op. 4, n° 2, mélodie de **Gabriel Fauré**, pour une voix et accompagnement de piano, en *fa* maj., Andante, d'après Leconte de Lisle (*Poèmes antiques*, 1852), écrite en 1870 et créée par Marie Trélat, la dédicataire, à la Société Nationale le 18 mai 1872. (Durée : 2 min 34 s.). Éditée une première fois par Hartmann en 1871, cette mélodie fait partie des → *Vingt Mélodies, 1er recueil* d'Hamelle (n° 8). Si vestiges et éléments de modernité font de *Lydia* une œuvre de transition, les nouveautés qu'on y trouve frappèrent tellement les esprits que Massenet lui-même aurait affirmé : « Je voudrais avoir écrit cela. » Au style des débuts appartiennent le strophisme, l'accompagnement-soutien régulier, le postlude du piano et quelques tournures mélismatiques. L'avenir au contraire s'annonce par la modalité (mode de *fa*, « lydien » ?) et le thème initial avec triton mélodique,

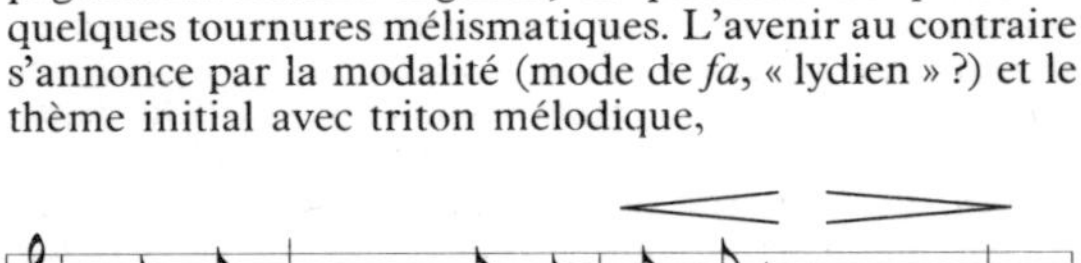

futur archétype thématique de la blancheur ou de l'innocence. Expression un peu stéréotypée de la femme-enfant, *Lydia* préfigure la Bien-Aimée de *La Bonne Chanson.*

Bibliographie — Voir celle de l'art. (*La*) *Bonne Chanson*.

M.-Cl. Beltrando-Patier

Lyra Britannica (Lyre britannique), 6 volumes de musique vocale, composée par **William Boyce** (Londres, J. Walsh, 1747-59), contenant un ensemble de 47 pièces provenant de la scène et des jardins publics de Vauxhall et de Ranelagh. Les œuvres vont de simples chants d'amour strophiques à des duos, des dialogues et des cantates.

Boyce a organisé soigneusement le contenu de chacun des livres et les a destinés à des amateurs se produisant dans un cadre domestique. A partir du Livre III (1748), des parties de violon séparées commencent à apparaître et dans les Livres IV et V sont incluses des parties transcrites pour flûte, destinées à des solistes. Dans les trois derniers livres, un certain nombre de chants sont présentés en partition pour cordes et basse continue. Dans le Livre VI, deux chants comportent un accompagnement arrangé pour « guittar ». Cet instrument, connu sous le nom de guitare anglaise — bien qu'il s'agisse d'une sorte de cistre —, était populaire comme instrument plutôt féminin entre 1750 et 1810 environ.

Boyce pourrait avoir tiré son titre de l'*Orpheus Britannicus*, une collection posthume de musique vocale de H. Purcell (1698, 1702), mais il semble avoir ignoré que J. F. Lampe avait utilisé le titre de *Lyra Britannica* quelque deux années auparavant pour sa propre collection de chants, publiée à Londres par John Simpson. C'est vers le milieu des années 1730 que Boyce commença à écrire des chants qui parurent d'abord sous forme de feuilles isolées ou dans des collections telles que *The Musical Entertainer* (1737-38) de George Bickham.

Le 10 avril 1745, Boyce obtenait un privilège royal et une licence protégeant ses compositions d'éventuels pillages pendant quatorze années ; les 5 premiers livres de la *Lyra Britannica* furent imprimés avec le texte intégral de la « licence ». Le succès des deux premières publications de Boyce chez Walsh, → *Salomon* en 1743 et les *12 Sonates* pour deux violons avec basse pour le violoncelle ou le clavecin en janvier 1747, était une garantie suffisante pour le succès d'une troisième publication ; la *Lyra Britannica* fut donc publiée le 31 mars 1747. Elle s'ouvre avec les trois meilleurs airs du → *Secular Masque* de J. Dryden : le chant de Diane *« With horns and with hounds »* (Avec des cors et des chiens de meute), le chant de Momus à Mars, *« Thy sword within the scabbard keep »* (Garde ton épée au fourreau), le chant de Vénus, *« Calms appear, when storms are past »* (Les calmes paraissent lorsque les tempêtes sont terminées). En plus, on y trouve 4 chants pour ténor, un pour basse, un duo et la cantate *« Long with undistinguished flame... »* (Longtemps d'un amour égal j'ai aimé les femmes belles et spirituelles), paroles de Christopher Smart. Rien n'indique que ce volume est le premier d'une série ; il dut se vendre aisément et comme Boyce conservait par-devers lui assez de compositions pour une nouvelle publication, un deuxième livre fut édité par Walsh le 11 juil. de la même année. On y rencontre la même variété que dans le premier mais il ne s'y trouve aucun chant de théâtre. Le Livre III fut publié le 9 sept. 1748 et renferme moins d'œuvres que les autres. L'annonce de Walsh dans le *General Advertiser* indique que 3 des chants avaient été exécutés aux jardins de Vauxhall et de Ranelagh : le dialogue *Johnny and Jenny*, « To make the wife kind » (Pour rendre aimable la femme) et *« You say you love »* (Vous dites que vous aimez). Il est établi que les 5 œuvres, ainsi que la cantate *« Blest in Maria's friendship »* (Bienheureux dans l'amitié de Marie), étaient des pièces destinées aux jardins publics. Le Livre IV, publié le 19 mars 1754, contient de nouveau de la musique de théâtre sous la forme de 2 chants pour ténor, destinés à Mercure, provenant de la satire dramatique de David Garrick, *Lethe*, écrite en 1740 et reprise à Drury Lane le 2 janv. 1749. Les chants de Boyce y furent probablement introduits au début des années 1750. Le reste du volume contient 4 chants ainsi que la cantate pour ténor *« Of roses, while I wove with anxious care »* (J'ai tressé avec beaucoup de soin une guirlande de roses). Le Livre V fut publié le 5 févr. 1756, quelques jours après que Garrick eut créé son adaptation du *Winter's Tale* de Shakespeare, rebaptisé *Florizel and Perdita.* Pour cette production, Boyce mit en musique le trio *« Get you hence, for I must go »* (Quittez ces lieux, il faut que je parte), inséré en tête du volume à une date plus récente et comportant sa propre pagination. L'autre chant de théâtre est *« When Damon languished at my feet »* (Lorsque Damon languissait à mes pieds) de l'acte III de la tragédie d'Edward Moore *The Gamester* (Le Joueur), qui fut créée à Drury Lane le 7 févr. 1753. Ces deux œuvres sont publiées en partition avec 4 autres des 10 pièces du volume. Le Livre VI fut publié le 19 juil. 1759. La « licence » de quatorze ans que Boyce avait obtenue ayant expiré en avril, elle ne fut pas incluse dans l'ouvrage qui contient 4 chants de jardins publics et un dialogue pour soprano et ténor. Les deux chants de théâtre sont *« Plutus, vain is all your vaunting »* (Pluton, toute ta flatterie est vaine), chanté par miss Young dans le rôle de Wit de l'*Amphitryon* de Dryden, revu par John Hawkesworth et monté à Drury Lane le 15 déc. 1756, et *« Does the languid soul complain ? »* (L'âme languissante se plaint-elle ?), un chant exécuté par Thomas Lowe dans *The Conscious Lovers* (Les Amoureux sensés) représenté à Covent Garden. *The Lapland Cantata* (Cantate de Laponie) clôt l'ouvrage ; il s'agit d'une traduction du poète Ambrose Philips, qui parut pour la première fois dans *The Spectator* du 30 avril 1712.

La *Lyra Britannica* fut intégralement regravée et republiée en format in-folio oblong dans le périodique *The New Musical Magazine* (Londres, Harrison & Co. [v. 1785]).

Rééditions modernes — Facs. des 6 livres originaux avec une introduction de R. J. Bruce, *in* Music for London Entertainment 1660-1800, série F, vol. III, Tunbridge Wells 1985.

R. J. Bruce

(La) Lyre et la Harpe, op. 57, cantate en 2 parties pour 2 soli, chœur et orchestre, de **Camille Saint-Saëns**, sur une ode de Victor Hugo, composée en 1879, dédiée à Henri Reber, interprétée pour la première fois le 28 août 1879 dans une version anglaise de Sydney M. Samuel et James Donzel au Town Hall de Birmingham par les chœurs et l'orchestre de Birmingham placés sous la direction de C. Saint-Saëns, avec le concours de Mmes Lemmens et Shervington-Patey, de MM. Cummings et Stanley (Paris, Durand & Schoenewerk, 1879).

Cette cantate, écrite à la manière de Haendel, ne manque ni de force ni de grandeur. La Harpe symbolise l'idéal chrétien et la Lyre, la volupté païenne. « La même forme enclôt deux conceptions du monde très dissemblables, et manifeste leur unique affinité, le besoin de conformer l'existence humaine à une règle qui reproduise l'équilibre de la nature et la sagesse d'un Dieu » (E. Baumann).

Prélude. Un Andante maestoso (orgue et clar., comme un oracle montant d'une crypte) alterne avec un Allegro non troppo de plan ABA'B' (A' étant une exposition de fugue à 4 parties).

Première partie. **1.** La Lyre. Berceuse chorale pour le fils d'Apollon. **2.** La Harpe. L'orgue prélude sur le thème du début de l'œuvre, repris par le contralto, *« Éveille-toi, jeune homme »*. **3.** La Lyre. Chœur syllabique, *« Ton jeune âge est cher à la gloire »*. Fugue à 4 entrées, *« Va, l'Olympe est né du Parnasse »*. Contrechant sonore à la trompette et strette. Affirmation solennelle, *« Les poètes ont fait les dieux »*. **4.** La Harpe. Au chant du contralto, *« Homme, une femme fut ta mère »*, répond la majestueuse proclamation de la basse, *« Dieu, ton maître »*. **5.** La Lyre. Passage monumental avec une exposition de fugue, *« Les Immortels »*. Après un court traitement en bicinum, le quatuor de solistes alterne avec le chœur à 4 voix. Fin apaisée. **6.** La Harpe. Style d'église renforcé par l'orgue. La Harpe révèle au poète sa mission de prophète.

Seconde partie. **7.** La Lyre-La Harpe. Air de soprano en deux sections, la première introduit un motif dramatique et chromatique aux basses de l'orchestre (évocation de l'aigle de Jupiter), tandis que la seconde traduit la pureté de la colombe de l'Esprit Saint. **8.** La Lyre. A la chasteté succède la sensualité. Caractère oriental voluptueux dans la chaude tonalité de *fa* ♯ maj., *« Aime ! Eros règne à Gnide »*. **9.** La Harpe. Sur un rythme dansant, le ténor et le contralto chantent l'amour divin. **10.** La Lyre. Le baryton répond sur un rythme guilleret *« Jouis ! c'est au fleuve des ombres »*. **11.** La Harpe. Style religieux mettant en valeur le quatuor de solistes, *« Soutiens ton frère qui chancelle »*, aux nombreuses imitations contrapuntiques alternant avec des passages verticaux à la manière d'un choral, *« Vis en songeant qu'il faut mourir »*. **12.** Épilogue. Par symétrie, ce chœur reprend les éléments du prélude et du premier chœur. Fin très douce.

Bibliographie — E. Baumann, Les grandes formes de la musique. L'œuvre de C. Saint-Saëns, Paris 1905, 2/1923, pp. 377-381.

Chr. Goubault

Lys de madrigaux, de **Maurice Ohana**, pour 24 voix de femmes (8 sop., 8 mezzo-sop., 8 altos), dont 4 solistes (sop. aigu, 2 sop., mezzo sop.), 2 cithares (chromatique et en 1/3 de ton : un seul exécutant), piano et orgue (ou positif), commande de Radio-France, composé en 1975-76, créé à Paris, au grand auditorium de la Maison de Radio-France, le 1er juin 1976, par les chœurs de Radio-France, sous la dir. de son dédicataire Guy Reibel. (Paris, Jobert ; durée : 22 min environ.)

Destinée à l'origine à la maîtrise de jeunes filles de Radio-France, l'œuvre met en scène une série de mythes profanes gravitant autour de 6 figures féminines issues de la culture hellénique, « fascinantes et vénéneuses », donnant lieu à une suite en 6 mouvements à la fois bruts et sensuels. Un kaléidoscope de cultures et de styles brasse les techniques du flamenco, du chant grégorien et mozarabe, de la musique africaine, du blues et du « canto jondo » andalou sur le mode contemporain du madrigal. Le texte, inintelligible (sauf au nº 3), offre un univers « humaniste » qui laisse méditer, voire imaginer. **1.** *Calypso* carillonne, interpelle, murmure, se plaint et disparaît. **2.** *Circé*, incantatrice gymnique et maléfique, répète une danse sauvage et disloquée à 5 temps. Après trois signaux solistes, elle rampe parmi les « feulements », les « sifflements », les « chuintements » nocturnes pour enfin trouer le jour d'une arsis vengeresse effervescente. **3.** *Star Mad Blues* nous plonge dans la nuit africaine. Un blues nostalgique, entonné à l'unisson, chante la prière anglaise : « O Orion, O Moon, waning Moon / O sweet Milky Way / Am I star mad because I'd rather watch you / Than live in this wild world. » **4.** *Les Parques* déroulent un ruban régulier de petits cris malsains pour très vite flamber en fumée. **5.** *Tropique de la Vierge* semble découvrir un tapis statique sur lequel viennent se poser des roucoulades aiguës, qui se fractureront en bavardages furieux. **6.** *Miroir de Sapho* démultiplie une mélopée souple en mille facettes personnalisées pour obscurcir lentement un cadre où se mire finalement le silence. « A une époque où l'extrême sophistication des techniques musicales tend à les faire prendre [...] pour des fins en soi, l'œuvre d'Ohana ne cesse de rappeler qu'elles ne sauraient être [...] que des moyens mis à la disposition d'un désir d'expression à la fois spontané et maîtrisé. Ce qui se désigne simplement — le mot fût-il actuellement décrié — par l'inspiration créatrice. » (Chr. Prost.)

Bibliographie — Chr. Prost, Essais, études et documents, *in* RM, nº 351-352, Paris, Richard-Masse, 1982 ; de la même, livret du disque de la coll. MFA, Radio-France-Érato, Paris, Costallat, 1983 ; G. Reibel, La musique vocale et chorale de M. Ohana, *in* RM, nº 391-393, 1986.

P. A. Castanet

M

« Ma bouche rit et ma pensée pleure », virelai à 3 voix de **Johannes Ockeghem**. Un nombre important de sources, tant musicales que littéraires, témoigne du succès de cette bergerette. Elle figure notamment dans le premier recueil imprimé, l' → *Odhecaton* de Petrucci, en 1501, qui l'attribue explicitement à Ockeghem, ainsi que 4 autres manuscrits.

Bien que le texte soit confié au seul supérius, deux voix (supérius et ténor) se partagent l'intérêt mélodique, alors que le contraténor, par son caractère plus morcelé et accidenté, a une fonction d'enrichissement contrapuntique. Souvent en relation d'imitation au début des phrases, supérius et ténor ont, dans leurs développements, une grande autonomie mélodique. Les sources divergent quant à l'indication de mensuration et de tempo, partagées entre le temps intégral (C) et le temps diminué (¢). La complexité rythmique et polyphonique semble, cependant, se satisfaire davantage d'un tempo relativement lent, qui sied mieux également à l'atmosphère du mode de *mi* et au caractère du texte. En revanche, l'invective du début du couplet (« Ha ! cuer pervers ») pourrait s'accommoder d'un changement de tempo que certaines sources indiquent par la substitution du temps diminué au temps intégral.

Le texte, que certaines sources littéraires traitent comme un rondeau, est bien une bergerette, en deux parties : la première (A) étant exécutée à trois reprises (refrain initial et final et fin de la strophe), la seconde (b) répétée deux fois pour l'ouvert et le clos du début de la strophe (couple) selon le schéma habituel : A b b a A. Le premier vers en donne la tonalité affective, dans l'expression antithétique de l'amour : « Ma bouche rit et ma pensée pleure », ce qu'exprime aussi cet autre vers que les poètes de la Pléiade ne désavoueront pas : « Ainsi meurs vif, et en vivant trespasse. » *« Mon seul plaisir »*, quodlibet du chansonnier monodique dit de Gaston Paris (Paris, BN, Ms. 12744) en cite l'incipit, alors que **Josquin des Prés** en garde le seul premier vers, qu'il répète, dans sa version à 6 voix, construite à la fois sur la mélodie du supérius d'Ockeghem et sur le motif initial du ténor, traité en ostinato au bassus. **J. Martini**, quant à lui, s'inspire de l'œuvre d'Ockeghem dans une *Messe « Ma bouche rit »*.

Rééditions modernes — Par E. Droz, G. Thibault et Y. Rokseth, *in* Trois chansonniers français du xve s., Paris 1927, rééd. en facs. Genève, Slatkine, 1976 ; par H. Ringmann et J. Klapper, *in* Das Glogauer Liederbuch, EDM IV, Leipzig 1936, 2/Kassel, BV, 1954 ; par H. Hewitt, *in* Harmonice musices Odhecaton A, Cambridge (Mass.), Medieval Acad. of America, 1942 ; par A. T. Davison et W. Apel, *in* Historical anthology of music I, Cambridge (Mass.), Harvard Univ. Press, 1946, 10/1970 ; par A. A. Moerk, *in* The Seville Chansonnier, Ann Arbor, UMI, 1978 ; par L. L. Perkins et G. Howard, *in* The Mellon Chansonnier, New Haven, Yale Univ. Press, 1979 ; par M. Gutiérrez-Denhoff, *in* Der Wolfenbütteler Chansonnier, Mayence, Schott, 1988.

Bibliographie — G. Reese, Music in the Renaissance, New York, Norton, 1954, 2/1959 ; H. M. Brown, The genesis of a style : the parisian chanson, 1500-1530, *in* J. Haar (éd.), Chanson and madrigal, 1480-1530, Cambridge (Mass.), 1964 ; A. Atlas, The Cappella Giulia Chansonnier. Rome, Bibl. Apostolica Vaticana C.G. XIII. 27, Brooklyn, Inst. of Mediaeval Music, 1975 ; D. Fallows J. Ockeghem : the Changing Image, the Songs and a New Source, *in* Early Music 12, 1984.

J.-P. Ouvrard

« Ma bouche rit et mon cueur pleure », chanson à 6 voix, en deux parties, de **Josquin des Prés**. Cette chanson, que les musicologues, à la suite de H. Osthoff, ont tendance à considérer plutôt comme une pièce instrumentale, emprunte son supérius au virelai à 3 voix de J. Ockeghem (voir l'article précédent). Mais curieusement, le texte en est réduit au premier vers modifié, continuellement répété pendant la première partie de l'œuvre, et à son rebours (« Mon cœur pleure et ma bouche rit ») dans le « residuum ». En combinaison avec le supérius d'Ockeghem, repris en entier, Josquin exploite aussi quelques motifs secondaires du contraténor. Dans le « residuum » qui correspond au couplet du virelai original, il contrepointe le supérius avec des motifs empruntés au refrain, notamment les incipit (contraténor et supérius) qu'il traite dans l'esprit d'un ostinato, en particulier au bassus.

Rééditions modernes — Par A. Smijers, *in* Werken van Josquin des Prés V, Amsterdam Vereeniging voor Nederlansche Muziekgeschiedenis, 1924, 2/1971.

Bibliographie — H. Osthoff, Josquin Desprez, 2 vol., Tutzing 1962-65 ; K. Kohn, The renotation of polyphonic music, *in* MQ LXVII, 1981 ; J. van Benthem, The Scoring of Josquin's Secular Music, *in* TVer XXXV, 1985.

J.-P. Ouvrard

Macbeth, « melodramma » en 4 actes, livret de Francesco Maria Piave d'après William Shakespeare, avec des adjonctions d'Andrea Maffei, musique de **Giuseppe Verdi**, créé à Florence, au Teatro della Pergola, le 14 mars 1847, avec Marianna Barbieri-Nini (Lady Macbeth), Felice Varesi (Macbeth), Nicola Benedetti (Banco), Angelo Brunacci (Macduff), Francesco Rossi (Malcolm), sous la dir. du compositeur. Profondément remanié en 1864-65 (livret révisé par Piave, traduit en français par Charles Louis Étienne Nuitter et Alexandre Beaumont), l'ouvrage fut représenté pour la 1re fois sous cette forme à Paris, au Théâtre-Lyrique, le 21 avr. 1865, avec Mme Rey Balla (Lady Macbeth), Jean-Vital Ismael (Macbeth), MM. Bilis Petit (Banquo), Montjauze (Macduff), Huet (Malcolm), sous la dir. d'Adolphe Deloffre.

Macbeth occupe une place de premier plan parmi les œuvres de Verdi pour au moins deux raisons : de tous ses opéras composés avant 1848, c'est celui dont il déclara lui-même qu'il avait sa préférence. Et ce fut aussi le premier essai de Verdi de création d'un opéra à partir d'une pièce de Shakespeare, un auteur avec lequel il se sentait des affinités et vers lequel il se tourna de nouveau à la fin de sa carrière pour composer *Otello* et *Falstaff*. Pourtant, ce n'était pas à Shakespeare qu'il pensait le plus lorsqu'il accepta, en mai 1846, d'écrire un nouvel opéra pour Florence, dans le « genere fantastico », qui représentait la dernière mode en matière d'opéra en Italie depuis les premières italiennes de *Robert le Diable* de Meyerbeer (1840) et du *Freischütz* de Weber (1843). Il avait eu l'idée de mettre en musique *Die Ahnfrau* de Grillparzer et *Die Räuber* de Schiller avant de se décider pour *Macbeth*. En fin de compte, sa décision de travailler à partir de la pièce de Shakespeare était fondée avant tout sur la disponibilité des chanteurs pour la première : comme le théâtre ne pouvait s'attacher le ténor qu'il voulait, il choisit un sujet dans lequel le rôle principal serait confié à un baryton. Dès le départ, Verdi avait voulu écrire le rôle de Macbeth pour Felice Varesi (qui créera plus tard le rôle de Rigoletto), en qui il voyait « un artiste unique en son genre par la qualité de son chant, sa sensibilité et sa personnalité même ».

Le compositeur commença à travailler à *Macbeth* avant même que le sujet et le nom des chanteurs pour Florence soient arrêtés. Dès sept. 1846, tandis que les négociations pour engager Varesi se poursuivaient, il envoya à Piave un livret en prose (avec un plan détaillé des actes, des scènes et des numéros musicaux), en lui demandant de versifier le texte. Piave eut bien du mal à satisfaire l'attente de Verdi, alors que celui-ci le harcelait sans cesse, lui retournant les vers proposés en réclamant des changements. Le livret achevé, le compositeur prétendit que les deux derniers actes étaient si mauvais qu'ils ne pouvaient être mis en musique. Il demanda donc à Andrea Maffei, un homme de lettres illustre qui était aussi son ami, de récrire certains passages.

Verdi apporta le plus grand soin à la création de *Macbeth*. Il dispensa d'abondants conseils concernant la mise en scène et fit répéter les chanteurs jusqu'à l'épuisement. La première fut un grand succès, bien que les critiques aient jugé que la façon dont il avait traité le « genere fantastico » n'était pas bonne (en particulier pour les parties avec les sorcières) et prétendu que Verdi ne tenait pas la comparaison avec le modèle allemand (Weber et Meyerbeer).

En juin 1864, Escudier, son éditeur français, lui demanda d'ajouter un ballet, ou au moins deux ou trois pièces dansées, pour une production au Théâtre-Lyrique de Paris. Mais, en révisant sa partition, Verdi décida de remanier l'œuvre plus à fond. 1° L'aria *« Trionfal »* (acte II, Macbeth) fut remplacée par une nouvelle aria *« La luce langue »* ; 2° la *Gran scena delle apparizioni* (acte III) fut révisée ; 3ᵉ La « cabaletta » de Macbeth *« Vada in fiamme »* (fin de l'acte III) fut remplacée par un duo entre Macbeth et Lady Macbeth, *« Ora di morte »* ; 4° le chœur introductif de l'acte IV, *« Patria oppressa »*, fut entièrement récrit ; 5° enfin, la *Scena e morte* (*« Mal per me »*) de Macbeth fut remplacée par un *Inno di vittoria*. En outre, Verdi ajouta un ballet à l'acte III, enrichit le langage harmonique de toute l'œuvre et procéda à quelques retouches de détail (interpolations de Macbeth dans le finale de l'acte II et scène de bataille à l'acte IV). Il se déclara très satisfait de ces modifications ; pourtant, il ne se rendit pas à Paris pour assister à la première et ne comprit pas pourquoi le nouveau *Macbeth* fut accueilli avec une relative froideur. La version nouvelle reçut cependant son assentiment et Ricordi fut chargé de la diffuser ; toutefois, il n'est pas certain qu'elle ait complètement remplacé la version précédente dans les productions qui ont suivi, aussi bien en Italie qu'ailleurs. Bien que les spécialistes se soient tournés de nouveau vers la partition ancienne, les représentations modernes suivent la plupart du temps la version remaniée. Le résumé qui suit est, en conséquence, fondé sur la version de 1865.

Livret — L'action se passe en Écosse. — Acte I. Scène 1. Une forêt. Tandis que le tonnerre gronde et que les éclairs déchirent le ciel, apparaissent trois groupes de sorcières, proférant des paroles magiques. Entrent Macbeth (bar.) et Banco (basse), deux généraux de l'armée du roi Duncan ; les sorcières prédisent que Macbeth sera à la fois Thane de Cawdor et roi d'Écosse, et que les enfants de Banco régneront un jour sur tout le royaume. Les sorcières disparaissent et, tandis que les deux hommes réfléchissent à ces paroles prophétiques, arrivent des messagers, saluant en Macbeth le nouveau Thane de Cawdor. Cette confirmation de la 1ʳᵉ partie de la prophétie fait naître en Macbeth l'espoir de devenir roi. Dans le duo qu'il chante avec Banco, il ne peut cacher son effroi devant le crime qu'il faudrait commettre pour parvenir au trône (*« Due vaticini compiuti or sono »*, O prophéteses, de vos promesses), tandis que Banco observe l'effet que les prédictions des sorcières ont produit sur Macbeth et philosophe sur ces paroles trompeuses prononcées par les esprits du Mal. — Scène 2. Une salle dans le château de Macbeth. Entre Lady Macbeth (sop.) lisant une lettre de la main de son époux qui lui fait part de la prophétie des sorcières (*« Nel di della vittoria »*, Je les vis apparaître). Elle décide d'user de tout son courage pour le pousser à l'assassinat du roi (*« Vieni ! t'affretta ! »*, Viens, viens ! sois homme »). Un serviteur entre, annonçant l'arrivée prochaine du roi accompagné de Macbeth. Lady Macbeth se réjouit à l'idée que le roi sera à leur merci et lance un appel empressé vers les forces du Mal pour qu'elles les aident dans leur geste meurtrier (*« Or tutti sorgete »*, Dans cette demeure). Macbeth entre à son tour. Sa femme lui dit que l'acte doit être accompli cette nuit même, car le roi doit repartir le lendemain. Ils sortent, tandis que les échos d'une marche annoncent l'arrivée du souverain. Le roi Duncano (rôle muet) et sa suite, dans laquelle on voit Macbeth et sa femme, traversent la scène. Plus tard dans la nuit, devant la chambre où le roi sommeille, Macbeth cherche le courage qui lui permettra d'accomplir son geste (*« Mi si affaccia un pugnal »*, Ce poignard, devant moi). Lorsque résonne le signal convenu — une cloche lointaine —, il pénètre dans la chambre, d'où il sort presque aussitôt, une dague sanglante à la main. Macbeth est envahi par de sourdes craintes qui le paralysent, tandis que Lady Macbeth se moque de ses appréhensions et l'accuse de lâcheté (*« Fatal mia donna ! »*, Fatale épouse). Elle lui reprend l'arme du crime et va la replacer elle-même dans la chambre. Un moment seul, Macbeth est saisi d'épouvante à la vue du sang sur ses mains (*« Non potrebbe l'oceano queste mani a me lavar ! »*, De la mer, l'onde écumante tarirait sans te blanchir). Lady Macbeth revient ; ses mains sont aussi tachées de sang. Elle entraîne son mari dehors tandis que Macduff (ténor), un noble écossais, et Banco arrivent pour réveiller le roi. Ils découvrent le meurtre et donnent l'alarme ; les membres de la cour se rassemblent et engagent un long « concertato » pour appeler la vengeance divine sur la tête de l'assassin (*« Schiudi, inferno »*, Ah ! frappe un traître).

Acte II. Scène 1. Une salle du château. Macbeth se rappelle la prophétie des sorcières : c'est l'enfant de Banco qui, un jour, sera sacré roi. Aussi décide-t-il de faire mourir Banco et son fils. Il sort pour organiser le meurtre, laissant Lady Macbeth seule. Alors que la lumière tombe, elle médite dans un état second sur la nécessité de ces nouveaux assassinats (*« La luce langue »*, Que sur la terre). — Scène 2. Un parc devant le château, la nuit. Banco, en proie à de terribles pressentiments, entre accompagné de son fils (*« Come dal ciel precipita »*, Par une aussi terrible nuit). L'embuscade se referme sur Banco, qui a juste le temps de crier à son fils de prendre la fuite. — Scène 3. Dans la salle du banquet du château. Macbeth salue les courtisans assemblés et Lady Macbeth entonne une entraînante chanson à boire (Brindisi : *« Si colmi il calice »*, Par toi, vin généreux). L'un des assassins (basse) à la solde de Macbeth entre et lui annonce discrètement que Banco a été tué, mais que son fils Fleanzio (rôle muet) a réussi à s'échapper. Macbeth se prépare à prendre la place de Banco lorsqu'il y aperçoit le fantôme du défunt. Devant la foule consternée, Macbeth lance au siège des imprécations démentes. Le fantôme s'efface et Lady Macbeth tire son mari de ses hallucinations. Ils boivent ensemble à la santé de Banço (reprise du Brindisi). Mais le fantôme apparaît de nouveau. Épouvanté, Macbeth le supplie de le laisser en paix. L'ombre s'évanouit et Macbeth, terrifié, se promet de retourner consulter les sorcières pour connaître son avenir.

Acte III. La caverne des sorcières. Celles-ci dansent autour d'un chaudron bouillant où se prépare une potion empoisonnée.

Le ballet qui suit est entrecoupé d'invocations à Hécate. La danse terminée, Macbeth s'approche des sorcières et leur demande de lui dire l'avenir. Elles font apparaître trois esprits : le premier le met en garde contre Macduff ; le deuxième lui recommande de se montrer sans crainte, car nul homme né du sein d'une femme ne saurait lui faire tort ; le troisième lui dit de faire preuve d'audace, car rien ne lui arrivera jusqu'à ce que la forêt de Birnam se lève contre lui. Macbeth demande si les fils de Banco représentent une menace pour son pouvoir. En réponse, après la disparition du chaudron, on entend le son des cornemuses et huit rois défilent lentement sur scène. Banco, portant un miroir, arrive le dernier. Macbeth revient à lui au moment où un héraut annonce l'arrivée de Lady Macbeth. Sans hésiter, ils prennent ensemble la décision de se débarrasser de tous ceux qui leur feront obstacle, des membres de la famille de Banco, de Macduff ; ils feront trembler la terre elle-même en semant la mort et la terreur (*« Ora di morte »*, Heure de mort).

Acte IV. Scène 1. Une lande déserte, aux confins de l'Écosse et de l'Angleterre ; la forêt de Birnam au loin. Un groupe de réfugiés écossais pleure la misère qui s'est abattue sur le pays depuis que Macbeth s'est emparé du pouvoir (*« Patria oppressa ! »*, O patrie ! O noble terre). Macduff s'avance, pleurant la mort de sa femme et de son fils assassinés par Macbeth, et jure de les venger (*« O figli, o figli miei ! «*, Mes fils ! mes fils chéris !). Malcolm (ténor), fils de Duncano, à la tête des soldats anglais, les rejoint ; il appelle les Écossais à prendre les armes pour libérer le pays du tyran. L'assemblée reprend le chant patriotique du chœur (*« La patria tradita »*, De la patrie en larmes). — Scène 2. Une salle dans le château de Macbeth, la nuit. Un Médecin (basse) et la Dame de compagnie de Lady Macbeth (mezzo-sop.) attendent l'arrivée de celle-ci. Elle apparaît enfin, marchant dans son sommeil, proférant des paroles incohérentes sur le sang dont elle ne parvient pas à débarrasser ses mains ; le Médecin et la Dame de compagnie l'observent en murmurant, frappés par l'évidence de son crime et pris de frayeur devant la démence qui s'empare de son esprit (*« Una macchia è qui tuttora »*, Une tache que rien n'efface). — Scène 3. Une salle du château. Macbeth, seul, fait part de sa colère devant la trahison des exilés qui ont pris les armes contre lui. Quoique les sorcières dans leurs prophéties n'aient pas évoqué de menace sur sa vie, il s'apitoie sur son sort et la tristesse l'envahit à l'idée que personne ne pleurera sa mort (*« Perfidi ! All Anglo contra me v'unite ! »*, Ah ! le traître !). Une clameur s'élève au dehors : Lady Macbeth est morte. Comprenant soudain la futilité de la vie humaine, Macbeth se montre indifférent. Un groupe de soldats entre, clamant que la forêt de Birnam s'est levée et s'avance, menaçante. Résigné, Macbeth demande qu'on lui apporte son armure et se prépare à aller au-devant de son destin, quelque forme qu'il revête. Alors que les trompettes résonnent, la scène se transforme en une vaste plaine. Conduits par Malcolm et Macduff, les soldats anglais jettent à terre les branches dont ils s'étaient servis pour camoufler leur progression et se lancent dans le combat dont on entend les échos en coulisses. Macbeth est poursuivi par Macduff : il lui crie qu'il est invulnérable, car nul homme « nato di donna » ne saurait le blesser. Macduff, triomphant, réplique qu'il a été arraché du sein de sa mère. Ils sortent de scène, aux prises l'un avec l'autre. Des femmes et des enfants entrent, fuyant les combats et déclarant que la paix a été restaurée. Malcolm entre à son tour, accompagné des soldats anglais victorieux et précédant les troupes de Macbeth faites prisonnières. Macduff révèle qu'il a tué Macbeth. Malcolm est proclamé roi et la foule entonne un chant de victoire auquel se mêle une prière pour la paix et la prospérité sous l'égide du nouveau roi.

Les modifications que Verdi a apportées à la partition de *Macbeth*, tout en représentant le plus souvent une réelle amélioration dans le détail, n'ont pas toujours été jugées heureuses lorsqu'on les prend globalement. Comme les dates de composition sont séparées par près de 20 ans, il n'est pas surprenant de relever de nettes différences dans le style musical des deux versions. Ce manque de cohérence a été accusé d'être à l'origine d'un certain déséquilibre de l'œuvre en général. Verdi écrivait en 1848 : « Il y a deux pièces principales dans mon opéra : le duo entre Lady Macbeth et son mari, et la scène du somnambulisme. Si ces deux morceaux sont abandonnés, il n'y a plus d'opéra. » Bien que le compositeur, dans la version de 1865, n'ait pour ainsi dire pas retouché ces deux scènes, celles-ci ne produisent plus autant d'effet que dans la 1re version. En 1847, ces deux pages tranchaient par leur modernisme sur le reste de l'œuvre. Chacune d'elles est appelée « gran scena » et repose sur l'alternance de passages déclamés et de passages chantés. Mais ces innovations perdent leur relief dans la version remaniée de 1865, en regard des subtilités mélodiques et harmoniques de pièces comme *« La luce langue »* ou *« Patria oppressa »*.

Ce bouleversement de la structure globale de l'œuvre se retrouve également à plus petite échelle. L'acte III, par exemple, constituait en 1847 une expérience intéressante. Dans sa forme ancienne, l'acte tout entier peut s'analyser comme l'extension d'un seul numéro dont le cœur est l'aria de Macbeth. Le chœur des sorcières sert d'introduction (« tempo d'attacco »), l'air *« Fuggi, regal fantasima »* de Macbeth de « cantabile » ; le chœur et la danse des esprits de l'air tiennent lieu de pièce intermédiaire au rythme entraînant (« tempo di mezzo ») et la « cabaletta » *« Vada in fiamme »* de conclusion à la fois à l'aria et à l'acte. Vingt ans plus tard, l'opéra à numéros (étendus ou non) était complètement passé de mode. Verdi supprima alors la cabalette et la remplaça par un duo entre Lady Macbeth et son mari (*« Ora di morte »*). Mais, de toute évidence, il s'agit là d'un « sacrifice » consenti aux dépens de l'ancienne cohérence de l'acte et au profit d'une mode nouvelle qui rejetait les cabalettes.

Malgré cela, la beauté des passages de la version révisée fait mieux que compenser les pertes que l'œuvre pourrait avoir subies quant à sa structure et à son équilibre. Le remaniement fait en effet ressortir davantage le personnage de Lady Macbeth, qui éclipsait déjà quelque peu celui de Macbeth lui-même dans la 1re version. Sa nouvelle aria, *« La luce langue »*, s'insère entre l'aria *« Vieni, t'affretta »* de l'acte I et l'aria du somnambulisme de l'acte IV. Elle permet ainsi d'établir un portrait complet de l'héroïne et de suivre sa métamorphose dans le temps, depuis le moment fatal où l'ambition la pousse au crime, jusqu'aux remords qui lui feront perdre la raison puis la vie. Mais c'est surtout en force dramatique que gagne l'œuvre révisée, grâce au duo qui remplace la cabalette de l'acte III et au nouveau finale. A cette époque, l'effet dramatique et scénique était devenu pour Verdi une priorité absolue.

Aussi bien dans la première que dans la seconde version, *Macbeth* se caractérise par un effort particulier du librettiste et du compositeur pour se rapprocher de l'univers shakespearien. Piave suivit le texte original pas à pas, et la plupart des grands moments de la tragédie ont été traduits littéralement dans le livret. Pour rendre justice à l'efficacité dramatique de ce texte, Verdi voulut que son opéra fût « presque entièrement déclamé ». Cela l'amena à délaisser les arias, traditionnellement clés de voûte de l'opéra italien, pour favoriser les « scene », structures musicales dérivées du « recitativo obbligato ». Le théâtre parlé repose en effet sur un enchaînement de structures fermées, où la logique dramatique impose une continuité ininterrompue tout au long du drame. La « scena » est plus propice à cette logique théâtrale que l'aria. Il est intéressant de noter que ce nouveau type d'écriture anticipe les innovations beaucoup plus poussées de → *Rigoletto*, sous l'influence, cette fois, du style littéraire de Victor Hugo. Mais *Macbeth* préfigure également *Rigoletto* à un autre titre. C'est en effet dans *Macbeth* que se trouve utilisée pour la 1re fois la « parola scenica ». La phrase de Macbeth, « Tutto è finito » (acte I, sc. 2) A, résume de façon claire et concise l'essentiel de l'action. Cette « parola scenica » joue un grand rôle dans l'opéra, puisque l'intervalle de seconde mineure sur lequel elle est fondée est repris dans les

A **Macbeth**

passages essentiels du drame, comme le finale de l'acte I. Ce procédé permet d'assurer une cohérence à grande échelle dont l'origine est sans doute à chercher dans le modèle littéraire de la tragédie shakespearienne. Macbeth a tué le sommeil : la mort du jour n'existe donc plus ; Macbeth et son épouse sont condamnés à supporter constamment le poids du passé, c'est-à-dire celui de leurs crimes. Cela est parfaitement illustré par le long cauchemar éveillé que vit Lady Macbeth. *Macbeth* est donc l'opéra de la réminiscence par excellence, et la raison de ces recherches de structures nouvelles tient peut-être tout simplement à cette thématique.

Sources, éditions et rééditions modernes — **a)** 1re Version : Ms., Milan, Archivio Ricordi. Réd. cht et p., Milan, Ricordi, 1847, 2/1860 ; Paris, Bureau central de musique, 1847, 2/1851. — **b)** 2e Version : Ms. partiellement autographe, fondé sur une copie de la 1re version, Paris, BN (Cons.), Mss 1075-78. Réd. cht et p., Milan, Ricordi, 1865 ; Paris, Escudier, 1865. — **c)** Rééditions modernes : part. d'orch., Milan, Ricordi, 1920, 1940, v. 1960 ; par Fr. Degrada, The works of / Le opere di G. Verdi, Chicago, Londres, The Univ. of Chicago Press, et Milan, Ricordi, à paraître ; réd. cht et p., Milan, Ricordi, 1948.

Bibliographie — G. C. Varesi, L'interpretazione del « Macbeth », *in* Nuova Antologia CCLXXXI, 1932 ; L. K. Gerhartz, Die Auseinandersetzungen des jungen G. Verdi mit dem literarischen Drama : ein Beitrag zur szenischen Strukturbestimmung der Oper, *in* Berliner Studien zur Musikwissenschaft XV, 1968 ; W. Osthoff, Die beiden Fassungen von Verdi's « Macbeth », *in* AfMw XXIX, 1972 ; J. Budden, The Operas of Verdi I, Londres, Cassell, 1973, pp. 268-312, trad. ital. Turin, EDT/Musica, 1985 ; Fr. Noske, Schiller e la genesi del « Macbeth » verdiano, *in* NRMI X, 1976 ; Fr. Degrada, Lettura del « Macbeth » di Verdi, *in* Studi sulla tradizione del melodramma dal Barocco al Romanticismo, Fiesole 1979, vol. II, pp. 79-141 ; D. Goldin, Il « Macbeth » verdiano : genesi e linguaggio di un libretto, *in* Analecta Musicologica XIX, 1979 ; M. Conati, Aspetti della messinscena del « Macbeth » di Verdi, *in* NRMI XV, 1981 ; D. Kimbell, The Florence « Macbeth » and « Macbeth » and its Satellites, *in* Verdi in the Age of Italian Romanticism, Cambridge 1981 ; L'Avant-Scène Opéra, n° 40, mars-avr. 1982 ; D. Rosen et A. Porter (éd.), Verdi's « Macbeth » : source book, New York, 1984 ; M. Chusid et T. Kaufman, More about the Performance History of « Macbeth », *in* Verdi Newsletter XIII, 1985 ; D. Goldin, La vera Fenice. Librettisti e libretti tra Sette e Ottocento, Turin 1985 ; J. John (éd.), « Macbeth », *in* English National Opera Guide, n° 41, Londres, Calder, 1990.

E. Hudson et D. Colas

« Mache dich, mein Geist, bereit » (Prépare-toi, mon âme), cantate de choral de **Johann Sebastian Bach** (BWV 115 ; NBA I/26) pour le 22e dimanche après la Trinité (évangile du jour, Matth. 18, 23-35, parabole du serviteur impitoyable), écrite pour sop., alto, ténor et basse soli, chœur, fl., htb. d'amour, cor, vlc. piccolo, cordes et b.c., exécutée pour la 1re fois à Leipzig le 5 nov. 1724. (Durée : 21 min 15 s environ.)

Son texte se fonde sur les 10 strophes d'un choral de Johann Burkhard Freystein (1695) dont la première et la dernière ont été reprises sans changement, les autres ayant été librement récrites par un poète inconnu pour fournir au musicien deux couples air-récitatif. Le croyant est invité à veiller et à prier afin de ne pas être surpris par la ruse du Malin (choral n° 1). Pourtant, l'âme dort. Le châtiment la réveillera soudain, à moins que le sommeil de la mort éternelle ne la recouvre (air n° 2). Mais Dieu envoie en abondance la lumière de sa grâce, s'attendant à un esprit favorablement disposé de la part du croyant. Si celui-ci brise le pacte, toute aide lui échappera (récitatif n° 3). Qu'il prie, qu'il veille et qu'il implore la patience divine (air n° 4). Dieu prête l'oreille à nos cris. Nous vaincrons grâce à son Fils qui nous donne courage et vigueur (récitatif n° 5). Il faut veiller et prier sans cesse car le temps approche où Dieu nous jugera et détruira le monde (choral n° 6).

L'œuvre débute **1.** par un chœur avec tout l'orchestre, *« Mache dich »*, forme AAB avec ritournelle, en *sol* maj., dont la ritournelle s'ouvre sur une exhortation formulée avec force par les cordes à l'unisson et la basse continue,

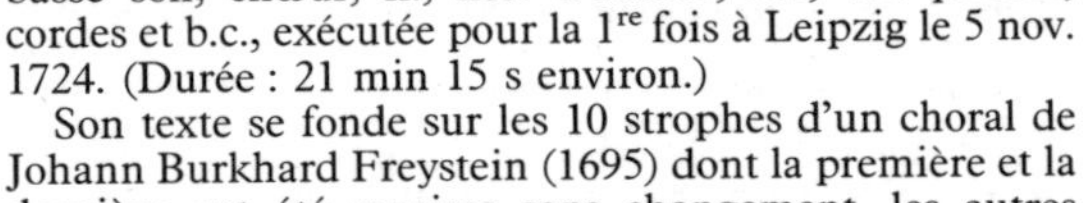

reprise avec insistance après 6 mesures par la flûte et le hautbois d'amour en un canon à la seconde qui se poursuit par le motif de la joie, et enrichie après trois mesures d'un motif sinueux en doubles croches qui pourrait symboliser la ruse du diable. Sur cette symphonie thématiquement indépendante du choral et qui développe ces éléments jusqu'à la fin de la pièce, les différentes phrases du choral, qui se chante sur la mélodie de *« Straf mich nicht in deinem Zorn »*, viennent se poser, chantées par les sopranos doublés par le cor et accompagnés par les trois autres voix, soit en écriture imitative (motif initial de la ritournelle), soit en écriture verticale, la phrase n° 2 (= n° 4) enrichie d'un chromatisme de la basse continue qui illustre les mots « fleh und bete » (implore et Prie). La ritournelle finale intervertit l'ordre des deux moitiés de la ritournelle introductive, enrichie jusqu'au bout par le motif sinueux de la ruse du diable. Seule de la cantate à être vraiment animée, cette pièce est suivie **2.** par un air Adagio, d'écriture verticale, pour alto, htb. d'amour, cordes et b.c., *« Ach schläfrige Seele, wie ? ruhest du noch ? »* (Ah ! âme indolente, comment ? tu dors encore ?), forme ABA avec ritournelle, en *mi* min., dans le rythme berceur d'une sicilienne dont seule la partie B, qui met l'âme en garde contre le châtiment, s'anime passagèrement dans un tempo allegro avant de retomber dans le rythme alangui de la partie A ; **3.** un récitatif secco pour basse et b.c., *« Gott, so vor deine Seele wacht »* (Dieu qui veille ainsi pour ton âme) ; **4.** un air expressif, Molto adagio, pour sop., fl., vlc. piccolo et b.c., *« Bete auch dabei... »* (Mais prie également au milieu de ta veille !), forme ABA avec ritournelle, en *si* min., d'écriture à la fois plus déliée et plus aérée, de sonorité plus transparente que l'air précédent, où l'injonction « Bete » (Prie) touche vivement par son expression intériorisée opposée à la fluidité de l'écriture instrumentale, une trouvaille particulièrement heureuse d'un musicien jamais en peine d'invention ; **5.** un récitatif secco pour ténor et b.c., *« Er sehnet sich nach unserem Schreien »* (Il attend avec impatience notre appel), s'achevant par quelques mesures d'arioso sur « und will der Helfer zu uns treten » (et veut venir à nous comme sauveur) ; **6.** un choral à 4 voix, *« Drum so lasst uns immerdar... »* (C'est pourquoi veillons, implorons, prions sans cesse), forme AAB, en *sol* maj., dernière strophe du choral de J. B. Freystein.

Bibliographie — Voir celle de l'art. *« Ach Gott, vom Himmel sieh darein ».*

M. Honegger

Madama Butterfly (Madame Butterfly), tragédie japonaise en 3 actes (ou 2 actes, le second en 2 parties), livret de Giuseppe Giacosa et Luigi Illica, musique de **Giacomo Puccini**, composée à Abetone et à Torre del Lago entre 1901 et le 27 déc. 1903, créée à Milan, au Teatro alla Scala, le 17 févr. 1904, avec Rosina Storchio (Cio-Cio-San), Giovanni Zenatello (Pinkerton), Giuseppe De Luca (Sharpless), Giaconia (Suzuki), sous la dir. de Cleofonte Campanini. Mal accueilli, l'ouvrage fut révisé entre févr. et mai 1904 et donné dans sa nouvelle version à Brescia, au Teatro Grande, le 28 mai 1904, avec Salomea Kruscenisk (Cio-Cio-San), G. Zenatello (Pinkerton), Bellati (Sharpless). (Milan, Ricordi, 1905 [vers. révisée], 2/1955 ; durée : 2 h 10 min environ.)

Comme pour *Tosca*, le livret de *Madama Butterfly* est tiré d'une pièce de théâtre à succès, réaliste, de David Belasco, qui adaptait à la scène une nouvelle de John Luther Long publiée en 1898 dans le *Century Magazine* et inspirée elle-même en partie de *Madame Chrysanthème* de Pierre Loti (1887). Puccini avait vu la pièce au cours de l'été 1900 au Duke of York's Theater de Londres. L'établissement du livret donna lieu à des rapports orageux avec ses librettistes, comme pour *Manon Lescaut* et *La Bohème*. Le cuisant échec de la première représentation à Milan était dû à plusieurs causes : réminiscences — vraies ou supposées — d'ouvrages antérieurs que le public décela dans l'œuvre, 2e acte trop long (1 h 30), cabale d'artistes opposés à Puccini, rivalité de maisons d'édition, pépiement d'oiseaux pour évoquer le lever du jour jugé ridicule par le public. Le lendemain, le journal de Milan *Perseveranza* écrivait : « Fiasco [...], les héros et héroïnes de ses drames n'offrent pas de variété de types et de sentiments. Ils se ressemblent presque tous. *Butterfly* est une réplique de *La Bohème*, mais avec moins de fraîcheur. » Jusqu'à la fin de sa vie, Puccini garda le souvenir de cet « enfer dantesque, bien préparé » accueillant son opéra qu'il jugeait le plus sincère et le plus expressif. Pour les représentations suivantes, il divisa le second acte en deux, faisant baisser le rideau à la fin de la veillée nocturne, opérant des coupures, mais ajoutant l'air de Pinkerton *« Addio, fiorito asil »* pour tenter de rendre le personnage plus sympathique.

Livret — Acte I. Lieutenant de marine américain, Benjamin Pinkerton (ténor) contemple la petite maison qu'il doit habiter, sur la colline surplombant le port de Nagasaki, avec la geisha Cio-Cio-San (sop.), que ses amis appellent Madame Butterfly, après leur mariage à la « mode japonaise ». Le consul des États-Unis, Sharpless (bar.) désapprouve la légèreté de Pinkerton et se rend compte que la jeune femme prend au sérieux cette union. Les réjouissances qui suivent la cérémonie sont interrompues par les imprécations du bonze, oncle de Butterfly. Celle-ci pleure amèrement. Pinkerton la console.

Acte II. 1re Partie. Trois ans après, dans la maison de Butterfly. La jeune femme attend avec son enfant le retour de son « mari ». Sharpless est prié de lui annoncer que Pinkerton revient à Nagasaki avec son épouse américaine. A la seule vue de la lettre, Cio-Cio-San est transportée de joie. Sharpless n'ose lui dire la vérité. Un riche prétendant, le prince Yamadori, est éconduit. Un coup de canon salue l'arrivée du navire qui ramène Pinkerton. Butterfly veille toute la nuit, en compagnie de l'enfant et de la servante Suzuki (mezzo-sop.). — 2e Partie. Cio-Cio-San prend un peu de repos. Sharpless, Kate et B. F. Pinkerton se rendent à la maison de Butterfly dans l'intention de lui retirer l'enfant. Ils sont accueillis par Suzuki. Réalisant que Cio-Cio-San lui est demeurée fidèle, Pinkerton fait des adieux déchirants à la maison. Mais Butterfly a entendu sa voix ; elle comprend la vérité et accepte de remettre l'enfant lorsque Pinkerton viendra le chercher. Derrière un paravent, elle se fait hara-kiri avec le sabre de son père.

L'ouvrage mérite son titre. Butterfly est bien le personnage central de ce drame intimiste et psychologique, toujours très lyrique et parfois de couleur exotique. Tout converge vers elle, jouet d'un conflit entre deux civilisations, entre la tradition et le modernisme — Pinkerton appelle sa geisha « quel giocattolo » (ce petit joujou). Avec un sens inné du théâtre, Puccini a su créer ces univers inconciliables qui détruiront l'héroïne. Il utilise au moins sept chants japonais authentiques qu'il enveloppe d'une harmonie impressionniste (l'hymne national, *La Chanson du cerisier en fleurs*, *« Mon Prince »*...). La plupart apparaissent au cours du 1er acte. Ils sont souvent associés à un personnage ou à un événement particulier : le prince Yamadori, la prière de Suzuki,

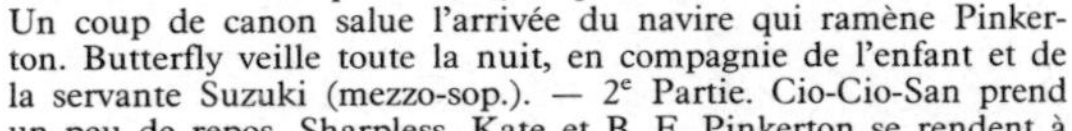

la pauvreté de la famille de Butterfly. D'autres dérivent des précédents ou semblent inventés par Puccini.

L'hymne américain, *The Star Spangled Banner*, circule, lui aussi, dans l'ensemble de la partition, par de brèves citations. Des motifs principaux et des thèmes d'ambiance sont abondamment exploités par des « retours logiques » (Puccini) : thèmes de Pinkerton, de Sharpless, de l'Amour de Butterfly, de la Malédiction du bonze, du Sabre du hara-kiri, de l'Espérance, subissant des transformations en fonction de l'évolution dramatique. Comme toujours, le musicien possède une manière inimitable pour traiter un air semblant partir de rien (un « trait de fumée ») pour atteindre à un sommet chargé d'émotions ardentes.

Puccini définissait ainsi sa tragédie japonaise (lettre à Mancinelli, août 1903) : « Le premier acte est exposition, couleur, action, drôlerie ; le second émeut, empoigne, il est doux et tendre. » La musique fluctue avec le tempo rubato continuellement utilisé par le compositeur. Le 1er acte établit donc l'atmosphère et présente les personnages ; la brève introduction instrumentale — vive exposition de fugue à 4 entrées — est interprétée différemment selon les commentateurs : symbole de la civilisation occidentale ou mystère de la maison de Butterfly ou trottinement d'un monde de poupées (M. Carner). Le 1er acte est dominé par l'air de Pinkerton *« Dovunque al mondo »* (Partout dans le monde), et par le duo d'amour à partir de *« Qu'est'obi pomposa »* (Cet obi de cérémonie), l'un des airs les plus poétiques de Puccini, où les voix sont mises en valeur par un orchestre tout en subtilités. La première partie du 2e acte contient des scènes dramatiquement et psychologiquement remarquables : air exquis et chargé d'espoir de Butterfly *« Un bel di vedremo »* (Un beau jour nous verrons),

air à son enfant *« Che tua madre dovrà prenderti in braccio »* (Que ta mère devra te prendre dans ses bras), célèbre duo des fleurs *« Scuoti quella fronda »* (Secoue cette branche), préparation de la veillée nocturne. La seconde partie comprend notamment un suggestif intermezzo symphonique joué rideau baissé, et deux ariosos, celui de Pinkerton, exprimant le remords, *« Addio, fiorito asil ! »* (Adieu, asile fleuri !), et celui, déchirant, de Cio-Cio-San, *« Tu, tu piccolo Iddio ! »* (Toi, toi, mon petit dieu). La fin de l'ouvrage voudrait être sobre, mais elle n'évite pas un dernier élan pathétique vocal et instrumental si habituel à la manière de Puccini. Les chœurs sont traités comme des éléments décoratifs : jolis effets de lointain du chant des amies de Cio-Cio-San annonçant son arrivée au 1er acte, chœurs bouche fermée à la fin de la première partie du 2e acte. Décoratifs aussi les procédés orientaux : gammes pentatoniques, tons entiers, pédales, ostinatos, instrumentation avec tamtams, cloche et bois aux sonorités transparentes.

Bibliographie — M. Carner, The first version of Madam Butterfly, *in* Musical Opinion, avr. 1941 ; Madama Butterfly, *in* Opera News, 13 févr. 1950, 29 janv. 1952, 10 déc. 1956, 22 déc. 1958, 16 avr. 1960, 3 févr. 1962 ; A. Salvucci, Fifty years of Butterfly. The Milan première, *in* Opera, mars 1954 ; A. Gauthier, Puccini, Paris 1961 ; W. Ashbrook, The Operas of Puccini, Oxford, OUP, 1968, et Londres, Cassell, 1969 ; A. Satge et J. Lavelli, *in* Lavelli : Opéra et mise à mort, Paris, Fayard, 1979, pp. 227-234 ; M. Carner, Puccini, Paris, Lattès, 1983, pp. 458-482 ; L'Avant-Scène Opéra, no 56, oct. 1983.

Chr. Goubault

Madame Bovary, drame lyrique en 3 actes et 7 tableaux, livret de René Fauchois d'après le roman de Gustave Flaubert, musique d'**Emmanuel Bondeville**, composé entre 1942 et 1950, créé à Paris, à l'Opéra-Comique, le 1er juin 1951, avec Jacqueline Brumaire (Madame Bovary), Roger Bourdin (Lheureux), Michel Dens (Rodolphe), Émile Rousseau (Homais), Louis Rialland (Charles Bovary), Serge Rallier (Léon), Xavier Smati (l'abbé Bournisien), sous la dir. d'Albert Wolff. (Paris, Choudens, 1954 ; durée : 2 h 10 min environ.)

Livret — Acte I. 1er Tableau. Réjouissances pour le mariage d'Emma Rouault (sop.) et de Charles Bovary. — 2e Tableau. L'auberge du Lion d'or à Yonville. Le pharmacien Homais et le clerc de notaire Léon attendent le nouveau médecin, Charles Bovary, et sa femme. Ces derniers arrivent par la diligence, en compagnie de Lheureux (bar.), marchand d'étoffes. En tenue de chasseur, Rodolphe (bar.) remarque Emma. — 3e Tableau. Un salon chez Bovary. Emma s'ennuie et rêve de Paris. Léon lui fait ses adieux. Lheureux présente à Emma des écharpes et des dentelles que portent les Parisiennes. La jeune femme paiera plus tard.

Acte II. 4e Tableau. Les comices agricoles. Lheureux demande à Emma de lui signer des billets à ordre. Rodolphe courtise l'épouse de Bovary. — 5e Tableau. La chambre de Rodolphe au château de La Huchette où Emma implore son amant de fuir avec elle vers Marseille et Gênes. Quand elle est partie, Rodolphe revient à la réalité ; il écrit une lettre de rupture.

Acte III. 6e Tableau. L'arrière-boutique de Lheureux. Si Emma se livre à lui, l'usurier ne fera pas procéder à la saisie du mobilier des Bovary. Elle refuse. — 7e Tableau. La chambre de Madame Bovary. S'étant empoisonnée, Emma meurt en découvrant que l'amour était là, dans sa maison.

Sur ce livret ramassé, manquant sans doute de profondeur, E. Bondeville a écrit une musique flexible et subtile dans un esprit résolument fauréen. Cette musique de la mesure et de la sobriété, avec une ligne vocale suivant naturellement les inflexions du texte et son contenu émotionnel, est remarquable par sa qualité expressive et la justesse de ses accents. Les sommets de l'opéra sont constitués par les trois derniers tableaux : duo d'amour Emma-Rodolphe, scène cynique et dramatique entre l'héroïne et Lheureux, enfin mort d'Emma, sans grandiloquence mais avec un caractère poignant.

Plusieurs motifs définissent les principaux personnages. Emma en possède deux : le premier évoque l'aspect romanesque, le second, son charme. Rodolphe est également un charmeur. Quant au personnage cauteleux et perfide de Lheureux, il est caractérisé par un dessin rythmique scherzando. Pour donner plus de saveur aux scènes populaires (le mariage à la ferme des Rouault, les comices), Bondeville introduit dans son opéra des thèmes de chansons du pays de Caux (*« J'ai un pied qui r'mue »*, *« Not' vaqu' a été paître dans le pré à Durand »*) ou des airs « pompiers » (*« L'as-tu vue la casquette »*).

Après le succès de *Madame Bovary* à l'Opéra-Comique, l'ouvrage, représenté par la suite à Rouen, Nice, Nancy, Bruxelles et Sarrebruck, connut une nouvelle jeunesse en Union soviétique. Séduit par l'opposition tragique entre la rêverie oisive d'Emma et la réalité petite-bourgeoise de la province française au XIXe s., Isidor Zak, directeur de la musique de l'Opéra d'État de Novossibirsk, dirigeait pour la première fois en Sibérie occidentale, le 22 mars 1980, ce drame lyrique chanté en russe. Inscrite au répertoire de cette scène (plus de 60 représentations), *Madame Bovary* devait être représentée également au Théâtre Bolchoï (3 juil. 1982) et au Palais des Congrès du Kremlin de Moscou (17 juil.) devant des milliers de spectateurs enthousiastes, en présence du compositeur.

Bibliographie — J. COMBARIEU, Histoire de la musique, tome V par R. Dumesnil, Paris 1964, pp. 145-152 ; A. GOLÉA, La musique de la nuit des temps aux aurores nouvelles II, Paris, Leduc, 1977, pp. 913-915 ; CHR. GOUBAULT, Flaubert et la musique, *in* Bull. des Amis de Flaubert, Canteleu-Croisset, déc. 1977 ; du même, Le « Madame Bovary » de R. Fauchois et E. Bondeville, *in* Études Normandes, Rouen, 1988/1.

CHR. GOUBAULT

MADAME CHRYSANTHÈME, comédie lyrique en 4 actes et 6 tableaux, livret de Georges Hartmann et André Alexandre d'après Pierre Loti, musique d'**André Messager**, créée à Paris, au Théâtre de la Renaissance, le 30 janv. 1893. (Paris, Éd. Choudens.)

LIVRET — A bord d'un navire qui va aborder dans un port au Japon, Pierre (ténor), jeune enseigne de vaisseau, et Yves (bar.), son ami, évoquent avec nostalgie leur Bretagne natale. Bien accueillis lors de leur débarquement, les deux marins oublient leurs regrets et Yves conseille à Pierre de s'intéresser à une jeune chanteuse. Ce dernier décide de se marier le temps de l'escale quand arrive un curieux bonhomme, Monsieur Kangourou (ténor), qui offre ses services aux deux Français. Après discussion, il se propose d'arranger l'union de Pierre et de la chanteuse, une geisha qu'il présente sous le nom de Madame Chrysanthème (sop.).

Acte II. Madame Prune, confidente de l'épousée, s'attendrit sur le sommeil des nouveaux mariés. Paraît Pierre, très enthousiaste, puis Chrysanthème avec une brassée de fleurs. Leur tendre duo est interrompu par l'arrivée d'amis venus les féliciter.

Acte III. Un peu plus tard, nous nous retrouvons à une fête : Yves et Chrysanthème y sont ensemble et la jeune femme regrette le temps où elle chantait. Survient Pierre, jaloux et ironique. Les apaisements de Chrysanthème n'ont pas d'effet sur lui et, plein de colère car elle a remplacé la geisha qui devait se produire, il la chasse avec Yves qui intercédait pour elle.

Acte IV. Heureux de retrouver la maison de ses amours, l'officier s'excuse auprès de son épouse et se montre empressé, mais elle prévoit son départ. Deux coups de canon tirés du navire confirment son pressentiment. Remonté à bord, Yves se réjouit de retrouver son pays et Pierre le rejoint pour l'accuser d'avoir voulu lui prendre sa femme. Tandis que le bateau s'éloigne de la côte, Yves donne à son ami une lettre de Chrysanthème : non seulement elle dissipe tous les soupçons, mais encore elle atteste la fidélité de la petite Japonaise.

Madame Chrysanthème a souffert de la concurrence que lui fit plus tard *Madama Butterfly* de Puccini, qui reprenait également, dans un autre livret, le roman de Loti. Pourtant, ses atouts musicaux sont honorables. L'intervention de Kangourou, personnage pittoresque à souhait, ne manque ni de piquant ni de verve dans son insatiable volubilité. Le chœur qui accueille les marins est d'une intarissable profusion tandis que celui des amis qui viennent réveiller les mariés, *« Ouvrez la porte à de gais compagnons »*, est prestement enlevé dans le style de la chanson populaire française. Trop souvent passionné et ardent, le lyrisme de Pierre s'exalte dans sa colère, dans l'ultime duo qu'il a avec son épouse et dans la crise de jalousie du dernier acte. Chrysanthème apparaît régulièrement dans une sorte d'aura extatique, mais, malgré l'ample invocation du 3e acte, *« Le jour sous le soleil béni »*, quelque peu animée par l'évocation du « chant des cigales », le personnage semble manquer de consistance et venir d'un univers trop angélique.

Si Messager est gêné par le statisme du scénario et du livret, il s'efforce de pallier cet inconvénient en tentant de créer une ambiance spécifique, mais, là encore, les choses se retournent contre lui. Les préludes des 2e et 4e actes sont de belles pages orchestrales dominées par un sentiment de paix, ici nostalgique, là très épanoui ; cependant, ils alourdissent une partition qui s'ouvre déjà sur un prologue placé sous le signe du mystère et de la mélancolie et qui sera judicieusement repris, avec la chanson « bretonne » d'Yves le matelot, dans le dernier tableau de l'ouvrage. Plus concise, la démarche eût été plus efficace.

Bibliographie — H. FÉVRIER, A. Messager, mon maître, mon ami, Paris 1948, pp. 61-67.

M. BURGARD

MADAME FAVART, opéra-comique en 3 actes, livret de A. Duru et H. Chivot, musique de **Jacques Offenbach**, créé à Paris, au Théâtre des Folies-Dramatiques, le 28 déc. 1878, avec Mmes J. Girard (Madame Favart), Gélabert (Suzanne) et MM. Lepers (Favart), S. Max (Hector), Mangé (le Gouverneur) et Luco (Cotignac). (Paris, Choudens, 1878 ; durée : 1 h 30 min environ.)

LIVRET — Acte I. Le major Cotignac (bar.) et sa fille Suzanne (sop.) sont suivis en voyage par l'amoureux de Suzanne, Hector de Boispréau (ténor). Les deux jeunes gens avouent leur idylle au major, qui annonce n'accepter pour gendre qu'un lieutenant de police. Dans la même auberge se cache le célèbre directeur de théâtre Favart, évadé de la prison où l'avait fait jeter un haut personnage de la cour épris de Madame Favart. Arrivée de Madame Favart (mezzo-sop.), échappée du couvent où elle était retenue. Elle reconnaît en Hector un ami d'enfance. Ils vont manigancer l'évasion de Favart et le mariage d'Hector. Se faisant passer pour son épouse, Mme Favart obtient du Gouverneur la nomination d'Hector, et Suzanne extorque à son père la permission de l'épouser. Ensemble, ils quittent l'auberge pour échapper aux poursuites.

Acte II. L'incognito étant de rigueur, Favart est devenu cuisinier, Madame Favart passe pour l'épouse d'Hector et Suzanne pour une servante. Arrive le Gouverneur (ténor), lancé à la recherche de Madame Favart, et épris de celle qu'il croit être l'épouse d'Hector. Fuyant ses avances pressantes, Madame Favart prend l'aspect d'une vieille dame et s'enfuit avec Hector. Le Gouverneur découvre qu'on s'est joué de lui. Pour protéger son épouse, Favart se démasque et Suzanne laisse croire qu'elle est Madame Favart.

Acte III. Mis en demeure par le Gouverneur de donner une représentation, Favart se voit en difficulté avec Suzanne comme partenaire obligée. Arrivent Hector et Madame Favart. Celle-ci décide de reprendre coûte que coûte son identité, et de solliciter la grâce du roi. L'amour va finalement triompher de toutes les embûches : par décret royal, le Gouverneur tyrannique est démis de ses fonctions et Favart est nommé directeur de l'Opéra-Comique.

Après quelques revers de fortune et l'obligation de redorer son image par un séjour en Amérique, Offenbach connaît encore une période de difficultés. En raison de ses origines germaniques, il est accusé de connivence avec l'ennemi et se trouve boudé par plusieurs théâtres parisiens. Par ailleurs, la bourgeoisie de la IIIe République se montre moins encline à l'auto-ironie qu'à l'époque de sa grande production d'opéras bouffes. Il lui apparaît donc nécessaire de se tourner résolument vers l'opéra-comique, genre moins léger qu'il avait abordé sans succès à diverses reprises. *Madame Favart* répond cette fois aux critères du genre, dans un style proche de compositeurs français comme Auber. Succès parisien avec plus de 200 représentations, l'œuvre fera le tour de l'Europe dans des adaptations en plusieurs langues. La diversité des affects et des styles apparaît dès l'ouverture. La légèreté et le charme juvéniles, particuliers aux rôles de Suzanne et Hector, apparaissent dans la valse *« Ah, Papa, lorsque l'on danse »* (nº 2), animée par des attaques appoggiaturées et des silences entre les mots, ainsi que dans l'Allegro du trio de l'*Enlèvement* (n° 7), avec le rebondissement primesautier de l'incise rythmique (« Rien de plus charmant/Qu'un enlèvement »). Parfois, cette fraîcheur simplette se laisse gagner par un sentimentalisme petit-bourgeois, que ce soit dans les ritenuto et les échos entre la voix et les bois des couplets de Suzanne, *« Mon p'tit Papa, je t'en supplie »*, ou dans l'attendrissement des vocalises et l'alanguissement des aigus de la romance d'Hector, *« Suzanne est aujourd'hui ma femme »* (n° 9). Un authentique lyrisme s'épanouit çà et là, particulièrement dans le refrain de la romance de Favart, *« C'est la lumière, c'est la flamme »* (n° 12), digne des grands opéras-comiques du répertoire. La tentation de la parodie reste vive. Parodie de musique populaire dans la chanson de la Vielleuse (n° 4), harmonisée en bourdon (où curieusement, la reprise avec chœur est savamment travaillée en superposition de rythmes binaire et ternaire). De même dans la chanson de Madame Favart, *« Ma mère aux vignes m'envoyit »* (n° 6), où la naïveté du rythme de saltarelle se trouve démentie par les effets coquins du passage en ritenuto (« Je n'sais comment ça s'fit »). Parodie de musique religieuse dans les couplets de Mme Favart, *« Prenant mon air le plus bénin »* (n° 5), où après l'harmonisation de cantique du refrain, la vocalise sur le « Ave ma mère » est égayée par un écho inopiné à l'octave grave. Parodie d'opéra enfin, dans le début du finale de l'acte II : après des échanges syllabiques pressés, un grand ensemble lyrique se déploie dans une écriture à 8 voix, *« O funeste aventure »*. De même au n° 12, dans le trio en écho avec sa sombre vocalise descendante faussement tragique, *« Eh bien, que la Bastille s'ouvre »*. Car Offenbach conçoit l'opéra-comique comme un divertissement avant tout, et il n'a pas oublié le style bouffe qui avait assuré son triomphe. La scène de l'ivresse du n° 6 est menée de main de maître avec l'engourdissement du tempo, l'étrangeté des intervalles de ton et demi, et le dérapage final de la gamme majeure en sixte napolitaine. Les explications embarrassées d'Hector et de Madame Favart, au n° 12, sont cocassement découpées en courtes répliques alternées : « Il fallait/Qu'une dame/allât/Chez le Marquis. » La scène où la sonnette de Favart interrompt sans cesse les déclarations enflammées du Gouverneur (n° 13) est dans la pure tradition de l'opéra bouffe, avec ses onomatopées imitatives, ainsi que l'air où Madame Favart imite longuement le rire du Roi, *« J'entrai dans la royale tente »* (n° 20). La référence à l'armée reste toujours badine. Les « rataplan » de la fin du 2ᵉ acte célèbrent les agréments de la vie de garnison en temps de paix. Et ce sont des militaires particulièrement décoratifs qui défilent joyeusement au début du 3ᵉ acte (fifres, cantinières, trompettes) dans un tableau de genre qu'Offenbach souhaitait, sans nul doute, capable de désamorcer la gravité des souvenirs encore vifs de la guerre de 1870.

Bibliographie — A. Martinet, Offenbach, sa vie, son œuvre, Paris 1887, p. 236 ; L. Schneider, Offenbach, Paris 1923, p. 102.

M. Tendero

Madame Pompadour, opérette en 3 actes, livret de Rudolf Schanzer et Ernst Welisch, musique de **Leo Fall**, créée à Berlin, au Berliner Theater, le 9 sept. 1922.

La vie à la cour de Versailles sous le règne de Louis XV n'est ici qu'une toile de fond historique laissant transparaître le Berlin des années 20. Les allusions à la musique du XVIIIᵉ s. contribuent à l'évocation du style rococo français et suggèrent l'atmosphère de volupté dans laquelle vivait l'héroïne. Ce tableau élégant et spirituel atteint sa perfection dans la valse *« Heut könnt einer sein Glück bei mir machen »* (Aujourd'hui, je pourrais faire le bonheur de quelqu'un), dans l'air *« Josef, ach Josef, ein intimes Souper »* et dans la *Madame Pompadour Serenade.* Avec Fritzi Massary dans le rôle-titre, l'œuvre a connu un véritable triomphe.

B. Delcker

Mädchenlied (Chant de jeune fille), lied pour voix et piano de **Johannes Brahms** (tonalité originale : *si* min.), sur un poème de Paul Heyse, composé en 1886 et édité comme 5ᵉ pièce des *Fünf Lieder für eine Singstimme*, op. 107. (Berlin, N. Simrock, 1888 ; durée : 1 min 31 s environ.)

Mädchenlied est un bel exemple de l'art avec lequel Brahms emprunte simultanément au « Kunstlied » et au « Volkslied ». De cette double influence résulte une structure formelle composite. Les deux premières strophes appellent une reprise exacte, avec barres de reprise, la 3ᵉ s'accompagne de modifications de l'accompagnement, la 4ᵉ, partant du schéma de référence, le récrit et rend clair le passage de l'art du « Volkslied » à celui du « Kunstlied » grâce à l'intrusion de répétitions de textes, à une atténuation de la prégnance rythmique, et à des effets harmoniques plus recherchés. Cette gradation de la réalisation musicale répond à celle du poème. Dans un village, à la veillée, les jeunes filles heureuses filent leur trousseau en chantant (strophes 1 et 2), une seule ne participe pas à la joie, pleurant sa solitude : « Personne qui ne m'aime, personne qui ne s'inquiète de moi » (strophes 3 et 4). Depuis longtemps, le thème de l'amour impossible, ou absent, hante Brahms ; sa production de lieder le prouve. Nostalgie plus précise ici d'un bonheur qu'avec Clara Schumann il n'a pu vivre pleinement ? Toujours est-il que, dans sa tonalité caractéristique de *si* min., le « thème de Clara » tel que Schumann et Brahms le chante dans leurs œuvres, est parfaitement reconnaissable dans les premières mesures de la partie vocale. Cette présence, inscrite dans la matière musicale même, de l'être cher à Brahms entre tous, rend encore plus touchante une pièce qui, par ailleurs, séduit par la retenue et la pudeur avec lesquelles sont chantés les sentiments, joie comme tristesse.

Bibliographie — Voir celle de l'art. *Liebestreu.*

Fr. Andrieux

(La) Madelon ou *« Quand Madelon »*. Descendante de → *Fanchon*, cette chanson, paroles de Camille Robert, musique de **Louis Bousquet**, connut durant toute la Première Guerre mondiale une extraordinaire popularité, tant auprès des poilus qu'auprès des civils. Pourtant, au printemps de 1914, deux comiques troupiers, Bach à l'Eldorado et Polin à la Scala, avaient essayé sans succès de lancer cette chanson, trop subtile pour leur public. En décembre de la même année, Bach, qui avait obtenu l'autorisation d'aller chanter ses refrains habituels au front, met *La Madelon* à son répertoire. Aussitôt, cette chansonnette obtient un triomphe. Elle fut, durant toutes les hostilités, la marche préférée des combattants, à tel point qu'à la fin de la guerre un journaliste demandant à un officier anglais s'il connaissait l'hymne national de la France, celui-ci répondit sans hésiter que c'était *La Madelon* !

En 1918, deux spécialistes du genre, Lucien Boyer pour les paroles et **Borel-Clerc** pour la musique, flairant un succès commercial, composèrent la *Madelon de la Victoire*, créée au Casino de Paris par Rose Amy, qui ne remporta qu'un succès d'estime. Pourtant, tous les ingrédients y étaient rassemblés : « Madelon, ah verse à boire, / Et surtout n'y mets pas d'eau. / Nous fêterons la victoire, / Joffre, Foch et Clemenceau. » Mais à l'époque on avait plutôt envie d'oublier ces quatre années d'épouvante ! En 1944, une nouvelle édition, traduite de l'anglais et réactualisée, passa totalement inaperçue : les vainqueurs de 1918 y étaient remplacés par Leclerc, Eisenhower, Montgomery et De Gaulle.

Bibliographie — Quand Madelon, Paris, Bousquet, 1913 ; Fr. Vernillat et P. Barbier, Histoire de France par les chansons VIII, Paris 1961 ; Romi, Gros succès et petits fours, Paris 1967 ; Ch. Brunschwig, L.-J. Calvet et J.-Cl. Klein, Cent ans de chansons françaises, Paris, Éd. du Seuil, 1972.

Fr. Vernillat

« Madonna 'l tuo bel viso » (Ma dame, votre beau visage), madrigal à 4 voix de **Philippe Verdelot** sur un texte anonyme, publié dans le *Primo libro de madrigali di Verdelot...*, (Venise, Antonio, 1533 ; durée : 4 min environ.) C'est Verdelot qui engagea le madrigal italien dans sa voie propre, et cette pièce, écrite en grande partie dans un style ancien, influencé par le motet franco-flamand et sa technique particulière d'imitation, est tout à fait représentative du premier madrigal. L'imitation cependant est moins un trait structural qu'un moyen d'introduire de la variété car la pièce est conçue verticalement, les voix inférieures (alto, ténor et basse) étant liées à la mélodie du soprano. La structure formelle de la pièce s'écarte des modèles strophiques : il s'agit plutôt de courtes phrases s'imbriquant à peine les unes dans les autres. Si la pièce est de composition continue, la façon dont Verdelot traite la texture et la tonalité lui donne une vague forme ABA.

Essentiellement écrite en *sol* maj., elle débute en imitation, avec une organisation musicale condensée, conçue pour mettre le texte en valeur **A**. La section B est traitée de façon plus homophonique et fournit un exemple de contraste textuel : des groupes de verts courts chantés à 2 ou 3 voix s'y opposent, tout en s'équilibrant, et conduisent subtilement mais directement à la dernière section, qui, comme la première, commence en imitation. Le madrigal se termine par un dernier vers répété avec une variante musicale. *« Madonna... »* est une œuvre pathétique. La peinture des mots y est subtile et des lignes musicales entières sont soumises à la déclamation du texte. C'est seulement avec « spiega la vel'al vento » (la voile se gonfle au vent) que l'œuvre s'épanouit vraiment en suggestions imagées (passages rapides imités).

Deux autres œuvres de Verdelot, caractéristiques du premier madrigal, méritent d'être mentionnées : *« Quant'ahi lasso »* (1538) commence par une sorte de dialogue où les trois voix aiguës s'opposent aux trois voix graves. *« Madonna, qual certezza »* (1533) est l'une de ses plus délicieuses pièces, comportant des divisions qui annoncent la tendance qu'aura plus tard le madrigal à s'organiser en deux parties.

Rééditions modernes — Par W. Wiora, *in* Chw., n° 5, Wolfenbüttel, Möseler, 1930 ; par A. Einstein, *in* The Italian madrigal III, Princeton, Univ. Press, 1949, 2/1970 ; par A.-M. Bragard, *in* Ph. Verdelot. Opera omnia I, CMM 28, Amer. Inst. of Musicology, 1966.

Bibliographie — A. Einstein, Cl. Merulo's Ausgabe der Madrigale des Verdelot, *in* SIM 1906-07 ; A.-M. Bragard, Étude bio- bibliographique sur Ph. Verdelot, Bruxelles 1964 ; voir aussi la bibliogr. des art. *« Il bianco e dolce cigno »* et *Madrigali guerrieri et amorosi.*

M. Sacré

A « Madonna 'l tuo bel viso »

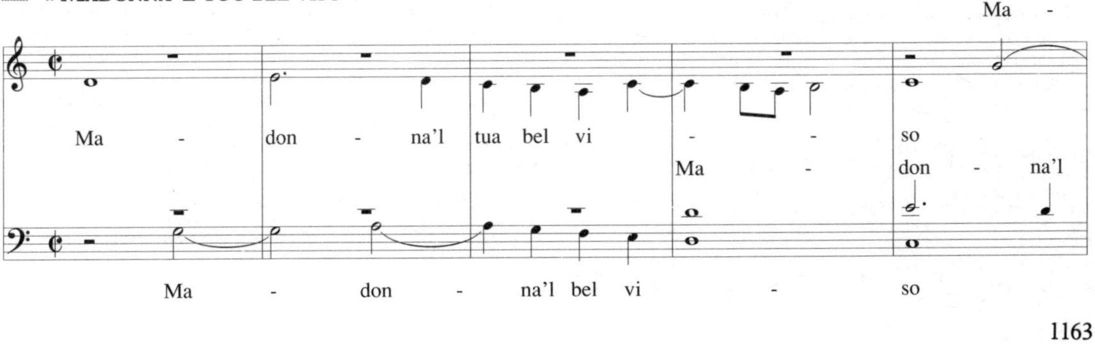

« Madonna mia gentil », madrigal de **Luca Marenzio**, voir « Liquide perle amor ».

« Madonna qual certezza », madrigal de **Philippe Verdelot**, voir « Madonna 'l tuo bel viso ».

Madrid, Biblioteca nacionale, 20486 (sigle Ma), manuscrit de la fin de la 1re moitié ou du 3e quart du XIIIe s., l'une des quatre principales sources pour l'étude de la musique polyphonique de l'École de Notre-Dame de Paris. Jusqu'à ce qu'il ait été transporté à la Bibliothèque nationale de Madrid, ce manuscrit est demeuré la propriété du chapitre de la cathédrale de Tolède dont il est probablement originaire. Il est relié de parchemin et porte au dos, à côté de l'ancienne cote Hh 167, le titre *De musica*. Ses dimensions (166 × 115 mm, 142 folios) en font la plus petite des quatre sources de Notre-Dame. Le parchemin, noirci par endroits, est d'une lecture parfois malaisée. Il était sans foliotation à l'origine, et celle qui existe actuellement a été ajoutée par W. Meyer en 1907. Des cahiers sont manquants avant le f° 5 et entre les fos 106 et 107. Les lettres initiales qui devaient être enluminées sont restées en blanc et, d'une façon générale, la graphie est moins soignée que dans le Manuscrit de → Florence (F). L'essentiel de son ornementation consiste en majuscules peintes en rouge et en bleu. Trois mains différentes ont pu être identifiées : la première a copié les fos 1-4v, la deuxième, les fos 5-24v et la dernière tout le reste du manuscrit. La grande initiale F, f° 25, suggère par sa facture qu'elle aurait pu être originellement celle du début du manuscrit. Le répertoire est parisien, avec une prépondérance marquée de conduits sacrés. Les pièces qui y sont consignées sont toutes dans F, regroupées à peu près dans le même ordre, mais certains des genres sont manquants (conduit à 4, organum triple, organum double, rondeau). Rien ne permet de croire que Ma a été copié sur F. Mais ses rédacteurs ont dû avoir accès à des copies du même modèle car il est remarquable de constater que, par rapport à F, les chants montrent très peu de variantes.

Fr. Ludwig (1910) en divise le contenu en 6 sections : section I (fos 1-4v) : additions de différentes mains, certaines lignes de texte sont manquantes ; parmi celle-ci : un offertoire rythmé à 3, un conduit rythmé à 2 ; section II (fos 2-24) : version incomplète de l'organum → *« Sederunt »* de Pérotin, dont le texte est écrit sous le double, suivi du → *« Viderunt »* et du *« Sederunt »* sans texte, et de la clausule *« Mors »* ; section III (fos 25-65) : 22 conduits à 2 ; section IV (fos 66-106) : 20 conduits à 2, 8 motets latins (5 à 3, 3 à 2, quelques-uns sans ténor) ; section V (fos 107-122) : 10 conduits à 2, un motet et un hoquet *« In seculum »* à 2 en addition, f° 122 ; section VI (fos 123-142) : 32 conduits et motets à 2 et à 1, avec ou sans ténor, mélangés.

La notation est typique de l'École de Notre-Dame : carrée rythmique. Par son répertoire, qui se signale par une préférence du genre conduit, le Ms. de Madrid se situe avant le Manuscrit de → Wolfenbüttel 2 (W^2), dans une chronologie qui s'établit ainsi : W^1, F, Ma, W^2.

Éditions — Par L. A. Dittmer, Brooklyn (N. Y.), Inst. of Medieval Music, 1957 (éd. en facs.). — Éditions partielles : *in* P. Aubry, Cent motets du XIIIe s., publ. d'après le Ms. Ed. IV 6 de Bamberg, Paris, Rouart-Lerolle, 1908 ; par H. Anglés, *in* El Codex de Las Huelgas, 3 vol., Barcelone, Inst. d'Estudis Catalans, Bibl. de Catalunya, 1931 ; par Y. Rokseth, *in* Polyphonies du XIIIe s., 4 vol., Paris et Monaco, L'Oiseau-Lyre, 1936-48.

Bibliographie — P. Aubry, Iter Hispanicum, *in* SIMG 1906-07, 1907-08, impr. à part Paris 1908 ; Fr. Ludwig, Repertorium organorum recentioris et motetorum vetustissimi stili, I Handschriften in Quadratnotation, Halle 1910, rééd. complétée par L. A. Dittmer, New York, Inst. of Medieval Music, 1971 ; H. Husmann, Die Motetten der madrider Handschrift und deren geschichtliche Stellung, *in* AfMf II, 1937 ; G. Reaney (éd.), Manuscripts of Polyphonic Music, 11th-Early 14th Cent., *in* RISM B IV/1, Munich et Duisbourg, Henle, 1966 ; voir aussi la bibliogr. des art. *Florence*, *Wolfenbüttel*... (W^1 et W^2).

A. Dennery

Madrigal, de **Paul Méfano**, pour 3 voix de femmes (sop. lyrique, colorature, sop. dramatique ou de préférence haute-contre) accompagnées par fl. et fl. piccolo, harpe, piano et 4 percussions, composé en 1962, sur 5 poèmes extraits de *L'Amour, la Poésie* (1929) de Paul Eluard (texte chanté ou dit parfois par les instrumentistes), dédié à son maître D. Milhaud, créé en 1972, lors du Festival de Royan. (Paris, Salabert, 1972 ; durée : 18 min 40 s environ.) Homophonies syllabiques, canons, vocalises mélismatiques, silences d'inspiration webernienne, solo de flûte(s) à forme aléatoire, difficultés de rythme et d'intonation, brèves explosions sonores reflètent l'esthétique post-sérielle des années 60.

1. *« Les yeux brûlés du bois »* se compose de trois strophes : la 1re est chantée syllabiquement à trois voix ; la 2e est dite par le 1er soprano tandis que les autres voix lui répondent en chantant, désynchronisées ; la 3e est chantée en soliste alors que les autres voix se synchronisent petit à petit, phénomène inverse. L'introduction demande des attaques douces, bouche fermée, avec léger vibrato, des glissandi oscillant par micro-intervalles, une technique de parlando bien accentué et un travail sur des résonances de consonnes (M, L) ou sur des couleurs changeant progressivement depuis une voyelle de base (A, O, U, OU). **2.** *« Bouches gourmandes des couleurs »* requiert souplesse et douceur, pour un jeu de « flautando », de chant quasi intérieur et d'oppositions dynamiques constantes. **3.** *« Porte comprise porte facile »* fait alterner des soli de soprano lyrique (« la lumière et la solitude ») dialoguant avec la flûte et avec le trio vocal presque parlé, en « sprechgesang », ou chanté bouche à demi-ouverte, « flexible et fantasque ». **4.** *« Nos yeux se renvoient la lumière »* étire en longues tenues vocales le quatrain décomposé et distribué syllabiquement aux trois vocalistes, le trio étant traité en tuilage comme au temps de Gesualdo et de Monteverdi. **5.** *« Une brise de danse »* donne au soprano solo un récitatif très virtuose, tantôt non mesuré, tantôt noté plus rigoureusement. Un contre-*sol* et un contre-*la* ♭ sont demandés à la soliste ! Des mots sont parlés ou séparés par un halo satellite résonnant (« Les nu - (M) - a - ges »). Au terme du récitatif, tous les musiciens balisent la fin de la strophe en disant les derniers mots « avec des débits, intensités et caractères différents ». Dans la partie centrale, le trio vocal dit le quatrain de la pièce 4 avec l'aide du pianiste, comme une réminiscence. De même, avant la coda, se superposent la récitation monocorde du poème de la pièce 1 (donnant lieu à des « images éphémères ») et l'ultime fin de texte de cette pièce 5.

« Madrigal reste pour moi une pièce "rose bonbon", un peu "kitch" » (P. Méfano). Il est vrai que l'ensemble doit être exécuté nimbé d'un éclairage à dominante rose (à partir de filtres rouge, jaune et violet).

Bibliographie — P. Méfano, notices du disque CBS France n° 76783, Paris 1978 ; M. Gagnard, L'éparpillement du mot, *in* La voix dans la musique contemporaine et extra-européenne, Tours, Van de Velde, 1987.

P. A. Castanet

MADRIGALI A CINQUE VOCI. PRIMO LIBRO, de **Carlo Gesualdo**, voir « TIRSI MORIR VOLEA » 3.

MADRIGALI GUERRIERI ET AMOROSI CON ALCUNI OPUSCOLI IN GENERE RAPPRESENTATIVO... LIBRO OTTAVO (Madrigaux guerriers et amoureux avec quelques œuvres dans le style représentatif...), 8e livre de madrigaux de **Claudio Monteverdi**, dédié à l'empereur Ferdinand III, le dernier livre publié sous le contrôle de son auteur (Venise, Vincenti, 1638). Rassemblant des formes et des styles musicaux variés, c'est un résumé de l'œuvre artistique de Monteverdi et une synthèse du madrigal italien. Dans la préface, Monteverdi parle longuement des trois sentiments que la musique peut décrire : la tempérance, par le style doux (« molle »), l'humilité et la prière, par le style modéré (« temperato ») et la colère par le style agité (« concitato »). Il se dit être l'inventeur de ce dernier et en décrit la particularité : 16 doubles croches répétées par les cordes sur un même accord parfait. Sa fonction dramatique se réalise pleinement dans les moments « guerriers » de certains madrigaux du livre. Ce qui est également nouveau dans le 8e livre, c'est l'organisation du recueil en deux parties, chacune composée de 18 pièces distribuées presque de la même façon : les « Canti guerrieri » (Chants guerriers) et les « Canti amorosi » (Chants amoureux). Les → *Altri canti d'amor* et les → *Altri canti di Marte* qui ouvrent respectivement la première et la deuxième partie sont des pièces importantes, pour 6 voix avec instruments. On trouve à leur suite, dans chaque partie, une série imposante de longs madrigaux : au madrigal → *« Hor che'l ciel »* (Chants guerriers, n° 2), très connu, correspond dans la 2e partie la pièce *« Vago angelletto »* (Chants amoureux, n° 3) de style similaire. Puis il y a un groupe de madrigaux pour voix seules (en particulier ténor-ténor et ténor-basse). A noter dans les Chants amoureux la présence de deux pièces qui rappellent des airs de cours français : *« Dolcissimo uscignolo »* (n° 10) et *« Chi vol haver felice e lieto il core »* (n° 11). Ce sont de charmantes pastorales, sur des textes de Guarini, qui, selon Monteverdi, doivent être chantées « à la française ». C'est vers la fin de chacune des deux parties qu'on trouve les moments forts du 8e livre, dans deux pièces du genre « rappresentativo ». Parmi les Chants guerriers se trouve le → *Combattimento di Tancredi et Clorinda* (n° 17). Cette longue pièce dramatique décrivant des sentiments guerriers et amoureux mêle le madrigal et le théâtre. Son pendant dans l'autre partie est le cycle de trois madrigaux → *Lamento della ninfa* (nos 12-14) où sont décrits les sentiments plus doux des Chants amoureux. Le *Ballo* qui clôt la première partie, *« Volgendo il ciel »* (n° 18), venait d'être composé (1637 ?) pour Ferdinand III. La seconde et dernière partie se termine par le → *Ballo delle ingrate* (n° 18), écrit en 1608. Dans les deux cas, un dialogue chanté précède le « ballo » proprement dit, auquel, très probablement, participaient les spectateurs.

Rééditions modernes — Par G. FR. MALIPIERO, *in* Cl. Monteverdi. Tutte le opere, Asolo 1926-42, 2/Vienne, UE, 1954, vol. III.

Bibliographie — Préface du 8e livre, éd. par G. FR. MALIPIERO (voir ci-dessus), trad. angl. *in* O. STRUNK, Source reading in music history, New York 1950, p. 413 ; H. PRUNIÈRES, La vie et l'œuvre de Cl. Monteverdi, Paris 1928 ; A. EINSTEIN, The Italian madrigal, Princeton Univ. Press, 1949, 2/1970 ; L. SCHRADE, Monteverdi, creator of modern music, New York 1950, et Londres 1951, 2/1964 ; D. ARNOLD, Monteverdi, Londres 1963 ; du même, Monteverdi Madrigals, Londres, BBC, 1967 ; D. STEVENS, « Madrigali guerrieri et amorosi » : a reappraisal for the quartercentenary, *in* MQ LIII, 1967 ; E. J. DENT, The 16th Cent. Madrigal, *in* New Oxford Hist. of Music IV, Londres, OUP, 1968 ; J. ROCHE, The Madrigal, Londres, et New York, Scribner, 1972 ; D. ARNOLD et N. FORTUNE (éd.), The New Monteverdi Companion, Londres, Faber, 1985.

M. SACRÉ

« MA FIN EST MON COMMENCEMENT », rondeau canonique de **Guillaume de Machault** dont seules deux parties sur trois sont écrites. Pour le restituer de façon correcte, il faut interpréter son texte qui dit : « Ma fin est mon commencement / et mon commencement ma fin / et teneure vraiement. / Ma fin est mon commencement. Mes tiers chans trois fois seulement / se retrograde : et einsi fin. / Ma fin est mon commencement / et mon commencement ma fin. » Les vers du refrain sont écrits à l'envers, sur la première des deux voix qui ont été notées, commençant par la dernière note. Ces vers font allusion à la voix qui manque, la « teneure » (v. 3), dont on devine aisément que la fin se trouve au début de la voix qui porte le texte, et inversement ; pourtant, une voix inverse l'autre (cantus, mes. 1 → 40 = ténor, mes. 40 ← 1). Le « tiers chans » porte l'indication « contratenor » ; sa première partie est seule écrite, alors que la deuxième s'obtient par la rétrogradation de la précédente (vers 5/6) (mes. 1 ← 20 = 21 → 40). Cette partie se répète trois fois — « trois fois [...] se retrograde » —, comme il arrive toujours dans les deuxièmes sections d'un rondeau. La composition comporte en somme deux voix instrumentales et une vocale, cette dernière de caractère mélismatique, disposition typique des rondeaux à 3 voix du XIVe siècle. Selon Fr. Ludwig, son texte pourrait avoir une signification religieuse.

Éditions — Par J. WOLF, *in* Gesch. der Mensuralnotation II, Leipzig, Br. & H., 1904, n° 22 (éd. diplomatique) ; par FR. LUDWIG, G. de Machaut. Musikalische Werke I, Leipzig, Br. & H., 1926-54 ; par L. SCHRADE, *in* Polyphonic Music of the 14th Cent. III, Monaco, L'Oiseau-Lyre, 1956.

Bibliographie — A. MACHABEY, G. de Machault (130?-1377). La vie et l'œuvre musicale I, Paris 1955, pp. 165-166 ; U. GÜNTHER, Die Mensuralnotation der Ars nova in Theorie u. Praxis, *in* AfMw XIX-XX, 1962-63, pp. 13-16 ; D. POIRON, Le poète et le prince, Paris 1965, p. 322 ; G. REANEY, G. de Machaut, Londres, OUP, 1971, 2/1974, pp. 48-49.

M. C. GÓMEZ

MAGELONE ROMANZEN, voir ROMANZEN AUS L. TIECKS MAGELONE.

(LA) MAGICIENNE, opéra en 5 actes, livret de Jules Henri Vernoy de Saint-Georges, musique de **Jacques Fromental Élie Halévy**, créé à l'Opéra de Paris (Salle Le Peletier), le 17 mars 1858, avec Mmes A. Borghi-Mamo (Mélusine), P. Gueymard-Lauters (Blanche), Delisle (Aloïs), MM. L. Gueymard (René de Thouars), M. Bonnehée (Stello de Nici), G. Belval (le comte de Poitou). Z. Richard était la principale interprète du ballet. En 1858, la renommée d'Halévy, compositeur « d'un rang élevé dans l'école française » (*Revue des Deux Mondes*), était bien établie. Pourtant, les résistances d'un certain milieu, exprimées violemment à la création de → *La Juive*, continuaient à s'exercer. Berlioz appréciait sincèrement la partition (lettre à sa sœur Adèle, mars 1858).

LIVRET — Acte I. 1er Tableau. Le riche parloir du palais du comte de Poitou, le soir. La jeune comtesse Blanche (sop.) est entourée de son page Aloïs (sop.) et des châtelaines. Arrive son père, le comte de Poitou (basse). Tous chantent ensemble l'angélus. Blanche prie pour son fiancé, René de Thouars, parti à la conquête de Jérusalem. Sous l'habit d'un pèlerin, le nécromancien Stello de Nici (bar.), maître de l'enfer, se présente au

A « MA FIN EST MON COMMENCEMENT »

château. Il annonce que René arrivera le lendemain, après avoir passé la nuit dans la forêt voisine : Blanche a peur car la sorcière Mélusine vit dans cette forêt. Le pèlerin disparaît comme par enchantement. — 2e Tableau. Une vaste forêt et un lac éclairés par la lune. De jeunes fées voltigent dans les airs tandis que René (ténor) dort sous une tente ouverte. La belle Mélusine (mezzo-sop.) paraît. Elle aime René et se montre à lui dans un rêve enchanteur.

Acte II. 1er Tableau. Une salle souterraine de style mauresque, ornée de signes cabalistiques, avec une flamme au milieu. Depuis longtemps, Mélusine est liée à Stello qui est épris d'elle et dont elle a obtenu ses pouvoirs surnaturels. Elle tente en vain de se libérer de son emprise. — 2e Tableau. La grande salle des fêtes du château du comte de Poitou. C'est la veille des noces de René et de Blanche. Tandis que la fête commence (ballet), Mélusine voilée prédit au comte un sombre avenir. Elle se fait reconnaître de René pour lui assurer que Blanche l'a trahi, ce dont elle apportera la preuve à minuit.

Acte III. Les jardins du palais ; à gauche, une tourelle avec balcon. Il est minuit. Le page Aloïs chante une sérénade. Mélusine fait paraître un fantôme au balcon en lui donnant l'apparence de Blanche. Le spectre fait un geste encourageant à Aloïs et lui lance une fleur. René est convaincu de l'infidélité de Blanche qu'on voit en réalité prier dans l'oratoire. Le jour venu, on s'apprête à célébrer la noce. A la stupeur générale, René repousse sa fiancée en déclarant qu'elle l'a trahi. Pour éviter des explications douloureuses, Blanche prétend ne plus désirer le mariage. Après avoir fait éclater un violent orage, Mélusine s'enfuit avec René.

Acte IV. Un pavillon féerique au milieu d'un lac. René arrive dans une nacelle, entouré de nymphes, d'ondines et de sirènes. Il s'apprête à fêter son amour avec Mélusine quand Stello paraît subitement. René provoque son rival en duel, geste inutile car la force surnaturelle de Stello est invincible. Le maître de l'enfer révèle à René la nature diabolique de Mélusine et l'artifice avec lequel elle lui a fait croire à l'infidélité de Blanche. Accablé de remords, René repousse Mélusine. Stello jette sur elle un regard de triomphe.

Acte V. Un site pittoresque et dévasté, avec des débris d'autels et de croix. Blanche est sur le point d'entrer au cloître quand Mélusine l'interpelle et lui demande pardon. La scène s'obscurcit. Entouré de la foule des damnés, Stello déploie tous ses efforts pour attirer Mélusine en enfer. La prière fervente de Blanche, de René et du comte, deux fois renouvelée, la sauve. Mélusine devient chrétienne et expire dans les bras de Blanche et de René.

Depuis longtemps, Halévy éprouvait pour le genre féerique et légendaire une prédilection pleinement partagée par le pouvoir politique du second Empire. L'action, qui retient peu d'éléments de la légende médiévale de la belle Mélusine, est un bon exemple de la « mythistoire » chère à R. Étiemble. La lutte entre les forces du ciel et de l'enfer, présente à tous les esprits depuis → *Robert le Diable*, trouve ici des prolongements bien que, cette fois, une femme soit exposée à l'attrait du mal. En utilisant comme Armide (voir les art. *Armida* et *Armide*) des forces surnaturelles, Mélusine commet des méfaits condamnables avant de connaître une vraie conversion. Ce dénouement a beaucoup plu.

Comme dans plusieurs de ses œuvres, Halévy touchait particulièrement son public en exprimant la tristesse d'un amour déçu. Le cor anglais donne à ces passages sa couleur sombre (voir les art. *La Juive* et *Le Val d'Andorre*). Selon la tradition, l'ouvrage fait succéder ballade, prière, air de sommeil, sérénade, chanson bachique, ensembles et chœurs, pages dont l'identité n'est pas encore dissoute dans une structure dramatique complexe. Halévy a recours aux rappels thématiques, mais, comme ailleurs, utilise ce procédé avec beaucoup de réserve. Tout l'acte V a suscité l'admiration, surtout le finale avec la prière des trois chrétiens (*« Ah ! Seigneur, dans ta miséricorde »*). C'est à ce propos que *La Presse* écrivit : « M. Halévy a le don du chant religieux ; il joue de l'orgue chrétien aussi bien que de la harpe hébraïque. » Dernier grand opéra achevé d'Halévy, *La Magicienne* peut être considérée comme un ultime accomplissement dans la tradition de la tragédie lyrique.

Sources et éditions — Mss (autographe et copie), Paris, Bibl. de l'Opéra. — Réd. cht et p., Paris, Escudier, 1858. — Part. d'orch. par K. LEICH-GALLAND, Fr. Halévy. Nouv. éd. d'opéras choisis II, Sarrebrück, L.-Galland, en préparation.

Bibliographie — Voir celle de l'art. *(La) Juive.*

K. LEICH-GALLAND

MAGIES, de **Francis Miroglio**, pour sop. et 10 instruments sur une poésie du compositeur, commande du ministère français des Affaires culturelles, écrite en 1960, dédiée à Geneviève Roblot, créée à Darmstadt, lors des Internationale Ferienkurse, le 4 sept. 1961, sous la dir. de Bruno Maderna. (Milan, Suvini-Zerboni ; durée : 14 min environ.)

Le texte recèle des sonorités en relation avec les timbres instrumentaux, assurant la cohésion et la coordination du déroulement sonore. Structures harmoniques atonales, rythmes irrationnels, dynamiques en perpétuelle mutation, fluctuations de tempi, alliages de timbres sont rigoureusement hiérarchisés. La voix, traitée comme un instrument, fait entendre chaque mot pour lui-même à côté de son correspondant instrumental (et réciproquement, l'auteur désirant donner des virtualités poétiques au complexe musical dans son intégralité). Œuvre de jeunesse (op. 4), l'art musical et textuel de *Magies* influencera la production vocale future du compositeur plasticien, où figurent deux pièces de théâtre musical : *Il faut rêver dit Lénine* (1972) et *Inferno di gelo* (1981). Avec *Hétérophonie* de M. Kagel (1960), *Magies* est la première œuvre dans laquelle apparaissent des bruits de souffle aux instruments à vent. L'ensemble orchestral est divisé stéréophoniquement autour de la percussion (cor, saxo, vlc., vl. ; et fl., trb., cb. à 5 cordes, alto, htb./cor angl.). L'œuvre comporte 4 parties enchaînées dont la succession est laissée à la libre décision du chef, deux d'entre elles étant interchangeables. Une grande souplesse de voix — rappelant la « vocalita » des Méditerranéens —, l'usage du parlando, du glissando, du « sprechgesang », d'arabesques vocalisées sont demandés à la soliste pour l'interprétation de ce madrigal.

Bibliographie — P. A. CASTANET, Matières en mutation, *in* Fr. Miroglio, Cahiers du CREM, n° 6-7, Mont-Saint-Aignan, Univ. de Rouen, 1988.

P. A. CASTANET

MAGNIFICAT, cantique de louange chanté par Marie à la suite de la salutation d'Élisabeth, d'après Luc 1, 46-55. Comme le → *Benedictus* à l'office de laudes, le *Magnificat* est intégré à celui de vêpres selon le modèle des psaumes auxquels l'apparente son caractère : sa récitation s'effectue en psalmodie antiphonique, un ton stéréotypé s'adaptant à chacun des versets successifs. Les tons du *Magnificat* sont analogues à ceux des psaumes, avec une ligne légèrement plus ornée, mais leur nombre se réduit à cinq : un même ton peut donc accompagner des antiennes de modes différents. Ces antiennes sont elles aussi plus longues et ornées que les antiennes habituelles (voir p. ex. → *« Hodie Christus natus est »*) : indice d'une solennité accrue, en accord avec la *Commemoratio brevis*, traité du IXe s. prescrivant une exécution plus lente des versets du *Magnificat*. Cette solennité sera aussi obtenue grâce à la polyphonie, d'abord improvisée puis écrite (exemples anglais de faux-bourdon sur le *Magnificat* dès le XIVe s.) : depuis **G. Dufay**, presque tous les compositeurs franco-flamands ont traité polyphoniquement les tons du *Magnificat*, que l'on trouve encore comme « cantus firmus » chez **Cl. Monteverdi** (→ *Vespro della beata Vergine*, 1610). L'usage s'établit alors d'une alternance entre monodie et polyphonie, un verset sur deux conservant sa forme psalmodique simple. Les versets polyphoniques seront d'autre part volontiers joués à l'orgue selon un style similaire (P. Attaingnant, **G. Cavazzoni**, **A. de Cabezón**, **G. Frescobaldi**, etc.).

J. VIRET

MAGNIFICAT, de **Heinrich Schütz**, voir « MEINE SEELE ERHEBT DEN HERRN ».

MAGNIFICAT, grand motet de **Henry Du Mont** pour haute-contre, haute-taille et basse soli, double chœur à 5 voix, orchestre à 5 parties de cordes et basse continue. (Durée : 11 min environ.)

Comme dans ses autres motets qui comptent parmi les tout premiers du genre destinés à la Chapelle royale de Versailles, Du Mont conjugue les deux principes compositionnels du XVIIe s. : l'art de la mélodie accompagnée et le style polyphonique où le contrepoint vrai se mêle à l'écriture harmonique dans les grands doubles chœurs, qui d'ailleurs utilisent rarement les 10 voix réelles. Bien que le motet soit construit en trois grands épisodes regroupant plusieurs versets, on y voit aussi s'amorcer la tendance à la division de l'œuvre en récits ou chœurs indépendants, traitant chacun un verset, comme le montre l'examen du début de l'œuvre. Le verset *« Magnificat... »* (Mon âme bénit le Seigneur) est entonné sur une formule mélodique proche du grégorien, mais le double chœur poursuit sur un rythme allègre avec quelques vocalises sur « et exultavit ». Le ton se fait plus intime pour le verset suivant « Quia respexit humilitatem » (Il a jeté les yeux sur l'humilité de sa servante), en duo de haute-contre et basse-taille dialoguant avec deux violons sur basse continue. C'est par la masse des 10 voix du chœur que s'exprime la louange de la Vierge par « toutes les générations ». Dans les parties suivantes, le choix du décor sonore est toujours en accord avec le sens du texte : souplesse de la déclamation chantant « Et misericordia ejus... » (Et sa miséricorde s'étend d'âge en âge) dans le duo de haute-contre et haute-taille sur la seule basse continue, animation particulière du récit « Deposuit potentes » (Il dépose les puissants de leur trône) pour basse-taille, effet de puissance pour chanter « Fecit potentiam » ou « Sicut locutus est » (Comme il a été dit à nos pères) dans une phrase homophone solennelle à 10 voix, ou au contraire « dispersion des superbes » traduite par la dispersion des entrées du chœur, etc. Du Mont se soumet volontiers à la loi des contrastes qui règne dans l'art de son temps, mais il n'est pas homme à se perdre dans la recherche de l'effet ; le ton général de l'œuvre reste donc celui de la prière sereine.

Sources et éditions modernes — Voir l'art. *Benedictus* de H. Du Mont. Par H.-A DURAND, Paris, Costallat, 1982.

Bibliographie — Voir celle de l'art. *Benedictus* de H. Du Mont.

B. LESPINARD

MAGNIFICAT, de **Marc-Antoine Charpentier** (H. 78), pour haute-contre, 2 ténors et basse soli, chœur à 4 voix (S HC T B), 2 fl. à bec, vl., 2 parties d'alto et b.c. (orgue et basses de vl.), composé vers 1680-90. (Durée : 10 min environ.)

C'est l'une des dix versions de Charpentier du cantique de Marie qui exprime sa joie et son humilité lors de l'Annonciation. Elle a probablement été écrite à l'époque où le musicien était attaché à l'église Saint-Louis-des-Jésuites à Paris. Sans atteindre les dimensions de certaines autres versions, elle démontre l'aisance de Charpentier dans l'écriture des voix et des instruments et exploite la couleur particulière de chaque voix. L'œuvre est brève mais ses dix mouvements déploient toutes les ressources disponibles dans une grande variété de dispositions et de styles qui reflète les différentes inspirations du texte, allant du pathos à l'exultation avec la sûreté de touche qui caractérise Charpentier par rapport à ses contemporains. Elle comprend quatre mouvements pour grand chœur et orchestre, l'un d'entre eux comportant un dialogue entre ténor solo et chœur, deux mouvements pour haute-contre solo, deux pour basse solo et deux ensembles : un duo pour haute-contre et ténor et un trio pour deux ténors et basse. Bien que ces derniers ne soient accompagnés que par la basse continue, les quatre solos sont en général pourvus d'instruments obligés, soit deux flûtes, soit deux violons, soit même tout l'orchestre. La brièveté des fragments et les fréquents changements de mesure et d'écriture suggèrent que Charpentier admirait l'œuvre de son contemporain flamand, Henry Du Mont, autant que celle de son mentor italien, Carissimi.

L'œuvre débute par un court prélude pour flûtes à bec, cordes et orgue qui mène directement à la noble exposition, pour basse solo avec deux violons obligés, du verset introductif « Magnificat anima mea Dominum » (Mon âme exalte le Seigneur). Ce solo tourne autour du *ré* et du *mi* de l'aigu de la tessiture, mais il était chanté presque un ton au-dessous de la hauteur actuelle et était donc parfaitement exécutable par une basse ou un baryton. « Et exultavit spiritus meus » (Et mon esprit a tressailli de joie) est un chœur vigoureux formé de plusieurs points d'imitation, le premier caractérisé par des figures en croches continues, le deuxième plus lié, avec des intervalles plus larges, conduisant à un majestueux apogée. Puis les flûtes introduisent le solo de haute-contre « Quia respexit... » (Il s'est penché sur son humble servante) où l'humilité dont parle le texte est rendue par de longs retards et par des phrases descendantes en total contraste avec le mouvement précédent. A ce récit éloquent, qui commence en *sol* maj. mais qui s'achève par une cadence en *la* min., s'oppose le joyeux solo de ténor et chœur en mesure à trois temps, « Ecce enim [...] omnes generationes » (Désormais tous les âges me diront bienheureuse), où le soliste est accompagné par les flûtes, et le chœur par tout l'ensemble instrumental. Ce mouvement débute en *la* maj. mais s'achève dans la tonalité principale de *sol* majeur. Ses rythmes dansants et son homophonie font bientôt place au contrepoint animé de « Quia fecit mihi magna » (Parce que le Tout-Puissant a fait en moi de grandes choses), écrit pour un trio formé par deux ténors et une basse. Il se fonde sur deux idées, l'une constituée d'intervalles disjoints, l'autre d'intervalles conjoints, l'une et l'autre présentes dans chaque point d'imitation **A**. Suit le second solo pour haute-contre, l'un des récits les plus étendus de l'œuvre, où les cordes divisées en quatre parties fournissent un arrière-plan lumineux, en contrepoint soutenu, aux longues lignes mélodiques du soliste sur « Et misericordia ejus... » (Et sa miséricorde s'étend d'âge en âge). Le chœur réapparaît en une homophonie pleine de verve, déclamant « Fecit potentiam... deposuit potentes... esurientes implivit bonus » (déployant la force de son bras... il renverse les puissants... il comble de biens les affamés). Le second solo de basse, le récit le plus long de l'œuvre, est accompagné par tout l'orchestre, dans un mouvement à 3/2 lent, balancé, « Suscepit Israel... » (Il a secouru Israël, son serviteur). L'interlude orchestral entre les deux strophes est caractérisé par un dialogue entre les flûtes et les cordes ; une courte phrase de trois notes est renvoyée des uns aux autres. Le cantique proprement dit s'achève par un duo pour haute-contre et ténor, « Sicut locutus est ad patres nostros » (De la promesse faite à nos pères), qui commence dans le rythme du récit précédent mais, sur les paroles « Abraham et semini ejus » (Abraham et sa race), se transforme en un énergique exercice de contrepoint à deux parties qui achemine le mouvement vers la conclusion définitive. Le grand chœur et l'orchestre reviennent pour le *« Gloria Patri »* où se donne libre cours le goût de Charpentier pour des rythmes dynamiques, des tensions harmoniques, des retards et des changements de mètre frappants, comme le prouve le pont de « sicut erat in principio » à « et in saecula saeculorum » (comme il était au commencement [...] aux siècles des siècles) **B**. Cette explosion d'énergie et de couleur donne une conclusion impressionnante à cette œuvre modeste mais saisissante.

Éditions modernes — Par M. A. Bichsel, Saint-Louis (Miss.), Concordia, 1960.

Bibliographie — Voir celle de l'art. *Messe de minuit pour Noël.*

L. Sawkins

Magnificat en *sol* min., d'**Antonio Vivaldi** (RV 610/611), pour 2 sop. et alto soli, chœur et orchestre, dont il existe deux versions impossibles à dater. (Durée : 25 min environ.)

De cette œuvre majeure du compositeur vénitien, la seule chose certaine est que la seconde version était destinée aux offices de l'Ospedale della Pietà, puisque les 5 arias portent le nom des jeunes filles qui les y interprétèrent : Apollonia, Bolognesa, Chiaretta, Ambrosina et Alberta. L'Ambrosina devait être un phénomène vocal puisque sa partie est notée en clé de ténor ; sans doute possédait-elle une voix d'alto très grave. La différence entre les deux versions vient de ce que dans la seconde Vivaldi a introduit des arias d'une très grande virtuosité (ce qui montre la qualité de ses jeunes cantatrices de l'Ospedale) comme on le voit dans la première,

et remplacé certains chœurs par des arias. La version la plus forte du chef-d'œuvre consisterait probablement en une combinaison avisée des deux versions.

Cette partition, que J. S. Bach a connue, est l'une des plus grandioses réalisations musicales du Cantique de

Marie au XVIIIe siècle. Dès le premier chœur avec ses puissantes harmonies verticales, le compositeur affirme sa maîtrise. Parmi les arias, il faut relever surtout le *« Quia respexit »* pour le 2e soprano (plutôt mezzo), d'une émotion profonde, et la mystérieuse aria d'alto, *« Sicut locutus est »* ; les trois autres arias ne contrastent pas moins avec l'allure souvent superficielle des contemporains par la qualité de leur structure et le caractère expressif des lignes mélodiques directement issues non seulement de la prosodie latine mais de la signification des paroles ; ce sont des « arie da chiesa », des airs d'église, et non de simples arias. Au centre de l'œuvre, les deux mouvements destinés au chœur ne sont pas moins expressifs : le puissant *« Fecit potentiam »* se détache d'autant plus fortement des motifs animés de cordes qu'il est suivi par un unisson impressionnant sur le motif descendant du *« Deposuit potentes »*. La conclusion chorale en trois sections illustre la maîtrise polyphonique de Vivaldi. Le *Gloria* proprement dit est écrit dans le faux-bourdon majestueux du mouvement initial ; le *« Sicut erat »*, plus animé, débouche sur la fugue de l'*« In saecula saeculorum, Amen »*. Le sommet de la partition est sans doute le chœur *« Et misericordia ejus »* évoquant les grands chœurs de Buxtehude ou de Haendel (p. ex. le *« De torrente »* dans son → *« Dixit Dominus »*) ou même le *« Crucifixus »* de la → *Messe en si* de J. S. Bach et le *« Qui tollis »* de la → *Messe en ut mineur*, KV 427, de Mozart. On voudrait presque dire que ces harmonies à la fois pleines et audacieuses — la septième majeure ascendante ou la sixte augmentée sont caractéristiques — ne sont plus vraiment baroques mais présagent déjà celles des classiques viennois **A**.

Éditions modernes — Par H. C. ROBBINS LANDON, Vienne 1960 (1re version) ; par G. FR. MALIPIERO, Milan, 1959 (2e version).

Bibliographie — A. CASELLA, Le composizione sacre e vocale di A. Vivaldi, Sienne 1939 ; G. FR. MALIPIERO, A. Vivaldi, Milan 1958 ; W. KOLNEDER, A. Vivaldi, Wiesbaden, Br. & H., 1965.

C. DE NYS

MAGNIFICAT, de **Johann Sebastian Bach**, pour sop., alto, ténor et basse soli, chœur à 5 voix (S S A T B) et orchestre (2 fl., 2 htb., 2 htb. d'amour, 3 trp., timb., cordes et orgue), composé entre 1723 et 1726 pour une 1re version en *mi* ♭ maj. (BWV 243 a ; NBA II/3) et remanié entre 1732 et 1733 pour une 2de version en *ré* maj. (BWV 243 ; NBA II/3). La version la plus ancienne

A MAGNIFICAT DE M.-A. CHARPENTIER

B MAGNIFICAT DE M.-A. CHARPENTIER

A **Magnificat** d'A. Vivaldi

comporte en plus des mouvements de la version ultérieure 4 mouvements qui sont intercalés : le 1er, *« Vom Himmel hoch da komm ich her »* pour chœur à 4 voix avec « cantus firmus » (voir à cet incipit) au soprano, après le nº 2, *« Et exultavit »* ; le 2e *« Freuet euch und jubiliret »* pour chœur, après le nº 5 *« Qui fecit »* ; le 3e, *« Gloria in excelsis Deo »* pour chœur, après le nº 7, *« Fecit potentiam »* ; le 4e, *« Virga Jesse floruit »* pour sop. et basse soli, après le nº 9, *« Esurientes »*.

Avant de composer son *Magnificat* en automne 1723, donc pendant la première année de son cantorat à Leipzig, Bach avait copié ou fait copier par sa femme et son fils aîné Friedmann d'autres compositions sur le texte du cantique marial, en particulier celles d'A. Caldara et J. D. Zelenka, mais sa propre partition ne révèle aucune trace d'influence de ces œuvres ; elle est au contraire l'une de ses compositions les plus personnelles.

1. *« Magnificat anima mea »* (Mon âme glorifie le Seigneur). Dès le tutti instrumental d'introduction sur le rythme de l'affirmation, c'est le mouvement impétueux des grandes compositions du cantor, avec ses longs et jubilants mélismes. **2.** *« Et exultavit... »* (Et mon esprit a tressailli de joie) est une aria pour sop. (mezzo-sop.) avec cordes, en *ré* maj., qui plane dans le registre élevé en une jubilation supraterrestre. **3.** *« Quia respexit... »* (Parce qu'il a jeté les yeux sur l'humble condition de sa servante) : aria de soprano en trio avec un htb. d'amour et la b.c., en *mi* min., exprimant bien l'atmosphère d'humilité ; sur les mots « beatam me dicent » (me diront bienheureuse), modulation en majeur et enchaînement avec un chœur très rythmé, **4.** *« Omnes generationes »* (Toutes les nations), en *fa* ♯ min., très descriptif de la succession indéfinie des générations futures. **5.** *« Quia fecit mihi magna »* (Parce que le Tout-Puissant a fait pour moi de grandes choses) est une aria de basse avec le seul continuo, la voix de basse étant celle qui exprime habituellement la toute-puissante divine. **6.** Lui fait suite un duo pour alto et ténor avec les flûtes et les cordes, *« Et misericordia ejus... »* (Et sa miséricorde s'étend d'âge en âge), d'une pénétrante douceur. **7.** *« Fecit potentiam... »* (Il a déployé la puissance de son bras), en *ré* maj., grand chœur avec tutti instrumental dominé par les trompettes et les timbales, est une autre affirmation glorieuse de la puissance divine. **8.** *« Deposuit potentes... »* (Il a déposé les puissants de leur trône), en *fa* maj., pour alto est de nouveau une aria en trio, pour ténor, cordes à l'unisson et b.c. où d'abondants madrigalismes expriment les moindres nuances du texte et même symboliquement le rythme de ce qui sera la flagellation dans la *Passion selon saint Matthieu.* **9.** *« Esurientes implevit bonis »* (Il a comblé les pauvres de biens), en *fa* maj., pour alto avec les deux flûtes et la b.c., est l'une des plus belles et des plus célèbres arias de Bach. **10.** *« Suscepit Israel »* (Il a secouru Israël), en *si* min., un trio pour 2 sop. et alto avec les cordes, est une page très contemplative qui utilise en « cantus firmus » le *Magnificat* allemand, → *« Meine Seele erhebt den Herrn »* qui n'est autre que le « tonus peregrinus », celui sur lequel est chanté le Psaume 114 (Quand Israël sortit d'Égypte), un symbolisme aussi évident qu'expressif. **11.** *« Sicut locutus est... »* (Comme il avait dit à nos pères), en *ré* maj., exprime symboliquement au moyen de la fugue la permanence à travers le temps. La doxologie finale, **12.** *« Gloria Patri »* en *ré* min., est divisée en deux sections chorales, celle qui par ses majestueuses montées exprime la gloire divine et la reprise, également symbolique, du début de l'œuvre sur les mots « sicut erat in principio » (comme il était au commencement). La richesse, la variété et la puissance expressive de cette partition en ont fait l'une des pages les plus populaires de Bach.

Bibliographie — Fr. Smend, Magnificat, *in* J. S. Bach. Kirchen-Kantaten V, Berlin 1947, pp. 39-43, 3/1966 ; A. Schmitz, Die Bildlichkeit der wortgebundenen Musik J.S. Bachs, Mayence 1950 ; A. Dürr, Die Erstfassung des Magnificat, *in* 30. Deutsches Bachfest der Neuen Bachgesellschaft vom 3.-6. Juli 1953 in Leipzig, pp. 50-52 ; du même, Bach's Magnificat, *in* MR XV, 1954 ; S. Godman, Die Erstfassung von Bachs Magnificat, *in* MuK XXIV, 1954 ; A. Dürr, NBA II/3, Kritischer Bericht, Kassel, BV, 1955 ; W. Irtenkauf, Bachs Magnificat und seine Verbindung zu Weihnachten, *in* MuK XXVI, 1956 ; M. Geck, J. S. Bachs Weihnachts-Magnificat und sein Traditionszusammenhang, *ibid.* XXXI, 1961 ; U. Meyer, Musikalisch-rhetorische Figuren in J. S. Bachs Magnificat, *ibid.* XLIII, 1973 ; W. Hösch, Motivische Integration. Proportion und Zahlensymbolik in J. S. Bachs Magnificat, ibid. XLVI, 1976 ; K. Geiringer, J. S. Bach, nouv. éd. revue et augm. Munich, C. Beck, 1985.

C. de Nys

Magnificat, de **Krzysztof Penderecki**, pour basse solo, double chœur mixte, chœur d'enfants et gd orchestre, composé en 1973-74, créé au dôme de Salzbourg, le

17 août 1974, sous la dir. du compositeur. (Mayence, Schott ; durée : 45 min environ.)

Dans ce *Magnificat*, qui possède les mêmes caractéristiques de langage que la *Passion selon saint Luc* (→ *Passio et mors...*) ou le → *« Dies irae »*, en particulier dans la répartition des volumes et des masses sonores, Penderecki se montre un peu moins radical que dans ses partitions précédentes. Quelques rayons de lumière apparaissent au sein de cette polyphonie touffue, véritable symphonie chorale en 7 parties, la voix de basse n'intervenant que dans la 4e section, *« Fecit potentiam »*. Si les clusters, les glissandi, les litanies rythmées, les évocations saisissantes font toujours partie de l'écriture de Penderecki, le musicien a de plus recours à des procédés cycliques obsessionnels (rythmes, note unique scandée à la basse de l'orchestre) et à des formes anciennes : une double fugue (2e section : *« Quia respexit »*) et une passacaille (5e section).

CHR. GOUBAULT

MAGNUS LIBER ORGANI (Grand Livre d'organum), recueil de chants de la messe et de l'office traités en organum double (style de chant polyphonique à 2 voix) composé à l'usage de la cathédrale Notre-Dame de Paris, et dont le répertoire peut être daté des environs de 1170. Son nom, dû aux chercheurs contemporains, provient d'un traité de musique d'origine anglaise, l'Anonyme IV (Coussemaker, 1864, p. 342), unique document qui mentionne ce livre ainsi que le nom de son auteur, **Léonin** : « Et nota quod magister Leoninus quod dicebatur, fuit optimus organista, qui fecit magnum librum organi de gradali et antiphonario pro servicio divino multiplicando... » (Et remarquez que Maître Léonin, dont nous venons de parler, fut un excellent « organisateur » [improvisateur d'organum] qui fit un grand livre d'organum sur le graduel et l'antiphonaire afin de développer le service divin).

L'original ne nous est pas parvenu, et son contenu n'est connu qu'à travers des sources plus récentes dont les principales sont les Manuscrits de → Florence (F), de → Madrid (Ma) et de → Wolfenbüttel (W1 et W2), datant, au plus tôt, de la fin de la 1re moitié du XIIIe siècle. Conçu comme un supplément aux chants liturgiques habituels, il était destiné aux fêtes solennelles du propre du temps (Noël, Pâques, Pentecôte, etc.) et de celui des saints (fêtes de la Vierge Marie, de saint Jean, saint Michel, etc.). Il concerne les chants responsoriaux (répons des vêpres, répons graduels et alléluias de la messe) et le *« Benedicamus Domino »* destiné au renvoi des fidèles, dont l'exécution prévoit l'alternance d'un petit chœur de solistes et d'un grand chœur.

Le style de composition appartient à la couche la plus ancienne de la polyphonie de Notre-Dame de Paris. Encore appelé organum parisien, il se caractérise, du point de vue musical, par une succession de sections en style d'organum, où le ténor évolue par longues tenues, soutenant une seconde voix mélismatique, et de déchant (discantus) — les clausules — où le ténor, entraînant la voix supérieure, suit un rythme plus resserré, mieux dessiné, le strict note contre note étant cependant évité. Les premières sont construites sur les passages syllabiques du chant de base et les secondes sur les passages mélismatiques (→ *« Sederunt »* et → *« Viderunt »*). Le rythme, qui doit peut-être à Léonin d'avoir remplacé le chant non mesuré de l'époque précédente, est modal. Il obéit à 6 figures ou modes, correspondant aux pieds de la poésie métrique.

Mode	Mètre	
1	trochaïque	– ⏑ = ♩ ♪
2	ïambique	⏑ – = ♪♩
3	dactylique	– ⏑ ⏑ = ♩. ♪♩
4	anapestique	⏑ ⏑ – = ♪♩ ♩.
5	spondaïque	– – = ♩. ♩.
6	tribraque	⏑ ⏑ ⏑ = ♫♪

La notation dont le matériau provient directement des neumes grégoriens laisse parfois subsister des incertitudes rythmiques. Elle sera complétée au siècle suivant par Jean de Garlande et Francon de Cologne.

Le *Magnus liber* fut en usage, nous apprend encore l'Anonyme IV, jusqu'au grand **Pérotin** (« Perotinus magnus »), qui l'« abrégea » et composa des clausules aussi appelées « puncta » (du singulier « punctum », point), car « il était un excellent déchanteur [« discantor », compositeur et improvisateur de déchant], et meilleur que Léonin ». Si nous sommes bien renseignés sur les compléments apportés par l'« optimus discantor », le verbe « abbreviavit » induit des suppositions. Des pièces, telles que l'→ *« Alleluia. Nativitas »* qui nous sont connues dans deux versions, une ancienne, probablement très proche, sinon identique, à celle que composa Léonin (dans W1), et une plus récente (dans F), retouchée par Pérotin, montrent qu'il pourrait s'agir, d'une part, de la composition de nouvelles clausules destinées à être substituées soit à une section organale, soit à une clausule plus ancienne. Ce grand maître, continue l'Anonyme IV, composa de très beaux quadruples (organa à 4) tels que → *« Viderunt »* et → *« Sederunt »* et de très nombreux triples (organa à 3) très nobles comme → *« Alleluia. Posui »* et → *« Alleluia. Nativitas »* et des conduits doubles (à 2) comme *« Dum sigillum »* et simples (monodiques) comme *« Beata viscera »*.

Le répertoire polyphonique de Notre-Dame qui comprend, entre autres, quelque 500 clausules, n'a pas été écrit dans sa totalité par Léonin et Pérotin. La composition des organa à 2 voix ne s'est pas arrêtée à l'introduction des triples et des quadruples, et l'élargissement du répertoire, qui concerne principalement les répons des matines, tels que le répons *« Descendit »*, de la nuit de Noël, a dû s'étendre sur cinquante ou soixante ans. Des études comparatives (H. Husmann, *in* JAMS, 1963) ont montré que, si le phénomène a principalement concerné Paris, il n'était pas circonscrit à sa cathédrale. D'autres centres, situés dans les parages, ont fleuri à cette époque : les abbayes de Saint-Germain-l'Auxerrois (cf. le Manuscrit de → Montpellier) et de Sainte-Geneviève, qui étaient soumises à la règle augustinienne, ont laissé leur marque dans quelques répons. Et à ce titre, il est juste de parler d'une École de Notre-Dame de Paris. Son influence se maintint jusque vers les années 1240-50. Puis l'organum déclina parallèlement au conduit, en même temps que, issu des clausules, apparaissait un nouveau genre, le motet, dont l'engouement allait durer pendant tout le XIIIe siècle.

Bibliographie — E. DE COUSSEMAKER, Scriptorum de musica medii aevi, Paris 1864, pp. 327-342 (Anonyme IV), trad. angl. par L. A. Dittmer, *in* Musical theorists in translation I, Brooklyn (N. Y.), Inst. of Mediaeval Music, 1960 ; FR. LUDWIG, Die liturgischen Organa Leonins und Perotins, *in* Riemann-Fs., Leipzig 1909, rééd. en facs. Tutzing 1956 ; H. HUSMANN, Die drei- und vierstimmigen Notre-Dame Organa, *in* PäM IX, Leipzig 1940, rééd. en facs. 1967 ; W. G. WAITE, The rhythm of 12th cent. polyphony, New Haven 1954 (avec une importante bibliogr.) ; du même, The abbreviations of the Magnus liber organi, *in* JAMS XIV, 1961 ; H. HUSMANN, The enlargement of the Magnus liber organi, *ibid.* XVI, 1963 ; FR. RECKOW (éd.), The origin and destination of the « Magnus liber organi », *in* MQ XLIV, 1963 ; du même, Der Musiktraktat des Anonymus IV, Wiesbaden, Steiner, 1967 ; R. Hoppin, The school of Notre-Dame, *in* Medieval Music, New York, Norton, 1978, pp. 215-255 (avec bibliogr. critique) ; R. Flotzinger, art. Magnus liber, *in* Grove, 6/1980 ; Fr. Reckow et R. Flotzinger, art. Organum, *ibid.* ; H. van der Werf, Integrated dictionary of organa, clausulae and motets, Rochester (N. Y.), l'Auteur, 1989 ; voir aussi la bibliogr. des art. *Florence*, *Madrid*, *Montpellier*, *Wolfenbüttel*[1], *Wolfenbüttel*[2].

A. Dennery

Mahagonny, opéra de **Kurt Weill**, voir Aufstieg und Fall der Stadt Mahagonny.

Mahomet II ou le Siège de Corinthe, de **Gioachino Antonio Rossini**, 1re version en ital. sous le titre *Maometto secondo*, « opera seria » en 2 actes, livret de Cesare della Valle, duc de Ventignano, d'après une pièce d'Anna Erizo, composé à Naples en 1820, créé à Naples, au Teatro San Carlo, le 3 déc. 1820, avec Mmes I. Colbran (Anna), A. Chaumel, dite Comelli (le général vénitien Calbo), MM. F. Galli (Maometto), A. Nozzari (Paolo Erisso), G. Ciccimarra (Condulmiero), G. Chizzola (Selimo), révisé en 1823 pour les représentations vénitiennes ; 2e version en fr., sous le titre *Mahomet II ou le Siège de Corinthe*, tragédie lyrique en 3 actes, livret d'Alexandre Soumet et Luigi Balocchi, composée à Paris en 1826, créée à Paris, à l'Académie Royale de Musique (Salle Le Peletier), le 9 oct. 1826, avec Mmes L. Cinti-Damoreau (Pamira), Frémont (Ismène), MM. H. E. Dérivis (Mahomet), A. Nourrit (Néoclès), L. Nourrit (Cléomène), F. Prévost (Omar), Prévôt (Hiéros), Bonel (Adraste), décors P.-L.-Ch. Cicéri, ballets P. Gardel. Une 3e version, sous le titre *L'assedio di Corinto* (« melodramma serio »), est la traduction italienne de la tragédie lyrique française, due à Calisto Bassi.

Comme ce fut le cas pour → *Mosè in Egitto*, Rossini écrivit cet « opera seria » à l'intention du soprano Isabella Colbran, mais il confia des airs lyriques et virtuoses à la basse Filippo Galli qui jouait le rôle de Maometto avec beaucoup de panache. L'ouvrage n'obtint à Naples qu'un succès d'estime alors que le triomphe fut complet à Paris, grâce à une brillante distribution. Rossini avait réorchestré sa partition, ajouté une ouverture sur le plan d'un allegro de sonate, un grand finale à l'acte II ainsi qu'un ballet, et la grande scène patriotique de la bénédiction des drapeaux. Le public fut comblé par le style martial, à grand spectacle, du *Siège de Corinthe*. Le premier opéra français de Rossini se trouvait être également l'un des premiers grands opéras historiques, avec une fin dramatique non conforme à la tradition du dénouement heureux. Ici, le carnage est total : « Le rideau baisse sur cet horrible tableau », est-il inscrit sur la partition. Le compositeur sauvait ainsi l'opéra parisien, incapable de se renouveler. Il exaltait en outre la nation grecque en lutte pour son indépendance : l'acte III enflamma l'assistance avec la bénédiction des drapeaux et la prophétie de Hiéros annonçant la libération de la Grèce du joug ottoman (*« Les siècles à venir garderont la mémoire »*).

L'ouvrage italien se situe à Negroponte (Chalcis) en 1470, année de la victoire des Turcs sur les Vénitiens. Autour de Maometto (basse), les personnages principaux sont Erisso (ténor), provéditeur de Venise, et sa fille Anna (sop.), le jeune général vénitien Calbo (alto), dont le rôle est tenu par un travesti. Dans la version française, l'action se passe à Corinthe en 1458 ; les personnages changent de nom : Anna devient Pamira, Calbo se transforme en Néoclès, Erisso en Cléomène.

Livret — Acte I. Le gouverneur grec de Corinthe, Cléomène (ténor), se demande s'il faut capituler et se rendre au sultan turc Mahomet II (basse). Le jeune officier Néoclès (ténor) refuse, comme Hiéros (basse), le gardien des tombeaux. Cléomène signifie à sa fille Pamira (sop.) qu'elle doit épouser Néoclès, mais celle-ci s'est éprise d'un certain Almanzor qu'elle a connu à Athènes. Le sultan vainqueur respecte les trésors artistiques de la ville. Il explique ce geste de clémence à son vizir Omar (basse) : caché jadis sous le nom d'Almanzor, il était tombé amoureux d'une jeune Grecque. Devant le refus de Cléomène de déposer les armes, Mahomet le condamne aux fers. Pamira s'interpose. Mahomet la reconnaît. Pour que Corinthe soit épargnée, Pamira accepte d'épouser le sultan.

Acte II. Pendant les cérémonies du mariage, Omar pousse devant lui le prisonnier Néoclès, héros de la résistance, qui flétrit la trahison de Pamira. Celle-ci le fait passer pour son frère afin d'éviter son exécution. Les combats reprennent et, dans la confusion, Pamira repentie rejoint les Grecs.

Acte III. Devant l'insistance de Néoclès, Cléomène accorde son pardon à Pamira et bénit l'union des deux jeunes gens. Mais les Grecs sont écrasés par les Turcs. Corinthe tombe. Mahomet réclame sa conquête. Pamira se poignarde tandis que les Turcs égorgent les Grecs.

Le style vocal, plus déclamatoire, a moins de splendeur dans la version française que dans l'italienne, mais l'opéra y gagne en vraisemblance dramatique. Personnages du drame, les chœurs participent à l'action, avec une constance et une force qui méritent d'être relevées. Ils dialoguent avec les solistes et commentent les paroles des héros, comme dans l'air de Pamira, *« Du séjour de la lumière »* (acte II). Chaque finale est traité de manière à frapper les esprits : déchaîné à l'acte I, monumental à l'acte II, grâce à son élan irrésistible, sa vive strette où se mêlent les sentiments contradictoires des protagonistes. Rossini offre à la capitale le tableau « à résonances patriotiques dont elle est friande, et anime l'ensemble d'une mécanique thématique et rythmique dont il est devenu très largement, grâce à l'opéra bouffe, le plus grand virtuose » (J. Cabourg). Le dernier finale, plus concis que le précédent, contient les ingrédients dramatiques les plus sûrs pour survolter le public : une tempête, l'embrasement de Corinthe et le suicide de Pamira.

Sources — Vers. ital. : Pesaro, Fondazione Rossini. — Vers. fr., fragments : Paris, BN, Cons. et Bibl. de l'Opéra.

Éditions et rééditions — Vers. ital. : Vienne, Artaria, 1823 (cht et p.). — Vers. fr. : Paris, Troupenas, 1826 (cht et p.), 1827 (part. d'orch.) ; facs. par Ph. Gossett, New York, Londres, Garland, 1980, Early Romantic Opera.

Bibliographie — G. Pannain, Su alcune opere di Rossini : Mosè, L'italiana in Algeri, Cenerentola, L'assedio di Corinto, Stabat mater, *in* Ottocento musicale italiano : saggi e note, Milan 1952 ; B. Cagli, Le fonti litterarie dei libretti di Rossini, *in* Boll. del Centro rossiniano di studi n° 2, 1972 ; Le Siège de Corinthe, *in* L'Avant-Scène Opéra, n° 81, nov. 1985 ; voir aussi la bibliogr. de l'art. *(Il) turco in Italia.*

Chr. Goubault

(Die) Mainacht (La Nuit de mai), lied pour voix et piano de **Johannes Brahms**, sur un poème de Ludwig Hölty, composé en 1866 et édité comme 2e pièce des *Vier Gesänge, op. 43.* (Leipzig, Rieter-Biedermann, 1868 ; durée : 4 min 13 s environ.)

Ce lied, dans lequel n'apparaissent que trois des quatre strophes du poème, est de forme ABA'. A se développe à partir d'un motif initial par des procédés de reprise séquentielle qui, assouplis par la variation, l'expansion comme le développement du schéma de référence, sont intégrés dans une structure dynamique en accord avec le poème. Une extension progressive des unités musicales (2, 3, 3 et 4 mesures et demi) permet

Matthäuspassion (Passion selon saint Matthieu) de J. S. Bach (1729).
Concert donné dans l'ancien Conservatoire de Paris (1885).
Aquarelle de C. Moyaux. *Ph. © Trela/Artephot.*

Madrigali a cinque voci de C. Gesualdo. Page de titre de la réédition de 1607. Voir « *Tirsi, morir volea* », 3.
Bibliothèque nationale, Paris.
Ph. © Bibl. nat.-Photeb.

Mellange de chansons... publié chez Le Roy et Ballard en 1572 : « Hélas pourquoi ne suis-je mariée » de Leschenet.
Bibliothèque nationale, Paris.
Ph. © Bibl. nat.-Photeb.

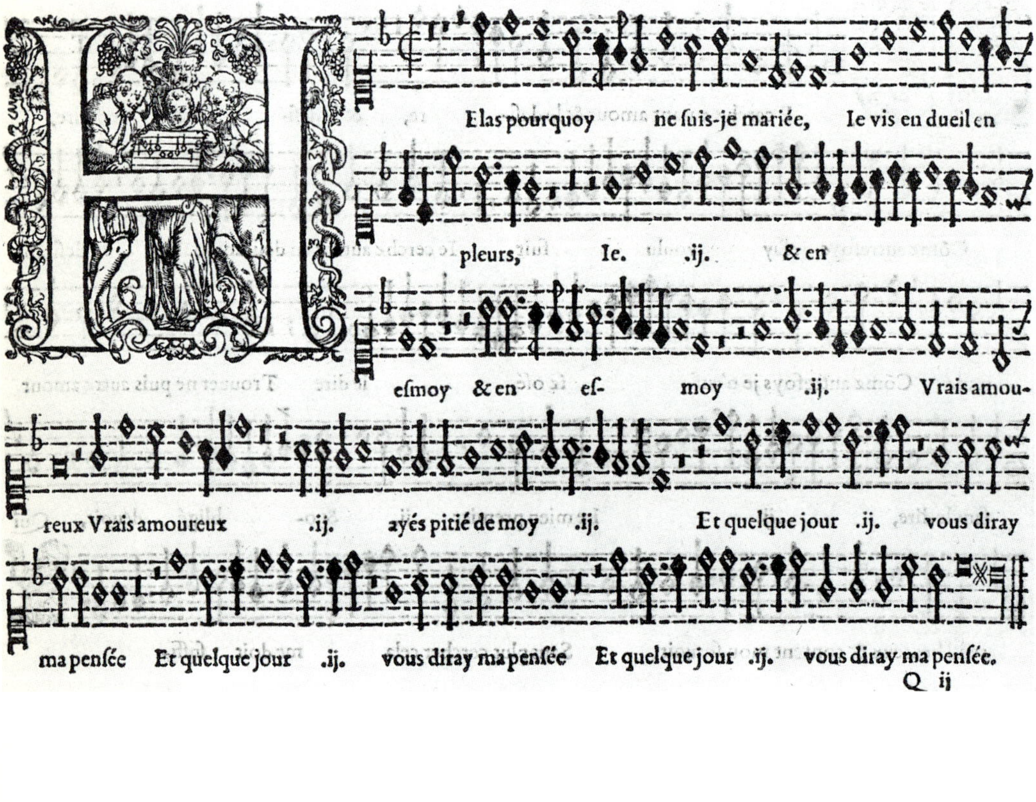

d'aboutir à une mise en valeur du dernier vers de la strophe initiale, le premier où le poète se met en scène pour dire sa tristesse, le premier aussi où le compositeur ne se conforme plus au principe d'accentuation proposé par le poème : l'augmentation rythmique qui pèse sur les derniers mots (« Busch zu Busch ») se confond avec la morne et oppressante solitude du poète, alors que l'harmonie, ayant peu à peu délaissé *mi* ♭ maj., s'arrête sur un sombre *mi* ♭ mineur. B prend A pour modèle, mais en accroît et accélère les principes musicaux. D'où des variations plus libres de l'idée de référence imitée elle-même du début de A, un passage plus rapide de la nouvelle tonalité, *si* maj., au *mi* ♭ min. attendu, l'intrusion d'une soudaine et fugitive explosion lyrique, et surtout l'ajout conclusif, pour accompagner l'image des larmes (« Tränen »), d'une apothéose émotionnelle en *mi* ♭ maj., qui reste sans résolution, suspendue sur une septième de dominante et sur un point d'orgue. A' ne reprend de A que l'équivalent des deux premiers vers, bifurquant ensuite, lorsque le poète évoque de nouveau les larmes, vers une redite de la section finale de B, surprenante formellement mais très logique eu égard au sens du texte. A posteriori, l'apothéose trouve une conclusion à sa mesure, alors que résonne le premier accord de tonique de la pièce, proposé sans équivoque à l'état fondamental. Ce lied, qui emprunte à des techniques d'écriture typiques de la musique instrumentale brahmsienne, notamment le travail d'extension à partir d'une idée motivique, et qui n'en suit pas moins de très près la pensée et le rythme poétiques, apparaît comme une véritable réussite.

Bibliographie — Voir celle de l'art. *Liebestreu.*

FR. ANDRIEUX

(LA) MAIN DE GLOIRE, opéra en 4 actes et 8 tableaux, livret du compositeur d'après le conte de Gérard de Nerval, publié dans le *Cabinet de Lecture* du 24 sept. 1832, musique de **Jean Françaix**, composé au Mans en 1944, dédié à Claude Delvincourt, créé au Grand Théâtre de Bordeaux, le 7 mai 1950, avec Madeleine Gorge (Javotte Goubart), Richard Gaillan (Eustache Bouteroue), Michel Taverne (Maître Gonin), Sauveur Garguilo (Joseph) et Gaston Bernaert (Godinot Chevassu), sous la dir. d'Adolphe Lebot. (Paris, Sofirad, 1950, puis Billaudot, 1989 ; durée : 2 h 30 min environ).

LIVRET — Acte I. Le Pont-Neuf au temps d'Henri IV. Bateleur et diseur de bonne aventure, Maître Gonin (basse) prédit au commis drapier Eustache Bouteroue (ténor) une fin élevée, c'est-à-dire les galères et la corde. Il lui propose son aide en cas de besoin. En se rendant à sa boutique, près des Halles, Eustache retrouve sa fiancée Javotte (sop.) au bras de l'arquebusier Joseph (basse), camarade d'enfance de la jeune fille, perdu de vue depuis des années.

Acte II. 1er Tableau. Devenu marchand drapier depuis son mariage avec Javotte, Eustache ne veut plus héberger ce pique-assiette de Joseph. Égaré par la colère, il provoque l'arquebusier en duel pour le lendemain matin. — 2e Tableau. La mort organise une danse terrifiante à laquelle succède un ballet des bouteilles mené par un arquebusier qui ressemble à Eustache. — 3e Tableau. L'antre de Maître Gonin à l'aube. Se souvenant de la proposition du cartomancier, Eustache vient lui demander son aide. Le charlatan rend invincible la main droite du drapier et lui recommande de revenir le payer avant sept jours, faute de quoi la main d'Eustache le vengera. — 4e Tableau. Le Pré-aux-clercs. Eustache tue Joseph en duel.

Acte III. 1er Tableau. Le logis du juge Godinot Chevassu (bar.). Eustache demande à son oncle, le juge, d'intercéder en sa faveur. Mais au moment où il remercie Godinot d'avoir étouffé l'affaire, la main d'Eustache, comme mue d'elle-même, applique une grêle de soufflets sur le visage de son protecteur : le drapier n'a pas payé Maître Gonin au bout des sept jours fatidiques ; il est donc jeté en prison. — 2e Tableau. Un cachot. Gonin rend visite à Eustache, condamné à être pendu, pour lui acheter sa main avant sa mort. Suivant la recette d'un vieux grimoire « on dessèche la main, on y place un flambeau allumé et, devant le porteur de cette Main de gloire, toutes les portes s'ouvrent et les personnes rencontrées demeurent immobiles ».

Acte IV. La place de Grève. Eustache est pendu, mais son bras se lève ; la main enchantée s'agite joyeusement. Stupéfait, le bourreau veut achever sa victime. La main le gifle. Le bourreau la coupe. Dans un bond prodigieux, cette main traverse la foule pour arriver à l'antre du charlatan, qui la brandit triomphalement. « Le Mal triomphe, crie Gonin, la pièce est morale, tirez le rideau ! »

Le ton de cet opéra à grand spectacle est donné dès le bref prélude Vivo à 7/4 introduisant l'un des nombreux chœurs de la partition (*« Vive le charlatan Maître Gonin et son singe Pacolet ! »*). Ces chœurs ont un rôle déterminant. Écrits dans le style alerte et humoristique de → *Juvenalia*, ils représentent le peuple de Paris, curieux, gouailleur, comme dans le dernier acte *« La bête humaine s'étire »*, où J. Françaix fait chanter par les basses le poème de la *Ballade des pendus* de Fr. Villon. A l'acte II, le musicien introduit un hallucinant ballet chanté par les 8 sopranos, 8 mezzos, 3 contraltos, 8 ténors et 10 basses disposés dans la fosse d'orchestre, *« Longtemps se retourna sur sa couche le bon Eustache »*. Le nombre des choristes évolue (12 sop., 12 contraltos, 8 ténors, 10 basses, puis 9 + 9 + 6 + 8). Cette disposition répond à un double but : varier la densité sonore et faire correspondre le nombre des chanteurs dans la fosse à celui des danseurs sur la scène. Ce premier chœur du ballet est suivi d'un inénarrable *Ensemble des bouteilles* qui s'entrechoquent et d'un interlude chanté, très rossinien d'esprit, *« Les contrebasses ronflaient à pleines cordes »*. Airs et ariosos s'enchaînent sur un orchestre très ferme, volontiers grinçant et sarcastique dans les séquences de haut comique : la première intervention de Maître Gonin, *« Les grenouilles assisteront au splendide festin »*, avec de désopilants passages falsetto dans la tradition de l'« opera buffa » ; « les balances magiques » ; la scène des soufflets à l'acte III. J. Françaix sait ménager des moments poétiques, comme le tendre duo Eustache-Javotte de l'acte II et l'admirable complainte d'Eustache dans sa prison, *« Si l'on me donne ce vêtement de roc pour habit »*. Les personnages secondaires sont tout aussi bien caractérisés : le matamore Joseph, séducteur et martial (*« Pour un temps je me repose »*), le bienveillant lieutenant civil Godinot Chevassu (*« Çà, mon gars, commence-t-on à mordre à la draperie ? »*). La malice, l'enjouement, le ton macaronique, les péripéties grand-guignolesques et le « tour de main » exceptionnel de J. Françaix qui conduit cet ouvrage burlesque et tragique avec une débauche de rythmes, de couleurs sonores et de savoureuses dissonances, ne dissipent pas totalement le sentiment d'angoisse qui étreint le spectateur au fil de ce conte « moral » à la fin macabre, abrupte et terrifiante.

Bibliographie — M. LANJEAN, J. Françaix, musicien français, Paris 1961.

CHR. GOUBAULT

« MAIN DOMINÉE PAR LE CŒUR », mélodie pour chant et piano de **Francis Poulenc**, sur un poème de Paul Eluard (*La Main, le cœur, l'oiseau*) extrait de *Poésie et vérité* (1942), composée en 1947, dédiée à Marie-Blanche. (Paris, Rouart-Lerolle, 1947 ; durée : 1 min 12 s environ).

Elle est conçue en deux vagues modulantes symétriques. Chacune commence et finit dans le ton de *do*, et possède un point culminant en *ré* maj. sur les vers « Le cœur que la mort habite » et « Je comprends que je n'ai rien ». On retrouve ici le rythme fauréen du *Don silencieux* (voir l'art. *Vingt Mélodies, 3e recueil*), une fluidité due au mouvement continu de doubles croches du piano. Cette coulée musicale veut donner le sentiment du cours de l'existence et traduire une impression de tranquillité.

Bibliographie — Voir celle de l'art. *Tel jour, telle nuit.*

H. Lacombe

(La) Main heureuse, drame d'**Arnold Schönberg**, voir (Die) Glückliche Hand.

(La) Maison des morts, voir De la maison des morts.

(Le) Maître de chapelle ou le Souper imprévu, opéra-comique en 2 actes, livret de Sophie Gay d'après la comédie d'Alexandre Duval, *Le Souper imprévu ou le Chanoine de Milan* (1796), musique de **Ferdinando Paër**, créé à Paris, à l'Opéra-Comique (salle Feydeau), le 29 mars 1821, avec Mmes Boulanger (Gertrude), A. E. Rigaut (Cœlénie), MM. J.-Bl. Martin (Barnabé), L. Féréol (Benetto). (Durée : 1 h 30 min environ.)

Directeur du Théâtre-Italien à l'époque de la création du *Maître de chapelle*, Paër acceptait difficilement le succès de Rossini à Paris. Peut-être est-ce la raison qui le poussa à écrire un opéra-comique français pour se faire valoir auprès du public de la capitale. L'ouvrage fut traduit en 4 langues mais sa version italienne abrégée ternit quelque temps sa renommée. Il fut repris à Paris de nombreuses fois jusqu'en 1933.

Livret — Aux environs de Milan, chez le maître de chapelle Barnabé. — Acte I. Gertrude (sop.), la cuisinière française, prépare le repas. Barnabé (bar.) arrive accompagné de son neveu Benetto (ténor) en critiquant les Français. Imitant le bruit des tambours et des canons, Gertrude leur fait croire que les soldats français s'apprêtent à envahir la ville. La farce terminée, Benetto va chercher Cœlénie (sop.), pupille de Barnabé, qui lui est promise. Pendant ce temps, le maître de chapelle décrit son opéra *Cléopâtre* et demande à Gertrude d'en déchiffrer une scène : ce sera l'occasion de lui apprendre à bien prononcer l'italien.

Acte II. Gertrude se fait berner par deux hussards français, Firmin (ténor) et Sans-Quartier (basse), qui s'invitent à souper. Après discussion, Sans-Quartier découvre qu'il est le cousin de Gertrude. De son côté, Firmin avoue être l'amant de Cœlénie. De retour avec Benetto, la jeune fille lui fait comprendre qu'elle ne l'aime pas. Jaloux, il lui annonce la mort de son amant Firmin. C'est alors que celui-ci, offensé, se présente et sort son arme. Pour régler ce différend, Sans-Quartier demande à Benetto de chanter une romance pendant le repas. Barnabé revient avec les villageois pour chasser les intrus mais ceux-ci les menacent de mettre son opéra au feu. Trop soucieux de son œuvre, le maître consent alors à donner la main de Cœlénie à Firmin et celle de Gertrude à Sans-Quartier.

Mettre en scène un musicien a toujours attiré les compositeurs. Mozart en avait donné un des meilleurs exemples en 1786 avec son → *Schauspieldirektor*. Ici, le librettiste a pris le parti d'opposer Français et Italiens, ce qui s'explique facilement à une époque où la popularité du théâtre italien portait ombrage à l'opéra français. Construite autour de la création de *Cléopâtre*, l'intrigue fait apparaître des personnages du peuple, tout à fait dans la veine de l'opéra-comique français de cette époque.

De structure très conventionnelle, l'ouvrage se présente comme une succession d'airs et d'ensembles (jusqu'au quintette), entrecoupée de longs récits parlés. Deux scènes devenues célèbres contribuèrent essentiellement à son succès. Dans l'air *« Ah ! quel bonheur de pressentir sa gloire »* (acte I), où Barnabé décrit avantageusement son opéra, chaque instrument est mis en valeur. La mélodie suit parfaitement le texte et, de ce fait, donne au morceau une forme continue, sans retour de thème. Le numéro qui suit, *« Comment voulez-vous que je chante ? »* (ibid.), met en scène Gertrude apprenant à prononcer l'italien sous la direction de Barnabé. Duo bouffon par excellence, il n'en constitue pas moins une satire de l'opéra italien, avec ses vocalises exagérées et ses ralentis mal contrôlés. Paër introduit de nombreux changements de tempo qui correspondent à l'alternance des langues. Dans la dernière partie du duo, la ligne vocale très véloce devient particulièrement difficile à exécuter. L'orchestre fourni ne se cantonne plus seulement à un rôle de soutien mais fait écho au comique du texte.

L'air de Cœlénie (personnage rarement présent), *« Non, je n'en fais pas mystère »* (acte II), est un beau morceau de bravoure. Son thème franc, au rythme pointé volontaire, traduit le caractère décidé du personnage, prêt à dévoiler l'existence de son amant. La mélodie populaire de la romance *« La jeune Ermance »* (ibid.) contraste avec le style sérieux de ces grands airs. En trois couplets, Benetto y raconte une histoire qui se rapproche curieusement de celle du *Barbier de Séville*. Paër s'est-il livré à une critique acide ou s'est-il contenté d'une allusion spirituelle ?

Sur les neuf numéros chantés qui constituent cette œuvre, cinq sont des ensembles. Lieux où progresse l'action, ils restent moins brillants que chez Rossini. Le quintette *« O ciel ! puis-je vous croire ? »* (acte II) a parfois été supprimé pour abréger l'opéra que les acteurs du Théâtre Feydeau trouvaient un peu long. L'ouvrage était alors joué en un acte.

Dans *Le Maître de chapelle*, Paër agrémente l'opéra-comique français de quelques allusions au génie rossinien. L'œuvre a recueilli un succès mérité grâce à son ton plaisant et humoristique, proche de l'esprit du vaudeville.

Éditions et rééditions — Part. d'orch., Paris, A la lyre moderne, s.d. ; Paris, Petit, s.d. — Réd. cht et p., Paris, Colombier, v. 1850, 2/ v. 1893 ; Milan, Ricordi, v. 1910.

Bibliographie — Voir celle de l'art. *Griselda ossia La virtù al cimento.*

P. Huet-Parrinello

(Les) Maîtres Chanteurs de Nuremberg, drame musical de **Richard Wagner**, voir (Die) Meistersinger von Nürnberg.

« Malbrough s'en va t'en guerre », chanson tombée dans le répertoire enfantin. Malbrough est la réduction du nom de John Churchill, duc de Marlborough, célèbre général anglais qui s'illustra dans la guerre de Succession d'Espagne, à la fin du règne de Louis XIV, en particulier à la bataille de Malplaquet (11 sept. 1709). Les Français, croyant qu'il avait perdu la vie, se réjouirent prématurément et un chansonnier anonyme reprit un vieux thème pour chanter la mort de Monsieur de Malbrough. Hélas ! il était bien vivant et sortit vainqueur de cette mémorable journée. Aussi la chanson disparut-elle rapidement, mais le thème avait déjà servi, tout d'abord pour commenter la mort de René de Nassau (1544), puis l'assassinat du duc de Guise par Poltrot de Méré (1563). En 1781, la nourrice du premier dauphin, fils de Louis XVI et de Marie-Antoinette, chante *« Malbrough »* pour endormir son royal nourrisson, sans que l'on sache où elle avait appris cette chanson. La reine en fredonne l'air qui connaît alors un regain de popularité. L'histoire raconte l'enterrement du personnage avec toute la pompe qui l'entoure, l'attente de l'épouse, le messager qui lui apporte la funeste nouvelle. Dans le *Convoi du duc de Guise* et dans *Malbrough*, la fin est assez amusante : « La cérémonie faite / Chacun s'en fut coucher / Les uns avec leurs femmes / Et les autres tout seuls. » C'est sur le timbre de *« Malbrough »* que Beaumarchais fait chanter à Chérubin une romance adressée à sa belle marraine, la comtesse Almaviva (*Le Mariage de Figaro*, 1784).

Cette chanson a fait une carrière internationale. D'après J. Canteloube, elle a connu des versions imprévues : en Catalogne, en Castille, au Piémont, au Canada, en Angleterre, aux États-Unis. Villoteau l'aurait notée en Arabie, Chateaubriand en Égypte ; un recueil de chansons populaires édité à Moscou à la fin du XVIIIe s. la cite. Et Napoléon la chantonnait (d'une voix fausse !) chaque fois qu'il partait en campagne.

Bibliographie — J. Tiersot, La chanson populaire et les écrivains romantiques, Paris 1931 ; H. Davenson, Le livre des chansons, Neuchâtel 1944 ; Delfolie, Trésor des plus belles mélodies, Chambéry 1947 ; J. Canteloube, Anthologie des chants populaires français IV, Paris, Durand, 1951 ; Fr. Vernillat et P. Barbier, Histoire de France par les chansons, Paris 1956 ; Fr. Vernillat, Chansons pour et par des personnages célèbres, Paris, Presses d'Ile-de-France, 1977.

Fr. Vernillat

« Malheur me bat », chanson à 3 voix, attribuée à **Johannes Ockeghem**, **Johannes Martini** et **Malcort**. Cette pièce, originellement un rondeau, nous est parvenue sans texte dans des sources presque toutes italiennes. La question d'attribution qu'elle pose n'est pas résolue : Petrucci l'accorde à Ockeghem dans son → *Odhecaton* de 1501, où le copiste du Ms. 461 de Saint-Gall l'a sans doute trouvée. On peut probablement aussi considérer que c'est à partir de la même édition que P. Aron mentionne Ockeghem comme son compositeur dans son *Trattato della natura e cognizione di tutti gli toni...* de 1525. Deux manuscrits (Florence 229 et Rome C. G. XIII. 27) l'attribuent à Martini, cependant que le Chansonnier Casanatense retient un compositeur quasi inconnu, Malcort.

La polyphonie, en mode de *mi*, est très homogène : les trois parties présentent à égalité une très belle qualité mélodique, y compris le contraténor, dans la même tessiture que le ténor, remarquablement intégré au contrepoint. S'il s'agit d'une œuvre d'Ockeghem, tout laisse penser qu'elle est tardive, des toutes dernières années de la vie du compositeur. Les imitations entre supérius et ténor y sont nombreuses, comme au début, laissant place aussi bien à des développements libres qu'à quelques passages note contre note. Le contraténor lui-même se joint parfois aux imitations, comme à la fin de la première partie, avec le ténor, ou à la fin de la chanson, dans une imitation à 3 voix. Comme le confirme sa présence dans l'*Odhecaton*, cette chanson connut un réel succès au début du XVIe siècle. Quatre compositeurs au moins s'en inspirent pour composer une messe polyphonique. **J. Obrecht** lui emprunte principalement son supérius qu'il divise en 9 segments, les utilisant successivement comme « cantus firmus ». Chez **A. Agricola**, au contraire, c'est le ténor qui joue ce rôle, dans une messe publiée par Petrucci en 1504. L'imprimeur vénitien éditera aussi une *Messe « Malheur me bat »* de **Josquin des Prés** en 1505 : déjà écrite selon la technique de la messe parodie, cette œuvre utilise les 3 voix du modèle. Enfin, à partir de cette chanson, **A. de Silva** composera aussi une messe dont Glarean citera plusieurs extraits.

En 1507, le 2^d livre de l'*Intabulatura* de **Spinacino** contient une transcription pour luth de *« Malheur me bat »*. Au milieu du XVIe s. encore, la chanson ne sera pas oubliée : Venegas de Henestrosa publiera en 1557 (*Libro de cifra...*) un *Tiento quarto tono sobre « Malheur me bat »*, par **A. de Cabezón**.

Rééditions modernes — Par J. Wolf, *in* Werken van J. Obrecht, Leipzig et Amsterdam 1908-21, Missen I, rééd. en facs. Farnborough, Gregg Intern. Publ., 1968 ; par Fr. J. Giesbert, *in* Ein altes Spielbuch. Liber Fr. Sichery, Mayence, Schott, 1936 ; par A. Smijers, *in* Josquin des Prés. Werken, Missen II, Amsterdam, Vereniging voor Nederlandse Muziekgeschiedenis, 1939 ; par H. Hewitt et I. Pope, Harmonice musices Odhecaton A, Cambridge (Mass.) 1942, 2/1946 ; par A. Smijers, *in* J. Obrecht. Opera omnia I, Amsterdam, Alsbach, 1955 ; par E. G. Evans, *in* J. Martini. Secular works, Madison, A-R Ed., 1975.

Bibliographie — G. Reese, Music in the Renaissance, New York, Norton, 1954, 2/1959 ; E. H. Sparks, Cantus firmus in mass and motet, 1420-1530, Berkeley et Los Angeles 1963 ; Th. Karp, The secular works of J. Martini, *in* Aspects of medieval and Renaissance music. A birthday offering to G. Reese, éd. par J. La Rue, New York, Norton, 1966 ; J. Brawley, The Magnificats, hymns, motets and secular compositions of J. Martini (diss. Yale Univ., 1968) ; A. Atlas (éd.), The Cappella Giulia Chansonnier, Rome, Bibl. Apostolica Vaticana C. G. XIII. 27, vol. I, Brooklyn, Inst. of medieval music, 1975.

J.-P. Ouvrard

(Les) Malheurs d'Orphée, op. 85, opéra en 3 actes, livret d'Armand Lunel, musique de **Darius Milhaud**, composé du 22 sept. au 2 nov. 1924, orchestré en nov. 1925, dédié à la princesse Edmond de Polignac, créé à Bruxelles, au Théâtre royal de la Monnaie, le 7 mai 1926, sous la dir. de Corneil de Thoran. (Paris, Heugel, 1926 ; durée : 35 min environ.)

LIVRET — Acte I. Orphée (bar.) est guérisseur dans un petit village de Provence. Un maréchal (ténor), un charron (bar.) et un vannier (basse) lui rendent visite, s'inquiétant à son sujet, car il offre ses soins non seulement aux gens du village, mais aussi aux animaux. Qu'il fasse attention à ces bêtes sauvages ! Orphée les rassure : les animaux sont des amis. Il ajoute qu'il attend l'arrivée d'une abeille mais lorsqu'il explique que l'abeille, sa fiancée Eurydice, est étrangère à la région — et de surcroît gitane — une dispute éclate. Sur ce, Eurydice (sop.) arrive en courant, poursuivie par ses parents qui n'acceptent pas non plus ses fiançailles avec un étranger. Les artisans, émus et pris de pitié, se réconcilient avec Orphée et suggèrent que les amants se réfugient dans la montagne avec les animaux.

Acte II. Un chœur d'animaux — renard, sanglier, loup (ténors) et ours (basse) — essaie de consoler Orphée, car Eurydice est tombée mystérieusement malade et il ne pourra la sauver. Avant de mourir, Eurydice demande aux animaux de prendre soin d'Orphée, ce qu'ils jurent volontiers. Orphée est plongé dans le désespoir et l'acte se termine par un cortège funèbre.

Acte III. Orphée est de nouveau dans le village. Il médite, assis à son bureau où il prépare des médicaments. Voici qu'arrivent les trois sœurs d'Eurydice (sop., mezzo-sop., contralto) remplies de haine et l'accusant de l'avoir tuée. Elles repartent mais reviennent avec une paire de ciseaux, un bâillon et un fouet. Elles se précipitent sur Orphée qui n'offre aucune résistance, y voyant la fin de ses tourments et sa réunion avec Eurydice. Tout d'un coup, les sœurs se rendent compte qu'il aimait vraiment Eurydice. Trop tard : Orphée est mort.

« Je suis hanté par le désir de faire un Orphée [...] mais je veux en faire une chose humaine [...]. Je voudrais une suite de tableaux où la grandeur viendrait de la sobriété de l'action dramatique et de la pureté de son de la musique. Tous les chœurs seraient remplacés par un quatuor et l'orchestre par six ou sept instruments, minimum. » Ainsi écrivait Milhaud dans une lettre à son ami P. Collaer en 1921, trois ans avant la composition des *Malheurs d'Orphée*. La description correspond bien au résultat (il y a en fait 13 instrumentistes). Ces idées se concrétisèrent petit à petit au cours de conversations avec un autre ami, A. Lunel, qui accepta en 1922 d'écrire un livret. « Il se plia admirablement à mes exigences : *Orphée charmeur d'animaux* devient *Orphée guérisseur d'hommes et des bêtes* » (Milhaud, *Ma vie heureuse*, p. 140). D'après les lettres de Milhaud, il est clair non seulement que la structure du livret était largement de son invention, mais aussi qu'il avait déjà beaucoup d'idées pour la musique. Toutefois son travail sur *Les Euménides* et *Esther de Carpentras* l'empêcha de se mettre à l'œuvre avant 1924, date à laquelle il reçut une commande de la princesse de Polignac.

La musique est parfaitement adaptée à la concision du livret. Milhaud était dans sa période néoclassique et manipulait avec aisance les courtes phrases, les fragments mélodiques et les ostinati qui forment l'essentiel de la texture des *Malheurs d'Orphée*. Les numéros pour chœur (les artisans, les animaux, les sœurs) alternent dans un parfait équilibre avec des airs emplis d'un lyrisme simple, soutenu, et des scènes de dialogue et d'action. Contrairement à l'habitude du compositeur, on remarque dans *Les Malheurs d'Orphée* une certaine réutilisation d'éléments musicaux dans différentes scènes. Le retour à la fin du 1er acte de la musique du début en est un exemple évident. D'ordre plus dramatique, la lamentation des sœurs pour Eurydice (sc. 16) devient une menace de mort pour Orphée (sc. 21), et la présence dans les scènes 5, 7, 10 et 16 d'un sombre motif aux timbales, qui hante ainsi tout l'opéra, évoque le triste destin qui pèse sur les amants. D'autres éléments moins frappants, p. ex. une simple tierce mineure, ou la descente d'un accord par demi-ton (notamment de *do* à *si* maj., début de la sc. 6), contribuent à créer dans l'opéra une unité musicale tout à fait indépendante de l'unité dramatique.

La simplicité, l'efficacité des moyens et la beauté transparente de la musique ont fait des *Malheurs d'Orphée* l'un des plus joués de tous les opéras de Milhaud avec → *Le Pauvre Matelot*.

Bibliographie — CL. ROSTAND, « Les Malheurs d'Orphée », *in* Rass. Mus. XXXII, 1963 ; G. A. TRUMPFF, D. Milhauds « Les Malheurs d'Orphée » und « Salade », *in* NZfM CXXVII, 1966 et *in* Das Orchester XIV, 1966 ; H. KNOCH, Orpheus und Eurydike : der antike Sagenstoff in den Opern von D. Milhaud und E. Křenek, Regensburg, Bosse, 1977 ; J. DRAKE, The operas of D. Milhaud, New York, Garland, 1989, pp. 124-139.

J. DRAKE

« MA MAISTRESSE ET MA PLUS GRANT AMYE », virelai à 3 voix de **Johannes Ockeghem**, noté dans plusieurs sources de la 2de moitié du XVe s., dont le Chansonnier Laborde et le Ms. 287 de Wolfenbüttel. Cette bergerette, forme écourtée du virelai, a le privilège rare d'être citée par J. Tinctoris dans son *Liber de arte contrapuncti* (1477). Sa renommée est même allée jusqu'à Janequin : dans → *Le Caquet des femmes* (1545), le contraténor fait ironiquement allusion à l'incipit d'Ockeghem, dont il chante les premières notes sur les mots « ma maistresse ». Avant lui J. Barbireau l'avait déjà cité au ténor et au supérius de son rondeau → *« Au travail suis »*, d'ailleurs parfois attribué à Ockeghem.

Mis à part une courte ébauche de canon de mensurations entre ténor et supérius, à l'incipit, la polyphonie fait surtout usage de contrepoint libre. Le début du couplet, cependant, est nettement distingué (dans la partie b du schéma A b b a A) par une écriture presque strictement note contre note qui coïncide, de plus, avec un changement de mensuration (alors binaire) et de tempo (par la proportion double). Ténor et contraténor sont dans la même tessiture et se croisent fréquemment. Le supérius, seul pourvu du texte, se détache par une tessiture plus élevée qu'accuse un ambitus assez large, parfois entièrement parcouru à l'intérieur d'une même phrase. L'espace polyphonique peut ainsi rapidement passer d'un extrême à l'autre, soudain resserré sur une quinte pour s'étaler ensuite sur deux octaves.

C'est à partir de cette chanson qu'Ockeghem a composé une messe polyphonique (incomplète) : seuls le *Kyrie* et le *Gloria* sont copiés dans le *Codex Chigi*. Le polyphoniste, dépassant la technique habituelle du « cantus firmus », se sert aussi bien du supérius et du ténor de sa chanson qu'il déplace dans les différentes parties de la polyphonie à 4 voix, y compris bassus et contraténor, préfigurant ainsi la technique de la messe parodie.

Éditions modernes — Par D. PLAMENAC, , *in* J. Ockeghem. Messen I-VIII, Leipzig, Br. & H., 1927, réimpr. Hildesheim, Olms, 1968 ; éd. rév. *in* J. Ockeghem. Collected works I, New York, Amer. Musicological Soc., 1969 ; par W. APEL et A. DAVISON, *in* Historical anthology of music I, Cambridge (Mass.), Harvard Univ. Press, 1946, 10/1970 ; par A. A. MOERCK, *in* The Seville Chansonnier, Ann Arbor, UMI, 1978 ; par M. GUTIÉRREZ-DENHOFF, *in* Der Wolfenbütteler Chansonnier, Mayence, Schott, 1988.

Bibliographie — M. BRENET, Musique et musiciens de la vieille France, Paris 1911 ; G. REESE, Music in the Renaissance, New York, Norton, 1954, 2/1959 ; D. FALLOWS, J. Ockeghem : the Changing Image, the Songs and a New Source, *in* Early Music 12, 1984.

J.-P. OUVRARD

MAME, comédie musicale américaine, livret de Jerome Lawrence et Robert E. Lee, d'après leur pièce *Auntie Mame* (Tante Mame), texte des chansons et musique de

Jerry Herman, créée à New York, au Winter Garden Theater, le 24 mai 1966.

L'action se passe à New York entre 1928 et 1946. Mame Dennis Burnside se charge de l'éducation de son neveu Patrick, puis de son mariage dans la bonne société malgré les aventures sentimentales et les déboires financiers du jeune homme. Plus tard, elle prendra les mêmes soins pour le fils de Patrick. Le personnage de Mame, dame au caractère résolu, rattache l'ouvrage à → *« Hello, Dolly ! »*. C'est pourquoi *Mame* reçut un accueil chaleureux, tant auprès du public (1 508 représentations consécutives) que de la critique (Prix Antoinette-Perry). La chanson-titre est devenue un succès mondial.

R. M. SIMON et S. SIMON

(LES) MAMELLES DE TIRÉSIAS, opéra bouffe en un prologue et 2 actes, texte de Guillaume Apollinaire, musique de **Francis Poulenc**, composé en 1944, dédié à Darius Milhaud, créé à Paris, à l'Opéra-Comique, le 3 juin 1947, avec D. Duval (Thérèse, la Cartomancienne), P. Payen (le Mari), E. Rousseau (le Gendarme), R. Jeantet (le Directeur de théâtre), M. Enot (Presto), A. Derroja (Lacouf), S. Rallier (le Journaliste), J. Hivert (le Fils), sous la dir. d'A. Wolff, mise en scène de M. de Rieux, décors et costumes d'après M. Erté. (Réd. cht et p., Paris, Heugel, 1947.)

Le 24 juin 1917, la revue *Sic* avait organisé la première représentation des *Mamelles de Tirésias*, drame surréaliste en un prologue et 2 actes de G. Apollinaire, avec la musique de scène d'une « musicienne du dimanche », Germaine Albert-Birot. Le texte, satire du féminisme pleine de fantaisie, plus proche de la revue que d'une œuvre dramatique, datait de 1903. En pleine guerre mondiale, le poète lui avait adjoint un prologue, la scène finale, et avait effectué quelques modifications. Ces ajouts, de style grave et sérieux, constituent un appel vibrant à la repopulation. Le résultat est qu'il « est impossible de décider si ce drame est sérieux ou non », écrit Apollinaire dans sa préface où, comme dans la pièce, la fantaisie et l'humour côtoient le lyrisme, la mélancolie et même la gravité. En 1944, en plein débarquement, Poulenc relit la pièce dans sa maison de Touraine et décide de « tenter l'aventure » pour écrire un véritable opéra-comique et non une seconde musique de scène. Avec l'accord de la veuve de l'écrivain, il pratique quelques coupures, situe l'action aux environs de Monte-Carlo (tout en maintenant le nom de Zanzibar) et surtout à une autre époque (1912) pour supprimer ce qui datait trop de la Première Guerre mondiale. Ces coupures ne dénaturent pas la pièce, ne concernant que de courtes répliques, mis à part des suppressions plus importantes dans le prologue de 1917 avec ses allusions au front. Ainsi recomposé, le livret comprend un prologue et 2 actes de 8 scènes séparés par un entracte.

LIVRET — Prologue. Le Directeur du théâtre (bar.) présente la pièce au public : bien qu'elle adopte un style burlesque, il s'agit d'un appel sérieux à la repopulation du pays.

Acte I. La jeune Thérèse (sop.) fait part à son mari éberlué (ténor, primitivement bar.) de ses opinions féministes. Elle dégrafe son corsage, lâche ses seins qui s'envolent, puis y met le feu. Barbue, virile, devenue Tirésias, elle déclare à son conjoint qu'elle déménage pour mener une carrière d'homme. Après un intermède où deux ivrognes, Lacouf (ténor) et Presto (bar.), se battent en duel sur un rythme de polka avant d'être enterrés par la population, le Mari, déguisé en femme, est poursuivi par les assiduités d'un Gendarme (bar.). Adoptant ensuite un ton grave, il déclare vouloir procréer tout seul. Ses propos sont repris et discutés par la population et les deux ivrognes ressuscités.

L'entracte, entrecoupé par les braillements des nouveau-nés procréés par le Mari, est constitué par un choral de la foule que ces naissances émerveillent.

Acte II. Le Mari chante les joies de la paternité (« 40 049 enfants en un seul jour ! ») tandis qu'un Journaliste « très parisien » (ténor) vient l'interroger. Devant le public, il procrée alors un 40 050e enfant (bar.), journaliste lui aussi, déjà adulte et menaçant son père de chantage avant de sortir. Le Gendarme intervient pour empêcher le Mari de continuer à faire des enfants car la « population zanzibarienne est en passe de mourir de faim ». Pour résoudre ce problème, les deux protagonistes consultent une Cartomancienne. Celle-ci se dispute avec le Gendarme et finit par l'étrangler. Il apparaît alors qu'elle n'est autre que Thérèse, mise très élégamment quoique « plate comme une punaise ». Elle tombe dans les bras de son Mari pour valser devant le Gendarme ressuscité tandis que la population de Zanzibar conseille au public : « Faites des enfants, vous qui n'en faisiez guère. »

L'ouvrage nécessite un petit orchestre classique d'opéra auquel s'ajoutent çà et là des percussions (crécelle, tambour, tonnerre, castagnettes, xylophone, célesta...) et un piano. Ce dernier a des couleurs « Pré-Catelan 1912 » pour accompagner l'air *« Envolez-vous »* (acte I), café-concert pour *« Je me sens virile en diable »* (ibid.), ou évoque le grand concerto à la Tchaïkovski au début de l'entracte. L'orchestration, dont Poulenc était enchanté, reste transparente, permettant une parfaite compréhension du texte. Les duos ou trios, toujours en forme de dialogue, évitent la polyphonie vocale, sauf dans les ensembles des scènes finales. Les passages parlés, à une exception près, demeurent très brefs. On ne saurait déceler de véritables récitatifs mais seulement des moments au lyrisme plus contenu où le chanteur intervient a cappella. Si les personnages de Thérèse, du Mari et du Directeur de théâtre demandent de véritables chanteurs d'opéra, certains rôles secondaires peuvent convenir à des chanteurs-comédiens de revue.

La variété du style littéraire gagne la musique. Tous les analystes relèvent des parentés musicales allant de Maurice Chevalier (*« Mon cher papa, si vous voulez savoir enfin »*, acte II) à Moussorgski dans *Boris Godounov* (début instrumental de l'entracte), en passant par Massenet dans *Werther* (*« Ah puisqu'enfin voici »*, acte I), Messager et l'opérette viennoise (valse du duo final, *« Il faut s'aimer ou je succombe »*, acte II), le grand opéra ital. (monologue du Directeur, *« Public, attendez sans impatience »*, prologue), Offenbach (*« Revenez dès ce soir »*, acte I), sans compter les pages chorales qui ne dépareraient pas comme musique liturgique (*« Vous qui pleurez en voyant la pièce »*, entracte ; *« Comme il perdait au Zanzibar »*, acte I). Et pourtant, la musique n'a rien de parodique, pas même d'humoristique. Il y a toujours beaucoup de sérieux et de lyrisme dans les interventions du Directeur et des deux personnages principaux. Le plus important, le Mari, reste constamment lyrique et tendre — sauf dans son 1er duo avec le Gendarme —, même lorsqu'il chante « Donne-moi du lard, je te dis ! ». Rien d'incohérent non plus. « Cette difficile unité, Poulenc a su la trouver et l'exprimer musicalement ; elle réside principalement dans l'extraordinaire mouvement qui emporte l'œuvre », note H. Hell. Quant à Poulenc, il concluait : « Je crois bien que je préfère cette œuvre à tout ce que j'ai écrit. Si l'on veut se faire une idée de ma complexe personnalité musicale, on me trouvera très exactement moi-même aussi bien dans *Les Mamelles de Tirésias* que dans mon *Stabat mater.* »

Bibliographie — FR. POULENC, Entretiens avec Cl. Rostand, Paris 1954, pp. 139-152 ; H. HELL, Fr. Poulenc : musicien français, Paris 1958, 2/ Paris, Fayard, 1978, pp. 193-203 ; FR. POULENC, Moi et mes amis, Paris 1963, pp. 68-69 ; J. BELLAS, Les Mamelles de Tirésias en habit d'Arlequin, *in* Revue des Lettres modernes, 4e série, n° 123-126,

1965 ; Fr. Poulenc, Correspondance éd. par H. de Wendel, Paris 1967 ; K.W. Daniel, Fr. Poulenc : a study of his artistic development and his musical style, Buffalo, Daniel, 1980, pp. 529-537.

P. Vidal

« Ma mignonne je me plain », airs en vers mesurés à l'antique de **Claude Le Jeune**, voir (Le) Printemps.

Mam'zelle Nitouche, opérette en 3 actes et 4 tableaux, livret d'Henri Meilhac et Albert Millaud, musique de **Florimond Ronger** dit **Hervé**, créée à Paris, au Théâtre des Variétés, le 19 janv. 1883. (Paris, Heugel.)

Livret — Célestin (bar. fantaisiste) est professeur de musique et organiste au pensionnat des Hirondelles, mais, le soir, il se transforme en Floridor, compositeur d'œuvres légères. Au courant de cette double vie, son élève, la jeune Denise de Flavigny (sop.), rencontre derrière un paravent son futur époux, le lieutenant-vicomte de Champlâtreux (ténor), mais elle ignore son identité. Elle quitte le couvent pour se marier, chaperonnée par Célestin-Floridor qui doit, contre son gré, la laisser se rendre au théâtre de Pontarcy où a lieu la création de sa nouvelle opérette, *Babet et Cadet*. La vedette de cette première se vexe et refuse de jouer. Denise, qui se fait appeler Mam'zelle Nitouche, la remplace au pied levé, trouve la gloire et gagne le cœur de Champlâtreux. Entraînée au quartier de cavalerie en compagnie de son chaperon, elle y sable le champagne et y connaît maintes aventures. Comme il n'est pas question de rentrer en pleine nuit, elle se réfugie au couvent avec son complice involontaire, mais la supérieure les surprend déguisés en dragons. La religieuse apprend alors que Champlâtreux refuse Denise par amour pour Mam'zelle Nitouche : seconde entrevue avec paravent, reconnaissance des deux amoureux et, bientôt, mariage dans la joie générale...

Dernier grand ouvrage d'Hervé, *Mam'zelle Nitouche* s'inspire de la vie même du « compositeur toqué », organiste à Bicêtre, puis à Saint-Eustache, qui n'en oubliait pas pour autant de fréquenter les théâtres et d'écrire des opérettes. Célestin-Floridor et Florimond Ronger-Hervé sont ainsi les deux aspects d'un seul personnage, comme il est chanté en une valse mutine au début du 1er acte. D'ailleurs, si l'on excepte les couplets du brigadier Loriot, ténor léger un peu niais, et les interventions de Champlâtreux, tout à tour piquantes — *Couplets de l'Inspecteur* — et détendues — *Le Mariage de raison* —, l'essentiel de la partition est dévolu à l'organiste-auteur lyrique et à la petite pensionnaire Denise-Nitouche, elle aussi personne à deux facettes. Tout au long de l'ouvrage, Hervé se plaît à jouer sur ces ambiguïtés. C'est au 1er acte, le *Chœur et les couplets mystiques* ; très religieuse, dans l'esprit suave des cantiques où se détache le solo aérien de Denise, la pieuse méditation tourne au galop (*« Le couvent, séjour charmant »*), avec des rallentandos recueillis (!) sur « dévotement » et « béatement ». Plus loin, Denise et Célestin chantent une chanson tout en contrastes, *Le Soldat de plomb* ; aux couplets calmes succède un refrain percutant qui fait la part belle au piccolo et à la caisse claire, le tout interrompu par l'intempestive arrivée de la supérieure qui précipite le professeur à l'orgue pour accompagner le plus dévot des *Gloria*, malgré de malicieux dérapages dans les souvenirs de l'air précédent. Vers la fin de l'acte, Denise détaille à toute allure les activités de sa vie studieuse en un rondeau où les cours sont traités dans le style du quadrille, excepté la leçon d'allemand, devenue valse tyrolienne, et celle de musique, *Alléluia* accompagné à la harpe, d'une réelle grandeur lyrique. Au 2e acte, la jeune fille raconte son escapade en une valse échevelée, mais elle détaille, avec des sous-entendus ironiques, le grand air de la nouvelle partition de son maître au parfum faussement folklorique, aux syllabes étirées, au tempo spectaculairement changeant. Le 3e acte, qui nous conduit dans une caserne, permet à Hervé d'offrir à Denise et au chœur des soldats des variations sur les sonneries militaires, propres à introduire la percutante *Légende de la grosse caisse*, morceau de bravoure du rôle, descriptif, imitatif et musclé, dont le pouvoir évocateur se trouve accru par des mots à la limite de l'onomatopée : *« Cric-crac, cuillère à pot, Bidon su l'sac et sac su l'dos ! »* L'invocation à sainte Nitouche, qui se manifestera plus loin, part d'un sentiment religieux vite converti en grâce souriante. Quant au duettino de Denise et du vicomte, il rappelle les *Couplets de l'Inspecteur* de *Babet et Cadet* et de *La Grosse Caisse*, tandis que Mam'zelle Nitouche évoque ses tribulations. C'est d'ailleurs la *Légende* qui sert d'adresse au public avant la conclusion orchestrale du *Soldat de plomb*.

Deux noms sont à retenir lors de la création de l'ouvrage : Anna Judic dans le rôle-titre et le comédien Baron dans celui de Célestin-Floridor. Au cinéma, Raimu et Fernandel ont repris le rôle du curieux professeur de musique et, à la scène, la grande divette Germaine Roger s'est illustrée dans celui de sa remuante élève.

Bibliographie — J. Bruyr, L'opérette, *in* Coll, « Que sais-je ? », Paris, PUF, 1962, p. 38 ; F. Bruyas, Histoire de l'opérette en France, Lyon, E. Vitte, 1974.

M. Burgard

(La) Mandragore, psychodrame musical en un acte de Marcel Le Bourhis, musique de **Manfred Kelkel**, pour sop., ténor et basse soli, chœur et orchestre, commandé par Radio-France, composé en 1964-65, diffusé pour la 1re première fois par Radio-France le 30 juil. 1965, créé le 17 nov. 1966, à l'occasion des Semaines internationales de Paris, par Jacqueline Brumaire, Bernard Plantey et Lucien Lovano, les chœurs et l'orchestre de l'ORTF sous la dir. de Pierre-Michel Lecomte. (Durée : 50 min environ.) La partition se présente sous la forme de 15 numéros (airs, duos, ensembles) qui s'enchaînent sans interruption.

Argument — Une Malade souffrant d'un dédoublement de la personnalité se présente chez un psychanalyste. Au cours d'un examen en profondeur, elle s'identifie successivement à un végétal, une batelière et un personnage en proie à une obsession criminelle. Des hallucinations auditives et visuelles se présentent, faisant revivre ainsi le mythe authentique de la Mandragore, plante magique. Tout le drame réside dans le dialogue entre le Médecin et la Malade. Et ce sera dans un bref dialogue que le Médecin aura le dernier mot : « Oui, Monsieur le Commissaire, vous pouvez venir l'arrêter ! » L'œuvre doit être comprise comme un rêve où les événements s'enchaînent dans le temps et dans l'espace, bien qu'étant la représentation des sentiments intérieurs de la Malade.

M. Kelkel, attiré par le mystérieux, le fantastique, assignerait volontiers à la musique un rôle quasiment magique. Il s'est forgé dès ses débuts une langue musicale personnelle, partant d'une conception très libre de la tonalité pour aboutir à un chromatisme poussé, mais où l'usage des modes hiérarchisés maintient des centres d'attraction perceptibles. L'écriture harmonique, d'une grande richesse, évite toute dureté et vise principalement à la plénitude des agrégats. Elle est d'ailleurs mise en valeur grâce à une utilisation admirablement raffinée des timbres orchestraux, combinés en de subtils alliages, chatoyants ou irisés, moelleux même dans la force, et d'un grand pouvoir d'évocation.

Bibliographie — O. Alain, *in* Le Figaro, 19.11.1966 ; J. Viret, Portrait du compositeur M. Kelkel, *in* Revue Musicale de Suisse

Romande, sept. 1971 ; du même, Un jeune compositeur : M. Kelkel, *in* Musique et Instruments, janv./févr. 1972.

J. VIRET

MANDRIN, chanson populaire, voir COMPLAINTE DE MANDRIN.

« MANE PRIMA SABBATI », séquence en l'honneur de sainte Marie-Madeleine (22 juil.), chantée également à l'occasion de la fête de Pâques. Originaire du nord de la France (Cambrai ?), elle date du XI-XIIe s., époque à laquelle le culte de la sainte s'est propagé en France.

Les paroles rapportent sa légende qui semble résulter de l'amalgame de trois personnalités confondues en une seule : Marie la Pécheresse, Marie, sœur de Marthe, et Marie l'Égyptienne. Elle est l'une des saintes femmes qui furent témoins de la résurrection du Christ. La mélodie, qui ne se rattache à aucun alléluia de la messe connu, semble être originale. Bien qu'elle appartienne encore entièrement à l'éthos du mode de *ré* (récitations au *la*, appuis structurels au *fa* et au *sol*), son style, son dessin, où la cellule *la-sol-fa-mi-ré* sert de fil conducteur, et son expressivité évoquent irrésistiblement les lais et les planctus **A**.

A **« MANE PRIMA SABBATI »**

« Mane prima » est dotée d'une entrée (1) et d'une sortie (2) mélodiquement distinctes du corps de la séquence qui comprend 7 strophes parallèles écrites en vers dérivés du septénaire trochaïque tonique de 4 + 3 ou de 4 + 4... + 3 syllabes. L'utilisation successive de ces deux formes provoque des changements de rythme qui mettent en évidence trois parties distinctes et viennent en renforcer le sens dramatique. La première, allant de l'entrée « Mane prima sabbati » à la 4e strophe, plante le décor et décrit la scène en des vers allègres de 4 + 3 syllabes : **1.** Le dimanche matin, à la première heure, le Fils de Dieu, **2.** vainqueur du roi du Mal, est revenu du séjour des morts. **3.** Marie de Magdala est devenue la messagère du ressuscité, portant la nouvelle aux compagnons du Christ attristés par sa mort. **4.** C'est cette femme dont la grâce du Christ lava tous les péchés qu'elle avait déposés à ses pieds. A partir de la 5e strophe qui commence la seconde partie, les vers se composent de groupes de 4 syllabes et se terminent par un proparoxyton. Le rythme s'allonge tout à coup, modifiant le climat de la séquence qui s'intériorise peu à peu. **5.** « Quem dum plorat ». Au milieu de ses larmes et tandis qu'elle prie, elle proclame par son geste qu'elle aime Jésus par-dessus tout. **6.** Un parallèle est dessiné entre Marie, mère du Christ et Marie-Madeleine. **7.** La première fut la porte par où est venu le salut, la seconde remplit le monde de joie par l'annonce de la résurrection. Vient enfin l'invocation : **8.** *O Maria Magdalena...*, O Marie-Madeleine, toi qui es près du Christ, entends nos prières. La sortie qui termine la séquence par des vœux exprimés en un latin très francisé revient à la forme de 4 + 3 : **9.** *« Quod det nobis gratia... »* (qu'il nous donne la grâce, qu'il règne dans les siècles, que tous chantent amen).

A partir de la 7e strophe, le rythme devient flou par endroits, en même temps que la mélodie s'assouplit jusqu'à devenir quasi mélismatique. Avec le retour des heptasyllabes, il reprend toute sa rigueur faisant ainsi de la sortie le symétrique de l'entrée.

L'usage des vers toniques annonce la séquence victorine, mais le mélange des formes la tient encore éloignée de sa perfection. Comme → *« Victimae paschali laudes »*, ce chant appartient aux séquences de transition. Devenu rapidement très populaire, il servit de teneur à plusieurs motets polyphoniques tels que *« Mane prima » / « O natio » / « Conditio »*.

Bibliographie — Cl. Blume et H. M. Bannister, Analecta hymnica, Leipzig 1886-1907, vol. 54 ; C. A. Moberg, Über die schwedischen Sequenzen. Eine musikgeschichtliche Studie, Uppsal et Stockholm 1927 ; L. Réau, Iconographie de l'art chrétien, Paris, 1958 ; V. Saxer, Le culte de Marie Madeleine en Occident des origines à la fin du Moyen Age, Paris, 1959 ; R. L. Crocker et J. Caldwell, art. Sequence, *in* Grove, 6/1980 ; J. Stevens, Words and Music in the Middle Ages. Song, Narrative, Dance and Drama, 1050-1350, Cambridge, CUP, 1986 ; D. Norberg, Les vers latins ïambiques et trochaïques au Moyen Age et leurs répliques rythmiques, Stockholm, Almqvist et Wiksell Intern., 1988 ; A. Dennery, Le chant post-grégorien. Tropes, séquences et prosules, Paris, Champion, 1989.

A. Dennery

Manfred, op. 115, poème dramatique en 3 parties de lord Byron, musique de **Robert Schumann**, pour 5 récitants, chœur et orchestre, composé à Dresde et à Düsseldorf entre la fin de l'année 1848 et 1851, créé à Weimar, au Hoftheater, le 13 juin 1852, sous la dir. de Franz Liszt ; 1re exécution en concert en France, à Paris, le 13 mars 1886, aux Concerts Colonne, sous la dir. d'Émile Moreau. (Leipzig, Br. & H., 1852.)

Dès l'achèvement de → *Genoveva*, et avant celui des → *Szenen aus Goethes Faust*, Schumann commença la composition de *Manfred* que le poète ne destinait pas à la scène et qu'il déclarait même injouable. Sans doute est-ce pour cette raison que le compositeur conçut son poème dramatique sous forme de mélodrame, où 5 récitants (rôles de Manfred, Nemesis, Ariman, Astarté, Hermann) déclament la pièce dans un environnement musical comprenant des chœurs et un orchestre. Dans ce domaine, il n'avait fait qu'un essai avec la ballade de Friedrich Hebbel, *Schön Hedwig*, op. 106, avec accompagnement de piano (1849). Malgré ses craintes, Schumann accepta que Liszt représente l'ouvrage au théâtre de Weimar. Invité à la première, il ne put jamais atteindre la ville, à cause des névralgies, hallucinations auditives et insomnies qui le frappèrent en cours de route.

Livret — 1re Partie. 1er Tableau. Une salle gothique. Tourmenté par le remords d'avoir tué sa sœur Astarté, Manfred invoque les esprits. Les génies de l'Air, des Eaux, de la Terre et du Feu l'interrogent : « Que nous veux-tu ? » — « L'oubli. » Ceux-ci peuvent tout lui offrir, sauf ce qu'il désire. L'un des génies apparaît sous les traits de la femme aimée. L'excès d'émotion terrasse Manfred. Les génies se réjouissent d'avoir versé dans son cœur le poison d'un mal sans remède. — 2e Tableau. Les Alpes bernoises. Manfred invoque la fée des Alpes, à qui il demande aussi l'oubli. Elle ne peut rien pour lui. — 3e Tableau. La cime de la Jungfrau. Au sommet où Manfred veut se jeter dans le vide, un chasseur le retient et le ramène dans la vallée.

2e Partie. Le palais d'Ariman. Roi des morts, Ariman accède au désir de Manfred de faire revivre celle qu'il a tant aimée. Astarté lui promet pour le lendemain la fin de ses souffrances.

3e Partie. Une salle du château de Manfred. L'abbé Hermann espère sauver Manfred au moment où les démons viennent s'emparer de lui. Manfred meurt, enfermé dans son orgueil.

Le choix du drame de Byron par Schumann peut paraître étonnant. Comment un être aussi généreux et écartelé, aspirant à une forme idéale d'absolu, a-t-il pu s'assimiler à un personnage ténébreux, incestueux, méprisant et cynique ? Il faut croire qu'il existait des affinités profondes entre les deux créateurs : Manfred est le modèle même du héros romantique, drapé dans sa solitude grandiose, attiré par l'abîme, fasciné par le monde de l'ombre et de l'invisible. La question de l'inceste est plus difficile à résoudre, d'autant que Schumann — à la même époque — s'intéressait à un autre sujet incestueux d'opéra, *Die Braut von Messina* (La Fiancée de Messine) de Schiller, dont il n'écrivit que l'ouverture, op. 100 (1851). Établissant le parallèle entre les sentiments de Byron pour sa demi-sœur Augusta Leigh, A. Colling pense que Manfred-Schumann expie pour la tendresse qu'il eut, dans sa jeunesse, pour sa belle-sœur Rosalie dont la mort le bouleversa.

Ce n'est pas l'amour-remords d'un Manfred assassin de sa sœur, dans une étreinte fatale et trouble, qui a choqué Schumann, mais la fin du drame de Byron. Le musicien ne pouvait pas admettre l'incroyance byronienne à travers un héros qui nargue toutes les forces visibles et invisibles. Avec l'aide de son ami et traducteur Richard Pohl, Manfred expirera sereinement au milieu du chant du *Requiem*... Fr. Nietzsche éprouvait de l'aversion — de ce fait et pour d'autres raisons — pour le *Manfred* de Schumann, car il ne traduisait en aucune façon le désespoir et la volonté d'anéantissement de l'œuvre de Byron.

« La musique en est pure folie », indiquait Schumann à Liszt dans une lettre du 25 déc. 1851. Mais c'est le mélodrame lui-même qui est « pure folie » avec sa déclamation parlée, dans le silence, avec orchestre ou chœur et orchestre. Schumann avait senti que les paroles de Manfred ne gagneraient pas à être chantées. Son geste théâtral frappe ainsi davantage l'imagination du spectateur. C'est ce que M. Brion appelle une « transfiguration fantastique ».

On ne joue plus guère que l'Ouverture de *Manfred*, la plus dense et la plus romantique des œuvres symphoniques de Schumann, avec ses deux grands thèmes associés à Manfred et à Astarté, ses rythmes beethovéniens et ses accents tristanesques. La couleur et l'aération de l'orchestre — dans tout l'ouvrage — proviennent en droite ligne de Mendelssohn.

Les quinze numéros de ce mélodrame constituent l'une des meilleures musiques de Schumann, l'une des plus variées aussi : *Gesang der Geister* (Chant des génies) pour quatuor vocal mixte ; *Geisterbannfluch* (Anathème des génies), impressionnant quatuor de basses accompagné par un orchestre qui cite le thème initial des *Études symphoniques* ; monologues de Manfred avec solo de cor anglais dans *Alpenkuhreigen* (Ranz des vaches des Alpes), avec une instrumentation translucide pour *Rufung der Alpenfee* (Appel de la fée des Alpes). Pour décrire *Abschied von der Sonne* (Adieu au soleil), le compositeur utilise un motif de → *Frauenliebe und -leben* (n° 1, *« Seit ich ihn gesehen »*). L'épisode final, *Klostergesang*, est particulièrement saisissant. Le rythme de la déclamation de Manfred est très précisément noté, au-dessus du chœur des moines, placé derrière la scène, chantant *pp* le *« Requiem aeternam »* (un seul éclat, symbolique, au moment du « Et lux perpetua ») sur les jeux de fonds de l'orgue.

Bibliographie — A. Colling, Schumann, Paris 1942, pp. 184-207 ; voir aussi la bibliogr. de l'art. *Zwölf Gedichte aus Fr. Rückerts Liebesfrühling.*

Chr. Goubault

(Le) Manoir de Rosemonde, mélodie pour voix et accompagnement de piano ou d'orchestre, Assez vif et avec force, en *ré* min., d'**Henri Duparc**, sur un texte du journaliste Robert de Bonnières, dédicataire de l'œuvre, datée par l'auteur de 1879 (mais aussi de 1882 dans une correspondance de Duparc à A. Sérieyx), créée à Paris, au 119e concert de la Société Nationale, le 25 mars 1882, par Leclère, puis avec orchestre au Kursaal de Montreux, le 17 oct. 1912, par Jeanne Raunay, sous la dir. d'Ernest Ansermet. L'œuvre vient en 6e position dans le recueil de l'éditeur E. Baudoux (1894), puis de Lerolle (1911) repris par Salabert. (Durée : 3 min 40 s environ.)

Inscrit dans la veine des mélodies dramatiques, *Le Manoir de Rosemonde* évoque une quête éperdue de l'amour, ce « bleu manoir de Rosemonde », que le poète ne découvrira jamais. Rythme de galop,

thème schubertien figurant la course,

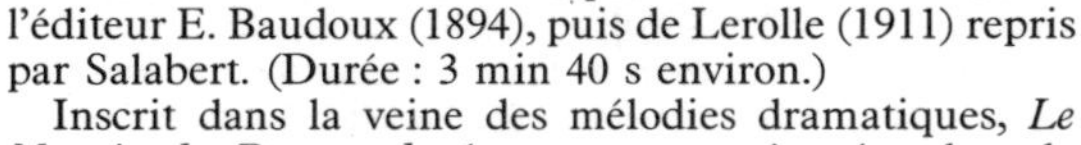

ligne mélodique déclamée, silence théâtral nous ramènent au style romantique de → *Erlkönig.* Les 8 premiers vers liés au schéma métrique sont bien séparés alors que la dernière partie de la mélodie, Plus lent et expressif, adopte une déclamation continue, tout en neutralisant jusqu'à la dernière mesure les éléments descriptifs du début. Cette mélodie rappelle *Le Galop* (d'après Sully Prudhomme, 1868, G. Flaxland éd., 1870, Durand, 1948), une des trois mélodies de jeunesse de Duparc, développant elle aussi l'atmosphère du lied romantique allemand. Il existe une version avec quatuor à cordes de G. Samazeuilh.

Bibliographie — Voir celle de l'art. *Invitation au voyage.*

M.-Cl. Beltrando-Patier

(Le) Manoir hanté (*Straszny Dwór*), opéra en 4 actes, livret de Jan Chęciński, musique de **Stanislaw Moniuszko**, créé au Grand Théâtre de Varsovie, le 28 sept. 1865, avec Mmes Bronisława Dowiadowska (Hanna), Hessowna (Jadwiga) et Honorata Maeranowska (Czenikowa), MM. Adolf Kozieradzki (Miecznik), Julian Dobrski (Stefan), Wilhelm Trsochel (Zbigniew), Jan Koehler (Maciej), J. Prohazka (Skoluba), sous la dir. du compositeur. (Réd. cht et p., Varsovie, Gebethner et Wolff, 1888 [?] ; durée : 3 h environ.)

Livret — Prologue. En Pologne au xviiie s., dans le camp des cuirassiers, à la fin de la guerre, Stefan (ténor) et Zbigniew (basse), deux frères, font leurs adieux à leurs compagnons d'armes et jurent de ne jamais se marier, afin d'être toujours prêts à verser leur sang pour la patrie.

Acte I. Le vieux manoir des parents de Zbigniew et Stefan. Les deux frères sont rentrés à la maison. Czesnikowa leur tante, veuve de l'Échanson, qui s'était entremise pour les marier à deux jeunes filles du voisinage, apprend avec dépit la nouvelle du serment des jeunes gens. Leur projet de rendre visite à Miecznik, un vieil ami de leur père, la contrarie, car les filles de Miecznik sont très belles et de surcroît célibataires.

Acte II. Le manoir de Miecznik. C'est la Saint-Sylvestre. Hanna (sop.) et Jadwiga (mezzo-sop.), entourées de leurs servantes, se livrent à la pratique de la divination en versant de la cire fondue dans l'eau froide. Cette mantique permet aux filles à marier de reconnaître dans les figures formées par la cire le métier de leur futur époux : ce seront deux valeureux chevaliers. Le présage attriste fortement le jeune Damazy (ténor), soupirant malheureux de Hanna tandis que Miecznik (bar.) est enchanté. Dès son arrivée au manoir, la tante fait passer ses neveux pour de misérables poltrons. Lorsque les deux jeunes gens se présentent à leur tour au manoir, les jeunes filles ne savent que penser des calomnies de la tante.

Acte III. Une grande salle du manoir, la nuit. Les frères ont accepté l'invitation de Miecznik et passent la nuit au manoir. Les deux jeunes filles, décidées à éprouver leur courage, se livrent à toutes sortes de farces pour leur faire peur. Il se passe des choses effrayantes mais qui n'impressionnent nullement les deux officiers. Damazy, pour les faire déguerpir, prétend alors que le manoir a été bâti avec l'argent de la trahison, ce qui décide les deux frères à partir.

Acte IV. Les jeunes gens sont tombés amoureux des jeunes filles, mais croyant aux calomnies de Damazy, ils annoncent leur départ sans en donner la raison. Mais Damazy est finalement contraint de faire l'aveu de ses mensonges. Miecznik peut alors expliquer à tous l'origine de la légende du manoir hanté. Son grand-père avait neuf filles très belles qui se sont mariées très vite, alors que leurs voisines, peu gracieuses, restaient célibataires. Pour se venger, celles-ci firent alors courir le bruit que le manoir était hanté. L'opéra s'achève sur les fiançailles des quatre jeunes gens. Ils auront certainement des enfants audacieux qui serviront la Patrie.

L'argument du livret, qui fait penser par moments à → *Cosi fan tutte*, est emprunté à un ouvrage de K. W. Wojcicki. Musicalement, *Le Manoir hanté* est d'une remarquable unité de style ; le compositeur y atteint un équilibre parfait entre une forme originale (coupe symétrique, absence d'airs traditionnels remplacés par des chants et rythmes du folklore des campagnes) et un fonds populaire. C'est sans doute l'un des plus beaux opéras polonais qui fit une carrière appréciable, aussi bien en Pologne qu'à l'étranger. Sa création en France eut lieu à l'Opéra de Lyon (production de l'Opéra de Lodz), le 28 janv. 1986.

Rééditions — Varsovie, Towarzystwo wydawnicze muzyki polskiej, 1937 (avec trad. all.) ; *in* S. Moniuszko. Œuvres, éd. par W. Rudzinski, Cracovie, PWM, 1965-74.

Bibliographie — L'Avant-Scène Opéra, n° 83, janv. 1986.

M. Kelkel

Manon, opéra-comique en 5 actes et 6 tableaux, livret d'Henri Meilhac et Philippe Gille d'après le roman de l'abbé Antoine-François Prévost d'Exiles (*L'Histoire du chevalier Des Grieux et de Manon Lescaut*, 1731), musique de **Jules Massenet**, achevé à La Haye et à Bruxelles après l'audition des deux 1ers actes dans la capitale belge, créé à Paris, à l'Opéra-Comique, le 19 janv. 1884, avec M. Heilbronn (Manon), MM. J. A. Talazac (le chevalier Des Grieux), A. Taskin (Lescaut), Collin (Brétigny), Cobalet (le comte Des Grieux), Grivot (Guillot de Mortfontaine), sous la dir. de Jules Danbé, dans une mise en scène de Ch. Ponchard (durée : 3 h environ). La *Gavotte* de l'acte III peut être remplacée par un *Fabliau* présenté en annexe de la partition. L'orchestre reste traditionnel bien qu'un petit ensemble instrumental apparaisse sur scène pour le ballet (acte III) et qu'un grand orgue intervienne dans le tableau suivant (ibid.). Vu la popularité du sujet, l'ouvrage a été traduit dans de nombreuses langues et joué dans le monde entier.

Le célèbre roman de l'abbé Prévost inspira spontanément à Massenet une adaptation scénique. Le compositeur, qui avait attiré l'attention d'Henri Meilhac sur le sujet, participa à l'élaboration du livret, en particulier à la scène de Saint-Sulpice et à celle de la salle de jeux. Quelques modifications d'usage distinguent l'opéra du roman original : le couple Manon-Des Grieux paraît plus sympathique (tradition scénique oblige) ; Manon meurt sur la route du Havre et non en Louisiane ; enfin, tout ce qui se prêtait à un tableau scénique vivant a été traité avec davantage d'ampleur (scènes de rue et de marché). En revanche, le lieu et l'époque sont respectés puisque la date de 1721 précède de dix ans la parution du roman (la nostalgie du XVIIIe s. était très en vogue dans la littérature de cette fin de siècle).

Acte I. La grande cour d'une hôtellerie d'Amiens. Guillot de Mortfontaine (ténor) et Brétigny (bar). festoient en joyeuse compagnie. Tous pressent l'hôtelier de leur apporter à boire dans une scène pleine d'animation, quand la cloche annonce la diligence d'Arras. Parmi les voyageurs, Manon (sop.). Toujours encline aux escapades, elle doit être conduite au couvent par son cousin Lescaut (bar.). A peine celui-ci a-t-il réussi à l'éloigner de Guillot qu'arrive le chevalier Des Grieux (ténor). Dérobés à la vue des voyageurs, les jeunes gens s'avouent leur amour dans un duo passionné et décident de s'enfuir à Paris.

Acte II. L'appartement de Manon et Des Grieux à Paris, rue Vivienne (est-ce un clin d'œil à l'adresse des éditeurs Hartmann-Heugel ?). Le chevalier lit à Manon une lettre qu'il adresse à son père, le comte Des Grieux, où il exprime son désir d'épouser la jeune femme (scène de la lettre). Arrivent Lescaut et Brétigny. Après une altercation, Lescaut interroge Des Grieux sur ses intentions de mariage. De son côté, Brétigny révèle à Manon que son amant sera enlevé le soir même sur ordre de son père. Manon devra choisir : mettre en garde le chevalier et se vouer à la misère avec lui ; garder le silence et s'assurer la richesse avec Brétigny. Après un moment de doute, Manon cède aux promesses de Brétigny A et assiste sans intervenir à l'enlèvement de Des Grieux.

Acte III. 1er Tableau. Le marché du Cours-la-Reine un jour de fête. Parmi la foule qui l'adule, Manon chante sa joie de vivre (*Gavotte*). Soudain, elle surprend une conversation de Brétigny et du comte Des Grieux (bar. basse) par laquelle elle apprend l'entrée du chevalier au séminaire de Saint-Sulpice. Tout en répondant apparemment à une vocation, cette retraite lui permettra d'oublier ses amours passées. Manon est bouleversée. Mais Guillot invite le ballet de l'Opéra en son honneur, espérant ravir la jeune femme à Brétigny. — 2e Tableau. Le parloir du séminaire de Saint-Sulpice. Le comte Des Grieux essaie de dissuader son fils d'entrer dans les ordres et lui conseille de mener désormais une vie « digne d'une bonne famille ». Le chevalier prie le ciel de lui faire oublier Manon. Sa mélodie dramatique

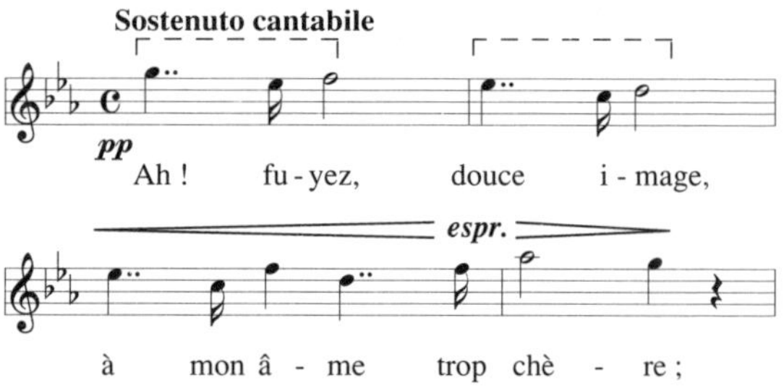

est construite sur un motif de trois sons typique de l'écriture de Massenet. C'est maintenant au tour de Manon de rendre visite à Des Grieux. Il lui reproche son infidélité et la repousse d'abord, mais Manon réussit à le convaincre de fuir.

Acte IV. La salle de jeux de l'hôtel de Transylvanie. Lescaut et Guillot tentent leur chance. Des Grieux se laisse persuader par Manon de récupérer au jeu la fortune qu'il a perdue pour elle. Ses gains aux dépens de Guillot sont si spectaculaires que ce dernier soupçonne Manon et Des Grieux de tromperie et de vol. Il alerte la police qui arrête le couple.

Acte V. Sur la route du Havre. Grâce à l'intervention de son père, Des Grieux a été libéré. Accompagné de Lescaut, il guette le convoi des prisonniers et réussit à soudoyer les gardes pour que Manon soit relâchée. Épuisée par l'emprisonnement et le voyage, elle meurt dans les bras de Des Grieux.

L'opéra du XIXe s. s'inspire fréquemment de la littérature contemporaine, de la Dame aux camélias et Emma Bovary à Violetta Valéry, Manon, Thaïs, voire Carmen, jusqu'à la Louise de G. Charpentier (un élève de Massenet) et aux héroïnes de G. Puccini. Les contemporains voyaient en Manon une sorte de transposition de la personnalité de Massenet. La psychologie de l'être féminin à la limite de la femme fatale semble en effet particulièrement bien saisie ici.

Dans l'une des plus typiquement françaises de ses œuvres, Massenet respecte les traditions imposées par le genre de l'opéra-comique (suite de tableaux ponctuée d'airs de formes diverses, souvent fondés sur des rythmes de danse ; dialogues parlés ou présentés en récitatif arioso sur accompagnement orchestral), auxquelles il fond toutefois des éléments de style propres au drame lyrique. Malgré les contraintes du genre, on note une conscience très aiguë de la prosodie : la ligne vocale est conçue comme une suite de petits motifs et particules mélodiques qui restituent avec fidélité la déclamation, les jeux de mots, de sons ou de sens. C'est pourquoi une traduction se révèle ici extrêmement problématique. Cette technique d'écriture n'empêche pas la présence de véritables airs à succès dont le caractère entraînant témoigne d'un mélos homogène malgré sa constitution à la manière d'une mosaïque. Outre les chants déjà cités, on retiendra surtout *« Je suis encor' tout étourdie »* (acte I) ou *« N'est-ce plus ma main »* (acte III, 2e tableau) qui font pressentir *« Che gelida manina »* de → *La Bohème* de G. Puccini.

Parmi les adaptations scéniques du célèbre roman, seuls les opéras de Massenet et de Puccini se sont maintenus au répertoire (voir les art. *Manon Lescaut*). *Manon*, qui reste l'ouvrage le plus populaire de Massenet, a joui d'un succès durable malgré les réserves de la critique. L'engouement récent pour le théâtre lyrique français, surtout sensible aux États-Unis, en favorise la redécouverte. Dans leur volonté d'actualisation, les nouvelles mises en scène ne respectent malheureusement pas toujours les aspects ludiques et réalistes de l'œuvre ; elles nous privent ainsi de l'évocation par images d'une époque précise, sorte de « citation stylistique » pourtant voulue par l'auteur.

Sources, éditions et rééditions — Part. d'orch., ms. autographe, Paris, Bibl. de l'Opéra, Rés. 541 (1-5) ; Paris, Hartmann [1930] ; New York, Musicus [v. 1975]. — Réd. cht et p., Paris, Hartmann, 1884.

Bibliographie — E. Noël et E. Stoullig, Annales du théâtre et de la musique, Paris 1875-1912 ; E. Hanslick, Aus dem Tagebuche eines Musikers, Berlin 1892 ; R. Batka, J. Massenet : Manon, *in* Aus der Opernwelt, Munich 1907 ; C. Saint-Saëns, École buissonnière, Paris 1913 ; A. Pougin, Massenet, Paris 1914 ; Cl. Debussy, Monsieur Croche antidilettante, Paris 1921, rééd. sous le titre Monsieur Croche et autres écrits, Paris, Gallimard, 1971, 2/1987 ; C. Bellaigue, A travers le répertoire lyrique : Manon, *in* Revue Universelle, 1er oct. 1922 ; J. F. Cooke, Massenet's Manon, *in* Étude XL, 1922 ; J. Loisel, Manon de Massenet, étude historique et critique, Paris 1922 ; L. Schneider, Le cinquantenaire de Manon, *in* Le Ménestrel XCVI/4, 1934 ; A. Bruneau, Massenet, Paris 1935 ; M. Carner, The Two Manons, *in* The Monthly Musical Record LXVII, 1937, 2/*in* Major and Minor, Londres, Duckworth, 1980 ; E. Newman, Opera Nights, Londres 1943-44 ; A. Boschot, Portraits de musiciens, Paris 1946 ; P. Colson, Massenet : Manon, Londres 1947 ; M. Cooper, French Music, Londres 1951 ; A. Coquis, J. Massenet, Paris 1965 ; C. S. Hiss, Abbé Prévost's Manon Lescaut as novel, libretto and opera (diss. Univ. of Illinois 1967) ; A. Jefferson, Impressions of Manon, *in* Music and Musicians XVII/4, 1968 ; E. Bouilhol, Massenet, son rôle dans l'évolution du théâtre musical, Saint-Étienne 1969 ; J. Harding, Massenet, Londres, Dent, 1970 ; E. Krause, Traum u. Wirklichkeit des Eros. Über die Opern von J. Massenet, *in* Jb. der komischen Oper XII, 1973 ; S. W. Sharp, The twilight of French opéra lyrique 1880-1900 (diss. Univ. of Kentucky, 1975) ; Manon/Massenet, Londres, Calder, New York, Riverrun Press, 1984, English National Opera Guide n° 25 ; G. R. Marschall, Massenet et la fixation de la forme mélodique française, Sarrebruck, Galland, 1988 ; L'Avant-Scène Opéra, n° 123, sept. 1989 ; voir aussi la bibliogr. des art. *Thaïs* et *Werther*.

G. R. Marschall

Manon Lescaut, opéra-comique en 3 actes, livret d'Eugène Scribe d'après *L'Histoire du chevalier Des Grieux et de Manon Lescaut* de l'abbé Antoine-François Prévost d'Exiles, musique de **Daniel François Esprit Auber**, créé à Paris, à l'Opéra-Comique, le 23 févr. 1856, avec J.-B. Faure (d'Hérigny) et M. Cabel (Manon).

Livret — Acte I. Le marquis d'Hérigny (bar.) s'est épris de Manon Lescaut (sop.) et veut la posséder à tout prix. Marguerite (sop.), une ouvrière qui partage une mansarde avec Manon, cherche en vain à la convertir aux vertus du travail et de la modestie. Mais Manon décide de dépenser l'argent de son amant Des Grieux (ténor) en donnant un dîner luxueux. A la suite d'une intrigue du marquis, Des Grieux perd tout. Afin de payer sa dette, il est obligé de s'engager dans le régiment du marquis.

Acte II. Lorsque Manon le supplie de donner la liberté à son amant, le marquis profite de la situation et l'incite à s'établir chez lui. En toute ingénuité, elle y reçoit le déserteur Des Grieux qui est arrêté après un violent duel avec le marquis.

Acte III. En Louisiane, Marguerite et son fiancé ont trouvé une situation qui leur permet de se marier. Par hasard, dans un convoi de prisonnières, ils retrouvent Manon et l'aident à s'évader avec Des Grieux qui l'a suivie. Épuisée par sa fuite à travers le désert, Manon meurt, non sans avoir reconnu ses erreurs et demandé au ciel son union spirituelle avec Des Grieux.

Scribe prit beaucoup de libertés pour adapter le célèbre roman de 1731 aux conventions du genre. La Manon du livret est frivole dans ses goûts de luxe mais jamais dévergondée. Le caractère de Des Grieux, également modéré, cède sa place de premier rôle masculin au marquis. Ces modifications altéraient déjà un scénario que Scribe écrivit pour un ballet-pantomime représenté à l'Opéra de Paris en 1830 (musique de Fr. Halévy, chorégraphie de J.-P. Aumer). Le livret de 1856 ajoute le personnage de Marguerite, concession moralisatrice au public petit-bourgeois de l'Opéra-Comique ; en opposant systématiquement l'ouvrière laborieuse à la grisette, la nécessité d'une vie rangée est soulignée d'une façon par trop didactique. Vingt ans avant → *Carmen*, le dénouement tragique inhabituel et la légère touche de mœurs bohèmes suffirent à irriter une bonne partie des spectateurs. Malgré des critiques plutôt favorables, l'œuvre ne tint l'affiche qu'une année et ne fut reprise qu'à Liège en 1875.

Le manque d'homogénéité de la partition — écrite par Auber à 74 ans — contribua peut-être à ce résultat. A côté de l'émouvante scène de la mort de Manon, où

A Manon

s'annonce l'esprit du drame lyrique, et des chœurs, à la manière de l'opéra bouffe, subsistent des morceaux fidèles au style désuet des années 1830. Seul le rôle de Manon dénote un relief particulier : le chant est orné de coloratures légères qui culminent dans le fameux « éclat de rire » de sa bourbonnaise *« Pour peu que la chanson vous plaise »*.

Deuxième opéra tiré du roman de l'abbé Prévost — après *The Maid of Artois* de M. W. Balfe (Londres, 1836) et avant les œuvres homonymes de J. Massenet et G. Puccini —, *Manon Lescaut* a été donné à Radio-France en 1974 et repris à Vérone en 1984.

Sources et éditions — Part. d'orch., ms. autographe, Stockholm, Stiftelsen Musikkulturens främjande ; Paris, Boieldieu, 1856. — Réd. cht. et p., Paris, Boieldieu, 1856 ; Paris, Durand, s.d. ; Londres, Chappell, s.d.

Bibliographie — C.-E. Engel, L'Abbé Prévost à la scène, *in* Revue des Sciences humaines CIV, oct.-déc. 1961 ; C. Casini, Tre Manon, *in* Chigiana XXVIII, 1971 ; A. Gier, Manon Lescaut als Fabel von der Grille u. der Ameise, *in* Jb. für Opernforschung I, 1985 ; voir aussi la bibliographie de l'art. *Fra Diavolo.*

A. Gerhard

Manon Lescaut, drame lyrique en 4 actes, livret de Ruggiero Leoncavallo, Marco Praga, Domenico Oliva, Luigi Illaca et Giuseppe Giacosa d'après le roman en partie autobiographique de l'abbé Antoine-François Prévost d'Exiles (1731), musique de **Giacomo Puccini**, composé à Vacallo (près de la ville suisse de Chiasso), Lucques et Torre del Lago entre 1890 et oct. 1892, créé à Turin, au Teatro Regio, le 1er févr. 1893, avec Cesira Ferrani (Manon), G. Cremonini (Des Grieux), Moro (Lescaut), Polonini (Géronte), sous la dir. d'Alessandro Pomé. La création fut accueillie comme un événement majeur de l'art lyrique en Italie. Trente rappels la saluèrent : public debout, critique enthousiaste et, une semaine après la première, banquet offert au compositeur qui, d'emblée, connaissait le succès le plus spectaculaire de sa carrière. L'œuvre fut redonnée la même année à Buenos Aires, Rio de Janeiro, Madrid et Hambourg, puis à Philadelphie et Londres en 1894, à New York en 1898, en version française à Nice en 1906 et en version originale à Paris, au Théâtre du Châtelet, en 1910. (Milan, Ricordi, 1893 ; durée : 1 h 48 min environ.)

Le premier librettiste de *Manon Lescaut* fut le compositeur et ami de Puccini, R. Leoncavallo. Mais à la suite d'un désaccord, Praga prit le relais avec l'aide du versificateur Oliva. Vint le tour d'Illica et de Giacosa dont le tandem se montra efficace. L'œuvre ne connut donc pas moins de 5 librettistes, sans compter les modifications apportées par Puccini et, sans doute, G. Ricordi, pour un livret qui correspondait finalement au tempérament et à l'instinct du musicien italien, bien que Massenet ait traité le même sujet.

Livret — Pendant la 2de moitié du xviiie siècle. — Acte I. Amiens. Au cours du voyage qui la conduit au couvent, Manon (sop.) rencontre le chevalier Des Grieux (ténor). Coup de foudre. Mais le vieux trésorier général Géronte (« basso brillante ») désire la jeune femme et veut l'enlever. Lescaut (bar.) connaît le goût de sa sœur pour les plaisirs et l'incite à quitter le jeune chevalier désargenté pour le riche libertin.

Acte II. Paris. Manon est la maîtresse de Géronte, mais elle n'a pas oublié Des Grieux. Les deux amants se retrouvent. La scène d'amour passionné est interrompue par l'arrivée de Géronte qui appelle les gardes du roi. Manon n'a pas le temps d'emporter ses bijoux ; elle est arrêtée pour vol et prostitution.

Acte III. Le Havre. Manon est condamnée à être déportée en Louisiane. Des Grieux supplie le commandant du navire d'accompagner sa bien-aimée. Le commandant se laisse fléchir.

Acte IV. En Amérique. Ayant fui ensemble La Nouvelle-Orléans, Manon et Des Grieux tentent de rejoindre une colonie d'Anglais. Manon est épuisée par la traversée du désert. Le chevalier va chercher de l'aide. Lorsqu'il revient, Manon se meurt.

La grande difficulté pour Puccini était de rester fidèle au roman de Prévost sans tomber dans des situations rappelant celles de Massenet dans son opéra. Malgré tout, le rapprochement demeure inévitable. Les différences éclatent au niveau de l'état d'esprit et de la conception. Massenet fait de l'héroïne une personne charmante sortie d'un tableau de Fragonard, donc éminemment française ; on éprouve pour elle de la sympathie, voire de la compassion. Chez Puccini, le portrait de Manon est poussé au noir par quelques détails réalistes frisant le cynisme comme à l'acte II la glace tendue au vieux Géronte (« Guardatevi ! », Regardez-vous), l'embarquement au port du Havre avec l'appel des prostituées.

C'est avec *Manon Lescaut* que Puccini se révèle pour la première fois comme un homme de théâtre exceptionnel, le véritable « héritier de Verdi » (G. B. Shaw). Une phrase essentielle de Puccini fait mieux comprendre où se situe l'intérêt de cet ouvrage : « Massenet a vu ce sujet à travers la poudre et les menuets, je le verrai à travers une passion désespérée. » Le compositeur se montre d'une habileté remarquable dans le ton qu'il donne à chaque acte (ce qui rachète en partie un 2e acte se « raccrochant » mal aux autres et un dernier acte un peu superfétatoire) : marivaudage au 1er, galanterie et passion au 2e, pathétique au 3e, désolation tragique au 4e. L'intermezzo des cordes prépare subtilement l'auditeur à passer sans encombre du 2e au 3e acte. Quant à celui-ci — l'embarquement au Havre —, il est magistralement écrit et se déroule sur plusieurs plans : adieux de Manon et pleurs de Des Grieux, histoire de Manon racontée par Lescaut, avec réactions des spectateurs venus sur les quais, appel des prostituées par le sergent, commentaires des groupes. « Tant sur le plan musical que dramatique, il s'agit là d'une des réalisations les plus originales et les plus hardies qui aient été tentées dans ce domaine » (A. Gauthier.)

D'une manière générale, les chœurs et les ensembles sont traités avec beaucoup de soin, Puccini excellant dans l'art de combiner les émotions d'une manière réaliste. Le musicien ne recule pas devant le pastiche. Ainsi, l'acte II mélange une certaine idée de la Renaissance florentine avec les grâces du xviiie s. français. Le ravissant madrigal reprend néanmoins les idées de l'*Agnus Dei* de la *Messe* de 1880 (→ *Messa di Gloria*), le « Ohimè » du chœur occupant la place du « Miserere » ! L'œuvre est ferme, nerveuse, riche de mélodies sensuelles. Les deux personnages principaux, Manon et Des Grieux, ont leurs thèmes caractéristiques. Des arias ou duos poignants, exaltés, désespérés ou langoureux se succèdent sans trêve, parmi lesquels le « coup de foudre » de Des Grieux (acte I), *« Donna non vidi mai »*,

son charmant *« Manon Lescaut mi chiamo »*, l'air de Lescaut *« Sei splendida e lucente ! »* lorsqu'il admire sa sœur (acte II), celui de Manon, *« In quelle trini morbide »*, et le duo d'amour Manon-Des Grieux (ibid.), avec le fameux *« Ah ! Manon mi tradisce »* de Des Grieux ou la scène dramatique de l'acte IV, *« Sola, perduta, abbandonata »*.

Partout des accents qui ne trompent pas, malgré quelques écarts vocaux typiquement transalpins et une manière parfois saisissante d'utiliser l'orchestre. Mais l'efficacité est certaine auprès du public qui, à chaque fois, fait un accueil enthousiaste à la *Manon* de Puccini, malgré la concurrence de celle de Massenet.

Bibliographie — R. Boas, The heroine Puccini did not love, *in* Opera, juin 1956 ; G. Gavazzeni, Ritratto della Manon Lescaut, *in* Musica d'Oggi, juil. 1958 ; A. Gauthier, Puccini, Paris 1961, pp. 41-58 ; M. Carner, The two Manons, *in* The Listener, 17 mars 1966 ; W. Ashbrook, The Operas of Puccini, Oxford, OUP, 1968, et Londres, Cassell, 1969 ; M. Carner, Puccini, Paris, Lattès, 1983, pp. 393-405.

Chr. Goubault

Ma Normandie, romance populaire pour chant et piano, paroles et musique de **Frédéric Bérat**. Modeste employé au Gaz de Paris, sa situation lui laissa du temps pour écrire des chansons dont *Les Souvenirs de Lisette* (en hommage à Béranger). Il a mis aussi en musique *Mimi-Pinson* (A. de Musset). Mais son plus grand succès reste *Ma Normandie* qui fut vendu à 40 000 exemplaires en quelques semaines. Le 3e couplet (« J'ai vu les monts de l'Helvétie ») est de pure imagination ; l'auteur étant très casanier, ses plus grands voyages le menaient au Havre. C'est au cours de l'un de ceux-ci qu'il composa *Ma Normandie* où il célèbre sa province natale. Fr. Bérat était un compositeur « mélodiste », l'accompagnement pianistique (accords de tonique et de 7e de dominante interrompus par un seul emprunt fugitif à *la* min.) est sans doute l'œuvre d'un pianiste qui a accompagné à la feuille.

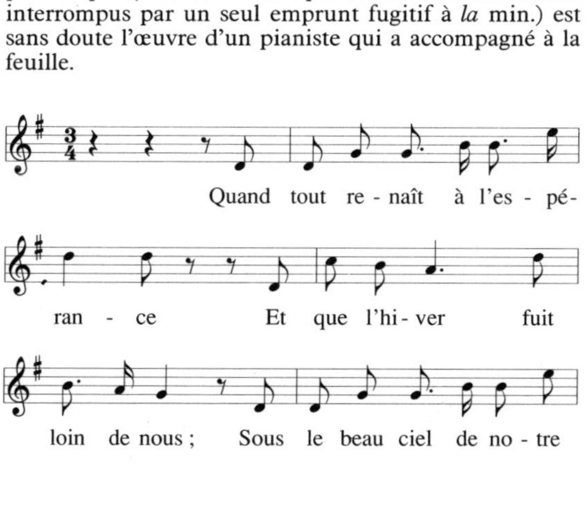

Bibliographie — L. Guichard, La Musique et les lettres au temps du romantisme, Paris 1955 ; Fr Vernillat et J. Charpentreau, Dictionnaire de la chanson française, Paris 1968.

Fr. Vernillat

« Man singet mit Freuden vom Sieg » (On chante la victoire avec allégresse), cantate de **Johann Sebastian Bach** (BWV 149 ; NBA I/30) pour la Saint-Michel (29 sept. ; épître du jour, Apoc. 12, 7-12, combat de Michel et du dragon ; évangile du jour, Matth. 18, 1-11, le Royaume des cieux appartient aux enfants ; leurs anges voient la face de Dieu), écrite sur un texte de Picander extrait de son recueil *Cantaten auf die Sonn- und Fest-Tage durch das gantze Jahr* (Leipzig 1728) — elle appartiendrait donc au 4e cycle de cantates de Bach — pour sop., alto, ténor et basse soli, chœur, 3 htb., basson, 3 trp., timb., cordes et b.c. ; comme elle a été transmise par des copies — la partition et les parties originales sont perdues —, on ignore l'année de sa composition de même que ses dates d'exécution. (Durée : 19 min environ.)

Le texte célèbre la victoire sur Satan, symbolisée par celle de Michel sur le dragon mais accordée aux hommes pieux par le sang de l'agneau. Les anges de Dieu me protègent sans cesse. Dieu fasse que je me repente ; au jour de ma mort, mon ange gardien me portera alors en son sein.

Le chœur d'introduction avec tout l'orchestre, **1.** *« Man singet »* (forme ABA avec ritournelle), en *ré* maj., est une habile parodie spirituelle du chœur final, *« Ihr lieblichste Blicke ! »* de la cantate de chasse *« Was mir behagt ist die muntre Jagd »* (BWV 208) dont l'expression joyeuse permettait une telle adaptation, mais dont la forme à « da capo » convient mal au texte, une parole biblique extraite du Ps. 118, versets 15-16. Il est suivi **2.** d'un air pour basse et b.c., *« Kraft und Stärke sei gesungen Gott »* (Force et puissance soient chantées à Dieu), forme binaire avec ritournelle, en *si* min., un air de bravoure bien propre à l'annonce visionnaire de la victoire de l'agneau ; **3.** d'un récitatif secco pour alto et b.c., *« Ich fürchte mich vor tausend Feinden nicht »* (Je ne m'effraie pas de mille ennemis) ; **4.** d'un air gracieux pour sop., cordes et b.c., *« Gottes Engel weichen nie »* (Les anges de Dieu ne cèdent jamais), forme ABA' avec ritournelle, en *la* maj., dont la carrure et le rythme sont issus de la danse ; **5.** d'un récitatif secco pour ténor et b.c., *« Ich danke dir, mein lieber Gott »* (Je te remercie, mon Dieu) ; **6.** d'un air en duo pour alto et ténor souvent en canon, basson obligé et b.c., *« Seid wachsam, ihr heiligen Wächter »* (Soyez vigilants, vous saints veilleurs), forme ABA' avec ritournelle, en *sol* maj., dont le caractère quelque peu parodique surprend ; **7.** d'un choral à 4 voix, *« Ach Herr, lass dein lieb Engelein »* (Ah Seigneur, laisse ton ange bien-aimé), forme AAB, en *do* maj., 3ᵉ strophe du choral → *« Herzlich lieb hab ich dich, o Herre »* de Martin Schalling (1569), qui, dans l'avant-dernière mesure, ponctue la cadence finale d'une intervention brève, mais totalement inattendue, des 3 trompettes et de la timbale sur le mot « ewiglich » (éternellement).

Bibliographie — Voir celle de l'art. *« Ach Gott, vom Himmel sieh darein »*.

M. HONEGGER

MAOMETTO SECONDO, opéra de **Gioachino Antonio Rossini**, voir MAHOMET II OU LE SIÈGE DE CORINTHE.

« MA POUPÉE CHÉRIE », berceuse-chanson pour petite (ou grande) fille, pour chant et piano, poème et musique de **Déodat de Séverac**, écrite à Céret, en janv. 1914, pour le premier anniversaire de sa fille Magali, qui en est la principale dédicataire, sa cousine Françoise de Bonnefoy — la grande fille ! — lui étant associée. (Paris, Rouart-L. [Salabert], 1914, 1916, 1921 et 1924.)

Cette page est bien la plus célèbre, la plus populaire de son auteur ; nombre de mères attendries l'ont chuchotée. Elle adopte la forme simple de la chanson qui fait alterner un délicieux refrain (en *ré* maj.) et deux couplets (en *fa* ♯ min.). Séverac n'a pas voulu faire ici œuvre d'orfèvre. Il peut même sembler passablement rétrograde. Et pourtant, n'est-ce-pas précisément sa simplicité volontairement naïve — à laquelle elle doit aussi sa grandeur — qui rendit cette berceuse universellement populaire ? Lorsque Séverac se penche, en musique, sur l'enfance et, mieux encore, sur sa propre fille, peut-il y avoir expression plus émouvante, plus sincèrement touchante ?

P. GUILLOT

MARCHE FUNÈBRE POUR LA DERNIÈRE SCÈNE D' HAMLET, d'**Hector Berlioz**, voir TRISTIA.

(LA) MARCHESA NESPOLA (La Marquise Nespola), « commedia » de **Joseph Haydn** (Hob XXX : 1), probablement composée et créée à Eisenstadt en 1763. Aucun livret n'en subsiste et l'autographe de Haydn se compose actuellement de 7 arias sur les 9 prévues à l'origine. Les récitatifs secco en sont également perdus. Trois des arias sont écrites pour les personnages types de la commedia dell'arte, Colombine, Sganarelle et Pantalon. Trois autres opéras-comiques de Haydn datent de cette époque et ont entièrement disparu, *Il dottore, La vedova* et *Il Sganarello.*

Rééditions modernes — Par G. THOMAS, *in* J. Haydn. Werke, éd. par le J. Haydn-Institut de Cologne, Munich, Henle, 1958 et suiv., vol. XXV/1.

Bibliographie — H. C. ROBBINS LANDON, Haydn. Chronicle and Works, Londres, Thames and Hudson, 1976-80 ; G. THOMAS, préface à la rééd. moderne (voir ci-dessus).

D. WYN JONES

(LE) MARÉCHAL-FERRANT, opéra-comique en 2 actes, livret d'Antoine François Quétant, musique de **François André Danican Philidor**, créé à Paris, au théâtre de la Foire Saint-Laurent, le 22 août 1761. (Nbr. éditions et rééditions parmi lesquelles : Paris, La Chevardière, [1761].)

LIVRET — Marcel (basse), maréchal-ferrant, apprend de Claudine (sop.), sa sœur, que Jeannette (sop.), sa fille, a un amant en la personne de Colin (basse), le fermier voisin. Marcel veut marier sa fille à La Bride (basse), cocher du château et amoureux de Claudine. La Bride refuse l'offre du maréchal-ferrant tandis que Jeannette désespère. Colin, arrive essoufflé pour s'entretenir avec Jeannette, boit du vin qu'il trouve dans la maison et s'endort subitement. Marcel et La Bride boivent à leur tour. Mis de bonne humeur, le cocher séduit Claudine dont le secret était d'épouser le jeune Colin. Lorsque celui-ci se réveille, Marcel, La Bride et Claudine décident d'unir Colin à Jeannette.

•

Le Maréchal-Ferrant clôt une 1ʳᵉ période de la production de Philidor. Les éléments qui apparaissent discrètement dans les œuvres précédentes, surgissent ici avec éclat. Le musicien exploite de manière remarquable les techniques descriptives à la faveur d'effets de sonorité et sait tirer le meilleur parti des ensembles. Ceux-ci deviennent le lieu idéal pour la progression de l'action, évitant les longueurs grâce à la simultanéité d'idées contradictoires. Philidor diversifie également la forme des airs. Il réduit par exemple l'utilisation des formes ABA ou ABA', dans l'intention de ne les employer qu'avec un maximum d'effet, pour des raisons liées à la structure du drame. Ainsi les scènes 9 et 10 de l'acte I, où Jeannette et Colin expriment successivement leurs sentiments amoureux, sont bâties sur ce schéma et contrastent avec les airs entendus précédemment, simples dans leur structure et confiés en fait à des personnages secondaires. La seule faiblesse de la partition réside dans l'emploi excessif de timbres de vaudevilles (22 citations). Les critiques ne manquèrent pas de le constater, d'autant que le fait était peu fréquent chez Philidor.

Bibliographie — A. WHITE, Philidor's Le Maréchal-Ferrant, *in* The Good Companion Chess Problem Club Folder XI, 1924 ; voir aussi la bibliogr. de l'art. *Tom Jones.*

PH. VENDRIX

« MARGOT, LABOUREZ LES VIGNES » ou *« En revenant de Lorraine »*, chanson populaire française. Une légende, bien ancrée dans la tradition, veut qu'elle ait été inspirée à Jacques Arcadelt à l'occasion du mariage du roi Henri III avec Louise de Vaudémont. Malheureusement, les dates ne correspondent pas. Si le futur Henri III, élu roi de Pologne, est bien passé par la Lorraine pour se rendre dans son éphémère royaume, c'était en 1573 alors que son mariage eut lieu en 1575, date à laquelle Jacques Arcadelt était mort. Il n'avait été maître de la chapelle du cardinal de Lorraine et de celle du roi que de 1551 à 1562. En revanche, nous trouvons le même poème, traité à 4 voix par Roland de Lassus, mais avec une musique différente. Lassus aurait très bien pu se servir des paroles à l'occasion des noces du duc de Bavière (futur Guillaume Iᵉʳ) avec Renée de Lorraine (1558) puisqu'il participa activement aux festivités qui eurent lieu à l'occasion de ce mariage. C'est cependant la musique d'Arcadelt qui est passée à la postérité. Mais concernant la chanson populaire, on en est réduit aux suppositions : sans doute était-elle connue dès le XVIᵉ s. et Arcadelt n'aurait fait qu'harmoniser la mélodie, ce qui était fréquent à l'époque. On la chante toujours, bien que la tradition orale l'ait quelque peu modifiée : de binaire, le rythme est devenu ternaire, et l'incipit a changé plusieurs fois avant de se stabiliser — semble-t-il — à celui de *« En passant par la Lorraine »*. Dans la version contemporaine, le refrain a disparu.

Louis Ganne, aidé par le compositeur Lorrain **Paul Thomas**, s'en est servi pour composer le thème principal de la *Marche lorraine* (Nancy, Dupont-Metzner, 1892), sur des vers de mirliton, dus à deux chansonniers montmartrois, Octave Pradels et Jules Jouy. Cette marche, dont la première audition eut lieu à Nancy en 1892, fut adoptée d'emblée par toutes les musiques militaires françaises. Elle connut un regain de popularité en 1940 au moment où le général De Gaulle prit pour emblème la croix de Lorraine. Au XIXe s., on a fait croire que l'œuvre d'Arcadelt n'était que le pastiche d'un vieux « sone » breton, ayant pour héroïne la duchesse Anne de Bretagne qui fut reine, et même deux fois puisqu'elle épousa successivement les rois de France Charles VIII et Louis XII. Mais la supercherie fut rapidement éventée, les sabots « mirlitontaine », cadrant mal avec la prosodie du XVIe siècle. Les soupçons se portèrent sur un chansonnier régionaliste, Orain, qui n'a jamais démenti ! Il avait transposé en mineur une mélodie qui n'a que de vagues réminiscences avec l'œuvre d'Arcadelt. Mais comme les croyances ont la vie dure, il paraît utile de publier ici cette version.

Bibliographie — H. DAVENSON, Le livre des chansons, Neuchâtel 1944 ; FR. VERNILLAT et J. CHARPENTREAU, Dictionnaire de la chanson française, Paris 1968 ; FR. VERNILLAT, Chansons pour et par des personnages célèbres, Paris, Presses d'Ile-de-France, 1977.

FR. VERNILLAT

« MARGOT, LABOUREZ LES VIGNES », chanson à 4 voix de **Jacques Arcadelt**, publiée en 1554 dans le *Tiers Livre de chansons* (Paris, Le Roy et Ballard), exemple original d'élaboration polyphonique d'une mélodie populaire. Il s'agit, en l'occurrence, d'une version de *« En passant par la Lorraine »*, qui apparaît ici dans les couplets de cette chanson à refrain de type virelai. Arcadelt l'« harmonise » dans le style de la « chanson en forme de voix de ville », à la mode vers 1550. La déclamation en est rigoureusement syllabique, le contrepoint note contre note, dans une métrique binaire rapide, à la manière d'un branle. Refrains et couplets se distinguent par la densité polyphonique : aux 4 voix du refrain, les couplets répondent par une polyphonie très variée, à 2 et 4 voix en commençant par les voix graves, puis à 2 et 3 voix aiguës. Dans le refrain, c'est le ténor qui chante la mélodie originale ; dans le couplet, ce rôle est alterné entre ténor et supérius, y compris sur l'élément de refrain à 4. Avec une grande économie de moyens, dans une forme par essence répétitive, Arcadelt réussit le tour de force d'élaborer une musique variée.

En 1554, cette pièce paraît quasi simultanément sous deux formes différentes. A la version à 4 voix du *Tiers Livre*, s'en ajoute une autre pour voix et guitare, publiée chez le même éditeur dans le *Cinquiesme Livre de guitterre* d'Adrian Le Roy : elle sera rééditée plus tard pour guitare seule dans les *Selectissima* [...] *in guiterna ludenda Carmina* de Phalèse, en 1570.

Rééditions modernes — Par M. CAUCHIE, *in* Quinze Chansons françaises du XVIe s. à 4 et 5 voix, Paris, Rouart-Lerolle (Salabert),

1926 ; par E. B. HELM, *in* The chansons of J. Arcadelt I, Northampton (Mass.), Smith College, 1942 ; par A. SEAY, *in* J. Arcadelt. Opera omnia VIII, CMM 31/8, Amer. Inst. of Musicology, 1968 ; *in* Florilège de la Renaissance française, Lyon, Éd. A Cœur Joie, 1979 ; par PH. CAILLARD, *in* Publications de l'Ensemble vocal Ph. Caillard, Paris s.d.

Bibliographie — TH. GÉROLD, Chansons populaires des XVe et XVIe s. avec leurs mélodies, Strasbourg 1913.

J.-P. OUVRARD

« MARGOT, LABOUREZ LES VIGNES », chanson à 4 voix de **Roland de Lassus**, publiée dans le *Premier Livre de chansons à quatre parties* [...] *par Orlando di Lassus* (Anvers, Susato, 1564), soit dix ans après celle d'Arcadelt (voir ci-dessus). Il n'est pas impossible que Lassus ait connu ce texte par la pièce d'Arcadelt, puisqu'il en utilise les deux mêmes couplets. Toujours est-il que, musicalement, les deux polyphonies n'ont rien à voir : Lassus a-t-il traité une autre mélodie ou inventé en toute liberté ? Il est difficile de le dire. Son premier couplet (« En revenant de Lorraine »), cependant, retient la même disposition en deux bicinia successifs (grave et aigu) que chez Arcadelt. En revanche, le traitement du second couplet n'est pas strophique : si Lassus y réemploie vaguement le même matériau mélodique, il le dispose dans une polyphonie différente, en imitation à 4 voix, qui se continue en contrepoint note contre note, pour la fin du couplet. Le refrain final lui-même n'est identique à l'exposé initial que dans sa conclusion. Ainsi, même dans les refrains, Lassus fait preuve d'un goût évident pour la variation : à l'exception de l'élément final, il n'en conserve en permanence que la structure rythmique. Curieusement, les sources instrumentales du XVIe s. ne gardent aucune trace de cette chanson : il faut attendre 1605 pour en trouver une transcription glosée pour le clavecin par **P. Philipps**. **J. de Castro** en avait publié en 1575 une paraphrase à 3 voix.

Rééditions modernes — Par A. SANDBERGER, *in* O. de Lassus. Sämtliche Werke XII, Leipzig, Br. & H., 1901, 2/par H. LEUCHTMANN, 1982 ; par B. THOMAS, *in* R. de Lassus. Ten Chansons for 4 Voices, Londres, Pro Musica Ed., 1977 ; par N. ZADOFF, *in* Mellange d'O. de Lassus, Paris 1570 (diss. Univ. de Tours, 1978).

Bibliographie — CH. VAN DEN BORREN, O. de Lassus, Paris 1920 ; G. REESE, Music in the Renaissance, New York, Norton, 1954, 2/1959 ; W. BOETTICHER, O. di Lasso und seine Zeit, Kassel 1958.

J.-P. OUVRARD

MARIA EGIZIACA, mystère en un acte et 3 épisodes, livret de Claudio Guastalla, musique d'**Ottorino Respighi**, composé en 1931-32, créé en concert au Carnegie Hall de New York le 16 mars 1932 et donné en première représentation à Venise au Théâtre Goldoni, le 10 août 1932, les deux fois sous la dir. du compositeur. (Milan, Ricordi ; durée : 55 min environ.)

Bien que parfois classée parmi les opéras de Respighi, *Maria Egiziaca* est plus une œuvre de concert qu'une œuvre scénique et peut être considérée comme un oratorio ou un « triptyque religieux », d'où son titre de mystère (en référence au théâtre médiéval) et d'où quelques réminiscences grégoriennes que l'on retrouve d'ailleurs dans plusieurs de ses œuvres. L'inspiration de ce mystère avait germé dans l'esprit de Respighi à la lecture du second *Faust* de Goethe, mais Guastalla s'est inspiré directement de *La Vie des Saints Pères* du frère D. Cavalca qui narre, entre autres, la conversion de Marie l'Égyptienne.

Pour pouvoir embarquer à Alexandrie en direction de la Terre sainte, Marie, qui est sans argent, accepte de payer sa traversée de son corps. Arrivée à Soria, un pèlerin parti avec elle, et qui sait quel a été le prix de son voyage, s'oppose à son entrée au temple et exige d'elle une purification. Elle se repent alors à l'ange venu la confesser et se retire au désert. Dans la dernière scène, Marie attend la mort, réconfortée par l'abbé Zosimo (bar.) en s'abandonnant dans la prière à la Vierge. L'œuvre est à la fois dramatique et intimiste. La distribution et l'orchestre sont réduits (5 bois, 5 cuivres, clavecin et cordes), sans oublier un chœur mixte épisodique. L'écriture est, comme toujours chez Respighi, d'un style postromantique ou vériste profondément lyrique.

Bibliographie — Voir celle de l'art. *Lucrezia*.

FR. AUCLAIR

(LE) MARIAGE (*Jenitba*), opéra inachevé en un acte, livret d'après la comédie du même titre de Nicolas Gogol, musique de **Modeste Petrovitch Moussorgski**, composé du 11 juin au 8 juil. 1868 (vers. cht en p.). Plusieurs exécutions eurent lieu en privé dans le cadre des réunions du groupe des Cinq. (Durée : 38 min.)

Bien qu'apprécié par les membres du groupe, *Le Mariage* fut jugé non viable du point de vue scénique. Moussorgski ne le continua donc pas et, quelques mois plus tard, mit en chantier *Boris Godounov*. Après avoir retouché certains détails d'écriture, Rimski-Korsakov fit publier la partition cht et p. en 1908 ; il entreprit aussi une orchestration qui resta inachevée. L'ouvrage fut donné en première audition publique au théâtre de l'école Souvorine le 1er avr. 1909. La 1re version orchestrale fut réalisée en 1917 par le chef d'orchestre Alexandre Gauk, représentée à Petrograd le 13 oct. de la même année. En 1931, Ippolytov-Ivanov en effectua une nouvelle, composant en plus la musique des trois actes inachevés. Entretemps, une orchestration avait été réalisée en France par Marguerite Beclard d'Harcourt en 1928, en vue d'une représentation en français (Monte-Carlo, 4 janv. 1930). Le texte musical authentique fut publié en 1932 par Pavel Lamm dans le cadre de son édition intégrale de l'œuvre de Moussorgski. Ce fut alors Alexandre Tcherepnine, compositeur émigré, qui produisit un nouvel « achèvement » en 1938 : il orchestra le 1er acte et en composa un second qui condensait tout le reste de l'action. La dernière orchestration (1981), la meilleure, est due au chef d'orchestre soviétique Guennadi Rojdestvenski.

LIVRET — Podkolessine (bar.), fonctionnaire de l'administration, songe depuis longtemps à se marier, sans réussir à se décider véritablement. Il s'est néanmoins fait coudre un frac et acheter du cirage pour ses chaussures, sujet sur lequel il interroge avec insistance son domestique Stepan (basse). Arrive la marieuse Fiokla Ivanovna (mezzo-sop.) : depuis trois mois, elle lui propose une fiancée dont il n'a toujours pas retenu le nom. Elle vante avec bagou les avantages de ce parti puis, devant la perplexité du jeune homme, se met à le houspiller, l'invitant à aller voir sur place la fiancée. Survient alors Kotchkarev (ténor), un ami de Podkolessine, en colère contre Fiokla qui l'a marié jadis... Apprenant le projet de Podkolessine, il décide d'arranger l'affaire lui-même. Il extorque à Fiokla l'adresse de la fille, puis congédie brutalement la marieuse qui s'en va indignée. S'apercevant que Podkolessine est toujours indécis, Kotchkarev s'efforce de lui montrer les défauts du célibat et les charmes de la vie de famille. Après de nouvelles hésitations de Podkolessine, les deux amis se mettent en route.

Entrepris sur les conseils de A. S. Dargomyjski et de C. Cui, *Le Mariage* avait aux yeux de Moussorgski l'importance d'un exercice de style : rompre avec les structures traditionnelles de l'opéra, renoncer à l'opposition récitatif-air au profit d'un style vocal qui épouserait strictement les intonations de la langue parlée et serait dépourvu de toute fin mélodique en soi, tandis que l'illustration psychologique serait confiée à la partie instrumentale. A la même époque, A. S. Dargomyjski poursuivait un but assez proche avec son → *Convive de pierre*, conservant toutefois plus d'attachement à la cantilène vocale.

Chaque personnage possède son leitmotiv, qui est sa double photographie sonore, physique et morale : les étirements lents et paresseux de Podkolessine (1res mesures de la partition), les dandinements lourdauds du domestique Stepan, l'empressement volubile de Fiokla, l'agitation brouillonne de Kotchkarev, et même l'évocation comiquement lyrique de la fiancée. Et tous les détails importants du texte sont illustrés avec précision et humour ; le compositeur utilise avec abondance les trilles, mordants, glissandi et syncopes, dans un langage harmonique d'un modernisme étonnant. Moussorgski reviendra à un style vocal plus mélodique dans ses ouvrages ultérieurs, mais l'exercice auquel il s'est astreint là ne sera pas perdu : certaines scènes de → *Boris Godounov* et surtout de → *Khovanstchina* en tireront profit.

Sources, éditions et rééditions — Part. cht et p. par N. A. Rimski-Korsakov, Saint-Pétersbourg, Bessel, 1908, 2/1911 (texte fr. de R. d'Harcourt) ; vers. originale par P. Lamm, Œuvres complètes de Moussorgski IV/2, Moscou, Mouzyka, 1933, 2/1965. — Part. d'orch. par M. Beclard d'Harcourt, ms., Paris, B.N. (texte fr.) ; par A. Tcherepnine, Vienne, UE, 1938.

A. Lischke

(Le) Mariage secret, « dramma giocoso » de **Domenico Cimarosa**, voir (Il) matrimonio segreto.

Maria Triptychon (Triptyque de Marie), pour sop., vl. solo et orchestre de **Frank Martin**, composé en 1968 à la demande de et pour le soprano autrichien Irmgard Seefried et son mari, le violoniste Wolfgang Schneiderhan ; la partie centrale, *Magnificat*, a été créée au Festival de Lucerne, en août 1968, sous la dir. de Bernard Haitink, et l'ensemble à Rotterdam, le 13 nov. 1969, sous la dir. de Jean Fournet. (Vienne, UE ; durée : *Magnificat* 11 min. environ, l'ensemble 22 min environ.)

Comme l'explique le compositeur : « Je me suis aperçu qu'elle [*Magnificat*] était trop brève [...] pour figurer seule dans un programme et, de plus, qu'elle commençait trop abruptement. J'ai donc décidé d'en faire la partie centrale d'un triptyque, en la faisant précéder d'un *Ave Maria* et suivre d'un *Stabat mater*. Comme j'avais écrit le *Magnificat* sur le texte de Luther, parce que je trouvais le rythme plus favorable à la musique que le rythme latin de la Vulgate, j'ai pris pour la même raison pour l'*Ave Maria* la traduction de Luther. Quant au *Stabat mater*, il ne pouvait être question de le traduire : c'est là un poème et un merveilleux poème auquel il fallait conserver toute sa grâce moyenâgeuse. » Ainsi, l'œuvre associe textes allemands pour les deux premiers volets et latin pour le dernier. Là encore Fr. Martin a précisé ses intentions : « Comme le *Magnificat* est l'expression même de la joie de Notre-Dame, j'ai conçu l'*Ave Maria* comme l'expression du sentiment que pouvait éveiller en elle la salutation angélique. » C'est en quelque sorte elle-même qui redit en son cœur les paroles de l'ange. Ici, le texte évangélique n'est dit qu'une fois. Dans le *Magnificat* au contraire, Marie ne peut se lasser de redire sa joie : « Meine Seele erhebt den Herrn » revient sans cesse ainsi que la phrase toute contemplative : « Sein Namen ist heilig ». Pour le *Stabat mater*, Fr. Martin a mis en musique une dizaine de phrases seulement — la moitié de la séquence —, celles-là même qu'il avait trouvées dans le missel romain dont il disposait, ce qui assure une meilleure répartition des trois pièces car si le poème avait été pris dans sa totalité, ce dernier volet aurait été disproportionné par rapport aux autres. Et même si cette décision a été involontaire de la part du musicien, elle est des plus heureuses.

Intensément religieuse, la musique du *Maria Triptychon* n'entend aucunement être liturgique. Elle oppose le recueillement profond du premier volet, qui n'est pas l'*Ave Maria* catholique mais les paroles de l'ange (jusqu'à « Et son règne n'aura pas de fin ») durant la scène de l'Annonciation, à la liesse exubérante du *Magnificat* traduite avec un enthousiasme et un lyrisme d'une grande puissance, et enfin à la douleur poignante et contenue, d'une rare intensité, du *Stabat mater* (qui s'achève sur la strophe « Fac ut ardeat cor meum »). D'une certaine façon — et là aussi inconsciemment — Fr. Martin évoque à sa manière les Mystères du Rosaire : Mystères joyeux, douloureux et glorieux. Il intervertit seulement les deux derniers, plaçant au cœur de l'ouvrage le chant du *Magnificat*, expression la plus spontanée et la plus révélatrice de la spiritualité de la servante du Seigneur, promue à la dignité de mère de Dieu.

L'œuvre, peu banale dans sa conception, est particulièrement exigeante pour les solistes, réservant à chacun d'eux un rôle essentiel, aussi difficile sur le plan technique que sur le plan expressif, car elle requiert une extrême concentration spirituelle de leur part. Écrite pour deux interprètes de premier plan qui en ont assuré la création, deux grands croyants de surcroît, elle répondait parfaitement à leur tempérament et à leur caractère. On peut croire Fr. Martin sur parole lorsqu'il déclare : « Le fait d'écrire pour les deux grands artistes que sont Seefried et Schneiderhan m'a puissamment aidé dans la conception et la réalisation de cet ouvrage. »

Bibliographie — Fr. Martin et J.-Cl. Piguet, Entretiens sur la musique, Neuchâtel, La Baconnière, 1967 ; B. Martin, Fr. Martin ou la réalité du rêve, Neuchâtel, La Baconnière, 1973 ; Fr. Martin, *in* Zodiaque, n° 103, 1975 ; E. Ansermet et Fr. Martin, Correspondance, 1934-1968, Neuchâtel, La Baconnière, 1976 ; Fr. Martin, Un compositeur médite sur son art, Neuchâtel, La Baconnière, 1977 ; du même, A propos de... Commentaires sur ses œuvres, Neuchâtel, La Baconnière, 1984.

Dom A. Surchamp

Marie au Calvaire, oratorio de **Roger Calmel** sur des textes de Charles Péguy, extraits du *Mystère de la Charité*, adaptés par Lucien Aumont, écrit pour récitant, 2 sop. et bar. soli, chœur, orgue et orchestre, composé en 1976, créé à Paris, le 17 mars 1977, avec Danièle Delorme (récitante), Odile Pietti, Michel Piquemal, et l'orchestre Jean Barthe, sous la dir. de l'auteur. (Paris, Éd. Combres, 1976 ; durée : 1 h 5 min environ.)

Au pied de la Croix, Marie voit se dérouler la vie de son fils qui vient de mourir. **1.** Prélude. Après une brève introduction à l'orchestre qui, de l'extrême grave dans une nuance pianissimo et sur une longue pédale de *sol*, s'étage peu à peu par ajouts successifs de tous les instruments, un immense cri de la foule : « Tout était consommé. » Un deuxième chœur, également bref, évoque, avec un figuralisme évident, la montée du fils de Marie aux cieux. **3.** Cantillation. Cet épisode, confié au baryton solo, décrit avec rudesse les pleurs de Marie durant les trois jours du Calvaire. **3.** Le choral *« Les armes* *de Jésus* » est traité dans la tradition de J. S. Bach. Fréquemment repris au cours de l'ouvrage, il constitue un lien entre les différents épisodes. **4.** Récitant. **5.** Le 2e choral, « *Vous avez tant pleuré* », également très contrapuntique, contraste cependant par son homorythmie avec le précédent. **6.** Chœur : « *Tout le monde était contre lui* », très violent, faisant alterner l'unisson et des accords recherchant le maximum de dissonances. Il se termine par une reprise du 1er choral. **7.** Récitant et brève introduction du chœur en deux phrases symétriques correspondant à l'interrogation du récitant. **8.** Récitant puis solo de baryton avec accompagnement de chœurs parlés et percussion, dialogue brutal, traduisant les paroles : « Tout le monde était contre lui. » **9.** La crèche. Sur un chœur à bouche fermée, deux sopranos évoquent, en un dialogue d'une grande pureté, l'étoile qui a guidé les Mages à Bethléem. **10.** Récitant. **11.** Dialogue entre le baryton et le chœur. **12.** Récitant. **13.** Monodie. Épisode constitué de la superposition d'un chœur à l'unisson et du récitant, ponctué par la percussion. **14.** Reprise du choral n° 5. **15.** « *Sa gorge qui lui faisait mal* ». Ce solo de soprano accompagné du chœur et de l'orchestre est d'une grande violence, aussi bien à cause de mouvements mélodiques très disjoints que de l'utilisation d'agrégats volontairement dissonants. **16.** Récitant. **17.** *Stabat Mater.* Cet épisode constitue, par la juxtaposition progressive de l'orchestre, du chœur de femmes, du baryton solo puis du chœur mixte reprenant le choral « *Les armes de Jésus* », une impressionnante conclusion qui évoque la mission du Messie. L'utilisation de moyens orchestraux et vocaux très diversifiés ne nuit en rien à l'unité de l'ouvrage et à la profonde convergence qui existe avec le texte de Péguy.

H. CALMEL

MARIE-MAGDELEINE, drame sacré en 3 actes et 4 parties, livret de Louis Gallet, musique de **Jules Massenet**, achevé au printemps 1872, créé à Paris, au Théâtre de l'Odéon, le 11 avr. 1873, avec Mmes P. Viardot (Méryem de Magdala), Vidal (Marthe), MM. Bosquin (Jésus), Petit (Judas). E. Colonne dirigeait le Concert national. (Durée : 2 h environ.)

Jeune compositeur de 30 ans encore inconnu, Massenet avait donné à J. Pasdeloup une toute 1re audition de l'ouvrage sur l'intervention de l'éditeur Hartmann. Ce drame sacré, produit de quatre années de travail, devait l'affranchir de l'anonymat, à tel point que son premier grand opéra, *Le Roi de Lahore*, aura l'extraordinaire privilège d'être représenté à l'Opéra de Paris cinq ans plus tard seulement (27 avr. 1877). *Marie-Magdeleine* apparaît comme une parfaite anticipation des grands succès qui jalonneront la future carrière du musicien. Après une année d'attente, les circonstances de la création sont des plus heureuses : une cantatrice célèbre dans le rôle-titre, un jeune chef au pupitre, un accueil chaleureux et spontané du public.

Massenet, qui reviendra souvent aux thèmes bibliques, n'intitule franchement oratorio que *La Terre promise* (1900). Ailleurs, il use de termes plus libres, plus romanesques aussi : mystère (*Eve*, 1875), légende sacrée (*La Vierge*, 1880), scène religieuse (*Biblis*, 1886). L'hésitation concernant *Marie-Magdeleine* aboutit à la dénomination hybride de drame sacré, qui caractérise bien la position de l'œuvre entre l'oratorio et l'opéra, avant de devenir un drame lyrique dans la version remaniée donnée à l'Opéra-Comique en 1906. Il est vrai que ce double aspect de l'oratorio s'inscrit dans une tradition française, pour ne pas dire latine, que Massenet, plus que d'autres compositeurs, teinte de couleurs sensuelles. Si elle n'est pas franchement décorative, sa religiosité semble à la fois candide et terrestre. Le musicien ne pouvait sans doute concevoir l'amour dépourvu d'un frisson émotionnel, le théâtre n'ayant d'ailleurs que faire d'aspirations spirituelles. En adaptant le récit biblique à la scène musicale, Massenet et son librettiste lui donnent un visage plus humain et plus réel, tout en lui conservant une certaine noblesse. Ici, comme plus tard dans → *Hérodiade* ou → *Thaïs*, cette orientation se traduit par la mise en relief de la relation entre les personnages féminin et masculin (l'ordre est important) : le véritable attrait du sujet est le sort de la femme qui aime.

LIVRET — Acte I. *La Magdaléenne à la fontaine.* Une oasis verdoyante aux abords de la ville de Magdala, près du lac de Génésareth. Des femmes, autour d'un puits, évoquent la beauté de Jésus tandis que des pharisiens et des scribes déambulent en discutant : pour eux, Jésus est plutôt un homme à craindre. Méryem la Magdaléenne (mezzo-sop.) se tient à l'écart. Autrefois courtisane recherchée par maint jeune homme, elle a renoncé à sa vie frivole pour se vouer entièrement au Christ. Ni les railleries de la foule ni la tentation du plaisir inspirée par Judas (basse) ne la feront dévier du droit chemin. Jésus (ténor), qu'elle a tant attendu, paraît enfin. A la stupéfaction de tous, il promet de se rendre chez elle. Symbole du mal, Judas le traître se prosterne lui aussi devant Jésus.

Acte II. *Jésus chez la Magdaléenne.* Dans la maison de Méryem se prépare la visite du Nazaréen. Judas se présente d'abord et essaie de faire croire à Méryem et à sa sœur Marthe (mezzo-sop.) que la visite du Christ dans la maison d'une pécheresse sera mal interprétée. Or Marthe met Judas à la porte. Salué par les hymnes de joie des deux femmes, Jésus entre. Il tient à Méryem un discours édifiant sur les récompenses célestes réservées aux pécheurs repentis. A nouveau, Judas vient se mêler aux invités et, sous les yeux des disciples, reproche à Jésus de provoquer des calomnies par sa présence dans la maison d'une courtisane. Jésus, tout en sachant qu'il se trouve en face de celui qui le trahira, réunit les disciples pour la Cène autour d'une table richement pourvue par Marthe.

Acte III. *Le Golgotha.* 1er Tableau. *La Magdaléenne à la croix.* Jésus crucifié est raillé par la foule et les pharisiens. En habit de deuil, Méryem demande aux gardes de la laisser approcher. Jésus la bénit et la rassure. La terre se met à trembler, des brumes assombrissent la scène : c'est la mort du Christ. — 2e Tableau. *Le Tombeau de Jésus et la Résurrection.* Au jardin de Joseph d'Arimathie, Méryem a passé la nuit devant le tombeau en attendant que le Christ revienne comme il l'avait promis. En larmes, elle prie intensément. C'est alors que Jésus apparaît dans une vision lumineuse. Il demande à Méryem de répandre la nouvelle de la résurrection dans le monde entier puis disparaît, les chants des anges et des croyants glorifiant la rédemption.

Somme toute, l'amour est traité ici de façon très sublimée. Il émane d'une femme dont le double caractère (abandon insouciant au désir et dévotion totale jusqu'au sacrifice) fascinera le musicien tout au long de son œuvre théâtrale. C'est tantôt l'une tantôt l'autre des deux facettes qui l'emporte, Thaïs — malgré des différences évidentes — apparaissant comme la meilleure réplique de Méryem. Focaliser ainsi la relation femme-homme implique une technique dont le livret de *Marie-Magdeleine* donne l'exemple : les étapes d'un vaste récit (ici, toute la dernière partie de la vie du Christ) sont comprimées en quelques tableaux et considérées du point de vue des différents personnages. La grande Histoire devient reflet ou prolongement du sort individuel des protagonistes. C'est cette inversion artistique de la réalité qui avait fourni sa raison d'être au grand opéra des Spontini et Meyerbeer.

Sur le plan musical, Massenet excelle déjà dans deux domaines qui constitueront les caractères stylistiques essentiels de son art, raffinement orchestral et souplesse mélodique. Tantôt élancée, tantôt archaïsante, la phrase repose sur des formules très simples :

Introduction et chœur (acte I, mes. 17-18)

La Magdaléenne à la croix (acte III, 1er tableau, mes. 18-19)

Le Tombeau de Jésus (acte III, 2e tableau, début)

La forme reste conventionnelle (un jeune Prix de Rome n'aurait osé ébranler les fondations d'un genre) bien qu'un sens instinctif de la déclamation dramatique donne déjà corps et vérité au chant. Des pages symphoniques viennent aérer la ronde des types vocaux traditionnels.

Marie-Magdeleine se situe à une charnière de l'évolution du théâtre musical où le grand opéra traditionnel recherche davantage d'intériorité. Dans un drame devenu psychologique, le fond grandiose, qu'il soit religieux ou profane, ne sert plus que de décor.

Éditions — Réd. cht et p., Paris, Hartmann, 1873. — Part. d'orch., Paris, Heugel, [v. 1874].

Bibliographie — H. Gauthier-Villars, Bains de sons, Paris 1893 ; du même, La mouche des croches, Paris 1894 ; L. Schneider, Massenet, l'homme, le musicien, Paris 1908 ; E. Reyer, Quarante ans de musique, Paris [1909], pp. 329-372 ; L. Schneider, Massenet, Paris 1926, pp. 241-250 ; voir aussi la bibliogr. des art. *Manon, Thaïs* et *Werther*.

G. R. Marschall

(Das) Marienleben (La Vie de Marie), cycle de 15 lieder pour soprano et piano de **Paul Hindemith**, sur des poèmes de Rainer Maria Rilke. La version primitive, composée en 1922-23 et portant le n° d'opus 27, était dédiée à la pianiste Emma Lübbecke qui en assura la création le 15 oct. 1923 à Francfort, avec la cantatrice Beatrice Lauer-Kottlar. De 1936 à 1948, le compositeur travailla longuement à la révision de son œuvre, dans le sens d'une simplification du style et d'une meilleure cohérence d'ensemble. Cette nouvelle version fut créée le 3 nov. 1948 à Hanovre, par Annelies Kupper et Carl Seemann. Pour sa publication Hindemith rédigea une longue préface, exposant les remaniements effectués ainsi que les principes compositionnels qu'il a suivis. Il a en outre orchestré l'accompagnement des lieder 1, 5, 7, 8, 10 et 15. (Mayence, Schott ; durée : 1 h environ.)

1. *Geburt Mariä* (Naissance de Marie) : berceuse d'écriture dépouillée. **2.** *Die Darstellung Mariä im Tempel* (Présentation de Marie au Temple) : passacaille sur un thème obstiné de 8 mesures, répété et varié 16 fois. **3.** *Mariä Verkündigung* (Annonciation à Marie) : forme ABA, la calme douceur du début et de la fin s'opposant à un milieu plus animé. **4.** *Mariä Heimsuchung* (Visitation de Marie) : allure légère et fluide d'une mesure à 12/8. **5.** *Argwohn Josephs* (Soupçons de Joseph) : rythme vif et marqué, accompagnement de piano souvent réduit à une ligne simple doublée à l'octave. **6.** *Verkündigung über die Hirten* (Annonciation aux bergers) : le thème principal (repris du n° 3) est développé conjointement par le chant et le piano, et doublé d'un thème secondaire joué par le piano au début et à la fin. **7.** *Geburt Christi* (Naissance du Christ) : mêmes dessins thématiques qu'au n° 1, avec en postlude annonce du n° 11. **8.** *Rast auf der Flucht nach Ägypten* (Halte lors de la fuite en Égypte) : les fatigues du voyage sont traduites par le développement serré d'un motif au rythme marqué, puis la halte amène une allure plus détendue (ostinato en croches au grave du piano). **9.** *Vor der Hochzeit zu Kana* (Les Noces de Cana) : long prélude du piano, sur 2 thèmes dont l'un traité en fugato, l'autre étant ensuite repris par la voix. **10.** *Vor der Passion* (Avant la Passion) : lamento d'un chromatisme oppressant. **11.** *Pietà* : morceau bref mais très expressif, sur un accord du piano déjà entendu à la fin du n° 7. **12.** *Stillung Mariä mit dem Auferstandenen* (Apaisement de Marie avec le ressuscité) : musique transparente et statique, d'un calme contemplatif. **13.** *Vom Tode Mariä* I (De la mort de Marie I) : au début et à la fin écriture en contrepoint à 3 voix sur basse obstinée, milieu d'allure plus libre. **14.** *Vom Tode Mariä* II : thème exposé par le piano seul et suivi de 5 variations et d'une coda. **15.** *Vom Tode Mariä* III : contraste entre l'expression énergique du thème principal et la tournure plus chantante de la section centrale, avec rappel du n° 1.

Comme l'opéra → *Cardillac*, de peu postérieur à la 1re version, *Das Marienleben* adapte à une grande œuvre vocale les principes constructifs expérimentés précédemment dans des œuvres instrumentales. D'où un style et une conception qui ne doivent rien à la tradition du lied romantique et postromantique, et qui créent une certaine austérité bien adaptée à la spiritualité du sujet. L'écriture se caractérise par la coloration volontiers modale (et pentatonique) de la mélodie, et par sa forte prédominance contrapuntique, ainsi au début du n° 13 **A**. Quant à la forme de chaque morceau, elle utilise généralement des schémas ou procédés empruntés à la musique pure : passacaille, thème varié, fugato, développement thématique, etc. D'où la disparition presque totale du figuralisme, et l'établissement des relations texte-musique sur une base plus intellectuelle (au sujet de laquelle le compositeur évoque le précédent du motet isorythmique médiéval). Par exemple, la transformation de l'eau en vin (n° 9) correspondra à une métamorphose rythmique du thème de fugato ; et surtout les tonalités sont associées à une idée précise : *mi* (ton principal) = le Christ, *si* = la Vierge, *la* = les Anges, *ré* = confiance, *si* ♭ (triton de *mi*) = doute, manque de foi, etc.

Das Marienleben, étape capitale dans la maturation créatrice de Hindemith, est considéré à juste titre comme l'une de ses productions majeures.

Éditions — **a)** Version primitive, Mayence, Schott, 1924 ; rééd. par K. von Fischer, *in* P. Hindemith. Sämtliche Werke VI/1, Mayence, Schott, 1983. — **b)** Version révisée, Mayence, Schott, 1984.

Bibliographie — H. Strobel, P. Hindemith, Mayence 1928, 3/1948 ; A. Briner, P. Hindemith, Zurich, Atlantis, et Mayence, Schott, 1971 ; K. von Fischer, préface à l'édition, *in* P. Hindemith. Sämtliche Werke VI/1, Mayence, Schott, 1983 ; L. Hedblad, Das Marienleben. Zwei Etappen in Hindemiths Schaffen, *in* Hindemith-Jb. XIV, 1985.

A (DAS) MARIENLEBEN

MARIENLIEDER (Chants de Marie), op. 22, recueil de 7 chœurs mixtes a cappella de **Johannes Brahms**, sur des textes de chants populaires, composés en 1859, le n° 3 probablement en 1860 : 1. *Der englische Gruss* (L'Angélus), 2. *Marias Kirchgang* (Marie à l'église), 3. *Marias Wallfahrt* (Le Pèlerinage de Marie), 4. *Der Jäger* (Le Chasseur), 5. *Ruf zur Maria* (Appel à Marie), 6. *Magdalena*, 7. *Marias Lob* (Louange de Marie). (Leipzig, J. Rieter-Biedermann, 1862 ; durée globale de l'œuvre : 18 min 10 s environ.)

Première œuvre chorale a cappella publiée de Brahms, les *Marienlieder* témoignent de l'intérêt précoce du compositeur pour la musique ancienne. Sous l'impulsion d'une pratique chorale acquise à Detmold entre 1857 et 1859, Brahms fonde en 1859, à Hambourg, un chœur féminin, le Hamburger Frauenchor, pour lequel il compose entre autre la plus grande partie de cet op. 22 (seul le n° 3 fait exception). Écrit donc tout d'abord pour voix de femmes (S S A A), il fut remanié en 1860 (S S A T) et ne prit sa forme définitive (S A T B) qu'en 1861.

Exception faite des pièces n° 5, chant de prières et d'implorations à Marie, et n° 7, chant de louanges, les *Marienlieder* narrent des scènes de la vie de Marie, tirées des textes sacrés ou nées de l'imagination populaire. Le ton des poèmes est simple, direct et naïf comme le veut leur origine populaire. Brahms accorde sa musique à l'esprit du texte. Nulle élaboration polyphonique abstraite ne prend le pas sur la fraîcheur de l'expression. La pièce n° 2 exceptée, le soprano est toujours porteur de la mélodie. Sans ajout sonore superflu et sans aucun systématisme, les autres voix de la polyphonie tissent une trame qui rehausse le dessin de la ligne principale tout en en préservant la limpidité. La forme des différentes pièces, marquée par un fort strophisme, concorde avec le souci de simplicité populaire, mais, grâce à des effets de contraste introduits à l'improviste, voire presque incidemment, ces sobres miniatures musicales gagnent un charme inattendu. Sur les 7 pièces, 5 voient une (trois exceptionnellement dans le cas de *Der Jäger*) de leurs strophes pourvue d'une musique divergeant de celle des autres strophes. Dans le n° 2, un très bel effet sonore est ainsi obtenu ; dans un esprit presque d'illustration baroque, la sixième et avant-dernière strophe rompt la régularité musicale : écho du sens du texte, une évocation de sonneries de cloches immobilise les différentes voix, pendant 10 mesures, sur des balancements entrelacés de secondes, tierces, quartes et quintes. Le contraste naît ici d'une recherche descriptive. De même dans *Der Jäger* (n° 4), plus élaboré, il participe aussi à l'organisation formelle de la pièce, superposant sur les répétitions strophiques une structure ternaire :

I		II			III	
A	A	B	B'	B"	A	A
str.1	str.2	str.3	str.4	str.5	str.6	str.7

La section centrale II est l'unique moment, dans tout l'opus, où Brahms exploite les ressources spatiales de l'écriture contrapuntique pour créer un effet agogique. De B à B' et à B", le matériau musical reste le même alors que les apparences se modifient selon un processus dynamique d'amplification sonore : d'une strophe à la suivante, des idées mélodiques analogues se réalisent soit à des voix différentes, soit accompagnées d'une trame sonore nouvelle. Notons aussi le beau passage (début de la strophe 3, reporté ensuite sur les strophes 4 et 5) où l'évocation, dans le poème, du « petit cor » (« Hörnlein ») appelle deux lignes construites presque exclusivement sur les notes du cor naturel. Dans la majeure partie de l'op. 22, l'écriture polyphonique apparaît avant tout comme un art de la ligne, grâce auquel le dessin des voix se renouvelle dans le temps et que Brahms fait coexister sans heurt avec une découpe du discours musical en sections bien délimitées. Ainsi, le caractère exceptionnel du traitement de la partie centrale de *Der Jäger* (pièce située précisément au centre du recueil) appelle l'attention sur une volonté d'organisation formelle à l'échelle de tout le recueil. Le parcours tonal, clos sur lui-même, et les analogies motiviques participent à l'élaboration de cette « grande forme ».

	même tonalité (I → VII)						
		couleur mineure (II → VI)					
pièces	I	II	III	IV	V	VI	VII
tonalité principale	*mi* ♭ maj.	*mi* ♭ min.	(transition vers 4) sans polarité tonale affirmée : *do* min., *mi* ♭ maj., avec couleur de *sol* maj. et fin sur *do* maj.	*sol* maj.	(retour vers les tons bémolisés) *si* ♭ maj.	*sol* min.	*mi* ♭ maj.

Sur le plan motivique, la quarte a un rôle unificateur évident (seule la pièce n° 6 ne l'utilise pas comme intervalle initial). Elle est le point de départ de relations serrées : 1°) les parties d'alto et de ténor du n° 1 voient, au rythme près, leur début imité dans le n° 2 ; 2°) la fonction de motif de référence M (enchaînements de quarte et de tierce) du début de la partie d'alto, pressentie dès le n° 1, se trouve confirmée dans le n° 2 par le traitement mélodique séquentiel des trois premières mesures, comme par le rôle obsessionnel joué, dans la strophe 6, par le *si* ♭, le *mi* ♭ et le *sol* ; 3°) dans le n° 3, ce motif revient, transposé de *mi* ♭ sur *do* ; 4°) dans le n° 4, il se retrouve, transposé sur *do* au début de la section centrale et sur *sol* dans les premières mesures, objet alors d'une extension mélodique et d'une transformation rythmique qui confirment le rôle formel dynamique de cette pièce.

Malgré quelques inégalités (ainsi des pièces nos 6 et 7, aux formules séquentielles trop rigides), les *Marienlieder* ne sont ni pastiche ni exercice de style, et contiennent en germe les prémices du style brahmsien le plus personnel. Pourtant, dans leur belle sobriété, ils sonnent bien, ainsi que le compositeur le voulut, « à peu près à la manière des vieux chants allemands populaires et religieux ».

Bibliographie — E. Evans, Historical, Descriptive and Analytical Account of the Entire Works of J. Brahms, I The Vocal Works, Londres 1912 ; S. Kross, Die Chorwerke von J. Brahms, Berlin 1958 ; M. P. Rose, Structural integration in selected mixed a cappella choral works of Brahms (diss. Univ. of Michigan, 1971) ; V. Hancock, Brahms's choral composition and his library of early music, Epping, Bowker, 1983 ; du même, The Growth of Brahms's Interest in Early Choral Music..., *in* Brahms : Biographical, Documentary and Analytical Studies, Cambridge, CUP, 1983 ; S. Kross, Kleinere Chorwerke, *in* C. Jacobsen (éd.), J. Brahms, Leben und Werk, Wiesbaden, Br. & H., 1983, pp. 160-162 ; M. Musgrave, The Music of Brahms, Londres, Routledge & Kegan Paul, 1985, pp. 66-68, 165-177 ; H. M. Beuerle, J. Brahms. Untersuchungen zu den a-cappella Kompositionen, Hambourg, K. D. Wagner, 1987.

Fr. Andrieux

Mârouf, savetier du Caire, opéra-comique en 5 actes, poème de Lucien Népoty tiré des *Mille et Une Nuits* dans la traduction du docteur J.-C. Mardrus, musique d'**Henri Rabaud**, créé à Paris, à l'Opéra-Comique, le 15 mai 1914, avec Jean Périer (Mârouf), Félix Vieuille (le sultan de Khaïtan), M. Delvoye (le Vizir), M. Vigneau (Ali), M. Mesmaecker (le Fellah-Génie), Louis Azéma (le pâtissier Ahmed), M. Payan (le Cadi) et Marthe Davelli (la princesse Saamcheddine), Mlle Tiphaine (Fattoumah, la calamiteuse), sous la dir. de François Ruhlmann. L'Opéra-Comique en donna 128 représentations avant que l'ouvrage passe, en 1928, au répertoire de l'Opéra et soit joué un peu partout dans le monde. (Paris, Choudens, 1914 ; durée : 3 h environ.)

Livret — Acte I. Au Caire. Une misérable échoppe de savetier. Le pauvre savetier Mârouf (ténor ou bar.) a bien du souci car il est affligé de Fattoumah (alto ou mezzo-sop.), une mégère irascible dont les querelles incessantes lui rendent la vie insupportable. La voilà justement qui réclame un gâteau de miel d'abeille. Mârouf n'a pas un sou en poche, mais son ami, le pâtissier Ahmed (basse), lui fait cadeau d'un gâteau, sucré au miel de canne, qu'il rapporte à sa femme. Indignation de Fattoumah qui se met à pousser des hurlements au point d'ameuter tout le quartier. Elle s'en va même se plaindre auprès du Cadi (basse), prétendant que son mari l'a insultée, maltraitée, battue. Le malheureux savetier recevra 100 coups de bâton. C'en est trop ! Mârouf, sans rien dire à personne, s'engage comme matelot sur une felouque et s'embarque vers d'autres rivages.

Acte II. Le souk de Khaïtan. Le bateau de Mârouf a coulé aux abords de Khaïtan. Mârouf, seul survivant, est recueilli par un ami d'enfance, le marchand Ali (bar.) qui a fait fortune. Il le présente partout comme un riche marchand pour lequel il donnera bientôt une réception grandiose. Intrigués, le Sultan (bar. ou basse) et son Vizir (bar.), déguisés en marchands, observent les préparatifs de la fête. Malgré les réticences du Vizir qui flaire une imposture, le Sultan se fait connaître et invite Mârouf à dîner.

Acte III. Le palais du Sultan. Malgré les protestations du Vizir, le Sultan ouvre ses coffres à Mârouf et décide d'en faire son gendre, le jour même. En attendant l'hypothétique caravane opulente (1 000 chameaux chargés d'étoffes précieuses et 1 400 mulets portant diamants, rubis, saphirs !), le Sultan supporte tous les frais de la noce, tandis que Mârouf distribue largement l'argent du Sultan aux courtisans et à la foule. Bientôt, le trésor sera vide. Mârouf craint que la princesse ne soit pire que sa première épouse, mais Saamcheddine (sop.) le charme à tel point qu'il se met à lui raconter sa vie, de façon assez décousue il est vrai. De son côté, la jeune fille n'est pas insensible au charme du jeune savetier qu'elle embrasse tendrement, sans avoir compris un traître mot de son histoire.

Acte IV. Le harem. Les jours passent et toujours pas de caravane. Le Vizir devient de plus en plus soupçonneux et même le Sultan sent le doute pénétrer son esprit : et si Mârouf l'avait trompé ? La princesse s'est éprise de Mârouf et cherche à le protéger. Elle lui demande cependant de lui dire la vérité. Mârouf, aux abois, avoue sa vantardise : la caravane n'arrivera jamais. Elle conçoit dès lors pour lui une admiration sans bornes et lui conseille de s'enfuir. Déguisée en garçon, elle partira avec lui.

Acte V. Une plaine aux environs de Khaïtan, avec la misérable habitation d'un Fellah. Au désert, les deux fugitifs sont recueillis par un vieux Fellah (ténor). Pour l'obliger, Mârouf l'aide à labourer la terre. Le soc de la charrue bute alors sur un anneau, scellé à une dalle qu'il soulève pour découvrir un escalier menant à un vaste souterrain, peut-être rempli de trésors. L'arrivée du paysan l'empêche de descendre. Il veut refermer le trou, mais l'anneau lui reste entre les mains. La princesse frotte l'anneau contre sa robe, ce qui amène un prodige fantastique : le vieux Fellah se transforme soudain en un génie superbe, gardien du trésor, prêt à exaucer n'importe quel vœu qu'exprimerait Mârouf. Et si la caravane imaginaire devenait réalité ? Sur ces entrefaites, Mârouf est arrêté par les cavaliers du Sultan qui le ramènent en ville. On s'apprête déjà à lui trancher la tête, lorsque arrive, à la stupéfaction de tous, la fameuse caravane. Mârouf vivra heureux avec sa princesse, alors que le Vizir trop perspicace sera sévèrement puni.

Lors de la première, G. Fauré écrivait dans *Le Figaro* : « La partition de *Mârouf* mérite absolument le très grand succès qu'elle a obtenu hier, succès que je crois durable et qu'elle doit à ses qualités essentiellement musicales, à l'abondance, à la variété, à l'agrément des idées, à la solidité du style, au charme de la couleur, au tour très spirituel de certaines périodes, enfin à la saine bonne humeur que d'un bout à l'autre elle dégage. » Fauré ne s'est guère trompé ; la partition remporta un succès prolongé, dû sans doute à un sens scénique aiguisé, un goût de la couleur et du pittoresque, une écriture élégante et une orchestration raffinée, parfois debussyste. Pour Rabaud, « il est inutile de vouloir mettre en musique des phrases qui n'ont aucun caractère lyrique ou d'étouffer sous l'orchestre des explications indispensables à la clarté du postulat ».

Bibliographie — Comptes rendus par G. Fauré *in* Le Figaro, 15.5.1914, G. Carraud *in* La Liberté, 17.5.1914, A. Pougin *in* Le Ménestrel, 23.5.1914 ; cf. également Le Ménestrel des 17.2. et 29.6.1928 ; M. d'Ollone, H. Rabaud, sa vie, son œuvre, Paris 1958.

M. Kelkel

(La) Marquise empoisonnée, chanson populaire saintongeaise, voir « Le roi a fait battre tambour ».

(The) Marriage (Le Mariage), opéra-comique en 2 actes, livrets anglais et tchèque — d'après Nicolas Gogol — et musique de **Bohuslav Martinů**, créé par la télévision américaine à New York, le 7 févr. 1953, puis par la télévision tchèque, le 13 août 1959 ; 1re représentation à Brno, au Théâtre national, le 22 mai 1960, sous la dir. de V. Nosek. (New York et Londres, Boosey & H., 1953 ; durée : 1 h environ.)

ARGUMENT — Le chef de bureau Podkolessine (bar.), qui apparaissait comme le célibataire le plus endurci de la ville, pense soudain à se marier, mais n'ose trop le faire. C'est bien commode une épouse, mais que de tracas en perspective ! Par l'intermédiaire de son domestique Stépan (rôle parlé) et de Fiokla (mezzo-sop.), marieuse professionnelle, des démarches prudentes sont entreprises pour lui trouver une belle fiancée. Pour l'aider à parvenir à ses fins, son ami Kotchkarev (ténor) met tous les concurrents éventuels en fuite. Un flirt est sur le point de s'ébaucher avec Agafia (sop.), la richissime et mûre fille d'un feu marchand, et le digne chef de bureau parvient même à lui faire croire qu'il est amoureux. Mais lorsqu'il s'agit de passer aux actes, il se sauve, laissant sa fiancée évanouie. Et notre digne chef de bureau n'aura qu'une seule envie : se coucher vite, car toutes ces émotions l'ont épuisé. Et le lendemain, il retrouvera satisfait son train-train quotidien.

Dans la comédie de Gogol, le comique repose peu sur les situations mais surtout sur les grimaces verbales des personnages, sur leur parler truculent ou grossier. C'est une pièce dont le succès dépend surtout du jeu des acteurs. Moussorgski avait tenté de la mettre en musique en 1868 mais en avait abandonné la composition après le 1er acte. Le style de Martinů, imposé par le sujet du livret, s'exprime au travers des différents genres du dialogue qui prend une importance considérable, allant du parlando au récitatif expressif. Le « bel canto » y est quasiment absent, hormis l'air plein d'humour d'Agafia au 2e acte.

Bibliographie — Voir celle de l'art. *Juliette ou la Clef des songes.*

M. KELKEL

(LA) MARSEILLAISE, chant patriotique devenu hymne national français, composé à Strasbourg dans la nuit du 25 au 26 avr. 1792 par le capitaine du génie **Claude-Joseph Rouget de Lisle.** Intitulé d'abord *Chant de guerre pour l'armée du Rhin*, il fut ensuite baptisé *Hymne des Marseillais* en raison de sa diffusion privilégiée par le bataillon des fédérés marseillais de Barbaroux appelés à Paris lors de l'insurrection du 10-Août, puis, finalement, *La Marseillaise.* Chant de guerre et de défense révolution naire, telle fut la première signification double et indivisible de *La Marseillaise* qui aura fait d'elle le plus sûr réactif idéologique de toute l'histoire de la France. Ce privilège — unique dans les annales des hymnes nationaux — lui aura permis à la fois d'être présent dans toutes les révolutions et de représenter la France envers et malgré les contre-Marseillaise qui lui auront été opposées jusqu'à son officialisation définitive de 1879, mise en application d'un décret daté du 26 messidor an III (14 juil. 1795) qui lui reconnaissait son caractère de chant national mais n'avait jamais été abrogé. Les orchestrations officielles pour harmonie et pour orchestre symphonique verront le jour en 1887. Aux contre-Marseillaise de la Convention thermidorienne (→ *Le Réveil du peuple)*, de l'Empire (→ *« Veillons au salut de l'Empire »*), de la Restauration (→ *Vive Henri IV !*), de la monarchie de Juillet (→ *La Parisienne*), du second Empire (→ *« Partant pour la Syrie »*) et de l'Ordre moral (*Vive la France !*) se sera ajoutée celle de l'État français de Pétain (*« Maréchal, nous voilà ! »*). Le cas unique de *La Marseillaise* se définit encore par sa paternité enviée en raison de sa réussite incontestable et exceptionnelle — d'où sa diffusion universelle seule égalée par → *L'Internationale* —, son harmonisation problématique et sa pérennité singulière. Celle-ci est attestée par le nombre sans pareil de pages littéraires, d'œuvres d'art et de compositions musicales qu'elle n'a cessé d'inspirer. L'orchestration de Berlioz, apparue durant les journées de juillet 1830, fut celle de la résurrection. Mais la plus belle harmonisation pour chœur a cappella est sans doute celle de Z. Kodály (1942). Parmi les citations de *La Marseillaise* certaines furent d'esprit frondeur, notamment dans les *Facéties* du *Carnaval de Vienne* (1839) de R. Schumann et → *Orphée aux Enfers* d'Offenbach (1858). Verdi aura le premier contrepointé *La Marseillaise* à un autre hymne national, *« God save the Queen »* (*Inno delle nazioni*, 1862), C. Saint-Saëns devant pareillement l'associer à la *Marche royale espagnole* (*Hymne franco-espagnol*, 1901), A. Honegger à *L'Internationale* (*Visages de la France*, 1938) et J. Chailley au → *Chant du départ.* Cette dernière superposition contrapuntique, parue à l'occasion du bicentenaire de la Révolution française, est intégrale par rapport à celle qu'avaient tentée Ibert et Honegger (*L'Aiglon*, 1937). Une première allusion limitée aux premières notes du refrain était apparue dans le poème symphonique *L'Héroïde funèbre* (1857) de Liszt, bien avant le prélude pour piano *Feux d'artifice* (1913) de Cl. Debussy. Quant à Rouget de Lisle, il aura été une première fois le personnage central d'un ouvrage lyrique dans la zarzuela de Manuel Fernández Caballero, *La Marsellesa* (livret de Miguel Ramos Carrion, 1876), antérieure à l'« œuvre lyrique » en un acte, *La Marseillaise*, de Lucien Lambert (livret de Georges Boyer), créée à l'Opéra-Comique le 14 juil. 1900. Un seul des innombrables couplets ajoutés ou substitués à ceux de Rouget de Lisle s'est imposé : celui des Enfants (« Nous entrerons dans la carrière ») attribué tantôt à Louis Dubois, tantôt à l'abbé Pessonneaux. Nombreuses aussi auront été les chansons, cette fois entièrement originales, évoquant l'auteur ou une étape historique de *La Marseillaise*. La plupart auront vu le jour entre 1871 et 1914, traitant le plus souvent des provinces perdues comme *Le* (célèbre) *Violon brisé*, ou le centenaire de notre hymne national (*Elle a cent ans « La Marseillaise »*, musique de Gustave Goublier).

Bibliographie — LEROY DE SAINTE-CROIX, « La Marseillaise » de Rouget de Lisle, notice historique... (conférence donnée à Lons-le-Saulnier le 8.11.1880), Strasbourg et Paris 1880 ; du même, Encore « La Marseillaise » et Rouget de Lisle (conférence faite à Choisy-le-Roy le 14.11.1880), Strasbourg et Paris 1880 ; du même, Le Chant de guerre pour l'armée du Rhin, Strasbourg et Paris 1880 ; V. JEANVROT, Allons, enfants de la Patrie ! Histoire de « La Marseillaise », Paris s.d. ; C. PIERRE, « La Marseillaise », comparaison des différentes versions, variantes de la mélodie, du rythme et de l'harmonie, Paris 1887 ; A. LECONTE, Rouget de Lisle, sa vie, ses œuvres, « La Marseillaise », Paris 1892 ; J. TIERSOT, Rouget de Lisle, son œuvre, sa vie, Paris 1892, rééd. avec chap. d'actualisation sous le titre Histoire de « La Marseillaise », Paris 1915 ; C. PIERRE, Les hymnes et chansons de la Révolution, Paris 1904 ; L. DE JOANTHO, Le triomphe de « La Marseillaise », Paris 1917 ; L. FIAUX, « La Marseillaise », son histoire dans l'histoire des Français depuis 1792, Paris 1918 ; H. COUTANT, « La Marseillaise », son histoire depuis 1792, Paris 1919 ; D. FRYKLUND, « La Marseillaise » dans les pays scandinaves, Helsingborg 1936 (en fr.) ; du même, « La Marseillaise » en Allemagne, Helsingborg 1936 ; du même, Les éditions anglaises de « La Marseillaise », Helsingborg 1936 ; L. GARROS, Rouget de Lisle et « La Marseillaise », Paris 1936 ; H. RADIGUER, Rouget de Lisle, musicien de la Révolution, Paris 1936 ; H. WENDEL, « Die Marseillaise », Biographie einer Hymne, Zurich 1936 ; M.-H. ROSIER, Rouget de Lisle, Paris 1937 ; J. GARDIEN, Rouget de Lisle, essai bibliographique (dactylogr., Paris, BN) ; DOMMANGET, De « La Marseillaise » de Rouget de Lisle à « L'Internationale » d'Eugène Pottier. Les leçons de l'histoire, Paris 1938 ; D. FRYKLUND, Catal. de l'exposition du 150e anniversaire de « La Marseillaise », Helsingborg 1942 (en fr.) ; M. DE LA FUYE et E. GUÉRET, Rouget de Lisle inconnu, Paris 1943 ; FR. GEL, « Die Internationale » u. « Die Marseillaise », Prague 1954 ; V. DELFOLIE, « La Marseillaise », paroles et musique de Rouget de Lisle. Essai de reconstitution historique et de critique littéraire, Montmorillon s.d. ; Bull. de la Soc. d'émulation du Jura, 1960 (no spécial consacré à Rouget de Lisle) ; Catal. de l'exposition du bicentenaire de la naissance de Rouget de Lisle organisée à Choisy-le-Roi (dactylogr.) ; Europe, juin 1960 (no spécial La Marseillaise-Deutschland über alles) ; M. MAURON, « La Marseillaise », Paris, Libr. Perrin, 1968 ; PH. PARES, Qui est l'auteur de « La Marseillaise » ?, Paris, Éd. mus. Minerva, 1974 ; FR. ROBERT, Lettres à propos de « La Marseillaise », *in* Coll. « Centre de correspondances du XIXe s. », Paris, PUF, 1980 (d'après la thèse de doctorat de 3e cycle inéd. Des œuvres musicales inspirées par le thème de « La Marseillaise » de 1792 à 1919) ; M. VOVELLE, « La Marseillaise », *in* La République. Les lieux de mémoire, *in* Coll. « Les Histoires », Paris, Gallimard, 1985 ; FR. ROBERT, « La Marseillaise », Paris, Nouvelles Éditions du Pavillon, 1989 ; H. LUXARDO, « La Marseillaise », Paris, Plon, 1989 ; A. DE PLACE, La vie musicale sous la Révolution, Paris, Fayard, 1989.

FR. ROBERT

(LE) MARTEAU SANS MAÎTRE, pour voix d'alto, fl. en *sol*, alto, guitare, vibraphone, xylorimba et percussion, de **Pierre Boulez**, composé entre 1953 et 1955 sur des poèmes de René Char, dédié à Hans Rosbaud. Prévue pour le Festival de Donaueschingen 1954, sa création dut être retardée et Boulez en profita pour y apporter quelques modifications de détail et surtout pour y ajouter une 9e pièce servant de finale. L'œuvre fut créée au festival de la SIMC à Baden-Baden, le 18 juin 1955, par Sybilla Plate et des musiciens de l'orchestre du Südwestfunk sous la dir. de H. Rosbaud. (Vienne, UE, 1954 [1re version], 1957 [version finale] ; durée : 35 min environ.)

C'est par *Le Marteau sans maître*, après des œuvres comme *Polyphonie X* et le 1er livre des *Structures pour 2 pianos*, que P. Boulez émergeait de la période post-sérielle extrêmement rigoureuse du début des années 50. La technique sérielle généralisée y atteint son plus haut niveau de complexité tout en quittant le domaine de l'abstraction pure pour reprendre en considération le résultat sonore, passablement négligé dans les œuvres précédentes. Quoique d'esthétique totalement opposée, *Le Marteau sans maître* établit un rapport voulu et direct avec le → *Pierrot lunaire* de Schönberg. Dans les deux compositions, il s'agit d'une suite de pièces assez courtes organisées en trois cycles, pour voix et petit ensemble instrumental, et dont l'effectif change à chaque pièce (voir aussi le dialogue voix/flûte de *« L'Artisanat furieux »* qui cite instrumentalement la 7e pièce de l'œuvre de Schönberg, les silences de durées différentes entre chaque pièce, le « Sprechgesang »).

Aux trois poèmes surréalistes de R. Char correspondent trois cycles musicaux enchevêtrés comprenant une pièce vocale et des pièces instrumentales (1er et 2e cycle) ou une pièce vocale et son « double » (3e cycle) :

1. avant *« L'Artisanat furieux »* ;
2. Commentaire I de *« Bourreaux de solitude »* ;
3. *« L'Artisanat furieux »* (vocal) ;
4. Commentaire II de *« Bourreaux de solitude »* ;
5. *« Bel Édifice et les pressentiments »* — version première (vocal) ;
6. *« Bourreaux de solitude »* (vocal) ;
7. après *« L'Artisanat furieux »* ;
8. Commentaire III de *« Bourreaux de solitude »* ;
9. *« Bel Édifice et les pressentiments »* — double (vocal).

Comme son nom l'indique, cette dernière pièce est en quelque sorte une reprise, non seulement de *Bel Édifice*, mais de toute l'œuvre, au moyen de citations transformées, enchaînées les unes aux autres.

Par rapport à ses œuvres précédentes, Boulez tient compte davantage des techniques spécifiques des instruments et utilise au maximum leurs possibilités. Comme à de nombreux autres niveaux de l'organisation musicale, un continuum est recherché dans l'emploi des instruments ; de la voix à la percussion, ceux-ci sont liés deux à deux par une caractéristique commune : souffle, monodie → voix-flûte ; monodie → flûte-alto ; cordes pincées → alto-guitare ; résonance longue → guitare-vibraphone ; lames frappées → vibraphone-xylorimba. La percussion, classée à part, joue un rôle distinct de celui des autres instruments. Chaque pièce utilisant son instrumentation propre, l'emploi du même instrument changera donc d'un morceau à l'autre en fonction de l'effectif présent.

Dans l'avant-propos de la partition, Boulez explique la métamorphose qu'il a voulu réaliser dans le rôle de la voix. Dans la 1re pièce vocale, *L'Artisanat furieux*, le poème se situe au tout premier plan (le découpage des vers commande la forme musicale) et la primauté est donnée à la ligne vocale, contrepointée par la flûte. La 2e pièce vocale, *Bel Édifice et les pressentiments*, version première, inaugure un nouveau rapport texte/musique : la forme musicale est toujours calquée sur celle du poème mais le chant n'a plus la primauté et l'on assiste à une sorte d'antinomie entre la voix et les instruments. La 3e pièce vocale, *Bourreaux de solitude*, résout cette antinomie grâce à une totale unité de composition entre la voix et les instruments ; c'est la structure musicale qui domine, la voix émergeant de temps à autres de l'ensemble pour énoncer le texte. Enfin, *Bel Édifice et les pressentiments*, double, verra dans sa 2e partie la voix disparaître, bouche fermée, dans le complexe instrumental, tandis que la flûte, passant au 1er plan, assume en quelque sorte le rôle vocal.

Les techniques vocales, très variées, peuvent se ramener à 5 catégories auxquelles sont appliquées un certain nombre de variantes opérant entre elles une sorte de glissement progressif. Il s'agit du chant mélismatique (1re pièce vocale), du chant syllabique (2e et 3e pièce vocale), du « Sprechgesang » à la manière schönbergienne, du parlando et du chant bouche fermée (double de *Bel Édifice*). L'évolution des techniques vocales va donc de pair avec la disparition progressive de la primauté du chant et avec l'effacement du poème au sein de la musique.

Les trois pièces du 1er cycle mettent en œuvre le même processus de multiplication des fréquences à partir d'une série (voir P. Boulez, *Penser la musique aujourd'hui*), leurs caractéristiques résidant plutôt dans les variations de tempo et de dynamique. Le 2e cycle est le plus complexe et fait varier les techniques d'une pièce à l'autre. La pièce centrale, *Bourreaux de solitude*, utilise la série généralisée à son premier stade : séries chromatiques parallèles de hauteur, de durées et d'intensités/attaques, avec en outre un rôle structurel des registres ; cependant, leur utilisation en est beaucoup moins dogmatique que dans les premières œuvres post-sérielles de Boulez, la présence simultanée des trois organisations sérielles n'étant pas systématique. En outre, une certaine tendance vers les blocs de fréquences se fait jour lorsque plusieurs séries de hauteurs apparaissent en même temps. Le Commentaire I utilise de manière simultanée des complexes sériels dans lesquels des divisions de l'octave sont appliquées à partir de divers intervalles et jouent alternativement sur les variations de l'intensité et du timbre. Le Commentaire II se fonde sur des cellules rythmiques qui déploient deux types de relations entre secondes majeures et secondes mineures. Il faut y mentionner aussi le rôle du tempo, très mobile, et le même jeu sur l'intensité et le timbre que dans le Commentaire I. La technique du Commentaire III est beaucoup plus apparentée à celle de *« Bourreaux »* dont elle reprend la combinaison de trois séries chromatiques parallèles ; elle introduit en outre la technique de la « polyphonie repliée », sorte de polyphonie à deux voix jouée monodiquement grâce à certaines subtilités rythmiques traduites par des appoggiatures (*Penser la musique aujourd'hui*). *Bel Édifice*, version première, est peut-être la pièce la moins complexe de l'œuvre. Après l'exposition de la série linéaire en trois segments, elle élabore à partir de celle-ci un matériau mélodique et harmonique qui est ensuite développé thématiquement, sans plus faire cas de la série de départ, soit autour d'un intervalle déterminé, soit autour de complexes harmoniques déroulés mélodiquement. Enfin, *« Bel Édifice »*, double, réunit les techniques de composition des trois cycles sous forme de citations textuelles comportant certaines variations (mes. 1 à 41) ou sous forme de citations développées (mes. 42 à 188).

Le Marteau sans maître, œuvre la plus célèbre de son auteur, marque chez Boulez à la fois l'apogée de la technique postsérielle et son dépassement. Sa nouveauté réside non dans ses techniques de composition (quoique leur complexité dépasse de loin celle des compositions postsérielles précédentes), mais bien dans son esthétique en quelque sorte pointilliste et dans sa sonorité qu'on a qualifiée d'exotique, deux caractéristiques qui choquèrent le public de l'époque, mais qui devinrent les traits dominants d'une certaine musique des dix années suivantes. Cependant, l'apport le plus important semble résider, d'une part, dans sa recherche formelle qui conduira Boulez, en même temps d'ailleurs que K. Stockhausen, à l'invention de la forme ouverte, d'autre part dans la réhabilitation, à côté d'une rigueur d'écriture inchangée, de l'importance du résultat sonore.

Bibliographie — P. Boulez, « Le Marteau sans maître » (notice du programme de la création) ; du même, Dire, jouer, chanter, *in* La musique et ses problèmes contemporains, Cahiers Renaud-Barrault 41/2, 1963, repris *in* P. Boulez, Points de repère, Paris, Bourgois, 1981 ; du même, Penser la musique aujourd'hui, Paris 1963 ; K. Stockhausen, Sprache u. Musik, *in* Texte II, Cologne 1964 ; P. Boulez, Relevés d'apprenti, Paris 1966, pp. 40-64 ; G. M. Roberts, Rhythm as a structural element in Boulez's « Le Marteau... » (diss. Indiana Univ., 1968) ; P. Boulez, « Télémarteau », téléfilm sur « Le Marteau... », coproduction de la BBC et du Südwestfunk, Baden-Baden 1968 ; R. Gerlach, P. Boulez u. S. Mallarmé..., *in* Über Musik u. Sprache... éd. par R. Stephan, Mayence, Schott, 1974 ; Th. Hirsbrunner, Die surrealistische Komponente in P. Boulez's « Le Marteau... », *in* NZfM CXXXV/7, juil. 1974 ; P. Boulez, Par volonté et par hasard. Entretiens avec C. Deliège, Paris, Éd. du Seuil, 1975 ; G. Levin, An analysis of movements III and IX from « Le Marteau... » (diss. Brandeis Univ., 1975) ; L. Koblyakov, P. Boulez « Le Marteau... » Analysis of pitch structure, *in* Zs. für Musiktheorie VIII/1 1977 ; U. Siegele, Zwei Kommentare zum « Marteau... », von P. Boulez, Neuhausen-Stuttgart, Hänsler, 1979 ; R. Piencikovsky, R. Char et P. Boulez. Esquisse analytique sur le « Marteau... », *in* Schweizer. Beitr. zur Musikwiss., Berne et Stuttgart, Haupt, 1980 (description des techniques de composition) ; P. Boulez, Points de repère, Paris, Bourgois, 1981 ; Plaquette Boulez pour le Festival d'Automne 1981, Paris, L'Avant-Scène, 1981, reprise *in* L'Avant-Scène Opéra, n° spécial XXXVI, sept.-oct. 1981 ; D. Jameux, P. Boulez, Paris, Fayard/Sacem, 1984, pp. 94-104 et 350-367.

V. Mataigne

Martha oder der Markt zu Richmond (Martha ou le Marché de Richmond), « romantisch-komische Oper » en 4 actes, livret de Wilhelm Friedrich (pseudonyme de Friedrich Wilhelm Riese) d'après l'argument du ballet de Jules-Henri Vernoy de Saint-Georges *Lady Henriette ou la Servante de Greenwich* (1844), musique de **Friedrich von Flotow**, créé à Vienne, au Kärntnerthortheater, le 25 nov. 1847. L'œuvre fut donnée à Paris en italien (trad. d'A. de Lauzières, Théâtre-Italien, 11 févr. 1858), puis en français (trad. de J.-H. Vernoy de Saint-Georges, Théâtre-Lyrique, 16 déc. 1865) avec l'adjonction de l'air *« Ach ! so fromm, ach ! so traut »* ou *« M'appari »* (Comme un rêve), extrait de *L'Ame en peine* (opéra en 2 actes de Flotow créé à l'Opéra de Paris en 1846).

Livret — L'action se passe à Richmond (Angleterre) au début du xviiie siècle. Lady Harriet Durham (sop.), dame d'honneur de la reine Anne, s'ennuie à la cour. Déguisée en paysanne, elle se rend, avec sa confidente Nancy (mezzo-sop.), à la foire aux servantes de Richmond. Martha et Julia — leurs prénoms d'emprunt — sont engagées par deux jeunes fermiers, Lionel (ténor) et Plunkett (bar.), qui tombent aussitôt amoureux de leurs nouvelles domestiques. Mais inaptes à la vie campagnarde et aux travaux ménagers, les jeunes femmes s'enfuient, laissant leurs « maîtres » désespérés. Dans la forêt de Richmond, Lionel rencontre une jeune chasseresse entourée d'un luxueux équipage. Il reconnaît Martha, découvre qu'elle est comtesse, et, comprenant qu'il a été berné, sombre dans une profonde tristesse. En même temps, Plunkett, qui a retrouvé Nancy-Julia, révèle la haute naissance de son ami : Lionel, dont l'origine restait mystérieuse, est le fils du comte de Derby, mort après l'échec du complot qui aurait dû rendre la couronne à Jacques II. Il faudra toute la tendresse de Harriet et l'évocation des jours heureux passés à la ferme pour que Lionel retrouve la paix et que l'amour triomphe.

L'enthousiasme du public viennois pour → *Alessandro Stradella* fut à l'origine de la commande de ce nouvel opéra. Il fut décidé de transformer l'argument d'un ballet dont Flotow avait déjà composé le 1er acte (l'acte II était de R. Burgmüller, l'acte III d'É. Deldevez). L'adaptation habile de formules qui avaient fait leurs preuves dans le genre comique — déguisements et quiproquos ; ton facile, volontiers spirituel — contribua au succès durable de l'ouvrage. Le style musical est influencé par l'opéra-comique français comme par la « Spieloper » : vastes ensembles vocaux (surtout de forme lied, avec sop. principal) ; morceaux pour solistes, devenus très populaires (air d'Harriet *« Letzte Rose »*, écrit d'après *The Last Rose of Summer* de Th. Moore, et inspiré d'un chant traditionnel irlandais) ; récitatif préféré au dialogue parlé. Malgré une écriture musicale de style continu, l'œuvre se présente toujours sous forme de numéros séparés. Le public apprécia le parfait dosage de sentimentalité romantique (p. ex. dans l'air de Lionel *« Ach ! so fromm, ach ! so traut »*) et de comique burlesque. *Martha* est régulièrement représentée aujourd'hui sur les scènes allemandes.

Éditions et rééditions — Réd. cht et p., Vienne 1847(?) ; Paris, Brandus et Dufour, 1858. — Part. d'orch., Leipzig 1940.

Bibliographie — B. Bardi-Poswiansky, Flotow als Opernkomponist (diss. Königsberg, 1924) ; E. J. Dent, Martha : a Best-seller in Opera, *in* ML XXII, 1941 ; W. Hübner, Martha, Martha, komm doch wieder, *in* Musik u. Gesellschaft XIII, 1963.

P. Prévost et J. Schläder

Martine, comédie lyrique en 5 tableaux, livret de Jean-Jacques Bernard, musique d'**Henri Rabaud**, créée à Strasbourg, au théâtre municipal, le 28 avril 1947. (Durée : 1 h 19 min.)

Livret — 1er Tableau. Sur une route ensoleillée, Martine (sop.), une jeune paysanne qui rentre du marché, fait halte sous un pommier. S'y arrête aussi Julien (ténor), un jeune homme qui, amicalement, engage la conversation, demandant son chemin et questionnant la jeune fille sur elle-même. Alfred (bar.), un paysan, interrompt brièvement leur dialogue qui reprend tandis que les deux compagnons gagnent le village. — 2e Tableau. Quinze jours plus tard, Martine et Julien sont liés, par l'amour pour elle, par l'amitié pour lui, mais arrive Jeanne (sop.), une amie de Julien. Leur communauté de goûts va les conduire aux fiançailles. — 3e Tableau. C'est l'automne. Martine souffre en silence puis éconduit Alfred. Se confiant à elle dans la perspective de son mariage avec Julien, Jeanne avive sa douleur. — 4e Tableau. La veille de Noël. Jeanne et Julien sont mariés depuis deux mois ; Martine vient fréquemment voir ce bonheur et Jeanne commence à comprendre... De toute façon, son époux veut s'installer à Paris et le dit à sa grand-mère (mezzo-sop.) qui, elle, engage Martine à se marier. — 5e Tableau. Un an après, Martine a épousé Alfred. Jeanne et Julien ont vendu la maison car la grand-mère est morte. Julien fait ses adieux à Martine en se rendant compte qu'elle l'a aimé...

Créée à Paris en 1922, la pièce de J.-J. Bernard avait bénéficié de la mise en scène de Gaston Baty et de l'interprétation de Marguerite Jamois dans le rôle-titre. Ils en avaient transformé l'aspect quotidien, à la limite de la banalité, en une sorte de réalisme poétique parfois ardent et secret. C'est dans cet esprit que, vingt-cinq ans plus tard, H. Rabaud concevra sa partition. Allégeant d'abord son orchestre en supprimant trompettes, trombones et batterie, il réalisera un opéra de chambre intimiste, aux éclats rares et dosés. Privilégiant les cordes, il demande aux instruments de créer un climat confidentiel, d'assurer la continuité dramatique, de commenter — voire d'amplifier — les émotions qui émanent des voix, se refusant aux prouesses comme aux facilités. Le ton employé reste celui de la « conversation musicale » où, dans un contexte rigoureusement tonal, l'essentiel se cache sous l'anodin, la suggestion sous l'ellipse. Des cinq personnages mis en scène, la grand-mère ne se démarque pas d'un rôle traditionnel de conseillère apaisante. Alfred campe un paysan un peu bourru et peu tendre mais d'une honnêteté sans faille. Le langage rustique à lui dévolu — pour « faire vrai » — ne facilite pas une émission vocale toujours à la limite du parlando. Les trois rôles principaux offrent un saisissant contraste avec celui-là. Martine est naïveté, ingénuité, vivacité, voire impulsivité. Cet enthousiasme juvénile et dynamique cède progressivement la place à une douleur de plus en plus résignée au fur et à mesure que les événements se déroulent. C'est à Jeanne et à Julien que le compositeur a réservé tous ses soins. La première se voit offrir une partition très mélodieuse, d'une écriture raffinée, d'une poésie constamment noble. Plus épanouie que celle de Martine, sa voix se fait de plus en plus ardente quand elle évoque Julien, s'enflamme quelque peu de reconnaissance au 4e tableau pour remercier sa voisine de sa venue et connaît une angoisse fébrile quand elle met Julien au courant de ses soupçons sur sa rivale. Tonique, fougueux, voire extatique, son amoureux sait se montrer tendre quand il le faut. La ligne vocale qui lui est impartie rend souvent compte de son étonnement et de sa vive sensibilité au contact des réalités du monde environnant. Point culminant de l'harmonie qui va les réunir, le 2e tableau détient le secret de leur inaltérable amour. Devant Martine désarçonnée, Julien s'émeut de la beauté de la nature et, ce qui ne figure pas dans la pièce de théâtre, amorce le lied du Tilleul de Schubert. A l'orchestre se fait entendre un mystérieux appel de cor. Plus loin, il reprendra ce thème et Jeanne y répondra avant d'unir sa voix à celle de Julien pour le chanter avec respect sur un accompagnement des plus ténus. Cette page est avant tout un hommage au maître révéré par H. Rabaud, mais elle se veut aussi une manifestation profonde et définitive de l'accord intime de deux êtres que tout rapproche : l'éducation, l'art et la passion. Écartée de ce monde, Martine, héroïne aussi cruellement déchirée que les grandes divas romantiques, devra, dans une expression jamais grandiloquente mais implacablement efficace, gravir le chemin des amours dramatiquement brisées.

M. BURGARD

« MARTIN MENOIT SON POURCEAU AU MARCHÉ », chanson à 4 voix de **Claudin de Sermisy**, sur un texte de Clément Marot. Alors que l'épigramme de ce dernier paraît en 1534, dans la *Suite de l'Adolescence Clémentine* (*De Martin et Alix*), trois compositeurs semblent rivaliser de vitesse pour la mettre en musique. Dès septembre 1534, Attaingnant publie la chanson d'Alaire ; celles de Claudin et de Janequin paraissent en même temps en févr. 1534 (1535 n. st.), dans le même recueil (*26 Chansons musicales...*, Paris, Attaingnant). C'est d'ailleurs le style de Janequin que Sermisy adopte ici : déclamation rapide, imitations, expressivité rythmique... On y retrouve l'essentiel des procédés familiers des chansons narratives « avec propos ». Même l'effet de dialogue associé à l'utilisation des tessitures est employé : le vers « Et qui tiendra nostre pourceau friande » est chanté par les seules voix de ténor et bassus auxquelles répondent contraténor et supérius qui réintroduisent du même coup la polyphonie à 4 voix (« Qui, dist Alix »). Claudin se révèle, cependant, plus routinier, adoptant pour ce dizain de décasyllabes le schéma formel traditionnel : A B A' B' C D E F G H. Pour stéréotypée qu'elle soit, la duplication initiale n'en cache pas moins une étonnante rupture de la concordance habituelle entre le vers et la phrase musicale : les deux phrases A, en effet, recouvrent un vers et demi intégrant l'hémistiche si judicieusement « enjambé » par Marot : « Pria Martin de faire le péché / De l'ung sur l'aultre. » Le reste du récit se démarque de Janequin par un exposé plutôt sobre dont seule la chute de l'épigramme émerge par l'hyperbole soudaine du supérius qui transgresse d'une quarte le sommet précédent de son ambitus : « Et Alix s'escria. » Ce climax se prolonge dans un jeu d'imitations serrées (« Serre Martin ») qui est loin d'atteindre le pittoresque obtenu ici par Janequin. A la répétition finale de ce vers, Claudin comme Janequin ajoute en coda une cadence plagale sur la double pédale du supérius et du ténor : figure d'ironie par connotation avec le langage de la musique religieuse.

Le succès instrumental de la chanson homonyme de Janequin semble avoir laissé dans l'ombre celle de Sermisy dont une seule tablature de luth nous est parvenue (à côté de celle de Janequin) dans le *Libro secondo* de Francesco da Milano (1546).

Éditions modernes — Par I. CAZEAUX, *in* Cl. de Sermisy. Opera omnia, CMM 52/4, Amer. Inst. of Musicology, 1974 ; par B. THOMAS, *in* Cl. de Sermisy. Fifteen Chansons, Londres, Pro Musica Ed., 1976.

Bibliographie — I. CAZEAUX, The secular music of Cl. de Sermisy (diss. Columbia Univ., New York 1961 ; J.-P. OUVRARD, La chanson polyphonique franco-flamande autour de 1530-1550 comme lecture du texte poétique (diss. Univ. de Tours, 1979 ; avec publ. de la chanson) ; du même, Du narratif dans la polyphonie au XVIe s. : « Martin menoit... », *in* Analyse Musicale, n° 9, 1987.

J.-P. OUVRARD

« MARTIN MENOIT SON POURCEAU AU MARCHÉ », l'une des plus célèbres chansons à 4 voix de **Clément Janequin**, éditée dès 1534 chez Attaingnant, en même temps que la chanson de Sermisy, quelques mois après celle d'Alaire, l'année même où Clément Marot en publie le texte, une épigramme narrative « avec propos ». En 10 vers décasyllabiques, Marot y conte l'aventure *De Martin et Alix*, deux personnages hauts en couleur qui fleurent bon l'univers populaire du théâtre de tréteaux. Contrairement à Sermisy, qui s'enferme dans le moule formel de la strophe de ballade, Janequin choisit une mise en musique continue sans répétition d'aucune sorte, modulant le tempo de sa lecture du texte pour mieux s'attarder sur les éléments saillants du récit, depuis l'enjambement poétiquement sollicité (« Pria Martin de faire le péché / De l'ung sur l'autre ») jusqu'au passage à l'acte (« Et Martin juche qui lourdement engaine ») pour culminer dans la panique rythmique de la chute finale de l'épigramme : « Serre Martin, nostre pourceau m'entraîne », que Janequin détend tout d'un coup par la cadence plagale, en guise de clin d'œil.

Comme la plupart des chansons érotico-narratives du compositeur, les moyens d'expression privilégiés sont d'abord dans la manipulation polyphonique des rythmes et des sons du texte. Mais Janequin sait aussi y ajouter la dramatisation du dialogue, ici judicieusement traduit par l'opposition des tessitures aiguës et graves.

Curieusement, alors que par tous ces effets de théâtralisation la musique semble indissociable du texte, les instrumentistes du XVIe s. se sont emparés de cette polyphonie. De nombreux luthistes mettent la chanson en tablature, de **Bakfark** (1542) à **Barbetta** (1582) en passant par **Da Milano** (1546), Phalèse (1546) et **De Rippe** (1562), imités par les organistes jusqu'à **Andrea Gabrieli** qui en fait aussi bien une canzone et un ricercare. L'instrumentiste prend alors ses distances avec la polyphonie originale, se contentant de lui emprunter ses sujets pour les traiter à sa guise. C'est aussi ce que fait **Vincenzo Ruffo**, dans un *Capriccio* sur *« Martin Minoit »* pour 3 instruments (1546). Dans les dernières années du XVIe s., **Girolamo Dalla Casa** en propose encore une ornementation virtuose « con la viola bastarda » dans son traité de diminution (1584). Le détournement instrumental de telles musiques peut poser question : que reste-t-il du texte, en effet ? A moins qu'Erasme ait eu raison en 1525 : « Dans nos chansons modernes, même si les paroles se taisaient, on découvrirait, par la seule considération de la musique, le caractère ordurier du thème » (*Institutio Christiani Matrimonii*).

Rééditions modernes — Par A. SEAY, *in* Thirty chansons for 3 and 4 voices from Attaingnant's collections, New Haven, Yale Univ. Press, 1960 ; par A. TILLMAN-MERRITT et FR. LESURE, *in* Cl. Janequin. Chansons polyphoniques II, Monaco, L'Oiseau-Lyre, 1965 ; par J. BONFILS, *in* Chansons françaises pour orgue, Le Pupitre n° 5, Paris, Heugel, 1968.

Bibliographie — FR. LESURE, Autour de Cl. Marot et de ses musiciens, *in* RMie XXIII, 1951 ; J.-P. OUVRARD, La chanson polyphonique franco-flamande autour de 1530-1550 comme lecture du texte poétique (diss. Univ. de Tours, 1979) ; du même, La chanson française du XVIe s., lecture du texte poétique, *in* J.-M. Vaccaro (éd.), La chanson à la Renaissance, Tours, Van de Velde, 1981 ; du même, Du narratif dans la polyphonie au XVIe s. : « Martin menoit... », *in* Analyse Musicale, n° 9, 1987.

J.-P. OUVRARD

(LE) MARTYRE DE SAINT SÉBASTIEN, mystère en 5 mansions, texte de Gabriele d'Annunzio, musique de **Claude Debussy**, pour soli, chœurs et orchestre, composé entre janvier et mai 1911, créé à Paris, au Théâtre du Châtelet, le 22 mai 1911, par Ida Rubinstein (le Saint, rôle principal parlé et dansé), Adeline Dudlay (la Mère douloureuse), Véra Sergine (la Fille malade des fièvres), Ninon Vallin (une Voix), M. Desjardins (l'Empereur), Henry Krauss (le Préfet), Rose Féart (Vox sola, Vox coelestis, Anima Sebastiani), sous la dir. d'André Caplet ; chef des chœurs, D.-E. Inghelbrecht ; chefs du chant, MM. Chadeigne et E. Vuillermoz ; chorégraphie, Michel Fokine ; mise en scène, Armand Bour ; décors et costumes, Léon Bakst. (Paris, Durand, 1911 ; durée : un peu plus de 4 h.)

Au mois de nov. 1911, G. d'Annunzio sollicitait la collaboration musicale de Debussy pour une œuvre qu'il écrivait en français à l'intention d'Ida Rubinstein. Abandonnant temporairement le ballet *Khamma* et les deux contes d'après Edgar Poe, le musicien se lança avec exaltation dans la composition de la musique de scène de ce mystère. Fasciné par le mélange de vie intense et de foi chrétienne d'un sujet « où le culte d'Adonis rejoint celui de Jésus », Debussy écrivit sa musique avec rapidité. A. Caplet se chargea de développer le canevas que le compositeur notait sur plusieurs portées et de réaliser une grande partie de l'orchestration. Avant la première du Châtelet, le 22 mai 1911, qui connut un succès ambigu, l'œuvre fut frappée d'interdit par Mgr Amette, archevêque de Paris, qui déclara la représentation du *Martyre* « offensante pour les consciences chrétiennes ». D'Annunzio et Debussy protestèrent vigoureusement en faisant publier par *Comœdia* une réponse commune. L'ouvrage, pourtant, ne sentait pas le soufre malgré les archaïsmes, les métaphores et les symboles contenus dans les 3 938 octosyllabes sans rimes du poète. Certes, celui-ci mélange sans vergogne le païen et le sacré ; la substance authentiquement chrétienne y est bien mince. Les critiques ne comprirent pas cette alliance de la sensibilité délicate du musicien français avec la verve flamboyante et tonitruante d'un illustre poète. Les éloges furent nombreux en ce qui concerne la musique, mais pas unanimes ; certains devaient la considérer comme une parenthèse dans la production de Debussy.

Le musicien voyait les choses différemment : « Je veux écrire mon songe musical avec le plus complet détachement de moi-même, répondait-il à H. Malherbe (*Excelsior*, 11 févr. 1911). Je veux chanter mon paysage intérieur avec la candeur naïve de l'enfance. » Pour E. Vuillermoz, le musicien opérait la synthèse d'éléments contradictoires imposés par le texte hétérodoxe de D'Annunzio : harmonies de *La Damoiselle élue*, souvenirs de *Pelléas* et de *Parsifal*, emprunts au style choral de la Renaissance, surtout à celui de Palestrina, utilisation de modes ecclésiastiques. Plus près de nous, J. Barraqué se demandait comment des pages dignes du plus grand Debussy (Prélude de la 1re mansion, *Danse extatique*, *La Chambre magique*) pouvaient voisiner avec d'autres, « parfois irritantes dans leur naïveté recherchée ». Toujours est-il que le poème de D'Annunzio a nui à la destinée de l'ouvrage à cause de sa longueur, de sa rhétorique et de son goût fâcheux pour l'emphase.

Ce mystère est divisé en 5 mansions (décor servant de cadre à une scène, selon la terminologie médiévale). La partition comporte 18 numéros séparés, pour orchestre seul (notamment 5 préludes), pour voix solistes ou pour chœurs avec orchestre ou a cappella. Tous les rôles chantés le sont par des voix féminines. Un leitmotiv parcourt l'œuvre, construit sur des intervalles de quarte, quinte et seconde, épousant la forme d'une croix :

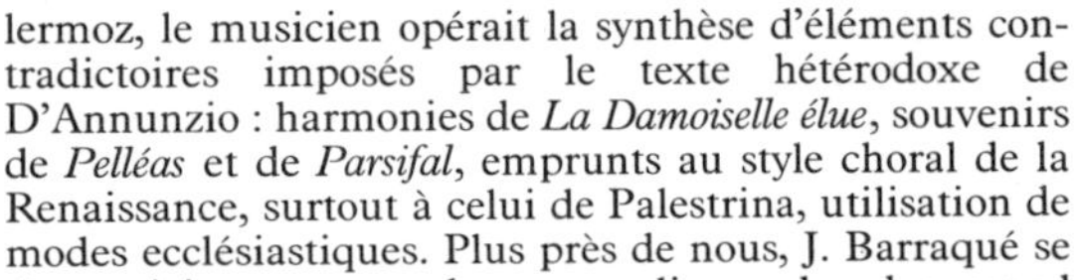

Avec l'assentiment de Debussy, Caplet réalisa une version orchestrale, baptisée « fragments symphoniques », du *Martyre* (*La Cour des lys*, *Danse extatique* et finale de la 1re mansion, *La Passion*, *Le Bon Pasteur*). Debussy avait songé à en faire une version lyrique ; il y travailla même quelques mois avant sa mort, comme il l'annonçait à son éditeur, Jacques Durand, le 1er nov. 1917.

1re Mansion. *La Cour des lys.* Prélude. Lent (doux et soutenu) à 3/2 en *mi* ♭ mineur. Les bois exposent le thème de la Croix harmonisé en accords parfaits parallèles. Au grave s'insinue une montée de violoncelles et de contrebasses introduisant un étagement harmonique aux 6 cors, sur les notes d'une échelle pentaphonique (*si* ♭, *do* ♭, *mi* ♭, *fa*, *la* ♭), motif d'appel souvent joué dans la partition, associé à l'invocation « Sébastien ». Deux chrétiens attachés aux colonnes proclament leur foi avant de subir le martyre. Sur une pédale de *si* ♭ se pose l'échelle pentaphonique (« Sébastien »). — *Danse extatique* et Finale (n° 2 des fragments symphoniques). Assez animé (sourdement agité) à 4/4. Chef des archers d'Émèse et ami de l'empereur Dioclétien, Sébastien proclame sa foi, ôte son armure et ses chausses, danse sur les charbons ardents préparés pour le supplice des deux chrétiens. Une pédale de dominante (*do* ♭), grésillante (harmonique près du chevalet des contrebasses), parcourt cette scène. La danse commence, débarrassée de la pesanteur grâce au morcellement des rythmes et à une instrumentation raffinée. Un chant expressif et soutenu aux deux contralti soli (« Hymnes, toute l'ombre s'efface ») apporte un élément de contraste. Le saint ne danse pas sur des braises mais sur une jonchée de lis. Accords suaves des six premiers violons qui s'enchaînent à une brève polyphonie palestrinienne (« Salut ! O lumière »). Le motif de la Croix réapparaît aux cors puis aux bois. Le mouvement s'anime ; il est arrêté net par l'accord en étagement pentatonique, majeur cette fois-ci, auquel répond un hymne (« Voici les sept témoins de Dieu ») digne de *Parsifal*. Une gradation conduit à une conclusion étincelante : « Tout le ciel chante. »

2e Mansion. *La Chambre magique.* Prélude. Très modéré à 4/4. Cette page d'orchestre évoque les noirs enchantements de la Chambre magique. Sous le grésillement incandescent des violons et des altos, sous le frémissement orchestral et les syncopes des cors rampe une mystérieuse mélopée du contrebasson qu'interrompt un bref choral hiératique des cuivres. Fin Morendo. — Andantino à 6/8. Chant translucide de la Vierge Érigone. — Très modéré à 3/4. Sur des enchaînements d'accords parfaits s'élève le chant, très pur, de la « Vox coelestis » : la Vierge tient l'Enfant Jésus sur ses genoux.

3e Mansion. *Le Concile des faux dieux.* Deux fanfares sonores et rudes (6 cors, 4 trp. en *ut*, 3 trb., tuba et timb. *fa*, *sol*, *si* ♭, *do*). L'empereur essaie de séduire Sébastien et veut le couronner devant les dieux. Mais Sébastien refuse. — Modéré à 5/4. Un hymne est chanté par le chœur de voix d'hommes, soutenu par les harpes et les cordes. — *La Passion* (n° 3 des fragments symphoniques). Sébastien danse et mime la Passion du Christ qu'accompagnent le motif de la Croix, des commentaires douloureux et une marche lancinante ponctuée par le rythme 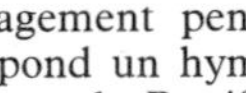 . En une déploration d'allure orientale, les femmes de Byblos pleurent sur Adonis, lorsque intervient la Vox sola. — Très modéré à 4/4. A l'annonce de la Résurrection, la Vox sola arrête la plainte des pleureuses. — Assez animé à 3/4 : bref dialogue exultant : « Le Seigneur est ressuscité. » — Lent (comme une psalmodie murmurée).

4e Mansion. *Le Laurier blessé.* Prélude *(Le Bon Pasteur)*, n° 4 des fragments symphoniques. Condamné à être criblé de flèches, Sébastien exige que ses archers se conforment aux ordres de l'empereur. Le saint a soudain la vision, entre les branches d'un laurier, du Bon Pasteur portant un agneau. Ce passage symphonique, d'une admirable écriture, est construit à partir d'une mélodie triste et poignante du cor anglais et du motif de la Croix. — Modéré à 4/4. « Chorus Syriacus » en coulisses. Les femmes ramassent le corps : les flèches ont disparu.

5e Mansion (s'enchaîne à la précédente). *Le Paradis.* « Quand, au dernier acte, le saint monte au paradis, je pense avoir réalisé tout ce que j'ai ressenti, éprouvé à la pensée de l'Ascension » (Debussy). Interlude. Le paradis s'ouvre à l'âme de Sébastien. — Modéré à 4/4, en trois parties : a) magnifiques chœurs a cappella (paraphrase du Ps. 150) ; l'âme est accueillie par le « chorus martyrum », le « chorus virginum », le « chorus apostolicum » et le « chorus angelorum » ; b) l'âme radieuse de Sébastien chante au-dessus d'un orchestre translucide ; c) un grand vitrail sonore, dans la claire tonalité de *mi* maj., énergique et scandé, termine cette œuvre.

Bibliographie — E. Vuillermoz, Cl. Debussy, Genève 1957, 2/Paris 1962, pp. 144-152 ; J. Barraqué, Debussy, Paris 1962, p. 165 ; Cl. Debussy, Monsieur Croche et autres écrits, éd. par Fr. Lesure Paris, Gallimard, 1971, pp. 301-305 ; R. Orledge, Debussy's orchestral collaboration 1911-1913. I. Le Martyre de saint Sébastien, *in* MT, déc. 1974, n° 1582 ; E. Lockspeiser, Cl. Debussy. Sa vie et sa pensée, Paris, Fayard, 1980, pp. 723-733 (analyse de H. Halbreich) ; E. Kasaba, Le Martyre de saint Sébastien. Étude sur sa genèse, *in* Cahiers Debussy, nouv. série, n° 4-5, 1980-81 ; Chr. Goubault, Cl. Debussy, Paris, Champion, 1986, pp. 130-134.

Chr. Goubault

Martyres (Les Martyrs), histoire sacrée de **Giacomo Carissimi**, sur un texte latin tiré des évangiles de Matthieu (10, 17-18 et 16, 24) et Luc (6, 22), pour 3 soli (S S T), 2 dessus de viole et b.c. (orgue doublé d'une basse de viole), probablement exécutée vers 1660 durant la semaine sainte pour l'édification des élèves du Collegium Germanicum des jésuites à Rome. (Durée : 15 min environ.)

Cette œuvre paraliturgique, exaltant la grâce du martyr, s'ouvre sur un court prélude instrumental suivi d'un récit où le Christ invite les fidèles à s'associer à sa Passion. Ceux-ci prennent leur croix — duo de sopranos *« Tollemus Domine »* (Nous prenons, Seigneur) —, tandis que le Christ les appelle de nouveau — récit *« Venite sancti mei »* (Venez mes saints). Par un air en duo mêlant rythmes dansants, passages réguliers mesurés à 3/2 et virtuosité à l'italienne (vocalises ascendantes en doubles croches), les martyrs chantent leur joie d'être auprès du Christ au jour de sa Passion. Jésus évoque alors les souffrances qui les attendent, paroles dramatiques ponctuées par de courtes phrases volubiles où les martyrs clament leur félicité — trio *« Beati »* (Nous sommes heureux). Dans un brillant air en duo, ils chantent encore leur joie, tandis que dans une grande exubérance mélodique (longues vocalises alternant avec des passages réguliers mesurés à 3/2, rythmes vigoureux omniprésents, effets dynamiques des violes doublant les voix) l'œuvre s'achève par une prière d'action de grâces, *« Congaudete nobiscum gentes »* (Réjouissez-vous nations) rassemblant tous les exécutants A.

Avec ce court dialogue aux effectifs modestes, favorisant la déclamation dans les récits et la virtuosité vocale dans les airs, G. Carissimi renoue avec les premiers oratorios, ceux que conçut saint Philippe Néri, exercices spirituels destinés à porter, par le biais d'une musique expressive, la méditation des fidèles.

Sources — Hambourg, Universitätsbibl., Ms. MC 270, fos 293-308.

Bibliographie — Voir celle de l'art. *Balthazar.*

A. Fiaschi

Mascarate piacevole et ridicolose per il carnavale (Mascarades plaisantes et ridicules pour le

A MARTYRES

carnaval), ensemble de pièces vocales profanes à 4, 5, 6 et 8 voix, de **Giovanni Croce**. (Venise, Vincenti, 1590, 2/1604 ; durée : 20 min environ.)

Les *Mascarate* ne racontent pas une histoire cohérente, mais elles ne sont pas non plus un simple recueil de madrigaux disparates. Elles mettent en scène des masques, bien connus du public, qui évoquent les festivités familières du carnaval vénitien. L'œuvre comprend 6 pièces qui, à cause de leurs subdivisions, en font en réalité 12 courtes. Le style madrigalesque y alterne avec celui de la frottola. Plusieurs comportent des personnages de la commedia dell'arte, chers à la comédie madrigalesque. La première, *« Donne pitoche »* (à 4), décrit de misérables mendiantes. Dans la deuxième (à 5) nous rencontrons des pêcheurs venus de différentes villes et de différents ports. La troisième pièce, *« Eccho magnifici »* (à 8), est sans doute le sommet de l'œuvre à cause de la variété dans les groupes de voix et des admirables « magnifiques » qui chantent de vieilles coutumes disparues. La quatrième pièce (à 6) est animée par les populaires zanni de la commedia dell'arte. Les deux dernières sont dans la même veine. Par leur musique divertissante, les *Mascarate* sont une des rares descriptions musicales du carnaval vénitien.

Bibliographie — B. LUPO, Scene e persone musicali dell'Amfiparnasso, *in* Rass. Mus. XVII, 1938 ; voir aussi la bibliogr. de l'art. *(L') Amfiparnasso.*

M. SACRÉ

(LA) MASCOTTE, opérette en 3 actes, livret d'Alfred Duru et Henri Chivot, musique d'**Edmond Audran**, créée à Paris, au Théâtre des Bouffes-Parisiens, le 29 déc. 1880. (Paris, Éd. Choudens, 1880.)

LIVRET — Au XVIIe s. dans la principauté de Piombino, la jeune gardeuse de dindons Bettina (sop.), porte chance à tout son entourage mais doit rester vierge. Son rêve est d'épouser le berger Pippo (bar.), quand le roi Laurent XVII (bar. fantaisiste), instruit de ses dons, l'emmène à sa cour et l'anoblit. La fille du roi, Fiametta (sop.), s'éprend alors de Pippo qui, costumé en danseur — le « Saltarello » — s'est introduit auprès de celle qu'il aime, provoquant ainsi la colère du prince Fritellini (ténor léger), le fiancé de Fiametta. Ce dernier dénonce d'ailleurs à Pippo l'inconduite de Laurent XVII et de Bettina puis déclare la guerre au roi. Le berger ne s'en inquiète pas, d'autant plus que Laurent avoue lui-même... son impuissance. Sur ces entrefaites, Bettina et Pippo s'enfuient et rejoignent le prince. Le roi, Fiametta et son chambellan Rocco se mettent à leur poursuite déguisés, malencontreusement, en chanteurs ambulants. Tout finira par s'arranger : les amoureux se marieront et, perdant par conséquent son privilège de mascotte, Bettina le transmettra à ses enfants.

Délibérément placée sous le signe de la gaieté et de la bonne humeur, *La Mascotte* reste la meilleure des œuvres lyriques d'Audran. Mené à toute bride, l'ouvrage offre deux charmantes romances, celle de Fiametta, pleine de poésie bucolique, au 1er acte et, avant le finale, celle de Pippo dont émane une discrète et souriante tendresse. Plutôt qu'au célèbre duetto des moutons et des dindons, assez niais, on peut prêter attention à la brillante tarentelle du « Saltarello », à l'air guilleret de *La Fleur d'oranger* que détaille avec complaisance le prince Laurent et, surtout, à la chanson séditieuse de *L'Orang-outang* dotée d'un prélude comiquement folklorisant, de couplets et d'un refrain bien scandés, à la manière d'Offenbach, où les paroles de la soliste sont reprises en écho par les chœurs et projetées avec vigueur face au public.

La valse domine toute la partition. Le compositeur a su en varier les présentations. Mettant souvent les choristes à contribution, elle apparaît pleine de mystère et d'inquiétude au 1er acte avec *Les Envoyés du paradis* qu'interprète Pippo pour expliquer le rôle des mascottes. Quand Laurent XVII proclame sa croyance aux présages et aux songes qui « ne sont pas des mensonges », elle se fait plus gaie et confine à la romance avec le *« Je ne sais quoi poétique »* du ténorino Fritellini. Au début du 2e acte, le menuet des pages, dévolu au chœur de femmes, conduit à une valse et le cynique Fritellini dévoile son infortune à Pippo sur un air de valse qui, avant chaque reprise, est pimenté d'allusions au XVIIIe siècle. En réaffirmant l'authenticité de la « mascotterie », tous les acteurs demanderont les applaudissements du public en valsant de nouveau fort gaiement.

Bibliographie — J. BRUYR, L'opérette, *in* Coll. « Que sais-je ? », Paris, PUF, 1962, pp. 44-46 ; F. BRUYAS, Histoire de l'opérette en France, Lyon, E. Vitte, 1974.

M. BURGARD

MASS FOR THREE VOICES,... FOR FOUR VOICES, ... FOR FIVE VOICES, trois messes de **William Byrd**, les dernières et probablement les plus belles œuvres d'une longue tradition anglaise qui remonte au début du XVe s., à L. Power et à J. Dunstable. A la différence des autres messes de cette tradition, elles furent composées non pour être exécutées dans des chapelles princières, des églises ou des cathédrales, mais pour l'usage privé de familles anglaises catholiques qui pratiquaient leur religion en secret pendant le régime protestant instauré sous le règne de la reine Elisabeth Ire. Les trois messes furent publiées séparément, au début des années 1590, avec un minimum d'ostentation : bien que la musique porte le nom de Byrd, il n'y a pas de page de titre et l'éditeur, Thomas East, est resté anonyme par crainte de représailles.

La vigueur et la beauté inhabituelles des messes de Byrd sont certainement dues aux circonstances particulières qui ont présidé à leur composition. A la différence de la plupart des messes du XVIe s., elles ne sont fondées ni sur un plain-chant ni sur une composition polyphonique préexistante. Bien que des motifs de tête soient parfois utilisés pour relier l'un à l'autre les débuts de mouvements, les rappels musicaux sont rares. En revanche, la musique est librement composée avec la seule intention de faire ressortir le sens des mots. Le style de Byrd peut être qualifié d'économe : même dans les pièces à texte court, la mise en musique est généralement homophone ; ce n'est que dans l'*Agnus Dei* que Byrd donne à la musique une plus grande ampleur. Il y a peu de répétitions de texte et, s'il s'en produit, c'est généralement pour souligner un point fondamental comme p. ex. dans le passage « et unam sanctam catholicam, catholicam et apostolicam ecclesiam » du *Credo*. Par-dessus tout, Byrd est attentif au texte et à sa syntaxe, utilisant les cadences, les modulations et les changements de style pour articuler les différentes phrases, à la manière d'un orateur chevronné.

La messe à 4 voix est la première à avoir été écrite. Elle est vaguement modelée sur une autre œuvre librement composée, la *« Meane » Mass* de J. Taverner qui, bien qu'étonnamment moderne de style, date de la 1re moitié du XVIe siècle. Byrd se réfère de temps en temps à des détails de la musique de Taverner, le plus nettement au début du *Sanctus*, et y cherche un modèle quant à la manière de diviser les textes plus longs (*Gloria* et *Credo*) en sous-sections. Mais à bien des égards cette messe de Byrd est une œuvre géniale unique, ne devant rien à une composition antérieure. L'intensité de son expression atteint un maximum dans le troisième *Agnus Dei*, un morceau exceptionnellement pathétique et l'une des plus belles pièces de la période Tudor.

La messe à 3 voix est une œuvre plus douce, de dimensions plus modestes, tandis que la messe à 5 voix, riche de sonorités, laisse pressentir le projet suivant de Byrd, le cycle des propres de la messe, publié en 1605 et 1607 sous le titre → *Gradualia*.

Du temps de Byrd, les trois messes furent certainement chantées soit par des voix solistes, soit par de petits ensembles dans les oratoires privés de demeures catholiques anglaises. La fonction de la musique se reflète dans leur taille et leur échelle. Au cours du XXe s., ces messes ont passé au répertoire de la plupart des chœurs de cathédrales et de collèges en Angleterre et sont désormais couramment chantées au cours des services protestants. Rares sont les autres messes du XVIe s. à avoir été rééditées et enregistrées aussi fréquemment ; seules des œuvres aussi connues que la → *Missa brevis* et la → *Missa papae Marcelli* de Palestrina peuvent rivaliser avec elles en ce domaine.

Rééditions modernes — Par PH. BRETT, *in* The Byrd Edition IV, Londres, Stainer & B., 1981.

Bibliographie — J. KERMAN, The Masses and Motets of W. Byrd, Londres, Faber, 1981.

J. MILSOM

MASSIMILLA DONI, op. 50, opéra en 4 actes et 6 tableaux, livret d'Armin Rüeger d'après la nouvelle d'Honoré de Balzac, musique d'**Othmar Schoeck**, écrit en 1934-35, créé au Stadttheater de Zurich, le 13 mai 1937. (Leipzig, Br. & H., 1937 ; durée : 2 h 5 min environ.)

LIVRET — Venise vers 1830. Le duc Cattaneo (ténor) et son ami Capraja (basse), deux vieux originaux, sont dévorés par la passion de l'opéra ; la Tinti, soprano colorature, est la protégée de l'un, Genovese, le ténor, celui de l'autre. Massimilla Doni (sop.) a été fiancée à Cattaneo contre son gré, mais elle a une passion inavouée pour un jeune aristocrate désargenté, Emilio Memmi (ténor), de caractère timide et réservé, d'où des relations purement platoniques. Memmi a reçu en héritage un palais, mais il ignore que Cattaneo l'a loué à l'intention de la Tinti, Sicilienne « de feu » et sans complexes, qui rêve d'une aventure avec le jeune prince et y parvient. Grande générale à la Fenice où Cattaneo et Capraja ont l'intention de présenter leurs protégés. Voyant la Tinti sur scène, Memmi est vrillé de remords et s'enfuit. Massimilla en est toute bouleversée. Genovese, fou de la Tinti, crie « comme un âne en chaleur », provoquant un scandale que Massimilla parvient à étouffer. Emilio a reçu trop tard une mise en garde de Massimilla : ne pas retourner chez lui à cause de la Tinti, mais venir la rejoindre, elle. Après la fin du spectacle, Memmi rencontre Vendramin (bar.) auquel il se confie. Écartelé entre ses sentiments pour Massimilla et la Tinti, il est au bord du suicide. Une femme, qu'il croit être Massimilla, l'entraîne dans une gondole. Il se rend compte trop tard que c'est la Tinti et succombe une fois encore. Pour sauver Emilio de la Tinti, Vendramin se décide à s'adresser à Massimilla elle-même ; il la pousse à se rendre dans la pièce où Emilio attend la Tinti en revêtant la cape de celle-ci. La Tinti est forcée de renoncer à Emilio et de se contenter de Genovese.

L'ensemble des huit opéras de Schoeck tourne autour du thème de la femme et des relations entre les sexes. Les six opéras précédents avaient plutôt traité du conflit des sexes jusqu'à son aspect le plus tragiquement destructeur : c'est le climax de → *Penthesilea.* Ici la perspective change. Les deux couples représentent le double aspect de l'amour : l'attirance physique et l'amour d'essence spirituelle (qui n'exclut pas l'attirance physique) ; une femme orgueilleuse doit aller jusqu'au sacrifice pour s'assurer celui qu'elle aime. A un moment donné, Massimilla va jusqu'à dire : « Apprends-moi, Vierge pure, comme puis-je aimer sans être coupable ? » Elle se sent coupable à l'égard de Notre-Dame en raison de son amour, qui est pourtant demeuré entièrement platonique, pour le jeune aristocrate, et sacrifie son amour pour sauver celui qu'elle aime. Mais la trouvaille du librettiste et du compositeur a été de doubler l'action par une sorte d'allégorie musicale comme dans l'opéra baroque ou, mieux, comme dans → *Capriccio* de R. Strauss. Comme Massimilla déclare : « Dans l'amour véritable la femme précède l'homme dans cette sphère où la force de Dieu est capable de le transformer en le purifiant », la controverse de la supériorité artistique, dans l'opéra, de la voix de la femme sur celle de l'homme se trouve soulevée et — en quelque sorte — celle de la primauté des paroles sur la musique ou vice-versa. Rüeger et Schoeck tranchent dans le sens de la réforme de Gluck, pour la primauté de la musique. Mais ils vont plus loin en disant que la référence suprême, c'est le couple, la « consonance naturelle de la voix masculine et féminine » : « Jamais il n'est donné de vaincre dans le domaine de l'art [...]. L'art véritable remportera la victoire par la consonance naturelle. » Et les personnages du drame font l'expérience de cette vérité musicale dans leur existence d'hommes ; pour que « corps et âme en une seule volonté s'inclinent et se soumettent à la loi de la vie », il faut qu'il n'y ait ni passion violente ni insensibilité, mais un attachement naturel que détermine la vérité du sentiment.

La qualité de la nouvelle de Balzac et celle du livret qu'on en a tiré en l'enrichissant du symbolisme musical ont permis à Schoeck d'écrire un opéra offrant l'équilibre des chefs-d'œuvre classiques, d'une efficacité scénique aussi indiscutable que sa beauté purement musicale : il n'a pas eu de peine à entrer au répertoire. On y trouve tous les caractères spécifiques de l'évolution des styles à l'époque et en particulier une liberté tonale et rythmique totale. Pourtant celle-ci n'est jamais ressentie comme un jeu intellectuel ou une volonté du compositeur ; elle est exclusivement au service de l'action dramatique et scénique, toujours informée par un don mélodique exceptionnel qui a fait de Schoeck l'un des plus grands compositeurs de lieder du XXe siècle. Enfin, *Massimilla Doni* a su réserver toute sa part au jeu scénique sans jamais perdre le sérieux profond de la réalité qu'il recouvre, ce que Massimilla dit très bien dans son monologue au 3e tableau : « L'art ne saurait être médiateur de nos sentiments trop humains, trop individuels ; il doit parler au monde — et pas à la bien-aimée. »

Bibliographie — H. Spelti, Betrachtungen zu O. Schoecks Opernschaffen, *in* RMS, LXXXIII, 1943 ; H. Corrodi, O. Schoeck. Bild eines Schaffens, Frauenfeld 3/1956 ; W. Schuh, Rückblick auf O. Schoeck, *in* RMS CI, 1961 ; O. Fries, O. Schoeck als Opernkomponist, Düsseldorf, Schwann, 1986.

C. de Nys

Ma tante Aurore ou le Roman impromptu, opéra bouffe en 3 (puis 2) actes, livret de Charles de Longchamps, musique de **François-Adrien Boieldieu**, composé à Paris en 1802, créé à Paris, à l'Opéra-Comique national, le 13 janv. 1803, dans sa version en 3 actes, et le 15 janv. suivant dans sa version en 2 actes, avec Mmes Saint-Aubin, Gonthier et Gavaudan, MM. Martin, Gavaudan, Juliet. L'échec imprévu et cuisant de l'ouvrage à sa première représentation est dû essentiellement au livret : raillerie des romans noirs anglais à la mode, inutilité d'un 3e acte qui se passe dans une sinistre « tour du Nord », repaire d'oiseaux précurseurs de la mort, « indécence » de l'épisode des deux enfants nés hors mariage. Après un remaniement rapide, l'abandon du 3e acte et une fin différente, *Ma tante Aurore* fut accueillie avec enthousiasme.

Livret (version en 2 actes) — Valsain aime Julie de Germond. Jugée trop conventionnelle, la demande en mariage présentée par le jeune homme est rejetée par Aurore, tante de Julie. Les amoureux imaginent un stratagème pour lui faire croire à une attaque de brigands déjouée par Valsain.

Ce style de partition plaisante et vive, héritée des comédies à ariette, faisait dire à Wagner : « Sur la scène de l'Opéra-Comique, était né ce genre amusant, souvent aimable et spirituel, où se produisaient toujours les meilleures choses, lorsque la musique pouvait entrer naturellement, sans contrainte, dans le poème. » La vivacité des dialogues (duo du maître et du valet Frontin) et l'ingéniosité des ensembles (quatuor chanté par Valsain, Julie et leurs domestiques, *« Toi ! par qui l'on fait des romans »*, acte I) constituent la caractéristique principale de cette comédie musicale. L'air « à compartiments » de Frontin *« Nous suivions à cheval la lisière d'un bois »* raconte ses exploits et ceux de son maître. « La gravité même en est d'une irrésistible bouffonnerie » (Lassus). La romance sur trois notes *« Deux jeunes gens s'aimaient d'amour »* fut supprimée par Boieldieu, mais « réclamée par le public aux représentations ultérieures, elle connut un succès qui nous étonne un peu aujourd'hui » (G. Favre).

Éditions — Paris, Au magasin de musique, s.d.

Bibliographie — L. Augé de Lassus, Boieldieu, Paris 1927, pp. 30-35 ; G. Favre, Boieldieu, sa vie, son œuvre, Paris 1944-45, 2 vol., II pp. 72-77.

Chr. Goubault

« Mater Patris et filia » (Mère du Père et fille), motet à 3 voix d'hommes d'**Antoine Brumel**, imprimé sans les paroles dans → *Harmonice musices Odhecaton A* (Venise, Petrucci, 1501).

Le texte, conservé en manuscrit, est une poésie en vers octosyllabes, qui pouvait tenir lieu d'antienne à la Sainte Vierge. La tessiture assez grave et resserrée de ce trio, où la voix supérieure ne s'élève pas au-dessus du *la* 3 et où la basse ne descend pas en dessous du *do* 2, ne nuit pas au charme de l'œuvre qui atteste bien le clair génie de Brumel. Le ton de *sol* min. est posé dès le départ, avec une intonation que les trois voix chantent l'une après l'autre par imitation à l'unisson,

si bien que l'on entend un balancement autour de *sol* d'une douceur insistante. Plus loin, une broderie *sol-fa-sol* viendra renouveler cette impression musicale pour chanter « Bone Jesu ». Plus loin encore, cet effet lancinant sera varié par renversement avec des entrées à l'unisson sur *si* ♭ - *si* ♭ - *do*. L'écriture polymélodique est parfois abandonnée pour un chant syllabique, en accords, p. ex. pour chanter « audi suspira nostra » (entends nos soupirs). Des silences partagent la pièce en plusieurs parties que terminent des cadences en *sol* ou en *ré*.

Cette œuvre assez courte a connu un grand succès : **Josquin** en a tiré sa → *Messe « Mater Patris »* ; Petrucci l'a incluse dans le premier de ses imprimés musicaux ; **Spinaccino** et **Newsidler** l'on transcrite pour luth.

Rééditions modernes — Par B. Disertori, *in* Campane in un motetto del Quattrocento, *in* RMI XLIV, 1940 ; par H. Hewitt, *in* Harmonice musices Odhecaton A, Cambridge (Mass.), Mediaeval Acad. of America, 1942, 2/1946 ; par A. Smijers, *in* Werken van Josquin des Prez, 26e livr., Amsterdam, Vereniging voor Nederlandse Muziekgeschiedenis, 1950 ; par B. Disertori, *in* Le frottole per canto e liuto intabulate da Fr. Bossinensis, Istituzioni e Monumenti dell'Arte musicale italiana, nouv. série III, Milan, Ricordi, 1964 ; par B. Hudson, *in* A. Brumel. Opera omnia V, CMM 5, Amer. Inst. of Musicology, 1972.

M. Brunerye

Mathis der Maler (Mathias le Peintre), opéra en 7 tableaux, texte et musique de **Paul Hindemith**, composé entre 1932 et 1934, créé au Stadttheater de Zurich, le 28 mai 1938, avec Judith Hellwig, Funk, Stig, Baxevanos, Mossbacher, Honisch, Rothmüller, Emmerich, sous la dir. de Robert Denzler. La création, prévue pour 1934 sous la dir. de W. Furtwängler, avait été annulée par les autorités nazies, à la suite de quoi Furtwängler démissionna de toutes ses fonctions. (Mayence, Schott, 1935, [réd. cht et p.] et 1937 [facs. de la part. autographe] ; durée : 2 h 30 min environ.)

Les 7 tableaux comportent chacun de 3 à 7 scènes, et l'action se déroule vers 1525, pendant la guerre des Paysans, à Mayence et dans les environs. Le personnage principal, Mathias Grünewald, fut au service de l'archevêque de Mayence et peignit notamment le célèbre *Retable d'Isenheim* conservé au musée de Colmar, source d'inspiration pour l'opéra. Le choix de ce personnage, alors que l'avènement du nazisme et son dirigisme artistique mettaient en péril l'activité des artistes indépendants tels que Hindemith, répond à d'évidentes raisons personnelles : le thème psychologique et dramatique dominant de *Mathis der Maler* est le conflit surgissant dans l'esprit et le cœur de l'artiste lorsqu'une situation politique troublée fait obstacle à son travail créateur.

Livret — L'opéra débute par un prélude d'orchestre, sous-titré *Engelkonzert* (Concert des anges) et illustrant la scène de la Nativité du polyptyque d'Isenheim. — 1er Tableau. Au monastère de Saint-Antoine, à Mayence, Mathias (bar.) peint une fresque, quand arrivent Schwalb (ténor), chef de l'armée paysanne, et sa fille Regina (sop.). Le peintre s'interroge sur l'opportunité de son travail et se joint à Schwalb pour célébrer la juste cause des insurgés. Apprenant l'arrivée imminente des troupes confédérées, il donne son cheval à Schwalb et Regina, qui s'enfuient, et il avoue son acte à Sylvester (ténor), officier confédéré.

2e Tableau. Dans la grande salle du palais de l'archevêque, à Mayence, catholiques et luthériens s'affrontent en attendant l'arrivée du prélat. Peu après celle-ci, Mathias entre, chaleureusement accueilli par Ursula (sop.) et son père, le luthérien Riedinger (basse). L'Archevêque (ténor) annonce qu'il sera contraint, par ordre de Rome, de brûler les livres réformés. Mathias plaide en vain devant lui la cause des rebelles, et, après une discussion entre les hommes présents, il reçoit son congé de l'archevêque.

3e Tableau. Dans la maison de Riedinger, les luthériens tentent de protéger les livres qui leur sont arrachés par Capito (ténor), conseiller du cardinal, et ses soldats. Capito montre alors une lettre de Luther conseillant au cardinal de renoncer au célibat : un riche mariage avec Ursula, pense-t-il, pourrait remédier à ses difficultés financières, tout en favorisant la réconciliation des partis antagonistes. Mathias, résolu à abandonner son travail pour combattre dans les rangs des luthériens, vient dire adieu à Ursula : tous deux se jurent un amour éternel. Après le départ de Mathias, la jeune fille se déclare cependant prête à sacrifier son amour à sa foi.

4e Tableau. Mathias assiste aux exactions commises par les paysans qu'il a rejoints, et protège la comtesse von Helfenstein (contralto), dont le témoignage lui sauvera la vie lorsque l'armée confédérée, arrivée peu après, mettra en déroute la troupe des paysans. Schwalb meurt au cours de cet affrontement, et Mathias, recueillant Regina, part avec elle.

5e Tableau. Dans sa salle de travail, l'archevêque reçoit Ursula, que Capito lui présente comme sa future fiancée. La jeune fille affirme consentir à cette union dans l'intérêt de la cause qu'elle sert. L'archevêque, d'abord réticent, y consent à son tour ; il exprime son intention de mener désormais une existence plus simple, et autorise les luthériens à célébrer officiellement leur culte.

6e Tableau. Mathias et Regina sont en fuite dans l'Odenwald. Mathias raconte à Regina sa vision du *Concert des anges* (reprise de la musique du prélude), puis médite sur son actuelle misère spirituelle. Une autre vision s'impose ensuite à lui : celle de la « tentation de saint Antoine ». Il s'identifie au saint et les divers personnages qu'il a rencontrés précédemment deviennent les démons qui l'assaillent. A leur suite intervient saint Paul, qui explique à Mathias la cause de son présent désarroi : en allant combattre il s'est renié lui-même et a méprisé sa vocation propre qui était de peindre pour la gloire de Dieu. C'est en retrouvant cette vocation qu'il appartiendra au peuple.

7e Tableau. Mathias s'est remis à peindre dans son atelier. Regina, entourée par Ursula, meurt, et Mathias mourra à son tour après avoir rangé ses outils, en présence de l'archevêque venu l'embrasser une dernière fois.

Œuvre centrale dans la production de Hindemith et l'un des sommets de celle-ci — comme de l'opéra contemporain —, *Mathis der Maler* se caractérise, quant à la conception, par la subordination du déroulement dramatique à un discours de nature avant tout musicale, sans pour autant recourir à des structures formelles aussi contraignantes que dans → *Cardillac*. La cohérence de ce discours est obtenue par l'emploi de thèmes qui se renouvellent à chaque scène et ne sont donc aucunement des thèmes conducteurs. Ils se développent selon une logique intrinsèque, semblable en son principe à celle qui régit les œuvres instrumentales. Aussi, sans être nullement sacrifiées, les voix fusionnent-elles avec l'accompagnement orchestral en une trame sonore homogène, d'essence plus polyphonique qu'harmonique, où elles sont des éléments parmi d'autres. Il en résulte un style de déclamation mélodique particulier, sorte d'arioso rythmé avec simplicité, aussi éloigné du récitatif que du modèle wagnérien A. On relèvera d'autre part l'emploi d'un ancien chant populaire allemand : *« Es sungen drei Engel »*, qui apparaît trois fois et va de pair avec la couleur modale et archaïsante de certaines scènes : l'atmosphère médiévale s'en trouve d'autant mieux suggérée et la clarté du langage accrue.

Le compositeur a tiré de son opéra une symphonie en trois mouvements souvent exécutée en concert ; les deux premiers mouvements reprennent des morceaux orchestraux (prélude du 1er tableau, interlude du 7e tableau), et le troisième provient du 6e tableau.

Bibliographie — H. Strobel, P. Hindemith, Mayence 1928, 3/1948 ; E. Padmore, Hindemith and Grünewald, *in* MR XXXIII, 1972 ; J. E. Paulding, Mathis der Maler. The Politics of Music, *in* Hindemith-Jb. V, Mayence, Schott, 1976.

J. Viret

« Matona mia cara » (Ma gentille dame), madrigal à 4 voix de **Roland de Lassus**, sur un texte anonyme, publié dans son *Libro de villanelle, moresche, et altre canzoni...* (Paris, Le Roy et Ballard, 1581). C'est une parodie italienne humoristique : un soldat allemand

A **Mathis der Maler**

burlesque chante la sérénade à sa belle, sous ses fenêtres, en mauvais italien. Le texte, grotesque, commence par des déformations du mot « madonna », puis le soldat continue dans le même esprit : bien qu'il ne connaisse rien en poésie, dit-il, et qu'il ne puisse pas réciter des vers de Pétrarque, sa « dame » doit l'écouter et l'accepter tel qu'il est. La *« Matona »* de Lassus s'inspire de la frottola (divisions en sections, harmonie très évidente, texture homophonique) et son sujet permet de la ranger dans la catégorie des « frottole tedesche ». Cependant, l'arrangement musical est si raffiné que l'œuvre peut être considérée comme un madrigal. C'est l'un des plus connus de Lassus et il met en évidence une des nombreuses facettes du génie de l'auteur.

La pièce, en temps binaire, commence en *fa* maj. sur un rythme ♩ ♩♩ avant de passer rapidement à la dominante. Le premier vers est immédiatement répété dans une tonalité plus élevée. La pièce est presque entièrement homophonique ; les accords parfaits sont à l'état fondamental et la basse, conçue de façon harmonique, définit la tonalité par sauts (*fa* maj.). La forme, un schéma A A B C C, etc., qui se répète, est ponctuée par les fréquentes onomatopées d'un refrain au luth, chanté par toutes les voix.

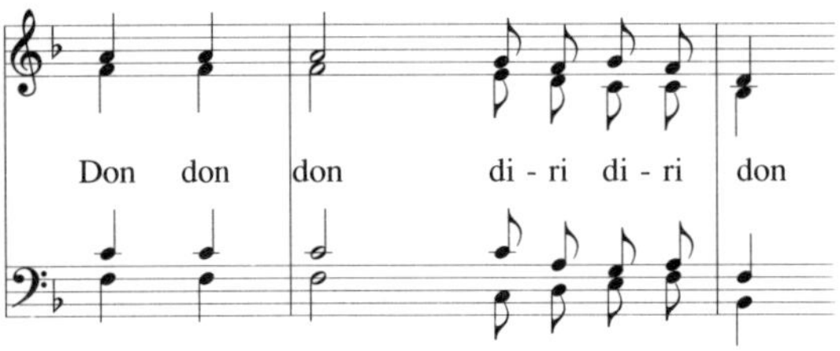

Rééditions modernes — Par Fr. X. Haberl et A. Sandberger, *in* O. de Lassus. Sämtliche Werke, Leipzig 1894-1926, vol. X ; par Ph. Caillard, *in* Lassus. Dix chansons polyphoniques, Paris 1951 ; par S. Hermelink et autres, *in* O. de Lassus. Sämtliche Werke, neue Reihe, Kassel, BV, 1956 ; par O. R. Hirsch et A. H. Mathiesen, *in* Madrigalia, 1967.

Bibliographie — Ch. van den Borren, O. di Lasso, Paris 1920, rééd. 1975 ; W. Boetticher, O. di Lasso und seine Zeit, Kassel 1958 ; J. Roche, Lassus, Londres, OUP, 1982.

M. Sacré

(Il) MATRIMONIO SEGRETO (Le Mariage secret), « dramma giocoso » en 2 actes, livret de Giovanni Bertati — d'après *The Clandestine Marriage* (1766) de George Colman et David Garrick, *Sophie ou le Mariage caché* (1768) de Marie-Jeanne Laboras de Mézières (Mme Riccoboni) et *Le Mariage clandestin* (1790) de François Devienne (livret de Joseph-Alexandre de Ségur) —, musique de **Domenico Cimarosa**, créé à Vienne, au Burgtheater, le 7 févr. 1792, avec Mme D. Sardi-Bussani (Carolina), MM. F. Bussani (Geronimo), P. Mandini (Paolino), sous la dir. du compositeur. L'ouvrage fut représenté pour la première fois à Paris, au Théâtre-Italien, le 10 mai 1801.

Il matrimonio segreto connut dès sa création un énorme succès. L'empereur Léopold II en avait ordonné la reprise intégrale le soir même de la première, fait unique dans les annales de l'opéra. Fort de ce triomphe, l'ouvrage fut joué partout en Europe pendant tout le XIXe s. (on dispose de plusieurs versions françaises). Devenu l'opéra fétiche de la bourgeoisie éclairée, il fut très apprécié d'écrivains de renom comme Goethe et Stendhal.

Livret — Au XVIIIe s., chez Geronimo, un riche marchand bolognais. Acte I. Geronimo (basse bouffe), qui vit avec sa sœur veuve Fidalma (contralto), a deux filles, Elisetta (sop.), l'aînée, et Carolina (sop.), la cadette. Celle-ci a épousé en secret Paolino (ténor), commis de Geronimo. Pour apaiser la colère prévisible de son patron, le jeune homme a organisé le mariage d'Elisetta avec un aristocrate ruiné, le Comte Robinson (basse). Elisetta pavoise déjà, tandis que Fidalma lui fait part de son désir de se marier elle aussi. A la vue des deux sœurs, le Comte tombe amoureux de Carolina à qui il annonce son intention de l'épouser. Elisetta, qui les surprend, enrage.

Acte II. Le Comte fait savoir à Geronimo qu'il a choisi Carolina. Habile, le marchand accepte contre une dot inférieure de moitié et exige l'accord de sa fille aînée. Robinson s'emploiera à détourner Elisetta de son projet en étant odieux avec elle. Désespéré, Paolino cherche secours auprès de Fidalma... qui lui fait l'aveu de son amour. Carolina survient, montre sa jalousie et fait naître les soupçons de sa tante. Aussi Paolino prend-il la décision de fuir avec sa femme à la nuit tombée. Elisetta, qui a surpris leur conversation dans la chambre de sa sœur, réveille son père et sa tante, criant au scandale. On fait sortir Carolina et son « amant » qui avouent leur mariage. Geronimo pardonne et le Comte épouse Elisetta.

Ce livret accuse plusieurs faiblesses, notamment un enjeu dramatique (la crainte de l'aveu) plutôt mince et des effets comiques par trop répétés (incompréhension de Geronimo, trop sourd pour entendre et répondant systématiquement de travers ; déclarations d'amour intempestives du Comte et de Fidalma). Malgré cela, règne une atmosphère de bonhomie et de naturel d'une séduisante vivacité. Certains traits de caractère sont directement issus de la comédie de situation traditionnelle : attitude hautaine de la vieille fille un peu aigre, prétentions sociales du bourgeois enrichi, politesse envahissante du noble ruiné, désir amoureux de la veuve déjà mûre. Mais la différence de classes, élément déterminant du comique bouffe, ne fait plus naître qu'une prétention ridicule, fortement concurrencée par l'appât du gain et vaincue par le bon sens. Finalement, Geronimo aura pour gendres un comte et un commis, sans que l'un ou l'autre s'en trouve offensé. En outre, les deux jeunes gens persécutés ne sont plus des amants mais des époux. Ils sont donc libérés du poids qui pèse d'ordinaire sur leurs rôles ; le ton général de l'œuvre peut rester léger, les risques encourus étant en définitive assez bénins.

Si la musique de Cimarosa n'est pas toujours originale — ne serait-ce qu'en raison d'une stabilité harmonique et tonale très lassante (petit nombre et simplicité des modulations, extrême rareté du mode mineur) —, elle sait pourtant donner à l'intrigue le dynamisme de son imperturbable volubilité. La pauvreté du vocabulaire musical est compensée par la clarté de la forme. Le souci de la variété et des contrastes, inhérent au genre bouffe pendant tout le XVIIIe s., se laisse peu à peu gagner par l'exigence de la continuité. Œuvre charnière, *Il matrimonio segreto* est exemplaire sur ce point. Grâce à un style souvent syllabique, le récitatif, l'arioso (rare ici, car peut-être trop « enlevé »), l'air et les ensembles sont parfaitement imbriqués. Les changements de tempo et les points d'orgue, très nombreux, laissent une certaine liberté au développement scénique et rompent la monotonie de la continuité stylistique.

Plusieurs éléments rappellent la manière de Mozart : exposition de l'intrigue dans le cadre d'un duo (*« Cara [...] non dubitar »*, Pourquoi [...] cette frayeur, acte I) ; aria de Paolino en *mi* ♭ maj. avec clarinette concertante (*« Pria che spunti il ciel l'aurora »*, Avant que le jour paraisse, acte II). Mais l'abstraction du style classique fait souvent place à des effets descriptifs. Le climat quasi pastoral de l'aria de Paolino déjà citée, dans laquelle les triolets graciles des violons ponctuent métaphorique-

Mam'zelle Nitouche d'Hervé, créée en 1883. Affiche d'A. Chatinière.
Bibliothèque-musée de l'Opéra, Paris. Ph. © J.-L. Charmet.

Manon Lescaut de G. Puccini, créée à Turin en 1893. Affiche de L. Metlicovitz (1909).
Museo teatrale alla Scala, Milan. Ph. © Giancarlo Costa.

Couverture de R. Salles (v. 1910-1914) pour la partition de l'opérette *Les Mousquetaires au couvent* de L. Varney, créée en 1880.
Collection particulière. Ph. © J.-L. Charmet-D.R.

Frontispice de la partition de *Médée* de L. Cherubini, créée en 1797.
Bibliothèque nationale, Paris. Ph. © Lauros-Giraudon/ Arch. Photeb.

Page de titre pour *Médée* de M.-A. Charpentier, créée en 1693. Gravure du « Recueil général des opéras » (1703).
Bibliothèque nationale, Paris. Ph. © Bibl. nat.-Photeb.

Médée de D. Milhaud : Marisa Ferrer lors de la création à l'Opéra de Paris en 1940.
Bibliothèque-musée de l'Opéra, Paris. Ph. © Lipnitzki-Bibl. nat.-Photeb.

ment l'évocation de l'aurore, tourne peu à peu à la description de la fuite (imitation, par le rythme de l'accompagnement, des pas dans l'escalier ou du galop de la fuite à cheval). L'une des qualités majeures de cette musique est en effet sa correspondance avec l'action scénique, dans un style presque réaliste. Ainsi le duo entre Geronimo et le Comte, *« Se fiato in corpo avete »* (Un écrit vous engage, début de l'acte II), multiplie les notes rapides et répétées dans un climat parfaitement adapté à la situation dramatique : Geronimo fait du calcul mental en aparté pour décider si le compromis proposé par le Comte est rentable pour lui ; de son côté, le Comte commente le tout avec panache et bonne humeur. Seul Rossini, sur lequel ce duo eut une influence, saura créer un véritable style à partir du même matériau.

L'orchestration, généralement assez simple, s'enrichit dans les ensembles où les instruments commentent le texte en accusant les traits saillants des personnages. Au début du dernier finale, l'orchestre a des accents presque romantiques. L'intimité de la maison endormie est rendue par des cellules musicales courtes, comme inachevées, et une instrumentation à la couleur mate ; les instruments entrent peu à peu, « sotto voce », cordes graves d'abord, suivies des bois et du cor, créant une atmosphère paisible et nocturne.

Cette œuvre brillante jusqu'à l'excès, mais sans réelle profondeur, fut, non sans raison, l'un des opéras du XVIIIe s. à rester à l'affiche tout au long du XIXe siècle. Il est vrai qu'il donnait un éclat insuité aux valeurs de la bourgeoise.

Sources, éditions et rééditions — Part. d'orch. autographe, Naples, Cons. di musica S. Pietro a Majella. — Parmi les nbr. éditions : Part. d'orch., Paris, Imbault, [1793] ; Paris, Laffilé, [v. 1817]. — Réd. cht et p., Paris, Carli, [1809] ; Paris, Legouix, 1864 ; Bonn et Cologne, Simrock, s.d. ; Londres, Ewer & Co., et Braunschweig, Mayer, s.d. — Parmi les nbr. rééd. modernes : Milan, Ricordi, 1944 ; par F. DONATONI, Ricordi, 1976 ; New York, Broude, s.d.

Bibliographie — U. ROLANDI, Il librettista del Matrimonio segreto, Tricase 1926 ; G. BIAMONTI, Il matrimonio segreto di D. Cimarosa, Rome 1930 ; C. ENGEL, A Note on D. Cimarosa's Il matrimonio segreto, *in* MQ XXXIII, 1947 ; W. DEAN, The Libretto of the Secret Marriage, *in* Music Survey III, 1950 ; J. E. JOHNSON, D. Cimarosa [1749-1801] (diss. Univ. College Cardiff, 1976) ; H.-B. DIETZ, Die Varianten in D. Cimarosas Autograph zu Il matrimonio segreto u. ihr Ursprung, *in* Mf XXXI/3, 1978 ; FR. DEGRADA, Dal Mariage à la mode al Matrimonio Segreto : genesi di un tema drammatico nel Settecento, *in* Palazzo incantato II, Fiesole 1979.

I. MOINDROT

MATTHÄUS-PASSION, de **Heinrich Schütz**, voir HISTORIA DES LEIDENS UND STERBENS UNSERS HERRN UND HEYLANDES JESU CHRISTI NACH DEM EVANGELISTEN S. MATTHEUM.

MATTHÄUS-PASSION, de **Johann Theile**, en réalité *Das Leiden und Sterben unsers Herrn Jesu Christi nach dem h. Evangelisten Mattheo*, pour 7 voix solistes, 2 violes de bras, 2 violes de gambe et b.c., composée à Lübeck en 1673, dédiée au duc Christian Albrecht von Schleswig-Holstein-Gottorf, qui sera l'employeur du musicien à sa cour de Gottorf d'avr. 1673 à févr. 1675. (Lübeck, M. Volck, 1673 ; durée : 1 h environ.)

L'œuvre appartient au type de la Passion-oratorio, dont les caractères distinctifs sont l'adjonction d'instruments indépendants, des compléments libres à valeur méditative interrompant le récit évangélique, et un style d'allure essentiellement récitative. Le texte reproduit intégralement les chapitres 26 et 27 de l'évangile de Matthieu, chacun d'entre eux constituant l'un des deux « actus » successifs. Les compléments consistent en une brève introduction et en 5 poèmes de plusieurs strophes dont l'auteur n'est pas connu.

Le récit de la Passion est traité principalement sous la forme d'un récitatif, accompagné par le seul continuo (personnages divers) ou avec l'appoint de 2 violes de gambe (l'Évangéliste) ou 2 violes de bras (Jésus). La ligne vocale dénote quelques réminiscences du ton de lecture traditionnel (stabilisation de la voix sur une teneur) mais recourt avant tout aux procédés du récitatif déclamatoire : mise en relief du rythme et des accents verbaux, tournures à caractère figuraliste. Les parties supplémentaires de violon sont généralement écrites en formules d'accords brisés, plus rapides (l'Évangéliste) ou plus lentes (Jésus) et elles ont aussi une valeur parfois figuraliste (évocation du tremblement de terre). Quant aux sections chorales des « turbae », leur écriture ordinairement à 5 voix est accompagnée par les instruments à l'unisson des parties chantées. Malgré leur brièveté, elles font montre d'une facture soignée et élaborée, grâce notamment aux imitations contrapuntiques qui enrichissent la trame harmonique, et révèlent l'influence de H. Schütz, l'ancien maître de Theile.

Les méditations poétiques s'intercalent à des moments appropriés du récit : après la Cène (Matth. 26, 29), après la comparution de Jésus devant les grands prêtres (Matth. 26, 68) après le reniement de Pierre (Matth. 26, 75), comme conclusion de l'« actus I », après les railleries du peuple (Matth. 27, 31), et enfin comme conclusion générale de l'œuvre. Leur forme musicale est celle de l'aria pour voix soliste (dans un cas plusieurs voix) et continuo. Ces airs créent par leur mélodie et leur harmonie l'atmosphère expressive adéquate à chaque moment, et en réalisent de ce fait un prolongement subjectif : cette caractérisation expressive se traduit également au travers des ritournelles instrumentales à 5 voix intercalées entre les strophes des poèmes.

L'importance historique de cette Passion réside essentiellement dans le fait que pour la première fois — autant qu'on le sache — les commentaires méditatifs du récit évangélique ne proviennent pas de la Bible ou de la liturgie (strophes de chorals) mais sont de rédaction libre. Cette innovation prendra dans l'évolution ultérieure de la forme, aux points de vue conjointement poétique et musical, une extension croissante.

Dans sa préface, le compositeur admet la possibilité d'une exécution réduisant en cas de nécessité l'accompagnement instrumental à la seule basse continue.

Rééditions modernes — Par FR. ZELLE, *in* DDT XVII, Leipzig, Br. & H., 1904.

Bibliographie — W. MAXTON, J. Theile (diss. Tübingen, 1927) ; W. BRAUN, Die mitteldeutsche Choralpassion im 18. Jh., Berlin 1960 ; J. MACKEY, The sacred music of J. Theile (diss. Univ. of Michigan, 1968) ; B. SMALLMAN, The Background of Passion music. J. S. Bach and his predecessors, New York, Dover, 1970.

J. NEUBACHER

MATTHÄUS-PASSION, de **Johann Valentin Meder**, pour soli, chœur, 2 fl. à bec, 2 htb., 2 vl. et b.c., probablement composée en 1701 à Riga, où son auteur occupait depuis 1700 le poste d'organiste et de cantor à la cathédrale, transmise par un manuscrit autographe sans page de titre.

L'œuvre se rattache au genre de la Passion-oratorio et se distingue des autres Passions composées durant la 2de moitié du XVIIe s., d'une part en raison de l'importance accordée aux interpolations à valeur exégétique (chœurs introductif et conclusif, 11 arias ou cantiques spirituels, 5 sinfonie instrumentales), d'autre part en vertu de l'optique quelque peu théâtrale selon laquelle est représenté le drame de la Passion (avant 1700 Meder s'était fait connaître par 4 opéras).

Le texte reprend sans coupures le récit évangélique (Matth., chap. 26 et 27) et lui adjoint des compléments d'esprit méditatif : cantiques spirituels (arias) ou liturgiques (chorals) d'une ou plusieurs strophes, ainsi qu'une introduction et une conclusion brèves. La tendance théâtrale détermine, sous l'angle musical, l'originalité essentielle de cette Passion et se manifeste avant tout dans les récitatifs des solistes (l'Évangéliste, Jésus, les « soliloquentes »). Meder s'y affranchit totalement du ton grégorien et crée un style de récitatif (l'Évangéliste) ou d'arioso (Jésus) mélodiquement expressif et harmoniquement varié, marqué par une volonté prononcée de souligner les virtualités figuralistes et rhétoriques du texte. Tel l'exemple suivant, où les ténèbres angoissantes au moment de la mort du Christ sont évoquées par la descente chromatique de la basse et les dissonances harmoniques : en outre, les nombres 6 et 9 (« sixième » et « neuvième heure ») se retrouvent, aux mots concernés, dans les intervalles (sixte et neuvième) compris entre le chant et la basse A. Une intention figuraliste analogue se perçoit aussi dans l'accompagnement de cordes (2 vl.) affecté à toutes les paroles du Christ, chaque fois qu'il revêt l'aspect d'un trémolo (« ondeggiando ») pour traduire l'inquiétude ou la tristesse E.

Les chœurs à 5 voix des « turbae », que le compositeur demande d'accompagner « con strumenti unisoni » (avec les instruments à l'unisson des voix), sont également traités selon une conception avant tout déclamatoire. Leur écriture contrapuntique est empreinte de vitalité rythmique, de clarté mélodique et de divers traits rhétoriques (répétitions de mots, silences, oppositions de plans sonores). Quant aux morceaux qui interrompent le récit de l'Évangéliste à des endroits appropriés pour commenter les événements, ce sont principalement des cantiques spirituels et des strophes de chorals, les uns et les autres dénommés « aria » : hormis une exception, ils sont confiés au soprano ou au ténor solo avec un accompagnement instrumental variable et, occasionnellement, une Sinfonia ou un Ritornello comme prélude ou postlude. Les instruments jouent aussi un interlude indépendant, telle la « Sinfonia somnus discipulorum » (Sinfonia des disciples endormis) lors de l'épisode de Gethsémané : flûtes à bec et cordes en trémolo y créent un effet descriptif. Le plus remarquable de ces morceaux à valeur méditative est l'aria sur le choral de J. Rist *« O Traurigkeit, o Herzeleid »* (O tristesse, ô affliction) qui suit la scène de la mise au tombeau : les huit strophes du chant y donnent lieu à une série de variations sur le thème du choral, grâce à la différenciation de l'effectif vocal et instrumental, de l'harmonisation, de l'accompagnement et du tempo.

Éditions — Par B. SMALLMAN, *in* Chw., n° 133, Wolfenbüttel, Möseler, 1985.

Bibliographie — J. BOLTE, J. V. Meder. Neue Mitteilungen, *in* VfMw VII, 1891 ; B. SMALLMAN, The background of Passion music. J. S. Bach and his predecessors, New York, Dover, 1970 ; du même, A. Forgotten Oratorio Passion, *in* MT CXV, 1974.

J. NEUBACHER

MATTHÄUSPASSION (Passion selon saint Matthieu), de **Johann Sebastian Bach** (BWV 244), pour sop., alto, ténor et basse soli, double chœur : 1er chœur à 4 voix, 2 fl. (2 fl. à bec), 2 htb. (2 htb. d'amour, 2 htb. de chasse), viole de gambe, cordes et b.c. avec basson ; 2e chœur à 4 voix, 2 fl., 2 htb. (2 htb. d'amour), viole de gambe, cordes et b.c. avec basson, la seconde des deux grandes Passions de Bach, postérieure de six ans à celle selon saint Jean (→ *Johannespassion*, 1722-23). (Durée : 3 h environ.)

Liturgiquement, la lecture évangélique correspondante prend place, dans l'office catholique, à la messe des Rameaux. Ce n'est pas ce jour-là que fut créée l'œuvre de Bach, mais à l'office du jeudi saint de 1729, dans l'église Saint-Thomas de Leipzig, où, les années impaires, se célébrait l'office solennel de la Passion, transféré à Saint-Nicolas les années paires. Une particularité de l'église Saint-Thomas était la présence, face à la grande tribune d'orgue placée au fond, d'une seconde tribune plus petite accrochée au mur comblant la différence de hauteur entre un chœur bas et une nef surélevée. Cette petite tribune, démolie en 1895, abritait un petit orgue qui venait en 1727 d'être restauré. C'est sans doute cette heureuse circonstance qui donna à Bach l'idée d'utiliser pour une fois la présence simultanée de deux instruments placés latéralement l'un à droite et l'autre à gauche des fidèles assis au centre, pour faire dialoguer autour d'eux deux chœurs et deux orchestres. Il produisait ainsi un effet de stéréophonie nouveau et demeuré quasi unique dans l'histoire de la musique : partout en effet où avaient été utilisées deux tribunes (à Saint-Marc de Venise notamment), ces tribunes se trouvaient face à l'auditeur et ne réalisaient donc qu'imparfaitement l'effet d'espacement obtenu par la disposition ancienne de Saint-Thomas. Pour l'exécution de son œuvre, Bach avait tiré parti de sa juridiction musicale sur les quatre paroisses de la ville pour grouper le maximum d'exécutants que lui permettaient les ressources locales et l'emplacement disponible. Il arrivait ainsi à un total d'une soixantaine de musiciens, chiffre qui paraît aujourd'hui modeste, mais qui signifiait pour lui le plus grand nombre matériellement possible : limiter artificiellement ce nombre pour se rapprocher des conditions d'alors, comme on tendrait à le faire depuis peu, est donc une expérience historique d'intérêt documentaire incontestable, mais qui ne saurait prétendre satisfaire aux désirs ou aux intentions de l'auteur.

Le fragment d'Évangile imposé par la liturgie est d'une longueur exceptionnelle : il comprend les chapitres 26 et 27 de saint Matthieu et débute par l'épisode des parfums de Madeleine, bien avant le récit de saint Jean qu'il ne rejoint qu'à l'approche de la pause et du sermon sur l'épisode de l'arrestation. D'où une œuvre musicale elle aussi de dimension exceptionnelle.

Si la conception dans ses grandes lignes reste la même que pour la *Passion selon saint Jean* de 1723, Bach n'en a pas moins profité des six années intermédiaires pour enrichir son expérience et apporter à sa seconde grande œuvre nombre d'innovations par rapport à son aînée. En premier lieu, il s'est assuré le concours d'un librettiste professionnel, Friedrich Henrici, dit Picander. Si celui-ci n'était certes pas un grand poète, c'était un homme de métier. Il sut établir dans l'agencement des « intermedia » l'équilibre qui manquait à la *Passion selon saint Jean*, en dosant judicieusement chorals, airs et ariosos dont il emprunte souvent la matière à Brockes (voir l'art. *Johannespassion*). En collaboration sans doute avec le musicien, il donne à l'arioso une fonction plus précise, en en faisant systématiquement une sorte de prélude à l'air (même voix, même instrumentation). Ainsi défini, l'arioso devait fournir à Bach le cadre de quelques-unes de ses plus belles inspirations. De son côté, Bach introduit nombre de nouveautés d'ordre musical. Non seulement il porte au maximum possible l'ampleur sonore de son œuvre, mais il renforce la variété du récitatif, détachant de celui-ci les paroles de Jésus, qui se voient traitées en récit instrumenté (quatuor à cordes) comme le faisait fréquemment l'opéra s'agissant des personnages sacrés (dieux, rois, prêtres). De plus, il enrichit ses ariosos d'une signification symbolique en comptant soigneusement pour chacun le nombre de notes de leurs basses continues, et fait systématiquement en sorte que ce nombre corresponde exactement à la référence d'un psaume approprié au texte (particularité démontrée en 1986 par l'auteur du présent article).

Les commentateurs s'accordent à placer parmi ces innovations l'introduction d'un « troisième chœur » chargé, dans le chœur initial, du choral superposé à la polyphonie fondamentale, et ils le dotent volontiers de significations symboliques hasardeuses. Ce chœur, souvent avec raison confié à des enfants, et que reproduisent toutes les éditions de l'œuvre, n'appartient pas à la version originale. Dans le manuscrit autographe rédigé au plus tôt en 1740 avec beaucoup de soin (soit onze ans après la composition), il n'est pas question en cet endroit d'un troisième chœur, mais seulement d'un « cantus firmus » joué aux deux orgues et écrit pour eux, sur la partition, en grosses notes sans paroles. Le procédé n'est pas nouveau et Bach lui-même y a fait plus d'une fois appel (*« Suscepit Israel »* du → *Magnificat*). Il vise toujours à souligner une image du texte (ici, l'Agneau expiateur, appelé par le vers « als wie ein Lamm ») en évoquant un choral ou une mélodie liturgique qui exprime la même image : ici, *« O Lamm Gottes unschuldig »*. Ce choral n'était donc pas destiné aux voix ; mais il a pu leur être confié à l'occasion d'une reprise de l'œuvre, car on en a retrouvé des parties avec paroles dans la bibliothèque de l'église. Moyennant quoi ce « troisième chœur » occasionnel a été incorporé par les éditeurs successifs comme faisant partie de l'œuvre, et tout le monde ou presque est aujourd'hui persuadé qu'il en est ainsi. Contrairement à la *Passion selon saint Jean*, la réalisation du continuo n'a pas été prévue pour l'orgue (accords tenus en valeurs longues), mais pour le clavecin (accords plaqués suivis de silences). On a cependant retrouvé une copie en valeurs longues montrant qu'une exécution avec orgue avait bien eu lieu, mais qu'en ce cas les accords brefs de la partition étaient transformés en tenues longues. Il est donc anormal d'accompagner les récits à l'orgue avec les accords brefs de la version de clavecin. On possède enfin une copie simplifiée montrant que, sans doute pour l'une des reprises faites ailleurs qu'à Saint-Thomas, l'œuvre avait aussi été exécutée, du temps de Bach ou peu après lui, avec un seul orgue et un chœur unique. Il s'agit évidemment dans tout cela d'adaptations aux circonstances et non de remaniements délibérés. Ces adaptations montrent en tout cas l'illusion dont se nourrissent les fanatiques modernes de l'intangibilité des textes anciens.

Moins spontanée et plus réfléchie que son aînée, la *Passion selon saint Matthieu* est aussi riche qu'elle en admirables inspirations. Le chœur introductif, dont une immense pédale de *mi* définit d'emblée les proportions, en constitue le monumental narthex. Puis se succèdent,

A **MATTHÄUS-PASSION** DE J. V. MEDER

B **MATTHÄUS-PASSION** DE J. V. MEDER

comme dans la *Passion selon saint Jean*, mais cette fois en un équilibre parfait et avec les innovations que nous avons signalées, récits (auxquels participe le chœur de « turba »), chorals de commentaire, ariosos et airs. Un choral orné, prévu d'abord pour la *Passion selon saint Jean*, clôt la 1re partie, et le chœur final, qui s'achève par une extraordinaire appoggiature de sensible sur tonique, forme pendant au célèbre *« Ruht wohl »* dont il reprend la forme à refrain. Le récitatif amplifié pour les paroles de Jésus est travaillé avec la même minutie descriptive que dans la *Passion selon saint Jean*, ariosos et airs sont systématiquement jumelés et un symbolisme latent se glisse dans le numérisme des ariosos, grâce auquel le récit évangélique se voit relié aux prémonitions prophétiques des psaumes dont chaque basse continue énonce la référence. Dans ces ariosos comme dans les airs, Bach atteint à une force pathétique inégalable et nombre de pages permettraient de parler d'un véritable « opéra sacré » si d'autres — notamment les chorals — ne venaient périodiquement rappeler qu'il ne s'agit pas d'une fiction dramatique, mais d'un drame réel auquel le chrétien se voit sans cesse associé. Le librettiste avait du reste favorisé cette assimilation en empruntant à ses prédécesseurs Hunold et Brockes la figure fictive d'un personnage symbolique, la Fille de Sion, représentant le peuple fidèle : son nom n'apparaît pas chez Bach, mais sa présence implicite reste constante. C'est elle qui justifie les interrogations angoissées du chœur initial ou les plaintes bouleversantes de l'air qui ouvre la seconde partie : *« Ach, wo ist mein Jesus hin ? »*

Le chef-d'œuvre de Bach clôt ou à peu près la très longue liste des Passions dont s'honore l'histoire de la musique. Celles qui seront écrites après lui ne seront plus, à de rares exceptions près, des Passions au sens liturgique où Bach l'entendait, mais des oratorios de concert. A Saint-Thomas même, seize ans après la mort de Bach, en 1766, le Consistoire abolissait l'usage des Passions en musique, usage que le prédécesseur du grand Cantor, Johann Kuhnau, n'avait introduit qu'en 1721, deux ans avant l'arrivée de Bach. Après lui, son chef-d'œuvre fut presque oublié. Redécouverte vers 1823 par C. Fr. Zelter, réexécutée pour la première fois à Berlin en 1829 sous la direction de Mendelssohn, la *Matthäuspassion* n'en resta pas moins à peu près ignorée jusqu'à nos jours, et ses rares exécutions restèrent longtemps le plus souvent fragmentaires : telle, en France, sa première audition en 1873 aux Concerts Lamoureux. C'est sans doute à partir des auditions annuelles instaurées au Concertgebouw d'Amsterdam par Joseph Willem Mengelberg vers 1930, puis des enregistrements qui ne cessèrent de se multiplier depuis 1950, que l'on commença à découvrir la grandeur d'une œuvre aujourd'hui considérée avec raison comme l'un des plus hauts sommets de toute l'histoire de la musique.

Le chœur d'entrée, *« Kommt, ihr Töchter, helft mir klagen »* (Venez, filles, aidez-moi à gémir), d'une écrasante grandeur, met d'emblée en valeur le dialogue des deux chœurs, établissant entre eux un jeu de questions-réponses inspiré du livret de Brockes et de sa Fille de Sion. Une immense pédale de *mi* fixe dès le départ l'échelle du monument et, lorsque interviennent les mots « als wie ein Lamm » (comme un agneau), ceux-ci déclenchent, en « cantus firmus » chanté ou non (voir la question du 3e chœur), le choral correspondant *« O Lamm Gottes unschuldig »* (O agneau de Dieu sans péché), qui jusqu'à la fin viendra encore se superposer à une polyphonie déjà dense. Les premières mesures du chœur sont presque note pour note identiques à celles d'un « estrebillo » sur la Passion du padre Juan Cererols, moine de Montserrat, *« Ay ! qué dolor ! »*. Coïncidence ou réminiscence ? A .

Le premier épisode nous transporte à Béthanie, où Jésus reçoit d'une femme de Magdala, Marie (que l'on appellera Magdalena, la Madeleine), l'hommage d'un parfum de grand prix qui scandalise ses disciples. Dès cette première scène s'établit la diversité qui manquait à la *Passion selon saint Jean* : le chœur de « turba », *« Wozu dienet dieser Unrath ? »* (A quoi rime cette fantaisie ?), rend avec animation la réprobation des disciples ; un choral, *« Herzliebster Jesu, was hast du verbrochen ? »* (Jésus aimé, en quoi as-tu failli ?), dont plusieurs strophes réapparaîtront en cours de route, tire la moralité ; un air de contralto, *« Buss' und Reu' knirscht das Sündenherz entzwei »* (Pénitence et repentance brisent le cœur coupable en deux), précédé d'un prologue arioso, *« Du lieber Heiland, du »* (Toi, cher Sauveur), dégage le symbolisme des gouttes de parfum, en quoi vont se changer les larmes du chrétien, et les 19 notes de basse de l'arioso renvoient au Psaume 19 où il est dit que les jugements de l'Éternel sont plus doux que le miel qui coule des rayons. Il en sera ainsi tout au long de l'œuvre, avec une profusion qui interdit de tout mentionner ici.

Le deuxième épisode relate la Cène, l'annonce de la trahison de Judas et l'institution de l'Eucharistie. Commentaire par un arioso, *« Wiewohl mein Herz in Tränen schwimmt »* (Combien mon cœur baigne dans les larmes), suivi d'un air de soprano, *« Ich will dir mein Herze schenken... »* (Je veux t'offrir mon cœur [...]. Je veux m'engloutir en toi). Le troisième épisode est consacré à l'agonie à Gethsémané : deux chorals, et un solo de ténor dont l'arioso se déroule sur un fond de choral, *« O Schmerz ! Hier zittert das gequälte Herz ! »* (O douleur ! ici frissonne le cœur torturé), 3e strophe de → *« Herzliebster Jesu »*. L'air, *« Ich will bei meinem Jesu wachen »* (Je veux veiller près de mon Jésus), invite le chrétien à veiller, entre l'appel d'éveil du hautbois solo et une berceuse du chœur pour qu'« ainsi s'endorment nos péchés ». Nouvel « intermedium » à propos de la chute du Christ (basse) et choral de conclusion : → *« Was mein Gott will, das gscheh allzeit »* (Que la volonté de mon Dieu soit faite en tout temps). C'est ensuite l'arrestation (épisode initial de *Passion selon saint Jean*), avec le baiser de Judas et son extraordinaire « fausse note » dissonante.

Jésus est ligoté et ses liens donnent matière à un duo descriptif entre soprano et alto, *« So ist mein Jesus nun gefangen »* (Ainsi mon Jésus est prisonnier), coupé des appels du chœur. Celui-ci interpelle les Éléments et déclenche, de manière prémonitoire alors, l'un de ces grands orages dont raffolera le futur romantisme. Les disciples s'enfuient et la première partie s'achève sur un splendide développement du choral → *« O Mensch*

bewein dein Sünde gross » (O homme, pleure ton grand péché), jadis prévu comme chœur initial de la *Passion selon saint Jean.*

La seconde partie s'ouvre de manière impressionnante par la plainte désolée de la Fille de Sion, *« Ach, nun ist mein Jesus hin »* (Hélas ! mon Jésus s'en est allé), dialoguant avec l'autre tribune pour pleurer l'absence de « son Jésus ». Viennent alors l'interrogatoire chez Caïphe, avec l'arioso *« Mein Jesus schweigt »* (Mon Jésus se tait) et l'air du silence de Jésus (ténor) *« Geduld, Geduld »*, incitant le chrétien à la patience, les mauvais traitements et le reniement de Pierre (traité comme dans la *Passion selon saint Jean*, quoique plus sobrement). Les pleurs de Pierre servant d'arioso, le commentaire de l'air, le sublime *« Erbarme dich »* (Aie pitié de moi) avec contralto et violon solo, intervient directement pour évoquer la contrition, que confirme une nouvelle strophe de choral, *« Bin ich gleich von dir gewichen »* (Même si je suis moi aussi loin de toi). Le châtiment de Judas forme le 6e épisode. Il n'est guère commenté que par un air de basse, *« Gebt mir meinen Jesum wieder ! »* (Rendez-moi mon Jésus), évoquant de manière quelque peu artificielle le faux clinquant des 30 deniers qui ont payé la trahison. Jésus est traduit devant Pilate. L'interrogatoire donne lieu à une saisissante trouvaille : le cri bref et féroce de la foule réclamant Barabbas en 3 notes seulement, amenées avec un dramatisme tel que le sang se glace à l'entendre... Le soprano chante les bienfaits du Christ, *« Aus Liebe will mein Heiland sterben »* (Par amour, mon Sauveur veut mourir), et le récit enchaîne sur le 7e épisode :

A MATTHÄUSPASSION DE J. S. BACH

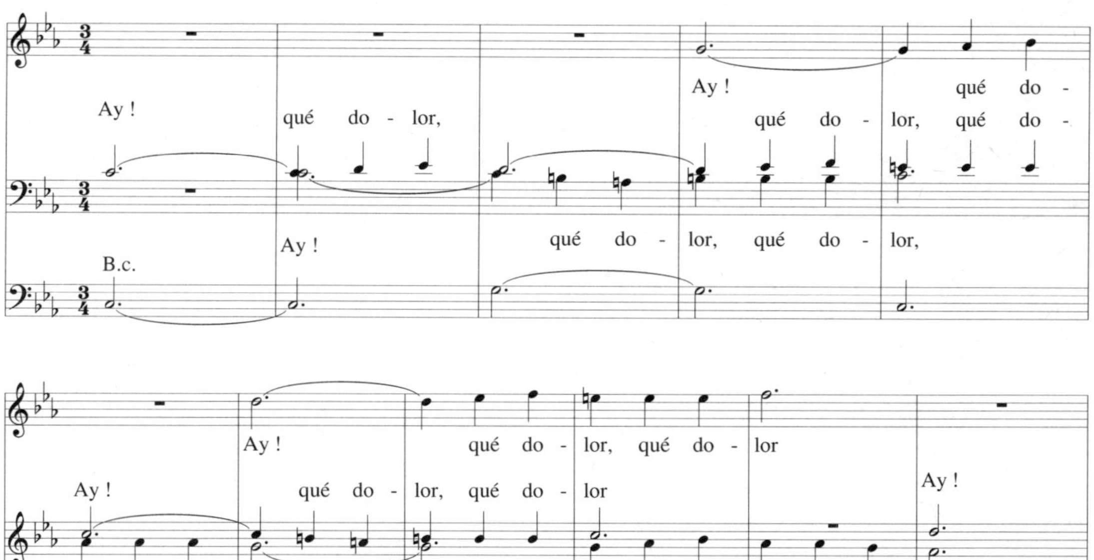

Joan Cererols, « Ay ! qué dolor ! ».

J. S. Bach, *Matthäuspassion*, introduction

flagellation, outrages et chemin de Croix. L'arioso *« Erbarm es Gott »* (Grâce, mon Dieu) et l'air de la flagellation, *« Können Tränen meiner Wangen nichts erlangen »* (Si les larmes de mes yeux ne peuvent rien obtenir), fortement descriptif (contralto et cordes), bien supérieur à l'air correspondant de la *Passion selon saint Jean* ; il est suivi du plus célèbre des chorals de Passion, → *« O Haupt voll Blut und Wunden »* (O tête pleine de sang et de blessures), harmonisé tonalement de manière encore assez simple : d'autres strophes suivront bientôt, avec des harmonies de plus en plus tourmentées et expressives. Encore un arioso et un air, *« Komm, süsses Kreuz »* (Viens, douce Croix), de basse cette fois, pour méditer sur le chemin de Croix, dont la viole de gambe évoque le poids accablant. Crucifixion et mort de Jésus : Bach retrouve sa voix préférée, le contralto, pour consacrer au sinistre Golgotha un admirable arioso *« Ach Golgotha, unselges Golgotha ! »* (Ah ! Golgotha, maudit Golgotha !), que suit un air avec chœur, *« Sehet, Jesus hat die Hand... »* (Voyez, Jésus a tendu la main). Nous réentendrons, avec une autre strophe, le choral *« O Haupt »*, cette fois dans une expressive harmonisation modale (4e ton) et non plus tonale comme précédemment. Jésus meurt, la terre tremble, le voile du Temple se déchire de haut en bas, le récit se fait pure description et les gardes voyant ces prodiges se disent l'un à l'autre « Vraiment, celui-ci était le Fils de Dieu », chœur de « turba » qui s'achève sur l'unisson cadenciel d'une affirmation dont Bach tient à souligner musicalement et pour son propre compte l'accablante véracité.

Le drame est achevé. Son épilogue — l'ensevelissement — nous transporte dans un climat tout autre : la sérénité du soir qui tombe, et que commente un bel arioso de basse, *« Am Abend, da es kühle war »* (C'est au soir, alors qu'il faisait frais), l'air qui suit, *« Mache dich, mein Herze, rein »* (Purifie-toi, mon cœur), célébrant le repos de Jésus dans le cœur du chrétien. Tour à tour, relayés par le chœur, les quatre solistes viennent saluer le corps du Christ, *« Mein Jesu, gute Nacht »* (Mon Jésus, bonne nuit), et leur arioso introduit le beau chœur final, *« Wir setzen uns mit Tränen nieder »* (Nous nous asseyons en pleurant), pendant au *« Ruht wohl »* de la *Passion selon saint Jean*. Il s'achève sur une extraordinaire appoggiature longue de sensible contre tonique, comme pour sceller la pierre du tombeau dans l'attente de la Résurrection.

Éditions monumentales — Par J. Rietz, *in* J. S. Bachs Werke IV, Leipzig [1854] ; par A. Durr, *in* J. S. Bach. Neue Ausgabe sämtlicher Werke II/5, Kassel, BV, 1972.

Bibliographie — Fr. Smend, Bachs Matthäuspassion, *in* Bach-Jb. 1928 ; cf. également J. S. Bach. Neue Ausgabe sämtlicher Werke II/5, Kritischer Bericht, Kassel, BV, 1974 ; voir aussi la bibliogr. de l'art. *Johannespassion.*

J. Chailley

« Mauldicte soit la mondaine richesse », chanson à 4 voix de **Claudin de Sermisy**, éditée en 1529 par Attaingnant (*31 Chansons*). Elle s'inscrit à merveille dans le style polyphonique parisien inauguré, autour de Sermisy, par les *Chansons nouvelles en musique* de 1527. La déclamation du texte, syllabique, à peine émaillée de quelques courts mélismes, se déroule dans un contrepoint note contre note prédominant d'où émerge, par ses imitations, la 2e phrase reprise au vers final, dans un schéma formel qui rappelle le goût de Sermisy pour les formes économes, ABCDB, toujours attentives à l'organisation des rimes. La succession répétitive des incipit, dactyliques ou anacrousiques, est interrompue judicieusement, en syncope, au début du vers 3, sur l'exclamation « Las, par vertu ». Le texte, dans les sources musicales un cinquain de décasyllabes, de Clément Marot, sera publié quelques années plus tard dans l'*Adolescence Clémentine* (1532), suivi d'une 2de strophe de mêmes rimes, qui en accentue le caractère révolté.

En 1539, dans le *Quart Livre* du → *Parangon*, Jacques Moderne en publie une version à 3 voix de **Cosson** où la mélodie de Sermisy est exposée au ténor. Un autre « tricinium » sur le même texte est trompeusement attribué à **Janequin** dans une publication italienne de Gardane (1541). Attaingnant, de son côté, édite en 1530 (*19 Chansons* [...] *réduictes...*) une transcription pour les claviers de cette chanson de Sermisy qu'Eustorg de Beaulieu utilise comme timbre d'un de ses « contrafacta » pieux de la *Chrestienne Resjouyssance* (1546).

Rééditions modernes — Par W. Brennecke, *in* Carmina germanica et gallica, Kassel, BV, 1955 ; par A. Seay, *in* P. Attaingnant. Transcriptions of chansons for keyboard, CMM 20, Amer. Inst. of Musicology, 1961 ; par I. Cazeaux, *in* Cl. de Sermisy. Opera omnia IV, CMM 52, Amer. Inst. of Musicology, 1974.

Bibliographie — I. Cazeaux, The secular music of Cl. de Sermisy (diss. New York, Colombia Univ., 1961).

J.-P. Ouvrard

Maulwerke (Pièces de gueule), de **Dieter Schnebel**, pour plusieurs organes d'articulation (3 à 8 « vocalistes ») et appareils de reproduction, composés de 1968 à 1974, créés partiellement à Donaueschingen, le 20 oct. 1974, par Carla Henius, Gisela Saur-Kontarsky, William Pearson, 4 membres de la Schola Cantorum et l'Arbeitsgemeinschaft Neue Musik de Munich. (Mayence, Schott ; durée : 15 à 90 min selon les cas.)

Les *Maulwerke* se composent de 4 pièces, 1. *Atemzüge* (Respirations), 2. *Kehlkopfspannungen* (Tensions du larynx) et *Gurgelrollen* (Roulement du gosier), 3. *Mundstücke* (Pièces pour la bouche) et 4. *Zungenschläge* (Coups de langue). Pouvant être considérés comme un prolongement de → *Für Stimmen (Missa est)* ils ont pour objet la découverte et l'exploitation des organes d'articulation eux-mêmes et des processus corporels menant à la production du son. Au lieu de composer avec des sons ou des bruits, cette œuvre « compose » directement avec les divers organes de la parole (larynx, gosier, bouche, langue, lèvres) ou avec le souffle, sans que le résultat sonore ait une importance quelconque. Ce qui compte ici c'est, d'une part, la mise en évidence des origines physiques du phénomène vocal et, d'autre part, l'expérience elle-même de la production de l'œuvre (les *Maulwerke* font partie d'une série que le compositeur dénomme « Produktionsprozesse » [processus de production]). Destinées aussi bien à des musiciens qu'à des non-musiciens, ces pièces visent à rendre les exécutants conscients du fonctionnement de leurs organes articulatoires. En même temps qu'une étude-exercice, il s'agit en fait d'une expérience de connaissance et d'accomplissement de soi, par une libération du corps et une régression vers un stade prélinguistique. Tout « savoir-faire artistique », tout professionnalisme en sont exclus, comme dans de nombreuses pages du compositeur. Les « Produktionsprozesse » sont, en effet, à considérer comme des compositions en train de se faire, où les participants doivent tenter de réaliser leurs propres potentialités plutôt que de reproduire un « modèle ». Par leur absence de but et de critères esthétiques et par leur « gratuité », les « Produktionsprozesse » sont peut-être plus proches du jeu que de l'œuvre artistique. Aucun mot, aucun phonème n'est évidemment utilisé. La « partition », quant à elle, propose des gestes et des positions des organes articulatoires, notamment au moyen de dessins (de lèvres, de cordes vocales, etc. ; lors de l'exécution, des projections d'images du fonctionnement corporel sont prévues).

Pièces ouvertes au sens large (elles admettent également une certaine participation du public), les *Maulwerke* sont évidemment différentes à chaque exécution, contribuant encore à cette intégration de l'art dans le quotidien que recherche Schnebel.

Bibliographie — D. Schnebel, Denkbare Musik, Cologne, DuMont Schauberg, 1972 ; I. Stoïanova, Œuvre et Produktionsprozesse, *in* Geste-texte-musique, Paris, UGE, 10/18, 1978, pp. 219-252 ; Musik-Konzepte, n° 16, nov. 1980.

V. Mataigne

(Die) Maurerfreude (La Joie des maçons), cantate en *mi* ♭ maj. de **Wolfgang Amadé Mozart** (KV 471), sur un poème de Franz Petran, pour ténor, chœur d'hommes (T T B), 2 htb., clar., 2 cors et cordes, composée à Vienne, entre le 18 et le 20 avr. 1785, chantée pour la 1re fois par Valentin Adamberger le 24 avr. suivant, lors d'une cérémonie de la loge maçonnique « Zur gekrönten Hoffnung », organisée en l'honneur d'Ignaz von Born, et immédiatement éditée à Vienne par Artaria. (Durée : 7 min environ.)

Les trois strophes du texte regorgent d'expressions typiques de la franc-maçonnerie de tendance rationaliste et illuministe. La 1re strophe fait l'objet d'une exposition de sonate, avec les deux premiers vers à la tonique (« Voyez comment la nature dévoile peu à peu son visage à l'œil fixe du chercheur, comment elle remplit son cœur de vertu et son esprit de sagesse ») et les deux derniers (le spectacle qui ravit les maçons) à la dominante. La reprise du même chant, mais dans une tonalité mouvante, fait figure de développement. Mozart revient ensuite à l'introduction orchestrale à la tonique, en une façon de réexposition, mais il module aussitôt, afin d'amener la 2e strophe, beaucoup moins développée musicalement, et dont l'objet principal est de couronner symboliquement Born de laurier. Ce passage (Andante, en *sol* maj.), un arrangement des toutes premières mesures de l'Andante du *Concerto pour piano* en *ut* maj., KV 467, leur est presque supérieure par la subtilité du dialogue entre les hautbois en tierces parallèles et la clarinette, au-dessus du chant soliste. Mais il est interrompu par la jubilation des maçons, qui va occuper toute la 3e strophe, où le ténor invite tous les frères à chanter.

Die Maurerfreude abonde en finesses toujours très discrètes, comme les syncopes des bois sur les soupirs des 1ers violons et des altos et sur le chromatisme de la basse dans l'introduction orchestrale (mes. 7-8). Elle est aussi un modèle de la musique vocale écrite par Mozart pour les cérémonies maçonniques. Le chant est presque exclusivement construit sur l'intervalle de seconde. En est-il autrement qu'on pressent une intention, comme dans les derniers mots du ténor,

dont la formule mélodique est généralement associée à la vue (p. ex. dans *Die Zauberflöte*, n° 19). Tout aussi caractéristiques, les anapestes rituels ponctuent le cérémonial (mes. 122-123, 1ers vl., et 160-161, bois), de même qu'ils fondent la structure rythmique du chant jubilatoire conclusif que le ténor entonne avant le chœur. Cette reprise d'une courte mélodie, donnée d'abord par le soliste, est un autre trait usuel dans la musique des loges au XVIIIe siècle. La trace s'en retrouve dans l'air *« O Isis und Osiris »* (*Die Zauberflöte*, n° 10) ou dans les hymnes de la Révolution (comme → *Le Chant du départ* de Méhul).

Rééditions modernes — *In* W. A. Mozart's Werke, Leipzig, Br. & H., 1877-83, vol. IV/1 ; par Fr. Giegling, *in* W. A. Mozart. Neue Ausgabe sämtlicher Werke, Kassel, BV, 1955 et suiv., vol. I, 4/4, 1957.

Bibliographie — O. E. Deutsch, Mozart und die Wiener Logen, *in* Wiener Freimaurer-Zeitung, 1932, pp. 6-11 ; P. Nettl, Mozart and masonry, New York, Dorset Press, 3/1987, pp. 49-54 ; K. Thomson, The Masonic Thread in Mozart, Londres, Lawrence and Wishart, 1977, pp. 80-82 ; Ph. A. Autexier, Mozart et Liszt sub Rosa, Poitiers, l'Auteur, 1984, p. 14 ; du même, La musique maçonnique, *in* Dix-Huitième Siècle XIX, 1987 ; du même, Mozart et la franc-maçonnerie, Paris, Philippe-Olivier, 1991.

Ph. A. Autexier

Mavra, opéra bouffe en un acte, livret en vers russes de Boris Kochno, secrétaire de Serge de Diaghilev, d'après une nouvelle, *La Petite Maison de Kolomna*, d'A. S. Pouchkine, musique d'**Igor Stravinski**, dédié à la mémoire de Pouchkine, Glinka et Tchaïkovski, créé à l'Opéra de Paris le 3 juin 1922, composé en 1921-22 par la compagnie des Ballets russes, sous la dir. de Gregor Fitelberg, décors et costumes de L. Survage, mise en scène de B. Nijinska. (Paris, Éd. russe de musique, 1925, puis Londres, Boosey & H. ; durée : 25 min environ.)

Livret — L'action se déroule en Russie, vers 1830, dans le salon bourgeois d'une maison campagnarde. La jeune Paracha (sop.) est occupée à broder lorsqu'elle voit passer son galant, le hussard Basile (ténor) : duo des deux jeunes gens. Puis entre la mère de Paracha (contralto), qui se lamente de rester sans servante depuis la mort de la vieille cuisinière Thekla. Paracha sort à la recherche d'une nouvelle servante ; pendant son absence, une voisine (mezzo-sop.) vient bavarder sur des sujets futiles. Retour de Paracha accompagnée d'une servante nommée Mavra : c'est en réalité Basile déguisé en femme, dont l'arrivée réjouit fort la mère de Paracha ; les quatre personnages font l'éloge de la cuisinière défunte. La voisine se retire tandis que la mère de Paracha va se changer à l'étage supérieur ; demeurés seuls, les amoureux chantent un duo d'amour. Paracha sort ensuite se promener avec sa mère, et Mavra en profite pour se raser. Mais les deux femmes rentrent plus tôt que prévu : ce spectacle inattendu provoque l'évanouissement de la mère, laquelle reprend cependant conscience juste à temps pour voir le hussard enjamber la fenêtre et entendre Paracha crier « Basile ! Basile ! ».

Stravinski s'est maintes fois expliqué sur les intentions qu'il a eues en composant ce petit opéra, mal accueilli lors de sa création, mais qu'il considérait comme l'un de ses témoignages essentiels et un tournant dans sa production. De peu postérieur au ballet *Pulcinella* inaugurant l'assimilation par le style stravinskien des modèles classiques, *Mavra* revient à un sujet russe mais dans un esprit très différent de celui qui présidait aux premières œuvres (jusqu'aux → *Noces*, composées bien avant *Mavra*, créées l'année suivante seulement). La dédicace à Pouchkine, Glinka, Tchaïkovski est révélatrice à cet égard : le compositeur voit en eux trois artistes qui ont su concilier « les éléments russes les plus caractéristiques avec des richesses spirituelles de l'Occident », sans sacrifier, comme le groupe des Cinq, au pittoresque jugé conventionnel de la paysannerie russe (lui-même s'y était complu auparavant). Il voudra se situer désormais dans une ligne semblable à la leur, et adopte pour *Mavra* l'esthétique de l'opéra russo-italien tel qu'il en trouve les modèles chez M. I. Glinka, A. S. Dargomyjski et P. I. Tchaïkovski. La concision d'une forme découpée en « numéros » successifs, de même que la légèreté d'une écriture privilégiant la mélodie et teintée d'italianisme sont aussi voulues comme une réaction face aux conceptions de Wagner récusées par Stravinski.

Sous l'angle formel, la partition se subdivise en 13 morceaux, tous confiés à 1, 2, 3 ou 4 solistes (il n'y a pas de chœurs ni d'intermèdes instrumentaux) : 2 airs (n° 4, la mère, et n° 12, Mavra), 2 duos (n°s 6 et 10), un quatuor (n° 8), un morceau hybride (n° 2 : Chant tzigane du hussard avec un bref duo) et une coda en quatuor (n° 13) sont entrecoupés de 5 « dialogues » en déclamation musicale (n°s 3, 5, 7, 9, 11). Outre quelques allusions à la musique tzigane (n° 2) et au ragtime (n°s 6, 8, 13), la référence stylistique dominante est celle du bel canto italien, donnant lieu notamment à des lignes mélodiques fluides et chantantes ainsi qu'à des formules d'accompagnement en accords plaqués (celles-ci n'excluent pas l'emploi occasionnel du contrepoint, en particulier dans le quator n° 8). Toutefois, ces emprunts sont traités avec la plus grande liberté, dans un ton burlesque et quasi parodique justifié par la nature du sujet.

Bibliographie — I. Stravinski, Chroniques de ma vie II, Paris 1935 ; E. W. White, Stravinsky, Londres, Faber, 1966, 2/1979, trad. fr. Paris, Flammarion, 1983 ; A. Boucourechliev, I. Stravinsky, Paris, Fayard, 1982.

J. Viret

Maximilien, op. 110, opéra historique en 3 actes et 9 tableaux, livret de R. S. Hoffmann d'après la pièce de théâtre *Juarez und Maximilian* de Franz Werfel, adapté en français par Armand Lunel, musique de **Darius Milhaud**, composé du 15 juin au 14 oct. 1930, orchestré du 18 nov. 1930 au 28 janv. 1931, créé à l'Opéra de Paris, le 5 janv. 1932, sous la dir. de François Ruhlmann. (Vienne, UE, 1931.)

Livret — Maximilien, frère de l'empereur autrichien François-Joseph, tente de soutenir ses prétentions au trône impérial du Mexique dans les années 1860.

Acte I. L'œuvre s'ouvre au plus haut point des opérations militaires de Maximilien (bar.) contre le chef nationaliste Benito Juarez, que l'on ne verra pas dans l'opéra. Apparaissent successivement le général Diaz (ténor), fervent allié de Juarez ; le colonel Lopez (ténor), émissaire de Maximilien qui plus tard le trahira ; Herzfeld (bar.), conseiller fidèle de Maximilien ; la commandant en chef français Bazaine (bar.), et le Cardinal (basse), tous deux soutenant la cause de Maximilien, mais qui l'abandonneront à la fin ; la princesse Salm (mezzo-sop.) qui garde secret son amour pour Maximilien ; Carlotta (sop.), enfin, épouse ambitieuse de l'empereur toujours prête à le pousser en avant. L'acte s'achève sur de soudains revers pour Maximilien et sur la promulgation de son décret fatal selon lequel tous les partisans de Juarez doivent être fusillés.

Acte II. La situation s'aggrave pour Maximilien. Les revers militaires se succèdent ; ses alliés le trahissent, Carlotta part pour l'Europe pour essayer de trouver de l'aide — il ne la reverra jamais — tandis que Herzfeld l'encourage à fuir. L'Empereur décide pourtant de tenir bon et l'acte s'achève sur une note fausse d'optimisme.

Acte III. La situation se noue. Le traître Lopez conduit l'ennemi dans le camp de Maximilien qui est arrêté et jeté en prison. C'est ici pourtant qu'il trouve enfin la paix intérieure. Il reçoit la visite de Salm et de Herzfeld avant qu'on l'emmène pour être exécuté. Le dernier tableau montre la foule qui attend l'arrivée de Juarez. Salm se prépare à le tuer avec un revolver malgré la dissuasion de Herzfeld, mais au dernier moment le courage lui manque. L'opéra se termine sur un hymne révolutionnaire.

Maximilien est un opéra épique, haut en couleur, déployant des moyens considérables qui semblent avoir réveillé le Berlioz en Milhaud. Le résultat, toutefois, est une œuvre plus conventionnelle que son précédent opéra → *Christophe Colomb*. Collaborant pour la première fois avec un librettiste professionnel, Milhaud se trouva confronté avec une quantité considérable de personnages secondaires, nécessitant leur propre musique, et fut obligé de fournir de la musique fonctionnelle : marches militaires, chœurs en tous genres, des entrées et des sorties. Il dut également écrire de grands interludes — qui forment, avec l'ouverture, la *Suite de Maximilien* — pour couvrir les changements de décors. Le sujet permit à Milhaud de puiser dans les rythmes latino-américains qu'il affectionnait, même s'il n'a fait usage que d'une mélodie traditionnelle : *« Où est ma chaumière ? »* (acte III, sc. 1). En général, la musique de *Maximilien* est typique du Milhaud des années 30 et 40, bien différente des années 20. Les textures sont désormais plus épaisses, parfois franchement surchargées — la mélodie citée ci-dessus est écrasée sous 4 ostinatos — ; le contrepoint joue un rôle moindre et l'on rencontre une plus grande verticalisation de la dynamique musicale ; les structures sont larges et plus diffuses qu'avant, malgré la présence de quelques airs concis. Harmoniquement, *Maximilien* est l'une des œuvres les plus dissonantes que le compositeur ait écrites, reflet de la bruyante exubérance qui faisait partie du génie de Milhaud.

Bibliographie — Comptes rendus par J. Marnold *in* Mercure de France, 1. 2. 1932, H. Prunières *in* RM XIII, 1932 ; A. Machabey, Rapport sur le théâtre musical en France, *in* Atti del primo Congresso intern. di musica, Florence 1935 ; J. Drake, The operas of D. Milhaud, New York, Garland, 1989, pp. 263-277.

J. Drake

Mazeppa, opéra en 3 actes et 6 tableaux, livret de Victor Bourenine d'après *Poltava* (1829) d'A. Pouchkine, musique de **Piotr Ilitch Tchaïkovski**, composé de 1881 à 1883, créé à Moscou, au Théâtre Bolchoï, le 3 févr. 1884, avec E. Pavlovskaïa (Maria), A. Kroutikova (Lioubov), B. Korssov (Mazeppa), D. Oussatov (Andreï), P. Borissov (Kotchoubey), P. Grigoriev (Iskra), O. Führer (Orlik), A. Dodonov (le Cosaque ivre), sous la dir. d'I. Altani. (Durée : 2 h 40 min environ.)

Tchaïkovski a réutilisé, en le transformant assez sensiblement, un livret écrit à l'intention de Karl Davydov. La composition de *Mazeppa* s'effectua par à-coups sur une durée de deux ans. Au cours des répétitions, Tchaïkovski ajouta l'air de Mazeppa *« O Maria ! »* (acte II, 2e tableau, texte de V. Kandaourov), à la demande de l'interprète du rôle. L'opéra fut assez bien accueilli par le public, mais suscita la désapprobation quasi unanime de la critique. Néanmoins, après la première représentation, Tchaïkovski fut décoré par le tsar de l'ordre de Saint-Vladimir. En avr. puis oct. 1884, il apporta quelques retouches à sa partition, abrégeant notamment la scène entre Mazeppa et Maria au 2e tableau de l'acte II, et modifiant le finale (dans la 1re version, Maria se suicidait en se jetant à l'eau).

Pouchkine situe son récit au moment de la bataille décisive que l'armée russe de Pierre le Grand livra en 1709 contre les Suédois de Charles XII. Sur ce fond historique se développe un drame humain dont les principaux protagonistes sont Mazeppa, hetman (chef cosaque) d'Ukraine et allié de Charles XII contre Pierre le Grand, sa filleule Maria, qu'il a séduite, et le vieux noble Kotchoubey, père de Maria.

L'introduction symphonique, assez importante, est bâtie sur l'un des thèmes de Mazeppa,

traduisant sa volonté de puissance. Le 2e thème est une mélodie paisible (*la* maj.) qui évoque la vie sereine dans la maison de Kotchoubey. Le 3e motif (*fa* ♯ min.) est un chant ukrainien situant le contexte géographique de l'opéra.

Acte I. 1er Tableau. Dans le jardin de ses parents, Maria (sop.), entourée de ses compagnes qui chantent et dansent, ne pense qu'à Mazeppa (bar.), son parrain septuagénaire dont elle est amoureuse. Aussi repousse-t-elle les déclarations enflammées du jeune Cosaque Andreï (ténor) qui s'est épris d'elle. Après un chœur populaire et une danse (hopak), Mazeppa demande la jeune fille en mariage, ce qui suscite la colère de ses parents, Kotchoubey (basse) et Lioubov (mezzo-sop.). Une scène de dispute, à laquelle se joignent Maria, Andreï et Iskra (ténor), ami de Kotchoubey, formant un vaste ensemble vocal, aboutit à un début de rixe entre les hommes de l'hetman et ceux de Kotchoubey. A la consternation de ses parents, Maria leur déclare son amour pour Mazeppa et part avec lui. — 2e Tableau. Dans la maison de Kotchoubey. Un chœur plaintif fait entendre les lamentations de Lioubov. Kotchoubey, son épouse et leurs amis cherchent le moyen de contrecarrer le plan de Mazeppa. Kotchoubey, à qui l'hetman avait autrefois confié son intention de fomenter un complot contre Pierre le Grand, décide de le dénoncer au tsar. C'est Andreï qui se chargera de porter le message. Tous imaginent déjà leur ennemi livré aux bourreaux moscovites (ensemble final).

Acte II. 1er Tableau. Dans un cachot. Le tsar, qui avait toute confiance en Mazeppa, n'a pas cru la dénonciation et a fait emprisonner Kotchoubey et son ami Iskra. Après une longue introduction orchestrale, Kotchoubey, enchaîné, médite avec désespoir sur ses échecs. Orlik (basse), complice de Mazeppa, vient de nouveau interroger le vieillard : il veut lui faire révéler les cachettes où il aurait dissimulé des trésors. Devant le refus de Kotchoubey, Orlik ordonne au bourreau de poursuivre les tortures. — 2e Tableau. Dans le palais de Mazeppa. L'hetman contemple la nuit ukrainienne (monologue), puis pense à Maria et à son amour pour elle (air ajouté). La jeune fille arrive, tourmentée par le doute : quels sont les sentiments réels de Mazeppa à son égard ? L'hetman la rassure et lui fait part de son intention de prendre le pouvoir pour rendre l'Ukraine indépendante.

Il lui demande ensuite qui, de son père ou de lui, elle préfère. « C'est toi qui m'es le plus cher », lui répond Maria. Mazeppa à peine parti, elle voit accourir sa mère Lioubov, affolée, qui lui annonce l'exécution de Kotchoubey pour le lendemain. — 3e Tableau. Dans un champ au pied de l'échafaud. Le peuple, à la fois curieux et effrayé, attend l'exécution. Un Cosaque ivre (ténor) survient, chantant une chanson grossière, ce qui fait diversion, mais scandalise l'assistance. On amène Kotchoubey et Iskra. Ils se font leurs adieux puis chantent une prière, reprise par le chœur. Maria et Lioubov arrivent au moment où retentissent les sonneries de trompettes et les roulements de tambours, et où les bourreaux abattent leurs haches.

Le tableau symphonique de la *Bataille de Poltava* tient lieu d'entracte.

Acte III. Devant la maison de Kotchoubey, qui tombe en ruine. Andreï a vainement cherché Mazeppa pendant la bataille pour le tuer. A présent, il est revenu devant la maison de sa bien-aimée et évoque tristement le passé. Entendant une chevauchée, il se cache. C'est Mazeppa et Orlik. L'hetman, revoyant des lieux connus, est en proie au remords. Andreï sort de sa cachette. Un dialogue de plus en plus tendu s'établit entre les deux hommes ; Andreï veut frapper Mazeppa de son sabre mais tombe mortellement blessé par une balle de l'hetman. Surgit alors Maria, qui a perdu la raison. Son monologue incohérent exacerbe les remords de Mazeppa qu'Orlik engage à fuir. Maria reste avec Andreï mourant qu'elle ne reconnaît pas et, imaginant qu'il s'agit d'un enfant, lui chante une berceuse.

Plus condensé, moins inégal, et encore plus cruel et violent que → *L'Opritchnik*, *Mazeppa* est le plus typique et sans doute le plus réussi des opéras historiques de Tchaïkovski. Les drames individuels sont liés aux événements réels mais, contrairement à ce qui se passe dans les opéras de Moussorgski, ceux-ci restent à l'arrière-plan et se limitent à une toile de fond. Comme toujours chez Tchaïkovski, ce sont les monologues, où les personnages expriment leurs passions et leurs souffrances, qui donnent les pages musicalement les plus intéressantes. La scène devant l'échafaud, avec la chanson du Cosaque ivre (ne figurant pas chez Pouchkine) dont la vigueur crue peut évoquer Moussorgski, et la scène finale de la berceuse de Maria, avec sa sublimation de la démence, constituent assurément les sommets dramatiques de l'œuvre.

Le rôle des leitmotive, plus ou moins important chez Tchaïkovski selon les ouvrages, est secondaire dans *Mazeppa*. Deux thèmes (cités) se rattachent à l'hetman, le second évoquant son espoir de devenir roi d'Ukraine. Le seul autre personnage à être caractérisé musicalement est Orlik, toujours accompagné par une brève figure en rythme pointé. En revanche, *Mazeppa* se distingue par le soin apporté aux intonations du chant, où Tchaïkovski recherche une adaptation fidèle des cantilènes à la prosodie des vers de Pouchkine. Dans la scène entre Maria et Andreï de l'acte I, une réplique de la jeune fille expliquant son refus reprend une mélodie que Tchaïkovski avait écrite antérieurement sur une phrase célèbre de Dante : « Nessun maggior dolore che ricordansi il tempo felice nella miseria. » Orchestralement, l'entracte précédant l'acte III est à inclure dans la lignée des grandes batailles symphoniques. Tchaïkovski y fait entendre le chant populaire *« Ouj kak na niébé solntsou krasnomou slava »* (Gloire au soleil dans le ciel), utilisé par Moussorgski dans le chœur du couronnement de *Boris Godounov*, et le cantique *« Spassi Gospodi lioudi tvoïa »* (Dieu sauve ton peuple), l'un des thèmes de son *Ouverture 1812*. Le folklore musical ukrainien est assez abondamment employé, en particulier dans l'acte I et dans le chœur du peuple devant l'échafaud. Enfin, Tchaïkovski emprunte le thème du monologue de Mazeppa (acte II, 2e tableau) au chœur final de *La Vie pour le tsar* de Glinka.

Éditions et rééditions — Réd. cht et p., Moscou, Jurgenson, 1883 (1re vers.) et 1889 (2e vers.) ; Œuvres complètes, vol. 38, Moscou, Mouzgiz, 1968 ; Moscou, Mouzyka, 1982. — Part. d'orch., Moscou, Jurgenson, 1889 (2e vers.) ; Œuvres complètes, vol. 6 (A-B), Moscou, Mouzgiz, 1969.

Bibliographie — Voir celle de l'art. *Eugène Onéguine.*

A. Lischke

Medea (Médée), mélodrame en un acte, livret de Friedrich Wilhelm Gotter, musique de **Georg Anton Benda**, composé immédiatement après le grand succès d'→ *Ariadne auf Naxos* et créé à Leipzig le 1er mai 1775.

Après le triomphe de l'actrice Charlotte Brandes dans le rôle d'Ariane qui avait été spécialement écrit pour elle, l'épouse du directeur de la même compagnie théâtrale, Sophie Seyler, demanda à Johann Jacob Engel de lui fournir un rôle à sa mesure dans une pièce qui puisse se prêter également à un mélodrame. Fr. W. Gotter, un poète du cercle de Goethe, se chargea de l'élaboration du livret. Mais malgré de nombreuses représentations (Gotha, Mannheim, Berlin, Hambourg, Munich), *Medea* ne connut pas la popularité d'*Ariadne auf Naxos*. La partition représente cependant un progrès par rapport au mélodrame précédent. Benda résout ici l'inadéquation temporelle entre la vive déclamation théâtrale et l'expression musicale plus lente en faisant éclater les grandes séquences musicales en petits fragments. Ainsi divisée en de brefs éléments, la musique permet au compositeur de maintenir la tension dramatique, qui risquait d'être menacée par de trop longues interruptions. Au regard d'*Ariadne auf Naxos*, l'équilibre entre texte et musique se trouve mieux réalisé dans *Medea*.

Argument — Grâce à Médée, Jason a conquis la Toison d'or. Éprise de lui, Médée tue son frère, rendant ainsi possible leur fuite commune. Mais Jason abandonnera Médée pour Créuse. fille du roi Créon. Sous le portique corinthien d'un palais ouvert sur une ville splendide, Médée se lamente d'avoir été abandonnée par Jason. Elle oscille entre la haine et la colère de la femme humiliée qui ne peut encore agir, prisonnière qu'elle est de son amour pour Jason. Mais à la vue du cortège de noces de Jason et de Créuse, sa jalousie et sa haine sont de nouveau attisées. Elle décide alors de faire de ses propres enfants l'outil de sa vengeance et les égorge tous les deux. Jason accourt et, devant le désastre, se donne la mort.

En comparaison avec *Ariadne auf Naxos*, la partition de *Medea* se caractérise par une plus grande variété des moyens formels ou harmoniques et maintient un lien étroit avec les données structurelles et dramatiques du livret. Le texte en prose permet ici une réalisation musicale plus souple, à quoi contribue également la situation dramatique qui met en scène une héroïne déchirée entre les deux sentiments extrêmes que sont l'amour et la haine. Souvent écrite dans deux seuls types de mesures, la musique s'adapte avec minutie aux nuances scéniques et exprime de façon concise l'essentiel du drame, favorisant de ce fait l'apparition de tournures harmoniques hardies. Benda crée des formules musicales qui seront reprises par les compositeurs les plus divers tout au long du XIXe siècle. Ainsi une ligne mélodique aux syncopes haletantes, déchiquetée par des silences, est-elle l'expression du désarroi intérieur de Médée pensant à ses enfants.

De même, l'intervention du violon solo signale le souvenir de moments heureux de sa vie. Également caractéristique est le motif de la tempête, symbolisé par des triples croches constamment répétées, par le déferlement des gammes aux cordes et par les sons perçants des flûtes et des hautbois, tout cela en rapport avec l'agitation intérieure de l'héroïne. Aux courts fragments successifs répondent parfois des passages musicaux plus développés. L'unité et la cohésion dramatiques du texte sont également rendues par l'utilisation de motifs de rappel. Par le fait que la fin de l'œuvre reprend des éléments de l'ouverture, le caractère dramatique de la tonalité de *ré* min., entendue au début, se trouve définitivement confirmé.

Éditions et rééditions — **a)** Livret : Gotha, Ehinger, 1775. — **b)** Musique : Leipzig, Schwickert (Breitkopf), 1778 réd. cht et p.) ; éd. critique par J. Trojan, *in* MAB, 2e série, vol. VIII, Prague, Supraphon, 1976.

Bibliographie — G. Brückner, G. Benda und das deutsche Singspiel, *in* SIMG V, 1903-04 ; E. Istel, Die Entstehung des deutschen Melodramas, Berlin 1906 ; M. Steinitzer, Zur Entwicklungsgeschichte des Melodrams und Mimodrams, *in* Die Musik XXXV, 1919 ; H. Martens, Das Melodram, Berlin 1932 ; A. S. Winsor, The Melodramas and Singspiels of G. Benda (diss. Ann Arbor, 1967) ; E. Vogl-Garrett, G. Benda, the pioneer of the melodrama, *in* Studies in 18th Cent. Music : A Tribute to K. Geiringer on his 70th Birthday, éd. par H. C. Robbins Landon, New York 1970 ; Th. Baumann, North German Opera in the Age of Goethe, Cambridge, CUP, 1985 ; R. Didion, art. Medea, *in* Pipers Enzyklopädie des Musiktheaters, éd. par C. Dahlhaus, Munich, Piper, 1986 ; W. Schimpf, Lyrisches Theater. Das Melodrama des 18. Jh., Göttingen 1988.

U. Kramer

(Le) Médecin malgré lui, opéra-comique en 3 actes, livret de Jules Barbier et Michel Carré d'après Molière, musique de **Charles Gounod**, composé en 1857, dédié à la princesse Mathilde, créé à Paris, au Théâtre-Lyrique, le 15 janv. 1858, avec Mlles Caye (Lucinde), Faivre (Martine), Girard (Jacqueline), MM. Lesage (Géronte), Fromant (Léandre), Meillet (Sganarelle), P. F. Wartel (Valère), sous la dir. d'Adolphe Deloffre.

Rarement joué aujourd'hui, ce premier vrai succès de Gounod à la scène reste sa plus complète réussite, due à la fusion équilibrée de trois éléments stylistiques : le classicisme mozartien, la meilleure tradition de l'opéra-comique et la musique française du XVIIe siècle. Berlioz, le premier, a vanté l'atticisme d'une partition que Stravinski qualifiera de « petit chef-d'œuvre ».

Livret — Acte I. Martine (sop.) et Sganarelle (bar.), un fagotier ivrogne qui se pique de médecine, se querellent vivement. Rossée par son époux, Martine cherche à se venger. L'occasion lui en est donnée quand apparaît Valère (basse) à la recherche d'un médecin capable de guérir de son mutisme Lucinde (sop.), la fille de son maître Géronte (basse). Martine persuade Valère que Sganarelle est l'homme qu'il lui faut. En fait, celui-ci apparaît au valet sous les traits d'un rustre occupé à célébrer les plaisirs de la bouteille, avec les couplets célèbres des « glouglous » (*« Qu'ils sont doux »*). Sganarelle devient « médecin malgré lui » quand Valère et Lucas (ténor), le mari de Jacqueline (mezzo-sop.), nourrice de Lucinde, se voient obligés de recourir aux coups de bâton pour le convaincre de ses capacités. Martine est vengée.

Acte II. Léandre (ténor), amant de Lucinde, donne la sérénade à sa belle, promise à Horace. Géronte juge que c'est là un meilleur parti sans se douter que sa fille n'a pu le refuser qu'en devenant volontairement muette. Jacqueline répond aux arguments de son maître en invoquant la sagesse populaire qui dit qu'en mariage « contentement passe richesse ». Suit la scène de la consultation puis le chœur et la marche des médecins de caractère satirique. Léandre, l'amant malheureux, vient demander à Sganarelle de l'aider à conquérir Lucinde.

Acte III. Sganarelle chante les bienfaits de la médecine et voit accourir à lui un groupe de paysans qui sollicitent une consultation pour une parente. Le « médecin malgré lui » formule sa prescription avec désinvolture puis, fort attiré par les charmes de Jacqueline, s'efforce de la convaincre de se débarrasser de son mari. Léandre se présente déguisé en apothicaire, grâce à la complicité de Sganarelle qu'il assiste lorsque celui-ci visite la malade. A la vue de son amant, Lucinde recouvre la parole et se montre inébranlable dans sa résolution de l'épouser. Géronte, confiant en la science de Sganarelle, le prie de guérir Lucinde de cette nouvelle maladie. Mais tout s'arrange lorsque Léandre réapparaît pour apprendre à Géronte qu'il vient de faire un riche héritage.

Issu d'un choix inhabituel pour l'époque, le sujet du *Médecin malgré lui* convient particulièrement au talent de Gounod, plus à l'aise dans la demi-teinte que dans les effets du grand opéra. Une écriture raffinée cerne avec naturel les caractères des différents personnages de Molière. Malheureusement, l'œuvre pâtit de la disparité du texte parlé, celui-là même de la pièce, et du texte chanté qui n'en est que la fade parodie (en 1923, E. Satie composera des récitatifs pour les représentations données à Monte-Carlo l'année suivante). Cependant, la verve que les librettistes ont retirée aux paroles, Gounod la réinsuffle à la musique, sertissant les voix avec une orchestration ciselée qui met en valeur les bois et revalorise le rôle des parties intermédiaires. En outre, la souplesse mélodique de la prosodie rajeunit les cadres conventionnels imposés par le genre. Conscient du problème esthétique que pose l'adaptation d'un texte littéraire possédant sa valeur intrinsèque, le musicien essaiera de prendre sa revanche en entreprenant en 1873, sur la prose même de Molière, un *George Dandin* laissé inachevé.

Il est remarquable que, des 14 morceaux qui composent *Le Médecin malgré lui*, les plus neufs soient ceux dont les paroles restent proches de l'original : dans l'acte I, les n°s 1 à 4 ; dans l'acte II, le n° 6, c'est-à-dire le sextuor qui, dans le sillage de Mozart, et en intégrant le mélodrame, s'affirme comme une des pages majeures du théâtre lyrique français du XIXe siècle. En effet, la musique mime à merveille le comique de situation en même temps qu'elle peint avec acuité, non sans de subtiles touches de pathétique, le comique de caractère, puisqu'elle préserve l'individualité de chaque personnage. Pourtant, ce sont moins ces pages que les airs traditionnels plus ou moins archaïsants et cependant fort réussis qui ont assuré le succès de l'œuvre : couplets de Sganarelle (n° 3) ; sérénade (n° 6) et fabliau de Léandre (n° 9 bis), sur des vers tirés de *La Princesse d'Élide* ; couplets de Jacqueline (n° 7) ; air de Sganarelle (n° 10) ; chœur des fagotiers de l'acte I. La marche qui sert de finale à l'acte II est un morceau en « style ancien » ajouté par Gounod en 1851 à son arrangement de la musique de scène de Lully pour *Le Bourgeois gentilhomme*. C'est cette marche (Allegro maestoso, *la* maj.) qui forme, avec l'introduction du chœur *« Sarviteur, Monsieur le docteur »* (acte III, n° 11), la 1re partie de l'ouverture du *Médecin malgré lui*. L'Allegro en *ré* maj. qui suit est brillamment développé sur des fragments du sextuor de l'acte II.

Éditions et rééditions — Réd. cht et p., Paris, Colombier, 1858 ; par E. N. von Reznicek, Paris, Gallet, 1910 (texte all.). — Part. d'orch. par E. N. von Reznicek, Paris, Gallet, 1911 (texte all.).

Bibliographie — H. Berlioz, Le Médecin malgré lui, *in* Journal des Débats, 22 janv. 1858 ; L. Durocher, Théâtre-Lyrique. Le Médecin malgré lui, *in* Revue et Gazette Musicale de Paris XXV/3, 1858 ; L. Escudier, Théâtre-Lyrique. Le Médecin malgré lui, *in* La France Musicale XXII/3, 1858 ; J. Lovy, Théâtre-Lyrique — Le Médecin malgré lui, *in* Le Ménestrel XXV/7, 1858 ; P. Scudo, Le Médecin malgré lui, *in* Revue des Deux Mondes, 1er févr. 1858, 2/, *in* Critique et littérature musicales II, Paris 1859, pp. 366-371 ; Ch. Gounod, Mémoires d'un artiste, *in* La Revue de Paris, 1895, 2/ Paris 1896, pp. 202-205, 271-273 ; L. Pagnerre, Ch. Gounod, Paris 1890, pp. 88-98 ; J.-G. Prod'homme et A. Dandelot, Gounod I, Paris 1911, 2/ Genève, Minkoff, 1973, pp. 193-199 ; J. Harding, Gounod, Londres, Allen and Unwin, 1973, pp. 99-105.

J.-M. Fauquet

Médée, tragédie en musique en un prologue et 5 actes, livret de Thomas Corneille, musique de **Marc-Antoine Charpentier** (H 491), créée à l'Académie Royale de Musique de Paris, le 4 déc. 1693 (10 représentations), avec Mmes M. Le Rochois (Médée), Moreau (Créuse), MM. Du Mesny (Jason), J. Dun père (Créon), sous la dir. de P. Colasse, décors de Bérain. (Durée : 2 h 45 min environ.) Reprises : Lille, 1700 ; quelques scènes utilisées dans *Télémaque* d'A. Campra, 1704 ; Opéra de Lyon, 1984 (dir. M. Corboz).

Charpentier a composé deux opéras sur des sujets religieux, destinés au collège des jésuites, *Celse martyr* (1687, musique perdue) et → *David et Jonathas* (1688), mais *Médée* est sa seule contribution à la tragédie en musique de type lullyste. Après la mort de Lully, la scène de l'Opéra est exclusivement occupée par les reprises de ses œuvres, ainsi que par les créations régulières de celles de ses disciples, P. Colasse puis H. Desmarest. C'est surtout par sa situation chronologique que *Médée* rompt avec la tradition lullyste. La réputation d'italianisme du compositeur, ainsi que, dans le divertissement de l'acte II, l'air *« Chi teme d'amore »* et le chœur *« Son gusti'i dolori »* sur des paroles italiennes, peut-être ressentis comme une provocation, peuvent expliquer le demi-succès de l'ouvrage.

Livret — Le prologue est une invitation à célébrer Louis XIV. La Victoire (dessus), Bellonne (dessus) et la Gloire (dessus) disent leur inclination pour la France et pour son roi. Bergers et bergères, exhortés par la Victoire, chantent les douceurs de l'amour.

Acte I. Médée (dessus), Jason (haute-contre) et leurs enfants, chassés de Thessalie à la suite des crimes de Médée, sont réfugiés à Corinthe où ils espèrent la protection de Créon (basse), roi de Corinthe. Médée fait part à sa confidente Nérine (dessus) de ses soupçons jaloux à l'égard de Jason. De son côté, Nérine révèle que la Thessalie s'apprête à combattre Corinthe. Médée reproche à Jason son empressement auprès de Créuse (dessus), fille de Créon, mais elle accepte d'offrir sa robe merveilleuse à la jeune fille pour attirer ses faveurs. Effrayé par Médée, Jason renie son passé de héros et, encouragé par Créon, choisit l'amour de Créuse. Oronte (basse-taille), prince d'Argos, qui ne cache pas ses prétentions sur Créuse, offre son secours militaire à Créon contre la Thessalie. Dans un divertissement, la Gloire et l'Amour chantent la brillante destinée d'Oronte.

Acte II. Prétextant l'hostilité de son peuple, Créon enjoint à Médée de quitter seule Corinthe avant la fin du jour. La magicienne, pleurant sur son exil, confie ses enfants à Créuse. Devant Créuse puis Jason, Créon se félicite du départ imminent de Médée. Une scène d'amour entre Jason et Créuse, puis la déclaration d'amour d'Oronte, introduisent un divertissement où l'Amour tente de séduire Créuse.

Acte III. En tentant de rassurer Médée, Oronte apprend d'elle que Jason est son rival. Médée supplie Jason de ne pas l'abandonner, mais celui-ci l'assure de son dévouement pour mieux l'inciter à partir. Dans un monologue, Médée dit son désespoir puis, par une indiscrétion de confidents, apprend les calculs de

Créon et de Jason à son sujet. Elle décide alors de se venger sur la personne de Créuse en empoisonnant sa robe par des sortilèges.

Acte IV. Jason est transporté d'admiration devant Créuse qui a revêtu la robe de Médée. La jeune fille lui reproche cependant la tiédeur de ses sentiments. Oronte menace devant Jason un rival qu'il feint de ne pas connaître, mais Jason s'esquive. Assurant Oronte de son soutien, Médée réitère ses projets de vengeance et veut contraindre Créon à réaliser le mariage d'Oronte et de Créuse avant son départ. Le roi ordonne d'arrêter la magicienne qui ensorcelle les soldats venus se saisir d'elle et précipite Créon dans la folie. Dans son délire, le malheureux voit sa vengeance et Médée s'abîmant dans les Enfers.

Acte V. Médée se résout à tuer ses enfants pour infliger à Jason un plus affreux supplice. Créuse la supplie de guérir son père, mais Médée subordonne sa clémence à l'hymen d'Oronte et de Créuse. Apprenant le meurtre d'Oronte par Créon et le suicide simultané de celui-ci, Créuse crie sa haine à Médée qui, se vantant de sa puissance, déclenche l'action des poisons contenus dans la robe. Créuse expire dans les bras de Jason. Tout espoir de vengeance est vain : Médée lui apprend qu'elle a tué leurs enfants et s'enfuit dans les airs, abandonnant le misérable à sa douleur.

Thomas Corneille, qui connut avec son *Timocrate* un plus grand succès que celui du *Cid*, est l'un des dramaturges les plus représentatifs du XVIIe siècle. Pour établir le livret, il s'est appuyé sur la *Médée* (1634) de son frère Pierre, mais a inventé un canevas entièrement nouveau. Les personnages de Médée et de Créon, imprégnés de morale stoïcienne, sont très nuancés ; les nobles figures d'Oronte et de Créuse enrichissent beaucoup la pièce. La concentration de l'action (respect de la règle des trois unités) et les situations individuelles lui donnent un caractère tragique accusé, tout en respectant les formes de la tragédie en musique. Jamais un livret d'opéra n'avait possédé de ressources dramatiques aussi continues.

Pour apprécier la musique de *Médée*, il faut, bien entendu, faire référence aux opéras de Lully, mais on chercherait vainement un domaine où Charpentier lui serait inférieur. Les différentes formes du récitatif, simple, mesuré, accompagné, arioso, sont d'une richesse mélodique constante, que ce soit dans la simple exposition du drame (acte I, sc. 1, nettement supérieure à la scène équivalente dans *Armide*), dans l'affrontement psychologique (Médée et Créon, acte II, sc. 1) et jusque dans les péripéties secondaires (Médée et Oronte, acte III, sc. 1). Hormis les petits airs de forme binaire, inclus pour la plupart d'entre eux dans le prologue et les divertissements, la structure des airs et monologues ne témoigne pas de préoccupations formelles car ils s'appuient, tout comme chez Lully, sur la souple déclamation qui conduit insensiblement du récitatif simple au récitatif mesuré (acte IV, sc. 6) A, ou du récitatif simple à l'air dont la réalisation instrumentale, développant l'indépendance des voix, rehausse toujours l'intérêt (acte I, sc. 5) B. Le style mélodique d'air existe pourtant, sans que le syllabisme strict empêche l'expression d'un lyrisme purement musical.

L'inspiration harmonique de Charpentier se nourrit des situations dramatiques intenses fournies par le livret ; la vengeance et la souffrance sont toujours traduites de façon poignante, souvent grâce aux accords de 9e (acte III, sc. 3 ; acte V, sc. 2) C. Cet aspect se trouve encore renforcé par la subtilité de l'accompagnement orchestral (*« Que je serais heureux si j'étais moins aimé »*, Jason, acte I, sc. 3 ; *« Noires divinités, que voulez-vous de moi ? »*, monologue de la folie de Créon, acte IV, sc. 9).

Le traitement des nombreux chœurs peut à lui seul aider à mesurer l'étendue des possibilités que s'offre l'auteur, depuis la courte intervention, miniature soignée et transition délicate entre l'action et le divertissement (*« Disparaissez, inquiètes alarmes »*, acte I, sc. 3), jusqu'à la vaste composition orchestrale et chorale de près de 200 mesures qui clôt l'acte I (*« Que d'épais bataillons sur ces rives descendent »*, sc. 6). Écrits à 3, 4 ou 5 voix, ces chœurs sont tantôt homorythmiques, tantôt développés grâce au procédé de l'imitation et de l'opposition des voix deux à deux.

Dans les symphonies, Charpentier parle le langage de son temps et ses danses, en s'écartant souvent de la carrure régulière, ont, comme celles de Lully, beaucoup de souplesse. La chaconne et la passacaille en 2 parties, dans le divertissement de l'acte II, restent les morceaux instrumentaux les plus remarquables.

Dans *Médée*, l'originalité et la fécondité du talent de Charpentier s'intègrent harmonieusement au cadre non rigide de l'opéra lullyste. Quelque peu isolée dans la production du compositeur, cette tragédie en musique possède, en plus de ses qualités formelles et expressives, la beauté et le rayonnement des œuvres uniques, comme plus tard *Fidelio* ou *Pelléas et Mélisande*. Elle doit être considérée sur le même plan que les meilleurs opéras de J.-Ph. Rameau.

Éditions et rééditions — **a)** Livret : Paris, Chr. Ballard, 1693 ; Recueil des opéras, des ballets et des plus belles pièces en musique... V, Amsterdam, héritiers d'A. Schelte, 1700 ; Recueil général des opéra représentez par l'Académie Royale de Musique... IV, Paris, Chr. Ballard, 1703. — **b)** Musique : Paris, Chr. Ballard, 1694, rééd. en facs. Farnborough, Gregg, 1968 ; par E. Lemaitre, Paris, CNRS, 1987. — Extraits publ. par Guy-Lambert : *Passacaille* (acte II), Paris, Heugel, 1953 ; *« Que me peut demander la gloire »* (acte III, sc. 2), Paris, Éd. de la Lyre d'or, [1951] ; *« Quel prix de mon amour ? »* (acte III, sc. 3), *ibid.*, [1950] ; *« Noires divinités »* (acte IV, sc. 9), *ibid.*, [1950] ; *« Appelez-vous douceur ? »* (acte V, sc. 6), *ibid.*, [1952].

Bibliographie — Mercure galant, déc. 1693, pp. 322-324 ; S. Spycket, Th. Corneille et la musique, *in* XVIIe Siècle, n° 21-22, 1954 ; C. Girdlestone, La tragédie en musique (1673-1750), Genève, Droz, 1972 ; H. W. Hitchcock, Les œuvres de M.-A. Charpentier, Paris, Picard, 1982, n° 491, pp. 360-362 ; L'Avant-Scène Opéra, n° 68, oct. 1984 ; R. Fajon, L'opéra à Paris du Roi-Soleil à Louis le Bien-Aimé, Genève et Paris, Slatkine, 1984, pp. 116-123 ; H. W. Hitchcock, W. Christie et J.-Fr. Labié, plaquette accompagnant l'enregistrement HMC 1139.41, Harmonia Mundi, 1984.

D. Colombat

MÉDÉE, opéra en 3 actes, livret de François Benoît Hoffmann, d'après la tragédie de Corneille (1635), elle-même inspirée d'Euripide, musique de **Luigi Cherubini**, créé à Paris, au Théâtre Feydeau, le 13 mars 1797, avec Mme J. A. Scio Legrand dans le rôle-titre.

Reçue sans enthousiasme par le public parisien, l'œuvre avait été représentée conformément à l'habitude du Théâtre Feydeau, c'est-à-dire avec dialogues parlés. Composés par Franz Lachner pour une représentation à Francfort-sur-le-Main le 1er mars 1855, les récitatifs chantés furent généralement intégrés à l'ouvrage dans les productions qui suivirent.

Livret — Prince de Thessalie, Jason s'est rendu à Colchis sur l'ordre de son oncle Pélias, usurpateur du trône, pour reconquérir la Toison d'or. Il a été aidé dans sa tâche par la magicienne Médée, fille du roi de Colchis, qui, pour parvenir à ses fins, a fait tuer son frère Absyrtus. Les deux amants se sont réfugiés en Thessalie où Médée, qui a eu deux fils de Jason, a fait exécuter Pélias. Effrayé par la cruauté de Médée, Jason s'est enfui à Corinthe avec ses deux enfants.

Acte I. Corinthe, à la cour de Créon. Sur le point d'épouser Jason, Dircé (sop.), fille de Créon, fait part à ses suivantes de son inquiétude. Son futur époux a délaissé Médée pour elle. Ne l'abandonnera-t-il pas à son tour ? Jason (ténor) et Créon (basse) entrent accompagnés de leur suite. Un chœur brillant retentit tandis que les marins de Jason portent en triomphe la Toison d'or devant le trône de Créon. Craignant quelque vengeance de Médée, Dircé est rassurée par Jason. C'est alors que paraît Médée (sop.), dissimulée sous un voile. Son arrivée glace d'effroi tous les personnages présents. S'étant fait reconnaître, elle révèle à Jason son désir de vengeance sans se laisser troubler par les menaces de Créon, puis, restée seule avec Jason, elle tente vainement de le reconquérir.

Acte II. Furieuse de se voir interdire la visite de ses enfants, Médée en appelle aux dieux infernaux. Elle apprend de sa confidente Néris (mezzo-sop.) que le peuple de Corinthe réclame sa mort. Créon la presse de quitter le pays mais, par faiblesse, lui accorde un jour de délai. Folle de rage, Médée commence à envisager le meurtre de ses enfants pour se venger de Jason. Les deux époux se retrouvent face à face dans un conflit d'une rare violence : Médée obtient de garder ses fils auprès d'elle jusqu'à

A MÉDÉE DE M.-A. CHARPENTIER

B MÉDÉE DE M.-A. CHARPENTIER

C MÉDÉE DE M.-A. CHARPENTIER

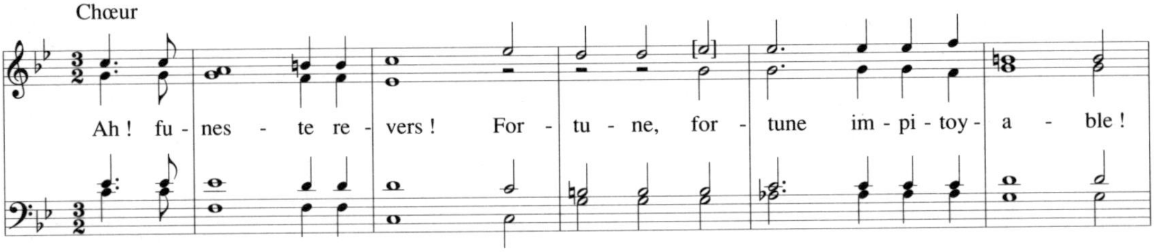

son départ, puis décide d'offrir à sa rivale un diadème et une robe empoisonnés. Un cortège imposant gagne le temple pour la cérémonie des noces de Jason et de Dircé, sous le regard menaçant de Médée.

Acte III. L'introduction orchestrale figure un orage. Pour apaiser la colère de sa maîtresse, Néris présente à Médée les deux enfants que la magicienne a désormais décidé de tuer. Cette initiative trouble Médée au point de faire naître en elle des sentiments maternels. Se croyant près d'aboutir, la confidente lui fait part de la mort imminente de Dircé : ce meurtre ne suffit-il pas à sa vengeance ? La nouvelle avive brusquement la rage de Médée dont Néris cache les enfants dans le temple. Horrifiés par ce nouvel assassinat, Jason et le peuple pleurent le sort de Dircé. Leur plainte augmente encore la fureur de la magicienne qui se précipite dans le sanctuaire. C'est à Néris que reviendra la terrible tâche d'annoncer l'infanticide. Lorsque la meurtrière reparaît, le poignard ensanglanté à la main, tous reculent d'effroi. Médée maudit Jason puis s'élève dans les airs tandis que le temple s'embrase.

Imprégné du modèle cornélien, le livret de Fr. B. Hoffmann s'inscrit dans une tradition classique affirmée. Les dialogues parlés adoptent un rythme et une aisance de bon aloi à une époque qui commençait à renouer avec la culture de l'Ancien Régime. Conformément au bon goût du Grand Siècle, les meurtres sont commis hors du regard des spectateurs, puis relatés ou évoqués par le peuple ou les confidents. La pièce ménage cependant quelques espaces au surnaturel (Médée disparaît dans les airs) et aux effets de mise en scène (embrasement du temple), éléments plus traditionnels de la tragédie lyrique. La psychologie de Médée est plus particulièrement travaillée : l'héroïne est partagée entre son obsession de vengeance et ses sentiments maternels même s'ils ne sont qu'éphémères.

L'œuvre peut être considérée comme l'une des plus puissantes et des plus nuancées du compositeur. La musique, par la richesse de l'orchestration (en particulier grâce au rôle des clarinettes et des trombones), rend magistralement l'atmosphère tragique de l'action et révèle le génie de Cherubini qui synthétise à la perfection les goûts italien, allemand et français. Pour la première fois avec autant d'évidence, le compositeur met le développement symphonique au service du drame. L'ouverture est construite sur des éléments lyriques (l'amour) et dramatiques (la vengeance) dont le conflit évoque à la fois le dilemme intérieur de Médée et la structure symphonique beethovénienne. Le rôle-titre, qui domine tout l'opéra, exige de la cantatrice une parfaite maîtrise de la technique vocale et du jeu scénique, une voix puissante et très expressive. Parmi les airs les plus remarquables, on relèvera *« Voyez, voyez de vos fils la mère infortunée »* (acte I, sc. 7), mélodie plaintive où l'héroïne exprime ses regrets dans un style rappelant la manière de Gluck, ainsi que *« Du trouble affreux qui me dévore »* (acte III, sc. 2).

Médée, qui ouvre la voie à l'opéra romantique, était très appréciée de Beethoven, Weber, Schumann, Wagner et Brahms.

Éditions — Paris, Imbault, s.d. ; Paris, Janet et Cotelle, s.d. — Version allemande avec récitatifs de Fr. Lachner, Leipzig, Peters, s.d.

Bibliographie — A. DAMERINI, Rivive « Medea » di Cherubini, *in* RMI LVI/1, 1954 ; L. A. RINGER, Cherubini's Médée and the spirit of French revolutionnary opera, *in* D. Plamenac. Essays in musicology, Pittsburgh 1969 ; S. KUNZE, Cherubini und der musikalische Klassizismus, *in* Studien zur italienisch-deutschen Musikgeschichte IX, Cologne 1974 ; voir aussi la bibliogr. de l'art. *Lodoïska*.

Y. FERRATON et P. PRÉVOST

MÉDÉE, op. 191, opéra en 3 tableaux, livret de Madeleine Milhaud d'après la tragédie d'Euripide, musique de **Darius Milhaud**, commande de l'État, composé à Aix-en-Provence en août 1938, créé à Anvers, à l'Opéra flamand, le 10 sept. 1939, avec S. van Hoecke (Médée), J. Calewaert (Créuse), I. De Borger (la Nourrice), D. Meybert (Jason), R. van Aert (Créon), sous la dir. d'H. Diels. (Réd. cht et p., Paris, Heugel, [1939] ; durée : 1 h 10 min.) L'ouvrage fut représenté pour la 1re fois à Paris le 8 mai 1940.

ARGUMENT — La scène se passe à Corinthe. Médée (sop.) est répudiée par Jason (ténor) qui s'apprête à épouser Créuse (sop.), fille de Créon (bar.). Médée se venge d'une façon terrifiante en imprégnant d'un puissant venin une robe qu'elle destine à Créuse. Celle-ci mourra dès qu'elle la revêtira. Son père, qui vient à son secours, meurt également. Mais le châtiment que Médée réserve à Jason n'étant pas assez cruel, elle tue les deux enfants qu'elle a eus de lui.

Depuis plus de quinze ans, Milhaud rêvait d'écrire cette tragédie musicale où se mêlent tendresse et cruauté. Pour Créuse, le compositeur a imaginé une musique d'un charme particulier (« Et bientôt notre vie s'écoulera », 1er tableau, sc. 1), tandis que le caractère haineux et la cruauté de Médée sont exprimés par le déferlement rapide de la ligne musicale (« Et vous déesses infernales aux affreuses chevelures de serpents », ibid., sc. 2). La tendresse de Médée apparaît enfin lorsque viennent les enfants (« Mes chers petits, venez embrasser votre mère », 3e tableau, sc. 8). L'invocation à Hécate (*« J'ai attiré des monstres innombrables »*, 2e tableau, sc. 6), au cours de laquelle Médée supplie la déesse de l'assister et de lui donner le courage d'accomplir son horrible forfait, constitue un passage grandiose. La simplicité de la mélodie, traitée en longues périodes auxquelles s'incorporent parfois des vocalises, sert de référence à cette partition qui, de tous les ouvrages de Milhaud, apparaît comme une des plus équilibrées dans sa forme.

Bibliographie — Voir celle de l'art. *(Le) Pauvre Matelot*.

Y. FERRATON

MÉDITATION RELIGIEUSE, d'**Hector Berlioz**, voir TRISTIA.

MÉDITATIONS POUR LE CARESME, cycle de 10 petits motets de **Marc-Antoine Charpentier** (H 380-389), pour trois voix (alto, ténor et basse) et b.continue. 1. *« Desolatione desolata est terra »*, 2. *« Sicut pullus hirundinis sic clamabo »*, 3. *« Tristis est anima mea »*, 4. *« Ecce Judas »*, 5. *« Cum cenasset Jesus »*, 6. *« Quaerabat Pilatus dimittere Jesum »*, 7. *« Tenebrae factae sunt »*, 8. *Stabat mater dolorosa »*, 9. *« Sola vivebat in antris Magdalena lugens »*, 10. *« Tentavit Deus Abraham »*. Transmises sous forme de copies manuscrites dues à S. de Brossard (Paris, BN, Vm1 1175 bis, fos 108v à 126), elles trouvent place au sein d'un recueil composite d'œuvres de Lochon, Carissimi, Campra, etc. Dans son *Catalogue*, Brossard les décrit comme des œuvres « excellentes en forme de Motets pour le Carême et sur la Passion » ; simultanément, il propose la réalisation de la basse continue à l'orgue, attestant ainsi leur destination liturgique.

Ouvrages de circonstance, les *Méditations* sont des pièces d'intense réflexion sur la période pascale. Chacune d'entre elles peut être considérée comme une histoire sacrée de courte dimension, attribuant généralement au chœur le rôle du narrateur, les solistes symbolisant les personnages de la scène. Les thèmes abordés traitent ainsi de la trahison de Judas, du reniement de Pierre, de la pénitence de Madeleine, du sacrifice d'Isaac ou de la mort du Christ. Traduites en un élan contemplatif et dramatique autant que lyrique et mystique, les *Méditations* furent probablement interprétées dans un des collèges de jésuites que Charpentier fréquenta durant sa carrière. Là était appliquée la doctrine d'Ignace de Loyola qui, par souci pragmatique, recherchait le partage des souffrances du Christ. En lui offrant l'évocation sonore des peines endurées par le Christ, le fidèle s'imprégnait des différents épisodes de la Passion. Ainsi, les *Méditations* de Charpentier pouvaient-elles s'intégrer aux stations, moments de pénitence face aux représentations picturales incarnant le martyre de Jésus et sa crucifixion.

Si la date de création de ces œuvres n'a pu être établie, il semble qu'elle puisse se situer à la fin du XVIIe s., au moment où le petit motet, genre importé d'Italie, jouit d'une considération sans égale en France. A mi-chemin de l'oratorio et de la cantate, les *Méditations* constituent un tournant majeur dans l'œuvre de Charpentier, en devenant le raccourci de compositions de dimensions plus imposantes. Si l'on discerne quelque influence musicale du début du siècle (notamment dans *« Quaerabat Pilatus »*, stylistiquement proche du *« Ecce homo »* de G. Bouzignac), en contrepartie, on peut tenir les 10 *Méditations* pour des modèles esthétiques dont se souvient sans cesse Charpentier ; ainsi, le *« Cum cenasset »* (5e Méditation) est une version abrégée du → *Reniement de saint Pierre* (l'air de Jésus a disparu) ; *« Magdalena lugens »* (9e Méditation) utilise le même texte que le motet du même nom (H 343) de 1686-87 ; *« Tenebrae factae sunt »* est littérairement proche du motet *« Sola vivebat in antris »* (H 373) pour 2 voix, 2 flûtes et basse continue.

Prêtant son concours au texte, la musique se fait souvent langoureuse et méditative, sans apparat superflu. Le décor et l'ambiance de chaque motet sont uniquement assurés par la coloration de vocables : vocalises sur « flevit amare » (pleura amèrement, 5e Méditation), « et haec dicens expiravit » (et ayant dit ceci il expira) traité en langueur rythmique et statisme mélodique (7e Méditation). Par ailleurs, le texte des différentes scènes se déroule de manière syllabique, favorisant ainsi l'intelligibilité du texte, à la manière de la musique représentative.

Bibliographie — H. W. HITCHCOCK, The latin oratorios of M.-A. Charpentier, *in* MQ XLI, janv. 1955 ; CL. H. BARBER, Les oratorios de M.-A. Charpentier, *in* Recherches III, Paris, Picard, 1963 ; M. LEROUX, G. Bouzignac et son siècle (diss. univ. de Paris-IV, 1987).

M. LEROUX

(THE) MEDIUM (Le Médium), tragédie en 2 actes, livret et musique de **Gian Carlo Menotti**, composée à New York en 1945-46, créée dans une mise en scène du compositeur au Brander Matthews Theater de l'Université Columbia (New York), pour lequel elle avait été commandée, le 8 mai 1946, avec Evelyn Keller (Monica) et Claramae Turner (Mme Flora, dite Baba), sous la dir. d'Otto Luening. Une version révisée a été donnée en même temps que → *The Telephone* à New York, au Heckster Theater, le 18 févr. 1947, sous la dir. de Paul Barzin, avant de partir en tournée aux États-Unis, au Mexique, au Canada et en Europe ; 1re représentation à Paris, au Théâtre de la Renaissance, en juin 1948. (New York, Schirmer, 1947 ; durée : 1 h environ.)

LIVRET — Dans le salon sinistre d'un appartement des faubourgs d'une grande ville. Dans un coin, une statuette de la Vierge avec une petite veilleuse. Dans un autre, un théâtre de marionnettes. A côté, un graphique d'astrologie qui devient transparent lorsqu'on l'éclaire par-derrière.

Acte I. Toby, un jeune bohémien muet, se compose un costume fantastique, tandis que Monica (sop.), la fille de Madame Flora, Baba le médium, peigne ses cheveux. Ils jouent au roi et à la princesse. Entrée de Baba (contralto) ; le jeu s'arrête ; on prépare la séance de spiritisme en vérifiant les machines. Les clients arrivent : des habitués, Monsieur et Madame Gobineau (bar. et sop.), et une nouvelle, Madame Nolan (mezzo-sop.). On prend place autour de la table. Baba entre en transe. Monica apparaît en transparence derrière le graphique suspendu au mur ; elle appelle doucement sa mère. Madame Nolan croît reconnaître sa fille Doodly qui lui demande de brûler ses souliers, de donner ses bagues sauf le petit médaillon doré. Madame Nolan ne comprend pas : elle n'a jamais eu de médaillon. L'apparition s'efface. On entend des rires enfantins. Monsieur et Madame Gobineau parlent, presque en extase, à l'esprit de leur petit garçon Mickey qui s'est noyé à l'âge de deux ans en jouant au bord d'un bassin. Tout d'un coup, Baba sursaute : elle vient de sentir sur son cou le contact glacé d'une main. Terrifiée, elle chasse ses clients. En tirant le rideau du théâtre, elle découvre Toby immobile comme en état d'hypnose : « C'est donc lui ! » Elle le menace. Toby, terrorisé, est consolé par Monica. Baba entend des voix derrière la scène ; elle envoie Toby voir qui l'appelle et le traite de menteur lorsqu'il revient en secouant la tête. Baba s'agenouille et psalmodie l'*Ave Maria*.

Acte II. Assise devant le théâtre de marionnettes, Monica assiste au spectacle que donne Toby, lequel contemple la jeune fille d'un air désespéré et promène sa main sur son visage. Monica comprend, mais Baba paraît, sombre, échevelée, une bouteille à la main ; elle interroge le garçon une nouvelle fois : elle veut savoir si c'est lui qui l'a prise à la gorge. Toby essaie de fuir ; il est battu à coups de fouet. On sonne à la porte : les Gobineau et Madame Nolan viennent pour la séance de spiritisme. Baba annonce qu'il n'y aura plus de séance ; elle leur jette une liasse de billets en leur disant qu'elle les a trompés, ce qu'ils ne veulent pas croire. Elle les chasse, ainsi que Toby, et enferme Monica dans sa chambre. La voix se fait entendre ; Baba se met à boire, tremble de peur, puis s'endort. Toby revient sur la pointe des pieds ; il essaie d'ouvrir la porte de la chambre de Monica, court jusqu'au coffre dont le couvercle tombe brusquement. Baba se réveille en sursaut. Toby se cache derrière le rideau du théâtre, mais Baba s'est saisie d'un revolver et fait feu à plusieurs reprises. Toby s'écroule. Persuadée d'avoir tué l'esprit, elle ouvre la porte de la chambre. Monica, voyant le corps inerte, se dirige vers l'escalier en appelant à l'aide.

Lors d'un séjour en 1936 aux bords du lac de Saint-Wolfgang, près de Salzbourg, Menotti avait été invité à des séances de spiritisme que la propriétaire du pavillon qu'il louait donnait dans une chapelle désaffectée. Au cours de ces soirées, la dame en question entrait en communication avec sa fille Doodly, morte à l'âge de 16 ans d'une angine de Ludwig. Le compositeur bâtit son livret autour de ce souvenir, en conservant le prénom de Doodly pour la petite fille. « Malgré son cadre étrange et ses conclusions macabres, précise Menotti, *Le Médium* est en fait un jeu d'idées. Il décrit la tragédie d'une femme prise entre deux mondes, un monde réel, qu'elle ne comprend pas parfaitement, et un monde surnaturel, auquel elle n'arrive pas à croire. »

La carrière rapide, populaire et flatteuse du *Médium* peut s'expliquer par un scénario en forme de fait divers et de satire d'un aspect de mœurs contemporain (parapsychologie, métapsychologie), par le sens théâtral et par l'instinct dramatique de Menotti. Musicalement, il utilise les recettes véristes les plus sûres — vérité expressive du dialogue chanté et « quasi parlato », tension accumulative, sentimentalisme de la romance fraîche et naïve — qui se retrouvent dans plusieurs morceaux : la berceuse du Cygne noir, l'air de Monica *« Mummy, Mummy dear »*, acte I ; dans la valse chantée, *« Up in the sky »* (Là-haut dans le ciel, acte II), jusque dans le duo d'amour « avec une emphase un peu exagérée », selon les termes mêmes du musicien, *« Monica, can't you see, that my heart is bleeding for you ? »* (Monica, ne peux-tu pas voir que mon cœur saigne pour toi ?) ; dans la grande scène pathétique chantée par Baba, *« Toby, you know that I love you »* (acte II), jusqu'au monologue de la peur sur un texte effrayant (des enfants malades jetés vivants à la voirie).

L'œuvre se présente comme un opéra de chambre en deux actes symétriques, avec des émotions fortes, des hallucinations, de l'hystérie et, pour finir, un meurtre. En somme, un spectacle qui entraîne ou agace, peu d'acteurs, un orchestre réduit (avec piano). En ce sens, Menotti est l'un des rares compositeurs de la 2de moitié du XXe s. (avec Britten) à avoir tenté de sortir l'opéra de l'académisme et de la sclérose au moyen d'éléments simples et d'effets faciles. Menotti n'hésite pas à juxtaposer des caractéristiques stylistiques empruntées à des créateurs aussi divers que Puccini, Leoncavallo, Schönberg (le « declamato senza battuta » et de hauteurs approximatives), Ravel et Debussy (récits à la manière de *L'Enfant et les sortilèges* ou même de *Pelléas*), Poulenc et Stravinski (« clichés », traitement harmonique néo-classique et orchestral). Le bref « thème-devise » de la Mort qui éclate *ff* au début du prélude

et celui de l'Amour (joué dans l'aigu par les cordes seules, à l'acte II

se placent dans la filiation de *Tosca*. Rien d'étonnant à ce que Menotti ait été surnommé aux États-Unis le Puccini américain.

Bibliographie — W. BRIDGE, L'opéra di G. C. Menotti, *in* Il Diapason, juin-juil. 1950 ; R. TRICOIRE, G. C. Menotti, Paris, Seghers, 1966.

CHR. GOUBAULT

MEERESSTILLE UND GLÜCKLICHE FAHRT (Mer calme et heureuse traversée), op. 112, de **Ludwig van Beethoven**, deux lieder pour chœur mixte à 4 voix et orchestre, composés en 1814-15. Leur texte consiste en deux poèmes complémentaires de Johann Wolfgang von Goethe qui ont toujours été imprimés sous forme de paire. Il est probable que Beethoven destinait cette composition à être exécutée lors d'un concert de ses œuvres prévu pour janv. ou févr. 1815. Ce concert n'eut jamais lieu et l'œuvre fut créée le jour de Noël 1815, à Vienne, Grosser Redoutensaal, lors d'un concert de bienfaisance destiné au Bürgerspitalfond (Fonds de l'hôpital civil). Elle fut publiée avec une dédicace au poète. (Vienne, Steiner, 1822 ; durée : 6 min environ.)

Le calme de la mer est suggéré par la section introductive, Sostenuto, avec ses valeurs longues, une dynamique qui s'en tient principalement au pianissimo et une écriture chorale homophonique. Un changement de tempo, Allegro vivace (6/8), introduit un passage fait de gammes impétueuses à l'orchestre, aboutissant à un crescendo, qui montre les cieux s'éclaircissant et le vent se renforçant, dont parle le texte du poète ; le chœur suggère l'élan retrouvé du navire et l'excitante découverte de la terre. A la différence de Goethe, Beethoven n'avait jamais vu la mer ; peut-être l'appel du poème était-il allégorique pour lui, exprimant la joyeuse créativité qui peut succéder à la contemplation.

Rééditions modernes — *In* L. van Beethoven Werke, Leipzig, Br. & H., [1864-65], vol. XXI, n° 209.

Bibliographie — E. Forbes (rév. et éd.), Thayer's life of Beethoven, Princeton Univ. Press, 1967.

D. Wyn Jones

« Me faudra il » - « Il me fait mal », deux chansons anonymes à 4 et à 3 voix dont la seule source est le Ms. 228 de Bruxelles, l'un des *Albums de Marguerite d'Autriche*, où elles sont copiées à la suite l'une de l'autre. Ce sont, en effet, deux pièces liées, la seconde constituant manifestement la « responce » de la première : leurs textes, tous les deux composés de trois quatrains en rimes embrassées, sont liés par les mêmes rimes dont ils présentent la même inversion au 4e quatrain. A l'évidence leurs sens se répondent strophe à strophe, de telle sorte qu'on devrait envisager leur exécution alternée, soit A1, B1, A2, B2, etc., comme les vers initiaux des deux premiers quatrains en témoignent (A1 : « Me faudra il tousjours ainsi languir », B1 : « Il me fait mal de vous veoir languir »). A première vue, musicalement, les deux pièces n'affichent pas de lien patent : cependant, la seconde, à trois voix, s'ouvre sur un motif qui n'est autre que l'incipit du contraténor de la première transposé à la quinte. On peut être intrigué également par la différence de leurs tonalités : alors que la seconde est en mode de *ré* par nature, dans une tessiture exceptionnellement élevée, la première est en mode de *ré* par bémol (transposé sur *sol*) : sa tessiture, également élevée, permet d'envisager une voix féminine pour le supérius. Marguerite d'Autriche, elle-même, pourrait l'avoir chanté, si l'on songe qu'elle est vraisemblablement l'auteur du poème ou du moins son énonciatrice : la lettrine initiale (M, justement) y est décorée de marguerites (voir Ann. Mus. VI, p. 175, pl. 5) et le texte, lu dans cette perspective, s'éclaire bien d'éléments autobiographiques : « Trop a duré, car c'est dès mon enfance. » Quant à la seconde chanson, si on veut la ramener au ton transposé de la première, les tessitures de ses 3 voix correspondent alors presque exactement aux 3 voix graves de la précédente, dont le supérius peut écouter la « responce ». Cette approche permet d'appréhender la chanson polyphonique comme pratique intégrée aux rites et jeux courtois, dont les Albums poétiques de Marguerite (cf. M. Françon, éd., Cambridge [Mass.] 1934) témoignent de manière exemplaire.

Éditions modernes et Bibliographie — M. Picker, The Chansons Albums of Marguerite of Austria, *in* Ann. Mus. VI, 1957-63 ; du même, The chansons albums of Marguerite of Austria, Berkeley et Los Angeles, Univ. of California Press, 1965.

J.-P. Ouvrard

Mefistofele (Méphistophélès), opéra en un prologue, 4 actes et un épilogue, livret, d'après le *Faust* de Goethe, et musique d'**Arrigo Boïto**, composé à Milan en 1867 et au début de 1868, créé à Milan, au Teatro alla Scala, le 5 mars 1868, avec Mmes Reboux (Margherita et Elena), Flory (Marta), MM. M. Junca (Mefistofele), Spallanzani (Faust), sous la dir. du compositeur (durée : 5 h 30 min environ). L'ouvrage fut révisé une 1re fois pour sa création à Bologne, au Teatro Comunale, le 4 oct. 1875, puis une 2e fois pour Venise (13 mai 1876).

La création de l'œuvre d'un compositeur âgé de 26 ans avait été annoncée en Italie comme un événement de portée nationale. Elle se déroula néanmoins dans une atmosphère très tendue, signe de l'antagonisme irréductible des partisans de l'ancienne et de la nouvelle musique. Si le prologue et le quatuor de l'acte II furent bien accueillis, il n'en fut pas de même pour de nombreux passages, copieusement sifflés. La bataille continua à l'extérieur du théâtre, après la fermeture des portes. On accusait l'ouvrage, d'une longueur inusitée, de wagnérisme et de futurisme ; le livret paraissait ambigu et manquait de continuité dramatique. La 2e représentation fut répartie en deux soirées : les 7 (prologue, actes I, II et III) et 8 mars (prologue, acte IV, épilogue et *Intermezzo sinfonico*). Rien n'y fit : le public milanais se montra tout aussi hostile. La police intervint et l'ouvrage dut être retiré de l'affiche. Cet échec incita Boïto à prendre temporairement le pseudonyme-anagramme de Tobia Gorrio, sous lequel il signa notamment le livret de *La Gioconda* d'A. Ponchielli.

Pendant les sept années suivantes, le compositeur récrivit le livret, supprima l'acte IV, qui se situait dans le palais impérial, et l'interlude symphonique décrivant la bataille opposant les forces impériales conduites par Mefistofele aux troupes adverses. Le rôle de Faust, initialement prévu pour un baryton, fut attribué à un ténor. Boïto emprunta le duo de Faust et Margherita (*« Lontano, lontano »*, acte III) à son opéra précédent *Ero e Leandro*. Cité musicale favorable à Wagner, Bologne accueillit la nouvelle version de *Mefistofele* en 1875. Le prologue, mal chanté, ne fit pas grande impression ; il fallut attendre le *Sabbat classique* (acte IV) pour que le succès se dessine. Dès lors, l'opéra connut un triomphe partout en Italie (plus de 5 000 représentations) et dans les pays latins en général. Pour les représentations vénitiennes de 1876, Boïto ajouta la *Fugue infernale* au finale de la scène du Brocken (acte II), réminiscence de l'épisode de la gorge aux Loups du *Freischütz* de Weber. En France, *Mefistofele* fut d'abord donné à Monte-Carlo et à Orange en 1906, puis à Rouen en 1909 (avec G. Leblanc-Maeterlinck dans les rôles de Margherita et Elena) ; l'Opéra de Paris n'accueillit l'ouvrage qu'en mai 1912. Le rôle puissant et saisissant de Mefistofele fut le triomphe des grands chanteurs tragédiens, Nazzareno de Angelis et surtout Fédor Chaliapine, qui débuta dans cet emploi à la Scala de Milan en 1901 sous la direction d'A. Toscanini (E. Caruso tenait le rôle de Faust). Chaliapine devait assurer la renommée d'une partition peu originale (on y lit les influences conjuguées de Gounod, Wagner, Beethoven, Weber et Verdi), mais habile, composée par un artiste-librettiste à la vaste culture. Boïto s'inspire des deux parties de l'œuvre de Goethe, ce qui n'est pas le cas de Berlioz ou de Gounod. Il unit les deux éléments du poème autour de la rédemption chrétienne de Faust et de Margherita. Malheureusement, l'opéra manque de ressort dramatique et de véritable personnalité, même si, historiquement, *Mefistofele* marque pour l'Italie son « désenclavement » de la culture uniquement méditerranéenne.

Livret — Prologue. Dans le ciel. Mefistofele (basse) nargue le Maître divin. Le chœur mystique lui demande s'il connaît le docteur Faust. Avec mépris, le Démon parie qu'il entraînera le savant vers le mal.

1re Partie. Acte I. Le dimanche de Pâques à Francfort. — Scène 1. Un franciscain, mêlé à la foule, écoute la conversation de Faust (bar.) et de son élève Wagner (ténor). Le docteur rentre à son laboratoire. Le moine le suit sans être vu et se cache. — Scène 2. Lorsque Faust ouvre la Bible, le franciscain pousse un cri. Le savant fait « le signe de Salomon », qui oblige Mefistofele à abandonner son froc de moine pour apparaître en brillant chevalier, se présentant comme l'esprit qui nie toutes choses et souhaite la destruction de l'univers. Il offre ses services à Faust sur cette terre à condition que, dans l'autre vie, les rôles soient inversés. Le docteur signe le pacte qui le lie aux puissances infernales.

Acte II. Scène 1. Le jardin. Rajeuni et portant le nom de chevalier Henri, Faust fait la cour à Margherita (sop.) tandis que Mefistofele accompagne sa suivante Marta (alto). — Scène 2. La nuit du sabbat. Un site désert et sauvage dans la vallée de Schirk entourée par les sommets du Brocken. Mefistofele entraîne Faust dans la montagne pour assister au sabbat pendant la nuit de Walpurgis. Sorciers et sorcières s'inclinent devant leur roi qui tourne le monde en dérision. Faust a la vision d'une jeune femme enchaînée qui ressemble à Margherita. Mefistofele veut lui faire croire qu'il s'agit d'un produit de son imagination, mais Faust comprend bien qu'il a la vision de celle qu'il a abandonnée.

Acte III. Margherita, dans son cachot, a perdu la raison. Elle est condamnée à mort pour avoir empoisonné sa mère et noyé le fils qu'elle a eu de Faust. Ce dernier implore Mefistofele de la sauver. Il entre dans la cellule et essaie de persuader la jeune femme de s'échapper avec lui. Elle accepte, mais Mefistofele les rappelle à la réalité : le jour va se lever et une trompette annonce le moment du supplice. Le Malin menace de les livrer au bourreau. Margherita se détache de Faust avec dégoût. Mefistofele et le docteur fuient à l'arrivée des exécuteurs.

2de Partie. Acte IV. Une baie de la mer Égée ; la vallée du Tempé en Grèce ancienne. Nuit du sabbat classique. Hélène (sop.), accompagnée de Pantalis (alto), raconte la destruction de Troie. Richement vêtu d'un costume de chevalier du xve s., Faust déclare son amour à Hélène.

Épilogue. De nouveau dans son laboratoire à Francfort, Faust est redevenu un vieillard. Il rêve qu'il gouverne sagement un peuple heureux dans un monde paisible. Ayant peur que sa victime lui échappe, Mefistofele l'exhorte à s'envoler avec lui dans les airs. Malgré la tentation de magnifiques sirènes, Faust résiste et prie pour être délivré du Démon. Il étreint l'Évangile tandis que les anges chantent d'éternels pardons. Transporté par cette vision céleste, Faust meurt. Le ciel proclame sa rédemption. Mefistofele a perdu son pari.

L'ouvrage de Boïto équilibre les interventions des trois personnages principaux. Les deux grandes scènes de Mefistofele — (Je suis l'esprit qui nie toujours tout, acte I)

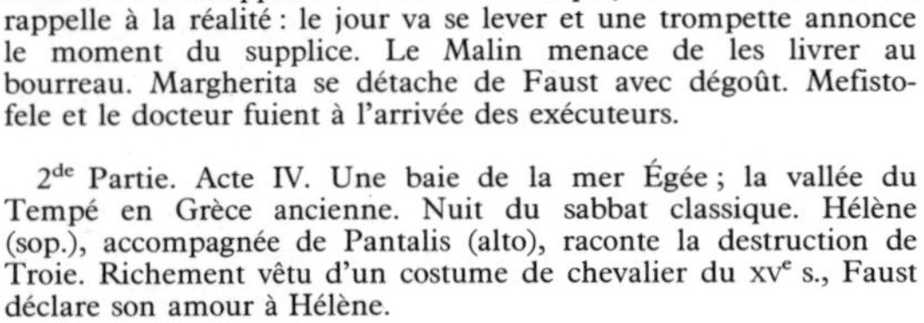

et *« Ecco il mondo »* (Voici le monde, acte II), lorsqu'il contemple la terre à travers une boule de cristal qu'il brise ensuite — sont demeurées des morceaux de bravoure des bar. basses aussi bons comédiens que chanteurs. Ces airs, dont le retentissement sur le public d'opéra est considérable, sont égalés, dans un registre différent, par la complainte émouvante de Margherita, mais avec quelques vocalises hors de saison (L'autre nuit, au fond de la mer, acte III),

par son duo avec Faust, *« Lontano, lontano, sui flutti d'un ampio oceano »* (Loin, sur les flots d'un vaste océan, *ibid.*), enfin par l'air pathétique de la mort de Margherita, *« Spunta l'aurora pallida »* (L'aurore blême paraît). Faust se voit confier de beaux passages lyriques dans l'« acte grec » (*« Forma ideal purissima »*, Forme idéale la plus pure) et dans l'épilogue (*« Giunto sul passo estremo »*, Approchant de l'ultime moment), bientôt environnés par les accents suaves des phalanges célestes. Boïto manie avec adresse les ensembles vocaux : chœurs des phalanges, des chérubins (chantés par de jeunes garçons), des pénitentes, chœur mystique (prologue), scènes de foule chantées et dansées (acte I, sc. 1), grand quintette (Elena, Faust, Mefistofele, Pantalis et Nereo, acte IV) au-dessus du chœur des chorétides (nymphes).

Les musiciens contemporains ne furent guère favorables à l'œuvre. L'opinion de G. Verdi semble ambiguë (« du talent, ouvrage curieux d'un homme qui cherche à être original »). H. Wolf détestait *Mefistofele* qui, pour R. Wagner, évoquait les « broderies d'une charmante jeune femme ».

Sources et éditions — Ms. autographe, Milan, Archivio storico Ricordi. — Réd. cht. et p., Milan 1876 ; part. d'orch., Milan [v. 1895].

Bibliographie — F. Filippi, Il Mefistofele di A. Boito, *in* La Perseveranza, mars 1868 ; G. Ricordi, Analisi musicale del Mefistofele di Boito, *in* Gazzetta Mus. di Milano XXIII, 1868 ; J. Huneker, Boïto's Mefistofele, *in* Overtones : a Book of Temperaments, New York 1904 ; F. Grétry, Le Mefistofele de Boïto, *in* Musica, janv. 1906 ; M. Risolo, Il primo Mefistofele di A. Boito, Naples 1916 ; A. Bonaventura, Mefistofele di A. Boito : guida attraverso il poema e la musica, Milan 1924 ; S. Vittadini, Il primo libretto del Mefistofele di A. Boito, Milan 1938 ; A. Borriello, Mito poesia e musica nel Mefistofele di A. Boito, Naples 1950 ; D. Pistone, L'opéra ital. au xixe s. de Rossini à Puccini, Paris, Champion, 1986.

Chr. Goubault

(La) Mégère apprivoisée, « komische Oper » de **Hermann Goetz** voir (Der) Widerspenstigen Zähmung.

Mehrstimmige Gesänge (Chants à plusieurs voix), 13 chants de **Joseph Haydn** (Hob XXVc : 1-9, et XXVb : 1-4), composés entre 1796 et 1803. L'intention du compositeur était d'en écrire un total de 24, sur des textes en allemand, sacrés et profanes, mais sa faiblesse grandissante le fit acquiescer à la publication de 13 d'entre eux par Breitkopf & Härtel en 1803, et le projet ne fut jamais entièrement réalisé. Ces chants sont écrits pour 3 ou

4 voix avec accompagnement de piano, sous forme de basse continue dans les neuf premiers, entièrement rédigé dans les quatre suivants. Le choix des textes, d'auteurs variés où Christian Fürchtegott Gellert est particulièrement bien représenté, semble être le fait de Haydn ; l'éventail des sujets et des atmosphères donne ainsi de précieuses indications sur sa personnalité. *« Alles hat seine Zeit »* (Chaque chose en son temps ; Hob XXVc : 3), texte d'Athénée, traduit par Ebert, est une chanson à boire dans laquelle les participants se renvoient des bribes d'éléments thématiques. *« Der Greis »* (Le Vieillard ; Hob XXVc : 5), texte de Gelim, fait alterner des passages en imitation avec d'autres en homophonie pour donner une description touchante des forces déclinantes et de la délivrance bienvenue par la mort. Haydn utilisa les 4 mesures introductives de la partie de soprano comme inscription musicale sur sa carte de visite : *« Hin ist alle meine Kraft ; alt und schwach bin ich »* (Toute ma force s'en est allée ; je suis vieux et faible). Les deux derniers chants sont des pièces religieuses, un chant sonore de louange à Dieu, *« Aus dem Danklied zu Gott »* (Du chant d'action de grâces à Dieu ; Hob XXVc : 8) sur un texte de Gellert, et un hymne du soir adressé à Dieu, *Abendlied zu Gott* (Hob XXVc : 9), également sur un texte de Gellert.

Rééditions modernes — Par P. Mies, *in* J. Haydn. Werke XXX, éd. par le J. Haydn-Institut de Cologne, Munich, Henle, 1958.

Bibliographie — H. C. Robbins Landon, Haydn. Chronicle and Works, Londres, Thames & Hudson, 1976-80 ; M. Vignal, Haydn, Paris, Fayard, 1989.

D. Wyn Jones

« Meinen Jesum lass ich nicht » (Je n'abandonnerai pas mon Jésus), cantate de choral de **Johann Sebastian Bach** (BWV 124 ; NBA I/5) pour le 1er dimanche après l'Épiphanie (évangile du jour, Luc 2, 41-52, Jésus dans le temple à l'âge de douze ans), écrite pour sop., alto, ténor et basse soli, chœur, htb. d'amour, cor, cordes et b.c., exécutée pour la 1re fois à Leipzig le 7 janv. 1725. (Durée : 14 min environ.)

Son texte est issu d'un choral de Christian Keymann (1658) dont les strophes 1 et 6 ont été conservées sans changement, les strophes 2 à 5, en revanche, librement récrites par un poète inconnu pour offrir au musicien deux couples récitatif-air et des images plus frappantes. C'est un chant d'amour mystique adressé au Christ à qui le croyant se voue corps et âme. La mort même ne saurait l'en séparer. Son cœur doit au plus tôt se retirer du monde car seul Jésus apaisera son désir et le conduira, bienheureux, vers les sources de la vie.

Le chœur d'introduction avec tout l'orchestre, **1.** *« Meinen Jesum »*, en *mi* maj., insère les 6 vers de la strophe dans une symphonie instrumentale qui possède ses propres éléments thématiques : un motif qui a le sens d'une invocation, « Meinen Jesum », un rythme pointé, synonyme d'assurance et de fermeté, suivi d'une longue chaîne de doubles croches exécutée par le hautbois d'amour concertant. La mélodie du choral est chantée par les sopranos doublés par le cor et accompagnée par les 3 autres voix dans un style principalement homophone, la note tenue de chaque fin de vers donnant naissance à la répétition du vers entier aux voix accompagnantes. Font suite à ce chœur **2.** un récitatif secco pour ténor et b.c., *« Solange sich ein Tropfen Blut... »* (Aussi longtemps qu'une goutte de sang circulera dans mon cœur et mes veines, Jésus seul sera ma vie) ; **3.** un air pour ténor, htb. d'amour, cordes et b.c., *« Und wenn der harte Todesschlag »* (Et lorsque le dur coup de la mort), forme binaire AB avec ritournelle, en *fa* ♯ min., où le hautbois dialogue avec la voix tandis que les cordes se contentent de répéter obstinément une figure rythmique, , qui évoque la mort frappant à la porte où, si l'on veut rester plus près du texte, la peur et l'effroi du croyant (« Furcht und Schrecken ») ; **4.** un récitatif pour basse et b.c., *« Doch ach ! welch schweres Ungemach... »* (Mais hélas ! quels graves maux l'âme ne ressent-elle pas ici encore ?) ; **5.** un air en duo pour sop. et alto en imitations avec la seule b.c., *« Entziehe dich eilends, mein Herze, der Welt »* (Retire-toi au plus vite du monde, mon cœur), forme ABA avec ritournelle, en *la* maj., de caractère dansant avec une carrure nettement affirmée ; **6.** la dernière strophe de Chr. Keymann, à 4 voix, *« Jesum lass ich nicht von mir »* (Je ne me séparerai pas de Jésus), en *mi* majeur.

Bibliographie — Voir celle de l'art. *« Ach Gott, vom Himmel sieh darein »*.

M. Honegger

« Meine Seele erhebt den Herrn » (Mon âme exalte le Seigneur), paraphrase allemande du *Magnificat* (Luc I, 46-55) en 11 strophes (a^9 b^8 c^4), sur une mélodie du 9e ton psalmodique antérieure à la Réforme, reprise dans les recueils de Zwickau (1525, notation noire) où elle figure entre le cantique de Zacharie et celui de Siméon, de Lübeck (1532), de Klug (Wittenberg 1533) où elle est notée à 4 voix avec mélodie au discantus, de Babst (Leipzig 1545, notation blanche). Les recueils de Strasbourg (à partir de 1524) donnent une autre paraphrase, plus longue et rythmée, sur une autre mélodie sans « recto tono », *« Meine Seel erhebt den Herrn, / Mein Geist tut sich erspringen »*. La mélodie traditionnelle, en 9e ton, s'est maintenue de nos jours dans le recueil des protestants alsaciens (Recueil ECAAL, Strasbourg 1952, partie liturgique, n° 49).

Traduction de la 1re strophe — Mon âme exalte le Seigneur et mon esprit se réjouit en Dieu, mon Sauveur.

Ce chant a peu retenu l'attention des compositeurs protestants de musique vocale, peut-être pour des raisons théologiques. Cependant, **H. Schütz** a traité le *Magnificat* pour sop. solo, instrument et b.c. au n° 4 de ses → *Symphoniae sacrae* composées en 1647 (SWV 344). Le même texte se retrouve au n° 7 de ses *Zwölf geistliche Gesänge* (1657), mis en musique pour sop., mezzo-sop., alto, ténor et orgue (SWV 494). A la fin de ses *Psaumes* composés en 1671, un an avant sa mort, il ajoute le *Deutsches Magnificat « Meine Seele erhebt den Herrn »* (*Decimi toni*), écrit pour deux chœurs à 4 voix avec b.c., montrant ainsi tout l'intérêt qu'il portait à ce cantique de vêpres. **J. S. Bach** a harmonisé le cantique de Marie à 4 voix, note contre note, avec quelques syncopes aux voix médianes (BWV 324), donnant comme sources de la mélodie Rhau, *Enchiridion*, 1535, et le *Gesangbuch* de Klug.

En revanche, les organistes ont volontiers traité la mélodie. Dans son prélude Tranquillo de 42 mesures, **Delphin Strungk** (1601-1694), organiste à l'église Saint-Martin de Braunschweig, confie le thème en valeurs longues au soprano puis à la basse, en l'enrobant de courts motifs en noires et en croches et en l'accompagnant par des tierces parallèles. **Johann Christoph Bach** (1642-1703), l'oncle de J. S. Bach, traite le cantique, dans ses *44 Choräle zum präambulieren*, à 2, à 3 puis à 4 parties en imitations ; le motif présenté à la basse passe à la quinte puis à l'octave à la voix supérieure, le passage « recto tono » sur *sol* étant respecté. Dans ses *6 Choräle von verschiedener Art* (chorals dits « de Schübler »), **J. S. Bach** traite le cantique à 6/8 et place le chant à la voix supérieure avec des mouvements disjoints de croches à la pédale (BWV 648). En 1968, dans son *Livre œcuménique*, **J. Langlais** traite aussi le *Magnificat* protestant à 6/8, avec des notes tenues, un mouvement perpétuel de croches et, à partir de la mesure 14, la mélodie en valeurs très longues à la pédale.

É. WÉBER

« MEINE SEEL ERHEBT DEN HERREN » (Mon âme exalte le Seigneur), cantate de choral de **Johann Sebastian Bach** (BWV 10 ; NBA I/28) pour la Visitation de Marie (évangile du jour, Luc 1, 39-56, visite de Marie à Élisabeth, cantique de Marie), écrite pour sop., alto, ténor et basse soli, chœur, 2 htb., trp., cordes et b.c., exécutée pour la 1re fois à Leipzig le 2 juil. 1724. (Durée : 21 min 30 s environ.)

Elle se fonde sur le texte du cantique de Marie, le *Magnificat*, tel qu'il était chanté à Leipzig au cours des vêpres, c'est-à-dire en prose et sur la mélodie du 9e ton psalmodique (voir ci-dessus). De ce texte, les versets 46 à 48 ont été repris sans changement dans le choral introductif, le verset 54 dans le duo et le choral nº 5 ainsi que la doxologie finale dans le choral nº 7, tandis que les autres versets ont été récrits en vers et paraphrasés par un poète inconnu sous la forme de récitatifs et d'airs.

Cette œuvre, qui forme comme un pendant allemand au → *Magnificat* latin (BWV 243), débute **1.** par un choral avec tout l'orchestre, *« Meine Seel »*, en *sol* min., qu'ouvre une symphonie joyeuse de caractère concertant, sans lien thématique avec le ton psalmodique, mais fondé sur ce qu'A. Schweitzer appelle le motif de la Joie.

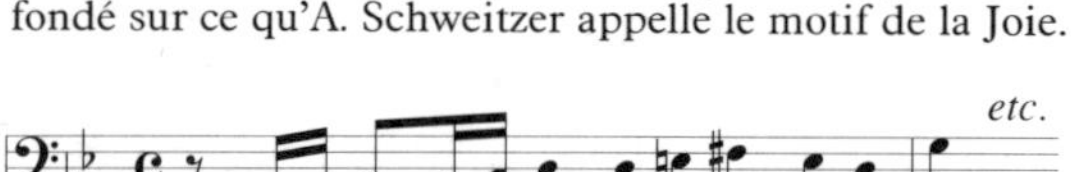

Après 12 mesures s'y ajoute le chœur énonçant les 4 demi-versets séparés les uns des autres par la symphonie instrumentale qui se poursuit sur le même rythme de la basse jusqu'à la fin. Lors du 1er verset, la mélodie principale est au soprano, renforcé par la trompette et librement accompagné par « de grandes vocalises de jubilation [qui] rayonnent dans le cortège que font les voix à la mélodie du *Magnificat* allemand » (A. Pirro, *L'Esthétique de J.S. Bach*, Paris 1907, p. 139). Le 2e verset est la répétition du 1er transposé au ton de la sous-dominante, avec échange des voix et mélodie principale à l'alto cette fois-ci, également renforcé par la trompette et librement accompagné par les autres voix. La pièce s'achève par la répétition de la symphonie initiale au ton principal dans laquelle s'insère le chœur en polyphonie libre, sans utilisation du « cantus firmus ». Font suite à cette pièce **2.** un air, également de caractère concertant, pour sop., 2 htb., cordes et b.c., *« Herr, der du stark und mächtig bist »* (Seigneur, toi qui es fort et puissant), forme ABA avec ritournelle, en *si* ♭ maj., lui aussi plein d'une exaltation joyeuse, dont le rythme accusé en croches s'estompe dans la partie centrale sur « Du siehest mich Elenden an » (Tu jettes ton regard sur moi, pauvre misérable) jusqu'à disparaître avec le dernier vers chanté sur la seule basse continue, avant le « da capo » ; **3.** un récitatif secco pour ténor et b.c., *« Des Höchsten Güt und Treu... »* (La bonté et la fidélité du Très-Haut se renouvellent chaque matin), qui se termine en arioso sur les derniers mots « wie Spreu zerstreuen » (dispersera comme de la balle), exprimés par une agile vocalise en triolets de doubles croches ; **4.** un air passionné pour basse et la seule b.c., *« Gewaltige stösst Gott vom Stuhl »* (Dieu fait tomber les puissants de leur trône) en trois sections avec ritournelle, en *fa* maj., dont le motif fortement imagé de la basse continue,

exprimant à la fois la puissance et la chute, est repris comme un avertissement, en quasi ostinato, tout au long de la pièce ; **5.** un duo pour alto et ténor, trp., 2 htb. et b.c., *« Er denket der Barmherzigkeit... »* (Il se souvient de sa miséricorde et secourt Israël, son serviteur), en *ré* min., où les deux voix solistes reprennent en imitation le motif aux inflexions apaisantes de la basse continue, tandis que, symbole de la promesse, la mélodie du 9e ton psalmodique leur est superposée, exécutée en « cantus firmus » par la trompette et les deux hautbois ; transcrite pour orgue (BWV 648), cette pièce a été placée par Bach parmi ses *6 Chörale von verschiedener Art*, publiés par Johann Georg Schübler ; **6.** un récitatif pour ténor, *« Was Gott den Vätern alter Zeiten... »* (Ce que Dieu a dit et promis aux pères des anciens temps), qui commence en secco avec b.c. et qui, à partir de « Sein Same musste sich so sehr [...] ausbreiten » (Sa semence se répandit comme le sable au bord de la mer), se trouve accompagné par les cordes qui exécutent un battement en doubles croches continues, s'élevant sur « ausbreiten » pour culminer et s'éclairer lorsque le texte évoque la naissance du Sauveur, une manière particulièrement éloquente de souligner l'accomplissement de la promesse faite à Abraham et à Marie ; **7.** un choral à 4 voix, *« Lob und Preis sei Gott dem Vater... »* (Louange et honneur soient à Dieu le Père, le Fils et le Saint-Esprit), en *sol* min., strophe doxologique finale avec la mélodie du 9e ton psalmodique au soprano.

Bibliographie — Voir celle de l'art. *« Ach Gott, vom Himmel sieh darein »*.

M. HONEGGER

« MEINE SEUFZER, MEINE TRÄNEN... » (Mes soupirs, mes larmes sont innombrables), cantate de **Johann Sebastian Bach** (BWV 13 ; NBA I/5) pour le 2e dimanche après l'Épiphanie (évangile du jour, Jean 2, 1-11, les noces de Cana), écrite pour sop., alto, ténor et basse soli, chœur, 2 fl. à bec, htb., htb. de chasse, cordes et b.c., exécutée pour la 1re fois à Leipzig le 20 janv. 1726. (Durée : 19 min 45 s environ.)

Son texte est tiré du cycle *Gottgefälliges Kirchen-Opffer* (éd. 1711) de Georg Christian Lehm. Si ma misère ne cesse, elle va me mener à la mort (air n° 1). Bien que la consolation soit déjà visible, il me faut encore l'implorer en vain (récitatif n° 2). Dieu qui a promis son secours est introuvable. Ne veut-il prendre pitié ? (choral n° 3). La coupe de mes larmes est pleine, mais Dieu peut à tout moment transformer l'amertume en joie (récitatif n° 4). Gémissements et pleurs ne servent à rien. Celui qui lève les yeux vers le ciel peut y apercevoir une lumière de joie (air n° 5). C'est pourquoi, ô mon âme, il te faut faire confiance à celui qui t'a créée (choral final).

L'air d'introduction pour ténor, 2 fl. à bec, htb. de chasse et b.c., **1.** *« Meine Seufzer »*, forme ABA avec ritournelle, en *ré* min., est un long chant de lamentation auquel ne font défaut ni les inflexions gémissantes ni les formules mélodiques tourmentées malgré le charme sonore de son instrumentation peu banale. Il est suivi **2.** par un bref récitatif secco pour alto et b.c., *« Mein liebster Gott lässt mich... »* (Mon Dieu tant aimé me laisse cependant appeler en vain), qui sur le dernier mot, « flehen » (implorer), se transforme en un arioso de caractère poignant ; **3.** par un choral pour alto doublé par les instruments à vent, cordes et b.c., *« Der Gott, der mir hat versprochen... »* (Le Dieu qui m'a promis son secours en tout temps se laisse chercher en vain), forme AAB avec ritournelle, en *fa* maj., 2e strophe du choral *« Zion klagt mit Angst und Schmerzen »* de Johann Heermann (1636), où les cordes, indépendantes de la mélodie chantée sans ornementation par l'alto, exécutent une joyeuse mélodie en majeur toute chargée d'espoir ; **4.** par un récitatif pour sop. et b.c., *« Mein Kummer nimmet zu »* (Mon affliction va grandissant), débutant sur des harmonies dissonantes qui en 4 accords vont de la 7e de dominante à la 7e diminuée ; **5.** par un air pour basse, flûtes à bec et vl. solo à l'unisson et b.c., *« Ächzen und erbärmlich Weinen... »* (Gémissements et pleurs lamentables ne peuvent rien à la maladie des soucis), forme ABA' avec ritournelle, en *sol* min., une seconde lamentation encore plus poignante que la première avec ses motifs gémissants, ses intervalles augmentés et diminués et le chromatisme de la basse continue qui passe aux flûtes et au violon lors de la reprise modifiée de A ; la partie B qui exprime l'espoir n'est pas de nature tourmentée ; ces deux aspects contradictoires étaient déjà présents dans la ritournelle introductive dont la seconde moitié aboutit progressivement au rythme caractéristique de la joie, 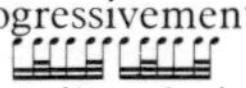 etc., appelé par le mot « Freudenlicht » (lumière de joie) dont parle le texte ; **6.** par un choral à 4 voix, *« So sei nun, Seele, deine »* (Ainsi, sois donc toi-même, ô mon âme), forme AA', en *si ♭* maj., strophe finale du choral *« In allen meinen Taten »* de Paul Fleming (1641).

Bibliographie — Voir celle de l'art. *« Ach Gott, vom Himmel sieh darein »*.

M. Honegger

« Mein Gott, warum hast du mich verlassen », psaume de **Felix Mendelssohn-Bartholdy**, voir Psaumes.

« Mein Gott, wie lang', ach lange ? » (Mon Dieu, jusques à quand, hélas... ?), cantate de **Johann Sebastian Bach** (BWV 155 ; NBA I/5) pour le 2e dimanche après l'Épiphanie (évangile du jour, Jean 2, 1-11, les Noces de Cana), écrite pour sop., alto, ténor et basse soli, chœur, basson, cordes et b.c., sur un texte poétique de Salomon Franck extrait de l'*Evangelisches Andachts-Opffer,* exécutée à Weimar le 19 janv. 1716. (Durée : 13 min environ.)

A celui qui se répand en plaintes amères, Dieu paraît caché et inaccessible. Malgré tout, il lui faut croire et espérer ; par des souffrances Dieu met son amour à l'épreuve. Il doit s'en remettre à lui et déposer le joug des soucis.

Composée d'une simple succession de récitatifs et d'airs que conclut un choral, pleine d'une imagination et d'un entrain encore juvéniles, cette cantate comprend **1.** un récitatif pour sop. accompagné par les cordes et la b.c., *« Mein Gott, wie lang' »* dont la plus grande partie du texte se déroule sur une pédale de *ré* exprimant l'anxiété et le désespoir du croyant et où deux mots, « Freudenwein » (le vin de la joie) et « sinkt » (s'enfonce, s'affaisse), reçoivent un traitement madrigalesque remarquable qui englobe la voix et les instruments ; **2.** un air en duo pour alto et ténor, une brillante partie de basson obligé, en larges intervalles disjoints, et la b.c., *« Du musst glauben, du musst hoffen »* (Tu dois croire, tu dois espérer), forme ABA avec ritournelle, en *la* min. ; **3.** un récitatif pour basse et b.c., *« So sei, o Seele, sei zufrieden ! »* (Ainsi sois satisfaite, ô mon âme !), où la consolation s'exprime par la voix qui dans les Passions est traditionnellement réservée au Christ ; **4.** un air pour sop., cordes et b.c., *« Wirf mein Herze, wirf dich noch... »* (Jette-toi mon cœur [...] dans les bras aimants du Très-Haut), forme binaire avec ritournelle, en *fa* maj., où d'un bout à l'autre domine un rythme trochaïque dont le dynamisme convient particulièrement bien à l'injonction du texte ; **5.** un choral à 4 voix, *« Ob sichs anliess, als wollt er nicht... »* (Même s'il semblait qu'il ne veuille pas, ne te laisse pas effrayer), en *fa* maj., 12e strophe du choral *« Es ist das Heil uns kommen her »* de Paulus Speratus (1524).

Bibliographie — Voir celle de l'art. *« Ach Gott, vom Himmel sieh darein »*.

M. Honegger

« Mein Herze schwimmt im Blut » (Mon cœur nage dans le sang), cantate de **Johann Sebastian Bach** (BWV 199 ; NBA I/20) pour le 11e dimanche après la Trinité (évangile du jour, Luc 18, 9-14, parabole du pharisien et du publicain), écrite pour sop. solo, htb., cordes et b.c. avec basson, exécutée pour la 1re fois à Weimar le 12 août 1714. (Durée : 25 min 50 s environ.)

Son texte poétique est tiré du cycle *Gottgefälliges Kirchen-Oppffer* de Georg Christian Lehm et se rattache à l'évangile du jour. Partant d'un sentiment de trouble extrême, il dépeint l'homme tourmenté par la conscience du péché, avant que par la repentance il ne parvienne à l'apaisement et ne trouve sa consolation dans la pensée joyeuse du Christ qui l'a réconcilié avec Dieu.

La cantate se compose **1.** d'un récitatif particulièrement dramatique, *« Mein Herze schwimmt »* ; **2.** d'un air avec htb. et b.c., *« Stumme Seufzer, stille Klagen »* (Soupirs muets, plaintes silencieuses), forme ABA avec ritournelle, en *do* min., où le « da capo » est retardé par l'introduction de quelques mesures de récitatif ; **3.** d'un récitatif accompagné par les cordes et la b.c., *« Doch Gott muss mir genädig sein »* (Pourtant, Dieu doit m'être indulgent) ; **4.** d'un air apaisé avec cordes et b.c., *« Tief gebückt und voller Reue »* (Profondément incliné et plein de repentance), forme ABA avec ritournelle, en *mi ♭* maj., dont le thème unit l'action de se courber au mouvement affectif du cœur ; **5.** d'un bref récitatif secco avec b.c., *« Auf diese Schmerzensreu »* (Dans cette repentance douloureuse), qui précède la 3e strophe, **6.** *« Ich, dein betrübtes Kind »* (Moi, ton enfant affligé), en *fa* maj., du choral *« Wo soll ich fliehen hin »* de Johann Heermann (1630), dont les différentes phrases sont introduites par le soprano solo dans le duo animé formé par un alto et la basse continue ; **7.** d'un récitatif accompagné par les cordes, *« Ich lege mich in diese Wunden »* (Je me couche dans ces plaies), qui prépare l'ambiance joyeuse du dernier air, **8.** *« Wie freudig ist mein Herz »* (Combien joyeux est mon cœur), forme ABA avec ritournelle, en *si* ♭ majeur.

Bibliographie — W. Wolffheim, « Mein Herze... ». Eine ungedruckte Solo-Kantate J. S. Bach *in* Bach-Jb. 1911 ; Fr. Noack, J. S. Bach und Chr. Graupner : « Mein Herze... », *in* AfMw II, 1919-20 ; voir aussi la bibliogr. de l'art. *« Ach Gott, vom Himmel sieh darein »*.

M. Honegger

« Mein liebster Jesus ist verloren » (Mon Jésus bien-aimé est perdu), cantate de **Johann Sebastian Bach** (BWV 154 ; NBA I/5) pour le 1er dimanche après l'Épiphanie (évangile du jour, Luc 2, 41-52, Jésus dans le temple à l'âge de douze ans), écrite pour alto, ténor et basse soli, chœur, 2 htb. d'amour, cordes et b.c., exécutée pour la 1re fois à Leipzig le 9 janv. 1724, quoiqu'il ne soit pas exclu qu'elle remonte en partie (airs nos 4 et 7) à la période de Weimar. (Durée : 15 min 45 s environ.)

L'homme pécheur a perdu Jésus et, malgré ses recherches désespérées, ne parvient pas à le retrouver. Une strophe de choral exprime ce qu'il représente à la fois pour la communauté ecclésiale et pour l'individu. Conjuré de se montrer à nouveau, Jésus répond par un arioso de basse — la voix du Christ dans les Passions — qui chante une phrase extraite de l'évangile du jour : « Ne savez-vous pas qu'il faut que je m'occupe des affaires de mon Père ? » Le croyant réalise alors avec joie que Jésus est dans la demeure de son Père, le temple, qu'il peut être trouvé dans la Parole et dans les sacrements et promet de ne plus le quitter désormais, suivi par toute l'Église qui confirme ces dispositions dans la strophe de choral finale.

Plainte désespérée écrite pour ténor, cordes et b.c., l'air qui ouvre la cantate, **1.** *« Mein Liebster Jesus »*, en *si* min., est bâti à la manière d'un lamento sur une basse quasi obstinée qui correspond aux 8 mesures de la ritournelle et qui se répète 7 fois à partir de degrés variés, la 5e fois se transformant après 4 mesures en une série chromatique de notes répétées en doubles croches, qui inclut également les violons et les altos, pour rendre de façon illustrative le mot « Donnerwort » (parole foudroyante) ; lui font suite **2.** un récitatif secco pour ténor et b.c., *« Wo treff ich meinen Jesum an ? »* (Où rencontrerai-je mon Jésus ?) ; **3.** un choral à 4 voix, *« Jesu, mein Hort und Erretter »* (Jésus, mon appui et mon sauveur), forme AAB, en *la* maj., 2e strophe du choral *« Jesu, meiner Seelen Wonne »* de Martin Jahn (1661) qui se chante sur la mélodie de *« Werde munter, mein Gemüte »* ; **4.** un air de caractère pastoral, écrit dans l'esprit du lied allemand, pour alto, 2 htb. d'amour jouant souvent à la tierce ou à la sixte, vl. et altos à l'unisson, sans b.c., *« Jesu, lass dich finden »* (Jésus, laisse-toi trouver), en *la* maj., qui exprime un désir fervent et où l'absence d'instruments graves est un symbole de la pureté de l'âme (Bach a cependant ajouté plus tard une partie de basse continue) ; **5.** un arioso pour basse et b.c., *« Wisset ihr nicht ? »* (Ne savez-vous pas ?) Luc 2, 49, où les imitations entre la basse et la b.c. sont un moyen d'exprimer la fidélité du Fils au Père ; **6.** un récitatif secco pour ténor et b.c., *« Dies ist die Stimme meines Freundes »* (Ceci est la voix de mon ami) ; **7.** un air joyeux en duo, d'écriture principalement homophone et de caractère concertant, pour alto et ténor, cordes, les 2 htb. d'amour doublant les 2 parties de vl., et b.c., *« Wohl mir, Jesus, ist gefunden »* (Quel bonheur pour moi ! Jésus est retrouvé), de forme ternaire ABC avec ritournelle, en *ré* maj., la dernière partie en écriture imitative, avec la seule b.c., sauf à la fin lorsque le duo revient à une écriture homophone ; **8.** un choral à 4 voix, *« Meinen Jesum lass ich nicht »* (Je n'abandonne pas mon Jésus), en *ré* maj., 6e strophe du choral de même incipit de Christian Keymann (1658).

L'absence de véritable chœur dans cette cantate, les deux chorals mis à part, s'explique de la même façon que pour la cantate → *« Schau, lieber Gott, wie meine Feind »* qui la précédait tout juste d'une semaine.

Bibliographie — Voir celle de l'art. *« Ach Gott, vom Himmel sieh darein »*.

M. Honegger

Mein wundes Herz (Mon cœur meurtri), lied pour voix et piano de **Johannes Brahms** (tonalité originale : *mi* min.), sur un poème de Klaus Groth, composé en 1873 et édité comme 7e pièce des *Lieder und Gesänge*, op. 59. (Leipzig, Rieter-Biedermann, 1873 ; durée : 1 min 37 s environ.)

Avec *Mein wundes Herz*, Brahms témoigne de sa science de contrapuntiste. Il montre aussi comment il réinterprète les principes traditionnels — la superposition de lignes autonomes afin de constituer un ensemble homogène — pour au contraire unifier la pensée musicale en créant des liens entre les différentes voix grâce à des parentés motiviques **A**. Dans cet exemple, significatif de la force des relations motiviques qui régissent toute la composition, il faut noter l'imitation par le piano, d'abord en diminution, puis en valeurs réelles, des deux mesures vocales initiales. Dès la mesure 7, la main droite du piano prolonge le dessin des 3e et 4e temps de la mesure 6, l'adaptant au contexte harmonique, tout en en préservant l'enveloppe. Les mesures 7 et 8 de la partie vocale sont reprises par la main gauche du piano, mesures 9-11, avec de nouveau l'arrangement d'un contour (les octaves deviennent des sixtes). Parallèlement, la main droite et le chant procèdent par imitation en mouvement contraire. L'opportunité de procédés d'écriture aussi recherchés, pour un lied qui se veut le chant d'un « cœur meurtri », peut être mise en doute. A tort toutefois. L'introduction pianistique, dans sa brièveté plus efficace qu'un long développement, n'est-elle pas emplie d'une réelle tension ? **B**. Les syncopes, les accents déplacés, les phrases hachées, l'enchevêtrement des motifs et des harmonies, avec ces accords altérés et ces alternances de IVe et Ve degré qui suspendent toute résolution, y sont bien le signe d'une émotion intense, qui trouve encore ailleurs son expression, p. ex. dans la densité, l'espèce de vibration intérieure que créent les superpositions contrapuntiques, dans l'accalmie sonore qui accompagne l'évocation du sourire de l'aimée ou même dans l'apparence de désordre du dessin initial. La grande réussite de Brahms, dans ce lied, est d'avoir rendu méconnaissables les techniques d'écriture grâce auxquelles il s'y exprime.

Bibliographie — Voir celle de l'art. *Liebestreu*.

Fr. Andrieux

Meistermusik (Musique de maîtrise), de **Wolfgang Amadé Mozart** (KV 477), pour chœur d'hommes (T T B), 2 htb., clar., cor de basset, 2 cors et cordes, composée à Vienne en juil. 1785, créée le 12 août suivant dans la loge maçonnique Zur wahren Eintracht. (Durée : 5 min environ.)

Sur les versets 15 et 54 de la 3e Lamentation de Jérémie, Mozart cite un passage du premier → *Requiem* de Michael Haydn, lui-même dérivé du 1er ton des psaumes utilisé pour les Lamentations pendant la semaine sainte. Le choix d'un texte lié à la destruction du temple de Jérusalem est déterminé par la fonction de l'œuvre dans la cérémonie d'élévation à la maîtrise d'un franc-maçon, Carl von König, dont le temple (la loge) venait d'être détruit (fermé) par l'Inquisition à Venise. L'addition des numéros des versets produit d'ailleurs le nombre des mesures de l'ode. Conformément aux usages maçonniques, trois parties chorales sont doublées par des instruments (ici 2 htb. et basse). Une longue introduction de l'orchestre donne la part belle aux violons et aux deux hautbois en résumant le rituel de maîtrise à grand renfort de chromatisme. Tous les éléments en sont repris dans la conclusion, d'importance égale, qui aboutit à une resplendissante tierce picarde.

En nov. 1785, Mozart réutilisera cette œuvre sans la partie chorale — déjà présente dans l'orchestration — et lui donnera le titre de *Maurerische Trauermusik* (Ode funèbre maçonnique). Un mois plus tard, il substituera deux cors de basset aux cors et un contrebasson à l'ancien cor de basset, ce qui lui permettra de donner à la basse du « cantus firmus » un aspect plus conforme à ce que chantait le chœur dans la *Meistermusik*.

Sources — Ms. à la Staatsbibl. de Berlin (Ms. Moz. 477). La partition proprement dite ne contient que l'orchestre avec les substitutions de la dernière version ; la partie des premiers ténors est notée sans texte sur une feuille à part ; les autres parties manquent et ont dû être restituées.

Éditions modernes — Par Ph. A. Autexier, Wiesbaden, Br. & H., 1985.

Bibliographie — Ph. A. Autexier, Mozart et Liszt sub Rosa, Poitiers, l'Auteur, 1984, pp. 19-46 ; du même, Mozart et la franc-maçonnerie, Paris, Philippe-Olivier, 1991.

Ph. A. Autexier

(Die) Meistersinger von Nürnberg (Les Maîtres Chanteurs de Nuremberg), drame musical en 3 actes, texte et musique de **Richard Wagner**, composé de déc. 1861 à janv. 1862 pour le livret, de 1862 à 1867 pour la musique, créé au Théâtre de la cour royale à Munich, le 21 juin 1868, avec Mathilde Mallinger (Eva), Frantz Betz (Hans Sachs), Franz Nachbaur (Walther), Gustav Hölzel (Beckmesser), Anton Schlosser (David), sous la dir. de Hans von Bülow ; 1res représentations en France à Lyon, en 1896, et à l'Opéra de Paris, en 1897. (Durée : 5 h environ.) Chaque acte forme une unique pièce symphonico-dramatique où les scènes s'enchaînent sans interruption. Les actes I et III comportent chacun un prélude symphonique, le premier étant une grande pièce, souvent détachée pour son exécution au concert. Composition de l'orchestre : 3222 - 4331 - timb., percussion, cloches, harpe, luth (= « harpe de Beckmesser », une construction spéciale, d'une sonorité entre le luth et la harpe, mais enlaidie, à jouer par le harpiste) – cordes. Sur la scène : cors en *la*, trp. (nbre ad lib.), tambours, la corne du veilleur de nuit (« Stierhorn », accordé sur *fa* ♯).

Argument — Le jeune chevalier Walther von Stolzing est amoureux d'Eva, la fille de l'orfèvre Veit Pogner. Comme celui-ci l'a promise en mariage au vainqueur du concours des maîtres chanteurs, Stolzing doit accepter d'apprendre leur art. Après maints échecs et bien des péripéties comiques, Stolzing parvient à son but grâce à l'aide de Hans Sachs qui a ainsi bien des occasions d'exposer les principes de l'art (wagnérien).

A Mein wundes Herz

B Mein wundes Herz

Les sources des *Meistersinger von Nürnberg* sont multiples et ont été utilisées par Wagner selon une conception très personnelle. Dès 1845, il connaissait les œuvres de Hans Sachs (1494-1576), le plus célèbre des « Meistersinger », qu'il considérait comme « la dernière apparition de la productivité artistique de l'esprit du peuple ». Le texte du célèbre chœur *« Wach auf »* (acte III, dernière scène) est une œuvre originale de Sachs. Wagner s'était informé sur le contexte plus vaste des « Meistersinger » à travers la *Geschichte der poetischen National-Literatur der Deutschen* de Gervinius (5 vol., Leipzig 2/1840-44), l'ouvrage *Über die Meistersinger* de Jakob Grimm et surtout *Von der Meistersinger origine...* de J. Chr. Wagenseil (Altdorf près Nuremberg, 1697). Outre la plupart des détails techniques et des noms historiques, il en tira le « langer Ton » (la mélodie longue) de Heinrich Mügling qui devait devenir comme l'en-tête musical de l'œuvre, la fanfare des Maîtres (voir plus loin le 1er ex. musical). Les études de Wagner furent minutieuses et ont laissé des traces jusque dans les tournures linguistiques du texte. Parmi les sources secondaires, il faut citer la nouvelle d'E.T.A. Hoffmann *Meister Martin, der Küfer* (Maître Martin, le tonnelier) et le drame *Hans Sachs* de Deinhardstein, qu'A. Lortzing avait déjà utilisé en 1840 pour un opéra du même nom, ainsi que des œuvres de Hagen et de Kotzebue.

La genèse des *Meistersinger* fut très longue. La première esquisse en prose date de l'été 1845, la seconde de nov. 1861. Le livret définitif fut rédigé à Paris entre déc. 1861 et janv. 1862. En 1862 également naissaient les préludes des actes I et III. En 1863, Wagner composa uniquement la première scène de l'acte I. Ce n'est que le 12 janv. 1866 qu'il reprit le travail pour l'achever le 24 oct. 1867. La création eut lieu à Munich le 21 juin 1868. Wagner y assistait au côté du roi Louis II de Bavière, devant un public accouru de tous les coins d'Europe. Ce fut l'un des plus grands triomphes de sa carrière. Malgré des critiques méchantes, l'œuvre put se répandre rapidement.

Le prélude du 1er acte est une imposante fresque symphonique qui résume toute l'œuvre. Il commence pompeusement, au meilleur sens du terme, par le motif des Maîtres Chanteurs.

Très statique, celui-ci exprime bien le caractère un peu lourd et réactionnaire des Maîtres Chanteurs qui sont des notables satisfaits d'une cité puissante. Pour eux, l'art consiste en l'application des règles de la tradition que les « marqueurs » (juges) sont chargés de faire respecter. Après un développement d'une vingtaine de mesures, un premier changement amène une délicieuse mélodie de caractère poétique, le motif lyrique (« Empfindungsmotiv »).

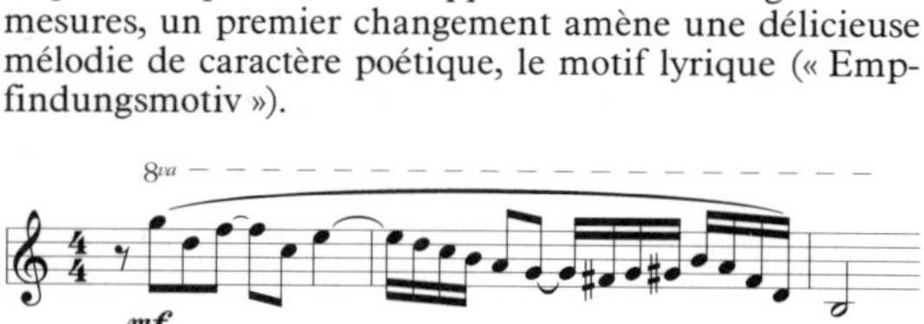

Il est développé par les bois avant d'être relayé par un motif de marche qui a reçu de multiples dénominations, celle de Marche des Maîtres Chanteurs étant certainement la plus adéquate.

Un motif plus expressif lui succède, visiblement dérivé du motif des Maîtres Chanteurs.

Parmi ses dénominations courantes (très problématiques par leur trop grande recherche de précision face à des unités musicales souvent fluides et ambiguës), il faut retenir celle, assez neutre, de motif de l'Art (« Kunst-Motiv »). Ce motif est largement développé avant de laisser place à une transition expressive qui s'ouvre sur le motif de l'Amour.

Celui-ci donne lieu à un développement passionné, brusquement suspendu par une modulation en *mi* ♭ majeur. On assiste alors à un développement polyphonique très complexe des thèmes exposés jusque-là. Ils sont d'abord cités et variés, piano et staccato, de manière quasi parodique, puis la texture se fait de plus en plus dense, combinant parfois trois thèmes à la fois (8e mesure après la section en *mi* ♭ majeur) **A**. Ainsi Wagner esquisse-t-il dès ce moment, sur un ton plutôt léger et désinvolte, le conflit entre l'art traditionnel et conservateur et « l'art moderne » qui va naître par la force de l'amour. Après cette page magistrale et après bien d'autres artifices (fugatos, canons, etc.), se place la reprise de ce grand mouvement symphonique, réduite par rapport à l'exposition puisqu'elle n'utilise que le motif de l'Art, intercalé entre le motif et la Marche des Maîtres chanteurs, unis en une véritable apothéose programmatique d'un art nouveau qui plonge ses racines dans la tradition. Classique par sa structure, ce prélude est moderne par son travail contrapuntique exceptionnel et par un usage véritablement « parlant » du matériel thématique. Quant à la répartition des accents musicaux, le programme souligne plus la tradition que la nouveauté. Aussi ce prélude peut-il être considéré comme le témoin musical officiel d'un siècle de civilisation allemande. A ce titre il ne fait jamais défaut dans les grandes occasions politiques et culturelles d'Allemagne.

Acte I. Au milieu du XVIe siècle. A l'intérieur de l'église Sainte-Catherine de Nuremberg, les fidèles chantent le choral final du culte. Les phrases musicales en sont séparées par de magnifiques interludes instrumentaux (Motif lyrique et motif de l'Amour), illustrant le dialogue des yeux entre Walther von Stolzing (jeune ténor héroïque) et Eva Pogner (jeune sop. dramatique) au fond de l'édifice. Tandis que les fidèles quittent l'église, le jeune chevalier attend Eva qui approche avec sa nourrice Magdalena (mezzo-sop.). Par trois fois, Eva renvoie celle-ci chercher des objets oubliés pour pouvoir rester seule avec Walther. Mais chaque fois que la déclaration passionnée de Walther parvient à l'essentiel, ils sont dérangés. Finalement, c'est Magdalena qui répond à la question du chevalier : « En effet, Eva est déjà fiancée. » « Mais personne n'a encore vu le fiancé ! », ajoute vivement Eva. En effet, c'est le jury qui le désignera le lendemain : ce sera le meilleur poète-chanteur du concours de la Saint-Jean. A la question de Walther : « C'est la fiancée qui le choisit ? », Eva perd son contrôle : « Ce sera vous ou personne ! » Magdalena s'effraie : « Ce n'est que hier que vous l'avez vu pour la première fois ! » Eva déclare alors : « C'est que je l'ai vu depuis longtemps dans mon imagination ! » Magdalena presse sa maîtresse de rentrer. David (ténor léger), apprenti de Hans Sachs, fiancé de Magdalena, a tiré pendant ce temps les grands rideaux et prépare le lieu pour l'assemblée des Maîtres Chanteurs. Son thème,

plein d'une gaie bonhomie, contraste avec le sérieux de la Marche des Maîtres Chanteurs et les motifs de l'Amour. Ici l'art contrapuntique s'élève à une véritable polyphonie de sentiments humains. Walther se proposant de conquérir Eva par le chant, David est chargé de lui apprendre les rudiments de l'art des Maîtres Chanteurs. Mais il est consterné par l'ambition du chevalier de devenir maître du jour au lendemain, alors que lui-même est toujours apprenti, aussi bien pour le chant que pour le métier de cordonnier, après un an de bon travail auprès de Hans Sachs. Mais David ne compte pas avec la motivation du grand amour, seule capable d'éveiller le génie... Pendant que les autres apprentis préparent la salle, David explique la fonction redoutée du « marqueur » qui pardonne sept fautes contre le règlement mais pas une de plus... Les Maîtres Chanteurs font leur entrée, en premier Veit Pogner (basse sérieuse), orfèvre, le père d'Eva, et Sixtus Beckmesser (basse bouffe), greffier, prétendant d'Eva, qui exprime son inquiétude au sujet de la clause selon laquelle Eva peut rejeter le vainqueur pour un autre. Pogner ne cède pas. Walther fait sa révérence à Pogner et demande à être admis parmi les Maîtres Chanteurs, candidature qui soulève une grande méfiance de la part de Beckmesser. Après l'appel de tous les Maîtres, ce dernier est confirmé comme « marqueur ». Puis Pogner explique dans un long discours l'enjeu du concours de la Saint-Jean. Pour prouver que le bourgeois ne court pas seulement après les richesses, il a décidé de promettre sa fille, ainsi que ses biens considérables, au meilleur dans l'art du chant. La discussion quant à la clause du choix d'Eva reprend. Hans Sachs (bar. héroïque) suggère d'admettre comme juge supplémentaire le peuple qui sera présent le lendemain : par sa voix seulement on pourra vérifier si les règles vénérables de l'art des Maîtres Chanteurs sont encore viables et fraîches. Mais l'idée de remettre l'essentiel de leur art, le jugement, au bas peuple, est rejetée avec véhémence par tous les Maîtres Chanteurs. Dans le jeu dramatique de la gaucherie archaïsante des Maîtres opposé à la sagesse sereine de Hans Sachs, Wagner expose brillamment divers éléments d'idéologie et de philosophie artistiques. Fritz Kothner (bar. de caractère), boulanger, le président, demande si quelqu'un postule l'admission. Walther est présenté. Beckmesser, reconnaissant en lui un rival, déclare qu'il est trop tard. D'autres objectent sa naissance non bourgeoise. Mais Kothner, Pogner et Sachs s'en remettent à l'épreuve du chant, à l'art, et l'on procède à l'interrogatoire de rigueur. « Qui fut votre maître ? » — « Walther von der Vogelweide » (célèbre minnesinger du XIIe s., donc la tradition). « Dans quelle école vous a-t-on enseigné ? » — « Dans la magnificence de la forêt printanière » (il a donc été formé par l'enseignement de la nature). Les Maîtres sont extrêmement sceptiques en ce qui concerne ces fondements de l'art. Mais Sachs insiste et Walther demande à affronter l'épreuve magistrale : inventer « ad hoc » un poème avec sa mélodie. Comme il rejette le sujet religieux, normalement de rigueur, on fait appel au marqueur Beckmesser, qui se retire derrière son rideau en ricanant tandis que Kothner récite les « leges tabulaturae », les lois du chant des Maîtres. De mauvaise grâce et uniquement pour sa dame, Walther s'installe. Sur un accompagnement fait d'un motif dérivé de celui de l'Amour, il entonne un chant entraînant mais d'une structure insolite. Derrière le rideau, on entend le bruit sur le tableau de la craie de Beckmesser (gammes féroces des violons). Rapidement, il demande si c'est bientôt fini parce que le tableau est rempli de marques de fautes. Les Maîtres éclatent de rire, tandis que Walther précise que

A (DIE) MEISTERSINGER VON NÜRNBERG

l'essentiel de son poème allait juste commencer... Les Maîtres sont indignés, mais Sachs objecte qu'en dépit du caractère inhabituel il faut laisser terminer le candidat. Après la fin de celui-ci, Beckmesser énumère ses fautes et les Maîtres prononcent son échec.

Acte II. Devant les maisons voisines de Pogner et de Sachs, on voit les apprentis fermer les volets. C'est la veille de la Saint-Jean ; tout vibre sous la poussée de la sève printanière. Les apprentis se chamaillent. Magdalena arrive pour s'enquérir auprès de David du sort du chevalier. Apprenant qu'il a été rejeté par les Maîtres, elle rentre avec un signe de désespoir. Les apprentis se moquent de David et s'apprêtent à se battre avec lui lorsque Sachs survient pour les chasser. Eva et son père rentrent de promenade. Sous le tilleul, Pogner cherche à connaître les sentiments de sa fille en ce qui concerne le concours du lendemain. Magdalena paraît et transmet les mauvaises nouvelles à sa maîtresse en lui suggérant de chercher conseil auprès de Sachs. Celui-ci est profondément remué par les événements du jour. Il pense au jeune chevalier dont le chant lui a fait impression. Aucune règle des Maîtres ne semble pouvoir s'y appliquer et pourtant il n'y avait pas de faute évidente. Eva s'approche de lui et demande des détails sur l'épreuve de chant du matin. Pour sonder son cœur, Sachs feint de critiquer Walther. Furieuse, Eva repart bien vite. Sachs voit ainsi ses soupçons confirmés et dès lors cherchera à favoriser l'union des amants. Walther survient ; Eva s'élance à sa rencontre. Comme il ne voit pas le moyen de la gagner par le chant, il lui propose de s'enfuir avec elle. Le veilleur de nuit passe et entonne son vieux cantique. Eva disparaît pour revenir peu après, déguisée à l'aide des vêtements de Magdalena. Au moment où les deux amants veulent s'enfuir, Sachs, qui a tout entendu, pousse le volet pour empêcher leur folie. Au même instant survient Beckmesser qui se propose de chanter la sérénade à Eva. Mais Sachs se met à chanter de son côté et reprend bruyamment le travail. Excédé, jurant et suppliant à la fois, Beckmesser demande à Sachs de le laisser chanter son poème par lequel il espère gagner le concours. Il propose même à Sachs de tenir le rôle de marqueur et lui demande de ne pas économiser la craie afin qu'il puisse en tirer profit. Sachs veut bien lui rendre ce service mais à la condition de remplacer la craie par le marteau... Beckmesser se met à chanter ; sa mélodie est une parodie du Motif lyrique, sur un texte malhabile. Le marteau de Sachs ponctue les fautes sur la semelle. Les conseils du cordonnier finissent de troubler le pauvre greffier qui a aperçu sur le balcon Magdalena, vêtue de la robe d'Eva. Il chante de plus en plus fort pour ne pas entendre le marteau. David ouvre la fenêtre et reconnaît Magdalena sur le balcon. Fou de jalousie, il sort avec un gourdin et assaille le chanteur. Les voisins accourent, criant et réclamant le calme. Bientôt les apprentis s'en mêlent pour parfaire la bagarre générale tandis que les femmes arrosent d'eau les combattants. Les amants veulent profiter de la situation pour s'enfuir. Walther s'apprête à se frayer un chemin à coups d'épée mais les Maîtres interviennent. Eva se voit poussée dans les bras de son père par le cordonnier qui entraîne le chevalier dans son échoppe. Le calme revient ; le veilleur de nuit entonne de nouveau son chant.

Toute cette scène est construite avec un art remarquable. Le motif de la Bagarre

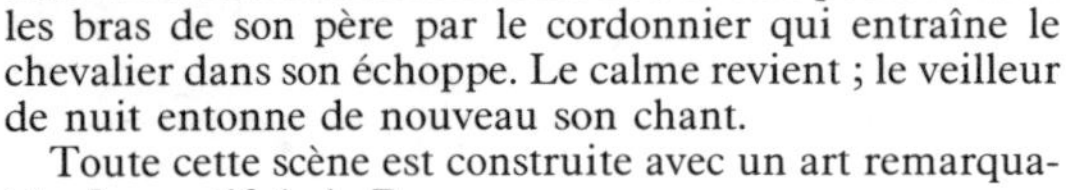

est traité en fugue sévère et presque scolastique, ce qui donne un charme particulier, fait de contradiction, au chaos général de la scène.

Acte III. Il s'ouvre par un des plus beaux préludes que Wagner ait écrits. On entend d'abord le motif du Renoncement (« Entsagungsmotiv »)

qui alterne avec un choral — réutilisé dans la dernière scène pour le fameux chœur « Wach-auf » —, donnant ainsi à ce clair matin de la Saint-Jean un caractère profondément recueilli au travers d'une expression contrastant totalement avec le tumulte de la nuit précédente B. Le rideau s'ouvre sur l'échoppe de Sachs. Celui-ci est plongé dans les pensées qu'il exprime dans le célèbre « Wahn-Monolog » : « Wahn ! Wahn ! / Überall Wahn ! » (Illusions ! Chimères ! Partout cette folie). Le terme de « Wahn » n'est pas traduisible avec le sens que Wagner y attachait. Mais dans le monologue, sa signification apparaît clairement. Sachs déplore la course frénétique du monde après la chimère d'un bonheur indéfinissable qui, bien souvent, n'est que peine et malheur... Lui-même n'est pas exempt de ce tourment puisque depuis longtemps ses sentiments paternels pour Eva avaient tendance à devenir plus tendres. Mais il se sent trop vieux et cherche le calme de la sagesse. Le motif appelé « Wahn-Motiv » qui ouvre le monologue est une variante du motif du Renoncement. Joué par un trombone solo, il prend l'accent d'une plainte poignante. Le texte ne dit pas tout ce qui se passe dans le cœur de Sachs, mais le réseau motivique l'indique délicatement (motif de l'Amour, motif de la Bagarre, Motif lyrique). Walther entre. Il a fait un beau rêve et craint qu'il ne s'évanouisse. Sachs lui demande de le raconter afin de le fixer par écrit. Grâce à ses conseils bienveillants, ce rêve prend la forme de deux strophes d'un chant auquel il ne restera qu'à ajouter une troisième strophe interprétant le songe. Ce sera le « chant du concours » avec lequel Walther devra affronter l'épreuve.

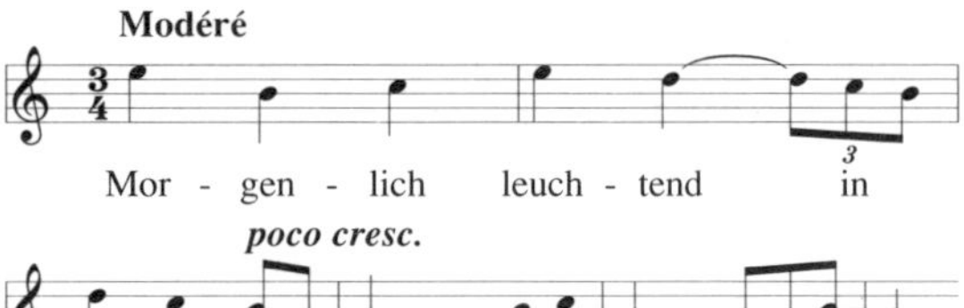

Sachs et Walther sortent pour se préparer à la fête. Beckmesser entre dans l'échoppe, déjà vêtu en grande cérémonie, mais très souffrant en raison des événements de la nuit précédente. Un grand interlude symphonique accompagne une pantomime comique : plein de méfiance, Beckmesser inspecte les lieux — nombre de mauvais souvenirs traversent son esprit — et il finit par tomber sur le poème de Walther, écrit de la main de Sachs. Cet interlude d'une centaine de mesures utilise une bonne dizaine de leitmotive, démonstration magistrale du pouvoir psychologique de cette technique :

même sans regarder, on « entend » à tout instant ce qui se passe sur scène et surtout dans la tête du pauvre Beckmesser qui prend le poème pour l'œuvre de Sachs, le soupçonnant maintenant d'être son rival. Il le reproche ouvertement au cordonnier qui entre et qui s'en défend. Beckmesser continue à se méfier, même quand Sachs lui laisse le poème dont il vient de découvrir la disparition. D'ailleurs Sachs est certain que le greffier sera incapable d'en faire un usage raisonnable. Boitant affreusement, Beckmesser rentre chez lui triomphant : en utilisant l'œuvre présumée de Sachs au concours, il est certain de réussir. Sur ces entrefaites, Eva arrive, richement vêtue. Elle se plaint des chaussures que Sachs lui a faites, mais quand celui-ci lui demande si c'est le pied droit ou le pied gauche qui lui fait mal, elle ne sait que répondre. Donc elle n'est pas venue pour cela et Sachs devine la raison véritable de sa visite. Walther survient ; Eva pousse un grand cri. Les deux amants se contemplent éperdument et voilà que l'inspiration vient à Walther : il chante le troisième couplet qui manquait encore à son « chant de concours ». Dans l'emportement et l'admiration, Sachs s'écrie : « un chant de Maître ! ». Magdalena et David entrent. Ce dernier reçoit la gifle rituelle de Sachs pour devenir compagnon. Dans un quintette magnifique, tous expriment leur bonheur. Le rideau tombe. Un interlude orchestral prépare l'auditeur à la fête du dernier tableau.

Le rideau s'ouvre de nouveau sur un pré devant la ville. Les différentes corporations arrivent tandis que le peuple se divertit. Les Maîtres Chanteurs font leur entrée avec Eva. Hans Sachs est reçu par la foule au son du choral *« Wach auf, es nahet gen den Tag »* (Éveillez-vous, voici que l'aube approche [texte du Hans Sachs historique]). Profondément ému, il remercie et rappelle publiquement le but du concours. Beckmesser, toujours occupé à relire le poème qu'il n'arrive pas à retenir, s'avance alors. Il prélude sur le luth pour masquer son inquiétude et commence : « Morgen ich leuchte in rosigem Schein / von Blut und Duft / geht schnell die Luft ; / wohl bald gewonnen, / wie zerronnen ; / im Garten lud ich ein / garstig und fein » (Demain je resplendis dans une lueur rose de sang et de parfum, vite avance l'air ; bientôt gagné, comme perdu ; j'invitai au jardin laid et fin). Les Maîtres n'y comprennent rien ; le peuple s'étonne de ces rimes grotesques. Beckmesser transpire et cherche à relire l'original de Sachs en cachette, mais le deuxième couplet est encore pire. Il s'embrouille de plus en plus et, après le troisième couplet, l'assistance tout entière éclate de rire. Furieux, Beckmesser s'élance vers Sachs : « C'est de votre Sachs que je le tiens », s'écrie-t-il. Sachs rétorque que le chant, très beau dans sa version originale, n'est pas de lui. « Que Beckmesser explique comment il l'a obtenu [...] pour le défigurer ainsi. » Il appelle Walther à témoigner. Celui-ci s'avance. A l'admiration de tous et sous les acclamations générales, il chante ce que son adversaire avait si cruellement défiguré : « Morgenlich leuchtend in rosigem Schein, / von Blüt und Duft / geschwellt die Luft, / voll aller Wonnen / nie ersonnen, / ein Garten lud mich ein / Gast ihm zu sein » (L'aube vermeille brilla ; de fleurs et de senteurs sont emplis les airs, pleins de tous les délices que nul n'imagina, un jardin me convia à être son hôte). Le peuple exige qu'on lui accorde le prix, et les Maîtres s'associent à ce jugement. Eva le couronne de lauriers alors que son père se lève pour lui remettre la chaîne d'or de Maître de la guilde. Mais à la stupeur générale, Walther la refuse : il veut être heureux sans être Maître ! C'est Sachs qui remet les choses en place dans son fameux monologue final, ultime et habile occasion d'exposer son credo artistique (celui de Wagner, bien sûr !). Que l'on respecte la tradition sans laquelle aucun art nouveau ne saurait s'affirmer. Si cette tradition n'est plus celle qui fut autrefois consacrée par les cours princières, elle reste allemande et vraie. Que l'on soit sur ses gardes à l'égard de ce qui est faux et latin ! Rendez honneur aux Maîtres allemands et vous tirerez profit de bons esprits. Même si le Saint Empire romain germanique venait à disparaître, il nous resterait l'Art saint et allemand. Le peuple reprend le chant de cette doctrine dans la liesse générale et la magnificence musicale de la fin du prélude.

Le texte poétique des *Meistersinger* utilise essentiellement le « Knittelvers » (vers à 4 temps forts, rimant deux à deux), largement utilisé aux XVe et XVIe s., tout particulièrement dans l'œuvre abondante de Hans Sachs. La musique suit la même tendance rétrospective. Dans → *Tristan und Isolde*, le langage chromatique et altéré avait été mené à son apogée, affirmant la maîtrise absolue du compositeur dans le maniement d'une expression et de techniques nouvelles. En revanche, *Die Meistersinger* veulent démontrer l'importance de la tradition dans l'art, ainsi que la nécessité d'une certaine rigueur structurelle, sans diminuer pour autant la justification et la nécessité capitale du renouveau, à défaut de quoi l'art ne serait pas viable. Techniquement, ces idées se traduisent par la réduction volontaire du chromatisme mélodique et la recherche du diatonisme. Dans la mesure où des techniques anciennes se trouvent évoquées, le procédé n'est pas dépourvu d'artifice, intentionnel toutefois pour dénoncer les dangers d'un système artistique rigide et suranné. Par ailleurs, le diatonisme des *Meistersinger* se sert largement d'un corset fait d'harmonies altérées qui relègue le chromatisme aux parties d'accompagnement. Il en résulte un style « nouveau », propre à cette œuvre magistrale où tradition et modernité s'épousent intimement : la mélodie y gagne une valeur nouvelle en raison de son soutien harmonique avancé, et l'harmonie refait la paix avec la tradition par sa soumission partielle à la mélodie. Alors que le leitmotiv règne en maître dans la *Tétralogie*, les motifs ont ici

E (DIE) MEISTERSINGER VON NÜRNBERG

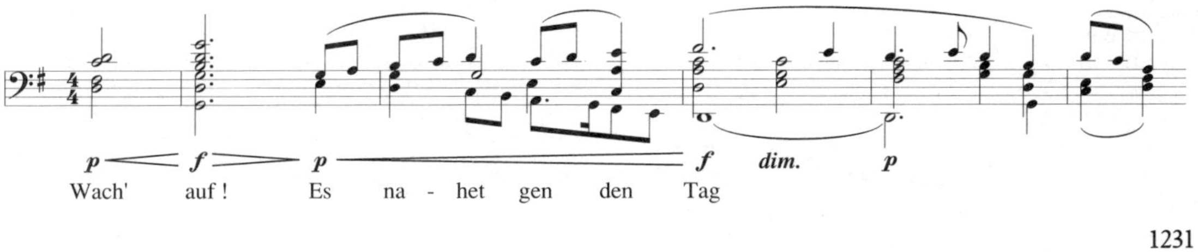

l'occasion de se combiner fréquemment dans l'ordre horizontal pour développer de grandes lignes mélodiques, l'un des attraits majeurs de l'œuvre.

Die Meistersinger est l'unique œuvre wagnérienne qui décrit un amour heureux, parvenant à vaincre tous les obstacles pour s'accomplir finalement sans mélange. Or, chez Wagner, seul un amour malheureux, inaccompli ou irréalisable peut devenir la métaphore d'une signification philosophique sous-jacente, l'amour heureux entraînant plutôt le spectateur à une auto-identification avec les protagonistes et moins à l'interprétation psychologique de leur rôle. C'est pourquoi le fonds philosophique des *Meistersinger* est d'une catégorie différente des autres œuvres wagnériennes. Le renoncement de Sachs a bien un trait schopenhauerien et rappelle *Tristan* autant par le texte que par certaines citations de motifs, mais ce n'est pas là l'essentiel. En revanche, la pièce est toute pénétrée d'un côté idéologique qui ressortit à l'humour, à « un humour dont il convient de se méfier » selon C. Dahlhaus. Th. W. Adorno précise : « L'humour de Wagner traite [ses victimes] avec cruauté [...] ; elles deviennent humoristiques par la dénonciation. » Beckmesser est l'une de ces victimes. Adorno, Th. Mann et Dahlhaus parmi d'autres tombent d'accord pour voir en cette figure « cruellement bafouée » la caricature du juif et ce n'est pas un hasard si Adorno reconnaît dans les *Die Meistersinger* l'« indice étonnant » d'un tel « caractère idéologique », c'est-à-dire antisémitique. Cette constatation n'est pas entièrement fausse, mais il convient de la considérer avec circonspection et de la nuancer.

Beckmesser est greffier municipal (« Stadtschreiber »). Dans une ville comme Nuremberg — une des plus importantes et des plus glorieuses du Saint Empire —, le greffier est l'un des premiers notables. Il était impensable qu'une telle charge puisse être attribuée à un juif à cette époque. Pour des raisons dramaturgiques donc, un racisme « biologique » contre les juifs est illogique et doit être exclu. En tout premier lieu, Beckmesser représente le critique. Lors des premières esquisses du livret, le marqueur portait le nom de Hans Lick ou celui de Veit Hanslich, reflet des démêlés de Wagner avec le célèbre critique viennois Eduard Hanslick. Ce n'est pas par hasard si son nom fut changé en Beckmesser. Si Hanslick était demi-juif, ce n'est pas de là que Beckmesser tire le caractère juif présumé qui se surajouterait à son rôle de représentant de la critique en général. En principe, l'activité de compositeur n'est pas nécessairement associée à celle de critique. Or Beckmesser n'est pas seulement « marqueur », c'est-à-dire critique, il est tout autant poète-compositeur et c'est bien en rapport avec ce fait que Sachs s'écrie dans la 3e scène de l'acte III : « Que sieur Beckmesser devienne ici un voleur [en subtilisant le manuscrit du poème de Walther] m'agrée plutôt pour mes plans. » Dès avant son témoignage artistique, Beckmesser est donc présenté comme un « voleur culturel » et comme un imitateur artistique (comparer les deux versions du Chant de concours). Quand on constate le massacre qu'il fait de son modèle, on peut reconnaître en Beckmesser la caricature de l'artiste juif tel que Wagner l'a campé dans son écrit *Das Judentum in der Musik* (Le Judaïsme en musique, 1850, 2/1869) : les juifs seraient inaptes à la création artistique originale ; ils ne sauraient que recopier sans génie, « rebabillant » dans le genre « exécrable des croassements de chanteurs de synagogue [...] ». D'après le contexte, on doit considérer Beckmesser comme un Mendelssohn ou un Meyerbeer du XVIe s., guère plus défiguré que Wagner ne le fit dans ses écrits idéologiques.

Il ressort de tout cela que la signification des *Meistersinger* est moins inspirée d'une idéologie socio-politique que d'une idéologie culturelle et artistique. Même l'écrit sur le judaïsme cité ne relève pas d'un racisme biologique au sens moderne (que Wagner ne connut qu'à la fin de sa vie par le comte Gobineau) : il est en fait un écrit de propagande pour l'art wagnérien et contre la domination de Meyerbeer. D'une façon beaucoup plus discrète, l'idéologie des *Meistersinger* continue dans cette voie, ce qui ne doit pas cacher l'existence d'une idéologie socio-politique. C. Dahlhaus reproche à Walther son recours trop facile à la violence en dégainant l'épée pour un oui ou un non. Walther continue ainsi l'idéal feuerbachien de l'« homme beau et fort » dans la lignée de Siegfried. Il faut encore noter l'idée de fusion des classes. Le monologue final de Sachs qui insiste sur la « déchéance de la culture germanique » et sur sa « dégradation par la culture [judéo-] latine », deux leitmotive tenaces des écrits wagnériens, contient aussi de l'idéologie politique. Mais tout cela est de peu de poids par rapport à l'ensemble de l'œuvre et aux rapports artistiques entre Sachs et Walther : « Das grad ist Dichters Werk / dass er sein Träumen deut und merk. / Glaubt mir, des Menschen wahrster Wahn / wird ihm im Traume aufgetan : / all Dichtkunst und Poeterei / ist nichts als Wahrtraumdeuterei » (Tel est le but du poète : qu'il retienne et cherche à comprendre ses rêves. Croyez-moi, les désirs véritables de l'homme ne sont révélés que par le rêve : tout art poétique n'est rien que l'interprétation de rêves vrais. Acte II, début de la sc. 2). Ce n'est qu'un des nombreux passages qui font des *Meistersinger* un document majeur de philosophie artistique. L'art n'est viable que par l'union intime de la tradition et de l'invention nouvelle, la tradition garantissant la rigueur structurelle qui transforme le chaos de l'inspiration en un art compréhensible par sa forme. Mais l'invention nouvelle peut aussi créer, par besoin d'expression nouvelle, des formes neuves. Ce besoin (la motivation) ne saurait agir que par l'inconscient (le rêve p. ex.), à partir duquel l'intellect et l'auto-critique transformeront l'idée reçue en art, exprimé par des techniques précises. L'inspiration est la source individuelle de l'art, mais elle communique avec un fond plus général, l'inconscient collectif que Wagner appelle ici le « jugement du peuple »... L'« idéologie artistique » des *Meistersinger*, avec sa mise en garde contre la culture [judéo-] latine, est relativement superficielle et de plus surannée. Son véritable fondement, sa philosophie artistique est, en revanche, d'une vérité exemplaire selon la psychologie actuelle. Même ses côtés agressifs et négatifs contribuent à en faire une apologie du caractère humain, nocturne ou lumineux, et cela dans un langage artistique à la fois touchant et désinvolte qui n'a pas fini d'envoûter les générations.

Éditions — **a)** Livret : Mayence, Schott, 1862 ; trad. fr. par A. ERNST, Paris, Schott / Fromont, 1896. — **b)** Musique : réd. cht et p., Mayence, Schott, avr. 1868 ; part. d'orch, Mayence, Schott, juil. 1868 ; 1re éd. fr., Mayence, Schott, v. 1890.

Bibliographie — **a)** Documents autobiographiques : W. ALTMANN (éd.), R. Wagners Briefwechsel mit B. Schott's Söhne, Mayence 1911 ; H. SCHOLZ (éd.), R. Wagner an Mathilde Maier (Briefe 1862-78), Leipzig 1930. — **b)** Ouvrages contenant des analyses des Meistersinger : voir à l'art. *(Der) Fliegende Holländer*. — **c)** Études spécialisées : O. FOUQUE, Les Révolutionnaires de la musique, Paris 1882 ; M.M. et A.S.C., Notice sur Les Maîtres Chanteurs de Nuremberg, Paris 1897 ; J. TIERSOT, Étude sur les Maîtres Chanteurs de Nuremberg de R. Wagner, Paris 1899 ; H. ABERT, Gedanken zu R. Wagners « Die Meistersinger von Nürnberg », *in* Die Musik IV, 1904-05 ; E. KLOSS (éd.), R. Wagner über die « Meistersinger von Nürnberg », Berlin 1910 ; M. BOUCHER, Les idées politiques de R. Wagner. Exemple de nationalisme mythique, Paris 1948 ; A. CSAMPAI et D. HOLLAND (éd.),

R. Wagner. « Die Meistersinger von Nürnberg ». Texte, Materialien, Kommentare, Reinbeck, Rowohlt, 1981 ; M. von Soden (éd.), Die Meistersinger von Nürnberg, Francfort/M., Insel Verlag, 1983 ; L'Avant-Scène Opéra, n° 116-117, janv.-févr. 1989.

U. Drüner

Mélange, voir aussi Meslanges.

Mélanges, de **Claude Le Jeune**, voir Livre de mélanges.

Mellange de chansons tant des vieux autheurs que des modernes, à 5, 6, 7 et 8 parties (Paris, Le Roy et Ballard, 1572), anthologie de près de 150 chansons, l'une des plus importantes du XVIe s. dans le répertoire de la chanson polyphonique française. Rassemblant des polyphonies à 5 (65 chansons), à 6 (44), à 7 (4) et à 8 voix (6), elle propose un répertoire relativement rare dans le domaine français, d'autant qu'elle y inclut de nombreuses pièces de la 1re moitié du siècle (et même du tout début), pendant laquelle Attaingnant, Moderne et Du Chemin ont publié presque exclusivement du répertoire à 4 voix des années 1525-50. Comme son titre l'indique, on y trouve juxtaposés des « vieux autheurs » comme **Josquin**, **Mouton**, **La Rue**, **Moulu**... et des « modernes » tels **Cl. Le Jeune**, **Goudimel**, **Millot**, **De Rore**, **De Monte**, auxquels il faudrait ajouter une génération intermédiaire composée de **Créquillon**, **Clemens non Papa**, **Willaert**, **Gombert**...

Quelques Italiens s'y mêlent avec 3 chansons, respectivement d'**Alessandro Striggio** (Strige : *« Pour m'esloigner »*), **Nicolas Vicentino** (Nicole : *« Passa la nave mia »*) et **Alfonso Ferrabosco** (*« Auprès de vous »*). La volonté d'élargissement historique du répertoire a pu justifier cette publication qui se révèle être une réédition considérablement remaniée du *Livre de Meslanges contenant six vingtz chansons* paru chez les mêmes éditeurs en 1560 (supérius seul conservé). Des 120 chansons qu'il contenait, l'édition de 1572 en a supprimé 34 pour en ajouter 63 nouvelles. Ces retraits et ajouts sont tout à la fois intéressants et paradoxaux : les 10 chansons de Lassus de 1560, p. ex., ont disparu alors que dans le même temps la préface de Ronsard, elle aussi modifiée, remplace Arcadelt par « le plus que divin Orlande ». Cl. Le Jeune, en revanche, totalement absent en 1560, est maintenant représenté par 7 chansons (dont *« Je suis deshéritée »* à 6, *« Rossignol mon mignon »* à 5, *« Suzanne un jour »* à 7). Des 5 chansons de Certon (en 1560) il n'en reste que 2 en 1572 : ce qu'on regrette d'autant plus que l'on sait que les *Meslanges* de Certon (publiés par Du Chemin en 1570) sont aujourd'hui incomplets. On voit aussi apparaître Philippe de Monte, dont quelques chansons avaient été publiées en France en 1567 et 1570, avec deux pièces seulement (*« O triste ennuy »* et *« Secourez moy »*, à 5). Le compositeur le plus représenté reste Adrien Willaert avec 24 chansons, parmi lesquelles : → *«Baisez moy tant tant »*, → *« A la fontaine du pré »*, → *« Faulte d'argent »*, → *« Jouissance vous donneray »*, → *« Qui la dira »*, → *« Petite camusette »*... Vient ensuite un certain **Nicolas** sur l'identité duquel les musicologues s'interrogent sans trouver de réponse : Nicolas Gombert, Nicolas de Marle, Nicolas de La Grotte et Nicolas Millot ont fourni les principales pistes, tour à tour explorées et abandonnées. Aucun ne semble pouvoir faire l'unanimité, pas plus que Nicolas Du Chemin, Nicolas Champion, Nicolas Regnes ou Guillaume Nicolas... Toujours est-il que ce recueil constitue l'une des sources importantes de ce compositeur toujours « anonyme » dont Le Roy et Ballard ont édité des chansons de 1559 à 1583. Plus de cinquante ans après la mort de Josquin des Prés, cette édition constitue aussi une des dernières publications importantes de ses chansons, ici au nombre de 8. Ronsard, à qui l'on doit une longue préface adressée au roi Charles IX (dans le *Livre* de 1560, il s'adressait à Henri II) ne manque pas de le citer d'ailleurs en tête d'une longue liste d'« élèves », qu'il clôt par Lassus : « [...] se sont depuis six ou sept vingtz ans eslevéz, Josquin des Prez, Hennuyer de nation, et ses disciples Mouton, Vuillard, Richaffort, Janequin, Maillard, Claudin, Moulu, Jaquet, Certon, Arcadet. Et de présent le plus que divin Orlande, qui comme une mouche à miel a cueilly toutes les plus belles fleurs des antiens, et outre semble avoir seul desrobé l'harmonie des cieux pour nous en resjouir en la terre surpassant les antiens, et se faisant la seule merveille de nostre temps. »

Si le titre insiste sur la diversité des générations réunies par cette anthologie, cette variété affecte cependant d'autres éléments, en particulier les types — poétiques et musicaux — des chansons représentées. A côté de Ronsard (*« Que dy tu que fay tu »*, de **Gardane** ; *« Si je trespasse »* et *« Douce maistresse »*, de Millot ; *« Rossignol mon mignon »* et *« Quand vous seriés quelque fille »*, de Le Jeune, etc.), on trouve encore Clément Marot (*«Jouissance vous donneray »*, de Willaert ; *« Une nonnain refaite »*, de **De Vuildre**...) et Charles de Sainte-Marthe (*« Force d'amour »*, de **Maillard** et de Nicolas). Les épigrammes satiriques y voisinent avec les amoureuses comme avec les chansons élégiaques et autres poésies amoureuses de la meilleure facture. La chanson spirituelle d'obédience huguenote y est représentée par un groupement remarquable de 4 polyphonies sur la → *« Susanne un jour »* de Lupi et Guéroult (3 versions à 5 voix, de C. de Rore, Nicolas, N. Millot, une version à 7, de Cl. Le Jeune). Les chansons les plus littéraires, du style le plus élevé, y voisinent avec de nombreuses chansons rustiques : *« Faulte d'argent »* (Josquin, Willaert), *« Petite camusette »* (Willaert, Créquillon), *« A la fontaine du pré »* (Willaert), *« Dieu te gard bergère »* (Willaert), *« Je fille quant Dieu »*, *« Un jeune moyne »* (De Vuildre), etc. De la même manière, on y trouve un grand nombre de parodies « post-sermisiennes » *(« Amour partés »*, *« Jouissance vous donneray »*, *« Content ou non »*), inventions de seconde main juxtaposées aux compositions de première main de la vieille génération (Josquin, Mouton, Moulu, La Rue) aussi bien qu'à celles de la nouvelle génération (Millot, **Roussel**, Le Jeune). Le goût italien lui-même y est présent, non seulement avec le *« Passa la nave mia »* (de Don. Nicollo), mais aussi avec *« Pour m'esloigner »* de Strige (Striggio ?) et *« O pas en vain perdus »* de Cl. Le Jeune — où se dissimule une « traduction » de Pétarque par J.-A. de Baïf. Enfin, quelques-unes des chansons « à huict » de la fin du recueil sont assimilables au style italien du « dialogo », notamment *« Par un traict d'or trop esmoulu »* de **D. Phinot** (repris à une publication lyonnaise de 1548, sur un texte d'E. Forcadel) et le « dialogue du Poète et de la Tourterelle » de Ronsard, *« Que dytu que faytu »*, de **Gardane**. Si cette anthologie se présente explicitement comme « les âges réunis », elle tient aussi, d'une certaine manière, des « goûts réunis ».

Rééditions modernes — Par Ch. Jacobs, *in* Le Roy & Ballard's 1572 Mellange de chansons, University Park, Pennsylvania Univ. Press, 1982.

Bibliographie — D. Bartha, Probleme der Chansongeschichte im 16. Jh., *in* ZfMw XIII, 1930-31 ; K. J. Levy, « Suzanne un jour »..., *in*

Ann. Mus. I, 1953 ; FR. LESURE (éd.), Anthologie de la chanson parisienne au XVIe s., Monaco, L'Oiseau-Lyre, 1953 ; G. REESE, Music in the Renaissance, New York, Norton, 1954, 2/1959 ; FR. LESURE et G. THIBAULT, Bibliographie des éditions d'A. Le Roy et R. Ballard (1551-1598), Paris 1955 ; J.-P. OUVRARD, compte rendu de l'édition de Jacobs, *in* RMie LXX/1, 1984 ; S. M. CURTIS, La technique de la parodie dans les chansons à 5 et à 6 voix de N. de La Grotte, *ibid.* LXX/2, 1984.

J.-P. OUVRARD

MELLANGE D'ORLANDE DE LASSUS CONTENANT PLUSIEURS CHANSONS, TANT EN VERS LATINS QU'EN RYME FRANÇOYSE. A QUATRE, CINQ, SIX, HUIT, DIX PARTIES (Paris, A. Le Roy et R. Ballard, 1570). Plus de quinze après la parution des premières chansons de Lassus, en 1555 chez T. Susato, en 1557 chez N. Du Chemin, les imprimeurs parisiens A. Le Roy et R. Ballard prennent l'initiative de réunir cette énorme collection de chansons du musicien flamand, alors maître de chapelle du duc de Bavière à Munich. Depuis 1565, le nom de Lassus figurait fréquemment dans leurs anthologies. Il semble que le musicien et l'imprimeur-luthiste A. Le Roy aient entretenu des liens d'amitié. Par ailleurs, il est possible que l'édition de ce gros volume ne soit pas étrangère aux tentatives insistantes du roi Charles IX pour attirer Lassus à Paris.

Il s'agit d'une collection rétrospective : des 105 pièces éditées, 28 seulement étaient inédites à Paris. Le succès semble avoir été réel, puisque le recueil sera réédité à trois reprises (1576, 1586 et 1619). Parmi les remaniements de 1576, on note l'ajout de quelques madrigaux et motets, de deux dialogues à 8 (*« Dy moy mon cœur »* et → *« Que dis-tu que fais-tu »*) et de 16 chansons nouvelles, dont *« Une puce j'ay dedans l'oreille »*, en vers mesurés, qui témoigne d'une tentative dans la musique mesurée à l'antique, sans doute consécutive au voyage de Lassus à Paris, en 1571. La chanson *« Un jeune moine »*, ajoutée en 1576, était dans les mains d'A. Le Roy en janv. 1574: dans une lettre adressée à Lassus, il déclare, en effet, l'avoir présentée à Charles IX, lequel l'« a tant agréable que merveille ». A ces rééditions s'ajouteront une *Continuation du Mellange d'Orlande de Lassus* (Paris, Le Roy et Ballard, 1584) et les « contrafacta » calvinistes du *Mellange d'Orlande* [...] *contenant plusieurs chansons à quatre* [...] *desquelles la lettre profane a été changée en spirituelle* (La Rochelle, Haultin, 1575).

Les 105 pièces réunies dans le *Mellange* de 1570 se répartissent en 26 « motets » latins, un madrigal italien et 78 chansons dont 42 sont à 4 voix, 35 à 5 et une à 8 (*« Un jour l'amant et l'amie »*) : les différents genres y sont mêlés mais l'ensemble est ordonné en fonction du nombre de voix, les pièces étant groupées par tons à l'intérieur de chaque catégorie.

Les pièces en latin relèvent de trois types principaux : des « motets » politiques en l'honneur de divers personnages, dont Maximilien II et Ferdinand Ier, empereurs germaniques, et Albert V, duc de Bavière (*« Edite Caesarea »* à 8 voix et *« Quo properas »* à 10 voix), des chansons bachiques (*« Deus qui bonum vinum »* à 4 voix, *« Vinum bonum et suave »* à 8 voix, etc.) et quelques textes des poètes de l'Antiquité : *« Beatus ille »* (Horace), *« Tityre tu patulae recubans »* et *« Dulces exuviae »* (Virgile). Les deux seules pièces qui présentent un argument religieux le tournent plus ou moins en dérision : une chanson à boire (*« Fertur in conviviis »*), que l'édition de 1576 présente comme « Epitaphium Clemens non Papae », se termine par « Requiem aeternam » (introït de la Messe des morts) ; quant au *« Super flumina »*, du Psaume 136 (137), Lassus n'en garde que quelques extraits qu'il traite en amusement parodique : « S-u Su, p-e-r per... » Son attitude est la même que dans la chanson → *« Il estoit une religieuse »* où il joue, musicalement et textuellement, avec les mots et les mélodies du *Pater* et de l'*Ave Maria*.

Les chansons françaises, qui constituent l'essentiel du recueil, révèlent des goûts poétiques assez éclectiques : on y trouve encore quelques textes de Mellin de Saint-Gelais et de Clément Marot → *« Mon cœur se recommande »*, *« Monsieur l'Abbé »*, *« La morre est jeu »*, *« Si vous n'estes en bon point »*, → *« En m'oyant chanter »*, mais aussi quelques poèmes de Ronsard : → *« Bonjour mon cœur »*, *« Je ne veux plus que chanter »*, *« La terre les eaux va buvant »*, *« Rends moy mon cœur »*.

Face à des textes dont beaucoup appartiennent à une esthétique poétique déjà ancienne, Lassus adopte une attitude très indépendante par rapport au répertoire de la génération antérieure des polyphonistes parisiens et franco-flamands. Aussi bien dans le style narratif et épigrammatique que dans la chanson élégiaque, le musicien évite presque toujours les schémas formels traditionnels qu'on trouve chez Sermisy ou Janequin, y compris la répétition finale, à laquelle il préfère un développement plus important mais original des derniers vers. S'il se rapproche malgré tout des parisiens, c'est par la vivacité rythmique de la déclamation du texte. L'importance, relativement nouvelle dans le répertoire français, de l'écriture à 5 voix, témoigne aussi d'un certain goût italien : la sonorité de ses chansons à 5 voix fait penser à C. de Rore. Il n'est pas rare d'y trouver des madrigalismes, comme l'image mélismatique de l'écoulement dans *« Noblesse gist »* (« On voit couler comme la cire au feu »), ce qu'on peut observer aussi dans les chansons à 4 voix. En somme, ce que Lassus propose ici, c'est une synthèse assez personnelle des styles français et italien. Cette personnalité s'affirme aussi dans une grande indépendance à l'égard des musiques antérieures : à la différence de ses compatriotes franco-flamands, il ne s'adonne pour ainsi dire pas à la paraphrase ou à la parodie d'œuvres préexistantes. Le seul cas vraiment patent de paraphrase qu'on puisse relever dans ce recueil est sa version de → *« Toutes les nuicts »* où il s'inspire très subtilement de Créquillon. Ailleurs, il se contente de citer brièvement l'incipit pour s'en émanciper aussitôt (*« En un lieu »* de Certon, *« Un doux nenny »* de Créquillon, *« Monsieur l'Abbé »* de Pagnier).

A l'inverse, rançon du succès, ses polyphonies vont devenir un répertoire de prédilection pour les polyphonistes contemporains ou plus jeunes, comme J. de Castro (qui réemploiera 27 pièces du *Mellange*), D. Le Blanc, S. Cornet, G. de Turnhout. L'exemple le plus illustre en est certainement sa version à 5 voix de → *« Suzanne un jour »*, dont il avait emprunté la mélodie au ténor de la chanson spirituelle de D. Lupi Second (1548).

Rééditions modernes — Par H. EXPERT, *in* Maîtres Musiciens de la Renaissance française I (extraits), Paris, Leduc, 1894 ; par A. SANDBERGER, *in* O. di Lasso. Sämtliche Werke XII, XIV, XVI, Leipzig, Br. & H., 1901-04, 2/ par H. LEUCHTMANN, 1981-82 ; par N. ZADOFF, voir ci-dessous.

Bibliographie — CH VAN DEN BORREN, O. de Lassus, Paris 1920, réimpr. Paris, Éd. d'aujourd'hui, 1975 ; W. BOETTICHER, O. di Lasso und seine Zeit, Kassel 1958 ; N. ZADOFF, Mellange d'O. de Lassus, Paris 1570 (diss. Univ. de Tours, CESR, 1978).

J.-P. OUVRARD

MÉLODIES, de **Charles Gounod**, pour voix et piano, au nombre de près de 200, nombre approximatif du fait des adaptations, réalisées par le compositeur, des différentes versions d'une même œuvre (ainsi, trois pour *Venise*), et des pièces inédites non encore répertoriées. Cette abondante production jalonne toute la carrière de Gounod. L'essentiel en est rassemblé dans 6 recueils de 20 mélodies chacun pour une et 2 voix, auxquels sont intégrés des airs d'opéras. Ceux-ci constituent le 4e recueil. Les recueils sont gravés pour voix aiguës, moyennes ou graves. L'abondance et la dispersion des sources rendent difficile l'identification des tonalités originales. Toutes les mélodies ont été publiées séparément. Un choix de mélodies tiré des 3 recueils de Choudens et des 2 recueils de Lemoine a paru, en 2 volumes, à Tokyo, chez Zen-On Music, en 1986. Une vingtaine de mélodies composées à diverses époques ont fait l'objet d'une publication séparée uniquement, certaines à titre posthume. On compte en outre une trentaine de mélodies anglaises composées et gravées pour la plupart entre 1871 et 1873. Quelques-unes ont été publiées traduites en français et inversement. Il faut ajouter à cette liste le cycle → *Biondina*. La plupart des mélodies sont dédicacées à des chanteurs ou à des amis du musicien.

1er Recueil (1842-61 ; Paris, Choudens, 1863). **2.** Seul ! [Pensée des morts] (A. de Lamartine), Moderato tranquillo, C. Le piano prélude par 14 mesures en mineur. Les lignes conjointes, en noires, inspirées du style contrapuntique, soutiennent toute la pièce. Chacun des 3 couplets, en 2 sections, est partagé entre ton principal et ton relatif. À chaque couplet, Gounod introduit des variantes dans la prosodie. **5.** *« O ma belle rebelle ! »* (A. de Baïf), Andantino quasi allegretto, 2/4. Sans pasticher le style du XVIe s., le musicien traite les paroles en mineur avec une préciosité sans affectation. Fauré se souviendra de la figure d'accompagnement dans → *Clair de lune*. **6.** *Aubade* (V. Hugo), Moderato un poco andante, 3/4, est le type de la mélodie ornée, libérée de l'influence du lied germanique, créée par Gounod. **9.** *Venise* (A. de Musset), Allegro, 6/8, « miracle précurseur » selon Ch. Koechlin, écrite en juin 1842, retient toute l'attention. La mise au point de la mélodie a connu trois stades : la rédaction de l'accompagnement pianistique brillant et un peu contourné de la première version a évolué, à travers une rédaction pour 4 mains, vers l'état définitif, d'un équilibre et d'une fluidité exemplaires. À elle seule, cette pièce définit la spécificité de la mélodie française : parfaite adéquation de la musique au poème, justesse de la prosodie, finesse allusive et transparence de l'écriture instrumentale, absence de pathos. L'audace des enchaînements sur pédale et la souplesse sensuelle des modulations d'emprunt sont telles qu'on les retrouvera chez Fauré **A**. **10.** *Sérénade* (V. Hugo), Moderato quasi allegretto, 6/8, est une des rares mélodies du musicien qui nécessitent une réelle virtuosité vocale. Mais celle-ci, ainsi que l'accompagnement qui dialogue avec la voix, est parfaitement accordée au caractère insouciant du poème. **11.** *Le Vallon* (A. de Lamartine), Andante quasi adagio, C. En dépit de quelques accents emphatiques, il faut souligner l'originalité de la forme et du plan tonal qui se conforment à l'exaltation croissante du poème : a) introduction lugubre du piano, sorte de glas en mineur qui, sous la voix traitée en récitatif, traduit la lassitude du poète ; b) évocation du vallon, en majeur, à la tierce supérieure ; c) trait cadentiel du piano, vision de l'amour, dans le ton principal avec échappée vers le second degré ; d) invocation au repos, dans le ton principal ; e) reprise modifiée de c) et de d) avec conclusion très sonore du piano. **13.** *Chanson de printemps* (E. Tourneux), Allegretto, 6/8. Les strophes sont reliées par un court thème-refrain qui se dégage du murmure produit par les figures obstinées de doubles croches aux deux mains. L'expression d'intense effusion de la pièce est représentative du charme de l'invention mélodique naturelle du musicien. Toutes les mélodies « printanières » de Gounod vibrent de cet élan lyrique qui dénote l'influence de Mendelssohn. **20.** *Le Soir* (A. de Lamartine), Andante, C. Le piano crée l'atmosphère avec 9 mesures d'introduction qui s'évadent dans le ton de la sous-dominante puis, après modulation passagère au degré chromatique supérieur, reviennent au ton principal. La voix développe le thème énoncé d'emblée par le piano. Une modulation inattendue à la tierce inférieure souligne les mots « Vénus se lève à l'horizon ». Si Gounod décalque cette première partie pour former la seconde, il a soin d'apporter des modifications prosodiques.

2e Recueil (1865-69 ; Paris, Choudens, 1869). **1.** *A une jeune fille* (É. Augier), Andante (très tranquille), C, offre un des premiers exemples de mélodie continue chez Gounod. L'accentuation est recherchée. La longue introduction confiée au piano et les douloureux enchaînements dissonants sur pédale sous les mots « Mieux vaut briser son cœur que le fermer » manifestent une intention introspective. **3.** *Medjé*, chanson arabe (J. Barbier), Allegretto (molto moderato), 3/4, est une des rares contributions du musicien au courant orientalisant de la mélodie française. **7.** *Solitude* (A. de Lamartine), Andantino, C. L'unité de la pièce est créée par un dessin obstiné ondulant en tierces conjointes à la main droite du piano qui s'appuie sur des harmonies très simples, riches en quintes, avec opposition schubertienne du

A **Mélodies** de Ch. Gounod

mineur et du majeur. **9.** *Boire à l'ombre* (É. Augier), Moderato, 3/4, est une mélodie libre sur le plan prosodique, la ligne vocale n'effectuant aucun retour sur elle-même. Elle est soutenue par un accompagnement aux motifs diversifiés. Chaque modulation est liée à un accent expressif du texte. **15.** *Ce que je suis sans toi* (L. de Peyre), Moderato con moto, **C**. Mélodie strophique caractérisée par deux éléments rythmiques dominants et contrastés au piano : un motif-refrain qui rebondit sur lui-même et une pulsation anapestique qui met bien en valeur le contour mélodique. **18.** *Départ* (É. Augier), Allegretto animato, 2/4. Il s'agit d'une « scène », type de mélodie qui, par son développement et son caractère dramatique, crée un lien entre le théâtre et le salon. Il permet à Gounod d'élargir le schéma habituel sur lequel il travaille. Chacun des 4 épisodes passionnés est enchaîné au suivant par un intermède plus retenu. La voix est portée par un accompagnement en arabesques ou en figures haletantes à la manière de Schumann. La conclusion est dévolue au piano seul. Les pôles tonaux sont tonique et dominante avec passage à la tierce supérieure de celle-ci sous les mots « Que mon cheval jette au vent sa crinière ». **19.** *Au rossignol* (A. de Lamartine), Andante (calme et tranquille), **C**, présente un caractère contemplatif souligné par la succession régulière des accords du piano. Gounod varie la forme strophique en modifiant subtilement les valeurs métriques de la ligne vocale.

3e Recueil (1870-71 ; Paris, Choudens, 1872). **4.** *Mignon* (L. Gallet), Andante mosso e appassionato, **C**, est une traduction sonore assez extérieure des vers de Goethe, animée par les triolets que s'échangent main droite et main gauche. **5.** *Où voulez-vous aller ?* (Th. Gautier), Mouvement de barcarolle, 6/8. Contrairement à Berlioz, qu'il égale, Gounod rejette toute mélancolie de cette invitation au voyage en forme de chanson. La voix qui se détache sur un accompagnement brillant est traitée avec une ironique fantaisie. **12.** *Aimons-nous !* (J. Barbier), Allegro animato, **C**. L'écriture est remarquable : la pulsation haletante est donnée par les syncopes de la main droite du piano tandis que la gauche contrepointe la déclamation avec une ligne continue aux intervalles ascendants expressifs. **18.** *Absence* (A. de Ségur), Andante, 3/4. La concision est gage d'intériorité, assez rare à ce degré chez Gounod. Cette complainte en mineur s'éclaire en majeur à l'évocation de l'« heure du revoir ». Le postlude du piano prolonge l'émotion.

5e Recueil (1872-76 ; Paris, Lemoine, 1877). **5.** *Chanson d'avril* [*Sérénade du passant*] (Fr. Coppée), Allegretto giocoso, 6/8. Le caractère léger de cette mélodie typique de la facilité du musicien est traduit par le motif en broderie de deux doubles croches - croche confié durant la pièce à la main droite. La ligne vocale est ponctuée par une série de trilles. **7.** *Viens ! Les gazons sont verts !* (J. Barbier), Allegretto giocoso, **C**, est une « chanson » brève et enlevée. Le roulement des arpèges du piano s'appuie sur la ligne expressive de la basse, disposition que l'on rencontre fréquemment sous la plume du musicien. **10.** *Quanti mai* (P. Metastasio), Andantino, 2/4, est un bel exemple de la souplesse du talent de Gounod, parfaitement à l'aise pour traiter les paroles italiennes sur un accompagnement mordant, au rythme dansant. **13.** *«Ma belle amie est morte»* (Th. Gautier), Lento, 12/8. Une première version de ce « lamento » a été écrite à Rome en 1841. Remaniée, elle devint les stances de *Sapho*. En 1872, le musicien rédigea une seconde version qui le place au rang de ceux qui ont excellé à exprimer l'intensité pathétique du sujet : Berlioz, Duparc et Fauré. Les 5 premières mesures exposées par le piano superposent les éléments qui, joints au verbe poétique, vont aboutir à la quintessence savante qui caractérise la mélodie française : pédale rythmique obstinée noire-croche-noire avec balancement sur tonique-dominante couvrant l'octave ; accords syncopés ; glas de 3 notes à la main droite. La seule déclivité de la ligne mélodique, l'ambiguïté harmonique créée par l'utilisation des différentes formes du mineur suffisent au musicien pour donner un des chefs-d'œuvre du genre.

6e Recueil (1872-90 ; Paris, Lemoine, 1890). **1.** *L'Absent* (Ch. Gounod), Andante tranquillo, **C**. Les moyens utilisés parfois trop systématiquement par Gounod sont ici transcendés : la main droite se plie au va-et-vient ininterrompu d'arpèges pivotant sur une broderie inférieure à distance de demi-ton, tandis que la main gauche amène les modulations par degrés chromatiques descendants ou répète des notes de pédales plus ou moins longues. Le changement d'éclairage obtenu par la modulation à la tierce inférieure sous les mots « Quand la lune est aux cieux » est remarquable. L'osmose du texte d'inspiration lamartinienne, dû au compositeur, et de la musique est parfaite. Dans cette œuvre qui date de 1877, Gounod annonce ce que sera le registre verlainien de Fauré :

5. *Les Cloches* (Ch. Gounod), Moderato, **C**, l'une des dernières mélodies dont le texte et la musique sont du compositeur lui-même. Sans sacrifier tout à fait au style du cantique, il révèle dans cette pièce, malheureusement gâtée par une conclusion emphatique, la tendance ostentatoire de sa foi. Musicalement, il juxtapose de simples motifs de carillon sur des notes répétées en valeurs longues. **7.** *Les Deux Pigeons* (J. de La Fontaine), Moderato, 3/4, autre exemple de mélodie continue d'une facture impeccable, date de 1883. Les 5 mesures d'introduction du piano, à la dominante du ton, créent une sorte d'attente qui ne fait que mieux ressortir l'invocation des premiers mots. On notera avec quel art de la gradation, au moyen d'une grande variété d'inflexions, le musicien fait coïncider l'expansion de la voix avec les intentions du texte : la première fois sur les mots « Tenez-vous lieu de tout... » ; la deuxième sur « Changé les bois, changé les lieux... » ; la troisième sur « Ah ! si mon cœur osait encor... », où les nuances de la voix et du piano sont habilement contrariées. L'élégance du traitement prosodique de ces 3 parties ne fait que mieux valoir l'interrogation dubitative de la coda, soulignée par l'effet dissonant de la pédale. **12.** *Prière* (A. Sully Prudhomme), Moderato, **C**, commence par 5 mesures de préambule en majeur, avec modulation au ton napolitain, avant le début du chant en mineur, Poco più lento. Ce préambule sert d'intermède entre les 2 couplets puis, amplifié de 4 mesures et combinant habilement les deux modes, il forme conclusion.

Les mélodies séparées ajoutent peu de traits nouveaux au corpus constitué par les recueils. Parmi ces pièces, il nous faut mentionner cependant l'une des moins connues, *A une jeune Grecque* (1860, Yvaren d'après un poème de Sapho). S'il arrive souvent que, chez Gounod, la volonté de simplification amène un appauvrissement, la simplicité apparaît quelquefois comme un effet de l'art : l'inclinaison de la ligne vocale suffit, de même que la persistance, dans l'accompagnement riche en quintes, de la double broderie appuyée sur l'intervalle plagal. Cette économie des moyens, ce dépouillement de l'expression préfigurent ce que rechercheront, dans une autre direction esthétique, Debussy ou Ravel.

Pour Ravel précisément, Gounod est le « véritable instaurateur de la mélodie en France ». Les compositions les plus marquantes, et celles dont la signification historique est la plus grande, se situent, sauf quelques exceptions, au tout début de la carrière du compositeur, à l'époque où, pensionnaire à Rome de 1840 à 1843, non encore flatté par le succès, sa culture profite de la présence de Mendelssohn et de sa sœur Fanny. De goût classique et d'esprit idéaliste, exalté par une religiosité contemplative un peu morbide, Gounod est, par excellence, le musicien de Lamartine : peu de pièces vont plus loin dans l'émotion et la gravité et sont plus proches de l'univers de Schubert que celles inspirées par le poète des *Méditations*. Les 6 mélodies, les premières publiées, qui paraissent en 1855 chez Brandus — *Le Premier Jour de mai* (J. Passerat), *« O ma belle rebelle ! »* (A. de Baïf), *Aubade* (V. Hugo), *Chant d'automne* (anonyme, Ch. Gounod ?), *Le Lever* (A. de Musset), *Venise* (A. de Musset) —, reprises dans le 1er recueil, fixent de façon définitive les caractères de la mélodie gounodienne : subordination du piano au chant, avec, éventuellement, introduction et épilogue instrumentaux ; unicité de l'élément rythmique pour chaque pièce (avec une préférence pour la pulsation binaire) ; différenciation de l'accent métrique et de l'accent mélodique. Attiré comme V. Massé et comme Th. Gouvy par les poètes de la Renaissance, Gounod, plutôt que de pasticher un hypothétique « style ancien », trouve un tour élégant, sobre, exempt d'archaïsme quand il aborde J. Passerat ou A. de Baïf. A l'influence bien assimilée de Schubert, de Mendelssohn, voire de Schumann, se mêle une humeur légère et fantasque qui caractérise la spécificité française de la « mélodie bourgeoise » (Fr. Noske). Dans ces pièces, il arrive que Gounod recourre à l'ornementation de la ligne vocale.

Ayant atteint à la maîtrise avec quelques-unes de ses premières mélodies, le compositeur n'évoluera guère, restant fidèle, avec plus de subtilité qu'on l'a dit, à la forme strophique héritée de la romance. C'est à partir de 1870, avec les mélodies anglaises, assez fades, que Gounod adopte la structure plus libre, proche du récitatif, qu'il avait essayée auparavant. Mais s'il est vrai qu'il est devenu « à la longue un épigone de lui-même » (Fr. Noske), cédant trop à la facilité, ses derniers recueils présentent des réussites de premier ordre : la courbe mélodique identifiée aux vers atteint alors à la perfection expressive.

Du point de vue littéraire, l'ensemble des textes choisis par Gounod marque plusieurs tendances : d'abord une inclination vers la poésie romantique (Lamartine, Hugo, Musset, Gautier) et, simultanément, vers la poésie ancienne (Baïf, Passerat, Ronsard, La Fontaine, Racine) ; ensuite vers une poésie plus légère et conventionnelle (J. Barbier), ou encore marquée par la spiritualité chrétienne ; enfin se révèle chez le compositeur un besoin de concevoir texte et musique non sans implications autobiographiques. Fin lettré, Gounod apporte tous ses soins au traitement de la prosodie. L'étude de ses rapports avec les poètes éclaire le rôle qu'il a joué dans ce domaine alors négligé par ses pairs. Il est remarquable que, dans *Venise*, p. ex., les variantes du texte poétique, bien supérieures aux vers qui les ont remplacées, et qui concernent les 2 strophes commençant par « Sous la brise amoureuse » et « Tandis que la fête », ne se trouvent dans aucune édition ancienne ou moderne de l'œuvre de Musset, ce qui semble sous-entendre une collaboration du poète et du compositeur.

En ce qui concerne la technique musicale proprement dite, Gounod tire un parti très expressif des modulations par degrés chromatiques descendants et fait un emploi personnel de la pédale. Fr. Noske remarque avec pertinence que « contre chaque accord la note de la pédale se répète, de sorte que l'élan du mouvement et surtout l'effet des dissonances sont renforcés ». L'harmonie de Gounod, de conception toute classique, est peu complexe. Elle n'a jamais le rôle introspectif que lui assignent, sous l'influence de Wagner, les disciples de Franck, de même qu'elle n'intègre jamais la modalité de façon constitutive, comme le fait Fauré.

S'il se dégage de l'œuvre mélodique de Gounod une certaine monotonie, il ne faut pas sous-estimer pour autant l'influence déterminante que cette œuvre a exercée. En outre, par le biais d'un genre auquel il a largement contribué à donner ses caractéristiques esthétiques propres, Gounod est l'un des seuls musiciens du XIXe s. qui aient réussi la jonction entre le monde de la musique dite sérieuse et celui de la musique légère, en l'occurrence le café-concert : c'est ainsi que *La Chanson de la glu* (J. Richepin), de belle venue, aura eu pour interprètes Félicia Malet et Yvette Guilbert, à la grande satisfaction de l'auteur.

Bibliographie — TR. KLINGSOR, Les musiciens et les poètes contemporains, *in* Mercure de France, nov. 1900 ; J.-G. PROD'HOMME et A. DANDELOT, Gounod, Paris 1911, 2/ Genève, Minkoff, 1973 ; M. RAVEL, Les mélodies de G. Fauré, *in* RM, 1er oct. 1922 ; CH. KOECHLIN, La mélodie, *in* L. ROHOZINSKI (éd.), Cinquante ans de musique française de 1874 à 1925, t. II, Paris 1925, pp. 2 et suiv. ; FR. NOSKE, La mélodie française de Berlioz à Duparc, Paris et Amsterdam 1954, pp. 145-167, 294-303.

J.-M. FAUQUET

MÉLODIES, de **César Franck**, pour chant et piano. Elles sont au nombre de 18, si l'on excepte une romance de jeunesse, *Blond Phébus* (1835), et quelques compositions de circonstance : *Les Trois Exilés* (1849), *Le Garde d'honneur* (1865), *Paris* (1870), *Patria* (odes patriotiques, 1871), *Pour les victimes* (1887), ces trois dernières œuvres étant d'une réelle valeur. L'édition critique moderne présente les mélodies dans l'ordre suivant : 1. *L'Émir de Bengador* (J. Méry), v. 1845, *fa* min., Andantino ; 2. *Le Sylphe* (A. Dumas), v. 1845 (avec vlc.), *sol* maj., Allegretto ; 3. *Robin Gray* (J.-P. de Florian), v. 1845, *la* ♭ maj., Andantino ; 4. *L'Ange et l'Enfant* (J. Reboul), 1846, *ré* ♭ maj., Assez lent ; 5. *Souvenance* (F.-R. de Chateaubriand), 1846, *fa* ♯ min., Andantino ; 6. *« A cette terre où l'on ploie sa tente »* (V. Hugo), 1847, *mi* maj., Assez lent ; 7. *Aimer* (J. Méry), 1849, *la* ♭ maj., Andante ma non troppo ; 8. *Ninon* (A. de Musset), 1851, *la* maj., Andantino mosso ; 9. *« S'il est un charmant gazon »* I (V. Hugo), v. 1855, *mi* ♭ maj., Andantino quasi allegretto ; 10. *« S'il est un charmant gazon »* II (V. Hugo), 1857, *la* ♭ maj., Andantino ; 11. *« Passez, passez toujours »* (V. Hugo), v. 1860, *si* ♭ maj., Andantino ; 12. *Roses et papillons* (V. Hugo), v. 1860, *si* ♭ maj., Andantino ; 13. *Le Mariage* *des roses* (E. David), 1871, *sol* maj., Poco allegretto ; 14. *Lied* (L. Paté), 1873, *fa* ♯ min., Andantino ; 15. *Le Vase brisé* (A. Sully Prudhomme), 1879, *ut* min., Assez lentement ; 16. *Nocturne* (L. de Fourcaud), 1884, *fa* ♯ min., Lentement ; 17. *Les Cloches du soir* (M. Desbordes-Valmore), 1888, *la* ♭ maj., Andantino ; 18. *La Procession* (A. Brizeux), 1889, *mi* maj., Assez lent et solennel. Le n° 18 a été orchestré par Franck, les n°s 9, 12 et 13 par Manuel Rosenthal.

Les dédicaces éclairent le contexte dans lequel les mélodies ont été écrites et diffusées : les 12 premières sont destinées à des membres de la famille, particulièrement à la cousine de Mme Franck, Claire Brissaud, à qui sont dédiées les n°s 2, 3, 5 et 9. A partir de 1870, Franck étend le cercle familier à ses élèves, ses éditeurs et ses interprètes : Alexis de Castillon et Albert Cahen se voient attribuer les n°s 12 et 14 ; Evelyn Enoch le n° 16 ; Pauline Viardot, Marie Trélat, Maurice Bagès, Charlotte Danner les n°s 5, 13, 17 et 18. Remarquons toutefois que Franck a fait connaître ses 10 premières mélodies (hormis le n° 6) par des copies, bien avant qu'elle soient éditées : témoin, le recueil destiné à Cosima von Bülow (Bibl. royale de Bruxelles). De ce fait, il est difficile de connaître avec exactitude les dates des premières auditions.

L'œuvre mélodique de Franck a souvent été jugée sévèrement. C'est pourtant dans ce seul domaine que la courbe de l'évolution du musicien est entièrement inscrite puisque, de sa jeunesse à sa mort, les mélodies jalonnent sa carrière. Mais si Franck montre que, à l'instar de Gounod et de Lalo, il a assimilé Schubert tôt, il éprouve de la difficulté à se libérer du formalisme de la romance dans la mesure où, souvent chez lui, l'idée mélodique, le substrat instrumental semblent préexister au poème plus qu'ils n'en émanent. Il arrive assez fréquemment que la musique généralise le sens de ce que le mot précise avec force. Parfois, au contraire, la tension dramatique créée par la texture harmonique nuit à la simplicité requise par le sujet poétique : ainsi, la partie de piano du n° 15 se suffit presque à elle-même. D'où une sorte de contradiction qui neutralise l'effet musical, accentuée par la gaucherie prosodique à laquelle l'expérience acquise n'a pas toujours réussi à obvier. Peu féru de littérature, le musicien a laissé à des amis lettrés ou à des élèves le soin de choisir les textes qu'il a mis en musique. Jusqu'en 1871, il montre une certaine prédilection pour V. Hugo. Mais, plus attiré par la signification globale du poème que par sa sonorité interne ou son contenu intellectuel, il atteint à la réussite en mettant en musique des vers très médiocres (voir n° 16).

Franck demeure attaché à la forme strophique qu'il traite de trois manières : schéma couplet-refrain opposant mineur et majeur (n°s 1 et 11 p. ex.), compartimentage tonal (n° 5), forme lied avec coda (n° 8), la structure de chaque strophe pouvant être binaire ou ternaire. Dans l'ensemble, l'accentuation prosodique n'est guère modifiée d'une strophe à l'autre, ce qui ne va pas sans engendrer la monotonie, surtout quand la figure d'accompagnement est invariable et les modulations peu nombreuses (n° 4). Le musicien remédie le plus souvent à cet inconvénient de l'immuabilité de la ligne vocale en divisant les valeurs de la partie de piano à chaque retour strophique (noires/croches/triolets/doubles croches dans le n° 7 p. ex.), ce qui donne l'illusion d'une accélération croissante qui intensifie le climat dramatique. Cette application moderne du procédé de variation par diminution, faite dès 1847 dans le n° 6, restera une des caractéristiques de l'écriture du musicien. Parmi les mélodies écrites avant 1870, les plus représentatives sont les n°s 3, 5 et 9. Le titre de « ballade irlandaise » du n° 3, mentionné seulement par les sources manuscrites, explique que les épisodes narratifs soient enchaînés par de brefs interludes du piano. Le n° 5 marque une filiation plus étroite avec Schubert : il est construit presque entièrement sur une pédale de quinte à la basse tandis que la main droite du piano déroule une broderie continue de doubles croches comme dans → *Gretchen am Spinnrade*. Cet effet lancinant, conforme à la nostalgie qui se dégage du texte, s'impose à l'œuvre en intégrant un figuralisme, ce dont Franck use rarement : le tintement de la cloche de la tour du Maure. La fluidité harmonique et la grâce légère des deux versions de *« S'il est un charmant gazon »* (n°s 9 et 10) annoncent le raffinement de la mélodie fauréenne.

Les mélodies écrites après 1870, plus concises, retrouvent rarement l'ingénuité des précédentes, sauf le n° 13 et le n° 14, caractérisées par le rôle expressif de leurs intervalles augmentés. Franck, influencé par ses élèves, notamment par H. Duparc, ne possède pas la faculté introspective de celui-ci. Dans presque toutes ses dernières mélodies, il utilise le procédé de variation que nous avons décrit. Si l'harmonie n'est dans aucune pièce plus audacieuse que dans le n° 15, c'est dans les n°s 16 et 18 que Franck rend la complexité de son écriture parfaitement adéquate avec la plénitude expressive de l'évocation. La riche trame harmonique du n° 16 progresse par degrés chromatiques descendants, enchaînant des accords de 7e de dominante appoggiaturés sur pédale. Elle crée un sentiment de profondeur nocturne, au sens spatial du terme, d'autant plus prenant que la ligne vocale est indépendante du piano. Le n° 18 est la seule mélodie — la plus connue — à la structure de laquelle le contrepoint est intégré. Ch. Koechlin a remarqué à juste titre qu'elle « forme [...] un développement symphonique en raccourci », rappelant ainsi que la version avec piano n'est qu'une réduction de l'orchestre.

Le rapport de la voix et du piano, assez diversifié, constitue l'un des aspects les plus intéressants de la production mélodique de Franck, d'où toute virtuosité est exclue. L'ambitus de chaque pièce est, dans l'ensemble, peu étendu. Les premières mélodies ont été conçues originalement pour une voix moyenne correspondant au second sop. ou au baryton. Les dernières confirment cette tendance d'une attirance vers le médium et le grave (bien que le ton original du n° 16 soit *fa* ♯ min. et non *ré* ♯ min. comme il est mentionné sur l'édition).

Si l'ensemble des mélodies n'occupe pas le premier plan dans la production de Franck, il mérite toutefois considération, dans la mesure où le musicien impose la marque de sa personnalité en spiritualisant graduellement un genre d'essence profane.

Éditions et rééditions — N°s 1, 2, 3, 5, 7, 8, 11, Paris, Richault, 1862, 2/ Paris, Costallat, 1909 ; n°s 2, 8, Costallat, 1904 (texte all. d'O. Rupertus) ; n°s 12, 13, Paris, Enoch, 1873 ; n° 14, Enoch, 1874 ; n° 4, Paris, Hamelle, 1885 ; n°s 17, 18, Paris, Bruneau, 1889, 2/ Paris, Leduc, 1891 ; n°s 15, 16, Enoch, 1900 ; n°s 12-16, *in* recueil de mélodies, Enoch, 1904 (voir l'art. *Six Duos*) ; n°s 9, 10, *in* RM, déc. 1922, 2/Enoch, 1922, n° 6, *in* Revue Musicale de Suisse Romande, déc. 1985. — Édition critique par J.-M. FAUQUET, Paris, Éd. du Marais, 1991.

Bibliographie — CH. KOECHLIN, La mélodie, *in* Rohozinski (éd.), Cinquante ans de musique fr. II, Paris 1925, p. 13 ; CH. VAN DEN BORREN, C. Franck, Bruxelles 1949, pp. 63 et suiv. ; FR. NOSKE, La mélodie fr. de Berlioz à Duparc, Paris et Amsterdam 1954, pp. 219-224, 333-334.

J.-M. FAUQUET

MÉLODIES, d'**Édouard Lalo** pour chant et piano. Elles sont au nombre de 23, mis à part quelques compositions de jeunesse qui appartiennent au genre de la romance ou de la scène et qui furent publiées en 1848 et 1849. L'ordre fixé pour l'édition critique (par J.-M. Fauquet, Paris, Heugel, 1988, Le Pupitre n° 69) est le suivant : 1. *Guitare* (*« Comment disaient-ils »*), *ré* maj., Allegro ; 2. *« Puisqu'ici-bas toute âme »*, *si* min., Andantino non troppo ; 3. *« L'aube naît »*, *fa* maj., id. ; 4. *« Dieu qui sourit »*, *sol* maj., Vivace ; 5. *« Oh ! quand je dors »*, *fa* maj., Andantino non troppo ; 6. *« Amis, vive l'orgie ! »*, *si* min., Allegro ; 7. *Chanson à boire*, *la* maj., Vivace ; 8. *Ballade à la lune* (1860), *ré* maj., Allegro ; 9. *A une fleur*, *la* maj., Allegretto non troppo ; 10. *Chanson de Barberine*, *mi* maj., Allegro ; 11. *La Zuecca*, *ut* min., Allegretto con moto ; 12. *La Fenaison*, *la* min., Allegretto ; 13. *L'Esclave*, *la* ♭ maj., Andante non troppo ; 14. *Souvenir*, *si* maj., Andantino ; 15. *Aubade*, *ré* ♭ maj., Allegretto ; 16. *Prière de l'enfant à son réveil*, *la* ♭ maj., Andantino ; 17. *A celle qui part*, *mi* min., Allegro ; 18. *Tristesse*, *ut* ♯ min., Andantino ; 19. *« Viens ! »*, *ré* maj., Allegro appassionato ; 20. *La Chanson de l'alouette*, *ut* maj., Vivace ; 21. *Chant breton*, op. 31 (1883), avec htb. ou fl., *mi* min., Andantino ; 22. *Marine*, op. 33 (1883), *si* maj., Allegro non troppo ; 23. *Le Rouge-gorge* (1887), *la* maj., Allegretto non troppo. Les poèmes sont de V. Hugo (n°s 1-7, 14), A. de Musset (n°s 8-11), Stella (n° 12), Th. Gautier (n° 13), V. Wilder (n° 15), A. de Lamartine (n°s 16, 19), A. Silvestre (n°s 17, 18), V. de Laprade (n° 20), A. Delpit (n° 21), A. Theuriet (n°s 22, 23). Ont été publiés groupés les n°s 1-6, sous le titre *Six mélodies* [...] *op. 17* (Paris, Maho, 1856) ; les n°s 9-11 (Paris, Hartmann, 1870) et 12-14 (1873), sous le même titre *Trois Mélodies*, réunis par Heugel (1895) ; les n°s 16-20, sous le titre *Cinq Lieder* (Mayence, Schott, 1879) sans n^{o} d'opus. Deux recueils de quinze puis de vingt mélodies (complétés par des pièces non originales) ont été édités par Hamelle en 1894 et 1922 : le premier rassemble les n°s 1-5 (version révisée), 7, 8, 15, 21, 22 ; le second est augmenté des n°s 16-20 et du n° 12. Lalo a orchestré le n° 8 (ms. incomplet, Paris, BN) et le n° 22, et arrangé le n° 16 pour chœur féminin à quatre voix et piano ou orchestre. Il a transcrit pour piano seul les n°s 13 et 14 et pour orchestre seul les n°s 11 et 12, inclus dans la pantomime *Néron* (1891).

Les n°s 1-8 ont été conçus pour des voix élevées (sop. ou ténor, *mi* 3 - *la* 4). A partir de 1870, Lalo écrit quelques-unes de ses mélodies pour la voix de contralto de sa femme, Julie Bernier de Maligny, sa principale interprète, à qui les n°s 9-14, 21 et 22 sont destinés ou dédiés. Elle les fera entendre à la Société Nationale de Musique et créera la version orchestrale de *Marine* (n° 22) à Bruxelles, sous la direction du compositeur, le 15 nov. 1884. L'ambitus de ces mélodies est compris entre le *sol* 2 et le *do* 4, atteignant exceptionnellement le *mi* 4, avec centrage de la voix sur le *fa* 3. Les n°s 8, 17, 19, 23, dédiés à des voix de théâtre (E. Vergnet, M.-G. Krauss, Walter, J.-A. Talazac), sont propices au déploiement vocal, ce à quoi se refusent souvent les autres pièces qui, pour cette raison, n'ont pas eu la faveur des chanteurs et sont restées méconnues.

Sans former à proprement parler un cycle, les n°s 1-6 présentent une unité créée par l'alternance de mouvements rapides et lents et par la prédominance de rythmes ternaires. En dehors de son importance historique, cet op. 17 révèle une assimilation profonde du lied allemand, en particulier de celui de Schubert. Lalo a entrepris de le réviser pour satisfaire davantage son exigence en matière d'accent poétique : il ménage des variantes prosodiques comme dans le n° 4, où il infléchit de manière différente la courbe mélodique des fins de strophe, toutes identiques dans la 1re version. Brillant orchestrateur ignorant la pratique du piano, il rejette les formules stéréotypées d'accompagnement et les traits décoratifs, tirant de la substance poétique une formule rythmique caractéristique qui scelle l'unité expressive de chaque pièce. Ainsi dans *Guitare* (n° 1) :

La même variété de tons opposant les affects va marquer les mélodies suivantes : les n°s 8 et 15 sont traités sur le ton ironique, rarement rencontré dans la mélodie française ; les n°s 9, 14, 16, 18, 21 sont intimistes ou contemplatifs : en peu de notes, la musique, pressée par le silence, est l'essence même du poème ; les n°s 6, 7, 11, 12, 20 et 23 sont gais et légers ; les n°s 10, 13, 17, 19, 21, 22, véhéments et passionnés. L'ensemble des mélodies de Lalo se distingue par un sens remarquable de la concision évitant toute redondance. L'écriture harmonique, aussi économe que raffinée, est ancrée dans la tonalité classique. Elle joue volontiers sur les oppositions de modes et de tonalités : ainsi, dans le n° 2, le piano prélude en *si* maj. et la voix entre en *si* min. ; dans le n° 9, la même disposition oppose *ut* ♯ maj. et *la* majeur. La coloration de l'harmonie de quinte diminuée, chère au compositeur, caractérise le n° 12 ; celle de 9e dominante, le n° 13 ; les enchaînements sur pédale, les n°s 14 et 18.

Bibliographie — Ch. Koechlin, La mélodie, *in* L. Rohozinski, Cinquante ans de musique fr., Paris 1925, t. 2 ; Fr. Noske, La mélodie fr. de Berlioz à Duparc, Paris et Amsterdam 1954, pp. 206-215.

J.-M. Fauquet

MÉLODIES, d'**Emmanuel Chabrier**. Dans un temps où la mélodie connaît une vogue sans pareille, Chabrier n'en distille qu'un nombre réduit, mais dans ce domaine comme dans d'autres, il innove. Ne se considérant pas comme un musicien « de salon », l'idéal mélodique régnant, même s'il l'apprécie chez certains de ses contemporains, n'est pas le sien. Rien d'étonnant que seules quelques mélodies aient été éditées de son vivant.

D'août 1869 date *Ivresses* (Léon Labarre). Assez longuement développée, cette *Grande Valse* fut sans doute destinée au café-concert. Elle se tient en équilibre sur cette frontière où une musique raffinée s'insère dans des thèmes et motifs populaires et légers à la manière de certaines toiles de son ami Manet inspirées par le café-concert. — *L'Invitation au voyage* (Charles Baudelaire), mélodie ambitieuse, très travaillée, aux sonorités pré-debussystes, qui s'adjoint un basson « ad libitum », fut écrite en 1870. Comme celle de son ami H. Duparc, elle adopte la forme strophique cependant que son appel vers un « là-bas » mystérieux et ineffable, caractéristique de l'art de Chabrier, est ici en parfaite correspondance » avec l'esprit beaudelairien (Paris, Costallat, 1913). — La Sérénade de *Ruy Blas*, *« A quoi bon entendre »* (Victor Hugo), datant probablement de 1873, resta également dans les cartons du compositeur. Impressionniste dans sa mouvance rythmique et sa forme libre qu'une chatoyante ritournelle unifie, toute l'étendue du clavier ne lui est pas de trop pour répartir, d'une touche légère, la variété de ses couleurs. Encore une pièce qui s'achève dans la douceur et le mystère avec cet ultime et bref détour vers une inattendue sous-dominante qui sera l'une des signatures de son auteur (Paris, Costallat, 1913). — *Sommation irrespectueuse* fut également composée sur des vers de V. Hugo (*Chansons des rues et des bois*) qui, dans le même temps, inspirèrent au compositeur *Idylle* (6e des *Pièces pittoresques* pour piano) avec laquelle elle n'est pas sans analogie. Vraie « scène chantée », ainsi que *L'Invitation au voyage*, l'expression différenciée de ses couplets, les variations apportées au refrain à chacune de ses réapparitions, son modalisme insidieux et sa coda développée qui disparaît dans un songe aux reflets debussystes font de cette longue mélodie une page particulièrement originale. Elle fut créée dans un concert de la Société Nationale, le 9 avril 1881 (Paris, Costallat, 1913). — De forme strophique avec de légères variations dans la ligne du chant comme dans l'accompagnement, *Credo d'amour* (Armand Silvestre) est mieux adaptée au moule habituel du répertoire mélodique d'alors (Paris, Enoch et Costallat, 1883). — Sur le manuscrit de *Tes yeux bleux* (Maurice Rollinat), Chabrier a noté *Romance*. Si elle en a le caractère doux et tendre, elle est loin d'en revêtir la simplicité souvent primaire du langage. Sa régularité rythmique, exceptionnelle chez Chabrier, s'accompagne tout au contraire d'une grande richesse modulante. Mais là encore une coda baignée de calme, aux confins du silence, vient contredire l'image stéréotypée d'un Chabrier briseur de pianos. On l'entendit le 22 janv. 1887 à un concert de la Société Nationale où elle figurait avec *Chanson pour Jeanne*. Du vivant de Chabrier, seul l'Album du *Gaulois* du 1er févr. 1885 la publia (Paris Costallat, 1913). Le compositeur en réalisa une orchestration pour cordes seules, ce qui, chez ce manieur de timbres passionné, est déjà exceptionnel et en précise le caractère intime. — *Chanson pour Jeanne* (Catulle Mendès) tient également de la romance même s'il s'agit d'une romance sublimée (Paris, Enoch et Costallat, 1886). Elle marque une étape importante dans la filiation Chabrier-Ravel, ce que ce dernier, d'ailleurs, s'empressait de reconnaître : « J'estime, écrivait-il à propos de sa *Habanera*, que cette œuvre contient en germe plusieurs éléments qui devaient prédominer dans mes compositions ultérieures et que l'influence de Chabrier (en l'espèce la *Chanson pour Jeanne*) m'avait aidé à préciser. » — C'est sans doute de la même époque que date *Lied* (C. Mendès), de caractère primesautier et enjoué. Sa forme strophique s'irise de délicates variations et, ainsi qu'il se plaît souvent à le faire, le compositeur y sertit un passage modal dans une matière musicale d'essence tonale (Paris, Enoch, 1897).

Après avoir fait éclater le cadre de la mélodie et l'avoir tirée vers la « scène chantée », Chabrier était retourné vers la romance mais tout en gardant son style original, aussi éloigné de l'esprit d'outre-Rhin que des facilités et futilités d'une très grande partie des mélodies pour salons « élégants ». Cependant, il cherchait à renouveler le répertoire mélodique. « Ce que je ne veux pas, écrivait-il à ses éditeurs en 1889, ce sont ces éternels parterres en 3 couplets où l'on cueille bêtement gratteculs et chrysanthèmes. Ce que je ne veux pas, ce sont ces glaires où l'on s'aime au temps des petites fleurs ou pendant avril et mai ; [...] Moi, je voudrais faire gai, amis du gai pour les deux sexes ; du robuste, du bon enfant, des fables, des contes, enfin autre chose que Fauré et Holmès et tous les autres en accolade. » Ce frisson nouveau, Chabrier le découvre grâce à Rosemonde Gérard et Edmond Rostand, jeunes auteurs inconnus, qui vont lui fournir le texte de ce que plaisamment il nommera ses « volailleries ». En janv. 1890 paraît *Ballade des gros dindons* et *Pastorale des cochons roses* sur des vers d'E. Rostand ainsi que *Villanelle des petits canards* et *Les Cigales* sur ceux de R. Gérard (Paris, Enoch et Costallat, 1890). A l'exception des *Cigales*, qu'il offre à sa jeune nièce, les autres « volailleries » sont dédiées à des chanteuses de café-concert et d'opérette ainsi qu'à Lucien Fugère, baryton célèbre qui avait débuté au café-concert. Ainsi, Chabrier précise le caractère de ses mélodies : il faut, pour les restituer dans leur vérité, moins un chanteur habituel qu'un artiste susceptible de faire miroiter les facettes sentimentales ou humoristiques d'un texte mis en musique. Or, sous leurs allures désinvoltes, ces mélodies sont hérissées de difficultés, tant au chant qu'au piano, et qu'il faut gommer. Cet air frais, embaumé, qui s'échappait de ces quelques mélodies, cette langue verveuse et poétique, pétrie d'harmonies surprenantes aux dissonances qui miroitaient comme les couleurs d'une toile impressionniste, déroutèrent. En vain l'une ou l'autre parut-elle avec des « accompagnements simplifiés ». Contrairement à ce qu'avait souhaité Chabrier, les « romances zoologiques », ces « chefs-d'œuvre de haute fantaisie, dus à la seule musique » (Debussy), n'eurent pas de suite.

De 1890 également datent deux autres romances (Paris, Enoch et Costallat, 1890), *L'Ile heureuse* (Ephraïm Mikhaël) et *Toutes les fleurs* (E. Rostand), dans lesquelles Chabrier jette ses derniers feux, étincelants et nimbés de cette aura mystérieuse vers laquelle son regard chavire. Mais l'humour est toujours là, tapi, qui le retient de se prendre au sérieux et lui dicte cet envoi à son ami, le célèbre ténor wagnérien Ernest Van Dyck : « Je t'enverrai aussi q.q. romances dont une est dédiée à mon Nenerst : *Toutes les fleurs* !!! C'est d'un baveux de salon irrésistible. » Oui, mais sous toutes ces fleurs se dissimulait une dynamite salvatrice.

Rééditions modernes — Par R. Delage, *in* Coll. Le Pupitre, Paris, Heugel (à paraître).

Bibliographie — R. Brussel, E. Chabrier et le rire musical, *in* Revue d'Art Dramatique, 5 et 20 oct. 1899 ; J. Desaymard, Chabrier d'après ses lettres, Paris 1934 ; A. Martin, Exposition E. Chabrier, catalogue, Paris 1941 ; Fr. Poulenc E. Chabrier, Paris et Genève 1961 ; Y. Tiénot, Chabrier, Paris 1965 ; R. Delage et F. Durif, Correspondance de Chabrier, Paris, Éd. de la Manufacture (à paraître).

R. Delage

Membra Jesu Nostri, cycle de 7 cantates de **Dietrich Buxtehude** (BuxWV 75), sur le poème latin *Rhytmica oratio...* (Oraison versifiée à chacun des membres du Christ souffrant et pendu au bois) de saint Bernard de Clairvaux. Le manuscrit autographe en est conservé à la bibliothèque de l'Université d'Upsal (cote 50, 12) ; écrit en tablature, il est daté de 1680 et dédié « à son ami Gustaf Düben, maître de chapelle de S.M. le Roi de Suède ». Titre complet : *Membra Jesu Nostri Patientis sanctissima humillima totius Devotione decantata.* (Durée : 1 h environ.)

Le caractère dévotionnel du poème, typique de la forme de piété prônée par saint Bernard, l'a fait apprécier des protestants luthériens du XVIIe s. dont il rejoignait la tendance piétiste. Il fut traduit en vers allemands bien avant que Buxtehude lui donnât un commentaire musical remarquablement accordé à son esprit. La dévotion prend ici pour objet les membres du Christ crucifié, le nombre de 7 étant choisi pour des raisons symboliques. Les cantates se rapportent chacune, suivant le poème, à l'un des membres vénérés : *Ad pedes* (aux pieds), *Ad genua* (aux genoux), *Ad manus* (aux mains), *Ad latus* (au côté), *Ad pectus* (à la poitrine), *Ad cor* (au cœur), *Ad faciem* (à la face). La structure musicale est identique pour chaque cantate : prélude instrumental, chœur sur un verset biblique se rapportant (explicitement ou implicitement) au membre considéré, trois ariosi correspondant à trois strophes du poème, reprise du chœur initial.

L'effectif musical réduit de ces cantates respecte le ton intime du poème et en fait une œuvre de chambre davantage sans doute qu'une musique pour l'église. Les parties vocales sont assurées par 5 solistes (S S A T B) qui peuvent se réunir ou chanter seuls ou par groupes de 2 ou 3. L'accompagnement instrumental incombe ordinairement à 2 vl. et à la b.c., excepté dans la 6e cantate où les violons font place à un quintette de violes. Les cordes interviennent dans la « sonata » introductive, les chœurs d'encadrement et les ritournelles prolongeant chaque arioso. Le prélude instrumental expose des motifs repris ensuite par le chœur, ou se développe de manière libre pour créer un climat suggestif : ainsi par les tendres trémolos de la 2e cantate (« Sur les genoux vous serez caressés »), et les grands intervalles sautillants de la 4e (« Lève-toi, mon amie, ma belle »). Les chœurs sont écrits à 3 ou 5 parties, en style imitatif entrecoupé de passages homophones. Les trois ariosi médians présentent une structure partiellement strophique : soit les deux sopranos se relaient sur la même musique, soit il y a changement de soliste(s) et de mélodie sur une basse inchangée (procédé emprunté par Buxtehude à ses prédécesseurs M. Weckmann et Chr. Bernhard). Exceptionnellement un arioso s'affranchit de la basse commune, tel le dernier de la 6e cantate, où par ailleurs trois violes dialoguent avec la basse soliste. Le caractère cyclique de l'ensemble ne suscite pas d'apparentements thématiques d'une cantate à l'autre, mais se décèle dans l'enchaînement des tonalités (*do* min., *mi* ♭ maj., *sol*, *ré*, *la*, *mi* et *do* mineurs), et surtout dans l'ample « Amen » choral qui, à la fin de la 7e cantate, remplace la reprise du chœur initial de cette cantate et conclut richement l'œuvre entière.

Le climat prédominant — tant dans la musique que le poème — n'est pas l'affliction causée par les souffrances du Christ, mais plutôt un sentiment intense d'amour et de ferveur mystiques, et cela même lorsque les paroles évoquent avec réalisme la crucifixion (7e cantate). Ce sentiment imprègne fortement la musique de Buxtehude, au gré d'une expressivité mélodique parfois teintée d'italianisme (quelques tournures rappellent G. Carissimi) mais demeurant toujours personnelle et inspirée. Par la grande beauté et la profonde spiritualité de son style, ce cycle mérite de figurer parmi les joyaux de la musique sacrée baroque.

Éditions — Par Br. Grusnick, Kassel, BV, 1963.

Bibliographie — A. Pirro, D. Buxtehude, Paris 1913, rééd. en facs. Genève, Minkoff, 1976 ; M. Geck, Die Vokalmusik D. Buxtehudes und der frühe Pietismus, Kassel 1965.

J. Viret

« Memorare, o piissima Virgo Maria » (Souvenez-vous, ô très miséricordieuse Vierge Marie), grand motet d'**Henry Du Mont**, pour sop., haute-contre, ténor, bar. et basse soli (pt chœur), gd chœur à 5 voix (S HC T Bar B), 2 parties de vl., 2 parties d'alto et b.c., composé entre 1670 et 1674. (Durée : 10 min environ.)

Plus de 40 des 70 grands motets de Du Mont furent écrits au cours des vingt dernières années de sa vie, lorsqu'il était sous-maître de la Chapelle royale de Versailles ; vingt d'entre eux, dont le *« Memorare »* et le → *« Super flumina Babylonis »*, furent publiés en parties séparées en 1686, après sa mort. Ces œuvres manifestent la supériorité de Du Mont dans ce genre, au cours de la période qui précède Charpentier et Delalande, et l'aisance de son style qui introduit de nombreuses caractéristiques françaises dans un modèle essentiellement italien. Dans la musique religieuse française, Du Mont occupe une position comparable à celle de Schütz en Allemagne et fait preuve non seulement d'une même familiarité avec les techniques de Monteverdi et Carissimi, mais aussi d'une économie de moyens et d'une concision tout à fait semblables. Bien que Lully ait composé quelques grands motets pour des occasions cérémonielles, c'est Du Mont qui cultiva le genre avant lui et pendant sa carrière, et qui réalisa le substantiel corpus de musique sacrée qui allait servir de modèle à l'œuvre de ses jeunes contemporains. Du Mont était nettement plus audacieux que Lully dans son écriture instrumentale, avec ses parties de violon (particulièrement celle de 2nd violon qui est ordinairement la plus élevée) indépendantes des lignes vocales. Depuis longtemps, H. Quittard a jeté le discrédit sur l'affirmation selon laquelle Du Mont, invoquant le concile de Trente, aurait résisté à l'introduction des instruments d'orchestre dans la musique sacrée. Du Mont était également habile à réagir au texte en variant l'impulsion rythmique tout en maintenant le tactus et en employant une harmonie chromatique dans un but expressif.

Dès 1666, Du Mont avait composé un *« Memorare »* sous la forme d'un petit motet qui fut inclus dans ses *Motets à 2 voix* publiés en 1668. Plus récent, le grand motet commence par un prélude de 20 mesures où le tissu contrapuntique est dominé par l'entrelacement des violons et par les retards dissonants qui en résultent. Le verset introductif pour haute-contre, ténor et b.c. est une invocation rhapsodique à la Vierge, chaque voix intervenant à son tour jusqu'à ce qu'elles s'unissent en un mélisme étendu sur le mot « currentem » (courant vers elle pour obtenir sa protection). Ce duo de quelque 30 mesures conduit à la présentation du même matériau musical par les forces conjointes du petit et du grand chœur auxquelles l'orchestre se joint dans une polyphonie complexe, dominée par les rythmes de « piissima », « currentem » et « suffragia », ce dernier mot caractérisé par de longs mélismes en valeurs pointées **A**. Du Mont obtient une constante variété d'écriture en juxtaposant les textures différentes des deux chœurs et de groupes de voix à l'intérieur du petit chœur, de telle sorte que les tutti sont d'autant plus efficaces qu'ils sont rares.

La seconde moitié du motet, caractérisée par le passage de *sol* maj. à *mi* ♭ maj., commence par un trio pour haute-contre, bar., basse et b.c. : « Ego tali animatus... » (Animé d'une pareille confiance, je cours vers vous, ô Vierge). Chacune des deux phrases suivantes est précédée par une brève « symphonie à 5 » ; cette alternance entre voix solistes et orchestre au complet précède d'une décennie les « verse anthems » de H. Purcell. Chaque voix du trio déclame séparément « Ad te venio, coram te gemens, peccator assisto » (Je viens à vous, gémissant en pécheur) avant qu'une cadence conclusive ne les réunisse **B**. La seconde symphonie amène une mesure à 3 temps pleine de gaieté et introduit la première moitié de la phrase conclusive, « Noli mater verbi mea verba » (Ne méprisez pas mes paroles), chantée d'abord par le

A « **Memorare, o piissima Virgo Maria** »

B « **Memorare, o piissima Virgo Maria** »

baryton solo puis par les deux chœurs et l'orchestre. Ses rythmes cadencés et ses hémioles sont d'écriture variée jusqu'au retour d'une mesure à 4 temps pour la seconde moitié du texte, « Sed audi propitia et exaudi » (Mais écoutez-nous favorablement et exaucez-nous). Les voix solistes du petit chœur sont vite rejointes par le grand chœur et l'orchestre dans une cadence finale très élaborée.

Rééditions modernes — Par L. Decobert, Paris, l'Auteur, 1986.

Bibliographie — H. Quittard, Un musicien en France au XVIIe s. : Henry Du Mont (1610-84), Paris 1906, rééd. en facs. Genève, Minkoff, 1973 ; J. R. Anthony, La musique en France à l'époque baroque, Paris, Flammarion, 1981, pp. 233-235 ; L. Sawkins, Chronology and Evolution of the grand motet at the Court of Louis XIV : evidence from the Livres du Roi and the works of Perrin, the sous-maîtres and Lully, *in* J.-H. Heyer (éd.), J.-B. Lully and the Music of the French Baroque, Cambridge, CUP, 1989, pp. 41-79.

L. Sawkins

« Mensch, willt du leben seliglich » (Homme, si tu veux vivre saintement), choral protestant de 5 strophes (a^8 b^8 c^8 d^7 e^7), version abrégée des Dix Commandements due à Martin Luther. Selon l'ordonnance du culte en usage à Wittenberg dès 1533, la grande version → *« Dies sind die heilgen zehn Gebot »* était chantée avant le sermon, tandis que la réplique abrégée l'était après. Cette dernière se chante sur deux mélodies. La première, d'origine strasbourgeoise, est commune à → *« Dies sind die heilgen zehn Gebot »* et ne s'est maintenue, pour *« Mensch, willt du »*, que dans la tradition strasbourgeoise (Recueil ECAAL, Strasbourg 1952, n° 304). La seconde, en mode de *mi*, écrite pour le peuple comme le *Petit Catéchisme* de Luther, frappe par sa simplicité, bien qu'elle reste proche du chant grégorien, et par la traduction figuraliste du mot « ewiglich » (éternellement), rendu par un mélisme. Elle a été publiée dans le *Geistliches Gesangbüchlein* (Wittenberg 1524 et 1525) et dans les recueils de Klug (1533), de Strasbourg (1541) et de Babst (1545). Alors que les chants sur le Décalogue étaient très en vogue au XVIe s., elle a disparu des recueils actuels.

Traduction de la 1re strophe — Homme, si tu veux vivre saintement et demeurer éternellement auprès de Dieu, observe les Dix Commandements que notre Dieu nous ordonne de suivre. Kyrioleis (trad. P. Veit).

Ce chant a été traité en polyphonie par **J. Walter** dans le → *Geistliches Gesangbüchlein* (Wittenberg 1524 et 1525) et par **L. Hellinck** dans les *Newe deutsche geistliche Gesenge* (Wittenberg, Rhau, 1544) avec la seconde mélodie arrangée et amplifiée (répétition de vers, vocalises).

É. Weber

« Mentre che'l cor », madrigal d'**Adrien Willaert**, voir Musica nova.

Méphistophélès, opéra d'**Arrigo Boïto**, voir Mefistofele.

(La) Mer, mélodie pour chant et piano de **Louis Niedermeyer**, sur une poésie de Victor Hugo, *« Une nuit qu'on entendait la mer sans la voir »* (n° 24 des *Voix intérieures*, éd. 1837), dédiée au prince Poniatowski (Paris, Pacini, 1860).

Niedermeyer a utilisé à plusieurs reprises des textes poétiques d'écrivains contemporains célèbres tels Lamartine et Hugo. Dans *La Mer*, il n'emprunte que 4 des 5 strophes du poème. Le mouvement Allegro maestoso, la tonalité initiale en mineur, ainsi que le registre de basse sont essentiels dans l'expression de l'inquiétude hugolienne face à cette vision sombre de la mer. Calqué sur l'agencement strophique, le langage musical se développe essentiellement sur l'alternance *fa* min. (strophes 1-3)/*fa* maj. (strophes 2-4). Ce procédé de composition ne répond cependant pas à une valeur symbolique très précise, sinon pour la dernière strophe qui évoque la lumière du phare, « chandelier que Dieu pose sur la grève ». La tonalité générale de l'œuvre reste sombre et dramatique. Musicalement, on peut noter des emprunts à des tonalités voisines et, dans la 2e strophe, un épisode construit sur une marche harmonique. La permanence de l'accompagnement pianistique en doubles croches, qui soutient une mélodie ample et expressive, ainsi que la rythmique ternaire (12/8), expriment bien la mer et le vent « qui toujours gronde ». Ainsi, la musique traduit ce thème romantique cher à Hugo qu'est l'évocation tourmentée de l'océan.

É. Malfroy

(La) Mère coupable, op. 412, opéra en 3 actes, livret de Madeleine Milhaud d'après le drame de Pierre Augustin Caron de Beaumarchais (1792), musique de **Darius Milhaud**, composé à Mills (États-Unis) en févr. 1965, à la demande de M. Valcarenghi (directeur des éditions Ricordi), créé au Grand Théâtre de Genève, le 13 juin 1966, avec Ph. Curtin (Rosine, comtesse Almaviva), A.-M. Sanial (Florestine), C. Canne-Meijer (Suzanne), L. Quilico (le comte Almaviva), J.-Chr. Benoît (Figaro), J. Doucet (Bégearss), E. Tappy (Léon), sous la dir. de S. Baudo. (Réd. cht et p., Milan, Ricordi, 1966 ; durée : 1 h 45 min.)

La pièce de Beaumarchais (sous-titrée *L'Autre Tartuffe*), qui termine le cycle commencé avec *Le Barbier de Séville* (1778) et *Le Mariage de Figaro* (1784), n'a jamais obtenu le succès de ces deux œuvres. L'abondance des péripéties et la violence des sentiments permettaient cependant de tirer du drame un bon livret. Celui-ci conserve toutefois une intrigue tortueuse et compliquée. En abrégeant judicieusement la pièce de 5 à 3 actes, M. Milhaud a su parfaitement mettre en valeur les caractères de Rosine et de Bégearss auxquels s'opposent la vivacité de Suzanne et de Figaro.

Argument — L'action est faite des révélations successives des liens de parenté réels des personnages. Bégearss (bar.), nouveau Tartuffe, réussit à s'introduire dans la famille Almaviva et à en découvrir les secrets pour diviser et ruiner ses hôtes. Il est contrarié dans ses projets par l'intendant Figaro (bar.), époux de Suzanne (sop.). Bégearss, qui a toute la confiance du comte (bar.), découvre la faute de la comtesse (sop.) : elle a eu de Chérubin, mort à la guerre, un enfant, le jeune Léon (ténor). Ce dernier vit avec sa mère, aux côtés de Florestine (sop. colorature), pupille d'Almaviva qui n'est autre que la propre fille du comte. Naturellement, le vrai coupable est démasqué et la vertu triomphe : Léon et Florestine pourront s'aimer librement.

Seul un traitement du texte en récitatif « secco » aurait permis qu'il soit compris dans son intégralité. Mais un tel style ne pouvait convenir au tempérament lyrique de Milhaud qui préféra une écriture orchestrale continue engendrant une certaine monotonie et souvent une incompréhension des paroles. Le texte de Beaumarchais était fait pour être parlé, non pour être chanté. Le récitatif n'a ici d'autre fonction que d'introduire les airs musicalement très denses. A l'exception du finale de l'acte III, la partition ne compte aucun ensemble vocal ; le chant, presque toujours monodique, ne favorise pas pour autant l'intelligibilité du texte et engendre une grande lassitude ; l'accompagnement orchestral continu souligne l'absence de contrastes et le manque de lyrisme de la partition.

Bibliographie — Voir celle de l'art. *(Le) Pauvre Matelot*.

Y. Ferraton

(La) Mère Michel, célèbre chanson enfantine popularisée par l'imagerie. L'interlocuteur de la mère Michel, le père Lustucru, est un personnage mythique, mais attesté depuis le XVIIe siècle. Indépendamment de cette chanson, il figure dans de petites pièces à l'usage des enfants. La chanson en fait un rôtisseur, qui vole le chat de la mère Michel et l'accommode comme un lapin. Si *La Mère Michel*, dans sa forme actuelle, ne remonte pas plus loin que le siècle dernier, son timbre est connu depuis le XVIIIe s., où il servait à chanter un éloge du célèbre maréchal Catinat. Il était employé également dans plusieurs chansons de marche, surtout dans *Le Siège de Coni* (1744), belle occasion pour le Pont-Neuf de railler le prince de Conti, qui avait replié ses troupes sans raison valable. La mélodie de *La Mère Michel* a subi quelques transformations ; la voici telle qu'elle est chantée à présent.

Bibliographie — Imagerie Pellerin, Épinal, s.d. ; J. Tiersot, Chants populaires des Alpes françaises, Grenoble 1903 ; H. Davenson, Le

livre des chansons, Neuchâtel 1944 ; Fr. Vernillat et P. Barbier, Histoire de France par les chansons III, Paris 1957 ; S. Charpentreau, Le livre d'or de la chanson enfantine, Paris, Éd. ouvrières, 1976.

Fr. Vernillat

« Mer hahn en neue Oberkeet » (Nous avons un nouveau seigneur), cantate burlesque de **Johann Sebastian Bach** (BWV 212 ; NBA I/39), appelée aussi « Bauernkantate » (Cantate des paysans ; désignation non originale), sur un livret de Christian Friedrich Henrici (Picander), écrite pour sop. et basse soli, fl. trav., cor, cordes et b.c., composée en 1742, la plus tardive des cantates de J. S. Bach que l'on puisse dater. On ignore où et quand elle fut exécutée. (Durée : 30 min environ.)

L'œuvre a été composée en l'honneur de Carl Heinrich von Dieskau, lorsque celui-ci prit possession par héritage de la seigneurie de Klein-Zschocher, près de Leipzig. Selon la coutume, les villageois durent témoigner leur allégeance à leur nouveau châtelain (30 août 1742). Comme par ailleurs C. H. von Dieskau avait la haute main sur la perception du district de Leipzig, Chr. Fr. Henrici se trouvait être son subordonné direct et aura profité de l'occasion pour s'attirer, grâce à cette cantate, les bonnes grâces du magistrat.

Si la « Cantate du café » (→ *« Schweigt stille, plaudert nicht »*) permet à J. S. Bach de dépeindre plaisamment le milieu bourgeois, c'est ici du monde paysan qu'il réalise une évocation pittoresque et réussie : évocation pleine d'un humour de bon aloi et nourrie par de multiples emprunts ou références à la musique populaire. Le livret met en scène deux personnages : une jeune paysanne appelée Mieke (sop.) et son fiancé (basse). Tous deux s'apprêtent à aller, comme les autres villageois, participer à la cérémonie d'allégeance mais auparavant ils badinent, bavardent et discutent des événements locaux (le début du texte est écrit en dialecte, mais par la suite seules quelques expressions sont dialectales). Ils s'irritent contre le percepteur prompt à prélever des amendes (le librettiste se moque de lui-même ou d'un collègue) et font l'éloge du nouveau châtelain, qui a déjà fait preuve de magnanimité, ainsi que de son élégante épouse.

La partition musicale comporte 24 morceaux : une introduction instrumentale, 11 récitatifs, 10 arias pour soliste et 2 duos dont le second (n° 24, morceau final) est marqué « chœur ». L'instrumentation se compose principalement d'un violon, d'un alto et d'une basse (continuo), formation empruntée à la pratique populaire. S'y ajoutent occasionnellement un cor (arias n°s 16 et 18), une flûte traversière et un second violon (aria n° 14). Le prélude instrumental crée l'atmosphère paysanne : c'est un savoureux pot-pourri de 7 brèves sections enchaînées, reprenant probablement d'authentiques airs folkloriques dans l'esprit des quodlibets affectionnés par la famille Bach. D'autres airs populaires ont sans doute été utilisés dans les morceaux suivants, mais deux seulement ont pu être identifiés : ainsi, lorsque dans le récitatif n° 3 le jeune homme demande un baiser, les instruments citent l'air « *Mit dir und mir ins Federbett* » (Avec toi et moi dans le lit de plumes). Le style des arias oscille entre les manières savante et rustique selon les suggestions même du texte. Dans l'aria n° 14, Mieke se pique d'adopter une allure citadine, et la musique ressemble alors en tout point à celle des cantates d'église, avec une forme à « da capo ». « Cela est trop recherché pour toi », estime le jeune homme (récitatif n° 15), lequel chante un air à sa façon, en fait un chant de chasse bohémien (n° 16, avec cor) :

Mieke juge, elle, ce chant trop fruste (récitatif n° 17) et imite le style populaire (aria n°18), après quoi son ami s'essaie à son tour au style raffiné (aria « da capo » n° 20, empruntée à la cantate BWV 201, *Der Streit zwischen Phoebus und Pan* (Le Combat de Phébus et Pan ; aria n° 7) :

On relèvera enfin le fréquent recours à des rythmes de danses : bourrée (n°s 2 et 24), polonaise (n°s 4 et 6), mazurka (n° 12), menuet (n° 14), sarabande (n° 8 : air des « Folies d'Espagne », emprunt difficile à expliquer). Ils contribuent au charme agreste et sans prétention de cette délicieuse œuvrette, témoignage du talent comique de J. S. Bach non sans parenté avec le genre du « Singspiel ».

Bibliographie — I. F. Finlay, J. S. Bachs weltliche Kantaten. Eine musikwissenschaftlich-literarische Betrachtung (diss. Göttingen 1950), Londres 1950 ; H. Pezold, J. S. Bach, Bauernkantate, Berlin 1958 ; W. Neumann, J. S. Bachs « Rittergutskantaten » BWV 30 a und 212, *in* Bach-Jb. 1972 ; Fr. Blume, J. S. Bachs weltliche Kantaten und Parodien, *in* Syntagma Musicologicum II, éd. par A. A. Abert et M. Ruhnke, Kassel, BV, 1973 ; H. J. Schulze, Melodiezitate und Mehrtextigkeit in der Bauernkantate und in den Goldbergvariationen, *in* Bach-Jb. 1976 ; voir aussi la bibliogr. de l'art. *« Ach Gott, vom Himmel sieh darein »*.

J. Viret

Meslanges de la Musique, recueil de 62 pièces (10 psaumes, 35 chansons, 15 noëls, un dialogue, une paraphrase latine) pour 3 à 7 voix d'**Eustache Du Caurroy** (Paris, P. Ballard, 1610). Édités un an après la mort de leur auteur, ils doivent leur parution aux soins de son neveu André Pitart, qui, transmettant la volonté de son oncle, dédie ces œuvres au duc de Bouillon, conseiller du roi et grand amateur de musique. Somme de compositions diverses, les *Meslanges* rassemblent des œuvres parfois anciennes : *« Beaux yeux dont le pouvoir se lit »*, chanson à 5 voix, primée au puy d'Évreux de 1583 ; *« Ninfe qui tiens tant d' heur »*, chanson en « vers mesurez » à 4 voix dédiée à la reine, composée vers 1600, lorsque Marie de Médicis s'apprêtait à quitter Florence. Dès sa parution, le recueil de Du Caurroy gagne les faveurs des musiciens et des compositeurs ; parmi eux, A. Gantez les tient en haute estime : « Car n'estant pas si puissans que ceux de Provence, je vous soustiens que ses meslanges ne sont pas si bonnes que celles de Monsieur Du-Caurroy. »

Anthologie d'œuvres variées, les *Meslanges* incluent des psaumes français, des chansons profanes et spirituelles, des noëls, des vers mesurés à l'antique (français ou latins). Comme pour affirmer son éclectisme, Du Caurroy s'attache à y utiliser des techniques d'écriture aussi diverses que complémentaires ; parmi les plus épurées, le contrepoint strict avec imitations fuguées fait figure d'archaïsme aux côtés d'œuvres modernes. Ainsi, lorsque le ton littéraire se fait dramatique (noël, *« Le premier père Adam »*), l'auteur a recours à l'intelligibilité de l'homophonie. Ailleurs, sur des termes à enjoliver, Du Caurroy alanguit la progression mélodique par des arabesques vocalisantes (*« Rose, vostre beau teint »*). Le syllabisme, déjà présent dans quelques chansons spirituelles, s'accentue implicitement dans les 6 psaumes et les 14 chansons « mesurés à l'antique ». L'enchaînement de syllabes longues et brèves transcrites homophoniquement fournit à l'auteur l'occasion de s'adonner à un langage harmonique cohérent. Cette première démarche d'école instaure alors une instabilité horizontale qu'accusent des intervalles distants, et une mélodie sans cesse fluctuante (*« Deliette, mignonette, pucelette »*).

Rééditions modernes — Par H. EXPERT, *in* Les Maîtres Musiciens de la Renaissance française XVII, Paris, A. Leduc, 1904 (éd. partielle).

Bibliographie — H. QUITTARD, Les Mélanges de Du Caurroy publiés par H. Expert, *in* RM IV, 1904 ; N. DUFOURCQ, A propos d'E. Du Caurroy, *in* RMie XXII, déc. 1950.

M. LEROUX

MESLANGES DE SUJETS CHRESTIENS, CANTIQUES, LITANIES ET MOTETS MIS EN MUSIQUE À 2, 3, 4 ET 5 PARTIES, recueil d'œuvres vocales avec basse continue séparée d'**Étienne Moulinié**, dédié à la duchesse d'Orléans. Imprimés en 1658 par Jacques de Senlecque, ils paraissent avoir été écrits quelques années auparavant. Dès 1650, J. de Gouy, dans la préface des *Airs à quattre parties sur la Paraphrase des Pseaumes*, en annonce la parution imminente. Le privilège, accordé à « Etienne Moulinié, chef ordinaire de la musique de S.R. » en 1651, confirme la nette antériorité de la création sur l'édition. Cette date permet ainsi de voir en Moulinié le promoteur de la basse continue en France, avant H. Du Mont, qui publie ses *Cantica sacra* en 1652. Par ailleurs, l'avertissement provocateur rédigé par Moulinié et placé au début des *Meslanges* tente de persuader le lecteur de la nouveauté des techniques employées : « En quelques endroits, j'ay affecté certains traits, et toutesfois en petit nombre, qui sont assez hardis, et qui passeront peut-estre pour des licences dans l'opinion de ceux qui preferent l'austérité de l'ancienne manière aux agrêmens de la nouvelle. » Sans donner plus de précision quant aux audaces utilisées — s'agit-il de l'emploi de la basse continue, du chromatisme aux propriétés figuratives, d'intervalles osés, de l'application du double chœur ? —, Moulinié propose un corpus d'œuvres aussi divers dans son traitement musical que dans le choix des sujets abordés. Auteur fécond de compositions profanes (il a alors publié 10 livres d'airs de cour), Moulinié se tourne de nouveau, vingt-cinq ans après la création de deux prières et d'un psaume en langue vernaculaire, quatorze ans après la → *Missa pro defunctis*, vers l'univers de la musique sacrée. L'ensemble contient un choix de 28 motets latins, 4 antiennes, les Litanies de la Vierge, un dialogue à 3 voix, et 2 paraphrases françaises empruntées à A. Godeau. L'une est une adaptation du premier *Cantique de Moyse*, divisé en 18 parties, l'autre, une transcription du *Cantique des Trois Enfants*, « Espoir de toute âme affligée ». Investi des idées de Godeau qui voyait en ses paraphrases le moyen de gagner la ferveur populaire, Moulinié veut « purifier la Musique et la rendre toute chaste ». Si sa musique se prête volontiers à des connotations simples et directes, elle atteint souvent aux accents de l'air de cour — *« Espoir de toute âme »* peut être tenu pour un air à trois solistes et basse continue — et du style concertant, non épuré de ses difficultés d'interprétation. D'autre part, l'usage des « traits hardis » dont se targue leur auteur réussit aussi à s'infiltrer dans les paraphrases. C'est pourtant plus dans les motets latins que la personnalité nouvelle de Moulinié se dévoile. A l'instar de G. Bouzignac, il imagine des greffes littéraires sur des versets originaux des Écritures, lui permettant toute liberté de dialogue. Ailleurs, selon le modèle italien, des formules madrigalistes (par chromatisme [voir *« Congratulamini »*] ou par mise en évidence d'un terme), l'emploi de l'alternance de solistes (récit) et du chœur (tous), d'intervalles de quarte diminuée (*« Ne reminiscaris », « Congratulamini mihi omnes », « O dulce nomen »*) hantent ses motets dont se souviendront N. Formé et M.-A. Charpentier.

Rééditions modernes — Par D. LAUNAY, *in* Anthologie du motet latin polyphonique en France (1609-1661), Paris, Soc. Fr. de Mie, 1963 (éd. partielle).

Bibliographie — D. LAUNAY, Notes sur E. Moulinié, *in* Mélanges d'histoire et d'esthétique musicales [Mélanges P.-M. Masson] II, Paris 1955 ; de la même, La paraphrase des psaumes de Godeau, *in* RMie L, juil. 1964.

M. LEROUX

MESSA A QUATTRO VOCI ET SALMI, la dernière des trois publications majeures de musique sacrée de **Claudio Monteverdi**, parue à Venise en 1650, après sa mort. Elle fut conçue par l'imprimeur Alessandro Vincenti, qui désirait réunir un ensemble caractéristique de messes et de psaumes du compositeur, recueillis parmi ses œuvres sacrées encore inédites au moment de sa mort en 1643. Comme il ne trouva aucune musique de *Magnificat* de Monteverdi qu'il pût utiliser, il en fournit une de Francesco Cavalli, organiste de Saint-Marc à l'époque, afin de compléter le cycle de musique des vêpres. Ainsi, sur 16 œuvres 15 sont de Monteverdi : une messe à 4 voix ; un cycle de 13 psaumes des vêpres ; une litanie de la Vierge à 6 voix.

Chacune des trois publications de musique sacrée de Monteverdi commence par une messe désignée « da capella » — soit dans le premier style (« prima prattica »), alors tout à fait distinct du nouveau style concertant — mais la *Missa a quattro voci da capella* de 1650 surpasse les deux autres. Loin d'être écrite « à la manière austère de Palestrina », elle représente la recréation en termes du XVIIe s. du style polyphonique traditionnel. Ainsi, la ligne de basse de l'orgue est très rarement indépendante de la ligne vocale la plus grave, et l'on constate un emploi fréquent de séquences, du chromatisme et de contrastes de texture caractéristiques des madrigaux de jeunesse de Monteverdi ; le tout est d'une intensité qui paraît plutôt au goût du jour. La date de composition n'en est pas connue, mais elle est vraisemblablement postérieure à 1630. Écrite en mode de *ré* sur *sol*, cette messe évite l'aspect banal de l'harmonie de la messe dans la → *Selva morale*, et les fausses relations entre le *mi* et le *mi* ♭ créent une progression harmonique remarquable sur « miserere » dans l'*Agnus Dei* ; cependant, l'apogée de l'œuvre est peut-être le *Hosanna* à trois temps du *Sanctus*. La messe tout entière est soutenue par une unité thématique étonnante — même chez Monteverdi — qui jaillit dès le départ du *Kyrie* en imitation.

Sur le plan liturgique, les mises en musique des psaumes dans *Messa* [...] *et salmi* de 1650 couvrent une variété de fêtes plus grande que ceux de la *Selva morale* ; outre celles pour les fêtes des saints, elles contiennent des œuvres qui appartiennent au cycle de psaumes pour les fêtes des saintes et de la Vierge, *« Laetatus sum », « Nisi Dominus »* et *« Lauda Jerusalem »*.

Le premier de ces psaumes, *« Dixit Dominus »* I, n'est pas une nouvelle œuvre à proprement parler, mais un remaniement — ou peut-être une ancienne version — du *« Dixit Dominus »* I de la *Selva morale* de 1641, pour 8 voix sans les violons obligés de cette dernière. Certaines sections internes des deux œuvres sont identiques. *« Dixit Dominus »* II est noté « alla breve », ce qui implique la notation ancienne avec une pulsation à la minime et un style plus réservé, associé à la mention « da capella » ; en fait, la musique n'est en aucun cas inexpressive avec ses passages chromatiques et ses contrastes rythmiques. Aucun des deux psaumes n'utilise de répétitions pour renforcer la structure.

Il n'en va pas de même pour les deux mises en musique du *« Confitebor »*. Ici, les deux œuvres sont unifiées non seulement par une ritournelle aux violons, mais aussi par une basse obstinée librement traitée (durant au moins 5 mesures et souvent davantage) qui suit les versets du texte. De plus, les deux mises en musique sont à l'évidence des versions différentes de la même pièce, la seconde (pour deux voix) étant supérieure à la première (pour une voix). Son remaniement est beaucoup plus approfondi que celui du *« Dixit Dominus »* I, les deux voix du duo se partageant le texte du psaume d'une manière qui a dévié du style de dialogue profane ou d'opéra. L'absolue variété de la mélodie est un trait remarquable.

Suivent trois mises en musique individuelles de psaumes. *« Beatus vir »*, pour 7 voix et 2 violons, peut être comparé de façon intéressante avec le plus célèbre *« Beatus vir »* I de la *Selva morale*, car lui aussi fait des premiers mots du psaume un refrain. Ici, c'est un passage en tierces, chanté aux deux voix supérieures uniquement ; celles-ci s'entrelacent dans une séquence de vers contrastés et sont finalement entendues superposées au moment de l'« Amen », touche typique de Monteverdi. Le *« Laudate pueri »*, noté « a 5 voci da capella » est une autre œuvre dans le style polyphonique revivifié mentionné plus haut. En effet, c'est un compagnon digne de la messe de 1650, partageant avec elle un certain nombre de traits : des sections séparées par des pauses nettes, une accumulation intense des voix, des figuralismes audacieux, une écriture homophonique et surtout des séquences (comparer les mises en musique de l'« Amen » dans le psaume et dans le *Gloria* de la messe). Le *« Laudate Dominum »* pour basse solo et basse continue sur le Psaume 116 est l'œuvre qui utilise l'effectif le plus réduit du recueil. Avec son écriture brillante, elle a peut-être servi à des usages de dévotion ; son emploi liturgique possible se place aux vêpres spéciales du samedi saint où *« Laudate Dominum »* est le seul psaume à être chanté.

Les trois psaumes supplémentaires que nécessitaient les fêtes de la Vierge connaissent chacun deux versions. Le deuxième *« Laetatus sum »* et le deuxième *« Lauda Jerusalem »* sont composés pour 5 voix et basse continue, dans un contrepoint concertant robuste, sans aucune intervention de soliste, et apparaissent très légèrement plus modernes que les œuvres de style « da capella ». Néanmoins, la dernière pièce obéit clairement au mode mixolydien et cite deux fois le 8e ton psalmodique. Le premier *« Lauda Jerusalem »*, pour 3 voix, est une composition animée, avec des figuralismes remarquables et un retour vers la fin de l'œuvre à la musique et au texte du début. Il est possible qu'il y ait eu à l'origine des parties de « ripieno » pour compléter l'écriture des versets plus homophoniques, comme dans le *« Confitebor »* I de la *Selva morale*.

Le Psaume 126, *« Nisi Dominus »*, est un texte plein d'images susceptibles d'enflammer l'imagination d'un compositeur tel que Monteverdi ; les deux versions dans *Messa* [...] *e salmi* ne peuvent décevoir à cet égard et méritent d'être plus connues. Le premier *« Nisi Dominus »* est écrit pour 3 voix, 2 violons et basse continue. Les violons n'ont pas de ritournelle, mais sont utilisés en dialogue fréquent avec les voix ; la musique du début revient à « Sicut erat in principio » pour clore soigneusement la structure musicale après un brillant solo sur « Gloria patri ». Le deuxième *« Nisi Dominus »* pour 6 voix est on ne peut plus éclatant dans son traitement du texte. Dans les deux versions, on trouve des appels de trompette à « surgite » (lève-toi), mais les retards soudainement lents et plaintifs de « doloris » (douleur) et le registre très grave à « somnum » (sommeil) sont particulièrement saisissants. On trouve même un passage en faux-bourdon sur « Gloria patri », un retour à un moyen d'expression des Vêpres de 1610.

La plus audacieuse et la plus attrayante des mises en musique des psaumes est le premier *« Laetatus sum »* écrit sur une basse obstinée de 4 notes : *sol-sol-do-ré*, entendue 139 fois avant l'accord surprenant de *mi* maj. (6e degré) à « Gloria patri », et reprenant à « Et nunc et semper » pour 15 autres énonciations. La partition est écrite pour 6 voix et 5 instruments, utilisés le plus souvent par paires, selon la manière caractéristique de Monteverdi : les sopranos avec les violons, les ténors avec les trombones, les basses avec le basson. Un compositeur de moindre envergure aurait été vaincu par un ostinato contenant une cadence parfaite à chaque mesure, mais les dons et l'imagination de Monteverdi laissent toute sa fluidité à la musique.

Le volume conclut, après le *Magnificat* de Cavalli, avec la *Litanie de la Vierge* pour 6 voix. Il semblerait qu'elle ait été incluse dans une perspective commerciale — beaucoup de compilations musicales de messes et de psaumes se terminaient par une litanie — puisqu'elle avait déjà été publiée deux fois, en 1620 et 1626. L'œuvre est une louable contribution au répertoire des litanies déjà existantes qui servaient pour des occasions spéciales ou étaient ajoutées à la fin des vêpres ou des complies, surtout lors des fêtes de Marie.

Rééditions modernes — Par G. Fr. Malipiero, *in* Cl. Monteverdi. Tutte le opere, Asolo 1926-42, vol. XVI, 1942, 2/Vienne, UE, 1968, rév. par D. Arnold.

Bibliographie — D. Arnold, Monteverdi, Londres, Dent, 1975 ; J. H. Moore, Vespers at St. Mark's, Ann Arbor, UMI Research Press, 1981 ; P. Fabbri, Monteverdi, Turin, E.D.T., 1985 ; J. Roche, Monteverdi and the « prima prattica », *in* D. Arnold et N. Fortune (éd.), The Monteverdi Companion, Londres, Faber, 1985.

J. Roche

Messa di Gloria, de **Giacomo Puccini**, pour ténor, bar. et basse soli, chœur mixte à 4 voix et orchestre interprétée pour la 1re fois à Lucques, pour la San Paolino, saint évêque de Lucques, le 12 juil. 1880, par les élèves du Conservatoire Giovanni Pacini. (New York, Belwin Mills, 1951 ; Paris, Costallat, 1984 ; durée : 45 min environ.)

Le titre n'est pas de Puccini et ne se justifie pas. Le musicien avait indiqué simplement : *Messa a quattro voci con orchestra*. L'œuvre a été écrite pour l'examen de sortie du Conservatoire Pacini. Puccini y incorpora le *Motet* et le *Credo* composés deux ans auparavant et qui avaient connus un grand succès lors de la fête de San Paolino, le 12 juil. 1878. Le *Kyrie* sera utilisé dans son opéra *Edgar*, au 1er acte (1884-88) et l'*Agnus Dei* servira de madrigal dans *Manon Lescaut* (acte I). Cette messe décorative, jugée « quelque peu théâtrale » par Angeloni, le professeur de Puccini à Lucques, est l'œuvre la plus importante de la jeunesse du musicien. Elle révèle une aisance d'écriture remarquable, un lyrisme naturellement expressif et une manière ample de traiter les chœurs. Les influences sont nombreuses : Bellini, Verdi, Gounod et le Rossini du *Stabat mater.* Comme le *Credo,* tout à fait verdien, le chœur « Qui tollis peccata mundi » sonne comme une marche à la manière de *Nabucco.* Au milieu du *Gloria* le « Gratias agimus » du ténor a le caractère d'une aria d'opéra, tout comme les accents expressionnistes du « Crucifixus ». Puccini y fait valoir sa maîtrise et son habileté contrapuntiques, montrant ainsi que les leçons du Conservatoire de Lucques ont porté leurs fruits : canons, fugues, strettes se succèdent comme dans le début du *Kyrie* et dans le « Cum sancto spiritu » du *Gloria.* L'orchestre est traité avec soin et variété : fanfares de trompettes, interludes, accompagnements solides. Le prélude du *Kyrie*, uniquement aux instruments à cordes, crée une atmosphère de religiosité, alors que le début du *Gloria*, avec son motif triomphant, le contraste du « Et in terra pax » et les jolis mouvements de l'« Adoremus te » évoquent davantage le style de théâtre. L'œuvre se termine de bien curieuse façon, avec un délicieux *Agnus Dei* peu en rapport avec la solennité de l'ensemble.

Bibliographie — W. Elkin, Puccini's Messa di Gloria, *in* MT, août 1957 ; M. Carner, Puccini, Paris, Lattès, 1983, pp. 375-378.

Chr. Goubault

Messe, voir aussi Messes et Missa.

Messe, de **Giovanni Paisiello**, pour deux chœurs, soli et deux orchestres, « composée pour le Jour de la Proclamation de sa Majesté Impériale L'Empereur des Français Napoléon premier » (Ms., BN, Rés. Vma ms. 867). Exécutée à Notre-Dame de Paris le 2 déc. 1804, elle ne fut ni éditée ni rejouée. Plus de 400 musiciens avaient été appelés à cette occasion : les orchestres provenaient de la garde impériale auxquels s'ajoutaient les musiciens du Conservatoire. Les chanteurs étaient ceux de l'Opéra et les solistes les plus célèbres de l'époque : Mmes M. A. Armand, A. C. Branchu, Lelong, Letan, Manent et Pelet (sop.), MM. A. Nourrit et Roland (ténors), Fr. Lays (basse). J.-Fr. Lesueur dirigeait l'ensemble. La célébration de cette messe fut suivie d'un *Te Deum.* Pour la circonstance, le compositeur remania un *Te Deum* écrit en 1791 pour le roi de Naples.

Paisiello a conçu cette messe à la mesure de la célébration. Il a choisi deux chœurs et deux orchestres, non pour multiplier les parties, mais pour créer un effet « stéréophonique » (les deux ensembles alternent ou jouent à l'unisson). Les chœurs comportent deux parties de sop., une de ténor et une de basse. La prédominance de tessitures élevées évoque les voix angéliques par lesquelles s'exprime volontiers la foi religieuse au XIXe siècle. Homme de théâtre avant tout, Paisiello a néanmoins essayé d'aborder le sentiment religieux avec mesure et dignité. Fait exceptionnel à cette époque, il respecte l'intégralité du texte liturgique de l'ordinaire de la messe et ne cède que rarement à la virtuosité (dans le « Miserere nobis » du *Gloria*, le soprano s'élance vers l'aigu en de nombreuses vocalises).

1. *Kyrie* (Larghetto). Énoncé par les voix de femmes solistes puis repris par le chœur, le thème conjoint donne le ton de l'ensemble de la messe. Les deux chœurs participent au « Christe » qui, au contraire, s'affirme par des intervalles disjoints ; l'ensemble finit « sotto voce » avant la reprise du 1er « Kyrie ». **2.** Le *Gloria*, en six sections, commence par une série de vocalises chantées par toutes les voix du chœur, accompagnées par l'orchestre où gammes et arpèges se succèdent rapidement. La fin, « Cum sancto spiritu », est tout aussi brillante, cette fois grâce à la superposition des deux chœurs : les entrées fuguées du premier reposent sur les tenues statiques du second. Le passage le plus développé du *Gloria* est le « Domine Deus » où les solistes interviennent ponctuellement. Le « Qui tollis » donne lieu à un bel effet lorsque deux masses sonores (voix d'hommes et de femmes) se partagent la phrase sur le même accord mineur dans la nuance piano. **3.** Le *Credo* comporte quatre sections. Les deux chœurs commencent sur l'accord répété de *sol* maj. et gardent un ton décidé malgré quelques interventions solistes en duo. Paisiello choisit la douceur et l'intimité pour l'« Et incarnatus » et l'« Et resurrexit » confiés au sop. solo. L'accompagnement instrumental, très caractéristique de cette époque, se compose de cordes, harpe et cor obligés. L'élégance de la ligne vocale accompagnée par des triolets est très proche de la romance napolitaine chère au compositeur. **4.** Le *Sanctus*, très court, ne nécessite qu'un accompagnement de cordes. **5.** Également bref, l'*Agnus Dei* se fonde sur un des plus beaux thèmes de cette messe,

confié aux sop. des chœurs. D'une grande souplesse mélodique, la voix utilise sans excès l'étendue de sa tessiture, sur un accompagnement régulier de croches. **6.** Le *« Domine salvum fac imperatorem »* termine l'œuvre. Les deux chœurs se réunissent en un seul (5 v. et basse solo). Renforcés par des trp. et timb., les deux orchestres dialoguent pendant que l'ensemble choral, au centre, chante avec allégresse le couronnement de Napoléon.

Prêt à repartir pour l'Italie, Paisiello laissait derrière lui un témoignage de la grandeur napoléonienne. Par le traitement des masses sonores et l'utilisation d'effets théâtraux, cette messe, malheureusement oubliée, préfigure à sa manière la → *Grande Messe des morts* et le → *Te Deum* de Berlioz.

Bibliographie — O. Fleischer, Nap. Bonapartes Musikpolitik, *in* ZIMG III/11, 1902 ; A. Della Corte, Paisiello, Turin 1922, pp. 229-232 ; E. Faustini-Fasini, Paisiello in Parigi, *in* Rass. Taranta, juil.-sept. 1938 ; J. Mongrédien, La musique du sacre de Napoléon Ier, *in* RMie LIII/2, 1967.

P. Huet-Parrinello

Messe, de **Frank Martin**, pour double chœur a cappella, composée en 1922, à l'exception toutefois de l'*Agnus Dei*, postérieur de quatre ans, créée à Hambourg en automne 1963 par la Bugenhagen-Kantorei sous la dir. de Fr. W. Brunnert. (Kassel, BV, 1972 ; durée : 26 min environ.)

Comme Fr. Martin l'a dit lui-même, « ce fut là un travail absolument libre, gratuit désintéressé ». Il ajoutait : « En fait, je ne désirais nullement qu'elle fût exécutée, craignant qu'on la juge d'un point de vue esthétique. Je la voyais comme une affaire entre Dieu et moi. » Aussi resta-t-elle inédite pendant une quarantaine d'années. C'est pourtant une étape sur la voie de son style le plus personnel, exprimé dans → *Le Vin herbé* en 1938. Mais plus encore, c'est une « musique d'expression tout intérieure » comme il l'a définie lui-même.

Elle débute par un *Kyrie* très développé dans la première invocation, un peu moins dans la deuxième et bref dans la dernière. Les vocalises sont surtout réservées aux voix de femmes, les deux chœurs jouant entre eux soit dans un contrepoint mélodique très souple, soit en accords aux rythmes appuyés. La supplication gagne peu à peu en intensité pour aboutir, à son terme, à un grand apaisement. Le *Gloria*, dont l'intonation est donnée par les deux chœurs — il en va de même pour le *Credo* — frappe par la diversité de son style, en lien avec celle du texte mis en musique. Cela est sensible dès l'immense contraste établi entre les deux premiers membres de la phrase initiale, « Gloria in excelsis Deo [...] et in terra pax hominibus bonae voluntatis », opposant à la tension de la première affirmation la sérénité limpide de la seconde. Ce caractère varié marque toute la pièce avec ses jeux de rythme très souples (« Gratias agimus tibi ») faisant alterner croches et noires pointées ou, à l'inverse, ses tenues aux basses dans les demandes au Christ, « Domine Deus, qui tollis peccata mundi ». Un style à base d'imitations apparaît au terme, tel un hommage aux maîtres classiques (« Quoniam tu solus sanctus » et « Cum Sancto Spiritu »), développant légèrement ce dernier passage jusqu'à l'« Amen » donné en simple accord sur deux rondes. Le *Credo* est tout à fait comparable au *Gloria*. Il associe à l'affirmation ferme et catégorique de la foi une très grande variété de séquences, mettant à profit les données du texte. L'accentuation latine est judicieusement exploitée, surtout dans les formules admirables, « Deum de Deo, lumen de lumine, Deum verum de Deo vero ». La phrase « Et incarnatus est » est particulièrement significative du style de Fr. Martin, reprise dans l'*Oratorio de Noël* resté inédit et dans → *Golgotha*. L'âpreté du « Crucifixus » s'oppose à la légèreté de l'« Et resurrexit », d'abord réservé aux voix de femmes, comme le fut du reste l'annonce de la Résurrection, et qui gagne peu à peu les deux chœurs. Avec « Et in Spiritum Sanctum », on revient à l'affirmation initiale de la foi et le symbole s'achève en une totale certitude, avec force et puissance. Le *Sanctus* est d'une extrême souplesse, chant des anges en vérité, et fait contraste avec le « Pleni sunt coeli », puis le *Benedictus*, martelés, qui se souviennent sans doute des *Noces* de Stravinski. Un « Hosanna » développé conclut cette pièce avec vigueur. Enfin, l'*Agnus Dei* termine l'ouvrage sur une sorte de longue procession ou plutôt sur une prière d'intercession de forme presque litanique. Sur une base de noires à 5 ou 4 temps énoncée par l'un des chœurs, l'autre intervient plus librement. L'invocation est reprise 7 fois, avec de plus en plus d'intensité, faisant brusquement place à la phrase finale, « Agnus Dei, qui tollis peccata mundi, dona nobis pacem », construite sur des accords parallèles d'une extrême douceur.

Bibliographie — Voir celle de l'art. *Maria Triptychon.*

Dom A. Surchamp

Messe, d'**Igor Stravinski**, pour chœur mixte (si possible avec voix d'enfants) et double quintette à vent (2 htb., cor angl., 2 bassons, 2 trp. et 3 trb.), composée en 1944 (*Kyrie* et *Gloria*) et en 1947-48, créée à Milan, au Teatro alla Scala, le 27 oct. 1948, sous la dir. d'Ernest Ansermet. (Londres, Boosey & H., 1948 ; durée : 17 min environ.)

Le caractère essentiel de cette messe réside dans son hiératisme austère, conformément à l'intention du compositeur qui déclarait avoir voulu écrire « une musique très froide, absolument froide pour en appeler directement à l'esprit ». De fait, elle est, parmi toutes les œuvres importantes de Stravinski, la plus dépouillée et celle qui évoque le plus la musique d'un passé reculé. L'archaïsme renvoie ici aux monodies liturgiques (celles de l'Église orthodoxe aussi bien que du répertoire grégorien), mais ces modèles sont assimilés en profondeur et intégrés à un style original. Certains passages, d'autre part, évoquent la polyphonie médiévale, notamment l'Ars nova et Guillaume de Machault, tel le thème fugué du « Pleni sunt » dans le *Sanctus* :

Il est difficile cependant de savoir si ce dernier rapprochement est concerté ou fortuit. Le dépouillement de l'écriture va de pair avec l'absence d'expressivité liée au mot à mot du texte, d'où l'adoption d'un ton volontairement neutre et impersonnel. Par là, le compositeur souhaitait produire une œuvre éminemment liturgique : c'est pourtant en concert qu'elle a été créée et qu'elle reste le plus souvent exécutée.

La forme d'ensemble comporte 5 sections (le *Benedictus* étant rattaché au *Sanctus* selon la coutume primitive), symétriquement réparties autour du *Credo* central : le *Kyrie* et l'*Agnus* font intervenir le chœur avec les instruments tandis que des solistes vocaux introduisent un style plus orné dans le *Gloria* et le *Sanctus*. Le *Credo*, section la plus longue, consiste entièrement (à l'exception d'un bref « Amen » polyphonique) en une sorte de récitation syllabique, psalmodie harmonisée sur un rythme simple et uniforme, rappelant lointainement la liturgie orthodoxe. Le traitement du chœur présente une remarquable diversité ; tantôt prédomine la massivité des accords homophones, tantôt la linéarité du contrepoint affirme ses droits, souvent avec opposition entre l'une et l'autre, p. ex. dans le *Gloria*, où l'opposition est aussi celle des solistes et du chœur, et de même dans le *Sanctus*, où l'« Hosanna » homophone constitue le seul moment à forte intensité de toute l'œuvre. On relèvera une semblable variété quant au rapport mutuel des voix et des instruments, ces derniers soutenant les voix avec plus ou moins de liberté, ou engageant avec elles un dialogue tel celui de l'*Agnus*.

Bibliographie — E. W. White, Stravinsky, Londres, Faber, 1966, pp. 407-411, trad. fr. Paris, Flammarion, 1983 ; A. Boucourechliev, Stravinsky, Paris, Fayard, 1982, pp. 293-297.

J. Viret

Messe, de **Paul Hindemith**, pour chœur mixte (4 voix) a cappella, composée en 1963 et dédiée à Hans Gillesberger et au Wiener Kammerchor, créée sous la direction du compositeur à Vienne, à l'église des Piaristes, le 12 nov. 1963, lors d'une messe du soir, et en public le lendemain à la salle du Konzerthaus. (Mayence, Schott, 1963 ; durée : 20 min environ.)

Dernière œuvre achevée de P. Hindemith, qui devait mourir quelques semaines après sa création, cette messe révèle avec une clarté particulière les attaches profondes existant entre le style hindemithien de la maturité et la tradition polyphonique médiévale et renaissante, dans l'esprit plutôt que dans la lettre. Le compositeur l'a conçue comme la plus difficile techniquement parmi un ensemble de trois messes de difficulté variable, dont les deux autres n'ont pu voir le jour. Sous une forme concise, son écriture très dense adopte une démarche essentiellement contrapuntique, où l'indépendance linéaire des voix s'affirme tant sous l'angle mélodique que par une grande liberté rythmique (il s'agit sans doute, à ce dernier point de vue, de l'une des partitions les plus intéressantes de son auteur). Le style homophone n'en est pas banni pour autant : il confère notamment un relief plus massif au début de certaines parties (*Credo*, *Sanctus*, *Benedictus*). Par ailleurs, la trame polyphonique s'articule prioritairement sur les intervalles diatoniques de seconde majeure, quarte, quinte et septième mineure, lesquels régissent aussi bien la consonance des voix entre elles (dimension harmonique) que leur agencement mélodique individuel. Ce diatonisme mélodique quasi modal préserve la vocalité des lignes et des thèmes, tel celui qui ouvre le *Kyrie* et qui reparaîtra dans l'*Agnus Dei* :

Il va de pair avec l'emploi d'un chromatisme discret prenant par instants l'aspect de superpositions bitonales, mais demeurant toujours subordonné à la primauté des intervalles diatoniques d'où résulte une impression tonale claire.

Divers artifices contrapuntiques sont utilisés au cours des 6 parties, l'ostinato au premier chef. On rencontre ce procédé à la fin du *Credo* (« Et exspecto » : dessin de 3 mesures à la basse, entendu 7 fois) et dans une large portion du *Sanctus* (« Pleni sunt [...] Hosanna » : phrase de 8 mesures à l'alto, entendue 12 fois), alors que l'« Hosanna » terminant le *Benedictus* combine l'ostinato (à la basse : dessin entendu 9 fois) et la fugue (aux 3 autres voix : un sujet en valeurs longues traité en inversion et strettes). On signalera encore la mention jointe au *Benedictus* : « nach Art eines Faux-Bourdons » (à la manière d'un faux-bourdon), allusion à la marche en quartes et sixtes parallèles que présentent pour commencer les trois voix inférieures. La conclusion du *Gloria*, enfin, reprend l'intonation grégorienne initiale (*Gloria* II du *Kyriale*), qu'elle rythme librement et réexpose 4 fois en lui adjoignant 3 contre-sujets disposés en contrepoint renversable. Toutefois, ces artifices, aussi subtils soient-ils, évitent le piège d'un intellectualisme abstrait et ne nuisent point à la clarté d'une écriture admirablement conçue pour les voix d'un chœur entraîné.

Bibliographie — A. Briner, P. Hindemith, Zurich, Atlantis, et Mayence, Schott, 1971 ; A. U. Rubeli, P. Hindemiths a Cappella-Werke, Mayence, Schott, 1975.

J. Viret

Messe, de **Maurice Ohana**, pour sop. et mezzo-sop. soli, chœur mixte avec ténor solo, htb., clar., basson, trp., trb., orgue et percussion, commandée par le 31e Festival d'Avignon et France-Culture, composée en 1976-77, créée en l'église Saint-Agricol d'Avignon, le 31 juil. 1977 par Isabel Garcisanz (sop.), Nicole Oxombre (mezzo-sop.), l'Ensemble vocal de Provence (dir. Christine Prost) et un ensemble instrumental, sous la dir. de Daniel Chabrun. (Paris, Jobert ; durée : 35 à 40 min [28 à 32 min pour la version de concert].) L'œuvre a été composée primitivement pour une liturgie où la participation des fidèles était effective. Dans cette version, elle fait appel à deux solistes, chœur mixte, chœur de foule, htb., trp., orgue et percussion.

« Archétype par excellence, le texte sacré, créé à travers les âges par des hommes inspirés, ajoute à son évidente spiritualité une valeur phonétique dont les pouvoirs et le mystère appellent la vocalise, la psalmodie, l'antiphonie et le répons comme un support spontané partagé entre la liberté et la rigueur, manière de chanter qui capte l'instinct de tous les peuples de tous les temps de l'humanité » (M. Ohana). Les voix instrumentales ont une conception vocale et réciproquement (style syllabique du tutti orchestral, chuchotement scandé monocorde du chœur). La vocalise soliste (*Kyrie*, *Agnus Dei*), le bicinium a cappella des sopranos et mezzos (*Kyrie*, *Trope*), l'acclamation psalmodique ou polyphonique du chœur (*Gloria*), la technique ancestrale du trope, la récitation « africaine » rude, la berceuse de type blues, les glissandi vocaux (*Alleluia*), l'éclatement en trilles de la matière musicale ou en phonèmes du texte sacré sont autant d'artifices naturels pour cette célébration spontanée qui s'ordonne rituellement en 10 moments de concentration et de contemplation. Pour le concert : 1. *Entrée*, 2. *Prélude*, 3. *Kyrie*, 4. *Gloria*, 6. *Alleluia*, 8. *Trope*, 9. *Sanctus*, 10. *Agnus Dei*. Pour la célébration viennent s'ajouter 5. *Epître* et 7. *Psaume*.

Bibliographie — Chr. Prost, texte de présentation du disque de la coll. MFA, Radio-France-Erato, Paris, Costallat, 1983 ; de la même, Catal. raisonné, *in* RM, nos 351-352, Paris, Richard-Masse, 1982 ; cf. également RM, nos 391-393, 1986.

P. A. Castanet

Messe « Ad coenam Agni providi », de **Giovanni Pierluigi da Palestrina**, voir Missa « ad fugam ».

Messe « Aeterna Christi munera », de **Giovanni Pierluigi da Palestrina**, pour 4 voix mixtes a cappella, parue à Rome, en 1590, dans son cinquième livre de messes, *I.P. Praenestini* [...] *Missarum* [...] *Liber quintus*. (Durée : 20 min environ.) C'est l'une des plus populaires parmi les messes de Palestrina : son *Sanctus* fut choisi en 1880 par R. Wagner, annoté par lui de pair avec un *Magnificat* et le → *Stabat mater* du même compositeur, pour être envoyé à un comité romain qui l'avait sollicité en vue d'honorer le maître polyphoniste.

Le matériau thématique de l'œuvre provient presque entièrement d'une hymne grégorienne de matines appartenant au Commun des Apôtres et Évangélistes. Sa mélodie est en mode de *sol* authente, mais l'absence de sous-tonique *(fa)* permet de l'entendre également en mode de *fa* avec *si* ♭. De fait, les livres de chœur employés à l'époque de Palestrina la notent sur tonique *do*, « mode ionien » selon la terminologie codifiée en 1547 par Glaréan. Or ce mode était d'ordinaire transposé sur tonique *fa* (avec *si* ♭ à la clé). C'est précisément à cette transposition que se réfère la messe de Palestrina, composée donc pratiquement dans le ton de *fa* majeur. Les 4 vers de la strophe hymnique se chantent sur trois phrases mélodiques A, B et C (A étant reprise pour le 4e vers), dont les deux premières peuvent se fractionner en deux éléments distincts pour devenir les motifs générateurs de la messe (A[1], A[2] et B[1], B[2]) :

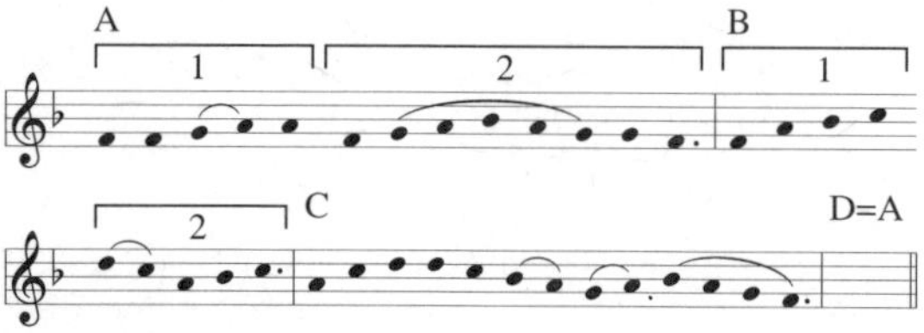

Conformément à l'habitude, le *Kyrie* sert en quelque sorte d'exposition pour présenter le matériau thématique de toute la messe. Ici, les trois thèmes sont tour à tour développés en imitations contrapuntiques par les deux « Kyrie » et le « Christe » central : les deux premiers en strette et le troisième accompagné d'un contrechant libre (analogue au contre-sujet d'une fugue classique). Là comme ailleurs, une absolue liberté prévaut quant au traitement des motifs grégoriens : non seulement ceux-ci se voient attribuer un rythme mesuré, mais des notes peuvent leur être ajoutées ou retranchées ; du thème C, p. ex., n'est retenu que le fragment délimité par ses deuxième et huitième notes (la deuxième note étant de plus répétée). Cette liberté rend parfois flottante la limite entre l'utilisation des thèmes liturgiques et l'inspiration originale, laquelle se soumet étroitement au modèle grégorien. Ainsi en va-t-il tout particulièrement pour le *Gloria* et le *Credo*, comme en témoigne dans le *Credo* l'« Et incarnatus est » :

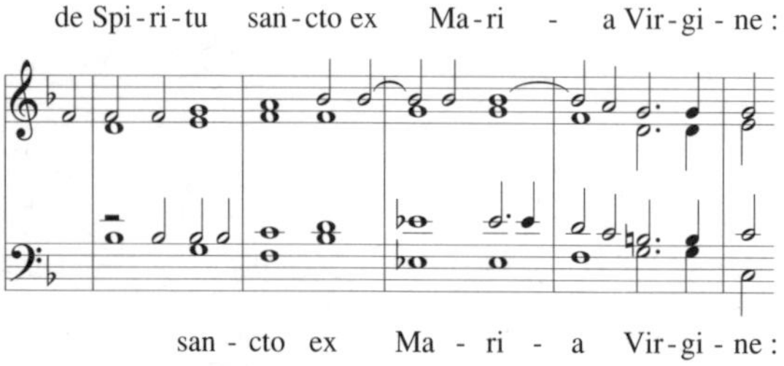

Le soprano reprend, en l'amplifiant par des répétitions de notes (mais en omettant la dernière d'entre elles), le thème B[2] que le ténor imite à la quinte malgré l'aspect homophone de l'ensemble. On notera aussi la subtilité harmonique due au rapprochement des accords de *mi* ♭ maj. et de *sol* maj., ainsi que la fonction de basse harmonique que tend à revêtir la voix grave. Ce dernier point vaut pour toute la messe et confère à son langage un caractère déjà nettement tonal : les 4 voix se meuvent dans le cadre du ton de *fa* maj., avec des altérations occasionnelles (aux cadences surtout) sur les sensibles des tons voisins de *do* maj., *sol* et *ré* min., d'où impression modulante (de même vers *si* ♭ maj. par bémolisation du *mi*).

On soulignera enfin le soin apporté à la prosodie et à l'intelligibilité du texte ainsi que l'heureuse progression sonore obtenue, dans les ultimes sections, par l'accroissement du nombre de voix : « Benedictus » à 3, « Hosanna » et « Agnus » I à 4, « Agnus » II à 5 par dédoublement du ténor.

Rééditions modernes — Par Fr. X. Haberl, *in* Pierluigi da Palestrina's Werke XIV, Leipzig, Br. & H., 1882 ; par R. Casimiri, *in* G.P. da Palestrina. Le opere complete, Rome 1939 et suiv., vol. XV.

Bibliographie — J. Samson, Palestrina ou la poésie de l'exactitude, Genève 1939.

J. Viret

Messe à huit voix et huit violons et flûtes, de **Marc-Antoine Charpentier**, composée dans les années 1670. (Durée : 45 min environ.)

C'est sans doute le chef-d'œuvre des 11 messes connues de M.-A. Charpentier. Sa partition est divisée en deux groupes : premier (quelques fois petit) chœur et second chœur, chacun avec voix et instruments, l'ensemble soutenu par une basse chiffrée. A plusieurs endroits, Charpentier prévoit que « l'orgue joue un couplet ou, s'il n'y a point d'orgue, il faudra jouer quelque symphonie ». Entre le *Sanctus* et le *Benedictus*, il intercale une élévation sur le texte *« O salutaris hostia »*, conformément à la tradition franco-espagnole d'un motet servant de prière d'adoration après la transsubstantiation. Les ariosos y alternent avec des récitatifs. Les symphonies sont nombreuses : elles encadrent les *Kyrie*, Sanctus et *Agnus Dei* comme mouvements autonomes, mais s'insèrent aussi dans la trame de la partition. Les indications précises du compositeur abondent dans l'autographe : « Faites icy un grand silence », « suivez à l'aize », « tous fort », « à voix basses », « plus lent », etc., et les ornements sont généralement réalisés.

La science et la maîtrise du contrepoint le plus complexe apparaissent bien dans le « Cum Sancto spiritu » du *Gloria*, dans le « Descendit de caelis » ou l'« Et vitam venturi saeculi » du *Credo* et l'on comprend sans peine que Marpurg ait classé Charpentier parmi les maîtres les plus illustres de l'écriture sévère ; on ne peut s'empêcher de penser à ce que le compositeur enseignait au prince d'Orléans : « Que les Italiens ne font jamais une fugue seule mais trois ou quatre dans le même temps, ce qui rend leur musique admirable. » L'extraordinaire liberté de la polyphonie de Charpentier aboutit à des harmonies aussi inattendues que celles-ci dans le *Credo* (mes. 217-221) :

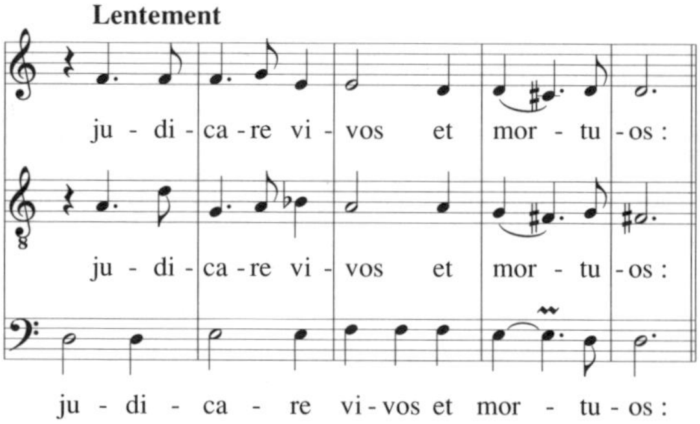

Pourtant, ce n'est pas la science ni le métier qui s'imposent dans cette messe, pour éminents qu'ils soient ; c'est la profondeur de l'expression, atteignant dans le « Crucifixus » la douleur infinie des Passions de J. S. Bach ou affirmant dans les modulations de l'« Et iterum venturus est » une foi rayonnante et triomphale. Cette musique, méditative et contemplative, naît d'une longue familiarité avec les textes du missel, que l'on observe p. ex. dans les répétitions si théologiques du « Propter magnam gloriam tuam ». Et cette profonde nostalgie que l'on sent sourdre, apaisée, malgré la réserve d'une partition destinée à la liturgie solennelle, et qui jaillit de l'âme du musicien, de participer, comme il l'a dit lui-même dans son épitaphe latine, « à ces sacrés concerts d'anges ». Une œuvre comme cette messe montre pourquoi les Dames de Port-Royal-des-Champs avaient fait de M.-A. Charpentier leur compositeur d'élection.

Éditions modernes — Par C. de Nys, Londres, OUP, 1970.

Bibliographie — G. Massenkeil, M.-A. Charpentier als Messenkomponist, *in* Culoquil amicorum : J. Schmidt-Görg zum 70. Geburtstag, Bonn 1967 ; H.W. Hitchcock, Les œuvres de M.-A. Charpentier, Paris, Picard, 1982 ; C. Cessac, M.-A. Charpentier, Paris, Fayard, 1988.

C. de Nys

Messe « Albanus », l'une des 6 messes à 5 voix que composa **Robert Fayrfax** dans la 1re décennie du xvie siècle. Selon l'usage anglais, elle ne comporte pas de *Kyrie* et fut écrite pour la fête de saint Alban, patron de l'abbaye où le compositeur exerçait les fonctions d'organiste et de chef de chœur. Un « cantus firmus » de 9 notes y apparaît, reprenant la mélodie d'un vers d'une antienne du 2e nocturne de l'office rythmique du saint, mélodie déjà utilisée par J. Dunstable comme ténor de son motet *« Albanus Domini laudans »*. Fayrfax fait intervenir le « cantus firmus » au ténor sous 4 formes :

Ainsi le rencontre-t-on 5 fois dans le *Gloria* : droit (mes. 14-22), en récurrence (mes. 30-36), de nouveau droit puis récurrent (mes. 74-90) et enfin droit (mes. 116-122). Avec le *Credo* commencent les transpositions sur degrés conjoints descendants, puis ascendants : renversements sur *ut* (mes. 24-30), sur *si* ♭ (mes. 31-39), sur *la* (mes. 39-46), puis récurrence renversée sur *la* (mes. 121-126), sur *si* ♭ (mes. 126-131) et sur *ut* (mes. 132-137). Enfin, il revient en renversement sur *fa* (mes. 138-149). Mais ce « cantus firmus » peut également figurer aux autres voix (Agnus Dei, III, « Dona nobis pacem ») ou encore présenter une « talea » (ténor Agnus Dei III, « qui tollis », mes. 90-101). Bien que court et peu intéressant mélodiquement, le « cantus firmus » offre une impressionnante diversité de traitements, n'engendrant jamais la monotonie. Son intervention est toujours liée à l'édifice à 6 voix, les pièces ou les sections commençant par de longs passages en trio d'où il est exclu. Le compositeur pratique dans ces trios l'opposition de groupes vocaux différents (*Gloria*, « quoniam », mes. 91-112) créant ainsi d'intéressants jeux de timbres. De courtes imitations circulent entre les voix (*Credo*, « unigenitum », mes. 17-22), ou encore des séquences (*Sanctus*, mes. 66-70), renforçant ainsi la cohérence des fragments sans « cantus firmus ». Les lignes mélodiques, de large ambitus, comprennent de longs mélismes, notamment sur des mots lourds de sens comme « sepultus » (*Credo*, mes. 81-92). Enfin, la rythmique offre une grande diversité, en particulier par l'emploi de syncopes.

On pourra sans doute s'étonner de la largeur de l'ambitus sonore exploité dans ce texte,

et également de l'écriture très aiguë du supérius. Il ne faut pas oublier que la notion de hauteur absolue est une acquisition récente et que, lors de l'exécution, on transposait à la hauteur qui convenait le mieux aux interprètes.

Sources principales — Cambridge, Gonville and Caius Medical College, Gonville and Caius Ms. 667, 174-189 ; Londres, Libr. of Lambeth Palace, Lambeth Ms. 1, 33-48.

Éditions modernes — Par E. B. Warren, *in* R. Fayrfax. Collected Works, I The masses, CMM 17, Amer. Inst. of Musicology, 1959.

Bibliographie — A. Hugues, The Works of R. Fayrfax, *in* ML XXX, 1949 ; du même, An introduction to Fayrfax, *in* MD VI, 1952 ; G. Reese, Music in the Renaissance, New York, Norton, 1954, 2/1959, pp. 775-776 ; D. Stevens, Tudor church music, New York 1955, p. 32 ; E. B. Warren, Life and works of R. Fayrfax, *in* MD XI, 1957 ; du même, The masses of R. Fayrfax, *ibid.* XII, 1958 ; Fr. Ll. Harrison, Music in Medieval Britain, Londres 1958, pp. 263-266.

D. Patier

Messe « Allez regretz », messe polyphonique à 4 voix, attribuée à **Josquin des Prés** dans l'une des deux sources manuscrites où elle est conservée (Jena 21, manuscrit fabriqué vers 1521-25). La rareté des sources, leur date tardive — la seconde, Stuttgart est datée de 1538 —, l'absence exceptionnelle d'édition imprimée, même posthume, amènent à considérer avec une certaine prudence l'attribution à Josquin. J. Noble classe cette œuvre parmi les attributions douteuses, même si l'authenticité semble avoir été acceptée par A. Smijers et H. Osthoff. L'examen stylistique ne semble pas permettre de trancher de manière définitive mais inciterait plutôt à la prudence tant cette messe se distingue parmi les autres du compositeur.

Son mode d'élaboration la classe d'emblée parmi les messes-parodies. Josquin prend son matériau dans une chanson célèbre du musicien franco-bourguignon Hayne van Ghizeghem, le rondeau → *« Allez regretz »*, bien connu à la cour de Flandre, où d'ailleurs le Ms. 21 de Jena a été préparé par Alamire pour être ensuite envoyé à Frédéric de Saxe. C'est cette chanson qui ouvre le Ms. 11239 de Bruxelles, l'un des → Albums de Marguerite d'Autriche. Elle fournira aussi le matériau de trois autres messes polyphoniques, une anonyme (Cambrai, Ms. 18), une de Johannes Prioris (Rome, Sist. Ms. 35), la dernière de Loyset Compère, d'ailleurs fautivement attribuée à Josquin dans le Ms. 51 de Leipzig.

Le mode d'emprunt principalement mélodique à la polyphonie préexistante confère à cette messe une sonorité très « chansonnière ». Elle est surtout accusée dans les *Gloria* et *Credo*, où, en raison de la longueur du texte, le compositeur a choisi une déclamation rigoureusement syllabique, souvent homophone et relativement rapide, dans une prosodie à la minime en binaire (temps imparfait : C). Dans le *Gloria*, le supérius réemploie systématiquement le cantus de la chanson en adaptant le rythme au texte liturgique, comme le montre la comparaison des deux premières phrases. Les emprunts occasionnels à d'autres voix du modèle, en particulier le ténor, sont fondés sur le même procédé. Les deux parties du rondeau sont exactement répercutées sur les deux parties du *Gloria*, divisé par une double barre après le verset « Domine Deus, Agnus Dei, Filius Patris », qui coïncide avec le signe de répétition du rondeau. Il en est à peu près de même dans le *Credo*, mais la cadence suspensive de la coupe à mi-strophe y est prolongée par une coda conclusive qui vient se confondre avec les autres arrêts du même type. En revanche, la dépendance du modèle est cette fois un peu distanciée et subtilement formalisée. C'est le ténor de la chanson qui est mis à contribution, réutilisé par le ténor de la messe d'une manière similaire à ce qu'on a observé dans le *Gloria* : mais ses interventions, contrepointées à 4 voix, sont ponctuées par des développements libres à 3 ou 2 voix, produisant ainsi une alternance antiphonale qu'on peut aussi remarquer dans le *Gloria*. En outre, l'énoncé complet du matériau de la chanson, au ténor (de « Et in unum Dominum » à « Qui ex Patre Filioque procedit ») se trouve encadré de deux développements symétriques qui puisent leur intervention dans un fragment du ténor du rondeau (fin de la 1re partie) : la construction formelle produit ainsi comme un écho de la forme originelle de la chanson. Dans les derniers versets, le motif emprunté au ténor est traité à la manière d'un ostinato, répété à 8 reprises et donnant lieu à des imitations des autres voix autour du ténor.

Autour de ces deux mouvements centraux, très homogènes, caractérisés par leur débit déclamatoire, les autres parties (*Kyrie*, *Sanctus*, *Agnus*) ont tendance à se regrouper autour d'une sonorité commune, même si l'*Agnus* se distingue partiellement par un usage particulier des canons et par l'exploitation du même motif de ténor que la fin du *Credo*. La technique archaïsante du faux-bourdon, avec la doublure du ténor en quartes parallèles, confère à l'*Agnus* I une sonorité très particulière, à laquelle s'ajoutent la transposition par quarte et la rétrogradation, conformément au canon : « Egrediens per dyatessaron calcem duplando, Regredictur oscius [...] repetendo. » Comme le *Gloria*, le *Kyrie* exploite essentiellement le supérius du rondeau, entièrement chanté par le supérius à l'exception d'un passage à 3 voix du *Kyrie* II où ce rôle est confié au contraténor. Quelques allusions au ténor viennent s'y superposer. Si le modèle mélodique figure de manière relativement exacte, c'est dans le *Sanctus*, cependant, qu'on trouve la citation la plus rigoureuse. Dans les deux premières parties (*Sanctus* et *« Pleni sunt »*), le cantus du rondeau est chanté avec une parfaite exactitude par le supérius, respecté jusque dans les silences. Mélodiquement, il s'agit donc strictement d'un « contrafactum ». Dans le *Hosanna*, le procédé est transféré au ténor qui reproduit aussi le ténor de la chanson au prix de quelques aménagements rythmiques qui laissent quasiment intactes les durées globales. Le *Benedictus*, à 3 voix, en revanche, se présente comme un travail contrapuntique assez libre à partir de quelques motifs empruntés aux différentes voix du modèle (supérius et ténor) et paraphrasés en imitation. C'est là que la parodie prend, ponctuellement, une dimension plus réellement polyphonique, conforme à l'usage que le XVIe s. se chargera de développer. L'attachement manifeste à une exploitation mélodique du modèle polyphonique laisse justement penser que cette œuvre est encore profondément inscrite dans le XVe s. (v. 1480-1490), c-à-d. approximativement contemporaine de la chanson de Hayne.

Rééditions modernes — Par A. SMIJERS, *in* Werken van Josquin des Prés, 43e livr., Amsterdam et Leipzig 1923, 2/Amsterdam, Vereniging voor Nederlandse Muziekgeschiedenis, 1979.

Bibliographie — H. OSTHOFF, Josquin Desprez, 2 vol., Tutzing 1962-65 ; E. LOWINSKY, Josquin des Prez, Londres, OUP, 1976.

J.-P. OUVRARD

MESSE « ALLEZ REGRETZ », de **Loyset Compère**, voir « ALLEZ REGRETS ».

MESSE « ASSUMPTA EST MARIA », de **Giovanni Pierluigi da Palestrina**, pour 6 voix a cappella (S S A T T B), composée avant 1586. (Durée : 25 min environ.)

Bien que n'ayant pas été imprimée du vivant de son auteur, cette messe a rencontré d'emblée une faveur dont témoigne le nombre des copies manuscrites conservées ; elle a été unanimement reconnue depuis lors comme l'une des plus remarquables parmi toutes les messes du maître romain. Fr. Baini, premier biographe de ce dernier, rapporte (*Memorie*... II, p. 165) l'effet grandiose produit par le *Benedictus* de cette messe lorsqu'il fut chanté en 1798 à un concert organisé pendant l'occupation française de Rome. Cette célébrité s'explique tant par la beauté et la richesse de l'écriture polyphonique que par la vitalité d'une inspiration où « tout fuse et s'élance avec un éclat et un mouvement extraordinaires » (F. Raugel). Inspiration portée par la substance musicale que Palestrina a puisée dans son propre motet → *« Assumpta est Maria »*, dont cette messe est la parodie. Par-delà l'emprunt des thèmes principaux communs aux différentes parties de celle-ci, c'est toute l'atmosphère d'allégresse lumineuse et légère imprégnant le motet — dans la modalité majeure de *sol* — qui rayonne sur l'ensemble de la messe et en féconde les développements.

Le thème essentiel, calqué sur l'intonation de l'antienne grégorienne, ouvre chacune des parties comme il ouvre le motet ; son dessin ascendant caractéristique donne lieu dans le *Sanctus*, p. ex., à un canon libre des deux sopranos.

A ce thème de base, employé surtout en situation introductive, s'en adjoignent deux autres reparaissant à diverses reprises. L'un, simple motif de quelques notes (a), figure dans le motet au début de la seconde partie : la messe le fait entendre dans le *Kyrie* (« Christe » et second « Kyrie ») puis dans le *Benedictus* et l'*Agnus Dei* (2e « Agnus »). L'autre, plus ample, étend la parenté thématique aux voix de la polyphonie (b) ; exposé trois fois, selon des dispositions variées, vers la fin de chacune des deux parties identiques du motet, il y assume une fonction conclusive qu'il garde dans la messe : on le retrouve en effet, toujours plusieurs fois répété, à la fin du *Kyrie*, du *Gloria*, du *Credo*, du *Benedictus* (faisant corps avec le *Sanctus*) et de l'*Agnus Dei*.

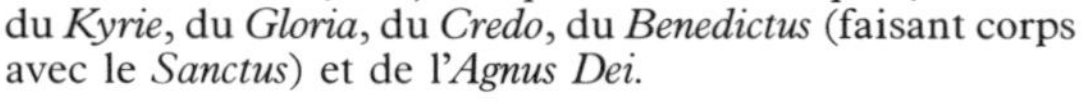

D'autres emprunts sporadiques peuvent être décelés : ainsi le premier « Hosanna », qui conclut le *Sanctus*, reprend en le simplifiant le large enchaînement d'accords qui dans le motet soulignait les mots « omnes recti corde » (quant au second « Hosanna », il n'est pas une redite du premier, mais revêt l'aspect d'un développe-

« *Miserere mei Deus* » de J.-B. Lully (1664). Détail de la tapisserie « Le Baptême du Dauphin » : Lully dirigeant ses musiciens à la tribune (déb. XVIIIe).
Musée national du château de Versailles. Ph. © Réunion des Musées nationaux.

Messe « Dixit Joseph » de R. de Lassus (1566-68).
Miniature de H. Mughlich (1565-70) : le compositeur dirigeant une œuvre vocale à la cour du duc de Bavière.
Bayerische Staatsbibliothek, Munich. Ph. © de la bibliothèque.

Miniature attribuée à un élève de J. Le Tavernier (« Traité sur l'oraison dominicale », XVe siècle) : Philippe le Bon assistant à une messe chantée par la Chapelle de Bourgogne.
Bibliothèque royale Albert-Ier, Bruxelles. Ph. © de la bibliothèque.

Messe avec chantres, prédelle d'un polyptyque d'Andrea Orcagna (XIVe siècle). Église Santa Maria Novella, Florence, *Ph. © Scala.*

Messe « mi-mi » de J. Ockeghem (XVe siècle).
Kyrie (manuscrit de la chapelle Sixtine).
Biblioteca Apostolica Vaticana, cité du Vatican.
Ph. © de la bibliothèque-Photeb.

Messe de Notre Dame de G. de Machault
(XIVe siècle). Credo.
Bibliothèque nationale, Paris. Ph. © Bibl. nat.-Photeb.

Messe « la sol fa ré mi » de Josquin des Prés (déb. XVIe siècle). Kyrie.
Biblioteca Apostolica Vaticana, cité du Vatican. Ph. © de la bibliothèque-Photeb.

ment fugué sur le thème principal, seule section en rythme ternaire de la messe). Autre enchaînement harmonique typique, celui des fonctions I - IV - I également en évidence dans le motet et la section initiale du *Kyrie* ; et c'est aussi une même succession d'accords qui commente dans le motet les mots « benedicunt Dominum » et dans le *Credo* de la messe « adoratur » et « conglorificatur ».

Certains traits structuraux sont communs à beaucoup d'autres messes palestriniennes : réduction de l'effectif aux voix aiguës (suppression ici de la basse et du ténor II) dans le « Crucifixus » et le *Benedictus* ou aux voix graves (suppression des deux sopranos) dans le « Christe » du *Kyrie* ; *Credo* subdivisé en trois sections et adoptant une écriture plus austère et plus syllabique. Cette écriture cultive de façon générale une exemplaire fluidité et une impression de clarté, à laquelle n'est point étranger un sentiment tonal qui s'accuse par-delà les tournures encore modales de la mélodie.

Sources — Plusieurs copies manuscrites d'époque : la plus ancienne (fonds de la chapelle Sixtine, Cod. 76) peut être datée de 1585-86 : la composition est donc antérieure ou contemporaine à cette date. Autres copies : même fonds Cod. 127 et 137, et Bibl. Vat. Cod. 3386 (avec en annexe un autre « Christe »). Une édition de luxe de cette messe a été réalisée sans indication de lieu ni de date, probablement à Rome entre 1612 et 1630.

Rééditions modernes — Par C. Proske, *in* Selectus Novus Missarum I/2, Regensburg, 1857 ; par Fr. X. Haberl, *in* Pierluigi da Palestrina's Werke XXII, Leipzig, Br. & H., 1888 ; par L. Bianchi, *in* G. P. da Palestrina. Le opere complete, Rome 1939 et suiv., vol. XXV.

Bibliographie — G. Baini, Memorie storico-critiche da G. P. da Palestrina, Rome 1828, réimpr. Hildesheim, Olms, 1966 ; Fr. X. Haberl, préface à son édition ; F. Raugel, Palestrina, Paris 1930.

J. Viret

Messe « Assumpta est Maria » (*Assumpta est Maria, Missa sex vocibus cum simphonia*) de **Marc-Antoine Charpentier** (H 11), pour 2 sop., 2 hautes-contre, 2 ténors et 2 bar. soli, chœur à 5 et 6 parties (S [S] HC T Bar), 2 fl. à bec, vl., 2 parties d'alto et b.c. (orgue, basse de vl. et bassons), composée entre 1698 et 1703. (Durée : 34 min environ.)

C'est probablement la dernière mais certainement la plus étendue et la plus travaillée des onze messes subsistantes de Charpentier. Elle a été écrite pour l'une des cinq occurrences de la fête de l'Assomption (15 août), alors que dans les dernières années de sa vie il était maître de musique à la Sainte-Chapelle de Paris. H. W. Hitchcock la décrit comme le chef-d'œuvre de ses messes. De la nature de l'écriture, il ressort clairement que Charpentier avait à sa disposition des chanteurs très capables, à la fois dans le petit et dans le grand chœur. Les noms de trois chanteurs de la chapelle, MM. Dangoulesme, Molaret et Royer figurent sur la partition autographe au « Christe ». Néanmoins, la plus grande partie de la musique destinée aux solistes est écrite en duo ou en trio, avec de fréquentes alternances entre un groupe de deux ou trois voix graves et les trois voix élevées, tout particulièrement dans le *Credo* (« Et in unum Deum »).

En dépit du titre original, les soli sont partagés entre 8 chanteurs, tandis que l'écriture vocale est dans la plupart des cas à 5 voix (S HC T Bar B), comme il est de coutume dans les grands motets versaillais, avec seuls quelques brefs passages où les sopranos sont divisés pour former un chœur à 6 voix. La raison pour laquelle Charpentier s'est écarté de son habitude d'écrire pour un chœur à 4 voix seulement — alors qu'il maintient cette texture à l'orchestre — n'est pas claire ; l'explication peut résider dans le fait que cette messe comporte une mise en musique somptueuse du *« Domine salvum fac regem »* (Seigneur, conservez le roi) qui lui est rattaché, suggérant que le roi était présent à cette occasion, ce qui serait la raison de la richesse et des proportions impressionnantes de l'œuvre tout entière. Elle pourrait avoir été écrite pour la fête de l'Assomption lors de la première année du compositeur à la Sainte-Chapelle (1698) ; quelques jours plus tard, le 25 août (fête de Saint-Louis), une musique très complexe (incluant un *« Domine salvum fac regem »*) y fut donnée lors d'une visite de Leurs Majestés britanniques exilées en France, Jacques II et Mary Modena, ce qu'a démontré M. Brenet.

Les termes de la page de titre nous rappellent également que le mot « symphonie » avait deux sens dans la musique française du temps : l'indication du tutti orchestral plutôt que des seules cordes et la description d'une brève introduction ou d'un interlude orchestral. Au sujet des préparatifs à la visite de Jacques II en 1698, les archives de la Sainte-Chapelle indiquent « [le] costé gauche où sera placé le corps de musique et la simphonie » (les instrumentistes ne faisaient pas partie du personnel musical permanent), tandis que dans la partition de l'œuvre on relève des indications telles que « on rejoue la symphonie de devant le Kyrie ». On pourrait avancer que l'emploi par Charpentier d'une écriture orchestrale à 4 parties, à la place de celle à 5 parties habituelle depuis Lully, reflète son expérience italienne mais la disposition des instruments est essentiellement française, avec une seule partie de dessus (vl. et fl., parfois divisés lorsque la partie de basse se tait), deux parties d'alto et basse continue.

Cependant sur plus d'un point, l'œuvre est un amalgame d'éléments italiens et français. L'influence italienne est évidente dans des procédés expressifs tels que l'emploi d'accords de quinte augmentée, de septième, de neuvième et d'autres dissonances recueillies auprès de Carissimi, puis adoptées par des compositeurs tels que M.- R. Delalande et N. Bernier, ainsi que de figurations animées en doubles croches. Les contributions françaises les plus évidentes dans le style du compositeur sont les mélodies raffinées avec leurs notes inégales implicites comme dans le « Christe » et le « Gratias agimus » du *Gloria*.

Pour les mouvements introductif et conclusif, Charpentier suit le modèle de sa → *Messe de minuit* en faisant appel à la pratique de l'alternance dérivée de la messe pour orgue. C'est ainsi que la nature tripartite du *Kyrie* est mise en évidence par le fait que le premier « Kyrie » est assigné à l'orchestre, le second partagé entre un petit chœur de deux sopranos et une basse et le grand chœur, le troisième confié à l'orgue. Comme dans sa *Messe de minuit*, Charpentier n'offre aucune musique à l'organiste qui était manifestement censé improviser. Après le « Christe » chanté par le trio formé par la haute-contre, le ténor et la basse, la séquence du « Kyrie » est répétée comme précédemment. Le premier motif de la symphonie introductive de 46 mesures sert également de base à la version vocale du deuxième « Kyrie ». La symphonie débute de façon inhabituelle par un passage en imitation, d'abord avec les dessus (fl. à bec et vl.) bientôt suivis par les hautes-contres de violons (1ers altos) puis par les tailles de violon (2es altos) ; cette écriture à 3 voix est maintenue jusqu'à la mesure 13, lorsque entre la basse continue. Cette douce entrée en matière, quelque peu éthérée, est aussi saisissante de nos jours qu'elle a dû l'être lors de sa première exécution et démontre amplement l'habileté contrapuntique du musicien. Si l'on tient compte des versets d'orgue improvisés, le *Kyrie* introductif est aussi long que le *Credo* (quelque 10 min dans chaque cas) **A**.

Le *Gloria* se divise en 7 sections alternant entre le grand chœur et un trio de voix solistes. Par deux fois, l'écriture chorale s'agrandit à 6 parties réelles : dans le « Laudamus te » et le « Gratias agimus », qui rélèvent tous deux fortement du style des oratorios de Carissimi. Des trois sections pour petit chœur, deux sont pour baryton, ténor et haute-contre, entrant chaque fois dans cet ordre, et la troisième pour deux sopranos et haute-contre. Le premier de ces passages est constitué en fait par trois solos successifs, quasiment les seuls de toute l'œuvre, le « Domine Deus rex coelestis » du baryton, un dialogue énergique avec la basse continue, et les solos suivants qui inversent les mêmes éléments ou les développent. Le « Cum Sancto Spiritu » final est un chœur d'une grande vitalité formé de 36 mesures et qui s'achève par une cadence plagale majestueuse s'étendant sur les 6 dernières mesures.

Le *Credo* est sans nul doute le couronnement d'une œuvre dans laquelle l'inspiration se maintient constamment à un haut niveau. La plus grande partie du texte est confiée aux cinq voix solistes alternant par groupes de deux ou de trois (en général deux sopranos et haute-contre dialoguant avec haute-contre, ténor et baryton) ; au grand chœur et à l'orchestre sont également dévolus des moments significatifs. A cette variété des formations correspondent avec une égale fréquence des changements de mesure, des alternances entre homophonie et polyphonie ainsi qu'entre des lignes mélodiques simples et fortes et des points d'imitation ornés. Petit chœur et grand chœur se partagent les déclarations initiales et, pour les moments plus impressionnants, exposent tous deux chaque verset comme dans « Et homo factus est » où la puissante cadence finale est suivie par la rubrique : « passez à la suite après un grand silence ». Le « Crucifixus » qui suit est typique de l'écriture pour les trois voix graves et l'agonie du Christ est illustrée graphiquement par un emploi plus abondant des altérations (souvent au continuo plutôt qu'aux voix) **B**. Ce trio ouvre la plus longue section pour les groupes tirés du petit chœur (accompagnés par la basse continue), s'achevant par « cujus regni non erit finis ». Le grand chœur et l'orchestre réapparaissent pour le finale, troisième section du *Credo*, commençant par « Et in Spiritum Sanctum » et menant à l'énorme climax « Et in unam sanctam catholicam et apostolicam Ecclesiam », sommet de l'œuvre autant que du *Credo*. Charpentier considérait sans doute que lors de la fête de l'Assomption c'était l'autorité de l'Église qui devait être mise en relief et son interprétation s'exprime en une large et puissante homophonie, marquée par quelques tournures mélodiques inattendues et par un langage harmonique coloré **C**. Ce moment de grande intensité est suivi tout naturellement par un allègement de la texture, d'abord pour le baryton solo et la basse continue, mais sur « Et expecto resurrectionem mortuorum » un nouveau climax est amené par les trois voix solistes graves, avec une énergie vibrante et l'emploi renouvelé, quoique par des moyens différents, d'une harmonie modulante **D**. Le *Credo* s'achève par un tutti choral sur le mot « Amen », d'une énergie vibrante, pour rivaliser avec la fin du *Gloria*.

Les mouvements suivants sont finement travaillés bien que remarquablement succincts. Une étincelante « Symphonie devant le Sanctus » annonce les éléments musicaux qui serviront à bâtir le *Sanctus* lui-même : des figures de croches impétueuses dans une mesure à deux temps qui mènent à un joyeux « Domine Deus Sabaoth » à trois temps, puis, Gravement, le « Pleni sunt », suivi par le « Hosanna », Gaiement. Il n'y pas de *Benedictus* et Charpentier note « Benedictus pour l'orgue s'il y du temps ». Comme cette rubrique est précédée par une autre : « Ici l'on chante une Élévation courte s'il y a le temps », on peut se demander si l'organiste a eu la chance de pouvoir improviser son Benedictus lors de la première exécution.

L'*Agnus Dei* suit le modèle du *Kyrie* avec la seule imploration centrale chantée ; c'est ainsi que le texte final « Dona nobis pacem » n'est jamais prononcé mais, comme une variante de la pratique de la messe pour orgue, la première et la troisième imploration sont représentées par la « Symphonie devant et après l'Agnus Dei ». Il s'agit d'un passage soutenu d'une grande simplicité et d'une grande beauté, pour l'orchestre, s'étendant sur 26 mesures, tandis que l'imploration centrale pour le grand chœur, parfois à 6 parties, est plus travaillée et s'achève par une chaîne de retards de neuvième sur « miserere nobis ». Lors de la première exécution, le retour de la paisible symphonie aurait été suivi par l'énergie mouvementée du *« Domine salvum fac regem »*, écrit pour la circonstance, comme l'indique la partition : « Passez au Domine Salvum », mais on peut imaginer qu'à d'autres occasions c'était un simple mouvement orchestral qui menait cette messe à sa conclusion majestueuse et paisible. Sa tonalité de *fa* maj. suggère que la description qu'en donne Charpentier dans ses *Règles de la composition* : « furieux et emporté », n'est pas toujours valable.

Sources — Éd. en facs., *in* M.-A. Charpentier. Œuvres complètes XXVII, Genève, Minkoff, sous presse.

Bibliographie — M. Brenet, Les musiciens de la Sainte-Chapelle du Palais, Paris 1910, rééd. en facs. Genève, Minkoff, 1973 ; voir aussi la bibliogr. de l'art. *Messe de Minuit de Noël.*

L. Sawkins

Messe à trois voix, en *fa* maj., de **Luigi Cherubini**, pour chœur (S T B) et orchestre, commencée en août et sept. 1808 à Chimay (*Kyrie* et *Gloria* donnés le 22 nov. en l'église paroissiale, à l'occasion de la Sainte-Cécile), terminée à Paris où elle fut exécutée pour la 1re fois intégralement, en l'hôtel de Chimay, en mars 1809.

Cette messe marque la fin d'une période de découragement pendant laquelle Cherubini avait décidé de renoncer définitivement à la composition au profit de la botanique. En réalité, elle ouvre brillamment la seconde période créatrice du musicien qui, se détournant peu à peu du théâtre, va se consacrer jusqu'à sa mort à la musique de chambre et à la musique religieuse. Reprenant la messe symphonique au point d'achèvement où l'avaient laissée Mozart et Haydn, Cherubini trouve là un cadre formel à la mesure de ses goûts pour les vastes développements vocaux et orchestraux, fondés sur une technique contrapuntique austère que vient animer la dramatisation sobre et intense du texte sacré. L'écriture serrée, parfois prolixe, des messes, est soulignée par une instrumentation où les vents jouent un rôle important. Les fonctions de surintendant de la chapelle royale occupées par le musicien à partir de 1816 favoriseront sa production religieuse, laquelle lui vaudra une renommée durable en France et surtout en Allemagne. Si l'on excepte quatre messes de jeunesse perdues, écrites à Florence entre 1773 et 1776, et la *Messe « Te laudamus*

Domine » pour 4 voix et orgue de 1779, la *Messe* en *fa* est la première des dix messes pour chœur avec ou sans solistes et orchestre ou orgue (dont la → *Messe de Requiem* et la → *Deuxième Messe de Requiem*) de la maturité du compositeur : → *Deuxième Messe solennelle* en *ré* min. (1812) ; messes en *ut* maj., pour la chapelle royale (1816) ; de la Sainte Trinité (dans le rite parisien, v. 1817) ; en *mi* maj. (1818) ; en *sol* maj. (1819, écrite pour le couronnement de Louis XVIII, mais non exécutée) ; en *si* ♭ maj. (1821) ; → *Troisième Messe solennelle* en *la* maj., pour le sacre de Charles X (1825). Avec ces œuvres, pour la plupart de dimensions considérables, auxquelles il faut ajouter de nombreux motets, Cherubini, musicien européen, réussit une synthèse complexe qui n'efface pas complètement les contradictions entravant son style : la coloration romantique de la texture l'emporte rarement

A MESSE « ASSUMPTA EST MARIA » DE M.-A. CHARPENTIER

B MESSE « ASSUMPTA EST MARIA » DE M.-A. CHARPENTIER

C **MESSE « ASSUMPTA EST MARIA » DE M.-A. CHARPENTIER**

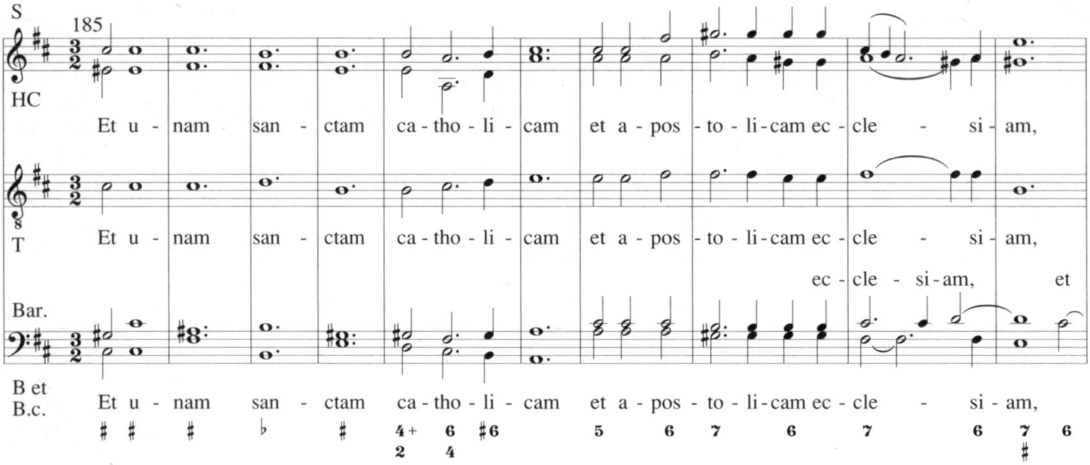

D **MESSE « ASSUMPTA EST MARIA » DE M.-A. CHARPENTIER**

sur un formalisme académique affirmé avec une maîtrise qui inspire plus de respect qu'il ne suscite d'émotion. Cela dit, la production de Cherubini dans le domaine sacré est restée associée durant une grande partie du XIXe s. à la notion, si débattue, de musique religieuse. Elle a valorisé l'écriture chorale et fourni des références aux compositeurs qui, jusqu'à Brahms, s'engageront dans cette voie.

La *Messe* en *fa* maj., célèbre dès sa création, doit son instrumentation restreinte à sa destination : la modeste société d'harmonie de Chimay. La nomenclature compte une fl., 2 clar., 2 cors, 2 bassons, 2 trp., le quintette à cordes, l'orgue doublant la basse. Quelques soli se détachent du chœur. Le thème expressif sur lequel est bâti le *Kyrie* est infléchi par une sensibilité nouvelle :

Le contexte tonal, très modulant, est assombri par des 7es diminuées. L'épisode central du morceau (Allegretto), dévolu au « Christe », donne lieu à un ample fugato. L'écriture décorative des premières mesures du *Gloria* (*fa* maj., Allegro vivace) est resserrée par le traitement contrapuntique du « Pax hominibus ». A partir du « Laudamus te » (Andante con moto) jusqu'à la reprise du *Gloria*, la forme adoptée est proche du rondo. L'intervention du trio des solistes est teintée de chromatisme. Le « Qui tollis » (Sostenuto) passe en *ré* mineur. Une gradation dynamique, marquée par « Cum Sancto Spiritu » (Andante con moto), mène à la fugue conclusive sur « In gloria Dei patris ». Le *Credo* (*si* ♭ maj., Allegro moderato) fait entendre l'intonation liturgique (*Credo* I) en valeurs longues, énergiquement contrepointée par les cordes avec une figure rythmique caractéristique qui réapparaîtra à la fin du morceau. Le recueillement s'installe avec l'« Et incarnatus est » (*la* ♭ maj., Larghetto) introduit par deux quintes descendantes et le « Crucifixus » (*sol* min., Largo), accompagné par les arpèges des violons I en pizzicati. Les soli interviennent pour l'« Et in Spiritum Sanctum », introduisant la fugue sur « Et vitam venturi ». Le *Sanctus*, bref, est un Allegro en *ré* majeur. Le *Benedictus* (*fa* maj., Larghetto) procède par entrées successives sur un rythme pointé. Le climat dramatique de l'*Agnus Dei* (*fa* min., Sostenuto) se détend avec la fugue sur « Dona nobis pacem » qui affirme la tonalité principale.

Éditions et rééditions — Part. d'orch., Paris, Magasin de musique, 1809. — Réd. cht et p., Leipzig, Hofmeister, s.d. ; Paris, Heugel, 1881 ; Leipzig, Peters, [v. 1864].

Bibliographie — Voir celle de l'art. *Deuxième Messe de Requiem.*

J.-M. FAUQUET

MESSE À TROIS VOIX, op. 12, de **César Franck**, pour sop., ténors et basses, avec accompagnement d'orgue, harpe, vlc. et cb., exécutée pour la 1re fois (*Kyrie*, *Gloria*, *Credo*, *Sanctus*, *Agnus Dei*) à Paris, en l'église Sainte-Clotilde, le mardi de Pâques 2 avr. 1861. Le *Kyrie*, le *Gloria* et le *Sanctus* semblent avoir été composés bien avant cette date ; le *Credo* leur est postérieur ; l'*Agnus Dei*, le plus récent, remplace une pièce que le compositeur détruisit. Quant au célèbre *« Panis angelicus »*, il ne fut intercalé que tardivement, à l'occasion de la publication de la *Messe* (Paris, Repos, 1872, 2/Paris, Le Bailly, Bornemann, 1888).

1. Introduit par un court prélude instrumental, le *Kyrie* (*la* maj.) adopte un plan tripartite. Les ténors déroulent d'abord leur litanie sur une mélodie paisible, à laquelle les autres voix s'ajoutent pour former une sorte de choral. Plus modulants, les « Christe » sont présentés dans un style aéré, plus contrapuntique, avant que les derniers « Kyrie » reprennent, en la variant, la 1re section. **2.** Le *Gloria*, qui privilégie les effets faciles à la mode dans la musique religieuse de cette époque, passe à juste titre pour le morceau le moins réussi. Il s'organise en 5 sections, les 2 dernières reprenant respectivement des éléments de la 1re et de la 3e. Le 1er volet (*ré* maj.) oppose le « Gloria in excelsis » grandiloquent, soutenu par les arpèges des harpes et les tenues monotones de l'orgue, au carillon du « Laudamus te ». Le 2e épisode (*si* maj.) s'ouvre par un solo de vlc., thème du « Qui tollis » dont la mélodie — à défaut de l'harmonie — préfigure le Cantabile pour orgue de 1877. La 3e partie, « Quoniam tu solus » (*ré* maj.), tient plutôt d'une marche militaire aux ennuyeuses redondances. **3.** Plus travaillé, le *Credo* se conforme au plan d'une sonate libre. Un 1er thème (« Credo in unum deum ») est énoncé à l'orgue (*ut* min.), puis assez considérablement développé sur les versets suivants. L'évocation de la nativité (« Et incarnatus est ») fait apparaître un second thème (*sol* maj.), lent carillon dont les volées retentissent dans l'aigu du clavier. Un bref développement sur le 1er thème (« Crucifixus »), qui n'exclut pas des citations du second (« Passus est »), conduit à la réexposition variée du 2e thème en *ut* maj. (« Et in Spiritum »). Elle est prolongée par un ultime développement sur cette même idée, menant à sa glorification grandiose (« Et expecto », ut maj.). **4.** Page très brève, le *Sanctus* (*ré* maj.) retrouve le climat de sérénité du *Kyrie*, à peine troublé par de puissants « Hosanna ». **5.** Le *« Panis angelicus »* (*la* maj.) est une mélodie religieuse à laquelle sa sentimentalité par trop excessive donne aujourd'hui un aspect un peu désuet. Tout est mis en œuvre pour favoriser l'adoration fervente de ce « pain des anges » devenu « pain des hommes » : mélodie suave du vlc. et du sop. donnant lieu à un canon, sonorité aérienne de la harpe, chromatisme. **6.** Assez concis, l'*Agnus Dei* se distingue par sa fraîcheur et sa simplicité mélodiques. Après que 3 soli ont exposé un thème chaque fois transformé (*la* min., *ut* maj., *mi* min.), le chœur conclut la dernière invocation (*la* maj.) dans une atmosphère de paix confiante.

L'ensemble de l'œuvre apparaît donc hétérogène. La concision du *Kyrie*, du *Sanctus* et de l'*Agnus Dei* tranche avec la prolixité du *Gloria* ; par leur qualité mélodique et leur simplicité, ces pièces annoncent la → *Messe basse* de G. Fauré. La forme du *Credo* trahit l'influence de la musique instrumentale et révèle une conception typiquement franckiste ; pourtant, certains retours thématiques se justifient difficilement si on les rapporte au texte. Bien que la *Messe à trois voix* ne puisse être considérée comme un chef-d'œuvre de Franck, elle contient en germe de nombreux traits caractéristiques de son art.

Bibliographie — C. BENOIT, C. Franck, Messe à 3 voix, *in* Revue et Gazette Musicale de Paris XLVI/30, 1879 ; CH. BORDES, Le sentiment religieux dans la mus. d'église de C. Franck, *in* Le Courrier Musical VII/21, 1904 ; V. D'INDY, C. Franck, Paris 1906, 16/1930, pp. 116-121 ; H. POTIRON, La Mus. religieuse de C. Franck, *in* Revue Liturgique et Musicale XVII/2, 1933 ; W. MOHR, C. Franck, Stuttgart 1942, 2/Tutzing, Schneider, 1969, pp. 163-166 ; J. GALLOIS, Franck, Paris, Éd. du Seuil, 1966, 2/1980, pp. 73-75.

P. PRÉVOST

MESSE À TROIS VOIX, d'**André Caplet**, dite « des petits de Saint-Eustache-la-Forêt », pour voix de femmes ou voix égales, composée en cette localité entre juin 1919 et avr. 1920. Créée sous la direction de l'auteur le 13 juin 1922 en la Sainte-Chapelle de Paris, cette unique messe de Caplet parut simultanément en 2 versions (Paris, Durand, 1920). La première ne requiert qu'un chœur a cappella ; la seconde propose une instrumentation de soutien réduite à la stricte fonction de doublure. L'épigraphe tirée du Psaume XVIII (« Dans le soleil j'ai posé ma tente ») révèle l'esprit serein et contemplatif de l'œuvre, qui comprend successivement : *Kyrie eleison*, *Gloria in excelsis Deo*, *Sanctus*, *Agnus Dei* et *O Salutaris*.

Parfaitement équilibrée, la polyphonie s'allège dans des passages à une ou 2 v. (*Kyrie*, *Gloria*, *Agnus Dei*). Le contrepoint varié et soutenu, animé par les mouvements contraires et les entrées en imitation, s'intègre à une texture verticale qui, par ses enchaînements de quintes et quartes parallèles, puise aux sources de la polyphonie primitive. L'harmonie tonale fonctionnelle s'efface devant une « harmonie de couleurs », empreinte de modalité (2de moitié du *Gloria* dans le mode de *ré*) ou gagnée par le pentatonisme des motifs mélodiques (*Kyrie*, *Sanctus*). Sans jamais utiliser de valeurs inférieures à la croche, le rythme est assoupli par la grande variété des tempi et les nombreux déplacements d'accents. D'amples respirations délimitent des phrases tantôt syllabiques, dans les passages homophones, tantôt mélismatiques, dans le *Kyrie* et l'*Agnus Dei*, lesquels, par leur fluidité et leur diatonisme, évoquent la cantilène grégorienne. A des fins expressives, le compositeur recourt à un figuralisme discret.

Caplet souhaitait qu'on chante sa *Messe* « au mois de mai, quand l'église est pleine de soleil et que les fleurs rayonnent » (M. Brillant). Il préférait un chœur nombreux « afin d'obtenir, non pas beaucoup d'ampleur dans les forte, mais surtout la plus onctueuse sonorité dans les passages de douceur ». D'esprit franciscain, en marge de l'esthétique chère aux maîtres de chapelle contemporains, la *Messe à trois voix* suit les préceptes du *Motu proprio* de 1903 quand elle allie avec bonheur archaïsme et modernité.

Bibliographie — Yves-Marc (pseudonyme d'Y. Gouverné), A. Caplet, *in* Le Monde Musical XXXV/15-16, 17-18, 1924 ; M. Brillant, A. Caplet, musicien mystique, *in* RM VI/9, 1925 ; Cl. Moreau, A la découverte d'A. Caplet (diss. Paris Cons., 1972), pp. 98-100 ; Cl. Hautenauve, Les mélodies et le Miroir de Jésus d'A. Caplet (diss. Strasbourg 1984), pp. 121-126.

Cl. Hautenauve

MESSE « AU TRAVAIL SUIS », messe à 4 voix de **Johannes Ockeghem**, pour laquelle il emprunte le ténor d'un rondeau à 3 voix, → *« Au travail suis... »*, de Barbingant (ou d'Ockeghem lui-même ? voir D. Plamenac, *in* JAMS III/1950), dont il reproduit la mélodie dans le *Kyrie* (T), tout en gardant une certaine liberté : changement des divisions rythmiques (temps parfait dans la chanson, imparfait dans la messe), transposition, petites transformations mélodiques :

Barbingant, *Rondeau*

Ockeghem, *Kyrie*

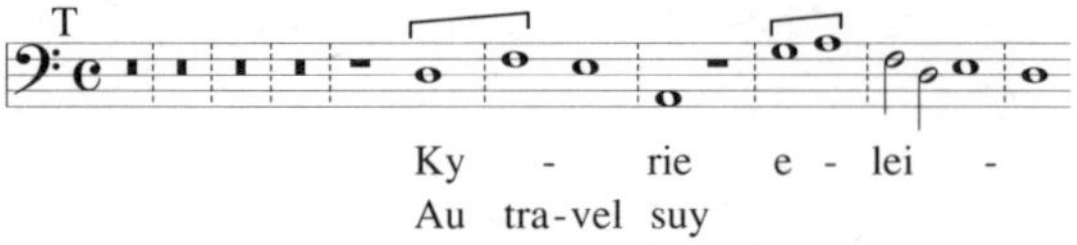

En revanche, dans les autres parties du cycle, le compositeur n'utilise le texte emprunté que comme motif de tête, le présentant en imitations à 2, 3 ou 4 voix, à l'unisson, à l'octave ou encore à la quinte, et dans un ordre d'entrée des voix toujours différent.

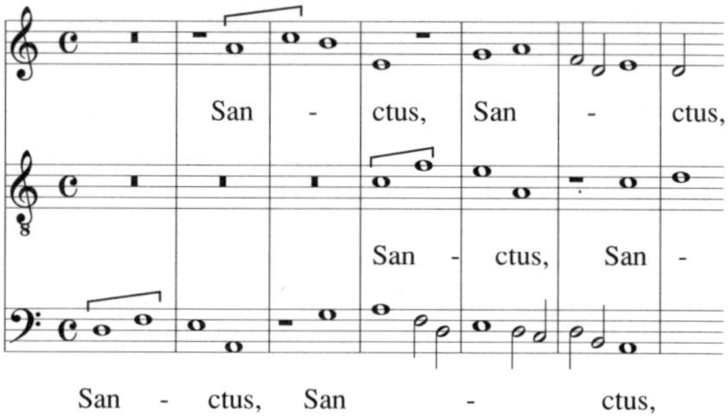

Une fois le motif de tête exposé, le texte se poursuit en contrepoint libre. Unifié par ce motif de tête, l'ordinaire dans son entier reste en temps imparfait, excepté lors des 14 dernières mesures (« Qui tollis ») du second *Agnus Dei* qui sont en temps parfait, la troisième invocation reprenant la première.

On observe dans la *Messe « Au travail suis »* de nombreuses oppositions de groupes vocaux (2/4 voix) ou encore, comme dans le début du *Credo*, des successions de courts duos faisant intervenir des voix différentes, offrant ainsi un jeu sur les couleurs vocales (T/B, S/CT, CT/T, S/T, T/B, et enfin 4 voix). L'harmonie demeure très douce : souvent des duos supérius/contraténor s'appuient sur des suites de tierces (« Et incarnatus est », mes. 59-61) et l'on rencontre à plusieurs reprises la tierce harmonique dans les cadences médianes (*Christe*, mes. 26 ; *Gloria*, mes. 38, 84, 128). Une autre particularité des cadences réside dans le décalage des voix donnant l'impression d'une triple pédale pendant laquelle une des parties achève son texte. Ce procédé sera très fréquemment employé par les musiciens de la génération suivante (notamment par Josquin des Prés). Enfin, des imitations nombreuses, mais toujours courtes, circulent entre les diverses voix, parfois même des canons (p. ex. *Credo*, mes. 49-56).

La variété de l'écriture (dans l'utilisation du « cantus firmus », des imitations, ou dans l'opposition des groupes vocaux et des timbres) fait de cette messe une œuvre de maturité d'Ockeghem, que R. Zimmermann classe parmi les dernières compositions, avec la → *Messe « Fors seulement »* et la → *Missa « sine nomine »* à 5 voix (incomplète).

Sources — Rome, Bibl. Vat., Cod. Chigi C VIII 234, et Capp. Sist., Cod. 41 et 63.

Éditions modernes — Par D. Plamenac, *in* J. Ockeghem. Sämtliche Werke I, PäM I/2, Leipzig, Br. & H., 1927, réimpr. Hildesheim, Olms, 1968, éd. révisée New York, Amer. Musicological Soc., 1959 (avec la chanson de Barbingant) ; *Kyrie* par J. Delporte, *in* Revue Liturgique et Musicale, n° 4, 1929, supplt.

Bibliographie — D. Plamenac, A postscript to vol. II of the Collected works of Ockeghem, *in* JAMS III, 1950 ; G. Reese, Music in the Renaissance, New York, Norton, 1954, 2/1959, pp. 128-129 ; E. H. SPARKS, Cantus firmus in mass and motet, 1420-1520, Berkeley et Los Angeles 1963, pp. 145-150 ; voir aussi la bibliogr. de l'art. *Missa quinti toni ».*

D. PATIER

MESSE « AVE MARIA », de Francisco de Peñalosa, voir « DE TOUS BIENS PLAINE ».

MESSE « AVE MARIS STELLA », messe polyphonique à 4 voix de **Josquin des Prés**, éditée par Petrucci en 1505, dans son *Missarum Josquin liber secundus* ainsi que par Petrius, à Nuremberg en 1539 (*Liber quindecim missarum*). On en connaît par ailleurs une bonne dizaine de sources manuscrites, parmi lesquelles le Ms. 9126 de Bruxelles, compilé pour Philippe Le Beau et Juana d'Espagne (v. 1505), dont la messe de Josquin constitue la pièce liminaire. Ce lien avec l'Espagne semble avoir laissé quelques traces, puisqu'on la copie encore dans un codex de la cathédrale de Tolède en 1542 et que Pisador en publie une tablature de vihuela à Salamanque en 1552, suivant l'exemple de Valderrabano dont la *Silva de Sirenas* (Valladolid 1547) contient déjà le *Benedictus*. Une autre source, également relative à la péninsule Ibérique, le Ms. 1783 de Vienne, sans doute cadeau de mariage pour Manuel de Portugal et Marie d'Espagne, permet d'en situer la date de composition sans doute avant 1500.

Comme le titre l'indique, Josquin a composé sa messe à partir de l'hymne → *« Ave maris stella »* du 1er mode, ici transposé sur *sol* : les 4 voix de la polyphonie sont ainsi notées dans les « chiavette » aiguës, évidemment transposables vers le grave dans la pratique. La même hymne que Josquin a traitée en polyphonie à la suite de Dufay : la 4e strophe est en effet explicitement attribuée à Josquin dans le Ms. 15 de la Bibl. vaticane, suivie d'une polyphonie anonyme des strophes 6 et 7. On s'accorde aujourd'hui à la dater approximativement de la même époque.

La mélodie de l'hymne grégorienne est exploitée dans la quasi-totalité de la messe selon la technique de la paraphrase polyphonique : ses différentes phrases constituent tour à tour les sujets d'un contrepoint en imitation très orné et élaboré. Si, dans le *Kyrie* en 3 sections (« Kyrie », « Christe », « Kyrie »), la mélodie complète n'est utilisée qu'une fois, en revanche, elle est fréquemment répétée dans les autres parties de la messe, 2 fois dans le *Gloria*, le *Sanctus* et l'*Agnus*, jusqu'à 6 fois dans le *Credo*. Dans des métriques constamment variées (temps parfait, temps imparfait diminué, proportion triple, etc.), le contrepoint en est toujours renouvelé : paraphrasé, le sujet est développé en imitation à toutes les voix, même si occasionnellement un rôle privilégié est réservé au ténor qui retrouve alors sa fonction structurelle traditionnelle. Il arrive même que pour un court instant les deux techniques se superposent : ainsi, dans le *Credo*, sur les paroles « Et in unum Dominum », où la paraphrase des trois voix se construit autour du « cantus firmus » du ténor en valeurs longues. C'est aussi le cas sur le verset « Confiteor », où le ténor est clairement isolé dans sa fonction architecturale, entouré d'un jeu polyphonique des trois autres voix, développé sur un ostinato en arpège qui ne fait que détailler en sens inverse la quinte initiale du sujet pour la répéter séquentiellement pendant quelques mesures. C'est, cependant, dans le « Hosanna » du *Sanctus* que cette technique culmine dans un contrepoint poussé progressivement jusqu'à un véritable climax polyrythmique.

Le souci d'unité musicale de l'ensemble de la messe trouve aussi un autre moyen d'expression : à la présence quasi constante des sujets contrapuntiques empruntés à l'hymne grégorienne, Josquin ajoute ici la vieille technique dite « du motif de tête ». A l'exception du *Sanctus*, les différentes parties de la messe débutent toutes de la même manière. Quelques mesures sont presque exactement identiques avant de se développer ensuite de manière variée. Dans chaque partie, cette introduction est, par ailleurs, un « bicinium » aigu (supérius, altus) imité ultérieurement par les deux voix graves (ténor, bassus) et mesuré dans le ternaire majestueux du temps parfait. Cette disposition antiphonale de l'effectif polyphonique est d'ailleurs une constante dans l'œuvre, dans laquelle elle constitue l'un des moyens principaux de variation de la densité polyphonique. En revanche, l'usage des « bicinia » et « tricinia » dans l'ensemble de la messe reste assez limité : seuls quelques courts passages du *Credo* ont une relative autonomie (« Crucifixus », à 2 ; « Et resurrexit », à 3). *Sanctus* et *Agnus*, cependant, se conforment davantage de ce point de vue aux traditions compositionnelles les plus courantes, telles qu'elles seront entérinées par Cerone (*El melopeo*, Naples 1613) : le « Pleni sunt » et le *Benedictus* du *Sanctus* sont respectivement à 3 et 2 voix et le 2e « Agnus » est un « bicinium » des deux voix aiguës. Surtout, tous ces passages sont remarquables par leur liberté d'invention à l'égard de la mélodie liturgique.

Rééditions modernes — Par A. SMIJERS, *in* Werken van Josquin des Prés, 15e livr., Leipzig 1935, 2/Amsterdam, Vereniging voor Nederlandse Muziekgeschiedenis, 1969 ; par A. BORTONE, *in* Josquin des Prés e vari. Messe, Magnificat, Motetto e Inno, Archivium musices metropolitanum mediolanense XV, Milan, Veneranda Fabbrica del Duomo, 1958.

Bibliographie — H. OSTHOFF, Josquin Desprez, 2 vol., Tutzing 1962-65 ; M. HONEGGER, Les Messes de Josquin des Prés dans la tablature de D. Pisador, Salamanque (diss. Univ. de Paris, 1970) ; E. LOWINSKY (éd.), Josquin des Prez, Londres, OUP, 1976.

J.-P. OUVRARD

MESSE « AVE MARIS STELLA », de **Tomás Luis de Victoria**, pour 4 voix mixtes a cappella, éditée dans son premier livre de messes, *T. L. a Victoria Abulensis... Liber primus qui Missas, Psalmos, Magnificat... Aliaque complectitur.* (Venise, Gardano, 1576 ; durée : 25 min environ.)

Cette messe est une paraphrase de l'hymne grégorienne → *« Ave maris stella »* en l'honneur de la Vierge : les 4 membres dont se compose la mélodie de cette hymne fournissent la quasi-totalité du matériau thématique de la messe, laquelle apparaît donc comme un véritable développement, à la fois mélodique et contrapuntique, de l'hymne. On trouve précisément ici l'un des plus beaux exemples de la manière dont les polyphonistes du XVIe s. ont su amplifier aux dimensions d'une œuvre de vaste envergure la substance musicale offerte par les quelques notes d'une strophe grégorienne. Celle-ci féconde entièrement les 5 sections, au gré d'une écriture assez uniforme utilisant constamment les ressources de l'imitation polyphonique selon une conception relativement savante (donc plutôt archaïsante), peu soucieuse de figuralismes ou d'expressivité directe. Les 4 membres de la mélodie hymnique engendrent autant de thèmes qui peuvent être traités indépendamment l'un de l'autre (*Kyrie*), mais restent solidaires à plusieurs endroits en conservant leur ordre primitif de succession : ainsi dans l'« Et resurrexit » à 3 voix aiguës du *Credo*, dans les deux parties du *Sanctus* (la seconde étant le « Benedictus » écrit pour 3 voix graves) et également dans les deux parties de l'*Agnus Dei* (avec, dans la seconde, adjonction d'un second ténor).

Quant à l'exploitation de ces thèmes, il faut relever surtout la liberté et la variété de procédés qui y président. Si le thème principal, avec son saut de quinte caractéristique (*ré-la-si-sol...*), reste de ce fait en général clairement perçu malgré ses déformations, celles-ci rendent plus malaisément identifiables les autres thèmes : du second d'entre eux p. ex. ne subsiste guère, dans le *Gloria* et le début du *Credo*, que le saut descendant de quinte, alors que des deux notes répétées initiales une peut être retranchée ou ajoutée :

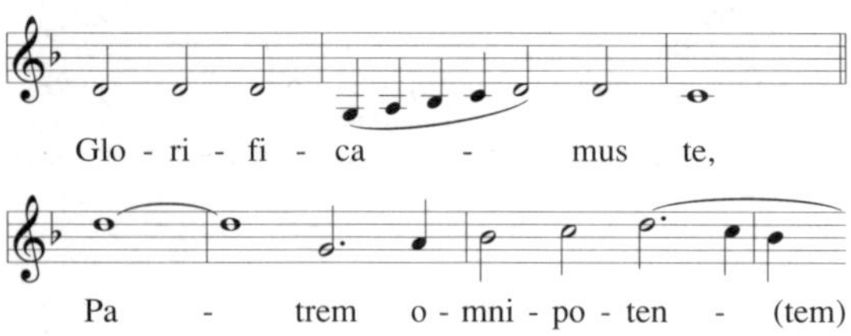

L'un des procédés les plus significatifs réside dans le recours, sous une forme très évoluée, à l'ancienne technique du « cantus firmus » habilement amalgamée à l'écriture plus moderne en imitations. Il est fréquent en effet qu'un thème soit mis en relief en valeurs longues à l'une quelconque des voix, pendant que les autres l'entourent de contrechants libres (*Kyrie*, fin du « Christe »), et cela vaut aussi pour un fragment de thème (*Agnus Dei*). Le spécimen le plus rigoureux de cette technique figure dans le premier « Hosanna » du *Sanctus*, où le ténor expose la mélodie entière de l'hymne ; le second « Hosanna », ensuite, superpose les thèmes I et II. Dans le premier « Agnus » le soprano revêt l'aspect d'un « cantus firmus » librement rythmé, et les trois voix graves introduisent l'incipit d'un autre chant à la Vierge, l'antienne → *« Salve Regina »* (*ré-do-ré-sol*), incipit qui reparaîtra dans le second « Agnus ». On admirera enfin, tout au long de la messe, la limpidité d'un style assimilant avec bonheur l'influence de G. P. da Palestrina.

Rééditions modernes — Par H. Eslava, *in* Lira sacro-hispana, XVIe s., série II, 1er vol., Madrid 1869 ; par Ch. Bordes, *in* Anthol. des Maîtres religieux primitifs I, Paris 1893 ; par F. Pedrell, *in* T. L. de Victoria. Opera omnia II, Leipzig, Br. & H., 1903 ; par J. Bal y Gay, *in* Tesoro de la música polifónica, Mexico, Inst. Nacional de Bellas Artes, 1952 ; par H. Anglés, *in* MMEsp. XXV, Barcelone, Inst. Esp. de Musicología, 1965.

J. Viret

Messe « Ave Regina caelorum », messe à 4 voix de **Guillaume Dufay**, peut-être composée pour la consécration de la cathédrale de Cambrai à la Vierge, le 5 juil. 1472 (hypothèse d'A. E. Planchart, *in* MQ LVIII, voir Bibliographie), transmise par trois manuscrits principaux, Bruxelles, Bibl. royale, Codex 5557, f° 110v-120v, Modène, Bibl. Estense, lat. 456 (missa n° XIV, pp. 1-33) et Rome, Bibl. vaticane, San Pietro B 80, f° 9v-20v.

Œuvre complexe, la *Messe « Ave Regina caelorum »* emprunte comme « cantus firmus » unique l'antienne de Complies → *« Ave Regina caelorum »* dont la mélodie, coupée en trois ou quatre incises, est citée au ténor, interrompue par des sections en duo, ou trio ; elle n'apparaît qu'une seule fois dans chaque pièce, mais avec des traitements rythmiques très variés. Cependant, la mélodie empruntée n'est pas aisément décelable à l'écoute. Émise dans une échelle de valeurs identique à celle des autres voix, elle peut être annoncée par la basse, noyant ainsi son départ dans un dessin d'imitations ; c'est le cas notamment au début de chacune des pièces, où le motif de tête, étendu aux 4 voix, compte 8 mesures. On y relève, outre les imitations bassus/ténor (= « cantus firmus »), des amorces d'imitations irrégulières entre le supérius (mes. 1-2) et le contraténor (mes. 4-5), conférant une unité particulière à ce fragment introductif **A**. La quarte mélodique (*do ↘ sol, do ↗ fa*), constituant l'essentiel du dessin mélodique de début de l'antienne, va être utilisée comme élément unificateur et servir de fondement à des systèmes d'imitations dans les parties dépourvues de « cantus firmus » (quarte descendante : « Christe », mes. 28-34 ou encore 67-68 ; quarte ascendante, ibid., mes. 61-62, etc.). Ainsi, « le cantus firmus » apparaît-il comme paraphrasé aux autres voix, ce qui implique l'acquisition d'un équilibre vocal entre les parties encore jamais réalisé à cette époque.

Mais la nouveauté de la *Messe « Ave Regina caelorum »* réside surtout dans la notion de parodie. En effet, Dufay emprunte à son antienne à 4 voix de même titre (éd. Besseler, *G. Dufay. Opera omnia* V, n° 51 p. 127) un fragment de 11 mesures (mes. 86-96) qu'il intègre tel quel dans le second « Agnus » de sa messe (mes. 72-83). Le compositeur était vraisemblablement très attaché à ce passage, puisque, dans l'antienne polyphonique, le texte littéraire « Miserere nobis » est tropé (« Miserere supplicanti Dufay »), mettant en scène l'auteur vieillissant, accablé par la maladie. D. Fallows (*G. Dufay*, pp. 210-211) a répertorié d'autres emprunts à l'antienne polyphonique, montrant bien la précocité de la technique de la parodie qui ne connaîtra une grande diffusion qu'au siècle suivant. Nouvelle, la *Messe « Ave Regina caelorum »* l'est également par la richesse de l'écriture contrapuntique : outre les nombreux exemples d'imitations déjà évoqués, le second « Christe » contient un canon de 19 mesures (« fuga » selon la terminologie du XVe s.) à 2 voix (supérius et contraténor) soutenues par la basse ; Dufay en propose deux versions : l'une à trois avec le canon, l'autre à deux (supérius et bassus) sans le canon.

Enfin, il semblerait que le souci de l'expression soit un dernier aspect de la modernité de cette messe : le passage emprunté à l'antienne polyphonique touche par ses chromatismes et l'insistance des lignes descendantes ; des amorces de figuralismes s'esquissent, comme dans cet « Ascendit in caelum » (*Credo*, mes. 109-113) où supérius et contraténor remplissent une septième ascendante, tandis que la basse propose un dessin de tierces « en escalier ». Ainsi, la *Messe « Ave Regina caelorum »* semble l'un des cycles les plus achevés de Dufay et contient des éléments qui marqueront l'évolution de la messe polyphonique jusqu'à Josquin des Prés.

Éditions modernes — Par H. Besseler, *in* G. Dufay. Opera omnia III, Amer. Inst. of Musicology, 1951 ; par L. Feininger, *in* Monumenta polyphoniae liturgicae, série I, vol. 2, fasc. 3, Rome 1963 (avec édition de l'antienne polyphonique *« Ave Regina caelorum »* de Dufay).

Bibliographie — E. H. Sparks, Cantus firmus in mass and motet, 1420-1520, Berkeley et Los Angeles 1963 ; Ch. Hamm, A chronology of the works of G. Dufay based on a study of mensural practice, Princeton, Princeton Univ. Press, 1964 ; W. Nitschke, Studien zu den Cantus-firmus-Messen G. Dufays, Berlin, Merseburger, 1968 ; A. E. Planchart, G. Dufay's masses : notes and revisions, *in* MQ LVIII, 1972 ; H. M. Brown, Dufay and the Early Renaissance, *in* Early Music II, oct. 1974 ; A. E. Planchart, G. Dufay's masses : a view of the manuscript tradition, *in* A. W. Atlas, Dufay quincentenary conference, New York 1976 ; D. Fallows, G. Dufay, Londres, Dent, 1982, pp. 209-214.

D. Patier

MESSE BASSE, de **Gabriel Fauré**, pour voix de femmes (sop. solo et chœur) avec accompagnement d'orgue ou harmonium, sans doute composée en 1881 (Paris, Heugel, 1907). Chantée pour la 1re fois à l'église de Villerville (Calvados), le 4 sept. 1881, cette messe fut, dans sa 1re version (avec violon solo), le fruit d'une collaboration entre Fauré (*Gloria*, *Sanctus*, *Agnus Dei*) et André Messager (*Kyrie*, *« O Salutaris »*). Ce dernier orchestra les *Kyrie*, *Gloria*, *Sanctus* et *« O salutaris »* l'année suivante, laissant à Fauré l'*Agnus Dei*. Pour l'édition, Fauré élimina les pièces de Messager, introduisit un *Kyrie* de son cru — sans doute composé bien avant 1907 —, et ne retint du *Gloria* que le « Qui tollis » qu'il adapta au texte du *Benedictus*.

Ainsi remaniée, l'œuvre comprend 4 pièces : *Kyrie* en *la* ♭ maj. pour sop. solo et chœur, *Sanctus* en *sol* maj. pour sop. divisés, *Benedictus* et *Agnus Dei* reprenant respectivement les tonalités et la disposition vocale du *Kyrie* et du *Sanctus*. Avec moins de rigueur, la même alternance s'étend au style harmonique, statique et simple dans les pièces en *sol*, plus modulant ou recherché dans les morceaux en *la* ♭. De cet ensemble très sobre, parfois austère, qui évoque Gounod et Franck, se détache le *Kyrie*, plus nettement marqué de la main du maître. Le contrepoint, animé de discrètes imitations, s'efface devant l'harmonie typiquement fauréenne des années 1880 : cadences plagales et rompues, marches harmoniques sur des accords de sixte sensible, fragments mélodiques formés par succession de quelques tons entiers, modulations par enharmonie ou glissement chromatique, absence de modalité (sauf de rares allusions au mode de *la*).

Brève et subtile, la *Messe basse* est facilement accessible au choriste comme au chef de chœur. Elle pourrait encore guider la prière des fidèles dans les liturgies d'aujourd'hui.

Bibliographie — N. Boulanger, La musique religieuse [de Fauré], *in* RM n° spécial, oct. 1922 ; J.-M. Nectoux, Fauré, Paris, Éd. du Seuil, 1972, pp. 48-49 ; du même, Les orchestrations de G. Fauré : légende et vérité, *in* RMS CXV/5, 1975 ; du même, G. Fauré. Correspondance, Paris, Flammarion, 1980 ; R. Orledge, G. Fauré, Londres, Eulenburg, 1979, 2/1983, p. 71.

P. Prévost

MESSE BRÈVE, voir également Messes brèves et Missa brevis.

MESSE BRÈVE « DE ANGELIS », messe a cappella de **Jacques Chailley**, sans *Credo* (d'où son nom), composée et exécutée pour l'inauguration de la cathédrale de Rouen restaurée, le 24 oct. 1956. (Paris, Salabert, 1956 ; durée : 18 min environ.) Entièrement construite sur le plain-chant de la messe VIII dite « des anges », elle inclut celui-ci d'un bout à l'autre sans aucune modification, tantôt à une voix, tantôt à une autre, de telle façon que l'assemblée puisse participer à l'exécution en chantant simplement le plain-chant connu de tous. Ce qui fut fait lors de la création, avec deux chefs vis-à-vis l'un de l'autre, dont l'un dirigeait la foule et l'autre la chorale, devançant ainsi les désirs du concile encore à venir. Grâce au fait que tous les fidèles connaissaient par cœur le « cantus firmus », quelques minutes d'une courte préparation suffirent pour assurer le succès d'une opération qui fut par beaucoup considérée comme exemplaire. L'écriture polyphonique reste claire et classique, mais sans exclure des recherches harmoniques parfois d'une grande subtilité. Le dernier *Agnus Dei* notamment, traité sur une pédale rythmique obsédante, évoque, comme certains passages du *Te Deum* de Berlioz, le murmure confus d'une foule implorante dévidant ses litanies.

M. Honegger

MESSE « CAPUT », messe à 4 voix du xve s., longtemps considérée comme une œuvre majeure de **Guillaume Dufay** et comme le premier exemple de messe à « cantus firmus » unique sur le continent. De récentes découvertes musicologiques mettent en doute son origine et son attribution à ce compositeur. Les travaux de M. Bukofzer semblaient établir que Dufay aurait composé la *Messe « Caput »* vers 1440-50, d'après un modèle anglais aujourd'hui perdu et ne comportant pas de *Kyrie*, selon l'usage dans ce pays. Ockeghem et Obrecht se seraient inspirés de ce cycle incomplet, alors que Dufay aurait ajouté un *Kyrie* en 1463 pour satisfaire aux habitudes françaises. Depuis 1969, plusieurs découvertes musicologiques (mise au point par A. E. Planchart, voir Bibliographie) ont permis d'infirmer un certain nombre d'hypothèses avancées précédemment : l'œuvre faussement attribuée à Dufay serait, en fait, le modèle anglais perdu, composé dans les années 1440 pour un ensemble à 4 voix. Le *Kyrie*, probablement plus tardif, serait d'un autre auteur, également anonyme.

A MESSE « AVE REGINA CAELORUM »

Le « cantus firmus » unique provient du long mélisme sur le mot « caput » (tête) de l'antienne du rite de Sarum *« Venit ad Petrum »* chantée le jeudi saint lors de la cérémonie du lavement des pieds :

Dans les *Gloria*, *Credo*, *Agnus* et *Sanctus*, le « cantus firmus » apparaît au ténor systématiquement dans son entier, cité deux fois, la première en valeurs plus courtes, binaires (temps imparfait). Des duos supérius /contraténor figurent en début de pièce ou de section : l'entrée du ténor portant le « cantus firmus » est liée à celle d'une voix plus grave, « tenor secundus », figurant comme base de l'édifice sonore. Un motif de tête au supérius et au contraténor renforce l'unité musicale de ces 4 pièces. On a là une construction si régulière qu'A. E. Planchart a pu comparer chacune des pièces à une grande talea (*Missae Caput...*, p. 154). Le *Kyrie*, ajouté plus tard au cycle, reprend des éléments de celui-ci (présentation du « cantus firmus », duos, motif de tête). Sa particularité réside dans la présence d'un trope (*« Deus creator omnium »*) et la découpe en deux fois trois invocations (« Kyrie », « Christe ») sans retour du « Kyrie ».

Même dépourvue de la prestigieuse autorité de Dufay, la *Messe « Caput »* reste un texte de premier plan par ses qualités musicales et constitue un bon exemple des remises en question auxquelles doivent s'astreindre les musicologues.

Sources principales — Codices de Trente 89 (f° 246v-256r) et 88 (f° 31v-35r) ; Londres, Br. Mus., Add. Ms. 54324 ; Archives de Lucques (voir R. Strohm, *in* Mf XXI, 1968, pp. 40-42).

Éditions modernes — Par G. Adler, O. Koller et autres, *in* DTÖ XIX/1, vol. 38, Vienne 1912 (facs. et transcr.) ; par L. Feininger, *in* Monumenta polyphoniae liturgicae, série I, vol. 2, fasc. 1, Rome 1951 ; par H. Besseler, *in* G. Dufay. Opera omnia II, Amer. Inst. of Musicology, 1960 ; par A. E. Planchart, *in* Missae Caput : Dufay, Ockeghem, Obrecht, Yale Univ., 1964.

Bibliographie — M. Bukofzer, Studies in Medieval and Renaissance Music, Londres 1951, pp. 217-306 ; du même, Caput redivivum, a new source for Dufay's Missa Caput, *in* JAMS IV, 1951 ; A. E. Planchart, Missae Caput : Dufay, Ockeghem, Obrecht, Yale Univ., 1964 (éd. et commentaire) ; du même, G. Dufay's masses : notes and revisions, *in* MQ LVIII, 1972 ; D. Fallows, G. Dufay, Londres, Dent, 1982, pp. 192-193.

D. Patier

Messe « Caput », messe à 4 voix de **Johannes Ockeghem**. Elle fait partie d'un ensemble de trois messes sur le même « cantus firmus » (Dufay [?], Ockeghem, Obrecht), objet d'études comparatives (sur l'origine de la mélodie empruntée, voir l'art. *Messe « Caput »* de Dufay).

De récentes hypothèses avancent que la première *Messe « Caput »* connue ne serait pas de Dufay, mais constituerait un cycle anglais anonyme écrit vers 1440, le *Kyrie* également anonyme ayant été ajouté plus tard. La *Messe « Caput »* d'Ockeghem, probablement postérieure, présente de nombreux points communs avec ce premier texte : même motif de tête descendant mais transposé d'une tierce, même utilisation du « cantus firmus » mais à la partie la plus grave et non au ténor, même présence de sections en duo en début de la pièce mais plus courtes que celles du texte attribué à Dufay. De la même manière, le *Kyrie* est d'une facture différente du reste du cycle. Sans motif de tête, il commence à 4 voix et offre à la partie grave le « cantus firmus » dans son intégralité, mais une seule fois, alors que dans la version supposée anglaise il est cité deux fois. Les divisions rythmiques s'y succèdent avec symétrie : « Kyrie » I, ternaire ; II, binaire ; III, ternaire. M. Bukofzer souligne le groupement des pièces par deux : *Gloria/Credo*, *Sanctus/Agnus*, grâce à une parenté des repos (*ré* pour le premier groupe, *sol* pour le second), et rappelle l'aspect archaïque de cette pratique des pièces couplées.

Cette messe est la seule où Ockeghem n'emploie le « cantus firmus » qu'à une seule des voix (la plus grave) et toujours dans la même organisation rythmique. Ce trait ne permet pas de la classer parmi les œuvres de jeunesse du compositeur : on constate, en effet, que celui-ci explore toutes les possibilités d'utilisation du « cantus firmus » et la formule adoptée ici ne constitue qu'un aspect de cette diversité. La *Messe « Caput »* fait peu appel à la technique des imitations, et la conduite mélodique du supérius, très fluide, a été considérée comme de caractère anglais par Ch. van den Borren et G. Reese.

Sources principales — Rome, Bibl. Vat., Cod. Chigi C VIII 234 ; Trente, Cod. 88.

Éditions modernes — En facs. et transcr. *in* DTÖ XIX/1, vol. 38, 1912 ; par D. Plamenac, *in* J. Ockeghem. Collected works II, Amer. Musicological Soc., 1947, 2/1966 ; par A. E. Planchart, *in* Missae Caput : G. Dufay, Ockeghem, J. Obrecht (diss. Yale Univ., 1964).

Bibliographie — M. Bukofzer, Studies in Medieval and Renaissance Music, Londres 1950 ; B. Meier, Caput Bemerkungen zur Messe Dufays und Ockeghems, *in* Mf VII, 1954 ; E. H. Sparks, Cantus firmus in mass and motet, 1420-1520, Berkeley et Los Angeles 1963, p. 145 ; A. E. Planchart, Missae G. Dufay, Ockeghem, J. Obrecht (diss. Yale Univ. 1964, pp. 156, 174, 180) ; du même, G. Dufay's masses : notes and revisions, *in* MQ LVIII, 1972 ; voir aussi la bibliogr. de l'art. *Missa quinti toni.*

D. Patier

Messe « Caput », messe à 4 voix de **Jacob Obrecht**, troisième d'une série déjà illustrée par G. Dufay (?) et J. Ockeghem. Elle s'appuie sur une mélodie empruntée d'origine anglaise (voir l'art. *Messe « Caput »* de Dufay).

Écrite à 4 voix, cette œuvre aurait été composée, selon A.E. Planchart, entre 1483 et 1485, alors qu'Obrecht remplissait les fonctions de maître des enfants à Cambrai. Sans doute connaissait-il les deux versions antérieures : une construction symétrique (en 2 sections, une ternaire et une binaire) figure dans les *Gloria*, *Credo*, *Sanctus* et *Agnus Dei* des trois messes ; comme dans celle d'Ockeghem, Obrecht place le « cantus firmus » à la basse dans l'*Agnus Dei* et écourte la mélodie empruntée dans le *Kyrie* ; en outre, il ouvre son *Gloria* par une citation de celui attribué à Dufay.

Les *Kyrie* sont différents dans leur structure, mais on sait que la première des trois messes (le modèle anglais) ne comportait pas de *Kyrie*, ce dernier ayant été ajouté plus tard ; d'où les variantes présentées dans l'organisation rythmique :

	Modèle attribué à Dufay	Ockeghem	Obrecht
« Kyrie »	ternaire	ternaire	ternaire
« Christe »	binaire	binaire	binaire
« Kyrie »	manque	ternaire	binaire

Bien que proche de ses modèles, la *Messe « Caput »* d'Obrecht présente des traits originaux : au lieu d'être émis toujours par la même voix, le « cantus firmus » apparaît successivement à chacune des voix : *Kyrie* au ténor, *Gloria* au supérius, *Credo* au ténor, *Sanctus* à l'altus, *Agnus Dei* à la basse. En outre, l'écriture se révèle beaucoup plus moderne que celle d'Ockeghem : on y relève une grande activité contrapuntique des trois voix libres, à travers des imitations et séquences, la recherche de matériaux mélodiques très variés non reliés au « cantus firmus », un large ambitus des lignes, l'emploi d'une rythmique vigoureuse, riche en syncopes. L'effet de strette terminant le *Kyrie* illustre bien ces divers procédés **A**. L'harmonie variée, comprenant de fréquentes tierces, donne une impression tonale, notamment lors des cadences V/I sur la claire finale *ut* qui concluent les 5 pièces. M. Bukofzer a montré que, par ces différents aspects de son écriture, Obrecht annonçait déjà la génération de Josquin des Prés.

Source principale — Modène, Bibl. Estense, Cod. VI H 1 (L. 457, α M 1-2).

Éditions modernes — Par J. Wolf, *in* Werken van J. Obrecht IV/18, Amsterdam et Leipzig, Vereeniging voor Noord Nederlandse Muziekgeschiedenis, rééd. en facs. Farnborough, Gregg : Intern. Publ., 1968 ; par A. E. Planchart, *in* Missae Caput : G. Dufay, J. Ockeghem, J. Obrecht, Yale Univ. Press, 1964 ; par Chr. Maas, *in* Obrecht. Collected Works II, Utrecht, Vereeniging voor Nederlandse Muziekgeschiedenis, 1983.

Bibliographie — O. Gombosi, J. Obrecht. Eine stilkritische Studie, Leipzig 1925, pp. 82-85 ; M. Bukofzer, Studies in Medieval and Renaissance Music, Londres 1950, pp. 269-271 et 292 et suiv. ; M. Kyriazis, Die Cantus firmus Technik in den Messen Obrechts, Berne 1952 ; B. Meier, Zyklische Gesamtstruktur und Tonalität in den Messen Obrechts, *in* AfMw X, 1953 ; G. Reese, Music in the Renaissance, New York, Norton, 1954, 2/1959, pp. 196-197 ; H. Sparks, Cantus firmus in mass and motet, Berkeley et Los Angeles 1963, p. 246 ; A. E. Planchart, Three Missae Caput, Yale Univ. Press, 1964, pp. 156-157 et 180-182 ; L. G. van Hoorn, J. Obrecht, La Haye 1968 ; M. Picker, J. Ockeghem and J. Obrecht, a guide to research, New York, Garland Publ., 1988.

D. Patier

Messe chorale sur l'intonation de la liturgie catholique, 4e messe solennelle de **Charles Gounod**, pour chœur à 4 voix mixtes, grand orgue et orgue de chœur (Paris, Hartmann, 1888), sans doute composée dans les mois qui précédèrent sa 1re exécution par 200 choristes à la cathédrale de Reims le 24 juin 1888 (solennité de la béatification de Jean-Baptiste de La Salle). A cette occasion, elle fut précédée d'un *Te Deum* pour soli, chœur, grand orgue, orgue de chœur et harpes.

Ses 7 parties (*Prélude* pour grand orgue, *Kyrie*, *Gloria*, *Credo*, *Sanctus*, *Benedictus*, *Agnus Dei*) se fondent sur une sorte de « cantus firmus » épisodique,

proche de l'intonation la plus usuelle des → *Credo* grégoriens. Souvent cité simplement à l'une des voix ou à l'orgue, ce thème peut être proposé en augmentation ou donner lieu à un canon. Il assure l'unité qui manque à l'œuvre sur le plan du style. En effet, trois types d'écriture nettement différenciés se juxtaposent sans justification apparente : successions harmoniques modulantes volontiers chromatiques, suites statiques d'accords parfaits, passages de contrepoint sommaire construits sur des imitations trop brèves. Gounod estimait avoir progressé depuis sa *Messe à la mémoire de Jeanne d'Arc* : « Comme architecture musicale, cela me semble plus riche de lignes et d'enchevêtrement » (lettre inédite, Reims, 22 juin 1888. » En fait, lui qui cherchait « à faire disparaître sa personnalité dans le style le plus impersonnel possible » (lettre inédite, Nieuport, 19 juil. 1887) y réussit parfaitement. Son imitation maladroite de l'art renaissant n'aboutit qu'à une pauvreté assez fade dont la *Messe de saint Jean* puis la *Messe dite de Clovis*, composées vers 1890 (Paris, Choudens, 1895), ne se départiront pas.

Bibliographie — Nouvelles diverses, *in* L'Art Musical XXVII/11, 1888 ; M. Brenet, Gounod et la musique sacrée, *in* Le Correspondant, 10 déc. 1893 ; G. Tebaldini, Gounod autore di musica sacra, *in* RMI I, 1894 ; J.-G. Prod'homme et A. Dandelot, Gounod II, Paris 1911, 2/ Genève, Minkoff, 1973, pp. 215-217 ; A. et J. Pagot, La Messe chorale de Ch. Gounod, *in* Musique et Liturgie, n° 76-77, 1960 ; H. Wagener, Die Messen Ch. Gounods, *in* KmJb LI, 1967.

P. Prévost

Messe « Da pacem », messe polyphonique à 4 et 6 voix de **Noël Bauldeweyn** (**Baudoin**), souvent attribuée à Josquin des Prés et publiée dans ses œuvres. Des quelques sources manuscrites où elle est conservée, seules deux, également tardives (1539, 1543), l'attribuent à Josquin (Stuttgart 46 et Toledo 19, deux sources où la messe est incomplète). Les *Missae tredecim* de 1539 (Nuremberg), seul imprimé, publié après la mort des

A **Messe « Caput »** de J. Obrecht

deux compositeurs (Josquin, † 1521 ; Bauldeweyn, † 1530), mentionnent également Josquin des Prés. Dans un autre manuscrit (Königsberg 1740) aujourd'hui détruit, c'est à Jean Mouton qu'était accordée la paternité de cette œuvre très disputée. A la suite des travaux d'E. H. Sparks, on s'accorde généralement sur le nom de Bauldeweyn conformément au manuscrit de Munich (Bayerische Staatsbibl., Mus. Ms. 7). Ce manuscrit, originaire de Flandre (autour de Gand et Mechelen), aurait été fabriqué vers 1500-15 à une époque contemporaine aussi bien de Bauldeweyn que de Josquin et dans une région proche de l'activité de Bauldeweyn, « maître des enfants » à Anvers.

C'est l'antienne *« Da pacem »* (« antifona pro pace ») qui sert de sujet unificateur. La mélodie, parfois légèrement paraphrasée, est principalement exposée à la partie de ténor comme « cantus firmus », parfois en valeurs relativement longues, en particulier au début des deux mouvements les plus développés, le *Gloria* et le *Credo*, qui commencent tous les deux par une première partie mesurée en temps parfait. Dans les deux cas, la présence d'éléments de paraphrase ornementale, en fin de séquence, au « cantus firmus » se conjugue avec l'usage traditionnel de mensurations hiérarchisées (temps imparfait diminué et proportion triple) pour inscrire chaque « mouvement » dans une dynamique expressive. Dans le *Credo*, elle s'articule par ailleurs autour de deux « bicinia » successifs, dont les tessitures sont disposées de manière ascendante (« Crucifixus » : bassus et altus ; « Et resurrexit » : ténor et supérius), comme pour exprimer la résurrection. Le retour du « cantus firmus » (« Et iterum ») au ténor reproduit alors le même mode d'organisation : débutant en valeurs longues (dans le tempo plus rapide du temps diminué), il est progressivement accéléré, d'abord par le jeu de la paraphrase ornementale jusqu'au ternaire quasi dansant de la proportion triple finale (« Confiteor »), où la paraphrase se libère partiellement du sujet dans une invention mélodique séquentielle (en marches descendantes). Le développement final du *Gloria* présente sensiblement les mêmes caractères : le passage ternaire (« Qui sedes »), cependant, s'y résout dans un retour final au binaire rapide et syllabique. Le jeu séquentiel en marches descendantes s'y trouve ensuite amplifié par un dernier développement dépourvu de respirations. Cette organisation du discours autour d'un sujet assez court nécessite un nombre important de réexpositions du matériau thématique. Si, dans le *Kyrie*, l'antienne, divisée en trois sections correspondant respectivement aux trois invocations (« Kyrie », « Christie », « Kyrie »), n'est utilisée qu'une seule fois, en revanche, elle est exposée 2 fois dans le *Gloria*, 3 fois dans le *Credo* et jusqu'à 5 fois dans le *Sanctus* (compte tenu de la reprise de l'« Osanna »). Le cas de l'*Agnus* est plus complexe et variable selon les sources. Dans le Ms. 7 de Munich, qu'on peut considérer comme source de référence, on trouve 3 *Agnus* : le premier (en temps parfait) abandonne la technique stricte du « cantus firmus » au ténor pour une écriture en paraphrase polyphonique où les 4 voix sont également nourries de la mélodie de l'antienne ; les deux autres (en temps imparfait diminué) se caractérisent par l'usage de canons. Dans le deuxième, à 4, le « cantus firmus », disposé en valeurs longues au bassus (en *ré*), est traité en canon à la quarte au ténor. Quant au troisième, à 6 voix, il achève la messe par un triple canon (« Trinitas in trinitate ») : le « cantus firmus » noté dans l'une des parties de supérius (*ut* 1) est suivi d'abord au bassus (double octave) puis au ténor (octave). La réalisation qu'en a proposée Fr. Blume est différente cependant. A chacune des occurrences de l'antienne, le texte liturgique est noté en rouge, soit en double du texte de l'ordinaire, soit en combinaison avec lui, le plus souvent au ténor, exceptionnellement dans une autre voix, quand la citation est particulièrement évidente : ainsi au supérius du « Pleni sunt » et au bassus du premier *Agnus*. Bien que la technique d'élaboration polyphonique de la messe dans son ensemble apparaisse relativement archaïque, certains aspects lui confèrent une sonorité assez moderne. La déclamation du texte, p. ex., sait se faire précise et syllabique (« quoniam tu solus « dans le *Gloria*, « Et incarnatus », « Et iterum » dans le *Credo*). Le compositeur y manifeste même parfois une attention très claire au sens du texte : en dépit de la contrainte imposée par le « cantus firmus », la courbe mélodique est clairement descendante, même au ténor, pour chanter « Et descendit de coelis » (*Credo*). Le *Sanctus* présente, quant à lui, une caractéristique qui n'est pas la moins originale, dans un goût très sensible pour la reprise des phrases finales, qui n'est pas sans rappeler les pratiques formelles des chansons françaises du XVIe s. : ce phénomène se répète dans chacune des sections du *Sanctus*, ainsi que dans l'*Agnus* II.

Si la mélodie liturgique est principalement exploitée selon la vieille technique du « cantus firmus » au ténor, elle donne lieu également à des développements contrapuntiques en imitation aux 4 voix, selon la procédure plus moderne de la paraphrase polyphonique : c'est à cette technique que s'apparentent en particulier tous les débuts de mouvements, dont les premières mesures communes constituent un « motif de tête » unificateur. A ce titre, l'*Agnus* I, rejeté en annexe dans l'édition de Smijers, doit bien être réintégré comme une partie de l'œuvre.

Rééditions modernes — Par FR. BLUME, *in* Chw., n° 20, Wolfenbüttel, Möseler, 1932 ; par A. SMIJERS, *in* Werken van Josquin des Prez, 34e livr., Amsterdam, Alsbach, 1953.

Bibliographie — E. LOGE, Eine Messen- und Motettensammlung des Kantors Matthias Krüger aus der Musikbibliothek Herzog Albrecht von Preussen, Kassel 1931 ; H. OSTHOFF, Josquin Desprez I, Tutzing 1962, p. 186-191 ; E. H. SPARKS, The music of N. Bauldeweyn, New York, Amer. Musicological Soc., 1972 ; du même, Cantus firmus in mass und motet 1420-1520, Berkeley, Univ. of California Press, 1963, 2/New York, Da Capo Press, 1975.

J.-P. OUVRARD

MESSE DE BARCELONE, messe à 3 et 4 voix du XIVe s., l'un des 4 ordinaires (→ *Messe de Tournai*, *Messe de Toulouse*, *Besançon*) traités en polyphonie avant la → *Messe de Notre-Dame* de Machault. Probablement d'origine avignonnaise, elle réunit des pièces anonymes, d'auteurs différents, et se présente sous le signe de la variété. Le *Kyrie*, un conduit, comporte trois voix avec paroles, traitées note contre note ; la seconde version de la dernière invocation est solennisée par un hoquet. Au contraire, le *Gloria* tropé (« Splendor patris ») constitue un exemple de style cantilène, où le supérius s'exprime en valeurs courtes, soutenu par un ténor et un contraténor appareillés en valeurs plus longues. Ces deux pièces (*Kyrie* et *Gloria*) sont écrites dans le mode de *ré*. Le *Credo*, de même style que le *Gloria*, mais selon L. Schrade d'une époque antérieure, diffère cependant par une ornementation moins abondante. Il est identique à celui donné incomplet dans la *Messe de Toulouse*, et figure également dans le Ms. d'Ivrée et dans l'index du Ms. de la Tremoïlle, assorti d'un nom, Sortes ou Sortres, qui pourrait être celui de son auteur (l'organiste Joan Sort, moine augustin au service des rois catalans ?). On remarque dans ce *Credo* quelques figuralismes (ligne descendante sur « Descendit de caelis », ascendante sur « Ascendit in caelum »). Le *Sanctus* est un motet. Son ténor, non identifié et dépourvu de paroles (donc instrumental), est isorythmique, exprimant 6 fois une talea sans color. Les deux parties supérieures portent chacune un texte latin (« Sacro sanctus pater ingenitus » au triplum, et « Sanctus miro gaudio in celesti » au motetus). Ces deux parties sont également isorythmiques, à part quelques exceptions, notamment au triplum en début de talea. Nous avons donc affaire à un motet bi-textuel, et pan-isorythmique, selon la terminologie de W. Apel. L'*Agnus Dei* qui conclut l'œuvre appelle l'attention par l'effectif inhabituel de 4 voix : un supérius, deux contraténors, un ténor. Les deux parties extrêmes seules comportent des paroles, mais elles présentent un caractère différent : le ténor, en valeurs longues, développe une ligne mélodique rappelant parfois les mélodies d'*Agnus* du *Graduel* ; le supérius procède en valeurs courtes, avec de nombreuses chaînes de syncopes. Cependant, la composition de l'édifice sonore ne reste pas immuable : des glissements s'opèrent constamment, appareillant différemment les voix entre elles par des imitations ou par le jeu des syncopes. Le *« Dona nobis pacem »* conclusif constitue une grande section imitative sur le motif ♪♫ échangé entre les trois voix supérieures tandis que le ténor égrène des valeurs longues. Cette solennelle conclusion du cycle, jointe à la richesse ornementale du manuscrit, donne à la *Messe de Barcelone* un caractère festif que ne possèdent pas les trois autres ordinaires mis en polyphonie avant la *Messe* de Machault.

Sources — Ms. 946 de la Bibl. Central de Catalunya à Barcelone ; fragments dans le Ms. d'Ivrée.

Éditions — Par L. Schrade, *in* Polyphonic Music of the 14th Cent. I, Monaco, L'Oiseau-Lyre, 1956-74 ; par H. Stäblein-Harder, *in* CMM 29, Amer. Inst. of Musicology, 1962 ; par M. C. Gómez, *in* Bull. de la Bibl. de Catalunya (voir ci-dessous).

Bibliographie — Fr. Ludwig, Die mehrstimmige Musik des 14. Jh., *in* AfMw VII, 1925 ; H. Harder, Die Messe von Toulouse, *in* MD VII, 1953 ; L. Schrade, The Mass of Toulouse, *in* RBMie VIII, 1954 ; H. Stäblein-Harder, voir ci-dessus, § Éditions ; M. C. Gómez, Quelques remarques sur le répertoire sacré de l'Ars Nova provenant de l'ancien royaume d'Aragon, *in* AMl LVII, 1985 ; de la même, El Manuscrito M 971 de la Bibl. de Catalunya (misa de Barcelona), *in* Bull. de la Bibl. de Catalunya, vol. Desè, 1982-84, Barcelone 1986 (avec transcr. complète de la messe).

D. Patier

Messe « De beata Virgine », messe à 4 et 5 voix de **Josquin des Prés**, publiée par Petrucci en 1514 dans son *Missarum Josquin liber tertius*, rééditée à Rome, chez Giunta, en 1516 et 1526. L'abondance exceptionnelle des sources témoigne du succès de cette œuvre : elle est conservée complète dans 25 manuscrits environ, parfois de manière anonyme, parfois même avec une attribution erronée (P. de La Rue, à Weimar). En 1539, Petreius l'édite à Nuremberg dans son *Liber quindecim missarum* et elle est copiée dans un manuscrit de la cathédrale de Tolède (Ms. 16) en 1542. Sa renommée est d'ailleurs considérable dans la péninsule Ibérique où les théoriciens en commentent certains aspects (V. Lusitano, P. Thalesio, 1636), cependant que les vihuelistes et les organistes la mettent en tablature : **Pisador** en particulier (*Libro de musica de vihuela*, 1552), mais aussi **Fuenllana** (1554), **Mudarra** (1546), **Valderrabano** (1547), **Venegas de Henestrosa** (1557), **Antonio de Cabezón** (1578)... Ils rivalisent ainsi avec les instrumentistes du nord, flamands (Phalèse, 1552, pour le luth) et allemands (**Newsidler**, 1536 et **Ochsenkhun**, 1558, pour le luth, **Ammerbach**, 1583, pour l'orgue). Glaréan la tient en très grande estime (« perfectissimum corpus »). C'est chez lui qu'on peut trouver un témoignage sur la date de composition de cette œuvre qu'il situe vers la fin de la vie du musicien (« ad extremam vergen[s] aetatem ») : H. Osthoff s'appuie sur cette indication pour suggérer que sa composition a pu immédiatement précéder l'édition de Petrucci (v. 1513). Cependant, le Ms. 23 de la Sixtine, la source la plus ancienne semble-t-il, habituellement considéré comme contemporain de la papauté de Jules II (1503-13), pourrait aussi avoir été fabriqué avant 1503. Il semble donc difficile d'acquérir une réelle certitude, sinon que cette messe a été composée avant 1514.

La *Messe « De beata Virgine »* se distingue nettement parmi les messes de Josquin des Prés. Elle est la seule dans laquelle l'unité artistique est manifestement sacrifiée au profit d'une logique rigoureusement liturgique. Non seulement Josquin ne lui attribue pas de thème unificateur, mais en composant chacune des parties sur la mélodie d'un plain-chant approprié (*Kyrie* IX, *Gloria* IX, *Credo* I, *Sanctus* IV, *Agnus* IV), il se prive du même coup de toute unité modale. Se succèdent ainsi les modes de *ré* sur *sol* (*Kyrie*), *sol* (*Gloria*), *mi* (*Credo*), *sol* sur *do* (*Sanctus*) et *fa* sur *do* (*Agnus*). Par ce choix des mélodies de l'ordinaire, Josquin se distingue du répertoire contemporain des messes de la Sainte Vierge et en particulier de Brumel. Si la messe IX est assez courante dans cet usage, la messe IV choisie par Josquin pour le *Sanctus* et l'*Agnus* est beaucoup plus rare. Par cette sélection, Josquin se rapproche davantage d'Isaac dont une *Messe « De beata Virgine »* à 4 voix utilise les mêmes mélodies, selon la technique de l'« alternatim ». Conformément à un usage largement répandu à cette époque (avant le concile de Trente), le *Gloria* IX comprend 6 tropes mariaux (« spiritus et alme ») que Josquin intègre à sa polyphonie, comme Dufay, Brumel, La Rue, Arcadelt et bien d'autres, et comme lui-même le fait aussi dans un *Gloria « De beata Virgine »* indépendant (*Fragmenta missarum*, 1505). Au titre de la diversité, voire de l'hétérogénéité, on pourrait être tenté de relever l'incohérence des tessitures, aiguës dans les *Kyrie*, *Gloria*, *Sanctus* et *Agnus*, graves dans le *Credo* ; il faut se rappeler cependant que les pratiques de notation et d'interprétation des xve et xvie s. s'accommodent de transpositions fréquentes. Les clés aiguës (chiavette, employées ici p. ex., impliquent quasi automatiquement transposition vers le grave, en général à la quarte. En l'occurrence, une telle transposition permet de retrouver les tessitures du *Credo*.

Les mélodies liturgiques sont paraphrasées et irriguent volontiers la totalité de la trame polyphonique par le jeu des imitations, passant insensiblement de la paraphrase au développement contrapuntique. Cette technique est principalement employée dans les deux parties à 4 voix, le *Kyrie* et le *Gloria*. La paraphrase, occasionnellement, se rapproche du degré zéro (*Kyrie* II, mes. 76-89). Le plus souvent, cependant, elle procède par une ornementation mélodique plus généreuse (*Gloria*, « Qui tollis », mes. 128-145). Le degré d'ornementation contribue ainsi à varier le caractère des versets, se conjuguant notamment à quelques changements de mensurations ou de proportions dans le *Gloria* et dans le *Credo*. Les textes traditionnellement soumis aux « consonances dévotes » (« Jesu Christe » ou « Et homo factus est ») ajoutent au ralenti écrit du temps la sobriété relative de la paraphrase. Dans les trois derniers mouvements (*Credo*, *Sanctus*, *Agnus*), tous à 5 voix, la paraphrase s'organise autour des deux voix canoniques, ténor et 2e ténor, qui assurent l'ossature de la polyphonie, même si, occasionnellement, les autres voix dont le contrepoint se tisse tour à tour autour de l'une et de l'autre participent à quelques imitations.

La présence de ces canons, tout en assurant la cohésion stylistique des trois parties finales (*Credo*, *Sanctus*, *Agnus*), ne fait qu'accentuer le caractère relativement disparate de cette messe, dont l'homogénéité reste effective grâce à la technique d'élaboration du plain-chant, commune à l'ensemble. Dans le *Credo*, le canon se développe à 2 brèves de distance, en binaire comme en ternaire. Mais son architecture harmonique subit un changement : dans la 1re partie, la transposition est à la quinte inférieure, le ténor (« dux ») chantant dans l'aigu de sa tessiture, alors que dans la 2de, le ténor (« dux ») chante à l'octave inférieure, imité par le « comes » à la quinte supérieure. Cette disposition est indiquée par deux rubriques, successivement : « le premier va devant » (1re partie) et « le devant va derrière » (2de partie). Dans le *Sanctus* et l'*Agnus*, la disposition du canon est identique, à la quinte supérieure et à 4 brèves de distance, ce qu'indique une rubrique à peine énigmatique : « vous jeûnerez les quatre temps ». L'écriture en canon permet une polyphonie relativement aérée, les 5 voix étant assez rarement employées en même temps : les voix s'y organisent même volontiers de manière antiphonale, s'opposant en groupes variés (2, 3 ou 4 voix) réunies autour de l'une et l'autre des voix canoniques. La déclamation du texte par syntagmes assez brefs permet cette technique dans le *Credo* (mes. 130-150). L'allongement de l'espace canonique à 4 brèves dans le *Sanctus* et l'*Agnus* facilite encore davantage cette disposition réellement prédominante dans la totalité de ces deux pièces. Paradoxalement, le canon devient ainsi un facteur de construction architecturale de l'ensemble de l'œuvre. La réelle efficience des dispositions antiphonales, combinée à l'élargissement de l'espace canonique, confère à l'*Agnus* et au *Sanctus* un effet de « climax » que Josquin recherchait ailleurs dans l'augmentation du nombre des voix (voir la *Messe « Hercules dux Ferrariae »* et la *Messe « L'homme armé sexti toni »*).

Rééditions modernes — Par Fr. Blume, *in* Chw, n° 42, Wolfenbüttel, Möseler 1936 ; par A. Smijers, *in* Werken van Josquin des Prés, 30e et 31e livr., Amsterdam, Vereeniging voor Nederlandse Muziekgeschiedenis, 1952.

Bibliographie — G. Reese, Music in the Renaissance, New York, Norton, 1954, 2/1959 ; H. Osthoff, Josquin des Prez, 2 vol. Tutzing 1962-65 ; M. Honegger, Les messes de Josquin des Prés dans la tablature de D. Pisador (thèse complémentaire, Univ. de paris 1970) ; N. S. Josephson, The « Missa De beata Virgine » by Josquin used as a model for the mass of the same name by Arcadelt, *in* TVer XXV, 1974 ; R. Stevenson, Josquin in the Music of Spain and Portugal, *in* E. Lowinsky (éd.), Josquin des Prez, Londres, OUP, 1976 ; G. Reese, The Polyphonic « Missa De beata Virgine » as a Genre : The Background of Josquin's Lady Mass, *ibid.* ; J.-P. Ouvrard, Josquin Desprez et ses contemporains, Arles, Actes Sud, 1986.

J.-P. Ouvrard

Messe de Besançon, messe à 3 voix du xive s., faisant partie des 4 ordinaires de la messe traités en polyphonie avant la → *Messe de Notre-Dame* de G. de Machault (→ *Messe de Tournai*, → *Messe de Toulouse*, → *Messe de Barcelone*). Elle comprend un *Kyrie* incomplet, dont la troisième invocation est signée **Johannes Lambuletus**, un *Gloria* également incomplet et des fragments d'un *Benedictus*, d'un *Sanctus* et d'un *Agnus*.

Du *Kyrie* n'est conservée que la troisième invocation, qui est un motet sur ténor emprunté, identique à celui du *Kyrie* n° 77 du Ms. d'Ivrée. Cette mélodie, difficilement identifiable, pourrait, selon L. Schrade, venir du *Kyrie* de la *Messe* VI (*Rex Genitor*). Les deux voix supérieures chantent simultanément le trope *« Kyrie expurgator »*, et terminent par une vocalise avec hoquet sur « eleyson ». La présence de quelques tierces harmoniques, l'existence de la notion d'accord, la rythmique tourmentée du triplum (syncopes), permettent de situer cette pièce dans la 2de moitié du xive siècle. Le *Gloria*, incomplet, offre dans son incipit certaines similitudes avec le *Credo* n° 48 du Ms. d'Ivrée, mais son style note contre note diffère de celui du *Credo* n° 48 qui est un motet. De la même manière, on remarque les liens entre le *Sanctus* et l'*Agnus* de Besançon, tous deux fragmentaires, et le *Sanctus* n° 79 d'Ivrée, ainsi que l'*Agnus* de Cambrai, Bibl. Comm. 1328. Le *« Benedicamus Domino »* qui clôture le cycle demeure lui aussi incomplet (deux voix seulement), et son supérius reprend, transposée, la mélodie grégorienne du *Benedicamus* de la *Messe* II (*« Fons bonitatis »*).

Bien qu'à l'état de fragments, la *Messe de Besançon* présente un vif intérêt car elle serait peut-être le premier ordinaire polyphonique dont on connaisse l'auteur, Johannes Lambuletus, auquel on pourrait sans doute attribuer l'ensemble du cycle, si l'on considère les ressemblances offertes par le *Kyrie*, le *Sanctus* et l'*Agnus* ; en outre, par les multiples relations qu'elle présente avec des textes polyphoniques des Mss. d'Ivrée et de Cambrai, elle constitue un remarquable exemple de la technique de l'emprunt au xive siècle.

Sources — Ms. provenant de la région de Besançon et conservé à l'Univ. de Paris-IV (Sorbonne), Bibl. de l'Institut de Musicologie.

Éditions — Par J. Chailley, *in* Ann. Mus. II, 1954, pp. 99-103 (*Kyrie* et *Gloria* seulement et facs.) ; par H. Stäblein-Harder, *in* CMM 29, Amer. Inst. of Musicology, 1962.

Bibliographie — J. Chailley, La Messe de Besançon et un compositeur inconnu du xive s. : Jean Lambelet, *in* Ann. Mus. II, 1954 ; L. Schrade, A 14th Cent. Parody Mass, *in* Acta Musicologica XXVII, 1955 ; J. Chailley, Autour de la Messe de Besançon, *ibid.* XXVIII, 1956 ; R. Jackson, Musical Interrelations between 14th Cent Mass Movements, *ibid.* XXIX, 1957 ; H. Stäblein-Harder, voir ci-dessus, § Éditions.

D. Patier

Messe de Gran, de **Franz Liszt**, voir Missa solemnis zur Einweihung der Basilika in Gran.

Messe de l'Aurore, de **Marcel Landowski**, grande fresque vocale et orchestrale pour 3 solistes, chœur, vents et cordes, percussion, piano et ondes Martenot, composée en 1976 sur un poème de Pierre Emmanuel, dédiée à l'Orchestre de Paris, à Charles Munch et à Daniel Barenboïm. (Paris, Salabert éd. ; durée : 45 min environ.) Commande de l'Orchestre de Paris pour le 10e anniversaire de sa fondation par le compositeur, elle fut créée le 14 nov. 1977 par ce même orchestre et ses chœurs, sous la dir. de Daniel Barenboïm ; chef des chœurs, Arthur Oldham ; solistes, Nadine Denize (sop.), Eric Tappy (ténor) et Jules Bastin (basse). Le compositeur, essentiellement préoccupé d'humanisme et de réflexions philosophiques, a choisi comme support littéraire un beau texte, peut-être un peu compliqué cependant, en raison des nombreux jeux de symboles qui s'y déploient. Plus que jamais, M. Landowski assujettit son langage à une spiritualité très libre. Cette œuvre fait partie d'une sorte de trilogie de l'espérance, mais aussi de la lucidité, dont les deux autres volets sont la cantate-opéra *La Prison* (1981) et l'opéra → *Montségur* (créé en 1985).

La *Messe de l'Aurore* n'est pas une œuvre liturgique et son livret est en langue française. On y décèle une vision panthéiste de l'univers, qui n'a que peu de rapports avec l'orthodoxie chrétienne. L'aurore constitue l'attente d'un monde plus humain. Il s'agit d'une idée bien vaste que sert en revanche un constant souci de concision et d'économie dans les moyens déployés. La coloration de l'ensemble est plutôt modale et polymodale, et l'on y rencontre moins de dissonances et d'harmonies complexes que dans les ouvrages lyriques du compositeur. Le chœur est divisé en voix parlées et chantées, procédé cher à M. Landowski.

La *Messe de l'Aurore* se compose de 7 pièces. **1.** *Introït.* Surgie des profondeurs graves de l'orchestre, la musique juxtapose d'emblée de très libres mais très pures colorations tonales. L'agitation qui suit et qui symbolise la confusion des mentalités modernes est renforcée par l'opposition des deux chœurs (superpositions rythmiques complexes où dominent les triolets de différentes durées). Deux interventions solistes se succèdent, confiées au soprano et à la basse. La forme de l'ensemble est une sorte de lied avec coda : ABCDAE. On remarquera l'emploi fréquent du fondu-enchaîné compositionnel, très typique du langage musical de l'auteur. **2.** *Kyrie.* Il débute par une touchante vocalise du soprano solo que soutient un orchestre très allégé. Le chœur murmure, selon un principe responsorial, « Écoute... ». Le ténor reprend cette prière à son compte, accompagné du glockenspiel. Nouvelle ponctuation du chœur : « Attise ! » Le tout glisse insensiblement du grave à l'aigu, pour s'épingler enfin à la sonorité immatérielle de l'onde Martenot. **3.** *Gloria.* Il est de forme continue. Les premières mesures, très animées, ne sont pas sans évoquer les développements symphoniques rencontrés dans les œuvres antérieures du compositeur (superposition hétérophonique de strates bien distinctes). Ici, la voix de basse dialogue avec le chœur. Deux manières s'opposent : un style orné, jubilatoire, et une déclamation dans l'esprit du récitatif. A la fin, l'ambitus orchestral se polarise entre deux extrêmes, représentés par les cordes graves et les flûtes. **4.** *Credo.* Davantage dissonant, il voit l'épanouissement des cuivres. Le chœur répète de temps à autre ces simples mots : « Je crois. » Alternances avec les voix solistes que ponctuent de nombreux silences pleins de mystère. Tout l'épisode final est marqué par le martèlement des timbales. Le style responsorial de cette page est comparable à celui du *Kyrie.* **5.** *Sanctus.* Il débute par un long et original empilement progressif de tous les instruments : chacun, à tour de rôle, semble éclore avec candeur, pour former bientôt un immense accord statique très dissonant. L'ensemble de cet épisode est de nature plutôt atonale. Les solistes se sont tus : seul le chœur accompagne l'orchestre, scandant inlassablement : « Saint [...] Saint [...]. » La forme de ce *Sanctus* est claire : ABC B DE B. **6.** *Agnus Dei.* Tempo lent, allure recueillie, atmosphère intimiste. C'est peut-être la plus belle page de la *Messe.* Accompagné essentiellement du célesta, de la harpe, des bois et du glockenspiel, le soprano chante un très pur arioso. Le chœur dialogue avec la voix soliste, toujours dans une grande douceur. Dans la partie centrale, un chant de trompette se déploie, dans l'esprit d'une action de grâces. **7.** *Amen.* Sorte de cortège final, ponctué par le tintement d'une cloche. Un répons intervient entre le chœur et le ténor, puis la musique connaît un grand crescendo final, soutenu une fois encore par l'angélisme de l'onde Martenot.

Fr. Fabiani

Messe de minuit pour Noël, de **Marc-Antoine Charpentier** (H 9), pour 2 sop., haute-contre, ténor et bar. soli, chœur à 4 parties (S HC T B), 2 fl. à bec, vl., 2 parties d'alto et b.c. (orgue et basses de vl.). (Durée : 25 min environ.)

Cette messe, la plus directe de toutes les œuvres de M.-A. Charpentier, fait emploi de 11 noëls traditionnels qui servent de base aux différents mouvements (ou sections), parfois même à des interludes placés entre les mouvements. La popularité de cette œuvre, tant auprès des interprètes que du public, est due à l'équilibre musical que le compositeur a su établir entre les mélodies traditionnelles, parfois naïves, et le traitement imaginatif qu'il leur fait subir dans un contrepoint vocal et instrumental très habilement tissé. En trois endroits de la partition où Charpentier prescrit l'exécution d'un noël, aucune musique n'est notée ; dans deux cas, on trouve la rubrique : « Ici l'orgue joue le même noël » (après un mouvement fondé sur un noël particulier). Il est probable que cette messe, destinée à toucher un large public, a été écrite à la demande des jésuites, lorsque Charpentier était attaché à leur église Saint-Louis de la rue Saint-Antoine. S'il en est ainsi, il aurait eu à sa disposition des organistes aussi renommés que Michel-Richard Delalande ou le colérique Louis Marchand, pour lesquels il était inutile de rédiger un arrangement de mélodies aussi familières, qu'en toute circonstance ils auraient improvisé. Ces instructions signifient donc que les exécutions de l'œuvre différaient toujours en ces endroits. Il est heureusement possible de suppléer aux pièces manquantes en faisant appel aux nombreuses compositions pour orgue écrites sur ces noëls par des contemporains tels que Nicolas Le Bègue, André Raison et Jean-François d'Andrieu. Dans le troisième cas, après le *Credo*, on peut lire : « A l'offertoire, les violons joueront Laissez paistre vos bestes. » Bien que Charpentier n'ait pas inclus sa transcription orchestrale de ce noël dans la partition, elle subsiste dans un lot de trois noëls (H 531) et peut donc être facilement restituée.

Le premier *Kyrie* est introduit par un prélude de 29 mesures écrit sur *« Joseph est bien marié »* qui va servir de base à l'écriture des voix. Tandis que l'introduction fait appel à un style simple et vertical, l'écriture vocale est en imitation mais la mélodie est toujours discernable **A**. Le mouvement s'achève de façon homophonique. C'est alors qu'on trouve la première des instructions pour que « le même noël » soit joué à l'orgue. Cet interlude confère une forme ternaire au premier « Kyrie » et, pour les assemblées parisiennes du temps, représente un autre aspect de la tradition de la messe pour orgue où l'instrument alterne avec les chanteurs dans l'exécution des versets liturgiques. La même alternance se reproduit dans l'*Agnus Dei* qui conclut l'œuvre. Le « Christe » est fondé sur le noël *« Or nous dites : Marie... »*. De nouveau, le compositeur emploie l'imitation mais il réalise ici un complet changement d'atmosphère, non seulement en omettant toute musique instrumentale avant et après, mais également en écrivant exclusivement pour les trois voix graves. Elles sont introduites sur une basse chromatique descendante qui renforce l'atmosphère plus méditative de cette partie. Pour le retour du « Kyrie », Charpentier emploie à nouveau l'idée du début bien qu'avec un noël différent, *« Une jeune pucelle »*. Une fois encore, c'est l'orchestre qui introduit la mélodie mais l'écriture est plus élaborée qu'avant et la section vocale plus étendue. Et de nouveau, le compositeur laisse à l'organiste le soin de conclure le mouvement en jouant le « même noël ».

A Messe de minuit pour Noël

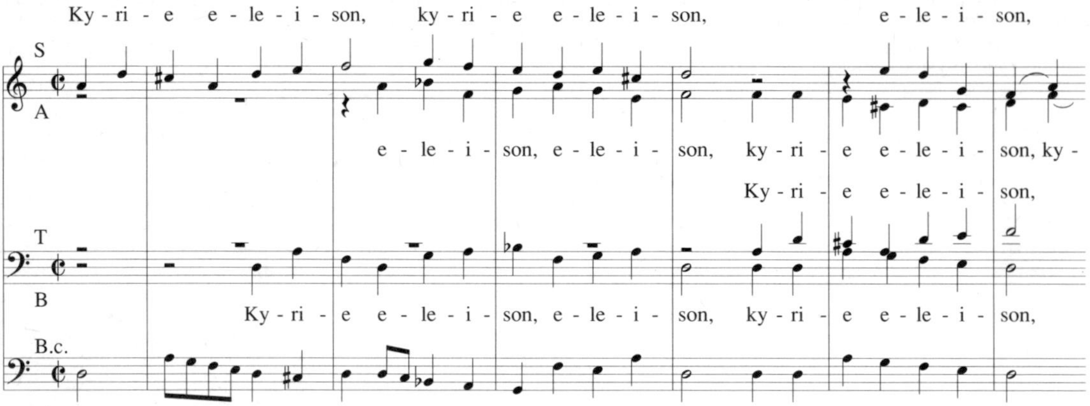

Contrastant avec le premier mouvement qui était en *ré* min., le *Gloria* commence en majeur sur « Et in terra pax », en imitation mesurée. Les contrastes caractéristiques des versets suivants (« Laudamus te, benedicimus te ») sont mis en valeur par l'emploi du noël *« Les Bourgeois de Chastre »* qui fournit la matière à des entrées chorales en imitation serrée, cédant bientôt la place à un traitement homophonique franc du texte et de la mélodie. Une seule autre mélodie de noël apparaît dans ce mouvement, sur « Quoniam tu solus sanctus ». A cet endroit, les deux sopranos solistes paraphrasent gaiement la mélodie de *« Où s'en vont ces gais bergers »*, qui va servir également de base à l'« Amen » par lequel le chœur à 4 voix et l'orchestre donnent une brillante conclusion au mouvement.

Même lorsque Charpentier n'emploie pas directement une mélodie de noël, il s'efforce de conserver le même style pour son écriture mélodique, avec des phrases courtes, plaisantes, faciles à identifier dans la texture contrapuntique qu'il affectionne. Dans le texte plus long du *Credo*, seules trois mélodies de noël sont employées mais elles apparaissent à des endroits significatifs. Le mouvement commence en mineur, dans une mesure à deux temps, avec des points d'imitation se succédant pour chaque verset jusqu'à « et in unum Dominum Jesum Christum » où l'unité est exprimée par une simple homophonie.

C'est avec la mention de la lumière qu'apparaît le premier noël. Dans une nouvelle tonalité (*fa* maj.) et dans une mesure à trois temps, l'orchestre introduit *« Vous qui désirez sans fin »* qui servira pour « Deum de Deo, lumen de lumine ». Cette mélodie joyeuse, avec ses rythmes alternés, est suivie par un retour à la tonalité mineure initiale et à une mesure à deux temps pour exprimer la solennité de « Genitum non factum ». Encore plus grave est le traitement de « Et incarnatus est », où l'écriture chorale se tisse au travers d'une succession d'harmonies chromatiques suivie par l'instruction « Faites ici un grand silence ». Ce silence est rompu, de façon quelque peu surprenante, par l'introduction de la mélodie du deuxième noël, *« Voici le jour solennel de Noël »*, dans une ritournelle pour deux violons et basse continue en écriture imitative serrée, bientôt reprise par le trio de haute-contre, ténor et basse solistes. Commençant par le « Crucifixus », ce mouvement inclut le « Et resurrexit ».

Le chœur au complet revient pour « Ascendit in coelum », dans une mesure à trois temps, où l'on aurait pu s'attendre à ce que le compositeur emploie une nouvelle mélodie de saison. Mais il la réserve pour le prochain moment solennel, « Et in Spiritum Sanctum », lorsque *« A la venue de Noël »* apparaît associé au solo de soprano. Ici, les ritournelles sont jouées d'abord par deux flûtes à bec et basse continue puis avec l'adjonction de deux violons. Le premier soprano est rapidement rejoint par le second, puis par la haute-contre, une ou plusieurs voix du trio ainsi formé alternant avec les ritournelles instrumentales. Le *Credo* se conclut enfin par le tutti choral et orchestral avec lequel le trio formé par la haute-contre, le ténor et la basse fait épisodiquement contraste. C'est après le *Credo* que Charpentier prescrit « à l'offertoire, les violons joueront Laissez paistre... ».

L'orchestre annonce le *Sanctus* par un nouveau noël, *« Dieu, que n'étais-je en vie »*, également utilisé par le chœur, mais pour le « Pleni sunt » et le « Hosanna » le compositeur introduit de nouveaux éléments. Le « Benedictus » est écrit pour le trio des voix graves et le « Hosanna » revient en conclusion.

C'est peut-être dans l'*Agnus Dei* qu'apparaît l'emploi le plus plaisant de la forme du noël. Comme dans le *Kyrie*, une variante de la pratique de l'alternance y est utilisée. D'habitude, c'est la deuxième imploration qui est jouée au lieu d'être chantée ; ici c'est la première et la troisième qui sont privées de texte. Au lieu de la première imploration, l'orchestre introduit l'attrayant *« A minuit fut fait un réveil »* qui a le caractère d'un menuet et qui confère une grâce et une élégance inattendues à la mise en musique de ce texte, plus couramment conçu comme un appel passionné et comme une imploration du pardon. Dans un tel contexte musical, le message de Noël exprime tout simplement que ce pardon est déjà accordé. La deuxième imploration est alors chantée par le chœur accompagné par l'orchestre dans une version élégante de la mélodie de noël à la fin de laquelle Charpentier écrit : « Troisième Agnus : reprenez la simphonie devant l'Agnus Dei ». L'orchestre seul a donc le dernier mot, si bien que « Dona nobis pacem » n'est pas prononcé bien que nettement sous-entendu pour une assemblée parisienne accoutumée à cette pratique. Charpentier suit cet exemple dans le *Kyrie* et l'*Agnus Dei* de la → *Messe « Assumpta est Maria »*. C'est ainsi que la messe se termine comme elle avait commencé, avec une mélodie simple et joyeuse, convenant à ce jour saint, le plus heureux de l'année chrétienne **B**.

Éditions modernes — Par H. Letocart, Paris, Lemoine, 1957 ; par H. W. Hitchcock, Saint-Louis, Concordia, 1962.

Bibliographie — H. W. Hitchcock, art. Charpentier, *in* Grove, 6/1980 ; J. R. Anthony, La musique en France à l'époque baroque, Paris, Flammarion, 1981 ; H. W. Hitchcock, M. A. Charpentier : Memoire and Index, *in* Recherches XXIII, 1985.

L. Sawkins

Messe de Mort (*Requiem*), d'**André Campra**, sous la forme d'un grand motet pour 2 sop., haute-contre, ténor et bar. soli, chœur à 5 et 6 parties (S [S] A T Bar B), 2 fl., 2 parties de vl., 2 parties d'alto et b.c., composée vers 1695. (Durée : 43 min environ.)

Vrai chef-d'œuvre de la musique sacrée du baroque français, le *Requiem* de Campra est remarquablement orienté vers l'avenir si l'on considère la date à laquelle il a été composé. Comme les motets de Delalande écrits vers la même époque, il marque une révolution stylistique dans le grand motet. La musique y est remarquable par la symétrie de sa disposition, avec ses mouvements extrêmes (Introït et Communion) incluant chacun deux chœurs polyphoniques amples et nobles, l'un étant fondé sur le plain-chant, et l'autre utilisant un motif de carillon. Les deuxième et avant-dernier mouvements (*Kyrie* et *Agnus Dei*) comportent chacun un chœur homophonique et des instruments obligés accompagnant les solos expressifs. Dans la couche intérieure suivante, le Graduel et le *Sanctus* incluent deux chœurs homophoniques, tandis que l'Offertoire central en a trois. L'équilibre général d'une telle conception aide à masquer l'absence de quelques sections significatives du texte complet du *Requiem*, trait, séquence, *Benedictus* et post-communion, tous omis.

L'œuvre se déroule au travers d'un large cercle de tonalités, aussi disparates que *fa* min. et *la* maj., au travers de nombreux traits expressifs harmoniques et rythmiques aussi bien que de formations variées faisant appel aux solistes, au petit et au grand chœur. A l'orchestre, un emploi particulier est fait des flûtes, par opposition aux cordes, spécialement comme instruments obligés, associés aux voix solistes. L'aisance et le don de l'invention mélodique du compositeur apparaissent nettement lorsque des répétitions de texte sont mises en musique de façon complètement différente mais toujours remarquable, p. ex. dans le « Requiem aeternam » et le « Et lux perpetua » des premier et troisième mouvements. Lorsque ces textes apparaissent dans le dernier mouvement, c'est avec une certaine similitude de style et d'agencement par rapport au premier mouvement, cependant, il s'agit d'une autre musique, complètement originale.

Le *Kyrie* et l'« In memoria » du Graduel sont typiques de l'écriture expressive des solos ; dans le second cas, la voix de baryton solo est mise en opposition avec la ritournelle des cordes à l'unisson. L'Offertoire est particulièrement favorable à une vivante illustration du texte et Campra ne s'en prive pas. On y trouve une introduction orchestrale en *sol* min. de 29 mesures qui inclut un passage de frémissements qui sera bientôt associé aux mots « De poenis inferni et de profundo lacu » (Des peines de l'enfer, gouffre sans fond), chantés par un trio de haute-contre, ténor et baryton. Egalement illustratif est le chœur qui suit, « Libera eas [...] in obscurum » (Garde-les de cet abîme [...] qu'elles ne tombent pas dans les ténèbres), où les frémissements de l'orchestre deviennent deux fois plus rapides **A**. Ce procédé est souvent employé par Campra et Delalande, entre autres, dans des passages exprimant la peur, l'obscurité, le froid, l'eau impétueuse, le vent, etc. Une modulation de *ré* min. à *sol* maj. introduit « Sed signifer sanctus Michael... » (Mais que leur porte-étendard saint Michel les introduise dans la sainte lumière) dans un récit orné, chanté par le ténor, avec flûtes obligées et des ritournelles jouées par les cordes. La musique passe en *ut* maj. pour « Quam olim Abrahae... » (Que jadis tu as promise à Abraham) où le texte se trouve partagé entre grand chœur, petit chœur et ténor solo (« Et semini ejus ») avec les flûtes. Le reste de l'Offertoire, « Hostias et preces tibi Domine » (A toi, Seigneur, l'offrande des hosties et nos prières), avant la reprise chorale de « Quam olim Abrahae », est un récit orné en *sol* min. pour bar. solo avec fl. obligées, l'orchestre à cordes intervenant avec de solennelles interjections verticales lorsque le texte « De morte transire ad vitam » (De la mort à la vie) est atteint **B**. Le *Sanctus* renferme de forts contrastes. Dès l'introduction orchestrale de 12 mesures, il se produit un échange entre les flûtes et les cordes, précédant une semblable alternance entre le petit

B **Messe de minuit pour Noël**

A **Messe de Mort**

B **Messe de Mort**

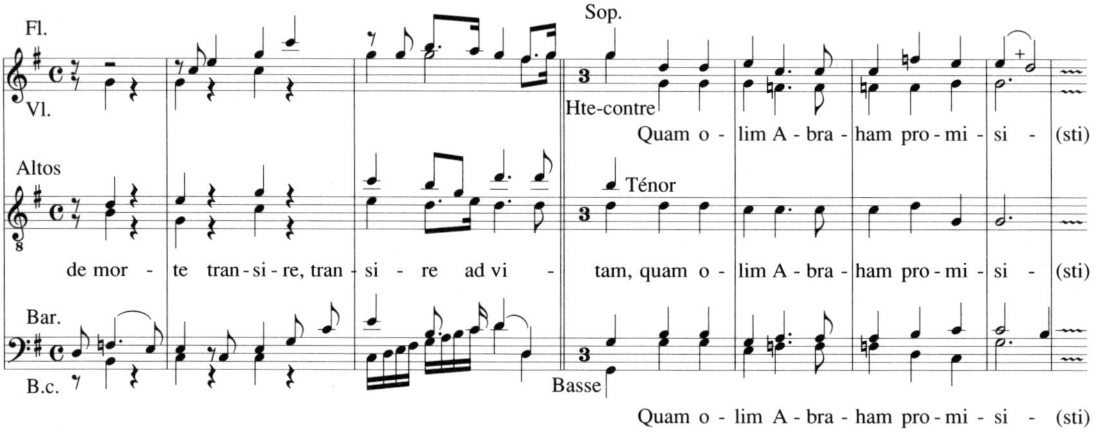

chœur de sopranos à 2 voix et le grand chœur. Au « Pleni sunt coeli et terra » (les cieux et la terre sont remplis de ta gloire), la tonalité passe en *la* ♭ maj., puis en *fa* min., enfin en *mi* ♭ maj. avec une écriture rhapsodique du baryton solo avec lequel rivalise un violon obligé d'une écriture également très élaborée. « Osanna in excelsis » emploie de nouveau un baryton solo, de petits chœurs à 2 et 3 voix et un grand chœur qui alternent ou se combinent. Le plus merveilleux passage expressif est sans nul doute l'*Agnus Dei* en *la* maj., Tendrement. Violons et flûtes préparent les motifs qui apparaîtront dans la ligne vocale du ténor solo. Vers la fin, le mot « requiem » est tenu au-dessus d'un passage descendant de l'orchestre qui reviendra avant les toutes dernières mesures de l'œuvre **C**. Le reste de l'*Agnus Dei*, écrit pour grand chœur en alternance avec la haute-contre solo et les flûtes, traverse plusieurs tonalités avant de finir en *la* min. comme il avait commencé. L'impressionnant finale est formé par la communion qui commence par un *« Lux aeterna »* (Lumière éternelle) enjoué pour baryton avant de passer à la récapitulation du *« Requiem aeternam »*. Ici la musique offre une ressemblance superficielle avec le début de l'œuvre (bien que la tonalité soit *la* maj. soit une tierce plus haut) et est caractérisée par l'emploi d'un motif de carillon descendant à la basse **D**. « Et lux perpetua » forme un contraste joyeux, employant un petit chœur de sopranos à 2 voix et le grand chœur. Ce troisième traitement du texte se distingue des deux précédents et mène sans interruption à la fugue conclusive, sur « Cum sanctis tuis in aeternum ». Le motif de carillon revient en notes longues, à la fois comme basse obstinée et comme contre-sujet dans les parties vocales. Après un glissement momentané au mode mineur, la fugue est arrêtée de façon abrupte par le même passage descendant qui concluait la première section de l'*Agnus Dei*, avant que l'œuvre parvienne à sa conclusion révérencieuse, Lentement, sur « Quia pius es... » (Car tu es Dieu de bonté), un moment infiniment tendre, marqué par une harmonie expressive.

Rééditions — Par J. A. Baker, *in* The Church Music of Campra, Toronto, Nat. Libr. of Canada, 1978 (avec commentaires).

L. Sawkins

Messe de Notre-Dame, messe à 4 voix de **Guillaume de Machault**. Postérieure à la → *Messe de Tournai*, la *Messe de Notre-Dame* serait sans doute en France la première messe polyphonique complète conçue par un seul auteur. Machault l'écrivit-il pour le sacre de Charles IV à Reims en 1364, comme le prétendait l'abbé Lebœuf au XVIIIe siècle ? Cette hypothèse est généralement abandonnée : G. Reaney situe la date de composition entre 1349 et 1363 (cf. MD XXI, 1967) et seul le Ms. de Vogüé précise le titre par la formule : « Ci commence la Messe de Nostre-Dame ».

Écrite à 4 voix, cette messe compte 4 pièces de style motet (*Kyrie*, *Sanctus*, *Agnus*, *« Ite Missa est »*) et deux de style conduit (*Gloria*, *Credo*). Les premières comportent un ténor emprunté au répertoire grégorien : pour le *Kyrie*, le *Kyrie « Cunctipotens Genitor Deus »* de la *Messe* IV **A** ; pour le *Sanctus*, le *Sanctus* de la *Messe* XVIII ; pour l'*Agnus Dei*, l'*Agnus* de la même Messe ; et enfin pour l'*« Ite missa est »* et le *« Deo gratias »*, le *Sanctus* de la *Messe*

C **Messe de Mort**

D **Messe de Mort**

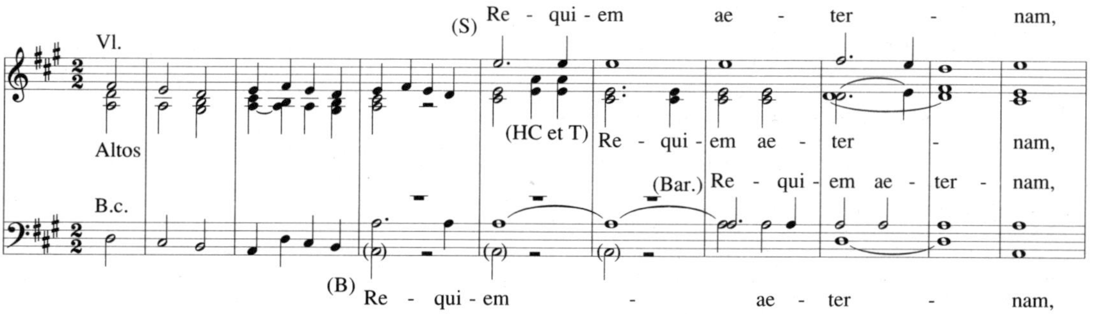

A Messe de Notre-Dame

VIII, dite « de Angelis ». Fr. Ludwig reproduit dans son édition les mélodies grégoriennes empruntées. Ces pièces s'appuient sur des constructions isorythmiques à divers degrés : ainsi, le « Christe » est entièrement isorythmique, comprenant aux 4 parties 3 fois une « talea » de 7 perfections. Seule la seconde perfection des deux parties supérieures offre quelques variantes ; le *Sanctus*, l'*Agnus Dei* et l'*« Ite missa est »* tendent vers l'isorythmie complète, mais avec de plus nombreuses variantes aux deux parties supérieures. Les *Kyrie* I, II et III comprennent un contraténor et un ténor isorythmiques, les deux voix supérieures, libres, abondant en imitations.

Le *Gloria* et le *Credo*, de style conduit, présentent une écriture note contre note, le plus souvent syllabique, parfois interrompue par quelques mélismes reproduisant une formule qui circule à travers toute la messe :

Les différentes périodes du texte littéraire débutent et s'achèvent par des valeurs longues, et sont, de temps à autre, séparées par de courtes transitions à deux voix avec lacune de paroles (seraient-elles instrumentales ?), procédé déjà utilisé dans la *Messe de Tournai*. Ces conduits instrumentaux présentent la même configuration rythmique (♩ ♫ ♩ ♩ dans le *Credo*). La fin du *Gloria* et du *Credo* est solennisée par une longue vocalise sur « Amen » en hoquet, isorythmique dans le cas du *Credo*.

Dans les 6 pièces de la *Messe de Notre-Dame*, Machault use largement de la « musica ficta », notamment en ménageant en fin de période des cadences à double sensible où les consonances imparfaites se résolvent sur des consonances parfaites par mouvement ascendant chromatique (voir ex. ci-après, *Credo*, mes. 14-15). La notion d'accord commence à s'imposer, par l'insistance sur des passages note contre note en valeurs longues : c'est le cas de « Ex Maria virgine » (*Credo*, mes. 70-76), « Et in terra », et « Jesu Christe » (*Gloria*, mes. 1-5 et 42-46). Peut-être peut-on voir dans cette insistance sur « Ex Maria virgine » un figuralisme traduisant le respect du chrétien devant un mystère qui lui est inaccessible. Les autres passages accordiques pourraient être compris comme une solennisation du texte. Mais l'importance du mouvement mélodique reste prépondérante, entraînant souvent des dissonances (voir ex. ci-après, *Credo*, mes. 13), tandis que l'écriture à 4 voix conduit parfois le compositeur à élargir le nombre de consonances admises, en employant la tierce harmonique :

La rythmique très complexe des pièces de style motet fait largement appel aux procédés en usage dans l'Ars nova : hoquet, chaînes de syncopes, souvent utilisés pour structurer la fin d'une section, ou exprimer la grandeur (*Sanctus*, vocalises sur « Amen »). On remarque la fréquence des divisions binaires (temps imparfait, prolation mineure), qui marquent la période de maturité de Machault.

Dans un premier ordinaire polyphonique entièrement écrit par un seul compositeur se pose le problème de l'unité. Celle-ci ne peut résider ni dans le style (tantôt motet, tantôt conduit) ni dans les mélodies empruntées, qui proviennent de messes grégoriennes différentes. En revanche, on observe à travers toute la messe la circulation de cellules mélodiques comme celle déjà citée en exemple (*Gloria*, mes. 9-10, ou encore « Christe », mes. 47) et de figures rythmiques fondées sur la syncope. Mais selon M. Bukofzer (*Studies in Medieval and Renaissance Music*, Londres 1951, p. 218), ces motifs ne sont ni suffisants ni assez caractéristiques pour créer une unité. Le cycle formé par la *Messe de Notre-Dame* demeure d'ordre liturgique et non musical.

Sources — Paris, BN, Mss fr. 1584, 1585, 9221 et 22546 ; Ms. de Vogüé, aujourd'hui disparu, doit être conservé dans une collection privée aux États-Unis ; éd. en facs. d'après le Ms. fr. 1584, qui serait une copie du XIVe s. du Ms. de Vogüé, par Fr. Gennrich, Messe de Notre-Dame, *in* Summa Musicae Medii Aevi I, Darmstadt, l'Auteur, 1957.

Éditions modernes — Par Fr. Ludwig, *in* G. de Machaut. Musikalische Werke IV, Leipzig, Br. & H., 1954 ; par A. Machabey, Liège, Dynamo, 1948 ; par J. Chailley, Paris, Salabert, 1948 (transcr. une quarte en dessous de l'original, en vue de l'exécution par 4 voix d'hommes) ; par G. de Van, *in* CMM 2/1, Amer. Inst. of Musicology, 1949 ; par L. Schrade, *in* Polyphonic Music of the XIVth Cent. III, Monaco, L'Oiseau-Lyre, 1956-77.

Bibliographie — P. Wagner, Gesch. der Messe, Leipzig 1913, rééd. en facs. Hildesheim, Olms, 1962, pp. 43-47 ; Fr. Ludwig, Die mehrstimmige Messe des 14. Jh., *in* AfMw VII, 1925 ; O. Gombosi, Machaut's Messe Notre-Dame, *in* MQ XXXVI, 1950 ; Fr. Ludwig, voir ci-dessus ; A. Machabey, G. de Machault II, Paris 1955, pp. 113-130 ; J. Schmidt-Görg, Die Messe, *in* Das Musikwerk, Cologne, A. Volk, 1967.

D. Patier

Messe « De plus en plus », messe à 4 voix de **Johannes Ockeghem**, qui fait partie de ses messes écrites sur des mélodies empruntées au répertoire profane. Le « cantus firmus » provient du ténor d'un rondeau cinquain de G. Binchois, → *« De plus en plus se renouvelle ».* Il apparaît dans la messe au ténor à travers différents traitements : il est cité de manière relativement fidèle et ininterrompue dans les *Gloria* et *Credo*, où il s'achève par une reprise de son incipit. Dans l'*Agnus Dei* I, la première partie du « cantus firmus » figure en valeurs longues, puis en valeurs plus brèves, la seconde partie intervenant dans l'*Agnus* II ; comme pour les deux pièces précédentes, la partie de ténor des *Agnus* I et II se termine par une redite de l'incipit du « cantus firmus ». Lors du *Sanctus*, le traitement est plus complexe, la citation étant interrompue comme suit : « Sanctus... » 1re partie du « cantus firmus » ; « Pleni sunt... » T tacet ; « Osanna... » 2e partie du « cantus firmus » ; « Benedictus... » T libre (inspiré de la 1re partie du « cantus firmus ») ; « Qui venit... » T tacet. Enfin, dans le *Kyrie*, le « cantus firmus » est utilisé dans son entier et en continuité, mais paraphrasé si librement que l'on a souvent quelque peine à en suivre la progression : peut-on alors le considérer comme une partie libre ? Il semblerait que la rythmique confirme cette hypothèse, puisque les valeurs sont de même ordre aux 4 voix, alors que les citations plus exactes du « cantus firmus » figurent le plus souvent en valeurs longues.

De fréquents duos interviennent, selon l'usage de l'époque, et introduisent *Gloria* et *Credo.* Dans les sections à 3 voix, on observe parfois des amorces de canons irréguliers (p. ex. dans le *Gloria*, S/B, mes. 157-165). Quelques imitations peuvent circuler entre les voix (p. ex. *Sanctus*, CT/B, mes. 53-55) ; dans le *Gloria* (mes. 105-117), elles soulignent par leur répétition l'insistance de l'appel « Suscipe deprecationem nostram ». Comme souvent dans les messes d'Ockeghem, on remarque au moment des cadences l'utilisation d'une triple pédale sur laquelle évolue une seule des voix (p. ex. *Credo*, mes. 252-255 ; *Sanctus*, mes. 50-51) ; mais le ténor peut se révéler substitut de la basse qui se tait et, une fois la cadence achevée, vient affirmer la finale (p. ex. *Gloria*, mes. 190-191). Dans le *Kyrie*, le même procédé existe, avec doublure de la finale à l'octave par une 5e voix (mes. 47-48).

Cette messe semble particulièrement intéressante par la variété du traitement des matériaux empruntés, variété qui paraît l'un des objectifs du compositeur, non seulement dans ses diverses messes (comparer, p. ex., la → *Messe « Au travail suis »* et la → *Messe « Ma Maîtresse »*), mais également à l'intérieur d'une même œuvre, comme on le constate dans la → *Messe « De plus en plus ».*

Sources — Rome, Bibl. vat., Cod. Chigi C VIII 234, et Capp. Sist., Cod. 14.

Éditions modernes — Par D. Plamenac, *in* J. Ockeghem. Sämtliche Werke I, PäM I/2, Leipzig, Br. & H., 1927, réimpr. Hildesheim, Olms, 1968, éd. révisée New York, Amer. Musicological Soc., 1959 (avec la chanson de Binchois).

Bibliographie — G. Reese, Music in the Renaissance, New York, Norton, 1954, 2/1959, pp. 128-129 ; E. H. Sparks, Cantus firmus in mass and motet, 1420-1520, Berkeley et Los Angeles 1963, pp. 139 et 146 ; voir aussi la bibliogr. de l'art. *Missa quinti toni.*

D. Patier

Messe de Requiem, en *ut* min., de **Luigi Cherubini**, « à 4 parties en chœur avec accompagnement à grand orchestre », écrite en 1816 pour le service de la chapelle du roi Louis XVIII en vue de célébrer l'anniversaire de la mort de Louis XVI et le rétablissement des sépultures royales en la basilique de Saint-Denis, exécutée pour la 1re fois au cours de la cérémonie solennelle du 21 janv. 1817 par les chœurs et l'orchestre de la musique du roi. Elle sera rejouée à Paris le 14 mars 1820 pour les obsèques du duc de Berry, et le 13 oct. 1834 pour celles de F.-A. Boieldieu.

Beethoven considérait ce Requiem comme le modèle du genre, avis ratifié par les compositeurs de musique religieuse du xixe s., surtout en Allemagne. Cette messe des morts renouvelle l'écriture chorale pour voix mixtes. Elle allie l'écriture contrapuntique académique à l'expression préromantique, pathétique et noble, de l'affliction mais aussi de l'espérance devant la mort. La ligne mélodique, fréquemment conjointe, se prête aux combinaisons polyphoniques en imitations. La tessiture vocale est, dans l'ensemble, assez grave. Les sop. I n'atteignent le *la* 4 que dans l'*Offertoire* et le *Sanctus*, et partagent souvent le registre des sop. II. La coloration générale de l'œuvre, sombre et mate, est obtenue avec un orchestre classique augmenté de 3 trb., utilisé dans sa masse. Cherubini reprend certains effets expérimentés par lui-même ou d'autres musiciens comme E.-N. Méhul dans les musiques écrites pour les célébrations révolutionnaires. Ainsi, jusqu'au *« Dies irae »*, les violons se taisent en faveur des altos et des violoncelles divisés, doublés par les bassons et les cors tandis que les timbales sont jouées voilées. Après un appel des cuivres à l'unisson, un coup de tam-tam déclenche la tempête du *« Dies irae »* avec laquelle les violons font leur entrée. Le compositeur reproduira ce contraste frappant dans sa → *Deuxième Messe de Requiem.*

Le texte liturgique de la messe des morts est divisé en 7 parties. **1.** *Introït* (Larghetto sostenuto). Un motif sinueux et interrogatif de l'orchestre, trois fois répété, introduit les voix, pianissimo, et relie les trois sections du morceau (*ut* min.). Un second motif psalmodique de 4 notes soutient en imitations, présentées chaque fois différemment, les mots « te decet hymnus », « exaudi orationem » et « et lux perpetua ». Les modulations principales leur sont réservées, notamment celle dans le ton napolitain de *ré* bémol. La supplication du *Kyrie*, qui varie le thème de l'*Introït*, amène la culmination sonore du morceau. **2.** *Graduel* (Andantino largo). Une phrase déclive des altos et des vlc. est reprise en imitations par les voix (*sol* min.), traduisant avec simplicité un sentiment de déploration. **3.** *« Dies irae »* (Allegro maestoso). Bien que conçu d'un seul tenant, il se présente en 3 sections ordonnées sur une série de crescendos. La première est elle-même subdivisée en 2 volets, l'un culminant sur « Tuba mirum » (str. 1-3, *ut* min.), l'autre sur « Rex tremendae » (str. 4-8, tons voisins), avec un traitement musical identique. « Salva me » (*ut* maj.), fait le lien avec la 2e partie (str. 9-16, *fa* min.), traitée tout différemment (Dolce assai) par alternance des registres vocaux. Les sop. I et II chantent les strophes 9, 11, 13, les ténors la strophe 10, les basses la strophe 12, les basses et les ténors la strophe 14, les 4 voix réunies la strophe 15. Cette forme d'antiphonie, fondée sur une complémentarité des périodes mélodiques et de leurs formules cadencielles, est accompagnée par de rapides figures rythmiques en traits conjoints descendants des cordes. La tension dramatique s'accumule ainsi jusqu'au « Confutatis maledictis » (*sol* min.). Un épisode apaisé commence sur les mots « voca me » reprenant la musique du « Salva me » et englobe la strophe 17. La dernière section, « Lacrymosa » (Largo, *ut* min.), associe les strophes 18 et 19, où Cherubini, malgré l'initiative d'une accentuation pathétique, se souvient manifestement du passage similaire dans le *Requiem* de Mozart. **4.** *Offertoire* (Andante). Il commence comme une marche (*mi* ♭ maj.) et devient dramatique sous les mots peignant, à l'appui d'une figure rythmique de triples croches et du passage en mineur, les peines de l'enfer. Les mouvements ascendants du « Libera » sont brusquement interrompus par les intervalles descendants de 5e diminuées des voix, de l'aigu au grave, sur les mots « ne cadant in obscurum ». L'épisode suivant, évoquant saint Michel et la lumière divine, déplace la sonorité du chœur et de l'orchestre vers l'aigu (*mi* ♭ maj.). Suit une fugue énergique de 174 mes. (Poco allegro) sur « Quam olim Abrahae » qui, bien que proche du plan de la fugue d'école, expose simultanément sujet et contre-sujet. Interrompue par l'épisode recueilli de l'*« Hostias »* (*ut* maj.-min.), elle est reprise intégralement. **5.** *Sanctus* (Andante). Concis et d'une écriture conventionnelle, il est écrit en *la* ♭ majeur. **6.** *Pie Jesu* (Larghetto). C'est un bref motet d'élévation en *fa* min. où l'orchestre, privé des violons comme dans l'*Introït*, souligne l'expression de sobre religiosité. **7.** *Agnus Dei* (Sostenuto). A lui seul, ce morceau a suffi à la renommée de son auteur. Berlioz en a fait un commentaire enthousiaste. Dès la 1re mesure est exposé par l'orchestre le motif rythmique caractéristique sur lequel s'appuie la progression expressive de cette partie conclusive du Requiem. Elle introduit de façon pathétique chacune des 3 reprises de l'« Agnus Dei » (*ut* min.), la dernière se brisant sur un accord de 7e diminuée. Après un conduit à la tonalité flottante répétant les mots « dona eis requiem sempiternam », le motif signalé, régulièrement répété à l'orchestre, déploie, decrescendo, sur une pulsation processionnelle oscillant entre *ut* min. et *fa* min., la perspective infinie de la lumière et du repos éternel. La conclusion, pianissimo, amène sur une pédale le ton d'*ut* majeur.

Éditions et rééditions — Part. d'orch., Paris, l'Auteur, s.d., 2/Paris, La Lyre moderne, s.d. ; part. d'orch. et réd. p. par A. F. WUSTROW, Bonn et Cologne, Simrock, s.d. ; réd. cht et p. ou orgue par H. ULRICH, Leipzig, Peters, s.d. ; avec texte angl., Londres, Novello, s.d.

Bibliographie — G. BENEDIT, Cherubini, *in* Le Ménestrel XXX/44, 1863 ; J. L. HEUGEL, Le Requiem de Cherubini, *ibid.* XXX/45, 1863 ; H. TERNES, Die Messen von L. Cherubini (diss. Bonn, 1979) ; V. DELLA CROCE, Cherubini e i musicisti italiani del suo tempo, Turin, Eda, 1986, t. II, p. 478.

J.-M. FAUQUET

MESSE DE REQUIEM, op. 54, de **Camille Saint-Saëns**, pour soli, chœurs et orchestre, composée au début de 1878, commandée par un ami et mécène du musicien, Albert Libon, et dédiée à sa mémoire, créée à Paris, en l'église Saint-Sulpice, le 22 mai 1878, sous la direction du compositeur. (Paris, Durand, 1878 ; durée : 52 min environ.)

L'œuvre, concise, doit sa couleur particulière à un orchestre privé de trompettes, de clarinettes et de tout instrument à percussion, mais qui comprend les flûtes, cors, bassons, trombones, harpes par quatre, 2 hautbois et 2 cors anglais, le quintette à cordes, un grand orgue utilisé en solo, l'orgue d'accompagnement, un quatuor vocal soliste et un chœur mixte à 4 voix. Opposé aux déchaînements romantiques, Saint-Saëns tire de cet effectif les accents les plus sobres. L'écriture vocale est souvent homorythmique. Le texte liturgique, réparti en 8 numéros, ne comprend pas le Graduel.

1. *Requiem-Kyrie.* Andante sostenuto. En 17 mesures (*do* min.), l'orchestre expose les quelques éléments qui caractérisent la partition : interjection 6 fois répétée par les violons, chromatisme descendant, syncopes. L'expression pathétique de cet exorde évoque le style religieux de Liszt. Aux solistes qui entonnent le *Requiem* (*do* maj.), le chœur fait écho sur une figure rythmique arpégée et modulante des cordes pivotant sur un accord de quinte augmentée. Les mots « exaudi orationem meam » sont omis. « Et lux perpetua » forme pont vers « Te decet hymnus » (*la* ♭ maj.) auquel est superposé le *Kyrie.* Cette disposition engendre une structure antiphonique soutenue avec énergie par la figure d'accompagnement déjà mentionnée : au groupe solistes/cordes scandant les mots de l'Introït répond le groupe chœur/vents sur ceux du *Kyrie.* Conclusion apaisée après un rappel de l'introduction (*do* maj.). **2.** *« Dies irae »* (strophes 1 à 7). Solistes et chœur se répondent à l'unisson, paraphrasant le → *« Dies irae »* dont l'intonation liturgique est énoncée en valeurs longues par les vents sur un trémolo chromatique des cordes, Allegro (*do* min.). La 2e section débute par « Quantus tremor ». Les voix entrent en imitations sur un rythme pointé. « Tuba mirum », Moderato, d'une écriture hiératique, fait intervenir le silence comme élément expressif. A la quinte *do-sol* sonnée 5 fois par les trombones, le tutti du grand orgue oppose autant de longs accords dissonants sur accord-pédale de *do.* Ces annonces implacables du jugement encadrent la psalmodie homophone des voix. Le ténor déclame « Liber scriptus », la basse « Judex ergo », en récit non mesuré. La 3e section est introduite puis accompagnée par un motif de déploration qui passe des bois aux cordes lorsque le ténor entonne « Quid sum miser », bientôt relayé par le chœur. **3.** *« Rex tremendae »* (strophes 8 à 16), Allegro moderato. La structure est un rondo. Le refrain (« Rex tremendae ») est chanté par le chœur, accompagné par les cordes (*fa* min.) ; les couplets (strophes 9, 10, 12, 14, 15) par le ténor, soutenu par un battement régulier de croches aux bois (*la* ♭ maj.). Le chœur conclut dans le recueillement par une cadence plagale. **4.** *« Oro supplex »* (strophes 17 à 19), Adagio (*fa* min.). L'introduction, Lamentoso, construite sur une progression chromatique descendante, expose aux flûtes et cors anglais, avec cadence parfaite des cordes à la fin de chaque période, un thème psalmodique éploré sur lequel les solistes chantent « Oro supplex » et le chœur « Lacrimosa ». Les voix dialoguent sur « Pie Jesu », les violons variant la mélodie initiale. **5.** *« Hostias »*, Andantino. Ce fragment de l'Offertoire est confié au chœur (*mi* ♭ maj.). Chaque période de la mélodie est ponctuée par des arpèges contrariés des cordes et des harpes. **6.** *Sanctus*, Allegro moderato. Après la triple invocation (*la* ♭ maj.), les voix du chœur entrent en imitations, vocalisant sur « Sanctus » en une polyphonie très consonante. **7.** *Benedictus*, Moderato. Il est murmuré par les solistes et le chœur (*ré* ♭ maj.). Sur les arpèges des harpes, les flûtes, hautbois et cors anglais répètent un bref motif rythmique. **8.** *Agnus Dei,* Andante sostenuto. Après le prélude instrumental de l'introït, repris textuellement, les flûtes et les bassons déroulent une longue mélodie engendrée par l'interjection pathétique des violons (*do* min.). Cette mélodie devient celle de l'*Agnus Dei*, chanté d'abord par les solistes, puis par le chœur, enfin par toutes les voix unies suivant une gradation sonore amplifiée par l'orchestre. Sous les mots « Lux aeterna » réapparaît la figure d'accompagnement du « Quid sum miser ». La conclusion, pianissimo, n'exprime aucune espérance.

Bibliographie — E. Baumann, Les grandes formes de la musique. L'œuvre de C. Saint-Saëns, Paris 1905, 2/1923, p. 340 et suivantes.

J.-M. Fauquet

Messe « des moineaux », de **Wolfgang Amadé Mozart** (KV 220), voir Messes pour soli, chœur et orchestre de W. A. Mozart.

Messe des morts ou Messe de Requiem (d'après le premier mot de l'introït). Depuis le concile de Trente le missel romain a assigné à la messe des morts les chants suivants : l'introït → *« Requiem aeternam »*, le graduel → *« Requiem aeternam »*, le trait → *« Absolve, Domine »*, la séquence → *« Dies irae »*, l'offertoire → *« Domine Iesu Christe »* et la communion → *« Lux aeterna »*. A ces six chants du propre s'associent trois chants de l'ordinaire, également destinés aux féries d'Avent et de Carême (ordinaire XVIII) : le → *Kyrie* XVIII B, le → *Sanctus* XVIII et l' → *Agnus Dei* XVIII. Auparavant toutefois les usages variaient considérablement selon les lieux, chaque église étant libre dans le choix des chants affectés à la messe des morts (ce pouvait être des emprunts à des propres du temporal). Les réformateurs de la nouvelle liturgie promulguée par Paul VI ont donc renoué avec une tradition ancienne en offrant tout un éventail de chants « ad libitum », puisés dans divers propres de l'année liturgique, comme substituts aux cinq susmentionnés (la séquence *« Dies irae »* ayant par ailleurs été écartée, sans doute pour des raisons théologiques). Depuis le xve s., la messe des morts est traitée en polyphonie, mais le nombre des chants a incité les compositeurs à renoncer au graduel et au trait, ainsi parfois qu'à la séquence. En style polyphonique a cappella, les mélodies liturgiques sont généralement employées comme « cantus firmus », mais depuis le xviie s. le *Requiem,* à l'instar de la messe, adopte le style libre du motet concertant avec orchestre et solistes. G. Fauré (*« Requiem »*, op. 48, 1888) et à sa suite M. Duruflé (*« Requiem »* op. 9, 1947, paraphrasant les thèmes grégoriens) ont réduit le *« Dies irae »* à sa seule 20e strophe (*Pie Iesu*) et ont ajouté aux parties de la messe deux chants appartenant à d'autres liturgies funèbres : le répons de l'absoute → *« Libera me »* et l'antienne processionnelle → *« In paradisum »*.

J. Viret

Messe des morts, de **Jean Gilles**, pour dessus, haute-contre, 2 tailles et basse soli, chœur à 5 voix et orchestre (fl., htb., basson, timb., cordes et b.c.), écrite vers 1698-1700. (Durée : 40 à 45 min.)

Il s'agit sans doute de l'un des premiers *Requiem* concertants de l'histoire de la musique, puisque, tout en respectant l'ordonnance de la liturgie des défunts, elle adopte le style des grands motets créés à la fin du xviie s. pour la Chapelle royale de Versailles. Les prières les plus longues sont subdivisées et distribuées en récits et chœurs comme le seraient les versets d'un psaume. La *Messe des morts* ne comporte ni le trait ni la séquence *« Dies irae »* ; est-ce à l'absence des images dramatiques liées aux terreurs de la mort qu'est due l'atmosphère à la fois grave et sereine de l'œuvre ?

La musique frappa les imaginations dès l'audition des premières mesures, avec les coups de timbale voilée et l'ostinato rythmique de la marche funèbre lente, geste de pompe et de majesté, prélude puis accompagnement du récit initial de l'introït, *« Requiem aeternam »* (Donneleur le repos éternel). L'idée d'éternité s'exprime par une ligne mélodique arrêtée sur deux valeurs longues (deux rondes liées), sur « aeternam ».

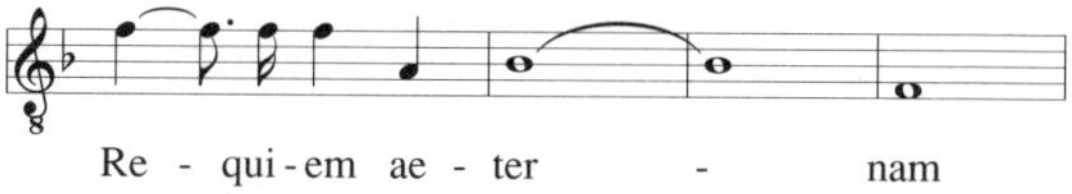

A partir du chœur suivant *« Et lux perpetua »*, sur un rythme quasi dansant, avec une longue vocalise sur « perpetua »,

la couleur dominante de la partition restera la lumière. L'originalité de l'inspiration mélodique, une telle grandeur de l'expression n'ont guère de précédent dans la musique française. Toute la pièce est une succession de solos et de chœurs ; on quitte peu la tonalité principale *fa* maj., sauf dans quelques tutti modulant vers *ré* min. ou *do* mineur. Respectueux de la traditionnelle alternance dans le chant liturgique du *Kyrie*, Gilles joue surtout du contraste entre récit de haute-taille, duo puis chœur. A partir du graduel, accompagné par flûtes et violons, le ton initial est délaissé pour *sol* min., souvent adopté par les musiciens du xviie s. pour sa parenté avec le 2e ton d'église. La symphonie participe à la vie concertante de la pièce en comblant les interphrases du chœur par des motifs mélodiques, prolongement expressif des paroles ou échos des dessins de la basse. L'offertoire est subdivisé en 4 sections : solo de basse-taille et quatuor ; chœur ; récit de taille ; récit de basse-taille et chœur. La disposition vocale renforce la portée dramatique du texte autant que certains détails d'écriture, comme l'insistance sur un mot : « libera, libera eas de ore leonis » (libère les âmes de la gueule du lion) dans la première section, ou les discrets figuralismes (motifs ascendants sur « transire ad vitam », chœur) dans la quatrième. L'expression du *Sanctus* et de l'*Hosanna* en chœur très animé entraîne le passage en *sol* majeur. L'*Agnus Dei* est confié à la basse-taille et est suivi d'un chœur syllabique. Il est fréquent dans les œuvres de Gilles qu'un récit de soliste serve ainsi d'introduction à un passage choral sur le même matériau thématique. La communion « Lux aeterna » retrouve les accents de l'introït mais sans revenir à la tonalité initiale de *fa* ; c'est seulement le verset final, *« Requiem »*, en chœur « à demi-voix » qui retrouve l'expressivité de *sol* min., vecteur de la misère humaine ; la *Messe des morts* s'achève sur ce grand chœur fugué, unique mais belle illustration de la technique contrapuntique de Gilles.

Écrite initialement pour une commande qui fut annulée, la *Messe des morts* fut réservée, selon la volonté du compositeur, pour ses propres funérailles. Elle fut immédiatement reconnue comme un chef-d'œuvre. Une deuxième exécution à Bordeaux en janv. 1727 pour le service de « feu duc de La Force » assura sa réputation définitive. Bien que « marquée du goût ancien », elle figura au répertoire du Concert Spirituel pour les concerts de la Toussaint entre 1750 et 1770 parce que le public en aimait « la variété, le contraste, le fort, le pathétique ». Après avoir accompagné le service funèbre célébré à l'Oratoire pour Rameau en 1764 (à cette occasion on ajouta des cors à l'orchestre), la *Messe des morts* devint si célèbre qu'elle fut choisie, en 1766, pour les obsèques de Stanislas Leszczyński, roi de Pologne, et pour celles de Louis XV en 1774. Elle valut à son auteur d'être cité parmi les meilleurs musiciens français dans *A General History of the Science and Practice of Music* de J. Hawkins parue à Londres en 1776. Le nombre important de copies jusque dans les bibliothèques étrangères confirme cette célébrité. Récemment, le disque lui a rendu la faveur du public contemporain.

Sources, éditions et rééditions modernes — Paris, BN, Vm[1] 1345 bis, et Rés. H 494 a (parties séparées du service funèbre de Rameau. — Paris, « aux adresses ordinaires », 1764 (avec un *Carillon des morts* de Corrette). — Par J. PRIM et L. BOULAY, Paris, Costallat, 1965.

Bibliographie — Père J. BOUGEREL, Mémoires pour servir à l'histoire des hommes illustres de Provence, Paris 1852 ; Abbé MARBOT, Gilles, Cabassol et Campra, Aix-en-Provence 1903 ; J. HAJDU, The life and works of J. Gilles, 1668-1705 (diss. Univ. of Colorado, 1973) ; M. PRADA, Un maître de musique en Provence et en Languedoc, J. Gilles, 1668-1705. L'homme et l'œuvre, Béziers, Soc. de Mie du Languedoc, 1986.

B. LESPINARD

MESSE DES MORTS, de **François Joseph Gossec**, pour sop., alto, ténor et basse soli, chœur à 4 voix et orchestre, connue par une édition dédiée à « Messieurs les administrateurs du Concert des Amateurs » (ap. 1785), mais créée dès mai 1760 en l'église des Jacobins de la rue Saint-Jacques à Paris avec un succès énorme et très souvent reprise, à l'église comme au concert, notamment en 1814 pour les obsèques de Grétry. (Durée : 1 h 40 min environ.) Cette œuvre d'un compositeur de 26 ans, qui avait déjà été un pionnier dans le développement de la symphonie, tranche fortement sur les Requiem les plus connus en France à l'époque : ceux de Gilles et de Campra.

L'effet le plus spectaculaire de cette imposante partition de 25 numéros se situe dans le *« Tuba mirum »* de la séquence *« Dies irae »*. Pour traduire musicalement les trompettes du jugement dernier, Gossec a recours à un « orchestre éloigné », situé à l'extrémité de la nef. Il en note l'impression lors d'une reprise à Saint-Eustache à Paris, le 18 déc. 1784 : « On fut effrayé de l'effet terrible et sinistre de 3 trombones réunis à 4 clarinettes, 4 trompettes, 4 cors et 8 bassons cachés dans l'éloignement et dans un endroit élevé de l'église [...] pendant que l'orchestre exprimait la frayeur par un frémissement sourd de tous les instruments à cordes. » Mais c'est toute l'œuvre qui est résolument novatrice : on en décèle l'influence non seulement dans le *Requiem* de Mozart — qui l'entendit à Paris — mais encore dans celui de Berlioz. Dès l'« introduzione » pour grand orchestre — on sait que Gossec fit appel à quelque 200 exécutants ! —, le chromatisme très expressif s'impose. Tout au long de la partition, on remarque la richesse et la variété d'une orchestration proche de celle des œuvres de la maturité de J. Haydn et de Mozart. Les pages fuguées, comme p. ex. celle sur « Et lux perpetua » à la fin de l'Introït, sont remarquables : Gossec maîtrise le contrepoint expressif à l'instar des grands classiques viennois. Il faut souligner aussi le travail très fouillé dans toutes les parties. Au début de la séquence, les cordes superposent des traits staccato à des accords indiqués forte ou piano. Toutes les nuances sont indiquées avec une précision inhabituelle ; le « Lacrymosa » pour deux sop., cordes, htb. et cors illustre bien ce souci. On relève aussi la parfaite diction du latin et la capacité du compositeur d'exprimer par les motifs et les rythmes les moindres nuances du texte. « Ce qui étonne, c'est l'extrême simplicité des moyens mis en œuvre [...]. Sur des basses solides, répétées, souvent insistantes, s'élabore la construction orchestrale dans laquelle les cordes et les vents s'étagent avec une parfaite clarté dans une architecture aérée au dessin précis ; les instruments à vent y trouvent un emploi idiomatique » (M. Barthélemy).

Gossec utilise deux textes qui ne font pas partie, habituellement, de la messe des morts. L'un d'eux se réfère clairement à une tradition gallicane et ibérique : c'est le motet chanté après l'élévation, en l'occurrence *« Pie Jesu Domine, dona eis requiem »*. Cette page est traitée dans un style et une harmonie proches des chœurs de Schubert. L'autre texte est l'Offertoire. Au lieu du traditionnel *« Domine Jesu Christe, Rex gloriae »*, Gossec compose un texte qui cite ou paraphrase le Livre de Job et dont l'origine n'a pu être déterminée. Peut-être s'agit-il d'un rite gallican ou propre à un ordre religieux : *« Vado et non revertar »*. Il est décomposé en trois mouvements : un vaste récitatif accompagné, dramatique à souhait, puis une aria pour la même voix de ténor avec flûtes et clarinettes, très cantabile, « Spera in Deo ». L'Offertoire se termine par le chœur « Cedant hostes », d'un admirable contrepoint expressif, le plus développé de toute l'œuvre.

Bibliographie — J. G. PROD'HOMME, Fr. J. Gossec, Paris 1949 ; M. BARTHÉLEMY, *in* Fr. J. Gossec : Messe des morts, Musique en Wallonie, Liège 1975.

C. DE NYS

MESSE DES PAUVRES, d'**Erik Satie**, pour chœur, grand orgue et orgue de chœur. Sous le titre primitif de *Grande Messe de l'Église métropolitaine d'art*, cette œuvre a été conçue tout d'abord, entre 1893 et 1895, pour les besoins de l'institution religieuse que Satie avait fondée, dans son placard de la rue Cortot, pour son seul et personnel usage. Les « pauvres » auxquels le titre fait allusion sont sans doute les « Pauvres Chevaliers de la Sainte Cité », secte imaginaire dont le compositeur se réclamait et qui se caractérisait, entre autres, par le fait de « renoncer à tous les biens de ce monde et de s'envelopper du mystère le plus profond ». Seules deux parties de cette messe, *Prière des orgues* et *Commune qui mundi nefas*, ont été achevées et publiées du vivant de son auteur. En l'absence de tout plan de celui-ci, d'autres fragments se rapportant vraisemblablement à cette œuvre (parmi lesquels manque le *Gloria*, jadis annoncé par Satie) ont été assemblés par D. Milhaud lors de l'édition posthume. (Paris, Salabert [Rouart-L.], 1929 ; durée : 8 min environ)

Par la plume de son frère Conrad, Satie avait décrit son projet : « [Cela] commence par un prélude très caractéristique qui forme la base de la messe. Ce sont ces motets, qui durant tout l'office reviendront à chaque instant, qui seront répétés par le grand orgue, le petit orgue et les chœurs. Entre le *Kyrie* et le *Gloria* se trouve intercalée une prière, dite *Prière des orgues*. Par la voix des enfants et des hommes, les fidèles viennent demander pitié, mais il faut que les orgues, condensant tous ces cris de détresse, portent au Créateur la prière de tous [...]. Cette messe est de la musique pour le sacrifice divin et il n'y aura aucune place pour ces orchestres comme il s'en trouve malheureusement dans la plupart des messes. Ce n'est pas un divertissement que l'on procure aux fidèles. Elle a pour but d'accroître l'intensité de leurs prières, en agissant directement sur leurs âmes, déjà inclinées devant le Rédempteur. » Parmi les 7 parties retrouvées, seul le *Kyrie eleyson* comporte deux lignes de chant — deux mots par ligne —, l'une pour les enfants (ténors), l'autre pour les hommes (basses). E. Varèse a dit à Gunther Schuller que le *Kyrie* lui avait toujours fait penser à l'*Enfer* de Dante et qu'il lui apparaissait, en outre, comme une manière de musique pré-électronique.

Bibliographie — C. Satie, E. Satie, *in* Le Cœur XI, juin 1895 ; G. Wehmeyer, E. Satie, Regensburg, Bosse, 1974, pp. 61-68 ; G. Zacher, Beobachtungen über E. Saties « Messe des pauvres », *in* Musik-Konzepte, n° 11, janv. 1980 ; V. Lajoinie, E. Satie, Lausanne, L'Age d'Homme, 1985, pp. 81-84.

O. Volta

Messe « des timbales », de **Joseph Haydn**, voir Missa « in tempore belli »

Messe de Toulouse, messe à 3 voix du XIVe s., l'un des 4 ordinaires (→ *Messe de Tournai*, *Messe de Barcelone*, *Messe de Besançon*) mis en polyphonie avant la → *Messe de Notre-Dame* de G. de Machault. Elle est contenue dans un missel de la 1re moitié du XIVe s. ; à la fin de ce même siècle, un copiste ajouta aux places laissées vacantes des pièces à trois voix qui, rapprochées les unes des autres, semblent constituer un ordinaire de la messe : *Kyrie*, *Sanctus*, *Agnus*, motet sur *« Ite missa est »*. Le *Credo* nous est parvenu incomplet : c'est la raison pour laquelle L. Schrade ne l'édite pas, tandis que H. Harder le donne dans la version proposée par le Ms. d'Ivrée. Le *Gloria* est manquant.

Le *Kyrie* comprend trois invocations : un « Kyrie », un « Christe », un « Kyrie » dans le mode de *ré*. De style motet, la construction repose sur un ténor non liturgique mais selon H. Harder « prius factus ». Des cellules mélodiques (lignes conjointes ascendantes ou descendantes) circulent au ténor, entraînant l'utilisation de formules mélodiques répétitives, ou séquences, dans les parties supérieures **A**. Dans le *Sanctus* et le *Benedictus*, en échelle modale d'*ut*, on remarque le même principe d'écriture et d'ornementation. De courts passages en hoquet solennisent la fin des sections. H. Harder pense que pour ces trois premières pièces (*Kyrie*, *Sanctus*, *Benedictus*), l'apport des paroles au motetus a dû être oublié par le copiste. Les deux parties inférieures (motetus et ténor) peuvent sans doute admettre une exécution instrumentale. L'*Agnus* tropé (« Rex immense pietatis »), en mode de *ré*, comporte les trois invocations traditionnelles. Le triplum orné portant seul des paroles est un exemple de style cantilène ou déchant. Le texte versifié impose sa découpe, chaque fin de vers étant l'occasion d'un silence à toutes les voix. La répétition des mêmes quantités syllabiques pour chacune des invocations (4, 8, 8, 8, 6) crée une fausse impression d'isorythmie étendue à toutes les parties. Comme la *Messe de Tournai*, la *Messe de Toulouse* s'achève par un motet *« Super ite missa est »*. Seul le triplum de style cantilène porte des paroles (« Laudemus Jhesum Christum ») qui, selon J. Handschin (*in* RBMie I, 1946-47, p. 97), seraient un trope du *« Deo gratias »* par lequel les chantres répondent à l'*« Ite »* du diacre. L. Schrade voit dans ce motet des ressemblances avec le *« Gloria qui sonitu melodie »*, n° 50 du Ms. d'Ivrée. Bien que pris dans le Ms. d'Ivrée, le *Credo* (remplaçant la version incomplète du Ms. 94 de Toulouse), peut être étudié dans l'éd. de H. Harder : on y remarque le style cantilène, l'usage d'un mode de *sol*, et quelques essais de figuralisme (ligne descendante sur « Descendit de caelis », mes. 46-48, ou ascendante sur « Ascendit in caelum », mes. 76-79). Ce même *Credo* figure également dans la *Messe de Barcelone*.

Sources — Bibl. de Toulouse, Missel Ms. 94, et fragments isolés dans les Mss d'Apt et d'Ivrée.

Éditions — Par L. Schrade, *in* Polyphonic Music of the 14th Cent. I, Monaco, L'Oiseau-Lyre, 1956-74 ; par H. Harder, *in* MD VII, 1953 ; par H. Stäblein-Harder, *in* CMM 29, Amer. Inst. of Musicology, 1962.

Bibliographie — Fr. Ludwig, Die mehrstimmige Messe des 14.Jh., *in* AfMw VII, 1925 ; H. Harder, Die Messe von Toulouse, *in* MD VII, 1953 ; L. Schrade, The Mass of Toulouse, *in* RBMie VIII, 1954 ; du même, A 14th Cent. Parody Mass, *in* Acta Musicologica XXVII, 1955 ; R. Jackson, Musical Interrelations between 14th Cent. Mass Movements, *ibid.* XXIX, 1957 ; H. Stäblein-Harder, voir ci-dessus, § Éditions.

D. Patier

Messe de Tournai, messe à 3 voix du XIVe s., l'un des plus anciens ordinaires polyphoniques complets conservés dans un manuscrit qui date probablement de 1330-40. Selon Ch. de Coussemaker (repris par A. Machabey), ce cycle aurait été constitué pour la célébration des fêtes annuelles de la corporation des notaires de Tournai. Ch. van den Borren a montré qu'il s'agissait d'une confusion entre deux manuscrits et nous ignorons toujours pour quelles circonstances furent réunis ces textes anonymes et de quelle région ils proviennent.

Les pièces qui composent la *Messe de Tournai* sont de

A **Messe de Toulouse**

éd. L. Schrade

mes. 25 — mes. 77

styles très différents : le *Kyrie*, l'une des plus anciennes du cycle, comporte une invocation (« Kyrie ») répétée trois fois, un « Christe » (également repris trois fois), un « Kyrie » (deux fois) et enfin un « Kyrie » isolé pour conclure. La technique utilisée est mixte : c'est un motet où le ténor emprunte peut-être au *Kyrie* de la *Messe* XII (*« Pater cuncta »*) tandis que les deux voix supérieures évoluent en style conduit — note contre note avec les mêmes paroles — faisant un large usage des mouvements contraires et répétant la cellule caractéristique du 4e mode rythmique, transcrite . Des cadences à double-sensible terminent chacune des invocations, toutes en mode de *sol*.

Le *Gloria*, d'une période plus avancée, échappe aux modes rythmiques et se situe dans l'échelle modale de *fa*. On y remarque une technique ambiguë : le ténor, non emprunté, évolue en valeurs plus longues que celles des parties supérieures qui créent entre elles des amorces d'imitations, bien que souvent le « motetus » reste appareillé au ténor, tandis que le « triplum » se rapproche du genre cantilène. En fin de phrase, de grands arrêts témoignent de la naissance d'une conception accordique, avec toujours la présence des doubles sensibles. De brefs passages en faux-bourdon montrent l'entrée encore timide des consonances imparfaites de tierce et de sixte :

Sans forme musicale, sans construction isorythmique, cette grande louange que constitue le *Gloria* pourrait donner une impression de mosaïque si elle n'était tout entière parcourue de cellules mélodiques unificatrices, comme

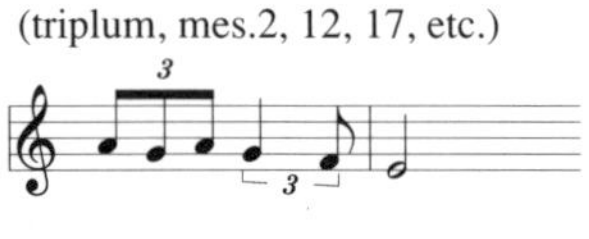

Elle se termine par un long moment de tension : le mélisme sur « Amen » (mes. 116-198) avec des hoquets et des guirlandes de minimes sur les tenues du ténor. Enfin, on remarque de courtes sections à deux voix, dépourvues de paroles (mes. 11, 22, 46, 57, etc.) : sans doute est-il possible de voir ici des conduits instrumentaux.

Le *Credo* figure également dans les Mss d'Apt, de Las Huelgas et de Madrid (dans son éd. Ch. van den Borren superpose les 4 versions). Écrit en mode de *ré*, il adopte un style de conduit à la rythmique libre. De fréquentes lacunes de paroles lors de passages à deux voix (mes. 17, 26, 34, etc.) semblent indiquer la présence de conduits instrumentaux. Un « Amen » peu développé conclut la pièce avec un jeu d'imitations et l'exploitation des mouvements contraires.

Le *Sanctus*, le *Benedictus* et l'*Agnus* datent probablement de la même époque que le *Kyrie*, quoique moins archaïques. Le mode rythmique choisi, le 3e transcrit , présente d'assez fréquents monnayages de valeurs et le hoquet apparaît dans le long mélisme sur « Osanna », « in excelsis », et « nobis ».

L'*« Ite missa est »* conclusif est un motet bilingue, figurant également dans le Ms. d'Ivrée. Son ténor liturgique, provenant selon Fr. Ludwig du Graduel des Prémontrés, est isorythmique ; la « talea » est dite 6 fois (la 3e et la 6e étant abrégées) ; le « color » n'intervient que deux fois : il couvre donc trois « taleae ». Le triplum, très en dehors, chante en français un texte profane de caractère galant : « Se grasse n'est à mon maintien contraire. » ; le motetus, en valeurs plus longues et croisant souvent avec le ténor, s'exprime en latin dans un caractère moralisateur : « Cum venerint miseri degentes » (Quand viendront à votre porte de miséreux mendiants). On a pû s'étonner de la place de ce motet dans l'ordinaire de la messe ; en fait, l'*« Ite missa est »* se situe après la célébration, et l'on peut fort bien y voir la joie du chrétien quittant plein d'ardeur la maison du Seigneur.

Ensemble composite (auteurs probablement différents, périodes de composition différentes, puisque les *Kyrie*, *Sanctus*, *Agnus* appartiennent à l'Ars antiqua, et les *Gloria*, *Credo* et *« Ite missa est »* à l'Ars nova), la *Messe de Tournai* représente l'une des premières tentatives de constitution d'un cycle complet de l'ordinaire de la messe en polyphonie. Mais c'est dans la seule intention que réside le lien entre les diverses pièces de ce cycle, qu'A. Machabey considère comme « varié dans son unité, très libre dans sa rigueur ».

Sources — Bibl. de la cathédrale de Tournai, fonds Voisin IV, fos 28-33, et fragments dans les Mss d'Apt, de Las Huelgas, de Madrid et d'Ivrée.

Éditions — Par Ch. de Coussemaker, Une messe du xiiie s., Paris et Lille 1861 ; par L. Schrade, *in* Polyphonic Music of the XIVth Cent. I, Monaco, L'Oiseau-Lyre, 1956-74 ; par Ch. van den Borren, *in* CMM 13, Amer. Inst. of Musicology, 1957 ; par H. Stäblein-Harder, *in* CMM 29, Amer. Inst. of Musicology, 1962.

Bibliographie — P. Wagner, Gesch. der Messe I, Leipzig 1913, rééd. en facs. Hildesheim, Olms, 1963, pp. 37-43 ; Fr. Ludwig, Die mehrstimmige Messe des 14.Jh., *in* AfMw VII, 1925 ; L. Schrade, The Mass of Toulouse, *in* RBMie VIII, 1954 ; H. Anglés, Una nueva version del Credo de Tournai, *ibid.* ; A. Machabey, La Messe de Tournai, *in* RM 1958 ; H. Stäblein-Harder, voir ci-dessus, § Éditions ; A. van der Linden, art. Tournai (Messe de), *in* MGG XIII, 1966 ; J. Schmidt-Görg, Die Messe, *in* Das Musikwerk, Cologne, A. Volk, 1967.

D. Patier

Messe « di dadi » (des dés), messe à « cantus firmus » à 4 voix, l'une des plus anciennes de **Josquin des Prés**, vraisemblablement antérieure à 1485, uniquement connue par l'impression qu'en donna O. Petrucci dans son *Missarum Josquin liber tertius* (Venise 1514, plus. rééd. jusqu'en 1526). Elle emprunte son ténor à celui d'une chanson à 3 voix de Robert Morton, *« N'auray je jamais mieulx »*, qui a également servi de point de départ à une messe de J. Verbonnet. Seul le début de la chanson est utilisé, sauf dans le « Hosanna » et l'*Agnus Dei* où la mélodie est présentée en entier. Tout au long de la messe, le ténor est noté avec des valeurs de durée croissantes puis décroissantes pour finir dans le « Hosanna » et l'*Agnus Dei* avec les valeurs de durée originales de la chanson, non augmentées, ce qui permet de la citer en entier. Par rapport aux durées originales, l'augmentation se présente ainsi :

Kyrie	2:1		
Gloria	4:1	« Qui tollis »	8:1
Credo	6:1	« Crucifixus »	12:1
Sanctus	5:1	« Hosanna »	1:1
Agnus Dei	1:1		(mélodie en entier)
	(mélodie en entier)		

Ces proportions sont symbolisées par des dés à jouer ⚀⚁ ⚂⚃, etc., d'où la désignation, à première vue énigmatique, de cette messe. Les pièces à faible augmentation ou en valeurs originales correspondent à la plus grande mobilité rythmique et harmonique, tandis que les pièces à forte augmentation traduisent un statisme mélodique et harmonique favorable à une expression recueillie ou plus sensible (« Qui tollis », « Crucifixus »). Un motif de tête de 4 mesures à deux voix, placé en tête de chacune des grandes divisions de l'ordinaire, sauf de l'*Agnus Dei*, vient renforcer par une sorte de signal indicatif l'unité interne de l'œuvre. Plus qu'aucune autre, la *Messe « di dadi »* est morcelée en de nombreuses pièces qui font alterner l'écriture à 4, 3 et 2 voix, les pièces à 3 et 2 voix étant libres de toute attache avec le « cantus firmus » :

Kyrie I à 4, « Christe » à 3, « Kyrie » II à 4 ;
Gloria à 4, « Domine Deus, Rex caelestis » à 3, « Domine Fili » à 2, « Domine deus, agnus » à 3, « Qui tollis » à 4 ;
Credo à 4, « Crucifixus » à 4 ;
Sanctus à 4, « Pleni sunt » à 3, « Hosanna » à 4, « Benedictus » à 2 ;
Agnus Dei I à 4, II à 2, III à 4.

Les pièces à 4 voix sont fréquemment allégées par des passages à 3 ou 2 voix. En dépit de son unité tonale et modale en *sol* dorien, la *Messe « di dadi »* fait ainsi preuve d'une variété de texture qui se retrouve au niveau des procédés d'écriture. La construction rigide de l'œuvre et les valeurs très longues du « cantus firmus », la fréquence des duos — introductifs ou non —, la prépondérance mélodique des deux voix supérieures, la division des voix au-delà de 4 parties dans les fins (à 5 dans le *Gloria*, à 6 dans le *Credo*), les complexités rythmiques faisant alterner ou superposant binaire et ternaire (« Domine Deus, Rex caelestis », mes. 58-64 ; « Pleni sunt » mes. 29-34 ; *Agnus Dei*, mes. 62-66) sont des traits archaïques qui rappellent tantôt G. Dufay, tantôt J. Ockeghem. Plus importante est la recherche stylistique dont témoigne cette œuvre. Elle se traduit par une volonté toute nouvelle d'exprimer le texte par les moyens les plus divers. Si la mise en relief au moyen d'une homophonie passagère de certains mots comme « Jesu Christe » (« Qui tollis », mes. 189-193), « Et homo [factus est] » (*Credo*, mes. 56) est traditionnelle, il y a lieu de remarquer le motif de fanfare qui accompagne les mots « Glorificamus » (*Gloria*, mes. 15-16) et « cum gloria » (« Crucifixus », mes. 125-130), l'extraordinaire progression d'intensité mélodique et rythmique qui met en évidence le mot « omnipotens » (« Domine deus, Rex caelestis », mes. 54 et suiv.), les valeurs longues employées pour les passages où la prière se fait plus instante (« Qui tollis ») et où il s'agit de toucher (« Crucifixus »), enfin la saisissante descente de trois voix en accords de sixte parallèles, produisant par le décalage de l'altus une chaîne ininterrompue de dissonances sur le texte « simul adoratur et conglorificatur, qui locutus est per prophetas » (« Crucifixus », mes. 156-173). Il faut également remarquer l'attention portée à la prosodie qui se traduit par un syllabisme plus fréquent (*Credo*) et par des passages qui évoquent le style récitatif (*Credo*, « Et incarnatus est », mes. 50-52 ; « vivos et mortuos », mes. 134-138). La polyphonie s'allège ou se simplifie, non seulement par la réduction du nombre des voix mais aussi par le nombre accru des points d'imitation, la multiplication des séquences (*Benedictus*), allant jusqu'à l'ostinato (« Crucifixus », mes. 185-191), le parallélisme réducteur de deux voix se mouvant à la tierce ou à la dixième (*Kyrie* I, mes. 11-12, alto et basse). Les fins évitent les formules cadentielles stéréotypées et deviennent de véritables inventions en soi. Malgré un esprit de recherhe qui n'a pas encore trouvé son unité stylistique, Josquin des Prés parvient ainsi dans cette messe à un premier stade d'humanisation et de clarification de la polyphonie franco-flamande.

Rééditions modernes — Par A. Smijers, *in* Werken van Josquin des Prez, 29ᵉ livr., Amsterdam, Alsbach, 1951 (chanson de R. Morton publiée en annexe).

Bibliographie — H. Osthoff, Josquin Desprez I, Tutzing 1962, pp. 118-120.

M. Honegger

Messe « Dixit Joseph », de **Roland de Lassus**, pour 6 voix a cappella (S A A T B B avec adjonction d'un second sop. dans l'*Agnus Dei*). Bien que la plus ancienne copie de cette messe date de 1573, W. Boetticher croit pouvoir en reculer la composition jusqu'en 1566-68. (Durée : 25 min environ.)

C'est à l'un de ses propres motets, → *« Dixit Joseph »*, publié en 1564, que Lassus emprunte ici une matière musicale qu'il exploite avec autant de liberté que d'habileté, tout en la renouvelant et en la développant dans une large mesure. La richesse d'écriture obtenue dans le motet en entremêlant subtilement d'amples successions d'accords et une polyphonie linéaire se retrouve, plus accentuée, dans la messe où elle détermine l'opposition tranchée entre des sections entières. De façon générale, la polyphonie gagne du terrain dans la messe et régit parfois de longs passages, écrits en un contrepoint imitatif admirablement ouvragé moyennant un allègement de l'effectif vocal : tels dans le *Gloria* le « Domine Deus » (4 v.), dans le *Credo* le « Crucifixus » (4 v.), dans le *Sanctus* le « Benedictus » (3 v.). Quant aux rapports structuraux qui unissent le motet et la messe, ils ne ressortissent guère à l'emploi de thèmes mélodiques nettement individualisés. Le seul thème véritable est le

A **Messe de Tournai**

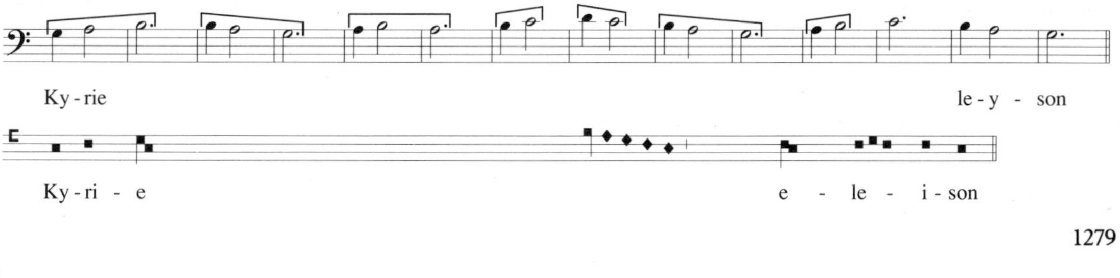

motif de tête du motet qui assume une fonction analogue au début de chacune des 5 parties de la messe :

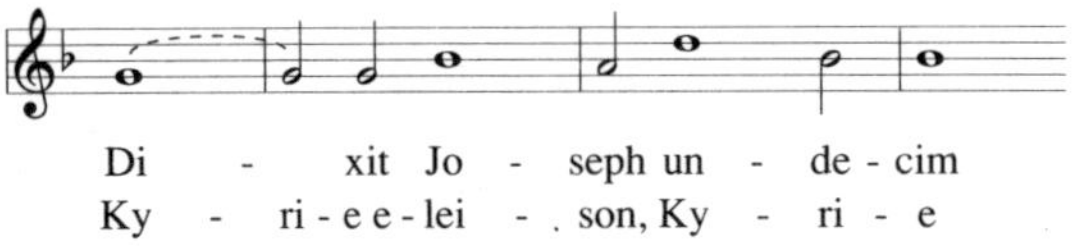

Le « Crucifixus » (comme plus loin le « Benedictus ») l'ornemente avec souplesse

et, dans le *Kyrie*, le « Christe » en présente une inversion déjà employée par le motet :

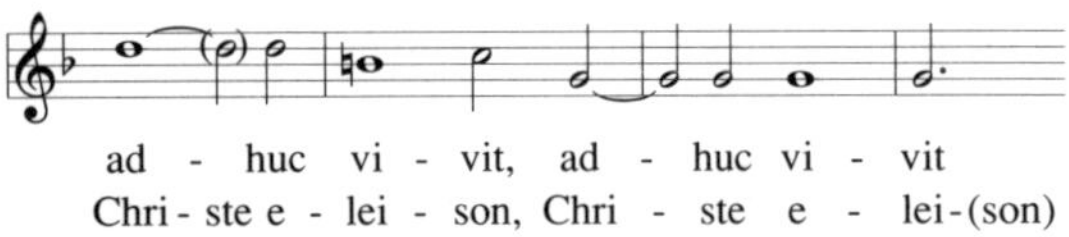

Le *Sanctus* et l'*Agnus Dei*, enfin, le mettent en relief au soprano, accompagné de contrepoints nouveaux. Un autre élément saillant est le motif à 2 voix par mouvement contraire qui ouvre la seconde partie du motet et sert dans la messe pour le second « Kyrie » et l'« Hosanna » du *Sanctus*. Pour le reste, la facture plutôt compacte du motet rend peu reconnaissables les matériaux de celui-ci utilisés dans la messe et qui généralement se confondent avec le contexte librement composé. Même le *Kyrie*, qui est de toutes les parties de loin la plus proche du motet, n'en reproduit pas servilement les dessins. Il est instructif d'analyser à cet égard la fin du *Gloria* : « Quoniam tu solus » reprend « De quo dixeratis » du motet, après quoi les trois voix aiguës et les trois graves dialoguent en échangeant des motifs libres, puis se joignent pour souligner les mots « Jesu Christe » par des accords rappelant « et videbo eum » du motet ; « Cum Sancto Spiritu » reproduit assez fidèlement « Ante quam moriar » du modèle, mais s'en éloigne de nouveau pour un passage libre (lointainement apparenté à « sufficit mihi » du motet), tandis que l'« Amen » final se construit sur le motif ascendant par lequel le motet illustrait le mot « vadam » (j'irai). Ce même motif, inversé, devient un figuralisme évoquant, dans le *Credo*, la descente du Fils sur la Terre (« descendit de cœlis » = descendit des cieux).

Il n'est point besoin cependant de connaître toutes les implications thématiques de cette messe pour en apprécier la maîtrise du style ainsi que la profondeur et la variété de l'expression qui en font un témoignage achevé de l'inspiration religieuse de Lassus.

Sources — **a)** Manuscrits : plusieurs copies, notamment Nuremberg, Landeskirchliches Archiv, Ms. Fenitzer IV. 2° 227 (daté de 1573), et Berlin, Deutsche Staatsbibl., Mus. Ms. 40023 (1575-80 ?). — **b)** Imprimés : *Missa ad imitationem moduli Dixit Joseph...*, Paris, Ballard, 1607.

Rééditions modernes — Par Fr. Commer, *in* Musica sacra VIII, Berlin, 1863, et *in* Quinque Missae Orlandi Lassi, Regensburg s.d. ; par S. Hermelinck, *in* O. di Lasso. Sämtliche Werke, Neue Reihe VIII, Kassel, BV, 1968.

Bibliographie — W. Boetticher, O. di Lasso und seine Zeit, Kassel et Bâle 1958.

J. Viret

Messe « Doulce mémoire », de **Roland de Lassus,** pour 4 voix a cappella, composée probablement vers 1572, date de sa plus ancienne copie manuscrite. (Durée : 15 min environ.)

Elle parodie la chanson → *« Doulce mémoire »* de P. Sandrin dont la célébrité est attestée par une autre messe-parodie de Th. Créquillon, sans doute connue de Lassus, ainsi que par le traité théorique *Tratado de glosas...* de D. Ortiz (Rome 1553), où elle sert pour des exemples instrumentaux d'ornementation improvisée. La messe de Lassus, elle aussi, eut une notable diffusion comme en témoignent plusieurs sources manuscrites et trois éditions successives à Paris et Venise. On ne saurait pourtant la compter au nombre des chefs-d'œuvre du maître, ce que lui interdit de toute manière la minceur musicale de la chanson de Sandrin. Celle-ci n'en est pas moins exploitée avec art et donne lieu à une paraphrase de style simple et d'exécution facile. C'est principalement aux premières phrases de la chanson que Lassus emprunte les thèmes de sa messe, notamment au motif initial que l'on retrouve en tête de chacune des 5 parties. D'après W. Boetticher (*O. di Lasso*, p. 415), la voix prédominante de l'original serait le ténor, avec un figuralisme caractéristique de pentacorde descendant (*la-ré*) destiné à suggérer le sentiment mélancolique exprimé par les paroles. Cependant, lorsque Lassus s'approprie ce motif il modifie souvent le ténor mais respecte le soprano (également de courbe descendante), ce qui prouve que la perception qu'il a de ce passage — plus moderne — privilégie la voix aiguë par rapport au ténor ; on notera aussi au soprano l'adjonction constante d'un *ré* initial, autre liberté prise à l'égard du modèle **A**. Ce même extrait montre chez Lassus la recherche d'un enrichissement harmonique, lequel se traduit ailleurs par un usage accru des altérations chromatiques dans les citations de la chanson (remplacement de *fa* par *fa* ♯). Dans l'ensemble, toutefois, l'écriture demeure sous cet angle bien en deçà de celle qui a cours dans les plus grandes messes de Lassus, telle la → *Messe « Dixit Joseph »*. C'est aussi sur le plan contrapuntique qu'elle évite tout artifice savant et s'en tient d'ordinaire à un style d'allure homophone, hormis dans quelques sections à 2 voix (« Crucifixus », « Et iterum » dans le *Gloria*) ou à 3 voix (« Benedictus » du *Sanctus*). Une démarche plus linéaire intervient occasionnellement, au cas où Lassus s'inspire en les développant des vocalises en fragments de gammes contenues dans la chanson (voir en particulier la belle péroraison du *Kyrie*). La clarté, la légèreté et l'élégance du dessin semblent avoir été la préoccupation dominante de cette messe, laquelle transfère dans le cadre liturgique l'esprit de la chanson française.

Sources — **a)** Manuscrits : Augsburg, Staats- und Stadtbibl., 2° Tonk. Schl. 9 (daté de 1572), et autres. — **b)** Imprimés : *Missae variis concentibus ornatae ab Orlando de Lassus*, Paris, Le Roy et Ballard, 1577-78 (rééd. séparée de la *Messe « Doulce mémoire »* par P. Ballard en 1614) ; *Misse decem, variis concentibus...* (recueil collectif), Venise, Gardano, 1588.

Rééditions modernes — Par Fr. Commer, *in* Musica sacra VII, Berlin 1862 ; par Ch. Bordes, *in* Anthologie des maîtres religieux primitifs, 1er vol. des messes, Paris, Éd. de la Schola Cantorum, 1893 ; par S. Hermelinck, *in* O. di Lasso. Sämtliche Werke, Neue Reihe IV, Kassel, BV, 1964.

Bibliographie — W. Boetticher, O. di Lasso und seine Zeit, Kassel et Bâle 1958.

J. Viret

Messe du couronnement (*Krönungsmesse*), de **Wolfgang Amadé Mozart** (KV 317), pour sop., alto, ténor et basse soli, chœur et orchestre. La partition autographe est datée du 23 mars 1779 ; c'est donc l'avant-dernière messe achevée de Mozart. (Durée : 30 min environ.)

Aujourd'hui, il est devenu improbable que cette œuvre ait été composée pour un anniversaire du « couronnement » de Notre-Dame de Maria Plain, au-dessus de Salzbourg, comme le voudrait une tradition locale en vertu de laquelle cette messe est ainsi qualifiée. Si elle connaît une popularité exceptionnelle, ce n'est pas seulement en raison du qualificatif valorisant, mais aussi de la fusion idéale de deux aspects apparemment inconciliables : un caractère authentiquement populaire et un modèle très savant, parfaitement élaboré, de ce que Mozart considère comme l'idéal esthétique de la messe, et ce à l'intérieur de proportions conformes à la « messe brève ». L'orchestre à cordes salzbourgeois (sans altos) est renforcé par 2 htb., 2 cors, 2 trp., timb. et orgue, ainsi que par 3 trb. doublant les voix inférieures du chœur.

Le *Kyrie* débute par trois grands appels solennels, d'une étonnante majesté et grandeur, à quoi s'enchaîne une mélodie très expressive du soprano solo. Lorsque le matériau du début revient pour le « Christe », il en acquiert une force nouvelle ; la reprise du *Kyrie* avec le dialogue des violons et des hautbois est d'une grande puissance poétique. Comme dans le *Kyrie*, on observe dans le *Gloria* la parfaite unité d'un ensemble symphonique édifié autour du « Qui tollis », musicalement et spirituellement central pour Mozart, unité renforcée encore par la reprise du début sur le « Quoniam ». La façon magistrale dont le compositeur conjugue les nécessités d'une structure harmonieuse de l'ensemble avec celles de l'expression signifiante des paroles se manifeste p. ex. dans une sorte de reprise anticipée du début sur le « Qui sedes », qui cède immédiatement la place au matériau du « Qui tollis » lorsqu'on chante « miserere ». Même unité et même force expressive dans le *Credo*. L'« Et incarnatus est » est préparé par un fugato sur « Descendit de caelis » et un saisissant accord de septième. Les quelques mesures qui traduisent la Passion et la mort sont poignantes ; Mozart y esquisse dans la modulation de l'orchestre ce qui sera le début de la *Musique funèbre maçonnique*, KV 477. Sur l'« Et resurrexit », il reprend symboliquement le début du *Credo* qui s'achève sur la reprise du fugato du « Descendit ». C'est encore la puissante unité qui caractérise le *Sanctus* *Benedictus* ; dans ce dernier il reprend le thème de l'*Osanna*. Le seul véritable solo, destiné au soprano, se trouve dans l'*Agnus Dei*, que Mozart reprendra presque textuellement dans l'air de la comtesse au 3e acte des *Nozze di Figaro* (« *Dove sono i bei momenti* »), ce qui a donné lieu dans la littérature à nombre de commentaires et extrapolations non fondées ; il est évident que pour la comtesse cet air évoque non seulement les débuts de sa rencontre avec Almaviva mais aussi son enfance, avant les péripéties plus ou moins graves constituant « le mal du monde » (« peccata mundi »), l'époque où elle reçut pour la première fois l'*Agnus Dei*.

Éditions modernes — Par G. Nottebohn, *in* W. A. Mozarts Werke I/2, Leipzig, Br. & H., 1878 ; par F. Schroeder, Londres et Zurich, Eulenburg, 1967 ; W. A. Mozart. Neue Ausgabe sämtlicher Werke, Kassel, BV, 1955 et suiv., série I/1 à 4.

Bibliographie — Voir celle de l'art. *Litaniae*.

C. de Nys

Messe « Dueil angoisseus » de **John Bedingham**, voir « Dueil angoisseus ».

Messe du jubilé, de **Daniel-Lesur**, pour chœur mixte, orgue et orchestre, composée de 1959 à 1960, créée à Utrecht, le 25 sept. 1960, par la maîtrise de Sint Gerardus Majella, sous la dir. de Nico Hermans ; 1re audition en France au Festival de Besançon, en 1962, par le Chœur et l'Orchestre philharmonique de la Radio-Télévision Française, à l'orgue Antoine Reboulot, sous la dir. de René Alix. (Paris, Ricordi, puis Salabert ; durée : 22 min environ.)

Cette partition fut composée de manière à s'adapter aux moyens d'exécution dont disposait la paroisse néerlandaise de Sint Gerardus Majella, qui la commanda pour la célébration de son 5e lustre : un chœur mixte sans solistes, accompagné du grand orgue, de trompettes et de timbales. Après l'avoir fait entendre dans son lieu de destination, le compositeur réalisa une version qui réduit l'accompagnement à l'orgue seul ; enfin, le Festival de Besançon lui donna l'occasion d'élargir sa partition en ajoutant à l'effectif primitif un petit orgue et un groupe instrumental comprenant deux bassons, une harpe et un ensemble de cordes, les trompettes conservant leur rôle de voix indépendantes surajoutées aux parties chorales.

Le ton et la structure de l'ouvrage tiennent compte du caractère propre et de la signification de chacun des morceaux : style modal pour les trois acclamations du *Kyrie* ; alternance des voix et de l'accompagnement instrumental dans le *Gloria* ; forme développée avec un épisode central en forme de choral varié dans le *Credo* ;

A Messe « Doulce mémoire »

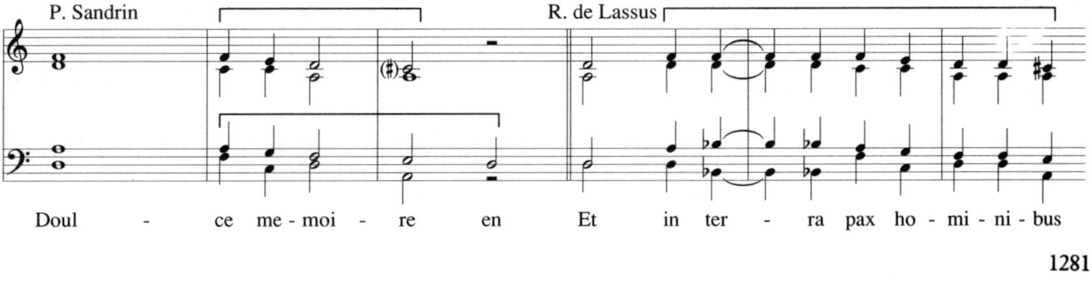

entrées successives du chœur dans le *Sanctus* et l'*Agnus Dei*, entre lesquels le *Benedictus* impose la simplicité de sa ligne mélodique. Un bref *Deo gratias* répond, en conclusion, à l'« Ite missa est » du prêtre. Pour s'adapter au temps normal de l'office, l'œuvre ne comporte aucune répétition. La longue expérience de Daniel-Lesur comme organiste, acquise auprès de son maître Ch. Tournemire puis à la basilique Sainte-Clotilde, et une pratique du chant grégorien à l'abbaye bénédictine de la rue de la Source, à Paris également, ont sans doute influencé la pureté de style et la spiritualité d'expression de cette messe dans laquelle le compositeur a retrouvé les racines de la haute tradition chrétienne.

Bibliographie — P. Mari, *in* Le Guide du Concert n° 354, 18 mai 1962, p. 1343 ; Le Courrier Musical de France, n° 5, 1er trimestre 1964, p. 17.

Fr.-Y. Bril

Messe « Dum complerentur », de **Giovanni Pierluigi da Palestrina**, écrite à 6 voix (S A A T T B), composée avant 1585 (date d'une copie manuscrite), mais parue à titre posthume, en 1599, dans son 8e livre de messes. (Durée : 30 min environ.)

Cette œuvre de vastes dimensions clarifie l'architecture des différentes parties en les subdivisant en sections séparées dont plusieurs ont une écriture plus légère à 4 voix selon des dispositions variées. Cette clarté dans l'agencement de la forme globale va de pair avec la recherche d'une unité interne très prononcée, par l'emploi constant d'un matériau thématique commun à toutes les parties, matériau exploité et développé avec une maîtrise consommée. Tous les thèmes générateurs des cinq parties sont en fait issus — directement ou indirectement — des cinq sur lesquels est bâti le motet → *« Dum complerentur »*, dont cette messe est la parodie. Bien reconnaissables dans la trame polyphonique à la fois compacte et transparente de celle-ci, ces thèmes nourrissent un discours sonore non seulement plus ample que celui du motet, mais aussi plus savant et plus élaboré quant au traitement contrapuntique. A cet égard la *Messe « Dum complerentur »* apparaît comme un chef-d'œuvre du genre, tout en alliant à cette richesse formelle l'attrait d'une expression vivante et chaleureuse, irradiée par « une mer de lumière et d'éclat rayonnant » (Fr. X. Haberl). L'étude de la messe donne l'impression que le compositeur s'y est complu à tirer pleinement parti d'une matière musicale seulement esquissée dans le motet : la messe constitue ainsi le reflet fidèle mais agrandi du motet et le magnifique déploiement de ses virtualités structurales.

Le thème initial du motet (thème A) est également utilisé au début de chaque partie de la messe, et avec une harmonisation semblable. Le premier « Kyrie » le développe de la manière la plus systématique, en lui adjoignant un motif complémentaire nouveau. Trois notes en sont extraites pour créer un thème dérivé, présent dans le second « Kyrie » puis plusieurs fois par la suite :

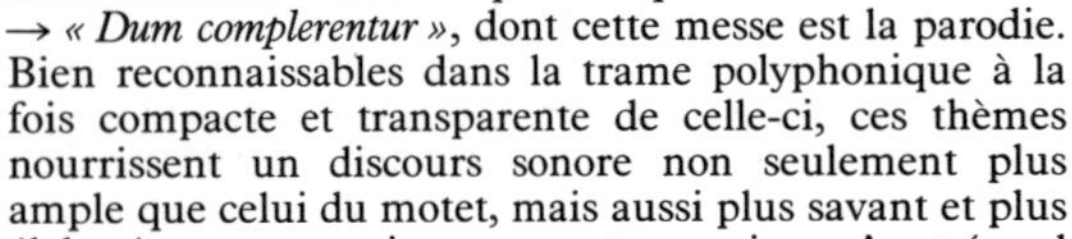

Le thème C n'intervient qu'à partir du *Gloria* (« ad dexteram »), tandis que le thème D s'accompagne régulièrement du contrechant que lui attribuait le motet ; ainsi le trouve-t-on dans le second « Kyrie », le *Gloria* (« Qui tollis »), le *Sanctus* (« Pleni sunt ») et le deuxième « Agnus Dei ». Le thème E, enfin, qui dans le motet illustrait concrètement la descente du Saint-Esprit, communique l'élan de son dessin vocalisé à plusieurs passages, notamment à l'« Et resurrexit » du *Credo*. Le « Benedictus », par ailleurs, révèle l'aisance avec laquelle ces thèmes sont intégrés et transcendés par leur insertion dans un contexte renouvelé.

Le thème C, à la basse, se double d'un contrechant qui acquiert lui aussi une valeur thématique. La fluidité des courbes rapides en notes conjointes représente un trait stylistique typique de l'ensemble de la messe, conférant au jeu mutuel des voix un remarquable aspect plastique. Mais ces dernières peuvent aussi à l'occasion s'unir en une grandiose homophonie, p. ex. pour proclamer avec vigueur dans le *Credo* l'unicité divine (« Et in unum Dominum »), selon une succession d'accords analogues à celle qui, dans le motet, illustrait l'unité spirituelle des apôtres rassemblés. L'attention vouée au texte reste donc une préoccupation constante, mais moins évidente ici que dans la → *Missa Papae Marcelli* en raison du travail contrapuntique et thématique plus poussé.

Sources — **a)** Manuscrits : Ms. 32 de la chapelle Sixtine (1585). — **b)** Imprimés : *Cantus I.P. Praenestini Missarum... Liber Octavus,* Venise 1599, 2/1609.

Rééditions modernes — Par Fr. X. Haberl, *in* Pierluigi da Palestrina's Werke XVII, Leipzig, Br. & H., 1885 ; par L. Bianchi, *in* G.P. da Palestrina. Le opere complete, Rome 1939 et suiv., vol. XXIV.

J. Viret

Messe « D'ung aultre amer », messe à « cantus firmus » à 4 voix de **Josquin des Prés**, fondée sur une chanson à 3 voix de J. Ockeghem. Selon toute vraisemblance, elle date de son séjour milanais et pourrait se situer entre 1473 et 1479 selon les suppositions de H. Osthoff. Transmise par deux manuscrits, dont un livre de chœur conservé à la Bibl. vaticane (Capella Sistina, Ms. 41), elle a fait partie du répertoire de la chapelle papale dès la fin du xve siècle. O. Petrucci l'a imprimée pour la première fois dans son *Missarum Josquin liber secundus* (Venise 1505, plus. rééd. jusqu'en 1526). Écrite en *sol* dorien, c'est la plus courte et la moins complexe des messes de Josquin. Dans le *Gloria* et le *Credo*, où le texte ne se voit astreint à aucune répétition, elle fait emploi d'une écriture syllabique fréquemment homophone qui l'apparente à la lauda spirituelle polyphonique italienne. Le *Benedictus* y est remplacé par un motet à 4 voix, en style de lauda, *« Tu solus qui facis mirabilia »*, qui appartient au type milanais des « motetti missales ». Dans chacune des 5 parties de la messe, le ténor de la chanson → *« D'ung aultre amer »* est utilisé comme « cantus firmus », sans changement si ce n'est quelques monnayages de notes et une répétition intégrale dans le

Credo. Cependant, la messe tend à se rapprocher du type de la messe parodie par le fait que les autres voix de la chanson y sont également utilisées en certains endroits. Dans le *Sanctus* et l'*Agnus Dei*, la voix d'altus est issue de la mélodie grégorienne correspondante de la messe XVIII, ce qui confère à ces deux pièces la structure d'une messe à double « cantus firmus ».

Rééditions modernes — Par A. SMIJERS, *in* Werken van Josquin des Prez, 23ᵉ livr., Amsterdam, Alsbach, 1950 (avec en annexe la chanson *« D'ung aultre amer »* de J. Ockeghem).

Bibliographie — H. OSTHOFF, Josquin Desprez I, Tutzing 1962, pp. 126-129.

M. HONEGGER

MESSE DU PAPE MARCEL, de Giovanni Pierluigi da Palestrina, voir MISSA PAPAE MARCELLI.

MESSE « ECCE ANCILLA DOMINI », messe à 4 voix, œuvre de maturité de **Guillaume Dufay**, dont on ignore la date exacte de composition, le texte ayant été copié à Cambrai en 1463. Elle est transmise par deux manuscrits principaux, conservés à Bruxelles, Bibl. royale, Codex 5557, fº 50v-61, et à Rome, Capp. Sist. 14, fº 76v-86.

Son « cantus firmus » emprunte à deux antiennes, *« Ecce ancilla Domini »* (fête de l'Annonciation)

et *« Beata es Maria »* (fête de la Visitation).

Dans les deux éditions modernes, les paroles des antiennes sont restituées au ténor. L'utilisation des mélodies empruntées se fait par alternance, comme le montre l'exemple du *Kyrie* :

« Kyrie » I, à 4, ténor = *« Ecce ancilla Domini »* ;
« Kyrie » II, en duo supérius/contraténor ;
« Kyrie » III, à 4, ténor = fin de l'antienne (« Fiat mihi secundum verbum tuum ») ;
« Christe » I, en duo supérius/contraténor ;
« Christe » II, en duo contraténor/ténor « secundus » ;
« Christe » III, en trio supérius/contraténor/ténor « secundus » ;
« Kyrie » I, à 4, ténor : *« Beata es Maria »* ;
« Kyrie » II, en duo supérius/contraténor ;
« Kyrie » III, à 4, ténor = fin de l'antienne (« Perficientur in te quae dicta sunt tibi a Domino. Alleluia »).

Si la pièce est longue (cas du *Credo*), après utilisation de la seconde mélodie, l'auteur reprend la première. On remarque également une autre alternance : celle des groupes vocaux (duo, trio, formation à 4), qui structure les pièces ; elle apporte un élément de variété, mais par sa répétition systématique d'une pièce à l'autre assure la cohérence de l'œuvre. Cette unité est renforcée par la présence d'un motif de tête (supérius/contraténor) énoncé au début de chaque pièce :

De nombreuses imitations apparaissent, surtout dans les formations vocales réduites : duo (p. ex. *Kyrie*, mes. 94-97 ; *Gloria*, mes. 48-50, 68-72, 76-79), trio (*Credo*, mes. 175-178) et parfois même se prolongent en de véritables formules canoniques (duo du second *Agnus Dei*, mes. 34-49). En outre, on remarque un lien constant entre le ténor portant le « cantus firmus » et le ténor « secundus » : ils entrent fréquemment à une ou deux mesures de distance, souvent en imitations (*Credo*, mes. 31-33, 96-98) et dans la même échelle de valeurs.

De plus faible ambitus dans ses différentes voix, la *Messe « Ecce ancilla Domini »* est moins variée ou spectaculaire dans ses effets que la → *Messe « L'Homme armé »* ou la → *Messe « Ave Regina caelorum »*. Ockeghem a emprunté les mêmes « cantus firmi » dans sa → *Messe « Ecce ancilla Domini »*, dont on peut se demander si elle est antérieure ou non à celle de Dufay.

Éditions modernes — Par H. BESSELER, *in* G. Dufay. Opera omnia III, Amer. Inst. of Musicology, 1951 ; par L. FEININGER, *in* Monumenta polyphoniae liturgicae, série I, vol. 2, fasc. 4, Rome 1952.

Bibliographie — E. H. SPARKS, Cantus firmus in mass and motet, 1420-1520, Berkeley et Los Angeles 1963 ; CH. HAMM, A chronology of the works of Dufay based on a study of mensural practice, Princeton, Princeton Univ. Press, 1964 ; W. NITSCHKE, Studien zu den Cantusfirmus Messen G. Dufays, Berlin, Merseburger, 1968 ; A. E. PLANCHART, G. Dufay's Masses : a view of the manuscript tradition, *in* A. W. Atlas (éd.), Dufay quincentenary conference, New York 1976 ; D. FALLOWS, G. Dufay, Londres, Dent, 1982, pp. 207-209.

D. PATIER

MESSE « ECCE ANCILLA DOMINI », messe à 4 voix de **Johannes Ockeghem**, souvent comparée à celle de Dufay portant le même titre (voir l'article précédent). Les musicologues hésitent à se prononcer sur l'antériorité de l'une par rapport à l'autre. Ce problème n'est cependant pas capital, puisque les deux messes empruntent les mélodies grégoriennes différentes ; si Dufay choisit pour « cantus firmus » deux antiennes de la fête de l'Annonciation (*« Ecce ancilla Domini »*, *« Beata es Maria »*), Ockeghem s'appuie sur la seconde partie de l'antienne *« Missus est Gabriel »*, telle qu'elle figure actuellement dans le *Processionale monasticum* (Solesmes 1893, p. 246). D. Plamenac dans son édition en donne le texte intégral dont voici l'incipit :

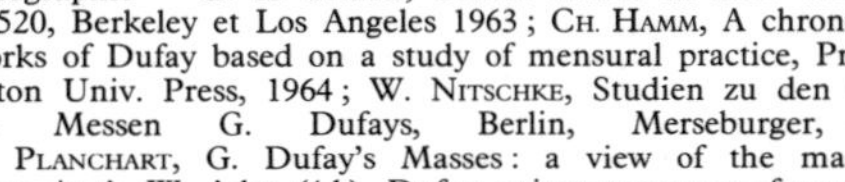

Ockeghem place le « cantus firmus » au ténor du *Kyrie* et du *Gloria*, où il est donné de façon assez libre, avec de nombreuses variantes et extensions du texte grégorien. Il semblerait même que certains fragments du ténor soient librement composés (*Gloria*, mes. 122-131). Dans le *Credo*, le « cantus firmus » est utilisé une première fois au ténor sans son Alleluia final (mes. 93), puis une seconde fois intégralement (mes. 140 et suiv.) avec modification de l'ordre des phrases. On remarque que la mélodie est transposée à la quinte. De la même manière, le « cantus firmus » apparaît toujours au ténor dans le *Sanctus* et l'*Agnus Dei* sans transposition, mais de manière peu littérale.

Parfois, des fragments de l'antienne sont utilisés en imitations aux autres voix (*Credo*, mes. 94-100, S/CT) ; enfin, E. H. Sparks suggère que la mélodie du « cantus firmus » pourrait être en partie reportée au supérius lorsque le ténor est librement composé, mais il n'est pas certain que ce déplacement soit vraiment intentionnel.

Toujours dans le domaine de l'emprunt, J. van Benthem a montré qu'Ockeghem avait cité au ténor de sa messe plusieurs incises en provenance d'antiennes de la fête « In decollatione de S. Johannis Baptistae » ; il signale également la présence de chiffres signatures (64 = Ockeghem, 81 = Johannes) dans lesquels on pourrait voir une sorte de structure cachée qui aurait été reprise par Josquin des Prés dans sa *Déploration sur la mort d'Ockeghem.*

L'écriture de la *Messe « Ecce ancilla Domini »* est très riche sur le plan du contrepoint ; de nombreuses imitations entre les diverses voix circulent à travers toute cette messe, en particulier dans le *Gloria* : l'« Amen » (mes. 180-185) présente un ingénieux travail sur un motif conjoint en entrées très rapprochées aux 4 voix et apparaissant chaque fois à la quarte supérieure.

Des tentatives d'illustration du texte par la musique se rencontrent dans le *Credo*, p. ex. sur les mots « ascendit in caelum » avec une mélodie ascendante au duo supérius /contraténor (mes. 109-112), et au contraire stagnante sur « sedet » (*Credo*, mes. 113-115). De même, une grande ligne ascendante introduit le mot « vivos » (*Credo*, mes. 120-128), tandis que sur « mortuos » la mélodie s'infléchit.

Il existe une autre *Messe « Ecce ancilla Domini »* de **J. Regis** (Ms. 5557, Bruxelles, f° 121v.), fondée sur une troisième source grégorienne : l'antienne *« Ecce ancilla Domini »*, déjà utilisée par Dufay, et l'antienne *« Ne timeas Maria »*. Cette œuvre offre la particularité de présenter les deux mélodies simultanément et, selon M. Bukofzer, serait une composition plus tardive.

Sources principales — Rome, Bibl. Vat., Cod. Chigi C VIII 234 ; Modène, Bibl. Estense, Cod. M 1-2.

Éditions modernes — Voir à l'art. *Missa quinti toni.*

Bibliographie — M. Bukofzer, Studies in Medieval and Renaissance Music, Londres 1950 ; E. H. Sparks, Cantus firmus in mass and motet, 1420-1520, Berkeley et Los Angeles 1963, pp. 146-148 ; J. van Benthem, Rapports structurels entre la Messe « Ecce ancilla Domini » de J. Ockeghem et la Déploration de J. Ockeghem de Josquin des Prez, *in* M. Honegger et P. Prévost (éd.), La Musique et le rite, sacré et profane. Actes du XIIIe Congrès de la SIM, vol. II, Strasbourg, Assoc. des publications auprès des Universités de Strasbourg, 1982 ; voir aussi la bibliogr. de l'art. *Missa quinti toni.*

D. Patier

Messe en fa majeur, de **Johann Sebastian Bach,** (BWV 233), voir Messes brèves.

Messe en fa mineur, d'**Anton Bruckner**, pour sop., alto, ténor et basse soli, chœur mixte et gd orchestre, composée entre sept. 1867 et sept. 1868 et retouchée à plusieurs reprises, en 1876, 1877, 1881, 1890, sans qu'on puisse pour autant parler de seconde version, créée à Vienne, le 16 juin 1872, sous la dir. du compositeur. Elle n'est plus donnée et n'est publiée que dans une seule version dite « Originalfassung » (Vienne, Doblinger, 1893, aujourd'hui Brucknerverlag, vol. XVIII ; durée : 58 min environ).

Cette œuvre, qui date de la fin de la période où Bruckner était organiste à Linz (1856-68), est la dernière des messes de son auteur, la troisième écrite à Linz (après celle en *ré* min. et la → *Messe en mi mineur*), mais aussi la septième si l'on tient compte de ses œuvres de jeunesse (des années 1840) et de sa *Missa solemnis* (1854).

1. Le *Kyrie*, d'un seul tenant, même si le « Christe » passe au relatif majeur, est très simple dans son écriture, d'un style essentiellement harmonique, avec des interventions sporadiques des solistes (sop. et basse) à partir du « Christe ». Bien qu'omniprésent, l'orchestre est traité simplement. Les gammes montantes des violons, sur les accords tenus des voix, ne sont pas sans évoquer le → *Te Deum* (1882-84), écrit quinze ans plus tard, à une époque où Bruckner révisera cette messe. **2.** Le *Gloria*, en *do* maj., de proportions imposantes, laisse encore la partie belle à l'orchestre, en particulier aux violons comme précédemment. La partie chorale est très simple, d'écriture homophonique quand elle n'est pas à l'unisson. Le « Qui tollis » arrive brutalement et est demandé Très lent par l'auteur. L'écriture vocale y est plus élaborée avec, à plusieurs reprises, des entrées en canon et une grande variété d'écriture en l'espace d'une cinquantaine de mesures (une coupure de 10 mesures est même prévue à la fin du mouvement). Le « Quoniam tu solus » reprend le temps et la tonalité initiale de *do* majeur. Le *Gloria* s'achève par la traditionnelle fugue qui commence ici avec deux contre-sujets avant l'« Amen », au « In gloria Dei Patris » **A**. Cette fin assez longue (près d'une centaine de mesures) contraste par son contrepoint extrêmement élaboré avec tout ce qui a précédé. **3.** Le *Credo*, également en *do* maj., débute dans le même esprit que la fin du *Gloria.* L'« Et incarnatus est », en *mi* maj., ressemble à s'y méprendre au « Te ergo » et surtout au « Salvum fac » du *Te Deum* : même attribution de la partie soliste (dont c'est la première intervention véritable depuis le début de l'œuvre) à la voix de ténor et au violon solo en une lente gamme montante, symboliquement suppliante ; même discrétion des parties graves et du reste de l'orchestre comme des chœurs en valeurs longues. Le « Crucifixus » s'enchaîne un demi-ton plus bas, en *mi* ♭ maj., mais dans la même atmosphère, la voix de basse ayant remplacé celle de ténor et le chœur étant beaucoup plus présent. L'« Et resurrexit » voit le retour d'un mouvement rapide (Allegro) dans une écriture et un style typiquement brucknériens : pédale de timbale, battues des cordes, rythme pointé des bois et des cuivres, une écriture que l'on retrouve dans presque toutes ses symphonies et particulièrement dans les trois déjà écrites en 1868, la « zéro » (*ré* min.), la « double zéro » (*fa* min.) et la n° 1 (*ut* min.). Cette partie qui conduit jusqu'à la fin du « Et in Spiritum Sanctum » est très longue (près de 250 mesures) et débouche sur une fugue particulièrement originale où 4 accords en marche harmonique ponctuent chaque entrée du sujet sur les paroles « et vitam venturi saeculi ».

4. Le *Sanctus* est, comme toujours chez Bruckner, très court et s'enchaîne directement à un *Hosanna* particulièrement triomphant, aux unissons fréquents. Bien qu'indiqué Allegro moderato, le *Benedictus*, qui débute en *la ♭* maj., est méditatif et fait appel d'une façon relativement importante aux 4 solistes, mais il s'achève par une reprise à l'identique de l'« Hosanna ». **5.** L'*Agnus Dei* final, assez majestueux, retrouve la tonalité initiale de *fa* min. et est construit à l'aide de matériaux déjà utilisés, notamment dans le *Kyrie*, ce qui donne à l'œuvre une certaine unité sans que l'on puisse pour autant parler d'œuvre cyclique comme le sera la *5e Symphonie*.

FR. AUCLAIR.

MESSE EN LA MAJEUR, de **Johann Sebastian Bach** (BWV 234), voir MESSES BRÈVES.

MESSE EN MI ♭ MAJEUR, dite *Freischützmesse* (Messe du Freischütz), de **Carl Maria von Weber** (J 224), écrite pour sop., alto, ténor et basse soli, chœur mixte à 4 et 8 voix et orchestre. (Vienne, Haslinger, 1844 ; durée : 40 min environ.)

Qualifiée souvent de messe n° 1, c'est pourtant la deuxième de Weber puisqu'elle avait été précédée en 1801 d'une autre messe dans le même ton. Alors qu'il était en plein travail à son opéra → *Der Freischütz*, Weber reçut la commande d'une messe solennelle pour la fête patronale du roi de Saxe qui devait être créée le 8 mars 1818. Le roi n'y assista pas et ne l'entendit que lors d'une reprise un peu plus tard. La proximité de l'opéra se manifeste dans cette partition par de nombreuses allusions thématiques et la spécificité de l'orchestration, ce qui lui a valu son qualificatif. Contrairement à la messe de jeunesse dans le même ton, dans laquelle on sent l'influence des classiques viennois, la *Freischützmesse* est une œuvre manifestant le style personnel, parfaitement mûri, du compositeur, même s'il reprend dans la partie de soprano du *Kyrie* le thème du passage correspondant de sa première messe. Weber intitule cette messe « missa sancta » et témoigne de son engagement personnel en précisant dans une lettre qu'il l'a écrite « avec toute sa conviction et dans le sentiment profond de la grandeur de son objet ».

Dès le début, le style des chœurs est bien plus proche de ceux de *La Flûte enchantée* de Mozart que de l'écriture traditionnelle de la musique d'église de l'époque. Tout en adaptant parfaitement son expression musicale aux textes, Weber veut écrire une messe « supraconfessionnelle » comme la *Missa solemnis* de Beethoven par exemple. La voix supérieure du quatuor soliste est particulièrement virtuose parce qu'elle devait mettre en valeur la technique vocale exceptionnelle du castrat Filippo Passaroli. Dans le *Sanctus*, le chœur mixte se subdivise pour une polyphonie réelle à 8 voix. L'orchestre est celui des dernières messes de J. Haydn avec les bois et les cuivres par deux (plus timbales et orgue). A la différence des chefs-d'œuvre de Haydn, la messe de Weber utilise les vents de manière moins concertante, parfois de façon un peu abstraite comme le hautbois solo du *Sanctus* qui ne peut se faire entendre au-dessus d'un tutti dans le forte. Par endroits, Weber anticipe sur des particularités d'écriture impressionnistes comme les pizzicatos des violoncelles au-dessus des notes pointées des timbales au début du *Sanctus* ou dans l'introduction des cordes pour l'*Agnus Dei*.

De ses années d'apprentissage auprès de Michel Haydn à Salzbourg — son op. 1 y avait été une série de fughettes —, Weber a gardé une qualité magistrale du contrepoint mais aussi le goût d'une certaine simplicité de ton que Leopold Mozart qualifiait de « populaire » : cette messe se situe exactement au confluent des styles classique et romantique. Dans sa *Freischützmesse*, Weber reste aussi fidèle à la tradition salzbourgeoise de composer, en plus des 5 parties de l'ordinaire, un offertoire emprunté à la liturgie du jour, *« Gloria et honore coronasti eum »* (J 226) pour sop., chœur et orchestre.

Bibliographie — R. ALLEKOTTE, C. M. von Webers Messen, Bonn 1913 ; W. ZENTNER, C. M. von Weber, Leben und Werk, Olten 1952.

C. DE NYS

A **MESSE EN FA MINEUR** D'A. BRUCKNER

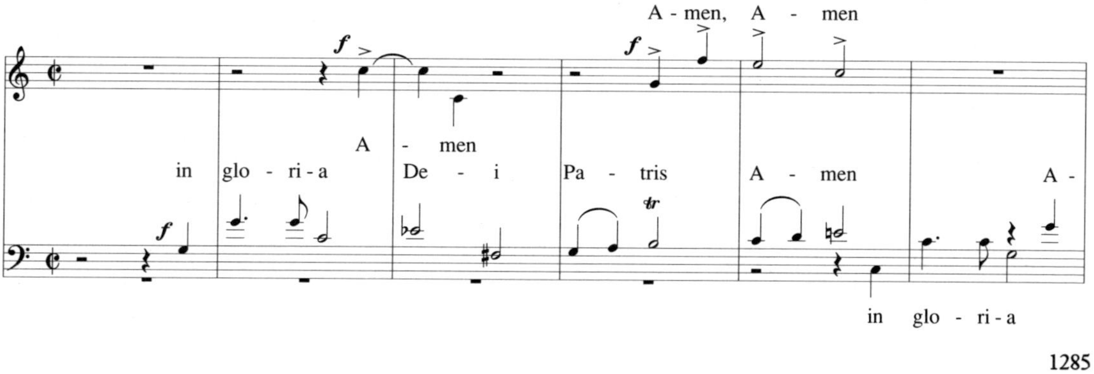

Messe en mi ♭ majeur, de **Franz Schubert** (D 950), pour sop., alto, ténor et basse soli, chœur et orchestre, composée entre juin et sept. 1828 pour l'église de la Trinité de l'Alsergrund et où elle a été créée le 4 oct. 1829 par son frère Ferdinand qui y dirigeait la musique liturgique. (Durée : 1 h environ.)

Cette partition, l'une des dernières achevées de son auteur, s'insère dans la tradition des messes « solennelles » ; c'est aussi l'un de ses plus grands chefs-d'œuvre, dépassant notamment la *Messe en la ♭* (D 678) de 1822. Tout comme Beethoven, Schubert fait de chaque partie de l'ordinaire de la liturgie eucharistique un mouvement symphonique ; dans l'*Agnus Dei*, il rappelle pourtant l'ancienne structure en deux parties en changeant de tempo et de mode sur « Dona nobis pacem ». L'adaptation fonctionnelle est soulignée par la prédominance du chœur ; les solistes n'ont que de brèves interventions en dehors de l'« Et incarnatus est » du *Credo* et du *Benedictus*. Cette monumentalité et cette objectivité hiératique n'empêchent pas le musicien d'écrire des pages dramatiques ou lyriques très personnelles comme le « Qui tollis » du *Gloria* ou le « Crucifixus » du *Credo*. L'émotion et la tendresse de l'« Et incarnatus est » ne représentent pas seulement la fidélité à une tradition ; elles ont l'accent personnel des plus belles inspirations vocales de Schubert, dont la dévotion ou la piété très humaine pour la Vierge-Mère a été exprimée dans une lettre où il commente le climat très particulier de son *Ave Maria*.

La recherche du style monumental et hiératique convenant à la liturgie, assez fortement à contre-courant par rapport à son temps, s'exprime aussi par des références peut-être inattendues à J. S. Bach. On sait que le *Clavier bien tempéré* était très en honneur à Vienne dans les milieux musicaux à la fin du XVIIIe et au début du XIXe s. ; Schubert en cite deux thèmes, l'un dans la fugue du « Cum Sancto Spiritu » du *Gloria* (fugue en *mi* maj. du IIe Livre), l'autre dans l'*Agnus Dei* (fugue en *ut* min. du Ier Livre). C'est dans le même ordre d'idées qu'il faut citer le « cantus firmus » des trombones dans le « Domine Deus » du *Gloria*, mélodie de libre invention, mais qui donne l'impression d'une citation de plain-chant grégorien. Le chœur, à 5 voix dans certaines pages, se situe dans la même perspective. Le contrepoint sévère et magistral de cette partition atteint son climax expressif dans l'*Agnus Dei*, sur l'appel angoissé du thème en croix (tout proche au demeurant de l'illustre B-A-C-H),

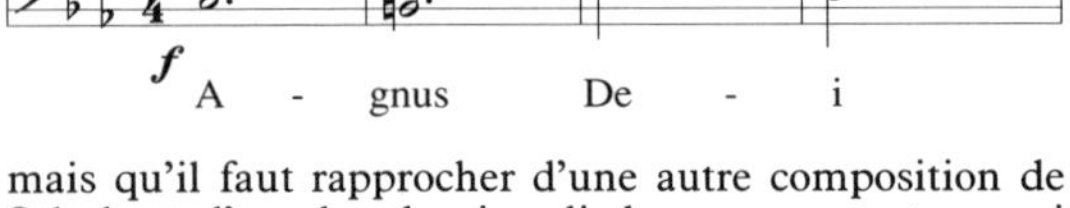

mais qu'il faut rapprocher d'une autre composition de Schubert, l'un des derniers lieder sur un texte quasi surréaliste de H. Heine, *Der Doppelgänger* (→ *Schwanengesang*) écrit à la même époque, sans que l'on puisse savoir laquelle des deux pages a été conçue d'abord.

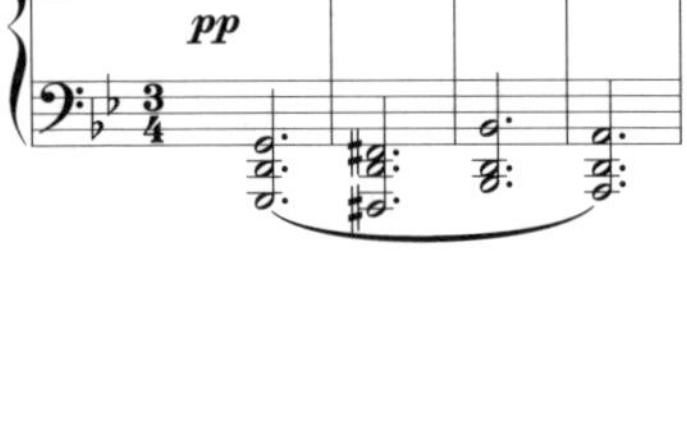

Cette parenté évidente s'explique en profondeur lorsqu'on se souvient du poème de Heine évoquant le « double qui singe le mal d'amour » du poète et de la personnalité du musicien. Quel plus terrible sosie en effet du Dieu qui est Amour que ce corps meurtri sur la croix de l'ignominie ? Le thème en croix ainsi que la quasicitation du *Doppelgänger* attestent à quel point le compositeur a été saisi par le texte qu'il mettait en musique et la qualité de cet ultime chef-d'œuvre.

Rééditions modernes — *In* Fr. Schuberts Werke, Leipzig, Br. & H., 1884-97, vol. XIII/6.

Bibliographie — O. Wissig, Fr. Schuberts Messen, Leipzig 1909 ; A. Einstein, Schubert, New York 1951, trad. fr. Paris, Gallimard, 1979 ; K. Pfannhauser, Zur Es-Dur-Messe von Fr. Schubert, *in* NZM CXIX, 1958 ; R. S. Stringham, The masses of Fr. Schubert (diss. Cornell Univ., 1964) ; Br. Massin, Fr. Schubert, Paris, Fayard, 1977, pp. 1247-1253.

C. de Nys

Messe en mi mineur, d'**Anton Bruckner**, pour chœur mixte et ensemble de 15 instr. à vent (2 htb., 2 clar., 2 bassons, 4 cors, 2 trp., 3 trb.), composée entre août et nov. 1866 et révisée au cours de l'été 1882, créée dans sa 1re version à Linz, le 29 sept. 1869, sous la dir. du compositeur. Elle n'est plus donnée que dans sa 2de version. (Vienne, Doblinger, 1896, aujourd'hui Brucknerverlag, vol. XVII/2 ; durée : 40 min environ.)

La *Messe en mi mineur* est la deuxième des trois grandes messes écrites par Bruckner alors qu'il était organiste à Linz (1856-68), la première étant celle en *ré* min., la troisième celle en *fa* maj. (→ *Messe en fa majeur*), mais c'est en réalité la sixième si l'on prend en compte les trois messes de jeunesse (des années 40) et la *Missa solemnis* (1854). Contrairement aux autres messes, elle ne fait appel à aucun soliste.

1. Le *Kyrie*, en *mi* min., est écrit d'un seul tenant. Les voix y sont toutes divisées, réalisant une écriture à 8 voix très harmonique et verticale. L'accompagnement orchestral est d'une extrême discrétion, les cuivres (cors et trb.) se contentant de doubler les voix aux quelques *f* et *ff* de la partition. **2.** Dans le *Gloria*, en *do* maj., la participation de l'orchestre est au contraire totale : il introduit même chacune des sections. L'« Et in terra pax » (Allegro) est presque toujours à 4 voix, un motif en arpège des bassons soulignant la vivacité du mouvement. Après 6 mesures dédiées aux seuls cors, le « Qui tollis », plus lent (Andante), reprend la formation à 8 voix dans une écriture exclusivement harmonique, enrichie par les parties de hautbois et de clarinette. Quatre mesures instrumentales introduisent le « Quoniam tu solus sanctus » qui reprend le tempo du début, la division à 4 voix et la partie obligée de basson. Le *Gloria* s'achève par le chant de l'« Amen » en une vivace et audacieuse double fugue **A**. **3.** Le *Credo* est également en *do* majeur. Dans le « Patrem omnipotentem », le chœur à 4 voix est le plus souvent à l'unisson comme le sont également les bois en contrepoint. L'« Et incarnatus » en *fa* maj., à 8 voix, est très lent (Adagio) et chanté a cappella. Le « Crucifixus » qui s'enchaîne directement est en *fa* min. et voit s'ajouter aux voix un discret contrepoint des bois (clar. et basson). Enfin l'« Et resurrexit » (Allegro) retrouve la puissance de tout l'ensemble orchestral et du chœur à 8 voix, conduisant au « Et in Spiritum Sanctum » en une écriture très proche du début : identité tonale et rythmique, utilisation très importante de l'unisson aux voix et aux instruments. **4.** Le court *Sanctus* (51 mes.), sans changement de rythme ni de mouvement au « Pleni sunt coeli », est une imposante page polyphonique à 8 voix, non sans similitude avec les œuvres des grands polyphonistes du XVIe siècle. Le *Benedictus* est d'une facture beaucoup plus travaillée que le *Sanctus* et d'une écriture harmonique fort audacieuse par rapport au reste de l'œuvre, notamment par des successions harmoniques fréquentes et surtout inattendues. **5.** L'*Agnus Dei* retrouve la tonalité initiale du *Kyrie* (*mi* min.) en même temps que sa solennité et sa grandeur, sans que l'on puisse pour autant parler d'unité thématique ou d'unité de style à propos de cette œuvre.

FR. AUCLAIR

MESSE EN RÉ MAJEUR, op. 86, d'**Antonín Dvořák**, pour sop., alto, ténor et basse soli, chœur, orchestre et orgue, composée au printemps 1887, créée dans une première version avec orgue seul, pour l'inauguration de la chapelle du château de Luzany, le 11 sept. 1887, sous la dir. du compositeur, et, dans sa version définitive avec orchestre, au Crystal Palace de Londres, le 11 mars 1893, sous la dir. d'August Manns. (Londres, Novello, 1892 ; puis Prague, Artia ; durée : 40 min environ.)

Il s'agit, après les messes de Bruckner, de la dernière grande messe issue de la tradition classique passant par Haydn, Mozart et Schubert. Écrite à l'époque du mouvement « cécilien » de réforme de la musique d'église, auquel Dvořák adhérait sans adopter ses normes austères et rigoureuses, elle n'a ni le brillant ni l'exubérance de ses autres compositions religieuses bien qu'elle soit admirablement écrite. C'est une œuvre essentiellement chorale où les solistes n'interviennent que deux fois et encore peut-on les remplacer par un petit chœur. La partie d'orchestre est un simple accompagnement, confié à l'orgue à l'origine ; c'est pour l'édition anglaise de 1892 que Dvořák l'orchestra, laissant cependant plusieurs passages à l'orgue seul. L'orchestre est d'ailleurs incomplet puisque parmi les bois ne figurent ni les flûtes ni les clarinettes.

Le *Kyrie*, tout en imitations, accuse un rythme ternaire noté en 6/4. Le « Christe » est introduit par les 4 solistes, toujours en imitation, et repris par l'ensemble du chœur, le retour au « Kyrie » se faisant presque à l'identique avec, dans les 4 mesures de coda, la reprise du thème du « Christe ». Le *Gloria* donne lieu à plusieurs moments bien distincts. Le début est particulièrement brillant et l'orchestre y contribue largement, notamment par la vivacité des cordes, mais il se tait pendant les 10 mesures a cappella pianissimo de l'« Et in terra pax ». Le « Gratias agimus tibi » (Andante con moto), accompagné par l'orgue, utilise plus que précédemment l'opposition des voix de femmes et des voix d'hommes. L'orchestre réapparaît au « Qui tollis peccata mundi », jouant par familles, les cordes puis les cuivres. Enfin, après avoir été très habilement amené, l'Allegro initial est repris avec tout l'orchestre au « Quoniam tu solus sanctus », donnant au chœur l'occasion d'une entrée fuguée sur « Cum sancto spiritu ». Le *Credo*, également en plusieurs parties, débute en 3/4. Tout au long de la première partie, les altos dialoguent avec le reste du chœur qui intervient de plus en plus majestueusement, dans une remarquable évolution tonale. L'« Et incarnatus est » reste dévolu à la voix d'alto, soliste cette fois-ci, à laquelle se joignent peu à peu les autres voix sans pathétisme excessif. Le « Crucifixus » débute par 4 accords de 7e diminuée, fortissimo, répétés à trois reprises avec une harmonie légèrement transformée, puis le chœur continue très doucement, presque sans orchestre, jusqu'à l'introduction de l'« Et resurrexit ». Contrairement à la tradition, celui-ci est mené sans éclat particulier. Il reprend le thème initial du *Credo* légèrement modifié, introduit cette fois-ci par la voix de ténor, tout cela très calmement, donnant lieu à une nouvelle entrée fuguée sur « Et iterum venturus est ». La pièce s'achève par le « Credo in Spiritum Sanctum » presque identique au « Credo in unum Deum » initial. Le *Sanctus*, très court et très enlevé, est d'allure plutôt martiale. Le *Benedictus* débute par un long solo d'orgue auquel se joignent par la suite chœur et cordes. L'« Hosanna », à 2 temps comme le *Sanctus*, reprend la même carrure et la même allure puissante avec un nouveau matériau thématique. L'*Agnus Dei*, enfin, Lent et calme, développe une longue entrée fuguée attribuée aux 4 solistes mais qu'il est loisible de confier à un petit chœur. L'œuvre s'achève dans la plus grande douceur.

Il n'y a rien d'exceptionnel dans l'écriture de cette messe, ni dans le matériel thématique, ni dans la forme, ni dans l'écriture orchestrale, seulement un admirable savoir-faire, un très beau déploiement de couleurs harmoniques, une parfaite maîtrise du contrepoint — ici tout en imitations —, sans excès de recherche — pas de fugue magistrale —, mais sans temps mort ni faiblesse, dans un esprit tout accordé à la liturgie.

Rééditions — Par O. SOUREK, *in* A. Dvorak Édition complète, Prague, Artia, 1955 et suiv., vol. II/7-8.

A **MESSE EN MI MINEUR** D'A. BRUCKNER

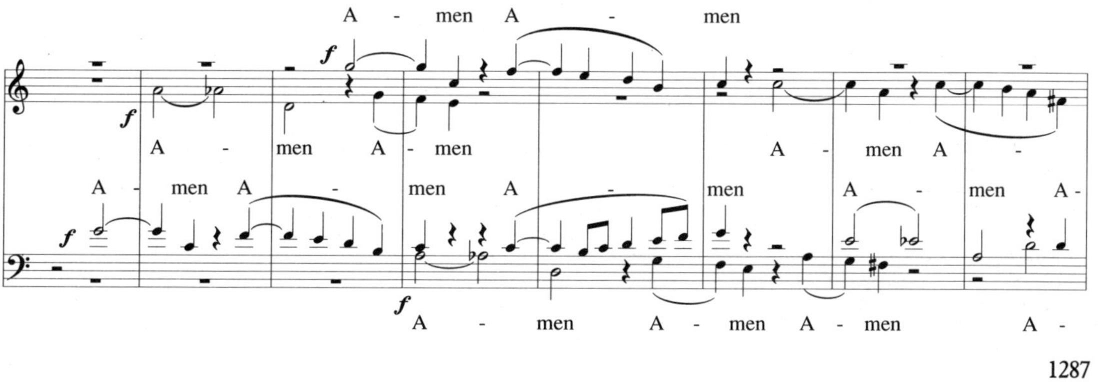

Bibliographie — O. ŠOUREK, A. Dvořak, vie et œuvre, Prague 1952 ; J. BURGHAUSER, A.Dvořak : thematický Katalog, bibliografie..., Prague 1960.

FR. AUCLAIR

MESSE EN SI MINEUR, de **Johann Sebastian Bach** (BWV 232 ; NBA II/1), pour sop., alto, ténor et basse soli, chœur à 5 voix, 3 trp., timb., cor de chasse, 2 fl., 3 htb., 2 htb. d'amour, 2 bassons, cordes et b.c. (Durée : 2 h environ.)

Les études récentes ont démontré que la *Messe en si* est bien une messe et non une compilation de 4 partitions séparées comme le soutenait Fr. Smend (1956). En revanche, l'histoire de sa composition continue de faire problème. Le *Sanctus* a été composé pour la liturgie de Noël à Leipzig en 1724 (cette partie du commun en latin était d'un usage habituel dans le culte protestant aux grandes fêtes). Près de deux ans plus tard, le 27 juil. 1733, Bach dédie à l'électeur de Saxe, roi de Pologne, une messe en sollicitant le titre de compositeur royal : c'était le *Kyrie* et le *Gloria* de la *Messe en si.* Tout le reste de la messe — *Credo, Sanctus, Benedictus, Agnus Dei, « Dona nobis »* — a été écrit par Bach à la fin de sa vie. L'écriture est postérieure aux 18 chorals BWV 651/68 et même à *L'Art de la fugue.* C'est donc la dernière composition de Bach. Il est significatif que le musicien ait pris la peine de recopier le *Sanctus* de 1724 : il voulait démontrer qu'il s'agissait bien d'une œuvre, d'un testament musical. On peut aller plus loin : l'écriture tremblée, postérieure à celle de *L'Art de la fugue*, atteste que Bach a abandonné celle-ci — donc les problèmes intellectuels des possibilités du contrepoint —, pour composer la fugue à 5 voix qui ouvre le *Credo* (ce qu'il intitule *Symbolum Nicenum*) sur le thème emprunté au plain-chant, ce dernier représentant à ses yeux la plus ancienne musique destinée à la liturgie, voire la plus ancienne tout court.

On pourra lire dans l'article consacré à ses 4 → *Messes brèves* la signification et l'importance du procédé de la parodie dans l'œuvre de Bach. On la retrouve dans la *Messe en si* : 10 numéros sur 25 sont des réemplois. Il en résulte que les compositions originales de la dernière année sont les n°s 12 et 13 (*Credo*), 15 (« Et incarnatus est »), 18 (« Et in Spiritum Sanctum »), 19 (« Confiteor unum baptisma ») et 23 (« Benedictus qui venit ») ; il est vrai que la manière dont l'*Agnus Dei* a été travaillé équivaut à une composition. Voici le tableau des parodies.

Gloria : « Gloria », de la cantate BWV 191, → *« Gloria in excelsis Deo »*, chœur n° 1 ; « Gratias agimus tibi », de la cantate BWV 29, → *« Wir danken dir Gott »*, chœur n° 2 ; « Qui tollis », de la cantate BWV 46, → *« Schauet doch und sehet »*, chœur n° 1 ; « Cum Sancto Spiritu », de la cantate BWV 191, → « Gloria in excelsis Deo », chœur n° 3.

Credo : « Patrem omnipotentem », de la cantate BWV 171, → *« Gott, wie dein Name »*, chœur n° 1 ; *« Et in unum Dominum »*, de la cantate BWV 213, *« Lasst uns sorgen, lasst uns wachen »* (*Herkules auf dem Scheideweg*), duo n° 11 repris mais pas dans la forme d'une simple parodie ; « Crucifixus », de la cantate BWV 12, → *« Weinen, Klagen, Sorgen, Zagen »*, chœur n° 1 ; « Et expecto », de la cantate BWV 120, → *« Gott, man lobet dich »*, chœur n° 2.

Osanna : de la cantate BWV 215, *« Preise dein Glück gesegnetes Sachsen »*, chœur n° 1.

Agnus Dei : de la « serenata » *« Auf ! süss entzückende Gewalt »* devenue par parodie l'air n° 4 de la cantate BWV 11, → *« Lobet Gott in seinen Reichen »* (Oratorio de l'Ascension) ; « Dona nobis pacem », de la cantate BWV 29, → *« Wir danken dir Gott »*, chœur n° 2 (voir ci-dessus *Gloria*). Il faut y ajouter l'« Et resurrexit » du *Credo* qui offre toutes les caractéristiques du procédé, mais dont on n'a pas retrouvé le modèle : il s'agit probablement d'une des cantates perdues.

Pourquoi Bach a-t-il choisi la forme de l'ordinaire de la messe, traité en cantate napolitaine, pour son testament musical ? K. Geiringer a voulu y voir une manifestation d'une « sorte d'adoucissement, comme s'il se détournait de l'orthodoxie luthérienne militante pour aller vers une manière de penser plus œcuménique ». Cela paraît peu probable. Bach était luthérien convaincu, mais la société ecclésiastique visible, toute société ecclésiastique visible, a dû avoir moins d'importance à ses yeux que la communauté évangélique des premiers temps, antérieure aux divisions. C'est ainsi qu'on peut comprendre la sereine tendresse du duo des hautbois d'amour dans l'air n° 18 : il y est question de l'action unifiante de l'Esprit d'amour et de la « sainte Église apostolique universelle » (traduction du grec « catholicam » dans le texte composé). Il est plus que vraisemblable que Bach a choisi la forme la plus antique à ses yeux pour y réaliser un chef-d'œuvre (au sens artisanal) qui soit en même temps une sorte de somme, de résumé de l'histoire des techniques, tout en manifestant sa foi.

Une analyse détaillée de cette partition monumentale fait apparaître clairement cet inventaire des formes. Après le portique grandiose et homophone du chœur à 5 voix, le *Kyrie* enchaîne une fugue à 5 voix, un duo de sopranos avec les violons à l'unisson et la basse et une fugue à 4 voix sur le rythme ancien « alla breve ». Au premier chœur du *Gloria* avec 3 trompettes et timbales succède le « Laudamus te » pour soprano, violon, solo et cordes, un air, qui s'élance jusqu'au « jubilus » grégorien où la voix plane, solitaire, par-dessus la basse de l'orgue. Le chœur à 4 voix du « Gratias » offre un canon double avec des raffinements rythmiques qui font songer à certaines œuvres du XXe siècle. Le duo pour sopranos avec flûte soliste et cordes du « Domine Deus » était une musique très neuve à l'époque : une grâce et une élégance très Louis XV.

Après la bouleversante imploration de la polyphonie à 5 voix du « Qui tollis », c'est l'air pour alto et hautbois d'amour soliste, « Qui sedes », confirmant l'identité fondamentale de la grande musique lyrique avec la vraie musique d'église : la Passion continuée dans l'Eucharistie est le drame des drames. Dans le « Quoniam tu solus », c'est un cor de chasse (version agrandie du cor naturel) qui donne la réplique à la voix de basse (= voix de Dieu) symbolisant peut-être la vaine poursuite de l'Inaccessible. Le chœur final « Cum Sancto » est symboliquement tripartite, deux sections homophones encadrent un fugato. On relève l'extraordinaire intervention de la trompette (mes. 25 et suiv.),

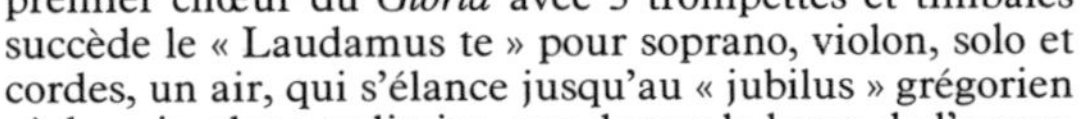

etc.

comme un pressentiment de style jazz, tout comme le pathétique relevant de l'esthétique des Italiens de la fin du XIXe siècle.

La fugue à 5 voix du premier chœur du *Credo* est construite sur le thème du *Credo* I du plain-chant (mode myxolydien) ; on y relève 43 répétitions du mot

« Credo », ce qui correspond à l'équivalence chiffrée des lettres de ce mot. Dans l'« Et in unum Dominum », « l'union mystique du Père et de son Fils est symbolisée par une imitation à l'unisson qui se transforme bientôt en canon à la quarte » (K. Geiringer). Le caractère à la fois tendre et douloureux du chœur à 5 voix de l'« Et incarnatus est » rappelle que la Rédemption et la Croix sont dans la logique de l'amour divin dès l'Incarnation. Les motifs chromatiques descendants exprimant la douleur marquent le « Crucifixus » et la paisible modulation en *sol* maj. des dernières mesures décrit la paix du tombeau. Un chœur homophone et un orchestre haut en couleur (*ré* maj.) célèbrent en motifs ascendants l'« Et resurrexit » ainsi que l'ascension (« Et ascendit »). Le second avènement (« Et iterum »), annoncé par la voix de basse (Dieu), est acclamé par le chœur (« cujus regni non erit finis »). Après le quatuor entre la basse soliste, les hautbois d'amour et le continuo (« Et in spiritum sanctum »), c'est le canon à 5 voix du « Confiteor unum baptisma » dans lequel Bach introduit symboliquement un « cantus firmus » de plain-chant sans que la marche du canon en soit affectée. Une brusque modulation de *fa* min. en *ré* maj. fait entrer le chœur « Et expecto resurrectionem » : la gloire « du siècle à venir », les morts rendus à la vie sans fin.

Dans le *Sanctus*, la jubilation de Noël rejoint le chant des anges dans la gloire éternelle (fugato sur « Pleni sunt »). Pour l'immense « Osanna », c'est un double chœur à 8 voix et le « Benedictus » un trio pour flûte, ténor et continuo. On est stupéfait de constater que l'air en *sol* min. pour l'alto s'adapte mieux au latin de l'*Agnus Dei* qu'au texte allemand original. Pour le « Dona nobis », Bach reprend la musique réutilisée (!) dans le « Gratias agimus » : priant, le musicien sait qu'il est exaucé, que la paix sera accordée si elle n'est pas là encore ; il achève sa partition, comme la liturgie eucharistique, en action de grâces.

Véritable somme, non seulement du style baroque à son apogée, mais encore de la polyphonie de Machault à Palestrina, de l'acuité spirituelle d'un Victoria comme des modes et teneurs antiques, avec des perspectives sur un avenir lointain, la *Messe en si* est un univers des formes et une somme spirituelle de la musique.

Bibliographie — W. Ehmann, « Concertisten », und « Ripienisten » in der h-moll-Messe J. S. Bachs, Kassel 1901, repris *in* W. Ehmann, Voce et Tuba..., Kassel, BV, 1976 ; Ch. S. Terry, Bachs Mass in B-minor, Londres 1924, 2/Londres, OUP, 1958 ; R. Gerber, Über Geist und Wesen von Bachs h-moll-Messe, *in* Bach-Jb. 1932 ; A. Schering, Die Hohe Messe in h-moll. Eine Huldigungsmusik und Krönungsmesse für Friedrich August II, *ibid*, 1936 ; Fr. Smend, Bachs h-moll Messe. Entstehung, Überlieferung, Bedeutung, *ibid.* 1937 ; N. Dufourcq, La Messe en *si* min. de J. S. Bach, Paris, 1948 ; Fr. Smend, NBA II/1, Kritischer Bericht, Kassel, BV, 1956 ; K. Geiringer, J. S. Bach, New York 1966, trad. fr. Paris, Éd. du Seuil, 1970 ; C. de Nys, La Messe en si de J. S. Bach, Paris, Erato Costallat, 1972 ; W. Blankenburg, Einführung in Bachs h-moll-Messe, Kassel, BV, 3/1974 ; H. Rilling, J. S. Bachs h-moll-Messe. Analyse des Gesamtwerkes, Neuhausen-Stuttgart, Hänssler, 1980 ; W. Mellers, The Resurrection and the Life : 1. The Mass in B-minor, *in* Bach and the Dance of God, Londres, Faber, 1980, pp. 157-241.

C. de Nys

Messe en sol majeur, de **Johann Sebastian Bach** (BWV 236), voir Messes brèves.

Messe en sol majeur, de **Francis Poulenc**, pour chœur mixte sans accompagnement, composée en 1937, dédiée à la mémoire de son père. (Paris, Salabert [Rouart-Lerolle] ; durée : 18 min 30 s environ.)

Fr. Poulenc, interviewé par Cl. Rostand, disait de sa *Messe en sol* : « Le style roman a toujours eu naturellement toutes mes préférences. J'ai donc tenté d'écrire dans ce style rude, direct, cet acte de foi qu'est une messe. Cette rudesse est frappante surtout dans le *Kyrie* initial, mais n'oubliez pas qu'aux origines de l'Église les non-baptisés pouvaient aussi chanter cette hymne avec les prêtres et les baptisés, ce qui explique le côté presque sauvage de mon *Kyrie.* Pour le *Sanctus*, j'ai pensé aux têtes d'anges entremêlées, peintes par Gozzoli dans la fresque du palais Riccardi à Florence. C'est un carillon de voix, ce *Sanctus* ! Quant à l'*Agnus Dei* final, le soprano chante dans un registre aigu : c'est le symbole de l'âme chrétienne confiante dans la vie céleste. » Écrite après les → *Litanies à la Vierge noire*, cette *Messe* est, de l'avis même de Poulenc, son œuvre a cappella la plus complexe harmoniquement.

La partition s'ouvre sur un *Kyrie*, imploration véhémente, reprise avec force et insistance et qui ne s'apaise qu'à son terme. Le *Gloria* est lui-même une sorte de chant belliqueux, soulevé par des rythmes de marche, qui connaît cependant un admirable passage de calme et d'intériorité : « Domine Deus, Agnus Dei, Filius Patris ». Le *Sanctus* déborde d'allégresse et de légèreté et s'achève sur une affirmation en grands accords lumineux. Le *Benedictus* frappe par sa douceur, en accord avec le mystère de la présence de Dieu parmi les hommes, réalisée tant par le mystère de l'Incarnation que par celui de la Transsubstantiation eucharistique. Page contemplative, par excellence, en contraste avec la plupart de celles qui l'ont précédée, et s'achevant, elle aussi, sur de robustes « Hosannah » sonnant comme des cloches. De l'*Agnus Dei*, Poulenc lui-même avouait : « C'est sûrement une des pages de ma musique où j'ai le plus sûrement réalisé ce que je voulais. » La voix du soprano, presque immatérielle, est déjà une évocation de la vie céleste et le pianissimo du chœur exprime bien l'adoration des fidèles devant le mystère du Dieu incarné et rédempteur.

Bibliographie — Fr. Poulenc, Entretiens avec Cl. Rostand, Paris 1954 ; H. Hell, Fr. Poulenc, musicien français, Paris, 1958, 2/Paris, Fayard, 1978 ; Fr. Poulenc, Moi et mes amis, Paris 1961 ; J. Roy, Fr. Poulenc, Paris 1964 ; Fr. Poulenc, *in* Zodiaque, n° 99, 1974.

Dom A. Surchamp

Messe en sol mineur, de **Johann Sebastian Bach**, voir Messes brèves.

Messe en ut maj., « Dominicus-Messe » (KV 66) ; ... en *ut* maj., « in honorem S. S. Trinitatis (KV 167) ; ... en *ut* maj., dite « longue » (KV 262/246a) ; ... en *ut* maj. (KV 257) ; ... en *ut* maj. (KV 337), de **Wolfgang Amadé Mozart**, voir Messes, pour soli, chœur et orchestre de W. A. Mozart.

Messe en ut majeur, op. 86, de **Ludwig van Beethoven**, pour sop., alto, ténor et basse soli, chœur mixte à 4 voix et orchestre. Il s'agit d'une commande adressée au compositeur par le prince Nicolas Esterházy — petit-fils du prince Nicolas-Joseph, protecteur de J. Haydn —, qui avait confié la direction de sa chapelle à J. N. Hummel. La composition fut entreprise au début de 1807 et la première exécution eut lieu à Eisenstadt, résidence du prince, sous la dir. du compositeur, le 13 sept. 1807, dimanche suivant l'anniversaire de la princesse qu'elle devait célébrer. Selon le témoignage d'A. Schindler, l'œuvre se serait heurtée à l'incompréhension du prince et à la moquerie de Hummel, raison pour laquelle la dédicace primitive au prince Esterházy (attestée par un manuscrit) aurait été remplacée par celle au prince von Kinsky lors de la publication. (Leipzig, Br. & H., 1812 ; durée : 45 min environ.)

La surprise causée par cette messe à son commanditaire s'explique si l'on considère la nouveauté de son esthétique eu égard aux grandes messes de J. Haydn, antérieures de moins de dix années seulement. Contemporaine des *5*[e] et *6*[e] *Symphonies*, la *Messe en ut* est la grande œuvre chorale de la seconde période créatrice de Beethoven, comme la → *Missa solemnis* sera celle de la troisième période. L'œuvre cadette ira beaucoup plus loin encore dans les voies tracées par sa devancière, c'est-à-dire au premier chef dans la création d'un style choral pénétré en profondeur par l'esprit et la technique de la symphonie. En effet, tandis que jusqu'alors l'orchestre tendait plus ou moins à s'effacer devant les chœurs et les solistes toujours mis au premier plan, il acquiert ici une importance et une autonomie nouvelles, participant dans une mesure égale avec les deux autres éléments à l'illustration du texte liturgique. Il n'est pas rare que les parties vocales traitées simplement, par des phrases mélodiques ou des accords neutres en eux-mêmes, soient rehaussées par des motifs instrumentaux propres à en accuser l'expression. Tel, au début du *Gloria*, le thème vocal du « Gratias agimus » accompagné par un contrechant en noires exposé de nombreuses fois à l'orchestre. De même, toute la première section du *Credo* est unifiée par un motif thématique de 6 croches, que l'orchestre reprend et transforme constamment comme fond sonore aux accords massifs du chœur. L'orchestre se fait également entendre seul dans diverses transitions, et surtout dans des introductions préparant l'entrée du chœur (*Sanctus*, *Agnus Dei*). De façon générale, soit il s'oppose au chœur en dialoguant avec lui, soit il s'y mêle pour l'enrichir de ses ressources propres, dans l'ordre du timbre ou par une polyphonie plus décorative que rigoureuse.

Remarquables sont d'autre part les contrastes expressifs, non seulement entre mouvements différents mais aussi au sein d'un même mouvement : ainsi le *Sanctus* commence par un adagio très recueilli, interrompu brusquement par l'Allegro exultant du « Pleni sunt » auquel s'enchaîne le mélodieux Allegretto du *Benedictus*. D'un bout à l'autre, la trame sonore présente une incessante variabilité dans sa densité, sa texture et les rapports réciproques des voix et des instruments : là réside sans doute son aspect le plus digne d'intérêt, davantage encore que dans la qualité de la substance musicale. Certains (R. Rolland) ont voulu voir dans le premier thème du *Kyrie* une cellule génératrice présente dans l'œuvre entière,

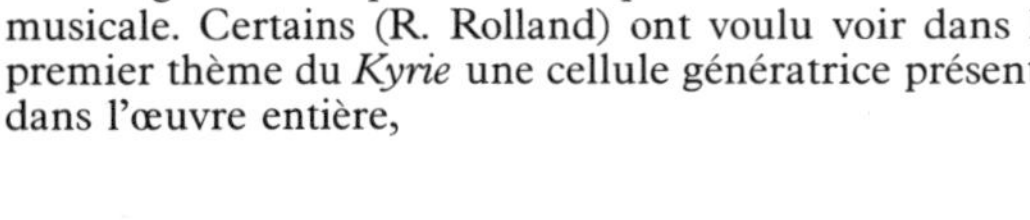

mais les parentés thématiques décelables semblent lointaines et peu significatives. Dans les années suivant sa création, la valeur de cette messe n'échappa point à ceux qui, tel l'écrivain et compositeur E. T. A. Hoffmann, se souciaient de préserver la tenue musicale et spirituelle de la musique sacrée.

Rééditions modernes — *In* L. van Beethovens Werke, Leipzig Br. & H., 1862-65, vol. XIX/2.

Bibliographie — R. Rolland, Beethoven. Les grandes époques créatrices, nouv. éd. Paris, A. Michel, 1966 ; J. et Br. Massin, L. van Beethoven, Paris, A. Fayard, 1967, p. 655 ; E. T. A. Hoffmann, Écrits sur la musique, Lausanne, L'Age d'homme, 1985.

J. Viret

Messe en ut mineur, de **Wolfgang Amadé Mozart** (KV 139/47a), voir Messes pour soli, chœur et orchestre de W. A. Mozart.

Messe en ut mineur, de **Wolfgang Amadé Mozart** (KV 427/417a), pour 2 sop., ténor et basse soli, double chœur et orchestre, composée à Vienne entre juil. 1782 et mai 1783, exécutée pour la 1re fois à Salzbourg, à l'abbaye Saint-Pierre, le 25 oct. 1783. (Durée : 1 h environ.)

Cette partition monumentale est un bloc erratique dans l'œuvre sacrée de Mozart, d'abord parce que c'est la seule qui ne lui a pas été commandée mais qui est le résultat d'un vœu : il l'avait promise comme action de grâces s'il parvenait à vaincre les obstacles qui s'opposaient à son mariage avec Constance Weber (lettre du 4 août 1783 : « l'esquisse en partition d'une messe qui donne les meilleures espérances »). Elle est aussi un bloc erratique du point de vue stylistique. Il ne s'agit plus d'une messe conforme aux usages musicaux et aux prescriptions de l'autorité ecclésiastique ; si elle avait été achevée, elle aurait eu des proportions situées entre la *Missa solemnis* de Beethoven et la *Messe en si* de Bach. Cette forme de la messe-cantate (ou napolitaine) représentait donc à ses yeux la forme idéale de la musique pour l'ordinaire de la célébration eucharistique. Mais elle est inachevée. On ne connaît que le *Kyrie*, le *Gloria*, le *Sanctus-Benedictus*, et le *Credo* jusqu'au verset « Et incarnatus est » inclus. Il existe un début de « Crucifixus », d'une écriture plus tardive, abandonné au bout de 7 mesures, pourtant admirable.

Pourquoi la partition est-elle demeurée inachevée ? On peut suggérer des réponses sans pouvoir trancher. Avec les trois parties achevées, il s'agit d'une messe brève et le début du *Credo* aurait pu servir (éventuellement) de motet pour l'offertoire. Mozart s'est-il découragé en songeant que l'œuvre ne serait jamais exécutée dans le cadre pour lequel elle avait été destinée ? L'adaptation sous la forme de la cantate → *Davidde penitente*, KV 469, pourrait le laisser croire. Ou peut-être a-t-il eu conscience que dans l'« Et incarnatus est » il avait atteint une sorte de sommet au-delà duquel il n'était pas possible de poursuivre ? Ce serait alors l'hypothèse suggérée par Thomas Mann à propos de l'op. 111 de Beethoven : « Un nouveau départ après un tel adieu ? »

Dès le *Kyrie* c'est l'affirmation du caractère litanique originel de ce mouvement : répétitions incessantes du texte, réponse confiée au chœur après un solo, insistance sur le motif initial des 4 notes répétées, les chromatismes douloureux de l'imploration. Les deux « Kyrie » sont en mineur, mais le deuxième n'est pas une reprise, il élabore des motifs nouveaux puisqu'il s'adresse à la troisième personne de la Trinité. Le « Christe » est confié à la voix très humaine du soprano solo auquel le chœur ne donne que de brèves répliques à mi-voix, comme saisi par le mystère de l'Incarnation. Après une descente lente jusqu'au *la* grave, c'est un brusque saut ascendant de deux octaves et une jubilation dans les hauteurs, passage redoutable qui témoigne des possibilités artistiques et vocales de sa femme Constance pour qui cette partie a été écrite.

Le début du *Gloria* est une explosion cosmique de louange tant sa puissance submerge. Le contraste est grand avec le recueillement en valeurs longues du « In terra pax ». Après le « Laudamus te » et ses périlleuses vocalises sur « glorificamus » pour les deux voix élevées, c'est le « Gratias » pour chœur à 5 voix, référence à l'antique tradition polyphonique et agrandissement sur « magnam gloriam tuam ». Un autre duo de sopranos prépare le grand double chœur mais exprime aussi l'égalité du Père et du Fils ; la tonalité de *sol* min. pour ce double chœur du « Qui tollis » confirme le symbolisme de la Passion de cette tonalité chez Mozart. Harmonie singulièrement audacieuse pour traduire par ses frottements et ses âpretés tout le poids du mal du monde, charge écrasante pour l'Homme-Dieu, renforcée encore par le brusque *pp* sur la fin de la phrase et l'imploration tourmentée du « miserere ». Le trio vocal du « Quoniam » exprime la louange trinitaire du texte et les deux mots « Jesu Christe » forment un chœur indépendant avec tout l'orchestre. La grande doxologie s'achève sur une immense fugue de 260 mesures, aussi peu d'école que la grande fugue pour deux orgues écrite à la fin de cette même anée 1783.

Le *Sanctus* est confié au double chœur, autre page grandiose et solitaire ; le passage fugué (très différent de celui du *Gloria*), dont il reprend les 15 dernières mesures après le *Benedictus*, semble inspiré d'une fugue pour orgue de W. Fr. Bach, ce qui ne surprend pas lorsqu'on évoque les sources du *Requiem* inachevé. Le *Benedictus* est confié au quatuor soliste, mais ce n'est plus la joie un peu naïve de tant de messes du temps et pas davantage le contrepoint tragique des messes KV 65 et 337 : c'est comme la vénération recueillie devant le mystère par une sorte de majesté musicale totalement accordée à la liturgie.

Le torso du *Credo* débute par un chœur à 5 voix, écho symbolique (théologiquement) du « Gratias ». A. Einstein caractérise la puissance de ce chœur en écrivant qu'il donne l'impression de « monter à l'assaut » ; son orchestration connue n'est sans doute pas la forme définitive que le musicien lui aurait donnée. Et c'est le miraculeux sommet de l'aria de plus de 100 mesures pour sop., fl., htb., et basson avec le quatuor à cordes (et l'orgue). Aria pour soprano-colorature (Constance !) avec tous les accessoires traditionnels du genre comme les contre-*ut*, p. ex. Et pourtant, comme l'a admirablement commenté H. Ghéon, « il ne dément à aucun moment le recueillement dont il est parti. Sans quitter l'esprit du mystère il s'élève vers le chant pur, le chant pour le chant, l'expression intraduisible de la beauté, de la pureté, de la joie [...]. L'hymne de reconnaissance de l'homme racheté qui s'essaie à rejoindre au ciel le chant suraigu et libre des anges. Que fait le grégorien dans ses alléluias ? » C'est un poète qui parle ici et qu'il faudrait lire tout au long des pages consacrées à cette seule aria, mais un poète que cite aussi, comme une référence, le plus incontestable des musicologues, A. Einstein.

Sources et rééditions modernes — Facs. de l'autographe incomplet, Kassel, BV, 1986. — Par H. C. Robbins Landon, Londres, Eulenburg, 1955 ; *in* W. A. Mozart. Neue Ausgabe sämtlicher Werke I : I/1, 5, Kassel, BV, 1955 et suiv.

Bibliographie — H. Ghéon, Promenades avec Mozart, Paris 1932 ; voir aussi la bibliogr. de l'art. *Litanae*.

C. de Nys

Messe et vêpres pour la fête de sainte Cécile, d'**Alessandro Scarlatti**, pour 2 sop., alto, ténor et basse soli, chœur et orchestre, composées en 1720, dédiées au cardinal Aquaviva, créées à Rome le 22 nov. 1720. (Durée : 52 min environ pour la messe, 40 min environ pour les vêpres.)

C'est lors de son deuxième séjour à Rome, en 1720, que Scarlatti a composé cet ensemble monumental qui est le couronnement de toute sa musique d'église. Étant donné la dispersion des sources (Rome, Palerme, Münster, etc.), il n'est plus possible d'établir si ce qui nous est parvenu est complet ; on sait seulement qu'à l'époque on ne composait parfois que certaines parties de la liturgie, le reste étant présenté sous forme de plain-chant.

On connaît les 5 parties de l'ordinaire de la messe (*Kyrie*, *Gloria*, *Credo*, *Sanctus-Benedictus*, *Agnus Dei*) ainsi que le graduel *« Audi, filia et vide »* de la première messe pour une vierge martyre (*« Dilexisti »*). Des vêpres il existe les antiennes des deux premiers psaumes, *« Cantantibus organis »* (sop., htb., cordes et orgue) et *« Valerianus in cubiculo »* (alto, htb., cordes et orgue), les deux derniers psaumes, *« Nisi Dominus »* (Ps. 126) et *« Lauda Jerusalem »* (Ps. 147), l'hymne *« Jesu corona virginum »* ainsi que le *Magnificat* ; les psaumes ne comportent pas de soli, l'hymne oppose un trio de solistes (S A T) au chœur et le *Magnificat* est écrit pour les mêmes effectifs que la messe. La structure de ces pages n'est pas encore celle des multiples numéros séparés de la cantate napolitaine, mais, dans les pages les plus étendues (comme le *Gloria* de la messe, qui dure plus de 20 min), des mouvements divers sont esquissés par des changements de tempo et souvent de tonalité. Le plus remarquable est la diversité et l'alternance rapide des parties dans le dialogue presque continu entre les solistes et le chœur : on songe souvent aux grandes messes concertantes de la fin du siècle. L'écriture pour 5 voix n'a jamais le caractère un peu rétrospectif qu'elle garde dans le grand motet versaillais de l'époque ; la partie de premier soprano a tendance à s'émanciper au détriment du quatuor.

Dès le *Kyrie* de la messe, on relève la qualité et la vivacité de l'écriture pour cordes, proche de celles des Bolognais et de Vivaldi ; les blocs du chœur alternent ou se superposent aux figures très ornées, en triples croches, des solistes ; le « Christe » est une page presque dansante pour trois solistes. Dans le *Gloria*, Scarlatti fait chanter l'intonation au chœur, alors que le *Credo* commence après l'intonation confiée au célébrant. L'« Et in terra pax » est traduit par une séquence recueillie en *fa* ♯ min., tonalité que le musicien reprend dans le « Qui tollis » et qui passe de manière très expressive en *si* ♭ min. sur « suscipe deprecationem ». L'imposante fugue conclusive « Cum Sancto Spiritu » est bâtie sur les 5 premières notes de l'introït grégorien de la messe de sainte Cécile (*« Dilexisti »*). Dans le *Credo*, plus concentré et peut-être plus orienté encore vers l'avenir, on relève le chromatisme expressif du duo pour soprano et alto sur l'« Et incarnatus est » qui n'évoque pas seulement son *« Stabat mater »* mais même celui de Pergolèse, alors que la Passion est traduite par une musique contemplative comme dans sa *Passion selon saint Jean* ; elle contraste avec la joyeuse agitation de l'« Et resurrexit » qui s'intensifie jusqu'au tumulte pour s'arrêter brusquement sur les mots « et mortuos », d'un effet saisissant. Les deux sopranos psalmodient à l'unisson « Et unam sanctam catholicam » et la fugue finale reprend le motif utilisé dans le *Gloria* pour le développer d'une autre manière. Dans l'*Agnus Dei*, Scarlatti construit les parties vocales sur un thème descendant et son inversion, mais confie aux instruments des motifs différents, aboutissant ainsi à une fusion suggestive des styles traditionnel et nouveau, d'autant plus qu'il échange ensuite ces matériaux.

La tendance à la modernité s'accentue dans les vêpres ; les deux antiennes sont de véritables arias où l'exubérance baroque va jusqu'à suggérer l'écriture préclassique. C'est le maître de la cantate italienne qui s'y révèle dans toute sa force. Pour mettre en valeur le timbre de l'alto solo dans la seconde antienne, le musicien supprime les altos à cordes de l'orchestre. Les deux psaumes empruntent la forme concise et traditionnelle de 4 voix chorales soutenues par la seule basse continue. De l'hymne *« Jesu corona virginum »*, Scarlatti fait une admirable cantate en 5 mouvements, dans la tonalité du *ré* min. dorien : 1. trio S A T, 2. aria pour soprano, 3. chœur, 4. duo A T, 5. ensemble S A T et chœur. Le *Magnificat* revient au baroque monumental de la messe.

Bibliographie — E. J. Dent, A. Scarlatti, his Life and Works, Londres 2/1960.

C. de Nys

Messe « Euge bone », à 6 voix, de **Christopher Tye**. C'est presque certainement une messe parodie mais son modèle n'a pas survécu et le titre reste sans explication. Plusieurs passages ressemblent étroitement à d'autres œuvres de Tye ; c'est plutôt une coïncidence que le résultat d'une facture délibérée. La date de composition est incertaine, mais l'œuvre était au répertoire de la chapelle royale anglaise sous le règne de la reine Mary (1553-58) et pourrait avoir été écrite au cours de cette période ou dans les années 1540, pendant les dernières années du règne de Henry VIII.

Mêlant le charme à la curiosité, la *Messe « Euge bone »* est l'un des fleurons de la musique d'église de la période Tudor. Elle démontre le plaisir que prend Tye à introduire l'inattendu : de nombreuses phrases procèdent de façon conventionnelle mais cadencent sur un degré du mode inattendu et peu probable. En certains endroits, l'organisation musicale répond à des normes conventionnelles : la plupart des mouvements s'ouvrent et s'achèvent par des motifs de tête et de queue identiques, presque certainement empruntés au modèle perdu. Mais dans son déroulement, l'œuvre présente un large éventail de moments curieux qui paraissent issus du souci de séduire par la vertu de leur bizarrerie. Le début du *Sanctus*, p. ex., est une succession frappante de 6 accords formant blocs, chacun prolongé par un point d'orgue. Dans le *Benedictus*, les 6 voix entrent à la suite l'une de l'autre avec un thème long, toujours répété à l'unisson ou à l'octave, donnant l'impression d'un canon plutôt que d'une écriture imitative conventionnelle. Le troisième des quatre *Agnus Dei* est un étrange double canon pour quatre voix élevées, soutenu par un ténor isolé : une écriture étrange et éthérée. L'œuvre n'était évidemment pas très répandue au XVIe s. car elle ne survit que dans un unique manuscrit de la période Tudor. Cependant, W. Byrd la connaissait apparemment et la consulta lorsqu'il écrivit ses trois messes des environs de 1590. Elle a retrouvé vie au XXe s. et a été publiée et enregistrée plusieurs fois.

Éditions modernes — Par P. Doe, *in* Early English Church Music XXIV, Londres, Stainer & B., 1980.

Bibliographie — H. Benham, Latin Church Music in England 1460-1575, Londres, Barrie & J., 1977.

J. Milsom

Messe « Faisant regretz », messe à 4 voix de **Josquin des Prés**. Datable autour de 1490, cette messe polyphonique connaît une diffusion relativement importante pendant une génération : on la trouve dans 7 sources manuscrites, parmi lesquelles le Ms. 5248 de Vienne (Kunsthistorisches Staatsmuseum) semble le plus proche de son origine historique. Elle sera ensuite éditée chez Petrucci (1514), Antico (1516) et Junta (1526). Le Ms. 5248 de Vienne, qui semble en être la première source connue, pourrait en situer l'origine dans l'entourage des Sforza, au contact desquels Josquin était resté pendant ses années milanaises et romaines : ce codex fut probablement réalisé pour la mariage de l'empereur Maximilien Ier avec Bianca Maria Sforza (en nov. 1493).

Le titre *« Faisant regretz »* est emprunté au 4e vers d'un rondeau cinquain, *« Tout a par moy »*, mis en musique par le musicien anglais Walter Frye, semble-t-il lié à un moment à la cour de Bourgogne (cette chanson a parfois été attribuée à Binchois). Cet hémistiche est associé à un court motif mélodique de 4 notes (*fa-ré-mi-ré*) que Josquin emploie au ténor de sa messe comme « cantus firmus » ostinato : pendant toute la durée de la messe, c'est donc plus de 200 fois qu'on entend ce motif. Seul le « tricinium » du « Pleni sunt » (*Sanctus*) en est dispensé. Ce passage est, par ailleurs, le seul de toute l'œuvre qui ne soit pas à 4 voix. C'est dire que Josquin ne peut pas compter sur la variété traditionnelle des textures pour équilibrer le risque de monotonie que peut engendrer la répétitivité excessive d'un motif court, dont il s'ingénie à ne jamais altérer les intervalles. Il en varie, en revanche, continuellement les durées, les rythmes et les hauteurs, ainsi que les modes d'élaboration polyphonique. Si l'effectif est continuellement à 4, la polyphonie est fréquemment aérée par de courts passages à 2 ou 3 voix, les oppositions d'écriture (horizontale/verticale) venant s'ajouter à cette variété. De même, si le ténor reste l'unique détenteur de l'ostinato générateur, les autres voix s'en emparent volontiers de temps à autre, soit en imitations anticipées (*Agnus* I), soit en « bicinia » opposés (*Agnus* II). Josquin va même jusqu'au canon strict, entre ténor et bassus dans le « Hosanna ».

Le mode d'exposition du motif obstiné lui-même, au ténor, est infiniment varié, le plus souvent avec des changements incessants de hauteurs et de rythmes. Par le jeu des variantes de hauteurs, l'ostinato peut ainsi s'élargir en unités doubles (*Credo* : « Et iterum »), construire une séquence descendante (fin du *Gloria* : « In gloria »), ou ascendante (*Credo* : « Qui propter »), dans des « phrases » qui, avec l'association des autres voix de la polyphonie, peuvent atteindre un réel pouvoir expressif. Ailleurs, l'exposé du « cantus firmus » dans un flux absolument ininterrompu et en valeurs strictement régulières donne l'impression que Josquin veut imiter l'improvisation polyphonique du contrepoint « alla mente », ce que confirme le travail contrapuntique des autres voix en imitations formulaires mélodico-rythmiques, à la manière de ce qu'on trouve dans les basses-danses instrumentales contemporaines (comme la *Spagna*).

Au-delà de la prouesse que représente l'élaboration d'une telle œuvre — même s'il s'agit d'une des messes les plus courtes — sur un motif aussi bref, Josquin réussit la gageure d'y ajouter en contrepoint, principalement au supérius, la paraphrase des mélodies liturgiques. Dans le *Kyrie* et le *Gloria*, il s'agit du *Kyrie* XI, *« Orbis factor »* et dans le *Credo*, du *Credo* I. Cette « Ars combinatoria » culmine dans le dernier *Agnus*, où se révèle l'origine « emblématique » de l'œuvre : au lieu des mélodies liturgiques, c'est le cantus de la chanson *« Tout a par moy »* qui est chanté au supérius, au-dessus d'un double ostinato, le motif générateur du ténor (*« Faisant regretz »*) bien sûr, mais aussi les 4 premières notes du ténor de la chanson (*ré-ré-mi-ré*) exposées 24 fois par l'altus et désignées dans certaines sources par leur incipit (*« Tout a par moy »*). Les mots-clés de l'œuvre (« Faisant regretz »), début de la 2de partie du rondeau original, coïncident alors avec les mots « dona nobis pacem ». Le choix de ce motif générateur et titulaire peut s'en trouver éclairé, si on le met en rapport avec le bois gravé qui sert de décoration à l'édition d'Antico (1516), où l'on voit un moine, mains jointes, dans une attitude de contrition : les deux incipit combinés de l'altus et du ténor (*« Tout a par moy » / « Faisant regrets »*) semblent bien, emblématiquement, désigner un sens liturgique à cette messe, vraisemblablement destinée à un temps de pénitence. Le texte complet du refrain de rondeau l'éclaire aussi : « Tout a par moy affin qu'on ne me voye / Si tres dolent que plus je ne porroye / Je me tien seul comme ung homme esbahi / Faisant regretz de ma dolente vie / Et de fortune qu'ainsi fort me gerroye. » E. Lowinsky tire aussi argument de ce texte pour associer cette messe à deux autres (→ *Messe « Fortuna desperata »* et → *Messe « Malheur me bat »*), comme expression du désespoir d'Ascanio Sforza, pour lequel elles auraient été composées au moment de son exil romain, dans les années 1480.

Cependant, l'une des sources (Jena 3), où le ténor est désigné « Elisabeth faisant regretz », plaide pour la liturgie de la visitation qu'indique également la miniature qui décore le premier folio. Il est vrai que ce codex fut envoyé par Marguerite d'Autriche à Frédéric de Saxe : Elisabeth est le nom de sa mère en même temps que la sainte patronne de Thuringe et de Hongrie. Toujours est-il que le texte du rondeau *« Tout a par moy »* peut aussi s'appliquer à la solitude d'Elisabeth, dont saint Luc dit qu'après avoir conçu, elle se cacha pendant cinq mois : solitude que la visitation de sa cousine Marie vient rompre.

Rééditions modernes — Par A. Smijers, *in* Werken van Josquin des Prés, 27e livr., Amsterdam, Vereeniging voor Nederlandse Muziekgeschiedenis, 1951.

Bibliographie — K. G. Fellerer, Josquins Missa faisant regrets in der Vihuela-Transkription von Mudarra und Narvaez, *in* Spanische Forschungen der Görresgesellschaft, série I, Münster 1960 ; H. Osthoff, Josquin Desprez, 2 vol., Tutzing 1962-65 ; E. H. Sparks, Cantus firmus in mass and motet 1420-1520, Berkeley 1963 ; M. Honegger, Les messes de Josquin des Prés dans la tablature de D. Pisador (diss. Univ. de Paris, 1970) ; E. Lowinsky, Ascanio Sforza's Life : A Key to Josquin's Biography and an Aid to the Chronology of his Works, *in* E. Lowinsky (éd.), Josquin des Prez, Londres, OUP, 1976 ; M. Antonowycz, Illibata Dei virgo. A Melodic Self-Portrait of Josquin des Prez, *ibid.* ; H. Kellman, Josquin and the Courts of the Netherlands and France : the Evidence of the Sources, *ibid.* ; J. Noble, art. Josquin Desprez, *in* Grove, 6/1980 ; J. Feuillie, Avant de chanter la Messe « Faisant regretz » de Josquin Desprez. Étude des sources (mémoire de maîtrise, Univ. de Tours, 1990).

J.-P. Ouvrard

Messe « Fors seulement », messe à 5 voix incomplète de **Johannes Ockeghem**. Elle emprunte la mélodie d'un rondeau cinquain d'Ockeghem, → *« Fors seulement l'atente que je meure »*, qui jouissait d'une grande faveur et a donné lieu à plusieurs traitements polyphoniques, messes ou motets (voir H. Hewitt, *Essays...*). Elle comprend un *Kyrie*, un *Credo* et un *Gloria*, où le « cantus firmus » est exploité de manière très variée. Le cas le plus simple est celui du *Credo*, où le ténor I utilise d'abord comme « cantus firmus » le supérius (→ mes. 68) puis le ténor de la chanson.

Depuis le « Kyrie » I et le « Christe », la première partie du supérius de la chanson est citée en continuité au ténor (mes. 11-52). Dans le « Kyrie » II, c'est la fin de la mélodie empruntée qui est donnée au contraténor. Le *Gloria* présente une structure complexe, où des fragments de la chanson (S et T) circulent simultanément ou successivement à pratiquement toutes les voix (voir le tableau dressé par G. Reese, in *Music in the Renaissance*, p. 127). Outre ces citations, qui ressortissent à la technique du « cantus firmus », Ockeghem intègre dans sa messe de multiples fragments de la chanson, notamment en début de texte, où les différentes voix reproduisent souvent les entrées figurant dans le rondeau. Par exemple dans le *Kyrie*, le supérius reprend le début du ténor de la chanson, le contraténor la même chose mais à la quinte inférieure, et la basse le début de la basse de la chanson, également à la quinte inférieure. C'est ensuite seulement (mes. 11) qu'entre le « cantus firmus » au ténor. De nombreuses séries d'imitations dans le courant du *Gloria* (mes. 97-125 p. ex.) s'appuient sur des fragments du supérius et du ténor de la chanson. Enfin, de courtes cellules rythmiques issues du rondeau ♩. ♫ ♩ circulent à toutes les voix, renforçant encore l'unité du texte.

L'abondance des matériaux provenant de la chanson et incorporés dans ces trois mouvements de l'ordinaire pourrait évoquer la technique de la parodie. Mais la re-composition de ces éléments empruntés est si libre et souvent si éloignée du modèle que l'on pense plutôt à une extension de la technique du « cantus firmus » ou encore à la paraphrase.

Le souci de l'illustration du texte par la musique, déjà signalé à propos d'autres messes du même auteur, se rencontre ici, notamment dans l'emploi du registre grave sur les mots « miserere nobis... »

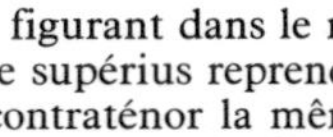

et le retour d'un ambitus plus large sur « tu solus altissimus » (*Gloria*, mes. 85-96).

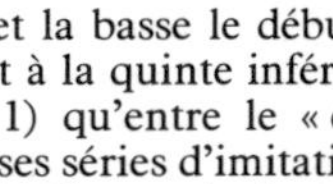

La *Messe « Fors seulement »* constitue une étape importante dans l'évolution de la messe polyphonique. La richesse du traitement du « cantus firmus » (dans le sens de la paraphrase ou, pour certains, de la parodie), le sens du détail, la complexité de l'écriture, font de cette œuvre un monument que les musicologues assimilent aux chefs-d'œuvre du gothique flamboyant.

Sources principales — Rome, Bibl. Vat., Cod. Chigi C VIII 234.

Éditions modernes — Par D. PLAMENAC, *in* J. Ockeghem. Collected works II, New York, Amer. Musicological Soc., 1947, 2/1966.

Bibliographie — A. PIRRO, Histoire de la musique, XVe et XVIe s., Paris 1940, pp. 111-112 ; H. HEWITT, Fors seulement and the cantus firmus technique of the 15th cent., *in* Essays in musicology in honor D. Plamenac, Pittsburgh 1969 ; voir aussi la bibliogr. de l'art. *Messe « mi-mi »*.

D. PATIER

MESSE « FORTUNA DESPERATA », messe à « cantus firmus » à 4 voix de **Josquin des Prés**, antérieure à 1486, peut-être en rapport avec l'exil du cardinal Ascanio Sforza, protecteur du musicien, à Ferrare puis à Naples (1480-82). Copiée dans 4 manuscrits importants, dont un livre de chœur conservé à la Bibl. vaticane (Cappella Sistina, Ms. 41) indiquant qu'elle a fait partie du répertoire de la chapelle papale dès la fin du XVe s., elle a été imprimée par O. Petrucci dans son *Liber primus missarum Josquin* (Venise 1502, plus. rééd. jusqu'en 1526), par J. Ott dans ses *Missae tredecim* (Nuremberg 1539) et par J. Petreius dans son *Liber quindecim missarum* (Nuremberg 1539). Si l'on ajoute à cela les citations d'extraits de cette œuvre dans les *Trium vocum carmina* (« Pleni sunt ») de H. Formschneider (Nuremberg 1538) et chez divers théoriciens dont Glaréan (*Dodecachordon*, Bâle 1547), on saisira une partie de la popularité et de la vaste diffusion de cette œuvre qui a suscité l'émulation de J. Obrecht dans une messe de même titre. Écrite en *fa* ionien, la *Messe « Fortuna desperata »* de Josquin se fonde — comme celle d'Obrecht — sur une chanson à 3 voix bien connue à l'époque — un manuscrit de la cathédrale de Ségovie l'attribue à A. Busnois —, dont toutes les voix sont reprises successivement en « cantus firmus » dans la messe. L'altus se retrouve en valeurs augmentées au ténor du *Kyrie* avant d'être utilisé trois fois de suite au ténor du *Gloria*, la 1re fois en valeurs doublées, la 2e fois en valeurs normales (« Qui tollis »), la 3e fois en valeurs diminuées de moitié (« Cum Sancto Spiritu »). Le supérius de la chanson apparaît 4 fois en entier au superius du *Credo*, la 1re fois en valeurs doublées (« Patrem omnipotentem »), la 2e fois en valeurs normales (« Et incarnatus est »), la 3e fois en valeurs normales mais en rythme ternaire (« Et in Spiritum Sanctum »), la 4e fois en valeurs réduites de moitié (« Confiteor »). Puis c'est le bassus de la chanson qui fournit la matière mélodique du « cantus firmus » placé à la voix d'altus, en valeurs normales dans le *Sanctus*, en valeurs réduites de moitié dans le « Hosanna », une quinte plus haut dans les deux cas. Enfin, les 15 premières mesures du supérius de la chanson sont présentées en valeurs extrêmement longues (augmentation quadruple) et par mouvement inverse au bassus de l'« Agnus Dei » I, tandis que l'altus en valeurs normales figure une octave plus bas au bassus de l'« Agnus Dei » II. Le début du *Kyrie* et du *Credo*, qui utilisent simultanément les trois voix de la chanson, et le début du *Sanctus*, qui n'en utilise que deux (altus et bassus), portent en germe la technique de la parodie. Des citations étendues du *Credo* I se retrouvent en outre dans le ténor du *Credo* de la messe, sur les mots « Et in unum Dominum », « Et ex Patre natum », « Genitum, non factum ». Le « Pleni sunt » et le « Benedictus », les seules pièces à 3 voix, sont d'écriture libre, c'est-à-dire exempts de toute citation. En revanche, l'imitation y est étendue aux trois voix, confirmant l'importance accrue de ce procédé dans les voix libres de la messe tout entière, en particulier dans le *Gloria* (« gratias agimus tibi », « Qui tollis ») et l'*Agnus Dei*, témoignant aussi d'une volonté d'allègement et de clarification de la polyphonie qui se traduit encore par la multiplication des séquences et par l'emploi du procédé de l'ostinato, dans la partie basse du *Gloria* (début et à partir du mot « omnipotens », mes. 42) et dans le *Sanctus* où le supérius est fait de la répétition inlassable de la formule cadentielle finale du supérius de la chanson, tantôt à la tonique, tantôt à la dominante. Par ailleurs le syllabisme se fait plus fréquent dans le *Gloria* et le *Credo*, tandis que des passages en écriture verticale viennent interrompre le flot de la polyphonie pour souligner les mots « Miserere nobis », « Qui tollis peccata mundi », « suspice deprecationem » dans le *Gloria*, « passus et sepultus est », « Et ascendit », « Et in Spiritum Sanctum » dans le *Credo*. De même, les croisements des trois voix graves sur le mot « Crucifixus », fait d'un arpège d'accord parfait descendant, témoignent d'une attention toute particulière portée au sens des mots et fournissent la preuve de l'aptitude du langage musical josquinien à se charger d'une valeur symbolique perceptible pour l'auditeur comme pour l'interprète. Malgré son constructivisme, la *Messe « Fortuna desperata »* de Josquin est un jalon important dans l'élaboration d'un style musical plus humanisé, répondant à l'idéal de la Renaissance.

Rééditions modernes — Par A. SMIJERS, *in* Werken van Josquin des Prez, 13e livr., Amsterdam, Vereeniging voor Nederlandse Muziekgeschiedenis 1929 (avec en annexe 2 versions de la chanson *« Fortuna desparata »*).

Bibliographie — O. GOMBOSI, J. Obrecht, Leipzig 1925, pp. 99-116 ; H. OSTHOFF, Josquin Desprez I, Tutzing 1962, pp. 144-148 ; E. LOWINSKY, Ascanio Sforza's Life : A Key to Josquin's Biography and an Aid to the Chronology of his Works, *in* Josquin des Prez, éd. par E. Lowinsky, Londres, OUP, 1976, pp. 65-67.

M. HONEGGER

MESSE FRANÇAISE, de **Jacques Chailley**, messe chorale en français (textes officiels) pour voix mixtes d'assemblée à l'unisson, chœur à voix égales (hommes et femmes) et orgue, créée en 1983 au Festival de Besançon. (Toulouse, Éd. du Verseau, 1977 ; durée : 14 min environ.) Cette messe est née du désir de doter la liturgie postconciliaire en langue vernaculaire d'un mode d'expression musicale quelque peu différent de celui trop souvent adopté dans les églises et dont la valeur artistique est bien souvent contestée. L'auteur, qui était à l'époque de sa composition (1974) président de la « Consociatio internationalis musicae sacrae », entendait ainsi se démarquer aussi bien d'un intégrisme étroit que du fanatisme destructeur des antitraditionalistes. Le texte est traité dans l'esprit des messes polyphoniques classiques, dans un modernisme discret dont l'expressivité demeure la préoccupation constante ; la présence des deux chœurs, par la spécificité propre de chacun d'eux, permet de savoureux dosages de sonorité. La voix d'assemblée, toujours d'une simplicité mélodique adaptée à son usage, tantôt se mêle à la polyphonie du chœur principal, tantôt s'en dissocie pour dialoguer avec lui. Dans le *Credo*, elle utilise le timbre du *Credo* III, adapté aux paroles françaises, symbolisant ainsi l'union des deux modes d'expression désirée par l'auteur.

M. HONEGGER

MESSE « GAUDEAMUS », messe à 4 voix de **Josquin des Prés**. Sept sources manuscrites nous ont transmis cette œuvre ; dans deux d'entre elles, elle est restée anonyme (Jena 32 et Cambrai 18), alors qu'une autre l'attribue curieusement à Ockeghem (Vienne 11778). On la retrouve dès 1502 dans la première collection josquinienne imprimée par Petrucci (*Misse Josquin*...). En 1539, Petreius l'imprime encore à Nuremberg (*Liber quindecim missarum*...). Dans son *Dodechacordon* de 1547, Glaréan en cite le *Benedictus*.

Les quatre voix de cette polyphonie sont notées dans des tessitures aiguës (chiavette), dont on sait qu'elles peuvent impliquer une transposition presque systématique vers le grave. Le premier mode de l'introït → *« Gaudeamus omnes »*, qui lui sert de sujet, y est transposé à la quinte, sur *la*. La mélodie liturgique est utilisée de deux manières principales : dans certaines parties de la messe, Josquin l'emploie comme « cantus firmus » exposé en valeurs longues au ténor (« Christe », 2e partie du *Gloria*, *Credo*, « Agnus Dei » I). La totalité de l'introït peut être exploitée, alors, comme c'est le cas dans le *Credo*, où elle est soumise par endroits à une paraphrase, des passages plus ornés alternant avec l'exposé en valeurs longues. Ailleurs, c'est essentiellement l'incipit d'intonation légèrement paraphrasé que Josquin retient pour l'exploiter le plus souvent comme ostinato, dans des dispositions polyphoniques toujours variées. Il peut ainsi venir se superposer à une autre partie de la mélodie traitée en « cantus firmus », comme c'est le cas à la fin du « Kyrie » I, entre bassus et ténor. C'est dans le dernier « Agnus » que la technique de l'ostinato culmine : partagé entre les 4 voix, l'incipit *« Gaudeamus »* y est répété 23 fois, dans une densité croissante, les dernières mesures en resserrant de plus en plus la fréquence et le rythme des imitations entre les trois voix graves.

On a pu voir dans cette insistance finale en coïncidence avec l'*Agnus Dei* un signe que cette messe *« Gaudeamus »* pourrait être destinée à la célébration d'une liturgie de la Toussaint : c'est bien, en effet, un texte de l'Apocalypse de Jean (7, 2-12) qui sert d'épître à la messe de la Toussaint. Jean y voit un peuple immense « de toutes nations, tribus et langues », rassemblé autour du trône divin, où siège l'Agneau, en train de l'acclamer, « en criant d'une voix forte ». Avec ses répétitions insistantes du *« Gaudeamus »*, l'« Agnus Dei » final de cette messe apparaît bien dans la tradition rhétorique de la péroraison comme une véritable apothéose. W. Elders trouve confirmation de cette interprétation dans le symbolisme numérique. Les occurrences du motif initial traité en ostinato se répartissent en effet ainsi : *Kyrie* 6, *Gloria* 14, *Credo* 2, *Sanctus* 12 (5 + 7), *Agnus* 4 + 23, tous nombres interprétables symboliquement en référence à l'Apocalypse. Dans le même sens, Elders remarque dans deux des sources manuscrites une bizarrerie de notation à l'armure du *Sanctus* (supérius), où le signe de perfection (ternaire) est répété précisément 3 fois : le supérius, justement, se limite alors à une triple réitération du motif initial sur les mots « Sanctus, Sanctus ».

Comme il est courant chez Josquin, le « cantus firmus » se superpose parfois à d'autres citations de mélodies liturgiques : dans le *Credo*, on reconnaît quelques fragments du plain-chant des *Credo* I et IV. Dans le long « tricinium » de l'« Et incarnatus est » jusqu'au retour du « cantus firmus » (« Et in spiritum »), la mélodie de l'ordinaire se substitue même totalement à celle de l'introït.

La nature du contrepoint, la technique du « cantus firmus » telle qu'elle est utilisée ici, l'importance des développements mélismatiques, le style des paraphrases laissent penser que cette messe pourrait faire partie des premières compositions de la maturité de Josquin comme le suggère J. Noble.

Rééditions modernes — Par A. Smijers, *in* Werken van Josquin des Prés, 12e livr., Amsterdam, Vereeniging voor Nederlandse Muziekgeschiedenis, 1923, 2/1969.

Bibliographie — H. Osthoff, Josquin Desprez, 2 vol., Tutzing 1962-65 ; A. Mendel, Towards Objective Criteria for Establishing Chronology and Authenticity..., *in* E. Lowinsky (éd.), Josquin des Prez, Londres, OUP, 1976 ; H. Kellman, Josquin and the Courts of the Netherlands and France : the Evidence of the Sources, *ibid.* ; J. Noble, art. Josquin Desprez, *in* Grove, 6/1980 ; W. Elders, Josquin's Gaudeamus Mass : A Christian's Prayer, *in* Josquin des Prez. Ein Musiker der Renaissance, Cologne, WDR, et Amsterdam, Vereeniging voor Nederlandse Muziekgeschiedenis, 1984.

J.-P. Ouvrard

Messe glagolitique (*Mša glagolskaja* ou *Glagolská mše*), de **Leoš Janáček**, pour sop., alto, ténor et basse soli, chœur, orchestre et orgue, composée à Luhačovice entre le 2 août et le 15 oct. 1926, dédiée à l'archevêque d'Olomouc, Leopold Prečanovic, créée à Brno, le 5 déc. 1927, par les solistes, les chœurs et l'orchestre de l'Opéra de Brno, avec Alexandra Čvánová (sop.), Stanislas Tauber (ténor) et Bohumil Holub (orgue), sous la dir. de Jaroslav Kvapil. (Vienne, UE, 1928 ; durée : 40 min environ.)

L'œuvre se compose de 8 parties, 3 instrumentales, 5 pour voix et orchestre : *Úvod* (Introduction) pour l'orchestre, *« Gospodi pomiluj »* (Kyrie eleison), *« Slava »* (Gloria), *« Věruju »* (Credo), *« Svet »* (Sanctus), *« Agneče božij »* (Agnus Dei), *Varhaní sólo* (solo d'orgue), *Intrada* pour l'orchestre.

L'idée d'une messe sur un texte slavon remonte aux années 1921-22 mais ce n'est que cinq années plus tard que Janáček, en vue de célébrer à sa manière l'approche du 10e anniversaire de la République tchécoslovaque (oct. 1928), mit en musique une messe « glagolitique » sur une traduction de Milos Weingart. Cet élan national panslave était un acte éthique et politique. Au IXe s., le prince Rastislav avait invité les moines byzantins Cyrille et Méthode à répandre en Grande-Moravie le christianisme vieux-slave. Cyrille avait transcrit dans un alphabet dérivé du grec et inventé par lui (« glagol » = mot, parole), les textes slavons des Écritures, la langue liturgique de l'orthodoxie. Cet hommage aux apôtres évangélisateurs n'a donc pas qu'un aspect religieux. Janáček déclara que son œuvre était « le portrait de la fidélité à la Nation, sur une base non pas religieuse mais morale, qui en appellerait au témoignage de Dieu ». Mais la forme de l'œuvre est celle d'une messe. Par son ampleur, son climat de fête et de joie, sa glorification de Dieu en sa création, la *Messe glagolitique* est à placer à côté de grands monuments religieux comme la → *Messe de Gran* de Liszt ou des compositions de Bruckner. Son exaltation panthéiste de la vie est liée également au bonheur automnal que le compositeur connaissait auprès d'une jeune femme, Kamila Stösslová, sa cadette de 38 ans. Le 27 nov. 1927, Janáček lui écrivait : « Dans l'œuvre qui sera donnée le 5 décembre, je mets un peu en scène la légende qui veut que, lorsque le Christ fut descendu de croix, les cieux se soient ouverts. Bon, je fais un roulement de tonnerre, des éclairs [...]. Mais si, dans cette brèche céleste, Kamila était apparue, j'aurais beaucoup mieux représenté cela ! »

1. Ce roulement de tonnerre et ces éclairs éclatent dans une fanfare en canon sur une pédale de *mi* ♭ dans l'Introduction (*Úvod*).

2. Le chœur *« Gospodi pomiluj »* exprime la détresse et la contrition du peuple encore accentuées par la répétition à différentes hauteurs d'un bref motif chanté par le soprano solo (« Chrste pomiluj ! ») : sa cellule en tierce (A) est omniprésente.

3. L'admirable pastorale que constitue *« Slava »* est introduite par une voix de soprano chantant une phrase à 9/4, où l'on reconnaît les principaux éléments motiviques de l'ouvrage, notamment un motif dérivé de A et l'apparition de B, sur deux notes, qui sera exploité comme refrain dans le Credo, *« Věruju »* (Je crois), et que Janaček appelle le motif du Serment **A**. Dans *« Slava »* comme dans toutes les parties de la *Messe glagolitique*, le musicien utilise de nombreux ostinatos et de vigoureuses ponctuations des cuivres et des timbales. **4.** Le *Credo*, *« Věruju »*, est une véritable cantate dramatique insérée dans l'ensemble. Entre l'affirmation cyclique du chœur (B = motif du Serment) et sa rentrée sur « Raspet » (Crucifixus), Janaček intercale une longue séquence orchestrale en trois sections évoquant successivement la prière du Christ dans le désert (Andante), son entrée à Jérusalem (Più mosso), puis son agonie (Allegro ; solo d'orgue). « Ainsi cet interlude dans le *Credo* résume les moments de la vie terrestre du Christ, avant que soit chanté ce qui correspond au « Crucifixus » latin et au « Resurrexit » (L. Kundera). Dans la première et dernière partie de ce Credo, l'écriture chorale est très contrastée : invocation répétitive (« Věruju »), douceur (« I voskre v tretij den » = Et resurrexit tertia die), ou proclamations brèves sèches, sans ornements (« mučen I pogreben byst » = passus et sepultus est ; « sědit o desnuja octa » = sedet ad dexteram patris, par les voix d'hommes). Certaines interventions du ténor héroïque sont proches de l'opéra, avec des motifs slaves issus de *Boris Godounov*, surtout l'inflexion descendante sur « Boga istinna » (Deum verum). **5.** Le *Sanctus*, « Svet », débute par une délicate berceuse avec un solo élégiaque du violon qui accompagne bientôt les voix (sop., ténor, basse, puis chœur). Brusque changement de tempo (« Plna sut » = Pleni sunt) et formules insistantes des cordes et des cuivres, comme il en existe dans la musique populaire morave. Le *Benedictus* (« Blagoslovl'en ») s'enchaîne au *Sanctus*, fin magnifiquement lumineuse et sonore. **6.** L'*Agnus Dei*, *« Agneče Bozij »*, est tripartite, d'admirables invocations du chœur, de plus en plus chaleureuses, entourent les effusions des quatre solistes. L'œuvre s'achève sur deux pièces instrumentales : **7.** un célèbre et véhément solo d'orgue, en forme de passacaille, qui ressemble à une sortie de messe, et **8.** une paradoxale *Intrada*, qui, initialement, devait être jouée au début et à la fin de la composition. On a voulu y voir une sorte de retour sur terre et à la vie profane, ou encore « l'entrée dans une vie rénovée » (G. Erismann).

Bibliographie — L. Janaček, Mša glagolskaja, *in* Lidové Noviny, 27 nov. 1927 ; L. Kundera, Janačkova Glagolská Mše, *in* Tempo VII, Prague févr. 1928 ; J. Vogel, L. Janaček, Leben und Werk, Kassel 1958, trad. angl. Londres, Hamlyn, 1962, 2/1980 ; G. Erismann, Janaček, Paris, Éd. du Seuil, 1980.

Chr. Goubault

Messe « Gloria tibi trinitas », messe à 6 voix de **John Taverner**. Écrite vers 1527-29 à Oxford, Cardinal College, elle s'appuie sur un « cantus firmus » unique, emprunté aux vêpres du dimanche de la Trinité, dans le rite de Sarum.

La mélodie, comprenant 4 incises, apparaît à une voix médiane (« mean voice ») située en dessous du supérius. L'édifice sonore correspond à l'effectif choral — (6 garçons et 6 hommes) dont disposait alors Taverner, soit de l'aigu au grave : supérius, « mean voice », contre-ténor I et II, ténor, basse. Selon l'usage anglais, la *Messe « Gloria tibi Trinitas »* ne comporte pas de *Kyrie* ; les trois premières pièces (*Gloria*, *Credo*, *Sanctus*) contiennent trois citations du « cantus firmus », la 4e (*Agnus Dei*) deux seulement. Ces citations sont souvent liées à la présentation de l'effectif choral au complet et sont séparées par des passages libres à 3, 4 ou 5 voix. La dernière intervention du « cantus firmus » dans chacune des pièces est donnée en diminution. L'entrée du thème emprunté à la « mean voice » peut parfois être annoncée par l'une des autres voix (p. ex. dans le *Gloria*, « Qui tollis », annonce à la basse mes. 111 et entrée de la « mean voice » mes. 116). Les fragments libres contiennent de nombreuses imitations, liées ou non à la mélodie empruntée.

Par sa disposition rythmique simple (agencement de longues et de brèves) et sa conduite mélodique très fermement dessinée, le « cantus firmus » ressort nettement dans la polyphonie à 6, conférant à cette messe cohésion et clarté. La qualité des lignes mélodiques est à ce point remarquable que le mélisme sur « in nomine » du *Sanctus* (cité en exemple par G. Reese, p. 780) servira de point de départ à de nombreuses fantaisies intrumentales pour clavier ou ensembles de violes.

Sources principales — Forrest-Heyther Part Books, Oxford, Bodl. Libr., Mss. Mus. Sch. e.

Éditions modernes — Par P. C. Buck, *in* Tudor Church Music I, Londres, OUP, 1923 ; par H. Benham, *in* J. Taverner. Six-Part Masses, Londres, Stainer & B., 1978.

Bibliographie — D. Stevens, Tudor church music, New York 1935, pp. 32-58 ; G. Reese, The origin of the In Nomine, *in* JAMS II, 1949 ; du même, Music in the Renaissance, New York, Norton, 1954, 2/1959, pp. 778-780 ; Fr. Ll. Harrison, Music in Medieval Britain, Londres 1958, pp. 269-271 ; J. D. Bergsagel, The Date and Provenance of the Forrest Heyther Collection of Tudor Masses, *in* ML XLIV, 1963 ; D. Stevens, J. Taverner, *in* Mélanges D. Plamenac, Pittsburgh 1969 ; H. Benham, The formal design and construction of Taverner's works, *in* MD XXVI, 1972 ; D. S. Josephson, J. Taverner : Tudor composer, Ann Arbor, UMI, 1975, pp. 137-138.

D. Patier

Messe « Hercules Dux Ferrariae », messe à 4 et 6 voix de **Josquin des Prés**, éditée par O. Petrucci en 1505 (*Missarum Josquin liber secundus*). On en connaît également 8 sources manuscrites qui n'apportent aucune véritable information sur sa date de composition ni sur ses circonstances. Il est cependant évident que Josquin l'a écrite pour le duc de Ferrare, Ercole d'Este, comme l'indique le titre, d'où se déduit le motif mélodique qui lui sert de « cantus firmus » unificateur (« sogetto cavato dalle vocali »), les voyelles du nom latin de son destinataire présumé déterminant par analogie, les « voyelles musicales » du sujet.

1) Par nature / hexacorde naturel

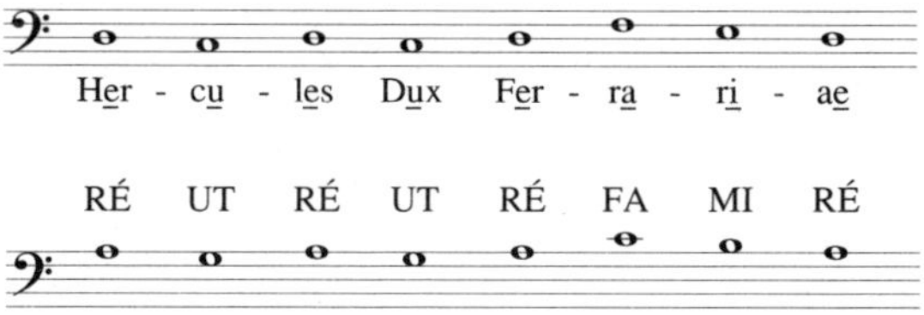

2) Par bécarre / hexacorde « dur »

L'œuvre est avant tout un hommage à Ercole Ier d'Este, duc de Ferrare de 1471 à 1505, exprimé par la répétition constante du « cantus firmus » comme un véritable emblème sonore. C'est donc entre ces deux dates (1471-1505) que Josquin a composé cette messe. Plusieurs hypothèses sont alors possibles, la plus immédiate étant l'année (1503-04) pendant laquelle Josquin est « maistro della cappella » à la cour de Ferrare. Selon E. Lowinsky, une visite officielle d'Ercole à Rome, en 1487, a pu en être l'occasion : le cardinal Ascanio Sforza fut en effet chargé de le recevoir et on connaît les liens de Josquin (alors à Rome) avec Ascanio. L. Lockwood, quant à lui, remarque qu'Ascanio avait rendu visite à Ercole, à Ferrare, en 1480-81 : Josquin aurait pu faire partie de la « cour » nombreuse qui l'accompagnait. Toutes ces circonstances constituent les occasions vraisemblables pour un « hommage » de cette nature.

D'un point de vue stylistique, cette messe est en général considérée comme une œuvre de la maturité. Bien qu'elle montre encore des caractères relativement archaïques, par l'usage strict du « cantus firmus » au ténor, l'absence d'homogénéité générale entre les voix, l'abondance de mélismes, d'autres signes la rapprochent de la → *Messe « Gaudeamus »*, de la → *Messe « Ave maris stella »* et même des → *Messes « L'homme armé »* : autour du cantus firmus » exposé en valeurs régulières (brèves, parfaites ou imparfaites) essentiellement au ténor, les trois autres voix font un usage non négligeable du contrepoint en imitation. A côté de développements mélismatiques, certes encore importants, la déclamation syllabique est également utilisée de manière sensible (*Gloria et Credo*). Enfin, la vieille technique du « cantus firmus » unificateur est employée avec un sens de l'architecture dont les précédés rappellent nombre d'œuvres de la maturité (motets, comme *« Miserere »*..., et *Messes « L'homme armé »* p. ex.).

Chaque énoncé du « cantus firmus » est triple, dans un schéma de transposition ascendant, partant du grave (*ré*, « par nature ») pour aboutir à l'octave en passant par la quinte (*la*, « par bécarre »). Cette structure tripartite s'adapte à la triple invocation du *Kyrie* (« Kyrie » : *ré* ; « Christe » : *la* ; « Kyrie » : *ré*), de même qu'elle divise en trois parties le « bicinium » du *Benedictus*, utilisant successivement avec le ténor chacune des autres voix (« Benedictus », *ré*, contraténor ; « Qui venit », *la*, bassus ; « In nomine », *ré*, supérius). Seuls deux passages sont totalement dépourvus de la charpente du ténor, tous deux strictement canoniques, le « bicinum » du « Pleni sunt » et le « tricinium » du 2e « Agnus », que les théoriciens citeront à l'envi, de S. Heyden (1537, « Pleni ») à J. Paix (1590, « Pleni » et « Agnus ») en passant par Glaréan (1547) et Wilphlingseder (1563). Quant au *Sanctus*, il n'admet que deux énoncés du thème, successivement au contraténor (aigu) et au ténor (octave grave), comme si l'hommage temporel au prince se retirait devant l'invocation trinitaire de la sainteté divine. A deux reprises enfin, à la fin du *Credo* et au début de l'*Agnus*, le « cantus firmus » est rétrogradé, le parcours des transpositions étant également inversé. Au total, c'est 12 triples exposés du « cantus firmus » qui composent la charpente de l'œuvre : on peut y voir, avec Lockwood, une allusion aux 12 travaux de l'Hercule mythologique.

Si la régularité rythmique du « cantus firmus » évoque parfois la technique de contrepoint improvisé des chantres, elle permet aussi à Josquin une maîtrise tout à fait rigoureuse de l'organisation temporelle, fondée sur des périodes de 8 brèves (parfaites ou imparfaites), déterminées par l'absence comme par la présence du thème, ainsi que par son exposé anticipé dans une autre voix

---

A MESSE GLAGOLITIQUE

(supérius dans le *Kyrie*, contraténor dans le *Sanctus*). La diminution proportionnelle (: 2) de cette durée y prend donc un relief saisissant, quand elle se produit à la fin du *Credo* (les trois exposés sont alors enchaînés, sans respiration), ou dans le « Hosanna » du *Sanctus* : dans un véritable climax rythmique, l'exposé diminué (8 silences) où le ténor rejoint exceptionnellement les valeurs de durée des autres voix. Le dernier *Agnus* achève l'œuvre dans un apogée polyphonique, à 6 voix, dont le début développe une polyphonie antiphonale : les voix graves s'opposent aux aiguës sur un double « cantus firmus », supérius et ténor alternant leurs exposés (8 brèves) des deux premiers énoncés (*ré* et *la*).

Autour de l'ossature rigoureuse du « cantus firmus », les autres voix, de tessiture plutôt grave, tissent un contrepoint dans des techniques continuellement variées. En imitation entre elles, elles ignorent le « sujet » (à quelques exceptions près, comme dans le « Hosanna » où le bassus ébauche une imitation du ténor), lui ajoutant parfois un « contre-sujet » réellement unificateur comme dans l'« Agnus Dei » I. L'absence fréquente du « cantus firmus » (périodes de 8 brèves) favorise l'écriture en « bicinium » ou en « tricinium » en une incessante variation de la densité polyphonique. « Redictae » et courts motifs répétés en ostinato sont fréquents, accentuant l'effet de contrepoint improvisé. Parfois, l'ostinato d'une voix, rythmique et syllabique, se superpose à la ligne mélismatique et ornementale d'une autre voix, réunies cependant dans une marche séquentielle commune, à laquelle vient s'associer une troisième voix, dans un parcours quasi prédéterminé par le « cantus firmus » lui-même. Le *Kyrie* II en est une parfaite illustration, de même que la dernière partie de l'*Agnus Dei* final (« Qui tollis »).

Bien que l'œuvre ait incontestablement une destination très personnalisée, elle a été volontiers détournée vers d'autres usages et de nouveaux destinataires. C'est ainsi que dans le Ms. Bruxelles 9126, « Hercules Dux Ferrariae » est remplacée par « Philippus Rex Castiliae », alors que dans Jena 3, le titre indique « Fridericus Dux Saxsoniae ». A Ferrare, les successeurs de Josquin continueront l'inscription emblématique de l'hommage. Au début de la décennie 1530, une *Messe « Hercules Dux Ferrariae »* de **Johannes Lupus** (publiée en 1532) est dédiée au futur Ercoles II, avec un « sogetto » qui semble sifnifier : « Heracles Dux erit Ferrariae » (Ercole sera duc de Ferrare). La circonstance pourrait avoir été le mariage d'Ercole et de Renée de France (1528). Quelque vingt ans plus tard, c'est **Cyprien de Rore** qui continuera cette tradition dans un double hommage au prince et à Josquin, sur le sujet « Vivat felix Hercules Secundus, Dux Ferrariae Quartus ». A la même époque, dans le contexte réformateur du concile de Trente, cette pratique est vilipendée par l'évêque espagnol Cirillo Franco : « Pour l'amour de Dieu, dites-moi quels sentiments de dévotion le duc de Ferrare peut inspirer ? » (lettre de 1549, publiée en 1564 à Venise). Un siècle plus tard, c'est le roi du Portugal lui-même, João IV (*Defensa de la musica moderna...*, Lisbonne 1649) qui prendra la défense de Josquin contre ces attaques, citant à l'appui une messe de **Philippe Rogier** (*Messe « Philippus secundus Rex Hispaniae »*, 1598). Il est vrai que cette tradition josquinienne était aussi vivante dans la péninsule Ibérique : en 1636, le moine carmélite **Manuel Cardoso** composait encore, en l'honneur de Philipe IV d'Espagne, une *Messe « Filipina »*. Il semble aussi qu'il ait composé pour João IV lui-même une *Messe « Johannes Quartus Portugaliae Rex »*. Les sources de musique instrumentale du XVIe s. témoignent également du succès durable de la messe de Josquin en Espagne : on en trouve, en effet, des mises en tablature de vihuela chez **Narvaez** (1538), **Fuenllana** (1554) et chez **Pisador** (1552 pour voix et vihuela).

Rééditions modernes — Par A. SMIJERS, *in* Werken van Josquin des Prés, livr. 17, Amsterdam, Vereeniging voor Nederlandse Musiekgeschiedenis, 1937, 2/1975 ; par M. MONNIKENDAM, *in* Musica Sacra « Sancta Sancte » LXI/I, s.d. ; par J. A. BANK, Amsterdam, A. Bank, 1935 ; par A. BORTONE, *in* Josquin des Prés e vari. Messe, Magnificat, Motetto e Inno, Milan, Veneranda Fabrica del Duomo, 1958 ; rééd. en facs de l'éd. de Petrucci de 1505, Bologne, Antiquae Musicae Italicae Studiosi, 1971.

Bibliographie — G. REESE, Music in the Renaissance, New York, Norton, 1954, 2/1959 ; E. MARTIN et A. GHISLANZONI, Josquin des Prez : Messe « Hercules Dux Ferrariae ». Motet « Misericordias Domini ». Note sur l'interprétation, Paris, 1958 ; H. OSTHOFF, Josquin Desprez, 2 vol., Tutzing 1962-65 ; M. HONEGGER, Les messes de Josquin des Prés dans la tablature de D. Pisador (diss. Univ. de Paris 1970) ; E. LOWINSKY, Ascanio Sforza's Life : a Key to Josquin's Biography and an Aid to the Chronology of his Works, *in* E. Lowinsky (éd.), Josquin des Prez, Londres, OUP, 1976 ; L. LOCKWOOD, Josquin at Ferrara, New Documents and Letters, *ibid.* ; R. STEVENSON, Josquin in the Music of Spain and Portugal, *ibid.* ; W. H. RUBSAMEN, Unifying Techniques in selected Masses of Josquin and La Rue : a Stylistic Comparison, *ibid.* ; J. NOBLE, art. Josquin Des Prez, *in* Grove, 6/1980 ; L. LOCKWOOD, Music in the Renaissance Ferrara, 1400-1505, Cambridge (Mass), Harvard Univ. Press, 1984.

J.-P. OUVRARD

MESSE « IL ME SUFFIT », de **Roland de Lassus**, pour 4 voix mixtes a cappella, probablement composée vers 1566-68. (Durée : 15 min environ.)

Comme deux autres messes de Lassus datant de la même époque, celle-ci est parodiée sur une chanson de Cl. de Sermisy, → *« Il me suffit de tous mes maulx »*. On a remarqué que Lassus avait préféré, pour la parodier, la composition de Sermisy plutôt que d'autres chansons sur le même poème (C. Canis, Th. Crecquillon, A. Mornable) publiées par Attaingnant en 1546, probablement parce qu'elle est plus mélodique et plus simple que celles-ci. Aussi cette simplicité de style se communique-t-elle à toute la messe : loin de dissimuler le thème profane dans les entrelacs d'une polyphonie savante, Lassus le maintient généralement, bien reconnaissable, au soprano, affirmant par là une totale indépendance à l'égard des prescriptions du concile de Trente, hostile à l'emploi de thèmes profanes dans les messes polyphoniques ; le goût de la simplicité apparaît en revanche comme une préoccupation caractéristique de la fin du XVIe siècle.

La chanson de Sermisy se construit sur deux phrases mélodiques A et B selon un schéma formel AABA, chaque phrase étant de surcroît subdivisée en deux membres. Lassus ne fractionne guère ce matériau mélodique et respecte généralement la cohérence interne des deux phrases, sans les déformer par des moyens autres que les répétitions de notes nécessitées par le changement de texte. Tout au plus soumet-il la première phrase au procédé de l'augmentation rythmique, soit au début du *Sanctus* pour la traiter en « cantus firmus », soit en l'associant dans l'*Agnus Dei* à sa présentation originelle d'où, pour conclure la messe, un épisode polyphoniquement plus élaboré que le reste. Par ailleurs, l'écriture reste souvent fidèle à une homophonie quelque peu assouplie par rapport au modèle de Sermisy, dont l'harmonisation est généralement conservée. Le contrepoint linéaire ne perd toutefois pas ses droits, comme le montrent le « Christe » du *Kyrie* où les voix entrent en imitations sur la phrase B, et surtout deux sections en duo : dans le *Credo* le « Crucifixus », confié aux voix aiguës, et dans le *Sanctus* le « Benedictus », chanté par les deux voix graves, avec dans ce dernier une amplification interne de la phrase A préfigurant le développement thématique des compositeurs classiques. Des prolongements plus libres du thème se rencontrent dans le *Gloria* et le *Credo*, ainsi que dans le vigoureux « Hosanna » en rythme ternaire du *Sanctus*, l'un des passages les plus remarquables de l'ensemble.

A défaut d'une grande profondeur d'inspiration, cette messe d'une facture habile et élégante révèle un savoir-faire indéniable et illustre un aspect de la forme très différent de ceux qui ont cours chez Palestrina et ses émules.

Sources — **a)** Manuscrits : Augsburg, Staats- und Stadtbibl., 2° Tonk. Schl. 9 (daté de 1572, commencé probablement vers 1566) ; Augsburg, Staats- und Stadtbibl., Mus. in Fol. n° 49 (daté de 1568-69). — **b)** Imprimés : *Orlandi Lassi* [...] *Liber Missarum, quatuor et quinque vocum...*, Nuremberg, C. Gerlach, 1581.

Rééditions modernes — Par P. W. Lueger, *in* Musica Divina IX, Regensburg, Pustet, 1953 ; par S. Hermelinck, *in* O. di Lasso. Sämtliche Werke, Neue Reihe V, Kassel, BV, 1965.

Bibliographie — W. Boetticher, O. di Lasso und seine Zeit, Kassel et Bâle, BV, 1958, pp. 315-18.

J. Viret

Messe « L'ami Baudichon », messe à « cantus firmus » à 4 voix, l'une des plus anciennes de **Josquin des Prés**, remontant à la période milanaise du musicien, peut-être même à son entrée dans la chapelle du duc Galeazzo Maria Sforza en 1473, en tout cas antérieure à 1485. Copiée dans un livre de chœur conservé à la Bibl. vaticane (Cappella Sistina, Ms. 23), elle a fait partie du répertoire de la chapelle papale sous le pontificat de Jules II (1503-13) et a été imprimée pour la première fois dans le *Missarum Josquin liber secundus* (Venise, O. Petrucci, 1505, plus. rééd. jusqu'en 1526). Elle est fondée sur la mélodie — du moins sur un de ses éléments caractéristiques — d'une chanson vraisemblablement antérieure à 1407, dont la forme originale (texte et musique) n'est pas connue. Selon un vers de la ballade *« Le dieu d'amour fait du lys escusson »* du *Jardin de plaisance* (Paris v. 1501, rééd. par E. Droz et A. Piaget, Paris 1924, vol. II, p. 208), « Les lambeaux dansent sur l'ami Baudichon », ce serait une chanson à danser, ce que confirme l'examen du ténor de la messe qui la présente en « cantus firmus » à travers toutes les pièces à 4 voix **A**. Son caractère majeur et joyeux s'impose à l'ensemble de l'œuvre dont toutes les pièces finissent sur *do*. Elle revêt l'aspect d'une descente par degrés conjoints à l'intérieur d'un ambitus de tierce majeure et est utilisée en quasi ostinato au cours de l'œuvre, sur *mi* et sur *sol* ainsi qu'une fois sur *si* ♭ (*Gloria*, « Domine Deus, rex coelestis »). Dans le *Credo*, elle est reprise par inversion, c'est-à-dire par degrés conjoints ascendants (« Et ex Patre natum ») et de nouveau selon sa pente normale à la manière d'un « pes » descendant, à partir de 6 notes conjointes, *sol*, *fa*, *mi*, *ré*, *do*, *si* (« Et resurrexit »). Mesurée en temps parfait, prolation mineure dans le « Kyrie » I, elle continue en temps imparfait dans le « Christe » pour s'achever en temps imparfait dans le dernier « Kyrie ». Réduite à son début, elle se trouve augmentée de plusieurs manières dans le *Gloria*, le *Credo*, le *Sanctus* et revient à sa mensuration initiale dans l'« Agnus Dei » I. Son utilisation est limitée aux pièces à 4 voix où elle est confiée au ténor, à l'exception d'une utilisation fugace au supérius du « Christe » ; elle est absente des nombreuses pièces à 2 voix (« Qui tollis », « Et incarnatus », « Crucifixus », « Pleni sunt », Benedictus, « Qui venit », « In nomine ») ou de l'« Agnus Dei » II à 3 voix. Assurée par le « cantus firmus », l'unité interne de l'œuvre se trouve renforcée par l'utilisation d'un motif de tête à 2 voix

qui se rencontre au début de chacune des 5 grandes parties de l'ordinaire, la dernière fois (*Agnus Dei*) enrichi par l'adjonction d'une 3e voix, celle du bassus. Les voix libres (supérius, altus et bassus) sont parfois traitées en imitation, particulièrement dans les pièces à 2 voix et dans l'« Agnus Dei » II à 3 voix, mais sans esprit de système ; à plusieurs reprises elles donnent lieu à des canons plus ou moins étendus (*Gloria*, « Laudamus te » ; début du « Qui tollis » ; *Credo*, « Visibilium omnium » ; *Sanctus* ; « Agnus Dei » II sur « Qui tollis peccata mundi »).

Par la fréquence de l'écriture à 2 voix, en contraste constant avec celle à 4 voix, par le nombre des passages en canon, par l'écriture des voix fortement mélismatique, même dans les parties au texte abondant (*Gloria*, Credo), par le caractère nettement polyphonique du style, l'influence de G. Dufay reste présente dans cette œuvre qui se ressent encore de la séparation entre les deux voix supérieures relativement animées et les deux voix inférieures plus calmes, héritée du motet isorythmique. La recherche d'une exacte prosodie du texte ne se marque pas encore dans l'invention mélodique. Comme chez Dufay, les figuralismes sont très peu nombreux (conflit rythmique du supérius et des 3 autres voix sur « miserere » du « Qui sedes » du *Gloria* ; montée des 3 voix libres sur « Et ascendit » du *Credo*). Mais à la différence de son prédécesseur, Josquin tend à alléger la complexité du flot mélodique par l'utilisation encore discrète de séquences, de répétitions ou de marches (p. ex. dans le *Sanctus*, mes. 13-17). L'intérêt mélodique de la voix de supérius reste prépondérant tout au long de la messe dont il constitue une autre caractéristique majeure.

A **Messe « L'ami Baudichon »**

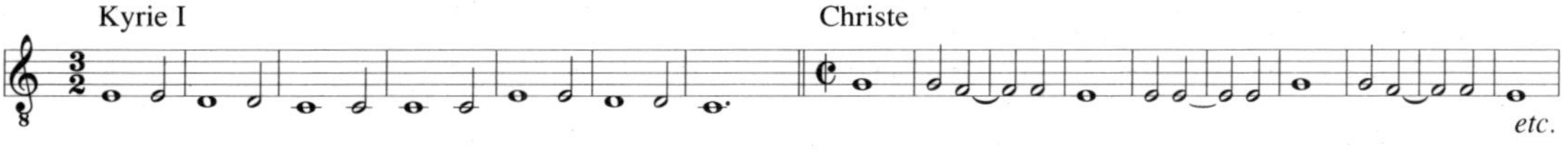

Rééditions modernes — Par A. SMIJERS, *in* Werken van Josquin des Prés, 20ᵉ livr., Amsterdam, Vereeniging voor Nederlandse Muziekgeschiedenis, 1940.

Bibliographie — H. OSTHOFF, Josquin Desprez I, Tutzing 1962, pp. 112-115 ; E. LOWINSKY, Ascanio Sforza's Life : a Key to Josquin's Biography and an Aid to the Chronology of his Works, *in* Josquin des Prez, Actes du Congrès, New York 1971, Londres, OUP, 1976, pp. 63-65.

M. HONEGGER

Éditions modernes — Par L. FEININGER, *in* Monumenta polyphoniae liturgicae, série I, vol. 2, t. 4, Rome 1952 ; par H. BESSELER, *in* G. Dufay. Opera omnia II, Amer. Inst. of Musicology, 1960.

Bibliographie — H. BESSELER, Neue Dokumente zum Leben und Schaffen Dufays, *in* AfMw IX, 1952 ; W. NITSCHKE, Studien zu den Cantus-firmus-Messen G. Dufays, Berlin, Merseburger, 1968 ; D. FALLOWS, G. Dufay, Londres, Dent, 1982, p. 193.

D. PATIER

MESSE « LA MORT DE SAINT GOTHARD », messe à 4 voix du XVᵉ s., d'auteur inconnu, parfois attribuée à **Guillaume Dufay**, dont la source principale est le Ms. Modène, Bibl. Estense, Lat. 456, où elle est anonyme.

Elle emprunte son « cantus firmus » unique à une chanson populaire française que, selon H. Besseler (introd. de son éd., p. IX), Dufay aurait pu entendre lors de son séjour à la cour de Savoie entre 1437 et 1444. Cette mélodie apparaît ainsi au ténor dans l'*Agnus*,

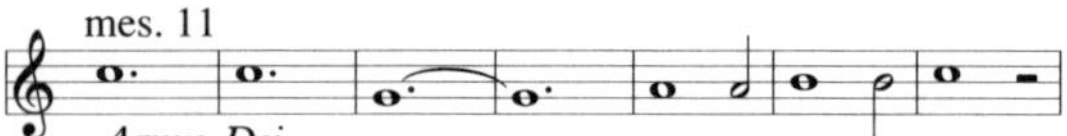

Agnus Dei
La mort de saint Gothard

mais son incipit est légèrement modifié dans les autres parties de la messe :

Kyrie
La mort de saint Gothard

L'intérêt de cette messe réside dans la liberté de traitement du « cantus firmus » qui peut non seulement apparaître avec des variantes mélodiques et dans différentes proportions, mais également intervenir dans des sortes de divertissements en valeurs brèves, en imitation aux trois voix supérieures (*Kyrie*, mes. 60-63), ou en duo supérius/ténor (*Gloria*, mes. 59-67).

Dans l'état actuel des connaissances, il est impossible d'attribuer avec certitude cette messe, qui pourrait aussi bien être de Dufay que d'un auteur comme Johannes Martini (hypothèse de L. Feininger citée par W. Nitschke, *Studien...*).

MESSE « LA-SOL-FA-RÉ-MI », messe à 4 voix de **Josquin des Prés**, publiée par Petrucci dans le 1ᵉʳ Livre des *Misse Josquin* en 1502 et régulièrement rééditée, en 1514, 1516 et en 1526 (à Rome, chez Giunta, Pasoti et Dorico). En Allemagne, elle fait partie des 15 messes (*Liber quindecim missarum*) éditées à Nuremberg par Petreius en 1539. On en connaît par ailleurs une dizaine de sources manuscrites, où son titre apparaît sous diverses formes : « Lesse faire a mi », p. ex. dans le Ms. 41 de la Cappella Sistina (Rome). Il faut attendre 1547 pour trouver une explication anecdotique à cette phrase dont Josquin tire un « sogetto cavato dalle vocali » : c'est Glaréan qui la rapporte dans son *Dodecachordon*. A une requête pécuniaire du musicien, un puissant patron, dont le théoricien ne connaît pas l'identité, aurait répondu par cette phrase, « Laisse faire moy », dans un français maladroit, dit-il. Sur ces mots, Josquin aurait aussitôt composé une messe entière extrêmement élégante. On considère généralement que ce personnage est Ascanio Sforza. L'illustration initiale du contraténor, dans le Ms. 41 de la Sixtine, où cette phrase est mise dans la bouche d'un personnage enturbanné, a permis à J. Haar de suggérer aussi Ludovic le More, frère d'Ascanio, sans conviction particulière. Toujours est-il que cette source semble bien être une des plus anciennes, datable autour des années 1490 (début de la décennie). Diverses concordances littéraires, approximativement contemporaines, semblent aussi converger vers l'entourage d'Ascanio, puisqu'on y rencontre Serafino Aquilano. Le poète, auteur d'un sonnet « à Josquin, musicien d'Ascanio » a, en effet, écrit un autre sonnet « Sopra la musica dove più volte e inscrito. Ut. Ré. Mi. Fa. Sol. La. Alla nostra donna », dont les syllabes initiales des quatre strophes disent clairement, en acrostiche : *la sol fa re mi* (*Rime*, Rome, Besicken, 1503). C'est à lui qu'on attribue également une « barzelletta » qui précède son « sonnet à Josquin » dont le refrain répète comme un ostinato les mots « lassa far a mi » énoncés dès les deux premiers vers : « Lassa far a mi, lassa far a mi / Non ti curare, lassa far a mi. » La dernière strophe en donne la même traduction musicale que Josquin. L'anecdote de Glaréan n'étant pas prouvée, on peut être tenté de penser que Josquin s'empare d'une idée quasi populaire dont témoignent diverses survivances littéraires et musicales, à côté des textes de Serafino : on trouve la même phrase (« lassa far a mi ») dans le « nio « final d'une villota, *La mi fa sol fare* (Venise, Bibl. Marciana, ital. cl. IV, 1795-1798), ainsi que dans plusieurs pièces du Ms. Q 21 de Bologne. La technique du « sogetto cavato dalle vocali » employée ici par Josquin permet de rapprocher cette œuvre d'un certain nombre de ses compositions, en particulier de la → *Messe « Hercules Dux Ferrariae »* et du motet → *« Illibata Dei Virgo »* (avec son « cantus firmus » *la-mi-la*, issu de « Maria »), dans lequel on a pu voir un autoportrait musical de Josquin. Ces rapprochements, auxquels on peut ajouter la technique de l'ostinato employée également dans la → *Messe « Faisant regretz »*, conjugués aux concordances littéraires qu'on vient d'évoquer, semblent plaider en faveur d'une situation chronologique relativement tardive, vers la fin des années 1480 ou le début de la décennie 1490, conformément à l'hypothèse proposée par H. Osthoff, plutôt que pour une date nettement antérieure (v. 1475-79) avancée par C. Dahlhaus.

Ce n'est pas dans le traitement hexacordal de son « sujet » que Josquin, dans cette messe, trouve la variété. *« La-sol-fa-ré-mi »* est chanté sans aucune transformation mélodique, dans deux hexacordes essentiellement, « par nature » (à partir de *la*) et « par bécarre » (à partir de *mi*), soit la transposition à la quinte. Dans quelques cas, exceptionnels cependant, le musicien se permet une fantaisie en changeant d'hexacorde au milieu du motif. Cet « inganno », pour parler comme Artusi (*Seconda parte d'Artusi*..., 1603), se produit dans le « Pleni sunt » du *Sanctus*, dont l'écriture, presque entièrement en « bicinia » est essentiellement un jeu sur ce motif obstiné et ses transformations par mutation.

Dans un tel passage, comme aussi dans le « Christe » et dans l'« Agnus » I, l'ostinato, diffusé dans tout l'espace polyphonique, assure au contrepoint une très grande homogénéité par le jeu des imitations. Dans la majeure partie de l'œuvre cependant, la technique d'élaboration repose principalement sur le procédé du « cantus firmus » réservé à la partie de ténor : les imitations dans les autres voix se limitent alors le plus souvent à des imitations anticipées, précédant l'entrée du « cantus firmus ». C'est dans le *Gloria* et le *Credo* que l'emploi du ténor est le plus strict, parfois en valeurs très longues, comme dans la 1re partie du *Credo*. Le contraste est alors fortement accusé avec les trois autres voix qui assurent la déclamation, à tendance syllabique, du texte. Josquin peut alors se permettre de combiner au « sujet » du ténor, des réminiscences plus ou moins paraphrasées des mélodies liturgiques du plain-chant (*Gloria* XV et *Credo* I) exposées par l'une des autres voix, parfois de manière quasi migrante, passant du bassus au contraténor, p. ex. dans le *Gloria* (« Gratias agimus tibi »), parfois au supérius, comme au début du *Gloria*, ou au supérius et contraténor dans le *Credo*, sur les paroles « Et incarnatus est », où se conjuguent l'allongement des durées et les « consonances dévotes » (comme dira Cerone, *El Melopeo y maestro*..., 1613).

L'ostinato est quasi omniprésent : les rares développements libres finissent toujours par le réintroduire, comme c'est le cas à la fin du « Qui venit » (*Sanctus*), « tricinium » sans ténor. Cette habileté remarquable à réintroduire le sujet dans une invention libre, illustrée aussi dans l'« Agnus » I, s'ajoute à l'extrême variété rythmique avec laquelle Josquin s'ingénie à répéter cet ostinato particulièrement contraignant. Le « bicinium » de l'« Agnus » II en est une illustration exemplaire. Ailleurs, les changements de mensuration et l'usage de diverses proportions en complètent la panoplie : la fin du *Credo*, p. ex., procède par une succession répétée de binaire (¢) et de ternaire (proportion sesquialtère). Dans certains cas, un second ostinato ou une série de « redictae » viennent se superposer au motif principal (*Credo* : « In remissionem peccatorum » ; voir aussi l'« Agnus » II). Parfois, c'est le jeu polyphonique sur le « sujet » lui-même qui produit un nouvel ostinato : *« fa-ré-mi »*, dans un passage de l'« Agnus » I où ténor et bassus à l'unisson s'imitent à une brève de distance.

Une telle réussite d'élégance (comme dit Glaréan) et de fantaisie dans la contrainte ne pouvait que susciter l'hommage et l'émulation. Même si l'hommage direct à Josquin n'est pas toujours aussi évident que dans la messe de **Jachet de Mantoue** (Treviso, Bibl. Capitolare, Ms. 23), plusieurs autres messes ont été composées sur le même sujet jusqu'à la fin du XVIe siècle. Celle de **Costanzo Porta**, p. ex. (Venise, 1578 ; rééd. moderne *in* Chw., n° 93), fait clairement référence à Josquin. Dans un manuscrit de Munich (Ms. 7) une *Missa... supra la.sol.mi.fa.ré.* est attribuée à **Robert de Févin** : en raison des similitudes de structure et de techniques, E. Lowinsky a suggéré d'y voir une « riposta » à la messe de Josquin. L'hommage est patent également dans un *« Stabat mater »* du Florentin **François de Layolle**, où le second ténor chante un ostinato *la-sol-fa-ré-mi*, en diminution proportionnelle dans les trois parties du motet. Dans le domaine profane, une villanesca de 1545, de **Perissone Cambio** (*Madonne, l'arte nostra è di cantare*), cite encore l'ostinato josquinien, poétiquement et musicalement. Un lied de **Mathias Greiter**, → *« Ich stund an einem Morgen »* (1535), en donne même une traduction allemande au bassus (« Lass sie fahren »), en ostinato, sur les mêmes hexacordes que Josquin. Le répertoire instrumental lui accorde aussi une large place : directement issue de Josquin dans les tablatures de vihuela des Espagnols (principalement **Pisador**, 1552, mais aussi **Mudarra**, 1546, et **Fuenllana**, 1554), ou de facture plus libre dans diverses fantaisies, depuis Pisador (*Fantasia del quarto tono*... pour voix et vihuela) jusqu'à **J. J. Froberger** (dans une partie de la *Fantasia sopra sol la ré*) en passant par les Italiens **Tiburtino** (1549), **Conforti** (1558), **Ruffo** (1564), **Frescobaldi** (1624), **Banchieri** (1625) et même l'Anglais **John Bull** (*Cosyn Virginal Book*).

Rééditions modernes — Par A. Smijers, *in* Werken van Josquin des Prés, 11e livr., Amsterdam, Vereeniging voor Nederlandse Muziekgeschiedenis, 1926, 2/1977.

Bibliographie — L. Zambra, La barzelletta Lassa far a mi, *in* La Bibliofilia, Rivista di Storia del Libro XV, Florence 1913-14 ; F. Torrefranca, Il segreto del Quattrocento, Milan 1939 ; A. Pirro, Histoire de la musique de la fin du XIVe siècle à la fin du XVIe, Paris 1940 ; H. Th. David, Themes from words. A birthday offering to C. Engel, New York 1943 ; C. Dahlhaus, Studien zu den Messen Josquins des Prés (diss. Göttingen, 1952) ; E. Lowinsky, Josquin des Prez and Ascanio Sforza, *in* Il Duomo di Milano, éd. par M. L. Gatti Perer, Milan, La Rete, 1969 ; du même, Ascanio Sforza's Life. A Key to Josquin's Biography and an Aid to the Chronology of his Works, *in* E. Lowinsky (éd.), Josquin des Prez, Londres, OUP, 1976 ; J. Haar, Some Remarks on the « Missa La sol fa re mi », *ibid.* ; J. Noble, art. Josquin Desprez, *in* Grove, 6/1980.

J.-P. Ouvrard

Messe « L'homme armé », messe à 4 voix sur « cantus firmus » unique de **Guillaume Dufay** dont les sources principales sont les manuscrits Rome, Capp. Sist. 14 (f° 101v-105) et 49 (f° 36-55), ainsi qu'Édimbourg, Nat. Libr. of Scotland, Adv. Ms. 5-1-15. Elle appartient à la période de maturité de Dufay. A. E.

Planchart suggère qu'elle aurait été exécutée en 1455 à Saint-Pourçain lors de la signature d'un traité entre Charles VII et Louis de Savoie. D. Fallows la croit plus tardive, écrite après le retour de l'auteur à Cambrai en 1458.

Dufay a choisi pour « cantus firmus » unique une chanson monodique de caractère populaire dont l'origine demeure obscure (est-ce une chanson « rustique » ou le ténor d'une pièce polyphonique ?).

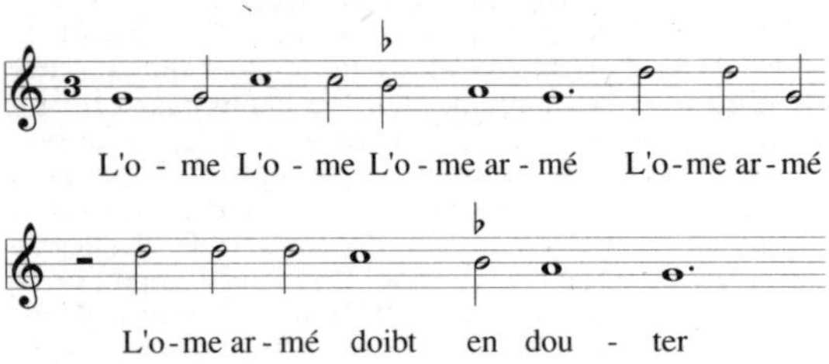

Une vingtaine de fois utilisé comme « cantus firmus » dans des messes au XVe s. (notamment par **Busnois**, **Ockeghem**, **Faugues**, **Regis**, **Obrecht**, etc.), ce thème est en général très reconnaissable. Au contraire, dans la messe de Dufay, il subit de multiples modifications et émerge peu de la polyphonie, partageant certains de ses éléments avec les autres voix. Ses transformations résident non seulement dans les différentes échelles de valeurs utilisées, mais aussi dans le changement des durées respectives des notes, ou encore dans de petites variantes mélodiques (*Credo*, mes. 81-82). Ce « cantus firmus » s'intègre étroitement à la polyphonie : on remarque ses liens privilégiés avec le bassus, qui, le plus souvent, annonce la note de départ du « cantus firmus » (*Kyrie*, mes. 4, mes. 70) ou présente en imitations les mêmes motifs **A**. Parfois trois parties sur quatre fournissent simultanément des éléments issus du « cantus firmus » (*Credo*, mes. 39-42). Du « cantus firmus » naît également un motif de tête fondé sur l'intervalle mélodique de quarte que l'on rencontre au supérius au début de chacune des pièces :

Éd. Besseler

Autour du « cantus firmus » se greffe aussi une section conclusive, identique aux 4 voix (*Kyrie*, mes. 80-84, *Agnus*, mes. 127-131). Enfin, dans les différentes parties de la messe circule un motif mélodique toujours fondé sur la quarte et son renversement (*ré-sol*, *sol-ré*, *Credo* mes. 31-33, 83-84, 172-175). Certes, la présence dans la chanson *« L'homme armé »* de notes répétées, de sauts de quarte et de quinte est propice au jeu des imitations, car ce sont là des éléments fréquents dans l'écriture polyphonique du XVe siècle. Ainsi la difficulté n'était-elle peut-être pas d'intégrer le « cantus firmus » à l'ensemble, mais de l'en dissocier. A cet égard, L. Lockwood fait remarquer la différence de conduite mélodique existant entre les duos introductifs et les parties à 4 voix : dans les duos, le supérius développe une ligne fermement dessinée en courtes incises, tandis que dans les parties à 4 voix il montre moins de cohérence dans la direction mélodique.

Outre l'unité exceptionnelle apportée par le « cantus firmus », la *Messe « L'homme armé »* présente une grande virtuosité dans l'écriture : on y remarque des superpositions rythmiques complexes (*Credo*, mes. 81-93), des jeux d'imitations fréquents sur des motifs apparentés ou non au « cantus firmus », et la prouesse que constitue l'introduction du mouvement rétrograde du « cantus firmus » (*Agnus*, mes. 75 et suiv.) **B**.

La richesse de l'écriture de cette messe a pu, pour A. E. Planchart, évoquer la tradition du grand motet isorythmique. En fait, elle est caractéristique de la période de maturité de Dufay et se retrouve dans ses trois autres messes sur « cantus firmus » unique → *« Se la face ay pale »*, → *« Ecce ancilla Domini »*, et → *« Ave Regina caelorum »*.

Éditions modernes — Par L. FEININGER, *in* Monumenta polyphoniae liturgicae, série I, vol. 1, Rome 1948 ; par H. BESSELER, *in* G. Dufay. Opera omnia III, Amer. Inst. of Musicology, 1951.

Bibliographie — O. GOMBOSI, Bemerkungen zur l'Homme armé-Frage, *in* ZfMw X, 1928, et XII, 1930 ; E. H. SPARKS, Cantus firmus in mass and motet, 1420-1520, Berkeley et Los Angeles 1963 ; CH. HAMM, A chronology of the works of G. Dufay based on a study of mensural practice, Princeton, Princeton Univ. Press, 1964 ; W. NITSCHKE, Studien zu den Cantus-firmus Messen G. Dufays, Berlin, Merseburger, 1968, pp. 201-243 ; L. LOCKWOOD, Aspects of l'Homme armé tradition, *in* Proc. R. Mus. Assoc. C., 1973-74 ; A. E. PLANCHART, G. Dufays Masses : a view of the manuscript tradition, *in* A. W. Atlas (éd.), Dufay quincentenary conference, New York 1976 ; L. TREITLER, Dufay the progressive, *ibid.* ; J. COHEN, Munus ab ignoto, *in* Studia Musicologica XXII, 1980 ; D. FALLOWS, G. Dufay, Londres, Dent, 1982, pp. 200-207.

D. PATIER

MESSE « L'HOMME ARMÉ », messe à 4 voix de **Johannes Ockeghem**. Les messes *« L'homme armé »* de Dufay et d'Ockeghem sont probablement les premières de la série de cycles polyphoniques sur ce « cantus firmus » (→ *« L'homme armé doibt on doubter »*), mais il est difficile de les dater ou même de préciser laquelle des deux est la plus ancienne.

Chez Ockeghem, le « cantus firmus » est toujours cité au ténor : une fois dans le *Kyrie* (sur *sol*) ; deux fois dans le *Gloria* (sur *sol*) ; deux fois et demie dans le *Credo* (transposé une quinte plus grave sur *ut*) ; une fois dans le *Sanctus* (sur *sol*), interrompu sur « Pleni sunt » et « Benedictus » ; une fois dans l'*Agnus Dei* (transposé une octave plus grave sur *sol*), interrompu pendant l'« Agnus » II. On remarque cependant sa présence de façon exceptionnelle aux autres voix dans le *Credo*, lors de jeux d'imitations sur « Et iterum » (S/CT/B, mes. 87-93) et « qui cum Patre » (même voix, mes. 117-121 et 124-128). Ce « cantus firmus » s'intègre aisément à la polyphonie du fait de l'emploi de valeurs de même ordre à toutes les voix ; seule sa mélodie très caratéristique permet de l'isoler. Toutefois, dans le souci de ménager une tension, Ockeghem le solennise en l'employant en augmentation à la fin du *Sanctus* (Osanna, mes. 56-92) et dans l'*Agnus* III (mes. 46-115). Si la citation du « cantus firmus » reste donc à bien des égards assez rigide, on observe que le compositeur utilise entre les diverses incises du thème emprunté des silences de longueur différente, et qu'en fin de texte il complète souvent la partie de ténor par un fragment libre (p. ex. : « Agnus » III, mes. 116 à la fin). De même, d'une pièce à l'autre du cycle, l'organisation rythmique du « cantus firmus » peut subir de légères modifications (comparer *Kyrie* mes. 10-13 et *Credo* mes. 20-24).

L'écriture contient peu d'imitations et l'édifice sonore

repose surtout sur des formations à 3 et 4 voix plutôt qu'à 2. En ce sens, ce texte sonne de manière très différente de celui de Dufay. L. Lockwood souligne la concision de cette messe d'Ockeghem, qui s'approche de la conception d'une « missa brevis ». De son côté, Ch. van den Borren fait remarquer plusieurs tentatives d'illustration du texte par la musique : notamment dans le *Credo*, sur les mots « et iterum venturus est » (mes. 87 et suiv.) où les imitations (issues du « cantus firmus ») donnent une impression de fanfare pouvant évoquer le jugement dernier.

Sources principales — Rome, Bibl. Vat., Cod. Chigi C VIII 234, et Capp. Sist., Cod. 35.

Éditions modernes — Par D. PLAMENAC, *in* J. Ockeghem, Sämtliche Werke I, PäM I/2, Leipzig, Br & H., 1927, réimpr. Hildesheim, Olms, 1968, éd. révisée New York, Amer. Inst. of Musicology, 1959 ; par L. FEININGER, *in* Monumenta polyphoniae liturgicae, série I, vol I/10, Rome 1948.

Bibliographie — P. WAGNER, Geschichte der Messe, Leipzig 1913 ; CH. VAN DEN BORREN, *in* Le madrigalisme avant le madrigal, *in* Fs. G. Adler, Vienne 1930 ; E. KRENEK, A discussion of the treatment of dissonances in Ockeghem's Masses as compared with the contrapuntal theory of J. Tinctoris, *in* Hamline Studies in Musicology II, Hamline Univ. St-Paul, 1947 ; du même, Ockeghem, Londres 1953 ; G. REESE, Music in the Renaissance, New York, Norton, 1954, 2/1959, pp. 125-126 ; E. H. SPARKS, Cantus firmus in mass and motet, 1420-1520, Berkeley et Los Angeles 1963, pp. 141-146 ; R. ZIMMERMANN, Stilkritische Anmerkungen zum Werke Ockeghems, *in* AfMw XXII, 1965 ; M. HENZE, Studien zu den Messenkompositionen J. Ockeghems, *in* Berliner Studien zur Musikwissenschaft XII, 1968 ; L. LOCKWOOD, Aspects of the « L'Homme armé » tradition, *in* Proc. R. Mus. Assoc. C, 1973-74 ; L. L. PERKINS, art. Ockeghem, *in* Grove, 6/1980.

D. PATIER

MESSE « L'HOMME ARMÉ », messe à 4 voix de **Robert Carver**, compositeur de plusieurs messes à 2, 3, 5, 6 et 10 voix dont une sur la chanson *The western wynde* (→ *Messe « The western wynde »* de J. Taverner), écrite vers 1520, la seule écrite hors du continent et, selon la coutume anglaise, ne comportant pas de *Kyrie*.

Elle se caractérise par la richesse de la rythmique et la variété du traitement du « cantus firmus ». En effet,

A MESSE « L'HOMME ARMÉ » DE G. DUFAY

B MESSE « L'HOMME ARMÉ » DE G. DUFAY

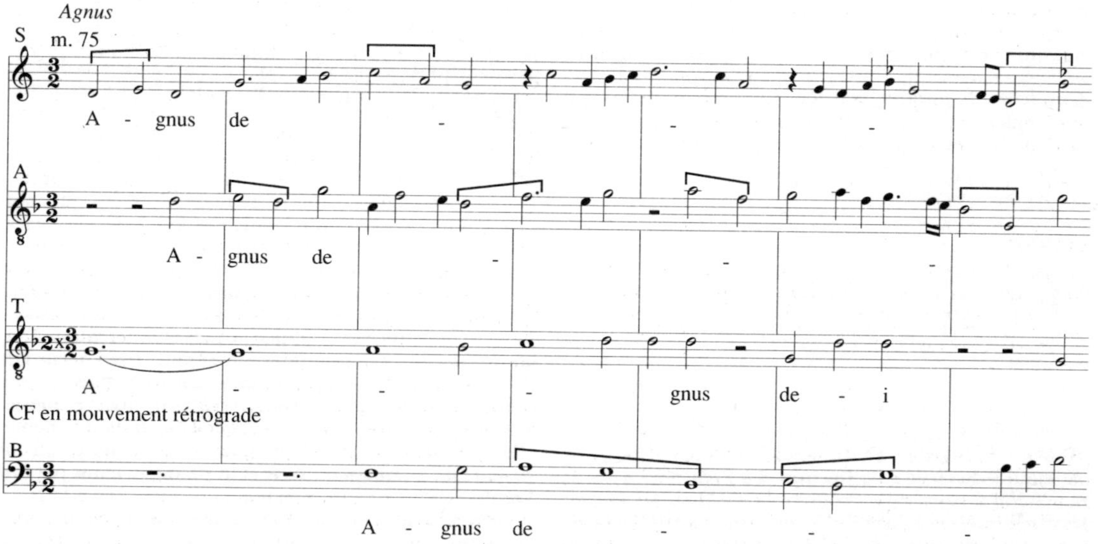

Dans son édition, H. Besseler ne met pas le *si* ♭ à la clé au supérius.

Carver superpose volontiers des divisions rythmiques non homogènes (ternaire/binaire simultanément, voir au début de l'« Agnus Dei ») et utilise une échelle de valeurs très large. Le « cantus firmus » apparaît souvent au ténor, mais peut migrer aux autres voix (p. ex. *Gloria*, « cantus firmus » au ténor, mes. 1-11, à l'altus, mes. 19-27, au ténor, mes. 39-50). Généralement cité sur *sol/do*, il revient parfois transposé (*do/fa* à la basse, *Sanctus*, mes. 13-24). Sa rythmique demeure variable : valeurs courtes dans les *Gloria* et *Credo*, ou en augmentation (Agnus Dei III, mes. 95 et suiv.). En principe, sa présence reste liée à l'édifice à 4 voix ; dans des formations plus légères, il est écarté (p. ex. *Gloria*, « Qui tollis » à 3 voix, mes. 54-84 sans « cantus firmus »). En dehors des citations en continuité, le « cantus firmus » figure à l'état latent dans la présence de nombreuses quartes ascendantes (intervalle de départ de la mélodie empruntée). On les relève dans le courant de motifs mélodiques

Credo, mes. 83, supérius

ou même dans des parties de caractère harmonique (*Gloria*, bassus, mes. 3-15).

Les imitations sont très nombreuses, la plupart des sections commençant par des entrées plus ou moins rigoureuses des voix libres (p. ex. au début de l'« Agnus Dei » III). L'écriture, souvent ornée et mélismatique dans les passages à 4 voix, est encore plus riche dans les ensembles en trio. On admirera le mélisme sur « nobis » dans le « Qui tollis » du *Gloria* (mes. 60-79) ou encore celui sur « factus est » (*Credo*, mes. 78-93). Cette qualité mélodique des vocalises, leur caractère souvent proche de l'instrumental, sont typiques des messes de provenance anglaise (Taverner, Tye, Tallis) et l'on pourrait imaginer que l'aventure du « In nomine » de la → *Messe « Gloria Tibi Trinitas »* de Taverner ait pu se produire sur le « Et incarnatus est » du *Credo* de Carver.

Par son écriture très fleurie, ses imitations, son intégration du « cantus firmus » dans le contrepoint, la *Messe « L'homme armé »* de Carver demeure proche de l'esprit des œuvres de Josquin, mais elle présente une harmonie plus tonale (cadences parfaites avec tierce majeure) et surtout une suavité mélodique typiquement britannique.

Sources — Édimbourg, National Libr. of Scotland, Adv. Ms. 5-1-15, dit « The Scone Antiphonary ».

Éditions — Par K. Elliott, *in* Mus. Brit. XV, Londres, Stainer & B., 1957, 2/1965.

Bibliographie — H. G. Farmer, A History of Music in Scotland, Londres 1947 ; D. V. Stevens, Tudor Church Music, Londres 1961 ; K. Elliott, A History of Scottish Music, Londres, BBC, 1973, pp. 15-19 ; du même, art. Carver, *in* Grove, 6/1980 ; W. Haas, Studien zu den « Homme armé » Messen des 15. und 16. Jh., Regensburg, Bosse, 1984.

D. Patier

Messe « L'homme armé sexti toni », messe polyphonique à 4 et 6 voix de **Josquin des Prés**. On s'accorde en général à penser que, comme la → *Messe « L'homme armé super voces musicales »*, elle appartient à la période de la maturité du musicien. Elle est imprimée dès 1502 chez Petrucci (*Misse Josquin*...), et les sources manuscrites ne font pas apparaître une antériorité très importante : la plus ancienne des 8 qu'on en connaît, le Ms. Chigi (C. VIII. 234) de Rome, peut être situé dans les dernières années du XVe s., vers 1498.

Josquin construit sa composition sur la fameuse chanson *« L'homme armé »*. A la différence de ce qu'il choisit dans son autre messe, il traite ici la mélodie préexistante dans le 6e ton *(fa)*, lui conférant ainsi un caractère majeur qu'elle a aussi chez Ockeghem ainsi que dans la chanson de Morton :

Il se distingue ainsi de nombreuses autres œuvres (**Dufay**, **Tinctoris**, **Busnois**, **Brumel**, **Faugues**, **Regis**...) où le thème est traité dans le premier mode (*ré*, souvent sur *sol*).

Les 4 voix de la polyphonie sont notées dans des tessitures graves : le Ms. Chigi donne, p. ex., pour le *Kyrie*, *ut* 2 (supérius), *ut* 4 (ténor), *fa* 3 (altus) et *fa* 5 (bassus). Dans le *Gloria* et le *Credo*, le supérius utilise même passagèrement la clé d'*ut* 3, la polyphonie se rapprochant alors des « voix pareilles ». Parmi les rééditions modernes, l'une (Ed. Musica, Budapest) en donne une transposition à la quinte supérieure, la rendant ainsi accessible à un chœur mixte moderne.

Pour l'essentiel, la technique d'élaboration polyphonique relève du « cantus firmus », mais Josquin, plus encore que dans la messe *« Super voces musicales »*, s'ingénie à en varier continuellement la présentation. Le thème lui-même subit fréquemment des variantes mélodiques, de l'ornementation passagère jusqu'à la paraphrase, comme c'est le cas dès le premier exposé du ténor dans le *Kyrie*. Le *Sanctus* est aussi un bon exemple de la manière dont une cellule simple peut se transformer, engendrant par ornementation un nouveau sujet : le saut de quinte, prononcé au bassus seulement, donne ainsi naissance à un nouveau motif qui va nourrir toute la polyphonie par le jeu des imitations, avant d'intégrer la dernière phrase qui n'est, elle-même, dans la mélodie originale, qu'une autre forme du même parcours mélodique.

Dans le domaine rythmique, la variété est aussi infinie, s'ajoutant aux nombreuses nuances de tempo qu'introduisent les changements de mensuration et les proportions : temps parfait (O), temps imparfait diminué (¢), temps parfait diminué (⏀) forment ainsi une succession de tempi relativement traditionnelle dans le *Kyrie*, p. ex., comme le remarquera Glaréan. On la trouve aussi dans le *Sanctus*, cependant que dans le *Gloria* et dans le *Credo* elle se trouve sensiblement modifiée par l'usage d'une proportion sesquialtère (respectivement : « Cum Sancto Spiritu » et « Et unam sanctam »).

Cependant, c'est sans doute dans la disposition polyphonique du « cantus firmus » que Josquin atteint le maximum de variété. Dans le « Kyrie » I, c'est le ténor qui expose la partie A de la mélodie, précédé des imitations anticipées des autres voix. Le « Christe » exploite la partie B, mais c'est au bassus que revient la fonction de « cantus firmus », complété néanmoins par le ténor qui lui superpose la 2e phrase du thème B. Le retour de A dans le « Kyrie » II, en revenant au ténor, permet surtout de vérifier qu'il n'y a pas, chez Josquin, d'incompatibilité entre technique et expression : la phase descendante de la dernière phrase cadentielle y est contrepointée aux autres voix par une très belle marche séquentielle descendante où la cadence finale est amenée dans les dernières mesures par un ultime élan vers l'aigu. L'« Agnus Dei » I présente plus loin une disposition similaire. Dans le *Gloria*, après une 1re partie sur le thème A, très en dehors au ténor, la 2e partie expose toute la mélodie (ABA) d'une manière très originale : A et B y apparaissent morcelés, au bassus, ponctuant dans des épisodes à 4 ou 3 voix, parfois rigoureusement note contre note (« Suscipe »), une série de « bicinia » qui confèrent à ce passage un caractère antiphonal quasi litanique. Cette présentation s'épanouit dans l'imitation à 3 (bassus, supérius, contraténor) sur « Jesu Christe » avant l'accélération finale de la proportion sesquialtère où le bassus retrouve son rôle de « cantus firmus » dans un contrepoint à 4, qui finit par se libérer dans un « Amen » très ornemental. Le *Credo* conserve la répartition des thèmes AB et A sur les trois parties qui le composent : le supérius se substitue au ténor pour la partie B dans la fonction de « cantus firmus », plus éclatée en imitations diverses dans la dernière partie (« Et unam »). Ce qui est le plus remarquable, en l'occurrence, c'est sans doute la clarté des structures : dans la partie centrale, notamment, le « cantus firmus » du supérius détermine de véritables sections, littéralement répétées ou variées, dans lesquelles se glissent occasionnellement, ici des motifs secondaires empruntés au thème A, ailleurs des effets d'ostinato, des « redictae » et même des figuralismes (figure ascendante du bassus sur « et ascendit in coelum », figure descendante sur « descendit de coelis »). *Sanctus* et *Agnus*, enfin, accentuent encore cette tendance à la virtuosité compositionnelle par l'introduction de canons, pratique quasi inhérente à la tradition des messes *« L'homme armé »*, depuis Faugues en particulier. C'est sur un canon à l'unisson entre altus et ténor que s'ouvre le *Sanctus*, mettant ainsi en pratique le texte d'Ésaïe (6, 2-3) cité dans deux des sources manuscrites (Cappella sistina 41 et Vienne 11778) : « Duo seraphim clamabant alter ad alterum. » Dans le « Hosanna », le canon est entre ténor et bassus, à la quinte. Même les deux « bicinia » (« Pleni sunt » et « Benedictus ») sont partiellement dans une écriture canonique. Cependant, c'est très nettement dans le dernier « Agnus », à 6 voix, que culmine la virtuosité contrapuntique : dans le double « cantus firmus », très allongé, des deux voix graves (ténor et bassus), Josquin réussit la gageure de superposer le thème B, sensiblement aménagé (au ténor) et le rétrograde du thème A (bassus), avant d'effectuer le parcours inverse, soit le rétrograde du thème B sur l'exposé direct de A. Quant aux 4 autres voix, elles sont deux à deux en disposition canonique sur des motifs apparentés : les deux supérius d'une part, les deux altus d'autre part, effectuant une « fuga ad minimam » à l'unisson. Le tour de force contrapuntique ainsi représenté explique sans doute que ce passage soit cité par S. Heyden dans son *De arte canendi* (1537). Dix ans plus tard, Glaréan retiendra le *Benedictus*, suivi plus tard par Wilphlingseder en 1563 (*Erotemata...*), quelques années après la dernière impression allemande de 1560 (A. von Ysenburg), aujourd'hui conservée à Wiesbaden.

Rééditions modernes — Par A. Smijers, *in* Werken van Josquin des Prés, 14e livr., Amsterdam, Vereeniging voor Nederlandse Muziekgeschiedenis, 1931 ; par A. Bortone, *in* Josquin des Prés e vari. Messe, Magnificat, Motetto e Inno, Milan, Veneranda Fabbrica del Duomo, 1958 ; par G. Darvas, Budapest, Ed. Musica, 1971.

Bibliographie — W. Apel, Imitation canons on L'homme armé, *in* Speculum XXV, 1950 ; C. Dahlhaus, Studien zu den Messen Josquin des Prés (diss. Göttingen, 1952) ; H. Osthoff, Josquin Desprez, 2 vol., Tutzing 1962-65 ; E. H. Sparks, Cantus firmus in mass and motet 1420-1520, Berkeley 1963 ; L. Lockwood, Aspects of the « L'homme armé » Tradition, *in* Proc. R. Mus. Assoc. C, 1974 ; J. Noble, art. Josquin Desprez, *in* Grove, 6/1980 ; J.-P. Ouvrard, Josquin Desprez et ses contemporains, Arles, Actes Sud, 1986.

J.-P. Ouvrard

Messe « L'Homme armé super voces musicales », messe à 4 voix de **Josquin des Prés**. Si l'on en juge par le nombre de ses sources, cette messe est parmi les plus célèbres du musicien, à égalité avec la → *Messe « Pange lingua »* : une bonne quinzaine de manuscrits et 3 éditions imprimées, parmi lesquelles les *Misse Josquin* de 1502 (Petrucci) où elle figure à côté de la *Messe « L'homme armé sexti toni »*. Comme cette dernière, elle semble appartenir à la période de la maturité de Josquin, mais on s'accorde à penser qu'elle lui est sensiblement antérieure, composée sans doute dans la décennie 1480. Sa renommée, en tout cas, parcourt la totalité du XVIe s. : rééditée en Allemagne en 1539 — à Nuremberg, chez Petreius et chez Grapheus —, elle est aussi copiée en plein XVIe s. (dans le Ms. Rome. Sistina 154, où le *Credo*, incomplet dans toutes les autres sources, est ici achevé) et même tout à fait vers la fin du siècle, comme dans le Ms. Bourdeney de Paris (BN, Rés. Vma 851). Depuis le *De arte canendi* de Heyden (1537), les théoriciens en citent volontiers des extraits, jusqu'en 1590, chez J. Paix (*Selectae, artificiosae et elegantes fugae*) qui ne fait d'ailleurs que reprendre les exemples cités par Glaréan (*Dodecachordon*, 1547). Dans la péninsule Ibérique, où cette messe est connue assez tôt (dès la fin du XVe s. : Barcelona, Bibl. Orféon Catalan Ms. 5), les instrumentistes en glosent de larges extraits : **Valderrabano** (1547) pour la vihuela, **Cabezón** (1578) et surtout **Diego Pisador** (1552) pour voix et vihuela.

Comme son homonyme en 6e ton, cette messe est construite sur la mélodie célèbre de → *« L'Homme armé »* sur laquelle Josquin a aussi composé une pièce profane. Elle vient ainsi s'ajouter à un vaste corpus issu de cette chanson dont P. Aron (*Toscanello...*, 1523) attribuait la paternité à Antoine Busnois. Mais à la différence de la chanson de Morton, de la messe d'**Ockeghem** et de son autre messe, Josquin traite la mélodie dans le « premier ton » ou mode de *ré*, soit un mode mineur, rejoignant ainsi un groupe important où se trouvent, entre autres, **Busnois**, **Brumel**, **Dufay**, **Faugues**, **Tinctoris**, **Regis** et autres anonymes... Du moins, le mode de *ré* constitue-t-il le mode global de l'œuvre. Car la mélodie en elle-même, utilisée comme « cantus firmus » de la polyphonie, subit une série de « transpositions », parcourant successivement les syllabes musicales de l'hexacorde (ou « voces musicales » comme le titre l'indique) : *ut* (*Kyrie*), *ré* (*Gloria*), *mi* (*Credo*), *fa* (*Sanctus*), *sol* (« Agnus » I), *la* (« Agnus » III). Le premier « Kyrie » affiche d'emblée cette ambiguïté qui restera présente constamment : alors que le « tricinium » initial fait entendre le début du sujet en *ré*, dans une imitation anticipée entre bassus et supérius, le « cantus firmus » du ténor l'énonce ensuite en *ut*. Pour la même raison, toutes les cadences finales des différentes parties (en *ré*) sont effectuées à 3 voix, le « cantus firmus » concluant toujours quelques mesures avant. Il faut attendre le dernier « Agnus » et la dernière cadence pour que le « cantus firmus » alors au supérius s'y intègre, faisant entendre la quinte.

Cette procédure de développement, qui n'est pas sans rappeler le célèbre → *« Miserere »* à 5 de Josquin, a pour effet d'inscrire la messe dans une dynamique architecturale expressive en elle-même parce que directement sensible. Le « cantus firmus », placé au ténor comme il est de coutume, parcourt ainsi tout l'espace polyphonique. Initialement situé dans la zone grave de cette voix, il en étend progressivement l'ambitus vers l'aigu, pour se trouver, dès le *Sanctus*, en position de contraténor avant d'achever son ascension au supérius dans le dernier « Agnus », en mode de *ré* sur *la*. L'art de Josquin consiste à introduire dans cette trame dynamique générale d'autres facteurs de transformation qui, tout en variant subtilement l'évolution, convergent finalement dans la même progression. C'est ainsi qu'au dernier « Agnus », véritable « climax » de l'œuvre, la mélodie, au sommet de la polyphonie (supérius), allongée par le jeu des manipulations mensurales, est affectée dans sa partie finale (le « da capo » du refrain) d'une rubrique canonique qui commande d'en omettre les silences : « clama ne cesses » (crie sans relâche). La référence à Ézéchiel est clairement un aveu de l'intention expressive : Josquin en amplifie l'effet par l'accumulation constante, aux autres voix, de motifs traités en ostinato, « redictae » développées par le jeu de l'écriture en imitation. Dans le contexte d'une messe *« L'Homme armé »*, mélodie volontiers associée aux ordres guerriers ou croisés (la Toison d'or en Bourgogne, l'ordre de Saint-Michel en France), la coïncidence de cette surenchère avec la dernière supplication de l'*Agnus* (« Dona nobis pacem ») est paradoxalement frappante. Ailleurs, c'est à un travail sur le tempo du « cantus firmus » que Josquin se livre, modifiant ainsi fréquemment la relation temporelle entre le ténor et les autres voix. Ainsi, dans le *Credo*, le dernier énoncé du thème (« Confiteor ») est accéléré pour conclure dans une polyphonie totalement homogène. L'effet est similaire, en ternaire cette fois, dans le « Osanna » du *Sanctus*. Dans certaines sources, un canon verbal commente cette homogénéisation des durées : « gaudet cum gaudentibus » (il se réjouit avec ceux qui sont joyeux). Au moyen de ces techniques, Josquin parvient à varier continuellement la polyphonie qu'il tisse autour du « cantus firmus », dans laquelle l'écriture en imitation tient une bonne part avant l'entrée du ténor pour se développer ensuite en contrepoint libre. Quelques passages sans ténor, selon la tradition dans le « Pleni sunt » et le « Benedictus » du *Sanctus* ainsi que dans le second « Agnus », développements libres, apparents répits dans la construction architecturale, se révèlent en fait de véritables prouesses de virtuosité contrapuntique, joyaux du gothique flamboyant : les trois « bicinia » du « Benedictus » (successivement 2 bassus, 2 altus, 2 supérius) aussi bien que le « tricinium » de l'« Agnus » II sont en fait des canons de mensuration, polyphonies de tempi, comme autant de décors pieusement ciselés et humblement dissimulés aux oreilles naïves : ils feront la joie des théoriciens du XVIe s. qui les citeront à l'envi. L'« Agnus » II est même inscrit en marqueterie (« intarsia ») dans les stalles Renaissance de l'église San Sisto à Plaisance. De la même manière, dans le *Gloria* et dans le *Credo*, à deux reprises, la mélodie profane semble se faire plus discrète : c'est que Josquin, amené à la réexposer pour répondre au développement du texte liturgique, le fait « à rebours », en canon rétrogradable (« cancrizet et supra dicta notet »). Au début du *Credo*, selon une pratique qui lui est relativement coutumière, Josquin réussit le tour de force de contrepointer son ténor profane par une paraphrase du plain-chant (*Credo* I) : concession à l'esthétique flamande de l'« Ars combinatoria » en même temps qu'esquisse d'un geste liturgique que le maître de chapelle ne saurait oublier.

Rééditions modernes — Par A. Smijers, *in* Werken van Josquin des Prés, 10e livr., Amsterdam, Vereeniging voor Nederlandse Muziekgeschiedenis, 1926, 2/1957.

Bibliographie — H. Osthoff, Josquin Desprez, 2 vol., Tutzing 1962-65 ; M. B. Collins, The performance of coloration sesquialtera and hemiola (1450-1570), *in* JAMS XVII, 1964 ; D. Heikamp, Zur Struktur der Messe « L'Homme armé super voces musicales » von Josquin Desprez, *in* Mf XIX, 1966 ; M. Honegger, Les messes de Josquin dans la tablature de Diego Pisador, Salamanque 1552 (diss. Univ. de Paris, 1970) ; J. Van Benthem, Einige Musikintarsien des frühen 16. Jh. in Piacenza und Josquins Proportionskanon « Agnus Dei », *in* TVer XXIV, 1973 ; L. Lockwood, Aspects of the « L'Homme armé » Tradition, *in* Proc. R. Mus. Assoc. C., 1974 ; E. Stam, Josquins Proportionskanon « Agnus Dei » und dessen piacentiner Überlieferung, *in* TVer XXVI, 1976 ; J. Van Benthem, Kompositorisches Verfahren in Josquins Proportionskanon « Agnus Dei » (Antwort an E. Stam), *ibid.* ; E. Lowinsky (éd.) Josquin des Prez, Londres, OUP, 1976.

J.-P. Ouvrard

Messe Lord Nelson, de **Joseph Haydn**, voir Missa « in angustiis ».

Messe « Malheur me bat », messe à « cantus firmus » à 4 voix (l'« Agnus Dei » III est à 6 voix) de **Josquin des Prés**, antérieure à 1486, peut-être en rapport avec l'exil du cardinal Ascanio Sforza, protecteur du musicien, à Ferrare puis à Naples (1480-82). Très répandue au XVIe s., elle a été transmise par 13 manuscrits dont les principaux sont conservés à Bruxelles (Bibl. royale, Ms. 9126), à Iéna (Universitäts-Bibl., Cod. Mus. 3), à Vienne (National-Bibl. Ms. 4809 et Ms. 11883) et à Rome (Bibl. vaticane, Cappella Sistina, Ms. 23), ce dernier indiquant qu'elle faisait partie du répertoire de la chapelle papale sous le pontificat de Jules II (1503-1513). Elle a été imprimée par O. Petrucci dans son *Missarum Josquin liber secundus* (Venise 1505, plus rééd. jusqu'en 1526 ; rééd. moderne en facs. Bologne, Antiquae musicae italicae studiosi, 1971). Des fragments à deux voix en ont été cités par plusieurs théoriciens des XVIe s., S. Heyden (1537, « Agnus Dei » II), Glaréan (*Dodecachordon*, Bâle 1547, « Agnus Dei » II) et E. Rothenbucher (1549, « Pleni sunt »). Écrite en *mi* phrygien, elle se fonde sur une chanson à 3 voix, attribuée à J. Ockeghem dans l'*Odhecaton* de Petrucci (Venise 1501), qui a également fourni la matière musicale à des messes d'**A. Agricola**, **J. Obrecht** et **A. de Silva**. A l'exception de l'« Agnus Dei » II qui est un libre canon à la seconde à distance d'une semi-brève, toutes les pièces qui la composent sont construites autour d'un « cantus firmus » variable, emprunté au ténor de la chanson dans le *Kyrie* (au ténor), le *Gloria* (au ténor) et l'« Agnus Dei » I et III (au ténor et en valeurs augmentées), au supérius dans le *Credo* (au supérius en valeurs augmentées puis une 2e fois en valeurs normales) et l'« Agnus Dei » III (au supérius tantôt augmenté, tantôt en valeurs normales), au contraténor dans toutes les pièces du *Sanctus* (à l'altus en valeurs normales). Le « Hosanna » présente la particularité d'utiliser 12 changements de mesure tandis que dans les trois courtes pièces à deux voix qui constituent le *Benedictus* le « cantus firmus » est présenté d'abord à partir de *mi*, puis à partir de *ré*, enfin à partir de *la*. Mais la pièce la plus extraordinaire de la messe, son couronnement en quelque sorte, est l'« Agnus Dei » III à 6 voix qui combine un double « cantus firmus » (supérius et ténor de la chanson) avec deux canons différents à l'unisson et à distance d'une minime, l'un entre deux voix de basse, l'autre entre deux voix d'altus. Offrant de grandes similitudes avec la → *Messe « Fortuna desperata »* du même auteur, tant en ce qui concerne l'emploi des voix du modèle profane, le traitement du texte que l'allègement et la clarification de la polyphonie, la *Messe « Malheur me bat »* multiplie les points d'imitation aux voix libres et fait également un emploi significatif de l'ostinato. C'est ainsi que la basse de la 1re moitié du *Sanctus* fait entendre inlassablement un même motif de 7 notes au départ, ramenées à 4 par simplification. Plus élaborée que la *Messe « Fortuna desperata »*, la *Messe « Malheur me bat »* ne devrait cependant lui être postérieure que de peu de temps.

Rééditions modernes — Par A. Smijers, *in* Werken van Josquin des Prez, 19e livr., Amsterdam, Vereeniging voor Nederlandse Muziekgeschiedenis 1939 (avec en annexe la chanson *« Malheur me bat »*).

Bibliographie — H. Osthoff, Josquin Desprez I, Tutzing 1962, pp. 148-151 ; E. Lowinsky, Ascanio Sforza's Life : A Key to Josquin's Biography and an Aid to the Chronolgy of his Works, *in* Josquin des Prez, éd. par E. Lowinsky, Londres, OUP, 1976, pp. 65-67.

M. Honegger

Messe « Ma maitresse », messe incomplète de **Johannes Ockeghem**, comprenant un *Kyrie* et un *Gloria* à 4 voix. Comme la → *Messe « Fors seulement »*, elle emprunte largement à une chanson du même compositeur. En effet, le ténor de la bergerette → *« Ma maistresse »* d'Ockeghem fournit un « cantus firmus » mais qui n'est pas employé systématiquement et en continuité comme dans la → *Messe « L'homme armé »*. Scindé en plusieurs incises, il circule aux différentes voix, bassus puis contraténor ; de même, des fragments courts du supérius de la chanson se retrouvent imités plus ou moins fidèlement dans le courant de la messe. Voici un tableau non exhaustif des principaux emprunts :

	Bergerette	Messe
Kyrie	T. mes. 1-11 S	c.f. → B mes. 3-14 divers fragments aux T et CT
Christe	T mes. 12-18	c.f. → B mes. 19-26
	fragments de ce même ténor	T et CT
Kyrie II	T mes. 19 et suiv.	c.f. → B mes. 28 et imitations aux S et CT
	S	courtes imitations aux T et CT
Gloria	S mes. 1-34	c.f. → CT mes. 3 et 36
	S mes. 35-51	c.f. → CT mes. 63-100
	mais aussi p. ex. T mes. 35-37	S mes. 110-112

On remarque également l'usage du motif de tête : celui-ci comprend les deux premières mesures de la bergerette (S et T) et est donné dans la messe au *Kyrie* (mes. 1-2, S/CT ; et en imitations mes. 3-4, T/B). La même construction figure dans le « Christe », mais dans une autre formation vocale. Dans le *Gloria*, seul le supérius de la chanson (mes. 1-2), fournit le motif de tête (donné au S, mes. 1-2, et à la B, mes. 2-4 ; le « cantus firmus » entre ensuite au CT, mes. 3 et suiv.).

On constate dans les deux pièces de cette messe un emploi très souple de l'emprunt : les mélodies citées offrent souvent des variantes mélodiques ou rythmiques ; elles ne proviennent pas d'une seule voix de la chanson et n'apparaissent pas non plus à une seule voix de la messe : ainsi, le « cantus firmus » emprunté au ténor et au supérius de la bergerette se partage entre la basse et le contraténor de la messe. En outre, de nombreux petits fragments mélodiques issus de la chanson circulent aux différentes voix. Bien que la prépondérance du « cantus firmus » reste encore évidente, ce travail d'emprunt constitue une étape vers des constructions encore plus complexes et plus proches de la parodie.

Sources principales — Rome, Bibl. Vat., Cod. Chigi C VIII 234.

Éditions modernes — Voir à l'art. *Missa quinti toni.*

Bibliographie — P. Wagner, Geschichte der Messe, Leipzig 1913 ; E. Krenek, A discussion of the treatment of dissonances in Ockeghem's masses as compared with the contrapuntal theory of J. Tinctoris, *in* Hamline Studies in Musicology II, Hamline Univ., St. Paul 1947 ; du même, Ockeghem, Londres 1953 ; E. H. Sparks, Cantus firmus in mass and motet, 1420-1520, Berkeley et Los Angeles 1963, pp. 154-155 ; R. Zimmermann, Stilkritische Anmerkungen zum Werke Ockeghems, *in* AfMw XXII, 1965 ; M. Henze, Studien zu den Messenkompositionen J. Ockeghems, *in* Berliner Studien zur Musikwissenschaft XII, 1968 ; L.L. Perkins, art. Ockeghem, *in* The New Grove, 6/1980.

D. Patier

Messe « Mater patris », messe parodie à 4 voix d'hommes (l'« Agnus Dei » III est à 5 voix) de **Josquin des Prés**, connue uniquement par l'impression qu'en a donnée O. Petrucci, du vivant du musicien, dans son *Missarum Josquin liber tertius* (Fossombrone 1514, 3 rééd. jusqu'en 1526) où elle figure en tête des 5 autres messes qui sont indiscutablement de Josquin. L'œuvre qui a servi de point de départ à sa composition est un motet à 3 voix d'A. Brumel, → *« Mater patris »*, publié par Petrucci dans son *Odhecaton* (Venise 1501), mais vraisemblablement antérieur d'une vingtaine d'années car la *Messe « Mater patris »* semble devoir être rangée parmi les compositions de ce type les plus anciennes de Josquin. Écrite en *sol* dorien, elle cite le début du modèle en tête de chacune des 5 grandes parties de l'ordinaire ; seul l'« Agnus Dei » I présente les 3 voix en imitation, les autres ne comportant que les deux voix de supérius et de contraténor. L'« Agnus Dei » III à 5 voix est constitué par le motet de Brumel en entier, enrichi de deux voix nouvelles, un altus et un bassus. Dans le cours de la messe d'autres passages du modèle sont utilisés (« Kyrie » II, « Cum Sancto Spiritu », « Confiteor », « Et vitam venturi saeculi », « Hosanna », etc.). En outre, des fragments de la mélodie grégorienne du *Credo* I sont cités dans le *Credo*. D'un bout à l'autre de l'œuvre — exception faite des duos canoniques (« Pleni sunt » à la 2de supérieure, « Benedictus » à la 2de inférieure, « Agnus Dei », à l'unisson), de deux courtes pièces à 4 voix (« Cum Sancto Spiritu », « Et vitam venturi saeculi ») et de l'*Agnus Dei* — l'écriture musicale oppose de façon systématique des passages à 2, à 3 et à 4 voix, ces derniers en écriture verticale rigoureusement syllabique. Les passages à 2 voix sont en contrepoint, parfois imitatif, parfois même canonique (*Kyrie* I, *Gloria*). Ceux à 3 voix sont constitués par la marche parallèle, à la tierce, des deux voix supérieures soutenues par une partie de basse.:

Les passages à 4 voix, du moins dans le *Kyrie*, le *Credo* et le « Hosanna », présentent la particularité d'une écriture strictement parallèle des trois voix supérieures, formant des successions d'accords de sixte et quarte, soutenues par une basse qui rétablit des sonorités plus orthodoxes en faisant alterner régulièrement un accord parfait et un accord de sixte.

Cette écriture schématique des trios et des quatuors pourrait être le reflet d'une pratique improvisée de la polyphonie, comparable à celle dont le faux-bourdon offre l'exemple dans le domaine de la polyphonie à 3 voix dans les années 1430.

Malgré son caractère expérimental et son côté fruste, la *Messe « Mater patris »* s'intègre aussi bien que la → *Messe « di dadi »* aux efforts de Josquin pour alléger la dense polyphonie franco-flamande et pour mettre le texte en valeur. Les doutes que l'on a pu avoir quant à son authenticité devraient cependant s'effacer devant certaines particularités du style qui renvoient à Josquin, tels la formation de séquences, l'ostinato, l'originalité de certaines fins (« Kyrie » I, « Patrem »), une expression mélodique parfois extatique et surtout la maîtrise de l'écriture canonique qui se traduit dans les duos du « Pleni sunt », du « Benedictus » et de l'« Agnus Dei » II, remarqués et cités dès le XVIe s. par des théoriciens comme S. Heyden (1537) et Glaréan (1547).

Rééditions modernes — Par A. SMIJERS, *in* Werken van Josquin des Prez, 26e livr., Amsterdam, Alsbach, 1950 (avec en annexe le motet *« Mater patris »* de Brumel).

Bibliographie — H. OSTHOFF, Josquin Desprez I, Tutzing 1962, pp. 151-155 ; M. ANTONOWYCZ, Die Missa Mater patris von Josquin des Prez, *in* TVer XX, 1966-67.

M. HONEGGER

MESSE « MI-MI », messe à 4 voix de **Johannes Ockeghem**, figurant dans un manuscrit de la chapelle Sixtine sous le nom de *Missa quarti toni.* Le titre *« mi-mi »* vient de la quarte descendante *mi-la* (respectivement *mi* dans l'hexacorde par nature et *la*=*mi* dans l'hexacorde par bémol). Ce motif apparaît à la basse au début de chaque pièce, comme également au début des « Agnus Dei » II et III.

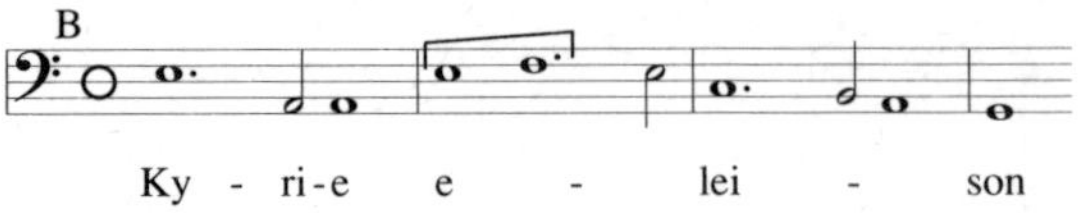

On s'accorde généralement à placer cette messe parmi les ordinaires polyphoniques librement composés : cependant, G. Reese signale que dans le *Credo* (mes. 1 à 5) le supérius cite le *Credo* grégorien V (ou I) et que dans le *Benedictus* la basse reprend des éléments du *Kyrie* de la messe grégorienne XI. Enfin, il rappelle la remarque de E. Roediger rapprochant le motif *« mi-mi »* du début de la chanson d'Ockeghem → *« Petite Camusette »*.

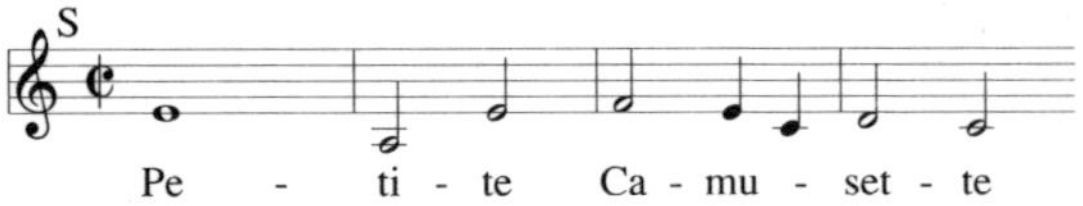

D'ambitus très large, une onzième

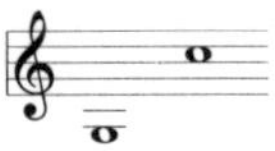

pour le supérius dans le *Sanctus* ou l'« Agnus Dei » I et III), ce texte développe d'amples mélodies, parfois en longs mélismes (*Sanctus*, duo S/T sur « in nomine », mes. 84-109). Ockeghem oppose souvent des sections très verticales (*Gloria*, « Qui tollis », mes. 64-96) à une écriture en entrées (*Gloria*, « Qui sedes », mes. 97 et suiv.) et fait un large usage d'imitations sur des rythmes pointés (« Amen » du *Credo,* mes. 249 et suiv.). On relève quelques exemples de parallélisme (chaînes de dixièmes S/T dans le *Gloria*, mes. 141-142) et la fréquence des accords avec tierce confère à l'œuvre une certaine euphonie.

Sans doute Ockeghem a-t-il cherché à souligner par la musique le sens du texte : ainsi l'oreille est-elle sensible dans le *Sanctus* à l'opposition du registre aigu (S et CT) sur « Pleni sunt caeli » (mes. 28-32) et du registre grave (T et B) sur « et terrae » (mes. 32-38). Mais c'est l'œil seul qui peut apprécier la notation noire utilisée sur le mot « mortuorum » (*Credo* mes. 225-232), procédé de figuralisme pour initiés qui sera plus fréquemment employé au XVIe siècle.

Le thème *« mi-mi »* a été repris par **M. de Orto** et **M. Pipelare** dans leurs messes de même titre.

Sources — Rome, Bibl. Vat., Cod. Chigi C VIII 234, et Capp. Sist., Cod. 41 et 63.

Éditions modernes — Par H. BESSELER, *in* Chw., n° 4, Wolfenbüttel, Möseler, 1930 ; par D. PLAMENAC, *in* J. Ockeghem. Collected Works II, New York, Amer. Musicological Soc., 1947, 2/1966.

Bibliographie — P. WAGNER, Geschichte der Messe, Leipzig 1913 ; E. KŘENEK, Ockeghem, Londres 1953 ; G. REESE, Music in the Renaissance, New York, Norton, 1954, 2/1959, pp. 131-132 ; E. H. SPARKS, Cantus firmus in mass and motet, 1420-1520, Berkeley et Los Angeles 1963, pp. 232-235 ; R. ZIMMERMANN, Stilkritische Anmerkungen zum Werke Ockeghems, *in* AfMw XXII, 1965 ; M. HENZE, Studien zu den Messenkompositionen J. Ockeghems, *in* Berliner Studien zur Musikwissenschaft XII, 1968 ; L. L. PERKINS, art. Ockeghem, *in Grove*, 6/1980.

D. PATIER

MESSE « O QUAM GLORIOSUM » à 4 voix a cappella (S A T B) de **Tomás Luis de Victoria**, parue dans son second livre de messes, *T.L. a Victoria Abulensis Missarum libri duo...* (Rome, Gardano, 1583 ; durée : 15 min environ.)

Cette messe, l'une des plus populaires de Victoria, est un excellent exemple de messe-parodie, empruntant pour une large part sa substance musicale au motet de la Toussaint → *« O quam gloriosum »*, paru une dizaine d'années plus tôt. Contrairement à l'habitude, et à l'exception du « Benedictus » à 3 voix, elle ne modifie pas le nombre de voix entre les sections, et s'en tient d'un bout à l'autre aux quatre qui sont celles du motet. Cette particularité atteste un souci d'unité décelable à d'autres traits stylistiques, outre les apparentements thématiques : presque partout règnent l'écriture en imitations et le rythme binaire, hormis dans le *Credo* l'« Et incarnatus est », mis en évidence à la fois par l'homophonie stricte et le rythme ternaire (ce dernier présent également dans l'« Osanna » du *Sanctus*). On notera aussi à cet égard l'analogie mélodique entre les deux thèmes libres du *Gloria* et du *Credo*.

D'une facture simple, l'œuvre n'en tire pas moins un habile parti du matériau offert par le motet, sans s'y asservir de manière contraignante. Seules en fait les deux sections extrêmes, *Kyrie* et *Gloria*, sont issues pour l'essentiel de ce matériau, dont le *Gloria* et le *Credo* usent sporadiquement, de pair avec des éléments originaux ; quant au *Sanctus*, il n'y fait que de discrètes allusions alors que le « Benedictus » s'en affranchit totalement. Les emprunts affectent les dessins mélodiques saillants du motet, mais on ne les retrouve jamais dans la messe textuellement reproduits : leur réemploi s'effectue avec liberté et souplesse, tant en ce qui concerne les lignes mélodiques en soi que leur traitement polyphonique en imitations. Ainsi dans le *Kyrie*, le « Christe » s'inspire de l'avant-dernière phrase du motet (« Quocumque ierit ») **A** mais il ajoute à l'alto une imitation à la quinte du motif thématique en plus de celles à l'unisson figurant dans le motet, ce qui étend le jeu des imitations à 3 voix au lieu de 2 (on notera aussi l'allongement de la note initiale du motif) **B**. Le second « Kyrie » reprend l'ample descente mélodique que le motet associait aux mots « sequuntur agnum » et qui reviendra plus loin, à plusieurs reprises, dans le *Gloria* (« Tu solus Dominus »), le *Credo* (« Qui propter nos [...] descendit de coelis ») et l'*Agnus Dei*. La dernière phrase du motet est utilisée pour des cadences intermédiaires de la messe, dans le *Kyrie* (« Christe eleison »), le *Gloria* (« Filius Patris ») et le *Credo* (« non erit finis »), mais en s'abrégeant et en concluant sur la dominante *ré* et non la tonique *sol*. On notera enfin les dernières mesures identiques du *Gloria* et du *Credo*, calquées sur la troisième phrase du motet (« In quo cum Christo »).

Rééditions modernes — Par C. Proske, *in* Selectus Novus Missarum... II/1, Ratisbonne 1861 ; par F. Pedrell, *in* T.L. de Victoria. Opera omnia II, Leipzig, Br. & H., 1903 ; par H. Anglés, *in* MMEsp. XXVI, 1966.

Bibliographie — H. Collet, T.L. de Victoria, Paris 1914, rééd. Paris, Éd. d'Aujourd'hui, 1978.

J. Viret

MESSE « O VOS OMNES », de **Pierrequin de Thérache**, voir « O dévots cueurs »/« O vos omnes ».

MESSE « PANGE LINGUA », messe polyphonique à 4 voix de **Josquin des Prés**. La notoriété de cette œuvre, sans doute tardive, est attestée par le nombre considérable des sources : 13 manuscrits et 2 éditions imprimées, nettement postérieures au compositeur, puisqu'il s'agit des *Missae tredecim quatuor vocum* de 1539 (Nuremberg, H. Graphaeus) et d'une autre publication allemande imprimée en 1559 (Büdingen, Antonien von Ysenburgk). Son titre varie selon les sources, soit qu'il désigne son

A **MESSE « O QUAM GLORIOSUM »**

B **MESSE « O QUAM GLORIOSUM »**

mode (*Missa quarti toni*) dans le Ms. de Milan, Bibl. Ambrosiana, Mus. E. 46, sa destination liturgique (*Missa de Venerabili Sacramento*) dans le Ms. 4809 de Vienne et dans Jena 21, ou le matériau musical préexistant, en l'occurrence l'hymne de la Fête-Dieu → *« Pange Lingua »* de Venance Fortunat. Les deux derniers titres font apparaître une cohérence évidente entre le choix du support thématique et la destination liturgique de l'ordinaire polyphonique. Dans l'une des sources, Ms. IV. 922 de la Bibl. royale de Bruxelles (Occo Codex), la messe de Josquin figure parmi un ensemble de pièces polyphoniques diverses (*« O salutaris hostia »*, *« Tantum ergo »*, *« Cibavit eos »*, et une autre *Missa de Venerabili Sacramento*), toutes destinées à la liturgie du saint sacrement. La décoration des lettrines initiales du *Kyrie* intègre d'ailleurs les instruments sacrés des rites de l'élévation et de l'ostension, le calice et l'ostensoir. B. Huys a pu également retracer l'histoire de ce manuscrit copié par le fameux Alamire : propriété d'un riche marchand humaniste, Pompeius Occo, il était attaché à la chapelle d'Heilige Stede à Amsterdam, fondée pour commémorer une hostie miraculeuse. On comprend mieux, à la lumière de l'usage liturgique auquel la composition est destinée, l'importance particulière que Josquin attache aux paroles de l'Incarnation dans le *Credo* (« Et incarnatus est [...] et Homo factus est »), admirablement soulignées par une lente homophonie en « consonances dévotes », comme dira Cerone (*El melopeo*, 1613), ponctuée de longs points d'orgue.

L'hymne → *« Pange lingua »* sert de matériau à la totalité de l'ordinaire. Les trois sections du *Kyrie*, p. ex., en exposant successivement les 6 incises, deux à deux : elles seront reprises, comme en une synthèse finale, par le dernier « Agnus », nettement mises en valeur à la partie de supérius. Dans la dernière édition imprimée, en 1559, le supérius de ce dernier « Agnus » est d'ailleurs affecté des paroles complètes de la 1re strophe de l'hymne, *« Pange lingua gloriosi »*. Dans d'autres parties, Josquin se contente de retenir quelques motifs, qu'il développe assez librement, les interrompant par des séquences libres. A plusieurs reprises, le polyphoniste combine à l'hymne d'autres chants liturgiques en situation : dans le *Credo*, p. ex., on reconnaît ici ou là (« Et in unum Dominum », « Deum de Deo », etc.) des éléments mélodiques du *Credo* I. En dépit de cette « Ars combinatoria », relativement familière à l'époque, la polyphonie josquinienne est ici extraordinairement homogène et en même temps continuellement variée. C'est que Josquin a en effet totalement abandonné la technique du vieux « cantus firmus » en valeurs longues : le sujet, toujours reconnaissable cependant, y est sans cesse paraphrasé et développé dans toutes les voix. Il irrigue largement le tissu polyphonique presque essentiellement constitué de contrepoint en imitation. Josquin y joue sans cesse des 4 voix, en les associant diversement à 2, à 3, à 4, en imitation, en dialogue antiphonal, note contre note... S'il y retrouve parfois des pratiques typiquement liturgiques, comme l'alternance des deux demi-chœurs — la plupart du temps des « bicinia » de tessitures différentes — ou la structure responsoriale des litanies, elles y sont toujours intégrées à une économie de l'expression tout à fait moderne et profondément rhétorique. Le *Gloria* en présente quelques exemples remarquables, dans les versets « Qui tollis peccata mundi » où la supplication — « miserere nobis » ou « Suscipe deprecationem » — est systématiquement soulignée par l'usage des 4 voix succédant au « bicinium » de l'invocation initiale (« Qui tollis »).

Ces effets se conjuguent parfois au symbolisme de certains procédés pour mieux exprimer le texte : dans le *Credo*, les deux « bicinia », successivement grave et aigu, qui chantent le verset « Et in spiritum » se rejoignent dans un tutti des 4 voix pour « simul adoratur ». De la même manière, « Et resurrexit tertia die » est chanté à 3 voix. L'ascension de « Et ascendit in coelum » est évoquée par un motif mélodique franchement ascendant, chanté en imitation par supérius et ténor, alors que pour « descendit de coelis », la courbe mélodique de 3 des 4 voix (supérius, contraténor et bassus) est délibérément descendante.

Les caractéristiques stylistiques de cette messe témoignent à elles seules de sa date tardive. Il est sans doute significatif, d'ailleurs, qu'elle n'apparaisse pas parmi les messes publiées par Petrucci, dont le 3e et dernier livre paraît en 1514. La présence du *Gloria* dans la tablature de luth italienne de V. Capirola (autour de 1517) en marque cependant le « terminus ante quem » et permet donc de situer la composition autour de 1515. La quantité exceptionnelle des sources manuscrites, ainsi que leur dissémination géographique, est un signe de son succès, notamment dans les zones germaniques. Glaréan lui-même s'y associe en en citant un extrait (« Pleni sunt caeli ») dans son *Dodecachordon* (Bâle 1547). En Espagne, outre une copie manuscrite à la cathédrale de Tolède (Ms. 16), ce sont essentiellement les tablatures de vihuela qui témoignent de la fortune de cette messe : **A. Mudarra** (1546), **E. de Valderrabano** (1547) et **M. de Fuenllana** (1554) en présentent tous des extraits différents, respectivement le *Kyrie*, le « Qui tollis » et le *Benedictus*.

Rééditions modernes — Par Fr. Blume, *in* Chw., n° 1, Wolfenbüttel, Möseler, 1929 ; par J. A. Bank, Amsterdam, A. Bank, 1950 ; par A. Smijers, *in* Werken van Josquin des Prez, 33e livr., Amsterdam, Vereeniging voor Nederlandse Muziekgeschiedenis, 1952 ; par Th. Warburton, Chapel Hill, Univ. of North Carolina, 1977 ; rééd. en facs. de l'Occo Codex, avec une introd. de B. Huys, Amsterdam, Vereeniging voor Nederlandse Muziekgeschiedenis, 1979.

Bibliographie — H. Osthoff, Josquin Desprez, 2 vol. Tutzing 1962-65 ; S. Novack, Fusion of design and tonal order in mass and motet : Josquin Desprez and H. Isaac, *in* Music Forum II, 1970 ; E. Lowinsky, Josquin des Prez, Londres, OUP, 1976 ; Th. Warburton et B. Huys, voir ci-dessus ; J.-P. Ouvrard, Josquin Desprez et ses contemporains. De l'écrit au sonore, Arles, Actes-Sud, 1986 ; R. Sherr, Josquin's Missa Pange lingua : a note on Agnus Dei III, *in* Early Music XVIII, 1990.

J.-P. Ouvrard

Messe pour le jour de la paix, d'**André Jolivet**, écrite pour une voix soliste avec accompagnement d'orgue et, pour l'*Alleluia* final, un tambourin, composée en juil. 1940 alors que son auteur était encore mobilisé, créée par Marcelle Bunlet, à Paris, chapelle des Franciscains, le 25 mars 1942. (Paris, Heugel ; durée : 17 min environ.)

Neuf pièces brèves composent cette œuvre : un *Alleluia* initial, *Kyrie*, *Gloria*, *Sanctus*, *Benedictus*, *Agnus Dei*, le *« Domine non sum dignus »* d'avant la communion, *« Deo gratias »* (en réponse à l'*« Ite missa est »*) et un *Alleluia* final. Dans chacune de ces pièces, le rôle de la voix est écrasant, surtout dans les trois premières et la dernière. Elle doit en effet chanter une sorte de mélodie continue aux incessants mélismes. Rien qui évoque ici les modes liturgiques. Le déploiement de la ligne mélodique est très original, plus oriental qu'occidental, profus en ornements de tous genres. Il s'agit vraiment d'une œuvre unique dans le répertoire liturgique : aux volutes éthérées du *Gloria* qui montent peu à peu jusque dans les registres les plus élevés comme des bouffées d'encens, s'oppose la retenue très intérieure du *Sanctus*, du *Benedictus* et de l'*Agnus Dei*. L'originalité de cette messe est d'avoir inséré un chant pour la prière du centurion de l'Évangile, proposée aux fidèles par l'Église à l'instant de la communion : « Seigneur, je ne suis pas digne de te recevoir, mais dis seulement une parole et je serai guéri » ; Jolivet a prévu une phrase d'une grande sobriété et d'une intense intériorité. A l'inverse, le *« Deo gratias »* éclate comme un cri de joie qui se poursuit dans les alléluias terminaux, soutenus seulement par le rythme léger et entraînant du tambourin.

Il est remarquable que, dans des conditions aussi tragiques que la défaite de 1940, Jolivet ait composé cette messe dans laquelle prédomine la joie, en dépit des tristesses de l'heure. Comme dans les → *Trois Complaintes du soldat*, écrites au même moment, la foi parvient à percer les plus profondes ténèbres.

Bibliographie — La Vérité de Jeanne, *in* RM, n° 237, 1957 ; A. Jolivet, *in* Zodiaque, n° 33, 1957 ; S. Demarquez, A. Jolivet, Paris 1958 ; H. Jolivet, Avec... A. Jolivet, Paris, Flammarion, 1978 ; Hommage à A. Jolivet, *in* Zodiaque, n° 119, 1979.

Dom A. Surchamp

Messe « Puer natus est nobis », messe à 7 voix de **Thomas Tallis**.

En dépit du fait qu'elle survit de façon fragmentaire, la *Messe « Puer natus est nobis »* est reconnue comme l'une des œuvres les plus importantes de Tallis à côté de → *« Gaude gloriosa Dei mater »*, de → *« Spem in alium »* et des Lamentations. Comme dans de nombreuses messes de la période Tudor, le *Kyrie* n'est pas mis en musique ; il devait être chanté en plain-chant avec un texte tropé selon la saison. Le *Gloria* est complet ; du *Credo* ne survit que le passage final, et des voix manquent au *Sanctus* et à l'*Agnus Dei*. La messe tire son nom de l'introït → *« Puer natus est nobis »* de la 3e messe du jour de Noël que Tallis utilise comme « cantus firmus » à la voix de ténor. Bien qu'aucun document ne vienne étayer l'hypothèse, on croit généralement que la messe fut écrite pour célébrer la grossesse présumée de Marie Ire Tudor, reine d'Angleterre qui, en 1554, épousa Philippe II d'Espagne et peu de temps après annonça elle-même qu'elle attendait un enfant. S'il en est ainsi, le choix du « cantus firmus » fut prématuré : aucun enfant, sans parler d'un héritier mâle du trône d'Angleterre, ne naquit de la reine qui s'était trompée elle-même en trompant son peuple et son mari.

La messe de Tallis est conçue sur une grande échelle : c'est sa plus longue œuvre et, à l'exception du motet à 40 voix *« Spem in alium »*, c'est elle qui utilise le plus grand nombre de voix, un chœur à 7 parties. C'est aussi un curieux mélange de moderne et d'ancien : le style déclamatoire des 6 voix libres est incontestablement moderne par rapport aux normes anglaises des années 1550 et pourrait avoir été influencé par l'exemple de la musique exécutée à la chapelle royale espagnole de Philippe ; mais la présentation du « cantus firmus » par la voix de ténor est fondamentalement médiévale. Deux aspects du « cantus firmus » sont inhabituels. En premier, la durée de chaque note de plain-chant est déterminée par la voyelle correspondante du texte original « Puer natus » : les notes correspondant à un *a* (comme dans « n*a*tus » p. ex.) sont transcrites par une simple semi-brève ; celles correspondant à un *e* (comme dans pu*e*r) par deux semi-brèves, à un *i* par trois semi-brèves, à un *o* par quatre et à un *u* par cinq. Le « cantus firmus » rythmé qui en résulte est tellement long qu'il aurait été impossible de l'énoncer en entier dans chaque mouvement sans aboutir à une messe de proportions démesurées. Tallis fut ainsi obligé de prendre une seconde décision inhabituelle : au cours des 4 mouvements, il ne cite le « cantus firmus » que deux fois, la première à cheval sur le *Gloria* et le *Credo*, la seconde sur le *Sanctus* et l'*Agnus Dei*. Il va de soi que le traitement du « cantus firmus » est plus apparent à l'œil qu'à l'oreille, bien que le mouvement lent du plain-chant fasse ressentir sa présence comme une succession de longues notes pédales autour desquelles les 6 autres voix chantent de façon beaucoup plus animée.

Éditions modernes — Par S. Dunkley et D. Wulstan, Oxford, Oxenford Imprint, 1977.

Bibliographie — P. Doe, Tallis, Londres, OUP, 1976.

J. Milsom

Messe « Repleatur os meum », de **Giovanni Pierluigi da Palestrina**, voir Missa « ad fugam ».

Messe « Resvelliés-vous » (ex *Missa « sine nomine »*), messe à 3 voix du xve s., l'un des premiers ordinaires polyphoniques composés par **Guillaume Dufay** avant 1440, transmis par les manuscrits de Bologne, Bibl. G. B. Martini, cod. Q 15 (olim 37), f° 8v-15, et d'Aoste, Bibl. du Séminaire, Mss 1 et 2.

L'œuvre comprend une triple invocation (« Kyrie », « Christe », « Kyrie ») à trois voix comportant chacune des paroles, un *Gloria* et un *Credo* où seul le supérius est doté d'un texte littéraire (le contraténor et le ténor étant probablement instrumentaux), un *Sanctus* et un *Agnus* reprenant la disposition vocale du *Kyrie*. L'ensemble s'appuie sur la finale *sol* avec le retour fréquent des cadences à double sensible, avec ou sans broderie de tierce :

Gloria, mes. 29-30

D. Fallows (*Dufay*, pp. 165-167) a mis en évidence les liens de ce cycle, longtemps désigné par *Missa « sine nomine »*, avec la ballade *« Resvelliés-vous »* écrite par Dufay pour le mariage de Carlo Malatesta à Rimini en 1423. La parenté est d'abord d'ordre mélodique, puisque l'incipit du supérius de la ballade fournit, légèrement modifié, un motif de tête intervenant au début du « Kyrie » I, du *Sanctus* et de l'*Agnus* :

ballade, incipit
(introd. instrumentale)

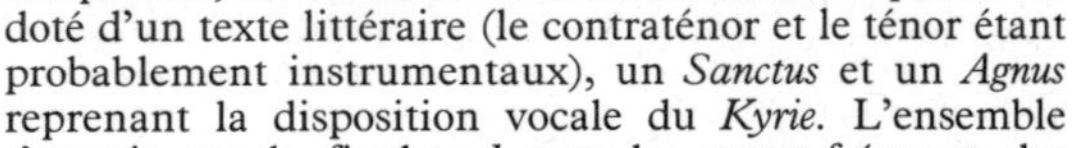

début *Kyrie*

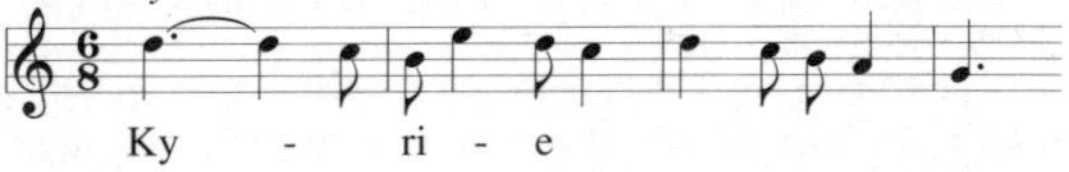

début *Sanctus*

début *Agnus*

(Éd. Besseler)

Dufay réemploie ce motif à l'intérieur du cycle, avec en plus un ténor et un contraténor identiques à ceux de la chanson (« Christe », mes. 35-38 ; *Gloria*, mes. 63-65) : il y a donc extension de l'emprunt à l'harmonie. Enfin, on remarque la même symétrie des divisions, puisque l'opposition entre temps imparfait et temps parfait de la « prima » et « secunda pars » de la ballade se retrouve dans les *Kyrie*, *Gloria* et *Sanctus* de la messe, avec, dans la transcription moderne, le passage du 6/8 au 3/4.

Devant des parentés si évidentes entre les deux textes, on peut se demander s'il ne s'agit pas là d'une des deux premières messes parodies. D. Fallows (p. 168) suggère subtilement que l'ordre de composition serait plutôt inverse : très fleurie, très virtuose, la ballade constituerait l'aboutissement d'un jeu de matériaux expérimentés dans le courant de l'ordinaire de la messe. A l'appui de cette hypothèse, on signalera le manque (relatif) de liens du *Credo* avec les autres pièces, montrant un état encore peu évolué de l'idée de cycle. Si l'on admet l'hypothèse de D. Fallows, la *Messe « Resvelliés-vous »* (ex *Missa « sine nomine »*) aurait été composée avant ou en 1423 et peut-être exécutée lors du mariage de Carlo Malatesta.

Éditions modernes — Par H. Besseler, *in* G. Dufay. Opera omnia III, Amer. Inst. of Musicology, 1960 (la messe) ; par le même, *ibid.* VI, 1964, n° 11, p. 25 (la ballade).

Bibliographie — H. Besseler, Bourdon und Faux-bourdon, Leipzig, Br. & H., 1950, 2/1974, pp. 147-148, 155-156 ; R. Bockholdt, Die frühen Messenkompositionen von G. Dufay I, Tutzing 1960, pp. 102-111 ; Ch. Hamm, A chronology of the works of G. Dufay based on a study of mensural practice, Princeton, Princeton Univ. Press, 1964 ; D. Fallows, G. Dufay, Londres, Dent, 1982, pp. 22-23, 165-168.

D. Patier

Messe « Rorate coeli desuper », de **Joseph Haydn**, voir Messes de J. Haydn.

Messes, de **Joseph Haydn** (jusqu'en 1782). Voir également les art. Heiligmesse, Missa « in tempore belli », Missa « in angustiis », Theresienmesse, Schöpfungsmesse et Harmoniemesse.

J. Haydn reçut toute sa formation musicale comme enfant de chœur, d'abord à Hainburg puis à la cathédrale Saint-Étienne de Vienne où il se familiarisa totalement avec la musique d'église contemporaine autrichienne. Il fut congédié de la cathédrale durant l'hiver 1749-50 et passa la décennie suivante à Vienne, vivant de ressources variées, incluant le jeu du violon et de l'orgue dans les églises. Ses premières compositions sacrées datent de cette époque et comprennent deux messes.

Composée vers 1749, la *Messe « Rorate coeli desuper »* en *sol* maj. (Hob XXII : 3) est probablement la première. L'incipit de l'œuvre figure dans le catalogue des œuvres du compositeur (l'« Entwurf ») mais la musique en était perdue jusqu'à ce qu'en 1957 une source portant le nom de Haydn en ait été découverte à l'abbaye de Göttweig ; mais l'authenticité de cette source reste problématique. Son incipit ne concorde pas exactement avec celui du catalogue de Haydn et, dans d'autres sources, l'œuvre est attribuée à Georg Reutter et à Ferdinand Arbesser. Elle est écrite pour chœur à 4 voix (S A T B), cordes sans altos et basse continue à l'orgue et constitue un exemple extrême de messe brève : les *Gloria* et *Credo* polytextuels n'ont que 9 et 24 mesures respectivement, tandis que le *Benedictus*, habituellement développé, n'en a que 11. Le texte biblique *« Rorate coeli desuper »* (Ésaïe 45, 8) se rencontre dans le *Liber usualis* à l'introït du 4e dimanche de l'Avent d'où l'on peut déduire que la messe fut chantée à cette occasion.

La *Missa brevis* en *fa* maj. (Hob XXII : 1) est sans aucun doute authentique ; c'est aussi une œuvre de facture plus assurée bien que toujours de dimensions réduites. Haydn la redécouvrit vers la fin de sa vie et c'est alors que la date de 1749 lui fut attribuée. Elle est écrite pour 2 sop. soli, chœur mixte, cordes (sans altos) et basse continue à l'orgue. A l'exception du *Benedictus*, tous les mouvements commencent sans introduction instrumentale et sont conduits par le chœur. Le *Credo* est un mouvement polytextuel. La musique du *Kyrie* revient à la fin de la messe, associée au texte « Dona nobis pacem », une pratique courante dans la musique d'église autrichienne de l'époque, conférant à l'ensemble de l'œuvre un sentiment de calme maîtrise. Lorsque Haydn la redécouvrit, il surveilla l'addition par Joseph Heidenreich d'instruments à vent.

En 1761, Haydn entra comme vice-maître de chapelle au service de la cour des Esterházy à Eisenstadt, au côté de Gregor Werner vieillissant, avec la promesse de lui succéder dans la totalité de ses fonctions. Werner avait la charge de la musique d'église et Haydn celle de la musique instrumentale. Werner mourut en 1766 et, en conséquence, Haydn assuma régulièrement la responsabilité de la musique sacrée à la cour. Cependant, son employeur, le prince Nicolaus, ne portait que peu d'intérêt à cet aspect de l'activité musicale de la cour et le corps de la chapelle commença à décliner. Entre 1766 et 1775 environ, Haydn composa 5 messes dont une seule, la *Missa sancti Nicolai* (Hob XXII : 6), est connue pour avoir été écrite pour la cour.

Les origines de la *Missa Cellensis « in honorem BVM »* en *do* maj. (connue auparavant sous le titre de *Cäcilienmesse*, Hob XXII : 5) sont peu claires. Son titre, qui apparaît sur un fragment autographe, indique un lien avec le pèlerinage de Mariazell (Zelle = Celle) où Haydn se rendit dans les années 1750. L'un des principaux lieux de pèlerinage d'Autriche, il avait des répliques dans de nombreuses chapelles « Mariazell » à Vienne et il n'est pas impossible que la messe ait été composée pour Vienne plutôt que pour Mariazell à qui une forte tradition musicale faisait défaut. Au XIXe s., l'œuvre reçut le titre apocryphe de *Missa sanctae Caeciliae*. L'œuvre est de vastes proportions, désignée au XVIIIe s. par les termes de « missa longa » ou « missa solemnis », les principales sections de l'ordinaire étant divisées en plusieurs morceaux formant chacun un tout. Durant quelque 70 minutes, elle couvre un large éventail d'émotions et de techniques. Elle est écrite pour sop., alto, ténor et basse soli, chœur mixte et orchestre (2 htb., 2 bassons, 2 cors [peut-être non authentiques], 2 trp., timb., 4 parties de cordes et continuo. La tonalité principale de *do* maj. et les sonorités associées des trompettes et des timbales en font une œuvre particulièrement joyeuse. Il a été suggéré que la messe telle qu'elle a été transmise est un assemblage de deux parties écrites à des époques différentes : *Kyrie*, *Gloria*, *Credo* et *Sanctus* en 1766 ; *Benedictus*, *Agnus Dei* et *« Dona nobis pacem »* en 1773, probablement dans le but de remplacer des versions plus anciennes de ces sections.

Pendant deux cents ans, la messe suivante de Haydn, la *Missa « Sunt bona mixta malis »* en *ré* min. (Hob

XXII : 2), n'était connue que par la mention qui en était faite dans deux catalogues thématiques compilés par le compositeur. La partition autographe de Haydn a été redécouverte en 1983. L'œuvre, signée et datée de 1768, est décrite sur la page de titre comme une messe « a 4^{tro} voci alla cappella », les mots « sunt bona mixta malis » ayant été ajoutés plus tard. Elle est écrite pour chœur mixte soutenu par une basse continue à l'orgue et consiste en un *Kyrie* et un *Gloria* jusqu'au verset « Gratias agimus tibi propter magnam gloriam tuam » inclus. L'œuvre appartient à une tradition d'œuvres a cappella écrites en « stile antico », qui se prolonge en Autriche au XVIIIe s., exécutées durant le carême et au cours de l'Avent. Le fait que Haydn ait mis en musique le *Gloria* suggère une utilisation pendant l'Avent car habituellement le *Gloria* n'est pas chanté en carême. La signification de « sunt bona mixta malis » est obscure ; c'est probablement une remarque pincée, typique de Haydn, concernant sa tentative de composer en style sévère.

La date de composition de la *Missa « in honorem Beatissimae Virginis Mariae »* en *mi* ♭ maj. (*Grosse Orgelsolomesse* ; Hob XXII : 4) est inconnue ; elle fut probablement écrite en 1769. Elle doit sa couleur particulière à son effectif orchestral (2 cors angl., 2 bassons, 2 cors, cordes et orgue obligé). Les cors anglais confèrent à la palette orchestrale une teinte sombre obsédante, parfois contredite de façon charmante par les passages en écriture concertante réservés à l'orgue, notamment dans le *Benedictus* et le *« Dona nobis pacem »*. Les parties de trompettes et de timbales, rajoutées par la suite par Haydn, sont également authentiques. L'effectif vocal est constitué par le quatuor de solistes (S A T B) et le chœur mixte habituels. On ignore pour quelle circonstance l'œuvre a été écrite.

La *Missa sancti Nicolai* en *sol* maj. (Hob XXII : 6) fut créée le 6 déc. 1772, le jour de la Saint-Nicolas, fête du prince, dans la chapelle de la résidence des Esterházy à Eisenstadt. En raison de la période de l'Avent, le *Kyrie* met en évidence un caractère pastoral bien approprié : un mouvement fluide à 6/4, complété par une harmonie simple et une prédilection pour des lignes vocales se déplaçant en tierces parallèles. Comme cette musique réapparaît textuellement pour le *« Dona nobis pacem »*, l'écriture pastorale conditionne également l'impression finale. Par ailleurs, les accents dramatiques sont rares et l'œuvre réalise une souple intégration des solistes et du chœur. Elle est écrite pour quatuor de solistes (S A T B), chœur et orchestre (2 htb., 2 bassons, 2 cors, cordes et continuo).

La *Missa brevis sancti Joannis de Deo* en *si* ♭ maj. (Hob XXII : 7) a été composée vers 1775 (certainement avant 1778), probablement pour être exécutée dans la chapelle des Frères de la Miséricorde à Eisenstadt dont saint Jean était le patron. Elle est écrite pour chœur mixte (avec sop. solo dans le *Benedictus* seulement), 2 violons, continuo et orgue obligé. Le *Gloria* et le *Credo* sont polytextuels et comptent respectivement 31 et 82 mesures. D'un autre côté, le *Benedictus* est de proportions plus généreuses ; c'est un long solo de soprano avec une partie d'orgue obligé étendue (pour les claviers manuels seulement). La messe est souvent appelée *Kleine Orgelsolomesse*.

La *Missa Cellensis* en *do* maj. (Hob XXII : 8) est la deuxième messe de Haydn associée à l'église de pèlerinage de Mariazell. Elle a été composée en 1782 à la suite d'une commande d'Anton Liebe von Kreutzner, un militaire retraité vivant à Vienne, récemment anobli. Il se pourrait donc que la messe ait été destinée à faire partie du service de célébration et d'action de grâces à Mariazell. C'est une œuvre franche, pleine d'autorité, écrite pour quatuor de solistes (S A T B), chœur et orchestre (2 htb., 2 bassons, 2 trp., timb., cordes et continuo). En ce qui concerne l'atmosphère, le mouvement le moins conventionnel est le *Benedictus*. Au lieu du mouvement lyrique habituel, il commence dans un *sol* min. sévère avec des rythmes pointés, des trilles, des retards, une ligne de basse descendante ; c'est un mouvement délibérément troublant qui anticipe sur un traitement similaire du texte dans la → *Missa « in angustiis »* (Hob XXII : 11) et la → *Harmoniemesse* (Hob XXII : 14). Le mouvement est un « contrafactum » de l'aria d'Ernesto *« Qualche volte non fa male »* à l'acte II de → *Il mondo della luna*.

Rééditions modernes — *Missa « Rorate coeli desuper »*, éd. par H. C. Robbins Landon, Salzbourg, Haydn-Mozart Presse, 1957 ; *Missa brevis en fa* et *Missa « Cellensis in honorem BVM »* (*Cäcilienmesse*), éd. par C. M. Brand, *in* Haydn Society XXIII/1, Boston et Vienne 1951 ; *Missa « Sunt bona mixta malis »*, éd. par H. C. Robbins Landon et D. Wyn Jones, Paris, Bureau de Musique, 1991 ; *Missa « In honorem BVM »* (*Grosse Orgelsolomesse*), éd. par C. M. Brand, *in* Haydn Society XXIII/1, Boston et Vienne 1951 ; *Missa « Sancti Nicolai »*, éd. par H. C. Robbins Landon, Londres, Faber, 1969 ; *Missa brevis Sancti Joannis de Deo* et *Missa Cellensis* (*Mariazeller Messe*), éd. par H. C. Robbins Landon, *in* J. Haydn. Werke, Munich, Henle, 1958 et suiv., vol. XXIII/2.

Bibliographie — C. M. Brand, Die Messen von J. Haydn, Wurtzbourg 1941 ; H. C. Robbins Landon, Haydn. Chronicle and Works, Londres, Thames & Hudson, 1976-80 ; O. Biba, Die kirchenmusikalischen Werke Haydns, *in* J. Haydn in seiner Zeit, Eisenstadt, Burgenländische Regierung, 1982 ; J. Dack, The Dating of Haydn's Missa Cellensis in Honorem Beatissimae Virginis Mariae : an Interim Discussion, *in* Haydn Yearbook XIII, 1982 ; H. C. Robbins Landon et D. Wyn Jones, Haydn. His Life and Music, Londres, Thames & Hudson, 1988 ; M. Vignal, Haydn, Paris, Fayard, 1989.

D. Wyn Jones

Messes pour soli, chœur et orchestre, de **Wolfgang Amadé Mozart**. Si l'on fait abstraction de la grande → *Messe en ut min.* KV 427/417a, et du → *Requiem*, elles sont au nombre de 16 et leur composition se situe de la 12e à la 24e année de Mozart. Il est surprenant qu'une seule de ces messes, celle dite *« du couronnement »*, KV 317, soit devenue populaire, car l'ensemble de ces partitions compte musicalement parmi les points forts de toute son œuvre. En effet, plus que dans le domaine instrumental ou lyrique, le poids des traditions d'écriture est déterminant dans la composition de l'ordinaire de la messe ; c'est à l'intérieur de semblables contraintes qu'une personnalité hors série se manifeste le plus nettement.

Ce n'est pas un hasard si le premier chef-d'œuvre de Mozart, sa partition la plus importante en soi, est une messe, la *Messe solennelle* en *ut* min., KV 139/47a pour sop., alto, ténor et basse soli, chœur, orchestre et orgue. Pour le garçon de 12 ans, la composition des textes latins et grecs, qui lui étaient familiers depuis la prime enfance, ne représentait pas une performance du même ordre que la mise en musique d'un livret d'opéra, faisant nécessairement appel à une maturité et à une expérience de vie. Leopold Mozart connaissait le supérieur de l'Orphelinat impérial de Vienne et obtint de lui la commande d'une messe solennelle pour l'inauguration de la nouvelle église de cette institution le 7 déc. 1768. C'est l'une des rares parmi les 16 messes en forme de cantate napolitaine (subdivision du texte en numéros pour soli, ensembles ou chœurs) ; c'est aussi l'une des deux seules qui sont écrites dans une tonalité mineure. Même si l'on connaît aujourd'hui les modèles du jeune garçon — les acclamations du *Kyrie* ont été traitées de cette manière par C. G. Reutter, F. Schmid, J. C. Zechner ou L. Hofmann p. ex. —, on demeure saisi par la manière personnelle dont Mozart met en œuvre les inventions d'autrui. Son premier *Kyrie* solennel est une forme-sonate avec introduction lente ; les appels pathétiques des 3 trombones obligés lui confèrent une rare intensité expressive. Ce premier chef-d'œuvre d'un garçon mériterait une analyse détaillée et surtout l'intérêt passionné des interprètes. Qu'on observe la fugue magistrale qui termine le *Gloria*, l'« Et incarnatus est » d'une indicible douceur avec son trio entre les deux solistes et les « violoni in basso », le chromatisme tourmenté de la Passion, les trompettes bouchées comme pour une marche funèbre et sourtout la recherche de l'unité formelle et de l'intensité expressive à travers la multiplicité des structures traditionnelles. Si la chronique rapporte avec admiration que toute la musique de cette messe de consécration était d'un musicien de 12 ans (donc aussi le motet au Saint-Esprit *« Veni Sancte Spiritus »*, KV 47, et l'offertoire *« Benedictus sit Deus »*, KV 117/47d), on peut se demander ce qu'a pu ressentir l'assemblée à l'audition d'une musique aussi dramatiquement nouvelle.

Très significatives aussi les deux premières *Messes brèves* du jeune garçon, celle en *sol* maj., KV 49/47d, pour sop., alto, ténor et basse soli, chœur, 3 trb., orchestre à cordes et orgue, destinée à la chapelle des Ursulines toute proche de l'Orphelinat de Vienne, qui a dû être composée dans les dernières semaines de nov. 1768, et celle en *ré* min., KV 65/61a, pour sop., alto, ténor et basse soli, chœur, orchestre à cordes et orgue, destinée à la prière des Quarante Heures à Salzbourg, achevée le 14 janv. 1769. Celle en *sol* maj. a une particularité singulière : une véritable aria pour basse sur « Et in Spiritum Sanctum » que le jeune Mozart a écrite à l'intention de la sœur Jean Népomucène, admise dans la communauté des Ursulines « en raison de sa voix de basse incomparablement belle ». Celle en *ré* min. était destinée à la liturgie expiatoire pendant les derniers jours du carnaval, à la veille du mercredi des Cendres. Les acclamations dramatiques et tragiques de l'adagio initial (*Kyrie*) sont aussi frappantes que le traitement de la tonalité mineure en mode dorien. Dans l'« Et incarnatus est » les mots « ex Maria » sont en forme de croix musicale, symbolisant ainsi que l'Incarnation constitue en fait le commencement de la Passion. D'ailleurs, le *Benedictus* est également tragique et en forme musicale de croix, ce qui est entièrement opposé à la tradition, mais les paroles chantées sont une citation de l'entrée du Christ à Jérusalem le jour des Rameaux. On voit à quelle profondeur théologique puisent les inspirations musicales du jeune Mozart.

Ces trois premières messes composées en moins de trois mois, si différentes dans leur conception comme dans leur réalisation, montrent l'originalité, la maturité et la profondeur des œuvres destinées au culte viennois et salzbourgeois par le garçon de 12 ans : c'est dans la musique destinée à la liturgie que sa personnalité atteint d'abord le plein épanouissement qu'il faudra attendre plusieurs années dans le domaine instrumental ou lyrique. Aucune des 13 messes qui suivront n'est musicalement secondaire ; toutes sont non seulement réussies mais illustrent la diversité de son inspiration et de son art.

C'est ainsi que Mozart écrit pour la fête de Noël 1773 une *Messe brève* en *sol* maj., « pastorale », KV 140/175a, pour sop., alto, ténor et basse soli, chœur, 2 vl. et basse, longtemps suspectée d'inauthenticité mais dont la nouvelle édition critique a pu apporter les preuves irréfutables de parenté mozartienne. En dépit de ses proportions modestes (le *Kyrie* dure une minute), la partition montre l'étonnante faculté d'adaptation du compositeur en même temps que sa forte personnalité. Le *Kyrie* demeure une litanie ; l'« Et in terra pax » est une danse ; le « Domine Deus » a la gaieté naïve d'un noël autrichien ; le « Qui tollis » en mineur est poignant ; l'« Et incarnatus est », un solo de soprano aux allures de chanson populaire, répète comme une invocation le nom de Marie ; l'entrée piano du *Benedictus* est comme un agenouillement devant la crèche ; l'*Agnus Dei* est le mouvement le plus long (160 mes.) et le plus travaillé de la messe. On y note les répliques chorales émouvantes sur « miserere » et la fin, piano encore (alors que le « dona nobis pacem » était pourtant revenu au rythme pastoral 3/8), ce qui est contraire aux traditions du genre. Pour Mozart, seules comptent la force expressive et l'adaptation fonctionnelle à la liturgie.

Il faut admirer la manière dont le jeune Mozart adapte le style de la messe solennelle pour la première messe de son ami le père Dominicus Hagenauer dans sa *Messe* en *ut* maj., *« Dominicus-Messe »*, KV 66 (oct. 1769), pour sop., alto, ténor et basse soli, chœur et orchestre, ou surtout comment il condense dans la *Messe* [solennelle] en *ut* maj., *« in honorem S.S. Trinitas »*, KV 167 (juin 1773), pour chœur, orchestre et orgue, la multiplicité des sections du *Gloria* et du *Credo* en formes symphoniques homogènes, renonçant à tous les solos. Ou encore la façon originale dont il résout en été 1774 les problèmes de la messe brève pour la cathédrale dans sa *Messe brève* en *fa* maj., KV 192/186f, pour sop., alto, ténor et basse soli, chœur, orchestre et orgue, en faisant p. ex. du *Gloria* un rondo libre à deux thèmes. C'est dans cette messe aussi qu'apparaît le fameux thème de 4 notes qui sera magnifié quinze ans plus tard dans la *Symphonie Jupiter* ; dans le *Credo*, il est répété 12 fois puisqu'il s'agit du symbole des 12 apôtres. Il faudrait rendre un hommage détaillé à la merveilleuse *Messe brève* en *sol* maj., dite *« Spatzenmesse »* (des moineaux), KV 220/196b (1775), pour sop., alto, ténor et basse soli, chœur, orchestre et orgue, qualifiée ainsi en raison des nombreux motifs des violons dans l'aigu, véritable pépiement et hymne à la joie.

La *Messe* [longue] en *ut*, KV 262/246a (mai 1776), pour sop., alto, ténor et basse soli, chœur, orchestre et orgue, a la structure des messes brèves, mais ses dimensions exceptionnelles lui ont valu le qualificatif de « longa » ; elle a été destinée, semble-t-il, à une cérémonie d'ordination épiscopale. H. Abert avait déjà relevé que le *« Qui tollis »* du *Gloria* est une des inventions les plus géniales du compositeur : « Il commence avec une sévérité toute liturgique avec un motif orchestral fortement rythmé ; dès la troisième mesure, c'est comme un frisson d'effroi, piano, qui traverse le chœur et dans les mesures 6-7 c'est un véritable cri de désespoir débouchant sur un point d'orgue, puis c'est la suite des sanglots désespérés du « Miserere ». Et la ligne de la basse faite d'enharmonies continuelles descend par une suite d'accords chromatiques du *sol* au *si*. Le « Crucifixus » et l'*Agnus Dei* de cette messe sont aussi intensément dramatiques.

Les messes KV 257, 258 et 259 montrent une tendance de plus en plus nette vers une unité symphonique de cette composition liturgique, même si la *Messe brève* en *ut* maj., KV 259 (déc. 1776), pour sop., alto, ténor et basse soli, chœur, orchestre et orgue, comporte un solo d'orgue et se situe dans la tradition des messes « pastorales » comme KV 140/175a. La *Messe brève* en *si* ♭ maj., KV 275/272b (été-automne 1777), pour sop., alto, ténor et basse soli, chœur, 2 vl., basse et orgue, fixe en quelque sorte l'idéal de la messe brève aux yeux de Mozart : il y atteint une parfaite unité de ton et de style, conjuguée avec une intensité d'expression d'autant plus caractéristique qu'elle est concentrée dans la brièveté de cette partition. Le langage musical rigoureusement neuf pour l'époque s'adapte parfaitement à l'expression du texte et à la fonction liturgique. Un chef-d'œuvre et — ce qui est beaucoup moins fréquent — un chef-d'œuvre fonctionnel.

L'autographe de la → *Messe du couronnement*, en *ut* maj., KV 317, pour sop., alto, ténor et basse soli, chœur, orchestre et orgue, est daté du 23 mars 1779 à Salzbourg, mais il n'est plus admis aujourd'hui qu'elle ait été destinée à l'anniversaire du « couronnement » de N.D. de Maria-Plain. C'est la même réussite que KV 275/272b, mais avec la solennité la plus fastueuse en même temps que le caractère le plus populaire en plus. On comprend bien que ce n'est pas seulement à cause du qualificatif valorisateur qu'elle connaît un tel succès.

Pourtant, le véritable couronnement de cette série de 16 messes, c'est bien la *Messe solennelle* en *ut* maj., KV 337 (mars 1780), pour sop., alto, ténor et basse soli, chœur, orchestre et orgue. L'unité symphonique est parfaite, le chœur prédominant, le climat idéal dès le début du prélude instrumental pour le *Kyrie*, cette ligne sereine et apaisée qui s'élève lentement par paliers pour ainsi dire, vers le Père qu'elle va ensuite implorer ; cette sérénité efface l'opposition intérieure de celui qui prie. Il faut relever au moins l'étrange et poignant « Crucifixus » dont les harmonies, après une descente chromatique, deviennent « creuses » pour symboliser le Christ « se vidant par lui-même » par la mort sur le gibet, ou surtout le *Benedictus* en *la* min. dans lequel Mozart reprend et amplifie le symbolisme de la croix esquissé dès sa messe KV 65/61a.

Rééditions modernes — *Messes* KV 49/47d, 139/47a, 65/61a, 66 et 140/175a, par W. Senn, *in* W. A. Mozart. Neue Ausgabe sämtlicher Werke I/1, 1, Kassel, BV, 1968 ; *Messes* KV 167, 192/186f, 194/186h, par le même, *ibid.* I/1, 2, Kassel, BV, 1975 ; *Messes* KV 257, 258 et 259, par le même, *ibid.* I/1, 3, Kassel, BV, 1980 ; *Messes* KV, 275/272 b, 317 et 337, *in* W.A. Mozart Werke I/2, n° 13-15, Leipzig, Br. & H., 1878, et *in* W.A. Mozart. Neue Ausgabe sämtlicher Werke I/1, 4., Kassel, BV, 1955 et suiv.

Bibliographie — Voir celle de l'art. *Litaniae.*

C. de Nys

Messes brèves, de **Johann Sebastian Bach** : BWV 233, en *fa* maj., pour sop., alto et basse soli, chœur, 2 cors, 2 htb., basson, cordes et b.c. ; BWV 234, en *la* maj., pour sop., alto et basse soli, chœur, 2 fl., cordes et b.c. ; BWV 235, en *sol* min., pour alto, ténor et basse soli, chœur, 2 htb., cordes et b.c. ; BWV 236, en *sol* maj., pour sop., alto, ténor et basse soli, chœur, 2 htb., cordes et b.c. (NBA II/2).

Ces quatre partitions sont souvent qualifiées de « messes luthériennes », ce qui est erroné puisque c'est le comte d'empire Franz Anton von Sporck (1662-1738) qui les a commandées à Bach pour sa chapelle catholique en Bohême. Le comte avait un esprit tolérant et entretenait d'excellentes relations avec les milieux protestants de Leipzig (Picander lui a dédié son premier recueil de vers en 1725). D'autre part, si on utilisait un certain nombre de textes de la tradition romaine à Leipzig au temps de Bach — *Kyrie*, *Gloria*, *Sanctus*, *Agnus Dei* —, on ne connaissait pas la réunion de plusieurs d'entre eux sous forme de « messe ». Le terme de messe brève ne désigne pas la longueur d'une composition dans la tradition romaine de l'époque, mais le fait que seuls le *Kyrie* et le *Gloria* sont mis en musique. Ces messes de Bach restent méconnues parce qu'elles illustrent, plus que toute autre œuvre, le procédé de la parodie, c'est-à-dire du réemploi d'une musique déjà composée sur un texte différent. Depuis Spitta, on considère ce procédé comme une facilité antimusicale ; des études récentes ont pourtant démontré à quel point l'écriture et l'esthétique musicale baroques se prêtaient idéalement à ce type de réutilisation. De plus, chez Bach, ces réemplois sont toujours motivés par la comparaison entre les deux textes ; souvent même ils permettent de mesurer la profondeur de ses conceptions spirituelles. On peut vérifier aussi que, chez lui, la dernière version d'une œuvre musicale est toujours la plus parfaite en soi, le « dernier état » définitif.

Parmi les 22 parodies (sur les 24 mouvements que comportent au total ces 4 messes), 20 sont identifiées et proviennent de 11 cantates d'église. La plupart d'entre elles ont été composées au début de son activité à Saint-Thomas (1723-26), mais dans la messe BWV 233 Bach utilise aussi une cantate créée en 1732, ce qui confirme la datation probable des 4 messes de 1735-37. Cela les situe aussi dans la perspective de l'année charnière 1735 pendant laquelle Bach écrit ses 5 grands oratorios (de Noël à l'Ascension) et où il commence à faire pour la postérité un « dernier état » des œuvres les plus importantes à ses yeux ; cette période culmine avec l'achèvement de la → *Messe en si* au cours de sa dernière année. Voici le tableau complet de ces parodies :

Messe en fa maj., BWV 233 — 1. *Kyrie* (certainement original). 2. *Gloria* : a) « Gloria » (probablement original) ; b) « Domine Deus », cantate BWV Anh. 18, *« Froher Tag verlangte Stunden »*, air n° 6, *« Geist und Herze sind begierig »* ; c) « Qui tollis », cantate BWV 102, → *« Herr, deine Augen*, air n° 3 ; d) « Quoniam », même cantate, air n° 5 ; e) « Cum Sancto Spiritu », cantate BWV 40, → *« Dazu ist erschienen der Sohn Gottes »*, chœur n° 1.

Messe en la maj., BWV 234 — 1. *Kyrie* (parodie probable ; original non identifié). 2. *Gloria* : a) « Gloria », cantate BWV 67, → *« Halt im Gedächtnis Jesum Christ »*, air n° 6 ; b) « Domine Deus » (parodie probable ; original non identifié) ; c) « Qui tollis », cantate BWV 179, → *« Siehe zu, dass deine Gottesfurcht »*, air n° 5 ; d) « Quoniam », cantate BWV 79, → *« Gott der Herr ist Sonn und Schild »*, air n° 2 ; e) « Cum Sancto Spiritu », cantate BWV 136, → *« Erforsche mich Gott »*, chœur n° 1.

Messe en sol min., BWV 235 — 1. *Kyrie*, cantate BWV 102, → *« Herr, deine Augen »*, chœur n° 1. 2. *Gloria* : a) « Gloria », cantate BWV 72, → *« Alles nur nach Gottes Willen »*, chœur n° 1 ; b) « Gratias agimus », cantate BWV 187, → *« Es wartet alles auf dich »*, air n° 4 ; c) « Domine Fili », même cantate, air n° 3 ; d) « Qui tollis », même cantate, air n° 5 ; e) « Cum sancto spiritu », même cantate, chœur n° 1.

Messe en sol maj., BWV 236 — 1. *Kyrie*, cantate BWV 179, → *« Siehe zu, dass deine Gottesfurcht »*, chœur n° 1. 2. *Gloria* : a) « Gloria », cantate BWV 79, → *« Gott der Herr ist Sonn und Schild »*, chœur n° 1 ; b) « Gratias agimus », cantate BWV, 138, → *« Warum betrübst du dich »*, air n° 5 ; c) « Domine Deus », cantate BWV 79, → *« Gott der Herr ist Sonn und Schild »*, air n° 5 ; d) « Quoniam », cantate BWV 179, → *« Siehe zu, dass deine Gottesfurcht »*, air n° 3 ; e) *« Cum Sancto Spiritu »*, cantate BWV 17, → *« Wer Dank opfert »*, chœur n° 1.

Bach a sans doute été pressé de réaliser cette commande ; après avoir composé les deux premiers mouvements de la *Messe en fa maj.*, il a continué par des parodies. Le *Kyrie* de cette messe BWV 233 comprend deux citations attestant l'originalité de l'œuvre : les hautbois et les cors jouent la mélodie du choral *« Christe, du Lamm Gottes »* (Christ, toi, Agneau de Dieu), cependant que la basse intrumentale et celle du chœur exposent, elles aussi en valeurs longues, deux thèmes des litanies en plain-chant, à savoir la triple invocation aux personnes de la Trinité.

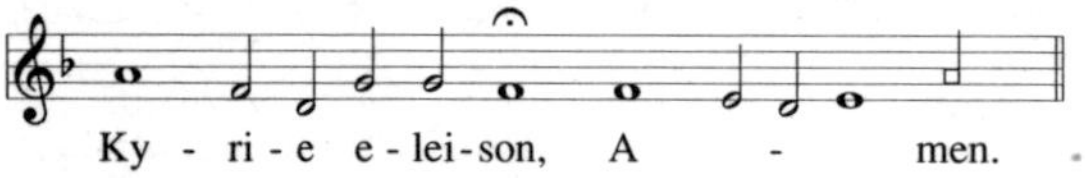

C'est une page admirable dans laquelle Bach accentue le caractère « ecclésiastique » des thèmes de plain-chant en introduisant des notes de passage chromatiques empêchant la perception de la tonalité « moderne » de cette musique. Si l'on se souvient de ce que les invocations de la litanie précèdent immédiatement l'invocation de l'Agneau de Dieu assumant le mal du monde — ce même Agneau de Dieu qu'évoque le « cantus firmus » instrumental —, on déchiffre la théologie musicale de Bach : la célébration de la liturgie eucharistique est introduite par la fonction originale du *Kyrie*, une grande litanie pénitentielle. Une autre copie de cette page attribue le « cantus firmus » intrumental au soprano I : la disposition des différentes tribunes au-dessus de l'entrée du chœur de Saint-Thomas permettait au XVIIIe s. de faire entendre un choral en valeurs longues au-dessus d'un ensemble choral et instrumental assez complexe, même lorsqu'il n'était chanté que par quelques garçons de la maîtrise. Le premier chœur du *Gloria* de cette messe est introduit par une sinfonia tout en mouvements ascendants ; elle fait alterner des passages en imitations et des séquences évoquant le *Gloria* de la *Messe en ut min.*, KV 427, de Mozart.

Comme on n'a pas identifié l'original du *Kyrie* en *la*, BWV 234, considéré comme une parodie, il importe de savoir que l'analyse de cette page ferait plutôt penser à une composition originale. Sur quel texte Bach aurait-il pu composer l'extraordinaire canon circulaire du « Christe », véritable transposition musicale de l'Incarnation rédemptrice ? Et le dernier « Kyrie », fugué, image de l'Esprit d'amour qui meut toutes choses et confère la « science de la voix », se termine après un point d'orgue sur quelques mesures adagio qui reviennent à la réponse implorante de la litanie originelle. Un exemple entre vingt pour montrer la démarche de cette « parodie » chez Bach. Le premier chœur du *Gloria* de la *Messe en la maj.*, BWV 234, est un arrangement génial de l'air n° 6 de la célèbre cantate → *« Halt im Gedächtnis Jesum Christ »*, BWV 67, pour le dimanche de Quasimodo, dont la péricope évangélique évoque la manifestation du Ressuscité par le « Shalom » (Paix avec vous). Le texte original allemand, réparti entre un solo de basse et un trio des voix supérieures, répétait inlassablement *« Friede sei mit euch »* (Que la paix soit avec vous) ; le texte latin comporte les mots « pax hominibus bonae voluntatis », atmosphère renforcée encore par l'alternance Adagio Vivace et le timbre pastoral des deux flûtes.

Bibliographie — L. Finscher, Zum Parodieproblem bei Bach, *in* Bach-Interpretationen, éd. par M. Geck, Göttingen, Vandenhoeck & R., 1969 ; C. de Nys, Les messes brèves de J. S. Bach, Paris, Erato-Costallat, 1974.

C. de Nys

Messes brèves, de **Wolfgang Amadé Mozart** : KV 49/47d, en *sol* maj. ; KV 65/61a, en *ré* min. ; KV 140/175a, en *sol* maj., dite « pastorale » ; KV 192/186f, en *fa* maj. ; KV 528, en *ut* maj. ; KV 259, en *ut* maj. ; KV 275/272b, en *si* ♭ maj., voir Messes pour soli, chœur et orchestre de W. A. Mozart.

Messe « Se la face ay pale », messe à 4 voix de **Guillaume Dufay**, composée vers 1450, peut-être pour le mariage d'Anne de Lusignan, duchesse de Savoie (Codices de Trente, n° 88, f° 97v-105v ; Rome, Bibl. vaticane, Cappella Sis. 14, f° 27v-38). Il semblerait qu'avec la → *Messe « L'homme armé »*, la *Messe « Se la face ay pale »* soit un des premiers exemples connus de messe unitaire sur « cantus firmus » profane. Le compositeur emprunte le ténor d'une ballade à 3 voix (→ *« Se la face ay pale »*) qu'il aurait composée vers 1430. Le ténor de la messe cite intégralement le ténor de la ballade, sans aucune modification : il s'agit donc bien d'un emprunt et non d'une paraphrase.

Le « cantus firmus » apparaît 9 fois en entier dans les 5 pièces de la messe, toujours au ténor, avec les mêmes sons et dans les mêmes valeurs relatives, c'est-à-dire dans trois échelles de durées : en triple, double et simple. Ce qui donne le plan suivant :
Kyrie ténor exprimé 1 fois, en double ;
Gloria ténor exprimé 3 fois, en triple, en double et en simple ;
Credo ténor exprimé 3 fois, en triple, en double et en simple ;
Sanctus ténor exprimé 1 fois, en double ;
Agnus ténor exprimé 1 fois, en double.
Cette variété dans le choix des valeurs se combine au jeu des divisions binaire ou ternaire de la longue (le « mode ») et de la brève (le « temps »). Trois formules peuvent se présenter : a) mode parfait, temps parfait : ténor en triple ou simple ; b) mode parfait, temps imparfait : ténor en double, c) mode imparfait, temps parfait : ténor en double. L'apport du « cantus firmus » demeure structurel, sans lien avec le sens du texte. Son emploi rappelle les constructions isorythmiques des grands motets de Dufay (→ *« Fulgens iubar »*) ; comme dans ceux-ci, des duos commencent chacune des pièces (*Kyrie* excepté) et séparent les interventions du « cantus firmus ». Ce dernier est toujours présenté scindé en deux phrases musicales (A = mesures 1-18 du ténor de la ballade, B = mesures 19-30), qui correspondent à la structure poétique de la ballade.

Mais le « cantus firmus » ne constitue pas le seul élément d'unité : il existe également un motif de tête, renforçant la cohérence musicale. Il apparaît dans le duo initial, en entrées entre le supérius et le contraténor 1 :

Gloria

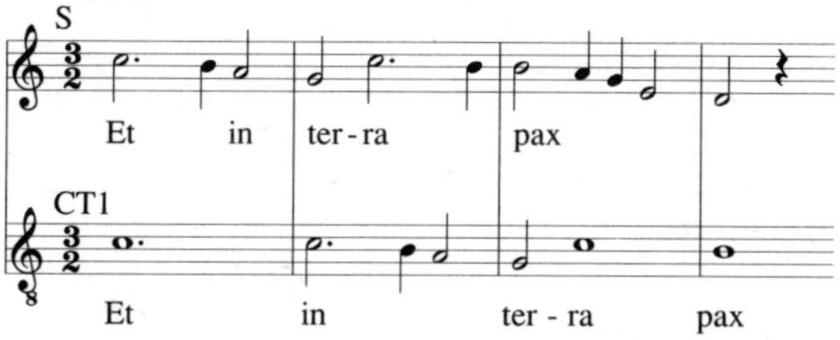

Il est également présent dans le début à 4 voix du *Kyrie.* La ligne descendante de ce motif rappelle les mesures 1-2 du ténor et les mesures 5-6 du supérius de la ballade : cette technique évoque celle de la paraphrase. Il réapparaît souvent dans le courant de chacune des pièces, de même que plusieurs autres motifs, liés ou non au « cantus firmus ».

Enfin, à la fin de chacune des 5 pièces figure une série d'imitations sur les notes *sol, mi, do,* issues des mesures 25-27 de la ballade **A**. Anticipant sur le principe de la parodie, Dufay emprunte ici la totalité des matériaux de la ballade, et les replace dans sa messe en même position conclusive pour créer un effet de tension.

Si la cohérence musicale de cette messe est fermement assurée par le « cantus firmus » unique dans ses diverses proportions, l'existence du motif de tête, la construction identique des pièces rythmées par les passages en duo, il existe en revanche des éléments de contraste importants, telle l'alternance des groupes vocaux. Celle-ci se présente non seulement dans le cas des duos déjà mentionnés, mais également de manière moins systématique durant les interventions du « cantus firmus » ; on la rencontre aussi dans les *Kyrie, Sanctus, Agnus,* où le « cantus firmus » n'étant cité qu'une seule fois l'interruption entre les phrases A et B est plus longue que dans les *Gloria* et *Credo* et constitue une véritable partie libre à 2 ou 3 voix. Un autre élément de variété réside dans les oppositions entre le binaire et le ternaire : toutes les pièces (à l'exception du *Sanctus*) commencent et se terminent en temps parfait, le temps imparfait n'intervenant qu'au milieu de la construction pour créer un contraste. Les cadences obéissent elles aussi à un principe d'alternance : en effet, si la ballade est écrite sur finale *ut* et son ténor réutilisé tel quel, la messe évolue dans un mode de *fa.* Les cadences figurant dans le courant des pièces se situent presque toujours sur *ut* et *sol* (repos fréquents en mode de *fa*) tandis que seule la cadence conclusive s'appuie sur la finale *fa.*

Appartenant à la période de maturité de Dufay, la *Messe « Se la face ay pale »* atteint un objectif longtemps poursuivi : celui de l'unité musicale du cycle. Par l'imbrication entre le profane et le religieux, elle porte la marque du XVe siècle. Enfin, par les différentes techniques employées (l'emprunt, la paraphrase, l'amorce de la parodie), elle constitue le point de départ des grandes messes polyphoniques franco-flamandes.

Éditions — Par G. ADLER et O. KOLLER, *in* DTÖ VII, vol. 14 et 15, 1900 ; par H. BESSELER, *in* G. Dufay. Opera omnia III, Amer. Inst. of Musicology, 1951 ; par le même, *in* Chor Archiv, n° 1712, Kassel, BV ; par L. FEININGER, *in* Monumenta polyphoniae liturgicae, série I, vol. 2, fasc. 2, Rome 1952.

Bibliographie — CH. VAN DEN BORREN, Dufay, Bruxelles 1926, pp. 104-129 ; H. CHR. WOLFF, Die Musik der alten Niederländer, Leipzig 1956, pp. 30-32 ; W. NITSCHKE, Studien zu den Cantus-firmus-Messen G. Dufays, Berlin, Merseburger, 1968, pp. 135-160, H. M. BROWN, G. Dufay and the Early Renaissance, *in* Early Music II, oct. 1974 ; D. FALLOWS, G. Dufay, Londres, Dent, 1982, pp. 194-200.

D. PATIER

MESSE SOLENNELLE en *ut* maj., de **Leopold Mozart**, pour soli, chœur et orchestre, composée vers 1760 et vraisemblablement destinée à l'abbaye Saint-Pierre de Salzbourg. (Durée : 50 min environ.)

Le catalogue Köchel des œuvres de W. A. Mozart mentionnait sous la référence KV 115 une messe pour 4 voix et orgue, interrompue à la 9e mesure du *Sanctus*, dont l'autographe avait jadis été dans les archives de l'éditeur André à Offenbach **A**. Lorsque cet autographe reparut dans une vente (1975), on put se rendre compte que l'écriture n'était pas celle de Wolfgang mais celle de son père ; peu après, on découvrit le matériel complet de cette messe solennelle dans les archives de l'abbaye Saint-Pierre à Salzbourg. Cette messe montre tout ce que Wolfgang devait à son père, mais aussi la qualité des compositions religieuses de ce dernier. Dès le début, Leopold tire un effet saisissant du *Kyrie* a cappella ou accompagné par l'orgue, le grand orchestre (avec 2 trp.

A **MESSE « SE LA FACE AY PALE »**

Ballade, mes. 25 et suiv.

Messe, *Gloria*, mes. 192 et suiv.

A **MESSE SOLENNELLE** DE LEOPOLD MOZART

aiguës et 2 cors) n'entrant qu'avec l'Allegro. Par ailleurs, c'est la structure en cantate napolitaine avec ses numéros et son « stile misto » (polyphonie sévère et formes plus modernes comme l'aria) que Wolfgang adoptera pour sa première *Messe en ut min.*, KV 139/47c. Il a sûrement entendu l'œuvre de son père et lui a emprunté aussi les trompettes avec sourdine du « Crucifixus » par exemple. Peut-être Wolfgang y a-t-il trouvé des impulsions plus durables encore, car le départ impétueux du *Credo* de Leopold présage bien celui de sa *Messe en ut min.*, KV 417a.

Pourtant, l'œuvre a sa valeur intrinsèque. Le langage harmonique original et très personnel de Leopold s'affirme dans des modulations surprenantes et très efficaces, comme dans le *Kyrie* ou dans l'« Et incarnatus est » accompagné par les cordes ou encore dans l'émouvant « Miserere » du chœur — dans le *Gloria* —, après le solo de basse sur « Suscipe » et le duo implorant des voix supérieures. Les arias ont dû moins inspirer son fils ; Wolfgang n'a jamais introduit de cadences dans les solos de ses messes, alors que Leopold en prévoit jusqu'à trois dans une seule aria. La plus originale est celle du soprano avec flûte concertante dans le *Benedictus*.

En dépit de ces passages franchement novateurs au regard de la tradition, la messe de Leopold appartient à l'ère de transition entre l'apogée du style baroque et l'écriture préclassique ; on y discerne encore l'influence des affections baroques et les symbolismes sonores habituels : c'est ainsi que le solo de basse « Et in Spiritum Sanctum » est bien un arioso baroque avec trompette obligée. En définitive, cette partition est l'œuvre d'un maître en possession de tous ses moyens ; elle témoigne aussi de l'importance fondamentale des partitions religieuses du vice-maître de chapelle salzbourgeois pour le développement du style liturgique de son fils.

C. DE NYS

MESSE SOLENNELLE, d'**Ambroise Thomas**, pour soli, chœur et orchestre, composée en 1852 pour l'Association des artistes musiciens et pour la fête de sa patronne sainte Cécile, créée à cette occasion, à Paris, en l'église Saint-Eustache, le 22 nov. 1852, par Mlle Lefebvre (sop.), MM. Masset (ténor) et Battaille (basse), 600 artistes musiciens sous la dir. de Théophile Tilmant, reprise en 1853 et 1857 et jouée dans plusieurs villes de province. (Paris, J. Heinz, 1857 ; durée : 45 min environ.)

Dans cette œuvre maîtresse de la production religieuse d'A. Thomas, les 5 pièces de l'ordinaire s'enrichissent d'un *« O salutaris »* et d'un *« Laudate »*. L'instrumentation et l'effectif choral diffèrent selon le caractère de chacune des parties. Quant au langage musical, de style contrapuntique ou harmonique, il constitue, par sa souplesse et sa diversité, un élément supplémentaire de la richesse stylistique.

Le *Kyrie*, en *si* min. et d'écriture horizontale, est pour chœur (S S T B). Il s'élabore autour d'un motif principal exposé aux sop. I, repris et travaillé dans les autres voix en mouvement contraire et par morcellement. Après le « Christe » (sous forme de questions-réponses traitées sur un orchestre moins fourni), les motifs du *Kyrie* reparaissent mais développés en sections nettement distinctes (entrées successives des voix, chœur à l'unisson, etc.). Le *Gloria* est rendu par un chœur à 5 voix (ténors dédoublés) ; l'écriture à dominante verticale, l'éclat de l'orchestration et la tonalité de *ré* maj. en expriment l'aspect jubilatoire. L'« Et in terra » repose sur des valeurs longues aux voix, tandis que le « Qui tollis », en *si* min., est confié à un solo de soprano. Le « Cum Sancto Spiritu » apparaît d'abord sous forme d'une fugue, puis en style vertical et syllabique, avant que l'« Amen » apporte une conclusion éclatante. Le *Credo* débute Maestoso, en *mi* ♭ maj., par une longue affirmation qui utilise le chœur et l'orchestre au complet ; en revanche, l'atmosphère de l'« Et incarnatus est » (en *ut* ♯ min.) est plus intérieure (ténor solo). Le « Crucifixus », qui dramatise l'expression (en particulier avec le rythme ♪. ♬), laisse ensuite place à un épisode purement instrumental de style fugué. La démarche originale du « Resurrexit » symbolise le retour à la vie en un vaste crescendo aboutissant à une explosion générale. On notera, dans tout ce *Credo*, l'utilisation des bassons, ainsi que l'emploi fréquent de l'orgue (dans le « Crucifixus » p. ex.). Le *Sanctus* fait intervenir la harpe et donne une place importante à la voix de basse solo.

Le *Benedictus* confirme l'atmosphère céleste, alors que le « Hosanna » est bâti sur un tutti général. Le motif initial de la harpe reparaît, mais sur une modulation en *fa* maj. qui annonce la tonalité d'un *« O salutaris »* confié au ténor et à la basse, soutenus par des solos de cor anglais et de hautbois. L'*Agnus Dei* est écrit pour soprano solo et chœur à 5 voix, sur un thème exposé d'abord à la clarinette et à la flûte et caractérisé par la permanence du rythme ♩ ♪♩ ♪. La messe se termine de façon solennelle par un *« Laudate »* (chœur à 6 voix, en *ré* maj.), qui fait alterner le style vertical et le contrepoint, et débouche sur un « Amen » victorieux.

Bibliographie — Comptes rendus par A. Durand *in* Le Ménestrel, 28.11.1852, P. Smith *in* Revue et Gazette Musicale de Paris, 28.11.1852 et 27.11.1853, L. Minot *in* La France Musicale, 22.11.1857, et P. Smith *in* Revue et Gazette Musicale de Paris, 22.11.1857.

E. Malfroy

Messe solennelle de sainte Cécile, de **Charles Gounod**, pour chœur à 4 voix mixtes, sop., ténor et basse soli, orch. et orgue, composée à La Luzerne, près d'Avranches, pendant l'été 1855, dédiée à son beau-père, le pianiste Pierre-Joseph Zimmermann. Exécutée pour la 1re fois le 29 nov. 1855 à l'église Saint-Eustache par l'Association des artistes musiciens sous la dir. de Théophile Tilmant, elle valut à son auteur la célébrité qu'il avait jusqu'alors vainement recherchée. (Paris, Lebeau, 1855.)

1. Le *Kyrie* (*sol* maj.), ouvert et conclu sur un thème à l'aspect archaïque, déploie sa douce litanie dans le chant alterné du chœur et des solistes. **2.** En 4 sections, le *Gloria* (*ré* maj.) oppose la déclamation angélique du sop. solo (« Gloria in excelsis ») à la brillante jubilation du chœur (« Laudamus te »), puis la suavité des interventions solistes (« Domine Fili..., Qui tollis..., Qui sedes... »), dramatisées par le chœur (« miserere » chromatiques), à la majesté des derniers versets (« Quoniam tu solus »). **3.** De conception voisine, le *Credo* (*do* maj.) s'ouvre par une proclamation pompeuse et emphatique sur un accompagnement emporté au rythme obstiné (♩. ♪ et contretemps). Si l'« Et resurrexit » amplifie plus loin la même disposition, l'« Et incarnatus » se veut exagérément éthéré et le « Crucifixus » poignant jusqu'à l'excès. Les croyants peu à peu rassemblés (« Et expecto ») pourront alors contempler une peinture naïve du monde à venir (« Et vitam venturi saeculi »). **4.** Une « invocation pour l'orchestre seul », sorte de prélude d'acte d'opéra, tient lieu d'*Offertoire* (*la* ♭ maj.). **5.** Le *Sanctus* (*fa* maj.) combine la forme ternaire (« Sanctus..., Pleni sunt..., Sanctus... ») avec l'alternance du ténor solo et du chœur. Tandis que le 1er volet portait au recueillement, le dernier, amené par un grand crescendo, révèle la puissance du Seigneur. **6.** Ménageant un contraste, le sop. solo déclame la mélodie statique du *Benedictus* (*si* ♭ maj.), longuement prolongée par le chœur qui termine par un bref « Hosanna » plein de majesté. **7.** Le style de l'*Agnus Dei* (*ré* maj.) évoque de nouveau l'opéra. Son refrain choral, tendre et doucereux, contrepointé par une arabesque des violons, est interrompu par le commentaire des ténors et sop. soli (« Domine, non sum dignus... », Seigneur je ne suis pas digne de te recevoir, mais dis seulement une parole et je serai guéri »). **8.** Le *« Domine salvum... »* (Seigneur, protège notre empereur Napoléon et exauce-nous, nous qui t'avons invoqué), prière concordataire pour les autorités civiles, clôt la célébration. Ici, chaque intercession (*sol* maj.) adopte un style différent : *Prière de l'Église*, sous forme de choral a cappella, *Prière de l'armée*, allègrement soutenue par les instruments à vent, *Prière de la nation*, en guise de finale grandiose.

C'est sans doute à son insu que Gounod, toujours tiraillé entre le profane et le religieux, a adopté le style musical dominant à cette époque, celui de l'opéra (il donnera son → *Faust* en mars 1859). Notons toutefois que le contexte culturel de 1855 conduisit les critiques à reconnaître à l'œuvre un caractère éminemment religieux. L'esprit « néopalestrinien » des premières et dernières *Messes* ne transparaît qu'aux début et fin du *Kyrie* et dans l'« Et incarnatus » qui, seuls avec la fin du « Miserere » du *Gloria* et le *Benedictus*, évitent une sentimentalité excessive ramenant irrésistiblement le fidèle au théâtre. Ainsi le *Gloria*, brillant mais superficiel, suggère-t-il plutôt un finale d'acte. Certes très habile, l'orchestration souvent descriptive contribue pour une bonne part à ce résultat : fréquents trémolos des cordes, nombreux soli des instruments à vent, arpèges infinis des harpes (fin du *Credo*). Dans ce contexte, le figuralisme reste primitif, un mot donnant le ton de toute une section (« Laudamus te », Nous te louons ; « omnipotens », tout-puissant ; « miserere », prends pitié). L'intelligibilité du texte et la relative rapidité de son débit permettent à l'œuvre de s'insérer facilement dans une action liturgique de type tridentin telle qu'on la concevait alors. La *Messe solennelle de sainte Cécile* évite incontestablement la banalité, parfois la médiocrité, des messes plus tardives (*Messe à la mémoire de Jeanne d'Arc*, → *Messe chorale*, etc.). L'élégance des mélodies faciles à mémoriser, la suavité des enchaînements harmoniques, l'aisance des modulations, le dynamisme imposant de l'orchestre touchent immédiatement un public volontiers porté à l'émotion.

Éditions et rééditions — Par E. Vast, pour soli, chœur à l'unisson et orgue, Paris, Lebeau, 1861, 2/1864 ; par Ch. Gounod, pour soli, chœur à 4 v. et orgue, avec un nouvel *Offertoire* pour orgue seul, Londres, Goddard, 1874 ; par le même, pour soli, chœur à 4 voix orgue ou p. (suivie du Ps. *« Laudate Dominum »*), Paris, Lebeau, 1878 ; par le même, pour soli et ch. à 2 v. égales, orgue ou p., Paris, Lebeau, 1887 ; par J. Barnby, pour soli, ch. à 4 v. et p., Londres, Novello, 1951.

Bibliographie — M. Escudier, Messe de M. Ch. Gounod, *in* La France Musicale XIX/49, 1855 ; J. d'Ortigue, Revue Musicale, *in* Journal des Débats, 27 déc. 1855 ; P. Scudo, Messe de sainte Cécile à

Saint-Eustache, *in* Revue et Gazette Musicale de Paris XXII/48, 1855 ; L. Pagnerre, Ch. Gounod, Paris 1890, pp. 394-397 ; M. Brenet, Gounod et la musique sacrée, *in* Le Correspondant, 10 déc. 1893 ; G.Tebaldini, Gounod autore di musica sacra, *in* RMI 1, 1894 ; C. Saint-Saëns, Portraits et souvenirs, Paris 1899, 3/1909, pp. 101-102 ; J.-G. Prod'homme et A. Dandelot, Gounod I, Paris 1911, 2/Genève, Minkoff, 1973, pp. 165-168 ; F. Kaufmann, Gedanken zu Gounods Cäcilienmesse, *in* Musica sacra XXXIII, 1963 ; H. Wagener, Die Messen Ch. Gounods, *in* KmJb LI, 1967 ; du même, Ch. Fr. Gounod (1818-1893). Ein Beitrag zur Kirchenmusik des 19. Jh., *in* Musica Sacra XXXVIII/1, 1968 ; du même, Die Messen Ch. Gounods, *ibid* XL/4-5, 1970 ; J. Harding, Gounod, Londres, Allen and Unwin, 1973, pp. 92-93.

P. Prévost

Messes royales, de **Henry Du Mont**, voir Cinq Messes en plain-chant.

Messe « Sub tuum praesidium », messe de 3 à 7 voix de **Jacob Obrecht**. Cette courte œuvre constitue une construction originale et équilibrée. Le compositeur y ménage une progression ininterrompue en ajoutant une voix à chacune des 5 pièces de l'ordinaire (*Kyrie* à 3, jusqu'à *Agnus Dei* à 7). Sans doute peut-on voir dans l'écriture à 7 un symbole marial (Notre-Dame des Sept Douleurs, voir W. Elders, pp. 108-112). Le nombre des « cantus firmi » est également de 7, car si l'antienne mariale *« Sub tuum praesidium »* est chantée au supérius pendant toute l'œuvre, d'autres antiennes ou hymnes appartenant au culte de la Vierge apparaissent successivement : dans le *Credo*, *« Audi nos »* ; dans le *Sanctus*, *« Mediatrix nostra »* ; dans l'*Agnus Dei* I et II, *« Celsius nuntiat Gabriel »* et *« Supplicamus nos »* ; dans l'*Agnus Dei* III, le début du *« Regina coeli »* et la fin du *« Salve Regina »*. Ces textes sont cités avec une fidélité rare dans l'œuvre d'Obrecht, comme le révèle l'ex. suivant A. En outre, ces « canti firmi » sont empruntés avec leurs paroles, tandis que, de leur côté, les textes de l'ordinaire sont parfois réduits (dans le *Credo*, il manque « Et in unum Dominum » ; ou encore dans le *Sanctus*, le « Pleni sunt » et l'« Osanna » sont omis). On a pu s'interroger sur toutes ces particularités : R. Hannas évoque la dévotion portée à la Vierge à la fin du xve siècle. P. Wagner suggère que seules les parties empruntées seraient chantées, les autres étant confiées à des instruments. L. Lockwood fait remarquer que la compression de certains textes est sans doute rendue nécessaire par le désir d'Obrecht de donner aux 5 pièces de l'ordinaire une durée sensiblement égale : ainsi, selon le calcul établi par M. van Crevel (Introd. à l'éd.), l'ensemble de la messe s'étend sur 888 semi-brèves (nombre représentant le nom de Jésus), le *Kyrie* et le *Gloria* comptant ensemble 333 semi-brèves et les *Credo/Sanctus/Agnus Dei* 555.

Proches par leur durée, les différentes pièces de cette messe le sont aussi par des symétries constantes : alternance régulière de sections ternaires et binaires, passages libres très courts entre les interventions des « canti firmi », persistance du « cantus firmus » principal à la voix supérieure.

Bien que ne comportant pas de prouesses d'écriture (comme dans les canons de la *Messe « L'homme armé »* ou de la *Messe « Petrus apostolus »*) ou de travail complexe de segmentation du « cantus firmus » (comme dans la *Messe « super Maria zart »*), la *Messe « Sub tuum praesidium »* présente une construction remarquable fondée sur le jeu paradoxal d'éléments en mouvement (le nombre croissant des voix ou des « canti firmi ») et d'éléments stables (même durée des pièces et symétries déjà évoquées). L'intérêt de l'œuvre se révèle également dans les finesses des détails : ainsi dans l'exercice subtil de la variation, introduit par Obrecht dans les parties libres du début de chaque pièce à partir d'éléments mélodiques issus ou non du « cantus firmus » principal (voir H. Chr. Wolff). Selon B. Murray, la *Messe « Sub tuum praesidium »* aurait été composée entre 1494-1496 ou 1501-1503, périodes durant lesquelles Obrecht était en fonctions à la cathédrale Notre-Dame d'Anvers ou résidait dans cette ville.

Il existe une autre *Messe « Sub tuum praesidium »* écrite par **Benedictus de Opitiis**, qui fut organiste dans la même cathédrale de 1514 à 1516.

Sources principales — Annaberg-Buchholz, Ms. 1126 ; Bâle, Univ.-Bibl. KK III, 25 a-d.

Éditions modernes — Par J. Wolf, *in* Werken van J. Obrecht I/6, Amsterdam et Leipzig, Vereeniging voor Noord-Nederlandse Muziekgeschiedenis, s.d., rééd. en facs. Farnborough, Gregg Intern. Publ., 1968 ; M. van Crevel, *in* J. Obrecht. Opera omnia II/6, Amsterdam, Vereeniging voor Nederlandse Muziekgeschiedenis, 1960.

Bibliographie — P. Wagner, Geschichte der Messe, Leipzig 1913, vol. I, pp. 118-120 ; M. Kyriazis, Die Cantus firmus Technik in den Messen Obrechts, Berne 1952 ; R. Hannas, Concerning deletions in the polyphonic mass Credo, *in* JAMS V, 1952 ; G. Reese, Music in the Renaissance, New York, Norton, 1954, 2/1959, p. 195 ; H. Chr. Wolff, Die Musik der alten Niederländer, Leipzig 1956, pp. 52-54 ; B. Murray, J. Obrecht's Connection with the Church of our Lady in Antwerp, *in* RBMie XI, 1957 ; L. Lockwood, A Note on Obrecht's Mass « Sub tuum praesidium », *ibid.* XIV, 1960 ; H. Sparks, Cantus firmus in mass and motet, 1420-1520, Berkeley et Los Angeles 1963, pp. 282-285 ; A. Salop, J. Obrecht and the early development of harmonic polyphony, *in* JAMS XVII, 1964 ; W. Elders, Studien zur Symbolik in der Musik der alten Niederländer, Bilthoven 1968, pp. 108-122 ; L. G. van Hoorn, J. Obrecht, La Haye 1968, pp. 122-125 ; M. Picker, J. Ockeghem and J. Obrecht, a guide to research, New York, Garland Publ., 1988.

D. Patier

Messe « The western wynde », messe à 4 voix de **John Taverner**, la première messe anglaise à être écrite sur un « cantus firmus » profane. Elle emprunte avec d'importantes modifications la mélodie de même titre, qui serait (selon N. Davison) le ténor d'une chanson anonyme de caractère populaire, ténor figurant seul dans le Ms. Royal App. 58, f° 5, Londres, BrM.

[A]

etc.

Cette mélodie comporte trois incises, selon le plan A B B'. Sans *Kyrie*, suivant l'usage anglais, la *Messe « The western wynde »* compte 4 parties (*Gloria*, *Credo*, *Sanctus*, *Agnus Dei*) de même durée, et le « cantus firmus » apparaît 36 fois (4 × 9). Une fois dans chaque partie le thème emprunté est amputé de sa dernière incise. Ces citations figurent de manière ininterrompue (d'où le terme « cantus firmus-ostinato » utilisé par N. Davison) et présentent peu de variantes mélodiques. Elles figurent

		Gloria	*Credo*	*Sanctus*	*Agnus Dei*
au supérius	21 fois	6	5	5	5
au ténor	10 fois	3	3	3	1
à la basse	5 fois	0	1	1	3
		9	9	9	9

Seul le contraténor n'émet jamais le « cantus firmus ». On remarque l'importance du supérius qui concentre l'attention de l'auditeur par son fréquent usage du thème et l'aspect très mélodique de ses passages libres. Au contraire, la basse peut être disjointe, de caractère instrumental (*Gloria*, mes. 72-80). L'absence de variantes dans l'énoncé du « cantus firmus » pourrait engendrer une certaine monotonie : J. Taverner combat cette impression par de fréquentes oppositions de groupes vocaux (*Gloria* : 4, 2, 4, 4, 2, 3, 4, 3, 4). Il ménage des moments de tension à la fin de chacune des pièces (chaînes de valeurs courtes, triolets) et exploite aux parties libres un jeu complexe d'imitations sur des motifs souvent issus du « cantus firmus » (voir début *Agnus Dei* I).

En raison de l'utilisation si particulière du « cantus firmus » dans l'esprit d'un ostinato, la *Messe « The western wynde »* doit être considérée dans son ensemble : Fr. Ll. Harrison et T. Messenger ont montré que la construction apparaît alors en deux « couples » : *Gloria/Credo*, *Sanctus/Agnus*. Le premier comprend 2 fois 3 variations couronnées par une variation finale plus animée ; le second 3 fois 3 variations. Cette messe a servi de point de départ aux messes du même titre de Chr. Tye et J. Sheppard, qui dateraient des années 1530-1540. N. Davison (*in* MQ LVII, 1971) présente une étude comparative des trois œuvres.

Sources principales — Gyffard Part Books, Londres, BrM, Add. Mss. 17802-5 ; Oxford, Bodl. Libr., Mss. Mus. e 1-5.

Éditions modernes — Par P.C. Buck, *in* Tudor Church Music I, Londres, OUP, 1923 ; par H.B. Collins, *in* The Western Wynde, Londres, Chester, 1924 ; par A. Davison et W. Apel, *in* Historical anthology of music I, Cambridge (Mass.), Harvard Univ. Press, 1947 (*Benedictus* seulement) ; par Ph. Brett, *in* The Western Wynde, Mass for unaccompanied choir, Londres, Stainer & B., 1962.

Bibliographie — G. Reese, Music in the Renaissance, New York, Norton, 1954, 2/1959, pp. 778-780 ; D. Stevens, Tudor church music, New York 1955, p. 32 ; Fr. Ll. Harrison, Music in Medieval Britain, Londres 1958, pp. 283-284 ; T. Messenger, Texture and form in Taverner's Western Wind, *in* JAMS XXII, 1969 ; D. Stevens, J. Taverner, *in* Mélanges D. Plamenac, Pittsburgh 1969, p. 331 ; P. Doe, Latin Polyphony under Henry VIII, *in* Proc. R. Mus. Assoc. 1968-69, pp. 88-89 ; N. Davison, The western Wind masses, *in* MQ LVII, 1971 ; H. Benham, The formal design and construction of Taverner's work, *in* MD XXVI, 1972 ; N. Davison, Structure and Unity in four free-composed Tudor Masses, *in* MR XXXIV, 1973 ; D.S. Josephson, J. Taverner : Tudor composer, Ann Arbor, UMI, 1975, pp. 139-142.

D. Patier

Messe « Tu es Petrus », de **Giovanni Pierluigi da Palestrina**, voir « Tu es Petrus ».

Messe « Una musque de Buscaya », messe à « cantus firmus » à 4 voix de **Josquin des Prés**, appartenant au groupe de ses plus anciennes messes. E. Lowinsky propose de situer sa composition vers 1482, durant l'exil du cardinal Ascanio Sforza à Naples. Elle a été transmise par deux manuscrits de la fin du xve s., dont un manuscrit d'apparat destiné à l'empereur Maximilien Ier (Vienne, National Bibl., Ms. 5248), et a été imprimée par O. Petrucci dans son *Missarum Josquin liber secundus* (Venise 1505, plus. rééd. jusqu'en 1526). Elle se fonde sur la mélodie d'une chanson d'origine basque (G. Paris, *Chansons du xve s.*, Paris 1875, pp. 7-9) que l'on retrouve avec des variantes dans le supérius d'une pièce à 4 voix de Josquin des Prés imprimée par Petrucci dans ses *Canti C* (Venise 1504). H. Isaac l'a également utilisée comme « cantus firmus » au ténor d'un *« Substinuimus pacem »* (DTÖ XIV/1, p. 59), mais l'a puisée à une source différente. L'œuvre ne se présente pas avec l'unité tonale-modale habituelle : si les 5 grandes divisions de l'ordinaire commencent toutes sur *fa* (*si* ♭ / *fa* pour le *Credo*), elles s'achèvent tantôt sur *si* ♭ (*Kyrie*, *Gloria*, *Agnus Dei*), tantôt sur *sol* (*Credo*, *Sanctus*). Ainsi l'œuvre oscille-t-elle entre *fa* ionien ou *si* ♭ ionien avec *mi* ♭ (modes majeurs) et *sol* dorien, posant à l'éditeur et à l'interprète modernes de redoutables problèmes de « musica ficta ». Traitée avec beaucoup de liberté, la mélodie est utilisée comme « cantus firmus », mais vagabonde d'une voix à l'autre. Ce n'est que dans le *Benedictus* qu'elle est présentée en entier au supérius, sans répétition. Ses valeurs de durée sont parfois fortement augmentées comme dans le *Credo*, où elle est présentée par inversion, et par endroits dans le « Pleni sunt », le « Hosanna » et le « Benedictus ». L'œuvre est de caractère essentiellement contrapuntique et multiplie les points d'imitation. Toutes les parties sont à 4 voix, mais à l'intérieur de chacune d'elles la trame s'allège par endroits et l'on trouve déjà la division des voix en groupes de deux qui se répondent. Passagèrement, les voix s'unissent dans la déclamation homophone de certains passages du texte, « suscipe deprecationem nostram », « Quoniam tu solus sanctus » dans le *Gloria*, « Genitum non factum », « Et homo factus est », « Et iterum venturus est cum gloria » dans le *Credo*. L'*Agnus Dei* tout entier reprend les trois volets du *Kyrie*, peut-être signe d'un achèvement hâtif.

Rééditions modernes — Par A. Smijers, *in* Werken van Josquin des Prez, 22e livr., Amsterdam, Alsbach, 1948 (avec en annexe la chanson de Josquin extraite des Canti C).

Bibliographie — H. Ostoff, Josquin Desprez I, Tutzing 1962, pp. 142-144, 311-313 ; E. Lowinsky, Ascanio Sforza's Life : A Key to Josquin's Biography and an Aid to the Chronology of his Works, *in* Josquin des Prez, éd. par E. Lowinsky, Londres, OUP, 1976, p. 67 ; R. Stevenson, Josquin in the Music of Spain and Portugal, *ibid.*, pp. 218-219 ; Problems in Editing the Music of Josquin des Prez..., *ibid.* pp. 743-745.

M. Honegger

Messe « Viri Galilei », de **Giovanni Pierluigi da Palestrina**, voir « Viri Galilei ».

Messiah (Le Messie), oratorio de **Georg Friedrich Haendel**, sur un livret compilé par Charles Jennens à partir d'extraits bibliques, écrit pour 2 sop. dont une voix

A **Messe « Sub tuum praesidium »**

de garçon, 2 contre-ténors, contralto, ténor et basse soli, chœur à 4 voix, orch. à cordes doublé « ad libitum » dans l'ouverture et dans les chœurs par des htb. (avec des bassons se joignant à la b.c.), 2 trp., timb. et b.c., composé à Londres entre le 22 août et le 14 sept. 1741, créé à Dublin, au New Music Hall, le 1er avril 1742, et donné en première audition à Londres, au Théâtre de Covent Garden, le 23 mars 1743. Durant sa vie, Haendel donna 36 représentations de l'œuvre, mais, à cause de sa cécité, près de la moitié (celles données après 1754) furent dirigées par ses assistants John Christopher Smith senior et junior. Haendel ne suivit jamais la version originale de 1741 et, comme un grand nombre de ses oratorios, *Le Messie* fut régulièrement révisé pour convenir aux circonstances de chaque nouvelle exécution. Il n'en existe donc pas de version définitive. (Londres, J. Walsh, 1763 [morceaux choisis], 1767 [partition complète] ; durée moyenne : 2 h 30 min environ.)

Le Messie fut écrit en vue d'une visite à Dublin en 1741. A la demande du lord lieutenant d'Irlande, Haendel organisa deux séries de 6 concerts par abonnement au New Music Hall, Fishamble Street, pendant la saison d'hiver qui s'étendait de déc. 1741 à avril 1742. Quelques-unes des œuvres les plus populaires du compositeur (y compris *Acis and Galatea* et *Esther*) étaient au programme, mais Haendel avait réservé son nouvel oratorio pour la fin de la saison où il le donna avec succès le 13 avril 1742 au profit de trois institutions charitables de Dublin. Le *Dublin Journal* publia une longue critique élogieuse : « Les mots manquent pour exprimer la joie intense que procura l'œuvre au public admiratif venu en foule. Le sublime, la grandeur et la tendresse adaptés aux mots les plus élevés, majestueux et émouvants, concoururent à transporter et à ravir le cœur et l'ouïe. » A la demande générale, *Le Messie* fut redonné au concert d'adieu de Haendel le 3 juin et, comme lors de la première, il fut agrémenté de concertos d'orgue joués par le compositeur selon sa pratique habituelle.

Le Messie fut présenté au public londonien l'année suivante au Covent Garden, à la fin de la saison d'oratorios de carême de Haendel, et fut accueilli de façon nettement hostile. Sans doute le compositeur avait-il prévu certaines objections, car il avait fait la publicité de l'œuvre indirectement, l'intitulant un « nouvel oratorio sacré », évitant toute mention de son véritable titre. Néanmoins, cela ne suffit pas à apaiser les craintes d'une minorité à la morale rigoureuse qui s'inquiétait que les Écritures saintes formaient le fondement d'un divertissement profane. Dans la presse, des voix pieuses s'exprimèrent : « Ou un oratorio est un acte religieux, ou il ne l'est pas ; s'il l'est, je demande si le théâtre est un temple qui convient à sa représentation et si une compagnie de musiciens est digne d'être les ministres de la Parole de Dieu. » De plus, le public sembla préférer l'autre nouvel oratorio de Haendel, → *Samson*, qui fut donné 8 fois cette saison-là contre 3 représentations seulement du Messie. Le comte de Shaftesbury se souvint plus tard que *Samson* « fut accueilli avec un enthousiasme hors du commun », alors que *Le Messie* « ne fut goûté qu'avec indifférence », un état de fait qu'il attribua en partie à ce « qu'on donnait une telle représentation dans une salle de théâtre » mais qu'il expliqua également par l'apathie du public « qui n'entrait pas dans le génie de la composition ». Même Jennens, le librettiste de Haendel, fut peu impressionné : « Son *Messie* m'a déçu ; il fut écrit en grande hâte alors qu'il disait que cela lui prendrait un an et qu'il en ferait sa meilleure œuvre. Je ne lui remettrai plus de paroles sacrées entre les mains pour qu'il en abuse [...]. Il est encore en son pouvoir, en retouchant les parties faibles, d'en faire une œuvre convenable pour une représentation publique, et je lui en ai déjà parlé ; mais il est si paresseux et si obstiné que je doute de l'effet de mes paroles. » De façon significative, l'éditeur de Haendel, J. Walsh, publia, selon la coutume, le volume des morceaux choisis de *Samson* peu après la première, mais *Le Messie* ne connut cet honneur qu'en 1763 et la partition complète ne parut qu'en 1767.

Bien que Haendel ait fait un certain nombre de tentatives pour remonter son « oratorio sacré » (ainsi qu'on appelait généralement *Le Messie* pendant le XVIIIe s.) en 1745 et 1749, ce n'est qu'en 1750 qu'il fut régulièrement joué et devint un trait caractéristique de sa saison d'oratorio de carême au Covent Garden (la tradition de le donner aux environs de Noël ne date que du XIXe s.). Cette même année, Haendel renouvela judicieusement le rapport établi entre *Le Messie* et la charité et fonda la tradition de le jouer en avril ou en mai au profit des orphelins du Foundling Hospital dont il était administrateur. A partir de ce moment-là, « un changement de sentiments commença à se manifester chez le public » nota sir J. Hawkins, et « *Le Messie* fut universellement acclamé ». Sa première représentation en province fut donnée à Oxford en avril 1749 sous la dir. de William Hayes, Heather Professor of Music, et il fut bientôt repris par des sociétés musicales à Salisbury, Bath, Bristol, Gloucester et Worcester. La popularité du *Messie* éclipsa rapidement celle des autres oratorios du compositeur. A l'époque de la première grande commémoration de Haendel à l'abbaye de Westminster en 1784, *Le Messie* avait presque acquis le statut d'une institution nationale. Au cours du XIXe s., il fut donné de plus en plus souvent avec un effectif énorme (4 500 musiciens au Festival Haendel du Crystal Palace en 1883) comme une forme puissante de propagande impériale et comme un porte-parole commode des doctrines victoriennes sur le progrès et l'amélioration sociale.

Le livret de Jennens contraste fortement avec les textes des autres oratorios de Haendel. Au lieu de relater une histoire dramatique, comme il l'avait fait dans *Samson* ou *Belshazzar*, avec des solistes et un chœur figurant des personnages particuliers, le texte du Messie se préoccupe de prophétie et de méditation et ne présente pour ainsi dire pas d'histoire. Comme pour → *Israel in Egypt*, les paroles proviennent entièrement de la Bible de 1611 et du livre du rituel anglican. La compilation biblique de Jennens est judicieuse et son plan d'ensemble bien structuré. En combinant adroitement les textes de l'Ancien et du Nouveau Testament, il chercha à illustrer l'accomplissement des prophéties du Messie de l'Ancien Testament dans les événements évangéliques. Il sépara l'oratorio en trois parties. La partie I renferme les prophéties de l'arrivée du Christ, de l'Annonciation et de la Nativité. La partie II comprend la Passion, la Résurrection et l'Ascension du Christ, la diffusion de l'Évangile et une vision finale extatique du royaume de Dieu. La partie III, fondée sur l'office des morts anglican, célèbre la Résurrection et l'immortalité de l'âme chrétienne rendue possible grâce à la rédemption du Christ.

En dépit de son sujet et de son texte, *Le Messie* n'est pas une composition sacrée dans le sens commun du terme. Jennens en parle comme d'un « divertissement de qualité » et Haendel ne la donna dans un édifice religieux que lorsqu'il monta ses concerts annuels de charité dans la chapelle du Foundling Hospital. Malgré cela, elle connut la consécration suprême d'un public en adoration, convaincu qu'il participait à un acte de vénération.

Il était peut-être inévitable que beaucoup commettent l'erreur prosaïque de voir dans la musique les associations suggérées par le texte. J. Wesley, le fondateur du méthodisme anglais, était présent à l'une des rares occasions où *Le Messie* fut donné à l'église, à Bristol en 1758, et il commenta ironiquement : « Je doute que la congrégation ait jamais été aussi sérieuse lors d'un sermon qu'elle l'était pendant cette représentation. » Pourtant, il n'existe aucune preuve qu'Haendel ait visé un but didactique ou moral.

En l'absence d'un fil dramatique unificateur qui eût apporté une structure solide et sensible, la première tâche de Haendel en mettant le texte de Jennens en musique fut de créer une ossature musicale capable d'accommoder ensemble les extraits bibliques qui risquaient de demeurer diffus tout en conservant la continuité de pensée sous-jacente. Il y parvint principalement grâce à une répartition judicieuse des ingrédients formels (récitatifs, airs et chœurs) entre les parties du texte les mieux appropriées. Bien qu'il ait employé dans *Le Messie* les mêmes éléments fondamentaux que dans ses opéras et ses oratorios, il en modifia l'équilibre et les proportions. A l'exception seulement d'*Israël en Égypte* et de *Samson*, *Le Messie* contient plus de chœurs et de récitatifs accompagnés et moins d'arias qu'aucun de ses autres oratorios, même si Haendel prit soin de maintenir un équilibre approximatif entre les airs et les chœurs dans chaque partie. Haendel obtint la continuité musicale de bien des façons. A deux occasions, il lie des chœurs successifs pour former une trilogie chorale : au début de la partie II (*« Surely He hath borne our griefs »*) [*fa* min. - *la* maj.], *« And with his stripes »* [*fa* min. - *do* maj.] et *« All we like sheep »* [*fa* maj.]), et à la fin de la partie III afin de créer un apogée choral (*« Worthy is the Lamb »*, « Blessing and honnour » et finalement *« Amen »*). Trois chœurs cependant sont des continuations musicales de solos ou de duos : *« O thou that tellest »* (solo-chœur), *« How beautiful are the feet »* (duo-chœur dans la version originale de 1742) et *« O death, where is thy sting »* (duo-chœur). En revanche, *« Let us break their bonds »* remplace de façon inattendue le « da capo » de l'air *« Why do the nations »*, bien que les deux morceaux soient indépendants. Cependant, comme dans les trois premiers numéros vocaux de l'oratorio, Haendel créa parfois des ensembles plus longs de mouvements solo-chœurs liés les uns aux autres sur le plan tonal et dont le poids et la tension vont en s'intensifiant, commençant par un récitatif qui conduit à une aria chantée par le même soliste pour enfin culminer avec un chœur. Dans *« Comfort ye »*, *« Every valley »* et *« And the glory of the Lord »*, le dessein de Haendel était clairement d'unifier un passage biblique continu : Ésaïe 40, 1-3 (récit), 4 (air), 5 (chœur). De cette façon, il donnait la possibilité à l'auditeur de ressentir une progression presque dramatique dans la musique, mettant en valeur les tableaux bibliques tout en les expliquant.

C'est pour ses chœurs somptueux, écrits à la manière d'un grand motet, que *Le Messie* est le plus connu et le plus admiré. Stylistiquement, ils varient de l'écriture strictement verticale (*« Since by man came death »*) à l'écriture entièrement fuguée (*« And with his stripes »*). Mais le type le plus commun est celui où la tension interne est engendrée par le mélange de passages homophoniques et contrapuntiques. Leur variété formelle et structurelle est d'autant plus remarquable qu'Haendel ne s'écarte qu'une seule fois d'une écriture à 4 voix mixtes (*« Lift up your heads »* utilise des sopranos divisés). On constate clairement dans le célèbre *« Halleluja »* la parfaite assimilation chez Haendel du style cérémonial de Purcell et de Croft ; il utilise dans une voix un thème en notes soutenues qui rivalise avec des répétitions éclatantes de « for ever » et de « Halleluja » dans les autres, procédé que le compositeur a peut-être rencontré dans des pages telles que l'anthem du couronnement pour George I de W. Croft (1714), *« The Lord is a Sun »* **A**. Haendel révèle une partie de son passé germanique, de même qu'une influence de la Passion allemande, dans le chœur moqueur *« He trusted in God »*, et l'on entend également les cris de la foule dans *« Let us break our bonds »*. Le sujet de fugue, qui constitue l'essentiel du chœur *« And with his stripes »*, avec sa tierce descendante caractéristique, sa quarte ascendante et sa septième diminuée plongeante, était depuis longtemps un lieu commun pour les compositeurs, et fut même utilisé par J. S. Bach dans la fugue en *la* min. du *Clavier bien tempéré* (Livre II) à la même époque, puis plus tard par Mozart dans le *Kyrie* de son *Requiem*.

Haendel

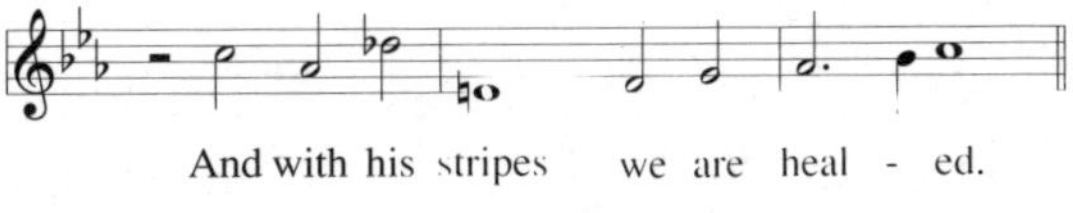

Bach

A **MESSIAH**

Mozart

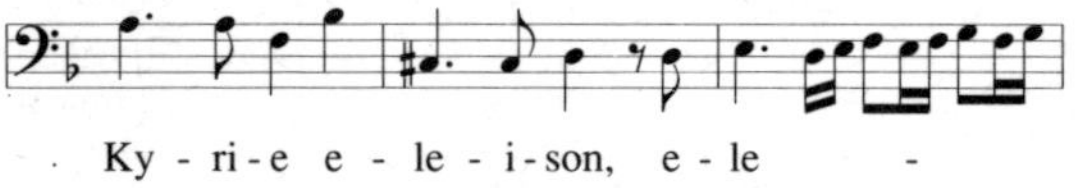

Nombre d'arias et de récitatifs accompagnés suscitent également un sentiment puissant d'élan et de drame intérieur. On peut citer comme exemple l'habitude qu'à Haendel de commencer fréquemment ses récitatifs accompagnés par une section d'arioso affectif qui cède finalement à une écriture déclamatoire insistante (comme dans *« Comfort ye »*). Encouragé par la nature antithétique de la poésie juive, Haendel fut également incité à pousser les émotions à leur paroxysme dans les arias elles-mêmes. Sa mise en musique de *« But who may abide »*, p. ex., comprend 4 sections continues (ABAB) qui varient violemment entre une attente sereine et une attente angoissée de la venue du Christ. Une technique semblable est utilisée dans le chœur *« Since by man came death »*.

Dans l'ensemble, Haendel évite toute exhibition vocale dans son écriture pour solistes, et bien qu'il emploie un style mélodique qui s'inspire avant tout de l'opéra italien et des clichés dramatiques tels que l'« aria de rage » *« Why do the nations »*, il n'écrivit à l'origine que 4 arias « da capo », réduisant plus tard leur nombre à deux seulement : *« He was despised »* et *« The trumpet will sound »*. Les formes binaires simples avec section A élargie d'une aria « da capo » comme dans *« Ev'ry valley »*, ou occasionnellement de structure ABA'B' dans *« But who may abide »* et *« Thou art gone up on high »*, sont plus caractéristiques de sa façon de traiter l'aria. L'attrait immédiat qu'exerce un grand nombre des arias peut s'expliquer par la prépondérance des styles de danse. La version originale en 12/8 de *« Rejoice greatly »*, p. ex., s'inspire de la gigue, et la sicilienne souligne le charme pastoral simple et les sentiments doux des arias telles que *« He shall feed his flock »* et *« How beautiful are the feet »*.

En dépit de la rapidité avec laquelle Haendel composa *Le Messie*, l'œuvre n'est pas bâclée, et, à l'inverse de bien d'autres oratorios du compositeur, elle contient comparativement peu de matériau emprunté. La musique que Haendel transforma de la manière la plus significative et la plus frappante provient de deux duos de chambre italiens qu'il avait achevés depuis peu et qu'il retravailla sous la forme de chœurs : *« Quel fior ch'all'alba ride »* fournit le matériau de *« And he shall purify »* et *« His yoke is easy »*, et les arias de *« No, di voi non vuo fidarmi »* furent remaniées dans *« All we like sheep »* et *« For unto us a child is born »*. Le duo *« O death where is thy sting »* et le chœur qui suit, *« But thanks be to God »*, proviennent d'une cantate *« Se tu non lasci amore »*. L'oratorio contient à vrai dire peu d'autres emprunts.

Bien que très peu d'esquisses de l'œuvre aient survécu, elles suffisent à suggérer que la naissance du *Messie* ne se fit pas sans peine. Il apparaît, p. ex., que Haendel consacra beaucoup de temps et de patience à l'*« Amen »* final pour lequel il nous est parvenu plusieurs esquisses. Le manuscrit autographe original témoigne également de nombreux changements d'avis lorsque le compositeur coucha pour la première fois ses idées par écrit. Parmi les plus significatifs, on peut citer les ajustements qu'il fit à « Pifa » l'étendant de 11 à 22 mesures en ajoutant une 2e section complémentaire. En juil. 1744, Haendel écrivit à Jennens et lui demanda qu'il lui « indique ces passages dans *Le Messie* dont vous pensez qu'ils exigent des remaniements » et Jennens raconta plus tard : « Il corrigea quelques-unes des plus grosses fautes de l'œuvre avec beaucoup de difficultés mais il retint avec obstination son ouverture dans laquelle se trouvent des passages déjà terriblement indignes de Haendel, mais plus indignes encore du Messie. » D'autres passages également ont souvent été critiqués : p. ex. la mise en musique bien timide des vers *« O death, where is thy sting ? »* « qu'Haendel avait maladroitement prélevés d'une cantate italienne, ou encore la prosodie curieuse de *"For unto us a child is born"* et *"The dead shall be raised incorruptible"*. » Au fil des années, Haendel procéda à de nombreuses modifications afin que *Le Messie* convienne aux circonstances de chaque exécution et aux chanteurs disponibles : il existe ainsi plusieurs versions de l'aria *« Thou art gone up on high »* : une pour alto, une autre pour soprano et une troisième pour basse. Parmi les plus populaires de ces remaniements, on peut citer la version chorale de *« Their sound is gone out »* qui vit le jour en 1749 et remplaça la section médiane de l'aria pour soprano *« How beautiful are the feet »* (la partition éditée par D. Burrows aux Éditions Peters fournit une table utile des différentes versions utilisées par Haendel entre 1742 et 1754).

Les récits qui nous sont parvenus de la représentation de 1754, au Foundling Hospital à Londres (O. E. Deutsch, p. 751) révèlent qu'Haendel employa un chœur de taille modeste composé de 6 garçons de la Chapelle royale et de 13 hommes auxquels venaient se joindre les 5 solistes pendant les chœurs. Ils étaient accompagnés d'un orchestre de 15 vl., 5 altos, 3 vlc., 2 cb., 4 bassons, 4 htb., trp. et percussion. La célèbre réorchestration de Mozart (KV 572, 1789), avec ses parties ajoutées pour flûtes, clarinettes, cors et trombones, ouvrit largement la porte à de nombreuses tentatives — bien intentionnées mais désastreusement erronées — de relever la sobriété calculée de la partition de Haendel dues à des hommes tels qu'E. Prout, sir M. Sargent et même sir Th. Beecham. Toujours est-il que *Le Messie*, quelle que soit la façon dont il est donné, n'est pas près de laisser son rang d'œuvre la plus populaire et la plus durable du répertoire choral anglais.

Sources — Ms. autographe, Londres, British Library, RM 20 (1741), rééd. en facs. par Fr. Chrysander, Hambourg 1892 ; partition de direction et ms. de travail de Haendel, Tenbury, St Michael's College, Mss 346-347 (1742, avec de nbr. adjonctions ultérieures), rééd. en facs. par W. Shaw, Londres, 1974.

Rééditions modernes — Par Fr. Chrysander, *in* G. Fr. Händels Werke XLV, Leipzig et Bergedorf 1892 ; par E. Prout, Londres, Novello, 1902 ; par A. Schering et K. Soldan, Leipzig, Peters, 1939 ; par W. Shaw, Londres, Novello, 1958 ; par J. Tobin, *in* Hallische Händel-Ausgabe I/17, Kassel, BV, 1965 ; par D. Burrows, Londres, Peters, 1987 (avec en appendice des variantes, cadences et ornementations vocales tirées de partitions du XVIIIe s.).

Bibliographie — J. A. Benson, Handel's « Messiah » : the Oratorio and its History, Londres 1923 ; J. Herbage, « Messiah », Londres 1948 ; R. M. Myers, Handel's « Messiah » : a touchstone of taste, New York 1948 ; P. M. Young, The Oratorios of Handel, Londres 1949 ; G. Cuming, The Text of « Messiah », *in* ML XXXI, 1950 ; O. E. Deutsch, Handel : a Documentary Biography, Londres 1955 ; J. P. Larsen, Handel's « Messiah » : Origins, Composition, Sources, Londres 1957, 2/1972 1972 ; W. Shaw, A First List of Word-books of Handel's « Messiah », 1842-83, Worcester 1959 ; W. Dean, Handel's Dramatic Oratorios and Masques, Londres, 1959 ; W. Shaw, The Story of Handel's « Messiah », Londres 1963 ; J. Tobin, Handel at Work, Londres 1964 ; W. Shaw, A textual and Historical Companion to Handel's « Messiah », Londres 1965 ; J. Tobin, Handel's « Messiah », Londres 1969 ; D. Burrows, Handel's Performance of « Messiah » : the Evidence of the Conducting Score, *in* ML LIV, 1975 ; W. D. Gudger, A Borrowing from Kerll in « Messiah », *in* MT CXVIII, 1977 ; H. Smither, A history of the oratorio II, Chapell Hill, Univ. of North Carolina Press, 1977 ; D. Burrows, The Autograph and Early Copies of « Messiah » : some further thoughts, *in* ML LXVI, 1985 ; G. Abraham (éd.), The New Oxford History of Music VI, Oxford, OUP, 1986.

S. Heighes

MESSIDOR, drame lyrique en 4 actes et 5 tableaux, poème d'Émile Zola, musique d'**Alfred Bruneau**, composé à partir du 15 avr. 1894 (orchestration achevée le 7 sept. 1896), créé à l'Opéra de Paris, le 19 févr. 1897, avec Mmes Deschamps-Jéhin (Véronique), Berthet (Hélène), MM. Alvarez (Guillaume), Delmas (Mathias), Renaud (le Berger), Noté (Gaspard), Gallois (un Prêtre), mise en scène de Pedro Gailhard, chorégraphie de J. Hansen, sous la dir. de Paul Taffanel. (Paris, Choudens, 1897 ; durée : 2 h 30 min environ.)

Lors de la répétition générale, on modifia l'ordre du spectacle en plaçant le *Ballet de la légende de l'or* (prévu pour l'acte III) dès le lever du rideau. E. Zola fit paraître aussitôt un article dans *Le Figaro* qui soulignait les inconvénients de ce déplacement. D'emblée, le ballet donne un ton surnaturel à une œuvre qui se veut avant tout l'expression de problèmes socio-économiques. De plus, la grande machine de l'acte III, mal réglée, faisait un tel tapage qu'on entendait bien peu la musique. Pour toutes ces raisons, aggravées par la maladie soudaine du ténor Alvarez, *Messidor* fut retiré de l'affiche après la 16e représentation. L'œuvre fut reprise à l'Opéra le 22 févr. 1917.

Messidor fut l'événement théâtral le plus discuté de l'année 1897. Deux éléments suscitèrent d'ardentes polémiques. *Messidor* marque d'abord le triomphe de la prose sur les vers dans l'opéra, désormais prêt à mettre en scène la vie de tous les jours. Par la suite, G. Charpentier dans → *Louise* (1900) et X. Leroux dans → *Le Chemineau* (1907) devaient se distinguer dans cette voie. Puis messidor, mois des moissons, est ici le symbole du travail par opposition à la puissance de l'or, de la lutte du prolétariat contre le capital.

Chaque acte correspond à une saison. En fait, ils auraient pu s'appeler thermidor, brumaire, nivôse et prairial. Le drame commence sous l'ardent soleil d'août, en plein thermidor. L'acte II est mis en rapport avec brumaire, les arbres sont dépouillés tout comme les paysans sont déguenillés par la faute de l'usinier Gaspard. Le 2e tableau de l'acte III, qui représente l'usine pour le lavage de l'or, est situé en plein nivôse, mois le plus glacial de l'hiver. Dans ce décor menaçant, l'attaque de la Nature (l'avalanche) coïncide avec celle des hommes contre la machine, responsable des conflits sociaux, car elle est assujettie au Dieu-Mammon, symbole du grand capital. Le dernier tableau de *Messidor* se situe à la fin du printemps, en prairial. Curieusement, à aucun moment l'intrigue ne se passera sous le grand soleil de messidor, le mois des moissons. C'est que pour Zola, messidor n'est pas encore une réalité tangible : c'est d'abord le symbole de l'espoir, celui de la foi en la vie, en la fécondité de la terre, celui de l'espoir des justes moissons de demain.

LIVRET — L'action se déroule à la fin du XIXe s., dans la haute Ariège, où de tout temps un ruisseau roulait de l'or dans ses sables et enrichissait les riverains. Mais l'un des leurs a eu l'idée d'établir une usine en amont du torrent et d'accaparer à son profit l'or qui jadis profitait à tous. Ainsi, les villageois n'ont plus leur part de paillettes d'or ; ils n'ont même plus d'eau. Et ils meurent de faim sur le roc aride. La 1re scène se passe en été dans une pauvre chaumière, habitée par la veuve Véronique (sop.) et son fils Guillaume (ténor). Le neveu de Véronique, Mathias (bar.), ouvrier chassé de tous les ateliers, exaspéré, prêche la révolte : qu'on saccage l'usine funeste de Gaspard. A ce moment, Gaspard (basse) entre avec sa fille Hélène (sop.), subitement malade, et vient implorer l'aumône d'un verre d'eau. Mais Véronique qui soupçonne Gaspard d'être le meurtrier de son mari, refuse par trois fois, jusqu'à ce que, malgré sa défense, Guillaume emplisse un verre et le tende à Hélène. Hélène et son père partis, Guillaume avoue alors qu'il aime Hélène et la désire comme femme. Véronique lui déclare qu'il ne l'épousera jamais, car Gaspard a assassiné son père pour lui voler un lingot d'or. Et l'acte se termine sur cette accusation et les menaces de Véronique à Guillaume.

Acte II. Un large vallon rocailleux. Au premier plan, une clairière. L'automne est venu. Guillaume, désolé, songe pourtant à ensemencer la terre ingrate. Un Berger (ténor), descendu des montagnes, fait l'éloge de la vie qu'il mène aux sommets et qu'il oppose aux tristes agitations des plaines. Puis c'est Hélène qui passe. Dans un doux tête-à-tête, les jeunes gens échangent des serments d'amour. Mais un doute l'empoisonne : et si le jeune homme ne l'aimait que pour sa dot ? En le quittant, elle lui dit donc : « Priez Dieu que je devienne pauvre ! » Accablé de douleur autant que de misère, Guillaume est prêt à toutes les révoltes. La nuit est venue. Dans une clairière, Mathias harangue la foule des misérables, les exhorte à détruire l'usine et à anéantir la fortune de Gaspard. Voyant dans la ruine de l'usinier un moyen de se rapprocher d'Hélène, Guillaume se mettra à la tête des paysans révoltés. Les émeutiers s'éloignent, en jurant de se faire justice. Demeuré seul, Guillaume oublie ses amertumes et ses violences. La lune monte à l'horizon ; dans la sérénité de la nuit, il sème le blé des moissons futures, emplissant l'horizon du geste large de son bras.

Acte III. 1er Tableau. La légende de l'or. Le *Ballet de la légende de l'or,* placé au 1er tableau de l'acte III, a servi de prologue au drame lyrique lors de la création, ce qui est un non-sens. La légende est en quelque sorte le symbole de l'œuvre. Elle explique que les paillettes d'or de la rivière ne sont que les gouttes d'eau tombant des doigts de l'enfant divin qui, jouant sur les genoux de sa mère, au fond d'une grotte d'or, y change en poudre d'or le sable qu'ont touché ses mains. Mais le jour où des yeux humains contempleront ce divin spectacle, la source se tarira... Dans ce mimodrame allégorique, l'or est successivement adoré et imploré par deux peuples de danseuses qui se disputent la possession du précieux métal. Les uns sont commandés par une Reine qui incarne le désir de domination grâce à l'or, instrument de tyrannie et de meurtre. Les autres sont dirigés par l'Amante qui incarne « le désir humain de la possession et de toutes les jouissances charnelles ». Pour eux, l'or est l'instrument de corruption et de mensonge. Les deux peuples s'attaquent, se mêlent et succombent aux pieds de l'idole. C'est alors que l'or s'anime et devient l'or de charité qui console et soulage. Les deux groupes se réconcilient en une danse célébrant « l'or de beauté par lequel le soleil resplendit, par lequel les femmes sont belles ». C'est à ce moment que Véronique parvient à pénétrer dans la grotte. Et les bras levés, elle pousse un grand cri. Aussitôt, l'or cesse de couler. La vision disparaît dans un coup de tonnerre. — 2e Tableau. L'usine du père Gaspard pour le lavage de l'or, dans un site de montagnes. A gauche, la machine, la grande roue qui fonctionne au lever du rideau. Les paysans révoltés, conduits par Guillaume et Mathias, envahissent l'usine pour tout saccager. Quand Hélène se jette devant eux, Guillaume abandonne le parti des révoltés qui, surexcités par les discours de Mathias, se ruent sur la machine. Mais une avalanche de neige, déchaînée par l'intrusion de Véronique dans la grotte, jette bas la roche et tarit le torrent : la machine s'arrête, l'usine est morte, Gaspard et Hélène sont ruinés.

Acte IV. Un vallon que bornent les terres fertiles, couvertes d'un blé déjà haut. Le matin, par une admirable journée de printemps. L'eau féconde de nouveau la terre. Le champ de Guillaume s'est couvert d'une abondante moisson. Le voilà riche, tandis que Gaspard et Hélène sont devenus pauvres. Il pourra donc épouser celle qu'il aime, d'autant plus que Gaspard n'est pas le meurtrier de son père. Mathias, qui a volé le collier magique de Véronique, a été surpris sur le fait et est obligé d'avouer que c'est lui qui a tué naguère le père de Guillaume. Il se fait justice lui-même et se jette dans un précipice. L'opéra s'achève avec la bénédiction des blés par le Prêtre (ténor), au milieu des chants de la procession qui l'accompagne. Désormais, la Bonté, la Justice et la Fraternité régneront sur le monde tout entier, apaisé et pacifié.

Dans *Messidor*, Bruneau emploie de nouveau des motifs conducteurs qui se transforment selon l'évolution du drame, exprimant des idées générales telles que la Misère, le Travail, l'Hospitalité, ou encore les quatre saisons, des choses concrètes (des objets, l'Or, le Collier, l'Usine) et des sentiments (Amour, Haine). Une série de motifs sont parfaitement clairs : tel motif de la Misère, entendu dès le début de l'acte I, et aussi le motif de l'Eau, symbole de richesse naturelle et de vie, étendu aux idées d'accueil, de cordialité, en opposition avec le motif de l'Or qui caractérise la richesse facile qui déforme les âmes et engendre la révolte et le crime. Ces motifs conducteurs sont des motifs d'idées et non de blasonnement de personnages.

Bruneau, en faisant des allusions musicales aux motivations des acteurs du drame ou des situations en cours, donne à la musique la tâche difficile d'éclaircir des problèmes que le texte ne mentionne que de façon voilée. Ainsi, l'annonce de la quête de la « Cathédrale d'or », faite par Véronique, est-elle soulignée par la citation des motifs du Collier (en or) et par celle de l'Enfant-Jésus. La scène du vol du collier magique par Mathias est illustrée par les motifs de la Révolte, de la Paresse et du Collier. Cela montre que la partition de *Messidor* est articulée selon un code personnel de Bruneau. En 1895, celui-ci avait déjà expliqué sa conception des rapports entre la musique et l'expression d'un texte, en déclarant : « Je crois que la musique est capable de tout exprimer et je considère cet art comme supérieur à tous les autres, car seul il peut atteindre à l'au-delà par son immatérialité-même. » En dépit des intentions généreuses, humanistes de Zola, *Messidor* fut souvent compris comme « la traduction concrète de cette grande idée que tout ce qui défend la société privée sera emporté par la force des choses dans la poussée qui va balayer le vieux monde. La révolution sociale aura des causes naturelles en même temps qu'elle sera faite par des hommes éclairés et conscients. Et cette humanité nouvelle, guidée par les paroles des sages, marchera heureuse vers le grand Idéal de Paix et d'Égalité véritable » (M. A. Richard).

Bibliographie — L. Baron, L'Opéra en prose, *in* Le Figaro, 8.7.1891 ; A. Bruneau, Messidor expliqué par les auteurs. Ce que j'ai voulu faire, *ibid.* 20.2.1897 ; comptes rendus d'E. Pessard *in* L'Événement, 20.2.1897, A. Corneau *in* Le Jour, 21.2.1897, A. Pougin *in* Le Ménestrel, 21.2.1897, G. Vanor *in* La Nation, 21.2.1897, Fourcaud *in* Le Gaulois, 23.2.1897, A. Coquard *in* La Vérité, 24.2.1897, P. Rameau *in* Le Feuilleton du Temps, 25.2.1897, B. Fierens-Gevaert *in* Journal des Débats, 28.2.1897, P. Dukas *in* La Revue Hebdomadaire, 7.3.1897, C. Bellaigue *in* La Revue des Deux Mondes, 15.3.1897, J. Combarieu *in* RMI, 1897 ; C. Mendès *in* La Revue du Palais, 1.3.1907 ; E. Zola, A propos de Messidor, *in* Le Gaulois, 23.2.1897 ; A. Bruneau, Vers ou prose, *in* Le Figaro, 28.2.1897 ; E. Destranges, Messidor. Étude analytique et critique, *in* Le Guide Musical de Bruxelles, 30.10.1897 ; A. Bruneau, Le drame lyrique français, *in* RMI, 1897 ; du même, A l'ombre d'un grand cœur. Souvenirs d'une collaboration, Paris 1932, 2/Genève, Ressources, 1980 ; M. Kelkel, Naturalisme, vérisme et réalisme dans l'opéra, Paris, Vrin, 1984.

M. Kelkel

(Il) metamorfosi musicale (La Métamorphose musicale), comédie madrigalesque pour 3 voix d'**Adriano Banchieri**, publiée à Venise, chez Amadino, en 1601 (réimpr. 1606), la troisième des 5 comédies madrigalesques où l'auteur utilise une intrigue de la commedia dell'arte. Les 18 pièces sont réparties en un prologue, 3 actes, un épilogue et 3 intermèdes. La forme et le style musicaux sont presque les mêmes que dans sa → *Pazzia senile* et dans → *L'Amfiparnasso* d'O. Vecchi qui lui servent de modèles. Les scènes principales, inspirées directement de l'*Amfiparnasso*, sont typiques avec leurs très vivants dialogues comiques (acte I, sc. 1, 3, 4 ; acte II, sc. 2), les bégaiements des vieillards amoureux (acte II, sc. 2, 5), une parodie d'un madrigal (acte II, sc. 5) et de rapides énumérations déclamatoires des mets d'un banquet (acte II, sc. 2). C'est dans cette dernière pièce qu'on trouve les prétendues « barres de mesure » que Banchieri aurait utilisées pour la première fois. Mais elles séparent simplement les éléments d'une énumération, celle des plats du banquet. Elles apparaissent soudainement et disparaissent de la même manière. Banchieri utilise cependant dans cette œuvre des indications nouvelles en son temps : quelques passages rapides à trois temps sont marqués « in uno », tandis que les sections plus lentes sont indiquées par les mots « in tre ».

Bibliographie — F. Mompiello, Un « grillesco capriccio » di A. Banchieri, *in* RMI IV, 1953 (avec qq. extraits musicaux) ; voir aussi la bibliogr. des art. *(L')* *Amfiparnasso* et *(La) Pazzia senile.*

M. Sacré

« Me veux-tu voir mourir », air de cour d'**Anthoyne Boesset** sur une poésie d'Habert de Cerisy, publié dans son 9e et dernier *Livre d'airs de cour à 4 et 5 parties* (Paris, R. Ballard, 1642), un des rares airs qui n'aient pas connu, du vivant de Boesset, de version pour voix et luth. La transcription pour voix et b.c. de cette pièce, dans deux manuscrits de musique vocale française de la 2de moitié du XVIIe s. (Paris, BN, Rés. Vma ms. 854 et Vm7 501), atteste la faveur persistante des airs de Boesset dans les salons parisiens, longtemps après la mort de Louis XIII et les bouleversements de la Fronde.

Cet air fut choisi pour opposer, dans une joute artistique — organisée par M. Mersenne, R. Descartes et C. Huygens —, Boesset et le compositeur hollandais Johannes Ban (Bannius) qui prétendait codifier l'expression mélodique par des lois aussi précises que celles des mathématiques. Le jury parisien amené à comparer les réalisations des deux compositeurs sur le même texte poétique salua la supériorité de Boesset ; Descartes émit à l'endroit de Ban un jugement d'une extrême sévérité.

La question de l'expression en musique, qui préoccupait alors toute l'Europe, trouve dans les airs de Boesset une solution élégante : le musicien s'en remet à son invention mélodique (mouvements disjoints, intervalles rares) et use du chromatisme pour renchérir sur les intentions du texte, sans jamais tomber dans l'outrance expressive que l'on reprochait alors aux Italiens. Il néglige l'art du récit, si remarquablement élaboré par P. Guédron vingt ans auparavant, et se cantonne dans une prosodie irréprochable, mais sans élan déclamatoire.

Bibliographie — C. Huygens, Correspondance publ. par W. J. Jockbloët et J. Land, Leyde 1882 ; R. Descartes, Correspondance publ. par Ch. Adam et P. Tannery, t. III, Paris, Vrin, 1975 ; G. Durosoir et A. Verchaly, Catalogue de l'air de cour (1571-1664), n° 120, à paraître.

G. Durosoir

Michelangelo Lieder, trois lieder pour basse ou bar. grave et piano, de **Hugo Wolf**, sur des poèmes de Michel-Ange traduits en allemand par Walter Robert-

Tornow, composés à Vienne les 18 (n° 1), 20 (n° 2), 22-28 mars 1897 (n° 3). (Durée : 9 min environ.)

Les derniers lieder de Wolf furent écrits pendant une période d'« éruption » créatrice de deux années — qui ont vu naître également l'opéra → *Der Corregidor*, le second recueil de l' → *Italienisches Liederbuch*, un lied de R. Reinick, deux de Byron, des fragments de l'opéra *Manuel Venegas* —, succédant à une période de stérilité musicale presque totale de plus de trois ans (23 déc. 1891 - mars 1895), en partie due à la recherche d'un livret d'opéra. A la Noël 1896, Paul Müller, fondateur du Hugo Wolf Verein de Berlin, offrait à son ami les poésies de Michel-Ange traduites par Robert-Tornow, éditées la même année à Berlin. Bouleversé, Wolf voulut en mettre 6 en musique ; il en composa 4 et n'en retint que 3 — le lied *Irdische und himmlische Liebe* fut détruit par le musicien, qui avait projeté d'orchestrer les trois restants (Karl-Maria Zwissler s'en chargea). Le 20 sept. 1897, il sombrait dans un premier accès de folie syphilitique.

H. Wolf a véritablement fait siens ces poèmes de Michel-Ange ; ils constituent un testament à la fois résigné et passionné, orgueilleux et humble, sombre et lumineux, dernier reflet du caractère doux-amer de son œuvre. Ce testament se résume en trois idées exprimées par Michel-Ange et reprises à son compte par Wolf : d'inconnu, je suis devenu reconnu ; la mort approche ; seul l'amour a illuminé ma vie...

Les *Michelangelo Lieder* retrouvent d'instinct la veine chromatique des *Mörike Lieder* (1888) et jusqu'à des citations précises : le thème de l'amour du 3e lied est très voisin de ceux utilisés dans *Peregrina I* (28 avr. 1888), hommage de Mörike à une jeune fille aimée, et de *Das Vöglein* (2 mai 1878, poème de Hebbel), « signatures » amoureuses du musicien tout au long de sa vie, se concrétisant par deux mouvements mélodiques contraires se résolvant sur un unisson (ou une octave) **A**.

1. Wolf désirait maintenir le climat douloureux de l'introduction tout au long de *« Wohl denk'ich oft an mein vergang'nes Leben »* (Certes, je pense souvent à ma vie écoulée ; [texte original de Michel-Ange : « I'vo pensando al mio viver di prima »]), mais il fut entraîné presque à son insu à conclure sur des fanfares que « font résonner les contemporains du poète en hommage à son génie ». Ces fanfares, s'achevant en *do* et *sol* maj. sur des trémolos du piano, paraissent bien intempestives après avoir utilisé le ton d'une confidence noble. **2.** Le compositeur avait songé à intituler *Vanitas vanitatum* le second lied, *« Alles endet, was entstehet »* (Tout finit, ce qui est né ; [extrait du *Canto de' Morti* : *« Chiunche nescie a morte arriva »*]). D'une manière poignante et terrifiante, Wolf fait chanter un mort : « Nous fûmes aussi des hommes, joyeux et tristes, comme vous. » Le musicien jugeait ce lied comme le meilleur qu'il ait jamais écrit. « C'est d'une simplicité bouleversante, vraiment antique. Je suis effrayé par cette œuvre car, quand je la considère, je crains pour ma raison. » Après 4 mesures lugubres d'introduction au piano (lentes octaves jouées à la main gauche), la voix étouffée (« gedämpft ») descend graduellement et symboliquement un intervalle de dixième (jusqu'à : « tout passe et fuit ») ; cette atmosphère d'outre-tombe est encore renforcée par les tierces parallèles doublées dans le grave au piano et les frottements de notes par mouvement divergent (*mi - mi* ♯, *ré - do* ♯, sur « Alles »). Wolf n'était jamais allé aussi loin dans un dépouillement sonore synonyme d'inéluctable corruption de la chair **B**. **3.** L'amitié intime de Michel-Ange

A MICHELANGELO LIEDER

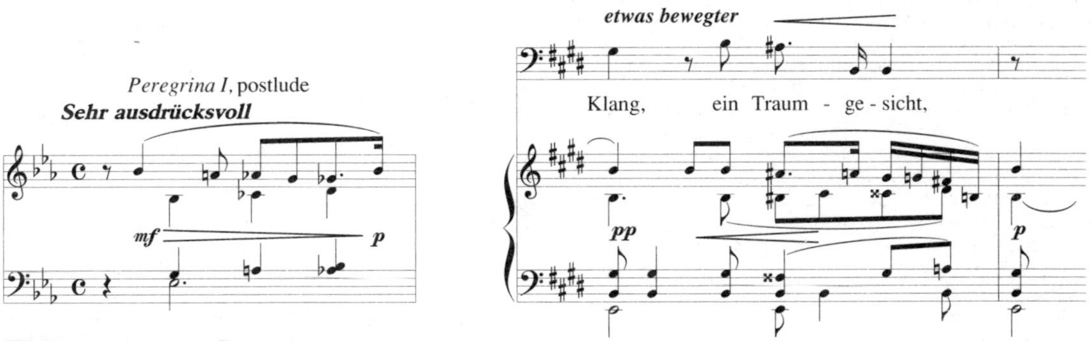

B MICHELANGELO LIEDER

et de Vittoria Colonna — sous le signe de la foi et de la tendresse — date de l'automne 1538 : Vittoria avait quarante-six ans ; le sculpteur-peintre-écrivain, soixante-trois ans. C'est pour cette femme pieuse qu'il écrivit le sonnet *« Non so se la desiata luce »*, mis en musique par Wolf, *« Fühlt meine Seele das ersehnte Licht »* (La lumière désirée que ressent mon âme). La lumière qui inonde le poète vient-elle de Dieu ou d'une autre beauté de cette vallée de larmes ? Au néant grandiose du lied précédent, le musicien répond par un hymne à l'amour, d'une gravité sublime. D'abord mélancolique (4 mesures sombres du piano : *mi* min.), la musique de plus en plus lyrique et chromatique ne s'éclaire que sur les derniers mots : « C'est là, Madame, la faute de vos yeux. »

Éditions — Vienne, Heckel, 1898, puis Leipzig, Peters ; éd. critique de la H. Wolf-Gesellschaft, sous la dir. de H. Jancik, Vienne, Musikwissenschaftlicher Verlag, 1960 et suiv. (distribution Doblinger).

Bibliographie — Voir celle de l'art. *Italienisches Liederbuch.*

Chr. Goubault

Mignon, opéra-comique en 3 actes et 5 tableaux, livret de Jules Barbier et Michel Carré d'après *Wilhelm Meisters Lehrjahre* (1795-96) de Johann Wolfgang von Goethe, musique d'**Ambroise Thomas**, écrit en partie dans sa villa de l'île d'Illiec, en Bretagne, créé à Paris, à l'Opéra-Comique (2e Salle Favart), le 17 nov. 1866, avec Mmes Célestine Galli-Marié (Mignon) et Marie Cabel (Philine), MM. Achard (Wilhelm Meister), Couderc (Laërte), Battaille (Lothario), Voisy (Frédérick), Bernard (Jarno) et Davoust (Antonio), mise en scène de M. Mocker, sous la dir. de Théophile Tilmant. (Paris, Heugel, 1866 ; durée : 2 h 30 min environ.)

C'est avec *Mignon*, composé après six ans d'éloignement de la scène lyrique, qu'Ambroise Thomas a conquis une immense renommée. Applaudie par les souverains étrangers à l'occasion de l'Exposition universelle de 1867, l'œuvre resta longtemps à l'affiche. Malgré l'incendie qui ravagea la Salle Favart lors de la 745e représentation, le 25 mai 1887, *Mignon* devint la première œuvre donnée mille fois sur une même scène, du vivant de son auteur (1 000e le 13 mai 1894, en présence d'A. Thomas). Destiné à l'origine à Meyerbeer, qui devait écrire la partition de *Mignon* pour le Théâtre-Lyrique et Mme Carvalho, le livret fut transformé pour A. Thomas. La version primitive comprenait 4 actes et se terminait par la mort de Mignon.

Livret — L'action se déroule en Allemagne (actes I et II), puis en Italie (acte III).

Acte I. La cour d'une auberge. Le bohémien Jarno (basse), qui a enlevé Mignon (mezzo-sop.), la menace de son bâton pour l'obliger à danser, mais Lothario (basse ou bar.), un vieux chanteur itinérant, et Wilhelm Meister (ténor), un jeune et riche étudiant, s'interposent. Mignon raconte ensuite son enfance dans un pays inconnu et Wilhelm décide alors de la racheter à son ravisseur et de l'emmener avec lui.

Acte II. 1er Tableau. Une chambre dans un château. Mignon apprend l'amour de Philine (sop.), une comédienne, et de Wilhelm, qui a un rival en la personne de Frédérick (ténor bouffe). Wilhelm décide de se séparer de Mignon. — 2e Tableau. Le parc du château. Mignon, jalouse et désespérée, veut se jeter à l'eau, mais Lothario la retient. Il comprend l'amour de Mignon pour Wilhelm et met le feu au château où Philine et ses comédiens, dont Laërte (ténor), sont en train de jouer. Wilhelm, qui a vu Mignon entrer au château, se précipite à son secours, la sauve des flammes et la rapporte évanouie dans ses bras.

Acte III. Le palais Cypriani. Wilhelm a amené dans ce palais Lothario et Mignon en convalescence. Lothario n'est en fait que le marquis de Cypriani, qui a perdu la raison lors de l'enlèvement de sa fille : ce palais est le sien et Mignon sa fille. Philine tente vainement de reconquérir Wilhelm, qui a définitivement donné son amour à Mignon.

Dès la deuxième représentation, A. Thomas fit des coupures dans sa partition : suppression du rondo de Wilhelm et d'un ballet dans l'acte I, d'un air de soprano qui ouvrait l'acte II et du 2e tableau de l'acte III. En 1868 apparut une version « grand opéra » avec récitatifs et un dénouement « allemand », qui, avec la mort de Mignon, se rapproche de Goethe. En 1874 enfin, le rôle de Frédérick fut tenu pour la première fois par une femme, Mlle Ducasse (contralto). *Mignon*, qui renferme une succession d'airs, récits, ensembles et chœurs, reste dans la lignée de l'opéra-comique français. Orchestration conventionnelle, sensualité mélodique et une certaine « pâleur » de l'expression dramatique : c'est le jugement souvent porté sur cette œuvre. Il est vrai que le drame romanesque et l'émotion facile ne pouvaient que plaire, au moment où le genre de la romance était encore à la mode dans les salons bourgeois. Le madrigal de Laërte, sans doute un peu désuet, et les romances de cette partition (de schéma ABAB, avec un accompagnement orchestral simple, en accords plaqués ou arpégés) doivent cependant être replacés dans le contexte musical du temps. L'œuvre correspond en effet à une certaine sensibilité musicale propre à l'époque de sa création.

Mignon comporte des airs devenus vite populaires, qui ont contribué au succès général de l'œuvre. L'ouverture, en *la* ♭ maj., expose deux de ces thèmes, ceux de la romance de Mignon et de la polonaise de Philine. La célèbre romance *« Connais-tu le pays ? »* (Allegretto, en *ré* ♭ maj.) se situe dans l'acte I,

alors que l'acte II comprend successivement la mélodie de Wilhelm *« Adieu, Mignon, courage ! »* (Allegretto moderato, 3/4, en *sol* maj.), le duetto entre Mignon et Lothario *« As-tu souffert, as-tu pleuré ? »* (Andante, 3/8, en *fa* maj.) et la polonaise de Philine *« Je suis Titania la blonde »* (Moderato, 3/4, en *si* ♭ maj.), qui nécessite une grande agilité vocale. Quant au dernier acte, qui débute par le chœur *« Au souffle léger du vent »* chanté dans la coulisse, il contient, entre autres, la romance de Wilhelm *« Elle ne croyait pas, dans sa candeur naïve »* (Andantino, 3/8, en *ut* maj.), et la prière de Mignon *« O Vierge Marie »* (Andantino, 6/8, en *si* maj.).

Le langage musical se développe suivant le contexte psychologique des personnages et reflète la personnalité de chacun d'eux. Ainsi peut-on opposer musicalement le tempérament extériorisant de Philine (qui s'exprime par des vocalises et un chant rythmé) et le comportement de Mignon, plus calme et plus intérieur (que l'auteur traduit par des lignes mélodiques plus simples et moins agitées). Les deux thèmes principaux réapparaissent à la fin de l'ouvrage, la polonaise de Philine dans l'avant-dernière scène et l'air *« Connais-tu le pays ? »* dans le finale, après la prière de Mignon (A joué à l'orchestre, B chanté par Mignon et Wilhelm). D'autres éléments sont également caractéristiques du discours musical, notamment l'emploi d'un style récitatif animé de modulations successives (utilisées aussi dans les transitions harmoniques), l'utilisation épisodique d'une écriture chromatique, l'enchaînement des scènes par la dominante de la tonalité de la scène suivante, des superpositions rythmiques binaire (au chant) — ternaire (à l'orchestre) dans l'air de Wilhelm *« Je veux par le monde promener librement »* et dans le finale de l'acte I.

Mignon apparaît ainsi comme une œuvre majeure du répertoire lyrique du XIXe s., que l'on redécouvre aujourd'hui sur différentes scènes françaises.

Bibliographie — G. BERTRAND, Semaine théâtrale, *in* Le Ménestrel, 18.11.1866 ; P. PASCAL, Mignon, *ibid.*, 25.11.1866 ; H. MORENO, A. Thomas, notice biographique, *ibid.*, 8.3.1868 ; cf. également Le Ménestrel des 22.3.1868, 16.2.1896, 8.3.1896, 29.3.1896, 10.5.1896 et 12.7.1896 ; C. BELLAIGUE, Études musicales et nouvelles silhouettes de musiciens, Paris 1898, pp. 343-349 ; L. LALOY, A. Thomas, *in* RM, 1.7.1903 ; C. LE SENNE, A. Thomas, in A. Lavignac (éd.), Histoire de la musique III, Paris 1914, pp. 1697-1706 ; P. LANDORMY, La musique française de La Marseillaise à la mort de Berlioz, Paris 1944, pp. 239-242 ; J. COMBARIEU et R. DUMESNIL, Histoire de la musique III, Paris 1955, pp. 467-472 ; Dictionnaire des personnages, Paris, Laffont, 1988, pp. 652-653.

E. MALFROY

MIGNON (*« Kennst du das Land, wo die Zitronen blühn ? »*), lied pour voix et piano de **Hugo Wolf**, n° 9 des → *Gedichte von J. W. von Goethe...*, composé à Döbling, le 17 déc. 1888. Une première orchestration de ce lied (1890) a été perdue ; Wolf le réorchestra le 31 oct. 1893. (Leipzig, Peters, 1904 ; durée : 6 min 30 s environ.)

Le plus célèbre des poèmes de Goethe (Livre III, chap. 1er des *Wilhelm Meisters Lehrjahre*) a été mis en musique par **Spohr**, **Beethoven** (op. 75, n° 1), **Zelter**, **Schubert** (D 321), **Schumann** (op. 98 a, n° 1), **Liszt**, **Tchaïkovski**, **A. Thomas** (dans son opéra). Ce chant exprime l'incurable nostalgie de l'énigmatique jeune Italienne, vivant dans un pays nordique et rêvant à sa patrie. Sous un autre angle, il faut y voir l'image du poète aspirant au soleil et à la liberté.

Goethe n'attendait de la part des musiciens qu'une simple chanson. La nature même du personnage et la structure strophique avec refrain semblaient justifier cette recommandation. Ni Beethoven, ni Schubert, ni Wolf ne suivirent ce conseil à la lettre. Chacun s'attacha, à sa manière, à la mise en valeur des différents et brusques états d'âme de Mignon (tristesse, nostalgie, désir impérieux, plainte, passion, mystère). Chez Wolf, le chant de Mignon croît en intensité, avec des contrastes et un dramatisme saisissants. La tonalité de *sol* ♭ maj. indique une forte tension intérieure. Un rythme syncopé à la main gauche, symbolisant la pensée lancinante du pays natal, suggère également l'accompagnement de la cithare dont parle Goethe dans son roman. Le refrain — deux brefs épisodes passionnés et frémissants, dont l'emportement est vite calmé — constitue le centre vital de cette partition d'autant plus admirable qu'elle suit la coupe du poème : 3 strophes de 7 vers, les trois derniers étant repris avec de légères variantes. Wolf se permet simplement de redoubler l'insistante interrogation : « Kennst du es wohl ? » (Le connais-tu bien ?) Un changement radical se produit à la 3e strophe : des trémolos et un crescendo, aboutissant à l'éclatant *do* ♯ maj. sur le mot « Flut » (flot), ne font que traduire la dramatisation subite du poème (le dragon, la chute du rocher). Avec un sens consommé des gradations, le musicien réintroduit en quelques mesures le climat ardent du refrain, avec toute l'énergie et la détresse qui y sont contenues **A**.

CHR. GOUBAULT

« MIGNONNE, ALLONS VOIR SI LA ROSE », chanson à 4 voix de **Guillaume Costeley**, publiée pour la 1re fois à Paris dans le *19e Livre* de Le Roy et Ballard et rééditée jusqu'en 1582. Elle figure aussi dans la grande collection → *Musique*, de G. Costeley, que l'éditeur réunit en 1570.

Le texte est emprunté à Ronsard : cette *Ode à Cassandre* des *Amours* de 1553 comprend 3 strophes de 6 octosyllabes groupés par 3 par l'alternance des rimes féminines et masculines. Contrairement à la « voix de ville » du → *Recueil des plus belles et excellentes chansons en forme de voix de ville* de J. Chardavoine (1576), Costeley n'a pas retenu le strophisme pour mettre en musique ce poème ; il reste néanmoins attentif à l'organisation strophique des vers. Par le jeu des duplications musicales et par l'effet de « da capo » qu'elles produisent, par les oppositions de densité polyphonique et des techniques

A MIGNON DE HUGO WOLF

d'écriture, la ternarité strophique est d'emblée perceptible.

Les 6 premiers vers sont traités à 3 voix (supérius, contraténor, ténor) en imitations, en trois phrases (ABC) répétées deux fois. La même musique, réemployée pour les trois premiers vers de la dernière strophe, marque à la fois le début de cette strophe, en même temps qu'elle met en valeur, par opposition, la deuxième. Cette strophe centrale se distingue par l'usage des 4 voix, ainsi que par l'écriture strictement homophonique. Après le style polyphonique de la chanson, c'est plutôt le style de l'air que Costeley choisit ici, dans un strophisme interne par groupe de 3 vers, proche du schéma de rimes (DD'EDD'F) : l'attention prosodique accordée aux rimes féminines y est caractéristique d'un intérêt nouveau pour les déclarations du texte poétique, qui se manifeste aussi dans la mise en valeur expressive des nombreux exclamatifs de cette strophe (« Las.../o... »). On y voit aussi apparaître un usage nouveau et expressif du silence. Les trois derniers vers, où s'exprime le lieu commun poétique du *« Carpe diem »*, sont mis sur le même plan, par le retour de l'écriture à 4 voix note contre note qui rompt l'attente du schéma récurrent installé par le « da capo » du début de la strophe. Si le matériau mélodique y est en partie nouveau, on y retrouve cependant le même schéma rythmique qu'à la 2e strophe, souligné par la même duplication aux rimes plates (GGF) et par un effet de rime musicale avec cette strophe, dans une déclamation accélérée par la suppression des silences. Les trois vers sont enfin répétés en guise de conclusion, conformément à la tradition chansonnière française.

Aux frontières de la chanson polyphonique ancienne et de la nouvelle « chanson en façon d'air », cette polyphonie, par sa réussite exceptionnelle, transcende totalement les querelles stylistiques du moment.

Rééditions modernes — Par H. Expert, *in* Maîtres Musiciens de la Renaissance française III (*Musique*, fasc. 1), Paris, Leduc, 1896 ; par le même, *in* La Fleur des musiciens de P. de Ronsard, Paris, La Cité des livres, 1923, et *in* Extraits des Maîtres Musiciens de la Renaissance, Paris, Salabert ; par Ph. Caillard, *in* Publ. de l'Ensemble Ph. Caillard, Paris s.d. ; par Fr. Dobbins, *in* The Oxford Book of French Chansons, Oxford, OUP, 1987.

Bibliographie — I. Godt, G. Costeley, Life and works (diss. New York Univ., 1969) ; J.-M. Vaccaro, Proposition d'analyse pour une polyphonie vocale du XVIe s., *in* RMie LXI/1, 1975.

J.-P. Ouvrard

« Mignonne, allons voir si la rose », chœur à 4 voix d'hommes (T T B B) sans accompagnement de **Déodat de Séverac**, sur le célèbre sonnet de Ronsard, composé en 1901, dédié à Vincent Belloc. (Paris, Jobert, 1935.)

La formation vocale retenue par Séverac est inhabituelle en France. Sans doute l'appréciait-il puisqu'il lui confia 4 autres pages. Avec ce chœur, Séverac tente de ressusciter à sa manière l'art d'un Costeley, d'un Sermisy ou d'un Janequin. Si l'ambiance est souvent modale, elle fond adroitement les passages tonals ponctués de fréquentes demi-cadences, voire d'un douloureux chromatisme. De la même façon, à l'homorythmie volontiers « mesurée », l'écriture associe la flexible linéarité de quelques départs en imitations. Pour servir au mieux le discours poétique, Séverac morcèle la forme — peut-être exagérément. En revanche, son unité est assurée par un thème presque toujours présent. Sensible à la leçon de ses lointains devanciers, Séverac se veut expressif. Les fluctuations permanentes du tempo, les raffinements dynamiques, les silences habités, le figuralisme même qui souligne les mots essentiels du poème en rendent le pathétique croissant, tandis que le *ré* maj. final accuse l'ardeur persuasive de la dernière strophe : « Mignonne, tandis que votre âge fleuronne, cueillez votre jeunesse. »

P. Guillot

Mignons Lied : « Kennst du das Land ? » (La Chanson de Mignon : Connais-tu le pays ?), lied pour mezzo-soprano et piano de **Franz Liszt**, sur une poésie de Johann Wolfgang von Goethe, composé en 1842 (éd. 1843) et révisé en 1854 (éd. 1856), puis encore une fois en 1860 (éd. 1863). Le compositeur a fait une transcription pour piano de la 1re version (éd. 1844) et, en 1860, une autre pour voix et orchestre de la dernière version (éd. 1863).

Le texte comprend 3 strophes de 6 vers dont les 2 derniers sont conçus à la façon d'un refrain. Quand, dans *Wilhelm Meister*, Mignon chante ce texte à la fois mystérieux, troublant et prenant, elle le fait avec beaucoup de naturel. Et Goethe avait expressément demandé que cette chanson soit simple et de forme strophique stricte. Beethoven (dans sa célèbre version) s'en était à peu près tenu à ce principe ; pourtant, Goethe l'avait déjà trouvé trop complexe ! Schubert a renchéri sur Beethoven en adoptant la forme strophique variée. Quant à Liszt, il n'a plus du tout conçu le même poème goethéen comme une chanson, mais plutôt comme un drame en miniature. La déclamation pathétique qu'il introduit est certainement contraire à l'esprit de la poésie, mais elle confère au lied une très belle prestance. Celui-ci ne doit pas être jugé par rapport à sa fidélité goethéenne, mais en soi. C'est également l'attitude qu'il faut adopter avec H. Wolf (→ *Mignon*) dont la version est encore plus boursouflée que celle de Liszt.

Si la 2e version — celle de 1854 — apporte de substantielles améliorations par rapport à la 1re, elle ne diffère guère de la dernière version (de 1860) et, sous certains aspects, lui est préférable, en particulier dans sa partie pianistique. Toutefois, elle conserve l'erreur de prosodie faite au début de la 1re version. Ce n'est qu'en 1860 que Liszt corrigera la faute qui consistait à accentuer « du » au détriment de « Kennst » **A**.

Liszt adopte une forme strophique variée ingénieuse. Le couplet est caractérisé par la cellule harmonico-mélodique caractéristique du départ (voir ex. mus.). Celle-ci se grave d'autant plus dans la mémoire qu'elle est reprise à la tierce majeure supérieure (par enharmonie) quelques mesures plus tard. Seule la mélodie comprise entre ces deux points d'appui varie entre la 1re et la 2e strophe, si bien qu'on a à la fois une impression de redite et de nouveau. Quand on arrive au 3e couplet, la mélodie passe à la main droite du piano et la voix adopte un style récitatif. Il en résulte de nouveau un effet extrêmement réussi. Les deux premiers refrains, très expansifs et lyriques, sont identiques. Le 3e reprend la même mélodie, mais l'amplifie avec une certaine emphase sur un texte arbitrairement « enrichi » par le compositeur. L'effet qui en résulte n'est pas des plus heureux. Pris dans son ensemble, ce lied est de valeur inégale, mais il présente de grandes beautés grâce à ses riches harmonies, ses modulations habiles, le lyrisme de sa ligne vocale et la générosité de son élan. Il fait éclater le cadre intimiste propre à ce genre et Liszt a eu raison de l'orchestrer car — tout comme la version de H. Wolf

— c'est dans ce nouveau cadre qu'il prend toute sa signification.

Éditions — Voir à l'art. *« Bist du ! ».*

S. Gut

Miguel Mañara (*Don Juan de Mañara*), drame lyrique en 4 actes et 6 tableaux, livret — d'après le « mistère » de même titre d'Oscar Venceslas de Lubicz-Milosz — et musique d'**Henri Tomasi**, composé en grande partie au monastère de la Sainte-Baume, près de Marseille, entre 1942 et 1949, dédié à Claude, fils du compositeur, créé en concert à Paris, le 6 nov. 1952, avec Raoul Jobin (Miguel Mañara), Christiane Jacquin (Girolama) et l'Orchestre national de l'ORTF, sous la dir. d'Henri Tomasi ; 1re représentation (en allemand) à la Bayerische Staatsoper de Munich, le 29 mars 1956, sous la dir. d'André Cluytens ; 1re représentation en français à Bruxelles, au Théâtre royal de la Monnaie, le 17 mai 1958, sous la dir. de René Defossez. (Paris, A. Leduc, 1952 ; durée : 2 h environ.)

Le « mistère » de Milosz s'inspire de l'histoire authentique de Don Miguel de Leca y Colona y Mañara y Vinceñtello, né et mort à Séville (1627-1670). En 1935, Tomasi rencontra Milosz qui lui commanda une musique de scène destinée à accompagner une reprise radiophonique de sa pièce. La suite symphonique en 4 parties, intitulée *Miguel Mañara*, fut donnée avec le « mistère » de Milosz, le 21 avril 1935, sur Radio-Colonial. Mais le musicien hésita longtemps avant de se lancer dans l'aventure d'écrire un « Dom Juan » après Mozart. En période de guerre, il commença l'œuvre en même temps que son noviciat au monastère de la Sainte-Baume, lieu de méditation qui fit éclore toute une série d'œuvres religieuses (*Requiem*, *Messe*...). La composition de *Miguel Mañara* lui prit près de sept années « pendant lesquelles mes jours et mes nuits en demeuraient hantés ».

Livret — Séville en 1656. — Acte I. 1er Tableau. Le festin au château de Don Jaime. Les convives sont pris de vin. L'aube est proche. « Ah ! Comment combler ce gouffre de la vie ? », s'écrie Miguel Mañara (ténor). Don Fernand (basse), ami du père du séducteur, conseille à Miguel d'aller à la messe, dimanche, en l'église de la Caridad, pour y rencontrer Girolama (sop. lyrique), noble fille très douce, très sage et très belle. L'ombre de la Vie passée (sop. dramatique) apparaît à Miguel. — 2e Tableau. Le jardin de Girolama. La pureté de la jeune fille transforme Miguel qui lui avoue son amour. Girolama accepte de l'épouser.

Acte II. 3e Tableau. La mort de Girolama. Tandis que les esprits dialoguent entre eux, celui du ciel réconforte Miguel et l'invite à vivre.

Acte III. 4e Tableau. La confession (parloir du couvent de la Caridad). Miguel confesse les péchés commis avant sa rencontre de Girolama ; le feu de l'Éternel le consume. L'Abbé (basse) fait préparer la cellule de Miguel. — 5e Tableau. Dimanche de Pâques à Séville. Devenu Frère Mañara, Miguel vient d'accomplir un miracle. Le peuple se prosterne.

Acte IV. 6e Tableau. La cour du couvent de la Caridad. Très vieux, Frère Mañara prie. L'Esprit de la Terre (bar.) lui apparaît et lui montre en vain l'amour d'ici-bas. Frère Mañara élève les mains et récite les versets du Livre saint. L'Esprit du Ciel (sop. dramatique) appelle à lui Frère Mañara, qui meurt.

D'une grande élévation spirituelle, cet ouvrage touche l'auditeur par sa générosité, son lyrisme et son authenticité. La complexité de l'écriture — on a parlé parfois de « surcharge » harmonique — ne nuit nullement au pouvoir suggestif d'une musique brûlante d'amour et de foi. Par contraste, l'emploi de la modalité et d'un langage fécondé par le grégorien créent des séquences d'une nudité et d'une humilité monastiques. Plusieurs cellules thématiques ou thèmes significatifs symbolisant les aspirations de l'âme, les contraintes charnelles, la mort, la vie passée... parcourent la partition. Tomasi cite un authentique choral corse, le *« Dio Vi Salvi Regina »*, à la fin de la Procession du Corpus Christi (chœur mixte à 4 voix, sans paroles, acte II).

Le musicien réutilise également les éléments d'une *Symphonie* pour orchestre écrite précédemment (le prélude de l'opéra correspond au début du 1er mouvement) et de la suite *Miguel Mañara* de 1935 (dans la scène du

Mignons Lied : « Kennst du das Land ? »

festin, 1er tableau). En revanche, la musique de « L'ombre de la vie passée » introduite par la terrible phrase « Malheur à l'homme conscient » (fin du 1er tableau), ainsi que celle de la Procession nocturne du Corpus Christi, de l'interlude séparant les 4e et 5e tableaux, du chant de l'Esprit de la Terre (« Je suis celui qui est ») à l'acte IV, constitueront les *Fanfares liturgiques* pour ensemble de cuivre. Une des courbes mélodiques de Miguel (« On me jeta sur le rivage », acte III) réapparaîtra dans le 2e mouvement du *Concerto pour trompette*.

Nombreux sont les passages particulièrement saisissants de cet opéra : la scène du jardin, admirable vocalement, avec des phrases d'un lyrisme bien déployé, l'émouvante confession de Miguel et sa prière ardente au Seigneur, la scène du miracle, au moment où Johannes Meléndez jette ses béquilles, se met à courir en chantant « Hosanna », toute la fin en *do* maj. dans un climat d'extrême apaisement.

Bibliographie — Cl. Sollis, H. Tomasi, lyrisme et passion, *in* RIMF n° 6, nov. 1981 ; F. Ducros, Les opéras d'H. Tomasi, musicien appassionato et méditatif, *in* Le théâtre lyrique français 1945-1985, Paris, Champion, 1987 ; Hommage à H. Tomasi, *in* L'Avant-Scène Opéra, n° 109, mai 1988.

Chr. Goubault

(The) Mikado or The Town of Titipu (Le Mikado ou la Ville de Titipu), opérette burlesque en 2 actes, livret de sir William Schwenck Gilbert, musique de sir **Arthur Seymour Sullivan**, créée à Londres, au Savoy Theatre, le 14 mars 1885.

L'action se passe au xve s., dans la ville japonaise de Titipu. Ravivé par une exposition nippone à Londres, l'engouement pour Le Japon fut à l'origine du *Mikado*, satire de la société victorienne sous des dehors d'Extrême-Orient. Sullivan, qui, avec cet ouvrage, crée l'opérette anglaise, associe en un amusant mélange de styles de nombreux clichés de la musique légère. Des rythmes de danse voisinent avec des passages inspirés de vieilles chansons de marins tandis que les mélodies très chantantes sont accompagnées par un orchestre de chambre. Trois ans après la création et en dépit de toutes les protestations (du Japon par exemple), *The Mikado* atteignait la 9 000e représentation.

B. Delcker

Mikrophonie II, de **Karlheinz Stockhausen**, pour 12 chanteurs, orgue Hammond et 4 modulateurs en anneaux, composé en 1965, créé à Cologne, le 11 juin 1965, par le chœur du Westdeutscher Rundfunk, sous la dir. de Herbert Schernus. (Vienne, UE ; durée : 15 min environ.)

Comme dans → *Momente*, composé quelques années auparavant, Stockhausen cherche dans *Mikrophonie II* à établir un continuum, cette fois entre les sons vocaux et les sons électroniques. Les douze chanteurs, face à un orgue Hammond, se répartissent en 4 groupes (deux fois trois sopranos et deux fois trois basses) reliés à un microphone. Les quatre microphones et l'orgue sont reliés à quatre modulateurs en anneaux et ceux-ci à quatre haut-parleurs placés derrière le chœur de façon à mêler les sons transformés et les sons originaux. Une transition constante est recherchée entre les sons purement vocaux (lorsque les entrées des haut-parleurs sont fermées) et les sons purement électroniques bien que d'origine vocale (lorsque le chœur se tait). L'organiste détermine, grâce à la relative clarté harmonique de ses sonorités, les degrés divers des transformations par le modulateur en anneaux (les déformations effectuées par celui-ci sur les sons vocaux sont proportionnelles à la densité des accords de l'orgue).

Le processus de complexification au moyen du modulateur en anneaux nécessite un matériau musical très simple aux voix et à l'orgue : sons tenus, homorythmie, voix peu divisées ; le résultat, en revanche, est très riche et très différencié : bruits de foule, rugissements, etc.

Dans cette partition ressortissant encore à la « forme momentanée », la durée des moments est calculée d'après la série de Fibonacci, comme c'est le cas dans d'autres œuvres du même compositeur. Certains aspects sont, en revanche, moins déterminés : les interprètes possèdent une grande liberté d'action en ce qui concerne les hauteurs, les durées et les intensités, et, surtout, des possibilités sont accordées aux choristes et à l'organiste « de réagir les uns sur les autres selon le contexte » (K. Stockhausen).

Au point de vue des techniques vocales, tous les aspects de la voix sont évoqués, depuis le chant jusqu'aux manifestations les moins usuelles, mais là aussi une grande liberté est laissée aux choristes grâce à des indications générales demandant de chanter dans un style ou un autre (ceux-ci parcourant les époques les plus diverses de l'histoire de la musique, du chant liturgique au jazz).

Mikrophonie II est la première pièce où Stockhausen fait des références à ses propres œuvres. De courts extraits de → *Momente*, du → *Gesang der Jünglinge* et de *Carré*, choisis pour leur caractère extatique, apparaissent de temps à autre.

Bibliographie — K. Stockhausen, Mikrophonie I und Mikrophonie II, *in* Melos XXXIII, 1966, repris *in* Texte III, Cologne, DuMont Schauberg, 1971, pp. 66-71 ; J. Harvey, The Music of Stockhausen, Londres, Faber, 1975, pp. 95-97 ; C. Baivier, Voix nouvelle dans la musique contemporaine (mémoire de licence, Univ. de Liège, 1976).

V. Mataigne

« Mille regrets de vous abandonner », chanson à 4 voix de **Josquin des Prés**, sans doute la plus connue aujourd'hui, grâce à une diffusion chorale très répandue. Cette popularité semble bien avoir existé aussi au xvie s., si l'on en juge par le nombre important des sources qui nous ont conservé cette œuvre. Dans l'une d'elles, les *Chansons musicales à quatre parties* (Paris, Attaingnant, 1533), la chanson est attribuée à J. Lemaire : l'hypothèse d'une confusion avec le poète Jean Lemaire de Belges, auteur possible du texte, a été avancée.

Autre témoignage de succès, les luthistes du xvie s. sont également nombreux à mettre cette pièce en tablature, tant en Allemagne (Newsidler, Gerle), en Flandre (Phalèse) qu'en Espagne où Narvaez (*Los Seys Libros del Delphin de Música*, 1538) la désigne comme « la cancion del Emperador del quarto tono » : il semble, en effet, qu'elle ait été une des œuvres préférées de Charles Quint. C'est aussi sans doute pour cette raison que **Cristobal Morales** en fait le modèle d'une messe parodie à 6 voix (*Messe « Mille regrets »*).

Quant à **Tylman Susato**, il ne se contente pas de faire danser sur la *Pavane « Mille regrets »* (1551) : il compose et publie une « Response à Mille regrets », *« Les Miens aussi brief »* (1549) qui reprend quelques idées mélodiques de Josquin.

A l'évidence, cette chanson de la fin de la vie de Josquin (vers 1515) avait tout lieu d'entraîner l'adhésion des musiciens du XVIe s., tant elle souscrit aux canons esthétiques de la chanson polyphonique renaissante, par son écriture à 4 voix comme par son extraordinaire économie de moyens. Le texte, un quatrain de décasyllabes, expose la mélancolie d'une séparation amoureuse que la polyphonie exprime, dans la couleur plaintive du mode de *mi*, en une série de phrases presque toutes descendantes, au point qu'elles apparaissent comme autant de variantes d'une même matrice. La déclamation y est essentiellement syllabique, et la polyphonie, combinant imitations courtes et contrepoint note contre note, n'est à 4 voix qu'épisodiquement, dans une très grande transparence.

Rééditions modernes — Par A. SMIJERS, *in* Josquin des Prés. Werken VIII, Leipzig 1925, 2/Amsterdam, Vereeniging voor Nederlandse Muziekgeschiedenis, 1971 ; par FR. BLUME, *in* Chw., n° 3, Wolfenbüttel, Möseler, s.d. ; par J. HAAR, *in* Chanson and madrigal 1480-1530, Cambridge (Mass.), Harvard Univ. Press, 1964 ; par FR. DOBBINS, *in* The Oxford Book of French Chansons, Oxford, OUP, 1987.

Bibliographie — G. REESE, Music in the Renaissance, New York, Norton, 1954, 2/1959 ; H. OSTHOFF, Josquin Desprez, 2 vol., Tutzing 1962-65 ; H. M. BROWN, The genesis of a style : the parisian chanson, 1500-1530, *in* J. Haar (éd.), voir ci-dessus ; E. LOWINSKY (éd.), Josquin des Prez, Londres, OUP, 1976 ; D. HEARTZ, The chanson in the humanist era, *in* Current Thought in Musicology, Austin, Univ. of Texas, 1976 ; M. PICKER, Josquin and Jean Lemaire : Four Chansons Re-examined, *in* Essays Presented to Myron P. Gilmore, Florence, La Nuova Italia Editrice, 1978.

J.-P. OUVRARD

MIMI PINSON, opéra de **Ruggero Leoncavallo**, voir (LA) BOHÈME.

(THE) MINES OF SULPHUR (Les Mines de soufre), opéra en 3 actes, livret de Beverly Cross, musique de **Richard Rodney Bennett**, créé à Londres, au Sadlers Wells Opera, le 24 févr. 1965, puis la même année à Paris, au Théâtre des Nations, sous la dir. de Colin Davis ; une version française a été représentée à l'Opéra de Marseille le 26 janv. 1967 et une version allemande, baptisée *Ballade im Moor*, à l'Opéra de Cologne en avril 1967, sous la dir. de Christoph von Dohnanyi. (Vienne UE, 1965 ; durée : 2 h 30 min environ.)

LIVRET — Acte I. Le châtelain Braxton (bar.) accueille imprudemment dans son manoir isolé la gitane Rosalinde (mezzo-sop.), accompagnée du déserteur Bocannion (ténor) et de Tovey (bar.), deux bandits de grand chemin. Le sinistre trio se rend maître du manoir en assassinant le propriétaire et s'installe dans les lieux. Une troupe de théâtre ambulante, égarée par le brouillard, demande alors asile. Les trois criminels acceptent d'héberger les comédiens qui doivent donner en contrepartie une représentation gratuite au profit de leurs hôtes.

Acte II. Curieusement, l'intrigue du drame représenté est en tout point semblable au forfait accompli par le sinistre trio qui, plongeant dans l'épouvante, se croit déjà percé à jour. Rosalinde, affolée, veut s'enfuir, mais Bocannion la retient car il a un plan : il enivrera les comédiens, puis les enfermera dans les souterrains du manoir auquel il mettra le feu, se débarrassant ainsi des témoins de l'assassinat et du corps de la victime.

Acte III. Comme prévu, les comédiens ont été emprisonnés dans les souterrains, à l'exception de Jenny (sop.) que Bocannion veut violer avant de la tuer. Elle signale au malfrat que les comédiens ont fui Londres... à cause de la peste. Peut-être sont-ils atteints de l'horrible mal. Malgré cette mise en garde, Bocannion veut l'enlacer. Elle ne se dérobe pas et dévoile sa poitrine dévorée par la peste, puis l'embrasse et s'enfuit. Toute la troupe réussit à s'évader, passant à travers les murs. Avant de partir, ils tracent une croix de sang sur la porte du manoir : Seigneur, ayez pitié d'eux ! Après leur départ, le trio d'assassins atteint de la peste est resté. Leur fin est proche.

Le titre est tiré d'*Othello* (acte III, sc. 3) de Shakespeare (« les soupçons brûlent comme des mines de soufre »). Selon J. Lonchampt, « la musique de R. R. Bennett illustre de façon explicite aussi bien la cruauté du drame que son étrangeté [...]. On découvre ici que l'écriture atonale est devenue un mode d'expression naturel en musique. » Il est vrai toutefois que cet ancien élève de Ferguson et de P. Boulez cultive, tout comme Henze, l'éclectisme stylistique et qu'il tire une partie de ses idées du grand répertoire lyrique, allant de *Tristan* à *Wozzeck*. On trouve ainsi des passages dodécaphoniques « libres » associés à « de belles mélodies tonales, d'accent populaire qui traduisent le rêve ou l'espérance, prenant dans ce contexte un relief poétique admirable » (J. Lonchampt).

Bibliographie — N. GOODWIN et R. R. BENNETT, The Mines of Sulphur, *in* Opera, 1965 ; Bennetts « Ballade im Moor ». Deutsche Erstaufführung in Köln, *in* Melos, avr. 1967 ; J. LONCHAMPT, L'opéra aujourd'hui, Paris, Éd. du Seuil, 1970, pp. 232-235 ; CHR. PALMER et L. FOREMAN, R. R. Bennett, *in* British Music Now, éd. par L. Foreman, Londres, P. Elek, 1975.

M. KELKEL

MIRAGES, op. 113, cycle de 4 mélodies de **Gabriel Fauré**, pour une voix et accompagnement de piano, d'après R. de Brimont, composé à Annecy-le-Vieux durant l'été 1919, créé au concert de la Société Nationale, le 27 déc. 1919, par Madeleine Grey, accompagnée par l'auteur. (Paris, Durand, 1919 ; durée : 14 min 30 s environ.)

Contemporains du 2^d^ *Quintette* pour piano et cordes op. 115, les *Mirages* s'intègrent eux aussi dans l'austère structure de la musique de chambre : forme en 4 parties (les 4 mélodies), alternance des mouvements avec mouvement lent en 2e position (Andantino, Quasi adagio, Andantino, Andantino) ; les dimensions de chacune des mélodies s'accroissent alors que leur caractère hiérarchique formel se précise : *Cygne sur l'eau* figure l'Allegro initial et *Danseuse* constitue le finale. La ligne vocale elle-même semble s'infléchir vers l'instrumental : la première page traitant 4 vers du texte ne contient aucun silence, telle une belle phrase legato à jouer « à la corde ». Dans cette œuvre, l'interprète ne doit pas chercher à servir le chant mais à se fondre dans un langage unique auquel la voix ne fait que participer. Cette perspective nouvelle justifie l'absence de lien littéraire ou anecdotique. Ce n'est pas le texte qui cimente le cycle mais bien plutôt la volonté formelle, le style. Les tableaux se succèdent, illustrant à travers 4 thèmes poétiques les relations du mouvement et de la lumière. L'écriture pianistique s'en trouve profondément modifiée : nous sommes loin de la symphonie descriptive de la *Bonne Chanson* ou de l'immuable soutien instrumental du *Jardin clos*. Ici, le piano constitue un élément formel indispensable qui structure l'œuvre (construction par séquences rythmiques de l'accompagnement dans *Cygne sur l'eau*) et en détermine le sens expressif indépendamment de la déclamation.

1. *Cygne sur l'eau* (5 min 23 s), en *fa* maj., Andantino, est un long poème sur le thème des désirs, dont Fauré ne retient que 5 strophes. Désirs et réalité deviennent tour à tour ombre et lumière, proximité et lointain. Cette rêverie est animée par 4 formules pianistiques qui successivement rythment le flux de la pensée. Comme indifférente, la déclamation athématique représente un modèle de simplicité. **2.** *Reflets dans l'eau* (4 min 3 s), en *si* ♭ maj., Quasi adagio, est l'une des rares mélodies fauréennes qui contiennent un effet impressionniste fugitif, de type coloriste, figurant des ronds dans l'eau puis le retour au calme du miroir enchanté. Ce phénomène unique s'explique déjà par un titre suggestif (et combien debussyste !), mais aussi par la ponctuation du texte favorisant le discontinu et la suggestion : « Si je glisse les eaux feront / Un rond fluide [...] un autre rond [...] / Un autre à peine. » **3.** *Jardin nocturne* (2 min 50 s), en *mi* ♭ maj., Andantino, mêle les thèmes de l'ombre, de la clarté lunaire et de l'eau en une rêverie désabusée sur ces « charmes troublés de désirs et d'ennui ». **4.** *Danseuse* (2 min 5 s), en *ré* min., Andantino, entièrement construite sur un motif obstiné du piano

évoque un bas-relief antique, « fresque mouvante et souple ». Sons pédales, rythmes obstinés et modalité contribuent à l'expression intemporelle de ces pages. Ces 4 tableaux des *Mirages* constituent un cycle unique par son expression et sa finalité. La tentation impressionniste qui s'y révèle en touche légère est la seule concession du musicien aux poncifs de son temps. En effet, rien n'est plus éloigné de l'esthétique fauréenne que le flou harmonique, la discontinuité ou la recherche des sonorités, ces éléments fondamentaux du langage musical impressionniste. Seul ce texte très suggestif de R. de Brimont pouvait amener un tel résultat.

Bibliographie — E. Vuillermoz, Musique d'aujourd'hui. Les Mirages et le 2^{d} Quintette, Paris 1923 ; Vl. Jankélévitch, Fauré et l'inexprimable, Paris, Plon, 1974 ; M.-Cl. Beltrando-Patier, Les mélodies de G. Fauré (diss. Strasbourg II, 1978), Lille, Atelier de reproduction des thèses, 1981.

M.-Cl. Beltrando-Patier

Mireille, opéra en 5 actes, livret de Michel Carré d'après le poème provençal de Frédéric Mistral (*Miréio*, 1859), musique de **Charles Gounod**, dédié à George V, roi de Hanovre, créé à Paris, au Théâtre-Lyrique, le 19 mars 1864 (25 représentations), avec Mmes M. Carvalho (Mireille), Faure-Lefèvre (Taven ; Andreloun), Reboux (Vincenette), Albrecht (Clémence), MM. Morini (Vincent), Ismaël (Ourrias), Petit (Maître Ramon), Wartel (Maître Ambroise ; le Passeur), sous la dir. d'Adolphe Deloffre. (Durée : 2 h 15 min environ.)

Gounod entreprit la composition de *Mireille* dès le début de 1863 et, pour mieux s'imprégner du climat dans lequel évoluaient ses personnages, se rendit en Provence, auprès de Fr. Mistral, du 12 mars au 29 mai de la même année. A Paris où triomphait *La Belle Hélène* de J. Offenbach, le public accueillit assez mal l'œuvre nouvelle, regrettant qu'un dénouement dramatique vînt obscurcir un récit commencé sous de si favorables auspices. En outre, la mise en scène du tableau du Rhône (acte III) fut si malheureuse qu'elle déclencha l'hilarité générale. Mme Carvalho avait exigé que sa partie fût très brillante et n'assuma ce rôle dramatique qu'avec difficulté. Quant à la critique, désorientée par un sujet qui s'éloignait du grand opéra traditionnel, elle reprocha à la musique son manque de couleur locale ou, au pire, dénonça une imitation du drame wagnérien. Cet échec conduisit à opérer d'incessantes modifications lors des reprises qui se succédèrent jusqu'à la Seconde Guerre mondiale : 1. Paris, Théâtre-Lyrique, 15 déc. 1864 (en 3 actes, Valse-ariette vocalisée *« O légère hirondelle »* ajoutée à l'acte I, acte III supprimé, acte IV abrégé, dénouement heureux) ; 2. Paris, Opéra-Comique, 10 nov. 1874 (en 5 actes, avec de nombreux changements) ; 3. ibid., 29 nov. 1889 (en 3 actes, réduction réalisée sans l'avis du compositeur) ; 4. ibid., 13 mars 1901 (en 5 actes) ; 5. ibid., 6 juin 1939 (en 5 actes, version dite originale, revue par Reynaldo Hahn et Henri Busser, incluant 7 récitatifs de Gounod recueillis auprès de sa famille et de l'éditeur Choudens). Devenue, dans cette dernière version, l'un des ouvrages les plus célèbres de Gounod, *Mireille* a été représentée de nombreuses fois à l'Opéra-Comique de 1956 à 1968 (1 000e en 1962), dans le cadre de festivals (Aix-en-Provence, Les Baux-de-Provence, 1954 ; Chorégies d'Orange, 1959 ; Carpentras, 1978), en province ou à l'étranger (Lyon et Lille, 1967 ; Toulouse, Bordeaux et Avignon, 1980 ; Genève, 1981 ; Besançon, 1983).

Livret — Acte I. Sous le soleil de Provence, les magnanarelles chantent leur bonheur de cueillir les feuilles de mûrier. Tandis que Taven (alto), la sorcière, les met vainement en garde contre les pièges de l'amour, Mireille (sop.) confie avec une touchante naïveté ses sentiments à l'égard de Vincent. Ce dernier (ténor) ne tarde pas à se déclarer à Mireille : elle tient dans son cœur une tout autre place que sa sœur Vincenette qu'il aime pourtant tendrement. Si le malheur venait à les séparer, les jeunes gens se retrouveraient aux Saintes-Maries-de-la-Mer où la protection de Dieu ne saurait leur manquer.

Acte II. Sur la place des arènes, de jeunes Arlésiens dansent une joyeuse farandole, un moment interrompue par la *Chanson de Magali* où les deux héros se disent leur amour. Taven, toujours bienveillante, apprend à Mireille qu'Ourrias (bar.) brigue sa main. La jeune fille, qui ne peut imaginer trahir Vincent, ne laisse aucun espoir à un soupirant si vaniteux. Mais Ourrias a le consentement de Maître Ramon (basse), père rude et obstiné qui refuse avec mépris la demande que Maître Ambroise (basse) lui fait pour son fils Vincent.

Acte III. Dans le Val d'Enfer, à l'heure où dansent les lutins et les farfadets, Ourrias cherche en vain à rencontrer Taven. Vincent paraît et chante son désespoir d'avoir perdu celle qu'il aime. Plein de jalousie et de colère, Ourrias le blesse. Taven recueille et soigne le jeune vannier puis maudit Ourrias. Le second tableau montre les eaux du Rhône baignées par le clair de lune et hantées par les « folles d'amour » qui ont noyé leur douleur dans le fleuve. Voulant gagner l'autre rive, Ourrias hèle un Passeur (basse) dont l'embarcation l'entraîne aussitôt dans les profondeurs.

Acte IV. Dans la ferme de Ramon, les moissonneurs fêtent la Saint-Jean. La chanson bucolique d'Andreloun (alto) attriste Mireille qui envie le bonheur et la liberté du petit berger. La jeune fille apprend de Vincenette (sop.), sœur de Vincent, la blessure et la guérison de Vincent mais, craignant qu'on lui cache un plus grand malheur, décide de partir pour les Saintes-Maries. Le soleil brûlant de la Crau aura raison de son courage et de ses forces : abusée par un mirage, elle s'effondre d'épuisement.

Acte V. Devant l'église des Saintes-Maries passe la procession. Vincent cherche désespérément Mireille dans la foule et implore les anges de la protéger. Lorsqu'elle paraît enfin, son visage s'illumine d'une joie soudaine, signe trompeur de sa douloureuse agonie. Tandis que la chapelle résonne d'un pieux cantique, Mireille meurt dans les bras de son père et de son fiancé, maintenant réunis dans la même détresse.

Sans doute le poème de Fr. Mistral a-t-il perdu de sa substance et de son originalité dans la traduction-adaptation de M. Carré. Transposé à l'opéra, le sujet garde cependant toute sa nouveauté. L'action dramatique simple — on l'a souvent jugée trop pauvre pour fournir la matière de 5 actes — évite les intrigues secondaires et les rebondissements faciles qui assuraient la popularité des textes d'E. Scribe. Animés par une seule ambition, vivre leur amour dans la vérité, les personnages ignorent tout conflit intérieur : Mireille n'exprime jamais la difficulté qu'elle pourrait éprouver à concilier ses sentiments à l'égard de Vincent et son respect de l'autorité paternelle. La religion, réduite à l'expression d'une piété populaire, n'apparaît plus comme une référence morale contraignante qui s'opposerait à l'épanouissement d'un amour passionné.

La musique de Gounod suit avec habileté la progression dramatique proposée par le texte littéraire. Commencé comme une opérette ou un opéra-comique, dans un style léger parfaitement représenté par le chœur des magnanarelles et sa joyeuse ritournelle **A**, l'acte I ne fait que pressentir le drame à venir. Pourtant, la 1re intervention de Mireille **B**, qu'on rapprochera par sa délicatesse et son style déclamé de la 1re apparition de Marguerite (→ *Faust*), s'oppose dans sa gravité aux confidences inconséquentes de Clémence. De même, le 1er dialogue de Vincent et Mireille (*« Vincenette a votre âge »*, acte I) résume à lui seul toute la noblesse et la poésie du rôle principal **C**. Avec sa farandole, l'acte II paraît prolonger l'atmosphère joyeuse qui dominait l'acte I, mais la tragédie s'instaure définitivement avec l'air *« Trahir Vincent »*, pour culminer dans le tableau du Rhône (acte III) quand Ourrias, angoissé par les voix des trépassés, s'interroge sur son crime (*« Ah ! qu'ai-je fait ? »*). Cette scène, la plus riche sur le plan musical, révèle les talents d'harmoniste du compositeur **D**.

Du point de vue de sa conception d'ensemble, *Mireille* peut apparaître en retrait par rapport à → *Faust*. Quelques scènes recherchent certes la continuité : le chœur introductif (*« Chantez, chantez, magnanarelles »*), interrompu par Taven, Mireille ou ses compagnes ; le finale de l'acte II (*« Un père parle en père »*) et le duo de Vincenette et Mireille (*« Ah ! parle encore »*, acte IV), dont les progressions dramatiques imposent un renouvellement thématique constant ; la scène du Val d'Enfer (acte III), avec le rappel orchestral d'un motif entendu dès l'ouverture. Mais, au cœur de l'action, Gounod aime introduire des numéros autonomes, sortes de brèves mélodies pleines de charme et d'imagination. C'est le cas de la célèbre *Chanson de Magali* (*« La brise est douce et parfumée »*, acte II), duo à 5 temps amplifié par le chœur, de la chanson malicieuse de Taven (*« Voici la saison mignonne »*, ibid.), de celle du berger (*« Le jour se lève »*, acte IV), et de la cantilène de Mireille (*« Heureux petit berger »*, ibid.).

Malgré sa relative discrétion, la couleur locale fait l'originalité de l'ouvrage et explique son succès. Si les passages les plus dramatiques restent fidèles au style habituel de l'opéra romantique, les scènes intimes et les morceaux descriptifs cherchent à suggérer l'atmosphère provençale. Parmi les moyens musicaux utilisés à cet effet, signalons la citation du cantique de saint Gen (*« Vous qui du haut des cieux »*, acte V), l'imitation de mélodies populaires (motif pentatonique de l'ouverture, *Chanson de Magali*, introduction de la *Chanson du berger*), la simplicité des accompagnements réduits à un bourdon, une pédale ou un motif obstiné rudimentaire (ouverture, farandole de l'acte II, *Chanson du berger*). Par ailleurs, l'orchestration favorise les solos de hautbois et de cor qui évoquent le cadre pastoral où se déroule l'action.

Tout l'intérêt de *Mireille* tient dans la délicatesse et l'élégance du style, peut-être aussi dans ce balancement subtil qui mène sans cesse l'auditeur de l'action dramatique à la contemplation d'un tableau blanchi sous le soleil de la Crau.

Éditions et rééditions — Part. d'orch., Paris, Choudens, 1885 (3 actes), 2/1901 (5 actes). — Réd. cht et p., Paris, Choudens, 1864 (5 actes), 2/[1874] (3 actes), 3/[1890] (3 actes), 4/ sous le titre *Mirella*, s.d. (3 actes, texte ital. de G. Zaffira, texte all. de Draxler et Pasqué), 5/1901 (version A en 3 actes, version B en 5 actes), 6/ par H. Busser, R. Hahn et G. Ferrant, 1945 (5 actes et récitatifs chantés).

A **Mireille**

B **Mireille**

C Mireille

D Mireille

Bibliographie — M. Escudier, Mireille, *in* La France Musicale XXVIII/13, 1864 ; J. D'Ortigue, Mireille, *in* Journal des Débats, 22 mars 1864 ; Pr. Pascal, Mireille, *in* Le Ménestrel XXXI/16-17, 1864 ; P. Scudo, Revue musicale, *in* Revue des Deux Mondes XXXIV/L, 1864 ; P. Smith (E. Monnais), Mireille, *in* Revue et Gazette Musicale de Paris XXXI/13, 1864 ; L. Pagnerre, Ch. Gounod, Paris 1890, pp. 220-237 ; C. Saint-Saëns, Portraits et souvenirs, Paris 1899, 3/1909, pp. 92-94 ; L. Augé de Lassus, Ch. Gounod. Souvenirs sur Mireille, *in* RM VII/12, 1907 ; C. Bellaigue, Gounod, Paris 1910, pp. 95-113 ; J.-G. Prod'homme et A. Dandelot, Gounod II, Paris 1911, 2/ Genève, Minkoff, 1973, pp. 49-69, 157, 220-221 ; J. de Flandreysy, Le carnet de voyage de Gounod, *in* Annales Politiques et Littéraires n° 1576, 1913 ; Ch. Formentin, Les reliques de Gounod à Saint-Rémy, *ibid.* ; P. Landormy, Gounod, Paris 1942, pp. 114-129 ; R. Hahn, La vraie Mireille, *in* Thèmes variés, Paris 5/1946, pp. 103-111 ; G. Ferrant, La nouvelle Mireille, *ibid.*, pp. 289-291 ; Fr. Pitangue, Mireille et son musicien, *in* Miréio, Mélanges pour le centenaire de Mireille, Paris [1959], pp. 135-170 ; M. Bonnet, Le souvenir de Gounod à Saint-Rémy-de-Provence, Catal. de l'exposition organisée à l'occasion du 100e anniversaire de la composition de Mireille, Saint-Rémy-de-Provence 1963 ; J. Harding, Gounod, Londres, Allen and Unwin, 1973, pp. 126-139 ; S. E. Huebner, The Second Empire operas of Ch. Gounod (diss. Princeton, 1985) ; M. M. Rustman, Lyric opera : a study of the contribution of Ch. Gounod (diss. Univ. of Kansas, 1986) ; S. E Huebner, The operas of Ch. Gounod, Oxford, Clarendon Press, 1990.

P. Prévost

(Le) Miroir de Jésus ou Mystères du Rosaire, oratorio pour mezzo-sop., chœur de femmes, orchestre à cordes et harpe d'**André Caplet**, composé en juil.-août 1923 sur des poèmes d'Henri Ghéon, créé par Cl. Croiza en 1924 sous la dir. de l'auteur. (Paris, Durand, 1924.)

Écrits en 1918 et publiés en 1920 avec une illustration de M. Denis, ces 15 sonnets puisent à la source du mystère médiéval. Telle une méditation sur le culte marial, ils relatent dans un style fleuri les grands moments de la vie de la Vierge. L'œuvre adopte la structure tripartite du texte : 1. *Miroir de joie* (prélude), *Annonciation*, *Visitation*, *Nativité*, *Présentation*, *Recouvrement* ; 2. *Miroir de peine* (prélude), *Agonie au jardin*, *Flagellation*, *Couronnement d'épines*, *Portement de croix*, *Crucifixion* ; 3. *Miroir de gloire* (prélude), *Résurrection*, *Ascension*, *Pentecôte*, *Assomption*, *Couronnement au ciel*.

Sur chacun des 5 premiers mystères, Caplet greffe quelques paroles latines tirées des complies et des vêpres, qu'il confie au chœur. Ce dernier conclut encore *Résurrection* et *Ascension* par de joyeux « alleluia » et « sanctus ». Ces voix de femmes, auxquelles Caplet n'assigne aucun rôle narratif, introduisent brièvement chaque poème en énonçant son titre, et se joignent épisodiquement à l'orchestre sous forme de vocalises articulées, afin d'en enrichir le timbre (*Miroir de joie* et *Miroir de gloire*). Véritables enluminures gothiques, ces petits tableaux liminaires sont l'une des plus belles réussites de l'œuvre, tant par leurs intentions décoratives qu'expressives.

La partition se présente comme une suite de morceaux indépendants. Sur les sonnets ne se calque aucune structure musicale classique, car le chant, pas plus que l'orchestre, ne définit de coupe uniforme. Seuls, l'accompagnement, qui suit étroitement le texte en le commentant dans un langage très figuraliste, et la segmentation de la partie vocale en fonction de la structure syntaxique et sémantique de la phrase délimitent, dans un discours continu, des séquences musicales distinctes. De manière semblable dans le prélude du *Miroir de peine*, les cordes à l'unisson déroulent une longue plainte chromatique sans aucune redite mélodique. En revanche, les autres pages instrumentales s'articulent sur un travail thématique plus élaboré, dont un canon (*Couronnement au ciel*) et un fugato (*Miroir de gloire*). La partie vocale, strictement syllabique, adopte une métrique souple. La courbe mélodique varie profondément suivant les besoins expressifs : plate dans les passages parlando (*Portement de croix*), élevée dans les passages lyriques (*Assomption*), heurtée et brisée dans les passages expressionnistes (*Flagellation*). Ainsi, à des fins figuratives, le dernier tableau adopte tour à tour la voix parlée, le « Sprechgesang » et la voix chantée. Souvent teintée de modalité grégorienne, la mélodie reste subordonnée à la rhétorique verticale. L'harmonie non fonctionnelle s'entend dans le cadre d'une tonalité élargie. Parfois constituée de structures complexes, d'agrégats, l'écriture est franchement atonale dans le *Miroir de peine*. C'est donc dans une symbolique de l'écriture qu'il faut chercher la raison de l'absence de toute altération accidentelle dans les préludes du *Miroir de gloire* et de *Couronnement au ciel*.

Dans cette œuvre majeure qui reste le testament musical de Caplet, s'unissent une sensibilité romantique et une attirance naturelle pour une esthétique française. Historiquement, *Le Miroir de Jésus* place son auteur parmi les artisans du renouveau de la musique religieuse à cette époque.

Bibliographie — Yves-Marc (pseudonyme de Y. Gouverné), A. Caplet, *in* Le Monde Musical XXXV/17-18, 1924 ; M. Brillant, A. Caplet, musicien mystique, *in* RM VI/9, 1925 ; Cl. Moreau, A la découverte d'A. Caplet (diss. Paris Cons., 1972), pp. 101-110 ; W. Spencer, The influence and stylistic heritage of A. Caplet (diss. Univ. of Southern California, 1974), pp. 283-291 ; Cl. Hautenauve, Les mélodies et le Miroir de Jésus (diss. Strasbourg, 1984).

Cl. Hautenauve

(La) Mise au tombeau, oratorio pour petit chœur mixte et quintette à vent (fl., htb., clar., basson et cor), faisant suite à → *La Passion* et précédant → *La Résurrection*, texte et musique de **Georges Migot**, composé pour le texte le 21 avr. 1943 et refait le 21 déc. 1948, pour la musique du 20 au 27 avr. 1949 (partition générale achevée le 26 mai 1949), dédié à Marc Honegger, créé à Paris, en l'église réformée du Foyer de l'Ame, le 31 mars 1950, par la chorale du Foyer de l'Ame et le Quintette à vent de l'Orchestre National, sous la dir. de M. Honegger. (Paris, SEDIM, 1991 ; durée : 19 min environ.)

Le rappel du récit évangélique sur la déposition de croix et l'ensevelissement dans le sépulcre neuf de Joseph d'Arimathée en fournit la trame ; cependant, elle est coupée non seulement des exclamations « Jésus, ô Jésus... » mais de citations de l'Ancien Testament où l'événement apparaît prophétisé : « Aucun de ses os ne sera rompu », précepte de l'Exode (chap. 12, verset 46) concernant l'Agneau pascal dont l'évangéliste saint Jean souligne lui-même l'accomplissement au Calvaire (chap. 19, versets 36-37) ; « Ils tourneront leurs regards vers celui qu'ils ont transpercé », que cite le même passage de saint Jean et qui, au chap. 12, verset 10 de la prophétie de Zacharie, se prolonge par ce verset que le livret a repris également comme étant bien de circonstance, « Ils pleureront sur lui comme on pleure sur un fils unique ». Beaux textes de lamentation auxquels le musicien devait conserver leur caractère douloureux, mais non sans les baigner d'espérance, car, faisant écho à de nombreux endroits des psaumes, un choral encadrant les mots de l'Exode nous le rappelle : « Le malheur atteint bien souvent le juste, mais l'Éternel l'en délivre toujours. »

La partition s'ouvre sur une page instrumentale assez brève, Funèbre, comme une marche hésitante et irréelle, dont la cellule initiale utilise intensément la ressource expressive du chromatisme et de l'indécision modale qu'engendre le balancement sur un même degré de la note altérée ou non, ainsi que les intervalles diminués qui en résultent.

Des membres de phrase dérivés présentent les mêmes éléments essentiels dans une autre disposition. Ce sont ces données thématiques qui vont se développer dans le premier chœur « Pour ne pas laisser corps sur croix... », mais le commentaire instrumental deviendra rythmiquement plus pressé, on pourrait dire plus oppressé, à l'approche des soldats qui viennent accomplir le brisement des jambes. Seulement, comme Jésus, le véritable Agneau pascal, doit être épargné et ses os demeurer intacts, le halètement s'apaise après les « ahan » qui rythment l'achèvement du supplice des larrons, et c'est seulement par l'intensité poignante du chromatisme que l'on sent l'angoisse de voir les bourreaux s'approcher du Maître déjà mort... Comme la volonté divine a retenu leurs coups, c'est un calme choral qui s'élève,

coupé par des rappels discrets du thème initial pour préparer la citation de l'Exode, chantée piano par les basses puis de façon affirmative par les sopranos. Le choral reprend alors, puis le récit du début avec un dérivé de son thème afin d'enchaîner avec la suite de la narration évangélique et le coup de lance qui, dans un impressionnant chœur a cappella, « Il en sortit du sang, de l'eau », rappelle l'ambiance chromatique du prélude. Quelques mesures instrumentales, pianissimo, préparent un second choral, d'une expression croissante, que souligne la progression des départs sur des degrés ascendants et dont le thème est plus tragique que le premier **A**. Le cor annonce enfin le dernier épisode, celui de l'ensevelissement. Il est commandé et traversé par un motif d'apparence secondaire puisqu'il ne mentionne qu'une circonstance de temps,

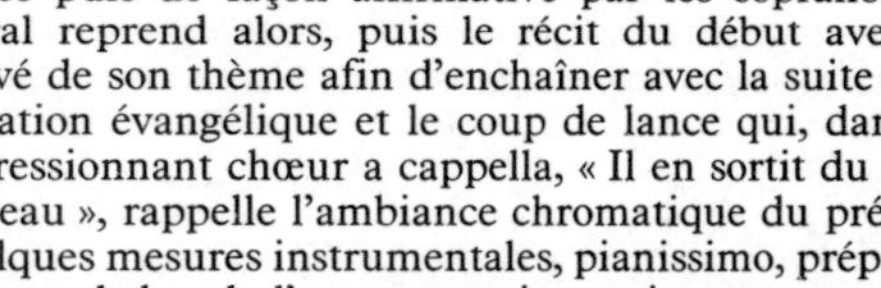

mais comme il rappelle l'atmosphère de la phrase initiale de la partition, son rôle significatif dépasse de beaucoup l'importance des paroles. C'est sous l'impression de cette mélodie et de ses transformations que va se

A (La) Mise au tombeau

dérouler l'histoire de la démarche de Joseph d'Arimathée auprès de Pilate, de la descente de croix exprimée par les basses, puis de la déposition dans le sépulcre pour laquelle intervient un chœur aux grands accords verticaux, d'une harmonie saisissante. Enfin, après la page calme où l'on voit assises les Marie, puis un bref rappel du premier choral, l'atmosphère se recrée sur une ultime variation du thème du prélude, et le chœur à bouche fermée nous laisse auprès du Mort divin, endormi dans son linceul, sous l'impression que traduisait le « Repose en paix » des grandes Passions classiques et qui ne perd rien de sa pieuse intensité à s'envelopper ici d'une suprême discrétion.

R. Aigrain

« Miserere... » (Aie pitié de moi, mon Dieu), motet à 5 voix en 3 parties de **Josquin des Prés**, sur le texte du Psaume 50 (51), édité dans le 3e livre des *Motetti de la corona* (Fossombrone, Petrucci, 1519).

Ce psaume, l'un des plus célèbres, serait selon la tradition la supplication du roi David en proie aux remords ; dans l'Église catholique, c'est l'un des sept psaumes de la pénitence. Josquin prend les trois premiers mots du premier verset pour en faire un refrain chanté entre les vingt versets, devenus autant de couplets. A cette structure dans le temps s'ajoute une structure polyphonique particulière : l'une des cinq voix, le « secundus tenor », ne chante qu'au moment du refrain en psalmodiant sur la même note avec une inflexion expressive sur l'avant-dernière syllabe du mot « Deus ».

Cette phrase, séparée par de longs silences, occupe toujours 6 mesures dans la 1re et la 3e partie, 3 mesures dans la 2e partie. Une fois de plus, Josquin conserve la tradition des « taleae », ces ostinatos rythmiques tant appréciés des deux siècles qui l'ont précédé. C'est enfin une structure tonale originale et forte que Josquin a conçue. Elle s'apparente au 4e ton grégorien et s'articule sur les notes *mi* et *la*. Cependant, Josquin va explorer d'autres tons d'une manière ingénieuse, très ordonnée, combattant ainsi le risque de monotonie inhérent à la forme choisie. Le « secundus tenor » qui a psalmodié le premier refrain sur *mi* donne le deuxième sur *ré* et ainsi de suite, descendant toute la gamme de *mi*. Dans la 2e partie, il la remonte. Dans la 3e partie, il la descend de *mi* à *la* ; de plus, des gammes descendantes de *do*, de *sol*, qui se répondent en imitation à toutes les voix, et, vers la fin, des montées escaladant l'ordre des quintes à partir de *sol*, *la*, *si*, *do* et *ré* seront comme une émanation plus rapide de ces trois gammes immensément lentes. Ce remarquable effort de structure reste le trait dominant de la pièce. L'aspect volontaire qui préside au déroulement de ce long texte contraste avec d'autres œuvres de Josquin. Mais le refrain « Miserere mei Deus » n'est pas toujours chanté en lourds accords par le tutti, son « recto tono » est parfois recouvert par des mélodies plus aimables. Quant aux versets, ce sont souvent des duos, mais ils connaissent aussi la plénitude des quatre voix en style de mélodie harmonisée comme dans « Ecce enim in iniquitatibus conceptus sum » (Voici que j'ai été conçu dans le péché).

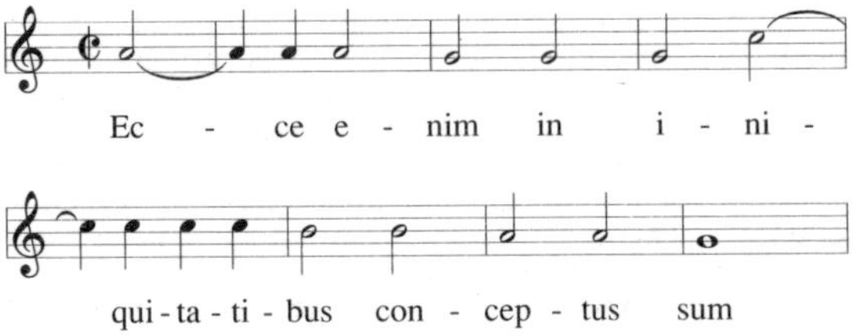

Plus loin, un carillon *sol-la-si* se fait entendre 7 fois de suite ; puis Josquin s'attarde à détailler les derniers versets de chaque partie. Pour commencer la 2e partie, il détache « Audi » (Écoute !) du verbe « Auditui » et le fait chanter par des appels isolés à distance de quinte, alternant sur *mi*, *la*, *mi*, *la*. La richesse d'invention est infinie.

Rééditions modernes — Par A. Smijers, *in* Werken van Josquin des Prés, 21e livr., Leipzig, Vereeniging voor Nederlandsche Muziekgeschiedenis, 1942.

Bibliographie — H. Osthoff, Josquin Desprez II, Tutzing 1965, pp. 119-122 ; J. Chailley, Josquin des Prés : Miserere, *in* Florilège d'analyses I, Paris, Leduc, 1984.

M. Brunerye

« Miserere », Psaume 50 (51) à 4/5 voix de **Gregorio Allegri**, composé en 1638, l'une des pièces les plus célèbres du répertoire des chœurs de la chapelle Sixtine. Le Psaume 50 était interprété en récitation psalmique durant les longs offices des Ténèbres des mercredi, jeudi et vendredi saints. A la fin de ces offices, ce psaume était repris de façon plus élaborée après qu'on eut éteint toutes les lumières de la chapelle Sixtine et que le pape et les cardinaux se furent agenouillés. L'exécution terminée, les cardinaux raclaient leurs souliers sur les dalles, illustrant par ce geste le chaos d'un monde d'où la lumière du Christ avait disparu.

Écrit en style de faux-bourdon, le *« Miserere »* d'Allegri est partagé entre deux chœurs qui alternent, l'un à 5 voix pour les versets impairs, 1, 5, 9, 13 et 17, l'autre à 4 voix pour les autres versets impairs, la première partie du verset final, le 21e, étant à 5 voix, la seconde à 9 voix. Les versets pairs étaient toujours chantés à l'unisson et en plain-chant sur le 1er, le 2e ou le 4e ton. Cette tradition remonte au *« Miserere »* de **C. Festa** (1517), précédé par celui de **Paridi Grassi** (1514) et suivi par ceux de **L. Dentice** (1533 ?), **Fr. Guerrero**, **G.M. Nanino**, **Sante Naldini** (1617), **Ruggiero Giovanelli**. Chaque année, à la fin de l'office des Ténèbres, le *« Miserere »* d'Allegri était interprété seul ou en alternance avec un autre *« Miserere »*. En 1680, **A. Scarlatti** proposa une nouvelle version, œuvre jugée « mineure » par rapport à ses autres compositions ; son *« Miserere »*, cependant, fut interprété en alternance avec celui d'**Anerio** (1601), le vendredi saint. En 1714, **T. Baj** composa une très belle version dépouillée qui s'inspirait largement de celle d'Allegri. A partir de cette date, les *« Miserere »* d'Allegri et de Baj éclipsèrent tous les autres ; les chœurs vinrent même à « mélanger » les deux versions : versets 1, 5... d'Allegri, versets 3, 7... de Baj (Paris, BN, Vm1 162). **G. Tartini** en 1768, puis **Pisani** en 1777 proposèrent chacun une autre mouture qui, en raison de sa faible qualité, fut vite délaissée. Enfin, sur ordre de Pie VII, **G. Baini**, le célèbre maître de chapelle pontifical, composa en 1821 une dernière version qui connut un grand succès. Désormais, il fut de tradition de ne retenir que les versions d'Allegri, de Baj et de Baini. Le *« Miserere »* d'Allegri fut interprété pour la dernière fois à la chapelle Sixtine en 1870, date à partir de laquelle il ne fut plus chanté qu'à de très rares occasions, les obsèques d'un cardinal, d'un pape ou quelque fête solennelle. L'histoire l'a enrichi de légendes et d'anecdotes, telle la menace d'excommunication pour quiconque aurait osé recopier cette œuvre. Dès le XVIIIe s. cependant, des copies autorisées par le pape étaient en circulation.

Au fil des années, le *« Miserere »* d'Allegri a bénéficié d'une profusion croissante d'« abbellimenti » qui apportent à ce chant écrit en faux-bourdon des figurations très variées et parfois complexes. Un tel développement est la conséquence de la liberté d'interprétation des chanteurs solistes très entraînés de la Chapelle papale qui, à l'occasion, en « rajoutaient » pour le plus grand émerveillement des auditeurs. Le *« Miserere »* d'Allegri, écrit en *fa* maj., était chanté dans des tonalités très différentes ; il pouvait être interprété jusqu'à concurrence d'une quarte supérieure. Cela permettait davantage de brillant et les notes aiguës atteignaient souvent le contre-*ut*. Signalons qu'Allegri composa un autre *« Miserere »* à 5 voix (Paris, BN, D 14624), première version probablement écrite en déc. 1629.

Rééditions — Par Fr. Haberl, Augsbourg, Böhm, 1936 ; éd. *in* Die Motette, n° 539, Stuttgart, Hänsler ; par Fr. Harquel, Lyon, Éd. A Cœur Joie, 1988.

Bibliographie — J. Amann, Allegris Miserere und die Aufführungspraxis in der Sixtina, Regensburg 1935.

Fr. Harquel

« Miserere », grand motet « à deux chœurs » de **Jean-Baptiste Lully** (LWV 25), sur le texte du Psaume 50 (51), pour petit chœur (S S H-C T et B soli), grand chœur à 5 voix (S H-C T Bar B), 2 parties de vl., 3 d'altos et b.c., composé en 1664 ou avant, édité dans ses *Motets à 2 chœurs pour la chapelle du roi.* (Paris, Chr. Ballard, 1684 ; durée : 22 min environ.)

A la date de 1664, le *« Miserere »* de Lully était écrit et Louis XIV l'admirait ; c'est ce qu'atteste l'un des valets de chambre de ce dernier, Marié Dubois, qui était également chanteur. Prié par le roi de citer le meilleur motet de l'époque de Louis XIII, Dubois proposa le *« Nonne Deo »* de N. Formé, à quoi le roi répondit ! « Il faut que vous entendiez le "*Miserere*" de Baptiste. » Après avoir écouté l'œuvre à Pâques fleuries, le 6 avril 1664, Dubois répondit au roi qui lui demandait son opinion : « Sire, la diversité du "*Miserere*" m'emporte. » Commentant la musique de Ténèbres, Robinet écrivait dans sa lettre du 2 mai 1666 : « Mais dessus tout fut admiré / Un excellent *« Miserere »* / Du sieur Lully nommé Baptiste. » Dans une lettre du 2 mai 1672, Mme de Sévigné rapporte : « Ce beau *« Miserere »* y était encore augmenté ; il y a eu un *« Libera »* où tous les yeux étaient pleins de larmes. Je ne crois point qu'il y ait une autre musique dans le ciel. »

Si la « diversité » — selon Dubois — des tempos et de l'écriture nous semble plutôt de l'agitation, il ne fait aucun doute que les contemporains de Lully virent dans ce « nouveau » style un changement radical par rapport à l'austère polyphonie courante à la Chapelle royale. Lully tira son inspiration des motets d'Henry Du Mont à qui sa réputation à l'église parisienne de Saint-Louis-des-Jésuites durant les vingt années écoulées avait valu l'un des postes de sous-maître de la Chapelle royale en 1663. Selon Le Cerf de La Viéville, Lully aurait déclaré, dans un rare hommage à un autre musicien : « Je l'aime, ce bon homme M. Dumont, il est naturel. »

Notre connaissance du style d'interprétation des motets de Lully est largement tributaire des copies manuscrites qu'en fit Sébastien de Brossard qui, du vivant de Lully peut-être ou au cours des années qui suivirent sa mort, y a inscrit de nombreuses indications de changement de tempo, heureusement reprises dans l'édition de 1931 du *« Miserere »* (Œuvres complètes). Bien que ce motet appartienne au type de composition continue courant chez Lully, le grande longueur de son texte appelait une diversité d'écriture sérieusement pensée, en particulier des ritournelles instrumentales à chaque changement important de tonalité. Bien que la musique ne soit pas faite de mouvements clos comme ceux que l'on rencontre dans les motets tardifs de M. R. Delalande, elle se divise cependant en 18 sections dont 8 font emploi de deux chœurs, 2 sont pour petit chœur, 4 sont des duos et 4 des récits de soliste. Ces 18 sections se répartissent en 5 groupes qui se succèdent selon une disposition symétrique des tonalités : *ut* min. (3), *sol* min. (4), *si* ♭ maj. (4), *sol* min. (2), *ut*. min. (5). Tous les mouvements sont en mesure à 4 ou 2 temps (C ou ¢) à l'exception du duo *« Redde mihi »* et du chœur bref *« Benigne fac »* qui sont à 3/2.

1. Le premier groupe de mouvements, en *ut* min., s'ouvre par une pièce impressionnante qui fait appel au tutti et où le même motif est employé dans l'introduction instrumentale et dans le *« Miserere mei »* pour chœur qui lui fait suite **A**. Petit chœur et grand chœur sont employés soit en alternance, soit ensemble, dans des sections contrastées en écriture imitative ou en homophonie. La haute-contre et le soprano se partagent la supplication *« Amplius lava me... »* (Lave-moi toujours plus de mon iniquité) dans un élan passionné auquel la basse et les chœurs répondent par *« Quoniam imitatem meam... »* (Car je connais mon iniquité), en style monu-

A « **Miserere** » de J.-B. Lully

mental. **2.** La deuxième section commence en *sol* min. par une ritournelle tressée par deux violons et b.c. ; elle introduit le petit chœur sur *« Tibi soli peccavi »* (Contre toi seul j'ai péché), auquel un vigoureux tutti sur *« Ut justificeris »* (Tu feras justice) fait bientôt contraste. Le dernier des cinq versets introductifs du psaume, qui tous insistent sur les iniquités du pécheur, est confié à un soprano solo dont la mélodie de caractère rhapsodique s'appuie sur une chaîne de retards et s'achève par un dernier trait désespéré. Le double chœur affirme alors *« Ecce enim veritatem... »* (Oui, tu aimes la vérité) et *« Incerta et occulta sapientiae tuae »* (La profondeur et les mystères de ta sagesse). Cette section s'achève par le verset célèbre *« Asperges me hyssope... »* (Aspergez-moi avec l'hysope [...] et je resplendirai plus que la neige), confié à un duo de ténor et de basse accompagné par deux violons et b.c., le moment le plus doux de toute l'œuvre. **3.** La tonalité et l'atmosphère changent brusquement avec une ritournelle en *si* ♭ maj. qui sert à introduire la première touche de félicité du psaume : après 16 mesures instrumentales, un duo de sopranos se développe en rythmes syncopés et avec des cascades de gammes *« Auditui meo dabis gaudium... »* (Fais entendre des paroles de joie et d'allégresse) **B**. Instante est la prière du double chœur qui suit, *« Averte faciem tuam... »* (Détourne ta face de mes péchés), rendue par une transition en *fa* min., mais la tonalité revient à *si* ♭ maj. pour exprimer l'atmosphère plus réfléchie de *« Cor mundum... »* (Crée en moi un cœur pur), chanté par le petit chœur. Ce groupe de versets s'achève comme il avait commencé, par la voix d'un soprano solo, exprimant cette fois-ci la prière passionnée *« Ne projicias me a facie tua »* (Ne me repousse pas loin de ta face). **4.** Le groupe suivant commence, à l'image du précédent, par l'évocation de la joie : *« Redde mihi... »* (Rends-moi la joie de ton salut), et de nouveau c'est le duo de sopranos qui est appelé à l'exprimer, bien que la tonalité ait fait retour à *sol* mineur. Mais par une heureuse inspiration, Lully emploie la ritournelle instrumentale de façon plus conforme à son usage italien, en fournissant, au lieu d'une introduction, quatre interludes entre les phrases vocales, faisant de ce mouvement le plus étendu de ceux qui sont consacrés aux voix solistes (plus de 50 mesures). Le *« Docebo iniquos... »* (J'enseignerai tes voies aux pécheurs) qui suit est de tout le motet la pièce chorale la plus adroite, avec des dispositions variées qui se succèdent habilement, le mal (des doubles croches pressées) se transformant par conversion (une majestueuse cadence pour double chœur). **5.** On ne peut s'empêcher de se demander si la version du *« Libera me... »* (Délivre-moi des crimes) qui nous est parvenue est celle que Mme de Sévigné entendit lors de l'exécution « augmentée » du *« Miserere »* en 1672, car il ne comporte que 16 mesures. Quoi qu'il en soit, l'écriture pour basse solo et deux violons rend le texte avec noblesse **C**. Cette dernière section du psaume se poursuit par la déclaration *« Domine, labia me... »* (Seigneur, ouvre mes lèvres et ma bouche publiera ta louange), confiée au ténor et menant au double chœur *« Quoniam si voluisses... »* (Car si tu avais voulu un sacrifice). Celui-ci obéit au modèle courant de l'antiphonie qui précède une conclusion en tutti. Le verset célèbre *« Sacrificium Deo... »* (Mon sacrifice à Dieu, c'est mon esprit tourmenté) est écrit pour un quatuor de solistes (S H-C T B), le mot « sacrificium » correspondant à des retards soutenus menant à une conclusion apaisée sur « cor contritum et humilitatum » (un cœur contrit et humble). L'œuvre s'achève par le tutti le plus important du motet, toutes les ressources vocales et instrumentales se conjuguant pour décrire le sacrifice de justice, les oblations et les holocaustes (« sacrificium justitiae... »).

Rééditions modernes — Par H. Prunières, *in*, J. B. Lully. Œuvres complètes I, Paris, Éd. de la Revue Musicale, 1931, rééd. en facs. New York, Broude, 1971 (avec préface par F. Raugel).

Bibliographie — L. A. Dubois, Fragments des Mémoires inédits de [Marié] Dubois [1599-v.1674], gentilhomme servant du Roi..., *in* Revue d'érudition : Bibliothèque de l'École des chartes, 2e série, vol. IV, sept. 1847 ; M. de Sévigné, Correspondance, éd. par R. Duchêne, Paris 1972, vol. I, p. 504 ; J.-B. Dubos, Réflexions critiques sur la poésie et la peinture, Paris 1770, vol. III, p. 33 ; J. H. Heyer, The Sources of Lully's grands motets, *in* Essays in Honor of J. R. Anthony, éd. par J. H. Heyer, Cambridge, CUP, 1989 ; L. Sawkins, Lully's Motets : Source, Edition and Performance, *in* J. de La Gorce et H. Schneider (éd.), J.-B. Lully. Actes du Colloque 1987, Laaber, Laaber Verlag, 1991.

L. Sawkins

« Miserere », motet à voix seule de **Michel-Richard Delalande** (S 120), sur le texte du Psaume 50 (51), pour sop. (et chœur de sop.) et b.continue (Durée : 23 min environ.) Selon Philidor l'Aîné, ce motet figurait parmi ceux « qui ont été faits pour les Dames de l'Assomption et chantés par Mesdemoiselles De la Lande à l'admiration de tout Paris » (Avignon, Bibl. Ceccano, Ms. 1201, 1729). Comme les deux filles du compositeur moururent de la variole en 1711, ce motet ainsi que 9 *Leçons* pour la semaine sainte et d'autres motets de solistes doivent tous avoir été écrits avant cette date. La plus ancienne source connue du *« Miserere » à voix seule* se trouve dans un recueil de la bibl. municipale de Besançon (Ms. 279 146), qui contient également des motets de Campra publiés pour la première fois en 1706, si bien que le *« Miserere »* date probablement de la première décennie du siècle. Il a été gravé et publié en 1730 dans une version révisée et son succès fut tel qu'il était toujours en vente en 1784, presque soixante ans après la mort du compositeur.

Entre les 9 mouvements composés pour voix soliste, « les religieuses chantent alternativement un verset sur le plain-chant », assurant ainsi un contraste dans la mise en musique de ce psaume relativement long. Trois des mouvements proviennent du grand motet de Delalande composé sur le texte complet en 1687 et révisé vers 1720. Deux d'entre eux étaient assez admirés pour qu'Alexandre Tannevot les cite dans son *Discours* servant de préface à l'édition gravée des motets de Delalande (1729-32) : « Qui ne se sent ému lorsqu'il entend le *« Sacrificium Deo »* [...], l'*« Amplius lava me »* ? »

Le premier récit est assez différent de celui du grand motet antérieur du compositeur. Frappant dans sa simplicité, il se fait en même temps l'écho de l'introduction de l'œuvre similaire de Lully, datée de 1664 (dans la même tonalité d'*ut* mineur) **A**. Bien que le manuscrit de Besançon comporte plusieurs versions de « plain-chant musical » pour les différents versets chantés en alternance (il en inclut également une pour le *« Gloria Patri »*), l'édition gravée de 1730 n'indique en revanche qu'un plain-chant destiné à être employé pour tous ces versets (il omet le *« Gloria Patri »*). L'*« Amplius lava me »* (Lave-moi de toute malice) met en musique les versets 3 et 4 du psaume dans une mesure ternaire, finissant comme il commence par le début du verset 3 qui dépeint Affectueusement la supplication du texte. Un manuscrit contemporain du grand motet (Paris, BN, H. 387) donne

B « MISERERE » DE J.-B. LULLY

C « MISERERE » DE J.-B. LULLY

A « MISERERE » DE M.-R. DELALANDE

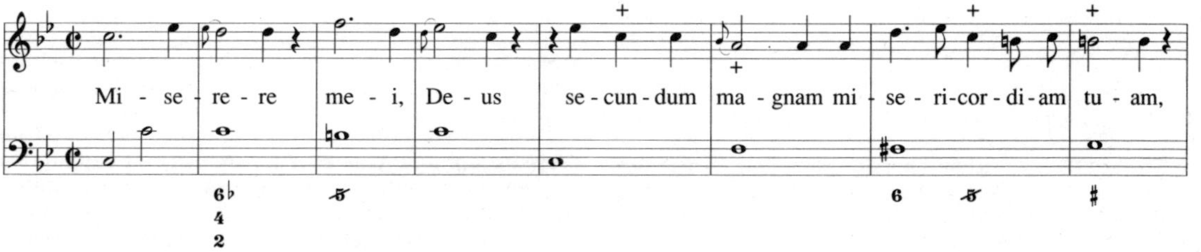

des durées pour les récits de cette œuvre, prouvant que des textes aussi poignants et expressifs étaient chantés dans un tempo plus lent qu'on serait tenté de le croire aujourd'hui, pour *« Amplius lava me »* ♩= 92 (Choquel, en 1756, suggérait un tempo encore plus lent de ♩= 76). Emprunté au grand motet, le second récit traite les versets 8 et 9, *« Asperges me hyssopo »* (Purifie-moi avec l'hysope). Bien qu'il commence Gracieusement en mesure ternaire, un contraste marqué se produit naturellement sur « auditui meo dabis gaudium et laetitia » (rends-moi le son de la joie et de la fête). Dans cette deuxième section, le compositeur fait également emploi d'une mesure ternaire sur « auditui meo », en *sol* min., mais en faisant passer l'idée centrale en *si* ♭ maj. sur « ossa humiliata » (les os que tu humilies), avant le « da capo ». Présupposant une probable relation de tempo entre la première et la seconde section de ce mouvement, la durée donnée par le Ms. H. 387 suggère un mouvement métronomique de ♩= 60 dans la première section et de 𝅗𝅥 = 60 pour les passages Légèrement de la deuxième section, avec un mouvement un peu plus lent pour les passages Modéré. Parmi les mouvements suivants, l'un des plus expressifs est celui qui met en musique les versets 15 et 16, *« Libera me... »* (Affranchis-moi du sang), où le récitatif mesuré est employé, en même temps que plusieurs modifications de tempo, pour refléter les changements de caractère du texte. Commençant avec un motif suppliant, la ligne mélodique passe à Plus animé sur « et exultabit lingua mea » (et ma langue exaltera ta justice) B, mais revient à un mouvement plus mesuré lorsqu'il fait allusion à la justice intimidante du Seigneur, « justitiae tuam... » (ma langue acclamera ta justice). On retrouve un récitatif suppliant sur « Domine labia mea aperies » (Seigneur, ouvre mes lèvres) et pour finir un air orné, Léger et gracieux, sur « et os meum annuntiabit laudem tuam » (et ma bouche publiera ta louange). Le manuscrit de Besançon permet de constater que, dans la version du motet à voix seule, *« Sacrificium Deo spiritus contribulatus »* (Mon sacrifice, c'est un esprit brisé) dérive du grand motet antérieur, mais qu'il parvient à un stade plus développé et plus orné dans le grand et le petit motet tardifs, tels qu'on les rencontre dans l'édition gravée. De nouveau, le récitatif mesuré est utilisé pour ce texte fameux, dont l'esprit de contrition est accusé par des retards harmoniques et la répétition du mot « non ». Le Ms. H. 387 indique une durée de plus de trois minutes pour ce récit, équivalente à ♩= 64. L'œuvre s'achève sur l'air le plus long, *« Tunc acceptabis sacrificium justitiae »* (Alors tu te plairas aux justes sacrifices), dont le caractère cérémonial est rendu par des figurations rythmiques animées, semblables à celles par lesquelles commence la basse continue, immédiatement imitée par la voix. Le mouvement passe par plusieurs tonalités apparentées et se caractérise par des mélismes vocaux progressant en durée à chaque nouvelle mention de « altare tuam » (ton autel) C.

Bibliographie — L. Sawkins, Performance Practice in the grands motets of M.-R. de Lalande as determined by 18th cent. timings, *in* Actes du Colloque sur le grand motet français, éd. par J. Mongrédien et Y. Ferraton, Paris, Presses de l'Univ. de Paris-Sorbonne, 1986 ; voir aussi la bibliogr. de l'art. *« Cantate Domino »* de M.-R. Delalande.

L. Sawkins

« Miserere », d'**Ernst Theodor Amadeus Hoffmann**, pour sop., alto, ténor et basse soli, chœur à 4 voix et orchestre, sur le texte du Psaume 50 (51), composé à Bamberg avant le 18 mars 1809, à peu près à égale distance de deux de ses écrits théoriques les plus importants : les réflexions sur l'écriture pour chœur (1803) et l'important essai *Alte und neue Kirchenmusik* (Ancienne et nouvelle musique d'église, 1814). L'œuvre est dédiée au prince régnant de Wurtzbourg, l'archiduc Ferdinand d'Autriche, excellent musicien, quasi professionnel. Cette partition est une œuvre essentiellement chorale : trois seulement de ses 12 mouvements sont des arias pour solistes. En revanche, le quatuor soliste intervient souvent dans les séquences chorales ; deux fois, il s'agrandit en quintette (S S A T B) ; les voix des sopranos sont souvent divisées, référence explicite à certaines traditions d'écriture dans la musique liturgique.

L'unité de l'œuvre est clairement affirmée par la reprise du thème du 1er mouvement dans la fugue finale ; pour Hoffmann, la fugue n'est pas encore cet exercice d'école qu'elle sera trop souvent pour les compositeurs romantiques : il demeure proche du contrepoint expressif de Mozart. L'harmonie toujours très personnelle du compositeur de l'opéra → *Undine* s'impose dans le *« Miserere »*, mais Hoffmann exploite aussi les possibilités des modes ecclésiastiques, témoin la séquence nettement phrygienne sur les mots « mater mea ».

Hoffmann n'a pas composé tout le texte du Psaume 50 dans la version latine de la Vulgate ; ses coupures s'expliquent par le souci de créer un ensemble cohérent d'une grande force expressive. Sa prosodie latine est exemplaire, la diction si parfaite qu'elle semble exprimer les moindres nuances du texte, même lorsqu'il le traite en accords homophones confiés au tutti du chœur. Le sens des timbres instrumentaux est neuf et romantique, p. ex. au début de l'*« Asperges me »* dans lequel les vents et les timbales se superposent avec éclat au chœur des cordes dans le registre grave.

La lecture des réflexions théoriques d'E. T. A. Hoffmann sur la musique d'église pourrait faire croire à un sectateur des idées du professeur Thibaut de Heidelberg ; celui-ci publiera quelques années après la mort de Hoffmann un traité « cécilien » sur la « pureté » de la musique d'église, utopie romantique qui fut desséchante pour les compositeurs. En fait, la position du compositeur Hoffmann, telle qu'elle apparaît dans cette œuvre, est infiniment plus complexe. Il s'intéresse à tout ce que la tradition a pu apporter, p. ex. aux compositions des grands Vénitiens des XVIIe et XVIIIe s., mais à travers le renouvellement qu'y puisèrent les Haydn et Mozart et afin d'y trouver lui-même des éléments de renouveau pour la musique d'église. Cette unité nouvelle, proche de la *Messe en ut* de Beethoven qu'il admirait, n'était encore qu'esquissée dans sa *Messe* en *ré* min. écrite quelques années plus tôt ; dans le *« Miserere »*, elle est réalisée. Comme il avait écrit avec *Undine* le premier opéra romantique, Hoffmann a écrit avec son *« Miserere »* la première grande partition religieuse romantique.

Éditions modernes — Par W. Radeke, Wiesbaden, Br. & H., (matériel de location).

Bibliographie — P. Greef, E. T. A. Hoffmann, Cologne 1948 ; H. Ehinger, E. T. A. Hoffmann, Olten 1954 ; Br. Hebert et A. Montandon (éd.), E. T. A. Hoffmann. Écrits sur la musique, Lausanne, L'Age d'Homme, 1987.

C. de Nys

« Miserere », d'**Arvo Pärt**, sur le texte du Psaume 50 (51), pour sop., alto, 2 ténors et basse soli, chœur mixte, htb., basson, clar. basse, trp., trb., 2 guitares électriques, percussion et orgue, composé en Finlande, à Etrepany

(France) et à Berlin en 1988-89, créé à l'abbaye Saint-Georges de Saint-Martin-de-Boscherville, le 17 juin 1989, avec Sarah Leonard, David James, Rogers Covey-Crump, Mark Padmore, Michael George, The Western Wind Choir et the Hilliard Ensemble, sous la dir. de Paul Hillier. (Vienne, UE ; durée : 28 min environ.)

Conçu à la fois comme une prière et une déploration, ce *« Miserere »*, haché par le silence, exige des voix étendues : soprano allant jusqu'au contre-*ut*, basse parcourant plus de deux octaves, du *mi* ♭ grave (initialement : *ut*) au *sol* aigu. Par rapport à ses compositions précédentes (→ *Summa*, → *Passio*), A. Pärt joue davantage sur les contrastes et l'espace sonore (première entrée du chœur), sur des rencontres de notes plus crues, sur une orchestration fascinante, sans instruments à cordes : quintette à vent, cloches, roulement de timbales, fonds et mixtures de l'orgue, discrètes interventions des guitares électriques. Un travail d'enlumineur virtuose, comme une bible médiévale ouverte sur les pages de la pénitence et de la contrition.

CHR. GOUBAULT

MISERERE DES JÉSUITES, motet de **Marc-Antoine Charpentier** (H 193), sur le texte latin du Psaume 50 (51), pour solistes, chœur à 6 voix, 2 fl. et 5 parties de cordes. L'examen des sources montre que ce *« Miserere »* — l'un des 4 composés par Charpentier — a connu deux états successifs. La version primitive, qui remonte aux environs de 1685, porte le titre *Psalmus David Quinquagesimus* et ne requiert que le chœur et deux instruments non précisés. Elle était destinée à la chapelle de l'hôtel de Guise. La version révisée date du début des années 1690 et a été conçue, selon toute vraisemblance, pour l'un des concerts publics organisés par les jésuites en leur église de la rue Saint-Antoine, avec le concours de chanteurs d'opéra. Le titre *Miserere des Jésuites* a alors été ajouté, et l'instrumentation s'est amplifiée aux dimensions d'un ensemble complet de cordes avec deux flûtes, outre quelques changements dans les dispositions vocales. (Durée : 25 min environ.)

Les 21 versets du psaume sont répartis musicalement en 19 sections souvent enchaînées et de longueur variable, avec alternance régulière de parties chorales et solistes. Après un prélude orchestral, les 18 sections vocales se partagent en 8 chœurs, 6 airs, 2 duos, un trio et un quatuor, ce dernier type étant rarement employé par Charpentier. Les chœurs sont doublés par tout l'effectif instrumental, tandis que l'accompagnement des sections confiées aux solistes se limite à deux instruments (fl. ou vl.) avec la basse continue qui peut aussi être seule.

Ce motet, expression remarquable du mysticisme musical propre à Charpentier, traduit avec beaucoup d'intensité et de profondeur les deux sentiments entre lesquels oscille le texte biblique. C'est d'abord la contrition qui domine, notamment dans les trois premiers numéros (prélude, air de basse et chœur) bâtis sur un matériau thématique commun. Ce matériau est constitué de deux éléments, d'abord exposés successivement (prélude) puis superposés, qui illustrent la dualité stylistique typique du compositeur, l'un étant de style français et l'autre — avec ses croches répétées — de style italien A. A la conscience douloureuse du péché fait pendant l'espoir dans le pardon divin, lequel se fait jour, après les chromatismes dissonants du verset 7 (« Ecce enim », le péché), dans la légèreté du verset 10 (« Auditui meo », trio fugué de style italien), puis surtout dans la seconde subdivision du verset 11 (« Averte faciem », chœur au rythme joyeux). Même contraste plus loin, au sein du verset 16, entre la supplication de la basse solo (« Libera me ») et l'exultation du chœur (« Et exultavit », fugato serré à 6 voix, de style italien).

Sous l'angle de l'écriture, il faut admirer autant la richesse de l'harmonie que la science du contrepoint, l'un et l'autre étant mis au service du texte. Les chœurs, en particulier, présentent une grande variété : les 6 voix

B « MISERERE » DE M.-R. DELALANDE

C « MISERERE » DE M.-R. DELALANDE

A Miserere des Jésuites

peuvent soit se rassembler en une puissante homophonie (verset 11 : « Averte faciem ») ou, plus souvent, en une dense polyphonie, soit se partager en 2 demi-chœurs de 3 voix aiguës et 3 voix graves, plus simplement traités ; les morceaux fugués les plus développés sont construits sur plusieurs sujets successifs (notamment le puissant chœur final, verset 19 : « Tunc acceptabis »). Tout au long de l'œuvre l'influence italienne se révèle très présente, dans la rigueur contrapuntique des chœurs comme dans les airs de solistes où l'on note l'emploi du « motto », procédé consistant à exposer d'abord seul un motif caractéristique avant de le reprendre avec la suite de la phrase qu'il introduit.

Sources — Paris, BN, Rés. Vm^1 259, cahier [43b], vol. VII, f°. 1-18 ; copie de S. de Brossard, BN, Vm^1 1269.

Éditions modernes — Par R. Blanchard, Paris, CNRS, 1984.

Bibliographie — H. W. Hitchcock, L'œuvre de M.-A. Charpentier, Paris, Picard, 1982, n° 193, p. 192 ; R. Blanchard, préface à l'édition moderne (voir ci-dessus) ; C. Cessac, Le « Miserere des Jésuites » de M.-A. Charpentier, *in* L'Éducation Musicale, n° 346, mars 1988 ; de la même, M.-A. Charpentier, Paris, Fayard, 1989.

J. Viret

« Misericorde au povre vicieux », Psaume 51 du → Psautier huguenot, traduction en vers français de Clément Marot, mélodie probablement de **Loÿs Bourgeois** (*Octante trois Pseaumes...*, Genève 1551), qui sera aussi appliquée par la suite (*Pseaumes de David...*, Genève 1562) au Ps. 69 (*« Helas, Seigneur, je te pri' sauve moy »*). Cette mélodie est surtout remarquable par la couleur particulière que lui confère le mode de *mi* et qui exprime admirablement les sentiments de contrition et d'humilité imprégnant ces deux psaumes. La courbe oscille entre les pôles mélodiques de *mi*, *la* et *do* grave, respectivement finale, teneur et terme inférieur du mode grégorien de *mi* plagal, tout en montant jusqu'au *do* aigu propre à l'authente de ce même mode. La strophe se compose de 8 vers décasyllabes dont la mélodie (composée de manière continue) souligne rythmiquement la césure après la 4e syllabe de chaque vers.

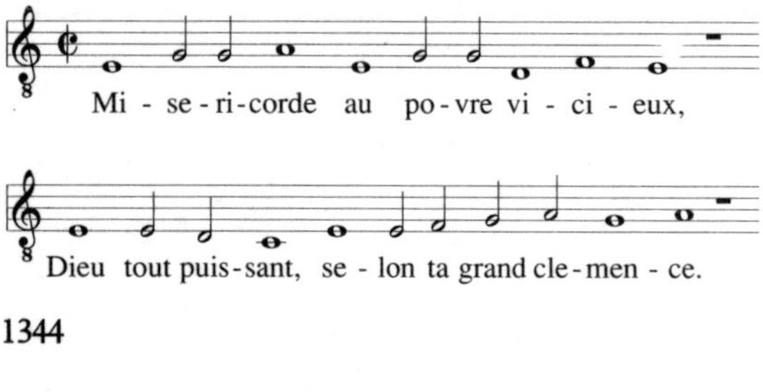

Le Ps. 51 a été harmonisé (en style note contre note, ou contrapuntique) notamment à 4 voix par **Cl. Goudimel** (→ *Les Cent Cinquante Pseaumes de David...*, 1564-1565 et 1568), à 5 voix par **P. de L'Estocart** (*CL Pseaumes de David...*, 1583, même musique pour les 2 ps.), à 6 voix par **J. P. Sweelinck** (*Livre troisième des Pseaumes de David...*, 1604) et à 3 voix par **Cl. Le Jeune** (2e Livre des *Pseaumes à trois parties*, 1608 ; version différente des 2 ps.). Il a été également cité par A. Honegger dans son oratorio → *Le Roi David* (1921, n° 20) et paraphrasé pour chœur et orchestre par **R. Vuataz** (*Cantate de Psaumes*, 1954), **Fr. Martin** (→ *Pseaumes de Genève*, 1959) et pour orgue par **H. Gagnebin** (*Pièces pour orgue sur les Psaumes huguenots*, V).

J. Viret

« Misericordias Domini », (Je chanterai éternellement la miséricorde du Seigneur), grand motet d'**Antoine Blanchard**, maître de chapelle à Versailles sous le règne de Louis XV, écrit en 1762 pour dessus, haute-contre, basse taille, chœur à 5 voix, 2 fl., 2 htb., basson, 2 cors, cordes et basse continue. Officiellement destiné à la Chapelle royale, il fut exécuté pour les fêtes de la Transfiguration ou de la Nativité quand la liturgie proposait le chant du Psaume 88, mais c'est au Concert Spirituel, à Paris, qu'il connut le succès. Sans doute à cause de sa longueur (52 versets) et de sa diversité expressive, le psaume *« Misericordias Domini »* n'a presque jamais été mis en musique ; le motet de Blanchard est le seul connu de ce psaume. Restitué par B. Lespinard, il a été recréé en concert lors du Colloque international sur le grand motet français en juil. 1984 à Paris. (Durée : 21 min. environ.)

Le musicien s'est limité à la 1re partie du texte biblique, plus lyrique et plus riche d'images, en ne traitant que 7 des 12 premiers versets regroupés en 5 numéros. Fidèle à la tradition du motet versaillais, la structure fait alterner récits et chœurs : **1.** récit de dessus, *« Misericordias Domini... »*, Tendrement sans lenteur, *fa* min. ; **2.** Chœur, *« Confitebuntur coeli... »* (Les cieux rendent grâce pour tes merveilles), Allegro, *fa* maj. ; **3.** récit de basse taille, *« Quoniam quis in nubibus... »* (Qui donc dans les nues se compare au Seigneur), Majestueusement, *si* ♭ maj. ; **4.** récit de dessus, *« Tu humiliasti... »* (Par la force de ton bras, tu as dispersé tes ennemis), Andante, *fa* min. ; **5.** Chœur, *« Tua est terra... »* (A toi le ciel et la terre [...] l'aquilon et la mer, c'est toi qui les créas), Presto, *fa* majeur.

L'intérêt de l'œuvre réside principalement dans l'usage tendrement expressif du ton de *fa* min. dans le récit initial, dans la simplicité mélodique et dansante du n° 2, dans le traitement très descriptif de l'orchestre sur « aquilonem et mare tu creasti » (n° 5) sans oublier la présence des cors dont l'usage commençait alors à se répandre dans les symphonies et qui apportent une note de puissance chaleureuse au récit n° 5. Signe de modernité, l'organisation tonale autour de la sous-dominante (*fa*, *si* ♭), cette relation tonale étant déjà fréquente dans les premières symphonies parisiennes. Empruntant certains traits à la symphonie naissante, Blanchard réalise ici une synthèse du style versaillais et du style galant en vigueur à Paris vers 1760. Tout en restant fidèle au goût de sa génération pour l'imitation, sa musique recherche l'émotion et le plaisir des fidèles et semble ouvrir des voies nouvelles pour le grand motet.

Bibliographie — B. Lespinard, Contribution à l'histoire du grand motet français sous le règne de Louis XV. La vie et l'œuvre d'A. Blanchard (diss. Univ. de Paris IV, 1977) ; de la même, Aspects du grand motet dans les années 1760-1770, *in* Actes du colloque sur le grand motet français, 1663-1792, éd. par J. Mongrédien et Y. Ferraton, Paris, Presses de l'Univ. de Paris-Sorbonne, 1986.

B. Lespinard

Missa « ad fugam », messe canonique à 4 voix, l'une des plus anciennes de **Josquin des Prés**, vraisemblablement antérieure à 1486. Copiée dans un livre de chœur conservé à la Bibl. vaticane (Cappella Sistina, Ms. 49), elle a fait partie du répertoire de la chapelle papale sous le pontificat de Jules II (1503-1513). Elle figure également avec d'importantes variantes dans un manuscrit provenant de la chapelle du prince électeur de Saxe, Frédéric le Sage, conservé à la bibl. de l'Université d'Iéna (Cod. mus. 31). O. Petrucci l'a imprimée pour la première fois dans son *Missarum Josquin liber tertius* (Venise 1514, plus. rééd. jusqu'en 1526) et **D. Pisador** l'a transcrite pour vihuela dans son *Libro de musica de vihuela* (1552).

Comme son titre l'indique, elle utilise la technique du canon (« fuga ») comme principe structurel. Exception faite du *Benedictus*, écrit à 3 voix sans ténor, elle est constituée par une série ininterrompue de canons à la quinte entre le supérius et le ténor. Rattachée ainsi que la → *Missa « sine nomine »*, plus tardive, à un type de construction que J. Ockeghem avait illustré avec sa → *Missa prolationum*, elle constitue un jalon important dans le développement du style imitatif ; en plusieurs endroits, l'alto enrichit la structure canonique par de brèves imitations, tandis que la basse n'y participe que très exceptionnellement (*Credo*, « Genitum, non factum »), sauf dans les variantes du manuscrit d'Iéna. Les 8 mesures du « Kyrie » I se retrouvent sans changement en tête du *Gloria*, du *Credo*, du *Sanctus* et de l'*Agnus Dei*, jouant ainsi le rôle de motif de tête. L'œuvre tout entière est écrite en *sol* dorien, chaque pièce commençant et finissant sur *sol*, à l'exception de l'« Agnus Dei » II qui finit sur *do*. Des passages à deux voix relativement étendus entre les voix libres, altus et bassus, viennent parfois distendre la trame canonique (*Gloria*, *Credo*). Seules trois pièces sont écrites à 3 voix, le « Pleni sunt », le *Benedictus* (ce dernier sans canon car sans ténor) et l'« Agnus Dei » II. L'invention mélodique reste fluide et n'est que rarement allégée par une construction en séquences (*Sanctus*, mes. 24-34). Des cadences de type archaïque se rencontrent qui attestent l'ancienneté de l'œuvre (cadence avec échappée dans l'« Et incarnatus » ; cadence avec saut d'octave du bassus aux mes. 28 et 29 du *Benedictus*). Des fins recueillies, prolongées par des codas « poétiques », sans commune mesure avec des formules cadentielles stéréotypées (fin des deux parties du *Gloria* ; fin du *Credo*), accentuent l'impression de gravité et de sérénité mystique qui se dégage de l'œuvre.

Rééditions modernes — Par A. Smijers, *in* Werken van Josquin des Prez, 28e livr., Amsterdam, Alsbach, 1951.

Bibliographie — H. Osthoff, Josquin Desprez I, Tutzing 1962, pp. 115-118.

M. Honegger

Missa « ad fugam » à 4 voix, de **Giovanni Pierluigi da Palestrina**, parue à Rome en 1567 dans son deuxième livre de messes, *I.P. A. Praenestini Missarum, liber secundus*, réédité à Venise en 1598 et à Rome en 1600. (Durée : 15 min environ.)

Le titre de cette messe, emprunté à Josquin des Prés, se réfère à l'emploi du canon (en terminologie latine de l'époque « fuga »), plus systématique et rigoureux ici que dans aucune autre messe de Palestrina. De fait, l'œuvre presque entière superpose deux canons distincts, l'un entre les deux voix aiguës, l'autre entre les deux voix graves. Et la relation contrapuntique des voix est uniforme : partout — et dans chacun des canons — la voix inférieure entre la première, la voix supérieure suivant à intervalle de quarte et à distance d'une semi-brève (ronde en ¢). Seuls échappent à cette ordonnance le « Pleni sunt » et le « Benedictus » du *Sanctus*, où les voix sont réduites à trois par suppression de la basse et évoluent en canon unique selon la formule « Trinitas in unitate » (Trinité dans l'unité : indication d'un canon à 3 voix et allusion au dogme trinitaire) ; d'autre part, dans l'*Agnus Dei*, le deuxième « Agnus » introduit une 5e voix (alto II) se joignant au canon des deux voix aiguës, avec pour celles-ci la même inscription « Trinitas in unitate ». Cette structure intégralement canonique a permis, dans l'édition originale, de n'imprimer que les parties de soprano et de basse, les deux autres étant en effet la reproduction exacte de celles-ci.

Cette messe, véritable tour de force contrapuntique, représente l'expérience la plus poussée que Palestrina ait tentée quant à la technique d'écriture. Si dans certaines messes il recourt de manière constante au procédé du canon (*Messe « Ad coenam Agni providi »*, *Messe « Repleatur os meum »*, etc.), les parties libres se mêlent alors aux parties canoniques, tandis qu'ici il n'y a pas une seule note qui n'appartienne à un canon. Aussi n'est-il pas impossible d'assigner à la *Missa « ad fugam »* une intention plus spéculative ou didactique que réellement liturgique, ce qui la rapprocherait, p. ex., de *L'Art de la fugue* de J. S. Bach. De plus, tout comme dans cette dernière œuvre, chez le maître italien l'artifice contrapuntique ne se décèle guère à l'audition, tant demeurent légère et souple la trame polyphonique et naturelle la conduite mélodique de chaque voix. Toutefois, le parti pris canonique va de pair avec l'absence quasi totale d'intention expressive ; notons cependant, à cet égard, la ligne ascendante qui, dans le *Credo*, accompagne les mots « Et ascendit in coelum » (Et il monta au ciel). Il exclut même, par définition, le mélange ou l'alternance d'homophonie et de polyphonie dont le style palestrinien tire ordinairement d'heureux effets : c'est ici le triomphe de la pure linéarité. Au point de vue thématique, le *Kyrie*, le *Sanctus* et l'*Agnus Dei* sont reliés entre eux par un thème commun (a), auquel s'adjoint une figure complémentaire (b) que l'on retrouve dans toutes les sections.

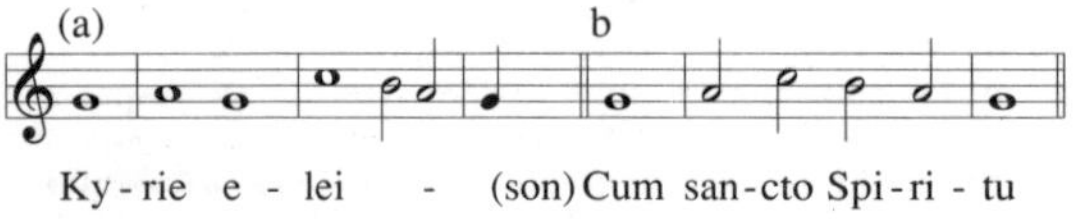

Ces éléments sont empruntés l'un et l'autre aux formules du mode grégorien de *sol* plagal, et le second sera textuellement repris par J. S. Bach dans la fugue en *mi* maj. du *Clavier bien tempéré* (IIe Livre), où se décèle l'influence palestrinienne. Il est à noter que les deux canons développent souvent simultanément les mêmes matériaux mélodiques et tendent ainsi à se fondre en une trame polyphonique homogène.

Rééditions modernes — Par Fr. X. Haberl, *in* Pierluigi da Palestrinas Werke XI, Leipzig, Br. & H., 1881 ; par R. Casimiri, *in* G.P. da Palestrina. Le opere complete, Rome, 1939 et suiv., vol. I.

J. Viret

Missa « ad placitum », messe de **Claude Le Jeune**, publiée à Paris, chez Pierre Ballard, en 1607. L'ordinaire de la messe est traité intégralement en utilisant toutes les formations chorales possibles, allant du duo à un ensemble de 7 voix mixtes. Le *Kyrie* est à 5 voix (on remarquera le contrepoint renversé au début du 3e « Kyrie ») ; le *Gloria*, également à 5 voix, contient une section (« Domine Deus ») en trio pour voix élevées. Le *Credo* est à 6 voix avec une section (« Crucifixus ») en trio pour voix d'hommes et une section (« Et iterum venturus ») pour 4 voix d'hommes. Au début du *Credo*, deux chœurs à 4 voix se répondent, voix basses contrastant avec les voix élevées à la manière de Josquin des Prés. Le *Sanctus* est à 5 voix : le « Pleni sunt » est traité en duo, et le *Benedictus* est à 4 voix. L'*Agnus Dei* est en deux sections seulement : la première à 6 voix, la seconde est une « fuga in diapente » (canon à la quinte) à 7 voix.

Le contrepoint d'imitation domine dans l'écriture de cette messe. Cependant, certains passages (p. ex. « Et incarnatus est » du *Credo*) sont traités en contrepoint note contre note en valeurs longues de façon à souligner leur importance doctrinale. Le grand soin que prend le compositeur dans la déclamation du texte liturgique suggère l'influence, au moins indirecte, des directives du concile de Trente. Les procédés iconiques sont rares. On peut signaler cependant le traitement de « passus et sepultus est » du *Credo* où chaque voix descend une octave complète de la gamme A.

Cette messe, austère et sereine, d'un lyrisme attrayant, semble avoir fait partie du répertoire de la chapelle royale d'Henri III vers 1580.

Rééditions modernes — Par M. Sanvoisin, *in* Le Pupitre, Paris, Heugel, 1967.

Bibliographie — D. Lamothe, Cl. Le Jeune, le Psautier huguenot et la musique religieuse à la Cour pendant les règnes de Charles IX, Henri III, et Henri IV, 2 vol. (diss. Univ. de Strasbourg-II, 1980, I, pp. 331-332).

D. Lamothe

Missa brevis à 4 voix, de **Giovanni Pierluigi da Palestrina**, parue à Rome, en 1570, dans son troisième livre de messes, *I.P. Praenestini Missarum, liber tertius*, et rééditée séparément comme *Messe du Ve ton* en 1590, 1605 et 1608. (Durée : 20 min environ.)

Cette messe, l'une des plus populaires du maître, doit son titre soit à sa faible durée d'exécution, soit, d'après Fr. X. Haberl (cf. préface à sa réédition), à la « note brève » (en latin « brevis », en réalité une valeur longue, le double de la ronde) qu'elle met en relief : tous ses thèmes importants débutent en effet par une brève sur *do*. Le même auteur signale d'autre part que l'œuvre présente une parenté étroite, notamment sous l'angle thématique, avec la *Messe « Audi filia »* de Cl. Goudimel.

D'un style relativement simple, mais presque constamment en contrepoint imitatif, cette messe cultive une évidente clarté d'écriture mise au service de l'intelligibilité des paroles : par là, elle illustre les tendances issues du concile de Trente (voir la → *Missa Papae Marcelli*). Clarté aussi dans le langage harmonique, par l'emploi prépondérant des « bons degrés » (I, IV, V) du ton majeur de *fa*, nettement affirmé de ce fait. La mélodie reste néanmoins tributaire du mode grégorien de *fa* authente avec *si* ♭ (ici à la clé), dont les notes maîtresses (*fa*, *la*, *do*) jalonnent les lignes très pures de la messe. La linéarité s'affirme en particulier dans les ondoyantes vocalises du *Sanctus* et du *Benedictus* (confié, selon l'usage, aux seules 3 voix aiguës), et d'une autre manière dans la deuxième section de l'*Agnus Dei*, où le soprano se dédouble en canon à l'unisson. Bien que la recherche d'unité cyclique entre les différentes sections ne soit pas très poussée, deux thèmes exposés dans le *Kyrie* paraissent prédominer : l'un (*do*, *la*, *si*, *do*) est celui du « Kyrie eleison », tandis que le « Christe » en introduit un second (*do*, *si*, *la*, *ré*, *do*), d'abord développé contrapuntiquement et qui reviendra dans le *Gloria* (« Qui tollis ») puis le *Credo* (« Crucifixus »), sur des paroles également associées au Christ et dans un style homophone visant à les faire ressortir.

Rééditions modernes — Par Fr. X. Haberl, *in* Pierluigi da Palestrina's Werke XII, Leipzig, Br. & H., 1881 ; par R. Casimiri, *in* G.P. da Palestrina. Le opere complete, Rome 1939 et suiv., vol. VI.

J. Viret

Missa brevis, en *fa* maj., de **Joseph Haydn** (Hob XXII : 1), voir Messes de J. Haydn.

MISSA BREVIS, messe de **Zoltán Kodály**, pour chœur mixte, orgue (ad lib.) et orchestre, créée le 9 sept. 1948, à la cathédrale de Worcester, par l'ensemble vocal du Three Choir's Festival et le London Symphony Orchestra, sous la dir. du compositeur. (Londres, Boosey & H., 1951, puis Budapest, Ed. Musica, 1966 ; durée : 32 min environ.)

Une partie de l'œuvre remonte à 1897. Pendant la Seconde Guerre mondiale, les fragments conservés furent intégrés à une messe basse pour orgue seul, qui devint une messe brève avec accompagnement d'orgue en 1944, puis d'orchestre entre 1945 et 1948.

A l'ordinaire liturgique, Kodály ajoute deux grands portails Maestoso, l'Introïtus exclusivement instrumental et l'*« Ite missa est »*. Ce schéma symétrique s'applique dans une large mesure aussi au contenu musical des six morceaux intermédiaires : le matériau du *Kyrie* se retrouve dans la 2de partie de l'*Agnus Dei* ; le « Qui tollis » du *Gloria* et celui de l'*Agnus Dei* reçoivent le même dessin mélodique ; à la formule ascendante du *Benedictus* pour encadrer le pilier central, composé du *Credo* et du *Sanctus*, où règne une phrase dactylique (♩ ♫ ♩ ♫ ♩ ♩). Jusque dans l'empreinte du style palestrinien, ou de celui de Bach, Kodály se place résolument dans la tradition de la messe lisztienne, avec ses contrastes marqués entre les sections à traitement harmonique et polyphonique et, surtout, le recours à un motif générateur. En fait, il s'agit dans la *Missa brevis* d'un principe de miroir, indépendant des intervalles **A**, non d'un motif proprement dit, car le miroir vertical, bien que s'étendant généralement sur une quarte (ex. ci-dessus, ainsi que le thème fugué dans l'Introïtus, celui du *Kyrie* ou les trois premières notes du *Gloria*), peut se limiter aussi bien à une tierce mineure (motif du « Christe eleison », trois premières notes du *Benedictus*) ou à une seconde mineure (*Agnus Dei*). Ce principe symétrique fait écho dans la microstructure au schéma choisi pour la forme générale de la messe.

Bibliographie — M. SEIBER, Kodály : Missa brevis, *in* Tempo IV, 1947 ; P. M. YOUNG, Z. Kodály, A Hungarian Musician, Londres 1962, pp. 127-130 ; L. EÖSZE, Z. Kodály, sein Leben und sein Werk, Bonn 1964, pp. 190-192 ; H. STEVENS, The choral music of Z. Kodály, *in* MQ LIV, 1968 ; Z. KODÁLY, Visszatekintés, Összegyüjtött írások, beszédek, nyilatkozások, éd. par F. Bónis, Budapest, Zeneműkiadó, 2/1974, vol. II, p. 495 ; J. BREUER, Kodály-kalauz, Budapest, Zeneműkiadó, 1982, pp. 246-261 ; J.-P. AMANN, Z. Kodály, Lausanne, L'Aire, 1983, p. 61.

PH. A. AUTEXIER

MISSA BREVIS SANCTI JOANNIS DE DEO, de **Joseph Haydn**, voir MESSES de J. Haydn.

MISSA CARMINUM, de **Jacob Obrecht**, voir « JE NE VIS ONCQUES LA PAREILLE ».

MISSA CELLENSIS en *do* maj. (Hob XXII : 8) ; **MISSA CELLENSIS « IN HONOREM BVM »** ou **CÄCILIENMESSE** (Hob XXII : 5), de **Joseph Haydn**, voir MESSES de J. Haydn.

MISSA CHORALIS, de **Franz Liszt**, pour chœur mixte et orgue, composée en 1865. Il est difficile de dire quand elle a été créée. On sait que Liszt assista à une exécution intégrale de cette œuvre à Iéna, le 5 juil. 1870, et qu'il la dirigea pour la 1re fois à Budapest le 4 févr. 1872. (Leipzig, Kahnt, 1869 ; durée : 38 min environ.)

La *Missa choralis* occupe une position particulière dans la production chorale religieuse de Liszt. Composée alors que celui-ci s'apprêtait à recevoir la tonsure et à prendre les ordres mineurs, elle devait lui servir de recommandation pour obtenir un rôle officiel dans la réforme du chant d'église. Du reste, elle devait être dédiée au pape. Si la dédicace n'a pas eu lieu, c'est qu'au moment de

A **MISSA « AD PLACITUM »**

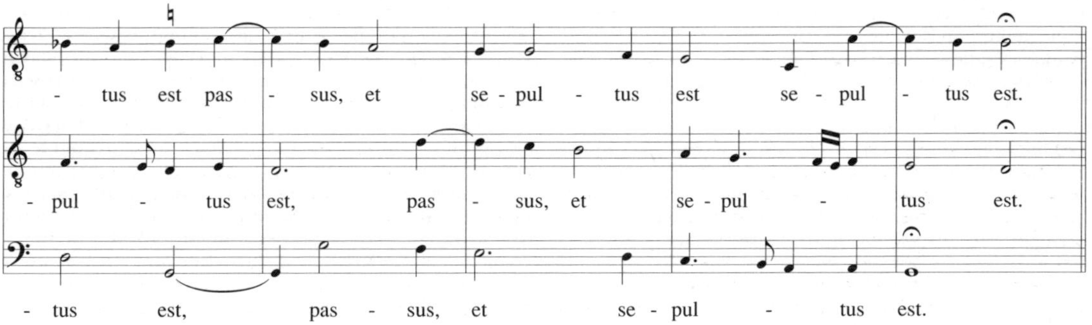

A **MISSA BREVIS** DE Z. KODÁLY

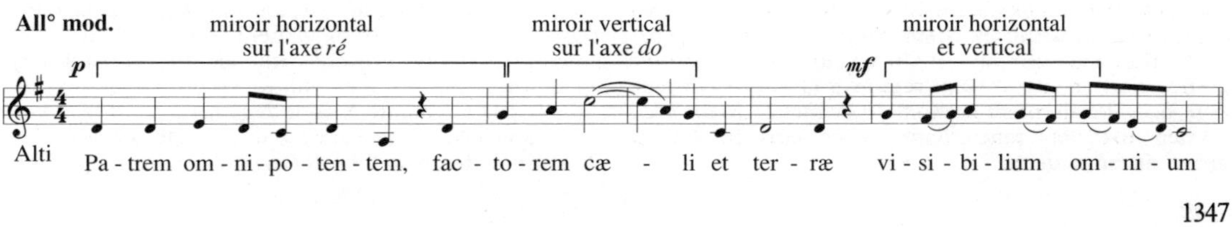

l'édition, en 1869, les espoirs romains du compositeur s'étaient depuis longtemps révélés illusoires. Elle devait aussi être a cappella. L'orgue — fort discret et très intermittent — ne fut ajouté que pour soutenir le chœur et l'empêcher de détoner dans les passages difficiles. Les circonstances ayant présidé à la naissance de cette œuvre expliquent la relative simplicité de l'écriture, l'utilisation de thèmes grégoriens et le recours à la modalité harmonique. Ces caractéristiques étaient en parfaite conformité avec les orientations du mouvement cécilien, alors tout-puissant dans les milieux catholiques aussi bien allemands qu'italiens. En ce sens, cette messe est en profond contraste avec la → *Messe de Gran*, composée dix ans auparavant. Mais ce serait une erreur de ne voir dans la *Missa choralis* que les aspects qui viennent d'être exposés. Il y a dans cette œuvre une dualité stylistique assez discrète pour ne pas frapper au premier abord, mais suffisamment forte pour lui conférer une saveur très particulière. Si le chromatisme reste modéré — il est surtout marqué dans le « Crucifixus » (ce qui est traditionnel) et dans le « Miserere » de l'*Agnus Dei* —, les harmonisations verticales l'emportent sur l'écriture polyphonique, et le traitement thématique s'y rencontre fréquemment. En outre, certaines modulations hardies surgissent à plusieurs reprises. Il y a ainsi un heureux équilibre entre la simplicité archaïque et les audaces modernistes.

1. *Kyrie.* La mélodie grégorienne utilisée provient probablement de l'antienne du 1er ton de la liturgie du dimanche des Rameaux, *« Pueri hebraeorum »*. Traitée en entrées successives avec une écriture contrapuntique, elle s'oriente vite du *ré* dorien initial vers le ton de *fa* maj. pour aboutir en dernière partie, au retour du *Kyrie*, en *ré* maj., avec une écriture verticale marquée, le motif rythmique ♩. ♪♩ imprimant sa marque à tout le mouvement. **2.** *Gloria.* Le motif de départ provient d'un chant d'église très connu au XIXe s. en Allemagne : *« Erde singe, dass es klinge »* (Bäumker, vol. 4, p. 444). A base d'accord parfait majeur arpégé, il se retrouve dans tout le mouvement, diversement traité, et repris en augmentation vers la fin. L'harmonisation est essentiellement verticale, avec de nombreux accords parfaits et quelques modulations audacieuses : du *sol* maj. du début, on arrive vers le milieu à *ré* ♭ maj. et, enharmoniquement (*do* ♯), on retourne au ton d'origine. L'atmosphère générale triomphante et enlevée correspond bien au texte liturgique. **3.** *Credo.* Voici, avec celui du *Kyrie*, le second et dernier thème de provenance grégorienne (*Credo* I). Énoncé par tout le chœur à l'unisson, il est prolongé par une écriture fortement homorythmique et harmonique. Malgré de nombreuses modulations, le ton principal de *ré* maj. est bien établi et les enchaînements tonique-dominante fréquents. Toutefois, une cadence conclusive III → I vient apporter in extremis une saveur modale. **4.** *Sanctus.* Un *si* ♭ maj. fortement affirmé s'étale sur toute la première partie. De nombreux accords parfaits, souvent largement déployés, et une écriture essentiellement verticale dominent ce mouvement. **5.** *Benedictus.* De nouveau, l'accord parfait et l'écriture verticale sont omniprésents. On remarquera quelques très belles modulations au moment du « Hosanna ». **6.** *Agnus Dei.* L'harmonie lisztienne habituelle revient ici en force : appoggiatures expressives, dissonances poignantes, modulations habiles. L'alternance du solo et du chœur — absente des autres mouvements — vient renforcer la saveur particulière de cette dernière section de la messe. Mais avec l'Amen final, tout rentre dans l'ordre dans un *ré* maj. apaisé et majestueux.

Rééditions modernes — Budapest, Editio Musica, 1972.

Bibliographie — E. G. Heinemann, Fr. Liszts Auseinandersetzung mit der geistlichen Musik, Munich et Salzbourg, Katzbichler, 1978, pp. 91-95.

S. Gut

Missa coronationalis. Messe hongroise du Couronnement. Ungarische Krönungsmesse, messe pour soli, chœur et orchestre de **Franz Liszt**, composée en 1867, créée en présence du compositeur, le 8 juin 1867, sous la dir. de G. Preyer, à l'occasion du couronnement de l'empereur François-Joseph Ier et de l'impératrice Élisabeth d'Autriche comme roi et reine de Hongrie. L'Offertoire a été composé après l'achèvement de la messe mais encore en 1867. Quant au Graduel, il a été ajouté en 1869 pour l'édition. (Leipzig, Schuberth, 1869 ; durée : 47 min environ.)

En raison de sa destination, la *Missa coronationalis* est une œuvre de pompe et d'apparat dont les contrastes et les accents dramatiques sont d'un grand effet. Aussi fut-elle très célèbre du vivant de son auteur. Celui-ci, pourtant, la jugea sévèrement puisqu'il la considérait comme « une œuvre assez faible ». Mais il sut bien décrire ses particularités : « Toutefois il me semble que les deux tons principaux du sentiment national hongrois et de la foi catholique s'y maintiennent et s'harmonisent d'un bout à l'autre. » La couleur magyare provient de l'utilisation à plusieurs reprises des appels de quartes mélodiques ascendantes (cf. ex. 1) et de la gamme tzigane (cf. ex. 2).

Après un *Kyrie* qui affirme le ton principal de *mi* ♭ maj., le *Gloria* déploie ses fastes sonores en un *ut* maj. triomphant. Les appels de quartes apparaissent au « Laudamus te » et s'infiltrent à travers tout l'orchestre.

Ils reviennent en force au « Qui sedes ». Quant à la gamme tzigane, elle se déploie mélodiquement et harmoniquement aux deux apparitions de « Qui tollis ». Le Graduel, composé après coup, peut se jouer indépendamment. Il est fondé sur les paroles du Psaume 116 : *« Laudate Dominum omnes gentes »*. De grande concision et de grande habileté orchestrale, il est, avec le *Sanctus*, la section la mieux réussie de la messe. Liszt n'a pas composé de musique particulière pour le *Credo*, mais a repris celle de Henry Du Mont provenant d'une de ses → *Messes royales*. Écrit monodiquement, en style de plain-chant et en mode de *ré* dorien, le *Credo* est chanté à l'octave par tout le chœur, soutenu en écriture homophonique par l'orgue. Seuls quelques passages sont sobrement harmonisés en accords parfaits. L'impression générale est très austère et le contraste avec ce qui précède considérable. L'Offertoire purement instrumental, est, selon la propre expression du compositeur, un « Hymne magyar » où le violon solo déploie en partie médiane des secondes augmentées typiquement tziganes. Sommet de l'œuvre, le *Sanctus* provoque une émotion intense avec ses amples phrases mélodiques et ses larges accords égrenés par le chœur. Avec le *Benedictus*, c'est le retour du violon solo et de l'atmosphère tzigane. Celle-ci se poursuit au début de l'*Agnus Dei* où un passage du *Gloria*

Montségur de M. Landowski, créé à Toulouse en 1984.
Karan Armstrong et Gino Quilico lors d'une représentation à l'Opéra de Paris (1987).
Mise en scène de N. Joël.
Ph. © Philippe Coqueux.

Moses und Aron (Moïse et Aaron) d'A. Schönberg, créé à Hambourg en 1954 ; représentation à la Bayerische Staatsoper de Munich.
Ph. © Werner Neumeister.

Moïse et Pharaon ou le Passage de la mer Rouge de G. Rossini, créé à l'Opéra de Paris, en 1827. Esquisse de décor par A. Caron pour la première. *Bibliothèque-musée de l'Opéra, Paris. Ph. © Bibl. nat.-Photeb.*

Manuscrit de Montpellier, XIIIe siècle, anthologie de chants polyphoniques profanes et religieux. Miniature illustrant le motet « O natio nephandi ».
Bibliothèque de la faculté de médecine de Montpellier. Ph. © de la bibliothèque-Photeb.

Mystère de la Nativité de Fr. Martin, créé en 1959. Version scénique donnée à Salzbourg (1960) dans une mise en scène de Margareta Wallmann.
Ph. © A. Madner/Max-Reinhardt-Forschungs-und Gedenkstätte, Salzbourg.

est repris et amplifié, déployant pour la première fois la gamme tzigane dans sa totalité :

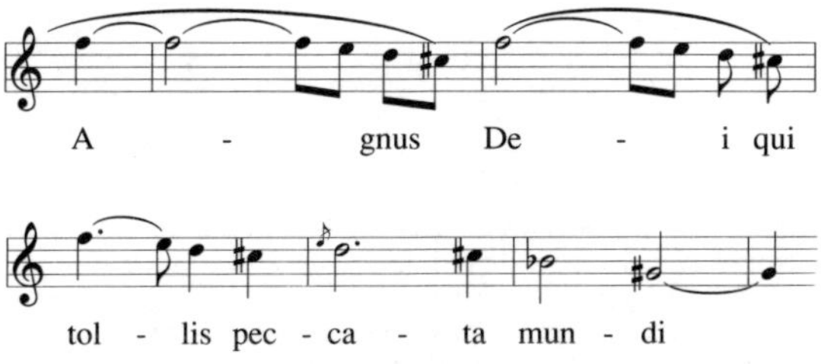

Puis le parfum tzigane se poursuit avec de nombreux appels de quartes à l'orchestre. Le retour au ton principal s'opère dans une atmosphère sereine et grandiose.

La forme générale est rhapsodique mais ne donne pas l'impression d'être décousue, en raison de l'importance des éléments stylistiques hongrois qui parsèment cette messe. Sans atteindre, de loin, aux hauteurs de la → *Messe de Gran*, ni à celles de la → *Missa choralis*, la *Missa coronationalis* reste une œuvre aux effets dramatiques puissants, d'une grande force émotionnelle.

Rééditions modernes — Budapest, Ed. Musica, 1968.

Bibliographie — P. Merrick, Revolution and religion in the music of Liszt, Cambridge (Mass.), Harvard Univ. Press, 1987, pp. 127-137.

S. Gut

Missa « cuius vis toni », messe à 4 voix de **Johannes Ockeghem**, qui, selon R. Zimmermann (AfMw XXVII, 1965, p. 268), appartiendrait à la période de maturité du musicien et qui aurait été écrite à la même époque que la → *Messe « mi-mi »* et la → *Missa prolationum*. Comme la *Fuga trium vocum in epidiatessaron* du même auteur, cette œuvre présente la particularité d'être écrite sans clés. Ockeghem a simplement placé sur chacune des portées un signe particulier indiquant la place de la finale du mode (ℨ) et le chanteur doit résoudre le problème — dit « catholicon » par Glaréan (*Dodecachordon*, Bâle 1547) — de la répartition des clés entre les différentes voix, afin de produire un résultat cohérent. Comme l'affirme Glaréan, cette messe peut être chantée « ad omnum tonum », c'est-à-dire dans les 4 modes authentes (et leur plagal), soit : dorien (finale *ré*), phrygien (finale *mi*, transposé sur *la*), lydien (finale *fa*), mixolydien (finale *sol*, transposé sur *ut*). D. Plamenac indique dans son édition la place respective des clés dans ces 4 solutions et les altérations qu'entraîne la transposition ; en revanche, les altérations accidentelles ne peuvent pas figurer dans le texte, puisqu'elles seront différentes dans chacun des modes ; il importe donc au lecteur de les restituer selon le mode choisi. Ces 4 solutions sont les plus communément adoptées, car les plus simples. J. Levitan suggère un certain nombre d'autres possibilités, toujours sur les mêmes modes, mais faisant appel à la transposition (jusqu'à 3 altérations à la clé). De nombreux musicologues (dont Kiesewetter, P. Wagner, Ambros, Riemann, Spitta, cités par J. Levitan) ont également proposé des solutions et des éditions partielles de ce texte si complexe.

A part cette particularité, la *Messe « Cuius vis toni »* se présente comme un texte librement composé, dont les différentes pièces sont unies par un motif de tête :

Ce motif réapparaît souvent au supérius et au contraténor, parfois transposé ou transformé rythmiquement (p. ex. au supérius, *Gloria*, mes. 11, mes. 67, etc.) ; on remarque également ce motif de tête toujours au supérius dans le *Credo*, sur « Descendit de caelis », mais à partir de la note aiguë de la sixte un long mélisme descendant vient assurer la part du figuralisme.

Œuvre courte (le *Kyrie* initial, repris 3 fois, couvre 7 mesures), contenant quelques passages strictement homophoniques (p. ex. le « Qui tollis » du *Gloria*, mes. 32-47), la *Missa cuius vis toni*, selon l'hypothèse d'Ambros (*Geschichte der Musik* II, 3/ 1887, p. 178) aurait pu être écrite pour vérifier les connaissances des chanteurs de maîtrise dans le domaine de la modalité.

Sources — Rome, Bibl. Vat., Cod. Chigi C VIII 234, et Capp. Sist., Cod. 35.

Éditions modernes — Par D. Plamenac, *in* J. Ockeghem. Sämtliche Werke I, PäM I/2, Leipzig, Br. & H., 1927, réimpr. Hildesheim, Olms, 1968 ; éd. révisée New York, Amer. Musicological Soc., 1959 ; nbr. éd. partielles (voir J. Levitan, *in* MQ XXIII, 1937).

Bibliographie — P. Wagner, Geschichte der Messe, Leipzig 1913 ; D. Plamenac, Autour d'Ockeghem, *in* RM IX, 1928 ; Ch. Van den Borren, Le madrigalisme avant la madrigal, *in* Fs. G. Adler, Vienne 1930 ; J. S. Levitan, Ockeghem's clefless compositions, *in* MQ XXIII, 1937 ; E. Krenek, J. Ockeghem, Londres 1953 ; G. Reese, Music in the Renaissance, New York, Norton, 1954, 2/1959, p. 133 ; R. Zimmermann, Stilkritische Anmerkungen zum Werke Ockeghems, *in* AfMw XXII, 1965 ; M. Henze, Studien zu den Messenkompositionen J. Ockeghems, *in* Berliner Studien zur Musikwissenschaft XII, 1968 ; L.L. Perkins, art. Ockeghem, *in* Grove, 6/1980.

D. Patier

Missa diversorum tenorum, de **Jacob Obrecht**, voir « Je ne vis oncques la pareille ».

Missa festivale, d'**Antoine Brumel**, voir « Je n'ay dueil ».

Missa « in angustiis » (Messe « dans les angoisses ») ou *Nelsonmesse* (Messe lord Nelson), en *ré* min., de **Joseph Haydn** (Hob. XXII/11), pour sop., alto, ténor et basse soli, chœur, 3 trp., timb., cordes et orgue, composée entre le 10 juil. et le 31 août 1798. (Durée : 40 min environ.)

Les deux appellations ne sont pas d'origine : la partition autographe de Haydn indique simplement *Missa : In Nomine Domini*. Lorsqu'il acheva sa messe, Haydn ne pouvait connaître la victoire remportée par Nelson à Aboukir ; il est vrai que lorsque l'amiral passa deux années plus tard avec son inséparable Emma Hamilton à Eisenstadt, le maître de chapelle du prince Esterházy dirigea en son honneur cette messe. Pourquoi « dans les angoisses » ? On l'ignore et aucune explication plausible n'a pu être fournie. D'ailleurs les Britanniques l'intitulent *« The Imperial... »*.

Il est vrai que cette partition occupe dans le catalogue

de Haydn une place comparable à celle du *Concerto « L'Empereur »* chez Beethoven : par la concentration monumentale, par ses accents grandioses et dramatiques — plus grandioses et plus dramatiques encore que la *Missa « in tempore belli »* — dès le début du *Kyrie*.

On comprend qu'une œuvre aussi pathétique et grandiose soit devenue populaire. Elle a d'ailleurs l'équilibre et la rigueur de ses plus belles symphonies, même d'une symphonie qui serait allée au-delà de celles dites « de Londres ». Le prodige, c'est l'expressivité intense que le musicien a coulée dans ce moule d'une perfection classique.

Le caractère exceptionnel de l'œuvre apparaît dès les appels angoissés et dissonants ou les sauts d'octaves descendants du *Kyrie* et, plus encore, lorsque, dans le *Gloria*, le « Laudamus te » se transforme en supplication d'une manière totalement inattendue. Les solos sont rares ; c'est surtout le quatuor soliste, sorte de concertino, qui dialogue avec le chœur. Dans le « Suscipe deprecationem » du *Gloria*, la prière du soprano plane au-dessus du chœur comme la voix d'un ange. L'extraordinaire fanfare du *Benedictus* a une signification théologique profonde, qui n'est évidemment pas le fait du hasard : la victoire que Haydn transcrit ici en musique, c'est celle du Vainqueur sur la mort, la victoire remportée par Celui qui fut accueilli à Jérusalem le jour des Rameaux par ces paroles qu'à l'époque on chantait après l'élévation à la messe solennelle, la séparation du pain et du vin étant interprétée comme une nouvelle mort symbolique et rédemptrice du Christ. Dans l'« Et incarnatus est » du *Credo*, Haydn atteint d'ailleurs à une intensité et une simplicité qui rappellent l'*« Ave verum »* de Mozart.

On a très rapidement perçu le caractère prophétique de l'œuvre : Fr. Schubert la dirigea dans l'église d'Altlerchenfeld en 1820 comme une œuvre parfaitement contemporaine, donc « romantique ». On aurait tort de remplacer l'orchestration originale, discrète pour une raison circonstancielle — le prince Nicolaus Esterházy faisait des économies dans sa chapelle musicale —, par celle de la première édition chez Breitkopf : dans celle-ci, l'orgue concertant est remplacé par une fl., 2 htb., 2 bassons et 2 cors. Cette première édition a d'ailleurs introduit de nombreux et regrettables changements comme celui de l'abaissement des trompettes aiguës (« clarini ») au registre des trompettes normales.

Rééditions modernes — *In* J. Haydn. Werke, éd. par le J. Haydn-Institut de Cologne, Munich, Henle, 1958 et suiv., vol. XXIII/3, 1

Bibliographie — M. VIGNAL, J. Haydn, Paris, Fayard, 1989.

C. DE NYS

MISSA « IN HONOREM BEATISSIMAE VIRGINIS MARIAE » ou **GROSSE ORGELSOLOMESSE,** de **Joseph Haydn**, voir MESSES de J. Haydn.

MISSA « IN TEMPORE BELLI » (Messe « en temps de guerre »), de **Joseph Haydn** (Hob XXII, 9), pour sop., alto, ténor et basse soli, chœur et orchestre, créée à Vienne, en l'église des Piaristes, le 26 déc. 1796. (Durée : 40 min environ.)

G. A. Griesinger, l'auteur de la première biographie sur Haydn (1810), relate : « En 1795, alors que les Français étaient en Styrie, il écrivit une messe qu'il appella *« In tempore belli »*. Dans cette messe, les paroles « Agnus Dei qui tollis peccata mundi » sont énoncées de façon très spéciale avec accompagnement de timbales, comme si l'on entendait déjà les ennemis venir dans le lointain. Aux paroles suivantes, « Dona nobis pacem », il fait soudain entrer de façon saisissante les voix et les instruments tous ensemble. C'est l'origine de l'appellation *Paukenmesse* (Messe des timbales) couramment utilisée en allemand. C'est la seule des 6 messes solennelles des années 1796 à 1802 qui ne semble pas avoir été écrite comme les autres pour la fête patronyme de la princesse Maria Hermenegild Esterházy ni d'ailleurs interprétée à cette occasion, puisqu'elle fut créée à Vienne et reprise le 27 sept. 1797 à Eisenstadt, lors de la visite de l'archiduc Joseph, palatin de Hongrie. C'est donc bien une œuvre écrite par Haydn comme une prière au moment où l'Autriche et notamment Vienne étaient directement menacées et non pas une commande ou une partition qui relevait de sa charge de maître de chapelle de Nicolaus II Esterházy.

L'orchestre est imposant : 2 htb., 2 bassons, 2 cors, 2 trp. et timb. en plus des cordes (avec 2 clar. pour l'« Et incarnatus est »). Plus tard, Haydn amplifia encore son orchestre en ajoutant une flûte pour le « Qui tollis peccata » et en étendant le rôle des clarinettes et des cors à l'ensemble de la messe : preuve que cette œuvre lui tenait particulièrement à cœur. Par rapport aux trois messes solennelles précédentes, le rôle des solistes vocaux est réduit ; la plupart du temps, c'est un quatuor, sorte de petit chœur s'opposant au grand chœur, tendance qui s'accentuera dans les deux dernières messes.

Cette partition grandiose et dramatique a souvent la vigueur des grandes pages de Bach ; elle annonce aussi par certains aspects la *Missa solemnis* de Beethoven. Comme la → *Messe « in angustiis »*, elle dément l'opinion trop souvent répétée selon laquelle la musique d'église de Haydn serait aimable et gaie. Les grondements des timbales dès le début du *Kyrie* la contrediraient tout comme le fait que l'« Et incarnatus est » et le *Benedictus* sont, contrairement à toutes les traditions du genre — sauf dans deux messes de Mozart — en *ut* min., atmosphère dramatique qui s'intensifie encore dans le *Credo* par le « Crucifixus » poignant qui s'enchaîne au récit de l'Incarnation ; le mot « passus » (il a souffert) est un véritable cri. De toute évidence, la Passion du Seigneur est plus présente ici que dans les messes antérieures en raison du spectre proche des horreurs de la guerre. L'*Agnus Dei* avec sa manière « très spéciale » (Griesinger) de faire chanter l'invocation, c'est-à-dire l'usage des timbales et des cuivres,

est une page impressionnante ; le « Dona nobis pacem » a été parfois mal interprété, même par d'illustres connaisseurs de Haydn. Sa puissance affirmative, dans l'esprit du compositeur, ne se traduit pas comme une exigence, mais comme la certitude de ce que la prière pour la paix a été entendue. L'unité symphonique de l'œuvre se situe dans le sillage des dernières messes salzbourgeoises de Mozart.

Éditions modernes — *In* J. Haydn. Werke, éd. par le J. Haydn-Institut de Cologne, Munich, Henle, 1958 et suiv., vol. XXIII/2.

Bibliographie — C. M. Brand, Die Messen von J. Haydn, Wurtzbourg 1941 ; M. Vignal, J. Haydn, Paris, Fayard, 1989.

C. de Nys

Missa Papae Marcelli (Messe du pape Marcel), à 6 voix (S A T T B B), de **Giovanni Pierluigi da Palestrina**, parue en 1567 dans son second livre de messes. (Durée : 30 min environ.)

La date de composition de cette messe — la plus célèbre et l'une des plus belles de Palestrina — a été abondamment discutée, notamment sur la base des sources manuscrites, en raison de son titre et de sa relation probable avec les délibérations du concile de Trente sur la musique sacrée. Tandis que G. Baini croyait pouvoir fixer la date de 1565, Fr. X. Haberl optait quant à lui pour 1554-55, époque du très bref pontificat de Marcel II. Plus récemment, Kn. Jeppesen, se fondant sur plusieurs arguments solides, tant internes qu'externes, concluait à la date de 1562-63 qui est aussi celle de la troisième session du Concile, où furent débattues les questions musicales. Ainsi serait confirmé le rattachement direct de la *Messe du pape Marcel* à ces débats, selon une tradition attestée dès 1607 par A. Agazzari, puis en 1609 par A. Banchieri et en 1629 par un jésuite français, le Père Cressoilles, avant d'être reprise par d'innombrables auteurs postérieurs. Cette tradition veut que la messe ait été composée à l'instigation des pères conciliaires pour prouver que la polyphonie vocale pouvait être traitée sans nuire à l'intelligibilité des paroles et qu'elle ne devait donc pas être écartée de la liturgie comme certains l'auraient souhaité. Cet épisode historique, sans doute véridique, a été romancé par H. Pfitzner dans son opéra → *Palestrina* (1917) et a valu au maître romain d'être honoré comme « sauveur de la musique sacrée ». Il ne s'agirait donc pas d'une légende forgée de toutes pièces par les jésuites, quand bien même ces derniers auront pu exploiter cet épisode dans le cadre de la Contre-Réforme, en vue de promouvoir l'esthétique palestrinienne au début du XVIIe s., et ce avec un succès relatif vu la diffusion, à la même époque, du nouveau style monodique et concertant. Quant au titre de l'œuvre, il s'expliquerait par le fait certifié que le pape Marcel II s'est préoccupé de la musique liturgique et de l'intelligibilité des paroles. Mais aucun lien historique précis n'existe, selon toute apparence, entre ce pontife et la messe qui porte son nom sinon le fait que Palestrina ait été membre de la Chapelle papale, pendant très peu de temps et précisément sous l'éphémère pontificat de Marcel II.

C'est effectivement la volonté de rendre les paroles clairement perceptibles — intention typiquement humaniste — qui apparaît comme le trait distinctif essentiel de la *Messe du pape Marcel*. Son style tend ainsi vers l'homophonie (où toutes les voix simultanées chantent les mêmes mots en même temps), sans pour autant renoncer aux richesses de l'écriture polyphonique. On trouve ici en réalité une alliance magistrale entre les deux techniques : le contrepoint imitatif garde ses droits dans le *Kyrie*, le *Sanctus* et l'*Agnus Dei*, ce dernier renfermant même (à l'instar de nombreuses autres messes) un canon qui tout à la fin suscite, en guise de septième voix, l'adjonction d'un second soprano ; le *Gloria* et le *Credo*, d'autre part, font dialoguer des groupes de 3, 4 ou 5 voix qui énoncent le texte avec sobriété (dans le *Credo* le « Crucifixus », comme le « Benedictus » du *Sanctus*, réduit les voix à 4).

Le matériau mélodique et harmonique se réfère au mode de *do* (ionien selon Glaréan), avec comme piliers harmoniques les accords majeurs de *do*, *fa* et *sol*, et mineur de *ré*, ces deux derniers jouant le rôle de toniques passagères à côté de la tonique principale *do*. Thématiquement les voix sont librement composées, mais l'unité formelle de l'ensemble est assurée par deux thèmes. L'un, exposé en imitations par le premier « Kyrie », rappelle le début de la célèbre chanson → *« L'homme armé »* — très souvent utilisée comme « cantus firmus » dans des messes polyphoniques, mais cette ressemblance est sans doute fortuite — et reparaîtra notamment au commencement du *Credo* et de l'*Agnus* :

L'autre, introduit par le second « Kyrie », engendre une cellule de trois notes, *ré-mi-do*, souvent répétée par le premier soprano tout au long des 5 sections (toujours sur les mêmes degrés) et qui provient de la *Messe « Benedicta »* de Palestrina, contemporaine de la *Missa Papae Marcelli* (voir les travaux de Kn. Jeppesen) :

L'aisance souveraine de l'écriture et la beauté en quelque sorte classique de l'inspiration justifient la faveur dont a de tout temps joui cette messe, en tant que modèle parfait du style palestrinien et l'un des chefs-d'œuvre de la polyphonie sacrée renaissante.

Sources — **a)** Manuscrits : Rome, fonds de la Chapelle sixtine (Ms. 22) et de l'église Sainte-Marie-Majeure (Ms. 18). — **b)** Imprimés : *I.P. A. Praenestini Missarum liber secundus*, Rome 1567, rééd. Venise 1589 et Rome 1600 (sans le 2e Agnus).

Rééditions modernes — Par Fr. X. Haberl, *in* Pierluigi da Palestrinas Werke XI, Leipzig, Br. & H., 1881 ; par R. Casimiri, *in* G.P. da Palestrina. Le opere complete, Rome 1939 et suiv., vol. IV ; par L. Lockwood, New York, Norton, 1975 (éd. critique, avec introd. et commentaires).

Bibliographie — Kn. Jeppesen, Wann entstand die Marcellus-Messe ?, *in* Fs. G. Adler, Vienne 1930 ; du même, Marcellus-Probleme, *in* AMl XVI-XVII, 1944-45 ; J. Samson, Palestrina ou la poésie de l'exactitude, Genève 1939 ; P. Gaillard, Histoire de la légende palestrinienne, *in* RMie LVII, 1971.

J. Viret

Missa paschalis (Messe pascale), pour 5 voix a cappella (S S A T B), de **Roland de Lassus**. (Durée : 20 à 25 min.)

Cette messe n'est connue que par des sources manuscrites, dont la plus ancienne date de 1576. W. Boetticher croit cependant, pour des raisons internes, pouvoir en faire remonter la composition jusque vers 1554, époque où le jeune Lassus séjournait en Italie. Il s'agit en fait de l'une des très rares messes que ce dernier ait composées sur des thèmes grégoriens, en l'occurrence le *Kyrie « Lux et origo »* (n° 1 de l'Édition vaticane, cf. *Graduale Romanum*, 1974, p. 710, avec quelques variantes par rapport au texte de Lassus), attribué traditionnellement à la période pascale, d'où le titre donné à la messe de Lassus. Seul le *Kyrie* de celle-ci recourt explicitement au modèle liturgique, lequel apparaît en tant que « cantus firmus » en valeurs longues uniquement à la voix de ténor, archaïsme de composition auquel s'oppose le traitement plus libre du thème dans des messes ultérieures comme la → *Missa pro defunctis* à 5 voix, ou le motet → *« Lauda Sion »*. Une autre particularité exceptionnelle réside dans le plan quadripartite du *Kyrie*, le « Christe » central étant dédoublé : un second « Christe » à 3 voix suit le premier, à 5 voix (absent de l'un des manuscrits, il sert peut-être de substitut au premier « Christe »).

Les parties succédant au *Kyrie* ne contiennent plus que des allusions lointaines au *Kyrie* grégorien, de sorte que la monodie liturgique ne joue aucunement ici le rôle de principe structurateur et unificateur qu'elle joue dans les messes de Palestrina. Si d'autre part, quant à l'ordonnance tonale, les accords majeurs de *sol* et *do* (finale et teneur en VIIIe mode grégorien) demeurent partout les piliers du discours, de fréquentes altérations (*si* ♭, *fa* ♯ et *do* ♯) introduisent dans les enchaînements harmoniques — sans chromatisme — une variabilité qui constitue l'une des richesses du style. La dimension contrapuntique, en revanche, reste en retrait et s'affirme surtout dans les sections écrites à 2 ou 3 voix, plus proches de la source grégorienne dans l'esprit sinon dans la lettre. Mentionnons notamment, dans le *Credo*, l'« Et resurrexit » confié aux deux voix graves, avec les figuralismes des dessins mélodiques ascendants (« Et resurrexit », « Et ascendit », s'opposant aux courbes descendantes de « descendit de coelis » qui précède) et des vocalises allongeant le mot « finis » ([sans] fin). Remarquable est par ailleurs le « Pleni sunt » (Les cieux sont remplis...) du *Sanctus*, où l'idée de plénitude suscite une puissante et majestueuse succession d'accords. Si la *Missa paschalis* ne saurait figurer au nombre des plus grandes créations de Lassus, elle n'est pour autant nullement indigne de son génie et montre toute la distance qui le sépare du Romain G. P. da Palestrina, bien davantage soumis à la monodie grégorienne.

Sources — Augsburg, Staats- und Stadtbibl., 2° Tonk. Schl. 17 (recueil collectif daté de 1579) ; Nuremberg, Landeskirchliches Archiv, Ms. St. Egidien 19 (daté de 1576) ; Berlin, Stiftung Preussischer Kulturbesitz, Mus. Ms. 40020 (recueil collectif daté de 1587).

Éditions modernes — Par S. Hermelinck, *in* O. di Lasso. Sämtliche Werke, Neue Reihe IX, Kassel, BV, 1969.

Bibliographie — W. Boetticher, O. di Lasso und seine Zeit, Kassel et Bâle 1958, p. 150 et suiv.

J. Viret

Missa paschalis super « Je ne vis oncques » d'**Alexandre Agricola**, voir « Je ne vis oncques la pareille ».

Missa pastoralis, op. 147, en *fa* maj., d'**Anton Diabelli**, pour sop., alto, ténor et basse soli, chœur et orchestre, composée en trois semaines au mois de nov. 1830. (Durée : 37 min environ, 43 min avec le propre.)

A. Diabelli, éditeur célèbre, auteur d'innombrables arrangements sacrifiant à la mode et de pièces faciles pour piano, a été avant tout un musicien d'église, ce dont témoignent 15 messes et un grand nombre de compositions plus courtes sur des textes liturgiques latins. La qualité de la *Missa pastoralis* explique qu'elle soit demeurée au répertoire des églises autrichiennes et bavaroises jusqu'à nos jours.

Dans sa ville natale de Salzbourg, Diabelli avait été jusqu'à sa vingt et unième année l'élève de M. Haydn ; c'est au cours de ses années d'apprentissage qu'il s'était forgé une solidité d'écriture qui s'impose d'un bout à l'autre de sa messe. Il tempère et transforme cette rigueur initiale par une sensibilité proche de la piété populaire et plus généralement de ce romantisme modéré et bon enfant qui caractérise la période du « Biedermaier ». Il emploie avec bonheur toutes les ressources de la musique pastorale : les rythmes de sicilienne et plus généralement la mesure à 6/8, l'évocation du cor des Alpes (quarte-sixte), les bois concertants, les séquences confiées aux seules voix d'hommes, les effets d'écho et les basses longuement tenues. Dans cette messe, tout ce qui est devenu schématisme vide dans les œuvres comparables de ses contemporains demeure un moyen d'expression vivant et personnel. Diabelli dépasse d'ailleurs le cadre strictement pastoral par la solennité des cuivres dans le *Gloria* ou la citation à découvert d'une mélodie de plain-chant. On relève aussi la qualité de la fugue finale du *Gloria* ; en 1830, cette tradition était souvent transformée en pur formalisme. L'« Et incarnatus est » est rehaussé par un instrument concertant, un violon ou une flûte au choix. Pour les offices de Noël 1830, la messe fut donnée dans trois grandes églises de Vienne, dont celle de sa cour (Hofburgkirche St. Augustin), et la presse salua l'événement avec enthousiasme.

Pour cette même fête de Noël et dans le cadre de la messe pastorale, Diabelli avait composé non seulement l'ordinaire, mais aussi deux textes du propre, à savoir le graduel *« Puer natus est nobis »* et l'offertoire *« Angelus ad pastores ait »* (op. 148, n°s 2 et 3). En dépit de sa concision, le graduel montre le souci du compositeur d'exprimer de manière très imagée le texte, par la façon notamment dont il souligne musicalement le mot « apparuit » (il est apparu) ou le changement de tempo et la jubilation chorale sur le *« Gloria in excelsis »*. L'offertoire est une véritable scène rendue avec des moyens sonores évoquant les crèches du sud de l'Allemagne et de l'Autriche. La tonalité mineure et les bois discrets décrivent la nuit des bergers ; avec la voix de l'ange on passe en majeur et le chœur est confié aux voix d'hommes des bergers. La Sainte Famille est transposée musicalement dans une abondance de ressources pastorales et ce théâtre sacré en musique s'achève par un *« Alleluia »* plein d'entrain.

Bibliographie — L. M. Kantner, Leben und Kirchenkompositionen von A. Diabelli, *in* Mitteilungen der Gesellschaft für Salzburger Landeskunde XCVIII, Salzbourg 1958.

C. de Nys

Missa pastorella, de **Jan Jakub Ryba**, pour sop., alto, ténor et basse soli, chœur et orchestre, créée en 1798 en l'église de Rožmitál dont l'auteur était cantor. (Durée : 40 min environ.)

Ce n'est pas la seule composition de J. J. Ryba, toujours connu dans sa patrie tchèque — il aurait composé plus d'un millier d'œuvres —, mais c'est l'une des plus originales, perpétuant une tradition encore vivante en Bohême pour la nuit et le jour de Noël, pratiquée en l'église des chevaliers de la Croix à Prague. Le texte est en langue tchèque, en forme de cantate ou d'oratorio (puisqu'il comporte des solistes, des dialogues et des chœurs), et rapporte les événements de Noël : l'annonce aux bergers, la naissance dans l'étable, l'adoration des bergers, etc. L'originalité de cette rédaction est qu'elle suit le déroulement de la liturgie eucharistique : *Kyrie*, *Gloria*, *Graduel*, *Credo*, *Offertoire*, *Sanctus*, *Benedictus*, *Agnus Dei*, *Postcommunion*, que le texte paraphrase très librement en l'adaptant à la Nativité du Christ. En l'occurrence, ce texte a été rédigé par Ryba lui-même (qui a également rédigé des textes pour les vêpres dans sa langue maternelle).

Musicalement, l'entreprise est aussi originale. Il n'y a pas dans cette œuvre de citation de chants liturgiques ou de chants de Noël (comme dans la *Messe* sur les noëls de M.-A. Charpentier), mais l'invention mélodique est dérivée très directement des « koledy », c'est-à-dire des chansons que les enfants, habillés en Rois mages, chantaient en quêtant de porte en porte, mais aussi d'autres chants de Noël populaires de Bohême. Cette mise en œuvre se fait en s'inscrivant nettement dans le style des classiques viennois et, dans la messe de Ryba, des dernières œuvres de Mozart. Ryba avait une profonde admiration pour celui-ci dont il avait pu voir dès 1792 *La Flûte enchantée* à Prague ; il n'est d'ailleurs pas exclu que Ryba ait appartenu, lui aussi, à la maçonnerie.

Pour la composition de cette messe « pastorella », Ryba disposait d'effectifs importants, notamment d'un orchestre réellement symphonique formé par les jeunes de cette bourgade. Comme le texte imprimé de la « pastorella » était distribué aux fidèles présents, il est fort probable que certains chœurs étaient chantés par toute l'assemblée, ou du moins la reprise de leur mélodie. Les différentes parties de l'œuvre sont écrites dans l'esprit des compositions liturgiques sur les textes latins officiels de sorte que l'on peut se demander s'il s'agissait d'une musique paraliturgique ou liturgique ; d'ailleurs l'Encyclique *Annus qui* de Benoît XIV qui régissait alors la musique d'église ne fait aucune allusion aux textes.

Dans les années 1799-1800, J. J. Ruba a rédigé un traité sur *Les Fondements et principes généraux de l'art musical* qui fut publié après sa mort (Prague 1817). Il s'y explique longuement sur ce qu'il entend par musique sacrée. Il souligne que celle-ci ne doit pas seulement chanter la gloire de Dieu mais aussi calmer l'esprit et le cœur des membres de l'assemblée. Elle doit exprimer des sentiments généreux, tendres, pieux et joyeux. Elle ne doit pas être trop savante, puisque la plupart de ceux qui l'écoutent sont des « laïcs en musique »... Le compositeur ne doit pas chercher à satisfaire seulement quelques connaisseurs, mais ne pas les oublier non plus... Des idées qu'on qualifierait aujourd'hui de « pastorales ». Idées qu'il a parfaitement réalisées dans sa messe « pastorella ». C'est la qualité de cette réussite qui explique qu'elle soit restée vivante pendant près de deux siècles. Elle devrait inciter à faire connaissance avec d'autres partitions sacrées de Ryba, tel le *« Sabat mater »* latin, dont les connaisseurs assurent qu'il mériterait largement de revivre.

Éditions modernes — Prague, Ed. Caritas, 1958.

Bibliographie — C. de Nys, La « Cantate de la Nativité » de J. J. Ryba, Paris 1958.

C. de Nys

Missa pro defunctis, de **Jean Richafort**, voir « Faulte d'argent c'est douleur non pareille » de Josquin des Prés.

Missa pro defunctis, messe de requiem à 5 voix (S A T T B) de **Roland de Lassus**. Des deux messes des morts qu'il écrivit, celle-ci est la plus importante ; l'autre est à 4 voix. Sa composition se situe probablement peu avant 1580, date à laquelle elle fut copiée dans l'un des livres de chœur de la chapelle du duc de Bavière, dont Lassus était le directeur. Elle comporte 7 sections : Introït, *Kyrie*, Trait *« Absolve »*, Offertoire *« Domine Jesu »*, *Sanctus*, *Agnus Dei*, Communion *« Lux aeterna »*. (Durée : 25 min. environ.)

Selon l'usage habituel pour les *Requiem* a cappella de la Renaissance, la polyphonie se réfère de façon constante à la monodie grégorienne, traitée ordinairement à la manière d'un « cantus firmus ». Ce dernier est transcrit en semi-brèves principalement (rondes en ¢ dans la notation moderne), mais l'uniformité rythmique de leur succession régulière s'atténue par de fréquents monnayages en valeurs plus rapides : d'où un assouplissement de la ligne mélodique et une homogénéité accrue de la trame polyphonique. Des phrases grégoriennes entières figurent néanmoins à l'état simple, sans monnayages, tel le dernier verset du trait *« Absolve »*. D'autres libertés sont prises par rapport à l'ancienne technique de la teneur, notamment le fait de placer le thème liturgique non seulement au ténor — sa situation traditionnelle — mais aussi au soprano ou à la basse. Ainsi dans l'offertoire, le « cantus firmus » passe tour à tour du soprano à la basse (« ne cadant ») puis au ténor ; de même, le premier « Agnus Dei » a le plain-chant au ténor, tandis que les deuxième et troisième le font monter à la voix supérieure. Une variété encore plus grande s'observe dans les trois versets du trait *« Absolve »*, où le thème émigre du ténor dans le premier à la basse dans le troisième, le deuxième verset étant quant à lui confié aux seules trois voix aiguës avec « cantus firmus » au soprano. Il arrive d'autre part que les motifs liturgiques donnent lieu à un jeu serré d'imitations où toutes les voix fusionnent en une trame compacte : voir p. ex., dans le *Kyrie*, le « Christe » central mais le second « Kyrie » qui suit ramène au ténor I le « cantus firmus » en augmentation rythmique (doubles rondes), entouré d'imitations en valeurs normales et diminuées (blanches). Un passage de l'offertoire s'affranchit même pendant quelques mesures de la mélodie liturgique, afin de souligner par une descente aux degrés graves le « lac profond » de l'enfer qu'évoque le texte : intention figuraliste exceptionnelle dans un discours étranger par ailleurs à toute dramatisation. L'imprégnation grégorienne du style se traduit enfin par les intonations de la basse en plain-chant commençant chaque section (et certaines parties de sections).

L'écriture polyphonique, nourrie des thèmes grégoriens, se caractérise par un heureux équilibre entre la science d'un contrepoint savant et la sobriété d'une expression calme et sereine, perceptible surtout dans les passages plus simples, d'allure quasi homophone (verset du *Kyrie*, *Agnus Dei*). Cet équilibre s'établit en fait entre la tradition médiévale (écriture contrapuntique, technique du « cantus firmus ») et les tendances propres à la Renaissance (simplicité, écriture harmonique, expressivité), les deux composantes s'alliant harmonieusement dans cette œuvre majeure de la maturité de Lassus.

Sources — **a)** Manuscrits : Munich, Staatsbibl., Mus. Ms 2750 (daté de 1580) ; Augsbourg, Staats- und Stadtbibl., 2° Tonk. Schl. 21 (daté de 1613). — **b)** Imprimés : *Patrocinium Musices, Missae aliquot quinque vocum Orlandi de Lasso*, Munich 1589 ; *Corolla Musica Missarum XXVII* [...] *cum basso continuo...*, Trèves 1628 (recueil collectif avec adjonction d'un continuo d'orgue).

Rééditions modernes — Par FR. COMMER, *in* Musica Sacra XII, Berlin 1867 ; par le même, *in* Quinque Missae O. Lassi, Ratisbonne s.d. ; par CH. BORDES, *in* Anthologie des maîtres religieux primitifs II, Paris 1884 ; par S. HERMELINCK, *in* O. di Lasso. Sämtliche Werke, Neue Reihe VI, Kassel, BV, 1966 (avec en annexe le continuo de l'éd. de 1628).

Bibliographie — W. BOETTICHER, O. di Lasso und seine Zeit, Kassel 1958 ; H. LEUCHTMANN, O. di Lasso, Wiesbaden, Br. & H., 1976.

J. VIRET

MISSA PRO DEFUNCTIS, messe de requiem à 5 voix, dite « pour les funérailles des rois de France », d'**Eustache Du Caurroy**, composée vers 1590, la seule messe subsistante sur les trois connues du musicien. (Paris, P. Ballard, 1606, [éd. disparue], 2/1636.) Exécutée sous la direction de N. Formé lors des obsèques d'Henri IV en 1610, la messe des morts de Du Caurroy ne devait pas tarder à devenir le support musical imposé aux services funèbres royaux, célébrés en la basilique de Saint-Denis, jusqu'à la Révolution.

Écrite pour 5 voix a cappella, comme l'exige la tradition (refusant toute immixtion instrumentale en signe de deuil), la *Missa pro defunctis* comprend 8 pièces distinctes (auxquelles il faut peut-être ajouter le *« Pie Jesu »* transcrit par M. Mersenne dans l'*Harmonie universelle*, livre VII, p. 62) : *Requiem*, *Kyrie*, Graduel *« Si ambulem »*, Offertoire *« Domine Jesu Christe »*, *Sanctus*, *Agnus Dei*, *« Lux aeterna »*, *« Libera me »*. La présence de l'offertoire *« Domine Jesu Christe »*, du répons-graduel *« Si ambulem in medio umbrae mortis »* et de l'antienne *« Virga tua »* dénotent la suprématie de l'église parisienne sur le rite romain en un lieu géographique situé autour de la capitale. L'omission du *« Dies irae »* appelle à une interprétation identique émanant de ce même contexte religieux : au XVIe s., Paris exprimait encore sa réticence à introduire cette pièce qui n'intégrera le missel parisien qu'en 1585, sous une forme discrète.

Rééditions modernes — Par E. MARTIN et J. BURALD, Paris, Salabert, 1951-52 ; par M. SANVOISIN, Paris, Heugel, 1983.

Bibliographie — M. HUGLO, A propos du Requiem de Du Caurroy, *in* RMie LI, 1965.

M. LEROUX

MISSA PRO DEFUNCTIS, messe de requiem à 5 voix d'**Étienne Moulinié**, dédiée « à MM du Vénérable Chapitre de l'église métropolitaine de Narbonne » (Paris, P. Ballard, 1636). Elle dut souvent rehausser l'apparat de nombreux services funèbres dirigés par son auteur : office commémoratif de la mort de son frère Antoine (1658), anniversaires des décès de Gaston d'Orléans (1661) et du prince de Conti (1665). Seul un exemplaire en est encore conservé de nos jours (Paris, BN) mais il souffre de grosses altérations : il manque les folios 13-16 sur les 22 initiaux, correspondant à la fin du *« Pie Jesu »*, l'*Agnus Dei* et la fin du *« De profundis »* ; d'autres pages sporadiquement dégradées laissent illisibles certains fragments du *« Libera me »*. Vanté par A. Gantez — « et moi qui n'ay jamais sçeu faire une Messe des Morts, faudra maintenant que je force ma veine et mon naturel, si je ne me sers de celles de Du Caurroy ou de Moulinié, qui sont les meilleures qui ayent encore paru » —, le Requiem faisait l'admiration de la corporation musicienne du royaume. Privée de séquence et de trait, la messe de Moulinié comprend, en revanche, deux graduels : l'un « ad usum romanum » l'autre « ad usum parisiensem ». De son côté, le *« Libera me »* n'utilise que le verset *« Dies irae »*, la reprise s'effectuant toutefois sur « Quando cœli movendi sunt » et non sur « Dum veneri judicare », selon l'usage vatican.

Fidèle à la tradition établie selon laquelle une messe de requiem est écrite en un style contrapuntique sévère, Moulinié se situe en marge de son œuvre restante, qui privilégie volontiers l'emploi de nouveautés syntaxiques du « stile moderno ». La notation fait appel à une écriture losangée et à une musique non mesurée avec ingérence de ligatures. Le style, empreint de solennité et d'ampleur, rappelle les tentatives des polyphonistes de la fin du XVIe s. (Bournonville, Du Caurroy), en une pièce où imitations, contrepoint, modes ecclésiastiques, mise en lumière de certains termes agrémentés de courtes vocalises (« coeli », « terra », « morte » dans le *« Libera me »*), stricte égalité des composantes chorales ressortent au premier plan. Seuls quelques épanchements vers le futur concept de tonalité et l'utilisation d'un récitatif syllabique (« Tu suscipe ») révèlent l'influence d'un langage nouveau, inspiré des ressources dramatiques.

Rééditions modernes — Par D. LAUNAY, Paris, Heugel, 1952.

Bibliographie — N. DUFOURCQ, Autour des Moulinié, *in* Recherches IV, Paris, Picard, 1962.

M. LEROUX

MISSA PRO DEFUNCTIS, de **Joan Cererols**, pour double chœur et orgue. (Durée : 45 min environ.)

Parmi les œuvres subsistantes de ce maître de l'Escolania de Montserrat, cette messe des défunts est sans aucun doute la partition la plus importante ; c'est aussi l'un des chefs-d'œuvre de la musique sacrée espagnole du XVIIe siècle. Elle comprend tous les textes liturgiques du commun et du propre, mais aussi le répons *« Libera me »* chanté à l'issue de la messe pour la bénédiction du cercueil, ainsi qu'un motet « per llevar Déu » chanté après l'élévation. Le texte de ce motet est celui du premier répons du deuxième nocturne des Matines des défunts (*« Heu mihi, Domine, quia peccavi nimis »*). Il n'est pas certain que la séquence *« Dies irae »* fasse partie de cette messe puisqu'elle n'existe que dans une seule des sources manuscrites (cathédrale de Lleida), mais on sait qu'elle figurait dans les offices du monastère, habituellement sous la forme présentée ici, celle qui fait alterner le plain-chant des moines avec la polyphonie de la « capilla » (chœur constitué par les voix des garçons de la maîtrise et les voix graves des moines).

Le double chœur se répartit en 7 voix : S A T - S A T B. Il est possible que le premier chœur ait été normalement chanté par trois solistes, alors que le second comprenait toute la maîtrise et une bonne partie des moines. On sait que Cererols a bien connu les œuvres de Victoria et une partie de celles de M.-A. Charpentier (certaines d'entre elles ont été interprétées à Montserrat jusque vers la fin du XVIIIe siècle). Telle page de Cererols (p. ex. le Psaume 126 à 9 voix) est trop proche de Monteverdi pour que l'on puisse penser qu'il n'a pas connu l'œuvre de ce dernier. Il est d'autant plus remarquable que les compositions de Cererols, et tout spécialement cette messe, témoignent d'une forte personnalité tout en s'inscrivant dans la continuité d'un climat musical spécifique des musiciens qui se sont succédé à l'abbaye depuis le XVe siècle.

Connaisseur de la tradition musicale liturgique, J. Cererols est pourtant tourné vers l'avenir. Son contrepoint est souvent audacieux et ne craint pas des dissonances très modernes. On trouve dans sa messe les imitations, progressions et répétitions caractéristiques des compositeurs les plus contemporains, mais surtout une fluidité et une fraîcheur de la mélodie qui lui sont propres. Elles s'expliquent aussi bien par le milieu rural de Martorell dont il est issu que par le climat spirituel intense de sa communauté bénédictine. Le *« Dies irae »*, véritable ballade marine sur le plain-chant traditionnel mais mesuré à trois temps et alternant avec lui, en est une illustration frappante, tout comme le fait qu'il compose les 16 premiers tercets du poème sur trois modèles différents et qu'il fasse des 3 derniers une composition suivie.

Si la plupart des autres messes de Cererols sont monothématiques, dans ce Requiem chaque partie est, au contraire, traitée comme un motet indépendant où la multiplicité des thèmes exprime de manière très prégnante les paroles chantées, sauf dans la séquence qui est entièrement homophone. La ferveur de l'inspiration qui ne retombe jamais confère une puissante unité à l'ensemble des 10 pièces, tout comme le retour d'un thème qui apparaît pour la première fois dans la partie d'alto du second chœur à l'introït **A** et que l'on retrouve tout au long de la messe, jusqu'au *« Libera me »*. Les intonations grégoriennes illustrent la proximité de l'écriture du plain-chant. Il est remarquable aussi que la partition est dominée par le mode majeur : il sert ici d'expression à la sérénité et à la paix que présente aux détenteurs de la foi le repos dans le Seigneur. Même lorsque, comme dans le graduel, il commence dans le relatif mineur (*la* ♭) de la tonalité principale, on entend souvent *fa* min., ce qui crée un climat à la fois recueilli et confiant. Le dernier « Kyrie » du *« Libera me »* conclut ce chef-d'œuvre par un contrepoint à la fois expressif et orné. Quoique l'on ignore la date de composition, il s'agit sans aucun doute d'une œuvre tardive de Cererols : en témoignent les proportions importantes, l'inspiration soutenue, l'aisance du contrepoint, les combinaisons variées entre les deux chœurs et le caractère audacieux de certaines solutions techniques.

Éditions modernes — Par D. Pujol, *in* Mestres de l'Escolania de Montserrat. J. Cererols II, Montserrat 1931.

Bibliographie — J. Subirá, art. Cererols *in* MGG II, 1952 ; Dom A. Caralt, L'Escolania de Montserrat, Montserrat 1955 ; Dom I. Segarra, J. Cererols, sa vie, son œuvre et la Missa di Difunts, Paris 1960 ; voir aussi la préface de l'édition (voir ci-dessus).

C. de Nys

Missa pro defunctis, pour 4 voix (sop., alto, ténor, basse) et b.c., de **Joan Cererols** (1618-1676), transmise par une copie manuscrite du XVIIIe s. conservée à l'abbaye de Montserrat (Ms. 25). (Durée : 35 min environ.)

L'œuvre se subdivise en 10 sections, correspondant aux divers chants de la → Messe des morts grégorienne à l'exception du trait *« Absolve »*, mais en y incluant le répons *« Libera me »* et avec un *Benedictus* détaché du *Sanctus*. C'est la plus dépouillée des 4 messes (dont deux messes des morts) qui nous soient parvenues de Cererols, les trois autres étant écrites pour deux ou trois chœurs. C'est aussi la plus liturgique d'esprit, la plus archaïsante et la plus proche du style sévère de la polyphonie vocale a cappella, en dépit d'un continuo (d'orgue) doublant la basse vocale. Qu'il ne s'agisse pas cependant d'un pastiche épigonal du style palestrinien, cela est prouvé par la nature du langage harmonique qui use assez largement des accords de 7e (voir l'ex. cité p. suiv.), et plus encore par la qualité même de la musique : on voit ainsi que le style polyphonique rigoureux pouvait demeurer une langue vivante chez un compositeur qui était de deux générations le cadet de Cl. Monteverdi. La simplicité d'écriture répond en effet à un parti pris d'intériorité et d'uniformité qui n'exclut pas la profondeur d'expression.

La plupart des sections s'appuient sur les mélodies grégoriennes, souvent traitées à la manière d'un « cantus firmus » en notes longues régulières à la voix supérieure ou au ténor (Introït, *Kyrie*, Offertoire, Communion), ou par quelques phrases maintenues sous leur aspect mono-

A **Missa pro defunctis** (pour double chœur) de J. Cererols

dique selon une pratique courante en Espagne surtout (→ *Officium defunctorum* de T. L. de Victoria) ; ces citations interviennent même en l'absence de « cantus firmus », ainsi dans l'*Agnus Dei* et le *« Libera me »*. Plusieurs sections, néanmoins, sont dépourvues de toute référence grégorienne. Partout, le discours se tient à mi-chemin entre le contrepoint linéaire et l'homophonie, avec quelques imitations simples, notamment dans le *Benedictus* et la communion. Les thèmes grégoriens ne donnent jamais lieu à un développement polyphonique et se limitent strictement à leur fonction de « cantus firmus ». La partie la plus remarquable — et la plus dépouillée — est la séquence *« Dies irae »*, d'une écriture entièrement homophone, qui adapte à la polyphonie la structure et l'esprit du modèle monodique sans jamais le citer textuellement. La voix supérieure se meut d'un bout à l'autre entre les bornes du pentacorde *do-sol* sur tonique *ré*, à l'exemple de la première phrase de la séquence monodique. Le plan formel reproduit en outre les répétitions de phrases propres à la séquence et suggérant un dialogue entre deux chœurs (la fin du chant, cependant, reprend des phrases déjà entendues). Ces phrases se ressemblent avec leurs cadences parfaites identiques sur l'accord de *ré*, comme autant de variantes d'un même schéma et cette économie de moyens n'empêche nullement une grande attention accordée au sens des paroles, tel ce piétinement sur la tonique *ré* pour traduire la contrition du pécheur suppliant **A**. On signalera enfin, dans cette section comme dans les autres, le large usage de la syncope, généralement dissonante : d'où enrichissement de l'harmonie et assouplissement de la rythmique, toujours binaire.

Éditions — Par D. Pujol, *in* Mestres de l'Escolania de Montserrat II, Montserrat 1931.

J. Viret

Missa prolationum, messe à 4 voix de **Johannes Ockeghem**, qui constitue une prouesse d'écriture comparable à des œuvres plus tardives comme la → *Missa « ad fugam »* de Josquin des Prés. Elle est composée librement — sans emprunt — et Ockeghem n'y utilise pas de motif de tête. La cohérence du cycle s'appuie sur deux procédés : la présence simultanée des 4 prolations et l'emploi constant du canon.

On appelle prolation la manière de diviser la semi-brève en minimes (majeure = ◆ = ♩ ♩ ♩ ou mineure ◆ = ♩ ♩). Mais dans le sens plus général adopté par Philippe de Vitry, le terme désigne à la fois le mode de division de la brève et de la semi-brève (soit le temps et la prolation proprement dite). Il existe 4 combinaisons possibles : temps parfait / prolation majeure ; temps parfait / prolation mineure ; temps imparfait / prolation majeure ; temps imparfait / prolation mineure. Ockeghem applique simultanément dans chaque pièce ces 4 divisions : la messe étant écrite à 4 voix, chacune des voix illustre l'une de ces possibilités. Par exemple, dans le *Kyrie*, les deux voix supérieures ont toutes deux la prolation mineure, mais le supérius est en temps imparfait et le contraténor en temps parfait ; de la même manière, dans les deux voix inférieures la prolation demeure majeure, tandis que le ténor est en temps imparfait et la basse en temps parfait.

Liées deux par deux par leur prolation, les voix s'imbriquent également dans un système de double canon fonctionnant d'un bout à l'autre de la messe. Ces canons présentent la particularité d'élargir d'une pièce à l'autre l'intervalle entre « dux » et « comes » ; en voici le plan :

« Kyrie »	canon à l'unisson	S/CT	T/B
« Christe »	canon à la 2de entre 2 v. alternées (duos)		
« Kyrie »	canon à la 3^{ce}	S/CT	T/B
Gloria	canon à la 4te	S/CT	T/B
Credo	canon à la 5te	S/CT	T/B
Sanctus	canon à la 6te	S/CT	T/B
« Pleni sunt »	canon à la 7^{e}	(duo S/CT)	
« Osanna »	canon à l'8^{ve}	(4 v.)	
« Benedictus »	canon à la 4te entre duos successifs		
« Agnus » I	canon à la 4te	S/CT	T/B
« Agnus » II	canon à la 5te, en augmentation, S/CT		
« Agnus » III	canon à la 5te	S/CT	T/B

Des sens symboliques s'attachent à cette construction : à la fois le fait d'élever l'âme tout au long du déroulement de la messe (canon de l'unisson à la septième), mais aussi par l'élargissement progressif de l'intervalle entre « dux » et « comes », l'idée pour le chrétien d'ouvrir son cœur.

Le compositeur faisant le plus souvent commencer les mouvements à 4 voix sans décalage, il se produit donc en début de texte une manière d'adaptation ou de rattrapage de deux des voix, donnant l'impression d'une augmentation irrégulière **A**.

Malgré la difficulté de l'entreprise (mener de front le double canon et l'usage simultané des 4 prolations), cette messe est pleine de grâce et d'euphonie. Comme le dit L.L. Perkins, elle représente la plus belle construction contrapuntique du XVe siècle.

Sources principales — Rome, Bibl. Vat., Cod. Chigi C VIII 234 ; Vienne, Österr. Nationalbibl., Cod. 11. 883.

Éditions modernes — Par D. Plamenac, *in* J. Ockeghem. Collected works II, New York, Amer. Musicological Soc. 1947, 2/1966 ; le *Sanctus* par J. Schmidt-Görg, *in* Die Messe, Das Musikwerk, n° 30, Cologne, A. Volk, 1967.

Bibliographie — G. Reese, Music in the Renaissance, New York, Norton, 1954, 2/1959, pp. 134-135 ; voir aussi la bibliogr. de l'art. *Missa « sine nomine »* de J. Ockeghem.

D. Patier

Missa quarti toni (Messe du 4e ton), à 4 voix, de **Tomás Luis de Victoria**, publiée dans le second livre de ses messes, *T. L. de Victoria* [...] *Missae, IV, V, VI et VIII voc. concinendae...*, Rome, Coattino, 1592 ; durée : 17 min environ.)

Comme en ses autres messes, Victoria se conforme dans la *Missa quarti toni* aux modèles de son maître G. P. da Palestrina : il y atteint à la claire perfection d'une écriture polyphonique limpide, caractérisée par un heureux équilibre entre la richesse du contrepoint en imitations et l'euphonie de la consonance verticale. Contrairement à l'habitude, la composition n'est point issue d'un matériau préexistant — thème liturgique ou motet polyphonique — mais trouve son unité formelle et structurale en imitant librement les tournures mélodiques du 4e mode grégorien, le plagal de *mi*, qui a donné son nom à l'œuvre. La mélodie inscrit son parcours au sein du tétracorde *mi-la* (avec *sol* fréquemment diésé) dont les bornes sont déterminées par la tonique et la dominante du mode, tout en annexant le tricorde aigu *la-do* (qui s'agrandit parfois, avec un *do* ♯, en tétracorde *la-ré*) emprunté à l'authente de la même tonique *mi*. Ce schéma mélodique, d'essence modale si on le considère en soi, prend souvent un aspect tonal en vertu des accords du ton de *la* min., avec impression modulante en *ré* min. au cas où un *do* ♯ majorant l'accord de *la* confère à celui-ci une valeur de dominante, ou, plus rarement, en *do* maj. (début du *Gloria*). Mais toutes les sections s'achèvent sur l'accord majeur de *mi*, habitude couramment observée jusqu'à l'époque baroque dans le traitement harmonique du 4ᵉ mode liturgique ; cet accord terminal n'a donc nullement ici un sens suspensif.

L'écriture polyphonique à 4 voix, d'autre part, s'allège d'une des parties graves dans le « Christe » (sans ténor) et dans le *Benedictus* (sans basse). Le style contrapuntique régit entièrement le *Kyrie*, le *Sanctus* et l'*Agnus Dei*, ce dernier tout particulièrement par l'adjonction d'une 5ᵉ voix (cantus II) reproduisant en canon à l'unisson le cantus I : cette amplification contrapuntique et sonore de la section conclusive est commune à de nombreuses messes de cette époque. Les sections plus longues du *Gloria* et du *Credo*, quant à elles, diversifient la trame vocale en faisant alterner l'homophonie et la polyphonie, comme le montre notamment l'un des passages les plus remarquables de la messe, à savoir dans le *Credo* l'évocation de l'Incarnation (« Et incarnatus est ») précédée par la descente mélodique aux mots « descendit de coelis », exemple exceptionnel de figuralisme dans un langage par ailleurs peu soucieux d'exprimer avec précision le contenu du texte **A**. On relèvera aussi, à cet endroit, le changement rythmique du binaire au ternaire, autre artifice employé avec bonheur dans le *Gloria* et le *Credo*. Sous l'angle thématique enfin, on ne rencontre guère de motifs repris d'un mouvement à l'autre ; on observe au contraire un souci de variété dans la direction respective (ascendante, descendante ou rectiligne) du dessin mélodique initial de chaque section.

De conception simple et d'accès facile, la *Missa quarti toni* demeure à juste titre l'un des fleurons les plus populaires de la polyphonie renaissante.

Rééditions modernes — Par C. Proske, *in* Musica Divina I/1, Regensburg 1853 ; par Ch. Bordes, *in* Anthologie des Maîtres religieux primitifs I, Paris 1893 ; par F. Pedrell, *in* T. L. de Victoria,

A **Missa pro defunctis** (pour quatre voix) de J. Cererols

A **Missa prolationum**

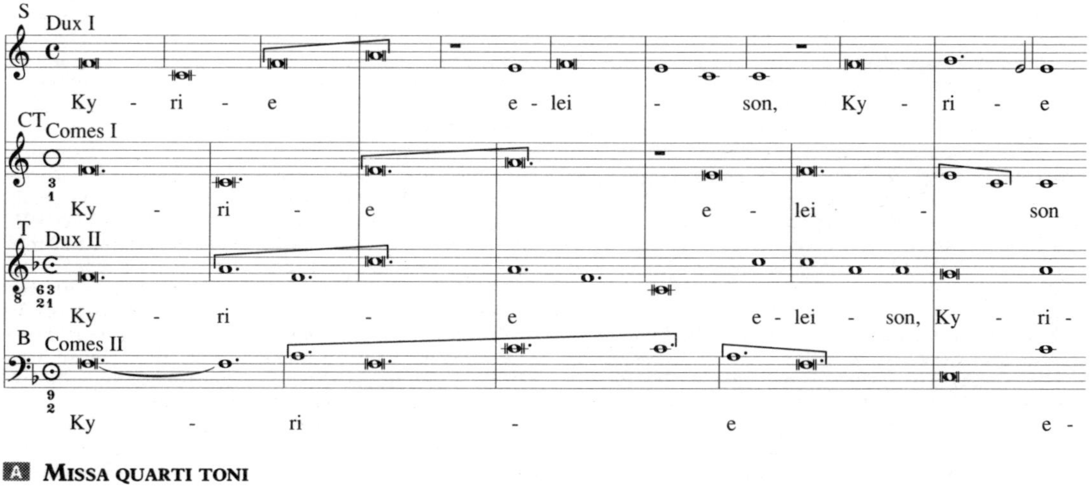

A **Missa quarti toni**

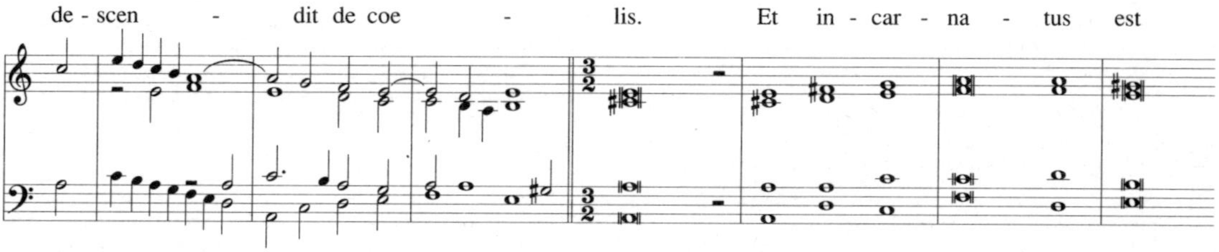

Opera omnia II, Leipzig, Br. & H., 1903 ; par A. BANK, Amsterdam, l'Auteur, 1950.

J. VIRET

MISSA QUINTI TONI, messe à 3 voix de **Johannes Ockeghem**. Bien qu'aucune de ses messes polyphoniques ne soit datée, on peut logiquement penser que les deux messes à 3 voix (*Missa quinti toni* et → *Missa « sine nomine »*) sont les plus précoces. Écrit sur finale *fa* (cinquième ton), cet ordinaire polyphonique ne s'appuie, à notre connaissance, sur aucune mélodie empruntée. L'unité musicale est assurée par le « ton » et par l'emploi d'un motif de tête aux trois voix, ouvrant chacune des 5 parties de cette messe.

La cohésion réside également dans l'usage exclusif de divisions binaires.

Contrairement à une pratique alors répandue, le *Gloria* ne comporte pas de sections en duo : une certaine monotonie pourrait naître de la permanence d'un même effectif vocal si le texte n'était animé de grands élans ascendants (p. ex. au supérius, ligne conjointe couvrant une onzième, mes. 105-108). En revanche, dans les *Credo*, *Sanctus* et *Agnus Dei* alternent sections à 3 voix et duos (p. ex. S/CT puis CT/B dans l' « Et incarnatus »). On remarque de fréquentes imitations en très courts motifs échangés le plus souvent entre supérius et ténor (*Gloria* mes. 59-61, 64-65 et 98-106), ou encore dans les « Amen » du *Credo* et du *Gloria*, où elles constituent des éléments de tension. Les rapports verticaux entre les voix admettent largement la tierce, donnant une euphonie qu'assouplit encore la fluidité du gymel (« Christe », mes. 28-29, S/B). Enfin, Ch. van den Borren a fait remarquer le souci d'illustration musicale des mots : on note ainsi dans le *Credo* le brusque changement de registre sur les mots « vivos et mortuos » (mes. 138-140), ou encore l'entrée du supérius dans l'aigu sur la phrase « Et ascendit in caelum » (mes. 108-112).

Sources — Rome, Bibl. Vat., Codex Chigi C VIII-234 » ; Bruxelles, Bibl. royale, Ms. 5557.

Éditions — Par D. PLAMENAC, *in* PäM I/2, Leipzig, Br. & H., 1927, réimpr. Hildesheim, Olms, 1968, éd. révisée New York, Amer. Musicological Soc., 1959.

Bibliographie — P. WAGNER, Geschichte der Messe I, Leipzig 1913 ; CH. VAN DEN BORREN, Le madrigalisme avant le madrigal, *in* Fs. G. Adler, Vienne 1930 ; E. KRENEK, A discussion of the treatment of dissonances in Ockeghem's masses as compared with the contrapuntal theory of J. Tinctoris, *in* Hamline Studies in Musicology II, Hamline Univ., St. Paul, 1947 ; du même, J. Ockeghem, Londres 1953 ; R. ZIMMERMANN, Stilkritische Anmerkungen zum Werke Ockeghems, *in* AfMw XXII, 1965 ; M. HENZE, Studien zu den Messenkompositionen J. Ockeghems, *in* Berliner Studien zur Musikwissenschaft XII, 1968 ; L. L. PERKINS, art. Ockeghem, *in* Grove, 6/1980.

D. PATIER

MISSA SACRA, op. 147, de **Robert Schumann**, pour sop., ténor et basse soli, chœur et orchestre, composée en 1852. (Réd. cht et p., Leipzig, Rieter-Biedermann, 1862.) C'est l'avant-dernière composition inscrite par le musicien dans son catalogue d'opus.

Schumann, qui avait succédé à F. Hiller comme directeur municipal de la musique à Düsseldorf, avait de plus en plus de difficultés avec ses employeurs et ses musiciens en dépit du succès de ses concerts. Il est possible qu'il ait envisagé, par la composition d'une messe, de conquérir de nouveau ses détracteurs. Il est très probable aussi qu'il ait voulu se manifester par un ultime chef-d'œuvre (dans tous les sens du terme), dans un genre illustré par J. S. Bach, Mozart et Beethoven.

C'est le chœur et l'orchestre symphonique qui constituent la trame de la partition ; ténor et basse soli n'ont que de brèves interventions. En revanche, le soprano a un véritable motet avec violoncelle solo et orchestre à cordes sur le texte marial latin *« Tota pulchra es »* (n° 4, Offertoire). Schumann a noté dans son journal la date de cette composition (23 mars 1852), sans doute parce qu'il avait conscience de la réussite exceptionnelle de cette page, comparable à ses plus beaux lieder. Le prélude orchestral introduit à un *Kyrie* retenu ; le chœur généralement homophone se diversifie parfois en formation canonique. *Gloria* et *Credo* constituent chacun un grand mouvement symphonique, les chœurs étant tantôt homophones, tantôt en un contrepoint très élaboré et toujours dans des harmonies typiquement schumaniennes. L'effet du « Gratias agimus » est renforcé par le dialogue entre le soprano solo et le chœur. Dans le « Cum Sancto Spiritu » le compositeur évoque la tradition du style d'église par deux fugatos avant de reprendre le début. On relève aussi les solos de violoncelle ; Schumann disposait dans son orchestre de remarquables instrumentistes auxquels il a dédié son concerto pour cet instrument. Si l'*Agnus Dei* est strictement liturgique dans sa structure et dans sa réalisation, l'immense *Sanctus-Benedictus* — un mouvement presque aussi long que le *Kyrie* et le *Gloria* réunis — est une page grandiose et surprenante. Dans cette structure monumentale, Schumann introduit aussi le texte du motet au saint sacrement *« O salutaris hostia »* et, ce qui est plus inattendu, une imposante fugue finale sur le mot « Amen ». L'évocation de l'« Osanna » dans les cieux a conduit à celle de l'éternité bienheureuse, la sortie du temps dans la durée ayant toujours été exprimée dans la musique d'église par cette sorte de mouvement perpétuel qu'est la fugue. On y relève aussi de nombreux passages des vents qui sont traités comme des mixtures de l'orgue. Quoique l'œuvre ait été composée au moment où une profonde dépression allait conduire Schumann au saut dans le Rhin à Endenich, l'importance et la qualité de cette messe ne laissent percevoir en aucun endroit la crise qui s'annonçait dans la vie du musicien et qui devait mettre fin à ses forces créatrices. Longtemps oubliée ou négligée, cette messe a retrouvé récemment le chemin du concert spirituel.

Rééditions modernes — Par CL. SCHUMANN, J. BRAHMS et autres, R. Schumann. Werke, Leipzig, Br. & H., 1881-93, vol. IX/9.

Bibliographie — A. BOUCOURECHLIEV, R. Schumann, *in* Coll. Solfèges, Paris, Éd. du Seuil, 1956 ; Y. TIÉNOT, R. Schumann, l'homme à la lumière de ses écrits, Paris 1959.

C. DE NYS

MISSA SALISBURGENSIS (Messe de Salzbourg). La partition manuscrite de cette œuvre, conservée au

Museum Carolino Augusteum de la ville des princes-archevêques depuis 1884, est sans doute la plus grande connue : 80×57 cm. L'archiviste de l'époque l'avait attribuée à Orazio Benevoli (1605-1672), le maître romain de la polychoralité, en précisant que l'œuvre avait été destinée à la consécration de la cathédrale baroque de Salzbourg le 24 sept. 1628. Cette messe convenait effectivement à la consécration sonore de son impressionnant espace, puisqu'elle comporte 7 « chœurs » : I, 8 voci in concerto (S S A A T T B B) ; II, 2 vl., 4 violes (alto à cordes) ; III, 2 htb., 4 fl., 2 clarini ; IV, 2 cornetti, 4 trb., V, 8 voci in concerto (comme I), 2 vl., 4 violes ; VI, 4 trp., timb. ; VII, 4 trp., timb., avec deux orgues. Au total, donc, 54 systèmes superposés, les voix et les instruments situés suffisamment loin les uns des autres pour obtenir un effet réellement tétraphonique de prise de possession de l'espace sonore. Les différentes parties sont indiquées alternativement « solo » et « ripieno » (plusieurs par partie). Un tel effectif doit être mis en œuvre à travers des structures très claires et des plans harmoniques étendus. On y relève pourtant des tournures quasi expressionnistes dans les « miserere » de l'*Agnus Dei*, ou les couleurs harmoniques inattendues de l'« Et incarnatus est » (*la* min.), du « Qui sedes ad dexteram » (*mi* min.), et surtout du sombre « Crucifixus ».

Les recherches musicologiques des années 1960 ont permis d'établir que cette messe ne ressemble pas aux autres messes de Benevoli ; celui-ci soutient toujours ses chœurs vocaux (jusqu'à 12 x 4 voix) par la seule basse continue et n'écrit jamais de parties instrumentales indépendantes. D'ailleurs, le compositeur romain n'a séjourné que quelques mois en Autriche (en 1645), au service de l'archiduc Léopold Guillaume à Vienne. Surtout, les documents contemporains parlent d'une messe à 12 chœurs pour la consécration de la cathédrale et celle-ci était probablement du maître de chapelle de l'époque, Steffano Bernardi. Enfin, l'écriture de la partition se situe nettement, comme le style de l'œuvre, dans le 2de moitié du XVIIe siècle. On a donc suggéré que cette messe pourrait avoir pour auteur Andreas Hofer (1629-1684) ou plutôt le grand Heinrich Ignaz Franz Biber (1644-1704). La messe a pu être écrite pour le 11e centenaire de la fondation de l'abbaye de Salzbourg par saint Rupert (682). D'ailleurs, la messe est suivie dans la partition manuscrite par une hymne à saint Rupert, *« Plaudite tympana »*, pour les mêmes effectifs que ceux de la messe.

Bibliographie — E. Hintermaier, Missa Salisburgensis und Hymnus « Plaudite tympana », notice jointe à l'enregistrement Harmonia Mundi, Fribourg-en-Brisgau 1974.

C. de Nys

Missa sancti Antonii Viennensis, messe à 3 voix, transmise par les codices de Trente 90 (n° 866) et 88, longtemps considérée comme une composition d'origine douteuse, attribuée à **Guillaume Dufay**. D. Fallows (*Dufay*, pp. 182-185) a montré qu'il s'agit bien d'une œuvre de Dufay, mais dédiée à saint Antoine de Padoue et non à saint Antoine, abbé de Vienne, et probablement exécutée à Padoue en 1450.

Bien que ne comportant pas d'élément unificateur (ni « cantus firmus » ni motif de tête), ce cycle paraît appartenir à la période de maturité de Dufay par la virtuosité de son écriture : on y remarque le large ambitus du supérius (*sol* 2 - *fa* 4) dans le second « Agnus », la variété des divisions rythmiques utilisées (p. ex. dans le *Gloria*) et le fréquent usage des imitations.

Cette messe ménage des oppositions entre sections en duo et à trois (dans les *Gloria*, *Credo*, *Sanctus*, et *Agnus*), procédé couramment utilisé par Dufay dans ses motets pour structurer le texte. Le souci de l'expression se fait jour dans l'apparition de quelques figuralismes : signalons la grande vocalise au supérius sur « altissimus », avec sa ligne en arc et la précipitation des valeurs (*Gloria*, mes. 194-197) ou encore la direction ascendante de la formule « et ascendit in caelum » (*Credo*, mes. 139-142, voir ex. ci-dessus). Bien que ne témoignant pas d'unité musicale, la *Missa sancti Antonii Viennensis*, par la qualité de l'écriture et le soin apporté à la conduite mélodique, constitue probablement une œuvre de maturité de Dufay, que D. Fallows rapproche de chansons comme *« Adieu m'amour »*.

Éditions — Par H. Besseler, *in* G. Dufay. Opera omnia II, Amer. Inst. of Musicology, 1960 ; en facs. par R. Bockholdt (voir ci-dessous).

Bibliographie — H. Besseler, Neue Dokumente zum Leben und Schaffen Dufays, *in* AfMw IX, 1952 ; R. Bockholdt, Die frühen Messenkompositionen von G. Dufay I, Tutzing 1960, pp. 82-102 ; Ch. Hamm, A chronology of the works of G. Dufay based on a study of mensural practice, Princeton 1964 ; A. E. Planchart, G. Dufay's Masses : a view of the manuscript tradition, *in* A. W. Atlas (éd.), Dufay quincentenary conference, New York 1976 ; D. Fallows, G. Dufay, Londres, Dent, 1982, pp. 182-192.

D. Patier

Missa sancti Bernardi von Offida, messe de **Joseph Haydn**, voir Heiligmesse.

Missa sanctificationis sancti Joannis Nepomuceni, d'**Antonio Caldara**, pour sop., alto, ténor et basse soli, double chœur et orchestre, créée à Prague, dans la cathédrale Saint-Guy, sur le Hradschin, en mai 1726. (Durée : 45 min environ.)

Dans la nuit du 15 au 16 mai 1383, l'archevêque de Prague Jean de Népomucène fut jeté dans la Moldau du haut du pont Charles parce qu'il n'avait pas voulu trahir le secret de la confession. La chronique rapporte que son cadavre, nimbé d'une lumière surnaturelle, flottait à la surface du fleuve et que la population le transporta dans la chapelle proche des Pères Croisiers en chantant des cantiques. En 1715, l'empereur obtint que Rome ouvrît le procès de canonisation de l'archevêque martyr et en 1726 parut la bulle de canonisation signée par le pape Benoît XIII. Ce fut l'occasion de grandes festivités qui se perpétuent annuellement depuis lors ; aujourd'hui c'est le Printemps musical de Prague.

Le maître de chapelle impérial A. Caldara composa successivement un oratorio *San Giovanni Nepomuzeno* (commande du prince-archevêque de Salzbourg) et une messe solennelle retrouvée au cours des années 1950, œuvre monumentale qui annonce à plus d'un titre les grandes partitions de J. S. Bach ; celui-ci a d'ailleurs copié un *Magnificat* de Caldara pour le donner dans la liturgie de Noël à Saint-Thomas. Ce qui différencie les deux musiciens, c'est la tendance du Vénitien à conjuguer le contrepoint le plus savant avec des mélodies quasi populaires (Caldara a composé près de 120 opéras et oratorios dans le plus pur style du « bel canto »).

Pourtant, les parties confiées aux solistes ne sacrifient jamais à la pure virtuosité, pas plus que la partie d'orgue concertant. Les doubles chœurs ont le mouvement et la monumentalité de la tradition polychorale de Saint-Marc à Venise. Lorsque les solistes ont des parties plus ornées, l'accompagnement instrumental accentue par opposition le style contrapuntique, comme p. ex. dans le trio « Et unam sanctam ». Le thème de la fugue du « Cum Sancto Spiritu » (accord de quinte de la tonalité d'*ut* maj.) a des allures beethovéniennes. La fugue grandiose sur « Et vitam venturi saeculi. Amen » est une page majeure de la musique sacrée baroque à son apogée. Ce chef-d'œuvre d'idéale adaptation fonctionnelle à la liturgie respire aussi une intense joie sonore servie par une invention jaillissante et une écriture magistrale.

Éditions modernes — Prague, Artia, 1964.

Bibliographie — E. I. Luin, Sulla vita et sulle opere di A. Caldara, *in* La scuola veneziana, Sienne 1941 ; U. Kirkendale, A. Caldara, sein Leben und seine venezianisch-römischen Oratorien, Graz, Böhlau, 1966.

C. de Nys

Missa sancti Jacobi, messe à 3 et 4 voix, l'une des premières messes polyphoniques complètes, composée par **Guillaume Dufay** vers 1430, transmise par les manuscrits de Bologne, Bibl. G. B. Martini, cod. Q 15 (olim 37), f°s 121-130, et d'Aoste, bibl. du séminaire, Mss 1 et 2.

Ce cycle présente la particularité de mêler des pièces du propre et de l'ordinaire. En voici le plan :

Propre	Ordinaire	Nbre de voix	Origine de la mélodie empruntée
1. Introït		4	T *« Mihi autem »*, fête de saint André (*Liber usualis*, n° 800, p. 1304).
	2. *Kyrie*	3	S, sections C, F et I de l'éd. Besseler : *« Kyrie cunctipotens genitor Deus »*, Messe IV (*Liber usualis* p. 25).
	3. *Gloria*	3	*Gloria* de la Messe II (*Liber usualis* p. 19).
4. Alleluia		4	CF non identifié ; proviendrait-il de l'office rythmique de saint Jacques ?
	5. *Credo*	3	Peut-être apparenté au *Credo* IV (*Liber usualis* p. 71).
6. Offertoire		4	T *« In omnem terram »*, fête de saint Thomas (*Liber usualis* p. 1327).
	7. *Sanctus*	4	T *Sanctus* de la Messe II (*Liber usualis* p. 21).
	8. *Agnus*	4	T *Agnus* de la Messe XI (*Liber usualis* p. 48).
9. Communion		3	S *« Vos qui secutiestis »*, fête de saint Mathieu (*Liber usualis* p. 1392).

Si l'ordinaire seul apparaît dans le Ms. d'Aoste, sous le titre *De Apostolis*, le cycle complet figure dans le Ms. de Bologne avec la dénomination *Missa sancti Jacobi.* L'hypothèse de H. Besseler (AfMw IX) selon laquelle cette messe serait dédiée à Robert Auclou, curé de Saint-Jacques-de-la-Boucherie à Paris vers 1426-27, est abandonnée. A. E. Planchart (*Dufay quincentenary...*) suggère que l'œuvre aurait été écrite à Bologne pour l'église San Giacomo Maggiore en 1427 ou 1428.

Une grande variété préside dans le traitement vocal, ménageant des oppositions entre duos (deux voix solistes ?) et chœur, ou encore faisant apparaître la mélodie empruntée tantôt au ténor, tantôt au supérius. L'introït p. ex. présente dans sa 1re section à 4 voix le texte *« Mihi autem »* au ténor puis dans sa « repetitio » à 3 voix la même mélodie mais au supérius. Enfin, la communion, écrite à 2 voix, constitue un exemple de faux-bourdon, puisque dans le Ms. de Bologne il est précisé que l'on peut chanter un double à la quarte inférieure du triple (ou supérius) et dans les mêmes valeurs ; dans son édition (p. 44), H. Besseler réalise cette version à trois.

Devant cette diversité, on peut se demander s'il existe un élément d'unité dans ce cycle. D. Fallows (*Dufay*, pp. 171-172) a relevé dans les 9 pièces des retours de fragments mélodiques, particulièrement en début et en fin de section, assurant un début de cohésion musicale. Contemporaine de la → *Messe « Resvelliés-vous »*, la *Missa sancti Jacobi* marque une étape dans l'histoire de la messe polyphonique, où l'idée de cycle reste encore floue. La phase suivante sera celle des messes sur « cantus firmus » unique, où sera acquise la notion d'unité musicale.

Éditions — Par H. Besseler, *in* G. Dufay. Opera omnia II, Amer. Inst. of Musicology, 1960.

Bibliographie — H. Besseler, Bourdon und Faux-bourdon, Leipzig, Br & H., 1950, pp. 149-150, pp. 217-218, 2/1974 ; du même, Neue Dokumente zum Leben und Schaffen Dufays, *in* AfMw IX, 1952 ; du même, Das Neue in der Musik des 15. Jh., *in* AMI XXVI, 1954 ; R. Bockholdt, Die frühen Messenkompositionen von G. Dufay I, Tutzing 1960, pp. 111 et suiv. ; Ch. Hamm, A chronology of the works of G. Dufay based on a study of mensural practice, Princeton 1964 ;

A. E. Planchart, G. Dufay's Masses : notes and revisions, *in* MQ LVIII, 1972 ; C. Wright, Dufay at Cambrai, *in* JAMS XXVIII, 1975 ; A. E. Planchart, G. Dufay's Masses : a view of the manuscript tradition, *in* A. W. Atlas (éd.), Dufay quincentenary conference, New York 1976 ; D. Fallows, G. Dufay, Londres, Dent, 1982, pp. 168-173.

D. Patier

Missa sancti Nicolai, de **Joseph Haydn**, voir Messes de J. Haydn.

Missa « sine nomine », de **Guillaume Dufay**, voir Messe « Resvelliés-vous ».

Missa « sine nomine », l'une des deux messes que **Johannes Ockeghem** écrivit à 3 voix, l'autre étant la → *Missa quinti toni*, les musicologues s'accordant à les considérer comme des œuvres de jeunesse. Comme dans la *Missa quinti toni*, le compositeur n'utilise aucune mélodie empruntée et assure la cohésion musicale de l'ensemble par la présence d'un motif de tête figurant au début des 5 pièces de l'ordinaire.

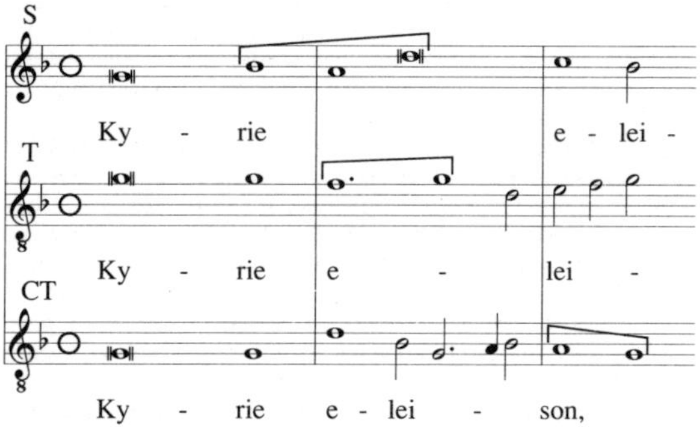

Mais cette messe est infiniment plus riche dans le domaine de l'écriture que la *Missa quinti toni.* En effet, chaque mouvement suit un même ordre de division des valeurs, passant successivement du ternaire au binaire, pour revenir au ternaire. L'éditeur moderne réutilise les signes anciens : ○ ¢ ⏀. On remarquera cet usage d'une même succession des divisions dans d'autres messes d'Ockeghem, qui trouve là un moyen d'assurer l'unité musicale du cycle. De très nombreuses imitations circulent entre supérius et ténor (particulièrement dans le *Gloria* et le *Credo*), ou, plus rarement, aux trois voix (*Gloria*, « Qui tollis », mes. 69-77).

Par le raffinement de son écriture contrapuntique et le souci de la cohérence musicale de l'ensemble en l'absence de « cantus firmus », cette messe semble annoncer les autres ordinaires polyphoniques d'Ockeghem composés librement, comme la → *Missa cuius vis toni*, ou la → *Messe « mi-mi »*.

Sources — Vérone, Bibl. capit., Cod. DCCLIX ; Bruxelles, Bibl. du Cons. royal de musique, Ms. 33346.

Éditions modernes — Voir à l'art. *Missa quinti toni.*

Bibliographie — P. Wagner, Geschichte der Messe, Leipzig 1913 ; E. Křenek, J. Ockeghem, Londres 1953 ; R. Zimmermann, Stilkritische Anmerkungen zum Werke Ockeghems, *in* AfMw XXII, 1965 ; M. Henze, Studien zu den Messenkompositionen J. Ockeghems, in Berliner Studien zur Musikwissenschaft XII, 1968 ; L.L. Perkins, art. Ockeghem, *in* Grove, 6/1980.

D. Patier

Missa « sine nomine », messe à 5 voix incomplète (*Kyrie*, *Gloria*, *Credo*) de **Johannes Ockeghem**, probablement écrite par son auteur à la fin de sa vie. Elle ne doit pas être confondue avec l'œuvre de jeunesse à 3 voix, éditée par D. Plamenac sous le même titre. Selon E. H. Sparks, ces fragments empruntent des mélodies grégoriennes ; le *Gloria* reprend la mélodie du *Gloria* de la Messe XV dont l'incipit passe du supérius au ténor, puis au contraténor, mais transposé. Le *Credo* propose au ténor II une adaptation assez libre du *Credo* I. L'emprunt semble encore plus flou dans le *Kyrie*, dont on pourrait cependant comparer le ténor I avec la mélodie du *Kyrie* de la Messe XVI.

Ces emprunts paraissent se limiter à la phrase d'incipit : si l'on examine le *Credo*, on constate la stagnation de la mélodie du ténor II autour de la tierce *fa-la*, stagnation

encore accentuée par l'écoulement régulier des minimes. Sans doute la simplicité de cette déclamation s'accorde-t-elle bien avec les faibles dimensions de l'œuvre — le *Kyrie* dans son entier comporte 12 mesures ! — et l'absence de toute recherche contrapuntique. On a vraisemblablement affaire à une « missa brevis », qui occupe une place particulière dans la production d'Ockeghem, le paradoxe étant qu'à l'œuvre la plus modeste dans ses proportions corresponde l'effectif vocal le plus important (5 voix).

Sources — Rome, Bibl. Vat., Cod. Chigi C VIII 234.

Éditions modernes — Par D. Plamenac, *in* J. Ockeghem. Collected works, II, New York, Amer. Musicological Soc., 1947, 2/1966.

Bibliographie — Voir celle de l'art. *Messe « mi-mi ».*

D. Patier

Missa « sine nomine », messe canonique à 4 voix de **Josquin des Prés**, imprimée par O. Petrucci dans son *Missarum Josquin liber tertius* (Venise 1514, plus. rééd. jusqu'en 1526), mais également transmise par plusieurs manuscrits dont l'un, provenant de la chapelle du prince électeur de Saxe, Frédéric le Sage, est conservé à la bibl. de l'Université d'Iéna (Cod. mus. 3), tandis qu'un autre a appartenu aux Fugger (Vienne, National-Bibl., Ms. 4809).

Plus élaborée que la → *Missa « ad fugam »*, donc vraisemblablement plus récente, elle n'en appartient pas moins à la série des cycles les plus anciens de Josquin et date vraisemblablement d'avant 1485. Écrite en *la* éolien, elle se fonde tout entière sur une construction canonique à deux voix, menée avec rigueur d'un bout à l'autre de l'œuvre, sauf dans les très brefs « Qui venit » et « In nomine » du *Benedictus*, construits selon le principe du « cantus firmus ». Dix-sept canons s'y succèdent, dont un canon de mensuration dans le *Benedictus* à 2 voix, avec des voix, des dispositions et des intervalles qui varient de pièce en pièce. Les canons à la quinte et à la quarte dominent ; s'y ajoutent un canon à la seconde (« Agnus Dei » II) et un à l'octave (« Agnus Dei » III). Dans l'écriture à 4 voix, les deux voix libres reprennent fréquemment en imitation des éléments des canons ou s'imitent entre elles. L'œuvre ne comporte pas de motif de tête, mais les 5 parties de l'ordinaire commencent toutes en temps parfait (3/2). De caractère essentiellement polyphonique, la *Missa « sine nomine »* ne représente pas dans l'œuvre de Josquin un progrès sensible dans la recherche d'une liaison plus étroite entre le texte et la musique. Mais comme le fait remarquer A. Pirro (*Hist. de la musique de la fin du* XIV*e s. à la fin du* XVI*e*, Paris 1940, pp. 181-182), « la qualité des motifs rend la vie à cette série d'équations ». Il y a lieu de remarquer l'expressivité du « Qui tollis » et de l'« Et incarnatus » où « le redoublement de la mélodie rituelle est dissimulé dans une suite d'accords solennels » (A. Pirro, *ibid.*, p. 182).

Rééditions modernes — Par A. Smijers, *in* Werken van Josquin des Prez, 32e livr., Amsterdam, Alsbach, 1952.

Bibliographie — H. Osthoff, Josquin Desprez I, Tutzing 1962, pp. 122-124.

M. Honegger

Missa « sine nomine », de **Giovanni Pierluigi da Palestrina**, voir « Je suys deshéritée ».

Missa solemnis, op. 123, de **Ludwig van Beethoven**, pour 4 solistes vocaux, chœur mixte à 4 voix, orchestre et orgue. Cette messe, seconde et dernière composée par Beethoven, fut mise en chantier au printemps 1819, en vue de célébrer l'intronisation comme cardinal-archevêque d'Olmütz de l'archiduc Rodolphe d'Autriche, élève et protecteur du maître. Si elle lui est dédiée, elle concrétise aussi le projet d'une grande œuvre religieuse formé dès 1818. A la date de la cérémonie (20 mars 1820), la messe était loin d'être achevée ; sa composition s'étendit en fait jusqu'à fin 1822 pour l'essentiel et le milieu de 1823 pour les ultimes révisions. La 1re audition intégrale eut lieu à Saint-Pétersbourg, le 18 avr. 1824 ; trois mouvements (*Kyrie*, *Credo*, *Agnus Dei*) furent exécutés le 7 mai de la même année à Vienne, au Kärntnertortheater, sous la dir. de Michael Umlauf assisté du compositeur, lors du concert au cours duquel eut lieu la création de la *9e Symphonie*. (Mayence, Schott, 1827 ; durée : 1 h 20 min environ).

L'œuvre se subdivise en 5 parties principales, les *Sanctus* et *Benedictus* étant enchaînés, selon l'habitude ancienne, en un mouvement unique. **1.** *Kyrie* (avec suscription « Von Herzen - Möge es zu Herzen gehen » [Venu du cœur, puisse cela aller au cœur]) de plan ternaire ABA dicté par le texte (« Kyrie » - « Christe » - « Kyrie »). Le chœur et les solistes dans les « Kyrie », les solistes seuls dans le « Christe » implorent la miséricorde divine en un style large et simple, qui dans le « Christe » se fait plus expressif. **2.** *Gloria*. **a)** « Gloria in excelsis » : allégresse éclatante du chœur, à laquelle l'« Et in terra pax » oppose un climat recueilli, pour revenir sur « Laudamus te » à la jubilation initiale. **b)** « Gratias agimus » : épisode chantant confié aux solistes puis au chœur, mais le ton éclatant revient ensuite pour l'acclamation du Père et du Fils. **c)** « Qui tollis peccata mundi » : un larghetto où s'épanche une supplication pathétique. **d)** « Quoniam tu solus » : le rythme solennel suggère la majesté divine. **e)** « In gloria Dei » : conformément à la tradition, une fugue très élaborée conclut le *Gloria* et s'achève par un rappel du motif principal entendu au début. **3.** *Credo*. **a)** « Credo in unum Deum » : profession de foi massive et péremptoire par le chœur. L'évocation du Fils, d'abord puissante et vigoureuse, devient émue lorsqu'il est question de la rédemption. **b)** « Et incarnatus est » : le mystère de l'Incarnation est chanté par les solistes sur une phrase quasi grégorienne (mode dorien médiéval) avec une orchestration diaphane d'une intense poésie, puis la Passion et la mort du Christ instaurent une atmosphère sombre et tragique. **c)** « Et resurrexit » : explosion joyeuse du chœur, comme au début du *Gloria*. **d)** « Credo in Spiritum Sanctum » : une montée progressive culmine sur la promesse de la résurrection des morts. **e)** « Et vitam venturi saeculi » : fugue monumentale respectant l'usage traditionnel pour la fin du *Credo*, mais conçue ici comme la grandiose vision d'un cortège de bienheureux au paradis, dans une lumière d'éternité et, vers la fin, un calme extatique. **4.** *Sanctus*. **a)** « Sanctus Dominus Deus » : dans une ambiance très recueillie (Adagio « mit Andacht » [avec ferveur]), les solistes s'adonnent à une louange contemplative. **b)** « Pleni sunt caeli » : entrée fulgurante du chœur pour un fugato très animé. **c)** « Osanna in excelsis » : autre fugato choral, de ton semblable. **d)** Praeludium orchestral : méditation Sostenuto commentant le rite de la Consécration par des sonorités profondes jusqu'à ce que descende, des hauteurs célestes, le violon solo. **e)** « Benedictus qui venit » : le violon solo, symbole sonore du Christ rédempteur, reste au premier plan durant tout ce long épisode auquel prennent part les solistes et, plus effacé, le chœur. Contrairement à la tradition liturgique, l'« Osanna » n'est pas repris, mais ses paroles sont intercalées dans le *Benedictus*. **5.** *Agnus Dei*. **a)** « Agnus Dei [...] miserere » : le chœur et les solistes se joignent pour solliciter le pardon de l'Agneau divin, avec des accents sombres et douloureux. **b)** « Agnus Dei [...] dona nobis pacem » (avec suscription « Bitte um innern und äussern Frieden » [Prière pour la paix intérieure et extérieure]) : un chant empreint de paix et de confiance (avec quelques touches pastorales à l'orchestre) est interrompu par deux fois, d'abord par un tableau guerrier (sonneries de fanfare, récitatifs angoissés des solistes), puis par un fugato agité (Presto) de l'orchestre seul ; cependant, l'œuvre se clôt dans une douceur sereine.

Considérée par Beethoven lui-même comme sa « plus grande œuvre », la *Missa solemnis* s'inscrit dans la lignée de la messe concertante viennoise, représentée avant lui par J. Haydn et W. A. Mozart, mais elle dépasse ce cadre par la puissance et l'originalité du génie beethovénien en sa suprême maturité, et par la monumentalité de sa conception quasi titanesque. Conception marquée notamment par l'apport du grand style symphonique, d'où l'importance de l'orchestre que l'on entend assez souvent sans les voix et qui contribue tant à la densité purement musicale du discours (et à l'unité thématique de chaque partie) qu'à la caractérisation expressive et figuraliste du texte (« Et incarnatus est » du *Credo*, « Benedictus » du *Sanctus*, sonneries de trompettes dans l'*Agnus Dei*, etc.). Orchestre, chœur et quatuor soliste (traité généralement en bloc) sont en fait mis sur un pied d'égalité et ont chacun leur rôle propre à jouer dans la structure d'ensemble.

Tout au long de la partition se révèle un souci constant de faire ressortir le texte et de traduire avec le plus de relief possible son contenu expressif et religieux, non sans une tendance prononcée à la dramatisation. On notera à cet égard la force évocatrice des thèmes principaux, au profil accusé et parfois d'une simplicité lapidaire. V. d'Indy a pu ainsi distinguer un thème d'adoration dans le *Kyrie* (a) ainsi qu'un thème de gloire dans le *Gloria* (b),

un thème d'affirmation dans le *Credo* (c), un thème de bénédiction dans le « Benedictus » (d)

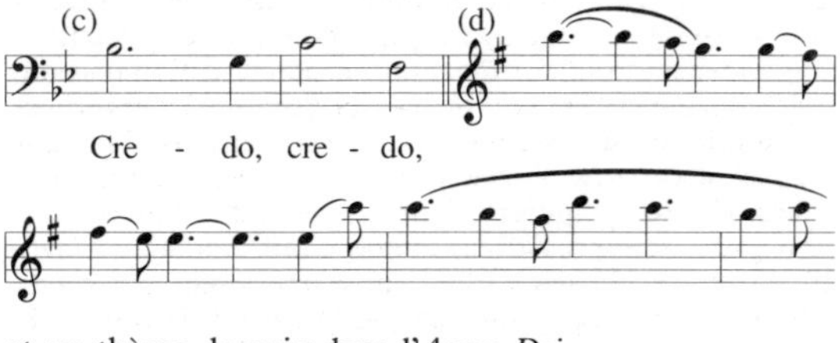

et un thème de paix dans l'*Agnus Dei.*

Ce caractère expressif et dramatique accusé — trait personnel du compositeur mais aussi de son époque — va de pair avec une inspiration d'une richesse et d'une élévation incomparables. Mieux encore que la → *Messe en ut majeur*, op. 86, la *Missa solemnis* atteste la volonté de combattre une relative décadence de la musique sacrée que beaucoup déploraient au début du XIXe s., et cela en suivant l'exemple des anciens maîtres tels G. P. da Palestrina et G. Fr. Haendel. L'influence de ce dernier (la plus grande admiration musicale de Beethoven) est manifeste ; celle du premier, plus diffuse, n'en apparaît pas moins réelle (voir l'« Et resurrexit ») et contribue à la belle tenue polyphonique de l'écriture vocale. Bien que par ses dimensions et son esprit la *Missa solemnis* appartienne — comme la → *Messe en si mineur* de J. S. Bach — au concert plutôt qu'à la liturgie, elle n'en délivre pas moins un message religieux, spirituel et humain de la plus haute valeur.

Rééditions modernes — *In* L. van Beethovens Werke XIX/1, Leipzig, Br. & H., s.d.

Bibliographie — M. Bouchor, La Messe en ré de Beethoven, compte rendu et impressions, Paris 1886 ; P. Dukas, Écrits sur la musique, Paris 1948 ; V. d'Indy, Cours de composition musicale III, rédigé par G. de Lioncourt, Paris, Durand, 1950 ; L. Dikenmann-Balmer, B.s Missa Solemnis, Zurich 1952 ; R. Rolland, Beethoven. Les grandes époques créatrices, nouv. éd., Paris, A. Michel, 1966 ; J. et Br. Massin, L. van Beethoven, Paris, A. Fayard, 1967, pp. 693-696.

J. Viret

Missa solemnis, messe pour chœur a cappella de **Jacques Chailley**, écrite en 1947 et créée au Festival de Besançon le 4 sept. 1955 sous la dir. de Félix Raugel. (Paris, Salabert, 1952 ; durée : 22 min environ.)

De caractère essentiellement expressif, elle accorde, à l'exemple des maîtres de la Renaissance, une importance extrême à la traduction minutieuse du texte dont la musique ne néglige aucun figuralisme ; les mots « Jesu Christe », qui se retrouvent dans plusieurs parties de la messe, prennent le caractère d'un véritable leitmotiv, et la correspondance entre les mots « eleison » du *Kyrie* initial et « miserere nobis » de l'*Agnus Dei* terminal permet une construction d'ensemble équilibrée.

M. Honegger

Missa solennis zur Einweihung der Basilika in Gran (Messe solennelle pour l'inauguration de la basilique de Gran), dite aussi *Graner Messe* ou *Messe de Gran*, messe pour soli, chœur mixte et orchestre de **Franz Liszt**, composée en 1855, révisée en 1857-58, créée à la basilique d'Esztergom (en all. Gran), le 31 août 1856, sous la direction du compositeur. (Vienne, Österreichische Staatsdruckerei, 1859 ; Budapest, Editio Musica, 1968 ; durée : 70 min environ.)

Composée pour l'inauguration de la basilique d'Esztergom, siège du primat de Hongrie, cette messe aux vastes dimensions est la première œuvre religieuse de grande envergure du compositeur. Elle correspond parfaitement à son esthétique weimarienne de fusion du théâtre et de l'Église que caractérisent la pompe, l'apparat, le pathos et la progression dramatique. L'œuvre n'en est pas moins profondément religieuse, mais non selon les normes du Vatican d'alors : « La vérité est que j'ai plus prié ma Messe de Gran que je ne l'ai composée » (Fr. Liszt).

Musicalement, cette messe ressemble à un poème symphonique religieux avec chœur et soli. Le principe de la transformation thématique y est à l'honneur. C'est ainsi que le thème plaintif, doux et tendre au milieu du *Kyrie*,

revient transformé au *Gloria* et apparaît sous de nouvelles métamorphoses au début du *Benedictus* et de l'*Agnus Dei.* De même, le thème triomphant par lequel débute le *Gloria* réapparaît au « Resurrexit » du *Credo*, puis au « Hosanna » du *Sanctus* et à plusieurs reprises au cours de l'*Agnus Dei.* Quant à la musique du début du *Kyrie*, elle est textuellement reprise en fin de l'*Agnus Dei.* Pour conclure, le thème principal du *Credo* et celui du *Gloria* terminent en apothéose. En outre, la fugue qui précède la fin du *Gloria* est construite sur un motif provenant des notes du « symbole sonore de la Croix » (→ *Die Legende der heiligen Elisabeth*, thème 5) :

Le *Credo* est à lui seul un véritable poème symphonique avec ses deux thèmes de la forme sonate et ses trois variantes du thème principal ; on y trouve une exposition (mes. 1-70), une section contrastante (mes. 71-112), un pseudo-développement (mes. 113-188), une réexposition (mes. 189-274) et une coda (mes. 275-369).

Par la rigueur de sa conception thématique, par son extraordinaire force émotionnelle et par la saveur de ses enchaînements harmoniques, la *Messe de Gran* est non seulement l'une des plus belles réussites de Liszt, mais encore l'une des grandes œuvres religieuses du XIXe siècle.

Bibliographie — S. Gut, Fr. Liszt, Paris, De Fallois, et Lausanne, L'Age d'Homme, 1989, pp. 393-396.

S. Gut

Missa « Sunt bona mixta malis », de **Joseph Haydn**, voir Messes de J. Haydn.

« MISSUS EST ANGELUS... » (L'ange Gabriel fut envoyé par Dieu), motet de **Roland de Lassus** en 4 parties, les deux premières à 5 voix, la troisième à 3 voix et la dernière à 6 voix, publié pour la 1re fois dans *Orlandi Lassi quinque et sex vocibus perornatae sacrae cantiones...* (Venise, Scotto, 1565). C'est le récit de l'Annonciation, tel qu'il se trouve dans l'évangile selon saint Luc, chapitre I, versets 26 à 38.

L'œuvre est écrite sans rien à la clé, dans un ton qui n'est plus tout à fait le mode de *mi*, étant donné l'usage fréquent des dièses et l'abondance des accords majorisés, notamment lors des cadences plagales qui terminent les 4 parties, en *la* maj. pour la deuxième, en *mi* maj. pour les trois autres. Mais à côté des fortes lueurs que ces accords donnent à l'harmonie, d'autres moments déroulent des mélodies dont la pureté diatonique rejoint la cantilène primitive : elles tournent sur elles-mêmes en gracieuses volutes et conviennent aux images souriantes du récit tel le duo initial des voix graves.

Leur caractère de mélopée est conservé lors de l'entrée des voix élevées puis lorsqu'on chante à 5 voix, pour « ad virginem » (à la Vierge), ainsi que dans le duo des voix supérieures qui succède sur « et ingressus angelus ad eam dixit » (et s'avançant, l'ange lui dit) ; à la fin, les deux voix viennent se joindre sur la même note *mi*. Le caractère de la musique change alors ; le musicien requiert l'ensemble des 5 voix pour exprimer la plénitude de la grâce, « Ave gratia plena ». Puis le discours musical s'anime pour traduire « turbata est » (elle se troubla). La 2e partie, dans le même style, est consacrée aux paroles de l'ange. Par contraste, c'est un trio qui, dans la 3e partie, chante la réponse de la Vierge, « Dixit autem Maria » ; tout est alors polymélodie de vives vocalises. Cependant, lorsque l'ange prononce les paroles solennelles « et quod ex te nascetur sanctum » (et l'être saint qui naîtra de toi), la voix supérieure du trio les fait entendre en valeurs lentes, toutes égales, sur une mélodie semblable à celles qui commençaient l'œuvre. La dernière partie, consacrée aux paroles finales « Dixit autem Maria : ecce ancilla Domini » (Or Marie dit : je suis la servante du Seigneur), ne conserve ce style qu'à la partie de ténor, qui commence par la mélodie descendante *la-sol-mi*. Mais elle est recouverte par l'écriture massive de l'ensemble des 6 parties vocales, distribuées à la manière d'un double chœur, et qui chantent à plusieurs reprises « Ecce ancilla Domini », tantôt à 4 voix sans basse, tantôt à 4 voix sans soprano. Des lignes mélodiques courent à travers cette masse, mais l'éclat des accords majeurs l'emporte.

Rééditions modernes — Par Fr. X. Haberl, *in* O. di Lasso. Sämtliche Werke VII, Leipzig, Br. & H., 1896.

Bibliographie — Ch. Van den Borren, O. de Lassus, Paris 1920, rééd. en facs. Paris, Éditions d'aujourd'hui, 1975, p. 74 ; W. Boetticher, O. di Lasso und seine Zeit, Kassel 1959, pp. 226-227.

M. Brunerye

« MIT FRIED UND FREUD ICH FAHR DAHIN » (Dans la paix et la joie je m'en vais), choral protestant de 4 strophes (a^8 b^4 c^8 d^4 e^7 g^7), paraphrase par Martin Luther du *« Nunc dimittis »*, le cantique de Siméon (Luc 2, 29-32), chanté le dimanche après Noël et lors des services funèbres. Sa mélodie en mode de *ré* authente s'est imposée rapidement en raison de ses qualités mystiques et de sa parfaite adaptation au texte poétique. Présente dès 1524 dans le *Geistliches Gesangbüchlein* de J. Walter, elle figure dans les recueils de Zwickau (1525) avec le texte *« Herr, nun lässestu deynen Diener fahren »* (Maintenant, Seigneur, tu laisses ton serviteur aller en paix), de Speratus (Nuremberg 1527, texte en bas-allemand), de Rostock (1531, texte en bas-allemand), de Klug (Wittenberg 1533), de Magdebourg (1534, texte en bas-allemand), de Strasbourg (à partir de 1537), de Wittenberg (1542), de Babst (Leipzig 1545), etc. Ce chant a toujours sa place dans les recueils protestants actuels (EKG, Kassel 1950, n° 310 ; Recueil ECAAL, Strasbourg 1952, n° 45).

Traduction de la 1re strophe — Dans la paix et dans la joie je m'en vais dans la volonté de Dieu ; mon cœur et mon esprit sont consolés, calmes et tranquilles, comme Dieu me l'a promis : la mort est devenue mon sommeil. (Trad. P. Veit.)

J. Walter a traité ce chant à 4 voix, avec « cantus firmus » au ténor, des vocalises et une certaine animation rythmique (*Geistliches Gesangbüchlein*, Wittenberg 1524 et Strasbourg 1525). Les *Newe deutsche geistliche Gesenge* de Rhau (Wittenberg 1544) en renferment trois versions dues à **L. Hellinck**, **B. Resinarius** et **M. Agricola** (nos 11-13). Dans ses *Bicinia sacra* (Nuremberg 1547), **K. Othmayr** place le « cantus firmus » au grave tandis que la voix supérieure est plus indépendante. **M. Praetorius**, dans ses → *Musae Sioniae VIII* (Wolfenbüttel 1610), harmonise la mélodie note contre note avec quelques notes de passage expressives, p. ex. sur « Wille » et sur « Stille », ainsi qu'à la cadence conclusive. **H. Schütz** intègre le cantique de Siméon à ses → *Musikalische Exequien* mais avec le texte de Zwickau, *« Herr, nun lässest Du Deinen Diener in (im) Friede fahren »* (SWV 281). **J. S. Bach** cite la mélodie en valeurs longues à la fin du chœur d'introduction de la cantate BWV 95, → *« Christus der ist mein Leben »* et fait de ce choral le thème de sa cantate BWV 125, *« Mit Fried und Freud... »* (voir plus loin). Dans son choral BWV 382 — qui porte la référence « Walter, *Gesangbuch*, 1524 » —, il harmonise la mélodie note contre note avec un rythme dactylique traduisant la joie ; cette harmonisation est différente de celle de la cantate BWV 125. Son oncle, l'organiste **Johann Christoph Bach** (1642-1703), traite la mélodie en 25 mesures, à la manière d'une libre improvisation, dans ses *44 Choräle zum präambulieren* : la mélodie du 1er vers circule avec des imitations aux claviers et à la pédale, dans une écriture assez pianistique, avec tierce majeure dans l'accord final après une longue pédale de dominante. Quant à **J. S. Bach**, dans son *Orgelbüchlein* (n° 18, BWV 616), il confie la mélodie au soprano et fait appel au figuralisme pour traduire la montée vers le ciel tandis que la joie du croyant est évoquée par un rythme dactylique.

É. WEBER

« MIT FRIED UND FREUD ICH FAHR DAHIN », cantate de choral de **Johann Sebastian Bach** (BWV 125 ; NBA I/28) pour la fête de la Purification de Marie (évangile du jour, Luc 2, 22-32, présentation de Jésus au temple), écrite pour alto, ténor et basse soli, chœur, fl., htb., htb. d'amour, cor, cordes et b.c., exécutée pour la 1re fois à Leipzig le 2 févr. 1725. (Durée : 24 min environ.)

Son texte est fondé sur la traduction allemande du cantique de Siméon, *« Nunc dimittis »* (Luc 2, 29-32), versifiée par Martin Luther (1524), dont la 1re, la 2e et la dernière strophe ont été conservées sans changement, la deuxième étant toutefois élargie dans le récitatif n° 3 par un texte tropé, les autres strophes étant librement récrites par un poète inconnu dans le but de fournir une double succession air-récitatif. Comme Siméon (chœur d'introduction), le croyant veut se tourner vers son Sauveur à l'heure de la mort. Alors Jésus abaissera son regard sur lui et veillera à ce qu'aucun mal lui arrive (air n° 2). C'est un miracle que le cœur ne s'effraie pas devant la tombe ; il est dû au Christ qui est la vie et le salut (récitatif n° 3). Celui qui a la foi sera sauvé (air n° 4). La grâce est offerte au monde et chaque croyant est appelé a y avoir part (récitatif n° 5).

Le chœur d'introduction avec tout l'orchestre, **1.** *« Mit Fried und Freud »*, en *mi* min., s'ouvre par une ritournelle gracieuse, dans le caractère d'une pastorale, dominée par le chant de la flûte ; sur cette symphonie se pose la mélodie du choral, chantée en valeurs longues par les sopranos doublés par le cor, et contrepointée par les trois autres voix en imitation ; pour les vers 1, 2 et 5, celles-ci tirent leurs motifs de la symphonie instrumentale tandis que les vers 4 et 6, chantés piano, sont traités en style vertical avec une harmonie plus recherchée pour illustrer les mots « sanft und stille » (doucement et silencieusement, vers 4) et « Der Tod ist mein Schlaf worden » (La mort est devenue mon sommeil, vers 6). Font suite à ce chœur confiant et heureux : **2.** un air expressif pour alto, fl., htb. et b.c., *« Ich will auch mit gebrochnen Augen... »* (Avec des yeux rompus, je veux moi aussi porter mon regard vers toi, mon Sauveur fidèle), forme ABA' avec ritournelle, en *si* min., où l'écriture appoggiaturée des instruments solistes, écrits essentiellement en tierces et sixtes parallèles, semble exprimer la lassitude de la vie de celui qui met tout son espoir en Christ ; l'expression du mot « Sterben » (mort) est particulièrement remarquable : 1er renversement de l'accord de 7e de dominante du ton de la dominante, arrêt du mouvement continu et disparition des voix l'une après l'autre dans un silence général ; **3.** un récitatif pour basse accompagnée des cordes et de la b.c., *« O Wunder, dass ein Herz... »* (O miracle qu'un cœur ne s'épouvante devant le tombeau détesté par la chair), qui alterne avec les vers de la 2e strophe du choral chantés avec leurs mélodies légèrement ornées tandis que les violons et les altos répètent inlassablement un motif joyeux

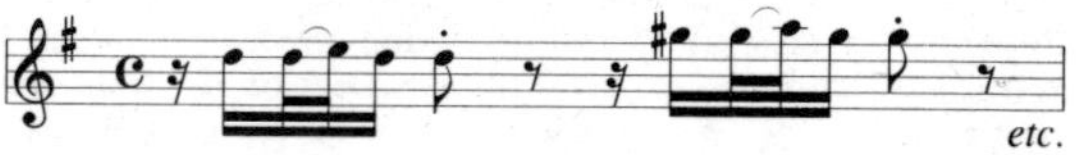

etc.

laissant entendre que la mort a perdu son caractère effrayant ; ce motif disparaît lors du dernier vers, « Im Tod und auch im Sterben » (Dans la mort comme dans l'agonie), pour être remplacé par une écriture plus chantante, teintée de chromatisme, qui exprime la consolation et la paix à quoi aspire le croyant ; **4.** un air en duo pour ténor et basse en imitation avec deux parties de violon et b.c., *« Ein unbegreiflich Licht erfüllt... »* (Une lumière inconcevable emplit tout le cercle de la terre), forme ABA avec ritournelle, en *sol* maj., de style concertant et de construction essentiellement motivique, où la partie centrale s'attache plus particulièrement au sens des paroles, « Es schallet kräftig fort und fort » (Cela retentit avec force sans fin) avec une écriture en hoquet, « Wer glaubt » (Celui qui croit), « selig » (bienheureux) ; **5.** un récitatif secco pour alto et b.c., *« O unerschöpfter Schatz der Güte »* (O trésor de bonté non épuisé) ; **6.** un choral à 4 voix, *« Er ist das Heil und selig Licht »* (Il est le salut et la lumière bienheureuse), en *mi* min., dernière strophe du choral de Luther, emplie de la louange du Christ venu porter la lumière aux païens.

Bibliographie — Voir celle de l'art *« Ach Gott vom Himmel sieh darein »*.

M. HONEGGER

(IL) MITRIDATE EUPATORE (Mithridate Eupator), « tragedia per musica » en 5 actes, livret de Girolamo Frigimelica Roberti, musique d'**Alessandro Scarlatti**, dédiée au co[mte] Adamo Enrico di Steiman, seigneur de Clumsan, créée à Venise, au Teatro Grimani di San Giovanni Crisostomo, au cours du carnaval de 1707. Dans cet opéra caractéristique de sa période vénitienne, Scarlatti synthétise ses conceptions et expériences du théâtre lyrique.

LIVRET — Le royaume du Pont fut fondé par Mitridate surnommé Ciste. Il transmit sa couronne à de nombreux descendants dont Mitridate Evergete, père du grand Mitridate Eupatore et Dionisio. Mitridate Evergete revint en triomphateur dans son palais après de nombreuses années passées au loin. C'est alors que Stratonica, sa femme, l'a tué avec l'aide de son cousin Farnace dont elle était la maîtresse. Au moment où commence l'opéra, les deux traîtres règnent sur le Pont.

Stratonica (sop.) a eu deux enfants : Laodice (sop.), parvenue à l'âge de raison, et le tout jeune Mitridate Eupatore (sop.). Laodice comprend immédiatement le péril qui menace son frère ; elle l'enlève donc et l'envoie en Égypte auprès de Tolemeo afin qu'il y soit élevé dans le dessein de venger son père et de reconquérir son royaume. Restée dans le Pont, Laodice est épargnée par Stratonica et Farnace (bar.-basse), par crainte d'événements futurs. Elle est cependant contrainte d'épouser Nicomede (sop.), un de leurs bouviers, qui la respecta et ne porta la nom de mari que pour mieux servir les intérêts de la jeune femme. Parvenu à l'âge adulte, Mitridate fait le tour de l'Asie et s'éprend d'Issicratea (mezzo-sop.), qu'il épouse. De retour en Égypte, il prépare sa vengeance avec l'aide de Tolomeo qu'il envoie négocier une alliance avec le roi du Pont. Mitridate se déguise pour pénétrer dans son royaume où il tue Farnace sans être reconnu par sa mère ni par sa sœur. Stratonica se suicide à la vue de son amant mort et Mitridate Eupatore, vengé, prend le pouvoir avec sa femme sous les acclamations du peuple.

Mitridate Eupatore est une tragédie d'inspiration antique dont l'action exploite un thème traditionnel, la reconquête d'un royaume. Le livret de Roberti, dans la lignée de la réforme entreprise par Apostolo Zeno, est riche en ressources théâtrales. Conformément à l'habitude, les scènes d'amour (entre Laodice et Nicomede, Eupatore et Issicratea) tiennent une place très secondaire. Le livret imprimé, outre l'indication de tous les changements de décor pour les 5 actes, donne des précisions conformes à la théorie aristotélicienne concernant les unités de lieu, de temps et d'action qui soulignent l'imitation de la tragédie grecque : le lieu est le palais du Pont dans la ville de Sinope, au bord du fleuve Amiso sur le Pont-Euxin ; le temps est celui où les tyrans du Pont occupaient le trône et où Mitridate reprit possession de son royaume ; l'action peut être résumée comme le passage du bonheur au malheur pour Stratonica et Farnace, et du malheur au bonheur pour Mitridate et Issicratea.

Quelque intéressante qu'elle puisse paraître, cette expérience littéraire de Roberti ne réussit pas totalement. En revanche, Scarlatti déploie toute la richesse de son imagination pour assembler des couleurs et des thèmes qui évoquent parfaitement les émotions ou les conflits psychologiques. Le compositeur a soigné la caractérisation des personnages dont le chant se rattache au lyrisme pergolésien annonçant le monde de Mozart (Laodice, Mitridate et quelquefois Stratonica, représentante clairvoyante de l'appétit violent du pouvoir). Les procédés de composition utilisés visent à parfaire la construction dramatique. Le style garantit la netteté des situations et des caractères, de sorte que l'action se déroule aisément et développe par elle-même les ressorts et l'intérêt que l'opéra fait naître. Le récitatif, aussi bien sec qu'accompagné, est typique de Scarlatti mais ne néglige pas pour autant le « parlarcantando » cher à Monteverdi. Le récitatif de Laodice, *« Non ha più fren, nè legge il dolor mio »* (Ma douleur n'a plus ni frein ni loi, acte III, sc. 3), constitue un bon exemple de ce qu'est le « recitativo secco » chez Scarlatti. On y remarque l'élévation expressive de formules qui, dominées d'abord par une splendide conduite harmonique, progressent pour aboutir à une déclamation tragique. Le crescendo qui suit conduit Laodice à un chant bref, « i baci estremi » (les baisers extrêmes), et à une série de phrases courtes conclues par les paroles « Ahi ! Ahi ! Mitridate è morto » (Hélas ! Hélas ! Mithridate est mort). La forme de l'aria « col da capo » échappe parfois à son cadre strict pour mieux traduire les mouvements de l'âme et exprimer un sentiment avec passion.

Trois personnages prennent une ampleur tout à fait particulière : Stratonica, Laodice et Mitridate. Reine perfide, Stratonica déploie une ligne vocale encore enfermée dans les formules du « bel canto » ; c'est la partie instrumentale qui révèle son tempérament. Une virtuosité dépourvue de sensibilité domine les deux arias *« Quante furie »* (Que de fureurs) et *« Esci, esci ormai »* (Sors, sors maintenant). Les doubles croches et les sauts d'octave descendants caractérisent la première pièce. La seconde est accompagnée à son début par le timbre froid du violon dans un registre très aigu. Dans la 1re aria de Laodice, *« Si, si, si un adultero è nel soglio »* (Oui ! C'est par un adultère que le trône), le mot « soglio » est souligné par une vocalise glacée qui préfigure le caractère de Stratonica, alors que, sur les paroles « Fra i perigli e i timori » (Parmi les périls et les craintes), le chant devient doux et tendre. Mû par sa passion de la justice, ce personnage apparaît extrêmement humain. *« Dolce stimolo »* (Doux élan) révèle son caractère aimable et compatissant ; *« Cara tomba »* (Cher tombeau), de forme bipartite et précédée d'un récitatif, plaît surtout pour sa ritournelle orchestrale. *« Dolce, dolce, cara allegrezza »* (Douce, douce et chère allégresse) est un Allegretto en deux parties dont la seconde se développe sur une seule strophe poétique et s'enrichit de fioritures vocales proches de la jubilation de l'alléluia. Mitridate se voit confier deux arias introduites par des récitatifs : *« Se il trono domando »* (Si je demande le trône) et *« Patri numi, amici dei »* (Dieux de mes pères, divinités amies) précisent les aspects complémentaires de son caractère, l'héroïsme et la foi. Dans *« Stelle* [...] *benigne »* (Étoiles [...] bienveillantes), courte aria sur une petite strophe simple dans un tempo lent, la ligne vocale s'élève en mélismes soignés sur un accompagnement orchestral délicatement construit. *« Voi vedete, o dio d'Egitto »* (Vous voyez, ô dieu d'Égypte) est incisive et héroïque ; la reprise en est confiée au chœur des ténors et des basses. Il faut enfin relever *« Uccidete, distruggete »* (Tuez, détruisez), pleine de violence guerrière.

Le chœur confère une certaine consistance à la structure de *Mitridate* dans la dernière aria citée, ainsi que dans le finale où la danse prend aussi sa place. Chaque acte ménage d'ailleurs des espaces à la danse. Il s'agit souvent de ritournelles instrumentales insérées dans une aria ou, comme dans le finale, d'un refrain vocal à destination chorégraphique. La seule danse véritablement indépendante est la Danse des Égyptiens qui ouvre l'acte II. La musique de la Danse des esclaves a été reprise intégralement dans *Marco Attilio Regolo* (1719) sous le titre de *Ballo dei Cartaginesi* (Ballet des Carthaginois). La chorégraphie trouve encore sa place dans la scène où le peuple démasque les deux usurpateurs et dans le cortège qui suit, ample scène chorale d'une grande beauté.

Sources et éditions modernes — Berlin, Deutsche Staatsbibl. ; Bruxelles, Bibl. royale Albert-Ier ; Paris, BN. — Par G. Piccioli, Milan 1953.

Bibliographie — G. Grossi, Biografia degli uomini illustri del Regno di Napoli, Naples 1819 ; F. Florimo, La scuola musicale di Napoli e i suoi conservatorii, Naples 1882, rééd. 1969 ; U. Prota-Giurleo, A. Scarlatti « il Palermitano », Naples 1926 ; A. Garbelotto, Contributo per un catalogo aggiornato delle opere di A. Scarlatti, *in* Archivio Storico Siciliano XIII, 3e série, 1963 ; J. A. Westrup, A. Scarlatti's « Il Mitridate Eupatore » (1707), *in* New looks at italian opera. Essays in honour of D. J. Grout, Ithaca (New York) 1968 ; R. Zanetti, La musica italiana nel Settecento, Milan, Bramante, 1978 ; voir aussi la bibliogr. de l'art. *Tigrane*.

S. Gaudino

Mitridate, rè di Ponto, « opera seria » en 3 actes, livret de Vittorio Cigna-Santi d'après la traduction italienne par Giuseppe Parini de la tragédie de Racine *Mithridate* (1673), musique de **Wolfgang Amadé Mozart** (KV 87), créé à Milan, le 26 déc. 1770. (Durée : 3 h 15 min environ.)

Livret — Mitridate (ténor), roi du Pont, et ses deux fils Farnace et Sifare aiment la même princesse, Aspasia (sop.). Celle-ci est promise au roi par son père, mais elle ne l'aime pas ; elle aime Sifare (castrat, sop.), qu'elle connaît depuis son enfance. L'annonce de la fausse nouvelle de la mort de Mitridate fait fonction de révélateur : les deux frères se déclarent à Aspasia et se répartissent les territoires du royaume. Aspasia repousse Farnace (castrat, mezzo-sop.). Mitridate réapparaît. Jalousie, fureur, vengeance : le dénouement tragique prévisible est évité de justesse. Les Romains attaquent. Grâce à son courage Sifare sauve le royaume, mais Mitridate, trahi par Farnace, est acculé au suicide. Apprenant la conduite courageuse de Sifare, il empêche Aspasia de s'empoisonner, lui dit d'épouser Sifare et en fait son successeur. Le livret italien introduit deux personnages nouveaux :

Ismene (sop.), fille du roi des Parthes, qui aime Farnace mais n'en est pas aimée, et Marzio (ténor), ambassadeur chargé de dresser Farnace contre son père ; mais il le délivre de sa prison, le retourne, et Farnace combat alors les Romains aux côtés de son frère. Ismène invite Mitridate à la clémence et prépare ainsi le dénouement final dans lequel c'est Sifare qui empêche Aspasia de se suicider.

D'A. Scarlatti (1707) à Quirino Gasparini (1767), ce livret a été souvent mis en musique, mais il est peu probable que le jeune Mozart ait connu même la partition la plus récente qui venait d'être créée à Turin. C'était la première fois qu'il entrait vraiment dans le milieu de la composition lyrique ; le seul opéra qu'il avait composé auparavant, *La finta semplice*, l'avait été « en chambre » à Salzbourg et n'avait pas été joué. Cette fois, son père Leopold lui avait obtenu, grâce à l'intervention du comte von Firmian, gouverneur de Lombardie, la commande d'une œuvre qui devait être créée quelques mois plus tard au Théâtre royal et ducal de Milan.

Mozart n'a aucune liberté : on lui impose les interprètes et leurs caractéristiques vocales : 5 voix dans le registre du soprano/alto et 2 ténors. Il se conforme sans arrière-pensées aux schémas de l'« opera seria » après avoir songé tout de même à une ouverture dont le deuxième mouvement aurait enchaîné directement sur le premier numéro vocal (ce qui est devenu la *Symphonie* KV 74). Pourtant, il parvient à caractériser déjà, par moments, ses personnages, témoin l'étonnant air d'Aspasia en *sol* min. **A**, d'une rare passion contenue, ou encore l'air d'Ismene en *sol* maj.

dans lequel il renonce à l'ornementation virtuose habituelle pour atteindre à l'émouvante simplicité du lied allemand. D'autres fois, au contraire, il cède au plaisir de mettre en valeur par d'étourdissantes figures les « gosiers agiles » de ses interprètes. Les ensembles manquent totalement, un duo est à peine esquissé, mais il tente, au moins une fois, d'enchaîner le secco, l'accompagnato et l'aria en une sorte d'unité musicale.

Le succès fut immédiat : dès la création, on bissa des airs : *Mitridate* ne quitta l'affiche qu'après 22 représentations. De nos jours, une mise en scène rompant ouvertement avec le cérémonial de l'« opera seria » pour transposer l'action scénique dans une sorte de Proche-Orient pour bande dessinée, dans le goût des adolescents, avec des costumes masquant adroitement les travestis vocaux pour les spectateurs, a pu obtenir un assentiment total chez le public ému et fasciné par l'œuvre du compositeur de 15 ans. C'est en tous les cas la réussite de *Mitridate* qui a valu à Mozart les commandes successives d' → *Ascanio in Alba* et → *Lucio Silla* grâce auxquelles il a pu acquérir sa maîtrise sur le théâtre lyrique.

Rééditions modernes — *In* W. A. Mozarts Werke, Leipzig, Br. & H., 1877-83, vol. V/5 ; par L. F. Tagliavini, *in* W. A. Mozart. Neue Ausgabe sämtlicher Werke, 2e série, V/4, Kassel, BV, 1966.

Bibliographie — L'Avant-Scène Opéra, n° 54, juil. 1983, voir aussi la bibliogr. de l'art. *Ascanio in Alba*.

C. de Nys

« Mitte manum », communion en 6e mode du → Propre du 2e dimanche de Pâques (Quasimodo). Comme les communions de carême, celle-ci s'apparente par la provenance de son texte (l'évangile et non le psautier) et par sa simplicité mélodique aux antiennes accompagnant le chant du *Benedictus* à l'office de laudes et du *Magnificat* à celui de vêpres. L'antienne de *Magnificat* chantée le surlendemain du dimanche de Quasimodo (mardi de la seconde semaine pascale) n'est d'ailleurs qu'une variante (en 8e mode) de cette même communion, avec laquelle il est intéressant de la comparer. Quant à la composition modale, celle-ci respecte la structure type du plagal de *fa* : axe de tonique *fa* mis en rapport avec la dominante *la* à l'aigu, et au grave avec *ré* et *do*.

Traduction — Mets ta main, et reconnais la place des clous, alléluia : et ne sois plus incrédule, mais fidèle, alléluia, alléluia (Jean 20, 27).

J. Viret

A **Mitridate, rè di Ponto**

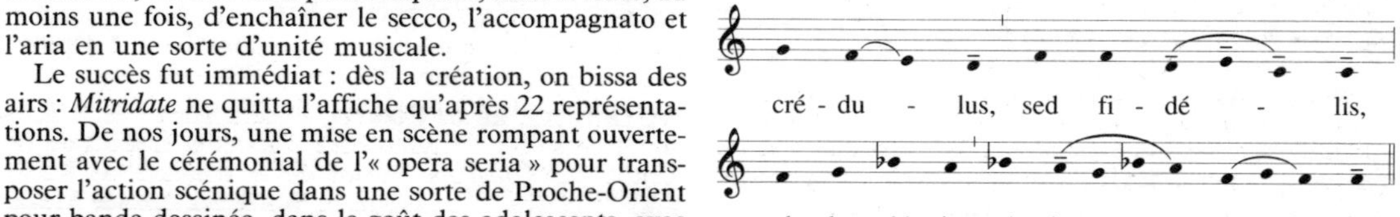

« Mitten wir im Leben sind » (Au cœur de la vie), choral funèbre protestant de trois strophes (a^7 b^6 a'^7 b'^6 c^7 d^8 e^7 f^6 f'^6 g^9 h^5 i^6 j^7 k^5) d'après l'antienne de Notker le Bègue († 912) *« Media vita in morte sumus »*. La 1re strophe latine a connu une adaptation allemande au xve s. que **Martin Luther** a modifiée et à laquelle il a ajouté deux strophes. Selon l'usage médiéval des « Leisen », chacune d'elles se termine par « Kyrieleis ». La mélodie médiévale, ïambique, trochaïque et dactylique, en mode de *mi*, a été simplifiée par Luther. Sa version figure pour la 1re fois dans le → *Geistliches Gesangbüchlein* de J. Walter (Wittenberg 1524). On la trouve ensuite dans l'*Enchiridion* d'Erfurt (1524), puis dans les recueils de Zwickau (1525), de Speratus (Königsberg 1527, en bas-allemand), de Rostock (1531, en bas-allemand), de Klug (Wittenberg 1533), de Strasbourg (à partir de 1533), de Magdebourg (1534, en bas-allemand), de Babst (Leipzig 1545), etc. Ce choral continue de figurer dans les recueils protestants actuels (EKG, Kassel 1950, nº 309 ; Recueil ECAAL, Strasbourg 1952, nº 150). Il en existe une version à l'usage catholique dans le recueil de M. Vehe (Leipzig 1537) qui a repris la 1re strophe de Luther et en a ajouté deux nouvelles.

Traduction de la 1re strophe — Au cœur de la vie, nous sommes entourés par la mort ; qui cherchons-nous pour nous aider à obtenir la grâce ? Nul autre que toi, Seigneur. Nous nous repentons de nos méfaits qui ont provoqué ta colère, Seigneur. Seigneur Dieu qui es saint, Dieu saint et fort, Sauveur saint et miséricordieux, toi Dieu éternel, ne nous laisse pas sombrer dans la détresse de ta mort amère. Kyrieleison. (Trad. P. Veit.)

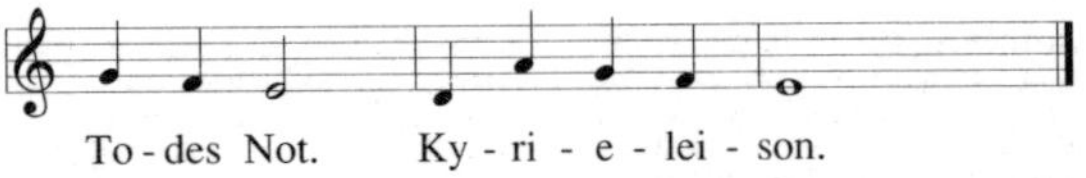

J. Walter l'a traité à 4 voix dans son *Geistliches Gesangbüchlein* (Wittenberg 1524). Il figure à trois reprises dans les *Newe deutsche geistliche Gesenge* (Wittenberg, Rhau, 1544), avec « cantus firmus » au ténor dans les deux versions d'**A. von Bruck** (nos 90 et 91), tandis que **B. Resinarius** (nº 92), reprenant le style de l'école franco-flamande, exploite les entrées successives et les longs mélismes pour souligner « leben », « Heiliger », « Tod », « herziger », mais harmonise en style strictement vertical le fragment « Heiliger Herre Gott ». **K. Othmayr** en fait un bicinium avec « cantus firmus » à la partie inférieure et des vocalises sur « unsere (Missetat) » et sur « Kyrie » à la partie supérieure (*Bicinia sacra*, Nuremberg 1547). **G. Erythräus** l'harmonise à 4 voix avec un rythme pointé à l'une des parties (*Herrn D. Martini Lutheri und anderer* [...] *Psalmen und geistliche Lieder...*, Nuremberg 1608). **J. S. Bach** place le « cantus firmus » au soprano dans son choral à 4 voix BWV 383 qui comporte une partie de ténor assez mouvementée.

É. Weber

« Mittit ad virginem » (Il envoie à la Vierge), motet à 4 voix en 2 parties de **Josquin des Prés**, sur le texte d'une prose ou séquence d'Abélard (1079-1142), publié sans nom d'auteur dans les *Motetti C* (Venise, Petrucci, 1504), mais identifié par les manuscrits.

Le texte se compose de 10 strophes de 5 vers de 6 syllabes chacune. Josquin fonda sa musique sur la mélodie liturgique qui servait à chanter cette prose, ce qui explique que l'un de ses caractères musicaux se retrouve dans l'œuvre polyphonique : la même musique s'applique aux strophes prises deux à deux selon le schéma AA BB CC, etc. La tessiture choisie est élevée (la voix supérieure monte au *la* 4 tandis que la basse ne descend pas au-dessous du *do* 2). Un chant souple et orné se fait entendre, passant d'un registre à l'autre — l'œuvre est bien souvent un jeu d'échos — ou confié au tutti, brillant lorsqu'il se rencontre au registre élevé. Pourtant, l'aspect ornemental ne caractérise pas totalement la polyphonie : les valeurs lentes y sont toujours présentes. C'est la conjonction des voix lentes et des voix animées qui fait la souplesse de l'ensemble. Les valeurs longues ont un rythme qui se retrouve d'un bout à l'autre : 𝅗𝅥 𝅝 𝅗𝅥 𝅝 𝅗𝅥 𝅝, soit une succession régulière de 6 notes correspondant aux 6 syllabes de chaque vers du texte, créant un ostinato rythmique ternaire, sous-jacent au rythme binaire de la polyphonie, mais qui s'entend pourtant fort bien.

Au commencement, un duo des voix élevées chante une quarte ascendante *sol-do* pour « mittit », puis s'élève à *mi-sol* pour « sed fortitudinem » (3e vers). Tout cela se retrouve comme une reprise variée, à l'entrée des voix graves, pour « fortem », 1er vers, et « naturae », 3e vers de la 2e strophe. Josquin reste fidèle au modèle liturgique, quitte parfois à l'embellir. Ainsi on ne devinerait jamais à l'audition que la 6e strophe, qui termine la 1re partie, reprend la mélodie de la 5e où elle s'entendait très clairement sur « foras ejiciat » (qu'il chasse), un duo des voix élevées. Mais ensuite Josquin adopte pour « exi, qui mitteris » (va, toi qui es envoyé) une plénitude sonore embrassant toute l'étendue des voix, où la mélodie grégorienne, située à la partie de ténor, ne se remarque plus. C'est le contrechant placé à la voix supérieure qui semble être la mélodie harmonisée. La 2e partie, « Accede » (va), commence par une quinte ascendante *do-sol*, appel très pur lancé par la voix supérieure, continué en duo avec le ténor. Le rythme est désormais ternaire, épousant donc parfaitement celui du chant donné. Les voix graves répondent, pour « virgo suscipias » (reçois, Vierge), par la même quinte ascendante. Le ternaire revient pour la strophe suivante « audit et suscipit » (elle entend et reçoit). C'est un moment où le caractère orné de l'œuvre s'efface et où elle se réduit à n'être qu'une mise en accords du chant monodique rythmé comme il a été dit. Pour finir, l'œuvre s'immobilise sur *sol*. Mais un « Amen » en *do* survient qui termine conformément au modèle liturgique dont la finale était *do*.

Rééditions modernes — Par A. Smijers, *in* Werken van Josquin des Prés, 2e livr., Amsterdam, Vereeniging voor Nederlandsche Muziekgeschiedenis, 1926.

Bibliographie — H. Osthoff, Josquin Desprez II, Tutzig 1965, pp. 28-30.

M. Brunerye

Mlada, projet d'opéra-ballet collectif en 4 actes, livret de Stepan Guedeonov avec, d'après N. A. Rimski-Korsakov, la participation de Viktor Krylov. C'est en 1871 que S. Guedeonov proposa le livret de *Mlada* à quatre compositeurs du groupe des Cinq : César Cui devait écrire l'acte I ; Modeste Moussorgski et Nikolaï Andreïevitch Rimski-Korsakov se seraient partagé les actes II et III alors qu'Alexandre Borodine devait se consacrer à l'acte IV. Les scènes dansées seraient revenues à Aloysius Minkus, compositeur de ballet attitré des Théâtres impériaux. Le travail progressa pendant la saison 1871-72, mais le projet, qui aurait pu constituer une première dans l'histoire de la musique, resta inabouti.

Seul **C. Cui** acheva l'acte I (Leipzig, Belaiev, 1911), joué en concert à Petrograd en févr. 1917. Les esquisses de **N. A. Rimski-Korsakov** restèrent inemployées mais, en 1889, le compositeur reprit le sujet dans un vaste opéra-ballet (voir l'art. suivant). Dans les fragments qu'il a laissés, **M. Moussorgski** a cherché à réadapter un extrait d'*Œdipe* (chœur [1859-61] déjà réutilisé dans → *Salammbô*), la version avec chœur de la *Nuit sur le mont Chauve* (1880) qui trouva sa place définitive dans → *La Foire de Sorotchintsi*, ainsi qu'une partie d'une scène de marché. De son côté, **A. Borodine** écrivit ou esquissa huit scènes : 1. *Chœur du sacrifice au dieu Radegast* ; 2. *Scène entre Iaromir et le Grand Prêtre* ; 3. *Apparition des ombres des anciens princes slaves* ; 4. *Duo de Voïslava et Iaromir* ; *Scène de Voïslava invoquant la déesse Morena* ; *Apparition de Morena* ; 6. *Inondation, tempête et destruction du temple* ; 7. *Apparition de Mlada* ; 8. *Apothéose.* Les numéros 5-8 ont été repris et achevés par Rimski-Korsakov sous forme de poème symphonique (Leipzig, Belaiev, 1892) ; les autres restent inédits, ce qui empêche de donner des précisions sur leur état d'achèvement. Borodine a réutilisé certains thèmes de *Mlada* dans → *Le Prince Igor*, notamment celui de l'Apparition de Mlada, devenu celui de l'Amour d'Igor pour son épouse Iaroslavna.

Bibliographie — N. A. Rimski-Korsakov, Chroniques de ma vie musicale, Saint-Pétersbourg 1909, 7/ Moscou 1955, trad. fr. Paris 1914, 2/ Paris, Stock, 1981, Paris 1938 ; S. A. Dianin, Borodine, sa vie ; matériaux et documents, Moscou 1955, 2/1960 (en russe), trad. angl. 1963.

A. Lischke

Mlada, opéra-ballet en 4 actes, livret de Stepan Guedeonov, musique de **Nikolaï Andreïevitch Rimski-Korsakov**, composé en 1889-90, créé à Saint-Pétersbourg, au Théâtre Mariinski, le 20 oct. 1892, avec E. Sonki (Voïslava), M. Dolina (Loumir), F. Stravinski (Mstivoï), M. Mikhaïlov (Iaromir), sous la dir. d'E. Napravnik.

C'est en triant les manuscrits d'A. Borodine après la mort de ce dernier que N. A. Rimski-Korsakov découvrit plusieurs esquisses effectuées pour le projet d'un opéra collectif proposé au groupe des Cinq en 1871 (voir l'art. précédent). Sur les conseils d'A. K. Liadov, le compositeur reprit le livret de S. Guedeonov auquel il apporta quelques retouches. *Mlada*, qui remporta un grand succès lors de sa création, ne se maintint pas très longtemps à l'affiche. Repris épisodiquement en URSS, l'ouvrage reste peu connu hors de ce pays. Rimski-Korsakov en a tiré deux suites symphoniques : l'une est une transcription de l'acte III (*Nuit sur le mont Triglav*, 1899-1901), l'autre reprend les danses qui jalonnent l'opéra (*Mlada*, 1903, Leipzig 1904).

L'action se déroule au xe ou au xie s. chez les Slaves Polabes (peuplades ayant vécu dans le centre-nord de l'Europe, dans la région de l'Elbe, et qui furent ensuite germanisées). Incluant plusieurs scènes dansées d'inspiration folklorique, le livret met en scène quelques faits historiques noyés dans un contexte féerique où des références à la mythologie slave se mêlent à des inepties. Seule la qualité de la musique de Rimski-Korsakov sauve ce texte du ridicule.

L'introduction orchestrale expose la mélodie qui sera le leitmotiv de Mlada :

Acte I. Une salle du palais de Mstivoï, prince de Rhetra. Après un chœur de jeunes filles, Voïslava (sop.), fille de Mstivoï (basse), chante une complainte. Son père l'interrompt. Il veut la marier au prince Iaromir afin de joindre à ses territoires la puissante ville d'Arkona. Pour mener à bien son projet, Mstivoï a fait empoisonner Mlada lors de la cérémonie de son mariage avec Iaromir. Bien qu'il ne lui manifeste aucun intérêt, Voïslava aime le prince d'Arkona. Aussi les calculs politiques de son père la laissent-ils indifférente. La vieille servante Sviatokhna (mezzo-sop.) lui conseille d'invoquer Morena, la déesse des Enfers. Prononçant une incantation, Sviatokhna devient la déesse elle-même et promet son assistance à la jeune fille tout en lui rappelant qu'elle est désormais soumise à sa puissance maléfique. Une marche et un chœur annoncent l'arrivée de Iaromir (ténor). Le trio qui suit exprime simultanément l'amour de Voïslava, la sensation d'envoûtement éprouvée par Iaromir et la satisfaction de Mstivoï de voir ses plans réussir. Une redowa (danse tchèque à l'allure de mazurka) fait intermède. Resté seul, Iaromir s'interroge sur l'étrange sensation qui l'envahit. Un chœur d'esprits bienfaisants lui assure sa protection. Tandis qu'il s'est endormi, il revoit en rêve sa première rencontre avec Mlada, puis le temple où fut célébré leur mariage et la mort soudaine de son épouse. Il se réveille troublé, se promettant de rester fidèle au souvenir de Mlada. Un cortège vient le chercher pour le conduire aux festivités qui constituent l'acte suivant.

Acte II. Une vallée près de Rhetra ; au fond, le temple

du dieu Radegast. La fête du printemps a rassemblé une foule très diverse (Lituaniens, Tziganes, Vikings, Indiens, Maures, Tchèques). Des marchands s'interpellent et se disputent. Le barde tchèque Loumir (contralto, rôle travesti) chante une ballade guerrière. Un défilé amène Mstivoï, Voïslava et les prêtres. Après l'office au temple de Radegast, la foule se livre à des danses populaires, lituaniennes et indiennes, ainsi qu'à un kolo (ronde) chanté auquel participent Iaromir et Voïslava. Soudain surgit entre eux le fantôme de Mlada (personnage muet), entraînant Iaromir hors de la ronde. Voïslava se rend compte de l'inefficacité des sortilèges de Morena et s'évanouit. Mais Mstivoï ordonne que la ronde continue.

Acte III. *Nuit sur le mont Triglav*. Une longue introduction orchestrale décrit la nuit. Au milieu des étoiles filantes s'organise un ballet fantastique mettant en scène des esprits. L'ombre de Mlada paraît, conduisant Iaromir. Le prince la supplie de l'emmener avec elle au royaume des ombres. Par gestes, Mlada lui promet qu'ils seront bientôt réunis. Un coup de tonnerre annonce l'apparition des esprits de l'Enfer. Au ballet des ombres blanches succède la ronde des démons et des sorcières parmi lesquels le dieu noir Tchernobog (chœur d'hommes) et Morena. Ils chantent dans un langage infernal. Morena, dont les sortilèges se sont montrés impuissants contre Iaromir, demande conseil à Tchernobog. Il affirme que le prince se rendra vulnérable s'il succombe aux charmes d'une autre femme et il fait apparaître l'ombre de Cléopâtre (personnage muet) à qui nul homme n'a jamais résisté. Dans une scène orientalisante, la reine est sur le point de séduire Iaromir, à l'effroi de l'âme de Mlada qui les observe. Mais le chant du coq annonçant l'aube fait fuir toutes les visions. A son réveil, Iaromir décide d'aller au temple de Radegast afin que le dieu lui révèle la vérité.

Acte IV. Le temple de Radegast où, devant de nombreux fidèles, est célébré un sacrifice. Iaromir relate au Grand Prêtre (bar.) les visions qui l'ont troublé. Celui-ci lui recommande de rester dans le temple où apparaissent les esprits des ancêtres. Ils apprennent au prince le nom du meurtrier de Mlada et lui enjoignent d'exercer sa vengeance. Aussitôt que Voïslava est arrivée au temple, Iaromir la poignarde. Avant de mourir, elle invoque Morena, lui demandant de détruire la cité. Tempête, inondation et séisme se déchaînent. Rhetra est engloutie. La scène finale montre les ombres de Mlada et de Iaromir, entourées des ancêtres et des dieux slaves qui les bénissent.

Mlada illustre bien l'attachement de Rimski-Korsakov aux thèmes du paganisme slave et à la féerie, ainsi qu'aux sources folkloriques slaves et orientales. Les tableaux populaires et exotiques font un large emploi de thèmes d'origine folklorique (lituanienne, indienne), tandis que les scènes dans le temple de Radegast utilisent une modalité archaïsante et des rythmes asymétriques. Pour l'apparition de Cléopâtre, le compositeur reprend des procédés thématiques et ornementaux qui rappellent *Schéhérazade* (1888) ; il introduit en outre un tambourin et une flûte de Pan, idées qui lui avaient été suggérées par des musiques hongroises et algériennes entendues dans des cabarets parisiens lors de son séjour en France pour l'Exposition universelle de 1889. L'acte III, avec la *Nuit sur le mont Triglav*, est à rapprocher de la *Nuit sur le mont Chauve* de M. Moussorgski, notamment de sa variante avec chœur (1880) telle qu'elle est reprise dans → *La Foire de Sorotchintsi* où les voix des démons chantent dans le même langage diabolique imaginaire. Dans toutes les scènes « maléfiques », Rimski-Korsakov utilise, selon son habitude, la gamme par tons entiers et les accords altérés, atteignant parfois un chromatisme aux limites de la tonalité. Traités avec souplesse, plusieurs leitmotive traversent l'ouvrage : ceux de Mstivoï, de Voïslava, de l'Amour de Iaromir pour Mlada et, bien entendu, celui de Mlada (voir ex. mus. cité). Sur le plan orchestral, la partition figure parmi les plus magistrales de Rimski-Korsakov : l'immense effectif s'inspire de celui de *La Tétralogie* wagnérienne que le compositeur avait entendue à Saint-Pétersbourg en 1889. C'est dans la partie d'orchestre que réside sans doute le principal intérêt de l'opéra, tant au point de vue du traitement thématique qu'en ce qui concerne le pouvoir évocateur de l'instrumentation. Cependant, l'œuvre est desservie par un livret surchargé d'événements surnaturels (dont l'invraisemblance culmine avec l'apparition de Cléopâtre dans un contexte slave) et reste inégale sur le plan vocal, meilleure dans les scènes chorales que dans les airs.

Éditions et rééditions — Leipzig, Belaiev, 1891 (part. d'orch. et réd. cht et p. avec trad. fr. de M. Delines) ; Œuvres complètes de N. A. Rimski-Korsakov, vol. 32, Moscou, Mouzgiz, 1959 (réd. cht et p.), vol. 4 (I-II), 1960 (part. d'orch.).

Bibliographie — Voir celle de l'art. *Légende de la ville invisible de Kitèje*.

A. Lischke

Mohács, chœur à 4 voix mixtes de **Zoltán Kodály**, sur un texte de Károly Kisfaludy, composé en mars 1965 et créé à Keszthely, à la fin de mai 1965, par les Chœurs de la Jeunesse de Pécs. (Z. Kodály, *Vegyeskarok*, éd. par L. Bárdos, Budapest, Ed. Musica, 1972 ; durée : 7 min environ.)

Le poème est une longue plainte sur les victimes héroïques de la bataille de Mohács qui livra la Hongrie à l'hégémonie ottomane en 1526 et, dans la dernière partie, une déclaration de foi en l'avenir de la patrie. Un tempo invariable et une cellule dactylique qui se plie à tous les changements de mesure — malgré un 5/4 majoritaire — assurent l'unité musicale. Le recours presque exclusif à l'intervalle mélodique de seconde, le plus souvent descendant, accentue le caractère plaintif du texte jusqu'au moment où quartes et quintes viennent en briser la triste monotonie : c'est le sursaut spirituel de la nation.

Ph. A. Autexier

(Les) Mois de l'année, voir (La) Perdriole.

Moïse en Égypte, « azione tragico-sacra » de **Gioachino Antonio Rossini**, voir Mosè in Egitto.

Moïse et Aaron, opéra d'**Arnold Schönberg**, voir Moses und Aron.

Moïse et Pharaon ou le Passage de la mer Rouge, opéra de **Gioachino Antonio Rossini**, voir Mosè in Egitto.

(La) molinara ou (La) molinarella, voir (L') amor contrasto.

MOMENTE (Moments), de **Karlheinz Stockhausen**, pour sop. solo, 4 groupes de chœurs comprenant au moins 12 chanteurs chacun et 13 instrumentistes, composés de 1962 à 1964, dédiés à Mary Bauermeister, créés intégralement à la Beethovenhalle de Bonn, le 8 déc. 1972, par Gloria Davy, le chœur du Westdeutscher Rundfunk de Cologne et les instrumentistes de l'ensemble Musica Viva, sous la dir. du compositeur. (Vienne, UE ; durée : 1 h 20 min environ.)

Le plan général de *Momente* fut réalisé en janv. 1962 ; trois grands groupes de Moments à structure fixe sont liés à trois Moments plus indéterminés qui se placent au début, à la fin et au milieu. Les *Moments M* (« Melodie »), centrés sur les principes de mélodie, d'homophonie, d'hétérophonie, dosent hauteurs et bruits de façon égale et utilisent de préférence les trompettes et trombones ainsi que la voix de soprano ; les *Moments K* (« Klang », son) obéissent aux principes de verticalité, de monophonie, de régularité et accordent une part importante aux bruits, aux percussions et aux voix d'hommes ; les *Moments D* (« Dauer », durée) mettent en évidence les principes de polyphonie et d'irrégularité servis eux aussi avant tout par les bruits, la percussion et les voix d'hommes. Les *Moments I* (« Indéterminé ») sont plus souples et fondés souvent sur le bruit travaillé musicalement. Chacun de ces événements musicaux apparaît une seule fois à l'état pur, sans aucune influence. Les autres résultent de combinaisons des caractéristiques de base (p. ex. MK, où les principes M et K s'équilibrent, avec cependant une prédominance du premier ; *K(d)*, où le principe K est légèrement influencé par D, etc.). En outre, un système d'inserts, qui doivent être déterminés par le chef d'orchestre, permet aux Moments antérieurs ou postérieurs d'intervenir dans celui qui est en cours, créant ainsi un réseau de réminiscences et d'anticipations. De même que le choix et l'emplacement des inserts, l'ordre des Moments est déterminé à l'avance, selon certaines règles, par le chef d'orchestre.

Exemple type avec → *Stimmung*, de la « forme momentanée » expérimentée par Stockhausen dans les années 1960, *Momente* abandonne tout développement temporel et se donne comme une suite d'unités qui ne doivent s'entendre que pour elles-mêmes, bien que, par le système des inserts, des rapports soient cependant établis avec les Moments voisins.

Les textes sont très divers (la plupart d'entre eux doivent être dits — ou traduits — dans la langue du pays de l'ensemble qui exécute l'œuvre, mais certains passages font usage d'une prière, d'une deuxième et d'une troisième langue étrangère : 1. des passages du *Cantique des Cantiques* de Salomon ; 2. des passages d'une lettre de Mary Bauermeister, la dédicataire ; 3. quelques exclamations des îles Trobriand (Nouvelle-Guinée britannique) ; 4. une citation de W. Blake ; 5. des noms extraits de contes, des noms et des invocations imaginés ; 6. des réactions du public pendant l'exécution d'œuvres de Stockhausen ; 7. des onomatopées inventées, des syllabes sans signification.

A ce matériau textuel varié correspondent les modes d'expression vocaux et instrumentaux les plus divers. A côté des instrumentistes (deux orgues électroniques, cuivres et percussion), les choristes utilisent eux aussi de petits instruments à percussion (claves, tubes de métal ou de carton, boîtes remplies de billes de plomb) et produisent toutes sortes de percussions « corporelles » avec les pieds, les mains et la bouche. Ces divers matériaux répondent à la préoccupation essentielle de créer un continuum sonore grâce à l'intégration des sons vocaux et instrumentaux (p. ex. lorsque les consonnes prononcées par les choristes sont reprises par des percussions qui les imitent, ou lorsque les cuivres prolongent la voix du soprano), grâce aussi à l'abolition des limites entre son et bruit, entre son et silence, au moyen de toutes les gradations possibles entre eux.

Dans cette façon de traiter la voix en l'intégrant à d'autres timbres, la filiation à certaines pages antérieures du compositeur, en particulier → *Gesang der Jünglinge* et *Carré*, se retrouve aisément.

Bibliographie — K. STOCKHAUSEN, *in* Texte I et II, Cologne, Dumont Schauberg, 1963, p. 199, et 1964, pp. 130-134 ; J. HARVEY, The Music of Stockhausen, Londres, Faber, 1975, pp. 91-94 ; C. BAIVIER, Voix nouvelle dans la musique contemporaine (mémoire de licence, Univ. de Liège, 1976) ; D. AVRON, L'appareil musical, *in* Coll. 10/18, Paris, UGE, 1978, pp. 31-58 ; D. et J.-Y. BOSSEUR, Révolutions musicales : la musique contemporaine depuis 1945, Paris, Le Sycomore, 1979, pp. 57-62.

V. MATAIGNE

MONA LISA, op. 31, opéra en 2 actes, poème de Béatrice Dovsky, d'après la légende de l'étrange sourire du tableau de Mona Lisa peint par Léonard de Vinci, musique de **Max von Schillings**, composé en 1913-14, créé à Stuttgart, le 26 sept. 1915, sous la dir. du compositeur. (Munich et Berlin, Drei Masken Verlag, 1914, puis Mayence, Schott, s.d.)

LIVRET — Prologue. A l'époque moderne. Un frère convers (ténor) conduit un couple (bar. et sop.) à travers le palais de Giocondo et leur raconte l'histoire de Mona Fiordalisa que Léonard de Vinci a représentée jadis sur son célèbre tableau.

Acte I. Florence en 1492. Francesco del Giocondo (bar.) est marié avec la jeune Mona Fiordalisa (sop.). Alors qu'il lui est totalement soumis dans un amour jaloux, celle-ci ne répond pas à ses sentiments. Mona Lisa revient de l'église tandis que Francesco est en train de fêter le carnaval avec des amis. Des moines et des moniales exhortent à la pénitence. Giovanni de Salviati (ténor) se présente de la part du pape pour acheter une perle au collectionneur et connaisseur qu'est Francesco. Giovanni et Mona Lisa, qui étaient épris l'un de l'autre avant le mariage de la jeune femme, se reconnaissent. Tous deux s'avouent leur amour et Giovanni convainc Mona Lisa de s'enfuir avec lui. Méfiant, Francesco les observe et rend impossible la fuite de Giovanni en condamnant toutes les issues. Ce dernier doit alors se cacher dans le coffre aux perles qui est hermétique et dont Francesco jette la clé dans le fleuve. Méprisant le désespoir de Mona Lisa et malgré les appels angoissés de Giovanni qui étouffe, il revendique son droit conjugal.

Acte II. Mercredi des cendres. Mona Lisa s'éveille comme d'un mauvais rêve. Dianora (sop.), la fille d'un premier mariage de Francesco, lui apporte une clé qu'elle a trouvée dans sa barque : celle qui ouvre le coffre aux perles. Cependant, Mona Lisa n'ose pas l'ouvrir car Giovanni doit être mort depuis longtemps. Lorsque Francesco survient, elle l'attire dans le coffre sous le prétexte de lui faire chercher des perles. Avec un énigmatique sourire qu'il n'a jamais vu sur ses lèvres, elle l'enferme à son tour dans la prison mortelle où l'attend le même destin que son bien-aimé. Dans un cri déchirant, Mona Lisa s'effondre.

Épilogue. Le frère convers a achevé son récit. La femme le charge de faire dire une messe pour la pauvre Mona Lisa puis elle s'apprête à partir avec son époux et laisse tomber un bouquet d'iris, les fleurs préférées de Mona Lisa. Le frère reste seul en demandant : « Qui es-tu ? Marie-Madeleine ? Bethsabée ? Tentatrice ! Mona Lisa ! »

La conception du livret, qui fait apparaître deux niveaux d'action, un récit central et un autre qui sert de cadre — comme dans → *Die tote Stadt* de W. E. Korngold —, trouve son pendant dans la construction musicale. C'est ainsi que l'épilogue reprend des éléments thématiques d'abord apparus dans le prologue. Par la mise en parallèle de détails de l'action, les deux niveaux se croisent. Tout comme Mona Lisa, la femme du prologue est nettement plus jeune que son mari ; tout comme elle, elle déteste les perles qu'on lui fait porter et, comme Mona Lisa, elle arbore un bouquet d'iris en guise de parure. C'est dans la musique que s'accomplit l'union des deux sphères. Le thème principal de l'opéra,

bien qu'essentiellement lié à l'entrée en scène de Mona Lisa, va dominer l'ensemble du récit du frère convers. Il est cité lorsque Giovanni fait allusion à une belle inconnue qu'il va reconnaître en Mona Lisa ; il l'est dans l'explication Francesco - Mona Lisa qui culmine dans la soumission forcée de celle-ci ; il l'est encore au moment où Mona Lisa attire Francesco dans le coffre mortel. La marque caractéristique du personnage de Mona Lisa s'applique aussi au monde des amants. Lorsque dans l'épilogue les regards de la visiteuse et du frère convers se croisent et que le thème de Mona Lisa - Giovanni est repris une fois encore, le commentaire orchestral réalise la projection définitive du récit central sur le cadre. Une fonction à la fois symbolique et psychologique est également réservée à certaines tonalités ou sonorités : le clair accord de *fa* ♯ maj. qui intervient lors du récit de Francesco au sujet de la sécurité totale de son coffre est directement repris par placage au moment, triomphal pour Francesco, où Giovanni s'y trouve enfermé.

Le reproche d'une action par trop grossière, qui conduisit à interdire la représentation à Munich, ne peut pas être seulement adressé au texte et à la dramaturgie. La musique réalise fidèlement ce que propose le livret. Le sadisme du désir de Francesco, qui sait parfaitement qu'à ce moment précis Giovanni est en train d'étouffer dans le coffre, ne pourrait pas être mieux transposé que par la duplication dirigée vers l'extérieur du « besoin » qu'il a de son épouse. Francesco s'approprie l'image du chevalier « langoureux » provenant d'un air de luth issu de la place et qui pénètre dans la chambre. Plus la disparité est grande entre le monde extérieur indifférent et le tumulte des esprits, plus grand est l'effet psychologique.

Dans ce quatrième et dernier opéra qui lui valut rapidement une notoriété internationale, Schillings poursuit l'héritage de Wagner et de R. Strauss. Un langage postromantique, une harmonie riche en dissonances, qui se situe aux limites de la tonalité sans jamais la franchir, un goût marqué pour la couleur sonore et la nature psychologique du retour de certains thèmes, tout cela représente la contrepartie musicale d'une poésie qui traduit le principe mélodramatique fondamental de l'opéra dans un vocabulaire esthétique de fin de siècle, la catégorie du troisième personnage (dérangeant) comme moteur de l'action dramatique s'alliant à la caractérisation du personnage principal comme femme fatale.

Mona Lisa est une œuvre romantique tardive. Le fait que les grands succès des débuts (représentations à Vienne en 1915, à Berlin dirigées par R. Strauss en 1915, à Prague, Strasbourg et Bâle en 1916, à Amsterdam en 1918, à Barcelone, New York et Oslo en 1923, à Stockholm en 1924, à Leningrad en 1926) aient peu à peu décliné peut être mis en rapport avec le fait que Schillings a été dépassé par des novateurs tels Schönberg ou Berg qui ont soudain marqué du sceau du conservatisme ce qui avait été considéré auparavant comme avancé.

Bibliographie — W. Furtwängler, In Memoriam M. von Schillings, Wiesbaden, 1954, 8/1958 ; F. von Lepel, M. von Schillings und seine Oper « Mona Lisa », Berlin 1954 ; D. Stazky, Schillings, Max von, *in* Rheinische Musiker, éd. par K. G. Fellerer, Cologne 1966 ; E. F. Kravitt, The joining of words and music in late romantic melodrama, in MQ LXII, 1976 ; R. Dippel, Mona Lisa als Operngestalt des Fin de Siècle, *in* Programmheft der städtischen Bühnen Augsburg, 1989-90 ; H. Oesterle, M. von Schillings. Notizen zur Person, *ibidem*.

U. Kramer

« Mon cœur se recommande de vous », chanson à 5 voix de **Roland de Lassus**, sur une poésie de Clément Marot.

On se gardera de confondre cette œuvre avec une chanson à 4 voix, sur le même texte, devenue très populaire dans le répertoire choral du XXe s. et attribuée à tort à Lassus : non identifiable avec une source précise du XVIe s., cette version est sans doute un faux du XIXe siècle. Avant les éditions pour chœur a cappella, on en trouve une pour chant et piano dans les *Échos du Temps passé* de J.-B. Weckerlin (Paris, Flaxland, 1853-57).

La chanson à 5 voix, quant à elle, est publiée pour la première fois à Paris, en 1560, chez Le Roy et Ballard, dans le *Livre des meslanges, contenant six vingt chansons...* Elle sera rééditée à plusieurs reprises, de 1567 à 1591, dans le *Quatorsième Livre de chansons d'Orlande de Lassus*. Lassus y traite une « chanson » de Marot, en 8 vers octosyllabiques, de 1538. Le développement en est entièrement continu, dans une écriture polyphonique variée, passant de l'imitation au contrepoint note contre note, dans un débit déclamatoire tour à tour lent et rapide, mélodique et rythmique. Dans quelques brefs passages (« Et conter propos gratieux »), Lassus se livre à des oppositions antiphonales entre voix aiguës et voix graves. De la même manière, le dernier vers est énoncé à trois reprises, successivement à 4 voix aiguës (sur *sol*), 4 voix graves (sur *ré*) avant de conclure à 5 voix (sur *sol*, transposition par bémol du mode de *ré*).

Un manuscrit conservé à Munich contient une messe parodie construite sur la chanson de Lassus : l'attribution en est douteuse : **Lassus** ou **Eccard** peuvent en être l'auteur. De leur côté, les huguenots transformèrent cette chanson en chanson spirituelle (*« Mon cœur se rend à toy, Seigneur »*) ou lui adaptèrent le Psaume 95 traduit par Théodore de Bèze (*« Sus esgayons nous »*) dans les *Cinquante Pseaumes de David, avec la Musique* [...] *d'Orlande de Lassus* (Heidelberg 1597). Plusieurs compositeurs, flamands en particulier, se sont livrés à des paraphrases, en « bicinium » (**Turnhout**, 1571 ; **Le Blanc**, 1578) et en « tricinium » (**Castro**, 1569 ; **Cornet**, 1574). Le répertoire instrumental témoigne aussi de la diffusion de cette polyphonie : en 1571, P. Phalèse en publie deux versions pour le luth (*Theatrum musicum...*), alors que **S. Kargel** la transcrit aussi bien au cistre (1575) qu'au luth (1586).

Rééditions modernes — Par A. Sandberger, *in* O. di Lasso. Sämtliche Werke XIV, Leipzig, Br. & H., 1903, 2/par H. Leuchtmann, Wiesbaden, Br. & H., 1981 ; par A. Agnel, *in* Concerts imaginaires de la Renaissance, Paris, Heugel, 1974.

Bibliographie — W. Boetticher, O. di Lasso und seine Zeit, Kassel 1958.

J.-P. Ouvrard

(Der) Mond. Ein kleines Welttheater (La Lune. Un petit théâtre du Monde), opéra en un acte, livret — d'après un conte des frères Grimm — et musique de **Carl Orff**, composé en 1937-38, créé au Nationaltheater de Munich, le 5 févr. 1939, sous la dir.

de Clemens Kraus. (Mayence, Schott, 1939 ; 2e version plus réduite, 1971 ; durée : 1 h 15 min environ.)

LIVRET — La scène est divisée en deux parties : la Terre et le Monde inférieur. La chaire du narrateur partage la Terre en deux contrées semblables : à droite et à gauche un chêne et une auberge. Au ciel, des étoiles et des nuages. Un escalier descend jusqu'au Monde d'en bas, représenté par un caveau qui s'étend à perte de vue. Lisant dans un très vieux livre, le narrateur (ténor) raconte qu'il existait autrefois un pays où la nuit était toujours obscure car il n'y avait ni lune ni étoiles. Un jour, quatre gaillards, partis à l'aventure, arrivèrent dans une contrée éclairée par une boule lumineuse accrochée à un chêne, qui dispensait une lumière très douce. Chaque jour, les propriétaires qui l'avaient achetée trois écus y versaient de l'huile pour qu'elle continue à briller. Nos quatre gaillards (ténor, 2 bar., basse) volent la boule et s'en retournent au pays. Accrochée à un chêne, la lune y fait l'émerveillement de tous. Le temps passe, la roue du monde tourne. Les gaillards vieillissent, puis meurent, amenant avec eux la lune, coupée en quatre morceaux. Arrivés au monde d'en bas, les gaillards sortent de leurs cercueils, recollent les quatre morceaux de la lune qui, brillant d'une lumière inhabituelle dans cette contrée, réveille les morts. Ceux-ci se remettent à vivre, jouent, se battent, s'enivrent. Ils font un bruit tel que saint Pierre (basse) descend alors pour participer aux beuveries des morts vivants. Ils s'enivrent ensemble, buvant force tonneaux de vin jusqu'à ce qu'ils s'écroulent, ivres morts, dans leurs cercueils où ils s'endorment de nouveau. Tout est rentré dans l'ordre ; saint Pierre s'en va, prenant avec lui la lune pour l'accrocher, loin dans le ciel, à l'ébahissement du peuple qui peut enfin la contempler. Désormais, les nuits ne seront plus tout à fait obscures.

Dans cette farce, le musicien a exprimé sa verve à travers un parlando burlesque et de très nombreux passages parlés. Les situations comiques sont fréquemment soulignées par des parodies du style de Verdi ou de Puccini, de la chansonnette ou du « kitsch viennois ».

Bibliographie — Voir celle de l'art. *Catulli Carmina.*

M. KELKEL

MONDNACHT (Nuit de lune), op. 39, n° 5, lied de **Robert Schumann** extrait du → *Liederkreis von Joseph Freiherrn von Eichendorff*, composé à Leipzig en mai 1840.

Le poème d'Eichendorff célèbre les noces du Ciel et de la Terre ; la musique fait de même, grâce à un merveilleux prélude pianistique, descendant doucement vers les graves, puis se stabilisant sur la note *si*, répétée, introduisant délicatement, d'une manière à la fois intime et secrète, l'une des plus suaves et exquises lignes vocales qui soient : « Es war, als hätt' der Himmel die Erde still geküsst » (C'était comme si le Ciel avait embrassé la Terre). L'atmosphère de ce lied et le style de l'écriture musicale sont proches de ceux de → *« Du bist wie eine Blume »* du recueil des *Myrthen* : la voix éclôt pudiquement, s'épanouit et s'infléchit sur le mot « Himmel ». La symbolique des notes de basse *mi - si - mi* (EHE = mariage), aux mesures 10-11, 18-19, 32-33..., a été maintes fois soulignée. Dans cette musique presque immobile, la même ligne vocale est chantée 4 fois, sans conclure (elle reste en suspens sur la dominante *si*). Seuls la dernière strophe et le postlude amènent la tonique tant attendue **A**. Dans cette page « magique » — alliance miraculeuse de la poésie et de la musique —, tout est à la fois « lévitation et solidité, terre visitée du ciel, ciel où s'évade la terre » (M. Beaufils) avec ses parfums, ses murmures, ses « lourdeurs terrestres ».

CHR. GOUBAULT

(IL) MONDO DELLA LUNA (Le Monde de la Lune), opéra en 3 actes, livret de Carlo Goldoni, musique de **Joseph Haydn** (Hob XVIII : 7), composé en 1777 et créé en août de la même année, lors des cérémonies accompagnant le mariage du comte Nicolaus, second fils du

A **MONDNACHT**

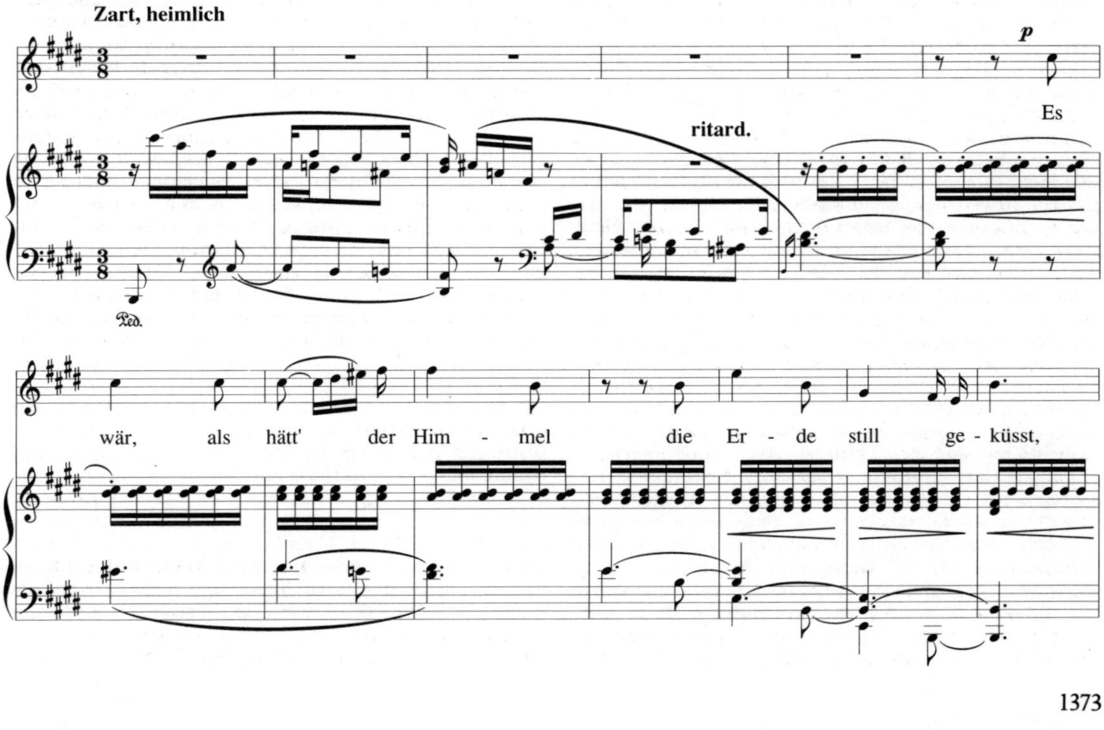

prince Nicolaus I Esterházy, et de la comtesse Maria Anna Weissenwolf. (Durée : 2 h 46 min environ.)

Comme il arrive souvent chez Haydn, le livret n'a pas été écrit pour la circonstance mais repris d'un opéra ayant déjà fait ses preuves, le texte de Goldoni (1750) ayant d'abord été mis en musique par **G. Galuppi**, puis par **P. A. Avondano** (1765), **G. Paisiello** (1774) et par **G. Astaritta** (1775). Haydn a utilisé à la fois la version originale de Goldoni et celle mise en musique par Astaritta. Il s'agit d'un « dramma giocoso » typique de Goldoni, avec ses personnages répartis en trois groupes. Les « parti buffe » sont tenues par Buonafede, Lisetta (servante de celui-ci) et Cecco (serviteur d'Ernesto), les « parti serie » par Flamina (fille aînée de Buonafede) et Ernesto (un chevalier), tandis que le groupe intermédiaire des « parti di mezzo carattere » comprend Clarice (seconde fille de Buonafede) et Ecclitico (un faux astrologue). Le livret est une délicieuse satire de l'omniscience de l'époque des Lumières par le fait qu'Ecclitico dupe Buonafede (bonne foi) en lui faisant croire qu'il a été transporté dans la lune, afin que ses filles et sa servante puissent épouser le mari de leur choix.

Après l'ouverture en *do* maj., réutilisée plus tard comme 1er mouvement de la *Symphonie n° 68*, le rideau se lève sur Ecclitico (ténor) et ses étudiants en train d'observer la Lune ; le mouvement est traité dans des couleurs sombres, sans instruments à vent aigus. Un 2e numéro pour les étudiants seuls (Andante, en *fa* maj.) montre leur impatience de prouver — sous l'autorité du charlatan Ecclitico — la présence d'une vie humaine sur la Lune. Buonafede (basse) entre et est rapidement convaincu par Ecclitico qu'un autre monde meilleur se trouve sur la Lune. Après que Buonafede et les étudiants se sont salués mutuellement dans un chœur, Buonafede est amené au télescope et, sur un accompagnement des cordes, il est poussé par ruse à croire qu'il a aperçu une jeune fille caressant un barbon. Un air Presto, en 6/8, dépeint son émoi lubrique. Deux autres coups d'œil furtifs dans le télescope, chacun d'eux accompagné par la même musique pour les cordes et suivi par la même aria en 6/8, convainquent Buonafede de ce que la vie sur la Lune est très supérieure à celle qui règne sur la Terre, sentiment résumé dans une aria en *fa* maj. (Andante). Entrent Ernesto (alto) et Cecco (ténor). De la conversation avec Ecclitico, il ressort qu'Ernesto est amoureux de Flamina, Ecclitico de Clarice et Cecco de Lisetta. Dans une large aria en *mi* maj., Ecclitico persuade les autres qu'avec un peu d'argent et d'astuce Buonafede peut être amené à donner son accord à un triple mariage. Deux arias suivent adroitement, résumant le caractère sérieux d'Ernesto le bien nommé et la personnalité plus insouciante de Cecco ; la première est écrite dans un *ré* maj. lyrique avec la discrète coloration que le basson et le hautbois donnent à l'orchestre, tandis que la seconde est un mouvement animé et énergique en *sol* maj., brillamment écrit pour flûtes et cordes. Dans la maison de Buonafede, les spectateurs font la connaissance des trois jeunes filles à tour de rôle, chacune soigneusement dépeinte par une aria. Flamina (sop.), la plus sérieuse, s'épanche dans une aria en *do* maj., caractérisée avec à-propos par l'indication de mouvement Allegro maestoso et traitant des transports de l'amour que suggèrent avec force d'amples coloratures et une étendue vocale qui dépasse deux octaves. Clarice (sop.) est beaucoup moins idéaliste et, peut-être, plus naturelle ; sa musique, qui se déroule dans la tonalité plus chaleureuse de *la* maj., comporte plus d'oppositions de nuances et son ornementation est moins exubérante. Lisetta (alto) étant simple servante, son aria ne comporte pas d'introduction orchestrale, fait alterner deux mouvements, Andante et Presto, et n'est pas ornée. Buonafede est rejoint de manière inattendue par Ecclitico qui s'efforce par ruse de faire prendre au vieil homme une potion qui l'emmènera dans la Lune. Le premier récitatif accompagné de l'opéra est réservé au moment où Buonafede commence à sentir les effets de la potion et où il s'imagine partir en voyage vers la Lune. Le finale de l'acte I s'ouvre dans un mouvement Adagio et, sur un riche arrière-plan de cordes avec sourdine, Buonafede fait ses adieux à chacun. Ecclitico lui offre ses encouragements tandis que ses filles imaginent qu'il va mourir. Le passage à un Presto signale leur sortie pour aller chercher quelques sels à respirer ; Ecclitico ordonne à deux serviteurs de porter Buonafede au jardin. Les filles reviennent alors pleines d'un chagrin rapidement tempéré par la lecture que donne Ecclitico d'un faux testament qui laisse une dot généreuse aux deux jeunes filles. Un changement de mesure à 6/8 amène dans la section finale un trio dans lequel chacun commente avec délectation le pouvoir consolateur de la dot.

Après un bref prélude, l'acte II s'ouvre dans le jardin d'Ecclitico transformé en une Lune de fantaisie. Buonafede se réveille lentement au son de la musique et assiste à un charmant ballet. Un chœur de chevaliers entre et l'habille avec empressement pour son entrevue avec l'empereur de la Lune. Ecclitico renforce habilement les sentiments misogynes de Buonafede par une aria à deux tempos contrastants, Andante moderato et Presto, les courtes phrases énergiques de ce dernier suggérant adroitement sa ruse. Une marche accompagne l'entrée de l'empereur, en réalité Cecco déguisé. L'aria de Cecco qui suit fait emploi des rythmes pointés correspondant à son état, mais son message est lourdement ironique ; il ne voit que faussetés dans les vertus communément acceptées sur terre. Déguisé lui aussi, Ernesto alimente le cynisme de Buonafede dans une aria en *sol* min. puis en *sol* maj. qui fait l'éloge de la sévérité. La musique en a été réutilisée par Haydn en 1782 pour le *Benedictus* de sa *Missa Cellensis*. Après toute cette supercherie, l'aria de Buonafede (Allegretto, en *ré* maj.) revêt de façon charmante un caractère innocent suscitant la sympathie des auditeurs : elle dépeint son bonheur dans ce monde de fausseté. Les bois ont un rôle prééminent et le chanteur est invité à siffler à l'imitation des oiseaux. Parodiant le duo classique de l'opéra italien, Buonafede s'efforce de séduire Lisetta qui le repousse. Cecco intervient, déclarant qu'il souhaite couronner Lisetta « reine des lunatiques ». La réponse de celle-ci est d'une fierté authentique : le récitatif accompagné et les rythmes pointés évoquent son nouveau statut ; la grande étendue de la ligne vocale dans la section Andante de son aria suggère son désir d'être un personnage impérial et la section médiane à 6/8, Presto, son tracas au sujet de l'issue de la supercherie. Flamina et Clarice entrent accompagnées par un autre court ballet. A l'instigation de Cecco, les deux sœurs sortent en compagnie de leurs amoureux respectifs, Ernesto et Ecclitico ; chacune d'entre elles chante une aria en quittant la scène, la première lyrique et noble, la seconde d'un cœur plus léger. Le finale de l'acte II est en cinq sections et implique graduellement les sept personnages. Dans le Moderato introductif, on assiste aux préparatifs du couronnement de Lisetta, les protagonistes lui rendant hommage dans un langage lunatique, dépourvu de sens. Un changement de tempo et de mesure (Allegro, en 2/4) signale une accélération du récit lorsque Lisetta est couronnée et que Buonafede est prié de ratifier le mariage de ses filles. Dans un Allegro à 3/8, les deux sœurs sont unies à Ecclitico et Ernesto avant que Buonafede réalise ce qui arrive. Le tempo se transforme en un Presto à 2/4 tandis que Buonafede exprime sa colère et que les autres lui demandent son pardon. L'acte s'achève dans l'animation d'un Presto « alla breve ».

Le court acte III se déroule dans la maison d'Ecclitico. Dans un récitatif secco, Buonafede accepte finalement de pardonner à chacun. Clarice et Ecclitico chantent un duo qui, dans sa complète sincérité, est le numéro le plus enchanteur de tout l'opéra ; Ecclitico y compare son amour toujours grandissant à la marche d'un fleuve, une image que dépeignent les doubles croches ininterrompues de l'accompagnement. Ainsi débarrassé de toute supercherie, Ecclitico annonce la fin de sa carrière de faux astrologue ; Lisetta, pour sa part, veut retourner à sa condition de servante. Dans le dernier numéro (Vivace, en *ré* maj., à 2/4, puis Presto, en *ré* maj., à 3/8), les sept protagonistes chantent la bonne fortune qu'apporte le monde de la Lune.

Éditions — *In* J. Haydn. Werke, éd. par le J. Haydn-Institut de Cologne, Munich, Henle, 1958 et suiv., vol. XXV/7 ; Kassel, BV, 1958 (réd. cht et p.).

Bibliographie — D. Bartha et L. Somfai, Haydn als Opernkapellmeister, Budapest, Acad. des Sciences, 1960 ; H. C. Robbins Landon, Haydn. Chronicle and Works, Londres, Thames and Hudson, 1976-80 ; M. Brago, Haydn, Goldoni and « Il mondo della Luna », *in* 18th Cent. Studies XVII, 1983-84 ; M. Vignal, Haydn, Paris, Fayard, 1989.

D. Wyn Jones

Mon habit, romance pour chant et piano, de **Charles Gounod**, sur des paroles de Béranger (Paris, Heugel, *Le Ménestrel*, 3.6.1855), Andantino, en *fa* maj., structurée en une introduction au piano de 6 mesures et 4 couplets dont la dernière phrase sert de refrain : « Mon vieil ami, ne nous séparons pas. » Le sujet du texte littéraire est formé à partir du quotidien le plus banal : l'attachement d'une personne à son habit — son « ami » — qu'elle ne veut pas quitter. Celui-ci fait partie intégrante de l'homme et porte ses souvenirs : en le perdant, l'homme perdrait son identité. En parlant à son habit, l'homme se parle en fait à lui-même. Son discours est plein d'humilité et de philosophie, une sagesse humaine à laquelle correspond un langage musical à la fois simple et riche. Cette simplicité ne nuit pourtant pas à la qualité de la mélodie : l'absence de surcharges et d'effet vocal lui confère une certaine pureté. Le piano ne se borne pas à accompagner harmoniquement, mais il a aussi un rôle mélodique. Le style en est fluide et se caractérise notamment par un enchaînement souple des modulations, par l'utilisation d'appoggiatures, de notes staccato, de liaisons par deux, et par des accords incomplets. L'écriture raffinée de cette œuvre la rapproche ainsi plus du genre de la mélodie que de celui de la romance. Elle fut incluse, sous forme de duo, au 1er Recueil des mélodies publié par Choudens en 1863 (→ *Mélodies*, de Charles Gounod).

E. Malfroy

Monna Vanna, drame lyrique en 4 actes, texte de Maurice Maeterlinck, musique d'**Henry Février**, créé à l'Opéra de Paris, le 19 janv. 1909. (Paris, Heugel, 1908 ; durée : 3 h environ.)

Parmi les 7 œuvres lyriques de Février, *Monna Vanna*, sans doute la plus réussie, a fait une carrière appréciable aussi bien en France (80 représentations à l'Opéra, la dernière le 16 mai 1949), qu'à l'étranger. Le drame en 5 actes de Maeterlinck, créé le 17 mai 1902 à Paris, au Nouveau Théâtre, avait remporté un grand succès, en partie grâce à l'interprétation d'Eleonora Duse, ce qui incita Février à demander à l'auteur de se charger lui-même de l'adaptation lyrique en 4 actes.

Livret — L'action se passe à Pise à la fin du xve siècle. — Acte I. Une salle dans le palais de Guido Colonna. Pise est assiégée par l'armée des mercenaires florentins que commande le capitaine Prinzivalle. La ville se meurt de faim et ses habitants révoltés s'en prennent à leur chef, Guido Colonna (bar.), qui vient d'envoyer son père Marco auprès de Prinzivalle pour traiter avec lui. Marco (basse) revient et proclame que Prinzivalle est prêt à envoyer à la ville un immense convoi de vivres, à une seule condition : que Monna Vanna, l'épouse de Guido Colonna, vienne seule, nue sous un manteau, dans son camp, pour une seule nuit. Fureur du mari qui refuse aussitôt. Mais à la surprise générale, Monna Vanna (sop. dramatique) répond qu'elle accepte le sacrifice qu'on lui impose, car sans elle la ville est perdue. Aux menaces de son mari, Vanna ne répond guère, car elle est sûre de sa vertu, de son amour. Elle reviendra pure du camp des mercenaires ennemis.

Acte II. La tente de Prinzivalle. Sous sa tente, Prinzivalle (ténor) l'attend, tandis qu'il apprend que Florence complote contre lui. Arrive Monna Vanna, prête au sacrifice. Mais à sa surprise, le chef ennemi l'accueille avec tendresse et respect, car il l'aime depuis son enfance. Il a dû partir au loin, jusqu'à ce que le destin les mette de nouveau face à face... Pendant qu'ils évoquent leur jeunesse, un grand bruit s'élève dans le camp. Les commissaires florentins sont arrivés et ameutent les soldats contre leur chef qu'ils accusent de trahison. Prinzivalle doit s'enfuir... Mais puisqu'il a sauvé Pise, Monna Vanna l'invite à le suivre. Son mari saura qu'il a respecté son épouse et l'aidera.

Acte III. Une salle d'apparat dans le palais de Guido Colonna. On voit Monna Vanna arriver. Le peuple l'accueille avec des cris de joie. Lorsqu'elle se présente devant Guido, affirmant que le mercenaire l'a respectée, son mari la repousse durement, car il doute de sa parole. C'est alors qu'il aperçoit Prinzivalle. Il est d'abord incrédule, puis exulte et, avec une joie mauvaise, il le fait arrêter et jeter en prison, en attendant d'aller l'égorger lui-même au cachot pour venger son déshonneur. Voyant que son époux doute d'elle, Monna Vanna, pour sauver Prinzivalle qui avait eu confiance en elle, crie qu'elle fut en effet violentée par le mercenaire et qu'elle veut se venger elle-même de son ennemi. Guido la croit et lui remet la clé du cachot.

Acte IV. Le cachot. On ouvre le cachot et Monna Vanna tombe dans les bras de Prinzivalle. « Où allons-nous ? » demande-t-il. « Hors de Pise où nous avons souffert. » Et les deux amants s'éloignent, tendrement enlacés.

Si le charme sinueux de ses airs est incontestable, il manque à l'auteur de *Monna Vanna* l'énergie et la force dramatique qu'exigent certaines situations, notamment à l'acte III. Les meilleures pages sont celles de l'acte II qui évoquent les jeux de l'enfance de Monna Vanna et de Prinzivalle. Mais « dès que la situation dramatique exige un souffle plus généreux, on ne sent plus que l'effort, sans que la situation dramatique parvienne à se hausser aux accents tragiques appropriés » (V. Debay).

Bibliographie — Comptes rendus par V. Debay *in* Le Courrier Musical, 15.1.1909, A. Pougin *in* Le Ménestrel, 16.1.1909.

M. Kelkel

Monsieur Beaucaire, opérette romantique en un prologue et 3 actes, livret d'André Rivoire et de Pierre Veber d'après la nouvelle de Booth Tarkington, musique d'**André Messager**, créée à Londres, au Prince's Theatre, en 1918, puis à Paris, au Théâtre Marigny, le 20 nov. 1925, avec André Baugé (Monsieur Beaucaire), Marcelle Denya (Lady Mary) et le fantaisiste Max Dearly qui signa la mise en scène. (Paris, Salabert, 1925).

LIVRET — Tout en courtisant Lady Lucy (sop.) dans le cadre élégant du début du XIXe siècle anglais, Philipp Molyneux (ténor) lui apprend que Monsieur Beaucaire (bar.), le barbier français, s'est mis à aimer Lady Mary Carlisle (sop.). Présenté à elle sous le nom d'emprunt de duc de Châteaurien, par le duc de Winterset (bar.-basse), il suscite sa surprise car elle reconnaît en lui un homme fugitivement rencontré dont elle s'était éprise. Les choses se gâtent car Winterset aime lui aussi Lady Mary et cherche à évincer Beaucaire. Après avoir essayé vainement de le faire tuer en duel, le jaloux dévoile que Châteaurien n'est en réalité qu'un simple roturier, ce qui ne change en rien les sentiments de la jeune femme. L'ambassadeur de France dénouera la situation en annulant, au nom du roi, l'ordre d'exil et d'incognito qui frappait Monsieur Beaucaire, en réalité Louis-Philippe, duc d'Orléans. Anglais et Français proclameront leur amitié et leur goût commun pour le « beau sexe ».

Deux couples sont ici en situation. Lady Lucy et Philipp Molyneux marivaudent à qui mieux mieux dans un chassé-croisé de répliques où chacun cherche toujours à prendre l'avantage sur l'autre. Très coquette, la jeune femme se paie le luxe de remettre en place, gentiment mais fermement, un chœur d'hommes trop investigateur. Quand elle joute avec son soupirant, c'est au cours de deux duos prestement menés où la musique nous révèle bien qu'il n'y a pas vraiment de querelle mais badinage : *« Pour faire une prisonnière, vous n'avez pas la manière. »* Toutes proportions gardées, on pourrait penser à Papagena et Papageno de *La Flûte enchantée* de Mozart dont les modèles nobles, Pamina et Tamino, seraient Lady Mary et Monsieur Beaucaire. Ceux-ci sont à égalité dans la pièce. Le prélude, majestueux à souhait, semble leur être dédié et, comme l'œuvre est d'abord destinée aux Londoniens, quelque parfum « haendelien » n'est pas du tout déplacé ici. A la célèbre romance de la Rose où la suavité se tempère cependant d'une certaine énergie, correspond la valse du Rossignol chantée par Mary, page juste assez nostalgique et dont le chœur reprend, dans le même esprit, la douce mélodie. Les entrées successives des deux protagonistes sont traitées avec les commentaires du chœur : plein de respect affectueux pour la jeune femme, *« Souhaitons la bienvenue à la reine de beauté »*, empli de surprise radieuse pour Beaucaire qui forme avec le sinistre Winterset un étonnant contraste. Les duos gardent une tendresse de bon ton, conforme au sujet de l'ouvrage mais passent de l'échange très rapide — Beaucaire demande à Mary la rose qu'elle porte à son corsage — à l'extase quand les deux amoureux exposent délicatement leurs sentiments réciproques : *« Quoi ! si doux ce beau soir est sur vous sans pouvoir ? »* Cela dit, la page la plus romantique est bien le nocturne où le chœur fait écho aux paroles rêveuses et mystérieuses de Beaucaire, *« Sous les étoiles par un beau soir d'été »*. Célébrant, avec une pompe toute britannique, une solide Entente cordiale, tant au début qu'à la fin de la pièce, Mary, Beaucaire et les choristes chantent une mélodie simple qui pouvait alors émouvoir le spectateur. Peut-être Messager n'a-t-il pas, dans cette partition, toujours évité les écueils de la sentimentalité mais *Monsieur Beaucaire* n'en conserve pas moins de solides qualités qui lui mériteraient certainement une plus grande audience.

Bibliographie — H. FÉVRIER, A. Messager, mon maître, mon ami, Paris 1948 ; J. BRUYR, L'opérette, *in* Coll. « Que sais-je ? », Paris, PUF, 1962, pp. 63-64 ; F. BRUYAS, Histoire de l'opérette en France, Lyon, E. Vitte, 1974.

M. BURGARD

MONSIEUR CHOUFLEURY RESTERA CHEZ LUI, opérette bouffe en un acte, livret de Saint-Rémy (pseudonyme du duc de Morny), Ludovic Halévy, Henri Crémieux et Lépine, musique de **Jacques Offenbach**, créée à Paris, au Théâtre des Bouffes-Parisiens, le 14 sept. 1861. (Paris, Heugel, 1861 ; durée : 32 min environ.)

LIVRET — Le jeune poète Babylas (ténor) et Ernestine Choufleury (sop.) s'aiment en secret. Le père d'Ernestine, le riche bourgeois Choufleury (bar.), rêve de mondanités. Il a organisé une soirée musicale italienne et lancé des invitations. Mais les interprètes se décommandent. L'amour inspire alors Ernestine et Babylas : pour sauver la situation, ils vont tous trois tenir les rôles des chanteurs italiens devant quelques invités dont Monsieur Balandard (ténor) et Madame Balandard (mezzo-sop.). Ils interprètent donc une scène de demande en mariage supposée tirée d'un opéra italien. A la fin de la soirée, menaçant de dévoiler la supercherie, Babylas obtient pour de bon la main d'Ernestine, tandis que les crédules — ou flatteurs — invités vantent la qualité de la soirée.

L'ensemble de l'œuvre est mené sur l'allure et le ton lestes de la comédie. Même les airs ou ensembles secondaires sont traités avec esprit et vivacité, tel le petit duo d'entrée de Monsieur et Madame Balandard, *« Salut, salut, noble mécène »* dont le refrain figure comiquement, par la précipitation des valeurs en fin de phrases, le mot « empressement ». Les divers couplets tels que ceux d'Ernestine, *« J'étais vraiment très ignorante »*, ou ceux du boléro (duo Ernestine-Babylas), *« Pedro possède une guitare »*, mettent parfaitement en valeur les voix. Le refrain des couplets d'Ernestine est une sorte de tyrolienne lyrique sur un accompagnement de hautbois solo. De fait, c'est tout l'art du bel canto qu'Offenbach caricature avec esprit et savoir-faire. La scène du concert est d'un comique irrésistible. Offenbach y parodie les diverses facettes de l'opéra de Bellini, Rossini et Verdi : la cavatine lyrique dans l'échange amoureux Ernestine-Babylas, *« Il mio caro Arturo »* ; l'ensemble à grand effet dans le premier trio proprement dit *« O momento solennello »*, où la voix de baryton emprunte la ligne et le rythme particuliers de la basse d'orchestre ; le récitatif dramatique dans la demande en mariage où l'ambiguïté de la situation amplifie le comique de la parodie (vraie demande en mariage sous le masque de la fausse, « jouée » par les faux chanteurs). La prééminence des effets vocaux à l'italienne est caricaturée dans de longues vocalises (« A vostra pauvre enfant »). Le sommet comique est atteint dans le dernier ensemble : dans un traitement des voix de type instrumental, il évoque les accumulations syllabiques enlevées de Rossini sur un texte absurde, juxtaposant tout à trac Bellini, patati, Auberi, patata, Héroldini et Wagnérini !

Tout en donnant aux interprètes une partition travaillée et flatteuse pour les voix, Offenbach se révélait un maître dans l'art de la plaisanterie musicale.

Bibliographie — S. KRACAUER, J. Offenbach ou le secret du second Empire, Paris 1937, pp. 223 et 233 ; A. DECAUX, Offenbach, roi du second Empire, Paris 1958, pp. 133-134 ; CL. ROSSET, L'Anti-Nature, Paris 1973, p. 121 ; D. RISSIN, Offenbach ou le rire en musique, Paris, Fayard, 1986, p. 48.

M. TENDERO

MONSIEUR DE LA PALISSE, opérette en 3 actes, livret de Robert de Flers et de Gaston Arman de Caillavet, musique de **Claude Terrasse**, créée à Paris, au Théâtre des Variétés, le 2 nov. 1904, avec Albert Brasseur et Eve Lavallière.

LIVRET — L'action se situe dans un XVIIIe siècle de fantaisie. Fier et respectueux descendant de « l'homme aux vérités », Placide (bar.), baron de La Palisse, a interdit tout amour sur ses terres, mais ses sujets se passent aisément de son autorisation, et cela juste au moment où, pour se protéger définitivement des femmes, leur noble seigneur s'apprête à épouser sa laide cousine, Madame de Laverdure. Celle-ci n'est pas plutôt arrivée que s'annonce le cousin, le comte Bertrand (bar.), accompagné de Mademoiselle Dorette de l'Opéra (sop.) et d'une suite somptueuse. Terrifié par la virginité de sa promise, Placide profite d'un accident de Bertrand pour le remplacer comme ambassadeur du roi en Espagne et part pour Séville, sans oublier Dorette qui passera pour son épouse. Il va de soi qu'ils seront reçus avec les honneurs dus à leur rang, mais le gouverneur Don Diego s'éprend de la belle Française et notre héros de sa volcanique nièce, Inesita (sop.). Enlèvements, retrouvailles des deux couples à l'auberge pyrénéenne des Pommes d'Amour, péripéties rocambolesques : tout ne peut que bien se terminer puisque la mission diplomatique est un succès et que les amoureux convoleront en justes noces. Avec son célèbre bon sens, Placide pourra proclamer sa découverte : « J'ai trouvé le moyen de ne pas compliquer ma vie : c'est de compliquer celle des autres. »

Les joyeuses invraisemblances du livret de *Monsieur de La Palisse* ont attisé la verve du compositeur de la musique de scène d'*Ubu roi* et lui ont permis de donner libre cours à une fantaisie héritée d'Offenbach mais personnalisée par des trouvailles originales. Relevons déjà l'alacrité des portraits tracés par Cl. Terrasse. Celui d'Inesita révélé par le récit qu'elle nous fait de sa rencontre avec un beau torero dont elle tombe amoureuse : au couplet léger, pétillant, qui s'articule sur la répétition de « comme ça » correspond un refrain en forme de polka. La Palisse, quant à lui, est un faible sous des dehors de matamore ; la valse des adieux qu'il « exécute » à la fin de l'acte I en est la preuve : doucereuse, faussement nostalgique, hypocritement voluptueuse, elle sied à merveille à la médiocrité du personnage. Mais c'est à Dorette que seront dévolus les morceaux de choix. Une présentation étincelante en vocalises suivie d'une mélodie délicate et dansante nous signifie son appartenance « à l'Opéra ». A l'acte II, deux valses : la mélancolique et poétique rêverie *« Ce sont des châteaux en Espagne »*, l'ironique et amusante constatation *« C'est tout simplement un mari »*. Si attrayantes que soient ces pages, elles n'ont pas l'importance des ensembles. Du début à la fin de l'œuvre, toute la pièce en est jalonnée et leur variété est assez spectaculaire. Au lever du rideau, un chœur mixte chante une pseudo-bourrée issue d'un folklore imaginaire, *« L'agriculture manque de bras, il paraît que c'est sa nature. »* Avec un éclat flamboyant, la même formation accueille ensuite Madame de Laverdure. Un galop « alla Offenbach » sera offert au cousin Bertrand avant une présentation en tarentelle du joyeux personnel de Placide. Plus loin, nous retrouverons ce même rythme mais, quand on va habiller le gentilhomme campagnard en ambassadeur, les choses vont être rondement menées, sous la ferme conduite de Dorette. Avec une grâce soudaine, elle exécutera le menuet des papillotes pour laisser le chœur constater en valsant que le baron est prêt à partir : *« N'y touchez pas, il est frisé »* (pastiche d'un vers du *Vase brisé* de Sully Prudhomme). Pour faire couleur locale l'acte se clôt en habanera puis... en paso doble effréné. Ronde de gardes, sérénade à une belle, salut solennel à une personnalité officielle se succèdent au 2e acte mais le duo de La Palisse et d'Inesita est particulièrement significatif. A la mode des couvents (!), le baron se déclare à la jeune fille en remplaçant « amour » par « tambour » et « baiser » par « fauteuil ». Sur une percussion discrète se déroule une mélodie vive et pétillante en parfait accord avec un texte que n'aurait pas désavoué Alfred Jarry ; elle aboutit à une valse très langoureuse qui s'exalte progressivement, avec des répétitions en « tourbillon » léger. Pour ne pas prononcer les noms des donneurs de rendez-vous, on recourra à la fin de l'acte au trépidant galop des onomatopées, repris avec ardeur par toute la troupe. Bucolique et très allant, le groupe des servantes de l'auberge des Pommes d'Amour ouvre avec fraîcheur le dernier acte et — coïncidence ou volonté délibérée ? — chante une mélodie qui n'est pas sans rappeler le début... de la *Symphonie pastorale* de Beethoven ! Dorette et Inesita feront avec franchise la relation de leur randonnée montagnarde, mais la valse du refrain, à laquelle se joindra le chœur mixte, jouera une fois encore avec le texte (*« Y' a plus d'Py, Y'a plus d'Ré, Y'a plus d'Pyrénées »*). Ce jaillissement verbal trouvera son accomplissement dans le quatuor des amoureux où, dans une ambiance digne du Savoy Opera d'Arthur Sullivan, les mots se bousculeront de façon endiablée. *Monsieur de La Palisse* ne manque ni de truculence ni de virtuosité. Opérette étourdissante, à la limite des farces ubuesques — mais sans référence aux drames shakespeariens —, elle tient le spectateur en haleine par un constant renouvellement d'effets plus déconcertants les uns que les autres. Au royaume de l'insolite elle occupe certainement une place des plus enviables.

Bibliographie — J. Bruyr, L'opérette, *in* Coll. « Que sais-je ? », Paris, PUF, 1962, pp. 53-58 ; F. Bruyas, Histoire de l'opérette en France, Lyon, E. Vitte, 1974.

M. Burgard

Monsieur de Pourceaugnac, « comédie mise en musique » en 3 actes, d'après Molière, musique de **Frank Martin**, composée entre 1960 et 1962, créée à Genève le 23 avr. 1963 sous la dir. d'Ernest Ansermet. (Vienne, UE ; durée : 1 h 45 min environ.)

Une ouverture met tout de suite dans l'ambiance de l'œuvre. Le thème initial, qui parcourt l'ouvrage, avait été composé avant toute chose, selon le compositeur : il exprime parfaitement le ton badin et plaisant de cette farce assez grossière.

Livret — Acte I. Eraste (bar.) est amoureux de Julie (sop.). Malheureusement, Oronte (basse), le père de cette dernière, veut la marier à un riche habitant de Limoges, Monsieur de Pourceaugnac (basse). Avec l'aide du Napolitain Sbrigani (ténor), les deux amants vont tout mettre en œuvre pour l'empêcher d'arriver à ses fins. Sbrigani flatte d'abord Monsieur de Pourceaugnac et lui fait croire qu'ils se connaissent depuis longtemps. Puis il le mène chez un apothicaire et deux médecins auxquels il le présente comme atteint de folie. Ceux-ci ordonnent « un petit lavement ».

Acte II. Monsieur de Pourceaugnac a réussi à échapper aux médecins, mais ceux-ci alerteront Oronte sur l'état prétendu de son futur gendre, cependant que Sbrigani, déguisé en marchand flamand, lui fait croire que ce même Monsieur de Pourceaugnac est fort endetté, tant à son égard qu'à celui de plusieurs de ses confrères. A l'inverse, il confie à Monsieur de Pourceaugnac que Julie est « plus que galante [...], coquette achevée ». Aussi la rencontre entre Monsieur de Pourceaugnac, Oronte et Julie, laquelle joue le personnage de ladite coquette, n'est rien moins que chaleureuse, et cela d'autant plus qu'une Languedocienne et une Picarde, survenant alors, prétendent toutes deux être la femme de Monsieur de Pourceaugnac. Celui-ci, conseillé par Sbrigani, consulte des avocats qui lui révèlent que « la polygamie est un cas pendable ».

Acte III. Sbrigani apprend à Eraste qu'il a tellement convaincu Monsieur de Pourceaugnac des rigueurs de la justice parisienne que celui-ci s'est déguisé en femme. De fait, il apparaît sous ce travestissement et se voit lutiné par deux Suisses à l'accent tudesque, chargés prétendument de préparer la pendaison du coupable car, avait expliqué Sbrigani, « ils commencent ici par faire pendre un homme et puis ils font son procès ». Survient l'exempt qui délivre notre héros des importuns, mais reconnaît en lui le coupable qu'il cherche. Il ne pourra échapper à ses mains qu'en lui versant une forte rançon sur le conseil de Sbrigani. Pendant ce temps, ce dernier persuade Oronte que sa fille a été enlevée par Monsieur de Pourceaugnac. Mais comme Eraste ramène Julie à son père, ce dernier, pour l'en récompenser, lui donne la main de sa fille, ce que nos deux compères semblent n'accepter qu'à contrecœur, uniquement pour faire plaisir au pauvre homme ainsi berné. Une danse finale termine la bouffonnerie, assurant que « lorsque pour rien on s'assemble, les plus sages, ce me semble, sont ceux qui sont les plus fous ».

Toutes les scènes de Molière ont été conservées, seules quelques coupures ont été effectuées dans le texte. Une bonne partie est parlée, mais le passage entre la déclamation et le chant frappe par son aisance et son naturel. De fait, Fr. Martin s'est livré là à une sorte de caricature de son style musical, sans l'ombre de mauvais goût, même si le texte frise souvent la vulgarité. L'œuvre est, comme la comédie de Molière, désopilante et la musique surprenante de jeunesse et de gaieté. Sans doute ne suffirait-elle pas à caractériser Fr. Martin en tant que compositeur, mais elle révèle chez lui une verve et une fraîcheur d'esprit assez rares. Il s'agissait, dans l'esprit de Molière, d'une « comédie-ballet ». Fr. Martin a parfaitement répondu au vœu de l'auteur.

Bibliographie — Voir celle de l'art. *Maria Triptychon*.

DOM A. SURCHAMP

MONTEZUMA, « tragedia per musica » en 3 actes, livret du roi Frédéric II de Prusse, musique de **Carl Heinrich Graun**. Le souverain rédigea le livret en prose française en oct. 1753 (s'inspirant de l'historien espagnol A. de Solis y Ribadineira), le soumit en avril 1754 au jugement de sa sœur, Wilhelmine de Bayreuth, et le fit ensuite traduire en vers italiens par un poète de sa cour, en l'occurrence Tagliazucchi. Graun composa la partition entre mai et nov. 1754 et la création eut lieu le 6 janv. 1755 à l'Opéra royal de Berlin. L'orchestre se compose de 2 fl., 2 htb., 2 cors, cordes et b.c. avec basson.

LIVRET — Acte I. Trois chemins bordés de palmiers dans le jardin royal. Montezuma, empereur du Mexique (mezzo-sop.), expose à Tezeuco (ténor) les principes libéraux selon lesquels il gouverne, parvenant ainsi à assurer la stabilité du pays sans effaroucher les ennemis. Quant aux étrangers récemment débarqués sur la côte, il ne les considère pas d'un œil hostile. Afin d'accroître encore le bonheur de ses sujets, il s'apprête à épouser le soir même Eupaforice, reine du pays voisin de Tlaxcala. Pilpatoé (sop.), général de Montezuma, apporte des nouvelles de la côte : l'armée étrangère l'a intimidé en exhibant canons, flotte de guerre et cavalerie ; les chefs ont l'intention de pénétrer jusqu'à la capitale pour traiter directement avec l'empereur. Pilpatoé met en garde contre la cupidité et la témérité des intrus, mais Montezuma refuse de prendre cet avertissement au sérieux, l'esprit tout occupé par son mariage imminent. — Les appartements de la reine. Eupaforice (sop.), elle aussi, est troublée par l'arrivée des étrangers. De mauvais présages accroissent ses craintes, mais sa confidente Erissena (sop.) tente de la rassurer. La reine donne à l'empereur l'assurance de son amour, cependant que Pilpatoé transmet de nouveau des informations inquiétantes : les étrangers, dénommés « Espagnols », campent déjà devant la capitale à peine protégée militairement. Le général et la reine exhortent l'empereur à faire preuve de prudence et à préparer sa défense, mais Montezuma ne consent à voir dans les Espagnols que des fugitifs égarés auxquels il veut témoigner son hospitalité. Même la morgue affichée par leur ambassadeur, le capitaine Narvès (sop.), ne suffit pas à dissuader l'empereur d'inviter les Espagnols à l'intérieur de la ville.

Acte II. Une grande place au bord du fleuve qui traverse la ville. Les Espagnols tiennent conseil en attendant Montezuma. Narvès projette d'occuper d'emblée la cité et d'exterminer brutalement la population pour s'emparer de ses biens. Fernand Cortez (sop.), chef des Espagnols, pense pouvoir effectuer la conquête sans effusion de sang, grâce à une machination : il feindra d'abord d'offrir son amitié à l'empereur, pour ensuite l'acculer à lui fournir lui-même le prétexte d'une intervention par la force. Comme prévu, Montezuma accueille fraternellement les prétendus réfugiés et les convie à participer dans son palais aux festivités nuptiales. — Une cour du palais impérial. Sitôt arrivés devant le palais, les Espagnols surprennent la garde par un coup de main et capturent Pilpatoé. Privé de toute protection, Montezuma accuse Cortez de félonie. Il dénonce comme intolérante la religion des Espagnols, au nom de laquelle ils trahissent et tuent, et stigmatise l'orgueil conquérant de leur roi. Un vain effort de Montezuma pour se libérer par le glaive fournit à Cortez le prétexte qu'il attendait : celui-ci peut ainsi capturer son ennemi pour violation des lois de l'hospitalité. Eupaforice s'indigne de ce lâche stratagème, mais on la neutralise elle aussi. Cortez la convoite en vertu du sentiment de supériorité de l'Européen, et pour se servir d'elle comme d'un moyen diplomatique en vue de maîtriser la population. Devant la résistance de la reine, il subordonne le sort de Montezuma à la soumission d'Eupaforice. Narvès annonce que le peuple s'agite, mais Cortez affirme qu'il contrôle la situation. — Le jardin du palais. Bien que le neveu de Montezuma ait persuadé l'armée mexicaine de pactiser avec les Espagnols, Eupaforice, Tezeuco et Pilpatoé complotent de sauver l'empereur grâce à un soulèvement populaire.

Acte III. Une prison. Montezuma se lamente sur sa triste destinée, quand Eupaforice fait soudain irruption dans son cachot : elle a soudoyé les gardes et tout préparé pour la fuite. Cependant, Erissena rapporte que le plan a été découvert et, selon Tezeuco, le soulèvement du peuple a abouti à un bain de sang. La fuite, conclut Eupaforice, reste l'unique possibilité de salut. — Une cour à colonnades donnant sur la ville. Narvès traîne après lui les captifs : leur fuite a été déjouée au dernier moment malgré la courageuse attitude de la reine. Furieux, Cortez traite de nouveau les prisonniers de rebelles et exige de Montezuma qu'il renonce à la royauté, à ses dieux et à sa fiancée, sans quoi il mourra : l'empereur choisit la mort. Après de déchirants adieux, Eupaforice maudit Cortez et lui révèle son ultime ruse : elle a fait incendier la ville afin de ravir aux Espagnols le fruit de leurs exactions, puis elle se donne la mort. Cortez ordonne alors de piller la cité et d'exterminer tous les habitants. Un ballet final évoque les violences que font subir les soldats espagnols aux femmes mexicaines.

Montezuma est le 22e opéra composé par Graun en tant que maître de chapelle de Frédéric le Grand à Berlin. C'est aussi le seul opéra, parmi la riche production berlinoise à cette époque, qui ait conservé jusqu'à nos jours une faveur relative. Succès dû avant tout au fait que le livret a été rédigé par le roi en personne. Le sous-titre choisi ici, « tragedia per musica », révèle l'intention particulière dont procède *Montezuma* et qui vise à créer une authentique tragédie en musique, en accord avec les essais de réforme effectués à la même époque dans d'autres cours allemandes (Mannheim, Stuttgart) et à Vienne. A cette fin, Frédéric s'est efforcé de conférer à l'intrigue davantage de cohérence et de densité dramatiques. Il soigne « l'enchaînement des scènes, le dialogue et l'intérêt que j'aurais voulu y faire régner », ainsi qu'il en informe Wilhelmine dans sa lettre du 16 avril 1754, où est mentionnée d'autre part la plus importante réforme musicale, à savoir le quasi-abandon de l'aria « da capo » (4 morceaux seulement adoptent cette dernière forme). La répétition de la 1re section après la partie centrale constituait en effet une faiblesse sur le plan dramatique, d'où son remplacement par la cavatine à deux sections. L'orientation réformatrice dont témoigne Frédéric II préfigure la démarche de Chr. W. Gluck et dénote l'influence de l'un des plus notoires théoriciens de cette réforme, le comte Algarotti, lequel résida à la cour de Frédéric, à Berlin ou à Potsdam, entre 1740 et 1754. Aux changements d'ordre formel répond un nouveau style de dialogues : les habituels propos galants font place à des considérations morales, tandis que le moteur de l'intrigue ne réside plus seulement dans les sentiments amoureux mais principalement dans les intérêts concrets, politiques et matériels des personnages. Le cours des événements ressortit à l'ambition dominatrice des conquistadores espagnols, tandis que Montezuma incarne le type du souverain débonnaire et généreux. Or ce dernier figure ici non pas dans le camp du peuple civilisé, mais dans celui du peuple « barbare », et cet idéal moral est finalement anéanti au lieu de triompher grâce à un dénouement heureux. On retrouve là deux thèmes caractéristiques de la littérature française contemporaine (*Lettres persanes* de Montesquieu, tragédies de Voltaire) : le mythe du « bon sauvage » comme antithèse de l'Européen corrompu, et l'issue tragique de la pièce. Les maximes morales mises dans la bouche de Montezuma correspondent elles aussi à l'image idéalisée du souverain épris de justice cher au siècle des Lumières français. L'opposition entre l'ambition cruelle de F. Cortez et la mansuétude de Montezuma rejoint en fait les idées exposées par Frédéric II dans son essai de 1739, l'*Antimachiavel.* Montezuma illustre la conception du prince « serviteur de l'État » auquel Frédéric s'identifie personnellement, d'autant plus que le texte renferme maintes allusions à la guerre de Sept Ans alors imminente.

La musique de Graun se plie docilement aux tendances réformatrices du livret, tout en s'inspirant du style de J. A. Hasse que Frédéric II admirait. L'un des plus remarquables parmi les opéras de Graun (avec *Iphigenia in Aulis*, 1748), *Montezuma* se caractérise surtout par l'agrément de la mélodie, selon les principes de l'esthétique dite galante qui fonde sur elle l'essentiel de son pouvoir expressif. Le style se rapproche de celui de C. Ph. E. Bach et J. Benda, autres compositeurs de l'école berlinoise, adeptes eux aussi de variété rythmique et d'une mélodie sensible et très plastique. Il faut relever en particulier la vigueur du contraste psychologique opposant les Espagnols (brutalité des soldats, vanité hautaine des conquistadores) et les Mexicains, ces derniers étant dépeints avec une plus grande richesse musicale. Le rôle de Montezuma, notamment, use souvent du « cantabile » lent pour mettre en valeur la voix du castrat Amadori auquel il était destiné. Quant aux arias, leur originalité ne réside pas seulement dans l'emploi régulier d'une coupe binaire de cavatine propre à accroître leur force dramatique. Un même résultat est obtenu, corrélativement, par d'autres moyens tels que la subdivision en plusieurs sections de tempo et d'expression contrastés ; il n'est pas rare, en outre, que l'aria s'enchaîne au récitatif sans ritournelle orchestrale. L'intensité dramatique culmine à l'acte III : seuls les trois personnages principaux y chantent des arias — très typées psychologiquement —, et ce même acte contient d'autre part les deux seuls récitatifs accompagnés et l'unique ensemble de toute l'œuvre : un duo pathétique entre Montezuma et Eupaforice, rappelant les morceaux similaires des oratorios de C. Ph. E. Bach. La scène finale, avec le suicide de la reine et l'incendie de la ville, rappelle quelques-unes des scènes les plus dramatiques de l'opéra baroque (→ *Didone abbandonata*, livret de Métastase, et → *Fetonte* de N. Jommelli). Graun s'y est surpassé — selon le jugement de Frédéric II — en réussissant l'une des plus indiscutables contributions allemandes au genre de l'« opera seria ».

Sources — **a)** Livret : Berlin, Haude und Spener 1771. — **b)** Musique : ms. non autographe, Berlin, Staatsbibl. Preussischer Kulturbesitz, Mus. Ms. 8232 ; d'autres copies à Berlin, Darmstadt, Dresde, Schwerin, Rostock.

Éditions — Par A. Meyer-Reinach, Leipzig 1904 ; par H. J. Moser, *in* DDT XV, Wiesbaden, Br. & H., 1958.

Bibliographie — A. Meyer-Reinach, Graun als Opernkomponist, *in* SIMG I, 1899-1900 ; du même, préface à l'éd. (voir ci-dessus) ; C. Mennicke, Zur Biographie der Brüder Graun, *in* MZfM LXXI, 1904 ; du même, Hasse und die Brüder Graun als Symphoniker, Leipzig 1906, rééd. en facs. Hildesheim, Olms, 1977 ; A. Meyer-Reinach, Friedrich der Grosse und das Berliner Opernhaus, *in* Die Musik X, 1911 ; L. Schiedermair, Bayreuther Festpiele im Zeitalter des Absolutismus, Leipzig 1908 ; E. Valentin, « Und ihr unsterblichen Brüder, edle Grauns ». Die Brüder Graun und Friedrich der Grosse, *in* NZfM CIII, 1936 ; E. E. Helm, Music at the court of Frederick the Great, Norman, Univ. of Oklahoma Press, 1960 ; G. Quander, Montezuma als Gegenbild des grossen Friedrich, *in* Preussen-Dein Spree-Althen, catal. de l'exposition « Preussen. Versuch einer Bilanz », vol. IV, Reinbeck, Rowohlt, 1975, pp. 121-134 ; H. Klüppelholz, Die Eroberung Mexikos aus preussischer Sicht, *in* Oper als Text. Romanistische Beiträge zur Libretto-Forschung, éd. par A. Gier, Heidelberg, C. Winter, 1986 ; H.-J. Bauer, art. Montezuma, *in* Pipers Enzyklopädie des Musiktheaters II, Munich, Piper, 1987.

K. Böhmer

Montparnasse, mélodie pour chant et piano de **Francis Poulenc**, sur un poème de Guillaume Apollinaire (1912) tiré de *« Il y a »*, composée entre sept. 1941 et févr. 1945, dédiée à Pierre Souvtchinsky. (Paris, Eschig, 1945 ; durée : 3 min 30 s.)

Inspiré une fois de plus par Paris, Poulenc délaisse l'accent « parigot » pour écrire une mélodie lyrique et grave à partir d'un poème qui met en scène Apollinaire se rappelant son arrivée dans la capitale à son retour de Rhénanie. Comme chez le poète, Paris est, pour le compositeur, lié à un réseau de correspondances affectives qui se déclenchent sur un simple mot. Cette mélodie est constituée de deux grandes parties commençant chacune par une pédale (*mi* ♭ et *si* ♭) ; la première se clôt par un débordement lyrique sur « un poète ». Deux motifs rythmiques au piano structurent le tout. Les motifs mélodiques épousent étroitement le texte et procèdent par « parentés » ou variantes, d'où l'impression très caractéristique d'un flux mélodique souple et libre dont les constituants semblent organiquement liés les uns aux autres.

Poulenc considérait à juste titre cette mélodie comme « probablement une de ses meilleures », bien qu'elle ait été composée par à-coups.

Bibliographie — Cl. Rostand, Fr. Poulenc, entretiens avec Cl. Rostand, Paris 1954 ; J. Bellas, Fr. Poulenc ou le son de voix de Guillaume, G. Apollinaire III, *in* Revue des Lettres Modernes, 1964 ; voir aussi la bibliogr. de l'art. *Tel jour, telle nuit.*

H. Lacombe

Montpellier, faculté de médecine, H 196 (sigle Mo), anthologie manuscrite de chants polyphoniques, tant profanes que religieux. Son répertoire, couvrant presque tout le XIIIe s., va des œuvres de Pérotin à celles de Pierre de la Croix. Le volume, dont la reliure date probablement du XVIIIe s., mesure 192 sur 136 mm, se compose de 400 feuillets d'un parchemin très fin ; 5 feuillets préliminaires portent aujourd'hui le titre (ajouté) et la table ancienne des chants. Il comprend 8 fascicules s'ouvrant par d'importantes miniatures et séparés les uns des autres par des feuillets laissés en blanc. Douze mains différentes au moins ont participé à son élaboration. Le « corpus ancien » (fasc. I à VI) a pu être copié vers 1280 et le fasc. VII dans les toutes dernières années du XIIIe siècle. Le fasc. VIII, enfin, fut constitué indépendamment vers la fin du règne de Philippe le Bel, soit seul, soit comme début d'un autre recueil. Bien qu'il ne soit pas exclusivement dévolu au répertoire parisien (certains textes français portent des traces de parler picard), sa décoration, représentative du dernier quart du XIIIe s. et du premier quart du siècle suivant (fond quadrillé, miniatures très ornées, couleurs : rouge, bleu, violet et orange), le situe non loin de la capitale, peut-être près de Saint-Germain-l'Auxerrois. Avant d'entrer en 1804, sous l'action de Prunelle, professeur à l'école de médecine de Montpellier, dans la bibliothèque qu'il ne devait plus quitter, il fut vendu à

Jean Bouhier, président au parlement de Bourgogne, qui le fit figurer dans son catalogue en 1721, puis il passa en 1781 à l'abbaye de Clairvaux, à Bar-sur-Aube et, enfin, à Saint-Loup de Troyes, à la Révolution.

Reflétant le goût des contemporains de Philippe le Hardi, le manuscrit n'accorde pas la même part à toutes les formes. Le conduit, dont le style s'était relâché, et l'organum, dont le développement s'était arrêté à la mort de Pérotin, avaient perdu de leurs attraits ; aussi sont-ils bien moins représentés que le motet, qui recevait alors toutes les faveurs des musiciens. Fasc. I (f°s 1-22v) : 18 compositions à 3 et 4 voix, conduits, organa dont deux de Pérotin, hoquet ; fasc. II (f°s 23v-62v) : 17 motets français à 4 voix ; fasc. III (f°s 63v-86v) : 11 motets dont le double est français et le triple latin ; fasc. IV (f°s 87-110v) : 22 motets latins à 3 voix ; fasc. V (f°s 111-230v) : un hoquet et 104 motets français à 3 voix ; fasc. VI (f°s 231-269v) : 75 motets français à 2 voix ; fasc. VII (f°s 270-349v) : 39 motets à 3 voix ; fasc. VIII (f°s 350-397v) : un conduit et 42 motets à 3 voix dont deux sont attribués par l'auteur du *Speculum musicae* à Pierre de la Croix (Petrus de Cruce). Parmi ceux-ci, les fasc. III et IV représentent la couche la plus récente du corpus ancien, le fasc. VIII, dont certains motets sont composés sur des chansons françaises, montre des caractères plus tardifs.

La notation, écrite sur portées de 5 lignes rouges (8 portées par page), montre une évolution en plusieurs étapes. Les fasc. III, IV et VI portent une notation de Jean de Garlande ; le fasc. V une notation du pseudo-Aristote ; les fasc. I, II et VII une notation préfranconienne, et le fasc. VIII une notation franconienne. La disposition des pièces varie selon leur teneur et selon les fascicules. Le fasc. I, qui fait exception dans sa réglure, comporte deux systèmes de trois portées écrites à pleine page pour les organa ; mais les conduits à 4 voix sont disposés sur deux pages en regard comme un motet à 4 voix. Le fasc. II (motets à 4 voix) dispose les chants sur deux pages en regard, le ténor et le double sur le recto, le triple et le quadruple sur le verso du folio précédent. Le fasc. III dispose les motets sur deux pages en regard, ténor et double sur le recto, triple sur le verso. Les fasc. IV et V les disposent sur deux pages, le ténor occupant le bas des folios, le double sur le recto, le triple sur le verso. Le fasc. VI, qui comprend des motets à 2 voix, les dispose sur une page. Dans le fasc. VII, les trois voix sont disposées sur une même page, ainsi que dans le fasc. VIII, mais dans une présentation différente **A**. Moins vaste que celui du Manuscrit de → Florence, le répertoire du Ms. de Montpellier témoigne de l'influence des musiciens d'Ile-de-France et de Picardie. Et, bien que les genres en l'honneur dans le nord de la France n'en fassent pas tous partie, il est cependant l'un des plus représentatifs de son époque.

Éditions — Par Y. Rokseth, *in* Polyphonies du XIIIe s., 4 vol., Paris et Monaco, L'Oiseau-Lyre, 1936-48 ; par H. Tischler, Madison (Wisc.), A-R Ed., 1978-85.

Bibliographie — E. De Coussemaker, L'art harmonique aux XIIe et XIIIe s., Paris 1865, réimpr. en facs. Hildesheim, Olms, 1964 ; L. A. Dittmer, The ligatures of the Montpellier manuscript, *in* MD IX, 1955 ; F. Mattiassen, The Style of the Early Motet (ca 1200-1250), Copenhague 1966 ; E. Apfel, Anlage und Struktur der Motetten im Codex Montpellier, Heidelberg 1970.

A. Dennery

Montségur, opéra en 2 actes et 6 tableaux, livret d'après l'œuvre du duc de Lévis-Mirepoix, adapté par Marcel Landowski, Gérard Caillet et Guy Patrick Sainderichin, musique de **Marcel Landowski**, composé en 1982-83, créé à Toulouse, à la Halle aux Grains, le 1er févr. 1985, par l'Orchestre national du Capitole, les chœurs du Théâtre du Capitole et du Grand Théâtre de Bordeaux, avec Kathleen Martin (Jordane de Montaure), Gino Quilico (Gautier des Ormes), Jacques Mars (Bertrand Martin), Jean-Philippe Lafont (Raymond d'Alfaro), Rémy Corazza (Jean de Navarre), Michel Sénéchal (Fabien), dans une mise en scène de Nicolas Joël, des décors et costumes d'Hubert Monloup, sous la dir. de Michel Plasson. L'œuvre a été représentée à Toulouse, puis à Bordeaux, à Lyon et à Paris (Théâtre national de l'Opéra), où la première a eu lieu le 9 avr. 1987 sous la responsabilité de la même équipe, à l'exception de Kathleen Martin (remplacée pour un certain nombre de soirées par Karen Armstrong), Jacques Mars (remplacé par Pierre Thau ou Fernand Dumont) et Jean-Philippe Lafont (remplacé par Alain Fondary). (Paris, Salabert ; durée : 2 h environ.)

L'opéra est une épopée librement inspirée de la tragédie cathare. En 1224, la première croisade contre les albigeois s'était soldée par un échec. Mais l'acharnement de l'Inquisition fut tel que 220 Parfaits et Parfaites, retranchés dans l'imposante forteresse de Montségur, refusèrent d'abjurer leur foi et connurent, en 1244, une fin tragique dans les flammes.

Livret — Acte I. Jordane de Montaure (sop. dramatique) est fille d'un seigneur catholique et d'une mère cathare, mais en secret elle a été élevée dans un couvent hérétique. Jean de Navarre (ténor), inquisiteur venu du Nord, conduit à ses côtés le chevalier Gautier des Ormes (bar.) : ils devront lutter ensemble contre les albigeois. Mais bientôt arrivent deux de ces derniers, le Parfait Bertrand Martin (basse) et Raymond d'Alfaro (bar.). A son tour, celui-ci propose son aide à Jordane. Après un épisode où l'on voit un jeune cathare, Fabien (ténor), se donner la mort pour échapper à la torture des inquisiteurs, Jordane, écartelée entre deux idéaux inconciliables, décide de révéler à Gautier la vérité. Tous deux s'aiment éperdument... C'est alors une longue marche nocturne, avant que la silhouette de Montségur se découpe sur l'horizon du crépuscule matinal : Gautier, effondré, ne peut que s'écrier : « Jordane, hérétique ! »

Acte II. Quelques années plus tard, un affrontement a lieu entre une troupe de cathares commandée par Alfaro et un détachement catholique placé sous les ordres de Gautier. A l'issue du combat, Gautier est laissé pour mort. Alfaro se réjouit à double titre, car il aime en secret la belle Jordane. Mais Gautier n'est que blessé. Jordane le rejoint et, demeurés seuls, ils connaissent un bref mais intense moment de bonheur et d'apaisement. Avec le retour d'Alfaro, un nouveau duel sera fatal à Gautier. C'est alors le 6e et dernier tableau, où le siège de Montségur est vécu par le spectre de celui-ci au travers d'un immense cauchemar allégorique. Tour à tour, il sera aux prises avec des soldats ivrognes, les figures irréconciliables de Bertrand Martin et de Jean de Navarre, ou surtout Jordane, qui incarne cette phrase de Zoé Oldenburg : « Pourquoi faut-il que l'amour de Dieu prenne si souvent le visage de la mort ? »

Partition lyrique la plus accomplie de son auteur à ce jour, le *Montségur* de Landowski est une œuvre de synthèse. On y retrouve un thème récurrent chez lui, qui est l'horreur de l'intolérance. Le message est clair : inquisiteurs et cathares sont renvoyés dos à dos... Il est donc bien plus urgent de cerner cet opéra sur le plan purement esthétique.

A l'instar des grands drames wagnériens ou du *Château de Barbe-Bleue* de B. Bartók, l'orchestre est bien le principal personnage de l'œuvre. A la grande formation romantique, le compositeur a ajouté des ondes Martenot, une guitare électrique et un synthétiseur, une percussion fournie et fort active. Conçu comme une pâte sonore extrêmement mouvante, l'orchestre joue en permanence sur des atmosphères et des éclairages chatoyants, irisés, où les effets de masse, souvent tendus vers le grave, les nuances fortes et les structures dissonantes, s'opposent de façon quasi-manichéenne et en tout cas fort symbolique à l'angélisme allégé de certaines séquences. La palette expressive de l'ensemble est d'une richesse étonnante. On relèvera une coexistence tout à fait naturelle entre la tonalité et l'atonalisme, l'éclatement métrique et les longues séquences aux rythmes réguliers et obsédants, l'emploi de cellules thématiques très brèves, presque elliptiques et le déploiement de longues mélopées aux accents romantiques. Tous ces éléments sont dosés en fonction du profil dramatique propre à chaque acte. Ainsi, dans la 1re partie, trouvons-nous une continuité narrative (l'expression est du metteur en scène N. Joël) qui a valeur d'initiation, alors que la 2de partie, davantage allégorique, tente avec éclat de reconstituer un sentiment d'éternité sur un fond chaotique.

Au plan vocal, le compositeur a adopté un type de déclamation hérité de la continuité wagnérienne, influencé certes par la clarté et la sobriété debussystes, marqué enfin par un très fort chromatisme. Il convient également de souligner l'importance capitale des chœurs, dont l'écriture magistrale n'est pas sans rappeler tantôt les grandes fresques épiques d'un S. Prokofiev, tantôt les tuilages lancinants et mystérieux du *Requiem* de G. Ligeti.

Si M. Landowski a assimilé bien des esthétiques de son siècle, il n'en demeure pas moins vrai qu'à maintes reprises, la marque de sa personnalité puissante transparaît avec bonheur. C'est notamment le cas dans le duo d'amour de l'acte II, que soutiennent en priorité le synthétiseur, les harmoniques des cordes aiguës, le glockenspiel, le vibraphone, la flûte. Tendu vers l'aigu, épuré de toute rhétorique conventionnelle, allégé à l'extrême, émaillé d'harmonies fugitives, cet apaisement distillé, serein, fantomatique comme l'œil au milieu du cyclone, possède une dimension onirique rare, qu'il faut opposer, tel un ferment d'éternité encore lointain, à l'interminable cauchemar très dissonant qui clôt le drame sur un appel angoissé des trompettes.

FR. FABIANI

MÖRDER, HOFFNUNG DER FRAUEN (Assassins, espérance des femmes), op. 12, opéra en un acte, texte d'Oskar Kokoschka, dont la première des 4 versions était rédigée dès 1907, musique de **Paul Hindemith**, achevé le 9 août 1919, créé à Stuttgart le 4 juin 1921, sous la dir. de Fritz Busch. (Mayence, Schott, 1921 ; durée : 21 min environ.)

ARGUMENT — Il y a longtemps, en un paysage imaginaire et à une époque indéterminée, un Homme (bar.), revêtu d'une armure, la tête bandée, rencontre une Femme (sop.), grande forte et blonde, vêtue de rouge, devant une tour qui ressemble à une cage. Ils se toisent. A la question : « Qui est donc cet étranger ? », une horde de sauvages, armés de lances et portant des torches, répond en vociférant : « Celui dont la sœur s'est suicidée parce qu'il n'a pas voulu abuser d'elle. » La Femme s'approche de l'Homme, tantôt bondissant, tantôt rampant par terre. Il la déshabille furieusement, non pour la violer mais pour la marquer férocement au fer rouge entre les épaules. Sa victime hurle et le blesse d'un coup de couteau. Sur ces entrefaites, hommes et femmes s'accouplent sauvagement sur le sol, puis on met le moribond dans un cercueil qu'on dépose aussitôt dans la tour. La Femme a un comportement bizarre. Elle est irrésistiblement attirée par la tour où gît le moribond. Ne pouvant entrer, elle passe le bras à travers la grille et l'enfonce dans la blessure béante. Curieusement, ce geste l'excite, tandis que l'Homme pousse des cris de plus en plus aigus ayant pour effet de rendre la Femme faible et soumise. Elle se couche sur le blessé pour qu'il puisse sucer son sang. Cette étrange thérapeutique aura pour résultat de rendre à l'Homme sa santé. Guéri, plein d'énergie, il se relève tandis que la Femme, exsangue, expire à ses pieds. Horrifiée, la foule veut s'enfuir, mais l'Homme les abat comme des mouches et puis s'en va, tranquillement, l'esprit serein. Au loin, le cri du coq, puis une voix angoissée : « Sauve qui peut ! Tout est perdu ! »

Mörder, Hoffnung der Frauen est une pièce fondamentale de « l'expressionnisme de Francfort », terme par lequel on désigne la période où Carl Zeiss fut directeur du Neues Theater (1917-20). Trois œuvres du jeune Hindemith relèvent de cette esthétique : *Sancta Susanna*, → *Das Nusch-Nuschi* et *Mörder, Hoffnung der Frauen*. Il est difficile au spectateur d'entrer dans cette histoire expressionniste dont Kokoschka semble avoir gardé pour lui les principales clés. Accordant la primauté au geste, le librettiste est avare de mots. Dans le dessein d'établir une grande distance entre le réel et l'art, l'illogisme est un facteur primordial pour provoquer des bouffées de délire chez le spectateur.

MONTPELLIER, FACULTÉ DE MÉDECINE, H 196

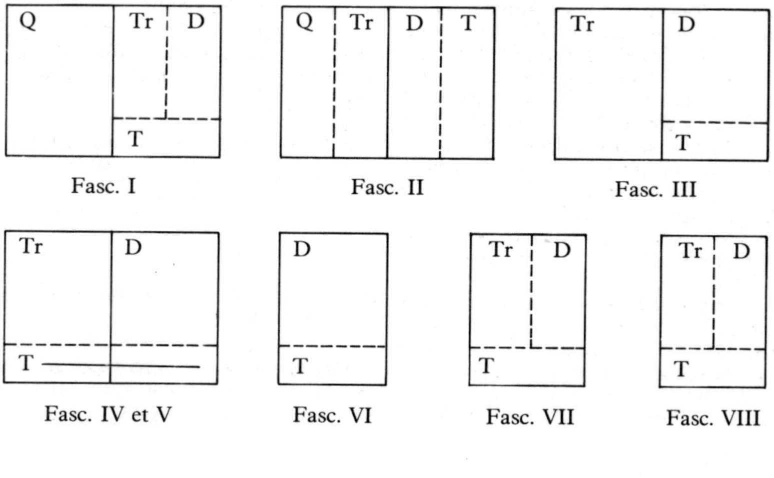

Sur le plan musical, Hindemith suit les péripéties de la pièce en adoptant la forme-sonate en 4 mouvements, tout en s'inspirant des différentes situations et atmosphères. Pour ce faire, il superpose plusieurs voix indépendantes, procédé responsable de l'effet de « déchirement » expressionniste souhaité. Mais le compositeur « ne réussit qu'à rassembler des éléments disparates qui coexistent de façon larvaire et douloureuse. C'est cela l'expressionnisme de Paul Hindemith » (P. Torrens).

Bibliographie — O. Kokoschka, Mörder, Hoffnung der Frauen, *in* Der Sturm, Vienne, 14.7.1910 ; H. Strobel, P. Hindemith, Mayence 1928 ; A. Briner, P. Hindemith, Zurich, Atlantis, et Mayence, Schott, 1971 ; O. F. Best, Expressionismus und Dadaismus, Stuttgart, Ph. Reclam jun., 1974.

M. Kelkel

Mörike-Chorliederbuch (Livre de chants pour chœur de Mörike), op. 19, de **Hugo Distler**, collection en 3 parties de 48 pièces pour diverses formations de chœur a cappella, sur des poèmes d'Eduard Mörike, composée en 1938-39, dédiée à Alfred et Hilde Kreutz, créée à Graz (Autriche), au festival de musique chorale allemande, le 20 juin 1939, par le chœur de la Musikhochschule de Stuttgart sous la dir. du compositeur. (Kassel, BV, 1961.)

Concernant le choix des textes, Distler s'est exprimé lui-même dans la préface : « Ce qui m'a attiré vers Mörike en tant que compositeur de musique chorale, c'est tout d'abord sa force rythmique élémentaire et sa liberté en même temps que cette objectivation du contenu poétique par la mise en forme artistique, rappelant fortement le vieux chant populaire allemand, lequel, comme le prouve justement l'œuvre poétique de notre maître, s'unit totalement dans chaque cas particulier à une subjectivité profonde et à une forte originalité. »

1re Partie, pour chœur mixte (24 pièces de 3 à 6 voix) : *Vorspruch* (Avant-propos), *Ein Stündlein wohl vor Tag* (Une petite heure avant le jour), *Jedem das Seine* (A chacun son dû), *Lieb in den Tod* (Amour dans la mort), *Die traurige Krönung* (Le Triste Couronnement), *Auf dem Spaziergang* (Lors de la promenade), *Der Gärtner* I (Le Jardinier), *Suschens Vogel* I (L'Oiseau de Suzon), *Kinderlied für Agnes* (Chanson enfantine pour Agnès), *Um Mitternacht* (Vers minuit), *Ritterliche Werbung* (Demande en mariage chevaleresque), *Handwerkerlied* (Chant d'artisan), *Der Feuerreiter* (Le Cavalier de feu), *Schön Rohtraut* (Belle Rohtraut), *Die Tochter der Heide* I (La Fille de la lande), *Suschens Vogel* II, *Der Knabe und das Immelein* (Le Garçon et la Petite Abeille), *Storchenbotschaft* (Message de la cigogne), *Nimmersatte Liebe* (Amour jamais assouvi), *Wanderlied* (Chant de marche), *Denk es, o Seele* (Penses-y, ô mon âme !), *Sehnsucht* (Désir), *Lebewohl* (Adieu), *Frage und Antwort* I (Question et réponse).

2e Partie, pour chœur de femmes (12 pièces de 2 à 4 voix) : *Tochter der Heide* II, *Er ist's* (C'est lui), *Jägerlied* I (Chant du chasseur), *Verborgenheit* I (Caché), *Mausfallensprüchlein* (Sentence de la souricière), *Die Soldatenbraut* (La Fiancée du soldat), *Gebet* I (Prière), *Der Gärtner* II, *Gebet* II, *Das verlassenen Magdlein* (La Jeune Fille abandonnée), *Lied vom Winde* (Chant du vent), *Erstes Liebeslied eines Mädchens* (Premier Chant d'amour d'une jeune fille).

3e Partie, pour chœur d'hommes (12 pièces de 2 à 4 voix) : *Der Tambour* (Le Tambour), *Der Gärtner* III, *Frage und Antwort* II, *Jägerlied* II, *Agnes* (Agnès), *Verborgenheit* II, *Der Liebhaber an die heisse Quelle zu B.* (L'Amoureux aux sources chaudes de B.), *Lammwirts Klagelied* (Le Chant plaintif de Lammwirt), *Lied eines Verliebten* (Chant d'un amoureux), *Jung Volker* [*Gesang der Raüber*] (Le Jeune Volker [Chant des voleurs]), *Jung Volkers Lied* (Le Chant du jeune Volker), *An Philomele* (A Philomèle).

Quelques dispositions et formations spéciales sont à relever : 3 canons pour chœur mixte (*Auf dem Spaziergang, Der Gärtner* et *Suschens Vogel*) ; des pièces pour solo et chœur mixte (*Handwerkerlied*), pour 2 soli et chœur mixte (*Ritterliche Werbung*), pour solo et chœur d'hommes (*An Philomele*), pour solo et chœur de femmes (*Erstes Liebeslied eines Mädchens*) ; deux pièces sont conçues sous la forme de variations (*Der Knabe und das Immelein* et *Storchenbotschaft*), tandis que la pièce à 5 voix mixtes (*Lieb in den Tod*) est écrite sur un texte en dialecte souabe. Six poèmes sont présentés en deux versions : *Suschens Vogel* pour chœur mixte dont la 2e en canon, *Die Tochter der Heide* pour chœur mixte et pour chœur de femmes, *Jägerlied* et *Verborgenheit* pour chœur de femmes et pour chœur d'hommes. Le texte de *Der Gärtner* a été mis en musique trois fois : pour chœur mixte (en canon), pour chœur à 4 voix de femmes et pour chœur à 3 voix d'hommes.

Le lien entre musique d'église et mouvement choral (« Singbewegung ») est caractéristique de l'œuvre de Distler et lui a permis de passer sans heurt d'un poste de musicien d'église à Lübeck à celui de professeur de théorie, de composition et de direction chorale à la Hochschule für Musik de Stuttgart. La douloureuse expérience de la lutte des Églises sous le régime national-socialiste lui fit accepter ce poste en 1937. C'est dans l'atmosphère méridionale et riante du pays souabe que naquit le *Mörike-Chorliederbuch*, qui réalise un nécessaire équilibre avec les œuvres plus sévères du monde septentrional de la musique d'église, centrées sur les thèmes de la Croix et de la Mort. Sans doute Distler avait-il déjà commencé à se tourner vers le domaine profane dès son séjour à Lübeck. Grâce à ses relations avec le poète Heinz Grunow naquit le plan d'un *Neues Chorliederbuch* (op. 16) dont les *Bauernlieder* (Chants paysans) et les *Minnelieder* (Chants d'amour) furent encore réalisés dans ce port balte. Après les *Kalendersprüche* (Sentences du calendrier), c'est à Stuttgart que Distler devait atteindre à la merveilleuse richesse de son *Mörike-Chorliederbuch*, le couronnement de son œuvre profane.

L'importance de Distler pour la musique chorale réside dans la totale imprégnation des formes historiques par un langage musical et une sensibilité modernes. Les modèles historiques s'en trouvent réévalués tandis que dans ses propres œuvres Distler atteint à une originalité qui s'approfondit de plus en plus de sa → *Choralpassion* au *Mörike-Chorliederbuch*.

Huit pièces du *Neues Chorliederbuch* et du *Mörike-Chorliederbuch* ont été publiées avec une adaptation française de César Geoffray (Paris, Presses d'Ile-de-France, 1957).

Bibliographie — H. Bornefeld, H. Distler und sein Werk, *in* MuK XXXIII, 1963 ; W. Jennrich, H. Distler, Berlin, Union Verlag, 1970 ; G. Kappner, H. Distler und der Aufbruch der Kirchenmusik, *in* MuK LI, 1981 ; Br. Grusnick, H. Distler, *in* 800 Jahre Musik in Lübeck, Lübeck, Senat der Hansestadt, 1982 ; U. Herrmann, H. Distler : Rufer und Mahner, Berlin, Evangelische Verlagsanstalt, 3/1983.

U. Asper

Mörike-Lieder, de **Hugo Wolf**, voir Gedichte von Eduard Mörike.

« Moro lasso al mio duolo » (Las, je meurs de ma douleur), madrigal à 5 voix de **Carlo Gesualdo**, publié dans *Madrigali a cinque voci, libro sesto* (Gesualdo,

Carlino, 1611). Comme pour la plupart des madrigaux de Gesualdo, le texte est court (6 vers). L'auteur en est sans doute le musicien lui-même. D'une valeur littéraire médiocre, ce texte extravagant est surtout le prétexte à une musique elle-même extravagante, avec une mélodie, une harmonie et un rythme désordonnés. *« Moro lasso »* est pourtant un chef-d'œuvre de la maturité de Gesualdo et l'un des plus célèbres madrigaux jamais écrits. De manière très caractéristique, c'est un morceau dissonant dans son ensemble, mais chromatique dans son détail. Ce chromatisme, dans le prolongement naturel des œuvres de L. Luzzaschi, est cependant plus développé et plus radical. Bien que les madrigaux de Gesualdo semblent présenter une unité tonale — la plupart commencent et se terminent dans une même tonalité —, chacune de leurs sections est audacieusement surprenante. Une extrême stylisation et une grande force affective s'y combinent à la maîtrise d'effets curieux pour créer un parfait maniérisme. De tous les madrigaux de Gesualdo, *« Moro lasso »* est celui qui comporte le plus de chromatisme, allant si loin qu'il en devient presque atonal. A. Einstein l'a qualifié de « mal de mer musical ».

Comme plusieurs autres œuvres de Gesualdo (→ *« Resta di darmi noia »*, → *« Io moro e mentre sospiro »*), *« Moro lasso »* est composé selon un modèle bien particulier. Contrastant avec le début lent, dissonant et homophonique, une section rapide et presque exagérément contrapuntique survient après un silence. Le premier vers, court (3 mes.), « Moro lasso al mio duolo », est surprenant et très maniériste. L'ensemble des 5 voix (S S A T B) crée d'abord l'illusion d'une homophonie en une succession chromatique qui exploite les fausses relations.

La musique passe d'un accord à l'autre sans aucune régularité harmonique. Dans un mouvement lent, une mélodie chromatique se mêle aux voix graves pour créer une atmosphère lugubre, et ce qui semblait commencer en *do* ♯ maj. se transforme rapidement (mes. 3) en une cadence dominante-tonique en *la* mineur. Le deuxième vers du texte, « E che mi puo dar vita » est plus neutre ; en contraste net avec le premier, il correspond à une section polyphonique rapide, assemblant des motifs simples en une série d'images. « Vita » est chanté sur des groupes ornementaux (croches et doubles croches) utilisant des fragments d'échelle diatonique ; le style diatonique qui en résulte (avec de rapides passages du majeur au mineur) est très éloigné du chromatisme extrême du début. Ce moment, qui est répété, reste cependant confus. Le troisième vers, « Ahi, che m'ancide », est un passage homophonique d'un ton nouveau qui clôt la première section du madrigal en *la* majeur. Ces trois premiers vers sont répétés en une organisation musicale parallèle à celle qui précède : le moment fort harmonique se trouve au début, mais « Moro lasso » est maintenant chanté par les seules voix aiguës, plus hautes d'une quarte. Les deux sections diatoniques qui suivent sont étroitement liées et étrangement construites avec des entrées en imitation sans ordre et des alternances de passages chromatiques et diatoniques. Cette répétition, cependant, est plus longue, chaque vers du texte étant répété plus souvent, et Gesualdo modifie les motifs, l'harmonie et la texture. Juste avant la fin, une courte section, « o dolorosa sorte », comporte une série de dissonances prises dans un tissu chromatique. *« Moro lasso »* se termine par un mouvement extraordinaire et inattendu : « Ahi mi da morte » est une lente imitation de gémissements dans laquelle, au-dessus d'un support diatonique, les entrées successives des voix sont accompagnées par un nombre croissant de dissonances. Les « ahi » angoissés du soprano sont détachés des autres voix par des silences qui rompent le déroulement de la musique. Dans la complexe harmonie contrapuntique de la cadence finale (3 mes.), on trouve 11 tons chromatiques sur les 12 existants. La pièce se termine, après de brefs accords diminués et dissonants, par une cadence parfaite en *la* majeur **A**.

Rééditions modernes — Par A. Parrish, *in* A treasury of early music, New York, Norton, 1958 ; par F. Vatielli et A. Bizzelli, *in* C. Gesualdo. Madrigali a 5 voci VI, Rome, Istituto ital. per la storia della musica, 1958 ; par W. Weismann et Gl. E. Watkins, *in* C. Gesualdo.

A « **Moro lasso al mio duolo** »

Sämtliche Madrigale für 5 Stimmen, Hambourg, Ugrino Verlag, 1957-62, vol. VI.

Bibliographie — TH. KROYER, Die Anfänge der Chromatik im italienischen Madrigale des 16.Jh., Leipzig 1902 ; F. KEINER, Die Madrigale Gesualdos von Venosa, Leipzig 1914 ; G. R. MARSHALL, The harmonic laws in the madrigals of C. Gesualdo (diss. Columbia Univ., New York, 1956) ; W. WEISMANN, Die Madrigale des C. Gesualdo..., *in* Deutsches Jb. der Musikwissenschaft V, 1960 ; GL. E. WATKINS, Gesualdo : the Man and his Music, Londres, OUP, 1973 ; du même, C. Gesualdo and the Delimitation of the Late Manerist Style, *in* Studi Musicali III, 1974 ; D. ARNOLD, Gesualdo, Londres, BBC Publications, 1984 ; voir aussi la bibliogr. de l'art. *Madrigali guerrieri et amorosi.*

M. SACRÉ

(IL) MORO PER AMORE (Le Maure par amour), « dramma per musica » en 3 actes, livret de Flavio Orsini (connu sous le pseudonyme de Filosinavoro), musique d'**Alessandro Stradella**, composé en 1681, créé à Rome, au Teatro Capranica, en 1695. L'effectif instrumental est très réduit : 2 violons et basse continue. L'ouvrage est représentatif de la période de l'histoire de l'opéra où l'aria prend une importance prépondérante.

LIVRET — Acte I. Rodrigo (basse), conseiller d'Eurinda (sop.), reine de Sicile, se désespère car celle-ci refuse de l'épouser. De son côté, la reine se réjouit de sa liberté bien que la vieille nourrice Lindora (alto) l'informe de plusieurs projets. Lucinda (sop.) est une dame de la cour qui, comme Eurinda, se refuse à l'amour, mais d'une façon moins décidée. Feraspe (alto), l'esclave maure de Filandro (ténor), ambassadeur du roi de Naples, a dit à Lucinda être venu en Sicile afin de conquérir la main d'Eurinda pour son maître. En réalité, Feraspe se nomme Floridoro et il est fils du roi de Chypre, ennemi traditionnel des Siciliens. Sous le masque de Filandro et feignant d'être amoureux, Feraspe déclare sa passion à Lucinda, qui le repousse. Lindora joue la coquette avec Feraspe qu'elle commence à aimer, sans succès car il n'a d'yeux que pour la merveilleuse Eurinda.

Acte II. Le page Fiorino (sop.) se lamente d'avoir à obéir à la fois à son véritable maître, Feraspe/Floridoro, et à Filandro qui prétend être servi au même titre que Floridoro. Filandro demande conseil à Rodrigo sur la façon d'obtenir la main d'Eurinda pour le prince de Naples. La reine s'aperçoit qu'elle est éprise de l'esclave Feraspe, ce qui n'empêche pas sa nourrice Lindora de continuer à jouer la coquette avec lui. Filandro déclare son amour à Lucinda qui lui avoue préférer sa liberté. Feraspe en fait autant avec Eurinda, la laissant dans un état de grande confusion. Ayant compris qu'Eurinda aime Feraspe, Lucinda s'abandonne à la colère. Puisqu'elle n'a aucune chance avec l'esclave maure, Lindora essaie de séduire le page Fiorino, en vain car Fiorino et Feraspe agissent de connivence. Lucinda déclare son amour à Feraspe. Celui-ci l'ayant repoussée, elle lui ordonne de porter une lettre d'Eurinda à Rodrigo parti combattre l'ennemi chypriote. Folle de jalousie, Lucinda espère ainsi le faire disparaître.

Acte III. Eurinda s'éloigne quand elle apprend de la bouche de Lucinda que Feraspe a été envoyé comme messager pour porter sa lettre à Rodrigo. Filandro insiste auprès de la reine pour qu'elle accepte d'épouser le roi de Naples, mais elle persiste dans son refus. De retour à la cour, Rodrigo apprend à Lindora que Feraspe a été capturé par les Chypriotes. Celle-ci lui révèle qu'Eurinda est éprise de Feraspe, ce qui remplit Rodrigo de stupeur. La reine se lamente sur le sort de son amant désormais prisonnier. Aussi Lucinda est-elle saisie de remords ; comprenant le mal qu'elle a fait, elle déclare promptement son amour à Filandro qui, de son côté, est très surpris d'apprendre qu'Eurinda est éprise de Feraspe. Mais Fiorino vient expliquer que Feraspe est en réalité Floridoro déguisé et qu'il va donc reparaître. Puis il déclare son amour pour Lindora. Rentré à Messine, Floridoro avoue ses sentiments pour Eurinda. Rodrigo bénit l'union des amants.

Le livret développe une intrigue amoureuse qui met en scène des personnages au caractère pour le moins superficiel. L'ensemble se fonde sur des travestissements et échanges de partenaires, éléments désormais typiques du genre. Judicieusement construit, le texte distribue régulièrement les arias dans le déroulement de l'opéra dont *Il moro per amore* représente le parfait modèle à cette époque ; toute la progression dramatique et scénique est construite autour d'une simple alternance entre l'intérieur et l'extérieur du palais de Messine, ce qui ne nécessite pas moins de dix décors différents.

Stradella choisit un style adéquat pour traduire musicalement ce que suggère le livret. Les récitatifs se fondent sur une succession de noires et de croches, tandis que les mélodies conjointes font naître les figures les plus poignantes. L'opéra présente une structure organisée avec le plus grand soin. Le compositeur a su élaborer des règles précises pour la construction d'un « dramma musicale » au développement harmonieux. La tonalité, élément essentiel du langage, fournit une réponse immédiate aux problèmes que pose le rapport entre texte et musique. Les modes majeur et mineur sont toujours parfaitement établis et également représentés dans les arias ; les motifs constitutifs de la mélodie empruntent aux notes de l'accord de tonique, signature tonale évidente du morceau dès son début. Cette sonorité particulière de l'accord de tonique, outre qu'elle fixe la tonalité dans la mémoire de l'auditeur, fournit un motif caractéristique d'arpège. De plus, Stradella utilise des progressions d'accords de base qui confirment la tonalité initiale. C'est encore les rapports tonaux qui constituent le lien entre récitatif et aria (relations de type V-I ou IV-I), avec une telle régularité que tout autre enchaînement produit à l'écoute un effet d'étrangeté.

La majorité des arias (22) adoptent la forme ABA, contre 14 de structure ABB ; une seule suit un déroulement binaire (AB) et on ne rencontre jamais de rondo. *« Su, su pensieri »* (Allons, allons, pensées, acte I, sc. 4), particulièrement développée, offre un bon exemple d'aria « col da capo » : 43 mesures à 4/4 pour la 1re section soigneusement élaborée ; ritournelle de 8 mesures ; 15 mesures pour la section B faite d'éléments nouveaux ; reprise textuelle de A et de la ritournelle. Dans *« Col mio sangue »* (Avec mon sang, acte III, sc. 6), la basse imite le chant, suggérant la peine et les sanglots d'Eurinda tandis que les silences brisent la ligne mélodique comme les larmes interrompent le discours. La même technique imitative est utilisée dans *« Seppellitevi ciechi affetti nel core »* (Ensevelissez-vous, affections aveugles dans le cœur, acte II, sc. 6).

L'usage du contrepoint est fréquent. Instruments et voix procèdent par imitation, participant à un même tissu sonore. Pourtant, les exemples d'accompagnement en contrepoint non imitatif ne manquent pas (voir *« La fortuna è troppo avara »*, La fortune est trop avare, acte I, sc. 6). En outre, l'ensemble instrumental commence à tenir un rôle plus important sur le plan dramatique. Dans *« Fuga il pianto »* (Que les larmes s'enfuient), les violons, la basse continue et la voix progressent en imitation serrée, dans une forme de fugue embryonnaire. A côté de ces innovations, Stradella reste parfois tributaire d'une esthétique plus conservatrice : usage de la basse obstinée, manque d'indépendance de la basse vocale par rapport à la basse instrumentale.

Sources et éditions modernes — Modène, Bibl. Estense (sous le titre *Floridoro* [plus ancienne source connue]) ; Turin, Bibl. nazionale universitaria, Ms. Giordano II ; Paris, BN (Cons.), Ms. D 11900 (sous le titre *Rodrigo*) ; Österreichische Nationalbibl., Musiksammlung, cod. 18708. — Extraits éd. par H. HESS (voir bibliogr.) ; scène 1, *in* Alte Meister des Bel Canto II, Leipzig, Br. & H., 1912 ; facs. complet, New York, Garland, 1979.

Bibliographie — A. ADEMOLLO, I teatri di Roma nel secolo decimosettimo, Rome 1888, rééd. 1969 ; H. HESS, Die Opern A. Stradellas, Leipzig 1906 ; R. GIAZZOTTO, Vita di A. Stradella, Milan 1962 ; C. GIANTURCO, The operas of A. Stradella 1644-1682 (diss. Oxford, 1970) ;

du même, Caratteri stilistici delle opere teatrali di Stradella, *in* Rivista Ital. di Musicologia VI, 1972 ; du même, Sources for Stradella's Moro per amore, *in* Quadrivium XII/2, 1975.

S. GAUDINO

MORS ET VITA (Mort et vie), trilogie sacrée pour soli, chœur, orchestre et orgue de **Charles Gounod**, composée de 1883 à 1885, dédiée au pape Léon XIII, exécutée pour la 1re fois au Festival de Birmingham, le 26 août 1885, avec Mmes E. Albani et J. Patey, MM. E. Lloyd et Ch. Santley, sous la dir. de Hans Richter (durée : 3 h environ). Malgré l'absence du compositeur à qui ses démêlés avec G. Weldon interdisaient l'accès du sol anglais, le public ne ménagea pas son enthousiasme pour le nouvel oratorio de Gounod. Après Bruxelles (30 janv. 1886), l'ouvrage fut repris à Londres le 26 févr. 1886 (Albert Hall, un millier d'exécutants et 8 000 spectateurs, version abrégée), puis à Paris (Trocadéro) le 22 mai de la même année.

A la différence de → *La Rédemption* à laquelle elle fait suite, *Mors et vita* utilise un texte latin tiré de la liturgie catholique et de l'Écriture. Une fois de plus, Gounod s'est fait théologien, expliquant comment, dans une perspective chrétienne, la mort, « naissance de ce qui ne meurt plus », précède la vie éternelle. Par son sujet, cette seconde trilogie s'éloigne de l'oratorio dramatique et historique pour atteindre un mysticisme plus profond, exprimé dans « les larmes que la mort nous fait répandre ici bas, les espérances d'une vie meilleure, la crainte solennelle de la Justice sans tache, la confiance filiale et tendre dans un amour sans bornes ».

Si *Rédemption* s'en tenait à l'usage d'une seule « mélodie typique », *Mors et vita* introduit quatre « formes musicales » caractéristiques dont le compositeur établit la liste et explique la signification. La première

exprime « la Terreur qu'inspire le sentiment de la Justice seule, et par suite l'Angoisse du châtiment. Cette forme, dont l'emploi soit ascendant, soit descendant, présente une suite de 3 secondes maj., donne un total de quarte augmentée dont l'expression farouche se retrouve dans les arrêts de la Justice divine, dans les souffrances des damnés, et se combine, dans tout l'ouvrage, avec les formes qui expriment des sentiments tout différents, comme dans le *Sanctus* et le *"Pie Jesu"* du *Requiem* qui compose la 1re partie.

Cette deuxième forme,

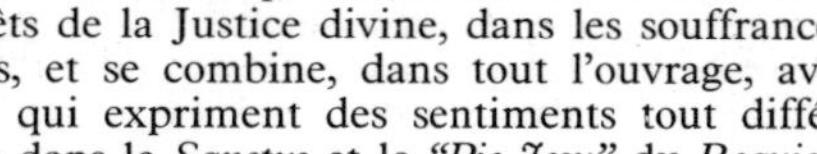

celle des Tristesses et des Larmes, devient, par l'emploi du mode majeur et l'altération d'une simple note, la forme des Consolations et des Joies :

La troisième exprime la Félicité des bienheureux.

Enfin, la dernière forme,

par sa triple superposition qui donne un cadre de quinte augmentée, annonce le réveil des morts par cette effrayante fanfare de la trompette angélique dont parle saint Paul dans l'une de ses épîtres aux Corinthiens. » Ces motifs réapparaissent souvent, le 1er et le 2e une quarantaine de fois environ ; courts et bien dessinés, ils se prêtent assez facilement aux transformations et donnent lieu à des développements. Cependant, malgré une nette évolution, ces « formes musicales » ne sauraient encore s'identifier aux leitmotive wagnériens.

1. *Pars prima. Mors.* Il s'agit d'un long requiem en 12 numéros encadrés par un prologue et un épilogue. Expression grandiose de la terreur que ressent l'homme à l'approche du jugement (« Horrendum est incidere in manus Dei viventis », Il est horrible de tomber dans les mains du Dieu vivant), le *Prologue* est sans doute l'une des pages les plus saisissantes de tout l'oratorio. Un unisson puissant, scandé par le chœur et l'orchestre, conduit au 1er motif, lui-même prolongé par une ponctuation harmonique dissonante. Reprise 3 fois, cette progression contraste avec les paroles apaisantes de Jésus, « Ego sum Resurrectio » (Je suis la Résurrection et la Vie). L'*Introït et Kyrie* adopte le plus souvent un style chromatique tandis que le 1er « Requiem » rappelle l'ensemble vocal introductif de *Roméo et Juliette.* Du *« Dies irae »* réparti en 7 numéros, on retiendra surtout le *« Felix culpa »* où le sop. solo énonce un long thème de 30 mesures, particulièrement représentatif de l'art mélodique de Gounod, et que le chœur reprend selon un plan souvent adopté dans l'ouvrage. Après l'*Offertoire* commencé par un épisode choral à 8 v. et le *Sanctus* aérien, on s'arrêtera au *« Pie Jesu ».* Le quatuor de solistes entonne un choral auquel le chromatisme descendant de la partie supérieure donne une infinie tristesse. Sa dernière section réintroduit fort habilement le motif de la Terreur, bientôt effacé par celui des Tristesses et des Larmes que le mode majeur transfigure en Joies et Consolations. L'*Agnus Dei* est une supplication recueillie dont les quintes mélodiques successives amplifient l'insistance jusqu'au pathétique. L'*Épilogue* orchestral rappelle les motifs entendus au cours du requiem.

2. *Pars secunda. Judicium* (Le Jugement). Composée sur quelques versets de l'*Évangile selon saint Matthieu* et de l'*Apocalypse*, la partie centrale du triptyque adopte un style volontiers descriptif. Après un prélude orchestral peignant le sommeil des morts bercé par le thème liturgique du *« Dies irae »*, éclate la fanfare du jugement. L'usage du 4e motif engendre des harmonies augmentées et des modulations inattendues, signes du chaos annonciateur d'une vie nouvelle. Le *« Judex »* qui suit a déchaîné l'enthousiasme du public lors des 1res exécutions. Une ample mélodie soutenue par des triolets répétés, et qui rappelle un des thèmes de l'introduction de *Faust*, est exposée d'abord par les cordes. Développée à l'aide du motif de la Félicité, elle est reprise sur un fond d'harmonie chorale : c'est, pour C. Bellaigue, « une vision du ciel ouvert, plein de clartés et de cantiques ». Le *« Judicium electorum »* (Jugement des élus) s'appuie sur le 3e motif auquel les doubles croches des harpes accompagnatrices donnent toute sa suavité. Il s'oppose au *« Judicium rejectaneorum »* (Jugement des rejetés) qui reprend des éléments du prologue.

3. *Pars tertia. Vita. Visio sancti Joannis* (Vision de saint Jean). « Le ciel nouveau et la terre nouvelle », la Jérusalem céleste dont parle le chap. XXI de l'*Apocalypse*, fournissent le sujet de cette ultime section, assurément moins inspirée que les précédentes. Le style est plus conventionnel, trémolos et arpèges soutenant des mélodies d'une grande suavité. Un *Hosanna* fugué conclut l'ensemble.

Mors et vita est incontestablement une œuvre plus forte et plus profonde que *Rédemption.* Bien que l'auteur emprunte à plusieurs styles (chromatisme, expositions fuguées à la manière de Haendel, chœurs imitatifs néo-palestriniens, mélodies d'opéra), l'ensemble gagne en unité grâce à un enchaînement plus subtil des différentes sections. Le langage harmonique atteint une richesse et une variété rares, résultant le plus souvent de mouvements chromatiques (*Introït et Kyrie*, « Et lux perpetua ») A ou d'enchaînements par tons entiers (fin du *« Dies irae »*)

tout à fait exceptionnels chez l'auteur. Cet oratorio aurait pu engager Gounod dans un renouveau stylistique auquel ses œuvres contemporaines pour l'église et le théâtre échappent malheureusement.

Éditions — Réd. cht et p. par O. B. Brown, Londres et New York, Novello, [1885].

Bibliographie — Fr. Hueffer, La musique en Angleterre, *in* Le Ménestrel LII/15, 1886 ; A. Pougin, Mors et vita, *ibid.* LII/26, 1886 ; A. Landely, Mors et vita, *in* L'Art Musical XXV/10, 1886 ; C. Bellaigue, Un siècle de musique française, Paris 1887, pp. 271-288 ; L. Pagnerre, Ch. Gounod, Paris 1890, pp. 405-409 ; M. Brenet, Gounod et la musique sacrée, *in* Le Correspondant, 10 déc. 1893, pp. 977-981 ; C. Saint-Saëns, Portraits et souvenirs, Paris 1899, 3/1909, pp. 110-117 ; C. Bellaigue, Gounod, Paris 1910, pp. 181-193 ; J.-G. Prod'homme et A. Dandelot, Gounod II, Paris 1911, 2/ Genève, Minkoff, 1973, pp. 205-210 ; P. Landormy, Ch. Gounod, Paris 1942, pp. 228-239 ; K. G. Fellerer, Oratorium u. geistliche Musik in Frankreich, *in* Religiöse Musik in nicht-liturgischen Werken von Beethoven bis Reger, Regensburg, Bosse, 1978, pp. 221-231.

P. Prévost

Mors Saülis et Jonathae (La Mort de Saül et de Jonathas), histoire sacrée de **Marc-Antoine Charpentier** pour 5 soli (2 hautes-contre, ténor et 2 basses), 2 chœurs à 4 voix (chœur des Philistins et chœur des Israélites), 2 fl. ou 2 vl. et b.c. (orgue spécifié dans le ms.), sur un texte latin certainement rédigé par le compositeur qui s'inspire des livres de Samuel I et II, exécutée probablement dans les années 1680 à l'église Saint-Louis, la principale église des jésuites à Paris dont c'était l'un des sujets favoris. (Durée : 45 min environ.)

Véritable tragédie en musique en réduction, *Mors Saülis et Jonathae* conte en deux parties les derniers instants de la vie de Saül, chef des Israélites qui, poursuivi par les Philistins, voit Dieu l'abandonner et son fils périr. L'œuvre s'ouvre par un prélude intitulé *Rumor bellicus* (Bruits de guerre) auquel succèdent un chœur narrant les faits puis une scène d'incantation où Saül demande à Maga la magicienne de faire apparaître Samuel : *« O mulier suscita mihi »* (O femme, évoque pour moi). Après un air de Maga, *« Aether umbrosus »* (Qu'un sombre éther), celui-ci surgit du Ténare pour annoncer à Saül que Dieu l'a abandonné. C'est au chœur qu'incombe la description de la mort de Jonathas et du désespoir de Saül : *« Cecidit repente Saül »* (Saül se repentant). Celui-ci supplie un soldat de l'achever, *« Tolle, quaeso »* (Délivre-moi), tandis qu'un autre chœur des Israélites l'appelle à reprendre le combat par de vigoureux « ad arma ». Au cours d'un duo théâtral, David apprend de la bouche d'un soldat la mort de Saül et de Jonathas. Dans une élégie épique, le chœur pleure les deux héros, *« O sors infelix »* (O sort malheureux), et dans un air sur un des textes poétiques les plus poignants de l'Ancien Testament, David se lamente avec des accents pathétiques, sur la mort de son ami Jonathas, *« Doleo »* (Je pleure). Cette déploration est reprise par le chœur final, *« Montes Gelboe »*.

Mors Saülis et Jonathae s'attache essentiellement à décrire non pas les exploits que rapporte la Bible mais le drame intérieur agitant Saül et David. L'action, plus concise et moins complexe que dans la Bible, incite M.-A. Charpentier à développer les parties réservées aux solistes qui constituent l'essentiel de l'œuvre. Ce sont des récits presque parlés, des airs très élaborés destinés soit à Maga, soit à David, ou de nombreux ariosos très expressifs que le compositeur écrit en véritable homme de théâtre. Parmi les airs, *« Aether umbrosus »*, proche de l'air de cour par son caractère dansant et ses 6 strophes aux rythmes poétiques réguliers, est chanté par Maga sur une mesure à trois temps tantôt lente, tantôt rapide, alors que la structure en rondeau du long monologue de David, *« Doleo »*, ramène sans cesse en refrain le mot douloureux « doleo ». Parmi les ariosos, il faut noter le dialogue entre David et le soldat qui annonce la mort de Jonathas en une phrase brisée de silences, à la courbe et à la métrique irrégulières A. Le rôle des instruments est varié. Solistes dans le prélude qui rappelle le « bruit de guerre » d'*Alceste* de J.-B. Lully, ils doublent les voix dans les chœurs, annoncent par une « simphonie de l'enchantement » l'air de Maga ou soulignent par des ritournelles la douleur de David. Quant à la basse continue, elle échappe à la fonction de simple accompagnement qu'elle assure habituellement et participe constamment à l'action.

Mors Saülis et Jonathae reste certes une grande fresque biblique telle que les jésuites aimaient à en représenter dans leurs établissements, mais elle est aussi et surtout une œuvre profondément dramatique où le compositeur met en valeur, au milieu du fracas du combat, le pathétique de la situation de Saül ainsi que la douleur de David, deux rois qui ne sont pas représentés comme des héros mythiques et inaccessibles, mais comme des êtres aux sentiments bien humains.

Sources — Paris, BN, Rés. Vm[1] 259, cahier XXXII, vol. IV, f°s 119v-134v.

Bibliographie — H. W. Hitchcock, L'œuvre de M.-A. Charpentier, Paris, Picard, 1982, n° 403, p. 300 ; A. Fiaschi, Les histoires sacrées de M.-A. Charpentier (diss. Univ. de Strasbourg II, 1991).

A. Fiaschi

Mort à Venise, opéra de **Benjamin Britten**, voir Death in Venice.

(La) Mort de Danton, opéra de **Gottfried von Einem**, voir Dantons Tod.

(LA) MORT DE PROCRIS, de **Hugues Dufourt**, commande du ministère de la Culture pour les 12 voix solistes du Groupe vocal de France (3 sop., mezzo-sop., 2 altos, 3 ténors, 2 bar., basse), composée en 1985-86, créée le 26 sept. 1986 dans le cadre du festival Musica 86 de Strasbourg par le Groupe vocal de France sous la dir. de Guy Reibel. (Paris, Salabert, 1986 ; durée : 22 min environ.)

Le livret se compose de fragments extraits de *Vénus et Adonis* de Shakespeare, montés par Odile Marcel. Le titre *La Mort de Procris* est celui d'un tableau de Piero di Cosimo, peintre florentin de la Renaissance, inspiré par *Les Métamorphoses* d'Ovide. Diamétralement opposé à Botticelli, P. di Cosimo est isolé dans son temps : il est peintre et non dessinateur. Son art se fonde plus volontiers sur les valeurs de la couleur que sur les canons de la ligne. L'œuvre de H. Dufourt ne s'intéressera pas à la ligne mélodique mais à « la courbure d'un espace, pas à la composition des parties mais à la totalité qui les engendre ». De la rigueur du travail sur le timbre vocal résulteront des hauteurs diluées, agencées en textures. Le complexe polyphonico-harmonique de composition se calque alors sur les modèles de l'époque élisabéthaine. La technique personnelle de composition de Dufourt, trouvant ici son plein aboutissement en un authentique « art poétique », est devenue « épreuve de vérité ». Son insistance sur une certaine prostration après le crime (Vénus tue Adonis) régit différents horizons immobiles, des états de plomb, des atmosphères évidées ou ankylosées, des « plages de brume et de silence », des phases dramatiquement suspensives ou mélancoliquement détachées que l'on retrouve dans le tableau du Quattrocento. Dix parties enchaînées, d'inégale longueur, charpentent cette page endeuillée : la 1re évoque en un court prologue la terreur et le monde ébranlé ; la 2e peint pérégrinations et révoltes humaines (voix d'hommes) ; la 3e brosse un nocturne lent, faible et court (voix d'hommes) ; la 4e fait s'affronter l'amour et la mort (voix de femmes puis voix mixtes) ; la 5e voit confier à l'alto solo une mélopée interrogative sur le présent, l'avenir et le destin (« Quelle parole est musique maintenant ? ») ; la 6e déploie en un fragment calme et court quelques songes criminels ; la 7e, la plus longue, en deux sections, symbolise d'une part les échos gémissants des cris plaintifs sous forme répétitive de cluster contrapuntique (avec trilles) ou de scansion syllabique, et d'autre part l'hymne sinistre moralisateur des vertus de l'amour ; la 8e, chantant la conscience, mêle étrangement consonances et dissonances ; la 9e étale une diversité de timbres inouïs aux ambitus extrêmes, narguant l'espoir et le désespoir ; enfin la 10e est une déploration grave et majestueuse sur le (ou la) bel(le) endormi(e) — Adonis ou Procris.

Bibliographie — H. DUFOURT, notice *in* Musica 86, Strasbourg, Dernières Nouvelles d'Alsace, 1986 ; M. BIGET, notice du programme du Présent musical d'Orléans, Centre d'Arts contemporains, 1988 ; P. A. CASTANET, H. Dufourt, les années de compagnonnage avec l'Itinéraire *in* RM, n°s 421-424, Paris, Richard-Masse, 1991.

P. A. CASTANET

(LA) MORT D'OPHÉLIE, d'**Hector Berlioz**, voir TRISTIA.

A **MORS ET VITA**

A **MORS SAÜLIS ET JONATHAE**

(La) morte di Abele (La Mort d'Abel), oratorio en 2 parties de **Leonardo Leo**, sur un livret en italien de Pietro Metastasio, pour 2 sop., mezzo-sop., ténor et basse soli, chœur et orchestre, créé au Palais royal de Naples au cours de l'hiver 1723 (Durée : 2 h environ.)

C'est le plus important des quelque 10 oratorios écrits par L. Leo. Jusqu'en 1750 au moins, c'était l'une des partitions d'oratorio les plus souvent interprétées dans les grandes villes italiennes. Dès l'ouverture, pour cordes avec cors et hautbois, on perçoit la forte personnalité d'un musicien qui semble orienté vers un avenir lointain. On s'en aperçoit dans les récitatifs secco, la forme la plus stéréotypée du XVIIIe s., auxquels il confère une intensité et un naturel très rares. Dans la sinfonia introductive, Allegro moderato, sur un rythme pointé, Leo introduit immédiatement un 2e thème Andante, en *ré* min., comme le fera plus tard Beethoven. Les arias sont toutes fidèles au schéma « da capo » mais l'accompagnement instrumental réalise toujours un contrepoint très serré qui n'empêche pourtant pas une expression dramatique très forte. Les chœurs sont puissants et évoquent par endroits les oratorios de Haydn. Plusieurs fois, Leo mêle le chœur aux arias pour solistes en créant de véritables scènes. Les grands récitatifs accompagnés, comme celui d'Eve dans la 2de partie, surprennent eux aussi par leur force expressive, très éloignée du formalisme stéréotypé du genre dans l'école napolitaine. L'invention mélodique et la richesse harmonique situent l'œuvre parmi les plus fortes de son temps.

Bibliographie — A. Schering, Die Anfänge des Oratoriums, Leipzig 1911, 2/1966 sous le titre Geschichte des Oratoriums ; G.A. Pastore, L. Leo, Naples 1957 ; H. E. Smither, A history of the oratorio, Chapel Hill, Univ. of North Carolina Press, 1977.

C. de Nys

(La) morte d'Orfeo (La mort d'Orphée), op. 2, « tragicommedia pastorale » en 5 actes, livret d'Alessandro Mattei (?), musique de **Stefano Landi**, créée à Rome, le 1er juin 1619, peut-être à l'occasion du mariage de Marcantonio Borghese avec Camilla Orsini. Le seul exemplaire de l'édition ancienne qui nous soit parvenu (Venise, Bartolomeo Magni, stampa del Gardano, 1619) se trouve au British Museum. Deux fragments (acte II, sc. 1 ; acte V, sc. 2), copiés vers 1930, sont conservés à la Bibliothèque nationale (Vma ms. 35). Cette dernière source signale la présence d'une copie manuscrite « à Bruxelles sous la cote K 13461 ».

La morte d'Orfeo ne reprend de la légende d'Orphée que son épilogue. Orfeo est tué par les Ménades sur l'ordre de Bacchus, puis ravi par Jupiter qui en fait un demi-dieu de l'Olympe. Il va sans dire que, pour faire de ce fragment d'intrigue un opéra en 5 actes, librettiste et compositeur ont introduit des épisodes étrangers à l'action principale, en donnant la priorité à une mise en scène spectaculaire et au déploiement fastueux des chœurs. Le livret n'en reste pas moins pauvre et contraste avec des textes comme ceux d'Ottavio Rinuccini ou de Gabriello Chiabrera.

La musique de cet opéra semble assez peu originale, les compositeurs romains de l'époque ayant moins que leurs contemporains, tels Monteverdi ou Caccini, le sens de la tonalité et des modulations. Plus fin polyphoniste que monodiste, Landi utilise les ressources du passé pour tenter d'introduire un style nouveau. Par un mélange de monodie et de polyphonie, il préfigure d'une certaine façon son second et dernier ouvrage lyrique, → *Il Sant' Alessio*. Il semblerait aussi qu'il favorise en quantité l'aria aux dépens du récitatif qui reste assez banal.

Par ailleurs, les chœurs et les ensembles sont très développés. Reconnaissons-leur une intensité et une variété d'expression dramatique neuves dans l'histoire de l'opéra. *« Mentre cantiam... »* (Pendant que nous chantons au loin, acte I, sc. 3), avec ses oppositions de valeurs, ses diminutions en canon et sa coda sur rythme ternaire, en constitue un parfait exemple. Parmi les 14 chœurs, trois seulement appartiennent aux finales d'actes.

Chaque acte se termine par une longue scène complexe qui mêle des passages réservés à un soliste à des ensembles vocaux. L'acte I s'achève par une série d'ensembles pour 3 sop. alternant avec des récitatifs, eux-mêmes suivis par le double chœur à 8 des bergers. A l'acte II, c'est le double chœur à 8 des satyres alternant avec les ritournelles instrumentales et les duos pour alto et sop. qui conclut. Une disposition presque identique termine l'acte III : chœur à 5 des bergers (en 3 strophes) en alternance avec des duos de sop. et d'alto. A la fin de l'acte IV, le chœur des bergers à 6 enserre un trio pour sop., alto et ténor. La structure finale de l'acte V est la plus complexe, de belles proportions, unifiée par la récurrence de certains passages construits autour du chœur final à 8, *« Ecco dall'orizzonte »* (Voici de l'horizon).

Ce chœur est doté d'une annotation scénique : « Chœur des bergers sur terre, chœur des dieux, Junon et Orphée dans le ciel. » La plupart de ces finales manquent de véritable lien avec l'action et peuvent être considérés comme des intermèdes.

Il semble que Landi ait souhaité une instrumentation légère. Preuve en sont les courtes ritournelles avec 2 violons bâties sur ostinato harmonique.

La morte d'Orfeo est une œuvre de transition se situant à mi-chemin entre le style polyphonique et le style nouveau recherché par un compositeur encore trop attaché à la tradition romaine.

Rééditions modernes — **a)** Livret : par A. Solerti, *in* Gli albori del melodramma III, Milan 1904, rééd. 1969. — **b)** Musique : extraits éd. par H. Goldschmidt (voir bibliographie).

Bibliographie — S. Arteaga, Le rivoluzioni del teatro musicale italiano della sua origine fino al presente, 2/ Venise 1785 ; A. Ademollo, I teatri di Roma nel secolo decimosettimo, Rome 1888, rééd. 1969 ; H. Goldschmidt, Studien zur Geschichte der italienischen Oper im 17. Jahrhundert I, Leipzig 1901, rééd. 1967 ; H. Prunières, L'opéra italien en France avant Lulli, Paris 1913, rééd. Paris, Champion, 1975 ; M. F. Bukofzer, Music in the baroque era, New York 1947, trad. fr. Paris, J.-Cl. Lattès, 1982 ; R. Pitrou, L'opéra italien au xviie s., Paris 1950 ; N. Fortune, Italian secular monody from 1600 to 1635. An introductory survey, *in* MQ XXXIX/2, 1953 ; D. J. Grout, The Chorus in Early Opera, *in* Fs. Fr. Blume, Kassel 1963, pp. 151-161 ; Fl. Testi, La musica italiana nel Seicento. Il melodramma, Milano, Bramante, 1970.

N. Bertrand

« Mort tu as navré de ton dart »/« Miserere », chanson-motet à 4 voix de **Johannes Ockeghem**, l'une des rares chansons du musicien que l'on puisse dater précisément : il s'agit d'une déploration sur la mort de G. Binchois, survenue en septembre 1460. Elle s'inscrit donc dans la tradition franco-flamande des déplorations funéraires qui adoptent alors le genre formel de la chanson-motet.

Le texte est une ballade en strophes de 8 vers de 8 et 4 pieds terminés par le refrain, « Priez pour l'ame ». « Retoricque » et « Musicque par piteux regard » s'associent pour pleurer « Le père de joyeuseté », Binchois, dont on apprend qu'« En sa jonesse fut soudart / [...] Puis a esleu la meilleure part / Servant Dieu en humilité ». La ballade est chantée par le supérius, accompagné de trois autres voix (ou instruments !), dans des tessitures plutôt graves, notées en clés de *fa* 4, *fa* 3, *ut* 4 et *ut* 2 dans le 2e mode (*ré* plagal). Conformément à la tradition du genre, le ténor comporte un texte latin, dont seul l'incipit est écrit, « Miserere » ; la 2de partie y est plus précise, avec le texte : « Quem in cruce redemisti precioso sanguine », et pour finir : « Pie Jesu, Domine, dona eis requiem », derniers mots de la séquence → *« Dies irae »*, dont le ténor chante alors la mélodie paraphrasée, brièvement imité par le « contratenor basis ». A cette exception près, la polyphonie utilise essentiellement un contrepoint libre. Comme dans la lamentation → *« O tres piteulx »* de Dufay, à laquelle Ockeghem se réfère peut-être, la pièce est divisée en deux parties utilisant des mensurations et des tempi différents, successivement ternaire et lent (temps parfait) et binaire rapide (temps imparfait diminué).

Éditions — Par J. Marix, *in* Les musiciens de la cour de Bourgogne au xve s. (1420-1467), Paris 1937 ; par Th. Dart et Br. Trowell, *in* Invitation to Medieval Music III, Londres, Stainer & B., 1978 ; par I. Pope, et M. Kanazawa, *in* The Musical Manuscript Montecassino 871, Londres, OUP, 1978.

Bibliographie — G. Reese, Music in the Renaissance, New York, Norton, 1954, 2/1959.

J.-P. Ouvrard

Mosè in Egitto (Moïse en Égypte), de **Gioachino Antonio Rossini, 1re version** en ital., « azione tragicosacra in tre atti » (action tragique et sacrée en 3 actes), livret d'Andrea Leone Tottola, composée à Naples fin 1817 - début 1818 (révision et ajout de la *Preghiera* [Prière] de Moïse [acte III] en 1819), créée à Naples, au Teatro San Carlo, le 5 mars 1818, avec Mmes I. Colbran (Elcia), Fr. Funck (Amaltea), Manzi (Amenofi), MM. Benedetti (Mosè), A. Nozzari (Osiride), R. Remorini (Faraone), G. Chizzola (Mambre), G. Ciccimarra (Aronne) ; **2e version** en fr. sous le titre *Moïse et Pharaon ou le Passage de la mer Rouge*, opéra en 4 actes, livret de Luigi Balocchi et Étienne de Jouy (Victor Étienne) d'après A. L. Tottola, composé à Paris en 1826-27, créé à Paris, à l'Académie Royale de Musique (Salle Le Peletier), le 26 mars 1827, avec Mmes L. Cinti-Damoreau (Anaï), L. Zulme-Dabadie (Sinaïde), Mori (Marie), MM. N.-Pr. Levasseur (Moïse), A. Nourrit (Aménophis), H.-B. Dabadie (Pharaon), Bonel (Osiris), F. Prévost (Aufide), A. Dupont (Éliézer), décors P.-L.-Ch. Cicéri, ballets P. Gardel. Une 3e version, sous le titre de *Mosè*, est la simple traduction en italien de l'adaptation française.

La 1re représentation napolitaine fut difficile. Le dernier acte souleva les huées du public à cause d'une mise en scène défectueuse (la traversée de la mer Rouge). Stendhal s'ennuya : « Les passions n'y sont pas représentées avec une certaine suite, et je ne sais à qui m'intéresser. » L'écrivain reconnaissait toutefois que la science harmonique de Rossini égalait au moins celle des Allemands. L'ouvrage connut le succès véritable dans le même théâtre l'année suivante (7 mai 1819). Le compositeur avait supprimé un air de l'acte II et écrit la fameuse *Preghiera* (Prière) de Moïse qui le rendit très populaire. *Mosè* partit alors à la conquête des grandes scènes européennes. Balzac qualifiait l'œuvre, qu'il avait entendue au Théâtre-Italien en 1832, « d'immense poème musical ». Pour lui, « le sentiment de la musique sacrée s'y trouve exprimé au plus haut degré ». Situant la représentation qu'il décrit à la Fenice de Venise, il se livre à une véritable analyse qui, pour romantique et enthousiaste qu'elle soit, demeure un témoignage d'une pertinence et d'un intérêt certains.

Comme Gluck l'avait fait au siècle précédent, Rossini recomposa son opéra pour l'Académie Royale de Musique de Paris, dans le goût français, sévère et majestueux, avec le ballet obligatoire de l'acte III. Le nombre des actes passe de trois à quatre ; plusieurs personnages changent de nom : Aronne devient Éliézer, Anaï remplace Elcia... Rossini ne conserva que sept morceaux de la 1re version. Il remporta un triomphe lors de la création : « Il avait prouvé qu'un Italien était capable d'écrire autre chose que de la musique pour oiseaux mécaniques et des quadrilles » (G. H. J. Derwent). Retraduit en italien, l'ouvrage ne disparut jamais réellement du répertoire. Tous les grands chanteurs de l'époque romantique se faisaient un honneur de l'interpréter.

La version française, avec ses divertissements et danses, est fort longue. Elle a ses qualités propres. Mais à l'époque actuelle, la tendance est de revenir à la partition italienne de 1819 (avec la *Preghiera*). Les deux livrets résumés ci-dessous sont de conception assez différente. Le commentaire qui suit concerne la version italienne.

Livret italien — Acte I. L'Égypte est plongée dans l'obscurité totale. Faraone (basse) promet la liberté à Mosè (basse) et aux Israélites si la lumière revient. Mosè lève son bâton et invoque le pardon du Tout-Puissant. Les ténèbres se dissipent. Osiride (ténor), fils de Faraone et amoureux de la jeune juive Elcia (sop.), veut s'opposer au départ des Hébreux. Faraone cède et revient sur sa promesse. Mosè fait tomber sur l'Égypte un déluge de grêle et de feu.

Acte II. Faraone ordonne aux Israélites de partir. Aronne (ténor) apprend à son frère Mosè qu'Osiride a enlevé Elcia. Les amants refusent d'être séparés. Osiride est prêt à renoncer au trône. Faraone annule une nouvelle fois l'ordre du départ. Mosè, qui l'a prévenu que le prince royal et les premiers-nés égyptiens seraient foudroyés, est mis aux fers. Elcia révèle son amour pour Osiride et le supplie de libérer Mosè et son peuple. Le prince s'y oppose : il est terrassé par un éclair au moment où il ordonne la mort du chef des Israélites.

Acte III. Sur les bords de la mer Rouge, les Hébreux sont poursuivis par une troupe égyptienne. Mosè élève une prière à Dieu puis touche les flots de son bâton. La mer s'ouvre, laissant passer les Israélites avant de se refermer pour engloutir les Égyptiens.

Livret français — Acte I. Le campement des Hébreux sous les murs de Memphis. Pharaon (bar.) a décidé de libérer le peuple d'Israël, mais, pendant les préparatifs du départ, il donne un contrordre sous l'influence de son fils Aménophis (ténor). En effet, le prince est épris d'Anaï (sop.), nièce de Moïse (basse). Ce dernier plonge l'Égypte dans les ténèbres.

Acte II. Le palais de Pharaon. Le souverain implore Moïse de lui rendre la lumière ; en échange, les Hébreux pourront partir. Sur un geste de Moïse, le jour revient.

Acte III. Le temple d'Isis. Osiris (basse), le grand prêtre, exige que les Israélites s'inclinent devant la déesse. Ils s'apprêtent à obéir quand Moïse, indigné, éteint le feu des autels. Pharaon fait enchaîner les Hébreux et les chasse de Memphis.

Acte IV. Aménophis est prêt à renoncer au trône si Anaï accepte de l'épouser. Malgré son amour pour le prince, la jeune fille choisit de suivre les siens. (La fin de l'acte reprend la version italienne.)

Rossini écrivit *Mosè in Egitto* pour le soprano Isabella Colbran qui deviendra son épouse. Aussi le librettiste s'arrangea-t-il pour que l'action tourne autour du personnage d'Elcia, la jeune juive amoureuse du fils de Faraone, objet de l'antagonisme entre Mosè et le souverain égyptien. L'imbroglio invraisemblable prend appui sur la 1re partie de l'*Exode* et sur *L'Osiride*, une pièce de Francesco Ringhieri (1760). Faraone change souvent d'avis, ce qui attire sur lui et son peuple les foudres divines, provoquant de superbes interventions de Mosè levant son bâton vers le ciel.

Cette œuvre lyrique a un caractère sacré, proche de l'oratorio (la « nouvelle » édition [Paris, Au Magasin de musique de Pacini, v. 1822] souligne qu'il s'agit d'un oratorio). Le nombre, la qualité des chœurs et des morceaux d'ensemble justifient cette appellation mais les airs et cavatines, comme *« Oh desolata Elcia ! »* (O pauvre Elcia, acte II), appartiennent au domaine de l'opéra. Ils permettent de mettre en valeur l'agilité vocale et le timbre des chanteurs, particulièrement les qualités d'I. Colbran, dont la flexibilité de gorge (les « gorgheggi ») était réputée.

Tout l'acte I et la *Preghiera* de Mosè (*« Dal tuo stellato soglio »*, De ton trône étoilé) sont remarquables par leur tenue et leur gravité. Les chœurs des Égyptiens (*« Oh Nume d'Israel »*, O Dieu d'Israël, acte I), l'invocation de Mosè (Dieu éternel, immense, incompréhensible !) A prennent du relief et de l'ampleur grâce à l'emploi des cuivres graves, les cordes étant réservées à l'apparition du jour. La célèbre *Preghiera*,

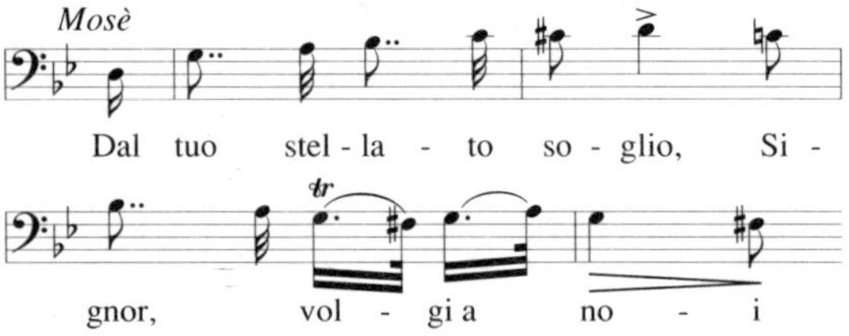

avec chœurs, accompagnée par les arpèges de la harpe et soutenue par les vents, est une page limpide et douce. Elle est reprise par Aronne, Elcia et le tutti (chœurs, orchestres de fosse et de scène).

Les ensembles ont été maintes fois loués par Balzac : le quintette *« Celeste man placata ! »* (La main céleste n'est plus vengeresse, acte I), précédé d'un idyllique solo de cor soutenu par la harpe, aboutissant à la grande stretta *« Voci di giubilo »* (Des voix ravies) animée et brillante, ou encore le quatuor *« Mi manca la voce »* (La voix me manque). Balzac est moins conquis par certains airs et duos. Il estime que Rossini aurait dû exprimer une plus profonde douleur dans le duetto d'Osiride et Elcia *« Ah ! se puoi cosi lasciarmi »* (Ah ! si tu peux me quitter ainsi), au lieu de prendre « une allure dégagée, une teinte de gaieté hors de propos ». L'aria d'Amaltea (l'épouse de Faraone) *« La piace mia smarrita »* (La paix que l'on m'a enlevée, acte II), chant de bravoure pour « prima donna », en partie issu d'un opéra précédent (*Ciro in Babilonia*, 1812), est qualifiée de « tartine musicale ».

Balzac met en évidence les deux ressorts — individuel et général — de *Mosè in Egitto*. Elcia est « une femme déchirée par ses oppresseurs, tandis qu'Osiride, possédé d'une passion frénétique pour sa belle conquête, s'efforce de la conserver. L'opéra repose autant sur cette grande idée que sur la résistance des Pharaons à la puissance de Dieu et de la liberté, vous devez vous y associer sous peine de ne rien comprendre à cette œuvre immense. »

Sources — Vers. ital. : Paris, BN (Cons.). — Vers. fr., fragments : *ibid.* ; New York, Public Libr. at Lincoln Center ; Stanford Univ. ; Chicago (coll. H. Moldenhauer).

Éditions et rééditions — Vers. ital. : Paris, Boieldieu, 1822 (cht et p.) ; Paris, Au Magasin de musique de Pacini, [v. 1822] (cht et p.) ; Rome, Ratti, Cencetti, 1825 (part. d'orch.). — Vers. fr., Paris, Troupenas, 1827 ; facs. éd. par Ph. Gossett, New York, Garland, 1979, Early Romantic Opera.

Bibliographie — H. de Balzac, Massimila Doni, Paris 1839 ; L. Dauriac, La psychologie dans l'opéra fr. : Auber, Rossini, Meyerbeer, Paris 1897 ; du même, Rossini, biographie critique, Paris [1906] ; J.-G. Prod'homme, Rossini and his Works in France, *in* MQ XVII, 1931 ; H. Weinstock, Rossini, a biography, New York 1968, 2/ New York, Knopf, 1975 ; P. Petrobelli, Balzac, Stendhal e il Mosè di Rossini, *in* Conservatorio di musica G. B. Martini di Bologna : Annuario 1965-70, 1971 ; voir aussi la bibliogr. de l'art. *(Il) turco in Italia.*

Chr. Goubault

Moses und Aron (Moïse et Aaron), opéra en 3 actes inachevé, texte d'après des passages du Pentateuque (Exode, Nombres) et musique d'**Arnold Schönberg**. Une première version tripartite du poème avait été élaborée entre le 3 et le 16 oct. 1928 ; le texte de l'acte III fut terminé à Los Angeles au cours du mois de mai 1935. La musique des deux premiers actes a été composée à Berlin, Lugano, Territet, Merano, Montreux et Barcelone entre le 7 mai 1930 (esquisses) et le 10 mars 1932. L'œuvre fut créée en oratorio (sans l'acte III) à Hambourg, le 12 mars 1954, avec Hans Herbert Fiedler (Moïse), Helmut Krebs (Aaron), le chœur de la Staatliche Hochschule für Musik de Hambourg, le chœur de la radio de Cologne, le chœur et l'orchestre de la radio de Hambourg, sous la dir. de Hans Rosbaud. La première représentation eut lieu au Stadttheater de Zurich, le 6 juin 1957, dans le cadre du Festival de la SIMC, avec H.H. Fiedler (Moïse), Helmut Melchert (Aaron), les chœurs du théâtre et de la radio de Zurich, le Kammersprechchor de Zurich, les chœurs du théâtre de Lucerne, sous la dir. de Hans Rosbaud. La scène 3 de l'acte II, *Der Tanz um das goldene Kalb* (La Danse autour du Veau d'or), avait été interprétée précédemment à Darmstadt, le 2 juil. 1951, dans le cadre des Darmstädter Ferienkurse für neue Musik, par les chœurs et l'orchestre du théâtre de Darmstadt, sous la dir. de Hermann Scherchen. (Mayence, Schott, 1957 ; durée des 2 actes : 1 h 40 min environ.)

Le premier livret de 1928 fut transformé au cours de la composition, Schönberg ayant pris le parti d'élaborer son texte au fur et à mesure qu'il écrivait la musique dans une sorte de fièvre. Le 8 août 1931, il écrivait à Berg : « Le texte ne prend définitivement forme que pendant le travail de composition, même parfois ultérieurement », manière de procéder confirmée à Webern, le 12 sept., tout en précisant que l'élaboration de ce texte lui prenait « un temps énorme ». Après avoir terminé les deux premiers actes (10 mars 1932), Schönberg remania pour la 4e fois au moins le livret de l'acte III puis s'interrompit. Avec l'accession de Hitler au pouvoir, il perdit son poste à la Hochschule für Musik de Berlin, s'exila en France, puis aux États-Unis. Plusieurs fois, il voulut reprendre la composition de son opéra, mais il ne termina aucune de ses œuvres à sujet religieux puisé dans l'Ancien Testament, ni *Die Jakobsleiter*, ni *Moses und Aron*, ni les *Moderne Psalmen* de 1950. Pourquoi n'a-t-il pas pu (ou voulu) achever son opéra ? Th. W. Adorno a mis en garde contre toute interprétation. On peut toutefois invoquer les bouleversements politiques, les nouvelles tâches qui attendaient le musicien aux États-Unis, la rupture dans la continuité compositionnelle. Mais W. Zillig pense surtout que Schönberg s'était rendu compte que les raisons de l'inachèvement étaient immanentes à l'œuvre elle-même. N'en envisageant même pas une exécution « dans les prochaines décennies », le compositeur ne fixa aucune limite aux difficultés imposées au chœur et à l'orchestre. En 1949, il affirmait à H. H. Stuckenschmidt que *Moses und Aron* n'avait pas été écrit pour des réalisations scéniques, car elles lui semblaient en partie impossibles, « sauf peut-être un jour dans un avenir lointain, avec un son produit synthétiquement, électriquement ». A H. Scherchen qui projetait une représentation dans le cadre du Mai florentin, le compositeur avait offert quatre possibilités : 1° représenter uniquement les deux actes achevés ; 2° même chose, plus le texte parlé de l'acte III ; 3° ne représenter que la *Danse autour du Veau d'or* ; 4° ne représenter que l'acte II. Plusieurs solutions furent adoptées, selon les théâtres : texte de l'acte III récité accompagné par la musique enregistrée du Buisson ardent (Berlin), par le *Prélude à la « Genèse »*, op. 44 (Düsseldorf) ou par *Begleitungsmusik zu einer Lichtspielszene*, op. 34 (Nuremberg).

Livret — Acte I. Scène 1. La Vocation de Moïse (scène du Buisson ardent). Appelé par Dieu à délivrer les Israélites, Moïse (basse) se sent incapable de convaincre ce peuple incroyant. L'Éternel lui répond : « Aaron sera ta bouche. » — Scène 2. Moïse rencontre Aaron (ténor) dans le désert. Désaccord entre les deux frères : pour Moïse, Dieu est inimaginable et invisible, ce que ne conçoit pas Aaron. — Scènes 3 et 4. Moïse et Aaron délivrent au peuple le message de Dieu. Confrontation entre les tenants des anciennes croyances et les adeptes de la nouvelle foi en un Dieu unique et libérateur. Le peuple veut qu'on lui montre ce Dieu qui n'exige pas de sacrifices. Aaron arrache à Moïse son bâton, qu'il change en serpent, guérit la main de son frère attaquée par la lèpre, transforme en sang l'eau du Nil. Exaltation et extase du peuple devant ces miracles. Triomphe d'Aaron. — Interlude : « Où est Moïse [...] Nous sommes abandonnés ? Où est son Dieu ? Où est l'Éternel ? »

Acte II. Scènes 1 et 2. Aaron et les 70 Anciens au pied de la montagne de la Révélation. Depuis quarante jours devant le Sinaï, les Anciens se plaignent de l'absence de Moïse et accablent Aaron de reproches, le peuple exige la mort des prêtres du faux Dieu. Aaron leur rend les dieux : « Apportez de l'or ! Sacrifiez ! » — Scène 3. Le Veau d'or et l'autel. Culte idolâtre se terminant par une orgie. — Scène 4. Moïse descend de la montagne avec les tables de la Loi. Il fait disparaître le Veau d'or : « Évanouis-toi, image de l'impossibilité de saisir l'Infini par l'image ! » — Scène 5. Moïse et Aaron. Confrontation des deux frères. Aaron explique ses actes : il a mis la Pensée de Dieu à la portée du peuple. Il fait remarquer à son frère que les Tables ne sont « qu'une image, qu'une partie de la Pensée ». Moïse détruit les Tables. Une colonne de feu indique au peuple le chemin de la Terre promise. Aaron triomphe pour la seconde fois. Moïse désespéré se laisse tomber sur le sol.

Acte III. La mort d'Aaron. Moïse a fait enchaîner son frère. Il lui reproche de ne pas avoir compris la nature idéale de Dieu, l'accuse de trahison. Les guerriers demandent à Moïse si on doit tuer Aaron. « Laissez-le libre et, s'il le peut, qu'il vive. » Libre, Aaron se lève puis tombe, mort.

Le poème de Schönberg a été discuté. Certains le jugent naïf et d'une qualité très inférieure à la musique (P. Boulez). D'autres (M. Lichtenfeld) en apprécient la langue vigoureuse et rude, les contrastes et l'énergie. Schönberg s'est expliqué sur le contenu de son œuvre dans une lettre à W. Eidlitz (15 mars 1933). « J'ai insisté en ce qui concerne ce sujet imposant sur les éléments suivants : la notion de Dieu inimaginable, de peuple élu et de chef, de guide du peuple. Mon Moïse ressemble un peu — mais seulement par son aspect extérieur — à Michel-Ange. Il n'a rien d'humain. La scène du Veau d'or représente un sacrifice de la masse, qui cherche à se détacher d'une croyance "sans âme". Dans l'élaboration de cette scène, étant donné qu'elle représente le cœur de ma pensée, je suis allé très loin, et c'est là que mon ouvrage est le plus opéra ; ce ne saurait être autrement. » Schönberg marque fortement l'antagonisme qui persiste entre les deux personnages principaux, Moïse, porteur de la Pensée, et Aaron, porteur de la Parole de Dieu. C'est un conflit inconciliable.

Selon des procédés très complexes affectant autant l'agencement horizontal que l'agencement vertical, tout le matériau musical de l'opéra découle d'une série unique de 12 sons. L'opposition Moïse-Aaron est accusée par le style vocal utilisé. Le porteur de la Pensée ne chante pas, sauf pendant 7 mesures au cours de la

A MOSÈ IN EGITTO

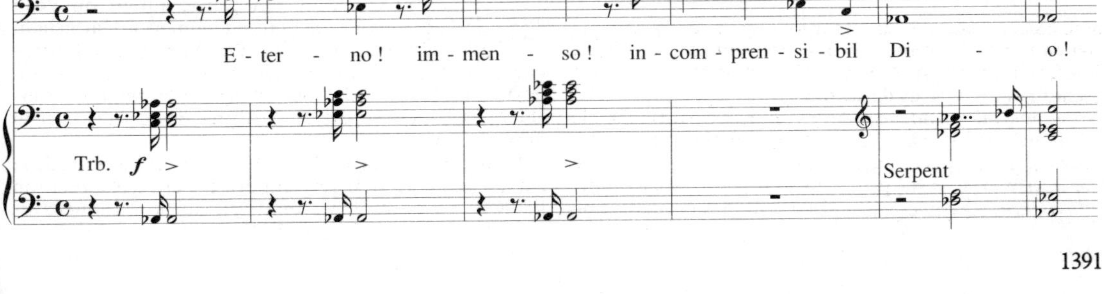

scène 2 de l'acte I : sur les 12 notes de la série, Moïse s'adresse à son frère : « Reinige dein Denken, los' es von Wertlosem, weihe es Wahrem » (Purifie ta pensée, délivre-la de ce qui n'a pas de valeur, consacre-la à la Vérité).

La « Sprechstimme » de Moïse contraste singulièrement avec le chant brillant d'Aaron, ténor lyrico-dramatique, symbolisant l'assurance et la force par rapport au doute pathétique de son frère. Les chœurs jouent le rôle essentiel du Peuple élu, mais toujours ballotté entre deux extrêmes, ce qui donne un aspect saisissant aux scènes au cours desquelles ces chœurs interviennent, chantant et récitant tour à tour ou en même temps, avec des configurations contrapuntiques denses (fugue à double thème de la sc. 4 de l'acte I). L'emploi simultané du parlé et du chanté, aussi bien dans les deux rôles principaux que dans les chœurs, constitue l'innovation la plus remarquable, dramatiquement parlant, de *Moses und Aron.* Pour évoquer l'impondérabilité de la « Voix du Buisson » (sc. 1), Schönberg a recours à un chœur divisé dont une partie parle dans un même rythme, « en accentuant très distinctement ». L'orchestre est certes imposant, mais il est rarement employé en tutti, Schönberg privilégiant les sonorités variées des assemblages de musique de chambre et les passages pour soli. Le compositeur introduit dans son orchestre le piano, le célesta, le flexatone, deux mandolines et 6 voix solistes (sans paroles). L'orchestre de scène, à l'acte II, comprend en outre des trombones, un cor anglais, un cor, deux mandolines, deux guitares, deux trompettes, un piccolo, une flûte, une clarinette, des timbales, une grosse caisse voilée, un tambour, gongs, cymbales, xylophone et piano.

La *Danse autour du Veau d'or* constitue le point culminant de la partition, faisant intervenir toutes les ressources de l'opéra, soli, chœurs, orchestre, danses. Schönberg ne faisait pas grand cas de la danse, mais ici il voulut prévoir la chorégraphie aussi loin qu'il lui était possible de le faire, notamment au moment des orgies de beuveries, de danses, de destruction et de suicide. Il existe peu d'exemples d'une réussite semblable dans l'œuvre de Schönberg, libérant ainsi une force brutale, élémentaire, primitive, constamment renouvelée, comparables à cette fascinante et flamboyante symphonie en 5 mouvements (Fanfare, Adagio, Allegro, Scherzo et Finale), unissant les arts de la scène, nouvelle version dramatique du « Gesamtkunstwerk ».

Bibliographie — K. H. Wörner, Schoenberg's Moses and Aron, *in* London Musical Events, mai 1954 ; H. H. Stuckenschmidt, Schönberg, Monaco 1956, pp. 132-134 ; K. H. Wörner, Gotteswort und Magie. Die Oper Moses und Aron..., Heidelberg 1959 ; H. H. Stuckenschmidt, A. Schönberg. Moses und Aron..., *in* Oper in dieser Zeit, Hanovre 1964 ; H. Rosbaud, Zur Oper Moses und Aron..., *in* Die Tat, Zurich, 4.5.1957 ; H. Joachim, Die Stimme aus dem Dornbusch..., *in* NZfM, mai 1957 ; H. Keller, Schoenberg's Moses and Aron, *in* The Score, nos 20 et 21, juin et oct. 1957 ; W. Zillig, Moses und Aron von Schönberg, *in* Melos XXIV, 1957 ; W. Reich, Ein Briefwechsel über Moses und Aron, et A. Schönbergs Oper Moses und Aron, *in* RMS, juin-juil. 1957 ; R. Stein (éd.), A. Schönberg. Ausgewählte Briefe, Mayence 1958 ; H. Vogt, Moses und Aron, *in* Neue Musik seit 1945, Stuttgart, Reclam, 1972, 2/1982 ; M. Lichtenfeld, A propos de Moïse et Aaron de Schoenberg, *in* Musique en jeu, n° 21, nov. 1975 ; G. Manzoni, A. Schoenberg, L'uomo, l'opera i testi musicali, Milan, Feltrinelli, 1975, pp. 124-129 ; Th. W. Adorno, Fragment sacral. A propos du Moïse et Aaron de Schoenberg, *in* Quasi una fantasia, Paris, Gallimard, 1982.

Chr. Goubault

Motet de sainte Suzanne, de **François Couperin**, voir « Veni, veni, sponsa Christi ».

Motet du Saint-Esprit, petit motet de **Nicolas Bernier**, sur des textes provenant du Psaume 17 (18 ; verset 14), du Livre de la Sagesse I, 7 et d'une hymne latine médiévale avec un alléluia final, pour voix haute et b.c., composé avant 1703. (Durée : 5 min environ.)

C'est l'un des 26 motets de son *Premier Livre de motets à 1, 2 et 3 voix* publié en 1703, permettant une intéressante comparaison à la fois avec les petits motets de son contemporain A. Campra et avec les nombreuses cantates « à l'italienne » écrites à cette époque. Malgré un style quelque peu conservateur, Bernier a assimilé quelques idées italiennes et ses motets témoignent d'une grande sûreté dans le domaine du contrepoint à deux parties. Son don pour une mélodie plaisante est particulièrement évident dans ce petit motet qui compte parmi les plus réussis.

Il s'ouvre par un récitatif mesuré, fluide, qui déclame « Intonuit de caelo Dominus » (Le Seigneur a tonné du haut des cieux) **A**. L'ambiance change considérablement pour rendre le texte ancien « Hic est largitor donorum » (Voici le plus généreux donateur). Évoquant un menuet, la mélodie de ce délicieux air est d'abord annoncée par la basse continue à laquelle la voix va répondre sans accompagnement avant que commence un vivant dialogue entre les deux. La seconde moitié du verset, « pax et amor beatorum » (la paix et l'amour des bienheureux), passe au relatif mineur (*fa* ♯ min.) avant la répétition « da capo » de la section initiale de l'air. La partie la plus franchement italianisée du motet est la conclusion pleine de félicité, « alleluia », atteignant à des dimensions qui évoquent Purcell. Les phrases ingénieusement construites de la partie vocale se superposent aux répétitions d'une vigoureuse basse obstinée qui module à la dominante avant qu'une péroraison colorée conclue l'*« Alleluia »* et le motet **B**.

Rééditions modernes — Par L. Sawkins, Londres, l'Auteur, 1977.

L. Sawkins

Motets, d'**Anton Bruckner**, série d'œuvres liturgiques pour formations vocales et instrumentales diverses, composées tout au long de la vie du musicien et dont les plus importantes sont les suivantes.

« Ave Maria » à 7 voix (S A A T T B B) a cappella, composé en 1861, créé à Linz le 12 mai 1861. (Wetzler ; puis Francfort/M., Peters ; durée : 4 min environ.) Cette page en *fa* maj. est d'écriture simple, dans un mouvement très lent, avec en première partie une opposition entre les voix de femmes et les voix d'hommes. — *« Afferentur »*, offertoire à 4 voix mixtes et 3 trb. (ad lib.), composé en 1861, créé à Saint-Florian le 14 déc. 1861, sous la dir. du compositeur. (Vienne, UE, 1922 ; puis Francfort/M., Peters ; durée : 2 min environ.) Cette page brève, d'une écriture canonique très subtile, offre trois points d'imitation en 38 mesures, disposés chaque fois de la même façon (A T B S) : la voix de ténor entre sur la

voix d'alto à la seconde majeure supérieure ; la basse est le renversement de la voix d'alto et le soprano reprend la partie de basse à la seconde majeure supérieure. Le deuxième point d'imitation modifie le rythme, la tonalité et les intervalles des entrées (2de mineure supérieure entre A et T ; 2de mineure inférieure entre B et S). Le troisième point est identique au premier. Les instruments ne font que doubler discrètement et épisodiquement les voix. — *« Pange lingua »*, à 4 voix mixtes a cappella, composé en 1868, créé à Steyr le 12 août 1892 sous la dir. d'A. Beyer. (Innsbruck, Gross, 1885 ; puis Francfort/M., Peters ; durée : 5 min environ.) Cette courte page de 38 mesures, au rythme lent, est d'une écriture simple, non sans réminiscences du style des polyphonistes du XVIe siècle. — *« Locus iste »*, graduel à 4 voix mixtes a cappella, composé en 1869, créé à Linz le 29 oct. 1869. (Vienne, Rättig, 1885 ; puis Francfort/M., Peters ; durée : 3 min environ.) Cette page d'une extrême simplicité adopte la forme ternaire ABA et s'achève par une petite coda d'une dizaine de mesures. La partie centrale est pour une large part écrite sans basse. — *« Tota pulchra es, Maria »*, pour ténor solo, chœur à 4 voix mixtes et orgue, composé en 1878, créé le 4 juin 1878 sous la dir. de J. Burgstaller. (Wetzler ; puis Francfort/M., Peters ; durée : 5 min environ.) Aux invocations du ténor répond à l'identique l'ensemble du chœur harmonisé à 4 voix. L'orgue n'intervient qu'épisodiquement (12 mesures sur 82), soutenant notamment les voix du chœur divisé en 9 (basses divisées en 3) au « Tu laetitiae Israel ». Malgré la simplicité de l'écriture, l'ensemble de cette page est d'une grande richesse grâce à une subtile progression harmonique, parfois même surprenante (mes. 50), et à l'utilisation d'une palette de nuances variées allant du *fff* au *ppp*. —*« Os justi »*, graduel pour chœur mixte a cappella, composé en 1879, créé à Saint-Florian le 28 août 1879 sous la dir. d'I. Traumihler. (Vienne, Rättig, 1885 ; puis Francfort/M., Peters ; durée : 5 min environ.) Écrit pour 4 à 8 parties selon la division des voix, ce motet est l'un des plus élaborés de son auteur. La partie centrale, d'une écriture canonique aux entrées successives à la quinte supérieure (A S B T), donne lieu à un contrepoint particulièrement élaboré. La succession de passages homophoniques et contrapuntiques et l'opposition brutale et fréquente des nuances *ff* et *ppp* font toute la richesse de cette courte page qui peut s'achever ad libitum par l'alléluia grégorien. — *« Christus factus est »*, graduel à 4 voix mixtes a cappella, composé en 1884, créé à la Hofkapelle de Vienne le 9 nov. 1884, vraisemblablement sous la dir. du compositeur. (Vienne, Rättig, 1885 ; puis Francfort/M., Peters ; durée : 5 min 30 s environ.) C'est une magnifique page chorale dont les similitudes avec plusieurs parties du → *Te Deum*, écrit la même année, sont flagrantes, en particulier à partir de la mesure 66, réplique ou esquisse de l'« In aeternum » du *« Salvum fac »* du *Te Deum*. C'est l'un des motets les plus contrastés de son auteur, comme s'il avait voulu y concentrer toute son inspiration, que ce soit au niveau du contrepoint, de l'harmonie ou des nuances qui passent en quelques mesures du *fff* au *ppp*. — *« Ecce sacerdos »*, de 4 à 8 voix (chacune pouvant à tour de rôle ou simultanément être divisée) avec accompagnement de 3 trb. et orgue, composé en 1885, créé à Vöcklabruck le 24 nov. 1912, sous la dir. de M. Auer. (Vienne, UE, 1885 ; puis Francfort/M., Peters ; durée : plus de 6 min.) Il s'agit du plus important des motets de son auteur, tant par sa durée que par l'importance de ses effectifs. L'introduction et les passages grandioses et majestueux contrastent brutalement avec des moments *p* et recueillis. Les tutti sont doublés par l'orgue (« organo pleno ») et les 3 trombones. Les voix sont soit à l'unisson, soit en accords parfaits aux parties redoublées grâce à la division des voix. Après une première affirmation Maestoso *fff* intervient un premier intermède contrapuntique a cappella, d'abord *p* puis crescendo. Suit la première

A Motet du Saint-Esprit

B Motet du Saint-Esprit

intervention de l'acclamation *ff* « ideo jurejurando » avec un dialogue entre les voix de femmes et d'hommes particulièrement impressionnant. Intervient alors un deuxième intermède *p* avant le retour à l'identique de l'« ideo jurejurando » puis l'intervention d'un choral psalmodié à l'unisson, le *« Gloria patri et filio »*. L'œuvre s'achève par une troisième et dernière acclamation du majestueux « ideo jurejurando ». — *« Virga Jesse »*, graduel pour 4 voix mixtes a cappella, écrit en 1885, créé à la Hofkapelle de Vienne le 8 déc. 1885, sous la dir. du compositeur. (Vienne, Rättig, 1885 ; puis Francfort/M., Peters ; durée : 4 min environ.) Cette page calme et assez simple, Alla breve mais aussi Feierlich langsam, indication typiquement brucknérienne, tire toute sa richesse de son cheminement harmonique et de sa polyphonie sans surprise mais contrastée dans son utilisation des voix, des nuances et des rythmes. — *« Vexilla regis »*, à 4 voix mixtes a cappella, composé en 1892, créé à Saint-Florian le 31 mars 1892, sous la dir. de B. Deubler. (Vienne, Weinberger, 1892 ; puis Francfort/M., Peters ; durée : 4 min 30 s environ.) Il s'agit de trois couplets quasiment identiques. L'écriture en est très simple et si caractéristique du style brucknérien qu'on pourrait imaginer cette pièce jouée au milieu de ses symphonies par le quatuor des cordes ou des cuivres. — *« Inveni David »*, offertoire pour chœur à 4 voix d'hommes et 4 trb., écrit en 1896, créé la même année à Linz. (Francfort/M., Peters ; durée : 3 min environ.) C'est le seul des motets pour voix d'hommes de son auteur, bien qu'il ait écrit des œuvres profanes pour cette formation alors très en vogue dans les pays germaniques. L'écriture en est simple et homophonique.

FR. AUCLAIR

MOTETTI PER LA PASSIONE (Motets pour la Passion), de **Goffredo Petrassi**, 4 motets à 5 voix mixtes (S A T Bar B) a cappella (Milan, Suvini Zerboni, 1965). Ils portent la marque d'une des idées-forces de leur auteur : trouver dans la réalité religieuse l'expression poétique de la condition humaine au sens moderne de la solitude angoissée. Il y a entre ces motets une évidente connexion interne qui se reflète dans l'unité d'écriture et qui donne le sentiment d'un itinéraire spirituel : « Dans la figure humaine du Christ se trouve l'image parfaite de ma religiosité » (G. Petrassi). **1.** *« Tristis est anima mea... »* (Mon âme est triste jusqu'à la mort) est d'un lyrisme très dense, renforcé par des effets dynamiques, avec des motifs rapides comme improvisés qui tirent leur force expressive de la dramatisation du parlato sur certains mots, « mortem » ou « vigilate ». **2.** *« Improperium... »* (Le cœur plein d'opprobre, j'attends un consolateur) est une pièce plus violente, à plein chœur, coupée de récitatifs. L'alternance serrée du chœur et des solistes, du recitativo et du parlato, crée une atmosphère d'angoisse, éclairée à deux reprises par quelques mesures d'espérance consolatrice. **3.** La musique se fait de nouveau sombre et sévère, cri d'une douleur intense, dans *« Tenebrae factae sunt »*. **4.** Le dernier motet, *« Christus factus est »*, sonne plus large, avec au cœur de la pièce un moment de recueillement méditatif sur « mortem » ; il se termine sur une page de glorieuse exaltation : « Quod est super omne nomen » (Parce que son nom est grand par-dessus tout). Après des œuvres d'un autre style (qui d'ailleurs ne furent pas publiées), Petrassi considéra ces motets comme des œuvres de « purification », lui permettant de renouer avec son style propre et les auteurs qu'il admirait. Sans doute est-ce la raison pour laquelle les ultimes notes de ces motets sont celles de l'*Offrande musicale* de J. S. Bach.

B. LESPINARD

MOTS, texte et musique de **Betsy Jolas**, pour sop., mezzo-sop., contralto, ténor et basse soli, fl. en *do*, fl. en *sol*, htb. (cor angl.), clar. en *si* ♭, basson, clv., harpe et percussion, composé en 1963, créé au Studio de musique contemporaine de Genève, en mars 1964, sous la dir. de Jacques Guyonnet. (Paris, Leduc [Heugel], 1969 ; durée : 20 min 40 s environ.)

Fruit de la fréquentation du répertoire de la Renaissance, *Mots* tente notamment de résoudre le problème de l'intelligibilité d'un texte au travers d'une polyphonie vocale. La partition met en scène 7 pièces. **1.** Petite suite en deux mouvements sur un texte marin étudiant l'évolution des sons voyelles (« voilures », « houle »). **2.** Bref poème d'amour interrogatif, à la Monteverdi, Senza tempo, symétrique de la pièce 6. **3.** Voix parlées assimilées à des sons de percussions (« pouce-cassé-soudain-sans-cri-sans-air-la-tête-faite-bois... »). **4.** Étude sur timbres acides avec longue introduction instrumentale (« ni entrant ni demain ni passant ni maintenant ni même en absent encore... »). **5.** Long madrigal dramatique contenant un texte faisant allusion secrètement à des épisodes tragiques et contemporains de la guerre d'Algérie (« perdre la voix, le cri, la raison, le souffle, se perdre, ne plus entendre, ne rien savoir, s'éteindre, se fermer, n'être rien [...], effacer tout [...] »). **6.** Trio vocal amoroso soutenu par le basson et la harpe constamment fluctuants. **7.** Petite suite pour le tutti constituée de phonèmes colorés formant progressivement des mots (« jaillissement ») ou homophoniquement compréhensibles (« ouvrez », « bruit », « rires nains », « à clé »). Les mots, seuls ou groupés, émergent par endroits chargés de leur poids sémantique ou musical (timbre), accusant leur statut de « mots clés » et renforçant la « notion de variation d'intelligibilité ». Cette étude des possibilités instrumentales du son chanté considéré dans ses seules composantes musicales se retrouvera dans *Quatuor II* (1964) de B. Jolas pour sop. coloratura et trio à cordes (voir aussi *Sonate à douze*). L'écriture vocale tient compte de la capacité respiratoire, du nombre et de l'intensité des notes à émettre. Outre la technique classique du bel canto, les solistes chuchotent, procèdent par glissandi de voyelles (portamento) et interviennent « à mi-voix » ou « sans voix ». La manipulation de phonèmes possède ici une virtualité singulièrement sonore : « Le temps littéraire est instruit par le temps musical et non l'inverse » (M. Biget).

Bibliographie — M. CADIEU, Entretien avec B. Jolas, *in* Les Lettres Françaises, 1968 ; B. JOLAS, Voix et musique, *in* Bull. de la Soc. fr. de philosophie, 1972, et *in* Revue des Sciences humaines LXXVI, n° 205, Lille 1987 ; M. BIGET, programme du Présent musical, Orléans, CAC, 1988.

P. A. CASTANET

« MOURIR ME FAULT, C'EST UNE CHOSE CLAIRE », chansons de **Clemens non Papa** et de **Josquin Baston**, voir « JE PRENS EN GRÉ LA DURE MORT ».

« MOURONS TIRSIS », dialogue d'**Anthoyne Boesset** sur une poésie anonyme, publié dans le 7e *Livre d'airs de cour à 4 et 5 parties par A. Boesset* (Paris, Ballard, 1630) et les *Airs de cour avec la tablature de luth de A. Boesset 15e* *livre* (Paris, P. Ballard, 1632, facs. Genève, Minkoff, 1985).

Les dialogues, qui figurent en nombre restreint dans les recueils, représentent un des aspects les plus raffinés de la musique profane. Issus de la tradition polyphonique de la chanson parisienne, ils n'ont pas de lien avec les ballets de cour. (Curieusement, d'ailleurs, la musique des ballets que nous avons conservée mentionne peu de dialogues.)

La poésie, typiquement baroque, joue sur un miroitement de mots opposés qui rehaussent le contraste naturel du dialogue (« La mort en fait aimer la vie, tout ce qui voit le jour ne vit point s'il ne meurt d'amour »). La version polyphonique lui apporte le chatoiement de ses timbres : le dessus et la haute-contre (Silvie et Tirsis) se répondent en brèves phrases symétriques, sur une « basse continue pour les instruments ». Les deux derniers vers les réunissent en duo et le chœur à 5 parties reprend ce distique.

La version pour deux voix et deux luths de 1632 restitue le dialogue dessus/haute-contre et délaisse la reprise à 5. La mélodie vocale allie une grande élégance à la précision prosodique. Les phrases très brèves du dialogue poétique sont traitées en miniatures musicales. Les duos, au contraire, se déploient plus largement par le jeu des répétitions et des imitations. La mention « basse continue pour les instruments » signale clairement la diffusion en France de ce mode d'accompagnement, bien avant que les Ballard ne l'associent à leurs recueils de musique vocale. Le ou les luths ont joué en France, dans la 1re moitié du XVIIe s., un rôle équivalent à celui du clavecin en Italie dans l'accompagnement de la musique vocale. Le passage de la basse continue au clavecin se fera en France bien tardivement (après 1650), mais on peut affirmer que les airs de cour du temps de Louis XIII ont été un des terrains de développement de cette pratique.

Rééditions modernes — Par A. Verchaly, *in* Airs de cour pour voix et luth (1603-1643), Paris, Soc. Fr. de Mie, 1961, p. 194.

Bibliographie — M. Cauchie, La dynastie des Boesset, *in* Bull. de la Soc. Fr. de Mie n° 6, 1920 ; Th. Gerold, L'art du chant en France au XVIIe s., Strasbourg 1921 ; G. Durosoir, L'air de cour en France (1571-1655), Liège, Mardaga, à paraître ; G. Durosoir et A. Verchaly, Catalogue de l'air de cour (1571-1664), nos 106-107 (en prép.).

G. Durosoir

(Les) Mousquetaires au couvent, opérette en 3 actes, livret de Paul Ferrier et Jules Prével, musique de **Louis Varney**, créée à Paris, au théâtre des Bouffes-Parisiens, le 16 mars 1880. (Paris, Choudens.)

Livret — Les mousquetaires Gontran (ténor) et Brissac (bar.) brûlent d'amour pour deux pensionnaires des Ursulines, Marie (sop.) et Louise (sop.). Pour les approcher, ils se costument en moines et pénètrent dans le couvent sous prétexte d'aider l'abbé Bridaine (bar. fantaisiste) à persuader les demoiselles à prendre le voile. Dans la place, les deux galants se font connaître de leurs dulcinées, mais quand, à l'invitation de la supérieure, il s'agit de sermonner l'ensemble des ouailles, éméché à la suite d'un repas peu conventuel, Brissac scandalise toute la communauté. Arrêtés, les audacieux n'en veulent pas moins enlever leur élues grâce à une échelle. Leur plan échoue mais les religieux qu'ils avaient, au début, dépouillés, ne sont que des comploteurs qui en voulaient au cardinal de Richelieu ; le pardon et le mariage leur sont donc joyeusement accordés.

Situé au temps de Louis XIII, une époque rarement explorée par l'opérette, *Les Mousquetaires au couvent* sont le seul ouvrage de L. Varney qui se soit maintenu au répertoire. Populaire — au meilleur sens du terme —, il offre une galerie de portraits bien typés, sans référence historique, mais d'une saveur des plus réjouissantes. Marie et Gontran sont de parfaits amoureux, naïfs et émerveillés, auxquels sont dévolues deux romances écrites dans le style de l'opéra-comique. Celle de la première prévaut par la qualité d'une mélodie d'une touchante simplicité où la voix se déploie sur un fond de cordes, avec un cor d'harmonie en écho. Très aimable, devenant légèrement pathétique, la plainte du « beau capitaine » laisse sourdre une discrète émotion : « Ses yeux semblaient déjà me dire “ Je vous aime ”, sa lettre, hélas, me dit, “ Je ne vous aime pas ”. » Plus pittoresques sont les autres acteurs de l'ahurissante aventure. Que dire de Louise dont le rondeau mutin détaille, dans la plus pure tradition du genre, tous les défauts des sœurs ? Quant à l'abbé Bridaine, tout droit sorti d'*On ne badine pas avec l'amour* et fervent disciple de Rabelais, son arrivée, cocasse et débonnaire, est acclamée par le chœur. Tout au long de la pièce, le personnage de Simone joue habilement les coryphées. C'est à elle, flamberge au vent, de clamer le rutilant et musclé rondo du beau mousquetaire que soulignent encore percussion et trompette. Plus loin, elle conseille aux filles, dans une sorte de bourrée comique, de prendre « garde au bras qui (les) enlace », mais elle n'est pas le moins du monde émue par les événements quand, au dernier acte, elle nous rapporte, d'un air guilleret, les affres des malheureux militaires emprisonnés : « Et l'on croirait ouïr le diable dans la chambre des capucins. » Il reste que Narcisse de Brissac, qu'on croirait sorti des cadets de Gascogne d'illustre mémoire, domine avec éclat la distribution. Martial et tendre à la fois, il explique comment il faut s'y prendre « pour faire un brave mousquetaire » et la clarinette, qui intervient quand il évoque les « élans amoureux » de son ami Gontran, le rend gentiment ironique. Son ariette de l'acte II est un spectaculaire morceau de bravoure. Après s'être demandé : « Gris ? Suis-je gris ? Vraiment la chose est bien possible », il exalte complaisamment les beautés du festin dans un air cahotique où le hautbois ajoute à l'ivresse. Puis c'est l'énumération des plats de l'extraordinaire menu qu'on lui a servi ; le rythme change soudain pour contrefaire une sorte de marche avant d'en appeler à l'Espagne et de revenir aux hésitations initiales. Il y aura « pire » encore puisque, devant les pensionnaires médusées et ravies, Brissac s'appliquera, la voix pâteuse, à détailler de façon péremptoire un ahurissant sermon sur l'amour que l'intervention des nonnes — « Juste ciel ! Quel affreux scandale ! » — conduira à la panique la plus désastreuse. C'est que, jamais vulgaire ni inconvenante, la parodie religieuse est continuellement présente tout au long de l'action. A la fin de l'acte I, Narcisse et Gontran se présentent pieusement aux portes du monastère : *« Nous venons de la Palestine, ensemble chantant Te Deum »* ; leurs mimiques et les facéties instrumentales qui les accompagnent amènent, de façon curieuse, le chœur parfaitement recueilli : *« Le front dans la poussière, amis, prosternons-nous. »* Dans la salle d'étude du saint lieu, nous avons droit à la dictée biblique de sœur Opportune, accompagnée de la gracieuse danse des cordes et malicieusement commentée par les pensionnaires. Celles-ci se livrent plus loin à un joyeux examen de conscience où la contrition s'exprime en une valse. Enfin, si chacun des trois actes se conclut dans un irrésistible galop, c'est sûrement au quintette de l'Échelle qu'il faut attribuer les effets les plus trépidants : haché, très « serré » et précipité, le refrain ponctue des couplets que chacun des solistes passe allègrement à l'autre sans lui laisser, ni à l'auditeur, le temps de reprendre souffle. Variée et impertinente, l'opérette *Les Mousquetaires au couvent* se doit d'être rondement menée : c'est là sa difficulté et sa réussite.

Bibliographie — F. BRUYAS, Histoire de l'opérette en France, Lyon, E. Vitte, 1974.

M. BURGARD

MOZART, comédie en 3 actes, livret de Sacha Guitry, musique de **Reynaldo Hahn**, créée à Paris, au Théâtre Édouard-VII, le 2 déc. 1925. (Paris, Heugel, 1925 ; durée : 1 h 20 min environ.)

LIVRET — A Paris, en 1778, dans un des salons de Madame d'Épinay. — Acte I. Marie-Anne de Saint-Pons (rôle parlé) avoue à sa marraine, Madame d'Épinay (sop.), qu'elle est amoureuse du marquis de Chambreuil (rôle parlé). Arrive celui-ci qui étale son cynisme en amour ; puis entre le baron Grimm (rôle parlé), accompagné d'une danseuse, la Guimard, suivie de ses amis. L'écrivain évoque le « petit Mozart », un jeune prodige perdu de vue depuis longtemps et manifeste son inquiétude admirative devant la nouvelle pièce de Beaumarchais, *Le Mariage de Figaro*. Après avoir favorisé la rencontre de sa filleule et du marquis, Madame d'Épinay fait à Grimm une crise de jalousie à propos de la Guimard. S'annonce alors Mozart (sop.) qui vient conquérir Paris et commence déjà par séduire Marie-Anne. Grimm lui propose évasivement de mettre en musique, sans la nommer, la comédie dont il parlait avant sa venue. Mozart pense au *Dom Juan* de Molière, qu'il vient de lire...

Acte II. Mozart est à sa table de travail puis flirte avec la servante Louise (sop.) qui lui apporte une lettre. Il apprend à Madame d'Épinay qu'il a convoqué le danseur Vestris et la Guimard pour répéter le ballet qu'il a écrit pour l'Académie Royale de Musique. Il en profite pour demander à sa protectrice de lui apprendre l'amour... Surgit Grimm qui propose la Guimard comme professeur ! Mozart sort pour lire son courrier ; Grimm fait une scène à Madame d'Épinay et s'en va, vexé. Sur ces entrefaites, Marie-Anne et Chambreuil viennent lui annoncer leurs fiançailles. Les danseurs se présentent et Grimm, en aparté, annonce à la Guimard que Mozart l'aime. On répète alors des numéros des *Petits Riens* sous la direction du compositeur, ravi par la danseuse. Mozart se retrouve enfin avec Madame d'Épinay, Marie-Anne, la Guimard et Louise pour leur lire, à leur grande stupéfaction, la lettre d'amour de sa fiancée restée à Mannheim...

Acte III. Il s'ouvre sur la querelle du laquais Grimaud (ténor) et de Louise, sa femme, au sujet de Mozart. Las de le voir s'intéresser à sa femme, le mari demande à Grimm d'intervenir. Chambreuil survient, exaspéré parce que Mozart a écrit une lettre d'amour à sa fiancée. Madame d'Épinay et Grimm décident le départ du trublion. Mozart ne comprend pas. Lui faisant remarquer qu'il a tourné plusieurs têtes, le baron le prend par la raison puis par les sentiments et réussit à le convaincre. Grimm sonde alors la Guimard sur son attitude à l'égard du musicien et l'entretien tourne à la dispute. Les autres protagonistes reviennent enfin et Mozart fait ses adieux sans dévoiler qui il a aimé...

R. Hahn était parfaitement conscient de la mission périlleuse qu'il devait accomplir : faire vivre Mozart, le faire chanter dans un climat musical qui n'est pas le sien et dans des pages qu'il n'a pas écrites. Si la fantaisie théâtrale du dramaturge — la pièce n'a rien d'historique — peut s'admettre grâce à sa verve spirituelle, la musique peut irrémédiablement souffrir du pastiche ou de la parodie et ruiner le talent, face au génie. Même si, dans *Le Figaro*, A. Messager loue R. Hahn qui « a su si bien marier son style personnel à celui de son modèle qu'on ne sait plus très bien où se fait la soudure et ce qu'il faut attribuer à l'un ou à l'autre », il peut constater que les choses sont clairement agencées. A l'acte II, les danseurs répètent plusieurs numéros des *Petits Riens*, extraits de la partition originale. Quand Grimm évoque le « petit Mozart », on entend en sourdine un menuet de Mozart enfant. Chef mozartien accompli — il a dirigé *Don Giovanni* à Salzbourg en 1906 —, R. Hahn cite, quand Grimm suggère la comédie de Beaumarchais à Mozart, l'air *« Non più andrai »* de Figaro dans *Le nozze* et, toujours en discrète toile de fond, le fameux *« Là ci darem la mano »* de *Don Giovanni* quand Mozart courtise la servante Louise. Peu important par rapport au texte parlé, l'essentiel de la partition est, lui, de sa propre main et ses interventions ont toujours une nécessité dramatique. Primesautière et bien enlevée, l'ouverture concilie harmonieusement un thème vif et aéré conçu dans l'esprit de Mozart et une mélodie charmeuse très reynaldienne. On retrouvera cette dernière derrière le parlando qui introduit le musicien dans le salon de Madame d'Épinay. Sur le plan vocal, il faut d'abord mentionner le duo de la dispute qui met aux prises laquais et servante et ouvre savoureusement l'acte III. Longuement introduit par l'orchestre, il est de caractère léger et pastoral et possède l'insolence de l'opérette, sans omettre de rappeler la querelle de Mazetto et de Zerlina à l'acte I de *Don Giovanni*. Plus loin, Madame d'Épinay détaillera l'air de la vérité devant Grimm, de façon sautillante, ambiguë et moqueuse. Mais c'est le rôle-titre qui a le plus requis les soins du compositeur : Sacha Guitry voulant mettre en valeur les talents de comédienne de son épouse Yvonne Printemps, R. Hahn magnifiera la cantatrice. Son air d'entrée célèbre à la fois le génie de Mozart et de son interprète dans une mélodie simple, discrète, qui coule de source et souligne leur aisance naturelle. A la fin de l'acte I, « Être adoré ! Prendre les cœurs » préfigure éloquemment *Don Giovanni* et, s'exaltant peu à peu tandis qu'alternent à l'orchestre les deux motifs de l'ouverture, l'hommage amoureux à Paris permet à l'interprète de prouver l'« éclat et la puissance extraordinaire » de sa voix, comme l'écrit A. Messager. Après un rapide prélude, l'acte II débute par un badinage bien parisien, demandant fantaisie, mais pas négligence. « Comme elle danse, c'est exquis » traduit l'émerveillement de Mozart devant la Guimard tandis que la lecture de la lettre de la fiancée est d'une émotion juste et sincère, sous-tendue par une passion qui ne se dément pas. A la fin de l'ouvrage, les adieux de Mozart laissent l'auditeur sur une impression mélancolique : au récitatif de style « opéra » des deux premières strophes succède une mélodie légèrement poignante à laquelle s'adjoindra la reprise du second thème de l'ouverture au violon solo. Les derniers vers sont dits sur un fond orchestral apaisé qui concourt à leur donner une valeur définitive : « Et si, plus tard, peut-être, un jour/Quelqu'un dit devant toi : "Mozart a du génie"/Tu répondras, mon cher amour, /Que tu sais bien un peu pourquoi. » A propos de ce rôle passionnant et difficile, on a évoqué à juste titre le Cherubino des *Nozze di Figaro* : nul doute que l'alternance des vers et de la prose par laquelle Sacha Guitry a réglé le tempo de sa pièce et l'alliage subtil d'un texte et d'une musique qui viennent à propos sans jamais se faire obstacle appellent, eux aussi, cette référence élogieuse.

Bibliographie — B. GAVOTY, R. Hahn, le musicien de la Belle Époque, Paris, Buchet-Chastel, 1976, pp. 248-249 ; C. DUFRESNE, Yvonne Printemps, le doux parfum du péché, Paris, Libr. académique Perrin, 1988, pp. 132, 134-141, 174-175.

M. BURGARD

MOZART ET SALIERI (*Mozart i Salieri*), scènes dramatiques en 2 tableaux, livret d'après la pièce du même titre d'Alexandre Pouchkine, musique de **Nikolaï Andreïevitch Rimski-Korsakov**, composées en 1897, créées à Moscou, au Théâtre Solodovnikov, le 25 nov. 1898, avec V. Schkafer (Mozart) et F. Chaliapine (Salieri), sous la direction d'I. Trouffi ; S. Rachmaninov jouait en coulisses l'extrait du *Requiem* de Mozart réduit au piano (2e tableau). Sujet inhabituel pour Rimski-Korsakov, ce bref ouvrage, dédié à la mémoire d'A. S. Dargomyjski, est un exercice de récitatif mélodique à l'image du → *Convive de pierre*. Comme cet opéra, *Mozart et Salieri* reprend sans modifications notables le texte de Pouchkine.

LIVRET — 1er Tableau. Assis seul à la table d'une auberge, Salieri (bar.) est en proie à de sombres pensées. Il évoque sa vie, sa passion précoce pour la musique, l'assiduité avec laquelle il s'est astreint à en acquérir le métier, puis ses succès de compositeur et sa bienveillance à l'égard de ses confrères. Or, à présent, il se voit devenir maladivement envieux. N'y a-t-il donc aucune justice pour que l'inspiration divine, au lieu de récompenser les efforts sincères de l'artisan, vienne illuminer le cerveau d'un noceur insouciant ? A cet instant, Mozart (ténor) fait son entrée. Il raconte en riant qu'il vient d'entendre le violoneux de l'auberge massacrer son *« Voi che sapete »*. Croyant amuser son confrère, il fait entrer le musicien et lui demande de rejouer du Mozart. Le violoneux (rôle muet), un vieillard aveugle, joue laborieusement *« Batti, batti, bel Masetto »*. Aux éclats de rire de l'auteur de *Don Giovanni*, Salieri répond par une indignation excessive, disant souffrir de voir le génie ainsi maltraité. Il congédie sans ménagements le musicien auquel Mozart donne néanmoins une pièce. Après lui avoir joué une de ses dernières compositions, Mozart recueille les éloges de son concurrent. Ils conviennent de dîner ensemble. De nouveau seul, Salieri décide de supprimer ce rival admiré autant que haï. Il sort de sa poche un flacon de poison que lui avait donné une de ses maîtresses. Plusieurs fois déjà, il avait songé l'absorber ; aujourd'hui, il le versera dans la coupe de son convive.

2e Tableau. (Rimski-Korsakov a supprimé l'intermezzo fugué qui, à l'origine, devait réunir les deux tableaux.) Les deux compositeurs sont attablés dans un cabinet particulier d'un restaurant. Salieri trouve à Mozart l'air sombre. Ce dernier avoue être tourmenté par son *Requiem* et raconte comment un inconnu vêtu de noir est venu lui commander cette messe. Depuis, bien qu'il n'ait plus revu le personnage, il a l'impression de sentir constamment sa présence. La réponse de Salieri se veut apaisante : lorsqu'on a des idées noires, il faut suivre les préceptes de Beaumarchais, ouvrir une bouteille de champagne et relire *Les Noces de Figaro* ! La conversation porte alors sur Beaumarchais ; Mozart demande soudain à Salieri s'il est exact que l'écrivain avait empoisonné quelqu'un. Salieri n'en croit rien, et Mozart, du reste, se range à son avis : Beaumarchais était un génie, or le génie et la scélératesse sont incompatibles. A cet instant, Salieri jette subrepticement son poison dans le verre de Mozart qui s'apprêtait justement à porter un toast à leur amitié. Il joue ensuite son *Requiem*, ce qui arrache des larmes à Salieri. Touché par ce qu'il croit être une manifestation de sensibilité musicale, Mozart prend néanmoins congé de son meurtrier, déclarant qu'il se sent mal à l'aise et qu'il souhaite aller dormir. « Tu t'endormiras pour longtemps, Mozart ! », grommelle Salieri resté seul. Et, aussitôt, il repense à la réflexion de sa victime sur l'incompatibilité du génie et de la scélératesse.

Ouvrage d'une certaine austérité, *Mozart et Salieri* apparaît à divers titres comme un exercice de style. Le récitatif mélodique est traité avec souplesse, observant bien certains détails psychologiques (p. ex. le débit haché de Mozart, angoissé par son évocation de l'homme en noir) sans toutefois susciter des mélodies d'un intérêt particulier. Le figuralisme musical suit le texte au pied de la lettre, donnant lieu à des formules claires et logiques mais faciles. Rimski-Korsakov recourt volontiers à la stylisation (rythme de sarabande au début de l'introduction), au pastiche — souvent très réussi — du style mozartien, et même à la citation (extrait de la 1re partie du *Requiem*, réduit au piano avec chœur ad libitum). Quant au sujet, c'est à Pouchkine que l'on doit aussi bien la légende de Salieri empoisonnant Mozart que celle de l'énigmatique homme en noir, commanditaire du *Requiem*. Indépendamment de l'opéra de Rimski-Korsakov, le thème de la jalousie haineuse de Salieri envers Mozart a inspiré le film *Amadeus* de Milos Forman.

Éditions et rééditions — Leipzig, Belaieff, 1898 (part. d'orch. et réd. cht et p.). Œuvres complètes de N. A. Rimski-Korsakov, Moscou, Mouzgiz, 1950, vol. 7 (part. d'orch.), vol. 35 (réd. cht et p.).

Bibliographie — I. F. BELZA, Mozart et Salieri, tragédie de Pouchkine : scènes dramatiques de Rimski-Korsakov, Moscou 1953 (en russe).

A. LISCHKE

(LA) MUETTE DE PORTICI, opéra en 5 actes, livret d'Eugène Scribe et Germain Delavigne, musique de **Daniel François Esprit Auber**, composé entre 1825 (?) et 1828, créé à l'Opéra de Paris, le 29 févr. 1828, avec Mmes L. Noblet (Fenella), L. Damoreau-Cinti (Elvire), MM. A. Nourrit (Mazaniello), A. Dupont (Alphonse), sous la dir. de François Habeneck, chorégraphie J.-P. Aumer, décors P. L. C. Cicéri, costumes H. Lecomte. (Durée : 2 h environ.) Primitivement conçu en 3 actes, le livret, inspiré de l'émeute napolitaine de 1647, fut d'abord rejeté par le comité de lecture de l'Opéra et dut céder la priorité à *Masaniello ou le Pêcheur napolitain*, opéra-comique de Michele Carafa sur le même sujet (Paris, Opéra-Comique, 27 déc. 1827).

LIVRET — Acte I. Alphonse (ténor), fils du vice-roi espagnol de Naples, ne parvient pas à oublier Fenella, une jeune muette qu'il a séduite puis abandonnée à cause de son prochain mariage avec Elvire (sop.), une princesse espagnole. Juste avant la cérémonie nuptiale, Fenella apprend, par gestes, son malheur à Elvire. A la sortie de la chapelle, la muette désigne publiquement son séducteur devant une assistance consternée.

Acte II. A Portici, petit village des environs de Naples, les pêcheurs envisagent de se soulever contre le pouvoir espagnol. Mazaniello (ténor), leur chef irrésolu, leur promet finalement le combat, après que sa sœur Fenella lui a appris l'histoire de sa séduction.

Acte III. Alphonse a su se faire pardonner d'Elvire qui veut alors prendre Fenella sous sa protection. La garde trouve la jeune fille en ville mais Mazaniello empêche son arrestation et incite le peuple à se soulever.

Acte IV. Les massacres commis par ses compagnons troublent la conscience du victorieux Mazaniello. Aussi défend-il Alphonse et Elvire réfugiés chez lui, bien que Fenella ait désigné en Alphonse son séducteur.

Acte V. Empoisonné par son adjoint Pietro (basse), Mazaniello a perdu la raison. Tandis qu'il s'oppose au carnage général, il est tué par une foule déchaînée qui, sans commandement, ne sait résister à la contre-attaque des gouvernants. En apprenant la mort de son frère, Fenella s'enfuit. Alphonse et Elvire ne peuvent la retenir lorsqu'elle se jette dans la lave du Vésuve en éruption.

Au lieu d'emprunter une nouvelle fois à la mythologie ou à l'histoire ancienne, E. Scribe rompt avec les traditions de la tragédie lyrique en portant à la scène un épisode inspiré de l'insurrection dirigée par Tommaso Aniello en 1647. Ce sujet « moderne » permettait à la fois de satisfaire le nouvel intérêt pour l'histoire suscité par les romans de W. Scott et d'introduire des effets spectaculaires — comme l'éruption d'un volcan — éprouvés dans les théâtres populaires de Boulevard. Sans prendre grand soin de l'équilibre entre action historique et intrigue amoureuse, E. Scribe écrivit un livret riche en contrastes et en péripéties, où des structures conventionnelles persistent aux côtés d'éléments novateurs. Alors que les personnages aristocrates sont sommairement caractérisés par des cavatines et des airs « à la Rossini », les auteurs assignent une place considérable aux chœurs du peuple dont les formes, cependant, outrepassent peu les modèles de l'opéra-comique.

Même si la partition d'Auber peut charmer par ses mélodies, comme la *Barcarolle* des pêcheurs, et entraîner par ses rythmes pétillants, elle est d'un niveau assez inégal. Les qualités essentielles de cette œuvre-clé de l'opéra français résident moins dans les valeurs purement musicales que dans l'emploi d'éléments gestuels, surtout dans les passages accompagnant les pantomimes de Fenella. L'audace consistant à construire un opéra autour d'un personnage muet ne fut sans doute pas la conséquence de circonstances extérieures ; elle est bien au contraire le signe d'une nouvelle esthétique, préférant à l'intérêt littéraire d'un texte les moyens spectaculaires qui subjuguent le public sur le plan visuel.

Ces innovations et surtout les critiques enthousiastes de R. Wagner ont amené les historiens à considérer l'ouvrage comme le 1er « grand opéra ». Malgré toute la « concision » de ses 5 actes courts, on ne saurait oublier que l'œuvre, qui doit tant aux mélodrames d'un R. Ch. Guilbert de Pixerécourt, est dépourvue de la complexité des drames historiques de G. Meyerbeer ou de la puissante écriture chorale du *Guillaume Tell* de G. Rossini.

La Muette de Portici fut un des plus grands succès de la carrière d'Auber et se maintint même à l'affiche après l'apparition des « grands opéras » de Meyerbeer et Halévy. La représentation bruxelloise du 25 août 1830 fut choisie par les conjurés comme signal de l'insurrection qui conduisit à la fondation d'une Belgique indépendante, contribuant ainsi à la réputation « révolutionnaire » de cet opéra écrit sur un livret aux traits pourtant antirévolutionnaires.

Sources, éditions et rééditions — Part. d'orch., ms. autographe, Paris, BN, Ms. 2775. — Part. d'orch., Paris, Troupenas, 1828 ; réimpr., New York, Garland, 1980, Early Romantic Opera 30. — Réd. cht et p., Paris, Troupenas, 1828 (multiples rééditions).

Bibliographie — R. Wagner, Erinnerungen an Auber, *in* Gesammelte Schriften und Dichtungen IX, Leipzig 1888, pp. 42-60 ; R. M. Longyear, La Muette de Portici, *in* MR XIX, 1958 ; W. Börner, Die Opern von D. Fr. E. Auber (diss. Leipzig, 1962) ; K. Pendle, E. Scribe and french opera of the 19th century, Ann Arbor, UMI Research Press, 1979, pp. 395-426 ; S. Slatin, Opera and Revolution : La Muette de Portici and the Belgian revolution of 1830 revisited, *in* The Journal of Musicological Research III, 1979 ; L. Finscher, Aubers La Muette de Portici u. die Anfänge der Grand-opéra, *in* Fs. H. Becker zum 60. Geburtstag, Laaber, Laaber Verlag, 1982, pp. 87-105 ; J. Mongrédien, Variations sur un thème : Masaniello. Du héros de l'histoire à celui de La Muette de Portici, *in* Jb. für Opernforschung I, 1985 ; D. Rieger, La Muette de Portici von Auber/Scribe. Eine Revolutionsoper mit antirevolutionärem Libretto, *in* Romanistische Zs. für Literaturgeschichte X, 1986 ; E. Sala, « Que ses gestes parlants ont de grâce et de charmes ». Motivi "mélo" nella Muette de Portici, *in* Atti del 14 convegno intern. della S.I.M. Bologna 1987, Turin, EDT, 1990.

A. Gerhard

(Le) Mur du diable (*Čertova stěna*), opéra en 3 actes, livret d'Eliška Krásnohorská, musique de **Bedřich Smetana**, composé en 1879-82, créé à Prague, au Nouveau Théâtre tchèque, le 29 oct. 1882, sous la dir. d'Adolf Čech. (Prague, SNKLHU, 1959 ; durée : 2 h 20 min environ.)

E. Krásnohorská a composé une histoire où, dans le personnage de Vok, apparaît le pendant comique du Hollandais volant dans *Der fliegende Holländer* de Wagner, qui, comme lui, cherche une fiancée mais dont aucune jeune fille ne veut.

Livret — Acte I. Devant le château de Vok, deux membres de sa suite, Jarek (ténor) et Michálek (ténor), se lamentent de n'avoir pu réussir à marier leur seigneur. Jarek fait le serment de ne pas se marier lui-même avant que Vok ait trouvé une épouse. Mais ce serment est tombé dans l'oreille de Rarach (basse), le diable, qui a pris le déguisement de l'ermite Benes (basse). Une querelle oppose ces deux personnages dans un beau duo de basses, chacun d'eux affirmant qu'il est le saint et l'autre le diable. Rarach, plein de méchanceté, conseille à Vok (bar.) de demander la main de Katuška (sop.), la propre fille de Michálek, promise à Jarek. A la grande satisfaction de Vok, celle-ci refuse. Apprenant qu'une femme qu'il avait jadis aimée vient de mourir, Vok recueille sa fille Hedvika (sop.). Rarach provoque de nouveau Benes qui a commis autrefois un grave péché en empêchant le mariage de Vok avec cette femme, maintenant disparue, car il voulait que toute la fortune de Vok revienne un jour au monastère dont il espérait devenir l'abbé.

Acte II. Rarach s'efforce de prendre au piège tous les personnages de l'action. C'est Jarek, excité par la présence de Katuška dont il est toujours amoureux, qu'il tente en premier et qu'il cherche à détourner de son serment. La vision de la richesse est la ruse employée pour inciter Katuška à épouser Vok. Mais ce dernier reste au centre des tentations diaboliques de Rarach, qui voudrait bien devenir l'abbé du monastère à la place de Benes et pouvoir ainsi dominer toute la région. Il recommande à Vok de renoncer à ce monde, d'entrer au monastère et de se fiancer avec l'Église, ce qui libérerait Jarek de son serment.

Acte III. Vok s'est décidé à entrer au monastère. Mais Jarek et Katuška, qui veulent se marier, font tout pour l'en empêcher : ils amènent Hedvika et l'invitent à avouer à Vok son amour. Benes, qui s'est repenti entre-temps, tente d'empêcher le diable d'entrer au monastère. Mais celui-ci ne renonce pas à sa tentative et appelle à son secours tous les démons de l'enfer. Il leur conseille de construire un mur sur la Moldau pour détourner le fleuve et noyer ainsi le monastère dont il ne peut prendre possession. Mais par un signe de croix, Benes chasse le diable et démolit le mur. Le monastère est sauvé et rien ne s'oppose plus au bonheur des deux couples, Vok et Hedvika, Jarek et Katuška. L'opéra se termine avec l'arrivée d'un messager, annonçant que le roi a nommé Vok gouverneur de la Styrie, de la Carinthie et de l'Autriche.

Si l'on excepte *Viola*, dont il n'existe que 20 minutes de musique, *Le Mur du diable* est le dernier opéra de Smetana. Lors de sa création, il fut annoncé comme « comico-romantique ». En fait, Smetana avait voulu composer un opéra bouffe, sorte de parodie d'un récit romantique et chevaleresque. Mais il trahit quelque peu sa librettiste : tout ce qui devait avoir le caractère d'un jeu gai et capricieux se transforma dans son esprit au point qu'à une musique burlesque se substitua un lyrisme méditatif et profond. Malgré la surdité de son auteur, la maîtrise de cette œuvre est totale. Les lignes mélodiques et l'harmonie font même preuve d'« audaces » absentes de ses œuvres antérieures, telles qu'intervalles diminués ou augmentés. Mais l'on n'y trouve pas l'écriture grinçante et sarcastique que le sujet pouvait laisser entrevoir. C'est au contraire une grande douceur expressive qui se dégage de cet ouvrage très peu connu.

Bibliographie — W. Ritter, Smetana, Paris 1907 ; P. Pražák, Les opéras de Smetana, 4 vol., Prague 1948 (en tchèque) ; B. Large, Smetana, Londres, Duckworth, 1970 ; J. Clapham, Smetana, Londres, Dent, 1972.

Fr. Auclair

Musae Sioniae (Les Muses de Sion), de **Michael Praetorius**, recueil en 9 livres comprenant des harmonisations et des arrangements de chorals ou cantiques spirituels pour 2-12 voix, I *Musae Sioniae oder geistliche Concert Gesänge über die fürnembste Herrn Lutheri und anderer Teutsche Psalmen*, II-IV *Musae Sioniae geistliche Concert Gesänge über die fürnembste deutsche Psalmen und Lieder wie sie in der christlichen Kirchen gesungen werden*, V-VIII *Musae Sioniae* [...] *deutscher geistlicher in der christlichen Kirchen üblicher Psalmen und Lieder*, IX *Musae Sioniae* [...] *deutscher geistlicher in Kirchen und Häusern gebreuchlicher Psalmen und Lieder*, édités à Regensburg 1605 (I), Iéna 1607 (II), Helmstedt 1607 (III, IV), s.l. 1607 (V), 1609 (VI, VII), 1610 (VIII, IX).

Praetorius consacra presque exclusivement son œuvre de compositeur à l'arrangement des chants religieux de la tradition luthérienne. De cette production, les neuf volumes des *Musae Sioniae*, totalisant plus de 1 200 pièces de forme et d'effectifs variés, constituent un corpus central de grande ampleur. Stylistiquement, ils se répartissent principalement en deux grandes sections : celle des paraphrases pour plusieurs chœurs de 8 à 12 voix (vol. I-IV) et celle des simples harmonisations homophones à 4 voix (vol. VI-VIII). Il faut y ajouter dans le volume V des paraphrases de différents types pour 2 à 7 voix (quelques-unes à 8 voix), et dans le volume IX des harmonisations pour 2 ou 3 voix (exceptionnellement à 4 voix). D'autre part, tandis que les volumes I-IV et IX reproduisent sans ordonnance systématique le répertoire de base des chants luthériens, le volume V présente une répartition conforme aux cursus liturgique et annuel. Dans le volume VI, les chants sont également disposés selon le cycle annuel, alors que le volume VII contient avant tout des chants pour le catéchisme, la pénitence et la communion ainsi que sur la vie chrétienne, et que le volume VIII renferme des chants pour le repas, la maison, la consolation et sur le thème de la mort.

Les paraphrases pour 2 et 3 chœurs des volumes I-IV sont agencées sans « cantus firmus » continu. Celui-ci fait place à un développement séparé des différentes phrases de la mélodie : chacune d'entre elles engendre successivement une section indépendante, en style homophone ou imitatif, souvent avec un dialogue concertant des chœurs en présence. La mise en œuvre de la mélodie thématique ne s'y asservit pas constamment à la fixité d'un « cantus firmus » employé tel quel : il n'est pas rare en effet que cette mélodie donnée soit assouplie rythmiquement. Praetorius lui-même appelle cette liberté de traitement « variatio per choros » (préface au vol. I), désignant par là, non seulement (au sens étroit) l'opposition constrastante de plusieurs groupes sonores, mais aussi l'appropriation du matériau mélodique pour le varier et le distribuer entre les différents chœurs. Le recours à des procédés figuralistes (madrigalismes) — impression de mouvement accéléré obtenue par réduction des valeurs rythmiques, fragmentation de la trame sonore — est confirmé par Praetorius lorsqu'il caractérise sa composition comme étant « conçue à la manière madrigalesque » (préface au vol. II).

Les harmonisations des vol. VI-VIII, deuxième section principale au sein de la totalité de l'œuvre, revêtent au contraire un aspect uniformément simple, celui du traitement homophone à 4 voix d'une mélodie donnée, placée au soprano, « in contrapuncto simplici » (Nota du vol. VII) : le cantique de Noël → *« Es ist ein Ros entsprungen »* (vol. VI, n° 53) fournit l'exemple le plus connu de cette technique. Praetorius, cependant, s'affranchit du style d'harmonisation assez rudimentaire appliqué dans les recueils usuels de son époque, en l'enrichissant harmoniquement par l'emploi fréquent d'accords parfaits sur des degrés secondaires ou de leurs renversements, mélodiquement en s'efforçant de rendre les voix médianes aussi chantantes que le soprano et la basse. Les volumes V et IX sont plus diversifiés quant aux techniques de composition : Praetorius y expérimente certains procédés ou dispositions particuliers, à savoir dans le volume V la forme du motet sur « cantus firmus » (développement polyphonique en imitations de toutes les voix mises sur pied d'égalité), dans le volume IX les ressources variées offertes par le contrepoint à 2 et 3 voix.

Les neuf volumes des *Musae Sioniae* se rattachent symboliquement aux neuf muses de la mythologie grecque ; toutefois, Praetorius, compte tenu du caractère spirituel de son recueil, envisage ces dernières comme résidant non point sur le Parnasse mais sur la sainte montagne de Sion, près de Jérusalem (préface au vol. VII). Dans l'histoire de la musique, l'importance de l'œuvre est celle d'une étape essentielle dans l'évolution des formes compositionnelles sur l'hymnodie protestante.

Rééditions modernes — Par Fr. Blume et autres, *in* M. Praetorius. Gesamtausgabe der musikalischen Werke I-IX, Wolfenbüttel et Berlin, Kallmeyer, 1928-39.

Bibliographie — Fr. Blume, Das Werk des M. Praetorius, *in* ZfMw XVII, 1935 ; A. Forchert, Das Spätwerk des M. Praetorius, Berlin 1959 ; M. Ruhnke, M. Praetorius, *in* MuK XLI, 1971 ; A. Forchert, M. Praetorius, Werk und Wirkung, *in* Sagittarius IV, 1973.

J. Neubacher

(Der) Musensohn (Le Fils des muses), lied pour voix et piano de **Franz Schubert** (D 764), sur une poésie de Johann Wolfgang von Goethe, composé en déc. 1822 et édité en juil. 1828 avec une dédicace à Josefine von Franck. (Durée : 2 min 25 s environ.)

Schubert soumet les 5 stances du poème à un principe strophique alterné original. Tandis que les stances impaires sont chantées sur une musique identique, au ton principal de *sol* maj., on passe brusquement au ton de *si* maj. pour les stances paires qui ont également leur propre musique. En outre, une courte ritournelle pianistique de 6 mesures fait office de refrain. On a ainsi le découpage suivant :

Sections	R	I A	R	II B	III A	R	IV B	V A	R
Stances		1		2	3		4	5	
Tonalités	*sol*	*sol*	*sol*	*si*	*sol*	*sol*	*si*	*sol*	*sol*

Inscrite dans une mesure à 6/8 bien marquée, la même formule rythmique d'accompagnement — aux allures de valse rapide — se poursuit imperturbablement du début à la fin, tel un perpetuum mobile. C'est elle qui donne cette impression générale de gaieté insouciante que la franchise et la simplicité de la mélodie ne font qu'accentuer. Une atmosphère de grâce enjouée irrésistible ainsi qu'un parfait équilibre entre le texte et la musique font de ce lied un délicieux divertissement de la plus haute qualité.

S. Gut

(Les) Muses galantes, opéra-ballet en 3 entrées, livret et musique de **Jean-Jacques Rousseau**, composé entre 1743 et 1745.

Les trois entrées — maintenant disparues sauf le poème — avaient pour sujet les amours de trois poètes, le Tasse, Ovide et Anacréon. Pour ne pas déplaire à la cour, l'entrée du Tasse fut remplacée par celle d'Hésiode qui, elle, nous est parvenue. Rousseau y conte l'amour d'Euterpe pour le berger Hésiode qui, en découvrant la lyre magique, pourra chanter la Muse. En somme, un portrait de l'autodidacte Rousseau qui met son ardeur à apprendre la musique. On retiendra l'air d'Hésiode, *« Quelle douce harmonie »*, sur un mouvement berceur, l'air gracieux pour deux Songes, d'une facture rythmiquement soignée, un chœur, *« Que tout retentisse »*, à l'allure ramellienne, et une forlane, sans doute rapportée de Venise. Mais c'est l'air d'Hésiode, *« Beau feu qui consumez mon âme »*, reposant sur un réseau de triolets, qui paraît le plus inspiré.

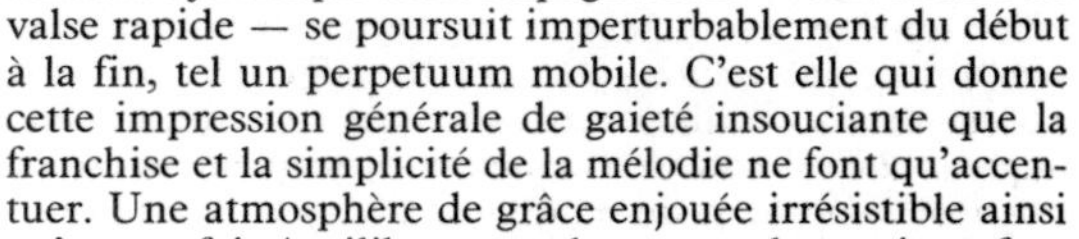

Pour terminer, le chœur homophone *« Muse charmante »*, la gavotte et le Gay conclusif montrent que l'œuvre, de facture française, doit peu à l'Italie malgré ce qu'en a prétendu Rameau qui, dans les *Erreurs sur la musique dans l'« Encyclopédie »*, considérait Rousseau comme un « petit pillard sans talent et sans goût ». L'ouvrage a été restitué et créé à Genève le 15 mai 1957 par Samuel Baud-Bovy.

Sources — Mss à Ermenonville, musée Chaalis.

Éditions — Par J. Tiersot, *in* SIM VIII, 1912 (musette en rondo) ; par S. Baud-Bovy, Genève, Henn-Chapuis, 1962 (1re entrée d'*Hésiode*).

Bibliographie — J.-J. Rousseau, Les Confessions, *in* Œuvres complètes I, Coll. La Pléiade, Paris, Gallimard, 1959, pp. 334-335 ; du même, le poème, *ibid.* II, p. 1051 et suiv. ; J. Tiersot, J.-J. Rousseau, un maître de la musique, Paris 1912, 2/1920 ; S. Baud-Bovy, J.-J. Rousseau et la musique, Neuchâtel, la Baconnière, 1988, pp. 21, 37-39 ; D. Paquette, J.-J. Rousseau, compositeur et théoricien (à paraître).

D. Paquette

Musica nova (Musique nouvelle), recueil de 25 madrigaux et 33 motets pour 4 à 7 voix d'**Adrien Willaert** (Venise, Gardano, 1559). Il s'agit du plus important recueil du musicien et du seul entièrement consacré à son œuvre. La plupart des pièces sont anciennes — elles datent des environs de 1540 — ; elles furent choisies et rassemblées à la fin de la vie du compositeur par son élève F. Viola. Le mélange de madrigaux et de motets en un seul recueil était inhabituel à l'époque, de même que le regroupement des madrigaux selon le nombre des voix plutôt que selon le mode. De plus, les madrigaux de Willaert sont des œuvres de grande ampleur dans lesquelles l'auteur utilise pleinement la texture à 5 voix alors devenue courante — la quinta y est couplée avec le soprano ou le ténor.

Willaert utilise des sonnets de Pétrarque pour 24 de ses 25 madrigaux. La division du texte en deux groupes de 8 et 6 vers respectivement impose une forme musicale bipartite qui est également employée par d'autres compositeurs et qui va devenir rapidement la norme. Le madrigal se coule ainsi dans une forme sérieuse qui était jusqu'alors réservée au motet.

Le style de la *Musica nova* annonce l'avenir. Par le traitement polyphonique des voix, Willaert surpasse ses contemporains, tandis que sa déclamation sous forme de notes répétées se rapproche du futur style récitatif. Ses enchaînements d'accords descendant par tierce sont également typiques de son œuvre. La plupart des madrigaux sont surtout homophoniques avec d'occasionnels passages imitatifs, modèle suivi par tous les compositeurs qui combineront la polyphonie flamande et l'harmonie verticale italienne. Les voix les plus élevées restent les plus importantes et sont toujours mélodiques. Parmi les œuvres les plus impressionnantes de la *Musica nova*, il faut mentionner les dialogues construits dans une texture dense à 7 voix, contrastant par de fréquentes divisions chorales en deux groupes homophoniques, égaux ou non en force, qui opposent les voix aiguës et graves.

« Mentre che'l cor » (nº 9) pour 5 voix est un sonnet de Pétrarque richement mis en musique avec une harmonie somptueuse. Le poème, sur le thème de l'amour non partagé, est divisé en deux parties musicales indépendantes. Les deux quatrains dépeignent le cœur des amants brûlant d'une flamme amoureuse et se déroulent selon un mouvement musical continu passant de *ré* min. à *ré* majeur. Les deux tercets (« Qual foco è morto »), allant de *sol* maj. à *la* maj., sont comme un nouveau départ avec un figuralisme en notes longues ponctuées de pauses suggestives. « Avanzando » est dépeint par une progression de quinte en quinte. A la fin, de légères dissonances sont annoncées par des sixtes ascendantes au soprano A. Le texte est la matrice de la musique et le résultat est une pièce d'une splendide sonorité vocale.

« I piansi or canto » et *« Cantai or piango »* qui se suivent (nos 16 et 17) font toutes les deux contraster, mais dans un ordre inverse, l'émotion des pleurs et celle de la joie chantée. Les deux pièces sont à 5 voix. Elles sont divisées en deux parties distinctes. Le début de la dernière oppose dramatiquement deux motifs simples entrelacés B. Son texte, très populaire, fut utilisé par de nombreux compositeurs y compris R. de Lassus et G. de Wert.

Rééditions modernes — Par W. Wiora, *in* Chw., nº 5, Wolfenbüttel, Möseler, 1930 ; par H. Zenck et W. Gerstenberg, *in* A. Willaert. Opera omnia XIII, CMM 3, Amer. Inst. of Musicology, 1950 ; par H. C. Slim, Chicago, Univ. Press, 1964.

Bibliographie — E. Gregoir, A. Willaert, Bruxelles 1869 ; A. Carapetyan, The Musica nova of A. Willaert, *in* Journal of Renaissance and Baroque Music I, 1946-47 ; voir aussi la bibliogr. des art. *« Il bianco e dolce cigno »* et *Madrigali guerrieri et amorosi.*

M. Sacré

« Musica son » / « Già furon » / « Ciascun vuoli », madrigal à 3 voix de **Francesco Landini**, conservé dans les Mss de Florence, Bibl. Medicea Laurenziana, Pal. 87 (Codex Squarcialupi), fos 121v-122r, Bibl. Nazionale Centrale, Panciatichiano 26, fos 89v-90r, et Londres, BrM, Add. 29987, fos 9v-10r. Bien que supérius, contra et ténor aient des textes différents, leur sens est complémentaire. Chaque voix comporte 5 vers qui riment de deux en deux, sauf le premier ; trois vers correspondent à la première partie du madrigal et deux au « ritornello ». Écrits probablement par Fr. Landini, leur argument se réfère à la situation de la musique en ce temps-là. Au supérius la « Musique » pleure, car elle voit son art abandonné — celui du madrigal — en faveur de la frottola et d'autres chansons populaires. La raison de cette situation est exposée dans les deux vers du « ritornello » : « Perche 'ngnorantia'n vici ongnun' chostuma, / Lasciasi 'l buon' e pigliasi la schiuma » (Parce que l'ignorance et le vice sont habituels, / On laisse le bon et on prend le mauvais, v. 4-5). Le texte du ténor rappelle beaucoup celui du madrigal → *« Osselleto salvazo »* de Jacopo da Bolonia : « Ciascun vuoli narrar musical note / Et compor madria, chaccie, ballate, / Tenend'ognun' in la su autenti charte » (Tout le monde veut arranger des notes musicales / Et composer des madrigaux, chasses et « ballate », / Chacun croyant que le sien est l'autenthique, v. 1-3). Jacopo exprime une idée semblable quand il parle des musiciens inexpérimentés qui composent des « ballate », madrigaux et motets, essayant d'imiter Philippe de Vitry et Marchettus de Padua. Il se peut que *« Musica son »* renferme un hommage au compositeur bolognais, car c'est le seul madrigal tritextuel de Landini et il n'en existe qu'un autre dans tout le répertoire du Trecento, → *« Aquila altera » / « Creatura gentile » / « Uccel di Dio »* de Jacopo da Bologna. La section dédiée à « Magister Franciscus » du Codex Squarcialupi débute par ce madrigal. Une grande initiale correspondant à la lettre

M du mot « Musica » renferme une miniature qui représente Landini en train de jouer de petites orgues ; une couronne de laurier ceint sa tête, prix octroyé au musicien par le roi de Chypre en 1364. Au bas du folio figure une toute petite miniature de sainte Cécile, sans doute une allusion au texte de la composition.

La première section du madrigal est en octonaria (2/4) et le « ritornello » en duodenaria (3/4). Un motif rythmique de 4 notes — minime, deux semi-brèves, minime — se répète tout au long du morceau, dont chaque phrase ou période musicale correspond à un vers du texte. La première et l'avant-dernière syllabe de chaque vers sont chantées mélismatiquement, ce qui amène une alternance de parties mélismatiques et de parties syllabiques, dont la durée n'est pas identique dans toutes les voix. Cela contribue à créer une liaison subtile et compliquée entre des voix sans différence notable.

Éditions — Par Fr. Ludwig, *in* G. Adler, Hdb. der Musikgeschichte, Berlin 1930, 2/Munich, DTV, 1961, vol. I, pp. 287-291 ; par L. Ellinwood, *in* The works of Fr. Landini, Cambridge (Mass.), Mediaeval Acad. of America, 1939, 3/1970 ; par J. Wolf, *in* Der Squarcialupi Codex..., Lippstadt, Kistner & S., 1955 ; par L. Schrade, *in* Polyphonic Music of the 14th Cent. IV, Monaco, L'Oiseau-Lyre, 1958.

Bibliographie — G. de Van, La pédagogie musicale à la fin du Moyen Age, *in* MD II, 1948 ; L. Schrade, voir ci-dessus ; R. H. Hoppin, Medieval Music, New York, Norton, 1978, pp. 457-458.

M. C. Gómez

Musiche sacre concernenti messa e salmi concertati... (Venise, Vincenti, 1656), recueil de musique religieuse, de **Francesco Cavalli**, transmettant une partie importante de la musique qu'il composa pour Saint-Marc de Venise dont il fut, à la fin de sa vie, maître de chapelle après en avoir été second puis premier organiste.

Une vingtaine d'années avant sa dernière publication, *Vesperi a otto voci* (Venise, Gardano, 1675), qui présente trois liturgies de vêpres, organisées en cycles cohérents, c'est une grosse anthologie de ses musiques d'église que Cavalli publie en 1656 : on y trouve une *Messa concertata* à 8 voix avec instruments (continuo, 2 vl., 3 trb.), 11 psaumes, 1 *Magnificat*, 5 hymnes, 4 antiennes mariales et 6 « sonate » instrumentales, dans des effectifs variables de 2 (hymne *« Iste confessor »*, antienne *« Ave Regina »*) à 8 voix (*Magnificat*, *« Confitebor »*, *« Laudate Dominum »*, *« Lauda Jerusalem »*). Les pièces instrumentales, désignées « sonata » dans la table, mais parfois « canzon » dans la musique, sont respectivement à 3, 4, 6, 8, 10 et 12 parties. Mise à part la *Messa*, cette anthologie, apparemment hétéroclite, se révèle destinée à la liturgie des vêpres, qui pouvait être très solennelle à Saint-Marc : les *Musiche sacre* se trouvent ainsi sur un plan comparable à la plus célèbre, → *Selva morale e spirituale* de Monteverdi (1641). Psaumes, hymnes et *Magnificat* peuvent se

A Musica nova

B Musica nova

regrouper en 4 séquences, dont les 2 principales concernent les « cursus » masculin et féminin — cursus masculin : psaumes *« Dixit Dominus », « Confitebor », « Beatus vir », « Laudate pueri », « Laudate Dominum »* ; cursus féminin : psaumes *« Dixit Dominus », « Laudate pueri », « Laetatus sum », « Nisi Dominus », « Lauda Jerusalem »* —, respectivement complétés par l'hymne liturgiquement convenable et par le *Magnificat*. Manquent seulement le répons d'entrée *« Deus in adjutorium »* et les antiennes associées aux psaumes et *Magnificat*, qu'il est évidemment possible de pourvoir en plain-chant. Une autre solution est aussi envisageable, que le recueil a manifestement prévue : les « sonate », au nombre de 6 (correspondant aux 5 psaumes et au *Magnificat*) ont pour fonction de se substituer à la répétition d'antienne après le psaume, selon un usage bien établi dans les vêpres solennelles en Italie du Nord, attesté dans les cérémoniaux comme dans certaines sources musicales (A. Banchieri, *Organino suonarino*, 1605 ; G. B. Fasolo, *Annuale*, 1645). Après le Français Maugars à Rome (1639), l'Allemand Hainlein en témoigne également : « Entre les psaumes, on faisait toujours une sonata ou un motet. »

L'ordonnance liturgique des pièces fait clairement apparaître une utilisation hiérarchisée des effectifs concertants. Les moyens les plus importants, conjuguant 8 chanteurs en double chœur, le « ripieno » vocal (« cappella ») et les instruments « ad libitum », ne sont utilisés que dans trois pièces de chacun des cycles : le premier et le dernier psaume et le *Magnificat*. Une exception apparente confirme cette règle : le *« Confitebor »*, en seconde position du « cursus » masculin, est malgré tout à 8 voix : néanmoins, la table précise clairement qu'on le chante « sans ripieno et sans autres instruments ». Cette cohérence rigoureuse dans la régie des niveaux sonores, qui relève d'une véritable « dispositio » rhétorique, est associée à une très grande variété des effectifs et des styles, de la variation strophique ponctuée de ritournelles instrumentales (*« Ave maris stella »*) au contrepoint en « stile antico » (verset « Esurientes » dans le *Magnificat*), en passant par le madrigal affectif (*« Salve Regina »*). L'art musical de Cavalli est bien le même à l'église et au théâtre : nourri d'une rhétorique de l'« elocutio », il s'inscrit profondément dans l'esthétique baroque héritée du madrigal de la Seconde Pratique. Cavalli a totalement intégré les catégories expressives distinguées par Monteverdi dans sa Préface du *8ᵉ Livre* (1638). Les exemples en sont multiples, depuis la fureur guerrière des versets 3, 6 et 7 du *« Dixit Dominus »* jusqu'à la douceur toute maternelle du verset 9 dans le *Magnificat* en passant par la « suspiratio » plaintive et passionnée du *« Salve Regina »*.

De telles « affections » contrastées se trouvent parfois brutalement juxtaposées au sein du même verset, voire dans la même phrase, sollicitant des chanteurs un comportement qui relève de l'« Actio » rhétorique : p. ex. le 3ᵉ verset du Ps. 126, *« Nisi Dominus »* : « Vanum est vobis ante lucem surgere : surgite postquam sederitis, qui manducatis panem doloris » (En vain vous levez-vous matin, tardez-vous à vous reposer. Vous mangez le pain des douleurs). De la première partie du verset, Cavalli retient principalement l'idée de « surgere », dont il traduit l'impératif de l'« hypotypose ».

A cet « ornement » de type essentiellement mélodique et « visuel » succède, pour la fin du verset, une figure de nature harmonique : pour décrire la douleur (« panem doloris »), Cavalli associe le chromatisme du « passus duriusculus » aux dissonances hardies de la « parrhesia » **A**.

Rééditions modernes — *Messa concertata, « Laudate Dominum », « Magnificat »* et *« Salve Regina »*, éd. par R. Leppard, Londres, Faber, 1966-69 ; *« Dixit Dominus », « Laudate pueri », « Laetatus sum », « Nisi Dominus », « Ave maris stella », « Magnificat », Sonata a 12*, éd. par J. H. Moore, voir Bibliographie.

Bibliographie — J. H. Moore, Vespers at St Mark's : Music of A. Grandi, G. Rovetta and Fr. Cavalli, Ann Arbor, UMI, 1981 ; J. Glover, North Italian Church Music in the Age of Monteverdi, Oxford, Clarendon Press, 1984 ; J.-P. Ouvrard, Les « Musiche sacre » de Cavalli (1656), un recueil pour les vêpres à Saint-Marc de Venise, *in* L'intelligence du passé : les faits, l'écriture et le sens, Univ. de Tours, 1988.

J.-P. Ouvrard

Musikalische Exequien (Obsèques musicales), op. 7, musique pour les funérailles en 3 parties, de **Heinrich Schütz**, pour 2 sop., alto, 2 ténors et basse soli, chœur à 8 voix et b. continue (Dresde, Seyfert, 1636 ; durée : 30 min environ.)

Lorsque le comte thuringien Heinrich Posthumus von Reuss mourut à Gera, le 3 déc. 1635, la veuve et les fils du défunt chargèrent H. Schütz, en tant que maître de chapelle à la cour de Dresde et ami personnel du comte, de composer une musique de circonstance pour être exécutée lors des obsèques, avant et après l'oraison funèbre, conformément au vœu du disparu. La 1ʳᵉ audition eut donc lieu lors de cette cérémonie, le 4 févr. 1636.

Les termes de la commande imposaient au compositeur l'emploi d'une série de textes bibliques ou liturgiques choisis par le comte lui-même. Des 3 parties que comporte l'œuvre entière, la 1ʳᵉ met ainsi en musique un verset introductif emprunté à Job (1, 21) puis 21 inscriptions gravées sur le cercueil, sentences bibliques des deux Testaments et strophes de choral ; la 2ᵉ partie reprend les versets 25 et 26 du Psaume 73, thème de l'oraison funèbre, et la 3ᵉ partie le cantique de Siméon (Luc 2, 29-32) prévu pour l'ensevelissement.

Le titre de la 1ʳᵉ partie définit celle-ci comme une manière de messe allemande, *Concert in Form einer teutschen Begräbnis Missa*, indication explicable par le fait que Schütz ajoute aux textes prescrits les trois strophes d'un *Kyrie* trinitaire allemand : à cela se réduit l'analogie très superficielle avec la forme de la messe. Cette adjonction implique une différenciation de nature musicale : l'alternance entre des strophes de choral (celle du *Kyrie* puis d'autres) et des versets bibliques est concrétisée auditivement par l'opposition entre le chœur principal (« Capell-chor ») et un petit chœur de 2 à 6 solistes. L'élément collectif du grand chœur va de pair avec un style de motet et avec le recours aux mélodies liturgiques correspondant aux paroles, alors que l'élément plus individuel des versets bibliques se rattache à la forme du concert spirituel pour quelques voix solistes avec basse continue. Ainsi Schütz surmonte de manière naturelle la difficulté consistant à bâtir un tout équilibré à partir d'une grande quantité de textes hétérogènes.

La 2e partie, qualifiée de « motet », est conçue pour double chœur à 8 voix et utilise la technique vénitienne des « cori spezzati » (chœurs divisés) précédemment expérimentée dans les → *Psalmen Davids*, avec leur dialogue décoratif entre plusieurs plans sonores.

La 3e partie (« Canticum Simeonis ») revêt l'aspect d'un « concert », également pour deux chœurs dialogués mais selon un esprit différent. Dans sa préface, Schütz en parle comme d'une « invention » consistant à détacher du chœur principal (à 5 voix) un petit chœur de 3 solistes : 2 voix aiguës personnifiant des séraphins et une voix grave représentant l'âme du mort (« beata anima ») ; ces trois solistes, qui intercalent entre les versets du cantique les phrases d'un texte approprié, « *Selig sind die Toten* » (Bienheureux sont les morts, Apoc. 14, 13, et Sagesse 3, 1), doivent être placés à l'écart (« in die Ferne ») ou même, si possible, être multipliés « en divers lieux » de l'église, afin de mieux suggérer la « béatitude des âmes incorporelles au ciel » en compagnie des anges.

On relèvera, de façon générale, la conception formelle largement diversifiée : le traitement musical des textes vise à l'essentiel et atteint, au-delà de la circonstance spécifique des funérailles, la valeur d'une méditation en soi sur la précarité du monde, la mort, le salut et la vie éternelle.

Rééditions modernes — Par Ph. Spitta, *in* H. Schütz. Sämtliche Werke XII, Leipzig, Br. & H., 1892 ; par Fr. Schöneich, *in* H. Schütz. Neue Ausgabe sämtlicher Werke IV, Kassel, BV, 1956 ; par P. Horn, G. Graulich et Kl. Hofmann, *in* Stuttgarter Schütz-Ausgabe VIII, Neuhausen-Stuttgart, Hänssler-Verlag, 1973.

Bibliographie — R. Gerber, Die « Musikalischen Exequien » von H. Schütz, *in* MuK VI, 1934 ; Fr. Schöneich, Zum Aufbau des Gloria-Teils in Schützens Musikalischen Exequien, *ibid.* XX, 1950 ; R. Henning, Zur Textfrage des « Musikalischen Exequien » von H. Schütz, *in* Sagittarius IV, 1973 ; O. Wessely, Der Fürst und der Tod, *in* Beiträge 1974-75, éd. par l'Österr. Gesellschaft für Musik, Kassel, BV, 1974 ; N. Bolin, « Sterben ist mein Gewinn (Phil. 1, 21). Ein Beitrag zur evangelischen Funeralkomposition der deutschen Sepulkralkultur des Barok 1550-1750, Kassel, BV, 1989 ; W. Breig, H. Schütz' « Musikalische Exequien » : Überlegungen zur Werkgeschichte und zur textlich-musikalischen Konzeption, *in* Schütz-Jb. 1989.

J. Neubacher

Musique, recueil de 104 pièces vocales diverses de **Guillaume Costeley**, publié à Paris par A. Le Roy et R. Ballard en 1570. Deux facteurs conjugués peuvent expliquer la publication de ce gros volume consacré à un compositeur alors connu par une vingtaine de chansons seulement : sa fréquentation du cercle intellectuel de Catherine de Clermont, comtesse de Retz, où il est au contact d'A. Le Roy, et surtout sa position officielle d'« organiste ordinaire et vallet de chambre du Roy », qu'il occupe depuis 1560 environ, fonction fréquemment rappelée dans les pièces liminaires du recueil, comme le fait R. Belleau : « Comme toy qu'Apollon, les Muses, et les Graces, / Et les rares vertus dont les autres surpasses / Ont choisi pour flatter l'oreille d'un grand Roy. » Le musicien lui-même confirme que c'est au roi qu'il destine cette *Musique* : « Sire je voudrays bien [...] / Vous offrant ce labeur [...] / Louable toutefoys si avec son moyen / Une seule heure au jour je charme votre peine. » Dans la lettre « à ses amis », il explique ainsi certaines libertés musicales qu'il s'est permises : « J'aye excedé en quelques de mes chansons les limites préfix et plus ordinaires des tons [...] : à quoy je responds l'avoir fait pour ne laisser inutile la rare estendüe des belles voix desquelle nostre [...] Roy de France [...] a la plaisir de se servir. » La chanson à 5, *« En ce beau moys »*, donne un exemple de ces « excès » dans l'usage de tessitures très larges, tant dans le bassus qui, bien qu'écrit en clé de *fa* 4, atteint à plusieurs reprises le *ré* grave, que dans le supérius qui parcourt une douzième dans la même phrase (du *ré* aigu au *sol* grave). Le contenu même du recueil témoigne, par certaines pièces, de cette fonction à la cour. Le motet *« Domine salvum fac Regem »*, *La Prise de Calais* et *La Prise du Havre* sont de véritables pièces officielles. Mais quelques chansons en donnent des

A **Musiche sacre concernenti messa e salmi concertati**

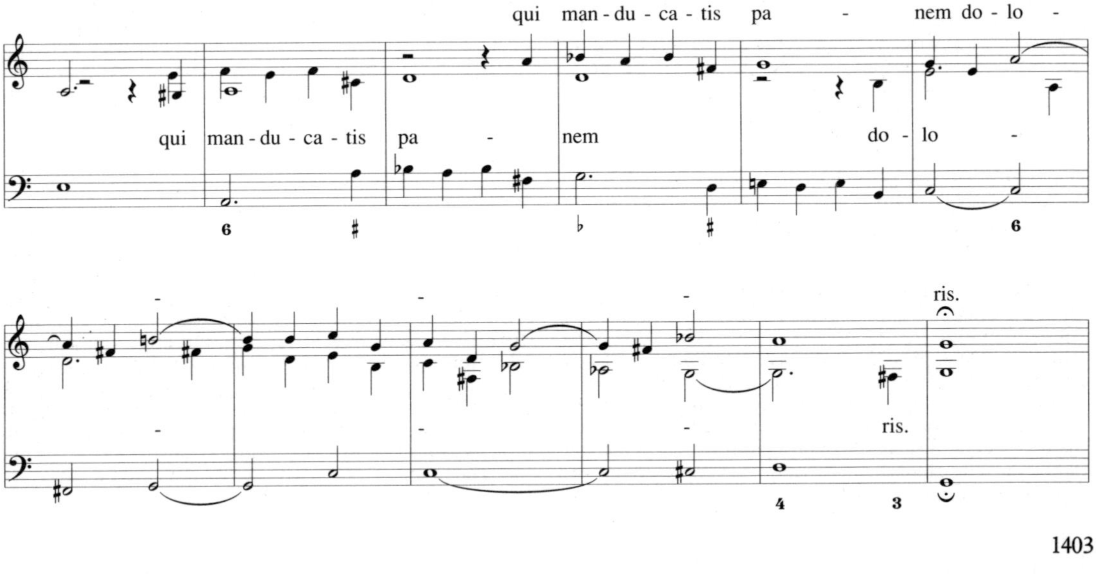

témoignages plus quotidiens, plus informels, comme celle-ci : « Muses, Chantez le loz de la Princesse / Que vous voulez servir incessament, / Chantez le bruit de sa vertu sans cesse » ; ou encore ces vers qui terminent *« Herbes et fleurs »*, peut-être une chanson d'anniversaire : « Sire, vivez, car soubz vos ans / Vous rendrez la France indomtable. » L'une des plus curieuses est sans doute *« O Mignonnes de Jupiter »* où l'on prie Apollon d'envoyer quelque médecine pour guérir la fièvre du roi.

Désignant sa *Musique*, Costeley parle de « ce mien labeur musicalement divers ». C'est, en effet, la variété qui caractérise ce recueil, composé de 3 motets (à 4 et 5 voix) et de 101 chansons, dont 93 à 4 voix, 7 à 5 et une à 6. L'édition est explicitement divisée en deux parties, présentant à part un « Meslange de chansons en façon d'airs », qui fait de Costeley le premier compositeur à utiliser ce terme. On discerne d'ailleurs, dans certaines pièces comme *« Il n'est trespas plus glorieux »*, une tentative de « musique mesurée à l'antique », qui se réalise par l'alternance très rapide des mensurations binaire et ternaire. L'un des sonnets de Baïf, au début du recueil, semble bien témoigner d'une collaboration réelle des deux artistes : « Soyent tes chants, Costeley, l'avant jeu gratieus / Des nombres anciens qu'avec toy j'ay courage / Pour un siècle meilleur de remettre en usage. » Cependant, la distinction entre les airs et les chansons est parfois très mince : certaines pièces, rigoureusement homophones et strophiques, comme *« Que de passions et douleurs »*, → *« Je voy de glissantes eaux »*, *« Je veux aymer ardentement »* (Ronsard), sont classées dans la 1re partie, alors qu'elles présentent toutes les caractéristiques des « chansons en façon d'airs », très proches des œuvres de N. de La Grotte qu'A. Le Roy publiera comme « airs de cour » pour voix et luth en 1571. Sans doute le nombre de strophes est-il finalement l'élément déterminant dans le classement en « airs ».

Dans la seule forme plus traditionnelle de la chanson polyphonique, les œuvres de Costeley restent également très variées. On y trouve aussi bien des chansons spirituelles (*« J'ayme mon Dieu »*), des noëls (*« Sus debout »* et *« Allez gay »*), des blasons élégamment brossés (*« Bouche qui n'a point de semblable »*), mais aussi des épigrammes narratives. Costeley y apparaît encore très proche de Janequin (*« Guillot un jour »*, *« Elle craint l'esperon »*), à qui il se réfère manifestement aussi dans ses deux chansons du genre bataille, *La Prise de Calais* (→ *« Hardis Françoys »*) et *La Prise du Havre* (→ *« Approche toy jeune Roy debonnaire »*). Il y trouve néanmoins une certaine originalité par la dramatisation du texte qui fait s'exprimer la ville de Calais, dans les deux dernières parties, successivement à 3 et à 4 voix. Ronsard, dont il met 6 poèmes en musique, l'inspire diversement : il traite « en façon d'air » la chanson *« D'un gosier machelaurier »*, donnant à l'Ode à Cassandre, → *« Mignonne, allons voir si la rose »*, un style polyphonique plus traditionnel, particulièrement réussi cependant. L'opposition de densité polyphonique (3 voix / 4 voix) lui permet de souligner de manière dramatique la 2e strophe (« Las ! voyez »), où une écriture strictement homophone met judicieusement en valeurs les exclamations répétées (« las ! O ! »). Après le retour du début aux premiers vers de la 3e strophe (« Doncques si me croyez, Mignonne »), il conclut en reprenant la musique de la 2e strophe, dont il supprime toutes les respirations, exprimant ainsi par un effet d'accélération l'invitation insistante au « Carpe diem » : « Cueillez, cueillez votre jeunesse. » On mesure, dans une telle chanson, une volonté d'expressivité, très sensible aussi dans *« O belle Galathée »* ou → *« Hélas que de mal j'endure »*. Baïf vante cette qualité du musicien, « Qui sçais par beaux acors acoiser l'ame émuë, / L'exciter assoupie, exprimer ses douleurs ». C'est certainement cette recherche d'expression qui a poussé Costeley à s'intéresser au genre enharmonique, promu par N. Vicentino, dont il a pu avoir connaissance par l'intermédiaire de P. Sandrin vers 1557 : il s'y attarde en tout cas longuement dans la lettre « à ses amis » qui prouve même qu'il a dû entendre parler de l'« arcicembalo » enharmonique de Vicentino. Il y déclare, en tout cas, à propos de sa chanson *« Seigneur Dieu ta pitié »*, qu'il l'a « faicte il y bien douze ans comme par manière d'essay sur l'idée d'une plus douce et aggréable musicque de la diatonicque quand elle serait heureusement deduicte, ayant en sa plus grand'partie ses voix seulement divisées de tiers en tiers de ton ». Son exigence dans la notation des altérations, exceptionnellement précise, va dans le même sens d'une recherche d'expression par l'harmonie. Il reste en revanche assez réservé dans l'usage des figures madrigalistes. Son dialogue à 5 voix sur le texte de Desportes, → *« Arreste un peu mon cœur »*, montre pourtant qu'il en est capable, comme il témoigne aussi de la tentation dramatique dans le style du « dialogo » italien. On peut s'interroger également sur un autre trait d'italianisme : bien que ces chansons soient toutes notées sous le signe du temps diminué (¢), elles font un usage très important des valeurs brèves, prosodiées syllabiquement jusqu'à la fuse. Par là, Costeley semble se situer dans la mouvance de C. de Rore et du madrigal « en notes noires » : il témoigne ainsi d'une évolution de la pratique du « tactus ».

Éditions modernes — Par H. Expert, *in* Maîtres Musiciens de la Renaissance française III, XVIII et XIX, Paris, Leduc, 1896-1904 (incomplet) ; par le même, *in* Florilège du concert vocal de la Renaissance IV, Paris, Cité des Livres, 1928 (3 chansons) ; par Fr. Lesure, *in* Anthologie de la chanson parisienne au XVIe s., Monaco, L'Oiseau-Lyre, 1952 (extraits) ; par Fr. Dobbins, *in* The Oxford Book of French Chansons, Londres, OUP, 1987 (extraits).

Bibliographie — K. J. Levy, Costeley's Chromatic Chanson, *in* Ann. Mus. III, 1955 ; C. Dahlhaus, Zu Costeleys chromatischer Chanson, *in* Mf XVI, 1963 ; I. Godt, G. Costeley. Life and works (diss. New York Univ., 1969) ; G. Dottin, La chanson française de la Renaissance, *in* Coll. « Que sais-je ? », Paris, PUF, 1984.

J.-P. Ouvrard

Musiques, op. 12 bis, cycle de 12 mélodies pour voix et piano de **Maurice Emmanuel**, sur des poèmes de Louis de Launay (*Crépuscules et nocturnes*), composé en 1918, dédié à M. et Mme L. de Launay ; les mélodies 1, 4, 7, 8 et 6 ont été crées à Paris, au 300e concert de la Société des Compositeurs de musique, le 26 mai 1922, par Mlle M. Thuillant (chant) et Yvonne Lefébure (piano), suivies par des créations dispersées sans trace d'une exécution intégrale. (Paris, Senart, 1928, puis Salabert ; durée : 35 min environ.)

L'auteur concevait ce cycle comme « groupé en enchaînement » comportant d'une pièce à l'autre des « rappels musicaux ». Certaines mélodies se présentent en deux versions (sop. et mezzo-sop. ou ténor), ces variantes étant encore destinées à favoriser l'exécution complète que des difficultés occasionnelles de tessiture pouvaient différer. « L'interprète choisira selon les convenances de sa voix », indique la préface. Véritable cycle à la manière fauréenne de la 2e période — elle-même héritée des cycles germaniques —, *Musiques* comporte des enchaînements étudiés, un lien littéraire, une symétrie autour d'une mélodie « axe » (*Berceuse*, no 8) un thème du type leitmotiv et des rappels de thèmes épisodiques, enfin un encadrement et un effet de récapitulation. Le sujet, exempt de toute anecdote, est à la fois rhétorique (analogie des bruits avec les sons musicaux, justifiant le titre) et dramatique (nostalgie, sentiments poignants et allusion à la mort au combat du fils de L. de Launay) : de l'ombre à la lumière (du n° 1, « O nuit, berceuse d'harmonie », au n° 12, « O doux baiser de la lumière ») selon le plus difficile des chemins. L'œuvre est contemporaine de la *1re Symphonie*, op. 18, en *la* (1919), qui développe le même dessein musical. L'unité du cycle se fait encore grâce à des éléments d'écriture constants : syllabisme, découpage en strophes continues reliées entre elles par des incipit communs, modalité.

1. *Prélude* (Adagio, *mi* ♭ maj., 2 min 30 s env.) est un hymne à la nuit. Des touches de pentatonisme lui confèrent une aura primitive, accentuée par le frémissement des triolets de croches. Le thème du cycle,

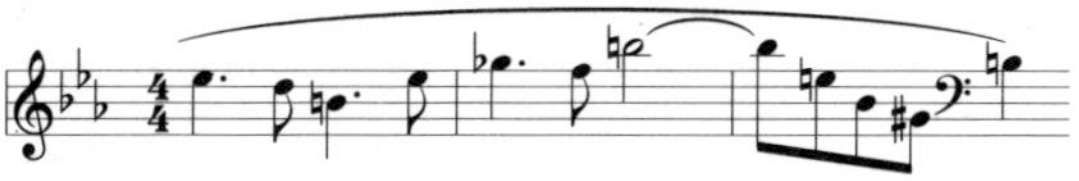

exposé au piano, évoque déjà l'espoir, la montée de la lumière. **2.** *Vibrations* (Adagio, *do* maj., 3 min 30 s env.) fixe l'harmonie de l'univers, jusqu'au silence. Le traitement impressionniste du poème (fusées, profondeur harmonique, pédales) présente le figuralisme du nébuleux, auquel la déclamation reste indifférente. **3.** *Le Vieux Coucou* (Allegretto, *si* modal, 2 min env.) abonde en allusions ravéliennes : écriture mécanique, tressautante (staccato vocal et instrumental) sur un lancinant « Tic tac ».

Après l'espace (*Vibrations*), M. Emmanuel aborde ici le temps et l'éternel désir : « oh ! l'arrêter ! ». **4.** *Sous les pins* (Moderato ma energico, *ut* min., 3 min env.) contient l'idée inexorable de la fuite vers la mort à travers les images de la forêt et de la mer (la barque perdue). Le thème nocturne de *Prélude* s'y réexpose et des éléments de gamme par tons provoquent le malaise. **5.** *Résonance* (Andante, mode de *la*, 3 min env.) est une mélodie mystérieuse (long « recto tono » initial de la voix) liant la résonance des corps sonores à l'agitation des barques, portées par la même vague. La déclamation épurée et les touches de pentatonisme accentuent le côté irréel du discours. **6.** *Invitation à la valse* (Tempo di walzer ma moderato, *si* ♭ maj., 2 min 45 s env.) produit — comme le n° 3 — une rupture dans la progression dramatique, mais seulement en apparence. Tout comme *Le Vieux Coucou*, la valse dépasse le tableau de genre pour amener l'idée du vertige et de l'anonymat des masques. **7.** *Villanelle du temps passé* (Allegretto scherzando, mode de *ré*, 3 min 30 s env.) figure elle aussi un jeu sur le temps. Cinq strophes et un refrain (« La chanson si douce est la romance/La romance du temps passé ») jouent sur la fluidité par des moyens rythmiques (superposition des ♪♪♪ du chant et des ♬♬ du piano) et expressifs (staccato) dans une atmosphère modale déroutante. **8.** *Berceuse* (Andante con moto espressivo, en *fa* modal, 4 min env.), point central du cycle, fait alterner la douceur (les Bien-Aimés) et la monstruosité de l'existence. Des thèmes essentiels y reviennent (image de la mer, idée d'éterniser l'heure) justifiant le dessein du compositeur : « C'est la Berceuse qui est comme le centre de tous mes sentiments dans cette longue galerie. » **9.** *Marche au bonheur* (Allegro, modes de *fa*, *la*, *sol*, 2 min env.) crée une diversion après le n° 8. Très accentué (*f* ou *ff*), voire guerrier, ce poème invite à la joie en attendant la mort. **10.** *Valse hongroise* (Andantino, mode de *fa*, 3 min 30 s env.) part de la danse pour s'emporter dans la folie. En raccourci, l'œuvre ramène à la fois l'atmosphère des nos 6 et 4, comme si, à partir de *Berceuse*, les sentiments se rétrogradaient jusqu'au terme de l'encadrement final. **11.** *Des mots ! Des mots !* (Allegro jocoso, *si* ♭ maj., 3 min env.), plus mécanique que philosophique, la folie des mots s'exprime à travers l'étrangeté des rythmes et des allusions modales, voire de la gamme par tons. **12.** *Postlude* (Moderato, *mi* ♭ maj., 4 min env.), ce chant d'espoir — « Le pas est ferme, on a la foi ! » — récapitule l'ensemble des éléments du cycle : tonalité, thématique, idées. Il ne prend donc son sens qu'après une audition intégrale. *Musiques* s'inscrit dans l'histoire de la mélodie comme le premier grand cycle néoclassique, abandonnant les recherches formelles d'un Fauré dernière manière ou les recherches instrumentales d'un Ravel. Emmanuel se tourne vers une inspiration traditionnelle, la nouveauté résidant dans la distance que prend volontairement le compositeur par rapport au texte (déclamation continue, absence d'événements vocaux et de figuralismes ponctuels) et dans l'usage en petites touches de couleurs modales variées (modes de *ré*, *fa*, *sol*, *la*, *si*), gammes par tons, modes défectifs.

Bibliographie — Voir celle de l'art. *In memoriam.*

M.-Cl. Beltrando-Patier

Muzio Scevola (Mucius Scaevola), « dramma per musica » en 3 actes, livret de Nicolò Minato et Silvio Stampiglia (?), musique de **Giovanni Bononcini**, créé à Vienne, au théâtre de la cour de l'empereur Joseph 1er, en juin 1710, à l'occasion de la fête de l'impératrice Wilhelmine-Amélie, dans des décors somptueux de Francesco Galli Bibiena. Très importants, les ballets avaient été réglés par Pietro Rigler, Allessandro Phillebois et Pietro Simone Levassori La Motta.

Tiré de l'histoire romaine, le sujet était apparu sous la plume de N. Minato en 1665. Mis en musique par Francesco Cavalli, il avait été porté à la scène à Venise, au Teatro San Salvatore, le 26 janv. 1665. L'ouvrage fut repris à Rome, au Teatro di Tor di Nona, le 5 févr. 1695. Le livret avait alors été remanié (coupures et transformations notables) par S. Stampiglia (?) et quelques arias supplémentaires composées par G. Bononcini. Il s'agit là du premier contact du musicien de Modène avec le sujet qu'il reprendra plusieurs fois au cours de sa carrière, notamment à Vienne en 1710 où il devient l'unique auteur de la musique.

Livret — Dans cette fiction sur fond historique (l'« Argomento » placé au début du livret explique que la fiction est destinée à parer le texte d'inventions vraisemblables), la jeune Romaine Valeria n'est pas donnée comme gage de paix entre Étrusques et Romains mais faite prisonnière pendant la bataille sanglante pour la conquête du Janicule. Porsenna, général étrusque, s'éprend d'elle au premier regard, comme frappé par la foudre ; la jeune fille, cependant, ne connaît rien de réciproque car ses sentiments patriotiques lui interdisent d'aimer un ennemi. N'est-elle d'ailleurs pas éprise du général romain Muzio Scevola ? Mais voilà qu'une autre jeune Romaine est faite prisonnière : c'est Elisa, la femme d'Orazio Coclite, accompagnée de sa petite fille. Accordée comme part de butin à un jeune capitaine de Porsenna, elle est tyrannisée et maltraitée par celui-ci car elle refuse de lui céder. Ainsi se résument les événements dramatiques sur lesquels s'appuie le drame au cours duquel Muzio Scevola et Orazio Coclite cherchent à se venger, poussés par l'amour de leur patrie, mais aussi et surtout par de puissants mobiles sentimentaux.

Conçu dans des intentions grandioses, l'ouvrage ne s'écarte pas d'une certaine uniformité du point de vue musical. La pompe extrême de la mise en scène était tout à fait en accord avec le goût pour l'emphase qui régnait à la cour de Vienne.

Une autre version de *Muzio Scevola*, peut-être la plus célèbre, vit le jour une dizaine d'années plus tard. Le livret qui avait servi à Vienne fut remanié par Paolo Antonio Rolli et la composition de la musique partagée entre **Filippo Amadei** (acte I), **Giovanni Bononcini** (acte II) et **Georg Friedrich Haendel** (acte III). Le nouvel ouvrage fut créé à Londres, au King's Theatre de Haymarket, le 15 avr. 1721, puis repris sous forme abrégée le 7 nov. 1722.

Ce fut l'occasion d'opposer Haendel à Bononcini ; ce dernier, soutenu par les Marlborough, devait remporter une incroyable victoire, grâce à un public prêt à jouir d'un plaisir immédiat plutôt qu'à apprécier l'intensité dramatique d'un style. Le parti « italien », favorable à Rolli et à Bononcini, souhaitait la répartition du travail entre les trois compositeurs (le violoncelliste Amadei était soutenu par la noblesse) et, sur un plan purement politique, encouragea la révision du livret. Les nobles conservateurs y sont identifiés aux défenseurs romains de la liberté républicaine, tandis que Georges Ier, à qui le livret est dédié, serait Porsenna. Le roi porte atteinte à la liberté de la noblesse mais, renonçant finalement par magnanimité à ses projets de conquête, donne sa fille en mariage au héros romain Orazio (cette péripétie fut ajoutée par Rolli). Cependant, le tyran de Rome, Tarquinio, est exclu de ce compromis politique. On doit voir en lui le redoutable adversaire de l'aristocratie londonienne, l'anticonservateur Robert Walpole, qui devint premier ministre peu de temps après. L'invitation déguisée des Tories au roi de ne pas soutenir le traître « Tarquinio » ne reçut donc pas l'accueil escompté.

Le résultat musical de *Muzio Scevola* ne correspondit pas davantage aux attentes : l'opinion contemporaine comprit la collaboration des trois musiciens non comme un acte de conciliation mais comme une compétition. Vainqueur éphémère, Bononcini est largement dépassé par le génie de Haendel.

Sources, éditions et rééditions modernes — **a)** Version de Rome (5 févr. 1695) : Rome, Bibl. Casanatense ; Rome, Accad. Nazionale dei Lincei e Corsiniana ; Rome, Bibl. Apostolica Vaticana ; Reggio Emilia, bibl. municipale. — **b)** Version de Vienne : Vienne, Österreichische Nationalbibl. Musiksammlung ; extraits éd. par A. Ford, *in* G. Bononcini. Arias from the Vienna Operas, Londres 1971. — **c)** Version de Londres : par Fr. W. Chrysander, *in* G. Fr. Händels Werke LXIV, facs. New Jersey, Gregg Press, 1965 ; *in* Hallische Händel-Ausgabe II/10, Kassel, BV.

Bibliographie — V. Schoelcher, The Life of Handel, Londres 1857 ; Fr. Chrysander, G. Fr. Händel II, Leipzig 1860, rééd. 1966 ; A. Liess, Wiener Barockmusik, Vienne 1946 ; F. Hadamowsky, Barock Theater am Wiener Kaiserhof, *in* Jb. der Gesellschaft für Wiener Theaterforschung, 1951-52 ; O. E. Deutsch, Handel. A Documentary Biography, Londres 1955 ; K. Hueber, Die Wiener Opern G. Bononcinis von 1697 bis 1710 (diss. Vienne, 1955) ; voir aussi la bibliogr. de l'art. *(Gli) amori di Polifemo*.

G. Ferrara

My Fair Lady (Ma belle lady), comédie musicale américaine en 2 actes, livret et textes des chansons d'Alan Jay Lerner d'après le *Pygmalion* de George Bernard Shaw, musique de **Frederick Loewe**, créée à New York, au Mark Hellinger Theater, le 15 mars 1956, avec R. Harrison, J. Andrews, S. Holloway, R. Coote (version cinématographique, 1964). L'ouvrage a été représenté dans plus de 20 pays, dont l'Union soviétique, le Japon et Israël. La version scénique a obtenu plus du tiers des 17 Prix Antoinette-Perry attribués chaque année, en particulier celui de la meilleure comédie musicale de la saison, qualité que lui a également reconnue le Cercle des critiques dramatiques new-yorkais. La version cinématographique a été récompensée par 8 oscars dont celui du meilleur film de l'année.

L'action se passe à Londres en 1912. Higgins, un gentleman, fait le pari d'élever au rang de lady une humble marchande de fleurs, Eliza. Bouleversé dans sa vie de célibataire endurci, il découvre l'amour, un sentiment qu'il avait jusqu'alors jugé superflu.

De son vivant, Shaw avait refusé toute adaptation musicale de son *Pygmalion*. Après sa mort, en 1950, le producteur de cinéma Gabriel Pascal racheta les droits et prit contact avec plusieurs compositeurs ou groupes d'auteurs parmi lesquels O. Hammerstein et R. Rodgers, C. Porter, G. Menotti, Lerner et Loewe. Tous déclinèrent d'abord la proposition. Lerner et Loewe se décidèrent cependant quatre ans plus tard à tenter l'adaptation. Lerner suivit de très près les dialogues de Shaw, mais modifia complètement le dénouement (Eliza et Higgins se marient). Le sujet autant que le style littéraire furent pour beaucoup dans la réussite de l'ouvrage : le langage d'Eliza Doolittle peut être adapté sans problème à toutes les langues du monde.

La musique de Loewe traduit parfaitement l'atmosphère de Londres avant 1914 tout en présentant les qualités qui font les succès. La chanson d'Eliza *« I could have danced all night »*, celle de Freddy *« On the street where you live »* et les deux chansons d'Alfred Doolittle *« With a little bit of luck »* et *« Get me to the church on time »* sont devenues très populaires.

Bien que le record de longévité de *My Fair Lady* (2 717 représentations consécutives à Broadway, 2 281 à Londres) ait été battu depuis par bien d'autres spectacles, cette comédie musicale continue à passer pour le plus grand succès international de tous les temps.

R. M. Simon et S. Simon

« My heart is inditing of a good matter » (Mon cœur bouillonne de belles paroles), anthem pour le couronnement de Jacques II, de **Henry Purcell** (Z 30), sur un texte réunissant le Psaume 45 (versets 1, 9, 13-15, 10, 16), le Psaume 147 (verset 12), Ésaïe 49 (verset 23), écrit pour soli et chœur (S S A A T B B B), cordes et basse continue. (Durée : 17 min environ.) Il fut chanté lors du service du couronnement, le 23 avr. 1685, au moment où la reine, ayant été ointe et couronnée, était conduite à son trône, à côté de celui du roi. Selon la relation de Francis Sandford, *History of the Coronation of James II* (publ. 1687), l'anthem fut exécuté par l'ensemble du « consort » des voix et des instruments, les voix étant formées par la réunion des chœurs de l'abbaye de Westminster et de la chapelle royale. A cette occasion, Purcell fit un plein usage de forces musicales exceptionnellement importantes et réalisa l'un de ses anthems les plus longs et les plus impressionnants. *« My heart is inditing »* est un mélange unique de « verse anthem », avec son emploi des voix solistes et des ritournelles instrumentales, et du vieux style polyphonique du « full anthem ». L'augmentation du nombre des voix permet à Purcell une plus grande variété d'écriture qu'à l'accoutumée ; des passages contrapuntiques à 8 voix, souvent enrichis par l'accompagnement de cordes, se mêlent à des passages homophoniques à effectif réduit, où Purcell fait un usage abondant de l'antiphonie, l'ensemble des sections vocales étant entremêlé de symphonies instrumentales.

La symphonie introductive commence par une section à deux temps, qui fait emploi des rythmes pointés traditionnellement associés à l'ouverture à la française, suivie par une section en fugato à trois temps. Purcell réutilisera cette symphonie comme introduction à son ode *Celestial Music* (1689). La section vocale, *« My heart is inditing »*, débute par une écriture massive à 8 voix entrant en imitation l'une après l'autre, et ce contrepoint compliqué est accompagné par les cordes qui doublent les parties vocales importantes. Les 7 dernières mesures sont traitées en écho dans une ritournelle instrumentale, après quoi la mesure passe à deux temps pour la suite du texte, « At his right hand shall stand the Queen » (A sa droite se tiendra la reine). Ce passage est traité en contrepoint à 8 parties avec accompagnement instrumental et la section entière est caractérisée par le motif enjoué, en rythme pointé, du mot « glorious ». Suit un passage contrastant à trois temps, pour 6 solistes accompagnés uniquement par l'orgue ; aux sopranos I et II et au ténor, les altos I et II et la basse I répondent une quarte plus bas, sur les mots « She shall be brought unto the King » (Elle sera amenée au roi), puis les 6 voix s'unissent pour chanter ce même texte en homophonie. Une septième voix soliste, la basse III, entre sur le texte « With joy and gladness » (Avec joie et allégresse) indiqué « quick » (vif), tandis que le mot « joy » appelle un motif en rythme pointé. Ce thème est développé en un chœur à 8 voix, entremêlé de ritournelles instrumentales. Comme conclusion de cette section, la symphonie introductive est répétée en entier. En contraste avec les versets de louange extatiques précédents, le verset *« Hearken, O daughters »* (Écoutez, ô filles) est de caractère réfléchi ; il est chanté tout d'abord par l'octuor des solistes, traité à nouveau en style antiphoné, puis par un sextuor de solistes. Dans le chœur final, on revient à l'atmosphère joyeuse avec le magnifique traitement homophonique à 8 voix des paroles *« Praise the Lord, o Jerusalem »* (Loue le Seigneur, ô Jerusalem). L'*« Alleluia »* final, qui sert de coda à l'anthem, est écrit en style polyphonique ; seules les 8 dernières mesures reviennent à l'homophonie pour les ultimes acclamations du mot « Alleluia ».

Rééditions modernes — Par H. E. Wooldridge et G. E. P. Arkwright, *in* The Works of H. Purcell XVII, Londres, Novello, 1907, 2/1964 (révisé).

Bibliographie — Fr. B. Zimmerman, H. Purcell (1659-1695). An Analytical Catalogue of his Music, Londres, Macmillan, 1963.

J. P. Wainwright

« My heart is inditing », anthem de **Georg Friedrich Haendel**, voir Coronation Anthems.

Myrthen (Myrtes), op. 25, cycle de 26 lieder pour chant et piano de **Robert Schumann**, composé à Leipzig entre févr. et avril 1840, dédié à sa fiancée bien-aimée. (Leipzig, Kistner, 1840 ; durée : 45 min environ.)

Second hommage à Clara, mais encore plus pressant que le → *Liederkreis* op. 24, ce nouveau cycle de 26 lieder, avec une dédicace, *Widmung*, et un envoi, *Zum Schluss* (Pour finir), dans la tonalité de *la* ♭, la « tonalité de Clara », porte le titre de ce bouquet odorant que tiennent les jeunes mariés. Certes, Schumann exprime ici tout son amour pour Clara, mais il y met, comme dans l'op. 24, ses joies, ses peines, son tourment romantique à l'approche de son Moi profond, des « communions avec Clara et l'amour », avec l'univers et la poésie (A. Colling). Schumann rassemble en un même bouquet ses poètes favoris : des Allemands (Goethe, Rücker, Heine) et des Anglais (Burns, Th. Moore, Byron). Cet éclectisme ne paraît pas anormal à M. Brion qui considère que ce choix correspond à la prodigieuse diversité des natures de Schumann, puisqu'il se sent « en accord avec eux tous, et qu'aucun d'eux ne lui paraît inapte à s'harmoniser avec son propre chant intérieur ».

En revanche, M. Beaufils se demande ce qui a pu pousser Schumann à insérer dans cet hymne d'amour un chant de départ, *Weit, weit* (Loin, loin), celui d'une « femme de capitaine » (*Hauptmann' Weib*), deux scènes vénitiennes (*Venetianische Lieder*), un chant hébreu de Byron, des tableaux écossais de Burns, un hymne oriental et des chants de Suleika de Goethe. « L'amour revient-il comme un fil secret, conduisant cette bizarre kaléidoscopie ? »

Ce recueil contient quelques-uns des plus grands chefs-d'œuvre de Schumann : *Widmung*, → *Der Nussbaum* (Le Noyer), *Die Lotosblume* (La Fleur de lotus), → *« Du bist wie eine Blume »* (Tu es comme une fleur), etc. Comme les autres cycles, op. 24 et 39, il est tout imprégné de la pensée de Clara, dans le choix des textes, des tonalités et d'une symbolique qui agit comme « une manière d'ensevelissement, dans l'œuvre composée, du nom de l'aimée » (M. Schneider). Le monogramme des lettres « musicables » de Clara (C.A.A. = *do-la-la*) apparaît nettement dans la tendre courbe vocale de *Die Lotosblume*, maintes fois utilisée par Schumann dans ses lieder de 1840.

Amante de la fleur de lotus, la lune la réveille de ses rayons. Le début de *Die Lotosblume* (poème de H. Heine) est « en inaltérables égouttements de noires, sous qui passe ce lent mouvement de violoncelles, comme un endormi se retourne » (M. Beaufils). Le tempo et l'intensité augmentent au moment où la fleur s'épanouit, s'embrase, scintille, embaume, sanglote et frissonne (« [...] sie duftet und weinet und zittert »), avec cette retombée admirable sur les mots, répétés une seconde fois : « vor Liebe und Liebesweh » (d'amour et de mal d'amour). L'absence de postlude rend encore plus aigu le désir ardent qui émane de ce lied.

Sur un va-et-vient arpégé de croches du piano (avec ♪ ♪ donnant une impulsion juvénile), le début de *Widmung* (poème de Fr. Rückert) éclate comme un cri de joie : « Du meine Seele, du mein Herz » (Toi mon âme, toi mon cœur). Belle modulation centrale, de *la* ♭ à *mi* maj., avec changement de rythme (triolets de noires) et de registre vocal, plus grave, sur les mots : « Du bist die Ruh » (Tu es le repos). La fin, marquée « steigend und eilend » (en montant et en pressant), devient de plus en plus ardente jusqu'aux mots « mein guter Geist, mein bess'res Ich ! » (Mon bon génie, le meilleur de moi-même !). Le postlude est l'expression même du ravissement : « Le verbe poétique démissionne ; au piano de se faire chant de l'inexprimable » (M. Beaufils).

A l'autre extrémité du cycle, *Zum Schluss* (poème de Rückert) est une simple et émouvante prière, explicite, sans épanchement superflu : j'ai tressé pour toi une couronne imparfaite (« hab ich dir den unvollkommen Kranz geflochten »), mais lorsque le couple sera accueilli au ciel, il tressera une couronne parfaite... Le rythme uniforme des accords du piano (♩. ♪♩♩) est interrompu par de larges accords en blanches pour évoquer solennellement la contemplation de la lumière de Dieu. Comme *Widmung*, les *Lieder der Braut* (Lieder de la fiancée, n°s 11 et 12) sont empruntés pour la première fois par Schumann au recueil *Liebesfrühling* de Rückert (→ *Zwölf Gedichte aus Fr. Rückerts Liebesfrühling*, op. 37). Ces deux pièces ont ému profondément le musicien ; Sams voit en elles une étude pour *Frauenliebe und -leben*.

L'Orient fait son entrée dans la musique vocale de Schumann. Le compositeur fait appel à son cher Rückert, *Aus den « Östlichen Rosen »* (Extrait des « Roses d'Orient », n° 25), et surtout à Goethe, auteur de l'un des plus célèbres recueils de poèmes paraphrasant principalement le poète persan Chams al-Dīn Muhammad, dit Hāfiz (« à la grande mémoire ») : *West-östlicher Divan* (Divan occidental-oriental). *Freisinn* (Largeur de vue, n° 2), *Talismane* (n° 8) sont issus du *Buch des Sängers* (Livre du Chanteur) ; les deux lieder couplés nos 5-6 du *Schenkenbuch* (Livre de l'Échanson). C'est à l'aimée de Goethe, Marianne von Willemer, que doit être attribué le *Lied der Suleika* (n° 9) si caressant et enveloppant. *Talismane*, dans la claire tonalité de *do* maj., glorifie le Dieu de l'Occident et celui de l'Orient : « Nord- und südliches Gelände ruht im Frieden seiner Hände » (Les terres du Nord et du Midi reposent dans la paix de ses mains). A cette attirance pour l'Orient, si attachante pour une âme romantique, se rattache le lied alangui et rempli de soupirs *Aus den hebräischen Gesängen* (Extrait des Chants hébraïques, n° 15) de Byron, dans la traduction allemande de Körner.

Rééditions modernes — Par CL. SCHUMANN, J BRAHMS et autres, *in* R. Schumann. Werke, Leipzig, Br. & H., 1881-93, vol. XIII/1, rééd. en facs. Farnborough, Gregg Intern. Publ., 1968.

Bibliographie — M. SCHNEIDER, La tombée du jour. Schumann, Paris, Éd. du Seuil, 1989 ; A. DESMOND, Les Lieder de Schumann, Arles, Actes-Sud, 1990 ; voir aussi la bibliogr. de l'art. *Zwölf Gedichte aus Fr. Rückerts Liebesfrühling.*

CHR. GOUBAULT

MYSTÈRE DE LA NATIVITÉ, oratorio scénique de **Frank Martin** sur des extraits du *Mystère de la Passion* (prologue et première journée) d'Arnoul Gréban (v. 1450), composé de 1957 à 1959, dédié à René Dovaz et créé en concert à Genève, le 23 déc. 1959, sous la direction d'Ernest Ansermet, puis, dans sa version scénique, à Salzbourg, le 15 août 1960, sous la direction de Heinz Wallberg. Il fait intervenir 9 solistes (sop., alto, 3 ténors, 2 bar., 2 basses), un petit et un grand chœur mixtes, un petit chœur d'hommes et un grand orchestre. (Zurich, UE, 1960 ; durée : 1 h 45 min environ.)

L'œuvre, dans sa conception, son esprit, et quelque peu son langage, présente plusieurs traits directement suggérés par le texte médiéval dont elle s'inspire, notamment le déroulement de l'action sur trois plans — paradis, terre, enfers — concrétisés par trois niveaux superposés du décor scénique. A ces niveaux correspondent trois chœurs : les petit et grand chœurs mixtes personnifient respectivement les anges et l'humanité (ce dernier, à l'instar du chœur des tragédies grecques, commente lyriquement l'action), tandis que le petit chœur d'hommes représente les diables infernaux. Le plan d'ensemble comporte 12 tableaux dont les deux premiers sont des prologues et qui unissent parfois deux épisodes distincts.

1. Le grand chœur rappelle que c'est pour racheter l'humanité que le Fils de Dieu est descendu sur terre ; au paradis, l'ange Gabriel et le chœur angélique célèbrent la gloire du Créateur. **2.** Le baryton s'adresse au public et sollicite son attention. **3.** Aux enfers, les diables se réjouissent à l'arrivée des premiers humains ; dans les limbes, Adam et Ève se lamentent de ne pas avoir encore vu paraître le Messie Sauveur. **4.** Au paradis, Dieu le Père envoie l'ange Gabriel informer Marie qu'elle sera la mère du Christ ; les deux chœurs exaltent l'humilité de la Vierge et la grâce qui lui est faite. **5.** Brève conversation entre Joseph et Marie, alors fiancés ; l'ange Gabriel apparaît à Marie en prière (Annonciation), puis la Vierge se rend auprès d'Élisabeth, qui prophétise que l'enfant de Marie sera le Christ Sauveur (Visitation). **6.** Aux enfers, Lucifer s'inquiète de la mission rédemptrice du Christ, qu'il pressent, et délègue Satan pour tenter de corrompre celui-ci. **7.** Au paradis, Dieu le Père ordonne à l'ange Gabriel de faire connaître aux bergers la naissance imminente de Jésus. **8.** Arrivée de Joseph et Marie à Bethléem, intervention des anges au moment de la Nativité et adoration des parents. **9.** Les bergers voient au ciel les anges chantant le *Gloria* et vont à Bethléem adorer l'Enfant Jésus. **10.** Siméon le prophète salue l'enfant prédestiné dont il attendait la venue. **11.** Cortège des Rois mages. **12.** Joseph et Marie présentent l'enfant au temple de Jérusalem ; Siméon et Anne prédisent ses souffrances futures et sa glorification ; le chœur des humains ainsi que Joseph et Marie se joignent à eux pour acclamer le Sauveur, et le chœur angélique leur répond dans le ciel.

La facture musicale se caractérise avant tout par sa relative sobriété et par la maîtrise avec laquelle sont diversifiés le style vocal et les rapports entre voix et instruments. Le chant des solistes prend la forme d'une déclamation volontiers empreinte d'un certain hiératisme ; parfois proche de la parole, elle revêt ordinairement un aspect plus mélodique pour se muer en arioso ou en air. De même, le rôle de l'orchestre, occasionnellement réduit à quelques tenues ou notes éparses, peut aussi se faire plus dense et expressif en répétant un motif obstiné, en développant un dessin thématique ou en déployant un fond sonore en accords. Ainsi, dans le 5e tableau, l'annonce de l'ange Gabriel devient un air véritable sans pour autant s'éloigner sensiblement du débit parlé **A**. L'écriture des chœurs, d'autre part, n'atteint jamais à une grande complexité bien qu'elle adopte assez souvent une allure contrapuntique avec imitations fuguées. Si les diables ont en propre un parlé-chanté d'intention burlesque (les hauteurs sont indiquées approximativement sur la portée), le chœur angélique chante quant à lui en un style quasi modal marqué par des inflexions grégoriennes, ainsi dans le 7e tableau :

On relèvera enfin la variété des « climats » spécifiques à chaque tableau : notamment la fraîcheur et la tendresse du 8e, la saveur populaire du 9e (évocation des noëls provençaux), le pittoresque du 11e (orientalisme des Rois mages), sans oublier le ton plus comique qu'effrayant des scènes infernales.

Bibliographie — FR. MARTIN, A propos de..., commentaires de Fr. M. sur ses œuvres, Neuchâtel, La Baconnière, 1984.

J. VIRET

MYSTÈRE D'ELCHE, pièce dramatique en limousin sur l'Assomption de la Vierge, représentée les 14 et 15 août de chaque année à Elche (Elx, Alicante, Espagne). Le manuscrit original n'existe plus, mais on en connaît trois copies ou « consuetas ». La première fut faite en 1625 pour être soumise à l'Inquisition et ne comporte que le texte. La deuxième, datée de 1639, comporte musique et texte. La dernière, la seule à n'avoir pas été égarée, est la copie d'une copie de 1709 (Elche, Archives de la Ville, Ms. U-24), dont il existe un double fait en 1722.

La première référence au *Mystère* concerne le paiement d'une chaise pour la représentation du 26 sept. 1530. On ignore si cette pièce coïncidait avec celle des consuetas postérieures bien que la plupart des auteurs soient d'accord pour situer les origines du drame de l'Assomption d'Elche au Moyen Age. En effet, parmi les 26 morceaux qui figurent dans la consueta de 1709, il y en a 6 — 4 si l'on ne compte pas les répétitions — qui relèvent du répertoire médiéval. Il s'agit de *« Gran desig m'ha vengut »* (nº 2), dont la mélodie des mesures initiales coïncide avec celle de l'hymne *« Vexilla regis »*, *« Ai trista vida corporal »* (nº 1)/*« Los meus cars fills »* (nº 9) et *« O bé.s fort desaventura »* (nº 24), qui appartiennent à l'hymnodie médiévale par leurs tours mélodiques, leur structure et leur notation ; enfin *« Saluts, honor »* (nº 4)/*« Oh Déu, valeu ! »* (nº 8) qui dérivent de la séquence *« Victimae paschali laudes »*, formant ainsi un lien important entre le drame liturgique médiéval et l'Assomption d'Elche. Celle-ci répète d'ailleurs plusieurs fois le Psaume 114 (113) *« In exitu Israel de Aegypto »*, partiellement chanté en faux-bourdon, suivant une vieille habitude.

Parmi les autres morceaux, 16 sont polyphoniques, dont deux identiques (nos 11 et 23), et 4 monodiques, dont deux également identiques (nos 14 et 15). La consueta de 1639 porte les noms des compositeurs de 7 de ces fragments. Le mieux représenté est **Ribera**, auteur de *« Flor de virginal bellesa »* (nº 16), *« Aquesta gran novetat »* (nº 17), *« Oh Déu Adonai »* (nº 18), *« Nosaltres tots creem »* (nº 20) et *« Cantem, senyors ! »* (nº 21), adaptation du villancico *« Quedaos, adiós »* de Pedro de Escobar, transmis par le → *Cancionero Musical de Palacio* (nº 158). **Juan Ginés Pérez**, chanoine d'Orihuela dès 1595, est l'auteur de *« A vosaltres venim pregar »* (nº 13) ; par le style, on peut lui attribuer aussi *« Esposa e mare de Déu »* (nº 11)/*« Llevantaus, Reina excel.lent »* (nº 23), *« Salve regina princesa »* (nº 7), *« Vós siau ben arribada »* (nº 25), et le *Gloria* final (nº 26). L'autre compositeur est **Lluis Vich**, maître de chapelle de Sainte-Marie d'Elche depuis 1562 ; on lui doit le villancico *« Ans d'entrar en sepultura »* (nº 22). *« Par.nos, germans »* (nº 12) et *« Pròmens jueus »* (nº 19) ont été écrits par un compositeur de la fin du XVe s. en raison de leur style imitatif très simple. *« Oh poder de l'alt imperi »* (nº 6) débute par une imitation à 3 voix mais cette pièce est postérieure aux deux précédentes. Des 5 fragments restants, trois au moins ont été écrits par le même compositeur, *« Déu vos salve »* (nº 3), *« Preneu vós, Joan »* (nº 14)/*« De grat pendré »* (nº 15), dont le discours mélodique et les cadences rappellent le nº 16 ; il pourrait s'agir de l'auteur de *« Ai trista vida corporal ! »* (nº 5).

Le texte et la musique du drame d'Elche s'étendent sur deux journées, le 14 août, veille de l'Assomption de la Vierge, et le jour suivant. Chaque partie comporte 15 compositions, sans compter le Psaume qui se répète trois fois dans la seconde partie. Le chant monodique domine dans la première et le chant polyphonique dans la seconde. Du point de vue structurel, la deuxième journée se subdivise en trois sections différentes, chacune étant constituée par 5 morceaux qui finissent toujours par le Psaume, répété encore une fois après le

A **MYSTÈRE DE LA NATIVITÉ**

premier fragment de la 3e section. Jean Baptiste Comes, maître de chapelle de la cathédrale de Valence entre 1613 et 1638, ajouta après lui *« Veniu, Mare excellent »*, qui ne figure que dans la consueta de 1625 ; cela semble révéler que vers 1630 le drame d'Elche avait déjà été fixé par une tradition qui repoussait de nouveaux agrandissements. Bien que son évolution ne soit pas tout à fait claire, ses origines ne doivent pas être antérieures à la 2de moitié du XVe siècle. Le noyau du drame primitif aurait pu être importé de Catalogne après la conquête d'Elche par Jacques Ier d'Aragon, mais le *Mystère* est probablement issu du même courant théâtral que les célèbres « autos » et « églogas » espagnols. Au cours des temps, quelques morceaux auraient été ajoutés, d'autres modifiés ou remplacés, jusqu'à ce que le drame acquière sa forme définitive vers la fin du XVIe siècle. La consueta de 1709 présente encore la disposition de la musique de ce temps-là et sa notation caractéristique. Aux XVIIIe et XIXe s., le drame d'Elche subit de nouvelles modifications, qui altérèrent les mélodies originales par des ornements d'un goût douteux. C'est pourtant ainsi qu'on continue à le chanter aujourd'hui. L'œuvre est a cappella, bien que les consuetas signalent parfois l'intervention de l'orgue ou des ménestrels, mais les partitions en sont perdues.

Éditions principales — J. FUENTES, Memoria histórico-descriptiva del Santuario de Nuestra Señora de la Asunción en la ciudat de Elche, Lleida 1887 (consueta de 1639 ; texte seul) ; R. CHABAS, El drama sacro de la Virgen de Elche, *in* El Archivo IV, 1890, rééd. in J. Massot, Teatre medieval i del Renaixement, Barcelone, Edicions 62, 1983 (consueta de 1639 ; texte seul) ; A. HERRERA, Excursión a Elche. Auto lírico-religioso en dos actos..., *in* Boletin Soc. Española de Excursiones, 1896 (consueta de 1709) ; F. PEDRELL, La Festa d'Elche ou le drame lyrique liturgique espagnol..., *in* SIMG II, 1901 (consueta de 1709) ; P. IBARRA, El tránsito y la Asunción de la Virgen, Elx 1933, rééd. *in* J. F. Massip, História de la literatura catalana. Romancer i Misteri d'Elx, Barcelone, Edicions 62, 1985 (consueta de 1625 ; texte seul) ; J. POMARES, La « Festa » o Misterio de Elche, Barcelone 1957 (consueta de 1709) ; J. M. VIVES, La « Festa » y el Consueta de 1709, Elx, Ediciones del Ayuntamiento, 1980 ; M. C. GÓMEZ et J. F. MASSIP, Món i Misteri de la Festa d'Elx. Consueta de 1709, Valence, Generalitat Valenciana, 1986.

Bibliographie — H. COLLET, Le mysticisme musical espagnol au XVIe s., Paris 1913, 2/Paris, PUF, 1978, pp. 143-146 ; J. TREND, The Mystery of Elche, *in* ML I/2, 1920 ; S. RUBIO, La música del « Misterio » de Elche, *in* Tesoro Sacro Musical IV, 1965 ; du même, Mas esclarecimientos en torno a la musica del « Misterio » de Elche, *ibid.* V, 1968 ; I. FERNÁNDEZ, Los cantos monódicos en el « Misterio de Elche », in Revista de Musicología IV, 1981 ; J. F. MASSIP, Teatre religiós medieval als països catalans, Barcelone, Edicions 62, 1984, pp. 148-175 ; Auteurs divers, Món i Misteri de la Festa d'Elx, Valence, Generalitat Valenciana, 1986 ; Auteurs divers, Elche. Fista y Misterio, *in* El Público XXV, 1987 ; M. C. GÓMEZ, De nuevo sobre « El Misterio de Elche », *in* Revista de Musicología X, 1987 ; de la même, Tradition and Modernity in the Mystery Play of Elche, *in* Atti del XIV congresso della SIM Bologna 1987, vol. III, Turin, EDT, 1990.

M. C. GÓMEZ

N

Nabucodonosor ou **Nabucco** (titre employé à partir de la 1re représentation au Teatro S. Giacomo de Corfou, en 1844), « dramma lirico » en 4 parties, livret de Temistocle Solera, musique de **Giuseppe Verdi**, composé à Milan en 1841, créé à Milan, au Teatro alla Scala, le 9 mars 1842, avec Mmes G. Strepponi (Abigaille), G. Bellinzaghi (Fenena), MM. G. Ronconi (Nabucodonosor), C. Miraglia (Ismaele), Pr. Dérivis (Zaccaria), sous la dir. d'Eugenio Cavallini.

Nabucco fut, pour Verdi, la revanche de l'insuccès dont il avait souffert avec → *Un giorno di regno* et représenta le véritable début de sa carrière artistique. La collaboration avec T. Solera fut totalement fortuite puisque le livret avait été conçu par le poète émilien pour Otto Nicolaï ; refusé par ce dernier qui le considérait comme irréalisable, il passa au fameux imprésario Bartolomeo Merelli qui le confia à Verdi aux alentours du mois de janvier 1841. En octobre de la même année, le drame était presque achevé. L'ouverture ne fut composée qu'en février-mars de l'année suivante, à partir d'idées empruntées au reste de l'opéra dont les répétitions avaient déjà commencé. La création suscita l'approbation de la critique et connut un triomphe auprès du public. On apprécia G. Ronconi ainsi que Pr. Dérivis, quelque approximatives qu'aient pu être leurs intonations ; la Strepponi, en revanche, ne fut guère brillante ; les rôles mineurs furent appréciés ainsi que les chœurs et les décors de Baldassare Cavalotti (bien qu'ils aient déjà été utilisés). Après les 9 représentations de 1842, les 57 de la saison suivante constituent un sommet historique pour le théâtre milanais. Dès la 3e représentation, la scène de la mort d'Abigaille, peut-être la première à avoir été composée, fut supprimée pour ne plus jamais être reprise au XIXe siècle. *« Immenso Jeovha »* (Immense Jéhovah) terminait donc l'opéra. Cette page, exécutée par le chœur a cappella et tous les personnages à l'exception de l'héroïne esclave, formait une conclusion parfaitement adaptée à la structure chorale de l'œuvre. C'est peut-être à la suite de la soirée de création que le canon *« S'appressan gl'istanti... »* (L'heure de la colère fatale approche, finale de la 2e partie) fut considérablement mutilé à cause de ses difficultés d'exécution. Pour la reprise à la Scala, à l'automne 1842, Verdi écrivit une autre version de la scène et de l'aria d'Abigaille (2e partie), spécialement conçue en fonction des possibilités vocales de Teresa De Giuli Borsi. La nouvelle version (« puntata ») de la prière de Fenena (4e partie), écrite pour Amalia Zecchini, constitua un remaniement plus important. La tessiture est plus haute que celle de l'original pour mezzo-sop. et apparaît comme une ornementation de la première mélodie. Cette même page fut révisée une nouvelle fois pour la Fenice, en déc. 1842, à l'intention d'Almerinda Granchi : la structure, la tessiture et l'accompagnement orchestral sont différents. Pour Bruxelles, Verdi écrivit en 1848 un ballet (3e partie) dont on n'a cependant pas conservé la musique ; cette version française de l'ouvrage inclut de nombreuses modifications.

Livret — 1re Partie. *Gerusalemme* (Jérusalem). Dans le temple de Salomon, les Hébreux, les Lévites et les Vierges pleurent la défaite que leur a infligée Nabucco, roi de Babylone. Zaccaria (basse), le grand prêtre, exhorte le peuple affligé car il détient en otage Fenena (sop.), fille du tyran ennemi. Elle est confiée à Ismaele (ténor), neveu de Sédécias, dernier roi d'Israël, qui la reconnaît pour celle qui, autrefois, l'a fait libérer des prisons babyloniennes. Par amour pour elle, il voudrait la sauver à son tour. Entre, en vêtements juifs, Abigaille (sop. dramatique), une esclave considérée comme la fille aînée du souverain babylonien. Repoussée par Ismaele qu'elle aime, elle se joint aux guerriers qui font irruption dans le temple, conduits par leur propre roi Nabucco (bar.). Zaccaria se saisit de Fenena en la menaçant de mort, mais Ismaele délivre la jeune fille qui se réfugie dans les bras de son père. La fureur de Nabucco est à son comble tandis que les Hébreux maudissent le traître Ismaele.

2e Partie. *L'empio* (L'Impie). Dans le palais royal de Babylone, Abigaille découvre un document qui atteste son origine esclave : sa colère se déchaîne alors sur son père adoptif, sur son peuple et sur Fenena, à qui Nabucco a confié le royaume en son absence. Pour se venger, Abigaille annonce la mort du roi et se proclame reine. Pendant ce temps, dans le même palais, Zaccaria, après avoir prié Dieu, se rend auprès de Fenena qui se convertit à la vraie foi. La joie de cette nouvelle est annulée par l'arrivée d'Abigaille qui revendique la couronne. A la stupeur générale, Nabucco rentre à Babylone et se proclame roi et dieu. La colère divine le punit : la foudre lui enlève son sceptre royal.

3e Partie. *La profezia* (La Prophétie). Abigaille tient prête la sentence de mort qu'elle a prononcée à l'encontre des Hébreux ; avec ruse, elle réussit à tromper Nabucco et à la lui faire signer. S'étant aperçu qu'il venait d'ordonner la mort de sa propre fille, le roi implore la pitié d'Abigaille. Sur les rives de l'Euphrate, les Hébreux déplorent leur misérable sort et pensent à la patrie lointaine, lorsque Zaccaria, qui s'est joint à eux, leur redonne courage en prophétisant la fin de Babylone.

4e Partie. *L'idolo infranto* (L'Idole brisée). Prisonnier dans son propre palais, Nabucco voit Fenena parmi les Hébreux conduits à la mort. Invoquant le Dieu d'Israël, il retrouve son assurance d'autrefois et son pouvoir. Tandis que ses cris interrompent l'immolation de sa fille en prière, l'idole de Baal vole en morceaux. Tous unissent alors leurs voix dans un hymne à Jéhovah. Vaincue, Abigaille s'empoisonne. Elle demande à Fenena son pardon et enjoint Nabucco de bénir les amants, puis meurt en implorant Dieu.

Le modèle du livret est un ballet historique en 5 parties qu'Antonio Cortesi avait tiré du drame français *Nabuchodonosor* d'Anicet Bourgeois et Francis Cornue. T. Solera le divisa en 4 parties, au lieu d'actes, avec des sous-titres empruntés au livre de Jérémie. C'est le langage, les images et le ton biblique, la grandeur des personnages et de l'action qui sollicitèrent surtout la créativité de Verdi. Par rapport à la pièce française, l'opéra déplace certains éléments du premier au second plan (l'amour entre Ismaele et Fenena, p. ex.) ou leur donne au contraire un rôle plus fondamental (le peuple et Zaccaria). Le livret s'attache à l'essentiel — comme, du reste, la musique —, grâce à des vers forts et des scènes resserrées, une action cohérente et des situations réalistes.

Du point de vue musical, → *Moïse* de G. Rossini fut le principal modèle de *Nabucodonosor*, tant dans sa structure (chœur introductif, 1re partie) que dans la distribution des voix et des personnages. Certaines figures, comme Ismaele, quoique bien définies dans le livret, perdent de leur importance sous leur vêtement musical ; d'autres, comme Abigaille, Nabucco et Zaccaria, sont fortement caractérisées puisque leur vie privée a des résonances dans le domaine public. Des mélodies rudement sculptées, des accompagnements très rythmiques personnifient Nabucco roi (Tremblez, fous, tous victimes de ma fureur, finale de la 1re partie) ;

des timbres plus doux, avec des accompagnements berceurs et une mélodie plus ample dessinent Nabucco père (Qui ? Oh ! ma fille ! Même toi, finale de la 2e partie ;

Ah ! pardonne à un père qui délire, 3e partie, duo).

Le chant d'Abigaille alterne aussi des moments lyriques, comme *« Io t'amava »* (Moi, je t'aimais, 1re partie, petit trio) ou l'aria quelque peu bellinienne, *« Anch'io dischiuso un giorno... »* (Moi aussi, j'ai ouvert autrefois mon cœur à la joie, 2e partie), avec des passages d'une grande impétuosité rythmique et mélodique. Largement étalée, la mélodie procède alors par sauts, avec des réminiscences de bel canto qui campent le personnage en héroïne guerrière (Anéantis-moi aussi, fatal courroux ! 2e partie, récitatif) :

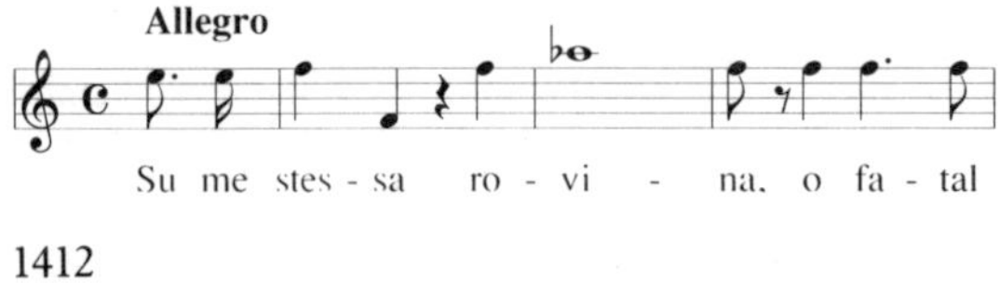

Au début de l'Andante (3e partie), le duo d'Abigaille et Nabucco se transforme en double soliloque dans des tons différents (*fa* min. et *ré* ♭ maj.), pour évoquer le conflit qui oppose les deux protagonistes.

A leur dynamisme répond la fermeté de Zaccaria, véritable inspirateur de son propre peuple. Que l'on compare à cet effet sa cabalette de la 1re partie (Comme la nuit devant l'éclat du soleil, comme la poussière livrée au vent)

avec le célèbre chœur des Hébreux de la 3e partie (Va, pensée, sur tes ailes dorées ; va, pose-toi sur les versants, sur les collines).

Déjà bien caractérisé dans la cavatine *« D'Egitto là sui lidi »* (Là-bas, sur les rives d'Égypte, 1re partie) grâce à une mélodie bâtie sur un accord parfait immédiatement reprise par le chœur, le personnage du grand prêtre hébreu est beaucoup plus approfondi — prière (*« Tu sul labbro dei veggenti »*, Par la bouche de tes prophètes, 2e partie), dont le timbre et la saveur sont ceux de la musique de chambre (passage réalisé avec 6 vlc. solos), et dans la prophétie (*« O chi piange ? »*, Ah ! qui pleure ?, 3e partie) qui prit la place d'un duo d'amour (Ismaele/Fenena) prévu par Solera.

C'est cependant au chœur des Hébreux que revient le premier rôle : les moyens musicaux employés donnent corps à des situations et des sentiments différents. Dans le chœur initial, *« Gli arredi festivi... »* (Que tombent brisés les ornements de fête), les contrastes de tonalités et l'emploi total ou partiel des voix (tutti en *mi* min., voix d'hommes en *sol* maj. ; voix de femmes en *mi* maj.), associés aux changements de timbres de l'orchestre (les Lévites avec les cuivres et les bassons, les Vierges avec les harpes et les bois), évoquent les larmes du peuple. Dans le finale de la 1re partie, le contrepoint et le style fugué décrivent les entrées toujours plus mouvementées des Hébreux qui rejoignent le temple après l'arrivée de

Nabucco et des Babyloniens. Les timbres chauds et assourdis, de même que la ligne vocale presque toujours à l'unisson et à l'octave, manifestent la profonde unité des esclaves juifs dans la déploration nostalgique de leur patrie perdue (*« Va pensiero »*, 3ᵉ partie). Cette page, la plus fameuse, recueillit la chaude approbation de Rossini qui la définissait comme « une grande aria chantée par des soprani, des contralti, des ténors et des basses » : dans ce cas précis, la correspondance structurelle entre texte et musique est parfaite. C'est en outre au chœur, à une exception près, qu'appartiennent les motifs de la Sinfonia introductive. Le caractère rude et belliqueux de l'empire assyrien est rendu par les timbres orchestraux, principalement grâce à l'usage de la « banda ».

La splendeur orchestrale, le pouvoir de séduction des mélodies, la force dramatique de l'intrigue et des personnages, les effets spectaculaires de la mise en scène expliquent le succès populaire que *Nabucco* connaît encore de nos jours.

Sources, éditions et rééditions — Part. d'orch. autographe, Milan, Archivio Ricordi ; Romanza Fenena, Venise, Archivio La Fenice, carnaval 1842-43. — Part. d'orch., Milan, Ricordi, [v. 1896] (Sinfonia seule) ; Ricordi, [v. 1949] (l'opéra sans la Sinfonia) ; par R. L. Parker, The works of/Le opere di G. Verdi I/3, Chicago, Londres, The Univ. of Chicago Press et Milan, Ricordi, 1987 — Réd. cht et p., Milan, Ricordi, 1842 ; Paris, Schonenberger, 1842, 2/1843, rééd. Paris, Lemoine, 1880 ; Londres, Boosey and Co, 1842 ; Londres, Ricordi, 1882 ; Milan, Ricordi, 1963, rééd. 1968, 1971, 1983.

Bibliographie — P. Petrobelli, Nabucco, *in* Conferenze dell'Associazione Amici della Scala, Milan 1966-67 ; A. Cavicchi, Verdi e Solera, considerazioni sulla collaborazione per Nabucco, *in* Atti del 1° congresso intern. di studi verdiani, Venise 1966, Parme, Istituto di studi verdiani, 1969 ; J. Budden, The Operas of Verdi I, From Oberto to Rigoletto, Londres, Cassel, 1973, trad. ital. Turin, EDT/Musica, 1985 ; D. Lawton, Analytical Observations on the Nabucco Revisions, *in* Atti del 3° congresso intern. di studi verdiani Milan 1972, Parme, Istituto di studi verdiani, 1974 ; L. Baldacci, Verdi e Solera, *in* 40° Maggio mus. fiorentino, Florence 1977 ; S. Falcinelli, La musique de Nabucco, Paris, programme du Théâtre national de l'Opéra, juin 1979 ; R. L. Parker, The Exodus of Nabucco (1842-44), *in* Studies in Early Verdi (1832-44) : New Transformation and Perspectives on the Milanese Musical Milieu and the Operas from Oberto to Ernani (diss. Londres, King's College, 1981) ; Verdi Giuseppe. Nabucco, Turin, Teatro Regio, 1982-83 ; Verdi. Nabucco, *in* L'Avant-Scène Opéra, n° 86, avr. 1986 ; R. L. Parker, Alla ricerca del vero Nabucco, *in* Musica et Dossier n° 2 (Verdi), déc. 1986 ; G. Verdi. La prima del Nabucco, *in* Gazzetta del Museo Teatrale alla Scala II/5, 1986-87 ; G. Verdi. Nabucco, Milan, Teatro alla Scala, 1986-87 ; R. L. Parker, The critical edition of Nabucco, *in* The Opera Quarterly V/2, 1987.

R. Folloni

« Nach dir, Herr, verlanget mich » (Après toi, Seigneur, j'aspire), cantate dont l'attribution à **Johann Sebastian Bach** (BWV 150 ; NBA I/41) a soulevé des doutes et dont la destination ainsi que la date de composition sont inconnues. Si Bach en est l'auteur, ce ne peut être qu'une œuvre de jeunesse (1708? 1709?). Elle est écrite pour sop., alto, ténor et basse soli, chœur, basson, 2 parties de vl. et basse continue. (Durée : 14 min 55 s environ.)

Son texte est fait d'un assemblage de versets extraits du Psaume 25 et de libres compositions poétiques d'auteur inconnu. Même dans la détresse, le croyant reste confiant. Si ses pensées et ses actes sont en accord avec Dieu, il n'a pas à se soucier de l'adversaire. Dieu le retirera de l'épreuve. Christ l'aidera chaque jour à vaincre.

L'œuvre ne comporte ni récitatif ni choral et commence par **1.** une brève sinfonia instrumentale de caractère plaintif, en *si* min. qui, bien qu'indépendante, présente un motif chromatique descendant qui va être repris comme thème dans la 1ʳᵉ section du chœur qui suit, **2.** *« Nach dir, Herr »* (Ps. 25, 1-2), auquel participent tous les instruments ; celui-ci est fait de fragments variés quant à la durée, l'écriture et le tempo, enchaînés à la manière de l'ancien motet, et il se termine par un Allegro en style fugué sur le motif chromatique descendant du début, associé aux paroles « dass sich meine Feinde nicht freuen über mich » (que mes ennemis ne se réjouissent pas à mon sujet), le chromatisme appartenant chez Bach au monde hostile, aux forces négatives. Viennent ensuite **3.** un air diatonique relativement bref pour sop., vl. à l'unisson et b.c., *« Doch bin und bleibe ich vergnügt »* (Cependant je suis et demeure joyeux), de forme encore libre avec toutefois une reprise du thème initial à la fin de la pièce, en *si* min., où les mots « toben » (se démènent), « Kreuz, Sturm » (croix, tempête), « Tod, Höll » (mort, enfer) reçoivent un discret traitement figuraliste ; **4.** un chœur avec tous les instruments, *« Leite mich in deiner Wahrheit... »* (Conduis-moi dans ta vérité et instruis-moi), Ps. 25, 5, en *si* min., fait de courts fragments contrastants, d'écriture essentiellement homophone, où l'idée de conduite s'exprime au début par une gamme ascendante passant sans solution de continuité de la basse au soprano, puis aux violons ; **5.** un trio pour alto, ténor et basse avec basson obligé et b.c., *« Zedern müssen von den Winden... »* (Les cèdres sont souvent tourmentés par le vent), de forme libre, en *ré* maj., et d'écriture presque constamment verticale sur une basse grondante en doubles croches ; **6.** un chœur avec tous les instruments, *« Meine Augen sehen stets zu dem Herrn »* (Mes yeux sont constamment tournés vers le Seigneur), Ps. 25, 15, en deux parties, à la manière d'un prélude et fugue, en *ré* maj., où l'écriture des instruments semble évoquer le filet d'où Dieu retire le croyant ; **7.** un dernier chœur avec les instruments, *« Meine Tage in den Leiden... »* (Mes jours de souffrance, Dieu les change à la fin en allégresse), en *si* min., en forme de chaconne, écrit sur une basse obstinée,

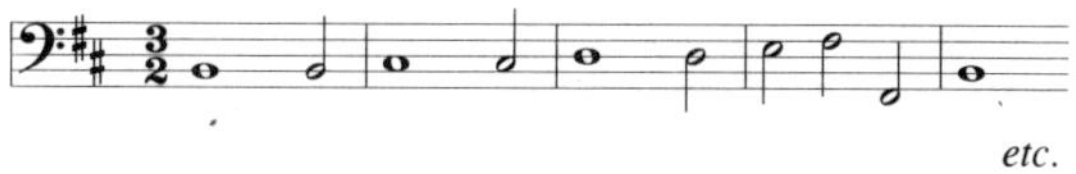

etc.

qui revient à 22 reprises dans plusieurs tons, la 13ᵉ fois au miroir, et que Brahms a reprise, modifiée chromatiquement, dans le finale de sa *4ᵉ Symphonie*.

Malgré les dimensions modestes des pièces qui la composent et le caractère fragmenté des chœurs, cette cantate semble porter la marque de Bach plutôt que d'un de ses élèves par le soin avec lequel le texte est mis en valeur ainsi que par la diversité des idées musicales et l'originalité des dispositions qui en découlent.

Bibliographie — A. Schering, Die Kantate Nr 150, « Nach dir, Herr, verlanget mich », *in* Bach-Jb. 1913 ; voir aussi la bibliogr. de l'art. *« Ach Gott, vom Himmel sieh darein »*.

M. Honegger

Nachklang (Écho), lied pour voix et piano de **Johannes Brahms** (tonalité originale : *fa* ♯ min.), sur un poème de Klaus Groth, composé en 1873, offert à Clara Schumann pour son 54ᵉ anniversaire, le 13 sept. 1873, édité comme 4ᵉ pièce des *Lieder und Gesänge op. 59.* (Leipzig, Rieter-Biedermann, 1873 ; durée : 1 min 33 s environ.)

Près du tiers de *Nachklang* est une réplique exacte des 16 mesures initiales — l'introduction instrumentale étant omise — du lied qui le précède dans le même opus, → *Regenlied.* Sans préambule introductif, véritable « écho » de la pièce juste antérieure, *Nachklang* se présente comme une grande arche mélodique unitaire, s'articulant en trois temps (a^1 a^2 a'^1) coupés par des respirations instrumentales. Mélodiquement, tout découle de a^1 et *Nachklang* n'apporte aucune idée nouvelle par rapport à *Regenlied*, avec ses lignes sinueuses, sans axe directionnel fort, et conçues de façon extensive selon une technique de développement mélodique d'esprit instrumental, comme avec son accompagnement simple offrant une double image de la pluie, mouvement continu traduit par des croches ininterrompues ou gouttes éparses tombant sur un rythme pointé. Au même titre que *Regenlied*, *Nachklang* mérite d'être considéré comme source d'inspiration de la *1re Sonate* pour violon et piano, op. 78. Au reste, les deux lieder sont indissociables. La même symbolique de la pluie, la même nostalgie trouvent cependant ici leur prolongement dans une traduction plus méditative et plus concentrée.

Bibliographie — Voir celle de l'art. *Regenlied.*

FR. ANDRIEUX

NACHTHYMNE (Hymne à la nuit), lied pour voix et piano de **Franz Schubert** (D 687), sur une poésie de Novalis, composé en janv. 1820, publié bien après la mort du compositeur, à Vienne en 1872. (Durée : 7 min environ.)

Schubert a le mérite d'avoir été le seul compositeur romantique à mettre des textes de Novalis en musique. En mai 1819, il avait déjà composé 5 hymnes provenant des *Geistliche Lieder* (Cantiques spirituels). Mais il ne s'y était pas trouvé entièrement à l'aise. Sa muse devait beaucoup mieux s'accorder à la présente poésie, provenant des célèbres *Hymnen an die Nacht*. Intitulée *Hinüber* (Vers l'au-delà) et rebaptisée par Schubert *Nachthymne*, elle traite de la nuit, de l'amour et de la mort, ou plus précisément de l'amour dans la mort, anticipant sur la grande idée du *Tristan* de Wagner. Pour les 7 strophes du texte — avec reprise de la première après la seconde —, le compositeur adopte une forme « durchkomponiert » assez habile qui peut se ramener à une sorte de triptyque se présentant de la façon suivante :

Strophes	I	II	I	III	IV	V	VI	VII
Sections	I = A			II = B		transition	III = C	
Sous-sections	a	b	a	e	d	e	f	f

Quelques éléments récurrents viennent assouplir le flot continu de la musique. La section I déploie une mélodie diatonique fluide, harmonisée sobrement par des successions verticales d'accords. La section médiane est plus tourmentée et l'accompagnement s'anime fortement avec des trémolos à la main gauche et des accords répétés en doubles croches à la main droite. La strophe V sert de transition en ramenant peu à peu, à la section III, une atmosphère calme et recueillie assez proche de celle de la première partie. Mais cette fois-ci, la mélodie est encore plus simple, décantée et immatérielle ; elle est soutenue par de larges accords doucement arpégés qui, après la dernière note du chant, s'élèvent de plus en plus vers l'aigu afin de mieux symboliser cette spiritualisation de la mort au sein d'une nuit qui la transcende.

S. GUT

(DAS) NACHTLAGER IN GRANADA (Le Gîte nocturne à Grenade), opéra en 2 actes, livret du baron Carl von Braun d'après la pièce de même titre de Friedrich Kind, musique de **Conradin Kreutzer,** créé à Vienne, au Theater in der Josephstadt, le 13 janv. 1834.

Grâce à ses traits idylliques et « biedermeier », grâce aussi à une succession de tableaux de genre de caractère lyrique, c'est la pièce qui a valu le plus de succès au compositeur. L'absence de développement dramatique et de tension interne s'y trouve compensée par une mise en scène pittoresque à laquelle Kreutzer a donné un pendant musical fait d'éléments populaires et sentimentaux.

LIVRET — En Espagne vers 1550. — Acte I. Une vallée à Grenade avec les ruines d'un château maure. Gabriele (sop.) doit selon la volonté de son père épouser Vasco le pâtre, mais elle en aime un autre, Gomez (ténor). Celui-ci veut obtenir l'autorisation de mariage auprès du prince régent. — Un Chasseur inconnu (bar.) rapporte à Gabriele sa colombe qui s'était envolée. Il prétend connaître le prince régent et Gabriele le prie d'intercéder auprès de lui pour elle et Gomez. Vasco (basse) et un autre pâtre, Pedro (basse), sont justement témoins de la conversation confidentielle entre le Chasseur et Gabriele. Irrités par la présence d'un étranger, ils lui cherchent querelle. Lorsque le Chasseur leur propose une bourse remplie d'or pour lui trouver un gîte nocturne, ils se calment et l'emmènent dans un vieux château en ruine pour y passer la nuit.

Acte II. Une région boisée et sauvage. Gomez rencontre la suite du prince régent qui est à la recherche de son maître. On le suppose dans une vieille ruine et on se met en route pour le retrouver. Entre-temps, Vasco et Pedro y ont emmené le Chasseur et, secrètement, sabotent son fusil dans l'intention de le tuer. — L'intérieur du château maure en ruine. Gabriele a juste le temps d'avertir l'étranger avant que les assassins arrivent. Le Chasseur se rend alors à leur rencontre avec sa seule épée. Mais la suite de la chasse atteint le château ; elle maîtrise les pâtres félons et libère le Chasseur inconnu qui se révèle être le prince régent lui-même. Pour la remercier de l'avoir sauvé, il unit Gabriele à Gomez.

La création fut un succès particulièrement retentissant, certaines pièces étant bissées, et l'opéra fut joué 30 fois au cours de la même année. Cet accueil enthousiaste peut être attribué en grande partie aux prouesses vocales des interprètes, avant tout à celle du baryton Carl Joseph Pöck dans le rôle du Chasseur. Ce qui, sur les plans dramatique et musical, unit *Das Nachtlager in Granada* à la quarantaine d'œuvres théâtrales de Kreutzer, c'est la prédominance absolue du pittoresque scénique par rapport à l'unité de l'action. Il ne s'agit pas là d'une caractéristique exclusive du texte ; il apparaît en plusieurs endroits que le talent de Kreutzer réside essentiellement dans son aspect sentimental rattaché au lied. Plus de la moitié des numéros sont des romances et ce n'est pas sans raison que la prière des pâtres à la fin de l'acte I, *« Schon die Abendglocken klangen »* (Les cloches du soir ont déjà sonné), est devenue largement populaire. Quant à la recherche d'un coloris sonore exotique (romance maure de Gabriele, n° 15), elle ne va pas au-delà de certains effets d'instrumentation stéréotypés (guitare, économie du reste de la formation). La rencontre de Gabriele et du Chasseur inconnu au début de l'acte I est tout à fait conventionnelle. Par comparaison avec d'autres opéras de l'époque, la facture musicale du finale de cet acte est plutôt lourde et maladroite. A l'ensemble manque une individualisation des différentes parties qui le composent et que l'on retrouve souvent chez d'autres auteurs. De même, l'un des moments les plus tendus du livret, à savoir la tentative de meurtre des pâtres, reste musicalement assez fade et se limite à l'effet de pizzicato des cordes. Le fait que la plupart des pages de Kreutzer soient tombées rapidement dans l'oubli, exception faite de *Das Nachtlager in Granada* et de la musique de scène pour *Der Verschwender* de Ferdinand Raimund, prouve que même des tableaux de genre réussis ne peuvent remplacer une dramaturgie qui fait défaut.

Cependant, *Das Nachtlager in Granada* est resté au répertoire durant tout le XIXᵉ siècle. Mais comme la version originale avec textes parlés ne suffisait pas à remplir une soirée, les dialogues furent remplacés par des récitatifs ; de même, la musique jouée pendant les changements de décor n'est apparue qu'après la création originale. Pour une représentation à Berlin, d'autres pièces furent ajoutées : un lied de Gabriele, un récitatif et une aria de Vasco ainsi qu'un duo entre Vasco et Gabriele. Elles ne réussirent pas à s'imposer. Au XXᵉ s., l'opéra n'a plus été représenté que sporadiquement ; la dernière mise en scène a été réalisée en 1980 à Messkirch, dans le pays de Bade, la ville natale de Kreutzer, à l'occasion du 200ᵉ anniversaire de sa naissance.

Éditions — Vienne, Witzendorf, s.d. (1ʳᵉ version) ; par W. Kienzl, Vienne, UE, s.d. (2ᵈᵉ version avec les récitatifs et les scènes ajoutées pour la représentation de Berlin en annexe).

Bibliographie — R. Rossmayer, C. Kreutzer als dramatischer Komponist (diss. Vienne, 1928) ; S. Goslich, Die deutsche romantische Oper, Tutzing, Schneider, 1975 ; K. P. Brecht, C. Kreutzer. Biographie und Werkverzeichnis, Messkirch 1980 ; J. Schläder, art. Das Nachtlager in Granada, *in* Pipers Enzyklopädie des Musiktheaters, éd. par C. Dahlhaus, Munich, Piper, 1989, vol. III, p. 347 et suiv.

U. Kramer

Nachtstück (Pièce nocturne), lied pour voix et piano de **Franz Schubert** (D 672), sur une poésie de Johann Mayrhofer, composé en oct. 1819 et publié à Vienne, chez Cappi, en févr. 1825, comme nº 2 de l'opus 36, avec une dédicace à Katharina von Laszny. (Durée : 5 min 40 s environ.)

Le sujet, émouvant, est typiquement romantique. A l'arrivée du crépuscule, un vieillard prend sa harpe et s'enfonce dans la forêt. Il chante alors un hymne à la « sainte nuit », puis annonce que son temps est révolu et qu'il doit disparaître. Les arbres lui répondent qu'ils sont prêts à l'accueillir et la mort se penche alors doucement sur lui. Le poème comprend 4 quatrains et se termine par un distique. L'introduction consiste en des harmonies riches et expressives. Il en va de même pour la première strophe qui est une sorte d'entrée en matière recueillie et mystérieuse. Avec la deuxième strophe commence l'invocation hymnique du vieillard et l'accompagnement avec ses formules d'accords arpégés évoque les sonorités de la harpe. Cette strophe est intégralement reprise avec une musique presque identique. Puis une nouvelle formule d'accompagnement, aux allures de berceuse, soutient les deux dernières strophes ainsi que le distique final. La forme est « durchkomponiert », mais avec quelques répétitions dues à des reprises de vers identiques : introduction ABB'CC' coda. Tout comme au début, de très beaux enchaînements d'accords se retrouvent en fin de morceau, créant merveilleusement l'atmosphère de cette mort douce et sereine. Avec → *Der zürnenden Diana*, ce lied est sans doute le plus beau de ceux composés par Schubert sur des vers de Mayrhofer. Mais ici, l'atmosphère est plus sereine, plus lyrique et plus mystérieuse. Il faut de la part de l'exécutant de grandes qualités de sensibilité musicale pour traduire de façon adéquate cette belle méditation sur la mort.

Bibliographie — Br. Massin, Fr. Schubert, Paris, Fayard, 1977, p. 878.

S. Gut

Nacht und Träume (Nuit et rêves), op. 43, nº 2, lied pour voix et piano de **Franz Schubert** (D 827), sur une poésie de Matthäus von Collin, composé entre 1823 et 1825, édité en juil. 1825. (Durée : 2 min 5 s environ.)

Cette invocation à la nuit, typiquement romantique, a inspiré à Schubert l'une de ses plus belles rêveries méditatives dans le domaine du lied. Sur une formule d'accompagnement toujours identique, en accords brisés se déroulant sur des doubles croches perpétuelles, dans un tempo très lent, se détache une ligne vocale ample et sereine, du plus bel effet. Il en résulte une grande unité de style. On distingue toutefois nettement deux sections musicales, le compositeur ayant divisé les huit vers du texte en deux groupes de quatre. Certaines tournures mélodiques de la première partie sont reprises en seconde partie de telle manière que l'on peut envisager une double interprétation analytique. A chaque vers correspond une phrase mélodique distincte ; mais comme Schubert a répété deux vers en seconde section, on obtient 4 phrases pour la première section et 6 pour la seconde. En voici la répartition :

Tonalités	*si*			*fa* ♯	*si*
Mesures	1-4	5-7	8-9	10-11	12-14
Sections	Introduction	IA			
Sous-sections		a	b	b	c
				A	

Tonalités	*sol*		*si*	*fa* ♯		*si*
Mesures	15-17	18-19	20	21-22	23-24	25-29
Sections	IIB					
Sous-sections	d	d'	e	b'	b''	c
		B			A'	

On voit ainsi que — si l'on omet les 7 premières mesures — on a une reprise de la musique des mesures 8-14 aux mesures 21-29 qui permet d'envisager, au-delà de l'indéniable séparation bipartite, une tripartition ABA'. Cela d'autant mieux que la partie médiane (d d' e) est la seule qui soit dans une tonalité de contraste par rapport aux deux autres et qu'elle est aussi la seule à animer le débit mélodique. Schubert, ici, se révèle comme un grand maître de la structuration, sachant manier avec un art consommé l'ambiguïté formelle. Mais c'est surtout la profonde émotion de ce lied, empreint d'une ferveur quasi religieuse, qui le rend si attachant.

S. Gut

« Nach Willen dein... » (Par ton vouloir, reçois toi seule ce témoignage de fidélité, je me donne à toi, plus précieuse que toute chose au monde), lied attribué à l'organiste **Paul Hofhaimer**. Plusieurs éditions imprimées entre 1512 et 1560, une importante tradition manuscrite et de nombreuses adaptations instrumentales pour l'orgue ou le luth témoignent de la célébrité de cette chanson. Le poème en trois strophes, de forme bar, évoque le thème de l'amour courtois du chevalier déclarant sa fidélité à sa dame. La composition obéit à cette écriture verticale qui caractérise le « Tenorlied » des années 1500. Elle est construite autour du couple de voix formé par le ténor et le supérius qui présentent une égale importance mélodique.

Rééditions modernes — *In* EDM XX, p. 61.

Bibliographie — Voir celle de l'art. *« Ach Gott, wem soll ichs klagen ? »*.

Chr. Meyer

NÄHE DES GELIEBTEN (Proximité du bien-aimé), lied pour voix et piano de **Franz Schubert** (D 162), sur une poésie de Johann Wolfgang von Goethe. Schubert en composa deux versions quasi identiques le 27 févr. 1815. La seconde fut éditée à Vienne le 9 juil. 1821 et dédiée à Antonio Salieri. (Durée : 3 min 20 s environ.)

Le texte spontané de Goethe, rayonnant de tendresse et de confiance, demandait à être traité en toute simplicité. C'est ce qu'a bien saisi Schubert qui a moulé les 4 strophes du poème dans une forme strictement strophique. La ligne mélodique est d'une grande simplicité mais sans jamais friser la banalité en raison de l'élégance de sa courbe. Une seule courte inflexion au relatif mineur, au 3e vers, vient apporter un effet de fraîcheur bienvenu. L'ambitus restreint d'une octave — une seule fois dépassé d'un demi-ton au grave — confirme cette volonté de recherche d'une facilité apparente. Le tempo lent et solennel (« feierlich ») vient donner une note de ferveur religieuse à cette confession amoureuse. L'extraordinaire force de ce lied est en fait difficile à analyser : elle se subit davantage qu'elle ne s'explique. Ici, l'intuition géniale du compositeur s'est montrée à l'égal de celle du poète.

S. GUT

NAÏS, « opéra pour la Paix », en réalité pastorale héroïque en un prologue et 3 actes, livret de Louis de Cahusac, musique de **Jean-Philippe Rameau**, créé à Paris, à l'Académie Royale de Musique, le 22 avr. 1749. (Durée : 1 h 20 min environ.)

Naïs est une œuvre de circonstance commandée pour célébrer la paix d'Aix-la-Chapelle qui, en 1748, mettait fin à la guerre de Succession d'Autriche. Le succès fut grand — 34 représentations l'année de la création — et l'ouverture, du même type descriptif que celle inaugurée par Rameau avec → *Zaïs*, n'y fut pas étrangère. Le prologue, qui va disparaître avec → *Zoroastre* (1749), y retrouvait sa fonction première d'hommage au roi instaurée par Lully. En effet, Jupiter apparaît dès la première scène, représentant Louis XV selon Clément (*Cinq Années littéraires*, 20 mai 1749). L'œuvre fut reprise en concert en 1763, pour célébrer le traité de Paris qui mettait fin à la guerre de Sept Ans, et remise à la scène l'année suivante. Elle a donné lieu à une parodie, *Nanette*, de Laffichard (Paris, BN, Ms. fr. 9321).

LIVRET — Prologue. Les Titans et les Géants envahissent l'Olympe. Jupiter armé du foudre reçoit l'aide des autres dieux, de Pluton et Neptune notamment. La révolte est matée. Le dieu suprême décide de partager son royaume avec ses alliés, conservant le ciel et la terre : à Neptune la mer, à Pluton les enfers.

Acte I. Près de Corinthe où se déroulent les jeux Isthmiques. Des prix sont décernés pour le ceste (pugilat), la lutte et la course. Neptune (basse), déguisé en mortel, s'éprend de Naïs (sop.), la nymphe des Eaux, qui l'attire par sa voix. Celle-ci repousse les avances de Télénus (bar.), le chef des guerriers, et d'Astérion (haute-contre), le chef des bergers, car elle est troublée par Neptune, en « habit grec ».

Acte II. Sur un fond de montagne où s'ouvre la grotte de Tirésie (bar.), devin et père de Naïs, Neptune toujours masqué déclare son amour à la nymphe, qui le repousse. Télénus et Astérion apprennent du devin que Naïs aimera un inconnu et qu'il faut craindre le dieu des Mers. Les prétendants se réconcilient en faisant le projet de tuer le « berger » pour apaiser la colère de... Neptune.

Acte III. Au bord de la mer, au lever du jour. Naïs vient avertir Neptune, toujours méconnaissable, du danger qu'il court au bord du rivage. Mais Télénus et Astérion, attaquant la flotte du dieu, sont engloutis sous leurs yeux. Naïs effrayée révèle la prédiction à Neptune qui reprend son apparence première. Le dieu emmène la nymphe dans son palais sous-marin où les divinités leur offrent un divertissement après l'inévitable duo d'amour des protagonistes.

L'ouverture est fort développée (140 mes.) et répond à l'indication « bruit de guerre qui peint les cris et les mouvements tumultueux des Titans et des Géants ». Pièce symphonique très descriptive, elle annonce les ouvertures détachables ou autonomes illustrées plus tard par Beethoven ou Berlioz. Après la bataille et un chœur de louanges, Jupiter fait le partage. Son récit porte la marque distinctive du personnage : ton de *la* maj. (3 dièses) et mesure à 3 temps (symbole trinitaire).

Après le ballet figuré sous forme de « gavotte vive » où les fleurs renaissent sur la terre, Flore entonne une ariette brillante où les vocalises décrivent les rayons du soleil.

Un entracte permet d'accéder à l'acte I, dont la scène 3 révèle une forte puissance d'évocation lorsque Naïs appelle les oiseaux, *« Accourez à ma voix, rassemblez-vous »*. Pour décrire les jeux Isthmiques, le livret précise l'action : « un quadrille de jeunes Grecques paraît et dispute la course », cela sur une vaste chaconne de 250 mesures, qui, avec la carrure caractéristique de son « refrain », permet de distinguer les divers épisodes gymniques.

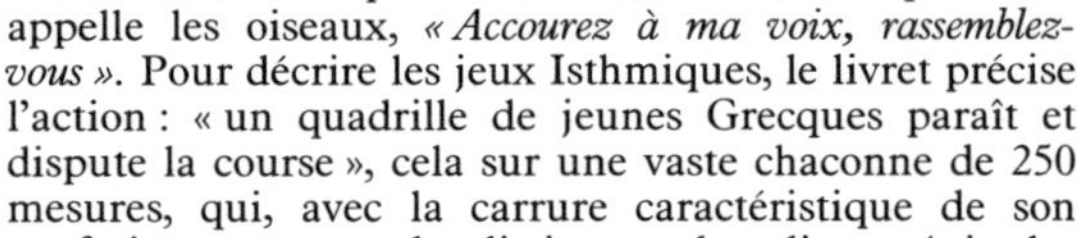

Dans la scène 8, le chœur des divinités de la Mer comprend 5 voix, surmontées du trio de Naïs, Astérion et Télénus. Un figuralisme typique se rencontre dans la scène 1 de l'acte II, lorsque Naïs, repoussant le matelot en qui elle ne peut voir Neptune, chante l'amour qui l'envahit.

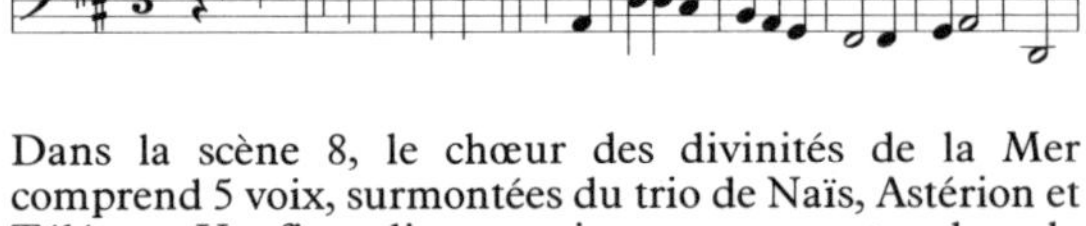

Tirésie prédit l'avenir et lorsqu'il chante *« Mes ans sans m'accabler s'écoulent »*, on pense, dans le texte et l'intonation, à Arkel du *Pelléas et Mélisande* de Debussy. Le devin possède l'art d'interpréter le chant des oiseaux. Belle occasion pour Rameau d'écrire une page impressionniste avant la lettre. Il en sera de même dans l'acte III avec un lever de soleil peuplé de chants d'oiseaux. Toute la palette sonore du maître dijonnais étincelle dans les pépiements arythmés. Peinture tumultueuse également lorsqu'une effroyable tempête engloutit les prétendants. Deux chœurs s'associent ou se répondent sur des répétitions du mot « tremblez », sortes d'onomatopées déferlantes. Les deux amants sont subitement transportés dans le palais sous-marin, dans une ambiance orchestrale ondoyante et fluide. Leur duo d'amour est imprégné d'italianisme avec ses sixtes parallèles et rappelle quelque peu celui de *L'incoronazione di Poppea* de Monteverdi.

Quatrième des sept ouvrages lyriques conçus par Cahusac pour Rameau, *Naïs* est une œuvre bien conduite sur le plan de l'intrigue. L'action se prête à de nombreuses combinaisons descriptives et chorégraphiques que Rameau ne s'est pas fait faute de mettre en musique. Outre la fresque sonore qu'est l'ouverture, d'autres nouveautés assurèrent le succès de *Naïs* : l'entracte a été écrit spécialement (au lieu d'une danse ou d'une symphonie déjà entendue) ; les chœurs, de vaste dimension, furent jugés « très beaux, supérieurs à tout ce qu'il a fait » (Raynal) ; l'orchestre utilise des procédés insolites comme les contrastes arco-pizzicato ; les machineries, conçues par le librettiste pour l'escalade des Géants ou le naufrage, sont amplifiées dramatiquement par la « symphonie » harmonique très riche ; les ballets figurés liés au drame donnent aux groupes de danseurs l'occasion d'illustrer les moments culminants du drame.

Sources — **a)** Livret : Paris, Bibl. de l'Opéra, A 165 a, Liv. 18, 460 et 461 (1764). — **b)** Musique : partition d'orchestre manuscrite (1749), Paris, BN, Vm^2 372, Vm^2 373.

Éditions modernes — Par R. Hahn, *in* J.-Ph. Rameau. Œuvres complètes XVIII, Paris, Durand, 1924, avec commentaires de M. Ténéo et M. Emmanuel.

Bibliographie — P.-M. Masson, L'opéra de Rameau, Paris 1930, rééd. en facs. New York, Da Capo Press, 1972, pp. 54-56 ; C. Girdlestone, J.-Ph. Rameau, Bruges, Desclée de Brouwer, 1962, 2/1983, pp. 311, 313, 399, 469-471 ; Ph. Beaussant, Rameau de A à Z, Paris, Fayard, 1983, p. 268 ; D. Paquette, L'évolution de l'ouverture dans les opéras de J.-Ph. Rameau, *in* L'Éducation Musicale, mai 1983 ; P. Saby, Le chœur dans les œuvres dramatiques de J.-Ph. Rameau (diss. Univ. de Lyon-II, 1988) ; D. Paquette, Rameau, musicien bourguignon, Lyon, Presses universitaires de Lyon, 1990.

D. Paquette

Naïs Micoulin, drame lyrique en 2 actes, livret en prose — tiré de la nouvelle d'Émile Zola *La Douleur de Toine* parue en 1884 — et musique d'**Alfred Bruneau**, composé en 1906, créé au Théâtre de Monte-Carlo, le 2 févr. 1907, avec Mlle Grandjean (Naïs), MM. Renaud (Toine), Dufranne (Micoulin) et Saléza (Frédéric), sous la dir. de Léon Jéhin, décors de M. Visconti. (Paris, Choudens, 1907 ; durée : 65 min environ.) L'ouvrage ne fit pas carrière après sa création et ne fut pas repris à Paris.

Livret — Acte I. Le haut d'une falaise, dominant la Méditerranée. Au loin, Marseille, son port et le phare. Micoulin (bar.), rude paysan, surveille jalousement sa fille Naïs (sop.) que courtise Frédéric (ténor), le fils des gens du château dont Micoulin est le métayer. Qu'elle sache bien que si elle se conduit mal, Micoulin tuera son galant. Naïs se révolte. Micoulin va lever la main sur elle quand intervient Toine (bar.), un pauvre hère contrefait et hideux, qui la défend. Et Micoulin, se calmant : « Celui-là je te le permets, mais ton Frédéric, je le tuerai ! » Il s'en va. Toine, le bossu, aime depuis longtemps Naïs et ne le lui a pas dit. Il souffre en silence quand Naïs lui révèle son amour pour le beau Frédéric. Mais il saura se résigner et veillera sur elle, comme un chien fidèle. Arrive alors Frédéric, sensuel et fat : il ne cherche dans ses amours avec Naïs qu'un passe-temps pour l'été. Mais il commence déjà à se lasser d'elle. La jeune fille devine qu'il lui échappe et elle invective Marseille où son amant a connu des plaisirs qu'il ne trouve pas dans ses bras. Frédéric l'apaise par des baisers. Le père Micoulin, qui les guettait dans l'ombre, se dresse soudain, armé d'une hache. Il va frapper Frédéric lorsque Toine surgit et arrête son bras.

Acte II. Même décor, vu par un temps gris d'octobre. Toine creuse un fossé pour empêcher l'infiltration des pluies de miner la falaise. Naïs vient à lui, inquiète. Dans une partie de pêche où Frédéric l'accompagnera, Micoulin a décidé de simuler un accident et de le noyer. Naïs, qui s'est aperçue que Frédéric se détachait d'elle, est partagée entre deux désirs : sauver son amant ou se venger de lui. Le jeune homme survient et se montre insensible aux pleurs de sa maîtresse. Naïs révèle alors à Frédéric le crime que projette son père. Frédéric, horrifié, l'insulte : « Fille d'assassin ! Jamais tu ne me reverras ! » A ce moment, un grondement de tonnerre : la falaise s'écroule sur Micoulin qui est en bas, dans sa barque. Frédéric, épouvanté, veut s'enfuir, mais Naïs, outrée, le pousse dans le gouffre. Toine, qui d'un coup de pioche vient de provoquer la catastrophe, accourt trop tard pour empêcher ce second crime. Il tend les bras vers Naïs : elle y tombe et leurs deux voix se mêlent : « Que la volonté du destin soit faite et que la douleur nous réunisse pour toujours ! »

Sur ce livret violent, A. Bruneau a écrit une partition d'une texture musicale serrée dans laquelle la déclamation est fondue dans les voix de l'orchestre. P. Lalo regrettait cependant cette « déclamation lourdement appuyée qui donne la même importance à tous les mots ». L'ouvrage comporte une vingtaine de thèmes principaux, symbolisant les 4 personnages (il n'y a pas de chœurs). On trouve, comme dans les autres ouvrages lyriques de Bruneau, une association étroite entre la désignation des personnages et leur comportement. Toine représente ainsi le dévouement, Micoulin la tyrannie, d'autres motifs expriment les joies de l'amour et la vengeance. Le drame débute par un prélude qui symbolise le « pays de Provence » **A**. Dans l'ouvrage de Bruneau, la connotation sociale (qui s'exprime chez Zola par l'ambiguïté des rapports entre le métayer Micoulin et Frédéric, le fils de son employeur), se trouve amoindrie au profit d'un psychologisme exagéré, ce qui rend la situation dramatique assez peu vraisemblable. L'accumulation de motifs conducteurs juxtaposés ne permet guère de révéler au public les véritables rapports psychologiques entre tous ces personnages, au demeurant assez peu sympathiques.

Bibliographie — Comptes rendus de L. Artus *in* Le Petit Journal, 3.2.1907, et de P. Lalo in Le Feuilleton du Temps, 19.2.1907 ; E. Destranges, Naïs Micoulin d'A. Bruneau, Étude analytique et

A Naïs Micoulin

thématique, Paris 1907 ; A. Bruneau, A l'ombre d'un grand cœur. Souvenirs d'une collaboration, Paris 1932, 2/Genève, Ressources, 1980 ; M. Kelkel, Naturalisme, vérisme et réalisme dans l'opéra, Paris, Vrin, 1984.

M. Kelkel

(La) Naissance d'Osiris ou la Fête de Pamilie, « ballet allégorique » en un acte, livret de Louis de Cahusac, musique de **Jean-Philippe Rameau**, pour soli, chœur et un orchestre composé de fl., htb., musettes, bassons, cordes et b.c., créé à Fontainebleau, le 12 oct. 1754, pour célébrer la naissance du duc de Berry, premier fils du dauphin Louis et de sa seconde épouse Marie-Josèphe de Saxe. L'enfant, prénommé Louis comme son père et son grand-père Louis XV, devait succéder à celui-ci sur le trône de France sous le nom de Louis XVI.

Depuis *Les Fêtes de Polymnie* (1745) jusqu'aux *Boréades* (mises en répétition à l'Opéra en 1764), L. de Cahusac (1706-1759) fut le collaborateur privilégié de Rameau, et peut-être de ce fait une des cibles désignées de la critique d'alors. Ses livrets ne sont cependant pas aussi faibles que leur réputation le laisse entendre, et l'écrivain, auteur par ailleurs de pièces de théâtre, de substantiels articles dans l'*Encyclopédie*, et aussi d'un important *Traité historique de la danse* (1754), joua très probablement un rôle non négligeable dans la définition de certains caractères dramatiques et esthétiques des œuvres de Rameau auxquelles il collabora.

La Naissance d'Osiris, ouvrage de circonstance, succède dans la production lyrique de Rameau à *Daphnis et Églé* et *Les Sybarites* (1753), elles aussi de dimensions modestes, données à la cour, et dans lesquelles se décèle ici ou là l'influence italienne, caractères tous trois imputables pour une part aux succès des Bouffons italiens et à l'explosion de la célèbre querelle. *La Naissance d'Osiris* n'est rien d'autre qu'un long divertissement. Il est difficile de parler d'intrigue à son propos tant l'argument est simple : c'est une fête et rien d'autre, dans laquelle brillent particulièrement les danses instrumentales, et qui contient quelques chœurs intéressants, sinon pour leur force dramatique, du moins par leur écriture, souvent ornementale.

Se bornant à célébrer allégoriquement la naissance du futur Louis XVI, *La Naissance d'Osiris* présente l'avantage d'éviter le disparate d'une fin plaquée, comme celle d'*Acante et Céphise*, où la célébration d'un Bourbon nouveau-né vient conclure une intrigue sans aucun rapport avec cette naissance.

Livret — La scène se déroule à Thèbes, en Égypte. Devant le temple de Jupiter, les bergers se divertissent, attendant l'annonce d'un événement qui comblera leur bonheur. Un grondement de tonnerre se fait entendre. Le Grand Prêtre de Jupiter (basse) annonce alors l'arrivée du dieu lui-même (basse). Celui-ci descend en effet et annonce aux peuples la naissance d'Osiris. Pamilie (dessus) et les bergers célèbrent cette naissance, Jupiter remonte en son domaine, et une grande réjouissance finale rassemble les bergers, les peuples, ainsi que l'Amour et sa suite.

L'œuvre fut, comme c'était souvent le cas à la cour, donnée une seconde fois le 15 octobre, ce qui semble attester que la première représentation n'avait pas été un insuccès. Le caractère d'ensemble de la musique, si l'on met à part l'épisode « jupitérien », est, sinon toujours franchement pastoral (car dépourvu de ce que cela suppose, sous la plume de Rameau, de complexe et de raffiné), du moins aimablement « rustique ». Le plus remarquable doit en être cherché parmi les danses, qui constituent l'intérêt presque unique de l'œuvre : les gavottes de la scène 1, l'air gracieux de la scène 3, et les pièces du ballet figuré formant le divertissement final sont parfaitement dignes du compositeur. On notera aussi la forme tripartite de l'ouverture, dont le premier morceau, d'un caractère enjoué et populaire, est repris en conclusion de l'œuvre (« chœur en tournant avec les couplets de la contredanse »).

Ce refrain, que Rameau réutilisera dans l'une des deux ouvertures écrites pour *Les Paladins*, fait en outre partie des pièces réunies par Claude Balbastre dans un recueil composé de transcriptions de fragments d'opéras de Rameau (cf. Bibliographie).

Sources — **a)** Livret : Paris, Bibl. de l'Opéra, Liv. 18 [732]. — **b)** Musique : partition autographe, Paris, Bibl. de l'Opéra, Rés. 206 ; partition d'orch. manuscrite, copie (fonds Decroix), Paris, BN, Vm^2 311.

Bibliographie — D. Paquette et P.-M. Gueritey, Étude de deux manuscrits de Monsieur Balbastre, *in* RIMF, n° 23, 1987 ; voir aussi la bibliogr. de l'art. *Daphnis et Églé*.

P. Saby

Nänie (Nénie), op. 82, œuvre pour chœur et orchestre, de **Johannes Brahms**, sur un poème de Friedrich von Schiller, composée en 1881, dédiée à Frau Hofrath Henriette Feuerbach, créée à Zurich, concert de la Tonhalle-Gesellschaft, le 6 déc. 1881, sous la dir. du compositeur. (Leipzig, Peters, 1881 ; durée : 14 min environ.)

Nänie fut inspiré à Brahms par la mort de son ami, le peintre néoclassique Anselm Feuerbach (la dédicataire est la mère de l'artiste), dont les œuvres, d'un académisme sentimental, peignent une Antiquité idéale. Peu prisées à Vienne, on peut imaginer qu'elles touchèrent Brahms par leur recherche de clarté. Par le choix d'un poème multipliant les références mythologiques et ciselé avec une précision presque froide, le compositeur rejoint dans son hommage les aspirations artistiques du peintre. Il les rejoint aussi en partie quand, au-delà du détachement apparent des vers, il trouve chez Schiller la matière d'une vie émotive et sensible. La musique de *Nänie* est à la fois intense et contenue.

Ensemble continu de 14 distiques, le poème s'articule en trois temps expressifs que Brahms exploite pour construire une forme ternaire ABA'. Tout d'abord Schiller évoque la mort en ce qu'elle a d'inexorable ; la beauté elle-même ne lui échappe pas : Eurydice, Adonis, Achille en donnent la preuve (A8 distiques). Vient ensuite la lamentation des dieux qui pleurent « parce que la beauté est éphémère et que la perfection meurt » (B4 distiques). Mais un chant de consolation s'élève, la plainte de l'aimée accorde à la beauté la vie par-delà la mort (A'2 distiques). Par la découpe qu'il impose au texte de Schiller, Brahms est amené à travailler sur des unités poétiques quantativement très dissemblables (8, 4, 2 distiques). Il dépasse cette disparité et en joue même pour donner à sa structure musicale une souplesse plus grande qui, allant de pair avec une réelle harmonie des formes, contribue à l'originalité et à la beauté de l'œuvre. Chacune des grandes parties est travaillée avec soin, se subdivisant en sous-sections qui prennent finement en compte le sens de chaque distique. Malgré la précision de ces articulations, *Nänie* n'est cependant pas réductible à un schéma formel. Sa spécificité repose aussi sur les vagues expressives qui, dans un flux et reflux quasi constant, balaient la matière musicale. Dans une telle recherche, les nuances d'intensité ont un rôle essentiel, mais c'est aussi dans tous les paramètres de l'écriture que se concrétisent les mouvements du flot musical.

Au sein de l'introduction orchestrale, la musique est encore comme étale, telle une évocation du calme qui sous-tend *Nänie*. Les bois y prédominent, sur lesquels se détache le timbre du hautbois, avec sa couleur pastorale, reflet d'une vision idyllique de la Grèce antique. Sa ligne sinue souplement, semblant curieusement, dans son morcellement motivique et ses ondulations, annoncer à l'échelle mélodique les vagues qui vont animer l'œuvre. Celles-ci naîtront, outre des nuances d'intensité déjà mentionnées, des multiples ressources offertes par l'écriture contrapuntique ainsi que de la richesse des relations établies entre le chœur et l'orchestre : ébauche d'exposition de fugue, imitation, effets d'antiphonie, entrelacs des lignes ou texture plus verticale, voire totalement homophonique, écriture a cappella, orchestre superposant aux voix sa propre trame contrapuntique ou doublant leurs parties, déployant toute sa richesse sonore ou n'introduisant que des couleurs précises...

Lorsqu'il compose *Nänie*, Brahms, âgé de 48 ans, a publié ses deux premières symphonies, les deux suivantes le seront peu après ; il maîtrise pleinement l'écriture orchestrale et, bien sûr, l'écriture chorale pratiquée intensément dès les années d'études. Ayant par ailleurs renoncé depuis 1875 aux fonctions de directeur artistique de la Gesellschaft der Musikfreunde de Vienne, il n'est plus poussé à écrire des œuvres chorales pour des raisons professionnelles. Le plaisir seul l'y incite. Ce contexte doublement propice a permis l'éclosion d'une pièce dont le charme, mélange de vie et de limpide douceur, va bien au-delà des suggestions décelables dans le poème.

Bibliographie — E. EVANS, Historical, Descriptive and Analytical Account of the Entire Works of J. Brahms, I The Vocal Works, Londres 1912, pp. 372-376 ; S. KROSS, Die Chorwerke von J. Brahms, Berlin 1958, pp. 377-387 ; R. E. WRIGHT, J. Brahm's Nänie : a conductor's analysis (diss. Univ. of Miami, 1979) ; M. MUSGRAVE, The Music of Brahms, Londres, Routlegde & Kegan Paul, 1985, pp. 165-168.

FR. ANDRIEUX

NANNY, op. 2, nº 1, mélodie pour voix et accompagnement de piano d'**Ernest Chausson,** sur un poème de Leconte de Lisle, Lentement, en *mi* maj., composée en 1880, créée à la Société Nationale, le 23 déc. 1882, par Mme Storm. (Paris, Hamelle ; durée : 2 min environ.)

Cette mélodie demeure très marquée par le style grandiloquent du poème. L'harmonie s'y révèle audacieuse (modulations rapides d'*ut* ♯ maj. à *sol* maj. pour revenir à *mi* maj. en 4 mesures sur les mots « Et pleure, Automne rougissant ») et la chute, « en retenant », dans la nuance *pp*, entre très musicalement dans le grave. Malgré son aspect conventionnel (trois parties, accompagnement stéréotypé) et sa grandiloquence, *Nanny* reste une page très appréciée des chanteurs.

Bibliographie — Voir celle de l'art. *(La) Chanson perpétuelle.*

M-CL. BELTRANDO-PATIER

« N'ARAY JE JAMAIS MIEULX QUE J'AY », rondeau à 3 ou 4 voix de **Robert Morton**, « chappelain anglois » de la cour de Bourgogne, l'une des pièces les plus célèbres du répertoire des chansons franco-bourguignonnes. On le trouve en effet dans une quinzaine de sources manuscrites, aussi bien françaises (Ms. 517 de → Dijon) qu'italiennes. Dans toutes, il est à 3 voix, sauf dans le → Chansonnier cordiforme et le → Chansonnier Mellon où un second contraténor (« Si placet ») a été ajouté.

La polyphonie en est assez simple : ténor et supérius y assurent l'essentiel du travail mélodique et contrapuntique, dans des phrases souvent courtes où se conjuguent quelques rares ébauches d'imitation, sur des motifs courts, contrepoint libre et mouvements parallèles (tierces ou sixtes). Le texte, un rondeau cinquain d'octosyllabes, est traité à la manière habituelle, en deux parties, le 3e vers étant ponctué sur la dominante du mode de *ré*. Cependant, les phrases mélodiques du supérius et du ténor manifestent un caractère répétitif relativement inaccoutumé : la dernière phrase (du vers 5) apparaît ainsi comme une simple variante de la première. La 3e phrase (vers 3) en est une autre variation. Le schéma formel d'une strophe pourrait donc se décrire comme suit : ABA'CA.

Le succès de cette chanson lui a valu d'inspirer d'autres œuvres polyphoniques : elle fournit le thème de trois messes dont la → *Messe « di dadi »* de Josquin des Prés.

Éditions modernes — Par KN. JEPPESEN, *in* Der Kopenhagener Chansonnier, Copenhague et Leipzig 1927 ; par A. SMIJERS, *in* Werken van Josquin Desprez XXIX, Amsterdam, Alsbach, 1951 ; par A. A. MOERK, *in* The Seville chansonnier, Ann Arbor, UMI, 1978 ; par L. L. PERKINS et H. GAREY, *in* The Mellon chansonnier, New Haven et Londres, Yale Univ. Press, 1979 ; par A. W. ATLAS, *in* R. Morton. Collected works, MMR XXXVII, New York, Broude, 1981 ; par M. GUTIÉRREZ-DENHOFF, *in* Der Wolfenbütteler Chansonnier, Mayence, Schott, 1988.

Bibliographie — G. Reese, Music in the Renaissance, New York, Norton, 1954, 2/1959 ; D. Fallows, Morton's songs : a study of style in the mid-15th cent. (diss. Univ. of California, Berkeley 1978).

J.-P. Ouvrard

« Nascoso el viso stava fralle fronde » (Le visage caché derrière les branches...), madrigal à 2 voix de **Giovanni da Firenze**, compositeur de la première génération du Trecento, transmis par les Mss de Florence, Bibl. Laurenziana, Palatino 87 (Squarcialupi), f° 3v-4r, et Bibl. nazionale centrale, Panciatichi 26, f° 49v-50r, ainsi que de Rome, Bibl. Vaticana Rossi 215, f° 18v-19r, qui présentent des versions assez différentes. Cela suggère que la pratique de l'improvisation aurait été assez courante au début de l'histoire du madrigal. Comme il arrive dans tous les madrigaux classiques du Trecento, *« Nascoso el viso... »* comporte deux « terzetti », suivis du « ritornello » (a^{11} b b / a c c — d d), qui correspondent à chacune de ses deux sections musicales. La première section, qui se répète (« terzetti » I/II), se divise en trois longues phrases musicales, et le « ritornello » en deux. Chaque phrase correspond à un vers du poème ; les premières et les dernières syllabes de chaque vers sont chantées mélismatiquement, celles du milieu syllabiquement. Les deux voix chantent le texte ensemble sauf à la fin où se déroule une brève imitation (mes. 54-59, selon la transcription de N. Pirrotta). Toutes les phrases finissent par un unisson ou une octave sur une note différente, ce qui donne à la composition une notable ambiguïté modale. Le madrigal débute par un unisson et le « ritornello » par une octave. Du point de vue de l'harmonie, il faut surtout remarquer les progressions de quinte, sixte maj., octave ; quant au rythme, il faut noter le changement constant de « duodenaria » (3/4) en « novenaria » (9/8) et vice versa au supérius, alors que la voix inférieure reste presque toujours en « duodenaria ». Trois minimes en « novenaria » (♫♪) valent 4 minimes en « duodenaria » (♬♬), ce qui fait que la durée des deux mesures est égale. Le texte du madrigal est à la première personne. Le poète décrit une scène délicieuse qui se déroule à côté d'une fontaine.

Éditions — Par J. Wolf, *in* Geschichte der Mensuralnotation von 1250 bis 1460 II, Leipzig, Br. & H., 1904, n° XXXIX (éd. diplomatique) ; par H. Riemann, *in* Musikgeschichte in Beispielen, Leipzig 1925, n° 3 ; par N. Pirrotta, *in* CMM 8/1, Amer. Inst. of Musicology, 1954 ; par J. Wolf, *in* Der Squarcialupi-Codex Pal. 87..., Lippstadt, Kistner & S., 1955; par W. T. Marrocco, *in* Polyphonic Music of the 14th Cent. VI, Monaco, L'Oiseau-Lyre, 1974, n° 9.

Bibliographie — W. Apel, The notation of polyphonic music 900-1600, Cambridge (Mass.), Mediaeval Acad. of America, 1942, 5/1953 ; M. L. Martinez, Die Musik des frühen Trecento, Tutzing, Schneider, 1963, pp. 34-41, 66, 68 ; du même, Marchettus of Padua and Chromaticism, *in* L'Ars nova ital. del Trecento III, Certaldo 1970 ; K. von Fischer, Zum Wort-Ton-Problem in der Musik des italienischen Trecento, *in* Fs. A. Geering, Berne et Stuttgart, Haupt, 1972 ; H. Besseler et P. Gülke, Schriftbild der mehrstimmigen Musik, *in* Musikgeschichte in Bildern III/5, Leipzig, VEB Deutscher Verlag für Musik, 1973, pp. 70-71 ; R. H. Hoppin, Medieval music, New York, Norton, 1978, p. 482 ; K. von Fischer, art. Giovanni da Cascia, *in* Grove, 6/1980.

M. C. Gómez

(La) Nativité de Notre Seigneur, mystère lyrique, texte et musique de **Georges Migot,** pour contralto, bar. Martin et basse soli, 9 autres solistes tirés des chœurs (S A T, T T B, T T B), petit chœur mixte, fl., basson et quatuor à cordes, composé du 12 juil. au 1er août 1954 (orchestration achevée le 8 août 1954). Paris, Éd. Ouvrières, 1961 ; durée : 30 min environ.)

Comme les courts poèmes du → *Petit Évangéliaire*, le texte en prose est proche des noëls populaires des XVe et XVIe siècles. Formulé dans un langage simple et direct, il évoque, sans inutile surcharge symbolique, les divins mystères de l'Incarnation et de la Nativité et ne s'appesantit guère sur le côté légendaire des scènes qui accompagnent la naissance du Christ. Les cinq épisodes sont précédés par un Prélude, reliés entre eux par des interludes, qui amorcent les changements d'atmosphère, et s'achèvent par un « Alleluia ». En dépit de cette structure, l'œuvre n'est pas découpée en pièces séparées ; les parties s'enchaînent sans interruption et sans brutal contraste. Nettement individualisés cependant, les divers épisodes ont en commun un sentiment d'exceptionnelle tendresse, sensible dans les intervalles du chant, les inflexions mélodiques, la transparence de la polyphonie et la légèreté de l'instrumentation.

Au centre, l'épisode des *Bergers* est celui par lequel s'accomplit dans la musique l'atmosphère merveilleuse des récits évangéliques. C'est une délicate pastorale à 12/8 dont les rythmes ïambiques sont particulièrement caractéristiques du sentiment agreste chez Migot :

Autour de cet épisode s'ordonnent symétriquement d'une part *La Crèche* — « Chantez et jouez, tout est joie et espérance » — avec son humble décor et sa touchante imagerie, d'autre part le cortège des *Rois mages* « en route vers le palais du Roi des rois. Pour lui la foi remplacera le doute. » Les épisodes extrêmes se distinguent par un tendre mysticisme : *L'Annonciation* avec son message mystérieux, suivi de l'acceptation confiante de la Vierge, et *La Sainte Nuit* où se voient offerts à l'Enfant divin « l'or de nos ferveurs, l'encens de nos prières et la myrrhe de notre adoration ». Du début jusqu'à la fin, la musique découle avec naturel du texte et des ambiances qu'il évoque. De même l'alternance d'une souple polylinéarité et d'une écriture homophonique se produit avec la plus grande spontanéité. Quelques rappels musicaux viennent affermir la construction des épisodes et de l'ensemble, mais ils sont toujours motivés par le texte. C'est ainsi que le choral d'annonce, *« De Jésus oyez l'humble et la divine naissance »*,

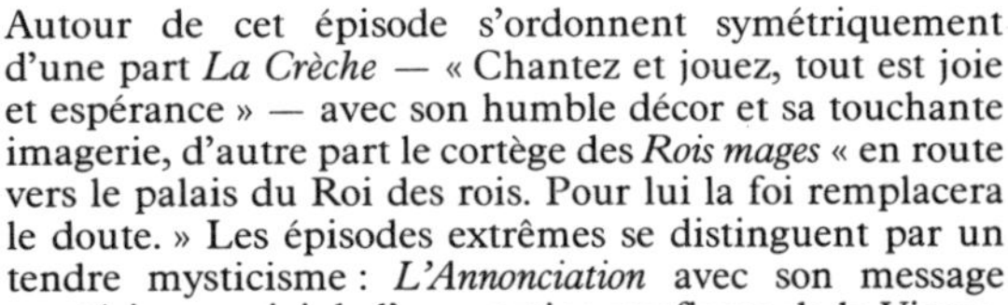

revient quelque peu varié à la fin sur *« De Jésus chantons l'humble et la divine naissance »* avant que ne s'anime l'« Alleluia » final. L'épisode de *L'Annonciation* est lui aussi encadré par une longue phrase chantée par l'un des anges :

Sa réapparition sur « Alors quittant Marie auréolée d'indicible clarté, l'Archange Gabriel remonte vers le Ciel » s'effectue sur les touches blanches :

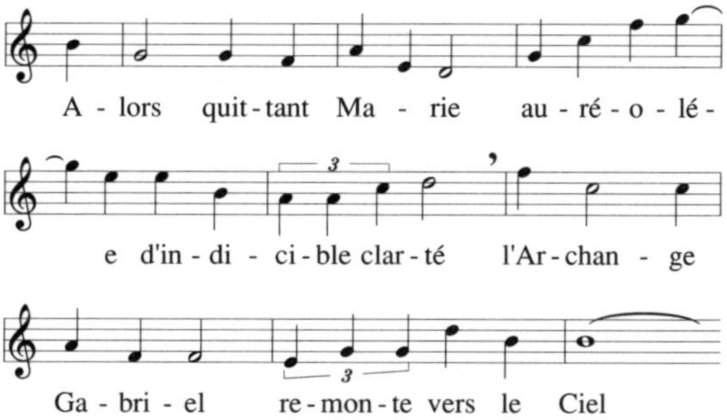

Dans toute l'œuvre, le traitement des thèmes obéit à ce principe de variation modale, plus chargé d'expression que la simple modulation traditionnelle. Les protagonistes de ce mystère sont de douces figures familières et tendres (« Marie, vois ces deux têtes qui regardent l'Enfant. » — « L'âne et le bœuf de cette étable le regarder sont bien contents. ») La lumière intérieure dont ils sont porteurs ennoblit et spiritualise leur chant (« Offrons adorante prière à cet adorable mystère »), aussi simple soit-il. Aucune rhétorique savante ne vient compromettre la spontanéité de l'invention musicale, reflet inspiré de l'émerveillement du chrétien devant l'insondable mystère de Noël.

Bibliographie — M. Pinchard, Connaissance de G. Migot, musicien français, Paris 1959, pp. 87-89.

M. Honegger

« Nature ornant la dame qui debvoit », chanson à 4 voix de **Clément Janequin**, publiée en 1552, dans le *Supplément musical* des → *Amours de P. de Ronsard Vandomoys*. C'est l'une des deux chansons par lesquelles Janequin répond au projet de Ronsard de « chanter une bonne partie du contenu en iceluy [livre] ». Pour composer cette chanson-paradigme, sur laquelle on pourra chanter 60 sonnets du même type, Janequin a choisi comme modèle le sonnet II du recueil, caractérisé par la disposition parallèle des rimes masculines et féminines dans les tercets : *ffm ffm*. La même grille est aussi mise en musique par P. Certon avec → *« Bien qu'à grand tort »*.

Contrairement à Certon, Janequin tire parti de cette disposition des rimes pour mettre en œuvre le principe formel du strophisme (A pour les 2 quatrains, B pour les 2 tercets : AABB', c'est-à-dire dans une description par vers : abcd abcd efg e'f'g'g"), qu'il s'emploie cependant à varier dans les tercets, au point qu'il y est à peine perceptible. C'est le ténor qui continue à exposer dans les trois derniers vers les sujets déjà développés dans le tercet précédent, en les présentant dans une autre disposition polyphonique, globalement note contre note. La sobriété de cette présentation finale est d'autant plus remarquable qu'elle fait suite à un exposé plus développé et polyphoniquement éclaté du premier vers des tercets, « Du ciel à peine elle estoit descendue » **A**. L'élaboration en imitations du sujet du ténor, en même temps que les duplications de ce motif au supérius, font de cette phrase le véritable climax de la chanson. Janequin s'y livre avec délectation à une illustration madrigalisante du texte, qui relève, ici, de l'hypotypose. Il est remarquable, néanmoins, que la même figure puisse aussi exprimer la pénétration dans l'âme quand elle est reprise au vers 12, « Le fier destin l'engrava dans mon âme ».

Curieusement, la musique du premier tercet (efg), dont le vers 9 (e) représente le sommet de l'œuvre, peut apparaître comme la rupture, par anticipation, d'une norme — implicite — que le chanteur/auditeur réalise rétroactivement comme telle, en découvrant la musique du second tercet. Néanmoins, le second tercet (e'f'g' g") se présente à son tour comme un écart des phrases f et g — dont le premier exposé aux vers 10 et 11 est une sorte de degré zéro : la « gradatio » finale, descendante, au vers 14 (g g"), en présentant successivement les deux cadences, sur *sol* puis sur la tonique *fa*, y assure, cette fois, une fonction simplement conclusive. Si cette dernière figure, du domaine de la « dispositio » rhétorique, ne présente aucune antinomie avec le principe du timbre que met en œuvre le projet du poète, il n'en est pas de même de l'hypotypose du vers 9 dont la valeur expressive implique évidemment la contiguïté avec un contexte sémantique déterminé, qu'on ne retrouvera pas dans la totalité des sonnets susceptibles d'être chantés.

Rééditions modernes — Par J. Tiersot, *in* Ronsard et la musique de son temps, Leipzig, Br. & H., et Paris, Fischbacher, [1903] ; par H. Expert, *in* La fleur des musiciens de P. de Ronsard, Paris, La Cité des Livres, 1923, rééd. en facs. New York, Broude, 1965 ; rééd. en facs. du Supplément musical, *in* P. de Ronsard. Œuvres complètes IV, Paris, Didier, 1957 ; par Fr. Lesure et A. Tillman-Merritt, *in* Cl. Janequin. Chansons polyphoniques V, Monaco, L'Oiseau-Lyre, 1969 ; par J.-P. Ouvrard, *in* Coll. Polyphonia, Paris, Heugel, 1988.

A « Nature ornant la dame qui debvoit »

Bibliographie — J. Tiersot, voir ci-dessus ; J.-P. Ouvrard, Les jeux du mètre et du sens dans la chanson polyphonique française du XVIe s. (1528-1550), *in* RMie LXVI/1, 1981 ; J. McClelland, Setting the Sonnet to Music, *in* Australian Journal of French Studies XXI/3, 1984 ; L.-M. Suter, Les Amours de 1552 mises en musique, *in* Ronsard. Colloque de Neuchâtel, Genève, Droz, 1987 ; J.-P. Ouvrard, Le sonnet ronsardien en musique : du Supplément de 1552 à 1580, *in* RMie LXXIV/2, 1988.

J.-P. Ouvrard

(La) Navarraise, épisode lyrique en 2 actes, livret d'Henri Cain et Jules Claretie (pseudonyme d'Arsène Arnaud) d'après *La Cigarette*, nouvelle de J. Claretie, musique de **Jules Massenet**, créé à Londres, au théâtre de Covent Garden, le 20 juin 1894, avec E. Calvé (Anita), A. R. Alvarez (Araquil), Ch. Gilibert (Remigio), P. H. Plançon (Garrido), sous la dir. de Ph. Flon. L'ouvrage fut représenté pour la 1re fois à Paris, à l'Opéra-Comique, le 8 oct. 1895. (Paris, Heugel, 1894 ; durée : 1 h 15 min environ.)

Avec *Sapho*, *La Navarraise* constitue une exception dans l'œuvre de Massenet. De courte durée, cet « épisode » est à jouer sans entracte, un *Notturno* servant d'interlude.

Livret — La petite place d'un village basque au temps de la seconde guerre carliste (1874) ; des barricades au fond.

Acte I. La ville de Bilbao est tombée aux mains des ennemis. Du haut de la barricade, Anita (mezzo-sop.) scrute l'horizon car elle attend le retour d'Araquil (ténor), son fiancé. Remigio (basse), père d'Araquil et riche paysan, gâche la joie des retrouvailles : jamais son fils n'épousera cette pauvre fille sans dot. Alarmé par la perspective d'une défaite, le général Garrido (bar.) promet une forte récompense à qui tuera son adversaire Zuccaraga. Anita sent son heure venue et, à la satisfaction générale, s'engage à se charger de cette tâche. Seul Araquil se méfie ; jaloux, il suit Anita dans l'obscurité de la nuit. (Dans la nouvelle originale, Araquil commettait lui-même le meurtre. Pour donner plus d'importance au rôle féminin, les librettistes ont opéré cette modification très significative.)

Acte II. A l'aube, Anita rentre épuisée et blessée. Elle a poignardé Zuccaraga comme en témoigne le glas qui résonne dans la vallée. Ivre de bonheur, elle reçoit la récompense de 2 000 douros nécessaire à sa dot. C'est à ce moment qu'on amène Araquil, mortellement blessé par les carlistes. Anita a beau crier au triomphe et révéler sa richesse, Araquil agonisant la maudit. Sa jalousie l'a conduit à douter de l'honnêteté de la jeune fille qui, folle de douleur, s'effondre sur le corps de son amant.

Le motif initial de l'introduction orchestrale donne le ton :

Seul leitmotiv de l'opéra, il jaillit avec éclat dans sa concision dramatique et établit le climat vériste de l'ensemble. De nouveau, Massenet adhère donc à une mode. Avec son côté *Carmen* et son coloris espagnol, fortement influencée par → *Cavalleria rusticana* de P. Mascagni, *La Navarraise* a été l'objet d'une critique unanime dans sa virulence. On connaissait le compositeur comme mélodiste et chantre d'une sentimentalité doucereuse. Voilà qu'il choquait par l'exagération, par un « réalisme de bas étage », voire par la « brutalité » des moyens employés, orchestraux comme dramatiques. On reprocha à la musique de n'être qu'illustrative et, pourquoi pas, franchement gênante. Si l'on ne peut épargner à Massenet le reproche d'avoir, plus que jamais, recherché un succès rapide, au point de se mettre en porte à faux avec sa vraie nature, force est de reconnaître dans l'exercice de style la main du maître. Les moyens musicaux sont adaptés à l'intensité de l'action : la fièvre ne pourrait-elle pour une fois remplacer la langueur ? La densité concise de la dramaturgie et de la musique fait pressentir l'instinct du temps dramatique du Puccini de *Tosca*. Le chant, à la fois réaliste et pathétique, privilégie les grands intervalles. On chercherait en vain l'aria de bravoure facilement détachable. Voilà qui explique peut-être l'indifférence des théâtres pour cette œuvre qui figure heureusement au catalogue des enregistrements.

Bibliographie — H. Gauthier-Villars, Notes sans portées, Paris 1896 ; G. Servières, La musique fr. moderne, Paris 1897 ; voir aussi la bibliogr. des art. *Manon*, *Thaïs* et *Werther*.

G. R. Marschall

Nélée et Myrthis, acte de ballet, livret d'auteur inconnu, musique de **Jean-Philippe Rameau** pour soli, chœur et un orchestre formé de ptes fl., fl., htb., bassons, trp., timb., cordes et b.c. ; la date de composition n'est pas connue et l'œuvre ne fut probablement jamais représentée. Il est probable que *Nélée et Myrthis* fut composé pour former l'une des entrées d'un nouvel opéra-ballet, dont la mouture finale n'aura jamais été réalisée : la partition autographe mentionne en effet, à côté du titre maintenant adopté, l'intention première du compositeur : *Les Beaux Jours de l'Amour*, *Myrthis*, *Entrée*. Étant donné le sujet évoqué par le titre général, plusieurs autres actes de Rameau pouvaient prétendre prendre place à côté de *Myrthis* : *Zéphire*, mais aussi *La Guirlande*, voire *Les Sybarites*... La découverte, hypothétique, de l'identité du librettiste pourrait peut-être un jour donner quelque indication à ce sujet.

Livret — Myrthis, la poétesse (dessus), doit au cours d'une cérémonie couronner le vainqueur des jeux d'Argos, Nélée (basse). Celui-ci est épris de Myrthis, mais comme elle feint l'indifférence à son égard, il tente de renoncer à cet amour, et courtise une autre jeune fille, Corinne (dessus). Myrthis, prise à son propre jeu, éprouve les tourments de la jalousie, et ne peut éteindre la flamme dont elle brûle pour Nélée. Au cours de la cérémonie, elle laisse paraître ses sentiments véritables, et Nélée, qui doit choisir une épouse, désigne Myrthis. Le peuple se réjouit.

La musique de *Nélée et Myrthis*, sans être spécialement originale ni portée par un souffle particulièrement inspiré (le livret ne s'y prêtait guère), témoigne de la sûreté du métier du compositeur et de ses aptitudes à fabriquer d'agréables divertissements. Les airs sont réussis et d'un caractère décoratif affirmé, recourant à de nombreux ornements ou tours de chant, ainsi qu'à des mélismes parfois virtuoses (p. ex. le duo des deux Argiennes, *« C'est la victoire la plus belle »*, sc. 5). Les plus remarquables se trouvent au début, dans la scène 1, où à celui de Nélée, *« Un amant rebuté »*, d'une expression un rien dépitée, répond l'air de Myrthis, *« Dans l'ardeur d'un premier désir »*.

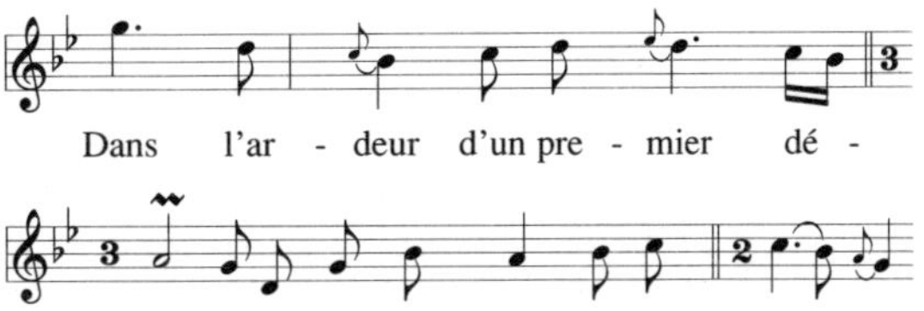

La seconde section (Gai), « Tel un léger et doux zéphyr », en est accompagnée par les flûtes, qui procèdent en traits généreusement évocateurs. La scène 5 comporte trois chœurs : l'un, *« Faites un choix digne de vous »*, reproduit en la variant quelque peu une section de la chaconne instrumentale qui le précède. Les deux autres méritent d'être signalés à des titres divers : dans *« Amour, sois le prix de la gloire »*, la technique polyphonique de Rameau apparaît dans toute sa puissance, comme l'expression privilégiée de la jubilation. Enfin, *« Ouvrez le Temple de Mémoire »* (le premier des trois), est bâti selon des proportions d'« harmonie dissymétrique », dont les rapports sont appliqués régulièrement aux différents niveaux de la composition, et constitue un bel exemple de ce dont Rameau était capable en matière de préoccupations formelles. L'œuvre ne comporte pas d'ouverture (remplacée par quelques mesures de prélude), mais contient une belle chaconne, accompagnant le triomphe de Nélée (sc. 5), dont le début requiert tout l'orchestre, et dont la partie centrale, en mineur, se teinte d'une réelle poésie **A**.

Sources — Partition autographe, Paris, BN, fonds du Cons., Ms. 372 ; partition d'orchestre manuscrite, copie (fonds Decroix), Paris, BN, Vm^2 315.

Éditions modernes — Sous la dir. de C. Saint-Saëns, in J.-Ph. Rameau. Œuvres complètes XI, Paris, Durand, 1906.

Bibliographie — Ch. Malherbe, Introd. et commentaires au vol. XI des Œuvres complètes de Rameau (voir ci-dessus) ; voir aussi la bibliogr. de l'art. *Daphnis et Églé*.

P. Saby

Nell, op. 18, n° 1, mélodie de **Gabriel Fauré** pour une voix et accompagnement de piano, en *sol* ♭ maj., Andante quasi allegretto, écrite en 1878 et créée à la Société Nationale par Henriette Fuchs et l'auteur, le 29 janv. 1881, soit une semaine après *Poème d'un jour* (durée : 1 min 59 s). Éditée par Hamelle en 1880, la mélodie se place en n° 1 dans les → *Vingt Mélodies, 2e recueil.* Fauré renoue ici avec Leconte de Lisle, le poète de *Lydia* (*1er Recueil*) dont il mettra encore en musique *La Rose*, toujours extraite des *Poèmes antiques*, vers 1890. Le langage « exquis et sans reproche », selon les termes mêmes de Vl. Jankélévitch, met bien en valeur l'élégance du texte. Toute de charme des lignes mélodiques, de vivacité de l'écriture dans une tonalité sur touches noires très pianistique, de subtilité harmonique, cette mélodie s'apparente à la *Ballade* pour piano op. 19, écrite dans le

A NÉLÉE ET MYRTHIS

ton enharmonique de *fa* ♯ majeur. Comment ne pas évoquer M. Proust et la petite phrase de la *Sonate* de Vinteuil, sinueuse dans son mouvement « menu, mélancolique, incessant et doux » ! Le strophisme irrégulier (4 strophes sur le plan AA'BA") suit le découpage littéraire ; seule la dernière strophe, dans une coda un peu conventionnelle, abolit la belle régularité du poème en répétant emphatiquement le dernier vers.

Bibliographie — Voir celle de l'art. *Vingt Mélodies, 2e recueil.*

M.-CL. BELTRANDO-PATIER

NELSONMESSE, de **Joseph Haydn**, voir MISSA « IN ANGUSTIIS ».

« NE PLEURE PAS JEANNETTE », voir (LA) PERNETTE.

NERONE (Néron), « tragedia lirica » en 4 actes, livret et musique d'**Arrigo Boïto**, composée entre 1875 et 1918, achevée et instrumentée en 1922-23 par Arturo Toscanini, Antonio Smareglia et Vincenzo Tommasini, créée à Milan, au Teatro alla Scala, le 1er mai 1924, avec Mmes R. Raisa (Rubria), L. Bertana (Asteria), MM. A. Pertile Nerone, M. Journet (Simon le mage), C. Galeffi (Fanuèl), E. Pinza (Tigellino), sous la dir. d'Arturo Toscanini, mise en scène A. Toscanini et C. Fornaroli. (Durée : 2 h 30 min environ.)

Un demi-siècle s'écoula entre la conception du texte (1868) et la mort de Boïto (1918). Le livret, en 5 actes, fut achevé en 1870. Le 26 janv. 1871, Giulio Ricordi le proposa à Verdi qui, intéressé, le laissa cependant en attente, bientôt absorbé par la composition d'*Aida*. Le projet étant resté sans suite, Boïto entreprit d'écrire la musique de *Nerone* après le succès de la version révisée de *Mefistofele* (1875). Ses travaux de librettiste (→ *La Gioconda* [1875] pour Ponchielli, → *Otello* [1887] et → *Falstaff* [1893] pour Verdi) le détournèrent à plusieurs reprises de sa tâche. Malgré les encouragements de Verdi, sa collaboration avec l'illustre compositeur conduisit Boïto à douter continuellement de sa propre valeur musicale. En 1901, il se décida à publier le livret à Milan, chez les frères Treves. La musique des 4 premiers actes était achevée en 1911 dans sa version pour piano. Deux ans plus tard, Boïto annonça l'achèvement de sa tragédie lyrique mais, en 1916, entreprit une refonte du 1er acte. Il mourut en 1918 sans avoir ébauché le dernier. Son exécuteur testamentaire, Luigi Albertini, confia la partition à Toscanini qui, avec la collaboration de Smareglia puis de Tommasini, orchestra l'ouvrage. « Boïto avait pourvu la partition d'annotations si nombreuses et si précises qu'il suffisait de les suivre et de les interpréter pour pouvoir terminer les travaux d'instrumentation. » On vint d'Europe et du continent américain pour assister à la 1re représentation qui remporta un succès inouï.

LIVRET — Rome et ses alentours, vers 60 apr. J.-C. — Acte I. La via Appia. Accompagné par Tigellino (basse) et le mage Simon (bar.), Nerone (ténor) vient enterrer en secret les cendres d'Agrippina qu'il a assassinée. Une femme, avec des serpents entrelacés autour du cou, surgit de terre. La prenant pour une des Érinnyes, l'empereur et Tigellino s'enfuient épouvantés. Le mage fait front à cette apparition qui n'est autre qu'Asteria (sop.), une mortelle éperdument amoureuse de Nerone. Simon lui promet de lui faire rencontrer l'empereur si elle obéit à ses ordres. Il descend ensuite dans la crypte secrète des chrétiens où il dissimule des objets rituels. Au-dehors, Fanuèl (bar.), un chef chrétien, vient dire adieu à la vestale Rubria (mezzo-sop.), une chrétienne, lorsqu'ils sont surpris par le mage. Fanuèl a le temps d'envoyer Rubria prévenir leurs amis que la crypte a été découverte. Simon voudrait que Fanuèl lui enseigne la manière d'accomplir des miracles ; le chrétien refuse et jette l'anathème sur lui. Nerone revient. La foule le célèbre en le comparant à Apollon.

Acte II. Dans le temple souterrain que Simon a préparé pour la visite de Nerone, Asteria joue le rôle d'une déesse. Le mage et Dositèo (bar.) crient les paroles de l'oracle par la bouche d'un visage sculpté dans la pierre. L'empereur avoue à la présumée déesse qu'il a profané le temple de Vesta en violant la vierge Rubria. Mais Nerone touche la « divinité » et s'aperçoit qu'il s'agit d'une mortelle. Furieux d'avoir été trompé, il fait arrêter Asteria, condamne le mage — qui s'était vanté de pouvoir voler — à être jeté du haut d'une tour lors des jeux du cirque, ordonne la destruction du temple, s'érige en dieu, joue de la cithare et chante parmi les ruines.

Acte III. Dans un verger près de Rome, Fanuèl explique à ses amis les Béatitudes. Asteria paraît et prévient les chrétiens des dangers qui les menacent. Mais le mage Simon et son suivant Gobrias (ténor), déguisés en mendiants, les espionnent. Les gardes sortent de leur cachette et s'emparent de Fanuèl.

Acte IV. 1re Partie. Le cirque. Gobrias veut incendier Rome pour sauver Simon du supplice. Tigellino révèle le complot à Nerone qui refuse toute intervention. Les chrétiens sont poussés dans l'arène et Simon est jeté du haut de la tour de l'oppidum. L'incendie provoque la panique chez les spectateurs. — 2e Partie. Ayant échappé à la mort, Asteria et Fanuèl se rendent au spoliarium où sont déposés les cadavres. Ils découvrent Rubria, mortellement blessée par une flèche. Elle avoue qu'elle conciliait le culte de Vesta et celui du Christ. Fanuèl pardonne et l'épouse. Pendant qu'il évoque l'Évangile, Rubria meurt dans ses bras.

Fruit d'un effort littéraire considérable, cet excellent livret en vers est riche d'images saisissantes. Avec un soin d'érudit, Boïto brosse un tableau frappant et coloré du monde néronien et oppose deux univers, l'un naissant (le christianisme), l'autre à l'agonie (le paganisme). D'autre part, la réalité du remords de l'empereur devient l'un des thèmes principaux de l'ouvrage. A l'acte V — celui qui n'a pas été mis en musique — Nerone joue *L'Orestie* à la clarté de Rome en flammes. Il s'identifie à

Oreste, raconte son propre crime, le justifie et tombe dans la démence.

La confrontation entre le monde païen et le monde chrétien se traduit par de nettes différences musicales : chromatisme, instabilité, puissance orchestrale pour le premier, douceur et stabilité, harmonies consonantes pour le deuxième ; d'un côté la sensualité et la barbarie, de l'autre la sérénité et la prière. Dans l'acte I, le contraste est saisissant, par exemple, entre l'entrée de Fanuèl et l'air dramatique de Simon (*« S'avanza una gran nube »*, Une grande multitude s'avance), entre le thème passionné d'Asteria, pathétique, traversé d'élans et de secousses *« Amor che non uccide, no, Amor non è ! »* (Amour qui ne tue pas n'est pas Amour),

et la suave oraison du *Padre nostro* chanté par Rubria. La souffrance de la jeune femme naît de son attachement à Vesta et au Christ, à Fanuèl aussi, auquel elle avouera douloureusement son péché.

La voix de Nerone, entrecoupée, haletante, est capable de lyrisme à l'italienne quand l'empereur chante aux pieds d'Asteria *« Tu dal sen disnodi »* (Tout comme tu ôtes de ton sein, acte II), ou encore lorsqu'il s'adresse à la tombe d'Agrippina *« Queste ad un lido fatal »* (A un rivage fatal, acte I). Les thèmes associés au tyran tournent autour de son rapport à Oreste :

A l'opposé, une musique pure et fluide, entièrement consonante, caractérise Fanuèl et ses compagnons (acte III) :

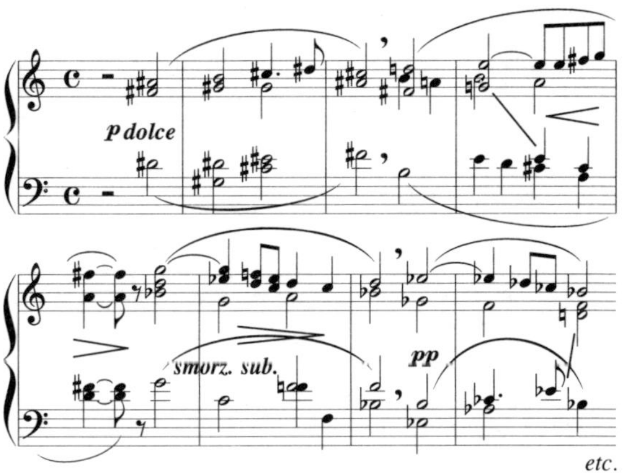

La 2e partie de l'acte IV est tout à fait remarquable. Des sonorités lugubres montent de l'orchestre pour évoquer le sinistre spoliarium, puis c'est la dernière rencontre de Rubria et de Fanuèl. Pour adoucir la mort de la jeune femme, « la musique a fait appel à tous ses moyens, à toutes ses caresses ». Le verbe et le son, la parole et le chant s'interpénètrent. « Ils agissent ensemble. Unis, consubstantiels, on ne les distingue plus », commente C. Bellaigue qui considère que la partition de *Nerone* ne doit rien à personne, sauf peut-être au meilleur Verdi.

Si les scènes de foule et de cirque sont traitées avec une grandeur toute romaine, soutenues par la somptuosité d'une orchestration où dominent les cuivres, l'ouvrage tourne trop court à la fin de l'acte IV. Il manque un faîte à l'édifice. La tragédie avait commencé avec Nerone ; c'est par lui qu'elle devait finir.

Éditions — Réd. cht et p., Milan 1924 ; part. d'orch., Milan 1925.

Bibliographie — R. Giani, Il Nerone di A. Boito, Milan 1901, rééd. *in* RMI XXXI, 1924 ; E. Rod, Le Néron de M. Boïto, *in* Revue des Deux Mondes, 1er juil. 1901 ; C. Bellaigue, Théâtre de la Scala de Milan – Nerone, *ibid.*, 1er juil. 1924 ; G. Borelli, Linee dello spirito e del volto di A. Boito, Milan 1924 ; G. Forzano, La preparazione scenica del Nerone, *in* Lettura, mars 1924 ; V. Gui, A. Boito e il Nerone, *in* RMI XXXI, 1924 ; H. Sachs, Toscanini, Paris, Van de Velde, 1980, pp. 168-169.

Chr. Goubault

« N'espérez plus mes yeux », l'un des plus célèbres airs de cour d'**Anthoyne Boesset**, écrit sur une poésie anonyme, publié dans le *9e Livre d'Airs à 4 parties par A. de Boesset* (Paris, R. Ballard, 1642) et les *Airs de cour avec la tablature de luth de A. de Boesset, 16e livre* (Paris, R. Ballard, 1643). Transcrit pour une voix et b.c., il figure en outre dans deux manuscrits français de la 2de moitié du xviie s. (Paris, BN, Rés. Vma ms. 854 et Vm^7^ 501), ce qui atteste la popularité de « Boesset le père » dans les salons parisiens longtemps après sa mort.

La poésie comporte trois strophes de six vers : trois hexamètres et un refrain de trois vers irréguliers. La version polyphonique fait alterner deux groupes vocaux : dessus et basse d'une part, dessus, haute-contre, ténor et basse d'autre part. Le refrain est dit deux fois, à 4 parties. Cette opposition d'effectifs vocaux est devenue courante dans l'air de cour depuis le *IIIe Livre* de P. Guédron (1617). Elle a peut-être son origine dans les ballets de cour où l'on pratique volontiers le dialogue entre grand et petit groupe.

La version pour voix et luth conserve le dessus et la basse avec des modifications négligeables (rien ne permet d'affirmer qu'A. Boesset est lui-même l'auteur des tablatures faites sur ses airs). C'est cette formule qui se prêtait le mieux à l'adjonction des ornements dans les 2e et 3e couplets. La mode des doubles ornementaux avait été lancée par Henri Le Bailly (mort en 1637) dont le prestige en la matière restait inégalé. Les doubles, fruit de l'imagination du chanteur, n'étaient jamais notés dans l'édition imprimée et on dispose de peu de renseignements à leur sujet. Aussi les diminutions de *« N'espérez plus mes yeux »* fournies par Marin Mersenne dans l'*Harmonie universelle* sont-elles d'un précieux enseignement. Mersenne y présente deux diminutions pour la voix de dessus, une de Le Bailly et une de Boesset. Il emprunte à Moulinié (vraisemblablement Antoine, frère d'Étienne, qui était chanteur) quatre exemples d'ornementation : port de voix pour le dessus et la basse, diminution pour le dessus et la basse. Ces six exemples, quasiment uniques dans la musique imprimée, permettent d'analyser le fonctionnement de l'ornementation vocale française, très différente de l'italienne. Elle s'organise en effet en petites cellules de notes brèves (en général des doubles croches), juxtaposées entre elles par le jeu des syllabes. Les vastes mouvements mélodiques à l'italienne sont absents du chant français dont l'ornementation est plutôt « pointilliste ». Le couplet orné prend l'allure d'un travail d'orfèvrerie où chaque note porteuse d'une syllabe serait comme ciselée par le groupe ornemental. Bien que Mersenne propose les diminutions de Moulinié pour la basse, on conçoit mal que chacune des voix de la polyphonie puisse être pourvue d'un tissu ornemental aussi dense. Néanmoins, cela nous éclaire sur la persistance, dans l'art vocal, de très anciennes techniques d'improvisation qui ont toujours enrichi le répertoire polyphonique.

Rééditions modernes — Par A. Verchaly, *in* Airs de cour pour voix et luth (1603-1643), Paris, Soc. Fr. de Mie, 1961, p. 194.

Bibliographie — M. Mersenne, Harmonie universelle, Embellissement des chants, Paris 1636, facs., Paris, CNRS, 1975, vol. III, pp. 410-414 ; Th. Gerold, L'art du chant en France au XVIIe s., Strasbourg 1921 ; D.-P. Walker, The influence of musique mesurée à l'antique, particularly on the air de cour of the early 17th century, *in* MD II, 1948 ; E.-T. Ferrand, Die Improvisation, Cologne 1957 ; G. Durosoir, L'air de cour en France (1571-1655), Liège, Mardaga, à paraître ; G. Durosoir et A. Verchaly, Catalogue de l'air de cour (1571-1664), n° 120, à paraître.

G. Durosoir

« Nes que on porroit les estoiles nombrer », ballade de **Guillaume de Machault**, voir l'art. Voir dit.

Neue Liebeslieder. Walzer für vier Singstimmen und Pianoforte zu vier Händen (Nouveaux chants d'amour. Valses pour 4 voix et piano à 4 mains), op. 65, recueil de 14 valses de **Johannes Brahms**, sur des textes populaires (turcs, siciliens, espagnols, polonais, serbes, etc.) traduits en allemand par Georg Friedrich Daumer (*Polydora...*), et un épilogue, *Zum Schluss* (Pour conclure), sur un texte de Goethe, composées en 1874, ou un peu avant pour quelques numéros. (Berlin, Simrock, 1875 ; durée globale : 21 min 44 s environ.)

Son titre, *Neue Liebeslieder.Walzer*, inscrit l'op. 65 dans la lignée des → *Liebeslieder.Walzer*, op. 52, dont il serait une suite. Les deux recueils sont destinés à la même formation, un quatuor de solistes et un piano à 4 mains ; ils font tous deux référence à la valse et au thème de l'amour, et ont recours à des schémas formels bipartites. Malgré cela, ils diffèrent nettement car Brahms est passé de la simplicité naïve et fraîche de l'op. 52 à des pièces travaillées et recherchées. L'op. 52 était destiné au plaisir de musiciens amateurs jouant et chantant en famille ou entre amis — Brahms parlait à son propos de « Hausmusik » (musique domestique) —, l'op. 65 requiert, lui, le concours d'interprètes expérimentés.

Ces différences de conception sont confirmées par la prise d'importance, dans l'op. 65, des pièces pour soliste (nos 3, 6, 9 et 11 pour sop., n° 5 pour alto, n° 10 pour ténor, n° 4 pour basse). Des 7 valses de l'op. 65 qui sont encore destinées au quatuor vocal, seules deux (nos 1, 7) retrouvent une partie du naturel de l'op. 52. Les autres s'en écartent par leur texture recherchée, par des raffinements harmoniques ou contrapuntiques, par l'élaboration de leurs lignes mélodiques principales. Sur l'ensemble du recueil, la prégnance du rythme de la valse n'est plus une donnée essentielle, et les pièces pour voix solistes se confondent avec de petits lieder finement ciselés. Dans le lyrisme et l'élan de leurs mélodies, dans les colorations subtiles de leurs harmonies, la matière musicale a perdu cette mobilité inhérente, et indispensable, à l'esprit de la danse. La pièce conclusive, *Zum Schluss*, apparaît comme une synthèse des aspirations brahmsiennes, tant techniques qu'expressives, dans l'op. 65. D'une riche texture contrapuntique, ayant renoncé au rythme de 3/4 au profit du 9/4, elle est construite sur le modèle d'une passacaille interrompue un moment par un libre fugato. De façon symbolique, Brahms, pour cette passacaille, réutilise un dessin motivique de la → *Rhapsodie pour contralto, chœur d'hommes et orchestre*, op. 53, énoncé lorsque les voix demandent au « Père d'amour » réconfort pour celui qui souffre et se consume en secret. Chargée d'une résignation teintée tout autant d'acceptation que d'une légère amertume, cette pièce vaut comme épilogue des op. 52 et 65, mais en restant très proche des poèmes choisis pour l'op. 65, chantant plus les peines que les joies de l'amour.

Bibliographie — Voir celle de l'art. *Liebeslieder.*

Fr. Andrieux

Neues vom Tage (Les Nouvelles du jour), opéra bouffe en 3 parties, livret de Marcellus Schiffer, musique de **Paul Hindemith**, composé du printemps 1928 au printemps 1929, créé à Berlin, au Kroll's Theater, le 8 juin 1929, sous la dir. d'Otto Klemperer, révisé en 1953 et réalisé en 2 actes et 10 tableaux, créé sous cette forme, à Naples, au Teatro San Carlo, le 7 avr. 1954. (Mayence, Schott, 1929 ([1re vers.], 1954 [2e vers.] ; durée : 2 h 30 min environ.)

Livret — Acte I. Un salon dans la maison d'Edouard (bar.) et Laura (sop.), un jeune couple qui, au retour de son voyage de noces, se dispute, ne se supporte plus et décide de divorcer. Madame Pick (contralto), employée de l'agence Univers, surgit et grâce à ses remarques, la rupture devient définitive. Les deux époux divorceront le plus vite possible. — A la mairie, un bureau de l'état civil. Lorsque le couple se présente, l'employé de l'état civil (basse) demande non seulement quantité de documents, mais exige aussi qu'on lui fournisse une preuve irréfutable pour le divorce : « L'avez-vous surpris en flagrant délit ? Vous a-t-il battue ? » Deux couples mécontents, Elli (sop.) et Ali (ténor), Olli (contralto) et Uli (basse) conseillent aux jeunes époux de « fabriquer » le flagrant délit, ce qui résoudra les problèmes. Les jeunes gens décident de suivre ce sage conseil. — Les bureaux de l'agence Univers. Le baron d'Houdoux (basse), directeur de l'agence, s'occupera de leur cas. Il arrangera tout en fournissant un jeune homme qui simulera le flagrant délit avec Laura. Le

« simulateur » sera Hermann (ténor), beau comme une gravure de mode. — Une salle de musée avec une statue de Vénus. Laura et le bel Hermann ont rendez-vous au musée où ils devront simuler une scène d'amour. Mais comme Laura n'est pas laide, Hermann prend son travail un peu trop à cœur. Lorsque le mari arrive au musée, il trouve que le bel Hermann fait trop de zèle et, furieux, il jette la statue de Vénus par terre. — Une salle de bain dans un hôtel. Laura a quitté son mari et s'est installée à l'hôtel. Elle s'apprête à prendre un bain. Le bel Hermann, nu comme un ver, veut entrer dans sa baignoire. Laura est scandalisée. Quoi qu'il en soit, tout est en place pour le flagrant délit. Agents, témoins et Madame Pick arrivent et prennent des photos du couple adultère. Laura, aux humeurs changeantes, commence déjà à regretter son divorce. Le baron d'Houdoux arrive à son tour et licencie le trop zélé Hermann. Laura peut enfin prendre son bain.

Acte II. La scène est partagée en deux parties : à droite, la chambre d'hôtel de Laura, à gauche, la prison où l'on a enfermé Edouard pour son acte de vandalisme. Laura est prise de remords et va embrasser son ancien mari dans sa cellule. Le Baron le fait libérer et engage le couple pour rejouer dans son théâtre la scène de leur divorce. — Les bureaux de l'agence Univers. Le beau Hermann a été engagé de nouveau. Il doit simuler le flagrant délit au profit des deux couples mécontents, Elli et Ali, Olli et Uli, qui veulent à nouveau divorcer. Tous vont au théâtre pour voir Laura et Edouard. — La loge des deux époux divorcés. Ils se préparent pour le spectacle, puis un banal incident fait éclater une furieuse dispute. Ils se séparent pour aller sur la scène. — La salle du Théâtre Univers. Devant des centaines de spectateurs, Laura et Édouard rejouent la scène de leur divorce. Mais ils en ont rapidement assez et le Baron devra engager un autre couple de jeunes. Des enseignes publicitaires au néon s'allument, les « nouvelles du jour » défilent pour les spectateurs qui les lisent à haute voix. Rideau.

Neues vom Tage déclencha un scandale terrible lors de sa création. Dans cette œuvre, la mise en question de la société s'effectue sur le ton badin. Les personnages excentriques qu'on y rencontre symbolisent le déphasage entre la pratique quotidienne et la manière qu'a l'homme de se comprendre lui-même. C'est à partir des problèmes du couple, de ses frustrations, de ses rapports avec les autres qu'apparaît l'image de la société de 1929, désorientée, corrompue.

La musique ne s'ingénie guère à suivre les méandres du texte. Elle le commente, tout en l'encadrant. Hindemith a simplement transposé au théâtre lyrique son style concertant habituel, ses procédés relevant avant tout de l'écriture instrumentale. En cela, il se conforme à l'esthétique de la « Neue Sachlichkeit » (Nouvelle Objectivité). « Sa musique est plane et neutre ; elle n'exprime plus rien, elle ne décrit plus rien qui lui soit étranger ; en revanche, elle trouve en elle des éléments d'intérêt que le romantisme laissa sommeiller longtemps : fluidité des lignes mélodiques superposées, hétérogénéité tonale des polyphonies, élargissement de la notion de cadence » (A. Briner, *P. Hindemith*, p. 68). Mais que ce soit dans *Sancta Susanna*, dans → *Cardillac*, dans → *Mathis der Maler*, dans *Hin und zurück*, dans *Neues vom Tage*, l'auteur applique les mêmes procédés d'écriture instrumentale, transposés à la musique dramatique. Malgré la manière plaisante dont sont traitées certaines scènes — la musique imitant parfois le bruit des machines à écrire, les chœurs chantant des lettres d'hommes d'affaires —, et notamment la fameuse scène « nue » de la salle de bains, les péripéties du livret n'ont que peu d'incidences sur la musique.

Bibliographie — Compte rendu par W. Hirschberg *in* Signale, 10.6.1929 ; A. Machabey, Notes sur la musique allemande contemporaine : Schreker, K. Weill, Hindemith, *in* Le Ménestrel, 17.10.1930 ; A. Briner, P. Hindemith, Zurich, Atlantis, et Mayence, Schott, 1971 ; A. Zabrsa, Das dramatische Schaffen von P. Hindemith, 1919-1930 (diss. Univ. de Vienne, 1972) ; M. Kelkel, Naturalisme, vérisme et réalisme dans l'opéra, Paris, Vrin, 1984.

M. Kelkel

(Les) Neuf Leçons de ténèbres, de **Marc-Antoine Charpentier** (H 96-110). Sur les 31 Leçons que nous laisse le compositeur, cet ensemble forme le seul cycle complet qu'il ait organisé. Il appartient au volume IV des *Meslanges* autographes (Paris, BN, Rés. Vm¹ 259⁴, f° 13v-58v). Cependant, en partant du f° 13 pour arriver au f° 58 (comportant la mention « Fin des Leçons de ténèbres »), on s'étonne de compter 12 leçons au lieu de 9. Leur succession s'organise ainsi (nous donnons la clef afférente à chaque partie) : *Première Leçon du Mercredy Saint* (H 96) : *ut* 1 [dessus], *fa* 4 [b.c.] ; *Deuxième Leçon du Mercredy Saint* (H 97) : *ut* 1 [dessus], *fa* 4 [b.c.] ; *Troisième Leçon du Mercredy Saint* (H 98) : *sol* 2 dessus, *ut* 1 bas-dessus, *fa* 4 clavecin et basse de viole ; *Première Leçon du Jeudy Saint* (H 102) : *ut* 1 [dessus], *fa* 4 [b.c.] ; *Deuxième Leçon du Jeudy Saint* (H 103) : *sol* 2 [dessus], *ut* 1 [bas dessus], *fa* 4 [b.c.] ; *Troisième Leçon du Jeudy Saint* (H 104) : *ut* 1 [dessus], *fa* 4 [b.c.] ; *Première Leçon du Vendredy Saint* (H 105) : *ut* 1 viole (se divisant en 2 parties), *ut* 1 [dessus], *fa* 4 [b.c.] ; *Deuxième Leçon du Vendredy Saint* (H 106) : *sol* 2 [dessus], *fa* 4 [b.c.] ; *Deuxième Leçon du Jeudy Saint* (H 107) : *ut* 1 [dessus], *fa* 4 [b.c.] ; *Troisième Leçon du Mercredy Saint* (H 108) : *sol* 2 [dessus], *sol* 2 [dessus], *ut* 3 [haute-contre], *fa* 4 [b.c.] ; *Troisième Leçon du Jeudy Saint* (H 109) : *sol* 2 « Mme Ste Cécile », *sol* 2 « Me Camille », *ut* 3 « Me Desnots », *fa* 4 [b.c.] ; *Troisième Leçon du Vendredy Saint* (H 110) : *sol* 2 [dessus], *sol* 2 [dessus], *ut* 3 [haute-contre], *fa* 4 [b.c.].

On constate l'existence de deux versions de la 3ᵉ Leçon du mercredi (H 98 et H 108), et des deux dernières Leçons du jeudi (H 103 et H 107 ; H 104 et H 109). S'il est loisible de penser que le compositeur nous laisse opérer un choix parmi ces différentes versions, force est de constater que la réécriture des pièces en question procède d'un souci évident d'unification des effectifs sur l'ensemble des trois offices. Ainsi, pour chaque jour, les deux premières Leçons réclament une voix tandis que la 3ᵉ s'établit à 3 voix. D'autre part, entre les Leçons H 98 et H 102, s'intercalent plusieurs pages indépendantes. La première d'entre elles est une nouvelle version des *Lettres hébraïques de la première leçon de Ténèbres du Vendredy St.* (H 99), « Heth », « Teth » et « Jod ». Elles réunissent 3 voix (*ut* 1, *ut* 1, *ut* 3) et la basse continue. Peut-être doit-on les substituer à leur version première, à moins que le compositeur ait voulu réserver une autre solution. Leur succèdent les *Ritournelles pour la 1ʳᵉ leçon de Ténèbres du Vendredy St* (H 100), écrites à 3 parties et faisant intervenir les violes. Le fait qu'elles soient écrites à part peut indiquer qu'il est possible de les exécuter ou non. La même remarque s'impose à propos du *Prélude pour la 1ʳᵉ leçon de Ténèbres du Mercredy St* (H 101) à 3 parties instrumentales (*sol* 1, *sol* 1, *fa* 4) qui suit.

La Leçon H 110 précise le nom des interprètes qui sont trois religieuses. D'autre part, si la 3ᵉ Leçon du mercredi (H 98) mentionne la présence de la basse de viole à la basse continue, on s'étonne de rencontrer l'indication « clavecin » plutôt que « orgue ».

Après ce cycle « suivent les neuf répons de chaque jour ». Charpentier n'écrira cependant que les neuf premiers du mercredi saint (H 111-119). Il indique, à la fin de la partition : « Je n'ay pas achevé les autres dix-huit répons à cause du changement de bréviaire. » Cela nous renseigne sur la date de composition puisque des modifications affectèrent le bréviaire parisien en 1680. Certainement destinées à l'Abbaye-aux-Bois, ces Leçons furent probablement exécutées pendant la semaine sainte de 1680, comme le confirme un article du

Mercure Galant de la même année : « Nous avons eu aussi une très belle musique à Paris pendant les mêmes jours [de ténèbres] et l'on a couru en foule à la Sainte-Chapelle et à l'Abbaye-aux-Bois. Ce qu'on entendit à la Sainte-Chapelle était de MM. Chaperon, Lalande et Lalouette ; et à l'Abbaye-aux-Bois de M. Charpentier. »

Ces Leçons sont écrites dans le style concertant du petit motet à la française. Il ne faut cependant pas les croire victimes de légèreté. Si l'ornementation abonde en maints endroits, l'ensemble de la composition fait, avant tout, appel au récitatif. Il s'y révèle même une gravité évidente, en rapport avec le texte sombre, caractéristique des leçons de ténèbres. Dans les passages les plus concertants, cette gravité est sous-jacente car la mélodie repose souvent sur la phrase grégorienne prise au « Tonus lamentationum », où chaque note du plain-chant donne naissance à un développement orné. Plus le compositeur veut traduire l'affliction qui se dégage d'un verset, plus il abandonne les longues vocalises au profit d'un récitatif quasi syllabique.

A priori, les vocalises règnent en maître. Elles se présentent sous divers aspects. Certaines ne sont qu'ornementales, décoratives, sans rapport avec le texte. Elles s'attachent souvent au dernier mot de chaque verset, aux « Jerusalem » des 1res Leçons ainsi qu'aux versets 1 et 2 de la 1re Leçon du mercredi (H 96). Sur certaines lettres hébraïques de la 1re Leçon du jeudi (H 102), ou sur la phrase initiale « De lamentatione » et les deux premiers versets de la 1re Leçon du vendredi (H 105), la vocalise se déploie largement, sans rythme marqué, à la façon d'un mélisme grégorien. Enfin, certaines s'érigent en véritable moyen de mise en valeur d'un mot, du sens d'une phrase : traduction de l'absence de repos sur « nec invenit requiem » (sans trouver le repos, H 96) ; matérialisation du rire des ennemis face à la chute de Jérusalem sur « desiderunt » (H 97). Le chromatisme est l'élément le plus voyant du figuralisme très abondant. Il se présente ordinairement en mouvement descendant pour traduire l'idée de douleur : sur « angustias » (H 96) pour exprimer l'angoisse ; sur « Viae Sion lugent » (Les chemins de Sion sont en deuil, ibid.) ; sur « tota moerore confectam » (tout le jour je languis, H 108).

Les silences, que M.-A. Charpentier emploie toujours avec beaucoup d'à-propos renforcent également le sens du texte et le dramatisent : sur « deficerent » (ils tombèrent de faiblesse, H 103), le compositeur interrompt brusquement la voix, de même après « silentio » (H 105). Ils entrecoupent la phrase au rythme pointé très marqué, « Adhaesit lingua lactentis » (La langue du nourrisson adhère au palais, H 106), pour évoquer une respiration haletante. Ce dernier passage est certainement l'un des plus dramatiques de tout le cycle. En dehors de ces différentes techniques expressives, remarquons que chaque fois que le texte fait allusion aux ennemis de Jérusalem ou aux chefs militaires le récitatif devient syllabique et profite d'un rythme ferme, donnant à la musique une allure martiale.

Si l'on retrouve les mêmes matériaux figuralistes de leçon en leçon, celles-ci se différencient cependant par leur caractère. Aussi peut-on dire que la 1re Leçon du mercredi (H 96) est la plus décorative, la 2e du jeudi (H 103) la plus sombre, la 1re du vendredi (H 105) la plus contemplative, la 2e du vendredi (H 106) la plus enlevée.

Les 3es Leçons à 3 voix (H 108-110) se démarquent des autres par la conception de leur écriture, moins ornementale et plus contrapuntique. L'ensemble vocal, qui repose sur une haute-contre féminine, donne à ces œuvres un timbre particulier. Il faut croire que l'interprète possédait une voix exceptionnellement grave pour chanter une telle partie qui s'aventure souvent dans le registre de ténor. Exécutée par une voix masculine, la mélodie notée en clé d'*ut* 3 eût transformé le trio en petit chœur d'opéra, d'allure légère. Ces Leçons ne requièrent pas de bout en bout le trio vocal. Charpentier joue avec l'effectif en isolant également une ou deux voix. Mais, lorsque c'est à la haute-contre seule que revient le soin d'exposer le verset, nous sommes en présence des passages les plus saisissants, les plus « ténébreux » (« Me minavit ; et adduxit in tenebras », Il m'a conduit ; mené dans les ténèbres, H 109 ; « circumaedificavit adversum me », il m'a entouré d'un mur, ibid.). Enfin, la dernière Leçon à 3 voix (H 110), dont l'ultime phrase, « Mulieres in Sion humiliaverunt » (Ils ont déshonoré les femmes dans Sion), est l'une des plus pesantes du cycle, présente la particularité d'être conçue d'un seul tenant.

Bibliographie — Mercure Galant, avr. 1680, pp. 323-324 ; H. W. Hitchcock, Les œuvres de M.-A. Charpentier. Catal. raisonné, Paris, Picard, 1982, n°s 96-110 ; C. Cessac, M.-A. Charpentier, Paris, Fayard, 1988, pp. 167-178.

E. Lemaitre

Neuf Leçons de ténèbres, pour une et 3 voix d'hommes avec instruments, de **Marc-Antoine Charpentier** (H 120-125 et H 135-137), contenues dans le volume XXIII de ses *Meslanges* autographes (Paris, BN, Rés. Vm^1 259^{23}, f° 1-6v, 14-22, 41-49). Leur date de composition est inconnue mais elles semblent avoir vu le jour dans les années 1690. Leur destination est également hypothétique. Charpentier les composa peut-être pour les jésuites mais il n'est pas impossible de penser qu'il les ait écrites à l'époque de son activité à la Sainte-Chapelle (1698-1704), tant elles paraissent des œuvres de maturité. A priori, elles ne forment pas un cycle unitaire mais se répartissent en trois groupes dont le dernier dut naître postérieurement aux autres. Cet ensemble se distingue par l'absence de la 2e Leçon de chaque jour, ainsi que par l'existence de deux versions de la 3e Leçon. D'autre part, chaque triptyque possède son propre effectif : 1re Leçon de chaque jour (H 120-122), voix de basse, orchestre à 4 parties réelles (fl. à bec, htb., basson, vl. [I et II], [hautes-contre de vl.], [tailles de vl.], basses de vl. du grand chœur), orgue et b.c. ; 3e Leçon de chaque jour (H 123-125), voix de basse-taille, htb. seul ou fl. [allemande], fl. allemande, vl. I, vl. II, orgue et b.c. ; 3e Leçon de chaque jour [à 3 voix] (H 135-137), haute-contre, taille, basse, fl. et vl. I, fl. et vl. II, orgue [et b.c.]. Dans chacun des groupes le « Jerusalem » est commun aux trois pièces et Charpentier ne l'écrit qu'une seule fois, en indiquant « Jerusalem comme hier », « Jerusalem comme avant-hier ». Suivant la précision des indications, les trois premières œuvres nécessitent la scission de l'effectif instrumental en deux chœurs : petit chœur (2 fl. ou htb., 2 dessus de vl., b.c.) et grand chœur (réunissant l'ensemble de l'orchestre à cordes et le basson). D'autre part, le « Jerusalem » des 3es Leçons à 3 voix demande un effectif égal au double de celui des autres versets afin d'établir un double chœur vocal et instrumental. Charpentier organise ainsi sa composition : « côté de l'orgue » (3 voix, fl. et vl. I et II) : « côté des violons » (même effectif) ; « Basse continue pour les 2 côtés ». Notons également que les 3e Leçons à 3 voix mentionnent le nom du soliste : M. Beaupuy, qui fut au service de Marie de Lorraine, duchesse de Guise, jusqu'en 1688.

Le nozze di Figaro (Les Noces de Figaro) de W.A. Mozart, créées en 1786.
Représentation à l'Opéra de Munich en 1835 : acte I, scène 7.
Deutsches Theatermuseum, Munich. Ph. Klaus Broszat © Archives Photeb.

Le nozze di Figaro. Représentation à l'Opéra de Paris, en 1973, dans une mise en scène de G. Strehler avec Frederica von Stade (Chérubin), Gundula Janowitz (la Comtesse) et Mirella Freni (Suzanne). Décors d'E. Frigerio. *Ph. © Erich Lessing-Magnum.*

Dessin de N. Gontcharova pour *Les Noces*, ballet d'I. Stravinski créé à Paris, en 1923, par les Ballets russes.
Bibliothèque-musée de l'Opéra, Paris.
Ph. © Bibl. nat.- Arch. Photeb © by ADAGP, Paris 1991.

Nerone (Néron) d'A. Boïto.
Esquisse de décor de L. Pogliaghi pour la première à la Scala de Milan, en 1924.
Museo Teatrale alla Scala, Milan.
Ph. Giancarlo Costa © Photeb-D.R.

Norma de V. Bellini, créée en 1831.
Giuditta Pasta dans le rôle-titre.
Aquarelle d'A.E. Chalon (1833).
Victoria and Albert Museum, Londres.
Ph. © du musée.

La Dugazon dans *Nina ou la Folle par amour,* comédie de N. Dalayrac, créée en 1786.
Peinture sur bois de C. Hoin.
Musée Nissim de Camondo, Paris.
Ph. Michel Didier © Arch. Photeb.

Le nuove musiche (Les Nouvelles Musiques) de G. Caccini.
Page de titre de la première édition, en 1602, à Venise.
Ph. © Lauros-Giraudon/Photeb.

« Nymphe des bois »/« Requiem aeternam »
de Josquin des Prés, *in* « Codex Medicis » (1518).
Biblioteca Medicea Laurenziana, Florence. Ph. Pineider © Photeb.

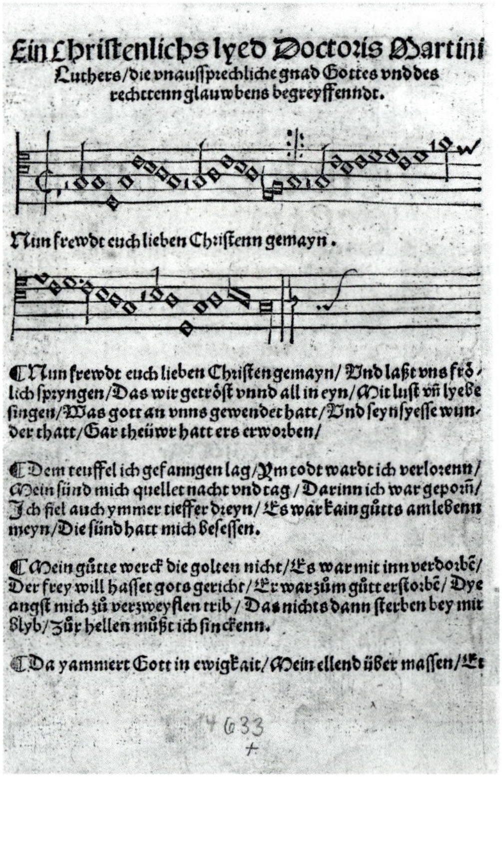
Ein Christenlichs lyed Doctoris Martini Luthers/die vnaussprechliche gnad Gottes vnd des rechtenn glauwbens begreyffenndt.

Nun frewdt euch lieben Christenn gemayn.

Nun frewdt euch lieben Christen gemayn/ Vnd laßt vns frölich sprÿngen/ Das wir getröst vnnd all in eyn/ Mit lust vñ lyebe singen/ Was gott an vnns gewendet hatt/ Vnd seyn süsse wunder thatt/ Gar theüwr hatt ers erworben/

Dem teuffel ich gefanngen lag/ Ym todt wardt ich verlorenn/ Mein sünd mich quellet nacht vnd tag/ Darinn ich war geporñ/ Ich fiel auch ymmer tieffer dreyn/ Es war kain güts am lebenn meyn/ Die sünd hatt mich besessen.

Mein gütte werck die golten nicht/ Es war mit inn verdorbē/ Der frey will hasset gots gericht/ Er war zům gůtt erstorbē/ Dye angst mich zů verzweyflen trib/ Das nichts dann sterben bey mir blyb/ Zůr hellen můst ich sincken.

Da yammert Gott in ewigkait/ Mein ellend über massen/ Er

« Nun freudt euch, lieben Christen gemein » de Martin Luther.
Choral du « Achtliederbuch », Augsbourg (1524).
Germanisches Nationalmuseum, Nuremberg. Ph. © du musée-Photeb.

Plus de dix années séparent ces Leçons de celles que Charpentier composa pour l'Abbaye-aux-Bois (voir l'art. précédent). Ces dernières laissaient une grande place à l'ornementation et étaient traitées dans le style du petit motet concertant alors que celles qui nous occupent rejoignent, par leur facture, la conception du grand motet français. On décèle nettement la volonté d'individualiser les versets par le choix de l'effectif, ce qui annonce le « pointillisme » du XVIIIe siècle. Leur forme est celle du récit accompagné entremêlé de ritournelles. L'ornementation n'est plus souveraine et la présence des instruments, leur utilisation et leur répartition en deux chœurs font passer le genre de la chambre à la salle de concert. Mais, bien que ces œuvres revêtent un certain aspect symphonique très attrayant, il ne s'en dégage pas moins un profond sentiment religieux.

Un évident souci d'unité prévaut dans chaque groupe de leçons. Il se matérialise par la présence d'un « Jerusalem » commun, mais aussi par l'adoption d'un ton unique : 1res Leçons en *fa* (maj. dominant) ; 3es Leçons à une voix en *sol* (maj. dominant) ; 3es Leçons à 3 voix en *do* (min. dominant). La *Première Leçon* [...] *du Jeudy* (H 121) et la *Première Leçon* [...] *du Vendredy* (H 122) comportent trois passages identiques qui renforcent leur cohésion : prélude, « De lamentatione » (phrase initiale), « Heth » (lettre hébraïque). Les 3es Leçons à une voix sont liées sur le plan thématique : le 1er verset (« Manum suam ») de la Leçon du mercredi (H 123), celui (« Ego vir videns ») de la Leçon du jeudi (H 124), ainsi que le prélude instrumental de la Leçon du vendredi (H 125), reposent en leur début sur une phrase mélodique similaire.

Par leur facture, les lettres hébraïques se répartissent en plusieurs groupes : cadence parfaite en deux ou trois notes, cadence sobrement ornée, descente conjointe de quinte ou gamme descendante. Ces différentes dispositions valent surtout pour les lettres des 1res Leçons. De longs mélismes pouvant s'étendre sur 9 mesures caractérisent celles des 3es Leçons à une voix. Dans les Leçons à 3 voix, les lettres hébraïques se répartissent entre cadences ornées et longs mélismes imitatifs, suivant qu'elles requièrent une ou plusieurs voix.

Dans les 1res Leçons, le compositeur use surtout du syllabisme. Il en va de même dans les pièces du 2e triptyque, bien que la *Troisième Leçon* [...] *du Vendredy* (H 125) se charge de vocalises. Les leçons à 3 voix se démarquent par une alternance entre versets homophoniques et passages en contrepoint imitatif. En quelques endroits, des vocalises d'allure décorative émaillent la partition. Elles interviennent sur des mots au pouvoir suggestif très prononcé : « In die furosis sui » (Au jour de son ardente colère, H 135) ; « Vetustam fecit pellem meam, et carnem meam, contrivit ossa mea » (Il a consumé ma peau et ma chair, il a brisé mes os, H 136). Ces éléments de figuralisme, qui se retrouveront sur des mots similaires dans la plupart des motets du XVIIIe s., sont symptomatiques d'une certaine systématisation qui commence alors à s'infiltrer dans les œuvres religieuses.

En dehors des Leçons du 3e groupe, les ritournelles instrumentales abondent et servent, la plupart du temps, à séparer les versets ; la *Première Leçon* [...] *du Vendredy Saint* (H 122) en fournit le meilleur exemple. Dans chaque triptyque, l'emploi et l'écriture des instruments diffèrent. Dans les 1res Leçons, flûtes et hautbois doublent les dessus de violon dès que l'ensemble de cordes est présent, mais Charpentier isole le plus souvent les deux flûtes [à bec] qui s'associent à la voix et à la basse continue pour former un ensemble à 4 parties réelles. Remarquons que l'emploi des sourdines est fréquent pour l'orchestre à cordes. Dans les trois Leçons à une voix, les instruments à vent s'opposent aux violons. Ces deux blocs instrumentaux concertent suivant deux procédés principaux : technique d'écho et écriture canonique. Dans les œuvres à 3 voix, flûtes et violons se répartissent sur deux portées et participent au contrepoint général.

Ces neuf Leçons se placent parmi les meilleures œuvres religieuses du compositeur. Avancer que les Leçons à 3 voix doivent se substituer à celles à une voix n'est qu'hypothétique. C'est cependant cette démarche que Charpentier semble avoir adoptée pour → *Les Neuf Leçons de ténèbres* (H 96-110), dans lesquelles il clôt chaque cycle journalier par une Leçon à 3 voix. Les 2es Leçons auraient été alors exécutées dans leur forme grégorienne, pour pondérer les élans concertants des 1res et 3es Leçons.

Éditions — Par E. LEMAITRE, Paris, CNRS, 1984.

Bibliographie — H. W. HITCHCOCK, Les œuvres de M.-A. Charpentier, Catal. raisonné, Paris, Picard, 1982, n°s 120-125 et 135-137 ; C. CESSAC, M.-A. Charpentier, Paris, Fayard, 1988, pp. 260-262.

E. LEMAITRE

NEUF MÉLODIES IMITÉES DE L'ANGLAIS, op. 2, recueil de 9 pièces pour voix et piano (les n°s 2, 4 et 6 également avec orchestre) d'**Hector Berlioz,** d'après les *Irish Melodies* de Thomas Moore, dans une traduction versifiée de Thomas Gounet, composé en 1829-30 — seule l'*Élégie*, n° 9, date de 1827 — publié en 1830 (Paris, Schlesinger) et réédité en 1850 sous le titre *Irlande* (Paris, Richault). Hormis l'*Élégie* dédiée à Harriet Smithson, toutes ces pièces sont dédiées à Th. Moore.

1. *Le Coucher du soleil* est écrit pour ténor. Cette « Rêverie » est précédée d'une épigraphe prise au *Faust* de Goethe. L'introduction au piano, avec sa lente succession chromatique d'accords aux basses constamment retardées, semble l'illustration de la longue descente des « feux du soleil » dans la « mer silencieuse ». Plus loin, la voix, doublée aux deux mains du piano, « plonge » dans le registre grave. A son tour le piano « s'envole » en arpèges brisés avec les « soupirs ». Si le texte est fait surtout d'expressions et d'images banales, en revanche la musique fait naître, dans son balancement délicat, un climat nostalgique qui ne manque pas de charme. Mais la musique identique s'adapte mal à la 2de strophe du poème, ce qui rappelle les défauts inhérents à la romance. **2.** *Hélène* est une ballade à 2 voix, ténor et basse-taille ou soprano et contralto. Deux chasseurs narrent l'histoire d'un seigneur qui épouse une bergère. Comme pour la pièce précédente, la première édition contient une épigraphe en dialogue tirée — selon Berlioz — d'un drame inconnu et destinée manifestement à mettre en scène la mélodie comme un roman de chevalerie dans le goût « gothique » de 1830. Le piano introduit chaque couplet par une fanfare de chasse à 2 voix. La phrase chantée est marquée également par cet aspect un peu rude :

Et, sans doute pour faire ancien, Berlioz ajoute à la fin du couplet une cadence plagale. A la manière d'une chanson populaire, les 6 couplets sont identiques. **3.** Le *Chant du guerrier* est écrit pour un chœur d'hommes (une partie de ténor et une de basse-taille parfois dédoublée), auquel s'ajoutent un ténor solo dans les trois premiers couplets et une basse-taille solo dans le 4e. Les 5 refrains sont chantés par le chœur. Le caractère général du morceau rappelle le style des chants révolutionnaires : hymne à la liberté, gloire aux héros morts au combat. Ce qui est plus étonnant, c'est de découvrir dans ce genre d'œuvre la marque du grand Berlioz. La distribution dramatique du texte entre les voix solistes et le chœur préfigure la future orchestration de *La Marseillaise* ; on y trouve le même élan spontané et la même conviction généreuse et sincère. Même si la musique des trois premiers couplets est identique, elle n'est pas pour autant faite de phrases quelconques : le rythme met en valeur la prosodie du texte et la démarche mélodique se rapproche de celle d'un récitatif d'opéra. Le 4e couplet, un peu moins vif, est plus proche encore du style déclamatoire. Il termine par un figuralisme digne de l'opéra français du XVIIIe siècle :

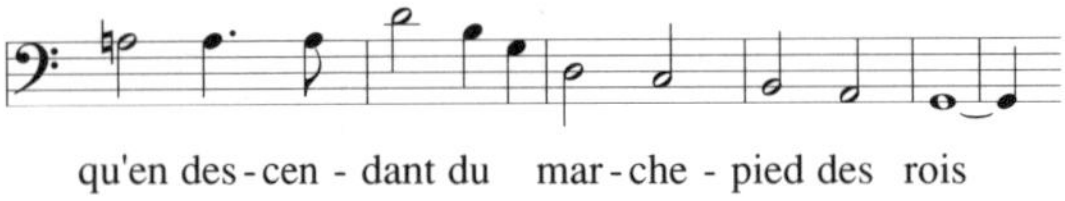

Dans les refrains, le piano double systématiquement les voix, mais, dans les couplets, les tenues, les fusées d'arpèges et les battues d'accords évoquent l'écriture du récit accompagné : il n'y manque que les instruments de l'orchestre. **4.** Avec *La Belle Voyageuse*, on retrouve la voix solo. Berlioz ne précise pas celle qu'il souhaite : probablement un ténor car le texte est confié à un jeune paysan et le registre est noté en clé de *sol*. Sous-titrée « Légende irlandaise », cette pièce ressemble fort à une romance. Qui est la voyageuse ? Est-ce une fée ? Sa beauté et sa richesse peuvent attirer sur elle les dangers. Mais elle ne redoute rien, confiante en l'honneur des fils de l'Irlande. Cette mélodie se compose de 4 strophes identiques, assez brèves, dans lesquelles le compositeur adapte imperceptiblement le rythme de la ligne vocale aux nécessités prosodiques du texte ; cependant, chacune témoigne d'un effort de structure et de modulations qui empêche l'œuvre de tomber dans la fadeur. La mélodie est simple, mais souple et bien chantante, sans banalité. Échappant à l'habituelle modulation tonique-dominante, quatre phrases de 4 mesures et deux phrases de 6 évoluent avec aisance en suivant le cycle descendant des quintes — *la, ré, sol, do* — avant de revenir au ton initial par le relatif et l'homonyme (*la* min., *la* maj.) ; la dernière phrase glisse sur une longue cadence plagale, mais la mélodie est en mode de *la* que Berlioz se garde d'harmoniser tonalement. On voit là un exemple annonciateur de bien d'autres, dans lesquels l'auteur se montre un précurseur du retour à la modalité **A**. Il y a encore dans ce texte d'autres enchaînements harmoniques intéressants : dans l'interlude pianistique qui suit le 1er couplet, la mélodie de la main droite est en *la* maj. et se reproduit deux fois ; pourtant, le musicien l'harmonise différemment **B**. Cet épisode est repris pour clore la pièce ; la voix s'ajoute à la main droite pour la doubler, tandis que dans la redite elle entre passagèrement en canon à la seconde. *La Belle Voyageuse* est à tous égards mieux qu'une romance ; son écriture légère et délicate contient en germe des idées et des recherches que Berlioz utilisera ensuite dans ses grandes partitions. **5.** La *Chanson à boire* est écrite pour chœur à 2 voix (ténors et basses-tailles) et est précédée d'une épigraphe empruntée à un recueil de Th. Moore, *Les Amours des anges*. Malgré l'Allegro frenetico, seul le refrain confié au chœur correspond à l'évocation d'une gaieté convulsive : les trois couplets identiques sont chantés Andante malinconico en mineur par un ténor solo et expriment plutôt la nostalgie et le mal de vivre du poète. C'est aussi dans les couplets que la ligne mélodique est la plus expressive ; variée dans son rythme, de souffle assez long (7, 8 ou 9 mesures), elle est accompagnée d'accords pleins, répétés le plus souvent, qui contribuent à l'intensité expressive. Telle quelle, cette page ne déparerait pas sur une scène lyrique. **6.** Le *Chant sacré*, Largo religioso, est pour grand chœur à 6 voix (S S T T B B). A l'inverse de la *Chanson à boire*, il est comparable aux nombreux Hymnes à l'Être suprême qu'affectionnait la Révolution. Son épigraphe provient de nouveau du *Faust* de Goethe. Berlioz reprend dans cette pièce la répartition dramatique du texte qui lui est chère : le refrain est confié au chœur tandis que les trois couplets semblables, marqués « Récitatif », reviennent à une voix seule (ténor ou soprano). On a affaire à un véritable récit mesuré à la française avec toutes ses caractéristiques : solennité du style, modifications du mouvement et de la mesure, accompagnement d'abord sur trois longs accords tenus, suivis de trémolos puis de contretemps. On comprend que Berlioz ait orchestré cette œuvre (1844) qui rappelle, par certains aspects, les récits de Gluck, mais on se prend à regretter que ces pages soient enfermées dans un ton un peu solennel et convenu. Viennent ensuite deux romances. **7.** *L'Origine de la harpe*, pour sop. ou ténor et piano, a pour épigraphe un texte « traduit du bohémien ». « Ballade » à la façon d'une légende, elle glorifie l'instrument roi de la poésie irlandaise et, comme telle, nécessite un accompagnement en arpèges. C'est l'histoire touchante d'une sirène amoureuse d'un homme indifférent : son chagrin lui vaut d'être métamorphosée en harpe. La pièce se compose de 4 strophes identiques dans lesquelles la mélodie suit pas à pas la diction du texte, sans que rien d'original vienne pimenter son harmonisation ou sa composition. **8.** *Adieu, Bessy*, en revanche, est traitée de façon beaucoup plus intéressante. « Romance anglaise et française » note Berlioz, qui la destine à un ténor : aussi voit-on dans l'édition de 1830 deux portées superposées pour le texte anglais et sa traduction française. Là encore on trouve 4 strophes, dont la ligne mélodique subit, surtout aux strophes 2 et 4, quelques modifications de conduite et de rythme selon la nature des paroles. Ce qui est plus neuf, c'est la transformation de l'accompagnement. Dans chaque strophe, les composantes mélodiques et rythmiques sont de nature variée ; dans la 1re et la 3e strophe, le tout est à peu près semblable, tandis que dans la 2e et la 4e — même si le schéma harmonique ne change pas — l'accompagnement est totalement repensé, apportant ainsi une densité expressive accrue, qui convient fort bien au thème de la séparation des amants. Dans cette diversité sans cesse renouvelée, apparaît mieux encore un lien d'unité, donné par la présence d'une phrase que le piano fait entendre à la main droite en guise d'introduction.

Chantée à la fin de chaque strophe avec le même accompagnement, sur les paroles « Adieu, Bessy ! (bis) Nous nous verrons encore », elle utilise une cellule en majeur reprise en mineur, selon un procédé cher aux romantiques ; dans la 4e strophe, Berlioz inverse cette donnée, modifie un peu le texte et l'accompagne plus fiévreusement C. La pièce présente une richesse d'écriture qui l'éloigne des facilités habituelles de la romance et prend un coloris nettement plus romantique que les pages précédentes. **9.** En automne 1827, *Élégie* a été la première mise en musique par Berlioz qui avait commencé à lire en 1826 le poète Th. Moore dans une traduction anonyme en prose ; elle fut ajoutée aux 8 autres lors de la publication. Dédiée à Harriet Smithson (F.H.S.), elle est écrite à la mémoire d'un jeune patriote irlandais, Robert Emmet, tué à 24 ans par les Anglais en 1803, auquel Moore donne la parole. D'un seul tenant, la mélodie a un langage comparable à celui des cantates *Herminie* ou *Cléopâtre*. Aucun découpage ni rupture : les longues périodes conviennent à l'inspiration du musicien. A peine trouve-t-on (mes. 56 à 64) une phrase musicale déjà entendue (mes. 24 à 32), mais les paroles diffèrent : « La plus chère faveur que puisse accorder le Ciel, c'est l'orgueil de mourir pour toi. » Cette ressemblance se place à la fin de chacune des deux strophes du poème, et Berlioz choisit pour l'exprimer un mode de récitation recto tono, pendant qu'au piano la basse, en notes répétées, descend chromatiquement, comme autant de pas vers la tombe. L'effet dramatique est d'autant plus efficace que dans presque tout le reste de cette *Élégie* l'accompagnement utilise les trémolos. La mélodie elle-même, en évolution constante, porte le poids d'une tension lyrique croissante qui préfigure les

---

A **NEUF MÉLODIES IMITÉES DE L'ANGLAIS**

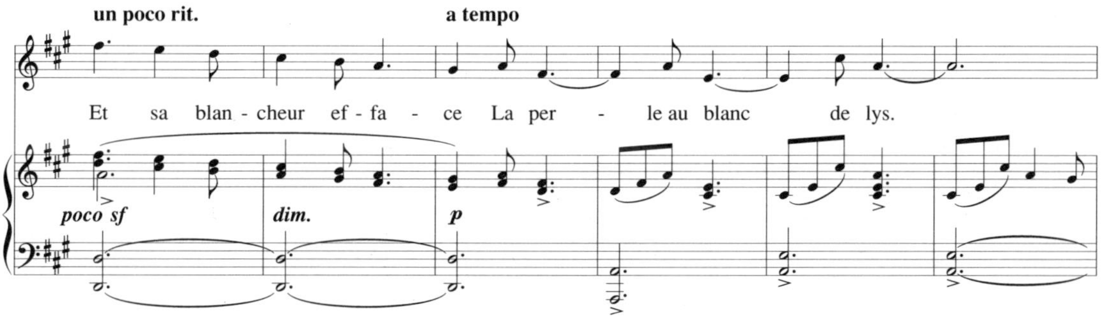

B **NEUF MÉLODIES IMITÉES DE L'ANGLAIS**

C **NEUF MÉLODIES IMITÉES DE L'ANGLAIS**

grandes pages des *Troyens*, tandis que l'écriture de l'accompagnement semble étouffer dans le cadre du piano. Ici le registre et les traits de basse, ailleurs les échanges d'accords plaqués et répétés en triples croches entre les deux mains donnent l'impression d'être la réduction d'un orchestre imaginaire, résonnant dans la tête d'un musicien épique. Berlioz commença l'orchestration puis y renonça, de peur de livrer l'œuvre à l'« indifférence du gros public ». Alors qu'il réutilisera tout au long de sa carrière des pasages de créations antérieures, l'*Élégie* a été composée d'un trait sous la poussée de l'inspiration : « C'est la seule fois qu'il me soit arrivé de pouvoir peindre un sentiment pareil en étant encore sous son influence active et immédiate [...]. J'ai rarement pu atteindre à une aussi poignante vérité d'accents mélodiques. »

Ainsi composées, les mélodies irlandaises ne furent pas entièrement appréciées des contemporains, à la fois charmés des beautés mélodiques ou harmoniques et déroutés par l'irrégularité ou l'absence de symétrie des phrases. Seul sans doute, Lesueur pouvait deviner chez son élève ce qu'il y avait de génie en gestation.

Rééditions modernes — Par Ch. Malherbe et F. Weingartner, *in* H. Berlioz. Werke, série VI/1-2, Leipzig, Br. & H., 1903 (nos 2, 4 et 6 avec orchestre) ; *in* Mélodies de H. Berlioz pour cht et p., Paris, Costallat, 1901 (nos 1, 4 et 7-9) ; *in* New Berlioz Edition, Kassel, BV, 1975 (no 4 avec orchestre).

Bibliographie — Voir celle de l'art. *(Les) Nuits d'été.*

J. Vincent-Caillet

(Der) neumodische Liebhaber Damon (Damon amant à la mode), « scherzhaftes Singspiel » (Singspiel facétieux) en 3 actes, livret et musique de **Georg Philipp Telemann**, créé à Leipzig en 1719 sous son titre original *Die Satyrn in Arcadien* (Les Satyres en Arcadie) ; 1re représentation à Hambourg le 30 août 1724.

C'est à l'âge de douze ans que Telemann composa son premier opéra et, dans les seules années comprises entre 1705 et 1721, il livra plus de vingt œuvres dramatiques à l'opéra de Leipzig. Toutes les sources conservées dans cette ville ayant disparu, *Damon* n'est plus accessible que grâce à sa version hambourgeoise.

Comme la plupart des opéras baroques allemands, *Damon* se fonde sur la traduction et l'adaptation d'un livret italien, *I satiri in Arcadia* de Pietro Pariati (Vienne 1714). Telemann lui-même procéda à la rédaction du texte. Contrairement à la pratique usuelle à Hambourg de maintenir dans les arias une bonne partie du texte italien, le livret de *Damon* est entièrement en allemand. Le sujet participe du débat sur la galanterie que des écrivains et érudits tels que Thomasius et Hunold essayaient d'instaurer en Allemagne dans le premier tiers du XVIIIe s., comme forme nouvelle de comportement. Le titre en porte ironiquement témoignage. Cela mis à part, l'action était susceptible d'éveiller à Hambourg des associations d'idées avec les tendances hégémoniques du roi de Danemark. Le personnage principal peut en effet être interprété comme la parodie d'un tyran absolutiste.

Livret — Le satyre Damon a été autrefois banni d'Arcadie, à l'instigation, croit-il, de Tyrsis. Maintenant que Damon a conquis le pays, il veut se venger.

Acte I. Une région plaisante en Arcadie. Les nymphes et les bergers célèbrent les funérailles de Tyrsis. Celui-ci a mis en scène son propre enterrement afin de tromper Damon et entre en scène sous les apparences de la nymphe Caliste (mezzo-sop.). Sa sœur Mirtilla (sop.) use elle aussi d'un stratagème et feint d'être devenue folle par suite de la mort de son frère. Les satyres dérangent la cérémonie. Damon (basse) apporte « une manière toute nouvelle d'aimer » en demandant que toutes les nymphes lui appartiennent. L'« amant à la mode » a pour pendant le berger Laurindo (bar.). Celui-ci, démodé, est dévoué à sa Mirtilla et se lamente sur son état d'âme. En vain la nymphe Elpina (sop.) brigue ses faveurs et le berger Ergasto (basse) celles d'Elpina. — Une forêt. Les satyres s'amusent à jouer à la chasse. En ce qui concerne la chasse à l'amour, Damon remporte peu de succès : il essuie un refus de la part d'Elpina puis de la part de Caliste après que sa femme Nigella (sop.) est arrivée en Arcadie. Damon se méfie de Mirtilla ; pour démasquer sa prétendue aliénation, il assiste clandestinement à une conversation avec Laurindo. Mais l'amant réussit à avertir Mirtilla de se méfier en écrivant un avertissement dans le sable, en sorte qu'elle n'abandonne pas encore sa ruse.

Acte II. Une région montagneuse. Ergasto cache des partisans dans une cave tout en affectant la loyauté envers Damon. Aidé par Mirtilla, il organise la résistance contre les satyres. Damon veut se débarrasser de tous ses concurrents auprès de Mirtilla. Il s'entremet pour marier Ergasto avec Elpina et Laurindo avec Caliste. Mais Laurindo refuse de renoncer à Mirtilla. — Une vallée déserte. Après un nouveau démêlé avec sa femme, Damon use de violence envers Laurindo : qu'il se sépare de Mirtilla ou qu'il meure ! Lié à un arbre, Laurindo attend la mort. Heureusement, ses partisans ne sont pas loin. Dirigés par Mirtilla, ils parviennent à délivrer Laurindo. Pourtant Mirtilla ne peut pas encore renoncer à sa folie.

Acte III. Le bain de Diane. Elpina continue à rêver à Laurindo en refusant sa main à Ergasto. Damon est furieux de la libération de Laurindo. Pour apaiser sa colère, Mirtilla lui promet l'accomplissement de tous ses désirs. Cela se passera le soir à la fête de Bacchus. Laurindo est jaloux. Nigella présente à Damon, stupéfait, son petit-fils Palès. Mirtilla s'empare de l'enfant afin de s'en servir à ses fins. Avec Laurindo, elle veut arranger un rendez-vous le soir avant le banquet, mais Elpina contrarie ce dessein. — Un vignoble, de nuit. Les conjurés Mirtilla et Ergasto versent des somnifères dans le vin de la fête : ils veulent assoupir Damon et ses satyres pour les capturer pendant qu'ils dorment. A la faveur de la nuit, Elpina feint d'être Mirtilla à l'égard de Laurindo qui lui fait la cour. Maintenant, c'est à Mirtilla d'être jalouse. — Le temple de Bacchus illuminé. Lors du grand banquet, les satyres s'endorment profondément et on les ligote. Tyris et Myrtilla peuvent enfin renoncer à leur ruse. Elpina se contente d'Ergasto. Laurindo et Mirtilla se réconcilient. Ce n'est que sous la menace de tuer son petit-fils qu'ils réussissent à forcer Damon à quitter l'Arcadie. L'enfant reste chez les bergers comme otage.

Le « Singspiel » de Telemann anticipe de plusieurs manières les caractéristiques de l'« opera buffa » à venir. Les personnages sont déjà en partie des types bouffes : la « finta passa » Mirtilla ; le « dissoluto punito » Damon ; le serviteur Hippo, qui aime parler avant son tour et qui est un poltron (Leporello) ; Nigella abandonnée, qui compromet les aventures amoureuses de son époux (Donna Elvira). Le « dramma giocoso » se trouve également préfiguré par la parodie de tout un genre d'opéra, la pastorale, dont la grande tradition depuis *Il pastor fido* de Guarini est quelque peu tournée en dérision. Du point de vue dramaturgique, c'est l'alternance entre des scènes sérieuses et comiques qui anticipe l'« opera buffa ». Les scènes grotesques autour de Damon sont continuellement interrompues par les conflits sérieux des couples d'amoureux. Il y a donc mélange des passions, contrairement à l'opéra italien de la même époque qui renvoie le comique et le tragique à des genres différents.

La forme est, elle aussi, beaucoup moins stricte que celle du « dramma per musica » contemporain. Le goût du public bourgeois de Leipzig était plus satisfait par une forme mixte faite d'éléments de l'opéra français et italien, contenant des chœurs et des ballets aussi bien que des récitatifs et des arias. Telemann joignit ces éléments dans une grande forme variée. De vastes scènes chorales ouvrent les tableaux initial et final. Les formes des arias sont elles aussi variées : à côté de l'aria « da capo », on relève nombre d'ariettes de danse et d'ariosi. Aria et récitatif sont liés. Les ensembles sont fréquents quoique moins nombreux que dans *Der geduldige Sokrates* (Le Patient Socrate).

A la variété des formes correspond celle des styles : selon la typologie des opéras donnée par J. Mattheson dans son livre *Der vollkommene Capellmeister* (Hambourg 1739, 2e partie, chap. 13, § 55), le *Damon* est une « satyra », une « pièce à punition », dans laquelle « die Sang-Weisen hie und da etwas lächerlich, possierlich und stachelicht herauskommen [müssen] » (les manières de chanter doivent être çà et là un peu ridicules, drolatiques et piquantes). Ce caractère est bien rendu dans les arias de Damon et Hippo, mais aussi dans quelques-unes des arias de Tyrsis et de Nigella. Les folles imaginations mythologiques de Mirtilla et quelques arias de Damon ridiculisent le pathos de l'« opera seria ». Les amants chantent la musique de l'opéra italien moderne dans le cadre des sentiments mis en scène par la pastorale. Les danses imitent parfaitement le style français, comme on peut s'y attendre chez Telemann. Les chœurs sont écrits d'une façon bien sonore. Le chœur funèbre pour Tyrsis au début de l'opéra évoque le commencement de l'→ *Orphée* de Gluck et les chœurs du 3e acte ressemblent à ceux de la cantate de chasse *« Was mir behagt ist die muntre Jagd »* de J. S. Bach (BWV 208).

Les voix des chanteurs entièrement réalistes — il n'y a pas de castrat parmi les rôles masculins — et l'instrumentation colorée témoignent d'autres différences par rapport au « dramma per musica ». Tyrsis a été écrit pour une voix de fausset telle qu'on en employait à Leipzig jusqu'aux Passions de Bach. Cet effet comique provient de Venise et était largement répandu au XVIIe siècle. L'instrumentation produit d'une part des effets d'atmosphère (fl. à bec et pizzicatos pour les funérailles de Tyrsis ; cors pour la chasse) ; d'autre part, elle caractérise les personnages (Damon est accompagné par deux bassons obligés). En outre, Telemann se plaît à rendre certains sons de façon onomatopéique par les instruments aussi bien que par les voix. Dans le cas de Damon, cet effet est souvent affecté d'une connotation comique.

En résumé, il est possible de retrouver dans le *Damon* toutes les qualités qui caractérisent la musique instrumentale de Telemann : le maniement souverain des styles nationaux et leur mélange ; la multiplicité des formes ; l'ingéniosité de l'invention mélodique et de l'instrumentation. Que ces qualités soient liées à une prédilection pour un théâtre musical comique correspond au tempérament artistique de Telemann.

Sources — **a)** Livret : Hambourg 1724. — **b)** Musique : Berlin, Staatsbibl. Preussicher Kulturbesitz, Mus. ms. 21 775.

Éditions modernes — Par B. BASELT, *in* G. Ph. Telemann. Musikalische Werke XXI, Kassel, BV, 1969.

Bibliographie — **a)** Sur les opéras de Telemann en général : C. OTTZENN, Telemann als Opernkomponist (diss. Berlin, 1902) ; W. MENKE, Das Vokalwerk G. Ph. Telemanns. Überlieferung und Zeitfolge, Kassel 1942 ; H. CHR. WOLFF, Die Barockoper in Hamburg (1678-1738), Wolfenbüttel 1957, vol. I, pp. 311-337, vol. II, pp. 155-206 ; B. BASELT, préface à « Der geduldige Sokrates », *in* G. Ph. Telemann. Musikalische Werke XX, Kassel, BV, 1967, pp. VII-XI ; M. A. PECKHAM, The operas of G. Ph. Telemanns (diss. New York, Columbia Univ., 1969) ; B. BASELT, Zum Typ der komischen Oper bei G. Ph. Telemann, *in* Konferenzbericht der 3. Telemann-Festtage 1967, Magdebourg 1969, pp. 73-87 ; M. RUHNKE, Telemanns Hamburger Opern und ihre italienischen und französischen Vorbilder, *in* Hamburger Jb. der Musikwissenschaft V, 1981 ; du même, Komische Elemente in Telemanns Opern und Intermezzi, *in* Kgr.-Ber. Bayreuth 1981, Kassel, BV, 1984. — **b)** Sur *Der neumodische Damon* : B. BASELT, préface à l'édition moderne (voir ci-dessus) et Kritischer Bericht, pp. VII-XV ; E. HARRIS, Handel and the Pastoral Tradition, Londres, OUP, 1980, p. 92.

K. BÖHMER

(LE) NEZ (*Nos*), opéra en 3 actes et 10 tableaux, livret de D. D. Chostakovitch en collaboration avec Evguéni Zamiatine, Grigori Ionine et Alexandre Preis d'après la nouvelle de Nikolaï Gogol (1835), musique de **Dimitri Dimitrievitch Chostakovitch**, composé en 1927-28, créé à Leningrad, au Théâtre Maly, le 18 janv. 1930, avec Mmes M. Samarina (Madame Podtotchine), M. Elizarova (Mademoiselle Podtotchine), MM. P. Jouravlenko (Kovalev), I. Netchaïev (le Nez), V. Raïkov (Iakovlevitch), sous la dir. de Samuel Samossoud.

Écrit sur la suggestion du musicologue Boris Assafiev, *Le Nez* est l'œuvre d'un compositeur de 21 ans, frais émoulu du Conservatoire, et reflète tout à la fois les tendances radicalement novatrices de l'Association pour la Musique contemporaine, dont Chostakovitch était membre, et l'influence du théâtre expérimental de Meyerhold, avec qui il avait travaillé. Rapidement frappé d'interdiction, tombant sous le coup des oukazes « antiformalistes » dont Chostakovitch eut à souffrir cruellement en 1936 avec son 2e opéra → *Lady Macbeth du district de Mzensk*, *Le Nez* ne fut repris qu'en 1974, peu avant la mort du compositeur. Depuis, grâce à la mise en scène de Boris Pokrovski et à la direction de Guennadi Rojdestvenski, il est reconnu comme un des ouvrages les plus originaux de Chostakovitch et, de façon générale, comme un des opéras les plus révolutionnaires du XXe siècle.

LIVRET — L'action se passe à Saint-Pétersbourg, sous le règne de Nicolas Ier.

Acte I. Introduction. Le barbier Ivan Iakovlevitch (basse) est en train de raser Platon Kouzmich Kovalev (bar.) qui lui reproche la puanteur de ses mains. — 1er Tableau. Dans la boutique d'Ivan Iakovlevitch. En découpant un petit pain que sa femme, Praskovia Ossipovna (sop.), vient de faire cuire, le barbier en sort un nez. Persuadée qu'il l'a coupé à un de ses clients, Praskovia le chasse avec force hurlements. — 2e Tableau. Sur le quai. Portant le nez enveloppé dans un mouchoir, Ivan Iakovlevitch ne parvient pas à s'en débarrasser discrètement car il ne cesse de croiser des connaissances. Au comble de l'égarement, il se fait interpeller par un Sergent de ville (haute-contre). Suit un entracte écrit pour un ensemble de percussions. — 3e Tableau. Dans sa chambre à coucher, Kovalev ronfle, grogne et s'étire dans son lit. Il se lève, se regarde dans une glace et s'aperçoit qu'il n'a plus de nez. Épouvanté, il va faire une déclaration de perte au commissariat de police. Galop symphonique. — 4e Tableau. A la cathédrale de Kazan. Des fidèles chantent en arrière-plan. Dans l'église, Kovalev voit un personnage dans lequel il reconnaît son Nez (ténor). Il essaie de lier conversation avec lui, tenant des propos incohérents, mais se fait poliment éconduire. Profitant de la cohue, le Nez s'éclipse de la cathédrale.

Acte II. Introduction. Faute d'avoir trouvé le commissaire à son poste, Kovalev décide d'aller déclarer la perte de son nez à la rédaction d'un journal. — 5e Tableau. A la rédaction du journal. Un Fonctionnaire (basse) prend note de diverses petites annonces. La déclaration de Kovalev donne lieu à un quiproquo. Le malheureux enlève alors le mouchoir qui dissimule son visage et montre son infirmité : rien ne réussit à émouvoir le Fonctionnaire dont la réaction désabusée achève de l'exaspérer. Il s'en va, tandis que les commis lisent en chœur les annonces passées dans la journée. Entracte symphonique. — 6e Tableau. L'appartement de Kovalev. Ivan (ténor), son domestique, joue de la balalaïka et chante une chanson dont le texte est emprunté aux *Frères Karamazov* de F. Dostoïevski. Kovalev rentre, complètement désespéré.

Acte III. 7e Tableau. Un relais de poste à la sortie de Saint-Pétersbourg. Avertie de la disparition du Nez, la police prend des mesures. Le Sergent de ville donne l'ordre à ses hommes d'arrêter le fugitif. Les policiers ne semblent guère conscients de l'urgence de l'affaire et, pour tromper leur ennui, entonnent une chanson (le texte est pris, chez Gogol, dans *La Foire de Sorotchintsi*). Des voyageurs bavardent en montant dans la diligence ; une marchande (sop.) vient vendre ses beignets. Le Nez accourt au moment où la diligence s'ébranle. Il riposte au coup de feu tiré par le cocher. S'ensuit une mêlée générale, fatale au Nez. La foule dispersée, on ne voit plus par terre qu'un nez humain. Le Sergent de ville l'enveloppe dans un papier pour le porter à son propriétaire. — 8e Tableau. L'appartement de Kovalev, puis celui de Madame Podtotchine. (Au début, une moitié de la scène est éclairée, celle où se situe l'appartement de Kovalev). Le Sergent de ville vient rapporter son nez à Kovalev, lequel essaie vainement de le recoller ; un Médecin (basse), appelé en consultation, n'obtient pas plus de succès. A son ami Iaryjkine (ténor), venu le voir, Kovalev confie ses soupçons : Madame Podtotchine ne lui aurait-elle pas jeté un sort parce qu'il s'est montré peu empressé à épouser sa fille ? Il décide de lui écrire une lettre. L'autre moitié de la scène s'éclaire. Madame Podtotchine (mezzo-sop.) et sa fille (sop.) sont en train de tirer les cartes. Ivan leur apporte la lettre de son maître ; les deux femmes sont surprises et consternées de se voir accusées du méfait. Madame Podtotchine réplique sans tarder, en précisant que, si Kovalev désire se fiancer à sa fille, cela reste toujours envisageable. Intermède. Le bruit de la disparition du Nez continue à circuler dans la ville et diverses personnes affirment l'avoir vu en tel ou tel endroit de la capitale. Aux dernières nouvelles, il serait au Jardin d'Été. Un attroupement se forme. Dans la foule se trouve un prince oriental, Khozrev-Mirza (rôle parlé), entouré d'une suite de serviteurs et d'eunuques, qui, observant à la lunette, prétend voir le phénomène, ce qui relance la curiosité générale.

Épilogue. 9e Tableau. L'appartement de Kovalev. Fou de joie, Kovalev saute de son lit : son nez est de nouveau à sa place. Le barbier Ivan Iakovlevitch vient le raser. « Attention ! », crie Kovalev dès que le barbier lui effleure le nez. — 10e Tableau. Sur la perspective Nevski à Saint-Pétersbourg. Tout heureux, Kovalev se promène et salue ses connaissances. Il rencontre Madame Podtotchine et sa fille qui l'invitent à venir dîner. A peine se sont-elles éloignées que Kovalev leur fait un bras d'honneur et se met à courtiser une Marchande ambulante (sop.).

Le Nez reste sans conteste la partition la plus originale et la plus novatrice de Chostakovitch, au même titre que ses autres œuvres de la même période (*1re* et *2e Symphonie*, *1re Sonate* et *Aphorismes* pour piano). L'éventail des moyens utilisés est d'une ampleur exceptionnelle et d'une maîtrise technique stupéfiante pour un compositeur aussi jeune. Le langage musical fait se côtoyer l'atonalité et les dissonances les plus crues, des moments de retour à la tonalité et même des pages folklorisantes (chanson d'Ivan, chanson des policiers). L'intermède pour 9 instruments à percussion (entre le 2e et le 3e tableau) est le premier exemple de ce genre dans l'histoire de la musique. Très variée, l'écriture vocale utilise aussi bien le récitatif ou le parlando que des phrases aux lignes brisées, intentionnellement distordues, dans des registres extrêmes, afin d'accentuer le côté grotesque des personnages (p. ex. la voix de haute-contre du Sergent de ville). L'orchestration offre la particularité d'utiliser les instruments à vent un par un, mettant en relief l'individualité de leur timbre. L'orchestre inclut aussi un flexaton, un piano, des domras et des balalaïkas. Enfin, une des particularités notables du *Nez* est de totaliser une cinquantaine de personnages dont certains n'ont qu'une ou deux répliques, sans compter les groupes donnant lieu à des ensembles d'une écriture parfois fort complexe (p. ex. le chœur des commis à la fin du 5e tableau).

Si la nouvelle de Gogol a donné lieu aux interprétations les plus diverses, et notamment psychanalytiques, Chostakovitch a essentiellement insisté sur les aspects du grotesque humain et social, et s'est défendu d'avoir cherché à « faire du comique » : « Chez Gogol, tous les événements comiques sont exposés sur un ton sérieux. C'est en cela que réside toute la force et toute la dignité de l'humour gogolien. » *Le Nez* peut être considéré comme une somme de moyens d'expression pour agresser, surprendre et dérouter le spectateur.

Éditions et rééditions — Leningrad, 1929 (lithographie, réd. cht et p.), Vienne, UE, 1962 (réd. cht et p.), 1970 (part. d'orch.) ; Œuvres complètes, Moscou, Mouzyka, 1981, vol. 18 (part. d'orch.), vol. 19 (réd. cht et p.).

Bibliographie — M.-R. Hofmann, Chostakovitch, Paris 1963 ; S. Khentova, Les années de jeunesse de Chostakovitch, Leningrad, Sovietski Kompozitor, vol. 1, 1975, vol. 2, 1980 (en russe) ; S. Volkov (éd.), Testimony, the memoirs of Shostakovitch, New York 1979, trad. fr. sous le titre Témoignage, les mémoires de D. Chostakovitch, Paris, A. Michel, 1980 ; Ch. Norris, Shostakovitch, the Man and his Music, Londres, Lawrence and Wishart, 1982 ; D. Gojowy, Chostakovitch, Reinbeck bei Hamburg, Rowohlt, 1983, trad. fr., Arles, B. Goutaz, 1988.

A. Lischke

« Nicht unserm Namen, Herr », psaume de **Felix Mendelssohn-Bartholdy**, voir Psaumes.

Nicolas de Flüe, légende dramatique en 3 actes de Denis de Rougemont, musique d'**Arthur Honegger**. Cette œuvre devait primitivement être exécutée lors de l'Exposition nationale de Zurich, les 23 et 24 sept. 1939, mais la mobilisation générale empêcha la représentation et c'est dans la version oratorio qu'elle fut créée à Soleure, le 26 oct. 1940. La 1re représentation théâtrale eut lieu le 31 mai 1941 à Neuchâtel. (Lausanne, Foetisch, 1939 ; durée : 1 h environ.)

Argument — Œuvre populaire selon la volonté des deux auteurs, *Nicolas de Flüe* retrace une partie de la vie du frère Nicolas. L'action se situe dans la 2de moitié du XVe siècle. Militaire et magistrat, Nicolas, révolté par les crimes et les injustices commis par son entourage, abandonne tout et se réfugie au Ranft. Menant une vie d'ermite, il médite et prie et les pèlerins affluent près de lui. A leur tour, les envoyés du roi de France et du duc d'Autriche viennent demander conseil à Nicolas, offrant aux Suisses une alliance contre le duc de Bourgogne. Nicolas met en garde ses compatriotes contre une paix illusoire qui mènera inévitablement à la guerre. Les Suisses sont victorieux du Téméraire mais se battent entre eux pour le partage du butin. Le peuple suisse supplie Nicolas de redescendre parmi les siens pour leur apporter la paix.

Prologue. Une introduction orchestrale, où le caractère épique domine, évoque à grands traits les principaux éléments de l'action.

Acte I. Il commence par la *Chanson des enfants*, mélodie d'une grande fraîcheur, accompagnée par les arabesques de la flûte. Puis se succèdent les épisodes dramatiques, le plus souvent descriptifs (Fanfares, Montée au Ranft, etc.) et les épisodes lyriques, avec en particulier le choral *« Il s'en va »* et le chœur *« Solitaire »* que l'on retrouve au cours du 3e acte.

Acte II. Il s'ouvre par le chant de pèlerins montant vers le Ranft, chœur d'hommes à l'unisson, à l'allure volontairement archaïque. Au récitatif du guetteur se superpose le thème du choral dont les strophes seront exposées tout au long de cet acte. Le chœur *« Victoire et malheur »* reprend un thème chromatique déjà utilisé et le mêle dans un désordre savamment dosé, aux fanfares de l'orchestre, aux exclamations parlées du chœur d'hommes et au texte du récitant.

Acte III. *La Marche des ambassadeurs* se scinde en trois parties : marche de caractère pompeux et militaire, épisode, trio, et constitue le plus long épisode instrumental de toute l'œuvre. Après le rappel de certains chœurs antérieurs (*« Solitaire »*, *« Il descend »*, *« O sentinelle »*), le chœur final superpose les différentes masses chorales (chœur céleste, chœur d'enfants, grand chœur).

Dans cette œuvre, A. Honegger a repris la formule de l'ouvrage dramatique transformé en oratorio avec récitant qui avait assuré le succès du → *Roi David*. On y trouve une fraîcheur de ton qui s'adapte au sujet d'une manière particulièrement heureuse.

Bibliographie — Zu A. Honegger Niklaus von Flüe, *in* Neue Zürcher Zeitung, 1er févr. 1946 ; M. Delannoy, Honegger, Paris 1953, 2/ Genève et Paris, Slatkine, 1986, pp. 229-230 ; W. Tappolet, A. Honegger, Neuchâtel 1957, pp. 187-191 ; Y. Guilbert, Honegger, Paris 1959, pp. 91-94 ; J. Feschotte, A. Honegger, Paris, Seghers, 1966, pp. 71-72 ; G. Spratt, The Music of A. Honegger, Cork Univ. Press, 1987, pp. 321-335.

H. Calmel

« Nimm von uns, Herr, du treuer Gott... » (Ote-nous, Seigneur, ô toi Dieu fidèle, la lourde punition et la grande détresse), cantate de choral de **Johann Sebastian Bach** (BWV 101 ; NBA I/19) pour le 10e dimanche après la Trinité (évangile du jour, Luc 19, 41-48, Jésus annonce la destruction de Jérusalem et chasse les vendeurs du temple), écrite pour sop., alto, ténor et basse soli, chœur, fl., 2 htb., htb. de chasse, cornet à bouquin, 3 trb., cordes et b.c., exécutée pour la 1re fois à Leipzig le 13 août 1724. (Durée : 24 min environ.)

Elle est fondée sur un choral de Martin Moller (1584), écrit lors d'une épidémie de peste, qui se chante sur la mélodie particulièrement répandue du Notre Père de Martin Luther, → *« Vater unser im Himmelreich »*. A l'exception du no 2, toutes les pièces sont étroitement liées à cette mélodie, soit qu'elles l'utilisent intégralement (nos 1, 3, 4, 5 et 7), soit que certaines phrases seules soient citées (no 6). Les strophes 1, 3, 5 et 7 ont été conservées intactes avec toutefois des passages en style récitatif intercalés dans les strophes 3 et 5, tandis que les strophes 2, 4 et 6 ont été librement récrites pour en faire des airs, non sans que, çà et là, des vers entiers du choral ne soient cités. Reconnaissant dans une extrême détresse que les malheurs qui l'accablent viennent de ses innombrables péchés, le croyant implore son Dieu pour qu'il retire sa punition et qu'il prenne patience. Cet appel à la miséricorde divine au nom de Jésus-Christ aboutit à la prière finale pour que Dieu bénisse la ville et le pays, qu'il nous donne en tout temps sa sainte Parole, qu'il nous protège du malin et nous accorde une fin bienheureuse.

Le chœur d'introduction avec tout l'orchestre, **1.** *« Nimm von uns »*, en *ré* min., se compose de 6 sections chorales correspondant aux 6 vers de la strophe, insérées dans une symphonie instrumentale indépendante qui traite un thème débutant par des notes répétées et, lors de l'entrée des voix, un bref motif évoquant les gémissements du pécheur. Placée à la voix de soprano, la mélodie du choral est traitée en « cantus firmus » avec des valeurs longues et est régulièrement annoncée par les imitations préalables des autres voix qui l'accompagnent ensuite en libre polyphonie. Les voix sont doublées par un chœur d'instruments à vent formé par le cornet et les 3 trombones tandis que les sopranos sont encore doublés par une flûte octaviante. A ce véritable motet de choral succèdent **2.** le seul air concertant de la cantate, pour ténor, vl. solo — primitivement fl. solo — et b.c., *« Handle nicht nach deinen Rechten »* (N'agis pas selon tes droits), forme binaire, AB, avec ritournelle, en *sol* min., où le chant s'orne de figuralismes sur « ruhn » (reposer), « Flehen » (supplication), « vergehen » (dépérir) ; **3.** une pièce désignée comme récitatif mais qui est en réalité un choral tropé par des passages en récitatif secco, pour sop. et b.c., *« Ach ! Herr Gott, durch die Treue dein... »* (O Seigneur Dieu, par ta fidélité notre pays jouira de la paix et de la tranquillité), où la mélodie de choral est ornée, restant toutefois aisément reconnaissable, et se trouve accompagnée à la basse continue par un motif rythmique obstiné, issu lui aussi du début de la mélodie ; **4.** un air passionnément agité pour basse, 3 htb. et b.c., *« Warum willst du so zornig sein ? »* (Pourquoi es-tu si en colère ?), en *la* min., d'une forme ternaire très particulière : précédée par une ritournelle de 8 mesures, la 1re partie, qui comprend les 3 premiers vers, est chantée dans un tempo Vivace, le soliste citant à deux reprises la 1re phrase mélodique du choral, au début et à la fin ; la 2e partie, Andante, où la basse chante librement les 3 autres vers de la strophe, s'apaise en adoptant le ton de la prière tandis que les hautbois jouent la mélodie du choral, harmonisée d'abord note contre note puis avec une recherche qui tient compte du sens du texte chanté ; la 3e partie retourne au Vivace du début en répétant le dernier vers avec une insistance marquée sur « Geduld » (patience) avant que l'air se termine par la ritournelle ; **5.** une pièce de nouveau désignée comme récitatif mais qui, comme le no 3, est un choral tropé pour ténor et b.c., *« Die Sünd hat uns verderbet sehr »* (Le péché nous a fortement corrompus), le motif d'accompagnement de la basse continue étant ici aussi issu du début de la mélodie du choral ; **6.** un duo en rythme de sicilienne pour sop. et alto en imitation, fl., htb. de chasse et b.c., *« Gedenk an Jesu bittern Tod ! »* (Souviens-toi de la cruelle mort de Jésus !), forme ABA'A" avec ritournelle, en *ré* min., dont le thème est exposé par la flûte au cours des 3 premières mesures de la ritournelle et sert de contrechant à la 1re phrase mélodique du choral dont seront citées par la suite les 3e et 4e phrases ; la subtilité de la construction de cette pièce va de pair avec une délicatesse extraordinaire dans l'expression d'une intense supplication qui utilise le chromatisme pour illustrer « seiner Wunden Pein » (la souffrance de ses plaies) et renforcer l'imploration sur « barmherziger Gott » (Dieu miséricordieux) ; la pièce s'achève par un faux « da capo » avec la reprise du 1er vers chanté et de sa mélodie en imitation aux deux voix solistes. L'œuvre s'achève **7.** par la dernière strophe du choral de M. Moller, *« Leit uns mit deiner rechten Hand »* (Conduis-nous de ta main droite), en *ré* min., avec doublure instrumentale des 4 voix.

Bibliographie — Voir celle de l'art. *« Ach Gott, vom Himmel sieh darein »*.

M. Honegger

« Nimm was dein ist und gehe hin » (Prends ce qui te revient et va-t-en), cantate de **Johann Sebastian Bach** (BWV 144 ; NBA I/7) pour la Septuagésime (évangile du jour, Matth. 20, 1-16, parabole des ouvriers de la vigne), écrite pour sop., alto et ténor soli, chœur, 2 htb., htb. d'amour, cordes et b.c., exécutée pour la 1re fois à Leipzig le 6 févr. 1724. (Durée : 14 min 20 s environ.)

L'évangile du jour a fourni au poète inconnu le point de départ d'un texte moralisateur qui, outre la soumission à la volonté divine, prêche la modération et la sobriété, ainsi que le contentement de son sort.

Le chœur initial, **1.** *« Nimm was dein ist »*, en *si* min., est un motet à 4 voix en forme de fugue, dans un tempo Alla breve, avec doublure instrumentale par les 2 hautbois, les cordes et une basse continue parfois indépendante. Une attention toute particulière est portée par Bach aux mots « gehe hin » (va-t-en) qui fournissent le contre-sujet à partir duquel se développent les parties libres de la fugue. L'air qui suit, **2.** *« Murre nicht, lieber Christ »* (Ne murmure point, cher chrétien), forme ABA avec ritournelle, en *mi* min., pour alto, 2 htb. (?), cordes et b.c., est construit sur un rythme de menuet dont la carrure est observée. La présence en **3.** d'un choral harmonisé à 4 voix, *« Was Gott tut, das ist wohl getan »* (Ce que Dieu fait est bien fait), en *sol* maj., 1re strophe d'un choral de Samuel Rodigast (1674), semble indiquer que l'exécution de la cantate a pu être partagée avant et après le sermon. Le récitatif pour ténor solo et b.c., **4.** *«Wo die Genügsamkeit regiert »* (Là où la sobriété règne), est un simple « secco » qui prépare l'air concertant pour sop. solo, htb. d'amour obligé et b.c., **5.** *« Genügsamkeit ist ein Schatz in diesem Leben »* (La sobriété est un trésor en cette vie), forme ABC malgré le « da capo » du texte, en *si* mineur. La cantate s'achève par un choral à 4 voix, **6.** → *«Was mein Gott will, das gscheh allzeit »* (Ce que mon Dieu veut se réalise toujours), forme AABA, 1re strophe d'un choral du duc Albert de Prusse (1547), avec une insistance musicale remarquable sur le dernier mot, « verlassen » (quitter).

Bibliographie — Voir celle de l'art. *« Ach Gott, vom Himmel sieh darein ».*

M. HONEGGER

« NIMPHES, NAPPÉS, NÉRIDRIADES, DRIADES » / « CIRCUMDEDERUNT ME », motet-chanson à 6 voix de **Josquin des Prés**. Combinant textes français et latin, cette pièce n'apparaît sous cette forme que dans des rééditions imprimées tardives, chez Susato (1545) et Attaingnant (1549). Dans les sources antérieures, manuscrites pour la plupart, on la trouve avec des textes latins : *« Haec dicit Dominus »*, dans les sources allemandes, et *« Videte omnes populi »*, dans les sources italiennes. Dans tous les cas, cependant, cette polyphonie s'inscrit dans l'esthétique flamande de l'Ars combinatoria puisque le texte, français ou latin, y est combiné avec un « cantus firmus » traité en canon à la longue et à la quinte entre quinta pars et sexta pars. Le texte, liturgique, vient d'une antienne ou d'un répons des Impropères du vendredi saint : « Circumdederunt me gemitus mortis, dolores inferni circumdederunt me. » La mélodie utilisée, cependant, n'a pu être identifiée dans le répertoire liturgique : elle s'apparente aux formules de récitation des lamentations en 6e mode (*fa*). Il s'agit en tout cas d'un « cantus firmus » très apprécié par Josquin, puisqu'il l'emploie dans deux autres motets (*« Christus mortuus »* et *« Sic Deus dilexit »*), également en canon. Certains musicologues (Van Crevel et Osthoff) ont suggéré que la version française serait un « contrafactum » de l'original latin religieux, *« Videte omnes populi »* : il pourrait s'agir, alors, de la première partie d'un cycle de trois motets, réunis par le même « cantus firmus ». Cette mélodie (liturgique ?) est déjà associée à Josquin par ses contemporains : deux musiciens en font usage dans les pièces qu'ils composent en hommage à l'occasion de sa mort. Richafort la cite à plusieurs reprises dans sa *Missa pro defunctis*, peut-être composée à la mort de Josquin, et Gombert en fait le « cantus firmus » d'une déploration sur la mort de Josquin, *« Musae Jovis ter maximi proles »*.

Que la version française soit originale ou non, le « cantus firmus » canonique en constitue la trame contrapuntique et symbolique : c'est autour d'elle que les quatre autres voix tissent leur plainte dans un contrepoint d'une très grande densité.

Rééditions modernes — Par A. SMIJERS, *in* Josquin des Prés. Werken V, Leipzig 1924, 2/Amsterdam, Vereeniging voor Nederlandse Muziekgeschiedenis, 1971.

Bibliographie — M. VAN CREVEL, A. Petit Coclico : Leben und Beziehungen eines nach Deutschland emigrierten Josquinschülers, La Haye 1940 ; G. REESE, Music in the Renaissance, New York, Norton, 1954, 2/1959 ; H. OSTHOFF, Josquin Desprez, 2 vol., Tutzing 1962-65 ; E. LOWINSKY, (éd.), Josquin des Prez, Londres, OUP, 1976 ; B. J. BLACKBURN, Josquin's chansons : ignored and lost sources, *in* JAMS XXIX, 1976.

J.-P. OUVRARD

NINA O SIA LA PAZZA PER AMORE (Nina ou la Folle par amour), « opera buffa », livret de Giuseppe Carpani et Giovanni Lorenzi d'après le livret de Benoît-Joseph Marsollier des Vivetières écrit pour Nicolas Dalayrac, musique de **Giovanni Paisiello**. Créations : 1. version en un acte, Caserte, Théâtre royal, le 25 juin 1789, en l'honneur de la visite de la reine Maria Carolina de Sicile ; 2. version augmentée en 2 actes, Naples, Teatro dei Fiorentini, 1790, avec C. Coltellini (Nina) et G. Lazzarini (Lindoro) ; 3. version en deux actes avec récitatifs chantés, dans le même théâtre, en 1795. L'ouvrage fut joué régulièrement (avec ou sans récitatifs) dans toute l'Italie jusqu'en 1845. Représenté dans les grandes villes d'Europe avant 1825 (1re parisienne au Théâtre Feydeau, le 4 sept. 1791), il fut traduit en six langues. À cette époque faste de sa carrière, Paisiello bénéficiait à la fois de la faveur du roi de Naples et de celle du public, privé de la présence de D. Cimarosa.

LIVRET — Acte I. Tandis que Nina (sop.), fille du Comte (basse), se repose dans un jardin, tout le village, à ses côtés, raconte le drame de la jeune fille : son amant Lindoro (ténor) a été laissé pour mort lors d'un duel avec le prétendant choisi par le Comte ; c'est ainsi que Nina a sombré dans la folie. Suzanne (sop.), servante de Nina, explique au Comte l'état désespéré de sa fille. Se sentant coupable, le père ne sait comment se repentir. Il demande conseil à Giorgio (bar.), qui l'a recueilli autrefois ; le vieil homme présage le prochain rétablissement de Nina. Celle-ci arrive, appelant Lindoro qu'elle croit voir au loin : ce n'est malheureusement qu'un berger qui chante au son de sa musette. Perdue dans ses songes, elle ne reconnaît même plus son père.

Acte II. Le Comte remercie Suzanne des soins qu'elle prodigue à sa fille. Giorgio arrive tout essoufflé, annonçant le retour de Lindoro, guéri de ses blessures. Le comte informe le jeune homme du mal dont souffre sa bien-aimée. Désemparé, Lindoro implore le ciel ; arrive Nina qui ne le reconnaît d'abord pas. Après une évocation de leur amour, elle retrouve progressivement la raison. Le comte, transporté de joie, décide d'unir Lindoro et Nina. Tout le village fête le bonheur des amants.

Inspiré de la comédie larmoyante française, le livret laisse pressentir certains thèmes romantiques : la folie, traitée ici avec douceur et sympathie, et la relation père-fille tendrement décrite. Ils sont développés dans un décor pastoral où évoluent servante, bergers et villageois.

Les nombreuses évocations de la nature ont permis à Paisiello d'utiliser toute une palette orchestrale. Dès l'ouverture, les vents jouent un rôle aussi important que les cordes. Les apparitions de Nina sont introduites par la flûte, symbolisant le rêve, ou par le hautbois, aux sonorités champêtres. Dans un souci de réalisme, une musette accompagne l'air du berger de l'acte I, *« Gia il sol si cala »* (Le char du jour qui par degrés s'incline).

Par l'ampleur des scènes qui lui sont confiées, Nina préfigure les grandes héroïnes romantiques. L'air *« Il mio ben quando verra »* (Quand mon bien-aimé s'en reviendra, acte I) est une longue mélodie plaintive dont l'accompagnement arpégé annonce Bellini par sa douceur et sa simplicité. La souffrance d'une Nina délirante est ensuite exprimée par des phrases entrecoupées de silences ; ces suspensions dramatiques sont ponctuées par le chœur des villageoises *« Lontanadate, Lindoro tuo ben... »* (Nina chaque jour, en attendant Lindor, se languit d'amour).

Un seul personnage, Giorgio, incarne le comique de cet opéra. Son air *« Eccellenza, allegramente... »* (Excellence, que de choses d'importance, acte II), pour lequel il arrive tout essoufflé et bégayant, est un bel exemple du style bouffe napolitain.

Remarquablement écrit pour la voix, l'ouvrage ne recherche pas la virtuosité mais privilégie les mélodies sensibles et élégantes. En témoigne l'air de Suzanne, *« Per l'amata padroncina »* (Pour l'amour de ma maîtresse, acte II), page expressive accompagnée par deux hautbois dont les trilles terminent chaque phrase. Cette même douceur se retrouve dans les nombreux ensembles (p. ex. dans le quatuor *« Come ! Ohimé ! Partir deggio ? »*, Ciel ! Comment ! Quitter ces lieux ? acte I) et dans les chœurs (*« Dormi e cara »*, Dors sans crainte, ibid.).

Nina montre parfaitement le changement d'esthétique marquant la fin du XVIIIe siècle. « C'est une comédie de sentiment qui nous instruit sans nous ennuyer, nous attendrit sans nous attrister et qui fait couler de douces larmes, le premier besoin d'un cœur sensible » (J.-P. Florian). Paisiello a su trouver le ton juste pour exprimer ces tendres émotions.

Sources et éditions — Ms. autographe, Naples, Cons. San Pietro a Majella, 1789. — Part. d'orch., Paris, Pleyel, [1791] ; réd. cht et p., Paris, Pacini, s.d. ; Paris, Launer, 1842 (texte fr. de Crevel de Charlemagne).

Bibliographie — J.-P. FLORIAN, Théâtre de Florian, Paris 1797, t. I ; B. CROCE, I teatri di Napoli, Naples 1891 ; A. DELLA CORTE, Paisiello, Turin 1922, pp. 148-179 ; du même, L'opera comica italiana del '700, Bari 1923, vol. II.

P. HUET-PARRINELLO

NINA OU LA FOLLE PAR AMOUR, comédie en un acte et en prose, livret de Benoît-Joseph Marsollier des Vivetières, musique de **Nicolas Dalayrac**, créée à Paris, à l'Opéra-Comique, le 15 mai 1786.

LIVRET — Élise (sop.) et Georges (basse), tous deux au service du Comte (basse) et de sa fille Nina (sop.), se lamentent sur l'état de la jeune fille devenue folle d'avoir perdu Germeuil (basse) qu'elle aime. Le jeune homme serait mort lors d'un duel avec celui que son père désirait lui donner comme époux. Vu l'état de sa fille, le Comte est pris de remords. Subitement, Germeuil réapparaît et rencontre Nina. Elle ne le reconnaît que lentement, plongeant tout le monde dans l'incertitude. Elle recouvrera finalement la raison, pardonnera à son père et acceptera les avances de Germeuil.

Fondamentalement sérieux, le livret s'inscrit plus dans la lignée des œuvres montées à la Comédie-Française qu'elle n'appartient au répertoire traditionnel de la Comédie-Italienne. Un livret en un acte convenait particulièrement bien à l'écriture de Dalayrac. Aussi le compositeur parvient-il à maintenir la tension tout au long de l'œuvre, malgré certaines faiblesses dramatiques du texte, notamment dans la scène de reconnaissance. L'absence de comique le contraint à l'unité stylistique, à laquelle il renonce toutefois dans les pages d'inspiration pastorale.

Cette « comédie larmoyante », l'une des pièces les plus célèbres de la fin du XVIIIe s. en France, remporta un immense succès auquel le jeu émouvant de Rosalie Dugazon contribua certainement. L'ouvrage fut représenté dans toute l'Europe et suscita quantité de parodies. G. Paisiello en 1789 (→ *Nina o sia La pazza per amore)* puis P. Coppola en 1835 en donnèrent une version italienne. Sur la partition même de Dalayrac, Louis-Luc Loiseau de Persuis écrivit un ballet pour Paris en 1813.

Éditions et rééditions — Paris, l'Auteur, s.d. ; Paris, Le Duc, 1786 ; Paris, Pleyel, [1803].

Bibliographie — H. QUITTARD, La Nina de Dalayrac, *in* RM VIII/5, 1908 ; L. J. MOSS, The solos of the one-act opéras-comiques by N. Dalayrac (1753-1809) : their musical forms and dramatic functions (diss. New York Univ., 1969), Ann Arbor, UMI, 1978.

PH. VENDRIX

NIOBÉ OU LE ROCHER DE SIPYLE, de **Pascal Dusapin**, pour sop. solo, 12 voix mixtes et 8 instr. à vent (htb., 2 clar. [clar. basse], 2 bassons [contrebasson], trp., 2 trb.), écrit à Rome en 1982 à l'initiative d'Alain Bancquart pour le cycle Perspectives du XXe siècle de Radio-France et commandé par le ministère des Affaires culturelles, créé le 16 juin 1984 au studio 104 de la Maison de la Radio à Paris par Yomi Nara, le Groupe vocal de France et l'ensemble 2E2M sous la dir. de Michel Tranchant. (Paris, Salabert ; durée : 38 min environ.) Une version scénique en a été créée au Festival d'automne de Paris les 7, 8 et 9 nov. 1986 avec des lumières de Dominique Bruguière par l'Ensemble InterContemporain, le Groupe Vocal de France et Marie Angel, sous la dir. de Peter Eötvös.

Le livret en latin est constitué de montages de l'œuvre d'Ovide (*Métamorphoses*), de Juvénal (*6e Satire*), de Sénèque (3e acte d'*Œdipe*, 1er acte d' *Hercule*), d'Ausone (*Épitaphe de Niobé*), de Properce (*Élégies*), réalisés par l'historien Robert Fohr.

ARGUMENT — Fille de Tantale et sœur de Pélops, Niobé avait épousé Amphion, roi de Thèbes, dont elle eut un grand nombre d'enfants. Forte et fière de sa progéniture, elle détestait la déesse Latone qui n'avait qu'Apollon et Diane. S'opposant au culte que Latone imposait au peuple de Thèbes, Niobé eut recours à ses enfants pour s'en venger. Mais Apollon tua de son arc ses fils et Diane ses filles. La mère en pleurs, immobile devant le génocide, se métamorphosa en roc de marbre irriguant de ses larmes une montagne : le rocher de Sipyle.

La forme respecte la chronologie des événements uniquement pour la soliste, le groupe vocal commentant, racontant, devançant l'action, prophétisant, dessinant l'écho (« bouche fermée » ou « notes voilées », « quasi murmuré »), jouant Amphion (hommes) ou Isménée, Ilionée (femmes), prolongeant vocalement le personnage de Niobé par la reprise ou l'amplification de certaines parties de son texte, le plus souvent homophoniquement, par pupitre (rarement non synchrones). Le premier ténor se distingue par deux soli dont un en voix blanche. La pièce use de quarts de tons pour toute la formation. Pour les voix, le vibrato est proscrit au profit d'une intonation la plus exacte possible et d'un staccato ou « son vocal âpre, rauque et intense » (P. Dusapin). Les trames sonores successives mettent en relief des « profils dynamiques » considérés comme un véritable paramètre polyphonique. « Dédaigneux », « hésitant », le rôle de Niobé utilise le souffle avec « la gorge très large », l'inspiration « avec beaucoup d'air », l'expiration, et le parlando. L'œuvre se termine par un ruban continu de tenues qui aboutit à « rien » à l'orchestre et à du souffle coloré au chœur. Niobé, d'une voix blanche, sans expression, répète quatre fois « O dieux, rendez-moi pareille à cette pierre qui baigne de ses pleurs le Sipyle ! », les deux dernières sans accompagnement, l'ultime « dans une intensité de plus en plus étouffée, jusqu'à une voix d'enfant ».

Bibliographie — A. Marchal et M. Devaux, P. Dusapin. Penser le son, *in* Art Presse, n° 95, Paris, Festival d'automne, 1985 ; Les Cahiers du CREM, n° 12-13, Mont-Saint-Aignan, Univ. de Rouen, 1989 ; P. A. Castanet, Niobé, notice du programme de Musica 89, Strasbourg, Dernières Nouvelles d'Alsace, 1989.

P. A. Castanet

« Nisi Dominus... » (Si le Seigneur ne bâtit la maison), Psaume 126 (127), pour alto solo, cordes et orgue d'**Antonio Vivaldi** (RV 608). (Durée : 24 min environ.)

C'est un « concerto sacro » italien, c-à-d. une cantate pour soliste avec accompagnement instrumental et un orgue qui est soliste dans certains mouvements. Il n'y a pas d'arias au sens habituel du terme dans les neuf numéros de l'œuvre — les trois derniers pour la seule doxologie — ni d'ailleurs de récitatifs : toute la musique est une libre déclamation très expressive du texte, mais il ne s'agit pas non plus de simples ariosos. Malgré cette diversité de structure, l'ensemble du psaume présente une grande unité, parce que le 1er mouvement est introduit par une figure caractéristique du 1er mouvement d'un concerto instrumental

et que ce motif et l'ensemble de cette musique sont repris sur la 2e partie de la doxologie, *« Sicut erat in principio »* (Comme il était au commencement).

La sémantique musicale, les madrigalismes sont nombreux et magistralement mis en œuvre : les flèches du *« Sicut sagittae »* sont traduites par de véritables fusées de doubles croches. Sur le verset *« Cum dederit... »* (Quand le Seigneur accorde le sommeil à ses bien-aimés), Vivaldi crée un larghetto en *sol* min. qui est comme le concentré de ses mouvements instrumentaux évoquant la nuit, le sommeil et les rêves, véritable pastorale de la Nativité. Comme il est probable que le psaume a été écrit avant les concertos célèbres dans lesquels se trouvent ces mouvements lents, on peut supposer que ces pages lui ont été inspirées par la grande poésie des psaumes. Dans le *Gloria* trinitaire, le musicien écrit un trio pour la voix soliste, une viole d'amour concertante et la b.c., émouvante interprétation symbolique du texte.

Il s'agit là d'une des pages maîtresses de l'œuvre vocale de Vivaldi par sa force expressive, sa concentration et sa perfection formelle.

Bibliographie — A. Casella, Le composizione sacre e vocali di A. Vivaldi, Note e documenti, Sienne 1939 ; W. Kolneder, A. Vivaldi, Wiesbaden 1965 ; A. Vivaldi, *in* Coll. Génies et réalités, Paris, Hachette, 1975.

C. de Nys

« Nisi Dominus », psaume de **Georg Friedrich Haendel**, voir Vêpres pour les carmélites.

(Les) Noces, « scènes chorégraphiques russes avec chant et musique » d'**Igor Stravinski**, pour 4 solistes vocaux, chœur à 4 voix, 4 pianos et instr. à percussion, sur des textes populaires russes (adaptations françaises de C. F. Ramuz avec la collaboration du compositeur, et anglaise de D. Millar Craig), composées entre l'automne 1914 et le 4 avr. 1917, orchestration achevée (après l'abandon de plusieurs formules successives) le 6 avr. 1923. L'œuvre est dédiée à Serge de Diaghilev, directeur de la troupe des Ballets russes qui en assura la création, à Paris, au Théâtre de la Gaîté-Lyrique, le 13 juin 1923, sous la dir. d'E. Ansermet, décors et costumes de N. Gontcharova, chorégraphie de B. Nijinska, aux pianos Marcelle Meyer, G. Auric, E. Flament et H. Léon. (Londres, Chester, 1922 ; durée : 23 min environ.)

Le livret se subdivise en 2 parties et 4 tableaux, mais la partition musicale est en un seul tenant et s'exécute sans interruption.

1re Partie. Les préparatifs de la cérémonie. — 1er Tableau. *La Tresse.* Dialogue entre la fiancée Nastasie Timofeïevna, ses amies et sa mère au moment de faire sa toilette et de tresser ses cheveux pour la dernière fois. Nastasie se lamente de perdre sa tresse, symbole de sa virginité : « Pauvre, pauvre d'moi, pauvre encore une fois ! » Ses amies tentent de la réconforter : « Console-toi, petit oiseau, ne pleure pas [...], tu t'en vas là-bas, un rossignol y chante pour toi. » Invocation à la Vierge. — 2e Tableau. *Chez le marié.* Les amis de Fétis, le fiancé, coiffent ses cheveux bouclés en présence de ses parents : « Et à qui êtes-vous à présent, belles boucles blondes ? » La mère est triste de voir partir son fils, et l'on implore la bénédiction de la Vierge et des saints ; Fétis prie ses parents de lui accorder la leur. — 3e Tableau. *Le Départ de la mariée.* La cérémonie rituelle est suggérée au moment où le cortège se met en marche : « Avec le pain, avec le sel, avec la trois fois sainte image, saint Côme, viens avec nous... » Puis les deux mères se lamentent en attendant le retour de leurs enfants.

2de Partie. — 4e Tableau. *Le Repas de noces.* Évocation des joyeuses conversations des hôtes attablés après la cérémonie ; chants symboliques, apostrophes plaisantes ou ironiques, souhaits aux nouveaux mariés. L'ambiance redevient plus sérieuse à la fin, lorsqu'un couple de convives s'en va chauffer le lit nuptial ; un chant grave du marié termine l'œuvre, suivi d'un postlude instrumental très dépouillé.

Caractérisées par le compositeur comme « une suite d'épisodes nuptiaux typiques », traduits par des citations de paroles typiques (*Chroniques de ma vie*), *Les Noces* représentent sans doute le point culminant du nationalisme musical de Stravinski, et l'œuvre peut-être la plus parfaite et la plus émouvante de toute sa production. Comme → *Renard*, dont la composition est contemporaine, *Les Noces* se situent par leur esthétique et leur langage dans le prolongement direct du *Sacre du printemps*, bien que les trois œuvres aient une physionomie très différente, notamment sous l'angle de l'orchestration. On s'explique alors l'étonnement de certains lors de la création en 1923, date à laquelle Stravinski avait changé de manière depuis plusieurs années et adopté un néoclassicisme totalement occidentalisé.

La substance musicale est confiée avant tout au chœur et aux solistes qui n'apparaissent pas sur scène, et sans qu'un soliste incarne un personnage déterminé. Les instruments, en formation insolite axée sur les sonorités percutantes et soulignant de ce fait le dynamisme rythmique, ne font qu'entourer les voix d'un décor sonore aussi suggestif qu'original par ses alliages de timbres colorés. Le langage, d'essence mélodique et polymélodique, repose principalement sur l'emploi de cellules tricordales renvoyant à une échelle pentatonique : aussi présente-t-il un aspect nettement populaire et archaïsant, même en l'absence de thème folklorique authentique. Ces cellules apparaissent dès les mesures initiales :

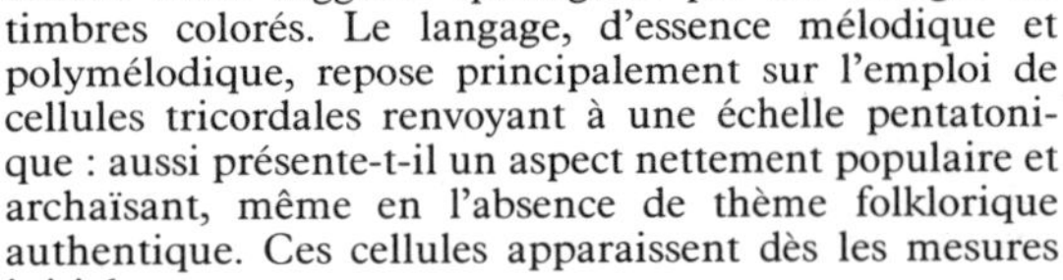

Cette écriture mélodique d'esprit modal se diversifie fréquemment en un contrepoint très linéaire, rappelant la polyphonie médiévale. Les instruments, quant à eux, accompagnant les mélodies vocales de doublures parallèles ou à l'unisson, d'accords détachés ou d'un fond sonore en ostinato ou en contrepoint simple, ne se font presque jamais entendre seuls. Les citations populaires textuelles semblent se limiter à deux emprunts, à savoir un chant liturgique pour l'intervention non accompagnée du fiancé au tableau 2

et un air de prolétaires pour le chant de la mariée au tableau 4.

Dans ses *Chroniques de ma vie*, Stravinski s'est défendu d'avoir traité le texte autrement que comme un simple « matériau phonétique » (c'est à ce propos qu'il énonce sa célèbre déclaration sur l'inexpressivité foncière de la musique). De fait, la sonorité des mots se voit souvent mise en relief par une émission détachée et syllabique (avec de constants changements de mesure commandés par la structure verbale) ; il n'en reste pas moins que la valeur de l'œuvre et l'impression saisissante qu'elle produit tiennent en grande partie à la force avec laquelle elle recrée — en lui conférant une portée universelle — le climat de la Russie paysanne traditionnelle, avec son mélange unique de rusticité truculente, d'humanité profonde et de foi religieuse.

Bibliographie — V. Belaiev, I. Stravinsky's « Les Noces », Londres 1928 ; C. F. Ramuz, Souvenirs sur I. Stravinsky, Lausanne 1929, 2/ Lausanne, Éd. de l'Aire, 1978 ; A. Schaeffner, Strawinsky, Paris 1931 ; I. Stravinski, Chroniques de ma vie I, Paris 1935 ; E. W. White, Stravinsky, Londres, Faber 1966, 2/1979, trad. fr. Paris, Flammarion, 1983 ; A. Boucourechliev, I. Stravinsky, Paris, Fayard, 1982 ; Chr. Goubault, I. Stravinsky, Paris, Champion, 1991.

J. Viret

(Les) Noces de Jeannette, opéra-comique en un acte, livret de Michel Carré et Jules Barbier, musique de **Victor Massé**, créé à Paris, à l'Opéra-Comique, le 4 févr. 1853, avec Marie Miolan-Carvalho (Jeannette). (Paris, Grus, 1853 ; durée : 1 h 15 min environ.)

Livret — Le matin de ses noces, Jean (bar.) s'enfuit de la mairie, laissant là Jeannette (sop.), sa fiancée, et tous les invités. La jeune fille vient lui demander des explications et, tandis qu'embarrassé Jean la laisse pour aller s'amuser au cabaret, elle jure, malgré sa peine, de le reconquérir. Revenu chez lui pour y chercher son bouquet de marié, Jean, un peu ivre, a la surprise de revoir Jeannette qui, par ruse, lui fait signer le contrat de mariage : de colère, il casse ses vieux meubles et sa vieille vaisselle puis va cuver son vin au grenier. Pendant ce temps, Jeannette fait apporter son mobilier neuf, recoud l'habit de l'irascible et, avec l'aide de Petit-Pierre, son cousin, prépare le repas. A son réveil Jean bougonne devant ces changements puis s'adoucit... Quand son ami Thomas lui rappelle qu'il faut passer devant le maire, il fait entrer tout le monde, remet son habit, donne son bouquet à son épouse, et le cortège se met en marche au son des cloches.

Oubliées ou méprisées aujourd'hui, *Les Noces de Jeannette* ont fait partie pendant plus d'un siècle des piliers du répertoire. La simplicité d'une intrigue sans surprise, jamais vraiment tragique, et la naïveté d'un livret troussé selon les conventions morales de l'époque font de ce petit ouvrage sans prétention un recueil d'images d'Épinal où la bonté triomphe aisément, non pas de la méchanceté, mais de la peur et de la mauvaise humeur. Très concise, la partition compte 8 numéros et une rapide ouverture. A Jeannette sont dévolues deux pages contrastées : élégante et distinguée, la *Romance de l'Aiguille* qui conduit à l'accueil joyeux du nouveau mobilier ; très virtuose, l'*Air du Rossignol*, que Jean entend à sa descente du grenier — au couplet la voix rivalise en vocalises avec la flûte solo, au refrain elle présente un thème fort pimpant et, à la conclusion, des prouesses propres à mettre en valeur sa technique. L'*Air de Jean*, qui ouvre la pièce, relate avec pittoresque les péripéties du mariage manqué. Il évoque, avec une émotion légère, le cortège initial de sa noce, avec une terreur presque comique la panique qui s'empare de lui, concluant le tout dans les sarcasmes de l'affirmation d'une liberté déjà proclamée. Plus loin, les couplets où Jean énumère à Jeannette les tourments qui l'attendent si elle persiste dans son intention de rester son épouse sont débités avec alacrité et de façon péremptoire, pour impressionner la jeune fille. Ils font écho à la dispute, nerveuse mais non dramatique, qui a précédemment opposé les deux jeunes gens. Tendresse et ardeur lyrique caractériseront naturellement leur duo final mais, avec le récit mouvementé du marié déjà étudié, la scène 4 mérite une particulière attention. Déçue par l'affront qu'elle vient d'essuyer, Jeannette détaille une romance pudique et discrète : *« Parmi tant d'amoureux empressés à me plaire »*. De la fenêtre du logis de Jean, elle entend son époux, puis ses amis, chanter à pleine voix une chanson à danser un peu leste, accompagnée par les violoneux. A ce court épisode coloré succède la résolution furieuse de l'héroïne : *« Mais ne pleurons plus ! »* Uni aux protagonistes de l'aventure, un chœur très vigoureux reprendra avec les cloches, au finale, le thème carillonnant du début de l'ouverture.

Bibliographie — J. Gourret, Histoire de l'Opéra-Comique, Paris, Les Publications Universitaires, 1978, p. 131 ; H. Rosenthal et J. Warrack, Guide de l'opéra, Paris, Fayard, 1986, pp. 509 et 583.

M. Burgard

Noche oscura (Nuit obscure), cantate de **Goffredo Petrassi** pour chœur mixte et orchestre, sur un poème en espagnol de saint Jean de la Croix, avec adaptation en italien, créée au Festival de Strasbourg en juin 1951. (Milan, Suvini Zerboni, 1952 ; durée : 22 min environ.)

Cette « symphonie chorale », une des plus admirées de Petrassi, illustre deux aspects de l'expression religieuse du poème qui présente un versant religieux traditionnel et un versant érotique, la rencontre avec l'« Amato », (5e strophe), avant la béatitude finale dans le ton de l'érotisme mystique propre au baroque espagnol du XVIe siècle. Le travail musical poursuit la tendance des œuvres antérieures : réduction non pas de l'orchestre mais de la matière musicale puisque toute l'œuvre est fondée sur une cellule de 4 sons rigoureusement isochrones, *mi* ♭, *ré*, *sol* ♭, *fa*, qui rappelle la mélodie notée BACH (*si* ♭, *la*, *do*, *si* ♮), sorte de symbole sacré pour tout musicien. Le fait que *Noche oscura* s'articule sur cet unique matériau musical, toujours reconnaissable malgré transformations et permutations, est un présage de ce que sera l'intérêt ultérieur de Petrassi pour la technique dodécaphonique.

L'œuvre est divisée en 6 sections enchaînées. L'Adagio tranquillo initial crée une atmosphère de tension mystérieuse ; il commence dans la nuance *pp* sur le motif chromatique, travaillé dans un halo de résonance sur le trille des cordes graves divisées avec sourdine et mêlé aux sons harmoniques de la harpe. Sur cette toile de fond, le chœur étale largement ses entrées en imitation sur le motif générateur « En una noche oscura » (Dans une nuit obscure) qui sera plus loin combiné à ses transformations. La 2e section, Pochissimo più mosso (mes. 51), développe les mêmes éléments avec plus d'agitation orchestrale, avec de longues tenues au chœur. Suit une page orchestrale (mes. 70) dans le même mouvement tranquille, où le motif et ses transformations sont traités en miroir, et qui prépare une nouvelle entrée du chœur « En la noche dichasa ensecreto » (Dans la nuit bienheureuse, en secret). L'Allegretto molto (mes. 149) commence sur un accord où s'entrecroisent les septièmes. Petrassi travaille sur l'accumulation de demi-tons jusqu'à l'accord de 12 sons, frappé puis laissé en résonance. On remarquera dans l'Allegro sereno la maîtrise du traitement vocal au moment où le chœur, bouche fermée, quasi immobile et dans la nuance piano avec de tout petits changements à l'intérieur du bloc sonore, évolue progressivement vers un cri d'extase fortissimo aux seules voix de femmes. On passe alors brusquement de l'implacable 4/2, qui régnait depuis le début, au 3/2 de la fin. L'Allegretto mosso (mes. 243) s'ouvre sur une phrase du chœur, en longues vagues sonores comme une berceuse, avant de s'éteindre Adagio molto sur des tenues des cordes avec sourdine, qui laissent percevoir le nouveau jeu contrapuntique, la prégnance de l'harmonie et les couleurs très précises et très fines des autres timbres, subtile expression de l'imprononçable évasion des réalités visibles.

Bibliographie — F. D'Amico, Le opere sinfonico-corali, *in* Petrassi, éd. par E. Rastagno, Turin, EDT, 1986.

B. Lespinard

Nocturnal, d'**Edgar Varèse**, pour sop. solo, chœur d'hommes (basses), fl. piccolo, fl., htb., clar. en *mi* ♭ et en *si* ♭, basson, cor, 2 trp., 3 trb., piano (jouant des clusters), cordes frottées et 34 percussions (dont feuille de métal, papier émeri, tambour à cordes, cencerros, flexatone, brindilles de bois, etc.), sur un poème en prose extrait de *The House of Incest* d'Anaïs Nin avec des onomatopées de Varèse, commande de la Fondation Koussevitzki, composé entre oct. 1959 et le printemps de 1961, exécutée fragmentairement le 1er mai 1961 au Town Hall de New York sous la dir. de Robert Craft. Une seconde version fut mise en chantier par Varèse sur les mêmes bases, avec un effectif instrumental un peu plus réduit mais la mort l'empêcha d'achever son projet. Son élève chinois (depuis 1949), **Chou Wen Chung**, en établira une version « définitive » en 1968 d'après les esquisses et les brouillons du musicien. (New York, Fr. Colombo ; durée : 11 min environ ; 170 mesures dont 92,5 de Varèse.)

Dernière œuvre inachevée de Varèse, *Nocturnal* présente la synthèse de l'écriture vocale de son auteur : le chœur de basses, les glissandi, les micro-intervalles, les sons-bruits avaient déjà été essayés dans → *Ecuatorial* et les phonèmes privés de sens dans → *Études pour Espace*. Le soprano, seul dans la nuit, laisse vagabonder ses fantasmes sexuels ou ses crises d'angoisse (texte de Nin), accompagnés le plus souvent par la masse chorale masculine, féroce et primitive, aux « syllabes d'intensité » inintelligibles (« Wa ya you you, wa xa yao... »). La vocalise déploie une palette allant du parlando au cri, en passant par les contours purement lyriques de la tradition. « La femme chante, parle, hurle, ulule, vocalise comme en rêve ou en transe. Les hommes : des voix de cauchemars entourent la femme dans son rêve » (E. Varèse).

Bibliographie — Chou Wen Chung, notice du disque Cardinal Vanguard VCS 10047, États-Unis ; voir aussi la bibliogr. de l'art. *Ecuatorial*.

P. A. Castanet

Nocturnes (*Nuages, Fêtes, Sirènes*) pour orchestre, de **Claude Debussy**, le troisième avec chœur de femmes, composés entre déc. 1897 et déc. 1899, dédiés à l'éditeur Hartmann ; les deux premiers furent créés à Paris, aux Concerts Lamoureux, le 9 déc. 1900, sous la dir. de Camille Chevillard, et l'œuvre complète le 27 oct. 1901. (Paris, Fromont, 1900, puis Jobert, 1930, 2/1964 ; Leipzig, Peters, 1977 ; durée : 26 min environ.) Ils furent probablement adaptés d'après une œuvre pour violon et orchestre, *Scènes au crépuscule* et *Nocturnes*, esquissée par Debussy en 1892-93 pour le violoniste E. Ysaye.

« Le titre *Nocturnes* veut prendre ici un sens plus général et surtout plus décoratif. Il ne s'agit donc pas de la forme habituelle du nocturne, mais de tout ce que ce mot contient d'impressions et de lumière spéciales. *Nuages* : c'est l'aspect immuable du ciel avec la marche lente et mélancolique des nuages finissant dans une agonie grise, doucement teintée de blanc. *Fêtes* : c'est le mouvement, le rythme dansant de l'atmosphère d'un cortège (vision éblouissante et chimérique) passant à travers la fête, se confondant en elle, mais le fond reste, s'obstine et c'est toujours la fête et son mélange de musique, de poussière lumineuse participant à un rythme total. *Sirènes* : c'est la mer et son rythme innombrable, puis, parmi les vagues argentées de lune, s'entend, rit et passe le chant mystérieux des sirènes » (Cl. Debussy). Le propos essentiel du musicien réside ici dans son intérêt marqué pour les recherches sonores et dans la création d'une forme nouvelle.

1. Si *Nuages* a une forme ternaire composée d'une introduction (18 mes.), d'une 1re partie (53 mes.), d'une partie centrale (16 mes.) et d'une 3e partie (23 mes.), ce mouvement est articulé selon les proportions de la section d'or. Le rapport entre la 1re section (introduction + 1re partie = 63 mes. et les deux autres (39 mes.) est le même qu'entre le mouvement complet (102 mes.) et la plus grande partie (63 mes.). Un souvenir inconscient s'étale dans ce mouvement dont le début rappelle une mélodie de Moussorgski, *Sans soleil.* **2.** *Fêtes*, un scherzo rapide avec trio et reprise, est également de forme ternaire (A B trio A′ B′ coda). **3.** *Sirènes* avec chœur de femmes (8 sop., 8 altos) est encore en trois parties (I mes. 1-49, II mes. 50-110, III mes. 111-146) mais, contrairement aux autres mouvements, un seul thème y prédomine.

Sop.

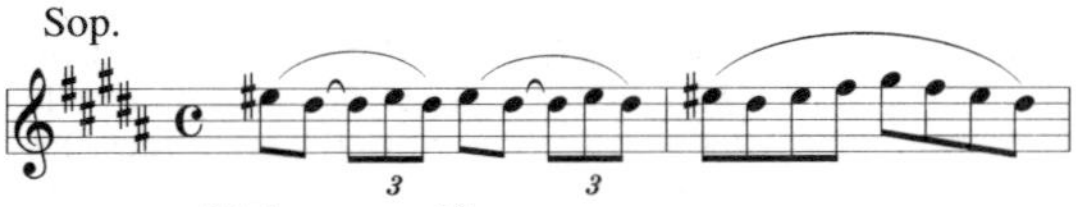

P très expressif

Si les *Nocturnes* procèdent incontestablement d'impressions visuelles, le discours musical est fondé sur de brefs fragments mélodiques dont certains sont à peine esquissés. C'est ainsi que le chœur des sirènes présente un motif de deux notes seulement. Mais la richesse de l'œuvre réside surtout dans sa complexité polyrythmique et dans son orchestration très subtile : mélodies et harmonies sont réparties aux voix sans cesse alternées des groupes divers ; les parties de cordes sont très divisées ; l'usage des cuivres bouchés et des harpes qui renforcent les cordes graves est fréquent. Par son perpétuel flux et reflux, l'écriture soliste de l'orchestre donne aux *Nocturnes* une atmosphère de magie musicale proprement envoûtante.

Bibliographie — Comptes rendus par P. Dukas *in* Revue Hebdomadaire, 9.2.1901, L. Laloy *in* RM, nov. 1901, J. d'Udine *in* Le Courrier Musical 1901, J. Marnold *in* Le Courrier Musical, 1.3.15.3, 1.5, 15. 12.1902, 15.1 et 15.2. 1903 ; E. Lockspeiser, Cl. Debussy. His Life and Mind, 2 vol., Londres 1962-65, trad. fr. Paris, Fayard, 1980 ; J. Barraqué, Debussy, Paris 1962 ; RMie XLVIII, 1962 (n° spécial consacré à Debussy) ; S. Jarocinski, Debussy, impressionnisme et symbolisme, Paris, 1970 ; Fr. Lesure (éd.) Cl. Debussy. Monsieur Croche et autres écrits, Paris, Gallimard, 1971 ; D. Cox, Debussy's orchestral music, Seattle, Univ. of Washington Press, 1974 ; Fr. Lesure, Cl. Debussy, Genève, Minkoff, 1975 ; E. Lang-Becker, Cl. Debussy. Nocturnes, Munich, W. Fink Verlag, 1982.

M. Kelkel

Noël, voir Propre de Noël (messes de la nuit, de l'aurore, du jour).

(La) Noirceur du lait, opéra-test de **Claude Prey**, voir (L') Homme occis.

« Nolo mortem peccatoris... » (Je ne veux pas [...] la mort du pécheur), « carol » à 4 voix du temps de la Passion, attribué à **Thomas Morley** dans sa seule source connue, un manuscrit daté de 1616.

Aux xve et xvie s., les « carols » (chansons) étaient définis par leur forme plus que par leur contenu ; ce sont généralement des poèmes à sujet religieux dans lesquels un refrain (ou « burden ») alterne avec une succession de strophes. Souvent le refrain est en latin tandis que les strophes sont en anglais. Nombreux sont ceux qui furent mis en musique bien que le « carol » existe également comme genre purement littéraire. Comme d'autres formes fixes, son origine remonte à des chansons à danser dans lesquelles des solistes alternent avec un chœur. Mais au xve s. les « carols » polyphoniques étaient devenus des œuvres polyphoniques raffinées, probablement chantées lors de divertissements de cour ou dans des communautés monastiques pour une récréation spirituelle. Au xvie s., tout particulièrement après la Réforme, les « carols » furent parfois utilisés comme anthems dans les églises. Beaucoup d'entre eux célèbrent la période de la Nativité mais des « carols » adressés à la Vierge Marie ou au Christ sont fréquents et il en est de nombreux pour la Semaine Sainte ou Pâques qui traitent de la crucifixion et de la résurrection.

Bien qu'exemple tardif, *« Nolo mortem peccatoris »* illustre toutes les caractéristiques du genre. Le texte exprime les paroles de Jésus sur la croix : il promet la Rédemption malgré son agonie. Faisant suite à l'exposé complet du refrain en latin, on trouve trois strophes en anglais s'achevant chacune par une récapitulation partielle du refrain. Le poème figure sans musique dans un manuscrit datant du milieu du xvie s., où il est attribué au compositeur John Redford et où il comporte d'autres strophes. Comme le style de la musique, qui ne survit que dans un manuscrit daté de 1616, rappelle celui des environs de 1540, il est possible que Redford, ou un de ses contemporains, en soit également l'auteur. Si toutefois la musique est de Morley, c'est soit une œuvre de jeunesse, soit le fruit d'une volonté délibérée d'écrire de façon archaïque. Redford étant connu pour avoir organisé des représentations et des divertissements publics donnés par les choristes de la cathédrale Saint-Paul de Londres où il était organiste, *« Nolo mortem peccatoris »* pourrait avoir été destiné à l'origine à des fins semblables. Comme Morley devint plus tard organiste de Saint-Paul, une quelconque association entre le « carol » et cette institution est vraisemblable. De nos jours, la pièce est couramment chantée dans les services anglicans comme anthem.

Éditions modernes — Par E. K. Andrews et Th. Dart, *in* Th. Morley. Collected Motets, Londres, Stainer & B., 1959.

J. Milsom

(Le) Nom d'Œdipe, opéra sur un texte poétique d'Hélène Cixous, musique d'**André Boucourechliev**, pour soli, chœur mixte (12 chanteurs), ensemble instrumental (16 exécutants) et dispositif électro-acoustique, commande du service de la Création musicale de Radio-France, écrit en 1977, créé à Paris à l'auditorium 107 de la Maison de Radio-France, le 27 mai 1978, représenté pour la première fois dans la cour d'honneur du palais des Papes dans le cadre du Festival d'Avignon, le 26 juil. 1978, mise en scène de Claude Régy, scénographie de Pierre Chambaz, avec Sigune von Osten (Jocaste I, sop. colorature dramatique), Catherine Sellers (Jocaste II, rôle parlé), Claude Meloni (Œdipe 1, bar.), Michel Lonsdale (Œdipe II, rôle parlé), Daniel Berlioux (Tirésias I, rôle parlé), Axel Bogulavski (Tirésias II, rôle quasi muet), sous la dir. d'Yves Prin. (Durée : 2 h environ.)

Les rôles principaux sont traités selon un mode de dédoublement scénique dissociant les rapports du chanté et du dit. « La parole parlée apparaîtrait à l'égard du chant non comme un terme dualiste, mais comme un état parmi d'autres, strictement contrôlé, de la vocalité » (A. Boucourechliev). Texte et musique sont alors interactifs et solidaires l'un de l'autre. Paroles et chants mixés, transformés électro-acoustiquement, proviennent parfois d'un chœur off diffusé sur bande magnétique. La formation instrumentale, confinée dans des registres diamétralement opposés, est non traditionnelle (2 fl. dont une en *sol*, 2 clar. dont 1 basse, harpe, 2 vlc., 2 cb., 2 trb. et 5 percussions). Le chœur de 12 chanteurs, dont la fonction épouse celle du drame antique, se trouve placé au cœur de l'ambitus général. Il accède parfois à une certaine liberté d'interprétation pour laquelle la musique est écrite selon le procédé semi-ouvert d'anneaux successifs de répétitions.

Un prologue et deux parties forment l'édifice philosophico-théâtral dans lequel silence, terreur, mensonge, vérité, amour, haine, mal, bien, accord, refus sont, entre autres, les chevilles axiales de l'intrigue. Le prologue fait naître une envie immodérée de communication, un souhait obligé d'amour de Jocaste pour Œdipe (« Toi / Ma vie », « Ne t'éloigne pas / De moi »). Le chœur, traité en éventail, œuvre à la division des personnages et demande la présence du « temps » (l'idée d'étalement en nappe sonore se rencontre déjà dans *Archipel* et dans *Ombres* d'A. Boucourechliev). Apeurée par l'Homme et par son propre désarroi, Jocaste se voit froidement isolée, silencieusement abandonnée et musicalement troublée (« La solitude se referme sur moi »).

La première partie annonce la parole de l'oracle par la bouche de Tirésias, acte confusément refusé par Jocaste. La rencontre entre Œdipe et Tirésias, qui est tout d'abord ludique et qui porte sur l'identité de Tirésias, se termine par un refus de la vérité (« Je t'en prie, ne dis plus rien »), l'interlocuteur ayant « perdu la nuit ». Œdipe raconte longuement à Jocaste la mort de Laïos puis se perd dans le labyrinthe douloureux de la Loi et de l'Amour. L'impossible hymen est alors mis à nu et vécu comme un cauchemar.

La seconde partie met en lumière le silence d'Œdipe, la consternation de Jocaste et la mort naissante contée par Tirésias (« le vent du deuil s'est levé »). Les diverses mémoires des uns et des autres vont exister, vivre, revivre, inventer, rêver, délirer pour finalement n'ouvrir que la voie solitaire de la mort de Jocaste. Des recommandations à Tirésias semblent vaines. Œdipe reste absent devant les supplications de Jocaste qui meurt tendrement : « Enfin, je suis bien » (résonances de gamelan balinais, harpe et flûte basse). Voulant retrousser enfin la marche du destin, Œdipe crie désespérément sa détresse et clame dans la folie brûlante son amour tardif : « Je ne sais plus qui mourir » (écriture ascendante en 2/3 de ton).

Héritées des techniques du sérialisme, la multiplicité des éléments théâtro-musicaux et la pluralité des formes et des structures sont de règle. Répondant aux galbes dédoublés des sujets, des figures et des situations, la texture scénico-sonore se concrétise par des « contrepoints complexes et ambigus ». L'image de Sophocle est fondamentalement transformée. Ici, Jocaste sait qu'Œdipe est son fils et la soliste peut être considérée comme une certaine idée moderne de la femme libérée. Le langage musical de ce mythe désaxé « apparaît à la fois issu et distant de la période stylistique éclatée d'hier, en dehors de toute catégorie historique repérable et accueillante aux souvenirs crépusculaires du postromantisme (Mahler) ; tributaire dans sa syntaxe des retombées technologiques postweberniennes, et dans sa morphologie, tributaire de l'opéra » (A. Boucourechliev). « C'est une musique intelligente (qui rend clair), généreuse (elle pense à nous, auditeurs), une grande mise en scène, à même la musique, de la Voix humaine, venue du corps dont la différence est respectée et comme étudiée, avec amour » (R. Barthes).

Bibliographie — H. Cixous, Le Nom d'Œdipe/Chant du corps interdit, Paris, Éd. des Femmes, 1977 ; Création d'un opéra « Le Nom d'Œdipe » au Festival d'Avignon, *in* L'Avant-Scène Opéra, n° 18, 1978.

P. A. Castanet

(La) Nonne sanglante, opéra en 5 actes, livret d'Eugène Scribe et Germain Delavigne d'après le roman de Matthew Lewis *The Monk* (1796) traduit par Léon de Wailly (*Le Moine*, 1840), musique de **Charles Gounod**, composé de 1851 à 1853, dédié à Fr. Halévy, créé à l'Opéra de Paris (Salle Le Peletier) le 18 oct. 1854, avec Mmes Poinsot (Agnès), P. Wertheimber (la Nonne), MM. Merly (Luddorf), Guignot (Moldaw), L. Gueymard (Rodolphe), Depassio (Pierre l'Ermite), sous la dir. de N. Girard. Malgré la fidélité du public et la faveur de la critique, l'œuvre fut retirée après 11 représentations et ne reparut jamais. Réduite pour piano et chant par G. Bizet, elle fut éditée en 1855 aux frais de Mme Zimmermann, belle-mère du compositeur.

Livret — L'action se passe en Bohême au XIe siècle. — Acte I. Le comte de Luddorf (bar.) et le baron de Moldaw (bar.), ennemis de toujours, se réconcilient à la demande de Pierre l'Ermite (basse) qui, pour sceller une paix utile à la croisade, exige le mariage d'Agnès (sop.), fille de Moldaw, avec Théobald, fils aîné de Luddorf. Malheureusement, Agnès est éprise et aimée de Rodolphe (ténor), frère de Théobald. Rodolphe confiant dévoile à son père son amour pour Agnès et s'attire sa malédiction. Pour fuir le château paternel et rejoindre son amant, Agnès revêtira le costume de la Nonne sanglante, spectre effrayant qui hante le château et qu'aucun mortel n'ose retenir.

Acte II. A l'heure convenue, la véritable Nonne (alto), tenant un poignard à la main, se présente à Rodolphe dans son linceul maculé de sang. Elle cherche celui qui fut son séducteur puis son meurtrier. Le jeune homme, peu enclin à croire aux légendes, se trouble peu à peu. Cependant, la prenant pour Agnès, il lui jure un amour éternel et se laisse entraîner dans les ruines du château de ses ancêtres où, devant une assemblée de spectres, se déroulent de sinistres fiançailles.

Acte III. La mort imprévue de Théobald rend possible le mariage d'Agnès et de Rodolphe. Aussi la Nonne consent-elle à libérer le malheureux s'il la venge en tuant son assassin.

Acte IV. Au cours d'une fête donnée en l'honneur du prochain mariage de Rodolphe et d'Agnès, la Nonne désigne son meurtrier, le comte de Luddorf. Pour éviter le parricide, Rodolphe préfère renoncer à Agnès mais déchaîne la colère des gens de Moldaw qui ignorent les raisons subites de son refus.

Acte V. Gagné par le remords, Luddorf reconnaît sa faute passée et se fait tuer à la place de son fils. La Nonne, qui a pardonné, trouve enfin la paix auprès de lui.

Le livret de *La Nonne sanglante* avait été offert à de nombreux compositeurs avant Gounod (G. Verdi, G. Meyerbeer, Fr. Halévy, F. David, A. Clapisson, A. Grisar) ; H. Berlioz lui-même y avait travaillé de 1841 à 1847 sans aboutir. L'intérêt fantastique et imaginaire du sujet, qu'une mise en scène actuelle pourrait sans doute mettre en valeur, ne parvient pas à faire oublier la négligence du style littéraire, la faiblesse de la progression dramatique et le ridicule du dénouement. L'intrigue, où le surnaturel et le légendaire se mêlent maladroitement à l'expression d'une foi chrétienne presque superstitieuse, souffre de sa longueur excessive et de son manque d'unité.

A côté de morceaux sans grande originalité, le 2e opéra de Gounod contient en germe des éléments qui, cinq ans plus tard, feront la réussite de → *Faust.* La plupart des récitatifs restent conventionnels malgré le commentaire parfois animé de l'orchestre qui les soutient. De même, les ensembles avec chœur, surtout les finales d'actes, paraissent statiques, grandiloquents. En revanche, les airs gagnent en souplesse et en expression. Signalons en particulier celui de Rodolphe, *« Du Seigneur pâle fiancée »* (acte II), large mélodie parfaitement adaptée au théâtre ; sa cavatine, *« Un jour plus pur »* (acte III), que Berlioz tenait pour un chef-d'œuvre ; la tragique et lugubre légende de la Nonne, *« Avant minuit »* (acte I), chantée par Agnès ; l'air passionné de Luddorf implorant la grâce pour son fils, *« De mes fureurs »* (acte V). Deux duos de Rodolphe et Agnès se distinguent de l'ensemble : *« Mon père d'un ton inflexible »* (acte I), dont l'accompagnement répète un court motif de doubles croches et *« Non, non, je m'attache à vos pas »* (acte V), conçu dans un style beaucoup plus dramatique.

A l'intérieur de chaque numéro, récits, airs, chœurs ou ensembles se succèdent ou alternent dans une structure qui annonce un langage plus continu. C'est le cas du 1er air de Pierre l'Ermite *« Arrêtez, Chrétiens ! »* (acte I), probablement emprunté à un ouvrage inachevé, où le chœur, le chant de Moldaw et celui de Luddorf se superposent à l'exhortation du prédicateur ou l'interrompent. A des fins descriptives — le sujet y invitait —, l'accompagnement orchestral se charge d'harmonies plus mobiles (7e diminuées) et emprunte au chromatisme. Ce style atteint son paroxysme dans l'*Intermède fantastique* pour orchestre et chœur (en coulisses) de l'acte II : très prisé du public dont il flattait le goût pour l'horrible et l'effrayant, ce morceau symphonique accompagne la transformation du décor d'où surgit le château ancestral des Luddorf.

Conscient de la couleur excessivement sombre qui baignait la pièce, Gounod a introduit des numéros de caractère léger et enjoué qui s'intègrent mal à l'ensemble (chœur des buveurs d'allure populaire *« Assez rire et boire »*, acte II ; valse des paysans *« Valsez sous l'ombrage »*, acte III ; ballet avec *Danse bohémienne*, acte IV). Malgré ces quelques concessions à la mode, *La Nonne sanglante* mériterait qu'on la tire de l'oubli où elle est reléguée.

Bibliographie — H. Berlioz, La Nonne sanglante, *in* Journal des Débats, 24 oct. 1854 ; M. Bourges, La Nonne sanglante, *in* Revue et Gazette Musicale de Paris XXI/44, 1854 ; Th. Gautier, La Nonne sanglante, *in* La Presse, 24 et 31 oct. 1854 ; A. Giacomelli, L. et M. Escudier, La Nonne sanglante, *in* La France Musicale XVIII/43-44 ; P. Scudo, Critique et littérature musicales, 2e série, Paris 1859, pp. 4-16 ; L. Pagnerre, Ch. Gounod, Paris 1890, pp. 59-64 ; Ch. Gounod, Mémoires d'un artiste, *in* La Revue de Paris, 1895, 2/ Paris 1896, pp. 194-196 ; J.-G. Prod'homme et A. Dandelot, Gounod I, Paris 1911, 2/ Genève, Minkoff, 1973, pp. 141-159 ; P. Landormy, Gounod, Paris 1942, pp. 66-69 ; M. Curtiss, Gounod before Faust, *in* MQ XXXVIII/1, 1952 ; J. Harding, Gounod, Londres, Allen & Unwin, 1973, pp. 83-89 ; S. E. Huebner, The second empire operas of Ch. Gounod (diss. Princeton, 1985) ; J. Joly, La Nonne sanglante tra Donizetti, Berlioz e Gounod, *in* L'opera tra Venezia e Parigi I, éd. par M. T. Muraro, Florence, Olschki, 1988.

P. Prévost

No, no, Nanette (Non, non, Nanette), comédie musicale américaine en 2 actes, livret d'Otto Harbach et Frank Mandel, texte des chansons d'O. Harbarch et Irving Caesar, musique de **Vincent Youmans**, créée à Londres, au Palace Theatre, le 11 mars 1925.

L'action se passe dans une grande ville et dans une station balnéaire, vers 1920. Le livret, somme toute assez banal, est une adaptation de la pièce de Fr. Mandel et Emile Nyitray, *My Lady Friends*, elle-même inspirée d'un roman de May Eddington, *Oh, James !*. *No, no, Nanette* est considérée comme la comédie musicale la plus populaire des années 20 ; c'est l'œuvre qui a établi la réputation du genre en Europe. Youmans a écrit à cette occasion ses plus grands succès : *« Tea for Two »* et *« I want to be happy »*. Aux États-Unis, l'ouvrage fut d'abord monté à Detroit (avril 1924) puis, après plusieurs modifications, parut au programme de différentes tournées. La 1re anglaise précéda donc la véritable création à Broadway (Globe Theater, 16 sept. 1925). La nouvelle production (46th Street Theater, 19 janv. 1971) a connu un succès extraordinaire, tenant l'affiche presque trois fois plus longtemps que la première.

R.-M. Simon et S. Simon

Nonsense (Non-sens), 5 chœurs à 4 voix mixtes a cappella de **Goffredo Petrassi**, sur des poèmes d'Edward Lear extraits de *A Book of Nonsense* (1846), adaptés de l'anglais en italien par Carlo Izzo. (Milan, Suvini Zerboni, 1953 ; durée : 7 min environ.)

Les poèmes sont de petits épigrammes à forme fixe, qui racontent pour des enfants une histoire où les mots jaillissent librement selon « la logique de l'absurde », dans un comique non-sens linguistique en rupture avec le langage-sens habituel, mais avec des qualités sonores très précises de scansion et de rimes. Avec les *Nonsense*, Petrassi, qui se tourne plus généralement vers des textes d'inspiration religieuse ou philosophique, reconnaît avoir voulu « s'amuser avec des phonèmes ».

1. *« C'era una signora il cui naso prospera »* (Il était une fois une femme dont le nez s'allongeait). L'étonnement de la dame, sur des motifs tournoyants, est ponctué de « oh ! oh ! » arpégés staccato sur des octaves diminuées. **2.** *« C'era un vecchio musicale »* (Il était une fois un vieux musicien). Le vieil homme à la flûte, encombré d'un serpent, conjugue les accords de 6 sons en tierces et quartes (voix divisées) et dessine d'amples courbes mélodiques à travers les pupitres divisés, en multipliant les septièmes majeures mélodiques à toutes les parties. **3.** *« C'era un vecchio di Rovigo »* (Il était une fois un vieux de Rovigo) est l'histoire d'un vieil homme qui, Lento, sonnolento, désespère d'être né ; sur un triple ostinato de passacaille accumulant les dissonances de type cluster, les phrases chantées « d'un ton monotone » sont entrecoupées de bâillements de l'ensemble du chœur. **4.** *« C'era una signora di Pozillo »* (Il était une fois une dame de Pozillo) joue avec les résonances des « blan, blan » imitant le jeu de harpe de la dame au menton pointu. **5.** Dans *« C'era una vecchia di Polla »* (Il était une fois une vieille de Polla), les voix féminines décrivent le combat Allegro féroce d'une vieille fille écrasée par la foule, sur fond d'octaves glissando des ténors et basses.

Ces pièces burlesques, dans la tradition de la commedia dell'arte, sont remarquables par les jeux de sonorités « orchestrales » exigées du chœur, le raffinement de l'écriture harmonique et rythmique et la théâtralité, amplification ironique du texte.

B. Lespinard

« Non si levav' ancor l'alba novella » (L'aube nouvelle ne s'est pas encore levée) et *« Et dicea l'una sospirando »* (Et disait l'une, soupirant), deux madrigaux à 5 voix formant deux parties de **Claudio Monteverdi**, sur un texte du Tasse, publiés dans *Il secondo libro de madrigali a cinque voci* (Venise, Gardano, 1590 ; durée : 7 min 45 s environ.) Le poème commence sur un mode narratif qui prépare la scène du dialogue amoureux de la 2e partie. Le premier madrigal est un contrepoint narratif et le second un dialogue homophonique ; logiquement, les deux madrigaux forment un ensemble, bien que chacun soit une œuvre à part entière pouvant être interprétée isolément. Ensemble, ils composent un morceau de bravoure très moderne qui occupe une place d'honneur au début d'*Il secondo libro*..., la plus belle réussite de Monteverdi durant sa période de Crémone. Par le mélange des styles qu'il renferme, ce livre demeure cependant un ensemble de transition. La canzonetta y est écartée et ne détermine plus la forme générale du madrigal ; il en va de même pour le madrigal entièrement composé qui présentait simplement des idées exposées l'une après l'autre. Désormais, Monteverdi s'intéresse à la forme musicale : chaque phrase est bien développée, le thème du début se retrouve à la fin avec une légère altération et sur un texte nouveau, à travers une forme élémentaire à « da capo ».

La première section du premier madrigal est un exercice de recherche de matériaux thématiques et d'invention dans la peinture des mots concernant l'état amoureux des amants. Le premier vers présente deux thèmes simultanés (procédé très prisé de Monteverdi) : une rapide figure ascendante, peignant la venue de l'aube, contraste avec une ligne descendante lente qui suggère que cette aube n'est pas encore vraiment là.

Des phrases ondulantes décrivent les oiseaux encore endormis. Une deuxième section très courte met en musique « felice notte » avec des accords parfaits et une mesure ternaire dansante. La troisième section revient à la mesure binaire de la première, à laquelle elle ressemble avec ses lignes lentes descendantes correspondant, comme en miroir, à d'autres ascendantes et rapides.

Dans le second madrigal, les amants se disent adieu. « Anima » et « a Dio » sont chantés homophoniquement par de petits chœurs en alternance et sont nettement séparés par des silences expressifs. L'échange de répliques est bref cependant, rapidement remplacé par l'ensemble des 5 voix ou par des groupes de voix sans signification particulière. Le dernier vers, commentant le départ des amants, est répété trois fois avec de légères variations. L'intérêt de Monteverdi pour l'organisation formelle s'étend à l'harmonie — le premier madrigal passe de *ré* min. à *sol* maj., le second de *sol* maj. à *ré* maj. — tandis qu'un usage plus audacieux des dissonances révèle l'influence maniériste de G. de Wert.

Rééditions modernes — Par G. Fr. Malipiero, *in* Cl. Monteverdi, Tutte le opere, Asolo 1926-42, 2/Vienne, UE, 1954, vol. II, n°s 1 et 9.

Bibliographie — H. Leichtentritt, Cl. Monteverdi als Madrigalkomponist, *in* SIMG XI, 1909-10 ; voir aussi la bibliogr. de l'art. *Madrigali guerrieri et amorosi.*

M. Sacré

Norma, « tragedia lirica » en 2 actes, livret de Felice Romani, d'après la tragédie en vers et en 5 actes d'Alexandre Soumet, musique de **Vincenzo Bellini**, composée à Milan et à Casalbuttano entre sept. et fin nov. 1831, créée à Milan, au Teatro alla Scala, le 26 déc. 1831, avec Giuditta Pasta (Norma), Giulia Grisi (Adalgisa), Domenico Donzelli (Pollione), Vincenzo Negrini (Oroveso). (Durée : 2 h 23 min environ.)

La première représentation de *Norma* compte parmi les fiascos de l'histoire du théâtre lyrique. Mais l'œuvre se releva rapidement. Deux raisons vraisemblables à cet insuccès originel : guerre des théâtres (Carcano, qui avait représenté *La sonnambula*, et la Scala), public désarçonné par la gravité et le sérieux d'un texte et d'une musique à mi-chemin entre la tragédie classique et les futurs accents wagnériens. D'où le caractère encore étonnant de ce chef-d'œuvre plus de cent cinquante années après sa création. G. Donizetti écrivait alors au peintre Ghezzi : « La *Norma* donnée hier soir, sur la scène de la Scala, n'a pas été comprise par les Milanais. Pour moi, je serais très content de l'avoir composée et je mettrais volontiers mon nom sur cette musique ! »

Livret — En Gaule, vers 50 av. J.-C. — Acte 1. 1er Tableau. Le chêne d'Irminsul. Le grand prêtre Oroveso (basse), chef des druides et père de Norma, incite les Gaulois à briser le joug romain. Pollione (ténor), proconsul de Rome, confie au centurion Flavio (ténor) qu'il n'aime plus la grande prêtresse Norma, dont il a eu deux enfants. Son cœur bat pour Adalgisa (sop.), la jeune prêtresse du temple d'Irminsul. Norma (sop.) prophétise l'écroulement de Rome. Pollione persuade Adalgisa de fuir avec lui à Rome. — 2e Tableau. La demeure de Norma. La grande prêtresse révèle à sa confidente Clotilda (sop.) que Pollione veut l'abandonner. Adalgisa confesse qu'elle est amoureuse du Romain. Norma s'apprête à pardonner. Pollione, ignorant la mère de ses enfants, vient réclamer Adalgisa qui se détourne de lui. Norma jure de se venger.

Acte II. 1er Tableau. La chambre à coucher des enfants de Norma. Avant de se donner la mort, la grande prêtresse veut confier ses enfants à Adalgisa quand elle aura épousé Pollione. Émue, Adalgisa décide d'aller convaincre le proconsul de revenir à Norma. — 2e Tableau. Dans les bois autour du temple d'Irminsul. Les druides sont réunis. Norma, attendant le retour d'Adalgisa, apprend que cette dernière a échoué dans son entreprise. La grande prêtresse appelle les Gaulois à se soulever. Mais un Romain vient d'être capturé dans le temple. Il s'agit de Pollione qui voulait enlever Adalgisa. Le châtiment est la mort. Norma annonce qu'une prêtresse a trahi les vœux sacrés. Elle prononce son propre nom, avouant sa faute à son père. Pollione et Norma montent sur le bûcher qui les lie dans la mort.

Le sujet est finalement simple : deux femmes qui s'apprécient aiment le même homme, mais ce substrat fait intervenir bien d'autres composantes relevant du débat cornélien, aussi bien pour Adalgisa que pour Norma. *Norma* apparaît comme un modèle du romantisme musical, parce que les personnages agissent en fonction de leur sensibilité. L'héroïne, avec ce conflit triangulaire qui l'agite (amour divin, amour humain, amour maternel), est une sorte de Médée chargée d'humanité. Adalgisa, au contraire, est tout innocence ; ses sentiments sont beaucoup plus simples.

Les mélodies de Bellini, des « melodie lunghe » comme les définissait Verdi, n'ont pas d'équivalent à l'époque, même chez Donizetti. Elles sont développées selon un schéma en expansion pour aboutir à une acmé dramatique dont le musicien retarde légèrement la chute. Ce don de la mélodie avait impressionné Stravinski qui, un peu facilement, comparaît Bellini et Beethoven : « Beethoven a constitué à la musique un patrimoine qui semble n'être dû qu'à son labeur obstiné, notait-il dans sa *Poétique musicale.* Bellini a reçu la mélodie sans avoir eu la peine de la demander, comme si le Ciel lui avait dit : "Je te donne tout juste ce qui manquait à Beethoven". » Cet art mélodique explique en partie la séduction, l'envoûtement ressentis par les musiciens à son contact. Quand il était chef d'orchestre à Riga, R. Wagner dirigea *Norma* en 1837 et adressa au public un manifeste, d'où se détachent ces mots : « La *Norma*, parmi toutes les œuvres de Bellini, est celle qui a la veine mélodique la plus abondante, jointe à la plus profonde réalité, à la passion intérieure. »

Techniquement, la partie vocale de *Norma* exige des interprètes rompus à l'art du chant, surtout l'héroïne, soprano dramatique « d'agilita » et « di bravura », dans une terminologie moderne, aux aigus très amples et puissants, mais se conjuguant avec les teintes sombres d'une mezzo. La comédienne doit savoit être « tragico-sublime » (Bellini), tour à tour agressive, implorante et extatique. Le célèbre air de Norma, *« Casta diva »* (Chaste déesse) s'inscrit dans un contexte dramatique. D'abord un récit, *« Sedizione voci »* (Des paroles séditieuses), puis l'invocation *« Casta diva »* et la prière *« Ah ! bello a me ritorna »* (Ah ! Redonne-moi la beauté). L'air se déploie progressivement avec son gruppetto charmeur et ses fioritures serties dans la masse des chœurs, sur un simple accompagnement arpégé de l'orchestre. « Le chant se décharge du poids de la matière, devient tout esprit dans la sérénité de la contemplation. Autour d'un point central il s'incurve, rassemble sa force d'expansion, s'élargit en spirales et monte » (G. Pannain) [A].

Dans la prière, qui s'adresse en réalité à Pollione pour qu'il revienne à Norma, Bellini réemploie la musique d'ouvrages antérieurs : *Bianca e Fernando* (1828), *Zaira* (1829). Un autre sommet de la partition est atteint à la fin de ce même 1er acte, lorsque la rage de Norma éclate avec l'invective *« Vanne, si : mi lascia, indigno »* (Va, oui : laisse-moi, indigne) qui s'élève jusqu'à la menace solennelle *« Te sull' l'onde »* (Sur les mers), à la mélodie vigoureuse. Au cours du tragique monologue du début de l'acte II, l'héroïne hésite à poignarder ses enfants : *« Dormono entrambi »* (Ils dorment tous les deux). L'interrogatoire de Pollione par Norma est également saisissant : *« In mia man' alfin tu sei »* (Tu es enfin entre mes mains). « L'invention mélodique de Bellini y est plus jaillissante que jamais sans que l'unité dramatique en souffre » (P. Brunel). Mais l'air de la poignante dernière scène, *« Qual cor tradisti »* (Le cœur que tu as trahi), exprime d'une manière admirable la multiplicité des sentiments de Norma.

Les vrais duos d'amour sont entre les deux femmes, dont l'exemple le plus émouvant est le duetto du 2e acte, *« Mira, o Norma »* (Vois, ô Norma), avec ses enlacements de tierces. Le duo d'aveu et de reconnaissance (sc. 8) est aussi chargé d'émotion et de tendresse : *« Oh ! rimembranza »* (Oh ! souvenir).

Les chœurs et les ensembles jouent un rôle essentiel dans cette partition. Comme dans la plupart des opéras de Bellini, l'ouvrage, après une ouverture qui crée une atmosphère de mystère sacré, laisse la place aux chœurs des druides saisis d'une ferveur pieuse et d'une ardeur contenue : les prêtres demandent au dieu Irminsul d'inspirer à Norma la haine pour les Romains. Annoncé par de vigoureuses trompettes, le chœur accentué et impressionnant *« Guerra, guerra »* (acte II) est dominé par la voix de Norma. « Ce chœur, qui a été appelé une seconde *Marseillaise*, jaillit de la fureur même de Norma et ne fait qu'un avec la tragédie de son cœur trahi » (G. Pannain.) Le grand ensemble final (Norma-Pollione-Oroveso et le chœur) dépasse tout le reste avec son admirable montée « tristanesque » sur *« Io più non chiedo »* (Je ne demande rien de plus), dont l'exceptionnelle « vocalité » influença Wagner. « Rien d'étonnant donc que le compositeur allemand ait eu tant d'admiration pour cette œuvre au point d'écrire un air destiné à Oroveso (acte II, n° 8) qu'il essaiera vainement de faire chanter par Lablache en 1838 » (D. Pistone).

Éditions — Milan, G. Truffi, 1834 ; facs. de la partition autogr., Rome, Reale Accad. d'Italia, 1935, 2 vol.

Bibliographie — RM, n° spécial, CLVI, mai 1935 (art. de G. Pannain) ; V. Bellini : l'uomo, le suo opere, la sua fama, Milan 1936 ; L'Avant-Scène Opéra, n° 29, sept.-oct. 1980 ; P. Brunel, V. Bellini, Paris, Fayard, 1981, pp. 229-257 ; D. Pistone, L'opéra italien au XIXe s. de Rossini à Puccini, Paris, Champion, 1986.

Chr. Goubault

Notre-Dame, « romantische Oper » en 2 actes, livret de L. Wilk et Franz Schmidt d'après *Notre-Dame de Paris* de Victor Hugo, musique de **Franz Schmidt**, composé de 1902 à 1904, créé à la Hofoper de Vienne, le 1er avr. 1914, sous la dir. de Franz Schalk. (Munich, Dreiklang-Dreimasken Bühnenverlag, 1959 ; durée : 3 h environ.)

Acte I. Une ruelle de Paris, proche de la place de Grève, au temps de Louis XI, à l'époque du carnaval. La foule en effervescence attend Esméralda (sop.), une charmante jeune bohémienne. A tous, elle inspire l'amour, en particulier à Phoebus (ténor), un jeune officier de la garde qui, ayant réussi à la libérer d'une bande de malfaiteurs, ne rêve plus que d'une chose : la mettre dans son lit. Il s'efforce de la convaincre de le rencontrer dans une auberge, tout en sachant qu'elle est déjà mariée à Gringoire [A]. Mais l'ambiance joyeuse se transforme en rixe. Sous les moqueries de la foule,

[A] **Norma**

A NOTRE-DAME

Quasimodo (basse), le sonneur de cloches de la cathédrale, bossu, difforme, est amené de force sur la place. Il se défend comme il peut, mais est néanmoins blessé d'un coup d'épée par Phoebus qui s'est mis de la partie. L'arrivée d'Esméralda et de l'Archidiacre (bar.), que tout le monde craint, parvient finalement à rétablir le calme. Pendant que l'Archidiacre s'éloigne avec Quasimodo, Phoebus joue si bien son rôle de séducteur que la jeune bohémienne finit par lui accorder un rendez-vous chez l'aubergiste Falourdel. Gringoire (ténor), qui continue à épier les jeunes gens, assiste, malade de jalousie, à l'entretien et décide de les suivre. Mais auparavant il fait à l'Archidiacre le récit de sa vie, comment Esméralda l'a sauvé des bohémiens en acceptant de l'épouser, à condition que leur union reste platonique. L'Archidiacre fait promettre à Gringoire d'empêcher Esméralda de rejoindre son suborneur à l'auberge. Mais il ne peut tenir sa promesse : la jeune fille est déjà partie. — Pendant le changement de décor, on entend le célèbre *Intermède de Notre-Dame*, une musique colorée, d'inspiration tzigane, qui fait intervenir deux thèmes, l'un sorte de récitatif pathétique, au caractère improvisé, l'autre d'un lyrisme pur, sensuel.

Une chambre d'auberge. Gringoire est accouru chez Falourdel où il surprend Esméralda dans les bras de Phoebus. La jeune fille est sur le point de céder à son suborneur. Fou de rage, Gringoire tue Phoebus d'un coup de poignard, puis se jette dans la Seine où il se noie. Esméralda ayant été trouvée seule, avec le poignard ensanglanté et le cadavre de Phoebus, est accusée du meurtre et arrêtée par les gardes.

Acte II. Un cachot. Esméralda a été condamnée à mort. L'Archidiacre, personnage malveillant, tourmenté par la chair, lui rend visite et promet de la sauver si elle se donne à lui. D'ailleurs, Phoebus n'est pas mort, finalement, mais le prêtre ne la laissera pas moins exécuter pour avoir dédaigné sa passion. — Devant la cathédrale Notre-Dame. L'Archidiacre remet Esméralda aux bourreaux. Mais voilà que surgit Quasimodo ; il arrache Esméralda de leurs mains et la conduit dans son gîte, en criant à la foule enthousiaste : Asile ! Asile ! — Une plate-forme parmi les tours de Notre-Dame. Quasimodo croit avoir sauvé la jeune fille, mais le fanatique Archidiacre n'a cure du droit d'asile et pénètre avec les soldats dans la cathédrale où ils arrêtent la jeune fille à nouveau. Impuissant, Quasimodo assiste à son supplice. Fou de douleur, il précipite dans le vide le prêtre malveillant, puis s'en va mourir parmi les cloches de la cathédrale qu'il fera sonner une dernière fois.

Le roman de Victor Hugo, publié en 1831, et son adaptation théâtrale par l'écrivain (*Esméralda*) ont inspiré maints compositeurs au XIXe s. : L. Bertin (1836), A. Dargomyjski (1847), F. Campana (1862) parmi d'autres. Seule l'adaptation musicale de Fr. Schmidt a su s'imposer quelque temps au répertoire de l'Opéra de Vienne qui reprit l'ouvrage en 1938, 1943 et 1949. En dépit d'un usage évident de motifs de rappel (chaque personnage de l'opéra est caractérisé par un motif propre), l'ancien élève de Bruckner qu'est Fr. Schmidt n'est pas wagnérien, même si *Notre-Dame* semble posséder certains éléments du drame musical wagnérien. L'écriture vocale, l'atmosphère passionnelle du drame, l'emploi d'éléments folkloriques magyars ou slovènes, la palette orchestrale chatoyante rapprochent l'œuvre plutôt de l'esthétique vériste. Mais c'est peut-être dans la forme que réside la plus grande originalité de Schmidt. Afin de pallier la structure disparate du récit, où des scènes assez courtes s'enchaînent sans véritable continuité, l'auteur transforme l'ensemble en un drame solidement charpenté, en donnant aux scènes les plus importantes une forme instrumentale. Le 1er acte est ainsi structuré comme un mouvement de sonate, l'introduction au 2e acte comme une passacaille et la scène de sauvetage d'Esméralda par Quasimodo comme une fugue. Par l'emploi de formes instrumentales dans un ouvrage lyrique, *Notre-Dame* devance → *Wozzeck* et → *Lulu* d'une vingtaine d'années. L'*Intermède de Notre-Dame*, fréquemment joué au concert symphonique, fut créé le 6 déc. 1903 par l'Orchestre philharmonique de Vienne sous la dir. d'Ernst von Schuch.

Bibliographie — Compte rendu par R. SPECHT *in* Die Musik, 2 avr. 1914 ; A. LIESS, Fr. Schmidt. Leben und Schaffen, Graz 1951 ; C. NEMETH, Fr. Schmidt, Vienne 1957 ; N. TSCHULIK, Fr. Schmidt, Vienne, Österr. Bundesverlag, 1972 ; TH. LEIBNITZ, Oesterreichische Spätromantiker, Tutzing, Schneider, 1986.

M. KELKEL

« NOUS ÉTIONS DIX FILLES DANS UN PRÉ » ou **« Y AVAIT DIX FILLES DANS UN PRÉ »,** chanson populaire française. Beaucoup de folkloristes ont épilogué sur cette ronde, que l'on trouve en Ile-de-France, dans l'Ouest et en Franche-Comté. C'est une chanson énumérative, répétant une liste de prénoms féminins. Le fils du roi remet des cadeaux à toutes les jeunes filles qu'il désigne, réservant à chaque couplet le plus beau à la Du Maine. J. Tiersot nous apprend (sans citer ses sources) que, dans un recueil daté de 1547, une chanson espagnole sur le même thème, *La Silva de Sirenas*, est indiquée comme étant « à l'imitation d'une chanson française », et l'on connaît la *Ballade* de Fr. Villon.

Des versions, issues de la tradition orale, ont apporté des modifications dans les prénoms, dues à une méconnaissance de l'histoire de France. Si certains prénoms n'évoquent personne — sans doute sont-ils mis dans les couplets pour les remplir —, deux personnages sont faciles à identifier : Marie des Vertus, duchesse de Montbazon (1612-1657), que ses intrigues firent exiler de la cour par Richelieu, puis par Mazarin, et la duchesse du Maine (1676-1753), épouse d'un fils légitimé de Louis XIV et de Mme de Montespan. G. de Nerval, sans avoir cherché à identifier ces belles dames, suppose avec raison que cette ronde doit dater du début du XVIIIe siècle. La même mélodie sert pour toutes les versions, sauf dans celle publiée par J. Bujeaud, qui est en mineur, sur un rythme ternaire.

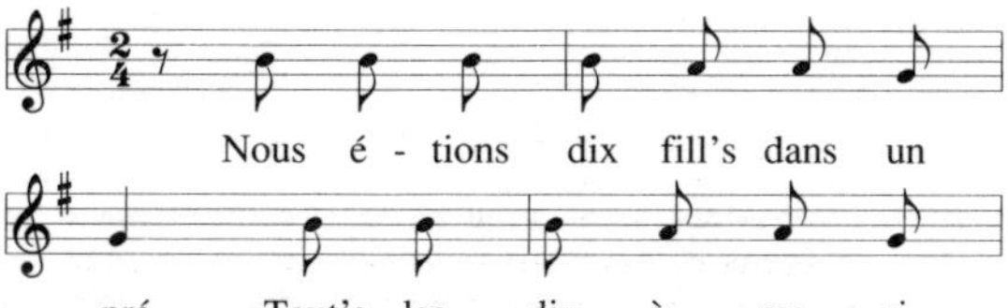

Bibliographie — CHAMFLEURY et J.-B. WECKERLIN, Chansons populaires des provinces de France, Paris 1860 ; J. BUJEAUD, Chants et chansons populaires des provinces de l'Ouest, 2 vol., Niort 1866 ; J. TIERSOT, La chanson populaire et les écrivains romantiques, Paris 1931 ; H. DAVENSON, Le livre des chansons, Neuchâtel 1944 ; J. CANTELOUBE, Anthologie des chants populaires français IV, Paris, Durand, 1951 ; P. BÉNICHOU, Nerval et la chanson folklorique, Paris, Corti, 1970.

FR. VERNILLAT

NOUS IRONS À VALPARAISO, chanson à hisser, qui, dans l'ancienne marine à voile française, servait à rythmer l'effort des matelots hissant les vergues à l'aide d'un palan. Un soliste chante les couplets, le refrain étant repris en chœur. Ce refrain offre la particularité d'être en anglais et de rappeler les « shanties » de la marine britannique. *Valparaiso* est devenue célèbre tardivement : notée dès 1918 par A. Hayet, elle n'a été publiée pour la première fois qu'en 1927, sans doute à cause de D. Milhaud qui en a utilisé la mélodie dans l'acte III du → *Pauvre Matelot.* Cependant, Yvonne George l'avait imposée dans son tour de chant à l'Olympia dès 1920. Le public, décontenancé par ce refrain anglais, avait copieusement sifflé l'interprète. Mais elle tint bon et c'est grâce à elle que *Valparaiso* acquit une célébrité qu'elle n'a jamais perdue. Dans cette chanson, le marin est sans illusions : « Plus d'un y laissera sa peau. » Mais ceux qui reviendront pavillon haut seront à flot pour la bordée, « le rack, la fille, le couteau ».

Bibliographie — FR. VERNILLAT et J. CHARPENTREAU, Dictionnaire de la chanson française, Paris 1968 ; voir aussi la bibliogr. de l'art. *« Au trente et un du mois d'août ».*

FR. VERNILLAT

« NOUS L'AVONS EU VOTRE RHIN ALLEMAND », voir (LE) RHIN ALLEMAND.

« NOUS N'IRONS PLUS AU BOIS », chanson populaire française. Cette ronde mélancolique est une chanson de jeu : chaque fois que revient la phrase « La belle que voilà ira les ramasser », l'un des danseurs se détache de la ronde et va se placer au centre. Après la phrase finale, « Embrassez qui vous voudrez », le personnage placé au centre de la ronde embrasse effectivement l'un des danseurs, qui va prendre sa place, et ainsi de suite...

D'origine sans doute récente, cette ronde dont on ignore la provenance a connu un extraordinaire succès dans les milieux artistiques de la capitale au XIXe siècle. George Sand l'évoque comme étant une ronde de son enfance ; Ch. Nodier l'a entendue en Franche-Comté ; Th. de Banville prend certains vers pour servir de support à un poème (*Les Stalactites*, 1846). Dans le 3e mouvement de sa *1re Symphonie*, **G. Mahler** transpose en mineur quelques notes, qu'il confie au hautbois, en leur donnant un caractère sautillant assez inattendu ; enfin, **Cl. Debussy** immortalise une phrase mélodique dans *Jardins sous la pluie* (1903).

Bibliographie — H. Davenson, Le livre des chansons, Neuchâtel 1944 ; J. Canteloube, Anthologie des chants populaires français IV, Paris, Durand, 1951 ; P. Bénichou, Nerval et la chanson folklorique, Paris, Corti, 1970.

Fr. Vernillat

« Nous sommes de l'ordre de Saint Babouin », chanson à 4 voix de **Loyset Compère**. On pourrait se demander s'il s'agit bien d'une polyphonie vocale car la seule source connue, l' → *Odhecaton* de Petrucci (1500), n'en donne que l'incipit, sans autre texte. Pourtant, dans la farce *La Résurrection Jenin à Paulme*, Jenin et quatre autres personnages en chantent la première strophe, et cet incipit est indiqué dans plusieurs recueils de *Noëlz*, comme timbre du noël *« Nous sommes de l'ordre du corps Jesuchrist »*. Heureusement, un petit opuscule de poésies (*S'ensuyvent plusieurs belles chansons* [...] *cinquante et troys*, Paris v. 1515) en donne le texte complet, en 8 strophes ponctuées du refrain : « Et voyla la vie que nous demandon. » Il s'agit d'une parodie de règle conventuelle, sur le thème de la bonne vie, chaque couplet en détaillant les heures : « A nostre disner », « A notre gouster », « A nostre souper », « A nostre coucher », etc. Saint Babouin est manifestement le saint patron de l'ordre de la Baboue : déjà célébré au XIVe s. par Eustache Deschamps, il réunissait les amoureux de l'alcool et de la bonne vie. L'adaptation de ce texte à la musique de Compère est tout à fait possible. Le texte y est déclamé en courtes phrases qui correspondent aux unités de 5 syllabes que la typographie fait apparaître. Elles sont traitées en imitations systématiques à 4 voix, souvent divisées en paires opposées. Quelques regroupements à 4 voix note contre note en ponctuent le déroulement. L'ensemble sonne très clair en *do* maj. (mode de *fa* transposé), un peu à la manière d'une fanfare, certains passages évoquant aussi des carillons. P. Aron cite cette pièce parmi d'autres, dans son traité *Toscanello* (1529), pour illustrer la manière d'éviter le triton par « musica ficta ».

Rééditions modernes — Par H. Hewitt et I. Pope, *in* Harmonice musices Odhecaton A, Cambridge (Mass.), Mediaeval Acad. of America, 1942, 2/1946 ; par L. Finscher, *in* L. Compère. Opera omnia V, CMM 15, Amer. Inst. of Musicology, 1972.

Bibliographie — H. M. Brown, Music in the french secular theater, 1400-1550, Cambridge (Mass.) 1963 ; L. Finscher, L. Compère, life and works, Amer. Inst. of Musicology, 1964 ; Br. Jeffery (éd.), Chanson Verse of the Early Renaissance, Londres, l'Auteur, 1971.

J.-P. Ouvrard

« Nous voyons que les hommes », chanson à 3 voix de **Jacques Arcadelt**, publiée à Paris chez A. Le Roy et R. Ballard en 1554. Elle doit curieusement sa célébrité à un compositeur français du XIXe s., aujourd'hui quasiment oublié, Pierre Louis-Philippe Dietsch (1808-1865), qui la popularisa en en publiant une adaptation religieuse qui allait, dès lors, devenir le célèbre *Ave Maria d'Arcadelt*.

La chanson, qui traite de la condition amoureuse des femmes, a pourtant peu à voir avec la religion. Il s'agit d'une longue série de quatrains en vers courts de 6 syllabes, en rimes alternativement féminines et masculines. La musique les traite de manière semi-strophique, puisque son développement complet s'adapte à trois quatrains. La déclamation y est presque rigoureusement syllabique, et le style polyphonique et vocal, d'une extrême simplicité, est celui de la chanson en forme de voix de ville qu'Arcadelt lui-même, avec P. Certon et d'autres, a contribué à mettre à la mode autour de 1550. En 1554, la chanson paraît presque simultanément sous deux formes : dans le *Tiers Livre de chansons*, chez Le Roy et Ballard, pour trois voix aiguës (clés de *sol*, *ut* 1 et *ut* 3), et dans le *Cinquiesme Livre de guiterre*... d'A. Le Roy, pour voix et guitare, le supérius étant en notation figurée et l'accompagnement en tablature. Les deux versions seront rééditées jusqu'en 1573 et 1570 respectivement, mais dans sa réédition de 1570 (*Selectissima... in guiterna ludenda carmina*, Louvain et Anvers) Phalèse ne donne que la tablature de guitare.

Rééditions modernes — Par E. B. Helm, *in* The chansons of J. Arcadelt I, Northampton (Mass.), Smith College, 1942 ; par R. Stevenson, *in* Music before the Classic Era, Londres, Macmillan, 1958 ; par A. Seay, *in* J. Arcadelt. Opera omnia VIII, CMM 31, Amer. Inst. of Musicology, 1968.

Bibliographie — A. Smijers, Het « Ave Maria » van Arcadelt, *in* St. Gregorius Blad, févr. 1939 ; G. Reese, Music in the Renaissance, New York, Norton, 1954, 2/1959.

J.-P. Ouvrard

(Le) Nouveau Seigneur du village, opéra-comique en un acte, sur un livret du baron Auguste-François Creuzé de Lesser et d'Edme-Guillaume-François de Favières, musique de **François-Adrien Boieldieu**, composé à Paris au début de l'année 1813, créé à Paris, à l'Opéra-Comique, le 29 juin 1813, avec Mlle Regnault, MM. Nicolas-Jean Martin, Ponchard, Saint-Aubin, Huet, Moreau.

Livret — Les sujets prennent le valet Frontin — dépêché afin de préparer l'arrivée du marquis de Formann — pour leur nouveau seigneur. Frontin ne les en dissuade pas, jusqu'au moment où le vrai seigneur apparaît en homme d'affaires. Tout s'arrange. Frontin avait oublié de dire que ce qu'il faisait était pour le compte de Monseigneur.

Sur cette trame mince, mais dans l'esprit des divertissements du XVIIIe s., Boieldieu a écrit une jolie partition, alerte et fraîche, de laquelle se détachent l'introduction en quatuor (*« Ainsi qu'Alexandre le Grand »*), le duo Frontin-Blaise (*« C'est, dites-vous, du chambertin »*) se terminant comiquement après que le valet eut goûté et vidé une vieille bouteille (*« Ah oui, c'était du chambertin »*), le trio en canon *« Mes bons amis »*. Partout de la bonne humeur et de l'esprit, comme lors du récit emphatique du bailli (comique accentué par ses absences de mémoire, dans le numéro 7 de la partition). Les airs de Frontin exigent une voix de baryton à la tessiture étendue et élevée. Ils ont été spécialement composés pour la voix du baryton Martin. Dans l'air n° 3, *« Taisez-vous »*, Boieldieu précise : « On a gravé cet air sur la clé de sol, quoique chanté par Frontin, parce qu'il est haut et peut être chanté par un ténor. »

Éditions — Paris, chez Boieldieu Jeune, s.d. ; Paris, Choudens.

Bibliographie — L. Augé de Lassus, Boieldieu, Paris 1927, pp. 59-61 ; G. Favre, Boieldieu, sa vie, son œuvre, Paris 1944-45, 2 vol., II pp. 67-68, rééd. Genève, Slatkine, 1977.

Chr. Goubault

Nouveaux Fragmens, voir Télémaque, Fragmens des modernes.

Nouvelles Aventures, pour sop. colorature, alto, bar.-basse soli et 8 instruments (fl., cor, percussion, clv., p., célesta, vlc., cb.), de **György Ligeti**, composées de 1963 à déc. 1965, créées à Hambourg, le 26 mai 1966, par Gertie Charlent (sop.), Marie-Thérèse Cahn (alto), William Pearson (bar.), un ensemble du Norddeutscher Rundfunk Sinfonie Orchester, sous la dir. d'Andrzej Markowski. (Francfort/M., Peters / Litolff, 1966 ; durée : 12 min 30 s environ.)

Suite des → *Aventures*, cette pièce comprend deux grandes parties : 1. Sostenuto (Ritornell), Più mosso, Hoquetus, Commérages, Communication ; 2. Agitato molto, Choral, Agitato molto, Les Horloges démoniaques, Prestissimo misterioso, Coda. Conçues dans le même esprit et dans des registres voisins, les sections des *Nouvelles Aventures* — qui, dans la précédente composition, se distinguaient nettement les unes des autres —, s'ordonnent ici « pour former des chaînes de parentés et de variations » (H. Kaufmann).

Aventures et *Nouvelles Aventures* ont été réunies par Ligeti en une action musico-dramatique en 14 tableaux, réalisée en janv.-févr. 1966 (rév. en juil. de la même année), créée au Staatstheater du Wurtemberg (Stuttgart), le 19 oct. 1966, sous la dir. de Friedrich Cerha, dans une pantomime non autorisée par le compositeur. (Vienne, Neues Forum, 1967 ; durée : 40 min environ.) Il existe également un film en 16 mm de cette action (Mayence, Zweites Deutsches Fernsehen ; durée : 27 min). Ce film a été projeté à Paris, au Forum, le 8 avril 1974.

Bibliographie — Voir celle de l'art. *Aventures*.

Chr. Goubault

« Now is the month of maying » (Voici le mois de mai), ballet à 5 voix de **Thomas Morley**, publié dans le premier livre de *Ballets To Five Voyces* (Londres, Th. Este, 1595). Le texte est emprunté à la célèbre pièce d'O. Vecchi *« So ben mi c'ha bon tempo »*. Dans ce genre d'œuvre, qui prend pour modèle les « balletti » italiens cultivés à la même époque avec grand succès, notamment par G. Gastoldi, Morley ne connaît pas de rival. A la fois chanté et dansé, avec ou sans soutien instrumental, le ballet comporte des refrains composés de « fa-la-la » caractéristiques à la fin de chacune des deux sections qui sont reprises (plan : AA BB). Trois strophes se chantent sur la même musique, dans une mesure à 4 temps et dans le ton principal de *sol* majeur. L'écriture reste syllabique comme il se doit afin de préserver la simplicité du genre et l'incitation à la danse. Seul le second refrain, d'ailleurs plein de jeux rythmiques, se risque au style imitatif. Ce ballet, où prédominent les accords verticaux, qui sonnent si bien, et dont les parties intermédiaires sont nettement plus réjouissantes à chanter que celles de Vecchi, gagne néanmoins à être exécuté dans un mouvement plutôt modéré. Il fut extrêmement populaire à l'époque, comme de nos jours — il s'agit d'un des madrigaux anglais les plus connus en France. Ph. Rosseter en a donné une version instrumentale parmi ses propres *Lessons for Consort* (1609). Signalons enfin que le jeu rustique de « barley-break » de la dernière strophe se jouait à trois couples.

Rééditions modernes — *Ballets To Five Voyces* (1595), éd. par E. H. Fellowes, *in* The English Madrigal School IV, Londres, Stainer & B., 1913, 2/1966 ; *« Now is the month of maying »*, éd. par Ph. Ledger, *in* The Oxford Book of English Madrigals, Londres, OUP, 1978.

Bibliographie — D. Arnold, Gastoldi and the English Ballett, *in* MMR LXXXVI, 1956 ; voir aussi la bibliogr. de l'art. *« April is in my mistress' face »*.

Ch. Whitfield

Noye's Fludde (Noé et le Déluge), op. 59, miracle de Chester, de **Benjamin Britten**, pour récitant, mezzo-sop. et bar. soli, 6 autres soli (enfants), chœur d'enfants, orchestre de chambre, grand orchestre d'enfants ou d'amateurs, piano à 4 mains et orgue, composé en 1958, créé au festival d'Aldeburgh, à Oxford Church, le 18 juin 1958, sous la dir. de Charles Mackerras. (Londres, Boosey & Hawkes, 1958 ; durée : 55 min environ.)

Ce remarquable quasi-opéra est l'essai le plus ambitieux et le plus réussi de Britten en ce qui concerne l'union d'un petit noyau de musiciens professionnels et d'un grand nombre de chanteurs et d'instrumentistes enfants ; un rôle important est également dévolu au public dans l'exécution de trois hymnes. La première d'entre elles, *« Lord Jesus, think on me »* (Seigneur Jésus, pense à moi), liée à sa mélodie de psaume écossaise, sert d'ouverture et est suivie immédiatement par la Voix de Dieu (rôle parlé) ordonnant à Noé de construire une arche et lui donnant des instructions précises quant à ses dimensions et à ceux qu'elle doit accueillir avant que le Déluge détruise le monde. La femme de Noé et ses commères se moquent de ses efforts mais, avec l'aide de ses trois fils, Sem, Ham et Japhet et de leurs femmes (rôles tenus par des enfants), Noé se met au travail.

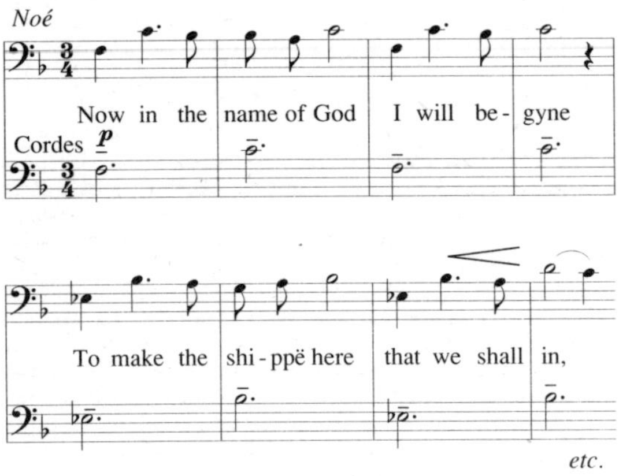

Cette ligne mélodique simple et forte gagne en intensité et en allure au fur et à mesure que le bateau se construit et que le Déluge menace. Noé invite sa femme à les rejoindre dans l'Arche mais elle refuse de quitter ses commères. Entre-temps, la Voix de Dieu s'est fait entendre de nouveau, recommandant à Noé de prendre à son bord un mâle et une femelle de chaque animal. Noé dit à ses aides : « Le Déluge est proche, alors ne tardez pas. » Jusque-là, l'orchestre a consisté principalement en cordes, piano et choix de percussions, celles-ci évoquant la construction de l'Arche, mais à l'arrivée des animaux, Britten introduit les bugles en *si* ♭, utilisant tous leurs sons harmoniques y compris la septième non tempérée (*la* ♭). Tandis que les fils de Noé et leurs femmes identifient les groupes d'animaux entrant dans l'Arche, chacun de ceux-ci chante le *Kyrie eleison* ; lorsque tous sont à bord, une marche entraînante pour bugles et percussion se fait entendre. Cette arrivée progressive des sept groupes d'animaux traversant l'auditoire est aussi impressionnante que l'entrée des maîtres chanteurs chez Wagner, mais elle est réalisée avec une économie de moyens qui est l'une des marques du génie de Britten.

Lorsque les flots s'élèvent, Noé et ses fils adjurent leur mère de se joindre à eux. Une longue discussion s'ensuit lorsqu'elle déclare vouloir rester dans l'île avec ses commères pendant qu'ils boiront et feront la fête. Finalement, ils se saisissent d'elle et l'entraînent dans l'Arche au moment où les flots engloutissent les commères qui poussent des cris aigus. La tempête qui s'ensuit s'inscrit dans une passacaille construite sur un motif de 4 mesures utilisant les 12 notes de l'échelle chromatique A. Cette idée est répétée plus de 30 fois, l'intensité grandissante de la pluie (orchestrée avec piano et une « gamme » de tasses à thé frappées avec une cuillère en bois), les éclairs, le tonnerre et le vent furieux (gammes chromatiques aux flûtes à bec) menant à un climax terrifiant d'où ressort petit à petit le chant par les animaux du *« Eternal Father, strong to save »* (Père éternel, puissant sauveur). Pendant la strophe finale, la musique de la tempête s'arrête et le public ajoute son chant à celui des animaux (Britten utilise la mélodie bien connue de Dykes), accompagné par l'orgue. Le thème de la passacaille se fait entendre de nouveau lorsque la tempête s'apaise. Noé décide alors d'envoyer un corbeau à la recherche d'une terre émergée (le départ et la disparition progressive de l'oiseau sont rendus de manière touchante par le violoncelle). Le corbeau ne réapparaissant pas, Noé envoie une colombe (flûte à bec et triangle). Lorsqu'elle revient avec un rameau d'olivier dans son bec, Noé entonne un péan de louange à Dieu, un des chants les plus éloquents de toute l'œuvre B.

La Voix de Dieu se fait entendre une fois de plus, ordonnant à Noé de quitter l'Arche et de repeupler la terre. Les animaux crient sans relâche « Alléluia », tandis que Noé et sa famille entonnent un chant d'action de grâces. Le départ des animaux donne lieu à un grand chœur triomphal qui, comme leur arrivée, s'exprime musicalement par une couleur sonore non encore entendue. Ce n'est pas un son d'orchestre habituel, mais celui de clochettes sonnées en carillons toujours plus complexes à mesure que les merveilles de la terre renouvelée se déploient : un arc-en-ciel, puis le soleil, la lune et les étoiles.

Finalement, les bugles s'ajoutent aux cloches et annoncent l'hymne conclusive, *« The spacious firmament on high »* (Le vaste firmament au plus haut des cieux), adaptée au canon de Tallis, pendant lequel tous s'en vont, les animaux et la famille de Noé. L'assistance se joint à eux en chantant le canon à 8 voix. Noé, debout sur l'Arche désormais vide, écoute pour une dernière fois la Voix de Dieu qui lui donne sa bénédiction puis rejoint sa famille, qui s'en va en traversant l'assistance. Le canon se poursuit aussi longtemps que la Voix de Dieu se fait entendre et l'œuvre s'achève par une dernière flambée de couleur des bugles, des cloches et de l'orchestre, qui se sépare lorsque Noé disparaît.

Les rôles de Noé et de sa femme sont techniquement difficiles, comme le sont aussi les parties de quintette à cordes, de piano à 4 mains, d'orgue, de timbales et de flûte à bec solo. Si les autres parties instrumentales et vocales peuvent aisément être maîtrisées avec les répétitions qui conviennent, elles sont néanmoins exigeantes en ce sens qu'elles nécessitent concentration et engagement, même si les besoins techniques sont faibles. Les autres solistes vocaux (les enfants de Noé et leurs femmes) et quelques instrumentistes (particulièrement les flûtes à bec et les clochettes) requièrent des enfants simplement doués. Mais c'est l'engagement qu'exige la musique qui élève *Noye's Fludde* au-dessus de tous les opéras pour enfants, donnant aux interprètes et aux auditeurs les satisfactions qui émanent d'un vrai chef-d'œuvre. Une grande partie de son impact dramatique provient de son origine, un miracle joué sur une carriole ou lors d'un cortège, présentant l'histoire biblique en des termes simples et humains, impliquant directement l'assistance. Ces forces du texte, habilement exploitées par le compositeur, font de *Noye's Fludde* le succès dramatique et musical qu'il n'a jamais cessé d'être depuis sa création.

Bibliographie — E. Roseberry, The Music of « Noye's Fludde », *in* Tempo, nos 53-54, 1960.

L. Sawkins

(Le) nozze di Figaro (Les Noces de Figaro), « opera buffa » en 4 actes, livret de Lorenzo Da Ponte d'après *Le Mariage de Figaro* de Pierre-Augustin Caron de Beaumarchais, musique de **Wolfgang Amadé Mozart** (KV 492), créé à Vienne, au Burgtheater, le 1er mai 1786. (Durée : 2 h 50 min environ.)

Mozart choisit ce sujet d'opéra sans se soucier du fait que *Le Mariage de Figaro* de Beaumarchais, qu'il avait lu en 1785, avait été interdit par la censure impériale autrichienne, ce qui lui avait assuré une large diffusion. C'est l'empereur Joseph II qui imposa *Le nozze di Figaro* à la cour et à ses aristocrates qui n'en voulaient pas. Pourtant, Da Ponte et Mozart n'avaient nullement adouci la combativité de l'œuvre. La diatribe politique de Figaro au 5e acte de la pièce de Beaumarchais, outre le fait que sa longueur et son style excluent une composition musicale, est renforcée dans l'opéra lorsque Figaro chante : *« Il resto non dico, ognuno lo sà »* (Je ne dis pas le reste car chacun le sait), une véritable insulte à la censure impériale. Et le début du 4e acte n'évoque-t-il pas la scène du Collier de la reine dans les charmilles nocturnes du parc de Versailles quelques mois avant la première de l'opéra ?

Livret — Acte I. Figaro (basse), qui doit épouser Susanna ce jour même, est occupé à mesurer la chambre que le comte Almaviva leur a attribuée dans son château, chambre pratique d'accès non seulement pour eux mais aussi pour le Comte, comme Susanna (sop.) l'explique à Figaro, lequel assure que, si le Comte veut danser, ce sera sur sa musique. Marcellina (sop.) obtient l'aide du docteur Bartolo (basse) pour gagner Figaro qu'elle veut épouser ; Bartolo n'oublie pas que Figaro lui a jadis soufflé sa pupille Rosina pour en faire la Comtesse. Survient Susanna qui se moque d'elle ; Marcellina fuit, folle de rage. Entre Cherubino (sop.), page du Comte, venant implorer l'aide de Susanna pour que le Comte ne le chasse pas après l'avoir surpris avec Barberina. Comme le Comte entre, Cherubino se cache derrière un fauteuil. Almaviva (basse), se croyant seul, cherche à lutiner Susanna mais se cache à son tour lorsque survient le maître de musique Basilio (ténor). Ses allusions perfides au penchant de Cherubino pour la Comtesse font sortir le Comte de sa cachette ; il décide de renvoyer le page qu'il découvre lorsqu'il raconte la manière dont il l'a surpris avec Barberina. Entrée des villageois conduits par Figaro qui célèbrent la magnanimité du Comte, lequel a aboli sur ses terres le « droit de la première nuit » du maître avec ses servantes ; le Comte promet de célébrer dans les plus brefs délais le mariage de Figaro et de Susanna. Il pardonne à Cherubino et lui donne un brevet d'officier qui l'éloignera du château. Figaro se moque du « farfelu amoureux » qui va conquérir la gloire militaire.

Acte II. La Comtesse (sop.), dans un air admirable, *« Porgi, amor, qualche ristoro »* (Apporte, amour, quelque réconfort ; no 10, cavatine), déplore l'inconstance de son mari. Susanna raconte les tentatives du Comte et Figaro vient exposer son plan pour donner une leçon à celui-ci. Il lui a fait remettre par Basilio un billet l'informant que la Comtesse a donné rendez-vous ce soir à son amant. Susanna devra feindre d'accepter un rendez-vous avec le Comte, mais c'est Cherubino qui s'y rendra, travesti en femme, et la Comtesse pourra surprendre son mari. Cherubino chante à la Comtesse une brûlante déclaration sur un accompagnement de battements de cœur : *« Voi que sapete che cosa è amor »* (Vous qui savez ce qu'est l'amour ; no 11, arietta). On verrouille les portes pour s'amuser à travestir Cherubino en femme. Mais pendant que Susanna est allée chercher une robe, le Comte arrive à l'improviste ; la Comtesse cache Cherubino dans un cabinet qu'elle ferme. Le Comte, soupconneux, veut savoir qui y est : Susanna en train d'essayer sa robe de mariée ? — Comme il veut absolument vérifier les dires de sa femme, il l'emmène pour aller chercher des outils permettant de forcer la porte. Susanna revient, entre dans le cabinet cependant que Cherubino le quitte en sautant par la fenêtre dans les jardins. On force le cabinet, Susanna en sort, mais Antonio (basse), le jardinier, arrive en rapportant qu'un homme a sauté par la fenêtre de la Comtesse

A Noye's Fludde

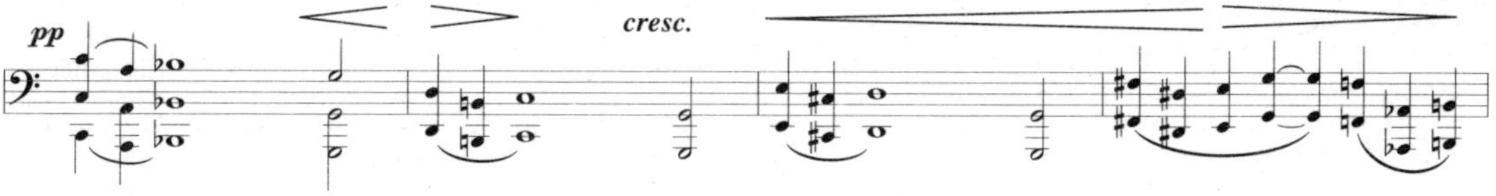

B Noye's Fludde

sur ses plates-bandes et montre le brevet d'officier que Cherubino a laissé tomber et sur lequel manque un cachet. Marcellina, en compagnie de Bartolo et de Basilio, vient réclamer à Figaro le mariage qu'il a promis par contrat au cas où il ne pourrait pas lui rembourser l'argent prêté. Imbroglio qui permet au Comte de différer le mariage de Figaro et de Susanna.

Acte III. Le Comte médite sur l'histoire du cabinet. Susanna arrive et, pour réaliser le piège imaginé par Figaro, accepte le rendez-vous que le Comte lui fixe pour la nuit dans le parc. Tombant sur Figaro en sortant, elle lui confie que la partie est gagnée, ce que le Comte entend ; il comprend qu'il a été joué et jure de se venger. Le juge Don Curzio (ténor) vient annoncer que Figaro doit rembourser sur-le-champ Marcellina ou l'épouser. Puis on découvre que Figaro est en réalité le fils de Marcellina et Bartolo. Embrassades, mais Susanna, qui trouve Figaro dans les bras de Marcellina, le gifle. Explications : tout s'arrange, merveilleux ensemble. Dépité, le Comte s'en va. Air de la Comtesse seule : *« Dove sono i bei momenti ? »* (Où sont les beaux instants ? n° 19, aria). Susanna écrit sous la dictée de la Comtesse le billet donnant rendez-vous au Comte ; celui-ci devra retourner l'aiguille qui cachète le billet en signe d'accord. Entrent, conduites par Figaro, de jeunes paysannes venant offrir des fleurs à la Comtesse : parmi elles Cherubino déguisé en fille par Barberina. Antonio arrive avec le Comte et démasque le malheureux officier. Figaro rappelle que son mariage avec Susanna et celui de Bartolo avec Marcellina doivent être célébrés. Fandango nuptial des couples avec les villageois ; Susanna profite de son passage devant le Comte pour lui glisser le billet de rendez-vous.

Acte IV. Barberina (sop.) cherche l'aiguille qu'elle a perdue et que le Comte lui avait demandé de remettre à Susanna. Elle se confie à Figaro qui soupçonne une manigance et une infidélité de sa fiancée. Marcellina, Basilio et Bartolo cherchent vainement à le calmer ; il chante un air vengeur : *« Aprite un po' quegli occhi »* (Ouvrez un peu vos yeux ; n° 26, aria). Susanna déguisée en Comtesse, cachée derrière une charmille, a tout entendu et s'amuse à attiser sa jalousie. Paraît Cherubino qui veut embrasser la fausse comtesse (Susanna déguisée), puis le Comte qui entraîne la fausse Susanna (la Comtesse déguisée) dans un pavillon. Comme Susanna oublie un instant de travestir sa voix, Figaro la reconnaît : réconciliation. Le Comte qui revient voit Figaro faire des déclarations enflammées à la fausse comtesse ; il appelle ses gens à la rescousse ; les autres demandent pardon ; il refuse ; la Comtesse se dévoile ; le Comte tombe à genoux et demande pardon à son tour ; il l'obtient : admirable septuor final *« Ah, tutti contenti saremo così »* (Ah ! comme nous serons tous heureux ainsi).

Dans les *Nozze*, Mozart atteint la pleine maturité de son génie musico-dramatique. Le sourire se mêle à l'attendrissement, comme devant le désespoir d'enfant de Barberina au début de l'acte IV, l'émotion la plus profonde aux gags irrésistibles comme dans le grand ensemble terminant l'acte II, *« Esci ormai, garzon malnato »* (Sors enfin, damné garçon ; n° 15, finale, le Comte). L'approfondissement psychologique des personnages atteint des sommets absolus, comme dans les deux grands airs de la Comtesse (n° 10, acte II, et n° 19, acte III, voir ci-dessus). Les ensembles sont parmi les plus beaux de toute son œuvre lyrique. L'orchestre a un rôle aussi important que dans → *Idomeneo* mais cette fois les frontières entre les styles « buffo » et « seria » n'existent plus : toutes les ressources stylistiques sont au service de cette œuvre dépassant largement le style « buffo ». Le plus frappant est peut-être le septuor final *« Ah, tutti contenti saremo così »* où l'écriture est déjà celle du finale de la 9e *Symphonie* de Beethoven avec ses pédales harmoniques caractéristiques **A**. La musique de Mozart fait de la pièce de Beaumarchais, plutôt légère en dépit de ses apparentes critiques politico-sociales, un drame authentique dont la profondeur est annoncée dès les premières mesures de l'ouverture par la curieuse période de sept mesures qui est comme un signal ésotérique **B**. Ce sont bien entendu les figures de femmes qui sont les plus merveilleusement exprimées en musique : la noblesse et pourtant la profonde humanité de Rosina devenue comtesse Almaviva ; la santé resplendissante, la jeunesse et le bons sens de l'amoureuse Susanna ; la petite jeune fille émouvante qu'est Barberina ; elle avait été interprétée à la création par Annie Gotlieb (14 ans), celle-là même qui sera quatre ans plus tard la première Pamina. Il y a aussi ce « Cherubin d'amore » qui représente l'adolescent encore indéterminé, qui aime aimer, qui ne sait pas encore ce qu'il sera et que Mozart a si justement fait chanter par un « travesti », un « rôle de culottes ». Les personnages masculins ne sont pas moins bien typés : Figaro, tout d'une pièce, incapable de réfléchir assez avant l'action mais parfaitement apte à agir jusqu'au bout, amant passionné ; le Comte, aristocrate bien entendu, mais aussi doté de la plus complète ambiguïté humaine. Le délicieux couple du troisième âge Marcellina-Bartolo découvre la vraie tendresse en reconnaissant son enfant. Les rôles secondaires sont brossés avec tout autant de finesse : l'artiste manqué, le maître de musique devenu entremetteur, le juge un peu caricaturé, jusqu'au délicieux père de Barberina, cet Antonio légèrement poivrot dont le chant n'excède guère l'ambitus d'une tierce.

La littérature mozartienne a souvent glosé de manière inconsidérée sur le fait que l'air de la Comtesse de l'acte III (n° 19 ; voir ci-dessus) est une reprise légèrement modifiée de l'*Agnus Dei* de la → *Messe du couronnement*. Il n'y a pas là « profanation » mais au contraire « sacralisation » du théâtre lyrique. Il faut se souvenir de la conversation de Mozart à Leipzig, chez le cantor Doles, en 1789, rapportée par Rochlitz et commentant la signification musicale de l'*Agnus Dei*. Ou encore la réflexion de J. H. Newman sur le sens des souvenirs d'enfance (« Ce n'est pas que nous voudrions redevenir enfants mais être des anges et voir la face de Dieu ») : au moment où « la folle journée » est à son comble et que la Comtesse se demande si le piège tendu avec Susanna et Figaro à son mari ne va pas tourner mal, c'est le souvenir de l'enfance innocente, des débuts de son amour, et la fuite en avant vers le monde où l'amour ne pourra plus mourir.

Si le septuor final avec sa phrase sublime transporte directement dans le style de la plus haute musique spirituelle, c'est qu'effectivement se produit sur scène une « catharsis » profonde. Le Comte s'agenouille, pour demander pardon bien entendu, mais aussi parce qu'il découvre la véritable dimension de l'amour en prenant conscience de la fidélité essentielle de sa femme : il peut y avoir des anges.

Une œuvre qui conduit ainsi à l'humiliation et à la conversion d'un aristocrate par les gens du peuple — Rosina, Susanna, Figaro — ne pouvait que choquer la bonne société viennoise qui ne fit pas aux *Nozze di Figaro* la fête qu'elles méritaient. C'est à Prague, dans la ville la plus progressiste et contestataire de l'empire, que l'opéra triompha. On y apprécia la caricature de la gloire militaire dans l'air de Figaro à la fin de l'acte I, *« Non più andrai, farfallone amoroso »* (Tu n'iras plus, papillon amoureux), et plus encore sans doute la musique rythmant le saut de Cherubino par la fenêtre, que Mozart exploita dans le finale de sa symphonie de Prague, faisant entendre à ses amis tchèques qu'ils pourraient sauter, eux aussi, par la fenêtre lors des contraintes de l'Empire absolu. A Prague, la musique stimulante des *Nozze* devint si vite populaire qu'on la retrouve sous forme de chansons folkloriques dès la fin du XVIIIe siècle. Aujourd'hui encore, *Le nozze* sont sans doute l'opéra le plus universellement populaire de Mozart, malgré la concurrence que leur fit longtemps *Don Giovanni* et que commence à leur faire *Così fan tutte*.

Rééditions modernes — Par L. Finscher, *in* W. A. Mozart, Neue Ausgabe sämtlicher Werke II, 5, 16, Kassel, BV, 1973.

Bibliographie — E. J. Dent, Mozart's Operas. A Critical Study, Londres 1947, pp. 88-115, trad. fr. Paris 1958 ; R. B. Moberly, Three Mozart Operas : Figaro, Don Giovanni, The Magic Flute, Londres, Gollancz, 1967 ; W. Ruf, Die Rezeption von Mozart's « Le nozze di Figaro » bei den Zeitgenossen, *in* AfMw XXXIV, 1977 ; H. Abert, W. A. Mozart, Leipzig, Br. & H., 1978, vol. II, pp. 231-305 ; J. V. Hocquard, Les Noces de Figaro, Paris, Aubier-Montaigne, 1978 ; L'Avant-Scène Opéra, n° 21, mai-juin 1979 M. Mila, Lettura delle Nozze di Figaro, Turin, G. Einaudi, 1979 ; S. Levarie, Mozart's « Le nozze di Figaro ». A critical analysis, Chicago, University of Chicago Press, 1982 ; W. J. Allanbrook, Rhythmic gesture in Mozart : « Le nozze di Figaro » and « Don Giovanni », Chicago, Univ. of Chicago Press, 1983 ; S. Kunze, Mozarts Opern, Stuttgart, Reclam, 1984, pp. 222-318 ; A. Tyson, Mozart. Studies of the autograph scores, Cambridge (Mass.), Harvard Univ. Press, 1987, pp. 290-327 ; A. Steptoe, The Mozart-Da Ponte Operas..., Oxford, Clarendon Press, 1988 ; L'Avant-Scène Opéra, n° 135-136, nov.-déc. 1990.

C. de Nys

N'SHIMA (souffle, en hébreu), d'**Iannis Xenakis**, pour 2 mezzo-sop. (ou altos), 2 cors en *fa,* 2 trb. ténors et vlc., composé en 1975 à la demande du Testimonium Festival de Jérusalem, dédié à Recha Freier, créé à Jérusalem en févr. 1976 par l'Ensemble Testimonium, sous la dir. de Juan Pablo Izquierdo. (Paris, Salabert ; durée : 17 min environ.)

A (Le) nozze di Figaro

B (Le) nozze di Figaro

Xenakis n'utilise, d'un texte hébreu qui lui avait été proposé, que des phonèmes ou des syllabes, auxquels il ajoute quelques phonèmes européens, de même que certains sons à attaque rude combinés avec des voyelles. Les syllabes et phonèmes hébreux sont tirés des mots suivants : ha-yo (être), ha-ya (était), gam (aussi), va'ta-a (et s'égare), ish (homme), a-rets (pays), to-shav-zar (étranger), v'hi-ne (et regarde), i-hud (unification), olam (monde), av-da (était perdue), sha-chach (oubliait).

Dans un style rappelant un peu celui de → *Nuits*, les deux voix évoluent, soit à l'unisson, soit séparément sous la forme de sinueuses mélodies aux intervalles souvent restreints et faisant un usage abondant des quarts de ton, des glissandi et des petites notes ornementales, ou bien se fixent sur des sons tenus et aux timbres progressivement changeants. Ces mêmes caractéristiques s'observent aux instruments et, dans le tissu polyphonique d'ensemble, les timbres vocaux ne se distinguent pas toujours clairement. C'est justement cela que cherchait Xenakis qui tente, dans *N'shima*, d'établir une communication entre le vocal et l'instrumental par le moyen du souffle, symbole de l'être, que la voix transmet aux instruments, recevant d'eux, en échange, leur caractère « désincarné ».

Bibliographie — B. SCHIFFER, « N'shima », *in* RMS CXVI, 1976 ; du même, Xenakis « N'shima », *in* Tempo, n° 117, 1976 ; H. R. ZELLER, Xenakis und die Sprache der Vokalität, *in* Musik-Konzepte, n°s 54-55, Munich, mai 1987.

V. MATAIGNE

(LA) NUIT, cycle de 3 mélodies de **Jacques Leguerney**, pour voix moyenne et accompagnement de piano, sur des poèmes de Marc Antoine Girard de Saint-Amant (1594-1661), composé en 1950, dédié à Simone Girard, créé par Gérard Souzay et la pianiste Jacqueline Bonneau en 1951 : 1. *« Paisible et solitaire nuit »*, 2. *« Lugubre courrier du destin »*, 3. *« Tous ces vents qui soufflaient si fort »*. (Paris, Salabert, 1952 ; durée : 5 min 10 s environ.)

Les strophes d'un même poème constituent le cycle. La caractéristique de cette composition réside dans la présence d'une mélodie centrale contrastant avec les deux extrêmes tant par le texte que par la musique. La première, poétique, nous dévoile une nuit mystérieuse et enveloppante, secrète confidente de l'amoureux transi. La deuxième, sinistre, composée dans l'esprit du *Scarbo* de M. Ravel, devient menaçante. La troisième, plus sereine et de nouveau plus poétique, vient apaiser les frayeurs de l'amant. Dans ces trois mélodies, on constate l'exigence du compositeur d'adapter le style de l'accompagnement au ton du poème (p. ex. emploi de dessins chromatiques qui évoquent le climat tourmenté et inquiétant de la 2e mélodie). Il faut noter toutefois qu'une conception unitaire prévaut dans l'enchaînement des trois mélodies du cycle. Cela est révélé par les indications portées par le compositeur lui-même sur la partition (Enchaînez).

Bibliographie — Voir celle de l'art. *Sept Poèmes de François Maynard.*

P. CHOUKROUN

(LA) NUIT DE MAI (*Maïskaïa Notch*), opéra en 3 actes et 4 tableaux, livret — d'après la nouvelle du même titre de Nikolaï Gogol extraite du recueil *Les Veillées du hameau de Dikanka* — et musique de **Nikolaï Andreïevitch Rimski-Korsakov**, composé en 1878-79, créé à Saint-Pétersbourg, au Théâtre Mariinski, le 9 janv. 1880, avec M. Slavina (Hanna), F. Stravinski (le Maire), P. Lody (Levko), I. Melnikov (Kalenik), sous la dir. d'E. Napravnik. Depuis → *La Pskovitaine* (1872), le compositeur a perfectionné sa science de l'écriture sous la direction de P. I. Tchaïkovski (1873-1875). Ce 2e opéra marque son attachement, désormais consacré, aux sujets fantastiques imprégnés de rites et de croyances populaires.

L'opéra débute par une ouverture construite sur de nombreux thèmes, dont le principal est le leitmotiv de la Jeune Fille noyée,

une plainte qui s'élève au hautbois dès les premières mesures.

Acte I. Un soir de mai, au village. Un groupe de jeunes paysans et paysannes chante une ronde, *« A my prosso seiali »* (Nous avons semé le millet). Le cosaque Levko (ténor), fils du Maire (basse), accompagne de sa bandoura une sérénade à sa bien-aimée Hanna (mezzo-sop.). Leur conversation nous apprend que le Maire refuse leur projet de mariage. Mais Levko est sûr de parvenir à persuader son père. La nuit tombe. A la demande de Hanna, le jeune homme raconte la légende de la vieille maison abandonnée qui se trouve au bord du lac, à la sortie du village. Autrefois, un officier cosaque y vivait avec sa pannotchka (jeune fille, sop.). Veuf, il se remaria avec une femme qui se révéla être une sorcière et qui prit sa belle-fille en horreur. La pannotchka se suicida en se jetant dans le lac et devint roussalka. Depuis, elle sort chaque nuit avec ses compagnes pour des rondes et des jeux au clair de lune. Un soir, voyant sa belle-mère sur la rive, elle l'entraîna au fond de l'eau. Mais la sorcière se transforma elle aussi en ondine, se mêlant aux autres pour devenir méconnaissable. C'est pourquoi la pannotchka demande chaque nuit à tous les passants de lui indiquer laquelle des roussalkas est sa belle-mère. A ce récit fantastique succède une scène bien réelle et d'inspiration populaire. Kalenik (bar.), l'ivrogne du village, arrive titubant et braillant un hopak (chanson à danser). Il ne parvient plus à retrouver sa maison et dit pis que pendre du Maire. De jeunes garçons et filles, prétendant lui indiquer son chemin, l'envoient vers la demeure du Maire. Pendant ce temps, le premier magistrat de la cité s'est rendu près de la ferme de Hanna avec l'intention de lui faire la cour à son tour ! Il lui raconte ses souvenirs dans un arioso comiquement pompeux, sans toutefois réussir à l'impressionner. Levko observe la scène de loin. Avec ses camarades, il invente une chanson qui ridiculise sans merci le vieux barbon.

Acte II. 1er Tableau. Chez le Maire. Après une brève introduction en Tempo di polacca, le Maire et sa belle-sœur (contralto) reçoivent un riche ami (ténor) dont l'intention est de bâtir une distillerie à la place de la maison du bord du lac. Leur entretien est interrompu par Kalenik qui croit rentrer chez lui. Alors que le propriétaire des lieux s'apprête à le jeter dehors, une pierre vient briser la fenêtre. Le Maire profère une malédiction qui effraie le distillateur superstitieux. Au dehors, Levko et ses camarades braillent la chanson irrévérencieuse et provocante entendue à la fin de l'acte précédent. Le Maire sort ; une bagarre se déroule dans l'obscurité, au terme de laquelle, croyant tenir Levko, le Maire enferme sa belle-sœur dans un placard. Arrive le

Secrétaire de mairie (basse), déclarant qu'il vient de capturer le responsable du désordre. Le Maire se rend compte de l'erreur qu'il vient de commettre et libère sa belle-sœur. Elle le couvre d'injures avant de s'enfuir en hurlant. Le Maire exprime son intention de châtier sévèrement le fauteur de troubles. — 2e Tableau. Chez le secrétaire. Peu rassurés, le Maire et le distillateur viennent voir le sacripant qu'on a enfin arrêté. En regardant par le trou de la serrure, ils croient d'abord reconnaître le diable puis, ouvrant la porte, s'aperçoivent que la belle-sœur a une nouvelle fois remplacé Levko que ses amis ont libéré.

Acte III. La nuit, au bord du lac, près de la maison abandonnée. Levko s'adonne à la rêverie. Il chante une romance en pensant à Hanna (Dors, ma belle, dors paisiblement) :

(cette mélodie est manifestement inspirée du thème de l'*Impromptu n° 2* op. 36 en *fa* ♯ maj. de Fr. Chopin). Après une seconde chanson, les roussalkas apparaissent. Leurs chœurs sont tour à tour féeriques ou populaires. La pannotchka s'adresse avec douceur à Levko et lui demande de jouer pour elles. Puis elle le prie de l'aider à identifier sa marâtre parmi les roussalkas. Au cours du « jeu de l'épervier », la sorcière se trahit. Les roussalkas se jettent sur elle et la massacrent. La pannotchka s'adresse de nouveau à Levko. Elle sait qu'il aime Hanna mais que son père empêche le mariage. Aussi lui remet-elle un billet qui lèvera tous les obstacles, puis disparaît. L'aube se lève, laissant Levko perplexe. Au moment où le Maire et son Secrétaire arrivent pour l'emprisonner, ils aperçoivent le billet, écrit de la main du commissaire, ordonnant au Maire de marier Levko et Hanna. Le vieillard ne peut que s'exécuter. Les garçons et filles du village entonnent des chants à danser ; le Maire se remet à ressasser ses souvenirs tandis que Levko et Hanna chantent une prière pour l'âme de la jeune fille noyée. Tout se termine dans la joie d'une fête ukrainienne.

Le mélange de réalisme et de fantastique populaire était déjà caractéristique de → *La Roussalka* d'A. S. Dargomyjski dont Rimski-Korsakov a pu s'inspirer. Dans *La Nuit de mai*, le compositeur s'adapte remarquablement à l'esprit de Gogol, traduisant tour à tour son humour savoureux — qui confine parfois à la farce (incidents avec la belle-sœur) —, son lyrisme et les diverses gradations d'un fantastique féerique ou inquiétant. Musicalement, l'opéra est sans doute inégal bien que les tableaux populaires aient une qualité indéniable du fait de leur richesse en folklore (le *Chant du Millet* est une mélodie traditionnelle que Rimski-Korsakov a reprise de son propre recueil de *100 Chants populaires russes*, Saint-Pétersbourg, Bessel, 1877). Les scènes lyriques valent par la spontanéité d'une invention mélodique qui peut être simple mais toujours communicative. Le dernier tableau, avec les jeux des roussalkas, est remarquable pour ses effets impressionnistes (chromatisme, fluidité de l'instrumentation).

Éditions et rééditions — Leipzig, Belaiev, 1893 (part. d'orch. et réd. cht et p.). Œuvres complètes de N. A. Rimski-Korsakov vol. 30, Moscou, Mouzgiz, 1937 (réd. cht et p.) vol. 2 (I-II), 1948 (part. d'orch.) ; Moscou Mouzyka, 1970 (réd. cht et p., texte russe et all.).

Bibliographie — G. Abraham, Rimsky-Korsakov's Gogol Operas, *in* ML XII/3, 1931 ; voir aussi la bibliogr. de l'art. *Légende de la ville invisible de Kitèje.*

A. Lischke

(La) Nuit de Noël (*Notch pered rojdestvom*), opéra en 4 actes et 9 tableaux, livret — d'après la nouvelle du même titre de Nikolaï Gogol — et musique de **Nikolaï Andreïevitch Rimski-Korsakov**, composé en 1894-95, créé à Saint-Pétersbourg, au Théâtre Mariinski, le 28 nov. 1895, avec E. Mravina (Oxana), M. Kamenskaïa (Solokha), I. Yerchov (Vakoula le forgeron), M. Koriakine (Tchoub), V. Maiboroda (le Maire), F. Stravinski (Panass), M. Tchouprynnikov (le Diable), N. Klimov (Patziouk), G. Ougrinovitch (le Sacristain), sous la dir. d'E. Napravnik.

P. I. Tchaïkovski avait traité dix ans plus tôt le même sujet dans son opéra *Vakoula le forgeron*, remanié sous le titre → *Tcherevitchki*. La nouvelle de Gogol attirait depuis longtemps Rimski-Korsakov qui, par égard pour son prédécesseur, ne reprit ce récit qu'après la mort de Tchaïkovski (1893). Pendant hivernal de → *La Nuit de mai*, *La Nuit de Noël* illustre d'une nouvelle manière l'attachement du compositeur aux croyances populaires et à leurs survivances païennes. Ce très bel ouvrage, en dépit de quelques longueurs dans les dialogues, reste totalement méconnu.

L'introduction orchestrale, intitulée *La Veillée sainte*, évoque notamment le scintillement des étoiles, traduit par les notes trillées des hautbois, célesta et harpe,

qui forment un des leitmotive de l'opéra.

Acte I. 1er Tableau. La nuit de Noël, au hameau de Dikanka. Le Diable (ténor) et la sorcière Solokha (contralto), mère de Vakoula le forgeron, décident de jouer un mauvais tour aux humains en dérobant la lune et les étoiles, et en soulevant une tempête de neige. Tchoub (basse), un vieux cosaque, et son ami Panass (basse), qui devaient passer la soirée chez le Sacristain, s'égarent dans la tourmente. Pendant ce temps, Vakoula le forgeron (ténor) soupire pour sa bien-aimée, la belle Oxana, fille de Tchoub, réticente à ses déclarations. Tchoub entre par mégarde chez Vakoula, ce qui provoque une petite altercation entre les deux hommes. — 2e Tableau. Chez Oxana. La belle jeune fille (sop.) s'admire dans son miroir. Vakoula est reçu sans aménité : le duo des jeunes gens tient plus d'une querelle que d'un tête-à-tête amoureux. Les compagnes d'Oxana se joignent à eux et chantent une koliadka (noël populaire). Voyant qu'une des filles porte de nouveaux escarpins, Oxana déclare à Vakoula qu'elle l'épousera s'il lui offre des escarpins semblables à ceux de la tsarine. Les filles se moquent du forgeron.

Acte II. 3e Tableau. Chez Solokha. La sorcière et le Diable chantent des koliadki païennes. Alors que le Diable a commencé sa cour, on frappe à la porte. Solokha cache son admirateur dans un sac à charbon. Entre le Maire (bar.), venu lui aussi tenter sa chance auprès de Solokha. Une nouvelle intrusion oblige ce dernier à trouver refuge dans un autre sac. C'est le Sacristain (ténor), qui vante les charmes de la sorcière sur des thèmes religieux. A l'arrivée de Tchoub, le Sacristain est obligé de partager le sort de ses deux prédécesseurs. Le vieux cosaque chante une chanson ukrainienne avec Solokha... quand arrive Vakoula. Faute de sac vide, Tchoub est contraint de rejoindre le Sacristain. Vakoula charge les trois sacs sur ses épaules et les emporte chez lui. — 4e Tableau. Dans une rue du village. L'introduction reprend un fragment de celle de l'acte I. Vakoula dépose deux sacs devant la porte de sa forge, gardant le troisième pour lui. Des jeunes gens chantent des koliadki ; les filles, Oxana en tête, se moquent de Vakoula qui s'en va furieux. Oxana commence à éprouver du remords. Tchoub, le Sacristain et le Maire émergent successivement des sacs, donnant lieu à des éclats de rire.

Acte III. (Les quatre tableaux de cet acte sont enchaînés sans interruption.) — 5e Tableau. Chez Patziouk. L'énigmatique Ukrainien (basse), réputé pour être sorcier, est en train de manger des beignets qui lui sautent tout seuls dans la bouche. Vakoula entre avec son troisième sac sur le dos. Il lui demande de l'aider, même avec le secours du Diable. Patziouk lui fait observer qu'il est en train de porter le Diable sur son dos. Vakoula stupéfait défait son sac ; le Diable en sort et lui propose ses services. Vakoula l'empoigne par la peau du cou, le menaçant du signe de la croix. Le Diable terrifié se déclare prêt à lui obéir. Vakoula lui ordonne de l'emporter à Saint-Pétersbourg, au palais de la tsarine. — 6e Tableau. Un entracte symphonique évoque le ciel étoilé et débouche sur un ballet des étoiles (mazurka, procession de la comète, ronde, czardas d'étoiles filantes). Puis vient une koliadka diabolique, menée par Patziouk, aidé du chœur des démons. Des harmonies solennelles annoncent l'arrivée de Vakoula à Saint-Pétersbourg. — 7e Tableau. Au palais de la tsarine. Après une polonaise avec chœur, Vakoula présente sa requête à l'Impératrice (mezzo-sop.) qui, touchée par tant de simplicité, lui offre de bon cœur une paire de ses escarpins. — 8e Tableau. C'est le retour à Dikanka par la voie des airs, toujours sur le Diable. Tandis que l'aube se lève, les divinités païennes et les étoiles cèdent la place à la fête chrétienne : des sons de cloches proviennent du village, avec un choral de Noël.

Acte IV. 9e Tableau. A Dikanka, devant la maison de Tchoub. La Femme avec un nez violet (contralto) et la Femme avec un nez ordinaire (sop.) racontent à Tchoub et à Oxana que Vakoula s'est suicidé : selon l'une, il s'est pendu ; selon l'autre, jeté à l'eau. Rongée par le remords, Oxana chante un air où elle avoue pour la première fois combien elle l'aimait. A cet instant arrive Vakoula, apportant ses escarpins. C'est la réconciliation générale. Tout le village est convié aux fiançailles. L'action se termine par un petit épilogue dans lequel Rimski-Korsakov, par le truchement de Vakoula, rend hommage à Gogol.

La Nuit de Noël utilise, outre les koliadki, des thèmes populaires ukrainiens que le compositeur a puisés notamment dans le recueil de *216 Motifs ukrainiens* publié en 1872 par A. Roubets. Certains avaient déjà été employés par d'autres compositeurs, Moussorgski — la chanson de Tcherevik (*« Rou-dou-dou »*) de → *La Foire de Sorotchintsi* correspond à l'air de monologue de Tchoub (acte I) — ou Tchaïkovski (le finale du *1er Concerto* pour piano exploite le même thème que l'air d'Oxana [9e tableau]). Sur le plan harmonique, le compositeur cultive l'opposition, habituelle de son style, entre le diatonisme, représentant l'univers humain, et les accords altérés, le chromatisme et les modulations par enharmonie, évoquant le surnaturel. L'orchestration conserve généralement des couleurs claires et scintillantes. L'ouvrage reflète fidèlement le mélange d'humour populaire et de fantastique qui constitue le propre du récit de Gogol. Comparée aux → *Tcherevitchki* de Tchaïkovski, *La Nuit de Noël* apparaît plus réussie en tant que conte et féerie ; Tchaïkovski prend l'avantage lorsqu'il traduit les situations humaines.

Éditions et rééditions — Leipzig, Belaieff, 1895 (part. d'orch., réd. cht et p.). Œuvres complètes de N. A. Rimski-Korsakov, Moscou, Mouzgiz, 1951, vol. 5 (I-II) part. d'orch., vol. 33 réd. cht et p.

Bibliographie — G. Abraham, Rimski-Korsakov's Gogol Operas, *in* ML XIII/3, 1931 ; voir aussi la bibliogr. de l'art. *Légende de la ville invisible de Kitèje.*

A. Lischke

Nuit persane, cantate pour contralto, ténor, chœur et orchestre, op. 26 bis, de **Camille Saint-Saëns**, sur un poème d'Armand Renaud, composée à Paris en 1891 d'après les *Mélodies persanes* pour chant et piano, op. 26, créée au Théâtre du Châtelet, le 14 févr. 1892, par Mme Durand-Ulbach, M. Engel et l'orchestre des Concerts Colonne sous la dir. d'Édouard Colonne. (Paris, Durand, 1872 [mélodies], 1892 [cantate]).

A la demande d'É. Colonne, Saint-Saëns transforma les *Mélodies persanes* (1. *La Brise*, 2. *La Splendeur vide*, 3. *La Solitaire*, 4. *Sabre en main*, 5. *Au cimetière*, 6. *Tournoiement*) de 1870 en une sorte de cantate qui tient également du mélodrame par ses sections parlées, accompagnées de tenues orchestrales, en l'enrichissant de deux ensembles supplémentaires, *La Fuite*, *Les Cygnes*. Quatre parties (*La Solitaire*, *La Vallée de l'union*, *Fleurs de sang*, *Songe d'opium*) constituent cette partition étrange, morbide et « décadente », d'un orientalisme musical de convention. L'originalité de l'œuvre provient de son caractère hallucinatoire dû à l'évocation de l'opium, synonyme de sensations nouvelles et de plaisirs inexplorés dans certains milieux intellectuels « fin de siècle ». Il est étonnant que Saint-Saëns, si prompt à combattre les marques de décadence, ait mis en musique un tel texte mêlant l'Orient, l'opium, l'amour et la mort.

La voix du rêve — en introduction à chaque partie — évoque l'action. L'amoureux enlève celle qu'il aime, vierge du harem, et l'emporte dans la nuit. L'amant et l'amante, au crépuscule, méditent dans le champ des morts. La félicité est rompue par la mort de la bien-aimée. Par désespoir, l'amoureux prend l'univers en haine et se rue dans la guerre. Le dégoût le saisit ; il se joint aux derviches tourneurs et se détruit avec l'opium.

Grâce à une orchestration somptueuse, à des enlacements mélodiques voluptueux, à des retours thématiques, à une succession de pièces contrastées, Saint-Saëns parvient à créer un mélodrame « oriental » tel qu'on pouvait l'imaginer à la fin du XIXe siècle. La danse des « beautés du Zaboulistan » (chœur *La Brise*, pour voix de femmes, 1re partie) rappelle *La Rêverie du soir* du *Désert* de F. David ou *Le Sélam* d'E. Reyer, avec sa mélopée languide, doublée à la tierce, sur une pédale tonique-dominante en ostinato lancinant à la basse. A l'impatience amoureuse de la *Solitaire* répond la saveur épique de la trépidation nerveuse du galop du cheval (*La Fuite*). Les frissons et les sonorités liquides des *Cygnes* (contralto, ténor et chœur à bouche fermée) achèvent la deuxième partie. Mais rien ne vaut le *Songe d'opium* final, avec le rappel de la mélodie lasse du *Cimetière* et son tournoiement de derviches saisis par le délire. Une fixité obsédante, raidie par un motif de 4 notes fatales aux violons, apparaît en contradiction avec la mélopée de plus en plus extatique du ténor solo et des ténors du chœur. « L'accord majeur enfin réalisé coïncide avec la possession dernière de l'inconscience et de la mort » (E. Baumann).

Bibliographie — E. Baumann, Les grandes formes de la musique. L'œuvre de C. Saint-Saëns, Paris 1905, 2/1923, pp. 338-339 ; G. Servières, Saint-Saëns, Paris 1923.

Chr. Goubault

Nuits, musique pour 12 voix mixtes a cappella de **Iannis Xenakis**, composée à Bloomington (Indiana) et à Paris en 1967-68, sur commande de la Fondation Gulbekian, portant la dédicace « Pour vous, obscurs détenus politiques, Narcisso Julian (Espagne) depuis 1946, Costas Philinis (Grèce) depuis 1947, Eli Erythriadou (Grèce) depuis 1950, Joachim Amaro (Portugal) depuis 1952 et pour vous, milliers d'oubliés, dont les noms mêmes sont perdus », créée au Festival de Royan, le 7 avril 1968, par les solistes de l'ORTF, sous la dir. de Marcel Couraud. (Paris, Salabert, 1969 ; durée : 10 min environ.)

La composition de *Nuits* marque un tournant dans l'œuvre vocale de Xenakis. Jusque-là, il s'était essentiellement cantonné, dans le domaine vocal, à des musiques de scène le plus souvent destinées à s'intégrer dans des représentations théâtrales de tragédies grecques (*Oresteia*, *Medea*). Dans *Nuits*, il adopte une démarche qui se rapproche de celle utilisée dans ses œuvres instrumentales : tout lien au texte et à son sens disparaît ; seuls restent des phonèmes et des syllabes, inventés ou tirés de langues antiques, tel le sumérien. Inutile même d'y chercher une forme syntaxique liée à ces langues car ce sont les timbres divers issus du travail vocal qui guident la composition, l'ensemble étant placé sous l'égide d'une indication initiale : « Partout, absolument sans vibrato, voix plates, rudes, à gorge déployée. » Cela n'empêche pas l'œuvre de s'accorder à son titre (trouvé a posteriori) et à sa dédicace : en cette année 1967 où la Grèce, pays d'origine du compositeur, gémissait sous une féroce dictature militaire, les lamentations et les cris nocturnes avaient un pouvoir d'évocation qui ne trompait personne.

C'est néanmoins par le processus compositionnel et les techniques vocales que *Nuits* dévoile son originalité. A cet égard, on a pu déceler des influences liées au chant byzantin (et spécialement à une tradition d'inversion de l'ordre des mots et de répétition de syllabes nommée « térétisme »), aux lamentations funéraires des îles grecques et au nô japonais (voir notamment les sons ponctuels nasalisés : « teing, deing »).

Chr. Prost a pu dénombrer plusieurs éléments focalisés autour du motif en « tresses » continues « quasi glissando » sur une ligne mélodique en quarts de ton, par lequel débute la pièce. A partir de ce premier élément, l'œuvre fait apparaître, progressivement ou subitement, les autres éléments constitutifs. Tout d'abord, une évolution vers l'unisson, atteint à l'issue d'une sorte de contrepoint à 4 parties s'intégrant peu à peu dans une « arborescence » plus lâche. Les oppositions aigu/grave entre les groupes de voix sont particulièrement accentuées au début de l'œuvre (notamment par les timbres des voyelles, *i* pour l'aigu et *a* pour le grave) ; les voix intermédiaires ne sont introduites que progressivement et à la faveur de subtiles mutations de timbres (les *i* se diffusant vers le grave et les *a* vers l'aigu, les variétés de consonnes se multipliant, ainsi que les contrastes dynamiques).

L'arrivée à l'unisson inaugure un processus de fragmentation ; l'unisson s'épaissit (par degrés et non par glissando) en quarts de ton vers le total chromatique, tandis que la discontinuité dans la durée est martelée par des consonnes formant syllabes avec les voyelles *i* et *a* (« Di », « Dja », « Ksi », « Psi », etc.). Après un paroxysme, les sons longs et tenus réapparaissent au sein des précédents, mais en produisant une étrange mélodie de timbres sur des voyelles pures (*u*, *o*, *i*, *e*, *a*, « surtout avec la cavité buccale », indique Xenakis). En outre, des cris brefs et secs sur la syllabe « Dja » interrompent de façon non périodique ce processus, qui aboutit à un nouveau paroxysme dans le martèlement des syllabe et voyelles « ki », *e*, *o* » par les 12 chanteurs, produisant le total chromatique, suivis par l'émission de la voyelle *e* en 4 crescendos émis en trémolo.

Un silence précède alors une phase de l'œuvre où prédominent des processus aléatoires : des groupes de voix sont invités à produire des « battements » autour de sons indiqués et sur les voyelles *o* et *u* (ou) ; d'autres voix doivent produire des sifflements (« kuit »), d'autres encore des sons nasalisés ascendants ou descendants (« teing », « doing », etc.). Ensuite une polyrythmie débridée en « pizzicato nasal » sature l'espace sonore et donne un troisième paroxysme interrompu par des silences.

Les « tresses » du début renaissent enfin, mais avec des variations : fragmentations, combinaison de la modulation continue et de la production en staccato, accentuation de consonnes et surtout intervention de « nuages ataxiques », la syllabe « tchi » étant émise en attaques sèches et crépitantes. Une nouvelle progression vers l'unisson amènera un dernier paroxysme. C'est cependant dans le calme et, après une dernière « tresse », sur des sons continus des basses rappelant le chant byzantin, que l'œuvre s'achemine vers sa fin : celle-ci sera marquée par une « toux brève aphone » qui semble étrangler le calme retrouvé à la manière d'un dernier soupir concluant une longue agonie.

Bibliographie — N. Matossian, I. Xenakis, Paris, Fayard/SACEM, 1981, pp. 256-260 ; M. Couraud, Des Cinq Rechants de Messiaen (1948) à Nuits de Xenakis (1968), *in* Regards sur I. Xenakis, Paris, Stock, 1981 ; Fr. Geysen, Sporen der Middeleeuwen in hedendaagse Franse koormuziek, *in* Adem XVIII, n° 1, janv.-févr. 1982 (avec résumé en fr. et en angl.) ; H. R. Zeller, Xenakis und die Sprache der Vokalität, *in* Musik-Konzepte 54-55, mai 1987 ; M. Gagnard, A la limite du cri. I. Xenakis, Nuits, *in* La Voix dans la musique contemporaine et extra-européenne, Tours, Van de Velde, 1987 ; J. Caullier. Pour une interprétation de Nuits, une proposition d'analyse, *in* Entretemps n° 6, févr. 1988 ; Chr. Prost, Nuits, première transposition de la démarche de I. Xenakis du domaine instrumental au domaine vocal, *in* Analyse Musicale, n° 15, avril 1989.

V. Mataigne

Les) Nuits d'été, op. 7, recueil de 6 mélodies pour voix et piano d'**Hector Berlioz,** sur des poèmes de Théophile Gautier, composé entre févr. 1838 et juin 1841, dédié à Louise Bertin, fille du directeur du *Journal des Débats* et compositeur de talent. *Le Spectre de la rose* et *Absence* furent créés à Paris, le 8 nov. 1840, par Wartel ; *Absence* fut chantée dans une version orchestrée au Gewandhaus de Leipzig, le 23 févr. 1843, par Marie Reccio ; de même *Le Spectre de la rose*, à Gotha, le 6 févr. 1856, par Mme Falconi. A l'exception d'*Absence*, toutes les mélodies furent orchestrées en 1856.

L'œuvre originelle est destinée — fait exceptionnel en ce qui concerne les 4 recueils de mélodies de Berlioz — à une même voix de ténor ou de mezzo-soprano. En revanche, dans la version avec orchestre, chaque mélodie est attribuée à une voix différente et dédicacée à 6 interprètes rencontrés à Weimar, Gotha et Hanovre, et dont le registre vocal a sans doute exigé la transposition de deux d'entre elles.

Le compositeur a puisé ses textes dans un recueil de Th. Gauthier paru en 1838, où se trouvaient un long poème, *La Comédie de la mort*, et 56 autres plus courts, réédités en 1845 sous le titre de *Poésies diverses*. Ceux qu'il a choisis ont en commun le thème de l'amour ou plutôt de son caractère éphémère : nostalgie de la fidélité, déchirement de l'absence ou désespoir de la mort, états d'âme que Berlioz partageait en cette période de sa vie. Aussi *Les Nuits d'été* apparaissent presque comme un cycle même si l'on n'y trouve pas le récit d'une histoire unique. Cependant, le style n'est pas le même du début à la fin. La 1re et la 6e mélodie ont un caractère enjoué qui est totalement étranger aux quatre autres.

1. Le poème de la *Villanelle* (en *la* maj.) est le seul à envisager le bonheur de l'amour. Si les trois strophes chantées y sont identiques (à deux mesures près dans la 3e), il n'en va pas de même pour l'accompagnement qui s'enrichit peu à peu, notamment par l'introduction de fragments thématiques à la main gauche en imitation ou en canon avec la voix ; mais surtout l'auteur harmonise la ligne de chant dans des tonalités différentes à chaque strophe pour rattraper in extremis le ton initial. Il s'y était essayé prudemment dans *La Belle Voyageuse* des → *Neuf Mélodies imitées de l'anglais*, mais dans la *Villanelle* la mélodie est amplifiée. La 1re strophe contient déjà de savoureux enchaînements, ne serait-ce que parce que la mélodie glisse dans tous les tons avoisinants (*fa* maj., *si* ♭ maj., *si* min., *do* ♯ min., *ré* maj., *mi* min.). Dans les deux autres strophes, ce sont encore de nouvelles modulations, comme si le musicien disposait d'une réserve inépuisable de possibilités pour harmoniser une suite de 4 ou 5 notes **A**. Si cette mélodie est celle qui se rapproche le plus du style de la romance, aucune comparaison n'est possible avec l'harmonie pauvre et les phrases désespérément unitonales des romances contemporaines. **2.** *L'Ile inconnue*, titre donné par Berlioz à la *Barcarolle* de Th. Gautier, est en *fa* majeur. C'est une invitation au voyage par la magie du conte de fées. Toutes les destinations sont possibles ; la « rive fidèle », seule désirée, est inconnue de l'amour. Limites du conte ou ironie du poète ? Dès les premières notes, le décor est créé. Le piano chante le début de la mélodie, soutenu non pas par la traditionnelle harmonie de tonique mais par une pédale de dominante qui donne une véritable ouverture sur l'espace **B**. Aux premiers mots, la brise et les vagues balancent doucement le bateau, encore ancré dans le port, par une pédale de tonique **C**. Jusqu'au bout, cette sensation de voyage sur l'eau persiste. La mélodie reprend l'alternance refrain-couplets du poème : les couplets diffèrent tous en conformité avec le sens des paroles et le refrain lui-même, en *fa* maj., passe en *fa* min. avant d'être transformé. Partout Berlioz échappe au carcan des modulations traditionnelles ; les tonalités bémolisées lointaines semblent l'attirer : *si* ♭ min., *fa* min., avec une prédilection pour *ré* ♭ maj., qui prend un rôle élargi de sixte napolitaine. Le ton de *do* maj. — que les puristes du temps attendaient en priorité — ne vient qu'au 3e couplet : « Menez-moi, dit la belle, / A la rive fidèle / Où l'on aime toujours ! » Le tempérament du musicien ne peut s'empêcher de glisser quelques rires discrets devant tant d'innocence (mes. 93-96). Plus loin (mes. 97 à 107), l'orchestration ajoute des commentaires aux bois dignes des Follets de *La Damnation de Faust*. La nostalgie gagne peu à peu et rend rêveuse la dernière invitation à partir. Cette tendance à la mélancolie, sur un texte qui ne l'est pas, est bien caractéristique de la musique romantique.

Dans les autres mélodies, c'est le ton dramatique qui règne ; la mort est présente dans trois d'entre elles. On y trouve le compositeur fasciné par la scène, donnant libre cours à une inspiration mélodique plus ample ; les structures se dégagent de la rigueur formelle en même temps que l'aspect théâtral s'instaure. **3.** *Le Spectre de la rose*, d'abord écrit en *ré* maj., fut transposé en *si* maj. pour contralto lors de son orchestration. En même temps Berlioz ajouta une introduction instrumentale, qui fait entendre exactement la première moitié de la mélodie de la 1re strophe. Du sujet romantique du spectre de la rose apparaissant en rêve à la jeune fille qui l'a portée au bal, le compositeur fait un épisode pathétique et donne à cette fleur la dimension douloureuse d'une victime presque humaine. Ce n'est pas de mélodie qu'il faut parler ici, mais d'un grand air lyrique. Nulle part la tension expressive ne se relâche et l'orchestre accentue encore cet aspect de monologue scénique Adagio un poco lento, qui le rapproche des plus beaux airs de Bellini **D**. Les coupures strophiques sont effacées : à peine les premières mesures de la phrase initiale réapparaissent-elles au début des deux strophes suivantes, soit harmonisées autrement, soit variées. L'écriture évolue avec le contenu affectif des mots et mène à une composition continue. Les modulations ne suivent pas de plan tonal réglé a priori car Berlioz plie l'harmonie à la fantaisie de la mélodie et non l'inverse. Souvent, il fait choix de basses chromatiques descendantes. Enfin l'apparition s'éloigne et la musique s'évanouit comme un fantôme **E**. **4.** Le *Lamento-Chanson du pêcheur* du poète prend chez le musicien le titre *Sur les lagunes*. Écrit d'abord en *sol* min., il a été transposé en *fa* min. pour une voix de baryton lors de l'orchestration. « Ma belle amie est morte, / Je pleurerai toujours » : comme une douleur lancinante, un court motif revient sans cesse au piano, passe parfois à la voix, entrant sans jamais être transposé dans les harmonies les plus diverses **F**. La structure en trois strophes est ici plus apparente ; si celles-ci sont traitées différemment, la même phrase, posée sur une cadence plagale, les clôt toutes. La détresse ne s'exprime pas bruyamment ; c'est une sensation d'abattement qui domine. Aussi apparaît un type d'écriture que Berlioz associe souvent à l'idée de mort et de tombeau : des accords répétés sur une basse chromatique descendante ou ascendante supportant une alternance d'accords de quarte et sixte, de 7e de dominante ou de 7e diminuée. La violence du chagrin fait pourtant naître une grande phrase lyrique : « Ah ! Comme elle était belle, / Et comme je l'aimais. » La blessure n'est pas près de se refermer ; à la fin, la plainte se perd sur un long accord de dominante, la mélodie reste ouverte. **5.** L'autre *Lamento-Clair de lune* s'intitule *Au cimetière* et est en *ré* majeur. On y retrouve le martèlement des accords répétés : « Connaissez-vous la blanche tombe [...] ? » Mais tout est étrangement statique et apaisé ; la basse offre de longues pédales, souvent de tonique ou de dominante, sur lesquelles les accords oscillent imperceptiblement. La voix, presque immobile, est voisine de la récitation. La ligne mélodique s'élargit très doucement dans la 2e strophe avec les pleurs de l'« âme éveillée » par le chant d'une colombe ; l'atmosphère frémit avec le retour du souvenir « sur les ailes de la musique ». Par de discrètes illustrations sonores qui ne troublent pas le recueillement, Berlioz porte plus loin le contenu des mots, et le « souvenir » du poète devient un chant d'amour **G**. Dans la 3ᵉ strophe, la voix se maintient presque constamment dans un ambitus de tierce. Pareille économie de moyens est rare chez Berlioz. L'harmonie raffinée, où les glissements chromatiques et les hardiesses sont nombreux, enveloppe délicatement l'intériorité de l'émotion. Le très beau poème de Th. Gautier a suscité là une inspiration de grande qualité. **6.** *Absence*, en *fa* ♯ maj., est la plus célèbre mélodie du recueil. Sa structure en rondeau — trois refrains encadrant deux couplets — y est peut-être pour quelque chose. Les trois refrains sont parfaitement semblables, y compris dans l'accompagnement. L'appel initial, avec son *e* muet placé sur le temps fort, est plus instrumental que vraiment vocal, mais la longue phrase qui suit est un des très beaux thèmes berlioziens.

A **(Les) Nuits d'été**

B **(Les) Nuits d'été**

C **(Les) Nuits d'été**

D (Les) Nuits d'été

E (Les) Nuits d'été

F (Les) Nuits d'été

G (Les) Nuits d'été

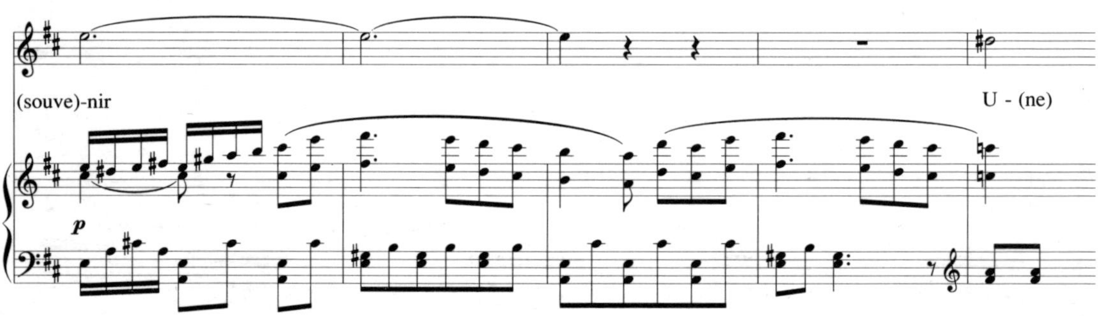

A l'inverse, la ligne vocale des couplets tient plutôt du récitatif, et l'accompagnement est d'un dépouillement extrême. La montée du lyrisme appelle un soutien harmonique plus plein, mais rien n'est ménagé pour préparer le retour des refrains. C'est à chaque fois une rupture tonale brusque après un silence qui accentue la force de l'appel. Plus courte de moitié que les précédentes, cette mélodie, malgré sa simplicité apparente, n'est pourtant pas simpliste ; l'harmonie en est aussi raffinée, il s'en dégage un parfum de sincérité profonde sans grandiloquence et un romantisme du meilleur aloi.

Comme dans ses grandes compositions, Berlioz a mis le meilleur de lui-même dans *Les Nuits d'été*. La liberté de la structure et le rôle descriptif donné à l'accompagnement n'en sont pas les moindres mérites. Le recueil constitue en outre une réfutation de la prétendue indigence harmonique du compositeur ; les formules stéréotypées de l'époque y sont remplacées par une recherche constante des enchaînements inattendus. L'orchestration en accroît encore les richesses par une extrême variété de timbres, une sonorité et une délicatesse de musique de chambre dont on croit généralement le musicien incapable. Quant à la voix, jamais elle n'est noyée dans le flot instrumental et le registre employé est toujours bien dégagé. A l'inverse de Wagner, Berlioz fait chanter les instruments comme des voix alors que la partie vocale n'imite pas le style instrumental.

Éditions et rééditions — **a)** 1re Version pour cht et p. : Paris, A. Cathelin, 1841, 2/avril 1843 ; Paris, S. Richault, 1850 ; Winterthur, J. Rieter-Biedermann, 1856 ; éd. par Ch. Malherbe, *in* Mélodies de H. Berlioz, Paris, Costallat, s.d. [v. 1901]. — **b)** 2e Version pour cht et orch. : Winterthur, J. Rieter-Biedermann, 1856, avec une réduction pour cht et p. qui sera reprise *in* 32 mélodies, Paris, S. Richault, 1863 ; par Ch. Malherbe et F. Weingartner, *in* H. Berlioz. Werke XV, Leipzig, Br. & H., 1904 ; par W. Mellers, *in* New Berlioz Edition XIII et XV, Kassel, BV, 1975.

Bibliographie — A. Boschot, L'histoire d'un romantique, 3 vol., 2/Paris 1948-49 ; Fr. Noske, La mélodie française de Berlioz à Duparc, Paris et Amsterdam 1954 ; E. Reuter, Berlioz mélodiste, *in* RM, n° 233, Paris 1956 ; H. Barraud, H. Berlioz, Paris, Fayard, 1979.

J. Vincent-Caillet

« Nun bitten wir den Heiligen Geist » (Nous prions donc le Saint-Esprit), choral protestant pour la Pentecôte, composé de 4 strophes (a^9 b^9 c^{11} d^{10} e^4), appartenant à la catégorie de la chanson spirituelle populaire médiévale du type « Leise », chaque strophe se terminant par « Kyrioleis ». La 1re strophe serait due au prédicateur Berthold von Regensburg et se rencontre vers 1450 dans un psautier hussite. Martin Luther l'a retenue — dans sa *Formula Missae et Communionis* (1523), il la qualifie de « fein schön Gesang » — et lui a ajouté trois strophes de sa composition. Selon Ph. Melanchthon, la 1re strophe aurait été chantée par les paysans lors de la bataille de Frankenhausen (1525) où ils furent écrasés. La mélodie pentatonique, qui plonge dans un passé très reculé, a peut-être été arrangée par Luther sur les conseils de J. Walter. Ce chant de louange a connu une large diffusion à partir du *Geistliches Gesangbüchlein* de J. Walter (Wittenberg 1524). Il figure dans l'*Enchiridion* d'Erfurt (1525) puis dans les recueils de Strasbourg (à partir du *Teutsch Kirchenampt* de 1525), de Klug (Wittenberg 1533), de Babst (Leipzig 1545), etc., et n'a pas cessé d'être chanté par les protestants (EKG, Kassel 1950, n° 99 ; Recueil ECAAL, Strasbourg 1952, n° 129 ; *Nos cœurs te chantent*, Strasbourg et Paris, n° 222, avec l'adaptation libre d'Henri Capieu *« Toi, Saint Esprit, lumière qui viens »*).

Traduction de la 1re strophe — Nous prions donc le Saint Esprit de nous donner principalement la vraie foi, qu'il nous protège le jour de notre fin ; lorsque nous rentrerons de cet exil. Kyrioleis (trad. P. Veit).

Les versions polyphoniques de ce chant sont nombreuses. La première est celle que **J. Walter** a publiée dans le → *Geistliches Gesangbüchlein* (Wittenberg 1524) ; elle est écrite à 5 voix avec un double « cantus firmus » au ténor et au soprano I, des imitations aux autres parties, quelques vocalises sur « Heiligen » et des syncopes sur « Kyrie eleison ». Dans les *Newe deutsche geistliche Gesenge* (Wittenberg, Rhau, 1544, n° 22), **B. Resinarius** place la mélodie au ténor en valeurs longues avec des entrées successives en imitation aux autres voix et procède de temps en temps à l'allègement de la polyphonie en faisant taire deux voix ; la pièce se termine sur un unique « Kirieleison ». **K. Othmayr**, dans ses *Bicinia sacra* (Nuremberg 1547), traite le choral à deux voix avec la mélodie à la partie supérieure et des vocalises sur « Heiligen Geist » et, à la partie grave, sur « Kyrie eleison ». En 1577, **M. Le Maistre** l'écrit à 3 voix avec de longues vocalises sur « Heiligen » et « Elende » et termine sa version par 5 « Kyrieleis ». **M. Praetorius**, dans ses → *Musae Sioniae* VI (Wolfenbüttel 1600), place le « cantus firmus » à la partie supérieure et l'harmonise note contre note. En 1612, **Moritz von Hessen** adopte le même style avec cependant quelques notes de passage. **J. Staden** réalise un canon entre les deux voix supérieures, traitées syllabiquement par sections, sur une basse plus ornée avec des monnayages en croches (*Hausmusik dritter Teil geistlicher Gesäng ... zu 3 Stimmen komponieret*, Nuremberg 1628). **J. S. Bach** en donne une version à 4 voix (BWV 385), harmonisée en *la*, ajoutant des notes de passage au soprano et à la basse par comblement d'intervalles. Au xxe s., **H. Distler** introduit ce choral dans sa collection *Der Jahrkreis*, 52 chœurs religieux à 2 et 3 voix (Kassel, BV, 1933) ; il le traite à 3 voix avec instruments doublant les voix et une ritournelle pour 2 vl. et alto, dans le style du *Lochamer Liederbuch* (xve s.), avec le « cantus firmus » à la voix médiane.

É. WEBER

« NUN DANKET ALLE GOTT » (Maintenant, remerciez tous Dieu), cantate de choral de **Johann Sebastian Bach** (BWV 192 ; NBA I/34) pour une circonstance qui ne nous est pas connue (fête de la Réformation ? cérémonie de mariage ?), écrite pour sop. et basse soli, chœur, 2 fl., 2 htb., cordes et b.c., exécutée pour la 1re fois à Leipzig en sept. ou en oct. 1730. (Durée : 14 min 45 s environ.)

Le texte, composé des trois strophes d'un choral de Martin Rinckart (1636), fait de cette cantate l'une des plus courtes de son auteur. Il débute par une strophe d'action de grâces pour les bienfaits reçus de Dieu et se poursuit par une prière afin qu'il nous donne la paix, qu'il nous maintienne dans sa grâce et nous ôte de la détresse. Il s'achève par une strophe de louange à la Trinité.

Comme la partition autographe, la partie de ténor des chœurs de cette œuvre est perdue mais elle peut être reconstituée approximativement. Le chœur d'introduction avec tout l'orchestre, **1.** *« Nun danket »* (forme AAB avec ritournelle), en *sol* maj., s'ouvre par une joyeuse symphonie instrumentale, de caractère concertant, qui développe ses propres thèmes et dans laquelle s'inscrivent les différentes phrases musicales du choral, chantées en valeurs longues par les sopranos et accompagnées en valeurs brèves par les trois autres voix. Les phrases 1, 3 et 5 sont précédées par de longs passages en imitation aux voix accompagnantes — aux 4 voix pour les vers 1 et 3 — qui tirent leurs motifs soit de la phrase mélodique correspondante du choral, soit du thème principal de la ritournelle. La pièce s'achève par la reprise du 1er vers de la strophe qui ponctue la fin de la ritournelle. La pièce suivante, un air en duo pour sop. et basse soli, cordes, les 1ers vl. doublés par une fl. et un htb., et b.c., **2.** *« Der ewig reiche Gott... »* (Que Dieu éternellement riche nous donne [...] un cœur toujours joyeux), forme binaire AA' avec ritournelle en *ré* maj., revêt le caractère d'une danse stylisée. A une première reprise de la ritournelle se superpose le thème vocal

tiré par ornementation de la 1re phrase du choral, chanté par la basse et repris en imitation par le soprano. Il aboutit à la coupe centrale à la dominante. La seconde partie de l'air, reprise de la 1re partie, retourne au ton principal en échangeant tout simplement l'ordre d'entrée des voix. La cantate s'achève par un choral pour les chœurs et tout l'orchestre, **3.** *« Lob, Ehr und Preis sei Gott »* (Louange, honneur et gloire soient à Dieu), forme AAB avec ritournelle, en *sol* maj., développé à la manière d'un chœur d'introduction et dans le caractère d'une gigue en 12/8, une danse animée et joyeuse comme il convient à une strophe doxologique. A la différence des deux pièces précédentes, la ritournelle est issue par ornementation de la 1re phrase du choral.

La mélodie est chantée en valeurs longues au soprano tandis que les trois autres voix l'accompagnent dans une libre polyphonie en valeurs brèves et dans le rythme de la gigue. La brièveté de cette œuvre, tout entière emplie de sentiments joyeux, écarte le risque de monotonie qui s'attache à ce type de cantate de choral.

Bibliographie — Voir celle de l'art. *« Ach Gott, vom Himmel sieh darein »*.

M. HONEGGER

« NUN FREUT EUCH, LIEBEN CHRISTEN GMEIN » (Réjouissez-vous donc, assemblée de chrétiens bien-aimés), choral protestant de 10 strophes (A^8 B^7 A'^8 B'^7 c^8 d^8 e^7) qui fait partie des 8 premiers chants en langue vernaculaire de Martin Luther. Il se rencontre dès 1523 dans le recueil de Nuremberg et a été chanté à l'origine sur deux mélodies différentes. La mélodie principale (I), en majeur, paraît dans l'*Enchiridion* de Wittenberg (1524), dans le *Geistliches Gesangbüchlein* de J. Walter (Wittenberg 1524), dans les recueils de Strasbourg et Zwickau (1525) où il est dit qu'on chante ce choral pour le sermon, de Speratus (Nuremberg 1527, en bas-allemand), de Rostock (1531, en bas-allemand), de Magdebourg (1534, en bas-allemand), de Strasbourg, où, à partir de 1537, il est désigné comme chant de consolation (« Trostlied »), de Klug (Wittenberg 1543), de Babst (Leipzig 1545). L'existence de l'autre mélodie (II), en majeur également, est attestée par l'*Enchiridion* d'Erfurt (1524) qui l'indique comme timbre pour le choral *« Es ist das Heil uns kommen her »* de Paul Speratus. Elle se retrouve ensuite dans les recueils de Nuremberg (1525), de Klug (Wittenberg 1533), de Magdebourg (1540), de Strasbourg (1545).

Traduction de la 1re strophe — Réjouissez-vous donc, assemblée de chrétiens bien-aimés et laissons éclater notre joie, pour qu'unis et consolés nous chantions tous avec amour et joie ce que Dieu a fait pour nous, son doux miracle, qu'il a payé très cher (trad. P. Veit).

Cette mélodie dynamique, qui frappe par son élan et par sa simplicité, continue de figurer dans les recueils protestants actuels (EKG, Kassel 1950, n° 239 ; Recueil ECAAL, Strasbourg 1952). Elle véhicule également la paraphrase du Psaume 23, *« Der Herr ist mein getreuer Hirt »* du Strasbourgeois Wolfgang Meuslin (Recueil ECAAL, n° 178).

II

Cette mélodie véhicule aussi le choral *« Es ist gewisslich an der Zeit »* (Recueil ECAAL, n° 147).

La 1re mélodie a été traitée deux fois par **J. Walter** : 1. à 3 voix avec le « cantus firmus » à la partie médiane, d'abord en style note contre note, puis avec des vocalises (→ *Geistliches Gesangbüchlein*, 1524) ; 2. harmonisée à 4 voix avec la mélodie au supérius, d'abord syllabiquement, puis avec des mélismes (*Wittenbergisch deutsch geistlich Gesangbüchlein*, 1551). Les *Newe deutsche geistliche Gesenge* (Wittenberg, Rhau, 1544) contiennent une version de **B. Ducis** (n° 89). **H.-L. Hassler** la traite à 4 voix, note contre note, avec cependant quelques notes de passage, dans ses *Kirchengesänge, Psalmen und geistliche Lieder auf die gemeinen Melodeyen mit 4 Stimmen simpliciter gesetzt* (Nuremberg 1608). **J. S. Bach** harmonise aussi la 1re mélodie dans son choral BWV 388, avec des mouvements de croches à la basse, se référant à la mélodie de Wittenberg, 1524. Dans son choral pour orgue BWV 734, il place le « cantus firmus » à la pédale, avec des batteries de doubles croches à la partie supérieure et des mouvements de croches à la partie médiane ; il le traite en 52 mesures, de même que dans le choral BWV 734 a.

La 2de mélodie a été harmonisée par **M. Praetorius** dans ses → *Musae Sioniae* VIII (Wolfenbüttel 1610). **J. S. Bach** l'a traitée en 65 mesures dans une œuvre de jeunesse pour orgue (BWV 755) avec « cantus firmus » à la partie supérieure et imitation anticipée des 8 premières notes en valeurs brèves, à la manière de Pachelbel.

É. Weber

« Nun ist das Heil und die Kraft... » (Maintenant est arrivé le salut ainsi que la puissance et le règne de notre Dieu), double chœur ou fragment de cantate (?) de **Johann Sebastian Bach** (BWV 50 ; NBA I/30), en *ré* maj., écrit à une date inconnue (pour le 29 sept. 1723 ?) pour deux chœurs à 4 voix, 3 htb., 3 trp., timb., cordes et basse continue. (Durée : 3 min 35 s environ.) Il se pourrait qu'il s'agisse du chœur d'introduction d'une cantate pour la fête de la Saint-Michel (épître du jour, Apocalypse 12, 7-12, combat de Michel et du dragon), aujourd'hui disparue, car son texte est constitué par le verset 10 de l'épître du jour. Il donne lieu à une magistrale fugue en deux parties de même longueur, la première de 8 entrées, la seconde de 7 entrées, se terminant l'une et l'autre par une partie libre qui fait dialoguer les deux chœurs. W. H. Scheide a émis l'hypothèse qu'il pourrait s'agir de l'arrangement d'une fugue pour chœur à 5 voix.

Bibliographie — W. H. Scheide, Luther and Bach's Cantate 50, *in* JAMS IV, 1951 ; du même, « Nun ist das Heil und die Kraft » BWV 50 : Doppelchörigkeit und Bestimmung, *in* Bach-Jb. 1982 ; voir aussi la bibliogr. de l'art. *« Ach Gott, vom Himmel sieh darein »*.

M. Honegger

« Nun komm, der Heiden Heiland », choral protestant pour le 1er dimanche de l'Avent, « Gradual-lied » de 7 strophes plus une strophe doxologique (a^7 b^7 c^7 d^7) avec des rimes couplées, adaptation par Martin Luther de l'hymne de l'Avent → *« Veni redemptor gentium »*.

La mélodie, en mode de *ré* authente, était chantée en Allemagne dès le XIIe s., puis a servi à une adaptation en langue vernaculaire de Heinrich von Laufenberg (v. 1390-1460). Elle est traitée syllabiquement, avec quelques aménagements (notes de passage), mais a gardé la souplesse du chant grégorien. Elle paraît d'abord dans l'*Enchiridion* d'Erfurt (1524), puis dans celui de Wittenberg (1525). Les deux *Gesangbücher* de J. Walter (1524 et 1525) la publient également avec ses 8 strophes. Elle est ensuite reprise dans les recueils de Speratus (1526), de Rostock (1501), de Klug (1535, 1543), à Strasbourg (1537, 1538, 1541, 1543), dans le recueil de Babst (1545), etc.

Traduction de la 1re strophe — Viens donc, sauveur des gentils, reconnu enfant de la Vierge, afin que tout le monde s'étonne de cette naissance que Dieu a préparée (trad. P. Veit). La référence française habituelle est « Viens maintenant, Sauveur des païens » (musique d'orgue).

Après avoir subi une éclipse au XIXe s., ce choral réapparaît en Allemagne en 1950 (EKG, Kassel 1950, n° 1 avec 5 strophes) et en Alsace en 1952 (Recueil

ECAAL, Strasbourg 1952, n° 12, avec 6 strophes). Il connaît une adaptation française en Suisse romande en 1973 (*Psaumes et Cantiques*). La version de Pierre Étienne *« Viens, ô Sauveur des païens »* se trouve dans le recueil français *Nos cœurs te chantent* (Paris et Strasbourg 1979) et a été reprise dans le recueil *Arc-en-ciel* (1988 et 1989).

Le recueil de Rhau (1544) contient une version anonyme à 4 voix (n° 1) et une seconde, de **B. Resinarius**, avec entrées successives et « cantus firmus » au ténor. En 1586, **L. Osiander** l'harmonise à 4 voix, note contre note, avec mélodie au soprano, alors qu'**A. Raselius** l'exploite en contrepoint à 4 voix, avec le timbre au ténor. **M. Vulpius** (1609) et **J. H. Schein** (1627) le traitent à 4 voix avec mélodie à la partie supérieure. En 1636, **H. Schütz** reprend ce choral dans ses *Kleine geistliche Konzerte* (SWV 301-301a) pour 2 sop., 2 basses et orgue. **J. S. Bach** a composé deux cantates sur le même texte ou incipit (BWV 61 et 62 ; voir plus loin) ; dans sa cantate → *« Schwingt freudig euch empor »*, également pour le 1er dimanche de l'Avent, il présente le choral au soprano et à l'alto à partir de la mesure 4. La mélodie un peu ornée se retrouve dans son *Orgelbüchlein* (BWV 599) dans un prélude de 10 mesures. Il l'exploite à plusieurs reprises dans les *18 Chorals* sous la forme d'une fantaisie de 34 mesures (BWV 659 et 659 a), d'un trio de 42 mesures avec « cantus firmus » à la pédale (BWV 660, 660 a, 660 b), et dans les chorals BWV 661 et 661 a. Dans le recueil de Kirnberg, il en fait une « fughetta » de 16 mesures. Vers 1700, **Anton Kniller**, organiste à Hambourg, présente le premier verset du choral, Tranquillo, avec une mélodie un peu ornée au soprano ; dans le second verset, Adagio, le « cantus firmus » est très marqué à la pédale. Dans le *Spandauer Chorbuch* (1934-38, fasc. I), **E. Pepping** destine ce choral au 2e et non au 1er dimanche de l'Avent.

É. WEBER

« NUN KOMM, DER HEIDEN HEILAND », cantate de **Johann Sebastian Bach** (BWV 61 ; NBA I/1) pour le 1er dimanche de l'Avent (évangile du jour, Matth. 21, 1-9, entrée de Jésus à Jérusalem), la première des deux cantates qui utilisent cet incipit, écrite pour sop., ténor et basse soli, chœur, cordes et b.c. avec basson, écrite à Weimar en 1714. (Durée : 19 min environ.)

Le texte poétique, dû à Erdmann Neumeister, se développe à la manière d'une prédication en prenant pour point de départ la première strophe du choral de l'Avent de Martin Luther, *« Nun komm... »* (voir ci-dessus), annonçant la venue du Sauveur qui s'est fait chair et nous a choisis pour proches parents. Des bénédictions innombrables en découlent, d'où la prière pastorale qu'il vienne vers son église et bénisse la chaire et l'autel. Après la citation d'un verset biblique, « Voici, je me tiens à la porte et je frappe » (Apocalypse 3, 20), chanté par la basse solo — la voix du Christ dans les Passions —, le poète donne la parole au croyant afin qu'il exhorte son cœur à s'ouvrir pour que le Christ y fasse sa demeure. La cantate s'achève par l'« Abgesang » de la dernière strophe du choral de Philipp Nicolai, → *« Wie schön leuchtet der Morgenstern »* (1599), qui exprime l'attente pleine de désir du croyant. Les deux airs de la cantate renferment ainsi une double prière, pour la communauté (n° 3) et pour le chrétien (n° 5).

Écrit dans la forme de l'ouverture à la française, le chœur d'introduction avec tout l'orchestre, **1.** *« Nun komm »* en *la* min., est chargé d'un sens doublement symbolique. Non seulement le premier dimanche de l'Avent marque le départ de l'année ecclésiastique, mais c'est également un roi que l'ouverture est chargée de saluer. Les deux premiers vers du choral *« Nun komm »* s'insèrent dans la trame orchestrale, lente et saccadée, de la première partie traditionnelle de l'ouverture lullyste. Après une première citation du début de la mélodie à la basse continue, l'entrée successive des voix, soprano, alto, ténor puis basse, illustre la venue — la descente — du Christ sur cette terre. Le 3e vers donne lieu à une polyphonie en fugato, dans le style du motet, où les instruments ne font que doubler les voix. Le dernier vers s'insère dans la reprise du mouvement saccadé du début. A cette pièce pleine de majesté succède un récitatif pour ténor et b.c., **2.** *« Der Heiland ist gekommen »* (Le Sauveur est venu), inflexion descendante de la voix, qui se transforme en arioso après 9 mesures, avec imitations entre la basse continue et la voix de soliste. Puis vient l'air de ténor avec les vl. et altos à l'unisson et la b.c., **3.** *« Komm Jesu, komm zu deiner Kirche »* (Viens, Jésus, viens vers ton église), forme ABA avec ritournelle, en *do* maj., dont la ligne descendante du début évoque à nouveau la venue de Jésus. Image du Christ qui frappe à la porte, le récitatif pour voix de basse, **4.** *« Siehe, ich stehe vor der Tür und klopfe an »* (Vois, je me tiens à la porte et je frappe), surprend (2e renversement de l'accord de 7e dominante sur tonique) par son accompagnement en pizzicati de toutes les cordes. Le second air, **5.** *« Öffne dich, mein ganzes Herz »* (Ouvre-toi, tout mon cœur), forme ABA avec ritournelle, en *sol* maj., fait dialoguer le sop. solo avec la seule b.c. comme il convient à une prière individuelle. Puis vient le choral final, en *sol* maj., traité à 4 voix. Son texte tronqué, **6.** *« Amen, amen, Komm du schöne Freudenkron »* (Amen, amen! Viens, ô belle couronne de joie) a été choisi par le poète pour l'acclamation qu'il contient et qui ponctue la prière précédente, mais l'effet musical n'en est pas des plus heureux. Un autre effet jubilatoire s'exprime par l'intermédiaire des violons qui échappent à leur rôle de doublure des voix en tressant une guirlande de doubles croches s'élevant jusqu'à l'extrême aigu.

Bibliographie — Voir celle de l'art. *« Ach Gott, vom Himmel sieh darein »*.

M. HONEGGER

« NUN KOMM, DER HEIDEN HEILAND », cantate de choral de **Johann Sebastian Bach** (BWV 62 ; NBA I/1) pour le 1er dimanche de l'Avent (évangile du jour, Matth. 21, 1-9, entrée de Jésus à Jérusalem), la seconde comportant cet incipit, écrite pour sop., alto, ténor et basse soli, chœur, 2 htb., cor (doublant les mélodies de choral), cordes et b.c., exécutée pour la 1re fois à Leipzig le 1er dimanche de l'Avent de l'année 1724. (Durée : 19 min 30 s environ.)

A la différence de la cantate précédente qui n'utilise que la 1re strophe du choral de M. Luther, celle-ci est fondée sur l'ensemble du texte poétique du réformateur, les 1re et 8e strophes reprises sans changement, les autres librement récrites sous forme d'airs et de récitatifs par un poète inconnu.

L'œuvre comprend **1.** un chœur introductif, *« Nun komm »*, en *si* min., avec une importante ritournelle concertante de l'orchestre, qui cite la mélodie du premier (et dernier) vers du choral à la basse continue puis au hautbois et dans la trame de laquelle s'insèrent les 4 phrases du choral en valeurs longues au soprano, la 1re et la 4e précédées par des imitations préalables des voix accompagnantes, la 2e contrepointée par le motif mélodique au miroir, la 3e par des motifs empruntés à la ritournelle ; **2.** un air pour ténor accompagné par tout l'orchestre, *« Bewundert, o Menschen dies grosse Geheimnis »* (Admirez, ô hommes, ce grand mystère), forme ABA avec ritournelle, en *sol* maj. ; **3.** un récitatif pour basse et b.c., *« So geht aus Gottes Herrlichkeit und Thron... »* (Ainsi de la gloire et du trône de Dieu vient son fils unique) ; **4.** un air belliqueux pour basse et cordes jouant à l'unisson et à l'octave de la b.c., *« Streite, siege, starker Held »* (Livre combat et triomphe, puissant héros), forme ABA avec ritournelle, en *ré* maj. ; **5.** un récitatif en duo pour sop. et alto accompagnés par les cordes et la b.c., *« Wir ehren diese Herrlichkeit »* (Nous adorons cette gloire) ; **6.** un choral à 4 voix avec instruments doublant les voix, *« Lob sei Gott dem Vater ton »* (Louange soit rendue à Dieu, le Père), en *si* min., dernière strophe du choral de Luther.

Bibliographie — Voir celle de l'art. *« Ach Gott, vom Himmel sieh darein »*.

M. HONEGGER

« NUN SINGET UND SEID FROH », voir « IN DULCI JUBILO ».

(LE) NUOVE MUSICHE (Les Nouvelles Musiques), de **Giulio Caccini**, le plus ancien recueil en style monodique florentin, contenant des pièces vocales pour soliste avec accompagnement instrumental, imprimé à Florence en 1601 mais publié en 1602 seulement. Comme le compositeur se préoccupait en premier lieu de rendre le texte compréhensible, le style musical en est simple, diatonique et presque dépourvu des figuralismes chers aux auteurs de madrigaux du XVIe siècle. Cela n'exclut pas toutefois la présence d'une mélodie facile ; ainsi certaines pièces sont légères et chantantes, avec des rythmes quasi dansants. Presque toutes sont entièrement composées avec des reprises variées du dernier couplet. L'accompagnement instrumental n'est plus polyphonique mais strictement homophonique, avec cependant des dissonances et des intervalles curieux. Les textes sont l'œuvre de poètes célèbres de l'époque, auteurs de madrigaux, surtout Rinuccini et Guarini. L'amour en est le thème central : plaintes élégiaques de l'amour impossible pour les madrigaux et chant de l'amour réciproque heureux pour les pièces plus légères. La première section des *Nuove musiche* contient 12 madrigaux pour soliste ; ce sont des pièces longues, entièrement composées et assez élaborées, dans la forme d'un libre récitatif non exempt d'ornementation. Le texte et la musique présentent peu de répétitions. Parmi les pièces les plus connues, il faut citer *« Tutto i' di piango »* (sur un sonnet de Pétrarque), *« Dolcissimo sospiro »* (texte de Rinuccini) et *« Movetevi a pietà »* (texte anonyme). La seconde section contient 10 arias pour soliste en style monodique. *« Amarilli mia bella »*, toujours prisé aujourd'hui, représente une forme intermédiaire entre la monodie et l'aria. Sa ligne mélodique est mélancolique et ornée de façon appropriée. Cette courte pièce est de forme ABB. Plusieurs autres pièces, impossibles à classer parmi les arias ou les madrigaux (des scènes dramatiques, p. ex.), sont dispersées çà et là dans le recueil. Trois variations strophiques sont particulièrement intéressantes et comptent parmi les plus anciens exemples de ce genre. *« Ard' il mio petto »* est l'une des plus connues ; *« Torna, deh torna »* est une série de strophes traitées en coloratura pour virtuose, chantées au-dessus d'une basse romanesca, répétée 4 fois de façon presque exacte.

La préface des *Nuove musiche* est l'une des plus importantes sources d'informations concernant l'interprétation des œuvres musicales du temps de Caccini et c'est un guide pratique pour l'ornementation. Caccini, qui se plaignait de ce que les chanteurs ne tenaient pas compte des indications des compositeurs pour l'ornementation, et qui n'aimait pas les pseudo-compositeurs monodiques, a décrit de façon détaillée les ornements variés alors utilisés. Il inclut dans sa préface des exemples musicaux précis pour les « passaggi », « ribattute di gole », « gruppi », etc., espérant ainsi mettre fin à des erreurs et révéler les secrets de la « noble manière de chanter ».

Caccini a publié en 1614 une seconde version du recueil sous le titre *Nuove musiche e nuove maniere di scriverle* qui contient, comme l'édition de 1602, des madrigaux (16) et des arias (13), la plupart pour voix solo. Sa préface comporte encore des directives pour l'exécution de ces œuvres.

Rééditions modernes — Par C. D'ANNUNZIO et autres, *in* Classici della musica italiana. Raccolta nazionale delle musiche italiane IX-XII, Milan, Istituto editoriale italiano, 1919 ; par F. MANTICA, *in* Prime fioriture del melodramma italiano II, Rome, Casa editrice Cl. Monteverdi, 1930 ; par F. VATIELLI, Rome, Reale Accad. d'Italia, 1934; par H. W. HITCHCOCK, *in* Recent research in music of the baroque era IX (*Le nuove musiche*) et XXIV (*Le nuove musiche e nuove manere di scriverle*), Madison (Wisc.), A-R Ed., 1970 et 1978 ; rééd. en facs. *in* Monuments of music and music literature in facsimile, 1re série XXIX, New York, Broude, 1973 ; par N. ANFUSO et A. GIANUARIO, *in* Collana di opere del XVIe e XVIIe s., n° 5, Florence, Centro studi Rinascimento musicale, 1974 ; *Le nuove musiche e nuove manere di scriverle* (1614), Florence, Studio per edizione Scelte, 1983. — Rééditions de la préface : par F. A. GEVAERT, *in* Le Ménestrel XL, 1874 ; par O. STRUNK, *in* Source reading in music history, New York, Norton, 1950 ; par E. VOGEL et A. EINSTEIN, *in* Bibliogr. della musica ital. vocale profana I, Pomezia, Staderini, 1977.

Bibliographie — A. EHRICHS, Caccini, Leipzig 1908 ; N. FORTUNE, Italian secular monody 1600-1635, *in* MQ XXXIX, 1953 ; H. W. HITCHCOCK, Introduction to G. Caccini : Le nuove musiche, *in* Recent research in music of the baroque era IX, Madison (Wisc.), A-R Ed., 1970 ; du même, Vocal ornementation in Caccini's Nuove musiche, *in* MQ LVI, 1970.

M. SACRÉ

« NUPER ROSARUM FLORES », motet isorythmique à 4 voix de **Guillaume Dufay**, composé pour la consécration, le 25 mars 1436, du Dôme de Florence, Santa Maria del Fiore, dont la coupole est l'œuvre de Filippo Brunelleschi. (Durée : 5 min 15 s environ.)

Dans ce motet, les ténors I et II, dépourvus de paroles, empruntent leur substance mélodique à l'introït « in anniversario dedicationis ecclesiae », *« Terribilis est locus iste »*. Ils procèdent en canon à la quinte, canon libre, l'organisation rythmique de chacun d'eux étant différente. Leur intervention (mélodie et rythme) se répète 4 fois (« color » et « taleae ») dans les proportions rythmiques 6 : 4 : 2 : 3 (soit successivement au ténor II les valeurs 𝅝. 𝅗𝅥. 𝅗𝅥. // 𝅝 𝅗𝅥 𝅗𝅥 // 𝅗𝅥 ♩ ♩ // 𝅗𝅥. ♩. ♩.). Les deux voix supérieures, triple et motet, comportent un même texte littéraire latin, « Nuper rosarum flores ex dono pontificis... » (Récemment, les fleurs de rose t'ont été données par le pape), qui fait allusion au rituel de la consécration : quelques jours avant la cérémonie, le pape a béni la rose d'or placée sur l'autel et aujourd'hui le successeur de Pierre, le pape Eugène IV, est digne de procéder à la consécration. Ces voix sont composées librement sur le plan du rythme. En revanche, on y relève, comme dans le motet → *« Fulgens iubar »*, un emploi de la variation mélodique (comparer au triple les mes. 34-43, 90-99, 129-134, 157-162), procédé dit « isomélisme » (S. E. Brown). La structure de l'œuvre est mise en évidence par des sections en duo entre triple et motet précédant chacune les interventions isorythmiques des ténors.

L'intérêt de ce motet réside dans l'adaptation de l'œuvre à la circonstance. C. Warren a démontré qu'un même module est utilisé par l'architecte et par le musicien et que le motet présentait exactement les mêmes proportions que l'édifice, lesquelles sont figurées par les nombres 6 : 4 : 2 : 3.

Sources — Modena, Bibl. Estense Ax1, 11 (471), f°s 67v-68 ; Trento, Castel del Buon Consiglio, Ms. 92, f°s 21v-23.

Éditions — Par A. Orel, *in* DTÖ XXVII/1, 1920 ; par G. de Van, *in* G. Dufay. Opera omnia II, Motetti, CMM 1, Amer. Inst. of Musicology, 1948.

Bibliographie — Ch. van den Borren, G. Dufay, Bruxelles 1926, pp. 171-178 ; S. E. Brown, New evidence of isomelic design in Dufay's isorythmic motets, *in* JAMS X, 1957 ; C. W. Warren, Brunelleschi's dome and Dufay's motet, *in* MQ LIX, 1973 ; P. Carpenter, Tonal coherence in a motet of Dufay, *in* Journal of Music Theory, printemps 1973 ; H. M. Brown, Dufay and the early Renaissance, *in* Early Music 1974/2 ; D. Fallows, Dufay, Londres, Dent, 1982, p. 109 et suivantes.

D. Patier

« Nur jedem das Seine ! » (A chacun son dû !), cantate de **Johann Sebastian Bach** (BWV 163 ; NBA I/26) pour le 23e dimanche après la Trinité (évangile du jour, Matth. 22, 15-22, questions captieuses proposées à Jésus : le tribut à César), écrite pour sop., alto, ténor et basse soli, chœur, cordes, 2 vlc. obligés et b.c., exécutée pour la 1re fois à la cour de Weimar le 24 nov. 1715. (Durée : 16 min 30 s environ.)

Le texte est issu du cycle de Salomon Franck, *Evangelisches Andachts-Opffer* (1715) et se rattache étroitement à l'évangile du jour en paraphrasant la réponse de Jésus aux pharisiens, « Rendez donc à César ce qui est à César, et à Dieu ce qui est à Dieu » (air n° 1). Dieu à qui nous devons tout ne réclame comme intérêts que le don de notre cœur (récitatif n° 2). Comme il n'est pas très pur, il faut que telle une pièce d'argent Jésus le fonde et le frappe de nouveau afin que son image brille en nous d'un éclat renouvelé (air n° 3). Bien que le croyant soit favorablement disposé, son cœur reste prisonnier du monde (récitatif n° 4). Le texte poétique s'achève par une double prière : « Retire-moi à moi-même et donne-moi à toi » (air n° 5) et « Que je sache éviter tout ce qui pourrait me séparer de toi » (choral final).

L'air d'introduction avec toutes les cordes, **1.** *« Nur jedem das Seine ! »* (forme ABA avec ritournelle), en *si* min., répète de façon litanique, dans la partie A, les premiers mots du texte associés à un motif mélodique

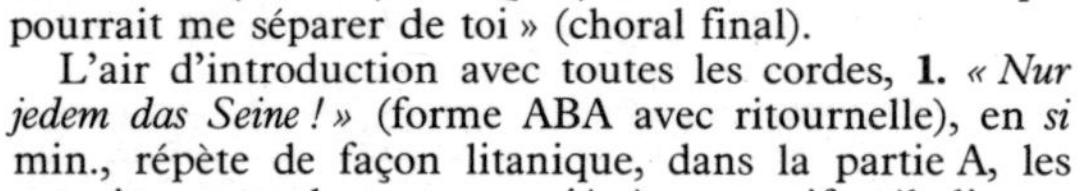

que les cordes exposent dès la ritournelle et qu'elles continuent à faire entendre dans la partie B tandis que la voix n'en retient plus que le rythme caractéristique. Il est suivi par **2.** un récitatif secco pour basse et b.c., *« Du bist mein Gott... »* (Tu es mon Dieu, le dispensateur de tous les biens) ; **3.** un air pour basse, 2 vlc. obligés et b.c., *« Lass mein Herz die Münze sein »* (Fais que mon cœur soit l'argent que je paie), forme ternaire ABC avec ritournelle, en *mi* min., où l'animation des violoncelles traduit les mots « Komm, arbeite, schmelz und präge » (Viens, travaille, fonds et frappe) ; **4.** un récitatif en duo pour sop. et alto avec b.c., *« Ich wollte dir, o Gott, das Herze gerne geben »* (Je te donnerais volontiers, ô Dieu, mon cœur), en réalité un arioso écrit dans un style imitatif proche du canon, qui commence avec une déclamation syllabique et qui s'enrichit de vocalises toujours plus étendues ; **5.** un air en duo pour les mêmes voix toujours en style imitatif, vl. et altos à l'unisson et b.c., *« Nimm mich mir und gib mich dir »* (Retire-moi à moi-même et donne-moi à toi), en *ré* maj., qui débute avec l'entrée des voix, l'arioso précédent ayant joué le rôle de prélude, et qui se trouve bientôt enrichi par la mélodie du choral *« Meinen Jesum lass ich nicht »*, jouée en « cantus firmus » par les cordes à l'unisson, les phrases nettement séparées les unes des autres ; **6.** un choral, *« Führ auch mein Herz und Sinn »* (Conduis également mon cœur et mon esprit), en *ré* maj., dont seule la partie de basse est notée, avec la mention « Chorale in semplice stylo », sur la partition autographe de Bach, l'unique source de cette œuvre ; la mélodie couramment chantée à Weimar ayant déjà été utilisée par Bach dans le choral n° 6 de la cantate → *« Mein Herze schwimmt im Blut »* (BWV 199), le choral manquant peut être aisément reconstitué à l'aide du chiffrage de la basse.

Bibliographie — Voir celle de l'art. *« Ach Gott, vom Himmel sieh darein »*.

M. Honegger

Nurmahal oder Das Rosenfest von Caschmir (Nurmahal ou la Fête de la rose de Cachemire), drame lyrique en 2 parties, livret de Karl Alexander Herklotz (d'après la traduction de S. H. Spicker du *Lalla Rookh* de Th. Moore), musique de **Gaspare Spontini**, créé à Berlin, au Théâtre royal, le 27 mai 1822, à l'occasion des noces d'Alexandrine de Prusse et du grand-duc de Mecklembourg-Schwerin, avec Mmes K. Seidler (Nurmahal), W. Schulz (Zelia), P. Milder-Hauptmann (Namuna), MM. K. A. Bader (Dsheangir), E. Devrient fils (Bahar), H. Blume (Atar), sous la direction du compositeur. Spontini réemploie l'argument et quelques numéros de *Lalla Rookh*, « Festspiel » donné à la cour de Prusse en 1821, ainsi que la célèbre *Bacchanale* composée à Paris pour la reprise des → *Danaïdes* d'A. Salieri en 1817. *Nurmahal* restera au répertoire de l'Opéra de Berlin jusqu'en 1862.

Livret — 1re Partie. Le peuple de Srinagar s'apprête à fêter les noces du sultan Dsheangir (ténor) et de Nurmahal (sop.), fille d'Atar (basse), un vassal rebelle vaincu. L'ambitieuse Zelia (sop.) tente de séduire Dsheangir tandis que son frère Bahar (basse) cherche à perdre Nurmahal en révélant au sultan qu'elle s'est entretenue secrètement avec un homme. Ce dernier n'est autre qu'Atar, venu demander, en vain, l'aide de Nurmahal contre Dsheangir. La fête commence malgré la jalousie du sultan et la douleur de Nurmahal.

2e Partie. La magicienne Namuna (sop.) réconforte Nurmahal en faisant apparaître le génie de la Source (sop.). Au cours de la fête, Nurmahal, voilée, chante accompagnée d'esprits invisibles. De son côté, Bahar a capturé le père de Nurmahal. La clémence de Dsheangir fléchira la rancœur d'Atar et fera le bonheur de Nurmahal.

Pour son premier opéra allemand, Spontini, sacrifiant au goût berlinois, s'orienta vers la féerie et l'exotisme ; mais le livret, statique, exploitant mal ses virtualités dramatiques, ne semble qu'un prétexte à danses pittoresques et airs à effet. Le compositeur, qui semble oublier ici ses innovations structurelles, délaisse les larges ensembles pour revenir à l'alternance récitatif/air (ou duo) et à la forme fermée de numéros séparés. Le style musical est curieusement hétérogène : allemand dans plusieurs courts lieder (*« Halte Mass... »*, Cesse de nourrir le chagrin, 2e partie), français dans les récitatifs dramatiques ou le chœur *« Triumph... »* (Triomphe, ô monarque, 1re partie) emprunté à l'opéra parisien *Pélage* (*« Roi, notre chère espérance »*), italien dans la virtuosité parfois excessive de nombreux airs (*« Welch Gefühl... »*, Quel sentiment inonde mon être, 1re partie). Relevons pourtant le duo dramatique de Nurmahal et Atar (*« O Vater... »*, O père, au nom de l'amour, 1re partie), le magnifique finale de l'acte I où, le chœur des réjouissances se taisant brusquement, Nurmahal et Dsheangir se retrouvent seuls à une 7e mineure d'intervalle, enfin, les nombreux passages où l'orchestration éthérée crée une atmosphère féerique (en particulier à l'acte II, dans un chœur sans paroles d'esprits invisibles).

Malgré ces trouvailles, Spontini n'a pas réussi à porter au niveau d'un véritable drame lyrique le divertissement fastueux qu'était *Lalla Rookh*.

Sources et éditions — Part. d'orch. autographe, Paris, Bibl. de l'Opéra. — Réd. cht et p., Berlin, Schlesinger, [1824].

Bibliographie — Compte rendu de presse *in* AmZ, 19 juin 1822 ; A. Ghislanzoni, Lirismo, magia, dramma in Nurmahal, *in* Atti del 2° Congresso intern. di studi spontiniani, Majolati, Comitato permanente di studi spontiniani, 1979 ; N. Miller, G. Spontinis Nurmahal oder Das Rosenfest von Kaschmir und die Romantisierung der europäischen Oper, *in* Atti del 3e Congresso intern. di studi spontiniani, Majolati, Comitato comunale permanente di studi spontiniani, 1983.

R. Legrand

(Das) Nusch-Nuschi, op. 20, pièce en un acte pour des marionnettes birmanes de Franz Blei, musique de **Paul Hindemith**, composée en 1920, créée à Stuttgart, le 4 juin 1921, sous la dir. de Fritz Busch. (Mayence, Schott, 1921 ; durée : 30 min environ.) Créée le même soir que → *Mörder, Hoffnung der Frauen*, l'œuvre se heurta immédiatement à l'hostilité des critiques et aux manifestations violentes du public et fut retirée de l'affiche après deux représentations. Elle fut reprise seule, dans une nouvelle version, à Königsberg (1931) et à Anvers (1933).

Argument — Pour Tum-Tum (ténor bouffe), serviteur malchanceux, la vie n'est pas drôle car il doit supporter les coups de son irascible maître, le beau Zatwai (rôle muet), pourtant si charmant avec les dames. L'absence de pudeur des gestes de Zatwai attise la concupiscence des quatre épouses de l'empereur qui découchent une nuit pour aller trouver ce beau seigneur. Lorsque l'empereur Mung Tha Bya (basse) découvre les quatre lits abandonnés et son infortune, il convoque, fou de rage, juges et bourreaux. Malgré ses dénégations, Tum-Tum est accusé du crime. Pour échapper à la jalousie meurtrière de Mung Tha Bya, il désigne comme présumé coupable le général Kyce Waing (basse). Aussitôt l'empereur donne l'ordre au bourreau (basse) d'opérer la castration du général. Mais le bourreau reviendra bredouille car le séducteur présumé des quatre épouses était... un eunuque !

Das Nusch-Nuschi n'est pas vraiment un opéra mais une sorte de drame dansé, inspiré du théâtre de marionnettes birman (*Yok-thei-pwè*). L'élément décoratif et le geste y sont fondamentaux. L'acteur, comme un pantin, ébauche des gestes qui ne s'achèvent pas. La musique en fut composée par Hindemith sous l'influence de Benno Elkan qui lui avait fait connaître les productions expressionnistes de Francfort. Dans un essai, *De l'irréalité de la scène*, Elkan plaide pour un renoncement total au réel tout en faisant l'éloge des masques japonais et des poupées indiennes.

Dans les œuvres de Hindemith, écrite de 1919 à 1924, on relève l'influence de Schönberg. Sa ligne mélodique, « sous son apparente simplicité recèle toujours des éléments susceptibles de tromper notre attente [...] ; cette ligne se rapproche du thème par sa fixité rythmique et, d'autre part, elle touche à la série de Schönberg par sa mobilité tonale, bien qu'elle soit encore loin de l'atonalité » (A. Machabey).

Bibliographie — H. Strobel, P. Hindemith, Mayence 1928 ; A. Machabey, Notes sur la musique allemande contemporaine : Schreker, K. Weill, Hindemith, *in* Le Ménestrel, 17.10.1930 ; A. Briner, P. Hindemith, Zurich, Atlantis, et Mayence, Schott, 1971.

M. Kelkel

(Der) Nussbaum (Le Noyer), op. 25, n° 3, lied pour chant et piano extrait de → *Myrthen* de **Robert Schumann,** sur un poème de Julius Mosen.

Cette « miniature de musique et d'âme » (M. Beaufils), chef-d'œuvre de charme et de tendresse ineffables, dérive entièrement des deux mesures pianistiques initiales. Quatre notes obsédantes, enrobées dans une cascade d'arpèges, traduisent magnifiquement le feuillage aéré et vaporeux agité par les douces brises évoquées par le poète. La mélodie est partagée entre le piano — donnant l'impression de commencer par le milieu d'une phrase — et la voix qui, elle-même, dessine les contours de la mélodie implicite dans le poème. Schumann affouille « le trochée-dactyle de son texte en une matière de caresse, et compensant la dureté possible de l'opération en disposant alentour un roulis d'accords arpégés coiffé du *mi-si-la-sol* comme d'un leitmotiv discret, naïf, heureux » (M. Beaufils) A. Les trois premières phrases sont écrites sur la même musique calme, avec un

A (Der) Nussbaum

balancement régulier de la tonique (*sol* maj.) et de la dominante (*ré* maj.). La quatrième phrase, autour de la tonalité de *mi* maj., est entourée de mystère (les fleurs parlent tout bas d'une demoiselle). La cinquième est voisine des trois premières, avec toutefois une interrogation, « wer mag versteh'n so gar leise Weis ? » (Qui peut entendre un air aussi imperceptible ?). Le lied s'achève dans le registre grave de la voix : la demoiselle prête l'oreille à ce bruissement, et elle s'abandonne au sommeil et au rêve...

CHR. GOUBAULT

« NYMPHES DES BOIS »/« REQUIEM AETERNAM », motet-chanson à 5 voix et en 2 parties de **Josquin des Prés** sur un texte poétique de Jehan Molinet. On ne sait pas quand exactement après la mort d'Ockeghem (6 févr. 1497) Josquin composa cet hommage au grand musicien flamand. Il le fait, en tout cas, dans ce qui est alors la forme traditionnelle des déplorations funéraires, comme l'avait fait, avant lui Ockeghem à la mort de Binchois (→ *« Mort tu as navré »/« Miserere »*) : le motet-chanson. Le très beau texte de Molinet (*Les Faictz et Dictz de J. Molinet*, éd. par N. Dupire, Paris 1937, vol. II, p. 833) invite nymphes, déesses et chantres à se lamenter avant d'y associer les grands musiciens contemporains dans la 2e partie : « Acoustrez vous d'habits de deuil / Josquin, Pierson, Brumel, Compère, / Et plourez grosses larmes d'oeul : / Perdu avez vostre bon père. » Dans la 1re partie, cette plainte, chantée par 4 des 5 voix en un style polyphonique volontairement archaïsant, est contrepointée par un ténor qui chante le *« Requiem aeternam »*, introït de la Messe des morts. Quand le ténor se tait, la seconde partie continue dans une écriture presque rigoureusement verticale à 4 voix, de style moderne, avant de conclure à 5 voix par un « Requiescant in pace ».

Bien que les sources nous aient transmis cette polyphonie notée sans clé, les bémols de l'armure indiquent clairement qu'il s'agit d'un mode de *mi*. Le « cantus firmus » du ténor, noté dans son mode original *(fa)*, doit donc être affecté d'une instruction que voici dans la version du → Codex Medici (1518) : « Pour éviter noise et debas / Chantez ung demi ton plus bas. » Bien que l'œuvre soit souvent transcrite en mode de *mi* transposé sur *la*, son statut de déploration s'accommode beaucoup mieux des tessitures graves du mode de *mi* non transposé. Ton, sonorité et usage emblématique du chant liturgique convergent alors dans la même expression symbolique du deuil à laquelle participe même, en un véritable « carmen figuratum », l'aspect visuel de la musique, entièrement écrite en notation noire.

Éditions modernes — Par A. SMIJERS, *in* Josquin des Prés. Werken, Leipzig 1924, 2/Amsterdam, Vereeniging voor Nederlandse Musikgeschiedenis, 1971 ; par E. LOWINSKY, *in* The Medici Codex of 1518, Chicago, Univ. of Chicago Press, 1968.

Bibliographie — E. LOWINSKY (éd.), Josquin des Prez, Londres, OUP, 1976 ; J. VAN BENTHEM, The Scoring of Josquin's Secular Music, *in* TVer XXXV/1-2, 1985 (comprend une édition de la pièce).

J.-P. OUVRARD

O

OBERON (Obéron), « romantische Oper » en 3 actes, livret de James Robinson Planché d'après le poème héroïque de même titre de Christoph Martin Wieland, musique de **Carl Maria von Weber,** créé à Londres, au Théâtre royal de Covent Garden, le 12 avril 1826. (Leipzig, Peters, s.d. ; durée : 2 h 45 min environ.)

Écrit à la demande du directeur de Covent Garden, Charles Kemble, cette œuvre eut à se soumettre aux normes théâtrales anglaises, si bien que le résultat final est bien plus proche d'une revue que d'un drame organiquement développé. Sur le plan musical, et par la présentation des trois sphères différentes du milieu chevaleresque, de l'ambiance orientale et de la conjuration du monde des esprits, Weber réussit néanmoins la synthèse des acquisitions de ses compositions précédentes, → *Euryanthe*, → *Abu Hassan* et → *Der Freischütz.*

La commande date de 1822, mais Weber avait d'abord à honorer ses engagements à l'égard du Kärntnertortheater de Vienne en achevant la composition d'*Euryanthe.* Celle d'*Oberon* ne put commencer que pendant l'hiver 1824-25, J. R. Planché fournissant le livret acte par acte. Celui-ci est fondé sur l'*Oberon* de Wieland, dont le thème remonte à son tour au roman médiéval français *Huon de Bordeaux* (XIIIe s.), et il inclut des éléments de *La Tempête* et du *Songe d'une nuit d'été* de Shakespeare. Des lettres de Weber attestent la difficulté croissante du travail, due au fait que l'auteur du livret ne bâtissait pas le plan d'ensemble à partir duquel Weber aurait pu établir une disposition même grossière des différents numéros. En outre, les idées d'un compositeur allemand, pour qui la structure interne était d'une importance primordiale, devaient nécessairement se heurter aux règles de l'art dramatique anglais, qui se fondait essentiellement — aux dires de Planché lorsqu'il se justifie dans son autobiographie — sur les aspirations du public : « Une situation dramatique en musique aurait été "du caviar pour le peuple" et aurait inévitablement été accueillie par des cris comme "raccourcissez" venant de la galerie et des accès de toux répétés et autres signes d'impatience issus du parterre. » On demandait soit des numéros musicaux brefs et faciles, soit au contraire des pièces de bravoure pour des interprètes particulièrement appréciés, et, à côté de cela, essentiellement des effets visuels, de l'exotisme et du spectacle. Weber dut accepter que toute une série de personnages qui ne chantaient pas entrent en scène et que les passages qui précisément recelaient des potentialités musicales et dramatiques originales — comme l'entrée fracassante de Huon dans le palais du calife et l'assassinat du prince — soient traités en dialogues parlés. Certes, il comprit dès le départ que cette solution n'était retenue que dans l'intérêt de la production londonienne et il envisagea des modifications correspondant à ses propres conceptions de la dramaturgie musicale. Pour la reprise sur des scènes allemandes, il avait été prévu une version avec récitatifs à laquelle la mort de Weber coupa court. C'est seulement en 1860 que Julius von Benedict ajouta des récitatifs et compléta la partition avec un morceau tiré d'*Euryanthe.* Parmi les tributs payés à la production anglaise, il faut encore mentionner des modifications dans le rôle d'Huon. Pour le chanteur Braham, favori du public londonien, Weber supprima l'aria n° 5 et, sur la demande expresse de l'interprète, la remplaça par une « grande scène ». Manifestement, la partie originale était trop aiguë car la pièce de remplacement sollicite moins le chanteur et, en outre, renonce aux longs passages en vocalises. Inversement, la partie réservée à l'orchestre se signale par une plus grande autonomie et va bien au-delà d'un simple accompagnement. Weber conçut cette aria comme une scène de bataille et donna ainsi à l'orchestre une occasion de renforcer la situation grâce au pittoresque des sonorités. De même, la prière de l'acte II ne représente qu'une concession a posteriori aux interprètes de la 1re représentation.

LIVRET — Acte I. Le jardin des fées dans le royaume d'Oberon. Se disputant pour savoir qui de l'homme ou de la femme est capable de la plus grande fidélité, Oberon (ténor), roi des elfes, a juré de se séparer de Titania jusqu'à ce que la fidélité d'un couple se révèle inébranlable. Puck (alto), son messager, lui raconte que Huon de Bordeaux a tué en combat singulier le fils de Charlemagne ; ce dernier réclame expiation et l'envoie à Bagdad où il lui faudra tuer le prince Babekan et enlever Rezia, la fille du calife. Oberon souhaite trouver dans Huon et Rezia le couple fidèle rédempteur. Aussi fait-il en sorte que chacun voie l'autre en rêve, éveillant ainsi leur amour réciproque. Sa magie fait paraître Huon (ténor) et son écuyer Scherasmin (bar.). Munis d'une corne qui protège des périls et d'un gobelet qui a la particularité de s'emplir de vin lorsqu'on le porte à ses lèvres, il les transporte tous deux directement à Bagdad où Rezia (sop.) espère en la venue du chevalier entrevu en rêves qui la sauvera du mariage imminent qui doit la lier au prince Babekan.

Acte II. Une prestigieuse salle de festin dans le palais d'Harun el Rachid. Pendant les festivités du mariage, Huon pénètre dans la salle où a lieu le banquet et accomplit la mission qui lui a été confiée par Charlemagne. Dans un premier temps et grâce à la corne magique qui conjure les dangers, Huon et Rezia ainsi que Scherasmin et la servante Fatime (mezzo-sop.) parviennent à s'enfuir. Oberon apparaît et enjoint au couple de rester fidèle, même au sein du danger. Une tempête déchaînée par Puck contraint Huon et Rezia à trouver refuge dans une grotte. Rezia est enlevée par des pirates à Tunis en compagnie du couple de serviteurs et vendue à l'émir Almansor.

Acte III. Dans le jardin du palais de l'émir Almansor à Tunis. Au bout de huit jours, Huon qui était resté enchaîné, est transporté à Tunis par les soins de Puck. Il rencontre Scherasmin et Fatime qui lui rapportent la fermeté avec laquelle Rezia résiste aux tentatives de l'émir pour faire d'elle son épouse. Ensemble ils forgent un plan pour la délivrer. Huon est attiré au palais. Roschana, la favorite de l'émir qui a été repoussée, offre à Huon sa main et le trône, pour le prix de l'assassinat de l'émir, mais Huon refuse. Tous deux sont surpris par Almansor qui condamne Huon et Rezia à périr sur le bûcher. Entre-temps, Scherasmin a retrouvé la corne magique qui avait été perdue et sauve ainsi le couple de la mort. En dansant et en chantant, Almansor et sa suite s'éloignent. — Grâce à la preuve de leur fidélité, Huon et Rezia sont parvenus à éteindre la querelle entre Oberon et

Titania. L'empereur Charlemagne bénit l'union de son chevalier Huon avec Rezia.

L'un des traits saillants de la partition d'*Oberon* est la caractérisation sonore très marquée des différents univers représentés. Pour décrire le monde des elfes, Weber a imaginé une sonorité orchestrale faite des bois soli, une partie chorale suspendue et réduite à 3 voix par suppression de la partie de basse. Ce type d'écriture devait demeurer un modèle pour tout le XIXᵉ s. quand bien même il fut dépassé par le *Songe d'une nuit d'été* de Mendelssohn et le *Scherzo de la reine Mab* de *Roméo et Juliette* de Berlioz. Pour suggérer une couleur locale exotique, Weber a pratiqué la citation de mélodies originales à côté de l'emploi déjà classique de la musique des Janissaires. D'un ouvrage de C. Niebuhr, *Reisebeschreibung nach Arabien und anderen umliegenden Ländern* (Copenhague 1774), il a emprunté pour le finale de l'acte I (nº 6) une mélodie égyptienne

C. Niebuhr, *Reisebeschreibung*

Weber, *Oberon*, Finale de l'acte I, "Janitscharenmusik"

et pour le finale de l'acte III (nº 21) il a tiré une « danse turque » de l'*Essai sur la musique ancienne et moderne* de J.-B. de Laborde **A**. Ces deux emprunts ont en commun la marche de tierce majeure par degrés conjoints du début qui ne se retrouve pas seulement dans l'appel du cor d'Oberon

mais qui se transforme en un leitmotiv « latent » tout au long de l'œuvre.

Dans la mesure où divers numéros de la partition reprennent ce motif caractéristique (nºˢ 1, 2, 3, 7, 9a, 17, 19), il se crée une relation interne qui jaillit de la phrase musicale elle-même et qui constitue une force palliant l'aspect hétérogène des différents tableaux scéniques.

Alors que la forme et l'écriture de la plupart des numéros se rattachent directement à la tradition romantique du « Singspiel » (brièveté, renoncement à une harmonie complexe, utilisation de formes caractéristiques comme la romance de Fatime, *« Arabien, mein Heimatland »* [Arabie, ô ma patrie]), Weber fait éclater ce cadre à plus d'un titre dans l'aria de Rezia, *« Ozean, du Ungeheuer »* (Océan, quel monstre tu es). Sa longueur dépasse de loin tout autre solo comparable. La séparation habituellement nette entre le récitatif et l'aria qui lui fait suite y est abandonnée au profit d'une interprétation plus étroite des parties constitutives, des fragments en récitatif réapparaissant dans la suite de la pièce. Cette particularité prendra de l'importance dans le type du grand opéra. Enfin, Weber réussit à peindre différents phénomènes naturels comme les vagues de l'océan qui ondoient au début puis font place au lever du soleil, et cela avec une relative économie de moyens et grâce à une utilisation appropriée des instruments.

Après la triomphale création londonienne, la première scène allemande à monter *Oberon* dans une traduction de Theodor Hell fut Dresde en 1826. En 1827, au Josephstädter Theater de Vienne, on en donna une version très remaniée par Franz Gläser. Parmi les nombreux arrangements, il faut signaler celui de François Castil-Blaze, *Huon de Bordeaux* (1846) ; la composition de récitatifs par le disciple de Weber **Julius von Benedict** en 1860 ; l'essai de réduction des nombreux changements de décors et le raccourcissement des dialogues dus à Theodor Gassmann pour Hambourg en 1866 ; enfin la version de **Gustav Mahler** pour Cologne en 1903. Pour créer une plus grande continuité, ce dernier ajouta 7 pièces, pour la plupart des mélodrames, reprenant partiellement des éléments de l'ouverture. La série des arrangeurs se poursuit avec Felix Weingartner et va jusqu'à Anthony Burgess qui a écrit en 1985, pour Glasgow, un livret tout à fait nouveau dans lequel il transforme le roi des elfes Oberon en un prince de science-fiction et traduit l'épreuve de la fidélité par les rapports d'un État du Proche-Orient avec un pays occidental. Il s'agit là de la réponse la plus radicale à la question de savoir si et comment une telle féerie peut répondre aux préoccupations de notre époque.

Bibliographie — F. W. Jahns, C. M. von Weber in seinen Werken : chronologisch-thematisches Verzeichniss seiner sämtlichen Compositionen, Berlin 1871, rééd. en facs. 1967, pp. 383-407 (bibliogr. p. 324 et suiv.) ; J. Warrack, C. M. von Weber, Londres 1968 ; S. Goslich, Die deutsche romantische Oper, Tutzing, Schneider, 1975 ; U. Schwab, Oberon, *in* C. M. von Weber. Werk und Wirkung im 19. L'Avant-Scène Opéra, nº 75, avr. 1985 ; Jh. Ausstellung der Schleswig-Holsteinischen Landesbibliothek, Kiel 1986, catalogue, pp. 112-119 ; C. Dahlhaus, Das ungeschriebene Finale. Zur musikalischen Dramaturgie von Webers Oberon, *in* Musik-Konzepte, nº 52, Munich 1986 ; E. Schmierer, Zur musikalisch-szenischen Konzeption der « Ozean-Arie » in Webers « Oberon », *in* Weber. Jenseits des « Freischütz ». Referate des Eutiner Symposions 1986, éd. par Fr. Krummacher et H. W. Schwab, Kassel, BV, 1989.

U. Kramer

Oberto, conte di San Bonifacio (Oberto, comte de Saint-Boniface), « dramma » en 2 actes, livret de Temistocle Solera, musique de **Giuseppe Verdi**, créé à Milan, au Teatro alla Scala, le 17 nov. 1839, avec Mmes M. Shaw (Cuniza), A. Rainieri-Marini (Leonora), MM. L. Salvi (Riccardo), I. Marini (Oberto), sous la dir. d'E. Cavallini. (Durée : 2 h environ.)

La genèse d'*Oberto* est à mettre en relation avec l'opéra intitulé soit *Rocester* soit *Lord Hamilton*, que Verdi composa probablement de juil. 1835 à sept. 1836, alors qu'il se trouvait à Busseto afin de concourir, avec succès du reste, pour le poste de directeur de l'école de musique locale. Écrit sur un livret d'Antonio Piazza, *Rocester* était destiné au Teatro dei Filodrammatici de Milan ; il ne put y être représenté, pas plus qu'à Parme en 1837. En 1839, Verdi quitta Busseto pour Milan où l'imprésario Bartolomeo Merelli l'engagea à la Scala. A partir de ce moment, Verdi ne se réfère plus qu'à l'opéra intitulé *Oberto*, dont le livret de Solera est tiré du texte de Piazza. Les recherches les plus récentes n'excluent pas le fait qu'une partie de la musique de *Rocester* ait été utilisée pour le nouvel opéra, adaptée au nouveau livret et aux chanteurs définitivement choisis.

Oberto connut un solide succès auprès du public et de la critique ; l'éditeur Ricordi en acquit les droits pour 2 000 lires autrichiennes. Pour la reprise à la Scala en 1840, Verdi composa une nouvelle cavatine pour Cuniza et un duo pour Cuniza et Riccardo ; pour Gênes (carnaval de 1841), il écrivit un nouveau duo Leonora-Oberto ; pour Barcelone (carnaval de 1842), ce fut une nouvelle cavatine à l'intention d'Ignazio Marini, qui comprend la cabalette *« Ma fin che un brando vindice »* (Mais puisqu'une épée vengeresse), devenue célèbre à cause de sa réutilisation dans *Ernani*. La première reprise au XXe s. a eu lieu à Bologne, au Teatro communale, en 1975.

Livret — Oberto, comte de San Bonifacio, a perdu la bataille contre les hommes d'Ezzelino da Romano, venus prêter main-forte à Riccardo di Salinguerra, noble de Vérone ; ce dernier, sous un déguisement, a séduit Leonora, fille d'Oberto, qu'il a bien vite délaissée. Maintenant épris de Cuniza, la sœur d'Ezzelino, Riccardo s'apprête à l'épouser.

Acte I. A Bassano, dans le château d'Ezzelino et aux alentours, en 1228. Un cortège de chevaliers accompagne Riccardo (ténor) au château pour célébrer ses noces. Arrivée incognito à la faveur de la nuit, Leonora (sop.) a l'intention de se venger de l'affront qu'on lui a fait. Oberto (bar.) la rejoint et consent à lui pardonner d'avoir sali son nom à condition qu'elle démasque publiquement le séducteur. En proie à de tristes pressentiments, Cuniza est rassurée par son futur époux. Après le départ de Riccardo, au cours d'une dramatique entrevue à laquelle assiste Oberto, Leonora révèle sa véritable identité à Cuniza ainsi que la trahison de Riccardo. La princesse, bouleversée, promet généreusement d'oublier. A son retour, Riccardo cherche à se justifier face à Leonora qui l'accuse ; il l'injurie. Mais Oberto, se découvrant devant ses ennemis, vole au secours de sa fille et défie Riccardo en duel.

Acte II. Cuniza refuse de recevoir Riccardo tandis que celui-ci retrouve Oberto pour le duel. Ils vont croiser le fer lorsqu'ils sont rejoints par Leonora et Cuniza. Pour sauver Riccardo de l'infamie, Cuniza le contraint à demander la main de Leonora qui accepte avec joie de l'épouser car elle l'aime encore. Mais Oberto veut se venger à tout prix et, d'accord avec Riccardo, remporte le duel. Peu de temps après, quelques chevaliers annoncent à Cuniza que Riccardo a tué Oberto et qu'il s'est enfui en proie aux remords. Il a écrit une lettre à Leonora dans laquelle il implore son pardon et lui laisse tous ses biens. Elle refuse cependant avec dédain et annonce qu'elle finira ses jours dans un couvent.

Dans le premier livret, influencé par le goût pour le rocambolesque caractéristique du roman historique, Verdi dut traiter un ensemble de situations déjà largement exploitées, dont certaines renvoient très clairement au *Don Giovanni* de Mozart (un libertin séduit deux femmes et tue en duel le père de l'une d'entre elles) ; d'autres font référence au thème classique du retour du héros (Oberto) dans sa patrie (Tancrède, Roméo) ou encore à la solidarité entre femmes rivales (*Norma*, *Il giuramento*). Du fait du peu d'efficacité dramatique, c'est la caractérisation schématique des personnages qui assure la concision de l'ensemble, avec quelques moments de conflit aigu. Ainsi, Verdi trouve dans le rapport conflictuel entre père et fille un thème proche de sa sensibilité et crée avec Oberto le premier personnage de père-baryton qu'il développera beaucoup par la suite.

En organisant les 15 scènes des 2 actes, Verdi suit une tradition qui remonte à Rossini : il place le sommet dramatique de l'acte I directement dans le finale, *« A quell'aspetto un fremito »* (Un frisson à cette vue) — précédé par le trio Leonora-Cuniza-Oberto —, et divise l'acte II en deux moments culminants, le premier conclu par le quatuor *« Vili all'armi, a donne eroi »* (Couards devant les armes, héroïques devant les femmes), le second par le rondo final avec chœur, *« Sciagurata ! A questo lido »* (Malheureuse ! A ce rivage), qui rappelle Donizetti.

Bien que les structures musicales laissent apparaître différentes influences, certains éléments sont tout à fait neufs : l'amplitude de la ligne mélodique, le traitement vigoureux de la voix dans le style du « bel canto » et la fonction de soutien confiée à l'orchestre lorsqu'il double à l'unisson les passages de « canto aperto », sans retenue comme dans les dernières mesures (« Ah mi tradi l'ingrato... », Ah il m'a trahie l'ingrat, toute joie m'a été enlevée) de la cavatine de Leonora, *« Sotto il paterno tetto »* (Sous le toit paternel).

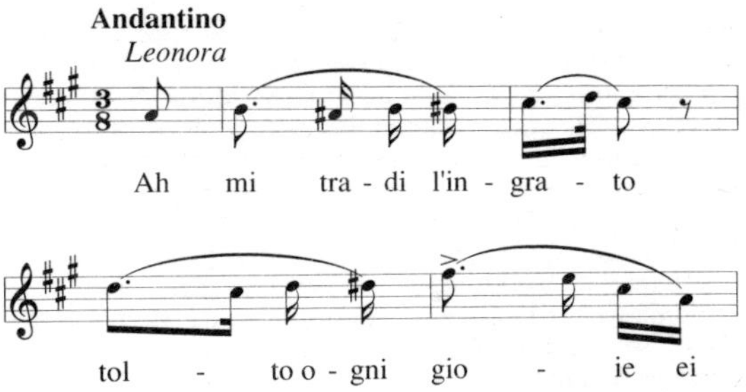

La vigueur rythmique est déjà typique de Verdi. Le thème de la coda de la sinfonia en est un exemple ; une idée développée plus tard dans *La traviata* y fait sa première apparition.

OBERON

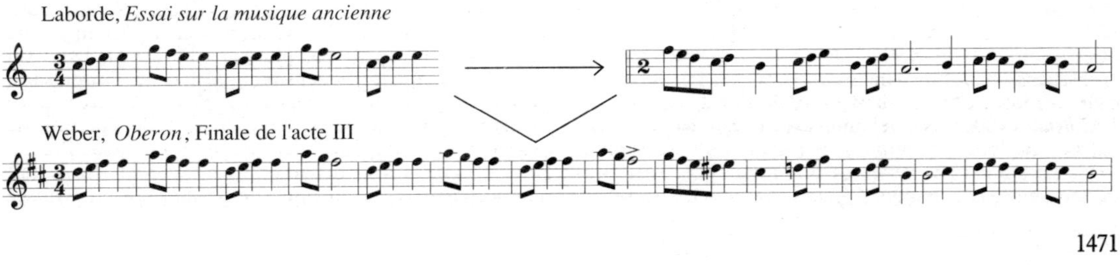

La cabalette d'Oberto, *« Ma tu superbo giovane... »* (Mais toi, orgueilleux jeune homme, tu ne me verras pas, acte II)

est un modèle des cabalettes verdiennes, riche d'une force inconnue de Donizetti.

Parmi les meilleurs moments de l'ouvrage, il faut signaler le prélude instrumental à la scène et duo *« O patria terra »* (O terre de mes pères). Verdi y met à profit ses connaissances en contrepoint, et montre dans le récitatif d'Oberto un grand souci d'une expression concise des sentiments. De même, la « romanza » de Riccardo, *« Ciel pietoso »* (Ciel compatissant), avec les violoncelles en arpèges, introduite par une brève et fascinante section arioso, *« Ciel che feci ! »* (Ciel, qu'ai-je fait !), dans la tonalité inhabituelle de *mi* ♭ mineur.

Dans son ensemble, *Oberto* démontre la capacité de synthèse dramaturgique de Verdi conjuguée à la connaissance d'une tradition musicale qui ne s'affinera que par la suite dans des choix stylistiques personnels. Désireux de plaire au public, Verdi écrit des arias conventionnelles, sans négliger du reste les formes traditionnelles « savantes » comme l'écriture fuguée dans les ensembles (finale de l'acte I, *« A quell'aspetto un fremito »*. Si la nécessité d'exprimer des émotions donne lieu à des banalités rythmiques et harmoniques, elle laisse cependant percer, quand l'action se fait plus intéressante, un compositeur déjà attentif à la valeur de la « parola scenica ».

Sources et éditions — Ms. autographe, Milan, Archivio Ricordi, 2 vol. — Réd. cht et p., Milan, Ricordi, [1842] ; Naples, Girard, [1847] ; Paris, Escudier, [1854] ; Naples, Cottrau, [1857] ; Paris, Escudier, [1862].

Bibliographie — CL. SARTORI, Rocester : la prima opera di Verdi, *in* RMI XLIII/1, 1939 ; M. CONATI, L'Oberto, conte di San Bonifacio in due recensioni straniere poco note e in una lettera inedita di Verdi, *in* Atti del I° Convegno intern. di studi verdiani, Parme, Istituto di studi verdiani, 1969 ; D.R.B. KIMBELL, Poi... diventò l'Oberto, *in* ML LII, 1971 ; FR. NOSKE, Verdi and the musical figure of death, *in* Atti del III° Convegno intern. di studi verdiani, Parme, Istituto di studi verdiani, 1974 ; P. PETROBELLI, I presentimenti di una stagione, *in* Oberto, conte di San Bonifacio, Bologne, Teatro Communale, 1976-77 ; M. CONATI, Saggio di critiche e cronache verdiane dalla Allgemeine musikalische Zeitung di Lipsia (1840-48), *in* Il melodramma italiano dell'Ottocento, Turin 1977 ; P. GIOVANELLI, La storia e la favola dell'Oberto, *in* Studi Verdiani, n° 2, Parme, Istituto di studi verdiani, 1983 ; R. PARKER, Classical music in Milan during Verdi's formative years, *in* Studi Musicali XIII/2, 1984 ; L. JENSEN, The early publication history of Oberto : an eye toward Nabucco, *in* Verdi Newsletter, n° 13, New York 1985 ; R. PARKER, « Infin che un brando vindice » e le cavatine del I° atto di Ernani, *in* Ernani ieri e oggi, Boll. dell'Istituto di Studi Verdiani, n° 10, Parme 1987 ; voir aussi la bibliogr. de l'art. *Ernani*.

M. SPADA

« O CARE, THOU WILL DESPATCH ME » — « HENCE, CARE, THOU ART TOO CRUEL » (O souci, tu vas me tuer — Arrière, souci, tu es trop cruel), madrigal à 5 voix de **Thomas Weelkes**, en deux parties de longueur égale, publié dans son livre de *Madrigals of 5. and 6. Parts, apt for the viols and voices* (Londres, Th. Este, 1600). Le texte anonyme, manifestement un prétexte à musique, est composé de deux quatrains heptasyllabiques augmentés de « fa-la-la » à la fin de chaque couplet. Ces onomatopées ne constituent à aucun moment une section à part ; elles se substituent aux mots, traduisant l'anxiété de l'âme troublée et, en même temps, symbolisant l'apaisement apporté par la musique. Ainsi ordonna Shakespeare : « Si la musique est l'aliment de l'Amour, ne cessez donc pas de jouer. » Sur des vers assez minces, Weelkes écrit un de ses plus beaux madrigaux, parfaitement équilibré, tour à tour angoissé et serein, mais en somme assez court pour une œuvre en deux parties. Il pousse loin le recours au chromatisme expressif, au début de la seconde partie surtout, pour un madrigaliste anglais, mais sans jamais perdre sa logique et son sens de l'orientation. La pièce commence sur une basse au dessein mélodique plaintif reprise ensuite au « quintus » après un bref passage « fa-la-la ». Puis les dissonances deviennent plus piquantes, voir « grièves », faisant entendre de fausses relations simultanées (*si* ♭ - *si* ♯ / *fa* ♯ - *fa* ♮) ainsi que l'accord de quinte augmentée (*sol* - *si* ♮ - *mi* ♭). Le sérieux cède alors à la gaieté, les douloureuses tenues sont remplacées par des guirlandes de croches en tierces et des sauts d'octave. En dépit de toutes ces beautés, le moment le plus émouvant, peut-être, se situe au cours de la seconde partie lorsque la Musique descend apporter son remède et montre que dans la simplicité réside la force la plus grande.

Un dernier motif en notes répétées et valeurs pointées chasse encore une fois la mélancolie : avec les « fa-la-la » pour conclure, la Musique ramène la détermination de vaincre. L'emploi rationnel du chromatisme peut autoriser l'analyse tonale d'une écriture au départ fondée sur le système modal (mode de *ré* transposé sur *sol*).

Rééditions modernes — *Madrigals of 5. and 6. Parts* (1600), éd. par E. H. FELLOWES, *in* The English Madrigal School XIII, Londres, Stainer & B., 1916, 2/1965 ; *O Care/Hence, Care*, éd. par PH. LEDGER, *in* The Oxford Book of English Madrigals, Londres, OUP, 1978.

Bibliographie — Voir celle de l'art. *« Hark, all ye, lovely saints »*.

CH. WHITFIELD

(L') OCÉAN, mélodie pour chant et piano de **Louis Niedermeyer**, sur une poésie de Victor Hugo, *Oceano nox*, extraite du recueil lyrique *Les Rayons et les Ombres* publié en 1840. (Paris, Choudens, 1853.)

L'œuvre repose sur les strophes 1, 3, 5 et 8 de ce célèbre texte. La structure musicale, de type AA'BA", correspond au découpage strophique et suit l'évolution des idées du texte. Les deux premières strophes de la mélodie évoquent les marins « partis joyeux pour des courses lointaines dans ce morne horizon » et « qui ne sont pas revenus ». La tonalité principale d'*ut* min., la ligne mélodique fragmentée en cellules et brisée par de fréquents sauts d'octave ainsi que les effets dynamiques contribuent à la dramatisation de l'expression. Quant à l'accompagnement pianistique, il tend à visualiser le gonflement renouvelé du flot. La troisième strophe, Un poco piu lento, en *mi* ♭ maj., apporte d'abord un apaisement de quelques mesures (ces marins « sont-ils rois dans quelque île ? »), mais revient rapidement à une atmosphère sombre : le chant devient « presque parlé », l'harmonie utilise de larges accords enchaînés par de subtiles modulations (mouvements chromatiques, enharmonie, marche harmonique). Ces éléments traduisent bien l'espoir perdu et l'effacement même du nom des marins dans la mémoire. Seuls les flots se souviennent (« ce qui vous fait ces voix désespérées que vous avez le soir quand vous venez vers nous ») : la dernière strophe reprend ainsi le thème initial de l'œuvre.

É. MALFROY

« O COMBIEN EST MALHEUREUX LE DÉSIR », chanson à 4 voix de **Claudin de Sermisy**, publiée pour la première fois en 1542 (Paris, Attaingnant, *Onziesme Livre...*) et qui connut un énorme succès éditorial, puisqu'on la rencontre jusqu'au milieu du XVIIe s. (1644). A partir du *Septième Livre...* de Phalèse, en 1560, elle est presque toujours attribuée à P. Sandrin, sans doute par confusion avec la version, différente, que Sandrin composa sur le même texte (1541, *10e Livre...* Attaingnant). Les deux chansons sont d'ailleurs associées à une « responce », selon la technique du « rebours » : « Le mal que sent une amye offensée / Sans espérer je souffre doucement. » On en connaît deux versions musicales différentes, l'une de Du Tertre (Attaingnant, 1547), l'autre anonyme dans le *Septième Livre* de Phalèse.

Sermisy traite le huitain *« O combien est »* dans le moule formel issu de l'ancienne strophe de ballade, ici dans sa variante « arrondie » ; les deux dernières phrases reprennent, en effet, les deux phrases du premier quatrain : ABABCDAB'. L'élément de variation qui affecte la seconde de ces phrases, au dernier vers, est manifestement motivé par le souci de mettre en valeur le premier mot, « le mal », en l'isolant et en le répétant. Variante d'autant plus expressive qu'elle est perçue comme rupture d'un schéma de répétition déjà engagé et, de plus, tout à fait stéréotypé. La polyphonie de Sermisy, par ailleurs, est un juste équilibre de contrepoint note contre note et de développements linéaires agrémentés de quelques mélismes, où l'on perçoit quelques ébauches d'imitations.

Quelques instrumentistes ont retenu cette chanson pour la mettre en tablature : au luth (Phalèse, 1546 et 1552, Bakfark, 1533) et au cistre (Vreedman, 1568). **Clemens non Papa** l'emploie comme modèle d'une messe parodie (Phalèse 1570).

Rééditions modernes — Par K. PH. BERNET KEMPERS, *in* J. Clemens non Papa. Opera omnia VII, CMM 4, Amer. Inst. of Musicology, 1959 ; par I. CAZEAUX, *in* Cl. de Sermisy. Opera omnia IV, CMM 52, Amer. Inst. of Musicology, 1974.

Bibliographie — I. CAZEAUX, The secular music of Cl. de Sermisy (diss. New York, Columbia Univ., 1961) ; J.-P. OUVRARD, Jeu poétique, jeu musical, la chanson et sa réponse, *in* Ph. Ariès et J.-Cl. Margolin (éd.), Les jeux à la Renaissance, Paris, Vrin, 1983.

J.-P. OUVRARD

« O COMBIEN EST PLAISANT ET SOUHAITABLE », Psaume 133 du → Psautier huguenot, traduction en vers français de Théodore de Bèze, mélodie peut-être de **Loÿs Bourgeois** (*Octante trois Pseaumes...*, Genève 1551). Cette mélodie, l'une des mieux venues et des plus gracieuses du Psautier huguenot, traduit le sentiment de joie suggéré par les paroles, avec sa ligne élancée au rythme souple. Cette adéquation entre texte et mélodie ressortit aussi à l'agencement mutuel des phrases : la subdivision des 6 vers en deux groupes de 3 est soulignée par la quasi-identité mélodique des vers 3 (« Frères unis ») et 6 (« Aaron, le Prestre »), tous deux concluant sur la tonique *fa*. Le choix du mode contribue également à l'impression de clarté : il s'agit de l'authente de *fa* (5e mode grégorien), dans son extension tardive d'octave avec *si* ♭ constant (voir p. ex. la mélodie du → *Credo* III, XVe s. ?).

Le Ps. 133 a été harmonisé (en style note contre note, ou contrapuntique) notamment à 4 voix par **Cl. Goudimel** (→ *Les Cent Cinquante Pseaumes de David...*, 1564-65 et 1568), à 5 voix par **P. de L'Estocart** (*CL Psaumes de David...*, 1583) et à 3 voix par **Cl. Le Jeune** (3e Livre des *Pseaumes à 3 parties*, 1610). **J. van Eyck** l'a en outre traité sous forme de variation pour flûte à bec solo (*Der Fluyten Lusthof*, Amsterdam 1646).

J. VIRET

« O COME È GRAN MARTIRE... » (Comme il est difficile de cacher sa douleur), madrigal à 5 voix de **Claudio Monteverdi** sur un court poème de Giovanni Battista Guarini, publié dans *Il terzo libro de madrigali a cinque voci* (Venise, Amadino, 1592, n° 2). Comme le 2e livre, le 3e est une œuvre de transition ; on y trouve le style polyphonique a cappella de L. Marenzio aussi bien que l'influence maniériste de G. de Wert. Il s'agit du premier recueil de madrigaux de la période mantouane de Monteverdi et l'on peut y déceler une importante et nouvelle orientation. La poésie lyrique de Guarini y est utilisée dans 9 madrigaux ; elle supplante les textes dramatiques du Tasse qui sont présents dans deux cycles de trois madrigaux. *« O come è gran martire »* parle d'un amour non partagé. Le poème offre peu d'occasions au figuralisme, remarquablement absent de l'œuvre, un madrigal hybride, typique des années 1590. Selon la manière madrigalesque traditionnelle, les phrases mélodiques continues se relaient l'une l'autre et sont liées par des cadences chevauchantes. L'impression d'avoir affaire à des sections bien délimitées s'en trouve diminuée, bien qu'une observation plus attentive révèle un équilibre structurel planifié. Le premier vers est chanté sur un motif « monodique » avec, typiquement, une sixte mineure descendante émotive. L'ensemble est repris en imitation stricte par les trois voix les plus hautes A. Ce « trio » est maintenu longtemps ; les trois voix se valent en technique et en étendue, ce qui montre bien l'influence du *Livre VIII* de G. de Wert (1586), écrit probablement pour les Trois Demoiselles de Ferrare, bien que le madrigal de Monteverdi n'atteigne en aucune façon à la virtuosité de ceux de Wert. Monteverdi s'intéresse plutôt à la mise en relief des mots, les rendant compréhensibles par un traitement homophonique et le quasi-maintien d'une même tonalité (*la* min.). Le vers suivant est une continuation du premier avec, pour la première fois, l'utilisation des 5 voix. La tonalité passe en *la* maj. et s'y maintient ; des groupes de voix d'écriture plus polyphonique alternent, la combinaison préférée consistant en deux voix supérieures écrites en tierces parallèles, imitées par les trois voix les plus graves, mais avec de courts passages de tutti qui sont comme d'élémentaires épisodes de concerto. Des répétitions musicales variées correspondent aux répétitions du texte.

Il terzo libro... contient en tout 20 morceaux. *« Stracciami pur il core »* (n° 5), écrit sur un texte de Guarini, est le plus remarquable à cause de ses chaînes de dissonances, tandis que *« Vattene pur, crudel »* (n° 8), texte du Tasse, est le plus proche de la musique de Wert, avec un récitatif choral, des arrangements homophoniques de groupes de voix variés et des passages ornés pour les voix aiguës. *Il terzo libro...* fut réimprimé par Phalèse en 1615 avec une basse continue.

Rééditions modernes — Par G. FR. MALIPIERO, *in* Cl. Monteverdi. Tutte le opere, Asolo 1926-42, n° 8, 2/Vienne, UE, 1954, vol. III.

Bibliographie — Voir celle de l'art. *Madrigali guerrieri et amorosi.*

M. SACRÉ

« O CRUAULTÉ LOGÉE EN GRANT BEAULTÉ », chanson à 4 voix de **Claudin de Sermisy**, sur un texte de Clément Marot, publiée par Attaingnant vers 1528 (*37 Chansons...*). Cette pièce utilise un cinquain de décasyllabes qui ne paraîtra qu'en 1532 dans l'*Adolescence Clémentine* de Marot. Trois autres musiciens le mettront alors en musique, peut-être à la suite de sa réédition dans *Les Chansons nouvellement assemblées oultre les anciennes impressions* (1538) : **Janequin** (1540), **Manchicourt** (1545) et **Le Rat** (1551). La polyphonie de Claudin, dans un contrepoint note contre note à peine animé polyphoniquement, autour d'un ténor prédominant, est assez caractéristique du style des chansons parisiennes inauguré et diffusé par les impressions d'Attaingnant. Familier des schémas formels économiques, Sermisy se laisse solliciter par la structure anaphorique en « rebours » des deux premiers vers qu'il chante sur la même musique : « O cruaulté logée en grant beaulté / O grant beaulté qui loges cruaulté. » Le vers suivant n'en ressort que mieux, souligné par le ralentissement du tempo et l'opposition rythmique qu'introduit la proportion sesquialtère. Il semble que le texte de Marot ne doive pas son succès à la musique de Sermisy, rééditée une seule fois (en 1531) et ignorée des instrumentistes. E. de Beaulieu l'utilise néanmoins comme timbre dans sa *Chrestienne Resjouyssance* (1546).

Rééditions modernes — Par I. CAZEAUX, *in* Cl. de Sermisy. Opera omnia IV, CMM 52, Amer. Inst. of Musicology, 1974.

Bibliographie — I. CAZEAUX, The secular music of Cl. de Sermisy (diss. New York, Columbia Univ., 1961) ; J.-P. OUVRARD, La chanson polyphonique franco-flamande autour de 1530-1550 comme lecture du texte poétique (thèse Univ. de Tours, 1979 ; avec publ. de la chanson).

J.-P. OUVRARD

OCTONAIRES DE LA VANITÉ DU MONDE, courts poèmes moraux de 8 vers chacun mais de structure métrique variable, dus à trois poètes protestants du XVIe s. : Antoine de La Roche-Chandieu (v. 1534 -1591), pasteur, historien, théologien, polémiste et ambassadeur ; Simon Goulart (1543 -1628), pasteur, prédicateur et polygraphe qui, après la mort de Théodore de Bèze en 1604, devint le chef de l'Église de Genève ; Joseph Du Chesne, sieur de La Violette (1546 -1609), médecin d'Henri IV et chimiste, dont son ennemi Gui Patin disait que de toutes les pilules de sa composition il n'y en avait pas de plus difficiles à avaler que ses poésies. Les sujets sont inspirés par un thème courant dans la pensée religieuse de l'époque, le renoncement au monde et à ses vanités que la Genève de Calvin s'était efforcée de concrétiser dans les mœurs.

Sous la plume de ces poètes, le monde revêt tour à tour l'aspect du vent, de la glace qui fond, d'une boule creuse, de la nuit, d'un songe, de la cire fondant au feu, d'une épave flottante, d'une bulle de savon, d'un cachot orné, etc., images de l'illusion, de l'imperfection et de l'éphémère. Toutefois, cette poésie n'est pas seulement l'expression d'un pessimisme négateur, et elle recherche une réalité derrière l'apparence. Elle renferme un message d'espoir : mourir au monde, c'est vivre en Dieu dans l'espérance de la vie éternelle. Au temps des guerres de Religion, cette rhétorique a un accent de profonde sincérité et de réelle authenticité.

Mais si les *Octonaires de la vanité du monde* offrent d'intéressants témoignages pour l'histoire des idées et de la sensibilité au XVIe s., c'est à deux musiciens protestants, Paschal de L'Estocart et Claude Le Jeune, qu'ils doivent de survivre dans deux œuvres majeures, annonciatrices du style baroque.

1. Poussé par le souci « de présenter une musique grave-douce bien accommodée à la lettre », **Paschal de L'Estocart** a composé 50 octonaires à 3, 4, 5 et 6 voix, publiés en deux livres, *Premier* [*Second*] *Livre des octonaires de la vanité du monde* (Genève, E. Vignon, et Lyon, B. Vincent, 1582 ; I contenant 26 pièces d'A. de La Roche-Chandieu, II contenant 12 pièces de S. Goulart et 12 de J. Du Chesne). Pour la première fois dans la musique française du XVIe s., l'adoption du style madrigalisant, né en Italie, est assumée sans réserve, entraînant un constant effort d'exégèse du texte, une exceptionnelle richesse du langage figuraliste et expressif ainsi que l'abandon des formes fixes de la chanson au profit d'une composition continue. Par-delà le souffle de son invention et la maîtrise de sa conduite des lignes, L'Estocart se complaît dans l'emploi d'accords inusités, accords de quinte et de sixte augmentées (*« La glace est luisante et belle »*, *« Mondain, si tu le sçais, di moy »* du livre I), dans des dissonances expressives (*« Le rocher orgueilleux sent tomber »*, du livre I) et des enchaînements de tierce créant de nombreuses fausses relations. Dans le traitement mélodique de ses voix, le musicien a recours à de nombreux figuralismes pour exprimer le sens d'un mot ou évoquer une idée précise (la furieuse onde dans

« Toy qui plonges ton cœur », I ; l'échelonnement des vitesses dans *« L'eau va viste en s'écoulant »*, I ; « sous ses pieds abatus » dans *« Mondain, si tu le sçais, di moy »*, I ; l'incessante activité dans *« Pauvre ver, travaille, tracasse »*, II). Mais l'ensemble de ces artifices est toujours commandé par le texte. Leur succession rapide confère à l'œuvre un mouvement incessant qui ajoute à tout instant de l'imprévu et de la fantaisie à l'austérié du propos.

2. Quelque vingt années plus tard, **Claude Le Jeune** à son tour met en musique 36 *Octonaires de la vanité et inconstance du monde* (A. de La Roche-Chandieu, 29 pièces ; S. Goulart, 4 pièces ; J. Du Chesne, 3 pièces) et les groupes en 12 suites de 3 pièces chacune, 2 à 4 voix et une à 3 voix, classées selon l'ordre zarlinien des modes (1er mode, *do* authente ; 2e mode, *do* plagal ; ... 12e mode, *la* plagal). Six ans après sa mort, sa sœur, Cécile Le Jeune, en assure la publication (Paris, P. Ballard, 1606). Il s'agit toutefois d'une composition inachevée : dans sa dédicace, Cécile Le Jeune signale que son frère avait mis les *Octonaires* en musique « peu auparavant sa mort » et qu'il avait projeté d'ajouter à chaque mode trois autres pièces à 5 et 6 voix. Dans cette œuvre, Le Jeune obéit à la même esthétique que son devancier : exégèse du texte aussi fine que possible, art du mouvement, recherche de l'effet dramatique ou pathétique avec, semble-t-il, un maniérisme plus affirmé que chez L'Estocart, dû à son exceptionnelle maîtrise technique, à l'étendue de son champ spirituel et au raffinement des milieux de cour qu'il ne cessa de fréquenter sa vie durant. Il porte une attention toute particulière à la vitalité rythmique ainsi qu'à une prosodie très souple qui s'apparente souvent à celle des vers mesurés à l'antique. Au figuralisme omniprésent par des formules musicales extrêmement suggestives, s'ajoute un symbolisme parfois caché (de l'immatériel au concret dans *« Le feu, l'air, l'eau, la terre »*, 2e mode, 1re partie ; procédé du miroir servant à exprimer l'idée du contraire dans *« Plustost on pourra faire le jour qui luit »*, 1er mode, 3e partie, et dans *« L'ambitieux veut toujours en haut tendre »*, 8e mode, 1re partie). Convaincre et émouvoir reste cependant les constantes d'une pensée qui ne laisse jamais étouffer la spontanéité et la force visionnaire par la rhétorique et la science.

Rééditions — A. de La Roche-Chandieu, *Octonaires...*, éd. par Fr. Bonali-Fiquet, Genève, Droz, 1979 ; P. de L'Estocart, *1er Livre des octonaires,* in Expert, Monuments X, 1929, rééd. en facs. New York, Broude ; *2e Livre*, éd. par J. Chailley et M. Honegger, *ibid.* XI, Paris, Salabert, [1958] ; Cl. Le Jeune, *ibid.* I et VIII, 1924 et 1928.

Bibliographie — J. Chailley et M. Honegger, introd. à la rééd. du 2e Livre de P. de L'Estocart (cf. Rééd.) ; J. Pineaux, La poésie des protestants de langue française, Paris, Klinksieck, 1971.

M. Honegger

« Oculi omnium », graduel en 7e mode du → Propre de la fête du Saint-Sacrement ou du Corps et du Sang du Christ (emprunté au propre du 26e dimanche du Temps ordinaire). Le mot initial, « Oculi », impose le mode authente de *sol* par son noyau pentacordal majeur où le 4e degré, la teneur secondaire *do*, acquiert un poids particulier. L'ambiance est dès lors créée, celle de l'allégresse et de la jubilation qui emplissent le cœur du chrétien généreusement sustenté grâce à la bénédiction divine. La mélodie, très ornée, se répand en de souples et harmonieuses courbes jouant avec habileté des nuances inhérentes à la palette sonore du mode. On observera ainsi les emplois diversifiés du degré central *si*, peu dense par lui-même mais très présent néanmoins dans la mélodie : relativement effacé lorsqu'il sert de broderie inférieure à *do* — son rôle le plus courant —, il prend un relief accru dès qu'il entre en résonance avec la tonique *sol* (« omnium ») ou avec la dominante *ré* (« illis », « Aperis », « et imples »). Très typique aussi la mise en valeur de la sous-dominante *do*, tantôt comme axe de composition (« in tempore »), tantôt comme base solide pour lancer les développements à l'aigu (« in te », « opportuno », « benedictione »).

Traduction — Les yeux de tous les êtres espèrent en toi, Seigneur, et tu leur donnes la nourriture en temps opportun. (℣) Tu ouvres, toi, ta main, et combles tout être vivant de bénédiction (Psaume 145, 15-16).

A **« O come è gran martire »**

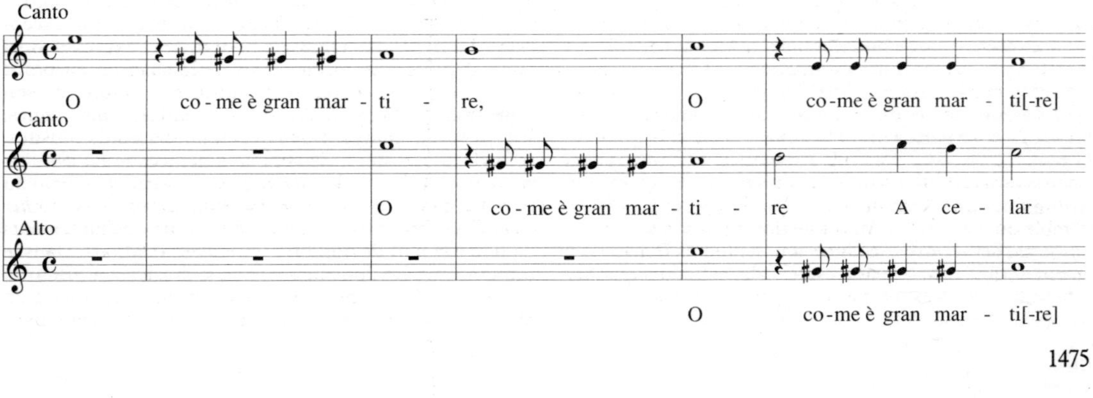

J. VIRET

(L') OCULISTE, « Singspiel » d'**Adalbert Gyrowetz**, voir (DER) AUGENARZT.

ODE À LA GASTRONOMIE, de **Jean Françaix**, pour chœur mixte a cappella, texte du compositeur d'après la *Physiologie du goût ou Méditations de gastronomie transcendante* d'Anthelme Brillat-Savarin, composée au Mans et à Chatou en 1952-53, dédiée au docteur et à Mme Canaguier, créée à Paris, à la Maison de la Radio, en 1953, par la Chorale Yvonne-Gouverné. (Paris, Sofirad, 1953, puis Billaudot, 1989 ; durée : 15 min environ).

La partition est conçue pour 12 parties vocales (3S, 3A, 3T, 3B), mais J. Françaix emploie le plus souvent la formation en trio, quatuor, octuor, jusqu'au dixtuor. La fantaisie et l'imagination burlesque, parfois lestes et irrévérencieuses, du musicien s'accordent à merveille avec l'esprit facétieux et l'ironie de l'écrivain gastronome. Le comique naît surtout de rencontres du texte principal avec des citations musicales (« Gloire à ces ventres merveilleux » sur l'air *« Gloire immortelle de nos aïeux »* du *Faust* de Gounod), des effets vocaux (falsetto des voix d'hommes), des onomatopées (pic-puss ; donzel, pouett ; poil-poilo) et des jeux de mots : Chopin-pain chaud, ou Chopin-pin-pin, petit Frédé, Freddy, et toute une litanie de noms de pianistes célèbres accompagnant le passage : « charmante pianiste agréablement repue ». D'autres séquences confinent à la polissonnerie (sous l'emprise érotique de la truffe noire, la belle « reluque le Maître-Queue »). La musique adopte le ton de la mignardise, du rythme martial (« Mais, si, dès le premier service, l'on se bourre comme un canon »), de la pompe de l'hymne à Brillat-Savarin et à Gastéréa, la dixième des Muses.

CHR. GOUBAULT

ODE À UN JEUNE GENTILHOMME (Ode chinoise), op. 12, nº 1, mélodie pour une voix et piano d'**Albert Roussel**, sur des paroles de H. P. Roché d'après un poème anglais de Herbert Giles, composé en mars 1907, dédiée à Mme Alfred Cortot, créée à Paris, à la Société Nationale, le 11 janv. 1908, par Jane Bathori et l'auteur au piano. (Paris, Rouart-Lerolle, 1921 ; durée : 1 min 30 s environ.)

Cette brève mélodie appartient aux pièces d'inspiration exotique, poèmes chinois qui eurent les faveurs du compositeur jusqu'aux toutes dernières œuvres, op. 12, 35, 47. La forme générale est A - interlude / A' - interlude / A" - postlude. Ennemi de la forme strophique, Roussel y concède cependant, accélérant le rythme de couplets en couplets pour illustrer l'empressement du gentilhomme devant « les courtoises réticences de la jeune fille ». L'énoncé pentatonique initial (mode dit « yu », « les ailes » : *ré-fa-sol-la-do*) s'ouvre en éventail. Plusieurs champs modulatoires dérivés de ce mode — par transposition abrupte (« mais que diraient mon père et ma mère »), par renversement (*fa-sol-la-do-ré*, sentiment d'un mode majeur) — assurent la nécessaire variation harmonique sans pour cela trahir le pentatonisme ambiant. L'auteur modèle la ligne vocale de tessiture moyenne, dont l'axe intervallique principal est la quarte, par la variation rythmique opposant souplesse et rectitude, avec « ce double mouvement qui va et qui retient ». Premier essai d'une modalité intégrale, lieu d'expérimentation pour la musique instrumentale, cette pièce apparemment inconsistante cache derrière l'insignifiance du poème d'évidentes qualités plastiques.

Bibliographie — Voir celle de l'art. *Amoureux séparés.*

D. KAWKA

ODE FOR SAINT CECILIA'S DAY (Ode pour la fête de la Sainte-Cécile), de **Georg Friedrich Haendel**, sur un texte poétique de John Dryden, pour sop. et ténor soli, chœur à 4 voix mixtes, fl., 2 htb., basson, 2 trp., timb., cordes et orgue, composée en sept. 1739, créée le 22 nov. suivant pour la fête de la Sainte-Cécile, à Londres, au théâtre de Lincoln's Inn Fields. (Durée : 50 min environ.)

Le livret, écrit en 1687, est la première des deux odes à sainte Cécile de J. Dryden ; la seconde, → *Alexander's Feast*, avait déjà été composée par Haendel en 1736. La musique fait de larges emprunts aux *Componimenti* (suites pour clavecin) de Gottlieb Muffat. Haendel maintint l'œuvre à son répertoire durant les saisons 1739-43 et la fit de nouveau revivre en 1754-55. La seule révision majeure qu'il lui fit subir pour une exécution à Dublin en 1742 fut une nouvelle version de l'air *« The soft complaining flute »* pour son contralto solo, Mme Cibber.

La première célébration connue de la fête de la Sainte-Cécile semble avoir eu lieu à Évreux en 1570 sous le titre de Puy de musique ; des prix annuels y étaient décernés pour des œuvres spécialement composées en

Orfeo (Orphée) de C. Monteverdi, créé en 1607.
Gino Quilico, dans une mise en scène
de Cl. Goretta à Aix-en-Provence en 1985.
Ph. © Philippe Coqueux.

Orphée aux Enfers de J. Offenbach,
créé en 1858. Photographie
de la représentation du 3 mai 1887.
Collect. Sirot-Angel. Bibliothèque nationale, Paris.
Ph. © Bibl. nat./Archiv. Photeb.

Oberon, de C.M. von Weber, créé en 1826. Esquisse de décor d'A. Quaglio II pour la représentation de 1870 à Munich.
Deutsches Theatermuseum, Munich. Ph. Klaus Broszat © Photeb.

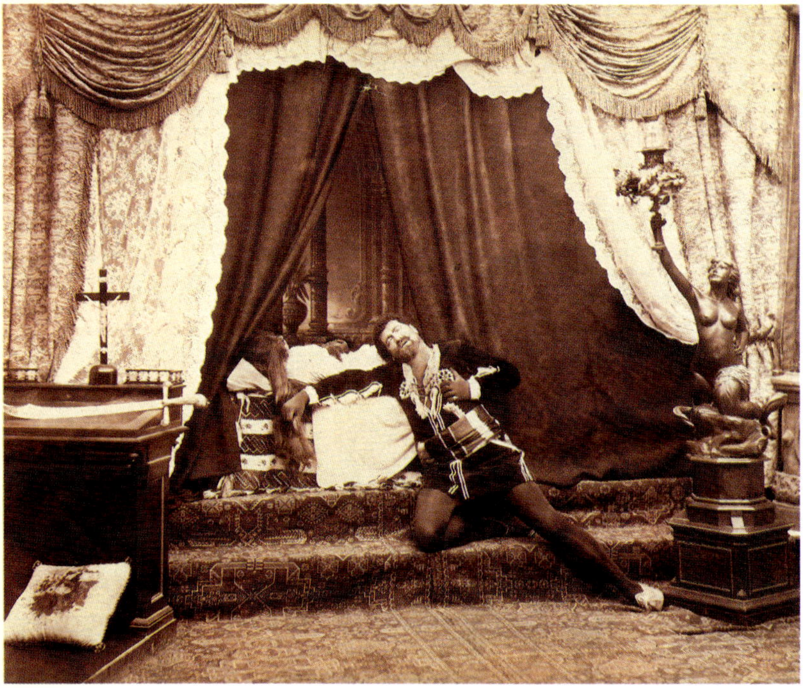

Otello de G. Verdi : photographie de la dernière scène avec Francesco Tamagno et Romilda Pantaleoni lors de la création en 1887 à la Scala de Milan.
Museo teatrale alla Scala, Milan. Ph. © Guigoni et Bossi/Photeb.

l'honneur de la sainte. Durant la fin du XVIIe s. et la première moitié du XVIIIe s., les festivals en l'honneur de sainte Cécile furent une caractéristique importante de la vie musicale anglaise. A partir de 1683, et pendant quelque vingt années, un office régulier (avec un anthem accompagné par l'orchestre) et un grand divertissement (incluant une fête et l'exécution d'une ode musicale) prirent place à Londres. L'ode de Purcell → *« Hail, bright Cecilia »* (1692), ainsi que son *« Te Deum »* et son *« Jubilate »* (1694), compte parmi les contributions les plus durables à ces festivités céciliennes. D'autres odes, avec des textes de Dryden, Congreve, Shadwell et Oldham, furent mises en musique par J. Clarke, J. Eccles, J. Blow et par d'autres compositeurs plus obscurs. Au cours du siècle suivant, les célébrations se poursuivirent mais à un rythme moins régulier bien qu'elles n'aient pas été limitées à la seule fête de sainte Cécile. Les deux contributions principales de Haendel, *Alexander's Feast* et l'*Ode for Saint Cecilia's Day*, sont probablement les œuvres les plus remarquables de cette veine, bien que d'autres contributions dignes d'intérêt soient dues à l'industrieux W. Boyce et au professeur de musique d'Oxford Ph. Hayes.

Haendel commença à mettre en musique le texte de Dryden le 15 sept. 1739 et l'acheva neuf jours plus tard. Cette période fut particulièrement féconde pour le compositeur qui, dans les quelques semaines qui suivirent, produisit ses *12 Concerti grossi* op. 6 dans une étonnante explosion d'énergie créatrice qui devait encore inclure → *L'Allegro, il Penseroso ed il Moderato*, deux nouveaux opéras et peut-être ses deux plus grands oratorios → *Samson* et → *Messiah*. Il se pourrait que l'ode de 1739 ait été écrite à l'origine pour compléter *Alexander's Feast*, légèrement trop courte pour assurer à elle seule une soirée de divertissement complète. Bien que les deux œuvres se soient partagé l'affiche lors de la création de l'ode, le 22 nov. 1739, leur association semble avoir aussitôt pris fin car, par la suite, Haendel coupla l'ode plus courte avec → *Acis and Galatea* ou l'*Allegro*.

Le texte de l'ode de Dryden s'attache en priorité au pouvoir émotif de la musique. Le premier air pose une question : « Quelle passion la musique n'est-elle pas capable de susciter et de dompter ? » Dans les airs qui suivent, les qualités de la trompette, de la flûte, du violon et de l'orgue sont présentées à tour de rôle, déterminant ainsi l'instrumentation de Haendel. Les mouvements extrêmes se rapportent à l'harmonie des sphères : dans le récitatif accompagné qui ouvre l'œuvre, les « atomes discordants » du chaos primordial sont soumis par la puissance de la musique, lors de l'acte divin de la création ; à la fin, les notes terrifiantes de la trompette proclament le jour du jugement dernier. L'œuvre est découpée en 12 mouvements vivement contrastés. **1.** Elle débute par une ouverture à la française en trois mouvements (introduction en rythme pointé, fugue, menuet) dont le premier et le deuxième furent réutilisés par Haendel moins d'un mois plus tard pour ouvrir le *Concerto* op. 6, n° 5. **2.** *« From harmony* [...] *When nature underneath a heap »* (De l'harmonie... Lorsque la nature est ensevelie) est un récitatif secco suivi par un récitatif accompagné pour ténor ; les « atomes discordants » sont dépeints simplement mais efficacement par une septième diminuée. **3.** *« From harmony, from heav'nly harmony »* (De l'harmonie, de l'harmonie céleste), un chœur joyeux avec un accompagnement orchestral animé, syncopé, est remarquable par les gammes d'octave à toutes les voix, illustrant les mots « through all the compass of the notes it ran » (il courait à travers toute l'étendue des notes). **4.** *« What passion cannot music raise and quell ? »* (Quelle passion la musique n'est-elle pas capable de susciter et de dompter ?), un air pour sop. avec vlc. obligé et cordes, est coulé dans une forme binaire arrondie (ABA') avec une ritournelle introductive étendue. **5.** *« The trumpet's loud clangor »* (Le son retentissant de la trompette), un air pour ténor et chœur, comporte un accompagnement belliqueux plein d'imagination, mettant en vedette une trompette solo et les timbales. Dryden emploie la phrase « The double double beat of the the thundering drum » (La double batterie du tambour tonnant) à la fois ici et dans → *King Arthur* (« Come if you dare »), et Haendel souligne cette réminiscence en se faisant l'écho de la musique plus ancienne de Purcell sur ces mots. **6.** Suit une marche, de forme binaire, écrite pour trp., vl. à l'unisson, alto et b.c., illustrant les charmes martiaux de la musique. **7.** *« The soft complaining flute »* (La flûte doucement plaintive) est un air pour sop., fl. solo, vl. à l'unisson et b.c., remarquable par les mélismes brillants illustrant le mot « warble » (gazouiller). **8.** *« Sharp violins proclaim »* (Les violons justes proclament) est un air étendu pour ténor avec un accompagnement plein de dextérité pour les violons à l'unisson. L'acuité des violons se réfère non pas à leur hauteur mais à leur articulation exacte et claire. **9.** Lui fait suite *« But oh ! what art can teach »* (Mais ce que peut enseigner l'art), un air lent, contemplatif, à la louange de l'orgue, pour sop., cordes et orgue solo avec une partie d'orgue entièrement rédigée bien qu'incluant de fréquentes instructions « ad libitum ». **10.** *« Orpheus could lead the savage race »* (Orphée pourrait conduire la course sauvage) est un air bref pour sop. solo et trois parties de cordes, marqué Alla hornpipe et module exceptionnellement de *ré* min. au relatif *fa* majeur. **11.** *« But bright Cecilia »* (Mais brillante Cécile) est un bref récitatif accompagné pour sop. solo. **12.** *« As from the pow'r of sacred lays »* (Ainsi du pouvoir des lais sacrés), pour sop. solo accompagné par tout l'orchestre, est traité à la manière d'un choral, chaque nouveau vers du texte étant annoncé d'abord par le soprano puis développé par le chœur, un procédé rare chez Haendel. C'est sans nul doute l'un des plus beaux mouvements de l'œuvre ; Haendel y saisit avec éclat l'ultime et terrible heure du Jugement dernier par une série troublante de modulations dans des tons inattendus (*ré* min à *ré* maj. en passant par *mi* ♭ maj., mes. 45 et suivantes).

Rééditions modernes — Par Fr. Chrysander, *in* G. Fr. Händels Werke, Leipzig et Bergedorf 1858-94, vol. XXIII ; *in* Hallische Händel-Ausgabe, Kassel, BV, 1955 et suiv., vol. I/15 (à paraître).

Bibliographie — W. Dean, Handel's Dramatic Oratorios and Masques, Londres, OUP, 1959.

S. Heighes

Ode for the Birthday of Queen Anne (Ode pour l'anniversaire de la reine Anne), ode de cour anglaise de **Georg Friedrich Haendel**, texte dû probablement à Ambrose Philips (1674-1749), écrite pour sop., alto et basse soli, chœur mixte à 4 voix, élargi à 8 voix dans le chœur final, et orchestre (2 htb., 2 trp., cordes et b.c.), composée en 1713 ou 1714 et probablement donnée en concert soit au château de Windsor, soit au palais Saint James le 6 févr. — jour anniversaire de la reine — de l'une de ces deux années. L'œuvre ne fut pas publiée avant 1789 où elle apparut dans l'édition qu'Arnold projetait des œuvres complètes de Haendel. (Durée : 27 min environ.)

Tout au long du XVIIIᵉ s., l'ode pour soli, chœur et orchestre fut, en Angleterre, une forme musicale notable permettant aux compositeurs de réaliser des œuvres de vastes proportions sur des textes d'une grande variété, dans des contextes également variés. La plupart des plus grands compositeurs de l'époque — Croft, Greene, Boyce, Arne, Stanley, Hayes —, pour ne pas mentionner toute la série de leurs contemporains moins connus, se tournèrent vers l'ode au moins une ou deux fois durant le cours de leur carrière. Haendel composa deux odes en plus de la *Birthday Ode*, toutes deux pour la Sainte-Cécile, sur des textes de J. Dryden (voir ci-dessus).

Les origines immédiates de l'ode musicale se situent dans les dernières décennies du XVIIᵉ s. et peuvent être retrouvées dans trois domaines principaux de la vie musicale de l'époque. Le plus connu d'entre eux est peut-être la tradition de l'ode pour la Sainte-Cécile. Si → *« Hail ! bright Cecilia »* de H. Purcell demeure au répertoire aujourd'hui, ce n'est qu'un exemple, parmi bien d'autres écrits pour des célébrations qui eurent lieu à Londres entre 1683 et les premières années du XVIIIᵉ siècle. Moins connues sont les odes pour l'« Oxford Act », données dans le hall de cérémonie (le Théâtre Sheldonian) de l'université à l'occasion d'événements académiques importants. Le troisième domaine de l'ode à la fin du XVIIᵉ s., et finalement le plus prolifique, est celui de l'ode de cour. La tradition s'était instaurée de faire jouer des œuvres spécialement composées pour l'anniversaire du monarque et pour le nouvel an. Cette coutume avait commencé tôt après la Restauration (1660) et provenait directement des « welcome songs » (chants de bienvenue) chantés pour accueillir le monarque à son retour de divers voyages. A l'origine, de nombreux compositeurs écrivirent de telles odes, J. Blow et H. Purcell plus particulièrement, mais au courant du XVIIIᵉ s., il était entendu que le poète lauréat avait à fournir le texte tandis que le maître de la Musique du roi devait le mettre en musique.

Les circonstances dans lesquelles Haendel, arrivé depuis peu en Angleterre, fut amené à composer cette ode d'anniversaire en 1713 ou 1714 nécessitent quelques explications. Sa visite à Londres en 1711 avait été un succès total. Son premier opéra → *Rinaldo* avait été bien reçu et lorsqu'il retourna à Londres à l'automne 1712, il se fit rapidement la réputation de meilleur compositeur d'opéras italiens en Angleterre, et entreprit d'acquérir l'appui de nobles protecteurs des arts qui le laisseraient libre de suivre ses propres instincts en matière de musique — et de commerce. Il réalisa qu'une façon efficace de s'insinuer dans les bonnes grâces de l'aristocratie était de fournir la musique pour des événements traditionnels anglais, se limitant aux conventions musicales du pays, tout en démontrant la supériorité de son génie. L'anniversaire de la reine Anne en 1713 ou 1714 se présenta justement comme une bonne occasion. Puisque les représentations des odes de cour étaient quelque peu irrégulières à l'époque — le maître de musique J. Eccles ne suffisant pas toujours à satisfaire la commande ordinaire —, il fut apparemment assez facile pour Haendel de présenter sa propre ode d'anniversaire à la reine. A sa déception, l'effet immédiat de cette œuvre fut insignifiant. Anne n'appréciait pas beaucoup la musique, et il n'est même pas certain que l'ode ait été donnée en concert à la cour. Néanmoins, en présentant cette œuvre, Haendel avait pris pied dans les milieux dirigeants. Lorsqu'en juil. 1713 il y eut un grand service d'action de grâces en la cathédrale Saint-Paul pour la paix d'Utrecht, le compositeur était au rendez-vous avec son → *Utrecht « Te Deum » et « Jubilate »* qui lui permit de gagner l'attention de la noblesse anglaise et une pension annuelle de 200 livres de la reine.

Le texte de l'ode permet des ambiances musicales variées et de nombreux figuralismes. Chaque strophe du texte se termine par un refrain en l'honneur de la reine qui — en raison de la récente paix d'Utrecht — est représentée tout au long de l'œuvre dans le rôle de pacificatrice : « The day that gave great Anna birth, / Who fix'd a lasting peace on earth » (Le jour qui donna naissance à la grande Anne, qui établit une paix durable sur terre).

L'ode commence par un arioso d'alto plein d'atmosphère. Accompagné des cordes soutenues et d'une trompette solo aiguë faisant écho aux phrases vocales, il appelle sereinement l'attention : « Source éternelle de lumière divine / Tes rayons déploient une double chaleur / Et brillent avec une gloire sensible, /Afin d'ajouter de l'éclat à ce jour. » L'ode se poursuit par une série d'arias et de duos (avec une diversité d'accompagnement instrumental), tous de style profondément italien et témoignant de l'expérience du compositeur en matière d'opéra. Chaque mouvement se termine par un refrain choral qui fait presque office de substitut à la section « da capo » : 1. arioso d'alto ; 2. aria de soprano ; 3. aria d'alto ; 4. duo d'alto et de basse ; 5. duo de soprano et d'alto ; 6. air de basse ; 7. alto solo et chœur. D'autres parallèles avec l'opéra peuvent être relevés dans les lignes vocales richement ornées et dans l'emploi des figuralismes. Les « flots houleux » du premier duo en sont un bon exemple. Le même mouvement est également remarquable pour son emploi d'un thème vigoureux de chaconne en accompagnement instrumental. Le tout donne naissance à un puissant sentiment d'élan et mène à un apogée hautement efficace lors de l'entrée du chœur. Un autre trait venu de l'univers théâtral est l'utilisation de l'idiome pastoral. Dans le 4ᵉ mouvement, il répond clairement au texte : « Laissons les troupeaux oublier leur peur, les lions et les loups refuser leurs proies. » Dans le second duo, le langage pastoral est encore plus prononcé, avec des rythmes berceurs de sicilienne et un hautbois obligé caractéristique. L'œuvre se termine dans une ambiance de triomphe, comme il convient, avec l'alto solo prophétisant une renommée étendue à la reine (« United nations shall combine »). Ce thème (avec le refrain) est repris par un double chœur et l'orchestre au complet dans un finale vigoureux.

Rééditions modernes — Par FR. CHRYSANDER, *in* G. Fr. Händels Werke, Leipzig et Bergedorf 1858-94, vol. XLVI A ; par W. SIEGMUND-SCHULTZE, *in* Hallische Händel-Ausgabe I/6, Kassel, BV, 1962.

S. HEIGHES

ODE FUNÈBRE, cantate de **Johann Sebastian Bach** (BWV 198), voir LASS, FÜRSTIN, LASS NOCH EINEN STRAHL.

ODES ANACRÉONTIQUES, op. 31 et 32, 6 mélodies pour une voix avec accompagnement de piano d'**Albert Roussel**, sur une traduction de Leconte de Lisle, composées à Paris d'avr. à sept. 1926, créées à Paris, aux Concerts Durand, le 30 mai 1927, par E. Warnery. (Paris, Durand, 1927 ; durée : 7 min environ.)

Ce cycle, composé conjointement à la *Suite en fa*, permet d'appréhender aisément la nouvelle orientation stylistique de Roussel qui associe dorénavant un raffinement extrême à un cadre formel concis. Ces odes, véritables « chants de la Terre », traduisent avec volupté l'Amour et les plaisirs du vin sans débordements ni pathos, dans la pure tradition aphoristique de la période dite néoclassique. Points communs aux 6 pièces : la pertinence de la texture harmonique, le pentatonisme confié à la voix.

1. *Sur lui-même*, ode XVI, dédiée à Tony Jourdan (durée : 1 min 15 s env.), forme tripartite ABC, pièce allégorique où la ligne vocale cantabile se construit sur l'intervalle de quinte ascendante (quinte juste et quinte diminuée). Irrésistible élan soutenu par un accompagnement étoffé, teinté de pentatonisme. **2.** *Qu'il faut boire*, ode XIX, dédiée à C. Sautelet (durée : 1 min env.), pièce brève écrite en l'honneur de Bacchus. Tel un serpentin, l'accompagnement à une voix, surmonté d'un motif d'appel **A**, double la mélodie enjouée. Il faut remarquer au passage la similarité d'écriture avec les *Deux Poèmes de Ronsard*. L'intervalle de 7e, large, ascendant, ne symbolise-t-il pas l'ivresse ? La claudication du piano, à 9 reprises, l'emploi quasi systématique de valeurs longues sur les mots « boit », « boire », ainsi que la vocalise pentatonique conclusive

donnent libre cours à une joie débordante. **3.** *Sur une jeune fille*, ode XX, dédiée à René Dommange (durée : 1 min 45 s env.), forme A(ab) B coda. L'amant accepte d'être miroir, tunique, écharpe, collier ou sandale quand bien même il ne serait que l'insignifiant objet appartenant à la bien-aimée. Le chant plaintif, syllabique et instable s'adosse à un accompagnement étoffé en accords. Un motif d'une mesure à 5/2 accompagne par son retour obstiné la litanie du personnage. Écriture charnue où la variation harmonique dessine et éclaire chaque image poétique. L'accélération (Andantino ♩= 88 – Allegro moderato ♩= 132) – décélération, indépendamment des variations harmoniques, est le moteur tensionnel de cette belle mélodie. **4.** *Sur lui-même*, ode XXVI, dédiée à Henri Favert (durée : 1 min 45 s env.), forme ABA', mouvement de valse échevelé (♩= 152). La liesse s'empare du personnage dont le chant en formule arpégée s'élève comme pour mieux vénérer la toute-puissance de Bacchus : « Il vaut mieux être ivre que mort », conclut le poète. Un martellato ininterrompu, à l'accentuation en contretemps, scande cette danse bachique. On reconnaît là les techniques mélodico-harmoniques des œuvres orchestrales : accords classés, gauchis par des notes étrangères mortaisées au demi-ton ; cellule rythmique bondissante. **5.** *Sur une jeune fille*, ode XXXIV, dédiée à E. Warnery, créateur du cycle (durée : 1 min 15 s env.). Procédés d'écriture similaires à ceux de l'ode XX (*Sur une jeune fille*). Un ostinato aux sonorités drues (4 accords chromatiques) se déplace avec gravité dans un tempo modéré. La tonique altérée liminaire, instable par définition, marque la pièce de son sceau. Une jeune fille peut-elle aimer un vieillard ? Au déséquilibre de la partie d'accompagnement, réduite à un champ dynamique étroit (*mp* à *pp*), s'ajoutent les inflexions crispées de la voix (2des augmentées chromatiques). Seule la phrase « parce que tu as les couleurs de la rose » s'éveille sur une ligne pentatonique qui n'est pas sans rappeler le → *Poème de l'amour et de la mer* de E. Chausson. Le piano porte en deçà la plainte et la résignation. Dichotomie évidente entre les deux âges extrêmes de la vie : l'un en diatonisme ascendant, l'autre se désincarnant en un mouvement chromatique conjoint descendant à la basse. **6.** *Sur un songe*, ode XLIV, dédiée à Henri Le Bœuf (durée : 1 min 15 s env.). Conformément à la structure du poème, la forme se divise en trois parties avec, au centre, une brève parenthèse de style récitatif (« Que veut dire ce songe ? »). Un perpetuum de doubles croches, soit 6/16 + 2/16, avec en superposition une syncope à 2/4 à la main droite. Contexte rythmique subtil sur lequel repose la voix dont les valeurs brèves / longues s'appuient sur la rythmique du poème. Petite histoire d'un délit, celui d'un cœur capturé par Eros. Le chant d'obédience pentatonique, d'un seul tenant, perturbé par des coupures ou des altérations de passage, retrouve sa ductilité dans la dernière section.

Avec ce cycle, Roussel poursuit son idéal de simplicité et d'approfondissement expressif sans éloquence, sans longueurs : le sujet mythologique se prête à merveille à cette rhétorique de l'épure.

Bibliographie — Voir celle de l'art. *Amoureux séparés*.

D. Kawka

Ode sur le 18 fructidor, hymne de **Luigi Cherubini**, pour soli, chœurs et orchestre d'harmonie. La célébration du 18 fructidor an V (4 sept. 1797) fut des plus discrètes, deux hymnes seulement ayant alors vu le jour, l'un d'E. N. Méhul pour voix et basse, l'autre de Cherubini, seul exécuté le 18 fructidor an VI (4 sept. 1798). « La crise ouverte entre le Directoire et les Conseils par les élections de germinal an V, en l'absence de toute procédure constitutionnelle, ne pouvrait être résolue que de deux manières : ou par le recours au peuple comme en l'An II, ou par l'appel à l'armée comme au 13 vendémiaire » (A. Soboul). Cette dernière solution prévalut. De nouveau, Bonaparte mais aussi Hoche se prêtèrent à une intervention de l'armée dans les affaires publiques. Ce fut alors l'occupation militaire de Paris le 18 fructidor an V. Elle eut pour effets l'annulation de nombreuses élections, l'élimination sans rem-

A **Odes anacréontiques**

placement de certains députés et la déportation en Guyane de personnalités compromises dont Barthélemy, Carnot et Pichegru. Véritable coup d'État qui renversait la majorité dans les Conseils, s'il décimait l'opposition de droite, il n'en portait pas moins un rude coup au système de la République libérale institué par la Constitution de l'An III. Qu'on ne s'étonne donc pas que l'*Ode sur le 18 fructidor* de Cherubini ait été si peu mentionnée par la presse d'alors. C'est pourtant sa dernière partition d'importance destinée aux fêtes civiques après l' → *Hymne funèbre sur la mort du général Hoche.* Alors que ce dernier se présentait comme un grand thème varié, l'*Ode sur le 18 fructidor* adopte la démarche d'un grand rondeau dramatique. Son dernier couplet est d'un syllabisme saisissant qui préfigure celui de l'ensemble des conspirateurs du *Bal masqué* de Verdi.

Sources — Ms. autographe de la partition générale et parties séparées manuscrites (Paris, BN) ; autre ms. de la partition générale (Berlin, Staatsbibl. [Vente Bottée de Toulmon]).

Éditions — Pour une voix et basse (éd. fragmentaire), *in* Magasin de musique à l'usage des Fêtes nationales ; cht avec sextuor (2 clar., 2 bassons et cors), *in* Recueil des Époques, p. 105 ; réd. pour cht et p., *in* C. PIERRE, Musique des fêtes et cérémonies de la Révolution française, Paris 1899.

Bibliographie — Voir celle de l'art. *Hymne funèbre sur la mort du général Hoche.*

FR. ROBERT

ODE TO NAPOLEON BUONAPARTE, op. 41, d'**Arnold Schönberg**, sur un poème de lord Byron, pour récitant, quatuor à cordes (ou orch. à cordes [op. 41 b]) et piano, composée à Los Angeles entre le 12 mars et le 12 juin 1942 (orchestrée en 1944), créée à New York (version orchestrale), le 23 nov. 1944, par Mack Harrel (récitant), Eduard Steuermann (piano), des cordes de l'orchestre philharmonique de New York, sous la dir. d'Artur Rodzinski. (New York, Schirmer, 1944-45 ; durée : 16 min environ.)

En févr. 1942, la Ligue des compositeurs américains demanda à Schönberg d'écrire une œuvre de musique de chambre pour une prochaine saison de concerts. Le compositeur, marqué par la guerre et les crimes contre l'humanité, pensa immédiatement que son œuvre ne devait pas ignorer les événements d'Europe. L'ode ironique et mordante de Byron (1814) lui offrit le texte qui, de manière métaphorique, pouvait avoir des rapports avec la tyrannie présente. En plus d'une satire véhémente de la tyrannie, les derniers vers de Byron constituent un hommage à George Washington, devenant en même temps l'hommage de Schönberg à sa terre d'accueil.

Le compositeur choisit le style du mélodrame, sans doute en raison de la longueur du pamphlet de Byron (19 strophes, 171 vers) confié à une « Sprechstimme », dont il simplifia la notation : plus de portée, mais une seule ligne, avec une notation rythmique très précise, de nombreuses altérations trouvant leur correspondance dans les parties instrumentales. Cette notation relative des hauteurs signifie qu'il n'y a pas d'intonation chantée à la manière du « Sprechgesang » de → *Pierrot lunaire*, mais un « parlé » modulé avec des hauteurs non fixes de la récitation. Les parties instrumentales ne doivent pas étouffer la voix : celle-ci doit rester à tout moment compréhensible. De cette façon, la partition de Schönberg, concise, ramassée et contrastée, gagne en force incisive et percutante **A**.

La structure de l'œuvre est conditionnée par le texte de Byron et son contenu expressif, ce qui conduisit le compositeur à choisir une forme en un mouvement dont les strophes regroupées sont reliées par des interludes brefs.

Après une introduction instrumentale emportée, de 25 mesures, Schönberg groupe les 5 premières strophes : « Tu étais roi et tu n'es plus rien. Celui qui désolait maintenant se désole ! » Interlude de 11 mesures (86-96), puis trois strophes (les prédécesseurs de Napoléon — le dictateur romain Sylla, l'empereur Charles Quint — ont eu le courage d'abdiquer), un nouvel interlude de 10 mesures (126-135) et 4 strophes : « Il a fallu arracher la foudre de ta main. » Un interlude de 5 mesures (178-182) introduit les 7 dernières strophes : « Hâte-toi vers ton île monotone » et médite sur ton sort : « Où sont-elles les babioles que tu aimais porter ? » C'est enfin la célébration du premier président des États-Unis d'Amérique.

Schönberg construit la musique de sa partition sur une seule série dodécaphonique, qu'il emploie souvent en deux demi-séries superposées (voir l'ex. mus.). R. Leibowitz, dans *Schoenberg et son école*, a montré les qualités exceptionnelles de cette série qui permettent d'en tirer des accords tonaux. L'*Ode* se présente comme une oscillation perpétuelle entre toutes les tonalités. Le musicien se libère encore de l'orthodoxie sérielle par l'émergence de deux motifs de 4 notes, sous leurs formes droite et inversée, réitérés dans leur différentes transpositions tout au long de l'œuvre, créant ainsi une unité supplémentaire. Le premier (sons 1-4 de la série), de caractère chantant et expressif (voir 1er vl., alto et piano de l'ex. ci-dessus), était jugé, avec mépris, digne de C. Franck par Stravinski. Le second est en réalité un dérivé de la première demi-série (sons 2-5-3-1) : il est énoncé en accords du piano dès le début de la partition ; le caractère de ce motif est emporté ou pesant.

Une telle composition contient de nombreux symbolismes : opposition *ff* - *pppp*, avec plongée vertigineuse de l'extrême aigu des cordes aux extrêmes graves du piano, sur les mots « the Morning Star, Nor man nor fiend hath fallen so far » (l'Astre de l'Aube, Nul homme, nul démon n'était tombé si bas ; mes. 35-36 ; figuration comparable à la mes. 57, pour les fronts d'airain et les pieds d'argile). Aux mesures 39-40 (voir ex. ci-dessus), le premier motif apparaît comme une révérence ironique, « Who bow'd so low the knee ? (Qui ploie aussi bas le genou ?). Une phrase de l'alto (motif 1, mes. 76) est notée « very pathetic » pour accompagner les paroles du récitant : « a suppliant for his own ». De remarquables effets instrumentaux aux mesures 164-168 (accord de la main droite du pianiste libérant les étouffoirs, pendant que la main gauche martèle des accords secs, la résonance étant prolongée par les harmoniques des cordes) concluent les derniers vers de la 11e strophe, où il est question de sommets solaires et de nuit sans astres. Mais le passage le plus étonnant, sous le rapport de l'écriture contrapuntique et du symbolisme, se rencontre au moment où le récitant déclame le vers : « The earthquake voice of Victory » (La voix de la Victoire comme un tremblement de terre, mes. 62-64). Schönberg enchaîne et dissimule habilement dans la trame le motif initial de la *5e Symphonie* de Beethoven et le début de *La Marseillaise.*

Bibliographie — R. LEIBOWITZ, Schoenberg et son école, Paris 1947, pp. 133-135 ; A. SCHÖNBERG, Style and Idea, New York 1950, trad. fr. Paris, Buchet/Chastel, 1977 ; H. H. STUCKENSCHMIDT, Schönberg, Monaco 1956, pp. 117-120 ; I. STRAVINSKY et R. CRAFT, Conversations with Stravinsky, New York 1959, pp. 78-79 ; R. LEIBOWITZ, Schoenberg, *in* Coll. Solfèges, Paris, Éd. du Seuil, 1969, pp. 142-144 ; A. SCHÖNBERG, How I came to compose the Ode to Napoleon, *in* Journal of the A. Schönberg Institute II/1, Los Angeles 1974 ;

G. Manzoni, A. Schoenberg. L'uomo, l'opera i testi musicali, Milan, Feltrinelli, 1975, pp. 156-158.

Chr. Goubault

« O DÉVOTS CUEURS AMANS D'AMOUR FERVENTE » / « O VOS OMNES » ou *« Tant ay d'ennuy » / « O vos omnes »*, motet-chanson à 3 voix de **Loyset Compère** dont les sources, très nombreuses, nous donnent trois états différents. Si dans certains manuscrits (Bologne Q 17, Saint-Gall 463) comme dans les *Tricinia* imprimés par Rhau en 1542, on le trouve sous la forme d'un motet avec le même texte latin, *« O vos omnes »*, à toutes les voix, il semble probable, cependant, que la forme originale soit celle du motet-chanson, familière de Compère et de certains musiciens franco-flamands contemporains (A. Agricola, P. de La Rue, Josquin...). Dans trois chansonniers manuscrits, le texte latin est réservé au bassus : ténor et supérius chantent un rondeau connu autour de 1500, notamment par le *Jardin de Plaisance*, anthologie poétique publiée en 1501, *« Tant ay d'ennuy »* (Bologne Q 18, Paris 1597 et Copenhague 1848). Une autre source, unique, le fameux → Album de chansons de Marguerite d'Autriche (Bruxelles 228), donne un autre rondeau, réduit à son refrain, *« O dévotz cueurs »*. Ce cinquain est tout à fait remarquable par le parallélisme qu'il présente avec le texte latin du « cantus firmus » tiré des Lamentations de Jérémie : même vocatif (« O vos omnes »/« O devots cueurs »), même impératif (« attendite et videte »/« considérez »), suivi de la même proposition consécutive (« Si est dolor. »/« Se j'ay esté dolente que c'est raison »). Si l'on peut penser, comme L. Finscher, que la juxtaposition des deux textes incite à placer ce rondeau dans la bouche de la Vierge, « Mater dolorosa », on pourrait être tenté également de l'attribuer à Marguerite d'Autriche elle-même, la « dame infortunée », à qui peuvent s'appliquer ces vers : « Je suis la seule mère / Qui a perdu son seul filz et son père/ Et son amy par amour excellente. » La mort de Maximilien de Habsbourg, son père, survenue en 1519, suggérerait que ce rondeau aurait été écrit vers cette date et adapté au motet-chanson, certainement antérieur. *« Tant ay d'ennuy »* en serait alors la version originale. Quant au « cantus firmus », il n'est pas possible de l'identifier avec certitude : tout juste peut-on remarquer une certaine parenté du début avec le ton psalmodique des Lamentations. Il est d'ailleurs traité au commencement avec des valeurs longues, sans aucune ornementation, mais son développement dans la 2e partie, plus décorée, le rapproche des deux autres voix, avec lesquelles il a même une courte imitation. Entre supérius et ténor, le début est souvent à deux voix, alternativement en imitation et note contre note pendant les longs silences du bassus.

Plusieurs polyphonies contemporaines réemploient certains éléments de cette œuvre, témoignant de son succès. Parmi elles, une *Messe « O vos omnes »* de **Pierkin de Thérache**, qu'on croit pouvoir dater d'avant 1494, s'en inspire selon la technique de la parodie : on en déduit que le motet-chanson aurait été composé vers 1490. Par ailleurs, une chanson à 6 voix de « Pirson » (**Pierre de La Rue**, dans le Codex Pernner de Regensburg) en emploie le ténor, cependant que le bassus est utilisé comme

A **ODE TO NAPOLEON BUONAPARTE**

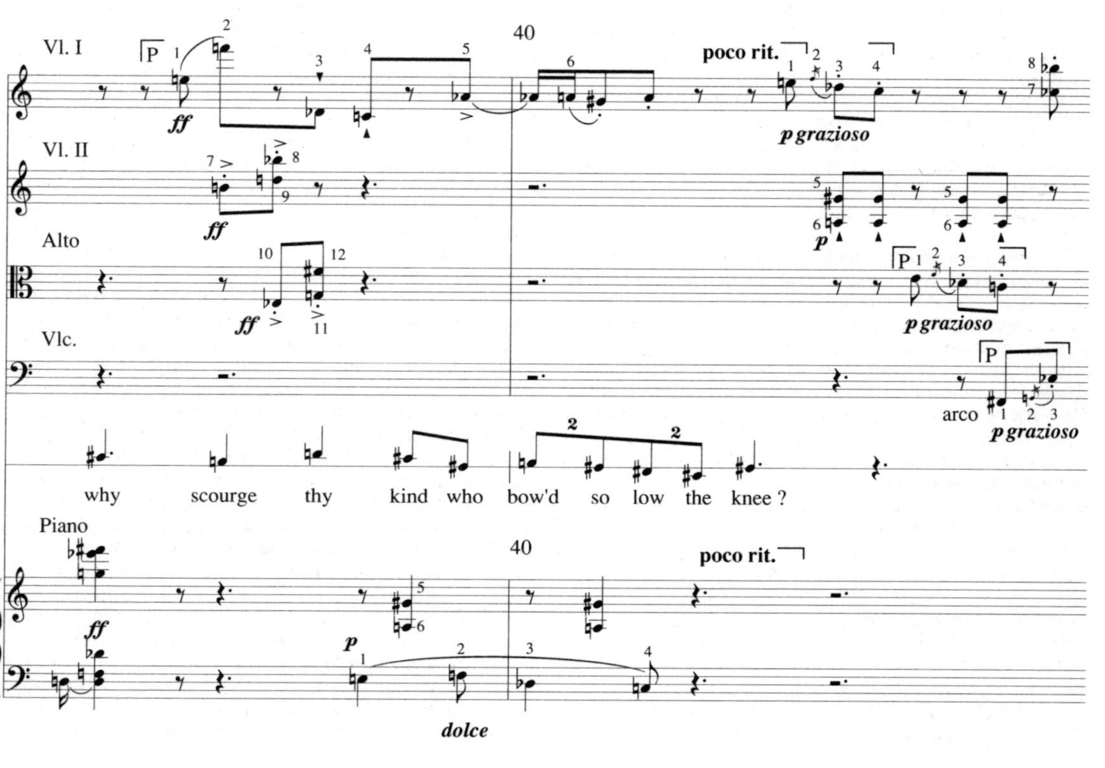

« cantus firmus » dans un motet-chanson anonyme à 5 voix, *« Doleur me bat » / « O vos omnes »* (Vienne, Ms. 18764). Enfin, P. Attaingnant en publie une transcription pour orgue dans ses *Treize Motets et un prélude...* de 1531.

Éditions — Par Y. Rokseth, *in* Treize Motets et un prélude pour orgue..., Paris, Soc. Fr. de Mie, 1930 ; par W. Apel et A. Davison, *in* Historical anthology of music I, Cambridge (Mass.), Harvard Univ. Press, 1946, 10/1970 ; par M. Picker, The chanson albums of Marguerite of Austria, Berkeley et Los Angeles, Univ. of California Press, 1965 ; par L. Finscher, *in* L. Compère. Opera omnia V, CMM 15, Amer. Inst. of Musicology, 1972.

Bibliographie — G. Reese, Music in the Renaissance, New York, Norton, 1954, 2/1959 ; M. Picker, The Chanson Albums of Marguerite of Austria, *in* Ann. Mus. VI, 1958-63 ; M. Cl. Shipp, A chansonnier of the dukes of Lorraine: the Paris Ms. fonds fr. 1957 (diss. North Texas State College, 1960) ; L. Finscher, L. Compère, life and works, Amer. Inst. of Musicology, 1964.

J.-P. Ouvrard

Odhecaton, voir Harmonice musices odhecaton A.

« O Dieu, ne rejette ma plainte », psaume pour voix et luth de **Signac**, sur une traduction du Ps. 54 de Philippe Desportes, publié dans les *Airs de différents autheurs mis en tablature de luth par eux-mêmes. 8ᵉ Livre* (Paris, P. Ballard, 1618, éd. en facs., Genève, Minkoff, 1985).

Déjà célèbre par ses poésies profanes, Ph. Desportes s'était consacré à la traduction des Psaumes (publiés à partir de 1603) qui connurent un grand succès auprès des musiciens. Signac lui-même composa un recueil complet des *Cinquante Pseaumes de David mis en vers françois par Ph. Desportes* (Paris, Ballard, 1630).

La présence de ce texte dans un recueil d'airs de cour n'a rien d'exceptionnel. Depuis les premières anthologies de chant au luth publiées par P. Ballard sous la direction de G. Bataille (6 livres de 1608 à 1615), l'habitude est prise de conclure les recueils d'airs pour voix et luth par quelques psaumes (2 ou 3) ou prières. Ces anthologies, en effet, sont destinées aussi bien à la pratique familiale qu'à celle des salons littéraires. A. Boesset, reprenant dès 1620 la collection des airs pour voix et luth, en éliminera totalement les pièces d'inspiration pieuse.

« O Dieu, ne rejette ma plainte » est une poésie strophique (6 cinquains octosyllabiques). La sensibilité personnelle de Ph. Desportes trouve une expression privilégiée dans la traduction des psaumes dont il affectionne le ton plaintif et confidentiel. La mélodie de Signac (on ne connaît pas de version polyphonique de cette pièce), ample et conjointe, parcourt un ambitus de 10ᵉ ; parfaitement adaptée aux vers, tant par la mesure des syllabes que par son caractère recueilli, elle se distingue de celle des airs profanes de l'auteur (3 livres à 4 parties entre 1618 et 1625, dont un perdu), par une grande sobriété rythmique et une recherche expressive rares chez Signac.

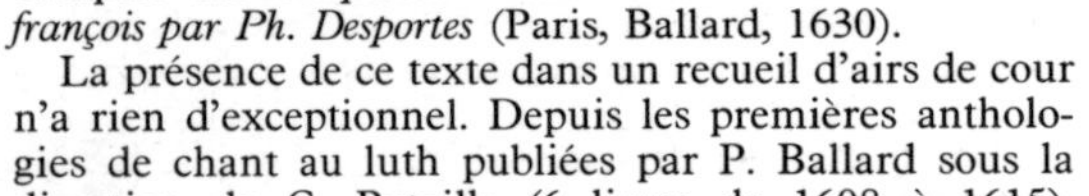

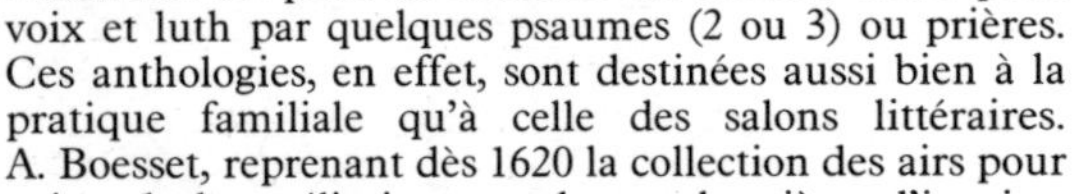

Bibliographie — H. Quittard, Un recueil de psaumes fr. du xviiᵉ s., *in* SIMG XI, 1909-10 ; Th. Gerold, L'art du chant en France au xviiᵉ s., Strasbourg 1921 ; A. Verchaly, Desportes et la musique, *in* Ann. Mus. II, 1954 ; G. Durosoir et A. Verchaly, Catalogue de l'air de cour (1571-1664), nº 68, à paraître.

G. Durosoir

« O dira nacio »/« Mens in nequicia »/[Alleluia], motet à 3 voix d'auteur anonyme du début du xivᵉ s. ou de la fin du xiiiᵉ, transmis par le Ms. Paris, BN, nouv. acquis. fr. 23190, fº 2v (original 8v). Ces deux poèmes sont structurés chacun en trois quatrains ; chaque vers comporte 12 syllabes, subdivisées en deux demi-vers de longueur identique. Ils sont reliés par leur argument. Leur auteur accuse la « gallorum concio » (l'assemblée des Gaulois) du triplum (v. 2), la « prava gens impia » (les mauvaises gens impies) du motetus (v. 2), d'avoir assassiné Thomas de Halia et les exhorte à la pénitence pour qu'ils purgent leurs péchés. Le Thomas en question doit être celui auquel fait allusion le motet *« Thomas gemma Cantuariae » /« Thomas caesus in Doveria »*, le plus connu parmi ceux qui ont été dédiés à Thomas Becket († 1170) ; composé vers 1300, le texte de son motetus se réfère à un moine de l'abbaye anglaise de Saint-Martin (Dover), Thomas de La Hale, que les Français ont assassiné en août 1295. Quelques mots de *« O dira nacio »* sont cités dans le motet *« Garrit gallus » / « In nova fert » / « Neuma »*, qu'on attribue à Philippe de Vitry ; dans le triplum de celui-ci, on lit « gallorum concio » (v. 2), dans le motetus « lupinis dentibus » (v. 2), deux expressions qui se trouvent aussi dans le texte du triplum du motet anonyme (v. 2 et 5). L'index du Ms. 23 190 de Paris donne l'incipit d'un motet, aujourd'hui perdu, *« Thomas tibi [obsequa] »* (nº 41) qui coïncide avec un autre figurant au chapitre 19 du traité du xivᵉ s. *Ars nova*, où l'on cite encore le motet *« Garrit gallus »*. Dédié probablement au moine de Saint-Martin, ce motet aurait pu être relié par son argument à *« O dira nacio »* ; on ignore si les deux motets constituaient un petit cycle poético-musical précédant celui auquel appartient *« Garrit gallus »* (→ *« Tribum que non abhorruit »*).

Le ténor du motet, transmis sans texte, provient d'un *Alléluia* connu par deux versions identiques : Bénévent VI. 40, manuscrit antérieur à 1110, et Paris, BN, nouv. acquis. lat. 1669. Leur texte (Ps. 40, 5) concorde parfaitement avec le sujet du motet : « Alleluia. Ego dixi : domine, miserere mei, sana animam meam, quia tibi peccavi. » Dans le ténor, on n'utilise que la première partie de la mélodie, raccourcie ; sans pouvoir parler de « taleae », celle-ci se structure en 12 sections, chacune correspondant à peu près à un vers des parties supérieures, dont le texte se distribue sous la musique de façon régulière. L'harmonie comporte un nombre assez considérable de tierces et de sixtes parallèles, caractéristique de la musique anglaise du xivᵉ siècle. On constate une certaine régularité parmi les cadences qui correspondent à la fin de chaque vers, ou même demi-vers. Du point de vue rythmique, il faut surtout observer la rareté des minimes, 4 seulement (triplum, mes. 15, 39, 51, 59), fait exceptionnel dans un motet qu'on doit dater du début du xivᵉ ou de la fin du xiiiᵉ siècle. La mensuration — mode imparfait, temps imparfait, prolation majeure — est également exceptionnelle pour l'époque. Tout comme les minimes et les citations de *« Garrit gallus »*, elle relie le motet au cercle du jeune Philippe de Vitry, ou plutôt à celui de l'un de ses maîtres, probablement anglais. Cette composition vient illustrer l'étroite relation existante entre la musique anglaise et la musique continentale vers la fin du Moyen Age.

Éditions — Par E. H. Sanders, Fr. Ll. Harrison et P. M. Lefferts, *in* Polyphonic Music of the 14th Cent. XVII, Monaco, L'Oiseau-Lyre, 1986, n° 55.

Bibliographie — E. Droz et G. Thibault, Un chansonnier de Philippe le Bon, *in* RMie X, 1926 ; M. C. Gómez, Zur Einordnung der anonymen Motette « O dira nacio / Mens in nequicia / [Alleluia] » (F-Pn 23190), *in* Schweizeriches Jb. für Musikwissenschaft X, 1990.

M. C. Gómez

« O doux parler dont l'appast doucereux », dialogue à 8 voix de **Roland de Lassus**, publié dans le *Livre de chansons nouvelles à cinq parties, avec deux dialogues à huit, d'Orlande de Lassus* (Paris, Le Roy et Ballard, 1571). Lassus sacrifie à la mode des dialogues alors en vigueur chez les madrigalistes. Pourtant, rien ne l'y invite dans le texte qu'il a choisi — un sonnet — extrait des *Amours de Cassandre* de Pierre de Ronsard (1552). Le poète se livre à une longue évocation contemplative des charmes de sa maîtresse dont il est séparé, pour se demander enfin s'il la retrouvera : « Et dea ! beautés, reviendra jamais l'heure / Qu'entre mes bras je vous puisse ravoir ? » Lassus est donc tout à fait libre d'exploiter la structure du dialogue, comme il l'entend. Les 8 voix sont divisées en deux quatuors semblables (soprano, contraténor, ténor et basse), qui se répartissent le texte sans aucun système. Dans le premier quatrain, p. ex., après avoir chanté respectivement les deux premiers vers et le 3e, les deux groupes se rejoignent seulement à la fin du vers (« O baisers savoureux ! »). Les effets de dialogue sont plus importants, en revanche, dans le second quatrain : chaque groupe syntaxique, jusqu'aux mots isolés (« De lis, d'œillets »), y est répété par les deux « chœurs » tour à tour, qui se regroupent pour conclure ensemble. La 2de partie (tercets) se déroule de la même manière, sans logique préétablie. Mais Lassus s'attarde plus longuement sur les deux derniers vers, dont il répète le texte à plusieurs reprises, par hémistiches, soit à 4 voix en alternance, soit à 8 voix.

Rééditions modernes — Par A. Sandberger, *in* O. de Lassus. Sämtliche Werke XVI, Leipzig, Br. & H., 1904, 2/éd. par H. Leuchtmann, 1982 ; par H. Expert, *in* La fleur des musiciens de P. de Ronsard, Paris 1923 ; par J. Grimbert, *in* A plusieurs voix, Paris, Heugel, 1971.

Bibliographie — W. Boetticher, O. di Lasso und seine Zeit, Kassel 1958.

J.-P. Ouvrard

« O du armer Judas... » (Judas, ô pauvre de toi, qu'as-tu fait pour avoir ainsi trahi ton Seigneur). L'unique strophe du poème évoque la trahison de Judas. La mélodie est apparentée à celle de la « cantio » *« Laus tibi Christe »*, chantée lors de la procession des matines de la semaine sainte. La mélodie relativement simple, au « ductus » syllabique et au rythme alerte, se prêtait à de multiples combinaisons contrapuntiques dont témoignent plusieurs grandes compositions à 5 ou 6 voix. Celle d'**A. von Bruck** (1534) possède cette vivacité qui caractérise la chanson de l'école post-josquinienne des Flandres. **L. Senfl** (v. 1530 ?, éd. en 1544) traite la mélodie en pseudo-canon au ténor et au « vagans » et réserve la 2de moitié de sa composition à un développement du « Kyrie » final qui prend l'ampleur d'une section de messe polyphonique. La mélodie a aussi servi de timbre à de nombreuses parodies spirituelles dont certaines ont également donné lieu à des compositions polyphoniques, comme *« Unser grosse Sünde und schwere »* de **Th. Stoltzer** ou *« Gelobet seistu Christe »* de **L. Senfl**, publiées à Wittenberg en 1544.

Rééditions modernes — L. Senfl, *in* Sämtliche Werke II, n° 56, éd. par A. Geering et W. Altwegg, Bâle, Hug, et Wolfenbüttel, Kallmeyer, 1938.

Bibliographie — A. Taylor, « O du armer Judas », *in* Journal of English and Germanic Philology XIX, 1920 ; voir aussi la bibliogr. de l'art. *« Ach Gott, wem soll ichs klagen ? »*.

Chr. Meyer

Œdipe, op. 23, tragédie lyrique en 4 actes et 6 tableaux, livret d'Edmond Fleg d'après Sophocle, musique de **Georges Enesco**, composée entre 1910 et 1931, créée à l'Opéra de Paris, le 10 mars 1936, avec A. Pernet (Œdipe), M. Ferrer (Jocaste), J. Courtin (Antigone), J. Montfort (la Sphinge), H. Etcheverry (Tirésias), J. de Trevi (le Berger), P. Froumenty (Créon) et J. Narçon (le Grand Prêtre), sous la dir. de Philippe Gaubert, mise en scène P. Chéreau, décors d'A. Boll. Repris à Bruxelles en 1956, puis à Paris (Opéra) en 1963 (en roumain), *Œdipe* a été régulièrement représenté de 1958 à 1985 à l'Opéra de Bucarest (en roumain). (Durée : 2 h 40 min environ.)

Lors de la création parisienne, les critiques exprimèrent leur profonde admiration pour la grandeur de conception et de réalisation révélée par cette œuvre originale et forte, dont le lyrisme âpre et grave se situe bien au-dessus des modes et atteint au sublime. Certains, comme R. Hahn, regrettèrent cependant qu'Enesco ait renoncé à toute séduction et choisi une voie par trop austère. L'extrême difficulté d'*Œdipe* explique que l'ouvrage soit si rarement joué hors de Roumanie.

Livret — Acte I. (prologue). Jocaste (mezzo-sop.) et Laïos (ténor) se réjouissent de la naissance d'Œdipe, célébrée par le Grand Prêtre (basse). Mais Tirésias (basse) prédit le destin de l'enfant : « Il sera l'assassin de son père, et pour multiplier sa race meurtrière, il sera l'époux de sa mère, le frère de ses filles, le père de ses frères. » Épouvanté, Laïos remet l'enfant à un Berger (ténor) en lui ordonnant de le supprimer.

Acte II. Œdipe (bar.-basse) médite douloureusement dans le palais de Polybos et de Mérope (mezzo-sop.) — les parents adoptifs dont il se croit le fils —, puis s'enfuit pour échapper à son destin. Laïos paraît, voulant frapper de son sceptre la tête d'Œdipe ; mais ce dernier, de sa massue levée contre le Destin, tue son père. Le dernier tableau montre Œdipe répondant à l'énigme de la Sphinge (contralto) : « L'homme est plus fort que le Destin. » La Sphinge meurt, Thèbes est sauvée, les Thébains célèbrent l'hymen d'Œdipe et de Jocaste.

Acte III. La peste dévore la cité de Thèbes. Créon (bar.) rapporte de Delphes le commandement d'Apollon : il faut effacer la souillure causée par le meurtre de Laïos en retrouvant l'auteur du crime. Tirésias et le Berger sont contraints de révéler à Œdipe l'affreuse vérité : l'enfant de Mérope et de Polybos étant mort, Phorbas (basse) lui a substitué le petit Œdipe. Désespérés, Jocaste se tue et Œdipe se crève les yeux (« Soleil, tu vois mes yeux pour la dernière fois »). Créon le chasse ; Antigone (sop.), fille d'Œdipe et de Jocaste, suit son père dans son exil.

Acte IV (épilogue). Œdipe, guidé par Antigone, arrive dans un bois sacré, à Colone. C'est là qu'il va trouver le repos éternel. Créon et les Thébains le supplient en vain de revenir à Thèbes qui attend son secours. Œdipe refuse et s'écrie : « Ma volonté jamais ne fut avec mes crimes : j'ai vaincu le Destin », tandis que les Euménides l'accueillent par ces mots : « Heureux celui dont l'âme est pure : la paix sur lui. »

Du cycle thébain des tragédies de Sophocle, *Œdipe roi*, *Œdipe à Colone* et *Antigone*, E. Fleg ne retint que les deux premières se rapportant directement au héros dont la soif pathétique de vérité et la foi en la dignité humaine — fût-ce au prix de sombres souffrances — bouleversèrent Enesco. Le librettiste a concentré l'action autour du personnage d'Œdipe, favorisant les épisodes méditatifs ou dramatiques au détriment des intrigues amoureuses.

Dans cette œuvre grandiose, l'orchestre se voit confier un rôle essentiel : chaque acte possède une structure symphonique propre et s'inscrit dans une vaste forme d'où se détachent les différentes scènes, très caractérisées. L'écriture utilise le principe unificateur des timbres conducteurs et des leitmotive, sortes de noyaux génétiques qui se métamorphosent et se transfigurent constamment selon les besoins de l'action psychologique. Les fonctions du chœur sont très diversifiées : personnage actif, commentateur du drame, intermédiaire entre le héros et les spectateurs, ou « fond sonore » évoquant une action qui se déroule hors de la scène. Le traitement de la partie vocale fait appel au chant, aux différents types de récitatif, au parlando-rubato ainsi qu'au cri : le hurlement d'Œdipe (acte III, n° 290),

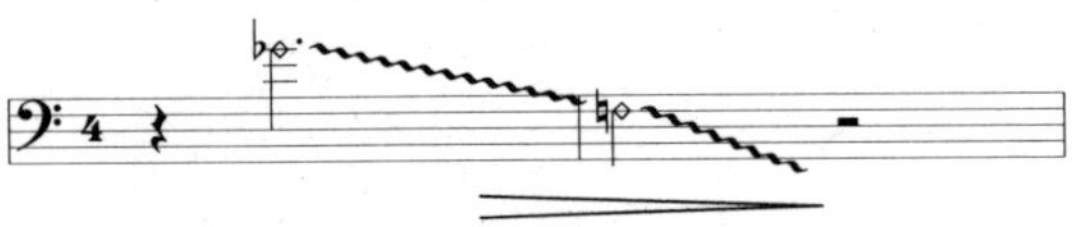

inspiré par celui du grand tragédien Mounet-Sully, est suivi du long cri de la foule qui se transforme en gémissement tremblé.

La langue musicale est d'une grande complexité dans sa sobriété. Enesco emploie très librement la tonalité, élargie par une immense variété d'échelles modales, par le chromatisme et par les quarts de ton (acte III, n° 297) :

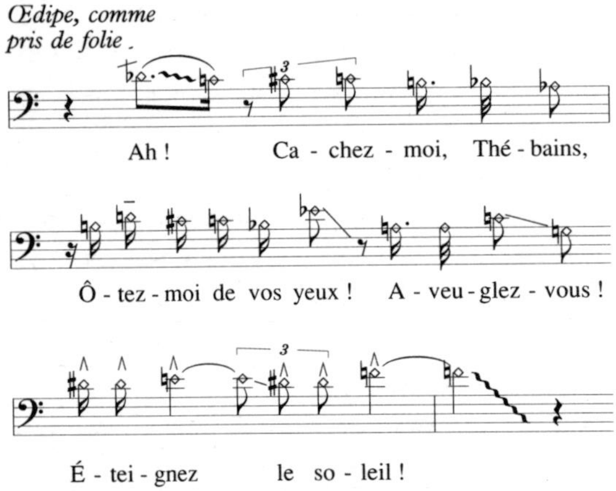

La polyphonie, extrêmement élaborée, est enrichie par l'hétérophonie qui fait entendre simultanément la mélodie et ses variantes, réincarnant en quelque sorte l'esprit monodique au sein d'une structure polyphonique (acte II, n° 145) **A**. Cette œuvre sans concession, qui rejette toutes les conventions du genre, intègre en une parfaite symbiose des éléments stylisés issus du folklore roumain, tels que le mélos populaire. Clé de voûte de la création énescienne, en même temps que l'un des sommets de l'art lyrique du XXe s., *Œdipe* retrouve par sa noblesse d'accents et son intensité tragique toute la grandeur du mythe antique, auquel l'humanisme du librettiste et du compositeur confère de douloureuses résonances modernes.

Éditions — Facs. de la part. ms., Paris, Salabert, 1952, 2/ Bucarest, Ed. Muzicală, 1964 ; réd. cht et p. par H. LAUTH, Paris, Salabert, 1934.

Bibliographie — Comptes rendus par P. LE FLEM *in* Comœdia, 12.3.1936, A. BOSCHOT *in* Écho de Paris, 16.3.1936, E. VUILLERMOZ *in* Excelsior, 16.3.1936, R. HAHN *in* Le Figaro, 18.3.1936, J. IBERT *in* Marianne, 18.3.1936, H. PRUNIÈRES *in* RMXVII/164, 1936 ; B. GAVOTY, Les souvenirs de G. Enesco, Paris 1955, pp. 26-28, 129-151, 159 ; O. LAZĂR COSMA, Œdip-ul enescian, Bucarest, Ed. Muzicală, 1967.

A. PENESCO

OEDIPUS DER TYRANN (Œdipe le Tyran), tragédie de Friedrich Hölderlin (1804) d'après Sophocle, musique de **Carl Orff**, composée en 1957-59, créée à la Staatsoper de Stuttgart, le 11 déc. 1959, avec Gerhard Stolze (Œdipe), Hans Bauer (Créon), Astrid Varnay (Jocaste) et Fritz Wunderlich (Tirésias), sous la dir. de Ferdinand Leitner. (Mayence, Schott, 1959 ; durée : 3 h environ.)

ARGUMENT — Thèbes est dévastée par la peste, ses habitants sont désespérés. Œdipe (ténor), roi de Thèbes, donne l'ordre de questionner l'oracle de Delphes. Créon (basse) apporte le message de l'oracle : le fléau ne cessera point tant que le meurtrier du roi Laïos n'aura pas quitté la ville. Œdipe, coupable du meurtre mais ignorant sa propre culpabilité, ordonne une enquête. Le devin Tirésias (ténor) qu'on questionne reste d'abord évasif, puis affirme qu'il s'agit du roi lui-même. Jocaste (mezzo-sop.), la veuve de Laïos, qu'Œdipe a épousée en secondes noces, accuse l'oracle d'incompétence. N'avait-il pas prédit que Laïos serait tué par son propre fils et qu'il épouserait sa mère ? Or, on sait pertinemment que le fils de Laïos est mort peu de temps après sa naissance sur le mont Cithéron. Mais voilà qu'un vieux serviteur révèle qu'il a sauvé le fils de Laïos qui n'est autre qu'Œdipe. Et le roi se souvient. Alors que, jeune homme, il s'était rendu à Delphes, il tua un vieil homme irascible pour une priorité de passage dans une gorge étroite. Apprenant ainsi l'atroce vérité, Jocaste se donne la mort. Œdipe se crève les yeux et quitte la ville.

Malgré son titre *Oedipus der Tyrann*, c'est en fait la même pièce que Stravinski avait employée pour son → *Œdipus Rex*, mais le compositeur russe avait condensé les scènes de Sophocle pour n'en conserver « qu'un certain aspect monumental, introduit dans la forme liturgique de l'oratorio » (Cocteau). Orff, en revanche, employa presque tous les 1 550 vers de Sophocle-Hölderlin, restituant le drame grec à travers différents procédés d'émission de la voix : récitation déclamée, fixée rythmiquement d'un bout à l'autre ; voix librement déclamée sur fond musical ; emploi alternatif du parlé et du chant ; technique du mélodrame ; air « quasi cantando » ; voix parlée « presque » chantée. Le montage scénique se veut grandiose et joue sur l'interaction entre la déclamation et le grand orchestre, composé de 6 pianos, 4 harpes, mandoline, célesta, harmonica de verres, 9 cb., 6 fl., 6 htb., 6 trb., timb., percussion (12 à 18 exécutants) et d'une bande sonore préalablement enregistrée. Le musicien cherche à recréer ainsi une forme de déclamation antique, soutenue par de constants ostinatos et une psalmodie parfois assez monotone. La force rythmique semble toujours s'exercer en un élan vers l'immobile ; la fréquence des formules et notes répétées, inlassablement choisies parmi celles gravitant autour d'un *ut* central, ajoute encore au caractère statique de l'œuvre.

Bibliographie — H. LOHMUELLER, In Orffs « Oedipus » wird Musik zum mystischen Urgrund, *in* Melos, janv. 1960 ; W. SCHADEWALDT, Zur Uraufführung des Oedipus der Tyrann nach Hölderlin von C.

Orff, *in* Hellas und Hesperien, Zurich 1960 ; A. Liess, Orff. Idee und Werk, Zurich, Atlantis, et Munich, W. Goldmann-Verlag, 1980.

M. Kelkel

Œdipus Rex, opéra-oratorio en 2 actes, livret de Jean Cocteau d'après Sophocle, traduit en latin par Jean Daniélou, musique d'**Igor Stravinski**. L'œuvre, dont l'initiative fut prise par les deux auteurs en vue de célébrer le 20e anniversaire de l'activité théâtrale de Serge de Diaghilev, a été composée à Nice entre le 11 janv. 1926 et le 10 mai 1927. Elle a été créée en concert à Paris, au Théâtre Sarah-Bernhardt, le 30 mai 1927, par la compagnie des Ballets russes sous la direction du compositeur ; la création scénique a eu lieu à Vienne, le 23 févr. 1928, sous la direction d'Otto Klemperer. (Paris, Éd. russe de musique, 1927, puis Londres, Boosey & H. ; durée : 50 min environ.)

L'idée de créer une grande œuvre sur un mythe antique et un texte latin émane de Stravinski, ainsi qu'il le relate dans ses *Chroniques de ma vie.* C'était une nouvelle étape dans son évolution vers un classicisme musical affranchi de toute intrusion d'éléments anecdotiques ou sentimentaux. Ni le sujet, connu de tout le monde, ni le texte, rédigé dans une langue morte, ennoblie de ce fait et en quelque sorte « pétrifiée », ne pouvaient dès lors porter ombrage à une musique visant avant tout à une ampleur solennelle et monumentale, nullement dépourvue de force émotionnelle, quoi qu'en pense Stravinski. Le livret, d'un style neutre et laconique (avec quelques jeux de mots, p. ex. « Ego exul exsulto »), a suscité une partition où les « formules anodines et anonymes d'une époque lointaine » sont inséparables de cette « tenue » conventionnelle que le compositeur voulait lui conférer. Les deux actes se subdivisent chacun en trois scènes, chaque scène étant introduite par quelques phrases en français d'un récitant qui en résume le contenu. L'action se déroule entre 6 personnages et le chœur (ténors et basses), lequel représente les Thébains tout en assumant aussi le rôle du chœur des tragédies antiques. La mise en scène originale prescrit à tous les chanteurs la pose figée et hiératique de « statues vivantes ».

Le livret suit fidèlement le modèle de Sophocle ; il y découpe une série d'épisodes qui sont plutôt des tableaux statiques que des péripéties dramatiques, et la musique accentue le compartimentage en s'articulant selon une succession de morceaux distincts, airs ou chœurs.

Acte I. Scène 1. Chœur et air d'Œdipe, imbriqués selon un schéma ABABA, la dernière section préparant la scène suivante : Œdipe promet aux Thébains de les délivrer de la peste. — Scène 2. a) air de Créon qui est allé consulter l'oracle : il faut découvrir le meurtrier de Laïos, caché dans la ville ; b) air d'Œdipe résolu à y parvenir. — Scène 3. a) chœur : prière aux dieux ; b) air de Tirésias, en 2 parties : « Le meurtrier du roi est un roi », révèle le devin ; c) air d'Œdipe croyant à une conjuration ourdie contre lui ; d) chœur « Gloire à Jocaste », épouse d'Œdipe.

Acte II. Scène 1. a) reprise du chœur précédent ; b) scène et air de Jocaste : les oracles, dit-elle, sont menteurs, tel celui qui prédisait que Laïos serait tué par son propre fils dans un carrefour ; c) scène et duo de Jocaste et Œdipe : Œdipe se souvient d'avoir jadis tué un vieillard dans un carrefour, et s'effraie. — Scène 2. a) scène et air du Messager qui annonce la mort de Polybe et dévoile qu'Œdipe n'était pas son vrai fils ; b) air du Berger rapportant qu'il a jadis recueilli l'enfant Œdipe, abandonné dans la montagne ; c) air d'Œdipe décidé à éclaircir le mystère de ses origines ; d) duo du Berger et du Messager : « Œdipe est le fils de Laïos et Jocaste » ; e) arioso d'Œdipe : « La lumière est faite » ; f) chœur avec refrain du Messager racontant comment Jocaste s'est pendue et Œdipe s'est crevé les yeux, puis faisant ses adieux à Œdipe.

La substance musicale d'*Œdipus Rex* se réfère à divers styles anciens et en premier lieu à l'oratorio haendélien, par l'écriture massive et puissante des chœurs et également dans plusieurs airs, tel celui de Créon, à la rythmique carrée et construit en « da capo ». L'imitation de l'opéra italien se rencontre aussi (air de Jocaste, rappelant Verdi), et certains thèmes présentent une allure archaïsante, comme celui du premier air d'Œdipe, sorte de leitmotiv qui reparaîtra plusieurs fois, également dans la bouche du Messager :

A Œdipe

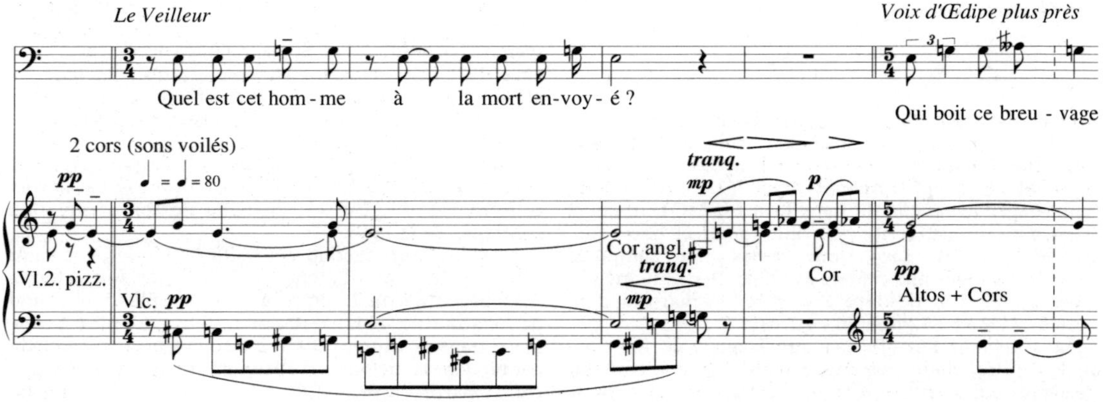

L'ornementation de ce thème est probablement liée à la grandiloquence du personnage, car les autres acteurs ont eux aussi un style propre : théâtralité de Jocaste, lourdeur de Créon, gravité austère de Tirésias, simplicité rustique et naturelle du Messager et du Berger. Outre le thème d'Œdipe, on relèvera le sens emblématique que prend le motif d'ostinato accompagnant le premier chœur, symbole du destin s'abattant sur Œdipe :

Les trois notes répétées rappellent la *5e Symphonie* de Beethoven (voir aussi l'air de Jocaste), et l'intervalle de tierce mineure déterminera la couleur de toute l'œuvre, en contraste avec la tierce majeure soulignée en valeurs longues lorsque la vérité se découvre (airs de Créon et de Tirésias), notamment dans les dernières paroles d'Œdipe (« La lumière est faite ») :

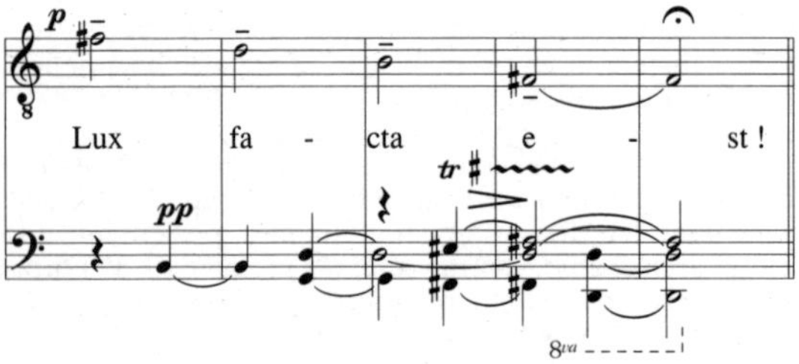

Œdipus Rex obtint un accueil réservé lors de sa création et eut quelque peine à s'imposer ; mais aujourd'hui cette œuvre, l'une des plus significatives du néoclassicisme stravinskien, rencontre un succès attesté par de fréquentes exécutions.

Bibliographie — I. Stravinsky, Chroniques de ma vie, vol. 2, Paris 1935 ; E. W. White, Stravinsky, the Composer and his Works, Londres, Faber, 1966, pp. 289-300, trad. fr. Paris, Flammarion, 1983 ; A. Boucourechliev, I. Stravinsky, Paris, Fayard, 1982, pp. 212-222 ; Chr. Goubault, J. Stravinsky, Paris, Champion, 1991.

J. Viret

« O ewiges Feuer, o Ursprung der Liebe » (O feu éternel, o source de l'Amour), cantate de **Johann Sebastian Bach** (BWV 34 ; NBA I/13) pour le dimanche de la Pentecôte (épître du jour, Actes 2, 1-13, effusion du Saint-Esprit ; évangile du jour, Jean 14, 23-31, discours d'adieu de Jésus), écrite pour alto, ténor et basse soli, chœur, 2 fl., 2 htb., 3 trp., timb., cordes et b.c., composée vers 1740 d'après une cantate nuptiale de même incipit, datée de 1726 et destinée à célébrer le mariage d'un pasteur. (Durée : 18 min 30 s environ.)

Le 1er chœur fait allusion aux langues de feu dont parle l'épître, tandis que l'unique air chante le bonheur des âmes qui s'ouvrent à Dieu. Celui-ci les couvrira de bienfaits et prononcera le mot de bénédiction : « Paix sur Israël ! », exorde du chœur d'action de grâces qui termine la cantate à la place de la traditionnelle strophe de choral.

La cantate s'ouvre **1.** par un brillant chœur avec tout l'orchestre, *« O ewiges Feuer »*, de caractère concertant, forme ABA, en *ré* maj., où dès les premières mesures, puis à travers toute la pièce, deux idées musicales s'unissent pour faire vivre l'incipit du poème, une note tenue à la trompette, symbole de l'éternité, et une figuration en doubles croches aux 1ers violons, chargée d'évoquer l'agitation incessante des flammes. Lui font suite **2.** un récitatif secco pour ténor et b.c., *« Herr, unsere Herzen halten dir dein Wort der Wahrheit für »* (Seigneur, nos cœurs tiennent pour vraie ta parole), **3.** un air plein de grâce aimable pour alto, 2 fl., cordes — les 1ers vl. avec sourdine — et b.c., *« Wohl euch, ihr auserwählten Seelen »* (Soyez heureuses, vous âmes élues), forme ABA' avec ritournelle, en *la* maj. ; son caractère pastoral lui vient de la cantate nuptiale qui saluait le pasteur comme le berger du troupeau ; **4.** un récitatif secco pour basse et b.c., *« Erwählt sich Gott die heilgen Hütten »* (Si Dieu élit ses saints tabernacles), qui s'enchaîne directement **5.** au chœur final d'action de grâces (forme binaire), en *ré* maj., par deux mesures Adagio sur les paroles de bénédiction *« Friede über Israel »* (Paix sur Israël) ; chaque moitié de ce chœur est présentée deux fois, d'abord par l'orchestre seul puis avec adjonction du chœur ; son caractère impressionnant, renforcé par des dissonances expressives, lui était comme imposé par les mots « Ja, sein Segen wirkt mit Macht » (Oui, sa bénédiction agit avec force).

Bibliographie — Voir celle de l'art. *« Ach Gott, vom Himmel sieh darein »*.

M. Honegger

« O Ewigkeit, du Donnerwort » (O éternité, parole de terreur), cantate de **Johann Sebastian Bach** (BWV 60 ; NBA I/27) pour le 24e dimanche après la Trinité (évangile du jour, Matthieu 9, 18-26, résurrection de la fille de Jaïrus), écrite pour alto, ténor et basse soli, chœur, 2 htb. d'amour, cor, cordes et b.c., exécutée pour la 1re fois à Leipzig le 7 nov. 1723. (Durée : 17 min 25 s environ.)

Le poète inconnu voit dans l'évangile du jour la préfiguration de notre propre résurrection et présente la mort comme un événement à la fois attendu et redouté. C'est pourquoi, à l'exception du choral final, le texte est construit à la manière d'un dialogue entre deux personnages allégoriques, la Crainte et l'Espoir. Dans le dernier récitatif, ce dernier cède la place à une voix de basse — la voix du Christ dans les Passions — qui repousse les arguments de son interlocuteur par une citation biblique, « Selig sind die Toten... » (Heureux dès à présent les morts qui meurent dans le Seigneur, Apocalypse 14, 13) et qui enfin emporte son adhésion à l'espoir. Ainsi se trouve préparé le choral final où le croyant — par la voix collective de l'Église — témoigne de son acceptation confiante de la mort.

Le duo d'introduction pour alto (la Crainte) et ténor (l'Espoir) avec tout l'orchestre, **1.** *« O Ewigkeit »*, forme AAB avec ritournelle, en *ré* maj., 1re strophe d'un choral de Johann Rist (1642), qui sera de nouveau utilisé à cette place dans la cantate BWV 20, est un arrangement du choral dont la mélodie est chantée par l'alto doublé par le cor. A partir du second « Stollen », la voix du ténor lui ajoute un contrepoint en style d'arioso qui emprunte des motifs à la ritournelle instrumentale. Par ses éléments thématiques, celle-ci exprime nettement le dialogue entre l'Espoir — le duo des hautbois — et la Crainte — le trémolo des cordes —, dialogue qui se poursuivra également à l'orchestre durant toute la pièce. Lui font suite **2.** un récitatif secco pour alto et ténor avec b.c., *« O schwerer Gang zum letzen Kampf und Streite ! »* (O pénible marche vers le dernier combat et la dernière lutte !), qui se transforme à deux reprises en ariosos madrigalisants, avec une ligne tonalement tourmentée sur « martert » (martyrise) et un long mélisme qui s'apaise dans le grave sur « ertragen » (supporter) ; **3.** un duo pour alto et ténor, 1er hautbois d'amour et b.c., *« Mein letztes Lager will mich schrecken »* (Mon dernier repos m'effraie), forme ABC avec ritournelle, en *si* min., pièce centrale de la cantate et son point de symétrie, intéressante par la liberté de sa construction et de son invention plus motivique que thématique ainsi que par le caractère dramatique qui s'y attache ; **4.** un récitatif pour alto et basse avec b.c., *« Der Tod bleibt doch der menschlichen Natur verhasst »* (La mort reste toutefois détestée par la nature humaine), où, à la différence du style « secco » de l'alto, la basse s'exprime en trois longues phrases expressives (Apocalypse 14,13) en style d'arioso, mélodiquement apparentées soit par transposition, soit par variation ; **5.** un choral à 4 voix, *« Es ist genung... »* (C'en est assez ; Seigneur, s'il te plaît, fais-moi dételer), en *la* maj., 5e strophe du choral *« Es ist genung, so nimm Herr meinen Geist »* de Franz Joachim Burmeister (1662) sur une mélodie de Johann Rudolf Ahle dont les 4 premières notes correspondent aux 4 premières du choral *« O Ewigkeit, du Donnerwort »*, à cela près qu'au lieu d'une quarte juste elles embrassent par mouvement conjoint l'intervalle de triton,

figure très parlante de l'écœurement de la vie qui saisit le croyant. C'est ce choral, avec l'harmonisation de Bach, qu'**Alban Berg** a traité dans son *Concerto pour violon* (1935).

Bibliographie — Voir celle de l'art. *« Ach Gott vom Himmel, sieh darein »*.

M. Honegger

« O Ewigkeit, du Donnerwort », cantate de choral de **Johann Sebastian Bach** (BWV 20 ; NBA I/15) pour le 1er dimanche après la Trinité (évangile du jour, Luc 16, 19-31, parabole du mauvais riche et du pauvre Lazare), écrite pour alto, ténor et basse soli, chœur, 3 htb., tromba da tirarsi (trp. à coulisse), cordes et b.c., exécutée pour la 1re fois à Leipzig le 11 juin 1724. Composée de deux parties destinées à encadrer la prédication, elle se fonde sur un choral de Johann Rist (1642) qui offre un commentaire développé de la parabole évangélique et dont les strophes 1, 8 et 12 ont été reprises sans modification, les autres étant en revanche librement récrites par un poète inconnu.

Cette œuvre est la première du second cycle de cantates que Bach écrivit pour Saint-Thomas. On ne s'étonnera donc pas qu'il ait donné au chœur d'introduction, **1.** *« O Ewigkeit »* en *fa* maj., la forme de l'ouverture à la française. Nettement séparés les uns des autres, les trois premiers vers (1er « Stollen » de la forme bar du choral) s'insèrent dans les rythmes saccadés de l'orchestre dont le motif initial est tiré du début de la mélodie ecclésiastique que chantent en valeurs longues les sopranos doublés par la trompette. Le mot « Ewigkeit » (éternité) est illustré par la persistance d'une pédale de tonique à la basse continue sur toute la longueur du premier vers. Les trois vers suivants (2e « Stollen » de la forme bar) s'inscrivent de la même façon dans le mouvement vif central où l'orchestre, indépendant de la mélodie du choral, s'écarte du fugato traditionnel. Le texte « Ich weiss vor grosser Traurigkeit nicht wo ich mich hinwende » (Une grande tristesse fait que je ne sais où me tourner) reçoit ici une illustration musicale saisissante : le développement orchestral aboutit soudain à un point d'orgue sur un accord de 7e diminuée qui marque la fin de la partie centrale et qui interrompt brutalement le flot musical. Après un bref silence général, commence le 3e volet de l'ouverture dont le rythme saccadé repart d'une manière hésitante, alternant entre les bois et les cordes, image à la fois du désarroi et de la frayeur que va exprimer le vers suivant, « Mein ganz erschrocken Herz erbebt » (Mon cœur tout effrayé tressaille). Dans les deux dernières phrases du choral (« Abgesang » de la forme bar), les trois voix accompagnantes s'emparent à leur tour du rythme saccadé pour exprimer le mot « erschrocken » (effrayé). A cette imposante ouverture font suite **2.** un récitatif secco pour ténor et b.c., *« Kein Unglück ist in aller Welt zu finden... »* (Aucun malheur ne se trouve au monde qui dure éternellement) ; **3.** un air pour ténor, cordes et b.c., *« Ewigkeit, du machst mich bange »* (Éternité, tu me rends craintif), forme binaire avec ritournelle, en *do* min., d'expression tourmentée, où, comme dans tous les airs de cette cantate, les figuralismes sont nombreux (sur « Ewigkeit », « ewig », « bange », « lange », « Flammen », « brennen », « bedenken », etc.) ; **4.** un récitatif secco pour basse et b.c., *« Gesetzt, es dau'rte der Verdammten Qual... »* (Supposé que le supplice des damnés dure autant d'années que le nombre de brins d'herbe sur terre) ; **5.** un air pour basse, 3 htb. et b.c., *« Gott ist gerecht in seinen Werken »* (Dieu est juste dans ses œuvres), forme ABA avec ritournelle, en *si* ♭ maj., où, par opposition avec l'air précédent, dominent le diatonisme et les sauts en arpège d'accord parfait sur « Gott ist gerecht » ; **6.** un air expressif pour alto, cordes et b.c., *« O Mensch, errette deine Seele »* (O homme, sauve ton âme) forme binaire avec ritournelle, en *ré* min., comprenant une importante coda instrumentale qui répète la partie orchestrale de la seconde moitié de l'air ; **7.** un choral à 4 voix, *« Solang ein Gott im Himmel lebt »* (Aussi longtemps qu'un Dieu vit au ciel), 8e strophe du choral de Rist.

La seconde partie reprend avec **8.** un air pour basse, trp., cordes doublées par les 3 htb., et b.c., *« Wacht auf, [...] verlorne Schafe »* (Réveillez vous [...] brebis égarées), forme binaire avec ritournelle, en *do* maj., où le chant imite les sonneries de la trompette, double évocation du Jugement dernier auquel le texte fait allusion ; **9.** un récitatif secco pour alto et b.c., *« Verlass, o Mensch, die Wollust dieser Welt »* (Quitte, ô homme, les délices de ce monde), où la basse continue reprend les rythmes saccadés de l'ouverture lorsque le texte parle du faste, de l'ostentation, de la richesse, des honneurs et de l'argent (« Pracht, Hoffart, Reichtum, Ehr und Geld ») ; **10.** un duo pour alto et ténor avec la seule b.c., *« O Menschen-*

kind, hör auf geschwind » (O, fils de l'homme, arrête bien vite), forme binaire, en *la* min., où les deux voix solistes se font insistantes et persuasives pour convaincre le fils de l'homme de cesser d'aimer le péché et le monde ; **11.** la reprise du choral à 4 voix qui terminait la 1re partie, avec cette fois-ci la 12e strophe de Rist pour texte.

Bibliographie — Voir celle de l'art. *« Ach Gott, vom Himmel sieh darein ».*

M. HONEGGER

« O FELIX TEMPLUM », motet de **Johannes Ciconia** en l'honneur de Stephano Carrara, administrateur de Padoue dès 1396 et son évêque dès 1402, composé pour fêter sa promotion à l'évêché ou peu après. Il est transmis par deux manuscrits, Oxford, Bodl. Lib. Canonici misc. 213, fos 22v-23r, et Bologna, Civico Museo Bibliografico Musicale, Q 15, fos 223v-224r et 311r (ancien 224r) ; ce dernier en conserve deux versions, une à 3 voix, identique à celle d'Oxford (cantus I, cantus II et ténor) et une autre fragmentaire à 4 voix (cantus II et contraténor seulement). Dans le manuscrit de Bologne, le motet est en notation française, dans celui d'Oxford en notation italienne.

H. Besseler avait déjà observé la parenté qui existe entre la structure de ce motet et celle des « caccie » italiennes. Un long motif est exposé en premier lieu par le cantus I puis par le cantus II. A la mesure 19, les deux voix se rassemblent, donnant lieu à de courtes imitations, qui soulignent quelques-uns des passages les plus significatifs du texte. L'imitation devient systématique à l'Amen final, sorte de substitut du « ritornello » d'une « caccia ». A la place d'une de ces mélodies d'origine grégorienne, rigidement structurées, qui constituent les ténors de la plupart des motets de la fin du Moyen Age, Ciconia écrit une mélodie-soutien de l'ensemble harmonique, qui participe parfois aux jeux imitatifs des cantus I et II. Le contraténor est une voix ajoutée qui ne semble pas avoir été écrite par lui. Tout comme dans les « caccie », et contrairement à ce qui arrive dans les motets médiévaux, les deux voix supérieures portent le même texte, un long poème où l'on trouve le nom de Ciconia inséré vers la fin (vers 21) ; cela se produit dans 4 autres de ses motets, signe indubitable de l'homme de la Renaissance aimant à souligner la paternité de son œuvre.

Le degré d'innovation que ce motet apporte est notable : ténor de composition libre et non structuré, voix supérieures en imitation et avec un seul texte. Conscient de ce fait, Ciconia chercha peut-être à le lier au passé de façon plutôt symbolique. En tout cas, il est curieux d'observer que le dessin initial de 6 notes des cantus I et II *(la - si* [♭] *- la - sol - fa - mi)*, répété plusieurs fois tout au long de la composition avec un rythme différent, coïncide du point de vue mélodique avec un motif que Guillaume de Machault utilise à plusieurs reprises dans la → *Messe de Notre-Dame.*

Éditions — Par S. CLERCX, *in* J. Ciconia. Un musicien liégeois et son temps, Bruxelles 1960, vol. II, nº 36 ; par H. HÜSCHEN, *in* Die Motette, Das Musikwerk XLVII, Cologne, A. Volk, 1974 ; par M. BENT et A. HALLMARK, *in* The Works of J. Ciconia, Polyphonic Music of the 14th Cent. XXIV, Monaco, L'Oiseau-Lyre, 1985, nº 12.

Bibliographie — H. BESSELER, Bourdon u. Fauxbourdon, Leipzig, Breitkopf & H., 1950, 2/1974, pp. 74-75 ; du même, art. Ciconia, *in* MGG II, 1952.

M. C. GÓMEZ

OFFICIUM DEFUNCTORUM, de **Tomás Luis de Victoria**, pour chœur à 6 voix (cantus I/II, altus, ténor I/II, bassus), édité sous le titre *Thomae Ludovici de Victoria* [...] *officium defunctorum, sex vocibus. In obitu et obsequiis sacrae imperatricis* (Madrid, Imprimerie royale, 1605), dédié à la « Sérénissime Princesse D. Marguerite, Fille des Empereurs Maximilien et Marie », et accompagné d'un poème de Martin Perserio à la louange du compositeur. L'œuvre était destinée aux services funèbres de l'impératrice Marie, fille de Charles Quint et veuve de Maximilien II d'Autriche, dont Victoria était le chapelain depuis 1579 et qui mourut le 26 févr. 1603 au couvent des Déchaussées royales, à Madrid (elle s'y était retirée depuis 1582 comme oblate). La princesse Marguerite, fille cadette de l'impératrice et dédicataire de l'*Officium defunctorum*, était religieuse régulière de ce même couvent dont Victoria restera organiste jusqu'à sa mort en 1611. La première exécution eut lieu les 18 et 19 mars 1603, lors des obsèques solennelles de l'impératrice au couvent des Déchaussées royales, par les chantres de l'établissement ; cependant les témoignages contemporains ne font état ni du compositeur ni de son œuvre. (Durée : 40 min environ.)

Cet *Officium* comprend au total 10 sections : les premières constituent la messe de *Requiem*, avec un « Introitus » incluant le *Kyrie*, le graduel *« Requiem aeternam »*, l'offertoire *« Domine Jesu Christe »* (sans le verset « Hostias »), le *Sanctus*, le *Benedictus*, l'*Agnus Dei* et la communion *« Lux aeterna »*. Les trois sections restantes se rattachent aux autres offices mortuaires : un motet *« Versa est in luctum »* sur des paroles probablement empruntées à l'Ancien Testament (« Ma cithare s'est répandue en chants de deuil, mon instrument s'est joint à la voix de ceux qui pleurent : épargne-moi, Seigneur, car mes jours ne sont rien ») ; le répons de l'absoute *« Libera me »* avec ses trois versets et le *Kyrie* adjonctif ; la *Lectio* II, seconde lecture de l'office de Matines (Job 10, 1-7).

L'*Officium defunctorum* est l'œuvre ultime et le testament musical de son auteur ; il manifeste le génie créateur et le mysticisme musical du maître espagnol sous leur forme la plus haute, et constitue l'un des sommets incontestés de la polyphonie sacrée renaissante durant les années où en Italie s'élabore le nouveau langage de la monodie accompagnée. En son second livre de messes, paru à Rome en 1583, Victoria avait déjà traité les textes de la messe des morts, mais à 4 voix et en plaçant le « cantus firmus » grégorien à l'aigu. Un lien précis entre les deux œuvres réside dans le verset à 3 voix « Tremens » du répons *« Libera me »*, commun à l'une et à l'autre. L'*Officium*, quant à lui, dissimule le « cantus firmus » aux 2e et 3e voix (cantus II ou altus), et présente, grâce à l'appoint de deux voix supplémentaires, une richesse polyphonique et harmonique accrue d'autant. L'écriture, toujours à 6 voix sauf dans le « Christe » du *Kyrie* (4 voix), dans les versets « Tremens » (3 voix) et « Dies illa » (4 voix) du *« Libera me »* et dans la *Lectio* (4 voix), est guidée le plus souvent par le thème grégorien exposé intégralement, avec toutefois davantage de liberté rythmique et mélodique (par quelques ornementations) que pour un « cantus firmus » médiéval. Chaque section (ou partie de section), hormis le *Kyrie*, débute par une incise monodique citant tel quel le plain-chant, après quoi celui-ci s'intègre à la trame polyphonique en se distinguant peu des voix accompagnatrices, qui en sont d'ordinaire indépendantes thématiquement mais s'imitent volontiers entre elles. Ce jeu d'imitations, magistralement agencé sur un substrat harmonique somptueux, permet de faire ressortir certains mots saillants grâce à un motif caractéristique répercuté de voix en voix (« et lux perpetua » dans l'introït). L'aisance et la beauté de cette technique polyphonique — complexe pour l'œil mais limpide pour l'oreille — n'excluent point un sentiment harmonique nettement tonal : enchaînements d'accords, modulations, intégration sporadique de la 7ᵉ naturelle. L'héritage du passé prédomine néanmoins dans cette musique en quelque sorte intemporelle, empreinte d'une uniformité et d'une neutralité expressive voulues, à l'instar de la mélodie liturgique qu'elle paraphrase. Les trois dernières sections revêtent chacune un aspect particulier : style libre en imitations serrées dans le motet, alternance régulière de phrases monodiques et polyphoniques dans le répons, tandis que dans la *Lectio* le dépouillement se fait total par le biais d'une simple récitation solennelle, harmonisée note contre note avec d'étranges cadences rompues et sans référence à un quelconque « ton » liturgique.

Rééditions modernes — Par Fr. X. Haberl, *in* Musica Divina II/1, Regensburg 1874 ; par Ch. Bordes, *in* Anthologie des Maîtres religieux primitifs I, Paris 1893 ; par F. Pedrell, *in* T. L. Victoria. Opera omnia VI, Leipzig, Br. & H., 1909.

Bibliographie — H. Collet, Victoria, Paris 1914, rééd. Paris, Éd. d'Aujourd'hui, 1975.

J. Viret

Officium hebdomadae sanctae (Office de la semaine sainte), recueil de chants polyphoniques de **Tomás Luis de Victoria**, destinés à alterner avec le chant grégorien aux offices de la semaine sainte (Rome, Gardano, 1585). Ces morceaux, en majorité à 4 voix (mais le nombre des voix peut aller jusqu'à 8), se rattachent à la liturgie du « Triduum pascal » (jeudi, vendredi et samedi saints) hormis l'antienne *« Pueri Hebraeorum »* et la *Passion selon saint Matthieu* pour les Rameaux. Cette liturgie se compose principalement des offices nocturnes (ou matines), à raison de trois pour chaque jour. Chaque nocturne inclut trois lectures suivies chacune d'un répons, les lectures du premier nocturne étant empruntées aux Lamentations de Jérémie (on les appellera en France « Leçons de ténèbres »), les suivantes à d'autres sources. Victoria ne traite polyphoniquement que l'un des deux éléments du couple lecture-répons : la lecture des Lamentations au premier nocturne, le répons aux deux autres. Soit un total de 9 lectures des Lamentations (3 à chaque premier nocturne des jeudi, vendredi et samedi) et de 18 répons (3 à chaque deuxième et 3 à chaque troisième nocturne des trois mêmes jours). La liturgie du vendredi saint comporte en outre la messe des Présanctifiés, où se lit de manière dialoguée le récit évangélique de la Passion selon saint Jean : Victoria met en musique les interventions collectives de ce récit (peuple, disciples), soit 11 chœurs brefs en un style peu soucieux de dramatisme (de même pour les 20 morceaux de la *Passion selon Matthieu*, lue à la messe des Rameaux) ; ces chœurs s'intercalent donc au sein du récitatif grégorien. L'après-midi du même jour a lieu l'Adoration de la Croix où s'insèrent les impropères, également traités polyphoniquement. Il faut ajouter enfin deux chants appartenant à l'office de laudes : *« Benedictus »* (cantique de Zacharie) et *« Miserere »* (Ps. 51), ainsi que l'hymne de vêpres *« Vexilla regis »* qualifiée de « more hispano » (à la manière espagnole) parce que chantée sur une mélodie mozarabe que l'on retrouve dans les Passions de F. Guerrero. Publié la même année que le second livre de messes, l'*Officium hebdomadae sanctae* est unanimement considéré, de pair avec l'→ *Officium defunctorum,* comme l'un des sommets de l'œuvre de Victoria. Une expression à la fois dépouillée et intense y témoigne de ce qu'on a pu appeler la « crise mystique » du maître, précédant son retour en Espagne où il mènera une vie retirée et contemplative.

Les 18 répons de matines constituent la partie la plus importante et la plus connue du recueil. Tandis que d'autres compositeurs (notamment C. Gesualdo) traitent les 27 répons des 9 nocturnes, Victoria n'en retient que les deux tiers pour la raison indiquée plus haut. Jeudi saint : (2ᵉ nocturne) *« Amicus meus » — « Judas mercator » — « Unus ex discipulis »* ; (3ᵉ nocturne) *« Eram quasi agnus » — « Una hora » — « Seniores populi »* (trahison de Judas, Gethsémané). Vendredi saint : (2ᵉ nocturne) *« Tamquam ad latronem » — « Tenebrae factae sunt » — « Animam meam »* ; (3ᵉ nocturne) *« Tradiderunt me » — « Jesum tradidit » — « Caligaverunt oculi mei »* (arrestation et crucifixion de Jésus, reniement de Pierre, douleur du croyant). Samedi saint : (2ᵉ nocturne) *« Recessit pastor noster » — « O vos omnes » — « Ecce quomodo »* ; (3ᵉ nocturne) *« Astiterunt reges terrae » — « Aestimatus sum » — « Sepulto Domino »* (contrition, méditations sur la mort et l'ensevelissement du Christ).

Ces répons sont tous à 4 voix et dans la tonalité commune de *sol* min. déterminée par la volonté d'accorder tonalement et mélodiquement le début de chaque répons avec la formule conclusive du récitatif grégorien auquel il s'enchaîne (cf. ex. ci-après). Le style est celui du motet palestrinien adapté à la forme particulière du répons : première section (répons proprement dit) composée de 2 phrases distinctes ; seconde section (verset) d'une seule phrase ; reprise de la seconde phrase de la première section. Soit un schéma R (a + b) ; ℣ (c) ; R (b). Tandis que les 4 voix s'associent pour le répons, le verset se restreint quant à lui à 2 ou 3 voix, conformément à l'usage ancien de confier les versets de répons à un chantre soliste. Sous l'angle de la composition, on notera l'absence de références grégoriennes à la faveur d'une musique librement conçue : le vocabulaire est exactement celui de Palestrina, mais mis au service d'une expression personnelle, profonde et fervente bien que toujours sobre. Le langage se révèle dans l'ensemble nettement tonal : l'harmonie repose presque entièrement sur les accords fonctionnels du ton de *sol* min. (*sol*, *do* et *ré*), avec leurs sensibles (*fa* ♯, *si* ♮, *do* ♯). Ce langage recourt abondamment à l'écriture en imitations, mais emploie aussi l'homophonie pour mettre certaines phrases du texte en relief (voir les débuts très semblables de *« Judas mercator »* et *« Jesum tradidit »*). La vigueur quasi dramatique ainsi obtenue se manifeste surtout dans les répons du vendredi saint, notamment *« Tamquam ad latronem »* et *« Tenebrae factae sunt »* (thème initial agité puis ligne ascendante d'« ad crucifigendum » dans le premier, appel pathétique, « Deus meus », puis apaisement du « Et inclinato capite » dans le second). Les moyens d'expression n'en demeurent pas moins toujours simples, sans chromatisme, assez différents du style madrigalesque qu'adoptera plus tard dans les mêmes répons C. Gesualdo. Le début d'*« O vos omnes »* (samedi saint) donnera une idée de la richesse expressive obtenue à travers cette simplicité formelle **A**.

Rééditions modernes — Par F. Pedrell, *in* T. L. da Victoria. Opera omnia V, Leipzig, Br. & H., 1908 ; par Ch. Bordes, Paris, Éd. de la Schola cantorum, s.d. (fascicules séparés) ; par S. Rubio, Cuenca, Inst. de música religiosa, 1977.

Bibliographie — H. Collet, Le mysticisme musical espagnol au

A OFFICIUM HEBDOMADAE SANCTAE

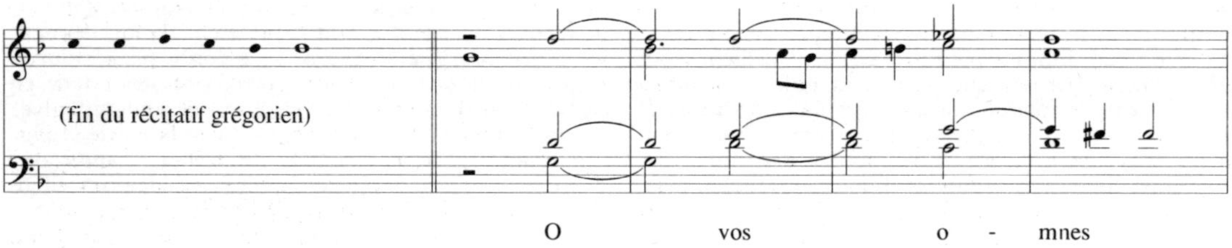

XVIe s., Paris 1913 ; du même, T. L. de Victoria, Paris 1914, rééd. Paris, Éd. d'Aujourd'hui, 1978 ; E. C. CRAMER, The « Officium Hebdomadae Sanctae » of T. L. de Victoria (diss. Boston Univ., 1973).

J. VIRET

(L') OFFRANDE LYRIQUE, op. 4, six mélodies pour chant et piano, de **Louis Durey**, sur des poèmes de Rabindranath Tagore traduits par André Gide, composées de nov. à déc. 1914, créées à Paris, au Théâtre du Vieux-Colombier, le 7 janv. 1919, par Marie-France de Montaut accompagnée par Germaine Tailleferre : 1. *Le jour n'est plus*, 2. *Au petit matin*, 3. *Les nuages s'entassent*, 4. *« Tu es le ciel »*, 5. *Cueille cette frêle fleur*, 6. *Lumière ! ma lumière !* (Paris, Durand, à paraître ; durée : 20 min environ.)

Les premiers essais qui précèdent cette œuvre la même année, *Deux Chœurs a cappella*, op. 1, *Trois Poèmes de Verlaine*, op. 2 et *Cinq Poèmes de Francis Jammes*, op. 3, ont été sévèrement jugés par le compositeur dans son *Catalogue commenté* en raison de l'emprise de Cl. Debussy dont ils témoignent. La lecture — et non l'audition ! — du nº 13 de *Das Buch der hängenden Gärten* d'A. Schönberg (cité in *Cahiers d'aujourd'hui*, avr. 1914) détournera Durey du debussysme et produira l'effet d'un révélateur. Malgré des préoccupations harmoniques encore excessives, selon l'auteur, *L'Offrande lyrique* met fin à la période hésitante des premiers pas. Elle constitue surtout la première partition française directement inspirée par Schönberg, dont l'influence est cependant plus sensible dans la texture harmonique que dans la déclamation, constamment tributaire de Debussy. L'emprise du maître autrichien deviendra complète huit ans plus tard dans → *Trois Poèmes de Rémy de Gourmont*. Comme pour *Le Bestiaire*, op. 17 (1919), il est difficile de préciser la voix requise pour *L'Offrande lyrique* ; compte tenu de la tessiture d'ensemble très étendue, à la manière des voix wagnériennes, certaines pages conviennent davantage à des voix graves, d'autres à des voix aiguës.

Bibliographie — L. DUREY, Catalogue commenté, ms., en ce qui concerne les op. 1 à 4, textes reproduits dans FR. ROBERT, Cinq Mélodies inédites de L. Durey sur des poèmes de Fr. Jammes, *in* Bull. de l'Assoc. Fr. Jammes, nº 6, déc. 1985 ; voir aussi la bibliogr. de l'art. *Trois Poèmes de Rémy de Gourmont.*

FR. ROBERT

OFFRANDES, deux mélodies d'**Edgar Varèse** pour sop. et orchestre de chambre (2111-1110-harpe, percussions-cordes), composées en 1921, créées à New York le 23 avr. 1922, avec Nina Koshitz, sous la dir. de Carlos Salzedo. (New York, Ricordi, 1960 ; durée : 6 min 30 s environ.) Ce diptyque miniaturisé, ce « tout petit bout d'œuvre, quelque chose de purement intime » (E. Varèse), provient d'une filiation allant de l'esthétique des *Chansons de Bilitis* de Debussy à celle du *Pierrot lunaire* de Schönberg.

1. *La Chanson de là-haut*, sur un poème du Chilien Vicente Huidobro, dédiée à Louise Varèse, débute par une introduction lente qui s'anime et se densifie, se trouble pour s'anéantir. La technique de « sfumato » impressionniste s'auréole de textures riches de timbres nonchalamment bercés par un louvoiement rythmique (valeurs irrationnelles) et dynamique, alors que la vocaliste épouse les reliefs prosodiques (« La Seine dort sous l'ombre de ses ponts »). **2.** *La Croix du Sud*, sur un poème du Mexicain José Juan Tablada, dédiée au harpiste Carlos Salzedo, débute par un cri de lion (trb.), suivi d'une mise en branle singulière du dispositif instrumental. La fameuse attaque de la harpe, remarquée par Stravinski, les sources bruiteuses de crécelle, de tambour voilé et de grosse caisse « grave et sourde, la membrane détendue »... annoncent la matière d'*Ionisation.* Les fluctuations madrigalesques du texte guident la forme et le contenu sonore savamment agencés. La mélodie chantée reste isolément dénudée, dans une pureté sobre, face à un complexe accompagnateur massivement dense et percutant.

Bibliographie — Voir celle de l'art. *Ecuatorial.*

P. A. CASTANET

« O FILII ET FILIAE », cantique populaire paraliturgique. Le texte comprend 12 strophes de trois vers octosyllabiques chacune. Rappelant les faits évangéliques relatifs à la résurrection du Christ, il insère au sein des deux dernières strophes les mots « Benedicamus Domino » et « Deo gratias » qui révèlent l'origine de ce chant : ces mots ne sont autres que l'une des formules conclusives de la messe, et ils ont donné lieu à une riche floraison de tropes dont celui-ci est resté le plus populaire ; on peut donc le dater de l'un des derniers siècles du Moyen Age. Les trois vers de chaque strophe se chantent sur deux phrases mélodiques, la première étant répétée et la seconde s'allongeant d'un « Alleluia ». Cette seconde phrase sert en outre de refrain : on la chante au début et après toutes les strophes sur un triple « Alleluia ». L'*« O filii »* a parfois été paraphrasé à l'orgue (**N. Lebègue, P. d'Andrieu**).

Traduction — Strophe 1. O fils et filles, le Roi du ciel, le Roi de gloire a aujourd'hui vaincu la mort, alléluia [...]. Strophe 11. En cette fête très sainte, que règnent louange et jubilation, bénissons le Seigneur, alléluia. Strophe 12. Pour tout cela, disons à Dieu nos actions de grâces très humbles et dévotes, qui lui sont dues, alléluia.

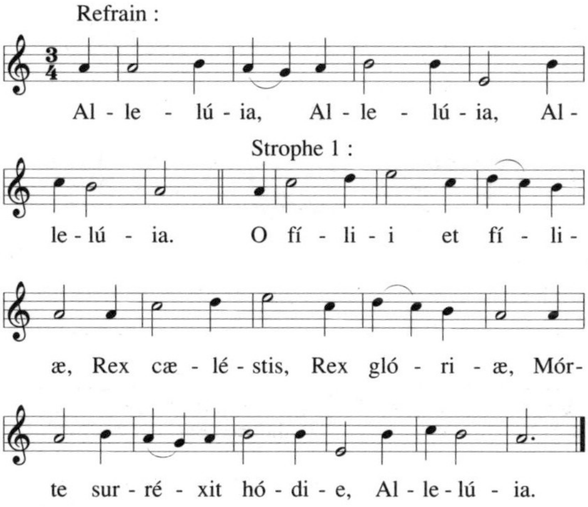

J. Viret

« O flamma divini amoris » (O flamme de l'amour divin), dialogue à 6 voix mixtes pour le temps de la Passion, de **Guillaume Bouzignac**, sur un texte s'inspirant du Psaume 8, verset 3, auquel s'ajoutent des versets originaux. Obéissant à une coupe musicale définie, celle d'une chanson (alternance d'un refrain et de plusieurs couplets), *« O flamma »* se différencie de la plupart des motets de Bouzignac, souvent assujettis à la trame littéraire. Toutefois, la coupe ne prend jamais le pas sur l'intention musicale. L'utilisation chorale du texte et l'interprétation mélodique des idées émises apparaissent bien plus déterminantes.

Le dialogue, établi alternativement entre Jésus, Marie et la foule (tous représentés par une masse chorale, sans présence soliste), s'ouvre sur un premier refrain, contrapuntique en son début, harmonique en sa conclusion. Celui-ci exprime la stupeur de la foule face au supplice du Christ ; de cette union grégaire, se dégagent alors les flammes de l'amour, symbolisées par des lignes ascendantes anarchiquement dispersées. A cette louange correspond bientôt la réciproque baroque, source de contrastes : la douleur partagée par la foule est dépeinte en un chromatisme descendant, proche de l'utilisation faite dans → *« Vulnerasti cor meum »*. Un deuxième refrain reprend l'incipit initial mais termine son évolution en accords verticaux, métaphores d'un feu ardent. Le deuxième couplet voit le chœur se scinder : entre d'abord le Christ, sur motifs dissyllabiques ou trisyllabiques (→ *« Gaudeamus omnes »*), figurant la souffrance endurée, entrecoupée d'insoutenables gémissements. Par la suite, la foule, discrètement, assiste à la scène tragique (le thème de la mort étant de nouveau synonyme d'ondulation mélodique descendante, proche de l'utilisation faite dans *« Gaudeamus omnes »*). Le dialogue se termine par un troisième et dernier refrain, cellule lancinante de l'œuvre, où mélismes alternent avec syllabisme, pour accepter définitivement le pardon de la foule. Œuvre symbolique, *« O flamma »* forme un compromis entre une structure musicale simple et une interprétation madrigaliste de thèmes à mettre en valeur.

Sources — Tours, Ms. 168, f° 80v, et Paris, BN, Ms. 571, f° 89.

Éditions modernes — Par D. Launay, *in* Œuvres françaises du temps de Richelieu, n° 31, Paris, Schola Cant. et Procure générale, 1952.

Bibliographie — D. Launay, O flamma..., *in* Musique et Liturgie, nos 76-77, juil.-août 1960 ; M. Leroux, G. Bouzignac et son siècle (diss. Univ. de Paris-IV, 1987), à paraître.

M. Leroux

Of Thee I Sing (C'est toi que je chante), comédie musicale américaine, livret de George S. Kaufman et Morrie Ryskind, texte des chansons d'Ira Gershwin, musique de **George Gershwin**, créée à New York, au Music Box Theater, le 26 déc. 1931.

L'action se déroule dans l'Amérique des années 20. C'est un regard ironique et amusé sur les institutions politiques et culturelles du pays : relations internationales, débats au Congrès, rôle du vice-président, concours de beauté pour le titre de miss Amérique, agitation et musique autour de la candidature de Wintergreen à la présidence (il fait de l'amour le thème de sa campagne électorale). Tout cela rappelle davantage les opérettes de W. Gilbert et A. Sullivan que les habituelles comédies musicales de Broadway. A leur grande surprise, G. S. Kaufman, M. Ryskind et I. Gershwin se virent décerner le Prix Pulitzer, attribué pour la 1re fois à un livret de comédie musicale. Citons parmi les chansons les plus connues : *« Wintergreen for President »*, *« Of Thee I Sing Baby »*, *« Who Cares »*, *« Hello, Good Morning »* et *« Love is Sweeping the Country »* (L'amour envahit le pays).

R. Wallraf

« O Haupt voll Blut und Wunden » (O chef couvert de sang et de blessures), choral protestant de 10 strophes ($A^7 B^6 A'^7 B'^6 c^7 d^6 e^7 f^6$), pour le temps de la Passion, texte de Paul Gerhard d'après le *« Salve caput cruentatum »* d'Arnulf de Louvain (v. 1200-1250), chanté sur la mélodie du choral → *« Herzlich tut mich verlangen »*. Ce chant, qui a connu un grand succès — comme son prototype —, a été publié en 1656 dans la *Praxis pietatis melica* de J. Crüger, puis dans la *Seelen-Musik* de H. Müller (1659), la *Singekunst* d'Olearius (1671) et dans de nombreux recueils du XVIIe et du XVIIIe siècle. Il a toujours sa place dans les recueils protestants actuels (EKG, Kassel 1950, n° 63 ; Recueil ECAAL, Strasbourg 1952, n° 76) ; *Louange et Prière,* Paris 1939, n° 119, avec l'adaptation d'E. Guers *« Chef couvert de blessures »* ; *« Nos cœurs te chantent »,* Strasbourg et Paris 1979, n° 200, avec l'adaptation d'Henri Capieu *« O douloureux visage »*.

Traduction de la 1re strophe — O chef [tête] couvert de sang et de blessures, rempli de douleur et de railleries, ô chef assujetti à la dérision, avec une couronne d'épines, ô chef paré d'habitude de grands honneurs et d'ornements, mais maintenant hautement injurié : salut à toi.

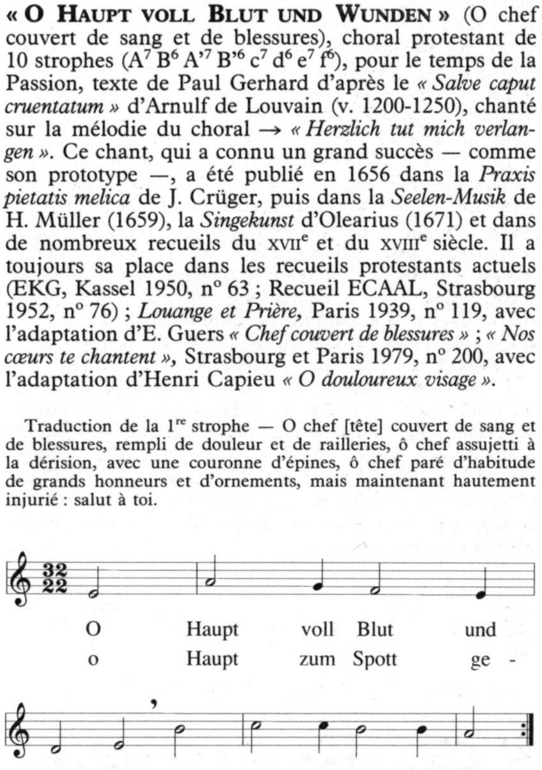

J. Crüger l'a harmonisé en *mi* avec quelques notes de passage à l'alto pour souligner le mot « Wunden » ; la mélodie est au soprano et comporte à la fin, sur « mir », une pédale de deux mesures ; la tierce finale est majorisée. **J. S. Bach** l'a harmonisé en *fa* maj. au n° 63 de sa *Passion selon saint Matthieu.* Pour d'autres harmonisations de la même mélodie, voir les articles *« Herzlich tut mich verlangen »* et *« Wenn ich einmal soll scheiden ».*

É. Weber

« O heilges Geist- und Wasserbad » (O saint baptême d'esprit et d'eau), cantate de **Johann Sebastian Bach** (BWV 165 ; NBA I/15) pour la Trinité (évangile du jour, Jean 3, 1-15, entretien de Jésus et de Nicodème), écrite sur un texte de Salomon Franck extrait de son *Evangelisches Andachts-Opffer* (1715), pour sop., alto, ténor et basse soli, chœur, cordes et b.c. avec basson, exécutée pour la 1re fois à Weimar le 16 juin 1715 selon toute probabilité. (Durée : 13 min environ.)

Étroitement lié à l'évangile du jour, le texte s'attache à la nouvelle naissance par le baptême qui nous transforme par Jésus-Christ en enfants du salut et de la grâce. Jésus, fais que je m'en réjouisse et que toute ma vie je renouvelle cette alliance. Mais nous avons souvent rompu l'alliance et n'avons pas tenu nos promesses. Jésus, prends pitié et guéris l'âme et l'esprit afin que je trouve la vie. La strophe de choral finale ramène la pensée sur l'idée initiale du baptême qui, avec la Parole de Jésus et la Cène, nous protège de tout malheur.

L'œuvre se compose **1.** d'un air pour sop., cordes et b.c., *« O heilges »*, en *sol* maj., où la voix et les instruments réalisent une construction polyphonique de grande ampleur, composée d'une ritournelle, faite d'une exposition de fugue purement instrumentale, suivie de cinq interventions vocales, symétriques par rapport à celle du milieu, qui obéissent au schéma ABCB'A', B provenant du renversement de A

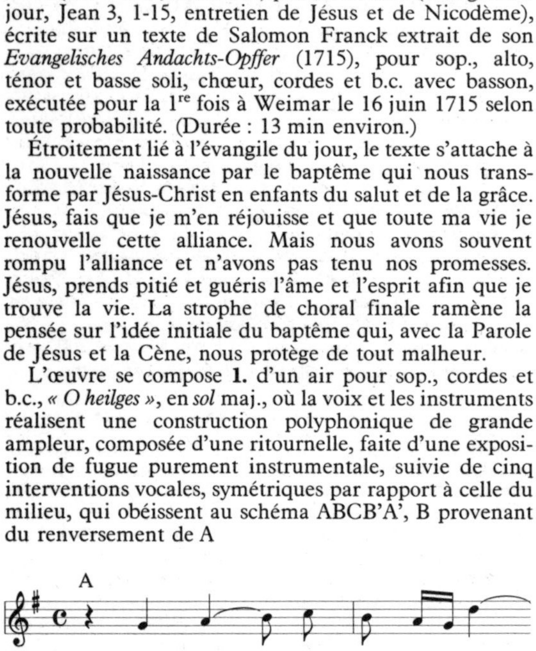

et C étant tiré de la 2e mesure de la ritournelle (donc de A),

le tout achevé par la reprise de la ritournelle ; **2.** d'un récitatif secco pour basse et b.c., *« Die sündige Geburt... »* (La naissance dans le péché de la race maudite d'Adam), avec quelques tournures en arioso comme il est de coutume chez le jeune Bach ; **3.** d'un air pour alto et b.c., *« Jesu, der aus grosser Liebe... »* (Jésus qui par un grand amour m'a promis dans le baptême vie, salut et félicité) forme binaire avec ritournelle, en *mi* min., qui est une prière rendue insistante par les fréquentes répétitions du motif initial de la ritournelle ; **4.** d'un récitatif pour basse accompagnée par les cordes et la b.c., *« Ich habe ja, mein Seelenbräutigam... »* (J'ai juré, époux de mon âme, [...] de t'être éternellement fidèle », proche de l'arioso et très expressif ; **5.** d'un air pour ténor, vl. à l'unisson et b.c., *« Jesu, meines Todes Tod »* (Jésus, la mort de ma mort), forme binaire avec ritournelle, en *sol* maj., dont la construction a ceci de particulier qu'après la ritournelle instrumentale, qui dans sa succession de doubles croches évoque le « mein Heilschlänglein » (mon petit serpent du salut) du texte poétique, la strophe de 8 vers est divisée en quatre parties (AABB') de structure identique, faites d'un énoncé bref, d'un non moins bref interlude instrumental et du texte complet des 2 vers correspondants ; **6.** d'un choral à 4 voix, *« Sein Wort, sein Tauf, sein Nachtmahl »* (Sa Parole, son Baptême, sa Cène), en *sol* maj., 5e strophe du choral *« Nun lasst uns Gott dem Herren »* de Ludwig Helmbold (1575).

Bibliographie — Voir celle de l'art. *« Ach Gott, vom Himmel sieh darein ».*

M. Honegger

Oh, Kay !, comédie musicale américaine, livret de Guy Bolton et Pelham Grenville Wodehouse, texte des chansons d'Ira Gershwin et Howard Dietz, musique de **George Gershwin**, créée à New York, à l'Imperial Theater, le 8 nov. 1926.

L'action se déroule à Easthampton, sur la côte Est des États-Unis, à l'époque de la prohibition. Dans la cave de la villa du playboy Jimmy Winters, le duc de Blanders, un Anglais ruiné, a installé un dépôt d'alcool de contrebande avec l'aide de sa sœur Kay. Le secret risque cependant d'être découvert lorsque Kay s'éprend du propriétaire des lieux. Il fallait la fantaisie d'une comédie de Broadway pour donner une issue heureuse à cette situation. Une phrase tirée du livret, et qui, plus tard, fut souvent citée, dit : « Don't criticize a bootlegger's English, if his Scotch is alright ! » (Ne critiquez pas l'anglais d'un trafiquant si son scotch est bon !). L'actrice anglaise Gertrude Lawrence fit ses débuts à Broadway dans cette comédie musicale avant de reprendre le rôle vedette dans la production anglaise (Londres, His Majesty's Theatre, 21 sept. 1927). C'est aux chansons de G. Gershwin que l'ouvrage dut son succès : *« Dear little girl »* (Chère petite fille), *« Maybe »* (Peut-être), *« Clap yo' hands »* (Frappez dans vos mains), *« Someone to watch over me »* (Quelqu'un pour veiller sur moi), *« Fidgety feet »* (Pieds impatients), *« Oh, Kay »* et *« Heaven on Earth »* (Le Paradis sur terre).

R. WALLRAF

« OH ! QUAND JE DORS », mélodie pour ténor et piano de **Franz Liszt**, sur une poésie de Victor Hugo, composée en janv. 1842 (éd. 1844) et révisée à la fin des années 1850 (éd. 1859). Liszt fit également une transcription pour piano de la 1re version (probablement en 1845) qui n'a été publiée que récemment. La version révisée est préférable, car elle conserve l'atmosphère et la structure générale mais allège l'accompagnement et améliore la courbe mélodique ainsi que certaines modulations. Tout comme la poésie de Hugo comprend trois strophes, la mélodie de Liszt se segmente en trois parties. Mais celles-ci ne correspondent pas mécaniquement aux quatrains du poème. Le compositeur procède de façon plus subtile. Il regroupe en une 1re section le premier quatrain et les deux premiers vers du second. Cela lui permet de déployer amplement sa mélodie. La section médiane contrastante est beaucoup plus courte puisqu'elle ne comprend que la 2e partie du deuxième quatrain. Quant à la 3e section, elle est parfaitement ajustée sur la dernière strophe du poème. Il en résulte une structure tripartite très souple qui peut se comprendre comme un schéma ABA', mais avec une partie centrale B très proche de A. Cela provient de l'utilisation d'un court motif mélodique initial qui apparaît dans tout le morceau, parfois sous un aspect déformé, et circule entre la voix et l'accompagnement, tel un fil conducteur. Les formules d'accompagnement changent avec chaque section : roulement berceur au début (A), déploiement plus haletant au milieu (B) et égrènement d'arpèges imitant la harpe pour conclure (A'). Les parties extrêmes sont en *mi* maj., tandis que la partie centrale apporte un effet de fraîcheur en passant un demi-ton au-dessus. En outre, quelques très belles modulations enjolivent le parcours. On appréciera tout particulièrement l'enchaînement pseudo-plagal conclusif, d'une grande originalité.

Mais c'est l'ampleur de la ligne vocale qui retient surtout l'attention : les courbes caressantes sont prolongées par de superbes envolées qui parfois permettent une habile progression de la cellule initiale. L'atmosphère de salon de l'époque Louis-Philippe reste présente, mais elle est totalement transfigurée par la richesse musicale que Liszt lui insuffle. On a ici l'une de ses plus belles réussites dans le genre de la mélodie écrite sur texte français.

Éditions — Voir à l'art. *« Bist du ! »*.

Bibliographie — S. GUT, Les mélodies de Fr. Liszt sur des textes français, *in* Actes du colloque « Autour de la mélodie française » (mars 1984), Rouen, Publ. de l'Univ. de Rouen, n° 124, 1987.

S. GUT

(LES) OISEAUX, « lyrisch-phantastiches Spiel » de **Walter Braunfels**, voir (DIE) VÖGEL.

« O JESU AMANTISSIME » (O très aimable Jésus), petit motet d'**André Campra**, pour hte-contre et basse soli, 2 parties de vl., 2 parties de fl. et b.c., publié dans le 2e livre de ses *Motets à I, II, III voix et instruments avec la basse continue.* (Paris, Ballard, 1700 ; durée : 9 min environ.)

Les 60 petits motets de Campra furent publiés en 5 livres (1699-1720) et 2 collections, en tout 19 éditions jusqu'en 1735 qui constituent un témoignage éloquent de leur popularité. Ils utilisent jusqu'à trois voix solistes (prises parmi les quatre types de voix : sop., hte-contre, ténor et basse) tandis que l'accompagnement va de la simple basse continue à des « symphonies » pour 2 vl., 2 fl. et basse continue. Alors que les motets des trois derniers livres ne se distinguent qu'à peine des cantates profanes en ce qui concerne la forme et le style — seul leur texte sacré les en différencie —, ceux des deux premiers livres (écrits alors que Campra était maître de musique à Notre-Dame de Paris et dédiés au cardinal archevêque de Noailles) sont moins ambitieux et d'expression plus directe bien que témoignant fortement de l'influence italienne. Des 12 motets du 2e livre, 6 sont écrits pour une voix soliste, incluant un → *« Ubi es, Deus »*, 4 le sont à 2 voix et 2 à 3 voix. Leurs dimensions vont de 2 ou 3 mouvements — *« Ubi es, Deus »* (66 mes.) — à 6 mouvements — *« O Jesu amantissime »* (319 mes.) — ou même 7 — *« Cum invocarem »* (395 mes.). Ces livres comptent parmi les premières collections de motets pour lesquels l'éditeur Ballard a pris « la précaution [...] de donner une traduction », une innovation qui « a été si bien reçue que je m'en suis fait une loi ».

Campra divise le texte rhapsodique de « *O Jesu amantissime* » en 3 sections caractérisées par leur tonalité (*sol* min., *sol* maj., *sol* min.), mais les divisions formelles déterminées par les formations et les rythmes ne coïncident pas exactement avec cette organisation du texte, le motet étant divisé en 2 groupes de 3 mouvements chacun, commençant par l'un ou l'autre des solistes et s'achevant par un duo. Dans le premier groupe, l'accompagnement est confié aux violons, dans le second aux flûtes « allemandes » (traversières).

Une ritournelle de 12 mesures prépare l'intervention de la voix de haute-contre, tandis que les violons continuent à tresser leur contrepoint autour de la ligne vocale **A**. La 2e strophe, qui fait écho au Ps. 83 (84) « Quam dilecta tabernacula tua, Domine » (Que vos tabernacles sont aimables, Seigneur), est caractérisée par un changement de mesure qui passe de C à 2, ainsi que par l'emploi de la voix de baryton pour traduire cet épanchement d'admiration pour le Sauveur. Lorsque le poète atteint à l'extase, « Propterea concupiscit... » ([...] mon âme est saisie d'un si violent désir de voir vos augustes palais qu'elle en est toute languissante), Campra fait emploi d'une ligne chromatique descendante puissamment expressive **B** et d'une chaîne de retards et de fausses relations. Une ritournelle de 11 mesures pour tout l'ensemble instrumental précède un changement de mesure (3) et de tonalité (*sol* maj.) ainsi que le premier

A « O Jesu amantissime »

B « O Jesu amantissime »

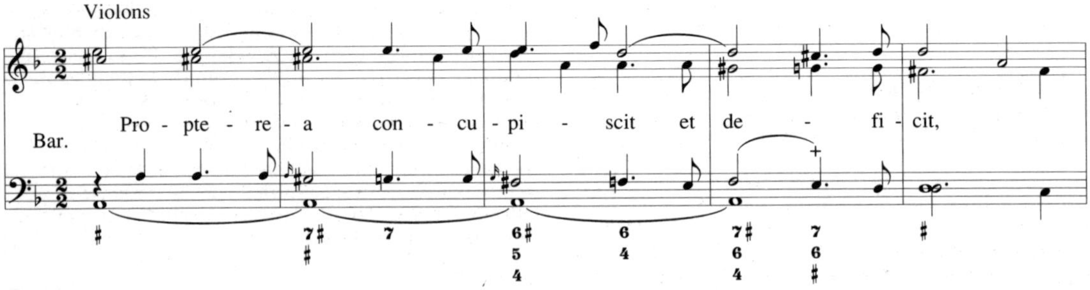

duo « O caelestis patria beatorum » (O céleste séjour des bienheureux). Ce mouvement brillant comporte deux autres ritournelles et conclut la première des deux parties de l'œuvre.

Bien que toujours en majeur, la seconde partie revient à la mesure C et la ritournelle détermine une ambiance plus sombre avec des tenues de flûtes où le baryton soliste interpelle la mort, « O mors caeca et crudelis... » (O aveugle et impitoyable mort, pourquoi ne vois-tu pas [...] n'entends-tu pas ?). La ligne vocale passionnée est indépendante de la basse continue qui rampe, menaçante, par degrés conjoints chromatiques C. Le duo final « O Jesu dilectissime » fait retour à l'ambiance du début et, dans ce mouvement marqué Gay, le plus long du motet, le texte final « in aeternum laetabor in te » (je me réjouirai en vous pendant l'éternité) est rendu par de rapides figurations en mesure ternaire alternant entre les deux voix solistes et les instruments avec une péroraison finale qui fait appel à une écriture mélismatique sur « laetabor ».

Bibliographie — M. Barthélemy, A. Campra, sa vie et son œuvre, Paris 1957 ; J.R. Anthony, La musique en France à l'époque baroque, Paris, Flammarion, 1981, pp. 272-275 ; J.A. Baker, The Church Music of A. Campra : a reconsideration of the sources, *in* Recherches XXII, 1984.

L. Sawkins

« O Jesu Christe », motet à 4 voix de **Jachet** (van Berchem ? de Mantoue ?), conservé dans le Codex Rusconi (Bologne, Liceo musicale) qui porte la date de 1518. Le texte, non liturgique, assez court, est une supplication : « O Jésus-Christ, tu es mon espérance, j'ai crié vers toi, aie pitié de moi. »

En mode de *mi*, cette œuvre fait penser à certaines pièces de Josquin, dont la plus célèbre est la chanson → *« Mille regretz »*, par une écriture en lents accords où l'intensité du sentiment est rendue par la rareté des ornements. Ceux-ci n'interviennent que pour embellir les enchaînements et les cadences et ne déforment jamais l'énoncé des paroles. Les mots « miserere », « Domine », « clamavi » sont accentués avec force et justesse, syllabe après syllabe. L'écriture en imitations est employée deux fois ; elle répartit à toutes les hauteurs la phrase « quum dolore langueo » (je languis de douleur) qui, d'abord chantée comme une plainte élevée, où les deux voix inférieures ont fait silence, s'enfonce ensuite dans le grave. Puis c'est le cri « Domine », sur un étagement de quintes à vides, d'une nudité tout à fait grandioso A. Un silence à toutes les voix s'établit un peu plus loin entre deux « clamavi » (j'ai crié). Puis tout retombe dans une tessiture grave où le mot « miserere » revient martelé plus vite. L'œuvre s'achève peu après sur un *mi* immobile de la voix supérieure, pendant que les trois autres exécutent une « cauda » en forme de cadence plagale.

Éditions — Par R. J. Van Maldeghem, *in* Trésor musical. Musique religieuse, 1re année, Bruxelles, C. Muquardt, 1865 ; par J. Barbier, Lyon, Éd. « A Cœur Joie », 1991.

Bibliographie — G. Reese, Maldeghem and his buried treasure, *in* Notes VI/1, déc. 1948 ; A.-M. Bautier-Regnier, Jachet de Mantoue... Contribution au problème des Jachet au XVIe s., *in* RBMie VI/2-3, 1952.

M. Brunerye

« O Jesu Christ, meins Lebens Licht », choral protestant, voir « Ach Gott, wie manches Herzeleid », BWV 3 et BWV 58.

« O Jesu, meine Lust », choral protestant, voir « Auf Christi Himmelfahrt allein ».

Oklahoma, comédie musicale américaine, livret et textes des chansons d'Oscar Hammerstein II d'après *Green grow the lilacs* de Lynn Rigg, musique de **Richard Rodgers**, créée à New York, au Saint James Theater, le 31 mars 1943 (version cinématographique, 1955).

L'action se déroule au tout début du XXe s., dans le territoire indien qui vient d'être déclaré État américain de l'Oklahoma. L'ouvrage marque une étape décisive dans l'histoire de la comédie musicale à Broadway car on y trouve pour la première fois une étroite interpénétration de l'intrigue, de la musique et de la danse. C'est une histoire dramatique de cow-boys et de fermiers, où se mêlent amour, souffrance, bonheur et jalousie. La pièce a battu le record de longévité à Broadway (quinze années avec 2 212 représentations de 1946 à 1961). Public et critique ont été conquis avant tout par la chorégraphie d'Agnes De Mille et la brillante partition de Rodgers. *« Oh, what a beautiful mornin' », « People will say we're in love », « Kansas City », « I cain't say no », « Pore Jud is daid », « Out of my dreams », « The farmer and the cowman », « All or nothin' »* et *Oklahoma* sont devenus des succès.

R. Wallraf

O kühler Wald (O fraîche forêt), lied pour voix et piano de **Johannes Brahms** (tonalité originale : *la* ♭ maj.), sur un poème de Clemens Brentano, composé en 1877 et édité comme 3e pièce des *Lieder und Gesänge*, op. 72. (Berlin, N. Simrock, 1877 ; durée : 2 min 15 s environ.)

Le monde réel, forêt, écho qui y résonne, ne saurait livrer le secret de l'amour ; c'est dans le cœur de l'amant, et là seul, qu'il se trouve. Images poétiques effleurées, suggestions, notations presque symboliques, le texte de Brentano, avec sa réserve délicate, a inspiré à Brahms une miniature musicale ciselée dans le moindre de ses détails. Suspendu dès son premier accord sur une harmonie de sixte et quarte, le lied va se construire dans un écoulement d'images musicales en perpétuelle évolution et cependant profondément unies. Unies par leur mouvance même, unies aussi par une logique qui trouve sa cohérence, non dans une fidélité à un discours rationnel mais dans l'évidence d'une pensée poétique plus forte que toute structure fonctionnelle. Continuité et flottement. Ainsi, suivant pas à pas l'harmonie, on voit maintes fois s'effacer les points de repère des enchaînements attendus, ceux-ci contrariés, voire annihilés, par une broderie, un retard, une pédale qui se prolonge, des sonorités de passage... et laissant la place à une irisation subtile des couleurs. Il importe peu que Brahms néglige les symétries formelles du poème. Bien plus émouvante qu'un équilibre architectural factice est la juxtaposition de ces trois tableaux : mes. 1-11/11-13/14-25, images si nécessaires dans leurs oppositions comme dans leurs similitudes musicales qu'elles paraissent recréer la forme du poème. Dans ce lied, et peut-être est-ce là la plus belle des réussites, texte et musique progressent ensemble dans un accord total et sans souci des apparences, de leur signification profonde.

Bibliographie — Voir celle de l'art. *Liebestreu*.

Fr. Andrieux

« O let me live / O let me die » (O laisse-moi vivre / O laisse-moi mourir), madrigal à 4 voix en deux

C « O Jesu amantissime »

A « O Jesu Christe »

parties de **Thomas Tomkins**, publié dans son livre de *Songs of 3. 4. 5. and 6. Parts* (Londres, Th. Snodham, 1622). La formation grave indique que ce madrigal pourrait avoir été chanté à l'origine par des voix masculines. Comme toutes les autres pièces du recueil — *« Too much I once lamented »* rend hommage à W. Byrd, « my ancient and reverenced master » —, celle-ci est dédiée à Dr [John] Dowland pour la première partie et à un autre luthiste-compositeur, J. Daniel, pour la seconde. Le texte, assez curieux puisqu'il manque un vers à la seconde partie pour rétablir la symétrie de l'ensemble — deux tercets entrecoupés de « fa-la-la » — paraît bien être un simple prétexte à musique. Tomkins a composé un madrigal en deux parties d'une exceptionnelle unité thématique, l'une étant le parfait pendant de l'autre. Les deux parties sont d'une longueur à peu près égale et semblent réclamer le même mouvement modéré. Quant à la pulsation régulière, qui reste entièrement binaire à ¢, il ne paraît pas nécessaire de modifier la « mesure » dans la 2de partie comme l'avait fait Fellowes pour son édition de 1922. Il faudrait donc lire,

le principal accent tombant sur « my » en accord avec la notation. Si la structure et le style d'écriture font penser au « balletto », le climat se révèle très différent, avec une nostalgie dans les lignes mélodiques et une richesse harmonique généralement étrangères à la musique de danse. Après l'Italien G. Gastoldi, puis ses compatriotes Th. Morley et Th. Weelkes, Tomkins aime jouer avec les passages chantés sur les « fa-la-la ». Comme eux, il les varie, mettant en opposition l'écriture verticale et horizontale, l'enjouement et la mélancolie. Dans *« O let me live / O let me die »*, ces passages se confondent avec les autres phrases et contribuent réellement à l'expression. Ils donnent aussi à l'œuvre entière un bel équilibre, un rebondissement rythmique et un doux balancement. Par la sensualité qui surgit à certains moments (des harmonies modernes de +4, + 6 p. ex.), l'obsession de la mort toujours proche, la courbe des lignes particulièrement plaintives, l'audace de l'écriture vocale (l'étonnant *ré* grave de la basse vers la fin) et la pulsation, nous dépassons le cadre strict du madrigal élisabéthain pour entrer dans la période baroque.

Rééditions modernes — *Songs of 3. 4. 5. & 6. Parts* (1622), éd. par E.H. Fellowes, *in* The English Madrigal School XVIII, Londres, Stainer & B., 1922, 2/1960.

Bibliographie — Voir celle de l'art. *« Cruel Madame »*.

Ch. Whitfield

« O liebliche Wangen » (O adorables joues), lied pour voix et piano de **Johannes Brahms** (tonalité originale : *ré* maj.), sur un poème de Paul Flemming, composé en 1868 et édité comme n° 4 des *Lieder und Gesänge* op. 47. (Berlin, Simrock, 1868 ; durée : 1 min 28 s environ.)

Pour traduire l'ambivalence de cette poésie du XVIIe s., galante certes, et d'une apparente réserve dans son expression amoureuse centrée toute sur les « adorables joues » de la bien-aimée, mais aussi sensuelle et d'une ardeur quasi romantique, Brahms emprunte habilement à deux styles différents, un style populaire, avec les éléments de stabilité qu'il suppose, et un style plus libre, un peu improvisé. Ainsi, purement strophique, à l'exception de la variante qui marque l'extrême fin de la troisième strophe, ce lied n'est cependant pas monolithique. Il se subdivise en trois sections solidaires, qui nous font passer de l'enthousiasme et de la fougue du début (A) à un émoi fiévreux (B), et enfin à un lyrisme passionné (C). Ce premier écart face aux exigences de simplicité du style populaire trouve un prolongement dans le détail de chacune des parties. Dès A, les éléments de contraste stylistique sont présents : répétition imperturbable d'une séquence rythmique brève et bien accentuée ♪|♩. ♩, découpe carrée et précise de la structure mélodique (trois phrases de quatre mesures se scindent en un antécédent et un conséquent de deux mesures chacun), écriture pianistique homogène. Tout cela est opposé à un schéma harmonique mobile (nulle part deux enchaînements identiques, malgré la parcimonie et la simplicité des accords employés) et à une constante transformation des motifs mélodiques, se répétant toujours analogues mais jamais semblables. B passe rapidement et préserve un principe répétitif malgré la modification, par rapport à A, de l'ensemble des paramètres. Dans C se cristallisent les qualités de souplesse implicites dès A : le tempo devient fluctuant, arrêté même momentanément sur un point d'orgue, les harmonies sont plus recherchées et plus diversifiées, enfin les figures rythmiques et les dessins mélodiques de la partie vocale, comme aussi du piano, se modifient d'une mesure à la suivante.

Bibliographie — Voir celle de l'art. *Liebestreu*.

Fr. Andrieux

« O lieb, so lang du lieben kannst », lied de **Franz Liszt**, voir Liebesträume.

Olimpie, tragédie lyrique en 3 actes, livret de Michel Dieulafoy et Charles Briffaut d'après la tragédie de Voltaire (1762), musique de **Gaspare Spontini**, créée à Paris, à l'Académie Royale de Musique, le 20 déc. 1819, avec Mmes C. A. Branchu (Statira), Albert (Olimpie), MM. A. Nourrit (Cassandre), H. E. Derivis (Antigone), sous la dir. de Rodolphe Kreutzer. Après l'échec de la création parisienne, Spontini élabora pour Berlin une 2e version — le livret ayant été remanié et traduit en allemand par E. T. A. Hoffmann —, créée triomphalement au Théâtre royal le 14 mai 1821 sous la dir. du compositeur. Cette version fut reprise en français à Paris le 28 févr. 1826, dans la distribution de 1819 (avec toutefois Mlle Cinti dans le rôle d'Olimpie).

Livret — Acte I. Le temple de Diane à Éphèse. Le peuple et les prêtres fêtent la réconciliation des deux rois, Antigone (basse) et Cassandre (ténor), qui se disputaient le trône d'Alexandre le Grand, mort quinze ans plus tôt de la main inconsciente de Cassandre, poussé par le machiavélique Antigone. Cassandre a pu sauver la fille d'Alexandre, Olimpie (sop.), et la cacher sous le nom d'Ameneide ; il se prépare à l'épouser. L'Hiérophante (basse) désigne Statira (sop.), épouse d'Alexandre dissimulée parmi les prêtresses de Diane sous le nom d'Ariane, pour présider la cérémonie. Au moment de bénir le couple, la prêtresse reconnaît Cassandre et refuse d'officier.

Acte II. Statira, qui a dévoilé son identité à l'Hiérophante, retrouve en Ameneide sa propre fille, Olimpie, mais refuse d'écouter les justifications de Cassandre. Le peuple accourt célébrer sa reine qui, pour séparer Olimpie de Cassandre, trouve un allié inattendu : les guerriers d'Antigone surgissent du bois sacré et réduisent Cassandre à l'impuissance.

Acte III. Antigone couronne triomphalement Statira et veut épouser Olimpie. C'est à ce moment que Cassandre surgit à la tête de son armée : Statira désespérée s'immole sur l'autel et Olimpie préfère se donner la mort plutôt que de se dérober aux dernières volontés de sa mère. Ce dénouement sanglant, corrigé par le tableau final qui montrait l'ombre d'Alexandre dans la nuée, accueillant sa femme et sa fille dans le temple de Mémoire, avait rebuté le public de 1819. Dans la 2de version, Olimpie refuse d'épouser Antigone que Cassandre affronte avec ses guerriers et qui, blessé à mort, avoue ses crimes dans un accès de délire. Statira part alors unir Olimpie et Cassandre au cours d'une somptueuse cérémonie.

On a pu critiquer le style littéraire du livret, trop proche de Voltaire et peu propre à la mise en musique. Son argument s'attache cependant à la peinture de sentiments violents et passionnés, de personnages fortement campés mais non exempts de complexité psychologique (notamment la sublime figure de Statira dont Wagner saura se souvenir). Il ménage en outre de nombreux effets spectaculaires (bacchanale, combats, processions triomphales). Pareil texte ne pouvait que combler Spontini, qui travailla à cet opéra sans relâche, de 1815 à 1821.

Jamais tragédie lyrique n'a mieux mérité ce nom, alliant les unités de temps et de lieu (les décors ne changent que pour ajouter à la splendeur du spectacle) à la noblesse soutenue du style musical. Seule l'unité d'action pourrait souffrir du double intérêt pour la tendre Olimpie et pour l'altière Statira. Le chœur, caractérisé musicalement selon sa fonction dramatique (chœurs de prêtres, de guerriers, superposés et opposés), a un rôle éminent et participe activement à l'action. Pour garantir l'unité de cette œuvre aux proportions grandioses, Spontini accroît les dimensions de chaque numéro, qui devient un ensemble complexe d'éléments dramatiques.

Olimpie recèle quelques-unes des plus belles pages du compositeur. A côté de l'air dramatique de Cassandre *« O souvenir épouvantable »* (acte I), citons les deux airs de Statira (acte II), sommets expressifs de la partition : *« Implacables tyrans »*, tendu par le chromatisme, ou l'héroïne crie son désespoir à l'évocation de la mort d'Alexandre et sa haine du criminel ; *« Dieux, pardonnez à mes injustes plaintes »* dans lequel, irrésolue et repentante, elle implore la déesse. Signalons aussi le finale de l'acte I (*« O jour de deuil »*) commençant « sotto voce » aux voix de basses, et l'extraordinaire scène de la mort d'Antigone, avec son rythme haletant et ses contrastes dynamiques violents, commentée par un chœur à l'unisson sur un dessin chromatique. Dans le domaine instrumental, l'ouverture imposante et expressive, que Weber admirait particulièrement, et la *Marche triomphale* (acte III) célébrée par Berlioz méritent d'être relevées.

Dernier opéra français de Spontini, *Olimpie*, par son esthétique classique et son intensité dramatique, apparaît comme le point culminant de la tragédie lyrique postgluckiste. En même temps, les dimensions imposantes de l'œuvre et son écriture très élaborée ouvrent des voies nouvelles, à une époque où le public commence à se détourner des sujets antiques.

Éditions et rééditions — Réd. cht et p., Paris, Brandus, 1820 (en fr.) ; Berlin, Schlesinger, 1823 (en all.). — Part. d'orch., Paris, Erard, 1821 ; Paris, Delahante, s.d. ; facs. New York et Londres, Garland, 1980, Early Romantic Opera, n° 44.

Bibliographie — Comptes rendus de presse *in* Courrier des Spectacles, 24 déc. 1819, *in* AmZ 20, juin 1821 ; A. Ghislanzoni, G. Spontini, Rome 1951 ; P. Fragapane, Spontini, Florence, Sansoni, 1954, 2/1983.

R. Legrand

Oliver !, comédie musicale anglaise, livret (d'après le roman de Charles Dickens, *Oliver Twist*), texte des chansons et musique de **Lionel Bart**, créée à Londres, au New Theatre, le 30 juin 1960.

L'action se passe à Londres dans les années 1830. C'est l'histoire d'Oliver Twist, un orphelin misérable, enlevé par des brigands qui le contraignent à exercer le métier de voleur à la tire. L'ouvrage a battu tous les records de durée dans l'histoire du théâtre musical londonien (2 618 représentations), tout en devenant la comédie musicale anglaise la plus jouée à New York. Le journaliste Robert Lucas écrivait après la première : « Même les esthètes les plus sévères parmi les critiques ont dû reconnaître que l'auteur a réussi à préserver non seulement les éléments essentiels de l'intrigue romanesque, avec sa critique sociale, sa galerie de marginaux et toutes ses invraisemblances mélodramatiques, mais aussi, en dépit de la modernité de l'œuvre, l'esprit et l'atmosphère du roman. » L. Bart, qui ignorait le solfège et fredonnait ses mélodies à un collaborateur, a composé ici plusieurs succès : *« Where is love »* (Où est l'amour), *« As long as he needs me »* (Aussi longtemps qu'il aura besoin de moi), *« Who will buy this wonderfull morning »* (Qui achètera cette magnifique journée), *« Boy for sale »* (Garçon à vendre) et *« Oliver »*.

R. Wallraf

« O Magali, ma tant amado », l'une des plus belles chansons écrites par **Frédéric Mistral**, passée rapidement au folklore provençal. Le poète avait entendu en 1845 un paysan chanter une chanson, *« Bonjou lou roussignou »*, dont il avait noté la mélodie, que l'on retrouve à peu de chose près dans *Magali*. Le texte a été lui aussi inspiré par une autre chanson provençale, *« Margarido ma mio »*, qui évoque le thème des métamorphoses. Déjà, vers le IIe s., Ovide consacrait un long poème à ce sujet, extrait des légendes grecques. J. Canteloube assure que ce thème est répandu de la Finlande au Japon. Disons qu'il est universel !

La Chanson de Magali est incluse dans le poème de Mistral *Miréio*. Elle est chantée par les jeunes filles qui dépouillent les cocons des vers à soie, les magnanarelles. Au cours du temps, et bien que de nombreux poètes se soient attelés à la tâche, elle s'est révélée intraduisible. Elle est fort longue, Magali inventant à chaque couplet une nouvelle métamorphose pour échapper à son amoureux, qui trouve chaque fois la parade avant l'heureuse conclusion de la chanson.

Bibliographie — FR. MISTRAL, Miréio, Paris 1909 ; DELFOLIE, monographie consacrée à l'enseignement du chant, Chambéry, EDSCO, s.d. ; J. CANTELOUBE, Anthologie des chants populaires français I, Paris, Durand, 1951.

FR. VERNILLAT

(LES) OMBRES DU JARDIN, ode dramatique d'**Henri Sauguet** pour 5 solistes, quatuor de voix d'hommes, chœur mixte et petit orchestre (2222-2211-harpe, célesta, timb., batterie, 2 parties de vlc.), composée en 1938 sur un poème de Joseph Weterings. L'œuvre était destinée à être exécutée pour l'inauguration du jardin du musicologue belge Paul Collaer et c'est sous sa direction qu'elle fut créée à Bruxelles, à l'INR, en 1943. (Durée : 23 min 30 s environ.)

Dans la nuit, les ombres d'une rivière (l'Argentine, sop. lyrique), de Prométhée (le Berger, bar.) et d'Hermès (le Jardinier, ténor) ont un colloque, ponctué par le chant des grenouilles grecques (quatuor de voix d'hommes) qu'ordonne le Garde-Champêtre (basse). Il s'agit de l'émoi des créatures devant l'homme « qui a créé la crainte, la fuite, le travail, la douleur [...] ». Mais celui-ci trouve un défenseur en la personne du Berger. Et le chœur final chante les accordailles de l'homme et de la nature. Cette partition, avant tout lyrique et expressive, témoigne de la préoccupation constante du musicien : chanter les émois de l'homme devant la nature qu'il devait encore exalter davantage dans sa → *Symphonie allégorique « les Saisons »* (1949). Dans *Les Ombres du jardin*, le langage employé est d'essence modale. La ligne mélodique, très éloquente, est soutenue par une texture harmonique tantôt dépouillée, tantôt très dense. Les bases rythmiques, sans chercher à dominer, sont ici la palpitation continue qui, à la manière des battements du sang dans les artères, révèle les émois du cœur et anime les différentes parties de l'œuvre.

Bibliographie — M. SCHNEIDER, H. Sauguet, Paris 1959 ; FR.-Y. BRIL, H. Sauguet, Paris, Seghers, 1967 ; cf. RM, n°s 361-363, 1983.

FR. ROBERT

« O MENSCH BEWEIN DEIN SÜNDE GROSS », choral protestant de 23 strophes ($A^8B^8C^7A'^8$ B'^8 C'^7 d^8 d'^8 e^8 f^8 g^8h^7), texte de Sebald Heyden (1494-1561) associé à la mélodie strasbourgeoise du Psaume 119, *« Es sind doch selig alle die »*, **de Matthias Greiter** (1525), sur laquelle se chantent plusieurs autres chorals ainsi que deux psaumes huguenots, le Psaume 36, dans sa version de Calvin *« En moy le secret pensement »* (*Aulcuns pseaumes*, Strasbourg 1539), puis dans celle de Cl. Marot, *« Du maling le meschant vouloir »*, et le Psaume 68 de Th. de Bèze, → *« Que Dieu se monstre seulement »*. Le choral de S. Heyden apparaît à Strasbourg en 1530, dans les *Psalmen, Gebet und Kirchenübung*, et figurera ensuite dans de nombreux recueils allemands. Il est toujours en usage au XXe siècle (EKG, Kassel, 1950, n° 54 ; Recueil ECAAL, Strasbourg 1952, n° 78).

Traduction de la 1re strophe — O homme, pleure tes lourds péchés pour lesquels le Christ, du sein de son père est venu sur terre. Il est né pour nous d'une vierge pure et délicate, il a voulu devenir le médiateur, il a écarté toute maladie, jusqu'au temps où il a été sacrifié pour nous ; il a porté le lourd fardeau de nos péchés, si longtemps sur la croix.

K. Othmayer, dans ses *Cantilenae aliquot elegantes ac piae* (Nuremberg 1546), traite ce choral à 4 voix avec « cantus firmus » au ténor et imitations préalables aux autres voix. Dans ses *Kirchengesänge...* (Nuremberg 1608), **H. L. Hassler** harmonise la mélodie placée au soprano dans un style fonctionnel, note contre note avec quelques rares notes de passage. **J. H. Schein** exploite, lui aussi, ce choral à 4 voix, dans son *Cantional* (Leipzig 1627). **J. S. Bach** le développe en double chœur à la fin de la 1re partie de sa → *Matthäuspassion.* Plus proche de nous, **H. Distler** en fait une composition à 3 voix pour chœur de femmes (*Der Jahrkreis*, n° 15). Ce choral figure aussi dans le *Spandauer Chorbuch* d'**E. Pepping**, où il est attribué au dimanche Judica.

Parmi les organistes, **J. P. Sweelinck** aurait composé un canon à 3 voix sur *« O Mensch, bewein... »* (œuvre perdue). **J. Pachelbel** exploite ce « cantus firmus » à 3 voix. **J. S. Bach** l'harmonise à 4 voix avec quelques notes de passage (BWV 402). Dans l'*Orgelbüchlein*, ce choral (BWV 622), très expressif et très orné, traduit musicalement toutes les nuances du texte. Dans le choral Anh. 6, le thème est présenté au soprano.

É. Weber

« O Mirtillo », madrigal à 5 voix de **Claudio Monteverdi**, sur un texte de Giovanni Battista Guarini, publié dans *Il quinto libro de madrigali a cinque voci* (Venise, Amadino, 1605, n° 2), formant un ensemble avec → *« Cruda Amarilli »* (n° 1). Les deux pièces sont fondées sur une scène du *Pastor fido* de Guarini. Amarilli (dans *« O Mirtillo »*) répond à Mirtillo qui l'a accusée d'avoir rejeté son amour : « Si vous pouviez lire dans mon cœur vous auriez pitié de moi. » Comme *« Cruda Amarilli »*, *« O Mirtillo »* commence avec les 5 voix chantant en homophonie sauf pour une unique suspension 4-3 à la cadence. La forte dissonance par laquelle débute *« Cruda Amarilli »* est maintenant remplacée par la plus douce mais non moins expressive descente mélodique d'une sixte. La voix supérieure continue dans sa manière caractéristique du style récitatif, et l'on pourrait très bien l'imaginer interprétée par un seul chanteur avec un accompagnement instrumental **A**. On pourrait même la comparer à cause de son expressivité au → *Lamento d'Arianna* auquel elle ressemble quant à la structure et à la forme. Le deuxième vers, répété, est plus polyphonique. Ensuite, canto et quinta continuent ensemble le récitatif dramatique stéréotypé, accompagnés seulement par le ténor et la basse. Et soudain la basse descend diatoniquement, après un saut initial d'une quarte ascendante, imitée par le ténor, un peu comme en canon, pour aboutir à une longue chaîne de suspensions sur le texte « crudelissima Amarilli ». Harmoniquement moins osé que *« Cruda Amarilli »*, *« O Mirtillo »* commence sur le 4e degré de *fa* maj., tonalité qui est rapidement adoptée, pour répéter aussitôt la progression IV-V-I en *sol* majeur. Les dissonances sont très libres tout au long de la pièce, et les discordances viennent des notes de passage et des suspensions. Cette courte pièce se termine en *ré* maj. avec une variante dans la répétition du dernier vers.

Rééditions modernes — Par L. Torchi, *in* L'arte musicale in Italia IV, n° 45, Milan, Ricordi, 1907 ; par G. Fr. Malipiero, *in* Cl. Monteverdi. Tutte le opere, Asolo 1926-42, 2/Vienne, UE, 1954, vol. V, n° 5.

M. Sacré

« Omnes de Saba », graduel en 5e mode du → Propre de l'Épiphanie. La mélodie est un chef-d'œuvre de cohérence formelle, bien qu'elle recoure à plusieurs formules communes aux graduels du même mode (dans le verset surtout). Ainsi, les dix premières notes contiennent en substance le répons entier, tout en affirmant les intervalles essentiels du mode. Ces mêmes notes se retrouvent telles quelles à la fin du répons, et ailleurs sous une forme amplifiée (« de Saba ») ou condensée (« deferentes », « annuntiantes », « illuminare »). Quant au verset, les mots principaux y sont mis en relief par d'expressifs mélismes, tel celui d'« illuminare », parcourant rapidement un intervalle d'octave et repris plus loin, quelque peu modifié, sur les mots « gloria Domini ». La répercussion du degré faible *si* ♭, dans la dernière phrase, est également remarquable.

Traduction — Tous viendront de Saba apporter l'or et l'encens, et proclamer la louange du Seigneur. (℣) Lève-toi et sois radieuse, Jérusalem ; car la gloire du Seigneur s'est levée sur toi (Esaïe 60, 6 et 1).

A « O Mirtillo »

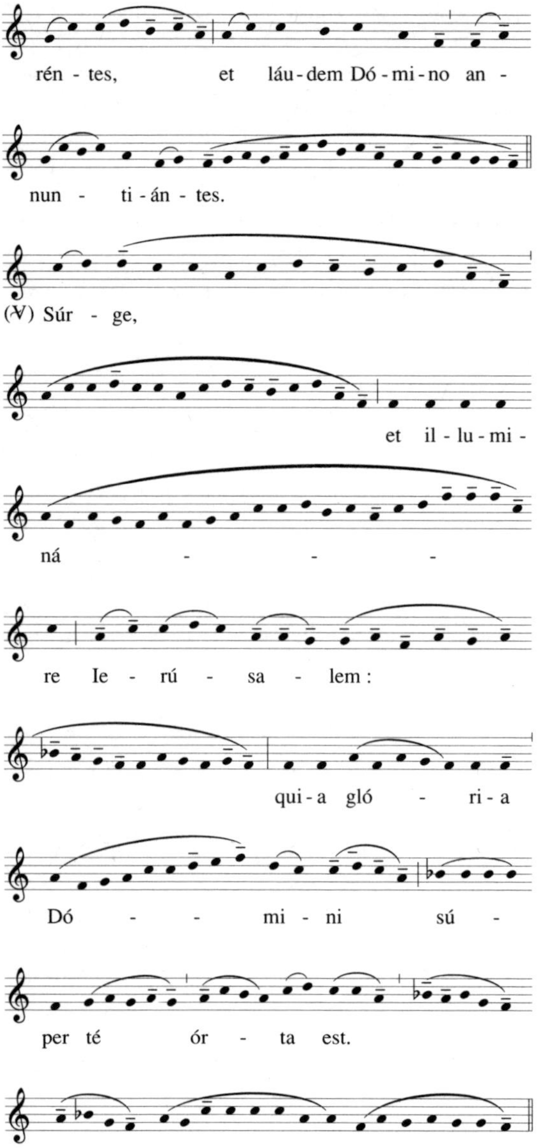

J. VIRET

« OMNES GENTES, PLAUDITE MANIBUS » (Frappez dans vos mains, vous tous les peuples), petit motet de **Jean-Baptiste Lully** (LWV 77/10), pour une célébration royale, écrit sur des versets adaptés des Psaumes 17, 19, 20, 41 et 46, pour sop., mezzo-sop., basse et basse continue. (Durée : 9 min environ.)

Fr. Lesure a suggéré que l'œuvre commémorerait le rétablissement du roi après une intervention chirurgicale en déc. 1686. Si cette hypothèse confirmait, ce serait l'une des dernières œuvres de Lully car le compositeur mourut en mars 1687. On peut se demander s'il fut inclus dans le service pour la convalescence du roi, en janvier 1687, au cours duquel Lully dirigea son *Te Deum*. C'est probablement à la même époque qu'il composa son *« Exaudiat te Domine »* (Psaume 19), un autre grand motet avec implications royales.

Cependant, *« Omnes gentes »* est écrit pour trois chanteurs seulement, avec basse continue et une ritournelle de violon, et son style indique qu'il date des débuts de Lully à la cour. En 1654, il était devenu compositeur de la musique instrumentale du roi et le sacre de Louis XIV, un peu plus tard dans cette même année, aurait pu lui donner l'occasion d'offrir un hommage musical au jeune roi qui était devenu son ami. La référence au fait que le roi avait échappé aux « douleurs de la mort » pourrait bien être une allusion à la fin de la Fronde, l'année précédente, tandis que la déclaration sans équivoque « tu as préparé son bras pour la bataille et as placé la couronne sur sa tête » serait susceptible de rapprocher cette œuvre du sacre. L'analyse de la musique et l'arrangement du texte plaident également pour une date ancienne, d'autant plus que l'œuvre comporte de fortes affinités avec le grand motet *« Jubilate Deo »* dont le texte est également un pastiche de psaume et que Lully écrivit apparemment pour le mariage du roi en 1661, quelque sept années plus tard. De plus, en 1654, la jeunesse et la position de Lully ne lui auraient pas permis d'avoir accès au chœur et à l'orchestre de la chapelle, c'est pourquoi, pour *« Omnes gentes »* qui pourrait avoir été son premier essai de musique sacrée, il aurait dû se contenter de ressources modestes, même s'il est évident qu'il avait à sa disposition une basse à l'étendue considérable puisque sa partie recouvre deux octaves à partir de *ré* (équivalant à *ut* aujourd'hui).

Le motet comporte un plan bien organisé qui commence par une ritournelle instrumentale et un trio mouvementé de 34 mesures, partageant les mêmes éléments thématiques et décrivant le peuple de Dieu dans l'allégresse [A]. Puis la ritournelle est répétée et le trio revient après chacun des trois passages en récitatif qui se succèdent. L'œuvre est ainsi caractérisée par sa forme en rondeau et par les prières clairement exprimées en faveur du bien-être du roi, sous forme de textes psalmiques modifiés pour la circonstance. Le récitatif introductif (mesuré) est pour le premier soprano et consiste principalement en adaptations des Psaumes 17 et 19, « Circumdederunt regem dolores mortis » (Les douleurs de la mort ont entouré le roi), « Et populus clamavit ad Dominum » (Et le peuple s'est écrié vers le Seigneur) et « Nunc cognovi quoniam salvum fecit... » (Maintenant je sais que le Seigneur a sauvé son oint). Après le refrain suivant, le récitatif est pour la basse, principalement sur des versets adaptés du Psaume 20, « Domine, in virtute tua laetibur rex » (Seigneur, le roi sera heureux dans ta vertu), avec un changement de mesure de C à 3/2 sur « Posuisti coronam in capite ejus » (Tu as posé la couronne sur sa tête) puis à ₵ pour le « Morbum et inimicos dissipasti » (Tu as chassé la maladie et les ennemis) conclusif, remarquable pour le large ambitus de sa ligne vocale [B]. Le récitatif final pour le mezzo-soprano, fondé sur les versets 21, 25 et 50-51 du Psaume 17, rend hommage à la droiture et à la vertu du roi et exprime la reconnaissance pour sa santé retrouvée. Il se conclut par « Ideo confitebor tibi Domine » (Donc j'aurai confiance en toi, Seigneur) et comporte un changement de mesure sur le « Et nomini tuo psalmum dicam » (Je chanterai un psaume à ton nom) conclusif [C]. Le motet s'achève par la dernière répétition du refrain joyeux « Omnes gentes » dont les rythmes insistants et l'énergie motrice posent de nouveau la question de l'époque à laquelle Lully pourrait avoir composé ce séduisant hommage au roi ; il paraît découler de l'inspiration qu'il reçut dans sa jeunesse non seulement de la musique de G. Carissimi mais de celle du plus éloquent des compositeurs italianisés de Paris, Henry Du Mont.

Éditions modernes — Par G. SPINELLI, Milan, Musica Sacra, 1962 ; par H. PRUNIÈRES, M. SANVOISIN et FR. LESURE, New York, Broude, 1972.

Bibliographie — Voir celle de l'art. *« Anima Christi sanctifica nos »*.

L. SAWKINS

A « OMNES GENTES, PLAUDITE MANIBUS »

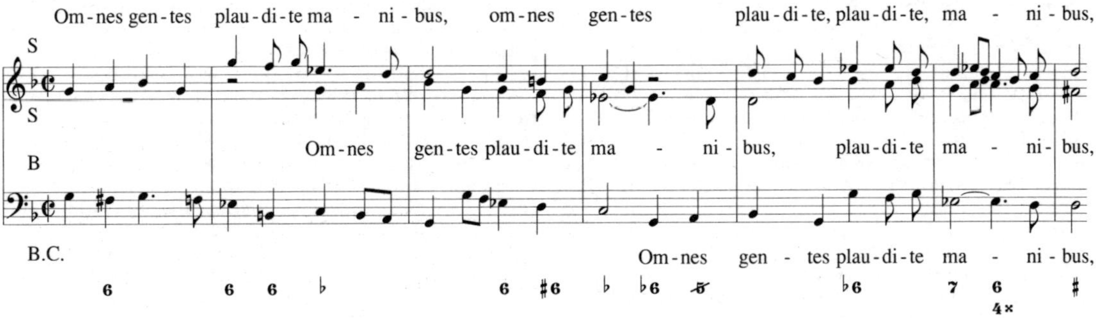

B « OMNES GENTES, PLAUDITE MANIBUS »

C « OMNES GENTES, PLAUDITE MANIBUS »

« Omnium bonorum plena », motet de Loyset Compère, voir « De tous biens plaine ».

Omphale, tragédie en musique en un prologue et 5 actes, poème d'Antoine Houdar de La Motte, musique d'**André Cardinal Destouches** ; orchestration : 5 parties de cordes, fl., htb., trp. et timbales. Comme pour la plupart des opéras de Destouches, les premières représentations ont d'abord eu lieu à la cour (à Trianon le 23 févr. 1700 selon le *Mercure*, puis à Fontainebleau en oct. et nov.), la création à Paris à l'Académie Royale de Musique, datant du 10 nov. 1701. Dans toutes ces circonstances, le succès a été considérable et confirmé par de nombreuses reprises (1721, 1732, 1734, 1735 et 1752). Quoique couronnée de succès (22 représentations), la dernière reprise provoqua la *Lettre sur Omphale* de Fr. M. Grimm qui est une violente (et injuste) critique de l'œuvre de Destouches prise comme bouc émissaire du style ancien. Ces reprises ont chaque fois suscité une parodie : *Hercule filant* (Fuzelier, Comédie-Italienne 1721), *Polichinelle Alcide ou le Héros en quenouille* (Carolet, marionnettes de la Foire Saint-Germain 1733), *Fanfale* (Favart et Marcouville, Comédie-Italienne 1752), *La Fileuse* (Vadé, Opéra-Comique, 1752).

Livret — Le prologue est un des premiers à se libérer de la tradition imposant la louange du roi : les Grâces (3 dessus) et les Plaisirs y chantent la gloire de l'Amour (dessus), interrompus par l'arrivée de Junon (dessus) qui demande à ce dieu de la venger d'Hercule en le rendant amoureux : ce sera le sujet de la pièce.

Acte I. Hercule (basse) vient par la force de son bras de sauver Omphale, reine de Lydie (dessus) ; il a tué le monstre qui infestait ses États et réduit les rebelles à l'esclavage. Éperdument amoureux de la reine, il attend d'elle d'être payé de ses travaux malgré les promesses qu'il a faites antérieurement à la magicienne Argine, fille de Tirésias (dessus).

Acte II. Omphale, de son côté, est amoureuse d'Iphis (haute-contre), un des plus fidèles amis d'Hercule, et l'avoue à ses suivantes Céphise (dessus) et Doris (dessus). Justement, survient Iphis, mais à peine a-t-il le temps de déclarer son amour que l'arrivée d'Hercule l'interrompt et ne laisse pas à la reine la possibilité de répondre ; désespoir d'Iphis qui se croit repoussé. Hercule offre à la reine un somptueux divertissement destiné à fêter sa victoire. Survient alors la magicienne Argine qui, jalouse, déchaîne une terrible tempête (scènes d'épouvante). L'acte s'achève par la confrontation Hercule-Argine.

Acte III. Omphale se désespère de n'avoir pu répondre à l'aveu d'Iphis ; mais elle est surprise par Argine. Celle-ci croit qu'elle aime Hercule et décide de la tuer : l'action est alors de nouveau interrompue par le divertissement, cette fois pour fêter l'anniversaire d'Omphale. Celui-ci terminé, Argine s'apprête à poignarder sa rivale endormie mais elle en est empêchée par Hercule. Elle réussit cependant à faire enlever Omphale par des démons.

Acte IV. Iphis se plaint de la rigueur de son sort. Cependant, pressé par Argine, Omphale a fini par lui avouer qu'elle n'est pas amoureuse d'Hercule mais d'un autre. Cet aveu, qui calme la jalousie d'Argine, déchaîne celle d'Hercule. Celui-ci se tourne alors vers Argine : il lui promet de l'aimer et de partir avec elle si elle lui dévoile qui est son rival. Argine consulte alors le destin : on voit un globe de feu d'où sortent plusieurs magiciens : divertissement infernal. Finalement, l'ombre de Tirésias (basse) paraît, mais elle annonce à Argine et à Hercule la ruine de leurs espérances amoureuses et le mariage d'Omphale avec l'homme qu'elle aime. Fureur d'Hercule.

Acte V. Le temple de l'Amour. Omphale offre un sacrifice au dieu. Une troupe de jeunes amants vient célébrer l'Amour. Divertissement. Survient Iphis ; les deux amants enfin seuls se jurent un amour mutuel mais les préparatifs de l'hymen sont surpris par Hercule qui découvrira que son rival est son meilleur ami. Au terme d'un monologue passionné, Hercule pardonnera et consentira à l'union des amants. Chœur de triomphe.

Omphale est la dernière d'une série de trois tragédies en musique (*Amadis de Grèce*, *Marthésie*, *Omphale*) qui constituent avec la pastorale → *Issé* l'essentiel de la première période de production de Destouches. C'est aussi la plus achevée sur le plan musical, celle dont le succès fut le plus durable et celle qui représente le mieux l'esprit nouveau qui régnait alors sur la tragédie en musique. La Motte et Destouches y conservent en toile de fond le vieux thème du conflit entre l'amour et la gloire qui avait cours dans la période antérieure, mais ils l'accommodent au goût des contemporains qui veulent que tout cède à l'amour. Malgré la différence des genres, *Omphale* est aussi une sorte de tragédie galante qui se place dans la lignée d'*Issé* où une action assez mince sur le plan dramatique sert de prétexte à l'expression musicale de sentiments divers. Celle-ci trouve sa place essentielle dans le récitatif simple ou accompagné. Le récitatif simple est naturellement le plus fréquent ; il règne en particulier dans les scènes d'amour entre Iphis et Omphale. Le récitatif accompagné est réservé aux circonstances exceptionnelles comme à l'acte V, le grand monologue d'Hercule, déchiré entre l'amitié et la jalousie, qui constitue le sommet dramatique de l'œuvre. Le souci de surbordonner la musique à l'action conduit Destouches à limiter le nombre des grands airs (deux fois moins nombreux que dans *Issé*), placés en général au début de chaque acte : ces airs peuvent être d'une grande beauté comme l'air d'Omphale qui ouvre l'acte III, *« Digne objet d'une flamme éternelle »*, caractérisé par son chromatisme expressif, sa richesse mélodique et surtout son orchestration raffinée (deux parties de flûtes y alternent tantôt avec les violons, tantôt avec la voix). La minceur de l'action proprement dite a aussi pour conséquence l'introduction de péripéties hautes en couleur comme la tempête de l'acte II, une des grandes tempêtes du répertoire de l'époque, ou les scènes infernales de l'acte IV, remarquables par l'utilisation dramatique des chœurs. Mais ce qui caractérise peut-être le plus *Omphale* est la place prise par les divertissements qui constituent près de 60 % du total de l'œuvre, ce qui, même pour l'époque, constitue un record. Consacrés pour la plupart à l'éternelle louange de l'Amour, ils finissent par engendrer une impression de lassitude, quel que soit le soin qu'ait mis Destouches à les varier et bien qu'ils soient plus originaux et mieux écrits que ceux des pièces antérieures. Sans doute cette hypertrophie répondait-elle à une demande du public. Il reste qu'elle entraîne une modification importante de la nature de la tragédie en musique qui tend à devenir une sorte de ballet en 5 actes dont l'action principale passe un peu au second plan. En ce sens, *Omphale* est tout à fait représentative d'une époque de l'Académie Royale de Musique, celle qui va d'*Issé* (1697) à *Iphigénie* (1704) et qui constitue le second âge d'or de cette institution.

Sources et éditions — **a)** Livrets : Paris, 1701, 1702, 1721, 1733, 1752. — **b)** Musique : Paris 1701 (part. réduite) ; exemplaire des représentations (coupures et additions), Paris, Bibl. de l'Opéra, A 56 a ; matériel d'orch., Paris, Bibl. de l'Opéra, Fonds La Salle 43.

Rééditions modernes — Par H. Salomon, Paris, Michaelis, 1893 (réd. cht et p.).

Bibliographie — Fr. M. Grimm, Lettre sur Omphale, Paris 1752, éd. *in* Correspondance littéraire, philosophique et critique, Paris 1812-14, 2/1877-82, tome XVI, p. 287, « Lettre sur Omphale » ; J.-J. Rousseau, Lettre à M. Grimm au sujet des remarques ajoutées à sa Lettre sur Omphale, Paris 1752 ; P.-M. Masson, La « Lettre sur Omphale », *in* RMie XXVII, 1945 ; voir aussi la bibliogr. de l'art. *Issé*.

R. Fajon

« O natio »/« Conditio »/« Mane prima », motet à 3 voix contenu dans plusieurs manuscrits du XIIIe s.

dont ceux de → Montpellier, fac. de médecine H. 156, et de → Bamberg, Ed. IV 6.

Ce motet comprend trois strophes. La teneur, liturgique, très probablement instrumentale, est empruntée à → *« Mane prima sabbati »*, une séquence du début du XIIe s. composée en l'honneur de sainte Marie-Madeleine, chantée aussi pour Pâques. Le motet ou double, *« O natio nephandi »*, et le triple, *« Conditio nature »*, sont à sujet religieux. Le lien sémantique qui unit ces textes est assez ténu. Ce pourrait être la personnalité de Marie-Madeleine. Par son origine, la teneur rappelle qu'elle fut pardonnée de ses péchés par le Christ et qu'elle mérite ainsi d'être le premier témoin de sa résurrection. Pour cette raison, elle a pu être mise en parallèle avec la Vierge Marie. Le double et le triple développent certaines de ces idées à la manière des tropes. *« O natio nephandi »* est dirigé contre ceux qui, à l'instar des pharisiens, observent les commandements de l'Évangile selon la lettre et non selon l'esprit et les invite à se convertir afin de mériter le pardon de leurs fautes, tandis que *« Conditio nature »* rappelle que le Fils de Dieu fut conçu par la Vierge Marie en dehors des conditions naturelles.

Les textes sont écrits en décasyllabes pour les deux premières strophes et en vers de 13 syllabes pour la dernière. Mais, par le jeu des silences et de la prosodie, il serait plus juste de les considérer comme des vers de 1+3+3+3 et de 1+3+3+3+3, dont la première syllabe vaut une longue (transcrite par ♩.). Elle se détache nettement du reste du vers, formé de groupes trisyllabiques qui induisent un rythme ternaire. Aux rimes plates en *is* du double, répondent celles en *it* du triple. Des assonances internes en *o*, *e*, *i* et en *a* se font écho de voix en voix : O nat*io*/Condit*io* ; dum litter*am*/Qu*am* vicio ; Converte-*re*/*Re*-demptio, etc. Ces relations mettent bien en relief le goût prononcé pour la complexité propre aux œuvres du Moyen Age.

Le rythme, qui appartient au 3e mode (♩. ♪♩), est un de ceux qui sont appliqués aux décasyllabes. Dans la teneur, il démantèle la structure primitive de la séquence, fondée sur le septénaire trochaïque. Par son ordo (variable, de 2 à 4, avec une majorité de 3), il modifie la découpe mélodique des versus. Dans les voix supérieures, il est en opposition avec l'accentuation proparoxytonique (sur l'antépénultième) des groupes trisyllabiques des vers du double et du triple. La superposition des deux conduit à une mesure à 3/8, plutôt qu'à 6/8, avec un temps fort au début de la seconde partie du mètre modal.

Soutènement de tout l'édifice sonore, la teneur se compose de trois parties, base des trois strophes. La première est empruntée à l'entrée de la séquence tandis que la seconde s'inspire de sa première strophe. La troisième partie est un résumé des deux premières, conférant à cette voix la forme AB (A+B) couramment pratiquée aux époques antérieures, dans la dernière partie des *Kyrie eleison*, par exemple.

En dépit de nombreux croisements, les voix se meuvent, dans un ambitus propre à chacune d'elles :

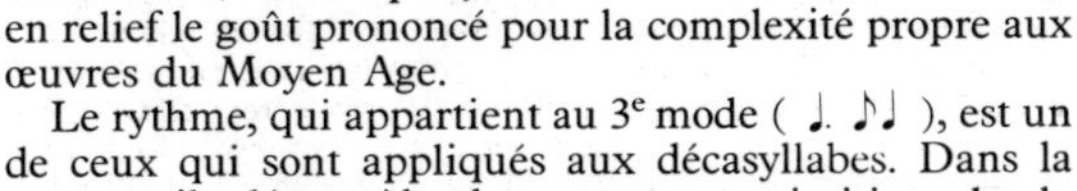

Elles se livrent à des jeux mélodiques autour d'une structure très élaborée.

Le chant commence par une longue quinte à vide qui se détache nettement du reste, intonation qui place d'emblée le chant en mode de *ré*. Les deux voix supérieures évoluent, se rencontrant au début et à la fin des perfections sur des jonctions mélodiques en des consonances parfaites (octaves, quartes ou quintes), conformément aux règles de composition en vigueur à l'époque. Pourtant, une tierce *sol-si*, qui s'amorce vers le milieu du motet, mes. 30, revient mes. 35 et 36 en un accord *sol-si-ré* qui est entendu de manière insistante par le jeu des croisements vocaux. Elle n'aboutit à la quinte sur *fa* qu'à la mes. 37, non sans être passée, par mouvement parallèle des trois voix, par l'accord *la-do-mi*.

Des cellules mélodiques, et en particulier la descente *la-sol-fa-mi-ré* (séquence → *« Mane prima sabbati »*), se répètent de voix en voix. Cette dernière circule entre le double et le triple comme un fil d'Ariane, parfois transposée, passant par différents rythmes. Des silences décalés brisent l'homorythmie du chant, créant de fausses entrées successives, provoquant des échos. L'ensemble se chante sur un rythme qui, au-delà du mode et des « ordines », aboutit à un doux balancement, mettant en valeur les différentes assonances du texte et la rythmique des vers.

Bâti sur une teneur empruntée à une prose, ce motet tributaire de l'esthétique ternaire reste énigmatique par certains de ses traits. Le choix du ténor montre qu'il est sans nul doute postérieur à ceux qui sont dérivés des clausules de Notre-Dame de Paris (→ *« Benedicamus Domino »*). Par ses paroles en latin et les mouvements de voix, parallèles en certains endroits, il semble appartenir au premier stade de la forme, conformément à sa place dans le fascicule IV du Ms. de Montpellier. Pourtant, l'utilisation insistante de la tierce au cours de la dernière strophe, l'ordo fluctuant, les ambitus ouvrant le chemin à la différenciation des voix en font une œuvre plus jeune. Inventé de toutes pièces pour les besoins liturgiques, ce motet pourrait être daté du début de la 2de moitié du XIIIe siècle.

« O natio nephandi ». Traduction de la 1re strophe — O peuple impie / Pourquoi abuses-tu du don de la grâce ?/ Tu croules sous les péchés, / Dès lors que tu as réalisé la lettre de la Loi / Et que tu en abandonnes la moelle [l'esprit].

« Conditio nature ». Traduction de la 1re strophe — La condition naturelle manqua / Au Fils que la Vierge engendra / Car seule, elle évita le contact / Elle dont personne n'a flétri l'honneur / C'est pourquoi elle enfanta sans douleur.

Éditions — Par P. AUBRY, *in* Cent motets du XIIIe s., Paris, Rouart-Lerolle, 1908 ; par H. ANGLÉS, *in* El Codex musicale de Las Huelgas, 4 vol., Barcelone, Bibl. de Catalunya, 1931 ; par Y. ROKSETH, *in* Polyphonies du XIIIe s., 4 vol., Paris, L'Oiseau-Lyre, 1935-39 ; par H. BESSELER et P. GÜLKE, *in* Musikgeschichte in Bildern V, Leipzig, VEB Deutscher Verlag für Musik, 1973 ; par H. TISCHLER, *in* The Montpellier Codex, Madison (Wisc.), A-R Ed., 1978-85.

Bibliographie — P. AUBRY et A. GASTOUÉ, Recherches sur les « ténors » latins dans les motets du XIIIe s., Paris 1907 ; H. HUSMANN, Die Motetten der madrider Handschrift und deren geschichtliche

Stellung, *in* AfMf II, 1937 ; G. Reaney (éd.), Manuscripts of Polyphonic Music, 11th - Early 14th Cent., *in* RISM B IV/1, Munich et Duisburg, Henle, 1966 ; G. Anderson, Notre-Dame double motets circa 1215-1250, *in* MD XXV, 1971 ; du même, The compositions of the Bamberg Ms., *in* CMM 75, Amer. Inst. of Musicology, 1977 ; H. Tischler, The style and evolution of the earliest motets (to circa 1270), Henryville, Ottawa et Binningen, Inst. of Medieval Music, 1985 ; J. Stevens, Words and Music in the Middle Ages... 1050-1350, Cambridge, CUP, 1986 ; D. Norberg, Les vers ïambiques et trochaïques au Moyen Age et leurs répliques rythmiques, Stockholm, Almqvist & Wiksell, 1988 ; R. Crocker, French Polyphony of the 13th Cent., *in* The New Oxford History of Music, II The Early Middle Ages to 1300, Oxford, OUP, 1990 (nouv. éd.).

A. Dennery

« Oncques amour ne fut sans grand langueur », chansons à 4 et à 5 voix de **Thomas Créquillon**. Sous cet incipit, par ailleurs assez fréquent, les sources imprimées du XVIe s. nous ont conservé trois chansons différentes, toutes attribuées à Th. Créquillon. On peut considérer comme sûre la première version, à 4 voix, qui paraît en 1544 à Anvers, chez Susato, dans une publication entièrement consacrée à Créquillon, *Le Tiers Livre de chansons à quatre parties (composées par Maistre Thomas Cricquillon maistre de chapelle de l'empereur).* L'attribution à Créquillon de la chanson à 5 voix publiée en 1553 à Louvain, chez Phalèse (*Second Livre des chansons à 5 et 6...*), peut aussi être considéré comme plausible : elle est fréquemment répétée — à une exception près, où elle est donnée à J. Clemens non Papa — dans de très nombreuses sources instrumentales. En l'absence d'informations complémentaires, il convient d'être plus réservé en ce qui concerne la troisième, à 4 voix, éditée en 1554, à Paris, dans l'*Unziesme Livre...* de N. Du Chemin.

La plus largement diffusée semble avoir été la version à 5 qu'on trouve très souvent « réduite en tablature », chez Phalèse, **Newsidler**, ainsi qu'adaptée au clavier chez **J. Paix** (1583). Il faut attendre les années 1580 et 1590 pour la rencontrer dans les sources instrumentales italiennes : en 1588, elle est publiée chez G. Vincenti pour ensemble instrumental (à 5), comme « Canzon... per sonar con ogne sorte di stromenti », à côté d'autres chansons françaises et de pièces italiennes de Cl. Merulo et G. Guami. Quatre ans plus tôt, **Dalla Casa** en avait donné deux versions diminuées dans *Il vero modo...* (1584) imité par **G. Bassano**, en 1591, qui l'attribue à tort à Clemens non Papa. **Merulo** la connaissait déjà, cependant, puisqu'en 1573 il publie une messe-parodie à 5 voix (*Liber primus...*) construite sur ce modèle.

Il n'y a aucun point commun entre les trois versions polyphoniques attribuées à Créquillon sinon leur texte, un quatrain de décasyllabes, également mis en musique par **Grenier** (1540) et **Clemens non Papa** (1549), qui pourrait avoir été une réponse à un autre quatrain, *« Oncques amour ne fut sans esperance »*, dont on a une chanson de **G. Le Heurteur** (1534) : il reprend en effet, dans la même structure syntaxique, les deux mots rimes, « espérance » et « jouissance ». A l'extrême simplicité de la forme (ABCAA) et de l'écriture qui caractérise la chanson de 1544, celle de 1553 s'oppose par une très grande complexité polyphonique, alliée à une déclamation souvent très rapide dans des formules rythmiques qui abondent en syncopes, d'où l'intérêt qu'ont pu y trouver les instrumentistes. Quant à la version publiée chez Du Chemin, elle se situe à mi-chemin entre les deux autres : sa qualité réside principalement dans l'élégance des lignes mélodiques chantées à toutes les voix.

Rééditions modernes — Par J. Bastian, *in* Cl. Merulo. Opera omnia I, CMM 51, Amer. Inst. of Musicology, 1970 ; par R. Erig et V. Gutmann, *in* Italienische Diminutionen, Zurich, Amadeus Verlag, 1979 ; les 3 versions par J.-P. Ouvrard, *in* La chanson polyphonique franco-flamande autour de 1530-1550 comme lecture du texte poétique II (diss. Univ. de Tours, 1979) ; par le même, *in* Flûtes à bec et instruments anciens, n° 24, 1988.

Bibliographie — R. M. Trotter, The franco-flemish chansons of Th. Crequillon (diss. Univ. of Southern California, 1957).

J.-P. Ouvrard

Ondine, opéra en 3 actes, livret — d'après la pièce de Jean Giraudoux — et musique de **Daniel-Lesur**, créé à Paris, au Théâtre national de l'Opéra, salle du Théâtre des Champs-Élysées, le 26 avril 1982, en coproduction avec l'Opéra royal de Wallonie, avec Marie-Christine Porta (Ondine), Hélia T'Hezan (Bertha), Denise Scharley (Eugénie), Philippe Rouillon (le chevalier Hans), Cristian Jean (Bertram), Jean-Philippe Courtis (le Roi), Fernand Dumont (le roi des Ondins), Robert Dumé (le Juge), sous la dir. de Hikotaro Yasaki. (Paris, Choudens, 1982 ; durée : 2 h 10 min environ.)

Livret — Acte I. Une cabane de pêcheurs. La vieille Eugénie (contralto), veuve d'un pauvre pêcheur, s'inquiète parce qu'Ondine, qu'elle a recueillie en souvenir de sa fille disparue dans les eaux, s'est échappée de la maison, comme elle le fait chaque fois que la pluie tombe. On frappe à la porte et un chevalier en armure, Hans (bar.), demande à s'abriter de l'orage ; il explique à son hôtesse qu'il est en route pour célébrer son mariage avec la fille du roi. Dès que la pluie a cessé, Ondine (sop.) paraît ; fasciné par sa beauté, Hans ne semble pas s'étonner de l'étrangeté de son comportement ni des sortilèges qui l'accompagnent, et il la demande en mariage. Ondine s'enroule avec lui dans un filet.

Acte II. La salle d'honneur dans le palais du Roi. Hans, qui a épousé Ondine, va être reçu par le Roi ; il rencontre Bertha (mezzo-sop.), son ancienne fiancée, toujours éprise de lui. Lorsque le Roi (basse) fait son entrée, Hans lui présente Ondine qui ne semble voir dans la foule des invités que Bertha qu'elle toise avec insolence. Sa conduite étonne, séduit ou irrite l'assemblée et semble attendrir le Roi à qui elle confie son secret : elle est une nymphe égarée chez les humains et liée par un pacte au roi des Ondins : si celui qu'elle aime venait à la tromper, il mourrait et elle, privée de mémoire, retournerait à son milieu naturel, l'eau. Devant les invités de nouveau réunis, elle feint de regretter de s'être opposée à Bertha dont elle révèle, à la surprise générale, qu'elle n'est pas la fille du Roi, mais une enfant de pêcheurs. Les courtisans se détournent aussitôt de Bertha et Ondine lui propose de l'emmener au château où elle va vivre avec Hans.

Acte III. La cour du château du chevalier Hans. Ondine a disparu et Hans, bien que toujours attaché à elle, a épousé Bertha qui tente de reconquérir son cœur. Tout à coup, des pêcheurs arrivent et annoncent qu'ils viennent de prendre Ondine — que l'on amène — dans un filet. Hans l'appelle mais elle contemple sans le reconnaître le beau chevalier à qui elle donne un baiser qui le glace. Ondine regarde l'homme sans vie et murmure en s'éloignant : « Comme c'est dommage, comme je l'aurais aimé... »

Giraudoux avait conservé le titre et la ligne générale du conte de l'écrivain allemand Fr. de La Motte-Fouqué, déjà mis en musique par deux compositeurs romantiques, E. T. A. Hoffmann (→ *Undine*) et A. Lortzing ; il écrivit en 1939 la pièce que Daniel-Lesur pensa très vite à transporter sur la scène lyrique. Selon le principe qu'il avait adopté pour → *Andrea del Sarto* et qu'il reprit avec → *La Reine morte,* il écrivit lui-même son livret en simplifiant avec habileté certains aspects du style de Giraudoux mal adaptés aux impératifs du genre lyrique et en y intégrant de brefs extraits choisis parmi d'autres pages de l'écrivain. L'une des réussites significatives de cette féerie, dont le sens profond est l'affrontement de l'Amour et de la Mort, vient de ce que non seulement les personnages, en particulier ceux de Bertha et d'Ondine, mais aussi les divers plans sur lesquels se passe l'action,

« mésaventure d'un être surnaturel à la recherche de l'humain » (C. Weill, *Théâtre complet de Giraudoux*), sont caractérisés par la musique. La souplesse du discours vocal, issu du récitatif debussyste, la finesse du traitement orchestral, le charme et la vie de l'expression chorale qui fait de discrètes références au chant populaire s'inscrivent dans la continuité du style de Daniel-Lesur et donnent, sans préciosité et parfois avec une émotion qui trouve son point culminant dans l'admirable duo d'amour final, autant d'équivalences aux images fluides et scintillantes de l'univers giralducien.

FR.-Y. BRIL

ON VEUT LA LUMIÈRE ? ALLONS-Y !, opéra-parodie en deux procès, livret — d'après l'affaire Dreyfus — et musique de **Claude Prey**, pour mezzo-sop., 2 ténors, bar. et basse soli, cordes, percussion et orgue électrique, composé en 1967, créé au Théâtre musical d'Angers, le 12 déc. 1968, dans une mise en scène de Pierre Barrat qui avait commandé l'œuvre, avec Karen Mésavage, Michel Hamel, Schuyler Hamilton, Christos Grigoriou, Georges Jollis et un ensemble instrumental, sous la dir. de Daniel Chabrun. (Paris, Salabert, 1970 ; durée : 2 h 30 min environ.)

Cl. Prey traite cette histoire tragique avec humour et esprit. Le titre *On veut la lumière ?* est emprunté d'une manière ironique à une réplique du colonel Henry au cours du procès Zola (1898). En réalité, l'affaire Dreyfus n'est qu'un maillon de ce jeu théâtral, entraînant une mordante satire de toute une époque. Prey met en pièces les militaires, la justice, les antisémites et l'opéra lui-même ; il démonte les mécanismes du mensonge et de la calomnie (parodie de justice), des styles musicaux et lyriques, pastichant et citant Verdi, Debussy, Fauré, Offenbach... C'est une humanité bouffonne et dérisoire qui défile sur les tréteaux de ce spectacle de cirque. *On veut la lumière ?* comprend un prologue, deux « procès » en 20 chapitres et un épilogue. Comme dans ses autres ouvrages, Prey joue avec le langage et cherche la musique à travers le texte parlé. Cinq chanteurs-comédiens seulement remplissent une trentaine de rôles différents, tandis que 10 instrumentistes et leur chef, placés sur un des côtés de la scène, sont aussi des protagonistes de l'action.

LIVRET — Prologue. Un théâtre vient d'être reconstruit. Le directeur met ses chanteurs, son orchestre et son chef au service d'une pièce à faire. Ils la trouvent dans *Le Petit Journal*.

Procès 1. Lamento du Planton : dans le couloir de la section de statistique (contre-espionnage), le Planton se lamente sur l'Alsace et sa jambe perdue à Reichshoffen. — L'affaire est dans le sac : l'Agent X raconte comment il a reçu d'un certain « Auguste » un sac rempli de « certains » papiers. — Enfin du Français : le chef de la section extrait du sac une lettre parfumée et un bordereau. — J'aurais dû m'en douter : le bordereau est adressé à l'Attaché allemand ; on lui annonce l'envoi de documents secrets concernant la Défense nationale. Le Capitaine D. est suspecté d'avoir écrit cette lettre. — Un conseil restreint : le ministre de la Guerre veut poursuivre ; celui des Affaires étrangères veut étouffer l'affaire. — Langage chiffré : on essaie de décrypter la lettre parfumée. — La dictée : pour confondre le Traître, on dicte à D. les termes du bordereau. — Les graphologues : un seul expert graphologue affirme formellement que D. est l'auteur du bordereau. — L'épaisseur du dossier : on constitue un dossier secret. — Histoire d'un traître : D. est condamné à la déportation à vie et à la dégradation. On lit une lettre de D. à sa femme, où il proteste de son innocence.

Procès 2. Une certitude : le nouveau chef de la section, le lieutenant-colonel Picquart, a découvert que le coupable est le commandant Esterhazy. Son supérieur lui conseille le silence et l'envoie en mission lointaine. — La filature : enquête sur Esterhazy. — Faussaire et limier : Henry fabrique un faux. Esterhazy s'est rendu à l'ambassade d'Allemagne. — Vous irez pour la France : on décide d'entrer en rapport avec Esterhazy. Du Paty de Clam est pressenti et cède au chantage d'Henry. — Scène de l'église : Du Paty et Gribelin, l'archiviste, rencontrent Esterhazy dans une église. — La répétition : devant passer en conseil de guerre, Esterhazy met au point avec Henry ses réponses aux questions gênantes. — Procès pour rire : Esterhazy est acquitté. — Scène de bal (sans bal) : Zola va écrire *« J'accuse »*. — La vérité est en marche : jugement et condamnation de Zola. — Pleins feux sur un faux : le nouveau ministre de la Guerre arrache les aveux d'Henry. Ce dernier, incarcéré, se suicide.

Épilogue. L'affaire s'est terminée par usure. Et c'est la guerre. Le théâtre est frappé de mort : on liquide ses installations dérisoires.

Cl. Prey mélange et juxtapose joyeusement, et d'une manière provocante, des styles musicaux divers, de la complainte populaire au dodécaphonisme en passant par la chanson canaille et des dizaines de citations qui tiennent de l'art du collage. Il caricature *L'Horizon chimérique* de G. Fauré, compose un cocktail de nombreux leitmotive wagnériens, de mélodies et de thèmes de R. Hahn, Strauss, Offenbach, Verdi, Debussy, Ravel... fait allusion au violon de *L'Histoire du soldat*, au procès de *Jeanne au bûcher*, au capitaine de *Wozzeck*. *On veut la lumière ?* fait penser à la fois à une comédie militaire à la Courteline, à *Mahagonny* de B. Brecht et de K. Weill, à *Six personnages en quête d'auteur* de Pirandello (pour le Prologue), auxquels seraient adjointes des « pincées » de Satie, Jarry, Supervielle, Queneau et du... *Sapeur Camember* ! L'œuvre peut être irritante par son côté iconoclaste, insolent et contestataire, il n'en reste pas moins vrai que le spectacle lui-même est étourdissant de verve et d'originalité par ses jeux de scène, ses acrobaties verbales et le jaillissement des idées.

Bibliographie — J. LONCHAMPT, Un opéra-parodie de Cl. Prey, *in* Le Monde, 17.12.1968 ; A. GOLÉA, La musique de la nuit des temps aux aurores nouvelles II, Paris, Leduc, 1977, pp. 929-930 ; M. ROSTAIN et M.-N. RIO, Aujourd'hui l'opéra, Paris, Recherches/Encre, 1980 ; des mêmes, L'Opéra mort ou vif, Paris, Recherches/Encre, 1982 ; J.-R. JULIEN, Prey : repères préliminaires, *in* Le théâtre lyrique français 1945-1985, Paris, Champion, 1987, p. 261 et suivantes.

CHR. GOUBAULT

ON YOUR TOES (Sur les pointes), comédie musicale américaine, livret de George Abbott, Lorenz Hart et R. Rodgers, musique de **Richard Rodgers**, créée à New York, à l'Imperial Theater, le 11 avr. 1936 (version cinématographique, 1939).

Phil Dolan, fils d'une vieille famille qui s'est consacrée au vaudeville, comprend que le théâtre de variétés n'a plus d'avenir et entame une carrière « sérieuse » de musicien. Il entre dans une troupe de ballet russe et la convainc de monter un spectacle de jazz moderne où il tient le premier rôle. Pendant la représentation, il est menacé par deux gangsters qui le prennent par erreur pour un joueur qui n'a jamais réglé ses dettes. *On your Toes* a été un événement musical car, pour la première fois, la danse joue un rôle à part entière dans l'action. C'est à cette occasion que G. Balanchine réalisa sa première chorégraphie à Broadway. L'équipe Rodgers et Hart a produit deux succès très réussis : *« There's a small hotel »* (Il y a un petit hôtel) et *« Slaughter on 10th Avenue »* (Tuerie dans la 10e Avenue), une satire des histoires de gangsters hollywoodiennes. *Princesse Zenobia* est une excellente parodie de ballet classique.

R. WALLRAF

« O Pasteur d'Israël, escoute », Psaume 80 du → Psautier huguenot, traduction en vers français de Théodore de Bèze, mélodie partiellement adaptée de la séquence grégorienne de Pâques → *« Victimae paschali laudes »* (xie s.). Cette dernière, originellement en mode authente de *ré* (1er mode), a été transposée sur tonique *sol*, avec *si* ♭ à la clé, dans le recueil des *Pseaumes de David* (Genève 1562) où elle apparaît pour la première fois. L'emprunt se limite en fait aux trois premiers vers, le quatrième répétant la mélodie du troisième et les deux derniers s'affranchissant du modèle tout en conservant le mode de celui-ci (le *mi* ♭ du dernier vers correspond au *si* ♭ de la modalité grégorienne).

Ce psaume a été harmonisé (en style note contre note, ou contrapuntique) notamment à 4 voix par **Cl. Goudimel** (→ *Les Cent Cinquante Pseaumes de David...*, 1564-65 et 1568), à 6 voix par **P. de L'Estocart** (*CL Psaumes de David...*, 1583), à 5 voix par **J. P. Sweelinck** (*Pseaumes de David*, 1er Livre, Amsterdam, 1604) et à 3 voix par **Cl. Le Jeune** (2e Livre des *Pseaumes à trois parties*, 1608).

J. Viret

Opera, théâtre musical en 3 actes et 19 « scènes », de **Luciano Berio**, pour 10 acteurs, sop., ténor et bar. soli, ensemble vocal, figurants, enfants, orchestre et bande magnétique, composé de 1969-70 à 1977, créé dans une 1re version en 4 actes à Santa Fé, en 1970, sous la dir. de C. Davies, puis dans la version en 3 actes à Florence, en 1977. (Vienne, UE ; durée : 2 h environ.)

Opera est l'œuvre la plus ancienne d'une trilogie de L. Berio, comprenant aussi → *La vera storia* et → *Un re in ascolto*, partant du schéma classique de l'opéra mais s'en écartant fortement dans la réalisation effective. Il convient de ne pas se laisser abuser par le titre, que Berio voit comme le pluriel d'« opus », en tant que travail théâtral avec des techniques multiples et se démarquant de l'opéra traditionnel.

Comme souvent chez Berio, le livret est tiré de matériaux très contrastés mais présentant un point commun : les trois narrations retenues ici — qui sont aussi trois mythes — sont relatives à la mort (c'était déjà le cas de → *Sinfonia*, quoique sur un mode moins emphatique). Ce sont des fragments du livret d'Alessandro Striggio pour l' → *Orfeo* de Monteverdi, un documentaire dramatisé sur le naufrage du *Titanic* et un travail sur la pièce *Terminal* de l'Open Theatre de New York, référence au pavillon terminal d'un hôpital. Chacun de ces trois éléments se réfère constamment à l'autre ou se dissout dans celui-ci, mais il n'y a pas à proprement parler d'histoire suivie. L'accent est mis sur le dénouement, dans son aspect inéluctable, c'est-à-dire sur la représentation de la mort. A la fin d'*Opera*, après un massacre d'enfants et l'*Agnus Dei*, le mezzo-soprano, vêtu de noir, entre lentement suivi d'un musicien des rues, au travers des corps des enfants ; il berce l'une de leurs poupées, chantant la berceuse *E vo'* à la manière d'une lamentation. *Opera* est aussi l'œuvre théâtrale de Berio dans laquelle la parole joue le rôle le plus prééminent ; les récitations sur fond d'accompagnement orchestral n'y sont pas rares.

La progression va d'une diversité maximale des matériaux dans les actes I (enchaînement relativement conventionnel de 6 scènes indépendantes : Air I, Concerto I, Memoria, Scena, Melodrama, Tracce) et II (7 scènes : Air II, [Memoria], Scena, Scherzo, Addio, Documentario, et Intervallo, dans lesquelles les limites entre les différentes scènes ont tendance à s'effacer au profit d'une superposition des références mythiques et des caractéristiques musicales qui y sont liées), à une densité plus grande sur le plan musical dans l'acte III (6 scènes : Air III, Memoria, Concerto II, Documentario, *Agnus* et *E vo'*, qui amplifient cette gigantesque « invention à trois voix ou trois mythes », puis qui s'acheminent vers la conclusion, dans les trois dernières scènes, spécialement la « célébration de la fin » qu'est l'*Agnus*).

En fait, Berio remplace l'absence relative de contenu narratif par une structuration musicale à grande échelle, dont les composantes sont les pièces séparées de chaque acte : Airs I, II et III ; Concertos I et II ; Memoria, etc. La plupart de ces pièces se répercutent de façon symétrique dans les trois actes, à des niveaux d'élaboration différents : ainsi, dans l'Air I, le soprano apprend une aria de l'*Orfeo* ; l'Air II est une version plus élaborée, et l'Air III une exécution complète dans toute son ampleur. Berio lui-même voit dans « air » l'un des deux éléments clés d'*Opera*, avec un groupe d'intervalles fondé surtout sur la quarte augmentée, celle-ci apparaissant en point d'orgue dans *E vo'*, dont elle amplifie la fonction conclusive.

Les techniques développées dans les trois scènes finales marquent en outre un certain recul par rapport à la dialectique de l'ensemble, par une mutation dans les genres musicaux (*Agnus Dei*, berceuse), par les langues utilisées (le latin, spécialement dans l'*Agnus*), par la mise du texte au service de la musique et par l'utilisation d'œuvres autonomes, susceptibles d'être exécutées séparément (et d'ailleurs composées antérieurement en ce qui concerne les deux derniers numéros).

Aux dires du compositeur (à propos de la représentation qui a eu lieu à Florence, en 1977), son ambition était aussi de créer une « œuvre ouverte » (*Opera*, c'est aussi « opera aperta »), proposant des personnages « virtuels », sur la base desquels la mise en scène pourrait développer des personnages spécifiques. La fonction de la musique est précisément de renforcer cette ouverture du discours scénique, notamment par l'usage de la référence et de la citation, qui sera beaucoup plus développée encore dans → *La vera storia.*

Bibliographie — I. Stoïanova, L. Berio. Chemins en musique, *in* RM, n° 375-377 ; D. Osmond-Smith, Berio's Theatre, *in* Berio, Oxford, OUP, 1991.

V. Mataigne

(L') Opéra de poussière, drame lyrique en un prologue, 2 actes et 4 tableaux — livret de M. Landowski et Gérard Caillet, musique de **Marcel Landowski**, composé en 1958-62, dédié à Marcel Lamy, créé au Festival d'Avignon, le 25 oct. 1962, par l'Orchestre du théâtre d'Avignon, avec Cora Canne Meyer (Catherine), Jacques Doucet (Patrick), Willy Clément (le Directeur), Jean Giraudeau (Alfo), Raymond Armond (Chorégraphos), Jacques Villa et Jean Launay (les Deux Maîtres), sous la dir. du compositeur. Une création radiophonique parisienne eut lieu le 25 juin 1963 sous la dir. de Pierre-Michel Le Conte, ainsi qu'une première représentation, toujours dans la capitale, le 14 déc. 1965, sous la dir. du compositeur. Pour cette occasion, la chorégraphie avait été réglée par Janine Charrat. Son exécution requiert, outre l'orchestre traditionnel, un piano et une bande magnétique (chœur et voix parlées). (Paris, Choudens éd. ; durée : 2 h environ.)

Livret — Prologue. Patrice (bar.), jeune compositeur, est en proie à l'incompréhension d'autrui et son orgueil juvénile lui interdit tout bonheur. Une rencontre intervient entre le Directeur du théâtre (bar.), et le Gouverneur. On apprend que Patrice est l'ami de Catherine (sop.), la fille du Gouverneur, et qu'il cherche à faire monter son opéra *Orphée enchaîné*. Catherine, par amour pour Patrice, intervient en sa faveur.

Acte I. 1er Tableau. La nuit. Scène d'amour : Catherine est amoureuse, Patrice exalté par l'idée d'un succès à venir. Entre Alfo (ténor), rival pédant et ridicule : son seul désir est de conquérir Catherine. Patrice, excédé, le frappe : il s'enfuit. — 2e Tableau. Patrice est aux prises avec l'indifférence, voire les moqueries du Directeur. Lorsque le jury entre en scène, il se heurte à un académisme rétrograde. Le tout est noyé dans un océan de coups de téléphone et les interventions hautaines du grand Choregraphos (bar.). La scène est à la fois comique et tragique ; elle s'achèvera par une délibération hystérique du jury qui finira par détruire la partition.

Acte II. Patrice reçoit Catherine dans sa chambre, mais il ne tarde pas à la congédier : « Fuis un raté, un aigri, un pauvre musicien fou d'orgueil [...]. Tu n'épouseras pas un tiroir oublié. » Demeuré seul, il est en proie à un rêve angoissant où lui apparaissent tour à tour ses détracteurs, sa fiancée ainsi que son rival Alfo. Dans le dernier tableau, un nouveau songe le mène successivement devant les portes de plusieurs théâtres européens où, inévitablement, il essuie d'autres refus. Un an plus tard, le Directeur, inquiet, évoque avec Choregraphos la disparition mystérieuse de Patrice. Celui-ci, caché dans un jardin, assiste à une scène d'amour entre Catherine et Alfo. Un coup de feu retentit : Patrice vient de se donner la mort. Le Directeur, cynique, annonce alors qu'*Orphée enchaîné* sera finalement représenté.

L'Opéra de poussière illustre un sujet que M. Landowski avait déjà abordé dans → *Le Ventriloque*, quelques années auparavant. Le cadre est celui du spectacle, du conflit entre le rêve et la réalité. Patrice apparaît sympathique parce que confronté à une assemblée d'êtres poussiéreux et ridicules, mais son ambition est excessive, son orgueil démesuré. Et c'est une dialectique complexe qui est mise en scène dans cette œuvre de vastes dimensions dont les parties vocales sont à multiples facettes (nombreux rôles chantés, présence du chœur, voix parlées, usage de la bande magnétique). On comparera cette trame dramatique aux *Meistersinger* de Wagner, notamment pour ce qui concerne la scène cocasse du 2e tableau. Alfo est un cuistre qui rappelle Beckmesser, Catherine une fille fragile et délicate, aussi éprise de Patrice que celui-ci peut l'être de sa carrière future. L'œuvre constitue tout à la fois une satire plaisante, un conte moral et un drame lyrique. La musique, toujours proche du texte, n'est jamais inféodée à des règles techniques rigides. Elle obéit à une libre respiration tonale ou polytonale, au sein de laquelle s'épanouit un lyrisme généreux, efficace. Le livret, à ce titre, est d'une valeur littéraire constante, ce qui a permis au compositeur de jouer sur d'amusants enchaînements ou superpositions de texte, notamment dans le prologue et dans le 2e tableau.

Fr. Fabiani

(L') Opéra de quat'sous, opéra de **Kurt Weill**, voir (Die) Dreigroschenoper.

(L') Opéra des gueux, voir (The) Beggar's Opera.

(L') Opritchnik, opéra en 4 actes et 5 tableaux, livret — d'après la pièce du même titre d'Ivan Lajetchnikov — et musique de **Piotr Ilitch Tchaïkovski**, composé de 1870 à 1872, créé à Saint-Pétersbourg, au Théâtre Mariinski, le 12 avril 1874, avec Mmes A. Kroutikova (la Boïarine Morozova), V. Raab (Natalia), V. Vassiliev (Feodor Basmanov), MM. D. Orlov (Andreï Morozov), V. Vassiliev (le prince Jemtchoujny), V. Sobolev (Moltchan Mitkov), I. Melnikov (le prince Viazminski), sous la dir. d'E. Napravnik.

Tchaïkovski assista probablement à une représentation de la pièce de Lajetchnikov donnée à Moscou de 1867 à 1870. La composition musicale fut longue, souvent pénible, interrompue par le travail sur d'autres œuvres (*1er Quatuor* notamment). L'opéra emprunte abondamment à des ouvrages antérieurs surtout au → *Voïévode* et à la fantaisie symphonique *Fatum*. A sa création, *L'Opritchnik* obtint un certain succès, mais fut diversement apprécié par la critique et déçut profondément son auteur. En 1878, le baryton B. B. Korsov, qui exécutait le rôle de Viazminski lors d'une reprise à Moscou, demanda à Tchaïkovski d'écrire un air supplémentaire, ce que le compositeur effectua de mauvaise grâce (cet air est perdu). Jusqu'à la fin de sa vie, Tchaïkovski conserva l'intention, certes irréalisée, de remanier fondamentalement son opéra.

L'action, mêlant la réalité historique à la fiction, se situe à l'époque du tsar Ivan IV le Terrible (2de moitié du XVIe s.) ; les opritchniks constituaient un corps de police d'État institué par le tsar.

L'introduction orchestrale, assez importante, est dominée par le thème des opritchniks,

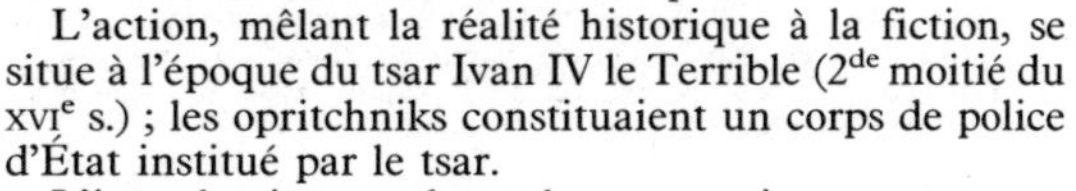

qui contraste avec le motif du duo d'Andreï et de sa mère (acte II) apparaissant dans la partie centrale :

Livret — Acte I. Chez le prince Jemtchoujny. Le Prince (basse) reçoit le vieux et riche Moltchan Mitkov (basse) qui lui demande la main de sa fille Natalia. Jemtchoujny accepte. Après le départ de Mitkov, Natalia (sop.), ses compagnes et la nourrice Zakharievna (sop.) chantent un chœur (*« Na more outouchka koupalassia »,* Une cane se baignait dans la mer), puis la jeune fille entonne un arioso mélancolique (*« Solovouchka v doubravouchke »*, Le rossignol dans la chênaie). Arrive Andreï Morozov (ténor), jeune boïar amoureux de Natalia, dont la famille a été ruinée par Jemtchoujny. Il voudrait à la fois se venger et épouser Natalia. Son ami, le jeune Feodor Basmanov (alto, rôle travesti), l'encourage à se faire opritchnik et lui vante la vie de ce corps de mercenaires dont chaque membre s'est engagé à repousser tout désir terrestre. (A part les airs de Natalia, de Morozov et de Basmanov, toute la musique de cet acte provient du *Voïévode* dont elle emprunte le matériau du 1er tableau de l'acte I et du 2e tableau de l'acte II.)

Acte II. 1er Tableau. La mère d'Andreï, la vieille Morozova (mezzo-sop.), se lamente sur son existence marquée par les épreuves mais se dit prête à tout endurer pourvu que son fils reste sain et sauf. Andreï lui apporte une bourse pleine d'or, avouant qu'elle lui vient de Basmanov. Devant la réprobation de sa mère, il jure que son propre père avait confié cet or à Basmanov alors qu'ils combattaient ensemble. La Morozova finit par accepter, tout en lui recommandant la méfiance. Leur duo superpose les conseils et les espoirs de la mère au serment du fils qui se dit prêt à tout pour venger l'honneur de sa famille. — 2e Tableau. La salle de festin des opritchniks. Les mercenaires entrent en chantant un chœur religieux. Basmanov leur annonce qu'il va leur présenter une nouvelle recrue. Le prince Viazminski (basse), chef des opritchniks, proteste en apprenant qu'il s'agit d'Andreï Morozov : le père d'Andreï était son ennemi juré. Basmanov parvient à le raisonner en lui rappelant que le vieux Morozov est mort depuis longtemps. Viazminski fait semblant de céder. Avec tous les opritchniks, il presse Morozov de prêter serment en abjurant père et mère. Andreï hésite, à l'effroi de Basmanov, puis finit par céder avec désespoir. Les opritchniks entonnent un chœur de glorification (voir le 1er ex. mus.) Mais la faiblesse de Morozov n'a pas échappé à Viazminski.

Acte III. Sur une place à Moscou. Le peuple prie pour des temps meilleurs. Survient la Morozova, pleine d'inquiétude pour son fils. Elle est soudain agressée par un groupe d'enfants qui l'insultent et la traitent d'« opritchnitsa ». Natalia accourt, suppliant la Morozova de la protéger contre son père. La vieille lui conseille de renoncer à Andreï. Jemtchoujny arrive à son tour. Il s'apprête à emmener sa fille de force lorsque Andreï et les opritchniks interviennent. Voyant son fils parmi les mercenaires, la Morozova le maudit. Basmanov conseille à Andreï de demander l'arbitrage du tsar, qui seul peut le relever de son serment et lui permettre d'épouser Natalia.

Acte IV. Au festin nuptial d'Andreï et de Natalia. Bien que le tsar ait promis sa clémence, Andreï doit rester fidèle à son serment jusqu'à minuit. Tandis que les opritchniks dansent, un sentiment d'anxiété gagne les fiancés. Viazminski fait irruption, annonçant à Andreï que le tsar veut voir Natalia. Comme le jeune homme s'apprête à l'accompagner, Viazminski précise qu'elle doit partir seule. Refusant cette atteinte à son honneur, Andreï maudit le tsar et les opritchniks. C'est plus qu'il n'en faut pour le faire arrêter et condamner. Contrainte d'assister à son exécution, sa mère meurt de douleur. (Le duo d'Andreï et de Natalia emprunte le 2e thème de la fantaisie symphonique *Fatum* [1868]. Les danses sont écrites à partir de thèmes russes puisés par Tchaïkovski dans son recueil de *50 Chants russes arrangés pour piano à 4 mains* [1868-69].)

Inspiré d'un fait historique, cet ouvrage partiellement réussi se rapproche dans une certaine mesure de l'esthétique du groupe des Cinq en recréant assez fidèlement l'atmosphère et la psychologie de l'époque. Cependant, les événements mis en scène concernent surtout la vie personnelle des protagonistes, les faits historiques ne formant qu'une toile de fond. Malgré cette différence, certaines scènes, comme le monologue de la Morozova (acte II, 1er tableau) ou le chœur religieux des opritchniks (ibid., 2e tableau), peuvent appeler la comparaison avec le style de M. P. Moussorgski. Du meilleur effet, l'utilisation de thèmes populaires contribue au cachet national de l'œuvre. Enfin, la présence psychologique quasi permanente d'un personnage absent de la scène mais qui détermine toute l'action, le tsar Ivan le Terrible, constitue un procédé dramatiquement habile et fort. Généralement, le niveau musical reste inégal et la faiblesse du dénouement traduit la baisse progressive de l'inspiration. L'importance des emprunts au *Voïévode* n'est sans doute pas fortuite : les deux ouvrages développent le thème de l'épouse ou de la fiancée volée, posant par là même la question du droit d'un potentat, voïévode ou tsar, à s'immiscer dans la vie privée de ses sujets. De ce point de vue, *L'Opritchnik* annonce directement → *La Fiancée du tsar* de N. A. Rimski-Korsakov.

Éditions et rééditions — Saint-Pétersbourg, Bessel, 1874 (réd. cht et p.), 1896 (part. d'orch.) ; Œuvres complètes, Moscou, Mouzgiz, 1959, vol, 3 a-b (part. d'orch.), vol. 34 (réd. cht et p.).

Bibliographie — Voir celle de l'art. *Eugène Onéguine.*

A. LISCHKE

« O QUAM GLORIOSUM », motet pour 4 voix a cappella (S A T B) de **Tomás Luis de Victoria**, paru dans son premier livre de motets, *T. L. de Victoria Abulensis motecta...* (Venise, Gardano, 1572 ; durée : 2 à 3 min.)

Ce motet pour la fête de la Toussaint est composé sur un texte non biblique mais inspiré par l'Apocalypse, dont il cite deux versets (7, 9 et 14, 4) évoquant les saints au ciel : « O combien est glorieux le royaume dans lequel avec le Christ se réjouissent tous les saints ; vêtus de robes blanches ils suivent l'Agneau partout où il va. » C'est un pur spécimen du motet renaissant selon le type instauré par Palestrina : polyphonie simple et claire, fondée sur l'alternance de passages homophones et d'imitations conduites sans rigueur, selon une forme découpée en plusieurs sections enchaînées ou imbriquées. Le traitement musical du texte donne lieu à une série d'images sonores de caractère plastique : épanouissement expressif sur « gloriosum », gammes ascendantes vocalisées sur « gaudent » (se réjouissent), amples descentes en imitations syncopées aux 4 voix sur « sequuntur agnum » (suivent l'Agneau), motif ferme et assuré, maintes fois répété, sur « quocumque ierit » (partout où il va). Les lignes mélodiques, d'autre part, respectent assez fidèlement la structure du 8e mode grégorien (*sol* plagal), privilégiant les degrés *sol* (tonique) et *do* (dominante), degrés qui déterminent également les tonalités de l'harmonie. Ce motet a fourni en partie le matériau thématique de la → *Messe « O quam gloriosum »* du même compositeur.

Rééditions modernes — Par F. PEDRELL, *in* T. L. de Victoria. Opera omnia I, Leipzig, Br. & H., 1902 ; par H. ANGLÉS, *in* MMEsp. XXVI, 1966.

J. VIRET

« O QUE L'HYVER EST AGRÉABLE », air à boire de **François de Chancy**, sur une poésie anonyme, publié dans son 1er livre d'*Airs de cours à 4 parties* (Paris, P. Ballard, 1635.) C'est l'un des cinq airs à boire de ce recueil qui comporte 18 pièces dont deux dialogues. Il s'intègre parfaitement à cet ensemble varié qui apporte à la musique de la cour un ton léger et gaillard peu coutumier.

Composé à quatre parties, il révèle une science d'écriture qui peut sembler paradoxale dans un air à boire. En effet, le texte poétique (quatrain octosyllabique suivi d'un distique jouant le rôle de refrain) n'échappe pas à la trivialité propre à ce genre, dont les images, les apostrophes et les refrains varient peu d'une pièce à l'autre. L'entrée se fait à deux (dessus et basse), dégageant ainsi

Oliver de L. Bart, créé en 1960. Une représentation, en janvier 1991, au théâtre Sadler's Wells de Londres.
Ph. © Donald Cooper.

La Malibran dans le rôle de Desdémone d'*Otello* de G. Rossini, créé en 1816.
Peinture d'Henri Decaisne.
Musée Carnavalet, Paris. Ph. Jeanbor © Arch. Photeb.

la mélodie d'allure populaire chantée par la voix supérieure. La basse, de caractère instrumental, joue à l'évidence un rôle d'accompagnement. Les deux autres voix (haute-contre et taille) ne chantent que les 3e et 4e vers de la partie A, traités en homophonie. Le distique final (« Criant de l'un à l'autre bout / Que l'on donne du vin partout ») est dit deux fois, comme il est de tradition, tant dans l'air à boire que dans l'air de cour. Le premier énoncé est confié aux voix de dessus et basse ; quant à la reprise, elle semble un petit exercice de contrepoint, les quatre parties s'imitant joyeusement sur un allègre motif d'allure très instrumentale. C'est que Fr. de Chancy entendait redonner leurs lettres de noblesse à ces chansons à boire et à danser, généralement considérées par ses contemporains comme « beaucoup inférieures aux airs de cour ». *« O que l'hyver est agréable »* atteste sa réussite.

Bibliographie — G. DUROSOIR et A. VERCHALY, Catalogue de l'air de cour (1571-1664), n° 114, à paraître.

G. DUROSOIR

« OR À CE JOUR LE VERD MAY SE TERMINE », chanson à 4 voix de **Claude Goudimel**, publiée en 1550 chez Nicolas Du Chemin. Il s'agit d'une variation poétique très originale sur l'un des « topoï » les plus fertiles de la chanson française, le mois de mai, dont on chante ici la fin. Le texte, en 7 vers décasyllabiques, rejoint alors tout naturellement le genre de la plainte amoureuse : « Or à ce jour le verd may se termine, / N'en oys-tu pas le Rossignol se plaindre. » Dans une déclamation essentiellement syllabique, parfois assez animée et capable de contrastes, le texte est chanté dans une forme presque entièrement continue, mais clairement ponctuée de repos cadentiels fréquents et bien dessinés. Seuls les vers 9 et 10 donnent lieu à une duplication perceptible en dépit de la variation polyphonique, qui se trouve de plus intégrée à la reprise finale des trois derniers vers.

Le contrepoint en est assez varié, faisant alterner développements courts en imitations (la 1re phrase, p. ex., mais aussi les vers 7 et 8) et contrepoint note contre note. Le caractère plaintif, joliment développé dans ce texte, s'exprime par une insistance toute particulière, dans la couleur globalement mineure du mode de *ré*, sur des « cadences de dessus entières [...] ou rompues [...] entonnées en demi-ton », comme dit L. Bourgeois (*Le Droict Chemin de musique*, 1550) : en d'autres termes, repos cadentiels sur *mi* (cadence phrygienne), ou demi-cadences sur *mi* ou *la* (vers 2, 4, 5, 9, 10). La mise en valeur de l'exclamatif « Las », répété sur une valeur relativement longue (au vers 3), s'y ajoute, avec un enchaînement d'accords, judicieusement expressif (*la* maj./*fa* maj.). C'est ce jeu, d'une expression subtilement plaintive dans un contexte intertextuel implicitement ludique, qui donne à cette polyphonie sa saveur particulière.

Rééditions modernes — Par M. HONEGGER, *in* Chansons françaises, Paris, Éd. ouvrières, 1965 ; par M. EGAN, *in* Cl. Goudimel. Œuvres complètes XIII, Brooklyn (N.Y.), Inst. of Medieval Music, et Bâle, Soc. suisse de musicologie, 1974.

J.-P. OUVRARD

(L') ORAGE, voir « IL PLEUT, IL PLEUT BERGÈRE ».

ORATORIO DE NOËL, de **Johann Sebastian Bach**, voir WEIHNACHTSORATORIUM.

ORATORIO DE NOËL, op. 12, de **Camille Saint-Saëns**, pour 5 solistes (sop., mezzo-sop., contralto, ténor, bar.), chœur mixte, quintette à cordes, harpe et orgue, composé du 4 au 15 déc. 1858, dédié à la vicomtesse de Grandval, donné en 1re audition en l'église de la Madeleine, durant la nuit de Noël 1858, sous la dir. de l'auteur. Le manuscrit (Paris, BN) porte comme titre *Oratorium pro nocte Nativitatis Christi.* A l'origine, cet oratorio était constitué seulement des nos 1, 2, 3, 5, 8 et 10. Saint-Saëns a ajouté les autres morceaux par la suite, sans doute en vue de l'édition. (Paris, Flaxland, 1863, puis Durand ; durée : 35 min environ.) Le livret en latin, établi par le musicien, est un centon de textes liturgiques et de psaumes.

Il apparaît aujourd'hui que, par-delà Lesueur et Berlioz, l'œuvre renoue avec une tradition illustrée par M.-A. Charpentier et A. Campra, alors complètement oubliés. Dans sa partition, Saint-Saëns manifeste le désir d'être conforme au ton de piété mondaine prisé par les paroissiens de la Madeleine, sans renoncer à revaloriser discrètement la technique contrapuntique avec, notamment, un mélodieux prélude pastoral « dans le style de S. Bach ». Si l'écriture chorale se réfère à celle des oratorios de Mendelssohn, l'usage ingénieux d'une combinaison instrumentale inusitée à l'époque — cordes, harpe, et orgue sont tantôt associés, tantôt utilisés en solo — constitue une innovation.

La partition est découpée en 10 parties. **1.** Prélude. Après 5 mesures d'introduction de l'orgue, les cordes dessinent un thème pastoral à 12/8 (*sol* maj.), harmonisé à 4 parties, dont les courbes mélodiques progressent par mouvement contraire, sur une pédale de dominante suggérant la musette. **2.** Récit et chœur (Luc II, 8 et suiv.), messe de minuit. Les 5 solistes soutenus par l'orgue se partagent le récit *« Et pastores erant in regione »*, d'une simplicité archaïsante, animé par des mouvements mélodiques d'une exaltation croissante (*mi* min. / *la* maj.). Transformé progressivement en arioso, ce récitatif introduit le chœur *« Gloria in altissimis Deo »* (*la* maj.), soutenu par l'orgue et les cordes. Le musicien use de figuralismes suivant l'exemple des anciens polyphonistes. **3.** Air (Ps. 39). Confié au mezzo-soprano, il est introduit par 8 mesures de l'orgue et du violoncelle solo. Ses trois sections sont marquées par une opposition de modes (*mi* maj.-min.). La ligne vocale, dépourvue de théâtralité, ne revient jamais sur elle-même. Seul l'orgue conclut comme il a commencé. **4.** Air et chœur. L'air est en réalité un arioso où le ténor répète trois fois « Domine, ego credidi » sur un accompagnement des cordes et de l'orgue dont l'harmonisation est à chaque fois différente. La 3e fois, le chœur se joint au soliste pour célébrer l'avènement du règne du Christ, soulignant les mots « Christus » et « venisti ». La conclusion sereine revient à la tonalité principale (*do* maj.). **5.** Duo (Ps. 117), graduel de la messe de l'aurore. Ce *Benedictus*, entonné par le soprano puis par le baryton (*la* min.) soutenus en staccato par l'orgue et par la harpe, rompt avec le climat de ferveur de ce qui a précédé. A la 1re partie enrubannée de vocalises succède un épisode plus recueilli, Sotto voce, sur « Deus meus es tu » où, séparément d'abord puis ensemble, les solistes répètent une phrase de choral harmonisée par l'orgue. L'expression « exaltabo te » donne lieu à une conclusion jubilatoire. **6.** Chœur (Ps. 2), IIe vêpres de Noël. Le texte du psaume *« Quare fremuerunt gentes »* détermine le morceau le plus dramatique de la partition. Après un premier épisode énergique et tumultueux (*ré* min.), rythmé par la répétition obstinée d'un motif calqué sur le thème initial du quatuor op. 95 de Beethoven, une transition aux cordes introduit Piu lento les versets de la doxologie harmonisés de façon homorythmique (*si* ♭ maj.). L'orgue conclut pianissimo en rappelant par deux fois l'incipit thématique du *Gloria.* **7.** Trio (Ps. 109), graduel de la messe de minuit. Par entrées successives, le ténor, le soprano, le baryton chantent *« Tecum principium »* (*sol* min.) sur les arpèges de la harpe. La couleur harmonique préfauréenne de ce morceau est plus sensible encore sous les mots « in splendoribus Sanctorum », formant la 2e section, où, après une suspension contemplative en un ton éloigné (*si* maj.), la 1re partie est reprise, concluant en *sol* majeur. **8.** Quatuor. Saint-Saëns paraphrase un noël populaire pour l'alléluia, chanté par le contralto (*ré* maj.), repris par le quatuor d'où le ténor est exclu. Les mots « quia consolatus est Dominus populum suum » sont portés par une phrase mélodique propice au travail contrapuntique. **9.** Quintette et chœur (Ésaïe, 52), 1er nocturne de Noël, leçon III. L'orgue et les cordes reprennent la pastorale du prélude. Au quintette « Consurge filia » (*sol* maj.), homorythmique, le chœur répond « Alleluia ». La conclusion associe le jeu du hautbois de l'orgue au mystérieux frémissement des cordes. **10.** Chœur (Ps. 95), offertoire de la messe de minuit. Les images de l'offrande, de l'adoration et de la jubilation exprimées par le texte « Tollite hostias » sont traduites par un chœur hymnique homophone à la carrure haendélienne (*sol* maj.), sans modulation.

Bibliographie — E. Baumann, Les grandes formes de la musique. L'œuvre de C. Saint-Saëns, Paris 1905, 2/1923, pp. 340 et suivantes.

J.-M. Fauquet

Oratorio de Pâques, de **Johann Sebastian Bach,** voir « Kommt, eilet und laufet ».

Oratorio russe, de **Giuseppe Sarti,** pour sop., alto, ténor et basse soli, double chœur et orchestre. (Durée : 40 min environ.)

En 1784, Sarti quitta son poste à la cathédrale de Milan sur invitation de Catherine II de Russie et, pendant le reste de sa vie, il travailla pour le théâtre et la chapelle de la cour des tsars à Saint-Pétersbourg et dans la résidence ukrainienne de son protecteur, le prince Potemkine. Il composa pour le théâtre et pour le culte sur des textes russes et paléoslaves, expérience particulièrement fascinante puisqu'il parvint à intégrer des éléments typiquement russes au style du classicisme italien. A cet égard, l'*Oratorio russe* est particulièrement significatif.

La destination de l'œuvre reste problématique. Le titre de la partition du « maître de chapelle impérial » indique qu'il l'a composée « sur ordre du prince Potemkine ». Il ne peut s'agir d'une composition liturgique, puisque la tradition paléoslave interdit l'usage d'instruments dans le culte. Or ils sont particulièrement nombreux, en l'occurrence : 2 fl. piccolo, 2 fl., 2 bassons, timb., tambours, clochettes, grand chœur de cordes et orgue. La partition commence par une longue introduction d'orchestre, distincte de l'ouverture proprement dite, dont le caractère d'« intrada » suggère un accompagnement pendant l'arrivée de l'impératrice et de la cour. Les trois premiers mouvements pour double chœur et chœur suivant l'ouverture sont écrits sur le texte paléoslave de l'« apostichon » des vêpres du vendredi saint ; les n°s 5 à 8 sur le Psaume 67 (« Que Dieu se lève et ses ennemis se dispersent ») et le dernier chœur sur la version paléoslave du Psaume 150 (« Louez Dieu, Louez Son Nom ! »). Il s'agit donc d'une œuvre sur la mort et la résurrection du Christ, donnée soit dans une des grandes salles du palais impérial, soit en plein air, en raison de l'importance et du caractère de l'orchestre.

La mise en œuvre musicale est extrêmement variée. Pourtant 6 mouvements sont confiés au double chœur à 8 voix, l'un à un chœur à 4 voix et le n° 8 à un trio pour soprano, mezzo et contralto. Ce trio soliste comporte aussi un violon solo interprétant une sorte de mouvement de concerto avec cadence. L'utilisation des instruments dans le double chœur final est particulièrement originale, dérivée bien entendu des instruments mentionnés dans le texte du psaume mais évoquant déjà certaines orchestrations caractéristiques de la musique russe du XIXe siècle. Dans les doubles chœurs, il y a aussi des oppositions entre petit et grand chœur et une double fugue impressionnante dans le n° 7 lorsqu'il est question dans le psaume des « méchants qui périssent comme fumée, dispersés par Dieu ». Les références à la musique liturgique paléoslave sont parfaitement intégrées à l'ensemble, tels les récitatifs de chœur ou surtout la modalité, p. ex. dans le chœur n° 4 où le mode mineur italien prend des allures de mode byzantin avec une harmonisation mélancolique à la Bortniansky.

La musique liturgique paléoslave de Sarti mériterait elle aussi de revivre, tel le magistral *« Gospodin pomiluj ny »* à double chœur, dont il existe aussi une version avec instruments doublant les voix et même des trompettes obligées dans la conclusion.

Bibliographie — A. Mooser, Annales de la musique et des musiciens au XVIIIe s., Genève 1951.

C. de Nys

(L') Or du Rhin, voir (Der) Ring des Nibelungen.

« Or escoutez tous vrais veneurs », ou *La Chasse du lièvre*, chanson à 4 voix de **Nicolas Gombert**. En la publiant en 1545, l'éditeur anversois T. Susato place clairement cette chanson sous le patronage de Cl. Janequin : son *Dixiesme Livre*, en effet, contient « la Bataille à quatre de Clément Janequin [...] deux Chasses de lièvre à quatre parties... ». Des deux chasses en question, l'une est de Gombert, l'autre est anonyme — on a parfois voulu l'attribuer à Janequin, sans raison réelle.

La chanson de Gombert est divisée en 4 parties : 1. l'invitation à la chasse (« Or escoutez tous vrais veneurs ») et le rassemblement, 2. le début de la chasse, avec les chiens, 3. la chasse elle-même, avec la mort du lièvre, 4. le retour, suivi du repas à la taverne. A la manière de Janequin, Gombert réunit donc plusieurs ingrédients musicaux : discours versifié, narration émaillée des cris des chasseurs, d'aboiements de chiens, de « cornures » instrumentales, de dialogues où se mêlent d'autres bruits de la nature, comme si le musicien avait voulu saisir sur le vif une tranche de vie quotidienne. C'est ainsi que dans la 3e partie, quand les chasseurs interrogent un berger (« N'as-tu point veu courir le lièvre ? »), leurs propos se superposent à un air de musette (« et lire lire lire lon fa... »), avec son bourdon caractéristique au bassus, qui se mêle petit à petit à l'aboiement des chiens et aux cris de leurs maîtres. C'est dire si la polyphonie ressortit bien au genre de la fricassée. Dans l'épisode final de la taverne (4e partie), on croit entendre, par moment, des passages des *Cris de*

Paris (« Apportez-nous poulets chapons »), cependant que la conclusion (« Vous assignerons ung credo ») semble citer allusivement la chanson de *La Guerre*.

Rééditions modernes — Par H. Schmidt-Görg, *in* N. Gombert. Opera omnia XI, CMM 6, Amer. Inst. of Musicology, 1975.

Bibliographie — M. Brenet, Musique et musiciens de la vieille France, Paris 1911 ; J. Schmidt-Görg, N. Gombert, Bonn 1938, 2/Tutzing, Schneider, 1971 ; I. Cazeaux, French Music in the 15th and 16th Cent., Oxford, Blackwell, 1975 ; G. Dottin, La chanson française de la Renaissance, *in* Coll. « Que sais-je ? », Paris, PUF, 1984.

J.-P. Ouvrard

L'Orestie (*Oresteïa*), opéra-trilogie en 8 tableaux, livret d'A. Wenkstern d'après la tragédie d'Eschyle, musique de **Sergueï Ivanovitch Taneïev**, composé entre 1887 et 1894, créé à Saint-Pétersbourg, au Théâtre Maly, le 17 oct. 1895, avec Mmes M. Slavina (Clytemnestre), V. Kouza (Cassandre) M. Mikhaïlova (Électre), A. Tomkevitch (Athéna), MM. K. Serebriakov (Agamemnon), A. Tchernov (Égiste), I. Yerchov (Oreste), I. Gontcharov (Apollon), sous la dir. d'E. Krouchevski. Le terme de trilogie ne doit pas induire en erreur : il s'agit d'un ouvrage certes de vastes dimensions mais prévu pour être exécuté en une soirée, subdivisé en trois grands actes intitulés, comme chez Eschyle, *Agamemnon*, *Les Choéphores* et *Les Euménides*, et comprenant respectivement 2, 3 et 3 tableaux. *L'Orestie* fut mal accueillie par la plupart des critiques (à l'exception de Hermann Laroche), et considérée comme trop étrangère à la tradition russe, anachronique et ennuyeuse. Malgré une réelle envergure et les nombreux mérites de la partition, *L'Orestie* n'a guère connu de succès depuis. Le seul fragment célèbre est l'introduction symphonique du 2e tableau de la 3e partie : *Le Temple d'Apollon à Delphes*.

Livret — 1re Partie. *Agamemnon.* 1er Tableau. Agamemnon (basse) revient en triomphateur après la prise de Troie. Il est accueilli par les esclaves de son épouse Clytemnestre (contralto) qui annonce la victoire au peuple. Elle ne partage cependant pas la joie générale et confie ses plans secrets à son amant Égiste (bar.), cousin d'Agamemnon. Elle veut venger la mort de sa fille Iphigénie, offerte par Agamemnon en sacrifice à Artémis. De son côté, Égiste a aussi des raisons de vouloir la mort d'Agamemnon, poussé par le devoir d'une « vendetta » familiale. — 2e Tableau. Agamemnon rentre dans son palais, accompagné par Cassandre (sop.), fille aveugle du roi Priam qu'il a faite prisonnière. Clytemnestre et ses servantes déroulent un tapis pourpre. La couleur est symbolique : ce sera le dernier chemin sanglant suivi par le roi. Faisant semblant d'être heureuse d'accueillir Agamemnon, elle lui promet de traiter Cassandre avec égards, car elle connaît son don de clairvoyance. Mais aussitôt qu'Agamemnon s'est retiré, elle rappelle avec dureté à la princesse troyenne qu'elle n'est qu'une captive. Restée seule, Cassandre prédit la mort prochaine d'Agamemnon par un étranger qui reviendrait de loin pour venger le meurtre de son père. Elle prévoit aussi sa propre mort, puis se retire. Des cris retentissent dans le palais : Clytemnestre, surgissant avec une épée ensanglantée, annonce au peuple le meurtre d'Agamemnon et de Cassandre.

2e Partie. *Les Choéphores.* 3e Tableau. La nuit, au palais des Atrides. Clytemnestre est hantée par l'ombre de son époux assassiné. Le spectre surgit et lui annonce qu'elle sera tuée par son fils. Terrifiée, Clytemnestre supplie sa fille Électre (sop.) de faire des sacrifices sur la tombe d'Agamemnon pour l'inciter à l'indulgence. Électre accepte. Mais ce sera pour demander aux dieux une juste vengeance. — 4e Tableau. Sur la tombe d'Agamemnon. Oreste (ténor), frère d'Électre, revenu des pays lointains, fait le serment de venger la mort de son père. Il entend un chœur de femmes, et, se dissimulant, observe sa sœur Électre accomplir le sacrifice et prier les dieux pour le retour de son frère et pour que justice soit faite. Le jeune homme sort de sa cachette. Le frère et la sœur réunis jurent de se venger. — 5e Tableau. Oreste, en vêtement de voyageur, demande l'hospitalité au palais des Atrides. A Clytemnestre et à Égiste qui ne le reconnaissent pas, il déclare qu'Oreste est mort dans un pays lointain. Clytemnestre est rassurée : ainsi la vengeance annoncée par Agamemnon ne la menace plus. Elle accueille de bonne grâce l'« étranger » qu'Égiste conduit dans un appartement. Oreste tue Égiste puis, après quelques hésitations, Clytemnestre, qui l'a reconnu. Il s'enfuit, poursuivi par les Erinnyes, déesses vengeresses.

3e Partie. *Les Euménides.* 6e Tableau. Au bord de la mer. Toujours poursuivi par les Furies, Oreste veut se jeter dans la mer déchaînée ; mais elles lui barrent le chemin. Oreste décide alors de se rendre à Delphes et de demander l'intercession d'Apollon. — 7e Tableau. L'entracte entre les deux tableaux est le célèbre épisode symphonique décrivant le temple d'Apollon à Delphes. Oreste arrive dans le temple, épuisé. Mais là aussi les Furies sont au rendez-vous. Apollon (bar.) apparaît et les chasse avec colère. Il entend les prières d'Oreste et lui recommande d'aller à Athènes pour demander à la déesse Athéna de rassembler un tribunal qui le jugera. Il promet à Oreste sa protection. — 8e Tableau. A Athènes, devant la statue d'Athéna. Le peuple attend le verdict. Oreste est anxieux. Les juges de l'aréopage annoncent que le vote a révélé le même nombre de voix pour l'acquittement et pour la condamnation. Oreste implore Athéna (sop.) qui apparaît et se prononce en faveur de l'acquittement. Oreste est sauvé. Athéna proclame que désormais l'amour, et non plus la vengeance, régira les relations entre les humains.

Depuis les « opere serie » du xviiie s., les ouvrages sur des thèmes de l'Antiquité ne se rencontraient qu'exceptionnellement dans la musique russe : *Néron* d'A. Rubinstein, *Servilia* de N. A. Rimski-Korsakov, qui n'ont guère survécu. Il était donc difficile pour un compositeur russe de réussir un opéra sur un tel sujet et de rendre le contenu accessible à la sensibilité nationale. Taneïev, fils d'un homme de lettres qui avait écrit une thèse sur les origines de la tragédie, s'est toujours affirmé comme le musicien de l'objectivité, contrôlant ses passions et se démarquant ainsi à la fois de son maître Tchaïkovski et du nationalisme de ses contemporains. Humaniste fervent, il a trouvé dans la tragédie grecque le meilleur moyen d'expression de ses principes éthiques. La partition de *L'Orestie* est d'une grandeur indéniable, avec ses chœurs, ses monologues, ses scènes d'ensemble et son orchestration colorée. Taneïev ne recourt que rarement à la stylisation musicale de l'Antiquité, sauf peut-être dans *Le Temple d'Apollon à Delphes* (harpe, quelques harmonies modales). Mais dans son effort d'objectivité, la musique manque souvent de ce cachet personnel qui fait l'attrait d'un compositeur, et l'action est la plupart du temps volontairement statique. Comparable par son sujet et par son envergure aux *Troyens* de Berlioz, c'est davantage avec Gluck que Taneïev offre des parentés d'approche dramatico-musicale.

Éditions — Réd. cht et p., Leipzig, Belaïeff, 1900 (avec trad. fr. de M. Delines et all. de H. Schmidt).

Bibliographie — I. Glebov, L'Orestie : analyse musicale, Moscou 1916 (en russe) ; I. F. Beiza (éd.), Taneïev et l'opéra russe, Moscou, 1946 (en russe).

A. Lischke

(L') Orestie (*Agamemnon*, *Les Choéphores*, *Les Euménides*), trilogie d'après les tragédies d'Eschyle, musique de **Darius Milhaud** : 1. *Agamemnon*, op. 14, musique de scène, composée entre sept. et déc. 1913, orchestrée en juil. 1914, créée en concert à Paris, aux Concerts Straram, le 14 avril 1927, sous la dir. de Walter Straram ; 2. *Les Choéphores*, op. 24, musique de scène, composée en 1915-16, orchestrée en 1917, créée en concert (extraits) à Paris, Soc. pour la Musique, le 15 juin 1919, sous la dir. de Félix Delgrange, puis intégralement à l'Opéra de Paris, le 8 mars 1927, sous la dir. de D. Milhaud, enfin sur scène, à Bruxelles, au Théâtre royal de la Monnaie, le 27 mars 1935, sous la dir. de Corneil de Thoran ; 3. *Les Euménides*, op. 41, opéra en 3 actes, composé du 22 févr.

1917 au 18 sept. 1922, orchestré du 13 août 1923 au 11 sept. 1924, créé en concert (Finale), à Anvers, le 27 nov. 1927, sous la dir. de Louis De Vocht, puis intégralement à Bruxelles, INR, le 19 nov. 1949, sous la dir. de Franz André ; création scénique de *L'Orestie* complète à Berlin, à la Deutsche Oper, le 5 mai 1963, sous la dir. de Heinrich Hollreiser. (Paris, Heugel, 1926, 1927.)

ARGUMENTS et LIVRET – *Agamemnon* raconte le retour à Argos d'Agamemnon, victorieux après la guerre de Troie. Il est aussitôt tué par sa femme Clytemnestre. C'est au moment où celle-ci apparaît, la hache à la main, que la musique de Milhaud intervient. Clytemnestre (sop.) est confrontée au chœur des vieillards, frappés par l'horreur et la stupéfaction. La scène se termine par une fanfare proclamant roi Égisthe, l'amant de Clytemnestre.

Dans *Les Choéphores* on assiste à la vengeance des fils et de la fille d'Agamemnon, Oreste et Électre. Oreste tue Clytemnestre et Égisthe, mais devient la proie des Furies, instrument de punition du matricide. La musique de Milhaud intervient en sept endroits : *Vocifération funèbre* pour chœur et orchestre qui accompagne l'entrée des Choéphores apportant des libations pour la tombe d'Agamemnon ; *Libation* pour sop. et chœur a cappella, le premier chœur bitonal écrit par Milhaud ; *Incantation* chantée devant la tombe par Électre (sop.), Oreste (bar.) et le chœur accompagnés par l'orchestre ; *Présage* et *Exhortation* pour Choéphore récitante et chœur parlé avec accompagnement de percussions ; *La Justice et la Lumière* pour chœur et orchestre ; *Conclusion* pour Choéphore récitante et chœur parlé.

Les Euménides. Acte I. Devant son sanctuaire, une prêtresse, la Pythie, prie les dieux. Oreste est là aussi, cherchant l'aide d'Apollon (ténor), car il est inlassablement traqué par les Furies pour le meurtre de sa mère. Apollon s'engage à le protéger et à prendre sur lui la responsabilité du meurtre. Oreste se retire. Surgit alors le spectre de Clytemnestre (sop.), sa haine pour son fils excitée par les Furies (3 sop.). Apollon réapparaît et impose le calme.

Acte II. Oreste s'est réfugié dans un petit temple dédié à Pallas Athéna, déesse de la Sagesse et gardienne de la ville d'Athènes. Les Furies essaient de s'emparer d'Oreste qui fait appel à Athéna (partie composite de 3 sop.). Celle-ci décide de convoquer un tribunal pour juger l'affaire.

Acte III. Après une longue ouverture pour orchestre, Athéna ouvre l'assemblée du peuple d'Athènes. Les arguments sont exposés de part et d'autre. Le peuple vote pour ou contre la culpabilité d'Oreste, mais le vote est à égalité. Athéna tranche en décidant l'acquittement d'Oreste et, pour apaiser les Furies, elle leur donne de nouvelles responsabilités pacifiques, changeant leur nom en Euménides. Ainsi par un nouveau système de justice, l'antique cercle de haine et de violence est rompu. L'opéra se termine sur un hymne processionnel.

Amorcé dès la première rencontre de Claudel et de Milhaud, *Agamemnon* fut leur première œuvre de collaboration. Le poète avait ressenti le besoin de musique à un unique endroit de la pièce, juste après le meurtre d'Agamemnon, mais ne savait pas tout à fait comment l'envisager. Milhaud pour sa part voulait éviter à tout prix le type habituel de musique de scène. La même approche est à l'origine des *Choéphores*, mais il est à remarquer que Claudel envisageait « une musique d'un ordre très particulier donnant avant tout de la ligne, du rythme et du mouvement, plutôt que des combinaisons harmoniques » (*Cahiers P. Claudel* VI, p. 6). Milhaud traduisit ces idées en musique en inventant des soli et des chœurs en récitation rythmée, utilisant aussi des phonèmes bruts, avec souvent accompagnement de percussion, même de sifflets sirènes (*Présages*). Cette technique, d'un effet étonnant (surtout pour 1917 !), est également employée dans *Les Euménides* (p. ex. au début de l'acte I) et dans d'autres œuvres postérieures. Après la composition en 1917-18 du 1er acte des *Euménides*, Milhaud abandonna le projet, les deux autres actes n'étant composés qu'en 1921-22. Entre-temps, le style musical de Milhaud avait beaucoup évolué mais, pour ne pas rompre l'unité de l'opéra et de la trilogie, le compositeur garda son style antérieur. La composition de ces actes côtoie donc bizarrement *Le Bœuf sur le toit*, les petites symphonies de chambre et *La Création du monde*. Il s'agit d'un style où le contrepoint n'a pas encore fait son apparition — l'hétérophonie en revanche est souvent utilisée à bon escient —, où les rythmes francs et carrés articulent des blocs formels massifs. L'harmonie est à base modale, mais la polytonalité est quasiment omniprésente, créant souvent des dissonances apparemment atonales. Toutefois, l'orchestration des *Euménides*, effectuée en 1923-24 en pleine période néoclassique du compositeur, sculpte souvent avec beaucoup de finesse et de nuances ce qui, dans la réduction pour piano, paraît épais et monochrome.

Musicalement, l'aspect le plus intéressant de *L'Orestie* est l'utilisation de la polytonalité pour la construction de la forme. Dans *Agamemnon*, le texte littéraire forme 12 sections en tout ; une note pédale est attribuée à chaque section qui descend d'un demi-ton à chaque fois : la première note étant un *la*, la pédale de la 12e section est un *si* ♭. Milhaud ajouta une 13e section, purement instrumentale, sur une pédale de *la*. Dans chaque section, et toujours à la même hauteur, se place un thème de 6 mesures, source évidente de polytonalité. Dans *Les Choéphores*, sous-titrés « Variations harmoniques » par Milhaud, ce genre d'organisation est davantage lié à la polytonalité. Dans *Vocifération funèbre* p. ex., il y a une séquence harmonique de base, constituée par un ou deux accords communs, dans chacune des sept sections :

Section	Harmonie de base (accords communs)
1	*do*
2	*si + do* ♯
3	*si* ♭ *+ ré*
4	*la + mi* ♭
5	*sol* ♯ *+ mi*
6	*sol + fa*
7	*fa* ♯

La même technique, mais plus élaborée, se rencontre dans *Incantation* et *La Justice et la Lumière*. L'exemple le plus ambitieux est le Finale du 3e acte des *Euménides*. Il comporte 13 sections, chacune employant plusieurs tonalités, 4 pour la première section, ensuite 5, puis un maximum de 6 pour les sections 4 à 7 qui convergent progressivement vers une tonalité unique, *do* maj. pour la dernière section, le *Processionnal*. Les esquisses pour *L'Orestie* contiennent des tableaux et des matrices indiquant tous les détails de ces schémas d'organisation ainsi que d'autres aspects (p. ex. le choix des hauteurs dans le *Processionnal*) tout aussi surprenants pour celui qui ne pense à Milhaud que comme à un compositeur intuitif ayant horreur des systèmes. Par la suite, Milhaud abandonna ces astuces, ayant développé dans son style de maturité des procédés lui permettant d'articuler la forme d'une autre manière.

Bibliographie — Comptes rendus par J. MARNOLD *in* Mercure de France, 1.10.1919, B. DE SCHLOEZER *in* RM VIII, 1927, P. COLLAER *ibid.* 1928 ; P. COLLAER, Les Choéphores de D. Milhaud, *ibid.* XVI, 1935 ; F. BALL, Milhaud's development of polytonal technique as evidenced by the Orestes trilogy and the Saudades do Brasil (diss. Univ. of Texas, 1955) ; B. BILLETER, Berliner Begegnungen 1963, *in* RMS III, 1963 ; R. ZINAR, Greek tragedy in theatre pieces of Stravinsky and Milhaud, *in* Dissertation Abstracts XXIX, 1968 ; J. DRAKE, The operas of D. Milhaud, New York, Garland, 1989.

J. DRAKE

Orfeo (Orphée), « favola in musica » (fable en musique) en un prologue et 5 actes, livret d'Alessandro Striggio, musique de **Claudio Monteverdi,** composée en 1607, créée à Mantoue, au palais ducal, le 24 févr. 1607, peut-être dans la galleria delli Specchia ou dans la galleria dei Fiumi. (Durée : 1 h 50 environ.)

Écrit pour être représenté durant la saison du carnaval devant l'Accademia degli Invaghiti, un cercle intellectuel et aristocratique évoluant à la cour des Gonzague à Mantoue, *Orfeo* est le premier opéra à avoir obtenu une place permanente dans le répertoire. Bien qu'il ait surtout été inspiré par le nouveau style monodique déjà exploité à Florence par Peri et Caccini, il fait également son profit des traditions du madrigal et de l'« intermezzo », donnant naissance de ce fait à une œuvre d'une originalité et d'une expressivité remarquables. A la différence de nombreuses productions musico-dramatiques de cette époque, *Orfeo* ne fut pas écrit pour une grande fête de cour ; aussi sa première représentation n'est-elle que peu commentée, ce qui entoure de mystère les débuts de son histoire. Hormis la certitude qu'il fut donné une deuxième fois à Mantoue le 1er mars 1607, il est douteux qu'il ait connu d'autres représentations durant le XVIIe siècle.

Au XIXe et au début du XXe s., l'intérêt pour la musique de Monteverdi fut relancé par les études de Winterfeld, Ambros, Vogel, Rolland et bien d'autres, et par l'édition d'*Orfeo* par R. Eitner. La première représentation moderne eut lieu à Paris sous la direction de Vincent d'Indy (Schola Cantorum, 25 févr. 1904), dans une version de concert considérablement tronquée qui n'en suscita pas moins un intérêt spectaculaire de la part de la critique ; *Orfeo* fut remis à la scène par M. Labey (Paris, Théâtre Réjeane, 2 mai 1911). Les principales représentations du début du XXe s. furent données en Allemagne sous la direction de W. von Bülow (Mannheim, Théâtre national, 25 mars 1925, éd. C. Orff), en Angleterre sous celle de J. Westrup (Oxford, Town Hall, 7 déc. 1927, éd. J. Westrup) et aux États-Unis sous celle de W. Josten (Northampton, Mass., Smith College, 11 mai 1929, éd. G. Fr. Malipiero). En plus de nombreuses éditions critiques de l'opéra et de celles imprimées pour les représentations, dont seule une partie a été publiée, divers compositeurs ont adapté plus librement la partition de Monteverdi, dont O. Respighi, Br. Maderna, et L. Berio.

Livret — Prologue. La figure allégorique de la Musique (sop.) fait l'éloge de la famille de Gonzague et parle de son pouvoir et de celui du chant d'Orfeo.

Acte I. La campagne de Thrace. Un pâtre (ténor) décrit les « tourments amoureux » d'Orfeo, qui se terminent puisqu'il est sur le point d'épouser Euridice, pendant que des nymphes et des bergers chantent les louanges d'Hymen, déesse du Mariage. Sollicité pour chanter « une chanson joyeuse qui parle d'amour », Orfeo (ténor) s'exécute par une poignante description de ses sentiments pour Euridice (sop.). Elle prête serment et le chœur répond par une invocation à Hymen pleine d'allégresse.

Acte II. Orfeo, à présent marié, se promène à travers sa campagne bien-aimée tout en se réjouissant avec un des bergers de son bonheur récent. Silvia (sop.), la Messagère, survient, apportant la nouvelle qu'Euridice est morte, mordue par un serpent alors qu'elle cueillait des fleurs. Éperdu, Orfeo décide d'aller chercher son épouse aux Enfers, cependant que les nymphes et les bergers méditent sur son destin malheureux.

Acte III. Les Enfers. L'espoir a guidé Orfeo jusqu'au Styx qu'il doit franchir pour pénétrer aux Enfers. Le nocher Caronte (basse) refuse de l'embarquer et reste inébranlable malgré ses prières. Cependant, le chant magnifique d'Orfeo plonge Caronte dans le sommeil : Orfeo prend alors la barque pour traverser. Un chœur d'ombres commente le fait que « rien de ce qui est tenté par l'homme n'est entrepris en vain ».

Acte IV. Proserpina (sop.) tente d'obtenir de son époux Plutone (basse) qu'il relâche Euridice. Ému par la supplication de son épouse, il la libère, mais à la condition expresse qu'Orfeo ne regardera pas derrière lui durant son retour vers la surface. Plutone et Proserpina chantent leur amour. — Orfeo s'en retourne triomphant, mais tandis qu'il quitte les Enfers, il s'inquiète de savoir si Euridice est bien derrière lui. Au bruit de voix menaçantes, il se retourne afin de se rassurer ; aussi Euridice est-elle ramenée parmi les ombres. Malgré ses efforts pour essayer de la suivre, il est entraîné vers la surface par des forces invisibles.

Acte V. La campagne de Thrace. Orfeo pleure la perte d'Euridice et déclare qu'il repoussera toutes les avances des autres femmes. Apollo (ténor) descend sur un nuage et le tance vertement pour sa mélancolie et sa complaisance à se faire l'esclave de ses émotions. Il enlève Orfeo aux cieux où il jouira de la vie éternelle, libéré des soucis de ce monde. Les nymphes et les bergers chantent un chœur édifiant et dansent une moresque pour célébrer l'événement.

L'histoire du dernier acte telle qu'elle est donnée par la partition imprimée — exposée ci-dessus dans ses grandes lignes — diffère de celle du livret. Après qu'Orfeo se soit lamenté au sujet d'Euridice, des bacchantes entrent tandis qu'il se retire et chantent un éloge à leur dieu. Aucune musique ne nous est parvenue pour cette seconde fin possible. Les rôles féminins furent certainement tenus par des castrats lors de la première.

De par sa structure en 5 actes et le poids de ses allusions classiques, le livret de Striggio est plus proche de la tradition de la pastorale et de l'« intermezzo » que de l'opéra plus tardif. Il fut particulièrement influencé par le mythe d'Orfeo tel qu'il nous est transmis par les *Géorgiques* de Virgile et les *Métamorphoses* d'Ovide, ainsi que par la première pièce en italien vernaculaire : *La favola di Orfeo* de Poliziano. Chez Striggio, l'intérêt réside moins dans les rapports amoureux entretenus par Orfeo avec Euridice que dans sa conquête des Enfers et son triomphe sur l'adversité. Avec son ton édifiant et sa fin néoplatonicienne, l'opéra fut certes soigneusement calculé pour séduire un auditoire intellectuel, telle l'Accademia degli Invaghiti, mais l'absence de centres d'intérêt plus humains et son registre sérieux ont probablement à rendre compte de son impopularité ultérieure.

La musique de Monteverdi, bien qu'elle exploite le nouveau style monodique, est néanmoins nettement tributaire de traditions plus anciennes. Parmi elles, la plus importante est celle de l'« intermezzo » dont les exigences instrumentales et chorales particulièrement somptueuses ont influencé la conception d'*Orfeo.* On trouve dans la préface de la partition une liste impressionnante des effectifs instrumentaux, accrue encore par des instructions données au cours de l'œuvre, qui réclament au total l'emploi de 42 instruments différents. Pour des raisons logistiques, il est peu vraisemblable que l'orchestre ait approché, même de loin, de cette dimension — un seul musicien couvrait plusieurs parties instrumentales —, mais les possibilités de contraste de texture et de timbre n'en demeuraient pas moins considérables. La supplique qu'Orfeo adresse à Caronte, *« Possente spirto... »* (Esprit puissant, divinité redoutable, acte III), qui contient des instructions détaillées concernant l'accompagnement, est sans doute le meilleur exemple de l'usage expressif que Monteverdi pouvait faire d'instruments différents.

L'écriture chorale, de même que les ritournelles instrumentales, montre une dette semblable envers l'« intermezzo ». L'apparition d'Apollo dans la scène finale, p. ex., et la musique de fête qui lui succède sont nettement caractéristiques. Néanmoins, on peut voir dans l'écriture des chœurs l'influence du madrigal. L'enjouement pastoral de *« Lasciate i monti »* (Quittez les montagnes, acte I) tandis que les nymphes et les bergers se réjouissent de la bonne fortune d'Orfeo, et les accents plaintifs de *« Ahi caso acerbo »* (Hélas ! événement cruel, acte II), lorsqu'ils méditent plus tard sur le coup cruel que le destin lui a porté, connaissent de nombreux précédents parmi les madrigaux du XVIe siècle.

L'emploi que fait Monteverdi de la monodie révèle une solide compréhension du nouveau style, dont il est significatif qu'il soit ici plus souple que chez ses prédécesseurs. Dans la scène d'Orfeo et de la Messagère, la forme de la ligne vocale et les changements harmoniques audacieux sur lesquels elle est fondée produisent une ambiance de désespoir authentique et de pathétique. Mais Monteverdi réalise déjà les limites de la monodie pure et l'on remarque une distinction sensible entre les passages syllabiques rapides et ceux où la répétition de mots et de phrases est écrite dans un style plus mélodique et plus lyrique. Cette seconde approche, plus manifeste dans *« Possente spirto »* notamment, est le germe à partir duquel l'aria se développera par la suite.

La particularité d'*Orfeo* réside dans le mélange d'éléments issus de traditions dramatiques et musicales différentes. En mettant à profit les ressources et les moyens que lui offraient l'« intermezzo » et le madrigal, Monteverdi insuffla au nouveau genre de l'opéra la variété et le contraste qui faisaient défaut aux œuvres de Peri et de Caccini, où la concentration monodique perdait rapidement l'attention de l'auditeur. Mais en dépit de sa grande originalité, l'influence d'*Orfeo* sur l'histoire des débuts de l'opéra a été généralement surestimée. A cause de son message intellectuel et de l'approche scholastique de son livret, il n'exerça que peu d'attrait au-delà de l'auditoire pour lequel il avait été initialement écrit : en effet, Monteverdi lui-même ne sembla pas l'avoir remonté. Bien qu'*Orfeo* ait été la première œuvre à montrer toutes les possibilités musicales de l'opéra, ce ne fut pas avant l'opéra vénitien des années 1640, qui accrut l'importance accordée aux sentiments humains, que le genre prit sa véritable envergure dramatique.

Sources — **a)** Livret : Mantoue, Osanna, 1607. — **b)** Musique : Venise, Amadino, 1609, rééd. en facs. par A. Sandberger, Augsbourg, Filser, 1927 ; Venise, Amadino, 1615, rééd. en facs. par D. Stevens, Farnborough, Novello, 1975.

Rééditions modernes — Par R. Eitner, *in* PäM X, Leipzig, Br. & H., 1881 ; par V. d'Indy, Paris, Schola Cantorum, 1905 ; par C. Orff, Munich, l'Auteur, 1923, 4/Mayence, Schott, 1929 ; par G. Fr. Malipiero, *in* Cl. Monteverdi. Tutte le opere XI, Asolo 1930, 2/Vienne, UE, 1954 ; par G. Benvenuti, Milan, Ricordi, 1935 ; par A. Wenzinger, Kassel, BV, 1953 ; par P. Hindemith, Vienne 1954 ; par Br. Maderna, Milan, Ricordi, 1967 ; par D. Stevens, Londres, Novello, 1967.

Bibliographie — A. Heuss, Die Instrumental-Stücke des Orfeo, *in* SIMG IV, 1902-03 ; R. de Castera, L'Orfeo de Monteverdi, *in* Guide Musical I, 1904 ; G. Cesari, L'Orfeo di Cl. Monteverdi all'Associazione di Amici della Musica « di Milano », *in* RMI XVII, 1910 ; J. Westrup, Monteverdi's « Orfeo », *in* MT LXVI, 1925 ; K. Müller, Die Technik der Ausdruckdarstellung in Monteverdis monodischen Frühwerken (diss. Berlin, 1931) ; H. Redlich, Zur Bearbeitungen von Monteverdis Orfeo, *in* RMS LXXVI, 1936 ; D. De' Paoli, A Few Remarks on « Orfeo » by Cl. Monteverdi, *in* The Chesterian XX, 1938 ; W. Apel, Anent a Ritornello in Monteverdi's Orfeo, *in* MD V 1951 ; A. Abert, Cl. Monteverdi und das musikalische Drama, Lippstadt 1954 ; W. Frobenius, Zur Notation eines Ritornells in Monteverdis l'Orfeo, *in* AfMw XXVII, 1971 ; H. Hell, Zu Rhythmus und Notierung des « Vi ricorda » in Cl. Monteverdis Orfeo, *in* Analecta Musicologica XV, 1975 ; L. Cammarota, L'orchestrazione dell' « Orfeo » di Monteverdi, *in* Venezia e il melodramma nel Seicento, éd. par M. Th. Muraro, Florence 1976 ; L'Avant-Scène Opéra, n° 5, sept.-oct. 1976 ; I. Fenlon, Monteverdi's Mantuan Orfeo : Some New Documentation, *in* Early Music XII/1, 1984 ; du même, The Mantuan Stage Works, *in* The New Monteverdi Companion, éd. par D. Arnold et N. Fortune, Londres, Faber, 1985, pp. 251-287 ; J. Whenham (éd.), Cl. Monteverdi « Orfeo », Cambridge, CUP, 1986.

E. West

Orfeo, « tragicommedia in musica » en un prologue et 3 actes, livret de l'abbé Francesco Buti, musique de **Luigi Rossi**, créée à Paris, au Palais-Royal, le 2 mars 1647, avec Anna Francesca Costa-Martelleni (Euridice), Rosina Martini (Venere), Atto Melani (Orfeo), Marc Antonio Pasqualini (Aristeo), dans des décors de Jacomo Torelli assisté de Charles Errard et de Sève l'aîné. C'est la 1re représentation d'un véritable opéra en France.

Musicien romain, Rossi était protégé du cardinal Antonio Barberini, au service de qui il était entré depuis 1641. Exilé par le pape Innocent X pour des transactions financières douteuses, le cardinal s'était réfugié en France avec sa famille. Grâce à l'appui de Mazarin, autrefois intendant de sa maison, il fit venir Rossi et ses musiciens à Paris en juin 1646. Celui-ci participe alors à des concerts de musique italienne et écrit des cantates très prisées de la reine. Il collabore avec des compositeurs français pour les divertissements donnés à Fontainebleau et renoue avec Pierre de Nyert. Commandé par Mazarin pour le carnaval de 1647, *Orfeo* occupa quelque 200 ouvriers et coûta une fortune. Il fut nécessaire d'éventrer le hall du Palais-Royal pour accueillir les machines et les décors. Or la Fronde est toute proche, le peuple miséreux gronde, les mazarinades se font l'écho des folles dépenses engagées par le ministre. Huit représentations eurent néanmoins lieu, dont le succès ne peut être démenti : l'ouvrage fut repris après Pâques, jusqu'au 8 mai, avec un égal triomphe. Quelques censeurs critiquèrent les « virtuosi » italiens, mal aimés des français jaloux de leur réputation (on leur reprochait la « violence » de leur chant) ; les castrats furent objet de risée.

Livret — Prologue. Dans une place forte assiégée, les armées françaises viennent de gagner une bataille. La Victoire (sop.), sur un char, chante la gloire et la puissance de cette France sur laquelle règne Anne d'Autriche. C'est par Orfeo, vainqueur des Enfers, que sera symbolisée la victoire du Bien sur le Mal.

Acte I. Un bocage. Endimione (bar.), père d'Euridice, consulte les augures qui annoncent la funeste destinée d'Orfeo (sop.) et d'Euridice (sop.) pourtant très épris l'un de l'autre. Repoussé par Euridice malgré sa constance, Aristeo (sop.) se lamente sur son destin. Venere (sop.), ennemie d'Orfeo, descend du ciel, entourée des Grâces et d'Amore (sop.). Tous intriguent. Le festin de noce des deux amants donne lieu à des danses quand, funeste présage, les torches s'éteignent.

Acte II. Palais, jardins. Venere intrigue toujours, cette fois déguisée en Vieille (alto). Mais Euridice est fidèle et, tandis qu'Aristeo continue à se plaindre, Amore, convaincu par Giunone (sop.), Momus (ténor) et Febo (alto), décide de révéler à Orfeo la trahison de Venere. Les Grâces s'en mêlent. Dans les jardins du Soleil, Euridice danse en compagnie des nymphes, mais Aristeo et le Satyre (bar.) cherchent à l'enlever. Mordue par un serpent, elle meurt en maudissant Aristeo et sans revoir Orfeo.

Acte III. Un désert affreux ; des cavernes et des rochers avec un antre en forme d'allée. Orfeo supplie les Parques qui acceptent de l'escorter aux Enfers tandis qu'Aristeo se lamente, assailli par l'ombre d'Euridice. Devenu fou, il se prend pour Deucalion ou le serpent Python, puis finit par se suicider. Giunone fait valoir à Proserpina (sop.) qu'Euridice peut être une rivale pour elle dans les Enfers. Elle intercède donc auprès de Plutone (bar.) pour qu'il fasse sortir Euridice, prenant Orfeo et sa lyre comme intermédiaires. Charmé, Plutone accepte de rendre Euridice, sous réserve qu'Orfeo ne se retourne pas durant le trajet de retour. Hélas ! Faute d'avoir obéi, Orfeo et Euridice seront changés en constellations et immortalisés par Jupiter (ténor). Mercure (alto) explique alors que la lyre d'Orphée est le lis de France dont l'apothéose d'Orfeo et Euridice est la représentation.

Le livret est souvent incohérent, désordonné, et ne respecte pas la sobriété du mythe antique. Le tragique se mêle au bouffon, le fantastique au réalisme. Les personnages sont mal caractérisés et les vers plutôt médiocres. Cependant, Buti a su intéresser le public français, d'autant que Mazarin avait fait distribuer aux spectateurs une analyse de la pièce.

Sur le plan musical, cet opéra fait apparaître les qualités de mélodiste et d'harmoniste de Rossi, tout comme l'incomparable raffinement de son art.

Quelques récitatifs se détachent de l'ensemble ; en particulier ceux qui approchent le style de l'air ou présentent des intervalles diminués, des chromatismes qui intensifient le côté pathétique (*« O tormento mortal »*, O tourment mortel, acte III, sc. 1, Aristeo ; *« Lagrime, dove sete ? »*, Mes pleurs, où êtes-vous, acte III, sc. 1, Orfeo ; la lamentation *« Lasciate Averno, O pene, e me seguite ! »*, Abandonnez l'Averne, ô peines, et me suivez, acte III, sc. 10, Orfeo).

Extrêmement diversifiées, les arias (« arie », « canzone », « canzonette », « duetti », trios) rachètent la faiblesse des récitatifs secs. Rossi emploie l'aria « da capo », comme dans l'« arietta » d'Euridice, *« Quando un core amorato »* (Quand un cœur amoureux, acte I, sc. 1), la « canzone » à refrain dans le duo d'Aristeo et de la Vieille, *« Speme, à dirla come và »* (Espérance, à supputer comment ça va, acte II, sc. 1), l'aria entrecoupée par une ritournelle, *« Fugace e labile »* (Fugace, instable, acte II, sc. 2). Élégant, le langage harmonique témoigne d'une sensibilité raffinée. Dans l'aria *« Mio ben, teco il tormento »* (Mon bien-aimé, avec toi le tourment, acte II, sc. 2), Euridice déroule une vocalise sur une basse obstinée constituée de quartes descendantes, source de dissonances douloureuses. On s'arrêtera aussi à l'arietta si expressive d'Orfeo, *« E che cercando vai »* (Pourquoi vas-tu chercher, acte I, sc. 2). Rossi excelle dans l'usage des dissonances, retards et anticipations. La ligne mélodique donne du caractère à des personnages que le livret n'avait pas su mettre en relief, ainsi la Nourrice (alto) grâce à son aria *« Voi non sapete ancora »* (Non, vous ne savez pas encore, acte I, sc. 1).

Les ensembles vocaux sont au moins aussi remarquables que les arias. On relèvera en particulier les duos d'Orfeo et Euridice (*« Che dolcezza »* [Quelle douceur, acte I, sc. 2], tout en demi-tons et dissonances, ou *« Se cosi dunque Amor »* [Si donc Amour, acte II, sc. 5]), et surtout les trios : *« Al fugor di due bel rai »* (A la splendeur de deux beaux yeux, acte I, sc. 1, Euridice, Endimione et la Nourrice), avec ses entrées en imitations et son alternance de rythmes simples, carrés et de mélodie ornée ; le trio des Grâces, *« Dormite begl'occhi, dormite »* (Dormez, beaux yeux, dormez, acte II, sc. 9), empreint de sensualité comme *« Non vi fidate, amanti »* (Amants, non, pas de confiance, acte III, sc. 7). Les « embellissements » sont tous écrits, sauf les ornements cadenciels. Mal à l'aise dans la bouffonnerie, Rossi excelle à traduire les sentiments délicats et mélancoliques.

Les chœurs font alterner polyphonie verticale et style fugué. Dans ce domaine, le sommet expressif est atteint avec *« Ah piangete »* (Ah ! pleurez, acte II, sc. 9) qui suit la mort d'Euridice, où Rossi emploie la forme strophique, chaque strophe entrecoupée par un récitatif d'Apollon.

Les sources restent muettes quant à l'instrumentation. La plupart des ritournelles et balletti (acte I, sc. 5 ; acte III, sc. 9) sont écrits à 4, à l'exception de la *Sinfonia avanti il prologo*, constituée de 26 mesures pour basse seule avec quelques signes de chiffrage, et de la coda du chœur à 4, *« All'imperio d'Amore »* (Au pouvoir d'Amour, acte II, sc. 9). La basse continue reste partout sporadique, peut-être inachevée, comme dans la « canzonetta » d'Aristeo, *« Non pianga »* (Je ne pleure pas, acte I, sc. 3). Il est également possible que Rossi ait laissé le soin d'écrire les intermèdes à des compositeurs français.

Sources — Rome, Bibl. Vaticana, fonds Barberini ; fonds Chigi ; Paris, BN (ms. copié par Palelli à la demande de R. Rolland en 1889).

Bibliographie — CL. FR. MENESTRIER, Des représentations en musique anciennes et modernes, Paris 1681, facs. Genève, Minkoff, 1972 ; J.-L. LECERF DE LA VIÉVILLE, Comparaison de la musique italienne et de la musique française, Bruxelles 1705, facs. Genève, Minkoff, 1972 ; FR. DE MOTTEVILLE, Mémoires pour servir à l'histoire d'Anne d'Autriche, Amsterdam 1739, facs. Paris, Mercure de France, 1986 ; A. ADEMOLLO, I primi fasti della musica italiana a Parigi (1645-62), Milan 1884 ; H. GOLDSCHMIDT, Studien zur Geschichte der italienischen Oper im 17. Jh., Leipzig 1901, rééd. 1967 ; R. ROLLAND, Notes sur l'Orfeo de L. Rossi et sur les musiciens italiens à Paris sous Mazarin, *in* Revue d'Histoire et de Critique Musicales I, 1901 ; du même, la représentation d'Orfeo de L. Rossi à Paris, *ibid.* ; H. PRUNIÈRES, Notes sur la vie de L. Rossi, *in* SIMG XII, 1910-11 ; A. CAMETTI, Alcuni documenti inediti su la vita di L. Rossi, compositore di musica, *in* SIMG XIV, 1912-13 ; H. PRUNIÈRES, L'opéra italien en France avant Lulli, Paris 1913, rééd. Paris, Champion, 1975 ; L. DE LA LAURENCIE, Les créateurs de l'opéra français, Paris 1930 ; H. PRUNIÈRES, Les musiciens du cardinal A. Barberini, *in* Mélanges de Mie offerts à M. L. de La Laurencie, Paris 1933 ; F. LIUZZI, I. musicisti italiani in Francia, Rome 1946 ; M. BUKOFZER, Musique in the baroque era, New York 1947, trad. fr. Paris, Lattès, 1982 ; A. GHISLANZONI, L. Rossi. Biografia e analisi delle composizioni, Milan 1954 ; M.-FR. CHRISTOUT, Le ballet de cour de Louis XIV (1643-72), Paris 1967 ; FL. TESTI, La musica italiana nel Seicento. Il melodramma, Milan, Bramante, 1970 ; J. R. ANTHONY, Baroque Music from Beaujoyeulx to Rameau, Londres 1974, trad. fr. Paris, Flammarion, 1982 ; C. MASSIP, La vie des musiciens de Paris au temps de Mazarin, Paris, Picard, 1976.

N. BERTRAND

ORFEO ED EURIDICE, « azione teatrale » de **Christoph Willibald Gluck**, voir ORPHÉE ET EURYDICE.

« ORGANICIS CANAMUS », séquence à saints multiples, comme → *« Sancti Baptistae »* adaptée à la « sequentia » → *« Justus ut palma »* composée au xe s. en l'abbaye de Saint-Martial-de-Limoges.

L'auteur du texte, très général car il devait pouvoir convenir à différents personnages, a utilisé la métaphore et le jeu de mots, puisant dans les ressources du vocabulaire musical théorique afin de vanter, dans un style figuré, les bienfaits de la foi.

« Alleluia », lance l'entrée A, tandis que la strophe B invite la foule à chanter des airs harmonieux (« Organicis modulis ») en rendant au Seigneur les odes (« odas ») qui lui sont dues, par toutes sortes de chants (« omnigenis vocibus », « vox » prenant ici le sens de son ou de note). Car, explique l'auteur (C), « Lui [le Seigneur], admirable parmi les saints, pare ceux-ci de la fleur multiple des vertus et les orne magnifiquement. En effet, en eux, comme en des instruments de musique ("musicis instrumentis") sous un doigt habile ("digito proprio"), la foi ("fides-ei") fait vibrer la lyre ("fides-ium") mélodieuse des vertus. » La 2e partie développe cette comparaison. En les parcourant harmonieusement (« numerose », selon les justes proportions, allusion au monocorde) une à une (strophe D), la mère des vertus [la foi] les mêle toutes quatre (« diatessaron virtutum », les quatre vertus cardinales) et, jointe (« composita ») à elles ainsi qu'il convient, produit un doux concert (« suavem symphoniam »). Sans elle (E), tout devient dissonance (« fiunt dissona »), et futilité, avec elle tout est consonance (« fiunt consona ») et utilité. Aspirant aux demeures célestes (F), les justes chantent (« decantant ») joyeux des cantiques nouveaux sur la lyre de Thrace », c'est-à-dire à pleine voix (« lyra treicia ») ; la présence de « decantant » invite à assimiler les cordes de la lyre aux cordes vocales, c'est-à-dire à la voix. Et (G + H) la prose conclut par un vœu : « En célébrant leur fête, que nous atteignions à la céleste patrie » A .

A « Organicis canamus »

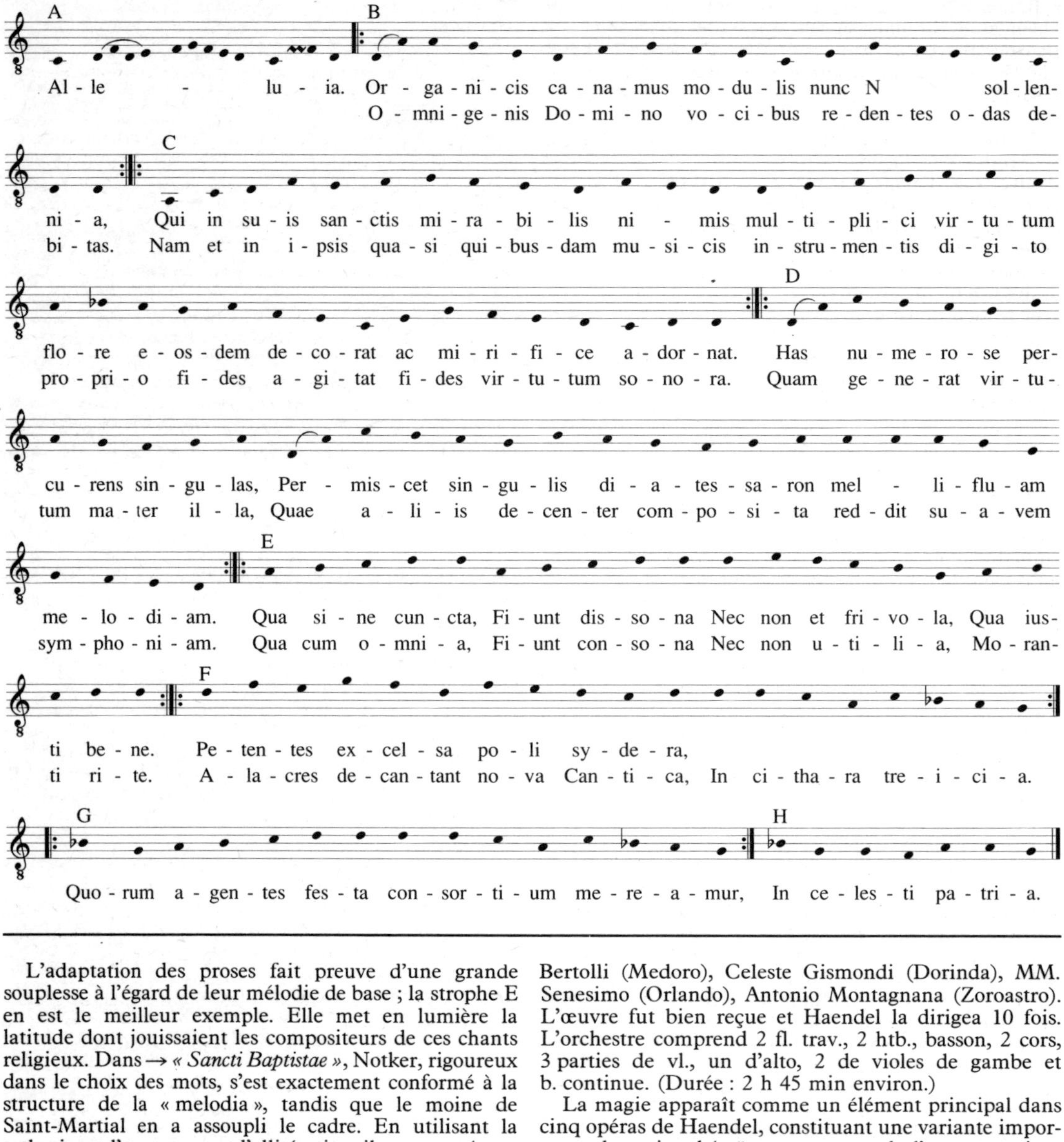

L'adaptation des proses fait preuve d'une grande souplesse à l'égard de leur mélodie de base ; la strophe E en est le meilleur exemple. Elle met en lumière la latitude dont jouissaient les compositeurs de ces chants religieux. Dans → *« Sancti Baptistae »*, Notker, rigoureux dans le choix des mots, s'est exactement conformé à la structure de la « melodia », tandis que le moine de Saint-Martial en a assoupli le cadre. En utilisant la rythmique, l'assonance et l'allitération, il a composé une œuvre qui est sans aucun doute l'écho des méditations philosophico-mathématico-musicales proposées à leurs élèves par les « cantores ».

Bibliographie — Voir celle de l'art. *« Justus ut palma »*.

A. Dennery

Orlando (Roland), « opera seria » en 3 actes, livret de Carlo Sigismondo Capeci d'après l'*Orlando furioso* de Ludovico Ariosto, musique de **Georg Friedrich Haendel,** composé d'octobre au 20 nov. 1732, créé à Londres, au King's Theatre de Haymarket, le 27 janv. 1723, avec Mmes Anna Maria Strada del Po (Angelica), Francesca Bertolli (Medoro), Celeste Gismondi (Dorinda), MM. Senesimo (Orlando), Antonio Montagnana (Zoroastro). L'œuvre fut bien reçue et Haendel la dirigea 10 fois. L'orchestre comprend 2 fl. trav., 2 htb., basson, 2 cors, 3 parties de vl., un d'alto, 2 de violes de gambe et b. continue. (Durée : 2 h 45 min environ.)

La magie apparaît comme un élément principal dans cinq opéras de Haendel, constituant une variante importante des sujets héroïques courants de l'« opera seria ». Par leurs transformations scéniques complexes, leurs ballets et l'usage d'effets spéciaux, ils ont contribué à développer l'aspect visuel du théâtre baroque. Les trois premiers sont des compositions de jeunesse : → *Rinaldo* (1711), *Teseo* (1713) et *Amadigi* (1715). Les deux autres, *Orlando* (1733) et → *Alcina* (1735), sont deux chefs-d'œuvre dont les livrets proviennent de la même source. La magie, la folie et les éléments fantastiques de l'histoire d'Orlando enflammèrent l'imagination de Haendel qui donna là l'une de ses musiques les plus belles et les plus originales.

L'histoire apparaît en premier lieu dans l'*Orlando furioso* de l'Arioste, publié en 1516. En 1711, Carlo Sigismondo Capeci rédigea un livret d'opéra pour

D. Scarlatti, *L'Orlando overo La gelosa pazzia*, qui fut joué à Rome. C'est ce livret qui fut adapté pour l'opéra de Haendel. R. Strohm a suggéré que les textes additionnels pourraient avoir été écrits par Nicola Francesco Haym et que Haendel lui-même aurait été pour beaucoup dans le résultat final.

L'ouverture, dans la tonalité inhabituelle de *fa* ♯ min., se termine par une gigue, peut-être destinée à un ballet d'ouverture. Le magicien Zoroastro (basse) scrute les étoiles et trace la destinée d'Orlando, *« Gieroglifici eterni »* (Éternels hiéroglyphes). Orlando (castrat haute-contre) entre, déchiré par un conflit qui oppose la gloire à l'amour. Zoroastro l'exhorte à débarrasser son cœur de désirs inhumains et offre à sa vue le palais de Cupidon avec le dieu trônant, divers héros de l'Antiquité assoupis à ses pieds. Orlando se résout à contrecœur à reprendre l'action héroïque, qu'il espère combiner avec la poursuite de l'amour ; son air *« Non fu già men forte Alcide »* (Alcide ne fut pas moins fort) est richement mis en musique avec des hautbois et des cors. La scène 4 est située dans une région boisée où se trouvent des huttes de bergers. La tristesse de la bergère Dorinda (mezzo-sop.), *« Quanto diletto avea tra questi boschi ! »* (Que de délices ai-je connues en ces bois !) fait contraste avec cette charmante scène de plein air. Mais le bruit d'un combat se fait entendre, et Orlando surgit avec une princesse, Isabella, qu'il vient de sauver des griffes d'un monstre. Dorinda médite sur la nature étrange de l'amour qui mêle joie et tourments, chaleur et froidure (*« Ho un certo rossore »*, Je rougis). Dans la scène suivante, Angelica (sop.), reine de Cathay, dont Orlando est épris, raconte comment elle est tombée amoureuse du prince blessé Medoro (mezzo-sop.) qui l'entend et répond à son amour. Lorsque Dorinda réapparaît, elle aussi amoureuse de Medoro, elle soupçonne le pire. Medoro lui déclare qu'il est lié à Angelica par le devoir. Dorinda en a le cœur brisé et chante un gracieux air de sortie, *« Oh care parolette »* (Oh doux propos). Zoroastro met Angelica en garde contre la jalousie d'Orlando et sa vengeance probable. Ce dernier entre et Zoroastro se cache. Angelico fait allusion à la princesse Isabella, mais Orlando maintient qu'il l'a seulement secourue et qu'il reste fidèle à Angelica. A l'arrivée inattendue de Medoro, Zoroastro, en faisant s'élever de terre une large fontaine qui le cache, évite qu'il rencontre Orlando. Au même moment, le décor fait apparaître un délicieux jardin. Angelica insiste pour qu'Orlando lui prouve son amour, et dans un air de sortie, *« Fammi combattere »* (Fais-moi combattre), celui-ci énumère divers exploits intrépides qu'il est prêt à accomplir pour elle. Medoro s'approche d'Angelica, qui lui apprend qu'Orlando vient tout juste de partir. Elle arrange un rendez-vous avec Medoro près d'une fontaine cachée. Alors qu'ils jouissent d'une dernière étreinte, Dorinda les interrompt. Angelica confesse que Medoro et elle sont fiancés et qu'il a trompé Dorinda. Elle tente de l'apaiser en lui donnant un bijou, mais Dorinda refuse d'être consolée. L'acte se termine par un long trio élaboré *« Consolati, o bella »* (Console-toi, ô [ma] belle) qui apporte à l'acte une conclusion raffinée.

L'acte II débute dans une forêt où Dorinda écoute un rossignol, *« Quando spieghi i tuoi tormenti »* (Quand tu exposes tes tourments). Orlando entre ; Dorinda l'entretient de ses tourments et de l'amour qu'Angelica porte à Medoro. Elle montre le bijou à Orlando qui le reconnaît pour celui qui lui avait été remis par un certain Zilante et qu'il avait à son tour donné à Angelica. Dorinda lui apprend qu'elle est elle-même amoureuse de Medoro. Dès cet instant, la conduite d'Angelica pousse Orlando à l'exaspération. Sous la protection de Zoroastro, Angelica et Medoro se préparent à fuir ensemble à cheval au royaume de Cathay. Ils gravent leur nom sur un arbre, *« Verdi allori sempre unito »* (Verts lauriers toujours unis). Comme ils partent, Orlando entre et voit leurs noms gravés. Il cherche les amoureux dans la caverne et surprend Angelica, qu'il poursuit dans les bois. Medoro les aperçoit et court défendre Angelica. Un gros nuage descend juste à temps pour la cacher et l'emporte dans les airs, accompagnée de quatre génies. La « scène de folie » d'Orlando commence alors. Poussé à une jalousie frénétique par l'amour qu'Angelica éprouve pour Medoro, Orlando imagine qu'il voit la barque de Charon sur les rives du Styx, Pluton la tête entourée de fumées et de flammes, Cerbère hurlant et Medoro reposant dans les bras de Proserpine. Au moment d'attaquer Medoro, les larmes de Proserpine le font hésiter, mais il endurcit son cœur et déclare que rien ne pourra jamais calmer sa furie, *« Vaghe pupille, non piangete, no »* (Jolis yeux, ne pleurez pas, non). Haendel met cette vision complexe en musique à travers une série de récitatifs accompagnés — certains virtuellement des ariosos reliés les uns aux autres —, suivis par un rondo comprenant des épisodes vifs et contrastés. La scène dure près de 200 mesures, avec 9 changements de mesure et quelques indications de tempo. Parmi ses singularités, on peut noter un bref emploi d'une mesure à 5 temps. Haendel l'introduit avec une absence caractéristique de symétrie dans des groupes de trois mesures. A la fin, Orlando se précipite furieusement dans la grotte qui s'ouvre violemment, découvrant Zoroastro assis sur un char. Zoroastro l'embrasse et tous deux s'envolent dans les airs.

Acte III. Après une sinfonia, Medoro, seul désormais, apparaît près d'une palmeraie et entre dans la caverne. Il y rencontre Dorinda qui, heureuse de le voir, l'invite à demeurer dans sa chaumière, loin du fol Orlando. Medoro souhaiterait pouvoir lui donner son amour, mais il n'est plus en mesure de le faire (*« Vorrei poterti amar »*, Je voudrais pouvoir t'aimer). Malgré tout, Dorinda déclare qu'elle l'aime toujours. Orlando fait soudain son entrée et lui demande son amour. Elle accepte avec hésitation, comparant leur union à celle de Jupiter et de Léda. L'esprit dérangé d'Orlando prend alors Dorinda pour Angelica. Il tire son épée pour combattre un Ferraut imaginaire (*« Già lo stringo, già l'abbraccio »*, Je l'étreins déjà, je l'embrasse déjà). Quand Angelica arrive, elle espère trouver Medoro dans la chaumière de Dorinda qui lui explique qu'Orlando a sombré dans la démence. Laissée seule, Dorinda chante *« Amore qual vento »* (Amour comme le vent) ; l'amour n'est que confusion et ennui. Puis Zoroastro apparaît avec les quatre génies pour expliquer que la raison d'Orlando a été vaincue par l'amour. Il change le décor en une sombre caverne. Dans *« Sorge infausta una procella »* (Une tempête néfaste s'élève), il prétend rendre à Orlando sa raison et prédit qu'une étoile apparaîtra en temps voulu pour les réjouir tous. Dans la scène suivante, Angelica trouve Dorinda en larmes. Elle explique qu'Orlando a détruit sa chaumière, ensevelissant Medoro sous ses ruines. Orlando entre, saisit Angelica de force et la jette dans la caverne qui se transforme immédiatement en un magnifique temple de Mars. Orlando croit que le monde est désormais délivré des monstres et tombe dans un sommeil profond. Zoroastro invoque les quatre génies ainsi qu'un aigle qui transporte un récipient en or. Il en verse le contenu sur le visage d'Orlando endormi. Celui-ci se réveille et recouvre ses esprits. Il demande à

Dorinda ce qui s'est passé ; elle lui répond qu'il a maltraité Angelica et assassiné Medoro. Par désespoir, Orlando court pour se jeter dans un précipice, mais Angelica arrive juste à temps pour l'en empêcher. Curieusement, elle est suivie par Medoro. Zoroastro explique qu'il a sauvé Angelica et Medoro de la fureur d'Orlando. Celui-ci rappelle l'assemblée à l'ordre et une statue de Mars apparaît au milieu du temple. Il déclare qu'il a vaincu des monstres féroces et des enchantements, qu'il est maintenant victorieux de lui-même et de l'amour, et donne Angelica à Medoro. Des réjouissances générales s'ensuivent.

Rééditions modernes — Par Fr. W. Chrysander, *in* G. Fr. Händels Werke, Leipzig et Bergedorf 1858-94, vol. LXXXII ; par S. Flesch, *in* Hallische Händel-Ausgabe, Kassel, BV, 1955 et suiv., vol. II/28.

Bibliographie — S. Flesch, Händels « Orlando », *in* 10. Händelfestspiele. Festschrift, Halle 1961 ; E. B. Jorgens, Orlando Metamorphosed. Handel's Operas after Ariosto, *in* Parnassus : Poetry in Review X, 1982 ; R. Strohm, Comic Traditions in Handel's « Orlando », *in* Essays on Handel and Italian Opera, Cambridge, CUP, 1985 ; W. Feinstein, Dorinda as Ariostean Narrator in Handel's « Orlando », *in* Italica LXIV, 1987.

R. J. Bruce

Orlando paladino (Roland le paladin), « dramma eroicomico » en 3 actes, livret de C. F. Badini écrit à l'origine à Londres en 1771 pour P. A. Guglielmi, musique de **Joseph Haydn** (Hob XXVIII : 11), créé à Eszterháza en déc. 1782. (Durée : 2 h 47 min environ.)

Du vivant de Haydn, cet opéra fut son œuvre théâtrale la plus largement répandue, représentée dans une vingtaine de villes d'Europe centrale, le plus souvent dans une traduction en allemand. La distribution comporte les rôles d'Angelica (sop.), Eurilla (sop.), Alcina (sop.), Orlando (ténor), Pasquale (ténor), Medoro (ténor), Licone (ténor), Rodomonte (basse) et Caronte (basse). L'amour d'Angelica et de Medoro est menacé par deux chevaliers errants, Orlando et Rodomonte, mais protégé par l'intervention opportune de la magicienne Alcina. Orlando est débarrassé de tout comportement agressif et l'opéra s'achève sur la troupe assemblée chantant le pouvoir purificateur de l'amour. Comme il est typique du genre du « dramma giocoso » — dont cette pièce est une variante —, l'action sérieuse des couches supérieures de la société fait contraste avec le comportement plus comique et humain d'Eurilla, une bergère, et de Pasquale, l'écuyer d'Orlando. La musique la plus frappante d'*Orlando* se place à l'acte III, *« Sogno, veglio »* (Je rêve éveillé), un récitatif accompagné suivi d'un air qui dépeint le chevalier s'éveillant d'un sommeil enchanté.

Rééditions modernes — Par K. Geiringer, *in* J. Haydn. Werke, éd. par le J. Haydn-Institut de Cologne, Munich, Henle, 1958 et suiv., vol. XXV/11.

Bibliographie — K. Geiringer, From Guglielmi to Haydn : the Transformation of an Opera, *in* IMS. Report of the XIth Congress Copenhagen 1972, éd. par H. Glahn, S. Sørensen et P. Ryon, Copenhague, W. Hansen, 1974, vol. I, pp. 391-395 ; L'Avant-Scène Opéra, n° 42, juil.-août 1982 ; voir aussi la bibliogr. de l'art. *(Lo) speziale.*

D. Wyn Jones

« O rosa bella », 1. ballata mise en musique à 3 voix par **Johannes Ciconia**. Selon N. Pirrotta, elle aurait été chantée avant qu'il en ait donné sa propre version, le texte étant probablement d'un auteur mineur de la Vénétie des environs de 1400. Si c'est Leonardo Giustinian (né v. 1390), il s'agirait alors d'une des dernières compositions de Ciconia. Celle-ci est transmise par deux sources différentes : Paris, BN, nouv. acquis. fr. 4379, f°s 46v-48r, qui en donne une version incomplète avec le texte au ténor et au supérius, et Rome, Bibl. apostolica vaticana, Urbino lat. 1411, f°s 7v-8r, qui ne comporte de texte qu'à la voix supérieure. La musique de Ciconia est d'une grande beauté, comme celle du texte, dont le sujet est de caractère amoureux. La simplicité en est la caractéristique générale. De nombreuses séquences qui répètent texte et musique, en imitation souvent au supérius et au ténor, soulignent les mots du texte les plus significatifs, p. ex. la répétition des mots « ay, lassa me » ou « socorimi » (« piedi » I et II), où la suppression à la voix supérieure des silences qui séparent les différentes séquences et l'altération des valeurs de ses notes initiales et finales contribuent à créer un climax tendu, soulagé bientôt par le tour mélodique descendant qui conclut la phrase [A]. Italienne par le traitement du texte surtout, cette ballata rappelle la musique française par ses combinaisons rythmiques.

2. Le Ms. Urbino lat. 1411 de la Bibl. vaticane, f°s 22v-23r, attribue à **John Dunstable** une 2e version musicale du poème, à 3 voix, toutes pourvues du texte, conservée sans nom d'auteur et avec de notables modifications dans plusieurs autres sources. Le Codex 714 de la Bibl. comunal de Porto, f°s 54v-56r, attribue cette version à **John Bedingham**. Le compositeur, peu expert des formes métriques italiennes, transforme la structure de la ballata en celle d'une ballade française. Malgré la fascination que le poème aurait dû éveiller en lui, la version musicale qu'il en donne, représentative par ailleurs de la « contenance angloise », est bien moins expressive que celle de Ciconia, et se rend indépendante par elle-même. Le texte ne devient qu'un prétexte et pourrait être changé sans que la musique s'en ressente. En 1473, au cours d'un banquet offert à Rome par le cardinal Pietro Riario, « cantosse in uno chitarino o rosa bella », probablement une réduction pour guitare de la ballade, qui n'exclut pas l'existence d'une partie chantée. Cette version serait peut-être identique à l'une des deux réductions que le Buxheimer Orgelbuch en conserve (f°s 17 et 59 r).

Éditions — **1.** J. Ciconia : par G. Adler et O. Koller, *in* Sechs Trienter Codices, DTÖ VII, 1919 ; par S. Clercx, *in* J. Ciconia. Un musicien liégeois et son temps, Bruxelles, Acad. des Beaux-Arts, 1960, vol. II, n° 15 ; par M. Bent et A. Hallmark, *in* Polyphonic Music of the 14th Cent. XXIV, Monaco, L'Oiseau-Lyre, 1985, n° 34. — **2.** J. Dunstable : par G. Adler et O. Koller, op. cit. (voir ci-dessus) ; par M. Bukofzer, *in* J. Dunstable. Complete Works, Mus. Brit. VIII, Londres, Stainer & B., 1953, n° 54, éd. revue par M. et I. Bent et Br. Trowell, 1970.

Bibliographie — N. Pirrotta, Ricercare e variazioni su « O rosa bella », *in* Studi Musicali I (avec transcr. musicale de la ballade anglaise).

M. C. Gómez

« O Rôze, Reyne des fleurs », air en vers mesurés à l'antique de **Claude Le Jeune**, voir (Le) Printemps.

Orphée aux Enfers, opéra bouffe en 2 actes et 4 tableaux, livret d'Hector Crémieux et Ludovic Halévy, musique de **Jacques Offenbach**, créé à Paris, au Théâtre des Bouffes-Parisiens, le 21 oct. 1858, avec Mmes L. Tautin (Eurydice), Macé (l'Opinion publique), Chabert (Diane), Enjalbert (Junon), C. Geoffroy (Cupidon), MM. Désiré (Jupiter), Léonce (Pluton-Aristée), Tayau (Orphée), Bache (John Styx), Jean-Paul (Mercure). Après 228 représentations, l'œuvre fut reprise en 1865 avec une célébrité du Boulevard, Cora Pearl, dans le rôle de Cupidon. Remaniée en féerie à grand spectacle (4 actes et 12 tableaux) en 1874, elle reçut un accueil triomphal pour 185 représentations. Premier ouvrage de grandes dimensions après une trentaine de pièces en un acte, *Orphée aux Enfers* ouvrait la prestigieuse carrière de J. Offenbach. (Le commentaire qui suit se rapporte à la version définitive.)

Livret — Acte I. « Le torchon brûle » chez Orphée (ténor) et Eurydice (sop.). Lasse d'un mari infidèle, violoniste prétentieux de surcroît, Eurydice rêve au berger Aristée, alias Pluton (ténor). Aussi Orphée se réjouit-il de la mort accidentelle de sa jeune femme, partie rejoindre le dieu des Enfers. Mais l'Opinion publique (mezzo-sop.) exige qu'il ramène Eurydice dans le droit chemin de la vie conjugale ; il ira donc la réclamer à Jupiter (bar.).

Acte II. Sur l'Olympe, rien ne va plus. Diane (sop.), Cupidon (sop.) et Mercure (ténor) reprochent à Jupiter sa tyrannie ; Junon (mezzo-sop.) le soupçonne de convoiter Eurydice.

Acte III. Aux Enfers, Eurydice s'ennuie, regrettant presque son mari. Pour la distraire, le majordome John Styx (bar., rôle ajouté pour l'acteur comique Bache) lui raconte sa vie passée puis la cache à l'arrivée des juges de Pluton. Mais Jupiter, métamorphosé en mouche pour la circonstance, parvient à la rejoindre et à la séduire. Ulcéré, Pluton rappelle la promesse faite à Orphée (celui-ci est autorisé, sous condition, à ramener Eurydice sur terre).

Acte IV. Voyant Orphée près de réussir, Jupiter, décidément jaloux et despotique, le distrait d'un coup de sa foudre et lui fait perdre tout droit sur son épouse. Le roi des dieux refuse aussi le plaisir de la conquête à Pluton : c'est à Bacchus qu'il abandonne Eurydice, changée en bacchante et vouée, consentante, au plaisir.

La musique sert avec une grande diversité expressive toutes les facettes d'un texte à l'élaboration duquel Offenbach a participé, orientant et corrigeant ses librettistes.

L'ouverture, remaniée en 1874, présente les principaux thèmes de l'œuvre. Seulement esquissé, le motif du Galop infernal explosera avec toute sa fougue dans le finale.

La douceur pastorale (mise en valeur des bois, technique du bourdon à la manière du XVIIIe s.) marque le chœur introductif des bergers (*« Voici voici la douzième heure »*, acte I), la chanson d'Aristée (*« Voir voltiger sous les treilles »*, ibid.) avec son alternance majeur-mineur, l'air de John Styx (acte III),

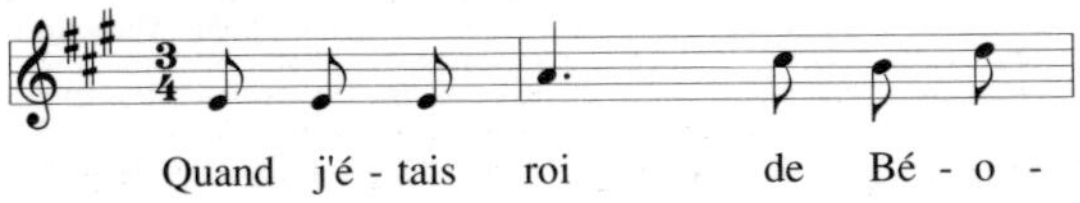

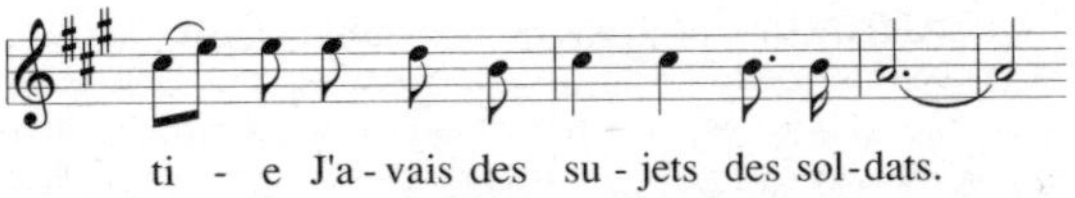

ainsi que la *Ronde du bourdon* (*« Le beau bourdon que voilà »*, chœur des policemen, acte III).

Divers procédés d'écriture visent à parodier le grand opéra : alliage des voix d'hommes graves et des bassons dans le chœur ridiculement pompeux du conseil municipal (*« Place, place au conseil municipal »*, acte I) ; trémolos des cordes, modulation pathétique à la tierce majeure, accord de 11e sur tonique dans l'*Invocation à la mort* d'Eurydice (*« La mort m'apparaît souriante »*, ibid.) ; grosse caisse, rythme haletant, appogiatures chromatiques au début du finale de l'acte I. Dans le même esprit, on retiendra le chœur de la révolte des dieux (*« Aux armes ! dieux et demi-dieux »*, acte II), le récit monocorde de l'Opinion publique (*« Voici le moment solennel ! »*, acte II) précédant la sentence de Jupiter (*« Punissant justement le crime et l'injustice »*, ibid.), enfin, le septuor parodique du tribunal infernal (*« Minos, Eaque et Rhadamante »*, acte III).

Offenbach a recours au lyrisme aimable de la romance dans les couplets d'Eurydice (*« La femme dont le cœur rêve »*, acte I) ou dans le *Duo du concerto* (*« Je vais, ma tendre amie »*, ibid.). La mélodie vocale s'étire parfois dans des courbes d'une grande plasticité, comme dans l'*Air en prose de Pluton* (*« On entend le roucoulement des colombes »*, acte II), dans le *Duo de la mouche* (acte III) et dans la *Vocalise de Diane* (acte IV), passage purement vocal sur tenue du chœur bouche fermée.

Ailleurs, le compositeur travaille sur des cellules courtes, des rythmes pressés : c'est le cas de la *Ronde des policemen* (*« Nez au vent, œil au guet »*, acte III). Le comique naît souvent de la distorsion entre le sérieux apparent du propos et la légèreté — voire la trivialité — du texte littéraire ou de la musique. Le finale de l'acte I joue sur le contraste cocasse entre un discours instrumental aux effets sombres et un texte très prosaïque (« Halte-là ! Ça n'peut pas s'passer comm'ça »), parfois même volontairement niais (« N'allez pas oublier Toto, ni Lolo, ni Coco ») dans la tyrolienne des petits élèves d'Orphée. Dans les couplets de Vénus, Cupidon et Mars (acte II), le contraste entre la mélodie capricieuse des soli, le sérieux du chœur et la trivialité du texte (« J'm'en vas filer car la consigne est de ronfler ») est de la même veine.

A « O ROSA BELLA »

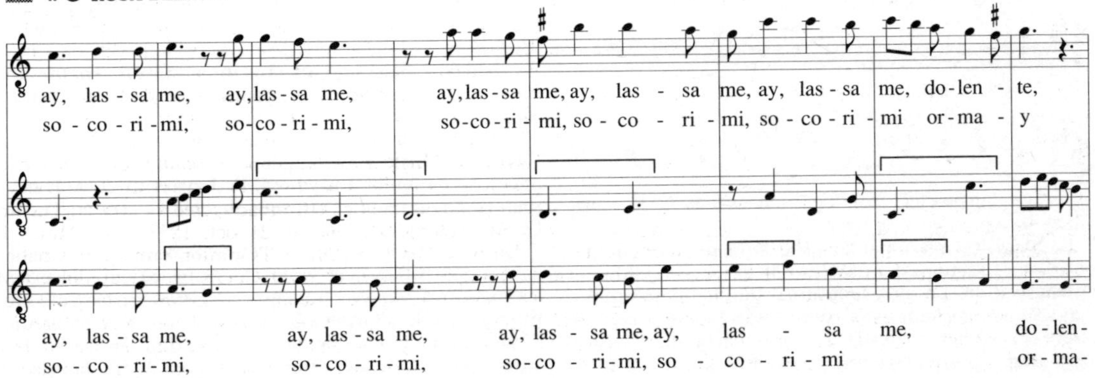

Les références à la danse sont fréquentes. Le menuet de l'acte IV

est un pastiche très réussi du menuet du Grand Siècle à la manière syllabique de Lully, avec ses décalages d'accents. La valse à la mode anime les *Adieux des petits violonistes* (acte I) et les *Couplets des baisers* de Cupidon (*« Pour attirer du fond de sa retraite »*, acte III). Les rythmes populaires égaient le *Rondo-saltarelle* de Mercure (*« Eh hop ! Eh hop ! Place à Mercure »*, acte II) ou le refrain en polka du *Rondeau des métamorphoses* (acte II) :

Offenbach fait entrer pour la 1re fois sur la scène lyrique le galop et le cancan des faubourgs, qui portent la frénésie des dénouements par leur tempo endiablé, une scansion vive et la réitération systématique de cellules mélodiques et rythmiques : ainsi le refrain du chœur du départ des dieux (acte II),

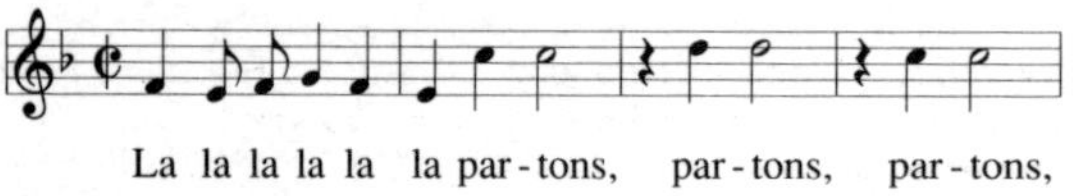

avec sa reprise à la tierce supérieure et son anacrouse accentuée, le chœur infernal (*« Vive le vin, vive Pluton »*, acte IV) et celui du *Galop infernal* (acte IV) :

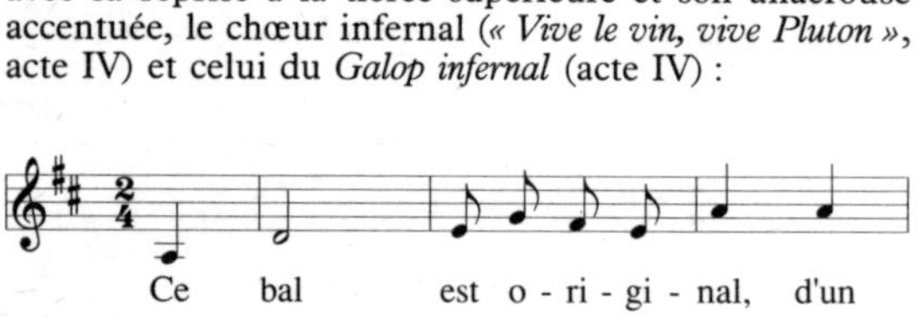

Les passages instrumentaux s'ordonnent en une juxtaposition de sections contrastées par le ton, le rythme et l'orchestration. Le plus significatif de l'habileté orchestrale du compositeur est sans doute le *Divertissement des songes et des heures* (acte II), avec une particulière délicatesse dans les effets de timbres (notes égrenées aux fl., sonnerie de cloche habilement utilisée tour à tour sur la tonique, la dominante et la médiante).

Le principe du mélodrame est employé avec bonheur dans la 1re intervention de l'Opinion publique (acte I) et dans l'*Air en prose* de Pluton.

Récemment délivré de la limitation à trois personnages imposée au Théâtre des Bouffes-Parisiens, Offenbach pèche sans doute par excès avec 14 rôles chantés. Il tombe parfois dans les pièges d'une action touffue, ralentie par des intermèdes chorégraphiques. Mais il sait camper de véritables scènes d'action dramatique (*Duo de la mouche* et Finale « à suspens » de l'acte IV). Il excelle aussi à prolonger le comique des situations et des mots par des effets musicaux. Les citations drolatiques de *La Marseillaise* (chœur de la révolte des dieux, acte II) et du célèbre *« J'ai perdu mon Eurydice »* de l'*Orphée et Eurydice* de Chr. W. Gluck (finale de l'acte II et mélodrame de l'acte IV) sont très efficaces à cet égard. L'essentiel de l'art d'Offenbach réside dans la légèreté générale du propos, qui feint parfois de s'attrister ou de s'enfler, mais se dissout toujours dans l'allégresse. En dévoyant la touchante légende antique par des anachronismes cocasses, par un ton familier à l'égard des héros divins et par le recours à une vulgarité triomphante, les auteurs visaient à railler la société du second Empire où régnaient les valeurs bourgeoises, l'hypocrisie et la recherche du plaisir. Et il se trouve que la satire politique et sociale — une tradition bien française — offrait un exutoire précieux à un large public. Aristocrates dépossédés de leurs privilèges, intellectuels marginaux, peuple exploité, et même, paradoxalement, bourgeoisie dominante, tous y trouvèrent leur compte car cette satire s'incarnait dans la grâce, l'impertinence et la bouffonnerie.

Éditions — Réd. cht et p., Paris, Heugel, 1858 (vers. en 2 actes), 1874 (vers. en 4 actes).

Bibliographie — A. Martinet, Offenbach, sa vie, son œuvre, Paris 1887, pp. 42-56 ; L. Schneider, Offenbach, Paris 1923 ; R. Brancour, Offenbach, Paris 1929 ; S. Kracauer, J. Offenbach ou le secret du second Empire, Paris 1937, pp. 193-204 ; J. Brindejont-Offenbach, Offenbach, mon grand-père, Paris 1940, pp. 14-15 ; A. Decaux, Offenbach, roi du second Empire, Paris 1958, 4/ Paris, Presses Pocket, 1974 ; A. Faris, J. Offenbach, Londres et Boston, Faber, 1980 ; D. Rissin, Offenbach ou le rire en musique, Paris, Fayard, 1980, pp. 39-41, 95-128.

M. Tendero

Orphée et Eurydice, de **Christoph Willibald Gluck**, 1re version en italien sous le titre *Orfeo ed Euridice*, « azione teatrale in 3 atti » (action théâtrale en 3 actes), livret de Raniero da Calzabigi, composée à Vienne en 1762, créée à Vienne, au Burgtheater, le 5 oct. 1762, avec le castrat G. Guadagni (Orfeo), M. Bianchi (Euridice), L. Clavarau (L'Amore), sous la dir. de Chr. W. Gluck ; 2e version en fr. sous le titre *Orphée et Eurydice*, tragédie opéra en 3 actes, livret de Pierre-Louis Moline d'après R. da Calzabigi, composée à Paris en 1774, dédiée à la reine, créée à Paris, à l'Académie Royale de Musique, le 2 août 1774, avec J. Le Gros (Orphée), S. Arnould (Eurydice), R. Levasseur (L'Amour), sous la dir. de L.-J. Francœur, ballets G. Vestris et M. Gardel. (Durée : 1 h 45 min environ.)

Entre les deux versions de ce même ouvrage, on relève de grandes différences, notamment en ce qui concerne les tessitures souvent transposées. Faute de castrats en France, le rôle d'Orphée fut transcrit une 4te plus bas, à l'intention de la voix de haute-contre de J. Le Gros. Les autres parties vocales sont transposées à des hauteurs variées ; dans les chœurs, cette transposition s'explique par le fait que Gluck remplaça les contraltos par des hautes-contre. Les récitatifs ont été entièrement récrits sur les textes de P.-L. Moline. Le cornetto et le chalumeau de la version de Vienne laissent la place à la clarinette et au hautbois. Dans la version parisienne, le compositeur ajouta plusieurs morceaux pour le ballet final (air vif, menuet, chaconne), correspondant à la tradition et à l'esprit français, ainsi que des airs nouveaux : ceux de l'Amour, *« Si les doux accords »* et d'Orphée → *« L'espoir renaît »*, à la demande de J. Le Gros (acte I), celui d'Eurydice (avec chœur), *« Cet asile aimable »* (acte II) et le trio *« Tendre amour »* (acte III).

« Voilà l'élégie, voilà l'idylle antique ; c'est Théocrite et Virgile », disait H. Berlioz qui, pour la représentation du 19 nov. 1859, remania la partition à l'intention du directeur du Théâtre-Lyrique Léon Carvalho et du contralto Pauline Viardot, qui reprit le rôle, en travesti, dans sa tessiture originelle. Berlioz apporta des corrections, introduisit des raccords mélodiques, rétablit quelques pages de la version viennoise (introduction instrumentale et chœur *« Misero giovane »* de l'acte II), certaines tonalités et des détails d'instrumentation, déplaça le trio *« Tendre amour »* du 1er au 2e tableau de l'acte III, choisissant entre deux récitatifs celui qui lui paraissait le plus remarquable. Il conserva l'ouverture, qu'il qualifiait d'« incroyable niaiserie » et l'air d'Orphée *« L'espoir renaît »*, qu'il attribuait à Ferdinand-Joseph Bertoni (il provenait en réalité d'ouvrages antérieurs, *Ezio* et *Antigono*). Plus curieuses sont les « cadenze » ou fantaisies vocales mirifiques de P. Viardot, approuvées par Berlioz, comme le fameux point d'orgue ajouté à l'avant-dernière mesure de l'air final de l'acte I **A**. Berlioz écrivait à ce sujet : « On est saisi, entraîné par ce torrent de vocalisations impétueuses motivées par la situation. »

LIVRET — Acte I. Orphée (contralto ou haute-contre) se lamente sur la tombe d'Eurydice (sop.). L'Amour (sop.) lui annonce que Zeus l'a autorisé à descendre aux Enfers afin de convaincre Pluton de lui rendre celle qu'il aime. Il devra se montrer bon poète et musicien. S'il réussit, il lui faudra éviter de regarder son amante avant d'avoir traversé le Styx, sinon, elle mourra.

Acte II. 1er Tableau. Le chant d'Orphée calme les Furies. — 2e Tableau. Aux Champs-Élysées, Orphée retrouve Eurydice.

Acte III. 1er Tableau. Orphée et Eurydice quittent les champs Élysées. Mais Eurydice ne comprend pas l'attitude de son amant, qui ne la regarde même pas et semble ne plus l'aimer. N'y tenant plus, Orphée, déchiré entre son amour et l'exigence de Zeus, se retourne. Eurydice meurt. Au comble du désespoir, Orphée s'apprête à se transpercer de son épée. Sa plainte pathétique touche l'Amour, qui ressuscite Eurydice. — 2e Tableau. Réjouissance finale.

R. da Calzabigi avait offert à Gluck, en 1761, de mettre en musique le livret italien d'*Orfeo* qu'il venait d'écrire. Le librettiste est responsable, pour une large part, d'un « nouveau genre d'opéra » sans récits interminables (« i passagi, le cadenze, i ritornelli ») qui dénaturaient les œuvres lyriques italiennes. « Si M. Gluck a été le créateur de la musique dramatique, il ne l'a pas créée de rien [...] : l'honneur de cette création nous est commun. » L'*Orfeo* italien représente donc la première manifestation de la réforme gluckiste, précisée dans l'Épître dédicatoire d'*Alceste* (1769).

Dans les deux versions d'*Orphée*, Gluck utilise psychologiquement la musique, qui soutient et sous-tend l'action dramatique, sans renier pour autant le spectacle baroque (avec danses et pantomimes, plus développées dans la version parisienne) et les airs ornementés (*« L'espoir renaît »*, acte I). Mais, d'une manière générale, les airs sont à la fois sobres et expressifs ; le « recitativo accompagnato » (et non plus « secco ») ou mieux, une déclamation accompagnée, accentue la couleur et la continuité dramatiques d'une œuvre où l'orchestre et les chœurs jouent un rôle théâtral capital.

La mélodie émane directement de l'harmonie qui lui sert de support. Cette harmonie — où abondent les accords de 7e diminuée et les modulations passagères — confère à la mélodie sa puissance expressive, suivant un nuancier qui permet en quelques mesures de passer de la plainte à la prière ardente, du trouble à la sérénité. J. Marnold évoque le « romantisme de la mélodie harmonique issue spontanément ici du tréfonds sentimental du drame », caractéristique que l'on retrouve dans les opéras de Gluck de cette période.

Des tournures mélodiques — leitmotive avant la lettre — apparaissent dans *Orphée* : il suffit de comparer les premières mesures du 1er chœur *« Ah ! dans ce bois tranquille »* (acte I)

avec celles du duo d'Orphée et Eurydice *« Je goûtais les charmes* (acte III)

A ORPHÉE ET EURYDICE

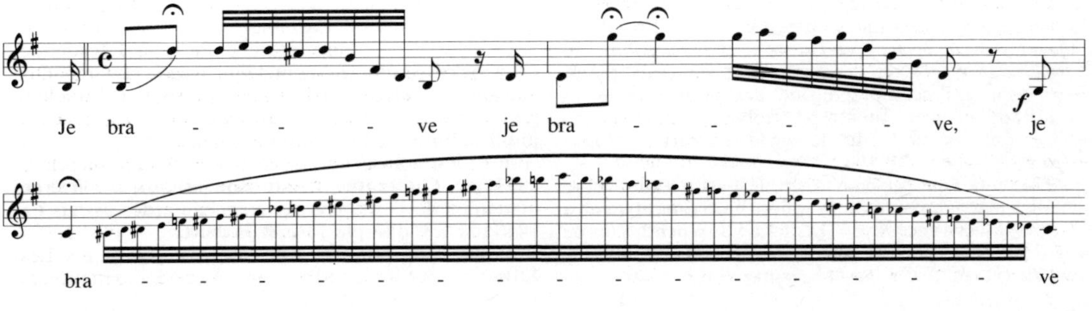

et de l'aria *« J'ai perdu mon Eurydice »* (ibid.).

La partition contient des passages dramatiquement saisissants, qui frappèrent les contemporains de Gluck. Au 1er acte, le cri d'Orphée (« Eurydice ! ») éclate par 3 fois au-dessus du chœur des bergers et des bergères (*« Ah ! dans ce bois tranquille »*), alternant les soli et les tutti. Un écho sinistre répond aux lamentations du héros (*« Objet de mon amour »*, scène 2) : un second orchestre placé derrière le théâtre répète les dernières notes du chant ou celles du premier orchestre, aussi bien au cours des trois couplets que des récitatifs insérés entre chacun d'eux.

Gluck emploie encore deux orchestres — dont l'un, « derrière le théâtre », suggère les sonorités d'une lyre antique (harpe et pizzicati des cordes) — pour le célèbre chœur des Furies *« Quel est l'audacieux »* (acte II). L'imploration d'Orphée est coupée par les dénégations insistantes des divinités infernales B. J.-J. Rousseau écrivait à propos de cette scène : « C'est que du même trait, et qui plus est du même accord, ce grand musicien a su tirer dans toute leur force les deux effets les plus contraires ; savoir, la ravissante douceur du chant d'Orphée, et le "stridor" déchirant du cri des Furies [...] ce "no" des Furies, frappé et réitéré de temps à autre pour toute réponse, est une des plus sublimes inventions en ce genre de connaissance. »

Les clameurs violentes s'apaisent progressivement par l'effet des sons enchanteurs de la lyre d'Orphée. Par contraste, le second tableau de l'acte II paraît idyllique, avec le ballet des Ombres heureuses, les airs d'Eurydice (*« Cet asile aimable et tranquille »*, avec chœur) et d'Orphée (*« Quel nouveau ciel pare ces lieux ! »*). L'acte III est riche de deux duos dramatiques entre Orphée et Eurydice : *« Viens ! suis un époux qui t'adore »* et *« Je goûtais les charmes d'un repos »*, ce dernier jouant sur deux plans, pour montrer l'incompréhension des protagonistes, et conduisant au geste funeste d'Orphée , *« Malheureux, qu'ai-je fait ? »*, suivi du lamento emporté, *« Chère épouse ! »*.

« J'ai perdu mon Eurydice » (acte III) est un air célèbre « qu'on a placé au-dessus de la sphère humaine, et qu'on a dénigré de façon excessive » (L. de La Laurencie). Lors de la 1re représentation viennoise, la princesse Esterházy trouvait cet air (*« Che farò senzo Euridice ? »*) « trop gai pour un homme qui veut se tuer ». Ce qui rejoint l'avis de Cl. Debussy, jugeant impolie la manière dont Gluck interrompait l'action pour faire chanter à Orphée « une romance qui n'indique pas précisément un si lamentable état d'âme ».

Ce n'est pas le seul reproche adressé par Debussy à « Monsieur le Chevalier C. W. Gluck ». Selon lui, ce dernier a pris la place de Rameau, traité le récitatif d'une façon pompeuse et fausse, n'a rien compris à la prosodie française : il accentue la langue à l'allemande, alors que la langue française doit être nuancée. Surtout, cet art « d'apparat et de cérémonie » a le grave défaut, à ses yeux, de contenir « l'enfance des formules wagnériennes ». Gluck s'était borné à affirmer que sa musique ne tendait « qu'à la plus grande expression et au renforcement de la déclamation et de la poésie ». Ce que Wagner traduira par : « Il se donne la peine de parler en musique d'une manière précise et intelligible. »

Sources — Part. d'orch., mss autographes fragmentaires, Paris, Bibl. de l'Opéra, Rés. 89 ; Paris, BN, Cons. Mss 367, 369.

Éditions et rééditions — **a)** Version viennoise, Paris, Duchesne, 1764 ; éd. mod. par A. A. Abert et L. Finscher, *in* Chr. W. Gluck Sämtliche Werke I/1, Kassel, BV, 1963. — **b)** Version parisienne, Paris, Lemarchand, [1774] ; éd. mod. par L. Finscher, *in* Chr. W. Gluck Sämtliche Werke I/6, Kassel, BV, 1967. — **c)** Version H. Berlioz, Paris, Escudier, 1859.

Bibliographie — J.-J. Rousseau, Extrait d'une réponse du Petit-Faiseur à son prête-nom, sur un morceau de l'Orphée de M. Le Chevalier Gluck, Genève 1781, rééd. *in* Écrits sur la musique, Paris, Stock, 1979 ; H. Berlioz, A travers chants, Paris 1862, rééd. *in* Œuvres littéraires de H. Berlioz, Paris, Gründ, 1971 ; M. Fürstenau. Über die Schluss-Arie des ersten Aktes aus Glucks französichem Orpheus, *in* Berliner Musikzeitung Echo XIX, 1869 ; B. Gugler, Urform einer Nummer in Glucks Orpheus, *in* Leipziger allgemeine musikalische Zeitung XI, 1876 ; E. de Bricqueville, Deux polémiques. Chr. Gluck et R. Wagner, Paris 1881 ; J. Tiersot, Étude sur Orphée de Gluck, *in* Le Ménestrel LXII/35-49, 1896, LXIII/27-28, 1897 ; Cl. Debussy, Lettre ouverte à Monsieur le Chevalier C. W. Gluck, *in* Gil Blas, 23 févr. 1903, rééd. *in* Monsieur Croche et autres écrits, Paris, Gallimard, 1971, pp. 98-101 ; A. Jullien, Musiciens d'hier et d'aujourd'hui, Paris 1910, pp. 40-47 ; J. Marnold, Musique d'autrefois et d'aujourd'hui, Paris 1911, pp. 305-309 ; W. Vetter, Stilkritische Bemerkungen zur Arienmelodik in Glucks Orfeo, *in* ZfMw IV/1, 1921 ; H. W. von Waltershausen, Orpheus u. Eurydike, Munich 1923 ; P. Brück, Glucks Orpheus u. Eurydike, Stilkritischer Vergleich der Wiener Fassung 1762 u. der Pariser Fassung 1774, *in* AfMw VII, déc. 1925 ; L. de La Laurencie, Orphée de Gluck, Paris 1934 ; A. Loewenberg, Gluck's Orfeo on the stage with some notes on other Orpheus operas, *in* MQ XXVI, 1940 ; J.-G. Prod'homme, Chr. W. Gluck, Paris 1948, 2/ Paris Fayard, 1985, pp. 109-117, 210-211 ; L. Finscher, Der verstümmelte Orpheus : über die Urgestalt u. die Bearbeitung von Glucks Orfeo, *in* NZfM CXXIV, 1963 ; du même, Che farò senza Euridice ? Ein Beitrag zur Gluck-Interpretation, *in* Fs. H. Engel, Kassel 1964, pp. 96-110 ; F. W. Sternfeld, Expression and Revision in Gluck's Orfeo and Alceste, *in* Essays presented to Egon Wellesz, Londres 1966 ; L. Finscher, Über die Originalfassung von Glucks Orphée, *in* Jb. der Akademie der Wissenschaften in Göttingen 1968, 1969 ; G. Allroggen, La scena degli Elisi nell'Orfeo, *in* Chigiana XXIX-XXX, 1975 ; D. Heartz, Orfeo ed Euridice : Some Criticisms, Revisions and Stage-realizations during Gluck's Lifetime, *ibid.* ; Orphée, *in* L'Avant-Scène Opéra, nº 23, sept.-oct. 1979 ; G. Paduano, La « costanza » di Orfeo. Sul lieto fine dell' Orfeo di Gluck, *in* Rivista Italiana di Musicologia XIV/2, 1979 ; P. Howard, C. W. Gluck : Orfeo, Cambridge, CUP, 1981.

Chr. Goubault

ORPHÉON, répertoire de musique vocale sans accompagnement à l'usage des écoles parisiennes et des adultes réunis dans les sociétés chorales du même nom. La publication de ces 8 recueils réunissant 300 pièces à une voix ou harmonisées à 2, 3 ou 4 voix, fut commencée en 1833 par **Guillaume Louis Bocquillon**, dit **Wilhem**, fondateur de l'Orphéon, et terminée après sa mort en 1846 par son disciple **Joseph Hubert**.

Entreprise à l'imitation des recueils de H.G. Nägeli en Suisse, et des livres utilisés en Allemagne ou en Suède, l'*Orphéon* fut la première publication spéciale et périodique de musique chorale en France. En choisissant le format in-8°, l'éditeur espérait qu'un usage commode contribuerait « à former ou à entretenir le bon goût musical de la jeunesse ». Les cahiers offraient une grande variété de genres et de styles de musique. Le choix des pièces, destinées à toutes les circonstances de la vie civile, révèle les ambitions élevées de Wilhem : faire chanter les plus belles œuvres musicales par tous. A cette fin, il choisit des chœurs extraits d'opéras de Haendel, Gluck, Grétry, Salieri et quelques rares pages de Mozart, alors peu connu en France. On y trouve aussi quelques chansons populaires françaises et davantage de chansons étrangères, marche allemande, air irlandais, nocturne italien, dont les paroles sont adaptées en français. Certains petits canons de Wilhem lui-même, comme *Le Bourdon et la clochette*, ont passé à la postérité. Malheureusement, près de la moitié du répertoire proposé aux chanteurs de l'*Orphéon* est due aux gloires officielles du moment, Cherubini, Rossini, Berton, Delafage, et à des inspecteurs de musique, professeurs ou directeurs du Conservatoire qui ont leur part dans la création de ce que l'on a appelé le « style orphéonique », fait de grandiloquence, de pompe inutile (*« Salut au jour qui nous appelle »*) avec accompagnement d'onomatopées, recherche d'effets et tout un arsenal de formules qui diffèrent peu du style des opéras et des œuvres instrumentales à succès de la même époque. Force est de constater que la réalisation ne correspond pas au but de l'*Orphéon* tel que l'avait conçu Wilhem.

B. Lespinard

« Or sus, or sus vous dormez trop » ou *Le Chant de l'alouette,* deux chansons à 3 ou 4 voix de **Clément Janequin**. C'est en Italie, dès 1520, que paraît la première version à 3 voix, anonyme, dans les *Chansons à troys* publiées par A. Antico et L. A. Giunta. Huit ans plus tard, P. Attaingnant en publie une seconde version à 4 voix, parmi les *Chansons de Maistre Clément Janequin.* Cette polyphonie connaîtra au moins 7 rééditions successives jusqu'en 1559. Dans l'une d'elles (*Le Difficile des chansons*, Lyon, J. Moderne, 1544), le contraténor est différent. Témoignage de sa célébrité, M. Guilliaud en cite un extrait dans ses *Rudiments de musique pratique* (1554) comme exemple de proportion sesquialtère. Enfin, tout a fait à la fin du siècle, **Cl. Le Jeune** s'y intéresse au point de lui adjoindre une cinquième voix : il ajoute aussi une « seconde partie toute de Claude Le Jeune », qu'il intercale au milieu. Cette ultime version sera publiée après sa mort, dans → *Le Printemps*, en 1603.

La chanson de Janequin présente aussi un phénomène tout à fait exceptionnel dans la musique de cette époque : le polyphoniste y met en musique un texte très ancien, connu par un virelai anonyme du XIVe s., conservé dans le Codex d'Ivrée. Dans ces polyphonies profanes de l'Ars subtilior, liées à la cour papale d'Avignon, un groupe de compositeurs semble, en effet, s'être intéressé à la dimension descriptive des polyphonies vocales, fondée sur les onomatopées. Janequin y exploite la même idée, mais, ce qui au XIVe s. était ornement accessoire devient chez lui essentiel. Il est intéressant, cependant, que les onomatopées y surgissent au sein même du langage articulé, dans la manipulation rythmique et polyphonique de formules signifiantes (« Petite petite » — « Que dit Dieu » « Il est jour »). Janequin y joue en virtuose de la superposition polyrythmique obtenue par la simple répétition d'un motif trisyllabique (« Il est jour ») dont l'appui se déplace à chaque énoncé.

Les véritables onomatopées n'interviennent qu'ensuite, expression d'une véritable culture populaire dont les polyphonistes du XIVe s. s'étaient déjà nourris. Il s'y mêle très vite diverses formules d'invectives (« Qu'on tue ce faulx jaloux cornu coqu ») qui introduisent à leur tour, allusivement, les thèmes favoris de la culture populaire, dans un esprit très proche de la fricassée. On y discerne jusqu'à des formules liturgiques (« Te rogamus audi nos »). Mais, au sein de cette polyphonie quasi incohérente, le langage se reconstruit petit à petit pour amener la conclusion, comme une invitation au plaisir : « Que chacun face son plaisir / Ou aultrement t'en va mourir. »

Rééditions modernes — Par H. Expert, *in* Extraits des Maîtres Musiciens de la Renaissance française, Paris, Salabert ; par Fr. Lesure et A. Tillman-Merritt, *in* Cl. Janequin, Chansons polyphoniques I, Monaco, L'Oiseau-Lyre, 1965 ; par Ph. Caillard, *in* Publ. de l'Ensemble vocal Ph. Caillard, Paris s. d. ; *in* Coll. « Plein Jeu », Paris, Heugel, 1978.

Bibliographie — M. Brenet, Musique et musiciens de la vieille France, Paris 1911 ; J. Chailley, Le Chant de l'alouette de Janequin et son modèle médiéval, *in* Mélanges... H. Chamard, Paris 1951 ; Fr. Lesure, Cl. Janequin, Recherches sur sa vie et sur son œuvre, *in* MD V, 1951 ; Y. Giraud, Zu Cl. Janequins Chant de l'alouette, *in* Mf XXII, 1969 ; J.-Cl. Margolin, L'expression de la culture populaire dans les chansons de Cl. Janequin, *in* J.-M. Vaccaro (éd.), La chanson à la Renaissance, Tours, Van de Velde, 1981.

J.-P. Ouvrard

« Or voit tout en aventure », ballade à 3 voix de **Guido** [de Lange ?] transmise par le Manuscrit de → Chantilly, Musée Condé 564, f° 25v. Ce morceau est devenu l'un des plus connus de la fin du XIVe s. pour avoir servi comme argument à U. Günther dans sa définition de l'Ars subtilior. Guido se réfère dans son texte à un nouveau style musical, consciemment opposé aux canons esthétiques de l'Ars nova. Le refrain, « certes se n'est pas bien fayt », synthétise le principe esthétique fondamental de la nouvelle musique, « qui doit à chascun desplayre » (v. 4), étant contraire « de bon art qui est

B Orphée et Eurydice

parfayt » (v. 6). Au lieu de prendre pour modèle Philippe [de Vitry], déjà mort quand Guido écrit la ballade (v. 10-12), celui-ci et ceux qui partagent ses idées préfèrent suivre Marquet [de Padoue], « le contrafayt » (v. 13), puisque son art « [...] n'a mesure, / n'onques riens ne sant parfayre » (v. 15-16). L'épithète « le contrafayt » n'est sans doute pas appliqué à Marchettus dans un sens littéral, mais plutôt figuré, signifiant « celui qui fait contrairement à ce que font les autres ». Le théoricien italien semble avoir été le premier à parler de la subdivision du temps parfait en 12 parties – duodenaria —, ouvrant la voie à un nombre considérable de possibilités rythmiques, envisagées comme « non mesurables » par certains théoriciens français ; ceux-ci, suivant Vitry, ne prévoyaient la subdivision de la brève parfaite qu'en un maximum de 9 parties ou minimes. Le manque de mesure de l'art de Marchettus à laquelle Guido fait allusion peut se référer aussi aux changements fréquents de mesure de la musique italienne du Trecento, étrangers à la musique française de l'Ars nova. Le texte de la ballade se termine en parlant de figures musicales qui échappent à « l'oull varieus de bon trayt » (v. 20), autrement dit, qui égarent l'œil, manquant de point de repère pour reconnaître des combinaisons rythmiques compliquées ou des figures différentes, de signification identique.

La ballade comporte la brève divisée en 12 minimes ; par là elle se différencie des compositions françaises qui suivent le style de Vitry et de Machault et se rapproche des principes de la musique italienne du Trecento. D'autre part, on y trouve employées plusieurs sortes de « dragma », figure musicale qu'on croit d'origine italienne. Curieusement, la valeur que Guido leur attribue coïncide avec celle d'autres figures plus simples qu'il emploie aussi (dragma simple = minime ; dragma avec des crochets à droite ou à gauche, ou seulement à droite = semi-minime), ce qui devient un piège pour le lecteur non avisé, qui se heurte encore aux brèves de couleur rouge et aux semi-brèves caudées de valeur identique aux précédentes. Guido reste donc fidèle à son programme, mais plutôt qu'un modèle, sa ballade devint un point de départ pour les compositeurs de la fin du XIVe s. qui ont fait de la complication un principe musical. Si le style de *« Or voit »* est plus complexe que celui qui caractérise l'Ars nova, on n'y trouve pas encore les longues chaînes de syncopes ou les rythmes conflictuels qui deviendront plus tard typiques de l'Ars subtilior.

Éditions — Par J. Wolf, *in* Gesch. der Mensuralnotation II, Leipzig, Br. & H., 1904 (éd. diplomatique) ; par W. Apel, *in* CMM 53/1, Amer. Inst. of Musicology, 1970-72, n° 39 ; par G. K. Greene, *in* Polyphonic Music of the 14th Cent. XVIII-XIX, Monaco, L'Oiseau-Lyre, 1981-82, n° 28.

Bibliographie — G. Reaney, art. Guido, *in* MGG V, 1956 ; U. Günther, Les Colloques de Wégimont 1955, *in* Mf XIV, 1961 ; de la même, Das Ende der Ars nova, *ibid.* XVI, 1963 (avec transcription musicale).

M. C. Gómez

« O SACRED AND HOLY BANQUET », motet de **Thomas Tallis**, voir « O SACRUM CONVIVIUM ».

« O SACRUM CONVIVIUM » (O banquet sacré), motet à 5 voix (S A T B B) de **Giovanni Pierluigi da Palestrina**, paru dans son second livre de motets, *I.P. Praenestini motettorum* [...] *liber secundus...*, Venise 1572 (rééd. 1588 et 1594).

Ce motet pour la fête du Saint-Sacrement (ou Fête-Dieu) reprend les paroles et, en son début, la mélodie de l'antienne grégorienne de la même fête (*Antiphonaire monastique*, p. 555). Sous une étendue réduite, il condense une grande diversité de types d'écriture, toujours mis au service du texte et de son contenu expressif. Les premiers mots, « O sacrum convivium », instaurent un climat recueilli avec le thème grégorien exposé en valeurs très longues par le soprano, à la manière d'un « cantus firmus ». Le modèle liturgique disparaît ensuite pour laisser la ligne s'épanouir librement (« sumitur », le Christ est mangé) et suggérer par un thème maintes fois répété en imitations serrées la pérennité du rite (« recolitur memoria », le souvenir en est conservé). Puis la Passion est évoquée par une lente courbe descendante (« passionis ejus »), et l'écriture se fait plus verticale pour traduire par des altérations modulantes la fervente adoration du croyant (« mens impletur gratia », l'âme est envahie par la grâce). La conclusion, pleine d'élan, amène une ambiance de joie mystique (« et futurae gloriae », et de la gloire future).

Rééditions modernes — Par Th. De Witt, *in* Pierluigi da Palestrina's Werke II, Leipzig, Br. & H., s.d. ; par R. Casimiri, *in* G.P. da Palestrina. Le opere complete, Rome 1939 et suiv., vol. VII.

J. Viret

« O SACRUM CONVIVIUM », motet à 5 voix de **Thomas Tallis**, publié en 1575, extrêmement populaire à la fin du XVIe et au XVIIe siècle. Son histoire est exceptionnellement variée. Il apparaît d'abord comme une fantaisie pour les violes dont seules deux voix subsistent. Plus tard, probablement dans les années 1560, Tallis supprima plusieurs sections de la polyphonie et ajouta une nouvelle fin ainsi qu'un texte. Pendant quelques années, jusqu'à la publication finale, il continua à apporter des changements mineurs à la musique, récrivant les parties intérieures de la polyphonie et condensant ou allongeant de diverses manières les cadences.

La musique survit en association avec des textes variés, un en latin et plusieurs en anglais. On ne sait pas avec certitude quels sont ceux que Tallis adapta lui-même à la polyphonie bien que la version latine *« O sacrum convivium »* soit clairement de son propre choix. Les autres textes commencent par *« I call and cry to thee »* (Je t'appelle et crie vers toi), *« Deliver us, o Lord our God »* (Délivre-nous, Seigneur notre Dieu) et *« O sacred and holy banquet »* (O repas sacré et saint), traduction du texte latin. Aucune œuvre de la période Tudor n'existe dans d'aussi nombreuses versions. Les raisons de cette extraordinaire popularité sont inconnues. C'est peut-être l'écriture compacte et le contrepoint relativement abstrait, aisément adaptable à des textes différents, qui valurent à la musique un statut « classique » durant la vie de Tallis et le maintien au répertoire longtemps après sa mort. Ce motet a été souvent réimprimé et est toujours fréquemment interprété en Angleterre.

Rééditions modernes — Par A. Greening, *in* Tudor Church Music LXXIV, Londres, OUP.

Bibliographie — P. Doe, Tallis, Londres, OUP, 1976 ; J. Milsom, A Tallis Fantasia, *in* MT CXXVI, 1985.

J. Milsom

« O SACRUM CONVIVIUM », motet d'**Olivier Messiaen** pour chœur à 4 voix mixtes ou 4 voix solistes avec accompagnement d'orgue ad libitum, composé à Paris en 1937, à la demande de l'abbé Brun, dédié au Saint-Sacrement. (Paris, Durand, 1937 ; durée : 3 min 30 s environ.) Le langage musical simple et dépouillé de cette méditation, que l'auteur souhaite « lente et expressive », est caractéristique de celui de Messiaen, tant harmoniquement que rythmiquement ; elle est en *fa* ♯ maj., « tonalité de l'Amour mystique ». Sa simplicité en fait la pièce la plus accessible de toutes celles que Messiaen a écrites pour les voix ; le répertoire liturgique ne l'a dès lors pas ignorée, mais, semble-t-il, davantage à l'étranger qu'en France.

Bibliographie — H. Halbreich, O. Messiaen, Paris, Fayard, 1980, p. 327 ; O. Messiaen, plaquette du disque ARN 38775 [v. 1984].

V. Mataigne

« O salutaris », cinquième et sixième strophe de l'hymne au Saint-Sacrement → *« Verbum supernum »*, parfois chantées séparément.

« Oselleto salvazo », madrigal de **Jacopo da Bologna** dont on conserve deux versions musicales, l'une à 2 voix et l'autre, une caccia-madrigal, à 3 voix, copiées dans des sources différentes : Florence, Bibl. Medicea Laurenziana, Pal. 87, f°s 12-13 r (2 v.) et 13 v (3 v.) ; Florence, Bibl. nazionale centrale, Panciatichiano 26, f°s 68 v-69 r (2 v.) et 72 v-73 r (3 v.) ; Paris, BN, nouv. acquis 6771, f°s 8 v-9 r (3 v.) et 17 r (2 v.) ; Londres, BrM, Add. 29987, f°s 15 v-16 r (2 v.) ; Paris, BN, fonds ital. 568, f°s 43v-44r (3 v.) ; Padoue, Bibl. universitaria, Ms. 658 (3 v. fragm.). Le texte, probablement de Jacopo, dénonce l'excessive divulgation, selon son auteur, de l'art de composer au XIVe s. ; tout le monde croit être un Philippe [de Vitry] ou bien un Marchetus [da Padova] : « si è piena la terra di magistroli, / che locho più non trovano discepoli » (la terre est si pleine d'instituteurs, / qu'on n'y trouve plus d'élèves, v. 10-11). Au « gridar forte » il oppose la « soav'e dolce melodia » (v. 4-5), un idéal de style musical qui rappelle celui de l'école poétique du « dolce stil nuovo ». Comme Jacopo, **Lorenzo da Firenze** dans le madrigal *« Dolgomi a voi »*, **Francesco Landini** dans le madrigal → *Musica son* et les auteurs anonymes de la ballade *« Plus ne puet Musique son secret taire »* (Codex → Chantilly, n° 44) et du motet *« In virtute nominum »/« Decens carmen »/« Clamor meus »* (Codex Ivrée, Bibl. capitolare, n° 70) s'expriment contre les musiciens inexperts.

1. La première partie et le « ritornello » du madrigal sont en senaria perfecta (3/4) ; cette première partie se répète trois fois, correspondant à chacun des « terzetti » du poème. En style mélismatique, comme il est de règle pour les madrigaux du Trecento, la musique se développe par des phrases qui débutent et finissent à la quinte, à l'octave ou à l'unisson. Des cellules rythmiques caractéristiques, dérivées des différentes combinaisons de deux semi-brèves — ou de leur équivalence — et d'un silence de semi-brève, parsèment toute la composition et donnent lieu à des hoquets lorsqu'elles coïncident au cantus I et au cantus II.

2. Jacopo a écrit une deuxième version musicale du madrigal — sûrement postérieure —, dont la première partie est en octonaria (2/4) et le « ritornello » en duodenaria (3/4). Sur le support du ténor, sans texte, cantus I et cantus II sont écrits jusqu'à la mesure 56 de la première partie en canon à l'unisson à la distance de 4 brèves, une texture musicale typique de la « caccia ». Les deux premières mesures du ténor et le cantus I du « ritornello » répètent à l'octave le même dessin mélodique. Comme le madrigal à 2 voix, cette caccia-madrigal comporte des figures rythmiques caractéristiques qui se répètent çà et là aux cantus I et II. On y trouve aussi des combinaisons rythmiques en hoquet, différentes de celles du morceau antérieur. Ici la distribution de la musique et du texte ne donne pas lieu à des répétitions.

Éditions — Par J. Wolf, *in* Gesch. der Mensuralnotation II, Leipzig, Br. & H., 1904 (éd. diplomatique) ; par W. T. Marrocco, *in* The music of Jacopo da Bologna, Berkeley et Los Angeles, Univ. of California Press, 1954 ; par J. Wolf, *in* Der Squarcialupi-Codex..., Lippstadt, Kistner & S., 1955 ; par N. Pirrotta, *in* CMM 8/4, Amer. Inst. of Musicology, 1963, n°s 17 et 31 ; par W. T. Marrocco, *in* Polyphonic Music of the 14th Cent. VI, Monaco, L'Oiseau-Lyre, 1974, n°s 18 et 20.

Bibliographie — G. de Van, La pédagogie musicale à la fin du Moyen Age, *in* MD II, 1948 ; F. A. Gallo, Storia della musica : Medioevo II, Turin, E.D.T. Edizioni, 1977, p. 64.

M. C. Gómez

Oster-Oratorium (Oratorio de Pâques), de **Johann Sebastian Bach**, voir « Kommt, eilet und laufet ».

Otello, ossia Il moro di Venezia (Othello ou le Maure de Venise), « dramma » en 3 actes, livret de Francesco Berio di Salsa, musique de **Gioachino Antonio Rossini**, créé à Naples, au Teatro del Fondo, le 4 déc. 1816, avec I. Colbran (Desdemona), A. Nozzari (Otello), G. David (Rodrigo). *Otello* est le premier grand opéra shakespearien, si l'on excepte quelques précédents assez insignifiants. Les années qui suivirent la bataille de Waterloo permirent la diffusion de la culture anglaise en Europe, notamment des œuvres de W. Shakespeare et de W. Scott, qui allaient devenir des sources d'inspiration privilégiées de l'opéra italien.

Assez médiocre, le livret du comte Berio (voir celui d'A. Boïto pour l' → *Otello* de G. Verdi) est bien sûr tiré de la tragédie de W. Shakespeare, mais reste en réalité beaucoup plus proche de celle de J.-Fr. Ducis, qui resserre et réduit l'argument shakespearien pour le faire entrer dans le cadre d'une tragédie classique à la française. Pourtant, ce serait bien mal juger Rossini que de l'accuser d'avoir trahi Shakespeare, comme le firent de nombreux critiques. En fait, le compositeur s'est considérablement éloigné des normes en usage à son époque pour créer un climat expressif nouveau, propre à l'essence du drame shakespearien. *Otello* est l'une des partitions les plus véhémentes de Rossini ; cette œuvre « pleine de feu » (Stendhal), où un niveau d'inspiration exceptionnel se conjugue à une architecture globale très soignée, ne présente aucun point faible.

Cas à peu près unique dans l'histoire de l'opéra italien, les protagonistes masculins sont tous trois ténors. Ce qui confère à cette distribution un grand intérêt, c'est qu'ils évoluent dans des tessitures différentes, dont les nuances sont mises en relief au cours de trois duos impressionnants, véritables joutes belcantistes entre les personnages. Rodrigo (rôle écrit pour G. David) est un ténor élevé. C'est l'emploi typique d'amoureux, dont le style vocal est essentiellement le « canto di grazia ». Otello (écrit pour A. Nozzari) est un ténor grave, mais requiert une étendue totale démesurée. C'est un emploi de héros guerrier, faisant appel au « canto di bravura ». Iago, enfin, est aussi un ténor grave, mais de petite étendue.

Musicalement, le caractère militaire domine l'ouvrage. Les personnages masculins, Otello surtout, sont encore très proches des catégories d'affects utilisées sur les scènes baroques du XVIIIe s., catégories toujours en vigueur dans la Naples de S. Mayr et de F. Paër. D'un autre côté, l'instrumentation fait souvent appel aux trompettes, timbales et petites flûtes (faisant office de fifres), tandis que les marches et rythmes militaires, notamment la polonaise, reviennent constamment. Les accents martiaux se retrouvent dans les parties vocales qui recourent à une virtuosité « di forza » faisant claironner le registre aigu et utilisant des intervalles très tendus.

L'arrivée d'Otello (acte I) est remarquable à cet égard. Le « marziale » qui introduit ce numéro consiste en un pas redoublé dont la péroraison à la trompette utilise une authentique sonnerie de la cavalerie napolitaine, appelant au rassemblement. La cavatine d'entrée d'Otello est une impressionnante aria de triomphe avec chœur.

A l'opposé, le personnage de Desdemona échappe à toute classification d'époque. A l'acte I, l'héroïne n'a pas de cavatine mais est présentée en compagnie de sa confidente Elmira (*« Vorrei che il tuo pensiero... »*, Je voudrais que ce que tu dis soit vrai). Ce duo, l'un des sommets de l'œuvre, confère au personnage une aura particulière, plus « française ». Oppressée par la douleur, Desdemona finit par accepter la mort (*Chanson du Saule*) puis, par un soudain changement d'attitude, la provoque face à Otello. Élégiaque, mélancolique mais passionnée, elle présente en réalité un profil psychologique prébellinien.

L'ouvrage offre donc deux traitements opposés du désespoir amoureux. La révolte enflammée caractérise Otello, et d'une certaine manière Rodrigo. Leur duo (*« Ah ! Vieni, nel tuo sangue... »*, Ah ! viens, je laverai cet affront dans ton sang, acte II)

en est un exemple plein de fougue, d'une virtuosité hyperbolique, véritable explosion de fureur. D'autre part, le renoncement et le déchirement définissent Rodrigo (voir l'aria *« Ah ! come mai no senti... »*, Ah ! pourquoi de mes tourments n'as-tu donc point pitié, acte II) et surtout Desdemona. Le finale de l'acte II est une grande aria (*« Che smania ? Ahimé, che affanno »*, Quelle angoisse ? Hélas ! quel tourment) **A** où elle épanche sa douleur. Le style déclamatoire du début se laisse peu à peu contaminer par le tumultueux accompagnement de l'orchestre — à contretemps, dans l'esprit du « Sturm und Drang » —, pour donner naissance à une ligne de chant orné de grande ampleur. Cette aria, où l'on ressent l'influence française, préfigure l'air *« Quelle horrible destinée »* d'Anaïde (*Moïse et Pharaon*) et *« Pour notre amour plus d'espérance »* de Mathilde (*Guillaume Tell*).

Otello marque en effet une nette évolution du style de Rossini vers l'esthétique française héritée de Gluck, représentée par Cherubini, Spontini et Méhul. L'acte III offre un exemple d'abandon de la conception habituelle à numéros pour une recherche de forme ouverte, où les morceaux s'agglomèrent de façon à constituer un tout indissociable, plus fidèle au développement dramatique. C'est l'acte qu'admirait Wagner. En outre, le récitatif — accompagné, selon la tradition napolitaine — rejette son statisme habituel pour se laisser envahir par les mouvements agités des arias et duos auxquels il se mêle très habilement.

Enfin, l'emploi de la couleur locale constitue une dernière nouveauté. A l'acte III, la chanson du gondolier *« Nessun maggior dolore... »* (Il n'est pas de plus grande douleur que de se souvenir des jours de bonheur, dans la misère) sur des vers de Dante (*L'Enfer*, épisode de Francesca da Rimini) crée un climat nocturne très expressif propre à Venise, dans l'esprit des *Hymnes à la nuit* (1800) de Novalis.

L'opéra connut un si grand succès que G. Verdi hésita longtemps avant d'oser écrire un second *Otello*, qui devait finalement éclipser presque complètement le premier.

Sources et éditions — Part. d'orch., ms. autographe, Pesaro, Fondazione Rossini ; par M. Collins, Edizione critica delle opere I/19, *ibid.*, à paraître. — Réd. cht et p., Leipzig, Br. & H., [1819-20] ; Paris, Boieldieu [1821].

Bibliographie — J. W. Klein, Verdi's Otello and Rossini's, *in* ML XLV/2, 1964 ; F. Tammaro, Ambivalenza dell'Otello rossiniano, *in* Il melodramma ital. dell' Ottocento-Studi e ricerche per M. Mila, Turin, Einaudi, 1977 ; voir aussi la bibliogr. de l'art. *Tancredi*.

D. Colas

Otello, « dramma lirico » en 4 actes, livret d'Arrigo Boïto, musique de **Giuseppe Verdi**, composé entre 1879 et 1886, créé à Milan au Teatro alla Scala, le 5 févr. 1887, avec Romilda Pantaleoni (Desdemona), Francesco Tamagno (Otello) et Victor Maurel (Iago). L'opéra fut représenté dans une version française de Camille Du Locle et A. Boïto le 12 oct. 1894. Cette version diffère par quelques modifications du finale de l'acte III, ainsi que par l'ajout d'un ballet dans cet acte. (Durée : 2 h 25 min environ.)

Otello, le dernier des opéras tragiques de Verdi, est souvent considéré comme son chef-d'œuvre dans le genre. Pourtant, il n'a jamais connu un succès populaire comparable à celui d'*Aida* ou de la trilogie romantique (*Rigoletto*, *La traviata*, *Il trovatore*). La complexité de la partition et son « intellectualisme » le rendent moins immédiatement accessible à un large public. C'est par une connaissance approfondie, et après plusieurs écoutes, que l'œuvre dévoile toutes ses qualités.

Otello n'aurait probablement jamais vu le jour sans le truchement de l'éditeur Giulio Ricordi, car c'est lui qui, dès 1870, mit en place la célèbre collaboration entre Boïto et Verdi. Mais Verdi se méfiait de ce jeune musicien, de près de trente ans son cadet. Ce n'est qu'avec le temps que Boïto réussit à gagner son amitié. En 1879, lorsque Ricordi suggéra l'*Othello* de Shakespeare comme thème pour un nouvel opéra sur un livret de Boïto, l'antipathie de Verdi s'était estompée, mais il avait d'autres raisons de ne pas entreprendre sans réticence ce nouveau projet. Il n'avait pas composé d'opéra depuis *Aida* en 1871, et il avait très mal accepté les critiques dont cette œuvre avait fait l'objet à sa création italienne (1872) en particulier l'accusation de wagnérisme.

Écrire un nouvel opéra signifiait qu'il devrait accepter l'examen approfondi auquel chacune de ses œuvres était désormais soumise ; plus encore, cela signifiait qu'il devrait avoir défini sa position face aux changements et aux idées nouvelles que l'influence grandissante de l'Allemagne exerçait sur l'Italie, idées que Verdi pouvait déplorer sans cependant nier leur succès à moins de se retrancher dans un conservatisme frileux.

Ce n'est pas par hasard si Ricordi parla du projet d'*Otello* pour la première fois après le succès remporté par une exécution du *Requiem* de Verdi à Milan. Le compositeur accepta de lire le livret de Boïto et fit quelques propositions de changements. Entre 1879 et 1886, il travailla par à-coups tout en révisant *Simon Boccanegra* en 1880-81 et *Don Carlos* en 1882-83. Les spécialistes ont suggéré que Verdi considérait ces deux révisions comme une expérimentation de ses idées nouvelles, une « mise en condition » pour le « vrai » projet en préparation. C'est seulement en 1884 que Verdi se mit sérieusement à la tâche, non sans une importante interruption. L'opéra était pour ainsi dire terminé en nov. 1886, et les répétitions commencèrent en janvier 1887. La première fut accueillie avec enthousiasme ; Tamagno et Maurel se firent acclamer dans les rôles d'Otello et d'Iago. Tamagno avait été suivi sans défaillance par Verdi, celui-ci craignant que les capacités musicales et théâtrales du ténor ne soient pas suffisantes pour tenir le rôle. La renommée de l'opéra s'étendit rapidement — certains critiques suggérèrent que c'était autant pour la prouesse des chanteurs que pour la musique elle-même — et les théâtres de l'Europe entière se déclarèrent impatients de présenter le nouveau chef-d'œuvre. Pourtant, l'enthousiasme ne fut pas unanime ; G. B. Shaw, p. ex., ne vit en *Otello* qu'un piètre succédané par rapport aux flots d'expression lyrique du compositeur.

Verdi accepta de produire *Otello* à Paris à contrecœur, à la condition expresse que l'œuvre reste inchangée pour toutes les autres villes. « [Le ballet] est une concession (une *lâcheté*) que les auteurs font à tort à l'Opéra, mais artistiquement parlant, c'est une monstruosité ».

Livret — L'action se passe à la fin du XVe siècle, dans l'île de Chypre.

Acte I. La nuit tombe et la tempête fait rage. Le navire d'Otello, général de l'armée vénitienne, lutte contre la tourmente et s'efforce de rentrer au port. Accostant enfin, Otello (ténor) annonce la victoire qu'il vient de remporter en mer sur les Turcs (*« Esultate »*, Délivrance) ; le peuple l'acclame, et s'apprête à célébrer l'événement. Seuls Iago (bar.), enseigne d'Otello, et Roderigo (ténor) ne partagent pas l'allégresse générale. Roderigo est amoureux de Desdemona (la femme d'Otello), et Iago est jaloux de Cassio, promu capitaine par Otello. Au cours de la fête qui suit, Iago force Cassio (ténor) à boire (*« Inaffia l'ugola »*, Amis, le verre en main). Ce dernier, perdant le contrôle de lui-même, provoque en duel l'ancien gouverneur de l'île. La garde et Otello surgissent pour rétablir l'ordre, et Cassio est dégradé. Desdemona (sop.) apparaît, apportant à son mari une sérénité qui chasse les troubles de la journée (*« Gia nella notto densa »*, Dans cette nuit profonde). La scène s'achève sur un moment d'exception qui réunit les amants enlacés (*« Un bacio... ancora un bacio »*, Un baiser, ... encore un baiser).

Acte II. Une salle du château donnant sur le jardin. Iago conseille à Cassio de demander à Desdemona d'intercéder auprès d'Otello en sa faveur. Tandis que Cassio sort pour attendre Desdemona dans le jardin, Iago dévoile son « credo » (*« Credo in un dio cruel... »*, Je crois en un Dieu cruel, qui tel que Lui m'a fait naître). Desdemona arrive alors du jardin avec Emilia (mezzo-sop.), la femme d'Iago, tandis que celui-ci souffle à Cassio d'aller les rejoindre. Otello entre au moment où Cassio prend congé de Desdemona ; faisant semblant de ne pas voir Otello, Iago laisse tomber quelques mots et soupirs entendus, qui éveillent les soupçons d'Otello. Tout en donnant l'illusion de chercher à calmer les inquiétudes du Maure, Iago attise adroitement ses doutes en multipliant les allusions et les mises en garde, jusqu'à ce qu'Otello le supplie de dire tout ce qu'il sait. Iago prononce alors le mot fatidique *« Temete, signor, la gelosia »* (Craignez, seigneur, la jalousie) ; il refuse d'en dire plus, recommandant seulement à Otello de surveiller chacune des paroles de Desdemona. On retrouve Desdemona dans le jardin, entourée d'un groupe de personnes qui lui manifestent leur affection en lui

A Otello, ossia Il moro di Venezia

offrant des fleurs et de menus présents (*« Dove guardi splendono raggi »*, Ton sourire plein de grâce). Le groupe s'éloigne et Desdemona, suivie d'Emilia, rejoint Otello et Iago. Elle s'adresse sans détour à Otello, pour lui demander de pardonner à Cassio. Dans le quatuor suivant (*« Dammi la dolce e lieta parola »*, J'implore humble et soumise), Emilia ramasse le mouchoir, qui lui est arraché des mains sous la menace d'Iago, tandis que Desdemona demande pardon pour une faute qu'elle ignore. Les deux femmes se retirent. Fou de rage, Otello accuse Iago de nuire à son mariage et lui ordonne d'avancer des preuves de ce qu'il dit. Iago rapporte alors un rêve de Cassio, trahissant son amour illicite pour Desdemona (*« Era la notte »*, Cassio dans l'aube). Iago ajoute comme « preuve » le fait qu'il a vu le mouchoir de Desdemona entre les mains de Cassio. En entendant cela, Otello pousse un cri de désespoir et de rage, tombe à genoux et jure de se venger (*« Si, pel ciel marmoreo giuro ! »*, Ciel de marbre, je t'adjure).

Acte III. Une salle du château, avec un balcon à l'arrière. Un héraut annonce l'arrivée des ambassadeurs vénitiens. Desdemona vient une seconde fois plaider auprès d'Otello la cause de Cassio. Pour toute réponse, Otello exige de voir le mouchoir. Comme elle est incapable de le lui présenter, Otello s'emporte de nouveau, la menace et l'insulte. Effondrée, Desdemona ne peut opposer que sa conscience et le jugement de Dieu aux insinuations d'Otello (*« Io prego il cielo per te »*, Entends le cri de mon âme). Otello lui ordonne de partir. Resté seul, il clame qu'il aurait préféré le comble de la honte et du déshonneur à ce malheur qui lui ronge le plus profond de l'âme (*« Dio ! mi potevi scagliar tutti i mali »*, Dieu, tu pouvais me plonger dans le deuil). A son retour, Iago conduit Otello jusqu'à une cachette avant de faire entrer Cassio dans la pièce. Tout en se déplaçant de manière qu'Otello ne puisse entendre que des bribes de la conversation qui suit, Iago amène Cassio à parler avec légèreté de Bianca, sa véritable maîtresse (début du trio *« Essa t'avvince »*, C'est la compagne de ton doux nid). Cassio montre ensuite le mouchoir qu'il a retrouvé chez lui. Tandis qu'Iago et Cassio admirent la finesse du travail de broderie, Otello est convaincu de la culpabilité de Desdemona (*« Questo è una ragna »*, Ce radieux flocon de neige). Le canon et les trompettes signalent l'arrivée des ambassadeurs et Cassio sort. Tandis que la foule approche, Otello jure de tuer Desdemona le soir même et Iago lui recommande de l'étouffer dans son lit, où elle a péché. Cette suggestion lui vaut d'être immédiatement promu au poste de capitaine, que Cassio avait perdu. Sur ces entrefaites, Ludovico (basse), l'ambassadeur, s'avance, accompagné de Roderigo, de Desdemona, d'Emilia et de la cour, tous chantant les louanges d'Otello, le « lion de Saint-Marc ». Tandis qu'Otello lit un message du doge, Desdemona parle de Cassio, en réponse aux questions posées par Ludovico, ce qui déchaîne la colère d'Otello, lequel lance un cri, « Demonio taci ! », qui frappe l'assemblée de stupeur. Lorsque Cassio entre à son tour, Otello annonce qu'il a été rappelé à Venise et qu'Iago a été nommé pour lui succéder. Mais il ne peut contenir sa rage contre Desdemona, l'insulte et la jette à terre. Dans le « largo concertato » qui suit, les spectateurs expriment leur sentiment d'horreur devant la cruauté d'Otello. Iago promet à Otello de tuer Cassio la nuit même et, juste après, convainc Roderigo de s'acquitter de cette besogne. Soudain, Otello interrompt le rituel en ordonnant à tous de sortir, après avoir lancé une dernière malédiction à Desdemona. La scène se vide : ne restent qu'Iago et Otello. Ce dernier, vaincu par le désespoir, s'évanouit. Iago, devant son maître terrassé, savoure son triomphe : « Ecco il Leone » ! » (Le lion est par terre).

Acte IV. La chambre de Desdemona, la nuit même. Emilia aide sa maîtresse à se coucher. Assise devant son miroir, Desdemona rapporte à Emilia la triste histoire de la servante de sa mère, abandonnée par l'homme qu'elle aimait. Elle entonne un chant de deuil, la *Chanson du Saule* (*« Piangea cantando »*, Elle chantait plaintive), avant de souhaiter tristement bonne nuit à Emilia. Restée seule, elle s'agenouille en prière, pressentant sa mort prochaine (*« Ave Maria »*). Alors qu'elle s'est couchée, Otello entre par une porte dérobée et, après l'avoir longuement regardée, lui donne trois baisers. Desdemona se réveille au troisième. D'un ton menaçant, il lui demande si elle a dit ses prières. Terrifiée par ses menaces, elle continue à protester de son innocence et demande pitié, mais Otello, dévoré par la colère, ne l'écoute pas et l'étouffe. Emilia frappe désespérément à la porte et entre pour annoncer que Cassio a tué Roderigo. Dans son dernier souffle, Desdemona clame son innocence. Otello avoue son crime. Dénonçant sa folie, Emilia appelle au secours. Ludovico, Cassio et Iago entrent en courant. Toutes les machinations ourdies par Iago sont rapidement percées à jour. Iago, refusant de s'expliquer, prend la fuite. Otello finit par comprendre que Desdemona était innocente et, avec un cri de désespoir (« Oh ! Gloria ! Otello fu »), il se précipite vers sa femme maintenant sans vie. Pris d'un immense chagrin, il dégaine sa dague et se donne la mort avant qu'on puisse l'arrêter. Agonisant, il donne à son épouse un, deux, trois ultimes baisers (« Un bacio... un bacio ancora... un altro bacio »).

Avec *Otello*, Verdi semble, à plusieurs égards, prendre ses distances avec la tradition italienne au sens large — l'italianisme — de l'opéra du XIXe s. pour se rapprocher d'une conception germanique, voire wagnérienne, du drame musical. Mais les similitudes évidentes entre le style musical de Verdi tel qu'il apparaît dans *Otello* et celui de Wagner (ligne musicale plus ou moins continue à l'intérieur du même acte, rôle complexe et central assumé par l'orchestre, réseau de relations au niveau des motifs et de l'harmonie) s'accompagnent de différences non moins évidentes (utilisation par Verdi des ensembles vocaux et des pièces imposées, réseau de relations dans les motifs et dans l'harmonie bien moins développé que dans la tradition allemande). De plus, le langage de Verdi, même lorsqu'il fait preuve d'une forte individualité, ne peut cacher complètement l'influence des conventions propres à l'opéra italien du XIXe siècle. Ainsi qu'il l'écrivait dans une lettre de 1878 : « L'art est universel, je le crois plus que quiconque. Mais ce sont les individus qui le mettent en œuvre. Et comme les Allemands ont des moyens différents des nôtres, il y a également quelque chose de différent à l'intérieur. Nous ne pouvons pas, je dirai même que nous ne devrions pas, écrire comme les Allemands, ni les Allemands comme nous. »

Si l'on examine les œuvres tardives de Verdi de ce point de vue, on peut dire d'elles, et en particulier d'*Otello*, qu'elles fournissent la réponse très italienne du compositeur à l'idéal esthétique germanique tel qu'il était promu par Wagner et ses partisans.

Si, dans *Otello*, les vestiges des conventions italiennes coexistent avec des traces de techniques plus « modernes » destinées à créer des œuvres de plus grande ampleur, cette cohabitation se présente comme un mouvement dialectique qui contribue à renforcer la tension dans le drame. L'intérêt nouveau pour la continuité et la cohérence dramatique se manifeste non seulement dans la continuité de la trame musicale, mais aussi dans l'intensité de la description des actions et des événements qui se déroulent presque sans interruption. Ainsi, à l'acte II, Iago réagit devant les événements dans le jardin au moment même où ils se produisent, devant les personnes présentes. La dispute entre Iago et sa femme à propos du mouchoir se confond avec le quatuor au lieu de le précéder : action et réflexion sont intimement mêlées. Pour obtenir cette permanence musicale de l'action, Verdi a, entre autres méthodes, fait un usage abondant de « scene », c.-à-d. de moments musicaux de forme libre dont la structure musicale épouse les enchaînements d'idées dramatiques, comme p. ex. à l'acte II, le pseudo-duo entre Otello et Iago, juste avant le chœur de l'hommage.

Pourtant, les formes anciennes restent en même temps intégrées à ce mouvement de progression dramatique si bien que, à l'intérieur de cette trame musicale fondamentalement continue, on peut encore reconnaître toute une série de pièces imposées par la tradition (des arias, des duos, un trio, un quatuor et un « concertato finale »). En dépit de sa continuité apparente, l'acte I reste structuré en une succession de pièces traditionnelles du répertoire lyrique : scène de tempête, chœur de la victoire, chanson à boire, duo d'amour.

Quant au célèbre duo de la fin de l'acte II (*« Si, pel ciel marmoreo giuro »*), il renvoie à l'une des formes les plus traditionnelles, la « cabaletta », utilisée ici pour son haut potentiel dramatique ; mais, loin de constituer une section close sur elle-même, elle apparaît au terme d'une longue progression de tension dramatique. Ce climat musico-dramatique marque la réussite du plan d'Iago et l'explosion de fureur d'Otello. De cette manière, Verdi ne fait qu'approfondir une technique d'écriture déjà sensible dans *Rigoletto*, qui consiste à réhabiliter la « cabaletta » et à lui donner une fonction déterminante à l'échelle d'un acte entier et non plus d'un numéro séparé.

La *Chanson du Saule* (acte IV) offre un autre exemple d'utilisation de forme classique au service d'une expression dramatique continue. Verdi remit plusieurs fois cette pièce sur le métier, probablement parce qu'il avait en tête une œuvre tout à fait remarquable et qui avait connu un grand succès : l'→ *Otello* de Rossini souvent représenté au XIXe siècle. L'acte III s'était rendu particulièrement célèbre par la « canzone » du gondolier et par la forme interpolée de la *Chanson du Saule* : le chant est interrompu par la tempête et par les sanglots de Desdemona. Verdi savait, en écrivant son propre *Otello*, que la comparaison serait faite. L'une des différences essentielles entre les deux versions concerne la « voix » : chez Rossini, le texte de la chanson strophique se démarque clairement du contexte récitatif ; Verdi (comme le prouvent ses lettres) a sciemment essayé de suggérer trois « voix » dans son texte musical : celle de Barbara dont Desdemona conte l'histoire (Elle pleurait en chantant dans la lande déserte, elle pleurait là, désolée) **A**, celle du refrain « Salce !... » (Saule, saule) **B** et celle de Desdemona elle-même en « stile parlante » (Pauvre Barbara ! Elle avait coutume de terminer son histoire avec ces simples mots) **C**, qui commente le récit qu'elle

A OTELLO

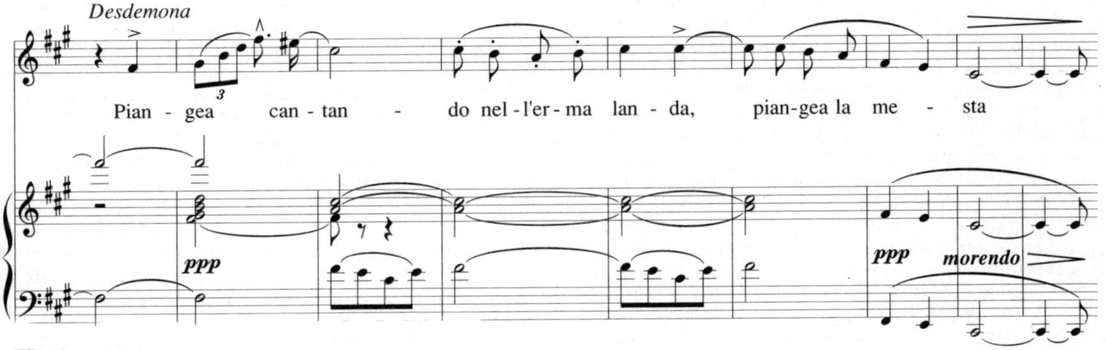

B OTELLO

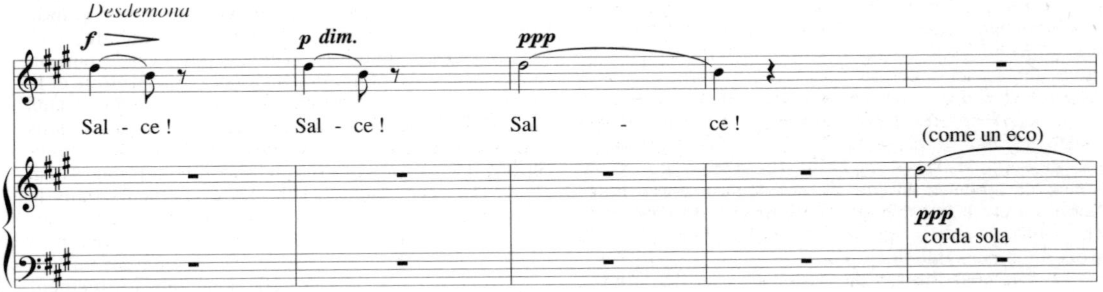

C OTELLO

chante. Verdi, en articulant ces trois voix, a élaboré une structure fluide, mouvante, dynamique, et l'a coulée dans le moule d'une forme musicale strophique correspondant à la « canzone » elle-même.

Cependant, en un endroit au moins, il semble que les deux idéaux dramatiques entrent en conflit et peut-être même s'excluent mutuellement. A la fin de l'acte III, dans le « concertato finale », ce mouvement éminemment statique de l'opéra italien, Verdi a essayé de maintenir la continuité de l'action en faisant en sorte que la conversation ne s'interrompe pas (entre Iago et Otello d'une part, et Iago et Roderigo d'autre part) pendant le « moment d'attente » de la réaction. Boïto et Verdi reconnaissaient ensemble que ce « concertato finale » était problématique et l'on sait que le musicien ne trouva jamais le résultat satisfaisant. Il est vrai qu'il n'était pas possible d'en arriver à une synthèse des deux idéaux dramatiques dans le « concertato finale » lui-même, car, aussi beau que soit ce moment musical, le sens du temps « suspendu » va trop à l'encontre de l'action. Pourtant, les moments de temps suspendu ne sont pas en soi antidramatiques, et il est probable que cette pause soit nécessaire dans ce mouvement constant vers l'avant. Elle permet en effet de mettre en relief la décision de tuer Desdemona qu'Otello prend sans trop hésiter au cours de la scène précédente. Elle rend aussi plus saillant le geste dramatique et purement scénique qui termine l'acte, alors que, la scène étant de nouveau vide, Iago triomphe à côté du corps inerte d'Otello.

La collaboration de Boïto a joué un rôle de premier plan dans le renouvellement de la tradition italienne. La prosodie ainsi que le choix des formes poétiques conditionnent, voire limitent, les formes musicales possibles, ce qui explique l'extrême attention portée au livret par Verdi. On a reproché au texte de Boïto d'être bien souvent alambiqué, compliqué, parfois obscur pour être mis en scène. Il est vrai que la dimension « poétique » de certains mots est perdue lorsque ces mots sont chantés, et que Boïto a élaboré des structures et des métriques extrêmement complexes, résolument différentes des types prosodiques utilisés traditionnellement dans les pièces musicales imposées. L'étonnante superposition de sénaires trochaïques et de quinaires dans le chœur de l'acte II (*« T'offriamo il giglio/Mentre all'aura vola »*, Nous t'offrons le lis / Alors que la chanson joyeuse s'envole) en est un exemple. Bien que celui qui écoute ce texte ne puisse prendre conscience de ces structures poétiques, Verdi y a été si sensible qu'elles ont servi de fondement aux réformes qu'il a appliquées à plusieurs des conventions de l'opéra italien.

Outre la contribution de Boïto, nombre des innovations d'*Otello* concernent la partie purement musicale. Les spécialistes ont examiné la façon dont Verdi a utilisé l'orchestre pour créer, au moyen de motifs simples, aux dimensions modestes, une trame musicale qui cimente plusieurs pans d'un matériau sonore plutôt disparate. Cet élargissement du rôle de l'orchestre a eu un autre effet, celui de conduire à une révision du concept de mélodie qui reste le centre de l'expression lyrique dans l'opéra italien. La ligne vocale partage désormais l'expression mélodique avec l'orchestre. Cela apparaît bien au début du duo *« Si, pel ciel »*, lorsque l'orchestre (clarinettes, cors et bassons) et non la voix donne à la mélodie le mouvement et l'énergie nécessaires [D]. Ici encore, Verdi approfondit une technique d'écriture déjà expérimentée depuis *Rigoletto*. Mais l'équilibre entre voix et orchestre finit par se déplacer entièrement en faveur de celui-ci, comme le montre le thème du Baiser. Ce thème est utilisé une première fois à la fin de l'acte I, pour clore le duo d'amour, une deuxième fois dans la scène finale lorsque Otello embrasse Desdemona et la réveille, enfin dans les mesures finales de l'opéra. Verdi a enserré dans cette mélodie une grande partie de la passion qu'Otello nourrit pour Desdemona. Pourtant, c'est l'orchestre qui prend en charge l'expression lyrique dans toute sa force et, au point culminant de la ligne mélodique, la voix s'efface complètement [E].

Le plus important dans *Otello* reste cependant la manière dont Verdi a su intégrer les différentes techniques, anciennes et modernes, italiennes et allemandes, pour donner une existence musicale aux personnages pris individuellement et une substance au drame qui se joue. Cela reste la principale réussite de cet opéra où Verdi a su maîtriser avec un art consommé toutes les techniques du drame musical telles qu'elles existaient à son époque et, en les faisant siennes, créer une œuvre d'une beauté et d'une puissance impressionnantes.

Sources et éditions — Ms. autographe, Milan, Archivio Ricordi. — Milan, Ricordi, 1913, 2/1958 (part. d'orch.), 1944 (réd. cht et p.) ; New York, Dover, 1986 (part. d'orch.).

Bibliographie — « Otello » : dramma lirico in quattro atti... Giudizi della stampa italiana e straniera, supplt de la Gazzetta Musicale di Milano, n° 13, 1887 ; Verdi e l'« Otello », n° unique de l'Illustrazione Italiana, Milan 1887 ; F. Busoni, Verdi's « Otello » : eine kritische Studie, *in* NZfM LIV, 1887 ; V. Maurel, A propos de la mise en scène du drame lyrique Otello, *in* Dix ans de carrière, Paris 1897, rééd. en facs. New York 1977, pp. 1-148 ; J. Kerman, Opera as drama, New York 1956, 2/Berkeley, Univ. of California Press, 1988 ; W. Dean, Verdi's « Otello » : a Shakespearean Masterpiece, *in* Shakespeare Survey XXI, 1968 ; L'Avant-Scène Opéra, n° 3, mai-juin 1976 ; Fr. Noske, The Signifier and the Signified, Oxford, Clarendon Press, 1977 ; D. Lawton, On the « bacio » theme in « Otello », *in* 19th Century Music I, 1978 ; D. Coe, The original production book for « Otello » : an introduction, *ibid.* II, 1978 ; Fr. Degrada, « Otello » : da Boito a Verdi, *in* Il palazzo incantato : studi sulla tradizione del melodramma dal Barocco al Romanticismo, Fiesole, Discanto, 1979 ; J. Budden, The Operas of Verdi III, Londres, Cassell, 1981, pp. 294-413, trad. ital. Turin, EDT/Musica, 1985 ; N. John (éd.), « Otello », *in* English National Opera Guide, n° 7, Londres, J. Calder, 1981 ; R. Parker et M. Brown, « Ancora un bacio » : three scenes from Verdi's « Otello », *in* 19th Century, Music IX, 1985 ; J. A. Hepokoski, G. Verdi : « Otello », Cambridge, CUP, 1987 ; K. Bergeron, How to avoid believing (while reading Iago's Credo), *in* A. Gros et R. Parker (éd.), Reading opera, Princeton, Princeton Univ. Press, 1988 ; J. A. Hepokoski, Boito and F.-V. Hugo's « Magnificent translation » : a study in the genesis of the « Otello » libretto, *ibid.* ; H. Bush, Verdi's « Otello » and « Simon Boccanegra » (revised version), *in* Letters and Documents, Oxford, Clarendon Press, 1988 ; J. A. Hepokoski, Verdi's composition of « Otello » : the act II quartet, *in* C. Abbate et R. Parker (éd.), Analysing opera : Verdi and Wagner, Berkeley, Univ. of California Press, 1988.

E. Hudson et D. Colas

« O TRES PITEULX » / « OMNES AMICI » ou *Lamentatio Sanctae Matris Ecclesiae Constantinopolitanae*, motet-chanson à 4 voix, en deux parties, de **Guillaume Dufay**. Il s'agit, sans doute, de l'un des premiers spécimens de lamentations écrites dans la forme du motet-chanson, tradition typiquement flamande, qui s'épanouira dans les dernières décennies du xve s. avec J. Ockeghem, Josquin des Prés et P. de La Rue. Le texte français, *« O tres piteulx de tout espoir fontaine »*, développe en deux sixains de décasyllabes la plainte de l'Église de Constantinople, chantée par le supérius, que contrepointe un contraténor instrumental. Les deux strophes sont traitées en deux parties distinctes, opposées par leurs mensurations (respectivement temps parfait — ternaire — et temps imparfait diminué — binaire) mais réunies par un « cantus firmus » commun exposé au ténor. Il s'agit d'un extrait d'une Lamentation de Jérémie (I, 2), emprunté à

D OTELLO

E OTELLO

la liturgie de la semaine sainte (Feria V, in Cena Domini, Ad matutinum, Lectio I), dont la psalmodie du 6e ton (*fa*) est à peine transformée. Dans les deux parties, l'entrée du ténor est précédée respectivement d'un « bicinium » et d'un « tricinium » assez développés, où le supérius paraphrase le chant liturgique, dans une imitation anticipée à laquelle les deux autres voix font écho (dans la première partie).

Ce motet-chanson occupe une place à part dans l'œuvre profane de Dufay. Seul de ce type, avec une autre chanson mineure (*« Je ne puis plus »/« Unde veniet »*), il est selon toute vraisemblance l'une des quatre « lamentations de Constantinople qui sont assez bonnes » que Dufay, dans une lettre du « XXIIe de février » (1456 ?) adressée à Piero et Giovanni de Medici, dit avoir composées « cest an passé ». La datation problématique de cette lettre (1456 ou 1454) a porté à avancer que l'une des trois « lamentations » perdues pouvait être cette « complainte de la dame » qu'on exécuta en entremets le 17 févr. 1454, lors du banquet du Faisan, l'une des fêtes de l'ordre de la Toison d'or créé par le duc de Bourgogne, Philippe le Bon pour reconquérir Constantinople, tombée aux mains des Turcs en 1453. Cependant les études musicologiques les plus récentes (cf. Schröder et Fallows) mettent en doute cette hypothèse et l'on s'accorde aujourd'hui plutôt sur la date de 1456 en ce qui concerne la lettre incriminée (cf. Grunzweig et Wright).

Éditions — Par B. BECHIRINI, Due canzoni di Dufay del Codice fiorentino 2794, *in* La Bibliofilia XLIII, 1941 ; par H. BESSELER, *in* G. Dufay. Opera omnia VI, CMM1, Amer. Inst. of Musicology, 1964.

Bibliographie — A. W. AMBROS, Geschichte der Musik III, Leipzig 1868, 3/1893 ; CH. VAN DEN BORREN, G. Dufay, Bruxelles 1926 ; A. GRUNZWEIG, Notes sur la musique des Pays-Bas au XVe s., *in* Bull. de l'Institut historique belge de Rome XVIII, 1937 ; J. MARIX, Histoire de la musique et des musiciens de la cour de Bourgogne sous le règne de Philippe le Bon (1420-1467), Strasbourg 1939, rééd. en facs. Genève, Minkoff, 1972 ; A. PIRRO, Histoire de la musique de la fin du XIVe s. à la fin du XVIe, Paris 1940 ; A. E. SCHRÖDER, Les origines des lamentations polyphoniques au XVe s. dans les Pays-Bas, *in* A. Smijers (éd.), Soc. Intern. de Musicologie : Ve Congrès, Utrecht 1952, Amsterdam 1953 ; M. MILA, G. Dufay I, Turin, G. Giappichelli, 1972 ; CR. WRIGHT, Dufay at Cambrai : discoveries and revisions, *in* JAMS XXVIII, 1975 ; I. CAZEAUX, French Music in the 15th and 16th Cent., Londres, Blackwell, 1975 ; D. FALLOWS, Dufay, Londres, Dent, 1982.

J.-P. OUVRARD

(L') OURAGAN, romance pour chant et piano, en *la* ♭ maj., d'**Antoine Marmontel**, sur des paroles de Galoppe d'Onquaire (Paris, Heugel, *Le Ménestrel*, 16.11.1856). Le thème littéraire, cher aux romantiques, confronte l'Homme et la Nature : de même que celle-ci est menacée par l'ouragan, l'homme peut être victime de la tempête intérieure des sentiments. Le « Zéphir, souffle du créateur », ramène alors la paix dans la nature, et c'est le « Soleil, regard du créateur » qui, après la tempête, verse l'espoir au cœur de l'homme. Ainsi chaque couplet (le premier concernant la nature, le second l'homme), de forme tripartite, traduit successivement, comme l'avait fait Beethoven dans la *Symphonie pastorale*, la paix avant l'orage, la tempête et le retour au calme. Le rôle du piano, qui crée l'atmosphère, est ici essentiel : l'accompagnement est d'abord fluide en triolets (sous une mélodie chantante), puis il devient mouvementé dans la partie centrale (trémolos dans une succession de tonalités mineures, sous une mélodie statique), avant de retrouver des formules d'apaisement pour évoquer les hommes qui « ouvrent leur cœur » au Soleil comme les fleurs « leurs corolles au Zéphir ». Cette partition est ainsi un véritable poème symphonique en miniature — l'auteur lui donne d'ailleurs le sous-titre de *Scène* —, d'où la comparaison qu'on peut ici faire avec le lied schubertien.

É. MALFROY

L'OURAGAN, drame lyrique en 4 actes, livret en prose d'Émile Zola, rédigé en 1896 avant la création de → *Messidor*, musique d'**Alfred Bruneau**, composé dès 1896 et achevé le 5 avr. 1899, créé à Paris, à l'Opéra-Comique, le 19 avr. 1901, avec Mmes Jeanne Raunay (Jeanine), Maria Delna (Marianne) et Julia Giraudon (Lulu), MM. Maréchal (Landry), Hector Dufranne (Gervais) et Jean Bourbon (Richard), sous la dir. d'Alexandre Luigini. (Paris, Choudens, 1901 ; durée : 2 h 20 min environ.)

Le 13 janv. 1898, É. Zola avait publié dans *L'Aurore*, sous le titre *« J'accuse »*, sa *Lettre à Félix Faure*. Malgré l'agitation des antidreyfusards, Albert Carré, nouveau directeur de l'Opéra-Comique, mit au programme *L'Ouragan* pour la saison 1900-01. Dans une note, publiée dans le *Temps* et reprise dans le programme de la première, les auteurs avertissaient le public qu'ils avaient voulu mêler au tumulte de la tempête le déchaînement des passions humaines. Tandis que l'ouragan perturbe les flots, un ouragan moral bouleverse les âmes où font rage l'ambition, la jalousie, le crime et l'amour. La première représentation de *L'Ouragan* ne connut qu'un succès d'estime et l'ouvrage fut retiré de l'affiche après 14 représentations, jusqu'à une reprise unique, à l'Opéra, le 17 févr. 1916.

LIVRET — L'action se passe dans l'île âpre et sauvage de Goël, que deux familles dominaient depuis longtemps. Dans l'une, deux frères : Richard et Landry, dans l'autre deux sœurs : Marianne et Jeanine. Les deux sœurs aimaient Richard et Jeanine seule était aimée par les deux frères. Richard s'était sacrifié et était parti pour les pays lointains, laissant Landry épouser Jeanine. Mais pendant son absence, Landry (ténor) est devenu un débauché, un ivrogne qui maltraite sa jeune épouse. Pour combler ses dettes de jeu, il s'est mis à vendre ses filets que Marianne (contralto), âpre au gain, achète aussitôt, guettant la ruine finale de son beau-frère. Car depuis le départ de Richard, elle n'a plus qu'une seule passion : devenir l'unique patronne de toutes les pêcheries et régner seule dans Goël asservie. Mais voici qu'une tempête ramène Richard (bar.) dans l'île. Il est accompagné de Lulu (mezzo-sop.), une petite sauvageonne de quinze ans, recueillie dans une île du Pacifique. A peine débarqué, il empêche son frère Landry de rouer de coups Jeanine (sop.). Fureur de Landry qui décide de se venger.

Acte II. La Baie de Grâce. Immédiatement, l'amour renaît au cœur de Jeanine et de Richard, et celui-ci, pour sauvegarder sa bien-aimée, l'entraîne dans la baie fleurie, sous l'arbre magique qui les enivre et les protège aussi, car nul n'oserait jamais violer cet asile de feuillage. Ils s'avouent leur amour et s'enlacent éperdument. Marianne et Landry, dévorés de jalousie, les épient dans l'ombre. Mais si violente que soit leur jalousie, ils remettent leur vengeance à plus tard : « Pas dans ce lieu d'asile, dit Marianne, chez moi, cette nuit ! » Et elle entraîne Landry.

Acte III. Dans la maison de Marianne, Richard et Jeanine, confiants en Marianne, sont venus passer la nuit sous son toit. Une violente tempête fait rage au dehors. On entend au loin les lamentations des femmes de Goël qui prient pour les marins en mer. Landry vient, armé d'un couteau, et Marianne le cache. Elle va lui livrer Richard mais quand elle voit le couteau levé sur l'homme qu'elle aime encore, son cœur se révolte. Elle essaie d'arrêter Landry, et, comme celui-ci la repousse, elle lui plonge le couteau dans le dos, sous les yeux de Jeanine, paralysée par la peur. La porte s'ouvre. Un vieux pêcheur apparaît, hagard, effaré. Les barques sont perdues, tous les pêcheurs sont morts. Et comme il découvre le corps de Landry, Marianne crie : « Ce n'est pas moi qui l'ai tué, c'est l'ouragan ! »

Acte IV. Le port de Goël. La tempête s'est apaisée. Marianne, toute vêtue de noir, erre sur le port. Richard s'apprête à remonter sur son navire, en emmenant Jeanine. Mais celle-ci hésite à quitter cette terre où elle est née. Délivrée d'un époux détesté, elle n'éprouve plus le besoin de partir. Et elle supplie Richard de demeurer pour toujours à Goël. Richard, indigné, refuse. L'ombre de la mort pèserait sur leur amour. Marianne, dans un suprême élan de sacrifice, consent à laisser partir les amants. Jeanine, émue, mêle ses pleurs à ceux de sa sœur. Richard comprend alors que le renoncement est la seule solution à la situation et comme Lulu accourt, riante, joyeuse pour l'inviter à hâter son départ, il se décide à la suivre seul. Que les deux sœurs restent à Goël et qu'elles y règnent en paix ! Et Richard, appuyé sur l'épaule de Lulu, reprend son éternel voyage, pour l'infini des mers.

L'Ouragan, symbole de l'Homme aux prises avec la Nature, reflète, encore plus que → *Messidor*, la volonté de Bruneau de réaliser une partition fondée sur un nombre réduit d'éléments. Cl. Debussy, dans une critique subtile, avoue « ne pas comprendre ce besoin excessif de symboles », et reproche à Bruneau de « marcher à travers les harmonies sans jamais se soucier de leur vertu grammaticale sonore [...] ». Toutefois, l'acte III de ce drame lui paraît être « le plus certainement réussi : la musique en est furieuse et poignante et va plus loin que l'action facilement tragique ». Il en conclut que « l'œuvre est à prendre ou à laisser ; il faut en aimer les défauts comme les qualités, sans cela elle est insupportable. En tout cas, elle est d'un homme qui cherche la vérité à travers la souffrance, cela n'est pas commun à notre époque [...]. » Bruneau a voulu donner une unité au drame en employant des thèmes qui se marient, se déforment incessamment, tout en étant assez proches les uns des autres. On chercherait en vain des airs séparés dans *L'Ouragan*. Tout au plus peut-on signaler, hormis les 4 préludes symphoniques établissant l'ambiance de chaque acte, quelques passages remarquables : tels le début si poétique du 1er acte, le duo d'amour du 2e, la scène du meurtre au 3e et, au 4e acte, l'air de Marianne regardant le navire s'éloigner, alors qu'on entend le chant d'adieu des marins. Parmi les dix-sept motifs principaux de *L'Ouragan*, on relève divers thèmes conducteurs attribués aux principaux acteurs du drame dont chacun représente un symbole bien précis : Jeanine, l'âme de Goël ; Marianne, l'orgueil ; Landry, la violence et Richard, le devoir. Mais seule la mer semble importer ici à Bruneau. Le thème de la Mer se manifeste dans une longue série de formes réduites ou fragmentées, servant de tissu sonore aux différents motifs conducteurs des acteurs. Le thème de l'Ile de Goël et celui du Désir forment avec celui de la Mer les principaux matériaux sonores de l'acte I **A**. A l'acte II, la trame musicale se compose essentiellement des thèmes de l'Ile, de la Baie de Grâce et de l'Arbre magique. Celui de la Mer sert uniquement de support sonore. L'acte III est traversé par un ostinato obsédant de doubles croches (la Furie de l'ouragan). C'est dans cet acte qu'apparaît le motif en neuvièmes parallèles qui accompagne la scène du meurtre.

Le Meurtre

Bruneau, entraîné par un effort constant de synchronisation des passions humaines et du déchaînement des éléments, réussit à se débarrasser dans *L'Ouragan* des séquelles du leitmotiv en rendant un hommage émouvant au seul élément digne d'intérêt dans ce drame sinistre : la Mer.

Bibliographie — Comptes rendus de G. Charpentier *in* Le Figaro, 30.4.1901, H. Imbert *in* Le Guide Musical, 5.5.1901, A. Pougin *in* Le Ménestrel, 5.5.1901, P. Lalo *in* Le Temps, 10.5.1901, C. Bellaigue *in* La Revue des Deux Mondes, 15.5.1901, V. Debay *in* Le Courrier Musical, 15.5.1901, Cl. Debussy *in* La Revue Blanche, 15.5.1901, P. Dukas *in* Chronique des arts, 18.5.1901, M. Remus *in* Revue Bleue, 25.5.1901, P. de Bréville *in* Le Mercure de France, juin 1901, P. Jullien, *in* Le Théâtre, juin 1901, R. Brussel, *in* Revue d'Art Dramatique et Musical, juil. 1901 ; E. Destranges, « L'Ouragan ». Étude analytique et thématique, Paris 1906 ; A. Hervey, A. Bruneau, Londres, 1907 ; A. Bruneau, A l'ombre d'un grand cœur. Souvenirs d'une collaboration, Paris 1931, 2/Genève, Ressources, 1980 ; A. Boschot, La Vie et les œuvres d'A. Bruneau, Paris 1937 ; H. Mitterrand (éd.), É. Zola. Œuvres complètes, Paris, Tchou, 1966-70 ; G. Favre, Musique et naturalisme. A. Bruneau et É. Zola, Paris, La Pensée universelle, 1982 ; J.-M. Guieu, Le théâtre lyrique d'É. Zola, Paris, Fischbacher, 1983 ; M. Kelkel, Naturalisme vérisme et réalisme dans l'opéra, Paris, Vrin, 1984.

M. Kelkel

« O vos omnes », motet pour 4 voix mixtes a cappella de **Tomás Luis de Victoria**, paru dans son 1er livre de motets, *T.L. de Victoria Abulensis Motecta...* (Venise, Gardano, 1572 ; durée : 3 à 4 min.)

A L'Ouragan

L'Ile de Goël

Le Désir

La Mer

Les paroles de ce motet, l'un des plus célèbres et des plus beaux de Victoria, sont empruntées au second répons du second nocturne du samedi saint et seront à ce titre reprises dans l'office complet de la semaine sainte (→ *Officium Hebdomadae Sanctae*, 1585), avec les 8 autres répons de cet office. Elles évoquent l'accablement du Christ crucifié : « O vous tous qui passez sur la route, regardez et voyez s'il est une douleur semblable à ma douleur. » Le mot « dolor » revient 5 fois dans le texte et 9 fois (avec les répétitions) dans la musique de Victoria, qui réussit par des moyens d'une géniale simplicité à rendre sensible un climat de tristesse poignante. Ces moyens se subordonnent entièrement au dessein expressif, grâce notamment au relief plastique et dynamique qu'acquièrent les accents mélodiques, souvent rehaussés par les dissonances des retards harmoniques. Les phrases successives, clairement délimitées entre elles, s'ordonnent autour de ces pôles à la fois musicaux et expressifs et composent un ensemble aussi sobre qu'harmonieux. Le prototype en est l'incise « sicut dolor meus » (semblable à ma douleur), plusieurs fois entendue avec variantes : des notes répétées précèdent l'accent de « meus » au demi-ton supérieur. L'écriture polyphonique, incluant quelques rares imitations, évolue dans la tonalité nettement établie de *ré* min., avec peut-être la référence d'une formule grégorienne d'intonation aux premières notes de la basse (*ré - la - si* ♭ *- la - sol - fa*). Le plan global, par ailleurs, est celui des répons : 4 périodes disposées selon un schéma ABCD.

Rééditions modernes — Par F. Pedrell, *in* T. L. de Victoria. Opera omnia I, Leipzig, Br. & H., 1902 ; par H. Anglés, *in* MMEsp XXVI, Barcelone, Inst. Esp. de Musicología, 1965.

Bibliographie — V. d'Indy, Cours de composition musicale I, Paris, Durand, 1903 ; S. Gut et D. Pistone, Le commentaire musicologique du grégorien à 1700, Paris, Champion, 1976.

J. Viret

« Owe lieber sumer », lied du Minnesänger **Neidhart von Reuental** (v. 1180-v.1240).

On a coutume de classer les chansons de Neidhart selon leur argument en trois types principaux : les chansons d'été, les chansons d'hiver et les chants de croisade. *« Owe lieber sumer »* est une chanson d'hiver. Elle invoque en exorde l'été disparu et les rigueurs de la Dame Friderun. Celle-ci est ici dépeinte inaccessible, comme dans la « hohe Minne » (l'équivalent allemand de la « fin' amor » des troubadours), ce qui contraste avec l'inspiration souvent plus légère des poèmes de Neidhart, taxés parfois de poésies villageoises. Appartenant à la collection manuscrite la plus complète des lieder du Minnesänger, celle du manuscrit de Berlin (Ms. germ. 779), très tardif (xve s.), qui préserve 45 mélodies pour 132 poèmes, cette chanson d'hiver dispose d'une strophe assez complexe de 10 vers hétérométriques de longueur inhabituelle chez le poète. La formule de rimes (a b c a b c/ d e e d) et le schéma de composition mélodique (ABCABC/DD'D"E) sont compatibles : l'un et l'autre marquent aux vers 4, 5 et 6 la répétition formelle des « pedes », une construction nommée « Stollen » dans la terminologie des poètes allemands tardifs, les Meistersinger. De même, rimes et mélodie mettent en valeur la coupure strophique entre les vers 6 et 7 qui annonce la « cauda » (« Abgesang »). Ce procédé de composition qui associe une section répétée puis un développement, appelé « Bar », caractérisera durant des siècles la forme du lied allemand. Il est toutefois en relation directe avec la forme de la « canso » troubadouresque.

La musique du poème de Neidhart est bâtie d'abord sur l'échelle de *ré* (cadences des vers 1, 4 et 9) avec repos sur *ut* (v. 7) et surtout sur *fa* (cadences des vers 2, 3, 5, 6, 8 et 10) ce qui concourt à donner une tournure tonale à la mélodie. On notera toutefois l'élan nouveau donné après la coupure strophique par les intonations modales de quarte des vers 7 et 8. En fin de compte, entre modalité ancienne et tonalité nouvelle, l'ambiguïté subsiste. Les autres éléments musicaux à souligner ont trait à la configuration mélodico-rythmique du vers de Neidhart. L'absence d'ornementation est assez représentative de l'art vocal des Minnesänger. Deux interprétations peuvent expliquer ce syllabisme. La première considérait ce style comme particulièrement apte à la danse, pratique d'ailleurs mentionnée à la dernière strophe du poème. La seconde insiste sur les facilités qu'apporte le style syllabique pour « dire en chantant ». Il faut pourtant songer qu'en allemand l'accent rythmique est régulier. Ainsi dans le lied de Neidhart le vers est un ïambe : « O*we* lie*ber* dei*ner* su*mer* lie*chten.* » Se pose alors la question de savoir ce que ce mètre régulier, plus fort qu'en français, apporte à la déclamation du chanteur. Les diverses théories modales dont les musicologues Fr. Ludwig et Fr. Gennrich ont été les premiers promoteurs, visent toutes à proposer une forme métrique du vers chanté à partir d'un critère unique, qu'il soit de nature accentuel ou graphique. Dans ce lied, il n'existe pas de corrélation véritable entre les accents du texte et les neumes cloutés gothiques caractéristiques de la notation allemande. Sans doute la question de la rythmique modale devrait-elle être réexaminée à l'aide du concept combinatoire, un concept plus souple en matière de rythme que l'habituelle notion de mesure. Dans ces conditions, le vers allemand, ici le vers ïambique régulier de Neidhart, serait le lieu d'un jeu rythmique plus complexe. L'accentuation, sans prévaloir, viendrait apporter à la configuration mélodico-rythmique du vers, déterminée notamment par l'isosyllabisme et l'attention portée au matériau sémantique et sonore, sa régularité temporelle. On comprend dès lors pourquoi les musicologues, aujourd'hui, hésitent à proposer, même pour la lyrique allemande dont fait partie cette chanson, une transcription mesurée fondée sur un seul et unique critère.

Traduction — Hélas ! Cher été, tes clairs longs jours, combien ont-ils perdu de leur éclat. Ils sont devenus nuageux et le doux temps est parti. Les oisillons avec leur chant sont devenus silencieux. Mais ce qui me donne le plus de peine, c'est que ce long service ne m'a pas gagné une douce récompense. Je ne pourrai, hélas ! rien dire ou chanter pour elle, rien qu'elle ne pensât digne de récompense. Récompense-moi, douce Reine ! Je sollicite une récompense. La plus chère de toutes les femmes, j'ai mérité une douce récompense. **A**

Bibliographie — W. Schmieder et E. Wiessner, Lieder von Neidhart (von Reuental), *in* DTÖ XXXVII/1, Vienne 1930, 2/Graz, Akad. Druck- und Verlagsanstalt, 1960, pp. 17, 38, 53-54 ; Fr. Gennrich, Neidhart-Lieder, *in* Summa Musicae Medii Aevi IX, Darmstadt, l'Auteur, 1962 ; B. Kippenberg, Der Rhythmus im Minnesang, Munich 1962.

G. Le Vot

« O wüsst ich doch den Weg » (Ah ! si je connaissais le chemin), lied pour voix et piano de **Johannes Brahms** (tonalité originale : *mi* maj.) sur un poème de Klaus Groth, composé en 1874 et édité comme 8e pièce des *Lieder und Gesänge*, op. 63. (Leipzig, C.F. Peters, 1874 ; durée : 3 min 55 s environ.)

« O wüsst ich doch den Weg » est le deuxième des lieder d'un triptyque de Brahms sur des textes de Groth,

rassemblés dans l'op. 63 (n°s 7, 8 et 9) sous le titre de *Heimweh* (Nostalgie), et qui évoquent l'enfance heureuse passée à jamais. Les 4 strophes du poème donnent naissance à une forme musicale simple : ABB'A', très peu de différences séparant A' de A, B' de B. D'emblée, un climat de mystère et de nostalgie s'installe. L'accompagnement, qui égrène les harmonies note à note en vagues ondulantes, leur confère un caractère fugitif et irréel, accentué encore par le choix des accords : accords de 7e diminuée, accords altérés ou incluant des appoggiatures qui résonnent étrangement, brouillant les sensations les plus claires. Sur cette trame colorée, la partie vocale dessine des méandres que ne structurent pas d'éventuelles répétitions-variations d'un motif identifiable. Parce qu'elle ne procède pas d'une organisation logique, la mélodie participe aussi à la nostalgie. Ses calmes oscillations sont un instant interrompues par deux mesures plus sombres : lorsque est évoquée la quête vaine du bonheur, la ligne tombe inexorablement sur une couleur de sixte napolitaine. Cette idée, reprise dans les parties médianes, y est renforcée, favorisant maintenant les éléments de tension : les descentes rectilignes se font plus nombreuses, l'accompagnement, plus mobile sur le plan harmonique, se dépouille de ses grandes ondulations pour amener des mouvements plus agités. Ces différences entre sections centrales et liminaires n'empêchent pas l'ensemble du lied de se dérouler hors temps et d'être imprégné d'une nostalgie nordique dans laquelle se fondent l'univers du poète et celui du musicien.

Bibliographie — Voir celle de l'art. *Liebestreu.*

Fr. Andrieux

« O yes ! has any found a lad ? » (Oyez, quelqu'un a-t-il trouvé un gars ?), madrigal à 4 voix de **Thomas Tomkins** sur un sizain anonyme, publié dans l'unique recueil qu'il ait consacré au genre : *Songs of 3. 4. 5. and 6. Parts* (Londres Th. Snodham, 1622). L'atmosphère des cris de la ville, déjà suggérée par le titre (O yes = Oyez), se confirme dès les premières notes. Le poète-marchand demande si quelqu'un n'aurait pas trouvé Cupidon avec son arc et son carquois. Tomkins fut le contemporain exact de Weelkes et de Wilbye mais explora plus que ses compatriotes les autres domaines : musique religieuse, musique de clavier, musique pour violes. Son style montre un modernisme parfois étonnant. Tomkins semble vouloir éviter le terme madrigal, préférant celui de « song ». D'ailleurs, cette pièce rappelle à certains égards la chanson française : elle emploie

A « Owe lieber sumer » — Berlin, Ms. germ. 779, f°238.

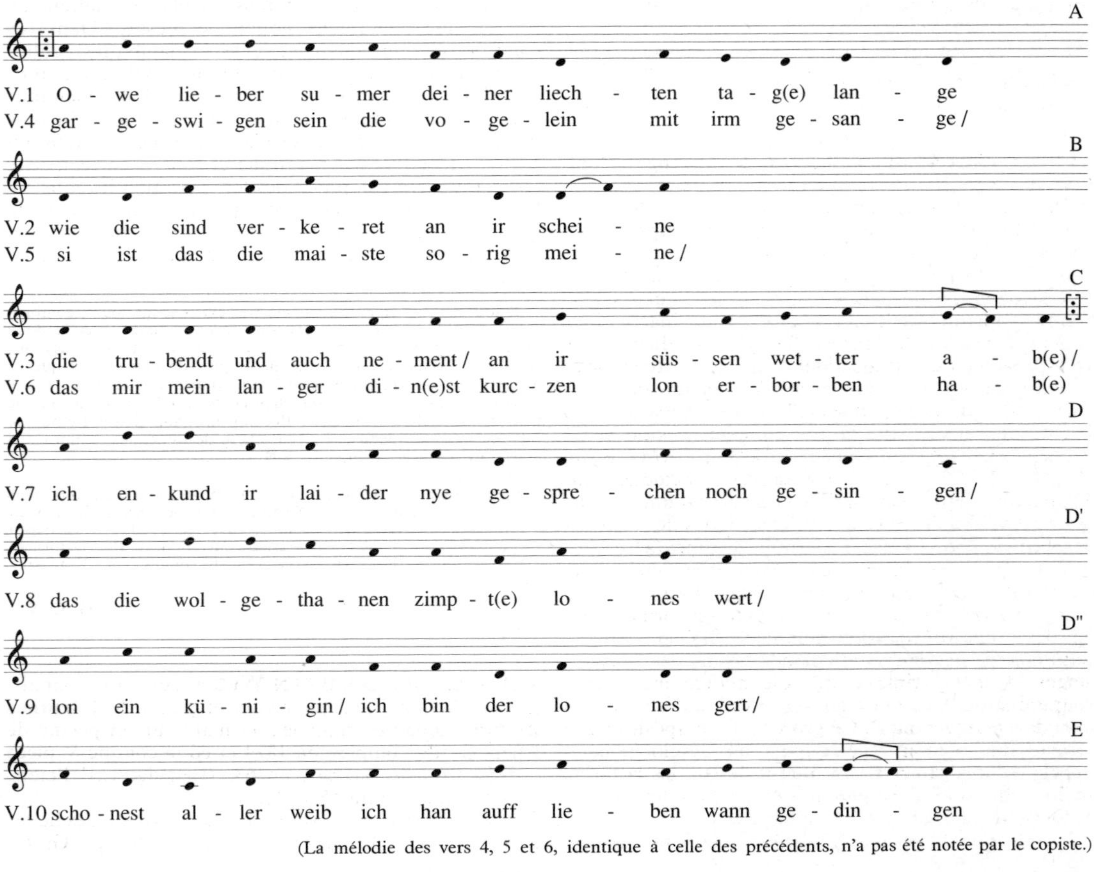

(La mélodie des vers 4, 5 et 6, identique à celle des précédents, n'a pas été notée par le copiste.)

la formation traditionnelle à 4 voix en même temps que des tessitures graves indiquant qu'elle aurait été chantée par des voix d'hommes comme p. ex. les célèbres → *Cris de Paris* de Cl. Janequin un siècle auparavant. La structure évolue librement mais se scinde logiquement en deux parties égales. Une pensée nettement tonale (*fa* maj.) s'y installe avec de fréquentes modulations (*do* maj., *ré* min., *sol* min.) et des marches harmoniques. Un bel effet est obtenu par la succession des accords (*sol -si* ♭ *-ré/mi-sol-si* ♮) qui séparent les deux parties ; ils sont suivis d'une série de plaintives suspensions harmoniques qui reproduisent fidèlement le changement de climat voulu par le poète : « Hélas ! Cupidon est là, allongé par terre ; prenez-le avant qu'il s'envole. » Pour illustrer ce dernier mot du dernier vers, qui occupe plus d'un tiers du madrigal, le musicien écrit des roulades toutes baroques (on les retrouvera pour évoquer l'harmonie céleste dans le madrigal sérieux *Music Divine*, n° 24). Celui-ci (n° 9) n'a rien de très sérieux ; dédié à « Master John Coprario » — chacune des pièces du recueil comporte une dédicace —, il possède l'élégance fugace et la subtilité d'une délicieuse plaisanterie.

Rééditions modernes — *Songs of 3. 4. 5. & 6. Parts* (1622), éd. par E. H. Fellowes, *in* The English Madrigal School XVIII, Londres, Stainer & B., 1922, 2/1960 ; *O yes! has any found a lad ?*, éd. par Ph. Ledger, *in* The Oxford Book of English Madrigals, Londres, OUP, 1978.

Bibliographie — Voir celle de l'art. *« Cruel Madame »*.

Ch. Whitfield

TABLE DES ILLUSTRATIONS

Photocomposition : SCCM

Achevé d'imprimer en novembre 1991
par Maury-Imprimeur S.A. – 45330 Malesherbes
Dépôt légal : décembre 1991

9
Der Gott und
Mässig.
Singst.
Piano-forte
Mahadöh, der Herr der
dass er unsers gleichen werde,
hier zu wohnen, lässt sich alles
muss er Menschen menschlich sehn
CHARLES MALHERBE